中国语言资源保护工程

中国语言资源集·山东　组委会

主任

李　明

执行主任

孙晓筠　荆　戈

成员

（按音序排列）

管恩文　刘恩允　刘　勇

吴　臻　向　平　张茂聪

教育部语言文字信息管理司　指导
山　东　省　教　育　厅

中国语言资源保护研究中心　统筹

中国语言资源保护工程

中国语言资源集·山东　编委会

中国语言资源集

山东

词汇卷一

张树铮 主编

山东人民出版社·济南

图书在版编目（CIP）数据

中国语言资源集. 山东. 词汇卷 / 张树铮主编 .— 济南：山东人民出版社, 2023.11
ISBN 978-7-209-14688-3

Ⅰ. ①中… Ⅱ. ①张… Ⅲ. ①北方方言 - 词汇 - 方言研究 - 山东 Ⅳ. ①H17

中国国家版本馆CIP数据核字（2023）第123587号

中国语言资源集 · 山东　词汇卷
ZHONGGUO YUYAN ZIYUAN JI · SHANDONG　CIHUI JUAN

张树铮　主编

主管单位　山东出版传媒股份有限公司
出版发行　山东人民出版社
出 版 人　胡长青
社　　址　济南市市中区舜耕路517号
邮　　编　250003
电　　话　总编室（0531）82098914
　　　　　市场部（0531）82098027
网　　址　http://www.sd-book.com.cn
印　　装　山东新华印务有限公司
经　　销　新华书店

规　　格　16开（185mm×260mm）
印　　张　54.25
插　　页　8
字　　数　950千字
版　　次　2023年11月第1版
印　　次　2023年11月第1次
ISBN 978-7-209-14688-3
总 定 价　458.00元（全三卷）

总　序

教育部、国家语言文字工作委员会于2015年5月发布《教育部国家语委关于启动中国语言资源保护工程的通知》（教语信司〔2015〕2号），启动中国语言资源保护工程（以下简称语保工程），在全国范围开展以语言资源调查、保存、展示和开发利用等为核心的各项工作。

在教育部、国家语委统一领导下，经各地行政主管部门、专业机构、专家学者和社会各界人士共同努力，至2019年底，语保工程超额完成总体规划的调查任务。调查范围涵盖包括港澳台在内的全国所有省份、123个语种及其主要方言。汇聚语言和方言原始语料文件数据1000多万条，其中音视频数据各500多万条，总物理容量达100TB，建成世界上最大规模的语言资源库和展示平台。

语保工程所获得的第一手原始语料具有原创性、抢救性、可比性和唯一性，是无价之宝，亟待开展科学系统的整理加工和开发应用，使之发挥应有的重要作用。编写《中国语言资源集（分省）》（以下简称资源集）是其中的一项重要工作。

早在2016年，教育部语言文字信息管理司（以下简称语信司）就委托中国语言资源保护研究中心（以下简称语保中心）编写了《中国语言资源集

（分省）编写出版规范（试行）》。2017年1月，语信司印发《关于推进中国语言资源集编写的通知》（教语信司函〔2017〕6号），要求“各地按照工程总体要求和本地区进展情况，在资金筹措、成果设计等方面早设计、早谋划、早实施，积极推进分省资源集编写出版工作”，“努力在第一个‘百年’到来之际，打造标志性的精品成果。”2018年5月，又印发了《关于启动中国语言资源集（分省）编写出版试点工作的通知》（教语信司函〔2018〕27号），部署在北京、上海、山西等地率先开展资源集编写出版试点工作，并明确“中国语言资源集（分省）编写出版工作将于2019年在全国范围内全面铺开”。2019年3月，教育部办公厅印发《关于部署中国语言资源保护工程2019年度汉语方言调查及中国语言资源集编制工作的通知》（教语信厅函〔2019〕2号），要求“在试点基础上，在全国范围内开展资源集编制工作”。

为科学有效开展资源集编写工作，语信司和语保中心通过试点、工作会、研讨会等形式，广泛收集意见建议，不断完善工作方案和编写规范。语信司于2019年7月印发了修订后的《中国语言资源集（分省）实施方案》和《中国语言资源集（分省）编写出版规范》（教语信司函〔2019〕30号）。按规定，资源集收入本地区所有调查点的全部字词句语料，并列表对照排列。该方案和规范既对全国作出统一要求，保证了一致性和可比性，也兼顾各地具体情况，保持了一定的灵活性。

各省（区、市）语言文字管理部门高度重视本地区资源集的编写出版工作，在组织领导、管理监督和经费保障等方面做了大量工作，给予大力支持。各位主编认真负责，严格要求，专家团队团结合作，协同作战，保证了资源集的高水准和高质量。我们有信心期待《中国语言资源集》将成为继《中国语言文化典藏》《中国濒危语言志》之后语保工程的又一重大标志性成果。

语保工程最重要的成果就是语言资源数据。各省（区、市）的语言资源按照国家统一规划规范汇集出版，这在我国历史上尚属首次。而资源集所收调查点数之多，材料之全面丰富，编排之统一规范，在全世界范围内亦未见出其右者。从历史的眼光来看，本系列资源集的出版无疑具有重大意义和宝贵价值。我本人作为语保工程首席专家，在此谨向多年来奋战在语保工作战线上的各位领导和专家学者致以崇高的敬意！

曹志耘

2020年10月5日

序

山东是人口大省，2021年的常住人口有一亿零一百六十多万，居全国第二位。从地理看，山东西部和北部位于华北大平原、中南部是山地丘陵，与河北、河南、安徽、江苏毗邻，东部则是山东半岛，与辽东半岛和朝鲜半岛隔海相望。从历史看，山东是华夏文化的发祥地之一，是儒家文化的诞生地，在数千年的中国历史舞台上一直是中心区域之一。独特的地理环境和悠久深厚的人文历史积淀，孕育出了齐鲁大地的文化传统和特有的山东气度；山东人民所说的山东话，也在继承古代汉语基础上，植根于本地并交融于共同语，表现出了浓郁的山东风味。

方言是当地人们社会交际的主要工具，它又是地方文化的结晶，渗透着各地的人文历史、风土人情，既是语言资源也是文化资源。方言一方面受到民族共同语的引领，另一方面也能够为共同语的发展提供营养。并且，掌握当地方言特点，对更好地学习普通话以及教育、公安、医疗等行业也有重要意义。因此，党和政府历来重视对方言的调查研究。二十世纪五十年代，在国务院关于推广普通话的指示下，高教部和教育部组织全国高校专家开展了汉语方言普查，对全国各地的方言进行了一次摸底，掌握了汉语方言的基本情况。山东省的方言普查成果后来汇编成了《山东方言语音

概况》(油印本)。八十年代，在新编的省市县各级新方志中，都设立了方言专章，由此也推动了对各地方言的大范围调查。新编《山东省志》中的《方言志》(1993年出版)，是在省教育厅组织下省内几十名专家共同努力的结果，在对36个点进行调查的基础上，勾勒了山东方言的基本面貌和特点，提供了大量的比较详实的方言资料。二十一世纪以来，随着普通话的日益普及，汉语方言的调查研究与语言资源的保护开始结合起来。国家语委和教育部语信司于2008年启动了中国语言资源有声数据库建设工程，并首先在江苏省开展试点。2012年试点结束以后，山东省语委迅速响应，于2013年8月正式启动了中国语言资源有声数据库山东库建设工程，组织了10个调查团队，对全省120个县(区)级方言点开展调查。2015年，国家语委和教育部语信司又在中国语言资源有声数据库建设工程的基础上，启动了“中国语言资源保护工程”(简称“语保工程”)。山东省共承担了44个方言点的调查任务。目前，以上调查任务已全部完成。事实证明，要对汉语方言进行大范围的普遍性的调查，没有政府部门的领导和支持是无法展开的，而山东省则在汉语方言的调查和研究中一直走在全国的前列。

中国语言资源有声数据库山东库建设工程和语保工程都采用了现代化的技术和保存手段，高质量的录音录像和数据表是其主要呈现形式。这有利于资料的永久性保存和通过计算机网络的查询，但不便于一般读者翻阅。为了方便各界利用这些宝贵的资料，国家语委和教育部语信司部署了纸本《中国语言资源集》的编辑工作，《中国语言资源集·山东》一书就是根据全国统一的体例对山东省语保工程44点资料中的主要文字内容加以汇总和编集而成的。

山东省语委不仅对本书资料的调查进行了直接筹划和领导、筹集经费和布置各地语委系统协同工作，对本书的编辑亦非常重视。省语委组织了编委会开展工作，并在国家语委项目经费的基础上筹集了配套经费，使得

本书能够顺利地编辑和出版。另外，对中国语言资源有声数据库山东库建设工程120个方言点的全面资料的整理出版也将于近期展开。

相信本书的出版能够展现山东省语言资源的基本面貌，对于保护和利用这些语言资源和文化资源发挥应有的作用，对于增强地域文化自信和建设文化强省也会提供新的助力。对于省外人士来说，可以由此了解山东省的语言资源；而对于省内各地的人们来说，既可以通过本书了解本地的方言状况，又可以了解省内其他地方的方言特点，这对于增进省内各地的相互了解和沟通，无疑也是具有十分直接的意义的。

荆　戈

2022年7月

山东方言的分区和语保工程调查点分布图

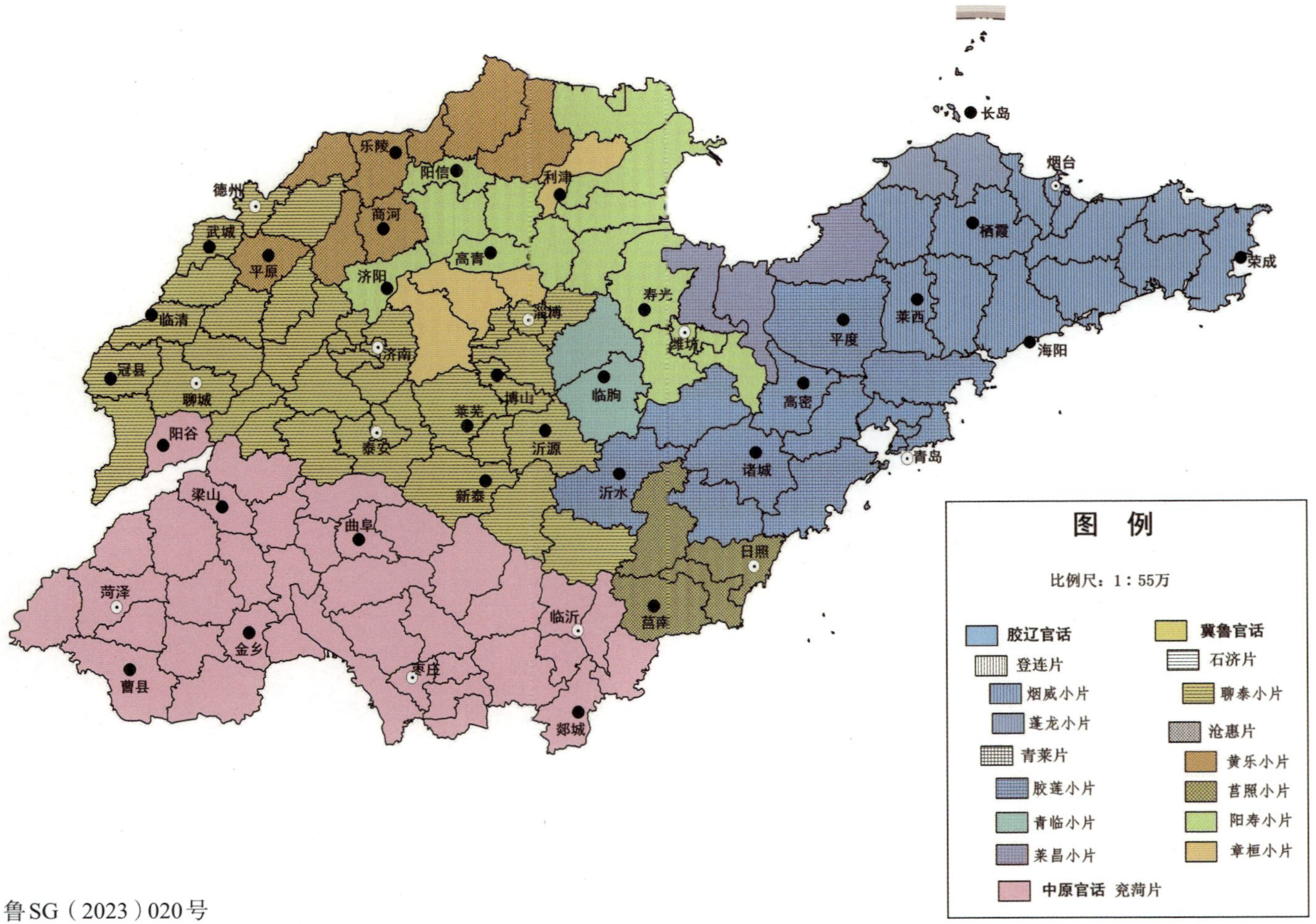

鲁SG（2023）020号

目 录

词汇卷

概　述

一

词汇卷记录的是中国语言资源保护工程山东省44个汉语方言调查点的词汇状况。根据《中国语言资源集》(分省)的统一安排，词汇卷主要列入44点词汇的1200词对照表。后面列有关于山东方言词汇的研究文献和附录。44点词汇的排列次序与本书《语音卷》相同。

这1200个词，是就调查条目而言的数量，一个调查条目在方言中常常有不同的说法，因此，就方言词来说，每个方言点所收的词语都可能超过1200个。

这些词语共分14个大类，35个小类(请参看词汇对照表前的目录)。尽管1200个词相对于一种方言中数以万计的词汇量来说是不算多的，但所收词目涉及人、自然界和社会的方方面面，是日常生活中的常用词，属于词汇学中的基本词汇，能够反映各地方言词汇的基本面貌。

二

词汇卷的体例，是遵照《中国语言资源集》(分省)的统一规范安排的。这里具体说明以下几个方面的问题。

1.关于记音

每条方言词语先写出汉字，然后用国际音标记出该方言点的读音。各点音系和语流音变的规律，请参看《语音卷》各点音系中的说明。

有的点同一个词的读法有内部差异或有异读，对照表中在同一汉字词形后列出两种读音，中间用“/”隔开。

2.关于用字

用字方面总体上遵循使用本字和正字的原则。

本字是指某个词(或词素)的合乎字义且古有用例的字形；正字是指通用字形，既包括通用的“本字”，也包括通用的假借字。例如萝卜的“卜”本字是“蔔”，现代一些方言读“萝卜”为“萝pei^0”正是“蔔”字合乎古今演变规律的读音。而有些方言“蔔”读成了pu^0或po^0，后来用同音的“卜”来记录。“卜”完全是同音假借字，但因为在现代汉语中已经作为通用字形，所以就应该算作“正字”了。

方言语音系统各不相同，加上各地又有不少语音的变化，所以，某个词语各地字同音不同是很常见的现象。换个角度说，某个词两地读音不同，但用字可能是同一个。我们大体上可以通过对各地音系的音韵分析以及不同方言之间的比较分析、音变规律的音理分析来确定方言词的本字和正字。

有些本字由于种种原因发生了不合规律的音变（通常是声韵调中的一项有异常），经过辨析后也应写本字或正字。下举三例：

①刚。该字中古见母宕摄开口一等平声唐韵，今读同“缸”是符合规律的演变。但在表示刚才或恰好的时候（刚、刚才、刚刚），北方话口语中比较普遍地读同“姜”。这个读音就属于例外的演变。书面上还应写作“刚”，不应写作“将”：一是两者意义本来不同，“将”也有作副词表时间的用法，写混之后表意不清；二是两字古音来源不同（“将”来自中古精母），在区分尖团的方言中“将”读的是尖音字、“刚”读的是团音字（同“姜”），换言之，在区分尖团音的方言中两者并不是同音字。

②牸。该字中古从母止摄开口三等去声志韵，《广韵》释义为“牝牛”。今山东方言中母牛一般称作“士牛”，声母与古音不合。“士”的读法相当于中古崇母（崇母止摄仄声今读擦音）。从母和崇母上古同源，“牸”的从母和崇母两种读法也应同源。疑“牸”字本有崇母一读，《广韵》失收（如同“鼻”字《广韵》只有去声，而现代方言多读同入声）。因此，该字径写作“牸”，不用同音字“士”。

③早。菏泽方言“清早”中的“早”读为“岛”。此应为个别字在个别词中塞擦音发生的塞化，而不是别有本字，所以不用同音字“岛”来记录。

但也必须承认，方言中确实存在一些词语本字难以确定的问题。这或者是由于古代没有用例，或者是由于词语另有来源，也或者是由于目前的研究还不够。总之，使用同音字记录也是难免的，因为这样至少可以让一般的人能够读出来。

有以下用字情况需要说明：

（1）原调查材料使用了记音字，但实际上是有本字的，本书换用了本字。当然，由于种种条件的限制，有许多词的本字还不能遽定，只能记为同音字。两种情况下原材料写的不是本字，本书未更换：一是音变后成为叠音形式的词。其中如“亲亲”（“亲戚”的顺同化）、“蜓蜓”（“蜻蜓”的逆同化“蜓”此处读阴平，可见确是“蜻”字音变）、“鹁鹁”（从周围方言均说“鹁鸽”来看，“鹁鹁”应该是“鹁鸽”的顺同化而非“鹁”的叠音化），其音变线索是清楚的；但有的词音变线索却不清楚，如“口水”称“涎涎”或“斜斜”，“斜斜”似乎是“涎涎”的音变（涎涎＞斜涎＞斜斜），但“涎涎”又是从何而来——是单音节词“涎”的叠音化还是双音节词“涎水”的音变？这是不容易说清楚的。所以，本书参照《现代汉语词典》“蛛蛛”（＜蜘蛛）的做法，这种叠音形式的词形写作叠字（如径写“亲亲”“蜓蜓”“鹁鹁”而不写“亲戚”“蜻蜓”“鹁鸽”）。这样的词是很少的。二是个别词的儿化形式的音变。荣成、栖霞和海阳将“弟弟”说成“兄儿”（儿化形式），这显然是“兄弟”（指弟，后字轻声）一词的音变（这几处方言中有不少的助词读成了前一词的儿化形式，不过后一实语素变为儿化形式的目前仅见此一例）。由于这种儿化形式比较特殊，所以本书也特殊对待，照原材料“兄儿”写法不变。

（2）由于音变而导致词语读音与字音差别较大的情况不少，为了便于阅读，对有些音变较大的字音用小字说明“某读为某”，这也相当于注了同音字。如高密的“腼腆”（0892害羞），后字声母被同化读“腼谝”。本书仍写“腼腆”，但在记音后用小字加说明：“‘腆’读为‘谝’轻声。”极少数音变后没有合适的同音字，则只说明“某有音变”。有些读轻声的虚语素或方位词等常常发生音变（如“子”读为“的”、“里”读为“你”、“上”读为“杭”轻声），这些则一般不加说明。注意：有些字音尽管看起来特殊（比如与普通话不同或与其他方言不同），但只要符合本地方言的读音规律就不属于音变，所以也不加说明。例如“牛”，有不少地方读为“油”，其实这是符合规律的读音，不属于音变。

此外要注意，这些加注的同音字表示的不是普通话的字音，而是方言中的字音。例如，荣成方言中“木匠”的“匠”发生音变，读作tsə^{0}，跟普通话中的“则”（轻声）相同，但本书并不注为“读为‘则’轻声”，因为该方言中的“则”读为tsɛ而不是tsə。并且，这些同音字既考虑了当地方言中的同音关系，也考虑了至少是在山东方言范围中的同音关系。山东方言中有些地方区分尖团，有些地方古知庄章组字读音不同，一些古入声韵母在各地读音有异，如此等等，在选用同音字的时候会注意选用不致引起音类混淆的同音字。例如某个方言中古知庄章组字和古精组字（尤其是洪音）读音混同，加注同音字时会参考其他方言以确定应该选取知庄章组字还是精组字；又如某个方言中不分尖团，为其加注时会参考分尖团地区的读音为其加注相应的尖音字或团音字；再如某个方言中古知庄章组字分为两类，则其加注的同音字也会选用同类声母的字。

（3）有些词条的材料中用了助词“了”，其不同音变形式往往有不同的语法意义，所以有音变时用了不同的同音字（如“唠”“嗹”“嘞”等）来记录，这些字声母都是l、字形都带口字旁，不加同音符号。具体的用字请参看本书《语法卷》概述。“的/得/地”“里”“子”之类虚成分在不少方言中也有音变，但因为并不影响意义，所以只写本字，也不作读音的说明。

（4）本字不明的一般用同音字记录，后加同音符号“⁼”；极个别实在无同音字的记为“□”（如表示扔义的꜀ʐuɛ或꜀luɛ）。有些古已有之的记音字（如常用作助词的“价”，方言中音tɕiə、tɕia或ka轻声）或有些通常本身不表实义（或不能单独表示实义）、多用来记音的字也不加同音符号（如“喽”“咕”之类）。

（5）原材料中各点音类相同而同音字用字不同者，本书做了统一。如有的方言分尖团，有的方言不分尖团，如果前者读音是尖音字，那么不仅前者材料记录中应该用同音的尖音字，后者材料中也应该用同音的尖音字。

（6）有些词具体用字（包括本字和同音字）的处理意见用脚注的形式进行了说明。这些用字有些是山东省语保工程中统一规定的，有些是在本书的整理过程中新确定的。

（7）有些方言有所谓的“零音节”现象，也就是轻声音节丢失，但前一音节按轻声前变调进行变调、并且音长略有延长，听起来似乎后面还有一个音节似的。从标音来看，通常不记音长，所以只有变调能够反映出后面还有“零音节”。在汉字记录时，本书增补上“零音节”的字（语素），并用方括号括起。如“0001 太阳”梁山点的“爷[爷]地儿”。

（8）博山、张店、莱芜等地的儿化是变韵的形式，韵母不卷舌。对这些变韵的音节，对照表中也加“儿”表示，以便于与其他点的比较，并提示其中有儿化变韵。

（9）词中的“儿”字多数是儿化的标记，有少数是独成音节的“儿”（一般是词根，少数是词尾性质的成分）。为了便于阅读以及区别两种“儿”，表中儿化标记的“儿”缩小字号（小字注释中的“儿”不再缩小字号），独成音节的“儿”用普通字号。

（10）结构助词“的”“地”“得”在方言中读音无别，此按照书面语的用法将其分别使用。

（11）不新造简化字。有些字形的偏旁或部件为繁体字形，本书不进行类推简化。如上文提到的语气词“嗹”不新造从口从“连”的字形。

3.其他

（1）词汇对照表的调查词目是根据全国的汉语方言来设计的，尽管都是一些基本词汇，但有少数词语所代表的事物或概念难免在各地此有彼无。如果是当地没有的事物或概念，当地方言如何称说又有几种情况：①当地闻所未闻。如0292“阉~鸡”，不少地方无此行为，也没有听说过这种行为，自然不知如何称说。这种情况下一般填写为“无”。②当地听说过，知其大概，而不知其详。如许多地方不种水稻也会知道稻子种在水里，但不知道0028“水田”究竟叫作什么。0177“稻子”、0178“稻谷”、0179“稻草”，大多数点记录了其称名，尽管多数点并不种水稻；但也有部分点记为“无”，也是因为当地不种水稻，拿不准到底叫作什么。像这种情况，本书中未做统一处理。③有的点的材料中对当地没有的事物用了当地有的类似事物来记录。如0336“马桶有盖的”，许多地方是没有这种在江南使用比较普遍的用具的，所以写作“无”；但有的点记录的是当地使用的与马桶作用类似的“尿罐子”之类，这与“马桶”并不是一种所指。属于这种情况的，本书在整理时予以删除。

（2）有的条目调查的是专称或统称，而当地方言中并没有相应的专称或统称。对于专称，材料中有些是用了意义最接近的事物的称名。如0302“卧室”，过去家里人多房少，哪间屋里有空即可安床（或炕）而睡，除了大户人家，并没有专门的卧室。像有些材料中记录的“里间”，严格说来并非“卧室”：虽然睡觉在里间为常，但里间并非专用为卧室，还有多种用途，实为“多功能室”；况且“外间”也可睡觉。有些则干脆写作“无”，如0304“厨房”青岛点写为“无”（因为过去常常没有专门做饭的房间）。对于统称，材料中有的是用了分称，即将该统称所指的几种事物分别述说。如0673“扁担”，不少地方区分两端带钩的和不带钩的，而不笼统称说（有些地方不区分）。也有的直接写作“无”或“旧无统称”（如0533“结婚统称”有些点的记录）。对于上述情况，本书都尊重原材料的处理，不做更动。

（3）本书在整理过程中对原调查材料的少数赘余内容进行了删略。如“0007闪”有个别点记的是“打闪”，删去“打”；又如删掉动词后没有必要的“了”；再如有少数形容词同时记了其反义词的否定形式（如“高”同时记了“高”和“不矮”），则一般删掉其反义词的否定形式。

（4）少数点的原调查材料中同一词义有“老”“新”两种说法，其中应分两种情况。一种情况是所谓“老”的说法不是指老派还在使用的说法，而是指旧的、现在即使老派已很少使用的说法（严格说来，应该叫做“旧称”），如“学校”称“学屋”。

这种可以反映方言中更早面貌的说法应予保留，其现在通行的说法（“学校”）也作为“新”而保留。另一种情况是，所谓“老”的说法在老派那里还在使用，但另外还有近几十年来受普通话影响而产生的新说法，如“手绢”有的方言中老派说“手方”，新派说“手绢”。考虑到调查的内容主要是反映具有方言特点的说法，并且多数点的材料对这些受普通话影响而新近形成的说法未予收录，所以，个别点材料中这种“新”说法就都删掉，以与其他各点的材料保持一致。

（5）根据语保工程的统一规定，同一地点有不同说法时，先列老的说法，后列新的说法；没有新老之别的，先列更常用的说法。这里重申一下，以免读者对排列次序有所疑惑。

词汇对照

词汇分类目录

	0001太阳～下山了	0002月亮～出来了	0003星星
荣成	日头i^{55}tʰəu^{0}	月儿yɐr^{33}	星儿siə̃r^{53}
烟台	日头儿i^{21}tʰour^{0}	月亮儿ye^{21}liɑ̃r^{33}	星星儿ɕiŋ^{53}ɕiə̃r^{0}
栖霞	日头儿i^{34}tʰəur^{0}	月明儿yɛ^{34}mə̃r^{0} "明儿"读为"萌儿"	星星儿ʃiŋ^{52}ʃiə̃r^{0}
长岛	日头i^{35}tʰou^{0}	月亮yɛ^{55}liaŋ^{0}	星星ʃəŋ^{31}ʃəŋ^{0}
海阳	日头i^{34}tʰəu^{0}	月儿明儿yər^{34}mər^{0} "明儿"读为"萌儿"	星儿siə̃r^{52}
莱西	日头i^{42}tʰou^{0} 太阳tʰɛ^{42}iaŋ^{0}	月母yə^{42}mu^{0} 月亮yə^{42}liaŋ^{0}	星儿ʃiə̃r^{214}
平度	日头儿i^{42}tʰour^{0} 太阳tʰɛ^{42}iaŋ^{0}	月明yə^{42}miŋ^{0} 月亮yə^{42}liaŋ^{0}	星儿θə̃r^{213} 星儿星儿θə̃r^{213}θə̃r^{0}
青岛	日头i^{42}tʰou^{0}	月亮yə^{42}liaŋ^{0}	星星sioŋ^{21}sioŋ^{0} 星儿siõr^{213}
高密	日头i^{42}tʰou^{0} 太阳tʰɛ^{21}iaŋ^{42}	月明yə^{42}mioŋ^{0} 妈儿妈儿mɐr^{23}mɐr^{0} "妈儿"读上声，义为奶奶、老太太。下同 月亮yə^{55}liaŋ^{0}	星儿θõr^{213}
诸城	日头i^{44}tʰou^{0} 太阳tʰɛ^{31}iaŋ^{53}	月明yə^{44}miəŋ^{0} 月妈儿妈儿yə^{31}mar^{213}mar^{0}	星θiəŋ^{213}
沂水	日头i^{44}tʰou^{0}	月明yə^{44}miŋ^{0}	星siŋ^{213}
临朐	太阳tʰɛ^{21}iaŋ^{53} 日头ʐʅ^{44}tʰəu^{0}	月明yə^{21}miŋ^{53} 月妈儿妈儿yə^{21}mʌr^{21}mʌr^{0}	星ɕiŋ^{213}
日照	日头i^{53}tʰou^{0}	月亮yə^{53}liaŋ^{0} 月妈儿妈儿yə^{31}mar^{213}mar^{0}	星θiəŋ^{213}
莒南	日头i^{42}tʰou^{0}	月亮yə^{42}liaŋ^{0}	星siŋ^{213}
潍坊	太阳儿tʰɛ^{31}iɑ̃r^{53} 日头儿ʐʅ^{55}tʰour^{0}	月明yə^{55}miŋ^{0} 月亮yə^{55}liaŋ^{0}	星星儿ɕiŋ^{31}ɕiẽr^{0}
寿光	日头lə^{55}tʰəu^{0} 太阳tʰɛ^{21}iaŋ^{53}	月明yə^{55}miŋ^{0} 妈儿妈儿mʌr^{24}mʌr^{0}	星ɕiŋ^{213}
高青	老爷爷lɔ^{55}iə^{35}iə^{0} 太阳tʰɛ^{41}iaŋ^{55}	老母儿lɔ^{55}mur^{55}	星儿ɕiər^{213}
阳信	太阳tʰɛ^{31}iaŋ^{43}	月亮儿yə^{55}lər^{0}	天星儿tʰiã^{213}ɕiər^{213} 星儿ɕiər^{213}

续表

	0001太阳~下山了	0002月亮~出来了	0003星星
济阳	太阳tʰɛ^{31}iɑŋ^{55} 老爷爷儿lɔ^{21}iə^{24}iər^{0}	光明kuɑŋ^{21}miŋ^{0} 月亮yə^{55}liɑŋ^{0} 月亮奶奶yə^{55}liɑŋ^{0}nɛ^{21}nɛ^{0}	星ɕiŋ^{213}
利津	太阳儿tʰɛ^{31}iar^{53} 太阳tʰɛ^{31}iɑŋ^{53}	月明地儿yə^{55}miŋ^{0}tier^{31} 月亮yə^{55}liɑŋ^{0}	星星ɕiŋ^{31}ɕiŋ^{0} 星儿ɕiər^{213}
乐陵	爷儿爷儿iər^{55}iər^{0}	月亮地儿yə^{31}liɑŋ^{24}ter^{51}	星儿ɕiər^{24}
商河	爷爷儿iə^{24}iər^{0} 老爷爷儿lɔ^{54}iə^{24}iər^{0} 太阳tʰɛ^{31}iɑŋ^{54}	光明kuɑŋ^{21}miŋ^{0} 月亮yə^{54}liɑŋ^{0}	星ɕiŋ^{213}
平原	老爷儿lɔu^{212}iᴇr^{42}老 太阳tʰɛi^{21}iɑŋ^{42}新	月亮奶奶yə^{42}liɑŋ^{0}nɛi^{23}nɛi^{0}	星ɕiŋ^{213} 星星ɕiŋ^{21}ɕiŋ^{0}
德州	老爷儿lɔ^{55}iər^{42} 太阳tʰɛ^{21}iɑŋ^{42}	月亮奶奶yə^{42}liɑŋ^{0}nɛ^{213}nɛ^{0} 月亮yə^{42}liɑŋ^{0}	星星ɕiŋ^{21}ɕiŋ^{0}
武城	爷儿爷儿iər^{55}iər^{0}	月姥娘yə^{21}lɔ^{24}ȵiɑŋ^{0}	星ɕiŋ^{224}
临清	太阳tʰai^{31}iɑŋ^{0} 爷爷儿iə^{44}iər^{0}	月亮yə^{31}liɑŋ^{0}	星星ɕiŋ^{13}ɕiŋ^{0}
冠县	太阳tʰɛ^{31}iɑŋ^{0}	月姥娘yə^{21}lɔ^{44}ȵiɑŋ^{0} 月亮yə^{21}liɑŋ^{0}	星星ɕiŋ^{21}ɕiŋ^{0}
聊城	太阳tʰɛ^{31}iɑŋ^{0} 爷儿爷儿iər^{44}iər^{0}	月亮yə^{31}liɑŋ^{0} 月姥娘yə^{31}lɔ^{13}ȵiɑŋ^{0}	星星ɕiŋ^{13}ɕiŋ^{0}
济南	太阳tʰɛ^{21}iɑŋ^{42} 老爷爷儿lɔ^{55}iə^{445}iər^{0}	月亮yə^{55}liɑŋ^{0} 月亮奶奶yə^{55}liɑŋ^{0}nɛ^{213}nɛ^{0}哄小孩用语	星ɕiŋ^{213}
泰安	老爷儿爷儿lɔ^{213}iər^{55}iər^{0} 太阳tʰɛ^{21}iɑŋ^{42}	月奶奶yə^{21}nɛ^{213}nɛ^{0} 月亮yə^{42}liɑŋ^{0}	星ɕiŋ^{213} 星星ɕiŋ^{21}ɕiŋ^{0}
莱芜	太阳tʰɛ^{31}iɑŋ^{55}	月明yə^{42}miŋ^{0}	星星ɕiŋ^{31}ɕiŋ^{0}
新泰	老爷儿爷儿lɔ^{21}iər^{45}iər^{0}	月明yə^{54}miŋ^{0}	星星ɕiŋ^{21}ɕiŋ^{0}
沂源	日头i^{55}tʰou^{0}	月明yə^{55}miŋ^{0}	星ɕiŋ^{213}
博山	太阳tʰɛ^{31}iɑŋ^{55}	月明yə^{55}miŋ^{0}	星星ɕiŋ^{21}ɕiŋ^{0}
张店	太阳tʰɛ^{31}iɑŋ^{55} 日头ʐʅ^{55}tʰou^{0} 老爷爷lɔ^{55}iə^{35}iə^{0}	光明kuɑŋ^{21}miŋ^{0} 光明奶奶kuɑŋ^{21}miŋ^{0}nɛ^{213}nɛ^{0} 月明yə^{55}miŋ^{0}	星ɕiŋ^{213}
阳谷	太阳tʰɛ^{31}iɑŋ^{42}	月姥娘luo^{31}luo^{0}ȵiɑŋ^{42}读为“落落娘”	星星ɕiŋ^{31}ɕiŋ^{0}

续表

	0001太阳～下山了	0002月亮～出来了	0003星星
梁山	爷［爷］地儿iə^{55}trer^{314}	月明地儿yə^{21}miŋ^{0}trer^{314}	星星ɕiŋ^{21}ɕiŋ^{0}
菏泽	天连地儿tʰiã^{213}liã^{44}tier^{312}	月姥娘yə^{21}lɔ^{44}ȵiaŋ^{0} 月明地儿yə^{21}miŋ^{0}tier^{312}	星星ɕiŋ^{21}ɕiŋ^{0}
曹县	天天地儿tʰiã^{21}tʰiã^{0}tiɤr^{312}	月姥娘yə^{21}lɔ^{44}ȵiaŋ^{53}	星星ɕiŋ^{21}ɕiŋ^{0}
金乡	天地儿tʰiã^{23}tier^{312}	月姥娘yə^{21}lɔ^{23}ȵiaŋ^{0}	星星ɕiŋ^{21}ɕiŋ^{0}
曲阜	老爷爷lɔ^{42}iə^{55}iə^{0}	月姥娘yə^{21}laŋ^{213}ȵiaŋ^{0} “姥”读为“朗”	星星ɕiŋ^{21}ɕiŋ^{0}
薛城	太阳tʰɛ^{41}iaŋ^{0}	月姥娘yə^{31}laŋ^{24}ȵiaŋ^{0} “姥”读为“朗” 月亮yə^{313}liaŋ^{41}	星星ɕiŋ^{31}ɕiŋ^{0}
郯城	太阳tʰɛ^{51}iŋ^{24} “阳”读为“影”/tʰɛ^{51}iaŋ^{44}	月姥姥yə^{21}lɔ^{24}lɔ^{0} 月亮yə^{21}liaŋ^{51}	星ɕiŋ^{213} 星星ɕiŋ^{21}ɕiŋ^{0}
临沂	日头zʅ^{21}tʰou^{0} 太阳tʰɛ^{31}iaŋ^{53}	月亮yə^{24}liaŋ^{312}	星ɕiŋ^{214}

	0004云	0005风	0006台风
荣成	云彩yn^{53}tsʰai^{0}	风fəŋ^{53}	台风tʰai^{35}fəŋ^{53}
烟台	云彩yn^{33}tsʰɛ^{0}	风fəŋ^{53}	台风tʰɛ^{33}fəŋ^{0}
栖霞	云彩ỹn^{52}tsʰɛi^{0}	风fəŋ^{312}	台风tʰɛi^{34}fəŋ^{0}
长岛	云彩yn^{55}tsʰai^{0}	风fəŋ^{312}	台风tʰai^{55}fəŋ^{0}
海阳	云彩ỹ^{52}tθʰɛ^{0}	风fəŋ^{52}	台风tʰɛ^{34}fəŋ^{52}
莱西	云彩yẽ^{32}tsʰɛ^{0} 云yẽ^{214}	风fəŋ^{214}	台风tʰɛ^{42}fəŋ^{214}
平度	云彩yə̃^{45}tθʰɛ^{0} 云yə̃^{42}	风fəŋ^{213}	台风tʰɛ^{42}fəŋ^{213}
青岛	云彩yẽ^{45}tθʰɛ^{0}	风foŋ^{213}	刮大风kua^{213}ta^{42}foŋ^{213} 台风tʰɛ^{42}foŋ^{213}
高密	云彩yə̃^{55}tθʰɛ^{0} 云yə̃^{42}	风foŋ^{213}	大风ta^{21}foŋ^{213}
诸城	云彩yẽ^{24}tθʰɛ^{0}	风fəŋ^{213}	大风ta^{31}fəŋ^{213}
沂水	云彩yẽ^{24}tθʰɛ^{0}	风fəŋ^{213}	台风tʰɛ^{24}fəŋ^{0}
临朐	云彩yə̃^{35}tθʰɛ^{0}	风fəŋ^{213}	（无）

续表

	0004云	0005风	0006台风
日照	云彩yẽ^{44}tθ^{h}ɛ^{0}	风fəŋ^{213}	台风t^{h}ɛ^{53}fəŋ^{213}
莒南	云彩yẽ^{24}tθ^{h}ɛ^{0}	风fəŋ^{213}	台风t^{h}ɛ^{24}fəŋ^{0}
潍坊	云彩yẽ^{35}ts^{h}ɛ^{0}	风fəŋ^{214}	大风tɑ^{31}fəŋ^{214}
寿光	云彩yə̃^{35}ts^{h}ɛ^{0}	风fəŋ^{213}	台风t^{h}ɛ^{35}fəŋ^{0}
高青	云彩yə̃^{35}ts^{h}ɛ^{0}	风fəŋ^{213}	大风tɑ^{41}fəŋ^{213}
阳信	云彩yə̃^{45}ts^{h}ɛ^{0}	风fəŋ^{213}	大风ta^{31}fəŋ^{213}
济阳	云彩yẽ^{24}ts^{h}ɛ^{0}	风fəŋ^{213}	台风t^{h}ɛ^{24}fəŋ^{0}
利津	云yẽ^{53} 云彩yẽ^{35}ts^{h}ɛ^{0}	风fəŋ^{213}	台风t^{h}ɛ^{35}fəŋ^{0} 大风ta^{31}fəŋ^{213}
乐陵	云彩yẽ^{55}ts^{h}ɛ^{0}	风fəŋ^{24}	台风t^{h}ɛ^{55}fəŋ^{0}
商河	云彩yẽ^{24}ts^{h}ɛ^{0}	风fəŋ^{213}	台风t^{h}ɛ^{24}fəŋ^{0}
平原	云彩yẽ^{55}ts^{h}ɛi^{0}	风fəŋ^{213}	台风t^{h}ɛi^{42}fəŋ^{213}
德州	云yẽ^{42} 云彩yẽ^{55}ts^{h}ɛ^{0}	风fəŋ^{213}	台风t^{h}ɛ^{55}fəŋ^{0}
武城	云yẽ^{53}	风fəŋ^{224}	台风t^{h}ɛ^{55}fəŋ^{0}
临清	云彩yn^{44}ts^{h}ai^{0}	风fəŋ^{13}	台风t^{h}ai^{53}fəŋ^{13}
冠县	云yẽ^{53}	风fəŋ^{13}	台风t^{h}ɛ^{53}fəŋ^{13}
聊城	云yẽ^{53} 云彩yẽ^{44}ts^{h}ɛ^{0}	风fəŋ^{13}	台风t^{h}ɛ^{53}fəŋ^{13}
济南	云彩yẽ^{445}ts^{h}ɛ^{0}	风fəŋ^{213}	台风t^{h}ɛ^{42}fəŋ^{213}
泰安	云彩yẽ^{55}ts^{h}ɛ^{0} 云yẽ^{42}	风fəŋ^{213}	台风t^{h}ɛ^{42}fəŋ^{213}
莱芜	云yẽ^{55}	风fəŋ^{213}	台风t^{h}ɛ^{55}fəŋ^{213}
新泰	云彩yẽ^{45}tθ^{h}ɛ^{0}	风fəŋ^{213}	台风t^{h}ɛ^{45}fəŋ^{0}
沂源	云彩yə̃^{35}tθ^{h}ɛ^{0}	风fəŋ^{213}	大风ta^{31}fəŋ^{213}
博山	云彩yẽ^{35}ts^{h}ɛ^{0}	风fəŋ^{213}	台风t^{h}ɛ^{35}fəŋ^{0}
张店	云彩yə̃^{35}ts^{h}ɛ^{0}	风fəŋ^{213}	大风tɑ^{31}fəŋ^{213}
阳谷	云彩yẽ^{55}ts^{h}ɛ^{0}	风fəŋ^{213}	台风t^{h}ɛ^{42}fəŋ^{0}
梁山	云彩yẽ^{55}ts^{h}ɛ^{0}	风fəŋ^{213}	台风t^{h}ɛ^{42}fəŋ^{213}
菏泽	云彩yẽ^{53}ts^{h}ɛ^{0}	风fəŋ^{213}	台风t^{h}ɛ^{53}fəŋ^{213}

续表

	0004云	0005风	0006台风
曹县	云彩yẽ^{53}tsʰai^{0}	风fəŋ^{213}	台风tʰai^{53}fəŋ^{213}
金乡	云彩yẽ^{55}tsʰɛ^{0}	风fəŋ^{213}	（无）
曲阜	云彩yẽ^{55}tsʰɛ^{0}	风fəŋ^{213}	台风tʰɛ^{42}fəŋ^{213}
薛城	云彩yẽ^{55}tsʰɛ^{0}	风fəŋ^{313}	台风tʰɛ^{55}fəŋ^{0}
郯城	云yə̃^{44} 云彩yə̃^{44}tsʰɛ^{0}	风fəŋ^{213}	大风ta^{51}fəŋ^{213} 台风tʰɛ^{44}fəŋ^{213}
临沂	云彩yẽ^{55}tsʰɛ^{0}	风fəŋ^{214}	大旋风ta^{31}ɕyã^{55}fəŋ^{0}

	0007闪电名词	0008雷	0009雨
荣成	闪ʃan^{214}	雷lei^{53}	雨y^{214}
烟台	闪ɕian^{14}	雷lei^{33}	雨y^{14}
栖霞	闪ʃãn^{214}	雷lei^{312} 忽雷xu^{52}lei^{0}	雨y^{214}
长岛	闪ʃan^{213}	雷lei^{55}	雨y^{213}
海阳	闪sã^{214}	雷lei^{52}	雨y^{214}
莱西	闪ʃiã^{55} 闪电ʃiã^{55}tiã^{42}	忽雷xu^{32}lei^{0} 雷lei^{214}	雨y^{55}
平度	闪ʃã^{55}	忽雷xu^{213}li^{42} “雷”读为“黎”	雨y^{55}
青岛	闪ʃã^{55}	忽雷xu^{213}lei^{42} 雷lei^{42}	雨y^{55}
高密	闪ʃã^{55}	雷luei^{42}	雨y^{55}
诸城	闪ʃã^{44}	雷luei^{53} 霹雳pʰi^{213}li^{0}	雨y^{44}
沂水	闪ʃã^{44}	雷lue^{53}	雨y^{44}
临朐	闪ʃã^{44}	雷luei^{53} 呱啦kua^{21}la^{0}	雨y^{44}
日照	闪ʃiã^{44}	雷lei^{53}	雨y^{44}
莒南	闪ʃã^{55}	雷lei^{53}	雨y^{55}
潍坊	闪ʂã^{55}	呱啦kuɑ^{214}lɑ^{0} 雷luei^{53}	雨y^{55}
寿光	闪ʂã^{55}	雷luei^{53}	雨y^{55}

续表

	0007闪电名词	0008雷	0009雨
高青	闪şã^{55}	雷luei^{55}	雨y^{55}
阳信	闪şã^{55}	雷luei^{43}	雨y^{55}
济阳	闪şã^{55}	雷luei^{55} 呱啦kua^{21}la^{0}特别响的雷	雨y^{55}
利津	闪şã^{55} 闪电şã^{55}tiã^{31}	雷luei^{53}	雨y^{55}
乐陵	闪şã^{55}	雷luei^{55} 呱啦kuɑ^{31}lɑ^{0}	雨y^{55}
商河	闪şã^{45}	雷luei^{54} 呱啦kuɑ^{213}lɑ^{0}	雨y^{45}
平原	闪sã^{55}	呱啦kua^{212}la^{0} 雷luei^{42}	雨y^{55}
德州	闪şã^{55}	雷lei^{42}	雨y^{55}
武城	雷电lei^{53}tiã^{312} 呱啦kua^{24}la^{0}	雷lei^{53}	雨y^{55}
临清	闪şan^{44}	雷lei^{53}	雨y^{44}
冠县	闪şã^{55}	雷lei^{53}	雨y^{55}
聊城	闪sã^{44}	雷lei^{53}	雨y^{44}
济南	闪şã^{55}	雷luci^{42} 呱啦kua^{21}la^{0}	雨y^{55}
泰安	闪şã^{55}	雷luei^{42}	雨y^{55}
莱芜	闪电ʃã^{213}tiã^{42}	雷luei^{55}	雨y^{55}
新泰	闪ʃã^{55}	雷luei^{42}	雨y^{55}
沂源	闪ʃã^{55}	雷luei^{55}	雨y^{55}
博山	闪şã^{55}	雷luei^{55}	雨y^{55}
张店	闪şã^{55}	雷luei^{55}	雨y^{55}
阳谷	闪sã^{55}	雷lei^{42}	雨y^{55}
梁山	闪sã^{55}	雷lei^{42}	雨y^{55}
菏泽	闪sã^{44}	雷lei^{53}	雨y^{44}
曹县	闪şã^{44}	雷lei^{53}	雨y^{44}
金乡	闪sã^{55}	雷lei^{42}	雨y^{55}

续表

	0007闪电名词	0008雷	0009雨
曲阜	闪sã^{55}	雷lei^{42}	雨y^{55}
薛城	闪sã^{24}	雷le^{55}	雨y^{24}
郯城	闪ʂã^{24}	雷le^{44}	雨y^{24}
临沂	闪ʃã^{55}	雷lei^{53}	雨y^{55}

	0010下雨	0011淋衣服被雨～湿了	0012晒～粮食
荣成	下雨çia^{33}y^{214}	淋lin^{53}	晒ʂai^{33}
烟台	下雨ɕia^{33}y^{14}	淋lin^{53}	晒sɛ^{33}
栖霞	下雨çia^{55}y^{214}	淋lĩn^{312}	晒sɛi^{52}
长岛	下雨çia^{52}y^{213}	淋lin^{55}	晒sai^{52}
海阳	下雨çia^{55}y^{214}	淋lĩ^{52}	晒ʂɛ^{341}
莱西	下雨çia^{21}y^{55}	淋liẽ^{214}	晒sɛ^{42}
平度	下雨çia^{213}y^{55}	淋liə̃^{42}	晒ʂɛ^{42}
青岛	下雨ɕiɑ^{213}y^{55}	淋liẽ^{42}	晒ʂɛ^{42}
高密	下雨ɕiɑ^{21}y^{55}	淋liə̃^{42}	晒ʂɛ^{21}
诸城	下雨ʃa^{31}y^{44}	淋lẽ^{53}	晒ʃɛ^{31}
沂水	下雨ɕia^{31}y^{44}	淋luẽ^{53}	晒ʂɛ^{31}
临朐	下雨ɕia^{21}y^{44}	淋luə̃^{53}	晒ʂɛ^{21}
日照	下雨ʃiɑ^{31}y^{44}	淋lẽ^{53}	晒ʂɛ^{31}
莒南	下雨ɕia^{31}y^{55}	淋lẽ^{53}	晒ʂɛ^{312}
潍坊	下雨ɕiɑ^{31}y^{55}	淋luẽ^{53}	晒ʂɛ^{31}
寿光	下雨ɕia^{21}y^{55}	淋luə̃^{53}	晒ʂɛ^{21}
高青	下雨ɕiɑ^{41}y^{55}	淋liə̃^{55}	晒ʂɛ^{41}
阳信	下雨ɕia^{31}y^{55}	冲tʂʰuŋ^{213}	晒ʂɛ^{31}
济阳	下雨ɕia^{31}y^{55}	淋luẽ^{55}	晒ʂɛ^{31}
利津	下雨ɕia^{31}y^{55}	淋liẽ^{53}	晒ʂɛ^{31}
乐陵	下雨ɕiɑ^{51}y^{55}	淋luẽ^{55}	晒sɛ^{51}
商河	下雨ɕiɑ^{31}y^{45}	淋luẽ^{54}	晒sɛ^{31}

续表

	0010 下雨	0011 淋衣服被雨～湿了	0012 晒～粮食
平原	下雨ɕia^{21}y^{55}	淋luẽ^{42}	晒sɛi^{21}
德州	下雨ɕia^{21}y^{55}	淋liẽ^{42}	晒ʂɛ^{21}
武城	下雨ɕia^{21}y^{55}	淋liẽ^{53}	晒ʂɛ^{312}
临清	下雨ɕia^{31}y^{44}	淋lin^{53}	晒ʂai^{313}
冠县	下雨ɕia^{31}y^{55}	淋liẽ^{53}	晒ʂɛ^{314}
聊城	下雨ɕia^{31}y^{44}	淋liẽ^{53}	晒sɛ^{313}
济南	下雨ɕia^{21}y^{55}	淋luẽ^{42}	晒ʂɛ^{21}
泰安	下雨ɕia^{21}y^{55}	淋luẽ^{42}	晒ʂɛ^{21}
莱芜	下雨ɕia^{31}y^{55}	淋liẽ^{55}	晒ʃɛ^{42}
新泰	下雨ɕia^{31}y^{55}	淋luẽ^{42}	晒ʃɛ^{31}
沂源	下雨ɕia^{31}y^{55}	淋luə̃^{55}	晒ʃɛ^{31}
博山	下雨ɕiɑ^{31}y^{55}	淋luẽ^{55}	晒ʂɛ^{31}
张店	下雨ɕiɑ^{31}y^{55}	淋luə̃^{55}	晒ʂɛ^{31}
阳谷	下雨ɕia^{31}y^{55}	淋liẽ^{42}	晒sɛ^{313}
梁山	下雨ɕia^{21}y^{55}	淋liẽ^{42}	晒sɛ^{314}
菏泽	下雨ɕia^{31}y^{44}	淋liẽ^{53}	晒sɛ^{312}
曹县	下雨ɕia^{31}y^{44}	淋liẽ^{53}	晒sai^{312}
金乡	下雨ɕia^{31}y^{55}	淋liẽ^{42}	晒sɛ^{312}
曲阜	下雨ɕia^{31}y^{55}	淋liẽ^{42}	晒sɛ^{312}
薛城	下雨ɕia^{41}y^{24}	淋liẽ^{55}	晒sɛ^{41}
郯城	下雨ɕia^{51}y^{24}	淋liə̃^{44}	晒ʂɛ^{51}
临沂	下雨ɕia^{31}y^{55}	淋liẽ^{53}	晒ʃɛ^{312}

	0013 雪	0014 冰	0015 冰雹
荣成	雪siɛ^{214}	冰piŋ^{53}	明子miŋ^{53}tsɿ^{0}小的冰雹 雹子pau^{35}tsɿ^{0}大的冰雹
烟台	雪ɕye^{14}	冰piŋ^{53}	雹子pa^{33}ɾə^{0}
栖霞	雪ʃyɛ^{214}	冰piŋ^{312}	雹子pa^{34}lə^{0}
长岛	雪ʃiɛ^{213}	冰piŋ^{312}	雹子pa^{55}tsɿ^{0}

续表

	0013雪	0014冰	0015冰雹
海阳	雪syə^{214}	冰piŋ^{52}	雹子pa^{34}ə^{0}
莱西	雪ʃyə^{55}	冰piŋ^{214}	雹子pa^{45}tsɿ^{0}
平度	雪syə^{55}	冻①冻təŋ^{213}təŋ^{0}	雹子pa^{45}tθɿ^{0}
青岛	雪syə^{55}	冰pioŋ^{213}	雹子pɑ^{45}tθɿ^{0}
高密	雪syə^{55}	冻冻toŋ^{42}toŋ^{0} 冰pioŋ^{213}	雹子pɑ^{55}tθɿ^{0}
诸城	雪θyə^{44}	冻冻təŋ^{31}təŋ^{0}	雹子pa^{24}tθɿ^{0}
沂水	雪syə^{44}	冻冻tuŋ^{21}tuŋ^{0}	雹子pa^{24}dðɿ^{0}
临朐	雪ɕyə^{44}	冻冻tuŋ^{21}tuŋ^{0}	雹子pa^{35}tθɿ^{0}
日照	雪θyə^{44}	冻冻təŋ^{31}təŋ^{0}	雹子pɑ^{44}tθɿ^{0}
莒南	雪syə^{213}	冻tuŋ^{312}	雹子pa^{24}tθɿ^{0}
潍坊	雪ɕyə^{214}	冻冻toŋ^{31}toŋ^{0}	雹子pɑ^{35}tsɿ^{0}
寿光	雪ɕyə^{213}	冻冻tuŋ^{21}tuŋ^{0}	雹子pa^{35}tsɿ^{0}
高青	雪ɕyə^{213}	冻冻tuŋ^{21}tuŋ^{0}	雹子pɑ^{35}tsɿ^{0}
阳信	雪ɕyə^{213}	冻冻tuŋ^{31}tuŋ^{0}	雹子pɔ^{45}tsɿ^{0}
济阳	雪ɕyə^{213}	冻冻tuŋ^{21}tuŋ^{0}	雹子pa^{24}tsɿ^{0}
利津	雪ɕyə^{44}	冻冻tuŋ^{31}tuŋ^{0}	雹子pɔ^{35}tsɿ^{0}
乐陵	雪ɕyə^{24}	冻冻tuŋ^{31}tuŋ^{0}	雹子pɔ^{55}tsɿ^{0}
商河	雪ɕyə^{45}	冻冻tuŋ^{21}tuŋ^{0} 冰piŋ^{213}	雹子pɔ^{24}tsɿ^{0}
平原	雪ɕyə^{55}	冻冻tuŋ^{21}tuŋ^{0}	雹子pɔu^{55}tsɿ^{0}
德州	雪ɕyə^{213}	冻冻tuŋ^{21}tuŋ^{0} 冰piŋ^{213}	雹子pɔ^{55}tsɿ^{0}
武城	雪ɕyə^{224}	冻冻tuŋ^{312}tuŋ^{0}	冷子ləŋ^{24}tsɿ^{0}
临清	雪ɕyə^{13}	冰piŋ^{13}	冷子ləŋ^{44}tsɿ^{0}
冠县	雪syə^{13}	冰piŋ^{13}	冷子ləŋ^{44}tsɿ^{0}
聊城	雪ɕyə^{13}	冰piŋ^{13}	冷子ləŋ^{44}tsɿ^{0}

① 表示冰的“冻”读阴平，《广韵》德红切，“冻凌”。下同。

续表

	0013雪	0014冰	0015冰雹
济南	雪çyə^{213}	冰piŋ^{213} 冻冻tuŋ^{21}tuŋ^{0} 冰冰piŋ^{21}piŋ^{0}	雹子pa^{445}tsɿ^{0}
泰安	雪çyə^{213}	冻冻tuŋ^{21}tuŋ^{0} 冰piŋ^{213}	雹子pa^{55}tsɿ^{0}
莱芜	雪çyə^{213}	冰piŋ^{213}	冰雹piŋ^{213}pɔ^{55}
新泰	雪çyə^{213}	冻冻tuŋ^{21}tuŋ^{0}	雹子pa^{45}tθɿ^{0}
沂源	雪çyə^{213}	冻冻tuŋ^{42}tuŋ^{0}	雹子pa^{35}tθɿ^{0}
博山	雪çyə^{213}	冻冻tuŋ^{21}tuŋ^{0}	雹子pɑ^{35}ə^{0}
张店	雪çyə^{33}	冻冻tuŋ^{21}tuŋ^{0}	雹子pɑ^{35}zɿ^{0}
阳谷	雪çyo^{213}	都=凌tu^{31}liŋ^{0}	雹子pə^{55}tsɿ^{0}
梁山	雪çyə^{213}	冻冻tuŋ^{21}tuŋ^{0}	雹子pə^{55}tsɿ^{0}
菏泽	雪suə^{213}	冰霤piŋ^{21}liou^{0}	雹子pə^{53}tə^{0}
曹县	雪suə^{213}	冰凉piŋ^{21}liɑŋ^{0}	冷子ləŋ^{44}nẽ^{0}
金乡	雪çyə^{213}	冻冻tuŋ^{31}tuŋ^{0}	雹子pə^{55}tsɿ^{0}
曲阜	雪çyə^{213}	冻冻tuŋ^{31}tuŋ^{0}	雹子pə^{55}tsɿ^{0}
薛城	雪çyə^{313}	冻冻tuŋ^{31}tuŋ^{0} 冰piŋ^{313} 冰冰piŋ^{31}piŋ^{0}少用	冷子ləŋ^{24}tsɿ^{0}
郯城	雪suə^{213}老/çyə^{213}新	溜溜簪=liəu^{44}liəu^{0}tsã^{213} 溜溜丹=liəu^{44}liəu^{0}tã^{213} 冰piŋ^{213}	冷子ləŋ^{24}tsɿ^{0}小 雹子pa^{44}tsɿ^{0}大
临沂	雪çyə^{214}	冻冻tuŋ^{31}tuŋ^{0} 冻tuŋ^{312}上～	雹子pa^{55}tsɿ^{0}

	0016霜	0017雾	0018露
荣成	霜ʂuɑŋ^{53}	雾u^{33}	露lu^{33} 露水lu^{33}ʂuei^{0}
烟台	霜suɑŋ^{53}	雾露u^{33}lu^{0}	露水lu^{33}suei^{0}
栖霞	霜suɑŋ^{312}	雾露u^{34}lu^{0}	露水lu^{34}suei^{0}
长岛	霜suɑŋ^{312}	雾u^{52}	露lu^{52}
海阳	霜ʂuɑŋ^{52}	雾露u^{34}ləu^{0}	露水lu^{34}ʂuei^{0}

续表

	0016霜	0017雾	0018露
莱西	霜suaŋ^{214}	雾露u^{45}lu^{0} 雾u^{42}	露水lu^{45}suei^{0}
平度	霜ʂuaŋ^{213}	雾露u^{45}lu^{0} 雾u^{42}	露水lu^{45}ʂuei^{0}
青岛	霜ʂuaŋ^{213}	雾露u^{45}lu^{0}	露水lu^{45}ʂuei^{0}
高密	霜ʂuaŋ^{213}	雾露u^{21}lu^{0}	露水lu^{21}ʂuei^{0}
诸城	霜ʂuaŋ^{213} 霜雪子ʂuaŋ^{31}θyə^{0}tθʅ^{0}	雾u^{31}	露水lu^{44}ʂuei^{0} 雾露u^{44}lu^{0}
沂水	霜ʂuaŋ^{213}	雾u^{31}	露水lu^{44}ʂue^{0}
临朐	霜雪子ʂuaŋ^{21}ɕyə^{0}tθʅ^{0}	雾u^{21}	露水lu^{44}ʂuei^{0}
日照	霜ʂuaŋ^{213}	雾u^{31} 雾糊u^{31}xu^{0}浓雾 雾露u^{53}lu^{0}雾加小雨	露水lu^{53}ʂuei^{0}
莒南	霜ʃuaŋ^{213}	雾u^{312}	露水lu^{42}ʂuei^{0}
潍坊	霜ʂuaŋ^{214}	雾露u^{55}lu^{0} 雾u^{31}	露水lu^{55}ʂuei^{0}
寿光	霜雪ʂuaŋ^{21}ɕyə^{0}	雾露u^{55}lu^{0}	露水lu^{55}ʂuei^{0}
高青	霜ʂuaŋ^{213}	雾露u^{55}lu^{0}	露水lu^{55}ʂuei^{0}
阳信	霜雪ʂuaŋ^{31}ɕyə^{0}	雾u^{31}	露湿lu^{55}ʂʅ^{0}
济阳	霜ʂuaŋ^{213}	雾u^{31}	露水lu^{55}ʂuei^{0}
利津	霜ʂuaŋ^{213} 霜雪ʂuaŋ^{31}ɕyə^{0}	雾露u^{55}lou^{0}	露水lu^{55}ʂuei^{0}
乐陵	霜ʂuaŋ^{24}	雾u^{51}	露湿lu^{51}ʂʅ^{0}
商河	霜ʂuaŋ^{213} 霜雪ʂuaŋ^{21}ɕyə^{0}	雾u^{31}	露水lu^{54}ʂuei^{0}
平原	霜雪ʂuaŋ^{21}ɕyə^{0}	雾u^{21}	露水lu^{42}ʂuei^{0}
德州	霜ʂuaŋ^{213}	雾u^{21}	露水lu^{42}ʂuei^{0} 露湿lu^{42}ʂʅ^{0}
武城	霜雪ʂuaŋ^{312}ɕyə^{0}	雾u^{312}	露水lu^{53}ʂuei^{0}
临清	霜ʂuaŋ^{13} 霜雪ʂuaŋ^{13}ɕyə^{0}	雾u^{313}	露水lu^{53}suei^{0}
冠县	霜ʂuaŋ^{13}	雾u^{314}	露水lu^{31}ʂuei^{55}

续表

	0016霜	0017雾	0018露
聊城	霜suaŋ^{13}	雾u^{313}	露水lu^{53}suei^{0}
济南	霜ʂuaŋ^{213}	雾u^{21}	露水lu^{55}ʂuei^{0}
泰安	霜ʂuaŋ^{213} 霜雪ʂuaŋ^{21}ɕyə^{0}	雾u^{21} 雾露u^{42}lou^{0}	露水lu^{42}ʂuei^{0} 露lu^{21}
莱芜	霜ʃuaŋ^{213}	雾u^{42}	露lu^{42}
新泰	霜faŋ^{213}	雾u^{31}	露lu^{31}
沂源	霜ʃuaŋ^{213}	雾u^{31}	露水lu^{55}ʃuei^{0}
博山	霜ʂuaŋ^{213}	雾露u^{55}lu^{0}	露水lu^{55}ʂuei^{0}
张店	霜ʂuaŋ^{213}	雾露u^{55}lu^{0}	露水lu^{55}ʂuei^{0}
阳谷	霜faŋ^{213}	雾u^{313}	露水lu^{42}fei^{0}
梁山	霜faŋ^{213}	雾u^{314}	露水lu^{42}fei^{0}
菏泽	霜faŋ^{213}	雾u^{312}	露水lu^{53}fei^{0}
曹县	霜雪faŋ^{213}suə^{213}	雾u^{312}	露水lu^{53}fei^{0}
金乡	霜雪suaŋ^{23}ɕyə^{213}	雾u^{312}	露水lu^{42}suei^{55}
曲阜	霜雪suaŋ^{21}ɕyə^{0}	雾u^{312}	露水lu^{42}suei^{0}
薛城	霜faŋ^{313}	雾u^{41}	露水lu^{41}fe^{0}
郯城	霜faŋ^{213}老/ʂuaŋ^{213}新	水帐子fe^{24}tʂaŋ^{51}tsɿ^{0} 雾u^{51}	露水lu^{51}fe^{24}老/lu^{51}ʂue^{24}新
临沂	霜ʃuaŋ^{214}	雾u^{312}	露水lu^{31}ʃuei^{0}

	0019虹统称	0020日食	0021月食
荣成	虹tsiaŋ^{33}	日食i^{55}ʃi^{0}	月食yɛ^{55}ʃi^{0}
烟台	彩虹tsʰɛ^{21}xuŋ^{33}	日食i^{21}ɕi^{33}	月食ye^{21}ɕi^{33} 天狗吃月亮儿tʰian^{53}kou^{14}tɕʰi^{14}ye^{14}liãr^{0}
栖霞	烧虹ʃiɔo^{52}xuŋ^{342}	日食i^{52}ʃɿ^{342}	月食yɛ^{52}ʃɿ^{342}
长岛	虹tʃaŋ^{52}	日食i^{52}ʃɿ^{55}	月食yɛ^{35}ʃɿ^{55}
海阳	虹tsiaŋ^{341}	日食i^{52}sɿ^{341}	月食yə^{52}sɿ^{341}
莱西	虹xoŋ^{42} 彩虹tsʰɛ^{21}xoŋ^{42}	天狗吃日头tʰiã^{214}kou^{55}tʃʰɿ^{55}i^{42}tʰou^{0} 日食i^{42}ʃɿ^{42}	天狗吃月母tʰiã^{214}kou^{55}tʃʰɿ^{55}yə^{42}mu^{0} 月食yə^{42}ʃɿ^{42}

续表

	0019虹统称	0020日食	0021月食
平度	虹tsiaŋ^{213} 彩虹tθ^{h}ε^{55}xuŋ^{42}	日食i^{213}ʃʅ^{42}	月食yə^{213}ʃʅ^{42}
青岛	虹tɕiaŋ^{55}	天狗吃日头t^{h}iã^{213}kou^{55}tʃ^{h}ʅ^{55} i^{42}t^{h}ou^{0}	天狗吃月亮t^{h}iã^{213}kou^{55}tʃ^{h}ʅ^{55} yə^{42}liaŋ^{0}
高密	虹tɕiaŋ^{21} 彩虹tθ^{h}ε^{213}xoŋ^{42}	天狗吃日头t^{h}iã^{213}kou^{55}tʃ^{h}ʅ^{55} i^{42}t^{h}ou^{0} 日食i^{21}ʃʅ^{42}	天狗吃月明t^{h}iã^{213}kou^{55}tʃ^{h}ʅ^{55} yə^{42}mioŋ^{0} 月食yə^{21}ʃʅ^{42}
诸城	虹tθiaŋ^{31}	日子食i^{44}tθʅ^{0}ʃʅ^{53}	月子食yə^{44}tθʅ^{0}ʃʅ^{53}
沂水	虹dziaŋ^{31}	日子食i^{44}dðʅ^{0}ʃʅ^{53}	月子食yə^{44}dðʅ^{0}ʃʅ^{53}
临朐	虹tɕiaŋ^{21}	日子食ʐʅ^{44}tθʅ^{0}ʃʅ^{53}	月子食yə^{44}tθʅ^{0}ʃʅ^{53}
日照	虹ȶiaŋ^{31}	日食i^{31}ʃʅ^{53}	月食yə^{31}ʃʅ^{53}
莒南	虹tsiaŋ^{312}	天狗吃日头t^{h}iã^{213}kou^{55}tʃ^{h}ʅ^{13} i^{42}t^{h}ou^{0} 日子食i^{42}tθʅ^{0}ʃʅ^{53} 日食i^{31}ʃʅ^{53}	天狗吃月亮t^{h}iã^{213}kou^{55}tʃ^{h}ʅ^{13} yə^{42}liaŋ^{0} 月食yə^{31}ʃʅ^{53}
潍坊	虹tɕiaŋ^{31}	日食ʐʅ^{33}ʂʅ^{53}	月食yə^{31}ʂʅ^{0} 天狗吃月明t^{h}iã^{214}kɤɯ^{55}tʂ^{h}ʅ^{214} yə^{55}miŋ^{0}
寿光	虹tɕiaŋ^{21}	日子食lə^{55}tsʅ^{0}ʂʅ^{53} 天狗吃太阳t^{h}iã^{213}kəu^{55}tʂ^{h}ʅ^{13} t^{h}ε^{21}iaŋ^{53}	月子食yə^{55}tsʅ^{0}ʂʅ^{53} 天狗吃月明t^{h}iã^{213}kəu^{55}tʂ^{h}ʅ^{13} yə^{55}miŋ^{0}
高青	虹tɕiaŋ^{41}	日食ʐʅ^{41}ʂʅ^{55}	天狗吃月亮t^{h}iã^{213}kou^{55}tʂ^{h}ʅ^{55} yə^{55}liaŋ^{0}
阳信	虹tɕiaŋ^{31}	日食ʐʅ^{31}ʂʅ^{43}	月食yə^{31}ʂʅ^{43}
济阳	虹tɕiaŋ^{31}	日食ʐʅ^{31}ʂʅ^{55}	月食yə^{31}ʂʅ^{55} 狗吃月亮kou^{55}tʂ^{h}ʅ^{213}yə^{55}liaŋ^{0}
利津	虹tɕiaŋ^{31}	日食ʐʅ^{31}ʂʅ^{53}	月食yə^{31}ʂʅ^{53}
乐陵	虹tɕiaŋ^{51}	日食ʐʅ^{31}ʂʅ^{55}	月食yə^{31}ʂʅ^{55}
商河	虹tɕiaŋ^{31}	日食ʐʅ^{31}ʂʅ^{54}	天狗吃月亮t^{h}iã^{213}kou^{45}tʂ^{h}ʅ^{45} yə^{54}liaŋ^{0}
平原	虹tɕiaŋ^{21}	天狗吃老爷儿t^{h}iã^{212}kou^{55}tʂ^{h}ʅ^{55} lɔu^{212}iᴇr^{42}	天狗吃月亮t^{h}iã^{212}kou^{55}tʂ^{h}ʅ^{212} yə^{42}liaŋ^{0}
德州	虹虹xuŋ^{55}tɕiaŋ^{0}两“虹”字异读	日食ʐʅ^{21}ʂʅ^{42}	天狗吃月亮t^{h}iã^{213}kou^{55}tʂ^{h}ʅ^{213} yə^{42}liaŋ^{0}

续表

	0019虹统称	0020日食	0021月食
武城	虹tɕiaŋ^{312}	日食ɭə^{21}ʂʅ^{53}	月食yə^{21}ʂʅ^{53}
临清	彩虹tsʰai^{44}xuŋ^{53} 虹tɕiaŋ^{313}	日食zʅ^{31}ʂʅ^{53}	月食yə^{31}ʂʅ^{53}
冠县	虹tɕiaŋ^{314}	食太阳ʂʅ^{53}tʰɛ^{31}iaŋ^{0}	食月姥娘ʂʅ^{53}yə^{31}lɔ^{13}ȵiaŋ^{55}
聊城	彩虹tsʰɛ^{44}xuŋ^{53}	日食zɿ^{31}sɿ^{53}	月食yə^{31}sɿ^{53} 狗吃月亮kou^{44}tsʰɿ^{13}yə^{31}liaŋ^{0}
济南	虹tɕiaŋ^{21}	日食zʅ^{21}ʂʅ^{42}	月食yə^{21}ʂʅ^{42}
泰安	虹tɕiaŋ^{21}	日食zʅ^{21}ʂʅ^{42} 天狗吃太阳tʰiã^{213}kou^{55}tʂʰʅ^{23} tʰɛ^{21}iaŋ^{42}	月食yə^{21}ʂʅ^{42} 天狗吃月亮tʰiã^{213}kou^{55}tʂʰʅ^{213} yə^{42}liaŋ^{0}
莱芜	虹tɕiaŋ^{42}	日子食ʒʅ^{55}tsɿ^{0}ʃʅ^{55}	月子食yə^{55}tsɿ^{0}ʃʅ^{55}
新泰	虹tɕiaŋ^{31}	日子食ʒʅ^{54}tθɿ^{0}ʃʅ^{42} 天狗吃嘮老爷爷嘛tʰiã^{23}kou^{23} tʃʰʅ^{21}lɔ^{0}lɔ^{21}iə^{45}iə^{0}lia^{0}	月子食yə^{54}tθɿ^{0}ʃʅ^{42} 天狗吃嘮月明嘛tʰiã^{23}kou^{23} tʃʰʅ^{21}lɔ^{0}yə^{54}miŋ^{0}lia^{0}
沂源	虹tɕiaŋ^{31}	日子食i^{55}tθɿ^{0}ʃʅ^{55}	月子食yə^{55}tθɿ^{0}ʃʅ^{55}
博山	虹tɕiaŋ^{31}	天狗吃［了］太阳唓tʰiã^{213} kəu^{55}tʂʰʅ^{22}tʰɛ^{31}iaŋ^{55}liã^{0}	天狗吃［了］月明唓tʰiã^{213} kəu^{55}tʂʰʅ^{22}yə^{55}miŋ^{0}liã^{0}
张店	虹tɕiaŋ^{31}	日食zʅ^{31}ʂʅ^{55}	月食yə^{31}ʂʅ^{55}
阳谷	虹tɕiaŋ^{313}	日食zɿ^{31}sɿ^{42}	月食yʊ^{31}sɿ^{42} 天狗吃月亮tʰia^{13}kou^{55}tsʰɿ^{213} yo^{13}liaŋ^{313}
梁山	虹tɕiaŋ^{314}	日食zɿ^{31}sɿ^{42}	月食yə^{31}sɿ^{42}
菏泽	虹tɕiaŋ^{312}	日食zɿ^{213}sɿ^{53}	月食yə^{213}sɿ^{53}
曹县	虹tɕiaŋ^{312}	日食zʅ^{31}ʂʅ^{53}	天狗把月姥娘吃啦tʰiã^{31}kou^{44} pa^{31}yə^{31}lɔ^{44}ȵiaŋ^{0}tʂʰʅ^{31}la^{0}
金乡	虹tɕiaŋ^{312}	日食zɿ^{213}sɿ^{42}	狗吃月姥娘kou^{55}tsʰɿ^{23}yə^{21} lɔ^{23}ȵiaŋ^{0}
曲阜	虹tɕiaŋ^{312}	日食zɿ^{213}sɿ^{42}	月食yə^{213}sɿ^{42}
薛城	虹tɕiaŋ^{41}	日食zɿ^{31}sɿ^{55}	月食yə^{31}sɿ^{55}
郯城	虹tɕiaŋ^{51}	日食zʅ^{21}ʂʅ^{44}	天狗吃月亮tʰiã^{21}kəu^{24}tʂʰʅ^{13} yə^{21}liaŋ^{51}
临沂	虹tɕiaŋ^{312}	狗吃日头kou^{55}tʃʰʅ^{214}zʅ^{21}tʰou^{0} 狗吃太阳kou^{55}tʃʰʅ^{214}tʰɛ^{31}iaŋ^{53}	狗吃月亮kou^{55}tʃʰʅ^{214}yə^{24}liaŋ^{312}

	0022天气	0023晴天～	0024阴天～
荣成	天儿tʰiɐr^{53}	晴tsʰiŋ^{35}	阴in^{53}
烟台	天儿tʰiɐr^{53}	晴tɕʰiŋ^{53}	阴in^{53}
栖霞	天气tʰiãn^{52}cʰi^{0}	晴tʃʰiŋ^{312}	阴ỹn^{312}
长岛	天气tʰian^{31}cʰi^{0}	晴tʃʰəŋ^{312}	阴in^{312}
海阳	天儿tʰiɐr^{52}	晴tsʰiŋ^{341}	阴ĩ^{52}
莱西	天tʰiã^{214}	晴tʃʰiŋ^{214}	阴iẽ^{214}
平度	天tʰiã^{213}	晴tsʰiŋ^{42}	阴iə̃^{213}
青岛	天tʰiã^{213}	晴tsʰioŋ^{42}	阴iẽ^{213}
高密	天tʰiã^{213}	好天xɔ^{42}tʰiã^{213} 晴tsʰioŋ^{42}	阴iə̃^{213}
诸城	天气ȶʰiã^{31}tʃʰʅ^{0}	晴tθʰiəŋ^{53}	阴iẽ^{213}
沂水	天tʰiã^{213}	晴tsʰiŋ^{53}	阴乎着iẽ^{21}xu^{0}tʂɔ^{0}
临朐	天气tʰiã^{21}tɕʰi^{0}	晴tɕʰiŋ^{53} 好天xɔ^{44}tʰiã^{213}	阴iə̃^{213}
日照	天气tʰiã^{31}tʃʰʅ^{0}	晴ȶʰiəŋ^{53}	阴iẽ^{213}
莒南	天tʰiã^{213} 天气tʰiã^{21}tɕʰi^{0}	好xɔ^{55} 晴tsʰiŋ^{53}	不好pu^{53}xɔ^{55} 阴iẽ^{213}
潍坊	天tʰiã^{214} 天气tʰiã^{31}tɕʰi^{0}	好天xɔɤ^{55}tʰiã^{214} 晴tɕʰiŋ^{53}	阴iẽ^{214}
寿光	天儿tʰiɛr^{213}	好天儿xɔ^{55}tʰiɛr^{213} 晴天儿tɕʰiŋ^{53}tʰiɛr^{213}	阴iə̃^{213}
高青	天儿tʰiar^{213}	晴tɕʰiŋ^{55}	阴iə̃^{213}
阳信	天气tʰiã^{31}tɕʰi^{0} 天tʰiã^{213}	晴tɕʰiŋ^{43} 晴天嗹tɕʰiŋ^{43}tʰiã^{31}liã^{0}	阴iə̃^{213} 阴天嗹iə̃^{213}tʰiã^{31}liã^{0}
济阳	天儿tʰiɛr^{213}	晴tɕʰiŋ^{55}	阴iẽ^{213}
利津	天气tʰiã^{24}tɕʰi^{31}	晴tɕʰiŋ^{53}	阴iẽ^{213}
乐陵	天气tʰiã^{31}tɕʰi^{0}	晴tɕʰiŋ^{55}	阴iẽ^{24}
商河	天气tʰiã^{21}tɕʰi^{0}	晴tɕʰiŋ^{54}	阴iẽ^{213}
平原	天气tʰiã^{23}tɕʰi^{21}	晴tɕʰiŋ^{42}	阴iẽ^{213}
德州	天儿tʰiɛr^{213}	晴tɕʰiŋ^{42}	阴iẽ^{213}
武城	天气tʰiã^{24}tɕʰi^{0}	晴tɕʰiŋ^{53}	阴iẽ^{224}

续表

	0022天气	0023晴天～	0024阴天～
临清	天气tʰian^{13}tɕʰi^{0}	晴tɕʰiŋ^{53}	阴in^{13}
冠县	天tʰiã^{13}	晴tsʰiŋ^{53}	阴iẽ^{13}
聊城	天气tʰiã^{13}tɕʰi^{313}	晴tɕʰiŋ^{53}	阴iẽ^{13}
济南	天儿tʰiɛr^{213} 天气tʰiã^{23}tɕʰi^{21}	晴tɕʰiŋ^{42}	阴iẽ^{213}
泰安	天儿tʰiɛr^{213} 天气tʰiã^{23}tɕʰi^{21}	晴tɕʰiŋ^{42}	阴iẽ^{213}
莱芜	天气tʰiã^{213}tɕʰi^{42}	晴tɕʰiŋ^{55}	阴iẽ^{213}
新泰	天tʰiã^{213}	晴tɕʰiŋ^{42}	阴iẽ^{213}
沂源	天tʰiã^{213}	晴tʰiŋ^{55}	阴iə̃^{213}
博山	天气tʰiã^{213}tɕʰi^{31}/tʰiã^{21}tɕʰi^{0}	晴天tɕʰiŋ^{55}tiã^{213}	阴天iẽ^{213}tʰiã^{213}
张店	天气tʰiã^{21}tɕʰi^{0}	晴tɕʰiŋ^{55}	阴iə̃^{213}
阳谷	天tʰiã^{213}	晴tɕʰiŋ^{42}	阴iẽ^{213}
梁山	天儿tʰiɛr^{213}	晴tɕʰiŋ^{42}	阴iẽ^{213}
菏泽	天儿tʰiɛr^{213} 天气tʰiã^{213}tɕʰi^{312}	晴tɕʰiŋ^{53} 亮liɑŋ^{312}	阴iẽ^{213}
曹县	天气tʰiã^{13}tɕʰi^{312}	晴tɕʰiŋ^{53}	阴iẽ^{213}
金乡	天气tʰiã^{23}tɕʰi^{0}	晴tɕʰiŋ^{42}	阴iẽ^{213}
曲阜	天儿tʰiɛr^{213}	晴tɕʰiŋ^{42}	阴iẽ^{213}
薛城	天tʰiã^{313} 天气tʰiã^{313}tɕʰi^{41}	晴tɕʰiŋ^{55}	阴iẽ^{313}
郯城	天tʰiã^{213} 天儿tʰiɛr^{213}	晴tɕʰiŋ^{44}	阴iə̃^{213}
临沂	天tʰiã^{214} 天儿tʰiɛr^{214}	晴tɕʰiŋ^{53}	阴iẽ^{214}

	0025旱天～	0026涝天～	0027天亮
荣成	干kan^{53}	涝lau^{33}	天亮tʰian^{53}liɑŋ^{33}
烟台	旱xan^{33}	涝lau^{33}	天亮tʰian^{53}liɑŋ^{33}
栖霞	干kã^{312}	涝lɔo^{342}	傍明儿pɑŋ^{34}mə̃r^{52}
长岛	旱xan^{52}	涝lau^{52}	天亮tʰian^{31}liɑŋ^{52}

续表

	0025 旱天～	0026 涝天～	0027 天亮
海阳	干 kã^{52}	涝 lɔ^{341}	亮儿天 liɑ̃r^{34}tʰiã^{52} 天亮 tʰiã^{52}liɑŋ^{341}
莱西	旱 xã^{42}	涝 lɔ^{42}	明儿天了 mə̃r^{214}tʰiã^{214}lə^{0} 天亮了 tʰiã^{214}liɑŋ^{42}lə^{0}
平度	旱 xã^{42}	涝 lɔ^{42}	明天了 miŋ^{42}tʰiã^{213}lə^{0} 天明了 tʰiã^{213}miŋ^{45}lə^{0}
青岛	旱 xã^{42}	涝 lɔ^{42}	明天了 mioŋ^{42}tʰiã^{213}lə^{0} 天明了 tʰiã^{213}mioŋ^{42}lə^{0} 天亮了 tʰiã^{213}liɑŋ^{42}lə^{0}
高密	旱 xã^{21}	涝 lɔ^{21}	明天了 mioŋ^{42}tʰiã^{213}lə^{0} 天明了 tʰiã^{213}mioŋ^{55}lə^{0} 放亮了 fɑŋ^{21}liɑŋ^{42}lə^{0}
诸城	旱 xã^{31}	涝 lɔ^{31}	明天了 miəŋ^{53}ȶʰiã^{31}lə^{0}
沂水	旱 xã^{31}	涝 lɔ^{31}	天明 tʰiã^{213}miŋ^{53}
临朐	旱 xã^{21}	涝 lɔ^{21}	放亮 fɑŋ^{21}liɑŋ^{21} 天明 tʰiã^{213}miŋ^{53}
日照	旱 xã^{31}	涝 lɔ^{31}	天明了 tʰiã^{213}miəŋ^{44}lə^{0}
莒南	旱 xã^{312}	涝 lɔ^{312}	天明 tʰiã^{213}miŋ^{53}
潍坊	旱 xã^{31}	涝 lɔɤ^{31}	明天嗹 miŋ^{35}tʰiã^{31}liã^{0} 天亮嗹 tʰiã^{214}liɑŋ^{55}liã^{0}
寿光	旱 xã^{21}	涝 lɔ^{21}	放亮儿 fɑŋ^{13}liɑ̃r^{21} 天明 tʰiã^{213}miŋ^{53}
高青	旱 xã^{41}	涝 lɔ^{41}	明天了 miŋ^{55}tʰiã^{21}lə^{0}
阳信	旱 xã^{31}	涝 lɔ^{31}	明天嗹 miŋ^{43}tʰiã^{31}liã^{0}
济阳	旱 xã^{31}	涝 lɔ^{31}	明天儿俩 miŋ^{55}tʰiɛr^{21}lia^{0}
利津	旱 xã^{31}	涝 lɔ^{31}	明哩天了 miŋ^{35}li^{0}tʰiã^{31}lə^{0} 天明了 tʰiã^{213}miŋ^{35}lə^{0}
乐陵	旱 xã^{51}	涝 lɔ^{51}	天明咧 tʰiã^{212}miŋ^{55}liə^{0}
商河	旱 xã^{31}	涝 lɔ^{31}	明天俩 miŋ^{24}tʰiã^{0}liɑ^{0}
平原	旱 xã^{21}	涝 lɔu^{21}	明俩 miŋ^{55}lia^{0}
德州	旱 xã^{21}	涝 lɔ^{21}	天明 tʰiã^{213}miŋ^{42}
武城	旱 xã^{312}	涝 lɔ^{312}	天明唠 tʰiã^{24}miŋ^{55}lɔ^{0}

续表

	0025旱天～	0026涝天～	0027天亮
临清	旱xan^{313}	涝lau^{313}	天明tʰian^{13}miŋ^{53} 天亮tʰian^{13}liɑŋ^{313}
冠县	旱xã^{314}	涝lɔ^{314}	天明tʰiã^{13}miŋ^{53}
聊城	旱xã^{313}	涝lɔ^{313}	天明tʰiã^{13}miŋ^{53} 天亮tʰiã^{13}liɑŋ^{313}
济南	旱xã^{21}	涝lɔ^{21}	天明tʰiã^{213}miŋ^{42} 明天哂miŋ^{445}tʰiã^{0}lia^{0}
泰安	旱xã^{21}	涝lɔ^{21}	天明tʰiã^{213}miŋ^{42} 明天miŋ^{42}tʰiã^{213}
莱芜	旱xã^{42}	涝lɔ^{42}	天明tʰiã^{213}miŋ^{55}
新泰	旱xã^{31}	涝lɔ^{31}	明唠天哂miŋ^{45}lɔ^{0}tʰiã^{21}lia^{0}
沂源	旱xã^{31}	涝lɔ^{31}	明天了miŋ^{55}tʰiã^{0}lə^{0}
博山	旱xã^{55}	涝lɔ^{31}	天明嗹tʰiã^{21}miŋ^{0}liã^{0} 明天嗹miŋ^{55}tʰiã^{0}liã^{0}
张店	旱xã^{31}	涝lɔ^{31}	明天嗹miŋ^{55}tʰiã^{21}liã^{0}
阳谷	旱xã^{313}	淹iã^{31}	天明啦tʰiã^{13}miŋ^{55}la^{0}
梁山	旱xã^{314}	涝lɔ^{314}	天明tʰiã^{213}miŋ^{42}
菏泽	旱xã^{312}	淹iã^{213}	天明tʰiã^{213}miŋ^{53}
曹县	旱xã^{312}	涝lɔ^{312}	天明tʰiã^{213}miŋ^{53}
金乡	旱xã^{312}	淹啦iã^{21}la^{0}	天明tʰiã^{213}miŋ^{42}
曲阜	干旱kã^{23}xã^{312}	涝lɔ^{312}	天明tʰiã^{213}miŋ^{42}
薛城	旱xã^{41}	涝lɔ^{41}	天明啦tʰiã^{31}miŋ^{55}la^{0}
郯城	旱xã^{51}	涝lɔ^{51}	天明tʰiã^{21}miŋ^{44} 天放明tʰiã^{21}fɑŋ^{51}miŋ^{44} 天亮tʰiã^{21}liɑŋ^{51}
临沂	旱xã^{312}	涝lɔ^{312}	天明tʰiã^{24}miŋ^{53}

	0028水田	0029旱地浇不上水的耕地	0030田埂
荣成	稻地tau^{33}ti^{33}	干地kan^{53}ti^{33}	地堰子ti^{33}ian^{35}tsɿ^{0}
烟台	水田suei^{21}tʰian^{33}	旱地xan^{53}ti^{33}	地堰子ti^{53}ian^{21}ɾə^{0}
栖霞	泊地pʰə^{34}ti^{342}	山堐地sãn^{52}ciɑŋ^{34}ti^{342}	地堰儿ti^{34}iɐr^{52}

续表

	0028 水田	0029 旱地浇不上水的耕地	0030 田埂
长岛	稻田 tau^{52}t^{h}ian^{55}	干地 kan^{31}ti^{52}	地格子 ti^{52}kə^{35}tsɿ^{0}
海阳	水稻田 ʂuei^{21}tɔ^{52}t^{h}iã^{341}	山地 ʂã^{52}ti^{0}	地堰 ti^{52}iã^{341}
莱西	稻田 tɔ^{21}t^{h}iã^{42} 本地无	旱地 xã^{42}ti^{0}	畦子背儿 ʃʅ^{45}tsɿ^{0}per^{42}
平度	稻田 tɔ^{42}t^{h}iã^{42} 本地无	薄地 pə^{42}ti^{0}	畦子背儿 çi^{45}tθʅ^{0}per^{42}
青岛	水田 ʂuei^{55}t^{h}iã^{42}	山地 ʂã^{213}ti^{42} 山岭地 ʂã^{213}lioŋ^{55}ti^{42}	畦子埂 si^{45}tθʅ^{0}koŋ^{55} 岭 lioŋ^{55} 庄稼培在～里
高密	稻田 tɔ^{21}t^{h}iã^{42} 本地无	旱地 xã^{23}ti^{21}	畦子埂儿 si^{55}tθʅ^{0}kõr^{55}
诸城	（无）	地 ȶi^{31}	脊子 tθiə^{213}tθʅ^{0} “脊”读为“节”
沂水	（无）	旱地 xã^{31}ti^{31}	地欠$^{=}$①儿 ti^{31}tç^{h}iɛr^{31}
临朐	（无）	旱地 xã^{21}ti^{21}	畦脊子 çi^{53}tçi^{213}tθʅ^{0}
日照	稻田 tɔ^{31}t^{h}iã^{53}	地 ti^{31} 岭头儿地 liəŋ^{213}t^{h}our^{53}ti^{31} 不长庄稼的地	地隔子 ti^{31}kei^{213}tθʅ^{0} 较老的说法 地欠$^{=}$子 ti^{31}tʃ^{h}iã^{53}tθʅ^{0}
莒南	（无）	薄地 pə^{53}ti^{31}	畦子埂 çi^{24}tθʅ^{0}kəŋ^{55}
潍坊	稻田 tɔɤ^{31}t^{h}iã^{53} 本地无	旱地 xã^{55}ti^{0}	畦隔子 çi^{53}kei^{214}tsɿ^{0} 地垄儿 ti^{214}lõr^{55}
寿光	（无）	旱地 xã^{21}ti^{21}	脊子 tçi^{213}tsɿ^{0}
高青	（无）	地 ti^{41} 坡 p^{h}ə^{213}	（无）
阳信	（无）	旱地 xã^{31}ti^{31}	畦背儿 tç^{h}i^{55}per^{31}
济阳	稻田 tɔ^{31}t^{h}iã^{55}	旱田 xã^{31}t^{h}iã^{55}	畦脊子 çi^{55}tçi^{23}tsɿ^{0}
利津	水田 ʂuei^{55}t^{h}iã^{53}	旱地 xã^{24}ti^{31}	脊子 tçi^{24}tsɿ^{0}
乐陵	水田 ʂuei^{55}t^{h}iã^{55}	旱地 xã^{24}ti^{51}	畦背子 tç^{h}i^{55}pei^{55}tsɿ^{0}
商河	水田 ʂuei^{45}t^{h}iã^{54}	旱地 xã^{24}ti^{31}	岭子 liŋ^{213}tsɿ^{0}
平原	水田 ʂuei^{212}t^{h}iã^{42}	旱地 xã^{23}ti^{21}	畦背儿 çi^{55}pər^{21}
德州	（无）	旱地 xã^{213}ti^{21}	埂 kəŋ^{55}
武城	水田 ʂuei^{55}t^{h}iã^{53}	旱地 xã^{24}ti^{312}	畦背儿 çi^{55}per^{312}

① 今山东中南部与苏北、皖北很多地方称门槛为“门欠”，田埂与门槛义通，都是“条状突起”。参见0313“门槛儿”。其本字待考。

续表

	0028 水田	0029 旱地浇不上水的耕地	0030 田埂
临清	（无）	（无）	田埂 tʰian^{53}kəŋ^{13}
冠县	水田 ʂuei^{55}tʰiã^{53}	旱地 xã^{24}ti^{314}	畦埂儿 tɕʰi^{53}kər^{55}
聊城	（无）	（无）	地背儿 ti^{13}per^{313}
济南	水田 ʂuei^{55}tʰiã^{42}	旱地 xã^{23}ti^{21}	地边儿 ti^{21}piɛr^{213} 地边子 ti^{23}piã^{21}tsɿ^{0}
泰安	（无）	旱地 xã^{21}ti^{21}	埝子 luẽ^{213}tsɿ^{0}
莱芜	稻池 tɔ^{31}tʃʰʅ^{55}	旱地 xã^{31}ti^{42}	堰边 iã^{31}piã^{213}
新泰	水田 fei^{23}tʰiã^{42}	旱地 xã^{31}ti^{31}	埝子 luẽ^{213}tθɿ^{0}
沂源	（无）	旱地 xã^{31}ti^{31}	地脊子 ti^{31}ti^{21}tθɿ^{0}
博山	（无）	旱地 xã^{31}ti^{31}	脊子 tɕi^{22}ə^{0}
张店	（无）	旱地 xã^{31}ti^{31}	脊子 tɕi^{33}ɿ^{0} 地边儿 ti^{31}piɛ^{213}
阳谷	水田 fei^{55}tʰiã^{42}	旱地 xã^{13}ti^{313}	埂儿 kar^{55}
梁山	（无）	旱地 xã^{21}ti^{314}	畦田埂 ɕi^{42}tʰiã^{42}kəŋ^{55}
菏泽	（无）	旱地 xã^{213}ti^{312}	埂 kəŋ^{44}
曹县	（无）	旱地 xã^{13}ti^{312}	畦埂儿 tɕʰi^{53}kə̃r^{44}
金乡	稻田 tɔ^{31}tʰiã^{42}	旱地 xã^{312}ti^{31}	地埂子 ti^{31}kəŋ^{23}tsɿ^{0}
曲阜	稻田 tɔ^{31}tʰiã^{42}	旱地 xã^{23}ti^{312}	畦墙背儿 ɕi^{55}tɕʰiaŋ^{42}per^{312} 埝子 luẽ^{213}tsɿ^{0}
薛城	（无）	旱地 xã^{41}ti^{41}	畦墙子 ɕi^{55}tɕʰiɑŋ^{55}tsɿ^{0} 只用于菜地 岭子 liŋ^{24}tsɿ^{0} 可用于菜地、麦地等
郯城	水田 fe^{24}tʰiã^{44} 老 /ʂue^{24}tʰiã^{44} 新	旱田 xã^{51}tʰiã^{44}	畦子 ɕi^{44}tsɿ^{0} 小 埂子 kəŋ^{24}tsɿ^{0} 大
临沂	水田 ʃuei^{55}tʰiã^{53}	旱地 xã^{31}ti^{312}	田埂儿 tʰiã^{53}kɤ̃r^{55}

	0031 路野外的	0032 山	0033 山谷
荣成	山道儿 ʂan^{53}taur^{33}	山 ʂan^{53}	山沟儿 ʂan^{53}kəur^{53}
烟台	大道 ta^{53}tau^{33} 小道儿 ɕiau^{21}taur^{33}	山 san^{53}	山沟儿 san^{35}kour^{53}

续表

	0031路野外的	0032山	0033山谷
栖霞	道tɔo^{342}	山sãn^{312}	山沟儿sãn^{34}kəur^{312}
长岛	道儿taur^{52}	山san^{312}	山沟儿san^{55}kour^{31}
海阳	道tɔ^{341}	山ʂã^{52}	山沟儿ʂã^{34}kəur^{52}
莱西	道tɔ^{42}	山sã^{214}	山谷sã^{214}ku^{55}
平度	小道儿siɔ^{55}tɔr^{42} 小路儿siɔ^{55}ʐur^{42}	山ʂã^{213}	山沟儿ʂã^{55}kour^{213}
青岛	小路儿siɔ^{55}lur^{42}	山ʂã^{213}	山沟儿ʂã^{55}kour^{213} 山涧ʂã^{213}tɕiã^{42}
高密	路lu^{21}	山ʂã^{213}	山沟儿ʂã^{23}kour^{213}
诸城	路lu^{31}	山ʂã^{213}	山沟儿ʂã^{24}kour^{213}
沂水	路lu^{31}	山ʂã^{213}	山沟ʂã^{24}kou^{213}
临朐	路lu^{21}	山ʂã^{213}	光崖kuaŋ^{21}iɛ^{0}
日照	路lu^{31}	山ʂã^{213}	山沟儿ʂã^{44}kour^{213}
莒南	小路siɔ^{55}lu^{31} 山路ʂã^{13}lu^{31}	山ʂã^{213}	山沟儿ʂã^{13}kour^{213}
潍坊	土路tʰu^{55}lu^{0}	山ʂã^{214}	山涧沟儿ʂã^{214}tɕiã^{31}kour^{214} 山沟儿ʂã^{24}kour^{214}
寿光	道儿tɔr^{21}	山ʂã^{213}	（无）
高青	道tɔ^{41}	山ʂã^{213}	（无）
阳信	道儿tɔr^{31}	山ʂã^{213}	山沟子ʂã^{213}kou^{31}tsɿ^{0}
济阳	道tɔ^{31}	山ʂã^{213}	山沟儿ʂã^{55}kour^{213}
利津	道儿tɔr^{31}	山ʂã^{213}	山谷ʂã^{213}ku^{24}
乐陵	道儿tɔr^{51}	山sã^{24}	山沟子sã^{24}kou^{31}tsɿ^{0}
商河	道tɔ^{31}	山sã^{213}	山沟儿sã^{24}kour^{213}
平原	道儿tɔur^{21}	山sã^{213}	山沟儿sã^{23}kour^{213}
德州	道儿tɔr^{21}	山ʂã^{213}	（无）
武城	道儿tɔr^{312}	山ʂã^{224}	山沟儿ʂã^{24}kour^{224}
临清	路儿lur^{313} 道儿taur^{313}	山ʂan^{13}	（无）
冠县	路lu^{314}	山ʂã^{13}	山谷ʂã^{13}ku^{13}

续表

	0031路野外的	0032山	0033山谷
聊城	土路儿$t^hu^{44}lur^{313}$	山sã^{13}	山沟儿sã^{13}kour^{13}
济南	道儿tɔr^{21}	山ʂã^{213}	山沟儿ʂã^{23}kour^{213}
泰安	路lu^{21} 道tɔ^{21}	山ʂã^{213}	山沟ʂã^{23}kou^{213}
莱芜	路lu^{42}	山ʃã^{213}	峪沟道y^{31}kou^{31}tɔ^{0}
新泰	路lu^{31}	山ʃã^{213}	峪y^{31}
沂源	路lu^{31}	山ʃã^{213}	山沟儿ʃã^{55}kour^{213}
博山	路lu^{31} 道tɔ^{31}	山ʂã^{213}	山峪ʂã^{213}y^{31}
张店	路lu^{31} 道tɔ^{31}	山ʂã^{213}	山沟ʂã^{213}kou^{213}
阳谷	路lu^{313}	山sã^{213}	山谷sã^{13}ku^{213}
梁山	路lu^{314}	山sã^{213}	山涧沟sã^{23}tɕiaŋ^{31}kou^{213} “涧”读为“降”
菏泽	道tɔ^{312}	山sã^{213}	山沟sã^{213}kou^{213}
曹县	路lu^{312}	山sã^{213}	山谷sã^{213}ku^{213}
金乡	路lu^{312}	山sã^{213}	山沟sã^{23}kou^{213}
曲阜	路lu^{312}	山sã^{213}	山沟儿sã^{23}kour^{213}
薛城	路lu^{41}	山sã^{313}	山沟儿sã^{23}kour^{313}
郯城	小路ɕiɔ^{24}lu^{51} 生产路ʂəŋ^{21}tʂ^{h}ã^{24}lu^{51}	山ʂã^{213}	山沟儿ʂã^{13}kəur^{213} 山沟儿沟儿ʂã^{13}kəur^{21}kəur^{0}
临沂	路lu^{312}	山ʃã^{214}	山沟ʃã^{24}kou^{214}

	0034江①大的河	0035溪小的河	0036水沟儿较小的水道
荣成	大河ta^{33}xuo^{35}	小河siau^{21}xuo^{35}	水沟儿ʂuei^{21}kəur^{53}
烟台	大河ta^{53}xuo^{33}	小水流儿ɕiau^{33}suei^{21}liour^{33} 小河儿ɕiau^{21}xuor^{33}	水沟儿suei^{14}kour^{53}
栖霞	大河ta^{55}xuo^{342}	小河ʃiɔo^{21}xuo^{342}	小水沟儿ʃiɔo^{21}suei^{34}kəur^{312}

① 本条目下有些点记为“江”，实际上是书面说法。山东无以“江”名大河者。记“无”者亦误，应为“河”或“大河”之类。

续表

	0034江大的河	0035溪小的河	0036水沟儿较小的水道
长岛	江ciaŋ^{312}	小河儿ʃau^{21}xər^{55}	水沟儿suei^{55}kour^{31}
海阳	大河ta^{52}xuo^{341}	小河儿siɔ^{21}xuor^{341}	水流沟儿ʂuei^{21}liəu^{0}kəur^{52}
莱西	江ciaŋ^{214}有名无物	溪çi^{214}	水沟suei^{55}kou^{214}
平度	江ciaŋ^{213}本地无	小沟儿siɔ^{55}kour^{213}	水沟儿ʂuei^{55}kour^{213}
青岛	江tɕiaŋ^{213}	小河儿siɔ^{55}xuər^{42}	小水沟儿siɔ^{213}ʂuei^{55}kour^{213}
高密	大河ta^{21}xuə^{42}	小河儿siɔ^{213}xuər^{42}稍大且长 小水沟儿siɔ^{21}ʂuei^{55}kour^{0}稍小且短	水沟儿ʂuei^{21}kour^{213}
诸城	大河ta^{31}xuə^{53}	小河儿θiɔ^{45}xuər^{53}	河沟子xuə^{24}kou^{0}tθɿ^{0}
沂水	大河涯ta^{24}xuə^{0}iɛ^{53} "大"又读ta^{31}	小河涯儿ɕiɔ^{213}xuə^{53}ɻɛr^{53}	水沟儿ʂue^{44}kour^{213}
临朐	河xuə^{53}	小河儿ɕiɔ^{213}xuər^{53}	水沟子ʂuei^{213}kəu^{0}tθɿ^{0}
日照	大河ta^{31}xuə^{53}	小河儿θiɔ^{24}xuər^{53} 小河儿沟儿θiɔ^{24}xuər^{44}kour^{0}	水沟ʂuei^{44}kou^{213}
莒南	大河ta^{31}xə^{53}	沟kou^{213}	小水沟儿siɔ^{55}ʂuei^{53}kour^{213}
潍坊	江tɕiaŋ^{214}	小河儿ɕiɔɤ^{55}xuər^{53}	水沟子ʂuei^{214}kɤɯ^{0}tsɿ^{0}
寿光	河xuə^{53}	河xuə^{53}	水沟子ʂuei^{24}kəu^{0}tsɿ^{0}
高青	河xə^{55}	沟kou^{213}	毛沟mɔ^{35}kou^{0}
阳信	大河ta^{31}xə^{43}	小河儿ɕiɔ^{55}xər^{43}	阳沟iaŋ^{45}kou^{0}
济阳	河xə^{55}	沟kou^{213}	水阳沟ʂuei^{21}iaŋ^{24}kou^{0}
利津	江tɕiaŋ^{213}	河xə^{53}	水沟ʂuei^{55}kou^{213}
乐陵	江tɕiaŋ^{24}	沟kou^{24}	水沟ʂuei^{55}kou^{24}
商河	江tɕiaŋ^{213}	小河儿ɕiɔ^{45}xər^{54}	水沟儿ʂuei^{45}kour^{213}
平原	江tɕiaŋ^{213}	河沟儿xə^{42}kour^{213}	水沟儿ʂuei^{42}kour^{213}
德州	河xə^{42}	水沟儿ʂuei^{55}kour^{213}	水沟儿ʂuei^{55}kour^{213}
武城	江tɕiaŋ^{224}	小沟儿ɕiɔ^{55}kour^{224}	渠tɕʰy^{53}
临清	河xə^{53}	河沟儿xə^{53}kour^{13}	阳沟儿iaŋ^{44}kour^{0}
冠县	河xə^{53}	大沟ta^{31}kou^{13}	小沟儿siɔ^{55}kour^{13}
聊城	河xə^{53}	河沟子xə^{53}kou^{13}tsɿ^{0}	水沟子suei^{44}kou^{13}tsɿ^{0}
济南	江tɕiaŋ^{213}	小河儿ɕiɔ^{55}xər^{42}	水沟儿ʂuei^{55}kour^{213}

续表

	0034 **江**大的河	0035 **溪**小的河	0036 **水沟儿**较小的水道
泰安	江 tɕiaŋ^{213} 有说法无物	河沟子 xə^{55}kou^{0}tsɿ^{0} 小河 ɕiɔ^{213}xə^{42}	轮$^{=}$① 沟子 luẽ^{55}kou^{21}tsɿ^{0} 水沟子 ʂuei^{55}kou^{21}tsɿ^{0}
莱芜	江 tɕiaŋ^{213}	河涯 xə^{55}iɛ^{55}	轮$^{=}$沟 luẽ^{13}kou^{0}
新泰	河 xə^{42}	小河沿儿 ɕiɔ^{23}xə^{42}iɐr^{42}	水沟 fei^{213}kou^{0}
沂源	大河 ta^{31}xuə^{55}	河沟道子 xuə^{35}kou^{0}tɔ^{31}tθɿ^{55}	水沟 ʃuei^{21}kou^{0}
博山	江 tɕiaŋ^{213}	河沟 xuə^{35}kəu^{0}	水沟 ʂuei^{213}kəu^{0} 阳沟 iaŋ^{35}kəu^{0}
张店	河 xuə^{55}	小河沟 ɕiɔ^{55}xuə^{35}kou^{0}	轮$^{=}$沟子 luə̃^{35}kou^{0}ɿ^{0}
阳谷	河 xə^{42}	小河沟儿 ɕiɔ^{55}xə^{42}kour^{213}	水沟子 fei^{55}kou^{31}zɿ^{0}
梁山	江 tɕiaŋ^{213}	水沟儿 suei^{55}kour^{213}	小水沟儿 ɕiɔ^{42}suei^{55}kour^{213}
菏泽	河 xə^{53} 统称 大河 ta^{31}xə^{53}	河 xə^{53} 小河儿 ɕiɔ^{44}xər^{53}	水沟 fei^{44}kou^{213}
曹县	河 xə^{53}	沟 kou^{213}	水沟儿 ʂuei^{44}kour^{213}
金乡	（无）	小河儿 ɕiɔ^{23}xər^{42}	水沟 suei^{55}kou^{213}
曲阜	江 tɕiaŋ^{213}	小河沟儿 ɕiɔ^{55}xə^{42}kour^{213}	小水沟儿 ɕiɔ^{55}suei^{55}kour^{213}
薛城	大河 ta^{41}xə^{55}	小河沟儿 ɕiɔ^{24}xə^{55}kour^{313}	水沟 fe^{55}kou^{313}
郯城	大河 ta^{51}xə^{44}	小河儿 ɕiɔ^{24}xər^{44}	水沟 fe^{44}kəu^{213} 老/ʂue^{44}kəu^{213} 新
临沂	大河 ta^{31}xə^{53}	小河 ɕiɔ^{55}xə^{53}	小水沟儿 ɕiɔ^{55}ʃuei^{55}kour^{214}

	0037 **湖**	0038 **池塘**	0039 **水坑儿**地面上有积水的小洼儿
荣成	湖 xu^{35}	方塘 faŋ^{53}tʰaŋ^{35}	水湾儿 ʂuei^{21}uɐr^{53}
烟台	湖 xu^{33}	小水湾儿 ɕiau^{33}suei^{14}uɐr^{53}	水坑儿 suei^{14}kʰə̃r^{53}
栖霞	湖 xu^{342}	湾 uãn^{312}	小水湾儿 ʃiɔo^{21}suei^{34}uɐr^{312}
长岛	湖 xu^{55}	大湾 ta^{55}uan^{31}	水湾儿 suei^{55}uɐr^{31}
海阳	湖 xu^{341}	大湾 ta^{34}uã^{52}	小湾儿 siɔ^{21}uar^{52}

① 有人写作"埨"。"埨"字，《集韵》缕尹切（垄土），又卢困切（坎陷也），意义似通，声韵母均可对应，唯声调不合（方言音阳平）。此写作同音字"轮"。下同。0030"田埂"有好几个点称"埨子"，声调为上声，意义和声韵调均对应，没有问题。

续表

	0037湖	0038池塘	0039水坑儿地面上有积水的小洼儿
莱西	湖xu^{42}有名无物	平塘p^{h}iŋ^{214}t^{h}ɑŋ^{42}	水湾儿ʂuei^{55}uɐr^{214}
平度	湖xu^{42}本地无	湾uã^{213}	水坑儿ʂuei^{55}k^{h}ə̃r^{213}
青岛	湖xu^{42}	湾uã^{213}	水坑儿ʂuei^{55}k^{h}õr^{213}
高密	湖xu^{42}本地无	湾uã^{213}	水湾儿ʂuei^{55}uɛr^{213}
诸城	湖xu^{53}	湾uã^{213}	水窝儿窝儿ʂuei^{44}uər^{31}uər^{0}
沂水	大汪ta^{31}uɑŋ^{213}	水池子ʂue^{44}tʃ^{h}ʅ^{24}dðʅ^{0}	水汪ʂue^{44}uɑŋ^{213}
临朐	湖xu^{53}	湾uã^{213}	泥湾子mi^{35}uã^{0}tθʅ^{0}
日照	湖xu^{53}	汪uɑŋ^{213}	坷楞头k^{h}ə^{31}ləŋ^{0}t^{h}ou^{53}
莒南	大水库ta^{31}ʂuei^{55}k^{h}u^{31}	汪uɑŋ^{213}	小汪儿siɔ^{55}uɑ̃r^{213}
潍坊	湖xu^{53}	湾uã^{214}	水坑ʂuei^{24}k^{h}əŋ^{0}
寿光	湖xu^{53}	湾uã^{213}	水窝儿ʂuei^{24}uor^{0}
高青	湖xu^{55}	湾uã^{213}	水窝子ʂuei^{213}uə^{0}tsʅ^{0}
阳信	湖xu^{43} 大湾ta^{31}uã^{213}	湾uã^{213}	水窝儿ʂuei^{213}uər^{0}
济阳	湖xu^{55}	湾uã^{213}	水窝子ʂuei^{21}uə^{0}tsʅ^{0}
利津	湖xu^{53}	湾uã^{213}	水洼儿啦儿ʂuei^{213}uar^{0}ʐar^{0} 水坑ʂuei^{55}k^{h}əŋ^{213}
乐陵	湖xu^{55}	湾uã^{24}	水窝儿ʂuei^{55}uər^{24}
商河	湖xu^{54}	湾uã^{213}	水洼儿唠ʂuei^{213}uar^{0}lɔ^{0}
平原	湖xu^{42}	湾uã^{213}	水坑儿ʂuei^{42}k^{h}ɤr^{213}
德州	海子xɛ^{213}tsʅ^{0}	海子xɛ^{213}tsʅ^{0}	水坑ʂuei^{55}k^{h}əŋ^{213}
武城	湖xu^{53}	湾ua^{224} 池塘tʂ^{h}ʅ^{53}t^{h}ɑŋ^{53}	水坑ʂuei^{55}k^{h}əŋ^{224}
临清	湖xu^{53}	坑k^{h}əŋ^{13}	小坑儿ɕiau^{44}k^{h}ər^{0}
冠县	大坑ta^{31}k^{h}əŋ^{13}	小坑siɔ^{55}k^{h}əŋ^{13}	水洼儿ʂuei^{53}uar^{13}
聊城	湖xu^{53}	坑k^{h}əŋ^{13}	坑k^{h}əŋ^{13}
济南	湖xu^{42}	水池ʂuei^{55}tʂ^{h}ʅ^{42}	水坑儿ʂuei^{55}k^{h}ə̃r^{213} 水洼儿ʂuei^{55}uar^{213}
泰安	湖xu^{42}	湾涯uã^{213}iɛ^{42}	水洼子ʂuei^{55}ua^{21}tsʅ^{0} 水坑儿ʂuei^{55}k^{h}ə̃r^{213}

续表

	0037湖	0038池塘	0039水坑儿地面上有积水的小洼儿
莱芜	湖xu^{55}	湾uã^{213}	涝洼lɔ^{55}ua^{0}
新泰	湖xu^{42}	汪uɑŋ^{213}	水坑fei^{55}kʰəŋ^{213}
沂源	湖xu^{55}	水池子ʃuei^{213}tʃʰʅ^{35}tθʅ^{0}	水坑儿ʃuei^{55}kə̃r^{213}
博山	湖xu^{55}	湾uã^{213}	水洼ʂuei^{213}uɑ^{0}
张店	湖xu^{55}	湾uã^{213}	水窝子ʂuei^{213}uə^{0}ʅ^{0}
阳谷	湖xu^{42}	大坑ta^{31}kʰəŋ^{213}	小坑儿ɕiɔ^{55}kʰə̃r^{213}
梁山	湖xu^{42}	坑kʰəŋ^{213}	小水坑ɕiɔ^{42}suei^{55}kʰəŋ^{213}
菏泽	湖xu^{53}	坑kʰəŋ^{213}包括有水和无水的	小水坑ɕiɔ^{53}fei^{44}kʰəŋ^{213}
曹县	湖xu^{53}	坑kʰəŋ^{213}	小水坑儿ɕiɔ^{53}ʂuei^{44}kʰə̃r^{213}
金乡	湖xu^{42}	坑kʰəŋ^{213}	水坑suei^{55}kʰəŋ^{213}
曲阜	湖xu^{42}	池tsʰʅ^{42}	水坑儿suei^{55}kʰə̃r^{213}
薛城	湖xu^{55}	池塘tsʰʅ^{55}tʰɑŋ^{55}	小水坑ɕiɔ^{24}fe^{55}kʰəŋ^{313}
郯城	湖xu^{44}	汪uɑŋ^{213} 汪塘uɑŋ^{21}tʰɑŋ^{44}	水汪儿fe^{44}uɑ̃r^{213}/ʂue^{44}uɑ̃r^{213} 水汪儿汪儿fe^{24}uɑ̃r^{21}uɑ̃r^{0}/ʂue^{24}uɑ̃r^{21}uɑ̃r^{0}
临沂	湖xu^{53}	汪uɑŋ^{214}	小水汪汪儿ɕiɔ^{55}ʃuei^{55}uɑŋ^{21}uɑ̃r^{0}

	0040洪水	0041淹被水～了	0042河岸
荣成	大水ta^{33}ʂuei^{214}	灌kuan^{33} 淹ian^{53}	河帮xuo^{35}pɑŋ^{53} 河涯①儿xuo^{35}iɐr^{53}
烟台	大水ta^{33}suei^{14} 洪水xuŋ^{33}suei^{14}	淹ian^{53}	河涯儿xɤ^{55}iɐr^{53}
栖霞	大水ta^{55}suei^{214}	淹iãn^{312}	河涯儿xuo^{34}iɐr^{52}
长岛	洪水xuŋ^{55}suei^{0}	淹ian^{312}	河边儿xə^{55}piɐr^{31}

① 原调查材料中有的“涯”写作“崖”。“涯”“崖”两字,《广韵》均五加切,读音相同,今方言音亦相同;从意义看,“涯,水际”,“崖,崖岸”,两者均可通。考虑到有些方言把河流也叫作“河涯”,所以统一写作“涯”。还有的材料写成“沿”,是因为方言中儿化后“涯儿”“沿儿”同音,从整个山东方言看,不应是“沿”字,此亦改为“涯”字。

续表

	0040 洪水	0041 淹被水～了	0042 河岸
海阳	洪水 xuŋ^{34}ʂuei^{214}	灌杀 kuã^{34}ʂʅ^{0}"杀"读为"尸"轻声	河涯儿 xuo^{34}iɐr^{52}
莱西	洪水 xoŋ^{21}ʂuei^{55}	淹 iã^{214}	河涯儿 xuə^{31}iɐr^{42} 河边儿 xuə^{31}piɐr^{214}
平度	洪水 xuŋ^{42}ʂuei^{55}	淹 iã^{213}	河边儿 xuə^{42}piɛr^{213} 河涯儿 xuə^{213}iɛr^{42}
青岛	大水 tɑ^{213}ʂuei^{55}	淹 iã^{213}	河边儿 xuə^{42}piɛr^{213} 河涯儿 xuə^{213}ʐɛr^{42}
高密	大水 tɑ^{21}ʂuei^{55}	淹 iã^{213}	河边儿 xuə^{42}pɛr^{213} 河涯儿 xuə^{42}ʐɛr^{42}
诸城	河水 xuə^{24}ʂuei^{0}	淹 iã^{213}	河涯 xuə^{53}iɛ^{53}
沂水	大河水 ta^{31}xuə^{24}ʂue^{0}	淹 iã^{213} 没 mu^{213}	河涯边儿 xuə^{53}iɛ^{53}piɛr^{213}
临朐	大水 ta^{21}ʂuei^{44} 山水 ʂã^{21}ʂuei^{0}	淹 iã^{213}	河涯 xuə^{53}iɛ^{53}
日照	大河水 tɑ^{31}xuə^{44}ʂuei^{0}	淹 iã^{213}	河涯 xuə^{53}iɛ^{53}
莒南	大水 ta^{31}ʂuei^{55}	淹 iã^{213}	河涯儿 xə^{53}ɻɛr^{53} 河边儿 xə^{53}pɾɛr^{213}
潍坊	河水 xuə^{35}ʂuei^{0}	淹 iã^{214}	河涯 xuə^{53}iɛ^{53}
寿光	大水 ta^{21}ʂuei^{55}	淹 iã^{213}	河涯 xuə^{53}iɛ^{53}
高青	山水 ʂã^{213}ʂuei^{55}	淹 iã^{213}	河涯 xə^{55}iɛ^{55}
阳信	大水 ta^{31}ʂuei^{55}	淹 iã^{213}	河涯 xə^{43}iɛ^{43}
济阳	大水 ta^{31}ʂuei^{55}	淹 iã^{213}	河边儿 xə^{55}piɛr^{213}
利津	洪水 xuŋ^{53}ʂuei^{55}	淹 iã^{213}	河岸 xə^{53}ŋã^{31} 河边儿 xə^{53}piɛr^{213}
乐陵	大水 tɑ^{31}ʂuei^{55}	淹 iã^{24}	河涯 xə^{55}iɛ^{55}
商河	大水 tɑ^{31}ʂuei^{45}	淹 iã^{213}	河涯 xə^{54}iɛ^{54}
平原	大水 ta^{21}ʂuei^{55}	淹 iã^{213}	河涯 xə^{42}iɛi^{42}
德州	大水 ta^{21}ʂuei^{55}	淹 iã^{213}	河涯 xə^{42}iɛ^{42}
武城	大水 ta^{21}ʂuei^{55}	淹 iã^{224}	河边儿 xə^{53}piɛr^{224}
临清	大水 ta^{31}ʂuei^{44}	淹 ian^{13}	河涯儿 xə^{53}iɛr^{53} 河堤 xə^{53}ti^{13}

续表

	0040洪水	0041淹被水～了	0042河岸
冠县	大水ta^{31}ʂuei^{55}	淹iã^{13}	河堤xə^{53}ti^{13} 河涯儿xə^{53}iɐr^{31}
聊城	上水sɑŋ^{31}suei^{44} 大水ta^{31}suei^{44}	淹iã^{13}	河涯儿xə^{53}iɛr^{53} 河边儿xə^{53}piɛr^{13}
济南	大水ta^{21}ʂuei^{55}	淹iã^{213}	河边儿xə^{42}piɛr^{213} 河涯边儿xə^{42}iɛ^{42}piɛr^{213}
泰安	大水ta^{21}ʂuei^{55} 洪水xuŋ^{42}ʂuei^{55}	淹iã^{213} 泡pʰɔ^{21}	河涯xə^{42}iɛ^{42}
莱芜	洪水xuŋ^{55}ʃuei^{55}	淹iã^{213}	河涯xə^{55}iɛ^{55}
新泰	大水ta^{31}fei^{55}	淹iã^{213}	河涯xə^{42}iɛ^{42}
沂源	山水ʃã^{21}ʃuei^{0}	淹iã^{213}	河涯xuə^{55}iɛ^{55}
博山	山水ʂã^{213}ʂuei^{55}	淹iã^{213}	河边儿xuə^{55}piɛ^{213}
张店	大水tɑ^{31}ʂuei^{55}	淹iã^{213}	河岸xuə^{55}ŋã^{31} 河涯xuə^{55}iɛ^{55}
阳谷	大水ta^{31}fei^{55}	淹iã^{213}	河涯儿xə^{55}iɐr^{42} 河边儿xə^{42}piɐr^{213}
梁山	大水ta^{21}fei^{55}	淹iã^{213}	河涯xə^{42}iɛ^{42}
菏泽	大水ta^{31}fei^{44}	淹iã^{213}	河边儿xə^{53}piɛr^{213}
曹县	洪水xuŋ^{53}ʂuei^{44}	淹iã^{213}	河网$^{=}$xə^{53}uɑŋ^{44} 河堤xə^{53}ti^{213}
金乡	大水ta^{31}suei^{55}	淹iã^{213}	河堤xə^{42}ti^{213}
曲阜	大水ta^{31}suei^{55}	淹iã^{213}	河涯xə^{42}iɛ^{42}
薛城	大水ta^{41}fe^{24}	淹iã^{313}	河涯xə^{55}iɛ^{55}小的 河堤xə^{55}ti^{313}大的
郯城	大水ta^{51}fe^{24}/ta^{51}ʂue^{24} 洪水xuŋ^{44}fe^{24}/xuŋ^{44}ʂue^{24}	淹iã^{213} 泡pʰɔ^{51}	河涯xə^{44}iɛ^{44} 河边儿xə^{44}piɛr^{213}
临沂	大水ta^{31}ʃuei^{55}	淹iã^{214}	河涯儿xə^{53}iɛr^{53}

	0043坝拦河修筑拦水的	0044地震	0045窟窿小的
荣成	坝pa^{33}	地震ti^{33}tʃən^{33}	窟窿kʰu^{53}luŋ^{0}
烟台	坝pa^{33}	地动ti^{53}tuŋ^{33} 地震ti^{53}tɕin^{33}	窟窿kʰu^{53}luŋ^{0}

续表

	0043坝拦河修筑拦水的	0044地震	0045窟窿小的
栖霞	坝基pa^{34}ci^{312}	地震ti^{34}tʃə̃n^{342}	窟窿k^{h}u^{52}luŋ^{0}
长岛	坝pa^{52}	地震ti^{52}tʃən^{52}	窟窿k^{h}u^{31}luŋ^{0}
海阳	坝埂pa^{34}kəŋ^{214}	地震ti^{52}tsẽ^{341}	窟窿k^{h}u^{52}luŋ^{0}
莱西	坝pa^{42}	地震ti^{21}tʃiẽ^{42}	窟窿k^{h}u^{214}loŋ^{42} 洞儿tõr^{42}
平度	坝pa^{42}	地震ti^{213}tʃə̃^{42}	窝儿窝儿uər^{213}uər^{0} 眼儿iɛr^{55}
青岛	坝pɑ^{42}	地动ti^{213}toŋ^{42} 地震ti^{213}tʃẽ^{42}	窟窿k^{h}u^{55}loŋ^{0}
高密	坝pɑ^{21}	地动ti^{23}toŋ^{21} 地震ti^{23}tʃə̃^{21}	小窟窿儿siɔ^{55}k^{h}u^{21}ʐõr^{0} 眼儿iɛr^{55}
诸城	坝pa^{31}	地震ʈi^{31}tʃẽ^{31}	窟窿k^{h}u^{213}ləŋ^{0}/k^{h}u^{31}ləŋ^{0}
沂水	堑tɕ^{h}iã^{31}	地震ti^{31}dʒẽ^{31}	窟窿k^{h}u^{21}luŋ^{0}
临朐	坝pa^{21}	地动ti^{21}tuŋ^{21}	窟窿k^{h}u^{21}luŋ^{0}
日照	坝pɑ^{31}	地动ti^{44}təŋ^{31}	窟窿k^{h}u^{213}ləŋ^{0}
莒南	坝pa^{312}	地震ti^{13}tʃẽ^{31}	窟窿k^{h}u^{213}luŋ^{53}
潍坊	坝pɑ^{31}	地震ti^{55}tʂẽ^{0} 地动ti^{55}toŋ^{0}	小窟窿儿ɕiɔɤ^{55}k^{h}u^{214}lõr^{0}穿透的 窝儿uər^{214}不穿透的 洞儿tõr^{31}
寿光	坝pa^{21}较大 堰iã^{21}较小	地动ti^{21}tuŋ^{21}	窟窿k^{h}u^{213}luŋ^{0}
高青	坝pɑ^{41}	地动ti^{41}tuŋ^{41}	窝子uə^{21}tsɿ^{0}
阳信	坝pa^{31}	地动ti^{23}tuŋ^{31}	窟窿儿k^{h}uə^{31}luər^{0}
济阳	大坝ta^{31}pa^{31}	地动ti^{31}tuŋ^{31} 地震ti^{31}tʂẽ^{31}	窟窿k^{h}uə^{23}luŋ^{0}
利津	坝pa^{31} 大堤ta^{31}ti^{213}	地震ti^{24}tʂẽ^{31}	窟儿拉k^{h}uər^{213}la^{0}
乐陵	坝pɑ^{51}	地动ti^{24}tuŋ^{51}	窟窿儿k^{h}u^{31}luər^{0}
商河	坝pɑ^{31}	地动ti^{24}tuŋ^{31}	窟拉k^{h}uə^{213}lɑ^{0}
平原	坝pa^{21} 堰iã^{21}	地动ti^{23}tuŋ^{21}	窟窿k^{h}u^{21}luŋ^{0}

续表

	0043坝拦河修筑拦水的	0044地震	0045窟窿小的
德州	（无）	地动ti^{213}tuŋ^{21}	窟窿k^{h}u^{21}luŋ^{0}
武城	堰iã^{312}	地震ti^{21}tʂẽ^{312}	窟窿k^{h}u^{312}luŋ^{0}
临清	堤ti^{13}	地震ti^{13}tʂen^{313}	窟窿k^{h}u^{13}luŋ^{0}
冠县	坝pa^{314}	地动ti^{24}tuŋ^{314}	窟窿k^{h}u^{21}luŋ^{0} 眼儿iɐr^{55}
聊城	堤ti^{13} 坝pa^{313}	地动ti^{31}tuŋ^{313} 地震ti^{31}tsẽ^{313}	窟窿k^{h}u^{13}luŋ^{0}
济南	坝pa^{21}	地震ti^{23}tʂẽ^{21} 地动ti^{23}tuŋ^{21}	窟窿k^{h}uə^{21}luŋ^{0}
泰安	坝pa^{21}	地动ti^{21}tuŋ^{21} 地震ti^{21}tʂẽ^{21}	窟窿k^{h}u^{21}luŋ^{0}
莱芜	坝pa^{42}	地震ti^{31}tʃẽ^{42}	窟窿k^{h}u^{23}luŋ^{0}
新泰	坝pa^{31}	鳌鱼翻身儿ŋɔ^{31}y^{42}fã^{23}ʃɤr^{213}	窟窿k^{h}u^{21}luŋ^{0}
沂源	坝pa^{31}	地震ti^{31}tʃə̃^{31}	洞儿tuə̃r^{31}
博山	水坝ʂuei^{55}pɑ^{31}	地震ti^{31}tʂẽ^{31}	窟窿k^{h}uə^{22}luŋ^{0}
张店	坝pɑ^{31}	地震ti^{31}tʂə̃^{31}	窝uə^{213} 洞tuŋ^{31}
阳谷	坝pa^{313} 坝子pa^{42}zɿ^{0}	地动ti^{13}tuŋ^{313}	窟窿k^{h}u^{31}luŋ^{0} 窟窿儿k^{h}u^{31}luor^{0}
梁山	坝pa^{314}	地动ti^{21}tuŋ^{314}	窟窿k^{h}u^{21}luŋ^{0}
菏泽	坝pa^{312}	地动ti^{213}tuŋ^{312}	窟窿k^{h}u^{21}luŋ^{0}
曹县	堰iã^{312}	地动ti^{13}tuŋ^{312}	窟窿k^{h}uŋ^{21}luŋ^{0}
金乡	坝pa^{312}	地震ti^{23}tuŋ^{312}	窟窿k^{h}u^{21}luŋ^{0}
曲阜	坝pa^{312}	地震ti^{23}tsẽ^{312}	窟窿k^{h}u^{213}luŋ^{42}
薛城	坝pa^{41}	地动ti^{41}tuŋ^{41}	小窟窿ɕiɔ^{55}k^{h}u^{31}luŋ^{0} 窟窿眼儿k^{h}u^{31}lu^{0}iɛr^{24}
郯城	拦河坝lã^{44}xə^{44}pa^{51} 河坝xə^{44}pa^{51} 坝pa^{51}	地震ti^{51}tʂə̃^{51}	窟窿k^{h}u^{21}luŋ^{0} 洞tuŋ^{51}
临沂	大坝ta^{31}pa^{312}	地动ti^{31}tuŋ^{312}	窟窿k^{h}u^{24}luŋ^{53}

	0046缝儿统称	0047石头统称	0048土统称
荣成	缝儿fə̃r^{33}	石头ʃi^{35}tʰəu^{0}	泥mi^{53}
烟台	缝儿fə̃r^{33}	石头ɕi^{33}tʰou^{0}	土tʰu^{14}
栖霞	璺儿uər^{342}	石头ʃʅ^{34}tʰəu^{0}	泥mi^{312}
长岛	缝儿fə̃r^{52}	石头ʃʅ^{55}tʰou^{0}	泥mi^{55}
海阳	豁xuo^{52}	石头sʅ^{34}tʰəu^{0}	泥mi^{52}
莱西	缝儿fə̃r^{42}	石头ʃʅ^{45}tʰou^{0}	泥mi^{214} 土tʰu^{55}
平度	缝儿fə̃r^{42}	石头ʃʅ^{45}tʰou^{0}	土tʰu^{55}
青岛	缝儿fõr^{42}	石头ʃʅ^{45}tʰou^{0}	土tʰu^{55}
高密	缝儿fõr^{21}	石头ʃʅ^{55}tʰou^{0}	土tʰu^{55}
诸城	缝儿fə̃r^{31}	石头ʃʅ^{24}tʰou^{0}	土tʰu^{44}
沂水	缝儿fə̃r^{31}	石头ʃʅ^{24}tʰou^{0}	土垃tʰu^{213}la^{0}
临朐	璺uə̃^{21}	石头ʃʅ^{35}tʰəu^{0}	土tʰu^{44}
日照	缝儿fə̃r^{31}	石头ʃʅ^{44}tʰou^{0}	土tʰu^{44} 埻土pu^{44}tʰu^{0}
莒南	缝fə̃^{312}	石头ʃʅ^{24}tʰou^{0}	土tʰu^{55} 土塿tʰu^{213}lou^{0}
潍坊	缝儿fẽr^{31}	石头ʂʅ^{35}tʰɤɯ^{0}	土tʰu^{55}
寿光	缝儿fɤr^{21}	石头ʂʅ^{35}tʰəu^{0}	土tʰu^{55}
高青	缝儿fə̃r^{41}	石头ʂʅ^{35}tʰou^{0}	土tʰu^{55}
阳信	缝儿fər^{31}	石头ʂʅ^{45}tʰou^{0}	土tʰu^{55}
济阳	缝儿fər^{31}	石头ʂʅ^{24}tʰou^{0}	土tʰu^{55}
利津	缝fəŋ^{31}	石头ʂʅ^{35}tʰou^{0}	土tʰu^{55}
乐陵	缝儿fər^{51}	石头ʂʅ^{55}tʰou^{0}	土tʰu^{55}
商河	缝儿fər^{31} 皉缝儿pʰi^{213}fər^{0} 缝fəŋ^{31}	石头ʂʅ^{24}tʰou^{0}	土tʰu^{45}
平原	缝儿fɤr^{21}	石头ʂʅ^{55}tʰou^{0}	土tʰu^{55}
德州	缝儿fə̃r^{21}	石头ʂʅ^{55}tʰou^{0}	土tʰu^{55}
武城	缝儿fər^{312}	石头ʂʅ^{55}tʰou^{0}	土tʰu^{55}

续表

	0046缝儿统称	0047石头统称	0048土统称
临清	缝 fəŋ^{313}	石头 ʂʅ^{44}tʰou^{0}	土 tʰu^{44}
冠县	缝儿 fər^{314}	石头 ʂʅ^{55}tʰou^{0}	土 tʰu^{55}
聊城	缝儿 fər^{313}	石头 sɿ^{44}tʰou^{0}	土 tʰu^{44}
济南	缝儿 fə̃r^{21}	石头 ʂʅ^{445}tʰou^{0}	土垃 tʰu^{213}la^{0}
泰安	䀛缝儿 pʰi^{21}fər^{0} 缝儿 fə̃r^{312}	石头 ʂʅ^{55}tʰou^{0}	土 tʰu^{55} 土垃 tʰu^{213}la^{0}
莱芜	䀛缝 pʰi^{23}fəŋ^{0}	石头 ʃʅ^{13}tʰou^{0}	土 tʰu^{55}
新泰	缝儿 fə̃r^{31}	石头 ʃʅ^{45}tʰou^{0}	土 tʰu^{55}
沂源	缝儿 fə̃r^{31}	石头 ʃʅ^{35}tʰou^{0}	土 tʰu^{55}
博山	缝子 fəŋ^{55}ə^{0}	石头 ʂʅ^{35}tʰəu^{0}	土 tʰu^{55}
张店	䀛缝 pʰi^{33}fəŋ^{0}	石头 ʂʅ^{35}tʰou^{0}	土 tʰu^{55}
阳谷	缝儿 fə̃r^{313}/fər^{313}	石头 sɿ^{55}tʰou^{0}	土 tʰu^{55}
梁山	缝儿 fə̃r^{314}	石头 sɿ^{55}tʰou^{0}	土垃 tʰu^{55}la^{0}
菏泽	缝儿 fə̃r^{312}	石头 sɿ^{53}tʰou^{0}	土 tʰu^{44}
曹县	缝儿 fẽr^{312} 璺儿 uər^{312}	石头 ʂʅ^{53}tʰou^{0}	土 tʰu^{44}
金乡	缝儿 fə̃r^{312}	石头 sɿ^{55}tʰou^{0}	土 tʰu^{55} 土垃 tʰu^{23}la^{0}
曲阜	缝儿 fə̃r^{312}	石头 sɿ^{55}tʰou^{0}	土垃 tʰu^{213}la^{0}
薛城	缝儿 fə̃r^{41}	石头 sɿ^{55}tʰou^{0}	土 tʰu^{24}
郯城	缝儿 fə̃r^{51}	石头 ʂʅ^{44}tʰəu^{0}	土 tʰu^{24}
临沂	缝儿 fɤ̃r^{312}	石头 ʃʅ^{55}tʰou^{0}	土 tʰu^{55}

	0049泥湿的	0050水泥旧称	0051沙子
荣成	湿泥 ʃi^{21}mi^{53}	洋灰 iaŋ^{35}xuei^{53} 水泥 ʂuei^{21}ni^{53}	沙 ʂa^{53}
烟台	泥 mi^{53}	洋灰 iaŋ^{14}xuei^{53} 水泥儿 suei^{14}ȵiər^{53}	沙 sa^{53}
栖霞	泥 mi^{312}	洋灰 iaŋ^{34}xuei^{312} 水泥 suei^{34}mi^{312}	沙 sa^{312}

续表

	0049 泥湿的	0050 水泥旧称	0051 沙子
长岛	泥 mi^{55}	洋灰 iɑŋ^{55}xuei^{31}	沙 sa^{312}
海阳	泥 mi^{52}	洋灰 iɑŋ^{34}xuei^{52} 水泥 ʂuei^{21}ȵi^{52}	沙 ʂa^{52}
莱西	泥 mi^{214}	水泥 suei^{55}ȵi^{214} 洋灰 iɑŋ^{31}xuei^{214}	沙 sa^{214}
平度	泥 mi^{42}/ȵi^{42}	洋灰 iɑŋ^{42}xuei^{213}	沙 ʂa^{213}
青岛	泥 mi^{42}	洋灰 iɑŋ^{42}xuei^{213}	沙 ʂɑ^{213}
高密	泥 mi^{42}	洋灰 iɑŋ^{42}xuei^{213}	沙 ʂɑ^{213} 沙子 ʂɑ^{21}tθɿ^{0}
诸城	泥 mi^{53}	洋灰 iɑŋ^{53}xuei^{213}	沙子 ʂa^{31}tθɿ^{0}
沂水	泥 mi^{53}	洋灰 iɑŋ^{53}xue^{213}	沙 ʂa^{213}
临朐	泥 mi^{53}	洋灰 iɑŋ^{53}xuei^{213}	沙子 ʂa^{21}tθɿ^{0}
日照	泥 mi^{53}	洋灰 iɑŋ^{53}xuei^{213} 灰 xuei^{213}	沙 ʂɑ^{213}
莒南	泥 mi^{53}	洋灰 iɑŋ^{53}xuei^{213}	沙 ʂa^{213}
潍坊	泥 mi^{53}	洋灰 iɑŋ^{55}xuei^{214}	沙子 ʂɑ^{31}tsɿ^{0}
寿光	泥 mi^{53}	洋灰 iɑŋ^{53}xuei^{213}	沙 ʂa^{213} 沙子 ʂa^{21}tsɿ^{0}
高青	泥儿 ȵier^{55}	洋灰 iɑŋ^{55}xuei^{213}	沙子 ʂɑ^{21}tsɿ^{0}
阳信	泥 ȵi^{43}	洋灰 iɑŋ^{43}xuei^{213}	沙子 ʂa^{31}tsɿ^{0}
济阳	泥巴 ȵi^{24}pa^{0}	洋灰 iɑŋ^{55}xuei^{213}	沙子 ʂa^{21}tsɿ^{0}
利津	泥 ȵi^{53}	洋灰 iɑŋ^{53}xuei^{213}	沙子 ʂa^{31}tsɿ^{0}
乐陵	泥 ȵi^{55}	洋灰 iɑŋ^{55}xuei^{24}	沙子 sɑ^{31}tsɿ^{0}
商河	泥 ȵi^{54}	洋灰 iɑŋ^{54}xuei^{213}	沙子 sɑ^{21}tsɿ^{0}
平原	泥 ȵi^{42}	洋灰 iɑŋ^{42}xuei^{213}	沙子 sa^{21}tsɿ^{0}
德州	泥 ȵi^{42}	洋灰 iɑŋ^{42}xuei^{213}	沙子 ʂa^{21}tsɿ^{0}
武城	泥 ȵi^{53}	洋灰 iɑŋ^{53}xuei^{224}	沙子 ʂa^{312}tsɿ^{0}
临清	泥 ȵi^{53}	洋灰 iɑŋ^{53}xuei^{13}	沙子 ʂa^{13}tsɿ^{0}
冠县	泥 ȵi^{53}	洋灰 iɑŋ^{53}xuei^{13}	沙 ʂa^{21}tsɿ^{0}
聊城	泥 ȵi^{53}	洋灰 iɑŋ^{53}xuei^{13}	沙子 sa^{13}tsɿ^{0}

续表

	0049 泥湿的	0050 水泥旧称	0051 沙子
济南	泥巴 ȵi^{445}pa^{0}	洋灰 iaŋ^{42}xuei^{213}	沙子 ʂa^{21}tsɿ^{0}
泰安	泥 ȵi^{42} 泥巴 ȵi^{55}pa^{0}	洋灰 iaŋ^{42}xuei^{213}	沙 ʂa^{213} 沙子 ʂa^{21}tsɿ^{0}
莱芜	泥巴 ȵi^{55}pa^{0}	洋灰 iaŋ^{55}xuei^{213}	沙 ʃa^{213}
新泰	泥巴 ȵi^{45}pa^{0}	洋灰 iaŋ^{42}xuei^{213}	沙 ʃa^{213}
沂源	泥 mi^{55}	洋灰 iaŋ^{55}xuei^{213}	沙 ʃa^{213}
博山	泥 ȵi^{55}	洋灰 iaŋ^{55}xuei^{213}	沙 ʂa^{213}
张店	泥 ȵi^{55}	洋灰 iaŋ^{55}xuei^{213}	沙子 ʂa^{21}ɿ^{0}
阳谷	泥 ȵi^{42}	洋灰 iaŋ^{42}xuei^{213}	沙子 sa^{31}zɿ^{0}
梁山	泥儿 ȵiɾer^{42}	洋灰 iaŋ^{42}xuei^{213}	沙子 sa^{21}tsɿ^{0}
菏泽	泥 ȵi^{53}	洋灰 iaŋ^{53}xuei^{213}	沙子 sa^{21}tə^{0}
曹县	泥 ȵi^{53}	洋灰 iaŋ^{53}xuei^{213}	沙子 sa^{21}tə^{0}
金乡	泥 ȵi^{42}	洋灰 iaŋ^{55}xuei^{213}	沙子 sa^{21}tsɿ^{0}
曲阜	泥 ȵi^{42}	洋灰 iaŋ^{42}xuei^{213}	沙粒 sa^{23}li^{213}
薛城	泥 ȵi^{55}	洋灰 iaŋ^{55}xue^{313}	沙 sa^{313}
郯城	泥 mi^{44}	洋灰 iaŋ^{44}xue^{213}	沙 ʂa^{213}
临沂	泥 mi^{53}	水泥 ʃuei^{55}ȵi^{53}	沙 ʃa^{214}

	0052 砖整块的	0053 瓦整块的	0054 煤
荣成	砖 tʂuan^{53}	瓦 ua^{214}	煤 mei^{35}
烟台	砖 tsuan^{53}	瓦 ua^{14}	煤 mei^{33}
栖霞	砖 tʃuãn^{312}	瓦 ua^{214}	煤 mei^{342}
长岛	砖 tsuan^{312}	瓦 ua^{213}	煤 mei^{55}
海阳	砖 tʂuã^{52}	瓦 ua^{214}	煤 mei^{341}
莱西	砖 tsuã^{214}	瓦 ua^{55}	煤 mei^{42}
平度	砖 tʃuã^{213}	瓦 ua^{55}	煤 mei^{42}
青岛	砖 tʃuã^{213}	瓦 ua^{55}	煤 mei^{42}
高密	砖 tʃuã^{213}	瓦 ua^{55}	炭 tʰã^{21}
诸城	砖 tʃuã^{213}	瓦 ua^{44}	炭 tʰã^{31}

续表

	0052 砖 整块的	0053 瓦 整块的	0054 煤
沂水	砖 dʒuã^{213}	瓦 ua^{44}	炭 t^{h}ã^{31}
临朐	砖 tʃuã^{213}	瓦 ua^{44}	炭 t^{h}ã^{21}
日照	砖 tʃyã^{213}	瓦 uɑ^{44}	炭 t^{h}ã^{31}
莒南	砖 tʃuã^{213}	瓦 ua^{55}	炭 t^{h}ã^{312}
潍坊	砖 tʂuã^{214}	瓦 uɑ^{55}	炭 t^{h}ã^{31} 煤 mei^{53}
寿光	砖 tʂuã^{213}	瓦 ua^{55}	炭 t^{h}ã^{21}
高青	砖 tʂuã^{213}	瓦 uɑ^{55}	炭 t^{h}ã^{41}
阳信	砖 tʂuã^{213}	瓦 ua^{55}	炭 t^{h}ã^{31}
济阳	砖 tʂuã^{213}	瓦 ua^{55}	炭 t^{h}ã^{31}
利津	砖 tʂuã^{213}	瓦 ua^{55}	炭 t^{h}ã^{31} 煤 mei^{53}
乐陵	砖 tʂuã^{24}	瓦 uɑ^{55}	炭 t^{h}ã^{51}
商河	砖 tʂuã^{213}	瓦 uɑ^{45}	炭 t^{h}ã^{31}
平原	砖 tʂuã^{213}	瓦 ua^{55}	炭 t^{h}ã^{21}
德州	砖 tʂuã^{213}	瓦 ua^{55}	砟子 tʂa^{213}tsɿ^{0}
武城	砖 tʂuã^{224}	瓦 ua^{55}	煤 mei^{53}
临清	砖 tʂuan^{13}	瓦 ua^{44}	煤 mei^{53}
冠县	砖 tʂuã^{13}	瓦 ua^{55}	煤 mei^{53} 无烟的煤 炭 t^{h}ã^{314} 有烟的煤
聊城	砖 tsuã^{13}	瓦 ua^{44}	炭 t^{h}ã^{313} ～头 煤 mei^{53} ～球/烤火～
济南	砖 tʂuã^{213}	瓦 ua^{55}	炭 t^{h}ã^{21}
泰安	砖 tʂuã^{213}	瓦 ua^{55}	炭 t^{h}ã^{21} 煤 mei^{42}
莱芜	砖 tʃuã^{213}	瓦 ua^{55}	炭 t^{h}ã^{42}
新泰	砖 pfã^{213}	瓦 ua^{55}	炭 t^{h}ã^{42}
沂源	砖 tʃuã^{213}	瓦 ua^{55}	炭 t^{h}ã^{31}
博山	砖 tʂuã^{213}	瓦 uɑ^{55}	炭 t^{h}ã^{31}
张店	砖 tʂuã^{213}	瓦 uɑ^{55}	炭 t^{h}ã^{31}

续表

	0052砖整块的	0053瓦整块的	0054煤
阳谷	砖tsuã^{213}	瓦ua^{55}	炭t^{h}ã^{313}
梁山	砖tsuã^{213}	瓦ua^{55}	炭t^{h}ã^{314}
菏泽	砖tsuã^{213}	瓦ua^{44}	煤mei^{53}
曹县	砖tʂuã^{213}	瓦ua^{44}	炭t^{h}ã^{312} 煤mei^{53}
金乡	砖tsuã^{213}	瓦ua^{55}	炭t^{h}ã^{312}
曲阜	砖tsuã^{213}	瓦ua^{55}	炭t^{h}ã^{312}
薛城	砖pfã^{313}/tsuã^{313}	瓦ua^{24}	炭t^{h}ã^{41}
郯城	砖tʂuã^{213}	瓦ua^{24}	炭t^{h}ã^{51}
临沂	砖tʃuã^{214}	瓦ua^{55}	炭t^{h}ã^{312}

	0055煤油	0056炭木~	0057灰烧成的
荣成	火油xuo^{21}iəu^{53}	炭t^{h}an^{33}	灰xuei^{53}
烟台	火油xuo^{14}iou^{53}	炭t^{h}an^{33}	灰儿xueɪ^{53}ər^{0}
栖霞	火油xuo^{34}iəu^{312}	炭t^{h}ãn^{52}	灰xuei^{312}
长岛	火油xuə^{21}iou^{55}	炭t^{h}an^{52}	灰xuei^{312}
海阳	洋油iɑŋ^{34}iəu^{52}	炭t^{h}ã^{341}	灰xuei^{52}
莱西	火油xuə^{55}iou^{214}	木炭mu^{214}t^{h}ã^{42}	灰xuei^{214}
平度	火油xuə^{55}iou^{42}	木炭mu^{42}t^{h}ã^{0}	灰xuei^{213}
青岛	洋油iɑŋ^{213}iou^{42} 火油xuə^{55}iou^{42}	木炭mu^{213}t^{h}ã^{42}	灰xuei^{213}
高密	洋油iɑŋ^{42}iou^{42} 火油xuə^{213}iou^{42}	木炭mu^{55}t^{h}ã^{0}	灰xuei^{213}
诸城	洋油iɑŋ^{53}iou^{53} 火油xuə^{213}iou^{53}	木炭mu^{44}t^{h}ã^{0}	灰xuei^{213}
沂水	洋油iɑŋ^{53}iou^{53}	木炭mu^{44}t^{h}ã^{0}	灰xue^{213}
临朐	洋油iɑŋ^{53}iəu^{53} 火油xuə^{213}iəu^{0}	木炭mu^{44}t^{h}ã^{0}	灰xuei^{213}
日照	洋油iɑŋ^{53}iou^{53} 火油xuə^{24}iou^{53}	条炭t^{h}iɔ^{44}t^{h}ã^{0}	灰xuei^{213}

续表

	0055 煤油	0056 炭木～	0057 灰烧成的
莒南	洋油 iaŋ^{53}iou^{53} 煤油 mei^{53}iou^{53}	木炭 mu^{13}tʰã^{31}	灰 xuei^{213}
潍坊	煤油 mei^{53}iɤɯ^{53} 洋油 iaŋ^{53}iɤɯ^{53} 火油 xuə^{55}iɤɯ^{53}	木炭 mu^{55}tʰã^{0}	木灰 mu^{55}xuei^{214} 木头烧成的 炉渣土 lu^{35}tʂa^{0}tʰu^{55} 煤烧成的 炭灰 tʰã^{31}xuei^{214} 煤烧成的
寿光	洋油 iaŋ^{53}iəu^{53}	木炭 mu^{55}tʰã^{0}	灰 xuei^{213}
高青	洋油 iaŋ^{55}iou^{55}	木炭 mu^{55}tʰã^{0}	灰 xuei^{213}
阳信	煤油 mei^{31}iou^{43}	木炭 mu^{23}tʰã^{31}	灰 xuei^{213}
济阳	洋油 iaŋ^{54}iou^{55}	木炭 mu^{55}tʰã^{0}	灰 xuei^{213}
利津	洋油 iaŋ^{53}iou^{53}	木炭 mu^{55}tʰã^{0}	灰 xuei^{213}
乐陵	洋油 iaŋ^{31}iou^{55}	木炭 mu^{24}tʰã^{51}	灰 xuei^{24}
商河	洋油 iaŋ^{54}iou^{54}	木炭 mu^{54}tʰã^{0}	灰 xuei^{213}
平原	洋油 iaŋ^{42}iou^{42}	木炭 mu^{42}tʰã^{0}	灰 xuei^{213}
德州	洋油 iaŋ^{42}iou^{42}	炭 tʰã^{21}	灰儿 xuer^{213}
武城	洋油 iaŋ^{53}iou^{53}	炭 tʰã^{312}	灰 xuei^{224}
临清	洋油 iaŋ^{53}iou^{53}	木炭 mu^{13}tʰan^{313}	灰 xuei^{13}
冠县	洋油 iaŋ^{53}iou^{53}	木炭 mu^{21}tʰã^{0}	灰 xuei^{13}
聊城	洋油 iaŋ^{53}iou^{53}	木炭 mu^{13}tʰã^{313} 枣木炭 tsɔ^{44}mu^{13}tʰã^{313}	灰 xuei^{13}
济南	洋油 iaŋ^{42}iou^{42}	枣木炭 tsɔ^{213}mu^{0}tʰã^{21} 木炭 mu^{55}tʰã^{0}	灰 xuei^{213}
泰安	洋油 iaŋ^{42}iou^{42}	炭 tʰã^{21}	灰 xuei^{213}
莱芜	洋油 iaŋ^{55}iou^{55}	木炭 mu^{42}tʰã^{0}	灰 xuei^{213}
新泰	洋油 iaŋ^{42}iou^{42}	木炭 mu^{54}tʰã^{0}	灰儿 xuɤr^{213}
沂源	洋油 iaŋ^{55}iou^{55}	木炭 mu^{55}tʰã^{0}	灰 xuei^{213}
博山	洋油 iaŋ^{53}iəu^{55}	炭 tʰã^{31}	灰 xuei^{213}
张店	洋油 iaŋ^{55}iou^{55}	木炭 mu^{55}tʰã^{0}	灰 xuei^{213}
阳谷	洋油 iaŋ^{42}iou^{42}	木炭 mu^{13}tʰã^{0}	灰 xuei^{213}
梁山	洋油 iaŋ^{42}iou^{42}	木炭 mu^{23}tʰã^{314}	灰 xuei^{213}
菏泽	洋油 iaŋ^{53}iou^{53}	灰墼子 xuei^{213}tɕi^{21}tə^{0}	灰 xuei^{213}

续表

	0055 煤油	0056 炭木～	0057 灰烧成的
曹县	洋油 iɑŋ^{53}iou^{53}	木炭 mu^{213}tʰã^{31}	灰 xuei^{213}
金乡	洋油 iɑŋ^{42}iou^{42}	木炭 mu^{23}tʰã^{312}	灰 xuei^{213}
曲阜	洋油 iaŋ^{42}iou^{42}	烰①炭 fu^{23}tʰã^{312}	灰 xuei^{213}
薛城	洋油 iɑŋ^{55}iou^{55}	木炭 mu^{23}tʰã^{41}	灰 xue^{313}
郯城	洋油 iɑŋ^{44}iəu^{44} 煤油 me^{44}iəu^{44}	木炭 mu^{21}tʰã^{51}	灰 xue^{213}
临沂	洋油 iɑŋ^{53}iou^{53}	木炭 mu^{24}tʰã^{312}	灰 xuei^{214}

	0058 灰尘桌面上的	0059 火	0060 烟烧火形成的
荣成	灰 xuei^{53}	火 xuo^{214}	烟 ian^{53}
烟台	灰儿 xuei^{53}ər^{0}	火 xuo^{14}	烟 ian^{53}
栖霞	灰 xuei^{312}	火 xuo^{214}	烟 iãn^{312}
长岛	灰 xuei^{312}	火 xuə^{213}	烟 ian^{312}
海阳	灰 xuei^{52}	火 xuo^{214}	烟 iã^{52}
莱西	垺②土 pu^{45}tʰu^{0} 灰 xuei^{214}	火 xuə^{55}	烟 iã^{214}
平度	垺土 pu^{45}tʰu^{0} 落上时间不长 灰 xuei^{213}	火 xuə^{55}	烟 iã^{213}
青岛	垺土 pu^{45}tʰu^{0}	火 xuə^{55}	烟 iã^{213}
高密	灰 xuei^{213} 垺土 pu^{55}tʰu^{0}	火 xuə^{55}	烟 iã^{213}
诸城	灰 xuei^{213} 垺土 pu^{24}tʰu^{0}	火 xuə^{44}	烟 iã^{213}
沂水	垺土 pu^{44}tʰu^{0}	火 xuə^{44}	烟 iã^{213}
临朐	垺土 pu^{35}tʰu^{0}	火 xuə^{44}	烟 iã^{213}
日照	埲灰 pɑŋ^{53}xuei^{0} 垺土 pu^{44}tʰu^{0}	火 xuə^{44}	烟 iã^{213}

① “烰”，《广韵·尤韵》缚谋切，“火气”。《玉篇·火部》：“烰，音浮，烰烰，火气盛也。”

② “垺”，《广韵》蒲没切，“尘起”。《广韵》没韵唇音字在今山东方言中读u韵母很普遍。

续表

	0058 **灰尘**桌面上的	0059 **火**	0060 **烟**烧火形成的
莒南	垺头 pu^{24}t^{h}ou^{0} 灰尘 xuei^{213}tʃ^{h}ẽ^{53}	火 xuə^{55}	烟 iã^{213}
潍坊	土 t^{h}u^{55} 垺土 pu^{35}t^{h}u^{0}	火 xuə^{55}	烟 iã^{214}
寿光	灰 xuei^{213}	火 xuə^{55}	烟 iã^{213}
高青	土 t^{h}u^{55}	火 xuə^{55}	烟 iã^{213}
阳信	暴$^{=}$①土 pɔ^{55}t^{h}u^{0}	火 xuə^{55}	烟 iã^{213}
济阳	垺土 pu^{24}t^{h}u^{0}	火 xuə^{55}	烟 iã^{213}
利津	暴$^{=}$土 pɔ^{55}t^{h}u^{0}	火 xuə^{55}	烟 iã^{213}
乐陵	暴$^{=}$土 pɔ^{55}t^{h}u^{0}	火 xuə^{55}	烟 iã^{24}
商河	垺土 pu^{24}t^{h}u^{0}	火 xuə^{45}	烟 iã^{213}
平原	垺儿土儿 pur^{55}t^{h}ur^{0}	火 xuə^{55}	烟 iã^{213}
德州	垺土 pu^{55}t^{h}u^{0}	火 xuə^{55}	烟 iã^{213}
武城	垺土 pu^{55}t^{h}u^{0}	火 xuə^{55}	烟 iã^{224}
临清	灰 xuei^{13}	火 xuə^{44}	烟 ian^{13}
冠县	土 t^{h}u^{55}	火 xuə^{55}	烟 iã^{13}
聊城	灰 xuei^{13}	火 xuə^{44}	烟 iã^{13}
济南	垺土 pu^{445}t^{h}u^{0}	火 xuə^{55}	烟 iã^{213}
泰安	垺土 pu^{55}t^{h}ou^{0} 灰 xuei^{213}	火 xuə^{55}	烟 iã^{213}
莱芜	垺土 pu^{13}t^{h}u^{0}	火 xuə^{55}	烟 iã^{213}
新泰	垺土 pu^{45}t^{h}u^{0}	火 xuə^{55}	烟 iã^{213}
沂源	垺土 pu^{35}t^{h}u^{0}	火 xuə^{55}	烟 iã^{213}
博山	垺土 pu^{35}t^{h}u^{0}	火 xuə^{55}	烟 iã^{213}
张店	灰 xuei^{213}	火 xuə^{55}	烟 iã^{213}
阳谷	土 t^{h}u^{55}	火 xuo^{55}	烟 iã^{213}

① “暴$^{=}$”在阳信、利津和乐陵一带的方言中是细尘土飞扬的意思，“暴$^{=}$土”即飞扬后落下的细尘土，与“垺”的“尘起”义很是吻合，所以其本字也有可能是“垺”。不过，这一带方言中只有宕江摄的入声字才有可能读ɔ（ao）韵母，所以“暴$^{=}$”与“垺”的读音还需澄清。此先记作同音字。

续表

	0058 灰尘桌面上的	0059 火	0060 烟烧火形成的
梁山	垺土 pu^{42}tʰu^{55} 网包⁼子 uɑŋ^{23}pɔ^{21}tsɿ^{0}	火 xuə^{55}	烟 iã^{213}
菏泽	垺土 pu^{53}tʰu^{44}	火 xuə^{44}	烟 iã^{213}
曹县	灰 xuei^{213}	火 xuə^{44}	烟 iã^{213}
金乡	垺土 pu^{42}tʰu^{55}	火 xuə^{55}	烟 iã^{213}
曲阜	垺土 pu^{55}tʰu^{0}	火 xuə^{55}	烟 iã^{213}
薛城	灰 xue^{313}	火 xuə^{24}	烟 iã^{313}
郯城	垺土 pu^{44}tʰu^{24} 灰 xue^{213}	火 xuə^{24}	烟 iã^{213}
临沂	垺土 pu^{55}tʰu^{0}	火 xuə^{55}	烟 iã^{214}

	0061 失火	0062 水	0063 凉水
荣成	着火 tʂo^{35}xuo^{0} 起火 cʰi^{35}xuo^{0}	水 ʂuei^{214}	凉水 liaŋ^{53}ʂuei^{214}
烟台	起火 tɕʰi^{33}xuo^{14}	水 suei^{14}	凉水 liaŋ^{53}suei^{14}
栖霞	着儿火 tʃyɐr^{34}xuo^{214} 起儿火 cʰiər^{34}xuo^{214}	水 suei^{214}	凉水 liaŋ^{52}suei^{214}
长岛	着火 tʃuə^{55}xuə^{213}	水 suei^{213}	凉水 liaŋ^{55}suei^{213}
海阳	起儿火 cʰiər^{21}xuo^{214} 着火 tʂuo^{55}xuo^{214}	水 ʂuei^{214}	凉水 liaŋ^{52}ʂuei^{214}
莱西	起火了 cʰi^{55}xuə^{45}lə^{0}	水 suei^{55}	凉水 liaŋ^{24}suei^{55}
平度	起火啦 cʰi^{42}xuə^{45}la^{0}	水 ʂuei^{55}	凉水 liaŋ^{42}ʂuei^{0}
青岛	起火了 tɕʰi^{213}xuə^{55}lə^{0}	水 ʂuei^{55}	凉水 liaŋ^{213}ʂuei^{55}
高密	起火了 tɕʰi^{55}xuə^{23}lə^{0} 着火了 tʂuə^{42}xuə^{23}lə^{0}	水 ʂuei^{55}	凉水 liaŋ^{42}ʂuei^{55} 冷水 loŋ^{42}ʂuei^{55}
诸城	起火 tʃʰʅ^{44}xuə^{44}	水 ʂuei^{44}	凉水 liaŋ^{53}ʂuei^{0}
沂水	失火 ʃʅ^{53}xuə^{44}	水 ʂue^{44}	凉水 liaŋ^{53}ʂue^{44}
临朐	失火 ʃʅ^{53}xuə^{44} 着火 tʃuə^{53}xuə^{44}	水 ʂuei^{44}	凉水 liaŋ^{53}ʂuei^{44}
日照	起火 tʃʰʅ^{53}xuə^{44}	水 ʂuei^{44}	凉水 liaŋ^{53}ʂuei^{44}
莒南	失火 ʃʅ^{213}xuə^{55}	水 ʃuei^{55}	凉水 liaŋ^{53}ʃuei^{55}

续表

	0061 失火	0062 水	0063 凉水
潍坊	起火 tɕʰi^{53}xuə^{55} 着火 tʂuə^{53}xuə^{55}	水 ʂuei^{55}	凉水 liaŋ^{53}ʂuei^{55}
寿光	失火 ʂʅ^{213}xuə^{55} 着火 tʂuə^{53}xuə^{55}	水 ʂuei^{55}	凉水 liaŋ^{53}ʂuei^{55}
高青	失火 ʂʅ^{55}xuə^{55}	水 ʂuei^{55}	凉水 liaŋ^{55}ʂuei^{55}
阳信	失火 ʂʅ^{213}xuə^{55}	水 ʂuei^{55}	凉水 liaŋ^{31}ʂuei^{55}
济阳	着火 tʂɔ^{54}xuə^{55} 失火 ʂʅ^{54}xuə^{55}	水 ʂuei^{55}	凉水 liaŋ^{54}ʂuei^{55}
利津	失火 ʂʅ^{44}xuə^{55}	水 ʂuei^{55}	凉水 liaŋ^{53}ʂuei^{55}
乐陵	着火 tʂɔ^{51}xuə^{55}	水 ʂuei^{55}	凉水 liaŋ^{51}ʂuei^{55}
商河	着火 tʂɔ^{54}xuə^{45} 失火 ʂʅ^{54}xuə^{45}	水 ʂuei^{45}	凉水 liaŋ^{54}ʂuei^{45}
平原	着火 tʂɔu^{42}xuə^{55}	水 ʂuei^{55}	凉水 liaŋ^{42}ʂuei^{55}
德州	着火 tʂɔ^{42}xuə^{55}	水 ʂuei^{55}	凉水 liaŋ^{42}ʂuei^{55}
武城	着火 tʂɔ^{53}xuə^{55}	水 ʂuei^{55}	凉水 liaŋ^{53}ʂuei^{55}
临清	着火 tʂau^{53}xuə^{44}	水 ʂuei^{44}	凉水 liaŋ^{53}ʂuei^{0}
冠县	着火 tʂʰuə^{53}xuə^{55}	水 ʂuei^{55}	凉水 liaŋ^{53}ʂuei^{0}
聊城	着火 tsɔ^{53}xuə^{44}	水 suei^{44}	凉水 liaŋ^{53}suei^{0}
济南	着火 tʂɔ^{42}xuə^{55}	水 ʂuei^{55}	凉水 liaŋ^{42}ʂuei^{55}
泰安	失火 ʂʅ^{213}xuə^{55} 失乎儿 ʂʅ^{213}xur^{213}	水 ʂuei^{55}	凉水 liaŋ^{42}ʂuei^{55}
莱芜	着火 tʃuə^{55}xuə^{55} 走水 tsou^{55}ʃuei^{213}"水"读阴平	水 ʃuei^{55}	凉水 liaŋ^{55}ʃuei^{213}
新泰	走唠水俩 tθou^{213}lɔ^{0}fei^{213}lia^{0}	水 fei^{55}	凉水 liaŋ^{42}fei^{55}
沂源	走水 tθou^{55}ʃuei^{55}	水 ʃuei^{55}	凉水 liaŋ^{55}ʃuei^{55}
博山	失火 ʂʅ^{213}xuə^{55} 走［了］水哩 tsəu^{213}ʂuei^{213}liã^{0}	水 ʂuei^{55}	凉水 liaŋ^{53}ʂuei^{55}
张店	失火 ʂʅ^{33}xuə^{55}	水 ʂuei^{55}	凉水 liaŋ^{55}ʂuei^{55}
阳谷	着火 tsuo^{42}xuo^{0}	水 fei^{55}	凉水 liaŋ^{42}fei^{0}
梁山	着火 tsuə^{42}xuə^{55}	水 fei^{55}	凉水 liaŋ^{42}fei^{55}
菏泽	着火 tsuə^{53}xuə^{44}	水 fei^{44}	凉水 liaŋ^{53}fei^{44}

续表

	0061失火	0062水	0063凉水
曹县	失火ʂʅ^{21}xuə^{44}	水fei^{44}	凉水liaŋ^{53}fei^{44}
金乡	失火sʅ^{21}xuə^{55}	水suei^{55}	凉水liaŋ^{42}suei^{0}
曲阜	失火sʅ^{21}xuə^{55}	水suei^{55}	凉水liaŋ^{42}suei^{55}
薛城	着火pfə^{54}xuə^{24}	水fe^{24}	凉水liaŋ^{55}fe^{24}
郯城	着火tʂuə^{44}xuə^{24} 失火ʂʅ^{21}xuə^{24}	水fe^{24}/ʂue^{24}	凉水liaŋ^{44}fe^{24}/liaŋ^{44}ʂue^{24}
临沂	失火ʃʅ^{24}xuə^{55}	水ʃuei^{55}	凉水liaŋ^{53}ʃuei^{55}

	0064热水如洗脸的热水，不是指喝的开水	0065开水喝的	0066磁铁
荣成	热水iɛ^{33}ʂuei^{0} 开水kʰai^{53}ʂuei^{0}	热水iɛ^{33}ʂuei^{0} 开水kʰai^{53}ʂuei^{0}	吸①铁石çy^{33}tʰiɛ^{21}ʃi^{35} “吸”一般读为“嘘”，也读“吸”çi^{35}
烟台	热水ie^{33}suei^{14}	开水kʰɛ^{53}suei^{14}	吸铁石çy^{53}tʰie^{21}çi^{33} “吸”读为“嘘”
栖霞	热水iɛ^{52}suei^{214}	开水kʰɛi^{52}suei^{214}	吸铁石çy^{34}tʰiɛ^{0}ʃʅ^{342} “吸”读为“嘘”
长岛	热水iɛ^{52}suei^{213}	开水kʰai^{31}suei^{213}	吸铁石çy^{55}tʰiɛ^{21}ʃʅ^{55} “吸”读为“嘘”
海阳	热水iə^{55}ʂuei^{214}	开水kʰɛ^{52}ʂuei^{214}	吸铁石çy^{34}tʰiə^{21}sʅ^{341} “吸”读为“嘘”
莱西	热水iə^{42}suei^{55}	开水kʰɛ^{24}suei^{55} 热水iə^{42}suei^{55}	吸铁石çy^{21}tʰiə^{55}ʃʅ^{42} “吸”一般读为“嘘”，也读“吸”çi^{21}
平度	热水iə^{213}ʂuei^{0}	开水kʰɛ^{213}ʂuei^{0} 热水iə^{213}ʂuei^{0}	吸铁石çy^{213}tʰiə^{55}ʃʅ^{42} “吸”读为“嘘”
青岛	热水iə^{213}ʂuei^{55}	开水kʰɛ^{213}ʂuei^{55}	吸铁石çy^{213}tʰiə^{55}ʃʅ^{42} “吸”读为“嘘”
高密	热水iə^{21}ʂuei^{55}	开水kʰɛ^{213}ʂuei^{55} 热水iə^{21}ʂuei^{55} 白开水pei^{42}kʰɛ^{213}ʂuei^{55}	吸铁石çi^{42}tʰiə^{213}ʃʅ^{42}
诸城	热水iə^{31}ʂuei^{0}	开水kʰɛ^{213}ʂuei^{0} 汤tʰaŋ^{213}	吸铁石ʃu^{44}ȶʰiə^{44}ʃʅ^{53} “吸”读为“嘘”

① 胶辽官话区方言一般在本词中读“吸”为“嘘”上声或去声，邻近的冀鲁官话区方言读“嘘”阴平，还有的方言称“吸烟”为“嘘烟”。此以“嘘”（不计声调）为“吸”字方言音读，径写本字“吸”。

续表

	0064热水如洗脸的热水，不是指喝的开水	**0065开水**喝的	**0066磁铁**
沂水	热水iə^{31}ʂue^{44}	开水kʰɛ^{213}ʂue^{44} 热开水 凉茶liaŋ^{53}tʂʰa^{53} 凉开水	吸铁石ɕy^{24}tʰiə^{213}ʃɿ^{53} “吸”读为“嘘”
临朐	热水ʐə^{21}ʂuei^{44}	开水kʰɛ^{213}ʂuei^{44}	吸铁石ɕy^{21}tʰiə^{0}ʃɿ^{53} “吸”读为“嘘”
日照	热水iə^{31}ʂuei^{44}	开水kʰɛ^{213}ʂuei^{44}	吸铁石ʃu^{53}tʰiə^{213}ʃɿ^{53} “吸”读为“嘘”
莒南	热水iə^{31}ʃuei^{55}	开水kʰɛ^{213}ʃuei^{55}	吸铁石ɕy^{213}tʰiə^{213}ʃɿ^{53} “吸”读为“嘘”
潍坊	热水ʐə^{31}ʂuei^{55} 温乎水儿uẽ^{31}xu^{0}ʂuer^{55}	开水kʰɛ^{214}ʂuei^{55}	吸铁石ɕy^{55}tʰiə^{214}ʂʅ^{53} “吸”读为“嘘”
寿光	热水lə^{21}ʂuei^{55} 温水uã^{213}ʂuei^{55}	开水kʰɛ^{213}ʂuei^{55}	吸铁石ɕy^{24}tʰiə^{0}ʂʅ^{53} “吸”读为“嘘”
高青	温和水uã^{21}xə^{0}ʂuei^{55}	开水kʰɛ^{21}ʂuei^{0}	吸铁石ɕi^{213}tʰiə^{55}ʂʅ^{55}
阳信	热水ʐə^{31}ʂuei^{55}	开水kʰɛ^{213}ʂuei^{55}	吸铁石ɕi^{31}tʰiə^{213}ʂʅ^{43}
济阳	热水ʐə^{31}ʂuei^{55}	开水kʰɛ^{213}ʂuei^{55} 白开水pɛ^{55}kʰɛ^{213}ʂuei^{55}	吸铁石ɕi^{21}tʰiə^{213}ʂʅ^{55}
利津	热水ʐə^{31}ʂuei^{55}	开水kʰɛ^{213}ʂuei^{55}	吸铁石儿ɕi^{44}tʰiə^{44}ʂer^{53}
乐陵	热水ʐə^{51}ʂuei^{55}	开水kʰɛ^{212}ʂuei^{55}	吸铁石ɕi^{31}tʰiə^{212}ʂʅ^{55}
商河	热水ʐə^{31}ʂuei^{0}	开水kʰɛ^{213}ʂuei^{45}	吸铁石ɕi^{21}tʰiə^{45}ʂʅ^{54}
平原	热水ʐə^{21}ʂuei^{55}	开水kʰɛi^{212}ʂuei^{55}	吸铁石ɕi^{21}tʰiə^{55}ʂʅ^{42}
德州	热水ʐə^{21}ʂuei^{55}	开水kʰɛ^{213}ʂuei^{55}	吸铁石ɕi^{213}tʰiə^{213}ʂʅ^{42}
武城	热水ɭə^{21}ʂuei^{55}	开水kʰɛi^{21}ʂuei^{55}	吸铁石ɕi^{21}tʰiə^{55}ʂʅ^{53}
临清	二温水ər^{53}un^{0}ʂuei^{0}	开水kʰai^{13}ʂuei^{44} 热水ʐə^{31}ʂuei^{44}	吸铁石儿ɕi^{31}tʰiə^{13}ʂer^{53}
冠县	热水ʐə^{31}ʂuei^{55}	开水kʰɛ^{13}ʂuei^{55}	吸铁石儿ɕi^{21}tʰiə^{0}ʂer^{53}
聊城	温水uẽ^{13}suei^{44}	开水kʰɛ^{13}suei^{44}	吸铁石儿ɕi^{31}tʰiə^{13}ser^{53}
济南	热水ʐə^{21}ʂuei^{55}	开水kʰɛ^{213}ʂuei^{55} 白开水pei^{42}kʰɛ^{213}ʂuei^{55}	吸铁石ɕi^{21}tʰiə^{213}ʂʅ^{42}
泰安	热水ʐə^{21}ʂuei^{55} 热乎儿水ʐə^{42}xur^{0}ʂuei^{55}	开水kʰɛ^{213}ʂuei^{55}	吸铁石ɕi^{21}tʰiə^{0}ʂʅ^{42}
莱芜	热水ʒə^{31}ʃuei^{213}	开水kʰɛ^{213}ʃuei^{55}	吸铁石ɕy^{31}tʰiə^{31}ʃɿ^{55} “吸”读为“嘘”

续表

	0064热水如洗脸的热水，不是指喝的开水	0065开水喝的	0066磁铁
新泰	热汤ʒə^{31}tʰɑŋ^{213} 热水ʒə^{31}fei^{55}	开水kʰɛ^{21}fei^{55}	吸铁石ɕi^{21}tʰiə^{0}ʃʅ^{42}
沂源	热水iə^{31}ʃuei^{55}	开水kʰɛ^{21}ʃuei^{55}	吸铁石ɕy^{21}tʰiə^{0}ʃʅ^{55} “吸”读为“嘘”
博山	热水lə^{31}ʂuei^{55}	开水kʰɛ^{213}ʂuei^{55}	吸铁石ɕy^{213}tʰiə^{55}ʂʅ^{55} “吸”读为“嘘”
张店	热水ʐə^{31}ʂuei^{55}	开水kʰɛ^{213}ʂuei^{55}	吸铁石ɕy^{33}tʰiə^{33}ʂʅ^{55} “吸”读为“嘘”
阳谷	热水zə^{13}fei^{55}	开水kʰɛ^{13}fei^{55}	吸铁石儿ɕi^{31}tʰiə^{13}ʂɤr^{42}
梁山	热水zə^{23}fei^{55}	开水kʰɛ^{23}fei^{55}	吸铁石ɕi^{31}tʰiə^{23}sʅ^{42}
菏泽	热水zə^{213}fei^{44}	开水kʰɛ^{213}fei^{44}	吸铁石ɕi^{213}tʰiɛ^{213}sʅ^{53}
曹县	热水ʐə^{21}fei^{44}	开水kʰai^{21}fei^{44}	吸铁石ɕi^{21}tʰiə^{213}ʂʅ^{53}
金乡	热水zə^{21}suei^{0}	茶水tsʰa^{42}suei^{55}	吸铁石ɕi^{21}tʰiə^{55}sʅ^{42}
曲阜	热水zə^{21}suei^{55}	开水kʰɛ^{21}suei^{55}	吸铁石ɕi^{21}tʰiə^{213}sʅ^{42}
薛城	温水ue^{31}fe^{24} 热水zə^{31}fe^{24}	开水kʰɛ^{31}fe^{24} 热水zə^{31}fe^{24} 茶tsʰa^{55}用于喝水时	吸铁石ɕi^{41}tʰiə^{31}sʅ^{55}
郯城	热水ʐə^{21}fe^{24}/ʐə^{21}ʂue^{24}	茶tʂʰa^{44} 开水kʰɛ^{21}fe^{24}/kʰɛ^{21}ʂue^{24}	吸铁石ɕi^{51}tʰiə^{21}ʂʅ^{44} 磁铁tsʰʅ^{44}tʰiə^{213}
临沂	热水ʐə^{24}ʃuei^{55}	茶tʃʰa^{53}	吸铁石ɕi^{31}tʰiə^{24}ʃʅ^{53}

	0067时候吃饭的～	0068什么时候	0069现在
荣成	时候ʂʅ^{35}xuo^{0}	么时候mo^{35}ʂʅ^{0}xuo^{0}	这阵儿tʃɛ^{33}tʃər^{33}
烟台	时候儿sʅ^{35}xour^{0}	什么时候儿ɕin^{33}mo^{0}sʅ^{33}xour^{0}	现在ɕian^{53}tsɛ^{33}
栖霞	时候儿sʅ^{34}xəur^{0}	什么时候儿ʃə̃n^{34}mə^{0}sʅ^{34}xəur^{0}	这阵儿tʃə^{52}tʃər^{52} 现在çiãn^{52}tsɛi^{52}
长岛	时候儿sʅ^{55}xour^{0}	什么时候儿ʃən^{55}mə^{0}sʅ^{55}xour^{0}	现在çian^{52}tsai^{52}
海阳	时候儿ʂʅ^{34}xəur^{0}	什么时候儿sɑŋ^{34}mə^{0}ʂʅ^{34}xəur^{0}	这嘎$^{=}$儿tsə^{34}kar^{214}
莱西	时候儿sʅ^{45}xour^{0}	什么时候儿ʃʅ^{42}mə^{0}sʅ^{42}xour^{0} 什么时间ʃʅ^{42}mə^{0}sʅ^{45}ciã^{0}	现在çiã^{23}tsɛ^{42} 这时候儿tʃiə^{42}sʅ^{45}xour^{0}
平度	时候儿ʂʅ^{45}xour^{0}	什么时候儿ʃə̃^{45}mə^{0}ʂʅ^{45}xour^{0} 什么时间ʃə̃^{45}mə^{0}ʂʅ^{45}ciã^{0}	这时候tʃə^{213}ʂʅ^{45}xou^{0} 现在çiã^{213}tθɛ^{42}

续表

	0067时候吃饭的~	0068什么时候	0069现在
青岛	时候儿ʂʅ^{45}xour^{0}	什么时候儿ʃẽ^{45}mə^{0}ʂʅ^{45}xour^{0} 什么时辰ʃẽ^{45}mə^{0}ʂʅ^{45}tʃʰẽ^{0}	这会儿tʃə^{213}xuer^{42} 现当今ɕiã^{42}tɑŋ^{55}tɕiẽ^{213}
高密	时候儿ʂʅ^{55}xour^{0}	哪霎儿nɑ^{42}ʂɑr^{55} 什么时候儿ʃoŋ^{55}mə^{0}ʂʅ^{55}xour^{0} 什么时间ʃoŋ^{55}mə^{0}ʂʅ^{42}tɕiã^{213}	这霎儿tʃə^{21}ʂɑr^{55} 这会儿tʃə^{21}xuer^{42} 赶忙儿kã^{213}mɑ̃r^{42}
诸城	时候儿ʂʅ^{24}xour^{0} 时辰ʂʅ^{24}tʃʰẽ^{0}	什么时候儿ʂəŋ^{44}mə^{0}ʂʅ^{24}xour^{0} 什么时辰ʂəŋ^{44}mə^{0}ʂʅ^{24}tʃʰẽ^{0}	这会儿tʃə^{31}xuer^{31}
沂水	……霎ʂa^{44}	几儿tɕier^{44}	这dʒə^{31}
临朐	时候儿ʃʅ^{35}xəur^{0}	哪霎儿na^{44}ʂʌr^{213}	现如今ɕiã^{21}ʐu^{35}tɕiə̃^{0}
日照	那呵=儿们=儿na^{31}xər^{0}mer^{53} 那会儿nɑ^{31}xuer^{0}	什么时候儿ʂəŋ^{44}mə^{0}ʂʅ^{44}xour^{0}	这会儿tʃiə^{31}xuer^{0}
莒南	时候ʂʅ^{24}xou^{0}	多咱tuə^{24}tθə^{0} "咱" 有音变 什么时候ʂəŋ^{55}mə^{0}ʂʅ^{24}xou^{0}	这末=儿tʃə^{13}mər^{31} 现在ɕiã^{13}tθɛ^{31}
潍坊	时候儿ʂʅ^{35}xour^{0}	什么时候儿ʂəŋ^{53}mə^{0}ʂʅ^{35}xour^{0}	这霎儿tʂə^{31}ʂɑr^{0} 现在ɕiã^{24}tsɛ^{0}
寿光	时候儿ʂʅ^{35}xəur^{0}	多喒tuə^{35}tsə̃^{0} 多喒霎tuə^{35}tsə̃^{0}ʂa^{0}	这tʂə^{213} 如今lu^{21}tɕiə̃^{213}
高青	时候ʂʅ^{35}xou^{0}	啥时候ʂɑ^{55}ʂʅ^{35}xou^{0}	现在ɕiã^{41}tsɛ^{41}
阳信	候儿xour^{43}	多咱tuə^{45}tsã^{0}	渣=残=①tʂa^{213}tsʰã^{43}
济阳	时候儿ʂʅ^{24}xour^{0}/ʂʅ^{24}xur^{0} "候"读为"户"轻声	多咱tuə^{13}tsã^{31} 啥时候儿ʂa^{21}ʂʅ^{24}xour^{0}	现在ɕiã^{31}tsɛ^{31} 这tʂə^{31}
利津	时候儿ʂʅ^{35}xour^{0}	多咱tuə^{35}tsã^{0} 啥时候儿ʂa^{53}ʂʅ^{35}xour^{0}	这tʂə^{213} 现在ɕiã^{24}tsɛ^{31}
乐陵	时候儿sʅ^{55}xour^{0}	多咱tuə^{24}tsã^{0} 嘛时候儿mɑ^{51}sʅ^{55}xour^{0}	这咱tʂə^{51}tsã^{0} 现在ɕiã^{24}tsɛ^{51}
商河	时候儿sʅ^{24}xour^{0}	多咱tuə^{24}tsã^{0}	粘=汉=tʂã^{21}xã^{0}
平原	时候儿sʅ^{55}xour^{0}	多咱tuə^{55}tsã^{0} 嘛时候儿ma^{42}sʅ^{55}xour^{0}	这tʂə^{21} 这前儿tʂə^{21}tɕʰiɐr^{42}
德州	时候儿ʂʅ^{55}xour^{21}	嘛时候儿ma^{42}ʂʅ^{55}xour^{21}	这咱儿tʂə^{21}tsɛr^{0}
武城	时候儿ʂʅ^{55}xour^{0}	嘛时候儿ma^{53}ʂʅ^{55}xour^{0}	这tʂə^{312} 现在ɕiã^{21}tsɛ^{312}

① 应为"这咱"的音变。但因为前字韵母有变化且后字读送气声母，此依原调查材料仍记同音字。

续表

	0067时候吃饭的～	0068什么时候	0069现在
临清	时候儿ʂʅ^{44}xour^{0}	多咱tuə^{44}tsan^{0} 什么时候儿ʂen^{44}mə^{0}ʂʅ^{44}xour^{0}	这会儿tʂə^{13}xuer^{313}
冠县	时候ʂʅ^{53}xou^{0}	啥时候ʂa^{31}ʂʅ^{55}xou^{0}	这马$^{=}$下tʂə^{31}ma^{55}ɕia^{314} 这一会儿tʂə^{31}i^{0}xuer^{314}
聊城	时候儿sʅ^{44}xour^{0}	多咱tuə^{44}tsã^{0} 什么时候儿sẽ^{44}mə^{0}sʅ^{44}xour^{0}	这会儿tsə^{13}xuer^{313}
济南	时候儿ʂʅ^{445}xur^{0} "候"读为"户"轻声	多咱tuə^{445}tsã^{0}	现在ɕiã^{23}tsɛ^{21} 这tʂə^{21}
泰安	时候儿ʂʅ^{55}xur^{0} "候"读为"户"轻声	多咱tuə^{55}tsã^{0} 什么时候儿ʂəŋ^{55}mə^{0}ʂʅ^{55}xour^{0}	这tʂə^{21} 现在ɕiã^{21}tsɛ^{21}
莱芜	……霎ʃa^{213}	哪霎霎na^{213}ʃa^{0}ʃa^{0}	这时候tʃə^{31}ʃʅ^{13}xou^{0}
新泰	……呵$^{=}$xə^{213}	多咱tuə^{45}tθã^{0}	这tʃə^{31}
沂源	时候儿ʃʅ^{35}xour^{0}	啥时候儿ʃa^{55}ʃʅ^{35}xour^{0}	这会儿tʃə^{31}xuer^{55}
博山	时候ʂʅ^{35}xəu^{0}	啥时候ʂɑ^{53}ʂʅ^{35}xəu^{0}	这盘$^{=}$①tʂə^{213}p^{h}ã^{55}
张店	时候ʂʅ^{35}xou^{0}	啥时候ʂɑ^{31}ʂʅ^{35}xou^{0}	现在ɕiã^{31}tsɛ^{31} 这tʂə^{31}
阳谷	……会儿xuɤr^{0}	啥会儿哩sa^{31}xuɤr^{42}li^{0}	这会儿哩tsə^{31}xuɤr^{42}li^{0}
梁山	时候儿sʅ^{42}xour^{0}	啥时候儿sa^{21}sʅ^{55}xour^{0}	这会儿tsə^{21}xuer^{0}
菏泽	那一会儿na^{31}i^{213}xuer^{312}	多能$^{=}$tuɔ^{55}nɔŋ^{53} 啥时候儿sa^{31}sʅ^{53}xour^{0}	这时候儿tsə^{31}sʅ^{53}xour^{0}
曹县	时候sʅ^{53}xou^{0}	哪会儿na^{44}xuər^{0} 啥时候ʂa^{21}sʅ^{53}xou^{0}	这会儿tʂə^{13}xuər^{312}
金乡	时候儿sʅ^{55}xour^{0}	啥时候儿sa^{31}sʅ^{55}xour^{0}	这时候儿tsə^{31}sʅ^{55}xour^{0}
曲阜	时候儿sʅ^{55}xour^{0}	多咱tuə^{55}tsã^{0}	这tsə^{312}
薛城	时候儿sʅ^{54}xour^{0}	早晚tsɑŋ^{24}uẽ^{0}读为"赃(上声)吻(轻声)" 多咱tuə^{31}tsã^{24} 什么时候儿xuŋ^{55}mə^{0}sʅ^{55}xour^{0}	这个时候儿tsə^{41}kə^{0}sʅ^{55}xour^{0} 现在ɕiã^{41}tsɛ^{41}
郯城	时候儿ʂʅ^{44}xəur^{0}	什么时候儿ʂəŋ^{44}mə^{0}ʂʅ^{44}xəur^{0}	今天tɕiã^{13}t^{h}iã^{213} 现如今ɕiã^{51}ʐu^{44}tɕiã^{213} 现在ɕiã^{51}tsɛ^{51}

① 该音节读上声，义为"(一)阵子""(一段)时间"。

续表

	0067 时候吃饭的～	0068 什么时候	0069 现在
临沂	时候儿ʃʅ^{55}xur^{0} “候”读为“户”轻声	什么时候儿ʃəŋ^{55}mə^{0}ʃʅ^{55}xur^{0} “候”读为“户”轻声	眼前iã^{55}tɕ^{h}iã^{53} 现在ɕiã^{31}tsɛ^{312}

	0070 以前十年～	0071 以后十年～	0072 一辈子
荣成	在早tsai^{33}tsau^{214}	以后i^{21}xəu^{33}	一辈子i^{21}pei^{33}tsɿ^{0}
烟台	以前i^{21}tɕ^{h}ian^{33}	以后i^{21}xou^{33}	一辈子i^{21}pei^{33}ɾə^{0}
栖霞	在早tsɛi^{52}tsɔo^{214}	往后uɑŋ^{21}xəu^{52}	一辈子i^{21}pei^{52}lə^{0}
长岛	在早tsai^{52}tsau^{213}	往后uɑŋ^{21}xou^{52}	一辈子i^{55}pei^{52}tsɿ^{0}
海阳	头个儿t^{h}əu^{34}kər^{214}	以后i^{21}xəu^{341}	一辈子i^{21}pei^{341}ə^{0}
莱西	……前tʃ^{h}iã^{42} 以前i^{214}tʃ^{h}iã^{42}	……后xou^{42} 以后i^{214}xou^{42}	一辈子i^{214}pei^{42}tsɿ^{0}
平度	……前ts^{h}iã^{42} 以前i^{45}ts^{h}iã^{42}	……后xou^{42} 以后i^{45}xou^{42}	一辈子i^{45}pei^{42}tθɿ^{0}
青岛	……前ts^{h}iã^{42} 以前i^{55}ts^{h}iã^{42}	……后xou^{42} 以后i^{55}xou^{42}	一辈子i^{55}pei^{42}tθɿ^{0}
高密	……前ts^{h}iã^{42}	以后i^{55}xou^{21} ……后xou^{21}	一辈子i^{55}pei^{42}tθɿ^{0}
诸城	以前i^{45}tθ^{h}iã^{53}	以后i^{44}xou^{31}	一辈子i^{44}pei^{44}tθɿ^{0}
沂水	……前ts^{h}iã^{53}	……后xou^{31}	一辈子i^{213}pe^{44}dðɿ^{0}
临朐	早里时价tθɔ^{213}li^{0}ʂʅ^{0}ka^{0}	往后uɑŋ^{44}xəu^{21}	一辈子i^{13}pei^{44}tθɿ^{0}
日照	以前i^{213}ȶ^{h}iã^{53} 从前tθ^{h}əŋ^{53}ȶ^{h}iã^{53}传说中很早以前	以后i^{23}xou^{31}	一辈子i^{44}pei^{53}tθɿ^{0}
莒南	……前ts^{h}iã^{53}	……后xou^{312}	一辈子i^{13}pei^{42}tθɿ^{0}
潍坊	……前tɕ^{h}iã^{53}	……后xɤɯ^{31} 以后i^{24}xɤɯ^{31}	一辈子i^{214}pei^{55}tsɿ^{0}
寿光	早里tsɔ^{24}ȵi^{0} 早里霎tsɔ^{24}ȵi^{0}ʂa^{0} 早已tsɔ^{55}i^{213}	日后lə^{13}xəu^{21} 以后i^{13}xəu^{21} 往后uɑŋ^{21}xəu^{21}	一辈子i^{13}pei^{55}tsɿ^{0}
高青	早先tsɔ^{55}ɕiã^{0}	以后i^{55}xou^{41}	这辈子tʂə^{41}pei^{55}tsɿ^{0}
阳信	……前tɕ^{h}iã^{43} 早先tsɔ^{55}ɕiã^{213}～的时候	……后xou^{31} 往后uɑŋ^{55}xou^{31}	一辈子i^{55}pei^{55}tsɿ^{0}
济阳	前tɕ^{h}iã^{55}	……后xou^{31}	一辈子i^{21}pei^{55}tsɿ^{0}

续表

	0070 以前十年～	0071 以后十年～	0072 一辈子
利津	以前霎i^{213}tɕʰiã^{0}ʂa^{0}	以后i^{55}xou^{31}	一辈子i^{24}pei^{55}tsɿ^{0}
乐陵	原先yã^{55}ɕiã^{24} ……前tɕʰiã^{55}	以后i^{55}xou^{51} ……后xou^{51}	一辈子i^{24}pei^{55}tsɿ^{0}
商河	……前tɕʰiã^{54}	……后xou^{31}	一辈子i^{24}pei^{54}tsɿ^{0}
平原	以前上i^{212}tɕʰiã^{55}xaŋ^{0}	以后i^{55}xou^{21}	一辈子i^{212}pei^{42}tsɿ^{0}
德州	以前i^{55}tɕʰiã^{42} ……前tɕʰiã^{42}	往后i^{55}xou^{21} ……后xou^{21}	一辈子i^{213}pei^{42}tsɿ^{0}
武城	原先yã^{53}ɕiã^{224} 以前i^{55}tɕʰiã^{53}	以后i^{55}xou^{312}	一辈子i^{21}pei^{53}tsɿ^{0}
临清	……前tɕʰian^{53}	……后xou^{313}	一辈子i^{44}pei^{53}tsɿ^{0}
冠县	以前i^{55}tsʰiã^{53}	以后i^{55}xou^{314}	一辈子i^{44}pei^{53}tsɿ^{0}
聊城	……前tɕʰiã^{53}	……后xou^{313}	一辈儿i^{44}per^{313}
济南	……前tɕʰiã^{42}	……后xou^{21}	一辈子i^{21}pei^{55}tsɿ^{0}
泰安	以前i^{213}tɕʰiã^{42} ……前tɕʰiã^{42}	以后i^{55}xou^{21} ……后xou^{21}	一辈子i^{23}pei^{42}tsɿ^{0}
莱芜	早年霎tsɔ^{31}ȵiã^{13}ʃa^{0}	以后i^{213}xou^{42}	一辈子i^{213}pei^{55}tsɿ^{0}
新泰	白来霎tθɿ^{31}lɛ^{45}ʃa^{0} 头……霎tʰou^{42}……ʃa^{0}	往后uɑŋ^{31}xou^{31}	一辈子i^{21}pei^{54}tθɿ^{0}
沂源	那会儿na^{31}xuer^{55}	……后xou^{31}	一辈子i^{13}pei^{55}tθɿ^{0}
博山	从前tsʰuŋ^{53}tɕʰiã^{55} 早先tsɔ^{55}ɕiã^{213}	往后uɑŋ^{55}xəu^{31}	一辈子i^{213}pei^{55}ə^{0}
张店	早里霎tsɔ^{21}ȵi^{0}ʂɑ^{0}	以后i^{55}xou^{31} 往后uɑŋ^{31}xou^{31}	一辈子i^{33}pei^{55}ɿ^{0}
阳谷	以前i^{13}tɕʰiã^{42}	以后i^{55}xou^{313}	一辈子i^{13}pei^{42}zɿ^{0}
梁山	……前tɕʰiã^{42}	……后xou^{314}	一辈子i^{23}pei^{42}tsɿ^{0}
菏泽	……前tɕʰiã^{53}	……后xou^{312}	一辈子i^{23}pei^{31}tə^{0}
曹县	以前i^{31}tɕʰiã^{53}	以后i^{44}xou^{312}	一辈子i^{213}pei^{31}tsɿ^{0}
金乡	以前i^{213}tɕʰiã^{42}	以后i^{23}xou^{312}	一辈子i^{23}pei^{42}tsɿ^{0}
曲阜	……前tɕʰiã^{42}	以后i^{23}xou^{312}	一辈子i^{213}pei^{42}tsɿ^{0}

续表

	0070 以前十年～	0071 以后十年～	0072 一辈子
薛城	每山⁼mẽ^{24}sã^{0} "每" 读为 "门" 上声 每每mẽ^{24}mẽ^{0} "每" 读为 "门" 上声 ……前tɕʰiã^{55}十年～	往后uɑŋ^{24}xou^{41} 外后uɛ^{41}xou^{41} ……后xou^{41}十年～	一辈子i^{31}pe^{41}tsɿ^{0}
郯城	……前tɕʰiã^{44} 以先前i^{24}ɕiã^{21}tɕʰiã^{44}	……后xəu^{51}	一辈子i^{21}pe^{51}tsɿ^{0}
临沂	……前tɕʰiã^{53}	……后xou^{312}	一辈子i^{24}pei^{31}tsɿ^{0}

	0073 今年	0074 明年	0075 后年
荣成	今年cin^{53}nian^{0}	过年儿kuo^{33}niɐr^{0} 明年miŋ^{35}nian^{0}	后年xəu^{33}nian^{0}
烟台	今年tɕin^{53}ȵian^{0}	到过年儿tau^{21}kuo^{33}ȵiɐr^{0} 明年儿miŋ^{35}ȵiar^{53}	到后年tau^{21}xou^{33}ȵian^{0} 后年xou^{33}ȵian^{0}
栖霞	今年cĩn^{52}ȵiãn^{0}	过儿年kuor^{34}ȵiãn^{0}	后年xəu^{55}ȵiãn^{0}
长岛	今年cin^{31}ȵian^{55}	明年miŋ^{55}ȵian^{0}	后年xou^{52}ȵian^{0}
海阳	今年ci^{52}ȵiã^{0}	明年məŋ^{52}ȵiã^{0}	后年xəu^{34}ȵiã^{0}
莱西	今年ci^{214}ȵiã^{0}	明年məŋ^{55}ȵiã^{214} 过儿年kuər^{42}ȵiã^{214}	后年xou^{45}ȵiã^{0}
平度	今年ciẽ^{213}ȵiã^{42} "今" 也读ci^{213}	明年miŋ^{42}ȵiã^{0} 过年kuə^{42}ȵiã^{0} 来年lɛ^{42}ȵiã^{0}	后年xou^{42}ȵiã^{0}
青岛	今年tɕiẽ^{213}ȵiã^{42}	明年mioŋ^{42}ȵiã^{0} 来年lɛ^{42}ȵiã^{0}	后年xou^{42}ȵiã^{0}
高密	今年tɕiə̃^{213}ȵiã^{42}	下年ɕiɑ^{42}ȵiã^{0} 过年kuə^{21}ȵiã^{42} 明年mioŋ^{42}ȵiã^{42}	后年xou^{42}ȵiã^{0}
诸城	今年tʃẽ^{213}ȵiã^{53} 当年tɑŋ^{213}ȵiã^{53}	下年ʃa^{31}ȵiã^{0} 来年lɛ^{53}ȵiã^{0}	后年xou^{44}ȵiã^{0}
沂水	今年tɕiẽ^{213}niã^{53}	明年mẽ^{53}niã^{53} 下年ɕia^{31}niã^{53}	后年xou^{31}niã^{53}
临朐	今年tɕiə̃^{213}ȵiã^{53}	下年ɕia^{21}ȵiã^{0}	后年xəu^{44}ȵiã^{0}
日照	今年tʃiẽ^{213}niã^{53} 当年tɑŋ^{31}niã^{53}	下年ʃiɑ^{31}niã^{53} 来年lɛ^{53}niã^{53}	后年xou^{53}niã^{0}

续表

	0073今年	0074明年	0075后年
莒南	今年tɕiẽ^{213}niã^{0}	来年lɛ^{53}niã^{53} 下年ɕia^{31}niã^{53} 明年miŋ^{53}niã^{53}	后年xou^{31}niã^{53}
潍坊	今年tɕiẽ^{214}ȵiã^{53}	明年miŋ^{53}ȵiã^{53} 过了年kuə^{31}liɔ^{0}ȵiã^{53}	后年xɤɯ^{31}ȵiã^{53}
寿光	今年tɕiə̃^{213}ȵiã^{53}	过年kuə^{21}ȵiã^{0}	后儿年xəur^{21}ȵiã^{53}
高青	今年tɕiə̃^{213}ȵiã^{55}	过年kuə^{41}ȵiã^{55}	大过年tɑ^{41}kuə^{41}ȵiã^{55}
阳信	今年tɕiə̃^{213}ȵiã^{43}	过年kə^{31}ȵiã^{43}	转过年来tʂuã^{213}kə^{0}ȵiã^{45}lɛ^{0}
济阳	今年tɕiẽ^{13}ȵiã^{55}	过年kə^{31}ȵiã^{55}	后年xou^{31}ȵiã^{55}
利津	今年tɕiẽ^{213}ȵiã^{53}	过年kə^{31}ȵiã^{53} 明年miŋ^{53}ȵiã^{53}	后年xou^{31}ȵiã^{53}
乐陵	今年tɕiẽ^{212}ȵiã^{55}	过年kuə^{51}ȵiã^{0}	后儿年xour^{51}ȵiã^{0}
商河	今年tɕiẽ^{213}ȵiã^{54}	过年kə^{31}ȵiã^{0}	后年xou^{31}ȵiã^{0}
平原	今年tɕiẽ^{212}ȵiã^{42}	过年kuə^{21}ȵiã^{0}	转过年tʂuã^{23}kuə^{0}ȵiã^{42}
德州	今年tɕiẽ^{213}ȵiã^{42}	过年kuə^{21}ȵiã^{42}	后儿年xour^{21}ȵiã^{42}
武城	今年tɕi^{24}ȵiã^{53}	过年kuə^{21}ȵiã^{53}	转过年tʂuã^{24}kuə^{0}ȵiã^{53}
临清	今年tɕin^{13}ȵian^{0}	过年kuə^{31}ȵian^{53} 明年miŋ^{53}ȵian^{0}	后年xou^{31}ȵian^{53}
冠县	今年tɕiẽ^{13}ȵiã^{53}	过年kuə^{31}ȵiã^{0} 明年miŋ^{53}ȵiã^{53}	后年xou^{314}ȵiã^{53}
聊城	今年tɕiẽ^{13}ȵiã^{53}	明年miŋ^{53}ȵiã^{0}	后年xou^{31}ȵiã^{53}
济南	今年tɕiẽ^{213}ȵiã^{42}	明年miŋ^{42}ȵiã^{0} 过年kuə^{21}ȵiã^{0}	后年xou^{21}ȵiã^{0}
泰安	今年tɕiẽ^{213}ȵiã^{42}	过年kuə^{21}ȵiã^{42}	后年xou^{21}ȵiã^{42}
莱芜	今年tɕiẽ^{213}ȵiã^{55} 这年tʃə^{31}ȵiã^{55}	过年kuə^{31}ȵiã^{55}	后年xou^{31}ȵiã^{55}
新泰	今年tɕi^{23}ȵiã^{42}	过唠年kuə^{54}lɔ^{0}ȵiã^{42}	后年xou^{31}ȵiã^{42}
沂源	今年tɕiə̃^{21}ȵiã^{55}	过年kuə^{31}ȵiã^{55}	后年xou^{55}ȵiã^{0}
博山	今年tɕiẽ^{213}ȵiã^{55}	过年kuə^{31}ȵiã^{55}	后年xəu^{55}ȵiã^{0}
张店	今年tɕiə̃^{213}ȵiã^{55}	明年miŋ^{55}ȵiã^{55} 过年kuə^{31}ȵiã^{55}	后年xou^{31}ȵiã^{55}
阳谷	今年tɕi^{31}ȵiã^{0}	过年kuo^{31}ȵiã^{0}	大过年ta^{31}kuo^{31}ȵiã^{0}

续表

	0073今年	0074明年	0075后年
梁山	今年tɕiẽ^{21}ȵiã^{42}	过年kuə^{31}ȵiã^{42}	大过年ta^{21}kuə^{31}ȵiã^{0}
菏泽	今年tɕiẽ^{213}ȵiã^{53}	过年kuə^{31}ȵiã^{53}	大过年ta^{31}kuə^{31}ȵiã^{53}
曹县	今年tɕi^{21}ȵiã^{0}	过年kuə^{31}ȵiã^{53}	后年xou^{31}ȵiã^{53}
金乡	今年tɕiẽ^{21}ȵiã^{0}	下年ɕia^{31}ȵiã^{42}	大下年ta^{23}ɕia^{31}ȵiã^{42}
曲阜	今年tɕiẽ^{213}ȵiã^{42}	过年kuə^{31}ȵiã^{42}	后年xou^{31}ȵiã^{42}
薛城	现年ɕiã^{41}ȵiã^{55} 今年tɕiẽ^{31}ȵiã^{55}	来年lɛ^{55}ȵiã^{55} 过了年kuə^{41}lə^{0}ȵiã^{55} 明年miŋ^{54}ȵiã^{0}	后年xou^{41}ȵiã^{55}
郯城	今年tɕiə̃^{21}ȵiã^{44}	来年lɛ^{44}ȵiã^{44} 明年miŋ^{44}ȵiã^{44}	后年xəu^{51}ȵiã^{44}
临沂	今年tɕiẽ^{24}ȵiã^{53}/tɕiẽ^{21}ȵiã^{0}	明年miŋ^{53}ȵiã^{53}	后年xou^{31}ȵiã^{53}

	0076去年	0077前年	0078往年过去的年份
荣成	年后儿nian^{35}xəur^{33}	前年tsʰian^{35}nian^{0}	往年uaŋ^{214}nian^{53}
烟台	去年tɕʰy^{33}ȵian^{0}	前年tɕʰian^{33}ȵian^{0}	往年uaŋ^{14}ȵian^{53}
栖霞	去年cʰy^{34}ȵiãn^{0}	前年tʃʰiãn^{34}ȵiãn^{0}	头几年儿tʰəu^{34}ci^{0}ȵiər^{52}
长岛	去年cʰy^{52}ȵian^{0}	前年tʃʰan^{55}ȵian^{0}	头几年tʰou^{55}ci^{21}ȵian^{0}
海阳	去年cʰy^{34}ȵiã^{0}	前年tsʰiã^{34}ȵiã^{0}	那几年ȵiə^{34}ci^{0}ȵiã^{52}
莱西	去年cʰy^{42}ȵiã^{214} 上年ʃaŋ^{42}ȵiã^{214} 头年tʰou^{42}ȵiã^{214}	前年tʃʰiã^{45}ȵiã^{0}	前几年tʃʰiã^{42}ci^{0}ȵiã^{214} 往年uaŋ^{42}ȵiã^{214}
平度	去年cʰy^{42}ȵiã^{0} 头年tʰou^{42}ȵiã^{0}	前年tsʰiã^{45}ȵiã^{0}	前几年tsʰiã^{45}ci^{0}ȵiã^{0}
青岛	去年tɕʰy^{42}ȵiã^{0} 头年tʰou^{42}ȵiã^{0}	前年tsʰiə^{45}ȵiã^{0}	那几年nə^{42}tɕi^{55}ȵiã^{42}
高密	上年ʃaŋ^{21}ȵiã^{42} 去年tɕʰy^{21}ȵiã^{42} 头年tʰou^{42}ȵiã^{42}过年前的一段时间	前年tsʰiã^{55}ȵiã^{0}	前几年tsʰiã^{42}tɕi^{0}ȵiã^{42} 往年uaŋ^{213}ȵiã^{42}
诸城	上年ʃaŋ^{44}ȵiã^{0} 头年tʰou^{53}ȵiã^{0}	前年tθʰiã^{24}ȵiã^{0}	往年uaŋ^{213}ȵiã^{53}
沂水	上年ʂaŋ^{44}niã^{0}	前年tsʰiã^{24}niã^{0}	早日里dðɔ^{44}i^{213}li^{0} 早日里霎dðɔ^{44}i^{213}li^{0}ʂa^{0}

续表

	0076去年	0077前年	0078往年过去的年份
临朐	上年ʂɑŋ^{21}ȵiã^{53}	前年tɕʰiã^{35}ȵiã^{0}	每年mei^{213}ȵiã^{0}
日照	上年ʃiɑŋ^{53}niã^{0}	前年ȶʰiã^{44}niã^{0}	以往i^{213}uɑŋ^{44} 那几年na^{31}tʃʅ^{44}niã^{53}
莒南	上年ʃɑŋ^{42}niã^{0}	前年tsʰiã^{24}niã^{0}	那些年na^{31}siə^{55}niã^{53}
潍坊	去年tɕʰy^{31}ȵiã^{53} 上年ʂɑŋ^{31}ȵiã^{53} 头年tʰɤɯ^{53}ȵiã^{53}	前年tɕʰiã^{35}ȵiã^{0}	前几年儿tɕʰiã^{53}tɕi^{0}ȵiɐr^{53} 往年uɑŋ^{55}ȵiã^{53}
寿光	上年ʂɑŋ^{21}ȵiã^{53} 今上年tɕiə̃^{13}ʂɑŋ^{21}ȵiã^{53}	前年tɕʰiã^{35}ȵiã^{0} 今前年tɕiə̃^{213}tɕʰiã^{35}ȵiã^{0}	每年mə̃^{55}ȵiã^{53} "每"读为"闷"上声
高青	头年tʰou^{55}ȵiã^{55}	大头年tɑ^{41}tʰou^{55}ȵiã^{55}	往年uɑŋ^{55}ȵiã^{55}
阳信	头年tʰou^{43}ȵiã^{0} 年时ȵiã^{31}ʂʅ^{0}	前年tɕʰiã^{45}ȵiã^{0}	那年霎na^{23}ȵiã^{45}ʂə^{0}
济阳	头年里tʰou^{55}ȵiã^{24}ȵi^{0} 年时ȵiã^{24}ʂʅ^{0}	前年tɕʰiã^{24}ȵiã^{0}	头几年里tʰou^{55}tɕi^{0}ȵiã^{24}ȵi^{0}
利津	上年ʂɑŋ^{31}ȵiã^{53}	前年tɕʰiã^{35}ȵiã^{0}	往年uɑŋ^{55}ȵiã^{53}
乐陵	头年tʰou^{51}ȵiã^{0}	前年tɕʰiã^{55}ȵiã^{0}	见年tɕiã^{51}ȵiã^{0}
商河	头年tʰou^{54}ȵiã^{0}	前年tɕʰiã^{24}ȵiã^{0}	往年uɑŋ^{45}ȵiã^{54}
平原	头年tʰou^{42}ȵiã^{42}	前年tɕʰiã^{55}ȵiã^{0}	往年uɑŋ^{212}ȵiã^{42}
德州	头年tʰou^{42}ȵiã^{42}	前年tɕʰiã^{55}ȵiã^{0}	头些年tʰou^{42}ɕiə^{213}ȵiã^{42}
武城	头年儿tʰou^{53}ȵiɛr^{53}	前年tɕʰiã^{55}ȵiã^{0}	往年uɑŋ^{55}ȵiã^{53}
临清	年时ȵian^{44}ʂʅ^{0} 去年tɕʰy^{31}ȵian^{53}	前年tɕʰian^{44}ȵian^{0}	往年uɑŋ^{44}ȵian^{53}
冠县	年时个ȵiã^{53}ʂʅ^{0}kə^{0} 头年tʰou^{53}ȵiã^{53}	前年tɕʰiã^{55}ȵiã^{53}	往年uɑŋ^{55}ȵiã^{53}
聊城	年时ȵiã^{44}sʅ^{0} 去年tɕʰy^{31}ȵiã^{53}	前年tɕʰiã^{44}ȵiã^{0}	往年uɑŋ^{44}ȵiã^{53}
济南	去年tɕʰy^{21}ȵiã^{0} 年时ȵiã^{445}ʂʅ^{0}	前年tɕʰiã^{445}ȵiã^{0}	往年uɑŋ^{55}ȵiã^{42}
泰安	年时ȵiã^{55}ʂʅ^{0}	前年tɕʰiã^{55}ȵiã^{0}	往年uɑŋ^{213}ȵiã^{42} 每二年mei^{213}ər^{0}ȵiã^{0}
莱芜	年时ȵiã^{55}ʃʅ^{0} 年时霎ȵiã^{55}ʃʅ^{0}ʃa^{0}	前年tɕʰiã^{13}ȵiã^{0} 前年霎tɕʰiã^{13}ȵiã^{0}ʃa^{0}	那几年na^{42}tɕi^{213}ȵiã^{55}
新泰	年时ȵiã^{54}ʃʅ^{0}	前年tɕʰiã^{45}ȵiã^{0}	那两年na^{31}liɑŋ^{45}ȵiã^{42}

续表

	0076 去年	0077 前年	0078 往年过去的年份
沂源	上年ʃɑŋ^{31}ȵiã^{55}	前年tɕʰiã^{35}ȵiã^{0}	早先tθɔ^{55}ɕiã^{213}
博山	年时霎ȵiã^{55}ʂʅ^{0}ʂɑ^{0}	前年tɕʰiã^{35}ȵiã^{0}	每年mẽ^{213}ȵiã^{55} "每"读为"闷"
张店	去年tɕʰy^{31}ȵiã^{55}	前年tɕʰiã^{35}ȵiã^{0}	前几年tɕʰiã^{55}tɕi^{0}ȵiã^{55}
阳谷	年时ȵiã^{55}sʅ^{0}	前年tɕʰiã^{55}ȵiã^{0}	往年uãŋ^{55}ȵiã^{0}
梁山	年时ȵiã^{55}sʅ^{0}	前年tɕʰiã^{55}ȵiã^{0}	每朝儿mei^{55}tʂɔr^{0}
菏泽	年时ȵiã^{53}sʅ^{53}	前年tɕʰiã^{53}ȵiã^{0}	前几年tɕʰiã^{53}tɕi^{44}ȵiã^{53} 头几年tʰou^{53}tɕi^{44}ȵiã^{53}
曹县	年时候ȵiã^{53}sʅ^{0}xou^{0} 年时家ȵiã^{53}sʅ^{0}tɕia^{0}	前年tɕʰiã^{53}ȵiã^{53}	往年uɑŋ^{44}ȵiã^{53}
金乡	年时ȵiã^{42}sʅ^{0}	前年tɕʰiã^{42}ȵiã^{42}	每儿山$^{=}$mer^{23}ʂã^{0}
曲阜	年时ȵiã^{55}sʅ^{0}	前年tɕʰiã^{55}ȵiã^{0}	往年uɑŋ^{55}ȵiã^{42}
薛城	年时ȵiã^{54}sʅ^{0}	前年tɕʰiã^{54}ȵiã^{0}	往年uɑŋ^{24}ȵiã^{0}近几年 每儿每儿mer^{24}mer^{0}更早些年
郯城	年上ȵiã^{44}ʂɑŋ^{0} 去年tɕʰy^{51}ȵiã^{44}	前年tɕʰiã^{44}ȵiã^{44}	前两年tɕʰiã^{44}liɑŋ^{24}ȵiã^{44} 头几年tʰəu^{44}tɕi^{24}ȵiã^{44} 往年uɑŋ^{24}ȵiã^{44}
临沂	去年tɕʰy^{31}ȵiã^{53}	前年tɕʰiã^{55}ȵiã^{0}	前两年儿tɕʰiã^{53}liɑŋ^{55}ȵiɛr^{53}

	0079 年初	0080 年底	0081 今天
荣成	开春儿kʰai^{53}tʂʰuər^{53}	腊月儿la^{33}yɐr^{0}	今儿ciər^{53}
烟台	年初儿ȵian^{35}tsʰur^{53}	年底儿ȵian^{33}tiər^{14}	今儿tɕiər^{53} 今天tɕin^{35}tʰian^{53}
栖霞	年初儿ȵiãn^{34}tsʰur^{312}	年底ȵiãn^{34}ti^{214}	今儿ciər^{312}
长岛	年初ȵian^{55}tsʰu^{0}	年底ȵian^{52}ti^{213}	今儿ciər^{312} 今天cin^{55}tʰian^{31}
海阳	年头儿ȵiã^{52}tʰəur^{341}	年尾儿ȵiã^{52}uər^{214}	今日ci^{52}i^{0} 今ci^{52}
莱西	年初儿ȵiã^{55}tsʰur^{214}	年底儿ȵiã^{214}tier^{55}	今天ciẽ^{55}tʰiã^{214} 今日ci^{214}i^{0}
平度	年初儿ȵiã^{42}tʂʰur^{213}	年底儿ȵiã^{213}ter^{55}	今天ciẽ^{55}tʰiã^{213} 今日ciã^{213}i^{42} "今"也读ci^{213}

续表

	0079年初	0080年底	0081今天
青岛	年初儿ȵiã^{42}tʂʰur^{213}	年底ȵiã^{213}ti^{55}	今天tɕiẽ^{213}tʰiã^{0} 今日tɕiẽ^{21}i^{0}
高密	年初儿ȵiã^{42}tʂʰur^{213}	年底儿ȵiã^{42}ter^{55} 年末儿ȵiã^{42}mər^{21}	今日tɕiə̃^{21}i^{0} 今天tɕiə̃^{55}tʰiã^{213}
诸城	正月里tʃəŋ^{31}yə^{0}lə^{0} 正月初儿tʃəŋ^{213}yə^{0}tʂʰur^{213}	腊月里la^{44}yə^{0}lə^{0} 腊月底儿la^{44}yə^{0}ter^{44}	今日tʃẽ^{31}i^{0}
沂水	刚过唠年tɕiaŋ^{213}kuə^{44}lɔ^{0}niã^{53} 一开春儿i^{24}kʰɛ^{24}tʃʰuer^{213}	年底niã^{53}ti^{44} “底”可儿化 年底下niã^{53}ti^{213}ɕia^{0} 年根子底niã^{24}kẽ^{21}dðɿ^{0}ti^{44}	今们$^{=}$儿①tɕiẽ^{21}mer^{0}
临朐	年初ȵiã^{44}tʂʰu^{213}	年根子底下ȵiã^{53}kə̃^{21}tθɿ^{0}ti^{213}xa^{0}	今们$^{=}$儿tɕiə̃^{21}mer^{0}
日照	正二月儿tʃiəŋ^{44}ɭə^{0}ʐuər^{31}	年底下niã^{53}ti^{213}ʃiə^{0}	今日tʃiẽ^{31}i^{0}
莒南	刚过了年tɕiaŋ^{13}kuə^{42}lə^{0}niã^{53}	年底儿niã^{53}trer^{55} 年根儿niã^{53}ker^{213} 年根儿底下niã^{53}ker^{13}ti^{21}ɕia^{0}	今日tɕiẽ^{21}i^{0}
潍坊	年初儿ȵiã^{53}tʂʰur^{53} “初”读为“除”	年底儿ȵiã^{53}tiər^{55} 年根子底儿ȵiã^{53}kẽ^{21}tsɿ^{0}tiər^{55}	今们$^{=}$儿tɕiẽ^{31}mer^{0} 今天tɕiẽ^{24}tʰiã^{214}
寿光	才过唠年tsʰɛ^{53}kuə^{55}lɔ^{0}ȵiã^{53} 开春儿kʰɛ^{55}tʂʰuɭ^{213}	年根儿下ȵiã^{53}kɭ^{21}xa^{0} 年根儿根儿ȵiã^{53}kɭ^{21}kɭ^{0} 年根子底下ȵiã^{53}kə̃^{21}tsɿ^{0}ti^{24}xa^{0}	今们$^{=}$儿tɕiə̃^{21}mɭ^{0} 今日tɕiə̃^{21}lə^{0}
高青	刚过年儿kaŋ^{213}kuə^{41}ȵiɛr^{55}	腊月la^{55}yə^{0}	今日tɕiə̃^{21}ʐʅ^{0}
阳信	刚过［了］年儿霎kaŋ^{213}kə^{53}ȵiɛr^{45}ʂə^{0}	年根子底下ȵiã^{45}kə̃^{0}tsɿ^{0}ti^{213}ɕiə^{0}	今们$^{=}$儿tɕi^{31}mer^{0}
济阳	才过唠年tsʰɛ^{55}kə^{55}lɔ^{0}ȵiã^{55}	年根子底下ȵiã^{55}kẽ^{21}tsɿ^{0}ti^{21}ɕia^{0} 年根儿里ȵiã^{55}ker^{21}ȵi^{0}	今们$^{=}$儿tɕi^{21}mer^{0}
利津	年初ȵiã^{53}tʂʰu^{55}	年根子底下ȵiã^{55}kẽ^{0}tsɿ^{0}ti^{213}xa^{0}	今日tɕiẽ^{31}ʐʅ^{0}
乐陵	刚过年儿kaŋ^{24}kuə^{51}ȵiɛr^{55}	年根儿底下ȵiã^{55}ker^{24}ti^{212}ɕia^{0}	今们$^{=}$儿tɕi^{31}mer^{0} 今儿tɕier^{24}
商河	刚过哩年儿kaŋ^{21}kə^{54}li^{0}ȵiɛr^{54}	年底儿ȵiã^{54}tier^{45}	今们$^{=}$儿tɕi^{21}mer^{0}

① “今们$^{=}$儿”为“今日”的特殊儿化形式，因读音与普通儿化差距较大，此将后字记为同音的“们儿”。下同。

续表

	0079年初	0080年底	0081今天
平原	年初ȵiã^{42}tʂʰu^{213}	年根儿ȵiã^{42}kər^{213}	今儿们$^{=}$儿tɕiər^{21}mər^{0}
德州	刚过年kɑŋ^{213}kuə^{21}ȵiã^{42}	年根儿底下ȵiã^{42}ker^{213}ti^{213}ɕia^{0}	今儿tɕier^{213}
武城	刚过年儿kɑŋ^{24}kuə^{21}ȵiɛr^{53}	年根儿ȵiã^{53}ker^{224}	今儿tɕier^{224}
临清	年初ȵian^{53}tʂʰu^{13}	年根底儿ȵian^{53}ken^{13}tier^{44} 年底ȵian^{53}ti^{44}	今儿个tɕier^{13}kə^{0} 今儿tɕier^{13}
冠县	年初ȵiã^{53}tʂʰu^{13} 过了年儿kuə^{31}lə^{0}ȵiɐr^{53}	年底ȵiã^{53}ti^{55}	今儿里个tɕier^{21}li^{0}kə^{0}
聊城	年初ȵiã^{53}tsʰu^{13} 年头儿ȵiã^{53}tʰour^{53}	年底ȵiã^{53}ti^{44} 年根儿底ȵiã^{53}ker^{13}ti^{44}	今儿里tɕier^{13}li^{0}
济南	年初ȵiã^{42}tʂʰu^{213}	年底儿ȵiã^{42}tier^{55}	今们$^{=}$儿tɕi^{21}mer^{0} “今”读为“机”
泰安	抹过年儿去ma^{21}kə^{0}ȵiɛr^{42}tɕʰi^{0} 年头儿ȵiã^{42}tʰour^{42}	年尾儿ȵiã^{42}ier^{55} 年根儿ȵiã^{42}ker^{213}	今们$^{=}$儿tɕi^{21}mer^{0} “今”读为“机”
莱芜	年初ȵiã^{55}tʃʰu^{213}	年底ȵiã^{55}ti^{55}	今们$^{=}$tɕiẽ^{31}mẽ^{0}
新泰	刚过唠年tɕiɑŋ^{23}kuə^{54}lɔ^{0}ȵiã^{42}	年根儿ȵiã^{42}kɤr^{213}	今们$^{=}$儿tɕi^{21}mɤr^{0} “今”读为“机”
沂源	年初ȵiã^{55}tʃʰu^{213}	年底儿ȵiã^{55}tier^{55}	今们$^{=}$儿tɕiã^{42}mər^{0}
博山	刚过年tɕiɑŋ^{213}kuə^{31}ȵiã^{55}	年底ȵiã^{53}ti^{55} 年根儿ȵiã^{55}kei^{213}	今日tɕiẽ^{21}ɭə^{0}
张店	年初ȵiã^{55}tʂʰu^{213} 正月里tʂəŋ^{21}yə^{0}ȵi^{0}	年底ȵiã^{55}ti^{55} 腊月里lɑ^{55}yə^{0}ȵi^{0}	今们$^{=}$儿tɕiã^{21}mei^{0}
阳谷	年头儿ȵiã^{55}tʰour^{42}	年尾儿ȵiã^{42}iɤr^{55} 年根儿底下ȵiã^{42}kɤr^{213}ti^{13}ɕia^{0}	今们$^{=}$儿tɕi^{31}mɤr^{0} “今”读为“机”
梁山	刚过年儿tɕiɑŋ^{23}kuə^{31}ȵier^{42}	年根ȵiã^{55}kẽ^{213}	今们$^{=}$儿tɕi^{21}mer^{0} “今”读为“机”
菏泽	过喽年kuə^{31}lou^{0}ȵiã^{53}	年根儿价ȵiã^{53}ker^{21}ka^{0}	今们$^{=}$儿tɕiẽ^{21}mer^{0}
曹县	过了年儿kuə^{31}lə^{0}ȵiɐr^{53}	年底ȵiã^{53}ti^{44}	今们$^{=}$儿tɕiẽ^{21}mɤr^{0}
金乡	过唠年儿kuə^{42}lɔ^{0}ȵiɛr^{42}	年根儿间ȵiã^{55}ker^{21}tɕiã^{0}	今们$^{=}$儿tɕiẽ^{21}mer^{0}
曲阜	开春儿kʰɛ^{23}tsʰuer^{213}	年底ȵiã^{42}ti^{55}	今们$^{=}$儿tɕi^{21}mer^{0} “今”读为“机”
薛城	年初ȵiã^{55}pfʰu^{313} 刚过了年tɕiɑŋ^{31}kuə^{41}lə^{0}ȵiã^{55}	年底ȵiã^{54}ti^{24} 年根儿ȵiã^{55}ker^{313}	今们$^{=}$儿tɕiẽ^{31}me^{0}/tɕi^{31}mer^{0}

续表

	0079年初	0080年底	0081今天
郯城	开春儿kʰɛ^{13}tʂʰuer^{213} 刚过完年tɕiɑŋ^{23}kuə^{51}uã^{44}ȵiã^{44}	年底儿ȵiã^{44}tier^{24} 年底ȵiã^{44}ti^{24}	今儿个儿tɕier^{21}kər^{0} 今们⁼儿tɕiə̃^{21}mer^{0} 今天tɕiə̃^{13}tʰiã^{213}
临沂	刚过年儿tɕiɑŋ^{24}kuə^{31}ȵiɛr^{53} 过年儿kuə^{31}ȵiɛr^{53}	年除儿ȵiã^{53}tʃʰuer^{53} 年底儿ȵiã^{53}ter^{55}	今们⁼儿tɕi^{21}mer^{0} "今"读为"机"

	0082明天	0083后天	0084大后天
荣成	明儿mər^{53} "明儿"读为"萌儿"	后儿xəur^{33}	大后儿ta^{33}xəur^{0}
烟台	明儿mər^{53} "明儿"读为"萌儿" 明天miŋ^{35}tʰian^{53}	后儿xour^{33} 后儿天xour^{33}tʰian^{53}	大后天ta^{53}xou^{33}tʰian^{53}
栖霞	明日məŋ^{52}i^{0} "明"读为"萌"	后日xəu^{34}i^{0}	大后日ta^{52}xəu^{34}i^{0}
长岛	明儿miə̃r^{55} 明日miŋ^{55}i^{0}	后日xou^{52}i^{0}	大后日ta^{52}xou^{0}i^{0}
海阳	明日məŋ^{52}i^{0}	后日xəu^{34}i^{0}	大后日ta^{34}xəu^{34}i^{0}
莱西	明天məŋ^{55}tʰiã^{214} "明"读为"萌"	后天xou^{42}tʰiã^{214}	大后天ta^{42}xou^{42}tʰiã^{214}
平度	明天miŋ^{42}tʰiã^{213} 明日miŋ^{45}i^{0}	后天xou^{42}tiã^{213} 后日xou^{45}i^{0}	大后天ta^{213}xou^{42}tʰiã^{213} 大后日ta^{213}xou^{45}i^{0}
青岛	明天mioŋ^{42}tʰiã^{0} 明日mioŋ^{45}i^{0}	后天xou^{42}tʰiã^{0} 后日xou^{45}i^{0}	大后天tɑ^{213}xou^{42}tʰiã^{0} 大后日tɑ^{213}xou^{45}i^{0}
高密	明日mioŋ^{55}i^{0} 明天mioŋ^{42}tʰiã^{213}	后日xou^{42}i^{0} 后天xou^{42}tʰiã^{213}	外后日uɛ^{42}xou^{0}i^{0} 大后日tɑ^{21}xou^{42}i^{0} 大后天tɑ^{21}xou^{21}tʰiã^{213}
诸城	明日miəŋ^{24}i^{0}	后日xou^{44}i^{0}	外后日uɛ^{44}xou^{0}i^{0}
沂水	明日mẽ^{53}i^{31} "明"读为"门"	后日xou^{44}i^{0}	大后日ta^{31}xou^{44}i^{0}
临朐	早晨tθɔ^{213}tʃʰə̃^{0}	后日xəu^{44}ʐʅ^{0}	大后日ta^{21}xəu^{44}ʐʅ^{0}
日照	明日miəŋ^{53}i^{0}	后日xou^{53}i^{0}	外后儿uɛ^{53}xour^{0} 大后日tɑ^{31}xou^{53}i^{0}
莒南	明日miŋ^{24}i^{0}	后儿日xour^{42}i^{0}	大后儿日ta^{13}xour^{42}i^{0}
潍坊	明天miŋ^{53}tʰiã^{214}	后天xɤɯ^{31}tʰiã^{214}	大后天tɑ^{31}xɤɯ^{31}tʰiã^{214}
寿光	早晨tsɔ^{24}tʂʰə̃^{0}	后日xəu^{55}lə^{0}	大后日ta^{21}xəu^{55}lə^{0}
高青	明日miŋ^{55}ʐʅ^{41}	后日xou^{55}ʐʅ^{0}	大后日tɑ^{41}xou^{55}ʐʅ^{0}

续表

	0082明天	0083后天	0084大后天
阳信	明日 miŋ^{55}ʐʅ^{31}	后日 xou^{55}ʐʅ^{0}	大后日 ta^{55}xou^{0}ʐʅ^{0}
济阳	明日 miŋ^{24}ʐʅ^{0}	后日 xou^{31}ʐʅ^{0}	大后日 ta^{31}xou^{31}ʐʅ^{0}
利津	明日 miŋ^{35}ʐʅ^{0}	后日 xou^{55}ʐʅ^{0}	大后日 ta^{31}xou^{55}ʐʅ^{0} 外后日 uɛ^{55}xou^{0}ʐʅ^{0}
乐陵	明日个 miŋ^{55}ʐʅ^{0}kə^{0}	过明日个 kuə^{51}miŋ^{55}ʐʅ^{0}kə^{0}	大过明日个 tɑ^{51}kuə^{0}miŋ^{55}ʐʅ^{0}kə^{0}
商河	明日 miŋ^{54}ʐʅ^{0}	后日 xou^{54}ʐʅ^{0}	大后日 tɑ^{24}xou^{31}ʐʅ^{0}
平原	明儿 miɛr^{42}	后儿 xour^{21}	大后儿 ta^{23}xour^{21}
德州	赶明儿 kã^{55}miə̃r^{42}	后儿天 xour^{42}tʰiã^{0}	大后儿天 ta^{213}xour^{42}tʰiã^{0}
武城	明儿 miər^{53}	后儿 xour^{312}	大后儿 ta^{24}xour^{312}
临清	明儿个 miər^{53}kə^{0} 明儿 miər^{53}	赶后儿 kan^{44}xour^{313} 后天 xou^{31}tʰian^{13}	赶大后儿 kan^{44}ta^{13}xour^{313} 大后天 ta^{13}xou^{31}tʰian^{0}
冠县	明儿里个 miər^{53}li^{0}kə^{0}	过明儿个 kuə^{53}mər^{0}kə^{0}	大过明儿个 ta^{24}kuə^{53}mər^{0}kə^{0}
聊城	明儿里 miər^{53}li^{0}	后天 xou^{31}tʰiã^{13}	大后天 ta^{13}xou^{31}tʰiã^{13}
济南	明儿 miə̃r^{42} 明天 miŋ^{42}tʰiã^{213}	后天 xou^{21}tʰiã^{213}	大后天 ta^{21}xou^{21}tʰiã^{213}
泰安	明儿 miɛr^{42}	后儿 xour^{42}	大后儿 ta^{21}xour^{42}
莱芜	明日 miŋ^{55}ʒʅ^{0}	后日 xou^{55}ʒʅ^{0}	大后日 ta^{31}xou^{55}ʒʅ^{0}
新泰	明日儿 miŋ^{42}ʒɤr^{31}	后日儿 xou^{54}ʒɤr^{0} 过唠明日儿 kuə^{54}lɔ^{0}miŋ^{42}ʒɤr^{31}	过唠后日儿 kuə^{54}lɔ^{0}xou^{54}ʒɤr^{0}
沂源	明日 miŋ^{55}i^{31}	后日 xou^{31}i^{31}	大后日 ta^{13}xou^{55}i^{0}
博山	明日 miŋ^{55}ɭə^{0}	后日 xəu^{31}ɭə^{0}	大后日 tɑ^{31}xəu^{31}ɭə^{0}
张店	明日 miŋ^{55}ʐʅ^{31}	后天 xou^{31}tʰiã^{213}	大后日 tɑ^{31}xou^{55}ʐʅ^{0}
阳谷	明儿里 miər^{42}li^{0}	过明儿里 kuo^{42}miər^{0}li^{0}	大过明儿里 ta^{31}kuo^{42}miər^{0}li^{0}
梁山	明儿阵儿 miə̃r^{55}tʂer^{0}	过明儿 kuə^{42}miə̃r^{0}	大过明儿 ta^{31}kuə^{42}miə̃r^{0}
菏泽	明日儿 miŋ^{53}zer^{0}	过明儿 kuə^{44}miə̃r^{0}	大过明儿 ta^{31}kuə^{44}miə̃r^{0}
曹县	明儿 miə̃r^{53}	过明 kuə^{31}miŋ^{0}	大过明 ta^{31}kuə^{31}miŋ^{0}
金乡	明儿 miə̃r^{42}	过明儿 kuə^{21}miə̃r^{0}	大过明儿 ta^{23}kuə^{21}miə̃r^{0}
曲阜	明儿里 miɛr^{42}li^{0}	过明儿 kuə^{42}miɛr^{0}	大过明儿 ta^{31}kuə^{42}miɛr^{0}
薛城	明里 miŋ^{54}li^{0}	后里 xou^{41}li^{0}	大后里 ta^{41}xou^{41}li^{0}

续表

	0082明天	0083后天	0084大后天
郯城	明儿个儿miɚr^{44}kər^{0} 明天miŋ^{44}tʰiã^{213}	后儿个儿xəur^{51}kər^{0} 后天xəu^{51}tʰiã^{213}	大后儿个儿ta^{51}xəur^{51}kər^{0} 大后天ta^{51}xəu^{51}tʰiã^{213}
临沂	明日儿miŋ^{55}ʐer^{0}	后天xou^{31}tʰiã^{214}	大后天ta^{31}xou^{31}tʰiã^{214}

	0085昨天	0086前天	0087大前天
荣成	夜儿iɐr^{33}	前日tsʰian^{35}i^{0}	大前日ta^{33}tsʰian^{0}i^{0}
烟台	夜来ie^{33}lɛ^{0}	前天tɕʰian^{33}tʰian^{53}	大前天ta^{53}tɕʰian^{33}tʰian^{53}
栖霞	夜来iɛ^{34}lei^{0}	前日tʃʰiãn^{34}i^{0}	大前日ta^{52}tʃʰiãn^{34}i^{0}
长岛	夜里ie^{52}li^{0}	前日tʃʰai^{55}i^{0}	大前日ta^{52}tʃʰai^{55}i^{0}
海阳	夜来iə^{34}lɛ^{0}	前日tsʰiã^{34}i^{0}	大前日ta^{34}tsʰiã^{34}i^{0}
莱西	夜来iə^{45}lɛ^{0}	前天tʃʰiã^{42}tʰiã^{214}	大前天ta^{42}tʃʰiã^{42}tʰiã^{214}
平度	夜来iə^{45}lɛ^{0}	前日tsʰiã^{45}i^{0}	大前日ta^{213}tsʰiã^{45}i^{0}
青岛	夜来iə^{45}lɛ^{0}	前日tsʰiə^{45}iə^{0}	大前日tɑ^{213}tsʰiə^{45}iə^{0}
高密	夜来iə^{42}lɛ^{0} 昨天tθuə^{42}tʰiã^{213}	前日tsʰiã^{55}i^{0} 前天tsʰia^{43}tʰia^{313}	大前日tɑ^{21}tsʰiã^{55}i^{0} 大前大tɑ^{21}tsʰiã^{42}tʰiã^{213}
诸城	夜来iə^{44}lɛ^{0}	前日tθʰiã^{24}i^{0}	大前日ta^{31}tθʰiã^{24}i^{0}
沂水	夜来iə^{44}lɛ^{0}	前日tsʰiã^{24}i^{0}	大前日ta^{21}tsʰiã^{24}i^{0}
临朐	夜来iə^{44}lɛ^{0}	前日tɕʰiã^{35}ʐʅ^{0}	大前日ta^{21}tɕʰiã^{35}ʐʅ^{0}
日照	夜来iə^{53}lɛ^{0}	前日ȶʰiã^{44}i^{0}	大前日tɑ^{31}ȶʰiã^{44}i^{0}
莒南	夜来iə^{42}lɛ^{0}	前日tsʰiã^{24}i^{0}	大前日ta^{31}tsʰia^{24}i^{0}
潍坊	夜来iə^{55}lɛ^{0} 昨天tsuə^{53}tʰiã^{214}	前天tɕʰiã^{53}tʰiã^{214}	大前天tɑ^{31}tɕʰiã^{0}tʰiã^{214}
寿光	夜来iə^{55}lɛ^{0} 今夜来tɕiə̃^{213}iə^{55}lɛ^{0}	前日tɕʰiã^{35}lɘ^{0} 今前日tɕiə̃^{213}tɕʰiã^{35}lɘ^{0}	大前日ta^{21}tɕʰiã^{35}lɘ^{0} 今大前日tɕiə̃^{13}ta^{21}tɕʰiã^{35}lɘ^{0}
高青	夜来iə^{55}lɛ^{0}	前日tɕʰiã^{55}ʐʅ^{41}	大前日tɑ^{41}tɕʰiã^{55}ʐʅ^{41}
阳信	夜来iə^{55}lɛ^{0}	前日tɕʰiã^{45}ʐʅ^{0}	大前日ta^{55}tɕʰiã^{0}ʐʅ^{0}
济阳	夜来iə^{55}lɛ^{0}	前日tɕʰiã^{55}ʐʅ^{0}	大前日ta^{31}tɕʰiã^{55}ʐʅ^{0}
利津	夜来iə^{55}lɛ^{0}	前日tɕʰiã^{35}ʐʅ^{0}	大前日ta^{31}tɕʰiã^{35}ʐʅ^{0}
乐陵	夜唠个iə^{55}lɔ^{0}kə^{0}	前日tɕʰiã^{55}ʐʅ^{0}	大前日tɑ^{51}tɕʰiã^{55}ʐʅ^{0}
商河	夜来iə^{54}lɛ^{0}	前日tɕʰiã^{54}ʐʅ^{0}	大前日tɑ^{24}tɕʰiã^{24}ʐʅ^{0}

续表

	0085 昨天	0086 前天	0087 大前天
平原	夜来iə^{42}lɛi^{0}	前日儿tɕʰiã^{55}ʐər^{0}	大前日儿ta^{21}tɕʰiã^{55}ʐər^{0}
德州	夜来iə^{42}lɛ^{0}	前日tɕʰiã^{55}ʐʅ^{0}	大前日ta^{213}tɕʰiã^{55}ʐʅ^{0}
武城	夜来iə^{53}lɛ^{0}	前日tɕʰiã^{55}ɭə^{0}	大前日ta^{21}tɕʰiã^{55}ɭə^{0}
临清	夜儿iər^{53}	前儿tɕʰiɛr^{53} 前天tɕʰian^{44}tʰian^{0}	大前儿ta^{31}tɕʰiɛr^{53}
冠县	夜儿里个iər^{53}li^{0}kə^{0}	前儿里个tɕʰiɛr^{53}li^{0}kə^{0}	大前儿里个ta^{24}tɕʰiɛr^{53}li^{0}kə^{0}
聊城	夜儿里iər^{53}li^{0}	前夜儿tɕʰiã^{44}iər^{0}	大前夜儿ta^{31}tɕʰiã^{44}iər^{0}
济南	夜来iə^{55}lɛ^{0} 夜儿iər^{21}	前天tɕʰiã^{42}tʰiã^{213}	大前天ta^{21}tɕʰiã^{42}tʰiã^{213}
泰安	夜儿iɛr^{42}	前儿tɕʰiɛr^{42}	大前儿ta^{21}tɕʰiɛr^{42}
莱芜	夜来iə^{42}lɛ^{0}	前日tɕʰiã^{55}ʒʅ^{0}	大前日ta^{31}tɕʰiã^{55}ʒʅ^{0}
新泰	夜来iə^{54}lɛ^{0}	前日儿tɕʰiã^{45}ʒɤr^{0}	大前日儿ta^{21}tɕʰiã^{45}ʒɤr^{0}
沂源	夜来iə^{55}lɛ^{0}	前日tɕʰiã^{35}i^{0}	大前日ta^{31}tɕʰiã^{35}i^{0}
博山	夜来iə^{55}lɛ^{0}	前日tɕʰiã^{55}ɭə^{0}	大前日tɑ^{31}tɕʰiã^{55}ɭə^{0}
张店	夜来iə^{55}lɛ^{0}	前日tɕʰiã^{55}ʐʅ^{31}	大前日tɑ^{31}tɕʰiã^{55}ʐʅ^{31}
阳谷	夜儿里iər^{42}li^{0}	前儿里tɕʰiɛr^{42}li^{0}	大前儿里ta^{31}tɕʰiɛr^{42}li^{0}
梁山	夜儿阵儿iɛr^{42}tʂər^{0}	前儿阵儿tɕʰiɛr^{42}tʂər^{0}	大前儿阵儿ta^{21}tɕʰiɛr^{42}tʂər^{0}
菏泽	夜夜儿iɛ^{31}iɛr^{0} 夜们⁼儿iɛ^{31}mer^{0}	前夜儿tɕʰiə^{53}iɛr^{0}	大前夜儿ta^{31}tɕʰiə^{53}iɛr^{0}
曹县	夜儿们⁼儿iər^{31}mɤr^{0}	大夜儿们⁼儿ta^{31}iər^{31}mɤr^{0}	大前天ta^{31}tɕʰiã^{53}tiã^{0}
金乡	夜儿们⁼儿iər^{31}mer^{213}	前儿山⁼tɕʰiɛr^{42}ʂã^{0}	大前儿山⁼ta^{31}tɕʰiɛr^{42}ʂã^{0}
曲阜	夜儿里iɛr^{42}li^{0}	前儿里tɕʰiɛr^{42}li^{0}	大前儿里ta^{31}tɕʰiɛr^{42}li^{0}
薛城	昨里tɕyə^{54}li^{0} 昨们⁼儿tɕyə^{54}mer^{0}	前儿里tɕʰiɛr^{54}li^{0} 前儿们⁼儿tɕʰiɛr^{54}mer^{0}	大前儿里ta^{41}tɕʰiɛr^{54}li^{0}
郯城	昨儿个儿tsuər^{44}kər^{0} 昨天tsuə^{44}tʰiã^{213}	前儿个儿tɕʰiɛr^{44}kər^{0} 前儿天tɕʰiɛr^{44}tʰiã^{213}	大前儿个儿ta^{51}tɕʰiɛr^{44}kər^{0} 大前儿天ta^{51}tɕʰiɛr^{44}tʰiã^{213}
临沂	夜来iə^{31}lɛ^{0} 夜天iə^{53}tʰiã^{214}	前天tɕʰiã^{53}tʰiã^{214}	大前天ta^{31}tɕʰiã^{53}tʰiã^{214}

	0088 整天	0089 每天	0090 早晨
荣成	整天儿tʃəŋ21tʰiɐr53	天天儿tʰian53tʰiɐr53	早个朝儿tsau214kə0tʃaur53
烟台	一天i21tʰian53 从早到黑儿tsʰuŋ33tsau21tau33xɤr14	每天mei14tʰian53	早晨tsau21tɕʰin0
栖霞	成天儿tʃʰə̃n34tʰiɐr312	天天儿tʰiãn34tʰiɐr312	早起tsɔo21cʰi0
长岛	整日tʃəŋ35i0	天天tʰian55tʰian0	朝来tʃau31lai0
海阳	成天儿tʂʰəŋ21tʰiɐr52	天天儿tʰiã52tʰiɐr0	早起tθɔ21cʰi0
莱西	整天tʃəŋ55tʰiã214 一天i55tʰiã214	每天mei55tʰiã214 天天tʰiã55tʰiã214	早起tsɔ24cʰi0
平度	整天tʃəŋ55tʰiã213 整日tʃəŋ55i42	天天tʰiã55tʰiã213 每天mei42tʰiã213	早价=tθɔ45ciə0
青岛	整天tʃoŋ55tʰiã213 整日tʃoŋ55i42	天天tʰiã55tʰiã213 每天mei55tʰiã213 每日mei55i42	早上tθɔ44ʃɑŋ0
高密	一天i55tʰiã213 整天tʃoŋ55tʰiã213	天天tʰiã42tʰiã0 见天tɕiã21tʰiã213	早上tθɔ23ʃɑŋ0 早晨tθɔ23tʃʰə̃0
诸城	一天i44tʰiã213	天天ȶʰiã24ȶʰiã213	早晌tθɔ213ʃɑŋ0
沂水	朝天tʃɔ24tʰiã213 朝天价tʃɔ24tʰiã21tɕia0	天天tʰiã24tʰiã213	早起来dðɔ44tɕʰi213lɛ0 早晨dðɔ213tʃʰẽ0
临朐	成天tʃʰəŋ53tʰiã213	天天tʰiã44tʰiã213 见天tɕiã21tʰiã213	清清①起来tɕʰiŋ21tɕʰiŋ0tɕʰi213lɛ0
日照	一天i24tʰiã213 一大整天i213tɑ31tʃiəŋ44tʰiã213 披星戴月	天天tʰiã213tʰiã0	早晨tθɔ213tʃʰiẽ0
莒南	一整天i213tʃəŋ55tʰiã213	天天tʰiã213tʰiã0	早晨tθɔ213tɕʰiẽ0
潍坊	整天tʂəŋ24tʰiã214	见天tɕiã31tʰiã214 天天tʰiã24tʰiã214 每天mei55tʰiã214	晴=起来tɕʰiŋ53tɕʰi24lɛ0 早上tsɔɤ24ʂɑŋ0

① “清清”当为“清晨”之音变。潍坊“晴(起来)”，应是“清晨”之合音(声调从“晨”而韵尾从“清”)；寿光读为“秦(起来)”(阳平)，亦应为“清晨”之合音(声调和韵母均从“晨”；“秦秦”是“秦”的叠音形式)。博山的“寝(寝)”，与寿光的“秦秦”相近，但是调读上声(此存疑)。此暂将“晴”“秦”“寝”写作同音字。在“早”字后的“晨”的音变形式仍写作“晨”，用小字说明其音变。

续表

	0088 整天	0089 每天	0090 早晨
寿光	成天tʂʰəŋ^{53}tʰiã^{213}	见天tɕiã^{21}tʰiã^{0} 天天tʰiã^{21}tʰiã^{0} 朝天tʂɔ^{21}tʰiã^{0}	秦=秦=tɕʰiə̃^{35}tɕʰiə̃^{0} 秦=起来tɕʰiə̃^{53}tɕʰi^{24}lɛ^{0} 秦=秦=起来tɕʰiə̃^{35}tɕʰiə̃^{0}tɕʰi^{24}lɛ^{0}
高青	一天i^{55}tʰiã^{213}	见天tɕiã^{41}tʰiã^{213}	大早晨tɑ^{41}tsɔ^{213}tʂʰə̃^{0}
阳信	一天i^{55}tʰiã^{213}	见天tɕiã^{31}tʰiã^{213} 成天价tʂʰəŋ^{43}tʰiã^{31}tɕiə^{0}	早晨tsɔ^{55}tɕʰiə̃^{43} "晨"读为"秦"
济阳	成天tʂʰəŋ^{55}tʰiã^{213} 一天i^{55}tʰiã^{213}	见天tɕiã^{31}tʰiã^{213}	早晨tsɔ^{213}tʂʰẽ^{0}
利津	整天tʂəŋ^{55}tʰiã^{213} 全天tɕʰyã^{53}tʰiã^{213}	天天tʰiã^{24}tʰiã^{213}	清早晨tɕʰiŋ^{24}tsɔ^{213}tʂʰẽ^{0}
乐陵	成天tʂʰəŋ^{51}tʰiã^{24}	天天tʰiã^{24}tʰiã^{24}	早晨tsɔ^{212}tɕʰiẽ^{0} "晨"读为"秦"轻声
商河	整天tʂəŋ^{45}tʰiã^{213} 成天tʂʰəŋ^{24}tʰiã^{0}	天天tʰiã^{24}tʰiã^{213}	早晨tsɔ^{213}tɕʰiẽ^{0} "晨"读为"秦"轻声
平原	整天价tʂəŋ^{55}tʰiã^{21}tɕia^{0}	见天儿价tɕiã^{23}tʰiɛr^{21}tɕia^{0}	早晨tsɔu^{23}tɕʰiẽ^{0} "晨"读为"秦"轻声
德州	整天tʂəŋ^{55}tʰiã^{213}	天天tʰiã^{213}tʰiã^{213}	早晨起来tsɔ^{213}tʂʰẽ^{0}tɕʰi^{213}lɛ^{0} 清早儿tɕʰiŋ^{213}tsɔr^{55}
武城	老天lɔ^{53}tʰiã^{224}	那一天na^{21}i^{0}tʰiã^{224} "那"起强调作用	早上tsɔ^{24}ʂɑŋ^{0}
临清	成天tʂʰəŋ^{53}tʰian^{13} 整天tʂəŋ^{44}tʰian^{0}	见天儿tɕian^{31}tʰiɛr^{13} 天天tʰian^{13}tʰian^{0}	早起tsau^{53}tɕʰi^{44} 早晨tsau^{44}tʂʰen^{0}
冠县	整天tʂəŋ^{55}tʰiã^{13}	每天mei^{55}tʰiã^{13}	清起来tsʰiŋ^{13}tɕʰi^{55}lɛ^{0} 早上tsɔ^{55}ʂɑŋ^{0}
聊城	整天tsəŋ^{44}tʰiã^{13}	天天儿tʰiã^{13}tʰiɛr^{13}	早起来tsɔ^{44}tɕʰi^{44}lɛ^{0}
济南	成天tʂʰəŋ^{42}tʰiã^{213} 扯=天tʂʰə^{55}tʰiã^{213} 整天tʂəŋ^{55}tʰiã^{213}	见天tɕiã^{21}tʰiã^{213} 天天tʰiã^{23}tʰiã^{213} 每天mei^{55}tʰiã^{213}	早晨tsɔ^{213}ʂẽ^{0} "晨"读为"申"轻声
泰安	整天tʂəŋ^{55}tʰiã^{213} 朝天tʂɔ^{23}tʰiã^{213}	天天儿tʰiã^{21}tʰiɛr^{0}	早晨tsɔ^{213}tɕʰiẽ^{0}/tsɔ^{213}ɕiẽ^{0} "晨"读为"秦"轻声，又读为"心"轻声
莱芜	整天tʃəŋ^{55}tʰiã^{213}	每天mei^{55}tʰiã^{213}	早晨起来tʃɔ^{213}tʃʰẽ^{0}tɕʰi^{213}lɛ^{0}
新泰	整天tʃəŋ^{55}tʰiã^{213}	见天tɕiã^{31}tʰiã^{213} 天顶天tʰiã^{21}tiŋ^{55}tʰiã^{213}	早晨tθɔ^{23}tʃʰẽ^{42}
沂源	整日tʃəŋ^{55}i^{31}	天天tʰiã^{55}tʰiã^{213}	清晨tɕʰiŋ^{21}tʃʰə̃^{55}

续表

	0088 整天	0089 每天	0090 早晨
博山	整天 tʂəŋ^{55}tʰiã^{213}	天天 tʰiã^{21}tʰiã^{0} 按天 ŋã^{21}tʰiã^{0}	寝$^{=}$寝$^{=}$tɕʰiẽ^{213}tɕʰiẽ^{0}
张店	整天 tʂəŋ^{55}tʰiã^{213} 溜溜一天 liou^{55}liou^{0}i^{33}tʰiã^{213}	见天 tɕiã^{31}tʰiã^{213}	早晨 tsɔ^{213}tʂʰə̃^{0}
阳谷	整天 tsəŋ^{55}tʰiã^{213}	见天 tɕiã^{31}tʰiã^{213}	清起来 tɕʰiŋ^{13}tɕʰi^{55}lɛ^{0}
梁山	一老天 i^{23}lɔ^{55}tʰiã^{213} 经天 tɕiŋ^{23}tʰiã^{213}	见天 tɕiã^{31}tʰiã^{213}	清起来 tɕʰiŋ^{23}tɕʰi^{55}lɛ^{0}
菏泽	一天 i^{31}tʰiã^{213}	天儿天儿 tʰiɛr^{21}tʰiɛr^{0}	清起来 tɕʰiŋ^{213}tɕʰi^{44}lɛ^{0}
曹县	一天 i^{213}tʰiã^{213}	天天 tʰiã^{213}tʰiã^{213}	天明 tʰiã^{213}miŋ^{53} 清晨起来 tɕʰiŋ^{21}nẽ^{0}tɕʰi^{44}lai^{0} "晨"读为"恁"轻声
金乡	成天 tsʰəŋ^{55}tʰiã^{213}	天天儿 tʰiã^{23}tʰiɛr^{213}	清起来 tɕʰiŋ^{21}tɕʰi^{23}lɛ^{0}
曲阜	成天 tsʰəŋ^{42}tʰiã^{213}	见天 tɕiã^{31}tʰiã^{213}	清早 tɕʰiŋ^{21}tsɔ^{0}
薛城	一整天 i^{31}tsəŋ^{55}tʰiã^{0}	天天 tʰiã^{31}tʰiã^{0} 每天 mẽ^{55}tʰiã^{0}	清起 tɕʰiŋ^{31}tɕʰi^{24} 早清起 tsɔ^{55}tɕʰiŋ^{31}tɕʰi^{0}
郯城	成天 tʂʰəŋ^{44}tʰiã^{213} 成大价 tʂʰəŋ^{44}tʰiã^{21}tɕi^{0} 天天 tʰiã^{13}tʰiã^{213}	成天 tʂʰɔŋ^{44}tʰiã^{214} 天天 tʰiã^{13}tʰiã^{213}	清清 tɕʰiŋ^{21}tɕʰiŋ^{0} 早清清 tsɔ^{24}tɕʰiŋ^{21}tɕʰiŋ^{0} 一早清清 i^{21}tsɔ^{24}tɕʰiŋ^{21}tɕʰiŋ^{0}
临沂	一整天 i^{214}tʃəŋ^{55}tʰiã^{214}	成天 tʃʰəŋ^{53}tʰiã^{214} 整天 tʃəŋ^{55}tʰiã^{214}	早起来 tsɔ^{24}tɕʰi^{214}lɛ^{0} 早晨 tsɔ^{21}tʃʰẽ^{0}

	0091 上午	0092 中午	0093 下午
荣成	头晌 tʰəu^{35}ʃaŋ^{0}	晌午 ʃaŋ^{214}xuo^{0} "午"读为"伙"轻声	过晌儿 kuo^{33}ʃãr^{0} 下晌儿 ɕia^{33}ʃãr^{0}
烟台	头晌儿 tʰou^{33}ɕiãr^{0}	晌午儿 ɕiaŋ^{21}ur^{0}	下晌儿 ɕia^{33}ɕiãr^{14}
栖霞	头晌儿 tʰəu^{34}ʃãr^{0}	晌午头儿 ʃaŋ^{21}uə̃n^{0}tʰəur^{342} "午"读为"吻"轻声	过晌儿 kuo^{52}ʃãr^{0}
长岛	头晌儿 tʰou^{52}ʃãr^{213}	晌午 ʃaŋ^{35}u^{0}	下晌儿 ɕia^{52}ʃãr^{0}
海阳	头晌 tʰəu^{34}saŋ^{0}	晌午头儿 saŋ^{21}u^{0}tʰəur^{341}	吃儿晌儿 tsʰər^{21}sãr^{214}
莱西	头晌儿 tʰou^{214}ʃãr^{55}	晌午儿 ʃaŋ^{45}uer^{0} "午儿"读为"吻儿"轻声	过晌儿 kuə^{214}ʃãr^{55}
平度	头晌儿 tʰou^{213}ʂãr^{55}	晌价$^{=}$ʃaŋ^{45}ciə^{0}	过晌儿 kuə^{213}ʂãr^{55}
青岛	头午 tʰou^{42}u^{55} 头晌儿 tʰou^{213}ʂãr^{55}	晌午 ʃaŋ^{44}uã^{0} "午"读为"晚"轻声	过午 kuə^{213}u^{55} 过晌儿 kuə^{213}ʂãr^{55}

续表

	0091上午	0092中午	0093下午
高密	头晌tʰou^{42}ʃaŋ^{0} 上午ʃaŋ^{21}u^{55}	晌午头儿ʃaŋ^{23}uã^{0}tʰour^{42} "午"读为"晚"轻声 晌午ʃaŋ^{23}uã^{0} "午"读为"晚"轻声 中午tʂoŋ^{213}u^{55}	过晌kuə^{42}ʃaŋ^{0}
诸城	头晌tʰou^{44}ʃaŋ^{0}	晌午头儿ʃaŋ^{213}u^{0}tʰour^{53} 晌午ʃaŋ^{213}uã^{0} "午"读为"晚"轻声	下晌儿ʃa^{44}ʃãr^{0}
沂水	头晌儿tʰou^{53}ʃãr^{44}	晌午ʃaŋ^{213}u^{0} 晌午头儿ʃaŋ^{213}u^{0}tʰour^{53}	下晚①儿ɕia^{31}uɛr^{44} 下半晌儿ɕia^{44}pã^{0}ʃãr^{44}
临朐	头晌tʰəu^{44}ʂaŋ^{0}	晌午头儿ʂaŋ^{213}u^{0}tʰəur^{53}	下晌ɕia^{44}xaŋ^{0} "晌"读为"杭"轻声
日照	头儿晌儿tʰour^{53}ʃiãr^{44} 晌阴⁼ʃiaŋ^{213}iẽ^{0}	晌阴头儿ʃiaŋ^{24}iẽ^{0}tʰour^{53}	下晚儿ʃia^{31}uɛr^{44}
莒南	晌午ʃaŋ^{213}uẽ^{0} "午"读为"吻"轻声	晌午头儿ʃaŋ^{213}uẽ^{0}tʰɾour^{53} "午"读为"吻"轻声	下晚儿ɕia^{42}uɛr^{0}
潍坊	头晌儿tʰɤɯ^{53}ʂãr^{55} 晌午ʂaŋ^{24}u^{0} 晴⁼起来tɕʰiŋ^{53}tɕʰi^{24}lɛ^{0}	晌午头子ʂaŋ^{24}u^{0}tʰɤɯ^{35}tsɿ^{0} 中午头子tʂoŋ^{214}u^{0}tʰɤɯ^{35}tsɿ^{0}	下半儿晌儿ɕia^{31}pɐr^{0}ʂãr^{55}
寿光	头晌tʰəu^{55}xaŋ^{0} "晌"读为"杭"轻声	晌午ʂaŋ^{24}u^{0}	下晌ɕia^{55}xaŋ^{0} "晌"读为"杭"轻声
高青	头晌午tʰou^{55}ʂaŋ^{213}u^{0}	晌午头儿ʂaŋ^{213}u^{0}tʰour^{55}	过午kə^{41}u^{55}
阳信	头晌午tʰou^{55}ʂaŋ^{0}xu^{0} "午"读为"虎"轻声	晌午头儿里ʂaŋ^{213}xu^{0}tʰour^{45}li^{0} "午"读为"虎"轻声	过晌午kə^{55}ʂaŋ^{0}xu^{0} "午"读为"虎"轻声
济阳	头晌午tʰou^{55}ʂaŋ^{21}u^{0}	晌午头里ʂaŋ^{213}u^{0}tʰou^{24}ȵi^{0} 晌午ʂaŋ^{21}u^{0}	过晌午kə^{31}ʂaŋ^{21}u^{0}
利津	头午tʰou^{53}u^{55}	晌午ʂaŋ^{53}u^{55}	过午kə^{31}u^{55}
乐陵	头晌午儿tʰou^{51}ʂaŋ^{0}xuər^{0} "午"读为"伙"轻声	晌午ʂaŋ^{212}xuə^{0} "午"读为"伙"轻声	过晌午儿kuə^{51}ʂaŋ^{0}xuər^{0} "午儿"读为"伙儿"轻声
商河	头上午tʰou^{54}ʂaŋ^{31}u^{0}	晌午ʂaŋ^{213}u^{0}	过晌午kə^{31}ʂaŋ^{0}u^{0}
平原	头晌午tʰou^{42}ʂaŋ^{21}u^{0} 头午tʰou^{42}u^{0}	晌午ʂaŋ^{23}u^{0} 晌午头儿ʂaŋ^{23}u^{0}tʰour^{42}	过晌午kuə^{21}ʂaŋ^{21}u^{0} 过午kuə^{21}u^{0}

① "下晚"的"晚"存在着"午"音变的可能性，但与"晚"义也有关联，所以此处暂不写作"午"。下同。

续表

	0091 上午	0092 中午	0093 下午
德州	头晌午 tʰou^{42}ʂaŋ^{213}xu^{0}	晌午 ʂaŋ^{213}xu^{0}	过晌午 kuə^{21}ʂaŋ^{213}xu^{0} “午”读为“虎”轻声
武城	头晌儿 tʰou^{53}ʂar^{0}	晌午 ʂaŋ^{24}xu^{0} “午”读为“虎”轻声	过午 kuə^{21}u^{55}
临清	晌午 ʂaŋ^{44}xu^{0} “午”读为“虎”轻声	晌午头儿 ʂaŋ^{44}xu^{0}tʰour^{53} “午”读为“虎”轻声 正晌午 tʂəŋ^{31}ʂaŋ^{44}u^{0}	下午 ɕia^{31}u^{44}
冠县	晌午 ʂaŋ^{44}u^{0}	晌午 ʂaŋ^{44}u^{0}	天西 tʰiã^{13}si^{13}
聊城	头晌 tʰou^{53}saŋ^{0}	晌午头儿 saŋ^{44}xu^{0}tʰour^{53} “午”读为“虎”轻声 晌午 saŋ^{44}xu^{0} “午”读为“虎”轻声	天西 tʰiã^{13}ɕi^{13} 包括傍晚
济南	头午 tʰou^{42}u^{55} 头晌午 tʰou^{42}ʂaŋ^{0}u^{0}	晌午 ʂaŋ^{213}u^{0} 晌午头儿 ʂaŋ^{21}u^{55}tʰour^{0} 晌午头子 ʂaŋ^{21}u^{55}tʰou^{445}tsɿ^{0}	过晌午 kuə^{21}ʂaŋ^{0}u^{0} 过午 kuə^{21}u^{55} 下午 ɕia^{21}u^{55}
泰安	上午 ʂaŋ^{21}u^{55} 头晌午 tʰou^{42}ʂaŋ^{42}u^{0}	中午 tʂuŋ^{213}u^{55} 晌午 ʂaŋ^{213}u^{0}	下午 ɕia^{21}u^{55} 过晌午 kuə^{21}ʂaŋ^{213}u^{0}
莱芜	头晌午 tʰou^{55}ʃaŋ^{213}u^{0}	晌午 ʃaŋ^{213}u^{0}	过晌午 kuə^{31}ʃaŋ^{213}u^{0}
新泰	头晌午 tʰou^{42}ʃaŋ^{213}u^{0}	晌午 ʃaŋ^{213}u^{0}	过晌午 kuə^{31}xaŋ^{213}u^{0} “晌”读为“杭”上声
沂源	头晌 tʰou^{55}ʃaŋ^{0}	晌午 ʃaŋ^{31}u^{55}	下晚儿 ɕia^{31}uɛr^{55}
博山	头晌 tʰəu^{53}ʂaŋ^{55}	晌午头 ʂaŋ^{213}u^{55}tʰəu^{55}	下晌 ɕia^{31}ʂaŋ^{55} 下半晌 ɕia^{55}pã^{0}ʂaŋ^{55}
张店	头晌午 tʰou^{55}ʂaŋ^{213}u^{0}	晌午头 ʂaŋ^{213}u^{0}tʰou^{55}	过晌午 kuə^{31}ʂaŋ^{213}u^{0}
阳谷	头晌午儿 tʰou^{42}saŋ^{42}ur^{0}	晌午 saŋ^{13}u^{0}	过晌午儿 kuo^{31}saŋ^{42}ur^{0}
梁山	头晌午 tʰou^{42}saŋ^{55}u^{0}	晌午顶儿 saŋ^{55}u^{0}tiə̃r^{0}	过晌午 kuə^{31}saŋ^{55}u^{0}
菏泽	上午 saŋ^{31}u^{44}	晌午头儿上 saŋ^{53}u^{44}tʰour^{53}xaŋ^{31}	后晌 xəŋ^{31}xəŋ^{0} 读为“哼（去声）哼（轻声）”
曹县	晌午 ʂaŋ^{53}uŋ^{0} “午”读为“翁”轻声	晌午 ʂaŋ^{53}uŋ^{0} “午”读为“翁”轻声	后晌 xəŋ^{53}xəŋ^{0} 读为“哼（去声）哼（轻声）”
金乡	头晌午 tʰou^{42}saŋ^{23}u^{0}	晌午 saŋ^{23}u^{0}	过晌午 kuə^{31}saŋ^{23}u^{0}
曲阜	头晌午 tʰou^{42}saŋ^{213}u^{0}	晌午 saŋ^{213}u^{0}	过晌午 kuə^{31}saŋ^{213}u^{0}
薛城	上半天 saŋ^{41}pã^{0}tʰiã^{0}	晌午 saŋ^{24}uẽ^{0} “午”读为“吻”轻声	下半天 ɕia^{41}pã^{0}tʰiã^{0} 下晚儿 ɕia^{41}uɛr^{24}

续表

	0091上午	0092中午	0093下午
郯城	头晌tʰəu^{44}ʂaŋ^{24} 头午tʰəu^{44}u^{24} 头晌午tʰəu^{44}ʂaŋ^{24}u^{0}	晌午ʂaŋ^{24}uə̃^{0} "午"读为"吻"轻声 晌午头儿ʂaŋ^{24}uə̃^{0}tʰəur^{44} "午"读为"吻"轻声 中午tʂuŋ^{21}u^{24}	过晌kuə^{51}ʂaŋ^{24} 过晌午kuə^{51}ʂaŋ^{24}u^{0} 下午çia^{51}u^{24}
临沂	头晌儿tʰou^{53}ʃɑ̃r^{55}	中午头儿tʃuŋ^{24}u^{55}tʰour^{53}	下晌儿çia^{31}ʃɑ̃r^{55}

	0094傍晚	0095白天	0096夜晚与白天相对，统称
荣成	傍黑儿paŋ^{33}xɐr^{214}	白日pɛ^{35}i^{0}	后晌xəu^{33}ʃaŋ^{0}
烟台	傍黑儿paŋ^{33}xɤr^{14}	白天po^{33}tʰian^{53}	下黑儿çia^{33}xɤr^{14}
栖霞	傍黑儿paŋ^{55}xər^{214}	白日儿pə^{34}iər^{0}	黑日儿xə^{21}iər^{0}
长岛	傍黑儿paŋ^{52}xər^{213}	白日pai^{55}i^{0}	下黑儿çia^{52}xər^{213}
海阳	傍黑儿paŋ^{34}xər^{214}	白日pə^{34}i^{0}	黑日xə^{21}i^{0}
莱西	傍黑儿paŋ^{214}xər^{55} 傍黑儿天儿paŋ^{214}xər^{55}tʰiɛr^{214} 傍下黑儿paŋ^{42}çia^{214}xər^{55}	白日儿pə^{45}ier^{0} 白天pə^{42}tʰiã^{214}	下黑儿çia^{21}xər^{55} 晚上uã^{214}ʃaŋ^{0} 黑夜xei^{55}iə^{42}
平度	傍黑儿paŋ^{213}xer^{55} 傍黑天儿paŋ^{213}xei^{55}tʰiɛr^{213} 傍现黑儿paŋ^{42}çiã^{21}xer^{55}	白价$^{=}$pei^{42}ciə^{0} 白天pei^{42}tʰiã^{213}	黑价$^{=}$xei^{45}ciə^{0} 黑夜xei^{55}iə^{42}
青岛	傍黑儿paŋ^{213}xer^{55} 傍黑天儿paŋ^{213}xei^{55}tʰiɛr^{213}	白日pei^{45}i^{0} 白天pei^{42}tʰiã^{213}	下晚儿çia^{213}uɛr^{55}
高密	傍黑儿paŋ^{213}xer^{55} 傍黑天儿paŋ^{213}xei^{55}tʰiɛr^{213}	白日pei^{55}i^{0} 白天pei^{42}tʰiã^{213}	后晌xou^{42}ʃaŋ^{0} 黑日xei^{23}i^{0} 晚上uã^{23}ʃaŋ^{0}
诸城	后晌xou^{44}ʃaŋ^{0} 傍下黑儿paŋ^{213}ʃa^{31}xer^{44}	白日pei^{24}i^{0}	黑日xei^{213}i^{0}
沂水	临黑天儿lẽ^{53}xe^{44}tʰiɛr^{213} 上黑影儿ʃaŋ^{31}xe^{42}ɻə̃r^{44}	白夜pe^{24}iã^{0} "夜"读为"晏"轻声，右条同	黑夜xe^{213}iã^{0}
临朐	傍黑天儿paŋ^{21}xei^{44}tʰiɛr^{213} 傍黑天儿们$^{=}$儿paŋ^{21}xei^{44}tʰiɛr^{21}mer^{0}	白夜pei^{35}iə^{0}	黑夜xei^{21}iə^{0} 后晌xəu^{44}xaŋ^{0} "晌"读为"杭"轻声
日照	临黑儿lẽ^{53}xer^{213} 临黑儿们$^{=}$儿lẽ^{53}xer^{213}mer^{0}	白夜pẽ^{213}iẽ^{0}读为"奔印（轻声）"	黑夜xẽ^{213}iẽ^{0}读为"很印（轻声）"

续表

	0094傍晚	0095白天	0096夜晚与白天相对，统称
莒南	临天黑儿lẽ^{53}tʰiã^{13}xer^{213}	白夜pẽ^{24}iẽ^{0}读为“奔印（轻声）”	黑夜xẽ^{21}iẽ^{0}读为“很印（轻声）”
潍坊	傍黑天儿paŋ^{24}xei^{24}tʰiɐr^{214} 傍黑儿paŋ^{24}xer^{214}	白夜个pei^{35}iə^{0}kə^{0} 白天pei^{53}tʰiã^{214}	黑夜个xei^{214}iə^{0}kə^{0} 后晌个xɤɯ^{55}ʂaŋ^{0}kə^{0}
寿光	傍黑儿paŋ^{55}xɭ^{213} 傍黑儿天paŋ^{55}xɭ^{55}tʰiã^{213} 煞黑儿ʂa^{55}xɭ^{213}	白夜pei^{35}iə^{0}	后晌xəu^{55}xaŋ^{0}“晌”读为“杭”轻声 黑夜xei^{213}iə^{0}
高青	傍黑天儿paŋ^{213}xei^{213}tʰɛr^{213}	白夜pɛ^{35}iə^{0}	黑夜xei^{213}iə^{0}
阳信	傍黑天儿paŋ^{23}xei^{31}tʰiɐr^{213} 蚂蚱眼子ma^{55}tʂa^{0}iã^{213}tsɿ^{0}	白夜pɛ^{45}iə^{0} 白日pɛ^{45}ʐʅ^{0}	黑夜xei^{31}iə^{0}夜里 后晌xuŋ^{55}xaŋ^{0}读为“哄（去声）杭（轻声）”
济阳	傍黑天儿paŋ^{31}xei^{55}tʰiɐr^{213}	白夜pɛ^{24}iə^{0}	黑夜xei^{23}iə^{0}
利津	傍黑天儿paŋ^{31}xei^{44}tʰiɐr^{213} 一抹黑儿i^{24}ma^{55}xer^{44}	白夜pei^{35}iə^{0} 白日pei^{35}ʐʅ^{0}	后晌xou^{55}ʂaŋ^{0}
乐陵	黑巴霎儿xei^{31}pa^{0}ʂar^{55}	白下pɛ^{55}ɕia^{0}	黑下xei^{31}ɕia^{0}
商河	临黑天儿liẽ^{54}xei^{24}tʰiɐr^{213}	白下pei^{24}ɕia^{0}	黑下xei^{213}ɕia^{0}
平原	黑巴前儿xei^{55}pa^{0}tɕʰiɐr^{42}	白下pɛi^{55}ɕia^{0}	后晌xuŋ^{42}xaŋ^{0}读为“哄（去声）杭（轻声）”
德州	傍擦黑儿paŋ^{21}tsʰa^{213}xer^{213} 傍黑儿paŋ^{21}xer^{213}	白下pɛ^{55}ɕia^{0}	后晌xuŋ^{42}ʂaŋ^{0}“后”读为“哄”去声 黑下xei^{21}ɕia^{0}
武城	一擦黑儿i^{24}tsʰa^{24}xer^{224}	白下pɛ^{55}ɕia^{0}	夜里iə^{53}li^{0}
临清	傍黑儿paŋ^{31}xer^{13}天色开始变暗 天夕tʰian^{13}ɕi^{13}太阳刚下山	白天pai^{44}tʰian^{0} 大天白夜ta^{31}tʰian^{0}pai^{44}iə^{0}	黑价=xei^{13}tɕia^{0} 黑下xei^{13}ɕia^{0}
冠县	擦黑儿tsʰa^{13}xer^{13} 傍黑儿paŋ^{13}xer^{13}	白天pɛ^{53}tʰiã^{0}	黑家xei^{21}tɕia^{0} 后晌xuŋ^{53}ʂaŋ^{0}“后”读为“哄”去声
聊城	后晌xuŋ^{53}xuŋ^{0}读为“哄（去声）哄（轻声）” 傍黑儿paŋ^{13}xer^{13}	白天pɛ^{53}tʰiã^{13}	黑价=xei^{13}tɕia^{0}
济南	傍黑天儿paŋ^{213}xei^{23}tʰiɐr^{213}	白天pei^{42}tʰiã^{213} 白价=pei^{445}tɕia^{0} 白下pei^{445}ɕia^{0}	黑下xei^{21}ɕia^{0} 后晌xuŋ^{55}xaŋ^{0}读为“哄（去声）杭（轻声）” 晚上uã^{213}xaŋ^{0}“上”读为“杭”轻声

续表

	0094傍晚	0095白天	0096夜晚与白天相对，统称
泰安	傍黑天儿pɑŋ^{23}xei^{23}t^{h}iɛr^{213}	白天pei^{55}t^{h}iã^{213} 白夜pei^{55}iə^{0}	黑夜xei^{23}iə^{21} 后晌xuŋ^{42}xɑŋ^{0}读为"哄（去声）杭（轻声）"
莱芜	临黑们⁼liẽ^{55}xei^{23}mẽ^{0}	白夜pei^{13}iə^{0}	黑夜xei^{23}iə^{0}
新泰	临黑天liẽ^{42}xei^{23}t^{h}iã^{213}	白夜里pei^{23}iə^{54}li^{0}	后晌xou^{54}ʃɑŋ^{0}
沂源	天不早儿t^{h}iã^{21}pu^{0}tθɔr^{55}	白夜pei^{55}iə^{31}	黑夜xei^{21}iə^{0}
博山	傍黑pɑŋ^{55}xei^{55}	白夜pei^{35}iə^{0}	后晌xəu^{55}ʂɑŋ^{0}
张店	傍黑天儿pɑŋ^{213}xei^{33}t^{h}iɛ^{213}	白夜pei^{35}iɑ^{0}	黑夜xei^{33}iɑ^{33}
阳谷	天西t^{h}iã^{13}ɕi^{213}	白天pei^{42}t^{h}iã^{0}	黑唠xei^{31}lɔ^{0} 后晌xou^{42}xɑŋ^{0}"晌"读为"杭"（轻声）
梁山	傍黑儿pɑŋ^{23}xer^{213}	白价⁼pei^{55}tɕiə^{0}	黑价⁼xei^{21}tɕiə^{0} 后晌xuŋ^{42}xɑŋ^{0}读为"哄（去声）杭（轻声）"
菏泽	挨黑儿ɣɛ^{213}xer^{213}指刚刚变黑、接近黑天 摸黑儿mə^{213}xer^{213}指天更晚一些	白夜儿pei^{53}iɛr^{0}	黑价⁼xei^{21}tɕia^{0}
曹县	傍黑儿pɑŋ^{213}xɤr^{213} 眼二iã^{44}ər^{312}	白儿个儿pɤr^{53}kər^{0}	黑价⁼xei^{21}tɕia^{0}
金乡	挨黑儿iə^{23}xer^{213}	白价⁼里pei^{55}tɕia^{0}li^{0}	黑价⁼xei^{21}tɕiə^{0}
曲阜	傍黑儿pɑŋ^{23}xer^{213}	白价⁼pei^{55}tɕiə^{0}	黑价⁼xei^{21}tɕiə^{0}
薛城	傍儿黑儿pɑ̃r^{24}xer^{313} 上黑影儿sɑŋ^{41}xe^{31}iə̃r^{0} 合儿黑儿xər^{55}xer^{313}	白天pe^{55}t^{h}iã^{0}	夜里iə^{41}li^{0}
郯城	下晚儿ɕia^{51}uɛr^{24} 溜下晚儿liəu^{21}ɕia^{51}uɛr^{24}	白日pe^{44}ẓə̃^{0}"日"读为"刃"轻声 白天pe^{44}t^{h}iã^{213}	夜里iə^{51}lɛ^{0}/iə^{51}lə^{0}
临沂	刚上黑影儿tɕiɑŋ^{24}ʃɑŋ^{31}xei^{24}iɤ̃r^{55}	白天pei^{53}t^{h}iã^{214}	晚上uɑŋ^{214}ʃɑŋ^{0}

	0097半夜	0098正月农历	0099大年初一农历
荣成	半夜pan^{33}iɛ^{33}	正月儿tʃəŋ^{53}yɐr^{0}	初一tʂ^{h}u^{53}i^{214}
烟台	更宿半夜tɕiŋ^{53}ɕy^{0}pan^{53}ie^{14}	正月儿tɕiŋ^{53}yɐr^{0}	大年初一ta^{33}ȵian^{53}ts^{h}u^{53}i^{14}

续表

	0097 半夜	0098 正月农历	0099 大年初一农历
栖霞	半宿 pãn^{52}ʃy^{214}	正月儿 tʃəŋ^{52}yɐr^{0}	大年初一 ta^{34}ȵiãn^{312}tsʰu^{52}i^{214}
长岛	半宿 pan^{52}ʃy^{213}	正月儿 tʃəŋ^{31}yər^{0}	大年初一 ta^{52}ȵian^{0}tsʰu^{31}i^{213}
海阳	半宿 pã^{55}sy^{214}	正月儿 tsəŋ^{52}yɐr^{0}	大年初一 ta^{34}ȵiã^{52}tʂʰu^{55}i^{214}
莱西	半宿儿 pã^{42}ʃyer^{55}	正月儿 tʃəŋ^{214}yər^{55}	大年初一 ta^{42}ȵiã^{214}tsʰu^{214}i^{55}
平度	半宿 pã^{213}sy^{55}	正月 tʃəŋ^{213}yə^{42}	大年初一 ta^{213}ȵiã^{42}tʂʰu^{213}i^{55}
青岛	半夜 pã^{213}iə^{42} 半宿 pã^{213}sy^{55}	正月 tʃoŋ^{213}yə^{42}	大年初一 tɑ^{213}ȵiã^{42}tʂʰu^{213}i^{55}
高密	半夜五更 pã^{42}iə^{0}u^{23}tɕioŋ^{0}	正月 tʃoŋ^{21}yə^{0}	大年初一 tɑ^{21}ȵiã^{42}tʂʰu^{213}i^{55} 年初一 ȵiã^{42}tʂʰu^{213}i^{55}
诸城	半夜五更 pã^{44}iə^{0}u^{213}tʃəŋ^{0}	正月 tʃəŋ^{31}yə^{0}	正月初一 tʃəŋ^{44}yə^{0}tʂʰu^{44}i^{44}
沂水	半夜 pã^{44}iə^{0}	正月 dʒəŋ^{21}yə^{0}	大年初一 ta^{31}niã^{53}tʂʰu^{24}i^{213}
临朐	半后晌 pã^{21}xəu^{44}xɑŋ^{0} "晌" 读为 "杭" 轻声	正月 tʃəŋ^{21}yə^{0}	年初一 ȵiã^{53}tʂʰu^{44}i^{213}
日照	半夜 pã^{44}iə^{31}	正月 tʃiəŋ^{31}yə^{0}	年初一 niã^{53}tʂʰu^{44}i^{213}
莒南	三更半夜 θã^{13}kəŋ^{13}pã^{13}iə^{31} 半夜三更 pã^{13}iə^{31}θã^{13}kəŋ^{213} 半夜 pã^{13}iə^{31}	正月 tʃəŋ^{21}yə^{0}	年初一 niã^{53}tʂʰu^{13}i^{213} 大年初一 ta^{31}niã^{53}tʂʰu^{13}i^{213}
潍坊	半夜五更 pã^{55}iə^{0}u^{24}tɕiŋ^{0}	正月 tʂəŋ^{31}yə^{0}	大年初一 tɑ^{31}ȵiã^{53}tʂʰu^{24}i^{214}
寿光	半后晌 pã^{21}xəu^{55}xɑŋ^{0} "晌" 读为 "杭" 轻声 半夜 pã^{13}iə^{21}	正月 tʂəŋ^{21}yə^{0}	年初一 ȵiã^{53}tʂʰu^{55}i^{213} 大年初一 ta^{21}ȵiã^{53}tʂʰu^{55}i^{213}
高青	半夜 pã^{55}iə^{0}	正月 tʂəŋ^{21}yə^{0}	大年初一 tɑ^{41}ȵiã^{55}tʂʰu^{55}i^{213}
阳信	半夜 pã^{23}iə^{31}	正月 tʂəŋ^{31}yə^{0}	大年初一 ta^{31}ȵiã^{43}tʂʰu^{213}i^{213}
济阳	半宿 pã^{31}ɕy^{213}	正月 tʂəŋ^{21}yə^{0}	大年初一 ta^{31}ȵiã^{55}tʂʰu^{55}i^{213}
利津	半夜 pã^{24}iə^{31}	正月 tʂəŋ^{31}yə^{0}	年初一 ȵiã^{53}tʂʰu^{55}i^{44}
乐陵	半宿拉夜 pã^{31}ɕy^{55}lɑ^{24}iə^{51}	正月 tʂəŋ^{31}yə^{0}	年初一 ȵiã^{51}tʂʰu^{24}i^{24}
商河	半宿 pã^{31}ɕy^{45}	正月 tʂəŋ^{21}yə^{0}	正月初一 tʂəŋ^{21}yə^{0}tʂʰu^{24}i^{213} 大年初一 tɑ^{21}ȵiã^{54}tʂʰu^{24}i^{213}
平原	半宿 pã^{21}ɕy^{55}	正月 tʂəŋ^{21}yə^{0}	年初一 ȵiã^{42}tʂʰu^{23}i^{213}
德州	五更 u^{213}tɕiŋ^{0}	正月 tʂəŋ^{21}yə^{0}	大年初一 ta^{21}ȵiã^{42}tʂʰu^{213}i^{213}
武城	半宿 pã^{21}ɕy^{224}	正月 tʂəŋ^{312}yə^{0}	年下 ȵiã^{55}ɕia^{0}
临清	半夜 pan^{13}iə^{313}	正月 tsəŋ^{13}yə^{0}	大年初一 ta^{31}ȵian^{0}tʂʰu^{13}i^{13}

续表

	0097 半夜	0098 正月农历	0099 大年初一农历
冠县	半黑家pã31xei21tɕia0	正月tʂəŋ55yə0	大年初一ta24ȵiã53tʂʰu13i13
聊城	半夜pã13iə313	正月tsəŋ13yə0	大年初一ta31ȵiã53tʂʰu13i13
济南	半宿拉夜pã21ɕy23la23iə21	正月tʂəŋ21yə0	年初一ȵiã42tʂʰu23i213 大年初一ta21ȵiã42tʂʰu23i213
泰安	半夜pã21iə21	正月tʂəŋ21yə0	大年初一ta21ȵiã42tʂʰu23i213
莱芜	半夜里pã55iə0li0	正月tʃəŋ31yə0	大年初一ta31ȵiã55tʃʰu23i0
新泰	半夜里pã54iə0li0	正月tʃəŋ21yə213	年初一ȵiã42pfʰu23i213
沂源	半夜五更pã55iə0u21tɕiŋ55	正月tʃəŋ21yə0	初一tʃʰu55i213
博山	半夜pɑ̃55iə0	正月tʂəŋ21yə0	大年初一tɑ31ȵiã55tʂʰu55i213
张店	半夜pã55iə0	正月tʂəŋ21yə0	大年初一tɑ31ȵiã55tʂʰu33i33
阳谷	半夜pã13iə313	正月tsəŋ31yo0	大年初一ta31ȵiã42tsʰu13i213 年下ȵiã55ɕia0
梁山	半夜pã31iə314 三更天sã23tɕiŋ23tʰiã213	正月tsəŋ21yə0	年初一ȵiã42tsʰu23i213
菏泽	半夜pã213iɛ312	正月tsəŋ21yə0	年下ȵiã53ɕia0
曹县	半夜pã13iə312	正月tʂəŋ21yə0	大年初一儿ta31ȵiã53tʂʰu213iɤr213
金乡	半夜pã23iə312	正月tsəŋ21yə0	大年初一儿ta31ȵiã42tsʰu23ier213
曲阜	半夜pã23iə312	正月tsəŋ31yə0	年初一ȵiã42tsʰu23i213
薛城	夜里iə41li0 半夜pã41iə41 三更半夜sã23tɕiŋ313pã41iə41	正月tsəŋ31yə0	年初一ȵiã55pfʰu23i313
郯城	半夜pã51iə51 三更半夜sã13kəŋ13pã51iə51	正月tʂəŋ13yə213	初一tʂʰu13i213 年初一ȵiã44tʂʰu13i213 大年初一ta51ȵiã44tʂʰu13i213
临沂	三更半夜sã24tɕiŋ214pã31iə312 半夜pã31iə312	正月tʃəŋ21yə0	大年初一ta31ȵiã53tʃʰu24i214

	0100 元宵节	0101 清明	0102 端午
荣成	过十五kuo33ʃi35u0	清明tsʰiŋ53miŋ0	端午①tɑŋ53u0

① “端”字在烟台、威海一带，单念时读开口呼，在“端午”中读tɑŋ；其他方言单念时读合口呼，在“端午”中多地读为开口呼同“单”。下面不在备注中说明音变。有些地方“端午”中的“端”进一步音变为ta0，汉字记为同音字。

续表

	0100元宵节	0101清明	0102端午
烟台	正月儿十五tɕiŋ^{53}yɐr^{0}ɕi^{33}u^{0}	清明tɕʰiŋ^{53}miŋ^{0}	端午tɑŋ^{53}u^{0}/tan^{53}u^{0}
栖霞	十五ʃɿ^{34}u^{0}	寒食xãn^{34}ʃɿ^{0}	端午tɑŋ^{52}u^{214}
长岛	正月十五tʃəŋ^{31}yɛ^{0}ʃɿ^{52}u^{213}	清明tʃʰəŋ^{31}miŋ^{55}	端午tɑŋ^{31}u^{213}
海阳	正月儿十五tʂəŋ^{52}yɐr^{0}sɿ^{34}u^{0}	清明tsʰiŋ^{52}miŋ^{0}	端午tɑŋ^{52}u^{0}
莱西	过十五kuə^{42}ʃɿ^{45}u^{0} 正月儿十五tʃəŋ^{214}yər^{0}ʃɿ^{45}u^{0}	清明tʃʰiŋ^{214}miɔ^{55} “明”读为“喵”	端午tɑŋ^{214}u^{55}/tuã^{214}u^{55}
平度	正月十五tʃəŋ^{213}yə^{0}ʃɿ^{45}u^{0}	清明tsʰiŋ^{213}miŋ^{42}	端午tã^{213}u^{0}
青岛	正月十五tʃoŋ^{213}yə^{0}ʃɿ^{45}u^{0}	寒食xã^{45}ʃɿ^{0} 清明tsʰioŋ^{213}mioŋ^{42}	端午tã^{213}u^{55}
高密	正月十五tʃoŋ^{21}yə^{0}ʃɿ^{55}u^{0}	寒食xã^{55}ʃɿ^{0} 清明tsʰioŋ^{213}mioŋ^{42}	端午tuã^{21}u^{0}
诸城	正月十五tʃəŋ^{44}yə^{0}ʃɿ^{24}u^{0}	寒食xã^{24}ʃɿ^{0}	五月端午u^{213}yə^{0}tuã^{31}u^{0}
沂水	正月十五dʒəŋ^{21}yə^{0}ʃɿ^{24}u^{0}	寒食xã^{24}ʃɿ^{0}	五月端午u^{213}yə^{0}tuã^{21}u^{0} 端午tuã^{21}u^{0}
临朐	正月十五tʃəŋ^{21}yə^{0}ʃɿ^{35}u^{0}	寒食xã^{35}ʃɿ^{0}	五月端五u^{213}yə^{0}tã^{21}u^{0}
日照	正月十五tʃiəŋ^{44}yə^{0}ʃɿ^{44}u^{0}	清明ȶʰiəŋ^{31}miəŋ^{0}	五月端午u^{24}yə^{0}tuã^{31}u^{0} 五端午u^{23}tuã^{31}u^{0}
莒南	十五ʃɿ^{53}u^{55} 正月十五tʃəŋ^{21}yə^{0}ʃɿ^{53}u^{55}	清明tsʰiŋ^{21}miŋ^{0}	五［月］端午u^{213}tuã^{21}u^{0}
潍坊	正月十五tʂəŋ^{31}yə^{0}ʂɿ^{35}u^{0}	寒食xã^{35}ʂɿ^{0}	五月端午u^{24}yə^{0}tuã^{31}u^{0}
寿光	正月十五tʂəŋ^{21}yə^{0}ʂɿ^{35}u^{0} 十五ʂɿ^{35}u^{0}	寒食xã^{35}ʂɿ^{0}	端午tã^{21}u^{0} 五月端五u^{24}yə^{0}tã^{21}u^{0}
高青	过十五kuə^{41}ʂɿ^{35}u^{0}	寒食xã^{35}ʂɿ^{0}	五月端午u^{213}yə^{0}tã^{21}u^{0}
阳信	正月十五tʂəŋ^{31}yə^{0}ʂɿ^{45}u^{0}	清明日tɕʰiou^{31}miŋ^{0}ʐɿ^{0} “清”读为“秋”	五月端午u^{213}yə^{0}tã^{31}u^{0}
济阳	正月十五tʂəŋ^{21}yə^{0}ʂɿ^{24}u^{0}	清明tɕʰiŋ^{13}miŋ^{55}	五月端午u^{21}yə^{0}tã^{213}u^{0}
利津	正月十五tʂəŋ^{31}yə^{0}ʂɿ^{35}u^{0}	寒食xã^{35}ʂɿ^{0}	五月端阳u^{213}yə^{0}tã^{213}iɑŋ^{53}
乐陵	正月十五tʂəŋ^{31}yə^{0}ʂɿ^{51}u^{55}	清明日tɕʰiŋ^{31}miŋ^{0}ʐɿ^{0}	五月端午u^{212}yə^{0}tã^{212}u^{55}
商河	正月十五tʂəŋ^{21}yə^{0}ʂɿ^{24}u^{0}	清明tɕʰiŋ^{213}miŋ^{54} 寒食xã^{24}ʂɿ^{54}	五月端午u^{213}yə^{0}tã^{21}u^{0}
平原	正月十五tʂəŋ^{21}yə^{0}ʂɿ^{42}u^{55}	寒食xã^{55}ʂɿ^{0}	五儿端五儿ur^{55}ta^{0}ur^{55}

续表

	0100 元宵节	0101 清明	0102 端午
德州	正月十五tʂəŋ^{213}yə^{21}ʂʅ^{55}u^{0}	寒食xã^{55}ʂʅ^{0}	五月端五儿u^{55}yə^{21}ta^{21}ur^{55} “端”读为“耷”
武城	正月十五tʂəŋ^{312}yə^{0}ʂʅ^{53}u^{55}	寒食xã^{55}ʂʅ^{0}	五端五儿u^{55}ta^{0}ur^{55}
临清	正月十五tʂəŋ^{13}yə^{0}ʂʅ^{53}u^{44}	清明tɕ^{h}iŋ^{13}miŋ^{0}	五月端午u^{44}yə^{0}tan^{13}u^{44}
冠县	正月十五儿tʂəŋ^{55}yə^{0}ʂʅ^{53}ur^{55}	清明ts^{h}iŋ^{13}miŋ^{53}	端午tuã^{13}u^{55}
聊城	正月十五tsəŋ^{13}yə^{0}sʅ^{53}u^{44}	寒食xã^{53}sʅ^{53} 清明tɕ^{h}iŋ^{13}miŋ^{53}	五月端午u^{44}yə^{0}tã^{13}u^{44}
济南	正月十五tʂəŋ^{21}yə^{0}ʂʅ^{445}u^{0}	清明tɕ^{h}iŋ^{213}miŋ^{42}	五月端午u^{213}yə^{0}tã^{21}u^{0} 五月节u^{213}yə^{0}tɕiə^{213}
泰安	正月十五儿tʂəŋ^{21}yə^{0}ʂʅ^{42}ur^{55} 元宵节yã^{42}ɕiɔ^{23}tɕiə^{213}	清明tɕ^{h}iŋ^{213}miŋ^{42}	五端午儿u^{55}tã^{21}ur^{55} 端午儿tã^{21}ur^{55}
莱芜	正月十五tʃəŋ^{31}yə^{0}ʃʅ^{55}u^{0}	清明日tɕ^{h}iŋ^{31}miŋ^{0}ʒʅ^{0}	五月端午u^{213}yə^{55}tã^{31}u^{0}
新泰	正月十五tʃəŋ^{21}yə^{0}ʃʅ^{45}u^{0}	清明tɕ^{h}iŋ^{21}miŋ^{0} 寒食xã^{45}ʃʅ^{0}	五月端午u^{213}yə^{0}tã^{21}u^{0}
沂源	正月十五tʃəŋ^{31}yə^{31}ʃʅ^{35}u^{0}	寒食xã^{35}ʃʅ^{0}	端午日tã^{31}u^{21}i^{0}
博山	正月十五tʂəŋ^{31}yə^{31}ʂʅ^{35}u^{0}	清明tɕ^{h}iŋ^{213}miŋ^{55}	五月端午u^{213}yə^{0}tã^{21}u^{0}
张店	正月十五tʂəŋ^{21}yə^{0}ʂʅ^{35}u^{0}	清明tɕ^{h}iŋ^{213}miŋ^{55}	五月端午u^{213}yə^{0}tã^{21}u^{0}
阳谷	正月十五儿tsəŋ^{31}yo^{0}sʅ^{55}ur^{55}	寒食xã^{55}sʅ^{0}	五月五u^{55}yo^{0}u^{55}
梁山	正月十五儿tsəŋ^{21}yə^{4}sʅ^{42}ur^{55}	寒食xã^{55}sʅ^{0}	五月端午儿u^{23}yə^{0}tuã^{21}ur^{0}
菏泽	正月十五tsəŋ^{21}yə^{0}sʅ^{53}u^{44}	清明儿tɕ^{h}iou^{21}miə̃r^{0} “清”读为“秋”	五月端午u^{44}yə^{0}tuã^{21}u^{55}
曹县	正月十五tʂəŋ^{21}yə^{0}ʂʅ^{53}u^{44}	清明节tɕ^{h}iŋ^{21}miŋ^{03}tɕiə^{213} 清明tɕ^{h}iŋ^{21}miŋ^{53}	端午tuã^{21}u^{44} 五月初五u^{44}yə^{0}tʂ^{h}uə^{21}u^{44}
金乡	正月十五儿tsəŋ^{21}yə^{0}sʅ^{42}ur^{55}	清明儿tɕ^{h}iou^{21}miə̃r^{0} “清”读为“秋”	端午儿tuã^{21}ur^{55}
曲阜	正月十五儿tsəŋ^{31}yə^{0}sʅ^{42}ur^{55}	清明儿tɕ^{h}iŋ^{213}miə̃r^{42}	五月端午儿u^{213}yə^{0}tuã^{21}ur^{55}
薛城	正月十五儿tsəŋ^{31}yə^{0}sʅ^{55}ur^{24}	清明儿tɕ^{h}iŋ^{31}miə̃r^{55}	五端午儿u^{55}tuã^{31}ur^{24}
郯城	十五ʂʅ^{44}u^{24} 正月十五tʂəŋ^{21}yə^{0}ʂʅ^{44}u^{24}	清明tɕ^{h}iŋ^{21}miŋ^{0}	五月五u^{24}yə^{0}u^{24} 端午tuã^{21}u^{0} 五月端午u^{24}yə^{0}tuã^{21}u^{24}
临沂	十五ʃʅ^{53}u^{55}	清明tɕ^{h}iŋ^{21}miŋ^{0}	五端午u^{55}tuã^{21}u^{0}

	0103 七月十五农历，节日名	0104 中秋	0105 冬至
荣成	鬼节kuei^{35}tsiɛ^{214}	八月十五pa^{214}yɛ^{0}ʃi^{35}u^{0}	过冬kuo^{33}tuŋ^{53} 冬至tuŋ^{53}tʂʅ^{33}
烟台	七月儿十五tɕʰi^{14}yɐr^{0}ɕi^{33}u^{0}	八月儿十五pa^{14}yɐr^{0}ɕi^{33}u^{0}	过冬kuo^{33}tuŋ^{53}
栖霞	鬼节kuei^{55}tʃiɛ^{214}	八月儿十五pa^{34}yɐr^{0}ʃʅ^{34}u^{214}	过冬kuo^{34}tuŋ^{312}
长岛	七月十五tʃʰi^{21}yɛ^{0}ʃʅ^{52}u^{213}	八月十五pa^{35}yɛ^{0}ʃʅ^{52}u^{213}	过冬kuə^{55}tuŋ^{31}
海阳	七月儿十五tsʰi^{21}yɐr^{0}sʅ^{34}u^{0}	八月儿十五pa^{21}yɐr^{0}sʅ^{34}u^{0}	过冬kuo^{34}tuŋ^{52}
莱西	七月儿十五tʃʰʅ^{55}yər^{42}ʃʅ^{45}u^{0}	八月儿十五pa^{214}yər^{42}ʃʅ^{45}u^{0} 中秋节tsoŋ^{55}tʃʰiou^{214}tʃiə^{55}	冬至toŋ^{214}tsʅ^{42} 过冬kuə^{21}toŋ^{214}
平度	（无）	八月十五pa^{45}yə^{0}ʃʅ^{45}u^{0}	冬至təŋ^{213}tʂʅ^{42}
青岛	（无）	八月十五pɑ^{55}yə^{0}ʃʅ^{45}u^{0}	过冬kuə^{42}toŋ^{213} 人=冬iẽ^{45}toŋ^{0}
高密	七月十五tsʰi^{23}yə^{0}ʃʅ^{42}u^{55}	八月十五pɑ^{23}yə^{0}ʃʅ^{55}u^{0} 八月节pɑ^{23}yə^{0}tsiə^{55} 中秋节tʂoŋ^{55}tsʰiou^{55}tsiə^{55}	冬至toŋ^{23}tʂʅ^{21}
诸城	七月十五tθʰi^{44}yə^{0}ʃʅ^{24}u^{0}	八月十五pa^{213}yə^{0}ʃʅ^{24}u^{0}	冬下təŋ^{31}ʃa^{0}
沂水	七月十五tsʰi^{21}yə^{0}ʃʅ^{24}u^{0}	八月十五pa^{213}yə^{0}ʃʅ^{24}u^{0}	冬下tuŋ^{21}ɕia^{0}
临朐	七月十五tɕʰi^{213}yə^{0}ʃʅ^{35}u^{0}	八月十五pa^{213}yə^{0}ʃʅ^{35}u^{0}	冬至tuŋ^{13}tʂʅ^{21}
日照	七月十五ȶʰi^{213}yə^{0}ʃʅ^{44}u^{0}	八月十五pɑ^{213}yə^{0}ʃʅ^{44}u^{0}	冬上təŋ^{31}ʃiɑŋ^{0}
莒南	七月十五tsʰi^{21}yə^{0}ʃʅ^{24}u^{0} 鬼节kuei^{55}tsiə^{213}	八月十五pa^{21}yə^{0}ʃʅ^{24}u^{0} 中秋节tʂuŋ^{13}tsʰiou^{13}tsiə^{213}	冬闲tuŋ^{21}ɕiã^{0} 冬至tuŋ^{13}tʂʅ^{31}
潍坊	（无）	八月十五pɑ^{214}yə^{0}ʂʅ^{35}u^{0}	冬至toŋ^{24}tʂʅ^{31}
寿光	七月十五tɕʰi^{213}yə^{0}ʂʅ^{35}u^{0}	八月十五pɑ^{213}yə^{0}ʂʅ^{35}u^{0}	冬至tuŋ^{13}tʂʅ^{21}
高青	七月十五tɕʰi^{213}yə^{0}ʂʅ^{35}u^{0}	八月十五pɑ^{213}yə^{0}ʂʅ^{35}u^{0}	冬至tuŋ^{213}tʂʅ^{41}
阳信	七月十五tɕʰi^{31}yə^{0}ʂʅ^{45}u^{0}	八月十五pa^{31}yə^{0}ʂʅ^{45}u^{0}	冬至tuŋ^{213}tʂʅ^{31}
济阳	七月十五tɕʰi^{23}yə^{0}ʂʅ^{24}u^{0}	八月十五pa^{21}yə^{0}ʂʅ^{24}u^{0}	冬至tuŋ^{13}tʂʅ^{31}
利津	七月十五tɕʰi^{24}yə^{0}ʂʅ^{35}u^{0}	八月十五pa^{24}yə^{0}ʂʅ^{35}u^{0}	冬至tuŋ^{24}tʂʅ^{31}
乐陵	七月十五tɕʰi^{31}yə^{0}ʂʅ^{51}u^{55}	八月十五pɑ^{31}yə^{0}ʂʅ^{51}u^{55}	冬至tuŋ^{24}tsʅ^{51}
商河	七月十五tɕʰi^{213}yə^{0}ʂʅ^{24}u^{0} 鬼节kuei^{45}tɕiə^{0}	八月十五pɑ^{213}yə^{0}ʂʅ^{24}u^{0}	冬至tuŋ^{24}tsʅ^{31}
平原	七月十五tɕʰi^{21}yə^{0}ʂʅ^{42}u^{55}	八月十五pa^{21}yə^{0}ʂʅ^{42}u^{55} 八月节pa^{21}yə^{0}tɕiə^{55}	冬至tuŋ^{23}tsʅ^{21}

续表

	0103 七月十五农历，节日名	0104 中秋	0105 冬至
德州	七月十五tɕʰi^{213}yə^{21}ʂʅ^{55}u^{0}	八月节pa^{213}yə^{21}tɕiə^{213} 八月十五pa^{213}yə^{21}ʂʅ^{55}u^{0}	冬至tuŋ^{213}tʂʅ^{21}
武城	七月十五tɕʰi^{312}yə^{0}ʂʅ^{53}u^{55}	八月十五pa^{312}yə^{0}ʂʅ^{53}u^{55}	冬至tuŋ^{24}tʂʅ^{312}
临清	七月十五tɕʰi^{13}yə^{0}ʂʅ^{53}u^{44}	八月十五pa^{13}yə^{0}ʂʅ^{53}u^{44} 八月节pa^{13}yə^{0}tɕiə^{13}	冬至tuŋ^{13}tʂʅ^{313}
冠县	七月十五tsʰi^{55}yə^{0}ʂʅ^{13}u^{55}	八月十五pa^{55}yə^{0}ʂʅ^{13}u^{55}	冬至tuŋ^{55}tʂʅ^{314}
聊城	七月十五tɕʰi^{13}yə^{0}sɿ^{53}u^{0}	八月十五pa^{13}yə^{0}sɿ^{53}u^{0}	冬至tuŋ^{13}tsɿ^{313}
济南	鬼节kuei^{55}tɕiə^{213} 七月十五tɕʰi^{21}yə^{0}ʂʅ^{445}u^{0}	八月十五pa^{21}yə^{0}ʂʅ^{445}u^{0} 八月节pa^{21}yə^{0}tɕiə^{213}	冬至tuŋ^{23}tʂʅ^{21}
泰安	七月十五儿tɕʰi^{21}yə^{0}ʂʅ^{42}ur^{55} 鬼节kuei^{55}tɕiə^{213}	八月十五儿pa^{21}yə^{0}ʂʅ^{42}ur^{55} 中秋tʂuŋ^{23}tɕʰiou^{213}	冬至tuŋ^{23}tʂʅ^{21}
莱芜	神节ʃẽ^{55}tɕiə^{213} 鬼节kuei^{55}tɕiə^{213}	八月十五pa^{23}yə^{0}ʃʅ^{55}u^{55}	冬至tuŋ^{213}tʃʅ^{42}
新泰	七月十五tɕʰi^{21}yə^{0}ʃʅ^{45}u^{0}	八月十五pa^{21}yə^{0}ʃʅ^{45}u^{0}	冬歇tuŋ^{21}ɕiə^{213}
沂源	七月十五tʰi^{21}yə^{0}ʃʅ^{35}u^{0}	八月十五pa^{21}yə^{0}ʃʅ^{35}u^{0}	冬下tuŋ^{21}ɕia^{0}
博山	七月十五tɕʰi^{22}yə^{0}ʂʅ^{35}u^{0}	八月十五pɑ^{22}yə^{0}ʂʅ^{35}u^{0}	冬至tuŋ^{213}tʂʅ^{31}
张店	七月十五tɕʰi^{33}yə^{0}ʂʅ^{35}u^{0}	八月十五pɑ^{213}yə^{0}ʂʅ^{35}u^{0}	冬至tuŋ^{213}tʂʅ^{31}
阳谷	七月十五tɕʰi^{31}yo^{0}sɿ^{55}u^{55}	中秋节tsuŋ^{13}tɕʰiou^{13}tɕiə^{213} 八月十五pa^{31}yo^{0}sɿ^{55}u^{55}	冬至tuŋ^{13}tsɿ^{0}
梁山	七月十五儿tɕʰi^{23}yə^{0}sɿ^{42}ur^{55}	八月十五儿pa^{23}yə^{0}sɿ^{42}ur^{55}	冬至tuŋ^{23}tsɿ^{314}
菏泽	七月十五tɕʰi^{21}yə^{0}sɿ^{53}u^{44}	八月十五pa^{213}yə^{0}sɿ^{53}u^{44}	冬至tuŋ^{213}tsɿ^{312}
曹县	七月十五tɕʰi^{21}yə^{0}ʂʅ^{53}u^{44} 鬼节kuei^{44}tɕiə^{0}	八月十五pa^{21}yə^{0}ʂʅ^{53}u^{44}	冬至tuŋ^{213}tʂʅ^{312}
金乡	七月十五儿tɕʰi^{21}yə^{0}sɿ^{42}ur^{55}	八月十五儿pa^{21}yə^{0}sɿ^{42}ur^{55}	交九tɕiɔ^{21}tɕiou^{55}
曲阜	七月十五儿tɕʰi^{21}yə^{0}sɿ^{42}ur^{55}	八月十五儿pa^{21}yə^{0}sɿ^{42}ur^{55}	冬至tuŋ^{23}tsɿ^{312}
薛城	鬼节kue^{55}tɕiə^{313}	八月十五儿pa^{31}yə^{0}sɿ^{55}ur^{24} 中秋pfəŋ^{23}tɕʰiou^{313}	数九fu^{55}tɕiou^{24}
郯城	七月十五tɕʰi^{21}yə^{0}ʂʅ^{44}u^{24} 鬼节kue^{44}tɕiə^{213}	八月十五pa^{21}yə^{0}ʂʅ^{44}u^{24} 中秋tʂuŋ^{13}tɕʰiəu^{213}	冬tuŋ^{213} 冬至tuŋ^{21}tʂʅ^{51}
临沂	七月十五tɕʰi^{21}yə^{0}ʃʅ^{53}u^{55}	八月十五pa^{21}yə^{0}ʃʅ^{53}u^{55}	冬至tuŋ^{24}tʃʅ^{312}

	0106 腊月农历十二月	0107 除夕农历	0108 历书[①]
荣成	腊月儿la^{33}yɐr^{0}	三十儿san^{53}ʃiər^{35}	月份牌儿yɛ^{33}fən^{0}p^{h}ar^{35} 灶母头儿tsau^{33}mu^{0}təur^{33}
烟台	腊月儿la^{21}yɐr^{0}	大年三十ta^{33}n̡ian^{53}san^{53}ɕi^{33}	老皇历lau^{21}xuɑŋ^{33}li^{0} 皇历xuɑŋ^{33}li^{0}
栖霞	腊月儿la^{52}yɐr^{0}	大年三十ta^{34}n̡iãn^{312}sãn^{52}ʃʅ^{342}	月份牌儿yɛ^{21}fə̃n^{0}p^{h}ɐr^{342}
长岛	腊月la^{35}yɛ^{0}	大年三十ta^{52}n̡ian^{0}san^{31}ʃʅ^{55}	阳历牌儿iɑŋ^{55}li^{0}p^{h}ɐr^{55} 月份牌儿yɛ^{55}fən^{0}p^{h}ɐr^{55}
海阳	腊月儿la^{34}yɐr^{0}	过年kuo^{34}n̡iã^{52}	月份牌儿yə^{21}fẽ^{0}p^{h}ɐr^{341}
莱西	腊月儿la^{42}yər^{0}	过年kuə^{21}n̡iã^{214}	月份牌儿yə^{42}fẽ^{214}p^{h}ɐr^{42}
平度	腊月la^{42}yə^{0}	年除日n̡iã^{213}tʃ^{h}u^{45}i^{0}	月份牌儿yə^{42}fẽ^{0}p^{h}ɛr^{42}
青岛	腊月lɑ^{42}yə^{0}	大年除日tɑ^{42}n̡iã^{0}tʃ^{h}u^{55}i^{0}	皇历xuɑŋ^{45}li^{0} 月份牌儿yə^{42}fẽ^{213}p^{h}ɛr^{42}
高密	腊月lɑ^{42}yə^{0}	年除日n̡iã^{42}tʃ^{h}u^{55}i^{0} 年三十儿n̡iã^{42}θã^{213}ʂer^{42}	月份牌儿yə^{21}foŋ^{213}p^{h}ɛr^{42} “份”读为“风”
诸城	腊月la^{44}yə^{0}	年除日n̡iã^{53}tʃ^{h}u^{24}i^{0}	皇历xuɑŋ^{24}li^{0}
沂水	腊月la^{44}yə^{0}	年除日niã^{53}tʃ^{h}ʮ^{24}i^{0}	皇历xuɑŋ^{24}li^{0}
临朐	腊月la^{44}yə^{0}	年除儿n̡iã^{53}tʃ^{h}ur^{53}	皇历xuɑŋ^{35}li^{0}
日照	腊月lɑ^{53}yə^{0}	年除日niã^{53}tʃ^{h}u^{44}iẽ^{0} “日”读为“印”	皇历xuɑŋ^{44}li^{0}
莒南	腊月la^{42}yə^{0}	年三十儿niã^{53}θã^{213}ʂɫer^{53}	皇历xuɑŋ^{24}li^{0}
潍坊	腊月lɑ^{55}yə^{0}	大年三十tɑ^{31}n̡iã^{53}sã^{214}ʂʅ^{53} 年三十n̡iã^{53}sã^{214}ʂʅ^{53}	皇历xuɑŋ^{35}li^{31}
寿光	腊月la^{55}yə^{0}	年除儿n̡iã^{53}tʂ^{h}ur^{53} 年除儿日n̡iã^{53}tʂ^{h}ur^{35}lə^{0}	皇历xuɑŋ^{35}li^{0}
高青	腊月lɑ^{55}yə^{0}	年三十n̡iã^{55}sã^{213}ʂʅ^{55}	皇历xuɑŋ^{35}li^{0}
阳信	腊月la^{55}yə^{0}	年五更黑夜n̡iã^{43}u^{213}tɕiŋ^{0}xei^{31}iə^{0}	皇历xuɑŋ^{45}li^{0}
济阳	腊月la^{55}yə^{0}	大年三十ta^{21}n̡iã^{55}sã^{213}ʂʅ^{55} 年三十n̡iã^{55}sã^{213}ʂʅ^{55}	皇历xuɑŋ^{24}li^{0}

① 本条有多点记为“月份牌”之类。严格说来，“月份牌”并非历书。这可能是由于旧的历书已不常见的缘故。此处照录调查材料，不做调整。又，“皇历”也可以写作“黄历”，此统一写作“皇历”。

续表

	0106腊月农历十二月	0107除夕农历	0108历书
利津	腊月 la^{55}yə^{0}	年三十 ȵiã^{53}sã^{213}ʂʅ^{53}	皇历 xuɑŋ^{35}li^{0}
乐陵	腊月 lɑ^{55}yə^{0}	三十黑下 sã^{212}ʂʅ^{55}xei^{31}ɕiɑ^{0}	皇历 xuɑŋ^{55}li^{0}
商河	腊月 lɑ^{54}yə^{0}	三十黑下 sã^{213}ʂʅ^{54}xei^{213}ɕiɑ^{0}	皇历 xuɑŋ^{24}li^{0}
平原	腊月 la^{42}yə^{0}	年三十儿 ȵiã^{42}sã^{212}ʂər^{42}	皇历 xuɑŋ^{55}li^{0}
德州	腊月 la^{42}yə^{0}	年三十儿 ȵiã^{42}sã^{213}ʂer^{42}	皇历 xuɑŋ^{55}li^{0}
武城	腊月 la^{53}yə^{0}	三十儿 sã^{24}ʂer^{53}	老书 lɔ^{53}ʂu^{224}
临清	腊月 la^{53}yə^{0}	年三十儿 ȵian^{53}san^{13}ʂer^{53} 大年三十儿 ta^{31}ȵian^{53}san^{13}ʂer^{53}	皇历 xuɑŋ^{44}li^{0}
冠县	腊月 la^{53}yə^{0}	年三十儿 ȵiã^{53}sã^{13}ʂer^{53}	月历牌儿 yə^{21}li^{0}p^{h}ɐr^{53}
聊城	腊月 la^{53}yə^{0}	年三十儿 ȵiã^{53}sã^{13}ser^{53} 大年三十儿 ta^{31}ȵiã^{53}sã^{13}ser^{53}	皇历 xuɑŋ^{44}li^{0}
济南	腊月 la^{55}yə^{0}	年三十 ȵiã^{42}sã^{213}ʂʅ^{42} 大年三十 ta^{21}ȵiã^{42}sã^{213}ʂʅ^{42}	皇历 xuɑŋ^{445}li^{0}
泰安	腊月 la^{42}yə^{0}	年三十儿 ȵiã^{42}sã^{213}ʂer^{42}	皇历 xuɑŋ^{55}li^{0}
莱芜	腊月 la^{55}yə^{0}	大年三十 ta^{31}ȵiã^{55}sã^{213}ʃʅ^{55}	皇历 xuɑŋ^{55}li^{0}
新泰	腊月 la^{54}yə^{0}	年三十儿 ȵiã^{42}θã^{21}ʃɤr^{42}	皇历 xuɑŋ^{45}li^{0}
沂源	腊月 la^{55}yə^{0}	年五更 ȵiã^{55}u^{21}tɕiŋ^{0}	皇历 xuɑŋ^{35}li^{0}
博山	腊月 lɑ^{55}yə^{0}	大年三十 tɑ^{31}ȵiã^{55}sã^{213}ʂʅ^{55}	皇历 xuɑŋ^{35}li^{0}
张店	腊月 lɑ^{55}yə^{0}	大年三十 tɑ^{31}ȵiã^{55}sã^{213}ʂʅ^{55}	皇历 xuɑŋ^{35}li^{0}
阳谷	腊月 la^{31}yo^{0}	大年三十儿 ta^{31}ȵiã^{42}sã^{13}ʂɤr^{42}	皇历 xuɑŋ^{55}li^{0}
梁山	腊月 la^{21}yə^{0}	年三十儿黑下 ȵiã^{42}sã^{213}ser^{42} xei^{21}ɕia^{0}	皇历 xuɑŋ^{55}li^{0}
菏泽	腊月 la^{21}yə^{0}	小年下 ɕiɔ^{44}ȵiã^{53}ɕia^{0}	皇历 xuɑŋ^{53}li^{0}
曹县	腊月 la^{21}yə^{0}	大年三十儿 ta^{31}ȵiã^{53}ʂã^{213}ʂɤr^{53}	日历本儿 ʐʅ^{213}li^{0}pɤr^{44}
金乡	腊月 la^{21}yə^{0}	年三十儿 ȵiã^{55}sã^{213}ser^{42}	皇历 xuɑŋ^{55}li^{0}
曲阜	腊月 la^{21}yə^{0}	年三十儿 ȵiã^{42}sã^{213}ser^{42}	皇历 xuaŋ^{55}li^{0}
薛城	腊月 la^{31}yə^{0}	年三十儿 ȵiã^{55}sã^{31}ser^{55}	皇历 xuɑŋ^{55}li^{0}
郯城	腊月 la^{13}yə^{213}	年三十儿 ȵiã^{44}sã^{21}ʂer^{44}	日历 ʐʅ^{21}li^{51}
临沂	腊月 la^{21}yə^{0}	大年三十儿 ta^{31}ȵiã^{53}sã^{24}ʃer^{53}	日历本儿 ʐʅ^{24}li^{31}per^{55}

	0109阴历	0110阳历	0111星期天
荣成	阴历in^{53}li^{0}	阳历iaŋ^{35}li^{0}	星期çiŋ^{33}cʰi^{53}
烟台	阴历in^{53}li^{0}	阳历iaŋ^{33}li^{0}	礼拜天li^{21}pɛ^{33}tʰian^{53}
栖霞	阴历ĩn^{52}li^{0}	阳历iaŋ^{34}li^{0}	礼拜天儿li^{21}pɛi^{34}tʰiɐr^{312}
长岛	阴历in^{31}li^{52}	阳历iaŋ^{55}li^{0}	礼拜天li^{21}pai^{55}tʰian^{31}
海阳	阴历ĩ^{52}li^{0}	阳历iaŋ^{34}li^{0}	星期天siŋ^{52}cʰi^{0}tʰiã^{52}
莱西	农历noŋ^{42}li^{42} 阴历iẽ^{214}li^{42}	阳历iaŋ^{42}li^{42} 公历koŋ^{214}li^{42}	星期天ʃiŋ^{55}cʰi^{0}tʰiã^{214} 礼拜li^{214}pɛ^{42} 礼拜天li^{214}pɛ^{42}tʰiã^{214}
平度	阴历iə̃^{213}li^{42}	阳历iaŋ^{42}li^{42}	星期天siŋ^{55}cʰi^{55}tʰiã^{213}
青岛	阴历iẽ^{213}li^{42}	阳历iaŋ^{42}li^{42}	礼拜天li^{55}pɛ^{42}tʰiã^{213}
高密	阴历iə̃^{23}li^{21} 农历nu^{42}li^{21}	阳历iaŋ^{42}li^{21}	礼拜天li^{55}pɛ^{21}tʰiã^{213} 星期天sioŋ^{55}tɕʰi^{55}tʰiã^{213} 星期sioŋ^{55}tɕʰi^{213}
诸城	阴历iẽ^{213}li^{31}	阳历iaŋ^{53}li^{31}	礼拜li^{44}pɛ^{31} 礼拜天li^{44}pɛ^{31}ȶʰiã^{213} 星期天θɪəŋ^{24}tʃʰʅ^{24}ȶʰɪa^{213}
沂水	阴历iẽ^{24}li^{31} 农历nu^{53}li^{31}	阳历iaŋ^{53}li^{31}	星期siŋ^{24}tɕʰi^{213}
临朐	阴历iə̃^{13}li^{21}	阳历iaŋ^{53}li^{21}	礼拜天li^{44}pc^{21}tʰiã^{213} 星期天ɕiŋ^{21}tɕʰi^{0}tʰiã^{213}
日照	农历nu^{53}li^{31}	阳历iaŋ^{53}li^{31}	礼拜li^{44}pɛ^{31} 星期θiəŋ^{44}tʃʰʅ^{213}
莒南	阴历iẽ^{13}li^{31} 农历nu^{53}li^{31}	阳历iaŋ^{53}li^{31}	星期siŋ^{13}tɕʰi^{213} 星期天siŋ^{13}tɕʰi^{13}tʰiã^{213}
潍坊	阴历iẽ^{24}li^{31}	阳历iaŋ^{53}li^{31}	星期天儿ɕiŋ^{24}tɕʰi^{214}tʰiɐr^{214} 礼拜天儿li^{24}pɛ^{24}tʰiɐr^{214}
寿光	阴历iə̃^{13}li^{21}	阳历iaŋ^{53}li^{21}	星期ɕiŋ^{55}tɕʰi^{213} 礼拜li^{55}pɛ^{21}主要是信基督教（包括天主教）的人用
高青	农历nuŋ^{55}li^{41}	阳历iaŋ^{55}li^{41} 公历kuŋ^{213}li^{41}	星期天ɕiŋ^{55}tɕʰi^{55}tʰiã^{213}
阳信	阴历iə̃^{213}li^{31}	阳历iaŋ^{43}li^{31}	星期ɕiŋ^{55}tɕʰi^{213}
济阳	阴历iẽ^{13}li^{31}	阳历iaŋ^{24}li^{0}	星期天ɕiŋ^{213}tɕʰi^{55}tʰiã^{213} 礼拜天li^{55}pɛ^{31}tʰiã^{213}

续表

	0109 阴历	0110 阳历	0111 星期天
利津	古历 ku^{55}li^{31}	公历 kuŋ^{24}li^{31}	星期 ɕiŋ^{24}tɕʰi^{213} 礼拜天 li^{55}pɛ^{31}tʰiã^{213}
乐陵	阴历 iẽ^{212}li^{0}	阳历 iaŋ^{55}li^{0}	星期 ɕiŋ^{24}tɕʰi^{24}
商河	阴历 iẽ^{24}li^{31} 农历 nuŋ^{54}li^{31}	阳历 iaŋ^{54}li^{31} 公历 kuŋ^{24}li^{31}	星期 ɕiŋ^{213}tɕʰi^{54}
平原	阴历 iẽ^{23}li^{21}	阳历 iaŋ^{42}li^{0}	星期 ɕiŋ^{23}tɕʰi^{213}
德州	阴历 iẽ^{213}li^{21}	阳历 iaŋ^{42}li^{21}	星期 ɕiŋ^{213}tɕʰi^{213} 礼拜 li^{55}pɛ^{21}
武城	农历 nuŋ^{55}li^{0}	公历 kuŋ^{24}li^{0}	礼拜 li^{55}pɛ^{312}
临清	农历 nuŋ^{44}li^{0}	阳历 iaŋ^{44}li^{0}	礼拜天 li^{44}pai^{31}tʰian^{13}
冠县	阴历 iẽ^{13}li^{31}	阳历 iaŋ^{53}li^{31}	礼拜天 li^{55}pɛ^{31}tʰiã^{13}
聊城	农历 nuŋ^{44}li^{0} 阴历 iẽ^{13}li^{313}	阳历 iaŋ^{44}li^{0}	礼拜天 li^{44}pɛ^{31}tʰiã^{13}
济南	阴历 iẽ^{23}li^{21}	阳历 iaŋ^{42}li^{21}	礼拜天 li^{55}pɛ^{21}tʰiã^{213} 星期 ɕiŋ^{23}tɕʰi^{213} 星期天 ɕiŋ^{23}tɕʰi^{23}tʰiã^{213}
泰安	阴历 iẽ^{23}li^{21} 农历 nuŋ^{55}li^{0}	阳历 iaŋ^{55}li^{0}	星期天 ɕiŋ^{23}tɕʰi^{23}tʰiã^{213} 礼拜天 li^{55}pɛ^{21}tʰiã^{213}
莱芜	农历 nu^{55}li^{0}	阳历 iaŋ^{13}li^{0}	礼拜天 li^{55}pai^{42}tʰiã^{213}
新泰	阴历 iẽ^{23}li^{31}	阳历 iaŋ^{45}li^{0}	星期 ɕiŋ^{23}tɕʰi^{213}
沂源	阴历 iə̃^{13}li^{31} 农历 nu^{13}li^{31}	阳历 iaŋ^{55}li^{31}	星期 ɕiŋ^{55}tɕʰi^{213}
博山	阴历 iẽ^{213}li^{31}	阳历 iaŋ^{35}li^{0}	星期 ɕiŋ^{55}tɕʰi^{213}
张店	阴历 iə̃^{213}li^{31}	阳历 iaŋ^{55}li^{31}	礼拜 li^{55}pɛ^{31} 星期 ɕiŋ^{213}tɕʰi^{213}
阳谷	阴历 iẽ^{13}li^{0}	阳历 iaŋ^{55}li^{0}	星期 ɕiŋ^{13}tɕʰi^{213}
梁山	阴历 iẽ^{23}li^{0}	阳历 iaŋ^{55}li^{0}	星期 ɕiŋ^{23}tɕʰi^{213}
菏泽	农历 nuŋ^{53}li^{0} 阴历 iẽ^{21}li^{0}	阳历 iaŋ^{53}li^{0}	星期 ɕiŋ^{213}tɕʰi^{213}
曹县	农历 nuŋ^{53}li^{0}	阳历 iaŋ^{53}li^{0}	星期天 ɕiŋ^{213}tɕʰi^{213}tʰiã^{213}
金乡	阴历 iẽ^{23}li^{0} 农历 nuŋ^{55}li^{0}	阳历 iaŋ^{55}li^{0}	星期天 ɕiŋ^{23}tɕʰi^{23}tʰiã^{213}

续表

	0109阴历	0110阳历	0111星期天
曲阜	阴历iẽ^{213}li^{0} 农历nuŋ^{55}li^{0}	阳历iaŋ^{55}li^{0}	礼拜天li^{55}pɛ^{31}tʰiã^{213}
薛城	阴历iẽ^{313}li^{41} 农历nuŋ^{55}li^{41}	阳历iaŋ^{55}li^{41}	礼拜li^{24}pɛ^{41} 星期ɕiŋ^{23}tɕʰi^{313}
郯城	农历nuŋ^{44}li^{51} 阴历iə̃^{21}li^{51}	阳历iaŋ^{44}li^{51}	星期ɕiŋ^{13}tɕʰi^{213} 星期天ɕiŋ^{13}tɕʰi^{13}tʰiã^{213} 礼拜天li^{24}pɛ^{51}tʰiã^{213}
临沂	阴历iẽ^{24}li^{312}	阳历iaŋ^{53}li^{312}	星期天ɕiŋ^{24}tɕʰi^{24}tʰiã^{214} 星期天儿ɕiŋ^{24}tɕʰi^{24}tʰiɐr^{214}

	0112地方	0113什么地方	0114家里
荣成	地场ti^{33}tʃʰə^{0} “场”有音变。右条同	么地场mo^{35}ti^{33}tʃʰə^{0} 哪场儿na^{33}tʃʰə̃r^{0}	家cia^{53}
烟台	地方儿ti^{33}fɑ̃r^{0}	什么地方儿ɕin^{33}mə^{0}ti^{33}fɑ̃r^{0}	家里边儿tɕia^{53}li^{14}piɐr^{0}
栖霞	地场儿ti^{34}tʃʰɑ̃r^{0}	什么地场儿ʃə̃n^{34}mə^{0}ti^{34}tʃʰɑ̃r^{0}	家儿里ciar^{52}lɛi^{0}
长岛	地场ti^{52}ʃaŋ^{0} “场”读为“赏”轻声。右条同	什么地场ʃən^{55}mə^{0}ti^{52}ʃaŋ^{0}	家里cia^{31}li^{0}
海阳	地场儿ti^{34}tʂʰɑ̃r^{0}	什么地场儿saŋ^{34}mə^{0}ti^{34}tʂʰɑ̃r^{0}	家里cia^{52}li^{0}
莱西	地场儿ti^{42}tʃʰɑr^{0} 地方儿ti^{42}fɑ̃r^{0}	什么地场儿ʃʅ^{42}mə^{0}ti^{42}tʃʰɑ̃r^{0} 什么地方儿ʃʅ^{42}mə^{0}ti^{42}fɑ̃r^{0}	家里cia^{214}lɛ^{0}
平度	地场儿ti^{42}tʂʰɑ̃r^{0} 地方儿ti^{42}fɑ̃r^{0}	什么地场儿ʃə̃^{45}mə^{0}ti^{42}tʂʰɑ̃r^{0} 什么地方ʃə̃^{45}mə^{0}ti^{42}faŋ^{0}	家里cia^{213}li^{0}
青岛	场儿tʂʰɑ̃r^{55} 地方ti^{42}faŋ^{0}	什么场儿ʃẽ^{45}mə^{0}tʂʰɑ̃r^{55} 什么地方ʃẽ^{45}mə^{0}ti^{42}faŋ^{0}	家里tɕia^{213}lə^{0}
高密	埝儿nɛr^{55} 地方儿ti^{42}fɑ̃r^{0}	哪个埝儿na^{23}kə^{0}ȵɛr^{55} 什么埝儿ʃoŋ^{55}mə^{0}ȵɛr^{55} 什么地方儿ʃoŋ^{55}mə^{0}ti^{21}fɑ̃r^{0}	家里tɕia^{21}lɛ^{0}
诸城	埝儿nɛr^{44}	哪个埝儿na^{45}kə^{0}nɛr^{44}	家里tʃa^{31}lə^{0}
沂水	埝儿nɛr^{44} 窝儿uər^{213}	什么埝儿ʃəŋ^{24}mə^{0}nɛr^{44} 哪里na^{213}li^{0}	家里tɕia^{21}li^{0}
临朐	埝儿nɛr^{44}	什么埝儿ʂəŋ^{53}mə^{0}nɛr^{44} 哪个埝儿na^{213}kuə^{0}nɛr^{44}	家里tɕia^{21}li^{0}
日照	埝儿nɛr^{44}	哪个埝儿na^{24}kə^{0}nɛr^{44}	家里tʃia^{31}lə^{0}

续表

	0112地方	0113什么地方	0114家里
莒南	埝儿nɾɛr^{55} 地方ti^{42}faŋ^{0}	什么埝儿ʃəŋ^{55}mə^{0}nɾɛr^{55} 哪来na^{213}lɛ^{0} 什么地方ʃəŋ^{55}mə^{0}ti^{42}faŋ^{0}	家里tɕia^{21}lɛ^{0}
潍坊	埝儿ȵiɐr^{55} 地方ti^{55}faŋ^{0}	哪个埝儿na^{24}kuə^{0}ȵiɐr^{55} 什么地方ʂəŋ^{55}mə^{0}ti^{55}faŋ^{0}	家里tɕia^{31}ȵiə^{0}
寿光	埝儿ȵiɛr^{55}	什么埝儿ʂəŋ^{55}mə^{0}ȵiɛr^{55} 哪个埝儿ʂəŋ^{24}kuə^{0}ȵiɛr^{55} 哪里na^{24}ȵi^{0}	家里tɕia^{21}ȵi^{0}
高青	埝儿ȵiɛr^{55}	啥埝儿ʂa^{55}ȵiɛr^{55}	家里tɕia^{21}liɔ^{0}
阳信	埝儿ȵiɛr^{55}	哪个埝儿na^{55}kə^{0}ȵiɛr^{55} 啥埝儿ʂa^{31}ȵiɛr^{55}	家里tɕia^{31}li^{0}
济阳	地处儿ti^{55}tʂ^{h}ur^{0}	啥地处儿ʂa^{31}ti^{55}tʂ^{h}ur^{0}	家里tɕia^{21}ȵi^{0}
利津	埝儿ȵiɛr^{55}	啥埝儿ʂa^{31}ȵiɛr^{55}	家里tɕia^{31}li^{0}
乐陵	地界儿ti^{51}tɕier^{0} 地方儿ti^{51}fur^{0} "方儿"读为"福儿"，右条同	嘛地界儿ma^{51}ti^{51}tɕier^{0} 嘛地方儿ma^{51}ti^{51}fur^{0}	家里tɕia^{31}liou^{0}
商河	地方ti^{54}fu^{0} "方"读为"福"，右条同	啥地方儿ʂa^{31}ti^{31}fur^{0}	家里tɕia^{21}li^{0}
平原	地方儿ti^{42}fər^{0} "方儿"读为"芬儿"，右条同	嘛地方儿ma^{42}ti^{42}fər^{0}	家里tɕia^{21}li^{0}
德州	地儿tier^{21}	嘛地儿ma^{42}tier^{21} 嘛地方ma^{42}ti^{42}faŋ^{0}	家里tɕia^{21}lɛ^{0}
武城	地方儿ti^{53}fer^{0} "方儿"读为"芬儿"，右条同	嘛地方儿ma^{53}ti^{53}fer^{0}	家里tɕia^{312}li^{0}
临清	地处儿ti^{53}tʂ^{h}uer^{0}	什么地处儿ʂen^{44}mə^{0}ti^{53}tʂ^{h}uer^{0}	家里tɕia^{13}li^{0}
冠县	地方儿ti^{53}fər^{0} "方儿"读为"芬儿"，右条同	啥地方儿ʂa^{13}ti^{53}fər^{0}	家里tɕia^{21}li^{0}
聊城	地方ti^{53}faŋ^{0} 地处儿ti^{53}suer^{0} "处儿"读为"岁儿"，右条同	什么地方sẽ^{44}mə^{0}ti^{53}faŋ^{0} 什么地处儿sẽ^{44}mə^{0}ti^{53}suer^{0}	家里tɕia^{13}li^{0}
济南	地处ti^{55}tʂ^{h}u^{0} 去处tɕ^{h}i^{55}tʂ^{h}u^{0} 地方儿ti^{55}far^{0}	什么地处ʂʅ^{42}mə^{0}ti^{55}tʂ^{h}u^{0} 什么去处ʂʅ^{42}mə^{0}tɕ^{h}i^{55}tʂ^{h}u^{0} 什么地方ʂʅ^{42}mə^{0}ti^{55}faŋ^{0}	家里tɕia^{21}ȵi^{0}
泰安	地方ti^{42}faŋ^{0} 地窝儿ti^{42}uər^{0}	什么地窝儿ʂəŋ^{55}mə^{0}ti^{42}uər^{0} 哪地窝儿na^{213}ti^{42}uər^{0}	家里tɕia^{21}li^{0}

续表

	0112地方	0113什么地方	0114家里
莱芜	地处ti^{55}tʃʰu^{0}	哪里na^{213}li^{0}	家里tɕia^{31}li^{0}
新泰	窝儿uər^{42} 地处ti^{54}pfʰu^{0}	什么窝儿ʃə^{54}mə^{0}uər^{42} 什么地处ʃə^{54}mə^{0}ti^{54}pfʰu^{0}	家里tɕia^{21}li^{0}
沂源	埝儿ȵiɐr^{55}	什么埝儿ʃə̃^{55}mə^{0}ȵiɐr^{55}	家里tɕia^{21}ȵi^{0}
博山	埝子ȵiɛ^{213}ə^{0}	哪个埝子nɑ^{213}kuə^{0}ȵiɛ^{213}ə^{0}	家里tɕiɑ^{213}ə^{0}
张店	埝子ȵiã^{213}ɿ^{0}	哪里nɑ^{213}ȵi^{0} 哪块埝儿nɑ^{213}kʰuɛ^{31}ȵiɛ^{55}	家里tɕiɑ^{21}ȵi^{0}
阳谷	地方儿tʰi^{42}fər^{0} “方儿”读为“芬儿”，右条同	啥地方儿sa^{31}tʰi^{42}fər^{0}	家里tɕia^{31}li^{0}
梁山	地方儿ti^{42}fer^{0} “方儿”读为“芬儿”，右条同	啥地方儿sa^{31}ti^{42}fer^{0}	家里tɕia^{21}li^{0}
菏泽	地方儿ti^{31}fur^{0} “方儿”读为“福儿”，右条同	啥地方儿sa^{31}ti^{31}fur^{0}	家里tɕia^{21}lɛ^{0}
曹县	地方ti^{53}xɑŋ^{0} “方”读为“杭”	啥地方儿sa^{21}ti^{31}fur^{0} “方儿”读为“福儿”，下同 什么地方儿sə^{53}mə^{0}ti^{31}fur^{0}	家里tɕia^{21}li^{0}
金乡	地方儿ti^{42}fer^{0} “方儿”读为“芬儿”，右条同	啥地方儿sa^{31}ti^{42}fer^{0}	家里tɕia^{21}li^{0}
曲阜	地处儿ti^{42}tsʰuer^{0}	什么地处儿səŋ^{55}mə^{0}ti^{42}tsʰuer^{0}	家里tɕia^{21}li^{0}
薛城	地方儿ti^{41}fer^{0} “方儿”读为“芬儿”，右条同 地儿tier^{41}	什么地方儿xuŋ^{55}mə^{0}ti^{41}fer^{0}	家里tɕia^{31}li^{0}
郯城	地方ti^{51}fɑŋ^{0} 地方儿ti^{51}fer^{0} “方儿”读为“芬儿”，右条同	哪呵⁼儿na^{24}xər^{0} 什么地方ʂəŋ^{44}mə^{0}ti^{51}fɑŋ^{0} 什么地方儿ʂə^{44}mə^{0}ti^{51}fer^{0}	家tɕia^{213} 家里tɕia^{21}lə^{0}/tɕia^{21}li^{0}
临沂	地方儿ti^{31}fər^{0} “方儿”读为“芬儿”，右条同	哪咍⁼儿na^{214}xɛr^{0}/na^{55}xɛr^{0} 什么地方儿ʃəŋ^{55}mə^{0}ti^{31}fər^{0}	家里tɕia^{21}li^{0}

	0115城里	0116乡下	0117上面从～滚下来
荣成	城里tʃʰəŋ^{35}li^{0}	乡下çiaŋ^{53}çia^{0}	上头ʃaŋ^{33}tʰə^{0} “头”有音变
烟台	城里边儿tɕʰiŋ^{33}li^{14}piɐr^{0}	乡下çiaŋ^{53}çia^{0}	上边儿çiaŋ^{33}piɐr^{0}
栖霞	城儿里tʃʰə̃r^{34}lɛi^{0}	乡儿里çiãr^{52}lɛi^{0}	上边儿ʃaŋ^{34}piɐr^{312}
长岛	城里tʃʰəŋ^{55}li^{0}	乡下çiaŋ^{31}çia^{0}	上面儿ʃaŋ^{52}miɐr^{0}

续表

	0115 城里	0116 乡下	0117 上面从～滚下来
海阳	城里tʂ^{h}əŋ^{34}li^{0}	乡下çiɑŋ^{52}çia^{0}	上头sɑŋ^{34}t^{h}əu^{0}
莱西	城里tʃ^{h}əŋ^{45}lɛ^{0}	乡下çiɑŋ^{214}çia^{0} 农村noŋ^{42}ts^{h}ẽ^{214}	上头ʃɑŋ^{42}t^{h}ou^{0} 上面儿ʃɑŋ^{45}miɐr^{0} 上边儿ʃɑŋ^{45}piɐr^{0}
平度	城里tʃ^{h}əŋ^{45}li^{0}	乡下çiɑŋ^{213}çia^{0} 农村儿nu^{42}tθ^{h}ə̃r^{213}	上面ʃɑŋ^{42}miã^{0} "面"可儿化 上边ʃɑŋ^{42}piã^{0} "边"可儿化
青岛	城里tʃ^{h}oŋ^{45}lə^{0}	乡下ɕiɑŋ^{213}ɕiɑ^{42} 农村nu^{42}tθ^{h}uẽ^{213}	上面儿ʃɑŋ^{42}miɛr^{0} 上边儿ʃɑŋ^{42}piɐr^{0} 上头ʃɑŋ^{42}t^{h}ou^{0}
高密	城里tʃ^{h}oŋ^{55}lɛ^{0}	庄户地tʂuɑŋ^{21}xu^{0}ti^{21} 乡下ɕiɑŋ^{23}ɕiɑ^{21} 农村nu^{42}tθ^{h}uə̃^{213}	上边儿ʃɑŋ^{42}pɛr^{0}
诸城	关里kuã^{31}lə^{0}	乡里ʃɑŋ^{31}lə^{0}	上边儿ʃɑŋ^{44}pɛr^{0}
沂水	城里tʃ^{h}əŋ^{24}li^{44}	乡下ɕiɑŋ^{24}ɕia^{31}	上边儿ʃɑŋ^{31}prɛr^{213} "边儿"可读轻声
临朐	城里tʃ^{h}əŋ^{53}li^{44}	乡下ɕiɑŋ^{13}ɕia^{21}	上边儿ʃɑŋ^{21}pɛr^{0}
日照	城里tʃ^{h}iəŋ^{44}lə^{0}	乡里ʃiɑŋ^{31}lə^{0}	上头儿ʃiɑŋ^{53}t^{h}our^{0}
莒南	城里tʂ^{h}əŋ^{24}lɛ^{0}	乡里ɕiɑŋ^{21}lɛ^{0}	上头ʃɑŋ^{42}t^{h}ou^{0} 上边儿ʃɑŋ^{31}prɛr^{213}
潍坊	城里tʂ^{h}əŋ^{35}ȵiə^{0}	乡里ɕiɑŋ^{31}ȵiə^{0}	上边儿ʂɑŋ^{55}pɛr^{0} 上面儿ʂɑŋ^{55}miɛr^{0}
寿光	城里tʂ^{h}əŋ^{53}ȵi^{0}	乡下ɕiɑŋ^{13}ɕia^{21} 乡里ɕiɑŋ^{21}ȵi^{0}	上头儿ʂɑŋ^{55}t^{h}əur^{0} 上边儿ʂɑŋ^{21}pɛr^{0}
高青	城里tʂ^{h}əŋ^{35}li^{0}	农村nuŋ^{55}ts^{h}uə̃^{213} 农村nu^{55}ts^{h}uə̃^{213}	上头ʂɑŋ^{55}t^{h}ou^{0}
阳信	城里tʂ^{h}əŋ^{43}li^{55}	乡下ɕiɑŋ^{213}ɕia^{31}	上头ʂɑŋ^{55}t^{h}ou^{0}
济阳	城里tʂ^{h}əŋ^{24}ȵi^{0}	下边儿庄儿里ɕia^{31}pɛr^{213} tʂuar^{21}ȵi^{0}	上头ʂɑŋ^{55}t^{h}ou^{0}
利津	城里tʂ^{h}əŋ^{35}li^{0}	村里ts^{h}uẽ^{31}li^{0}	上头ʂɑŋ^{55}t^{h}ou^{0} 上边儿ʂɑŋ^{31}piɛr^{213}
乐陵	街里tɕiɛ^{212}li^{0}	村儿里ts^{h}uer^{31}li^{0}	上头ʂɑŋ^{55}t^{h}ou^{0} 上边儿ʂɑŋ^{51}piɛr^{0}
商河	城里tʂ^{h}əŋ^{54}li^{45}	乡下ɕiɑŋ^{24}ɕiɑ^{31}	上头ʂɑŋ^{54}t^{h}ou^{0}
平原	城里tʂ^{h}əŋ^{42}li^{55}	村儿的ts^{h}uər^{21}ti^{0}	上头ʂɑŋ^{42}t^{h}ou^{0} 上边儿ʂɑŋ^{42}piɛr^{0}

续表

	0115城里	0116乡下	0117上面从～滚下来
德州	城里tʂʰəŋ^{42}li^{55}	村儿里tsʰuer^{21}liou^{0}	上头ʂaŋ^{42}tʰou^{0}
武城	城里tʂʰəŋ^{55}li^{0}	村儿里tsʰuer^{312}li^{0}	上边儿ʂaŋ^{312}piɛr^{0}
临清	城里tʂʰəŋ^{53}li^{44}	乡下ɕiaŋ^{13}ɕia^{0} 乡里ɕiaŋ^{13}li^{44}	上边儿ʂaŋ^{31}piɛr^{13} 上头ʂaŋ^{53}tʰou^{0} 上面儿ʂaŋ^{13}miɛr^{313}
冠县	城里tʂʰəŋ^{53}li^{55}	农村ȵuŋ^{53}tsʰuẽ^{13}	上边儿ʂaŋ^{31}piɛr^{13}
聊城	城里tsʰəŋ^{44}li^{0}	乡里ɕiaŋ^{13}li^{0} 农村nuŋ^{53}tsʰuẽ^{13}	上边儿saŋ^{31}piɛr^{13}
济南	城里tʂʰəŋ^{445}ȵi^{0}	乡里ɕiaŋ^{21}ȵi^{0}	上头xaŋ^{55}tʰou^{0}
泰安	城里tʂʰəŋ^{55}li^{0}	乡下ɕiaŋ^{23}ɕia^{21} 乡里ɕiaŋ^{21}li^{0}	上边儿ʂaŋ^{42}piɛr^{0}
莱芜	城里tʃʰəŋ^{55}li^{0}	乡下ɕiaŋ^{213}ɕia^{42}	上头ʃaŋ^{55}tʰou^{0}
新泰	城里tʃʰəŋ^{45}li^{0}	乡下ɕiaŋ^{23}ɕia^{31}	上头ʃaŋ^{54}tʰou^{0} 上边儿ʃaŋ^{31}piɛr^{213}
沂源	城里tʃʰəŋ^{35}ȵi^{0}	乡下ɕiaŋ^{13}ɕia^{31}	上面儿ʃaŋ^{55}miɛr^{0}
博山	城里头tʂʰəŋ^{55}li^{213}tʰəu^{0}	乡下ɕiaŋ^{213}ɕia^{31}	直上tʂʅ^{35}ʂaŋ^{0} 上头ʂaŋ^{55}tʰəu^{0}
张店	城里tʂʰəŋ^{35}ȵi^{0}	乡下ɕiaŋ^{213}ɕia^{31} 农村nu^{55}tsʰuə̃^{213}	上头ʂaŋ^{55}tʰou^{0}
阳谷	城里tsʰəŋ^{42}li^{0}	乡下ɕiaŋ^{13}ɕia^{313}	上边儿saŋ^{31}piɛr^{213}
梁山	城里tsʰəŋ^{55}li^{0}	乡下ɕiaŋ^{23}ɕia^{31}	上头saŋ^{42}tʰou^{0}
菏泽	城里tsʰəŋ^{53}li^{44}	乡里ɕiaŋ^{21}lɛ^{0}	上边儿xaŋ^{31}piɛr^{0}
曹县	城里头tʂʰəŋ^{53}li^{44}tʰou^{0}	农村nuŋ^{53}tsʰuẽ^{213}	上半个儿ʂaŋ^{31}pã^{13}kər^{31}
金乡	城里tsʰəŋ^{42}li^{55}	乡里ɕiaŋ^{21}li^{0}	上边儿saŋ^{31}pɛr^{213}
曲阜	城里tsʰəŋ^{42}li^{55}	乡里ɕiaŋ^{21}li^{0}	上边儿saŋ^{31}piɛr^{213}
薛城	街里tɕiɛ^{31}li^{0}	农村nuŋ^{55}pfʰẽ^{0} 乡下ɕiaŋ^{313}ɕia^{41} 山窝儿娄儿sã^{23}uər^{31}lour^{0}山里的，很偏僻的地方	上头saŋ^{41}tʰou^{0} 上边儿saŋ^{41}piɛr^{0}
郯城	城里tʂʰəŋ^{44}li^{24}	乡下ɕiaŋ^{21}ɕia^{51} 农村nuŋ^{44}tsʰuə̃^{213}	上边个儿ʂaŋ^{51}pu^{0}kər^{51} “边”读为“不”轻声 上头ʂaŋ^{51}tʰəu^{0} 上边儿ʂaŋ^{51}piɛr^{213}

续表

	0115 城里	0116 乡下	0117 上面从～滚下来
临沂	城里tʃ^{h}əŋ^{53}li^{55}	乡里çiaŋ^{21}li^{0}	上头ʃɑŋ^{31}t^{h}ou^{0}

	0118 下面从～爬上去	0119 左边	0120 右边
荣成	下头çia^{33}t^{h}ə^{0} “头”有音变	左边儿tsuo^{21}piɐr^{53}	右边儿iəu^{33}piɐr^{53}
烟台	下边儿çia^{33}piɐr^{0}	左边儿tsuo^{21}piɐr^{0}	右边儿iou^{33}piɐr^{0}
栖霞	下边儿çia^{34}piɐr^{312}	旁边儿p^{h}ɑŋ^{34}piɐr^{312}	旁边儿p^{h}ɑŋ^{34}piɐr^{312}
长岛	下面儿çia^{52}miɐr^{0}	左边儿tsuə^{35}piɐr^{0}	右边儿iou^{52}piɐr^{0}
海阳	下头çia^{34}t^{h}əu^{0}	左边儿tθuo^{34}piɐr^{0}	右边儿iəu^{34}piɐr^{0}
莱西	下头儿çia^{45}t^{h}our^{0} 下面儿çia^{45}miɐr^{0} 下边儿çia^{21}piɐr^{0}	左边儿tsuə^{42}piɐr^{214} 左面儿tsuə^{42}miɐr^{0}	右边儿iou^{42}piɐr^{214} 右面儿iou^{42}miɐr^{0}
平度	下面çia^{42}miã^{0} “面”可儿化，右条同 下边çia^{42}piã^{0} “边”可儿化，右条同	左边tθuə^{213}piã^{0} 左面tθuə^{213}miã^{42}	右边iou^{45}piã^{0} 右面iou^{45}miã^{42}
青岛	下面儿çia^{42}miɛr^{0} 下边儿çia^{42}piɛr^{0} 下头çia^{42}t^{h}ou^{0}	左边儿tθuə^{213}piɛr^{0}	右边儿iou^{45}piɛr^{0}
高密	下边儿çia^{42}pɛr^{0}	左边儿tθuə^{21}pɛr^{213} 左面儿tθuə^{23}mɛr^{21}	右边儿iou^{21}pɛr^{213} 右面儿iou^{23}mɛr^{21}
诸城	下边儿ʃa^{44}pɛr^{0}	左边儿tθuə^{44}pɛr^{0}	右边儿iou^{44}pɛr^{0}
沂水	下边儿çia^{31}prɛr^{213} “边儿”也可读轻声	左边儿dðuə^{44}prɛr^{0}	右边儿iou^{44}prɛr^{0}
临朐	下边儿çia^{21}pɛr^{0}	左边儿tθuə^{21}pɛr^{0}	右边儿iəu^{21}pɛr^{0}
日照	下头儿ʃia^{53}t^{h}our^{0}	左一匹$^{=}$子tθuə^{53}i^{0}p^{h}i^{44}tθɿ^{0}	右一匹$^{=}$子iou^{53}i^{0}p^{h}i^{44}tθɿ^{0}
莒南	下头çia^{42}t^{h}ou^{0} 下边儿çia^{31}pirɛr^{213}	左边儿tθuə^{31}pirɛr^{213}	右边儿iou^{31}pirɛr^{213}
潍坊	下边儿çia^{55}pɐr^{0} 下面儿çia^{55}miɐr^{0}	左边儿tsuə^{31}pɐr^{0}	右边儿zɣɯ^{31}pɐr^{0}
寿光	下头儿çia^{55}t^{h}əur^{0} 下边儿çia^{55}pɛr^{0}	左边儿tsuə^{21}pɛr^{0}	右边儿iəu^{55}pɛr^{0}
高青	下头çia^{55}t^{h}ou^{0}	这边儿tʂə^{41}pɛr^{213}	那边儿na^{41}pɛr^{213}
阳信	下头çia^{55}t^{h}ou^{0}	左边儿tsuə^{31}pɛr^{213}	右边儿iou^{31}pɛr^{213}

续表

	0118下面从～爬上去	0119左边	0120右边
济阳	下头çia^{55}tʰou^{0}	左边儿tsuə^{31}pɛr^{213}/tsuə^{31}piɛr^{213}	右边儿iou^{31}pɛ^{213}/iou^{31}piɛr^{213}
利津	下头çia^{55}tʰou^{0} 下边儿çia^{31}piɛr^{213}	左边儿tsuə^{31}piɛr^{213}	右边儿iou^{31}piɛr^{213}
乐陵	下头çiɑ^{55}tʰou^{0} 下边儿çiɑ^{51}piɛr^{0}	左边儿tsuə^{51}piɛr^{0}	右边儿ʐou^{51}piɛr^{0}
商河	下头çiɑ^{54}tʰou^{0}	左边儿tsuə^{45}pɛr^{213}	右边儿iou^{31}pɛr^{213}
平原	底下ti^{23}çia^{21} 下边儿çia^{21}piɐr^{0}	左边儿tsuə^{33}piɐr^{0}	右边儿iou^{33}piɐr^{0}
德州	下头çia^{42}tʰou^{0}	左边儿tsuə^{21}piɛr^{0}	右边儿iou^{42}piɛr^{0}
武城	下边儿çia^{312}piɛr^{0}	左边儿tsuə^{312}piɛr^{0}	右边儿iou^{312}piɛr^{0}
临清	下边儿çia^{31}piɛr^{13} 下头çia^{53}tʰou^{0} 下面儿çia^{13}miɛr^{313}	左边儿tsuə^{44}piɛr^{0}	右边儿iou^{31}piɛr^{13}
冠县	下边儿çia^{31}piɐr^{13}	左边儿tsuə^{55}piɐr^{13}	右边儿iou^{31}piɐr^{13}
聊城	下边儿çia^{31}piɛr^{13} 底下ti^{44}çia^{0}	左边儿tsuə^{44}piɛr^{13}	右边儿iou^{31}piɛr^{13}
济南	下头çia^{55}tʰou^{0} 下面儿çia^{23}miɛr^{21}	左边儿tsuə^{21}piɛr^{213}	右边儿iou^{21}piɛr^{213}
泰安	下边儿çia^{42}piɛr^{0}	左边儿tsuə^{55}piɛr^{213}	右边儿iou^{21}piɛr^{213}
莱芜	下头çia^{55}tʰou^{0}	左边tsuə^{42}piã^{213}	右边iou^{42}piã^{213}
新泰	下头çia^{54}tʰou^{0} 下边儿çia^{31}piɐr^{213}	左边儿tθuə^{31}piɐr^{213}	右边儿iou^{31}piɐr^{213}
沂源	下面儿çia^{55}miɛr^{0}	左边儿tθuə^{21}piɛr^{0}	右边儿iou^{21}piɛr^{0}
博山	下头çiɑ^{55}tʰəu^{0}	左边儿tsuə^{31}piɛ^{213} 左面tsuə^{31}miã^{31}	右边儿iəu^{31}piɛ^{213} 右面iəu^{31}miã^{31}
张店	下头çiɑ^{55}tʰou^{0}	左边儿tsuə^{31}piɛ^{213}	右边儿iou^{31}piɛ^{213}
阳谷	下边儿çia^{31}piɐr^{213}	左边儿tsuo^{55}piɐr^{213}	右边儿iou^{31}piɐr^{213}
梁山	下头çia^{42}tʰou^{0}	左边儿tsuə^{55}pɛr^{213}	右边儿iou^{31}pɛr^{213}
菏泽	下边儿çia^{31}piɛr^{0}	旁边儿个儿pʰɑŋ^{53}piɛr^{21}kər^{0}不分左右边	旁边儿个儿pʰɑŋ^{53}piɛr^{21}kər^{0}不分左右边
曹县	下边个儿çia^{31}pã^{13}kər^{31}	左边个儿tsuə^{44}pã^{213}kər^{0}	右边个儿iou^{31}pã^{213}kər^{0}
金乡	下边儿çia^{31}pɛr^{213}	左边儿tsuə^{55}pɛr^{213}	右边儿iou^{31}pɛr^{213}
曲阜	下边儿çia^{31}piɛr^{213}	左边儿tsuə^{55}piɛr^{213}	右边儿iou^{31}piɛr^{213}

续表

	0118 下面从~爬上去	0119 左边	0120 右边
薛城	下头ɕia^{41}tʰou^{0} 底下ti^{24}ɕia^{0}	左边儿tɕyə^{55}piɛr^{0}	右边儿iou^{41}piɛr^{0}
郯城	下边个儿ɕia^{51}pu^{0}kər^{51} “边”读为“不”轻声，右条同 下头ɕia^{51}tʰəu^{0} 下边儿ɕia^{51}piɛr^{213}	左边个儿tsuə^{24}pu^{0}kər^{51} 左边儿tsuə^{44}piɛr^{213}	右边个儿iəu^{51}pu^{0}kər^{51} 右边儿iəu^{51}piɛr^{213}
临沂	下头ɕia^{31}tʰou^{0}	左边儿tsuə^{55}piɛr^{214}	右边儿iou^{31}piɛr^{214}

	0121 中间排队排在~	0122 前面排队排在~	0123 后面排队排在~
荣成	当个中儿taŋ^{53}kə^{0}tʂũr^{53}	前头tsʰian^{35}tʰəu^{0}	后头儿xəu^{33}tʰəur^{0}
烟台	中间儿tsuŋ^{33}tɕiɐr^{0}	前边儿tɕʰian^{33}piɐr^{0}	后边儿xou^{33}piɐr^{0}
栖霞	中间儿tsuŋ^{34}ciɐr^{312}	前边儿tʃʰiãn^{34}piɐr^{312}	后边儿xəu^{34}piɐr^{312}
长岛	中间儿tsuŋ^{55}ciɐr^{31}	前面儿tʃʰan^{55}miɐr^{0}	后尾儿xou^{52}iər^{213}
海阳	中间儿tʂuŋ^{52}ciɐr^{341}	前头tsʰiã^{34}tʰəu^{0}	后头xəu^{34}tʰəu^{0}
莱西	中间tsoŋ^{55}ciã^{214}	前边儿tʃʰiã^{42}piɐr^{214} 前面儿tʃʰiã^{45}miɐr^{0} 前头儿tʃʰiã^{45}tʰour^{0}	后边儿xou^{42}piɐr^{214} 后面儿xou^{42}miɐr^{0} 后头儿xou^{45}tʰour^{0}
平度	中间儿tʂuŋ^{55}ciɛr^{213} 当中taŋ^{55}tʂuŋ^{213}	前面tsʰiã^{42}miã^{0} “面”可儿化，右条同 前边tsʰiã^{42}piã^{0} “边”可儿化，右条同 前头儿tsʰiã^{42}tʰour^{0}	后面xou^{42}miã^{0} 后边xou^{42}piã^{0} 后头儿xou^{42}tʰour^{0}
青岛	中间儿tʂoŋ^{213}tɕiɛr^{42} 当中taŋ^{42}tʂoŋ^{213}	前面tsʰiã^{42}miã^{0} 前边儿tsʰiã^{42}piɛr^{0} 前头tsʰiã^{42}tʰou^{0}	后面儿xou^{42}miɛr^{0} 后边儿xou^{42}piɛr^{0} 后头xou^{42}tʰou^{0}
高密	中间儿tʂoŋ^{55}tɕiɛr^{213} 中央tʂoŋ^{55}iaŋ^{213}	前头儿tsʰiã^{42}tʰour^{42} 前边儿tsʰiã^{42}pɛr^{213} 前面儿tsʰiã^{42}mɛr^{21}	后头儿xou^{42}tʰour^{0} 后边儿xou^{42}pɛr^{0} 后面儿xou^{42}mɛr^{0}
诸城	当央儿taŋ^{213}ʐãr^{53}	前边儿tθʰiã^{53}pɛr^{0}	后边儿xou^{44}pɛr^{0}
沂水	当央儿taŋ^{213}ɻãr^{53}	前边儿tsʰiã^{53}prɛr^{213} 前头tsʰiã^{24}tʰou^{0}	后边儿xou^{31}prɛr^{213} 后头xou^{44}tʰou^{0}
临朐	当央儿里taŋ^{21}iãr^{0}li^{0}	前边儿tɕʰiã^{53}pɛr^{0}	后边儿xəu^{44}pɛr^{0}
日照	当央儿taŋ^{213}ʐãr^{53}	前头儿ȶʰiã^{53}tʰour^{0}	后头儿xou^{53}tʰour^{0}
莒南	当央儿taŋ^{213}ɻãr^{53}	前头儿tsʰiã^{24}trour^{0} 前边儿tsʰiã^{53}pirɛr^{213}	后头xou^{42}tʰou^{0} 后边儿xou^{31}prɛr^{213} 尽后头tsiŋ^{55}xou^{42}tʰou^{0}

续表

	0121 中间排队排在～	0122 前面排队排在～	0123 后面排队排在～
潍坊	当中央儿taŋ^{24}tʂoŋ^{31}iãr^{53} 中间tʂoŋ^{24}tɕiã^{214}	前边儿tɕʰiã^{35}pɐr^{0} 前面儿tɕʰiã^{35}miɐr^{0} 前头tɕʰiã^{35}tʰɤɯ^{0}	后边儿xɤɯ^{55}pɐr^{0} 后面儿xɤɯ^{55}miɐr^{0} 后头xɤɯ^{55}tʰɤɯ^{0}
寿光	当中taŋ^{55}tʂuŋ^{213}	前头tɕʰiã^{35}tʰəu^{0} 前边儿tɕʰiã^{35}pɛr^{0}	后头儿xəu^{55}tʰəur^{0} 后边儿xəu^{55}pɛr^{0}
高青	当中间儿taŋ^{55}tʂuŋ^{213}tɕiɛr^{41}	前头tɕʰiã^{35}tʰou^{0}	后头xou^{55}tʰou^{0}
阳信	当中间儿里taŋ^{31}tʂuŋ^{0}tɕiɛr^{55}li^{0}	前头tɕʰiã^{45}tʰou^{0}	后头xou^{55}tʰou^{0}
济阳	当中间儿里taŋ^{13}tʂuŋ^{213}tɕiɛr^{55} ȵi^{0}	前头tɕʰiã^{24}tʰou^{0}	后头xou^{55}tʰou^{0}
利津	当咕$^{=}$间儿taŋ^{213}ku^{0}tɕiɛr^{31} 当中taŋ^{24}tʂuŋ^{213}	前头tɕʰiã^{35}tʰou^{0}	后头xou^{55}tʰou^{0}
乐陵	当中taŋ^{24}tʂuŋ^{24}	前头tɕʰiã^{55}tʰou^{0} 前边儿tɕʰiã^{55}piɛr^{0}	后头xou^{55}tʰou^{0} 后边儿xou^{51}piɛr^{0}
商河	当中taŋ^{24}tʂuŋ^{213} 当浮$^{=}$间儿taŋ^{21}fu^{24}tɕiɛr^{0}	前头tɕʰiã^{24}tʰou^{0}	后头xou^{54}tʰou^{0}
平原	当中间儿taŋ^{23}tʂuŋ^{0}tɕiɐr^{21}	前头儿tɕʰiã^{55}tʰou^{0}	后边儿xou^{33}piɐr^{0}
德州	当间儿头taŋ^{213}tɕiɛr^{42}tʰou^{0}	前头tɕʰiã^{55}tʰou^{0}	后头xou^{42}tʰou^{0}
武城	当乎间儿taŋ^{312}xu^{0}tɕyɛr^{312}同化	前头tɕʰiã^{55}tʰou^{0} 前边儿tɕʰiã^{55}piɐr^{0}	后头xou^{53}tʰou^{0} 后边儿xou^{312}piɐr^{0}
临清	中间儿tʂuŋ^{13}tɕiɛr^{13} 当中taŋ^{13}tʂuŋ^{13}	前边儿tɕʰian^{44}piɐr^{0} 前头tɕʰian^{44}tʰou^{0}	后边儿xou^{31}piɛr^{13} 后头xou^{53}tʰou^{0}
冠县	中间tʂuŋ^{13}tɕiã^{13}	前边儿tsʰiã^{53}piɐr^{13}	后边儿xou^{31}piɐr^{13}
聊城	当间儿taŋ^{13}tɕiɛr^{13} 正当中tsəŋ^{31}taŋ^{13}tsuŋ^{13}	前边儿tɕʰiã^{53}piɛr^{13}	后边儿xou^{31}piɛr^{13}
济南	当中间儿taŋ^{23}tʂuŋ^{23}tɕiɛr^{21}	前头tɕʰiã^{445}tʰou^{0}	后头xou^{55}tʰou^{0}
泰安	中间tʂuŋ^{23}tɕiã^{213} 当中间儿taŋ^{23}tʂuŋ^{213}tɕiɛr^{21}	前边儿tɕʰiã^{42}piɛr^{213}	后边儿xou^{21}piɛr^{213}
莱芜	当母$^{=}$间儿taŋ^{213}mu^{213}tɕiɛ^{0}	前头tɕʰiã^{13}tʰou^{0}	后头xou^{55}tʰou^{0}
新泰	当央儿taŋ^{42}iãr^{42} 中间儿tʃuŋ^{23}tɕʰiɐr^{31}	前边儿tɕʰiã^{42}piɐr^{213}	后边儿xou^{31}piɐr^{213}
沂源	当中taŋ^{55}tʃuŋ^{213}	前头儿tʰiã^{35}tʰour^{0}	后头儿xou^{55}tʰour^{0}
博山	中间呃$^{=}$tʂuŋ^{213}tɕiã^{55}ə^{0}	前头tɕʰiã^{35}tʰəu^{0}	后头xəu^{55}tʰəu^{0}
张店	当中间儿taŋ^{55}tʂuŋ^{213}tɕiɛ^{31}	前头tɕʰiã^{35}tʰou^{0}	后头xou^{55}tʰou^{0}

续表

	0121 中间排队排在～	0122 前面排队排在～	0123 后面排队排在～
阳谷	当中taŋ^{13}tsuŋ^{213} 当间儿taŋ^{13}tɕiɐr^{313}	前边儿tɕ^{h}iã^{42}piɐr^{0}	后边儿xou^{31}piɐr^{213}
梁山	当当儿taŋ^{23}tãr^{213}	前头tɕ^{h}iã^{55}t^{h}ou^{0}	后头xou^{42}t^{h}ou^{0}
菏泽	当部⁼间儿taŋ^{21}pu^{0}tɕiɛr^{312}	前边儿tɕ^{h}iã^{53}pɛr^{0}	后边儿xou^{31}pɛr^{0}
曹县	当母⁼间儿哩taŋ^{21}mu^{44}tɕiɐr^{53}lei^{0}	前边个儿tɕ^{h}iã^{53}pã^{0}kər^{31}	后半个儿xou^{31}pã^{13}kər^{31}
金乡	当当儿taŋ^{23}tãr^{312}	前边儿tɕ^{h}iã^{55}pɛr^{0}	后边儿xou^{31}pɛr^{213}
曲阜	当横间儿taŋ^{21}xuŋ^{0}tɕiɐr^{312}	前头tɕ^{h}iã^{55}t^{h}ou^{0}	后头xou^{42}t^{h}ou^{0}
薛城	当央儿taŋ^{31}iãr^{55}	前边儿tɕ^{h}iã^{55}piɛr^{313} 前头tɕ^{h}iã^{55}t^{h}ou^{0}	后边儿xou^{41}piɛr^{313} 后头xou^{41}t^{h}ou^{0}
郯城	当央儿taŋ^{21}iãr^{44} 当中儿taŋ^{13}tʂuə̃r^{213} 中间tʂuŋ^{13}tɕiã^{213}	前边个儿tɕ^{h}iã^{44}pu^{0}kər^{51} "边"读为"不"轻声 前头tɕ^{h}iã^{44}t^{h}əu^{0} 前边儿tɕ^{h}iã^{44}piɛr^{213}	后边个儿xəu^{51}pu^{0}kər^{51} "边"读为"不"轻声 后头xəu^{51}t^{h}əu^{0} 后边儿xəu^{51}piɛr^{213}
临沂	当央儿taŋ^{24}iãr^{53}	前头tɕ^{h}iã^{55}t^{h}ou^{0}	后头xou^{31}t^{h}ou^{0}

	0124 末尾排队排在～	0125 对面	0126 面前
荣成	落末了儿la^{53}mo^{0}liaur^{214} 落末腚子la^{53}mo^{0}tiŋ^{33}tsɿ^{0}	对面儿tei^{33}miɐr^{33}	眼前儿ian^{21}ts^{h}iɐr^{35}
烟台	最后边儿tsei^{53}xou^{33}piɐr^{0}	对面儿tei^{53}miɐr^{33}	跟前儿kən^{53}tɕ^{h}iɐr^{33}
栖霞	落不了儿la^{34}pu^{0}liɔor^{214} 落不腚儿la^{34}pu^{0}tiə̃r^{52}	对过儿tei^{52}kuor^{52}	眼前儿iãn^{21}tʃ^{h}iɐr^{342}
长岛	末尾儿mə^{52}uər^{213} 最后尾儿tsei^{52}xou^{52}iər^{213}	对面儿tei^{52}miɐr^{52}	眼前儿ian^{21}tʃ^{h}ɐr^{55}
海阳	落不了儿la^{21}pu^{0}liɔr^{214}	对面儿tei^{52}miɐr^{341}	眼前儿iã^{21}ts^{h}iɐr^{341}
莱西	落末腚儿la^{45}mu^{0}tiə̃r^{42}	对面儿tei^{42}miɐr^{42}	面前miã^{21}tʃ^{h}iã^{42} 眼前iã^{55}tʃ^{h}iã^{42}
平度	尽后头儿tsiə̃^{55}xou^{21}t^{h}our^{42}	对面儿tei^{45}miɛr^{42}	面前miã^{213}ts^{h}iã^{42} 眼前iã^{55}ts^{h}iã^{42}
青岛	大后边儿ta^{213}xou^{42}piɛr^{0} 大后头ta^{213}xou^{42}t^{h}ou^{0}	对面儿tuei^{213}miɛr^{42} 对过儿tuei^{213}kuər^{42}	面前miã^{213}ts^{h}iã^{42} 眼前iã^{55}ts^{h}iã^{42}
高密	末儿末儿了儿mɐr^{55}mɐr^{0}ʐ̩ər^{55} 后头儿xou^{42}t^{h}our^{0} 末儿末儿后儿mɐr^{55}mɐr^{0}xour^{21}	对个儿tuei^{23}kər^{21} 对面儿tuei^{23}mɛr^{21}	眼前iã^{213}ts^{h}iã^{42} 面前miã^{21}ts^{h}iã^{42}

续表

	0124 末尾排队排在～	0125 对面	0126 面前
诸城	尽后边儿tʃẽ^{44}xou^{44}pɛr^{0}	前边儿tθ^{h}iã^{53}pɛr^{0}	脸前liã^{45}tθ^{h}iã^{53}
沂水	尽后边儿dʒẽ^{44}xou^{31}prɛr^{213} 尽后头儿dʒẽ^{44}xou^{44}t^{h}our^{0} 末了儿mə^{31}liɔr^{44}	对着脸儿tue^{44}tʂɔ^{0}ɻɛr^{44} 对断着脸儿tue^{44}θʅ^{0}tʂɔ^{0}ɻɛr^{44}	眼前iã^{213}ts^{h}iã^{53}
临朐	末了儿mə^{21}liɔr^{44}	对面儿tuei^{21}miɛr^{21}	脸前liã^{33}tɕ^{h}iã^{53}
日照	末末了儿mə^{31}mə^{0}zɔr^{44}	对面儿tuei^{44}miɛr^{31}	脸前儿liã^{24}tθ^{h}ɛr^{53}
莒南	末了儿mə^{213}ɻɔr^{55} 末末了儿mə^{213}mə^{0}ɻɔr^{55}	对脸儿tei^{31}ɻɛr^{55} 对面儿tei^{13}mirɛr^{31}	前边儿ts^{h}iã^{53}pirɛr^{213} 前头ts^{h}iã^{24}t^{h}ou^{0}
潍坊	末了儿mə^{31}liɔr^{55} 尾巴i^{24}pɑ^{0} 最后边儿tsuei^{31}xɤɯ^{31}pɐr^{0}	对面儿tuei^{55}miɐr^{0} 对着脸儿tuei^{55}tʂuə^{0}liɐr^{35}	面前miã^{31}tɕ^{h}iã^{53} 眼前iã^{55}tɕ^{h}iã^{53} 前边儿tɕ^{h}iã^{35}pɐr^{0}
寿光	末尾儿mə^{21}uɭ^{55} 末了儿mə^{21}zɔr^{55} 末嘎啦儿mə^{55}ka^{0}zʌr^{0}	对面儿tuei^{213}miɐr^{21}	脸前liã^{55}tɕ^{h}iã^{53}
高青	紧后头tɕiə̃^{55}xou^{55}t^{h}ou^{0}	对过儿tuei^{41}kuər^{41}	脸前头liã^{55}tɕ^{h}iã^{35}t^{h}ou^{0}
阳信	末儿末儿后儿mər^{55}mər^{0}xour^{213}	对面儿tuei^{23}miɛr^{31}	脸前头liã^{55}tɕ^{h}iã^{45}t^{h}ou^{0}
济阳	末了儿mə^{31}liɔr^{55} 末末了儿mə^{31}mə^{0}liɔr^{55}	对过儿tuei^{31}kər^{31}	脸前头liã^{21}tɕ^{h}iã^{24}t^{h}ou^{0} 跟前kẽ^{21}tɕ^{h}iã^{0}
利津	末了儿mə^{31}liɔr^{55}	对过儿tuei^{24}kər^{31} 对边儿tuei^{31}piɛr^{213}	脸前头liã^{55}tɕ^{h}iã^{35}t^{h}ou^{0}
乐陵	末了儿mə^{31}lɔr^{55} “了”读为“老”	对过儿tuei^{24}kər^{51}	眼前iã^{55}tɕ^{h}iã^{55}
商河	末了儿mə^{31}liɔr^{45} 末末了儿mə^{31}mə^{31}liɔr^{45}	对过儿tuei^{24}kər^{31}	眼前iã^{45}tɕ^{h}iã^{54} 跟前kẽ^{21}tɕ^{h}iã^{0}
平原	尽后边儿tɕiẽ^{55}xou^{42}piɐr^{0}	对过儿tuei^{23}kuor^{21}	脸前liã^{212}tɕ^{h}iã^{42}
德州	末了儿mə^{21}liɔr^{55}	对过儿tuei^{213}kuər^{21} 较远的 对面儿tuei^{213}miɛr^{21} 近的，如人对面	跟前儿kẽ^{213}tɕ^{h}iɛr^{42}
武城	末了儿mə^{21}liɔr^{55}	对过儿tuei^{21}kuər^{312}	眼前iã^{24}tɕ^{h}iã^{53}
临清	最后边儿tsuei^{13}xou^{31}piɛr^{13}	对脸儿tuei^{31}liɛr^{44} 对面儿tuei^{13}miɛr^{313}	跟前儿ken^{13}tɕ^{h}iɛr^{53} 眼前儿ian^{44}tɕ^{h}iɛr^{53} 脸前儿lian^{44}tɕ^{h}iɛr^{53}
冠县	末和⁼了儿mə^{31}xə^{0}liɔr^{55}	对面儿tei^{24}miɐr^{314}	前边儿ts^{h}iã^{53}piɐr^{13}

续表

	0124 末尾排队排在～	0125 对面	0126 面前
聊城	末末嘟儿miə^{13}miə^{0}tur^{13} “末”读为“灭”	对脸儿tuei^{31}liɐr^{44}	脸前liã^{44}tɕ^{h}iã^{53}
济南	末了儿mə^{21}liɔr^{55}/miə^{21}liɔr^{55} “末”读为“灭” 末末了儿mə^{21}mə^{21}liɔr^{55}	对过儿tuei^{23}kər^{21}	跟前kẽ^{21}tɕ^{h}iã^{0} 眼前iã^{55}tɕ^{h}iã^{42}
泰安	末了儿mə^{21}liɔr^{55}	对面tuei^{21}miã^{21} 对过tuei^{21}kuə^{21}	跟前kẽ^{213}tɕ^{h}iã^{42}
莱芜	末了了mə^{31}liɔ^{55}liɔ^{0}	对面儿tuei^{31}miɛ^{42}	面前miã^{31}tɕ^{h}iã^{55}
新泰	末了儿mə^{31}liɔr^{55}	对面儿tuei^{31}miɐr^{31}	跟前儿kẽ^{21}tɕ^{h}iɐr^{0}
沂源	末了mə^{31}liɔ^{55}	对过tuei^{31}kuə^{31}	脸前liã^{21}t^{h}iã^{0}
博山	最后头tsuei^{31}xəu^{55}t^{h}əu^{0} 末了mə^{31}liɔ^{55}	对面tuei^{31}miã^{31}	跟前kei^{21}tɕ^{h}iã^{0} “跟”有音变
张店	末了mə^{31}liɔ^{55} 末末了mə^{31}mə^{0}liɔ^{55}	对面儿tuei^{31}miɛ^{31}	面前miã^{31}tɕ^{h}iã^{55} 脸前liã^{55}tɕ^{h}iã^{55}
阳谷	末尾儿mə^{13}iɭ^{55}	对面儿tuei^{13}miɐr^{313} 对过儿tuei^{13}kuor^{313}	脸跟前liã^{55}kẽ^{31}tɕ^{h}iã^{0}
梁山	末了儿miə^{23}liɔr^{55} “末”读为“灭”	对过儿tuei^{21}kər^{314}	跟前kə̃^{21}tɕ^{h}iã^{0}
菏泽	末乎了儿mə^{21}xu^{0}liɔr^{44}	正对着tsəŋ^{213}tuei^{31}tsuə^{0}	脸前头liã^{44}tɕ^{h}iã^{53}t^{h}ou^{0}
曹县	末了儿mə^{31}liɔr^{44}	对过儿tuei^{13}kuər^{312}	脸前子liã^{44}tɕ^{h}iã^{53}nẽ^{0}
金乡	末了儿miə^{21}liɔr^{55} “末”读为“灭”	对面tuei^{23}miã^{312}	跟儿前kər^{213}tɕ^{h}iã^{42}
曲阜	末末了儿miə^{21}miə^{0}liɔr^{55} “末”读为“灭”	对过儿tuei^{23}kər^{312}	当面儿taŋ^{23}miɐr^{213}
薛城	末了miə^{31}liɔ^{24} “末”读为“灭”	对过儿tue^{41}kuər^{41}	脸前liã^{24}tɕ^{h}iã^{55}
郯城	末儿了儿mər^{21}liɔr^{24} 末儿末儿了儿mər^{21}mər^{21}liɔr^{24} 末尾mə^{21}ue^{24}	对脸儿te^{51}liɐr^{24} 对过儿te^{51}kuər^{51} 对面儿tue^{51}miɐr^{51}	跟前儿kə̃^{21}tɕ^{h}iɐr^{44} 眼前儿iã^{24}tɕ^{h}iɐr^{44} 脸前儿liã^{24}tɕ^{h}iɐr^{44}
临沂	末了儿mə^{24}liɔr^{55}/miə^{24}liɔr^{55}	对面儿tuei^{31}miɐr^{312}	脸前儿里liã^{214}tɕ^{h}iɐr^{53}li^{0}

	0127 背后	0128 里面躲在～	0129 外面衣服晒在～
荣成	身么后儿ʃən^{53}mə^{0}xəur^{33}	里头li^{214}t^{h}əu^{0}	外头uai^{33}t^{h}əu^{0}
烟台	背后儿pei^{53}xou^{33}ər^{0}	里边儿li^{21}piɐr^{0}	外边儿uɛ^{33}piɐr^{0}

续表

	0127背后	0128里面躲在～	0129外面衣服晒在～
栖霞	身后儿ʃə̃n^{52}xəur^{52}	里边儿li^{34}piɐr^{312}	外边儿uɛi^{34}piɐr^{312}
长岛	后尾儿xou^{52}iər^{213}	里面儿li^{35}miɐr^{0}	外面儿uai^{52}miɐr^{0}
海阳	后边儿xəu^{34}pɐr^{0}	里头li^{21}tʰəu^{0}	外头uɛ^{34}tʰəu^{0}
莱西	背后pei^{42}xou^{42} 后面儿xou^{42}miɐr^{0}	里头li^{214}tʰou^{42} 里面儿li^{214}miɐr^{42} 里边儿li^{214}piɐr^{42}	外头uɛ^{42}tʰou^{0} 外面儿uɛ^{42}miɐr^{0} 外边儿uɛ^{42}piɐr^{214}
平度	背后pei^{213}xou^{42}	里面li^{45}miã^{0} “面”可儿化，右条同 里边li^{45}piã^{0} “边”可儿化，右条同 里头儿li^{45}tʰour^{0}	外面uɛ^{42}miã^{0} 外边uɛ^{42}piã^{0} 外头儿uɛ^{42}tʰour^{0}
青岛	背地后儿pei^{42}ti^{0}xour^{42} 背后pei^{213}xou^{42}	里面儿li^{55}miɛr^{42} 里边儿li^{55}piɛr^{42} 里头li^{55}tʰou^{42}	外面儿uɛ^{42}miɛr^{0} 外边儿uɛ^{42}piɛr^{0} 外头uɛ^{42}tʰou^{0}
高密	背腚后里pei^{55}tioŋ^{0}xou^{42}lɛ^{0} 背后pei^{23}xou^{21}	里边儿li^{42}pɛr^{0} 里面儿li^{23}mɛr^{21} 里头儿li^{213}tʰour^{42}	外边儿uɛ^{42}pɛr^{0} 外面儿uɛ^{42}mɛr^{0} 外头儿uɛ^{42}tʰour^{0}
诸城	脊梁后tθi^{213}liaŋ^{0}xou^{31} 身后边儿ʃẽ^{44}xou^{44}pɛr^{0}	里头儿li^{213}tʰour^{0}	外儿边儿uɛr^{44}pɛr^{0}
沂水	脊梁后dzi^{213}liaŋ^{53}xou^{31}	里边儿li^{44}prɛr^{213}	外边儿uɛ^{31}prɛr^{213}
临朐	脊梁后地tɕi^{213}liaŋ^{0}xəu^{44}ti^{0}	里边儿li^{213}pɛr^{0}	外边儿uci^{44}pɛr^{0}
日照	身后ʃiẽ^{23}xou^{31}	里头儿li^{213}tʰour^{0}	外头儿uɛ^{53}tʰour^{0}
莒南	后头xou^{42}tʰou^{0} 后边儿xou^{31}pirɛr^{213}	里头li^{213}tʰou^{0} 里边儿li^{213}pirɛr^{0}	外头uɛ^{42}tʰou^{0} 外边儿uɛ^{31}pirɛr^{213}
潍坊	脊梁后边儿tɕi^{24}ȵiaŋ^{0}xɤɯ^{55}pɐr^{0} “梁”读为“娘”轻声	里边儿li^{55}pɐr^{0} 里面儿li^{55}miɐr^{0} 里头li^{55}tʰɤɯ^{0}	外边儿uei^{55}pɐr^{0} 外面儿uɛ^{55}miɐr^{0} 外头uei^{55}tʰɤɯ^{0}
寿光	后头儿xəu^{55}tʰəur^{0} 后边儿xəu^{55}pɛr^{0} 脊梁后里tɕi^{213}ȵiaŋ^{0}xəu^{55}ȵi^{0} “梁”读为“娘”轻声	里头li^{24}tʰəu^{0} 里边儿li^{24}pɛr^{0}	外头uei^{55}tʰəu^{0} 外边儿uei^{55}pɛr^{0}
高青	背后头pei^{41}xou^{55}tʰou^{0}	里头li^{213}tʰou^{0}	外头uɛ^{55}tʰou^{0}
阳信	脊梁后头tɕi^{31}ȵiaŋ^{0}xou^{55}tʰou^{0} “梁”读为“娘”轻声	里头li^{213}tʰou^{0}	外头uɛ^{55}tʰou^{0}
济阳	脊梁后头tɕi^{23}ȵiaŋ^{0}xou^{55}tʰou^{0} “梁”读为“娘”轻声 后头xou^{55}tʰou^{0}	里头li^{213}tʰou^{0}	外头uɛ^{55}tʰou^{0}

续表

	0127 背后	0128 里面躲在～	0129 外面衣服晒在～
利津	腚后头 tiŋ^{31}xou^{55}t^{h}ou^{0}	里头 li^{213}t^{h}ou^{0} 里边儿 li^{213}piɛr^{0}	外头 uɛ^{55}t^{h}ou^{0} 外边儿 uɛ^{55}piɛr^{0}
乐陵	脊梁后头 tɕi^{31}iɑŋ^{0}xou^{55}t^{h}ou^{0} “梁”读为“阳”轻声	里头 li^{212}t^{h}ou^{0} 里边儿 li^{212}piɛr^{0}	外头 uɛ^{55}t^{h}ou^{0} 外边儿 uɛ^{51}piɛr^{0}
商河	脊梁后头 tɕi^{213}ȵiɑŋ^{0}xou^{54}t^{h}ou^{0} “梁”读为“娘”轻声	里头 li^{213}t^{h}ou^{0}	外头 uɛ^{54}t^{h}ou^{0}
平原	身后 ʂẽ^{23}xou^{21}	里边儿 li^{23}piɐr^{0}	外边儿 uɛi^{33}piɐr^{0}
德州	背后儿 pei^{213}xour^{21}	里头 li^{213}t^{h}ou^{0}	外头 uɛ^{42}t^{h}ou^{0}
武城	后边儿 xou^{312}piɛr^{0}	里边儿 li^{24}piɛr^{0}	外边儿 uɛ^{312}piɛr^{0}
临清	身后边儿 ʂen^{13}xou^{31}piɛr^{13} 背后 pei^{13}xou^{313}	里边儿 li^{44}piɛr^{0} 里面儿 li^{44}miɛr^{313}	外边儿 uai^{31}piɛr^{13} 外面儿 uai^{13}miɛr^{313}
冠县	背后 pei^{24}xou^{314}	里边儿 li^{44}piɐr^{0}	外边儿 uɛ^{31}piɐr^{13}
聊城	脊梁后头 tɕi^{13}ȵiɑŋ^{0}xou^{53}t^{h}ou^{0} “梁”读为“娘”轻声 身后 sẽ^{13}xou^{313}	里边儿 li^{44}piɛr^{13}	外边儿 uɛ^{31}piɛr^{13}
济南	脊梁后头 tɕi^{21}ȵiɑŋ^{0}xou^{55}t^{h}ou^{0} “梁”读为“娘”轻声	里头 li^{213}t^{h}ou^{0} 里边儿 li^{55}piɛr^{213}	外头 uɛ^{55}t^{h}ou^{0} 外边儿 uɛ^{21}piɛr^{213}
泰安	脊梁后边儿 tɕi^{21}ȵiɑŋ^{0}xou^{42}piɛr^{0} “梁”读为“娘”轻声 背地儿里 pei^{21}tier^{42}li^{0}	里边儿 li^{213}piɛr^{0}	外边儿 uɛ^{42}piɛr^{0}
莱芜	背后 pei^{31}xou^{42}	里头 li^{213}t^{h}ou^{0}	外头 uɛ^{55}t^{h}ou^{0}
新泰	背后 pei^{31}xou^{31}	里边儿 li^{55}piɐr^{213}	外边儿 uɛ^{31}piɐr^{213}
沂源	腚后 tiŋ^{31}xou^{31}	里头 li^{21}t^{h}ou^{0}	外头 uɛ^{55}t^{h}ou^{0}
博山	后头 xəu^{55}t^{h}əu^{0} 腚后头 tiŋ^{31}xəu^{55}t^{h}əu^{0}	里头 li^{213}t^{h}əu^{0}	外头 uɛ^{55}t^{h}əu^{0}
张店	腚后头 tiŋ^{31}xou^{55}t^{h}ou^{0} 后头 xou^{55}t^{h}ou^{0}	里头 li^{213}t^{h}ou^{0}	外头 uɛ^{55}t^{h}ou^{0}
阳谷	脊梁后头 tɕi^{31}ȵiɑŋ^{0}xou^{42}t^{h}ou^{0} “梁”读为“娘”轻声	里边儿 li^{55}piɐr^{0}	外边儿 uɛ^{31}piɐr^{213}
梁山	脊梁后头 tɕi^{23}ȵiɑŋ^{0}xou^{42}t^{h}ou^{0} “梁”读为“娘”轻声	里头 li^{23}t^{h}ou^{0}	外头 uɛ^{42}t^{h}ou^{0}
菏泽	脊梁后头 tɕi^{21}ȵiɑŋ^{0}xou^{31}t^{h}ou^{0} “梁”读为“娘”轻声	里边儿 li^{44}piɛr^{0} 里头 li^{44}t^{h}ou^{0}	外边儿 uɛ^{31}piɛr^{0} 外头 uɛ^{31}t^{h}ou^{0}

续表

	0127 背后	0128 里面躲在~	0129 外面衣服晒在~
曹县	脊梁后头tɕi^{21}ȵiaŋ^{44}xou^{31}tʰou^{0} “梁”读为“娘”轻声	里头li^{44}tʰou^{0}	外边uai^{31}piã^{213} 外面uai^{31}miã^{0}
金乡	后边儿xou^{31}pɛr^{213}	里边儿li^{23}pɛr^{0}	外边儿uɛ^{31}pɛr^{213}
曲阜	脊梁后tɕi^{21}tɕiaŋ^{0}xou^{312} “梁”读为“江”轻声	里头li^{213}tʰou^{0}	外头uɛ^{42}tʰou^{0}
薛城	筋骨后头tɕiẽ^{31}ku^{24}xou^{41}tʰou^{0}	里头li^{24}tʰou^{0}	外头uɛ^{41}tʰou^{0}
郯城	脊后tɕi^{21}xəu^{51} 背后头tɕi^{21}xəu^{51}tʰəu^{0} 背后pe^{51}xəu^{51}	里边个儿li^{24}pu^{0}kər^{51} “边”读为“不”轻声 里头li^{24}tʰəu^{0} 里边儿li^{44}piɛr^{213}	外边个儿uɛ^{51}pu^{0}kər^{51} “边”读为“不”轻声 外头uɛ^{51}tʰəu^{0} 外边儿uɛ^{51}piɛr^{213}
临沂	背地阔⁼儿pei^{31}ti^{31}kʰuər^{214} 背地pei^{31}ti^{312}	里头li^{214}tʰou^{0}	外头uɛ^{31}tʰou^{0}

	0130 旁边	0131 上碗在桌子~	0132 下凳子在桌子~
荣成	边儿上piɐr^{53}ʃaŋ^{0}	上ʃaŋ^{33}	下çia^{33}
烟台	旁边儿pʰaŋ^{33}piɐr^{0}	上ɕiaŋ^{33}	下ɕia^{33}
栖霞	旁边儿pʰaŋ^{34}piɐr^{312}	上ʃaŋ^{52}	下çia^{52}
长岛	旁边儿pʰaŋ^{55}piɐr^{31}	上ʃaŋ^{52}	下çia^{52}
海阳	旁边儿pʰaŋ^{34}pɐr^{0}	上saŋ^{341}	下çia^{341}
莱西	旁边儿pʰaŋ^{45}piɐr^{0} 一旁儿i^{55}pʰãr^{42} 边儿上piɐr^{214}ʃaŋ^{0}	上ʃaŋ^{42} 上面儿ʃaŋ^{45}miɐr^{0} 上边儿ʃaŋ^{45}piɐr^{0}	下çia^{42} 下面儿çia^{45}miɐr^{0} 下边儿çia^{45}piɐr^{0}
平度	旁边pʰaŋ^{42}piã^{213} “边”可儿化 一旁儿i^{55}pʰãr^{42} 一边i^{55}piã^{213} “边”可儿化	上ʃaŋ^{42} 上边ʃaŋ^{42}piã^{213} “边”可儿化 上面ʃaŋ^{42}miã^{0} “面”可儿化	下çia^{42} 下边çia^{42}piã^{213} “边”可儿化 下面çia^{42}miã^{0} “面”可儿化
青岛	旁边儿pʰaŋ^{42}piɛr^{213}	上ʃaŋ^{42} 上边儿ʃaŋ^{42}piɛr^{0} 上头ʃaŋ^{42}tʰou^{0}	下ɕia^{42} 下边儿ɕia^{42}piɛr^{0} 下头ɕia^{42}tʰou^{0}
高密	一边儿i^{55}pɛr^{213} 边儿上pɛr^{21}xaŋ^{0}① 旁边儿pʰaŋ^{42}pɛr^{213}	上xaŋ^{21}	下边儿ɕia^{42}pɛr^{0}

① 不少点读轻声的“上”（个别点不读轻声）为“杭”轻声（不读轻声者则读去声）。此不一一说明读音。下文同。

续表

	0130 旁边	0131 上碗在桌子～	0132 下凳子在桌子～
诸城	旁边儿pʰɑŋ^{24}pɐr^{0}	上ʃɑŋ^{31}	下边儿ʃa^{44}pɐr^{0}
沂水	一旁儿i^{213}pʰãr^{53}	上ʃɑŋ^{31}	下ɕia^{31}
临朐	旁边儿里pʰɑŋ^{53}piɐr^{21}li^{0}	上xɑŋ^{21}	下xa^{21}
日照	一匹⁼子i^{44}pʰi^{44}tθɿ^{0}	上ʃiɑŋ^{31}	底下ti^{213}ʃiə^{0}
莒南	一旁儿i^{213}pʰãr^{53} 一边儿i^{13}pirɛr^{213}	上头儿ʃɑŋ^{42}tʰour^{0} 顶儿上tə̃r^{213}ʃɑŋ^{0} 上边儿ʃɑŋ^{31}pirɛr^{213}	下头儿ɕia^{42}tʰour^{0} 下边儿ɕia^{31}pirɛr^{213} 底下ti^{213}ɕia^{0}
潍坊	旁边儿pʰɑŋ^{53}piɐr^{214} 边儿哈⁼piɐr^{31}xa^{0}	上ʂɑŋ^{31} 上边儿ʂɑŋ^{55}pɐr^{0} 上面儿ʂɑŋ^{55}miɐr^{0}	下ɕia^{31} 下边儿ɕia^{55}pɐr^{0} 下面儿ɕia^{55}miɐr^{0}
寿光	旁边儿pʰɑŋ^{53}piɤr^{213} 旁边儿里pʰɑŋ^{53}piɤr^{213}ȵi^{0}	上ʂɑŋ^{21} 上头儿ʂɑŋ^{55}tʰəur^{0}	底下ti^{24}xa^{0}
高青	边儿piɛr^{213}	上头ʂɑŋ^{55}tʰou^{0}	下头ɕia^{55}tʰou^{0}
阳信	一边儿i^{55}pɐr^{213}	上ʂɑŋ^{31} 上头ʂɑŋ^{55}tʰou^{0}	底下ti^{213}ɕiə^{0}
济阳	边儿上piɛr^{21}ʂɑŋ^{0} 旁边儿pʰɑŋ^{55}piɐr^{213}	上ʂɑŋ^{0}/xɑŋ^{0} 上头ʂɑŋ^{55}tʰou^{0}	底下ti^{213}ɕia^{0} 下头ɕia^{55}tʰou^{0}
利津	一边儿i^{24}piɛr^{213}	上ʂɑŋ^{31}	下ɕia^{31}
乐陵	旁边儿pʰɑŋ^{55}piɐr^{24}	上ʂɑŋ^{51}	底下ti^{212}ɕia^{0}
商河	旁边儿pʰɑŋ^{54}piɐr^{213}	上ʂɑŋ^{31} 上头ʂɑŋ^{54}tʰou^{0}	底下ti^{213}ɕia^{0}
平原	旁边儿pʰɑŋ^{42}piɐr^{213}	上ʂɑŋ^{21}	下ɕia^{21}
德州	边儿上piɛr^{21}ʂɑŋ^{0}	上xɑŋ^{21}	下ɕia^{21}
武城	旁边儿pʰɑŋ^{53}piɐr^{224}	上ʂɑŋ^{312}	下ɕia^{312}
临清	旁边儿pʰɑŋ^{53}piɐr^{13}	上ʂɑŋ^{313} 上头ʂɑŋ^{53}tʰou^{0} 上边儿ʂɑŋ^{31}piɐr^{13}	底下ti^{44}ɕia^{0} 下边儿ɕia^{31}piɛr^{13}
冠县	旁边儿pʰɑŋ^{53}piɐr^{13}	上ʂɑŋ^{314}	下ɕia^{314}
聊城	旁边儿pʰɑŋ^{53}piɐr^{13}	上xɑŋ^{313} 上头sɑŋ^{53}tʰou^{0}	底下ti^{13}ɕia^{0} 下边儿ɕia^{31}piɐr^{13}
济南	边儿上piɐr^{21}ʂɑŋ^{0}	上ʂɑŋ^{0} 上头xɑŋ^{55}tʰou^{0}	底下ti^{213}ɕia^{0} 下头ɕia^{55}tʰou^{0}
泰安	一边儿i^{23}piɐr^{213} 边儿上piɛr^{21}xɑŋ^{0}	上xɑŋ^{21}	下边儿ɕia^{42}piɐr^{0}

续表

	0130旁边	0131上碗在桌子～	0132下凳子在桌子～
莱芜	一边i^{55}piã^{213}	上ʃaŋ^{42}	下ɕia^{42}
新泰	旁边儿p^{h}aŋ^{42}piɐr^{213}	上ʃaŋ^{31}	下ɕia^{31}
沂源	一旁儿i^{21}p^{h}ãr^{55}	上ʃaŋ^{31}	下ɕia^{31}
博山	旁边p^{h}aŋ^{55}piɛ^{213}	上ʂaŋ^{31}	下头ɕia^{55}t^{h}əu^{0}
张店	一边儿i^{33}piɛ^{213} 旁边儿p^{h}aŋ^{55}piɛ^{213}	上头ʂaŋ^{55}t^{h}ou^{0}	下头ɕia^{55}t^{h}ou^{0}
阳谷	旁边儿p^{h}aŋ^{42}piɐr^{213}	上xaŋ^{313}	下ɕia^{313}
梁山	一边儿i^{23}pɐr^{213}	上xaŋ^{314}	下ɕia^{31}
菏泽	一边儿个儿i^{21}piɐr^{21}kər^{0}	上xaŋ^{312}	下ɕia^{312}
曹县	一旁个儿i^{21}pã^{44}kər^{312}	上ʂaŋ^{312}	底下ti^{44}ɕia^{0}
金乡	旁边儿paŋ^{42}pɐr^{213}	上xaŋ^{312}	下边儿ɕia^{31}pɐr^{213}
曲阜	一边儿i^{23}piɐr^{213}	上xaŋ^{312} 上saŋ^{312}	下ɕia^{312}
薛城	一边儿i^{23}piɐr^{313}	顶上tiŋ^{24}saŋ^{0}	底下ti^{24}ɕia^{0}
郯城	旁边个儿p^{h}aŋ^{44}pu^{0}kər^{51} “边”读为“不”轻声 一边个儿i^{21}pu^{0}kər^{51} “边”读为“不”轻声 旁边儿p^{h}aŋ^{44}piɐr^{213}	上ʂaŋ^{51} 上头ʂaŋ^{51}t^{h}əu^{0} 上边儿ʂaŋ^{51}piɐr^{213}	下ɕia^{51} 下头ɕia^{51}t^{h}əu^{0} 下边儿ɕia^{51}piɐr^{213}
临沂	一旁儿i^{24}p^{h}ãr^{53} 一边儿i^{24}piɐr^{214} 旁边儿p^{h}aŋ^{53}piɐr^{214}	上头ʃaŋ^{31}t^{h}ou^{0}	下头ɕia^{31}t^{h}ou^{0}

	0133边儿桌子的～	0134角儿桌子的～	0135上去他～了
荣成	边儿piɐr^{53}	角儿tsiar^{214}	上去ʃaŋ^{33}c^{h}y^{0}
烟台	边儿piɐr^{53}	角儿tɕiar^{14}	上去ɕiaŋ^{35}tɕ^{h}y^{0}
栖霞	边儿piɐr^{312}	角儿ciar^{214}	上去ʃaŋ^{34}c^{h}y^{0}
长岛	边儿piɐr^{312}	角儿ciar^{213}	上去ʃaŋ^{52}c^{h}y^{0}
海阳	边儿piɐr^{52}	角儿tsiɐr^{214}	上去saŋ^{34}c^{h}i^{0}
莱西	边儿piɐr^{214}	角儿ciᴀr^{55}	上去ʃaŋ^{45}c^{h}i^{0}
平度	边儿piɐr^{213}	角儿ciar^{55}	上去ʃaŋ^{45}c^{h}y^{0} “去”也读c^{h}i^{0}

续表

	0133边儿桌子的～	0134角儿桌子的～	0135上去他～了
青岛	边儿piɛr^{213}	角儿tɕiɑr^{55}	上去ʃɑŋ^{45}tɕʰi^{0}
高密	边儿pɛr^{213} 棱儿z̧ɔ̃r^{42}	角儿tɕyər^{55}	上去ʃɑŋ^{42}tɕʰy^{0}
诸城	边儿pɛr^{213}	角儿tʃar^{44}	上去ʃɑŋ^{44}tʃʰʅ^{0}
沂水	边儿pɾɛr^{213}	角tɕia^{44} 角儿tɕiar^{213}	上去ʃɑŋ^{44}tɕʰi^{0}
临朐	棱儿lə̃r^{21} 沿儿iɛr^{53}	角儿tɕiʌr^{44}	上去ʃɑŋ^{44}tɕʰi^{0}
日照	沿儿z̧ɛr^{31}	角儿tʃiɑr^{213}	上去ʃiɑŋ^{53}tʃʰu^{0}
莒南	边儿piɾɛr^{213} 沿儿ɻɛr^{312}	角儿tɕiɾar^{213}	上去ʃɑŋ^{42}tɕʰy^{0}
潍坊	边儿piɐr^{214}	角儿tɕiɑr^{214}	上去ʂɑŋ^{55}tɕʰi^{0}
寿光	沿儿iɛr^{53}	角儿tɕiʌr^{213}	上去ʂɑŋ^{55}tɕʰi^{0}
高青	边儿piɛr^{213}	角儿tɕiɑr^{55}	上去ʂɑŋ^{55}tɕʰi^{0}
阳信	边儿piɛr^{213}	角儿tɕiɔr^{213}	上去ʂɑŋ^{55}tɕʰi^{0}
济阳	边儿piɛr^{213}	角tɕia^{213}	上去ʂɑŋ^{55}tɕʰi^{0}
利津	边儿piɛr^{213}	角儿tɕiar^{44}	上去ʂɑŋ^{55}tɕʰy^{0}
乐陵	边儿piɛr^{24}	角儿tɕiɔr^{24}	上去ʂɑŋ^{55}tɕʰi^{0}
商河	边儿piɛr^{213}	角儿tɕiɑr^{45}	上去ʂɑŋ^{54}tɕʰi^{0}
平原	边儿piɐr^{213}	角儿tɕiar^{55}	上去ʂɑŋ^{42}tɕʰi^{0}
德州	边儿piɛr^{213}	角儿tɕiɔr^{55}	上去ʂɑŋ^{42}tɕʰy^{0}
武城	边儿piɛr^{224}	角儿tɕiɔr^{224}	上去ʂɑŋ^{53}tɕʰy^{0}
临清	边儿piɛr^{13}	角tɕiau^{44}	上去ʂɑŋ^{53}tɕʰy^{0}
冠县	边儿piɐr^{13}	角儿tɕyər^{55}	上去ʂɑŋ^{31}tɕʰy^{0}
聊城	边儿上piɛr^{13}sɑŋ^{0}	角儿tɕyər^{44}	上去sɑŋ^{31}tɕʰi^{0}
济南	沿儿iɛr^{21}	角儿tɕiar^{213}	上去ʂɑŋ^{55}tɕʰi^{0}
泰安	边儿piɛr^{213}	角儿tɕyər^{213}/tɕiar^{213}	上去ʂɑŋ^{42}tɕʰi^{0}
莱芜	边儿piɛ^{213}	角tɕia^{213}	上去ʃɑŋ^{55}tɕʰi^{0}
新泰	边儿piɐr^{213}	角tɕia^{213} 角儿tɕyɐr^{213}	上去ʃɑŋ^{54}tɕʰy^{0}
沂源	边儿piɛr^{213}	角儿tɕiar^{213}	上去ʃɑŋ^{55}tɕʰy^{0}

续表

	0133边儿桌子的～	0134角儿桌子的～	0135上去他～了
博山	边儿piɛ^{213}	角tɕiɑ^{213} 角角tɕiɑ^{22}tɕiɑ^{0}	上去ʂɑŋ^{55}tɕʰy^{0}
张店	边儿piɛ^{213}	角tɕiɑ^{33}	上去ʂɑŋ^{55}tɕʰy^{0}
阳谷	边儿piɐr^{213}	角儿tɕyor^{213}	上去sɑŋ^{42}tɕʰy^{0}
梁山	边儿piɛr^{213}	角儿tɕyər^{213}	上去sɑŋ^{42}tɕʰi^{0}
菏泽	边儿piɛr^{213} 沿儿iɛr^{312}	角儿tɕyər^{213}	上去sɑŋ^{31}tɕʰy^{0}
曹县	棱上ləŋ^{31}xəŋ^{0} “上”读为“哼”轻声	角儿tɕyər^{213}	上去ʂɑŋ^{31}tɕʰy^{0}
金乡	边儿piɛr^{213}	角儿tɕyər^{213}	上去sɑŋ^{31}tɕʰy^{0}
曲阜	边儿piɛr^{213}	角儿tɕyər^{213}	上去sɑŋ^{31}tɕʰi^{0}
薛城	棱儿lə̃r^{41}	角儿tɕyər^{313}	上去sɑŋ^{41}i^{0} “去”读为“义”轻声/sɑŋ^{41}tɕʰi^{0}
郯城	边儿piɛr^{213}	角儿tɕiar^{213}/tɕyər^{213}	上去ʂɑŋ^{51}tɕʰi^{0}
临沂	边儿piɛr^{214}	角子tɕia^{21}tsɿ^{0} 角儿tɕyər^{214}	上去ʃɑŋ^{31}tɕʰi^{0}

	0136下来他～了	0137进去他～了	0138出来他～了
荣成	下来çia^{33}lai^{0}	进去tsin^{33}cʰi^{0}	出来tʃʰy^{35}lai^{0}
烟台	下来ɕia^{35}lɛ^{0}	进去tɕin^{33}tɕʰy^{0}	出来tɕʰy^{21}lɛ^{0}
栖霞	下来çia^{34}lɛi^{0}	进去tʃĩn^{52}cʰy^{0}	出来tʃʰy^{21}lɛi^{0}
长岛	下来çia^{52}lai^{0}	进去tʃən^{52}cʰy^{0}	出来tʃʰy^{35}lai^{0}
海阳	下来çia^{34}lɛ^{0}	进去tsĩ^{34}cʰi^{0}	出来tʃʰy^{21}lɛ^{0}
莱西	下来çia^{45}lɛ^{0}	进去tʃiẽ^{42}cʰi^{0}	出来tʃʰu^{45}lɛ^{0}
平度	下来çia^{45}lɛ^{0}	进去tsiə̃^{42}cʰy^{0}	出来tʃʰu^{45}lɛ^{0}
青岛	下来ɕiɑ^{45}lɛ^{0}	进去tsiẽ^{42}tɕʰi^{0}	出来tʃʰu^{55}lɛ^{42}
高密	下来ɕiɑ^{42}lɛ^{0}	进去tsiə̃^{42}tɕʰi^{0}	出来tʃʰu^{23}lɛ^{0}
诸城	下来ʃa^{44}lɛ^{0}	进去tθẽ^{44}tʃʰʅ^{0}	出来tʃʰu^{213}lɛ^{0}
沂水	下来ɕia^{44}lɛ^{0}	进去dʒẽ^{44}tɕʰi^{0}	出来tʃʰʮ^{213}lɛ^{0}
临朐	下来ɕia^{44}lɛ^{0}	进去tɕiə̃^{44}tɕʰi^{0}	出来tʃʰu^{213}lɛ^{0}

续表

	0136 下来他～了	0137 进去他～了	0138 出来他～了
日照	下来ʃiɑ^{53}lɛ^{0}	进去tθẽ^{53}tʃ^{h}u^{0}	出来tʃ^{h}u^{213}lɛ^{0}
莒南	下来ɕia^{42}lɛ^{0}	过去kuə^{42}tɕ^{h}y^{0} 进去tsiẽ^{42}tɕ^{h}y^{0}	出来tʃ^{h}ʮ^{21}lɛ^{0}
潍坊	下来ɕiɑ^{55}lɛ^{0}	进去tɕiẽ^{55}tɕ^{h}i^{0}	出来tʂ^{h}u^{214}lɛ^{0}
寿光	下来ɕia^{55}lɛ^{0}	进去tɕiə̃^{55}tɕ^{h}i^{0}	出来tʂ^{h}u^{213}lɛ^{0}
高青	下来ɕiɑ^{55}lɛ^{0}	进去tɕiə̃^{55}tɕ^{h}i^{0}	出来tʂ^{h}u^{213}lɛ^{0}
阳信	下来ɕia^{55}lɛ^{0}	进去tɕiə̃^{55}tɕ^{h}i^{0}	出来tʂ^{h}u^{31}lɛ^{0}
济阳	下来ɕia^{55}lɛ^{0}	进去tɕiẽ^{55}tɕ^{h}i^{0}	出来tʂ^{h}u^{23}lɛ^{0}
利津	下来ɕia^{55}lɛ^{0}	进去tɕiẽ^{55}tɕ^{h}y^{0}	出来tʂ^{h}u^{24}lɛ^{0}
乐陵	下来ɕiɑ^{55}lɛ^{0}	进去tɕiẽ^{55}tɕ^{h}i^{0}	出来tʂ^{h}u^{31}lɛ^{0}
商河	下来ɕiɑ^{54}lɛ^{0}	进去tɕiẽ^{54}tɕ^{h}i^{0}	出来tʂ^{h}u^{213}lɛ^{0}
平原	下来ɕia^{42}lɛi^{0}	进去tɕiẽ^{42}tɕ^{h}i^{0}	出来tʂ^{h}u^{23}lɛi^{0}
德州	下来ɕia^{42}lɛ^{0}	进去tɕiẽ^{42}tɕ^{h}y^{0}	出来tʂ^{h}u^{213}lɛ^{0}
武城	下来ɕia^{53}lɛ^{0}	进去tɕiẽ^{53}tɕ^{h}y^{0}	出来tʂ^{h}u^{312}lɛ^{0}
临清	下来ɕia^{53}lai^{0}	进去tɕin^{53}tɕ^{h}y^{0}	出来tʂ^{h}u^{44}lai^{0}
冠县	下来ɕia^{314}lɛ^{53}	进去tɕiẽ^{31}tɕ^{h}y^{0}	出来tʂ^{h}u^{13}lɛ^{53}
聊城	下来ɕia^{31}lɛ^{0}	进去tɕiẽ^{53}tɕ^{h}y^{0}	出来ts^{h}u^{13}lɛ^{0}
济南	下来ɕia^{55}lɛ^{0}	进去tɕiẽ^{55}tɕ^{h}i^{0}	出来tʂ^{h}u^{21}lɛ^{0}
泰安	下来ɕia^{42}lɛ^{0}	进去tɕiẽ^{42}tɕ^{h}i^{0}	出来tʂ^{h}u^{213}lɛ^{0}
莱芜	下来ɕia^{55}lɛ^{0}	进去tɕiẽ^{42}tɕ^{h}i^{0}	出来tʃ^{h}u^{23}lɛ^{0}
新泰	下来ɕia^{54}lɛ^{0}	进去tɕiẽ^{54}tɕ^{h}y^{0}	出来pf^{h}u^{21}lɛ^{0}
沂源	下来ɕia^{55}lɛ^{0}	进去tɕiə̃^{55}tɕ^{h}y^{0}	出来tʃ^{h}u^{21}lɛ^{0}
博山	下来ɕiɑ^{55}lɛ^{0}	进去tɕiẽ^{55}tɕ^{h}y^{0}	出来tʂ^{h}u^{213}lɛ^{0}
张店	下来ɕiɑ^{55}lɛ^{0}	进去tɕiə̃^{55}tɕ^{h}y^{0}	出来tʂ^{h}u^{33}lɛ^{0}
阳谷	下来ɕia^{42}lɛ^{0}	进去tɕiẽ^{42}tɕ^{h}y^{0}	出来ts^{h}u^{13}lɛ^{0}
梁山	下来ɕia^{42}lɛ^{0}	进去tɕiẽ^{42}tɕ^{h}i^{0}	出来t^{h}u^{21}lɛ^{0}
菏泽	下来ɕia^{31}lɛ^{0}	进去tɕiẽ^{31}tɕ^{h}y^{0}	出来ts^{h}u^{21}lɛ^{0}
曹县	下来ɕia^{31}lai^{0}	进去tɕiẽ^{31}tɕ^{h}y^{0}	出来tʂ^{h}u^{21}lai^{0}

续表

	0136 **下来**他～了	0137 **进去**他～了	0138 **出来**他～了
金乡	下来 çia^{31}lɛ^{213}	进去 tçiẽ^{31}tçʰy^{0}	出来 tsʰu^{21}lɛ^{0}
曲阜	下来 çia^{42}lɛ^{0}	进去 tçiẽ^{42}tçʰi^{0}	出来 tsʰu^{213}lɛ^{0}
薛城	下来 çia^{41}lɛ^{0}	进去 tçiẽ^{41}i^{0}/tçiẽ^{41}tçʰi^{0}	出来 pfʰu^{31}lɛ^{0}
郯城	下来 çia^{51}lɛ^{0}	进去 tçiə̃^{51}tçʰi^{0}	出来 tʂʰu^{21}lɛ^{0}
临沂	下来 çia^{31}lɛ^{0}	进去 tçiẽ^{31}tçʰi^{0}	出来 tʃʰu^{21}lɛ^{0}

	0139 **出去**他～了	0140 **回来**他～了	0141 **起来**天冷～了
荣成	出去 tʃʰy^{35}cʰy^{0}	回来 xuei^{35}lai^{0}	起来 cʰiɛ^{35}lai^{0}
烟台	出去 tçʰy^{21}tçʰy^{0}	回来 xuei^{33}lɛ^{0}	起来 tçʰi^{21}lɛ^{0}
栖霞	出去 tʃʰy^{21}cʰy^{0}	回来 xuei^{34}lɛi^{0}	起来 cʰi^{21}lɛi^{0}
长岛	出去 tʃʰy^{35}cʰy^{0}	回来 xuei^{55}lai^{0}	起来 cʰi^{35}lai^{0}
海阳	出去 tʃʰy^{21}cʰi^{0}	回来 xuei^{34}lɛ^{0}	起来 cʰi^{21}lɛ^{0}
莱西	出去 tʃʰu^{45}cʰi^{0}	回来 xuei^{45}lɛ^{0}	起来 cʰi^{24}lɛ^{0}
平度	出去 tʃʰu^{45}cʰy^{0}	回来 xuei^{45}lɛ^{0}	起来 cʰi^{45}lɛ^{0} 开 kʰɛ^{0}
青岛	出去 tʃʰu^{55}tçʰi^{42}	回来 xuei^{45}lɛ^{0}	起来 tçʰi^{55}lɛ^{0}
高密	出去 tʃʰu^{33}tçʰi^{0}	回来 xuei^{55}lɛ^{0}	开 kʰɛ^{0}
诸城	出去 tʃʰu^{213}tʃʰʅ^{0}	回来 xuei^{24}lɛ^{0}	开 kʰɛ^{0}
沂水	出去 tʃʰɥ^{213}tçʰi^{0}	回来 xue^{24}lɛ^{0}	起来 tçʰi^{213}lɛ^{0}
临朐	出去 tʃʰu^{213}tçʰi^{0}	回来 xuei^{35}lɛ^{0}	开 kʰɛ^{0}
日照	出去 tʃʰu^{213}tʃʰu^{0}	回来 xuei^{44}lɛ^{0}	开 kʰɛ^{0}
莒南	出去 tʃʰɥ^{21}tçʰy^{0}	回来 xuei^{24}lɛ^{0}	起来 tçʰi^{21}lɛ^{0} 开 kʰɛ^{0}
潍坊	出去 tʂʰu^{214}tçʰi^{0}	回来 xuei^{35}lɛ^{0}	起来 tçʰi^{24}lɛ^{0} 开 kʰɛ^{0}
寿光	出去 tʂʰu^{213}tçʰi^{0}	回来 xuei^{35}lɛ^{0}	开 kʰɛ^{0}
高青	出去 tʂʰu^{213}tçʰi^{0}	回来 xuei^{35}lɛ^{0}	起来 tçʰi^{213}lɛ^{0}
阳信	出去 tʂʰu^{31}tçʰi^{0}	回来 xuei^{45}lɛ^{0}	开 kʰɛ^{0}
济阳	出去 tʂʰu^{23}tçʰi^{0}	回来 xuei^{24}lɛ^{0}	起来 tçʰi^{213}lɛ^{0}

续表

	0139 **出去**他～了	0140 **回来**他～了	0141 **起来**天冷～了
利津	出去tʂ^{h}u^{24}tɕ^{h}y^{0}	回来xuei^{35}lɛ^{0}	开k^{h}ɛ^{0} 起来tɕ^{h}i^{213}lɛ^{0}
乐陵	出去tʂ^{h}u^{31}tɕ^{h}i^{0}	回来xuei^{55}lɛ^{0}	起来tɕ^{h}i^{212}lɛ^{0} 开k^{h}ɛ^{0}
商河	出去tʂ^{h}u^{213}tɕ^{h}i^{0}	回来xuei^{24}lɛ^{0}	起来tɕ^{h}i^{213}lɛ^{0}
平原	出去tʂ^{h}u^{23}tɕ^{h}i^{0}	回来xuei^{55}lɛi^{0}	起来tɕ^{h}i^{23}lɛi^{0}
德州	出去tʂ^{h}u^{213}tɕ^{h}y^{0}	回来xuei^{55}lɛ^{0}	起来tɕ^{h}i^{213}lɛ^{0}
武城	出去tʂ^{h}u^{312}tɕ^{h}y^{0}	回来xuei^{55}lɛ^{0}	起来tɕ^{h}i^{24}lɛ^{0}
临清	出去tʂ^{h}u^{44}tɕ^{h}i^{0}	回来xuei^{44}lai^{0}	起来tɕ^{h}i^{44}lai^{0}
冠县	出去tʂ^{h}u^{13}tɕ^{h}y^{31}	回来xuei^{53}lɛ^{0}	起来tɕ^{h}i^{44}lɛ^{0}
聊城	出去ts^{h}u^{13}tɕ^{h}y^{0}	回来xuei^{44}lɛ^{0}	起来tɕ^{h}i^{44}lɛ^{0}
济南	出去tʂ^{h}u^{21}tɕ^{h}i^{0}	回来xuei^{445}lɛ^{0}	起来tɕ^{h}i^{213}lɛ^{0}
泰安	出去tʂ^{h}u^{213}tɕ^{h}i^{0}	回来xuei^{55}lɛ^{0}	起来tɕ^{h}i^{213}lɛ^{0}
莱芜	出去tʃ^{h}u^{23}tɕ^{h}y^{0}	回来xuei^{13}lɛ^{0}	起来tɕ^{h}i^{213}lɛ^{0}
新泰	出去pf^{h}u^{21}tɕ^{h}y^{0}	回来xuei^{45}lɛ^{0}	起来tɕ^{h}i^{213}lɛ^{0}
沂源	出去tʃ^{h}u^{21}tɕ^{h}y^{0}	回来xuei^{35}lɛ^{0}	起来tɕ^{h}i^{21}lɛ^{0}
博山	出去tʂ^{h}u^{22}tɕ^{h}y^{0}	回来xuei^{35}lɛ^{0}	起来tɕ^{h}i^{213}lɛ^{0}
张店	出去tʂ^{h}u^{33}tɕ^{h}y^{0}	回来xuei^{35}lɛ^{0}	起来tɕ^{h}i^{213}lɛ^{0}
阳谷	出去ts^{h}u^{13}tɕ^{h}y^{0}	回来xuei^{55}lɛ^{0}	起来tɕ^{h}i^{55}lɛ^{0}
梁山	出去ts^{h}u^{21}tɕ^{h}i^{0}	回来xuei^{55}lɛ^{0}	起来tɕ^{h}i^{23}lɛ^{0}
菏泽	出去ts^{h}u^{21}tɕ^{h}y^{0}	回来xuei^{53}lɛ^{0}	起来tɕ^{h}i^{44}lɛ^{0}
曹县	出去tʂ^{h}u^{21}tɕ^{h}i^{0}	回来xuei^{53}lai^{0}	起来tɕ^{h}i^{44}lai^{0}
金乡	出去ts^{h}u^{21}tɕ^{h}y^{0}	回来xuei^{42}lɛ^{0}	起来tɕ^{h}i^{23}lɛ^{0}
曲阜	出去ts^{h}u^{213}tɕ^{h}i^{0}	回来xuei^{55}lɛ^{0}	起来tɕ^{h}i^{213}lɛ^{0}
薛城	出去pf^{h}u^{31}i^{0} “去”也可读tɕ^{h}i^{0}	回来xue^{54}lɛ^{0}	起来tɕ^{h}i^{24}lɛ^{0}
郯城	出去tʂ^{h}u^{21}tɕ^{h}i^{0}	回来xue^{44}lɛ^{0}	起来tɕ^{h}i^{24}lɛ^{0}
临沂	出去tʃ^{h}u^{21}tɕ^{h}i^{0}	回来xuei^{55}lɛ^{0}	起来tɕ^{h}i^{214}lɛ^{0}

	0142 **树**	0143 **木头**	0144 **松树**统称
荣成	树ʃy^{33}	木头mu^{33}t^{h}ə^{0} “头”有音变	松树syŋ^{53}ʃy^{33}
烟台	树ɕy^{33}	木头mu^{21}t^{h}ou^{0}	松树ɕyŋ^{53}ɕy^{0}

续表

	0142 树	0143 木头	0144 松树统称
栖霞	树ʃy^{342}	木头mu^{55}t^{h}əu^{0}	松树ʃuŋ^{52}ʃy^{0}
长岛	树ʃy^{52}	木头mu^{35}t^{h}ou^{0}	松树ʃuŋ^{31}ʃy^{52}
海阳	树ʃy^{341}	木头mu^{34}t^{h}əu^{0}	松树syŋ^{52}ʃy^{0}
莱西	树ʃu^{42}	木头mu^{42}t^{h}ou^{0}	松树soŋ^{32}ʃu^{0}
平度	树ʃu^{42}	木头mu^{42}t^{h}ou^{0}	松树θəŋ^{213}ʃu^{42} “松”也可读siŋ^{213}
青岛	树ʃu^{42}	木头mu^{42}t^{h}ou^{0}	松树sioŋ^{213}ʃu^{42}
高密	树ʃu^{21}	木头mu^{55}t^{h}ou^{0}	松树sioŋ^{21}ʃu^{0}
诸城	树ʃu^{31}	木头mu^{44}t^{h}ou^{0}	松树θiəŋ^{31}ʃu^{0}
沂水	树ʃʮ^{31}	木头mu^{44}t^{h}ou^{0}	松树syŋ^{21}ʃʮ^{0}
临朐	树ʃu^{21}	木头mu^{44}t^{h}əu^{0}	松树ɕyŋ^{21}ʃu^{0}
日照	树ʃu^{31}	木头mu^{53}t^{h}ou^{0}	松树θiəŋ^{31}ʃu^{0}
莒南	树ʃʮ^{312}	木头mu^{42}t^{h}ou^{0}	松树syŋ^{21}ʃʮ^{0}
潍坊	树ʂu^{31}	木头mu^{55}t^{h}ɤɯ^{0}	松树ɕyŋ^{31}ʂu^{0}
寿光	树ʂu^{21}	木头mu^{55}t^{h}əu^{0}	松树ɕyŋ^{21}ʂu^{0}
高青	树ʂu^{41}	木头mu^{55}t^{h}ou^{0}	松树ɕyŋ^{21}ʂu^{0}
阳信	树ʂu^{31}	木头mu^{55}t^{h}ou^{0}	松树suŋ^{31}ʂu^{0}
济阳	树ʂu^{31}	木头mu^{55}t^{h}ou^{0}	松树ɕyŋ^{21}ʂu^{0}
利津	树ʂu^{31}	木头mu^{55}t^{h}ou^{0}	松树ɕyŋ^{31}ʂu^{0}
乐陵	树ʂu^{51}	木头mu^{55}t^{h}ou^{0}	松树suŋ^{31}ʂu^{0}
商河	树ʂu^{31}	木头mu^{54}t^{h}ou^{0}	松树ɕyŋ^{21}ʂu^{0}
平原	树ʂu^{21}	木头mu^{42}t^{h}ou^{0}	松树suŋ^{23}ʂu^{21}
德州	树ʂu^{21}	木头mu^{42}t^{h}ou^{0}	松树suŋ^{213}ʂu^{21}
武城	树ʂu^{312}	木头mu^{53}t^{h}ou^{0}	松树suŋ^{312}ʂu^{0}
临清	树ʂu^{313}	木头mu^{53}t^{h}ou^{0}	松树suŋ^{13}ʂu^{313}
冠县	树ʂu^{314}	木头mu^{53}t^{h}ou^{0}	松树suŋ^{55}ʂu^{0}
聊城	树su^{313}	木头mu^{53}t^{h}ou^{0}	松树suŋ^{13}su^{313}

续表

	0142 树	0143 木头	0144 松树统称
济南	树 ʂu^{21}	木头 mu^{55}tʰou^{0}	松树 ɕyŋ^{21}ʂu^{0}
泰安	树 ʂu^{21}	木头 mu^{42}tʰou^{0}	松树 ɕyŋ^{21}ʂu^{0}
莱芜	树 ʃu^{42}	木头 mu^{55}tʰou^{0}	松树 ɕyŋ^{31}ʃu^{0}
新泰	树 fu^{31}	木头 mu^{54}tʰou^{0}	松树 ɕyŋ^{21}fu^{0}
沂源	树 ʃu^{31}	木头 mu^{55}tʰou^{0}	松树 ɕyŋ^{21}ʃu^{0}
博山	树 ʂu^{31}	木头 mu^{55}tʰəu^{0}	松树 ɕyŋ^{21}ʂu^{0}
张店	树 ʂu^{31}	木头 mu^{55}tʰou^{0}	松树 ɕyŋ^{21}ʂu^{0}
阳谷	树 fu^{313}	木头 mu^{31}tʰou^{0}	松树 ɕyŋ^{13}fu^{0}
梁山	树 fu^{314}	木头 mu^{21}tʰou^{0}	松树 ɕyŋ^{23}fu^{314}
菏泽	树 fu^{312}	木头 mu^{21}tʰou^{0}	松树 suŋ^{213}su^{312}
曹县	树 fu^{312}	木头 mu^{21}tʰou^{0}	松树 suŋ^{213}fu^{312}
金乡	树 su^{312}	木头 mu^{21}tʰou^{0}	松树 ɕyŋ^{23}su^{312}
曲阜	树 su^{312}	木头 mu^{21}tʰou^{0}	松树 suŋ^{23}su^{312}
薛城	树 fu^{41}	木头 mu^{31}tʰou^{0}	松树 ɕyŋ^{313}fu^{41}
郯城	树 fu^{51}/ʂu^{51}	木头 mu^{21}tʰəu^{0}	松树 suŋ^{21}fu^{51}/suŋ^{21}ʂu^{51}
临沂	树 ʃu^{312}	木头 mu^{21}tʰou^{0}	松树 suŋ^{24}ʃu^{312}

	0145 柏树统称	0146 杉树	0147 柳树
荣成	柏树 pɛ^{55}ʃy^{33}	杉木 ʂa^{53}mu^{0}	柳树 liəu^{214}ʃy^{33}
烟台	柏树 po^{21}ɕy^{0}	杉木 sa^{53}mu^{0}	柳树 liou^{21}ɕy^{0}
栖霞	柏树 pə^{21}ʃy^{0}	杉树 sãn^{52}ʃy^{0}	柳树 liəu^{21}ʃy^{0}
长岛	片儿松 pʰiɐr^{52}ʃuŋ^{31}	杉树 san^{31}ʃy^{52}	柳树 liou^{35}ʃy^{52}
海阳	片松 pʰiã^{34}syŋ^{52}	杉树 ʂa^{52}ʃy^{0}	柳树 liəu^{21}ʃy^{0}
莱西	柏树 pə^{24}ʃu^{42}	杉树 sã^{55}ʃu^{42}	柳树 liou^{214}ʃu^{42}
平度	柏树 pei^{45}ʃu^{0}	杉树 ʂã^{213}ʃu^{0}	柳树 liou^{45}ʃu^{0}
青岛	柏树 pei^{55}ʃu^{42}	水杉 ʂuei^{213}ʂã^{55}	柳树 liou^{55}ʃu^{42}
高密	柏树 pei^{23}ʃu^{0}	杉树 ʂã^{21}ʃu^{0}	柳树 liou^{23}ʃu^{0}
诸城	柏树 pei^{213}ʃu^{0}	杉树 ʂã^{31}ʃu^{0}	柳树 liou^{213}ʃu^{0}

续表

	0145 柏树统称	0146 杉树	0147 柳树
沂水	柏树 pe^{213}ʃɥ^{0}	杉树 ʃã^{24}ʃɥ^{31}	柳树 liou^{213}ʃɥ^{0}
临朐	柏树 pei^{213}ʃu^{0}	（无）	柳树 liəu^{213}ʃu^{0}
日照	柏树 pei^{213}ʃu^{0}	杉树 ʂɑ^{31}ʃu^{0}	柳树 liou^{213}ʃu^{0}
莒南	柏树 pei^{21}ʃɥ^{0}	杉树 ʂã^{21}ʃɥ^{0}	柳树 liou^{213}ʃu^{0}
潍坊	柏树 pei^{24}ʂu^{0}	杉树 ʂã^{31}ʂu^{0}本地不产	柳树 liɤɯ^{24}ʂu^{0}
寿光	柏树 pei^{213}ʂu^{0}	（无）	柳树 liəu^{24}ʂu^{0}
高青	松树 ɕyŋ^{21}ʂu^{0}	杉树 ʂã^{21}ʂu^{0}	柳树 liou^{213}ʂu^{0}
阳信	柏树 pɛ^{31}ʂu^{0}	杉树 ʂã^{31}ʂu^{0}	柳树 liou^{213}ʂu^{0}
济阳	柏树 pei^{23}ʂu^{0}	（无）	柳树 liou^{213}ʂu^{0}
利津	柏树 pei^{24}ʂu^{0}	杉木 ʂa^{31}mu^{0}	柳树 liou^{213}ʂu^{0}
乐陵	柏树 pɛ^{31}ʂu^{0}	杉树 ʂã^{31}ʂu^{0}	柳树 liou^{212}ʂu^{0}
商河	柏树 pɛ^{213}ʂu^{0}	杉树 sɑ^{21}ʂu^{0}	柳树 liou^{213}ʂu^{0}
平原	柏树 pei^{23}ʂu^{21}	杉树 ʂã^{21}ʂu^{0}	柳树 liou^{23}ʂu^{0}
德州	柏树 pɛ^{21}ʂu^{0}	（无）	柳树 liou^{213}ʂu^{0}
武城	柏树 pɛ^{24}ʂu^{0}	杉树 ʂã^{24}ʂu^{0}	柳树 liou^{24}ʂu^{0}
临清	柏树 pai^{13}ʂu^{313}	杉树 ʂa^{13}ʂu^{313}	柳树 liou^{44}ʂu^{313}
冠县	柏树 pɛ^{13}ʂu^{31}	杉树 ʂã^{13}ʂu^{31}	柳树 liou^{55}ʂu^{0}
聊城	柏树 pɛ^{13}su^{313}	杉树 sa^{13}su^{313}	柳树 liou^{44}su^{313}
济南	柏树 pei^{21}ʂu^{0}	杉树 ʂã^{23}ʂu^{21}	柳树 liou^{213}ʂu^{0}
泰安	柏树 pei^{21}ʂu^{0}	（无）	柳树 liou^{213}ʂu^{0}
莱芜	柏树 pei^{23}ʃu^{0}	杉树 ʃã^{31}ʃu^{0}	柳树 liou^{213}ʃu^{0}
新泰	柏树 pei^{21}fu^{0}	杉树 ʃã^{21}fu^{0}	柳树 liou^{213}fu^{0}
沂源	柏树 pei^{21}ʃu^{0}	杉树 ʃã^{13}ʃu^{31}	柳树 liou^{21}ʃu^{0}
博山	柏树 pei^{22}ʂu^{0}	杉树 ʂã^{21}ʂu^{0}	柳树 liəu^{213}ʂu^{0}
张店	松树 ɕyŋ^{21}ʂu^{0}	杉树 ʂã^{21}ʂu^{0}	柳树 liou^{213}ʂu^{0}
阳谷	柏树 pei^{13}fu^{0}	杉树 sã^{13}fu^{0}	柳树 liou^{55}fu^{0}
梁山	柏树 pei^{23}fu^{314}	杉树 sa^{23}fu^{314}	柳树 liou^{55}fu^{314}
菏泽	柏树 pei^{213}su^{312}	（无）	柳树 liou^{44}fu^{0}

续表

	0145柏树统称	0146杉树	0147柳树
曹县	柏树 pei^{213}fu^{312}	杉树 sã^{213}ʂu^{312}	柳树 liou^{44}fu^{0}
金乡	柏树 pei^{23}su^{312}	（无）	柳树 liou^{55}su^{0}
曲阜	柏树 pei^{23}su^{312}	杉树 sã^{23}su^{312}	柳树 liou^{55}su^{312}
薛城	松树 ɕyŋ^{313}fu^{41}	杉树 sã^{313}fu^{41}	柳树 liou^{24}fu^{0}
郯城	松树 suŋ^{21}fu^{51}/suŋ^{21}ʂu^{51}	水杉 fe^{44}ʂã^{213}/ʂue^{44}ʂã^{213} 杉树 ʂã^{21}fu^{51}/ʂã^{21}ʂu^{51}	柳树 liəu^{24}fu^{51}/liəu^{24}ʂu^{51}
临沂	柏树 pei^{24}ʃu^{312}	杉树 ʃã^{24}ʃu^{312}	柳树 liou^{55}ʃu^{312}/liou^{214}ʃu^{0}

	0148竹子统称	0149笋	0150叶子
荣成	竹子 tʂu^{214}tsɿ^{0}	笋 sən^{214}	叶儿 iɐr^{214}
烟台	竹子 tsu^{21}ɾə^{0}	笋 sən^{14}	叶子 ie^{21}ɾə^{0}
栖霞	竹子 tsu^{21}lə^{0}	笋 sə̃n^{214}	叶儿 iɐr^{214}
长岛	竹子 tsu^{35}tsɿ^{0}	笋 sən^{213}	叶子 iɛ^{35}tsɿ^{0}
海阳	竹 tʂu^{214}	笋 sỹ^{214}	叶子 iə^{34}ə^{0}
莱西	竹子 tsu^{24}tsɿ^{0}	笋 ʃyẽ^{55}	叶儿 iər^{42} 叶子 iə^{42}tsɿ^{0}
平度	竹子 tʂu^{45}tθɿ^{0}	笋 syə̃^{42}	叶子 iə^{42}tθɿ^{0} 叶儿 iər^{42}
青岛	竹子 tʂu^{55}tθɿ^{0}	笋 syẽ^{55}	叶子 iə^{42}tθɿ^{0}
高密	竹子 tʂu^{23}tθɿ^{0}	竹笋 tʂu^{42}syə̃^{55} 笋 syə̃^{55}	叶子 iə^{42}tθɿ^{0} 叶儿 iər^{21}
诸城	竹子 tʂu^{213}tθɿ^{0}	竹芽子 tʂu^{44}ia^{24}tθɿ^{0} 竹笋 tʂu^{44}θuẽ^{44}	叶子 iə^{44}tθɿ^{0}
沂水	竹子 tʂu^{213}dðɿ^{0}	笋 ʃuẽ^{44}	叶子 iə^{44}dðɿ^{0}
临朐	竹子 tʂu^{213}tθɿ^{0}	笋 ɕyə̃^{44}	叶子 iə^{44}tθɿ^{0}
日照	竹子 tʂu^{213}tθɿ^{0}	竹笋 tʂu^{213}θuẽ^{44}	叶儿 zər^{31}
莒南	竹子 tʂu^{21}tθɿ^{0}	笋 syẽ^{55}	叶子 iə^{42}tθɿ^{0}
潍坊	竹子 tʂu^{214}tsɿ^{0}	笋 ɕyẽ^{55}	叶子 iə^{55}tsɿ^{0}大的 叶 iə^{31}小的
寿光	竹子 tʂu^{213}tsɿ^{0}	笋 ɕyə̃^{55}	叶子 iə^{55}tsɿ^{0} 叶儿 iɤr^{21}

续表

	0148竹子统称	0149笋	0150叶子
高青	竹子tʂu^{213}tsɿ^{0}	笋ɕyə̃^{55}	叶子iə^{55}tsɿ^{0}
阳信	竹子tʂu^{31}tsɿ^{0}	笋suə̃^{55}	叶子iə^{55}tsɿ^{0}
济阳	竹子tʂu^{23}tsɿ^{0}	笋ɕyẽ^{55}	叶子iə^{55}tsɿ^{0}
利津	竹子tʂu^{24}tsɿ^{0}	笋ɕyẽ^{55}	叶子iə^{55}tsɿ^{0}
乐陵	竹子tʂu^{31}tsɿ^{0}	笋ɕyẽ^{55}	叶子iə^{55}tsɿ^{0}
商河	竹子tʂu^{213}tsɿ^{0}	竹笋tʂu^{54}ɕyẽ^{45}	叶子iə^{54}tsɿ^{0}
平原	竹子tʂu^{23}tsɿ^{0}	笋ɕyẽ^{55}	叶子iə^{42}tsɿ^{0}
德州	竹子tʂu^{21}tsɿ^{0}	笋ɕyẽ^{55}	叶儿iər^{21}
武城	竹子tʂu^{312}tsɿ^{0}	笋ɕyẽ^{55}	叶儿iər^{312}
临清	竹子tʂu^{13}tsɿ^{0}	笋sun^{44}	叶儿iər^{313} 叶子iə^{53}tsɿ^{0}
冠县	竹子tʂu^{21}tsɿ^{0}	笋suẽ^{55}	叶子iə^{53}tsɿ^{0}
聊城	竹子tsu^{13}tsɿ^{0}	笋ɕyẽ^{44}	叶儿iər^{313} 叶子iə^{53}tsɿ^{0}
济南	竹子tʂu^{21}tsɿ^{0}	笋ɕyẽ^{55}	叶子iə^{55}tsɿ^{0}
泰安	竹子tʂu^{21}tsɿ^{0}	笋ɕyẽ^{55}	叶子iə^{42}tsɿ^{0} 叶儿iər^{21}
莱芜	竹子tʃu^{23}tsɿ^{0}	笋ɕyẽ^{55}	叶子iɛ^{42}tsɿ^{0}
新泰	竹子pfu^{21}tθɿ^{0}	笋ɕyẽ^{55}	叶子iə^{54}tθɿ^{0}
沂源	竹子tʃu^{21}tθɿ^{0}	笋ɕyə̃^{55}	叶子iə^{55}tθɿ^{0}
博山	竹子tʂu^{22}ə^{0}	笋ɕyẽ^{55}	叶子iə^{55}ə^{0}
张店	竹子tʂu^{33}ɿ^{0}	笋ɕyə̃^{55}	叶子iə^{55}ɿ^{0}
阳谷	竹子tsu^{31}zɿ^{0}	笋suẽ^{55}	叶子iə^{31}zɿ^{0}
梁山	竹子tsu^{21}tsɿ^{0}	笋ɕyẽ^{55}	叶子iə^{21}tsɿ^{0}
菏泽	竹子tsu^{21}tə^{0}	笋suẽ^{44}	叶子iɛ^{21}tə^{0}
曹县	竹子tʂu^{21}tə^{0}	笋suẽ^{44}	叶子iə^{21}tə^{0}
金乡	竹子tsu^{21}tsɿ^{0}	笋ɕyẽ^{55}	叶子iə^{21}tsɿ^{0}
曲阜	竹子tsu^{21}tsɿ^{0}	笋ɕyẽ^{55}	叶子iə^{21}tsɿ^{0}
薛城	竹子pfu^{31}tsɿ^{0}/tsu^{31}tsɿ^{0}	笋ɕyẽ^{24}	叶子iə^{31}tsɿ^{0}

续表

	0148 竹子统称	0149 笋	0150 叶子
郯城	竹子 tʂu^{21}tsɿ^{0}	竹笋 tʂu^{21}suã^{24} 笋 suã^{24}	叶子 iə^{21}tsɿ^{0} 叶儿 iər^{213}
临沂	竹子 tʃu^{21}tsɿ^{0}	笋 çyẽ^{55}	叶子 iə^{21}tsɿ^{0}

	0151 花	0152 花蕾花骨朵	0153 梅花
荣成	花儿 xuar^{53}	花儿骨朵 xuar^{53}ku^{214}tʰə^{0} “朵”有音变	梅花儿 mei^{35}xuar^{53}
烟台	花儿 xuar^{53}	花骨嘟儿 xua^{35}ku^{21}tur^{0}	梅花儿 mei^{35}xuar^{0}
栖霞	花儿 xuar^{312}	花骨嘟儿 xua^{34}ku^{21}təur^{0}	梅花儿 mei^{34}xuar^{0}
长岛	花儿 xuar^{312}	花卜$^{=}$嘟儿 xua^{31}pu^{35}təur^{0}	梅花儿 mei^{55}xuar^{0}
海阳	花儿 xuar^{52}	花骨朵儿 xua^{34}ku^{21}tuor^{0}	梅花儿 mei^{34}xuar^{0}
莱西	花儿 xuᴀr^{214}	花儿卜$^{=}$嘟儿 xuᴀr^{214}pu^{24}tur^{0}	梅花儿 mei^{45}xuᴀr^{0}
平度	花儿 xuar^{213}	花骨嘟 xua^{213}ku^{45}tu^{0}	梅花儿 mei^{45}xuar^{0}
青岛	花儿 xuɑr^{213}	花卜$^{=}$嘟儿 xuɑ^{213}pu^{0}tour^{42}	梅花儿 mei^{45}xuɑr^{0}
高密	花儿 xuɐr^{213}	花骨嘟儿 xuɑ^{213}ku^{23}tur^{0}	梅花儿 mei^{55}xuɐr^{0}
诸城	花儿 xuar^{213}	花儿骨嘟儿 xuar^{24}ku^{213}tur^{0}	梅花儿 mei^{24}xuar^{0}
沂水	花 xua^{213}	花骨嘟 xua^{24}ku^{213}tu^{0}	梅花 me^{24}xua^{0}
临朐	花 xua^{213}	花骨嘟儿 xua^{44}ku^{213}tur^{0}	梅花 mei^{35}xua^{0}
日照	花儿 xuɑr^{213}	花儿骨嘟儿 xuɑr^{23}ku^{213}tur^{0}	梅花儿 mei^{44}xuɑr^{0}
莒南	花 xua^{213}	花骨嘟 xua^{213}ku^{21}tou^{0}	梅花 mei^{24}xua^{0}
潍坊	花儿 xuɑr^{214}	花骨嘟儿 xuɑ^{34}ku^{214}tur^{0}	梅花儿 mei^{35}xuɑr^{0}
寿光	花 xua^{213}	骨嘟儿 ku^{213}tur^{0} 花骨嘟儿 xua^{55}ku^{213}tur^{0}	梅花儿 mei^{35}xuʌr^{0}
高青	花儿 xuɑr^{213}	花卜$^{=}$嘟儿 xuɑ^{213}pu^{213}tur^{0}	梅花 mei^{35}xuɑ^{0}
阳信	花儿 xuar^{213}	花儿骨嘟儿 xuar^{213}ku^{31}tur^{0}	梅花儿 mei^{45}xuar^{0}
济阳	花儿 xuar^{213}	花骨嘟儿 xua^{13}ku^{213}tour^{0}	梅花儿 mei^{24}xuar^{0}
利津	花儿 xuar^{213}	花卜$^{=}$朵儿 xua^{213}pu^{24}tuər^{0}	梅花儿 mei^{35}xuar^{0}
乐陵	花儿 xuɑr^{24}	花骨嘟儿 xuɑ^{24}ku^{31}tʰur^{0} “嘟”读为“突”	梅花儿 mei^{55}xuɑr^{0}
商河	花儿 xuɑr^{213}	花骨嘟儿 xuɑ^{24}ku^{21}tour^{0}	梅花儿 mei^{24}xuɑr^{0}

续表

	0151花	0152花蕾花骨朵	0153梅花
平原	花儿xuar^{213}	花骨嘟儿xua^{23}ku^{21}tur^{0}	梅花儿mei^{55}xuar^{0}
德州	花儿xuɐr^{213}	花骨朵儿xua^{213}ku^{21}tuər^{0}	梅花儿mei^{55}xuɐr^{0}
武城	花儿xuar^{224}	花骨嘟儿xuar^{24}ku^{312}tur^{0}	梅花儿mei^{55}xuar^{0}
临清	花儿xuar^{13}	花骨朵儿xua^{13}ku^{0}tuər^{0}	梅花儿mei^{44}xuar^{0}
冠县	花儿xuar^{13}	花骨嘟儿xua^{44}ku^{21}tur^{0}	梅花mei^{55}xua^{0}
聊城	花儿xuar^{13}	花骨朵儿xua^{13}ku^{13}tuər^{0}	梅花儿mei^{44}xuar^{0}
济南	花儿xuar^{213}	花骨嘟儿xua^{23}ku^{21}tur^{0}	梅花儿mei^{445}xuar^{0}
泰安	花xua^{213}	花骨朵儿xua^{23}ku^{21}tuor^{0}	梅花mei^{55}xua^{0}
莱芜	花xua^{213}	花骨嘟xua^{213}ku^{23}tou^{0}	梅花mei^{13}xua^{0}
新泰	花xua^{213}	花骨嘟xua^{23}ku^{0}tou^{213}	梅花mei^{45}xua^{0}
沂源	花xua^{213}	花骨朵儿xua^{55}ku^{21}tuər^{0}	梅花mei^{35}xua^{0}
博山	花xuɑ^{213}	花骨嘟xuɑ^{213}ku^{22}tu^{0}	梅花mei^{35}xuɑ^{0}
张店	花xuɑ^{213}	花骨嘟xuɑ^{213}ku^{33}tu^{0}	梅花mei^{35}xuɑ^{0}
阳谷	花儿xuar^{213}	花骨头儿xua^{13}ku^{31}t^{h}our^{0}	梅花mei^{55}xua^{0}
梁山	花儿xuar^{213}	花儿骨朵儿xuar^{23}ku^{21}tuər^{0}	梅花儿mei^{55}xuar^{0}
菏泽	花儿xuar^{213}	花骨朵儿xua^{213}ku^{21}tuər^{0}	梅花儿mei^{53}xuar^{213}
曹县	花xua^{213}	花骨朵子xua^{213}ku^{0}tuə^{44}tə^{0}	梅花mei^{53}xua^{213}
金乡	花儿xuar^{213}	花儿骨朵儿xuar^{23}ku^{21}tuər^{0}	梅花儿mei^{55}xuar^{213}
曲阜	花xua^{213}	花骨朵儿xua^{213}ku^{21}tuər^{0}	梅花mei^{55}xua^{0}
薛城	花xua^{313}	花骨头儿xua^{23}ku^{31}t^{h}our^{0}	梅花me^{55}xua^{0}
郯城	花xua^{213}	花骨头儿xua^{13}ku^{21}t^{h}əur^{24}	梅花me^{44}xua^{213}
临沂	花xua^{214}	花骨嘟xua^{24}ku^{21}tou^{0}	梅花mei^{55}xua^{0}

	0154牡丹	0155荷花	0156草
荣成	牡丹mu^{35}tan^{53}	荷花儿xo^{35}xuar^{53}	草ts^{h}au^{214}
烟台	牡丹mu^{21}tan^{0}	荷花儿xɤ^{33}xuar^{0}	草ts^{h}au^{14}
栖霞	牡丹mu^{21}tãn^{0}	荷花儿xuo^{34}xuar^{0}	草ts^{h}ɔo^{214}
长岛	牡丹mu^{35}tan^{0}	荷儿花儿xər^{55}xuar^{0}	草ts^{h}au^{213}

续表

	0154牡丹	0155荷花	0156草
海阳	牡丹mu^{21}tã^{0}	荷花xuo^{34}xua^{52}	草tθʰɔ^{214}
莱西	牡丹mu^{214}tã^{0}	荷花xuə^{31}xua^{214}	草tsʰɔ^{55}
平度	牡丹mu^{45}tã^{0}	荷花儿xə^{42}xuar^{213} 莲花儿liã^{45}xuar^{0}	草tθʰɔ^{55}
青岛	牡丹mu^{55}tã^{0}	荷花xuə^{45}xuɑ^{0}	草tθʰɔ^{55}
高密	牡丹mu^{23}tã^{0}	荷花儿xə^{55}xuɐr^{0} 莲花儿liã^{55}xuɐr^{0}	草tθʰɔ^{55}
诸城	牡丹mu^{213}tã^{0}	荷花儿xuə^{24}xuar^{0}	草tθʰɔ^{44}
沂水	牡丹mu^{213}tã^{0}	荷花xə^{24}xua^{0}	草tθʰɔ^{44}
临朐	牡丹mu^{213}tã^{0}	荷花xuə^{35}xua^{0}	草tθʰɔ^{44}
日照	牡丹mu^{213}tã^{0}	荷花xə^{44}xuɑ^{0}	草tθʰɔ^{44}
莒南	牡丹mu^{21}tã^{0}	荷花xə^{24}xua^{0} 莲花liã^{24}xua^{0}	草tθʰɔ^{55}
潍坊	牡丹mu^{24}tã^{0}	荷花xuə^{35}xuɑ^{0} 莲花liã^{35}xuɑ^{0}	草tsʰɔɤ^{55}
寿光	牡丹mu^{24}tã^{0}	荷花xuə^{35}xua^{0} 藕花ŋəu^{24}xua^{0} 莲花liã^{35}xua^{0}	草tsʰɔ^{55}
高青	牡丹mu^{213}tã^{0}	莲花儿liã^{35}xuɑr^{0}	草tsʰɔ^{55}
阳信	牡丹mu^{213}tã^{0}	荷儿花儿xər^{45}xuar^{0}	草tsʰɔ^{55}
济阳	牡丹mu^{213}tã^{0}	荷花儿xə^{24}xuar^{0}	草tsʰɔ^{55}
利津	牡丹mu^{213}tã^{0}	荷花儿xə^{35}xuar^{0} 莲花儿liã^{35}xuar^{0}	草tsʰɔ^{55}
乐陵	牡丹mu^{212}tã^{0}	荷花儿xə^{55}xuɑr^{0}	草tsʰɔ^{55}
商河	牡丹mu^{213}tã^{0}	荷花儿xə^{24}xuɑr^{0}	草儿tsʰɔr^{54}
平原	牡丹mu^{23}tã^{0}	荷儿花儿xɤr^{55}xuar^{0}	草tsʰɔu^{55}
德州	牡丹mu^{213}tã^{0}	荷花儿xə^{55}xuɐr^{0}	草儿tsʰɔr^{55}
武城	牡丹mu^{24}tã^{0}	荷花儿xə^{55}xuar^{0}	草tsʰɔ^{55}
临清	牡丹mu^{44}tan^{0}	荷花xə^{44}xua^{0}	草tsʰau^{44}
冠县	牡丹mu^{44}tã^{0}	荷儿花xər^{53}xua^{13} 莲花儿liã^{55}xuar^{0}	草tsʰɔ^{55}

续表

	0154牡丹	0155荷花	0156草
聊城	牡丹mu^{44}tã^{0}	荷花儿xə^{44}xuar^{0}	草儿ts^{h}ɔr^{44}
济南	牡丹mu^{213}tã^{0}	荷花儿xə^{445}xuar^{0}	草ts^{h}ɔ^{55}
泰安	牡丹mu^{213}tã^{0}	荷花xə^{55}xua^{0}	草ts^{h}ɔ^{55}
莱芜	牡丹mu^{213}tã^{0}	藕花ŋou^{213}xua^{0}	草ts^{h}ɔ^{55}
新泰	牡丹mu^{213}tã^{0}	荷花xə^{45}xua^{0}	草tθ^{h}ɔ^{55}
沂源	牡丹mu^{21}tã^{0}	荷花xuə^{35}xua^{0}	草tθ^{h}ɔ^{55}
博山	牡丹mu^{213}tã^{0}	荷花xuə^{35}xuɑ^{0}	草ts^{h}ɔ^{55}
张店	牡丹mu^{213}tã^{0}	荷花xuə^{35}xuɑ^{0}	草ts^{h}ɔ^{55}
阳谷	牡丹mu^{13}tã^{0}	荷花xə^{55}xua^{0}	草ts^{h}ɔ^{55}
梁山	牡丹mu^{23}tã^{0}	莲花儿liã^{55}xuar^{0}	草ts^{h}ɔ^{55}
菏泽	牡丹mu^{44}tã^{0}	荷花儿xə^{53}xuar^{0} 莲花儿liã^{53}xuar^{0}	草ts^{h}ɔ^{44}
曹县	牡丹mu^{44}tã^{0}	藕莲花ɣou^{44}liã^{53}xua^{213}	草ts^{h}ɔ^{44}
金乡	牡丹mu^{23}tã^{0}	莲花儿liã^{55}xuar^{213}	草ts^{h}ɔ^{55}
曲阜	牡丹mu^{213}tã^{0}	荷花xə^{42}xua^{213}	草ts^{h}ɔ^{55}
薛城	牡丹mu^{24}tã^{0}	荷花xə^{55}xua^{0}	草ts^{h}ɔ^{24}
郯城	牡丹mu^{21}tã^{44}	藕花əu^{44}xua^{213} 莲花liã^{44}xua^{213} 荷花xə^{44}xua^{213}	草ts^{h}ɔ^{24}
临沂	牡丹mu^{21}tã^{0}	荷花xə^{55}xua^{0}	草ts^{h}ɔ^{55}

	0157藤	0158刺名词	0159水果
荣成	蔓儿mɐr^{33}	刺儿ts^{h}ər^{33}	水果儿ʂuei^{55}kor^{214}
烟台	蔓子man^{33}ɾə^{0}	刺儿ts^{h}ər^{33}	水果儿suei^{55}kuor^{14}
栖霞	藤子t^{h}əŋ^{34}tsɿ^{0}	刺儿ts^{h}ər^{52}	果儿木kuor^{55}mu^{0}
长岛	蔓子an^{52}tsɿ^{0} “蔓”读为“案”	刺ts^{h}ɿ^{52}	果木儿kuə^{52}mər^{0}
海阳	芽儿ɐr^{341}无i介音	刺儿tθ^{h}ər^{341}	水果儿ʂuei^{21}kuor^{214}
莱西	芽儿ᴀr^{42}无i介音	刺儿ts^{h}er^{42}	水果儿suei^{214}kuər^{55}
平度	蔓儿uɛr^{42} 蔓子uã^{45}tθɿ^{0}	刺儿tθ^{h}er^{42}	果木kuə^{45}mu^{0}

续表

	0157藤	0158刺名词	0159水果
青岛	蔓儿uɐr^{42}	刺儿tθʰer^{42}	果木kuə^{44}mu^{0}
高密	蔓子uã^{42}tθɿ^{0}	刺儿tθʰer^{21}	果木儿kuə^{23}mur^{0} 水果儿ʂuei^{42}kuər^{0}
诸城	藤tʰəŋ^{53}	刺儿tθʰer^{31}	果儿木儿kuər^{213}mur^{0}
沂水	藤tʰəŋ^{53}	刺儿tθʰer^{31}	水果儿ʂue^{53}kuər^{44}
临朐	秧iɑŋ^{213}	刺儿tθʰer^{21}	山果木子ʂã^{44}kuə^{213}ma^{0}tθɿ^{0} "木"读为"吗"
日照	藤子tʰəŋ^{44}tθɿ^{0}	刺儿tθʰer^{31}	果儿木儿kuər^{213}mur^{0}
莒南	藤tʰəŋ^{53} 秧子iɑŋ^{21}tθɿ^{0}	圪针kə^{53}tʃẽ^{213} 刺儿tθʰɾer^{312}	果木儿kuə^{213}mur^{0} 水果儿ʂuei^{53}kuər^{55}
潍坊	蔓儿uɐr^{31} 蔓子uã^{55}tsɿ^{0} 藤tʰəŋ^{53}	刺儿tsʰer^{31}	水果儿ʂuei^{53}kuər^{55} 果儿木kuər^{24}mu^{0}
寿光	蔓儿uɐr^{21}	刺儿tsʰʅ^{21}	果木儿kuə^{24}mur^{0}
高青	蔓子uã^{21}tsɿ^{0}	刺儿tsʰer^{41}	水果ʂuei^{55}kuə^{55}
阳信	藤子tʰəŋ^{45}tsɿ^{0}	刺儿tsʰer^{31}	水果儿ʂuei^{55}kər^{55}
济阳	秧子iɑŋ^{21}tsɿ^{0}	刺儿tsʰer^{31}	果木子kə^{213}mə^{0}tsɿ^{0}
利津	藤tʰəŋ^{53} 蔓子uã^{55}tsɿ^{0}	刺tsʰɿ^{31}	水果儿ʂuei^{53}kuər^{55}
乐陵	蔓子uã^{55}tsɿ^{0}	刺儿tsʰer^{51}	水果儿ʂuei^{51}kuər^{55}
商河	蔓mã^{31} 蔓儿uɐr^{31}	刺儿tsʰer^{31}	瓜果kuɑ^{213}kuə^{45}
平原	秧子iɑŋ^{21}tsɿ^{0} 蔓子uã^{42}tsɿ^{0}	刺儿tsʰər^{21}	水果儿ʂuei^{42}kuor^{55}
德州	藤tʰəŋ^{42}	刺儿tsʰer^{21}	水果儿ʂuei^{42}kuər^{55}
武城	秧子iɑŋ^{312}tsɿ^{0} 蔓儿uɐr^{312}	刺儿tsʰer^{312}	水果儿ʂuei^{53}kuər^{55}
临清	藤tʰəŋ^{53}	刺儿tsʰer^{313}	水果ʂuei^{53}kuə^{0}
冠县	藤tʰəŋ^{53}	刺tsʰɿ^{314}	水果ʂuei^{53}kuə^{55}
聊城	藤tʰəŋ^{53}	刺儿tsʰer^{313}	水果suei^{53}kuə^{44}
济南	藤tʰəŋ^{42}	刺儿tsʰer^{21} 刺tsʰɿ^{21}	果木子kuə^{213}mu^{0}tsɿ^{0} 水果儿ʂuei^{42}kuər^{55}

续表

	0157藤	0158刺名词	0159水果
泰安	葛条kə^{213}tʰiɔ^{42}	刺tsʰɿ^{21}	水果ʂuei^{42}kuə^{55}
莱芜	藤tʰəŋ^{55}	刺tsʰɿ^{42}	水果ʃuei^{55}kuə^{55}
新泰	藤tʰəŋ^{42}	刺儿tθʰɤr^{31}	水果fei^{42}kuə^{55}
沂源	秧子iaŋ^{21}tθɿ^{0}	刺tθʰɿ^{31}	水果儿ʃuei^{55}kuər^{55}
博山	藤子tʰəŋ^{55}ə^{0}	刺tsʰɿ^{31}	水果ʂuei^{53}kuə^{55} 果木kuə^{213}mu^{0}
张店	藤tʰəŋ^{55}	刺tsʰɿ^{31}	水果ʂuei^{55}kuə^{55}
阳谷	藤tʰəŋ^{42}	刺tsʰɿ^{313}	水果fei^{55}kuo^{55}
梁山	（无）	刺儿tsʰer^{314}	果儿木儿kuər^{55}mur^{0}
菏泽	（无）	圪针kə^{53}tsẽ^{0}	（无）
曹县	秧秧儿iaŋ^{21}iãr^{0}	刺儿tsʰɤr^{312} 圪针kə^{53}tʂẽ^{0}	水果儿ʂuei^{53}kuər^{44}
金乡	秧子iaŋ^{21}tsɿ^{0}	刺儿tsʰer^{312}	水果儿suei^{42}kuər^{55}
曲阜	藤tʰəŋ^{42}	刺tsʰɿ^{312}	水果儿suei^{42}kuər^{55}
薛城	藤tʰəŋ^{55}	刺tsʰɿ^{41}	水果fe^{54}kuə^{0}
郯城	藤子tʰəŋ^{44}tsɿ^{0} 藤条tʰəŋ^{44}tʰiɔ^{44}	圪针kə^{44}tʂã^{213}粗 刺tsʰɿ^{51}细	水果fe^{24}kuə^{24}/ʂue^{24}kuə^{24}
临沂	藤tʰəŋ^{53}	刺儿tsʰer^{312}	果木子kuə^{214}mu^{0}tsɿ^{0}

	0160苹果	0161桃子	0162梨
荣成	苹果pʰiŋ^{35}ko^{0}	桃子tʰau^{35}tsɿ^{0}	梨li^{53}
烟台	苹果pʰiŋ^{33}kuo^{14}	桃子tʰau^{33}ɾə^{0}	梨li^{53}
栖霞	苹果pʰiŋ^{54}kuo^{214}	桃儿tʰɔor^{342}	梨lei^{312}
长岛	苹果pʰiŋ^{52}kuə^{213}	桃子tʰau^{55}tsɿ^{0}	梨li^{55}
海阳	苹果pʰiŋ^{34}kuo^{214}	桃子tʰɔ^{34}ə^{0}	梨lei^{52}
莱西	苹果pʰiŋ^{214}kuə^{55}	桃儿tʰɔr^{42}	梨li^{214}
平度	苹果pʰiŋ^{213}kuə^{55}	桃儿tʰɔr^{42}	梨li^{42}
青岛	苹果pʰioŋ^{42}kuə^{0}	桃儿tʰɔr^{42}	梨li^{42}
高密	苹果pʰiə̃^{42}kuə^{0}/pʰioŋ^{42}kuə^{0}	桃儿tʰɔr^{42}	梨li^{42}
诸城	苹果pʰẽ^{53}kuə^{44}	桃tʰɔ^{53}	梨li^{53}

续表

	0160苹果	0161桃子	0162梨
沂水	苹果pʰiŋ^{53}kuə^{44}	桃tʰɔ^{53}	梨li^{53}
临朐	苹果pʰə̃^{53}kuə^{44}	桃tʰɔ^{53}	梨li^{53}
日照	苹果pʰẽ^{53}kuə^{0}	桃tʰɔ^{53}	梨li^{53}
莒南	苹果pʰiẽ^{53}kuə^{55}	桃tʰɔ^{53}	梨li^{53}
潍坊	苹果pʰiŋ^{35}kuə^{0}	桃儿tʰɔr^{53}	梨li^{53}
寿光	苹果pʰiə̃^{35}kuə^{0}	桃儿tʰɔr^{53}	梨li^{53}
高青	苹果pʰiŋ^{55}kuə^{55}	桃tʰɔ^{55}	梨li^{55}
阳信	苹果pʰiŋ^{45}kuə^{0}	桃儿tʰɔr^{43}	梨li^{43}
济阳	苹果pʰiŋ^{24}kuə^{0}	桃tʰɔ^{55}	梨li^{55}
利津	苹果pʰiẽ^{35}kuə^{0}	桃儿tʰɔr^{53}	梨li^{53}
乐陵	苹果pʰiŋ^{55}kuə^{0}	桃儿tʰɔr^{55}	梨li^{55}
商河	苹果pʰiŋ^{24}kuə^{0}	桃tʰɔ^{54}	梨li^{54}
平原	苹果pʰiŋ^{55}kuə^{0}	桃儿tʰɔur^{42}	梨li^{42}
德州	苹果pʰiŋ^{42}kuə^{0}	桃儿tʰɔr^{42}	梨li^{42}
武城	苹果pʰiŋ^{53}kuə^{55}	桃儿tʰɔr^{53}	梨li^{53}
临清	苹果pʰiŋ^{53}kuə^{0}	桃儿tʰaur^{53}	梨li^{53}
冠县	苹果pʰiŋ^{53}kuə^{55}	桃tʰɔ^{53}	梨li^{53}
聊城	苹果pʰiŋ^{53}kuə^{0}	桃tʰɔ^{53}	梨li^{53}
济南	苹果pʰiŋ^{445}kuə^{0}	桃tʰɔ^{42}	梨li^{42}
泰安	苹果pʰiŋ^{42}kuə^{55}	桃tʰɔ^{42} 桃子tʰɔ^{55}tsɿ^{0}	梨li^{42}
莱芜	苹果pʰiŋ^{13}kuə^{0}	桃tʰɔ^{55}	梨li^{55}
新泰	苹果pʰiŋ^{45}kuə^{0}	桃tʰɔ^{42}	梨li^{42}
沂源	苹果pʰiŋ^{55}kuə^{55}	桃tʰɔ^{55}	梨li^{55}
博山	苹果pʰiŋ^{53}kuə^{55}	桃tʰɔ^{55}	梨li^{55}
张店	苹果pʰiŋ^{35}kuə^{0}	桃tʰɔ^{55}	梨li^{55}
阳谷	苹果pʰiŋ^{42}kuo^{55}	桃tʰɔ^{42}	梨li^{42}
梁山	苹果pʰiŋ^{42}kuə^{55}	桃tʰɔ^{42}	梨li^{42}
菏泽	苹果pʰiŋ^{53}kuə^{0}	桃tʰɔ^{53}	梨li^{53}

续表

	0160 苹果	0161 桃子	0162 梨
曹县	苹果 pʰiŋ^{53}kuə^{44}	桃 tʰɔ^{53}	梨 li^{53}
金乡	苹果 pʰiŋ^{42}kuə^{55}	桃 tʰɔ^{42}	梨 li^{42}
曲阜	苹果 pʰiŋ^{42}kuə^{0}	桃 tʰɔ^{42}	梨 li^{42}
薛城	苹果 pʰiŋ^{54}kuə^{0}	桃 tʰɔ^{55}	梨 li^{55}
郯城	苹果 pʰiŋ^{44}kuə^{24}	桃 tʰɔ^{44}	梨 li^{44}
临沂	苹果 pʰiŋ^{53}kuə^{55}	桃 tʰɔ^{53}	梨 li^{53}

	0163 李子	0164 杏	0165 橘子
荣成	李子 li^{214}tsɿ^{0}	杏子 çiŋ^{33}tsɿ^{0}	橘子 cy^{35}tsɿ^{0}
烟台	李子 li^{21}ɾə^{0}	杏子 ɕiŋ^{33}ɾə^{0}	橘子 tɕy^{21}ɾə^{0}
栖霞	李子 li^{21}lə^{0}	杏儿 çiə̃r^{342}	橘子 cy^{21}lə^{0}
长岛	李子 li^{35}tsɿ^{0}	杏子 çiŋ^{52}tsɿ^{0}	橘子 cy^{52}tsɿ^{0}
海阳	李子 li^{21}ə^{0}	杏子 çiŋ^{34}ə^{0}	橘子 cy^{34}ə^{0}
莱西	李子 li^{24}tsɿ^{0}	杏儿 çiə̃r^{42}	橘子 cy^{24}tsɿ^{0}
平度	李子 li^{45}tθɿ^{0}	杏儿 çiə̃r^{42}	橘子 cy^{45}tθɿ^{0}
青岛	李子 li^{55}tθɿ^{0}	杏儿 ɕiõr^{42}	橘子 tɕy^{55}tθɿ^{0}
高密	李子 li^{23}tθɿ^{0}	杏儿 ɕiõr^{21}	橘子 tɕy^{23}tθɿ^{0}
诸城	李子 li^{213}tθɿ^{0}	杏子 ʃəŋ^{44}tθɿ^{0}	橘子 tʃu^{213}tθɿ^{0}
沂水	李子 li^{213}dðɿ^{0}	杏 ɕiŋ^{31}	橘子 tɕy^{213}dðɿ^{0}
临朐	李子 li^{213}tθɿ^{0}	杏 ɕiŋ^{21}	橘子 tɕy^{213}tθɿ^{0}
日照	李子 li^{213}tθɿ^{0}	杏子 ʃiəŋ^{53}tθɿ^{0}	橘子 tʃu^{213}tθɿ^{0}
莒南	李子 li^{213}tθɿ^{0}	杏 ɕiŋ^{312} 杏子 ɕiŋ^{42}tθɿ^{0}	橘子 tɕy^{21}tθɿ^{0}
潍坊	李子 li^{24}tsɿ^{0}	杏儿 ɕiə̃r^{31}	橘子 tɕy^{24}tsɿ^{0}
寿光	李子 li^{24}tsɿ^{0}	杏 ɕiŋ^{21}	橘子 tɕy^{213}tsɿ^{0}
高青	李子 li^{213}tsɿ^{0}	杏 ɕiŋ^{41}	橘子 tɕy^{213}tsɿ^{0}
阳信	李子 li^{213}tsɿ^{0}	杏儿 ɕiər^{31}	橘子 tɕy^{31}tsɿ^{0}
济阳	李子 li^{213}tsɿ^{0}	杏 ɕiŋ^{31}	橘子 tɕy^{23}tsɿ^{0}
利津	李子 li^{213}tsɿ^{0}	杏儿 ɕiər^{31}	橘子 tɕy^{24}tsɿ^{0}

续表

	0163李子	0164杏	0165橘子
乐陵	李子li^{212}tsɿ^{0}	杏儿ɕiər^{51}	橘子tɕy^{31}tsɿ^{0}
商河	李子li^{213}tsɿ^{0}	杏ɕiŋ^{31}	橘子tɕy^{213}tsɿ^{0}
平原	李子li^{23}tsɿ^{0}	杏ɕiŋ^{21}	橘子tɕy^{21}tsɿ^{0}
德州	李子li^{213}tsɿ^{0}	杏儿ɕiə̃r^{21}	橘子tɕy^{21}tsɿ^{0}
武城	李子li^{24}tsɿ^{0}	杏儿ɕiər^{312}	橘子tɕy^{312}tsɿ^{0}
临清	李子li^{44}tsɿ^{0}以前无	杏儿ɕiər^{313}	橘子tɕy^{13}tsɿ^{0}
冠县	李子li^{44}tsɿ^{0}	杏ɕiŋ^{314}	橘子tɕy^{21}tsɿ^{0}
聊城	李子li^{13}tsɿ^{0}	杏ɕiŋ^{313}	橘子tɕy^{13}tsɿ^{0}
济南	李子li^{213}tsɿ^{0}	杏ɕiŋ^{21}	橘子tɕy^{21}tsɿ^{0}
泰安	李子li^{213}tsɿ^{0}	杏ɕiŋ^{21}	橘子tɕy^{21}tsɿ^{0}
莱芜	李子li^{213}tsɿ^{0}	杏ɕiŋ^{42}	橘子tɕy^{23}tsɿ^{0}
新泰	李子li^{213}tθɿ^{0}	杏ɕiŋ^{31}	橘子tɕy^{21}tθɿ^{0}
沂源	李子li^{21}tθɿ^{0}	杏ɕiŋ^{31}	橘子tɕy^{21}tθɿ^{0}
博山	李子li^{213}ə^{0}	杏ɕiŋ^{31}	橘子tɕy^{22}ə^{0}
张店	李子li^{213}ɿ^{0}	杏ɕiŋ^{31}	橘子tɕy^{33}ɿ^{0}
阳谷	李子li^{13}zɿ^{0}	杏ɕiŋ^{313}	橘子tɕy^{31}zɿ^{0}
梁山	李子li^{23}tsɿ^{0}	杏ɕiŋ^{314}	橘子tɕy^{21}tsɿ^{0}
菏泽	李子li^{44}tə^{0}	杏ɕiŋ^{312}	橘子tɕy^{21}tə^{0}
曹县	李子li^{44}tə^{0}	杏ɕiŋ^{312}	橘子tɕy^{21}tə^{0}
金乡	李子li^{23}tsɿ^{0}	杏ɕiŋ^{312}	橘子tɕy^{21}tsɿ^{0}
曲阜	李子li^{213}tsɿ^{0}	杏ɕiŋ^{312}	橘子tɕy^{21}tsɿ^{0}
薛城	李子li^{24}tsɿ^{0}	杏ɕiŋ^{41}	橘子tɕy^{31}tsɿ^{0}
郯城	李子li^{24}tsɿ^{0}	杏ɕiŋ^{51}	橘子tɕy^{21}tsɿ^{0}
临沂	李子li^{214}tsɿ^{0}	杏ɕiŋ^{312}	橘子tɕy^{21}tsɿ^{0}

	0166柚子	0167柿子	0168石榴
荣成	柚子iəu^{35}tsɿ^{0}	柿子ʂʅ^{33}tsɿ^{0}	石榴ʃi^{33}liəu^{0}
烟台	柚子iou^{35}ɾə^{0}	柿子sɿ^{35}ɾə^{0}	石榴ɕi^{35}liou^{0}
栖霞	柚子iəu^{34}lə^{0}	柿子sɿ^{34}lə^{0}	石榴ʃʅ^{34}liəu^{0}

续表

	0166柚子	0167柿子	0168石榴
长岛	柚子iou^{52}tsɿ^{0}	柿子sɿ^{52}tsɿ^{0}	石榴ʃʅ^{55}liou^{0}
海阳	柚子iəu^{34}ə^{0}	柿子ʂʅ^{34}ə^{0}	石榴sɿ^{34}liəu^{0}
莱西	柚子iou^{45}tsɿ^{0}	柿子sɿ^{45}tsɿ^{0}	石榴ʃʅ^{45}liou^{0}
平度	柚子iou^{45}tθɿ^{0}	柿子ʂʅ^{45}tθɿ^{0}	石榴ʃʅ^{45}liou^{0}
青岛	柚子iou^{45}tθɿ^{0}	柿子ʂʅ^{45}tθɿ^{0}	石榴ʃʅ^{45}liou^{0}
高密	柚子iou^{42}tθɿ^{0}	柿子ʂʅ^{42}tθɿ^{0}	石榴ʃʅ^{55}liou^{0}
诸城	柚子iou^{24}tθɿ^{0}	柿子ʂʅ^{44}tθɿ^{0}	石榴ʃʅ^{24}liou^{0}
沂水	柚子iou^{24}dðɿ^{0}	柿子ʂʅ^{44}dðɿ^{0}	石榴ʃʅ^{24}liou^{0}
临朐	（无）①	柿子ʂʅ^{44}tθɿ^{0}	种石榴tʂuŋ^{213}ʂʅ^{35}liəu^{0}
日照	柚子iou^{44}tθɿ^{0}	柿子ʂʅ^{53}tθɿ^{0}	石榴ʃʅ^{44}liou^{0}
莒南	柚子iou^{42}tθɿ^{0}	柿子ʂʅ^{42}tθɿ^{0}	石榴ʃʅ^{24}liou^{0}
潍坊	柚子iɤɯ^{55}tsɿ^{0}	柿子ʂʅ^{31}tsɿ^{0}	石榴ʂʅ^{35}liɤɯ^{0}
寿光	柚子iəu^{35}tsɿ^{0}	柿子ʂʅ^{55}tsɿ^{0}	石榴ʂʅ^{35}liəu^{0}
高青	柚子iou^{35}tsɿ^{0}	柿子ʂʅ^{55}tsɿ^{0}	石榴ʂʅ^{35}liou^{0}
阳信	柚子iou^{55}tsɿ^{0}	柿子ʂʅ^{55}tsɿ^{0}	石榴ʂʅ^{45}liou^{0}
济阳	柚子iou^{55}tsɿ^{0}	柿子ʂʅ^{55}tsɿ^{0}	石榴ʂʅ^{24}liou^{0}
利津	柚子iou^{55}tsɿ^{0}	柿子ʂʅ^{55}tsɿ^{0}	石榴ʂʅ^{35}liou^{0}
乐陵	柚子iou^{55}tsɿ^{0}	柿子sɿ^{55}tsɿ^{0}	石榴ʂʅ^{55}liou^{0}
商河	柚子iou^{54}tsɿ^{0}	柿子sɿ^{54}tsɿ^{0}	石榴ʂʅ^{24}liou^{0}
平原	柚子iou^{42}tsɿ^{0}	柿子sɿ^{42}tsɿ^{0}	石榴ʂʅ^{55}liou^{0}
德州	柚子iou^{42}tsɿ^{0}	柿子ʂʅ^{42}tsɿ^{0}	石榴ʂʅ^{55}liou^{0}
武城	柚子iou^{53}tsɿ^{0}	柿子ʂʅ^{53}tsɿ^{0}	石榴ʂʅ^{55}liou^{0}
临清	柚子iou^{53}tsɿ^{0}	柿子ʂʅ^{53}tsɿ^{0}	石榴ʂʅ^{44}liou^{0}
冠县	柚子iou^{53}tsɿ^{0}	柿子ʂʅ^{53}tsɿ^{0}	石榴ʂʅ^{55}liou^{0}
聊城	柚子iou^{53}tsɿ^{0}	柿子sɿ^{53}tsɿ^{0}	石榴sɿ^{44}liou^{0}
济南	柚子iou^{55}tsɿ^{0}	柿子ʂʅ^{55}tsɿ^{0}	石榴ʂʅ^{445}liou^{0}
泰安	柚子iou^{42}tsɿ^{0}	柿子ʂʅ^{42}tsɿ^{0}	石榴ʂʅ^{55}liou^{0}
莱芜	柚子iou^{55}tsɿ^{0}	柿子ʃʅ^{42}tsɿ^{0}	石榴ʃʅ^{13}liou^{0}

① 山东不出产柚子，该物品和说法都是外来的，所以“柚”的声调读法也不尽相同。临朐因此而写作“无”，此处不作补充。

续表

	0166 柚子	0167 柿子	0168 石榴
新泰	柚子 iou^{54}tθɿ^{0}	柿子 ʃʅ^{54}tθɿ^{0}	石榴 ʃʅ^{45}liou^{0}
沂源	柚子 iou^{35}tθɿ^{0}	柿子 ʃʅ^{55}tθɿ^{0}	石榴 ʃʅ^{35}liou^{0}
博山	柚子 iəu^{55}ə^{0}	柿子 ʂʅ^{55}ə^{0}	石榴 ʂʅ^{35}liəu^{0}
张店	柚子 iou^{35}ɿ^{0}	柿子 ʂʅ^{55}ɿ^{0}	石榴 ʂʅ^{35}liou^{0}
阳谷	柚子 iou^{42}zɿ^{0}	柿子 sɿ^{42}zɿ^{0}	石榴 sɿ^{55}liou^{0}
梁山	柚子 iou^{42}tsɿ^{0}	柿子 sɿ^{42}tsɿ^{0}	石榴 sɿ^{55}liou^{0}
菏泽	柚子 iou^{31}tə^{0}	柿子 sɿ^{31}tə^{0}	石榴 sɿ^{53}liou^{0}
曹县	柚子 iou^{31}tə^{0}	柿子 sɿ^{31}tə^{0}	石榴 ʂʅ^{53}liou^{0}
金乡	柚子 iou^{42}tsɿ^{0}	柿子 sɿ^{42}tsɿ^{0}	石榴 sɿ^{55}liou^{0}
曲阜	柚子 iou^{42}tsɿ^{0}	柿子 sɿ^{42}tsɿ^{0}	石榴 sɿ^{55}liou^{0}
薛城	柚子 iou^{41}tsɿ^{0}	柿子 sɿ^{41}tsɿ^{0}	石榴 sɿ^{55}liou^{0}
郯城	柚子 iəu^{51}tsɿ^{0}	柿子 ʂʅ^{51}tsɿ^{0}	石榴 ʂʅ^{44}liəu^{0}
临沂	柚子 iou^{31}tsɿ^{0}	柿子 ʃʅ^{31}tsɿ^{0}	石榴 ʃʅ^{55}liou^{0}

	0169 枣	0170 栗子	0171 核桃
荣成	枣儿 tsor^{214}	栗子 li^{35}tsɿ^{0}	核桃 xa^{35}tʰau^{0}
烟台	枣儿 tsaur^{14}	栗蓬 li^{33}pʰəŋ^{0}	核桃 xɤ^{35}tʰau^{0}
栖霞	家枣儿 cia^{55}tsɔor^{214}	栗蓬 li^{55}pʰəŋ^{0}	核桃 xə^{34}tʰɔo^{0}
长岛	枣儿 tsaur^{213}	栗蓬 li^{52}pʰəŋ^{0}	核桃 xə^{55}tʰau^{0}
海阳	枣儿 tθər^{214}	栗蓬 li^{34}pʰəŋ^{0}	核桃 xə^{34}tʰəu^{0} "桃"读为"头"轻声
莱西	枣儿 tsər^{55}	栗子 li^{42}tsɿ^{0}	核桃 xə^{45}tʰou^{0}/xə^{45}tʰɔ^{0}
平度	枣儿 tθər^{55}	栗子 li^{42}tθɿ^{0}	核桃 xuə^{45}tʰɔ^{0}
青岛	枣儿 tθər^{55}	栗子 li^{42}tθɿ^{0} 板栗 pã^{55}li^{42}	核桃 xuə^{45}tʰɔ^{0}
高密	枣儿 tθər^{55}	栗子 li^{42}tθɿ^{0}	核桃 xə^{55}tʰɔ^{0}
诸城	枣儿 tθər^{44}	栗子 li^{44}tθɿ^{0}	核桃 xuə^{24}tʰɔ^{0}
沂水	枣 dðɔ^{44}	栗子 li^{44}dðɿ^{0}	核桃 xuə^{24}tʰɔ^{0}
临朐	枣 tθɔ^{44}	栗子 li^{44}tθɿ^{0}	核桃 xuə^{35}tʰəu^{0} "桃"读为"头"轻声
日照	枣 tθɔ^{44}	山栗子 ʂã^{213}li^{53}tθɿ^{0}	核桃 xə^{44}tʰɔ^{0}

续表

	0169枣	0170栗子	0171核桃
莒南	枣tθɔ^{55}	栗子li^{42}tθɿ^{0}	核桃xə^{24}t^{h}ɔ^{0}
潍坊	枣儿tsɔr^{55}	栗子li^{55}tsɿ^{0}	核桃xuə^{35}t^{h}ɔɤ^{0}
寿光	枣儿tsɔr^{55}	栗子li^{55}tsɿ^{0}	核桃xuə^{35}t^{h}ɔ^{0}
高青	枣儿tsɔr^{55}	栗子li^{55}tsɿ^{0}	核桃xuə^{35}t^{h}ou^{0} "桃"读为"头"轻声
阳信	枣儿tsɔr^{55}	栗子li^{55}tsɿ^{0}	核桃xə^{45}t^{h}ou^{0} "桃"读为"头"轻声
济阳	枣tsɔ^{55}	栗子li^{55}tsɿ^{0}	核桃xə^{24}t^{h}ou^{0} "桃"读为"头"轻声
利津	枣儿tsɔr^{55}	栗子li^{55}tsɿ^{0}	核桃xə^{35}t^{h}ɔ^{0}
乐陵	枣儿tsɔr^{55}	栗子li^{55}tsɿ^{0}	核桃xə^{55}t^{h}ou^{0} "桃"读为"头"轻声
商河	枣tsɔ^{45}	栗子li^{54}tsɿ^{0}	核桃xə^{24}t^{h}ɔ^{0}
平原	枣儿tsɔur^{55}	栗子li^{42}tsɿ^{0}	核桃xə^{55}t^{h}ou^{0} "桃"读为"头"轻声
德州	枣儿tsɔr^{55}	栗子li^{42}tsɿ^{0}	核桃xə^{55}t^{h}ɔ^{0}
武城	枣儿tsɔr^{55}	栗子li^{53}tsɿ^{0}	核桃xə^{55}t^{h}ɔ^{0}
临清	枣儿tsaur^{44}	栗子li^{53}tsɿ^{0}	核桃xə^{44}t^{h}au^{0}
冠县	枣tsɔ^{55}	栗子li^{21}tsɿ^{0}	核桃xə^{53}t^{h}ɔ^{0}
聊城	枣tsɔ^{44}	栗子li^{53}tsɿ^{0}	核桃xə^{44}t^{h}ɔ^{0}
济南	枣tsɔ^{55}	栗子li^{55}tsɿ^{0}	核桃xə^{445}t^{h}ou^{0} "桃"读为"头"轻声
泰安	枣tsɔ^{55}	栗子li^{21}tsɿ^{0}	核桃xə^{55}t^{h}ɔ^{0}
莱芜	枣tsɔ^{55}	栗子li^{42}tsɿ^{0}	核桃xə^{13}t^{h}ɔ^{0}
新泰	枣tθɔ^{55}	栗子li^{54}tθɿ^{0}	核桃xə^{45}t^{h}ɔ^{0}
沂源	枣tθɔ^{55}	板栗pã^{55}li^{31}	核桃xuə^{35}t^{h}ɔ^{0}
博山	枣tsɔ^{55}	栗子li^{55}ə^{0}	核桃xuə^{35}t^{h}əu^{0} "桃"读为"头"轻声
张店	枣tsɔ^{55}	栗子li^{55}ɿ^{0}	核桃xuə^{35}t^{h}ou^{0} "桃"读为"头"轻声
阳谷	枣tsɔ^{55}	栗子li^{31}zɿ^{0}	核桃xə^{55}t^{h}ɔ^{0}
梁山	枣tsɔ^{55}	栗子li^{21}tsɿ^{0}	核桃xə^{55}t^{h}ɔ^{0}

续表

	0169 枣	0170 栗子	0171 核桃
菏泽	枣 tsɔ^{44}	栗子 li^{31}tə^{0}	核桃 xə^{53}tʰɔ^{0}
曹县	枣儿 tsɔr^{44}	板栗 pã^{44}li^{312}	核桃 xə^{53}tʰɔ^{0}
金乡	枣 tsɔ^{55}	栗子 li^{21}tsɿ^{0}	核桃 xə^{42}tʰɔ^{0}
曲阜	枣 tsɔ^{55}	栗子 li^{31}tsɿ^{0}	核桃 xə^{55}tʰɔ^{0}
薛城	枣 tsɔ^{24}	栗子 li^{31}tsɿ^{0}	核桃 xə^{54}tʰou^{0} "桃" 读为 "头" 轻声
郯城	枣儿 tsɔr^{24}	栗子 li^{21}tʂʅ^{0}	核桃 xə^{44}tʰɔ^{0}
临沂	枣 tsɔ^{55}	栗子 li^{21}tsɿ^{0}	核桃 xɛ^{53}tʰɔ^{53}

	0172 银杏白果	0173 甘蔗	0174 木耳
荣成	白果儿 pɛ^{35}kor^{0}	甘蔗 kan^{53}tʃɛ^{0}	木耳 mo^{33}ər^{214}
烟台	白果 po^{33}kuo^{14}	甘蔗 kan^{53}tɕie^{0}	木耳 mu^{33}ər^{14}
栖霞	白果儿 pə^{54}kuor^{214}	甘蔗 kãn^{52}tʃə^{0}	木耳 mu^{55}ər^{214}
长岛	银杏儿 in^{55}çiãr^{52}	甘蔗 kan^{52}tʃiɛ^{0}	木耳 mu^{52}ər^{213}
海阳	白果 pə^{55}kuo^{214}	甘蔗 kã^{52}tsə^{0}	木耳 mu^{55}ər^{214}
莱西	白果 pə^{214}kuə^{55}	甘蔗 kã^{214}tʃiə^{0}	木耳 mu^{214}ər^{55}
平度	白果 pei^{42}kuə^{0}	甘蔗 kã^{213}tʃə^{0}	木耳 mu^{213}er^{55}
青岛	白果 pei^{213}kuə^{55}	甜秆 tʰiã^{45}kã^{0}	木耳 mu^{213}ɭə^{0}
高密	白果 pei^{55}kə^{55} 银杏儿 iã^{42}çiõr^{21}	甜棒 tʰiã^{55}pɑŋ^{0} 甘蔗 kã^{21}tʃə^{0}	木耳 mu^{21}ɭə^{55}
诸城	白果 pei^{53}kuə^{44}	甘蔗 kã^{31}tʃə^{0}	木耳 mu^{31}ɭə^{44}
沂水	白果 pe^{53}kuə^{44}	甘蔗 kã^{21}dʒə^{0}	木耳 mu^{31}ɭə^{44}
临朐	白果 pei^{53}kuə^{44}	（无）	木耳 mu^{21}lə^{44}
日照	白果 pei^{53}kuə^{44}	甘蔗 kã^{31}tʃiə^{0}	木耳 mu^{44}ɭə^{44}
莒南	白果儿 pei^{53}kuər^{55}	甘蔗 kã^{21}tʃʅ^{0}	木耳 mu^{31}ɭə^{55}
潍坊	白果 pei^{53}kuə^{55} 银杏儿 iẽ^{35}çiẽr^{0}	甜棒 tʰiã^{35}pɑŋ^{0} 甘蔗 kã^{31}tʂə^{0}	木耳 mu^{214}ɐr^{55}
寿光	白果 pei^{53}kuə^{55}	甜棒 tʰiã^{35}pɑŋ^{0} 甘蔗 kã^{21}tʂə^{0}	木耳 mu^{21}lə^{55}
高青	白果儿 pɛ^{55}kuər^{55}	甘蔗 kã^{21}tʂə^{0}	木耳 mu^{41}ɭə^{55}

续表

	0172银杏白果	0173甘蔗	0174木耳
阳信	银杏 iã^{55}ɕiŋ^{31}	甘蔗 kã^{31}tʂə^{0} 甜棒 tʰiã^{45}pɑŋ^{0}	木耳 mu^{31}ər^{55}
济阳	银杏果 iẽ^{13}ɕiŋ^{31}kuə^{55}	甘蔗 kã^{21}tʂʅ^{0}	木耳 mu^{31}ɭə^{55}
利津	银杏 iẽ^{53}ɕiŋ^{31}	甜棒 tʰã^{35}pɑŋ^{0} 甘蔗 kã^{31}tʂə^{0}	木耳 mu^{31}lə^{55}
乐陵	（无）	甘蔗 kã^{31}tʂə^{0}	木耳 mu^{31}ər^{55}
商河	白果 pɛ^{54}kuə^{45}	甜棒 tʰiã^{24}pɑŋ^{0}	木耳 mə^{31}ɭə^{45}
平原	银杏果儿 iẽ^{42}ɕiŋ^{21}kuor^{55}	甜棒 tʰiã^{55}pɑŋ^{0}	木耳 mu^{21}ər^{55}
德州	银杏儿 iẽ^{55}ɕiər^{21}	甘蔗 kã^{21}tʂə^{0}	木耳 mu^{21}ər^{55}
武城	（无）	甘蔗 kã^{312}tʂə^{0} 甜棒秸 tʰiã^{55}pɑŋ^{0}tɕiɛ^{224}	木耳 mu^{21}ɭə^{55}
临清	银杏 in^{44}ɕiŋ^{313}	甘蔗 kan^{13}tʂə^{0}	木耳 mu^{31}ər^{44}
冠县	银杏 iẽ^{53}ɕiŋ^{314}	甜棒 tʰiã^{53}pɑŋ^{314}	木耳 mu^{31}ər^{55}
聊城	（无）	甜棒秸 tʰiã^{53}pɑŋ^{31}tɕiɛ^{13}	木耳 mu^{31}ər^{44}
济南	白果 pei^{21}kuə^{55}	甘蔗 kã^{21}tʂʅ^{0}	木耳 mə^{21}ər^{55}
泰安	白果 pei^{213}kuə^{55} “白”读为“百”	甜棒 tʰiã^{55}pɑŋ^{0}	木耳 mu^{21}ər^{55}
莱芜	银杏 iẽ^{55}ɕiŋ^{42}	甘蔗 kã^{31}tʃə^{0}	木耳 mu^{31}ɭ^{55}
新泰	白果 pei^{42}kuə^{55}	甘蔗 kã^{21}tʃə^{0}	木耳 mu^{31}ɭə^{55}
沂源	白果 pei^{55}kuə^{55}	甘蔗 kã^{21}tʃə^{0}	木耳 mụ^{31}ɭə^{55}
博山	白果 pei^{53}kuə^{55}	甜秫秸 tʰiã^{35}ʂu^{0}tɕiɛ^{213}	木耳 mu^{31}ɭə^{55}
张店	银杏 iə̃^{55}ɕiŋ^{31}	甘蔗 kã^{21}tʂə^{0}	木耳 mu^{31}ɭə^{55}
阳谷	银杏 iẽ^{55}ɕiŋ^{313} 白果 pei^{42}kuo^{55}	甜杆子 tʰiã^{42}kã^{31}zʅ^{0}	木耳 mu^{31}ər^{0}
梁山	银杏 iẽ^{42}ɕiŋ^{314}	甘蔗 kã^{23}tsə^{213}	木耳 mu^{21}ɭ^{55}
菏泽	白果儿 pei^{53}kuər^{0}	甜秫秸 tʰiã^{53}fu^{0}tɕiɛ^{213}	木耳 mu^{31}ɭ^{44}
曹县	银杏果 iẽ^{53}ɕiŋ^{31}kuə^{44}	甘蔗 kã^{21}tʂə^{0} 甜秫秸 tʰiã^{53}fu^{0}tɕiə^{213}	木耳 mu^{21}ɣər^{44}
金乡	银杏 iẽ^{55}ɕiŋ^{312}	甜秫秸 tʰiã^{55}su^{0}tɕiə^{213}	木耳 mu^{21}ər^{0}
曲阜	白果 pei^{42}kuə^{0}	甜杆子 tʰiã^{42}kã^{21}tsɿ^{0}	木耳 mu^{21}ər^{0}
薛城	白果 pe^{55}kuə^{24}	甜甘蔗 tʰiã^{55}kã^{31}tsə^{0}	木耳 mu^{31}ɭə^{24}

续表

	0172 银杏白果	0173 甘蔗	0174 木耳
郯城	白果 pe^{44}kuə^{24}	甘蔗 kã^{21}tʂə^{0}	木耳 mu^{21}ɭə^{24}/mu^{21}ər^{24}
临沂	白果 pei^{53}kuə^{55}	甘蔗 kã^{21}tʃə^{0}	木耳 mu^{21}ɭə^{0}

	0175 蘑菇野生的	0176 香菇	0177 稻子指植物
荣成	蘑菇 mo^{35}ku^{0}	香菇 çiaŋ^{53}ku^{53}	稻子 tau^{33}tsɿ^{0}
烟台	蘑菇 mo^{33}ku^{0}	香菇 ɕiaŋ^{35}ku^{53}	稻子 tau^{33}ɾə^{0}
栖霞	莪儿 uor^{312}	香菇 çiaŋ^{34}ku^{312}	稻子 tɔo^{34}lə^{0}
长岛	蘑菇 mə^{55}ku^{0}	香菇 çiaŋ^{55}ku^{31}	稻子 tau^{52}tsɿ^{0}
海阳	黏莪儿 ȵiã^{52}uor^{0}	香菇 çiaŋ^{34}ku^{52}	稻子 tɔ^{34}ə^{0}
莱西	蘑菇 mə^{45}ku^{0}	香菇 çiaŋ^{55}ku^{214}	稻子 tɔ^{45}tsɿ^{0}
平度	莪子 uə^{45}tθɿ^{0} 蘑菇 mə^{45}ku^{0}	香菇 çiaŋ^{55}ku^{213}	稻子 tɔ^{45}tθɿ^{0}
青岛	莪子 uə^{45}tθɿ^{0} 蘑菇 mə^{45}ku^{0}	香菇 ɕiaŋ^{55}ku^{213}	稻子 tɔ^{45}tθɿ^{0}
高密	松莪 sioŋ^{213}ə^{42} 蘑菇 mə^{55}ku^{0}	香菇 ɕiaŋ^{42}ku^{213}	大米 ta^{21}mi^{55}本地不产 稻子 tɔ^{42}tθɿ^{0}
诸城	莪子 uə^{24}tθɿ^{0} 蘑菇 mə^{24}ku^{0}	香菇 ʃaŋ^{24}ku^{213}	稻子 tɔ^{44}tθɿ^{0}
沂水	莪子 uə^{24}dðɿ^{0}	香菇 ɕiaŋ^{24}ku^{213}	稻子 tɔ^{44}dðɿ^{0}
临朐	莪子 uə^{35}tθɿ^{0}	（无）	（无）
日照	蘑菇 mə^{44}ku^{0}	香菇 ʃiaŋ^{44}ku^{213}	稻子 tɔ^{53}tθɿ^{0}
莒南	松伞 syŋ^{213}θã^{55} 莪子 ə^{24}tθɿ^{0}	香菇 ɕiaŋ^{13}ku^{213}	稻子 tɔ^{42}tθɿ^{0}
潍坊	蘑菇 mə^{35}ku^{0} 莪子 uə^{35}tsɿ^{0}	香菇 ɕiaŋ^{24}ku^{214}	稻子 tɔɤ^{55}tsɿ^{0}本地不产
寿光	莪子 uə^{35}tsɿ^{0}	（无）	稻子 tɔ^{55}tsɿ^{0}本地不产
高青	莪子 uə^{35}tsɿ^{0}	香菇 ɕiaŋ^{213}ku^{213}	稻子 tɔ^{55}tsɿ^{0}
阳信	蘑菇 mə^{45}kou^{0}“菇”读为“沟”轻声	香菇 ɕiaŋ^{213}ku^{213}	稻子 tɔ^{55}tsɿ^{0}
济阳	雷娃娃 luei^{24}ua^{0}ua^{0} 蘑菇 mə^{24}ku^{0}	香菇 ɕiaŋ^{55}ku^{213}	稻子 tɔ^{55}tsɿ^{0}

续表

	0175 **蘑菇**野生的	0176 **香菇**	0177 **稻子**指植物
利津	蘑菇 mə^{35}ku^{0}	香菇 ɕiaŋ^{24}ku^{213}	稻子 tɔ^{55}tsɿ^{0}
乐陵	蘑菇 mə^{55}ku^{0} 雷饽饽 luei^{55}pə^{31}pə^{0}	香菇 ɕiaŋ^{24}ku^{24}	水稻 ʂuei^{55}tɔ^{51}
商河	蘑菇 mə^{24}kou^{0}	香菇 ɕiaŋ^{24}ku^{213}	稻子 tɔ^{54}tsɿ^{0}
平原	蘑菇 mə^{55}ku^{0}	香菇 ɕiaŋ^{23}ku^{213}	稻子 tɔu^{42}tsɿ^{0}
德州	蘑菇 mə^{55}ku^{0}	（无）	稻子 tɔ^{42}tsɿ^{0}
武城	蘑菇 mə^{55}ku^{0}	香菇 ɕiaŋ^{24}ku^{224}	稻子 tɔ^{53}tsɿ^{0}
临清	蘑菇 mə^{44}ku^{0}	香菇 ɕiaŋ^{13}ku^{13}	（无）
冠县	蘑菇 mə^{55}ku^{0}	香菇 ɕiaŋ^{13}ku^{13}	稻子 tɔ^{53}tsɿ^{0}
聊城	蘑菇 mə^{44}ku^{0}	香菇 ɕiaŋ^{13}ku^{13}	（无）
济南	蘑菇 mə^{445}ku^{0}	香菇 ɕiaŋ^{23}ku^{213}	稻子 tɔ^{55}tsɿ^{0}
泰安	莪子 ɣə^{55}tsɿ^{0} 无毒 长虫伞 tʂ^{h}aŋ^{55}tʂ^{h}uŋ^{0}sã^{55} 有毒	香菇 ɕiaŋ^{23}ku^{213}	（无）
莱芜	蘑菇 mə^{13}ku^{0}	香菇 ɕiaŋ^{55}ku^{213}	稻子 tɔ^{42}tsɿ^{0}
新泰	莪子 ŋə^{45}tθɿ^{0}	香菇 ɕiaŋ^{23}ku^{213}	稻子 tɔ^{54}tθɿ^{0}
沂源	莪子 uə^{35}tθɿ^{0}	香菇 ɕiaŋ^{55}ku^{213}	稻 tɔ^{31}
博山	莪子 uə^{35}ə^{0}	莪子 uə^{35}ə^{0}	稻子 tɔ^{55}ə^{0}
张店	莪子 uə^{35}tsɿ^{0}	香菇 ɕiaŋ^{213}ku^{55}	稻 tɔ^{55}
阳谷	蘑菇 mə^{55}ku^{0}	香菇 ɕiaŋ^{13}ku^{213}	稻子 tɔ^{42}zɿ^{0}
梁山	蘑菇 mɔ^{55}ku^{0} “蘑”读为“毛”	蘑菇 mɔ^{55}ku^{0}	稻子 tɔ^{42}tsɿ^{0}
菏泽	蘑菇 mɔ^{53}ku^{0} “蘑”读为“毛”	（无）	稻子 tɔ^{31}tə^{0}
曹县	蘑菇 mə^{53}ku^{0}	香菇 ɕiaŋ^{213}ku^{213}	水稻 fei^{44}tɔ^{312}
金乡	蘑菇 mɔ^{55}ku^{0} “蘑”读为“毛”	香菇 ɕiaŋ^{23}ku^{213}	稻子 tɔ^{42}tsɿ^{0}
曲阜	蘑菇 mə^{55}ku^{0}	香菇 ɕiaŋ^{23}ku^{213}	稻子 tɔ^{42}tsɿ^{0}
薛城	莪子 ə^{55}tsɿ^{0}	香菇 ɕiaŋ^{23}ku^{313}	稻 tɔ^{41}
郯城	莪子 ə^{44}tsɿ^{0} 蘑菇 mə^{44}ku^{0}	香菇 ɕiaŋ^{13}ku^{213}	稻 tɔ^{51}
临沂	莪子 ɣə^{55}tsɿ^{0}	香菇 ɕiaŋ^{24}ku^{214}	稻 tɔ^{312}

	0178 **稻谷** 指子实（脱粒后是大米）	0179 **稻草** 脱粒后的	0180 **大麦** 指植物
荣成	稻谷 tau^{33}ku^{0}	稻秸 tau^{33}tsei^{53}	拱$^{=}$子 kuŋ^{214}tsɿ^{0}
烟台	稻谷 tau^{33}ku^{14}	稻草 tau^{33}ts^{h}au^{14}	大麦 ta^{33}mo^{14}
栖霞	稻谷 tɔo^{55}ku^{214}	稻杆 tɔo^{55}kãn^{214}	大麦 ta^{34}mə^{0}
长岛	稻谷 tau^{52}ku^{213}	稻草 tau^{52}ts^{h}au^{213}	大麦 ta^{52}mə^{213}
海阳	稻谷 tɔ^{55}ku^{214}	稻草 tɔ^{55}tθ^{h}ɔ^{214}	大麦 ta^{34}mei^{0}
莱西	稻谷 tɔ^{21}ku^{55}	稻草 tɔ^{21}ts^{h}ɔ^{55} 稻秸 tɔ^{31}ciɛ^{214}	大麦 ta^{33}mə^{31}
平度	稻子 tɔ^{45}tθɿ^{0}	稻草 tɔ^{45}tθ^{h}ɔ^{0}	大麦 ta^{45}mei^{0}
青岛	稻谷 tɔ^{213}ku^{55}	稻草 tɔ^{45}tθ^{h}ɔ^{0}	大麦 tɑ^{45}mei^{0}
高密	大米 tɑ^{21}mi^{55} 本地不产 稻子 tɔ^{42}tθɿ^{0}	稻草 tɔ^{42}tθ^{h}ɔ^{0} 本地不产	大麦 tɑ^{42}mei^{0}
诸城	稻子粒儿 tɔ^{44}tθɿ^{0}ler^{31}	稻草 tɔ^{44}tθ^{h}ɔ^{0}	大麦 ta^{44}mei^{0}
沂水	稻谷 tɔ^{31}ku^{44}	稻草 tɔ^{44}tθ^{h}ɔ^{0}	大麦 ta^{44}me^{0}
临朐	（无）	（无）	草大麦 tθ^{h}ɔ^{213}ta^{44}mei^{0}
日照	稻子 tɔ^{53}tθɿ^{0}	稻穰 tɔ^{53}iɑŋ^{0} 乱的 穰草 iɑŋ^{44}tθ^{h}ɔ^{0} 整齐的	大麦 tɑ^{53}mei^{0}
莒南	稻子 tɔ^{42}tθɿ^{0}	稻草 tɔ^{42}tθ^{h}ɔ^{0}	大麦 ta^{42}mei^{0}
潍坊	稻谷 tɔɤ^{31}ku^{214} 本地不产	稻草 tɔɤ^{55}ts^{h}ɔɤ^{0} 本地不产	大麦 tɑ^{55}mei^{0}
寿光	（无）	（无）	大麦 ta^{55}mei^{0}
高青	稻谷 tɔ^{41}ku^{213}	稻草 tɔ^{55}ts^{h}ɔ^{0}	大麦 tɑ^{55}mei^{0}
阳信	稻子 tɔ^{55}tsɿ^{0}	干草 kã^{213}ts^{h}ɔ^{55}	大麦 ta^{55}mɛ^{0}
济阳	稻谷 tɔ^{31}ku^{213}	稻草 tɔ^{31}ts^{h}ɔ^{55}	大麦 ta^{55}mɛ^{0}
利津	稻谷 tɔ^{31}ku^{44}	稻草 tɔ^{31}ts^{h}ɔ^{55}	草大麦 ts^{h}ɔ^{213}ta^{0}mei^{31}
乐陵	稻谷 tɔ^{31}ku^{24}	稻草 tɔ^{31}ts^{h}ɔ^{55}	大麦 tɑ^{55}mɛ^{0}
商河	稻谷 tɔ^{31}ku^{45}	稻草 tɔ^{31}ts^{h}ɔ^{45}	大麦 tɑ^{54}mɛ^{0}
平原	稻谷 tɔu^{21}ku^{55}	稻草 tɔu^{21}ts^{h}ɔu^{55}	大麦 ta^{42}mɛi^{0}
德州	（无）	稻草 tɔ^{21}ts^{h}ɔ^{55}	（无）
武城	稻谷 tɔ^{21}ku^{224}	稻草 tɔ^{21}ts^{h}ɔ^{55}	大麦 ta^{53}mɛ^{0}
临清	（无）	（无）	大麦 ta^{53}mai^{0}

续表

	0178 **稻谷**指子实（脱粒后是大米）	0179 **稻草**脱粒后的	0180 **大麦**指植物
冠县	稻子tɔ^{53}tsɿ^{0}	稻草tɔ^{31}tsʰɔ^{55}	大麦ta^{53}mɛ^{0}
聊城	（无）	（无）	大麦ta^{31}mɛ^{313}
济南	稻谷tɔ^{21}ku^{213}	稻草tɔ^{55}tsʰɔ^{0}	大麦ta^{23}mei^{21}
泰安	（无）	（无）	大麦ta^{42}mei^{0}
莱芜	稻子tɔ^{42}tsɿ^{0}	稻草tɔ^{55}tsʰɔ^{0}	大麦ta^{55}mei^{0}
新泰	稻子tɔ^{54}tθɿ^{0}	稻草tɔ^{54}tθʰɔ^{0}	大麦ta^{54}mei^{0}
沂源	稻谷tɔ^{31}ku^{213}	稻草tɔ^{31}tθʰɔ^{55}	大麦ta^{55}mei^{0}
博山	稻谷tɔ^{31}ku^{213}	稻草tɔ^{55}tsʰɔ^{0}	大麦tɑ^{55}mei^{0}
张店	稻谷tɔ^{31}ku^{33}	稻草tɔ^{55}tsʰɔ^{0}	大麦tɑ^{31}mei^{31}
阳谷	稻子tɔ^{42}zɿ^{0}	稻草tɔ^{31}tsʰɔ^{55}	大麦ta^{42}mei^{0}
梁山	稻子tɔ^{42}tsɿ^{0}	稻草tɔ^{31}tsʰɔ^{55}	大麦ta^{42}mei^{0}
菏泽	稻子tɔ^{31}tə^{0}	稻草tɔ^{31}tsʰɔ^{44}	大麦ta^{31}mei^{0}
曹县	稻谷tɔ^{31}ku^{213}	稻草tɔ^{31}tsʰɔ^{44}	大麦ta^{53}mei^{0}
金乡	稻子tɔ^{42}tsɿ^{0}	稻草tɔ^{31}tsʰɔ^{55}	大麦ta^{42}mei^{0}
曲阜	稻子tɔ^{42}tsɿ^{0}	稻草tɔ^{31}tsʰɔ^{55}	大麦ta^{42}mei^{0}
薛城	稻谷tɔ^{41}ku^{313}	稻草tɔ^{41}tsʰɔ^{24}	大麦ta^{41}me^{0}
郯城	稻tɔ^{51} 稻粒子tɔ^{51}li^{21}tsɿ^{0}	稻草tɔ^{51}tsʰɔ^{24}	大麦ta^{51}me^{213}
临沂	稻tɔ^{312}	稻草tɔ^{31}tsʰɔ^{55}	大麦ta^{31}mei^{0}

	0181 **小麦**指植物	0182 **麦秸**脱粒后的	0183 **谷子**指植物（子实脱粒后是小米）
荣成	小麦siau^{35}mɛ^{214}	麦秸mɛ^{214}tsei^{53}	谷子ku^{214}tsɿ^{0}
烟台	麦子mo^{14}ɾə^{0}	麦秸儿mo^{33}tɕiɐr^{53}	小米儿ɕiau^{33}miər^{14}
栖霞	小麦儿ʃiɔo^{21}mər^{52}	麦秸mə^{34}ciɛ^{312}	谷子ku^{21}lə^{0}
长岛	麦子mə^{35}tsɿ^{0}	麦秸草mə^{55}ciɛ^{0}tsʰau^{213}	谷子ku^{35}tsɿ^{0}
海阳	小麦儿siɔ^{21}mər^{341}	麦秸mə^{34}ciə^{52}	谷ku^{214}
莱西	小麦儿ʃiɔ^{24}mər^{42}	麦秸mə^{33}ciɛ^{214} 麦秸草mə^{31}ciɛ^{214}tsʰɔ^{55}	谷ku^{55} 谷子ku^{45}tsɿ^{0}

续表

	0181 小麦指植物	0182 麦秸脱粒后的	0183 谷子指植物（子实脱粒后是小米）
平度	麦子 mei^{42}tθɿ^{0} 小麦 ɕiɔ^{55}mei^{42}	麦秸草 mei^{45}ɕiã^{0}tθʰɔ^{55} “秸”读为“兼”	谷 ku^{55}
青岛	麦子 mei^{42}tθɿ^{0}	麦秸草 mei^{42}tɕiã^{213}tθʰɔ^{55} “秸”读为“兼”	谷子 ku^{55}tθɿ^{0}
高密	麦子 mei^{42}tθɿ^{0} 小麦儿 siɔ^{23}mer^{0}	麦秸 mei^{42}tɕiɛ^{0}	小米儿 siɔ^{42}mer^{55} 谷子 ku^{23}tθɿ^{0}
诸城	麦子 mei^{44}tθɿ^{0}	麦秸草 mei^{44}tʃɛ^{0}tθʰɔ^{44}	谷子 ku^{213}tθɿ^{0}
沂水	麦子 me^{44}dðɿ^{0}	麦秸 me^{44}tɕiɛ^{0}	谷子 ku^{213}dðɿ^{0}
临朐	麦子 mei^{44}tθɿ^{0}	麦秸 mei^{44}tɕiɛ^{0}	谷 ku^{44}
日照	小麦儿 θiɔ^{23}mer^{31}	麦秸 mei^{53}tʃiɛ^{0}	谷子 ku^{213}tθɿ^{0}
莒南	小麦儿 siɔ^{55}mer^{31}	麦秸 mei^{31}tɕiɛ^{213}	谷子 ku^{213}tθɿ^{0}
潍坊	麦子 mei^{55}tsɿ^{0} 小麦 ɕiɔɤ^{24}mei^{0}	麦秸 mei^{55}tɕiɛ^{0}	谷 ku^{214}
寿光	麦子 mei^{55}tsɿ^{0} 小麦儿 ɕiɔ^{24}mɭ^{0}	麦秸 mei^{55}tɕiɛ^{0}	谷 ku^{213}
高青	麦子 mei^{55}tsɿ^{0}	麦秸 mei^{55}tɕiɛ^{0}	谷 ku^{213}
阳信	麦子 mɛ^{55}tsɿ^{0}	麦秸 mɛ^{55}tɕiɛ^{0}	谷 ku^{213}
济阳	麦子 mɛ^{55}tsɿ^{0}	麦秸 mɛ^{55}tɕiɛ^{0}	谷 ku^{213}
利津	麦子 mei^{55}tsɿ^{0}	麦秸 mei^{55}tɕiɛ^{0}	谷 ku^{44}
乐陵	小麦 ɕiɔ^{212}mɛ^{0}	麦秸 mɛ^{55}tɕiɛ^{0}	谷 ku^{24}
商河	麦子 mɛ^{54}tsɿ^{0}	麦秸 mɛ^{54}tɕiɛ^{0}	谷 ku^{45}
平原	麦子 mɛi^{42}tsɿ^{0}	麦秸 mɛi^{42}tɕiɛi^{0}	谷子 ku^{23}tsɿ^{0}
德州	麦子 mɛ^{42}tsɿ^{0}	麦秸 mɛ^{42}tɕiə^{0}	谷子 ku^{21}tsɿ^{0}
武城	小麦 ɕiɔ^{24}mɛ^{0}	麦秸 mɛ^{53}tɕiɛ^{0}	谷子 ku^{312}tsɿ^{0}
临清	麦子 mai^{53}tsɿ^{0}	麦秸 mai^{31}tɕiɛ^{13}	谷子 ku^{13}tsɿ^{0}
冠县	麦子 mɛ^{53}tsɿ^{0} 小麦 ɕiɔ^{55}mɛ^{314}	麦仰⁼莛儿 mɛ^{31}iɑŋ^{55}tʰiər^{53} 麦秆儿 mɛ^{31}kɐr^{55}	谷子 ku^{21}tsɿ^{0}
聊城	麦子 mɛ^{53}tsɿ^{0}	麦秸 mɛ^{31}tɕiɛ^{13}	谷子 ku^{13}tsɿ^{0}
济南	麦子 mei^{55}tsɿ^{0}	麦秸 mei^{55}tɕiɛ^{0}	谷 ku^{213} 谷子 ku^{21}tsɿ^{0}

续表

	0181 **小麦**指植物	0182 **麦秸**脱粒后的	0183 **谷子**指植物（子实脱粒后是小米）
泰安	麦子 mei^{42}tsɿ^{0}	麦秸 mei^{42}tɕiɛ^{0}	谷子 ku^{21}tsɿ^{0}
莱芜	小麦 ɕiɔ^{213}mei^{0}	麦秸 mei^{55}tɕiɛ^{0}	谷 ku^{213}
新泰	小麦 ɕiɔ^{213}mei^{0}	麦秸莛子 mi^{54}tɕiə^{0}tʰiŋ^{213}tθɿ^{0}	谷子 ku^{213}tθɿ^{0}
沂源	麦子 mei^{55}tθɿ^{0}	麦秸 mei^{55}tɕiɛ^{0}	谷子 ku^{21}tθɿ^{0}
博山	麦子 mei^{55}ə^{0}	麦秸 mei^{55}tɕiɛ^{0}	谷 ku^{213}
张店	麦子 mei^{55}ɿ^{0}	麦秸 mei^{55}tɕiɛ^{0}	谷 ku^{33}
阳谷	麦子 mei^{31}zɿ^{0}	麦秸 mei^{13}tɕiə^{213}	谷子 ku^{31}zɿ^{0}
梁山	麦子 mei^{21}tsɿ^{0}	麦秸 mei^{23}tɕiɛ^{213}	谷子 ku^{21}tsɿ^{0}
菏泽	小麦儿 ɕiɔ^{44}mer^{0} 麦子 mei^{21}tə^{0}	麦秸 mei^{213}tɕiɛ^{213}	谷子 ku^{21}tə^{0}
曹县	小麦 ɕiɔ^{44}mei^{0}	麦秸 mei^{213}tɕiə^{213}	谷子 ku^{21}tə^{0}
金乡	麦子 mei^{21}tsɿ^{0}	麦秸 mei^{23}tɕiə^{213}	谷子 ku^{21}tsɿ^{0}
曲阜	麦子 mei^{21}tsɿ^{0}	麦秸 mei^{23}tɕiɛ^{213}	谷子 ku^{21}tsɿ^{0}
薛城	小麦 ɕiɔ^{55}me^{313} 麦 me^{313}	麦秸 me^{23}tɕiɛ^{313}	谷 ku^{313}
郯城	麦 me^{213} 小麦 ɕiɔ^{44}me^{213}	麦秸 me^{13}tɕiɛ^{213}	谷子 ku^{21}tsɿ^{0}
临沂	麦 mei^{214}	麦秸 mei^{24}tɕiɛ^{214}	谷子 ku^{21}tsɿ^{0}

	0184 **高粱**指植物	0185 **玉米**指成株的植物	0186 **棉花**指植物
荣成	胡黍 xu^{35}ʃi^{0}	棒儿棒儿 pãr^{33}pãr^{0}	棉花 mian^{53}xua^{53}
烟台	胡黍 xu^{33}ɕy^{0}	苞米儿 pau^{33}miər^{14}	棉花 mian^{33}xua^{53}
栖霞	胡黍 xu^{34}ʃy^{0}	苞儿米 pɔor^{55}mi^{214}	棉花 miãn^{34}xua^{0}
长岛	胡黍 xu^{55}ʃu^{0}	苞米 pau^{52}mi^{213}	棉花 mian^{55}xua^{0}
海阳	胡黍 xu^{34}su^{0}	棒子 paŋ^{34}ə^{0}	棉花 miã^{34}xua^{52}
莱西	胡秫 xu^{45}ʃu^{0}	苞儿米 pɔr^{214}mi^{55}	棉花 miã^{33}xua^{214}
平度	胡秫 xu^{45}ʃu^{0}	苞米 pɔ^{213}mi^{55} “米”可儿化	棉花 miã^{42}xua^{213}
青岛	胡秫 xu^{45}ʃu^{0}	苞米儿 pɔ^{213}mier^{55}	棉花 miã^{45}xuɑ^{0}
高密	秫秫 ʃu^{55}ʃu^{0}	棒子 paŋ^{42}tθɿ^{0}	棉花 miã^{55}xuɑ^{0}

续表

	0184 高粱指植物	0185 玉米指成株的植物	0186 棉花指植物
诸城	秫秫ʃu^{24}ʃu^{0}	玉豆y^{31}tou^{31}	棉花miã^{24}xua^{0}
沂水	秫秫ʃɥ^{24}ʃɥ^{0}	玉米y^{31}mi^{44}	棉花niɑŋ^{24}xua^{0} “棉”读为“娘”
临朐	秫秫ʃu^{35}ʃu^{0}	棒槌子pɑŋ^{44}tʂʰuei^{0}tθʅ^{0}	棉花miã^{35}xua^{0}
日照	秫秫ʃu^{44}ʃu^{0}	玉豆y^{44}tou^{31}	棉花miã^{44}xuə^{0}
莒南	秫秫ʃɥ^{24}ʃɥ^{0}	玉麦y^{31}mei^{0}	棉花niã^{24}xu^{0}读为“年乎”
潍坊	秫秫ʂu^{35}ʂu^{0}	棒子pɑŋ^{55}tsɿ^{0} 棒槌子pɑŋ^{55}tʂʰuei^{0}tsɿ^{0}	棉花miã^{35}xuɑ^{0}
寿光	秫秫ʂu^{35}ʂu^{0}	棒子pɑŋ^{55}tsɿ^{0}	棉花ȵiɑŋ^{35}xua^{0} “棉”读为“娘”
高青	秫秫ʂu^{35}ʂu^{0}	棒子pɑŋ^{55}tsɿ^{0}	棉花ȵiɑŋ^{35}xuɑ^{0} “棉”读为“娘”
阳信	高粱kɔ^{213}liɑŋ^{43}	棒子pɑŋ^{55}tsɿ^{0}	棉花ȵiɑŋ^{45}xua^{0} “棉”读为“娘”
济阳	高粱kɔ^{213}liɑŋ^{55}	棒子pɑŋ^{55}tsɿ^{0}	棉花ȵiɑŋ^{24}xua^{0} “棉”读为“娘”
利津	秫秫ʂu^{35}ʂu^{0}	棒子pɑŋ^{55}tsɿ^{0}	棉花miã^{35}xuɑ^{0}
乐陵	高粱kɑŋ^{212}liɑŋ^{0} “高”读为“刚”	棒子pɑŋ^{55}tsɿ^{0}	棉花ȵiɑŋ^{55}xuə^{0} “棉”读为“娘”
商河	高粱kɑŋ^{213}liɑŋ^{54} “高”读为“刚”	棒子pɑŋ^{54}tsɿ^{0}	棉花ȵiɑŋ^{24}xuɑ^{0} “棉”读为“娘”
平原	高粱kɔu^{212}liɑŋ^{42}	棒子pɑŋ^{42}tsɿ^{0}	棉花ȵiɑŋ^{55}xua^{0} “棉”读为“娘”
德州	高粱kɔ^{213}liɑŋ^{42}	棒子pɑŋ^{42}tsɿ^{0}	棉花miã^{55}xua^{0}
武城	高粱kɑŋ^{24}liɑŋ^{0} “高”读为“刚”	棒子pɑŋ^{53}tsɿ^{0}	棉花ȵiɑŋ^{55}xua^{0} “棉”读为“娘”
临清	高粱kau^{13}liɑŋ^{0}	棒子pɑŋ^{53}tsɿ^{0}	棉花mian^{44}xua^{0}
冠县	高粱kɔ^{21}liɑŋ^{0}	棒子pɑŋ^{53}tsɿ^{0}	棉花miã^{55}xua^{0}
聊城	高粱kɔ^{13}liɑŋ^{0}	棒子pɑŋ^{53}tsɿ^{0}	棉花miã^{44}xua^{0}
济南	秫秫ʂu^{445}ʂu^{0}	棒子pɑŋ^{55}tsɿ^{0}	棉花miã^{445}xua^{0}/ȵiɑŋ^{445}xua^{0}
泰安	高粱kɔ^{213}liɑŋ^{42}	棒槌子pɑŋ^{42}tʂʰuei^{0}tsɿ^{0} 棒子pɑŋ^{42}tsɿ^{0}	棉花miã^{55}xua^{0}
莱芜	黍黍ʃu^{213}ʃu^{0}	棒槌子pɑŋ^{55}tʃʰuei^{0}tsɿ^{0}	棉花miã^{13}xua^{0}

续表

	0184 高粱指植物	0185 玉米指成株的植物	0186 棉花指植物
新泰	高粱kɔ^{23}liaŋ^{42}	棒槌子paŋ^{54}pf^{h}ei^{0}tθɿ^{0}	棉花ȵiã^{45}xuə^{0}读为“年货（轻声）”
沂源	秫秫ʃu^{35}ʃu^{0}	棒槌子paŋ^{55}tʃ^{h}uei^{0}tθɿ^{0}	棉花miaŋ^{35}xua^{0}“棉”有音变
博山	秫秫ʂu^{35}ʂu^{0}	棒槌子paŋ^{55}tʂ^{h}uei^{0}ə^{0}	棉花miã^{35}xuɑ^{0}
张店	秫秫ʂu^{35}ʂu^{0}	棒子paŋ^{55}ɿ^{0}	棉花ȵiaŋ^{35}xuɑ^{0}“棉”读为“娘”
阳谷	高粱kɔ^{31}liaŋ^{0}	棒子paŋ^{42}zɿ^{0}	棉花miã^{55}xua^{0}
梁山	高粱kɔ^{21}liaŋ^{42}	棒子paŋ^{42}tsɿ^{0}	棉花miã^{55}xua^{0}
菏泽	秫秫fu^{53}fu^{0}	玉秫秫y^{21}fu^{53}fu^{0}	花xua^{213}
曹县	红秫秫xuŋ^{53}fu^{53}fu^{0}	棒子paŋ^{31}nẽ^{44} 玉秫秫y^{213}fu^{53}fu^{0}	棉花miã^{53}xua^{0}
金乡	高粱kɔ^{21}liaŋ^{0}	棒子paŋ^{42}tsɿ^{0}	棉花miã^{55}xua^{0}
曲阜	高粱kɔ^{213}liaŋ^{42}	棒子paŋ^{42}tsɿ^{0}	棉花miã^{55}xua^{0}
薛城	高粱kɔ^{31}liaŋ^{55}	玉秫秫y^{41}fu^{55}fu^{0} 棒子paŋ^{41}tsɿ^{0}	棉花miã^{55}xua^{0}
郯城	秫秫fu^{44}fu^{0} 高粱kɔ^{21}liaŋ^{44}	棒芦子paŋ^{51}lu^{44}tsɿ^{0} 麻秫秫ma^{44}fu^{44}fu^{0}/ma^{44}ʂu^{44}ʂu^{0}	棉花ȵiã^{44}xu^{0}读为“年乎”/miã^{44}xu^{0}“花”读为“乎”
临沂	秫秫ʃu^{55}ʃu^{0}	棒子paŋ^{31}tsɿ^{0}	棉花ȵiã^{55}xu^{0}读为“年乎”

	0187 油菜油料作物，不是蔬菜	0188 芝麻	0189 向日葵指植物
荣成	油菜iəu^{53}ts^{h}ai^{33}	芝麻tʂʅ^{53}ma^{0}	转儿莲tʂuɐr^{21}lian^{35}
烟台	油菜iou^{33}ts^{h}ɛ^{0}	芝麻tsɿ^{53}ma^{0}	转儿莲tsuɐr^{53}lian^{33}
栖霞	油菜iəu^{52}ts^{h}ɛi^{52}	芝麻tsɿ^{52}ma^{0}	转悠儿莲tʃuãn^{21}iəur^{0}liãn^{342}
长岛	油菜iou^{55}ts^{h}ai^{52}	芝麻tsɿ^{31}ma^{0}	弯直灯uan^{31}tʃʅ^{35}təŋ^{31}
海阳	油菜iəu^{52}tθ^{h}ɛ^{341}	芝麻tʂʅ^{52}ma^{0}	转莲tʂuã^{52}liã^{341}
莱西	油菜iou^{45}ts^{h}ɛ^{0}本地不种植	芝麻tsɿ^{32}ma^{0}	转莲tsuã^{214}liã^{42}
平度	（无）	芝麻tʂʅ^{213}ma^{0}	转日葵tʃuã^{213}i^{0}k^{h}uei^{42}
青岛	油菜iou^{45}tθ^{h}ɛ^{0}	芝麻tʂʅ^{213}ma^{42}	转悠葵tʃuã^{42}iou^{0}k^{h}ei^{55}
高密	油菜iou^{55}tθ^{h}ɛ^{0}	芝麻tʂʅ^{21}mɑ^{0}	朝阳花tʃ^{h}ɔ^{42}iɔ^{42}xuɑ^{213}“阳”读为“摇”
诸城	油菜iou^{24}tθ^{h}ɛ^{0}	芝麻tʂʅ^{31}ma^{0}	朝阳花tʃ^{h}ɑŋ^{44}iou^{0}xua^{213}“朝阳”读为“唱悠”

续表

	0187油菜油料作物，不是蔬菜	0188芝麻	0189向日葵指植物
沂水	油菜iou^{53}tθ^{h}ε^{31}	芝麻tʂʅ^{21}ma^{0}	朝花头tʃ^{h}ɔ^{53}xua^{213}t^{h}ou^{53}
临朐	油菜iəu^{35}tθ^{h}ε^{0}	芝麻tʂʅ^{21}ma^{0}	朝阳花头tʃ^{h}ɑŋ^{35}iɑŋ^{0}xua^{213}t^{h}əu^{53} “朝”读为“常”
日照	油菜iou^{44}tθ^{h}ε^{0}	芝麻tʂʅ^{31}mɑ^{0}	朝阳花tʃ^{h}iɔ^{44}iɑŋ^{0}xua^{213}
莒南	油菜iou^{24}tθ^{h}ε^{0}	芝麻tʂʅ^{21}mə^{0}	转日葵tʃuã^{42}i^{0}k^{h}uei^{53}
潍坊	油菜iɤɯ^{35}ts^{h}ε^{0}	芝麻tʂʅ^{31}mɑ^{0}	朝阳花tʂ^{h}ɑŋ^{53}iŋ^{24}xuɑ^{214} “朝阳”读为“常影”
寿光	油菜iəu^{35}ts^{h}ε^{0}	芝麻tʂʅ^{21}ma^{0}	葵花杆子k^{h}uei^{35}xua^{0}kã^{21}tsʅ^{0} 棵$^{=}$罗$^{=}$杆子k^{h}uə^{35}luə^{0}kã^{21}tsʅ^{0}
高青	油菜iou^{35}ts^{h}ε^{0}	芝麻tʂʅ^{21}mɑ^{0}	朝阳花tʂ^{h}ɑŋ^{55}iɑŋ^{55}xuɑ^{213} “朝”读为“常”
阳信	油菜iou^{45}ts^{h}ε^{0}	芝麻tʂʅ^{31}mə^{0}	葵花k^{h}uei^{45}k^{h}ua^{0} “花”读为“夸”轻声
济阳	（无）	芝麻tʂʅ^{21}ma^{0}	朝阳花tʂ^{h}ɑŋ^{24}iã^{0}xua^{213} “朝阳”读为“常沿”
利津	油菜iou^{35}ts^{h}ε^{0}	芝麻tʂʅ^{31}ma^{0}	朝阳花tʂ^{h}ɑŋ^{53}iɑŋ^{53}xua^{213} “朝”读为“常”
乐陵	油菜iou^{55}ts^{h}ε^{0}	芝麻tsʅ^{31}mɑ^{0}	葵花k^{h}uei^{55}xuɑ^{0}
商河	油菜iou^{24}ts^{h}ε^{0}	芝麻tsʅ^{21}mɑ^{0}	朝阳花tʂ^{h}ɑŋ^{54}iã^{54}xuɑ^{213} “朝阳”读为“常沿”
平原	油菜iou^{55}ts^{h}εi^{0}	芝麻tsʅ^{21}ma^{0}	观日葵kuã^{21}ʐʅ^{0}k^{h}uei^{42}
德州	（无）	芝麻tʂʅ^{21}ma^{0}	转阳葵tʂuã^{213}iɑŋ^{0}k^{h}uei^{42}
武城	油菜iou^{55}ts^{h}ε^{0}	芝麻tʂʅ^{312}ma^{0}	葵花k^{h}uei^{53}xua^{0}
临清	油菜iou^{44}ts^{h}ai^{0}本地不种植	芝麻tʂʅ^{13}ma^{0}	向日葵ɕiɑŋ^{13}ʐʅ^{31}k^{h}uei^{53}很少种
冠县	油菜iou^{53}ts^{h}ε^{0}	芝麻tʂʅ^{21}ma^{0}	望日葵uɑŋ^{31}ʐʅ^{0}k^{h}uei^{53}
聊城	油菜iou^{44}ts^{h}ε^{0}	芝麻tsʅ^{13}ma^{0}	葵花k^{h}uei^{44}xua^{0}
济南	油菜iou^{445}ts^{h}ε^{0}	芝麻tʂʅ^{21}ma^{0}	朝阳花tʂ^{h}ɑŋ^{42}iã^{0}xua^{213} “朝阳”读为“常沿”
泰安	油菜iou^{55}ts^{h}ε^{0}	芝麻tʂʅ^{21}ma^{0}	朝阳花tʂ^{h}ɑŋ^{42}iɑŋ^{42}xua^{213} “朝”读为“常”
莱芜	油菜iou^{13}ts^{h}ε^{0}	芝麻tʃʅ^{31}ma^{0}	朝阳花tʃ^{h}ɔ^{55}iɑŋ^{55}xua^{213}
新泰	油菜iou^{45}tθ^{h}ε^{0}	芝麻tʃʅ^{21}ma^{0}	朝花杆子tʃ^{h}ɑŋ^{45}xua^{0}kã^{21}tθʅ^{0} “朝”读为“常”

续表

	0187 油菜油料作物，不是蔬菜	**0188 芝麻**	**0189 向日葵**指植物
沂源	油菜iou^{35}tθʰɛ^{0}	芝麻tʃʅ^{21}ma^{0}	朝阳花tʃʰɔ^{55}iã^{55}xua^{213}
博山	油菜iəu^{35}tsʰɛ^{0}	芝麻tʂʅ^{21}mɑ^{0}	朝阳花tʂʰɑŋ^{53}iã^{53}xuɑ^{213} "朝阳"读为"常沿"
张店	油菜iou^{35}tsʰɛ^{0}	芝麻tʂʅ^{21}mɑ^{0}	朝阳花tʂʰɑŋ^{55}iɑŋ^{55}xuɑ^{213} "朝"读为"常"
阳谷	油菜iou^{55}tsʰɛ^{0}	芝麻tsʅ^{31}ma^{0}	葵花kʰuei^{42}xua^{0}
梁山	油菜iou^{55}tsʰɛ^{0}	芝麻tsʅ^{21}ma^{4}	葵花kʰuei^{42}xua^{213}
菏泽	（无）	芝麻tsʅ^{21}ma^{0}	浇$^{=}$浇$^{=}$葵tɕiɔ^{213}tɕiɔ^{0}kʰuei^{53} 浇$^{=}$子葵tɕiɔ^{21}tə^{0}kʰuei^{53}
曹县	菜籽tsʰai^{31}tsʅ^{44}	芝麻tsʅ^{21}ma^{0}	浇$^{=}$浇$^{=}$葵tɕiɔ^{21}tɕiɔ^{0}kʰuei^{53}
金乡	油菜iou^{55}tsʰɛ^{0}	芝麻tsʅ^{21}ma^{0}	葵花kʰuei^{42}xua^{213}
曲阜	油菜iou^{55}tsʰɛ^{0}	芝麻tsʅ^{21}ma^{0}	葵花kʰuei^{42}xua^{213}
薛城	油菜iou^{55}tsʰɛ^{41}	芝麻tsʅ^{31}ma^{0}	照$^{=}$照$^{=}$葵tsɔ^{41}tsɔ^{0}kʰue^{55}
郯城	油菜iəu^{44}tsʰɛ^{51}	芝麻tʂʅ^{21}mu^{0}	照$^{=}$葵tʂɔ^{51}kʰue^{44} 葵花kʰue^{44}xua^{213}
临沂	油菜iou^{55}tsʰɛ^{0}	芝锅$^{=}$tʃʅ^{21}kuə^{214}	观$^{=}$观$^{=}$葵kuã^{21}kuã^{0}kʰuei^{53}

	0190 蚕豆	**0191 豌豆**	**0192 花生**指果实，注意婉称
荣成	蚕豆儿tsʰan^{35}tər^{0}	豌豆uan^{53}təu^{33}	落生lo^{33}ʂəŋ^{53} 花生xua^{53}ʂəŋ^{53}
烟台	蚕豆tsʰan^{33}tou^{0}	豌豆uan^{53}tou^{0}	花生儿xua^{33}sə̃r^{53}
栖霞	蚕豆tsʰãn^{34}təu^{0}	豌豆uãn^{52}təu^{0}	长果儿tʃʰɑŋ^{55}kuor^{214}
长岛	蚕豆tsʰan^{55}tou^{52}	豌豆uan^{31}tou^{52}	长果儿tʃʰɑŋ^{55}kuər^{213}
海阳	蚕豆tθʰã^{34}təu^{0}	豌豆uã^{52}təu^{0}	长果儿tsʰɑŋ^{55}kuor^{214}
莱西	蚕豆tsʰã^{42}tou^{0}本地不种植	豌豆uã^{32}tou^{0}	长果儿tʃʰɑŋ^{33}kuər^{55}
平度	蚕豆tθʰã^{45}tou^{0}本地不种植	豌豆uã^{213}tou^{42}	长果儿tʃʰɑŋ^{213}kuər^{55}
青岛	蚕豆tθʰã^{45}tou^{0}	豌豆uã^{213}tou^{42}	长果儿tʃʰɑŋ^{213}kuər^{55}
高密	蚕豆tθʰã^{55}tou^{0}	豌豆uã^{21}tou^{0}	长长果儿tʃʰɑŋ^{55}tʃʰɑŋ^{0}kər^{55} 花生儿xuɑ^{55}ʂə̃r^{213}
诸城	蚕豆tθʰã^{24}tou^{0}本地不种植	豌豆uã^{31}tou^{0}	果子kuə^{213}tθʅ^{0}生的 长生果儿tʃʰɑŋ^{53}tʃʰəŋ^{0}kuər^{44}熟的

续表

	0190 蚕豆	0191 豌豆	0192 花生指果实，注意婉称
沂水	蚕豆tθʰã^{24}tou^{0}	豌豆uã^{21}tou^{0}	果子kuə^{213}dðʅ^{0}
临朐	蚕豆tθʰã^{35}təu^{0}	豌豆uã^{21}təu^{0}	果子kuə^{213}tθʅ^{0}
日照	（无）	豌豆uã^{31}tou^{0}	果子kuə^{213}tθʅ^{0}
莒南	蚕豆tθʰã^{24}tou^{0}	豌豆uã^{21}tou^{0}	果子kuə^{213}tθʅ^{0}
潍坊	蚕豆tsʰã^{35}tɤɯ^{0}	豌豆uã^{31}tɤɯ^{0}	长果儿tʂʰɑŋ^{53}kuər^{55}
寿光	蚕豆tsʰã^{35}təu^{0}	豌豆uã^{21}təu^{0}	果子kuə^{24}tsʅ^{0} 长生果儿tʂʰɑŋ^{53}ʂəŋ^{213}kuor^{55}
高青	蚕豆tsʰã^{35}tou^{0}	豌豆uã^{21}tou^{0}	扒儿扒儿pɑr^{213}pɑr^{0} 长果儿tʂʰɑŋ^{55}kuər^{55}
阳信	蚕豆tsʰã^{45}tou^{0}	豌豆uã^{213}tou^{0}	长果儿tʂʰɑŋ^{31}kər^{55}
济阳	（无）	豌豆uã^{21}tou^{0}	长果tʂʰɑŋ^{54}kə^{55}
利津	蚕豆tsʰã^{35}tou^{0}	豌豆uã^{24}tou^{31}	长果儿tʂʰɑŋ^{53}kər^{55}
乐陵	蚕豆tsʰã^{55}tou^{0}	豌豆uã^{24}tou^{51}	长果儿tʂʰɑŋ^{51}kuər^{55}
商河	蚕豆tsʰã^{24}tou^{0}	豌豆uã^{21}tou^{0}	长果tʂʰɑŋ^{54}kuə^{45}
平原	（无）	（无）	长果儿tʂʰɑŋ^{42}kuor^{55}
德州	蚕豆tsʰã^{55}tou^{0} 嘎嘣豆儿ka^{213}pəŋ^{55}tour^{0}	（无）	长果儿tʂʰɑŋ^{42}kuər^{55}
武城	蚕豆tsʰã^{55}tou^{0}	豌豆uã^{312}tou^{0}	长果儿tʂʰɑŋ^{53}kuər^{55}
临清	蚕豆tsʰan^{44}tou^{0}本地不种植	豌豆uan^{13}tou^{0}本地少种	落生lau^{31}ʂəŋ^{13} 花生xua^{13}ʂəŋ^{13}
冠县	蚕豆tsʰã^{55}tou^{0}	豌豆uã^{55}tou^{0}	长果儿tʂʰɑŋ^{53}kuər^{55}
聊城	磨牙豆儿mə^{53}ia^{44}tour^{313}	豌豆uã^{13}tou^{0}	长果儿tsʰɑŋ^{53}kuər^{44}
济南	蚕豆tsʰã^{445}tou^{0}	豌豆uã^{21}tou^{0}	长果tʂʰɑŋ^{42}kuə^{55} 花生xua^{23}ʂəŋ^{213}
泰安	蚕豆tsʰã^{55}tou^{0}	豌豆uã^{213}tou^{0}	果子kuə^{213}tsʅ^{0}
莱芜	蚕豆tsʰã^{13}tou^{0}	兰花豆lã^{55}xua^{213}tou^{42}	长长果tʃʰɑŋ^{55}tʃʰuŋ^{0}kuə^{55} 轻声的“长”读为“虫”
新泰	蚕豆tθʰã^{45}tou^{0}	豌豆uã^{213}tou^{0}	果子kuə^{213}tθʅ^{0}
沂源	爬豆pʰa^{35}tou^{0}	豌豆儿uã^{21}tour^{0}	果子kuə^{21}tθʅ^{0}

续表

	0190 蚕豆	0191 豌豆	0192 花生指果实，注意婉称
博山	兰花豆 lã^{55}xuɑ^{213}təu^{31}	豌豆 uã^{21}təu^{0}	长果 tʂʰɑŋ^{53}kuə^{55}
张店	蚕豆 tsʰã^{35}tou^{0} 兰花豆 lã^{55}xuɑ^{213}tou^{31}	豌豆 uã^{21}tou^{0}	果子 kuə^{213}ɿ^{0} 长果 tʂʰɑŋ^{55}kuə^{55}
阳谷	蚕豆 tsʰã^{55}tou^{0}	豌豆 uã^{13}tou^{0}	长果 tsʰɑŋ^{42}kuo^{55}
梁山	蚕豆 tsʰã^{55}tou^{0}	豌豆 uã^{23}tou^{31}	长果儿 tsʰɑŋ^{42}kuər^{55}
菏泽	兰花豆儿 lã^{53}xua^{213}tour^{312}	豌豆 uã^{21}tou^{0}	落生 luə^{213}sẽ^{213} “生”读为“森”
曹县	蚕豆 tsʰã^{53}tou^{0}	豌豆 uã^{21}tou^{0}	落生 luə^{31}sẽ^{213} “生”读为“森”
金乡	蚕豆 tsʰã^{55}tou^{312}	豌豆 uã^{21}tou^{0}	落生 luə^{23}səŋ^{213}
曲阜	蚕豆 tsʰã^{55}tou^{0}	豌豆 uã^{213}tou^{0}	果子 kuə^{213}tsɿ^{0}
薛城	面蚕豆 miã^{41}tsʰã^{55}tou^{0}	豌豆 uã^{31}tou^{0}	花生 xua^{23}səŋ^{313}
郯城	蚕豆 tsʰã^{44}təu^{51}	豌豆 uã^{21}təu^{51}	果子 kuə^{24}tsɿ^{0} 长果 tʂʰɑŋ^{44}kuə^{24} 花生 xua^{13}ʂəŋ^{213}
临沂	蚕豆 tsʰã^{55}tou^{0}	豌豆 uã^{21}tou^{0}	果子 kuə^{214}tsɿ^{0} 花生儿 xua^{24}ʃɤ̃r^{214}

	0193 黄豆	0194 绿豆	0195 豇豆长条形的
荣成	豆子 təu^{33}tsɿ^{0}	绿豆儿 ly^{33}təur^{0}	串豆 tʂʰuan^{35}tə^{0}
烟台	黄豆儿 xuɑŋ^{33}tour^{0}	绿豆 lu^{21}tou^{0}	豇豆 tɕiɑŋ^{53}tou^{0}
栖霞	豆儿 təur^{342}	绿豆 ly^{52}təu^{0}	豇豆 ciɑŋ^{52}təu^{342}
长岛	黄豆 xuɑŋ^{55}tou^{52}	绿豆 ly^{52}tou^{52}	豇豆 tʃɑŋ^{31}tou^{52}
海阳	豆子 təu^{34}ə^{0}	绿豆 ly^{34}təu^{0}	豇豆 ciɑŋ^{52}təu^{0}
莱西	大豆 ta^{42}tou^{42} 黄豆 xuɑŋ^{45}tou^{0}	绿豆 ly^{42}tou^{0}	莱豆 tsʰɛ^{42}tou^{0} 豆角儿 tou^{45}cyər^{0}
平度	黄豆 xuɑŋ^{45}tou^{0} 大豆 ta^{213}tou^{42}	绿豆 ly^{42}tou^{0}	豆角儿 tou^{213}cyər^{55} 豆角子 tou^{45}cyə^{0}tθɿ^{0}
青岛	黄豆 xuɑŋ^{45}tou^{0} 大豆 tɑ^{43}tou^{0}	绿豆 ly^{42}tou^{0}	长豆角儿 tʃʰɑŋ^{42}tou^{0}tɕyər^{55}
高密	大豆 tɑ^{23}tou^{21} 豆子 tou^{42}tθɿ^{0}	绿豆 ly^{42}tou^{0}	豇豆 tɕiɑŋ^{21}tou^{0}

续表

	0193黄豆	0194绿豆	0195豇豆长条形的
诸城	豆子 $tou^{44}tθɿ^{0}$	绿豆 $ly^{44}tou^{0}$	（无）
沂水	黄豆 $xuaŋ^{24}tou^{0}$	绿豆 $ly^{44}tou^{0}$	爬豆 $p^{h}a^{24}tou^{0}$
临朐	黄豆 $xuaŋ^{35}təu^{0}$	绿豆 $ly^{44}təu^{0}$	豇豆 $tɕiaŋ^{21}təu^{0}$
日照	黄豆 $xuaŋ^{44}tou^{0}$	绿豆 $ly^{53}tou^{0}$	（无）
莒南	黄豆 $xuaŋ^{24}tou^{0}$ 大豆 $ta^{13}tou^{31}$	绿豆 $ly^{42}tou^{0}$	豆角子 $tou^{42}tɕiə^{0}tθɿ^{0}$
潍坊	黄豆 $xuaŋ^{35}tɤɯ^{0}$ 大豆 $ta^{55}tɤɯ^{0}$	绿豆 $ly^{55}tɤɯ^{0}$	豇豆 $tɕiaŋ^{31}tɤɯ^{0}$
寿光	豆子 $təu^{55}tsɿ^{0}$	绿豆 $ly^{55}təu^{0}$	豇豆 $tɕiaŋ^{21}təu^{0}$
高青	黄豆 $xuaŋ^{35}tou^{0}$	绿豆 $ly^{55}tou^{0}$	豆角子 $tou^{55}tɕiɔ^{0}tsɿ^{0}$
阳信	黄豆 $xuaŋ^{45}tou^{0}$	绿豆 $ly^{55}tou^{0}$	豆角子 $tou^{55}tɕiɔ^{0}tsɿ^{0}$
济阳	黄豆 $xuaŋ^{24}tou^{0}$	绿豆 $ly^{55}tou^{0}$	豆角子 $tou^{55}tɕia^{0}tsɿ^{0}$
利津	大豆 $ta^{24}tou^{31}$	绿豆 $ly^{55}tou^{0}$	豆角儿 $tou^{31}tɕiɔr^{44}$
乐陵	大豆 $ta^{51}tou^{0}$	绿豆 $ly^{55}tou^{0}$	豆角子 $tou^{55}tɕiɔ^{0}tsɿ^{0}$
商河	黄豆 $xuaŋ^{24}tou^{0}$	绿豆 $ly^{54}tou^{0}$	豇豆儿 $tɕiaŋ^{24}tour^{31}$
平原	豆子 $tou^{42}tsɿ^{0}$	绿豆 $ly^{42}tou^{0}$	豆角儿 $tou^{21}tɕiɔur^{55}$
德州	豆子 $tou^{42}tsɿ^{0}$	绿豆 $ly^{42}tou^{0}$	（无）
武城	黄豆 $xuaŋ^{55}tou^{0}$	绿豆 $ly^{53}tou^{0}$	豇豆 $tɕiaŋ^{312}tou^{0}$
临清	黄豆 $xuaŋ^{44}tou^{0}$	绿豆 $ly^{53}tou^{0}$	豇豆 $tɕiaŋ^{13}tou^{0}$ 少种
冠县	黄豆 $xuaŋ^{53}tou^{0}$	绿豆 $ly^{53}tou^{0}$	豇豆 $tɕiaŋ^{55}tou^{0}$
聊城	黄豆 $xuaŋ^{44}tou^{0}$	绿豆 $ly^{53}tou^{0}$	豇豆 $tɕiaŋ^{13}tou^{0}$
济南	黄豆 $xuaŋ^{445}tou^{0}$	绿豆 $ly^{55}tou^{0}$	豇豆 $tɕiaŋ^{21}tou^{0}$
泰安	豆子 $tou^{42}tsɿ^{0}$	绿豆 $ly^{42}tou^{0}$	豇豆 $tɕiaŋ^{21}tou^{0}$
莱芜	黄豆 $xuaŋ^{13}tou^{0}$	绿豆 $ly^{42}tou^{0}$	豇豆 $tɕiaŋ^{31}tou^{0}$
新泰	黄豆 $xuaŋ^{45}tou^{0}$	绿豆 $ly^{54}tou^{0}$	豇豆 $tɕiaŋ^{21}tou^{0}$
沂源	黄豆 $xuaŋ^{35}tou^{0}$	绿豆 $ly^{55}tou^{0}$	豆角子 $tou^{35}tɕia^{0}tθɿ^{0}$
博山	黄豆 $xuaŋ^{35}təu^{0}$	绿豆 $ly^{55}təu^{0}$	豇豆 $tɕiaŋ^{21}təu^{0}$
张店	黄豆 $xuaŋ^{35}tou^{0}$	绿豆 $ly^{55}tou^{0}$	爬豆 $p^{h}ɑ^{35}tou^{0}$
阳谷	黄豆 $xuaŋ^{55}tou^{0}$ 大豆 $ta^{13}tou^{0}$	绿豆 $ly^{13}tou^{0}$	豇豆 $tɕiaŋ^{13}tou^{0}$

续表

	0193黄豆	0194绿豆	0195豇豆长条形的
梁山	大豆ta^{31}tou^{314} 豆子tou^{42}tsɿ^{0}	绿豆ly^{23}tou^{31}	豇豆tɕiaŋ^{23}tou^{31}
菏泽	豆子tou^{31}tə^{0}	绿豆ly^{21}tou^{0}	豇豆tɕiaŋ^{21}tou^{0}
曹县	黄豆xuaŋ^{53}tou^{0}	绿豆ly^{21}tou^{0}	豇豆tɕiaŋ^{21}tou^{0}
金乡	豆子tou^{42}tsɿ^{0}	绿豆ly^{21}tou^{0}	豇豆tɕiaŋ^{21}tou^{0}
曲阜	豆子tou^{42}tsɿ^{0}	绿豆ly^{213}tou^{0}	豇豆tɕiaŋ^{213}tou^{0}
薛城	豆子tou^{41}tsɿ^{0}	绿豆lu^{31}tou^{0}	豇豆tɕiaŋ^{31}tou^{0}
郯城	豆子təu^{51}tsɿ^{0} 大豆ta^{51}təu^{51}	绿豆lu^{21}təu^{51}	豆角儿təu^{51}tɕyər^{213} 豆角子təu^{51}tɕyə^{21}tsɿ^{0}
临沂	豆子tou^{31}tsɿ^{0}	绿豆lu^{21}tou^{0}	豇豆tɕiaŋ^{21}tou^{0}

	0196大白菜东北～	0197包心菜卷心菜，圆白菜，球形的	0198菠菜
荣成	大白菜ta^{33}pɛ^{35}ts^{h}ai^{33}	大头儿菜ta^{33}təur^{35}ts^{h}ai^{0}	菠菜po^{53}ts^{h}ai^{0}
烟台	大白菜ta^{33}po^{21}ts^{h}ɛ^{33}	大头菜ta^{33}t^{h}ou^{53}ts^{h}ɛ^{33}	红根儿菠菜xuŋ^{33}kər^{33}po^{53}ts^{h}ɛ^{33}
栖霞	大白菜ta^{34}pə^{34}ts^{h}ɛi^{52}	大头菜ta^{55}t^{h}əu^{52}ts^{h}ɛi^{52}	菠菜pə^{52}ts^{h}ɛi^{0}
长岛	大白菜ta^{52}pə^{35}ts^{h}ai^{52}	大头菜ta^{52}t^{h}ou^{35}ts^{h}ai^{52}	菠菜pə^{31}ts^{h}ai^{0}
海阳	白菜pə^{34}tθ^{h}ɛ^{0}	大头菜ta^{34}t^{h}əu^{52}tθ^{h}ɛ^{341}	菠菜pə^{52}tθ^{h}ɛ^{0}
莱西	大菜ta^{214}ts^{h}ɛ^{42}	大头儿菜ta^{45}t^{h}our^{0}ts^{h}ɛ^{42}	菠菜pə^{214}ts^{h}ɛ^{0}
平度	大白菜ta^{213}pei^{45}tθ^{h}ɛ^{0} 白菜pei^{45}tθ^{h}ɛ^{0}	大头菜ta^{42}t^{h}ou^{45}tθ^{h}ɛ^{0}	菠菜pə^{213}tθ^{h}ɛ^{0}
青岛	大白菜tɑ^{213}pei^{55}tθ^{h}ɛ^{0}	大头菜tɑ^{213}t^{h}ou^{42}tθ^{h}ɛ^{42}	菠菜pə^{213}tθ^{h}ɛ^{42}
高密	大白菜tɑ^{21}pei^{55}tθ^{h}ɛ^{0}	大头菜tɑ^{21}t^{h}ou^{55}tθ^{h}ɛ^{0} 卷心菜tɕyã^{55}siõ^{23}tθ^{h}ɛ^{21}	菠菜pə^{21}tθ^{h}ɛ^{0}
诸城	白菜pei^{24}tθ^{h}ɛ^{0}	大头菜ta^{44}t^{h}ou^{0}tθ^{h}ɛ^{31}	菠菜pə^{31}tθ^{h}ɛ^{0}
沂水	大白菜ta^{24}pe^{0}tθ^{h}ɛ^{0}	甘蓝白kã^{213}lã^{53}pe^{53}	菠菜pə^{21}tθ^{h}ɛ^{0}
临朐	白菜pei^{35}tθ^{h}ɛ^{0}	大头菜ta^{44}t^{h}əu^{0}tθ^{h}ɛ^{21}	菠菜pə^{21}tθ^{h}ɛ^{0}
日照	白菜pei^{44}tθ^{h}ɛ^{0}	大头菜tɑ^{44}t^{h}ou^{0}tθ^{h}ɛ^{31}	菠菜pə^{31}tθ^{h}ɛ^{0}
莒南	大白菜ta^{42}pei^{0}tθ^{h}ɛ^{0}	大头菜ta^{42}t^{h}ou^{53}tθ^{h}ɛ^{31}	菠菜pə^{21}tθ^{h}ɛ^{0}
潍坊	白菜pei^{35}ts^{h}ɛ^{0} 大白菜tɑ^{21}pei^{35}ts^{h}ɛ^{0}	大头菜tɑ^{55}t^{h}ɤɯ^{0}ts^{h}ɛ^{31}	菠菜pə^{31}ts^{h}ɛ^{0}

续表

	0196大白菜东北～	**0197包心菜**卷心菜，圆白菜，球形的	**0198菠菜**
寿光	白菜pei^{35}ts^{h}ε^{0}	卷心菜tɕyã^{55}ɕiə̃^{13}ts^{h}ε^{21} 以前不种植	菠菜pə^{21}ts^{h}ε^{0}
高青	白菜pei^{35}ts^{h}ε^{0}	甘蓝kã^{213}lã^{55}	菠菜pə^{21}ts^{h}ε^{0}
阳信	白菜pε^{45}ts^{h}ε^{0}	甘蓝kã^{213}lã^{43}	菠菜pə^{31}ts^{h}ε^{0}
济阳	白菜pε^{24}ts^{h}ε^{0}	卷心菜tɕyã^{55}ɕiẽ^{13}ts^{h}ε^{31}	菠菜pə^{21}ts^{h}ε^{0}
利津	白菜pei^{24}ts^{h}ε^{0}	大头菜ta^{55}t^{h}ou^{0}ts^{h}ε^{31}	菠菜pə^{31}ts^{h}ε^{0}
乐陵	白菜pε^{55}ts^{h}ε^{0}	包头菜pɔ^{212}t^{h}ou^{55}ts^{h}ε^{51}	菠菜pə^{31}ts^{h}ε^{0}
商河	白菜pε^{24}ts^{h}ε^{0}	包头菜pɔ^{213}t^{h}ou^{54}ts^{h}ε^{0}	菠菜pə^{21}ts^{h}ε^{0}
平原	白菜pεi^{55}ts^{h}εi^{0}	包头菜pɔu^{23}t^{h}ou^{42}ts^{h}εi^{21}	菠菜pə^{21}ts^{h}εi^{0}
德州	白菜pε^{55}ts^{h}ε^{0}	包头菜pɔ^{213}t^{h}ou^{55}ts^{h}ε^{0} 洋白菜iaŋ^{42}pε^{55}ts^{h}ε^{0}	菠菜pə^{213}ts^{h}ε^{21}
武城	白菜pε^{55}ts^{h}ε^{0}	包头菜pɔ^{312}t^{h}ou^{0}ts^{h}ε^{312}	菠菜pə^{312}ts^{h}ε^{0}
临清	白菜pai^{44}ts^{h}ai^{0}	大头菜ta^{31}t^{h}ou^{0}ts^{h}ai^{313}	菠菜pə^{13}ts^{h}ai^{0}
冠县	白菜pε^{53}ts^{h}ε^{0}	大头菜ta^{314}t^{h}ou^{55}ts^{h}ε^{31} 甘蓝菜kã^{55}lã^{55}ts^{h}ε^{31}	菠菜pə^{55}ts^{h}ε^{0}
聊城	白菜pε^{44}ts^{h}ε^{0}	大头菜ta^{31}t^{h}ou^{53}ts^{h}ε^{0}	菠菜pə^{13}ts^{h}ε^{0}
济南	白菜pei^{445}ts^{h}ε^{0}	洋白菜iaŋ^{42}pei^{445}ts^{h}ε^{0} 卷心菜tɕyã^{55}ɕiẽ^{23}ts^{h}ε^{21}	菠菜pə^{21}ts^{h}ε^{0}
泰安	白菜pei^{55}ts^{h}ε^{0}	大头菜ta^{42}t^{h}ou^{0}ts^{h}ε^{21} 洋白菜iaŋ^{42}pei^{55}ts^{h}ε^{0}	菠菜pə^{21}ts^{h}ε^{0}
莱芜	白菜pei^{13}ts^{h}ε^{0}	大头菜ta^{55}t^{h}ou^{0}ts^{h}ε^{42}	菠菜pə^{31}ts^{h}ε^{0}
新泰	白菜pei^{45}tθ^{h}ε^{0}	包头白pɔ^{21}t^{h}ou^{0}pei^{42}	菠菜pə^{21}tθ^{h}ε^{0}
沂源	白菜pei^{35}tθ^{h}ε^{0}	大头菜ta^{55}t^{h}ou^{0}tθ^{h}ε^{31}	菠菜pə^{21}tθ^{h}ε^{0}
博山	白菜pei^{35}ts^{h}ε^{0}	洋白菜iaŋ^{55}pei^{35}ts^{h}ε^{0}	菠菜pə^{21}ts^{h}ε^{0}
张店	白菜pei^{35}ts^{h}ε^{0}	甘蓝kã^{213}lã^{55}	菠菜pə^{21}ts^{h}ε^{0}
阳谷	白菜pei^{55}ts^{h}ε^{0}	大头菜ta^{31}t^{h}ou^{42}ts^{h}ε^{0}	菠菜pə^{13}ts^{h}ε^{0}
梁山	白菜pei^{55}ts^{h}ε^{0}	大头菜ta^{21}t^{h}ou^{0}ts^{h}ε^{314}	菠菜pə^{23}ts^{h}ε^{31}
菏泽	白菜pei^{53}ts^{h}ε^{0}	大头菜ta^{31}t^{h}ou^{53}ts^{h}ε^{312}	菠菜pə^{21}ts^{h}ε^{0}
曹县	白菜pei^{53}ts^{h}ai^{0}	甘蓝白菜kã^{213}lã^{53}pei^{53}ts^{h}ai^{0}	菠菜pə^{21}ts^{h}ai^{0}
金乡	白菜pei^{55}ts^{h}ε^{0}	缸$^{=}$白菜kaŋ^{21}pei^{55}ts^{h}ε^{0}	菠菜pə^{21}ts^{h}ε^{0}

续表

	0196 大白菜东北～	0197 包心菜卷心菜，圆白菜，球形的	0198 菠菜
曲阜	白菜pei^{55}tsʰɛ^{0}	甘蓝kã^{213}lã^{42}	菠菜pə^{213}tsʰɛ^{0}
薛城	白菜pe^{55}tsʰɛ^{0}	缸$^{=}$白菜kɑŋ^{31}pe^{55}tsʰɛ^{0} 圆头菜yã^{54}tʰou^{55}tsʰɛ^{41}	菠菜pə^{31}tsʰɛ^{0}
郯城	白菜pe^{44}tsʰɛ^{51} 大白菜ta^{51}pe^{44}tsʰɛ^{51}	甘蓝kã^{21}lã^{44} 包头菜pɔ^{21}tʰəu^{44}tsʰɛ^{51} 大头菜ta^{51}tʰəu^{44}tsʰɛ^{51}	菠菜pə^{21}tsʰɛ^{51}
临沂	白菜pei^{55}tsʰɛ^{0}	甘蓝kã^{24}lã^{53} 圆白菜yã^{53}pei^{55}tsʰɛ^{0} 卷心菜tɕyã^{55}ɕiẽ^{24}tsʰɛ^{312}	菠菜pə^{21}tsʰɛ^{0}

	0199 芹菜	0200 莴笋	0201 韭菜
荣成	芹菜cʰin^{35}tsʰai^{0}	莴笋uo^{53}sən^{214}	韭菜ciəu^{214}tsʰai^{0}
烟台	芹菜tɕʰin^{33}tsʰɛ^{0}	莴苣uo^{53}tɕy^{0}	韭菜tɕiou^{21}tsʰɛ^{0}
栖霞	芹菜cʰĩn^{34}tsʰɛi^{0}	莴苣uo^{52}cy^{0}	韭菜ciəu^{21}tsʰɛi^{0}
长岛	芹菜cʰin^{55}tsʰai^{52}	莴苣uə^{52}cy^{35}	韭菜ciou^{35}tsʰai^{0}
海阳	芹菜cʰĩ^{34}tθʰɛ^{0}	莴苣uo^{52}cy^{0}	韭菜ciəu^{21}tθʰɛ^{0}
莱西	芹菜cʰiẽ^{45}tsʰɛ^{0}	莴苣uə^{214}cyə^{0} “苣”读为“决”轻声	韭菜ciou^{214}tsʰɛ^{0}
平度	芹菜cʰiã^{45}tθʰɛ^{0}	莴苣uə^{213}cy^{55}	韭菜ciou^{45}tθʰɛ^{0}
青岛	芹菜tɕʰiẽ^{45}tθʰɛ^{0}	莴苣uə^{213}tɕy^{0}	韭菜tɕiou^{44}tθʰɛ^{0}
高密	芹菜tɕʰiã^{55}tθʰɛ^{0}	莴苣uə^{213}tɕy^{55}	韭菜tɕiou^{23}tθʰɛ^{0}
诸城	芹菜tʃʰẽ^{24}tθʰɛ^{0}	莴苣uə^{31}tʃu^{0}	韭菜tʃou^{213}tθʰɛ^{0}
沂水	芹菜tɕʰiẽ^{24}tθʰɛ^{0}	生菜ʂəŋ^{21}tθʰɛ^{0} 莴苣uə^{21}tɕyə^{0} “苣”读为“决”轻声	韭菜tɕiou^{213}tθʰɛ^{0}
临朐	芹菜tɕʰiã^{35}tθʰɛ^{0}	莴苣uə^{21}tɕy^{0}	韭菜tɕiəu^{213}tθʰɛ^{0}
日照	芹菜tʃʰiẽ^{44}tθʰɛ^{0}	莴苣uə^{31}tʃu^{0}	韭菜tʃiou^{213}tθʰɛ^{0}
莒南	芹菜tɕʰiẽ^{24}tθʰɛ^{0}	莴苣uə^{21}tɕyə^{0} “苣”读为“决”轻声	韭菜tɕiou^{213}tθʰɛ^{0}
潍坊	芹芽tɕʰiẽ^{35}iɑ^{0}	莴苣uə^{55}tɕy^{214}	韭菜tɕiɤɯ^{24}tsʰɛ^{0}
寿光	芹菜tɕʰiã^{35}tsʰɛ^{0} 芹芽tɕʰiẽ^{35}ia^{0}	莴苣uə^{21}tɕy^{0}	韭菜tɕiəu^{24}tsʰɛ^{0}

续表

	0199 芹菜	0200 莴笋	0201 韭菜
高青	芹菜 tɕ^{h}iã^{35}ts^{h}ɛ^{0}	莴苣 uə^{21}tɕy^{0}	韭菜 tɕiou^{213}ts^{h}ɛ^{0}
阳信	芹菜 tɕ^{h}iã^{45}ts^{h}ɛ^{0}	莴苣 uə^{31}tɕy^{0}	韭菜 tɕiou^{213}ts^{h}ɛ^{0}
济阳	芹菜 tɕ^{h}iẽ^{24}ts^{h}ɛ^{0}	莴苣 uə^{21}tɕy^{0}	韭菜 tɕiou^{213}ts^{h}ɛ^{0}
利津	芹菜 tɕ^{h}iẽ^{35}ts^{h}ɛ^{0}	（无）	韭菜 tɕiou^{213}ts^{h}ɛ^{0}
乐陵	芹菜 tɕ^{h}iẽ^{55}ts^{h}ɛ^{0}	莴苣 uə^{31}tɕy^{0}	韭菜 tɕiou^{212}ts^{h}ɛ^{0}
商河	芹菜 tɕ^{h}iẽ^{24}ts^{h}ɛ^{0}	莴苣 uə^{21}tɕy^{0}	韭菜 tɕiou^{213}ts^{h}ɛ^{0}
平原	芹菜 tɕ^{h}iẽ^{55}ts^{h}ɛi^{0}	莴苣 uə^{21}tɕy^{0}	韭菜 tɕiou^{23}ts^{h}ɛi^{0}
德州	芹菜 tɕ^{h}iẽ^{55}ts^{h}ɛ^{0}	莴苣 uə^{21}tɕy^{0}	韭菜 tɕiou^{55}ts^{h}ɛ^{21}
武城	芹菜 tɕ^{h}in^{55}ts^{h}ɛ^{0}	莴苣 uə^{312}tɕy^{0}	韭菜 tɕiou^{24}ts^{h}ɛ^{0}
临清	芹菜 tɕ^{h}in^{44}ts^{h}ai^{0}	莴苣 uə^{13}tɕy^{0}	韭菜 tɕiou^{44}ts^{h}ai^{0}
冠县	芹菜 tɕ^{h}iẽ^{53}ts^{h}ɛ^{0}	笋 suẽ^{55}	韭菜 tɕiou^{55}ts^{h}ɛ^{0}
聊城	芹菜 tɕ^{h}iẽ^{44}ts^{h}ɛ^{0}	莴苣 uə^{13}tɕy^{0}	韭菜 tɕiou^{44}ts^{h}ɛ^{0}
济南	芹菜 tɕ^{h}iẽ^{445}ts^{h}ɛ^{0}	莴苣 uə^{21}tɕy^{0}	韭菜 tɕiou^{213}ts^{h}ɛ^{0}
泰安	芹菜 tɕ^{h}iẽ^{55}ts^{h}ɛ^{0}	莴苣 uə^{21}tɕy^{0}	韭菜 tɕiou^{213}ts^{h}ɛ^{0}
莱芜	芹菜 tɕ^{h}iẽ^{13}ts^{h}ɛ^{0}	莴苣 uə^{31}tɕy^{0}	韭菜 tɕiou^{213}ts^{h}ɛ^{0}
新泰	芹菜 tɕ^{h}iẽ^{23}tθ^{h}ɛ^{0}	莴苣 uə^{21}tɕy^{0}	韭菜 tɕiou^{213}tθ^{h}ɛ^{0}
沂源	芹菜 tɕ^{h}iã^{35}tθ^{h}ɛ^{0}	莴苣 uə^{55}tɕy^{213}	韭菜 tɕiou^{21}tθ^{h}ɛ^{0}
博山	芹菜 tɕ^{h}iẽ^{35}ts^{h}ɛ^{0}	莴苣 uə^{213}tɕy^{213}	韭菜 tɕiəu^{213}ts^{h}ɛ^{0}
张店	芹菜 tɕ^{h}iã^{35}ts^{h}ɛ^{0}	莴苣 uə^{33}tɕy^{33}	韭菜 tɕiou^{213}ts^{h}ɛ^{0}
阳谷	芹菜 tɕ^{h}iẽ^{55}ts^{h}ɛ^{0}	莴苣 uo^{31}tɕy^{0}	韭菜 tɕiou^{55}ts^{h}ɛ^{0}
梁山	芹菜 tɕ^{h}iẽ^{55}ts^{h}ɛ^{0}	笋 ɕyẽ^{55}	韭菜 tɕiou^{55}ts^{h}ɛ^{0}
菏泽	芹菜 tɕ^{h}iẽ^{53}ts^{h}ɛ^{0}	笋 suẽ^{44}	韭菜 tɕiou^{44}ts^{h}ɛ^{0}
曹县	芹菜 tɕ^{h}iẽ^{53}ts^{h}ai^{0}	笋 suẽ^{44}	韭菜 tɕiou^{44}ts^{h}ai^{0}
金乡	芹菜 tɕ^{h}iẽ^{55}ts^{h}ɛ^{0}	笋 ɕyẽ^{55}	韭菜 tɕiou^{23}ts^{h}ɛ^{0}
曲阜	芹菜 tɕ^{h}iẽ^{55}ts^{h}ɛ^{0}	莴苣 uə^{21}tɕy^{0}	韭菜 tɕiou^{213}ts^{h}ɛ^{0}
薛城	芹菜 tɕ^{h}iẽ^{55}ts^{h}ɛ^{0}	莴苣 uə^{31}tɕyə^{0} “苣”读为“决”轻声	韭菜 tɕiou^{24}ts^{h}ɛ^{0}
郯城	芹菜 tɕ^{h}iã^{44}ts^{h}ɛ^{51}	莴苣 uə^{21}tɕy^{0}	韭菜 tɕiəu^{24}ts^{h}ɛ^{51}
临沂	芹菜 tɕ^{h}iẽ^{55}ts^{h}ɛ^{0}	莴苣 uə^{21}tɕyə^{0} “苣”读为“决”轻声	韭菜 tɕiou^{214}ts^{h}ɛ^{0}

	0202香菜芫荽	0203葱	0204蒜
荣成	香菜çiaŋ^{53}ts^{h}ai^{33} 芫荽ian^{35}sei^{0}	葱ts^{h}uŋ^{53}	蒜san^{33}
烟台	香菜çiaŋ^{53}ts^{h}ε^{0}	葱ts^{h}uŋ^{53}	蒜san^{33}
栖霞	芫荽iãn^{52}ʃʅ^{0}	葱ts^{h}uŋ^{312}	蒜sãn^{52}
长岛	香菜çiaŋ^{31}ts^{h}ai^{52}	葱ts^{h}uŋ^{312}	蒜san^{52}
海阳	芫荽iã^{52}si^{0}	葱tθ^{h}uŋ^{52}	蒜θã^{341}
莱西	香菜çiaŋ^{214}ts^{h}ε^{42} 芫荽iã^{32}sei^{0}	葱ts^{h}oŋ^{214}	蒜sã^{42} 大蒜ta^{23}sã^{42}
平度	芫荽菜iã^{45}si^{0}tθ^{h}ε^{42} 香菜çiaŋ^{213}tθ^{h}ε^{0}	葱tθ^{h}əŋ^{213}	蒜θã^{42} 大蒜ta^{213}θã^{42}
青岛	芫荽iã^{45}θuei^{0} 香菜çiaŋ^{213}tθ^{h}ε^{0}	葱tθ^{h}oŋ^{213}	蒜θuã^{42} 大蒜ta^{213}θuã^{42}
高密	芫荽iã^{55}θuei^{0} 香菜çiaŋ^{21}tθ^{h}ε^{0}	葱tθ^{h}oŋ^{213}	蒜θuã^{21} 大蒜ta^{23}θuã^{21}
诸城	芫荽iã^{24}θuei^{0}	葱tθ^{h}əŋ^{213}	蒜θuã^{31}
沂水	芫荽iã^{24}θue^{0}	葱tθ^{h}uŋ^{213}	蒜θuã^{31}
临朐	芫荽iã^{35}θuei^{0}	葱tθ^{h}uŋ^{213}	蒜θuã^{21}
日照	芫荽iã^{44}θuei^{0}	葱tθ^{h}əŋ^{213}	蒜θuã^{31}
莒南	芫芫菜iã^{24}iã^{0}tθ^{h}ε^{31}	葱tθ^{h}uŋ^{213}	蒜θuã^{312} 大蒜ta^{13}θuã^{31}
潍坊	芫荽iã^{35}suei^{0} 香菜çiaŋ^{31}ts^{h}ε^{0}	葱ts^{h}oŋ^{214}	蒜suã^{31} 大蒜ta^{24}suã^{31}
寿光	芫荽iã^{35}suei^{0}	葱ts^{h}uŋ^{213}	蒜suã^{21}
高青	芫星$^{=}$菜iã^{35}çiŋ^{0}ts^{h}ε^{41}	葱ts^{h}uŋ^{213}	蒜suã^{41}
阳信	芫荽iã^{45}çi^{0}	葱ts^{h}uŋ^{213}	蒜suã^{31}
济阳	芫荽iã^{24}suei^{0}	葱ts^{h}uŋ^{213}	蒜suã^{31}
利津	芫荽菜iã^{35}çi^{0}ts^{h}ε^{31}	葱ts^{h}uŋ^{213}	蒜suã^{31}
乐陵	芫星$^{=}$菜iã^{55}çiŋ^{0}ts^{h}ε^{51} 芫荽iã^{55}suei^{0}	葱ts^{h}uŋ^{24}	蒜suã^{51}
商河	芫荽iã^{24}suei^{0}	葱ts^{h}uŋ^{213}	蒜suã^{31}
平原	芫荽iã^{55}suei^{0}	葱ts^{h}uŋ^{213}	蒜suã^{21}

续表

	0202香菜芫荽	0203葱	0204蒜
德州	芫荽iã^{55}suei^{0}	葱ts^{h}uŋ^{213}	蒜suã^{21}
武城	芫荽iã^{55}suei^{0}	葱ts^{h}uŋ^{224}	蒜suã^{312}
临清	芫荽ian^{44}suei^{0}	葱ts^{h}uŋ^{13}	蒜suan^{313}
冠县	芫荽iã^{55}suei^{0}	葱ts^{h}uŋ^{13}	蒜suã^{314}
聊城	芫荽iã^{44}suei^{0}	葱ts^{h}uŋ^{13}	蒜suã^{313}
济南	芫荽iã^{445}suei^{0}	葱ts^{h}uŋ^{213}	蒜suã^{21}
泰安	芫荽iã^{55}suei^{0}	葱ts^{h}uŋ^{213}	蒜suã^{21}
莱芜	芫荽iã^{13}suei^{0}	葱ts^{h}uŋ^{213}	蒜suã^{42}
新泰	芫荽iã^{45}θuei^{0}	葱tθ^{h}uŋ^{213}	蒜θuã^{31}
沂源	芫荽yã^{35}θuei^{0}	葱tθ^{h}uŋ^{213}	蒜θuã^{31}
博山	芫荽iã^{35}suei^{0}	葱ts^{h}uŋ^{213}	蒜suã^{31}
张店	芫荽iã^{35}suei^{0}	葱ts^{h}uŋ^{213}	蒜suã^{31}
阳谷	芫荽iã^{55}suei^{0}	葱ts^{h}uŋ^{213}	蒜suã^{313}
梁山	芫荽iã^{55}çyei^{0}	葱ts^{h}uŋ^{213}	蒜syã^{314}
菏泽	芫荽iã^{53}suei^{0}	葱ts^{h}uŋ^{213}	蒜suã^{312}
曹县	芫荽iã^{53}suei^{0}	葱ts^{h}uŋ^{213}	蒜suã^{312} 大蒜ta^{31}suã^{312}
金乡	芫荽iã^{55}suei^{0}	葱ts^{h}uŋ^{213}	蒜suã^{312}
曲阜	芫荽iã^{55}suei^{0}	葱ts^{h}uŋ^{213}	蒜suã^{312}
薛城	芫荽iã^{55}çye^{0}	葱tç^{h}yŋ^{313}	蒜çyã^{41}
郯城	芫荽iã^{44}sue^{0} 香菜çiaŋ^{21}ts^{h}ε^{51}	葱ts^{h}uŋ^{213}	蒜suã^{51} 大蒜ta^{51}suã^{51}
临沂	芫荽iã^{55}suei^{0}	葱ts^{h}uŋ^{214}	蒜suã^{312}

	0205姜	0206洋葱	0207辣椒统称
荣成	姜ciaŋ^{53}	洋葱iaŋ^{35}ts^{h}uŋ^{0} 大头儿葱ta^{33}təur^{35}ts^{h}uŋ^{53}	辣椒la^{21}tsiau^{53}
烟台	姜tçiaŋ^{53}	洋葱iaŋ^{33}ts^{h}uŋ^{53}	辣椒la^{33}tçiau^{53}
栖霞	姜ciaŋ^{312}	圆葱yãn^{34}ts^{h}uŋ^{312}	辣椒la^{34}tʃiɔo^{312}
长岛	姜ciaŋ^{312}	洋葱iaŋ^{55}ts^{h}uŋ^{0}	辣椒la^{52}tʃau^{0}

续表

	0205姜	0206洋葱	0207辣椒统称
海阳	姜 ciɑŋ^{52}	圆葱 yã^{34}tθʰuŋ^{52}	辣椒 la^{34}tsiɔ^{52}
莱西	姜 ciɑŋ^{214}	洋葱 iɑŋ^{31}tsʰoŋ^{214} 圆葱 yã^{31}tsʰoŋ^{214}	辣椒 la^{31}tʃiɔ^{214} 大椒 ta^{31}tʃiɔ^{214}
平度	姜 ciɑŋ^{213}	洋葱 iɑŋ^{42}tθʰəŋ^{213} 圆葱 yã^{42}tθʰəŋ^{213}	辣椒 la^{55}tsiɔ^{213} 大椒 ta^{45}tsiɔ^{213}
青岛	姜 tɕiɑŋ^{213}	洋葱 iɑŋ^{42}tθʰoŋ^{213}	辣椒 lɑ^{42}tsiɔ^{213}
高密	姜 tɕiɑŋ^{213} 大姜 tɑ^{21}tɕiɑŋ^{213} 生姜 ʂoŋ^{42}tɕiɑŋ^{213}	洋葱 iɑŋ^{42}tθʰoŋ^{213} 圆葱 yã^{42}tθʰoŋ^{213}	辣椒 lɑ^{21}tsiɔ^{213}
诸城	姜 tʃɑŋ^{213}	洋葱 iɑŋ^{53}tθʰəŋ^{213} 圆葱 yã^{53}tθʰəŋ^{213}	椒子 tθiɔ^{31}tθʅ^{0}
沂水	姜 tɕiɑŋ^{213}	薤蒜 ɕiɛ^{31}θuã^{31}	椒子 dziɔ^{21}dðʅ^{0}
临朐	姜 tɕiɑŋ^{213}	洋葱 iɑŋ^{53}tθʰuŋ^{213}	辣椒 la^{21}tɕiɔ^{213}
日照	姜 tʃiɑŋ^{213}	圆葱 yã^{53}tθʰəŋ^{213}	椒子 ȶiɔ^{31}tθʅ^{0}
莒南	姜 tɕiɑŋ^{213}	洋蒜 iɑŋ^{53}θuã^{31}	椒子 tsiɔ^{21}tθʅ^{0}
潍坊	姜 tɕiɑŋ^{214}	圆葱 ya^{55}tsʰoŋ^{214} 洋葱 iɑŋ^{55}tsʰoŋ^{214}	辣椒 lɑ^{55}tɕiɔɤ^{214} 辣椒子 lɑ^{55}tɕiɔɤ^{21}tsʅ^{0}
寿光	姜 tɕiɑŋ^{213}	圆葱 yã^{53}tsʰuŋ^{213} 以前不种	辣椒 la^{21}tɕiɔ^{213} 椒 tɕiɔ^{213}
高青	姜 tɕiɑŋ^{213}	洋葱 iɑŋ^{55}tsʰuŋ^{213}	辣椒 lɑ^{41}tɕiɔ^{213}
阳信	姜 tɕiɑŋ^{213}	圆葱 yã^{55}tsʰuŋ^{213}	辣椒 la^{31}tɕiɔ^{213}
济阳	姜 tɕiɑŋ^{213}	洋葱 iɑŋ^{55}tsʰuŋ^{213} 圆葱 yã^{55}tsʰuŋ^{213}	辣椒 la^{31}tɕiɔ^{213}
利津	姜 tɕiɑŋ^{213}	洋葱 iɑŋ^{53}tsʰuŋ^{213}	辣子 la^{55}tsʅ^{0}
乐陵	姜 tɕiɑŋ^{24}	葱头 tsʰuŋ^{212}tʰou^{55}	辣椒 lɑ^{31}tɕiɔ^{24}
商河	姜 tɕiɑŋ^{213}	洋葱 iɑŋ^{54}tsʰuŋ^{213}	辣椒 lɑ^{31}tɕiɔ^{213}
平原	姜 tɕiɑŋ^{213}	葱头 tsʰuŋ^{212}tʰou^{42}	辣椒 la^{21}tɕiɔu^{213}
德州	姜 tɕiɑŋ^{213}	葱头 tsʰuŋ^{213}tʰou^{42}	辣椒 la^{21}tɕiɔ^{213}
武城	姜 tɕiɑŋ^{224}	洋葱 iɑŋ^{53}tsʰuŋ^{224}	辣椒 la^{21}tɕiɔ^{224}
临清	姜 tɕiɑŋ^{13}	洋葱 iɑŋ^{53}tsʰuŋ^{13}	辣椒 la^{31}tɕiau^{13}
冠县	姜 tɕiɑŋ^{13}	洋葱 iɑŋ^{53}tsʰuŋ^{13} 圆葱 yã^{53}tsʰuŋ^{13}	辣椒 la^{31}tsiɔ^{13}

续表

	0205姜	0206洋葱	0207辣椒统称
聊城	姜tɕiaŋ^{13}	洋葱iaŋ^{53}tsʰuŋ^{13}	辣子la^{53}tsɿ^{0}
济南	姜tɕiaŋ^{213}	洋葱iaŋ^{42}tsʰuŋ^{213} 圆葱yã^{42}tsʰuŋ^{213}	辣椒la^{21}tɕiɔ^{213} 大椒ta^{21}tɕiɔ^{213}
泰安	姜tɕiaŋ^{213}	洋葱iaŋ^{42}tsʰuŋ^{213} 圆葱yã^{42}tsʰuŋ^{213}	辣椒la^{21}tɕiɔ^{213}
莱芜	姜tɕiaŋ^{213}	洋蒜iaŋ^{55}suã^{42}	秦椒tɕʰiẽ^{55}tɕiɔ^{213}
新泰	姜tɕiaŋ^{213}	洋葱iaŋ^{42}tθʰuŋ^{213}	辣椒子la^{21}tɕiɔ^{21}tθɿ^{0}
沂源	姜tɕiaŋ^{213}	圆葱yã^{55}tθʰuŋ^{213}	辣椒子la^{35}tɕiɔ^{0}tθɿ^{0}
博山	姜tɕiaŋ^{213}	洋葱iaŋ^{55}tsʰuŋ^{213}	秦椒tɕʰiẽ^{55}tɕiɔ^{213}
张店	姜tɕiaŋ^{213}	洋葱iaŋ^{55}tsʰuŋ^{213}	辣椒la^{31}tɕiɔ^{213}
阳谷	姜tɕiaŋ^{213}	洋葱iaŋ^{42}tsʰuŋ^{213}	辣椒la^{13}tɕiɔ^{213} 辣子la^{31}zɿ^{0}
梁山	姜tɕiaŋ^{213}	洋葱iaŋ^{42}tsʰuŋ^{213}	辣椒la^{23}tɕiɔ^{213}
菏泽	姜tɕiaŋ^{213}	洋葱iaŋ^{53}tsʰuŋ^{213}	秦椒tɕʰiẽ^{53}tɕiɔ^{213} 辣椒la^{213}tɕiɔ^{213}
曹县	姜tɕiaŋ^{213}	洋葱iaŋ^{53}tsʰuŋ^{213}	秦椒tɕʰiẽ^{53}tɕiɔ^{213}
金乡	姜tɕiaŋ^{213}	洋葱iaŋ^{55}tsʰuŋ^{213}	秦椒tɕʰiẽ^{55}tɕiɔ^{213}
曲阜	姜tɕiaŋ^{213}	洋葱iaŋ^{42}tsʰuŋ^{213}	辣椒la^{23}tɕiɔ^{213}
薛城	姜tɕiaŋ^{313}	洋葱iaŋ^{55}tɕʰyŋ^{313}	辣椒la^{23}tɕiɔ^{313} 辣椒子la^{23}tɕiɔ^{31}tsɿ^{0}
郯城	姜tɕiaŋ^{213}	洋蒜iaŋ^{44}suã^{51}	椒子tɕiɔ^{21}tsɿ^{0} 辣椒子la^{13}tɕiɔ^{21}tsɿ^{0}
临沂	姜tɕiaŋ^{214}	洋蒜iaŋ^{53}suã^{312}	椒子tɕiɔ^{21}tsɿ^{0} 辣椒子la^{214}tɕiɔ^{21}tsɿ^{0}

	0208茄子统称	0209西红柿	0210萝卜①统称
荣成	茄子ciɛ^{35}tsɿ^{0}	地柿子ti^{33}ʂʅ^{33}tsɿ^{0} 洋柿子iaŋ^{35}ʂʅ^{33}tsɿ^{0}	萝蔔luo^{53}pə^{0}

① “（萝）卜”的读法有两类，一类读为pei（pe以及荣成的pə），是本字“蔔”的合乎规律的读音，写作“蔔”；一类读为pu或pə（荣成除外），是“蔔”的音变形式，写作通行的“卜”。0211“胡萝卜”同此。

续表

	0208茄子统称	0209西红柿	0210萝卜统称
烟台	茄子tɕ^{h}ie^{33}ɾə^{0}	洋柿子iaŋ^{53}sɿ^{33}ɾə^{0}	萝蔔luo^{53}pei^{0}
栖霞	茄子c^{h}iɛ^{34}lə^{0}	洋柿子iaŋ^{52}sɿ^{34}lə^{0}	萝蔔luo^{52}pei^{0}
长岛	茄子c^{h}iɛ^{55}tsɿ^{0} 茄子c^{h}yɛ^{55}tsɿ^{0}	洋柿子iaŋ^{55}sɿ^{52}tsɿ^{0}	萝蔔luə^{55}pei^{0}
海阳	茄子c^{h}iə^{34}ə^{0}	洋柿子iaŋ^{52}ʂʅ^{34}ə^{0}	萝蔔luo^{52}pei^{0}
莱西	茄子c^{h}iə^{45}tsɿ^{0}	洋柿子iaŋ^{214}sɿ^{45}tsɿ^{0}	萝蔔luə^{32}pei^{0}
平度	茄子c^{h}iə^{45}tθɿ^{0}	洋柿子iaŋ^{213}ʂʅ^{45}tθɿ^{0}	萝蔔luə^{45}pei^{0}
青岛	茄子tɕ^{h}iə^{45}tθɿ^{0}	洋柿子iaŋ^{213}ʂʅ^{55}tθɿ^{0}	萝蔔luə^{45}pei^{0}
高密	茄子tɕ^{h}iə^{55}tθɿ^{0}	洋柿子iaŋ^{42}ʂʅ^{42}tθɿ^{0}	萝蔔luə^{55}pei^{0}
诸城	茄子tʃ^{h}ə^{24}tθɿ^{0}	洋柿子iaŋ^{53}ʂʅ^{44}tθɿ^{0}	萝蔔luə^{24}pei^{0}
沂水	茄子tɕ^{h}iə^{24}dðɿ^{0}	洋柿子iaŋ^{53}ʂʅ^{44}dðɿ^{0}	萝蔔luə^{24}pe^{0}
临朐	茄子tɕ^{h}iə^{35}tθɿ^{0}	洋柿子iaŋ^{53}ʂʅ^{44}tθɿ^{0}	萝蔔luə^{35}pei^{0}
日照	茄子tʃ^{h}iə^{44}tθɿ^{0}	洋柿子iaŋ^{53}ʂʅ^{53}tθɿ^{0}	萝蔔luə^{44}pei^{0}
莒南	茄子tɕ^{h}iə^{24}tθɿ^{0}	柿子ʂʅ^{42}tθɿ^{0} 洋柿子iaŋ^{53}ʂʅ^{42}tθɿ^{0}	萝蔔luə^{24}pei^{0}
潍坊	茄子tɕ^{h}iə^{35}tsɿ^{0}	洋柿子iaŋ^{53}ʂʅ^{31}tsɿ^{0} 柿子ʂʅ^{31}tsɿ^{0}	萝蔔luə^{35}pei^{0}
寿光	茄子tɕ^{h}iə^{35}tsɿ^{0}	洋柿子iaŋ^{53}ʂʅ^{55}tsɿ^{0} 柿子ʂʅ^{55}tsɿ^{0}	萝蔔luə^{35}pei^{0}
高青	茄子tɕ^{h}iə^{35}tsɿ^{0}	洋柿子iaŋ^{55}ʂʅ^{55}tsɿ^{0}	萝蔔luə^{35}pei^{0}
阳信	茄子tɕ^{h}iə^{45}tsɿ^{0}	洋柿子iaŋ^{55}ʂʅ^{55}tsɿ^{0}	萝蔔luə^{45}pei^{0}
济阳	茄子tɕ^{h}iə^{24}tsɿ^{0}	洋柿子iaŋ^{55}ʂʅ^{55}tsɿ^{0}	水萝蔔ʂuei^{213}luə^{0}pei^{0}
利津	茄子tɕ^{h}iə^{55}tsɿ^{0}	洋柿子iaŋ^{53}ʂʅ^{55}tsɿ^{0} 西红柿ɕi^{213}xuŋ^{53}ʂʅ^{31}	萝蔔luə^{35}pei^{0}
乐陵	茄子tɕ^{h}iə^{55}tsɿ^{0}	洋柿子iaŋ^{31}sɿ^{55}tsɿ^{0}	萝蔔luə^{55}pei^{0}
商河	茄子tɕ^{h}iə^{24}tsɿ^{0}	西红柿ɕi^{213}xuŋ^{54}sɿ^{31} 洋柿子iaŋ^{54}sɿ^{54}tsɿ^{0}	萝蔔luə^{24}pei^{0}
平原	茄子tɕ^{h}iə^{55}tsɿ^{0}	洋柿子iaŋ^{42}sɿ^{42}tsɿ^{0}	萝蔔luə^{55}pei^{0}
德州	茄子tɕ^{h}iə^{55}tsɿ^{0}	洋柿子iaŋ^{42}ʂʅ^{42}tsɿ^{0}	萝蔔luə^{55}pei^{0}
武城	茄子tɕ^{h}iə^{55}tsɿ^{0}	洋柿子iaŋ^{53}ʂʅ^{53}tsɿ^{0}	萝蔔luə^{55}pei^{0}
临清	茄子tɕ^{h}iə^{44}tsɿ^{0}	西红柿ɕi^{13}xuŋ^{44}ʂʅ^{313}	萝蔔luə^{44}pei^{0}

续表

	0208 茄子统称	0209 西红柿	0210 萝卜统称
冠县	茄子 tɕ^{h}iə^{53}tsɿ^{0}	西红柿 si^{13}xuŋ^{0}ʂʅ^{314}	萝蔔 luə^{53}pei^{0}
聊城	茄子 tɕ^{h}iə^{44}tsɿ^{0}	洋柿子 iaŋ^{44}sɿ^{53}tsɿ^{0}	萝蔔 luə^{44}pei^{0}
济南	茄子 tɕ^{h}iə^{445}tsɿ^{0}	洋柿子 iaŋ^{42}ʂʅ^{55}tsɿ^{0} 西红柿 ɕi^{213}xuŋ^{42}ʂʅ^{21}	萝蔔 luə^{445}pei^{0}
泰安	茄子 tɕ^{h}iə^{55}tsɿ^{0}	洋柿子 iaŋ^{42}ʂʅ^{42}tsɿ^{0}	萝蔔 luə^{55}pei^{0}
莱芜	茄子 tɕ^{h}iə^{13}tsɿ^{0}	洋柿子 iaŋ^{55}ʃʅ^{42}sɿ^{0}	萝蔔 luə^{13}pei^{0}
新泰	茄子 tɕ^{h}iə^{45}tθɿ^{0}	洋柿子 iaŋ^{42}ʃʅ^{54}tθɿ^{0}	萝蔔 luə^{45}pei^{0}
沂源	茄子 tɕ^{h}iə^{35}tθɿ^{0}	洋柿子 iaŋ^{55}ʃʅ^{55}tθɿ^{0}	萝蔔 luə^{35}pei^{0}
博山	茄子 tɕ^{h}iə^{35}ə^{0}	洋柿子 iaŋ^{55}ʂʅ^{55}ə^{0}	萝蔔 luə^{35}pei^{0}
张店	茄子 tɕ^{h}iə^{35}ɿ^{0}	洋柿子 iaŋ^{55}ʂʅ^{55}ɿ^{0}	萝蔔 luə^{35}pei^{0}
阳谷	茄子 tɕ^{h}iə^{55}zɿ^{0}	洋柿子 iaŋ^{55}sɿ^{42}tsɿ^{0}	萝蔔 luo^{55}pei^{0}
梁山	茄子 tɕ^{h}iə^{55}tsɿ^{0}	洋柿子 iaŋ^{42}sɿ^{42}tsɿ^{0}	萝蔔 luə^{55}pei^{0}
菏泽	茄子 tɕ^{h}iɛ^{53}tə^{0}	洋柿子 iaŋ^{53}sɿ^{31}tə^{0}	萝卜 luə^{53}pu^{0}
曹县	茄子 tɕ^{h}iə^{53}tə^{0}	番茄 fã^{53}tɕ^{h}iə^{53}	辣萝卜 la^{21}luə^{53}pu^{0}
金乡	茄子 tɕ^{h}iə^{55}tsɿ^{0}	洋柿子 iaŋ^{55}sɿ^{42}tsɿ^{0}	萝卜 luə^{55}pu^{0}
曲阜	茄子 tɕ^{h}iə^{55}tsɿ^{0}	柿子 sɿ^{42}tsɿ^{0}	萝卜 luə^{55}pə^{0}
薛城	茄子 tɕ^{h}iə^{55}tsɿ^{0}	洋柿子 iaŋ^{55}sɿ^{41}tsɿ^{0}	萝卜 luə^{55}pə^{0}
郯城	茄子 tɕ^{h}iə^{44}tsɿ^{0}	洋柿子 iaŋ^{44}ʂʅ^{51}tsɿ^{0}	萝卜 luə^{44}pu^{0}
临沂	茄子 tɕ^{h}iə^{55}tsɿ^{0}	洋柿子 iaŋ^{53}ʃʅ^{31}tsɿ^{0}	萝卜 luə^{55}pə^{0}

	0211 胡萝卜	0212 黄瓜	0213 丝瓜无棱的
荣成	胡萝蔔 xu^{35}luo^{53}pə^{0} 红萝蔔 xuŋ^{35}luo^{53}pə^{0}	黄瓜 xuaŋ^{35}kua^{0}	丝瓜 sɿ^{53}kua^{0}
烟台	胡萝蔔 xu^{33}luo^{53}pei^{0}	黄瓜 xuaŋ^{33}kua^{0}	丝瓜 sɿ^{53}kua^{0}
栖霞	胡萝蔔 xu^{34}luo^{52}pei^{0}	黄瓜 xuaŋ^{34}kua^{0}	丝瓜 sɿ^{52}kua^{0}
长岛	胡萝蔔 xu^{55}luə^{0}pei^{52}	黄瓜 xuaŋ^{55}kua^{0}	丝瓜 sɿ^{31}kua^{0}
海阳	胡萝蔔 xu^{34}luo^{52}pei^{0}	黄瓜 xuaŋ^{34}kua^{0}	丝瓜 θɿ^{52}kua^{0}
莱西	胡萝蔔 xu^{45}luə^{0}pei^{0}	黄瓜 xuaŋ^{45}kua^{0}/xuaŋ^{45}ku^{0}	丝瓜 sɿ^{32}kua^{0}/sɿ^{32}ku^{0}
平度	胡萝蔔 xu^{45}luə^{0}pei^{0}	黄瓜 xuaŋ^{45}kua^{0}	丝瓜 θɿ^{213}kua^{0}

续表

	0211胡萝卜	0212黄瓜	0213丝瓜无棱的
青岛	胡萝葡xu^{45}luə^{0}pei^{0}	黄瓜xuɑŋ^{45}kuɑ^{0}	丝瓜θɿ^{21}kuɑ^{0}
高密	胡萝葡xu^{55}luə^{0}pei^{0}	黄瓜xuɑŋ^{55}kuɑ^{0}	丝瓜θɿ^{21}kuɑ^{0}
诸城	胡萝葡xu^{24}luə^{0}pei^{0}	黄瓜xuɑŋ^{24}kua^{0}	丝瓜θɿ^{31}kua^{0}
沂水	胡萝葡xu^{24}luə^{0}pe^{0}	黄瓜xuɑŋ^{24}kua^{0}	丝瓜θɿ^{21}kua^{0}
临朐	胡萝葡xu^{35}luə^{0}pei^{0}	黄瓜xuɑŋ^{35}kua^{0}	丝瓜θɿ^{21}kua^{0}
日照	胡萝葡xu^{44}luə^{0}pei^{0}	黄瓜xuɑŋ^{44}kuə^{0}	丝瓜θɿ^{31}kuɑ^{0}
莒南	胡萝葡xu^{53}luə^{0}pei^{0}/xu^{53}luə^{24}pei^{0}	黄瓜xuɑŋ^{24}kuə^{0}	丝瓜θɿ^{21}kuə^{0}
潍坊	胡萝葡xu^{35}luə^{0}pei^{0}	黄瓜xuɑŋ^{35}kuɑ^{0}	滋$^{=}$瓜tsɿ^{55}kuɑ^{0} 丝瓜sɿ^{31}kuɑ^{0}
寿光	胡萝葡xu^{35}luə^{0}pei^{0}	黄瓜xuɑŋ^{35}kua^{0}	滋$^{=}$瓜tsɿ^{21}kua^{0}
高青	红萝葡xuŋ^{35}luə^{0}pei^{0}	黄瓜xuɑŋ^{35}kuɑ^{0}	丝瓜sɿ^{21}kuɑ^{0}
阳信	胡萝葡xu^{45}lə^{0}pei^{0}	黄瓜xuɑŋ^{45}kuə^{0}	丝瓜sɿ^{31}kuə^{0}
济阳	红萝葡xuŋ^{24}luə^{0}pei^{0}	黄瓜xuɑŋ^{24}kua^{0}	丝瓜sɿ^{21}kua^{0}
利津	胡萝葡xu^{35}luə^{0}pei^{0}	黄瓜xuɑŋ^{35}kua^{0}	丝瓜sɿ^{31}kua^{0}
乐陵	胡萝葡xu^{55}luə^{55}pei^{0}	黄瓜xuɑŋ^{55}kuɑ^{0}	丝瓜sɿ^{31}kuɑ^{0}
商河	胡萝葡xu^{54}luə^{24}pei^{0}	黄瓜xuɑŋ^{24}kuɑ^{0}	丝瓜sɿ^{21}kuɑ^{0}
平原	胡萝葡xu^{55}luə^{55}pei^{0}	黄瓜xuɑŋ^{55}kua^{0}	丝瓜sɿ^{21}kua^{0}
德州	胡萝葡xu^{42}luə^{55}pei^{0}	黄瓜xuɑŋ^{55}kua^{0}	丝瓜sɿ^{21}kua^{0}
武城	胡萝葡xu^{55}luə^{0}pei^{0}	黄瓜xuɑŋ^{55}kua^{0}	丝瓜sɿ^{312}kua^{0}
临清	红萝葡xuŋ^{53}luə^{44}pei^{313}	黄瓜xuɑŋ^{44}kua^{0}	丝瓜sɿ^{13}kua^{0}
冠县	胡萝葡xu^{53}luə^{55}pei^{0}	黄瓜xuɑŋ^{55}kua^{0}	丝瓜sɿ^{21}kua^{0}
聊城	红萝葡xuŋ^{53}luə^{44}pei^{0}	黄瓜xuɑŋ^{44}kua^{0}	丝瓜sɿ^{13}kua^{0}
济南	胡萝葡xu^{445}luə^{0}pei^{0} 红萝葡xuŋ^{445}luə^{0}pei^{0}	黄瓜xuɑŋ^{445}kua^{0}	丝瓜子sɿ^{21}kua^{0}tsɿ^{0}
泰安	胡萝葡xu^{42}luə^{55}pei^{0}	黄瓜xuɑŋ^{55}kua^{0}	丝瓜sɿ^{21}kua^{0}
莱芜	胡萝葡xu^{13}luə^{13}pei^{0}	黄瓜xuɑŋ^{13}kua^{0}	丝瓜子sɿ^{31}kua^{0}tsɿ^{0}
新泰	胡萝葡xu^{45}luə^{0}pei^{0}	黄瓜xuɑŋ^{45}kua^{0}	丝瓜θɿ^{21}kua^{0}
沂源	胡萝葡xu^{35}luə^{0}pei^{0}	黄瓜xuɑŋ^{35}kua^{0}	丝瓜子θɿ^{21}kua^{0}tθɿ^{0}

续表

	0211胡萝卜	0212黄瓜	0213丝瓜无棱的
博山	胡萝蔔xu^{35}luə^{0}pei^{0}	黄瓜xuɑŋ^{35}kuɑ^{0}	丝瓜sɿ^{21}kuɑ^{0}
张店	胡萝蔔xu^{35}luə^{0}pei^{0}	黄瓜xuɑŋ^{35}kuɑ^{0}	丝瓜子sɿ^{21}kuɑ^{0}ɿ^{0}
阳谷	胡萝蔔xu^{42}luo^{55}pei^{0}	黄瓜xuɑŋ^{55}kua^{0}	丝瓜子sɿ^{31}kua^{0}zɿ^{0}
梁山	胡萝蔔xu^{55}luə^{55}pei^{0}	黄瓜xuɑŋ^{55}kua^{0}	丝瓜子sɿ^{21}kua^{0}tsɿ^{0}
菏泽	红萝卜xuŋ^{53}luə^{53}pu^{0}	黄瓜xuɑŋ^{53}kua^{0}	丝瓜子sɿ^{21}kua^{21}tə^{0}
曹县	红萝卜xuŋ^{53}luə^{53}pu^{0}	刺黄瓜tsʰɿ^{21}xuɑŋ^{53}kua^{0}	丝瓜sɿ^{21}kua^{0}
金乡	胡萝卜xu^{42}luə^{55}pu^{0}	黄瓜xuɑŋ^{55}kua^{0}	丝瓜sɿ^{21}kua^{0}
曲阜	胡萝卜xu^{42}luə^{55}pə^{0}	黄瓜xuɑŋ^{55}kua^{0}	丝瓜子sɿ^{21}kua^{55}tsɿ^{0}
薛城	胡萝卜xu^{55}luə^{55}pə^{0}	黄瓜xuɑŋ^{55}kua^{0}	丝瓜子sɿ^{31}kua^{0}tsɿ^{0}
郯城	胡萝卜xu^{44}luə^{44}pu^{0}	黄瓜xuɑŋ^{44}kua^{0}	丝瓜sɿ^{13}kua^{213}
临沂	胡萝卜xu^{53}luə^{55}pə^{0}	黄瓜xuɑŋ^{55}kua^{0}	丝瓜sɿ^{21}kua^{0}

	0214南瓜扁圆形或梨形，成熟时赤褐色	0215荸荠	0216红薯统称
荣成	方瓜fɑŋ^{53}kua^{0}	荸荠pi^{33}tsʰɿ^{0}	地瓜ti^{33}kua^{53}
烟台	南瓜nan^{53}kua^{0}	荸荠pi^{33}tɕʰi^{0}	地瓜ti^{35}kua^{53}
栖霞	南瓜nãn^{52}kua^{0}	荸荠pi^{34}tʃʰʅ^{0}	地瓜ti^{34}kua^{0}
长岛	南瓜nan^{55}kua^{0}	荸荠pi^{55}tʃʰi^{0}	地瓜ti^{55}kua^{0}
海阳	方瓜fɑŋ^{52}kua^{0}	荸荠pi^{34}tsʰi^{0}	地瓜ti^{34}kua^{52}
莱西	南瓜nã^{32}kua^{0}/nã^{32}ku^{0}	荸荠pi^{45}tʃʰi^{0}	地瓜ti^{31}kua^{214}
平度	南瓜nã^{45}kua^{0}	荸荠pi^{45}tsʰi^{0}本地不种植	地瓜ti^{42}kua^{213}
青岛	南瓜nã^{45}kuɑ^{0}	荸荠pu^{45}tsʰi^{0}	地瓜ti^{42}kuɑ^{213}
高密	南瓜nã^{55}kuɑ^{0}	地荠ti^{42}tsʰi^{0}本地不种植	地瓜ti^{21}kuɑ^{213}
诸城	南瓜nã^{24}kua^{0}	（无）	地瓜ȶi^{44}kua^{0}
沂水	南瓜nã^{24}kua^{0}	荸荠pu^{24}tsʰi^{0}	地瓜ti^{44}kua^{0}
临朐	芋瓜y^{21}kua^{0}	（无）	地瓜ti^{44}kua^{0}
日照	南瓜nã^{44}kuɑ^{0}	荸荠pu^{44}ȶʰi^{0}	地瓜ti^{53}kuɑ^{0}
莒南	南瓜nã^{24}kuə^{0}当作猪饲料 方瓜fɑŋ^{21}kuə^{0}人食用	荸荠pu^{24}tsʰi^{0}	地瓜ti^{42}kuə^{0}

续表

	0214 **南瓜**扁圆形或梨形，成熟时赤褐色	0215 **荸荠**	0216 **红薯**统称
潍坊	南瓜nã^{35}kuɑ^{0}	地荠ti^{31}tɕ^{h}i^{53}	地瓜ti^{55}kuɑ^{0}
寿光	（无）	荸荠pi^{35}tɕ^{h}i^{0}	地瓜ti^{55}kua^{0}
高青	南瓜nɑŋ^{35}kuɑ^{0} “南”读为“囊”	荸荠pi^{35}tɕ^{h}i^{0}	地瓜ti^{55}kuɑ^{0}
阳信	南瓜nɑŋ^{45}kuə^{0} “南”读为“囊”	荸荠pi^{45}tɕ^{h}i^{0}	地瓜ti^{55}kuə^{0}
济阳	南瓜nɑŋ^{24}kua^{0} “南”读为“囊”	荸荠pi^{24}tɕ^{h}i^{0}	地瓜ti^{31}kua^{213}
利津	南瓜na^{35}kua^{0}	（无）	地瓜ti^{55}kua^{0}
乐陵	南瓜nɑŋ^{55}kuɑ^{0} “南”读为“囊”	（无）	地瓜ti^{55}kuɑ^{0} 红山芋xuŋ^{55}sã^{24}y^{51}
商河	南瓜nɑŋ^{24}kuɑ^{0} “南”读为“囊”	（无）	地瓜ti^{54}kuɑ^{0}
平原	番瓜fã^{21}kua^{0}	荸荠pi^{55}tɕ^{h}i^{0}	红薯xuŋ^{42}ʂu^{55}
德州	南瓜nã^{55}kua^{0}	荸荠pi^{55}tɕ^{h}i^{0} 马蹄儿ma^{55}t^{h}ier^{42}	红薯xuŋ^{42}ʂu^{55}
武城	南瓜nã^{55}kua^{0}	荸荠pi^{55}tɕ^{h}i^{0}	地瓜ti^{21}kua^{224}
临清	南瓜nan^{44}kua^{0}	荸荠pi^{44}tɕ^{h}i^{0}	地瓜ti^{31}kua^{13} 山芋ʂan^{13}y^{313}
冠县	南瓜nã^{53}kua^{0}	地希$^{=}$ti^{53}ɕi^{0} “荠”读为“习”轻声	红薯xuŋ^{53}ʂu^{0}
聊城	金瓜tɕiẽ^{13}kua^{13}长的	荸荠pi^{44}ɕi^{0} “荠”读为“习”轻声	山药sã^{13}yə^{0} 地瓜ti^{31}kua^{13}
济南	南瓜nɑŋ^{445}kua^{0} “南”读为“囊”/nã^{445}kua^{0}	荸荠pi^{445}tɕ^{h}i^{0}	地瓜ti^{21}kua^{213}
泰安	南瓜nã^{55}kua^{0}	荸荠pi^{55}tɕ^{h}i^{0}	地瓜ti^{21}kua^{213}
莱芜	南瓜nã^{55}kua^{213}	荸荠pi^{13}tɕ^{h}i^{0}	地瓜ti^{42}kua^{0}
新泰	南瓜nã^{42}kua^{213}	荸荠pi^{45}tɕ^{h}i^{0}	地瓜ti^{54}kua^{0}
沂源	南瓜nɑŋ^{35}kua^{0} “南”读为“囊”	荸荠pi^{35}tɕ^{h}i^{0}	地瓜ti^{55}kua^{0}
博山	南瓜naŋ^{35}kuɑ^{0} “南”读为“囊”	荸荠pi^{35}tɕ^{h}i^{0}	地瓜ti^{55}kuɑ^{0}
张店	南瓜nɑŋ^{35}kuɑ^{0} “南”读为“囊”	荸荠pi^{35}tɕ^{h}i^{0}	地瓜ti^{55}kuɑ^{0}
阳谷	南瓜nã^{55}kua^{0}扁圆形 金瓜tɕiẽ^{13}kua^{213}梨形	荸荠pi^{55}ɕi^{0} “荠”读为“习”轻声	山芋sã^{13}y^{313}
梁山	木瓜mu^{23}kua^{213}	荸荠pi^{55}tɕ^{h}i^{0}	红薯xuŋ^{42}fu^{0}

续表

	0214南瓜扁圆形或梨形，成熟时赤褐色	0215荸荠	0216红薯统称
菏泽	京瓜tɕiŋ^{21}kua^{0}	荸荠pi^{53}tɕʰy^{0} “荠”读为“趋”轻声	红薯xuŋ^{53}fu^{0}
曹县	北瓜pei^{21}kua^{0}	荸荠pi^{53}ɕy^{0} “荠”读为“徐”轻声	红薯xuŋ^{53}ʂu^{44} 地瓜ti^{31}kua^{213}
金乡	南瓜nã^{55}kua^{0}	荸荠pi^{55}tɕʰy^{0} “荠”读为“趋”轻声	芋头y^{42}tʰou^{0} 地瓜ti^{31}kua^{213}
曲阜	南瓜nã^{55}kua^{0}	荸荠pi^{55}tɕʰi^{0}	芋头y^{42}tʰou^{0}
薛城	番瓜fã^{23}kua^{313}	荸荠pi^{55}tɕʰi^{0}	芋头y^{41}tʰou^{0}
郯城	方瓜fɑŋ^{13}kua^{213} 南瓜nã^{44}kua^{213}	荸荠pi^{44}tɕʰy^{0} “荠”读为“趋”轻声/pi^{44}tɕʰi^{0}	山芋ʂã^{21}y^{51} 地瓜ti^{51}kua^{213} 红薯xuŋ^{44}fu^{24}
临沂	南瓜nã^{55}kua^{0}	荸荠pi^{55}tɕʰi^{0}	白薯pei^{53}ʃu^{55}老 地瓜ti^{31}kua^{214}新

	0217马铃薯	0218芋头	0219山药圆柱形的
荣成	地蛋子ti^{33}tan^{33}tsɿ^{0}	芋头y^{33}tʰəu^{0}	山药ʂan^{53}io^{0}
烟台	地豆子ti^{53}tou^{33}ɾə^{0}	芋头y^{33}tʰou^{0}	山药san^{53}ye^{0}
栖霞	地豆儿ti^{55}təur^{52}	芋头y^{34}tʰəu^{0}	山药sãn^{55}yɛ^{52}
长岛	地豆子ti^{52}tou^{52}tsɿ^{0}	芋头y^{52}tʰou^{0}	山药san^{31}yo^{52}
海阳	地豆子ti^{52}təu^{34}ə^{0}	芋头y^{34}tʰəu^{0}	山药ʂã^{52}yə^{0}
莱西	土豆儿tʰu^{55}tour^{42} 地蛋ti^{23}tã^{42} 地豆子ti^{21}tou^{45}tsɿ^{0}	芋头y^{45}tʰou^{0}	山药儿sã^{214}yər^{42}
平度	土豆儿tʰu^{55}tour^{42} 地豆子ti^{213}tou^{45}tθɿ^{0}	芋头y^{45}tʰou^{0}	山药ʂã^{213}yə^{42}
青岛	地瓜蛋儿ti^{42}kuɑ^{213}tɛr^{42} 瓜蛋儿kuɑ^{213}tɛr^{42} 土豆儿tʰu^{55}tour^{42}	芋头y^{45}tʰou^{0}	山药ʂã^{213}yə^{42}
高密	地蛋ti^{23}tã^{21} 土豆儿tʰu^{55}tour^{21}	芋头y^{42}tʰou^{0}	山药ʂã^{21}yə^{0}
诸城	地蛋ȶi^{31}tã^{31}	芋头y^{44}tʰou^{0}	山药ʂã^{31}yə^{0}

续表

	0217 马铃薯	0218 芋头	0219 山药圆柱形的
沂水	地蛋 ti^{31}tã^{31} 土豆儿 t^{h}u^{44}tour^{31} 土豆子 t^{h}u^{44}tou^{44}dðɿ^{0}	芋头 y^{44}t^{h}ou^{0}	山药 ʂã^{21}yə^{0}
临朐	地蛋 ti^{21}tã^{21}	芋头 y^{44}t^{h}əu^{0}	山药 ʂã^{21}yə^{0}
日照	地豆子 ti^{31}tou^{53}tθɿ^{0}	芋头 y^{53}t^{h}ou^{0}	山芋 ʂã^{31}y^{0}
莒南	地蛋 ti^{13}tã^{31}	芋头 y^{42}t^{h}ou^{0}	山药 ʂã^{21}yə^{0}
潍坊	地蛋 ti^{24}tã^{31}	芋头 y^{35}t^{h}ɤɯ^{0}	山药 ʂã^{31}yə^{0}
寿光	地蛋 ti^{213}tã^{21}	芋头 y^{35}t^{h}əu^{0}	山药 ʂã^{21}yə^{0}
高青	地蛋 ti^{41}tã^{41}	芋头 y^{55}t^{h}ou^{0}	山药 ʂã^{21}iɔ^{0}
阳信	土豆儿 t^{h}u^{55}tour^{31}	芋头 y^{55}t^{h}ou^{0}	山药 ʂã^{213}iɔ^{31}
济阳	地蛋 ti^{31}tã^{31} 土豆儿 t^{h}u^{55}tour^{31}	芋头 y^{55}t^{h}ou^{0}	山药 ʂã^{21}iɔ^{0}
利津	地蛋 ti^{24}tã^{31} 土豆儿 t^{h}u^{55}tour^{31}	芋头 y^{55}t^{h}ou^{0}	山药 ʂã^{31}iɔ^{0}
乐陵	土豆子 t^{h}u^{55}tou^{55}tsɿ^{0} 土豆儿 t^{h}u^{55}t^{h}our^{51}	芋头 y^{55}t^{h}ou^{0}	山药 sã^{24}iɔ^{51}
商河	地蛋 ti^{24}tã^{31} 土豆儿 t^{h}u^{45}tour^{31}	芋头 y^{54}t^{h}ou^{0}	山药 ʂã^{21}iɔ^{0}
平原	土豆儿 t^{h}u^{55}tour^{21}	芋头 y^{42}t^{h}ou^{0}	山药 sã^{21}iɔu^{0}
德州	土豆儿 t^{h}u^{55}tour^{21}	芋头 y^{42}t^{h}ou^{0}	山药 ʂã^{213}iɔ^{21}
武城	土豆儿 t^{h}u^{55}tour^{312}	芋头 y^{53}t^{h}ou^{0}	山药 ʂã^{24}iɔ^{0}
临清	土豆儿 t^{h}u^{44}tour^{313}	芋头 y^{53}t^{h}ou^{0}	山药 ʂan^{13}iau^{0}
冠县	土豆子 t^{h}u^{55}tou^{31}tsɿ^{0}	芋头 y^{53}t^{h}ou^{0}	山药 ʂã^{55}yə^{0}
聊城	土豆儿 t^{h}u^{44}tour^{313}	毛芋头 mɔ^{13}y^{53}t^{h}ou^{0}	山药 sã^{13}yə^{0}
济南	地蛋 ti^{23}tã^{21}	芋头 y^{55}t^{h}ou^{0} 毛芋头 mɔ^{445}y^{55}t^{h}ou^{0}	山药 ʂã^{21}yə^{0}
泰安	地蛋 ti^{21}tã^{21} 土豆 t^{h}u^{55}tou^{21}	毛芋头 mɔ^{42}lu^{42}t^{h}ou^{0}	山药 ʂã^{21}yə^{0}
莱芜	地蛋 ti^{31}tã^{42}	芋头 y^{42}t^{h}ou^{0}	山药 ʃã^{31}yə^{0}
新泰	地蛋 ti^{31}tã^{31}	芋头 y^{54}t^{h}ou^{0}	山药 ʃã^{21}yə^{0}
沂源	地蛋 ti^{31}tã^{31}	芋头 y^{55}t^{h}ou^{0}	山药 ʃã^{21}yə^{0}

续表

	0217马铃薯	0218芋头	0219山药圆柱形的
博山	地蛋ti^{31}tã^{31}	芋头y^{55}tʰəu^{0}	山药ʂã^{21}yə^{0}
张店	地蛋ti^{31}tã^{31}	芋头y^{55}tʰou^{0}	山药ʂã^{21}iɔ^{0}
阳谷	土豆儿tʰu^{55}tour^{313}	芋头y^{42}tʰou^{0}	山药sã^{31}yo^{0}
梁山	土豆子tʰu^{55}tou^{42}tsɿ^{0}	芋头y^{42}tʰou^{0}	山药sɛ^{21}yə^{0} "山"读为"筛"
菏泽	地蛋ti^{213}tã^{312}	芋头y^{31}tʰou^{0}	山药sɛ^{21}yə^{0} "山"读为"筛"
曹县	土豆儿tʰu^{44}tour^{312}	芋头y^{31}tʰou^{0}	山药sã^{21}yə^{0}
金乡	土豆子tʰu^{55}tou^{42}tsɿ^{0}	毛芋头mɔ^{55}y^{42}tʰou^{0}	山药sɛ^{21}yə^{0} "山"读为"筛"
曲阜	地豆子ti^{31}tou^{42}tsɿ^{0}	毛芋头mɔ^{55}y^{42}tʰou^{0}	山药sɛ^{21}yə^{0} "山"读为"筛"
薛城	地蛋ti^{41}tã^{41}	毛芋头mɔ^{55}y^{41}tʰou^{0}	山药sɛ^{31}yə^{0} "山"读为"筛"
郯城	地蛋ti^{51}tã^{51} 地豆ti^{51}təu^{51} 土豆tʰu^{24}təu^{51}	毛芋头mɔ^{44}y^{51}tʰəu^{0} 芋头y^{51}tʰəu^{0}	山药ʂɛ^{13}yə^{0} "山"读为"筛"/ʂã^{13}yə^{0}
临沂	地豆子ti^{31}tou^{31}tsɿ^{0} 土豆儿tʰu^{55}tour^{312}	芋头y^{31}tʰou^{0}	山药ʃã^{21}yə^{0}

	0220藕	0221老虎	0222猴子
荣成	藕əu^{214}	老虎lau^{35}xu^{214}	猴儿xəur^{35}
烟台	藕ou^{14}	老虎lau^{33}xu^{14}	猴子xou^{33}ɾə^{0}
栖霞	藕əu^{214}	老虎lɔo^{34}xu^{214}	猴儿xəur^{342}
长岛	藕ou^{213}	老虎lau^{52}xu^{213}	猴子xou^{55}tsɿ^{0}
海阳	藕əu^{214}	老虎lɔ^{21}xu^{214}	猴子xəu^{34}ə^{0}
莱西	藕ou^{55}	老虎lɔ^{214}xu^{55}	猴子xou^{45}tsɿ^{0}
平度	藕ou^{55}	老虎lɔ^{213}xu^{55}	猴儿xour^{42}
青岛	藕ou^{55}	老虎lɔ^{213}xu^{55}	猴儿xour^{42}
高密	藕ou^{55}	老虎lɔ^{42}xu^{55}	猴子xou^{55}tθɿ^{0}
诸城	藕ŋou^{44}	老虎lɔ^{53}xu^{44}	猴子xou^{24}tθɿ^{0}
沂水	藕ŋou^{44}	老虎lɔ^{53}xu^{44}	猴子xou^{24}dðɿ^{0}
临朐	藕ŋəu^{44}	老虎lɔ^{44}xu^{44}	猴子xəu^{35}tθɿ^{0}
日照	藕ŋou^{44}	老虎lɔ^{53}xu^{44}	猴子xou^{44}tθɿ^{0}
莒南	藕ou^{55}	老虎lɔ^{53}xu^{55}	猴子xou^{24}tθɿ^{0}

续表

	0220藕	0221老虎	0222猴子
潍坊	藕ŋɤɯ^{55}	老虎lɔɤ^{53}xu^{55}	猴子xɤɯ^{35}tsɿ^{0}
寿光	藕ŋəu^{55}	妈⁼虎ma^{21}xu^{0}	猴子xəu^{35}tsɿ^{0}
高青	藕ŋou^{55}	老虎lɔ^{55}xu^{55}	猴子xou^{35}tsɿ^{0}
阳信	藕ŋou^{55}	老虎lɔ^{31}xu^{55}	猴子xou^{45}tsɿ^{0}
济阳	藕ŋou^{55}	老虎lɔ^{54}xu^{55}	猴子xou^{24}tsɿ^{0}
利津	藕ŋou^{55} 莲菜liã^{35}ts^{h}ɛ^{0}	老虎lɔ^{53}xu^{55}	猴子xou^{35}tsɿ^{0}
乐陵	藕ŋou^{55}	老虎lɔ^{31}xu^{55}	猴子xou^{55}tsɿ^{0}
商河	藕ŋou^{45}	老虎lɔ^{54}xu^{45}	猴子xou^{24}tsɿ^{0}
平原	藕ŋou^{55}	老虎lɔ^{42}xu^{55}	猴子xou^{55}tsɿ^{0}
德州	藕ŋou^{55}	老虎lɔ^{42}xu^{55}	猴儿xour^{42}
武城	藕ŋou^{55}	老虎lɔ^{53}xu^{55}	猴子xou^{55}tsɿ^{0}
临清	藕ŋou^{44}	老虎lau^{53}xu^{44}	猴儿xour^{53}
冠县	藕ɣou^{55}	老虎lɔ^{53}xu^{0}	猴子xou^{53}tsɿ^{0}
聊城	藕ɣou^{44}	老虎lɔ^{53}xu^{44}	猴儿xour^{53}
济南	藕ŋou^{55}	老虎lɔ^{42}xu^{55} 妈⁼虎ma^{21}xu^{0}	猴子xou^{445}tsɿ^{0}
泰安	藕ɣou^{55}	老虎lɔ^{42}xu^{55}	猴子xou^{55}tsɿ^{0}
莱芜	藕ŋou^{55}	老虎lɔ^{55}xu^{55}	猴子xou^{13}tsɿ^{0}
新泰	藕ŋou^{55}	老虎lɔ^{42}xu^{55}	猴子xou^{45}tθɿ^{0}
沂源	藕ŋou^{55}	老虎lɔ^{55}xu^{55}	猴子xou^{35}tθɿ^{0}
博山	藕ŋəu^{55}	老虎lɔ^{53}xu^{55}	猴子xəu^{35}ə^{0}
张店	藕ŋou^{55}	老虎lɔ^{55}xu^{55}	猴子xou^{35}ɿ^{0}
阳谷	藕ɣou^{55}	老虎lɔ^{42}xu^{55}	猴子xou^{55}zɿ^{0}
梁山	藕ɣou^{55}	老虎lɔ^{42}xu^{55}	猴子xou^{55}tsɿ^{0}
菏泽	藕ɣou^{44}	老虎lɔ^{53}xu^{0}	猴子xou^{53}tə^{0}
曹县	藕ɣou^{44}	老虎lɔ^{53}xu^{44}	猴子xou^{53}tə^{0}
金乡	藕ɣou^{55}	老虎lɔ^{42}xu^{55}	猴子xou^{55}tsɿ^{0}
曲阜	藕ɣou^{55}	老虎lɔ^{42}xu^{55}	猴子xou^{55}tsɿ^{0}

续表

	0220藕	0221老虎	0222猴子
薛城	藕 ɣou^{24}	老虎 lɔ^{54}xu^{24}	猴子 xou^{55}tsɿ^{0}
郯城	藕 əu^{24}	老虎 lɔ^{24}xu^{24}	猴子 xəu^{44}tsɿ^{0}
临沂	藕 ɣou^{55}	老虎 lɔ^{55}xu^{55}	猴子 xou^{55}tsɿ^{0}

	0223蛇统称	0224老鼠家里的	0225蝙蝠①
荣成	长虫 tʃʰaŋ^{35}tʂʰuŋ^{0}	老鼠 lau^{214}ʃy^{0}	蝙儿蝠 piɐr^{214}fu^{0}
烟台	长虫 tɕʰiaŋ^{33}tsʰuŋ^{0}	老鼠 lau^{21}çy^{0}	蝙蝠儿 pian^{21}fur^{53}
栖霞	长虫 tʃʰaŋ^{34}tsʰuŋ^{0}	老鼠 lɔo^{21}ʃy^{0}	檐儿蝙蝠 iɐr^{52}piɛ^{21}fu^{0} "蝙"读为"憋"
长岛	长虫 tʃʰaŋ^{55}tsʰuŋ^{0}	耗子 xau^{52}tsɿ^{0}	灭⁼灭⁼蝠儿 miɛ^{31}miɛ^{0}xur^{31} "蝠"读为"乎"轻声
海阳	长虫 tsʰaŋ^{34}tʂʰuẽ^{0} "虫"读为"唇"轻声	老鼠 lɔ^{21}ʃy^{0}	蝙蝠儿 piə^{21}fər^{0} "蝙"读为"憋"
莱西	长虫 tʃʰaŋ^{45}tsʰoŋ^{0} 蛇 ʃiə^{42}	老鼠 lɔ^{45}ʃu^{0} 耗子 xɔ^{45}tsɿ^{0}	蝙蝠儿 piã^{214}fur^{55} 蝎虎儿 çiə^{214}xuer^{42} "虎"读为"回"
平度	长虫 tʃʰaŋ^{45}tʂʰuŋ^{0} 蛇 ʃə^{42}	耗子 xɔ^{45}tθɿ^{0} 老鼠 lɔ^{45}ʃu^{0}	蝙蝠儿 piə^{213}xur^{42} 读为"憋乎儿"
青岛	长虫 tʃʰaŋ^{45}tʂʰoŋ^{0} 蛇 ʃə^{42}	耗子 xɔ^{42}tθɿ^{0} 老鼠 lɔ^{44}ʃu^{0}	蝙蝠 piə^{55}fu^{42} "蝙"读为"憋"
高密	长虫 tʃʰaŋ^{55}tʂʰoŋ^{0} 蛇 ʃə^{42}	耗子 xɔ^{55}tθɿ^{0} 老鼠 lɔ^{23}ʃu^{0}	蝙蝠子 piə^{23}xu^{0}tθɿ^{0} 读为"憋乎子"
诸城	长虫 tʃʰaŋ^{24}tʂʰəŋ^{0}	耗子 xɔ^{24}tθɿ^{0}	燕蝙蝠子 iã^{44}piã^{31}fu^{31}tθɿ^{0}
沂水	长虫 tʃʰaŋ^{24}tʂʰuŋ^{0}	耗子 xɔ^{44}dðɿ^{0} 老鼠 lɔ^{213}ʃʮ^{0}	檐蝙蝠子 iã^{24}piã^{0}xu^{213}dðɿ^{0} "蝠"读为"乎"
临朐	长虫 tʃʰaŋ^{35}tʂʰuŋ^{0}	耗子 xɔ^{44}tθɿ^{0}	燕蝙蝠儿 iã^{44}pʰiã^{0}xur^{0} "蝙蝠"读为"偏乎"

① "蝙蝠"在山东各地说法和读音较多，以词根分类，大致可分为三种：一、以"蝙蝠"为词根（包括多种音变形式）；二、词根是三音节，第二三音节可视为"蝙蝠"的音变，首音节一般是"燕"（去声）或"檐"（阳平），两字似都与蝙蝠有些语义上的关联。三、只有一例，莱西的又称是"蝎虎儿"。遵循写本字的原则，"蝙蝠"的各种音变形式都写作"蝙蝠"，"蝙蝠"前的词根因为还不能确定，所以按各地原有写法分别写作"檐"和"燕"（不加同音符号），第一二音节又有音变的照原材料写作同音字不动。"蝎虎"在有些方言中指壁虎，所以照写。

续表

	0223蛇统称	0224老鼠家里的	0225蝙蝠
日照	长虫tʃʰiaŋ^{44}tʂʰəŋ^{0}	老鼠lɔ^{213}ʃu^{0}	蝙蝠子piə^{213}fu^{0}tθɿ^{0} "蝙"读为"憋"
莒南	长虫tʃʰaŋ^{24}tʂʰuŋ^{0} 蛇ʃa^{53}	老鼠lɔ^{213}tʃʰɥ^{0}	蝙蝠子piə^{21}fu^{0}tθɿ^{0} "蝙"读为"憋"
潍坊	长虫tʂʰaŋ^{35}tʂʰoŋ^{0} 蛇ʂa^{53}	老鼠lɔɤ^{24}ʂu^{0}	燕蝙蝠子iã^{55}piã^{0}xu^{0}tsɿ^{0} "蝠"读为"乎"
寿光	长虫tʂʰaŋ^{35}tʂʰuŋ^{0}	老鼠lɔ^{24}ʂu^{0} 猫食mɔ^{53}ʂʅ^{53}	燕蝙蝠儿iã^{55}piã^{0}xur^{0} "蝠"读为"乎"/iã^{55}miã^{0}xur^{0}读为"燕面乎儿"
高青	长虫tʂʰaŋ^{35}tʂʰuŋ^{0}	老鼠lɔ^{213}ʂu^{0}	燕蝙蝠子儿iã^{213}pʰiã^{0}xu^{0}tser^{0} "蝠"读为"乎"
阳信	长虫tʂʰaŋ^{45}tʂʰuŋ^{0}	老鼠lɔ^{213}ʂu^{0}	檐蝙蝠iã^{45}pɛ^{0}xu^{0} "蝙蝠"读为"拜乎"
济阳	长虫tʂʰaŋ^{24}tʂʰuŋ^{0}	老鼠lɔ^{213}ʂu^{0}	檐蝙蝠子iã^{24}pɛ^{0}xu^{55}tsɿ^{0} "蝙蝠"读为"拜乎"
利津	长虫tʂʰaŋ^{35}tʂʰuŋ^{0}	老鼠lɔ^{213}ʂu^{0}	燕蝙蝠儿iã^{55}pei^{0}xur^{0} "蝙蝠"读为"北乎"
乐陵	长虫tʂʰuaŋ^{55}tʂʰuaŋ^{0}读为"床床"	老鼠lɔ^{212}ʂu^{0}	檐蝙蝠子iã^{55}pɛ^{0}xu^{0}tsɿ^{0} "蝙蝠"读为"拜乎"
商河	长虫tʂʰaŋ^{24}tʂʰuŋ^{0} 蛇ʂa^{54}	耗子xɔ^{54}tsɿ^{0} 老鼠lɔ^{213}ʂu^{0}	檐蝙蝠子iã^{24}pɛ^{0}xu^{21}tsɿ^{0} "蝙蝠"读为"拜乎"
平原	长虫tʂʰaŋ^{55}tʂʰuŋ^{0}	老鼠lɔu^{23}ʂu^{0}	檐蝙儿蝠儿iã^{55}piɐr^{0}xur^{0} "蝠"读为"乎"
德州	长虫tʂʰaŋ^{55}tʂʰuaŋ^{0} "虫"读为"床"轻声 蛇ʂə^{42}	耗子xɔ^{42}tsɿ^{0}	檐蝙蝠儿iã^{55}pɛ^{0}xur^{0} "蝙蝠"读为"拜乎"
武城	长虫tʂʰuaŋ^{55}tʂʰuaŋ^{0}读为"床床"	耗子xɔ^{53}tsɿ^{0}	檐蝙蝠儿iã^{55}pa^{0}xur^{0} "蝙蝠"读为"巴乎"
临清	长虫tʂʰaŋ^{44}tʂʰuŋ^{0}	老鼠lau^{55}ʂu^{0} 耗子xau^{53}tsɿ^{0}	夜$^{=}$马$^{=}$蝠儿iə^{31}ma^{44}xur^{13} "蝠"读为"乎"
冠县	长虫tʂʰaŋ^{53}tʂʰuŋ^{0} 蛇ʂa^{53}	老鼠lɔ^{53}ʂu^{0}	夜$^{=}$面$^{=}$儿蝠儿iə^{55}miɐr^{0}xur^{13} "蝠"读为"乎"
聊城	长虫tsʰaŋ^{44}tsʰuŋ^{0}	老鼠lɔ^{44}su^{0}	夜$^{=}$猫$^{=}$蝠儿iə^{53}mɔ^{0}xur^{13} "蝠"读为"乎"

续表

	0223蛇统称	0224老鼠家里的	0225蝙蝠
济南	长虫tʂʰɑŋ^{445}tʂʰuŋ^{0} 蛇ʂa^{42}	老鼠lɔ^{213}ʂu^{0} 耗子xɔ^{55}tsɿ^{0}	檐蝙蝠子iã^{445}piə^{0}xu^{21}tsɿ^{0} "蝙蝠"读为"憋乎"
泰安	长虫tʂʰɑŋ^{55}tʂʰuŋ^{0}	老鼠lɔ^{213}ʂu^{0}	棉$^{=}$棉$^{=}$蝠子miã^{55}miã^{0}xu^{21}tsɿ^{0} "蝠"读为"乎"
莱芜	蛇ʃa^{213} 长虫tʃʰɑŋ^{13}tʃʰuŋ^{0}	老鼠lɔ^{213}ʃu^{0}	檐蝙蝠子iã^{13}pʰiã^{0}xu^{31}tsɿ^{0} "蝙蝠"读为"偏乎"
新泰	长虫tʃʰɑŋ^{45}pfʰəŋ^{0}	老鼠lɔ^{213}fu^{0}	面$^{=}$面$^{=}$蝠子miã^{54}miã^{0}xu^{21}tθɿ^{0} "蝠"读为"乎"
沂源	长虫tʃʰɑŋ^{35}tʃʰuŋ^{0}	老鼠lɔ^{21}ʃu^{0}	燕蝙蝠子lã^{55}piã^{0}xu^{0}tθɿ^{0} "蝠"读为"乎"
博山	长虫tʂʰɑŋ^{35}tʂʰuŋ^{0}	老鼠lɔ^{213}ʂu^{0}	檐蝙蝠子iã^{35}pʰiã^{0}xu^{55}ə^{0} "蝙蝠"读为"偏乎"
张店	长虫tʂʰɑŋ^{35}tʂʰuŋ^{0}	老鼠lɔ^{213}ʂu^{0}	檐蝙蝠子iã^{213}pʰiã^{0}xu^{0}ɿ^{0} "檐蝙蝠"读为"眼偏乎"
阳谷	长虫tsʰɑŋ^{42}tsʰuŋ^{0}	老鼠lɔ^{13}fu^{0}	檐$^{=}$面$^{=}$蝠子iã^{55}miã^{0}fu^{31}zɿ^{0}/iã^{55}miã^{0}xu^{31}zɿ^{0} "蝠"读为"乎"
梁山	长虫tsʰɑŋ^{42}tsʰuŋ^{0}	老鼠lɔ^{23}fu^{0}	檐$^{=}$面$^{=}$蝠子iã^{42}miã^{0}xu^{21}tsɿ^{0} "蝠"读为"乎"
菏泽	长虫tsʰɑŋ^{53}tsʰuŋ^{0}	老鼠lɔ^{44}fu^{0}	面$^{=}$面$^{=}$蝠子miã^{31}miã^{0}xu^{21}tə^{0} "蝠"读为"乎"
曹县	长虫tʂʰɑŋ^{53}tʂʰuŋ^{0}	老鼠lɔ^{44}fu^{0}	面$^{=}$面$^{=}$蝠子miã^{31}miã^{0}xu^{21}tə^{0} "蝠"读为"乎"
金乡	长虫tsʰɑŋ^{42}tsʰuŋ^{0}	老鼠lɔ^{23}su^{0}	燕$^{=}$面$^{=}$蝠子iã^{31}miã^{0}xu^{21}tsɿ^{0} "蝠"读为"乎"
曲阜	长虫tsʰaŋ^{42}tsʰuŋ^{0} 蛇sa^{42}	老鼠lɔ^{213}su^{0} 小媳妇子xiɔ^{55}ɕi^{21}fu^{0}tsɿ^{0}	棉$^{=}$棉$^{=}$蝠子miã^{55}miã^{0}xu^{21}tsɿ^{0} "蝠"读为"乎"
薛城	长虫tsʰɑŋ^{55}fẽ^{0} "虫"读为"唇"轻声	老鼠lɔ^{24}fu^{0}	檐蝙蝠子iã^{55}pu^{0}xu^{31}tsɿ^{0} "蝙蝠"读为"不乎"
郯城	长虫tʂʰɑŋ^{44}tʂʰuŋ^{44} 蛇ʂə^{44}	老鼠lɔ^{24}tʂʰu^{0}	蝙蝠儿piə^{21}xuer^{0}读为"憋乎儿" 蝙蝠子piə^{21}xu^{44}tsɿ^{0}读为"憋乎子" 蝙蝠儿piã^{24}fer^{24}
临沂	长虫tʃʰɑŋ^{55}tʃʰuẽ^{0} "虫"读为"唇"轻声	老鼠lɔ^{214}tʃʰu^{0}	蝙蝙蝠子piã^{214}piã^{0}xu^{21}tsɿ^{0} "蝠"读为"乎"

	0226鸟儿飞鸟，统称	0227麻雀	0228喜鹊
荣成	雀儿tsʰior^{33}	家雀儿tsia^{53}tsʰior^{0}	野鹊ia^{35}tsʰɿ^{0}读为“牙刺（轻声）”
烟台	雀儿tɕʰyɐr^{14}	家雀儿tɕia^{53}tɕʰyɐr^{14}	喜鹊儿ɕi^{21}tɕʰyɐr^{0}
栖霞	鸟儿ȵiɔor^{214}	家雀儿cia^{55}tʃʰyɐr^{214}	野鹊ia^{34}tsʰiəu^{0}读为“牙秋（轻声）”
长岛	雀儿tʃʰuər^{213}	家雀儿cia^{31}tʃʰuər^{213}	山野鹊儿san^{31}ia^{35}tʃʰuər^{0}“野”读为“牙”
海阳	雀儿tsʰyər^{214}	家雀儿cia^{52}tsʰyər^{214}	野鹊ia^{21}tsʰiəu^{0}读为“牙秋（轻声）”
莱西	雀儿tʃʰyər^{55} 鸟儿ȵiɔr^{55}	家雀儿cia^{214}tʃʰyər^{0} 麻雀儿ma^{24}tʃʰyər^{42}	喜鹊çi^{214}tʃʰyə^{0} 野鹊ia^{214}tʃʰy^{0}读为“雅趣（轻声）”
平度	雀儿tθʰuər^{55} 鸟儿nɔr^{55}	家雀儿cia^{213}tθʰuər^{42} 麻雀ma^{45}tsʰyə^{0}	野鹊ia^{213}tsʰyə^{0}“野”读为“雅” 喜鹊çi^{55}tsʰyə^{42}
青岛	雀儿tθʰuər^{55}	家雀儿tɕiɑ^{213}tθʰuər^{42} 麻雀mɑ^{55}tɕʰyə^{42}	喜鹊ɕi^{55}tsʰyə^{42}
高密	䳲①儿tʂʰer^{42}	家䳲儿tɕiɑ^{21}tʂʰer^{0} 大家䳲子tɑ^{55}tɕiɑ^{0}tʂʰə̃^{55}tθʅ^{0}	野鹊iə^{23}tsʰiɔ^{0} 喜鹊ɕi^{42}tsʰyə^{55}
诸城	䳲子tʂʰẽ^{24}tθʅ^{0}	家䳲子tʃa^{31}tʂʰẽ^{0}tθʅ^{0}	野鹊iə^{213}tθʰiɔ^{0}
沂水	䳲儿tʂʰɬer^{53}	家䳲儿tɕia^{21}tʂʰɬer^{0}	野鹊iə^{213}tɕʰiɔ^{0}
临朐	䳲子tʂʰə̃^{35}tθʅ^{0}	家䳲子tɕia^{21}tʂʰə̃^{0}tθʅ^{0}	野鹊iə^{213}tɕʰiɔ^{0}
日照	䳲子tʂʰẽ^{44}tθʅ^{0}	家䳲子tʃiɑ^{31}tʂʰẽ^{0}tθʅ^{0}	野鹊iə^{213}ȶʰiəŋ^{0}
莒南	䳲儿tʂʰɬer^{53} 鸟儿nɾɔr^{55}	家䳲子tɕia^{213}tʂʰẽ^{55}tθʅ^{0} 家䳲儿tɕia^{213}tʂʰɬer^{53}	喜鹊ɕi^{213}tsʰyə^{0} 花喜鹊xua^{13}ɕi^{213}tsʰyə^{0}
潍坊	䳲儿tʂʰer^{53} 鸟儿niɔr^{55}	老家䳲子lɔɤ^{24}kə^{0}tʂʰẽ^{35}tsʅ^{0}	野鹊iə^{24}tɕʰiɔɤ^{0}
寿光	䳲儿tʂʰʅ^{53}	家䳲儿tɕia^{21}tʂʰʅ^{0} 家䳲子tɕia^{21}tʂʰə̃^{0}tsʅ^{0}	野鹊iə^{24}tɕʰiɔ^{0}
高青	鸟儿ȵiɔr^{55}	家䳲儿tɕiɑ^{21}tʂʰer^{0}	野鹊iə^{213}tɕʰiɔ^{0}
阳信	鸟儿ȵiɔr^{55}	家雀儿tɕia^{31}tɕʰiɔr^{0}	野鹊iə^{213}tɕʰiɔ^{0}

① 䳲，《字汇·鸟部》：“锄簪切，小鸟。”

续表

	0226 鸟儿飞鸟，统称	0227 麻雀	0228 喜鹊
济阳	鸟儿ȵiɔr^{213}	家鶒子tɕia^{21}tʂʰẽ^{0}tsɿ^{0} 家雀儿tɕia^{21}tɕʰiɔr^{0}	野鹊儿iə^{213}tɕʰiɔr^{0}
利津	鸟儿ȵiɔr^{55}	家鶒儿tɕia^{31}tʂʰer^{0} 家雀儿tɕia^{31}tɕʰiɔr^{0}	喜鹊儿ɕi^{55}tɕʰyər^{44}
乐陵	鸟儿ȵiɔr^{55}	铁鸟子tʰiə^{31}ȵiɔ^{0}tsɿ^{0}	野鹊iə^{212}tɕʰiɔ^{0}
商河	鸟儿ȵiɔr^{45}	家雀儿tɕiɑ^{21}tɕʰiɔr^{0}	野鹊iə^{213}tɕʰiɔ^{0}
平原	鸟儿ȵiɔur^{55}	雀儿雀儿tɕʰiɔur^{23}tɕʰiɔur^{0}	野鹊iə^{23}tɕʰiɔu^{0}
德州	鸟儿ȵiɔr^{55}	老□□lɔ^{55}tiɑŋ^{42}tiɑŋ^{42} 小雀儿ɕiɔ^{213}tɕʰiɔr^{0}	喜鹊儿ɕi^{213}tɕʰiɔr^{0}
武城	鸟儿ȵiɔr^{55}	老赵=儿lɔ^{55}tʂɔr^{312}	喳儿喳儿tʂar^{55}tʂar^{55}
临清	鸟儿ȵiaur^{44}	家雀儿tɕia^{13}tɕʰiaur^{44}	喜鹊ɕi^{44}tɕʰyə^{0}
冠县	鸟儿ȵiɔr^{55}	雀说=儿tsʰiɔ^{44}ʂuər^{0}	花喳喳xua^{13}tʂa^{55}tʂa^{0}
聊城	鸟儿ȵiɔr^{444}	家雀儿tɕia^{13}tɕʰiɔr^{44}	山喳喳sã^{13}tsa^{53}tsa^{0}
济南	鸟儿ȵiɔr^{55}	家雀儿tɕia^{21}tɕʰyər^{0} 家雀子tɕia^{21}tɕʰyə^{0}tsɿ^{0}	喜鹊儿ɕi^{213}tɕʰyər^{0}
泰安	鸟儿ȵiɔr^{55}	小虫子ɕiɔ^{213}tʂʰuŋ^{0}tsɿ^{0}	长尾巴郎子tʂʰɑŋ^{42}i^{213}pa^{0}lɑŋ^{55}tsɿ^{0}
莱芜	鸟ȵiɔ^{55}	家雀子tɕia^{31}tɕʰyə^{0}tsɿ^{0}	野鹊iə^{213}tɕʰiɔ^{55}
新泰	鸟儿ȵiɔr^{55}	家雀子tɕia^{21}tɕʰyə^{21}tθɿ^{0}	野鹊iə^{23}tɕʰiɔ^{0}
沂源	鸟儿ȵiɔr^{55}	家雀子tɕia^{21}tɕʰyə^{0}tθɿ^{0}	野鹊iə^{21}tɕʰiɔ^{0}
博山	鸟ȵiɔ^{55}	家雀tɕiɑ^{21}tɕʰyə^{0}	野鹊iə^{213}tɕʰiɔ^{0}
张店	鸟ȵiɔ^{55}	家鶒儿tɕiɑ^{21}tʂʰei^{0}	野鹊iə^{213}tɕʰiɔ^{0}
阳谷	鸟儿ȵiɔr^{55}	小雀儿ɕiɔ^{13}tsʰuor^{0}	喜鹊儿ɕi^{55}tsʰuor^{213}
梁山	鸟儿ȵiɔr^{55}	小虫儿ɕiɔ^{55}tsʰũr^{0}	山喳子sã^{23}tsa^{31}tsɿ^{0}
菏泽	鸟儿ȵiɔr^{44} 虫蚁儿tsʰuŋ^{53}ier^{0}指驯养的 虫蚁子tsʰuŋ^{53}i^{0}tə^{0}	小小虫儿ɕiɔ^{53}ɕiɔ^{44}tsʰuə̃r^{0}	妈=嘎=子ma^{213}ka^{53}tə^{0}
曹县	虫蚁子tʂʰuŋ^{53}i^{0}tə^{0}	小小虫ɕiɔ^{53}ɕiɔ^{44}tʂʰuŋ^{0}	妈=嘎=子ma^{213}ka^{44}tə^{0}
金乡	鸟儿ȵiɔr^{55}	小小虫儿ɕiɔ^{55}ɕiɔ^{23}tsʰuə̃r^{0}	妈=嘎=子ma^{213}ka^{55}tsɿ^{0}
曲阜	鸟儿ȵiɔr^{55}	小虫子ɕiɔ^{213}tsʰuŋ^{0}tsɿ^{0}	长尾巴郎子tsʰaŋ^{42}i^{213}pa^{0}laŋ^{55}tsɿ^{0}

续表

	0226 鸟儿飞鸟，统称	0227 麻雀	0228 喜鹊
薛城	鸟ȵiɔ^{24}	小小虫儿ɕiɔ^{55}ɕiɔ^{24}fə̃r^{0} 家雀儿tɕia^{23}tɕ^{h}yər^{313}	山嘎喇子sã^{31}kə^{0}la^{31}tsɿ^{0}
郯城	鸟儿ȵiɔr^{24}	家雀子tɕia^{13}ts^{h}uə^{21}tsɿ^{0} 麻雀ma^{44}ts^{h}uə^{213}	喳拉子tʂa^{44}la^{21}tsɿ^{0} 喜鹊ɕi^{44}tɕ^{h}yə^{213}
临沂	鸟儿ȵiɔr^{55}	家雀子tɕia^{24}tɕ^{h}yə^{21}tsɿ^{0}	喜鹊ɕi^{214}tɕ^{h}yə^{0}

	0229 乌鸦	0230 鸽子	0231 翅膀鸟的，统称
荣成	乌鸦u^{53}ia^{53}	鹁鸽po^{33}kə^{0}	翅膀tʂ^{h}ʅ^{33}pə^{0}
烟台	黑老哇xɤ^{33}lau^{21}ua^{33}	鹁鸽儿pu^{33}kɤr^{0}	翅膀儿ts^{h}ɿ^{33}pãr^{14}
栖霞	黑老哇xə^{34}lɔo^{21}ua^{0}	鹁鸽pu^{34}ka^{0}	翅膀ts^{h}ɿ^{55}pɑŋ^{0}
长岛	黑老哇子xə^{52}lau^{21}ua^{55}tsɿ^{0}	鹁鸽子pu^{52}kə^{35}tsɿ^{0}	翅膀ts^{h}ɿ^{52}pɑŋ^{213}
海阳	黑老哇xə^{55}lɔ^{21}ua^{341}	鹁鸽pu^{34}ka^{0}	翅膀tʂ^{h}ʅ^{34}pɑŋ^{0}
莱西	乌鸦u^{32}ia^{0} 黑老哇子xə^{45}lɔ^{0}ua^{45}tsɿ^{0}	鹁鸽pu^{45}kə^{0}	翅膀ts^{h}ɿ^{42}pɑŋ^{0} 翅儿ts^{h}er^{42}
平度	乌鸦u^{213}ia^{0}	鹁鸽pu^{45}kɑ^{0}	翅膀tʂ^{h}ʅ^{42}pɑŋ^{0}
青岛	老哇lɔ^{55}uɑ^{42}	鹁鸽pu^{45}kɑ^{0}	翅子tʂ^{h}ʅ^{42}tθɿ^{0}
高密	老鸹lɔ^{23}kuɑ^{0} 乌鸦u^{21}iɑ^{0}	鹁鸽pu^{55}kɑ^{0} 鸽子kə^{42}tθɿ^{0}	翅子tʂ^{h}ʅ^{42}tθɿ^{0} 翅膀儿tʂ^{h}ʅ^{42}pãr^{0}
诸城	老鸹lɔ^{213}kua^{0}	鹁鸽pu^{24}ka^{0}	翅子tʂ^{h}ʅ^{44}tθɿ^{0}
沂水	老鸹lɔ^{213}kuə^{0} “鸹”读为“锅”轻声	鹁鸽pu^{24}kə^{0}	翅子tʂ^{h}ʅ^{44}dðɿ^{0}
临朐	老鸹lɔ^{213}kua^{0}	鹁鸪pə^{35}kuə^{0}	翅子tʂ^{h}ʅ^{44}tθɿ^{0}
日照	黑老哇xei^{213}lɔ^{0}uə^{0} “哇”读为“窝”轻声	鹁鸽pu^{44}kɑ^{0}	翅子tʂ^{h}ʅ^{53}tθɿ^{0}
莒南	老鸹lɔ^{213}kuə^{0} 乌鸦u^{21}iə^{0} “鸦”读为“耶”轻声	鹁鸽pu^{24}kə^{0}	翅子tʂ^{h}ʅ^{42}tθɿ^{0}
潍坊	老鸹lɔɤ^{24}kuɑ^{0} 乌鸦u^{24}iɑ^{214}	鹁鸽pu^{35}kuɑ^{0}	翅子tʂ^{h}ʅ^{55}tsɿ^{0}
寿光	黑老鸹xei^{213}lɔ^{24}kua^{0} 老鸹lɔ^{24}kua^{0}	鹁鹁pə^{35}pə^{0}	翅子tʂ^{h}ʅ^{55}tsɿ^{0}
高青	老鸹lɔ^{213}kuɑ^{0}	鸽鸽kuə^{35}kuə^{0}	翅子tʂ^{h}ʅ^{55}tsɿ^{0}

续表

	0229 乌鸦	0230 鸽子	0231 翅膀鸟的，统称
阳信	老鸹lɔ^{213}kuə^{0}	鹁鸪pə^{45}kou^{0}	翅儿tʂ^{h}er^{31}
济阳	老鸹lɔ^{213}kua^{0}	鹁鸽pə^{24}kou^{0}	翅子tʂ^{h}ʅ^{55}tsɿ^{0}
利津	老鸹lɔ^{213}kua^{0}	鹁鸪pə^{35}ku^{0}	翅子tʂ^{h}ʅ^{55}tsɿ^{0}
乐陵	老鸹lɔ^{212}kuɑ^{0}	鹁鸪pə^{55}ku^{0}	翅膀ts^{h}ɿ^{55}paŋ^{0}
商河	老鸹lɔ^{213}kuɑ^{0}	鹁鸽pə^{24}kou^{0}	翅膀儿ts^{h}ɿ^{54}pɑr^{0}
平原	老鸹lɔu^{23}kua^{0}	鸽鹁kə^{55}pə^{0}	翅膀ts^{h}ɿ^{42}paŋ^{0}
德州	老鸹lɔ^{213}kua^{0}	鸽子kə^{21}tsɿ^{0}	翅膀儿tʂ^{h}ʅ^{42}pãr^{0}
武城	老鸹lɔ^{24}kua^{0}	鸽子kə^{312}tsɿ^{0}	翅子tʂ^{h}ʅ^{53}tsɿ^{0}
临清	老鸹lau^{44}kua^{0}	鸽子kə^{13}tsɿ^{0}	翅膀tʂ^{h}ʅ^{53}paŋ^{0}
冠县	老鸹lɔ^{55}xua^{0} “鸹”读为“花”，下条同 黑老鸹xei^{13}lɔ^{55}xua^{0}	鸽子kə^{21}tsɿ^{0}	翅膀tʂ^{h}ʅ^{53}paŋ^{0}
聊城	老鸹lɔ^{44}kua^{0}	鸽子kə^{13}tsɿ^{0}	翅儿ts^{h}er^{313}
济南	老鸹lɔ^{213}kua^{0}	鹁鸽pə^{445}kə^{0} 鸽子kə^{21}tsɿ^{0}	翅子tʂ^{h}ʅ^{55}tsɿ^{0}
泰安	老鸹lɔ^{213}kua^{0}	鹁鸽pu^{55}kə^{0}	翅膀儿tʂ^{h}ʅ^{42}pãr^{0}
莱芜	老鸹lɔ^{213}kua^{0}	鹁鸽puə^{13}kuə^{0}	翅子tʃ^{h}ʅ^{42}tsɿ^{0}
新泰	黑老鸹xei^{21}lɔ^{21}kua^{213}	鹁鸽pu^{45}kə^{0}	翅膀tʃ^{h}ʅ^{54}paŋ^{0}
沂源	黑摸=索=子xei^{21}mə^{0}θuə^{55}tθɿ^{0}	鹁鸽pə^{35}kuə^{0}	翅子tʃ^{h}ʅ^{55}tθɿ^{0}
博山	黑老鸹xei^{22}lɔ^{0}kuɑ^{0}	鹁鸪pə^{35}kuə^{0}	翅膀子tʂ^{h}ʅ^{55}paŋ^{0}ə^{0}
张店	老鸹lɔ^{213}kuɑ^{0}	鹁鹁pə^{35}pə^{0}	翅子tʂ^{h}ʅ^{55}ɿ^{0}
阳谷	老哇lɔ^{55}ua^{0}	鸽子kə^{31}zɿ^{0}	翅膀ts^{h}ɿ^{42}paŋ^{0}
梁山	老鸹lɔ^{23}kua^{0}	鸽子kə^{21}tsɿ^{0}	翅子ts^{h}ɿ^{42}tsɿ^{0}
菏泽	老鸹lɔ^{53}kua^{0}	鹁鸽pu^{53}kə^{0}	翅子ts^{h}ɿ^{31}tə^{0}
曹县	老鸹lɔ^{44}kua^{0}	鹁鸽pu^{53}kə^{0}	翅膀子ts^{h}ɿ^{31}paŋ^{44}nẽ^{0}
金乡	老鸹lɔ^{23}kua^{0}	鹁鸽pu^{55}kə^{0}	翅膀ts^{h}ɿ^{42}paŋ^{0}
曲阜	老鸹lɔ^{55}kua^{213}	鹁鸽pu^{55}kə^{0}	翅膀ts^{h}ɿ^{42}paŋ^{0}
薛城	老鸹lɔ^{24}ku^{0}	鸽子kə^{31}tsɿ^{0}	翅膀子ts^{h}ɿ^{41}paŋ^{24}tsɿ^{0}

续表

	0229 乌鸦	0230 鸽子	0231 翅膀鸟的，统称
郯城	老鸹子 lɔ^{24}kua^{21}tsɿ^{0} 乌鸦 u^{13}ia^{213}	鹁鸽子 pu^{44}kə^{21}tsɿ^{0} 鸽子 kə^{21}tsɿ^{0}	翅膀子 tʂʰʅ^{21}pɑŋ^{24}tsɿ^{0} 翅膀儿 tʂʰʅ^{21}pɑ̃r^{24}
临沂	老鸹 lɔ^{214}ku^{0}	鹁鸽 pu^{55}kou^{0}	翅子 tʃʰʅ^{31}tsɿ^{0}老 翅膀子 tʃʰʅ^{31}pɑŋ^{214}tsɿ^{0}新

	0232 爪子鸟的，统称	0233 尾巴	0234 窝鸟的
荣成	爪子 tʂua^{214}tsɿ^{0}	尾巴 i^{55}pa^{0}	雀儿窝 tsʰior^{33}uo^{53}
烟台	爪子 tsua^{21}ɾə^{0}	尾巴 i^{21}pɑŋ^{0} “巴”读为“帮”轻声	窝儿 uor^{53}
栖霞	爪子 tsua^{21}lə^{0}	尾巴 uei^{21}pɑŋ^{0} “巴”读为“帮”轻声	窝 uo^{312}
长岛	爪子 tsua^{35}tsɿ^{0}	尾巴 i^{35}pa^{0}	窝 uə^{312}
海阳	爪 tʂua^{214}	尾巴 y^{21}pa^{0} “尾”读为“羽”	窝 uo^{52}
莱西	爪儿 tsuʌr^{55} 爪子 tsua^{45}tsɿ^{0}	尾巴 uei^{24}pa^{42}/y^{24}pu^{31} 读为“羽布”	窝儿 uər^{214}
平度	爪儿 tʂuar^{55} 爪子 tʂua^{45}tθɿ^{0}	尾巴 i^{213}pa^{0}/uei^{213}pa^{0}	窝 uə^{213} 也可儿化
青岛	爪儿 tʂuɑr^{55}	尾巴 y^{44}pɑ^{0} “尾”读为“羽”	窝儿 uər^{213}
高密	爪子 tʂuɑ^{23}tθɿ^{0}	尾巴 i^{23}pɑ^{0}	窝儿 uər^{213}
诸城	爪子 tʂua^{213}tθɿ^{0}	尾巴 i^{213}pa^{0}	窝 uə^{213}
沂水	爪子 tʂua^{213}dðɿ^{0}	尾巴 i^{213}pa^{0}	窝 uə^{213} 窝儿 uər^{213}
临朐	爪子 tʂua^{213}tθɿ^{0}	尾巴 i^{213}pa^{0}	窝儿 uɤr^{213}
日照	爪子 tʂuɑ^{213}tθɿ^{0}	尾巴 i^{213}pɑ^{0}	窝 uə^{213}
莒南	爪子 tʂua^{213}tθɿ^{0}	尾巴 i^{213}pei^{0} 尾巴 i^{213}pu^{0} “巴”读为“不”轻声	窝 uə^{213}
潍坊	爪子 tʂuɑ^{24}tsɿ^{0} 爪儿 tʂuɑr^{55}	尾巴 i^{24}pɑ^{0}	窝儿 uər^{214}
寿光	爪子 tʂua^{24}tsɿ^{0}	尾巴 i^{24}pa^{0}	窝儿 uor^{213}
高青	爪子 tʂuɑ^{213}tsɿ^{0}	尾巴 i^{213}pɑ^{0}	窝儿 uər^{213}
阳信	爪子 tʂua^{213}tsɿ^{0}	尾巴 i^{213}pə^{0}	窝儿 uər^{213}

续表

	0232爪子鸟的，统称	0233尾巴	0234窝鸟的
济阳	爪子tʂua^{213}tsɿ^{0}	尾巴i^{213}pa^{0}	鸟儿窝儿ȵiɔr^{55}uər^{213}
利津	爪子tʂua^{213}tsɿ^{0}	尾巴i^{213}pa^{0}	窝儿uər^{213}
乐陵	爪子tʂuɑ^{212}tsɿ^{0}	尾巴i^{212}pɑ^{0}	窝儿uər^{24}
商河	爪tsɔ^{54}	尾巴i^{213}pɑ^{0}	窝儿uər^{213}
平原	爪子tʂua^{23}tsɿ^{0}	尾巴i^{23}pa^{0}	窝儿uor^{213}
德州	爪子tʂua^{213}tsɿ^{0}	尾巴i^{213}pa^{0}	窝儿uər^{213}
武城	爪子tʂua^{24}tsɿ^{0}	尾巴i^{24}pa^{0}	窝儿uər^{224}
临清	爪子tʂua^{44}tsɿ^{0}	尾巴i^{44}pa^{0}	窝儿uər^{13}
冠县	爪子tʂua^{44}tsɿ^{0}	尾巴i^{44}pa^{0}	窝儿uər^{13}
聊城	爪子tsua^{44}tsɿ^{0}	尾巴i^{44}pa^{0}	窝儿uər^{13}
济南	爪子tʂua^{213}tsɿ^{0}	尾巴i^{213}pa^{0}	窝儿uər^{213} 鸟窝儿ȵiɔ^{55}uər^{213}
泰安	爪子tʂua^{213}tsɿ^{0}	尾巴i^{213}pa^{0}	窝uə^{213}
莱芜	爪子tʃua^{213}tsɿ^{0}	尾巴i^{213}pa^{0}	窝uə^{213}
新泰	爪子pfa^{213}tθɿ^{0}	尾巴i^{213}pa^{0}	窝儿uər^{213}
沂源	爪子tʃua^{21}tθɿ^{0}	尾巴i^{21}pa^{0}	窝uə^{213}
博山	爪子tʂuɑ^{213}ə^{0}/tʂɔ^{213}ə^{0}	尾巴i^{213}pɑ^{0}	窝uə^{213}
张店	爪子tʂuɑ^{213}ɿ^{0}	尾巴i^{213}pɑ^{0}	窝uə^{213}
阳谷	爪子tsua^{13}zɿ^{0}	尾巴i^{13}pa^{0}	窝儿uor^{213}
梁山	爪子tsua^{23}tsɿ^{0}	尾巴i^{23}pa^{0}	窝儿uər^{213}
菏泽	爪子tsua^{44}tə^{0}	尾巴i^{44}pa^{0}	窝儿uər^{213}
曹县	爪子tʂua^{44}tə^{0}	尾巴i^{44}pa^{0}	鸟窝儿ȵiɔ^{44}uər^{213}
金乡	爪子tsua^{23}tsɿ^{0}	尾巴i^{23}pa^{0}	窝uə^{213}
曲阜	爪子tsua^{213}tsɿ^{0}	尾巴i^{213}pa^{0}	窝儿uər^{213}
薛城	爪子tsua^{24}tsɿ^{0}	尾巴i^{24}pa^{0}	窝儿uər^{313}
郯城	爪子tʂua^{24}tsɿ^{0}	尾巴i^{24}pə^{0}白/ue^{24}pa^{0}文	窝儿uər^{213}
临沂	爪子tʃua^{214}tsɿ^{0}	尾巴i^{214}pu^{0}“巴”读为“不”轻声	窝儿uər^{214}

	0235 虫子统称	0236 蝴蝶统称	0237 蜻蜓统称
荣成	虫子tʂuŋ35tsɿ0	蝴蝶xu35tiɛ35 蛾儿uor53	蜓①蜓tʰiŋ53tʰiŋ0
烟台	虫子tsʰuŋ33ɾə0	蛾儿uor53	蜓蜓tʰiŋ53tʰiŋ0
栖霞	虫子tsʰuŋ34lə0	蛾儿uor312	蜓蜓tʰiŋ52tʰiŋ0
长岛	虫子tsʰuŋ55tsɿ0	蛾儿uər55	蚂蚂蜓儿ma31ma0tʰiə̃r31
海阳	虫子tʂʰuŋ34ə0	蛾儿uor52	蜓蜓tʰiŋ52tʰiŋ0
莱西	虫子tsʰoŋ45tsɿ0	蝴蝶儿xu45tiər0/xu45tier0	蜻蜓tʃʰiŋ32tʰiŋ0
平度	虫子tʂʰuŋ45tθɿ0	蝴蝶xu45tiə0	蜓蜓tʰiŋ213tʰiŋ0
青岛	虫子tʂʰoŋ45tθɿ0	蝴蝶xu42tiə0	蜓蜓tʰioŋ55tʰioŋ42
高密	虫子tʂʰoŋ55tθɿ0	蝴蝶xu55tiə0	蜓蜓tʰioŋ21tʰioŋ0 蜻蜓tsʰioŋ21tʰioŋ0
诸城	虫子tʂʰəŋ24tθɿ0	花儿花儿蛾儿xuar31xuar0uər53	蜓蜓ȶʰiəŋ31ȶʰiəŋ0
沂水	虫子tʂʰuŋ24dðɿ0	蛾儿蛾儿uər24uər0	蜓蜓tʰiŋ21tʰiŋ0
临朐	虫子tʂʰuŋ35tθɿ0	花蛾儿xua213uɤr53	蜓蜓tʰiŋ21tʰiŋ0
日照	虫子tʂʰəŋ44tθɿ0	蝴蝶儿xu44tər0	蜓蜓ȶʰiəŋ31ȶʰiəŋ0
莒南	虫子tʂʰuŋ24tθɿ0	蝴蝶儿ku55trər53 “蝴”读为“古” 蝴蝶儿xu55trər53	蜓蜓tʰiŋ21tʰiŋ0
潍坊	虫子tʂʰoŋ35tsɿ0	蝴蝶xu35tiə0	蜓蜓tʰiŋ31tʰiŋ0
寿光	虫子tʂʰuŋ35tsɿ0	蛾儿uor53	老官=lɔ55kuã213 蜓蜓tʰiŋ21tʰiŋ0
高青	虫子tʂʰuŋ35tsɿ0	蛾ŋə55	麻=楞=ma35ləŋ0
阳信	虫子tʂʰuŋ45tsɿ0	蝴蝶儿xu45tər0	麻=楞=ma45ləŋ0
济阳	虫子tʂʰuŋ24tsɿ0	蛾子uə24tsɿ0	蜓蜓tʰiŋ21tʰiŋ0
利津	虫子tʂʰuŋ35tsɿ0	蛾子uə35tsɿ0	麻=楞=ma35ləŋ0
乐陵	虫子tʂʰuŋ55tsɿ0	蛾儿uər55 蝴蝶儿xu55tər55	麻=楞=ma55ləŋ0
商河	虫子tʂʰuŋ24tsɿ0	蛾儿uər54	麻=楞=ma24ləŋ0

① 本条中“蜓”均读阴平（或轻声）。

续表

	0235 **虫子**统称	0236 **蝴蝶**统称	0237 **蜻蜓**统称
平原	虫子tʂʰuŋ^{55}tsɿ^{0}	蝴蝶儿xu^{23}tʰiᴇr^{0}	麻=楞=ma^{55}ləŋ^{0}
德州	虫子tʂʰuŋ^{55}tsɿ^{0} 虫儿tʂʰuər^{42}	蝴蝶儿xu^{55}tiər^{0} 蛾儿uər^{42}	老蜊蜊lɔ^{55}li^{42}li^{0}
武城	虫子tʂʰuŋ^{55}tsɿ^{0}	花包儿袱儿xua^{24}pɔr^{312}fur^{0}	蜓蜓tʰiŋ^{312}tʰiŋ^{0}
临清	虫子tʂʰuŋ^{44}tsɿ^{0}	蝴蝶xu^{53}tiə^{0}	蜓蜓tʰiŋ^{13}tʰiŋ^{0} 蚂儿mar^{313}
冠县	虫子tʂʰuŋ^{53}tsɿ^{0}	蝴蝶儿xu^{55}tiər^{0}	蜓蜓tʰiŋ^{21}tʰiŋ^{0}
聊城	虫子tsʰuŋ^{44}tsɿ^{0} 虫儿tsʰuər^{53}	蝴蝶儿xu^{53}tiər^{53}	蜓蜓tʰiŋ^{13}tʰiŋ^{53}
济南	虫子tʂʰuŋ^{445}tsɿ^{0}	蛾子ŋə^{445}tsɿ^{0}	蜓蜓tʰiŋ^{21}tʰiŋ^{0}
泰安	虫子tʂʰuŋ^{55}tsɿ^{0}	蝴蝶xu^{42}tiə^{42}	蜓蜓tʰiŋ^{21}tʰiŋ^{0}
莱芜	虫子tʃʰuŋ^{13}tsɿ^{0}	蛾子uə^{13}tsɿ^{0}	赖=拉=lɛ^{42}la^{55}
新泰	虫子pfʰəŋ^{45}tθɿ^{0}	蝴蝶儿xu^{21}tiər^{42}	蜓蜓tʰiŋ^{21}tʰiŋ^{0}
沂源	虫子tʃʰuŋ^{35}tθɿ^{0}	蛾蛾子uə^{35}uə^{0}tθɿ^{0}	蜓蜓tʰiŋ^{21}tʰiŋ^{0}
博山	虫子tʂʰuŋ^{35}ə^{0}	蝴蝶xu^{35}tiə^{0}	蜓蜓tʰiŋ^{21}tʰiŋ^{0}
张店	虫子tʂʰuŋ^{35}ɿ^{0}	蝴蝶xu^{35}tiə^{0}	蜓蜓tʰiŋ^{21}tʰiŋ^{0}
阳谷	虫子tsʰuŋ^{55}zɿ^{0}	蝴蝶儿xu^{55}tiər^{42}	蜓蜓tʰiŋ^{31}tʰiŋ^{0}
梁山	虫子tsʰuŋ^{55}tsɿ^{0}	扑棱蛾子pʰu^{2}ləŋ^{0}ɣə^{55}tsɿ^{0}	老锅=蜓蜓lɔ^{55}kuə^{0}tʰiŋ^{21}tʰiŋ^{0}
菏泽	虫子tsʰuŋ^{53}tə^{0}	花蝴蝶子xua^{21}xu^{0}tiɛ^{53}tə^{0}	蛾螂ɣə^{53}laŋ^{213}
曹县	虫子tʂʰuŋ^{53}nẽ^{0}	扑拉蛾子pʰu^{21}la^{0}ɣə^{53}tə^{0}	呱=呱=蜓kua^{21}kua^{0}tʰiŋ^{213}
金乡	虫子tsʰuŋ^{55}tsɿ^{0}	蝴蝶xu^{42}tiə^{42}	光=光=蜓kuaŋ^{21}kuaŋ^{0}tʰiŋ^{213}
曲阜	虫子tsʰuŋ^{55}tsɿ^{0}	蛾子ɣə^{55}tsɿ^{0}	蜓蜓tʰiŋ^{21}tʰiŋ^{0}
薛城	虫子pfʰəŋ^{55}tsɿ^{0}	花蝴蝶xua^{31}xu^{31}tiə^{55}	蜓蜓tʰiŋ^{31}tʰiŋ^{0} 光=光=蜓kuaŋ^{31}kuaŋ^{0}tʰiŋ^{0}
郯城	虫子tʂʰuŋ^{44}tsɿ^{0}	蝴蝶子xu^{44}tiə^{44}tsɿ^{0} 蝴蝶儿xu^{44}tiər^{44}	光=光=蜓kuaŋ^{21}kuaŋ^{44}tʰiŋ^{213} 蜻蜓tɕʰiŋ^{21}tʰiŋ^{44}
临沂	虫子tʃʰuŋ^{55}tsɿ^{0}	蝴蝶儿xu^{53}tiər^{53}	蜓蜓tʰiŋ^{21}tʰiŋ^{0}

	0238 蜜蜂	0239 蜂蜜	0240 知了①统称
荣成	蜂子 fəŋ^{53}tsɿ^{0}	蜂蜜 fəŋ^{53}mi^{33}	鱃了 tsiɛ^{53}lə^{0}
烟台	蜜蜂 mi^{33}fəŋ^{0}	蜂蜜 fəŋ^{53}mi^{14}	鱃蟉 tɕie^{53}liou^{0} 鱃蟉儿猴儿 tɕie^{53}liour^{0}xour^{33}
栖霞	蜂子 fəŋ^{52}lə^{0}	蜂蜜 fəŋ^{55}mi^{52}	鱃蟉儿 tʃiɛ^{52}liəur^{0}
长岛	蜂子 fəŋ^{31}tsɿ^{0}	蜂蜜 fəŋ^{52}mi^{52}	麻⁼嘎⁼子 ma^{55}ka^{31}tsɿ^{0}
海阳	蜜蜂儿 mi^{34}fə̃r^{0}	蜂蜜 fəŋ^{52}mi^{341}	鱃蟉 tsiə^{52}liəu^{0}
莱西	蜜蜂儿 mi^{42}fə̃r^{0}	蜂蜜 fəŋ^{214}mi^{42}	鱃蟉 tʃiə^{21}liou^{55}
平度	蜜蜂 mi^{42}fəŋ^{0}	蜂蜜 fəŋ^{213}mi^{42}	鱃蛉 tsiə^{45}liɔ̃^{0}
青岛	蜂子 foŋ^{213}tθɿ^{0} 蜜蜂儿 mi^{42}fõr^{0}	蜂蜜 foŋ^{213}mi^{42}	鱃蟉 tsiə^{45}liou^{0}
高密	蜜蜂儿 mi^{42}fõr^{0}	蜂蜜 foŋ^{23}mi^{21} 蜜 mi^{21}	鱃蟉 tsiə^{21}liou^{0}
诸城	蜂子 fəŋ^{31}tθɿ^{0}	蜜 mi^{31}	鱃蟉 tθiə^{44}liou^{0}
沂水	蜜蜂儿 mi^{44}fə̃r^{0}	蜂蜜 fəŋ^{24}mi^{31}	鱃蟉 dziə^{213}liou^{0}
临朐	蜜蜂 mi^{44}fəŋ^{0}	蜂蜜 fəŋ^{13}mi^{21}	鱃了 tɕiɔ^{213}liɔ^{0}
日照	蜜蜂儿 mi^{53}fə̃r^{0}	蜜 mi^{31}	鱃蛉 ȶiə^{213}liəŋ^{0}
莒南	蜂子 fəŋ^{21}tθɿ^{0} 蜜蜂 mi^{42}fəŋ^{0}	蜜 mi^{312} 蜂蜜 fəŋ^{13}mi^{31}	鱃蟉 tsiə^{21}liou^{0}
潍坊	蜜蜂 mi^{55}fəŋ^{0}	蜜 mi^{31} 蜂蜜 fəŋ^{214}mi^{31}	鱃蟉 tɕiə^{55}liɤɯ^{0}
寿光	蜂子 fəŋ^{21}tsɿ^{0}	蜜 mi^{21} 蜂蜜 fəŋ^{13}mi^{21}	鱃蟉 tɕiə^{55}liəu^{0}
高青	蜜蜂 mi^{41}fəŋ^{213}	蜂蜜 fəŋ^{213}mi^{41}	梢老钱⁼儿 ʂɔ^{21}lɔ^{55}tɕʰiɛr^{0}
阳信	蜜蜂 mi^{55}fəŋ^{0}	蜜 mi^{31}	消息儿 ɕiɔ^{31}ɕier^{0}
济阳	蜜蜂 mi^{55}fəŋ^{0}	蜜 mi^{31}	梢钱⁼子 ʂɔ^{21}tɕʰiã^{0}tsɿ^{0}
利津	蜂 fəŋ^{213}	蜜 mi^{31}	消息 ɕiɔ^{31}ɕi^{0}

① 山东各地对“知了”的叫法差异较大，其中分布最广的是首字音“借”（声调有不同）、次字音“溜”或“撩”（一般读轻声）。此处参照《尔雅·释虫》郝懿行义疏的写法，统一将“借”音记作“鱃”。次字音“溜”者写作“蟉”，音“撩”音写作“了”。以上诸字形均不加同音符号。其他读音者加同音符号。

续表

	0238蜜蜂	0239蜂蜜	0240知了统称
乐陵	蜜蜂mi^{55}fəŋ^{0}	蜜mi^{51}	蠽蟧儿tɕi^{55}lour^{0}
商河	蜂子fəŋ^{21}tsɿ^{0}	蜜mi^{31}	梢钱$^{=}$儿sɔ^{21}tɕʰiɛr^{0}
平原	蜜蜂mi^{42}fəŋ^{0}	蜂蜜fəŋ^{23}mi^{21}	老勺$^{=}$lɔ^{212}ʂɔu^{42}
德州	蜂fəŋ^{213}	蜜mi^{21}	蛣了儿tɕi^{213}liɔr^{0}
武城	蜜蜂mi^{21}fəŋ^{224}	蜂蜜fəŋ^{24}mi^{312}	蠽了tɕiə^{53}liɔ^{0}
临清	蜜蜂mi^{53}fəŋ^{0}	蜂蜜fəŋ^{13}mi^{313}	记$^{=}$牛$^{=}$tɕi^{53}ȵiou^{0}
冠县	蜜蜂mi^{53}fəŋ^{0}	蜂蜜fəŋ^{13}mi^{314}	蛣了儿tɕi^{21}liɔr^{0}
聊城	蜜蜂mi^{53}fəŋ^{0}	蜜mi^{313}	蠽了儿tɕiə^{44}liɔr^{0}
济南	蜂子fəŋ^{21}tsɿ^{0}	蜜mi^{21}	梢钱$^{=}$儿ʂɔ^{21}tɕʰiɛr^{0} 知了猴tʂʅ^{21}liɔ^{0}xou^{42} 知了猴子tʂʅ^{21}liɔ^{0}xou^{445}tsɿ^{0}
泰安	蜜蜂mi^{42}fəŋ^{0}	蜜mi^{21} 蜂蜜fəŋ^{23}mi^{21}	蠽了子tɕiə^{213}liɔ^{55}tsɿ^{0}
莱芜	蜜蜂mi^{55}fəŋ^{0}	蜂蜜fəŋ^{213}mi^{42}	梢钱$^{=}$子ʃɔ^{31}tɕʰiã^{31}tsɿ^{0} 独$^{=}$了子tu^{55}liɔ^{31}tsɿ^{0}
新泰	蜜蜂mi^{54}fəŋ^{0}	蜂蜜fəŋ^{23}mi^{31}	胡$^{=}$蠽了xu^{45}tɕia^{0}liɔ^{42}
沂源	蜜蜂子mi^{55}fəŋ^{0}tθɿ^{0}	蜂蜜fəŋ^{13}mi^{31}	知知子tʃʅ^{21}tʃʅ^{21}tθɿ^{0}
博山	蜜蜂mi^{55}fəŋ^{0}	蜂蜜fəŋ^{213}mi^{31}	知了tʂʅ^{213}liɔ^{31}
张店	蜜蜂mi^{55}fəŋ^{0}	蜂蜜fəŋ^{213}mi^{31} 蜜mi^{31}	梢钱$^{=}$儿ʂɔ^{21}tɕʰiɛ^{0}
阳谷	蜜蜂mi^{31}fəŋ^{0}	蜂蜜fəŋ^{13}mi^{213}	嘟$^{=}$了tu^{31}liɔ^{0}
梁山	蜜蜂儿mi^{21}fə̃r^{0}	蜜mi^{213}	嘟$^{=}$了儿tu^{21}liɔr^{0}
菏泽	蜜蜂子mi^{21}fəŋ^{0}tə^{0}	蜜mi^{213}	嘟$^{=}$了猴儿tu^{21}liɔ^{0}xour^{53}
曹县	蜜蜂子mi^{21}fəŋ^{0}nẽ^{0}	蜜mi^{312}	嘟$^{=}$了子tu^{21}liɔ^{0}tə^{0}
金乡	蜜蜂儿mi^{21}fə̃r^{0}	蜜mi^{213}	蠽了子tɕiə^{23}liɔ^{0}tsɿ^{0}
曲阜	蜂fəŋ^{213}	蜂蜜fəŋ^{23}mi^{213}	蠽了儿tɕiə^{213}liɔr^{42}
薛城	蜜蜂儿mi^{31}fə̃r^{0}	蜜mi^{313}	蠽蟧子tɕiə^{24}lou^{0}tsɿ^{0}
郯城	蜂子fəŋ^{21}tsɿ^{0} 蜜蜂子mi^{13}fəŋ^{21}tsɿ^{0} 蜜蜂儿mi^{13}fə̃r^{213}	蜂蜜fəŋ^{13}mi^{213}	蠽蟧猴儿tɕiə^{24}lə^{0}xəur^{44} 大蠽蟧ta^{51}tɕiə^{24}ləu^{0} 蠽蟧tɕiə^{24}ləu^{0}
临沂	蜂子fəŋ^{21}tsɿ^{0}	蜂蜜fəŋ^{24}mi^{214}	蠽蟧tɕiə^{21}lou^{0}

	0241 蚂蚁	0242 蚯蚓①	0243 蚕
荣成	贼$^{=}$子 tsei^{53}tsɿ^{0}	蛐蛇 c^{h}y^{21}ʃiɛ^{35}	蚕 ts^{h}an^{35}
烟台	蚂虮蛘儿 ma^{33}tɕi^{0}iɑŋ^{33}ɾə^{0}	蛐蛇 tɕ^{h}y^{21}ɕie^{33}	蚕 ts^{h}an^{33}
栖霞	蚂虮蛘 ma^{34}ci^{21}iɑŋ^{342}	蛐蟮 c^{h}y^{21}ʃãn^{0}	蚕儿 ts^{h}ɐr^{342}
长岛	蚂虮子 ma^{52}ci^{35}tsɿ^{0}	蛐蟮 tʃ^{h}y^{55}ʃən^{0}	蚕 ts^{h}an^{55}
海阳	虮蛘 ci^{21}iɑŋ^{0}	蛐蟮 c^{h}y^{21}sẽ^{0}	蚕 tθ^{h}ã^{341}
莱西	虮蛘 ci^{214}iɑŋ^{42} 蚂蚁 ma^{214}i^{42}	蛐蟮 c^{h}y^{214}ʃiã^{42} 蚯蚓 c^{h}iou^{214}iẽ^{55}	蚕儿 ts^{h}ɐr^{42}
平度	蚁蛘 i^{45}iɑŋ^{42}	蛐蟮 c^{h}y^{45}ʃã^{42}	蚕 tθ^{h}ã^{42} 也可儿化
青岛	蚁蛘 i^{55}iɑŋ^{42}	蛐蟮 tɕ^{h}y^{55}ʃã^{42} 蚰蜒 iou^{45}iã^{0}	蚕 tθ^{h}ã^{42}
高密	蚁蛘 i^{23}iɑŋ^{0}	蛐蟮 tɕ^{h}y^{23}ʃã^{0}	蚕儿 tθ^{h}ɛr^{42}
诸城	蚁蛘 i^{213}iɑŋ^{0}	蛐蟮 tʃ^{h}u^{213}ʃã^{0}	蚕 tθ^{h}ã^{53}
沂水	蚂蚁 ma^{213}i^{0}	蛐蟮 tʃ^{h}ɥ^{213}tʃ^{h}ã^{53} 读为“出蝉”	蚕 tθ^{h}ã^{53}
临朐	蚁蛘 i^{213}iɑŋ^{0}	蛐蟮 tɕ^{h}y^{213}ɕiã^{0}	蚕 tθ^{h}ã^{53} 蚕们$^{=}$儿② tθ^{h}ã^{35}mer^{0}
日照	蚂蝇 mɑ^{213}ləŋ^{0}	蛐蟮 tʃ^{h}u^{313}ʃiã^{53}	蚕 tθ^{h}ã^{53}
莒南	蚂蚁 ma^{213}i^{0}	蛐蟮 tʃ^{h}ɥ^{213}ɕiã^{53}	蚕 tθ^{h}ã^{53}
潍坊	蚁蛘 i^{24}iɑŋ^{0}	蛐蟮 tɕ^{h}y^{214}ʂã^{0}	蚕们$^{=}$儿 ts^{h}ã^{35}mer^{0}
寿光	蚁蛘 i^{24}iɑŋ^{0}	蛐蟮 tɕ^{h}y^{213}ʂã^{0}	蚕们$^{=}$儿 ts^{h}ã^{35}mɭ^{0}
高青	蚁蛘 mi^{213}iɑŋ^{0}	蛐蟮 tɕ^{h}y^{213}ʂã^{0}	蚕们$^{=}$儿 ts^{h}ã^{35}mer^{0}
阳信	米蛘 mi^{213}iɑŋ^{0}	地蛆 ti^{55}tɕ^{h}y^{0}	蚕们$^{=}$儿 ts^{h}ɑŋ^{45}mer^{0}

① 山东各地对“蚯蚓”有不同称名，分布最广的是“蛐蟮”和“蛐船$^{=}$”，后者读音变异较多。“船$^{=}$”（轻声）的本字也是“蟮”，其实应是“蟮”字的异读。“蟮”在《广韵》中字形为“蟺”（蛩蟺，蚯蚓），常演切，禅母上声狝韵，今读“善”；《集韵》中“蟺”增加异体“蟮”，后来为通行字形。《集韵》中“蟺”字另有异读“时连切”，禅母平声仙韵，今音为“蝉”。尽管该音读是作为“蝉”字异体出现的，但很可能表蚯蚓义的“蟺”本来就有平声一读。因此，“船$^{=}$”可能就是“蟺”字平声一读的继承，只不过在“蛐”的影响下读成了合口呼（或撮口呼），并与“蛐”字相互影响而形成了众多读音。本处双音节的形式均写作“蛐蟮”（不读“曲善”的在备注中说明其同音字）；三音节的一般首末音节写作“蛐蟮”（在备注中说明其同音字），第二音节写作同音字。如“提溜船”之类末字写“蟮”（在备注中说明其同音字），前二字写作同音字。

② “蚕们$^{=}$儿”是“蚕儿”的一种特殊儿化形式（包括高密的“蚕么儿”），“们”仅为记音字。不采用“妹儿”之类容易引起误解的写法。

续表

	0241蚂蚁	0242蚯蚓	0243蚕
济阳	米蛘mi^{213}iɑŋ^{0} 蚁蛘i^{213}iɑŋ^{0}	蛐蟮tɕʰy^{23}ʂã^{0}	蚕们$^{=}$儿tsʰã^{24}mer^{0}
利津	米蛘mi^{213}iɑŋ^{0}	地龙ti^{31}loŋ^{53}	蚕们$^{=}$儿tsʰã^{35}mer^{0}
乐陵	米蛘mi^{212}iɑŋ^{0}	地蛆ti^{31}tɕʰy^{24}	蚕儿tsʰɛr^{55}
商河	米蛘mi^{213}iɑŋ^{0}	蛐蟮tɕʰy^{21}tʂʰã^{0} “蟮”读为“蝉”	蚕tsʰã^{54}
平原	米蛘mi^{23}iɑŋ^{0}	蚯蚓tɕʰiou^{212}iẽ^{55}	蚕tsʰã^{42}
德州	米蛘mi^{213}iɑŋ^{0}	蛐蛐蟮tɕʰy^{213}tɕʰy^{0}ʂã^{21}	蚕tsʰã^{42}
武城	米蛘mi^{24}iɑŋ^{0}	蛐蟮tɕʰy^{312}ʂã^{0}	蚕tsʰã^{53}
临清	蚂蚁ma^{53}i^{0}	蚯蚓tɕʰiou^{13}in^{44}	蚕tsʰan^{53}
冠县	蚂蚁ma^{53}i^{0}	蚯蚓tɕʰiou^{21}iẽ^{0}	蚕们$^{=}$儿tsʰã^{53}mər^{0}
聊城	蚂蚁ma^{53}i^{44}	蚯蚓tɕʰiou^{13}iẽ^{44}	蚕tsʰã^{53}
济南	米蛘mi^{213}iɑŋ^{0}	蛐蟮tɕʰy^{21}tʂʰuã^{0} “蟮”读为“船”	蚕tsʰã^{42}
泰安	蚁蛘i^{213}iɑŋ^{0}	提$^{=}$溜$^{=}$蟮tʰi^{21}liou^{0}tʂʰuã^{42} “蟮”读为“船”	蚕tsʰã^{42}
莱芜	蚁蛘i^{213}iɑŋ^{0}	蛐蟮tɕʰy^{213}tʃʰã^{55} “蟮”读为“禅”	蚕tsʰã^{55}
新泰	蚂蚁ma^{42}i^{55}	蛐溜$^{=}$蟮pfʰu^{21}liou^{0}pfʰã^{42} “蛐”读为“出”，“蟮”读为“船”	蚕tθʰã^{42}
沂源	蚁蛘i^{21}iɑŋ^{0}	蛐蟮tʃʰu^{21}tʃʰuã^{0}读为“出船”	蚕tθʰã^{55}
博山	蚁蛘i^{213}iɑŋ^{55}	蛐蟮tɕʰy^{22}ʂã^{0}	蚕们$^{=}$儿tsʰã^{35}mei^{0}
张店	蚁蛘i^{213}iɑŋ^{0}	蛐蟮tɕʰy^{33}ʂã^{0}	蚕们$^{=}$儿tsʰã^{35}mei^{0}
阳谷	蚂蚁ma^{42}i^{55}	蛐蟮tɕʰy^{31}tɕʰyã^{0} “蟮”读为“拳”	蚕tsʰã^{42}
梁山	蚂蚁ma^{42}i^{55}	蛐溜$^{=}$蟮tɕʰy^{21}liou^{0}tsʰuã^{31} “蟮”读为“船”	蚕tsʰã^{42}
菏泽	蚂蚁ma^{53}i^{44}	蛐蟮tsʰu^{21}tsʰuã^{0}读为“出船”	蚕tsʰã^{53}
曹县	蚂蚁ma^{53}i^{44}	蛐蟮tʂʰu^{21}tʂʰuã^{0}读为“出船”	桑蚕sɑŋ^{213}tsʰã^{53}
金乡	蚂蚁ma^{42}i^{55}	蛐蟮tɕʰy^{21}tɕʰyã^{0} “蟮”读为“拳”	蚕tsʰã^{42}

续表

	0241 蚂蚁	0242 蚯蚓	0243 蚕
曲阜	蚂蚁 ma^{213}i^{0}	蛐溜$^{=}$蟮 tɕʰy^{21}liou^{0}tɕʰyã^{42} “蟮”读为“拳”	蚕 tsʰã^{42}
薛城	蚂蚁 ma^{55}i^{24}	蛐蟮 tɕʰy^{31}pfʰã^{0} “蟮”读为“船” /tɕʰy^{31}tɕʰyã^{0} “蟮”读为“拳”	蚕 tsʰã^{55}
郯城	蚂蚁 ma^{44}i^{24}	蛐了蟮 tɕʰy^{21}lə^{0}tʂʰã^{44} “蟮”读为“蝉”	蚕 tsʰã^{44}
临沂	蚂蚁 ma^{214}i^{0}	蛐溜$^{=}$蟮 tʃʰu^{21}liou^{0}tʃʰuã^{53} “蛐”读为“出”，“蟮”读为“船”	蚕 tsʰã^{53}

	0244 蜘蛛会结网的	0245 蚊子统称	0246 苍蝇统称
荣成	勒$^{=}$了蛛 lɛ^{35}lə^{0}tʃy^{53}	蚊子 uən^{53}tsʅ^{0}	苍蝇 tsʰaŋ^{53}iŋ^{0}
烟台	老$^{=}$老$^{=}$蛛儿 lau^{21}lau^{0}tɕyr^{53}	蚊子 uən^{53}rə^{0}	苍蝇 tsʰaŋ^{53}iŋ^{0}
栖霞	老$^{=}$老$^{=}$蛛 lɔo^{21}lɔo^{0}tʃy^{312}	蚊子 uə̃n^{52}lə^{0}	苍蝇 tsʰaŋ^{52}iŋ^{0}
长岛	赖$^{=}$赖$^{=}$蛛儿 lai^{31}lai^{0}tʃyər^{31}	蚊子 uən^{55}tsʅ^{0}	苍蝇 tsʰaŋ^{31}iŋ^{0}
海阳	赖$^{=}$赖$^{=}$蛛 lɛ^{21}lɛ^{0}tʃy^{52}	蚊子 uẽ^{52}ə^{0}	苍蝇 tsʰaŋ^{52}iŋ^{0}
莱西	赖$^{=}$赖$^{=}$蛛 lɛ^{45}lɛ^{0}tʃu^{214}	蚊子 uẽ^{32}tsʅ^{0}	苍蛘①tsʰaŋ^{32}iaŋ^{0}
平度	妈$^{=}$儿妈$^{=}$儿 mar^{213}mar^{0} 小的 妈$^{=}$妈$^{=}$子 ma^{213}ma^{0}tθʅ^{0} 大的	蚊子 uə̃^{45}tθʅ^{0}	苍蛘 tθʰaŋ^{213}iaŋ^{0}
青岛	老妈$^{=}$儿妈$^{=}$儿 lɔ^{55}mar^{21}mar^{0}	蚊子 uẽ^{45}tθʅ^{0}	苍蛘 tθʰaŋ^{21}iaŋ^{0}
高密	蛛蛛子 tʃu^{21}tʃu^{0}tθʅ^{0}	蚊子 uə̃^{55}tθʅ^{0}	苍蛘 tθʰaŋ^{21}iaŋ^{0}
诸城	蛛蛛 tʃu^{31}tʃu^{0}	蚊子 uẽ^{24}tθʅ^{0}	苍蛘 tθʰaŋ^{31}iaŋ^{0}
沂水	蛛蛛 dʒʮ^{21}dʒʮ^{0}	蚊子 uẽ^{24}dðʅ^{0}	苍蝇 tθʰaŋ^{21}iŋ^{0}
临朐	蛛蛛 tʃu^{21}tʃu^{0}	蚊子 uə̃^{35}tθʅ^{0}	苍蝇 tθʰaŋ^{21}iŋ^{0}
日照	蛛蛛 tʃu^{31}tʃu^{0}	蚊子 uẽ^{44}tθʅ^{0}	苍蛘 tθʰaŋ^{31}iaŋ^{0}
莒南	蛛蛛 tʃʮ^{21}tʃʮ^{0}	蚊子 uẽ^{24}tθʅ^{0}	苍蝇 tθʰaŋ^{21}iŋ^{0}
潍坊	蛛蛛 tʂu^{31}tʂu^{0}	蚊子 uẽ^{35}tsʅ^{0}	苍蝇 tsʰaŋ^{31}iŋ^{0}
寿光	蛛儿蛛儿 tʂur^{21}tʂur^{0}	蚊子 uə̃^{35}tsʅ^{0}	苍蝇 tsʰaŋ^{21}iŋ^{0}

① 扬雄《方言》：“蝇，东齐谓之蛘。”此将音 iaŋ 者统一记作“蛘”，不视为“蝇”的音变。

续表

	0244蜘蛛会结网的	**0245蚊子**统称	**0246苍蝇**统称
高青	蛛蛛 tʂu^{21}tʂu^{0}	蚊子 uə̃^{35}tsɿ^{0}	苍蛘 tsʰaŋ^{21}iaŋ^{0}
阳信	蛛儿蛛儿 tʂur^{31}tʂur^{0}	蚊子 uə̃^{45}tsɿ^{0}	苍蝇 tsʰaŋ^{31}iŋ^{0}
济阳	蛛蛛子 tʂu^{21}tʂu^{0}tsɿ^{0} 蛛蛛 tʂu^{21}tʂu^{0}	蚊子 uẽ^{24}tsɿ^{0}	苍蛘 tsʰaŋ^{21}iaŋ^{0}
利津	蛛蛛儿 tʂu^{31}tʂur^{0}	蚊子 uẽ^{35}tsɿ^{0}	苍蝇 tsʰaŋ^{31}iŋ^{0}
乐陵	蛛蛛 tʂu^{31}tʂu^{0}	蚊子 uẽ^{55}tsɿ^{0}	苍蛘 tsʰaŋ^{31}iaŋ^{0}
商河	蛛蛛 tʂu^{21}tʂu^{0}	蚊子 uẽ^{24}tsɿ^{0}	苍蛘 tsʰaŋ^{21}iaŋ^{0} 蝇子 iŋ^{24}tsɿ^{0}
平原	罗罗蛛儿 luə^{55}luə^{0}tʂur^{213}	蚊子 uẽ^{55}tsɿ^{0}	蝇子 iŋ^{55}tsɿ^{0}
德州	蛛蛛 tʂu^{21}tʂu^{0} 蜘蛛 tʂʅ^{21}tʂu^{0}	蚊子 uẽ^{55}tsɿ^{0}	蝇子 iŋ^{55}tsɿ^{0}
武城	罗眼⁼蛛子 luə^{55}iã^{0}tʂu^{312}tsɿ^{0}	蚊子 uẽ^{55}tsɿ^{0}	蝇子 iŋ^{55}tsɿ^{0} 苍蝇 tsʰaŋ^{312}iŋ^{0}
临清	蛛蛛 tʂu^{13}tʂu^{0}	蚊子 un^{44}tsɿ^{0}	蝇子 iŋ^{44}tsɿ^{0}
冠县	蛛蛛 tʂu^{21}tʂu^{0}	蚊子 uẽ^{53}tsɿ^{0}	蝇子 iŋ^{53}tsɿ^{0}
聊城	蜘蛛 tsɿ^{13}tsu^{13}	蚊子 uẽ^{44}tsɿ^{0}	蝇子 iŋ^{44}tsɿ^{0}
济南	蛾螂珠子 ŋə^{445}laŋ^{0}tʂu^{21}tsɿ^{0}	蚊子 uẽ^{445}tsɿ^{0}	苍蛘 tsʰaŋ^{21}iaŋ^{0} 苍蝇 tsʰaŋ^{21}iŋ^{0} 蝇子 iŋ^{445}tsɿ^{0}
泰安	蛾螂蛛子 ɣə^{55}laŋ^{0}tʂu^{21}tsɿ^{0}	蚊子 uẽ^{55}tsɿ^{0}	蝇子 iŋ^{55}tsɿ^{0}
莱芜	蛛蛛子 tʃu^{31}tʃu^{31}tsɿ^{0}	蚊子 uẽ^{13}tsɿ^{0}	苍蛘 tsʰaŋ^{31}iaŋ^{0}
新泰	蛛蛛子 pfu^{21}pfu^{21}tθɿ^{0}	蚊子 uẽ^{45}tθɿ^{0}	苍蝇 tθʰaŋ^{21}iŋ^{0}
沂源	蛛蛛 tʃu^{21}tʃu^{0}	蚊子 uə̃^{35}tθɿ^{0}	苍蝇 tθʰaŋ^{21}iŋ^{0}
博山	蛛蛛 tʂu^{21}tʂu^{0}	蚊子 uẽ^{35}ə^{0}	苍蝇 tsʰaŋ^{21}iŋ^{0}
张店	蛛蛛子 tʂu^{21}tʂu^{21}ɿ^{0}	蚊子 uə̃^{35}ɿ^{0}	苍蝇 tsʰaŋ^{21}iŋ^{0}
阳谷	老⁼马⁼蛛蛛 lɔ^{55}ma^{0}tsu^{31}tsu^{0}	蚊子 uẽ^{55}zɿ^{0}	蝇子 iŋ^{55}zɿ^{0}
梁山	蛾螂蛛子 ɣə^{55}laŋ^{0}tsu^{21}tsɿ^{0}	蚊子 uẽ^{55}tsɿ^{0}	蝇子 iŋ^{55}tsɿ^{0}
菏泽	罗罗蛛 luə^{31}luə^{0}tsu^{213}	蚊子 uẽ^{53}tə^{0}	蝇子 iŋ^{53}tə^{0}
曹县	罗罗蛛 luə^{53}luə^{53}tʂu^{213}	蚊子 uẽ^{53}nẽ^{0}	蝇子 iŋ^{53}nẽ^{0}
金乡	蛾螂蛛子 ɣə^{55}laŋ^{0}tsu^{21}tsɿ^{0}	蚊子 uẽ^{55}tsɿ^{0}	蝇子 iŋ^{55}tsɿ^{0}

续表

	0244 **蜘蛛**会结网的	0245 **蚊子**统称	0246 **苍蝇**统称
曲阜	蛾螂蛛子 ɣə^{55}laŋ^{0}tsu^{21}tsɿ^{0}	蚊子 uẽ^{55}tsɿ^{0}	蝇子 iŋ^{55}tsɿ^{0}
薛城	蛾了蛛子 ɣə^{55}lə^{0}pfu^{31}tsɿ^{0}	蚊子 uẽ^{55}tsɿ^{0}	蝇子 iŋ^{55}tsɿ^{0}
郯城	蛾蛛子 ə^{44}tʂu^{21}tsɿ^{0}	蚊子 uã^{44}tsɿ^{0}	苍蝇 tsʰɑŋ^{21}iŋ^{0}
临沂	蛾拉蛛子 ɣə^{55}la^{0}tʃu^{21}tsɿ^{0}	蚊子 uẽ^{55}tsɿ^{0}	苍蝇 tsʰɑŋ^{21}iŋ^{0}

	0247 **跳蚤**咬人的	0248 **虱子**	0249 **鱼**
荣成	虼子 kɛ^{35}tsɿ^{0}	虱子 ʂʅ^{214}tsɿ^{0}	鱼 y^{53}
烟台	虼蚤 kɤ^{21}tsau^{0}	虱子 sɿ^{21}ɾə^{0}	鱼 y^{53}
栖霞	虼蚤 kə^{21}tsɔo^{0}	虱子 sɿ^{21}lə^{0}	鱼 y^{312}
长岛	跳虫 tʰiau^{52}tsʰuŋ^{0}	虱子 sɿ^{35}tsɿ^{0}	鱼 y^{55}
海阳	虼蚤 kə^{21}tsəu^{0}	虱子 ʂʅ^{21}ə^{0}	鱼 y^{52}
莱西	虼蚤 kə^{24}tsou^{0}	虱子 sɿ^{214}tsɿ^{0}	鱼 y^{214}
平度	虼蚤 kuə^{45}tθɔ^{0}	虱子 ʂʅ^{45}tθɿ^{0}	鱼 y^{42}
青岛	虼蚤 kuə^{44}tθɔ^{0}	虱子 ʂʅ^{44}tθɿ^{0}	鱼 y^{42}
高密	虼子 kə^{23}tθɿ^{0}	虱子 ʂʅ^{23}tθɿ^{0}	鱼 y^{42}
诸城	虼蚤 kuə^{213}tθɔ^{0}	虱子 ʂʅ^{213}tθɿ^{0}	鱼 y^{53}
沂水	虼蚤 kuə^{213}dðɔ^{0}	虱子 ʂʅ^{213}dðɿ^{0}	鱼 y^{53}
临朐	虼蚤 kuə^{213}tθɔ^{0}	虱子 ʂʅ^{213}tθɿ^{0}	鱼 y^{53}
日照	虼子 kə^{213}tθɿ^{0}	虱子 ʂʅ^{213}tθɿ^{0}	鱼 y^{53}
莒南	虼子 kə^{213}tθɿ^{0}	虱子 ʂʅ^{213}tθɿ^{0}	鱼 y^{53}
潍坊	虼蚤 kuə^{214}tsɔɤ^{0}	虱子 ʂʅ^{214}tsɿ^{0}	鱼 y^{53}
寿光	虼蚤 kuə^{213}tsɔ^{0}	虱子 ʂʅ^{213}tsɿ^{0}	鱼 y^{53}
高青	虼蚤 kuə^{213}tsɔ^{0}	虱子 ʂʅ^{213}tsɿ^{0}	鱼 y^{55}
阳信	虼蚤 kuə^{31}tsɔ^{0}	虱子 ʂʅ^{31}tsɿ^{0}	鱼 y^{43}
济阳	虼蚤 kə^{23}tsɔ^{0}	虱子 ʂʅ^{23}tsɿ^{0}	鱼 y^{55}
利津	虼蚤 kuə^{24}tsɔ^{0}	虱子 ʂʅ^{24}tsɿ^{0}	鱼 y^{53}
乐陵	虼蚤 kə^{31}tsɔ^{0}	虱子 sɿ^{31}tsɿ^{0}	鱼 y^{55}
商河	虼蚤 kə^{213}tsɔ^{0}	虱子 sɿ^{21}tsɿ^{0}	鱼 y^{54}

续表

	0247 跳蚤咬人的	0248 虱子	0249 鱼
平原	虼蚤 kə^{212}tsɔu^{0}	虱子 sɿ^{21}tsɿ^{0}	鱼 y^{42}
德州	跳蚤 t^{h}iɔ^{42}tsɔ^{0}	虱子 ʂʅ^{21}tsɿ^{0}	鱼 y^{42}
武城	虼蚤 kə^{312}tsɔ^{0}	虱子 ʂʅ^{312}tsɿ^{0}	鱼 y^{53}
临清	虼蚤 kə^{13}tsau^{0}	虱子 ʂʅ^{13}tsɿ^{0}	鱼 y^{53}
冠县	虼蚤 kə^{21}tsɔ^{0}	虱子 ʂʅ^{21}tsɿ^{0}	鱼 y^{53}
聊城	虼蚤 kə^{13}tsɔ^{0}	虱子 sɿ^{13}tsɿ^{0}	鱼 y^{53}
济南	虼蚤 kə^{21}tsɔ^{0}	虱子 ʂʅ^{21}tsɿ^{0}	鱼 y^{42}
泰安	虼蚤 kə^{21}tsɔ^{0}	虱子 ʂʅ^{21}tsɿ^{0}	鱼 y^{42}
莱芜	虼蚤 kə^{23}tsɔ^{0}	虱子 ʃʅ^{23}tsɿ^{0}	鱼 y^{55}
新泰	虼蚤 kə^{21}tθɔ^{0}	虱子 ʃʅ^{21}tθɿ^{0}	鱼 y^{42}
沂源	虼蚤 kuə^{21}tθɔ^{0}	虱子 ʃʅ^{21}tθɿ^{0}	鱼 y^{55}
博山	虼蚤 kuə^{22}tsɔ^{0}	虱子 ʂʅ^{22}ə^{0}	鱼 y^{55}
张店	虼蚤 kuə^{33}tsɔ^{0}	虱子 ʂʅ^{33}ʅ^{0}	鱼 y^{55}
阳谷	虼蚤 kə^{31}tsɔ^{0}	虱子 sɿ^{31}zɿ^{0}	鱼 y^{42}
梁山	虼蚤 kə^{21}tsɔ^{0}	虱子 sɿ^{21}tsɿ^{0}	鱼 y^{42}
菏泽	虼蚤 kə^{21}tsɔ^{0}	虱子 sɿ^{21}tə^{0}	鱼 y^{53}
曹县	虼蚤 kə^{21}tsɔ^{0}	虱子 sɿ^{21}tə^{0}	鱼 y^{53}
金乡	虼蚤 kə^{21}tsɔ^{0}	虱子 sɿ^{21}tsɿ^{0}	鱼 y^{42}
曲阜	虼蚤 kə^{21}tsɔ^{0}	虱子 sɿ^{21}tsɿ^{0}	鱼 y^{42}
薛城	虼子 kə^{31}tsɿ^{0}	虱子 sɿ^{31}tsɿ^{0}	鱼 y^{55}
郯城	虼子 kə^{21}tsɿ^{0}	虱子 ʂʅ^{21}tsɿ^{0}	鱼 y^{44}
临沂	虼蚤 kə^{21}tsɔ^{0}	虱子 ʃʅ^{21}tsɿ^{0}	鱼 y^{53}

	0250 鲤鱼	0251 鳙鱼胖头鱼	0252 鲫鱼
荣成	鲤鱼 li^{214}y^{0}	花儿鲢 xuar^{53}lian^{35}	鲫鱼 tsi^{214}y^{0}
烟台	鲤鱼 li^{21}y^{0}	鲢鱼 lian^{33}y^{0}	鲫鱼 tɕi^{21}y^{0}
栖霞	鲤鱼 li^{21}y^{0}	大头鱼 ta^{21}t^{h}əu^{34}y^{0}	鲫鱼 tʃʅ^{21}y^{0}
长岛	鲤鱼 li^{35}y^{55}	（无）	鲫鱼 tʃʅ^{52}y^{55}

续表

	0250 鲤鱼	0251 鳙鱼胖头鱼	0252 鲫鱼
海阳	鲤鱼 li^{21}y^{0}	花鲢 xua^{52}liã^{341}	鲫鱼 tsi^{21}y^{0}
莱西	鲤鱼 li^{45}y^{0}	（无）	鲫鱼 tʃʅ^{45}y^{0}
平度	鲤鱼 li^{55}y^{42}	（无）	鲫鱼 tsi^{55}y^{42}
青岛	鲤鱼 li^{55}y^{42}	（无）	鲫鱼 tsi^{55}y^{42}
高密	鲤鱼 li^{23}y^{0}	胖头鱼 p^{h}ɑŋ^{21}t^{h}ou^{0}y^{42}	鲫鱼 tsi^{23}y^{0}
诸城	鲤鱼 li^{213}y^{0}	花鲢 xua^{213}liã^{53}	鲫鱼 tθi^{213}y^{0}
沂水	鲤鱼 li^{213}y^{0}	胖头 p^{h}ɑŋ^{31}t^{h}ou^{0}	鲫皮 dzi^{213}p^{h}i^{0}
临朐	鲤鱼 li^{213}y^{0}	花鲢 xua^{213}liã^{53}	鲫皮 tɕi^{213}p^{h}i^{53}
日照	鲤鱼 li^{213}y^{0}	花鲢 xuɑ^{213}liã^{53}	鲫鱼 ȶi^{213}y^{0}
莒南	红鱼 xuŋ^{24}y^{0} 鲤鱼 li^{213}y^{0}	花鲢 xua^{213}liã^{53}	鲫鱼窠子 tsi^{213}y^{0}k^{h}ə^{213}tθʅ^{0}
潍坊	鲤鱼 li^{24}y^{0}	花鲢 xuɑ^{214}liã^{53} 草鱼 ts^{h}ɔɤ^{24}y^{0} 胖头鱼 p^{h}ɑŋ^{31}t^{h}ɤɯ^{53}y^{53} 饭店用名	鲫鱼 tɕi^{214}y^{0}
寿光	鲤鱼 li^{24}y^{0}	（无）	鲫鱼 tɕi^{213}y^{0}
高青	鲤鱼 li^{213}y^{0}	花鲢鱼 xuɑ^{213}liã^{55}y^{55}	鲫皮 tɕi^{213}p^{h}i^{0}
阳信	鲤鱼 li^{213}y^{0}	花鲢 xua^{213}liã^{43}	鲫鱼 tɕi^{31}y^{0}
济阳	鲤鱼 li^{213}y^{0}	大头鱼 ta^{55}t^{h}ou^{0}y^{55}	鲫片 tɕi^{23}p^{h}iã^{0}
利津	鲤鱼 li^{213}y^{0}	白鲢 pei^{53}liã^{53}	鲫鱼 tɕi^{24}y^{0}
乐陵	鲤鱼 li^{212}y^{0}	（无）	鲫鱼 tɕi^{31}y^{0}
商河	鲤鱼 li^{213}y^{0}	花鲢 xuɑ^{213}liã^{54} 大白鲢 tɑ^{31}pɛ^{54}liã^{54}	鲫片 tɕi^{213}p^{h}iã^{0}
平原	鲤鱼 li^{212}y^{42}	白鲢 pɛi^{42}liã^{42}	鲫瓜 tɕi^{212}kua^{0}
德州	鲤鱼 li^{213}y^{0} 拐子 kuɛ^{213}tsʅ^{0}	大头鲢 ta^{42}t^{h}ou^{55}liã^{42} 胖头鱼 p^{h}ɑŋ^{21}t^{h}ou^{0}y^{42}	鲫鱼 tɕi^{21}y^{0}
武城	鲤鱼 li^{24}y^{0}	鳙鱼 yŋ^{24}y^{0}	鲫鱼 tɕi^{312}y^{0}
临清	鲤鱼 li^{44}y^{0}	大头鱼 ta^{31}t^{h}ou^{53}y^{53}	鲫鱼 tɕi^{13}y^{0}
冠县	鲤鱼 li^{53}y^{0}	鲢鱼 liã^{53}y^{0}	鲫鱼 tɕi^{13}y^{53}
聊城	鲤鱼 li^{44}y^{53}	大头鱼 ta^{31}t^{h}ou^{53}y^{53}	鲫鱼 tɕi^{13}y^{0}

续表

	0250鲤鱼	0251鳙鱼胖头鱼	0252鲫鱼
济南	鲤鱼li^{213}y^{0}	花鲢xua^{213}liã^{42}	鲫鱼tɕi^{21}y^{0}
泰安	鲤鱼li^{213}y^{42}	（无）	鲫鱼tɕi^{21}y^{0}
莱芜	鲤鱼li^{213}y^{55}	大头鱼ta^{55}t^{h}ou^{0}y^{0}	鲫疙瘩tɕi^{23}ka^{0}ta^{0}
新泰	鲤鱼li^{23}y^{42}	（无）	鲫鱼tɕi^{31}y^{42}
沂源	鲤鱼li^{21}y^{0}	花鲢xua^{21}liã^{55}	鲫皮tɕi^{21}p^{h}i^{0}
博山	鲤鱼li^{213}y^{0}	鳙鱼yŋ^{213}y^{0}	鲫鱼tɕi^{22}y^{0}
张店	鲤鱼li^{213}y^{0}	鲢子liã^{35}ɿ^{0}	鲫鱼tɕi^{33}y^{0}
阳谷	鲤鱼li^{13}y^{0}	大头鱼ta^{31}t^{h}ou^{42}y^{42}	鲫鱼tɕi^{31}y^{0}
梁山	鲤鱼li^{23}y^{42}	白鲢pei^{42}liã^{42}	鲫鱼tɕi^{21}y^{0}
菏泽	鲤鱼li^{44}y^{53}	（无）	鲫鱼片子tɕi^{213}y^{0}p^{h}iã^{31}tə^{0} 槽$^{=}$鱼板儿ts^{h}ɔ^{53}y^{0}par^{44}
曹县	红鱼xuŋ^{53}y^{53}	花鲢xua^{213}liã^{53}	鲫鱼tɕi^{213}y^{53}
金乡	鲤鱼li^{213}y^{42}	（无）	槽$^{=}$鱼ts^{h}ɔ^{42}y^{0}
曲阜	鲤鱼li^{213}y^{0}	（无）	鲫鱼tɕi^{31}y^{42}
薛城	鲤鱼li^{24}y^{0}	胖头p^{h}ɑŋ^{31}t^{h}ou^{0}	槽$^{=}$鱼ts^{h}ɔ^{55}y^{0}大 槽$^{=}$鱼头儿ts^{h}ɔ^{55}y^{0}t^{h}our^{55}小 槽$^{=}$鱼窠儿ts^{h}ɔ^{55}y^{0}k^{h}ər^{313}更小
郯城	鲤鱼li^{24}y^{44}	家鱼tɕia^{21}y^{44} 胖头p^{h}ɑŋ^{21}t^{h}əu^{44} 白鲢pe^{44}liã^{44}	槽$^{=}$鱼ts^{h}ɔ^{44}y^{44} 槽$^{=}$鱼窠子ts^{h}ɔ^{44}y^{44}k^{h}ə^{21}tsɿ^{0}
临沂	鲤鱼li^{214}y^{0}	胖头鱼p^{h}ɑŋ^{21}t^{h}ou^{0}y^{53}老 大头鱼ta^{31}t^{h}ou^{53}y^{53}新	槽$^{=}$鱼窠子ts^{h}ɔ^{55}y^{0}kə^{21}tsɿ^{0} 槽$^{=}$鱼ts^{h}ɔ^{55}y^{0} 鲫鱼窠子tɕi^{21}y^{0}k^{h}ə^{21}tsɿ^{0}

	0253甲鱼	0254鳞鱼的	0255虾统称
荣成	鳖piɛ^{214}	鳞lin^{53}	虾ɕia^{53}
烟台	鳖pie^{14}	鳞lin^{53}	虾ɕia^{53}
栖霞	鳖piɛ^{214} 王八uɑŋ^{34}pa^{0}	鳞lĩn^{312}	虾ɕia^{312}
长岛	鳖piɛ^{213}	鳞lin^{55}	虾ɕia^{312}
海阳	鳖piə^{214}	鳞lĩ^{52}	虾ɕia^{52}

续表

	0253甲鱼	0254鳞鱼的	0255虾统称
莱西	鳖piə^{55} 王八uɑŋ^{45}pɑ^{0}	鳞liẽ^{214}	虾çia^{214}
平度	鳖piə^{55} 王八uɑŋ^{45}pɑ^{0}	鳞liə̃^{42}	虾çia^{213}
青岛	鳖piə^{55} 王八uɑŋ^{45}pɑ^{0}	鳞liẽ^{42}	虾ɕia^{213}
高密	鳖piə^{55} 王八uɑŋ^{55}pɑ^{0}	鳞liə̃^{42}	虾ɕia^{213}
诸城	鳖piə^{44} 团鱼tʰuã^{24}y^{0} 甲鱼tʃuə^{213}y^{0}“甲”读为“脚”	鱼鳞y^{44}lẽ^{53}	虾子ʃa^{31}tθɿ^{0}
沂水	鳖piə^{44}	鳞lẽ^{53}	虾儿ɕiar^{213}
临朐	鳖piə^{213}	鳞lə̃^{53}	虾ɕia^{213}
日照	鳖piə^{213}	鳞lẽ^{53}	虾子ʃia^{31}tθɿ^{0}
莒南	鳖piə^{213} 团鱼tʰuã^{24}y^{0}	鳞lẽ^{53} 鱼鳞y^{53}lẽ^{53}	虾子ɕia^{21}tθɿ^{0}
潍坊	鳖piə^{214} 王八uɑŋ^{35}pɑ^{0} 甲鱼tɕia^{214}y^{0}饭店用名	鳞lẽ^{53}	虾ɕia^{214}
寿光	团鱼tʰuã^{35}y^{0} 鳖piə^{213}	鳞liə̃^{53}	虾ɕia^{213}
高青	王八uɑŋ^{35}pɑ^{0}	鳞liə̃^{55}	虾ɕia^{213}
阳信	王八uɑŋ^{45}pə^{0}	鳞liə̃^{43}	虾虾ɕia^{31}ɕia^{0}
济阳	鳖piə^{213}	鱼鳞y^{54}liẽ^{55}	虾ɕia^{213}
利津	王八uɑŋ^{35}pɑ^{0}	鳞liẽ^{53}	虾ɕia^{213}
乐陵	王八uɑŋ^{55}pɑ^{0}	鳞liẽ^{55}	虾ɕia^{24}
商河	王八uɑŋ^{24}pɑ^{0} 甲鱼tɕia^{54}y^{0}	鳞liẽ^{54}	虾米ɕia^{21}mi^{0} 虾ɕia^{213}
平原	王八uɑŋ^{55}pɑ^{0}	鳞liẽ^{42}	虾ɕia^{213}
德州	王八uɑŋ^{55}pɑ^{0} 鳖piə^{213}	鳞liẽ^{42}	虾ɕia^{213}
武城	甲鱼tɕia^{24}y^{0} 王八uɑŋ^{55}pɑ^{0}	鳞liẽ^{53}	虾ɕia^{224}

续表

	0253 甲鱼	0254 鳞鱼的	0255 虾统称
临清	王八 uaŋ^{44}pa^{0}	鳞 lin^{53}	虾 ɕia^{13}
冠县	王八 uaŋ^{53}pa^{0} 鼋鱼 yã^{53}y^{53}	鳞 liẽ^{53}	虾 ɕia^{13}
聊城	王八 uaŋ^{44}pa^{0}	鳞 liẽ^{53}	虾米 ɕia^{13}mi^{0}
济南	王八 uaŋ^{445}pa^{0} 鳖 piə^{213} 甲鱼 tɕia^{21}y^{0}	鳞 lẽ^{42}	虾 ɕia^{213}
泰安	老鳖 lɔ^{55}piə^{213}	鱼鳞 y^{42}liẽ^{42}	虾米 ɕia^{21}mi^{0}
莱芜	鳖 piə^{213}	鳞 liẽ^{55}	虾 ɕia^{213}
新泰	王八 uaŋ^{45}pa^{0}	鳞 liẽ^{42}	虾 ɕia^{213}
沂源	鳖 piə^{213}	鳞 liə̃^{55}	虾 ɕia^{213}
博山	王八 uaŋ^{35}pa^{0}	鳞 liẽ^{55}	虾 ɕia^{213}
张店	鳖 piə^{33} 王八 uaŋ^{35}pa^{0}	鳞 liə̃^{55}	虾 ɕia^{213}
阳谷	王八 uaŋ^{55}pa^{0}	鳞 liẽ^{42}	虾 ɕia^{213}
梁山	老鳖 lɔ^{55}piə^{213}	鱼鳞 y^{42}liẽ^{42}	虾米 ɕia^{21}mi^{0}
菏泽	老鳖 lɔ^{44}piɛ^{213}	鳞 liẽ^{53}	虾米 ɕia^{21}mi^{0}
曹县	乌龟 u^{213}kuei^{213} 王八 uaŋ^{53}pa^{0}	鱼鳞 y^{53}liẽ^{53}	虾米 ɕia^{21}mi^{44}
金乡	老鳖 lɔ^{55}piə^{213}	鳞 liẽ^{42}	虾 ɕia^{213}
曲阜	老鳖 lɔ^{55}piə^{213}	鱼鳞 y^{55}liẽ^{42}	虾米 ɕia^{21}mi^{0}
薛城	团鱼 tʰuã^{54}y^{0} 老鳖 lɔ^{55}piə^{313}	鳞 liẽ^{55}	蜷鱼 tɕʰyã^{24}y^{0}
郯城	甲鱼 tɕyə^{21}y^{44}/tɕia^{21}y^{44} 鳖 piə^{213} 老鳖 lɔ^{44}piə^{213}	鳞 liə̃^{44}	虾 ɕia^{213}
临沂	鳖 piə^{214} 团鱼 tʰuã^{53}y^{53} 甲鱼 tɕia^{21}y^{0}	鳞 liẽ^{53}	虾 ɕia^{214}

	0256 螃蟹统称	0257 青蛙统称	0258 癞蛤蟆表皮多疙瘩
荣成	蟹子 ɕiɛi^{33}tsɿ^{0}	胀$^{=}$瓜$^{=}$子 tʂaŋ^{33}kua^{53}tsɿ^{0}	疥巴 tsei^{33}pa^{53}

续表

	0256 **螃蟹**统称	0257 **青蛙**统称	0258 **癞蛤蟆**表皮多疙瘩
烟台	蟹子 çiɛ^{33}rə^{0}	疥巴子 tçiɛ^{33}pa^{53}rə^{0}	疥巴子 tçiɛ^{33}pa^{53}rə^{0}
栖霞	螃蟹 p^{h}ɑŋ^{34}çiɛi^{342}	青蛙 tʃ^{h}iŋ^{52}ua^{0}	疥巴 ciɛ^{34}pa^{312}
长岛	蟹子 çiai^{52}tsɿ^{0}	疥巴子 ciai^{55}pa^{31}tsɿ^{0}	疥巴子 ciai^{55}pa^{31}tsɿ^{0}
海阳	蟹子 çiə^{34}ə^{0}	青蛙子 ts^{h}iŋ^{52}uɛ^{34}ə^{0}	疥巴子 ciə^{34}pa^{52}ə^{0}
莱西	蟹子 çiɛ^{45}tsɿ^{0}	青蛙 tʃ^{h}iŋ^{214}uei^{55}	蛤蟆 xa^{45}mu^{0} 癞蛤蟆 lɛ^{42}xa^{45}mu^{0}
平度	蟹子 çiɛ^{45}tθɿ^{0}	蛤蟆 xa^{45}ma^{0}	老疥猴儿 lɔ^{55}ciə^{213}xour^{42}
青岛	蟹子 çiɛ^{45}tθɿ^{0}	蛤蟆 xɑ^{45}mɑ^{0} 咯$^{=}$巴 k^{h}ɑ^{55}pɑ^{42}	癞蛤蟆 lɛ^{213}xɑ^{55}mɑ^{0} 癞咯$^{=}$巴 lɛ^{213}k^{h}ɑ^{0}pɑ^{0}
高密	蟹子 çiɛ^{42}tθɿ^{0} 螃蟹 p^{h}ɑŋ^{55}çiɛ^{0}	蛙子 uɛ^{55}tθɿ^{0} 青蛙 ts^{h}ioŋ^{213}uɑ^{42}	癞蛤蟆 lɛ^{55}xɑ^{0}mɑ^{0}
诸城	蟹子 ʃɛ^{44}tθɿ^{0}	蛙子 uɛ^{24}tθɿ^{0}	癞蛤蟆 lɛ^{44}xa^{0}ma^{0}
沂水	螃 p^{h}ɑŋ^{53} 蟹子 çiɛ^{44}dðɿ^{0}	蛙子 uɛ^{24}dðɿ^{0}	疥蛤蟆 tçiɛ^{44}xa^{0}ma^{0} 蛤蟆 xa^{24}ma^{0}
临朐	螃蟹 p^{h}ɑŋ^{35}çiɛ^{0}	蛤蟆 xa^{35}ma^{0}	疥蛤蟆 tçiɛ^{44}xa^{0}ma^{0}
日照	蟹子 ʃiɛ^{53}tθɿ^{0}	蛙子 uɛ^{44}tθɿ^{0}	蛤蟆 xɑ^{44}mɑ^{0}
莒南	蟹子 çiɛ^{42}tθɿ^{0}	蛙子 uɛ^{24}tθɿ^{0}	蛤蟆 xa^{24}mə^{0} 癞蛤蟆 lɛ^{31}xa^{24}ma^{0}
潍坊	蟹子 çiɛ^{55}tsɿ^{0}	蛤蟆 xɑ^{35}mɑ^{0}	疥蛤蟆 tçiɛ^{55}xɑ^{0}mɑ^{0}
寿光	蟹子 çiɛ^{55}tsɿ^{0}	蛤蟆 xa^{35}ma^{0} 蛙 uɛ^{53}	疥蛤蟆 tçiɛ^{55}xa^{0}ma^{0}
高青	螃蟹 p^{h}ɑŋ^{35}çiɛ^{0}	蛤蟆 çiɑ^{35}mɑ^{0}	疥蛤蟆 tçiɛ^{55}çiɑ^{0}mɑ^{0}
阳信	螃蟹 p^{h}ɑŋ^{45}çiɛ^{0}	蛤蟆 xa^{45}ma^{0}	疥蛤蟆 tçiɛ^{55}xa^{0}ma^{0}
济阳	螃蟹 p^{h}ɑŋ^{24}çiɛ^{0}	蛤蟆 xa^{24}ma^{0}	疥蛤蟆 tçiɛ^{55}xa^{0}ma^{0}
利津	蟹子 çiɛ^{55}tsɿ^{0}	蛤蟆 xa^{35}ma^{0}	疥蛤蟆 tçiɛ^{55}xa^{0}ma^{0}
乐陵	螃蟹 p^{h}ɑŋ^{55}çiɛ^{0}	蛤蟆 xɑ^{55}mɑ^{0}	疥蛤蟆 tçiɛ^{55}xɑ^{0}mɑ^{0}
商河	螃蟹 p^{h}ɑŋ^{24}çiɛ^{0}	蛤蟆 xɑ^{24}mɑ^{0}	疥蛤蟆 tçiə^{54}xɑ^{0}mɑ^{0}
平原	螃蟹 p^{h}ɑŋ^{55}çiɛi^{0}	蛤蟆 xə^{55}ma^{0}	癞蛤蟆 lɛi^{21}xə^{55}ma^{0}
德州	螃蟹 p^{h}ɑŋ^{55}çiɛ^{0}	蛤蟆 xa^{55}ma^{0}	癞蛤蟆 lɛ^{42}xa^{0}ma^{0} 疥蛤蟆 tçiɛ^{42}xa^{0}ma^{0}
武城	螃蟹 p^{h}ɑŋ^{55}çiɛ^{0}	蛤蟆 xə^{55}ma^{0}	疥蛤蟆 tçiɛ^{53}xə^{0}ma^{0}

续表

	0256 **螃蟹**统称	0257 **青蛙**统称	0258 **癞蛤蟆**表皮多疙瘩
临清	螃蟹 pʰaŋ^{44}ɕiɛ^{0}	蛤蟆 xə^{44}ma^{0}	癞蛤蟆 lai^{31}xə^{44}ma^{0}
冠县	螃蟹 pʰaŋ^{55}ɕiɛ^{0}	蛤蟆 xə^{55}ma^{0}	疥蛤蟆 tɕiɛ^{31}xə^{55}ma^{0}
聊城	螃蟹 pʰaŋ^{44}ɕiɛ^{0}	蛤蟆 xə^{44}ma^{0}	疥蛤蟆 tɕiɛ^{53}xə^{0}ma^{13}
济南	蟹子 ɕiɛ^{55}tsɿ^{0}	蛤蟆 xə^{445}ma^{0}	疥蛤蟆 tɕiə^{55}xə^{0}ma^{0}
泰安	螃蟹 pʰaŋ^{55}ɕiə^{0}	蛤蟆 xə^{55}ma^{0}	疥蛤蟆 tɕiɛ^{42}xə^{0}ma^{0}
莱芜	螃 pʰaŋ^{55}	蛤蟆 xa^{13}ma^{0}	疥蛤蟆 tɕiɛ^{13}xa^{0}ma^{0}
新泰	螃 pʰaŋ^{42}	蛤蟆 xə^{45}ma^{0}	疥蛤蟆 tciə^{45}xə^{0}ma^{0}
沂源	螃蟹 pʰaŋ^{35}ɕiɛ^{0}	蛤蟆 xa^{35}ma^{0}	疥蛤蟆 tɕiɛ^{35}xa^{0}ma^{0}
博山	螃蟹 pʰaŋ^{35}ɕiɛ^{0}	蛤蟆 xɑ^{35}mɑ^{0}	癞蛤蟆 lɛ^{35}xɑ^{0}mɑ^{0} 疥蛤蟆 tɕiɛ^{35}xɑ^{0}mɑ^{0}
张店	螃蟹 pʰaŋ^{35}ɕiɛ^{0}	蛙子 uɛ^{35}ɿ^{0} 蛤蟆 xɑ^{35}mɑ^{0}	癞蛤蟆 lɛ^{55}xɑ^{0}mɑ^{0}
阳谷	螃蟹 pʰaŋ^{55}ɕiɛ^{0}	蛤蟆 xə^{55}ma^{0}	疥蛤蟆 tɕiɛ^{42}xə^{0}ma^{0}
梁山	螃蟹 pʰaŋ^{55}ɕiə^{0}	好蛤蟆 xɔ^{55}xə^{42}ma^{55}	疥蛤蟆 tɕiə^{42}xə^{42}ma^{55}
菏泽	螃蟹 pʰaŋ^{53}ɕiɛ^{0}	蛤蟆 xə^{53}ma^{0}	疥毒子蛤蟆 tɕiɛ^{31}tu^{21}tə^{0}xə^{53}ma^{0} 疥蛤蟆 tɕiɛ^{31}xə^{53}ma^{0}
曹县	螃蟹 pʰaŋ^{53}ɕiə^{44}	蛤蟆 xə^{53}ma^{0}	疥毒子蛤蟆 tɕiə^{53}tu^{21}tə^{0}xə^{53}ma^{0}
金乡	螃蟹 pʰaŋ^{42}ɕiə^{44}	蛙巴子 uɛ^{53}pa^{21}tsɿ^{0}	疥疙都=tɕiə^{42}kə^{0}tu^{213}
曲阜	螃蟹 pʰaŋ^{42}ɕiɛ^{55}	蛤蟆 xə^{55}ma^{0}	癞蛤蟆 lɛ^{31}xə^{55}ma^{0}
薛城	螃蟹 pʰaŋ^{54}ɕiɛ^{24}	蛤蟆 xə^{55}ma^{0} 蛙子 uɛ^{55}tsɿ^{0}	癞的都=lɛ^{41}tə^{0}tu^{313} 癞蛙子 lɛ^{41}uɛ^{55}tsɿ^{0}
郯城	螃 pʰaŋ^{44} 螃蟹 pʰaŋ^{44}ɕiɛ^{24} 蟹子 ɕiɛ^{51}tsɿ^{0}	蛙子 uɛ^{44}tsɿ^{0} 青蛙 tɕʰiŋ^{21}ua^{44}	烂蛤蟆 lã^{51}xə^{44}mə^{0} 蛤蟆 xə^{44}mə^{0} 癞蛤蟆 lɛ^{51}xə^{44}mə^{0}
临沂	螃蟹 pʰaŋ^{55}ɕiɛ^{0}小 蟹子 ɕiɛ^{214}tsɿ^{0}大	蛙子 uɛ^{55}tsɿ^{0}	烂蛤蟆 lã^{31}xə^{55}mə^{0}

	0259 **马**	0260 **驴**	0261 **骡**
荣成	马 ma^{214}	驴 ly^{53}	骡子 luo^{35}tsɿ^{0}
烟台	马 ma^{14}	驴 ly^{53}	骡子 luo^{33}ɾə^{0}

续表

	0259马	0260驴	0261骡
栖霞	马ma^{214}	驴ly^{312}	骡子luo^{34}lə^{0}
长岛	马ma^{213}	驴ly^{55}	骡luə^{55}
海阳	马ma^{214}	驴ly^{52}	骡luo^{341}
莱西	马ma^{55}	驴ly^{214}	骡子luə^{45}tsɿ^{0}
平度	马ma^{55}	驴ly^{42}	骡子luə^{45}tθɿ^{0}
青岛	马mɑ^{55}	驴ly^{42}	骡子luə^{45}tθɿ^{0}
高密	马mɑ^{55}	驴ly^{42}	骡子luə^{55}tθɿ^{0}
诸城	马ma^{44}	驴ly^{53}	骡子luə^{24}tθɿ^{0}
沂水	马子ma^{213}dðɿ^{0}	驴ly^{53}	骡子luə^{24}dðɿ^{0}
临朐	马子ma^{213}tθɿ^{0}	驴ly^{53}	骡子luə^{35}tθɿ^{0}
日照	马mɑ^{44}	驴ly^{53}	骡子luə^{44}tθɿ^{0}
莒南	马ma^{55}	驴ly^{53} 毛驴mɔ^{53}ly^{53}	骡子luə^{24}tθɿ^{0}
潍坊	马mɑ^{55}	驴ly^{53}	骡子luə^{35}tsɿ^{0}
寿光	马子ma^{24}tsɿ^{0}	驴ly^{53}	骡子luə^{35}tsɿ^{0}
高青	马mɑ^{55}	驴ly^{55}	骡子luə^{35}tsɿ^{0}
阳信	马mɑ^{55}	驴ly^{43}	骡子luə^{45}tsɿ^{0}
济阳	马ma^{55}	驴ly^{55}	骡子luə^{24}tsɿ^{0}
利津	马ma^{55}	驴ly^{53}	骡子luə^{35}tsɿ^{0}
乐陵	马mɑ^{55}	驴ly^{55}	骡子luə^{55}tsɿ^{0}
商河	马mɑ^{45}	驴ly^{54}	骡子luə^{24}tsɿ^{0}
平原	马ma^{55}	驴ly^{42}	骡子luə^{55}tsɿ^{0}
德州	马ma^{55}	驴ly^{42}	骡子luə^{55}tsɿ^{0}
武城	马ma^{55}	驴ly^{53}	骡子luə^{55}tsɿ^{0}
临清	马ma^{44}	驴ly^{53}	骡子luə^{44}tsɿ^{0}
冠县	马ma^{55}	驴ly^{53}	骡luə^{53}
聊城	马ma^{44}	驴ly^{53}	骡子luə^{44}tsɿ^{0}
济南	马ma^{55}	驴ly^{42}	骡子luə^{445}tsɿ^{0}
泰安	马ma^{55}	驴ly^{42}	骡子luə^{55}tsɿ^{0}

续表

	0259马	0260驴	0261骡
莱芜	马 ma^{55}	驴 ly^{55}	骡子 luə^{13}tsɿ^{0}
新泰	马 ma^{55}	驴 ly^{42}	骡子 luə^{45}tθɿ^{0}
沂源	马 ma^{55}	驴 ly^{55}	骡子 luə^{35}tθɿ^{0}
博山	马 mɑ^{55}	驴 ly^{55}	骡子 luə^{35}ə^{0}
张店	马 mɑ^{55}	驴 ly^{55}	骡子 luə^{35}ɿ^{0}
阳谷	马 ma^{55}	驴 ly^{42}	骡 luo^{42}
梁山	马 ma^{55}	驴 ly^{42}	骡子 luə^{55}tsɿ^{0}
菏泽	马 ma^{44}	驴 ly^{53}	骡子 luə^{53}tə^{0}
曹县	马 ma^{44}	驴 ly^{53}	骡 luə^{53}
金乡	马 ma^{55}	驴 ly^{42}	骡子 luə^{55}tsɿ^{0}
曲阜	马 ma^{55}	驴 ly^{42}	骡子 luə^{55}tsɿ^{0}
薛城	马 ma^{24}	驴 lu^{55}	骡子 luə^{55}tsɿ^{0}
郯城	马 ma^{24}	驴 lu^{44}/ly^{44}	骡子 luə^{44}tsɿ^{0}
临沂	马 ma^{55}	驴 ly^{53}	骡子 luə^{55}tsɿ^{0}

	0262牛	0263公牛统称	0264母牛统称
荣成	牛 niəu^{53}/əu^{53}	公牛 kuŋ^{53}əu^{53}	母牛 mu^{21}əu^{53}
烟台	牛 ȵiou^{53}	公牛 kuŋ^{35}ȵiou^{53}	母牛 mu^{14}ȵiou^{53}
栖霞	牛 ȵyŋ^{312} 有音变	公犍 kuŋ^{52}ciãn^{342}	牸①牛 tsɿ^{21}ȵyŋ^{0} “牛”有音变
长岛	牛 ȵiou^{55}	公牛 kuŋ^{31}ȵiou^{55}	母牛 mu^{35}ȵiou^{55}
海阳	牛 ȵyŋ^{52} 有音变	犍子 ciã^{52}ə^{0}	牸牛 tθɿ^{21}ȵyŋ^{0} “牛”有音变
莱西	牛 ȵiou^{214}	犍牛 ciã^{32}ȵiou^{0} 公牛 koŋ^{32}ȵiou^{0}	母牛 mu^{55}ȵiou^{214}
平度	牛 ȵiou^{42}	公牛 kuŋ^{213}ȵiou^{42}	母牛 mu^{55}ȵiou^{42}
青岛	牛 ȵiou^{42}	公牛 koŋ^{213}ȵiou^{42}	母牛 mu^{55}ȵiou^{42}
高密	牛 iou^{42}	犍子牛 tɕiã^{42}tθɿ^{0}iou^{42} 犍子 tɕiã^{42}tθɿ^{0}	母牛 mu^{213}iou^{42}

① “牸”除栖霞、海阳、日照外各地均读同“士”。

续表

	0262牛	0263公牛统称	0264母牛统称
诸城	牛 iou^{53}	趴=牯子 p^{h}a^{213}ku^{0}tθɿ^{0} 犍子 tʃã^{31}tθɿ^{0}	犙牛 ʂa^{31}iou^{0}
沂水	牛 iou^{53}老/niou^{53}新	趴=牯 p^{h}a^{213}ku^{0} 老犍 lɔ^{213}tɕiã^{0}	牸牛 ʂʅ^{44}iou^{0}
临朐	牛 iəu^{53}	犍子 tɕiã^{21}tθɿ^{0}	牸牛 ʂʅ^{44}iəu^{0}
日照	牛 iou^{53}	犍子 tʃiã^{31}tθɿ^{0}	牸牛 ʂẽ^{53}iou^{0} “牸”读为“渗”
莒南	牛 niou^{53}	趴=牯 p^{h}a^{213}ku^{0}未阉割 犍子 tɕiã^{213}tθɿ^{0}阉割	犙牛 ʂa^{21}niou^{0}
潍坊	牛 ȵiɤɯ^{53}	公牛 koŋ^{31}ȵiɤɯ^{0}	母牛 mu^{24}ȵiɤɯ^{0}
寿光	牛 ȵiəu^{53}	犍子 tɕiã^{21}tsɿ^{0}	牸牛 ʂʅ^{55}ȵiəu^{0}
高青	牛 ȵiou^{55}	犍子 tɕiã^{21}tsɿ^{0}	牸牛 ʂʅ^{55}ȵiou^{0}
阳信	牛 ȵiou^{43}	犍子 tɕiã^{31}tsɿ^{0}	牸牛 ʂʅ^{55}ȵiou^{0}
济阳	牛 ȵiou^{55}	牤牛 maŋ^{21}ȵiou^{0}	牸牛 ʂʅ^{55}ȵiou^{0}
利津	牛 ȵiou^{53}	犍子 tɕiã^{31}tsɿ^{0}	牸牛 ʂʅ^{55}ȵiou^{0}
乐陵	牛 ȵiou^{55}	犍子 tɕiã^{31}tsɿ^{0}	牸牛 sɿ^{55}ȵiou^{0}
商河	牛 ȵiou^{54}	犍牛 tɕiã^{31}ȵiou^{0}	牸牛 sɿ^{54}ȵiou^{0}
平原	牛 ȵiou^{42}	牤牛 maŋ^{21}ȵiou^{0}	牸牛 sɿ^{42}ȵiou^{0}
德州	牛 ȵiou^{42}	牤牛蛋子 maŋ^{21}ȵiou^{0}tã^{42}tsɿ^{0}	母牛 mu^{213}ȵiou^{0}
武城	牛 ȵiou^{53}	犍子 tɕiã^{312}tsɿ^{0}	牸牛 ʂʅ^{55}ȵiou^{0}
临清	牛 ȵiou^{53}	公牛 kuŋ^{13}ȵiou^{53}	母牛 mu^{44}ȵiou^{53}
冠县	牛 ȵiou^{53}	牤牛 mɔ^{13}ȵiou^{53} “牤”读为“冒(阴平)”	牸牛 ʂʅ^{53}ȵiou^{53}
聊城	牛 ȵiou^{53}	公牛 kuŋ^{13}ȵiou^{53} 牤牛 maŋ^{13}ȵiou^{53}	母牛 mu^{13}ȵiou^{0}
济南	牛 ȵiou^{42}	犍子 tɕiã^{21}tsɿ^{0} 公牛 kuŋ^{213}ȵiou^{42}	牸牛 ʂʅ^{55}ȵiou^{0} 母牛 mu^{213}ȵiou^{0}
泰安	牛 ȵiou^{42}	犍子 tɕiã^{21}tsɿ^{0}	牸牛 ʂʅ^{42}ȵiou^{0}
莱芜	牛 ȵiou^{55}	犍子 tɕiã^{31}tsɿ^{0}	牸牛 ʃʅ^{42}ȵiou^{0}
新泰	牛 ȵiou^{42}	犍子牛 tɕiã^{21}tθɿ^{0}ȵiou^{42}	牸牛 ʃʅ^{54}ȵiou^{0}
沂源	牛 iou^{55}	犍子 tɕiã^{21}tθɿ^{0}	牸牛 ʃʅ^{35}iou^{0}

续表

	0262 牛	0263 公牛统称	0264 母牛统称
博山	牛 ȵiəu^{55} 牛 iəu^{55}	犍子 tɕiã^{55}ə^{0}	牸牛 ʂʅ^{55}iəu^{0}
张店	牛 ȵiou^{55}	犍子 tɕiã^{21}ʅ^{0}	牸牛 ʂʅ^{55}ȵiou^{0}
阳谷	牛 ȵiou^{42}	牤牛 maŋ^{31}ȵiou^{0}/mɔ^{31}ȵiou^{0} “牤”读为“冒（阴平）”	牸牛 sʅ^{42}ȵiou^{0}
梁山	牛 ȵiou^{42}	牤牛 mɔ^{21}ȵiou^{42} “牤”读为“冒（阴平）”	牸牛 sʅ^{42}ȵiou^{42}
菏泽	牛 ȵiou^{53}	牤牛 ma^{21}ȵiou^{0} “牤”读为“妈”	牸牛 sʅ^{31}ȵiou^{0}
曹县	牛 ȵiou^{53}	牤牛 ma^{21}ȵiou^{53} “牤”读为“妈” 老犍 lɔ^{44}tɕiã^{213}	牸牛 sʅ^{53}ȵiou^{53}
金乡	牛 ȵiou^{42}	牤牛 mɔ^{21}ȵiou^{0} “牤”读为“冒（阴平）”	牸牛 sʅ^{42}ȵiou^{0}
曲阜	牛 ȵiou^{42}	牤牛 maŋ^{21}ȵiou^{0}	牸牛 sʅ^{42}ȵiou^{0}
薛城	牛 ȵiou^{55}	牤牛 maŋ^{31}ȵiou^{55}	牸牛 sʅ^{55}ȵiou^{0}
郯城	牛 ȵiəu^{44}	趴$^{=}$牯 pʰa^{24}ku^{0}	牸牛 ʂʅ^{24}ȵiəu^{44}
临沂	牛 ȵiou^{53}	公牛 kuŋ^{21}ȵiou^{0}	母牛 mu^{214}ȵiou^{0}

	0265 放牛	0266 羊	0267 猪
荣成	看牛 kʰan^{33}əu^{53}	羊 iaŋ^{53}	猪 tʃy^{53} 猪子 tʃy^{53}tsʅ^{0}
烟台	放牛 faŋ^{33}ȵiou^{53}	羊 iaŋ^{53}	猪 tɕy^{53}
栖霞	看牛 kʰãn^{34}ȵyŋ^{312} “牛”有音变	羊 iaŋ^{312}	猪 tʃy^{312}
长岛	放牛 faŋ^{52}ȵiou^{55}	羊 iaŋ^{55}	猪 tʃy^{312}
海阳	看牛 kʰã^{34}ȵyŋ^{52} “牛”有音变	羊 iaŋ^{52}	猪 tʃy^{52}
莱西	放牛 faŋ^{42}ȵiou^{214}	羊 iaŋ^{214}	猪 tʃu^{214}
平度	放牛 faŋ^{213}ȵiou^{42}	羊 iaŋ^{42}	猪 tʃu^{213}
青岛	放牛 faŋ^{213}ȵiou^{42}	羊 iaŋ^{42}	猪 tʃu^{213}
高密	放牛 faŋ^{21}iou^{42}	羊 iaŋ^{42}	猪 tʃu^{213}
诸城	放牛 faŋ^{31}iou^{53}	羊 iaŋ^{53}	猪 tʃu^{213}
沂水	放牛 faŋ^{31}iou^{53}	羊 iaŋ^{53}	猪 dʒɥ^{213}

续表

	0265放牛	0266羊	0267猪
临朐	放牛 faŋ^{21}iəu^{53}	羊 iaŋ^{53}	猪 tʃu^{213}
日照	放牛 faŋ^{31}iou^{53}	羊 iaŋ^{53}	猪 tʃu^{213}
莒南	放牛 faŋ^{31}niou^{53}	羊 iaŋ^{53}	猪 tʃʮ^{213}
潍坊	放牛 faŋ^{31}ȵiɤɯ^{53}	羊 iaŋ^{53}	猪 tʂu^{214}
寿光	放牛 faŋ^{21}ȵiəu^{53}	羊 iaŋ^{53}	猪 tʂu^{213}
高青	放牛 faŋ^{41}ȵiou^{55}	羊 iaŋ^{55}	猪 tʂu^{213}
阳信	放牛 faŋ^{31}ȵiou^{43}	羊 iaŋ^{43}	猪 tʂu^{213}
济阳	放牛 faŋ^{31}ȵiou^{55}	羊 iaŋ^{55}	猪 tʂu^{213}
利津	放牛 faŋ^{31}ȵiou^{53}	羊 iaŋ^{53}	猪 tʂu^{213}
乐陵	放牛 faŋ^{31}ȵiou^{55}	羊 iaŋ^{55}	猪 tʂu^{24}
商河	放牛 faŋ^{31}ȵiou^{54}	羊 iaŋ^{54}	猪 tʂu^{213}
平原	放牛 faŋ^{21}ȵiou^{42}	羊 iaŋ^{42}	猪 tʂu^{213}
德州	放牛 faŋ^{21}ȵiou^{42}	羊 iaŋ^{42}	猪 tʂu^{213} 唠唠 lɔ^{21}lɔ^{0}
武城	放牛 faŋ^{21}ȵiou^{53}	羊 iaŋ^{53}	猪 tʂu^{224}
临清	放牛 faŋ^{31}ȵiou^{53}	羊 iaŋ^{53}	猪 tʂu^{13}
冠县	放牛 faŋ^{314}ȵiou^{53}	羊 iaŋ^{53}	猪 tʂu^{13}
聊城	放牛 faŋ^{31}ȵiou^{53}	羊 iaŋ^{53}	猪 tsu^{13}
济南	放牛 faŋ^{21}ȵiou^{42}	羊 iaŋ^{42}	猪 tʂu^{213}
泰安	放牛 faŋ^{21}ȵiou^{42}	羊 iaŋ^{42}	唠唠 lɔ^{21}lɔ^{0} 猪 tʂu^{213}
莱芜	放牛 faŋ^{31}ȵiou^{55}	羊 iaŋ^{55}	猪 tʃu^{213}
新泰	放牛 faŋ^{31}ȵiou^{42}	羊 iaŋ^{42}	猪 pfu^{213}
沂源	放牛 faŋ^{31}iou^{55}	羊 iaŋ^{55}	猪 tʃu^{213}
博山	放牛 faŋ^{31}ȵiəu^{55}	羊 iaŋ^{55}	猪 tʂu^{213}
张店	放牛 faŋ^{31}ȵiou^{55}	羊 iaŋ^{55}	猪 tʂu^{213}
阳谷	放牛 faŋ^{31}ȵiou^{42}	羊 iaŋ^{42}	猪 tsu^{213}
梁山	放牛 faŋ^{31}ȵiou^{42}	羊 iaŋ^{42}	猪 tsu^{213}
菏泽	放牛 faŋ^{31}ȵiou^{53}	羊 iaŋ^{53}	唠唠 lɔ^{21}lɔ^{0}

续表

	0265放牛	0266羊	0267猪
曹县	放牛 fɑŋ^{31}ȵiou^{53}	羊 iɑŋ^{53}	猪 tʂu^{213} 唠唠 lɔ^{21}lɔ^{0}
金乡	放牛 fɑŋ^{31}ȵiou^{42}	羊 iɑŋ^{42}	猪 tsu^{213}
曲阜	放牛 fɑŋ^{31}ȵiou^{42}	羊 iɑŋ^{42}	猪 tsu^{213}
薛城	放牛 fɑŋ^{41}ȵiou^{55}	羊 iɑŋ^{55}	猪 pfu^{313}
郯城	放牛 fɑŋ^{51}ȵiəu^{44}	羊 iɑŋ^{44}	猪 tʂu^{213}
临沂	放牛 fɑŋ^{31}ȵiou^{53}	羊 iɑŋ^{53}	猪 tʃu^{214}

	0268种猪配种用的公猪	0269公猪成年的，已阉的	0270母猪成年的，未阉的
荣成	脚$^{=}$[1]猪 cio^{21}tʃy^{53}	克$^{=}$罗$^{=}$猪 k^{h}ɛ^{21}lə^{0}tʃy^{53} 公猪 kuŋ^{53}tʃy^{53}	老母猪 lau^{55}mu^{21}tʃy^{53}
烟台	种猪 tsuŋ^{14}tɕy^{53}	公猪 kuŋ^{53}tɕy^{0}	母猪 mu^{14}tɕy^{53}
栖霞	脚$^{=}$猪 cyɛ^{21}tʃy^{0}	肥猪 fei^{34}tʃy^{0}	老母猪 lɔo^{34}mu^{34}tʃy^{312}
长岛	种猪 tsuŋ^{35}tʃy^{31}	公猪 kuŋ^{31}tʃy^{0}	母猪 mu^{35}tʃy^{31}
海阳	脚$^{=}$猪 cyə^{21}tʃy^{0}	公猪 kuŋ^{52}tʃy^{0}	老母猪 lɔ^{21}mẽ^{0}tʃy^{52} “母”读为“门”上声
莱西	脚$^{=}$猪 cyə^{45}tʃu^{0} 牙猪 ia^{214}tʃu^{0}	肥猪 fei^{42}tʃu^{214}	老母猪 lɔ^{21}mu^{0}tʃu^{214}
平度	脚$^{=}$猪 cyə^{45}tʃu^{0}	肥猪 fei^{45}tʃu^{0}	母猪 mu^{45}tʃu^{0}
青岛	脚$^{=}$猪 tɕyə^{44}tʃu^{0}	肥猪 fei^{45}tʃu^{0}	母猪 mu^{44}tʃu^{0}
高密	脚$^{=}$猪 tɕyə^{23}tʃu^{0} 种猪 tʂoŋ^{23}tʃu^{0}	肥猪 fei^{55}tʃu^{0}	老母猪 lɔ^{23}mu^{0}tʃu^{213}
诸城	脚$^{=}$猪 tʃuə^{213}tʃu^{0} 趴$^{=}$猪 p^{h}a^{213}tʃu^{0}	科$^{=}$罗$^{=}$猪 k^{h}uə^{213}luə^{0}tʃu^{213} 肥猪 fei^{24}tʃu^{0}	老母猪 lɔ^{213}mu^{0}tʃu^{0}
沂水	脚$^{=}$猪 tɕyə^{213}dʒʮ^{0}	科$^{=}$罗$^{=}$k^{h}uə^{213}luə^{0}	母猪 mu^{213}dʒʮ^{0}
临朐	脚$^{=}$猪 tɕyə^{213}tʃu^{0}	公猪 kuŋ^{21}tʃu^{0}	母猪 mu^{213}tʃu^{0}
日照	趴$^{=}$猪 p^{h}a^{213}tʃu^{0}	猔猪 tθəŋ^{53}tʃu^{0}	老母猪 lɔ^{44}mu^{213}tʃu^{0}
莒南	趴$^{=}$猪 p^{h}a^{213}tʃʮ^{0}	肥猪 fei^{24}tʃʮ^{0}	母猪 mu^{213}tʃʮ^{0}

① 一些地方称“种猪”为“脚$^{=}$（或记为角）猪”，蒲松龄《日用俗字》以为“脚”系“豭”字音变。然而“脚”（或“角”）为入声字，其调类及连读变调均符合各地清声母入声字的特点，不同于阴声韵字的“豭”。其本字待考，此仍记为同音字。下同。

续表

	0268 种猪配种用的公猪	0269 公猪成年的，已阉的	0270 母猪成年的，未阉的
潍坊	脚$^{=}$猪 tɕyə^{214}tʂu^{0}	公猪 koŋ^{31}tʂu^{0}	老母猪 lɔɤ^{24}mu^{0}tʂu^{0}
寿光	种猪 tʂuŋ^{24}tʂu^{0}	猔猪 tɕyŋ^{55}tʂu^{0}	母猪 mu^{24}tʂu^{0}
高青	种猪 tʂuŋ^{213}tʂu^{0}	公猪 kuŋ^{21}tʂu^{0}	母猪 mu^{213}tʂu^{0}
阳信	抛$^{=}$猪 pʰɔ^{31}tʂu^{0}	公猪 kuŋ^{31}tʂu^{0}	母猪 mu^{213}tʂu^{0}
济阳	种猪 tʂuŋ^{213}tʂu^{0}	牙猪 ia^{24}tʂu^{0}	母猪头 mu^{213}tʂu^{0}tʰou^{55}
利津	子猪 tsʅ^{213}tʂu^{0}	公猪 kuŋ^{31}tʂu^{0}	饱$^{=}$窝儿 pɔ^{213}uər^{0}
乐陵	大炮$^{=}$猪 tɑ^{24}pʰɔ^{55}tʂu^{0}	肥猪 fei^{55}tʂu^{0}	科$^{=}$唠$^{=}$ kʰə^{31}lɔ^{0}
商河	脚$^{=}$猪 tɕiɔ^{213}tʂu^{0}	牙猪 iɑ^{24}tʂu^{0}	母猪 mu^{213}tʂu^{0}
平原	脚$^{=}$猪 tɕiɔu^{42}tʂu^{0}	净猪 tɕiŋ^{42}tʂu^{0}	母猪 mu^{23}tʂu^{0}
德州	（无）	叫猪 tɕiɔ^{42}tʂu^{0}	母猪 mu^{213}tʂu^{0}
武城	种猪 tʂuŋ^{55}tʂu^{224}	叫猪 tɕiɔ^{53}tʂu^{0}	母猪 mu^{24}tʂu^{0}
临清	种猪 tʂuŋ^{44}tʂu^{13}	公猪 kuŋ^{13}tʂu^{13}	母猪 mu^{44}tʂu^{0}
冠县	牙猪 ia^{44}tʂu^{0}	牙猪 ia^{44}tʂu^{0}	母猪 mu^{55}tʂu^{13}
聊城	大牙猪 ta^{31}ia^{44}tsu^{0}	牙猪 ia^{44}tsu^{0}	母猪 mu^{44}tsu^{0}
济南	蛋猪 tã^{55}tʂu^{0}	牙猪 ia^{445}tʂu^{0}	母猪 mu^{213}tʂu^{0} 老母猪 lɔ^{55}mu^{213}tʂu^{0}
泰安	牙胞$^{=}$ ia^{55}pɔ^{0}	科$^{=}$罗$^{=}$ kʰə^{21}luə^{0}	母猪 mu^{213}tʂu^{0}
莱芜	脚$^{=}$猪 tɕyə^{23}tʃu^{0}	肥猪 fei^{13}tʃu^{0}	母猪 mu^{213}tʃu^{55}
新泰	脚$^{=}$猪 tɕyə^{21}pfu^{0}	猪 pfu^{213}	母猪 mu^{213}pfu^{0}
沂源	脚$^{=}$猪 tɕyə^{21}tʃu^{0}	肥猪 fei^{35}tʃu^{0}	母猪 mu^{21}tʃu^{0}
博山	种猪 tʂuŋ^{213}tʂu^{0}	公猪 kuŋ^{21}tʂu^{0}	母猪 mu^{213}tʂu^{0}
张店	种猪 tʂuŋ^{213}tʂu^{0}	猪 tʂu^{213}	母猪 mu^{213}tʂu^{0}
阳谷	脚$^{=}$猪 tsuo^{31}tsu^{0}	牙猪 ia^{55}tsu^{0}	母猪 mu^{13}tsu^{0}
梁山	脚$^{=}$猪 tɕyə^{21}tsu^{0}	牙猪 ia^{55}tsu^{0}	老海 lɔ^{42}xɛ^{55} 母猪 mu^{23}tsu^{0}
菏泽	脚$^{=}$猪 tɕyə^{213}tsu^{213}	牙猪 ia^{53}tsu^{213}	母猪 mu^{44}tsu^{213} 母唠唠 mu^{44}lɔ^{21}lɔ^{0}
曹县	脚$^{=}$猪 tɕyə^{213}tʂu^{213}	肥猪 fei^{53}tʂu^{0}	母猪 mu^{44}tʂu^{0}
金乡	牙猪 ia^{55}tsu^{213}	牙猪 ia^{55}tsu^{0}	母猪 mu^{55}tsu^{213}

续表

	0268 种猪配种用的公猪	0269 公猪成年的，已阉的	0270 母猪成年的，未阉的
曲阜	猪种 tsu^{21}tsuŋ^{55}	牙瓜 ia^{55}kua^{0}	壳=娄= kʰə^{21}lou^{0}
薛城	豮猪 tɕyŋ^{41}tsu^{0} 公猪 kuŋ^{313}pfu^{0}	猪 pfu^{313} 肥猪 fi^{55}pfu^{0}	母猪 mu^{55}pfu^{0} 科=拉 kʰə^{31}la^{0}
郯城	种猪 tʂuŋ^{44}tʂu^{213}	趴蛋 pʰa^{21}tã^{51}	老母 lɔ^{24}mu^{24} 老母猪 lɔ^{24}mu^{44}tʂu^{213} 母猪 mu^{44}tʂu^{213}
临沂	种猪 tʃuŋ^{214}tʃu^{0}	牙猪 ia^{55}tʃu^{0}	母猪 mu^{214}tʃu^{0}

	0271 猪崽	0272 猪圈	0273 养猪
荣成	小猪儿 siau^{21}tʃyər^{53}	猪圈 tʃy^{53}cyan^{33}	喂猪 uei^{33}tʃy^{53}
烟台	小猪儿 ɕiau^{14}tɕyər^{53}	猪圈 tɕy^{53}tɕyan^{33}	养猪 iɑŋ^{14}tɕy^{53}
栖霞	小猪儿 ʃiɔo^{34}tʃyər^{0}	猪圈 tʃy^{52}cyãn^{312}	养猪 iɑŋ^{34}tʃy^{312}
长岛	猪崽子 tʃy^{31}tsai^{35}tsɿ^{0}	猪圈 tʃy^{31}cyan^{52}	养猪 iɑŋ^{35}tʃy^{31}
海阳	小猪儿 siɔ^{21}tʃyər^{52}	猪圈 tʃy^{52}cyã^{341}	养猪 iɑŋ^{21}tʃy^{52}
莱西	小猪儿 ʃiɔ^{55}tʃur^{214}	猪圈 tʃu^{214}cyã^{42} 坑 kʰəŋ^{214}	养猪 iɑŋ^{55}tʃu^{214} 拨弄猪 pə^{214}loŋ^{0}tʃu^{214}
平度	小猪 siɔ^{55}tʃu^{213}	猪圈 tʃu^{213}cyã^{42}	养猪 iɑŋ^{55}tʃu^{213}
青岛	子猪 tθɿ^{44}tʃu^{0}	猪圈 tʃu^{213}tɕyã^{42}	养猪 iɑŋ^{55}tʃu^{213}
高密	小猪儿 siɔ^{42}tʂur^{213}	猪圈 tʃu^{23}tɕyã^{0}	喂猪 uei^{21}tʃu^{213} 养猪 iɑŋ^{42}tʃu^{213}
诸城	小猪 θiɔ^{44}tʃu^{213}	猪圈 tʃu^{213}tʃuã^{31}	养猪 iɑŋ^{44}tʃu^{213}
沂水	小猪子 siɔ^{213}dʒʮ^{0}dðɿ^{0}	猪栏 dʒʮ^{21}lã^{0}	喂猪 ue^{31}dʒʮ^{213}
临朐	小猪子 ɕiɔ^{213}tʃu^{0}tθɿ^{0}	栏 lã^{53}	喂猪 uei^{21}tʃu^{213}
日照	小猪子 θiɔ^{213}tʃu^{0}tθɿ^{0}	猪栏 tʃu^{213}lã^{53}	养猪 iɑŋ^{44}tʃu^{213}
莒南	小猪子 siɔ^{213}tʃʮ^{0}tθɿ^{0}	猪栏 tʃʮ^{213}lã^{53}	喂猪 uei^{31}tʃʮ^{213} 养猪 iɑŋ^{53}tʃʮ^{213}
潍坊	小猪儿 ɕiɔɤ^{55}tʂur^{214} 猪崽子 tʂu^{214}tsɛ^{0}tsɿ^{0}	猪圈 tʂu^{24}tɕyã^{31} 猪栏 tʂu^{214}lã^{53}	养猪 iɑŋ^{24}tʂu^{214}
寿光	小猪儿 ɕiɔ^{55}tʂur^{213}	猪栏 tʂu^{21}lã^{0}	喂猪 uei^{21}tʂu^{213}
高青	小猪儿 ɕiɔ^{55}tʂur^{213}	猪栏 tʂu^{213}lã^{55}	喂猪 uei^{41}tʂu^{213}
阳信	小猪儿 ɕiɔ^{55}tʂur^{213}	猪圈 tʂu^{213}tɕyã^{31}	喂猪 uei^{31}tʂu^{213}

续表

	0271猪崽	0272猪圈	0273养猪
济阳	小猪儿ɕiɔ^{55}tʂur^{213}	猪栏tʂu^{21}lã^{0}	喂猪uei^{31}tʂu^{213}
利津	猪苗儿tʂu^{213}miɔr^{53} 猪羔儿tʂu^{24}kɔr^{213}	猪栏tʂu^{213}lã^{53}	喂猪uei^{31}tʂu^{213}
乐陵	小猪儿ɕiɔ^{55}tʂur^{24}	猪圈tʂu^{24}tɕyã^{51}	喂猪uei^{31}tʂu^{24}
商河	小猪子ɕiɔ^{45}tʂu^{21}tsɿ^{0} 猪秧子tʂu^{24}iɑŋ^{21}tsɿ^{0}	猪栏tʂu^{21}lã^{0}	喂猪uei^{31}tʂu^{213}
平原	小猪儿ɕiɔu^{42}tʂur^{213}	猪圈tʂu^{23}tɕyã^{21}	喂猪uei^{21}tʂu^{213}
德州	小猪儿ɕiɔ^{55}tʂur^{213}	猪圈tʂu^{213}tɕyã^{21}	喂猪uei^{21}tʂu^{213}
武城	猪崽儿tʂu^{21}tsɛr^{55} 猪秧子tʂu^{24}iɑŋ^{312}tsɿ^{0}	猪圈tʂu^{24}tɕyã^{312}	喂猪uei^{21}tʂu^{224}
临清	猪苗tʂu^{13}miau^{53} 小猪ɕiau^{44}tʂu^{13}	猪圈tʂu^{13}tɕyan^{313}	养猪iɑŋ^{44}tʂu^{13}
冠县	小猪秧儿ɕiɔ^{55}tʂu^{55}iɑr^{13}	猪圈tʂu^{13}tɕyã^{314}	养猪iɑŋ^{55}tʂu^{13}
聊城	猪秧子tsu^{13}iɑŋ^{13}tsɿ^{0}	猪圈tsu^{13}tɕyã^{313}	喂猪uei^{31}tsu^{13}
济南	小猪儿ɕiɔ^{55}tʂur^{213}	猪栏tʂu^{21}lã^{0} 猪圈tʂu^{23}tɕyã^{21}	养猪iɑŋ^{55}tʂu^{213} 喂猪uei^{21}tʂu^{213}
泰安	小猪子ɕiɔ^{55}tʂu^{21}tsɿ^{0}	猪圈tʂu^{23}tɕyã^{21} 猪栏tʂu^{213}lã^{42}	喂猪uei^{21}tʂu^{213}
莱芜	小猪子ɕiɔ^{213}tʃu^{31}tsɿ^{0}	猪栏tʃu^{213}lã^{55}	养猪iɑŋ^{55}tʃu^{213}
新泰	小猪子ɕiɔ^{55}pfu^{21}tθɿ^{0}	栏lã^{42}	养猪iɑŋ^{55}pfu^{213}
沂源	小猪ɕiɔ^{55}tʃu^{213}	猪栏tʃu^{21}lã^{0}	喂猪uei^{31}tʃu^{213}
博山	小猪ɕiɔ^{55}tʂu^{213}	猪圈tʂu^{213}tɕyã^{31}	喂猪uei^{31}tʂu^{213}
张店	小猪ɕiɔ^{55}tʂu^{213}	猪栏tʂu^{21}lã^{0}	喂猪uei^{31}tʂu^{213}
阳谷	猪秧tsu^{13}iɑŋ^{213}	猪圈tsu^{13}tsuã^{313}	喂猪uei^{31}tsu^{213}
梁山	猪秧子tsu^{23}iɑŋ^{21}tsɿ^{0}	猪圈tsu^{23}tɕyã^{314}	喂猪uei^{31}tsu^{213}
菏泽	猪秧子tsu^{213}iɑŋ^{21}tə^{0}	猪圈tsu^{213}tɕyã^{312}	喂猪uei^{31}tsu^{213}
曹县	猪秧子tʂu^{213}iɑŋ^{21}nẽ^{0}	唠唠圈lɔ^{21}lɔ^{0}tɕyã^{312}	养猪iɑŋ^{44}tʂu^{213}
金乡	猪秧子tsu^{23}iɑŋ^{21}tsɿ^{0}	猪圈tsu^{23}tɕyã^{312}	喂猪uei^{31}tsu^{213}
曲阜	猪秧子tsu^{23}iaŋ^{21}tsɿ^{0}	猪圈tsu^{23}tɕyã^{312}	养猪iaŋ^{55}tsu^{213}
薛城	猪秧子pfu^{23}iaŋ^{31}tsɿ^{0}	猪圈pfu^{313}tɕyã^{41}	喂猪ue^{41}pfu^{313}

续表

	0271 猪崽	0272 猪圈	0273 养猪
郯城	猪秧子 tʂu^{13}iɑŋ^{21}tsɿ^{0} 小猪儿 ɕiɔ^{44}tʂuer^{213}	猪圈 tʂu^{21}tɕyã^{51}	喂猪 ue^{51}tʂu^{213} 养猪 iɑŋ^{44}tʂu^{213}
临沂	猪秧子 tʃu^{24}iɑŋ^{21}tsɿ^{0} 小猪崽儿 ɕiɔ^{53}tʃu^{24}tsɛr^{55}	猪圈 tʃu^{24}tɕyã^{312}	喂猪 uei^{31}tʃu^{214}

	0274 猫	0275 公猫	0276 母猫
荣成	猫子 mau^{53}tsɿ^{0}	牙猫子 ia^{53}mau^{53}tsɿ^{0} 公猫子 kuŋ^{53}mau^{53}tsɿ^{0}	母猫子 mu^{21}mau^{53}tsɿ^{0}
烟台	猫 mau^{53}	公猫 kuŋ^{35}mau^{53}	母猫 mu^{14}mau^{53}
栖霞	猫 mɔo^{312}	牙猫 ia^{52}mɔo^{0}	女猫儿 ȵy^{21}mɔor^{0}
长岛	猫 mau^{55}	牙猫 ia^{55}mau^{0}	母猫 mu^{35}mau^{55}
海阳	猫 mɔ^{52}	牙猫 ia^{52}mɔ^{0}	女猫 ȵy^{21}mɔ^{0}
莱西	猫 mɔ^{214}	牙猫 ia^{32}mɔ^{0} 公猫 koŋ^{32}mɔ^{0}	母猫 mu^{24}mɔ^{0} 女猫儿 ȵy^{24}mɔr^{0}
平度	猫 mɔ^{42}	公猫 kuŋ^{213}mɔ^{42} 儿猫 er^{45}mɔ^{0}	母猫 mu^{55}mɔ^{42} 女猫儿 ȵy^{55}mɔr^{42}
青岛	猫 mɔ^{42}	公猫 koŋ^{213}mɔ^{42}	母猫 mu^{55}mɔ^{42}
高密	猫 mɔ^{42}	牙猫 iɑ^{55}mɔ^{0}	女猫 ny^{23}mɔ^{0}
诸城	猫 mɔ^{53}	牙猫 ia^{24}mɔ^{0}	女猫 ȵy^{213}mɔ^{0}
沂水	猫 mɔ^{53}	牙猫 ia^{24}mɔ^{0}	女猫 ny^{213}mɔ^{0}
临朐	猫 mɔ^{53}	牙猫 ia^{35}mɔ^{0}	女猫 ȵy^{213}mɔ^{0}
日照	猫 mɔ^{53}	牙猫 iɑ^{44}mɔ^{0}	女猫 ny^{213}mɔ^{0}
莒南	猫 mɔ^{53}	儿猫 ɭə^{24}mɔ^{0}	女猫 ny^{213}mɔ^{0}
潍坊	猫 mɔɤ^{53}	牙猫子 iɑ^{35}mɔɤ^{0}tsɿ^{0}	女猫 ȵy^{24}mɔɤ^{0}
寿光	猫 mɔ^{53}	牙猫儿 ia^{35}mɔr^{0}	女猫儿 ȵy^{24}mɔr^{0}
高青	猫 mɔ^{55}	儿猫 ɭə^{35}mɔ^{0}	女猫 ȵy^{213}mɔ^{0}
阳信	猫 mɔ^{43}	儿猫 ər^{45}mɔ^{0}	女猫儿 ȵy^{213}mɔr^{0}
济阳	猫 mɔ^{55}	儿猫 ɭə^{24}mɔ^{0}	母猫 mu^{213}mɔ^{0}
利津	猫 mɔ^{53}	儿猫 lə^{55}mɔ^{0}	女猫儿 ȵy^{213}mɔr^{0}
乐陵	猫 mɔ^{55}	儿猫 ər^{55}mɔ^{0}	女猫儿 ȵy^{212}mɔr^{0}

续表

	0274猫	0275公猫	0276母猫
商河	猫mɔ^{54}	儿猫ɭə^{24}mɔ^{0}	女猫ȵy^{213}mɔ^{0}
平原	猫儿mɔur^{42}	儿猫儿ər^{42}mɔur^{42}	女猫儿ȵy^{212}mɔur^{42}
德州	猫儿mɔr^{42}	儿猫ər^{55}mɔ^{0}	女猫mi^{213}mɔ^{0}
武城	猫mɔ^{53}	儿猫ɭə^{55}mɔ^{0}	女猫ȵy^{24}mɔ^{0}
临清	猫mau^{13}	儿猫ər^{44}mau^{0}	女猫ȵy^{44}mau^{0}
冠县	猫mɔ^{53}	男猫儿nã^{53}mɔr^{53}	女猫儿ȵy^{55}mɔ^{0}
聊城	猫mɔ^{53}	公猫kuŋ^{13}mɔ^{53}	母猫mu^{44}mɔ^{53}
济南	猫mɔ^{42}	儿猫ər^{445}mɔ^{0}	女猫ȵy^{213}mɔ^{0}
泰安	花花儿xua^{21}xuar^{0} 花猫xua^{213}mɔ^{42}	男猫nã^{42}mɔ^{42}	女猫ȵy^{213}mɔ^{42}
莱芜	花子xua^{31}tsɿ^{0}	牙花子ia^{13}xua^{0}tsɿ^{0}	女花子ȵy^{213}xua^{0}tsɿ^{0}
新泰	猫花儿mɔ^{42}xuɐr^{213}	公猫kuŋ^{21}mɔ^{213}	女猫ȵy^{213}mɔ^{0}
沂源	猫mɔ^{55}	牙猫ia^{35}mɔ^{0}	女猫ȵy^{21}mɔ^{0}
博山	猫mɔ^{55}	公猫kuŋ^{21}mɔ^{0}	母猫mu^{213}mɔ^{0}
张店	猫mɔ^{55}	牙猫iɑ^{35}mɔ^{0}	女猫ȵy^{213}mɔ^{0}
阳谷	猫mɔ^{42}	男猫nã^{42}mɔ^{42}	女猫ȵy^{55}mɔ^{0}
梁山	猫mɔ^{42}	叫猫子tɕiɔ^{42}mɔ^{0}tsɿ^{0}	女猫ȵy^{55}mɔ^{42}
菏泽	猫mɔ^{213}	儿猫蛋子ɭ^{53}mɔ^{0}tã^{31}tə^{0}	女猫ȵy^{44}mɔ^{0}
曹县	猫mɔ^{213}	男猫nã^{53}mɔ^{0}	女猫ȵy^{44}mɔ^{0}
金乡	猫mɔ^{213}	儿猫ər^{55}mɔ^{213}	女猫ȵy^{55}mɔ^{213}
曲阜	猫mɔ^{42}	儿猫ər^{213}mɔ^{0}	女儿猫ȵyer^{213}mɔ^{0}
薛城	猫mɔ^{55}	男猫nã^{54}mɔ^{0}	女猫ȵy^{24}mɔ^{0}
郯城	猫mɔ^{44}	男猫nã^{44}mɔ^{44}	女猫ȵy^{24}mɔ^{44}
临沂	猫mɔ^{53}	儿猫ɭə^{55}mɔ^{0}	女猫ȵy^{214}mɔ^{0}

	0277狗统称	0278公狗	0279母狗
荣成	狗子kəu^{214}tsɿ^{0}	公狗子kuŋ^{53}kəu^{214}tsɿ^{0}	母狗子mu^{35}kəu^{214}tsɿ^{0}
烟台	狗kou^{14}	牙狗子ia^{53}kou^{21}ɾə^{0}	母狗子mu^{21}kou^{0}ɾə^{0}
栖霞	狗kəu^{214}	牙狗ia^{52}kəu^{214}	母狗mu^{21}kəu^{0}

续表

	0277 狗统称	0278 公狗	0279 母狗
长岛	狗 kou^{213}	公狗 kuŋ^{52}kou^{213}	母狗 mu^{35}kou^{0}
海阳	狗 kəu^{214}	牙狗 ia^{52}kəu^{0}	母狗 mu^{21}kəu^{0}
莱西	狗 kou^{55}	牙狗 ia^{32}kou^{55} 公狗 koŋ^{32}kou^{55}	母狗子 mu^{24}kou^{0}tsɿ^{0}
平度	狗 kou^{55}	牙狗 ia^{45}kou^{0} 公狗 kuŋ^{213}kou^{0}	母狗 mu^{45}kou^{0}
青岛	狗 kou^{55}	牙狗 iɑ^{45}kou^{0} 未成年的 公狗 koŋ^{21}kou^{0} 成年的	母狗 mu^{44}kou^{0}
高密	狗 kou^{55}	牙狗 iɑ^{55}kou^{0}	母狗 mu^{23}kou^{0}
诸城	狗 kou^{44}	牙狗子 ia^{24}kou^{0}tθɿ^{0}	母狗子 mu^{213}kou^{0}tθɿ^{0}
沂水	狗 kou^{44}	牙狗 ia^{24}kou^{0}	母狗 mu^{213}kou^{0}
临朐	狗 kəu^{44}	牙狗 ia^{35}kəu^{0}	母狗 mu^{213}kəu^{0}
日照	狗 kou^{44}	牙狗 iɑ^{44}kou^{0}	母狗 mu^{213}kou^{0}
莒南	狗 kou^{55}	牙狗 ia^{24}kou^{0}	母狗 mu^{213}kou^{0}
潍坊	狗 kɤɯ^{55}	牙狗子 iɑ^{35}kɤɯ^{0}tsɿ^{0}	母狗子 mu^{24}kɤɯ^{0}tsɿ^{0}
寿光	狗 kəu^{55}	牙狗 ia^{35}kəu^{0}	母狗 mu^{24}kəu^{0}
高青	狗 kou^{55}	牙狗 iɑ^{35}kou^{0}	母狗 mu^{213}kou^{0}
阳信	狗 kou^{55}	牙狗 ia^{45}kou^{0}	母狗 mu^{213}kou^{0}
济阳	狗 kou^{55}	牙狗 ia^{24}kou^{0}	母狗 mu^{213}kou^{0}
利津	狗 kou^{55}	牙狗 ia^{35}kou^{0}	母狗 mu^{213}kou^{0}
乐陵	狗 kou^{55}	牙狗子 iɑ^{55}kou^{0}tsɿ^{0}	母狗子 mu^{212}kou^{0}tsɿ^{0}
商河	狗 kou^{45}	牙狗 iɑ^{24}kou^{0}	母狗 mu^{213}kou^{0}
平原	狗 kou^{55}	牙狗 ia^{55}kou^{0}	母狗 mu^{23}kou^{0}
德州	狗 kou^{55}	牙狗 ia^{55}kou^{0}	母狗 mu^{213}kou^{0}
武城	狗 kou^{55}	牙狗 ia^{55}kou^{0}	母狗 mu^{24}kou^{0}
临清	狗 kou^{44}	牙狗 ia^{44}kou^{0}	母狗 mu^{44}kou^{0}
冠县	狗 kou^{55}	牙狗 ia^{44}kou^{0}	母狗 mu^{44}kou^{0}
聊城	狗 kou^{44}	牙狗 ia^{44}kou^{0}	母狗 mu^{44}kou^{0}
济南	狗 kou^{55}	牙狗 ia^{445}kou^{0}	母狗 mu^{213}kou^{0}

续表

	0277 狗统称	0278 公狗	0279 母狗
泰安	狗 kou^{55}	牙狗 ia^{55}kou^{0}	母狗 mu^{213}kou^{0}
莱芜	狗 kou^{55}	牙狗 ia^{13}kou^{0}	母狗 mu^{213}kou^{0}
新泰	狗 kou^{55}	牙狗子 ia^{45}kou^{0}tθɿ^{0}	母狗子 mu^{213}kou^{0}tθɿ^{0}
沂源	狗 kou^{55}	牙狗子 ia^{35}kou^{0}tθɿ^{0}	母狗子 mu^{21}kou^{0}tθɿ^{0}
博山	狗 kəu^{55}	牙狗 iɑ^{35}kəu^{0}	母狗 mu^{213}kəu^{0}
张店	狗 kou^{55}	牙狗子 iɑ^{35}kou^{0}ɿ^{0}	母狗子 mu^{213}kou^{0}ɿ^{0}
阳谷	狗 kou^{55}	牙狗 ia^{55}kou^{0}	母狗 mu^{13}kou^{0}
梁山	狗 kou^{55}	牙狗 ia^{55}kou^{0}	牸狗 sɿ^{55}kou^{0} 母狗 mu^{55}kou^{0}
菏泽	狗 kou^{44}	牙狗 ia^{53}kou^{0}	母狗 mu^{44}kou^{0}
曹县	狗 kou^{44}	牙狗 ia^{53}kou^{0}	母狗 mu^{44}kou^{0}
金乡	狗 kou^{55}	牙狗 ia^{55}kou^{0}	母狗 mu^{23}kou^{0}
曲阜	狗 kou^{55}	牙狗 ia^{55}kou^{0}	母狗 mu^{213}kou^{0}
薛城	狗 kou^{24}	牙狗 ia^{54}kou^{0}	母狗 mu^{54}kou^{0}
郯城	狗 kɔ^{24}	牙狗 ia^{44}kɔ^{24}	母狗 mu^{24}kɔ^{24}
临沂	狗 kou^{55}	牙狗 ia^{55}kou^{0}	母狗 mu^{214}kou^{0}

	0280 叫狗～	0281 兔子	0282 鸡
荣成	叫唤 tsiau^{33}xuan^{0}	兔子 t^{h}u^{33}tsɿ^{0}	鸡 ci^{53}
烟台	叫 tɕiau^{33}	兔子 t^{h}u^{33}ɾə^{0}	鸡 tɕi^{53}
栖霞	叫 ciɔo^{52}	兔子 t^{h}u^{52}lə^{0}	鸡 ci^{312}
长岛	叫 ciau^{52}	兔子 t^{h}u^{31}tsɿ^{0}	鸡 ci^{312}
海阳	叫 ciɔ^{341}	兔子 t^{h}u^{34}ə^{0}	鸡 ci^{52}
莱西	叫 ciɔ^{42}	兔子 t^{h}u^{42}tsɿ^{0}	鸡 ci^{214}
平度	叫 ciɔ^{42} 咬 iɔ^{55}	兔子 t^{h}u^{42}tθɿ^{0} 兔儿 t^{h}ur^{42}	鸡 ci^{213}
青岛	叫 tɕiɔ^{42}	兔子 t^{h}u^{42}tθɿ^{0}	鸡 tɕi^{213}
高密	叫困 $^{=}$tɕiɔ^{42}k^{h}uã^{0} 汪唧 uɑŋ^{21}tsi^{0} 咬 iɔ^{55}	兔子 t^{h}u^{42}tθɿ^{0}	鸡 tɕi^{213}

续表

	0280叫狗～	0281兔子	0282鸡
诸城	咬iɔ^{44}	兔子tʰu^{44}tθɿ^{0}	鸡tʃɿ^{213}
沂水	咬iɔ^{44}	兔子tʰu^{44}dðɿ^{0}	鸡tɕi^{213}
临朐	咬iɔ^{44}	兔子tʰu^{44}tθɿ^{0}	鸡tɕi^{213}
日照	咬iɔ^{44}	兔子tʰu^{53}tθɿ^{0}	鸡tʃɿ^{213}
莒南	咬iɔ^{55} 汪儿汪儿uɑ̃r^{53}uɑ̃r^{53}	兔子tʰu^{42}tθɿ^{0}	鸡tɕi^{213}
潍坊	叫tɕiɔɤ^{31} 叫唤tɕiɔɤ^{55}xuã^{0}	兔子tʰu^{31}tsɿ^{0}	鸡tɕi^{214}
寿光	叫tɕiɔ^{21} 咬iɔ^{55}	豁子xuə^{213}tsɿ^{0}家兔 猫mɔ^{53}家兔 兔子tʰu^{55}tsɿ^{0}野兔	鸡tɕi^{213}
高青	咬iɔ^{55}	兔子tʰu^{55}tsɿ^{0}	鸡tɕi^{213}
阳信	叫iɔ^{55}	兔子tʰu^{55}tsɿ^{0}	鸡tɕi^{213}
济阳	叫tɕiɔ^{31} 咬iɔ^{55}	兔子tʰu^{55}tsɿ^{0}	鸡tɕi^{213}
利津	汪汪uɑŋ^{213}uɑŋ^{0}	兔子tʰu^{31}tsɿ^{0} 野猫iə^{55}mɔ^{53}	鸡tɕi^{213}
乐陵	汪汪uɑŋ^{31}uɑŋ^{0}	兔子tʰu^{55}tsɿ^{0}	鸡tɕi^{24}
商河	叫唤tɕiɔ^{54}xuã^{0}	兔子tʰu^{54}tsɿ^{0}	鸡tɕi^{213}
平原	叫tɕiɔu^{21}	兔子tʰu^{42}tsɿ^{0} 家豁儿豁儿tɕia^{212}xuar^{23}xuar^{0} 野猫儿iə^{212}mɔur^{42}	鸡tɕi^{213}
德州	叫tɕiɔ^{21} 汪汪uɑŋ^{21}uɑŋ^{0}	兔儿tʰur^{21}	鸡tɕi^{213}
武城	叫tɕiɔ^{312}	兔子tʰu^{53}tsɿ^{0}	鸡tɕi^{224}
临清	叫唤tɕiau^{53}xuan^{0}	兔子tʰu^{53}tsɿ^{0}	鸡tɕi^{13}
冠县	叫tɕiɔ^{314}	兔子tʰu^{53}tsɿ^{0}	鸡tɕi^{13}
聊城	叫唤tɕiɔ^{53}xuã^{0}	兔子tʰu^{53}tsɿ^{0}	鸡tɕi^{13}
济南	叫唤tɕiɔ^{55}xuã^{0}	兔子tʰu^{55}tsɿ^{0}	鸡tɕi^{213}
泰安	咬iɔ^{55}	兔子tʰu^{42}tsɿ^{0}	鸡tɕi^{213}
莱芜	叫tɕiɔ^{42}	兔子tʰu^{42}tsɿ^{0}	鸡tɕi^{213}
新泰	汪汪uɑŋ^{31}uɑŋ^{31}	兔子tʰu^{54}tθɿ^{0}	鸡tɕi^{213}

续表

	0280叫狗～	0281兔子	0282鸡
沂源	咬iɔ^{55}	兔子tʰu^{31}tθɿ^{0}	鸡tɕi^{213}
博山	叫唤tɕiɔ^{55}xuã^{0}	兔子tʰu^{55}ə^{0}	鸡tɕi^{213}
张店	咬iɔ^{55}	兔子tʰu^{55}ɿ^{0}	鸡tɕi^{213}
阳谷	叫tɕiɔ^{313}	兔子tʰu^{42}zɿ^{0}	鸡tɕi^{213}
梁山	叫tɕiɔ^{314}	兔子tʰu^{42}tsɿ^{0}	鸡tɕi^{213}
菏泽	叫tɕiɔ^{312}	兔子tʰu^{31}tə^{0}	鸡tɕi^{213}
曹县	叫tɕiɔ^{312}	兔子tʰu^{53}tə^{0}	鸡tɕi^{213}
金乡	叫tɕiɔ^{312}	兔子tʰu^{31}tsɿ^{213}	鸡tɕi^{213}
曲阜	叫唤tɕiɔ^{42}xuã^{0}	兔子tʰu^{42}tsɿ^{0}	鸡tɕi^{213}
薛城	叫唤tɕiɔ^{41}xuã^{0} 咬iɔ^{24}	兔子tʰu^{41}tsɿ^{0}	鸡tɕi^{313}
郯城	咬iɔ^{24}	兔子tʰu^{51}tsɿ^{0}	鸡tɕi^{213}
临沂	咬iɔ^{55}	兔子tʰu^{31}tsɿ^{0}	鸡tɕi^{214}

	0283公鸡成年的，未阉的	0284母鸡已下过蛋的	0285叫公鸡～（即打鸣儿）
荣成	公鸡kuŋ^{53}ci^{0}	老母鸡lau^{35}mu^{21}ci^{53}	打鸣儿ta^{21}mə̃r^{53} “鸣”读为“萌”
烟台	公鸡kuŋ^{53}tɕi^{0}	母鸡mu^{21}tɕi^{53}	打鸣儿ta^{14}miə̃r^{53}
栖霞	老公儿lɔo^{34}kũr^{312}	老抱儿鸡lɔo^{34}pɔor^{34}ci^{312}	叫ciɔo^{52}
长岛	公鸡kuŋ^{31}ci^{0}	母鸡mu^{35}ci^{0}	鸡雏儿雏儿ci^{21}kour^{55}kour^{0}
海阳	公鸡kuŋ^{52}ci^{0}	母鸡mu^{21}ci^{0}	打鸣ta^{21}məŋ^{52} “鸣”读为“萌”
莱西	公鸡koŋ^{32}ci^{0}	母鸡mu^{24}ci^{0} 老母鸡lɔ^{21}mu^{55}ci^{214} 蛋鸡tã^{42}ci^{214}	打鸣ta^{55}məŋ^{214} “鸣”读为“萌”
平度	公鸡kuŋ^{213}ci^{0}	母鸡mu^{45}ci^{0} 老母鸡lɔ^{213}mu^{45}ci^{0} 蛋鸡tã^{42}ci^{213}	打鸣ta^{55}miŋ^{42}
青岛	公鸡koŋ^{21}tɕi^{0}	老母鸡lɔ^{213}mu^{44}tɕi^{0}	打鸣儿tɑ^{55}miõr^{42}
高密	公鸡koŋ^{21}tɕi^{0}	老母鸡lɔ^{23}mu^{0}tɕi^{213} 蛋鸡tã^{21}tɕi^{213}	打鸣儿tɑ^{213}miõr^{42}

续表

	0283 **公鸡**成年的，未阉的	0284 **母鸡**已下过蛋的	0285 **叫**公鸡～（即打鸣儿）
诸城	公鸡 kəŋ^{31}tʃʅ^{0}	母鸡 mu^{213}tʃʅ^{0}	打鸣儿 ta^{213}mə̃r^{53}
沂水	踩①鸡 tʂʰɛ^{213}tɕi^{0} 公鸡 kuŋ^{21}tɕi^{0}	母鸡 mu^{213}tɕi^{0}	打鸣儿 ta^{213}miə̃r^{53}
临朐	公鸡 kuŋ^{21}tɕi^{0}	母鸡 mu^{213}tɕi^{0}	打鸣儿 ta^{44}miə̃r^{53}
日照	公鸡 kəŋ^{31}tʃʅ^{0}	母鸡 mu^{213}tʃʅ^{0}	打鸣 tɑ^{24}miəŋ^{53}
莒南	公鸡 kuŋ^{21}tɕi^{0}	老母鸡 lɔ^{53}mu^{213}tɕi^{0}	叫 tɕiɔ^{312} 打鸣儿 ta^{55}mɾə̃r^{53}
潍坊	公鸡 koŋ^{31}tɕi^{0}	母鸡 mu^{24}tɕi^{0}	打鸣儿 tɑ^{55}miẽr^{53}
寿光	公鸡 kuŋ^{21}tɕi^{0}	母鸡 mu^{24}tɕi^{0}	打鸣儿 ta^{55}miɤr^{53}
高青	公鸡 kuŋ^{21}tɕi^{0}	蛋鸡 tã^{55}tɕi^{0}	打鸣 tɑ^{55}miŋ^{55}
阳信	公鸡 kuŋ^{31}tɕi^{0}	母鸡 mu^{213}tɕi^{213}	打鸣儿 ta^{55}miər^{43}
济阳	公鸡 kuŋ^{21}tɕi^{0}	母鸡 mu^{213}tɕi^{0}	打鸣儿 ta^{21}miər^{55}
利津	公鸡 kuŋ^{31}tɕi^{0}	母鸡 mu^{213}tɕi^{0}	打鸣儿 ta^{55}miər^{53}
乐陵	公鸡 kuŋ^{31}tɕi^{0}	母鸡 mu^{212}tɕi^{0}	打鸣儿 tɑ^{55}miər^{55}
商河	公鸡 kuŋ^{21}tɕi^{0}	母鸡 mu^{213}tɕi^{0}	打鸣儿 tɑ^{45}miər^{54}
平原	公鸡 kuŋ^{21}tɕi^{0}	母鸡 mu^{23}tɕi^{0}	打鸣儿 ta^{212}miᴇr^{42}
德州	公鸡 kuŋ^{21}tɕi^{0}	母鸡 mu^{213}tɕi^{0}	打鸣儿 ta^{55}miər^{42}
武城	公鸡 kuŋ^{312}tɕi^{0}	母鸡 mu^{24}tɕi^{0}	打鸣儿 ta^{24}miər^{53}
临清	公鸡 kuŋ^{13}tɕi^{0}	母鸡 mu^{44}tɕi^{0}	打鸣儿 ta^{44}miər^{53}
冠县	公鸡 kuŋ^{21}tɕi^{0}	草鸡 tsʰɔ^{44}tɕi^{0}	打鸣儿 ta^{55}miər^{53}
聊城	公鸡 kuŋ^{13}tɕi^{0}	草鸡 tsʰɔ^{44}tɕi^{0}	打鸣儿 ta^{44}miər^{53}
济南	公鸡 kuŋ^{21}tɕi^{0}	母鸡 mu^{213}tɕi^{0}	打鸣儿 ta^{55}miə̃r^{42}
泰安	公鸡 kuŋ^{21}tɕi^{0}	母鸡 mu^{213}tɕi^{0}	鸡哏儿哏儿 tɕi^{213}ker^{42}ker^{42} 叫 tɕiɔ^{21}
莱芜	公鸡 kuŋ^{31}tɕi^{0}	母鸡 mu^{213}tɕi^{0}	打鸣 ta^{213}miŋ^{55}
新泰	公鸡 kuŋ^{21}tɕi^{0}	母鸡 mu^{213}tɕi^{0}	鸡哏儿哏儿 tɕi^{23}kɤr^{42}kɤr^{42}
沂源	公鸡 kuŋ^{21}tɕi^{0}	母鸡 mu^{21}tɕi^{0} 蛋鸡 tã^{31}tɕi^{213}	打鸣儿 ta^{21}miə̃r^{55}

① “踩”指（公鸡）交配。

续表

	0283 **公鸡**成年的，未阉的	0284 **母鸡**已下过蛋的	0285 **叫**公鸡～（即打鸣儿）
博山	公鸡 kuŋ^{21}tɕi^{0}	母鸡 mu^{213}tɕi^{0}	打鸣 tɑ^{53}miŋ^{55}
张店	公鸡 kuŋ^{21}tɕi^{0}	母鸡 mu^{213}tɕi^{0}	打鸣 tɑ^{55}miŋ^{55}
阳谷	公鸡 kuŋ^{31}tɕi^{0}	草鸡 tsʰɔ^{13}tɕi^{0}	打鸣 ta^{55}miŋ^{42} 打鸣儿 ta^{55}miər^{42}
梁山	公鸡 kuŋ^{21}tɕi^{0}	草鸡 tsʰɔ^{23}tɕi^{0}	打鸣儿 ta^{55}miə̃r^{42}
菏泽	公鸡 kuŋ^{21}tɕi^{0}	草鸡 tsʰɔ^{44}tɕi^{213}	打鸣儿 ta^{44}miə̃r^{53}
曹县	公鸡 kuŋ^{213}tɕi^{0}	草鸡 tsʰɔ^{44}tɕi^{0}	打鸣儿 ta^{44}miə̃r^{53}
金乡	公鸡 kuŋ^{21}tɕi^{0}	草鸡 tsʰɔ^{55}tɕi^{213}	打鸣儿 ta^{55}miə̃r^{42}
曲阜	公鸡 kuŋ^{23}tɕi^{213}	草鸡 tsʰɔ^{213}tɕi^{0}	打鸣儿 ta^{55}miə̃r^{42}
薛城	公鸡 kuŋ^{23}tɕi^{313}	草鸡 tsʰɔ^{24}tɕi^{0}	打鸣 ta^{24}miŋ^{55}
郯城	老公鸡 lɔ^{44}kuŋ^{13}tɕi^{213}	蛋鸡 tã^{51}tɕi^{213} 下蛋鸡 ɕia^{51}tã^{51}tɕi^{213} 母鸡 mu^{44}tɕi^{213}	打鸣儿 ta^{24}miə̃r^{44}
临沂	老公鸡 lɔ^{55}kuŋ^{21}tɕi^{0}	老母鸡 lɔ^{55}mu^{214}tɕi^{0}	叫 tɕiɔ^{312}

	0286 **下**鸡～蛋	0287 **孵**～小鸡	0288 **鸭**
荣成	下 ɕia^{33}	抱① pau^{33}	鸭巴子 ia^{21}pa^{53}tsɿ^{0}
烟台	下 ɕiɑ^{33}	抱 pau^{33}	鸭巴子 ia^{21}pa^{53}ɾə^{0}
栖霞	下 ɕia^{52}	捂 u^{214} 抱 pɔo^{342}	鸭巴 ia^{34}pa^{312}
长岛	下 ɕia^{52}	抱 pau^{52}	鸭子 ia^{35}tsɿ^{0}
海阳	下 ɕia^{341}	抱 pɔ^{341}	鸭巴 ia^{21}pa^{52}
莱西	下 ɕia^{42}	抱 pɔ^{42}	鸭子 ia^{45}tsɿ^{0} 巴子 pa^{214}tsɿ^{0}
平度	下 ɕia^{42}	抱 pɔ^{42}	鸭子 ia^{213}tθɿ^{0} 鸭巴子 ia^{55}pa^{213}tθɿ^{0} 扁嘴 piã^{45}tθei^{0}
青岛	下 ɕiɑ^{42}	抱 pɔ^{42}	鸭子 iɑ^{42}tθɿ^{0}

① 该字或写作“菢”。《汉语大词典》引例有唐代韩愈诗、明代徐光启《农政全书》等。“抱”的写法则早见于扬雄《方言》：“北燕、朝鲜洌水之间谓伏鸡曰抱。”

续表

	0286下鸡～蛋	0287孵～小鸡	0288鸭
高密	下ɕiɑ^{21}	抱pɔ^{21}	扁嘴piã^{23}tθuei^{0} 鸭iɑ^{55}
诸城	下ʃa^{31}	抱pɔ^{31}	扁嘴piã^{213}tθuei^{0} 老崴lɔ^{44}uɛ^{44}
沂水	下ɕia^{31}	抱pɔ^{31}	扁嘴piã^{213}dðue^{0}
临朐	下ɕia^{21}	抱pɔ^{21}	扁嘴piã^{213}tθuei^{0}
日照	下ʃiɑ^{31}	抱pɔ^{31}	扁嘴piã^{213}tθuei^{0}
莒南	下ɕia^{31}	抱pɔ^{31}	扁嘴piã^{53}tθei^{55} 扁扁嘴piã^{213}piã^{0}tθei^{0}
潍坊	下ɕiɑ^{31}	抱pɔɤ^{31}	扁嘴piã^{24}tsuei^{0} 鸭子iɑ^{214}tsɿ^{0}
寿光	下ɕia^{21}	抱pɔ^{21}	扁嘴piã^{24}tsuei^{0}
高青	㜲fã^{41}	抱pɔ^{41}	巴巴子pɑ^{213}pɑ^{0}tsɿ^{0}
阳信	下ɕia^{31}	孵fu^{213}	鸭子ia^{31}tsɿ^{0}
济阳	下ɕia^{31}	抱pu^{31}	鸭子ia^{23}tsɿ^{0}
利津	下ɕia^{31}	抱pɔ^{31}	哩哩li^{213}li^{0} 扁嘴儿piã^{213}tsuer^{0}
乐陵	下ɕiɑ^{51}	抱pɔ^{51}	鸭子iɑ^{31}tsɿ^{0}
商河	下ɕiɑ^{31}	抱pɔ^{31}	鸭子iɑ^{213}tsɿ^{0}
平原	下ɕia^{21}	抱pɔu^{21}	鸭子ia^{23}tsɿ^{0}
德州	下ɕia^{21}	抱pɔ^{21}	鸭子ia^{21}tsɿ^{0}
武城	下ɕia^{312}	暖nã^{55}	鸭鸭ia^{312}ia^{0}
临清	下ɕia^{313}	抱pau^{313}	鸭子ia^{13}tsɿ^{0}
冠县	㜲fã^{314}	抱pɔ^{314}	鸭子ia^{21}tsɿ^{0}
聊城	㜲fã^{313}	抱pɔ^{313} 暖nuã^{44}	鸭ia^{13}
济南	下ɕia^{21} 㜲fã^{21}	抱pɔ^{21}	鸭子ia^{21}tsɿ^{0}
泰安	㜲fã^{21}	抱pɔ^{21}	鸭ia^{213}
莱芜	㜲fã^{42}	抱pɔ^{42}	鸭子ia^{23}tsɿ^{0}
新泰	㜲fã^{42}	抱pɔ^{31}	鸭子ia^{21}tθɿ^{0}

续表

	0286下鸡～蛋	0287孵～小鸡	0288鸭
沂源	下ɕia^{31}	抱pɔ^{31}	扁嘴piã^{21}tθuei^{55}
博山	嬔fã^{31}	抱pɔ^{31}	巴巴子pɑ^{22}pɑ^{0}ə^{0}
张店	嬔fã^{31}	抱pɔ^{31}	呱呱子kuɑ^{33}kuɑ^{0}ʅ^{0}
阳谷	嬔fã^{313}	暖nuã^{55}	鸭子ia^{31}zʅ^{0}
梁山	嬔fã^{314}	暖nuã^{55}	鸭ia^{213}
菏泽	嬔fã^{312}	暖nuã^{44} 抱pɔ^{312}	鸭子ia^{21}tə^{0} 扁嘴piã^{53}tsuei^{44}
曹县	嬔fã^{312}	抱pɔ^{312}	鸭子ia^{21}tə^{0}
金乡	嬔fã^{312}	暖nuã^{55}	鸭子ia^{21}tsʅ^{0}
曲阜	嬔fã^{312}	抱pɔ^{312}	鸭子ia^{21}tsʅ^{0}
薛城	嬔fã^{41}	拾sʅ^{55} 抱pɔ^{41}	鸭子ia^{31}tsʅ^{0}
郯城	下ɕia^{51}	抱pɔ^{51}	鸭子ia^{21}tsʅ^{0}
临沂	下ɕia^{312}	抱pɔ^{312}	扁嘴piã^{55}tsuei^{55} 鸭子ia^{21}tsʅ^{0}

	0289鹅	0290阉～公的猪	0291阉～母的猪
荣成	鹅儿uor^{53}	骟ʃan^{33}	骟ʃan^{33}
烟台	长脖子tɕ^{h}iaŋ^{33}po^{33}ɾə^{0} 鹅uo^{33}	骟ɕian^{33}	骟ɕian^{33}
栖霞	鹅子uo^{52}lə^{0}	骟ʃãn^{52}	骟ʃãn^{52}
长岛	鹅uə^{55}	骟ʃan^{52}	骟ʃan^{52}
海阳	鹅uo^{52}	骟sã^{341}	骟sã^{341}
莱西	鹅子uə^{214}tsʅ^{0}	骟ʃiã^{42}	骟ʃiã^{42}
平度	鹅子uə^{45}tθʅ^{0}	劁ts^{h}iɔ^{213} 择tṣei^{42}	劁ts^{h}iɔ^{213} 择tṣei^{42}
青岛	鹅uə^{42}	骟ʃã^{42}阉大的猪 择tṣei^{42}阉小的猪	择tṣei^{42}
高密	鹅子uə^{55}tθʅ^{0}	择tṣei^{42}	择tṣei^{42}
诸城	鹅uə^{53}	择tṣei^{53}	择tṣei^{53}

续表

	0289鹅	0290阉~公的猪	0291阉~母的猪
沂水	鹅 $uə^{53}$	择 $tʂe^{53}$	择 $tʂe^{53}$ 劁 $ts^hiɔ^{213}$
临朐	鹅 $uə^{53}$	择 $tʂei^{53}$	择 $tʂei^{53}$
日照	鹅 $uə^{53}$	择 $tʂei^{53}$	择 $tʂei^{53}$
莒南	鹅 $ə^{53}$	择 $tʂei^{53}$	劁 $ts^hiɔ^{213}$
潍坊	鹅 $uə^{53}$	骟 $ʂã^{31}$	择 $tʂei^{53}$
寿光	鹅 $uə^{53}$	割 ka^{213} 择 $tʂei^{53}$	劁 $tɕ^hiɔ^{213}$
高青	鹅 $ŋə^{55}$	割蛋 $kɑ^{213}tã^{41}$	择 $tʂei^{213}$
阳信	鹅 $ŋə^{43}$	骟 $ʂã^{31}$	劁 $tɕ^hiɔ^{213}$
济阳	鹅 $ŋə^{55}$	骟 $ʂã^{31}$	择 $tʂei^{55}$
利津	鹅 $ŋə^{53}$	骟 $ʂã^{31}$	劁 $tɕ^hiɔ^{213}$
乐陵	鹅 $ŋə^{55}$	骟 $ʂã^{51}$	择 $tsɛ^{55}$
商河	鹅子 $ŋə^{24}tsɿ^{0}$	骟 $ʂã^{31}$	择 $tsei^{54}$
平原	鹅 $ŋə^{42}$	择 $tsɛi^{42}$	择 $tsɛi^{42}$
德州	鹅 $ŋə^{42}$	劁 $tɕ^hiɔ^{213}$	劁 $tɕ^hiɔ^{213}$
武城	鹅 $ŋə^{53}$	择 $tʂɛ^{53}$	择 $tʂɛ^{53}$
临清	鹅 $ŋə^{53}$	劁 $tɕ^hiau^{13}$	劁 $tɕ^hiau^{13}$
冠县	鹅 $ɣə^{53}$	劁 $ts^hiɔ^{13}$	劁 $ts^hiɔ^{13}$
聊城	鹅 $ɣə^{53}$	劁 $tɕ^hiɔ^{13}$	劁 $tɕ^hiɔ^{13}$
济南	鹅 $ŋə^{42}$	骟 $ʂã^{21}$	择 $tʂei^{42}$
泰安	鹅 $ɣə^{42}$	骟 $ʂã^{21}$	择 $tʂei^{42}$
莱芜	鹅 $uə^{55}$	择 $tʃei^{55}$	择 $tʃei^{55}$
新泰	鹅 $ŋə^{42}$	择 $tʃei^{42}$	择 $tʃei^{42}$
沂源	鹅 $uə^{55}$	择 $tʃei^{55}$	择 $tʃei^{55}$
博山	鹅 $uə^{55}$	择 $tʂei^{55}$	择 $tʂei^{55}$
张店	鹅 $uə^{55}$	择 $tʂei^{55}$	择 $tʂei^{55}$
阳谷	鹅 $ɣə^{42}$	劁 $tɕ^hiɔ^{213}$	劁 $tɕ^hiɔ^{213}$
梁山	鹅 $ɣə^{42}$	择 $tsei^{42}$	择 $tsei^{42}$

续表

	0289鹅	0290阉～公的猪	0291阉～母的猪
菏泽	鹅ɣə^{53}	骟sã^{312}	择tsei^{213}
曹县	鹅ɣə^{53}	择tsei^{53}	（无）
金乡	鹅ɣə^{42}	骟sã^{312}	择tsei^{42}
曲阜	鹅ɣə^{42}	择tsei^{42}	择tsei^{42}
薛城	鹅ɣə^{55}	择tse^{55}	择tse^{55}
郯城	鹅ə^{44}	择tʂe^{44}	劁tɕʰiɔ^{213}
临沂	鹅ɣə^{53}	择tʃei^{53}	择tʃei^{53}

	0292阉～鸡	0293喂～猪	0294杀猪统称，注意婉称
荣成	（无）	喂uei^{33}	杀猪子ʂa^{21}tʃy^{53}tsɿ^{0}
烟台	（无）	喂uei^{33}	杀猪sa^{21}tɕy^{53}
栖霞	骟ʃãn^{52}	喂uei^{52}	杀猪sa^{34}tʃy^{312}
长岛	（无）	喂uei^{52}	杀猪sa^{55}tʃy^{31}
海阳	骟sã^{341}	喂uei^{341}	杀猪ʂa^{21}tʃy^{52}
莱西	（无）	喂uei^{42}	杀猪sa^{55}tʃu^{214}
平度	（无）	喂uei^{42}	杀猪ʂa^{55}tʃu^{213}
青岛	（无）	喂uei^{42}	杀猪ʂɑ^{55}tʃu^{213} 宰猪tθɛ^{55}tʃu^{213}
高密	（无）	喂uei^{21}	杀猪ʂa^{42}tʃu^{213} 宰猪tθɛ^{42}tʃu^{213}
诸城	择tʂei^{53}	喂uei^{31}	杀猪ʂa^{44}tʃu^{213}
沂水	骟ʃã^{31}	喂ue^{31}	杀猪ʂa^{24}dʒɥ^{213}
临朐	（无）	喂uei^{21}	宰猪tθɛ^{44}tʃu^{213}
日照	（无）	喂uei^{31}	杀猪ʂɑ^{44}tʃu^{213}
莒南	骟ʂã^{31}	喂uei^{31}	杀猪ʂa^{13}tʃɥ^{213}
潍坊	（无）	喂uei^{31}	杀猪ʂɑ^{24}tʂu^{214} 宰猪tsɛ^{55}tʂu^{214}
寿光	（无）	喂uei^{21}	杀猪ʂa^{55}tʂu^{213}
高青	（无）	喂uei^{41}	杀猪ʂɑ^{55}tʂu^{213}
阳信	（无）	喂uei^{31}	宰猪tsɛ^{55}tʂu^{213}

续表

	0292阉～鸡	0293喂～猪	0294杀猪统称，注意婉称
济阳	(无)	喂uei³¹	宰猪tsɛ⁵⁵tʂu²¹³
利津	(无)	喂uei³¹	宰猪tsɛ⁵⁵tʂu²¹³
乐陵	骟ʂã⁵¹	喂uei⁵¹	宰猪tsɛ⁵⁵tʂu²⁴
商河	(无)	喂uei³¹	宰猪tsɛ⁴⁵tʂu²¹³
平原	骟ʂã²¹	喂uei²¹	宰猪tsɛi⁴²tʂu²¹³
德州	(无)	喂uei²¹	宰猪tsɛ⁵⁵tʂu²¹³
武城	(无)	喂uei³¹²	宰猪tsɛ⁵³tʂu²²⁴
临清	(无)	喂uei³¹³	宰猪tsai⁴⁴tʂu¹³
冠县	(无)	喂uei³¹⁴	杀猪ʂa¹³tʂu¹³
聊城	(无)	喂uei³¹³	宰猪tsɛ⁴⁴tsu¹³
济南	(无)	喂uei²¹	宰猪tsɛ⁵⁵tʂu²¹³ 杀猪ʂa²³tʂu²¹³
泰安	(无)	喂uei²¹	杀猪ʂa²³tʂu²¹³ 宰猪tsɛ⁵⁵tʂu²¹³
莱芜	骟ʃã⁴²	喂uei⁴²	杀猪ʃa⁵⁵tʃu²¹³
新泰	(无)	喂uei³¹	杀猪ʃa²³pfu²¹³
沂源	(无)	喂uei³¹	杀猪ʃa⁵⁵tʃu²¹³
博山	(无)	喂uei³¹	杀猪ʂɑ⁵⁵tʂu²¹³
张店	(无)	喂uei³¹	杀猪ʂɑ³³tʂu²¹³
阳谷	(无)	喂uei³¹³	杀猪sa¹³tsu²¹³
梁山	(无)	喂uei³¹⁴	杀猪sa²³tsu²¹³
菏泽	(无)	喂uei³¹²	杀猪sa²¹³tsu²¹³
曹县	(无)	喂uei³¹²	杀sa²¹³ 宰tsai⁴⁴
金乡	骟sã³¹²	喂uei³¹²	杀猪sa²³tsu²¹³
曲阜	(无)	喂uei³¹²	杀猪sa²³tsu²¹³
薛城	(无)	喂ue⁴¹	杀猪sa²³pfu³¹³
郯城	骟ʂã⁵¹	喂ue⁵¹	杀猪ʂa¹³tʂu²¹³
临沂	骟ʃã³¹²	喂uei³¹²	杀猪ʃa²⁴tʃu²¹⁴ 宰猪tsɛ⁵⁵tʃu²¹⁴

	0295杀～鱼	0296村庄一个～	0297胡同统称：一条～
荣成	刳kʰuo^{53}	村儿tsʰər^{53} 疃儿tʰar^{214}	胡同儿xu^{33}tʰũr^{33}
烟台	洗ɕi^{14}	疃儿tʰɐr^{14} 村儿tsʰər^{53}	胡同儿xu^{21}tʰũr^{0}
栖霞	杀sa^{214}	疃儿tʰɐr^{214}	胡同儿xu^{34}tʰũr^{0}
长岛	刳kʰuə^{312}	村儿tsʰər^{312}	弄儿luə̃r^{52}
海阳	杀ʂa^{214}	疃儿tʰər^{214}	胡同儿xu^{21}tʰũr^{0}
莱西	杀sa^{55}	疃tʰã^{55} 村儿tsʰer^{214}	过洞 ⁼kuə^{42}toŋ^{0}
平度	杀ʂa^{55}	村儿tθʰə̃r^{213} 疃tʰã^{55}	胡同儿xu^{45}tʰõr^{0}
青岛	拾掇ʃʅ^{45}tuə^{0}	村tθʰuẽ^{213}	胡同儿xu^{55}tʰõr^{42}
高密	杀ʂa^{55}	庄儿tʂuɑ̃r^{213} 村儿tθʰuer^{213}	胡同xu^{23}tʰoŋ^{0}
诸城	刳kʰuə^{213}	庄儿tʂuɑ̃r^{213}	胡同xu^{213}tʰəŋ^{0}
沂水	杀ʂa^{44}	庄儿tʂuɑ̃r^{213}	胡同xu^{213}tʰuŋ^{0} 巷子ɕɪɑŋ^{11}dðʅ^{0}
临朐	拾掇ʃʅ^{35}tuə^{0}	庄儿tʂuɑ̃r^{213}	胡同xu^{213}tʰuŋ^{0}
日照	刳kʰə^{213}	村儿tθʰuer^{213}城里的称村 庄儿tʂuɑ̃r^{213}城外的称庄	胡同xu^{213}tʰəŋ^{0}
莒南	择tʂei^{53}	村儿tθʰuɾer^{213} 庄儿tʂɬɑ̃r^{213}	胡同xu^{213}tʰuŋ^{0}
潍坊	杀ʂɑ^{214} 宰tsɛ^{55}	村儿tsʰuer^{214} 庄儿tʂuɑ̃r^{214}	胡同xu^{24}tʰoŋ^{0}
寿光	杀ʂa^{213}	庄tʂuɑŋ^{213}	胡同xu^{213}tʰuŋ^{0}
高青	杀ʂɑ^{213}	庄儿tʂuɑ̃r^{213}	胡同xu^{35}tʰuŋ^{0}
阳信	扒pa^{213}	庄儿tʂuar^{213}	过道kuə^{55}tɔ^{0}
济阳	治①tʂʰʅ^{55}	庄儿tʂuar^{213}	囫囵道儿xu^{23}lẽ^{0}tɔr^{31}
利津	杀ʂa^{44}	村儿tsʰuer^{213} 庄tʂuɑŋ^{213}	胡同xu^{24}tʰuŋ^{0}

① 《广韵》直之切，“亦理也”。今音同“迟”。下同。

续表

	0295 杀~鱼	0296 村庄一个~	0297 胡同统称：一条~
乐陵	治 tʂʰʅ^{55}	村儿 tsʰuer^{24}	过道 kuə^{55}tɔ^{0}
商河	择 tsei^{54}	庄儿 tʂuɑr^{213} 庄 tʂuɑŋ^{213}	过道 kə^{54}tɔ^{0} 胡同 xu^{24}tʰuŋ^{0}
平原	宰 tsɛi^{55}	村子 tsʰuẽ^{21}tsɿ^{0}	混道儿 xuẽ^{23}tɔur^{21}
德州	宰 tsɛ^{55}	村儿 tsʰuer^{213}	胡同儿 xu^{55}tʰuə̃r^{0}
武城	治 tʂʰʅ^{53}	村儿 tsʰuer^{224}	胡同 xu^{24}tʰuŋ^{0}
临清	宰 tsai^{44}	庄儿 tʂuar^{13} 村儿 tsʰuer^{13}	胡同儿 xu^{44}tʰuər^{0}
冠县	宰 tsɛ^{55}	村儿 tsʰuer^{13}	过道儿 kuə^{53}tɔr^{0}
聊城	治 tsʰɿ^{53}	庄儿 tsuar^{13}	胡同儿 xu^{53}tʰuər^{13}
济南	治鱼 tʂʰʅ^{42}y^{42}	村儿 tsʰuer^{213}	囫囵道儿 xu^{21}luẽ^{445}tɔr^{0} 胡同 xu^{21}tʰuŋ^{0}
泰安	治 tʂʰʅ^{42}	庄儿 tʂuar^{213} 村儿 tsʰuer^{213}	胡同儿 xu^{213}tʰuər^{0}
莱芜	治 tʃʰʅ^{55}	庄 tʃuɑŋ^{213}	胡同道子 xu^{23}tʰuŋ^{0}tɔ^{42}tsɿ^{0}
新泰	治 tʃʰʅ^{42}	村庄 pfɑŋ^{213}	胡同 xu^{21}tʰuŋ^{0}
沂源	杀 ʃa^{213}	庄 tʃuɑŋ^{213}	胡同 xu^{21}tʰuŋ^{55}
博山	杀 ʂɑ^{213}	庄 tʂuɑŋ^{213} 村 tsʰuẽ^{213}	胡同 xu^{35}tʰuŋ^{0}
张店	杀 ʂɑ^{33}	庄 tʂuɑŋ^{213}	胡同 xu^{33}tʰuŋ^{0}
阳谷	治 tsʰɿ^{42}	村儿 tsʰuor^{213} 庄儿 tsuar^{213}	胡同子 xu^{31}tʰuŋ^{0}zɿ^{0} 胡同儿 xu^{31}tʰuor^{213}
梁山	治 tsʰɿ^{42}	庄儿 tsuɑ̃r^{213}	胡同儿 xu^{42}tʰũr^{55}
菏泽	治 tsʰɿ^{53}宰杀并弄干净	庄儿 tsuɑ̃r^{213}	胡同儿 xu^{53}tʰuə̃r^{0}
曹县	杀 sa^{213}	庄儿 tʂuɑ̃r^{213}	胡同 xu^{53}tʰuŋ^{0}
金乡	治 tsʰɿ^{42}	庄儿 tsuɑ̃r^{213}	胡同儿 ku^{55}tuə̃r^{213}读为"古冬儿"
曲阜	治 tsʰɿ^{42}	村儿 tsʰuer^{213}	胡同儿 xu^{21}tʰũr^{0}
薛城	治 tsʰɿ^{55}	庄 pfɑŋ^{313} 庄子 pfɑŋ^{31}tsɿ^{0}	古⁼道⁼ku^{55}tɔ^{0}
郯城	择 tʂe^{44}	庄儿 tʂuɑ̃r^{213} 村儿 tsʰuer^{213} 村庄儿 tsʰuə̃^{13}tʂuɑ̃r^{213}	巷子 ɕiɑŋ^{51}tsɿ^{0}

续表

	0295 杀～鱼	0296 村庄一个～	0297 胡同统称：一条～
临沂	择 tʃei^{53}	庄儿 tʃuãr^{214} 村儿 tsʰuer^{214}	巷子 ɕiaŋ^{31}tsɿ^{0}

	0298 街道	0299 盖房子	0300 房子整座的，不包括院子
荣成	街 tsei^{53}	盖房子 kai^{33}faŋ^{35}tsɿ^{0}	房 faŋ^{35}
烟台	街道儿 tɕiɛ^{53}taur^{0}	盖房子 kɛ^{53}faŋ^{33}ɾə^{0}	房子 faŋ^{33}ɾə^{0}
栖霞	街 ciɛi^{312}	盖房子 kɛi^{52}faŋ^{34}lə^{0}	房子 faŋ^{34}lə^{0}
长岛	街 ciai^{312}	盖房子 kai^{52}faŋ^{55}tsɿ^{0}	房子 faŋ^{55}tsɿ^{0}
海阳	街 ciɛi^{52}	盖房 kɛ^{52}faŋ^{341}	房 faŋ^{341}
莱西	街 ciɛ^{214}	盖屋 kɛ^{214}u^{42}	屋 u^{42}
平度	街道 ciɛ^{213}tɔ^{42}	盖房子 kɛ^{213}faŋ^{45}tθɿ^{0} 盖屋 kɛ^{213}u^{55}	房子 faŋ^{45}tθɿ^{0} 屋 u^{55}
青岛	街 tɕiɛ^{213}	盖房子 kɛ^{213}faŋ^{55}tθɿ^{0} 盖屋 kɛ^{42}u^{213}	房子 faŋ^{45}tθɿ^{0} 屋 u^{213}
高密	街 tɕiɛ^{213}	盖屋 kɛ^{21}u^{55} 盖房子 kɛ^{21}faŋ^{55}tθɿ^{0}	屋 u^{55} 房子 faŋ^{55}tθɿ^{0}
诸城	街 tʃɛ^{213}	盖屋 kɛ^{31}u^{44}	屋 u^{44}
沂水	街 tɕiɛ^{213} 街道 tɕiɛ^{24}tɔ^{31}	盖屋 kɛ^{31}u^{44}	屋 u^{44}
临朐	街 tɕiɛ^{213}	盖屋 kɛ^{21}u^{44}	宅子 tʂei^{35}tθɿ^{0}
日照	街 tʃiɛ^{213}	盖屋 kɛ^{31}u^{213}	屋 u^{213}
莒南	当街 taŋ^{13}tɕiɛ^{213}	盖屋 kɛ^{31}u^{213}	屋 u^{213}
潍坊	街 tɕiɛ^{214}	盖屋 kɛ^{31}u^{214} 盖房子 kɛ^{31}faŋ^{35}tsɿ^{0}	屋 u^{214} 房子 faŋ^{35}tsɿ^{0}
寿光	街 tɕiɛ^{213} 道 tɔ^{21}	盖屋 kɛ^{21}u^{213}	屋 u^{213}
高青	大道 ta^{55}tɔ^{0}	盖屋 kɛ^{41}u^{213}	屋 u^{213}
阳信	大道 ta^{23}tɔ^{31}	盖屋 kɛ^{31}u^{213}	屋 u^{213}
济阳	大街 ta^{31}tɕiɛ^{213}	盖屋 kɛ^{31}u^{213}	屋 u^{213}
利津	大街 ta^{31}tɕiɛ^{213}	盖屋 kɛ^{31}u^{44}	房子 faŋ^{35}tsɿ^{0} 屋 u^{44}

续表

	0298街道	0299盖房子	0300房子整座的，不包括院子
乐陵	胡同道 $xu^{51}t^hu\eta^{24}t\mathrm{ɔ}^{51}$	盖屋 $k\varepsilon^{31}u^{24}$	房子 $fa\eta^{55}ts\mathrm{ɿ}^{0}$
商河	大街 $ta^{31}t\mathrm{ɕ}i\varepsilon^{213}$	盖屋 $k\varepsilon^{31}u^{45}$	屋 u^{45}
平原	大街 $ta^{21}t\mathrm{ɕ}i\varepsilon i^{213}$	盖房子 $k\varepsilon i^{21}fa\eta^{55}ts\mathrm{ɿ}^{0}$	房子 $fa\eta^{55}ts\mathrm{ɿ}^{0}$
德州	大街 $ta^{21}t\mathrm{ɕ}i\varepsilon^{213}$	盖房 $k\varepsilon^{21}fa\eta^{42}$	房子 $fa\eta^{55}ts\mathrm{ɿ}^{0}$
武城	大街 $ta^{21}t\mathrm{ɕ}i\varepsilon^{224}$	盖房子 $k\varepsilon^{21}fa\eta^{55}ts\mathrm{ɿ}^{0}$	房子 $fa\eta^{55}ts\mathrm{ɿ}^{0}$
临清	街 $t\mathrm{ɕ}i\varepsilon^{13}$	盖房子 $kai^{31}fa\eta^{44}ts\mathrm{ɿ}^{0}$	房子 $fa\eta^{44}ts\mathrm{ɿ}^{0}$
冠县	街 $t\mathrm{ɕ}i\varepsilon^{13}$	盖屋子 $k\varepsilon^{31}u^{21}ts\mathrm{ɿ}^{0}$ 盖房子 $k\varepsilon^{31}fa\eta^{53}ts\mathrm{ɿ}^{0}$	房子 $fa\eta^{53}ts\mathrm{ɿ}^{0}$
聊城	街 $t\mathrm{ɕ}i\varepsilon^{13}$	盖房子 $k\varepsilon^{31}fa\eta^{44}ts\mathrm{ɿ}^{0}$	房子 $fa\eta^{44}ts\mathrm{ɿ}^{0}$
济南	街 $t\mathrm{ɕ}i\varepsilon^{213}$ 街道 $t\mathrm{ɕ}i\varepsilon^{23}t\mathrm{ɔ}^{21}$	盖房子 $k\varepsilon^{21}fa\eta^{445}ts\mathrm{ɿ}^{0}$ 盖屋 $k\varepsilon^{21}u^{213}$	房子 $fa\eta^{445}ts\mathrm{ɿ}^{0}$
泰安	街道 $t\mathrm{ɕ}i\varepsilon^{23}t\mathrm{ɔ}^{21}$ 街 $t\mathrm{ɕ}i\varepsilon^{213}$	盖屋 $k\varepsilon^{21}u^{213}$	屋 u^{213}
莱芜	大街 $ta^{31}t\mathrm{ɕ}i\varepsilon^{213}$	盖屋 $k\varepsilon^{31}u^{213}$	屋 u^{213}
新泰	街 $tci\varepsilon^{213}$	盖屋 $k\varepsilon^{31}u^{213}$	屋 u^{213}
沂源	街道 $t\mathrm{ɕ}i\varepsilon^{13}t\mathrm{ɔ}^{31}$	盖屋 $k\varepsilon^{31}u^{213}$	屋 u^{213}
博山	街道 $t\mathrm{ɕ}i\varepsilon^{213}t\mathrm{ɔ}^{31}$	盖房 $k\varepsilon^{31}fa\eta^{55}$ 盖屋 $k\varepsilon^{31}u^{213}$	屋 u^{213}
张店	道 $t\mathrm{ɔ}^{31}$	盖屋 $k\varepsilon^{31}u^{33}$	屋 u^{33}
阳谷	街 $t\mathrm{ɕ}i\varepsilon^{213}$	盖房子 $k\varepsilon^{31}fa\eta^{55}z\mathrm{ɿ}^{0}$ 盖屋子 $k\varepsilon^{31}u^{31}z\mathrm{ɿ}^{0}$	房子 $fa\eta^{55}z\mathrm{ɿ}^{0}$ 屋子 $u^{31}z\mathrm{ɿ}^{0}$
梁山	当街 $ta\eta^{23}t\mathrm{ɕ}i\varepsilon^{213}$	盖屋子 $k\varepsilon^{31}u^{21}ts\mathrm{ɿ}^{0}$	屋子 $u^{21}ts\mathrm{ɿ}^{0}$
菏泽	街 $t\mathrm{ɕ}i\varepsilon^{213}$	盖屋子 $k\varepsilon^{31}u^{21}t\mathrm{ə}^{0}$	屋子 $u^{21}t\mathrm{ə}^{0}$
曹县	街 $t\mathrm{ɕ}i\mathrm{ə}^{213}$	盖屋子 $kai^{31}u^{21}t\mathrm{ə}^{0}$	屋子 $u^{21}t\mathrm{ə}^{0}$
金乡	街 $t\mathrm{ɕ}i\mathrm{ə}^{213}$	盖屋子 $k\varepsilon^{31}u^{21}ts\mathrm{ɿ}^{0}$	屋子 $u^{21}ts\mathrm{ɿ}^{0}$
曲阜	街 $t\mathrm{ɕ}i\varepsilon^{213}$	盖屋 $k\varepsilon^{31}u^{213}$	屋 u^{213}
薛城	街 $t\mathrm{ɕ}i\varepsilon^{313}$	盖屋 $k\varepsilon^{41}u^{313}$	屋 u^{313}
郯城	街 $t\mathrm{ɕ}i\varepsilon^{213}$	盖屋 $k\varepsilon^{51}u^{213}$	屋 u^{213}
临沂	街 $t\mathrm{ɕ}i\varepsilon^{214}$	盖屋 $k\varepsilon^{31}u^{214}$ 盖房子 $k\varepsilon^{31}fa\eta^{55}ts\mathrm{ɿ}^{0}$	屋 u^{214} 房子 $fa\eta^{55}ts\mathrm{ɿ}^{0}$

	0301 **屋子**房子里分隔而成的，统称	0302 **卧室**	0303 **茅屋**茅草等盖的
荣成	屋u^{53} 间cian^{53}	东炕tuŋ^{53}k^{h}ɑŋ^{33} 西炕si^{53}k^{h}ɑŋ^{33}	草房子ts^{h}au^{21}fɑŋ^{35}tsɿ^{0}
烟台	屋儿ur^{53}	屋儿ur^{53}	茅草房儿mau^{53}ts^{h}au^{21}fɑ̃r^{33}
栖霞	家ciɑ^{312}	东家儿tuŋ^{52}ciar^{0} 西家儿ʃi^{52}ciar^{0}	草房儿ts^{h}ɔo^{21}fɑ̃r^{342}
长岛	屋子u^{35}tsɿ^{0}	里家li^{35}cia^{52} 里屋li^{35}u^{0}	厦子sa^{52}tsɿ^{0}
海阳	屋u^{52}	东炕tuŋ^{52}k^{h}ɑŋ^{341} 西炕si^{52}k^{h}ɑŋ^{341}	团棚t^{h}ã^{34}p^{h}əŋ^{0}
莱西	间ciã^{214}	东间toŋ^{32}ciã^{0}东侧的卧室 西间ʃɿ^{32}ciã^{0}西侧的卧室	草盘儿屋ts^{h}ɔ^{55}p^{h}ɐr^{214}u^{42}
平度	房间fɑŋ^{42}ciã^{213}	睡觉间儿ʂuei^{213}ciɔ^{42}ciɛr^{213}	草屋tθ^{h}ɔ^{45}u^{0} 草房tθ^{h}ɔ^{55}fɑŋ^{42}
青岛	间tɕiã^{213}	间tɕiã^{213}	草屋tθ^{h}ɔ^{55}u^{213} 草房儿tθ^{h}ɔ^{55}fɑ̃r^{42}
高密	间tɕiã^{213} 屋u^{55}	困觉的屋儿k^{h}uə̃^{21}tɕiɔ^{42}ti^{0}ur^{55}	草皮屋tθ^{h}ɔ^{23}p^{h}ei^{0}u^{55}
诸城	屋u^{44}	里屋li^{213}u^{0}	草屋tθ^{h}ɔ^{213}u^{0} 草皮屋tθ^{h}ɔ^{44}p^{h}ei^{53}u^{44}
沂水	屋u^{44}	里间li^{213}tɕiã^{0}	草屋子tθ^{h}ɔ^{44}u^{213}dð̆ɿ^{0}
临朐	房屋子fɑŋ^{35}u^{0}tθɿ^{0}	（无）	草屋tθ^{h}ɔ^{213}u^{0}
日照	间tʃiã^{213}里～，外～	里间li^{213}tʃiã^{0}	草屋tθ^{h}ɔ^{213}u^{0}
莒南	屋u^{213}	里间li^{213}tɕiã^{0} 里屋li^{213}u^{0}	茅草屋mɔ^{24}tθ^{h}ɔ^{0}u^{213}
潍坊	屋u^{214}	困觉的屋k^{h}uẽ^{31}tɕiɔɤ^{55}ti^{0}u^{214}	（无）
寿光	房屋儿fɑŋ^{35}ur^{0} 房屋子fɑŋ^{35}u^{0}tsɿ^{0}	炕屋k^{h}ɑŋ^{55}u^{0}	草屋儿ts^{h}ɔ^{24}ur^{0}
高青	屋u^{213}	里间li^{213}tɕiã^{0}	草屋ts^{h}ɔ^{213}u^{0}
阳信	屋u^{213}	里间儿屋li^{213}tɕiɛr^{0}u^{213}	（无）
济阳	屋u^{213}	睡觉的屋ʂuei^{31}tɕiɔ^{55}ti^{0}u^{213}	草屋ts^{h}ɔ^{21}u^{0}当地无
利津	屋u^{44}	里间li^{213}tɕiã^{0}	茅草房mɔ^{53}ts^{h}ɔ^{55}fɑŋ^{53}
乐陵	屋子u^{31}tsɿ^{0}	里间屋li^{212}tɕiã^{0}u^{24}	草屋子ts^{h}ɔ^{212}u^{0}tsɿ^{0}

续表

	0301屋子房子里分隔而成的，统称	0302卧室	0303茅屋茅草等盖的
商河	房屋儿faŋ^{54}ur^{45}	里屋li^{213}u^{0}	草屋子tsʰɔ^{21}u^{45}tsɿ^{0}
平原	屋儿ur^{213}	里屋儿li^{23}ur^{0}	草房tsʰɔu^{212}faŋ^{42}
德州	屋子u^{21}tsɿ^{0}	里间儿li^{213}tɕiɛr^{0}	（无）
武城	屋u^{224}	里屋儿li^{24}ur^{0}	茅儿屋儿mɔr^{55}ur^{0}
临清	屋u^{13}	里间屋li^{44}tɕian^{44}u^{0}	（无）
冠县	屋子u^{21}tsɿ^{0}	（无）	（无）
聊城	屋子u^{13}tsɿ^{0}	里间儿li^{44}tɕiɛr^{13}	秫秸摊儿su^{31}tɕiɛ^{13}tʰɛr^{13}
济南	屋u^{213}	里屋li^{213}u^{0}	茅草房儿mɔ^{445}tsʰɔ^{0}fãr^{42} 草屋tsʰɔ^{213}u^{0}
泰安	屋u^{213}	里间屋li^{213}tɕiã^{0}u^{213}	草屋tsʰɔ^{213}u^{0}
莱芜	房屋子faŋ^{13}u^{0}tsɿ^{0}	（无）	草屋tsʰɔ^{213}u^{0}
新泰	屋u^{213}	（无）	草屋tθʰɔ^{213}u^{0}
沂源	屋u^{213}	里间li^{21}tɕiã^{0}	草屋子tθʰɔ^{21}u^{0}tθɿ^{0}
博山	屋u^{213}	里间li^{213}tɕiã^{0}	草屋tsʰɔ^{213}u^{0}
张店	屋u^{33}	房屋子faŋ^{35}u^{0}ɿ^{0}	草屋tsʰɔ^{21}u^{0}
阳谷	房子faŋ^{55}zɿ^{0} 屋子u^{31}zɿ^{0}	（无）	茅屋mɔ^{42}u^{213}
梁山	间tɕiã^{213}	里间屋子li^{23}tɕiã^{0}u^{21}tsɿ^{0}	草屋tsʰɔ^{55}u^{213}
菏泽	（无）	（无）	屋子u^{21}tə^{0}
曹县	屋子u^{21}tə^{0}	（无）	茅草房mɔ^{53}tsʰɔ^{44}faŋ^{53}
金乡	间tɕiã^{213}	里间li^{55}tɕiã^{213}	草屋tsʰɔ^{55}u^{213}
曲阜	屋u^{213}	里间屋li^{213}tɕiã^{0}u^{213}	草屋tsʰɔ^{55}u^{213}
薛城	屋u^{313}	里屋li^{55}u^{0}可用于睡觉，不专用	草屋tsʰɔ^{55}u^{0}
郯城	屋u^{213}	里间儿li^{44}tɕiɛr^{213}	草屋tsʰɔ^{44}u^{213}
临沂	屋u^{214}	里间li^{214}tɕiã^{0}	草屋tsʰɔ^{214}u^{0}

	0304厨房	0305灶统称	0306锅统称
荣成	伙房xuo^{21}faŋ^{35}	锅台kuo^{53}tai^{35}	锅kuo^{53}

续表

	0304厨房	0305灶统称	0306锅统称
烟台	正地下 tɕiŋ^{33}ti^{33}ɕia^{0}	锅台 kuo^{53}tʰɛ^{33}	锅 kuo^{53}
栖霞	灶口儿 tsɔo^{52}kʰəur^{0}	锅台 kuo^{55}tʰɛi^{342}	锅 kuo^{312}
长岛	外地 uai^{52}ti^{52}	灶坑 tsau^{52}kʰəŋ^{0}	锅 kuə^{312}
海阳	过灶口 kuo^{52}tθɔ^{34}kʰəu^{0}	锅台 kuo^{52}tʰɛ^{341}	锅 kuo^{52}
莱西	正间 tʃəŋ^{42}ciã^{0} 以前无厨房，在正间里做饭	锅台 kuə^{214}tʰɛ^{42} 土砖做的	锅 kuə^{214}
平度	灶房 tθɔ^{42}fɑŋ^{0}	锅台 kuə^{213}tʰɛ^{42} 土砖做的 炉灶 lu^{42}tθɔ^{213}	锅 kuə^{213}
青岛	（无）	锅台 kuə^{213}tʰɛ^{42}	锅 kuə^{213}
高密	伙房 xuə^{213}fɑŋ^{42}	锅台 kuə^{213}tʰɛ^{42}	锅 kuə^{213}
诸城	饭屋 fã^{44}u^{0}	锅框子 kuə^{213}kʰuɑŋ^{44}tθɿ^{0}	锅 kuə^{213}
沂水	锅屋 kuə^{21}u^{0}	锅框子 kuə^{213}kʰuɑŋ^{44}dðɿ^{0}	锅 kuə^{213}
临朐	厨屋 tʃʰu^{35}u^{0}	大锅头 ta^{44}kuə^{0}tʰəu^{53} 大窠罗 ⁼ta^{21}kʰuə^{21}luə^{0}	锅 kuə^{213}
日照	锅屋 kuə^{31}u^{0}	锅台 kuə^{213}tʰɛ^{53}	锅 kuə^{213}
莒南	锅屋 kuə^{21}u^{0}	锅框子 kuə^{213}kʰuɑŋ^{42}tθɿ^{0} 灶儿 tθɾɔr^{31}	锅 kuə^{213}
潍坊	厦子 ʂa^{55}tsɿ^{0}	站炉子 tʂã^{55}lu^{0}tsɿ^{0} 土砖做的	锅 kuə^{214}
寿光	饭屋 fã^{55}u^{0}	窠罗 ⁼kʰuə^{21}luə^{0}	锅 kuə^{213}
高青	伙屋 xuə^{213}u^{0}	锅头 kuə^{213}tʰou^{55}	锅 kuə^{213}
阳信	伙房 xuə^{55}fɑŋ^{43} 饭屋 fã^{55}u^{0}	灶火 tsɔ^{55}xuə^{0}	锅 kuə^{213}
济阳	饭屋 fã^{55}u^{0}	锅头 kuə^{13}tʰou^{55}	锅 kuə^{213}
利津	饭屋 fã^{55}u^{0}	锅台 kuə^{213}tʰɛ^{53}	锅 kuə^{213}
乐陵	伙房 xuə^{55}fɑŋ^{55}	锅台 kuə^{212}tʰɛ^{55}	锅 kuə^{24}
商河	饭棚 fã^{54}pʰəŋ^{0}	锅台 kuə^{213}tʰɛ^{54} 锅头 kuə^{213}tʰou^{54}	锅 kuə^{213}
平原	饭屋儿 fã^{42}ur^{0}	锅台 kuə^{212}tʰɛi^{42}	锅 kuə^{213}
德州	伙房 xuə^{55}fɑŋ^{42}	炉子 lu^{55}tsɿ^{0}	锅 kuə^{213}
武城	伙房 xuə^{24}fɑŋ^{53}	锅头 kuə^{24}tʰou^{53}	锅 kuə^{224}

续表

	0304 厨房	0305 灶统称	0306 锅统称
临清	伙房 xuə^{44}faŋ^{0} 灶房 tsau^{31}faŋ^{0}	炉子 lu^{44}tsɿ^{0}	锅 kuə^{13}
冠县	厨屋 tʂʰu^{53}u^{0}	灶 tsɔ^{314}	锅 kuə^{13}
聊城	厨屋 tsʰu^{44}u^{0} 小的 伙房 xuə^{44}faŋ^{53} 大的	灶台 tsɔ^{31}tʰɛ^{53} 灶火窝儿 tsɔ^{53}xuə^{0}uər^{13}	锅 kuə^{13}
济南	饭屋 fã^{55}u^{0}	锅台 kuə^{213}tʰɛ^{42} 锅头 kuə^{213}tʰou^{42}	锅 kuə^{213}
泰安	饭屋 fã^{42}u^{0}	灶火 tsɔ^{42}xuə^{0}	锅 kuə^{213}
莱芜	饭屋 fã^{42}u^{0}	行⁼灶子 ɕiŋ^{13}tsɔ^{0}tsɿ^{0}	锅 kuə^{213}
新泰	饭屋 fã^{54}u^{0}	灶 tθɔ^{31}	锅 kuə^{213}
沂源	饭屋 fã^{55}u^{0}	锅台 kuə^{21}tʰɛ^{55}	锅 kuə^{213}
博山	棚子 pʰəŋ^{35}ə^{0}	炉子 lu^{35}ə^{0}	锅 kuə^{213}
张店	饭屋 fã^{55}u^{0}	大锅头 ta^{31}kuə^{213}tʰou^{55} 锅窠郎⁼［子］kuə^{31}kʰuə^{0}laŋ^{35}	锅 kuə^{213}
阳谷	厨房 tsʰu^{42}faŋ^{42} 厨屋 tsʰu^{55}u^{0}	灶 tsɔ^{313}	锅 kuo^{213}
梁山	厨屋 tsʰu^{55}u^{213}	锅台 kuə^{23}tʰɛ^{42}	锅 kuə^{213}
菏泽	厨屋 tsʰu^{53}u^{213}	锅窠郎⁼子 kuə^{21}kʰə^{0}laŋ^{21}tə^{0}	锅 kuə^{213}
曹县	厨屋 tʂʰu^{53}u^{213}	锅窠郎⁼子 kuə^{21}kʰə^{0}laŋ^{21}nẽ^{0}	锅 kuə^{213}
金乡	厨屋 tsʰu^{55}u^{213}	锅台 kuə^{213}tʰɛ^{42}	锅 kuə^{213}
曲阜	厨屋 tsʰu^{42}u^{0}	锅台 kuə^{213}tʰɛ^{42}	锅 kuə^{213}
薛城	锅屋 kuə^{313}u^{0}	锅戗⁼子 kuə^{31}tɕʰiaŋ^{41}tsɿ^{0} 锅台 kuə^{31}tʰɛ^{55} 地锅子 ti^{41}kuə^{31}tsɿ^{0}	锅 kuə^{313}
郯城	锅屋 kuə^{13}u^{213} 厨房 tʂʰu^{44}faŋ^{44}	锅框 kuə^{13}kʰuaŋ^{51}	锅 kuə^{213}
临沂	锅屋 kuə^{24}u^{214}	锅框子 kuə^{24}kʰuaŋ^{31}tsɿ^{0}	锅 kuə^{214}

	0307 饭锅煮饭的	0308 菜锅炒菜的	0309 厕所旧式的，统称
荣成	铁锅 tʰiɛ^{21}kuo^{53}	炒锅 tʂʰau^{21}kuo^{53}	茅房 mau^{53}faŋ^{0} 阳坑 iaŋ^{53}kʰəŋ^{53}
烟台	锅 kuo^{53}	锅 kuo^{53}	阳沟儿 iaŋ^{53}kour^{53} 茅房 mau^{33}faŋ^{0}

续表

	0307 **饭锅**煮饭的	0308 **菜锅**炒菜的	0309 **厕所**旧式的，统称
栖霞	锅kuo^{312}	锅kuo^{312} 菜锅tsʰɛi^{52}kuo^{0}	坑kʰəŋ^{312} 茅房mɔo^{34}faŋ^{0}
长岛	大锅ta^{52}kuə^{31}	锅kuə^{312}	茅坑mau^{55}kʰəŋ^{31}
海阳	锅kuo^{52}	锅kuo^{52}	小坑儿siɔ^{21}kʰə̃r^{52}
莱西	锅kuə^{214}	炒瓢tsʰɔ^{55}pʰiɔ^{42} 锅kuə^{214}	茅房mɔ^{45}faŋ^{0} 坑kʰəŋ^{214}
平度	锅kuə^{213}	炒瓢tʂʰɔ^{55}pʰiɔ^{42} 锅kuə^{213}	茅房儿mɔ^{45}fãr^{0} 厕所儿tθʰɿ^{213}ʂuər^{55}
青岛	锅kuə^{213}	锅kuə^{213}	茅房mɔ^{45}faŋ^{0}
高密	锅kuə^{213}	锅kuə^{213} 炒瓢tʂʰɔ^{213}pʰiɔ^{42}	茅房儿mɔ^{55}fãr^{0} 圈tɕyã^{21}
诸城	锅kuə^{213}	锅kuə^{213}	圈tʃuã^{31} 茅厕mɔ^{53}θɿ^{213} 屎栏茅子ʂɿ^{44}lã^{0}mɔ^{24}tθɿ^{0}
沂水	锅kuə^{213}	锅kuə^{213}	栏lã^{53} 茅厕mɔ^{53}tθʰə^{31} 茅房mɔ^{53}faŋ^{53}
临朐	锅kuə^{213}	耳锅子lə^{213}kuə^{0}tθɿ^{0}	栏lã^{53}
日照	锅kuə^{213}	炒锅tʂʰɔ^{213}kuə^{0}	壕汪xɔ^{44}uaŋ^{0} 茅儿房儿mɔr^{44}fãr^{0}
莒南	锅kuə^{213}	炒锅tʂʰɔ^{53}kuə^{213}	猪栏tʃɥ^{213}lã^{53}
潍坊	锅kuə^{214}	铁锅tʰiə^{24}kuə^{214} 生铁锅ʂəŋ^{31}tʰiə^{0}kuə^{214}	茅房儿mɔɤ^{35}fãr^{0}
寿光	锅kuə^{213}	铫子tiɔ^{55}tsɿ^{0} 小锅ɕiɔ^{55}kuə^{213}	茅子mɔ^{35}tsɿ^{0} 屎拉茅子ʂɿ^{24}la^{0}mɔ^{35}tsɿ^{0}
高青	锅kuə^{213}	锅kuə^{213}	栏lã^{55} 茅房mɔ^{35}faŋ^{0}
阳信	锅kuə^{213}	大勺ta^{31}ʂɔ^{43}	茅子mɔ^{45}tsɿ^{0}
济阳	饭锅fã^{31}kuə^{213}	炒勺tʂʰɔ^{21}ʂɔ^{55}	栏lã^{55} 茅房mɔ^{24}faŋ^{0}
利津	饭锅fã^{31}kuə^{213}	炒勺tʂʰɔ^{55}ʂɔ^{53}	茅房mɔ^{35}faŋ^{0}
乐陵	饭锅fã^{31}kuə^{24}	炒勺tsʰɔ^{55}ʂɔ^{55}	茅子mɔ^{55}tsɿ^{0}
商河	大锅ta^{31}kuə^{213}	小锅ɕiɔ^{45}kuə^{213}	茅厕mɔ^{54}sɿ^{213}

续表

	0307 饭锅煮饭的	0308 菜锅炒菜的	0309 厕所旧式的，统称
平原	饭锅 fã^{21}kuə^{0}	炒锅 tsʰɔu^{23}kuə^{0}	茅子 mɔu^{55}tsɿ^{0}
德州	饭锅 fã^{21}kuə^{213}	炒勺 tʂʰɔ^{55}ʂɔ^{42}	茅房 mɔ^{42}faŋ^{42}
武城	饭锅 fã^{21}kuə^{224}	炒勺 tʂʰɔ^{24}ʂɔ^{53}	茅子 mɔ^{55}tsɿ^{0}
临清	饭锅 fan^{31}kuə^{13}	炒锅 tʂʰau^{44}kuə^{0}	茅子 mau^{44}tsɿ^{0} 茅厕 mau^{44}tsʰə^{313}
冠县	（无）	（无）	茅子 mɔ^{53}tsɿ^{0}
聊城	饭锅儿 fã^{31}kuər^{13}	做菜锅 tsou^{31}tsʰɛ^{31}kuə^{13}	茅子 mɔ^{44}tsɿ^{0}
济南	饭锅 fã^{21}kuə^{213}	菜锅 tsʰɛ^{21}kuə^{213}	茅厕 mɔ^{445}sɿ^{0} 茅房儿 mɔ^{42}fãr^{42}
泰安	饭锅 fã^{21}kuə^{213}	小锅子 ɕiɔ^{55}kuə^{21}tsɿ^{0}	茅房 mɔ^{42}faŋ^{42} 茅子 mɔ^{55}tsɿ^{0}
莱芜	饭锅 fã^{31}kuə^{213}	炒瓢 tʃʰɔ^{55}pʰiɔ^{213}	栏 lã^{55}
新泰	锅 kuə^{213}	锅 kuə^{213}	屎木$^{=}$栏子 ʃʅ^{213}mu^{0}lã^{45}tθɿ^{0}
沂源	锅 kuə^{213}	锅 kuə^{213}	栏 lã^{55}
博山	饭锅 fã^{31}kuə^{213}	炒瓢 tʂʰɔ^{213}pʰiɔ^{55}	茅房 mɔ^{35}faŋ^{0} 栏 lã^{55}
张店	桶锅子 tʰuŋ^{213}kuə^{0}ɿ^{0}	提锅子 tʰi^{35}kuə^{0}ɿ^{0}	栏 lã^{55}
阳谷	锅 kuo^{213}	锅 kuo^{213}	茅厕 mɔ^{55}sɿ^{0}
梁山	大锅 ta^{31}kuə^{213}	炒瓢 tsʰɔ^{55}pʰiɔ^{42} 炒勺 tsʰɔ^{55}suə^{42}	茅子 mɔ^{55}tsɿ^{0}
菏泽	大锅 ta^{31}kuə^{213}	小锅 ɕiɔ^{44}kuə^{213}	茅子 mɔ^{53}tə^{0}
曹县	锅 kuə^{213}	锅 kuə^{213}	茅子 mɔ^{53}tə^{0}
金乡	饭锅 fã^{31}kuə^{213}	菜锅 tsʰɛ^{31}kuə^{213}	茅子 mɔ^{55}tsɿ^{0}
曲阜	锅 kuə^{213}	菜锅 tsʰɛ^{31}kuə^{213}	茅子 mɔ^{55}tsɿ^{0}
薛城	锅 kuə^{313}	锅 kuə^{313}	茅子 mɔ^{55}tsɿ^{0} 茅房儿 mɔ^{55}fãr^{55}
郯城	锅 kuə^{213} 饭锅 fã^{51}kuə^{213}	锅 kuə^{213} 炒菜锅 tʂʰɔ^{24}tsʰɛ^{51}kuə̜^{213}	茅子 mɔ^{44}tsɿ^{0} 粪茅子 fə̃^{51}mɔ^{44}tsɿ^{0} 茅房儿 mɔ^{44}fãr^{44}
临沂	锅 kuə^{214}	锅 kuə^{214}	茅子 mɔ^{55}tsɿ^{0} 茅房儿 mɔ^{53}fãr^{53}

	0310檩左右方向的	0311柱子	0312大门
荣成	腰杆子iau^{53}kan^{53}tsɿ^{0}	柱子tʃy^{33}tsɿ^{0}	正门儿tʃəŋ^{33}mər^{53}
烟台	檩子lin^{14}ɾə^{0}	柱子tɕy^{33}ɾə^{0}	大门ta^{33}mən^{53}
栖霞	檩儿liə̃r^{214}	柱子tʃy^{34}lə^{0}	大门ta^{34}mə̃n^{0}
长岛	檩条儿lin^{21}tʰiaur^{55}	柱子tʃy^{55}tsɿ^{0}	街门ciai^{31}mən^{55}
海阳	檩子lĩ^{21}ə^{0}	柱子tʃy^{34}ə^{0}	街门ciɛi^{52}mẽ^{0}
莱西	檩子liẽ^{24}tsɿ^{0}	挂$^{=}$柱kua^{214}tʃu^{55}	大门儿ta^{42}mer^{214}
平度	檩条儿liə̃^{55}tʰɔr^{42} 檩liə̃^{55}	柱子tʃu^{45}tθɿ^{0} 立柱儿li^{213}tʂur^{42}	大门ta^{213}mə̃^{42} 街门ciɛ^{213}mə̃^{42}
青岛	檩条儿liẽ^{55}tʰɔr^{42}	立柱儿li^{213}tʂur^{42}	大门tɑ^{213}mẽ^{42} 院门yã^{45}mẽ^{0}
高密	檩条儿liə̃^{213}tʰɔr^{42}	柱子tʃu^{42}tθɿ^{0} 立柱儿li^{23}tʂur^{21}	大门儿tɑ^{21}mer^{42}
诸城	檩棒子lẽ^{213}pɑŋ^{0}tθɿ^{0}	柱子tʃu^{44}tθɿ^{0}	大门ta^{44}mẽ^{0}
沂水	檩棒lẽ^{213}pɑŋ^{0}	立柱儿li^{31}dʒur^{0} 站柱儿tʂã^{31}dʒur^{0}	大门ta^{44}mẽ^{0}
临朐	檩条儿lə̃^{213}tʰiɔr^{0} 檩杆子lə̃^{213}kã^{0}tθɿ^{0}	柱子tʃu^{44}tθɿ^{0}	大门ta^{44}mə̃^{0}
日照	檩条子lẽ^{213}tʰiɔ^{0}tθɿ^{0}	柱子tʃu^{53}tθɿ^{0}	大门tɑ^{53}mẽ^{0}
莒南	檩棒lyẽ^{213}pɑŋ^{0}	柱子tʃʮ^{42}tθɿ^{0}	大门ta^{42}mẽ^{0}
潍坊	檩棒子liẽ^{24}pɑŋ^{0}tsɿ^{0} 檩条子liẽ^{24}tʰiɔɤ^{0}tsɿ^{0}	柱子tʂu^{55}tsɿ^{0}	街门儿tɕiɛ^{31}mer^{0} 大门儿tɑ^{24}mer^{53}
寿光	檩条liə̃^{24}tʰiɔ^{0}	柱子tʂu^{55}tsɿ^{0}	道门tɔ^{55}mə̃^{0} 大门ta^{21}mə̃^{53}
高青	檩条儿liə̃^{213}tʰiɔr^{0}	柱子tʂu^{55}tsɿ^{0}	大门tɑ^{41}mə̃^{55}
阳信	檩条liə̃^{213}tʰiɔ^{0}	柱子tʂu^{55}tsɿ^{0}	大门ta^{31}mə̃^{43}
济阳	檩条儿liẽ^{213}tʰiɔr^{55}	柱子tʂu^{55}tsɿ^{0}	大门ta^{31}mẽ^{55}
利津	檩条儿liẽ^{55}tʰiɔr^{53}	柱子tʂu^{55}tsɿ^{0}	大门儿ta^{31}mer^{53}
乐陵	檩条儿liẽ^{212}tʰiɔr^{0}	柱子tʂu^{55}tsɿ^{0}	大门儿tɑ^{31}mer^{55}
商河	檩条liẽ^{45}tʰiɔ^{54} 檩条子liẽ^{45}tʰiɔ^{24}tsɿ^{0}	柱子tʂu^{54}tsɿ^{0}	角门儿tɕiɔ^{213}mer^{0}
平原	檩条儿liẽ^{212}tʰiɔur^{42}	柱子tʂu^{42}tsɿ^{0}	大门ta^{21}mẽ^{42}

续表

	0310 檩左右方向的	0311 柱子	0312 大门
德州	檩条儿liẽ^{55}tʰiɔr^{42}	柱子tʂu^{42}tsɿ^{0}	大门ta^{21}mẽ^{42}
武城	檩条儿liẽ^{24}tʰiɔr^{53}	柱子tʂu^{53}tsɿ^{0}	大门儿ta^{21}mer^{53}
临清	檩条儿lin^{44}tʰiaur^{53}	柱子tʂu^{53}tsɿ^{0}	大门儿ta^{31}mer^{53}
冠县	檩条儿liẽ^{55}tʰiɔr^{53}	柱子tʂu^{53}tsɿ^{0}	大门儿ta^{314}mer^{53}
聊城	檩条儿liẽ^{53}tʰiɔr^{53}	柱子tsu^{53}tsɿ^{0}	大门ta^{31}mẽ^{53}
济南	檩条儿liẽ^{55}tʰiɔr^{42} 檩条子liẽ^{213}tʰiɔ^{0}tsɿ^{0}	柱子tʂu^{55}tsɿ^{0}	大门儿ta^{21}mer^{42}
泰安	檩luẽ^{55}	柱子tʂu^{42}tsɿ^{0}	大门ta^{21}mei^{42} "门"读为"梅"
莱芜	檩liẽ^{55}	柱子tʃu^{55}tsɿ^{0}	大门ta^{31}mẽ^{55}
新泰	檩棒luẽ^{213}pɑŋ^{0} "檩"读为"轮"上声	柱子pfu^{54}tθɿ^{0}	大门儿ta^{31}mɤr^{42}
沂源	檩杆子liə̃^{21}kã^{0}tθɿ^{0}	柱子tʃu^{55}tθɿ^{0}	大门ta^{31}mə̃^{55}
博山	檩条liẽ^{213}tʰiɔ^{0} 檩棒liẽ^{213}pɑŋ^{0}	柱子tʂu^{55}ə^{0}	大门tɑ^{55}mẽ^{0}
张店	檩棒子liə̃^{213}pɑŋ^{0}ɿ^{0}	柱子tʂu^{55}ɿ^{0}	大门tɑ^{31}mə̃^{55}
阳谷	檩条儿liẽ^{55}tʰiɔr^{42}	柱子tsu^{42}zɿ^{0}	大门儿ta^{31}mɤr^{42}
梁山	檩条儿luə̃^{23}tʰiɔr^{42} "檩"读为"轮"上声	柱子tsu^{42}tsɿ^{0}	大门ta^{31}mẽ^{42}
菏泽	檩条子liẽ^{44}tʰiɔ^{53}tə^{0}	柱子tsu^{31}tə^{0}	大门儿ta^{31}mer^{53}
曹县	檩条儿liẽ^{44}tʰiɔr^{53}	柱子tʂu^{31}tə^{0}	门楼子mẽ^{53}lou^{0}tə^{0}
金乡	团 $^{=}$tʰuã^{42}	柱子tsu^{42}tsɿ^{0}	外门uɛ^{31}mẽ^{42}
曲阜	团 $^{=}$tʰuã^{42}	柱子tsu^{42}tsɿ^{0}	大门ta^{31}mẽ^{42}
薛城	檩条luẽ^{24}tʰiɔ^{0} "檩"读为"轮"上声 棒pɑŋ^{41} 谭 $^{=}$tʰã^{55}	柱子pfu^{41}tsɿ^{0}	大门ta^{41}mẽ^{55}
郯城	棒pɑŋ^{51}	柱子tʂu^{51}tsɿ^{0}	大门ta^{51}mə̃^{44}
临沂	檩条儿luẽ^{55}tʰiɔr^{53} 棒pɑŋ^{312}	柱子tʃu^{31}tsɿ^{0}	大门ta^{31}mẽ^{53}

	0313门槛儿[①]	0314窗旧式的	0315梯子可移动的
荣成	门槛mən^{53}kʰan^{214}	窗tʂʰuaŋ^{53}	梯子tʰi^{53}tsɿ^{0}
烟台	门槛mən^{33}kʰan^{14}	窗tsʰuaŋ^{53}	梯子tʰi^{53}rə^{0}
栖霞	门槛mə̃n^{34}kʰãn^{214}	窗tsʰuaŋ^{312}	梯子tʰi^{52}lə^{0}
长岛	门槛mən^{52}kʰan^{213}	窗tsʰuaŋ^{312}	梯子tʰi^{31}tsɿ^{0}
海阳	门槛mẽ^{34}kʰã^{214}	窗tʂʰuaŋ^{52}	梯子tʰi^{52}ə^{0}
莱西	门槛mẽ^{214}kʰã^{55}	棱儿窗liə̃r^{55}tsʰuaŋ^{214}	梯子tʰi^{32}tsɿ^{0}
平度	门口儿mə̃^{213}kʰour^{55}	窗tʂʰuaŋ^{213}	梯子tʰi^{213}tθɿ^{0}
青岛	门缠=mẽ^{55}tʃʰã^{0}	窗tʂʰuaŋ^{213}	梯子tʰi^{213}tθɿ^{0}
高密	门臣=mə̃^{55}tʃʰə̃^{0}	窗户tʂʰuaŋ^{21}xu^{0}	梯子tʰi^{21}tθɿ^{0}
诸城	门臣=子mẽ^{24}tʃʰẽ^{0}tθɿ^{0}	窗户tʂʰuaŋ^{31}xu^{0}	梯子ȶʰi^{31}tθɿ^{0}
沂水	门欠=儿mẽ^{53}tɕʰiɛr^{31}	窗户tʂʰuaŋ^{21}xu^{0}	梯子tʰi^{21}dðɿ^{0}
临朐	门闼提子mə̃^{35}ta^{0}tʰi^{35}tθɿ^{0}	窗户tʂʰuaŋ^{21}xu^{0}	梯子tʰi^{21}tθɿ^{0}
日照	门常=子mẽ^{44}tʃʰiaŋ^{0}tθɿ^{0}	窗户tʂʰuaŋ^{31}xu^{0}	梯子tʰi^{31}tθɿ^{0}
莒南	门欠=子mẽ^{53}tɕʰiã^{42}tθɿ^{0}	窗户tʂʰuaŋ^{21}xu^{0}	梯子tʰi^{21}tθɿ^{0}
潍坊	门限儿槛儿mẽ^{35}ɕiɐr^{0}kʰɐr^{55}	窗户tʂʰuaŋ^{31}xu^{0}	梯子tʰi^{31}tsɿ^{0}
寿光	门闼提子mə̃^{35}ta^{0}tʰi^{35}tsɿ^{0}	窗户tʂʰuaŋ^{21}xu^{0}	梯子tʰi^{21}tsɿ^{0}
高青	门士=欠子mə̃^{35}ʂʅ^{0}tɕʰiã^{213}tsɿ^{0}	窗户tʂʰuaŋ^{21}xu^{0}	梯子tʰi^{21}tsɿ^{0}
阳信	门弦=子mə̃^{31}ɕiã^{45}tsɿ^{0}	窗户tʂʰuaŋ^{31}xu^{0}	梯子tʰi^{31}tsɿ^{0}
济阳	门浅=子mẽ^{54}tɕʰiã^{55}tsɿ^{0}	窗户tʂʰuaŋ^{21}xu^{0}	梯子tʰi^{21}tsɿ^{0}
利津	门欠=子mẽ^{35}tɕʰiã^{0}tsɿ^{0}	窗户tʂʰuaŋ^{31}xu^{0}	梯子tʰi^{31}tsɿ^{0}
乐陵	门限子mẽ^{31}ɕiã^{55}tsɿ^{0}	窗户tʂʰuaŋ^{31}xu^{0}	梯子tʰi^{31}tsɿ^{0}
商河	门浅=子mẽ^{54}tɕʰiã^{213}tsɿ^{0}	窗户tʂʰuaŋ^{21}xu^{0}	梯子tʰi^{21}tsɿ^{0}
平原	门浅=儿mẽ^{42}tɕʰiɐr^{55}	窗户tʂʰuaŋ^{21}xu^{0}	梯子tʰi^{21}tsɿ^{0}
德州	门槛儿mẽ^{42}kʰɛr^{55}	窗户tʂʰuaŋ^{21}xu^{0}	梯子tʰi^{21}tsɿ^{0}
武城	门弦=儿mẽ^{53}ɕiɛr^{53}	窗户tʂʰuaŋ^{312}xu^{0}	梯子tʰi^{312}tsɿ^{0}
临清	门欠=儿men^{44}tɕʰiɛr^{313}	窗户tʂʰuaŋ^{13}xu^{0}	梯子tʰi^{13}tsɿ^{0}

① 相当于“槛”字的说法山东各地不一。此处将音“坎”的按通行写法写作“槛”，音“限”的写作“限”（其本字即“槛”，《广韵》胡黤切），其他读音的都记为同音字。

续表

	0313门槛儿	0314窗旧式的	0315梯子可移动的
冠县	门见$^{=}$儿mẽ^{53}tɕiɐr^{314}	窗户tʂʰuaŋ^{21}xu^{0}	梯子tʰi^{21}tsɿ^{0}
聊城	门欠$^{=}$子mẽ^{44}tɕʰiã^{53}tsɿ^{0} 门欠$^{=}$儿mẽ^{44}tɕʰiɛr^{313}	窗户tsʰuaŋ^{13}xu^{0}	梯子tʰi^{13}tsɿ^{0}
济南	门欠$^{=}$子mẽ^{42}tɕʰiã^{55}tsɿ^{0}	窗户tʂʰuaŋ^{21}xu^{0}	梯子tʰi^{21}tsɿ^{0}
泰安	门欠$^{=}$子mei^{42}tɕʰiã^{42}tsɿ^{0}	窗户tʂʰuaŋ^{21}xu^{0}	梯子tʰi^{21}tsɿ^{0}
莱芜	门欠$^{=}$子mẽ^{55}tɕʰiã^{55}tsɿ^{0}	窗户tʃʰuaŋ^{31}xu^{0}	梯子tʰi^{31}tsɿ^{0}
新泰	门欠$^{=}$子mẽ^{42}tɕʰiã^{54}tθɿ^{0}	窗户pfʰɑŋ^{21}xu^{0}	梯子tʰi^{21}tθɿ^{0}
沂源	门欠$^{=}$子mə̃^{55}tɕʰiã^{55}tθɿ^{0}	窗户tʃʰuaŋ^{21}xu^{0}	梯子tʰi^{21}tθɿ^{0}
博山	门士$^{=}$欠$^{=}$子mẽ^{35}ʂʅ^{0}tɕʰiã^{55}ə^{0}	窗户tʂʰuaŋ^{21}xu^{0}	梯子tʰi^{21}ə^{0}
张店	门士$^{=}$欠$^{=}$子mə̃^{55}ʂʅ^{31}tɕʰiã^{55}ɿ^{0}	窗户tʂʰuaŋ^{21}xu^{0}	梯子tʰi^{21}ɿ^{0}
阳谷	门欠$^{=}$子mẽ^{55}tɕʰiã^{42}zɿ^{0}	窗户tsʰuaŋ^{31}xu^{0}	梯子tʰi^{31}zɿ^{0}
梁山	门欠$^{=}$儿mẽ^{55}tɕʰiɛr^{314} 门欠$^{=}$子mẽ^{55}tɕʰiã^{31}tsɿ^{0}	窗户tsʰuaŋ^{21}xu^{4}	梯子tʰi^{21}tsɿ^{0}
菏泽	门欠$^{=}$子mẽ^{53}tɕʰiã^{31}tə^{0}	窗户棂子tsʰuaŋ^{21}xu^{0}liŋ^{53}tə^{0}	梯子tʰi^{21}tə^{0}
曹县	门欠$^{=}$子mẽ^{53}tɕʰiã^{31}nẽ^{0}	窗户tʂʰuaŋ^{21}xu^{0} 窗棂子tʂʰuaŋ^{21}liŋ^{53}nẽ^{0}	梯子tʰi^{21}tə^{0}
金乡	门欠$^{=}$子mẽ^{55}tɕʰiã^{42}tsɿ^{0}	窗户tsʰuaŋ^{21}xu^{0}	梯子tʰi^{21}tsɿ^{0}
曲阜	门欠$^{=}$子mẽ^{42}tɕʰiã^{42}tsɿ^{0}	窗户tsʰuaŋ^{21}xu^{0}	梯子tʰi^{21}tsɿ^{0}
薛城	门欠$^{=}$子mẽ^{55}tɕʰiã^{41}tsɿ^{0}	窗棂子pfʰɑŋ^{31}liŋ^{55}tsɿ^{0}	梯子tʰi^{31}tsɿ^{0}
郯城	门欠$^{=}$子mə̃^{44}tɕʰiã^{51}tsɿ^{0}	窗户tʂʰuaŋ^{21}xu^{0}	高蹅kɔ^{13}tʂa^{213} 梯子tʰi^{21}tsɿ^{0}
临沂	门欠$^{=}$子mẽ^{53}tɕʰiã^{31}tsɿ^{0}	窗户tʃʰuaŋ^{21}xu^{0}	梯子tʰi^{21}tsɿ^{0}

	0316扫帚统称	0317扫地	0318垃圾
荣成	扫帚sau^{33}tʂə^{0}大的 笤帚tʰiau^{35}tʂə^{0}小的	扫地sau^{214}ti^{33}	破烂儿pʰo^{33}lar^{33}
烟台	扫帚sau^{33}tɕʰy^{0}	扫地sau^{21}ti^{33}	脏土tsɑŋ^{53}tʰu^{14} 炉灰lu^{33}xuei^{53}
栖霞	扫帚sɔo^{52}tʃy^{0}	扫地sɔo^{55}ti^{342}	破烂儿pʰə^{52}lɐr^{342}
长岛	扫帚sau^{52}tʃʰy^{0}大的，扫院子 笤帚tʰiau^{55}tʃʰy^{0}小的，扫屋里	扫地sau^{21}ti^{52}	脏土tsɑŋ^{52}tʰu^{213}

续表

	0316 扫帚统称	0317 扫地	0318 垃圾
海阳	笤帚t^{h}iɔ^{34}tʃy^0	扫地θɔ^{21}ti^{341}	破烂儿p^{h}ə^{52}lɐr^{341}
莱西	扫帚sɔ^{42}tʃu^{0}大，扫院子用 笤帚t^{h}iɔ^{45}tʃu^{0}小，扫屋子用	扫地sɔ^{55}ti^{42}	垃圾la^{45}ci^0
平度	扫帚θɔ^{42}tʃu^{0}专指用竹枝做的	扫地θɔ^{55}ti^{42}	脏东西tθɑŋ^{55}tuŋ^{213}çi^0
青岛	扫帚θɔ^{42}tʃu^0	扫地θɔ^{55}ti^{42}	脏tθɑŋ^{213}
高密	扫帚θɔ^{42}tʃu^0	扫地θɔ^{55}ti^{21}	垃圾lɑ^{23}tɕi^0
诸城	扫帚θɔ^{44}tʃu^0 笤帚ȶ^{h}iɔ^{24}tʃu^0	扫地θɔ^{44}ȶi^{31}	癞东西lɛ^{31}təŋ^{24}θi^0
沂水	扫帚θɔ^{44}dʒɥ^0 笤帚t^{h}iɔ^{24}dʒɥ^0	扫当门θɔ^{44}tɑŋ^{213}mẽ^{53} 扫地θɔ^{44}ti^{31}	腌撒$^=$ŋa^{213}θa^{44}
临朐	扫帚θɔ^{44}tʃu^0	扫地θɔ^{44}ti^{21}	（无）
日照	扫帚θɔ^{53}tʃu^0	扫地θɔ^{23}ti^{31}	腌撒$^=$ŋɑ^{213}θɑ^0
莒南	扫帚θɔ^{42}tʃ^{h}ɥ^0 笤帚t^{h}iɔ^{24}tʃ^{h}ɥ^0	扫地θɔ^{55}ti^{31}	不中用的pu^{55}tʂuŋ^{13}yŋ^{42}ti^0 脏东西tθɑŋ^{13}tuŋ^{21}çi^0 垃圾la^{21}tɕi^0
潍坊	笤帚t^{h}iɔɤ^{35}tʂu^0	扫地sɔɤ^{55}ti^{31}	垃圾la^{24}tɕi^{214}
寿光	扫帚sɔ^{55}tʂu^0	扫地sɔ^{55}ti^{21}	各$^=$闹$^=$①kuə^{214}nɔ^0
高青	扫帚sɔ^{55}tʂu^0	绰②地tʂ^{h}ɔ^{213}ti^{41}	垃圾lɑ^{213}tɕi^0
阳信	扫帚sɔ^{55}tʂ^{h}u^0	绰地tʂ^{h}ɔ^{213}ti^{31}	脏东西tsɑŋ^{213}tuŋ^{31}çi^0 垃圾la^{55}tɕi^{213}
济阳	扫帚sɔ^{55}tʂu^0	扫地sɔ^{13}ti^{31} 绰地tʂ^{h}ɔ^{13}ti^{31}	垃圾la^{55}tɕi^{213}
利津	扫帚sɔ^{55}tʂu^{0}大，扫街等 笤帚t^{h}iɔ^{35}tʂu^{0}小，扫地用	绰地tʂ^{h}ɔ^{55}ti^{31}	垃圾lɑ^{213}tɕi^0
乐陵	笤帚t^{h}iɔ^{55}tʂ^{h}u^0 扫帚sɔ^{55}tʂ^{h}u^0	绰地tʂ^{h}ɔ^{24}ti^{51}	垃圾lɑ^{24}tɕi^{24}

① 寿光、济南、博山、莱芜、冠县的“各$^=$闹$^=$”（济南是“各$^=$乃$^=$”）指废土脏土（往往含有草屑），不泛指废弃物。同音字形采用了蒲松龄《聊斋俚曲集·慈悲曲》的写法。其中，寿光、博山、莱芜的前字声韵母同“裹”，济南和冠县声韵母同“各”，这符合它们之间的对应规律（如“歌”寿光等地与“锅”同音，济南等地与“锅”不同音）；从声调来看，各地读法都符合古清入字在各地的读音规律。所以，蒲松龄用“各”字来记音是相当准确的，这可以解释寿光等地和济南等地今音的不同。

② 《汉语大词典》中“绰”有拂拭的义项，引例如元代李文蔚《燕青博鱼》第二折：“我将那竹根的蝇拂子绰了这地皮尘。”寿光话中其实也说“绰地”，但指粗略地扫地，一般扫地不说“绰地”。

续表

	0316扫帚统称	0317扫地	0318垃圾
商河	扫帚 sɔ^{54}tʂou^{0}	绰地 tʂʰɔ^{54}ti^{31}	垃圾 la^{24}tɕi^{213}
平原	扫帚 sɔu^{42}tʂʰu^{0} 笤帚 tʰiɔu^{55}tʂʰu^{0}	绰地 tʂʰɔu^{55}ti^{21}	垃圾 la^{23}tɕi^{213}
德州	扫帚 sɔ^{42}tʂʰu^{0} 大的 笤帚 tʰiɔ^{55}tʂʰu^{0} 小的	划拉地儿 xua^{55}la^{0}tier^{21}	土灰 tʰu^{55}xuei^{213}
武城	笤帚 tʰiɔ^{55}ʂu^{0} 扫地用 扫帚 sɔ^{53}ʂu^{0} 扫街用	绰地 tʂʰɔ^{24}ti^{312}	垃圾 la^{24}tɕi^{224}
临清	扫帚 sau^{53}tʂou^{0} 竹枝扎的，大 笤帚 tʰiau^{44}tʂou^{0} 小的	扫地 sau^{44}ti^{313}	垃圾 la^{13}tɕi^{13} 旧无
冠县	扫帚 sɔ^{53}ʂu^{0}	扫地 sɔ^{55}ti^{314}	各=闹=kə^{21}nɔ^{0}
聊城	扫帚 sɔ^{53}tsʰu^{0}	扫地 sɔ^{44}ti^{313}	灰土 xuei^{13}tʰu^{44}
济南	扫帚 sɔ^{55}tʂu^{0}	扫地 sɔ^{55}ti^{21}	垃圾 la^{23}tɕi^{213} 各=乃=kə^{21}nɛ^{0}
泰安	笤帚 tʰiɔ^{55}tʂu^{0}	扫地 sɔ^{55}ti^{21}	垃圾 la^{23}tɕi^{213} 脏东西儿 tsaŋ^{23}tuŋ^{21}ɕier^{0} 恶=烂杂碎 ɣə^{21}laŋ^{0}tsa^{55}suei^{21}
莱芜	扫帚 sɔ^{55}tʃu^{0}	扫地 sɔ^{213}ti^{42}	各=闹=kuə^{23}nɔ^{0}
新泰	笤帚 tʰiɔ^{45}pfu^{0}	扫当门 θɔ^{55}taŋ^{21}mẽ^{42}	恶=囊杂碎 ŋə^{21}naŋ^{0}tθa^{45}θuei^{0}
沂源	扫帚 θɔ^{55}tʃu^{0}	扫地 θɔ^{55}ti^{31}	垃撒=la^{21}θa^{0}
博山	扫帚 sɔ^{55}tʂu^{0}	扫地 sɔ^{55}ti^{31}	灰 xuei^{213} 各=闹=kuə^{213}nɔ^{0}
张店	扫帚 sɔ^{55}tʂu^{0} 笤帚 tʰiɔ^{35}tʂu^{0}	绰地 tʂʰɔ^{55}ti^{31}	垃圾 la^{33}tɕi^{33}
阳谷	扫帚 sɔ^{42}tsʰu^{0}	扫地 sɔ^{55}ti^{313}	恶=囊杂碎 ə^{31}naŋ^{0}tsa^{55}suei^{0}
梁山	笤帚 tʰiɔ^{55}fu^{0}	扫旧地 sɔ^{55}tɕiou^{21}ti^{314}	脏污点儿 tsaŋ^{23}u^{21}tiar^{0}
菏泽	笤帚 tʰiɔ^{53}fu^{0}	扫地 sɔ^{44}ti^{312}	腌臜子 ɣa^{21}tsa^{0}tə^{0}
曹县	扫帚 sɔ^{53}tʂʰu^{0}	扫地 sɔ^{44}ti^{312}	腌尔=巴叽的东西 ɣa^{21}ɣər^{44}pa^{31}tɕi^{213}lei^{0}tuŋ^{21}ɕi^{0}
金乡	笤帚 tʰiɔ^{55}tsu^{0}	掠地 luo^{23}ti^{312}	恶=撒=子 ɣə^{21}sa^{0}tsɿ^{0}
曲阜	扫帚 sɔ^{42}tsu^{0}	扫地 sɔ^{55}ti^{312}	烂七八糟的 lã^{31}tɕʰi^{0}pa^{23}tsɔ^{21}li^{0}
薛城	扫帚 sɔ^{41}fu^{0} 扫院子的 笤帚 tʰiɔ^{55}fu^{0} 扫屋里的	扫地 sɔ^{24}ti^{41}	垃圾 la^{23}tɕi^{313}

续表

	0316扫帚统称	0317扫地	0318垃圾
郯城	扫帚sɔ^{51}tʂ^{h}u^{0}大 笤帚t^{h}iɔ^{44}tʂ^{h}u^{0}小	扫地sɔ^{24}ti^{51}	脏东西tsaŋ^{13}tuŋ^{21}ɕi^0
临沂	扫帚sɔ^{31}tʃ^{h}u^0	扫扫地sɔ^{55}sɔ^{0}ti^{312}	脏东西tsaŋ^{24}tuŋ^{21}ɕi^0

	0319家具统称	0320东西我的～	0321炕土、砖砌的，睡觉用
荣成	家具cia^{53}cy^{33}	东西tuŋ^{53}sʅ^0	炕k^{h}aŋ^{33}
烟台	家具tɕia^{53}tɕy^0	东西tuŋ^{53}ɕi^0	炕k^{h}aŋ^{33}
栖霞	家装cia^{52}tʃuŋ^0 "装"读为"中"	东西tuŋ^{52}ʃi^0	炕k^{h}aŋ^{52}
长岛	家什cia^{31}sʅ^0	东西tuŋ^{31}ʃʅ^0	炕k^{h}aŋ^{52}
海阳	家装cia^{34}tʂuŋ^0 "装"读为"中"	东西tuŋ^{52}si^0	炕k^{h}aŋ^{341}
莱西	家具cia^{214}cy^{42}	东西toŋ^{32}ʃʅ^0	炕k^{h}aŋ^{42}
平度	家具cia^{213}cy^{42}	东西təŋ^{213}si^0	炕k^{h}aŋ^{42}
青岛	家什儿tɕia^{213}ʂer^{42}	东西toŋ^{21}si^0	炕k^{h}aŋ^{42}
高密	家具tɕia^{23}tɕy^{21} 家巴什儿tɕia^{23}pa^{0}ʂer^{42}	东西儿toŋ^{55}θer^0	炕k^{h}aŋ^{21}
诸城	家器儿tʃa^{213}tʃ^{h}er^0	东西təŋ^{24}θi^0	炕k^{h}aŋ^{31}
沂水	家什儿tɕia^{24}ʂɬer^{31}	营生儿iŋ^{24}ʂə̃r^0 么儿mər^{53}	炕k^{h}aŋ^{31}
临朐	家什儿tɕia^{213}ʂer^0	东西tuŋ^{21}ɕi^0	炕k^{h}aŋ^{21}
日照	家器tʃia^{213}tʃ^{h}ʅ^0	营生iəŋ^{44}ʂəŋ^0	炕k^{h}aŋ^{31}
莒南	家什儿tɕia^{21}ʂɬer^0	营生儿iŋ^{24}ʂɬə̃r^0	炕k^{h}aŋ^{31}
潍坊	家具tɕia^{24}tɕy^{31}	东西儿toŋ^{31}ɕier^0	炕k^{h}aŋ^{31}
寿光	家什儿tɕia^{35}ɬʅ^0	稿=儿kɔr^{55} 东西tuŋ^{21}ɕi^0	炕k^{h}aŋ^{21}
高青	家什儿tɕia^{213}ʂer^0	东西tuŋ^{21}ɕi^0	炕k^{h}aŋ^{41}
阳信	家具tɕia^{213}tɕy^{31} 物件儿u^{31}tɕiɛr^{31}	东西儿tuŋ^{31}ɕier^0	炕k^{h}aŋ^{31}
济阳	家具tɕia^{13}tɕy^{31}	东西tuŋ^{21}ɕi^0	炕k^{h}aŋ^{31}
利津	家什儿tɕia^{35}ʂer^0	稿=儿kɔr^{55} 东西tuŋ^{31}ɕi^0	炕k^{h}aŋ^{31}

续表

	0319家具统称	0320东西我的～	0321炕土、砖砌的，睡觉用
乐陵	家什儿tɕia^{212}ser^{0}	东西儿tuŋ^{31}ɕier^{0} 营生儿iŋ^{55}sər^{0}	炕k^{h}ɑŋ^{51}
商河	家什tɕia^{213}sɿ^{54}	营层$^{=}$儿iŋ^{24}ts^{h}ər^{0} 营层$^{=}$子iŋ^{24}ts^{h}əŋ^{54}tsɿ^{0}	炕k^{h}ɑŋ^{31}
平原	家什儿tɕia^{212}sər^{42}	东西tuŋ^{21}ɕi^{0}	炕k^{h}ɑŋ^{21}
德州	家什儿tɕia^{213}ʂer^{42}	东西tuŋ^{21}ɕi^{0}	炕k^{h}ɑŋ^{21}
武城	家什儿tɕia^{24}ʂer^{0}	东西tuŋ^{312}ɕi^{0}	炕k^{h}ɑŋ^{312}
临清	家具tɕia^{13}tɕy^{0}	东西tuŋ^{13}ɕi^{0}	炕k^{h}ɑŋ^{313}
冠县	家具tɕia^{13}tɕy^{31}	东西tuŋ^{21}ɕi^{0}	炕k^{h}ɑŋ^{314}
聊城	家具tɕia^{13}tɕy^{0} 家什儿tɕia^{13}ser^{0}	东西tuŋ^{13}ɕi^{0}	炕k^{h}ɑŋ^{313}
济南	家具tɕia^{23}tɕy^{21}	么mə^{21}	炕k^{h}ɑŋ^{21}
泰安	家什tɕia^{21}ʂʅ^{0}	东西tuŋ^{21}ɕi^{0}	炕k^{h}ɑŋ^{21}
莱芜	家什tɕia^{31}ʃʅ^{0}	营生iŋ^{13}ʃəŋ^{0}	炕k^{h}ɑŋ^{42}
新泰	家什tɕia^{21}ʃʅ^{0}	嘛儿mɐr^{42}	炕k^{h}ɑŋ^{31}
沂源	家什儿tɕia^{21}ʃer^{0}	东西tuŋ^{21}ɕi^{0}	炕k^{h}ɑŋ^{31}
博山	家具tɕia^{55}tɕy^{31}	东西tuŋ^{21}ɕi^{0}	炕k^{h}ɑŋ^{31}
张店	（无）	东西tuŋ^{21}ɕi^{0}	炕k^{h}ɑŋ^{31}
阳谷	家具tɕia^{13}tɕy^{0}	东西tuŋ^{31}ɕi^{0}	炕k^{h}ɑŋ^{313}
梁山	家什儿tɕia^{21}ʂer^{0}	物件儿u^{21}tɕiɛr^{0}	炕k^{h}ɑŋ^{314}
菏泽	家什儿tɕia^{21}ser^{0}	东西tuŋ^{21}ɕi^{0}	炕k^{h}ɑŋ^{312}本地无
曹县	家什儿tɕia^{21}ʂɤr^{44}	东西tuŋ^{21}ɕi^{0}	炕k^{h}ɑŋ^{312}
金乡	家什儿tɕia^{21}ʂer^{0}	东西tuŋ^{21}ɕi^{0} 物件儿u^{21}tɕiɛr^{0}	炕k^{h}ɑŋ^{312}
曲阜	家具tɕia^{213}tɕy^{0}	东西tuŋ^{21}ɕi^{0}	炕k^{h}aŋ^{312}
薛城	家具tɕia^{313}tɕy^{41} 家什tɕia^{31}sɿ^{0}	东西tuŋ^{31}ɕi^{0}	炕k^{h}ɑŋ^{41} 床pf^{h}ɑŋ^{55}
郯城	家具tɕia^{21}tɕy^{51}	东西tuŋ^{21}ɕi^{0}	炕k^{h}ɑŋ^{51}本地无
临沂	家具tɕia^{24}tɕy^{312}	东西tuŋ^{21}ɕi^{0}	炕k^{h}ɑŋ^{312}本地无

	0322床木制的，睡觉用	0323枕头①	0324被子
荣成	床tʂʰuaŋ^{35}	枕子tʂən^{214}tsɿ^{0}	被pei^{33}
烟台	床tsʰuaŋ^{33}	枕头tɕin^{21}tʰou^{0}	被pei^{33}
栖霞	床tsʰuaŋ^{342}	脰枕təu^{34}tʃə̃n^{0}	被pei^{342}
长岛	床tsʰuaŋ^{55}	枕头tʃən^{35}tʰou^{0}	被pei^{52}
海阳	床tʂʰuaŋ^{341}	脰枕təu^{34}tsẽ^{0}	被pei^{341}
莱西	床tsʰuaŋ^{42}	脰枕tou^{45}tʃiẽ^{0}	被pei^{42} 棉被miã^{24}pei^{42}
平度	床tʂʰuaŋ^{42}	脰枕tou^{45}tʃə̃^{0}	被pei^{42}
青岛	床tʂʰuaŋ^{42}	脰枕tou^{45}tʃẽ^{0}	被pei^{42}
高密	床tʂʰuaŋ^{42}	脰枕tou^{42}tʃə̃^{0}	被pei^{21}
诸城	床tʂʰuaŋ^{53}	脰枕tou^{44}tʃẽ^{0}	被pei^{31}
沂水	床tʂʰuaŋ^{53}	脰枕tou^{44}dʒẽ^{0}	被子pe^{44}dðɿ^{0}
临朐	床tʂʰuaŋ^{53}	脰枕təu^{44}tʃə̃^{0}	被子pei^{44}tθɿ^{0}
日照	床tʂʰuaŋ^{53}	脰枕tou^{53}tʂẽ^{0}	被子pei^{53}tθɿ^{0}
莒南	床tʂʰuaŋ^{53}	脰枕tou^{42}tʂẽ^{0}	被子pei^{42}tθɿ^{0}
潍坊	床tʂʰuaŋ^{53}	脰枕tɤɯ^{31}tʂẽ^{0}	被pei^{31}
寿光	床tʂʰuaŋ^{53}	脰枕təu^{55}tʂə̃^{0}	被子pei^{55}tsɿ^{0}
高青	床tʂʰuaŋ^{55}	脰枕tou^{55}tʂə̃^{0}	被子pei^{55}tsɿ^{0}
阳信	床tʂʰuaŋ^{43}	枕头tʂə̃^{55}tʰou^{0}	被pei^{31}
济阳	床tʂʰuaŋ^{55}	脰枕tou^{55}tʂẽ^{0}	被子pei^{55}tsɿ^{0}
利津	床tʂʰuaŋ^{53}	枕头tʂẽ^{55}tʰou^{0}	被子pei^{55}tsɿ^{0}
乐陵	床tʂʰuaŋ^{55}	枕头tʂẽ^{55}tʰou^{0}	被pei^{51}
商河	床tʂʰuaŋ^{54}	脰枕tou^{54}tʂẽ^{0}	被子pei^{54}tsɿ^{0}
平原	床tʂʰuaŋ^{42}	脰枕tou^{42}tʂẽ^{0}	被子pei^{42}tsɿ^{0}
德州	床tʂʰuaŋ^{42}	枕头tʂẽ^{42}tʰou^{0}	被pei^{21}

① 枕头多地有称“豆枕”者。或说“豆”应为“脰”（《广韵》徒候切，“项脰”），“脰枕”即颈部之枕；或说过去枕头用豆皮填充，即应写作“豆”；又有说“豆”为“头”之音变者。本字待进一步考定。此统一写作“脰枕”。

续表

	0322 床木制的，睡觉用	0323 枕头	0324 被子
武城	床tʂʰuaŋ^{53}	枕头tʂẽ^{53}tʰou^{0}	被子pei^{53}tsɿ^{0}
临清	床tʂʰuaŋ^{53}	枕头tʂen^{44}tʰou^{0}	被窝儿pei^{31}uər^{13}
冠县	床tʂʰuaŋ^{53}	枕头tʂẽ^{53}tʰou^{0}	盖体kɛ^{53}tʰi^{0}
聊城	床tsʰuaŋ^{53}	枕头tsẽ^{53}tʰou^{0}	被子pei^{53}tsɿ^{0}
济南	床tʂʰuaŋ^{42}	脰枕tou^{55}tʂẽ^{0}	被子pei^{55}tsɿ^{0}
泰安	床tʂʰuaŋ^{42}	脰枕tou^{42}tʂẽ^{0}	被子pei^{42}tsɿ^{0} 盖窝kɛ^{42}uə^{0}
莱芜	床tʃʰuaŋ^{55}	脰枕tou^{55}tʃẽ^{0}	被子pei^{55}tsɿ^{0}
新泰	床pfʰaŋ^{42}	脰枕tou^{54}tʃẽ^{0}	盖窝kɛ^{54}uə^{0}
沂源	床tʃʰuaŋ^{55}	脰枕tou^{55}tʃə̃^{0}	被子pei^{55}tθɿ^{0}
博山	床tʂʰuaŋ^{55}	脰枕təu^{55}tʂẽ^{0}	被子pei^{55}ə^{0}
张店	床tʂʰuaŋ^{55}	脰枕tou^{55}tʂə̃^{0}	被子pei^{55}ɿ^{0}
阳谷	床tsʰuaŋ^{42}	枕头tsẽ^{42}tʰou^{0}	盖体kɛ^{42}tʰi^{0}
梁山	床tsʰuaŋ^{42}	脰枕tou^{42}tsẽ^{0}	盖体kɛ^{42}tʰi^{0}
菏泽	床tsʰuaŋ^{53}	枕头tsẽ^{31}tʰou^{0}	盖体kɛ^{31}tʰi^{0}
曹县	床tʂʰuaŋ^{53}	枕头tʂẽ^{53}tʰou^{0}	盖体kai^{53}tʰi^{0}
金乡	床tsʰuaŋ^{42}	脰枕tou^{42}tsẽ^{0}	盖体kɛ^{42}tʰi^{0}
曲阜	床tsʰuaŋ^{42}	脰枕tou^{42}tsẽ^{0}	盖体kɛ^{42}tʰi^{0}
薛城	床pfʰaŋ^{55} 炕kʰaŋ^{41}	脰枕tou^{41}tsẽ^{0}	被pe^{41}
郯城	床tʂʰuaŋ^{44}	脰枕təu^{51}tʂə̃^{0}	被pe^{51}
临沂	床tʃʰuaŋ^{53}	脰枕tou^{31}tʃẽ^{0}	被pei^{312}

	0325 棉絮①	0326 床单	0327 褥子
荣成	花套xua^{53}tʰau^{33}	床单儿tʂʰuaŋ^{35}tar^{53}	褥子y^{33}tsɿ^{0}

① “棉絮”一词有二义：一指棉花的纤维，一指用棉花纤维做成的可以絮被褥等的胎（《现代汉语词典》）。今方言中对应的所指是：一、弹好的棉花，可用来买卖或贮存以备使用；二、同《现代汉语词典》义项二。本条的材料中，“套”“胎”之类多指义项二，“棉花”“绒”“穰”之类多指义项一。“穰”音上声，本字待考。按，《广韵》该字有上声一读，日两切，“丰穰”，义稍有关联，此统一写作此字，不加同音符号。

续表

	0325 棉絮	0326 床单	0327 褥子
烟台	棉花套mian^{33}xua^{53}t^{h}au^{33}	炕单子k^{h}ɑŋ^{33}tan^{53}ɾə^{0}	褥子y^{33}ɾə^{0}
栖霞	花胎xua^{34}t^{h}ɛi^{312}	炕单儿k^{h}ɑŋ^{34}tɐr^{312}	褥子y^{34}lə^{0}
长岛	棉花mian^{55}xua^{0}	炕单子k^{h}ɑŋ^{52}tan^{31}tsɿ^{0}	褥子y^{52}tsɿ^{0}
海阳	花套xua^{52}t^{h}ɔ^{341}	被单子pei^{34}tã^{52}ə^{0} 褥单子y^{34}tã^{52}ə^{0}	褥子y^{34}ə^{0}
莱西	棉花miã^{55}xua^{214}	床单儿ts^{h}uɑŋ^{31}tɐr^{214}	褥子y^{42}tsɿ^{0}
平度	棉花miã^{45}xua^{0}	棉单miã^{45}tã^{0} 被单儿pei^{42}tɛr^{213}也可不儿化加“子”尾 床单儿tʂ^{h}uɑŋ^{42}tɛr^{213}也可不儿化加“子”尾	褥子y^{42}tθɿ^{0}
青岛	棉花miã^{45}xuɑ^{0}	棉单miã^{45}tã^{0}	褥子y^{42}tθɿ^{0}
高密	棉花绒子miã^{55}xuɑ^{0}ioŋ^{55}tθɿ^{0}	褥单儿y^{21}tɛr^{213} 床单儿tʂ^{h}uɑŋ^{42}tɛr^{213} 被单儿pei^{21}tɛr^{213}	褥子y^{42}tθɿ^{0}
诸城	被套pei^{31}t^{h}ɔ^{31}	棉单miã^{24}tã^{0}	褥子y^{44}tθɿ^{0}
沂水	穰子iaŋ^{213}dðɿ^{0} 套子t^{h}ɔ^{44}dðɿ^{0}	被单儿pe^{31}tɛr^{213} 被单子pe^{31}tã^{21}dðɿ^{0}	褥子y^{44}dðɿ^{0}
临朐	穰子ʐaŋ^{213}tθɿ^{0}	棉条miã^{35}t^{h}iɔ^{0}	褥子lu^{44}tθɿ^{0}
日照	棉花套miã^{44}xu^{0}t^{h}ɔ^{31}	棉单miã^{44}tã^{0}	褥子y^{53}tθɿ^{0}
莒南	棉花niã^{24}xu^{0}	床单儿tʂ^{h}uɑŋ^{53}trɛr^{213} 被单儿pei^{31}trɛr^{213}	褥子y^{42}tθɿ^{0}
潍坊	棉花miã^{35}xuɑ^{0}	棉条miã^{35}t^{h}iɔɤ^{0}	褥子ʐu^{55}tsɿ^{0}
寿光	穰子lɑŋ^{24}tsɿ^{0}未加工过的 胎子t^{h}ɛ^{21}tsɿ^{0}已加工过的	棉条miã^{35}t^{h}iɔ^{0}	褥子lu^{55}tsɿ^{0}
高青	套子t^{h}ɔ^{55}tsɿ^{0} 穰子ʐɑŋ^{213}tsɿ^{0}	床单儿tʂ^{h}uɑŋ^{55}tɛr^{0}	褥子ʐu^{55}tsɿ^{0}
阳信	穰子ʐɑŋ^{213}tsɿ^{0}	单子tã^{31}tsɿ^{0} 卧单uə^{55}tã^{0}	褥子y^{55}tsɿ^{0}
济阳	穰子ʐɑŋ^{213}tsɿ^{0}	衬单tʂ^{h}ẽ^{55}tã^{0}	褥子lu^{55}tsɿ^{0}
利津	穰子ʐɑŋ^{213}tsɿ^{0}	卧单uə^{55}tã^{0}	褥子ʐu^{55}tsɿ^{0}
乐陵	穰子iɑŋ^{212}tsɿ^{0}	床单儿tʂ^{h}uɑŋ^{55}tɛr^{24}	褥子y^{55}tsɿ^{0}

续表

	0325棉絮	0326床单	0327褥子
商河	穰子ʐɑŋ^{213}tsɿ^{0} 套子tʰɔ^{54}tsɿ^{0}	大棉条tɑ^{31}miã^{24}tʰiɔ^{54} 床单子tʂʰuɑŋ^{54}tã^{21}tsɿ^{0}	褥子ʐu^{54}tsɿ^{0}
平原	穰子ʐɑŋ^{23}tsɿ^{0}	衬单子tʂʰẽ^{23}tã^{21}tsɿ^{0}	褥子ʐu^{42}tsɿ^{0}
德州	穰子ʐɑŋ^{213}tsɿ^{0} 棉花miã^{55}xua^{0}	单子tã^{21}tsɿ^{0}	褥子ʐu^{42}tsɿ^{0}/y^{42}tsɿ^{0}
武城	穰子iɑŋ^{24}tsɿ^{0}	褥单儿y^{21}tɛr^{224}	褥子y^{53}tsɿ^{0}
临清	穰子ʐɑŋ^{44}tsɿ^{0}弹好的棉花，可以用来做被子	单子tan^{13}tsɿ^{0}	褥子ʐou^{53}tsɿ^{0}
冠县	穰子iɑŋ^{44}tsɿ^{0} 套子tʰɔ^{53}tsɿ^{0}	单子tã^{21}tsɿ^{0}	铺体pʰu^{21}tʰi^{0}
聊城	穰子zɑŋ^{44}tsɿ^{0}弹好的棉花，可以用来做被子	床单儿tsʰuɑŋ^{53}tɛr^{13}	褥子zou^{53}tsɿ^{0}
济南	棉花套子miã^{445}xua^{0}tʰɔ^{55}tsɿ^{0} 绒子luŋ^{213}tsɿ^{0}	床单子tʂʰuɑŋ^{55}tã^{21}tsɿ^{0} 床单儿tʂʰuɑŋ^{42}tɛr^{213}	褥子lu^{55}tsɿ^{0}
泰安	棉花套子miã^{55}xua^{0}tʰɔ^{42}tsɿ^{0}	衬单tʂʰẽ^{42}tã^{0}	褥子lu^{42}tsɿ^{0}
莱芜	棉花miã^{13}xua^{0}	褥单lu^{31}tã^{213}	褥子lu^{42}tsɿ^{0}
新泰	棉花穰子ȵiã^{45}xua^{0}ʒɑŋ^{213}tθɿ^{0}	棉条miã^{45}tʰiɔ^{0}	褥子lu^{54}tθɿ^{0}
沂源	棉花穰子miã^{35}xua^{0}iɑŋ^{21}tθɿ^{0}	被单子pei^{31}tã^{21}tθɿ^{0}	褥子y^{55}tθɿ^{0}
博山	棉花穰miã^{35}xuɑ^{0}lɑŋ^{55} 棉花绒miã^{35}xuɑ^{0}luŋ^{55}	棉条miã^{35}tʰiɔ^{0}	褥子lu^{55}ə^{0}
张店	穰子ʐɑŋ^{213}ɿ^{0}	衬单tʂʰə̃^{55}tã^{0}	褥子lu^{55}ɿ^{0}
阳谷	套子tʰɔ^{42}zɿ^{0}	被单子pei^{31}tã^{31}zɿ^{0}	铺体pʰu^{31}tʰi^{0}
梁山	棉套子miã^{42}tʰɔ^{31}tsɿ^{0}	单盖体tã^{23}kɛ^{42}tʰi^{0}	褥子zou^{42}tsɿ^{0}
菏泽	花绒子xua^{213}yŋ^{53}tə^{0} 棉花绒子miã^{53}xua^{213}yŋ^{53}tə^{0}	单子tã^{21}tə^{0}	铺体pʰu^{21}tʰi^{0}
曹县	绒子yŋ^{53}nẽ^{0}	单子tã^{21}nẽ^{0}	铺体pʰu^{21}tʰi^{44}
金乡	棉绒子miã^{42}yŋ^{55}tsɿ^{0}	单子tã^{21}tsɿ^{0}	褥子zou^{42}tsɿ^{0}
曲阜	棉花套子miã^{55}xua^{0}tʰɔ^{42}tsɿ^{0}	被单子pei^{31}tã^{21}tsɿ^{0}	褥子zou^{42}tsɿ^{0}
薛城	棉花miã^{55}xua^{0}	单被tã^{313}pe^{41} 被单子pe^{41}tã^{31}tsɿ^{0}	褥子zou^{41}tsɿ^{0}

续表

	0325 棉絮	0326 床单	0327 褥子
郯城	棉花套子 ȵiã^{44}xu^{0}tʰɔ^{51}tsɿ^{0}/ miã^{44}xu^{0}tʰɔ^{51}tsɿ^{0}	被单子 pe^{51}tã^{21}tsɿ^{0} 被单儿 pe^{51}tɛr^{213} 床单子 tʂʰuɑŋ^{44}tã^{21}tsɿ^{0}	褥子 zʅəu^{51}tsɿ^{0}
临沂	被套 pei^{31}tʰɔ^{312}	被单子 pei^{31}tã^{21}tsɿ^{0} 床单子 tʃʰuɑŋ^{53}tã^{21}tsɿ^{0}	褥子 zʅou^{31}tsɿ^{0}

	0328 席子	0329 蚊帐	0330 桌子统称
荣成	席子 si^{33}tsɿ^{0}	蚊帐 uən^{53}tʃaŋ^{33}	桌子 tʂo^{214}tsɿ^{0}
烟台	席 ɕi^{33} 凉席 liɑŋ^{53}ɕi^{33}	蚊帐 uən^{53}tɕiɑŋ^{33}	桌子 tsuo^{21}ɾə^{0}
栖霞	席 ʃʅ^{342} 炕席 kʰɑŋ^{52}ʃʅ^{342}	蚊帐 uə̃n^{55}tʃɑŋ^{52}	桌子 tsuo^{21}lə^{0}
长岛	炕席子 kʰɑŋ^{52}ʃʅ^{55}tsɿ^{0}	蚊帐 uən^{55}tʃɑŋ^{0}	桌子 tsuə^{35}tsɿ^{0}
海阳	席 si^{341}	蚊帐 uẽ^{52}tsɑŋ^{341}	桌子 tʂuo^{21}ə^{0}
莱西	席 ʃʅ^{42}	蚊帐 uẽ^{24}tʃɑŋ^{42}	桌子 tsuə^{24}tsɿ^{0}
平度	席 si^{42}	蚊帐 uə̃^{45}tʃɑŋ^{0}	桌子 tʂuə^{45}tθɿ^{0}
青岛	席 si^{42}	蚊帐 uẽ^{45}tʃɑŋ^{0}	桌子 tʂuə^{55}tθɿ^{0}
高密	席 si^{42} 席了 si^{55}tθɿ^{0}	蚊帐 uə̃^{55}tʃɑŋ^{0}	桌子 tʂuə^{23}tθɿ^{0}
诸城	席 θi^{53}	蚊帐 uẽ^{24}tʃɑŋ^{0}	桌子 tʂuə^{213}tθɿ^{0}
沂水	席 si^{53}	蚊帐 uẽ^{44}dʒɑŋ^{0}	桌子 tʂuə^{213}dðɿ^{0}
临朐	席 ɕi^{53}	蚊帐 uə̃^{35}tʃɑŋ^{0}	桌子 tʂuə^{213}tθɿ^{0}
日照	席 θi^{53}	蚊帐 uẽ^{44}tʃiɑŋ^{0}	桌子 tʂuə^{213}tθɿ^{0}
莒南	席 si^{53}	蚊帐 uẽ^{24}tʃɑŋ^{0}	桌子 tʂuə^{213}tθɿ^{0}
潍坊	席子 ɕi^{35}tsɿ^{0}	蚊帐 uẽ^{35}tʂɑŋ^{0}	桌子 tʂuə^{214}tsɿ^{0}
寿光	席 ɕi^{53}	蚊帐 uə̃^{35}tʂɑŋ^{0}	桌子 tʂuə^{213}tsɿ^{0}
高青	席 ɕi^{55}	蚊帐 uə̃^{35}tʂɑŋ^{0}	桌子 tʂuə^{213}tsɿ^{0}
阳信	席 ɕi^{43} 大的 席子 ɕi^{45}tsɿ^{0} 小的	蚊帐 uə̃^{45}tʂɑŋ^{0}	桌子 tʂuɔ^{31}tsɿ^{0}
济阳	席 ɕi^{55}	蚊帐 uẽ^{24}tʂɑŋ^{0}	桌子 tʂuə^{23}tsɿ^{0}
利津	席 ɕi^{53}	蚊帐 uẽ^{35}tʂɑŋ^{0}	桌子 tʂuə^{24}tsɿ^{0}

续表

	0328 席子	0329 蚊帐	0330 桌子统称
乐陵	席 ɕi^{55}	蚊帐 uẽ^{55}tʂaŋ^{0}	桌子 tʂuə^{31}tsɿ^{0}
商河	席 ɕi^{54}	蚊帐 uẽ^{24}tʂaŋ^{0}	桌子 tʂuə^{21}tsɿ^{0}
平原	席 ɕi^{42}	蚊帐 uẽ^{55}tʂaŋ^{0}	桌子 tʂuə^{23}tsɿ^{0}
德州	席子 ɕi^{55}tsɿ^{0}	蚊帐 uẽ^{55}tʂaŋ^{0}	桌子 tʂuə^{21}tsɿ^{0}
武城	席 ɕi^{53}	帐子 tʂaŋ^{53}tsɿ^{0}	桌子 tʂuə^{312}tsɿ^{0}
临清	席儿 ɕier^{53}	蚊帐 un^{44}tʂaŋ^{0}	桌子 tʂuə^{13}tsɿ^{0}
冠县	席 si^{53}	蚊帐 uẽ^{53}tʂaŋ^{0}	桌子 tʂuə^{21}tsɿ^{0}
聊城	席 ɕi^{53}	蚊帐 uẽ^{44}tsaŋ^{0}	桌子 tsuə^{13}tsɿ^{0}
济南	席子 ɕi^{445}tsɿ^{0}	蚊帐 uẽ^{445}tʂaŋ^{0} 帐子 tʂaŋ^{55}tsɿ^{0}	桌子 tʂuə^{21}tsɿ^{0}
泰安	席 ɕi^{42}	蚊帐 uẽ^{55}tʂaŋ^{0}	桌子 tʂuə^{21}tsɿ^{0}
莱芜	席 ɕi^{55}	蚊帐 uẽ^{13}tʃaŋ^{0}	桌子 tʃuə^{23}tsɿ^{0}
新泰	席子 ɕi^{42}	蚊帐 uẽ^{45}tʃaŋ^{0}	桌子 pfə^{21}tθɿ^{0}
沂源	席 ɕi^{55}	蚊帐 uə̃^{35}tʃaŋ^{0}	桌子 tʃuə^{21}tθɿ^{0}
博山	席 ɕi^{55}	蚊帐 uẽ^{35}tʂaŋ^{0}	桌子 tʂuə^{22}ə^{0}
张店	席子 ɕi^{35}ɿ^{0}	蚊帐 uə̃^{35}tʂaŋ^{0}	桌子 tʂuə^{33}ɿ^{0}
阳谷	席 ɕi^{42}	蚊帐 uẽ^{55}tsaŋ^{0}	桌子 tsuo^{31}zɿ^{0}
梁山	席 ɕi^{42}	蚊帐 uẽ^{55}tsaŋ^{0}	桌子 tsuə^{21}tsɿ^{0}
菏泽	席 ɕi^{53}	帐子 tsaŋ^{31}tə^{0}	桌子 tsuə^{21}tə^{0}
曹县	席 ɕi^{53}	蚊帐子 uẽ^{53}tʂaŋ^{31}nẽ^{0}	桌子 tʂuə^{21}tə^{0}
金乡	席 ɕi^{42}	蚊帐 uẽ^{42}tsaŋ^{0}	桌子 tsuə^{21}tsɿ^{0}
曲阜	席 ɕi^{42}	蚊帐 uẽ^{55}tsaŋ^{0}	桌子 tsuə^{21}tsɿ^{0}
薛城	席 ɕi^{55}	蚊帐 uẽ^{55}tsaŋ^{41}	桌子 pfə^{31}tsɿ^{0}
郯城	席 ɕi^{44} 席子 ɕi^{44}tsɿ^{0}	蚊帐 uə̃^{44}tʂaŋ^{51}	桌子 tʂuə^{21}tsɿ^{0}
临沂	席 ɕi^{53}	蚊帐 uẽ^{55}tʃaŋ^{0}	桌子 tʃuə^{21}tsɿ^{0}

	0331 柜子统称	0332 抽屉桌子的	0333 案子长条形的
荣成	柜子 kuei^{33}tsɿ^{0}	抽匣 tʃʰəu^{53}çia^{35}	条儿 tʰiau^{35}ci^{53}

续表

	0331柜子统称	**0332抽屉**桌子的	**0333案子**长条形的
烟台	大柜ta^{53}kuei^{33} 小柜儿ɕiau^{21}kuər^{33}	抽屉tɕ^{h}iou^{53}t^{h}i^{0}	案子an^{33}ɾə^{0}
栖霞	柜子kuei^{34}lə^{0}	抽头tʃ^{h}y^{52}t^{h}əu^{342} “抽”读为“出”	案子ɑŋ^{52}lə^{0} “案”读为“昂”去声
长岛	柜kuei^{52}	抽抽tʃ^{h}ou^{31}tʃ^{h}ou^{0}	案子an^{52}tsɿ^{0}
海阳	柜kuei^{341}	抽头ts^{h}əu^{52}t^{h}əu^{0}	条几儿t^{h}iɔ^{34}ciər^{52}
莱西	柜子kuei^{45}tsɿ^{0}	抽头tʃ^{h}u^{214}t^{h}ou^{0} “抽”读为“出”	香几çiɑŋ^{55}ci^{214}
平度	橱tʃ^{h}u^{42}	抽头tʃ^{h}ou^{213}t^{h}ou^{0}	桌子tʃuə^{45}tθɿ^{0}
青岛	柜kuei^{42}	抽头tʃ^{h}u^{21}t^{h}ou^{0} “抽”读为“出”	案子ã^{42}tθɿ^{0}
高密	柜子kuei^{21}tθɿ^{0}	抽头tʃ^{h}ou^{21}t^{h}ou^{0}	案子ã^{42}tθɿ^{0} 长条桌儿tʃ^{h}ɑŋ^{42}t^{h}iɔ^{0}tʂuər^{55} 供桌儿koŋ^{21}tʂuər^{55}过年用
诸城	柜子kuei^{44}tθɿ^{0}	抽头tʃ^{h}ou^{31}t^{h}ou^{0}	条桌子ȶ^{h}iɔ^{24}tʂuə^{0}tθɿ^{0}
沂水	柜子kue^{44}dðɿ^{0}	抽头tʃ^{h}ou^{21}t^{h}ou^{0}	案子ŋã^{44}dðɿ^{0}
临朐	柜子kuci^{44}tθɿ^{0}	抽匣子tʃ^{h}əu^{21}ɕia^{0}tθɿ^{0}	案子ŋa^{44}tθɿ^{0}
日照	柜子kuei^{53}tθɿ^{0}	抽头tʃ^{h}iou^{31}t^{h}ou^{0}	案子ŋã^{53}tθɿ^{0}
莒南	柜子kuei^{42}tθɿ^{0}	抽屉盒子tʃ^{h}ou^{21}t^{h}i^{0}xə^{55}tθɿ^{0}	条几t^{h}iɔ^{53}tɕi^{213}
潍坊	柜子kuei^{55}tsɿ^{0}	抽头tʂ^{h}ɤɯ^{31}t^{h}ɤɯ^{0}	案子ŋã^{55}tsɿ^{0}
寿光	柜子kuei^{55}tsɿ^{0}	抽头tʂ^{h}əu^{21}t^{h}əu^{0} 抽头匣子tʂ^{h}əu^{21}t^{h}əu^{0}ɕia^{35}tsɿ^{0}	案子ŋã^{55}tsɿ^{0}
高青	柜子kuei^{55}tsɿ^{0}	抽头tʂ^{h}ou^{21}t^{h}ou^{0}	条山几t^{h}iɔ^{55}ʂã^{55}tɕi^{213}
阳信	柜子kuei^{55}tsɿ^{0}	抽头tʂ^{h}ou^{31}t^{h}ou^{0}	条山几t^{h}iɔ^{43}ʂã^{213}tɕi^{213}
济阳	柜子kuei^{55}tsɿ^{0}	抽匣子tʂ^{h}ou^{21}ɕia^{0}tsɿ^{0}	搁几板kə^{55}tɕi^{213}pã^{55}板面平 条山几t^{h}iɔ^{55}ʂã^{55}tɕi^{213}板面两头翘起
利津	柜子kuei^{55}tsɿ^{0}	抽头tʂ^{h}ou^{31}t^{h}ou^{0}	案板ŋã^{55}pã^{0}
乐陵	柜kuei^{51}	抽头tʂ^{h}ou^{31}t^{h}ou^{0}	条几儿t^{h}iɔ^{51}tɕier^{24}
商河	柜子kuei^{54}tsɿ^{0}	抽头tʂ^{h}ou^{21}t^{h}ou^{0} 抽抽tʂ^{h}ou^{21}tʂ^{h}ou^{0}	案子ŋã^{54}tsɿ^{0}
平原	橱子tʂ^{h}u^{55}tsɿ^{0}	抽抽tʂ^{h}ou^{21}tʂ^{h}ou^{0}	板子pã^{23}tsɿ^{0}
德州	柜子kuei^{42}tsɿ^{0}	抽屉tʂ^{h}ou^{21}t^{h}i^{0}	案子ŋã^{42}tsɿ^{0}

续表

	0331 柜子统称	0332 抽屉桌子的	0333 案子长条形的
武城	柜子kuei^{53}tsɿ^{0}	抽抽tʂʰou^{312}tʂʰou^{0}	案子ŋã^{53}tsɿ^{0}
临清	（无）	抽屉tʂʰou^{13}tʰi^{0}	条儿tʰiau^{53}tɕi^{13} 书条ʂu^{13}tʰiau^{53}
冠县	柜子kuei^{53}tsɿ^{0}	抽抽tʂʰou^{21}tʂʰou^{0}	条儿tʰiɔ^{53}tɕi^{13}
聊城	橱子tsʰu^{44}tsɿ^{0}	抽抽tsʰou^{13}tsʰou^{0}	条儿tʰiɔ^{53}tɕi^{13}
济南	柜子kuei^{55}tsɿ^{0}	抽抽tʂʰou^{21}tʂʰou^{0} 抽头tʂʰou^{21}tʰou^{0}	案子ŋã^{55}tsɿ^{0}
泰安	柜kuei^{21}	抽抽tʂʰou^{21}tʂʰou^{0}	条山儿tʰiɔ^{42}ʂã^{23}tɕi^{213} 条儿tʰiɔ^{42}tɕi^{213} 搁儿kə^{23}tɕi^{213}
莱芜	柜子kuei^{42}tsɿ^{0}	抽匣子tʃʰou^{31}ɕia^{0}tsɿ^{0}	案子ŋã^{42}tsɿ^{0}
新泰	柜kuei^{31}	抽抽匣子tʃʰou^{21}tʃʰou^{0}ɕia^{45}tθɿ^{0}	条山儿tʰiɔ^{42}ʃã^{23}tɕi^{213}
沂源	柜子kuei^{55}tθɿ^{0}	抽匣子tʃʰou^{21}ɕia^{0}tθɿ^{0}	条山儿tʰiɔ^{55}ʃã^{55}tɕi^{213}
博山	柜子kuei^{55}ə^{0}	抽匣tʂʰəu^{21}ɕia^{0}	案子ŋã^{55}ə^{0}
张店	柜子kuei^{55}ɿ^{0}	抽匣子tʂʰou^{21}ɕia^{0}ɿ^{0}	案子ŋã^{55}ɿ^{0}
阳谷	柜kuei^{313}	抽屉tsʰou^{31}tʰi^{0}/tsʰou^{31}tɕʰi^{55} "屉"读为"起" 抽抽儿tsʰou^{31}tsʰour^{0}	案子ɣã^{42}zɿ^{0}
梁山	柜子kuei^{42}tsɿ^{0}	抽抽tsʰou^{21}tsʰou^{0}	条儿tʰiɔ^{42}tɕi^{55}
菏泽	柜kuei^{312}	抽头tsʰou^{21}tʰou^{0}	案子ɣã^{31}tə^{0}
曹县	柜kuei^{312}	抽子tʂʰou^{21}tə^{0} 抽屉tʂʰou^{21}tʰi^{0}	条儿tʰiɔ^{53}tɕi^{213}
金乡	柜kuei^{312}	抽抽tsʰou^{21}tsʰou^{0}	条儿tʰiɔ^{42}tɕi^{213}
曲阜	柜kuei^{312}	抽抽tsʰou^{21}tsʰou^{0}	条儿tʰiɔ^{42}tɕi^{213}
薛城	橱pfʰu^{55} 柜kue^{41}	抽头tsʰou^{31}tʰou^{55} 抽洞子tsʰou^{31}tuŋ^{41}tsɿ^{0} 抽屉tsʰou^{31}tʰi^{0}	案子ɣə^{41}tsɿ^{0}长条形，无腿，用于切肉做饭 条儿tʰiɔ^{55}tɕi^{313}靠墙摆放的
郯城	柜kue^{51} 柜子kue^{51}tsɿ^{0} 橱tʂʰu^{44}	抽屉tʂʰəu^{21}tʰi^{51}	条儿tʰiɔ^{44}tɕi^{213}
临沂	橱tʃʰu^{53}	抽屉tʃʰou^{21}tʰi^{0}	条儿tʰiɔ^{53}tɕi^{214}

	0334 椅子统称	0335 凳子统称	0336 马桶有盖的
荣成	椅子 i^{214}tsɿ^{0}	凳子 təŋ^{33}tsɿ^{0}	（无）
烟台	椅子 i^{21}ɾə^{0}	凳子 təŋ^{33}ɾə^{0}	（无）
栖霞	椅子 i^{21}lə^{0}	凳子 təŋ^{52}lə^{0}	（无）
长岛	椅子 i^{35}tsɿ^{0}	凳子 təŋ^{52}tsɿ^{0}	（无）
海阳	椅子 i^{21}ə^{0}	凳子 təŋ^{34}ə^{0}	（无）
莱西	椅子 i^{24}tsɿ^{0}	板掌 pã^{214}tsʰəŋ^{0} 凳子 təŋ^{42}tsɿ^{0}	（无）
平度	椅子 i^{45}tθɿ^{0}	凳子 təŋ^{42}tθɿ^{0}	（无）
青岛	椅子 i^{55}tθɿ^{0}	凳子 toŋ^{42}tθɿ^{0}	（无）
高密	椅子 i^{23}tθɿ^{0}	凳子 toŋ^{42}tθɿ^{0} 板凳 pã^{23}toŋ^{0} 长条型 杌子 u^{42}tθɿ^{0} 方型或圆型	（无）
诸城	椅子 i^{213}tθɿ^{0}	杌子 u^{44}tθɿ^{0}	（无）
沂水	椅子 i^{213}dðɿ^{0}	凳子 təŋ^{44}dðɿ^{0} 杌子 u^{44}dðɿ^{0} 板凳子 pã^{213}təŋ^{0}dðɿ^{0}	（无）
临朐	椅子 i^{213}tθɿ^{0}	杌扎子 u^{44}tʂa^{0}tθɿ^{0}	（无）
日照	椅子 i^{213}tθɿ^{0}	杌子 u^{53}tθɿ^{0}	（无）
莒南	椅子 i^{213}tθɿ^{0}	板凳儿 pã^{55}trə̃r^{31} 高 凳子 təŋ^{42}tθɿ^{0} 高 板头儿 pã^{213}tʰrour^{0} 矮	马桶 ma^{53}tʰuŋ^{55}
潍坊	椅子 i^{24}tsɿ^{0}	凳子 təŋ^{55}tsɿ^{0} 长凳，多人坐 杌子 u^{55}tsɿ^{0} 单人的	（无）
寿光	椅子 i^{24}tsɿ^{0}	杌子 u^{55}tsɿ^{0} 单人坐，较高，顶部有圆有方 板凳 pã^{24}təŋ^{0} 多人坐，较高，顶部条状 小板凳 çiɔ^{55}pã^{24}təŋ^{0} 单人坐，较低，顶部方形	（无）
高青	椅子 i^{213}tsɿ^{0}	凳子 təŋ^{55}tsɿ^{0}	（无）
阳信	椅子 i^{213}tsɿ^{0}	凳子 təŋ^{55}tsɿ^{0} 长的 杌子头 u^{55}tsɿ^{0}tʰou^{43} 圆的、方的	（无）
济阳	椅子 i^{213}tsɿ^{0}	凳子 təŋ^{55}tsɿ^{0}	（无）

续表

	0334椅子统称	0335凳子统称	0336马桶有盖的
利津	椅子i^{213}tsɿ^{0}	凳子təŋ^{55}tsɿ^{0}	（无）
乐陵	椅子i^{212}tsɿ^{0}	杌子头儿u^{55}tsɿ^{0}tʰour^{55} 杌子u^{55}tsɿ^{0}	（无）
商河	椅子i^{213}tsɿ^{0}	凳子təŋ^{54}tsɿ^{0}	（无）
平原	椅子i^{23}tsɿ^{0}	杌子头u^{42}tsɿ^{0}tʰou^{42}	（无）
德州	椅子i^{213}tsɿ^{0}	板凳pã^{55}təŋ^{21} 凳子təŋ^{42}tsɿ^{0}	（无）
武城	椅子i^{24}tsɿ^{0}	凳子təŋ^{53}tsɿ^{0}圆形 杌子u^{53}tsɿ^{0}方形	（无）
临清	椅子i^{44}tsɿ^{0}	板凳pan^{44}təŋ^{0}	（无）
冠县	椅子i^{44}tsɿ^{0}	凳子təŋ^{53}tsɿ^{0}	（无）
聊城	椅子i^{44}tsɿ^{0}	小板凳儿ɕiɔ^{53}pã^{44}tər^{0}	（无）
济南	椅子i^{213}tsɿ^{0}	杌子u^{55}tsɿ^{0}	（无）
泰安	椅子i^{213}tsɿ^{0}	凳子təŋ^{42}tsɿ^{0}	（无）
莱芜	椅子i^{213}tsɿ^{0}	凳子təŋ^{42}tsɿ^{0}	（无）
新泰	椅子i^{213}tθɿ^{0}	凳子təŋ^{54}tθɿ^{0}	（无）
沂源	椅子i^{21}tθɿ^{0}	凳子təŋ^{55}tθɿ^{0}	（无）
博山	椅子i^{213}ə^{0}	凳子təŋ^{55}ə^{0}	（无）
张店	椅子i^{213}ɿ^{0}	凳子təŋ^{55}ɿ^{0}	（无）
阳谷	椅子i^{13}zɿ^{0}	板凳pã^{55}təŋ^{0} 杌子u^{42}zɿ^{0}	（无）
梁山	椅子i^{23}tsɿ^{0}	板凳pã^{55}tʰəŋ^{0}“凳”读为“腾”轻声 杌子u^{42}tsɿ^{0}	（无）
菏泽	椅子i^{44}tə^{0}	凳子təŋ^{31}tə^{0}	（无）
曹县	椅子i^{44}tə^{0} 杌桌子u^{213}tʂuə^{21}tə^{0}	板凳pã^{44}təŋ^{0}	（无）
金乡	椅子i^{23}tsɿ^{0}	凳子təŋ^{42}tsɿ^{0}	（无）
曲阜	椅子i^{213}tsɿ^{0}	板凳pã^{213}təŋ^{0}	（无）
薛城	椅子i^{24}tsɿ^{0}	板凳pã^{24}təŋ^{0}	（无）
郯城	椅子i^{24}tsɿ^{0}	板头pã^{24}tʰəu^{0} 板凳pã^{24}təŋ^{0} 凳子təŋ^{51}tsɿ^{0}	马桶ma^{24}tʰuŋ^{24}

续表

	0334椅子统称	0335凳子统称	0336马桶有盖的
临沂	椅子i^{214}tsɿ^{0}	凳子təŋ^{31}tsɿ^{0}	马桶ma^{55}tʰuŋ^{55}

	0337菜刀	0338瓢舀水的	0339缸
荣成	菜刀tsʰai^{33}tau^{53}	瓢piau^{35} 水舀子ʂuei^{33}iau^{214}tsɿ^{0}	缸kaŋ^{53}
烟台	菜刀tsʰɛ^{33}tau^{53}	瓢pʰiau^{33}	缸kaŋ^{53}
栖霞	菜刀tsʰɛi^{34}tɔo^{312}	瓢pʰiɔo^{342}	缸kaŋ^{312}
长岛	菜刀tsʰai^{55}tau^{31}	瓢pʰiau^{55}水～	缸kaŋ^{312}
海阳	切菜刀tsʰiə^{21}tθʰɛ^{34}tɔ^{52}	瓢pʰiɔ^{341}	缸kaŋ^{52}
莱西	菜刀tsʰɛ^{31}tɔ^{214} 刀tɔ^{214}	瓢pʰiɔ^{42} 水瓢suei^{55}pʰiɔ^{42}	缸kaŋ^{214} 瓮oŋ^{42}
平度	菜刀tθʰɛ^{42}tɔ^{213}	瓢pʰiɔ^{42}	缸kaŋ^{213} 瓮uəŋ^{213}
青岛	菜刀tθʰɛ^{42}tɔ^{213}	瓢pʰiɔ^{42}	缸kaŋ^{213} 瓮oŋ^{213}
高密	菜刀tθʰɛ^{21}tɔ^{213} 切菜刀tsʰiə^{55}tθʰɛ^{21}tɔ^{213}	水瓢ʂuei^{23}pʰiɔ^{0}	缸kaŋ^{213}
诸城	刀tɔ^{213}	瓢pʰiɔ^{53} 水瓢ʂuei^{213}pʰiɔ^{0}	瓮uəŋ^{31} 缸kaŋ^{213}
沂水	菜刀tθʰɛ^{31}tɔ^{213} 菜刀tθʰɛ^{44}tɔ^{0}	水瓢ʂue^{44}pʰiɔ^{53} 水瓢ʂue^{213}pʰiɔ^{0}	釉腿缸iou^{24}tʰue^{0}kaŋ^{213}
临朐	刀tɔ^{213}	瓢pʰiɔ^{53}	瓮uŋ^{21}
日照	刀tɔ^{213}	瓢pʰiɔ^{53}	缸kaŋ^{213}
莒南	菜刀tθʰɛ^{31}tɔ^{213}	水瓢ʂuei^{55}pʰiɔ^{53} 舀子iɔ^{213}tθɿ^{0}	缸kaŋ^{213}
潍坊	菜刀tsʰɛ^{55}tɔɤ^{0}	水舀子ʂuei^{53}iɔɤ^{24}tsɿ^{0}	水瓮ʂuei^{24}uəŋ^{0}
寿光	刀tɔ^{213} 切菜刀tɕʰiə^{13}tsʰɛ^{21}tɔ^{213}	瓢pʰiɔ^{53} 水瓢ʂuei^{24}pʰiɔ^{0}	瓮uəŋ^{21}
高青	刀tɔ^{213}	舀子iɔ^{213}tsɿ^{0}	瓮uəŋ^{41}
阳信	刀tɔ^{213} 切菜刀tɕʰiə^{213}tsʰɛ^{31}tɔ^{213}	瓢pʰiɔ^{43}	瓮uŋ^{31}
济阳	切菜刀tɕʰiə^{55}tsʰɛ^{31}tɔ^{213}	瓢pʰiɔ^{55} 水舀子ʂuei^{55}iɔ^{213}tsɿ^{0}	缸kaŋ^{213} 瓮uŋ^{31}

续表

	0337菜刀	0338瓢舀水的	0339缸
利津	菜刀 tsʰε^{31}tɔ^{213}	舀子 iɔ^{213}tsɿ^{0}	瓮 uəŋ^{31}
乐陵	菜刀 tsʰε^{31}tɔ^{24}	水瓢 ʂuei^{55}pʰiɔ^{55}	瓮 uŋ^{51}
商河	菜刀 tsʰε^{31}tɔ^{213} 切菜刀 tɕʰiə^{45}tsʰε^{31}tɔ^{213}	瓢 pʰiɔ^{54}	瓮 uŋ^{31}
平原	菜刀 tsʰεi^{21}tɔu^{213}	瓢儿 pʰiɔur^{42}	瓮 uŋ^{21} 缸 kɑŋ^{213}
德州	刀 tɔ^{213}	瓢 pʰiɔ^{42}	缸 kɑŋ^{213}
武城	刀 tɔ^{224}	瓢 pʰiɔ^{53}	缸 kɑŋ^{224}
临清	菜刀 tsʰai^{31}tau^{13}	水瓢 ʂuei^{44}pʰiau^{53} 舀子 iau^{44}tsɿ^{0}	缸 kɑŋ^{13}
冠县	刀 tɔ^{13}	瓢 pʰiɔ^{53}	缸 kɑŋ^{13}
聊城	菜刀 tsʰε^{31}tɔ^{13}	舀子 iɔ^{13}tsɿ^{0}	缸 kɑŋ^{13}
济南	切菜刀 tɕʰiə^{23}tsʰε^{21}tɔ^{213} 菜刀 tsʰε^{21}tɔ^{213}	瓢 pʰiɔ^{42}	缸 kɑŋ^{213} 瓮 uŋ^{21}
泰安	切菜刀 tɕʰiə^{23}tsʰε^{21}tɔ^{213}	瓢 pʰiɔ^{42}	缸 kɑŋ^{213}
莱芜	刀 tɔ^{213}	水瓢 ʃuei^{213}pʰiɔ^{55}	缸 kɑŋ^{213}
新泰	刀 tɔ^{213}	水瓢 fei^{21}pʰiɔ^{42}	缸 kɑŋ^{213}
沂源	刀 tɔ^{213}	水瓢 ʃuei^{213}pʰiɔ^{55}	瓮 uəŋ^{31}
博山	刀 tɔ^{213}	瓢 pʰiɔ^{55}	瓮 uəŋ^{31}
张店	菜刀 tsʰε^{31}tɔ^{213}	水瓢 ʂuei^{213}pʰiɔ^{0}	瓮 uŋ^{31}
阳谷	切菜刀 tɕʰiə^{13}tsʰε^{0}tɔ^{213}	瓢 pʰiɔ^{42}	缸 kɑŋ^{213}
梁山	刀 tɔ^{213}	瓢 pʰiɔ^{42}	缸 kɑŋ^{213}
菏泽	刀 tɔ^{213}	瓢 pʰiɔ^{53}	瓮 uŋ^{312}
曹县	刀 tɔ^{213}	舀子 iɔ^{44}tə^{0}	缸 kɑŋ^{213}
金乡	刀 tɔ^{213}	水瓢 suei^{23}pʰiɔ^{42}	缸 kɑŋ^{213}
曲阜	刀 tɔ^{213}	水瓢 suei^{55}pʰiɔ^{42}	缸 kɑŋ^{213}
薛城	刀 tɔ^{313}	瓢 pʰiɔ^{55} 水瓢 fe^{24}pʰiɔ^{55} 水舀子 fe^{55}iɔ^{24}tsɿ^{0}	缸 kɑŋ^{313}

续表

	0337 菜刀	0338 瓢舀水的	0339 缸
郯城	石刀 ʂʅ^{44}tɔ^{213} 刀 tɔ^{213} 菜刀 tsʰɛ^{51}tɔ^{213}	水瓢 fe^{24}pʰiɔ^{44}	缸 kaŋ^{213}
临沂	刀 tɔ^{214}	瓢 pʰiɔ^{53}	缸 kaŋ^{214}

	0340 坛子装酒的～	0341 瓶子装酒的～	0342 盖子杯子的～
荣成	坛 tʰan^{35}	瓶儿 piə̃r^{35}/pʰiə̃r^{35}	盖儿 kɐr^{33}
烟台	坛子 tʰan^{33}ɾə^{0}	瓶子 pʰiŋ^{33}ɾə^{0}	盖儿 kɐr^{33}
栖霞	坛子 tʰɑŋ^{34}lə^{0}	瓶子 pʰiŋ^{34}lə^{0}	盖儿 kɐr^{52}
长岛	坛子 tʰan^{55}tsɿ^{0}	瓶子 pʰiŋ^{55}tsɿ^{0}	盖儿 kɐr^{52}
海阳	酒罂子 tsiəu^{21}iŋ^{34}ə^{0}	瓶子 pʰiŋ^{34}ə^{0}	盖儿 kɐr^{341}
莱西	坛子 tʰã^{45}tsɿ^{0}	瓶子 pʰiŋ^{45}tsɿ^{0} 壶 xu^{42}	盖儿 kɐr^{42}
平度	坛子 tʰã^{45}tθɿ^{0}	瓶子 pʰiŋ^{45}tθɿ^{0} 壶 xu^{42}	盖儿 kɛr^{42}
青岛	坛子 tʰã^{45}tθɿ^{0}	瓶子 pʰioŋ^{45}tθɿ^{0}	盖子 kɛ^{42}tθɿ^{0}
高密	脂⁼子瓶 tʂʅ^{21}tθɿ^{0}pʰioŋ^{42}	酒瓶子 tsiou^{213}pʰioŋ^{55}tθɿ^{0}	盖儿 kɛr^{21} 盖子 kɛ^{42}tθɿ^{0}
诸城	坛子 tʰã^{24}tθɿ^{0}	瓶子 pʰiəŋ^{24}tθɿ^{0}	盖子 kɛ^{44}tθɿ^{0} 盖儿 kɛr^{31}
沂水	坛子 tʰã^{24}dðɿ^{0}	瓶子 pʰiŋ^{24}dðɿ^{0}	盖子 kɛ^{44}dðɿ^{0} 盖儿 kɛr^{31}
临朐	坛子 tʰã^{35}tθɿ^{0}	瓶子 pʰiŋ^{35}tθɿ^{0}	盖子 kɛ^{44}tθɿ^{0}
日照	酒坛 ȶiou^{24}tʰã^{53} 坛 tʰã^{53}	酒瓶 ȶiou^{24}pʰiəŋ^{53} 瓶子 pʰiəŋ^{44}tθɿ^{0}	盖儿 kɛr^{31}
莒南	坛子 tʰã^{24}tθɿ^{0}	瓶子 pʰiŋ^{24}tθɿ^{0}	盖顶 kɛ^{42}tiŋ^{0} 大 盖儿 kɛr^{312} 小
潍坊	坛子 tʰã^{35}tsɿ^{0}	酒瓶子 tɕiɤɯ^{214}pʰiŋ^{35}tsɿ^{0}	盖儿 kɐr^{31}
寿光	坛子 tʰã^{35}tsɿ^{0}	瓶子 pʰiŋ^{35}tsɿ^{0}	盖子 kɛ^{55}tsɿ^{0} 大的 盖儿 kɛr^{21} 可大可小
高青	坛子 tʰã^{35}tsɿ^{0}	瓶子 pʰiŋ^{35}tsɿ^{0}	盖子 kɛ^{55}tsɿ^{0}

续表

	0340 坛子装酒的～	**0341 瓶子**装酒的～	**0342 盖子**杯子的～
阳信	坛子tʰã^{45}tsɿ^{0}	瓶子pʰiŋ^{45}tsɿ^{0}	盖儿kɛr^{31}
济阳	坛子tʰã^{24}tsɿ^{0}	瓶子pʰiŋ^{24}tsɿ^{0}	盖儿kɛr^{31}
利津	坛子tʰã^{35}tsɿ^{0}	瓶子pʰiŋ^{35}tsɿ^{0}	盖子kɛ^{55}tsɿ^{0}
乐陵	坛子tʰɛ^{55}tsɿ^{0}	瓶子pʰiŋ^{55}tsɿ^{0}	盖儿kɛr^{51}
商河	坛子tʰã^{24}tsɿ^{0}	瓶子pʰiŋ^{24}tsɿ^{0}	盖儿kɛr^{31}
平原	坛子tʰã^{55}tsɿ^{0}	瓶子pʰiŋ^{55}tsɿ^{0}	盖儿kɐr^{21}
德州	坛子tʰã^{55}tsɿ^{0}	瓶子pʰiŋ^{55}tsɿ^{0}	盖儿kɛr^{21}
武城	坛子tʰã^{55}tsɿ^{0}	瓶子pʰiŋ^{55}tsɿ^{0}	盖子kɛ^{53}tsɿ^{0} 盖儿kɛr^{312}
临清	坛子tʰan^{44}tsɿ^{0}	瓶子pʰiŋ^{44}tsɿ^{0}	盖儿kɛr^{313}
冠县	坛子tʰã^{53}tsɿ^{0}	瓶子pʰiŋ^{53}tsɿ^{0}	盖儿kɐr^{314}
聊城	坛子tʰã^{44}tsɿ^{0}	瓶子pʰiŋ^{44}tsɿ^{0}	盖儿kɛr^{313}
济南	坛子tʰã^{445}tsɿ^{0}	瓶子pʰiŋ^{445}tsɿ^{0}	盖儿kɛr^{21} 盖子kɛ^{55}tsɿ^{0}
泰安	坛子tʰã^{55}tsɿ^{0}	瓶子pʰiŋ^{55}tsɿ^{0}	盖儿kɛr^{21}
莱芜	坛子tʰã^{13}tsɿ^{0}	瓶子pʰiŋ^{13}tsɿ^{0}	盖子kɛ^{42}tsɿ^{0}
新泰	坛子tʰã^{45}tθɿ^{0}	瓶子pʰiŋ^{45}tθɿ^{0}	盖子kɛ^{54}tθɿ^{0}
沂源	坛子tʰã^{35}tθɿ^{0}	瓶子pʰiŋ^{35}tθɿ^{0}	盖子kɛ^{55}tθɿ^{0}
博山	坛子tʰã^{35}ə^{0}	瓶子pʰiŋ^{35}ə^{0}	盖子kɛ^{55}ə^{0}
张店	坛子tʰã^{35}ɿ^{0}	瓶子pʰiŋ^{35}ɿ^{0}	盖子kɛ^{55}ɿ^{0}
阳谷	坛子tʰã^{55}zɿ^{0}	瓶子pʰiŋ^{55}zɿ^{0}	盖子kɛ^{42}zɿ^{0}
梁山	坛子tʰã^{55}tsɿ^{0}	瓶子pʰiŋ^{55}tsɿ^{0}	盖儿kɛr^{314}
菏泽	坛子tʰã^{53}tə^{0}	瓶子pʰiŋ^{53}tə^{0}	盖子kɛ^{31}tə^{0}
曹县	坛子tʰã^{53}nẽ^{0}	瓶子pʰiŋ^{53}nẽ^{0}	盖子kai^{31}tə^{0}
金乡	坛子tʰã^{55}tsɿ^{0}	瓶子pʰiŋ^{55}tsɿ^{0}	盖儿kɛr^{312}
曲阜	坛子tʰã^{55}tsɿ^{0}	瓶子pʰiŋ^{55}tsɿ^{0}	盖儿kɛr^{312}
薛城	坛子tʰã^{55}tsɿ^{0}	瓶子pʰiŋ^{55}tsɿ^{0}	盖子kɛ^{41}tsɿ^{0}
郯城	坛子tʰã^{44}tsɿ^{0}	瓶子pʰiŋ^{44}tsɿ^{0}	盖子kɛ^{51}tsɿ^{0} 盖儿kɛr^{51}

续表

	0340 **坛子**装酒的～	0341 **瓶子**装酒的～	0342 **盖子**杯子的～
临沂	甏pəŋ^{312}大 坛子t^{h}ã^{55}tsɿ^{0}小	瓶子p^{h}iŋ^{55}tsɿ^{0}	盖儿kɛr^{312}

	0343 **碗**统称	0344 **筷子**	0345 **汤匙**
荣成	碗uan^{214}	筷子k^{h}uai^{33}tsɿ^{0}	调羹t^{h}iau^{35}kəŋ^{214} 勺儿ʂɔr^{35}
烟台	碗uan^{14}	筷子k^{h}uɛ^{33}ɾə^{0}	勺儿suor^{33} 羹匙儿kəŋ^{21}ts^{h}ər^{33}
栖霞	碗uãn^{214}	筷子k^{h}uɛi^{55}lə^{0}	小勺儿ʃiɔo^{21}ʃyɐr^{342}
长岛	碗uan^{213}	筷子k^{h}uai^{52}tsɿ^{0}	勺子ʃuə^{55}tsɿ^{0}
海阳	碗uã^{214}	筷子k^{h}uɛ^{34}ə^{0}	小勺儿siɔ^{21}suor^{341}
莱西	碗uã^{55}	筷子k^{h}uɛ^{42}tsɿ^{0}	调羹t^{h}iɔ^{214}kəŋ^{55} 小勺儿ʃiɔ^{55}ʃuər^{42}
平度	碗uã^{55}	筷子k^{h}uɛ^{42}tθɿ^{0}	调羹t^{h}iɔ^{213}kəŋ^{55} 羹匙儿kəŋ^{45}tʂ^{h}er^{42} 小勺儿siɔ^{55}ʂuər^{42}
青岛	碗uã^{55}	筷子k^{h}uɛ^{42}tθɿ^{0}	调羹t^{h}iɔ^{213}koŋ^{55}
高密	碗uã^{55}	筷子k^{h}uɛ^{42}tθɿ^{0}	匙子tʂ^{h}ʅ^{23}tθɿ^{0} 勺子ʃuə^{55}tθɿ^{0}
诸城	碗uã^{44}	筷子k^{h}uɛ^{44}tθɿ^{0}	匙子tʂ^{h}ʅ^{213}tθɿ^{0}
沂水	碗uã^{44}	筷子k^{h}uɛ^{44}dðɿ^{0}	匙子tʂ^{h}ʅ^{24}dðɿ^{0}
临朐	碗uã^{44}	筷子k^{h}uɛ^{44}tθɿ^{0}	调羹勺儿t^{h}iɔ^{53}kəŋ^{0}ʂuɤr^{53}
日照	碗uã^{44}	筷子k^{h}uɛ^{53}tθɿ^{0}	匙子tʂ^{h}ʅ^{213}tθɿ^{0}
莒南	碗ʊã^{55}	筷子k^{h}uɛ^{42}tθɿ^{0}	匙子tʃ^{h}ɿ^{24}tθɿ^{0}
潍坊	碗uã^{55}	筷子k^{h}uɛ^{55}tsɿ^{0}	匙子tʂ^{h}ʅ^{214}tsɿ^{0}
寿光	碗uã^{55}	筷子k^{h}uɛ^{55}tsɿ^{0}	调羹t^{h}iɔ^{53}kəŋ^{55} 匙子tʂ^{h}ʅ^{213}tsɿ^{0}
高青	碗uã^{55}	筷子k^{h}uɛ^{55}tsɿ^{0}	调羹勺儿t^{h}iɔ^{55}kəŋ^{55}ʂɔr^{55}
阳信	碗uã^{55}	筷子k^{h}uɛ^{55}tsɿ^{0}	小勺儿ɕiɔ^{55}ʂɔr^{43}
济阳	碗uã^{55}	筷子k^{h}uɛ^{55}tsɿ^{0}	小勺儿ɕiɔ^{21}ʂɔr^{55} 调羹t^{h}iɔ^{54}kəŋ^{55}

续表

	0343碗统称	0344筷子	0345汤匙
利津	碗uã55	筷子kʰuɛ55tsɿ0	调羹tʰiɔ53kəŋ55 汤勺儿tʰɑŋ213ʂɔr53
乐陵	碗uã55	筷子kʰuɛ55tsɿ0	小勺儿ɕiɔ55ʂɔr55
商河	碗uã45	筷子kʰuɛ54tsɿ0	小勺儿ɕiɔ45ʂɔr54 调羹tʰiɔ54kəŋ213
平原	碗uã55	筷子kʰuɛi42tsɿ0	勺儿ʂɔur42
德州	碗uã55	筷子kʰuɛ42tsɿ0	勺子ʂɔ55tsɿ0 调羹tʰiɔ42kəŋ55
武城	碗uã55	筷子kʰuɛ53tsɿ0	勺子ʂɔ55tsɿ0
临清	碗uan44	筷子kʰuai53tsɿ0	小勺儿ɕiau44ʂaur53
冠县	碗uã55	筷子kʰuɛ53tsɿ0	小勺ɕiɔ55ʂuə53
聊城	碗uã44	筷子kʰuɛ53tsɿ0	勺子suə44tsɿ0
济南	碗uã55	筷子kʰuɛ55tsɿ0	小勺儿ɕiɔ55ʂɔr42
泰安	碗uã55	筷子kʰuɛ42tsɿ0	调羹tʰiɔ42kəŋ55
莱芜	碗uã55	筷子kʰuai55tsɿ0	调羹tʰiɔ55kəŋ55
新泰	碗uã55	筷子kʰuɛ54tθɿ0	调羹tʰiɔ42kəŋ213
沂源	碗uã55	筷子kʰuɛ55tθɿ0	汤匙tʰɑŋ21tʃʰɿ55
博山	碗uã55	筷子kʰuɛ55ə0	匙tʂʰʅ55 调羹tʰiɔ53kəŋ55
张店	碗uã55	筷子kʰuɛ55ɿ0	调羹tʰiɔ55kəŋ55
阳谷	碗uã55	筷子kʰuɛ42zɿ0	调羹儿tʰiɔ42kə̃r55 调羹匙儿tʰiɔ42kəŋ0tsʰɤr0
梁山	碗uã55	筷子kʰuɛ42tsɿ0	调羹儿tʰiɔ42kə̃r55 小勺儿ɕiɔ55fər42
菏泽	碗uã44	筷子kʰuɛ31tə0	调羹tʰiɔ53kəŋ44
曹县	碗uã44	筷子kʰuai31tə0	汤匙子tʰɑŋ53tsʰɿ53tə0
金乡	碗uã55	筷子kʰuɛ42tsɿ0	汤匙子tʰɑŋ21tsʰɿ55tsɿ0
曲阜	碗uã55	筷子kʰuɛ42tsɿ0	调羹tʰiɔ42kəŋ55
薛城	碗uã24	筷子kʰuɛ41tsɿ0	勺子fə55tsɿ0
郯城	碗uã24	筷子kʰuɛ51tsɿ0	调羹tʰiɔ44kəŋ213 汤儿勺儿tʰãr21fər44

续表

	0343碗统称	0344筷子	0345汤匙
临沂	碗 uã^{55}	筷子 kʰuɛ^{31}tsɿ^{0}	调羹 tʰiɔ^{53}kəŋ^{55} 小勺 ɕiɔ^{55}ʃuə^{53}

	0346柴火统称	0347火柴	0348锁
荣成	柴火 tʂʰai^{35}xuo^{0}	洋火儿 iɑŋ^{35}xuor^{214}	锁 so^{214}
烟台	柴火 tsʰɛ^{33}xuo^{0}	洋火儿 iɑŋ^{33}xuor^{14}	锁 suo^{14}
栖霞	烧草 ʃiɔo^{55}tsʰɔo^{214}	洋火儿 iɑŋ^{55}xuor^{214}	锁 suo^{214}
长岛	柴火 tsʰai^{55}xuə^{0}	洋火儿 iɑŋ^{52}xuər^{213}	锁 suə^{213}
海阳	草 tθʰɔ^{214}	洋火 iɑŋ^{55}xuo^{214}	锁 θuo^{214}
莱西	草 tsʰɔ^{55}用来烧的	洋火 iɑŋ^{21}xuə^{55}	锁 suə^{55}
平度	柴 tʂʰɛ^{42}	火柴 xuə^{55}tʂʰɛ^{42}	锁 θuə^{55}
青岛	柴火 tʂʰɛ^{45}xuə^{0}	洋火儿 iɑŋ^{213}xuər^{55}	锁 θuə^{55}
高密	柴火 tʂʰɛ^{55}xuə^{0}	洋火 iɑŋ^{42}xuə^{55}	锁 θuə^{55}
诸城	柴火 tʂʰɛ^{24}xuə^{0}	洋火 iɑŋ^{53}xuə^{44}	锁 θuə^{44}
沂水	柴火 tʂʰɛ^{24}xuə^{0}	洋火 iɑŋ^{53}xuə^{44}	锁 θuə^{44}
临朐	柴火 tʂʰɛ^{35}xuə^{0}	洋火 iɑŋ^{53}xuə^{44}	锁 θuə^{44}
日照	烧草 ʃiɔ^{31}tθʰɔ^{0}	洋火 iɑŋ^{53}xuə^{44}	锁 θuə^{44}
莒南	柴火 tʂʰɛ^{24}xuə^{0}	洋火 iɑŋ^{53}xuə^{55}	锁 θuə^{55}
潍坊	柴火 tʂʰɛ^{35}xuə^{0}	洋火 iɑŋ^{53}xuə^{55}	锁 suə^{55}
寿光	柴火 tʂʰɛ^{35}xuə^{0}	洋火 iɑŋ^{53}xuə^{55}	锁 suə^{55}
高青	柴火 tʂʰɛ^{35}xuə^{0}	火柴 xuə^{55}tʂʰɛ^{55}	锁 suə^{55}
阳信	柴火 tʂʰɛ^{45}xuə^{0}	洋火 iɑŋ^{31}xuə^{55} 促$^{=}$趆子 tsʰu^{31}tʰiŋ^{0}tsɿ^{0}	锁 suə^{55}
济阳	柴火 tʂʰɛ^{24}xuə^{0}	洋火 iɑŋ^{54}xuə^{55}	锁 suə^{55}
利津	烧柴 ʂɔ^{213}tʂʰɛ^{53}	洋火 iɑŋ^{53}xuə^{55}	锁 suə^{55}
乐陵	柴火 tsʰɛ^{55}xuə^{0}	洋火 iɑŋ^{51}xuə^{55}	锁头 suə^{212}tʰou^{0}
商河	柴火 tsʰɛ^{24}xuə^{0}	洋火 iɑŋ^{54}xuə^{45}	锁 suə^{45}
平原	柴火 tsʰɛi^{55}xuə^{0}	洋火儿 iɑŋ^{42}xuor^{55}	锁 suə^{55}
德州	柴火 tsʰɛ^{55}xuə^{0}	洋火儿 iɑŋ^{42}xuər^{55}	锁 suə^{55}

续表

	0346柴火统称	0347火柴	0348锁
武城	柴火tʂʰɛ^{55}xuə^{0}	洋火儿iaŋ^{53}xuər^{55}	锁suə^{55}
临清	柴火tʂʰai^{44}xuə^{0}	洋火儿iaŋ^{53}xuər^{44}	锁suə^{44}
冠县	柴火tʂʰɛ^{53}xuə^{0}	洋火儿iaŋ^{31}xuər^{55}	锁suə^{55}
聊城	柴火tsʰɛ^{44}xuə^{0}	洋火儿iaŋ^{53}xuər^{44}	锁suə^{44}
济南	柴火tʂʰɛ^{445}xuə^{0}	洋火儿iaŋ^{42}xuər^{55}	锁suə^{55}
泰安	柴火tʂʰɛ^{55}xuə^{0}	洋火iaŋ^{42}xuə^{55}	锁suə^{55}
莱芜	柴火tʃʰɛ^{13}xuə^{0}	洋火iaŋ^{55}xuə^{55}	锁suə^{55}
新泰	柴火tʃʰɛ^{45}xuə^{0}	洋火iaŋ^{42}xuə^{55}	锁θuə^{55}
沂源	柴火tʃʰɛ^{35}xuə^{0}	洋火iaŋ^{55}xuə^{55}	锁θuə^{55}
博山	柴火tʂʰɛ^{35}xuə^{0}	洋火iaŋ^{53}xuə^{55}	锁suə^{55}
张店	柴火tʂʰɛ^{35}xuə^{0}	洋火iaŋ^{55}xuə^{55}	锁suə^{55}
阳谷	柴火tsʰɛ^{55}xuo^{0}	洋火iaŋ^{42}xuo^{55}	锁suo^{55}
梁山	柴火tsʰɛ^{55}xu^{0}	洋火儿iaŋ^{42}xuər^{55}	锁tɕyə^{55}
菏泽	柴火tsʰɛ^{53}xuə^{0}	洋火儿iaŋ^{53}xuər^{44}	锁suə^{44}
曹县	柴火tsʰai^{53}xuə^{0}	洋火儿iaŋ^{53}xuər^{44}	锁suə^{44}
金乡	柴火tsʰɛ^{55}xuə^{0}	洋火儿iaŋ^{42}xuər^{55}	锁suə^{55}
曲阜	柴火tsʰɛ^{55}xu^{0}	洋火iaŋ^{42}xuə^{55}	锁suə^{55}
薛城	柴火tsʰɛ^{55}xuŋ^{0}	洋火iaŋ^{54}xuə^{24}	锁ɕyə^{24}
郯城	柴火tʂʰɛ^{44}xu^{0}	洋火iaŋ^{44}xuə^{24}	锁suə^{24}
临沂	柴火tʃʰɛ^{55}xu^{0}	洋火iaŋ^{53}xuə^{55}	锁suə^{55}

	0349钥匙	0350暖水瓶	0351脸盆
荣成	钥匙io^{33}tʂʰʅ^{0}	暖壶nan^{21}xu^{35} 暖瓶nan^{21}pʰiŋ^{35}	脸盆儿lian^{21}pʰər^{35}
烟台	钥匙ye^{21}tsʰɿ^{33}	暖瓶nan^{21}pʰiŋ^{33}	洗脸盆儿ɕi^{33}lian^{14}pʰər^{33} 铜盆儿tʰuŋ^{53}pʰər^{33}
栖霞	钥匙yɛ^{21}tsʰɿ^{0}	暖壶nãn^{55}xu^{342}	脸盆儿liãn^{55}pʰər^{342}
长岛	钥匙yo^{35}tsʰɿ^{0}	暖瓶nan^{21}pʰiŋ^{55}	脸盆lian^{21}pʰən^{55}
海阳	钥匙yə^{34}tʂʰʅ^{0}	暖壶nã^{21}xu^{341}	铜盆子tʰuŋ^{52}pʰẽ^{34}ə^{0}

续表

	0349钥匙	0350暖水瓶	0351脸盆
莱西	钥匙yə^{42}ts^{h}ɿ^{0}	暖壶nã^{214}xu^{42}	铜盘t^{h}oŋ^{45}p^{h}ã^{0}
平度	钥匙yə^{42}tʂ^{h}ʅ^{0}	暖壶nã^{45}xu^{42}	铜盘t^{h}əŋ^{45}p^{h}ã^{0}
青岛	钥匙yə^{42}tʂ^{h}ʅ^{0}	暖壶nuã^{55}xu^{42}	铜盆t^{h}oŋ^{45}p^{h}ẽ^{0}
高密	钥匙yə^{42}tʂ^{h}ʅ^{0}	暖壶nã^{213}xu^{42}	脸盆liã^{213}p^{h}ə̃^{42}
诸城	钥匙yə^{44}tʂ^{h}ʅ^{0}	暖壶nuã^{213}xu^{0}	洗脸盆子θi^{44}liã^{44}p^{h}ẽ^{24}tθɿ^{0}
沂水	钥匙yə^{44}tʂ^{h}ʅ^{0}	暖壶nuã^{213}xu^{53}	洗脸盆si^{53}liã^{213}p^{h}ẽ^{53} 洗脸盆儿si^{53}liã^{213}p^{h}ẽr^{53} 洗脸盆子si^{53}liã^{213}p^{h}ẽ^{24}dðɿ^{0}
临朐	钥匙yə^{44}tʂ^{h}ʅ^{0}	暖壶nuã^{213}xu^{0}	脸盆liã^{213}p^{h}ə̃^{0}
日照	钥匙yə^{53}tʂ^{h}ʅ^{0}	暖壶nã^{24}xu^{53}	脸盆子liã^{213}p^{h}ẽ^{0}tθɿ^{0}
莒南	钥匙yə^{42}tʂ^{h}ʅ^{0}	暖壶nã^{55}xu^{53}	洗脸盆子si^{53}liã^{55}p^{h}ẽ^{24}tθɿ^{0} 洗脸盆盆儿si^{53}liã^{55}p^{h}ẽ^{55}p^{h}er^{53}
潍坊	钥匙yə^{55}tʂ^{h}ʅ^{0}	暖壶nuã^{55}xu^{53}	脸盆liã^{24}p^{h}ẽ^{0} 洗脸盆ɕi^{53}liã^{55}p^{h}ẽ^{53}
寿光	钥匙yə^{55}tʂ^{h}ʅ^{0}	暖壶nuã^{55}xu^{53}	洗脸盆子ɕi^{53}liã^{55}p^{h}ə̃^{35}tsɿ^{0}
高青	钥匙iɔ^{55}ʂʅ^{0}	暖壶nuã^{55}xu^{55}	洗脸盆子ɕi^{55}liã^{55}p^{h}ə̃^{35}tsɿ^{0}
阳信	钥匙iɔ^{55}ʂʅ^{0}	暖壶nã^{55}xu^{43}	洗脸盆ɕi^{31}liã^{55}p^{h}ə̃^{43}
济阳	钥匙iɔ^{55}ʂʅ^{0}	暖壶nã^{213}xu^{0}	洗脸盆ɕi^{55}liã^{21}p^{h}ẽ^{55}
利津	钥匙yə^{55}tʂ^{h}ʅ^{0}	暖壶nuã^{55}xu^{53}	洗脸盆儿ɕi^{55}liã^{55}p^{h}er^{53}
乐陵	钥匙iɔ^{55}sɿ^{0}	暖壶nã^{55}xu^{55}	脸盆儿liã^{55}p^{h}er^{55}
商河	钥匙iɔ^{54}ts^{h}ɿ^{0}	暖壶nã^{213}xu^{0}	洗脸盆ɕi^{54}liã^{213}p^{h}ẽ^{0}
平原	钥匙iɔu^{42}sɿ^{0}	暖壶nã^{212}xu^{42}	洗脸盆儿ɕi^{42}liã^{55}p^{h}ər^{42}
德州	钥匙iɔ^{42}ʂʅ^{0}	暖壶nuã^{55}xu^{42}	洗脸盆儿ɕi^{42}liã^{55}p^{h}er^{42}
武城	钥匙iɔ^{53}tʂ^{h}ə^{0}	暖壶nã^{24}xu^{53}	盆子p^{h}ẽ^{55}tsɿ^{0}
临清	钥匙iau^{53}tʂ^{h}ʅ^{0}	暖水壶nuan^{53}ʂuei^{44}xu^{53} 水瓶ʂuei^{55}p^{h}iŋ^{53}	洗脸盆儿ɕi^{53}lian^{44}p^{h}er^{53} 脸盆儿lian^{44}p^{h}er^{53}
冠县	钥匙yə^{53}ʂʅ^{0}	暖壶nuã^{55}xu^{53}	脸盆儿liã^{55}p^{h}er^{53}
聊城	钥匙yə^{53}sɿ^{0}	暖壶nuã^{44}xu^{0}	洗脸盆子ɕi^{53}liã^{44}p^{h}ẽ^{44}tsɿ^{0}
济南	钥匙iɔ^{55}ʂʅ^{0}	暖水瓶nuã^{42}ʂuei^{55}p^{h}iŋ^{42} 暖水壶nuã^{42}ʂuei^{55}xu^{42} 热水瓶zə^{21}ʂue^{55}p^{h}iŋ^{42}	洗脸盆ɕi^{42}liã^{55}p^{h}ẽ^{42} 洗脸盆儿ɕi^{42}liã^{55}p^{h}er^{42}

续表

	0349钥匙	0350暖水瓶	0351脸盆
泰安	钥匙yə^{42}tʂʰʅ^{0}	暖瓶nuã^{213}pʰiŋ^{42} 暖壶nuã^{213}xu^{42}	脸盆liã^{213}pʰẽ^{42} 洗脸盆子ɕi^{42}liã^{55}pʰẽ^{55}tsɿ^{0}
莱芜	钥匙yə^{42}tʃʰʅ^{0}	温凉盏uẽ^{31}liɑŋ^{55}tʃã^{213}	洗脸盆子ɕi^{55}liã^{213}pʰẽ^{13}tsɿ^{0}
新泰	钥匙yə^{54}tʃʰʅ^{0}	暖壶nã^{23}xu^{42}	脸盆liã^{23}pʰẽ^{42}
沂源	钥匙yə^{55}tʃʰʅ^{0}	暖壶nuã^{213}xu^{55}	洗脸盆儿ɕi^{55}liã^{21}pʰer^{55}
博山	钥匙yə^{55}tʂʰʅ^{0}	暖壶nuɑ̃^{213}xu^{0}	脸盆liã^{213}pʰẽ^{0}
张店	钥匙iɔ^{55}tʂʰʅ^{0}	暖壶nuã^{213}xu^{0}	洗脸盆子ɕi^{55}liã^{55}pʰə̃^{35}ʅ^{0}
阳谷	钥匙yo^{31}tsʰɿ^{0}/yo^{31}sɿ^{0}	暖壶nuã^{55}xu^{42}	洗脸盆儿ɕi^{55}liã^{0}pʰɤr^{42}
梁山	钥匙yə^{21}sɿ^{0}	暖壶nuã^{55}xu^{42}	脸盆子liã^{55}pʰẽ^{42}tsɿ^{0}
菏泽	钥匙yə^{21}sɿ^{0}	暖壶nuã^{44}xu^{53}	盆子pʰẽ^{53}tə^{0}
曹县	钥匙yə^{21}sɿ^{0}	暖壶nuã^{44}xu^{53}	洗脸盆子ɕi^{53}liã^{44}pʰẽ^{53}nẽ^{0}
金乡	钥匙yə^{21}sɿ^{0}	暖瓶nuã^{23}pʰiŋ^{42}	洗脸盆儿ɕi^{42}liã^{55}pʰer^{42}
曲阜	钥匙yə^{21}sɿ^{0}	暖壶nuã^{55}xu^{42}	洗脸盆ɕi^{42}liã^{55}pʰẽ^{42}
薛城	钥匙yə^{31}sɿ^{0}	暖壶nuã^{24}xu^{55}	洗脸盆ɕi^{24}liã^{55}pʰẽ^{55} 脸盆liã^{24}pʰẽ^{55}
郯城	钥匙yə^{21}tʂʰʅ^{0}	暖壶nuã^{24}xu^{44} 暖瓶nuã^{24}pʰiŋ^{44} 暖水瓶nuã^{44}fe^{24}pʰiŋ^{44}	洗脸盆子ɕi^{24}liã^{24}pʰə̃^{44}tsɿ^{0} 脸盆liã^{24}pʰə̃^{44}
临沂	钥匙yə^{21}tʃʰʅ^{0}	暖壶nã^{55}xu^{53} 暖瓶nã^{55}pʰiŋ^{53}	脸盆liã^{55}pʰẽ^{53}

	0352洗脸水	0353毛巾洗脸用	0354手绢
荣成	洗脸水si^{55}lian^{21}ʂuei^{214}	手巾ʃəu^{214}cin^{0}	小手巾siau^{55}ʃəu^{214}cin^{0}
烟台	洗脸水ɕi^{33}lian^{21}suei^{14}	手巾ɕiou^{21}tɕin^{0}	小手巾儿ɕiau^{55}ɕiou^{21}tɕiər^{0}
栖霞	洗脸水ʃi^{34}liãn^{34}suei^{214}	手巾ʃəu^{21}cĩn^{0}	小手巾ʃiɔo^{34}ʃəu^{21}cĩn^{0}
长岛	洗脸水ʃʅ^{31}lian^{35}suei^{213}	笼⁼披luŋ^{55}pʰei^{0} 手巾ʃəu^{35}cin^{0}	小手巾ʃau^{52}ʃəu^{21}cin^{0}
海阳	洗脸水si^{34}liã^{21}ʂuei^{214}	手巾səu^{21}tsiã^{0}	小手巾siɔ^{21}səu^{21}tsiã^{0}
莱西	洗脸水ʃʅ^{214}liã^{55}suei^{55}	手巾ʃiou^{24}ciẽ^{0}	小手绢儿ʃiɔ^{42}ʃiou^{24}ciɐr^{42} “绢”读为“件”
平度	洗脸水si^{45}liã^{0}ʂuei^{55}	手巾ʃou^{45}ciã^{0}	小手绢儿siɔ^{42}ʃou^{55}ciɛr^{42} “绢”读为“件”

续表

	0352洗脸水	0353毛巾洗脸用	0354手绢
青岛	洗脸水 si^{55}liã^{42}ʂuei^{55}	手巾 ʃou^{44}tɕiẽ^{0}	小手巾 siɔ^{55}ʃou^{44}tɕiẽ^{0}
高密	洗脸水 si^{42}liã^{0}ʂuei^{55}	手巾 ʃou^{23}tɕiə̃^{0}	小手巾儿 siɔ^{42}ʃou^{23}tɕier^{0}
诸城	洗脸水儿 θi^{44}liã^{44}ʂuer^{44}	擦脸布子 tθʰa^{213}liã^{44}pu^{44}tθʅ^{0} 手巾 ʃou^{213}tʃẽ^{0}	小手巾儿 θiɔ^{44}ʃou^{213}tʃer^{0}
沂水	洗脸水 si^{53}liã^{53}ʂue^{44} 洗脸水儿 si^{53}liã^{53}ʂuer^{44}	擦拉布子 tθʰa^{21}la^{0}pu^{44}dðʅ^{0}	手巾儿 ʃou^{213}tɕier^{0}
临朐	洗脸水 ɕi^{213}liã^{0}ʂuei^{44}	手巾 ʃəu^{213}tɕiə̃^{0}	小手绢儿 ɕiɔ^{44}ʃəu^{44}tɕyɛr^{21}
日照	洗脸水 θi^{53}liã^{53}ʂuei^{44}	擦脸布子 tθʰa^{213}liã^{44}pu^{53}tθʅ^{0} 手巾 ʃiou^{213}tʃiẽ^{0}	手方儿 ʃiou^{44}fɑ̃r^{213}
莒南	洗脸水 si^{53}liã^{53}ʂuei^{55}	餐布子 tθʰã^{13}pu^{42}tθʅ^{0}	手方儿 ʃou^{53}fɑ̃r^{213} 手帕儿 ʃou^{53}pʰer^{213}
潍坊	洗脸水 ɕi^{55}liã^{53}ʂuei^{55}	手巾 ʂɤɯ^{24}tɕiẽ^{0}	小手巾儿 ɕiɔɤ^{53}ʂɤɯ^{55}tɕier^{0}
寿光	洗脸水 ɕi^{53}liã^{53}ʂuei^{55}	擦脸布子 tsʰa^{213}liã^{55}pu^{55}tsʅ^{0}	小手巾儿 ɕiɔ^{53}ʂəu^{24}tɕiə̃r^{0}
高青	脸水 liã^{213}ʂuei^{0}	手巾 ʂou^{213}tɕiə̃^{0}	手绢儿 ʂou^{55}tɕyɛr^{41}
阳信	洗脸水 ɕi^{31}liã^{55}ʂuei^{55}	手巾 ʂou^{213}tɕiə̃^{0}	小手巾儿 ɕiɔ^{55}ʂou^{213}tɕier^{0}
济阳	洗脸水 ɕi^{55}liã^{21}ʂuei^{55}	手巾 ʂou^{21}tɕiẽ^{0}	小手巾儿 ɕiɔ^{55}ʂou^{213}tɕier^{0}
利津	洗脸水 ɕi^{55}liã^{53}ʂuei^{55}	手巾 ʂou^{213}tɕiẽ^{0} 擦脸布儿 tsʰa^{44}liã^{55}pur^{31}	小手巾儿 ɕiɔ^{55}ʂou^{213}tɕier^{0}
乐陵	洗脸水 ɕi^{51}liã^{55}ʂuei^{55}	手巾 ʂou^{212}tɕiẽ^{0}	小手巾儿 ɕiɔ^{55}ʂou^{212}tɕier^{0}
商河	洗脸水 ɕi^{54}liã^{45}ʂuei^{45}	擦脸布儿 tsʰɑ^{54}liã^{45}pur^{31}	小擦布 ɕiɔ^{54}tsʰɑ^{45}pu^{31}
平原	洗脸水 ɕi^{42}liã^{55}ʂuei^{55}	手巾 ʂou^{23}tɕiẽ^{0}	小手巾儿 ɕiɔu^{42}ʂou^{23}tɕiər^{0}
德州	洗脸水儿 ɕi^{42}liã^{55}ʂuer^{55}	手巾 ʂou^{213}tɕiẽ^{0}	手绢儿 ʂou^{55}tɕyɛr^{21}
武城	洗脸水 ɕi^{53}liã^{53}ʂuei^{55}	手巾 ʂou^{24}tɕiẽ^{0}	小手巾儿 ɕiɔ^{53}ʂou^{24}tɕier^{0}
临清	洗脸水 ɕi^{53}lian^{44}ʂuei^{44}	手巾 ʂou^{44}tɕin^{0}	手绢儿 ʂou^{44}tɕyɛr^{313}
冠县	洗脸水 si^{53}liã^{53}ʂuei^{55}	手巾 ʂou^{44}tɕiẽ^{0}	手绢儿 ʂou^{55}tɕyɐr^{314}
聊城	洗脸水 ɕi^{53}liã^{44}suei^{44}	手巾 sou^{44}tɕiẽ^{0}	手绢儿 sou^{44}tɕyɛr^{313}
济南	洗脸水 ɕi^{42}liã^{42}ʂuei^{55}	毛巾 mɔ^{42}tɕiẽ^{55}	手巾 ʂou^{213}tɕiẽ^{0}
泰安	洗脸水 ɕi^{42}liã^{55}ʂuei^{55}	手巾 ʂou^{213}tɕiẽ^{0}	小手巾儿 ɕiɔ^{42}ʂou^{213}tɕier^{0}
莱芜	洗脸水 ɕi^{55}liã^{55}ʃuei^{55}	擦脸布子 tsʰa^{31}liã^{0}pu^{42}tsʅ^{0}	手巾 ʃou^{213}tɕiẽ^{0}
新泰	洗脸水 ɕi^{42}liã^{55}fei^{55}	擦脸布子 tθʰa^{21}liã^{0}pu^{54}tθʅ^{0}	手绢儿 ʃou^{55}tɕyɤr^{31}

续表

	0352 洗脸水	0353 毛巾洗脸用	0354 手绢
沂源	洗脸水ɕi^{55}liã^{55}ʃuei^{55}	擦拉布子tθʰa^{21}la^{0}pu^{55}tθɿ^{0}	手巾儿ʃou^{21}tɕier^{0}
博山	洗脸水ɕi^{53}liã^{55}ʂuei^{55}	手巾ʂəu^{213}tɕiẽ^{0}	小布子ɕiɔ^{55}pu^{55}ə^{0}
张店	洗脸水ɕi^{55}liã^{55}ʂuei^{55}	手巾ʂou^{213}tɕiã^{0}	小手巾ɕiɔ^{55}ʂou^{213}tɕiã^{0}
阳谷	洗脸水ɕi^{55}liã^{0}fei^{55}	手巾sou^{13}tɕiẽ^{0}	小手巾儿ɕiɔ^{42}sou^{13}tɕiɤr^{0}
梁山	洗脸水ɕi^{42}liã^{42}fei^{55}	手巾sou^{55}tɕiẽ^{0}	小手巾儿ɕiɔ^{55}sou^{23}tɕier^{0}
菏泽	洗脸水ɕi^{53}liã^{53}fei^{44}	擦脸布子tsʰa^{21}lã^{0}pu^{31}tə^{0} 手巾sou^{44}tɕiẽ^{0}	手巾sou^{44}tɕiẽ^{0}
曹县	洗脸水ɕi^{53}liã^{53}fei^{44}	手巾ʂou^{44}tɕiẽ^{0}	小手巾ɕiɔ^{53}ʂou^{44}tɕiẽ^{0}
金乡	洗脸水ɕi^{42}liã^{53}suei^{55}	手巾sou^{23}tɕiẽ^{0}	小手巾儿ɕiɔ^{42}sou^{23}tɕier^{0}
曲阜	洗脸水ɕi^{42}liã^{55}suei^{55}	手巾sou^{213}tɕiẽ^{0}	小手巾儿ɕiɔ^{55}sou^{213}tɕier^{0}
薛城	洗脸水ɕi^{55}liã^{24}fe^{24}	手巾sou^{24}tɕiã^{0}	手捏子sou^{55}ȵiə^{31}tsɿ^{0} 小手绢儿ɕiɔ^{54}sou^{24}tɕyɛr^{41}
郯城	洗脸水ɕi^{24}liã^{24}fe^{24}	擦脸布子tsʰa^{21}liã^{24}pu^{51}tsɿ^{0} 手布子ʂəu^{24}pu^{51}tsɿ^{0} 毛巾mɔ^{44}tɕiã^{213}	手捏子ʂəu^{24}ȵiə^{21}tsɿ^{0}
临沂	洗脸水ɕi^{55}liã^{55}ʃuei^{55}	手布子ʃou^{55}pu^{31}tsɿ^{0} 毛巾mɔ^{53}tɕiẽ^{214}	手方儿ʃou^{55}fɑ̃r^{214}

	0355 肥皂洗衣服用	0356 梳子旧式的，不是篦子	0357 缝衣针
荣成	胰子i^{53}tsɿ^{0}	梳ʂu^{53}	针tʃən^{53}
烟台	胰子i^{33}ɾə^{0}	梳su^{53}	针tɕin^{53}
栖霞	胰子i^{52}lə^{0}	梳su^{312}	针tʃĩn^{312}
长岛	胰子i^{55}tsɿ^{0}	梳子su^{31}tsɿ^{0}	针tʃən^{312}
海阳	胰子i^{34}ə^{0}	梳ʂu^{52}	针tsẽ^{52}
莱西	胰子i^{45}tsɿ^{0}	梳子su^{32}tsɿ^{0}	针tʃiẽ^{214}
平度	胰子i^{45}tθɿ^{0}	梳ʂu^{213}	针tʃə̃^{213}
青岛	胰子i^{44}tθɿ^{0}	梳ʂu^{213}	针tʃẽ^{213}
高密	胰子i^{55}tθɿ^{0}	梳ʂu^{213}	针tʃə̃^{213}
诸城	胰子i^{24}tθɿ^{0}	梳ʂu^{213}	针tʃẽ^{213}
沂水	胰子i^{24}dðɿ^{0}	木梳mu^{44}ʂu^{0}	针dʒẽ^{213}

续表

	0355 **肥皂**洗衣服用	0356 **梳子**旧式的，不是篦子	0357 **缝衣针**
临朐	胰子 i^{35}tθɿ^{0}	木梳 mu^{44}ʂu^{0}	针 tʃə̃^{213}
日照	胰子 i^{44}tθɿ^{0}	梳子 ʂu^{31}tθɿ^{0}	针 tʃiẽ^{213}
莒南	胰子 i^{24}tθɿ^{0}	梳子 ʂu^{21}tθɿ^{0}	针 tʃẽ^{213}
潍坊	胰子 i^{35}tsɿ^{0}	梳子 ʂu^{31}tsɿ^{0} 梳 ʂu^{214}	针 tʂẽ^{214}
寿光	胰子 i^{35}tsɿ^{0}	拢梳子 luŋ^{24}ʂu^{0}tsɿ^{0} 梳子 ʂu^{21}tsɿ^{0}	针 tʂə̃^{213}
高青	胰子 i^{35}tsɿ^{0}	木梳 mu^{55}ʂu^{0}	针 tʂə̃^{213}
阳信	胰子 i^{45}tsɿ^{0}	梳子 ʂu^{31}tsɿ^{0}	针 tʂə̃^{213}
济阳	胰子 i^{24}tsɿ^{0}	木梳 mu^{55}ʂu^{0}	做活儿针 tsou^{31}xuər^{55}tʂẽ^{213}
利津	胰子 i^{35}tsɿ^{0}	拢梳子 luŋ^{213}ʂu^{0}tsɿ^{0}	针 tʂẽ^{213}
乐陵	胰子 i^{55}tsɿ^{0}	拢梳子 luŋ^{212}ʂu^{0}tsɿ^{0}	针 tʂẽ^{24}
商河	胰子 i^{24}tsɿ^{0}	木梳 mu^{54}ʂu^{0}	针 tʂẽ^{213}
平原	胰子 i^{55}sɿ^{0}	木梳 mu^{42}ʂu^{0}	针 tʂẽ^{213}
德州	胰子 i^{55}tsɿ^{0}	梳子 ʂu^{21}tsɿ^{0}	针 tʂẽ^{213}
武城	胰子 i^{55}tsɿ^{0}	木梳 mu^{53}ʂu^{0}	针 tʂẽ^{224}
临清	胰子 i^{44}tsɿ^{0}	木梳 mu^{53}ʂu^{0}	针 tʂən^{13}
冠县	胰子 i^{53}tsɿ^{0}	木梳 mu^{53}ʂu^{0}	针 tʂẽ^{13}
聊城	胰子 i^{53}tsɿ^{0}	木梳 mu^{53}su^{0}	针 tsẽ^{13}
济南	胰子 i^{445}tsɿ^{0}	木梳 mu^{55}ʂu^{0} 梳子 ʂu^{21}tsɿ^{0}	针 tʂẽ^{213}
泰安	胰子 i^{55}tsɿ^{0}	梳子 ʂu^{21}tsɿ^{0}	针 tʂẽ^{213}
莱芜	胰子 i^{13}tsɿ^{0}	木梳 mu^{42}ʃu^{0}	针 tʃẽ^{213}
新泰	洋胰子 iaŋ^{42}i^{45}tθɿ^{0}	木梳 mu^{54}fu^{0}	针 tʃẽ^{213}
沂源	胰子 i^{35}tθɿ^{0}	木梳 mu^{55}ʃu^{0}	针 tʃə̃^{213}
博山	胰子 i^{35}ə^{0}	梳子 ʂu^{21}ə^{0}	针 tʂẽ^{213}
张店	胰子 i^{35}ɿ^{0}	木梳 mu^{55}ʂu^{0}	针 tʂə̃^{213}
阳谷	胰子 i^{42}zɿ^{0}	梳子 fu^{31}zɿ^{0}	针 tsẽ^{213}
梁山	胰子 i^{42}tsɿ^{0}	梳子 fu^{21}tsɿ^{0}	针 tsẽ^{213}

续表

	0355肥皂洗衣服用	0356梳子旧式的，不是篦子	0357缝衣针
菏泽	胰子i^{31}tə^{0}	梳子fu^{21}tə^{0}	针tsẽ^{213}
曹县	胰子i^{53}tə^{0}	梳子fə^{21}tə^{0}	针tʂẽ^{213}
金乡	胰子i^{42}tsɿ^{0}	梳子su^{21}tsɿ^{0}	针tsẽ^{213}
曲阜	胰子i^{55}tsɿ^{0}	梳子su^{21}tsɿ^{0}	针tsẽ^{213}
薛城	胰子i^{54}tsɿ^{0}	梳子fu^{31}tsɿ^{0}	针tsẽ^{313}
郯城	胰子i^{44}tsɿ^{0} 臭胰子tʂʰəu^{51}i^{44}tsɿ^{0}	木梳mu^{44}fu^{0} 梳子fu^{21}tsɿ^{0}	针tʂə̃^{213}
临沂	胰子i^{55}tsɿ^{0}	梳子ʃu^{21}tsɿ^{0}	针tʃẽ^{214}

	0358剪子	0359蜡烛	0360手电筒
荣成	剪子tsian^{214}tsɿ^{0}	蜡la^{214}	电把子tian^{33}pa^{33}tsɿ^{0}
烟台	剪子tɕian^{21}ɾə^{0}	蜡la^{14} 洋蜡iɑŋ^{33}la^{14}	电棒子tian^{53}pɑŋ^{33}ɾə^{0}
栖霞	剪子tʃɑŋ^{21}lə^{0} “剪”读为“蒋”	蜡la^{52}	电棒tiãn^{55}pɑŋ^{342}
长岛	剪子tʃan^{35}tsɿ^{0}	蜡la^{213}	电棒儿tian^{52}pɑ̃r^{52} 手电ʃəu^{21}tian^{52}
海阳	剪子tsiã^{21}ə^{0}	蜡la^{341}	电棒tiã^{52}pɑŋ^{341}
莱西	剪子tʃiã^{24}tsɿ^{0}	蜡la^{42}	电棒子tiã^{21}pɑŋ^{45}tsɿ^{0} 手电筒儿ʃiou^{55}tiã^{42}tʰõr^{55}
平度	剪子tsiã^{45}tθɿ^{0}	蜡la^{213}	电棒儿tiã^{213}pɑ̃r^{42} 手灯ʃou^{55}təŋ^{213} 手电筒儿ʃou^{55}tiã^{42}tʰõr^{55}
青岛	剪子tsiã^{55}tθɿ^{0}	蜡lɑ^{42}	电棒子tiã^{213}pɑŋ^{55}tθɿ^{0} 手灯ʃou^{55}toŋ^{213} 手电筒儿ʃou^{55}tiã^{213}tʰõr^{55}
高密	剪子tsiã^{23}tθɿ^{0}	蜡lɑ^{21} 蜡烛lɑ^{42}tʂu^{0}	电棒子tiã^{21}pɑŋ^{42}tθɿ^{0} 手灯ʃou^{55}toŋ^{213} 手电筒儿ʃou^{55}tiã^{21}tʰõr^{55}
诸城	剪子tθiã^{213}tθɿ^{0}	洋蜡iɑŋ^{53}la^{31}	手灯ʃou^{44}təŋ^{213}
沂水	剪子dziã^{213}dðɿ^{0}	蜡烛la^{44}tʂu^{0}	电棒子tiã^{31}pɑŋ^{44}dðɿ^{0}
临朐	剪子tɕiã^{213}tθɿ^{0}	洋蜡iɑŋ^{53}la^{21}	手电棒子ʃəu^{44}tiã^{21}pɑŋ^{44}tθɿ^{0} 手灯ʃəu^{44}təŋ^{213}

续表

	0358剪子	0359蜡烛	0360手电筒
日照	剪子ȶiã^{213}tθɿ^{0}	烛tʂu^{213}	电棒子tiã^{31}paŋ^{53}tθɿ^{0}
莒南	剪子tsiã^{213}tθɿ^{0}	烛tʂu^{53}	电把子tiã^{31}pa^{42}tθɿ^{0}
潍坊	剪子tɕiã^{24}tsɿ^{0}	蜡烛lɑ^{55}tʂu^{0}	手电筒ʂɤɯ^{55}tiã^{31}tʰoŋ^{55} 手灯ʂɤɯ^{55}təŋ^{214} 电棒子tiã^{31}pɑŋ^{55}tsɿ^{0}
寿光	剪子tɕiã^{24}tsɿ^{0}	蜡烛la^{55}tʂu^{0}	电棒子tiã^{21}pɑŋ^{55}tsɿ^{0}
高青	剪子tɕiã^{213}tsɿ^{0}	蜡烛lɑ^{55}tʂu^{0}	电棒子tiã^{41}pɑŋ^{55}tsɿ^{0} 手灯ʂou^{55}təŋ^{213}
阳信	剪子tɕiã^{213}tsɿ^{0}	蜡la^{31}	电棒子tiã^{31}pɑŋ^{55}tsɿ^{0} 手电ʂou^{55}tiã^{31}
济阳	剪子tɕiã^{213}tsɿ^{0}	蜡烛la^{55}tʂu^{0}	手灯ʂou^{55}təŋ^{213}
利津	剪子tɕiã^{213}tsɿ^{0}	洋蜡iɑŋ^{53}la^{31}	电棒子tiã^{31}pɑŋ^{55}tsɿ^{0}
乐陵	剪子tɕiã^{212}tsɿ^{0}	蜡lɑ^{51}	电把子tiã^{31}pa^{55}tsɿ^{0}
商河	剪子tɕiã^{213}tsɿ^{0}	蜡lɑ^{31}	电棒子tiã^{31}pɑŋ^{54}tsɿ^{0}
平原	剪子tɕiã^{23}tsɿ^{0}	蜡la^{21}	电把子tiã^{21}pa^{42}tsɿ^{0}
德州	剪子tɕiã^{213}tsɿ^{0}	洋蜡iɑŋ^{42}la^{21}	电把子tiã^{21}pa^{42}tsɿ^{0}
武城	剪子tɕiã^{24}tsɿ^{0}	蜡la^{312}	电棒子tiã^{21}pɑŋ^{53}tsɿ^{0}
临清	剪子tɕian^{44}tsɿ^{0}	蜡烛la^{53}tʂu^{0}	电棒子tian^{31}pɑŋ^{53}tsɿ^{0}
冠县	剪子tɕiã^{44}tsɿ^{0}	蜡la^{314}	电棒子tiã^{13}pɑŋ^{53}tsɿ^{0}
聊城	剪子tɕiã^{44}tsɿ^{0}	蜡烛la^{31}tsu^{13}	电棒子tiã^{31}pɑŋ^{53}tsɿ^{0}
济南	剪子tɕiã^{213}tsɿ^{0}	蜡烛la^{55}tʂu^{0}	电灯棒子tiã^{21}təŋ^{213}pɑŋ^{55}tsɿ^{0}
泰安	剪子tɕiã^{213}tsɿ^{0}	蜡烛la^{42}tʂu^{0}	手灯ʂou^{55}təŋ^{213} 手电棒子ʂou^{55}tiã^{21}pɑŋ^{42}tsɿ^{0}
莱芜	剪子tɕiã^{213}tsɿ^{0}	蜡烛la^{55}tʃu^{0}	电棒子tiã^{31}pɑŋ^{42}tsɿ^{0} 手灯ʃou^{55}təŋ^{213}
新泰	剪子tɕiã^{213}tθɿ^{0}	蜡烛la^{54}pfu^{0}	电棒子tiã^{31}pɑŋ^{54}tθɿ^{0}
沂源	剪子tɕiã^{21}tθɿ^{0}	蜡烛la^{55}tʃuə^{0}	电棒子tiã^{31}pɑŋ^{55}tθɿ^{0}
博山	剪子tɕiã^{213}ə^{0}	蜡lɑ^{31} 洋蜡iɑŋ^{55}lɑ^{31}	手灯ʂəu^{55}təŋ^{213}
张店	剪子tɕiã^{213}ɿ^{0}	蜡烛lɑ^{55}tʂu^{0}	电棒子tiã^{31}pɑŋ^{55}ɿ^{0}
阳谷	剪子tɕiã^{13}zɿ^{0}	蜡烛la^{13}tsu^{213}	电棒子tiã^{31}pɑŋ^{42}zɿ^{0}

续表

	0358 剪子	0359 蜡烛	0360 手电筒
梁山	剪子 tɕiã^{23}tsɿ^{0}	蜡烛 la^{23}tsu^{213}	电棒子 tiã^{31}pɑŋ^{42}tsɿ^{0}
菏泽	剪子 tɕiã^{44}tə^{0}	蜡 la^{213}	电棒子 tiã^{213}pɑŋ^{31}tə^{0} 电灯 tiã^{31}təŋ^{213}
曹县	剪子 tɕiã^{44}nẽ^{0}	蜡 la^{213}	电棒子 tiã^{13}pɑŋ^{31}nẽ^{0}
金乡	剪子 tɕiã^{23}tsɿ^{0}	蜡烛 la^{23}tsu^{213}	手电棒子 tiã^{31}pɑŋ^{42}tsɿ^{0}
曲阜	剪子 tɕiã^{213}tsɿ^{0}	蜡烛 la^{23}tsu^{213}	手电棒子 sou^{55}tiã^{31}paŋ^{42}tsɿ^{0}
薛城	剪子 tɕiã^{24}tsɿ^{0}	蜡烛 la^{23}pfu^{313}	电棒子 tiã^{41}pɑŋ^{41}tsɿ^{0} 手电 sou^{24}tiã^{41}
郯城	剪子 tɕiã^{24}tsɿ^{0}	蜡烛 la^{13}tʂu^{213}	手电 ʂəu^{24}tiã^{51} 手电筒 ʂəu^{24}tiã^{51}tʰuŋ^{24}
临沂	剪子 tɕiã^{214}tsɿ^{0}	蜡烛 la^{24}tʃu^{214}	手电 ʃou^{55}tiã^{312} 手电筒儿 ʃou^{55}tiã^{31}tʰuɤ̃r^{55}

	0361 雨伞挡雨的，统称	0362 自行车	0363 衣服统称
荣成	伞 san^{214}	自行车 tsɿ^{33}çiŋ^{35}tʃʰiɛ^{53}	衣裳 i^{53}ʃə^{0}
烟台	伞 san^{14}	自行车儿 tsɿ^{21}çiŋ^{0}tɕʰiɐr^{53}	衣裳 i^{53}çiɑŋ^{0}
栖霞	伞 sãn^{214}	自行车儿 tsɿ^{21}çiŋ^{34}tʃʰiɐr^{312}	衣裳 i^{52}ʃəŋ^{0}
长岛	雨伞 y^{52}san^{213}	自行车儿 tsɿ^{21}çiŋ^{55}tʃʰər^{31}	衣裳 i^{31}ʃɑŋ^{0}
海阳	伞 θã^{214}	自行车 tsɿ^{21}çiŋ^{34}tsʰə^{52}	衣裳 i^{52}sɑŋ^{0}
莱西	伞 sã^{55}	脚蹅①儿车 cyə^{55}tsʌr^{214}tʃʰiə^{214}	袄 uɔ^{55}
平度	伞 θã^{55}	脚蹅车 cyə^{55}tʂa^{42}tʃʰə^{213}	衣裳 i^{213}ʃɑŋ^{0}
青岛	伞 θuã^{55}	脚蹅车 tɕyə^{55}tʂɑ^{42}tʃʰə^{213}	衣裳 i^{21}ʃɑŋ^{0}
高密	伞 θuã^{55}	脚蹅车子 tɕyə^{55}tʂɑ^{0}tʃʰə^{21}tθɿ^{0}	衣裳 i^{21}ʃɑŋ^{0}
诸城	伞 θã^{44}	脚蹅车子 tʃuə^{44}tʂa^{44}tʃʰə^{31}tθɿ^{0}	衣裳 i^{31}ʃɑŋ^{0}
沂水	伞 θã^{44}	脚蹅车 tɕyə^{213}tʂa^{0}tʃʰə^{213}	衣裳 i^{21}ʃɑŋ^{0}
临朐	伞 θã^{44}	脚蹅车 tɕyə^{213}tʃa^{0}tʃʰə^{213}	衣裳 i^{21}ʃɑŋ^{0}
日照	伞 θã^{44}	脚蹅车 tʃyə^{44}tʂa^{44}tʃʰiə^{213}	衣裳 i^{31}ʃiɑŋ^{0}
莒南	伞 θã^{55}	脚蹅车 tɕyə^{13}tʂa^{13}tʃʰə^{213}	衣裳 i^{21}ʃɑŋ^{0}

① “蹅”义同“踏”，音同“渣”。下同。参见0794“踩”的说明。

续表

	0361 雨伞挡雨的，统称	0362 自行车	0363 衣服统称
潍坊	伞 sã^{55}	自行车儿 tsɿ^{55}ɕiŋ^{0}tʂʰər^{214}	衣裳 i^{31}ʂaŋ^{0}
寿光	伞 sã^{55}	骑车子 tɕʰi^{35}tʂʰə^{0}tsɿ^{0} 车子 tʂʰə^{21}tsɿ^{0}	衣裳 i^{21}ʂaŋ^{0}
高青	伞 sã^{55}	洋车 iaŋ^{55}tʂʰə^{213}	衣裳 i^{21}ʂaŋ^{0}
阳信	伞 sã^{55}	骑车子 tɕʰi^{45}tʂʰə^{0}tsɿ^{0} 洋车子 iaŋ^{55}tʂʰə^{31}tsɿ^{0} 旧称	衣裳 i^{31}ʂaŋ^{0}
济阳	伞 sã^{55}	骑车子 tɕʰi^{24}tʂʰə^{0}tsɿ^{0}	衣裳 i^{21}ʂaŋ^{0}
利津	伞 sã^{55}	洋车儿 iaŋ^{53}tʂʰər^{213}	衣裳 i^{31}ʂaŋ^{0}
乐陵	伞 sã^{55}	骑车子 tɕʰi^{55}tsʰə^{0}tsɿ^{0}	衣裳 i^{31}ʂaŋ^{0}
商河	伞 sã^{45}	骑车子 tɕʰi^{24}tʂʰə^{0}tsɿ^{0}	衣裳 i^{21}ʂaŋ^{0}
平原	伞 sã^{55}	洋车子 iaŋ^{55}tʂʰə^{21}tsɿ^{0}	衣裳 i^{21}ʂaŋ^{0}
德州	伞 sã^{55}	洋车子 iaŋ^{55}tʂʰə^{21}tsɿ^{0}	衣裳 i^{21}ʂaŋ^{0}
武城	伞 sã^{55}	车子 tʂʰə^{312}tsɿ^{0}	衣裳 i^{312}ʂaŋ^{0}
临清	伞 san^{44}	车子 tʂʰə^{13}tsɿ^{0} 洋车子 iaŋ^{53}tʂʰə^{13}tsɿ^{0}	衣裳 i^{13}ʂaŋ^{0}
冠县	伞 sã^{55}	洋车子 iaŋ^{53}tʂʰə^{21}tsɿ^{0}	衣裳 i^{21}ʂaŋ^{0}
聊城	伞 sã^{44}	洋车子 iaŋ^{53}tsʰə^{13}tsɿ^{0}	衣裳 i^{13}saŋ^{0}
济南	伞 sã^{55}	车子 tʂʰə^{21}tsɿ^{0}	衣裳 i^{21}ʂaŋ^{0}
泰安	伞 sã^{55}	车子 tʂʰə^{21}tsɿ^{0}	衣裳 i^{21}ʂaŋ^{0}
莱芜	伞 sã^{55}	洋车 iaŋ^{55}tʃʰə^{213}	衣裳 i^{31}ʃaŋ^{0}
新泰	伞 θã^{55}	洋车 iaŋ^{42}tʃʰə^{213}	衣裳 i^{21}ʃaŋ^{0}
沂源	伞 θã^{55}	洋车子 iaŋ^{55}tʃʰə^{21}tθɿ^{0}	衣裳 i^{21}ʃaŋ^{0}
博山	伞 sã^{55}	洋车 iaŋ^{55}tʂʰə^{213}	衣裳 i^{21}ʂaŋ^{0}
张店	伞 sã^{55}	洋车 iaŋ^{55}tʂʰə^{213}	衣裳 i^{21}ʂaŋ^{0}
阳谷	伞 sã^{55}	洋车子 iaŋ^{42}tsʰə^{31}zɿ^{0} 自行车儿 tsɿ^{31}ɕiŋ^{42}tsʰər^{213}	衣裳 i^{31}saŋ^{0}
梁山	伞 sã^{55}	洋车子 iaŋ^{42}tsʰə^{21}tsɿ^{0}	衣裳 i^{21}saŋ^{0}
菏泽	伞 sã^{44}	洋车子 iaŋ^{53}tsʰə^{21}tə^{0}	衣裳 i^{21}saŋ^{0}
曹县	伞 sã^{44}	洋车子 iaŋ^{53}tʂʰə^{21}tə^{0}	衣裳 i^{21}ʂaŋ^{0}
金乡	伞 sã^{55}	洋车子 iaŋ^{42}tsʰə^{21}tsɿ^{0}	衣裳 i^{21}saŋ^{0}

续表

	0361 雨伞挡雨的，统称	0362 自行车	0363 衣服统称
曲阜	伞 sã^{55}	洋车 iaŋ^{42}tsʰə^{213}	衣裳 i^{21}saŋ^{0}
薛城	伞 sã^{24}	洋车子 iɑŋ^{55}tsʰə^{31}tsɿ^{0} 脚蹅车 tɕyə^{23}tsa^{23}tsʰə^{313}	衣裳 i^{31}sɑŋ^{0}
郯城	伞 sã^{24} 雨伞 y^{24}sã^{24}	洋车子 iɑŋ^{44}tʂʰə^{21}tsɿ^{0} 脚蹅车 tɕyə^{13}tʂa^{13}tʂʰə^{213}	衣裳 i^{21}ʂɑŋ^{0}/i^{21}ʂəŋ^{0} "裳"读为"生"轻声
临沂	伞 sã^{55} 雨伞 y^{55}sã^{55}	脚蹅车 tɕyə^{24}tʃa^{24}tʃʰə^{214} 洋车 iɑŋ^{53}tʃʰə^{214}	衣裳 i^{21}ʃɑŋ^{0}

	0364 穿～衣服	0365 脱～衣服	0366 系～鞋带
荣成	穿 tʂʰuan^{53}	脱 tʰɛ^{214}	系 tsi^{33}
烟台	穿 tsʰuan^{53}	脱 tʰɤ^{14}	系 tɕi^{33}
栖霞	穿 tsʰuãn^{312}	脱 tʰə^{214}	系 ci^{52}
长岛	穿 tsʰuan^{312}	脱 tʰuə^{213}	系 ci^{52}
海阳	穿 tʂʰuã^{52}	脱 tʰə^{214}	系 ci^{341}
莱西	穿 tsʰuã^{214}	脱 tʰuə^{55}	系 ci^{42}
平度	穿 tʃʰuã^{213}	脱 tʰuə^{55}	系 ci^{42}
青岛	穿 tʃʰuã^{213}	脱 tʰuə^{55}	系 tɕi^{42}
高密	穿 tʃʰuã^{213}	脱 tʰuə^{55}	系 tsi^{42}
诸城	穿 tʃʰuã^{213}	脱 tʰuə^{44}	系 tθi^{31}
沂水	穿 tʃʰuã^{213}	脱 tʰuə^{44}	系 dzi^{31}
临朐	穿 tʃʰuã^{213}	脱 tʰuə^{44} 剥 pa^{213}	系 tɕi^{21}
日照	穿 tʃʰyã^{213}	脱 tʰuə^{213}	系 ȶi^{31}
莒南	穿 tʃʰuã^{213}	脱 tʰuə^{213}	系 tsi^{312}
潍坊	穿 tʂʰuã^{214}	脱 tʰuə^{214}	系 tɕi^{31}
寿光	穿 tʂʰuã^{213}	剥 pa^{213} 脱 tʰuə^{213}	系 tɕi^{21}
高青	穿 tʂʰuã^{213}	脱 tʰuə^{213}	系 tɕi^{41}
阳信	穿 tʂʰuã^{213}	脱 tʰuə^{213}	系 tɕi^{31}
济阳	穿 tʂʰuã^{213}	剥 pa^{213} 脱 tʰuə^{213}	系 tɕi^{31}

续表

	0364穿～衣服	0365脱～衣服	0366系～鞋带
利津	穿tʂʰuã^{213}	脱tʰuə^{44}	系tɕi^{31}
乐陵	穿tʂʰuã^{24}	脱tʰuə^{24}	系tɕi^{51}
商河	穿tʂʰuã^{213}	脱tʰuə^{45} 剥pɑ^{213}	系tɕi^{31}
平原	穿tʂʰuã^{213}	脱tʰuə^{213}	系tɕi^{21}
德州	穿tʂʰuã^{213} 套上tʰɔ^{42}ʂɑŋ^{0}	脱tʰuə^{213} 剥pa^{213}	系tɕi^{21}
武城	穿tʂʰuã^{224}	脱tʰuə^{224}	系tɕi^{312}
临清	穿tʂʰuan^{13}	脱tʰuə^{13}	系tɕi^{313}
冠县	穿tʂʰuã^{13}	脱tʰuə^{13}	系tɕi^{314}
聊城	穿tsʰuã^{13}	脱tʰuə^{13}	系tɕi^{313}
济南	穿tʂʰuã^{213}	剥pa^{213} 脱tʰuə^{213}	系tɕi^{21}
泰安	穿tʂʰuã^{213}	脱tʰuə^{213}	系tɕi^{21}
莱芜	穿tʃʰuã^{213}	脱tʰuə^{213}	系tɕi^{42}
新泰	穿pʰã^{213}	脱tʰuə^{213}	系tɕi^{31}
沂源	穿tʃʰuã^{213}	脱tʰuə^{213}	系tɕi^{31}
博山	穿tʂʰuã^{213}	脱tʰuə^{213}	系tɕi^{31}
张店	穿tʂʰuã^{213}	剥pɑ^{33}	系tɕi^{31}
阳谷	穿tsʰuã^{213}	脱tʰuo^{213}	系tɕi^{313}
梁山	穿tsʰuã^{213}	脱tʰuə^{213}	系tɕi^{314}
菏泽	穿tsʰuã^{213}	脱tʰuə^{213}	系tɕi^{312}
曹县	穿tʂʰuã^{213}	脱tʰuə^{213}	系tɕi^{312}
金乡	穿tsʰuã^{213}	脱tʰuə^{213}	系tɕi^{312}
曲阜	穿tsʰuã^{213}	脱tʰuə^{213}	系tɕi^{312}
薛城	穿pfʰã^{313}	脱tʰuə^{313}	系tɕi^{41}
郯城	穿tʂʰuã^{213}	脱tʰuə^{213}	系tɕi^{51}
临沂	穿tʃʰuã^{214}	脱tʰuə^{214}	系tɕi^{312}

	0367 衬衫	0368 背心带两条杠的，内衣	0369 毛衣
荣成	衬衣tʂʰən33i53	汗流=儿xan33liəur35	毛衣mau53i53
烟台	褂子kua33ɾə0	汗流=儿xan53liour33	毛衣mau33i53
栖霞	小褂儿ʃiɔo21kuar52	汗衫儿xãn34ʃɐr52	毛衣mɔo34i312
长岛	衬袄儿tsʰən52aur213	背心儿pei55ʃiər31	毛衣mau55i0
海阳	衬衣儿tʂʰẽ34iər52	背心儿pei34siə̃r0	毛衣mɔ34i52
莱西	衬衣儿tsʰẽ31ier214 衬衫儿tsʰẽ31sɐr214	两道筋liaŋ55tɔ42ciẽ214 背心儿pei42ʃier0	毛衣mɔ33i214
平度	衬衣tʂʰə̃42i213 衬衫儿tʃʰə̃42ʂɛr213	背心儿pei213θer42	毛衣mɔ42i213
青岛	衬衣tʂʰẽ42i213	两膀穷儿liaŋ213paŋ55tɕʰiõr42	毛衣mɔ42i213
高密	衬衣儿tʂʰə̃21ʐer213	背心儿pei21θer213	毛衣mɔ42i213
诸城	溻汗褂子tʰa44xã31kua44tθɿ0有领子 汗衫儿xã31ʂɛr213无领子	汗溜=子xã31liou44tθɿ0 背心儿pei31θer213	毛衣mɔ53i213
沂水	衬衣tʂʰẽ31i213	背心儿pe31sier213	毛衣mɔ53i213
临朐	汗褂子xã44kua44tθɿ0	汗褟儿xã21tʰʌr213	毛衣mɔ53i213
日照	背褡子pei53tɑ0tθɿ0冬天内穿，夏天外穿，质地较薄 褂子kuɑ53tθɿ0外穿，厚的	汗衫儿xã31ʂɛr213	线衣θiã31i213
莒南	衬衣tʂʰẽ31i213	背心儿pei31θrer213 小坎儿siɔ53kʰɛr55	毛衣mɔ53i213
潍坊	小褂儿ɕiɔɤ24kuɑr31 布衫pu55ʂã0 衬衣儿tʂʰẽ31ier214	背心儿pei31ɕier214	毛衣mɔɤ55i214
寿光	衬衣儿tʂʰə̃21iɭ213	汗褟儿xã21tʰʌr213 背心儿pei21ɕiɭ213	毛衣mɔ53i213
高青	褂子kuɑ55tsɿ0	汗褟儿xã41tʰɑr213	毛衣mɔ55i213
阳信	布衫子pu55ʂã0tsɿ0	背襟儿pei31tɕier213	毛衣mɔ43i213
济阳	褂子kua55tsɿ0	背心儿pei31ɕier213	毛衣mɔ55i213
利津	衬衫儿tʂʰẽ31ʂɛr213 衬衣tʂʰẽ31i213	背心儿pei31ɕier213	毛衣mɔ53i213
乐陵	布衫子pu55sã0tsɿ0 衬衣tsʰẽ31i24	背襟儿pei31tɕier24	毛衣mɔ51i24

续表

	0367衬衫	0368背心带两条杠的，内衣	0369毛衣
商河	衬衣儿tsʰẽ^{31}iər^{213}	背心儿pei^{31}ɕier^{213}	毛衣mɔ^{54}i^{213}
平原	布衫子pu^{42}sã^{21}tsɿ^{0} 褂子kua^{42}tsɿ^{0}	背心儿pei^{21}ɕiər^{213}	毛衣mɔu^{42}i^{213}
德州	小褂儿ɕiɔ^{55}kuɐr^{21}	背心儿pei^{21}ɕier^{213}	毛衣mɔ^{42}i^{213}
武城	衬衫儿tʂʰẽ^{21}ʂɛr^{224}	背心儿pei^{21}ɕier^{224}	毛衣mɔ^{53}i^{224}
临清	衬衣儿tʂʰen^{31}ier^{13}	背心儿pei^{31}ɕier^{13}	毛衣mau^{53}i^{13}
冠县	褂子kua^{53}tsɿ^{0}	背心儿pei^{31}sier^{13}	毛衣mɔ^{53}i^{13}
聊城	衬衣儿tsʰẽ^{31}ier^{13}	背心儿pei^{31}ɕier^{13}	毛衣mɔ^{53}i^{13}
济南	衬衣儿tʂʰẽ^{21}ier^{213}	背心儿pei^{21}ɕier^{213}	毛衣mɔ^{42}i^{213}
泰安	衬衣tʂʰẽ^{21}i^{213}	背心儿pei^{21}ɕier^{213}	毛衣mɔ^{42}i^{213}
莱芜	衬衣tʃʰẽ^{31}i^{213}	汗溜$^{=}$子xã^{31}liou^{31}tsɿ^{0}	毛衣mɔ^{55}i^{213}
新泰	衬衣儿tʃʰẽ^{31}iɤr^{213}	背心儿pei^{31}ɕiɤr^{213}	毛衣mɔ^{42}i^{213}
沂源	褂子kua^{55}tθɿ^{0}	汗娄$^{=}$儿xã^{31}lour^{213}	毛衣mɔ^{55}i^{213}
博山	衬衣tʂʰẽ^{31}i^{213}	背心pei^{31}ɕiẽ^{213}	毛衣mɔ^{55}i^{213}
张店	褂子kuɑ^{55}ɿ^{0}	背心pei^{31}ɕiei^{213}	毛衣mɔ^{55}i^{213}
阳谷	褂子kua^{42}zɿ^{0} 衬衣tsʰẽ^{31}i^{213}	小坎儿ɕiɔ^{55}kʰɐr^{55}	毛衣mɔ^{42}i^{213}
梁山	褂子kua^{42}tsɿ^{0}	汗衩子xã^{31}tsʰa^{21}tsɿ^{0}	毛衣mɔ^{42}i^{213}
菏泽	汗褂子xã^{213}kua^{31}tə^{0}	坎子kʰã^{44}tə^{0}	毛衣mɔ^{53}i^{213}
曹县	衬衣tsʰẽ^{31}i^{213} 汗褂子xã^{13}kua^{31}tə^{0}	背心儿pei^{53}ɕiɤr^{213}	毛衣mɔ^{53}i^{213}
金乡	褂子kua^{42}tsɿ^{0}	背心儿pei^{31}ɕier^{213}	毛衣mɔ^{55}i^{213}
曲阜	褂子kua^{42}tsɿ^{0}	背心儿pei^{31}ɕier^{213}	毛衣mɔ^{42}i^{213}
薛城	衬褂儿tsʰẽ^{41}kuar^{41} 衬衣tsʰẽ^{41}i^{313}	背心儿pe^{41}ɕier^{313}	毛衣mɔ^{55}i^{313}
郯城	衬衣tʂʰə̃^{51}i^{213} 衬衫儿tʂʰə̃^{51}ʂɛr^{213}	汗褟子xã^{51}tʰa^{21}tsɿ^{0} 背心儿pe^{51}ɕier^{213}	毛衣mɔ^{44}i^{0}
临沂	衬褂儿tʃʰẽ^{31}kuar^{312}	两根筋儿liɑŋ^{55}kẽ^{24}tɕier^{24} 背心儿pei^{31}ɕier^{214}	毛衣mɔ^{53}i^{214}

	0370 棉衣	0371 袖子	0372 口袋衣服上的
荣成	棉袄 mian^{53}au^{214}	袖儿 siəur^{33}	布袋 pu^{33}tə^{0}
烟台	棉袄 mian^{53}au^{14}	袄袖儿 au^{21}ɕiour^{33}	布袋儿 pu^{33}tɐr^{0}
栖霞	棉袄 miãn^{52}ɔo^{214} 上身 棉裤 miãn^{55}kʰu^{52} 下身	袖子 ʃiəu^{34}lə^{0}	布袋儿 pu^{55}tɐr^{0}
长岛	棉袄 mian^{52}au^{213}	袄袖子 au^{35}ʃiou^{52}tsɿ^{0}	兜儿 tour^{312}
海阳	棉袄 miã^{55}ɔ^{214}	袄袖儿 ɔ^{21}siəur^{341}	布袋儿 pu^{34}tɐr^{0}
莱西	棉袄 miã^{24}uɔ^{55} 棉衣 miã^{55}i^{214}	袖儿 ʃiour^{42} 袖子 ʃiou^{45}tsɿ^{0}	布袋儿 pu^{42}tɐr^{0} 兜儿 tour^{214}
平度	棉衣 miã^{42}i^{213} 棉袄 miã^{213}ɔ^{55}	袖子 siou^{45}tθɿ^{0} 袖儿 θour^{42}	兜儿 tour^{213} 布袋儿 pu^{45}tɐr^{0}
青岛	棉衣 miã^{42}i^{213} 棉衣裳 miã^{42}i^{213}ʃaŋ^{0}	袖子 siou^{45}tθɿ^{0}	兜儿 tour^{213}
高密	棉袄 miã^{42}ɔ^{55} 上身 棉裤 miã^{42}kʰu^{21} 下身	袖子 siou^{42}tθɿ^{0}	布袋儿 pu^{42}tɛr^{0}
诸城	棉衣裳 miã^{24}i^{0}ʃaŋ^{0}	袖子 θiou^{44}tθɿ^{0}	布袋儿 pu^{44}tɛr^{0}
沂水	棉衣 miã^{53}i^{213}	袖子 siou^{44}dðɿ^{0}	布袋儿 pu^{44}tɛr^{0}
临朐	棉衣裳 miã^{35}i^{0}ʃaŋ^{0}	袖子 ɕiəu^{44}tθɿ^{0}	布袋儿 pu^{44}tɛr^{0}
日照	棉衣裳 miã^{53}i^{31}ʃiaŋ^{0}	袖子 θiou^{53}tθɿ^{0}	布袋儿 pu^{53}tɛr^{0}
莒南	棉衣裳 miã^{53}i^{21}ʃəŋ^{0} 棉衣 miã^{53}i^{213}	袖子 siou^{42}tθɿ^{0}	布袋儿 pu^{42}trɛr^{0}
潍坊	棉衣 miã^{53}i^{214}	袖子 ɕiɤɯ^{55}tsɿ^{0}	布袋儿 pu^{55}tɐr^{0} 兜儿 tour^{214}
寿光	棉衣裳 miã^{35}i^{0}ʂaŋ^{0}	袖子 ɕiəu^{55}tsɿ^{0}	布袋儿 pu^{55}tɛr^{0}
高青	棉衣 miã^{35}i^{0}	袖子 ɕiou^{55}tsɿ^{0}	口袋 kʰou^{213}tɛ^{0} 布袋子 pu^{55}tɛ^{0}tsɿ^{0}
阳信	棉衣裳 miã^{45}i^{0}ʂaŋ^{0}	袖子 ɕiou^{55}tsɿ^{0}	荷儿包儿 xuər^{45}pɔr^{0}
济阳	棉衣裳 miã^{24}i^{0}ʂaŋ^{0}	袖子 ɕiou^{55}tsɿ^{0}	布袋子 pu^{55}tɛ^{0}tsɿ^{0}
利津	棉衣裳 miã^{35}i^{0}ʂaŋ^{0}	袖子 ɕiou^{55}tsɿ^{0}	荷包儿 xuə^{35}pɔr^{0} 口袋儿 kʰou^{213}tɛr^{0}
乐陵	棉袄 miã^{31}ŋɔ^{55}	袄袖子 ŋɔ^{55}ɕiou^{55}tsɿ^{0}	荷包儿 xuə^{55}pɔr^{0}
商河	棉衣裳 miã^{24}i^{0}ʂaŋ^{0}	袖子 ɕiou^{54}tsɿ^{0}	荷包儿 xə^{24}pɔr^{0}
平原	棉袄 miã^{42}ŋɔu^{55}	袖子 ɕiou^{42}tsɿ^{0}	布袋儿 pu^{42}tɐr^{0}

续表

	0370 棉衣	0371 袖子	0372 口袋衣服上的
德州	棉衣裳miã^{55}i^{21}ʂaŋ^{0}	袖儿ɕiour^{21}	口袋儿kʰou^{213}tɛr^{0} 布袋儿pu^{42}tɛr^{0}
武城	棉袄miã^{53}ŋɔ^{55}	袖子ɕiou^{53}tsɿ^{0}	兜兜tou^{312}tou^{0}
临清	棉衣裳mian^{53}i^{13}ʂaŋ^{0}	袖子ɕiou^{53}tsɿ^{0}	口袋kʰou^{44}tɛ^{0}
冠县	棉袄miã^{53}ɣɔ^{55}	袖子siou^{53}tsɿ^{0}	布袋儿pu^{31}tɛr^{0}
聊城	棉衣裳miã^{53}i^{13}saŋ^{0}	袖子ɕiou^{53}tsɿ^{0}	口袋kʰou^{44}tɛ^{0}
济南	棉衣裳miã^{445}i^{0}ʂaŋ^{0}	袖子ɕiou^{55}tsɿ^{0}	布袋儿pu^{55}tɛr^{0}
泰安	棉衣裳miã^{55}i^{21}ʂaŋ^{0}	袖子ɕiou^{42}tsɿ^{0}	布袋儿pu^{42}tɛr^{0}
莱芜	棉衣裳miã^{13}i^{0}ʃaŋ^{0}	袖子ɕiou^{42}tsɿ^{0}	布袋子pu^{55}tɛ^{0}tsɿ^{0}
新泰	棉袄miã^{42}ŋɔ^{55}	袖子ɕiou^{54}tθɿ^{0}	布袋子pu^{54}tɛ^{0}tθɿ^{0}
沂源	棉衣裳miã^{35}i^{0}ʃaŋ^{0}	袖子ɕiou^{55}tθɿ^{0}	布袋子pu^{13}tɛ^{55}tθɿ^{0}
博山	棉衣miã^{55}i^{213}	袖子ɕiəu^{55}ə^{0}	布袋子pu^{35}tɛ^{0}
张店	棉衣裳miã^{35}i^{0}ʂaŋ^{0}	袖子ɕiou^{55}ɿ^{0}	布袋pu^{55}tɛ^{0}
阳谷	棉袄miã^{42}ɣɔ^{55}	袖子ɕiou^{42}zɿ^{0}	大跑$^{=}$儿ta^{31}pʰɔr^{55}
梁山	棉衣裳miã^{42}i^{21}saŋ^{0}	袖子ɕiou^{42}tsɿ^{0}	布袋子pu^{31}tɛ^{21}tsɿ^{0}
菏泽	棉衣裳miã^{53}i^{21}saŋ^{0}	袖子ɕiou^{31}tə^{0}	布袋pu^{31}tɛ^{0} 布袋子pu^{31}tɛ^{31}tə^{0}
曹县	棉衣裳miã^{53}i^{21}ʂaŋ^{0}	袖子ɕiou^{31}tə^{0}	褡子ta^{21}tə^{0}
金乡	棉衣裳miã^{55}i^{21}saŋ^{0}	袖子ɕiou^{42}tsɿ^{0}	布袋儿pu^{42}tɛr^{0}
曲阜	棉衣裳miã^{42}i^{21}saŋ^{0}	袖子ɕiou^{42}tsɿ^{0}	布袋儿pu^{31}tɛr^{213}
薛城	棉衣miã^{55}i^{313} 棉衣裳miã^{55}i^{31}saŋ^{0}	袖子ɕiou^{41}tsɿ^{0}	布袋pu^{41}tɛ^{0} 挎包儿kʰua^{41}pɔr^{313}
郯城	棉衣miã^{44}i^{213}	袖子ɕiəu^{51}tsɿ^{0}	插口儿tʂʰa^{21}kʰəur^{0}
临沂	棉衣miã^{53}i^{214}	袖子ɕiou^{31}tsɿ^{0}	哈$^{=}$哈$^{=}$xɛ^{21}xɛ^{0} 布袋儿pu^{31}tɛr^{0}

	0373 裤子	0374 短裤外穿的	0375 裤腿
荣成	裤子kʰu^{33}tsɿ^{0}	裤衩儿kʰu^{33}tʂʰar^{214}	裤腿儿kʰu^{33}tʰər^{214}
烟台	裤子kʰu^{33}ɾə^{0}	裤衩kʰu^{33}tsʰa^{14}	裤腿儿kʰu^{33}tʰɤr^{14}
栖霞	裤子kʰu^{52}lə^{0}	裤衩儿kʰu^{52}tsʰar^{214}	裤腿儿kʰu^{52}tʰər^{214}

续表

	0373裤子	0374短裤外穿的	0375裤腿
长岛	裤子kʰu^{52}tsɿ^{0}	裤衩儿kʰu^{52}tsʰar^{213}	裤腿kʰu^{52}tʰei^{213}
海阳	裤子kʰu^{34}ə^{0}	裤衩儿kʰu^{55}tʂʰar^{214}	裤腿儿kʰu^{55}tʰər^{214}
莱西	裤子kʰu^{42}tsɿ^{0}	裤衩儿kʰu^{31}tsʰʌr^{55} 裤头儿kʰu^{23}tʰour^{42}	裤腿儿kʰu^{21}tʰer^{55}
平度	裤子kʰu^{42}tθɿ^{0}	裤衩儿kʰu^{213}tʂʰar^{55} 裤头儿kʰu^{213}tʰour^{42}	裤腿儿kʰu^{213}tʰer^{55}
青岛	裤子kʰu^{42}tθɿ^{0}	裤衩儿kʰu^{213}tʂʰɑr^{55}	裤腿儿kʰu^{213}tʰer^{55}
高密	裤子kʰu^{42}tθɿ^{0}	裤头儿kʰu^{21}tʰour^{42}	裤腿儿kʰu^{21}tʰer^{55}
诸城	裤子kʰu^{44}tθɿ^{0}	裤衩儿kʰu^{31}tʂʰar^{44} 裤头儿kʰu^{31}tʰour^{53}	裤腿子kʰu^{31}tʰuei^{213}tθɿ^{0}
沂水	裤子kʰu^{44}dðɿ^{0}	裤衩儿kʰu^{31}tʂʰɬar^{44} 裤衩子kʰu^{31}tʂʰa^{213}dðɿ^{0}	裤腿儿kʰu^{31}tʰuer^{44}
临朐	裤kʰu^{21}	裤衩子kʰu^{21}tʂʰa^{213}tθɿ^{0}	裤腿脚儿kʰu^{21}tʰuei^{44}tɕyɤr^{213}
日照	裤子kʰu^{53}tθɿ^{0}	裤头儿kʰu^{31}tʰour^{53}	裤腿儿kʰu^{31}tʰuer^{44}
莒南	裤子kʰu^{42}tθɿ^{0}	裤乍$^{=}$子kʰu^{31}tʂa^{42}tθɿ^{0}	裤腿儿kʰu^{31}tʰɾer^{55} 裤腿子kʰu^{31}tʰei^{21}tθɿ^{0}
潍坊	裤子kʰu^{31}tsɿ^{0}	大裤衩子tɑ^{31}kʰu^{0}tʂʰɑ^{214}tsɿ^{0}	裤腿kʰu^{214}tʰuei^{55}
寿光	裤kʰu^{21}	裤衩儿kʰu^{21}tʂʰʌr^{213}	裤腿脚儿kʰu^{21}tʰuei^{0}tɕyər^{213}
高青	裤子kʰu^{55}tsɿ^{0}	裤衩子kʰu^{41}tʂʰɑ^{213}tsɿ^{0}	裤腿儿kʰu^{41}tʰuer^{55}
阳信	裤kʰu^{31}	裤衩儿kʰu^{31}tʂʰar^{213}	裤腿儿kʰu^{31}tʰuer^{55}
济阳	裤kʰu^{31}	裤衩儿kʰu^{31}tʂʰar^{55} 裤头儿kʰu^{31}tʰour^{55}	裤腿儿kʰu^{31}tʰuer^{55}
利津	裤子kʰu^{55}tsɿ^{0}	裤衩儿kʰu^{31}tʂʰar^{55}	裤腿儿kʰu^{31}tʰuer^{55}
乐陵	裤子kʰu^{55}tsɿ^{0}	裤衩儿kʰu^{31}tsʰɑr^{24}	裤腿儿kʰu^{31}tʰuer^{55}
商河	裤kʰu^{31}	裤衩儿kʰu^{31}tʂʰɑr^{45} 裤衩子kʰu^{31}tʂʰɑ^{213}tsɿ^{0}	裤腿儿kʰu^{31}tʰuer^{45}
平原	裤子kʰu^{42}tsɿ^{0}	裤衩儿kʰu^{21}tsʰar^{55}	裤腿儿kʰu^{21}tʰuər^{55}
德州	裤子kʰu^{42}tsɿ^{0} 裆裤tɑŋ^{213}kʰu^{21}	裤衩儿kʰu^{21}tʂʰɐr^{213}	裤腿儿kʰu^{21}tʰuer^{55}
武城	裤子kʰu^{53}tsɿ^{0}	裤衩子kʰu^{21}tʂʰa^{24}tsɿ^{0}	裤腿儿kʰu^{21}tʰuer^{55}
临清	裤子kʰu^{53}tsɿ^{0}	裤衩儿kʰu^{31}tʂʰar^{44}	裤腿儿kʰu^{31}tʰuer^{44}

续表

	0373 裤子	0374 短裤外穿的	0375 裤腿
冠县	裤子kʰu^{53}tsɿ^{0}	裤衩kʰu^{31}tʂʰa^{55}	裤腿儿kʰu^{31}tʰuer^{55}
聊城	裤子kʰu^{53}tsɿ^{0}	裤衩子kʰu^{31}tsʰa^{13}tsɿ^{0}	裤腿儿kʰu^{31}tʰer^{44}
济南	裤kʰu^{21} 裤子kʰu^{55}tsɿ^{0}	裤衩儿kʰu^{21}tʂʰar^{55} 裤衩子kʰu^{21}tʂʰa^{213}tsɿ^{0}	裤腿脚儿kʰu^{21}tʰuei^{55}tɕyər^{213}
泰安	裤kʰu^{21}	裤衩子kʰu^{21}tʂʰa^{213}tsɿ^{0}	裤腿儿kʰu^{21}tʰuer^{55}
莱芜	裤kʰu^{42}	裤衩子kʰu^{31}tʃʰa^{213}tsɿ^{0}	裤腿脚kʰu^{31}tʰuei^{55}tɕyə^{213}
新泰	裤kʰu^{31}	半裤pã^{54}kʰu^{0}	裤腿脚子kʰu^{213}tʰuei^{0}tɕyə^{21}tθɿ^{0}
沂源	裤子kʰu^{55}tθɿ^{0}	半裤pã^{55}kʰu^{0}	裤腿kʰu^{31}tʰuei^{55}
博山	裤kʰu^{31}	半裤pã^{35}kʰu^{31}	裤腿kʰu^{31}tʰuei^{55}
张店	裤kʰu^{31}	裤衩子kʰu^{31}tʂʰɑ^{33}ɿ^{0}	裤腿kʰu^{31}tʰuei^{55}
阳谷	裤子kʰu^{42}zɿ^{0}	裤衩子kʰu^{31}tsʰa^{13}zɿ^{0}	裤腿儿kʰu^{31}tʰuɤr^{55}
梁山	裤子kʰu^{42}tsɿ^{0}	大裤衩子ta^{31}kʰu^{31}tʂʰa^{23}tsɿ^{0}	裤腿儿kʰu^{31}tʰuer^{55}
菏泽	裤子kʰu^{31}tə^{0}	裤衩子kʰu^{31}tsʰa^{44}tə^{0}	裤腿儿kʰu^{31}tʰuer^{0}
曹县	裤子kʰu^{31}tə^{0}	裤头儿kʰu^{31}tʰour^{53}	裤腿子kʰu^{31}tʰuei^{44}tə^{0}
金乡	裤子kʰu^{42}tsɿ^{0}	裤衩子kʰu^{31}tsʰa^{23}tsɿ^{0}	裤腿儿kʰu^{31}tʰuer^{55}
曲阜	裤子kʰu^{42}tsɿ^{0}	裤头儿kʰu^{31}tʰour^{42}	裤腿儿kʰu^{31}tʰuer^{55}
薛城	裤子kʰu^{41}tsɿ^{0}	裤头子kʰu^{41}tʰou^{55}tsɿ^{0} 裤头儿kʰu^{41}tʰour^{0}	裤腿儿kʰu^{41}tʰuer^{24}
郯城	裤子kʰu^{51}tsɿ^{0}	裤眨=子kʰu^{51}tʂa^{44}tsɿ^{0}	裤腿kʰu^{51}tʰe^{24} 裤腿儿kʰu^{51}tʰuer^{24}
临沂	裤子kʰu^{31}tsɿ^{0}	大裤衩子ta^{31}kʰu^{31}tʃʰa^{214}tsɿ^{0}	裤腿儿kʰu^{31}tʰer^{55}

	0376 帽子统称	0377 鞋子	0378 袜子
荣成	帽子mau^{33}tsɿ^{0}	鞋çiɛi^{35}	袜子ua^{214}tsɿ^{0}
烟台	帽子mau^{33}ɾə^{0}	鞋çiɛ^{33}	袜子ua^{21}ɾə^{0}
栖霞	帽子mɔo^{34}lə^{0}	鞋çiɛi^{342}	袜子ua^{52}lə^{0}
长岛	帽子mau^{52}tsɿ^{0}	鞋çi^{55}老/çiai^{55}新	袜子ua^{35}tsɿ^{0}
海阳	帽子mɔ^{34}ə^{0}	鞋çiɛi^{341}	袜子ua^{34}ə^{0}
莱西	帽子mɔ^{45}tsɿ^{0}	鞋çiɛ^{42}	袜子ua^{42}tsɿ^{0}

续表

	0376帽子统称	0377鞋子	0378袜子
平度	帽子mɔ^{45}tθɿ^{0}	鞋çiɛ^{42}	袜子uɑ^{42}tθɿ^{0}
青岛	帽子mɔ^{45}tθɿ^{0}	鞋ɕiɛ^{42}	袜子uɑ^{42}tθɿ^{0}
高密	帽子mɔ^{42}tθɿ^{0}	鞋ɕiɛ^{42}	袜子uɑ^{42}tθɿ^{0}
诸城	帽子mɔ^{44}tθɿ^{0}	鞋ʃɛ^{53}	袜子ua^{44}tθɿ^{0}
沂水	帽子mɔ^{44}dðɿ^{0}	鞋ɕiɛ^{53}	袜子ua^{44}dðɿ^{0}
临朐	帽子mɔ^{44}tθɿ^{0}	鞋ɕiɛ^{53}	袜子ua^{44}tθɿ^{0}
日照	帽子mɔ^{53}tθɿ^{0}	鞋ʃiɛ^{53}	袜子uɑ^{53}tθɿ^{0}
莒南	帽子mɔ^{42}tθɿ^{0}	鞋ɕiɛ^{53}	袜子ua^{42}tθɿ^{0}
潍坊	帽子mɔɤ^{55}tsɿ^{0}	鞋ɕiɛ^{53}	袜子uɑ^{55}tsɿ^{0}
寿光	帽子mɔ^{55}tsɿ^{0}	鞋ɕiɛ^{53}	袜子ua^{55}tsɿ^{0}
高青	帽子mɔ^{55}tsɿ^{0}	鞋ɕiɛ^{55}	袜子uɑ^{55}tsɿ^{0}
阳信	帽子mɔ^{55}tsɿ^{0}	鞋ɕiɛ^{43}	袜子ua^{55}tsɿ^{0}
济阳	帽子mɔ^{31}tsɿ^{0}	鞋ɕiɛ^{55}	袜子ua^{55}tsɿ^{0}
利津	帽子mɔ^{55}tsɿ^{0}	鞋ɕiɛ^{53}	袜子ua^{55}tsɿ^{0}
乐陵	帽子mɔ^{55}tsɿ^{0}	鞋ɕiɛ^{55}	袜子uɑ^{55}tsɿ^{0}
商河	帽子mɔ^{54}tsɿ^{0}	鞋ɕiɛ^{54}	袜子uɑ^{54}tsɿ^{0}
平原	帽子mɔu^{42}tsɿ^{0}	鞋ɕiɛi^{42}	袜子ua^{42}tsɿ^{0}
德州	帽子mɔ^{42}tsɿ^{0}	鞋ɕiɛ^{42}	袜子ua^{42}tsɿ^{0}
武城	帽子mɔ^{53}tsɿ^{0}	鞋ɕiɛ^{53}	袜子ua^{53}tsɿ^{0}
临清	帽子mau^{53}tsɿ^{0}	鞋ɕiɛ^{53}	袜子ua^{53}tsɿ^{0}
冠县	帽子mɔ^{53}tsɿ^{0}	鞋ɕiɛ^{53}	袜子ua^{53}tsɿ^{0}
聊城	帽子mɔ^{53}tsɿ^{0}	鞋ɕiɛ^{53}	袜子ua^{53}tsɿ^{0}
济南	帽子mɔ^{55}tsɿ^{0}	鞋ɕiɛ^{42}	袜子ua^{55}tsɿ^{0}
泰安	帽子mɔ^{42}tsɿ^{0}	鞋ɕiɛ^{42}	袜子ua^{42}tsɿ^{0}
莱芜	帽子mɔ^{42}tsɿ^{0}	鞋ɕiɛ^{55}	袜子ua^{42}tsɿ^{0}
新泰	帽子mɔ^{54}tθɿ^{0}	鞋ɕiɛ^{42}	袜子ua^{54}tθɿ^{0}
沂源	帽子mɔ^{55}tθɿ^{0}	鞋ɕiɛ^{55}	袜子ua^{55}tθɿ^{0}
博山	帽子mɔ^{55}ə^{0}	鞋ɕiɛ^{55}	袜子uɑ^{55}ə^{0}
张店	帽子mɔ^{55}ɿ^{0}	鞋ɕiɛ^{55}	袜子uɑ^{55}ɿ^{0}

续表

	0376帽子统称	0377鞋子	0378袜子
阳谷	帽子mɔ^{42}zɿ^{0}	鞋ɕiɛ^{42}	袜子ua^{31}zɿ^{0}
梁山	帽子mɔ^{42}tsɿ^{0}	鞋ɕiɛ^{42}	袜子ua^{21}tsɿ^{0}
菏泽	帽子mɔ^{312}tə^{0}	鞋ɕiɛ^{353}	袜子ua^{21}tə^{0}
曹县	帽子mɔ^{31}tə^{0}	鞋ɕiə^{53}	袜子ua^{21}tə^{0}
金乡	帽子mɔ^{42}tsɿ^{0}	鞋ɕiə^{42}	袜子ua^{21}tsɿ^{0}
曲阜	帽子mɔ^{42}tsɿ^{0}	鞋ɕiɛ^{42}	袜子ua^{21}tsɿ^{0}
薛城	帽子mɔ^{41}tsɿ^{0}	鞋ɕiɛ^{55}	袜子ua^{31}tsɿ^{0}
郯城	帽子mɔ^{51}tsɿ^{0}	鞋ɕie^{44}	袜子ua^{21}tsɿ^{0}
临沂	帽子mɔ^{31}tsɿ^{0}	鞋ɕiɛ^{53}	袜子ua^{21}tsɿ^{0}

	0379围巾	0380围裙	0381尿布
荣成	围脖儿uei^{53}por^{35}	围裙uei^{35}c^{h}yn^{0}	婆$^{=}$婆$^{=}$po^{35}pə^{0}
烟台	围脖儿uei^{53}por^{33}	围裙uei^{33}tɕ^{h}yn^{0}	婆$^{=}$婆$^{=}$p^{h}o^{35}p^{h}o^{0}
栖霞	围脖儿uei^{52}pər^{342}	围裙uei^{52}c^{h}ỹn^{342}	褟①子t^{h}i^{52}lə^{0}
长岛	围脖儿uei^{52}pər^{55}	围裙uei^{52}c^{h}yn^{55}	褯子tʃiɛ^{52}tsɿ^{0}
海阳	围脖子uei^{52}pə^{34}ə^{0}	围裙uei^{34}c^{h}ỹ^{0}	叵$^{=}$叵$^{=}$p^{h}ə^{21}p^{h}ə^{0}
莱西	围脖儿uei^{21}pər^{55} 围巾儿uei^{55}cier^{214}	腰布子iɔ^{214}pu^{45}tsɿ^{0} 围裙儿uei^{214}c^{h}yer^{42}	褟子t^{h}i^{42}tsɿ^{0}
平度	围脖儿uei^{213}pər^{42} 围巾儿uei^{42}cier^{213}	围裙儿uei^{45}c^{h}yer^{0}	褯子tsiə^{45}tθɿ^{0}
青岛	围脖儿uei^{45}pər^{0}	大巾tɑ^{42}tɕiẽ^{213}	衬子tʂ^{h}ẽ^{42}tθɿ^{0} 铺衬p^{h}u^{213}tʂ^{h}ẽ^{42}
高密	围脖儿uei^{42}pər^{42} 围巾儿uei^{42}tɕier^{213}	围裙uei^{55}tɕ^{h}yə̃^{0}	褯子tsiə^{42}tθɿ^{0}
诸城	围脖儿uei^{53}pər^{53}	围裙uei^{24}tʃ^{h}uẽ^{0}	褯子tθiə^{44}tθɿ^{0}
沂水	围脖ue^{53}pə^{53} 围巾儿ue^{53}tɕier^{213}	围裙ue^{24}tɕ^{h}yẽ^{0}	褯子dziə^{44}dðɿ^{0}
临朐	围巾uei^{53}tɕiə̃^{213}	遮裙tʃə^{21}tɕ^{h}yə̃^{0}	褯子tɕiə^{44}tθɿ^{0}
日照	围脖uei^{53}pə^{53}	围裙uei^{53}tʃ^{h}yẽ^{53}	屎褯子ʂʅ^{44}ȶiə^{53}tθɿ^{0}

① 《集韵》：褟，他计切，“《说文》：‘緥也’”。

续表

	0379围巾	0380围裙	0381尿布
莒南	围脖uei^{53}pə^{53} 围巾uei^{53}tɕiẽ^{213}	围裙uei^{53}tɕʰyẽ^{53}	褯子tsiə^{42}tθɿ^{0}
潍坊	围脖儿uei^{53}pər^{53} 围巾儿uei^{53}tɕier^{214}	围裙uei^{35}tɕʰyẽ^{0}	褯子tɕiə^{55}tsɿ^{0}
寿光	围巾uei^{53}tɕiə̃^{213}方形 围脖uei^{53}pə^{53}条形	围裙uei^{35}tɕʰyə̃^{0}	褯子tɕiə^{55}tsɿ^{0}
高青	围脖uei^{55}pə^{55}	遮护tʂə^{21}xu^{0} 围裙uei^{35}tɕʰyə̃^{0}	褯子tɕiə^{55}tsɿ^{0}
阳信	围巾uei^{43}tɕiə̃^{213} 围脖儿uei^{45}pər^{0}	围裙uei^{45}tɕʰyə̃^{0}	褯子tɕiə^{55}tsɿ^{0}
济阳	围脖uei^{54}pə^{55}	围裙uei^{24}tɕʰyẽ^{0}	褯子tɕiə^{55}tsɿ^{0}
利津	围脖uei^{53}pə^{53}	蘸=裙tʂã^{213}tɕʰyẽ^{53}	褯子tɕiə^{55}tsɿ^{0}
乐陵	围脖儿uei^{55}pər^{55}	围裙uei^{55}tɕʰyẽ^{0}	褯子tɕiə^{55}tsɿ^{0}
商河	围巾uei^{54}tɕiẽ^{213} 围脖uei^{54}pə^{54}	围裙uei^{24}tɕʰyẽ^{0}	褯子tɕiə^{54}tsɿ^{0}
平原	围脖儿uei^{42}pɤr^{42}条形 围巾uei^{42}tɕiẽ^{213}方形	围裙uei^{55}tɕʰyẽ^{0}	褯子tɕiə^{42}tsɿ^{0}
德州	围脖儿uei^{42}pər^{42}	围裙uei^{55}tɕʰyẽ^{0}	褯子tɕiə^{42}tsɿ^{0}
武城	围脖uei^{53}pə^{53}	围裙uei^{55}tɕʰyẽ^{0}	褯子tɕiɛ^{53}tsɿ^{0}
临清	围脖儿uei^{53}pər^{53}	围裙uei^{53}tɕʰyn^{0}	褯子tɕiə^{53}tsɿ^{0}
冠县	围脖uei^{53}pə^{53} 围巾uei^{53}tɕiẽ^{13}	围裙uei^{53}tɕʰyẽ^{0}	褯子tsiə^{53}tsɿ^{0}
聊城	围脖uei^{53}pə^{53}	蘸=裙tsã^{31}tɕʰyẽ^{0}	褯子tɕiə^{53}tsɿ^{0}
济南	围脖儿uei^{42}pər^{42} 围巾uei^{42}tɕiẽ^{55}	大巾ta^{21}tɕiẽ^{213} 围裙uei^{445}tɕʰyẽ^{0}	褯子tɕiə^{55}tsɿ^{0}
泰安	围巾uei^{42}tɕiẽ^{213}	围裙uei^{55}tɕʰyẽ^{0}	褯子tɕiə^{42}tsɿ^{0}
莱芜	围脖uei^{55}pə^{55}	围裙uei^{13}tɕʰyẽ^{0}	褯子tɕiə^{42}tsɿ^{0}
新泰	围脖uei^{42}pə^{42}	围裙uei^{45}tɕʰyẽ^{0}	褯子tɕiə^{54}tθɿ^{0}
沂源	围脖uei^{55}pə^{55}	围裙uei^{35}tɕʰyə̃^{0}	褯子tɕiə^{55}tθɿ^{0}
博山	围巾uei^{53}tɕiẽ^{55} 围脖uei^{53}pə^{55}	围裙uei^{35}tɕʰyẽ^{0}	褯子tɕiə^{55}ə^{0}
张店	围脖uei^{35}pə^{0}	遮护tʂə^{21}xu^{0}	褯子tɕiə^{55}ɿ^{0}

续表

	0379围巾	0380围裙	0381尿布
阳谷	围脖uei^{55}pə^{42}条方形 围巾uei^{42}tɕiẽ^{213}方形	围裙uei^{42}tɕʰyẽ^{0}	褯子tɕiə^{42}zɿ^{0}
梁山	围脖uei^{42}pə^{42}	围裙uei^{42}tɕʰyẽ^{0}	褯子tɕiə^{42}tsɿ^{0}
菏泽	围巾儿uei^{53}tɕier^{213}	水裙fei^{44}tɕʰyẽ^{0}	褯子tɕiɛ^{31}tə^{0}
曹县	围巾儿uei^{53}tɕiɤr^{213}	围裙uei^{44}tɕʰyẽ^{0}	褯子tɕiə^{31}tə^{0}
金乡	围巾儿uei^{55}tɕier^{213}	围裙uei^{42}tɕʰyẽ^{0}	褯子tɕiə^{42}tsɿ^{0}
曲阜	围脖儿uei^{42}pər^{42}	围裙uei^{42}tɕʰyẽ^{0}	褯子tɕiə^{42}tsɿ^{0}
薛城	围脖子ue^{55}pə^{55}tsɿ^{0}长的 头巾tʰou^{55}tɕiẽ^{313} 围巾ue^{55}tɕiẽ^{313}	围裙ue^{55}tɕʰyẽ^{0}	褯子tɕiə^{41}tsɿ^{0}
郯城	围脖ue^{44}pə^{44} 围巾ue^{44}tɕiə̃^{213}	围裙ue^{44}tɕʰyə̃^{44}	褯子tɕiə^{51}tsɿ^{0} 尿布ȵiɔ^{51}pu^{51}
临沂	围巾儿uei^{53}tɕier^{214} 围脖儿uei^{53}pər^{53}	围裙uei^{53}tɕʰyẽ^{53}	褯子tɕiə^{31}tsɿ^{0} 尿布ȵiɔ^{31}pu^{312}

	0382扣子	0383扣～扣子	0384戒指
荣成	扣儿kʰəur^{53}	扣kʰəu^{53}	戒指ciɛi^{33}tʂʅ^{0}
烟台	扣儿kʰour^{53}	系tɕi^{33}	手镏子ɕiou^{14}liou^{53}ɾə^{0}
栖霞	扣儿kʰəur^{312}	系ci^{52}	扳指pãn^{52}tsɿ^{0}
长岛	扣儿kʰour^{52}	系ci^{52}	戒指ciai^{52}tsɿ^{0}
海阳	扣儿kʰəur^{52}	扣kʰəu^{52}	扳指pã^{52}tʂʅ^{0}
莱西	扣儿kʰour^{214}	系ci^{42}	戒指儿ciɛ^{42}tser^{0}
平度	扣儿kʰour^{213}	系ci^{42}	戒指儿ciɛ^{42}tʂer^{0}
青岛	扣儿kʰour^{213}	扣儿kʰour^{42}	指扣儿tʂʅ^{55}kʰour^{42} 镏子liou^{213}tθɿ^{0}
高密	扣儿kʰour^{213}	扣儿kʰour^{21}	戒指儿tɕiɛ^{42}tʂer^{0}
诸城	扣子kʰou^{31}tθɿ^{0}	扣kʰou^{213}	戒指儿tʃɛ^{44}tʂer^{0} 手镏子ʃou^{44}liou^{31}tθɿ^{0}
沂水	扣子kʰou^{21}dðɿ^{0}	系dzi^{31} 扣kʰou^{31}	戒指儿tɕiɛ^{44}tʂer^{0}
临朐	疙瘩子ka^{21}ta^{0}tθɿ^{0} 扣子kʰəu^{44}tθɿ^{0}	系tɕi^{21}	镏子liəu^{21}tθɿ^{0}

续表

	0382扣子	0383扣～扣子	0384戒指
日照	扣子k^{h}ou^{31}tθɿ^{0}	扣k^{h}ou^{213}	戒指子tʃiɛ^{53}tʂʅ^{0}tθɿ^{0}
莒南	扣子k^{h}ou^{21}tθɿ^{0}	扣k^{h}ou^{213}	戒指儿tɕiɛ^{42}tʂɫer^{0}
潍坊	纽子ȵiɤɯ^{24}tsɿ^{0}	系tɕi^{31}	戒指儿tɕiɛ^{55}tʂer^{0}
寿光	扣儿k^{h}əur^{21} 纽扣儿ȵiəu^{55}k^{h}əur^{21}	系tɕi^{21} 扣k^{h}əu^{21}	戒指tɕiɛ^{55}tʂʅ^{0} 镏子liəu^{21}tsɿ^{0} 戒镏子tɕiɛ^{55}liəu^{0}tsɿ^{0}
高青	扣儿k^{h}our^{41}	扣k^{h}ou^{41}	戒指儿tɕiɛ^{55}tʂer^{0}
阳信	扣儿k^{h}our^{31}	系tɕi^{31}	戒指儿tɕiɛ^{55}tʂer^{0}
济阳	扣子k^{h}ou^{55}tsɿ^{0}	扣k^{h}ou^{31}	戒指儿tɕiɛ^{55}tʂer^{0} 戒镏子tɕiɛ^{31}liou^{21}tsɿ^{0}
利津	扣子k^{h}ou^{55}tsɿ^{0}	系tɕi^{31}	戒指儿tɕiɛ^{55}tʂer^{0}
乐陵	扣儿k^{h}our^{51}	扣k^{h}ou^{51}	戒指儿tɕiɛ^{55}tser^{0}
商河	扣子k^{h}ou^{54}tsɿ^{0}	扣k^{h}ou^{31} 系tɕi^{31}	戒指儿tɕiɛ^{54}tʂer^{0}
平原	扣儿k^{h}our^{21}	扣k^{h}ou^{21}	戒指儿tɕiɛi^{42}tʂər^{0}
德州	扣儿k^{h}our^{21}	系tɕi^{21} 扣k^{h}ou^{21}	戒指tɕiɛ^{42}tʂʅ^{0}
武城	扣儿k^{h}our^{312}	系tɕi^{312}	戒指tɕiɛ^{53}tʂʅ^{0}
临清	扣儿k^{h}our^{313}	系tɕi^{313}	镏子liou^{13}tsɿ^{0} 戒指儿tɕiɛ^{53}tʂer^{0}
冠县	扣儿k^{h}our^{314}	扣k^{h}ou^{314}	戒指tɕiɛ^{53}tʂʅ^{0}
聊城	扣儿k^{h}our^{313}	系tɕi^{313}	戒箍儿tɕiɛ^{31}kur^{13} 镏子liou^{13}tsɿ^{0}带装饰的
济南	扣子k^{h}ou^{55}tsɿ^{0}	扣k^{h}ou^{21} 系tɕi^{21}	尜⁼子ka^{445}tsɿ^{0} 戒镏子tɕiɛ^{23}liou^{21}tsɿ^{0}
泰安	扣子k^{h}ou^{42}tsɿ^{0}	扣k^{h}ou^{21}	镏子liou^{21}tsɿ^{0}
莱芜	扣子k^{h}ou^{42}tsɿ^{0}	扣k^{h}ou^{42}	镏子liou^{31}tsɿ^{0}
新泰	扣子k^{h}ou^{54}tθɿ^{0}	扣k^{h}ou^{31}	戒指子tɕiə^{45}tʃʅ^{0}tθɿ^{0}
沂源	扣子k^{h}ou^{55}tθɿ^{0}	扣k^{h}ou^{31}	戒镏子tɕiɛ^{55}liou^{0}tθɿ^{0}
博山	扣子k^{h}əu^{55}ə^{0}	扣k^{h}əu^{31}	戒指tɕiɛ^{55}tʂʅ^{0}
张店	扣子k^{h}ou^{55}ɿ^{0}	扣上k^{h}ou^{55}ʂɑŋ^{0}	戒镏子tɕiɛ^{31}liou^{21}ɿ^{0}

续表

	0382扣子	0383扣～扣子	0384戒指
阳谷	扣儿kʰour^{313}	扣kʰou^{313}	戒指tɕiɛ^{42}tsɿ^{0}
梁山	扣子kʰou^{42}tsɿ^{0}	扣kʰour^{314}	戒镏子tɕiɛ^{31}liou^{21}tsɿ^{0}
菏泽	扣子kʰou^{31}tə^{0}	扣kʰou^{312}	戒指儿tɕiɛ^{31}tser^{0}
曹县	扣子kʰou^{53}tə^{0}	扣儿kʰour^{312}	戒指子tɕiə^{53}tʂʅ^{0}tə^{0}
金乡	扣子kʰou^{42}tsɿ^{0}	扣kʰou^{312}	戒镏子tɕiə^{31}liou^{21}tsɿ^{0}
曲阜	扣子kʰou^{42}tsɿ^{0}	扣kʰou^{312}	戒镏子tɕiɛ^{31}liou^{21}tsɿ^{0}
薛城	扣子kʰou^{41}tsɿ^{0} 疙瘩kə^{31}ta^{0}	系tɕi^{41} 扣kʰou^{41}	戒指tɕiɛ^{41}tsɿ^{0}
郯城	扣子kʰəu^{21}tsɿ^{0}	扣kʰəu^{51}	镏子liəu^{21}tsɿ^{0} 戒镏子tɕiɛ^{51}liəu^{21}tsɿ^{0} 戒箍子tɕiɛ^{51}ku^{21}tsɿ^{0}
临沂	扣子kʰou^{21}tsɿ^{0}	扣kʰou^{312}	镏子liou^{21}tsɿ^{0} 戒镏子tɕiɛ^{31}liou^{21}tsɿ^{0} 戒指儿tɕiɛ^{31}tʃer^{0}

	0385手镯	0386理发	0387梳头
荣成	手镯儿tʃəu^{21}tʂor^{35}	推头tʰei^{53}tʰəu^{35}用推剪理短 铰头tsiau^{21}təu^{35}用剪刀修剪 剃头tʰi^{53}təu^{35}用剃头刀剃光	梳头ʂu^{53}təu^{35}
烟台	手镯子ɕiou^{14}tsuo^{33}rə^{0}	剃头tʰi^{53}tʰou^{33}	梳头su^{53}tʰou^{33}
栖霞	手镯儿ʃəu^{21}tsuor^{342}	剃头tʰi^{55}tʰəu^{342}	梳头su^{52}tʰəu^{342}
长岛	镯子tsuə^{55}tsɿ^{0}	剃头tʰi^{52}tʰou^{55}	梳头su^{31}tʰou^{55}
海阳	镯儿tʂuor^{341}	剃头tʰi^{52}tʰəu^{341}	梳头ʂu^{52}tʰəu^{0}
莱西	手镯儿ʃiou^{55}tsuər^{42}	剃头tʰi^{23}tʰou^{42}	梳头su^{23}tʰou^{42}
平度	手镯子ʃou^{55}tʂuə^{45}tθɿ^{0}	剃头tʰi^{213}tʰou^{42}	梳头ʂu^{213}tʰou^{42}
青岛	镯子tʂuə^{45}tθɿ^{0}	剪头tsiã^{55}tʰou^{42}	梳头ʂu^{213}tʰou^{42}
高密	镯子tʂuə^{55}tθɿ^{0} 手镯儿ʃou^{213}tʂuer^{42}	剃头tʰi^{21}tʰou^{42}用于男性 剪头tsiã^{213}tʰou^{42}用于女性	梳头ʂu^{213}tʰou^{42}
诸城	镯子tʂuə^{24}tθɿ^{0}	剃头ȶʰi^{31}tʰou^{53}	梳头ʂu^{213}tʰou^{53}
沂水	手镯子ʃou^{44}tʂuə^{24}dðɿ^{0} 镯子tʂuə^{24}dðɿ^{0} 手镯儿ʃou^{213}tʂuər^{53}	剃头tʰi^{31}tʰou^{53}	梳头ʂu^{213}tʰou^{53}

续表

	0385 手镯	0386 理发	0387 梳头
临朐	镯子 tʂuə^{35}tθɿ^{0}	剃头 tʰi^{21}tʰəu^{53}	梳头 ʂu^{213}tʰəu^{53}
日照	镯子 tʂuə^{44}tθɿ^{0}	剃头 tʰi^{31}tʰou^{53}	梳头 ʂu^{24}tʰou^{53}
莒南	手镯 ʃou^{55}tʂuə^{53} 镯子 tʂuə^{24}tθɿ^{0}	剃头 tʰi^{31}tʰou^{53} 铰头 tɕiɔ^{55}tʰou^{53}	梳头 ʂu^{213}tʰou^{53}
潍坊	镯子 tʂuə^{35}tsɿ^{0}	剃头 tʰi^{31}tʰɤɯ^{53} 用于男性 剪头 tɕiã^{55}tʰɤɯ^{53} 用于女性	梳头 ʂu^{214}tʰɤɯ^{53}
寿光	镯子 tʂuə^{35}tsɿ^{0}	剃头 tʰi^{21}tʰəu^{53}	梳头 ʂu^{213}tʰəu^{53}
高青	镯子 tʂuə^{35}tsɿ^{0}	剃头 tʰi^{41}tʰou^{55}	梳头 ʂu^{213}tʰou^{55}
阳信	镯子 tʂuə^{45}tsɿ^{0}	剃头 tʰi^{31}tʰou^{43} 推头 tʰuei^{213}tʰou^{43}	梳头 ʂu^{213}tʰou^{43}
济阳	镯子 tʂuə^{24}tsɿ^{0}	剃头 tʰi^{31}tʰou^{55} 推头 tʰuei^{213}tʰou^{55} 剪头 tɕiã^{21}tʰou^{55}	梳头 ʂu^{213}tʰou^{55}
利津	镯子 tʂuə^{35}tsɿ^{0}	理发 li^{55}fa^{44}	拢头 luŋ^{55}tʰou^{53}
乐陵	镯子 tʂuə^{55}tsɿ^{0}	推头 tʰuei^{212}tʰou^{55} 理发 li^{55}fɑ^{24}	梳头 ʂu^{212}tʰou^{55} 拢头 luŋ^{55}tʰou^{55}
商河	镯子 tʂuə^{24}tsɿ^{0}	理发 li^{54}fɑ^{45} 剃头 tʰi^{31}tʰou^{54} 推头 tʰuei^{213}tʰou^{54}	梳头 ʂu^{213}tʰou^{54}
平原	镯子 tʂuə^{55}tsɿ^{0}	推头 tʰuei^{212}tʰou^{42} 用于男性 铰头 tɕiɔu^{212}tʰou^{42} 用于女性	梳头 ʂu^{212}tʰou^{42}
德州	镯子 tʂuə^{55}tsɿ^{0}	推头 tʰuei^{213}tʰou^{42} 剃头 tʰi^{21}tʰou^{42}	梳头 ʂu^{213}tʰou^{42}
武城	镯子 tʂuə^{55}tsɿ^{0}	推头 tʰei^{24}tʰou^{53} 用于男性 铰头 tɕiɔ^{55}tʰou^{53} 用于女性	梳头 ʂu^{24}tʰou^{53}
临清	镯子 tʂuə^{44}tsɿ^{0}	剃头 tʰi^{31}tʰou^{53}	梳头 ʂu^{13}tʰou^{53}
冠县	镯子 tʂuə^{55}tsɿ^{0}	剃头 tʰi^{13}tʰou^{53} 理发 li^{55}fɑ^{13}	梳头 ʂu^{13}tʰou^{53}
聊城	镯子 tsuə^{44}tsɿ^{0}	剃头 tʰi^{31}tʰou^{53}	梳头 su^{13}tʰou^{53}
济南	镯子 tʂuə^{445}tsɿ^{0}	剃头 tʰi^{21}tʰou^{42} 推头 tʰuei^{213}tʰou^{42}	梳头 ʂu^{213}tʰou^{42} 拢拢头 luŋ^{55}luŋ^{0}tʰou^{42}
泰安	镯子 tʂuə^{55}tsɿ^{0}	剃头 tʰi^{21}tʰou^{42}	梳头 ʂu^{213}tʰou^{42}
莱芜	镯子 tʃuə^{13}tsɿ^{0}	剃头 tʰi^{31}tʰou^{55}	梳头 ʃu^{213}tʰou^{55}

续表

	0385手镯	0386理发	0387梳头
新泰	手镯子ʃou^{21}pfə^{45}tθɿ^{0}	剃头tʰi^{31}tʰou^{42}	梳头fu^{21}tʰou^{42}
沂源	镯子tʃuə^{35}tθɿ^{0}	剃头tʰi^{31}tʰou^{55}	梳头ʃu^{21}tʰou^{55}
博山	镯子tʂuə^{35}ə^{0}	剃头tʰi^{213}tʰəu^{55}	梳头ʂu^{213}tʰəu^{55}
张店	镯子tʂuə^{35}ʅ^{0}	剃头tʰi^{31}tʰou^{55}	梳头ʂu^{213}tʰou^{55}
阳谷	镯子tsuo^{55}zɿ^{0}	剃头tʰi^{31}tʰou^{42} 理发li^{55}fa^{213}	梳头fu^{13}tʰou^{42}
梁山	手镯子sou^{55}tɕyə^{55}tsɿ^{0}	剃头tʰi^{31}tʰou^{42}	梳头fu^{23}tʰou^{42}
菏泽	镯子tsuə^{53}tə^{0}	剃头tʰi^{31}tʰou^{53}	梳头fu^{213}tʰou^{53}
曹县	镯子tsuə^{53}tə^{0}	剃头tʰi^{31}tʰou^{53}	梳头fə^{213}tʰou^{53}
金乡	手镯子sou^{55}tsuə^{55}tsɿ^{0}	剃头tʰi^{31}tʰou^{42}	梳头su^{213}tʰou^{42}
曲阜	镯子tsuə^{55}tsɿ^{0}	剃头tʰi^{31}tʰou^{42}	梳头su^{213}tʰou^{42}
薛城	镯子pfə^{55}tsɿ^{0}	剃头tʰi^{41}tʰou^{55}用于男性 剪头tɕiã^{24}tʰou^{55}	梳头fu^{31}tʰou^{55}
郯城	镯子tʂuə^{44}tsɿ^{0} 手镯子ʂəu^{24}tʂuə^{44}tsɿ^{0} 手镯ʂəu^{24}tʂuə^{44}	剃头tʰi^{51}tʰəu^{44} 理发li^{44}fa^{213}	梳头fu^{21}tʰəu^{44}老/ʂu^{21}tʰəu^{44}新
临沂	镯子tʃuə^{55}tsɿ^{0} 手镯子ʃou^{55}tʃuə^{55}tsɿ^{0}	剃头tʰi^{31}tʰou^{53} 理发li^{55}fa^{214}	梳头ʃu^{24}tʰou^{53}

	0388米饭	0389稀饭用米熬的，统称	0390面粉麦子磨的，统称
荣成	米儿miər^{214}	米稀的mi^{21}ɕi^{53}tə^{0}	麦子面mɛ^{214}tsɿ^{0}mian^{33}
烟台	干饭kan^{53}fan^{33}	稀饭ɕi^{53}fan^{33}	白面po^{53}mian^{33}
栖霞	干饭kãn^{52}fãn^{0}	稀儿的ɕiər^{52}li^{0}	白面pə^{34}miãn^{342}
长岛	干饭kan^{31}fan^{52}	稀饭ɕi^{31}fan^{52}	白面pə^{55}mian^{52}
海阳	干饭kã^{52}fã^{0}	米汤mi^{21}tʰəŋ^{0}	面miã^{341}
莱西	干饭kã^{32}fã^{0} 米饭mier^{55}fã^{42}	米儿汤mier^{55}tʰɑŋ^{214}	白面pə^{24}miã^{42}
平度	米饭mi^{55}fã^{42} 干饭kã^{213}fã^{42}	稀饭ɕi^{213}fã^{42} 米饭mi^{55}fã^{42}	白面pei^{213}miã^{42} 面miã^{42}
青岛	米饭mi^{55}fã^{42} 干饭kã^{213}fã^{42}	稀饭ɕi^{213}fã^{42}	白面pei^{213}miã^{42} 面miã^{42}

续表

	0388 米饭	0389 稀饭用米熬的，统称	0390 面粉麦子磨的，统称
高密	干饭kã^{21}fã^{0} 米饭mi^{55}fã^{21}	粥tʃou^{213} 稀粥ɕi^{55}tʃou^{213} 稀饭ɕi^{55}fã^{21}	白面pei^{42}miã^{21} 麦子面mei^{42}tθɿ^{0}miã^{21} 面miã^{21}
诸城	干饭kã^{31}fã^{0}	黏粥ȵiã^{24}tʃu^{0}	面miã^{31}
沂水	米饭mi^{44}fã^{31}	米汤mi^{44}tʰɑŋ^{213} 薄米饭儿pə^{53}mi^{44}fɛr^{31}	面miã^{31} 白面pe^{24}miã^{0}
临朐	干饭kã^{21}fã^{0}	糊涂$^{=}$xu^{35}tu^{0}	面miã^{21}
日照	干饭kã^{31}fã^{0}	黏粥niã^{44}tʃu^{0}	面miã^{31}
莒南	干饭kã^{21}fã^{0}	米mi^{55}	白面pei^{55}miã^{0}
潍坊	干饭kã^{31}fã^{0}	稀饭ɕi^{24}fã^{31} 米饭mi^{24}fã^{31}	白面pei^{35}miã^{0}
寿光	干饭kã^{21}fã^{0}	黏粥ȵiã^{35}tʂu^{0}较稠者 汤tʰɑŋ^{213}较稀者	面miã^{21}
高青	干饭kã^{21}fã^{0}	饭汤fã^{41}tʰɑŋ^{213}	面miã^{41}
阳信	干饭kã^{45}fã^{0} 米饭mi^{55}fã^{31}	稀饭ɕi^{213}fã^{31}	面miã^{31}
济阳	大米干饭ta^{31}mi^{55}kã^{21}fã^{0}	稀饭ɕi^{13}fã^{31}米多 饭汤fã^{31}tʰɑŋ^{213}米少	面miã^{31}
利津	米饭mi^{55}fã^{31}	稀饭ɕi^{24}fã^{31}	面miã^{31}
乐陵	大米饭tɑ^{31}mi^{55}fã^{51}	稀粥ɕi^{24}tʂou^{24}	面miã^{51}
商河	大米饭tɑ^{31}mi^{45}fã^{31}	小米饭儿ɕiɔ^{54}mi^{45}fɛr^{31}	面miã^{31}
平原	米饭mi^{55}fã^{21}	稀饭ɕi^{23}fã^{21}	面miã^{21}
德州	米饭mi^{55}fã^{21}	稀饭ɕi^{213}fã^{21}	面miã^{21}
武城	米饭mi^{55}fã^{312}	稀饭ɕi^{24}fã^{0}	面miã^{312}
临清	干饭kan^{13}fan^{313}	稀饭ɕi^{13}fan^{313}	白面pai^{44}mian^{313}
冠县	米饭mi^{55}fã^{314}	稀饭ɕi^{13}fã^{31}	白面pɛ^{53}miã^{314}
聊城	干饭kã^{13}fã^{0}大米、小米皆可 大米饭ta^{31}mi^{44}fã^{313}	稀饭ɕi^{13}fã^{313}	白面pɛ^{44}miã^{313}
济南	干饭kã^{23}fã^{21}	稀饭ɕi^{23}fã^{21}	面miã^{21}
泰安	米饭mi^{55}fã^{21}	稀饭ɕi^{23}fã^{21}	面miã^{21}
莱芜	米饭mi^{213}fã^{42}	稀饭ɕi^{213}fã^{42}	面miã^{42}

续表

	0388 米饭	0389 稀饭用米熬的，统称	0390 面粉麦子磨的，统称
新泰	米饭 mi^{55}fã^{31}	饭汤 fã^{31}t^{h}ɑŋ^{213}	面 miã^{31}
沂源	干饭 kã^{21}fã^{0}	稀饭 ɕi^{13}fã^{31}	面 miã^{31}
博山	大米干饭 tɑ^{31}mi^{55}kã^{21}fã^{0}	稀饭 ɕi^{213}fã^{31}	面 miã^{31}
张店	米饭 mi^{55}fã^{31}	黏粥 ȵiã^{35}tʂu^{0}	面 miã^{31}
阳谷	大米干饭 ta^{31}mi^{55}kã^{13}fã^{0}	乱饭 luã^{13}fã^{313} 米汤 mi^{55}t^{h}ɑŋ^{213}	好面 xɔ^{55}miã^{313}
梁山	米饭 mi^{55}fã^{314}	米汤 mi^{55}t^{h}ɑŋ^{213}	白面 pei^{42}miã^{314}
菏泽	干饭 kã^{21}fã^{0}	粥 tsou^{213}	面 miã^{312}
曹县	干饭 kã^{21}fã^{0}	米汤 mi^{44}t^{h}ɑŋ^{213}	面 miã^{312}
金乡	大米饭 ta^{31}mi^{55}fã^{312}	稀饭 ɕi^{23}fã^{0}	白面 pei^{55}miã^{312}
曲阜	大米干饭 ta^{31}mi^{55}kã^{23}fã^{312}	稀饭 ɕi^{23}fã^{312}	白面 pei^{55}miã^{312}
薛城	干饭 kã^{313}fã^{41} 大米干饭 ta^{41}mi^{55}kã^{31}fã^{41}	糊豆 $^{=}$xu^{55}tou^{0} 汤 t^{h}ɑŋ^{313}	面 miã^{41}
郯城	黏粥 ȵiã^{44}tʂu^{0} 干饭 kã^{21}fã^{51} 米饭 mi^{24}fã^{51}	米汤 mi^{44}t^{h}ɑŋ^{213} 稀饭 ɕi^{21}fã^{51}	面 miã^{51}
临沂	干饭 kã^{21}fã^{0} 米饭 mi^{55}fã^{312}	稀饭 ɕi^{24}fã^{312}	面 miã^{312}

	0391 面条统称	0392 面儿玉米～，辣椒～	0393 馒头无馅的，统称
荣成	面汤 mian^{33}t^{h}ɑŋ^{53}	面儿 miɐr^{33}	饽饽 po^{53}po^{0}
烟台	面 mian^{53}	面儿 miɐr^{33}	饽饽 po^{53}po^{0} 圆的 卷子 tɕyan^{21}rə^{0} 用刀切成形的
栖霞	面汤 miãn^{34}t^{h}ɑŋ^{312}	面儿 miɐr^{342}	卷子 cyɑŋ^{21}lə^{0} “卷”有音变
长岛	面条儿 mian^{52}t^{h}iaur^{55}	面儿 miɐr^{52}	饽饽 pə^{31}pə^{0}
海阳	面条儿 miã^{52}t^{h}iɔr^{341}	面儿 miɐr^{341}	卷子 cyã^{21}ə^{0}
莱西	面汤 miã^{31}t^{h}ɑŋ^{214} 面条儿 miã^{23}t^{h}iɔr^{42}	面儿 miɐr^{42}	饽饽 pə^{32}pə^{0} 馒头 mã^{45}t^{h}ou^{0}
平度	面汤 miã^{42}t^{h}ɑŋ^{213} 面条儿 miã^{213}t^{h}ɔr^{42}	面儿 miɛr^{42}	馒头 mã^{45}t^{h}ou^{0} 饽饽 pə^{213}pə^{0} 干粮 kã^{213}liŋ^{0} “粮”读为“灵”轻声

续表

	0391 面条统称	0392 面儿玉米～，辣椒～	0393 馒头无馅的，统称
青岛	面汤miã^{42}tʰɑŋ^{213}	面儿miɛr^{42}	饽饽pə^{21}pə^{0} 干粮kã^{21}liɑŋ^{0}
高密	面条儿miã^{21}tʰɔr^{42}	面儿miɛr^{21}玉米～ 末儿mər^{21}辣椒～	馒头mã^{55}tʰou^{0} 饽饽pə^{21}pə^{0}
诸城	面汤miã^{44}tʰɑŋ^{0}	面儿mɛr^{31}	饽饽pə^{31}pə^{0}
沂水	面汤miã^{44}tʰɑŋ^{0}	面儿mɾɛr^{31}	饽饽pə^{21}pə^{0} 馍馍mə^{24}mə^{0}
临朐	面汤miã^{44}tʰɑŋ^{0}	面子miã^{44}tθɿ^{0}	饽饽pə^{21}pə^{0} 馍馍mə^{35}mə^{0}
日照	面miã^{31}	面儿mɾɛr^{31}	饽饽pə^{31}pə^{0}
莒南	面条子miã^{31}tʰiɔ^{24}tθɿ^{0}	面儿miɾɛr^{312}	馍馍mə^{24}mə^{0}圆形 卷子tɕyã^{213}tθɿ^{0}长方形 馒头mã^{24}tʰou^{0}统称
潍坊	面条儿miã^{33}tʰiɔr^{53} 汤儿tʰɑ̃r^{214}	面子miã^{55}tsɿ^{0}	饽饽pə^{31}pə^{0}
寿光	条子tʰiɔ^{35}tsɿ^{0}	面儿miɛr^{21}	饽饽pə^{21}pə^{0} 馍馍mə^{35}mə^{0}
高青	挂面kuɑ^{213}miã^{0}	面儿miɛr^{41}	馍馍mə^{35}mə^{0} 卷子tɕyã^{213}tsɿ^{0}
阳信	面条儿miã^{31}tʰɔr^{43}	面儿miɛr^{31}	馍馍mə^{45}mə^{0} 饽饽pə^{31}pə^{0}
济阳	面条儿miã^{31}tʰiɔr^{55}	面儿miɛr^{31}	馍馍mə^{24}mə^{0}圆形 卷子tɕyã^{213}tsɿ^{0}长方形
利津	面条儿miã^{31}tʰiɔr^{53}	面儿miɛr^{31} 面子miã^{55}tsɿ^{0}	馍馍mə^{35}mə^{0} 饽饽pə^{31}pə^{0}
乐陵	面条儿miã^{31}tʰiɔr^{55}	面儿miɛr^{51}	馍馍mə^{55}mə^{0} 饽饽pə^{31}pə^{0}
商河	面条儿miã^{31}tʰiɔr^{54} 面条子miã^{31}tʰiɔ^{24}tsɿ^{0}	面子miã^{54}tsɿ^{0}	馍馍mə^{24}mə^{0}
平原	面条儿miã^{21}tʰiɔur^{42}	面儿miɐr^{21}	馍馍mə^{55}mə^{0}
德州	面条儿miã^{21}tʰiɔr^{42}	面子miã^{42}tsɿ^{0}	馒头mã^{55}tʰou^{0}
武城	面条儿miã^{21}tʰiɔr^{53}	面儿miɛr^{312}	馍馍mə^{55}mə^{0}
临清	面条儿mian^{31}tʰiaur^{53}	面儿miɛr^{313}	馍馍mə^{44}mə^{0} 卷子tɕyan^{44}tsɿ^{0}
冠县	面条儿miã^{314}tʰiɔr^{53}	面儿miɐr^{314}	馍馍mə^{53}mə^{0}

续表

	0391 面条统称	0392 面儿玉米～，辣椒～	0393 馒头无馅的，统称
聊城	面条儿 miã^{31}tʰiɔr^{53}	面儿 miɛr^{313}	馍馍 mə^{44}mə^{0}
济南	面条儿 miã^{21}tʰiɔr^{42} 面条子 miã^{21}tʰiɔ^{445}tsɿ^{0}	面儿 miɛr^{21}	馍馍 mə^{445}mə^{0} 卷子 tɕyã^{213}tsɿ^{0}
泰安	面条儿 miã^{21}tʰiɔr^{42}	面儿 miɛr^{21}	馍馍 mə^{55}mə^{0}
莱芜	面条子 miã^{31}tʰiɔ^{13}sɿ^{0}	面儿 miɛ^{42}	馍馍 mə^{13}mə^{0}
新泰	面条 miã^{31}tʰiɔ^{42}	面儿 miɐr^{31}	馍馍 mə^{45}mə^{0}
沂源	面条子 miã^{31}tʰiɔ^{35}tθɿ^{0}	面儿 miɛr^{31}	馍馍 mə^{35}mə^{0}
博山	面 miã^{31} 面条 miã^{31}tʰiɔ^{55}	面子 miã^{55}ə^{0}	馍馍 mə^{35}mə^{0} 饽饽 pə^{21}pə^{0}
张店	挂面 kuɑ^{31}miã^{31}	面子 miã^{55}ɿ^{0}	馍馍 mə^{35}mə^{0}
阳谷	面条儿 miã^{31}tʰiɔr^{42} 面条子 miã^{31}tʰiɔ^{55}zɿ^{0}	面儿 miɐr^{313}	馍馍 mə^{55}mə^{0}
梁山	面条子 miã^{31}tʰiɔ^{55}tsɿ^{0}	面儿 miɛr^{314}	馍馍 mə^{55}mə^{0}
菏泽	面条子 miã^{31}tʰiɔ^{53}tə^{0}	面儿 miɛr^{312}	馍 mə^{53}
曹县	面条子 miã^{31}tʰiɔ^{53}tə^{0}	面儿 miɐr^{312}	馍 mə^{53}
金乡	面条儿 miã^{31}tʰiɔr^{42}	面儿 miɛr^{312}	馍 mə^{42} 馍馍 mə^{55}mə^{0}
曲阜	面条儿 miã^{31}tʰiɔr^{42}	面儿 miɛr^{312}	馍馍 mə^{55}mə^{0}
薛城	面条儿 miã^{41}tʰiɔr^{55}	面儿 miɛr^{41}	馍馍 mə^{55}mə^{0}
郯城	面条儿 miã^{51}tʰiɔr^{44} 面条子 miã^{51}tʰiɔ^{44}tsɿ^{0}	面子 miã^{51}tsɿ^{0} 面儿 miɛr^{51}	馍馍 mə^{44}mə^{0} 卷子 tɕyã^{24}tsɿ^{0} 馒头 mã^{44}tʰəu^{0}
临沂	面条子 miã^{31}tʰiɔ^{55}tsɿ^{0} 面条儿 miã^{31}tʰiɔr^{53}	面儿 miɛr^{312}	馍馍 mə^{55}mə^{0} 圆形 卷子 tɕyã^{214}tsɿ^{0} 方形 馒头 mã^{55}tʰou^{0}

	0394 包子	0395 饺子	0396 馄饨
荣成	包子 pau^{53}tsɿ^{0}	馉饳① ku^{53}tʂə^{0}	馄饨 xuən^{35}tʰən^{0}

① “馉饳”，此处采用常见的写法（此种写法认为即近代汉语中“馉饳”之音变）。但实际上该字在胶辽官话区中的声调是阴平而非清入字所归的上声，与“骨”（古代字书中首见于《康熙字典》，注音骨）声调不同，所以其来源是可疑的。“饳”音扎（轻声），不写作一般读送气声母的“馇”。“馇”在山东方言中用同《现代汉语词典》（第7版）：“❶边拌边煮猪、狗的饲料。❷〈方〉熬（粥）。”

续表

	0394包子	0395饺子	0396馄饨
烟台	包子pau^{53}ɾə^{0}	馉飵ku^{53}tsa^{0} 饺子tɕiau^{21}ɾə^{0}	馄饨xuən^{33}tan^{0} 馄饨xuən^{33}tʰən^{0}
栖霞	包子pɔo^{52}lə^{0}	馉子ku^{52}lə^{0}	馄饨xuə̃n^{34}tə̃n^{0}
长岛	包子pau^{31}tsɿ^{0}	饺子ciau^{35}tsɿ^{0}	馄饨xuən^{55}tən^{0}
海阳	包子pɔ^{52}ə^{0}	馉飵ku^{52}tʂʅ^{0}	馄饨xuẽ^{34}tẽ^{0}
莱西	包儿pɔr^{214}	馉子ku^{21}tsɿ^{0} 水饺儿suei^{21}ciɔr^{55}	馄饨xuẽ^{45}tẽ^{0}
平度	包儿pɔr^{213}	馉飵ku^{213}tʂa^{0} 水饺儿ʂuei^{213}ciɔr^{55}	馄饨xuə̃^{45}tə̃^{0}
青岛	大包tɑ^{42}pɔ^{213}	馉飵ku^{21}tʂɑ^{0}	馄饨xuẽ^{45}tuẽ^{0}
高密	包子pɔ^{21}tθɿ^{0}	馉飵ku^{21}tʂɑ^{0} 水饺儿ʂuei^{42}tɕiɔr^{55}	馄饨xuə̃^{42}tuə̃^{0}
诸城	包子pɔ^{31}tθɿ^{0}	馉飵ku^{31}tʂa^{0}	馄饨xuẽ^{44}tuẽ^{0}
沂水	大包子ta^{44}pɔ^{0}dðɿ^{0}	小包子siɔ^{213}pɔ^{0}dðɿ^{0} 小包儿siɔ^{213}pɔr^{0}	馄饨xuẽ^{44}tuẽ^{0}
临朐	包子pɔ^{21}tθɿ^{0} 蒸包子tʃəŋ^{21}pɔ^{0}tθɿ^{0}	包子pɔ^{21}tθɿ^{0} 下包子ɕia^{44}pɔ^{0}tθɿ^{0}	馄饨xuə̃^{35}tuə̃^{0}
日照	大角子tɑ^{31}tʃyə^{213}tθɿ^{0}	馉飵子ku^{31}tʂɑ^{0}tθɿ^{0}	馄饨xuẽ^{53}tuẽ^{0}
莒南	包子pɔ^{21}tθɿ^{0}	饺子tɕiɔ^{213}tθɿ^{0} 水饺儿ʂuei^{53}tɕiɔr^{55}	馄饨xuẽ^{42}tuẽ^{0}
潍坊	包子pɔɤ^{31}tsɿ^{0}	扁食儿piã^{24}ʂer^{0} 饺子tɕiɔɤ^{214}tsɿ^{0}	馄饨xuẽ^{35}tuẽ^{0}
寿光	包子pɔ^{21}tsɿ^{0} 大包子ta^{55}pɔ^{0}tsɿ^{0}	包子pɔ^{21}tsɿ^{0} 下包子ɕia^{55}pɔ^{0}tsɿ^{0}	馄饨xuə̃^{35}tuə̃^{0}
高青	大包子tɑ^{41}pɔ^{21}tsɿ^{0}	下包子ɕiɑ^{55}pɔ^{0}tsɿ^{0}	馄饨xuə̃^{35}tuə̃^{0}
阳信	包子pɔ^{31}tsɿ^{0}	饺子tɕiɔ^{31}tsɿ^{0}	馄饨xuə̃^{45}tuə̃^{0}
济阳	菜馍馍tsʰɛ^{31}mə^{24}mə^{0} 大包子ta^{31}pɔ^{21}tsɿ^{0} 包子pɔ^{21}tsɿ^{0}	小包子儿ɕiɔ^{13}pɔ^{21}tser^{0} 煮包子儿tʂu^{213}pɔ^{0}tser^{0} 包子pɔ^{21}tsɿ^{0}	馄饨xuẽ^{24}tuẽ^{0}
利津	蒸包儿tʂəŋ^{24}pɔr^{213}	扁食piã^{213}ʂʅ^{0} 饺子tɕiɔ^{213}tsɿ^{0}	馄饨xuẽ^{35}tuẽ^{0}
乐陵	包子pɔ^{31}tsɿ^{0}	饺子tɕiɔ^{31}tsɿ^{0} “饺”读为“交”	馄饨xuẽ^{55}tuẽ^{0}
商河	包子pɔ^{21}tsɿ^{0}	饺子tɕiɔ^{213}tsɿ^{0}	馄饨xuẽ^{24}tuẽ^{0}

续表

	0394包子	0395饺子	0396馄饨
平原	包子pɔu^{21}tsɿ^{0}	饺子tɕiɔu^{23}tsɿ^{0}	馄饨xuẽ^{42}tuẽ^{0}
德州	包子pɔ^{21}tsɿ^{0}	扁食piã^{213}ʂʅ^{0} 饺子tɕiɔ^{21}tsɿ^{0} “饺”读为“交”	馄饨xuẽ^{42}tuẽ^{0}
武城	包子pɔ^{312}tsɿ^{0}	饺子tɕiɔ^{312}tsɿ^{0} “饺”读为“交”	馄饨xuẽ^{53}tuẽ^{0}
临清	包子pau^{13}tsɿ^{0}	饺子tɕiau^{13}tsɿ^{0}	馄饨xun^{44}tun^{0}
冠县	包子pɔ^{21}tsɿ^{0}	小包儿siɔ^{55}pɔr^{13} 水饺儿ʂuei^{55}tɕiɔr^{13}	馄饨xuẽ^{53}tuẽ^{0}
聊城	包子pɔ^{13}tsɿ^{0}	扁食piã^{13}sɿ^{0}	馄饨xuẽ^{53}tuẽ^{0}
济南	包子pɔ^{21}tsɿ^{0} 大包子ta^{23}pɔ^{21}tsɿ^{0}区别于饺子	包子pɔ^{21}tsɿ^{0} 小包子ɕiɔ^{23}pɔ^{21}tsɿ^{0}区别于包子	馄饨xuẽ^{445}tuẽ^{0}
泰安	蒸包儿tʂəŋ^{23}pɔr^{213}	包子pɔ^{21}tsɿ^{0} 扁食piã^{213}ʂʅ^{0}	馄饨xuẽ^{55}tuẽ^{0}
莱芜	包子pɔ^{31}tsɿ^{0}	包子pɔ^{31}tsɿ^{0}	馄饨xuẽ^{13}tuẽ^{0}
新泰	大包子ta^{31}pɔ^{21}tθɿ^{0}	包子pɔ^{21}tθɿ^{0}	馄饨xuẽ^{45}tuẽ^{0}
沂源	菜包子tθʰɛ^{55}pɔ^{0}tθɿ^{0}	包子pɔ^{21}tθɿ^{0}	馄饨xuə̃^{35}tuə̃^{0}
博山	包子pɔ^{213}ə^{0} 蒸包tʂəŋ^{55}pɔ^{213}	包子pɔ^{213}ə^{0} 下包子ɕia^{55}pɔ^{0}ə^{0}	馄饨xuẽ^{35}tuẽ^{0}
张店	菜包子tsʰɛ^{55}pɔ^{0}ɿ^{0}	包子pɔ^{21}ɿ^{0}	馄饨xuə̃^{35}tuə̃^{0}
阳谷	包子pɔ^{31}zɿ^{0}	扁食piã^{13}sɿ^{0}	馄饨xuẽ^{55}tuẽ^{0}
梁山	包子pɔ^{21}tsɿ^{0}	扁食piã^{55}sɿ^{0}	馄饨xuẽ^{55}tuẽ^{0}
菏泽	包子pɔ^{21}tə^{0}	扁食piã^{44}sɿ^{0}	馄饨xuẽ^{53}tuẽ^{0}
曹县	菜馍tsʰai^{31}mə^{0}	饺子tɕiɔ^{44}tə^{0}	馄饨xuẽ^{53}tuẽ^{0}
金乡	大包子ta^{31}pɔ^{21}tsɿ^{0}	扁食piã^{23}sɿ^{0}	馄饨xuẽ^{55}tuẽ^{0}
曲阜	大包子ta^{31}pɔ^{21}tsɿ^{0}	包子pɔ^{21}tsɿ^{0}	馄饨xuẽ^{55}tuẽ^{0}
薛城	包子pɔ^{31}tsɿ^{0}	包子pɔ^{31}tsɿ^{0}	馄饨xuẽ^{53}tuẽ^{0}
郯城	包子pɔ^{21}tsɿ^{0}	饺子tɕiɔ^{24}tsɿ^{0} 水饺儿fe^{24}tɕiɔr^{24}	馄饨xuə̃^{44}tuə̃^{0}
临沂	包子pɔ^{21}tsɿ^{0}	饺子tɕiɔ^{214}tsɿ^{0}	馄饨xuẽ^{31}tuẽ^{0}

	0397 馅儿	0398 油条长条形的，旧称	0399 豆浆
荣成	馅儿siar^{33}	麻糖ma^{53}tʰə^{0} "糖"有音变 油条iəu^{53}tʰiau^{35}	豆浆təu^{33}tsiaŋ^{53}
烟台	菜儿tsʰɐr^{33} 馅儿ɕiɐr^{33}	麻糖ma^{53}tʰɑŋ^{0}	汤子tʰɑŋ^{53}ɾə^{0} 豆腐汤子tou^{33}fu^{0}tʰɑŋ^{53}ɾə^{0}
栖霞	菜儿tsʰɐr^{52}	油条iəu^{55}tʰiɔo^{342}	豆浆təu^{34}tʃɑŋ^{312}
长岛	馅儿ɕiɐr^{52}	面鱼mian^{52}y^{55}	豆浆tou^{55}tʃɑŋ^{31}
海阳	菜儿tθʰɐr^{341}	油条iəu^{52}tʰiɔ^{341}	豆浆təu^{34}tsiaŋ^{52}
莱西	馅儿ɕiɐr^{42}	面鱼儿miã^{42}yər^{214} 油条iou^{24}tʰiɔ^{42}	豆浆tou^{31}tʃiaŋ^{214}
平度	馅儿ɕiɐr^{42}	大馃子ta^{213}kuə^{45}tθɿ^{0}	豆浆tou^{42}tsiaŋ^{213}
青岛	馅儿ɕiɐr^{42}	香油馃子ɕiaŋ^{213}iou^{0}kuə^{55}tθɿ^{0}	豆浆tou^{42}tsiaŋ^{213}
高密	馅子ɕiã^{55}tθɿ^{0} 馅儿ɕiɐr^{42}	香油馃子ɕiaŋ^{213}iou^{42}kuə^{23}tθɿ^{0}	豆汁儿tou^{21}tʂer^{55} 豆浆tou^{21}tsiaŋ^{213}
诸城	馅子ʃã^{44}tθɿ^{0}	香油馃子ʃaŋ^{213}iou^{53}kuə^{213}tθɿ^{0}	豆腐汁子tou^{44}fu^{0}tʃɿ^{213}tθɿ^{0}
沂水	馅子ɕiã^{44}dðɿ^{0} 馅儿ɕiɐr^{31}	香油馃子ɕiaŋ^{213}iou^{53}kuə^{213}dðɿ^{0}	豆腐汁子tou^{44}fu^{0}dʒɿ^{213}dðɿ^{0}
临朐	馅子ɕiã^{44}tθɿ^{0}	油炸馃子iəu^{35}tʂa^{0}kuə^{213}tθɿ^{0}	豆汁儿təu^{21}tʃer^{44}
日照	馅子ʃyã^{53}tθɿ^{0}	香油馃子ʃiaŋ^{213}iou^{53}kuə^{213}tθɿ^{0}	豆腐汁子tou^{53}fu^{0}tʃɿ^{213}tθɿ^{0}
莒南	馅子ɕiã^{42}tθɿ^{0}	香馃子ɕiaŋ^{13}kuə^{213}tθɿ^{0}	豆汁儿tou^{31}tʃɾer^{213}
潍坊	馅子ɕiã^{55}tsɿ^{0} 馅儿ɕiɐr^{31}	馃子kuə^{24}tsɿ^{0}	豆汁儿tɤɯ^{31}tʂer^{214} 豆浆tɤɯ^{31}tɕiaŋ^{214}
寿光	馅子ɕiã^{55}tsɿ^{0} 馅儿ɕiɐr^{21}	麻糖ma^{35}tʰɑŋ^{0} 麻糖馃子ma^{35}tʰɑŋ^{0}kuə^{24}tsɿ^{0}	豆汁儿təu^{21}tʂʅ^{213}
高青	馅子ɕiã^{55}tsɿ^{0}	馃子kuə^{213}tsɿ^{0}	豆汁儿tou^{41}tʂer^{213}
阳信	馅儿ɕiɐr^{31} 馅子ɕiã^{55}tsɿ^{0}	馃子kuə^{213}tsɿ^{0}	豆汁儿tou^{31}tʂer^{213}
济阳	馅子ɕiã^{55}tsɿ^{0}	香油馃子ɕiaŋ^{21}iou^{0}kə^{213}tsɿ^{0} 馃子kə^{213}tsɿ^{0}	豆汁儿tou^{31}tʂer^{213}
利津	馅子ɕiã^{55}tsɿ^{0}	馃子kuə^{213}tsɿ^{0}	豆汁儿tou^{31}tʂer^{44}
乐陵	馅子ɕiã^{55}tsɿ^{0} 馅儿ɕiɐr^{51}	油条iou^{31}tʰiɔ^{55}	浆子tɕiaŋ^{31}tsɿ^{0} 豆汁儿tou^{31}tser^{24}
商河	馅子ɕiã^{54}tsɿ^{0} 馅儿ɕiɐr^{31}	馃子kuə^{213}tsɿ^{0}	豆汁儿tou^{31}tʂer^{45}

续表

	0397 馅儿	0398 油条长条形的，旧称	0399 豆浆
平原	馅儿çiɐr^{21}	馃子kuə^{23}tsɿ^{0}	豆汁儿tou^{21}tʂər^{213} 浆子tɕiaŋ^{21}tsɿ^{0}
德州	馅儿çiɐr^{21}	馃子kuə^{213}tsɿ^{0}	浆子tɕiaŋ^{21}tsɿ^{0}
武城	馅儿çiɐr^{312}	馃子kuə^{24}tsɿ^{0}	豆汁儿tou^{21}tʂer^{224}
临清	馅儿çiɐr^{313} 馅子çian^{53}tsɿ^{0}	麻糖ma^{44}t^{h}aŋ^{0} 馃子kuə^{44}tsɿ^{0}	豆浆tou^{31}tɕiaŋ^{13} 豆汁儿tou^{31}tʂer^{13}
冠县	馅儿çyɐr^{314}	馃子kuə^{44}tsɿ^{0}	豆浆tou^{31}tsiaŋ^{13}
聊城	馅子çyã^{53}tsɿ^{0}	馃子kuə^{13}tsɿ^{0} 八批$^{=}$儿pa^{13}p^{h}ier^{13}	豆汁儿tou^{31}tser^{13}
济南	馅儿çiɐr^{21} 馅子çiã^{55}tsɿ^{0}	香油馃子çiaŋ^{213}iou^{42}kuə^{213}tsɿ^{0} 馃子kuə^{213}tsɿ^{0}	豆汁儿tou^{21}tʂer^{213}
泰安	馅儿çiɐr^{21}	香油馃子çiaŋ^{213}iou^{42}kuə^{213}tsɿ^{0}	豆汁儿tou^{21}tʂer^{213}
莱芜	馅子çiã^{42}tsɿ^{0}	油炸馃iou^{55}tʃa^{0}kuə^{55}	豆汁tou^{31}tʃʅ^{213}
新泰	馅儿çiɐr^{31}	油炸馃子iou^{42}tʃa^{42}kuə^{213}tθɿ^{0}	豆浆tou^{31}tɕiaŋ^{213}
沂源	馅子çiã^{55}tθɿ^{0}	油炸馃子iou^{55}tʃa^{55}kuə^{21}tθɿ^{0}	豆腐汁子tou^{55}fu^{0}tʃʅ^{21}tθɿ^{0}
博山	馅子çiã^{55}ə^{0}	香油馃子çiaŋ^{213}iəu^{55}kuə^{213}ə^{0}	豆汁təu^{31}tʂʅ^{213}
张店	馅子çiã^{55}ɿ^{0}	油炸馃子iou^{55}tʂa^{55}kuə^{213}ɿ^{0}	豆汁儿tou^{31}tʂei^{33}
阳谷	馅儿çiɐr^{313}	香馃子çiaŋ^{13}kuo^{13}zɿ^{0} 油条ɪou^{43}t^{h}ɪɔ^{43}	豆浆tou^{31}tɕiaŋ^{213} 豆汁儿tou^{31}tʂɤr^{213}
梁山	馅儿çiɛr^{314}	香油馃子çiaŋ^{23}iou^{42}kuə^{23}tsɿ^{0}	豆浆儿tou^{31}tɕiaŋ^{213} 豆汁tou^{21}tsɿ^{213}
菏泽	馅儿çiɐr^{312}	油条iou^{53}t^{h}iɔ^{53}	豆汁儿tou^{31}tser^{213}
曹县	馅儿çiɐr^{312}	油条iou^{53}t^{h}iɔ^{53}	豆汁儿tou^{31}tʂɤr^{213}
金乡	馅儿çiɐr^{312}	油条iou^{42}t^{h}iɔ^{42}	豆浆儿tou^{31}tɕiãr^{213} 豆汁tou^{31}tsɿ^{213}
曲阜	馅子çiã^{42}tsɿ^{0}	香油馃子çiaŋ^{213}iou^{42}kuə^{213}tsɿ^{0}	豆汁儿tou^{31}tser^{213}
薛城	馅子çiã^{41}tsɿ^{0}	油条iou^{55}t^{h}iɔ^{55} 油炸馃子iou^{55}tsa^{54}kuə^{24}tsɿ^{0}	豆汁tou^{41}tsɿ^{313}
郯城	馅子çiã^{51}tsɿ^{0} 馅儿çiɛr^{51}	香馃子çiaŋ^{21}kuə^{24}tsɿ^{0} 香油馃子çiaŋ^{21}iəu^{44}kuə^{24}tsɿ^{0} 香油馃儿çiaŋ^{21}iəu^{44}kuər^{24}	豆汁子təu^{51}tʂʅ^{21}tsɿ^{0} 豆汁儿təu^{51}tʂer^{213}
临沂	馅子çiã^{31}tsɿ^{0}	香油馃子çiaŋ^{24}iou^{53}kuə^{214}tsɿ^{0}	豆汁儿tou^{31}tʃer^{214} 豆浆儿tou^{31}tɕiãr^{214}

	0400 豆腐脑	0401 元宵食品	0402 粽子
荣成	豆腐脑儿 təu^{33}fu^{0}naur^{214}	汤圆儿 tʰɑŋ^{53}yɐr^{35}	粽子 tsəŋ^{33}tsɿ^{0}
烟台	豆腐脑儿 tou^{33}fu^{0}naur^{14}	元宵 yan^{33}ɕiau^{53}滚的 汤圆儿 tʰɑŋ^{53}yɐr^{33}包的	粽子 tsəŋ^{33}ɾə^{0}
栖霞	豆腐脑儿 təu^{34}fu^{0}nɔor^{214}	元宵 yãn^{34}ʃiɔo^{312}	粽子 tsəŋ^{52}lə^{0}
长岛	豆腐脑儿 tou^{52}fu^{0}naur^{213}	元宵 yan^{55}ʃau^{31}	粽子 tsəŋ^{52}tsɿ^{0}
海阳	豆腐脑儿 təu^{34}fu^{0}nɔr^{214}	元宵 yã^{34}siɔ^{52}	粽子 tθəŋ^{34}ə^{0}
莱西	豆腐脑儿 tou^{55}fu^{0}nɔr^{55}	元宵 yã^{31}ʃiɔ^{214} 汤圆儿 tʰɑŋ^{214}yɐr^{42}	粽子 tsəŋ^{45}tsɿ^{0}
平度	豆腐脑儿 tou^{45}fu^{0}nɔr^{45}	元宵 yã^{42}siɔ^{213} 汤圆儿 tʰɑŋ^{213}yɛr^{42}	粽子 tθəŋ^{42}tθɿ^{0}
青岛	豆腐脑儿 tou^{45}fu^{0}nɔr^{55}	元宵 yã^{42}siɔ^{213}	粽子 tθoŋ^{45}tθɿ^{0}
高密	豆腐脑儿 tou^{21}fu^{0}nɔr^{55}	元宵 yã^{42}siɔ^{213}	粽子 tθoŋ^{42}tθɿ^{0}
诸城	豆腐脑子 tou^{44}fu^{0}nɔ^{213}tθɿ^{0}	糖圆子 tʰɑŋ^{53}yã^{24}tθɿ^{0}	粽子 tθəŋ^{44}tθɿ^{0}
沂水	豆腐脑儿 tou^{44}fu^{0}nɾɔr^{44}	汤圆儿 tʰɑŋ^{213}yɛr^{53}	粽子 tθuŋ^{44}dðɿ^{0}
临朐	豆腐脑儿 təu^{44}fu^{0}nɔr^{44}	元宵 yã^{53}ɕiɔ^{213}	粽子 tɕyŋ^{44}tθɿ^{0}
日照	豆腐脑儿 tou^{53}fu^{0}nɔr^{44}	糖圆子 tʰɑŋ^{53}yã^{44}tθɿ^{0} 元宵 yã^{53}θiɔ^{213}	粽子 tθəŋ^{53}tθɿ^{0}
莒南	豆腐脑儿 tou^{42}fu^{0}nɾɔr^{55}	糖圆子 tʰɑŋ^{53}yã^{24}tθɿ^{0}	粽子 tθuŋ^{42}tθɿ^{0}
潍坊	豆腐脑子 tɤɯ^{31}fu^{0}nɔɤ^{24}tsɿ^{0}	元宵 yã^{55}ɕiɔɤ^{214}	粽子 tɕyŋ^{55}tsɿ^{0}
寿光	豆腐脑儿 təu^{55}fu^{0}nɔr^{55}	元宵 yã^{53}ɕiɔ^{213}	粽子 tɕyŋ^{55}tsɿ^{0}
高青	豆腐脑儿 tou^{55}fu^{0}nɔr^{55}	元宵 yã^{55}ɕiɔ^{213}	粽子 tɕyŋ^{55}tsɿ^{0}
阳信	老豆腐 lɔ^{55}tou^{55}fu^{0}	元宵 yã^{55}ɕiɔ^{213}	粽子 tsuŋ^{55}tsɿ^{0}
济阳	豆腐脑儿 tou^{55}fu^{0}nɔr^{55}	元宵 yã^{55}ɕiɔ^{213}	粽子 tɕyŋ^{55}tsɿ^{0}
利津	豆腐脑儿 tou^{55}fu^{0}nɔr^{55}	汤圆儿 tʰɑŋ^{213}yɐr^{53}	粽子 tɕyŋ^{55}tsɿ^{0}
乐陵	老豆腐 lɔ^{55}tou^{55}fu^{0}	元宵 yã^{55}ɕiɔ^{24}	粽子 tsuŋ^{55}tsɿ^{0}
商河	老豆腐 lɔ^{21}tou^{54}fu^{0}	元宵 yã^{54}ɕiɔ^{213}	粽子 tɕyŋ^{54}tsɿ^{0}
平原	老豆腐 lɔu^{21}tou^{42}fu^{0}	元宵 yã^{42}ɕiɔu^{213}	粽子 tsuŋ^{42}tsɿ^{0}
德州	老豆腐 lɔ^{55}tou^{42}fu^{0}	元宵 yã^{42}ɕiɔ^{213}	粽子 tsuŋ^{42}tsɿ^{0}
武城	豆腐脑儿 tou^{53}fu^{0}nɔr^{55}	元宵 yã^{53}ɕiɔ^{224}	粽子 tsuŋ^{53}tsɿ^{0}
临清	豆腐脑 tou^{53}fu^{0}nau^{44}	元宵 yan^{53}ɕiau^{0}	粽子 tsuŋ^{53}tsɿ^{0}

续表

	0400 豆腐脑	0401 元宵食品	0402 粽子
冠县	豆腐脑儿 tou^{53}fu^{0}nɔr^{55}	汤圆儿 t^{h}ɑŋ^{13}yɐr^{53}	粽子 tsuŋ^{53}tsɿ^{0}
聊城	豆腐脑儿 tou^{53}fu^{0}nɔr^{44}	元宵 yã^{53}ɕiɔ^{13}	粽子 tsuŋ^{53}tsɿ^{0}
济南	豆腐脑儿 tou^{55}fu^{0}nɔr^{55}	元宵 yã^{42}ɕiɔ^{213}	粽子 tɕyŋ^{55}tsɿ^{0}
泰安	豆腐脑儿 tou^{42}fu^{0}nɔr^{55}	元宵 yã^{42}ɕiɔ^{213}	粽子 tɕyŋ^{42}tsɿ^{0}
莱芜	豆腐脑 tou^{42}fu^{0}nɔ^{55}	元宵 yã^{55}ɕiɔ^{213}	粽子 tɕyŋ^{42}tsɿ^{0}
新泰	豆腐脑子 tou^{54}fu^{0}nɔ^{213}tθɿ^{0}	汤圆儿 t^{h}ɑŋ^{21}yɐr^{42}	粽子 tɕyŋ^{54}tθɿ^{0}
沂源	豆腐脑儿 tou^{55}fu^{0}nɔr^{55}	汤圆儿 t^{h}ɑŋ^{21}yɐr^{55}	粽子 tɕyŋ^{55}tθɿ^{0}
博山	豆腐脑子 təu^{55}fu^{0}nɔ^{213}ə^{0}	元宵 yã^{55}ɕiɔ^{213}	粽子 tɕyŋ^{55}ə^{0}
张店	豆腐脑 tou^{55}fu^{0}nɔ^{55}	元宵 yã^{55}ɕiɔ^{213}	粽子 tɕyŋ^{55}ɿ^{0}
阳谷	豆腐脑儿 tou^{42}fu^{0}nɔr^{55}	元宵 yã^{42}ɕiɔ^{213}	粽子 tɕiŋ^{42}zɿ^{0}/tsuŋ^{42}zɿ^{0}
梁山	豆腐脑儿 tou^{42}fu^{0}nɔr^{55}	元宵 yã^{42}ɕiɔ^{213}	粽子 tɕyŋ^{42}tsɿ^{0}
菏泽	豆腐脑儿 tou^{31}fu^{0}nɔr^{44}	（无）	粽子 tsuŋ^{31}tə^{0}
曹县	豆腐脑儿 tou^{31}fu^{0}nɔr^{44}	汤圆儿 t^{h}ɑŋ^{213}yɐr^{53}	粽子 tsuŋ^{53}nẽ^{0}
金乡	豆腐脑儿 tou^{42}fu^{0}nɔr^{55}	元宵 yã^{55}ɕiɔ^{213}	粽子 tɕyŋ^{42}tsɿ^{0}
曲阜	豆腐脑儿 tou^{42}fu^{0}nɔr^{55}	元宵 yã^{42}ɕiɔ^{213}	粽子 tɕuŋ^{42}tsɿ^{0}
薛城	豆腐脑儿 tou^{41}fu^{0}nɔr^{24}	汤圆儿 t^{h}ɑŋ^{31}yɐr^{55} 元宵 yã^{55}ɕiɔ^{313}	粽子 tɕyŋ^{41}tsɿ^{0}
郯城	豆腐脑儿 təu^{51}fu^{0}nɔr^{24} 豆脑儿 təu^{51}nɔr^{24}	汤圆子 t^{h}ɑŋ^{21}yã^{44}tsɿ^{0} 汤圆儿 t^{h}ɑŋ^{21}yɐr^{44}	粽子 tsuŋ^{51}tsɿ^{0}
临沂	豆腐脑儿 tou^{31}fu^{0}nɔr^{55}	糖圆子 t^{h}ɑŋ^{53}yã^{55}tsɿ^{0} 元宵 yã^{53}ɕiɔ^{214}	粽子 tsuŋ^{31}tsɿ^{0}

	0403 年糕用黏性大的米或米粉做的	0404 点心统称	0405 菜吃饭时吃的，统称
荣成	糕 kau^{53}	点心 tian^{214}sin^{0}	就儿 tsiəur^{33} 菜 ts^{h}ai^{33}
烟台	年糕 ȵian^{33}kau^{53}	馃子 kuo^{14}ɾə^{0}	菜 ts^{h}ɛ^{33}
栖霞	粸馏 c^{h}i^{34}liəu^{0}	大馃 ta^{55}kuo^{214}	菜 ts^{h}ɛi^{52}
长岛	年糕 ȵian^{55}kau^{31}	馃子 kuə^{35}tsɿ^{0}	菜 ts^{h}ai^{52}
海阳	糕 kɔ^{52}	馃子 kuo^{21}ə^{0}	菜 tθ^{h}ɛ^{341}

续表

	0403 **年糕**用黏性大的米或米粉做的	0404 **点心**统称	0405 **菜**吃饭时吃的，统称
莱西	年糕ȵiã^{55}kɔ^{214} 糕kɔ^{214}	点心tiã^{24}ʃiẽ^{0}	菜ts^{h}ε^{42}
平度	糕kɔ^{213}	点心tiã^{45}siə̃^{0}	菜tθ^{h}ε^{42}
青岛	糕kɔ^{213}	点心tiã^{44}siã^{0} “心”读为“先”轻声	菜tθ^{h}ε^{42}
高密	糕kɔ^{213}	点心tiã^{23}siə̃^{0}	菜tθ^{h}ε^{21}
诸城	糕kɔ^{213}	点心ȶiã^{213}θẽ^{0}	菜tθ^{h}ε^{31}
沂水	年糕niã^{53}kɔ^{213}	点心tiã^{213}ʃẽ^{0}	菜tθ^{h}ε^{31}
临朐	糕kɔ^{213}	点心tiã^{213}ɕiə̃^{0}	就菜tɕiəu^{44}tθ^{h}ε^{0}
日照	糕kɔ^{213}	点心tiã^{213}θiã^{0} “心”读为“先”轻声	咸菜ʃiã^{44}tθ^{h}ε^{0}
莒南	年糕儿niã^{53}kɔr^{213}	点心tiã^{213}siẽ^{0} 糕点kɔ^{213}tiã^{55}	就吃tsiou^{42}tʃ^{h}ʅ^{0} 菜tθ^{h}ε^{312}
潍坊	糕kɔɤ^{214}	点心tiã^{24}ɕiẽ^{0}	菜ts^{h}ε^{31}
寿光	糕kɔ^{213}	点心tiã^{24}ɕiə̃^{0}	菜ts^{h}ε^{21} 就菜tɕiəu^{55}ts^{h}ε^{0}
高青	年糕ȵiã^{55}kɔ^{213}	点心tiã^{213}ɕiə̃^{0}	菜ts^{h}ε^{41}
阳信	年糕ȵiã^{43}kɔ^{213}	点心tiã^{213}ɕiə̃^{0}	菜ts^{h}ε^{31}
济阳	糕kɔ^{213}	点心tiã^{213}ɕiẽ^{0}	菜ts^{h}ε^{31}
利津	糕kɔ^{213}	点心tiã^{213}ɕiẽ^{0}	就吃的tɕiou^{55}tʂ^{h}ʅ^{0}ti^{0}
乐陵	年糕ȵiã^{51}kɔ^{24}	点心tiã^{212}ɕiẽ^{0}	菜ts^{h}ε^{51}
商河	（无）	点心tiã^{213}ɕiẽ^{0}	菜ts^{h}ε^{31}
平原	年糕ȵiã^{42}kɔu^{213}	点心tiã^{23}ɕiẽ^{0}	菜ts^{h}εi^{21}
德州	糕kɔ^{213}	点心tiã^{213}ɕiẽ^{0}	菜ts^{h}ε^{21}
武城	年糕ȵiã^{53}kɔ^{224}	细馃子ɕi^{21}kuə^{24}tsʅ^{0}	菜ts^{h}ε^{312}
临清	年糕ȵian^{53}kau^{13}	细馃子ɕi^{31}kuə^{44}tsʅ^{0} 点心tian^{44}ɕin^{0}	菜ts^{h}ai^{313}
冠县	年糕ȵiã^{53}kɔ^{13}	馃子kuə^{44}tsʅ^{0} 点心tiã^{44}ɕiẽ^{0}	菜ts^{h}ε^{314}
聊城	花糕xua^{13}kɔ^{13}	馃子kuə^{44}tsʅ^{0} 点心tiã^{44}ɕiẽ^{0}	菜ts^{h}ε^{313}

续表

	0403 **年糕**用黏性大的米或米粉做的	0404 **点心**统称	0405 **菜**吃饭时吃的，统称
济南	黄面糕xuɑŋ^{42}miã^{42}kɔ^{213}	点心tiã^{213}ɕiẽ^{0}	菜ts^{h}ɛ^{21}
泰安	年糕ȵiã^{42}kɔ^{213} 黄面窝窝xuɑŋ^{55}miã^{0}uə^{21}uə^{0}	点心tiã^{213}ɕiẽ^{0}	菜ts^{h}ɛ^{21}
莱芜	糕摊子kɔ^{31}t^{h}ã^{0}tsʅ^{0}	点心tia^{213}ɕiẽ^{0}	菜ts^{h}ɛ^{42}
新泰	年糕ȵiã^{42}kɔ^{213}	点心tiã^{213}ɕiẽ^{0}	菜tθ^{h}ɛ^{31}
沂源	糕kɔ^{213}	点心tiã^{21}ɕiə̃^{0}	菜tθ^{h}ɛ^{31}
博山	糕kɔ^{213}	点心tiã^{213}ɕiẽ^{0}	菜ts^{h}ɛ^{31}
张店	糕kɔ^{213}	点心tiã^{213}ɕiə̃^{0}	菜ts^{h}ɛ^{31}
阳谷	年糕ȵiã^{42}kɔ^{213}	馃子kuo^{13}zʅ^{0}	菜ts^{h}ɛ^{313}
梁山	年糕ȵiã^{42}kɔ^{213}	二席馃子ʅ^{21}ɕi^{55}kuə^{23}tsʅ^{0}	菜ts^{h}ɛ^{314}
菏泽	年糕ȵiã^{53}kɔ^{213}	馃子kuə^{44}tə^{0}	菜ts^{h}ɛ^{312}
曹县	年糕ȵiã^{53}kɔ^{213}	馃子kuə^{44}tə^{0}	菜ts^{h}ai^{312}
金乡	年糕ȵiã^{55}kɔ^{213}	馃子kuə^{23}tsʅ^{0}	菜ts^{h}ɛ^{312}
曲阜	年窝窝ȵiã^{42}uə^{21}uə^{0}	点心tiã^{213}ɕiẽ^{0}	菜ts^{h}ɛ^{313}
薛城	年糕ȵiã^{55}kɔ^{313}	馃子kuə^{24}tsʅ^{0} 点心tiã^{24}ɕiẽ^{0}	菜ts^{h}ɛ^{41}
郯城	年糕ȵiã^{44}kɔ^{213}	馃子kuə^{24}tsʅ^{0} 点心tiã^{24}ɕiə̃^{0}	盐味儿iã^{44}ueɪ^{0} 菜ts^{h}ɛ^{51}
临沂	年糕ȵiã^{53}kɔ^{214}	点心tiã^{214}ɕiẽ^{0}	菜ts^{h}ɛ^{312}

	0406 **干菜**统称	0407 **豆腐**	0408 **猪血**当菜的
荣成	（无）	豆腐təu^{33}fu^{0}	猪血tʃy^{53}siɛ^{214}
烟台	菜ts^{h}ɛ^{33}	豆腐tou^{33}fu^{0}	猪血tɕy^{53}ɕie^{14}
栖霞	干菜kãn^{52}ts^{h}ɛi^{52}	豆腐təu^{34}fu^{0}	猪血tʃy^{52}çiɛ^{214}
长岛	干菜kan^{31}ts^{h}ai^{52}	豆腐tou^{52}fu^{0}	猪血tʃy^{31}çiɛ^{213}
海阳	干菜kã^{52}tθ^{h}ɛ^{0}	豆腐təu^{34}fu^{0}	猪血tʃy^{55}çiə^{214}
莱西	（无）	豆腐tou^{45}fu^{0}	猪血tʃu^{214}çiə^{55}
平度	（无）	豆腐tou^{45}fu^{0}	猪血tʃu^{213}çiə^{55}
青岛	干菜kã^{213}tθ^{h}ɛ^{42}	豆腐tou^{45}fu^{0}	猪血tʃu^{213}çiə^{55}

续表

	0406 干菜统称	0407 豆腐	0408 猪血当菜的
高密	干菜kã^{23}tθ^{h}ε^{21} 菜干儿tθ^{h}ε^{21}kɛr^{213}	豆腐tou^{42}fu^{0}	猪血tʃu^{213}ɕiə^{55}
诸城	干菜kã^{213}tθ^{h}ε^{31}	豆腐tou^{44}fu^{0}	猪血tʃu^{213}ʃə^{44}
沂水	干菜kã^{24}tθ^{h}ε^{31}	豆腐tou^{44}fu^{0}	猪血dʒɥ^{213}ɕiə^{44}
临朐	干菜kã^{213}tθ^{h}ε^{21}	豆腐təu^{44}fu^{0}	猪血tʃu^{213}ɕiə^{44}
日照	干菜kã^{213}tθ^{h}ε^{31}	豆腐tou^{53}fu^{0}	猪血tʃu^{44}ʃiə^{213}
莒南	干菜kã^{13}tθ^{h}ε^{31}	豆腐tou^{42}fu^{0}	猪血tʃɥ^{13}ɕiə^{213}
潍坊	干货kã^{31}xuə^{0}	豆腐tɤɯ^{55}fu^{0}	猪血tʂu^{24}ɕiə^{214}
寿光	（无）	豆腐təu^{55}fu^{0}	猪血tʂu^{55}ɕiə^{213}
高青	干菜kã^{213}ts^{h}ε^{41}	豆腐tou^{55}fu^{0}	红豆腐xuŋ^{35}tou^{55}fu^{0} 猪血tʂu^{55}ɕiə^{213}
阳信	干菜kã^{31}ts^{h}ε^{0}	豆腐tou^{55}fu^{0}	猪血tʂu^{213}ɕiə^{213}
济阳	（无）	豆腐tou^{55}fu^{0}	猪血tʂu^{55}ɕiə^{213} 血豆腐ɕiə^{23}tou^{0}fu^{0}
利津	干菜kã^{31}ts^{h}ε^{0}	豆腐tou^{55}fu^{0}	红豆腐xuŋ^{35}tou^{0}fu^{0}
乐陵	干菜kã^{24}ts^{h}ε^{51}	豆腐tou^{55}fu^{0}	红豆腐xuŋ^{55}tou^{0}fu^{0}
商河	（无）	豆腐tou^{54}fu^{0}	猪血tʂu^{213}ɕiə^{45}
平原	干菜kã^{23}ts^{h}εi^{21}	豆腐tou^{42}fu^{0}	血豆腐ɕiə^{23}tou^{42}fu^{0}
德州	干菜kã^{213}ts^{h}ε^{21}	豆腐tou^{42}fu^{0}	猪血tʂu^{213}ɕiə^{213}
武城	干菜kã^{24}ts^{h}ε^{0}	豆腐tou^{53}fu^{0}	猪血tʂu^{24}ɕiə^{224}
临清	（无）	豆腐tou^{53}fu^{0}	猪血tsu^{13}ɕiə^{13}
冠县	干菜kã^{13}ts^{h}ε^{31}	豆腐tou^{53}fu^{0}	猪血tʂu^{13}ɕiə^{13}
聊城	（无）	豆腐tou^{53}fu^{0}	猪血tsu^{13}ɕiə^{13}
济南	（无）	豆腐tou^{55}fu^{0}	猪血tʂu^{23}ɕiə^{213}
泰安	干菜kã^{23}ts^{h}ε^{21}	豆腐tou^{42}fu^{0}	红豆腐xuŋ^{42}tou^{42}fu^{0}
莱芜	干菜kã^{213}ts^{h}ε^{42}	豆腐tou^{42}fu^{0}	猪血tʃu^{31}ɕiə^{0}
新泰	干菜kã^{23}tθ^{h}ε^{31}	豆腐tou^{54}fu^{0}	猪血pfu^{23}ɕiə^{213}
沂源	干菜kã^{13}tθ^{h}ε^{31}	豆腐tou^{55}fu^{0}	猪血tʃu^{55}ɕiə^{213}
博山	干菜kã^{21}ts^{h}ε^{0}	豆腐təu^{55}fu^{0}	猪血tʂu^{55}ɕiə^{213}
张店	干菜kã^{21}ts^{h}ε^{0}	豆腐tou^{55}fu^{0}	猪血tʂu^{213}ɕiə^{55}

续表

	0406 干菜统称	0407 豆腐	0408 猪血当菜的
阳谷	干菜 kɛ^{13}tsʰɛ^{0}	豆腐 tou^{42}fu^{0}	猪血 tsu^{13}ɕiə^{213}
梁山	干菜 kã^{23}tsʰɛ^{31}	豆腐 tou^{42}fu^{0}	猪血 tsu^{23}ɕiə^{213}
菏泽	（无）	豆腐 tou^{31}fu^{0}	猪血 tsu^{213}ɕiɛ^{213}
曹县	（无）	豆腐 tou^{53}fu^{0}	猪血 tʂu^{213}ɕiə^{213}
金乡	干菜 kã^{23}tsʰɛ^{312}	豆腐 tou^{42}fu^{0}	猪血 tsu^{23}ɕiə^{213}
曲阜	干菜 kã^{23}tsʰɛ^{312}	豆腐 tou^{42}fu^{0}	猪血 tsu^{23}ɕiə^{213}
薛城	干菜 kã^{31}tsʰɛ^{41}	豆腐 tou^{41}fu^{0}	红豆腐 xuŋ^{55}tou^{41}fu^{0} 血旺子 ɕiə^{31}uɑŋ^{41}tsɿ^{0}
郯城	（无）	豆腐 təu^{51}fə^{0}	猪血 tʂu^{13}ɕiə^{213}
临沂	（无）	豆腐 tou^{31}fu^{0}	猪血 tʃu^{24}ɕiə^{214}

	0409 猪蹄当菜的	0410 猪舌头当菜的，注意婉称	0411 猪肝当菜的，注意婉称
荣成	猪蹄子 tʃy^{53}ti^{35}tsɿ^{0}	口条儿 kʰəu^{21}tʰiaur^{35}	猪肝 tʃy^{53}kan^{53}
烟台	猪蹄子 tɕy^{53}tʰi^{33}ɾə^{0}	猪舌头 tɕy^{53}ɕie^{33}tʰou^{0}	猪肝 tɕy^{33}kan^{53}
栖霞	猪蹄子 tʃy^{52}tʰi^{34}lə^{0}	口条儿 kʰəu^{55}tʰiɔor^{342}	猪肝 tʃy^{34}kãn^{312}
长岛	猪蹄子 tʃy^{31}tʰi^{55}tsɿ^{0}	猪舌头 tʃy^{31}ʃiɛ^{55}tʰou^{0} 口条儿 kʰou^{21}tʰiaur^{55}	猪肝 tʃy^{55}kan^{31}
海阳	猪蹄子 tʃy^{52}tʰi^{34}ə^{0}	口条儿 kʰəu^{21}tʰiɔr^{341}	猪肝 tʃy^{34}kã^{52}
莱西	猪蹄儿 tʃu^{214}tʰier^{42}	口条 kʰou^{24}tʰiɔ^{42} 猪舌头 tʃu^{214}ʃiə^{45}tʰou^{0}	猪肝 tʃu^{55}kã^{214}
平度	猪蹄子 tʃu^{213}tʰi^{45}tθɿ^{0} 猪蹄儿 tʃu^{213}tʰer^{42}	口条儿 kʰou^{55}tʰɔr^{42}	猪肝 tʃu^{55}kã^{213}
青岛	猪蹄子 tʃu^{213}tʰi^{45}tθɿ^{0} 猪脚 tʃu^{213}tɕyə^{55} 猪爪儿 tʃu^{213}tʂuɑr^{55}	猪口条 tʃu^{213}kʰou^{55}tʰiɔ^{42}	猪肝 tʃu^{55}kã^{213}
高密	猪蹄子 tʃu^{213}tʰi^{55}tθɿ^{0} 猪蹄儿 tʃu^{213}tʰer^{42} 猪爪儿 tʃu^{213}tʂuɑr^{55}	口条 kʰou^{213}tʰiɔ^{42}	猪肝 tʃu^{55}kã^{213}
诸城	猪蹄子 tʃu^{213}ȶʰi^{24}tθɿ^{0}	猪舌头 tʃu^{213}ʃə^{24}tʰou^{0}	猪肝 tʃu^{24}kã^{213}
沂水	猪爪子 dʒʮ^{213}tʂua^{213}dðɿ^{0} 猪蹄儿 dʒʮ^{213}tʰirer^{53}	口条 kʰou^{213}tʰiɔ^{53}	肴肝儿 iɔ^{53}kɛr^{213}
临朐	猪蹄儿 tʃu^{213}tʰier^{53}	口条 kʰəu^{213}tʰiɔ^{0}	猪肝 tʃu^{44}kã^{213}

续表

	0409猪蹄当菜的	**0410猪舌头**当菜的，注意婉称	**0411猪肝**当菜的，注意婉称
日照	猪爪子tʃu^{23}tʂuɑ^{213}tθɿ^{0}	口条kʰou^{24}tʰiɔ^{53}	猪肝tʃu^{44}kã^{213}
莒南	猪蹄儿tʃɥ^{13}tʰɾer^{53}	猪舌头tʃɥ^{13}ʃə^{24}tʰou^{0} 口条儿kʰou^{55}tʰirɔr^{53}	猪肝儿tʃɥ^{13}kɛr^{213}
潍坊	猪蹄子tʂu^{214}tʰi^{35}tsɿ^{0}	猪舌头tʂu^{214}ʂə^{35}tʰɤɯ^{0} 口条kʰɤɯ^{55}tʰiɔɤ^{53}	猪肝tʂu^{24}kã^{214}
寿光	猪蹄子tʂu^{213}tʰi^{35}tsɿ^{0}	猪舌头tʂu^{213}ʂə^{35}tʰəu^{0} 口条kʰəu^{55}tʰiɔ^{53}	猪肝儿tʂu^{55}kɛr^{213}
高青	猪蹄子tʂu^{213}tʰi^{35}tsɿ^{0}	口条kʰou^{55}tʰiɔ^{55} 猪舌头tʂu^{213}ʂə^{35}tʰou^{0}	猪肝tʂu^{55}kã^{213}
阳信	猪蹄儿tʂu^{213}tʰer^{43}	口条kʰou^{213}tʰiɔ^{0}	猪肝货tʂu^{213}kã^{31}xuə^{0}
济阳	猪蹄子tʂu^{21}tʰi^{24}tsɿ^{0}	猪舌头tʂu^{21}ʂə^{24}tʰou^{0} 口条儿kʰou^{21}tʰiɔr^{0}婉称	猪肝tʂu^{55}kã^{213}
利津	猪蹄儿tʂu^{213}tʰier^{53}	口条kʰou^{55}tʰiɔ^{53}	猪肝tʂu^{24}kã^{213}
乐陵	猪蹄子tʂu^{212}tʰi^{55}tsɿ^{0}	舌根儿ʂə^{51}ker^{24}	猪肝儿tʂu^{24}kɛr^{24}
商河	猪蹄儿tʂu^{213}tʰier^{54}	猪舌根儿tʂu^{21}ʂə^{24}ker^{0}	猪肝货tʂu^{213}kã^{21}xuə^{31}
平原	猪蹄儿tʂu^{212}tʰiər^{42}	口条儿kʰou^{212}tʰiɔur^{42}	猪肝儿tʂu^{23}kɐr^{213}
德州	猪蹄儿tʂu^{213}tʰier^{42}	口条儿kʰou^{55}tʰiɔr^{42}	猪肝tʂu^{213}kã^{213}
武城	猪蹄儿tʂu^{24}tʰier^{53}	猪舌头tʂu^{24}ʂə^{55}tʰou^{0}	猪肝儿tʂu^{24}kɛr^{224}
临清	猪蹄儿tsu^{13}tʰier^{53}	口条儿kʰou^{44}tʰiaur^{53}	猪肝tʂu^{13}kan^{13}
冠县	猪蹄儿tʂu^{13}tʰier^{53}	猪舌头tʂu^{13}ʂə^{53}tʰou^{0}	猪肝tʂu^{13}kã^{13}
聊城	猪蹄儿tsu^{13}tʰier^{53}	猪舌头tsu^{13}sə^{44}tʰou^{0} 口条儿kʰou^{44}tʰiɔr^{53}	猪肝儿tsu^{13}kɛr^{13}
济南	猪蹄子tʂu^{213}tʰi^{445}tsɿ^{0}	口条kʰou^{55}tʰiɔ^{42}	猪肝tʂu^{23}kã^{213}
泰安	猪蹄儿tʂu^{213}tʰier^{42} 猪蹄子tʂu^{213}tʰi^{55}tsɿ^{0}	口条儿kʰou^{213}tʰiɔ^{42}	猪肝tʂu^{23}kã^{213}
莱芜	猪蹄子tʃu^{31}tʰi^{13}tsɿ^{0}	口条kʰou^{213}tʰiɔ^{55}	猪肝花tʃu^{213}kã^{31}xua^{0}
新泰	猪蹄儿pfu^{21}tʰiɤr^{42}	舌条儿ʃə^{42}tʰiɔr^{42}	猪肝儿pfu^{23}kɐr^{213}
沂源	猪蹄子tʃu^{213}tʰi^{35}tθɿ^{0}	猪舌头tʃu^{213}ʃə^{35}tʰou^{0}	猪肝tʃu^{55}kã^{213}
博山	猪蹄tʂu^{213}tʰi^{55}	口条kʰəu^{213}tʰiɔ^{0}	猪肝tʂu^{55}kã^{213}
张店	猪蹄子tʂu^{213}tʰi^{35}ɿ^{0}	口条kʰou^{213}tʰiɔ^{0}	猪肝tʂu^{213}kã^{213}

续表

	0409 **猪蹄**当菜的	0410 **猪舌头**当菜的，注意婉称	0411 **猪肝**当菜的，注意婉称
阳谷	猪蹄儿 tsu^{13}tʰiɤr^{42}	猪舌儿 tsu^{13}ʂər^{42} 口条儿 kʰou^{55}tʰiɔr^{42}	猪肝儿 tsu^{13}kɛr^{213}
梁山	猪蹄儿 tsu^{23}tʰier^{42}	猪舌头 tsu^{21}sə^{55}tʰou^{0}	猪肝儿 tsu^{23}kɛr^{213}
菏泽	猪蹄 tsu^{213}tʰi^{53} 猪蹄子 tsu^{213}tʰi^{53}tə^{0}	口条 kʰou^{44}tʰiɔ^{53}	肝子 kã^{21}tə^{0}
曹县	猪蹄子 tʂu^{21}tʰi^{53}tə^{0}	口条 kʰou^{44}tʰiɔ^{53}	肝子 kã^{21}nẽ^{0}
金乡	猪蹄儿 tsu^{213}tʰier^{42}	口条儿 kou^{23}tʰiɔr^{42}	猪肝子 tsu^{213}kã^{21}tsɿ^{0}
曲阜	猪蹄子 tsu^{213}tʰi^{55}tsɿ^{0}	猪舌头 tsu^{213}sə^{55}tʰou^{0}	猪肝花 tsu^{213}kã^{21}xua^{0}
薛城	猪蹄子 pfu^{31}tʰi^{55}tsɿ^{0}	口肴儿 kʰou^{24}ɕiɔr^{55} “肴”读为“淆”	猪肝 pfu^{23}kã^{313}
郯城	猪蹄子 tʂu^{21}tʰi^{44}tsɿ^{0} 猪蹄儿 tʂu^{21}tʰier^{44}	口条儿 kʰəu^{24}tʰiɔr^{44} 猪舌头 tʂu^{21}ʂə^{44}tʰəu^{0}	猪肝货 tʂu^{13}kã^{21}xu^{0} “货”读为“户” 猪肝儿 tʂu^{13}kɛr^{213}
临沂	猪蹄子 tʃu^{24}tʰi^{55}tsɿ^{0} 猪蹄儿 tʃu^{24}tʰier^{53}	口条儿 kʰou^{55}tʰiɔr^{53} 猪舌头 tʃu^{24}ʃə^{55}tʰou^{0} 猪舌儿 tʃu^{24}ʃər^{53}	猪肝儿 tʃu^{24}kɛr^{214}

	0412 **下水**猪牛羊的内脏	0413 **鸡蛋**	0414 **松花蛋**
荣成	下货 çia^{33}xuo^{33}	鸡子儿 ci^{53}tsiər^{214} 鸡蛋 ci^{53}tan^{33}	变蛋 pian^{33}tan^{33}
烟台	下货 ɕia^{53}xuo^{33}	鸡蛋 tɕi^{53}tan^{33}	松花蛋 ɕyŋ^{33}xua^{0}tan^{33} 变蛋 pian^{53}tan^{33}
栖霞	下货 çia^{21}xuo^{52}	鸡蛋 ci^{55}tãn^{342}	变蛋 piãn^{52}tãn^{342}
长岛	下货 çia^{52}xuə^{52}	鸡子儿 ci^{31}tsiər^{213} 鸡蛋 ci^{31}tan^{52}	变蛋 pian^{52}tan^{52}
海阳	下货 çia^{52}xuo^{341}	鸡蛋 ci^{52}tã^{341}	变蛋 piã^{52}tã^{341} 皮蛋 pʰi^{52}tã^{341}
莱西	下货 çia^{214}xuə^{42} 下水 çia^{42}suei^{0}	鸡蛋 ci^{214}tã^{42}	松花儿蛋 soŋ^{55}xuʌr^{214}tã^{42}
平度	下水 çia^{45}ʂuei^{0} 下货 çia^{45}xuə^{0}	鸡蛋 ci^{213}tã^{42} 鸡子儿 ci^{213}tθer^{55}	松花儿蛋 θəŋ^{55}xuar^{213}tã^{42} “松”又读 siŋ^{55}
青岛	下水 ɕiɑ^{45}ʂuei^{0} 下活 ɕiɑ^{45}xuə^{0}	鸡子儿 tɕi^{213}tθer^{0} 鸡蛋 tɕi^{213}tã^{42}	松花蛋 sioŋ^{55}xuɑ^{213}tã^{42}

续表

	0412 下水猪牛羊的内脏	0413 鸡蛋	0414 松花蛋
高密	下货ɕiɑ^{42}xuə^{0} 下水ɕiɑ^{42}ʂuei^{0}	鸡蛋tɕi^{23}tã^{21} 鸡子儿tɕi^{213}tθer^{55} 蛋tã^{21}	松花蛋θoŋ^{23}xuɑ^{213}tã^{21} 变蛋piã^{23}tã^{21}
诸城	下货ʃa^{44}xuə^{0} 下水ʃa^{44}ʂuei^{0}	鸡蛋tʃʅ^{31}tã^{0}	变蛋piã^{31}tã^{31}
沂水	下水ɕia^{44}ʂue^{0}	鸡蛋tɕi^{24}tã^{31}	变蛋piã^{31}tã^{31}
临朐	下水ɕia^{44}ʂuei^{0}	鸡蛋tɕi^{21}tã^{0}	变蛋piã^{21}tã^{21}
日照	下货ʃiɑ^{53}xuə^{0}	鸡蛋tʃʅ^{23}tã^{31}	变蛋piã^{31}tã^{31}
莒南	下货ɕia^{13}xuə^{31} 下水ɕia^{42}ʂuei^{0}	鸡蛋tɕi^{13}tã^{31}	松花蛋syŋ^{13}xua^{13}tã^{31} 变蛋piã^{13}tã^{31}
潍坊	下水ɕia^{55}ʂuei^{0} 下货ɕia^{55}xuə^{0}	鸡蛋tɕi^{31}tã^{0} 鸡子儿tɕi^{214}tser^{55}	松花儿蛋ɕyŋ^{24}xuɑr^{214}tã^{31} 变蛋piã^{31}tã^{31}
寿光	下水ɕia^{55}ʂuei^{0}	鸡蛋tɕi^{13}tã^{21}	变蛋piã^{21}tã^{21} 松花蛋ɕyŋ^{55}xua^{13}tã^{21}
高青	下货ɕia^{55}xuə^{0}	鸡蛋tɕi^{213}tã^{41}	松花蛋suŋ^{55}xuɑ^{213}tã^{41}
阳信	下水ɕia^{55}ʂuei^{0}	鸡蛋tɕi^{213}tã^{31}	松花蛋suŋ^{213}xua^{213}tã^{31} 皮蛋p^{h}i^{45}tã^{0}
济阳	下水ɕia^{55}ʂuei^{0}	鸡蛋tɕi^{13}tã^{31}	变蛋piã^{31}tã^{31} 松花蛋ɕyŋ^{55}xua^{13}tã^{31}
利津	下货ɕia^{55}xuə^{0}	鸡蛋tɕi^{24}tã^{31} 鸡子儿tɕi^{213}tser^{55}	松花蛋ɕyŋ^{213}xa^{24}tã^{31}
乐陵	下水肉ɕiɑ^{55}ʂuei^{0}ʐou^{51}	鸡蛋tɕi^{24}tã^{51}	松花儿蛋suŋ^{24}xuɑr^{24}tã^{51}
商河	下货ɕia^{54}xuə^{0} 下水ɕia^{54}ʂuei^{0}	鸡子儿tɕi^{213}tser^{45} 鸡蛋tɕi^{24}tã^{31}	松花蛋ɕyŋ^{24}xuɑ^{213}tã^{31}
平原	下货ɕia^{42}xuə^{0}	鸡蛋tɕi^{23}tã^{21}	松花蛋suŋ^{23}xua^{23}tã^{21}
德州	下水ɕia^{42}ʂuei^{0}猪的 杂碎tsa^{55}suei^{0}牛、羊的	鸡子儿tɕi^{213}tser^{55}	松花suŋ^{213}xua^{213} 变蛋piã^{213}tã^{21}
武城	下货ɕia^{53}xuə^{0}	鸡子儿tɕi^{21}tser^{55}	松花蛋suŋ^{24}xua^{24}tã^{312}
临清	下水ɕia^{31}ʂuei^{44}	鸡蛋tɕi^{13}tan^{313} 鸡子儿tɕi^{13}tser^{44}	松花蛋suŋ^{13}xua^{13}tan^{313}
冠县	下水ɕia^{31}ʂuei^{55}	鸡蛋tɕi^{55}tã^{0}	松花蛋suŋ^{21}xua^{0}tã^{314}
聊城	下货ɕia^{53}xuə^{0}	鸡蛋tɕi^{13}tã^{313} 鸡子儿tɕi^{13}tser^{44}	变蛋piã^{31}tã^{313}

续表

	0412 下水猪牛羊的内脏	0413 鸡蛋	0414 松花蛋
济南	下货ɕia^{55}xuə^{0}	鸡子儿tɕi^{213}tser^{55} 鸡蛋tɕi^{23}tã^{21}	松花ɕyŋ^{23}xua^{213} 变蛋piã^{23}tã^{21}
泰安	下货ɕia^{42}xuə^{0}	鸡蛋tɕi^{23}tã^{21}	变蛋piã^{21}tã^{21}
莱芜	下货ɕia^{42}xuə^{0}	鸡蛋tɕi^{213}tã^{42}	变蛋piã^{31}tã^{42}
新泰	下水ɕia^{54}fei^{0}	鸡蛋tɕi^{23}tã^{31}	变蛋piã^{31}tã^{31}
沂源	下货ɕia^{55}xuə^{0}	鸡子儿tɕi^{21}tθer^{55}	松花蛋θuŋ^{55}xua^{13}tã^{31}
博山	下水ɕiɑ^{55}ʂuei^{0} 下货ɕiɑ^{55}xuə^{0}	鸡蛋tɕi^{213}tã^{31}	变蛋piã^{31}tã^{31} 松花蛋ɕyŋ^{55}xuɑ^{213}tã^{31}
张店	下货ɕiɑ^{55}xuə^{0}	鸡蛋tɕi^{213}tã^{31}	变蛋piã^{31}tã^{31}
阳谷	下水ɕia^{42}suei^{0} 下货ɕia^{42}xuo^{0}	鸡蛋tɕi^{13}tã^{0}	松花蛋suŋ^{13}xua^{13}tã^{0} 变蛋piã^{13}tã^{0}
梁山	下货ɕia^{42}xuə^{0}	鸡蛋tɕi^{23}tã^{314}	松花蛋ɕyŋ^{23}xua^{23}tã^{314}
菏泽	杂碎tsa^{53}suei^{0} 下货ɕia^{31}xuə^{0}	鸡蛋tɕi^{21}tã^{0}	变蛋piã^{213}tã^{312}
曹县	杂碎tsa^{44}suei^{0}	鸡蛋tɕi^{21}tã^{0}	变蛋piã^{13}tã^{312}
金乡	下水ɕia^{42}suei^{0}	鸡蛋tɕi^{21}tã^{0}	松花蛋ɕyŋ^{23}xua^{23}tã^{312}
曲阜	下货ɕia^{42}xuə^{0}	鸡子儿tɕi^{21}tser^{0}	变蛋piã^{23}tã^{31}
薛城	下水ɕia^{41}fe^{0}	鸡子儿tɕi^{31}tser^{24}	变蛋piã^{41}tã^{41}
郯城	下水ɕia^{51}fe^{0}	鸡蛋tɕi^{21}tã^{51}	变蛋piã^{51}tã^{51} 松花蛋suŋ^{13}xua^{13}tã^{51}
临沂	下水ɕia^{31}ʃuei^{0}	鸡蛋tɕi^{24}tã^{312}	变蛋piã^{31}tã^{312} 松花蛋suŋ^{24}xua^{24}tã^{312}

	0415 猪油	0416 香油	0417 酱油
荣成	猪油tʃy^{53}iəu^{53}	香油ɕiɑŋ^{53}iəu^{53}	清酱ts^{h}iŋ^{53}tsiɑŋ^{33}
烟台	猪油tɕy^{35}iou^{53} 大油ta^{33}iou^{53}	香油ɕiɑŋ^{33}iou^{53}	清酱tɕ^{h}iŋ^{53}tɕiɑŋ^{33}
栖霞	猪大油tʃy^{21}ta^{55}iəu^{312}	香油ɕiɑŋ^{34}iəu^{312}	清酱tʃ^{h}iŋ^{52}tʃɑŋ^{52}
长岛	大油ta^{52}iou^{55}	香油ɕiɑŋ^{31}iou^{55}	清酱tʃ^{h}əŋ^{31}tʃɑŋ^{52}
海阳	荤油xuẽ^{34}iəu^{52}	香油ɕiɑŋ^{34}iəu^{52}	清酱ts^{h}iŋ^{52}tsiɑŋ^{341}
莱西	猪油tʃu^{55}iou^{214}	香油ɕiɑŋ^{55}iou^{214}	清酱tʃ^{h}iŋ^{214}tʃiɑŋ^{42} 酱油tʃiɑŋ^{31}iou^{214}

续表

	0415猪油	0416香油	0417酱油
平度	猪大油tʃu^{55}ta^{213}iou^{42}	香油çiaŋ^{213}iou^{42}	酱油tsiaŋ^{213}iou^{42}
青岛	猪大油tʃu^{55}ta^{213}iou^{42}	香油ɕiaŋ^{213}iou^{42}	酱油tsiaŋ^{213}iou^{42}
高密	大油ta^{21}iou^{42}	香油ɕiaŋ^{213}iou^{42}	酱油tsiaŋ^{21}iou^{42}
诸城	大油ta^{31}iou^{53}	香油ʃaŋ^{213}iou^{53}	酱油tθiaŋ^{31}iou^{53}
沂水	猪大油dʒʯ^{24}ta^{31}iou^{53}	香油ɕiaŋ^{213}iou^{53}	酱油dziaŋ^{31}iou^{53}
临朐	腥油ɕiŋ^{213}iəu^{53}	香油ɕiaŋ^{213}iəu^{53}	酱油tɕiaŋ^{21}iəu^{53}
日照	猪大油tʃu^{213}ta^{31}iou^{53}	香油ʃiaŋ^{24}iou^{53}	酱油ȶiaŋ^{31}iou^{53}
莒南	猪大油tʃʯ^{13}ta^{31}iou^{53} 荤油xuẽ^{213}iou^{53}	香油ɕiaŋ^{213}iou^{53} 芝麻油tʃʅ^{21}mu^{0}iou^{53}	酱油tsiaŋ^{31}iou^{53}
潍坊	猪大油tʂu^{24}ta^{31}iɤɯ^{53}	香油ɕiaŋ^{214}iɤɯ^{53}	酱油tɕiaŋ^{31}iɤɯ^{0}
寿光	腥油ɕiŋ^{213}iəu^{53} 大油ta^{21}iəu^{53}	香油ɕiaŋ^{213}iəu^{53}	酱油tɕiaŋ^{21}iəu^{53}
高青	大油ta^{41}iou^{55}	香油ɕiaŋ^{213}iou^{55}	酱油tɕiaŋ^{41}iou^{55}
阳信	大油ta^{31}iou^{43}	香油ɕiaŋ^{213}iou^{43}	清酱tɕ^{h}iŋ^{213}tɕiaŋ^{31}
济阳	大油ta^{31}iou^{55}	香油ɕiaŋ^{213}iou^{55}	酱油tɕiaŋ^{31}iou^{55}
利津	大油ta^{31}iou^{53}	香油ɕiaŋ^{213}iou^{53}	清酱tɕ^{h}iŋ^{24}tɕiaŋ^{31}
乐陵	大油ta^{31}iou^{55}	香油ɕiaŋ^{212}iou^{55}	清酱tɕ^{h}iŋ^{24}tɕiaŋ^{51}
商河	大油ta^{31}iou^{54}	香油ɕiaŋ^{213}iou^{54}	酱油tɕiaŋ^{31}iou^{54}
平原	大油ta^{21}iou^{42}	香油ɕiaŋ^{212}iou^{42}	酱油tɕiaŋ^{21}iou^{42}
德州	大油ta^{21}iou^{42}	香油ɕiaŋ^{213}iou^{42}	酱油tɕiaŋ^{21}iou^{42} 清酱tɕ^{h}iŋ^{213}tɕiaŋ^{21}
武城	板油pã^{24}iou^{53}	香油ɕiaŋ^{24}iou^{53}	酱油儿tɕiaŋ^{21}iour^{53}
临清	板油pan^{44}iou^{53} 荤油xun^{13}iou^{53}	香油ɕiaŋ^{13}iou^{53}	酱油tɕiaŋ^{31}iou^{53}
冠县	猪油tʂu^{13}iou^{53} 脂油tʂʅ^{13}iou^{53}	香油ɕiaŋ^{13}iou^{53}	酱油tɕiaŋ^{314}iou^{53}
聊城	大油ta^{31}iou^{53} 板油pã^{44}iou^{53}	香油ɕiaŋ^{13}iou^{53}	酱油tɕiaŋ^{31}iou^{53}
济南	大油ta^{21}iou^{42}	香油ɕiaŋ^{213}iou^{42}	酱油tɕiaŋ^{21}iou^{42}
泰安	大油ta^{21}iou^{42}	香油ɕiaŋ^{213}iou^{42}	酱油tɕiaŋ^{21}iou^{42}
莱芜	大油ta^{31}iou^{55}	香油ɕiaŋ^{213}iou^{55}	酱油tɕiaŋ^{31}iou^{55}

续表

	0415猪油	0416香油	0417酱油
新泰	大油ta^{31}iou^{42}	香油ɕiɑŋ^{21}iou^{42}	酱油tɕiɑŋ^{31}iou^{42}
沂源	猪大油tʃu^{13}ta^{31}iou^{55}	香油ɕiɑŋ^{21}iou^{55}	酱油tɕiɑŋ^{31}iou^{55}
博山	大油tɑ^{31}iəu^{55}	香油ɕiɑŋ^{213}iəu^{55}	酱油tɕiɑŋ^{31}iəu^{55} 清酱tɕʰiŋ^{213}tɕiɑŋ^{31}
张店	大油tɑ^{31}iou^{55}	香油ɕiɑŋ^{213}iou^{55}	酱油tɕiɑŋ^{31}iou^{55}
阳谷	脂油tsɿ^{13}iou^{42} 大油ta^{31}iou^{42}	香油ɕiɑŋ^{13}iou^{0}	酱油tɕiɑŋ^{31}iou^{42}
梁山	荤油xuẽ^{23}iou^{42}	香油ɕiɑŋ^{23}iou^{42}	酱油tɕiɑŋ^{31}iou^{42}
菏泽	大油tã^{31}iou^{53}	香油ɕiɑŋ^{213}iou^{53}	酱油tɕiɑŋ^{31}iou^{53}
曹县	大油ta^{31}iou^{53}	香油ɕiɑŋ^{213}iou^{53}	酱油tɕiɑŋ^{53}iou^{53}
金乡	大油ta^{31}iou^{42}	香油ɕiɑŋ^{213}iou^{42}	酱油tɕiɑŋ^{31}iou^{42}
曲阜	大油ta^{31}iou^{42}	香油ɕiaŋ^{213}iou^{42}	酱油tɕiaŋ^{31}iou^{42}
薛城	荤油xuẽ^{31}iou^{55}	芝麻油tsɿ^{31}ma^{0}iou^{55}	酱油tɕiɑŋ^{41}iou^{55}
郯城	荤油xuə̃^{21}iəu^{44} 大油ta^{51}iəu^{44} 猪大油tʂu^{21}ta^{51}iəu^{44}	香油ɕiɑŋ^{21}iəu^{44}	酱油tɕiɑŋ^{51}iəu^{44}
临沂	大油ta^{31}iou^{53} 荤油xuẽ^{24}iou^{53}	香油ɕiɑŋ^{24}iou^{53}	酱油tɕiɑŋ^{31}iou^{53}

	0418盐名词	0419醋注意婉称	0420香烟
荣成	咸盐çian^{53}ian^{53}	醋tsʰu^{33}	卷烟儿cyan^{21}iɐr^{53}
烟台	咸盐ɕian^{33}ian^{53}	忌讳tɕi^{33}xuei^{0}	烟卷儿ian^{53}tɕyɐr^{14}
栖霞	盐iãn^{312}	忌讳ci^{34}xuei^{0}	烟卷儿iãn^{34}cyɐr^{214}
长岛	咸盐çian^{31}ian^{55}	醋tsʰu^{52}	烟卷儿ian^{31}cyɐr^{213}
海阳	咸盐çiã^{34}iã^{52}	忌讳ci^{34}xuei^{0}	烟卷儿iã^{55}cyɐr^{214}
莱西	咸盐çiã^{31}iã^{214} 盐iã^{214}	醋tsʰu^{42} 忌讳ci^{45}xuei^{0}	烟卷儿iã^{214}cyɐr^{55}
平度	盐iã^{42}	醋tθʰu^{42} 忌讳ci^{42}xuei^{0}	烟卷儿iã^{213}cyɛr^{55}
青岛	盐iã^{42}	忌讳tɕi^{42}xuei^{0}	烟卷儿iã^{213}tɕyɛr^{55}
高密	盐iã^{42}	醋tθʰu^{21} 忌讳tɕi^{42}xuei^{0}	烟卷儿iã^{213}tɕyɛr^{55} 烟iã^{213}

续表

	0418盐名词	0419醋注意婉称	0420香烟
诸城	盐iã^{53}	忌讳tʃʅ^{44}xuei^{0}	烟卷儿iã^{213}tʃuɛr^{44}
沂水	盐iã^{53}	忌讳tɕi^{44}xue^{0} 醋tθ^{h}u^{31}	烟卷儿iã^{213}tɕyɛr^{44}
临朐	盐iã^{53}	醋tθ^{h}u^{21}	烟iã^{213}
日照	盐iã^{53}	忌讳tʃʅ^{53}xuei^{0}	烟卷儿iã^{213}tʃyɛr^{44}
莒南	盐iã^{53}	忌讳tɕi^{42}xuei^{0}	洋烟iɑŋ^{53}iã^{213} 烟卷儿iã^{213}tɕyɛr^{55} 烟iã^{213}
潍坊	盐iã^{53}	醋ts^{h}u^{31} 忌讳tɕi^{31}xuei^{0}	烟卷儿iã^{214}tɕyɛr^{55} 烟iã^{214}
寿光	盐iã^{53}	醋ts^{h}u^{21}	烟iã^{213} 烟卷儿iã^{213}tɕyɛr^{55}
高青	盐iã^{55}	醋ts^{h}u^{41}	烟卷儿iã^{213}tɕyɛr^{55}
阳信	盐iã^{43}	醋ts^{h}u^{31}	烟卷儿iã^{213}tɕyɛr^{55}
济阳	盐iã^{55}	醋ts^{h}u^{31} 忌讳tɕi^{55}xuei^{0}婉称	洋烟iɑŋ^{55}iã^{213} 烟卷儿iã^{54}tɕyɛr^{55}
利津	盐iã^{52}	醋ts^{h}u^{31} 忌讳tɕi^{55}xuei^{0}	烟卷儿iã^{213}tɕyɛr^{55}
乐陵	盐iã^{55}	醋ts^{h}u^{51} 忌讳tɕi^{55}xuei^{0}	烟卷儿iã^{212}tɕyɛr^{55}
商河	盐iã^{54}	醋ts^{h}u^{31} 忌讳tɕi^{54}xuei^{0}	烟卷儿iã^{213}tɕyɛr^{45}
平原	盐iã^{42}	醋ts^{h}u^{21}	烟iã^{213}
德州	盐iã^{42}	醋ts^{h}u^{21} 忌讳tɕi^{42}xuei^{0}	烟卷儿iã^{213}tɕyɛr^{55}
武城	盐iã^{53}	醋ts^{h}u^{312} 忌讳tɕi^{53}xuei^{0}	烟卷儿iã^{21}tɕyɛr^{55}
临清	盐ian^{53}	醋ts^{h}u^{313} 忌讳tɕi^{53}xuei^{0}	烟卷儿ian^{13}tɕyɛr^{44}
冠县	盐iã^{53}	忌讳tɕi^{53}xuei^{0} 醋ts^{h}u^{314}	烟iã^{13}
聊城	盐iã^{53}	忌讳tɕi^{53}xuei^{0}	烟卷儿iã^{13}tɕyɛr^{44}
济南	盐iã^{42}	忌讳tɕi^{55}xuei^{0}	烟卷儿iã^{213}tɕyɛr^{55}

续表

	0418盐名词	0419醋注意婉称	0420香烟
泰安	盐iã^{42}	醋tsʰu^{21} 忌讳tɕi^{42}xuei^{0}	烟iã^{213} 烟卷儿iã^{213}tɕyɐr^{55}
莱芜	盐iã^{55}	忌讳tɕi^{42}xuei^{0}	洋烟iaŋ^{55}iã^{213}
新泰	盐iã^{42}	忌讳tɕi^{54}xuei^{0}	洋烟iaŋ^{42}iã^{213}
沂源	盐iã^{55}	忌讳tɕi^{55}xuei^{0}	烟卷子iã^{55}tɕyã^{21}tθɿ^{0}
博山	盐iã^{55}	醋tsʰu^{31} 忌讳tɕi^{55}xuei^{0}	烟卷儿iã^{213}tɕyɛ^{55}
张店	盐iã^{55}	醋tsʰu^{31} 忌讳tɕi^{55}xuei^{0}	烟卷儿iã^{213}tɕyɛ^{55}
阳谷	盐iã^{42}	醋tsʰu^{313}	烟卷儿iã^{13}tɕyɐr^{55}
梁山	咸盐ɕiã^{42}iã^{42}	醋tsʰu^{314}	洋烟iaŋ^{42}iã^{213}
菏泽	盐iã^{53}	醋tsʰu^{312}	烟卷儿iã^{213}tɕyɛr^{44}
曹县	盐iã^{53}	醋tsʰu^{312}	烟iã^{213}
金乡	盐iã^{42}	醋tsʰu^{312}	烟iã^{213}
曲阜	盐iã^{42}	醋tsʰu^{312}	烟卷儿iã^{21}tɕyɛr^{0}
薛城	盐iã^{55}	醋pfʰu^{41}/tɕʰy^{41}	洋烟iaŋ^{55}iã^{313} 烟iã^{313}
郯城	盐iã^{44}	醋tsʰu^{51}	烟iã^{213} 香烟ɕiaŋ^{13}iã^{213}
临沂	盐iã^{53}	忌讳tɕi^{31}xuei^{0}	烟iã^{214}

	0421旱烟	0422白酒	0423黄酒
荣成	旱烟儿xan^{33}iɐr^{53}	白酒pɛ^{35}tsiəu^{214}	黄酒xuaŋ^{35}tsiəu^{214}
烟台	旱烟xan^{33}ian^{53}	白酒po^{33}tɕiou^{14}	黄酒xuaŋ^{33}tɕiou^{14}
栖霞	旱烟xãn^{34}iãn^{312}	白酒pə^{54}tʃiəu^{214}	黄酒xuaŋ^{54}tʃiəu^{214}
长岛	旱烟xan^{52}ian^{31}	烧酒ʃau^{31}tʃou^{213}	黄酒xuaŋ^{55}tʃou^{213}
海阳	旱烟xã^{34}iã^{52}	白酒pə^{55}tsiəu^{214}	黄酒xuaŋ^{55}tsiəu^{214}
莱西	旱烟xã^{31}iã^{214}	白酒pə^{21}tʃiou^{55} 烧酒ʃɔ^{214}tʃiou^{55}	黄酒xuaŋ^{42}tʃiou^{55}
平度	旱烟xã^{45}iã^{0} 烟叶子iã^{213}iə^{42}tθɿ^{0} 老板叶儿lɔ^{55}pã^{0}iər^{42}	烧酒ʃɔ^{213}tsiou^{0} 白酒pei^{42}tsiou^{55}	黄酒xuaŋ^{42}tsiou^{55}

续表

	0421旱烟	0422白酒	0423黄酒
青岛	旱烟xã^{45}iã^{0} 烟叶子iã^{213}iə^{42}tθɿ^{0}	烧酒ʃɔ^{21}tsiou^{0} 白干儿pei^{42}kɛr^{213}	老酒lɔ^{55}tsiou^{55} 黍子酒ʃu^{55}tθɿ^{0}tsiou^{55} 黄酒xuɑŋ^{42}tsiou^{55}
高密	旱烟xã^{21}iã^{213} 烟叶儿iã^{23}iər^{21} 白烟pei^{42}iã^{213}	白酒pei^{42}tsiou^{55} 烧酒ʃɔ^{21}tsiou^{0}	老酒lɔ^{42}tsiou^{55} 黄酒xuɑŋ^{42}tsiou^{55}
诸城	旱烟xã^{44}iã^{0} 老门$^{=}$烟lɔ^{44}mẽ^{24}iã^{0}焦油含量大	烧酒ʃɔ^{31}tθiou^{0} 白酒pei^{53}tθiou^{44}	黄酒xuɑŋ^{53}tθiou^{44}
沂水	笨烟pẽ^{44}iã^{0} 旱烟xã^{44}iã^{0}	白酒pe^{53}dziou^{44}	黄酒xuɑŋ^{53}dziou^{44}
临朐	旱烟xã^{44}iã^{0}	白酒pei^{53}tɕiəu^{44}	黄酒xuɑŋ^{53}tɕiəu^{44}
日照	旱烟xã^{31}iã^{213}	酒ȶiou^{44}	黄酒xuɑŋ^{53}ȶiou^{44}
莒南	旱烟xã^{31}iã^{213} 大柳叶子ta^{31}liou^{55}iə^{42}tθɿ^{0}	酒tsiou^{55} 白酒pei^{53}tsiou^{55}	黄酒xuɑŋ^{53}tsiou^{55}
潍坊	旱烟xã^{55}iã^{0} 烟叶子iã^{214}iə^{55}tsɿ^{0}	白酒pei^{53}tɕiɤɯ^{55}	黄酒xuɑŋ^{53}tɕiɤɯ^{55} 老酒lɔɤ^{53}tɕiɤɯ^{55}
寿光	笨烟pə̃^{55}iã^{0}	酒tɕiəu^{55} 辣酒la^{21}tɕiəu^{55}	黄酒xuɑŋ^{53}tɕiəu^{55}
高青	旱烟xã^{55}iã^{0}	烧酒ʂɔ^{21}tɕiou^{0}	黄酒xuɑŋ^{55}tɕiou^{55}
阳信	旱烟xã^{55}iã^{0}	辣酒la^{31}tɕiou^{55}	黄酒xuɑŋ^{31}tɕiou^{0}
济阳	旱烟xã^{31}iã^{213}	酒tɕiou^{55} 白酒pɛ^{54}tɕiou^{55}	黄酒xuɑŋ^{55}tɕiou^{0}
利津	旱烟xã^{55}iã^{0}	辣酒la^{31}tɕiou^{55}	黄酒xuɑŋ^{35}tɕiou^{0}
乐陵	旱烟xã^{31}iã^{24}	辣酒lɑ^{31}tɕiou^{55}	黄酒xuɑŋ^{51}tɕiou^{55}
商河	旱烟xã^{31}iã^{213}	白酒pɛ^{54}tɕiou^{45}	黄酒xuɑŋ^{54}tɕiou^{45}
平原	旱烟儿xã^{21}iɐr^{213}	白酒pɛi^{42}tɕiou^{55}	黄酒xuɑŋ^{42}tɕiou^{55}
德州	旱烟xã^{21}iã^{213}	酒tɕiou^{55} 白干儿pɛ^{42}kɛr^{213}	黄酒xuɑŋ^{42}tɕiou^{55}
武城	旱烟xã^{21}iã^{224}	白酒pɛ^{53}tɕiou^{55}	黄酒xuɑŋ^{53}tɕiou^{55}
临清	旱烟xan^{31}ian^{13}	白酒pai^{53}tɕiou^{44}	黄酒xuɑŋ^{53}tɕiou^{44}
冠县	旱烟xã^{31}iã^{13}	酒tsiou^{55}	（无）
聊城	旱烟xã^{31}iã^{13}	白酒pɛ^{53}tɕiou^{44}	黄酒xuɑŋ^{53}tɕiou^{0}

续表

	0421 旱烟	0422 白酒	0423 黄酒
济南	旱烟 xã^{21}iã^{213}	酒 tɕiou^{55}	黄酒 xuaŋ^{42}tɕiou^{0}
泰安	旱烟 xã^{21}iã^{213}	酒 tɕiou^{55}	黄酒 xuaŋ^{42}tɕiou^{55}
莱芜	旱烟 xã^{31}iã^{213}	白酒 pei^{55}tɕiou^{55}	黄酒 xuaŋ^{55}tɕiou^{55}
新泰	旱烟 xã^{31}iã^{213}	白酒 pei^{42}tɕiou^{55}	黄酒 xuaŋ^{42}tɕiou^{55}
沂源	笨烟 pə̃^{55}iã^{0}	白酒 pei^{55}tɕiou^{55}	黄酒 xuaŋ^{55}tɕiou^{55}
博山	旱烟 xã^{31}iã^{213}	白酒 pei^{53}tɕiəu^{55}	黄酒 xuaŋ^{53}tɕiəu^{55}
张店	旱烟 xã^{31}iã^{213}	烧酒 ʂɔ^{21}tɕiou^{0}	黄酒 xuaŋ^{55}tɕiou^{55}
阳谷	旱烟 xã^{31}iã^{213}	白酒 pei^{42}tɕiou^{55} 辣酒 la^{13}tɕiou^{55}	黄酒 xuaŋ^{42}tɕiou^{55}
梁山	旱烟 xã^{31}iã^{213}	白酒 pei^{42}tɕiou^{55}	黄酒 xuaŋ^{42}tɕiou^{55}
菏泽	旱烟 xã^{31}iã^{213}	酒 tɕiou^{44}	黄酒 xuaŋ^{53}tɕiou^{44}
曹县	旱烟 xã^{31}iã^{213}	辣酒 la^{21}tɕiou^{44}	黄酒 xuaŋ^{53}tɕiou^{44}
金乡	旱烟 xã^{31}iã^{213}	酒 tɕiou^{55}	黄酒 xuaŋ^{42}tɕiou^{55}
曲阜	旱烟 xã^{31}iã^{213}	酒 tɕiou^{55}	黄酒 xuaŋ^{42}tɕiou^{55}
薛城	烟叶 iã^{23}iə^{313}	酒 tɕiou^{24} 辣酒 la^{31}tɕiou^{24}	黄酒 xuaŋ^{54}tɕiou^{0}
郯城	旱烟 xã^{51}iã^{213}	酒 tɕiəu^{24} 白酒 pe^{44}tɕiəu^{24}	黄酒 xuaŋ^{44}tɕiəu^{24}
临沂	旱烟 xã^{31}iã^{214}	酒 tɕiou^{55}	黄酒 xuaŋ^{53}tɕiou^{55}

	0424 江米酒酒酿，醪糟	0425 茶叶	0426 沏~茶
荣成	米酒 mi^{35}tsiəu^{214}	茶叶 tʂʰa^{35}iɛ^{214}	泡 pʰau^{33}
烟台	（无）	茶叶 tsʰa^{33}ie^{14}	泡 pʰau^{33} 冲 tsʰuŋ^{53}
栖霞	米酒 mi^{55}tʃiəu^{214}	茶 tsʰa^{342}	泡 pʰɔo^{52}
长岛	米酒 mi^{35}tʃou^{213}	茶叶 tsʰa^{52}iɛ^{213}	泡 pʰau^{52}
海阳	米酒 mi^{21}tsiəu^{214}	茶 tʂʰa^{341}	冲 tʂʰuŋ^{52}
莱西	（无）	茶叶 tsʰa^{45}iə^{0} 茶 tsʰa^{42}	泡 pʰɔ^{42} 下 çia^{42}
平度	（无）	茶叶 tʂʰa^{45}iə^{0} 茶 tʂʰa^{42}	下 çia^{42}

续表

	0424江米酒酒酿，醪糟	**0425茶叶**	**0426沏**～茶
青岛	糯米酒nuə^{45}mi^{0}tsiou^{55}	茶叶tʂʰɑ^{45}iə^{0}	沏tsʰi^{42} 下ɕiɑ^{42}
高密	（无）	茶叶tʂʰɑ^{55}iə^{0} 茶tʂʰɑ^{42}	下ɕiɑ^{21} 泡pʰɔ^{21} 沏tsʰi^{55}
诸城	（无）	茶叶tʂʰa^{24}iə^{0}	冲tʂʰəŋ^{213}
沂水	（无）	茶叶tʂʰa^{24}iə^{0}	沏tsʰi^{31}
临朐	江米酒tɕiaŋ^{21}mi^{0}tɕiəu^{44}	茶叶tʂʰa^{35}iə^{0}	下ɕia^{21}
日照	（无）	茶tʂʰɑ^{53}	下ʃiɑ^{31}
莒南	米酒mi^{53}tsiou^{55}	茶叶tʂʰa^{24}iə^{0}	泡pʰɔ^{312}
潍坊	（无）	茶叶tʂʰɑ^{35}iə^{0} 茶tʂʰɑ^{53}	下ɕiɑ^{31}
寿光	（无）	茶叶tʂʰa^{35}iə^{0}	沏tɕʰi^{213} 浸tɕʰiə̃^{213} “浸”读为“侵” 下ɕia^{21}
高青	江米酒tɕiɑŋ^{21}mi^{0}tɕiou^{55}	茶tʂʰɑ^{55}	沏tɕʰi^{213}
阳信	（无）	茶叶tʂʰa^{45}iə^{0}	浸tɕʰiə̃^{213} “浸”读为“侵”
济阳	（无）	茶叶tʂʰa^{24}iə^{0}	沏tɕʰi^{213}
利津	（无）	茶叶tʂʰa^{35}iə^{0}	浸tɕʰiẽ^{213} “浸”读为“侵”
乐陵	（无）	茶叶tsʰɑ^{55}iə^{0}	沏tɕʰi^{24}
商河	（无）	茶叶tsʰɑ^{24}iə^{0}	沏tɕʰi^{45}
平原	（无）	茶叶tsʰa^{55}iə^{21}	沏tɕʰi^{213}
德州	（无）	茶叶tʂʰa^{55}iə^{0}	沏tɕʰi^{213}
武城	（无）	茶叶tʂʰa^{55}iə^{0}	沏tɕʰi^{224}
临清	（无）	茶叶tʂʰa^{44}iə^{0}	沏tɕʰi^{13}
冠县	（无）	茶叶tʂʰa^{55}iə^{0}	泡pʰɔ^{314} 沏tsʰi^{13}
聊城	（无）	茶叶tsʰa^{44}iə^{0}	沏tɕʰi^{13}
济南	（无）	茶叶tʂʰa^{445}iə^{0}	冲tʂʰuŋ^{213} 沏tɕʰi^{213}
泰安	江米酒tɕiɑŋ^{21}mi^{0}tɕiou^{55}	茶叶tʂʰa^{55}iə^{0}	浸tɕʰiẽ^{213} “浸”读为“侵” 闷mẽ^{21}

续表

	0424 江米酒酒酿，醪糟	0425 茶叶	0426 沏～茶
莱芜	（无）	茶叶 tʃ^{h}a^{13}iə^{42}	下 ɕia^{42}
新泰	（无）	茶叶 tʃ^{h}a^{45}iə^{0}	浸 tɕ^{h}iẽ^{213} “浸”读为“侵”
沂源	江米酒 tɕiaŋ^{21}mi^{55}tɕiou^{55}	茶叶 tʃ^{h}a^{35}iə^{0}	下 ɕia^{31}
博山	江米酒 tɕiaŋ^{213}mi^{0}tɕiəu^{55}	茶叶 tʂ^{h}ɑ^{35}iə^{0}	闷 mẽ^{31}
张店	米酒 mi^{55}tɕiou^{55}	茶叶 tʂ^{h}ɑ^{35}iə^{0}	浸 tɕ^{h}iə̃^{213} “浸”读为“侵”
阳谷	（无）	茶叶 ts^{h}a^{42}iə^{213}	沏 tɕ^{h}i^{213}
梁山	江米酒 tɕiaŋ^{21}mi^{0}tɕiou^{55}	茶叶 t^{h}a^{55}iə^{314}	沏 tɕ^{h}i^{213}
菏泽	（无）	茶叶 ts^{h}a^{53}iɛ^{213}	湭 tɕ^{h}y^{213}
曹县	（无）	茶叶 ts^{h}a^{53}iə^{213}	倒 tɔ^{312}
金乡	（无）	茶叶 ts^{h}a^{55}iə^{213}	泡 p^{h}ɔ^{312}
曲阜	（无）	茶叶 ts^{h}a^{55}iə^{0}	冲 ts^{h}uŋ^{213} 浸 tɕ^{h}iẽ^{213} “浸”读为“侵”
薛城	米酒 mi^{54}tɕiou^{0}	茶叶 ts^{h}a^{55}iə^{313}	冲 pf^{h}əŋ^{313}/ts^{h}uŋ^{313}
郯城	（无）	茶叶 tʂ^{h}a^{44}iə^{213}	泡 p^{h}ɔ^{51} 冲 tʂ^{h}uŋ^{213}
临沂	（无）	茶叶 tʃ^{h}a^{53}iə^{214}	泡 p^{h}ɔ^{312} 冲 tʃ^{h}uŋ^{214} 沏 tɕ^{h}i^{214}

	0427 冰棍儿	0428 做饭统称	0429 炒菜统称，和做饭相对
荣成	冰棍儿 piŋ^{53}kuər^{33}	熬饭 au^{53}fan^{33}	炒菜 tʂ^{h}au^{21}ts^{h}ai^{33}
烟台	冰棍儿 piŋ^{53}kuər^{33}	做饭 tsou^{53}fan^{33}	做菜 tsou^{53}ts^{h}ɛ^{33}
栖霞	冰棍儿 piŋ^{55}kuər^{52}	做饭 tsəu^{52}fãn^{342}	炒菜 ts^{h}ɔo^{21}ts^{h}ɛi^{52}
长岛	冰棍儿 piŋ^{31}kuər^{52}	做饭 tsou^{52}fan^{52}	炒菜 ts^{h}au^{35}ts^{h}ai^{52}
海阳	冰棍儿 piŋ^{52}kuər^{341}	做饭 tθəu^{52}fã^{341}	炒菜 tʂ^{h}ɔ^{21}ts^{h}ɛ^{341}
莱西	冰棍儿 piŋ^{214}kuer^{42}	做饭 tsou^{42}fã^{42}	炒菜 ts^{h}ɔ^{55}ts^{h}ɛ^{42}
平度	冰糕 piŋ^{55}kɔ^{213} 冰棍儿 piŋ^{213}kuer^{42}	做饭 tθou^{213}fã^{42}	炒菜 tʂ^{h}ɔ^{55}tθ^{h}ɛ^{42}
青岛	冰棍儿 pioŋ^{213}kuer^{42} 冰糕 pioŋ^{55}kɔ^{213}	做饭 tθou^{213}fã^{42}	馇菜 tʂ^{h}ɑ^{55}tθ^{h}ɛ^{42}

续表

	0427 冰棍儿	0428 做饭统称	0429 炒菜统称，和做饭相对
高密	冰棍儿pioŋ^{23}kuər^{21} 冰糕pioŋ^{42}kɔ^{213}	做饭tθou^{21}fã^{21}	炒菜tʂ^{h}ɔ^{55}tθ^{h}ɛ^{21}
诸城	冰棍儿piəŋ^{213}kuer^{31}	做饭tθou^{31}fã^{31}	炒菜tʂ^{h}ɔ^{44}tθ^{h}ɛ^{31}
沂水	冰棍儿piŋ^{24}kuer^{31}	做饭dðu^{31}fã^{31}	炒菜tʂ^{h}ɔ^{44}tθ^{h}ɛ^{31}
临朐	冰棍儿piŋ^{13}kuer^{21}	做饭tθu^{21}fã^{21}	炒菜tʂ^{h}ɔ^{44}tθ^{h}ɛ^{21}
日照	冰棍儿piəŋ^{23}kuer^{31}	做饭tθu^{31}fã^{31}	炒咸菜tʂ^{h}ɔ^{23}ʃiã^{44}tθ^{h}ɛ^{0}
莒南	冰棒儿piŋ^{13}pãr^{31} 冰棍儿piŋ^{13}kuer^{31}	做饭tθou^{13}fã^{31} 办饭pã^{13}fã^{31}	炒就吃tʃ^{h}ɔ^{55}tsiou^{42}tʃ^{h}ʅ^{0} 炒菜tʃ^{h}ɔ^{55}tθ^{h}ɛ^{31}
潍坊	冰棍儿piŋ^{24}kuer^{31}	做饭tsɤɯ^{31}fã^{31}	炒菜tʂ^{h}ɔɤ^{55}ts^{h}ɛ^{31}
寿光	冰棍儿piŋ^{13}kuɭ^{21}	办饭pã^{21}fã^{21} 做饭tsu^{21}fã^{21}	炒菜tʂ^{h}ɔ^{55}ts^{h}ɛ^{21} 做菜tsu^{21}ts^{h}ɛ^{21}
高青	冰棍儿piŋ^{213}kuer^{41}	做饭tsu^{41}fã^{41}	炒菜tʂ^{h}ɔ^{55}ts^{h}ɛ^{41}
阳信	冰糕piŋ^{213}kɔ^{213}	做饭tsou^{23}fã^{31} 烧火ʂɔ^{213}xuə^{55}	炒菜tʂ^{h}ɔ^{55}ts^{h}ɛ^{31}
济阳	冰棍儿piŋ^{13}kuer^{31}	做饭tsou^{31}fã^{31}	炒菜tʂ^{h}ɔ^{13}ts^{h}ɛ^{31} 做菜tsou^{31}ts^{h}ɛ^{31}
利津	冰糕piŋ^{24}kɔ^{213}	做饭tsu^{24}fã^{31}	炒菜tʂ^{h}ɔ^{55}ts^{h}ɛ^{31}
乐陵	冰棍儿piŋ^{24}kuer^{51}	做饭tsou^{24}fã^{51}	炒菜ts^{h}ɔ^{55}ts^{h}ɛ^{51}
商河	冰棍儿piŋ^{24}kuer^{31}	做饭tsou^{24}fã^{31}	做菜tsou^{24}ts^{h}ɛ^{31}
平原	冰棍儿piŋ^{23}kuər^{21}	做饭tsou^{23}fã^{21}	做菜tsou^{23}ts^{h}ɛi^{21}
德州	冰棍儿piŋ^{213}kuer^{21}	做饭tsou^{213}fã^{21}	炒菜tʂ^{h}ɔ^{55}ts^{h}ɛ^{21}
武城	冰糕piŋ^{24}kɔ^{224}	做饭tsou^{24}fã^{312}	做菜tsou^{24}ts^{h}ɛ^{312}
临清	冰糕piŋ^{13}kau^{13}	做饭tsou^{13}fan^{313}	炒菜tʂ^{h}au^{44}ts^{h}ai^{313}
冠县	冰糕piŋ^{53}kɔ^{13}	做饭tsou^{24}fã^{314}	炒菜tʂ^{h}ɔ^{55}ts^{h}ɛ^{314}
聊城	冰糕piŋ^{13}kɔ^{13}	做饭tsou^{31}fã^{313}	炒菜ts^{h}ɔ^{44}ts^{h}ɛ^{313}
济南	冰棍儿piŋ^{23}kuer^{21}	做饭tsou^{23}fã^{21}	炒菜tʂ^{h}ɔ^{55}ts^{h}ɛ^{21}
泰安	冰糕piŋ^{23}kɔ^{213}	做饭tsou^{21}fã^{21}	炒菜tʂ^{h}ɔ^{55}ts^{h}ɛ^{21}
莱芜	冰棍儿piŋ^{213}kuei^{42}	做饭tsu^{31}fã^{42}	炒菜tʃ^{h}ɔ^{213}ts^{h}ɛ^{42}
新泰	冰糕piŋ^{23}kɔ^{213}	做饭tθou^{31}fã^{31}	炒菜tʃ^{h}ɔ^{55}tθ^{h}ɛ^{31}
沂源	冰棍儿piŋ^{13}kuer^{31}	做饭tθu^{31}fã^{31}	炒菜tʃ^{h}ɔ^{13}tθ^{h}ɛ^{31}

续表

	0427 冰棍儿	0428 做饭统称	0429 炒菜统称，和做饭相对
博山	冰棍piŋ^{213}kuẽ^{31}	做饭tsu^{31}fã^{31}	炒菜tʂʰɔ^{55}tsʰɛ^{31}
张店	冰棍儿piŋ^{213}kuei^{31}	做饭tsu^{31}fã^{31}	炒菜tʂʰɔ^{55}tsʰɛ^{31}
阳谷	冰棍儿piŋ^{13}kuɤr^{313} 冰糕piŋ^{13}kɔ^{213}	做饭tsou^{13}fã^{0}	炒菜tsʰɔ^{55}tsʰɛ^{313}
梁山	冰糕儿piŋ^{23}kɔr^{213}	做饭tsou^{21}fã^{314}	炒菜tsʰɔ^{55}tsʰɛ^{314}
菏泽	冰棍儿piŋ^{213}kuer^{312}	做饭tsou^{213}fã^{312}	炒菜tsʰɔ^{44}tsʰɛ^{312}
曹县	冰糕piŋ^{213}kɔ^{213}	做饭tsou^{13}fã^{312}	炒菜tsʰɔ^{44}tsʰai^{312}
金乡	冰棍儿piŋ^{23}kuer^{312} 冰糕儿piŋ^{23}kɔr^{213}	做饭tsou^{23}fã^{312}	炒菜tsʰɔ^{55}tsʰɛ^{312}
曲阜	冰糕piŋ^{23}kɔ^{213}	做饭tsou^{23}fã^{312}	熬菜ɣɔ^{23}tsʰɛ^{312}
薛城	冰棍儿piŋ^{313}kuer^{41} 冰棒piŋ^{313}pɑŋ^{41}	做饭tsou^{41}fã^{41} 做饭tɕyə^{41}fã^{41}	熬菜ɣɔ^{313}tsʰɛ^{41} 炒菜tsʰɔ^{24}tsʰɛ^{41}
郯城	冰棍儿piŋ^{21}kuer^{51} 冰棒儿piŋ^{21}pɑ̃r^{51}	办饭pã^{51}fã^{51} 做饭tsəu^{51}fã^{51}	炒菜tʂʰɔ^{24}tsʰɛ^{51}
临沂	冰棍儿piŋ^{24}kuer^{312} 雪糕ɕyə^{24}kɔ^{214}	做饭tsou^{31}fã^{312}/tsuə^{24}fã^{312}	炒菜tʃʰɔ^{55}tsʰɛ^{312} 做菜tsuə^{34}tsʰɛ^{313}

	0430 煮～带壳的鸡蛋	0431 煎～鸡蛋	0432 炸～油条
荣成	烀xu^{53}	煎tsian^{53}	炸tʂa^{35}
烟台	烀xu^{53}	煿po^{14}	炸tsa^{33}
栖霞	烀xu^{312} 煮tʃy^{214}	煿pə^{214}	炸tsa^{342}
长岛	煮tʃy^{213}	煎tʃan^{312}	炸tsa^{55}
海阳	烀xu^{52}	煎tsiã^{52}	炸tʂa^{341}
莱西	煮tʃu^{55}	煎tʃiã^{214}	炸tsa^{42}
平度	煮tʃu^{55}	煎tsiã^{213}	炸tʂa^{42}
青岛	煮tʃu^{55}	煿pə^{55} 煎tsiã^{213}	炸tʂɑ^{42}
高密	煮tʃu^{55}	煎tsiã^{213}	炸tʂɑ^{42}
诸城	煮tʃu^{44}	炒tʂʰɔ^{44}	炸tʂa^{53}
沂水	煮dʒɥ^{44}	煎dziã^{213}	炸tʂa^{53}

续表

	0430 煮～带壳的鸡蛋	0431 煎～鸡蛋	0432 炸～油条
临朐	煮 tʃu^{44}	煎 tɕiã^{213}	炸 tʂa^{53}
日照	煮 tʃu^{44}	煎 ȶiã^{213}	炸 tʂɑ^{53}
莒南	煮 tʃɥ^{55}	煎 tsiã^{213}	炸 tʂa^{53}
潍坊	煮 tʂu^{55}	煎 tɕiã^{214}	炸 tʂɑ^{53}
寿光	煮 tʂu^{55}	煎 tɕiã^{213}	炸 tʂa^{53}
高青	煮 tʂu^{55}	煎 tɕiã^{213}	炸 tʂɑ^{55}
阳信	煮 tʂu^{55}	煎 tɕiã^{213}	炸 tʂa^{43}
济阳	煮 tʂu^{55}	煎 tɕiã^{213}	炸 tʂa^{55}
利津	煮 tʂu^{55}	煎 tɕiã^{213}	炸 tʂa^{53}
乐陵	煮 tʂu^{55}	煎 tɕiã^{24}	炸 tsɑ^{55}
商河	煮 tʂu^{45}	煎 tɕiã^{213}	炸 tsɑ^{54}
平原	煮 tʂu^{55}	煎 tɕiã^{213}	炸 tsa^{42}
德州	煮 tʂu^{55}	煎 tɕiã^{213}	炸 tʂa^{42}
武城	煮 tʂu^{55}	煎 tɕiã^{224}	炸 tʂa^{53}
临清	煮 tʂu^{44}	煎 tɕian^{13}	炸 tʂa^{53}
冠县	煮 tʂu^{55}	煎 tsiã^{13}	炸 tʂa^{53}
聊城	煮 tsu^{44}	煎 tɕiã^{13}	炸 tsa^{53}
济南	煮 tʂu^{55}	煎 tɕiã^{213}	炸 tʂa^{42}
泰安	煮 tʂu^{55}	煎 tɕiã^{213}	炸 tʂa^{42}
莱芜	煮 tʃu^{55}	煎 tɕiã^{213}	炸 tʃa^{55}
新泰	煮 tʃu^{55}	煎 tɕiã^{213}	炸 tʃa^{42}
沂源	煮 tʃu^{55}	煎 tɕiã^{213}	炸 tʃa^{55}
博山	煮 tʂu^{55}	煎 tɕiɑ̃^{213}	炸 tʂɑ^{55}
张店	煮 tʂu^{55}	烙 luə^{33}	炸 tʂɑ^{55}
阳谷	煮 tsu^{55}	煎 tɕiã^{213}	炸 tsa^{42}
梁山	煮 tsu^{55}	煎 tɕiã^{213}	炸 tsa^{42}
菏泽	煮 tsu^{44}	煎 tɕiã^{213}	炸 tsa^{53}
曹县	煮 tʂu^{44}	煎 tɕiã^{213}	炸 tsa^{53}

续表

	0430 **煮**～带壳的鸡蛋	0431 **煎**～鸡蛋	0432 **炸**～油条
金乡	煮 tsu^{55}	煎 tɕiã^{213}	炸 tsa^{42}
曲阜	煮 tsu^{55}	煎 tɕiã^{213}	炸 tsa^{42}
薛城	煮 pfu^{24}	煎 tɕiã^{313}	炸 tsa^{55}
郯城	煮 tʂu^{24}	煎 tɕiã^{213}	炸 tʂa^{44}
临沂	煮 tʃu^{55}	煎 tɕiã^{214}	炸 tʃa^{53}

	0433 **蒸**～鱼	0434 **揉**～面做馒头等	0435 **擀**～面，～皮儿
荣成	蒸 tʃəŋ^{53}	手 $^{=}$ʂəu^{214}	擀 kan^{214}
烟台	蒸 tɕiŋ^{53}	手 $^{=}$sou^{14}	擀 kan^{14}
栖霞	蒸 tʃəŋ^{312}	手 $^{=}$səu^{214}	擀 kãn^{214}
长岛	蒸 tʃəŋ^{312}	手 $^{=}$sou^{213}	擀 kan^{213}
海阳	蒸 tsəŋ^{52}	手 $^{=}$ʂəu^{214}	擀 kã^{214}
莱西	蒸 tʃəŋ^{214}	搓 tsʰuə^{214}	擀 kã^{55}
平度	蒸 tʃəŋ^{213}	揉 iou^{42}	擀 kã^{55}
青岛	蒸 tʃoŋ^{213}	手 $^{=}$ʃou^{55}	擀 kã^{55}
高密	蒸 tʃoŋ^{213}	揉 iou^{42}	擀 kã^{55}
诸城	蒸 tʃəŋ^{313}	揉 iou^{53}	擀 kã^{44}
沂水	蒸 dʒəŋ^{213}	揉 iou^{53}	擀 kã^{44}
临朐	蒸 tʃəŋ^{213}	揉 ʐəu^{53}	擀 kã^{44}
日照	蒸 tʃiəŋ^{213}	拾 $^{=}$ʃʅ^{53}	擀 kã^{44}
莒南	蒸 tʃəŋ^{213}	揉 iou^{53}	擀 kã^{55}
潍坊	蒸 tʂəŋ^{214}	揉 ʐɤɯ^{53}	擀 kã^{55}
寿光	蒸 tʂəŋ^{213}	搋①tʂʰɛ^{213} 在面盆里用力揉 揉 ləu^{53} 将和好的面在做成面食之前在面板上进一步揉 圈 $^{=}$tɕʰyã^{213} 同“揉”	擀 kã^{55}
高青	蒸 tʂəŋ^{213}	揉 ʐou^{55}	擀 kã^{55}

① 搋，《广韵》丑皆切，“以拳加物”。

续表

	0433蒸～鱼	0434揉～面做馒头等	0435擀～面，～皮儿
阳信	蒸tʂəŋ^{213}	揉iou^{43}把面～成馒头 搋tʂ^{h}ε^{213}～面	擀kã^{55}
济阳	蒸tʂəŋ^{213}	圈$^{=}$tɕ^{h}yã^{213} 揉zˌou^{55}	压ia^{31} 擀kã^{55}
利津	蒸tʂəŋ^{213}	搋tʂ^{h}ε^{213}	擀kã^{55}
乐陵	蒸tʂəŋ^{24}	搋ts^{h}ε^{24} 揉iou^{55}	压iɑ^{51}
商河	蒸tʂəŋ^{213}	揉zˌou^{54}	擀kã^{45}
平原	蒸tʂəŋ^{213}	揉zˌou^{42}	擀kã^{55}
德州	蒸tʂəŋ^{213}	揉zˌou^{42}	擀kã^{55}
武城	蒸tʂəŋ^{224}	搋tʂ^{h}uε^{224}	擀kã^{55} 压ia^{312}
临清	蒸tʂəŋ^{13}	揉zˌou^{53}	擀kan^{44}
冠县	蒸tʂəŋ^{13}	揉zˌou^{53}	擀kã^{55}
聊城	蒸tsəŋ^{13}	揉zou^{53}	擀kã^{44}
济南	蒸tʂəŋ^{213}	揉zˌou^{42}	擀kã^{55} 压ia^{21}
泰安	蒸tʂəŋ^{213}	揉zˌou^{42}	擀kã^{55}
莱芜	蒸tʃəŋ^{213}	揉ʒou^{55}	擀kã^{55}
新泰	蒸tʃəŋ^{213}	揉ʒou^{42}	擀kã^{55}
沂源	蒸tʃəŋ^{213}	揉iou^{55}	擀kã^{55}
博山	蒸tʂəŋ^{213}	圈$^{=}$tɕ^{h}yã^{213} 搋tʂ^{h}uε^{213}	擀kɑ̃^{55}
张店	蒸tʂəŋ^{213}	揉zˌou^{55}	擀kã^{55}
阳谷	蒸tsəŋ^{213}	揉zou^{42}	擀kã^{55}
梁山	蒸tsəŋ^{213}	揉zou^{42}	擀kã^{55}
菏泽	蒸tsəŋ^{213}	揉zou^{53}	擀kã^{44}
曹县	蒸tʂəŋ^{213}	和xuə^{53}	擀kã^{44}
金乡	蒸tsəŋ^{213}	叠tiə^{42}	擀kã^{55}
曲阜	蒸tsəŋ^{213}	揉zou^{42}	擀kã^{55}

续表

	0433蒸~鱼	0434揉~面做馒头等	0435擀~面，~皮儿
薛城	蒸tsəŋ^{313}	揉zou^{55} 搋pfʰɛ^{313}	擀kã^{24}
郯城	蒸tʂəŋ^{213}	揉zʐəu^{44}	擀kã^{24}
临沂	蒸tʃəŋ^{214}	搓tsʰuə^{214}	擀kã^{55}

	0436吃早饭	0437吃午饭	0438吃晚饭
荣成	呀①=早饭tai^{55}tsau^{21}fan^{0} 喝早饭xa^{55}tsau^{21}fan^{0}	呀=晌tai^{55}ʃɑŋ^{214} 吃晌tʃʰi^{35}ʃɑŋ^{214}	吃夜饭tʃʰi^{21}iɛ^{33}fan^{0} 喝夜饭xa^{21}iɛ^{33}fan^{0}
烟台	呀=饭tɛ^{21}fan^{33}	呀=饭tɛ^{21}fan^{33}	呀=饭tɛ^{21}fan^{33}
栖霞	呀=朝饭tɛi^{21}tʃɔo^{52}fãn^{342}	呀=晌午儿饭tɛi^{21}ʃɑŋ^{21}uər^{52}fãn^{342} “午儿”读为“吻儿”	呀=黑日儿饭tɛi^{21}xə^{21}iər^{0}fãn^{342}
长岛	呀=朝饭tai^{35}tʃau^{31}fan^{52}	呀=晌饭tai^{35}ʃɑŋ^{21}fan^{52}	呀=晚饭tai^{21}uan^{21}fan^{52}
海阳	呀=朝饭tɛ^{21}tsɔ^{52}fã^{341}	呀=晌午饭tɛ^{21}sɑŋ^{21}u^{0}fã^{341}	呀=过晌儿饭tɛ^{21}kuo^{34}sãr^{0}fã^{341}
莱西	吃早饭tʃʰɿ^{33}tsɔ^{55}fã^{42}	吃晌午儿饭tʃʰɿ^{55}ʃɑŋ^{45}uer^{0}fã^{42} “午儿”读为“吻儿”轻声 吃午饭tʃʰɿ^{33}u^{55}fã^{42}	吃晚饭tʃʰɿ^{33}uã^{55}fã^{42} 吃下黑儿饭tʃʰɿ^{33}çia^{31}xer^{55}fã^{42}
平度	吃早饭tʃʰɿ^{213}tθɔ^{55}fã^{42}	吃晌价=饭tʃʰɿ^{213}ʃɑŋ^{45}ciə^{0}fã^{42}	吃晚饭tʃʰɿ^{213}uã^{55}fã^{42} 吃晚上饭tʃʰɿ^{213}uã^{45}ʃɑŋ^{0}fã^{42} 吃现晚儿饭tʃʰɿ^{213}çiã^{213}uɛr^{55}fã^{42}
青岛	吃早饭tʃʰɿ^{213}tθɔ^{55}fã^{42}	吃晌午饭tʃʰɿ^{213}ʃɑŋ^{55}uã^{0}fã^{42} “午”读为“晚”轻声	吃晚饭tʃʰɿ^{213}uã^{55}fã^{42}
高密	吃早晨饭tʃʰɿ^{55}tθɔ^{23}tʃʰə̃^{0}fã^{21} 吃早上饭tʃʰɿ^{55}tθɔ^{23}xɑŋ^{0}fã^{21}	吃晌午饭tʃʰɿ^{55}ʃɑŋ^{23}u^{0}fã^{21}/tʃʰɿ^{55}ʃɑŋ^{23}uã^{0}fã^{21} “午”读为“晚”轻声	吃后晌饭tʃʰɿ^{55}xou^{42}ʃɑŋ^{0}fã^{21}
诸城	吃早晨饭tʃʰɿ^{44}tθɔ^{44}tʃʰẽ^{0}fã^{31}	吃晌午饭tʃʰɿ^{44}ʃɑŋ^{31}uã^{0}fã^{31} “午”读为“晚”轻声	吃后晌饭tʃʰɿ^{44}xou^{44}ʃɑŋ^{0}fã^{31}
沂水	吃早晨饭tʃʰɿ^{44}dðɔ^{213}tʂʰẽ^{0}fã^{31}	吃晌饭tʃʰɿ^{44}ʃɑŋ^{213}fã^{0}	吃下晚儿饭tʃʰɿ^{44}ɕia^{44}uer^{0}fã^{31} “晚儿”读为“吻儿”轻声
临朐	吃清清饭tʃʰɿ^{44}tɕʰiŋ^{213}tɕʰiŋ^{0}fã^{21} “清”读为“请”	吃晌午饭tʃʰɿ^{44}ʃɑŋ^{213}u^{0}fã^{21}	吃后晌饭tʃʰɿ^{44}xəu^{44}xɑŋ^{0}fã^{21} “晌”读为“杭”轻声

① 烟台、威海一带称“吃”为“歹=”，本字待考。此写作从口的“呀”。其他有关“吃”的词条同此（如“吃”“吃药”“吃烟”）。

续表

	0436吃早饭	0437吃午饭	0438吃晚饭
日照	吃早晨饭tʃʰʅ^{24}tθɔ^{213}tʃʰiẽ^{0}fã^{31}	吃晌饭tʃʰʅ^{44}ʃiɑŋ^{213}fã^{0}	吃晚上饭tʃʰʅ^{24}uã^{213}ʃiɑŋ^{0}fã^{31}
莒南	吃早晨饭tʃʰʅ^{13}tθɔ^{213}tɕʰiẽ^{0}fã^{31} “晨”读为“秦”轻声	吃响午饭tʃʰʅ^{13}ʃɑŋ^{213}uẽ^{0}fã^{31} “午”读为“吻”轻声	吃晚上饭tʃʰʅ^{13}uã^{213}ʃɑŋ^{0}fã^{31}
潍坊	吃晴⁼起来饭tʂʰʅ^{214}tɕʰiŋ^{53}tɕʰi^{214}lɛ^{0}fã^{31} 吃早饭tʂʰʅ^{214}tsɔɤ^{55}fã^{31}	吃晌午头儿里饭tʂʰʅ^{214}ʂɑŋ^{24}u^{0}tʰour^{0}li^{0}fã^{31} 吃午饭tʂʰʅ^{214}u^{24}fã^{31}	吃下半儿晌儿饭tʂʰʅ^{214}ɕiɑ^{31}pɐr^{0}ʂɑ̃r^{55}fã^{31} 吃晚饭tʂʰʅ^{214}uã^{24}fã^{31}
寿光	吃秦⁼秦⁼饭tʂʰʅ^{213}tɕʰiə̃^{35}tɕʰiə̃^{0}fã^{21}	吃晌午饭tʂʰʅ^{213}ʂɑŋ^{24}u^{0}fã^{21} 吃晌饭tʂʰʅ^{213}ʂɑŋ^{24}fã^{0}	吃后晌饭tʂʰʅ^{213}xəu^{55}xɑŋ^{0}fã^{21} “晌”读为“杭”轻声
高青	吃早晨饭tʂʰʅ^{55}tsɔ^{213}tɕʰiə̃^{55}fã^{41} “晨”读为“秦”轻声	吃晌午饭tʂʰʅ^{55}ʂɑŋ^{213}u^{0}fã^{41}	吃后晌饭tʂʰʅ^{55}xuŋ^{35}ʂɑŋ^{0}fã^{41} “后”读为“哄”去声
阳信	吃早晨饭tʂʰʅ^{213}tsɔ^{55}tɕʰiə̃^{0}fã^{31} “晨”读为“秦”轻声	吃晌午饭tʂʰʅ^{213}ʂɑŋ^{213}xu^{0}fã^{31} “午”读为“虎”轻声	吃后晌饭tʂʰʅ^{213}xuŋ^{55}uɑŋ^{0}fã^{31} “后晌”读为“哄（去声）汪（轻声）”
济阳	吃早晨饭tʂʰʅ^{213}tsɔ^{213}tʂʰẽ^{0}fã^{31}	吃晌午饭tʂʰʅ^{213}ʂɑŋ^{213}u^{0}fã^{31}	吃后晌饭tʂʰʅ^{213}xou^{55}ʂɑŋ^{0}fã^{31}/tʂʰʅ^{213}xuŋ^{55}ʂɑŋ^{0}fã^{31} “后”读为“哄”去声
利津	吃清晨饭tʂʰʅ^{44}tɕʰiŋ^{213}tʂʰẽ^{0}fã^{31} 吃早晨饭tʂʰʅ^{44}tsɔ^{213}tʂʰẽ^{0}fã^{31}	吃晌饭tʂʰʅ^{44}ʂɑŋ^{213}fã^{0} 吃晌午饭tʂʰʅ^{44}ʂɑŋ^{213}u^{0}fã^{31}	吃后晌饭tʂʰʅ^{44}xou^{55}ʂɑŋ^{0}fã^{31}
乐陵	吃早晨饭tʂʰʅ^{24}tsɔ^{212}tɕʰiẽ^{0}fã^{51} “晨”读为“秦”轻声	吃晌午饭tʂʰʅ^{24}ʂɑŋ^{212}xuə^{0}fã^{51} “午”读为“伙”轻声	吃后晌饭tʂʰʅ^{24}xuŋ^{55}xɑŋ^{0}fã^{51} “后晌”读为“哄（去声）杭（轻声）”
商河	吃早晨饭tʂʰʅ^{45}tsɔ^{213}tɕʰiẽ^{0}fã^{31} “晨”读为“秦”轻声	吃晌午饭tʂʰʅ^{45}ʂɑŋ^{213}u^{0}fã^{31}	吃后晌饭tʂʰʅ^{45}xuŋ^{54}xɑŋ^{0}fã^{31} “后晌”读为“哄（去声）杭（轻声）”
平原	吃早晨饭tʂʰʅ^{21}tsɔu^{23}tɕʰiẽ^{0}fã^{21} “晨”读为“秦”轻声	吃晌午饭tʂʰʅ^{21}ʂɑŋ^{23}u^{0}fã^{21}	吃后晌饭tʂʰʅ^{21}xuŋ^{42}xɑŋ^{0}fã^{21} “后晌”读为“哄（去声）杭（轻声）”
德州	吃早晨饭tʂʰʅ^{213}tsɔ^{213}tʂʰə̃^{0}fã^{21}	吃晌午饭tʂʰʅ^{213}ʂɑŋ^{213}xu^{0}fã^{21} “午”读为“虎”轻声	吃黑下饭tʂʰʅ^{213}xei^{21}ɕia^{0}fã^{21}
武城	吃早饭tʂʰʅ^{224}tsɔ^{55}fã^{312}	吃晌午饭儿tʂʰʅ^{21}ʂɑŋ^{24}u^{0}fɛr^{312}	吃黑夜饭tʂʰʅ^{24}xei^{24}iə^{0}fã^{312}
临清	吃早饭tʂʰʅ^{13}tsau^{44}fan^{313}	吃午饭tʂʰʅ^{13}u^{44}fan^{313} 吃晌午饭tʂʰʅ^{13}ʂɑŋ^{44}xu^{0}fan^{313} “午”读为“虎”轻声	吃晚饭tʂʰʅ^{13}uan^{44}fan^{313} 吃后晌饭tʂʰʅ^{13}xou^{31}ʂɑŋ^{44}fan^{313}
冠县	吃清起来饭tʂʰʅ^{13}tsʰiŋ^{13}tɕʰi^{55}lɛ^{0}fã^{0}	吃晌午饭tʂʰʅ^{13}ʂɑŋ^{44}u^{0}fã^{0}	吃后晌饭tʂʰʅ^{13}xuŋ^{53}ʂɑŋ^{0}fã^{0} “后”读为“哄”去声

续表

	0436吃早饭	0437吃午饭	0438吃晚饭
聊城	吃早晨起来饭tsʰɿ^{13}tsɔ^{44}tsʰẽ^{53}tɕʰi^{44}lɛ^{0}fã^{313}	吃晌午饭tsʰɿ^{13}sɑŋ^{44}xu^{0}fã^{313} "午"读为"虎"轻声	吃后晌饭tsʰɿ^{13}xuŋ^{53}xuŋ^{0}fã^{313} "后晌"读为"哄(去声)哄(轻声)"
济南	吃早晨饭tʂʰʅ^{213}tsɔ^{213}ʂẽ^{0}fã^{21} "晨"读为"申"轻声	吃晌饭tʂʰʅ^{213}ʂɑŋ^{213}fã^{0} 吃晌午饭tʂʰʅ^{213}ʂɑŋ^{213}u^{0}fã^{21}	吃后晌饭tʂʰʅ^{213}xuŋ^{55}xɑŋ^{0}fã^{21} "后晌"读为"哄(去声)杭(轻声)"
泰安	吃早晨饭tʂʰʅ^{23}tsɔ^{213}tɕʰiẽ^{0}fã^{21} "晨"读为"秦"轻声	吃晌午饭tʂʰʅ^{23}ʂɑŋ^{213}u^{0}fã^{21}	吃后晌饭tʂʰʅ^{213}xuŋ^{42}xɑŋ^{0}fã^{21} "后晌"读为"哄(去声)杭(轻声)"
莱芜	吃早晨饭tʃʰʅ^{31}tsɔ^{213}tʃʰẽ^{0}fã^{42}	吃晌午饭tʃʰʅ^{31}ʃɑŋ^{213}u^{0}fã^{42}	吃后晌饭tʃʰʅ^{31}xou^{42}ʃɑŋ^{0}fã^{42}
新泰	吃早晨饭tʃʰʅ^{23}tθɔ^{213}tʃʰẽ^{0}fã^{31}	吃晌午饭tʃʰʅ^{23}ʃɑŋ^{213}u^{0}fã^{31}	吃后晌饭tʃʰʅ^{23}xou^{54}ʃɑŋ^{0}fã^{31}
沂源	吃早晨饭tʃʰɿ^{55}tθɔ^{21}tʃʰə̃^{0}fã^{31}	吃晌午饭tʃʰɿ^{55}ʃɑŋ^{21}u^{0}fã^{31}	吃后晌饭tʃʰɿ^{55}xuŋ^{55}ʃɑŋ^{0}fã^{31} "后"读为"哄"去声
博山	吃寝$^{=}$寝$^{=}$饭tʂʰʅ^{213}tɕʰiẽ^{213}tɕʰiẽ^{0}fã^{31}	吃晌午饭tʂʰʅ^{213}ʂɑŋ^{213}u^{0}fã^{31}	吃后晌饭tʂʰʅ^{213}xəu^{55}ʂɑŋ^{0}fã^{31}
张店	吃早晨饭tʂʰʅ^{33}tsɔ^{213}tʂʰə̃^{0}fã^{31}	吃晌午饭tʂʰʅ^{33}ʂɑŋ^{213}u^{0}fã^{31}	吃后晌饭tʂʰʅ^{33}xou^{55}ʂɑŋ^{0}fã^{31}
阳谷	吃清起来饭儿tsʰɿ^{13}tɕʰiŋ^{13}tɕʰi^{55}lɛ^{0}fɐr^{0}	吃晌午饭tsʰɿ^{13}sɑŋ^{13}u^{0}fã^{0}	喝汤xə^{13}tʰɑŋ^{213}
梁山	吃清起来饭tsʰɿ^{213}tɕʰiŋ^{21}tɕʰi^{23}lɛ^{0}fã^{314}	吃晌午饭tsʰɿ^{21}sɑŋ^{55}u^{0}fã^{314}	喝黑价汤xə^{23}xei^{21}tɕiə^{0}tʰɑŋ^{314}
菏泽	吃清早饭tsʰɿ^{213}tɕʰiŋ^{21}tɔ^{44}fã^{312} "早"读为"岛"	吃晌午饭tsʰɿ^{213}sɑŋ^{53}u^{0}fã^{31}	喝汤xə^{213}tʰɑŋ^{213}
曹县	吃晌午饭tʂʰʅ^{213}ʂɑŋ^{44}u^{0}fã^{312}	吃哼$^{=}$哼$^{=}$饭tʂʰʅ^{213}xəŋ^{53}xəŋ^{0}fã^{312}	喝汤xə^{213}tʰɑŋ^{213}
金乡	吃清起来饭tsʰɿ^{213}tɕʰiŋ^{21}tɕʰi^{23}lɛ^{0}fã^{312}	吃晌午饭tsʰɿ^{21}sɑŋ^{23}u^{0}fã^{312}	喝汤xə^{23}tʰɑŋ^{213}
曲阜	吃清早饭tsʰɿ^{213}tɕʰiŋ^{21}tsɔ^{0}fã^{312}	吃晌午饭tsʰɿ^{23}saŋ^{213}u^{0}fã^{312}	吃后晌饭tsʰɿ^{213}xou^{42}saŋ^{0}fã^{312}
薛城	吃清起饭tsʰɿ^{23}tɕʰiŋ^{31}tɕʰi^{0}fã^{41}	吃晌午饭tsʰɿ^{31}sɑŋ^{24}uẽ^{0}fã^{41} "午"读为"吻"轻声	吃晚饭tsʰɿ^{31}uã^{24}fã^{41} 喝汤xə^{23}tʰɑŋ^{313}
郯城	吃清清饭tʂʰʅ^{13}tɕʰiŋ^{21}tɕʰiŋ^{0}fã^{51}	吃晌午饭tʂʰʅ^{21}ʂɑŋ^{24}uə̃^{0}fã^{51} "午"读为"吻"轻声	吃下晚儿饭tʂʰʅ^{21}ɕia^{51}uɛr^{24}fã^{51}
临沂	吃早晨饭tʃʰʅ^{24}tsɔ^{214}tʃʰẽ^{0}fã^{312}	吃晌午饭tʃʰʅ^{24}ʃɑŋ^{214}uẽ^{0}fã^{312} "午"读为"吻"轻声	吃晚上饭tʃʰʅ^{24}uɑŋ^{21}ʃɑŋ^{0}fã^{312}

	0439吃～饭	0440喝～酒	0441喝～茶
荣成	⿰口万$^{=}$tai^{214} 喝xa^{214} 吃tʃ^{h}i^{214}	喝xa^{214}	喝xa^{214}
烟台	⿰口万$^{=}$tɛ^{14} 吃tɕ^{h}i^{14}	喝xa^{14}	喝xa^{14}
栖霞	⿰口万$^{=}$tei^{214}	喝xa^{214}	喝xa^{214}
长岛	⿰口万$^{=}$tai^{213} 吃tʃ^{h}ʅ^{213}	喝xa^{213}	喝xa^{213}
海阳	吃ts^{h}ʅ^{214} ⿰口万$^{=}$tɛ^{214}	喝xa^{214}	喝xa^{214}
莱西	吃tʃ^{h}ʅ^{55} ⿰口万$^{=}$tɛ^{55}	喝xə^{214}	喝xə^{214}
平度	吃tʃ^{h}ʅ^{55}	喝xa^{55}	喝xa^{55}
青岛	吃tʃ^{h}ʅ^{55}	喝xɑ^{55}	喝xɑ^{55}
高密	吃tʃ^{h}ʅ^{55}	喝xɑ^{55}	喝xɑ^{55}
诸城	吃tʃ^{h}ʅ^{44}	喝xa^{44}	喝xa^{44}
沂水	吃tʃ^{h}ʅ^{44}	喝xa^{44}	喝xa^{44}
临朐	吃tʃ^{h}ʅ^{44}	喝xa^{213}	喝xa^{213}
日照	吃tʃ^{h}ʅ^{213}	喝xɑ^{213}	喝xɑ^{213}
莒南	吃tʃ^{h}ʅ^{213}	喝xa^{213}	喝xa^{213}
潍坊	吃tʂ^{h}ʅ^{214}	喝xɑ^{214}	喝xɑ^{214}
寿光	吃tʂ^{h}ʅ^{213}	喝xa^{213}	喝xa^{213}
高青	吃tʂ^{h}ʅ^{213}	喝xə^{213}	喝xə^{213}
阳信	吃tʂ^{h}ʅ^{213}	喝xə^{213}	喝xə^{213}
济阳	吃tʂ^{h}ʅ^{213}	喝xə^{213}	喝xə^{213}
利津	吃tʂ^{h}ʅ^{44}	喝xə^{44}	喝xə^{44}
乐陵	吃tʂ^{h}ʅ^{24}	喝xə^{24}	喝xə^{24}
商河	吃tʂ^{h}ʅ^{45}	喝xə^{45}	喝xə^{45}
平原	吃tʂ^{h}ʅ^{213}	喝xə^{213}	喝xə^{213}
德州	吃tʂ^{h}ʅ^{213}	喝xə^{213}	喝xə^{213}
武城	吃tʂ^{h}ʅ^{224}	喝xə^{224}	喝xə^{224}

续表

	0439吃～饭	0440喝～酒	0441喝～茶
临清	吃tʂʰʅ^{13}	喝xə^{13}	喝xə^{13}
冠县	吃tʂʰʅ^{13}	喝xə^{13}	喝xə^{13}
聊城	吃tsʰɿ^{13}	喝xə^{13}	喝xə^{13}
济南	吃tʂʰʅ^{213}	喝xə^{213}	喝xə^{213}
泰安	吃tʂʰʅ^{213}	喝xə^{213}	喝xə^{213}
莱芜	吃tʃʰʅ^{213}	喝xə^{213}	喝xə^{213}
新泰	吃tʃʰʅ^{213}	喝xə^{213}	喝xə^{213}
沂源	吃tʃʰʅ^{213}	喝xa^{213}	喝xa^{213}
博山	吃tʂʰʅ^{213}	喝xɑ^{213}	喝xɑ^{213}
张店	吃tʂʰʅ^{33}	喝xɑ^{33}	喝xɑ^{33}
阳谷	吃tsʰɿ^{213}	喝xə^{213}	喝xə^{213}
梁山	吃tsʰɿ^{213}	喝xə^{213}	喝xə^{213}
菏泽	吃tsʰɿ^{213}	喝xə^{213}	喝xə^{213}
曹县	吃tʂʰʅ^{213}	喝xə^{213}	喝xə^{213}
金乡	吃tsʰɿ^{213}	喝xə^{213}	喝xə^{213}
曲阜	吃tsʰɿ^{213}	喝xə^{213}	喝xə^{213}
薛城	吃tsʰɿ^{313}	喝xə^{313}	喝xə^{313}
郯城	吃tʂʰʅ^{213}	喝xə^{213}	喝xə^{213}
临沂	吃tʃʰʅ^{214}	喝xə^{214}	喝xə^{214}

	0442抽～烟	0443盛～饭	0444夹用筷子～菜①
荣成	抽tʃʰəu^{53}	盛tʃʰəŋ^{35} 舀iau^{214}	搛cian^{53}
烟台	抽tɕʰiou^{53}	盛tɕʰiŋ^{33}	搛tɕian^{53}
栖霞	吩⁼tɛi^{214} 抽tʃʰəu^{312}	舀iɔo^{214}	搛cʰiãn^{342}读为“牵”
长岛	抽tʃʰou^{312}	盛tʃʰəŋ^{55}	搛cʰian^{312}读为“牵”

① 搛，《集韵》监嫌切，“夹持”。攲，《广韵》居宜切，“箸取物也”。音“刀”者本字不详，这里写作计算机字库里有的“扨”。

续表

	0442抽～烟	0443盛～饭	0444夹用筷子～菜
海阳	吃tsʰɿ^{214}	盛tsʰəŋ^{341}	搛cʰiã^{52}读为“牵”
莱西	吃tʃʰɿ^{55} 抽tʃʰiou^{214}	盛tʃʰəŋ^{42}用于干饭 舀iɔ^{55}用于稀饭，用勺子的	挑tʰiɔ^{214} 扨tɔ^{214}
平度	吃tʃʰɿ^{55} 抽tʃʰou^{213}	挖ua^{55}用于干饭 舀iɔ^{55}用于稀饭	扨tɔ^{213}
青岛	吃tʃʰɿ^{55}	盛tʃʰoŋ^{42}	扨tɔ^{213}
高密	吃tʃʰɿ^{55}	舀iɔ^{55}用于稀饭 盛tʃʰoŋ^{42}用于干饭	扨tɔ^{213}
诸城	吃tʃʰɿ^{44}	舀iɔ^{44}	扨tɔ^{213}
沂水	吃tʃʰɿ^{44}	揺ua^{44} 舀iɔ^{44}	扨tɔ^{213}
临朐	吃tʃʰɿ^{44}	盛tʃʰəŋ^{53}	攲tɕi^{213}
日照	吃tʃʰɿ^{213}	舀iɔ^{44}	扨tɔ^{213}
莒南	吸ɕy^{213}“吸”读为“嘘” 抽tʃʰou^{213}	盛tʃʰəŋ^{53}	扨tɔ^{213}
潍坊	吃tʂʰʅ^{214}	盛tʂʰəŋ^{53}	攲tɕi^{214} 扨tɔɤ^{214}
寿光	吃tʂʰʅ^{213}	盛tʂʰəŋ^{53}	攲tɕi^{213}
高青	抽tʂʰou^{213}	舀iɔ^{55}	攲tɕi^{213}
阳信	抽tʂʰou^{213}	盛tʂʰəŋ^{43}	攲tɕi^{213}
济阳	抽tʂʰou^{213}	舀iɔ^{55}	攲tɕi^{213}
利津	吃tʂʰʅ^{44}	舀iɔ^{55}	攲tɕi^{213}
乐陵	抽tʂʰou^{24}	盛tʂʰəŋ^{55} 舀iɔ^{55}	攲tɕi^{24}
商河	抽tʂʰou^{213}	盛tʂʰəŋ^{54}	攲tɕi^{213}
平原	抽tʂʰou^{213}	舀iɔu^{55}	攲tɕi^{213}
德州	抽tʂʰou^{213}	盛tʂʰəŋ^{42}	搛tɕiã^{213}
武城	抽tʂʰou^{224}	盛tʂʰəŋ^{53}	抄tʂʰɔ^{224}
临清	抽tʂʰou^{13} 吸ɕi^{13}	盛tʂʰəŋ^{53}	扨tau^{13}
冠县	抽tʂʰou^{13} 吸ɕi^{13}	舀iɔ^{55}	扨tɔ^{13}

续表

	0442抽～烟	0443盛～饭	0444夹用筷子～菜
聊城	吸 çi^{13} 抽 tsʰou^{13}	舀 iɔ^{44}	扨 tɔ^{13}
济南	抽 tʂʰou^{213} 吸 çi^{213}	盛 tʂʰəŋ^{42}	敍 tçi^{213}
泰安	抽 tʂʰou^{213}	盛 tʂʰəŋ^{42}	扨 tɔ^{213}
莱芜	抽 ʃou^{213} 读为“收”	盛 tʃʰəŋ^{55}	敍 tçi^{213}
新泰	抽 ʃou^{213} 读为“收”	盛 tʃʰəŋ^{42}	扨 tɔ^{213}
沂源	吃 tʃʰʅ^{213}	揿 ua^{55}	敍 tçi^{213}
博山	吃 tʂʰʅ^{213}	舀 iɔ^{55}	敍 tçi^{213}
张店	吃 tʂʰʅ^{33}	舀 iɔ^{55}	敍 tçi^{213}
阳谷	吸 çi^{213}	盛 tsʰəŋ^{42} 舀 iɔ^{55}	扨 tɔ^{213}
梁山	吸 çi^{213}	盛 tsʰəŋ^{42}	扨 tɔ^{213}
菏泽	吸 çi^{213}	舀 iɔ^{44}	扨 tɔ^{213}
曹县	吸 çi^{213}	舀 iɔ^{44}	扨 tɔ^{213}
金乡	吸 çi^{213}	舀 iɔ^{55}	扨 tɔ^{213}
曲阜	吸 çi^{213}	盛 tsʰəŋ^{42}	扨 tɔ^{213}
薛城	吸 çi^{313}	盛 tsʰəŋ^{55}	扨 tɔ^{313}
郯城	吸 çi^{213} 抽 tʂʰəu^{213}	盛 tʂʰəŋ^{44}	扨 tɔ^{24} 夹 tçia^{213}
临沂	吸 çy^{214} 读为“嘘”/çi^{214} 抽 tʃʰou^{214}	盛 tʃʰəŋ^{53}	扨 tɔ^{214}

	0445斟～酒	0446渴口～	0447饿肚子～
荣成	倒 tau^{33}	渴 kʰa^{214}	饿 uo^{33}
烟台	倒 tau^{33} 添 tʰian^{53}	渴 kʰa^{14}	饿 uo^{33}
栖霞	倒 tɔo^{52}	渴 kʰa^{214}	饿 uo^{342}
长岛	倒 tau^{52}	渴 kʰa^{213}	饥困 ci^{31}kʰuən^{0}
海阳	倒 tɔ^{341}	渴 kʰa^{214}	饥困 ci^{52}kʰuẽ^{0}
莱西	倒 tɔ^{42} 添 tʰiã^{214}	渴 kʰa^{55}/kʰə^{55}	饿 uə^{42} 饥困 ci^{32}kʰuẽ^{0}

续表

	0445 斟～酒	0446 渴口～	0447 饿肚子～
平度	添tʰiã^{213}	渴kʰa^{55}	饿uə^{42} 饥困ci^{213}kʰuə̃^{42}
青岛	添tʰiã^{213}	渴kʰɑ^{55}	饿uə^{42} 饥困tɕi^{213}kʰuẽ^{42}
高密	倒tɔ^{21}	渴kʰɑ^{55}	饿uə^{21} 饥困tɕi^{21}kʰuə̃^{0}
诸城	倒tɔ^{31} 宣$^{=}$θyã^{213}	渴kʰa^{44}	饥困tʃʅ^{31}kʰuẽ^{0}
沂水	宣$^{=}$syã^{213}	渴kʰa^{44}	害饿xɛ^{31}uə^{31} 饥困tɕi^{21}kʰuẽ^{0}
临朐	宣$^{=}$ɕyã^{213}	渴kʰuə^{44}	饥困tɕi^{21}kʰuə̃^{0}
日照	宣$^{=}$θyã^{213}	渴kʰɑ^{213}	饿uə^{31}
莒南	倒tɔ^{312}	渴kʰa^{213} 害渴xɛ^{31}kʰa^{213}	饿uə^{312} 害饿xɛ^{13}uə^{31}
潍坊	斟tʂẽ^{214} 倒tɔɤ^{31}	渴kʰɑ^{214}	饥困tɕi^{31}kʰuẽ^{0} 饿uə^{31}
寿光	斟tʂə̃^{213}	干渴kã^{21}kʰuə^{0}	饥困tɕi^{21}kʰuə̃^{0}
高青	斟tʂə̃^{213}	干渴kã^{21}kʰuə^{0}	饥困tɕi^{21}kʰuə̃^{0}
阳信	满mã^{55}	干渴kã^{31}kʰə^{0}	饿uə^{31}
济阳	倒tɔ^{31} 满mã^{55}	干渴kã^{21}kʰə^{0}	饥困tɕi^{21}kʰuẽ^{0}
利津	倒tɔ^{31}	干渴kã^{31}kʰuə^{0}	饥困tɕi^{31}kʰuẽ^{0}
乐陵	满mã^{55}	渴kʰə^{24}	饿uə^{51}
商河	倒tɔ^{31}	干渴kã^{21}kʰə^{0}	饥困tɕi^{21}kʰuẽ^{0}
平原	倒tɔu^{21}	渴kʰə^{213}	饿uə^{21}
德州	倒tɔ^{21}	渴kʰə^{213}	饿uə^{21}
武城	倒tɔ^{312}	渴kʰə^{224}	饿ŋə^{312}
临清	倒tau^{313} 漫$^{=}$man^{313} 斟tʂen^{13}	渴kʰə^{13}	饿ŋə^{313}
冠县	倒tɔ^{314}	渴kʰə^{13}	饿ɣə^{314}
聊城	漫$^{=}$mã^{313}	渴kʰə^{13}	饿ɣə^{313}

续表

	0445斟～酒	0446渴口～	0447饿肚子～
济南	满mã^{55} 倒tɔ^{21}	渴k^{h}ə^{213}	饥困tɕi^{21}k^{h}uẽ^{0}
泰安	满mã^{55} 先⁼ɕiã^{213}	渴k^{h}ə^{213}	饿ɣə^{21} 饥困tɕi^{21}k^{h}uẽ^{0}
莱芜	满mã^{55}	渴k^{h}ə^{213}	饥困tɕi^{31}k^{h}uẽ^{0}
新泰	满mã^{55}	渴k^{h}ə^{213}	饿ŋə^{31}
沂源	宣⁼ɕyã^{213}	渴k^{h}a^{213}	饥困tɕi^{21}k^{h}uə̃^{0}
博山	倒tɔ^{31}	干渴kã^{21}k^{h}uə^{0}	饥困tɕi^{21}k^{h}uẽ^{0}
张店	倒tɔ^{31}	干渴kã^{21}k^{h}uə^{0}	饥困tɕi^{21}k^{h}uə̃^{0}
阳谷	漫⁼mã^{313}	渴k^{h}ə^{213}	饿ɣə^{313}
梁山	倒tɔ^{314}	渴k^{h}ə^{213}	饿ɣə^{314}
菏泽	倒tɔ^{312}	渴k^{h}ə^{213}	饿ɣə^{312}
曹县	倒tɔ^{312}	渴k^{h}ə^{213}	饿ɣə^{312}
金乡	倒tɔ^{312}	渴k^{h}ə^{213}	饿ɣə^{312}
曲阜	倒tɔ^{312}	渴k^{h}ə^{213}	饿ɣə^{312}
薛城	倒tɔ^{41} 斟tsẽ^{313}较少说	渴k^{h}ə^{313}	饿ɣə^{41}
郯城	倒tɔ^{51} 满mã^{24}	干kã^{213} 渴k^{h}ə^{213}	饿uə^{51}
临沂	倒tɔ^{312} 满上mã^{214}ʃɑŋ^{0}	渴k^{h}ə^{214}	饿uə^{312}

	0448噎吃饭～着了	0449头人的，统称	0450头发
荣成	卡ts^{h}ia^{214} 搡sɑŋ^{214}	头tәu^{35}	头发tәu^{35}fa^{0}
烟台	噎ie^{14}	头t^{h}ou^{33}	头发t^{h}ou^{33}fu^{0}“发”读为“拂”轻声
栖霞	噎iɛ^{214}	头t^{h}əu^{342}	头发t^{h}əu^{34}fu^{0}“发”读为“拂”轻声
长岛	噎iɛ^{312}	头t^{h}ou^{55}	头发t^{h}ou^{55}fa^{0}
海阳	噎iə^{52}	头t^{h}əu^{341}	头发t^{h}əu^{34}fu^{0}“发”读为“拂”轻声

续表

	0448 噎吃饭～着了	0449 头人的，统称	0450 头发
莱西	噎 $iə^{55}$	头 t^hou^{42}	头发 $t^hou^{45}fə^{0}$ “发”读为“佛”轻声
平度	噎 $iə^{55}$	头 t^hou^{42}	头发 $t^hou^{45}fu^{0}$ “发”读为“拂”轻声，又读 fa^{0}
青岛	堵 tu^{55}	头 t^hou^{42}	头发 $t^hou^{45}fɑ^{0}$
高密	噎 $iə^{55}$	头 t^hou^{42}	头发 $t^hou^{55}fɑŋ^{0}$ “发”读为“方”轻声
诸城	噎 $iə^{44}$	头 t^hou^{53}	头发 $t^hou^{24}fu^{0}$ “发”读为“拂”轻声
沂水	噎 $iə^{44}$	头 t^hou^{53}	头发 $t^hou^{24}fa^{0}$
临朐	噎 $iə^{213}$	头 $t^həu^{53}$	头发 $t^həu^{35}fa^{0}$
日照	噎 $iə^{213}$	头 t^hou^{53}	头发 $t^hou^{44}fu^{0}$ “发”读为“拂”轻声
莒南	噎 $iə^{213}$	头 t^hou^{53}	头发 $t^hou^{24}fə^{0}$ “发”读为“佛”轻声/$t^hou^{24}fa^{0}$
潍坊	噎 $iə^{214}$	头 $t^hɤɯ^{53}$	头发 $t^hɤɯ^{35}fɑ^{0}$
寿光	噎 $iə^{213}$	头 $t^həu^{53}$	头发 $t^həu^{35}fa^{0}$
高青	噎 $iə^{213}$	脑袋 $nɔ^{213}tɛ^{0}$	头发 $t^hou^{35}fɑ^{0}$
阳信	噎 $iə^{213}$	脑袋 $nɔ^{213}tɛ^{0}$ 脑袋瓜子 $nɔ^{213}tɛ^{0}kua^{31}tsɿ^{0}$	头发 $t^hou^{45}fə^{0}$ “发”读为“佛”轻声
济阳	噎 $iə^{213}$	头 t^hou^{55} 脑袋 $nɔ^{21}tɛ^{0}$ 脑袋瓜子 $nɔ^{21}tɛ^{0}kua^{21}tsɿ^{0}$	头发 $t^hou^{24}fa^{0}$
利津	呛 $tɕ^hiaŋ^{213}$	头 t^hou^{53}	头发 $t^hou^{35}fa^{0}$
乐陵	噎 $iə^{24}$	脑袋 $nɔ^{212}tɛ^{0}$	头发 $t^hou^{55}fɑ^{0}$
商河	噎 $iə^{45}$	头 t^hou^{54} 脑袋 $nɔ^{213}tɛ^{0}$	头发 $t^hou^{24}fɑ^{0}$
平原	噎 $iə^{213}$	脑袋 $nɔu^{23}tei^{0}$	头发 $t^hou^{55}fa^{0}$
德州	噎 $iə^{213}$	脑袋 $nɔ^{213}tɛ^{0}$	头发 $t^hou^{55}fa^{0}$
武城	噎 $iə^{224}$	脑袋 $nɔ^{24}tɛ^{0}$	头发 $t^hou^{55}fa^{0}$
临清	噎 $iə^{13}$	头 t^hou^{53} 脑袋 $nau^{44}tai^{0}$	头发 $t^hou^{44}fa^{0}$
冠县	噎 $iə^{13}$	头 t^hou^{53} 脑袋瓜儿 $nɔ^{44}tɛ^{0}kuar^{13}$	头发 $t^hou^{53}fa^{0}$

续表

	0448 噎吃饭～着了	0449 头人的，统称	0450 头发
聊城	噎iə^{13}	头tʰou^{53} 脑瓜子nɔ^{44}kua^{13}tsɿ^{0} 脑袋nɔ^{44}tɛ^{0}	头发tʰou^{44}fa^{0}
济南	噎iə^{213}	头tʰou^{42} 脑袋瓜子nɔ^{213}tɛ^{0}kua^{21}tsɿ^{0} 脑袋nɔ^{213}tɛ^{0}	头发tʰou^{445}fa^{0}
泰安	噎iə^{213}	头tʰou^{42} 脑袋瓜子nɔ^{213}tɛ^{0}kua^{21}tsɿ^{0}	头发tʰou^{55}fa^{0}
莱芜	噎iə^{213}	头顶tʰou^{55}tiŋ^{55}	头发tʰou^{13}fa^{0}
新泰	噎iə^{213}	头tʰou^{42}	头发tʰou^{45}fa^{0}
沂源	噎iə^{213}	头tʰou^{55}	头发tʰou^{35}fa^{0}
博山	噎iə^{213}	头tʰəu^{55}	头发tʰəu^{35}fɑ^{0}
张店	噎iə^{33}	头tʰou^{55}	头发tʰou^{35}fɑ^{0}
阳谷	噎iə^{213}	头tʰou^{42}	头发tʰou^{55}fa^{0}
梁山	噎iə^{213}	头tʰou^{42}	头发tʰou^{55}fa^{0}
菏泽	噎iɛ^{213}	头tʰou^{53}	头发tʰou^{53}fa^{0}
曹县	噎iə^{213}	头tʰou^{53}	头发tʰou^{53}fa^{0}
金乡	噎iə^{213}	头tʰou^{42} 脑袋nɔ^{23}tɛ^{0}	头发tʰou^{55}fa^{0}
曲阜	噎iə^{213}	头tʰou^{42}	头发tʰou^{55}fa^{0}
薛城	噎iə^{313}	头tʰou^{55}	头发tʰou^{55}fu^{0} “发”读为“拂”轻声
郯城	噎iə^{213}	头tʰəu^{44}	头发tʰəu^{44}fa^{0}/tʰəu^{44}fu^{0} “发”读为“拂”轻声
临沂	噎iə^{214}	头tʰou^{53}	头发tʰou^{55}fu^{0} “发”读为“拂”轻声

	0451 辫子	0452 旋	0453 额头
荣成	辫子pian^{33}tsɿ^{0}	旋子sian^{35}tsɿ^{0}	额①了=盖iɛ^{53}lə^{0}kai^{33}
烟台	辫子pian^{33}ɾə^{0}	旋儿ɕyɐr^{33}	额了=盖ie^{33}lə^{0}kɛ^{33}

① “额”各地有iə（iɛ）或ə的读音，都算是合乎规律的读法。额，《广韵》五陌切，疑母梗摄二等开口入声陌韵。不写作“页”，该字与额头意义无关。

续表

	0451 辫子	0452 旋	0453 额头
栖霞	辫子 piaŋ^{34}lə^{0} "辫"韵母读iaŋ	旋顶儿 siãn^{34}tiə̃r^{0}	额啦盖 iɛ^{34}la^{0}kɛi^{52}
长岛	辫子 pian^{52}tsɿ^{0}	顶 tiŋ^{213}	额了$^{=}$盖 iɛ^{21}lə^{0}kai^{52}
海阳	角儿 tsiar^{214} 辫子 piã^{34}ə^{0}	旋顶儿 syã^{34}tiə̃r^{0}	额灵$^{=}$盖 iə^{34}liŋ^{0}kɛ^{341}
莱西	辫子 piã^{45}tsɿ^{0}	旋顶儿 ʃyã^{45}tiə̃r^{0}	额了$^{=}$盖 iə^{45}lə^{0}kɛ^{42}
平度	辫子 piã^{45}tθɿ^{0}	旋儿 θuɛr^{42}	额咧盖 iə^{45}liə^{0}kɛ^{42}
青岛	辫子 piã^{45}tθɿ^{0}	旋儿 θuɛr^{55}	额喽盖儿 iə^{55}lou^{0}kɛr^{42}
高密	辫子 piã^{42}tθɿ^{0}	旋儿 θuɛr^{21}	额楞$^{=}$盖 iə^{55}loŋ^{0}kɛ^{21}
诸城	辫子 piã^{44}tθɿ^{0}	头囟子 tʰou^{53}θẽ^{44}tθɿ^{0} 旋儿 θuɛr^{31}	额了$^{=}$盖 iə^{44}lə^{0}kɛ^{31}
沂水	辫子 piã^{44}dðɿ^{0}	旋儿 suɛr^{31}	额了$^{=}$盖 iə^{44}lə^{0}kɛ^{31}
临朐	辫子 piã^{44}tθɿ^{0}	旋儿 ɕyɛr^{21}	额啦盖 iə^{44}la^{0}kɛ^{21}
日照	辫子 piã^{53}tθɿ^{0}	旋儿 θuər^{53}	额耳$^{=}$盖子 iə^{213}ɭə^{0}kɛ^{53}tθɿ^{0}
莒南	辫子 piã^{42}tθɿ^{0}	踅窝儿 syə^{24}uər^{0}	额盖子 iə^{213}kɛ^{42}tθɿ^{0}
潍坊	辫子 piã^{55}tsɿ^{0}	旋儿 ɕyɛr^{31}	额了$^{=}$盖 iə^{35}lə^{0}kɛ^{31}
寿光	辫子 piã^{55}tsɿ^{0}	旋儿 ɕyɛr^{21}	额喽盖 iə^{55}ləu^{0}kɛ^{21} 额楞$^{=}$盖 iə^{55}ləŋ^{0}kɛ^{21}
高青	辫子 piã^{55}tsɿ^{0}	旋儿 ɕyɛr^{41}	额朗$^{=}$盖 iə^{213}lɑŋ^{0}kɛ^{41}
阳信	辫子 piã^{55}tsɿ^{0}	旋 ɕyã^{31}	额了$^{=}$盖 iə^{23}lə^{0}kɛ^{31}
济阳	辫子 piã^{55}tsɿ^{0}	旋儿 ɕyɛr^{31}	额啦盖儿 iə^{21}la^{0}kɛr^{31}
利津	辫子 piã^{55}tsɿ^{0}	旋儿 ɕyɛr^{31}	额啦盖 iə^{55}la^{0}kɛ^{31}
乐陵	辫子 piã^{55}tsɿ^{0}	旋儿 ɕyɛr^{51}	额啦盖 iə^{212}lɑ^{0}kɛ^{51}
商河	辫子 piã^{54}tsɿ^{0}	旋 ɕyã^{31}	额啦盖儿 iə^{54}lɑ^{45}kɛr^{31}
平原	辫子 piã^{42}tsɿ^{0}	头囟儿 tʰou^{55}ɕiər^{21}	额啦盖 iə^{55}la^{0}kɛi^{21}
德州	辫子 piã^{42}tsɿ^{0}	旋儿 ɕyɛr^{21}	额啦盖儿 iə^{42}la^{0}kɛr^{21}
武城	辫子 piã^{53}tsɿ^{0}	旋 ɕyã^{53}	额啦盖儿 iə^{55}la^{0}kɛr^{312}
临清	辫子 pian^{53}tsɿ^{0}	旋儿 ɕyɛr^{53}	脑门儿 nau^{44}mer^{53}
冠县	辫子 piã^{53}tsɿ^{0}	旋儿 suɛr^{53}	门头 mẽ^{53}tʰou^{53}
聊城	辫子 piã^{53}tsɿ^{0}	顶 tiŋ^{44} 旋儿 ɕyər^{53}	眉头 mei^{53}tʰou^{53}

续表

	0451辫子	0452旋	0453额头
济南	辫子piã^{55}tsɿ^{0}	旋儿çyɛr^{21}	额啦盖儿iə^{55}la^{0}kɛr^{21}
泰安	辫子piã^{42}tsɿ^{0}	旋儿çyɛr^{21}	额俩$^{=}$儿盖iə^{55}liar^{0}kɛ^{21}
莱芜	辫子piã^{42}tsɿ^{0}	旋çyã^{42}	额啦盖iə^{42}la^{13}kɛ^{0}
新泰	辫子piã^{54}tθɿ^{0}	旋儿çyɐr^{42}	额啦盖iə^{54}la^{0}kɛ^{31}
沂源	辫子piã^{55}tθɿ^{0}	头囟子t^{h}ou^{55}çiə̃^{55}tθɿ^{0}	额了$^{=}$盖iə^{55}lə^{0}kɛ^{31}
博山	辫子piã^{55}ə^{0}	旋子çyã^{55}ə^{0}	额颅骨盖iə^{55}lu^{0}ku^{55}kɛ^{31}
张店	辫子piã^{55}ɿ^{0}	旋çyã^{31}	额了$^{=}$盖iə^{33}lə^{0}kɛ^{31}
阳谷	辫子piã^{42}zɿ^{0}	顶tiŋ^{55}	眉头mei^{42}t^{h}ou^{42}
梁山	辫子piã^{42}tsɿ^{0}	顶tiŋ^{55}	眉头mei^{42}t^{h}ou^{42}
菏泽	辫子piã^{31}tə^{0}	顶tiŋ^{44}	眉头mei^{53}t^{h}ou^{0} 额啦盖子ɣə^{21}la^{0}kɛ^{31}tə^{0}
曹县	辫子piã^{31}tsɿ^{0}	头顶t^{h}ou^{53}tiŋ^{44}	额啦盖子ɣə^{21}la^{0}kai^{31}tə^{0}
金乡	辫子piã^{42}tsɿ^{0}	囟子çiẽ^{42}tsɿ^{0} 顶tiŋ^{55}	眉头mei^{42}t^{h}ou^{0}
曲阜	辫子piã^{42}tsɿ^{0}	顶tiŋ^{55}	眉头mei^{42}t^{h}ou^{0}
薛城	辫子piã^{41}tsɿ^{0}	趄çyə^{55} 顶tiŋ^{24}	额了$^{=}$盖子ɣə^{31}lə^{0}kɛ^{41}tsɿ^{0}
郯城	辫子piã^{51}tsɿ^{0}	顶tiŋ^{24}	额了$^{=}$盖ə^{21}lə^{0}kɛ^{51} 额盖ə^{21}kɛ^{51}
临沂	辫子piã^{31}tsɿ^{0}	旋çyã^{312} 旋儿çyɛr^{312}	额了$^{=}$盖iə^{21}lə^{0}kɛ^{312}

	0454相貌	0455脸洗~	0456眼睛
荣成	模样mo^{53}iɑŋ^{0}	脸lian^{214}	眼ian^{214}
烟台	模样儿mu^{53}iɑ̃r^{0}	脸lian^{14}	眼ian^{14}
栖霞	模样儿mu^{52}iɑ̃r^{342}	脸liãn^{214}	眼iãn^{214}
长岛	模样儿mu^{55}iɑ̃r^{0}	脸lian^{213}	眼ian^{213}
海阳	模样儿mu^{52}iɑ̃r^{0}	脸liã^{214}	眼iã^{214}
莱西	模样儿mu^{214}iɑ̃r^{55}	脸liã^{55}	眼iã^{55}
平度	模样儿mu^{45}iɑ̃r^{0}	脸liã^{55}	眼iã^{55}

续表

	0454 相貌	0455 脸洗～	0456 眼睛
青岛	模样儿 mu^{45}ʐãr^{0}	脸 liã^{55}	眼 iã^{55}
高密	模样儿 mə^{55}ʐãr^{0} 长相 tʃaŋ^{55}siaŋ^{21} 样子 iaŋ^{42}tθɿ^{0}	脸 liã^{55}	眼 iã^{55}
诸城	样子 iaŋ^{44}tθɿ^{0} 模样儿 mu^{24}ʐãr^{0}	脸 liã^{44}	眼 iã^{44}
沂水	长相 dʒaŋ^{44}siaŋ^{31}	脸 liã^{44}	眼 iã^{44}
临朐	模样儿 mu^{35}iãr^{0}	脸 liã^{44}	眼 iã^{44}
日照	模样儿 mu^{44}ʐãr^{0}	脸 liã^{44}	眼 iã^{44}
莒南	模样儿 mu^{55}ɻãr^{31}	脸 liã^{55}	眼 iã^{55}
潍坊	模样儿 mu^{35}iãr^{0}	脸 liã^{55}	眼 iã^{55}
寿光	模样儿 mu^{35}iãr^{0}	脸 liã^{55}	眼 iã^{55}
高青	模样儿 mu^{35}iãr^{0}	脸 liã^{55}	眼 iã^{55}
阳信	模样儿 mu^{45}iar^{0}	脸 liã^{55}	眼 iã^{55}
济阳	模样 mə^{24}iaŋ^{0} 长相 tʂaŋ^{13}ɕiaŋ^{31}	脸 liã^{55}	眼 iã^{55}
利津	模样 mu^{35}iaŋ^{0}	脸 liã^{55}	眼 iã^{55}
乐陵	模样儿 mu^{55}iar^{0}	脸 liã^{55}	眼 iã^{55}
商河	模样儿 mu^{24}iar^{0} 长相 tʂaŋ^{45}ɕiaŋ^{31}	脸 liã^{45}	眼 iã^{45}
平原	模样儿 mu^{55}iar^{0}	脸 liã^{55}	眼 iã^{55}
德州	模样儿 mu^{55}iãr^{0}	脸 liã^{55}	眼 iã^{55}
武城	长相 tʂaŋ^{55}ɕiaŋ^{0}	脸 liã^{55}	眼 iã^{55}
临清	模样儿 mə^{44}iar^{0} 长相 tʂaŋ^{44}ɕiaŋ^{0}	脸 lian^{44}	眼 ian^{44}
冠县	模样儿 mu^{55}iar^{0}	脸 liã^{55}	眼 iã^{55}
聊城	模样儿 mə^{44}iãr^{0}	脸 liã^{44}	眼 iã^{44}
济南	模样 mu^{445}iaŋ^{0}	脸 liã^{55}	眼 iã^{55}
泰安	模样儿 muə^{55}iãr^{0} 长相 tʂaŋ^{213}ɕiaŋ^{21}	脸 liã^{55}	眼 iã^{55}
莱芜	人物 ʒẽ^{13}u^{0}	脸 liã^{55}	眼睛 iã^{213}tɕiŋ^{0}

续表

	0454相貌	0455脸洗～	0456眼睛
新泰	模样mu^{45}iaŋ^{0}	脸liã^{55}	眼iã^{55}
沂源	长相tʃaŋ^{35}ɕiaŋ^{0}	脸liã^{55}	眼iã^{55}
博山	长相tʂaŋ^{35}ɕiaŋ^{0}	脸liã^{55}	眼iã^{55}
张店	模样mu^{35}iaŋ^{0}	脸liã^{55}	眼iã^{55}
阳谷	模样儿mu^{55}iãr^{0}/mə^{55}iãr^{0}	脸liã^{55}	眼iã^{55}
梁山	模样儿mu^{55}iãr^{0}	脸liã^{55}	眼iã^{55}
菏泽	模样mu^{53}iaŋ^{0} 样子iaŋ^{31}tə^{0}	脸liã^{44}	眼iã^{44}
曹县	长相tʂaŋ^{44}ɕiaŋ^{0}	脸liã^{44}	眼iã^{44}
金乡	长相儿tsaŋ^{55}ɕiãr^{0} 样子iaŋ^{42}tsʅ^{0}	脸liã^{55}	眼iã^{55}
曲阜	长相tsaŋ^{55}ɕiaŋ^{0}	脸liã^{55}	眼iã^{55}
薛城	模样mu^{55}iaŋ^{0}	脸liã^{24}	眼iã^{24}
郯城	模样儿mu^{44}iãr^{0} 长相tʂaŋ^{24}ɕiaŋ^{51}	脸liã^{24}	眼iã^{24}
临沂	长相tʃaŋ^{55}ɕiaŋ^{312} 相貌ɕiaŋ^{31}mɔ^{312}	脸liã^{55}	眼iã^{55} 眼睛iã^{214}tɕiŋ^{0}

	0457眼珠统称	0458眼泪哭的时候流出来的	0459眉毛
荣成	眼珠子ian^{21}tʃy^{53}tsʅ^{0}	泪lei^{33}	眉毛mei^{53}mau^{53} 眼之⁼毛ian^{21}tʂʰʅ^{0}mau^{53}
烟台	眼珠子ian^{21}tɕy^{53}rə^{0}	眼泪ian^{21}lei^{33}	眼眉ian^{21}mei^{33}
栖霞	眼珠iãn^{34}tʃu^{312}	眼泪iãn^{21}lei^{342}	眼眉iãn^{34}mei^{312}
长岛	眼珠子ian^{55}tʃy^{31}tsʅ^{0}	眼泪ian^{21}lei^{52}	眼眉ian^{21}mei^{55}
海阳	眼珠子iã^{21}tʃy^{52}ə^{0}	眼泪iã^{21}lei^{341}	眼眉iã^{34}mei^{52}
莱西	眼珠儿iã^{55}tʃur^{214} 眼珠子iã^{55}tʃu^{214}tsʅ^{0}	眼泪iã^{214}lei^{42} 泪lei^{42}	眼眉iã^{55}mei^{214}
平度	眼珠儿iã^{55}tʂur^{213} 眼珠子iã^{55}tʃu^{213}tθʅ^{0}	眼泪iã^{55}lei^{42}	眼眉iã^{55}mei^{42}
青岛	眼核儿iã^{55}xur^{42} 眼珠子iã^{55}tʃu^{213}tθʅ^{0}	眼泪iã^{55}lei^{42}	眼眉iã^{55}mei^{42}

续表

	0457 眼珠统称	0458 眼泪哭的时候流出来的	0459 眉毛
高密	眼珠子 iã^{55}tʃu^{21}tθɿ^{0}	泪 luei^{21} 眼泪 iã^{55}luei^{21}	眼眉 iã^{213}mei^{42}
诸城	眼珠子 iã^{44}tʃu^{31}tθɿ^{0}	眼泪 iã^{44}luei^{31}	眼眉 iã^{45}mei^{53}
沂水	眼蛋子 iã^{213}tã^{44}dðɿ^{0}	眼泪 iã^{44}lue^{31}	眉毛 me^{53}mɔ^{53}
临朐	眼蛋子 iã^{213}tã^{0}tθɿ^{0}	眼泪 iã^{44}luei^{21}	眉毛 mei^{53}mɔ^{53}
日照	眼珠子 iã^{44}tʃu^{31}tθɿ^{0}	眼泪 iã^{44}lei^{31}	眉毛 mei^{44}mɔ^{0}
莒南	眼珠子 iã^{55}tʃʮ^{21}tθɿ^{0} 眼蛋子 iã^{55}tã^{42}tθɿ^{0}	眼泪 iã^{55}lei^{31} 泪水 lei^{31}ʂuei^{55}	眉毛 mei^{24}mɔ^{0}
潍坊	眼睛珠子 iã^{24}tɕiŋ^{0}tʂu^{31}tsɿ^{0} 眼珠子 iã^{55}tʂu^{31}tsɿ^{0} 眼珠儿 iã^{55}tʂur^{214}	泪 luei^{31}	眼眉 iã^{55}mei^{53} 眉毛 mei^{35}mɔɤ^{0}
寿光	眼珠子 iã^{55}tʂu^{21}tsɿ^{0} 眼珠儿 iã^{55}tʂur^{213}	泪 luei^{21}	眼眉 iã^{55}mei^{53}
高青	眼珠子 iã^{55}tʂu^{21}tsɿ^{0}	眼泪 iã^{55}luei^{41}	眼眉 iã^{55}mei^{55}
阳信	眼珠子 iã^{55}tʂu^{31}tsɿ^{0}	泪儿 luer^{31}	眼眉 iã^{55}mei^{43}
济阳	眼珠子 iã^{13}tʂu^{21}tsɿ^{0}	眼泪 iã^{13}luei^{31}	眼眉 iã^{21}mei^{55}
利津	眼珠子 iã^{55}tʂu^{31}tsɿ^{0}	眼泪 iã^{55}luei^{31}	眼眉 iã^{55}mei^{53}
乐陵	眼珠子 iã^{55}tʂu^{31}tsɿ^{0}	眼泪 iã^{55}luei^{51}	眼眉 iã^{55}mei^{55}
商河	眼珠子 iã^{45}tʂu^{21}tsɿ^{0}	眼泪 iã^{45}luei^{31}	眼眉 iã^{45}mei^{54}
平原	眼珠子 iã^{55}tʂu^{21}tsɿ^{0}	眼泪 iã^{55}lei^{21}	眼袋$^{=}$毛儿 iã^{23}tɛi^{0}mɔur^{42}
德州	眼珠子 iã^{55}tʂu^{21}tsɿ^{0}	泪 lei^{21}	眼眉 iã^{55}mei^{42}
武城	眼珠子 iã^{55}tʂu^{312}tsɿ^{0}	眼泪 iã^{55}lei^{312}	眼眉 iã^{24}mei^{53}
临清	眼珠儿 ian^{44}tʂur^{13}	眼泪 ian^{44}lei^{313}	眼眉 ian^{44}mei^{53} 眉毛 mei^{53}mau^{53}
冠县	眼珠儿 iã^{55}tʂur^{13}	眼泪 iã^{53}lei^{0} 泪 lei^{314}	眉 mei^{53}
聊城	眼珠子 iã^{44}tsu^{13}tsɿ^{0}	眼泪 iã^{44}luei^{313}	眼眉 iã^{44}mei^{53}
济南	眼珠子 iã^{55}tʂu^{21}tsɿ^{0}	眼泪 iã^{55}luei^{21}	眉 mei^{42}
泰安	眼珠子 iã^{55}tʂu^{21}tsɿ^{0}	泪 luei^{21}	眼眨$^{=}$毛 iã^{213}tʂa^{0}mɔ^{42}
莱芜	眼蛋子 iã^{213}tã^{42}tsɿ^{0}	泪 luei^{42}	眉毛 mei^{55}mɔ^{55}
新泰	眼珠子 iã^{55}pfu^{21}tθɿ^{0}	眼泪 iã^{55}luei^{31}	眉毛 mei^{42}mɔ^{42}

续表

	0457 眼珠统称	0458 眼泪哭的时候流出来的	0459 眉毛
沂源	眼蛋子 iã^{21}tã^{55}tθɿ^{0}	眼泪 iã^{55}luei^{31}	眉毛 mei^{55}mɔ^{55}
博山	眼珠子 iã^{55}tʂu^{21}ə^{0}	泪 luei^{31}	眉毛 mei^{35}mɔ^{0}
张店	眼珠 iã^{55}tʂu^{213}	泪 luei^{31}	眉毛 mei^{55}mɔ^{55}
阳谷	眼珠子 iã^{55}tsu^{31}zɿ^{0}	泪 lei^{313}	眉 mei^{42}
梁山	眼珠儿 iã^{55}tsuer^{213}	泪 lei^{314}	眼之$^{=}$毛 iã^{23}tsɿ^{0}mɔ^{42}
菏泽	眼珠子 iã^{44}tsu^{21}tə^{0}	泪 lei^{312}	眉毛 mei^{53}mɔ^{0}
曹县	眼珠子 iã^{44}tʂu^{21}tə^{0}	泪 lei^{312}	眉毛 mei^{53}mɔ^{0}
金乡	眼珠子 iã^{55}tsu^{21}tsɿ^{0}	泪 lei^{312}	眉毛 mei^{42}mɔ^{0}
曲阜	眼珠子 iã^{55}tsu^{21}tsɿ^{0}	泪 lei^{312}	眼之$^{=}$毛 iã^{213}tsɿ^{0}mɔ^{42}
薛城	眼珠子 iã^{55}pfu^{31}tsɿ^{0}	泪 le^{41} 眼泪 iã^{24}le^{41}	眉毛 me^{55}mɔ^{0}
郯城	眼珠子 iã^{24}tʂu^{21}tsɿ^{0} 眼珠儿 iã^{44}tʂuer^{213}	眼泪 iã^{24}le^{51}	眉毛 me^{44}mɔ^{0}
临沂	眼珠子 iã^{55}tʃu^{21}tsɿ^{0}	眼泪 iã^{55}lei^{312}	眉毛 mei^{55}mɔ^{0}

	0460 耳朵	0461 鼻子	0462 鼻涕统称
荣成	耳个$^{=}$ər^{35}kə^{0}	鼻子 pi^{35}tsɿ^{0}	鼻子 pi^{35}tsɿ^{0}
烟台	耳朵 ər^{21}tuo^{0}	鼻子 pi^{33}ɾə^{0}	鼻 pi^{33}
栖霞	耳朵 ər^{21}təu^{0} "朵"读为"斗"轻声	鼻子 pi^{34}lə^{0}	鼻通$^{=}$pi^{34}t^{h}uŋ^{0}
长岛	耳朵 ər^{35}tou^{0} "朵"读为"斗"轻声	鼻子 pi^{55}tsɿ^{0}	大鼻 ta^{52}pi^{55}
海阳	耳朵儿 ər^{21}təur^{0} "朵"读为"斗"轻声	鼻子 pi^{34}ə^{0}	鼻通$^{=}$pi^{34}t^{h}əŋ^{0}
莱西	耳朵 ər^{214}tuə^{0}	鼻子 pi^{45}tsɿ^{0}	鼻通$^{=}$pi^{45}t^{h}oŋ^{0}
平度	耳朵 ər^{45}tuə^{0}	鼻子 pi^{45}tθɿ^{0}	鼻清$^{=}$pi^{45}ts^{h}iŋ^{0}
青岛	耳朵 ɭə^{55}tou^{42} "朵"读为"斗"轻声	鼻子 pi^{45}tθɿ^{0}	鼻清$^{=}$pi^{45}ts^{h}ioŋ^{0}
高密	耳朵 ɭə^{23}tou^{0} "朵"读为"斗"轻声	鼻子 pi^{55}tθɿ^{0}	鼻子 pi^{55}tθɿ^{0} 鼻涕 pi^{55}t^{h}i^{0}
诸城	耳朵 ɭə^{213}tou^{0} "朵"读为"斗"轻声	鼻子 pi^{24}tθɿ^{0}	鼻子 pi^{24}tθɿ^{0}

续表

	0460 耳朵	0461 鼻子	0462 鼻涕统称
沂水	耳朵ɭə^{213}tuə^{0}	鼻子pi^{24}dðɿ^{0}	鼻子pi^{24}dðɿ^{0} 鼻汀$^{=}$pi^{24}tʰiŋ^{0}
临朐	耳朵lə^{213}tuə^{0}	鼻子pi^{35}tθɿ^{0}	鼻子pi^{35}tθɿ^{0}
日照	耳朵ɭə^{213}tou^{0} "朵"读为"斗"轻声	鼻子pi^{44}tθɿ^{0}	鼻子pi^{44}tθɿ^{0}
莒南	耳朵ɭə^{213}tou^{0} "朵"读为"斗"轻声	鼻子pi^{24}tθɿ^{0}	鼻子pi^{24}tθɿ^{0}
潍坊	耳朵ɐr^{24}tuə^{0}	鼻子pi^{35}tsɿ^{0}	鼻子pi^{35}tsɿ^{0} 鼻汀$^{=}$pi^{35}tʰiŋ^{0}
寿光	耳朵lə^{24}tuə^{0}	鼻子pi^{35}tsɿ^{0}	鼻子pi^{35}tsɿ^{0} 鼻汀$^{=}$水儿pi^{35}tʰiŋ^{0}ʂuɭ^{55}
高青	耳朵ɭə^{213}tuə^{0}	鼻子pi^{35}tsɿ^{0}	鼻子pi^{35}tsɿ^{0}
阳信	耳朵ər^{213}tuə^{0}	鼻子pi^{45}tsɿ^{0}	鼻子pi^{45}tsɿ^{0}
济阳	耳朵ɭə^{213}tɔ^{0} "朵"读为"岛"轻声	鼻子pi^{24}tsɿ^{0}	鼻子pi^{24}tsɿ^{0}
利津	耳朵lə^{213}tuə^{0}	鼻子pi^{35}tsɿ^{0}	鼻子pi^{35}tsɿ^{0}
乐陵	耳朵ər^{212}tou^{0} "朵"读为"岛"轻声	鼻子pi^{55}tsɿ^{0}	鼻子pi^{55}tsɿ^{0}
商河	耳朵ɭə^{213}tɔ^{0} "朵"读为"岛"轻声	鼻子pi^{24}tsɿ^{0}	鼻子pi^{24}tsɿ^{0}
平原	耳朵ər^{23}tɔu^{0} "朵"读为"斗"轻声	鼻子pi^{55}tsɿ^{0}	鼻叮$^{=}$pi^{55}tiŋ^{0}
德州	耳朵ər^{213}tɔ^{0} "朵"读为"岛"轻声	鼻子pi^{55}tsɿ^{0}	鼻叮$^{=}$pi^{55}tiŋ^{0}
武城	耳朵ɭə^{24}tɔ^{0} "朵"读为"岛"轻声	鼻子pi^{55}tsɿ^{0}	鼻叮$^{=}$pi^{55}tiŋ^{0}
临清	耳朵ər^{44}tau^{0} "朵"读为"岛"轻声	鼻子pi^{44}tsɿ^{0}	鼻净$^{=}$pi^{44}tɕiŋ^{0}
冠县	耳朵ər^{44}tuə^{0}	鼻子pi^{53}tsɿ^{0}	鼻子pi^{53}tsɿ^{0}
聊城	耳朵ə^{44}tɔ^{0} "朵"读为"岛"轻声	鼻子pi^{44}tsɿ^{0}	鼻子pi^{44}tsɿ^{0}
济南	耳朵ər^{213}tɔ^{0} "朵"读为"岛"轻声	鼻子pi^{445}tsɿ^{0}	鼻子pi^{445}tsɿ^{0}
泰安	耳朵ər^{213}tuə^{0}	鼻子pi^{55}tsɿ^{0}	鼻子pi^{55}tsɿ^{0}
莱芜	耳朵ɭ^{213}tuə^{0}	鼻子pi^{13}tsɿ^{0}	鼻子pi^{13}tsɿ^{0}

续表

	0460耳朵	0461鼻子	0462鼻涕统称
新泰	耳朵ɭə^{213}tuə^{0}	鼻子pi^{45}tθɿ^{0}	鼻子水pi^{45}tθɿ^{0}fei^{55}
沂源	耳朵ɭə^{21}tuə^{0}	鼻子pi^{35}tθɿ^{0}	鼻清=pi^{35}tɕ^{h}iŋ^{0}
博山	耳朵ɭə^{213}tuə^{0}	鼻子pi^{35}ə^{0}	鼻鼻pi^{35}pi^{0}
张店	耳朵ɭə^{213}tɔ^{0} “朵”读为“岛”轻声	鼻子pi^{35}ɿ^{0}	鼻子pi^{35}ɿ^{0}
阳谷	耳朵ər^{13}tɔ^{0} “朵”读为“岛”轻声	鼻子pi^{55}zɿ^{0}	鼻子pi^{55}zɿ^{0}
梁山	耳朵ɭ^{23}tɔ^{0} “朵”读为“岛”轻声	鼻子pi^{55}tsɿ^{0}	鼻子筒pi^{55}tsɿ^{0}t^{h}uŋ^{55}
菏泽	耳朵ɭ^{44}tɔ^{0} “朵”读为“岛”轻声	鼻子pi^{53}tə^{0}	鼻子pi^{53}tə^{0}
曹县	耳朵ɣər^{44}tɔ^{0} “朵”读为“岛”轻声	鼻子pi^{53}tə^{0}	鼻子pi^{53}tə^{0}
金乡	耳朵ər^{23}tɔ^{0} “朵”读为“岛”轻声	鼻子pi^{55}tsɿ^{0}	鼻子pi^{55}tsɿ^{0}
曲阜	耳朵ər^{213}tɔ^{0} “朵”读为“岛”轻声	鼻子pi^{55}tsɿ^{0}	鼻子pi^{55}tsɿ^{0} 鼻鼻筒pi^{55}pi^{0}t^{h}uŋ^{55}
薛城	耳朵ɭə^{24}t^{h}ou^{0} “朵”读为“头”轻声	鼻子pi^{55}tsɿ^{0}	鼻子pi^{55}tsɿ^{0} 鼻水pi^{55}fe^{24}
郯城	耳朵ɭə^{24}t^{h}əu^{0} “朵”读为“头”轻声	鼻子pi^{44}tsɿ^{0}	鼻子pi^{44}tsɿ^{0}
临沂	耳朵ɭə^{214}tɔ^{0} “朵”读为“岛”轻声	鼻子pi^{55}tsɿ^{0}	鼻子水儿pi^{55}tsɿ^{0}ʃuer^{55}水状 鼻涕pi^{55}t^{h}i^{0}水状 鼻子pi^{55}tsɿ^{0}脓状

	0463擤～鼻涕	0464嘴巴人的，统称	0465嘴唇
荣成	擤syŋ^{214}	嘴tsei^{214}	嘴唇子tsei^{21}tʂ^{h}uən^{35}tsɿ^{0}
烟台	擤ɕiŋ^{14}	嘴巴子tsei^{21}pa^{33}ɾə^{0}	嘴唇儿tsei^{21}ts^{h}uər^{33}
栖霞	呲ts^{h}ɿ^{312}	嘴tsei^{214}	嘴皮tsei^{55}p^{h}i^{342}
长岛	擤ʃəŋ^{213}	嘴tsei^{213}	嘴唇tsei^{21}ts^{h}uən^{55}
海阳	擤syŋ^{214}	嘴tθei^{214}	嘴唇儿tθei^{21}tʂ^{h}uər^{341}
莱西	擤ʃiŋ^{55}	嘴巴儿tsei^{55}pᴀr^{42}	嘴唇儿tsei^{55}ts^{h}uer^{42} 嘴皮tsei^{55}p^{h}i^{42}
平度	擤siŋ^{55}	嘴tθei^{55}	嘴唇tθei^{55}tʃ^{h}uã^{42}

续表

	0463擤～鼻涕	0464嘴巴人的，统称	0465嘴唇
青岛	擤 ɕioŋ^{55} 哧 $^{=}$tʃ^{h}ʅ^{213}	嘴 tθuei^{55}	嘴唇 tθuei^{55}tʃ^{h}uẽ^{42}
高密	擤 sioŋ^{55}	口 k^{h}ou^{55} 嘴 tθuei^{55}	嘴唇 tθuei^{213}tʃ^{h}uə̃^{42}
诸城	擤 θiəŋ^{44}	嘴 tθuei^{44}	嘴唇 tθuei^{45}tʃ^{h}uẽ^{53}
沂水	擤 siŋ^{44}	嘴 dðue^{44}	嘴唇 dðue^{44}tʃ^{h}uẽ^{53}
临朐	擤 ɕiŋ^{44}	嘴 tθuei^{44}	嘴唇 tθuei^{33}tʃ^{h}uə̃^{53}
日照	哧 $^{=}$tʂ^{h}ʅ^{213}	嘴 tθuei^{44}	嘴唇 tθuei^{24}tʃ^{h}yẽ^{53}
莒南	擤 siŋ^{55}	嘴 tθei^{55}	嘴唇子 tθei^{53}tʂ^{h}uẽ^{24}tθʅ^{0} 嘴唇儿 tθei^{55}tʂ^{h}ɬuer^{53}
潍坊	擤 ɕiŋ^{55}	嘴 tsuei^{55}	嘴唇 tsuei^{55}tʂ^{h}uẽ^{53}
寿光	擤 ɕiŋ^{55}	嘴 tsuei^{55}	嘴唇 tsuei^{55}tʂ^{h}uə̃^{53}
高青	擤 ɕiŋ^{55}	嘴 tsuei^{55}	嘴唇 tsuei^{55}tʂ^{h}uə̃^{55}
阳信	擤 ɕiŋ^{55}	嘴 tsuei^{55}	嘴唇 tsuei^{55}tʂ^{h}uə̃^{43}
济阳	擤 ɕiŋ^{55}	嘴 tsuei^{55}	嘴唇 tsuei^{21}tʂ^{h}uẽ^{55}
利津	擤 ɕiŋ^{55}	嘴 tsuei^{55}	嘴唇 tsuei^{55}tʂ^{h}uei^{53} “唇”读为“垂”
乐陵	擤 ɕiŋ^{55}	嘴 tsuei^{55}	嘴唇 tsuei^{55}tʂ^{h}uẽ^{55}
商河	擤 ɕiŋ^{45}	嘴 tsuei^{45}	嘴唇 tsuei^{45}tʂ^{h}uẽ^{54}
平原	擤 ɕiŋ^{55}	嘴 tsuei^{55}	嘴唇 tsuei^{212}tʂ^{h}uẽ^{42}
德州	擤 ɕiŋ^{55}	嘴 tsuei^{55}	嘴唇儿 tsuei^{55}tʂ^{h}uer^{42}
武城	擤 ɕiŋ^{55}	嘴 tsuei^{55}	嘴唇 tsuei^{24}tʂ^{h}uẽ^{53}
临清	擤 ɕiŋ^{44}	嘴巴儿 tsuei^{44}par^{13}	嘴唇 tsuei^{44}tʂ^{h}un^{53}
冠县	擤 siŋ^{55}	嘴 tsuei^{55}	嘴唇 tsuei^{55}tʂ^{h}uẽ^{53}
聊城	擤 ɕiŋ^{44}	嘴 tsuei^{44}	嘴唇 tsuei^{44}ts^{h}uẽ^{53}
济南	擤 ɕiŋ^{55}	嘴 tsuei^{55}	嘴唇 tsuei^{55}tʂ^{h}uẽ^{42}
泰安	擤 ɕiŋ^{55}	嘴 tsuei^{55}	嘴唇 tsuei^{213}tʂ^{h}uẽ^{42}
莱芜	擤 ɕiŋ^{55}	嘴 tsuei^{55}	嘴唇 tsuei^{213}tʃ^{h}uẽ^{0}
新泰	擤 ɕiŋ^{55}	嘴头子 tθuei^{21}t^{h}ou^{45}tθʅ^{0}	嘴唇 tθuei^{23}pf^{h}ẽ^{42}
沂源	擤 ɕiŋ^{55}	嘴 tθuei^{55}	嘴唇 tθuei^{21}tʃ^{h}uə̃^{55}

续表

	0463擤～鼻涕	0464嘴巴人的，统称	0465嘴唇
博山	擤çiŋ^{55}	嘴tsuei^{55}	嘴唇tsuei^{213}tʂʰuẽ^{55}
张店	擤çiŋ^{55}	嘴tsuei^{55}	嘴唇tsuei^{55}tʂʰuə̃^{55}
阳谷	擤çiŋ^{55}	嘴tsuei^{55}	嘴唇tsuei^{55}tsʰuẽ^{42}
梁山	擤çiŋ^{55} 横$^{=}$xəŋ^{55}	嘴巴子tsuei^{23}pa^{31}tsɿ^{0}	嘴唇tsuei^{23}tɕʰyẽ^{42}
菏泽	擤çiŋ^{44}	嘴tsuei^{44}	嘴唇tsuei^{44}tsʰuẽ^{53}
曹县	擤çiŋ^{44}	嘴tsuei^{44}	嘴唇tsuei^{44}tʂʰuẽ^{53}
金乡	擤çiŋ^{55}	嘴巴tsuei^{23}pa^{0}	嘴唇tsuei^{23}tsʰuẽ^{42}
曲阜	擤çiŋ^{55}	嘴tsuei^{55}	嘴唇tsuei^{55}tsʰuẽ^{42}
薛城	擤çiŋ^{24}	嘴tɕye^{24}	嘴唇tɕye^{24}pfʰe^{55}
郯城	擤çiŋ^{24}	嘴tsue^{24} 嘴巴tsue^{24}pa^{0}	嘴头子tsue^{24}tʰəu^{44}tsɿ^{0}
临沂	擤çiŋ^{55}	嘴tsuei^{55}	嘴唇tsuei^{55}tʃʰuẽ^{53}

	0466口水～流出来	0467舌头	0468牙齿
荣成	漦①水tʃʰi^{53}ʂuei^{0}	舌头ʃiɛ^{55}tʰəu^{0}	牙ia^{53}
烟台	漦水tɕʰi^{53}suei^{0}	舌头çie^{33}tʰou^{0}	牙ia^{53}
栖霞	漦水tʃʰʅ^{52}suei^{0}	舌头ʃiɛ^{34}tʰəu^{0}	牙ia^{312}
长岛	漦水豆儿tʃʰɿ^{31}suei^{21}tour^{52}	舌头ʃiɛ^{55}tʰou^{0}	牙ia^{55}
海阳	漦水tsʰɿ^{52}ʂuei^{0}	舌头sə^{34}tʰəu^{0}	牙ia^{52}
莱西	漦水tʃʰɿ^{214}suei^{55} 口水kʰou^{214}suei^{55}	舌头ʃiə^{45}tʰou^{0}	牙ia^{214} 牙齿ia^{214}tsʰɿ^{55}
平度	漦水儿tʃʰɿ^{213}ʂuer^{0}	舌头ʃə^{45}tʰou^{0}	牙ia^{42}
青岛	漦水儿tʃʰɿ^{21}ʂuer^{0}	舌头ʃə^{45}tʰou^{0}	牙iɑ^{42}
高密	漦拉儿tʃʰɿ^{21}ʐɑr^{0} 漦水儿tʃʰɿ^{21}ʂuer^{0}	舌头ʃə^{55}tʰou^{0}	牙iɑ^{42}
诸城	斜$^{=}$斜$^{=}$θiə^{24}θiə^{0}	舌头ʃə^{24}tʰou^{0}	牙ia^{53}
沂水	斜$^{=}$斜$^{=}$siə^{24}siə^{0}	舌头ʃə^{24}tʰou^{0}	牙ia^{53}

① 漦，《现代汉语词典》一读同“思”，一读同“池”，“〈书〉口水；涎沫”。该字《广韵》俟甾切，俟母开口三等平声支韵，“涎沫也”。今方言读阴平不合规律。

续表

	0466 口水~流出来	0467 舌头	0468 牙齿
临朐	斜$^{=}$斜$^{=}$ɕiə^{35}ɕiə^{0}	舌头ʃə^{35}tʰəu^{0}	牙 iɑ^{53}
日照	斜$^{=}$斜$^{=}$θiə^{44}θiə^{0}	舌头ʃiə^{44}tʰou^{0}	牙 iɑ^{53}
莒南	斜$^{=}$斜$^{=}$siə^{24}siə^{0}	舌头ʃə^{24}tʰou^{0}	牙 iɑ^{53}
潍坊	斜$^{=}$涎 ɕiə^{35}ɕiã^{0}	舌头ʂə^{35}tʰɤɯ^{0}	牙 iɑ^{53}
寿光	斜$^{=}$涎 ɕiə^{35}ɕiã^{0}	舌头ʂə^{35}tʰəu^{0}	牙 ia^{53}
高青	斜$^{=}$斜$^{=}$ɕiə^{35}ɕiə^{0}	舌头ʂə^{35}tʰou^{0}	牙 iɑ^{55}
阳信	斜$^{=}$斜$^{=}$ɕiə^{45}ɕiə^{0}	舌头ʂə^{45}tʰou^{0}	牙 ia^{43}
济阳	豢拉拉 tʂʰʅ^{21}la^{0}la^{0}	舌头ʂə^{24}tʰou^{0}	牙 ia^{55}
利津	斜$^{=}$斜$^{=}$ɕiə^{35}ɕiə^{0}	舌头ʂə^{35}tʰou^{0}	牙 ia^{53}
乐陵	拉拉斜$^{=}$斜$^{=}$lɑ^{55}lɑ^{0}ɕiə^{55}ɕiə^{0}	舌头ʂə^{55}tʰou^{0}	牙 iɑ^{55}
商河	斜$^{=}$斜$^{=}$ɕiə^{24}ɕiə^{0}	舌头ʂə^{24}tʰou^{0}	牙 iɑ^{54}
平原	豢拉拉 tʂʰʅ^{23}la^{0}la^{0}	舌头ʂə^{55}tʰou^{0}	牙 ia^{42}
德州	哈喇子 xa^{213}la^{55}tsɿ^{0}	舌头ʂə^{55}tʰou^{0}	牙 ia^{42}
武城	豢拉拉 tʂʰʅ^{312}la^{0}la^{0}	舌头ʂə^{55}tʰou^{0}	牙 ia^{53}
临清	哈喇子 xa^{13}la^{44}tsɿ^{0}	舌头ʂə^{44}tʰou^{0}	牙 ia^{53}
冠县	嘴水 tsuei^{53}ʂuei^{0}	舌头ʂə^{55}tʰou^{0}	牙 ia^{53}
聊城	哈喇子 xa^{13}la^{13}tsɿ^{0} 口水 kʰou^{53}suei^{0}	舌头 sə^{44}tʰou^{0}	牙 ia^{53}
济南	豢拉拉 tʂʰʅ^{21}la^{0}la^{0}	舌头ʂə^{445}tʰou^{0}	牙 ia^{42}
泰安	冽冽 liə^{55}liə^{0}	舌头ʂə^{55}tʰou^{0}	牙 ia^{42}
莱芜	斜$^{=}$涎 ɕiə^{13}ɕiã^{0}	舌头ʃə^{13}tʰou^{0}	牙 ia^{55}
新泰	冽冽 liə^{45}liə^{0}	舌头ʃə^{45}tʰou^{0}	牙 ia^{42}
沂源	斜$^{=}$涎 ɕiə^{35}ɕiã^{0}	舌头ʃə^{35}tʰou^{0}	牙 ia^{55}
博山	斜$^{=}$斜$^{=}$ɕiə^{35}ɕiə^{0}	舌头ʂə^{35}tʰəu^{0}	牙 iɑ^{55}
张店	涎涎 ɕiã^{35}ɕiã^{0}	舌头ʂə^{35}tʰou^{0}	牙 iɑ^{55}
阳谷	口水 kʰou^{42}fei^{0} 口拉水 kʰou^{55}la^{0}fei^{55}	舌头 sə^{55}tʰou^{0}	牙 ia^{42}
梁山	口了水 kʰou^{55}lə^{0}fei^{55}	舌头 sə^{55}tʰou^{0}	牙 ia^{42}
菏泽	嘴水 tsuei^{53}fei^{0}	舌头 sə^{53}tʰou^{0}	牙 ia^{53}

续表

	0466 口水～流出来	0467 舌头	0468 牙齿
曹县	嘴水 tsuei^{53}fei^{0}	舌头 ʂə^{53}tʰou^{0}	牙 ia^{53}
金乡	口水 kʰou^{42}suei^{0}	舌头 sə^{55}tʰou^{0}	牙 ia^{42}
曲阜	口拉水 kʰou^{213}la^{0}suei^{55}	舌头 sə^{55}tʰou^{0}	牙 ia^{42}
薛城	口喽水 kʰou^{24}lou^{0}fe^{24}	舌头 sə^{55}tʰou^{0}	牙 ia^{55}
郯城	咧嘻 ⁼liə^{44}ɕi^{0}	舌头 ʂə^{44}tʰəu^{0}	牙 ia^{44}
临沂	咧歇 ⁼liə^{55}ɕiə^{0} 口水儿 kʰou^{55}ʃuer^{55}	舌头 ʃə^{55}tʰou^{0}	牙 ia^{53}

	0469 下巴	0470 胡子嘴周围的	0471 脖子
荣成	下巴颏①子 ɕia^{33}pa^{0}kʰo^{53}tsɿ^{0}	胡子 xu^{35}tsɿ^{0}	脖梗②子 po^{35}kəŋ^{21}tsɿ^{0}
烟台	嘴巴子 tsei^{21}pa^{33}ɾə^{0}	胡子 xu^{33}ɾə^{0}	脖子 po^{33}ɾə^{0}
栖霞	嘴巴 tsei^{21}pa^{52}	胡子 xu^{34}lə^{0}	脖子 pə^{34}lə^{0}
长岛	嘴巴子 tsei^{21}pa^{52}tsɿ^{0}	胡子 xu^{55}tsɿ^{0}	脖子 pə^{55}tsɿ^{0}
海阳	嘴巴子 tθei^{21}pa^{34}ə^{0}	胡子 xu^{34}ə^{0}	脖子 pə^{34}ə^{0}
莱西	嘴巴儿 tsei^{55}pʌr^{42} 下巴骨 ɕia^{42}pa^{0}ku^{55}	胡子 xu^{45}tsɿ^{0}	脖子 pə^{45}tsɿ^{0}
平度	嘴巴子 tθei^{55}pa^{42}tθɿ^{0} 下巴骨 ɕia^{45}pa^{0}ku^{45}	胡子 xu^{45}tθɿ^{0}	脖子 pə^{45}tθɿ^{0}
青岛	下巴骨 ɕia^{42}pɑ^{0}ku^{55}	胡子 xu^{45}tθɿ^{0}	脖子 pə^{45}tθɿ^{0}
高密	下颏 ɕiɑ^{42}xɛ^{0} 下巴颏子 ɕiɑ^{42}pɑ^{0}kʰə^{23}tθɿ^{0}	胡子 xu^{55}tθɿ^{0}	脖子 pə^{55}tθɿ^{0} 脖子梗儿 pə^{55}tθɿ^{0}kõr^{55}
诸城	下颏 ʃa^{44}xɛ^{0}	胡子 xu^{24}tθɿ^{0}	脖子 pə^{24}tθɿ^{0}
沂水	下颏 ɕia^{44}xɛ^{0}	胡子 xu^{24}dðɿ^{0}	脖子 pə^{24}dðɿ^{0}
临朐	下巴骨 ɕia^{44}pa^{0}ku^{44}	胡子 xu^{35}tθɿ^{0}	脖子 pə^{35}tθɿ^{0}
日照	下颏 ʃiɑ^{53}xɛ^{0}	胡子 xu^{44}tθɿ^{0}	脖子 pə^{44}tθɿ^{0}
莒南	下巴颏子 ɕia^{31}pa^{0}kʰə^{21}tθɿ^{0}	胡子 xu^{24}tθɿ^{0}	脖子 pə^{55}tθɿ^{0} 脖梗 pə^{53}kəŋ^{55}

① “颏”，《广韵》户来切，今山东方言中有些地方读xai（xɛ），是符合古今演变规律的读音。不过有些地方读kʰə，与普通话相同。下面不区分这两种读音，统一记为“颏”字。

② 《现代汉语词典》（第7版）中“脖颈”也作“脖梗”。下面统一写作读音更为明确的“梗”字。

续表

	0469 下巴	0470 胡子嘴周围的	0471 脖子
潍坊	下巴骨ɕiɑ^{55}pɑ^{0}ku^{0}	胡子xu^{35}tsɿ^{0}	脖子pə^{35}tsɿ^{0}
寿光	下颏ɕia^{55}xɛ^{0} 下巴骨儿ɕia^{55}pa^{0}kur^{213}	胡子xu^{35}tsɿ^{0}	脖罗$^{=}$梗子pə^{35}luə^{0}kəŋ^{24}tsɿ^{0}
高青	下巴骨ɕiɑ^{55}pɑ^{0}ku^{0}	胡子xu^{35}tsɿ^{0}	脖子pə^{35}tsɿ^{0}
阳信	下巴颏子ɕia^{55}pa^{0}kʰə^{31}tsɿ^{0}	胡子xu^{45}tsɿ^{0}	脖子pə^{45}tsɿ^{0}
济阳	下巴骨ɕia^{55}pa^{0}ku^{0}	胡子xu^{24}tsɿ^{0}	脖子pə^{24}tsɿ^{0} 脖拉梗pə^{24}la^{0}kəŋ^{55}
利津	下巴颏子ɕia^{55}pa^{0}kʰə^{31}tsɿ^{0}	胡子xu^{35}tsɿ^{0}	脖子pə^{35}tsɿ^{0}
乐陵	下巴颏子ɕiɑ^{31}pɑ^{24}kʰə^{31}tsɿ^{0} 嘴巴子tsuei^{55}pɑ^{55}tsɿ^{0}	胡子xu^{55}tsɿ^{0}	脖子pə^{55}tsɿ^{0}
商河	嘴巴子tsuei^{45}pɑ^{0}tsɿ^{0}	胡子xu^{24}tsɿ^{0}	脖子pə^{24}tsɿ^{0} 脖拉梗pə^{24}lɑ^{0}kəŋ^{45}脖子后部
平原	嘴巴儿tsuei^{55}par^{21}	胡子xu^{55}tsɿ^{0}	脖子pə^{55}tsɿ^{0}
德州	嘴巴子tsuei^{55}pa^{42}tsɿ^{0}	胡子xu^{55}tsɿ^{0}	脖子pə^{55}tsɿ^{0}
武城	嘴巴子tsuei^{24}pa^{53}tsɿ^{0}	胡子xu^{55}tsɿ^{0}	脖梗子pə^{53}kəŋ^{24}tsɿ^{0}
临清	下巴颏儿ɕia^{53}pa^{0}kʰər^{13} 下巴儿ɕia^{13}par^{313}	胡子xu^{44}tsɿ^{0}	脖子pə^{44}tsɿ^{0} 脖拉梗pə^{44}la^{0}kəŋ^{44}
冠县	嘴巴tsuei^{55}pa^{13}	胡子xu^{53}tsɿ^{0}	脖梗pə^{53}kəŋ^{55} 脖子pə^{53}tsɿ^{0}
聊城	嘴巴子tsuei^{44}pa^{53}tsɿ^{0}	胡子xu^{44}tsɿ^{0}	圪$^{=}$拉绷$^{=}$kə^{44}la^{0}pəŋ^{44}
济南	下巴颏儿ɕia^{55}pa^{0}kʰər^{213} 下巴颏子ɕia^{55}pa^{0}kʰə^{21}tsɿ^{0}	胡子xu^{445}tsɿ^{0}	脖儿梗pə^{42}ər^{0}kəŋ^{55} 脖子pə^{445}tsɿ^{0}
泰安	下巴颏子ɕia^{42}pa^{0}kʰə^{21}tsɿ^{0}	胡子xu^{55}tsɿ^{0}	脖子pə^{55}tsɿ^{0} 脖儿儿梗儿pər^{42}ər^{0}kə̃r^{55}
莱芜	下巴骨ɕia^{13}pa^{0}ku^{0}	胡子xu^{13}tsɿ^{0}	脖子pə^{13}tsɿ^{0}
新泰	下巴颏子ɕia^{54}pa^{0}kʰə^{21}tθɿ^{0}	胡子xu^{45}tθɿ^{0}	脖子po^{45}tθɿ^{0}
沂源	下巴骨ɕia^{55}pa^{0}ku^{0}	胡子xu^{35}tθɿ^{0}	脖子pə^{35}tθɿ^{0}
博山	下巴骨ɕiɑ^{55}pɑ^{0}ku^{0}	胡子xu^{35}ə^{0}	脖子pə^{35}ə^{0}
张店	下巴骨ɕiɑ^{55}pɑ^{0}ku^{0}	胡子xu^{35}ɿ^{0}	脖子pə^{35}ɿ^{0}
阳谷	嘴巴子tsuei^{13}pa^{42}zɿ^{0}	胡子xu^{55}zɿ^{0}	圪$^{=}$拉绷$^{=}$kə^{55}la^{0}pəŋ^{55}
梁山	下巴颏子ɕia^{42}pa^{0}kʰə^{21}tsɿ^{0}	胡子xu^{55}tsɿ^{0}	圪$^{=}$拉绷$^{=}$kə^{55}la^{0}pəŋ^{55}
菏泽	嘴巴子tsuei^{44}pa^{0}tə^{0}	胡子xu^{53}tə^{0}	脖子pə^{53}tə^{0}

续表

	0469 下巴	0470 胡子嘴周围的	0471 脖子
曹县	下巴颏子ɕia^{31}pa^{0}kʰə^{21}tə^{0}	胡子xu^{53}tə^{0}	脖拉梗pu^{53}la^{0}kəŋ^{44} 脖子pə^{53}tə^{0}
金乡	嘴巴子tsuei^{55}pa^{42}tsɿ^{0}	胡子xu^{55}tsɿ^{0}	圪=拉绷=kə^{55}la^{0}pəŋ^{55}
曲阜	嘴巴子tsuei^{55}pa^{42}tsɿ^{0} 下巴颏子ɕia^{42}pa^{0}kʰə^{21}tsɿ^{0}	胡子xu^{55}tsɿ^{0}	脖拉梗pə^{55}la^{0}kəŋ^{55}
薛城	嘴巴子tɕye^{24}pa^{41}tsɿ^{0} 下巴颏子ɕia^{41}pa^{0}kʰə^{31}tsɿ^{0}	胡子xu^{55}tsɿ^{0}	圪=绷=kə^{55}pəŋ^{24} 圪=了=绷=kə^{55}lə^{0}pəŋ^{24}
郯城	下巴颏儿ɕia^{51}pa^{0}kʰər^{213} 下巴颏子ɕia^{51}pa^{0}kʰə^{21}tsɿ^{0} 下巴ɕia^{51}pa^{0}	胡子xu^{44}tsɿ^{0}	脖儿梗儿pər^{44}kə̃r^{24} 脖梗子pə^{44}kəŋ^{24}tsɿ^{0} 脖子pə^{44}tsɿ^{0}
临沂	下巴颏子ɕia^{31}pu^{0}kʰə^{21}tsɿ^{0} “巴”读为“不”轻声	胡子xu^{55}tsɿ^{0}	脖子pə^{55}tsɿ^{0}

	0472 喉咙	0473 肩膀	0474 胳膊
荣成	嗓个头子saŋ^{21}kə^{0}təu^{35}tsɿ^{0}	肩膀头子tsin^{53}pə^{0}tʰəu^{35}tsɿ^{0} “膀”有音变	胳膊kɛ^{21}pə^{0}
烟台	吞子tʰən^{33}ɾə^{0} “吞”读为去声 嗓子saŋ^{21}ɾə^{0}	膀子paŋ^{21}ɾə^{0}	胳膀kɤ^{21}paŋ^{0}
栖霞	嗓子saŋ^{21}lə^{0}	肩tʃiãn^{312}	胳膀kə^{21}pəŋ^{0} “膀”读为“崩”轻声
长岛	嗓子saŋ^{35}tsɿ^{0}	肩膀头子cian^{31}paŋ^{0}tʰou^{55}tsɿ^{0}	胳臂kə^{35}pei^{0} “臂”读为“备”轻声
海阳	吞嗓眼子tʰẽ^{21}saŋ^{0}iã^{21}ə^{0} 吞子tʰẽ^{34}ə^{0} “吞”读为去声	肩ciã^{52}	胳臂kə^{21}pei^{0} “臂”读为“备”轻声
莱西	嗓子saŋ^{24}tsɿ^{0}	肩膀tʃiã^{214}paŋ^{55} 肩tʃiã^{214}	胳膊kə^{214}pu^{0} “膊”读为“不”轻声
平度	吞子tʰə̃^{42}tθɿ^{0} “吞”读为去声	肩膀ciã^{213}paŋ^{0} 肩ciã^{213}	胳膊ka^{45}pa^{0} “膊”读为“巴”轻声
青岛	嗓干=头儿θaŋ^{55}kã^{0}tʰour^{42} 脖嘎=子pə^{55}ka^{0}tθɿ^{0}	肩膀tɕiã^{21}paŋ^{0} 膀子paŋ^{55}tθɿ^{0}	胳膊ka^{55}pa^{0} “膊”读为“巴”轻声
高密	嗓子saŋ^{23}tθɿ^{0} 吞子tʰuə̃^{42}tθɿ^{0} “吞”读为去声	肩膀头子tɕiã^{21}paŋ^{0}tʰou^{55}tθɿ^{0} 肩tɕiã^{213}	胳膊kə^{23}pa^{0} “膊”读为“巴”轻声
诸城	吞子tʰuẽ^{44}tθɿ^{0} “吞”读为去声	膀子paŋ^{213}tθɿ^{0}	胳臂ka^{213}pei^{0} “臂”读为“备”轻声
沂水	活心眼子xuə^{24}sẽ^{0}iã^{213}dðɿ^{0} 喉咙xu^{24}luŋ^{0} “喉”读为“胡”	肩膀tɕiã^{21}paŋ^{0}	胳臂kuə^{21}pʰe^{0} “臂”读为“配”轻声

续表

	0472 喉咙	0473 肩膀	0474 胳膊
临朐	喉咙xu^{35}luŋ^{0}“喉”读为“胡”	膀子pɑŋ^{213}tθɿ^{0}	胳膀kuə^{213}pʰɑŋ^{0}“膀”读为“旁”轻声
日照	吞子tʰuẽ^{53}tθɿ^{0}“吞”读为去声	肩膀tʃiã^{31}pɑŋ^{0}	胳臂kə^{213}pei^{0}“臂”读为“备”轻声
莒南	吞子tʰuẽ^{21}tθɿ^{0} 嗓子θɑŋ^{213}tθɿ^{0}	膀子pɑŋ^{213}tθɿ^{0} 肩膀儿tɕiã^{213}pɑ̃r^{55}	胳臂kə^{213}pei^{0}“臂”读为“备”轻声
潍坊	喉咙xu^{35}loŋ^{0}“喉”读为“胡”	膀子pɑŋ^{24}tsɿ^{0}	胳膀kuə^{214}pʰɑŋ^{0}“膀”读为“旁”轻声
寿光	喉咙xu^{35}luŋ^{0}“喉”读为“胡”	肩膀tɕiã^{21}pɑŋ^{0} 膀子pɑŋ^{24}tsɿ^{0}	胳膊kuə^{213}pʰə^{0}“膊”读为“坡”轻声①
高青	喉咙xu^{35}luŋ^{0}“喉”读为“胡”	膀子pɑŋ^{213}tsɿ^{0}	胳膊kuə^{213}pʰə^{0}“膊”读为“坡”轻声
阳信	喉咙xu^{45}luŋ^{0}“喉”读为“胡”	肩膀tɕiã^{31}pɑŋ^{0}	胳臂kuə^{31}pʰei^{0}“臂”读为“配”轻声
济阳	嗓子sɑŋ^{213}tsɿ^{0}	膀子pɑŋ^{213}tsɿ^{0} 肩膀tɕiã^{21}pɑŋ^{0}	胳膊kə^{23}pʰə^{0}“膊”读为“坡”轻声
利津	喉咙xou^{35}luŋ^{0}	膀子pɑŋ^{213}tsɿ^{0} 肩膀tɕiã^{31}pɑŋ^{0}	胳膊kə^{24}pə^{0}
乐陵	嗓子sɑŋ^{212}tsɿ^{0}	肩膀头子tɕiã^{212}pɑŋ^{55}tʰou^{55}tsɿ^{0}	胳臂kuə^{31}pʰei^{0}“臂”读为“配”轻声
商河	嗓子sɑŋ^{213}tsɿ^{0}	肩膀tɕiã^{21}pɑŋ^{0} 肩膀头tɕiã^{21}pɑŋ^{0}tʰou^{54} 膀子pɑŋ^{213}tsɿ^{0}	胳膊kuə^{213}pʰə^{0}“膊”读为“坡”轻声
平原	嗓子sɑŋ^{23}tsɿ^{0}	膀子pɑŋ^{23}tsɿ^{0}	胳膀kə^{23}pɑŋ^{0}
德州	嗓咳眼儿sɑŋ^{213}kʰə^{0}iɛr^{55}	膀子pɑŋ^{213}tsɿ^{0}	胳膀kə^{21}pʰəŋ^{0}“膀”读为“捧”轻声
武城	嗓子sɑŋ^{24}tsɿ^{0}	肩膀子tɕiã^{21}pɑŋ^{24}tsɿ^{0}	胳膊kə^{312}pə^{0}
临清	嗓子sɑŋ^{44}tsɿ^{0}	膀子pɑŋ^{44}tsɿ^{0} 肩膀tɕian^{13}pɑŋ^{0}	胳膊kə^{13}pə^{0}
冠县	喉咙xou^{53}luŋ^{53}	肩膀tɕiã^{13}pɑŋ^{55}	胳膊kə^{21}pə^{0}
聊城	嗓子sɑŋ^{44}tsɿ^{0}	膀子pɑŋ^{44}tsɿ^{0}	胳膊kə^{13}pʰə^{0}“膊”读为“坡”轻声

① “膊”，《广韵》匹各切，今读送气声母其实是符合规律的读音。不过考虑到普通话中该字读不送气声母，所以方言中读送气声母者特别加以说明。

续表

	0472 喉咙	0473 肩膀	0474 胳膊
济南	嗓子saŋ^{213}tsɿ^{0} 嗓子眼儿saŋ^{213}tsɿ^{0}iɛr^{55} 合嗓眼儿xə^{445}saŋ^{0}iɛr^{0}	膀子paŋ^{213}tsɿ^{0}	胳膊kə^{21}pʰə^{0}“膊”读为“坡”轻声
泰安	合嗓眼子xə^{55}saŋ^{0}iã^{213}tsɿ^{0}	肩膀tɕiã^{21}paŋ^{0} 肩膀头子tɕiã^{21}paŋ^{0}tʰou^{55}tsɿ^{0}	胳膊kə^{21}pʰə^{0}“膊”读为“坡”轻声
莱芜	喉咙xu^{13}luŋ^{0}“喉”读为“胡”	肩膀tɕiã^{31}paŋ^{0}	胳膊kə^{13}pʰə^{0}“膊”读为“坡”轻声
新泰	喉咙xu^{45}luŋ^{0}“喉”读为“胡”	肩膀tɕiã^{21}paŋ^{0}	胳膊kə^{21}pʰə^{0}“膊”读为“坡”轻声
沂源	喉咙xu^{35}luŋ^{0}“喉”读为“胡”	肩膀tɕiã^{21}paŋ^{0}	胳膀kuə^{21}paŋ^{55}
博山	喉咙xu^{35}luŋ^{0}“喉”读为“胡”	肩膀tɕiã^{213}paŋ^{55}	膊胳pə^{22}kʰuə^{0}“胳”读为“科”轻声①
张店	喉咙xu^{35}luŋ^{0}“喉”读为“胡”	肩膀tɕiã^{21}paŋ^{0}	胳膊kuə^{33}pʰə^{0}“膊”读为“坡”轻声
阳谷	嗓子眼儿saŋ^{13}tsɿ^{0}iɐr^{55}	膀子paŋ^{13}zɿ^{0}	胳膊kə^{31}pʰə^{0}“膊”读为“坡”轻声
梁山	喉咙眼子xu^{55}luŋ^{0}iã^{55}tsɿ^{0}“喉”读为“胡”	膀子paŋ^{23}tsɿ^{0}	胳膊kə^{21}pʰu^{0}“膊”读为“普”轻声
菏泽	喉咙xu^{53}luŋ^{0}“喉”读为“胡”	膀子paŋ^{44}tə^{0}	胳膊kə^{21}pu^{0}“膊”读为“不”轻声
曹县	喉咙xou^{53}luŋ^{0}	肩膀子tɕiã^{21}paŋ^{44}nẽ^{0}	胳膊kə^{21}pu^{0}“膊”读为“不”轻声
金乡	喉咙xu^{55}luŋ^{0}“喉”读为“胡”	肩膀头子tɕiã^{21}paŋ^{0}tʰou^{55}tsɿ^{0}	胳膊kə^{21}fə^{0}“膊”读为“佛”轻声
曲阜	颔心眼子xə^{55}ɕiẽ^{0}iã^{213}tsɿ^{0}	膀子paŋ^{213}tsɿ^{0} 肩膀头子tɕiã^{21}paŋ^{0}tʰou^{55}tsɿ^{0}	胳膊kə^{21}pʰa^{0}“膊”读为“爬”轻声
薛城	喉咙xu^{55}luŋ^{0}“喉”读为“胡” 嗓子saŋ^{24}tsɿ^{0}	肩膀tɕiã^{31}paŋ^{24} 膀子paŋ^{24}tsɿ^{0}	胳膊kə^{31}pə^{24}
郯城	吞子tʰuə̃^{51}tsɿ^{0}“吞”读为去声 嗓子saŋ^{24}tsɿ^{0}	肩tɕiã^{213} 肩膀头子tɕiã^{21}paŋ^{24}tʰəu^{44}tsɿ^{0} 肩膀子tɕiã^{21}paŋ^{24}tsɿ^{0}	胳膊kə^{21}pu^{0}“膊”读为“不”轻声
临沂	嗓子saŋ^{214}tsɿ^{0} 吞子tʰuẽ^{31}tsɿ^{0}“吞”读为去声	肩tɕiã^{214} 肩膀头儿tɕiã^{24}paŋ^{55}tʰour^{53}	胳臂kə^{21}pʰei^{0}“臂”读为“配”轻声

① “膊胳”的读音pə^{22}kʰuə^{0}应为“胳膊”kuə^{22}pʰ(u)ə^{0}两字声母发音部位的换位（发音方法的送气与否没有改变）。

	0475手他的～摔断了	0476左手	0477右手
荣成	手ʃəu^{214}只指手	左手tsuo^{55}ʃəu^{0}	右手iəu^{55}ʃəu^{0}
烟台	手çiou^{14}只指手	左手tsuo^{33}çiou^{0}	右手iou^{33}çiou^{0}
栖霞	手ʃəu^{214}只指手	左手tsuo^{52}ʃəu^{0}	右手iəu^{52}ʃəu^{0}
长岛	手ʃou^{213}只指手	左手tsuə^{52}ʃou^{213}	右手iou^{52}ʃou^{213}
海阳	手səu^{214}只指手	左手tθuo^{21}səu^{214}	右手iəu^{55}səu^{214}
莱西	手ʃiou^{55}只指手	左手tsuə^{42}ʃiou^{55}	右手iou^{42}ʃiou^{55}
平度	手ʃou^{55}只指手	左手tθuə^{45}ʃou^{0}	右手iou^{45}ʃou^{0}
青岛	手ʃou^{55}只指手	左手tθuə^{45}ʃou^{0}	右手iou^{45}ʃou^{0}
高密	手ʃou^{55}只指手	左手tθuə^{21}ʃou^{55}	右手iou^{21}ʃou^{55}
诸城	手ʃou^{44}只指手	左手tθuə^{31}ʃou^{0}	右手iou^{31}ʃou^{0}
沂水	手ʃou^{44}只指手	左手dðuə^{53}ʃou^{44}	右手iou^{31}ʃou^{44}
临朐	手ʃəu^{44}只指手	左手tθuə^{21}ʃəu^{44}	右手iəu^{21}ʃəu^{44}
日照	手ʃiou^{44}只指手	左手tθuə^{31}ʃiou^{44}	右手iou^{31}ʃiou^{44}
莒南	手ʃou^{55}只指手	左手tθuə^{31}ʃou^{55}	右手iou^{31}ʃou^{55}
潍坊	手ʂɤɯ^{55}只指手	左手tsuə^{31}ʂɤɯ^{0}	右手ʐɤɯ^{31}ʂɤɯ^{0} “右”读为“肉”
寿光	手ʂəu^{55}只指手	左手tsuə^{21}ʂəu^{55}	右手iəu^{21}ʂəu^{55}/ləu^{55}ʂəu^{0} “右”读为“肉”
高青	手ʂou^{55}只指手	左手tsuə^{41}ʂou^{55}	右手iou^{41}ʂou^{55}
阳信	手ʂou^{55}只指手	左手tsuə^{31}ʂou^{55}	右手iou^{31}ʂou^{55}
济阳	手ʂou^{55}只指手	左手tsuə^{31}ʂou^{55}	右手iou^{31}ʂou^{55}/ʐou^{31}ʂou^{55} “右”读为“肉”
利津	手ʂou^{55}只指手	左手tsuə^{31}ʂou^{55}	右手iou^{31}ʂou^{55}
乐陵	手ʂou^{55}只指手	左手tsuə^{51}ʂou^{55}	右手ʐou^{51}ʂou^{55} “右”读为“肉”
商河	手ʂou^{45}只指手	左手tsuə^{45}ʂou^{0}	右手iou^{31}ʂou^{45}
平原	手ʂou^{55}只指手	左手tsuə^{21}ʂou^{55}	右手iou^{21}ʂou^{55}
德州	手ʂou^{55}只指手	左手tsuə^{21}ʂou^{55}	右手iou^{21}ʂou^{55}
武城	手ʂou^{55}只指手	左手tsuə^{21}ʂou^{55}	右手iou^{21}ʂou^{55}

续表

	0475手他的～摔断了	0476左手	0477右手
临清	手ʂou^{44} 只指手	左手tsuə^{53}ʂou^{0}	右手iou^{31}ʂou^{44}
冠县	手ʂou^{55} 只指手	左手tsuə^{53}ʂou^{55}	右手iou^{31}ʂou^{55}
聊城	手sou^{44} 只指手	左手tsuə^{53}sou^{0}	右手iou^{31}sou^{44}
济南	手ʂou^{55} 只指手	左手tsuə^{21}ʂou^{55}	右手iou^{21}ʂou^{55}/zou^{21}ʂou^{55} “右”读为“肉”
泰安	手ʂou^{55} 只指手	左手tsuə^{21}ʂou^{55}	右手iou^{21}ʂou^{55}
莱芜	手ʃou^{55} 只指手	左手tsuə^{31}ʃou^{55}	右手iou^{31}ʃou^{55}
新泰	手ʃou^{55} 只指手	左手tθuə^{31}ʃou^{55}	右手iou^{31}ʃou^{55}
沂源	手ʃou^{55} 只指手	左手tθuə^{31}ʃou^{55}	右手iou^{31}ʃou^{55}
博山	手ʂəu^{55} 只指手	左手tsuə^{31}ʂəu^{55}	右手iəu^{31}ʂəu^{55}
张店	手ʂou^{55} 只指手	左手tsuə^{31}ʂou^{55}	右手iou^{31}ʂou^{55}
阳谷	手sou^{55} 只指手	左手tsuo^{42}sou^{0}	右手iou^{31}sou^{0}
梁山	手sou^{55} 只指手	左手tɕyə^{42}sou^{55}	右手zou^{31}sou^{55} “右”读为“肉”/iou^{21}sou^{55}
菏泽	手sou^{44} 只指手	左手tsuə^{53}sou^{44}	右手iou^{31}sou^{44}
曹县	手ʂou^{44} 只指手	左手tsuə^{53}ʂou^{0}	右手iou^{31}ʂou^{44}
金乡	手sou^{55} 只指手	左手tsuə^{21}sou^{55}	右手iou^{31}sou^{55}
曲阜	手sou^{55} 只指手	左手tsuə^{42}sou^{55}	右手iou^{31}sou^{55}
薛城	手sou^{24} 只指手	左手tɕyə^{54}sou^{0}/fə^{54}sou^{0}	右手iou^{41}sou^{0}
郯城	手ʂəu^{24} 只指手	左手tsuə^{24}ʂəu^{24}	右手iəu^{51}ʂəu^{24}
临沂	手ʃou^{55} 只指手	左手tsuə^{31}ʃou^{55}	右手iou^{31}ʃou^{55}

	0478拳头	0479手指	0480大拇指
荣成	拳cʰyan^{35}	手指头ʃəu^{21}tʂʅ^{35}tʰəu^{0}	大拇哥ta^{33}mu^{0}ko^{53}
烟台	拳头tɕʰyan^{33}tʰou^{0}	手指头儿ɕiou^{33}tsʅ^{21}tʰour^{33}	大拇指头ta^{33}mu^{0}tsʅ^{21}tʰou^{33}
栖霞	皮锤pʰi^{52}tsʰuei^{342}	指头tsʅ^{34}tʰəu^{0}	大拇指ta^{34}mu^{0}tsʅ^{214}
长岛	拳cʰyan^{55}	手指头ʃou^{52}tsʅ^{35}tʰou^{0}	大拇指头ta^{52}mu^{0}tsʅ^{21}tʰou^{0}
海阳	拳头cʰyã^{34}tʰəu^{0}	指头tʂʅ^{34}tʰəu^{0}	大拇指头ta^{34}mẽ^{0}tʂʅ^{34}tʰəu^{0} “拇”读为“们”

续表

	0478拳头	0479手指	0480大拇指
莱西	拳头c^{h}yã^{45}t^{h}ou^{0} 皮锤p^{h}i^{214}ts^{h}uei^{42}	指头tsɿ^{45}t^{h}ou^{0} 手指头ʃiou^{55}tsɿ^{45}t^{h}ou^{0}	大拇指ta^{45}mu^{0}tsɿ^{55} 大拇指头ta^{45}mu^{0}tsɿ^{45}t^{h}ou^{0}
平度	拳头c^{h}yã^{45}t^{h}ou^{0} 锤tʂ^{h}uei^{42}	手指头儿ʃou^{213}tʂʅ^{55}t^{h}our^{42} 指头儿tʂʅ^{55}t^{h}our^{42}	大拇指ta^{45}mu^{0}tʂʅ^{45} 大拇指头ta^{45}mu^{0}tʂʅ^{45}t^{h}ou^{0}
青岛	拳头tɕ^{h}yã^{45}t^{h}ou^{0}	手指头ʃou^{213}tʂʅ^{55}t^{h}ou^{42}	大拇指tɑ^{42}mɑ^{0}tʂʅ^{55}“拇”读为“吗” 大拇指头tɑ^{42}mɑ^{0}tʂʅ^{44}t^{h}ou^{0}“拇”读为“吗”
高密	锤tʂ^{h}uei^{42} 拳头tɕ^{h}yã^{55}t^{h}ou^{0}	手指头儿ʃou^{42}tʂʅ^{23}t^{h}our^{0} 指头tʂʅ^{23}t^{h}ou^{0}	大拇指头tɑ^{42}mu^{0}tʂʅ^{23}t^{h}ou^{0} 大拇指tɑ^{55}mu^{0}tʂʅ^{55}
诸城	锤tʂ^{h}uei^{53}	指头tʂʅ^{213}t^{h}ou^{0}	大拇指头ta^{44}mu^{0}tʂʅ^{0}t^{h}ou^{0}
沂水	锤tʂ^{h}ue^{53} 拳tɕ^{h}yã^{53}	手指头ʃou^{44}tʂʅ^{213}t^{h}ou^{0}	大拇指头ta^{44}mə^{0}tʂʅ^{213}t^{h}ou^{0} “拇”读为“么”
临朐	锤tʂ^{h}uei^{53}	指头tʂʅ^{213}t^{h}əu^{0}	大拇指头ta^{44}mu^{0}tʂʅ^{213}t^{h}əu^{0}
日照	拳头tʃ^{h}yã^{44}t^{h}ou^{0}	指头tʂʅ^{213}t^{h}ou^{0}	大拇指头tɑ^{53}mu^{0}tʂʅ^{213}t^{h}ou^{0}
莒南	锤tʂ^{h}uei^{53} 拳头tɕ^{h}yã^{55}t^{h}ou^{0}	手指头ʃou^{55}tʂʅ^{213}t^{h}ou^{0}	大拇指头ta^{42}mu^{0}tʂʅ^{213}t^{h}ou^{0}
潍坊	锤tʂ^{h}uei^{53} 拳头tɕ^{h}yã^{35}t^{h}ɤɯ^{0}	手指头ʂɤɯ^{55}tʂʅ^{24}t^{h}ɤɯ^{0} 指头tʂʅ^{24}t^{h}ɤɯ^{0}	大拇指头tɑ^{55}mə^{0}tʂʅ^{24}t^{h}ɤɯ^{0} “拇”读为“么” 大拇指tɑ^{55}mə^{0}tʂʅ^{214}“拇”读为“么”
寿光	拳tɕ^{h}yã^{53}	指头tʂʅ^{24}t^{h}əu^{0}	大拇指头ta^{55}ma^{0}tʂʅ^{24}t^{h}əu^{0} “拇”读为“吗”
高青	皮锤p^{h}i^{55}tʂ^{h}uei^{55} 拳tɕ^{h}yã^{55}	指头tʂʅ^{213}t^{h}ou^{0}	大拇指tɑ^{55}mu^{0}tʂʅ^{213}
阳信	拳头子tɕyã^{45}t^{h}ou^{0}tsɿ^{0}	手指头ʂou^{55}tʂʅ^{31}t^{h}ou^{0}	大拇手指头ta^{55}mə^{0}ʂou^{55}tʂʅ^{31}t^{h}ou^{0}“拇”读为“么” 大拇ta^{55}mə^{0}“拇”读为“么”
济阳	拳头tɕ^{h}yã^{24}t^{h}ou^{0}	手指头ʂou^{55}tʂʅ^{213}t^{h}ou^{0}	大拇指头ta^{55}mu^{0}tʂʅ^{213}t^{h}ou^{0}
利津	拳头tɕ^{h}yã^{35}t^{h}ou^{0}	手指ʂou^{53}tʂʅ^{55}	大拇指ta^{55}mu^{0}tʂʅ^{55}
乐陵	拳头tɕ^{h}yã^{55}t^{h}ou^{0}	手指头ʂou^{55}tsɿ^{31}t^{h}ou^{0}	大拇指tɑ^{51}mu^{0}tsɿ^{24}
商河	拳头tɕ^{h}yã^{24}t^{h}ou^{0} 锤tʂ^{h}uei^{54}	手指头ʂou^{54}tsɿ^{213}t^{h}ou^{0} 手指ʂou^{54}tsɿ^{45}	大拇指头tɑ^{54}mə^{0}tsɿ^{213}t^{h}ou^{0} “拇”读为“么”
平原	锤tʂ^{h}uei^{42}	手指头ʂou^{55}tʂʅ^{21}t^{h}ou^{0}	大拇指ta^{21}mu^{0}tʂʅ^{213}

续表

	0478拳头	0479手指	0480大拇指
德州	撇子p^{h}iə^{213}tsɿ^{0}	手指头ʂou^{55}tʂʅ^{21}t^{h}ou^{0}	大拇手指头ta^{42}mu^{0}ʂou^{55}tʂʅ^{213}t^{h}ou^{0} 大拇哥ta^{42}mu^{0}kə^{213}
武城	拳头tɕ^{h}yã^{55}t^{h}ou^{0}	手指头ʂou^{55}tʂʅ^{312}t^{h}ou^{0}	大拇指ta^{53}mu^{0}tʂʅ^{224}
临清	拳头tɕ^{h}yan^{44}t^{h}ou^{0}	手指头儿ʂou^{44}tʂʅ^{0}t^{h}our^{53}	大拇指ta^{53}mu^{0}tʂʅ^{0}
冠县	拳头tɕ^{h}yã^{53}t^{h}ou^{0}	手指头ʂou^{53}tʂʅ^{21}t^{h}ou^{0}	大拇指ta^{31}mu^{55}tʂʅ^{13}
聊城	拳头tɕ^{h}yã^{44}t^{h}ou^{0} 锤头ts^{h}uei^{44}t^{h}ou^{0}	手指头sou^{44}tsɿ^{13}t^{h}ou^{0}	大拇手指头ta^{53}mu^{0}sou^{44}tsɿ^{13}t^{h}ou^{0} 大拇哥ta^{53}mu^{0}kə^{44}
济南	拳头tɕ^{h}yã^{445}t^{h}ou^{0}	手指头ʂou^{55}tʂʅ^{21}t^{h}ou^{0}	大拇指头ta^{55}mẽ^{0}tʂʅ^{21}t^{h}ou^{0} “拇”读为“们” 大拇哥ta^{55}mẽ^{0}kə^{213} “拇”读为“们”
泰安	拳头tɕ^{h}yã^{55}t^{h}ou^{0} 皮锤p^{h}i^{42}tʂ^{h}uei^{42}	手指头ʂou^{55}tʂʅ^{21}t^{h}ou^{0}	大拇手指头ta^{42}mei^{0}ʂou^{55}tʂʅ^{21}t^{h}ou^{0} “拇”读为“美”轻声
莱芜	拳头tɕ^{h}yã^{13}t^{h}ou^{0}	手指头ʃou^{55}tʃʅ^{0}t^{h}ou^{0}	大拇指头ta^{42}mẽ^{0}tʃʅ^{0}t^{h}ou^{0} “拇”读为“们”
新泰	拳头tɕ^{h}yã^{45}t^{h}ou^{0}	手指头ʃou^{213}tʃʅ^{0}t^{h}ou^{0}	大拇指头ta^{54}ma^{0}tʃʅ^{21}t^{h}ou^{0} “拇”读为“吗”
沂源	拳头tɕ^{h}yã^{35}t^{h}ou^{0}	手指头ʃou^{55}tʃʅ^{21}t^{h}ou^{0}	大拇指头ta^{55}mu^{0}tʃʅ^{21}t^{h}ou^{0}
博山	锤子tʂ^{h}uei^{35}ə^{0} 锤头tʂ^{h}uei^{35}t^{h}əu^{0}	指头tʂʅ^{213}t^{h}əu^{0}	大拇指tɑ^{55}mẽ^{0}tʂʅ^{55} “拇”读为“们”
张店	拳头tɕ^{h}yã^{35}t^{h}ou^{0}	手指头ʂou^{55}tʂʅ^{33}t^{h}ou^{0}	大拇指头tɑ^{55}mə̃^{0}tʂʅ^{33}t^{h}ou^{0} “拇”读为“们”
阳谷	皮锤p^{h}i^{55}ts^{h}uei^{42} 拳头ts^{h}uã^{55}t^{h}ou^{0}	手指头sou^{55}tsɿ^{31}t^{h}ou^{0}	大拇指ta^{42}mu^{0}tsɿ^{0}
梁山	皮锤p^{h}i^{42}ts^{h}uei^{42}	手指头sou^{55}tsɿ^{21}t^{h}ou^{0}	大拇手指头ta^{42}mei^{0}sou^{55}tsɿ^{21}t^{h}ou^{0} “拇”读为“美”轻声
菏泽	锤头子ts^{h}uei^{53}t^{h}ou^{53}tə^{0}	手指头sou^{44}tsɿ^{213}t^{h}ou^{0}	大拇儿手指头ta^{31}mer^{0}sou^{44}tsɿ^{21}t^{h}ou^{0} “拇”读为“美”轻声
曹县	锤头子tʂ^{h}uei^{53}t^{h}ou^{53}tə^{0}	手指头ʂou^{44}tsɿ^{21}t^{h}ou^{0}	大拇手指头ta^{31}mu^{0}ʂou^{44}tsɿ^{21}t^{h}ou^{0}
金乡	皮锤p^{h}i^{42}ts^{h}uei^{42}	手指头sou^{55}tsɿ^{21}t^{h}ou^{0}	大拇手指头ta^{42}mei^{0}sou^{55}tsɿ^{21}t^{h}ou^{0} “拇”读为“美”轻声
曲阜	皮锤p^{h}i^{42}ts^{h}uei^{42}	手指头sou^{55}tsɿ^{21}t^{h}ou^{0}	大拇指头ta^{42}mu^{0}tsɿ^{21}t^{h}ou^{0}

续表

	0478拳头	0479手指	0480大拇指
薛城	皮锤pʰi^{55}pfʰe^{55}	手指头sou^{55}tsɿ^{31}tʰou^{0}	大拇手指头ta^{41}me^{0}sou^{55}tsɿ^{31}tʰou^{0} “拇”读为“美”轻声
郯城	皮锤pʰi^{44}tʂʰue^{44} 皮锤头子pʰi^{44}tʂʰue^{44}tʰəu^{44}tsɿ^{0} 锤头子tʂʰue^{44}tʰəu^{44}tsɿ^{0}	手指头ʂəu^{24}tʂʅ^{21}tʰəu^{0}	大拇手指头ta^{51}mu^{0}ʂəu^{24}tʂʅ^{21}tʰəu^{0} “拇”又读“们” 大拇指ta^{51}mu^{44}tʂʅ^{213}
临沂	皮锤pʰi^{31}tʃʰuei^{53}	手指头ʃou^{55}tʃʅ^{21}tʰou^{0}	大拇手指头ta^{31}mẽ^{0}ʃou^{55}tʃʅ^{21}tʰou^{0} “拇”读为“们”

	0481食指	0482中指	0483无名指
荣成	二拇娘ər^{33}mu^{0}niɑŋ^{35}	中指tʂuŋ^{53}tʂʅ^{214}	太阳tʰai^{33}iɑŋ^{35}
烟台	二拇指头ər^{33}mu^{0}tsɿ^{21}tʰou^{33}	中指tsuŋ^{53}tsɿ^{14}	无名指u^{33}miŋ^{33}tsɿ^{14}
栖霞	食指ʃɿ^{54}tsɿ^{214}	中指tsuŋ^{52}tsɿ^{214}	无名儿指u^{34}miə̃r^{52}tsɿ^{214}
长岛	二拇指头ər^{52}mu^{0}tsɿ^{21}tʰou^{0}	中指tsuŋ^{52}tsɿ^{213}	无名指u^{21}miŋ^{55}tsɿ^{213}
海阳	二拇指头ər^{34}mẽ^{0}tʂʅ^{34}tʰəu^{0} “拇”读为“们”	中拇指头tʂuŋ^{52}mẽ^{0}tʂʅ^{34}tʰəu^{0} “拇”读为“们”	无名指u^{34}miŋ^{52}tʂʅ^{214}
莱西	食指ʃɿ^{42}tsɿ^{55} 手指头ʃiou^{55}tsɿ^{45}tʰou^{0}	中指tsoŋ^{214}tsɿ^{55} 手指头ʃiou^{55}tsɿ^{45}tʰou^{0}	无名儿指u^{214}miə̃r^{214}tsɿ^{55} 手指头ʃiou^{55}tsɿ^{45}tʰou^{0}
平度	食指ʃɿ^{42}tʂʅ^{55}	中指tʂuŋ^{213}tʂʅ^{55}	无名指u^{213}miŋ^{42}tʂʅ^{55}
青岛	二拇指ɭə^{42}mɑ^{0}tʂʅ^{55} “拇”读为“吗” 二拇指头ɭə^{42}mɑ^{0}tʂʅ^{44}tʰou^{0} “拇”读为“吗”	三拇指θã^{213}mɑ^{0}tʂʅ^{55} “拇”读为“吗” 三拇指头θã^{213}mɑ^{0}tʂʅ^{44}tʰou^{0} “拇”读为“吗”	四拇指θɿ^{42}mɑ^{0}tʂʅ^{55} “拇”读为“吗” 四拇指头θɿ^{42}mɑ^{0}tʂʅ^{44}tʰou^{0} “拇”读为“吗”
高密	二拇指头ɭə^{55}mu^{0}tʂʅ^{23}tʰou^{0} 食指ʃɿ^{42}tʂʅ^{55}	中指tʂoŋ^{213}tʂʅ^{55}	无名指u^{42}mioŋ^{42}tʂʅ^{55}
诸城	二拇指头ɭə^{44}mu^{0}tʂʅ^{0}tʰou^{0}	中拇指头tʂəŋ^{31}mu^{0}tʂʅ^{0}tʰou^{0}	四拇指头θɿ^{44}mu^{0}tʂʅ^{0}tʰou^{0}
沂水	二拇指头ɭə^{44}mə^{0}tʂʅ^{213}tʰou^{0} “拇”读为“么”	三拇指头θã^{21}mə^{0}tʂʅ^{213}tʰou^{0} “拇”读为“么”	四拇指头θɿ^{44}mə^{0}tʂʅ^{213}tʰou^{0} “拇”读为“么”
临朐	二拇指头lə^{44}mu^{0}tʂʅ^{213}tʰəu^{0}	三拇指头θã^{21}mu^{0}tʂʅ^{213}tʰəu^{0}	四拇指头θɿ^{44}mu^{0}tʂʅ^{213}tʰəu^{0}
日照	二拇指头ɭə^{53}mu^{0}tʂʅ^{213}tʰou^{0}	中指tʂəŋ^{213}tʂʅ^{44}	四拇指头θɿ^{53}mu^{0}tʂʅ^{213}tʰou^{0}
莒南	二拇指头ɭə^{42}mu^{0}tʂʅ^{213}tʰou^{0}	三拇指头θã^{21}mu^{0}tʂʅ^{213}tʰou^{0} 中指tʂuŋ^{213}tʂʅ^{55}	四拇指头θɿ^{42}mu^{0}tʂʅ^{213}tʰou^{0}
潍坊	食指ʂʅ^{53}tʂʅ^{214} 二拇指头ɐr^{55}mə^{0}tʂʅ^{24}tʰɤɯ^{0} “拇”读为“么”	中指tʂoŋ^{24}tʂʅ^{214} 三拇指头sã^{31}mə^{0}tʂʅ^{24}tʰɤɯ^{0} “拇”读为“么”	无名指u^{53}miŋ^{53}tʂʅ^{214}

续表

	0481 食指	0482 中指	0483 无名指
寿光	二拇指头 lə^{55}ma^{0}tʂʅ^{24}t^{h}əu^{0} “拇”读为“吗”	三拇指头 sã^{21}ma^{0}tʂʅ^{24}t^{h}əu^{0} “拇”读为“吗”	四拇指头 sɿ^{55}ma^{0}tʂʅ^{24}t^{h}əu^{0} “拇”读为“吗”
高青	二拇指 ɭə^{55}mu^{0}tʂʅ^{213}	中指 tʂuŋ^{213}tʂʅ^{213}	无名指 u^{55}miŋ^{55}tʂʅ^{213}
阳信	二拇手指头 ər^{55}mə^{0}ʂou^{55}tʂʅ^{31}t^{h}ou^{0}“拇”读为“么” 二拇 ər^{55}mə^{0}“拇”读为“么”	三拇手指头 sã^{31}mə^{0}ʂou^{55}tʂʅ^{31}t^{h}ou^{0}“拇”读为“么” 三拇 sã^{31}mə^{0}“拇”读为“么”	四拇手指头 sɿ^{55}mə^{0}ʂou^{55}tʂʅ^{31}t^{h}ou^{0}“拇”读为“么” 四拇 sɿ^{55}mə^{0}“拇”读为“么”
济阳	二拇指头 ɭə^{55}mu^{0}tʂʅ^{213}t^{h}ou^{0}	三拇指头 sa^{21}mu^{0}tʂʅ^{213}t^{h}ou^{0} 中指 tʂuŋ^{55}tʂʅ^{213}	四拇指头 sɿ^{55}mu^{0}tʂʅ^{213}t^{h}ou^{0}
利津	二拇指 lə^{55}mu^{0}tʂʅ^{55}	三拇指 sã^{31}mu^{0}tʂʅ^{55}	四拇指 sɿ^{55}mu^{0}tʂʅ^{55}
乐陵	食指 ʂʅ^{51}tsɿ^{24}	中指 tʂuŋ^{24}tsɿ^{24}	无名指 u^{55}miŋ^{51}tsɿ^{24}
商河	二拇指 ɭə^{54}mə^{0}tsɿ^{45}“拇”读为“么”	三拇指 sã^{21}mə^{0}tsɿ^{45}“拇”读为“么”	四拇指 sɿ^{54}mə^{0}tsɿ^{45}“拇”读为“么”
平原	二拇儿指 ər^{21}mər^{0}tʂʅ^{213}“拇”读为“么”	中指 tʂuŋ^{23}tʂʅ^{213}	无名指 u^{55}miŋ^{0}tʂʅ^{213}
德州	二拇手指头 ər^{42}mu^{0}ʂou^{55}tʂʅ^{213}t^{h}ou^{0}	中指 tʂuŋ^{213}tʂʅ^{213}	无名指 u^{42}miŋ^{42}tʂʅ^{213}
武城	二拇指 ɭə^{53}mu^{0}tʂʅ^{224}	中指 tʂuŋ^{24}tʂʅ^{224}	无名指 u^{53}miŋ^{53}tʂʅ^{224}
临清	食指 ʂʅ^{53}tʂʅ^{0}	中指 tʂuŋ^{13}tʂʅ^{0}	无名指 u^{53}miŋ^{53}tʂʅ^{13}
冠县	食指 ʂʅ^{53}tʂʅ^{13}	中指 tʂuŋ^{13}tʂʅ^{13}	无名指 u^{53}miŋ^{53}tʂʅ^{13}
聊城	二拇指 ər^{31}mu^{0}tsɿ^{13}	中指 tsuŋ^{13}tsɿ^{13}	无名指 u^{44}miŋ^{53}tsɿ^{13}
济南	二拇指 ər^{55}mu^{0}tʂʅ^{213}	中指 tʂuŋ^{23}tʂʅ^{213}	无名指 u^{42}miŋ^{42}tʂʅ^{213}
泰安	二拇手指头 ər^{42}mei^{0}ʂou^{55}tʂʅ^{21}t^{h}ou^{0}“拇”读为“美”轻声	中指 tʂuŋ^{23}tʂʅ^{213}	无名指 u^{42}miŋ^{42}tʂʅ^{213}
莱芜	二拇指头 ɭə^{42}mẽ^{0}tʃʅ^{0}t^{h}ou^{0} “拇”读为“们”	三拇指头 sã^{31}mẽ^{0}tʃʅ^{0}t^{h}ou^{0} “拇”读为“们”	四拇指头 sɿ^{42}mẽ^{0}tʃʅ^{0}t^{h}ou^{0} “拇”读为“们”
新泰	二拇指头 ɭə^{54}ma^{0}tʃʅ^{21}t^{h}ou^{0} “拇”读为“吗”	三拇指头 sã^{21}ma^{0}tʃʅ^{21}t^{h}ou^{0} “拇”读为“吗”	四拇指头 θɿ^{54}ma^{0}tʃʅ^{21}t^{h}ou^{0} “拇”读为“吗”
沂源	二拇指头 ɭə^{55}mu^{0}tʃʅ^{21}t^{h}ou^{0}	中指 tʃuŋ^{21}tʃʅ^{55}	四拇指头 θɿ^{55}mu^{0}tʃʅ^{21}t^{h}ou^{0}
博山	二拇指 ɭə^{55}mẽ^{0}tʂʅ^{55}“拇”读为“们”	中指 tʂuŋ^{213}tʂʅ^{55}	无名指 u^{53}miŋ^{55}tʂʅ^{55}
张店	二拇指头 ɭə^{55}mə̃^{0}tʂʅ^{33}t^{h}ou^{0} “拇”读为“们”	中指 tʂuŋ^{213}tʂʅ^{33}	无名指 u^{55}miŋ^{55}tʂʅ^{33}
阳谷	二拇指 ər^{42}mu^{0}tsɿ^{0}	长长 ts^{h}ɑŋ^{55}ts^{h}ɑŋ^{0} 中指 tsuŋ^{13}tsɿ^{55}	无名指 u^{55}miŋ^{42}tsɿ^{55}

续表

	0481食指	0482中指	0483无名指
梁山	二拇手指头ɭ^{42}mei^{0}sou^{55}tsɿ^{21}tʰou^{0} “拇”读为“美”轻声	三拇手指头sã^{21}mei^{0}sou^{55}tsɿ^{21}tʰou^{0} “拇”读为“美”轻声	四拇手指头sɿ^{42}mei^{0}sou^{55}tsɿ^{21}tʰou^{0} “拇”读为“美”轻声
菏泽	二拇手指头ər^{31}mẽ^{0}sou^{44}tsɿ^{21}tʰou^{0} “拇”读为“们”	中指tsuŋ^{213}tsɿ^{213}	（无）
曹县	食指ʂɿ^{53}tsɿ^{0}	中指tʂuŋ^{213}tsɿ^{0}	无名指u^{53}miŋ^{53}tsɿ^{0}
金乡	二拇手指头ər^{42}mei^{0}sou^{55}tsɿ^{21}tʰou^{0} “拇”读为“美”轻声	三拇手指头sã^{21}mei^{0}sou^{55}tsɿ^{21}tʰou^{0} “拇”读为“美”轻声	四拇手指头sɿ^{42}mei^{0}sou^{55}tsɿ^{21}tʰou^{0} “拇”读为“美”轻声
曲阜	二拇指ər^{42}mu^{0}tsɿ^{213}	中指tsuŋ^{23}tsɿ^{213}	无名指u^{55}miŋ^{42}tsɿ^{213}
薛城	二拇手指头ɭə^{55}me^{0}sou^{55}tsɿ^{31}tʰou^{0} “拇”读为“美”轻声	三拇手指头sã^{31}me^{0}sou^{55}tsɿ^{31}tʰou^{0} “拇”读为“美”轻声	四拇手指头sɿ^{41}me^{0}sou^{55}tsɿ^{31}tʰou^{0} “拇”读为“美”轻声
郯城	二拇手指头ɭə^{51}mu^{0}ʂəu^{24}tʂʅ^{21}tʰəu^{0} “拇”又读“们”	三拇手指头sã^{21}mu^{0}ʂəu^{24}tʂʅ^{21}tʰəu^{0} “拇”又读“们”	四拇手指头sɿ^{51}mu^{0}ʂəu^{24}tʂʅ^{21}tʰəu^{0} “拇”又读“们”
临沂	二拇手指头ɭə^{31}mẽ^{0}ʃou^{55}tʃʅ^{21}tʰou^{0} “拇”读为“们”	三拇手指头sã^{21}mẽ^{0}ʃou^{55}tʃʅ^{21}tʰou^{0} “拇”读为“们”	四拇手指头sɿ^{21}mẽ^{0}ʃou^{55}tʃʅ^{21}tʰou^{0} “拇”读为“们”

	0484小拇指	0485指甲	0486腿
荣成	小浪⁼指siau^{21}laŋ^{33}tʂʰʅ^{0}	手指盖儿ʃəu^{21}tʂʅ^{21}kɐr^{33}	腿tʰei^{214}
烟台	小拇指头儿ɕiau^{21}mu^{0}tsɿ^{21}tʰour^{0}	手指盖儿ɕiou^{33}tsɿ^{21}kɐr^{33}	腿tʰei^{14}
栖霞	小拇指ʃiɔ^{21}mu^{0}tsɿ^{214}	指头盖儿tsɿ^{34}tʰəu^{0}kɐr^{52}	腿tʰei^{214}
长岛	小拇指头ʃau^{21}mu^{0}tsɿ^{21}tʰou^{0}	指盖子tsɿ^{21}kai^{52}tsɿ^{0}	腿tʰei^{213}
海阳	小拇指头siɔ^{21}mẽ^{0}tʂʅ^{34}tʰəu^{0} “拇”读为“们”	指头盖儿tʂʅ^{34}tʰəu^{0}kɐr^{341}	腿tʰei^{214}
莱西	小拇指ʃiɔ^{45}mu^{0}tsɿ^{55} 小拇指头siɔ^{45}mu^{0}tsɿ^{45}tʰou^{0}	指［甲］盖儿tsɿ^{42}kɐr^{42}	腿tʰei^{55}
平度	小拇指siɔ^{45}mu^{0}tʂʅ^{45} 小拇指头儿siɔ^{45}mu^{0}tʂʅ^{45}tʰour^{42}	指甲tʂʅ^{213}ciə̃^{0} “甲”读为“紧”轻声	腿tʰei^{55}
青岛	小拇指siɔ^{55}mɑ^{0}tʂʅ^{55} “拇”读为“吗”。下条同 小拇指头siɔ^{55}mɑ^{0}tʂʅ^{44}tʰou^{0}	指甲tʂʅ^{55}tɕiɑ^{42} 指甲盖儿tʂʅ^{55}tɕiɑ^{0}kɐr^{42}	腿tʰei^{55}
高密	小拇指头儿siɔ^{23}mu^{0}tʂʅ^{23}tʰour^{0}	指甲tʂʅ^{23}tɕiɛ^{0} “甲”读为“介”。下条同 指甲盖儿tʂʅ^{23}tɕiɛ^{0}kɐr^{21}	腿tʰuei^{55}

续表

	0484小拇指	0485指甲	0486腿
诸城	小拇指头儿θiɔ^{213}mu^{0}tʂʅ^{0}tʰour^{0}	指甲盖子tʂʅ^{213}tʃɛ^{0}kɛ^{44}tθʅ^{0} “甲”读为“介”。下条同 指甲tʂʅ^{213}tʃɛ^{0}	腿tʰuei^{44}
沂水	小拇指头siɔ^{213}mə^{0}tʂʅ^{213}tʰou^{0} “拇”读为“么”	指甲盖儿tʂʅ^{213}tɕia^{0}kɛr^{31} 指甲盖子tʂʅ^{213}tɕia^{0}kɛ^{44}dðʅ^{0}	腿tʰue^{44}
临朐	小拇指头ɕiɔ^{213}mu^{0}tʂʅ^{213}tʰəu^{0}	指甲盖儿tʂʅ^{213}ka^{0}kɛr^{21} “甲”读为“嘎”轻声	腿tʰuei^{44}
日照	小拇指头儿θiɔ^{213}mu^{0}tʂʅ^{213}tʰour^{0}	指甲盖儿tʂʅ^{213}tʃiɛ^{0}kɛr^{31} “甲”读为“介”轻声	腿tʰuei^{44}
莒南	小拇指头siɔ^{213}mu^{0}tʂʅ^{213}tʰou^{0}	手指盖子ʃou^{55}tʂʅ^{55}kɛ^{42}tθʅ^{0}	腿tʰei^{55}
潍坊	小拇指头儿ɕiɔr^{24}mə^{0}tʂʅ^{214}tʰour^{0} “拇”读为“么”	指甲盖子tʂʅ^{24}kə^{0}kɛ^{55}tsʅ^{0} “甲”有音变	腿tʰuei^{55}
寿光	小拇儿指头儿ɕiɔ^{24}mʌr^{0}tʂʅ^{24}tʰəur^{0} “拇”读为“吗”	指拉盖儿tʂʅ^{24}la^{0}kɛr^{21}	腿tʰuei^{55}
高青	小拇指儿ɕiɔ^{213}mu^{0}tʂer^{213}	手指儿盖儿ʂou^{55}tʂer^{213}kɛr^{41}	腿tʰuei^{55}
阳信	小拇儿手指头ɕiɔ^{213}mər^{0}ʂou^{55}tʂʅ^{31}tʰou^{0} “拇”读为“么”。下条同 小拇儿ɕiɔ^{213}mər^{0}	手指盖儿ʂou^{55}tʂʅ^{213}kɛr^{31}	腿tʰuei^{55}
济阳	小拇指头ɕiɔ^{21}mu^{0}tʂʅ^{213}tʰou^{0}	指甲盖儿tʂʅ^{213}tɕia^{0}kɛr^{31}	腿tʰuei^{55}
利津	小拇指ɕiɔ^{213}mu^{0}tʂʅ^{55}	指拉盖儿tʂʅ^{24}la^{0}kɛr^{31}	腿tʰuei^{55}
乐陵	小拇手指头ɕiɔ^{212}mə^{0}ʂou^{55}tsʅ^{31}tʰou^{0} “拇”读为“么”	手指盖儿ʂou^{51}tsʅ^{24}kɛr^{51}	腿tʰuei^{55}
商河	小拇指头ɕiɔ^{213}mə^{0}tsʅ^{213}tʰou^{0} “拇”读为“么”。下条同 小拇指ɕiɔ^{213}mə^{0}tsʅ^{45}	指拉盖儿tsʅ^{213}lɑ^{0}kɛr^{31}	腿tʰuei^{45}
平原	小拇指ɕiɔu^{23}mə^{0}tʂʅ^{213} “拇”读为“么”	指甲盖儿tʂʅ^{212}tɕia^{0}kɛr^{21}	腿tʰuei^{55}
德州	小拇手指头ɕiɔ^{213}mu^{0}ʂou^{55}tʂʅ^{213}tʰou^{0}	手指盖儿ʂou^{42}tʂʅ^{55}kɛr^{21}	腿tʰuei^{55}
武城	小拇指ɕiɔ^{24}mu^{0}tʂʅ^{224}	指甲盖儿tʂʅ^{312}tɕia^{0}kɛr^{312}	腿tʰuei^{55}
临清	小拇指ɕiau^{44}mu^{44}tʂʅ^{0} 小指头儿ɕiau^{44}tʂʅ^{0}tʰour^{53}	指甲tʂʅ^{13}tɕia^{0}	腿tʰuei^{44}
冠县	小拇指siɔ^{55}mu^{55}tʂʅ^{13}	指甲tʂʅ^{21}tɕia^{0}	腿tʰuei^{55}

续表

	0484小拇指	0485指甲	0486腿
聊城	小手指头儿ɕiɔ^{53}sou^{44}tʂʅ^{13}tʰour^{0}	指甲tɕi^{13}tɕia^{0}	腿tʰei^{44}
济南	小拇指头ɕiɔ^{213}mẽ^{0}tʂʅ^{21}tʰou^{0} “拇”读为“们”	指甲盖儿tʂʅ^{21}tɕia^{23}kɛr^{21}	腿tʰuei^{55}
泰安	小拇手指头ɕiɔ^{213}mei^{0}ʂou^{55}tʂʅ^{21}tʰou^{0} “拇”读为“美”轻声	指甲盖子tʂʅ^{21}tɕia^{0}kɛ^{42}tsʅ^{0}	腿tʰuei^{55}
莱芜	小拇指头ɕiɔ^{213}mẽ^{0}tʃʅ^{0}tʰou^{0} “拇”读为“们”	指甲tʃʅ^{31}tɕia^{0}	腿tʰuei^{55}
新泰	小拇指头ɕiɔ^{213}ma^{0}tʃʅ^{21}tʰou^{0} “拇”读为“吗”	指甲tʃʅ^{21}tɕia^{213}	腿tʰuei^{55}
沂源	小拇指头ɕiɔ^{55}mu^{0}tʃʅ^{21}tʰou^{0}	指甲盖儿tʃʅ^{21}tɕia^{0}kɛr^{31}	腿tʰuei^{55}
博山	小拇指ɕiɔ^{213}mẽ^{0}tʂʅ^{55} “拇”读为“们”	指甲tʂʅ^{213}tɕiɑ^{0}	腿tʰuei^{55}
张店	小拇指头ɕiɔ^{213}mə̃^{0}tʂʅ^{33}tʰou^{0} “拇”读为“们”	指甲tʂʅ^{33}tɕiɑ^{0}	腿tʰuei^{55}
阳谷	小拇指ɕiɔ^{13}mu^{0}tsʅ^{0}	指甲tsʅ^{31}tɕia^{55}	腿tʰuei^{55}
梁山	小拇手指头ɕiɔ^{23}mei^{0}sou^{55}tsʅ^{21}tʰou^{0} “拇”读为“美”轻声	手指甲盖儿sou^{55}tsʅ^{21}tɕia^{0}kɛr^{314}	腿tʰuei^{55}
菏泽	小拇儿手指头ɕiɔ^{44}mer^{0}sou^{44}tsʅ^{21}tʰou^{0} “拇”读为“美”轻声	指甲盖子tsʅ^{213}tɕia^{44}kɛ^{31}tə^{0}	腿tʰuei^{44}
曹县	小拇手指头ɕiɔ^{44}mu^{0}ʂou^{44}tsʅ^{21}tʰou^{0}	指甲tsʅ^{21}tɕia^{0}	腿tʰuei^{44}
金乡	小拇手指头ɕiɔ^{23}mei^{0}sou^{55}tsʅ^{21}tʰou^{0} “拇”读为“美”轻声	指甲盖儿tsʅ^{21}tɕia^{0}kɛr^{312}	腿tʰuei^{55}
曲阜	小拇手指头ɕiɔ^{213}mei^{0}sou^{55}tsʅ^{21}tʰou^{0} “拇”读为“美”轻声	指甲盖子tsʅ^{21}tɕia^{0}kɛ^{42}tsʅ^{0}	腿tʰuei^{55}
薛城	小拇手指头ɕiɔ^{24}me^{0}sou^{55}tsʅ^{31}tʰou^{0} “拇”读为“美”轻声	手指盖儿sou^{55}tsʅ^{31}kɛr^{41}	腿tʰue^{24}
郯城	小拇手指头ɕiɔ^{24}mu^{0}ʂəu^{24}tʂʅ^{21}tʰəu^{0} “拇”又读“们”	手指头盖子ʂəu^{24}tʂʅ^{21}tʰəu^{0}kɛ^{51}tsʅ^{0} 手指盖儿ʂəu^{24}tʂʅ^{21}kɛr^{51}	腿tʰe^{24}
临沂	小拇指头ɕiɔ^{214}mẽ^{0}tʃʅ^{21}tʰou^{0} “拇”读为“们”	手指盖子ʃou^{55}tʃʅ^{21}kɛ^{31}tsʅ^{0} 指甲盖子tʃʅ^{21}tɕia^{0}kɛ^{31}tsʅ^{0}	腿tʰei^{55}

	0487脚他的～压断了	0488膝盖指部位	0489背名词
荣成	脚cio^{214}只指脚	波⁼了⁼盖po^{53}lə^{0}kai^{33}	身么后儿ʃən^{53}mə^{0}xəur^{33}
烟台	脚tɕye^{14}只指脚	波⁼了⁼盖儿po^{53}lə^{0}kɐr^{33}	脊梁杆子tɕi^{21}liɑŋ^{0}kan^{21}ɾə^{0} 脊梁tɕi^{21}liɑŋ^{33}
栖霞	脚cyɛ^{214}只指脚	波⁼啦盖pə^{21}la^{0}kɛi^{52}	脊梁杆tʃʅ^{21}liɑŋ^{0}kɑŋ^{214}“杆”读为“港”
长岛	脚cyo^{213}只指脚	波⁼棱⁼盖pə^{21}ləŋ^{0}kai^{52}	后背身xou^{31}pei^{55}ʃən^{31}
海阳	脚cyə^{214}只指脚	波⁼喽盖pə^{34}ləu^{0}kɛ^{341}	脊梁杆子tsi^{21}liŋ^{0}kɑŋ^{21}ə^{0}“杆”读为“港”
莱西	脚cyə^{55}只指脚	波⁼了⁼盖pə^{45}lə^{0}kɛ^{42}	脊梁tʃʅ^{45}liɑŋ^{0} 后背xou^{214}pei^{42}
平度	脚cyə^{55}只指脚	波⁼罗⁼盖pə^{45}luə^{0}kɛ^{213}	脊梁tsi^{45}liɑŋ^{0}
青岛	脚tɕyə^{55}只指脚	波⁼罗⁼盖儿pə^{213}luə^{0}kɛr^{42}	脊梁tsi^{55}liɑŋ^{0}
高密	脚tɕyə^{55}只指脚	波⁼棱⁼盖pə^{23}loŋ^{0}kɛ^{21}	脊梁tsi^{23}liɑŋ^{0} 后背xou^{23}pei^{21}
诸城	脚tʃuə^{44}只指脚	波⁼罗⁼盖pə^{24}luə^{0}kɛ^{31}	脊梁tθi^{213}liɑŋ^{0}
沂水	脚tɕyə^{44}只指脚	波⁼啦盖pə^{213}la^{0}kɛ^{31}	脊梁dzi^{213}niɑŋ^{0}“梁”读为“娘”轻声
临朐	脚tɕyə^{44}只指脚	波⁼啦盖pə^{213}la^{0}kɛ^{21}	脊梁tɕi^{213}liɑŋ^{0}
日照	脚tʃyə^{213}只指脚	圪⁼耳⁼拜⁼儿kə^{213}ɭə^{0}pɛr^{31}	脊梁ȶi^{213}liɑŋ^{0}
莒南	脚tɕyə^{213}只指脚	腿部弯儿tʰei^{55}pu^{0}uɛr^{213} 膝盖儿si^{13}kɛr^{31}	脊梁tsi^{213}liɑŋ^{0}
潍坊	脚tɕyə^{214}只指脚 脚丫子tɕyə^{214}iɑ^{31}tsɿ^{0}只指脚	波⁼罗⁼盖pə^{214}luə^{0}kɛ^{31}	脊梁tɕi^{214}ȵiɑŋ^{0}“梁”读为“娘”轻声
寿光	脚tɕyə^{213}只指脚	波⁼罗⁼盖pə^{213}luə^{0}kɛ^{21}	脊梁tɕi^{213}ȵiɑŋ^{0}“梁”读为“娘”轻声
高青	脚tɕiɔ^{213}只指脚	波⁼朗⁼盖pə^{213}lɑŋ^{0}kɛ^{41}	脊梁tɕi^{213}ȵiɑŋ^{0}“梁”读为“娘”轻声
阳信	脚tɕiɔ^{213}只指脚	波⁼了⁼盖pə^{213}lə^{0}kɛ^{31}	脊梁tɕi^{31}ȵiɑŋ^{0}“梁”读为“娘”轻声
济阳	脚tɕiɔ^{213}只指脚 脚丫子tɕiɔ^{55}ia^{21}tsɿ^{0}只指脚	圪⁼啦拜⁼儿kə^{21}la^{0}pɛr^{31}	脊梁tɕi^{23}ȵiɑŋ^{0}“梁”读为“娘”轻声
利津	脚tɕiɔ^{44}只指脚	波⁼啦盖儿pə^{24}la^{0}kɛr^{31}	脊梁tɕi^{24}ȵiɑŋ^{0}“梁”读为“娘”轻声
乐陵	脚tɕiɔ^{24}只指脚	波⁼啦盖pə^{212}la^{0}kɛ^{51}	脊梁tɕi^{31}iɑŋ^{0}“梁”读为“阳”轻声

续表

	0487 **脚**他的～压断了	0488 **膝盖**指部位	0489 **背**名词
商河	脚tɕiɔ^{45}只指脚 脚丫子tɕiɔ^{45}iɑ^{21}tsɿ^{0}只指脚	波=啦盖儿pə^{21}lɑ^{24}kɛr^{31}	脊梁tɕi^{213}ȵiɑŋ^{0}"梁"读为"娘"轻声
平原	脚tɕiɔu^{213}只指脚	圪=啦拜=儿kə^{212}la^{0}pɛr^{21}	脊梁tɕi^{23}iɑŋ^{0}"梁"读为"阳"轻声
德州	脚tɕiɔ^{213}只指脚	圪=啦拜=儿kə^{21}la^{0}pɛr^{21}	脊梁tɕi^{21}ȵiɑŋ^{0}"梁"读为"娘"轻声
武城	脚tɕiɔ^{224}只指脚	圪=啦拜=儿kə^{55}la^{0}pɛr^{312}	脊梁tɕi^{312}ȵiɑŋ^{0}"梁"读为"娘"轻声
临清	脚tɕiau^{13}只指脚	圪=啦拜=儿kə^{44}la^{0}pɛr^{313} 胡=膝盖儿xu^{44}tɕʰi^{0}kɛr^{313}	脊梁tɕi^{13}ȵiɑŋ^{0}"梁"读为"娘"轻声
冠县	脚tɕyɤ^{13}只指脚 脚丫子tɕyɤ^{21}ia^{31}tsɿ^{0}只指脚	圪=啦拜=儿kə^{31}la^{0}pɛr^{314}	背pei^{314}
聊城	脚丫子tɕyə^{13}ia^{13}tsɿ^{0}只指脚 脚tɕyə^{13}只指脚	圪=啦拜=子kə^{13}la^{0}pɛ^{53}tsɿ^{0}	脊梁tɕi^{13}ȵiɑŋ^{0}"梁"读为"娘"轻声
济南	脚丫子tɕyə^{23}ia^{21}tsɿ^{0}只指脚 脚tɕyə^{213}只指脚	圪=啦拜=儿kə^{21}la^{23}pɛr^{21}	脊梁tɕi^{21}ȵiɑŋ^{0}"梁"读为"娘"轻声
泰安	脚tɕyə^{213}只指脚	圪=啦拜=kə^{21}la^{0}pɛ^{21}	脊梁tɕi^{21}ȵiɑŋ^{0}"梁"读为"娘"轻声
莱芜	脚tɕyə^{213}只指脚	波=啦盖=pə^{31}la^{0}kɛ^{42}	脊梁tɕi^{23}liɑŋ^{0}
新泰	脚tɕyə^{213}只指脚	圪=啦拜=kə^{21}la^{21}pɛ^{31} 胡=膝盖子xu^{54}ɕi^{0}kɛ^{54}tθɿ^{0}	背膀pei^{54}pɑŋ^{0}
沂源	脚tɕyə^{213}只指脚	波=罗=盖儿pə^{21}luə^{0}kɛr^{31}	脊梁tɕi^{21}liɑŋ^{0}
博山	脚tɕyə^{213}只指脚	波=罗=盖pə^{21}luə^{0}kɛ^{31}	背pei^{31} 脊梁tɕi^{22}ȵiɑŋ^{0}"梁"读为"娘"轻声
张店	脚tɕiɔ^{33}只指脚	波=了=盖pə^{33}lə^{33}kɛ^{31}	脊梁tɕi^{33}iɑŋ^{0}"梁"读为"阳"轻声
阳谷	脚tsuo^{213}只指脚	圪=啦拜=儿kə^{31}la^{0}pɛr^{313}	脊梁tɕi^{31}ȵiɑŋ^{0}"梁"读为"娘"轻声，也读liɑŋ^{0}
梁山	脚tɕyə^{213}只指脚	圪=啦拜=子kə^{21}la^{0}pɛ^{42}tsɿ^{0}	脊梁tɕi^{21}ȵiɑŋ^{0}"梁"读为"娘"轻声

续表

	0487脚他的～压断了	0488膝盖指部位	0489背名词
菏泽	脚tɕyə^{213}只指脚	圪$^{=}$啦拜$^{=}$子kə^{21}la^{0}pɛ^{31}tə^{0}	脊梁tɕi^{21}ȵiɑŋ^{0}“梁”读为“娘”轻声
曹县	脚tɕyə^{213}只指脚	圪$^{=}$啦拜$^{=}$子kə^{21}la^{0}pai^{31}tə^{0}	脊梁tɕi^{21}ȵiɑŋ^{0}“梁”读为“娘”轻声
金乡	脚tɕyə^{213}只指脚	圪$^{=}$啦拜$^{=}$子kə^{21}la^{0}pɛ^{42}tsʅ^{0}	脊梁tɕi^{21}tɕiɑŋ^{0}“梁”读为“江”轻声
曲阜	脚tɕyə^{213}只指脚	圪$^{=}$啦拜$^{=}$子kə^{21}la^{0}pɛ^{42}tsʅ^{0}	脊梁tɕi^{21}tɕiaŋ^{0}“梁”读为“江”轻声
薛城	脚tɕyə^{313}只指脚	圪$^{=}$了$^{=}$拜$^{=}$子kə^{31}lə^{0}pɛ^{41}tsʅ^{0}	脊骨tɕiẽ^{31}ku^{24}“脊”读为“筋”
郯城	脚tɕyə^{213}只指脚	圪$^{=}$了$^{=}$拜$^{=}$子kə^{21}lə^{0}pɛ^{51}tsʅ^{0} 圪$^{=}$拜$^{=}$子kə^{21}pɛ^{51}tsʅ^{0} 圪拜$^{=}$儿kə^{21}pɛr^{51}	脊骨tɕi^{21}ku^{24} 后背xəu^{51}pe^{51}
临沂	脚tɕyə^{214}只指脚	圪$^{=}$了$^{=}$拜$^{=}$子kə^{21}lə^{0}pɛ^{31}tsʅ^{0} 膝盖儿ɕi^{24}kɛr^{312}	脊梁骨tɕi^{21}ȵiaŋ^{0}ku^{214}“梁”读为“娘”轻声 背pei^{312} 后背xou^{31}pei^{312}

	0490肚子腹部	0491肚脐	0492乳房女性的
荣成	肚子tu^{33}tsʅ^{0}	脖①脐pi^{35}ts^{h}i^{0}“脖”读为“鼻”	奶子nai^{214}tsʅ^{0}
烟台	肚子tu^{33}ɾə^{0}	脖脐pi^{33}tɕ^{h}i^{0}“脖”读为“鼻”	奶子nɛ^{21}ɾə^{0}
栖霞	肚子tu^{34}lə^{0}	脖脐眏mi^{34}tʃ^{h}əu^{0}iɑŋ^{214}“脖脐”读为“弥秋（轻声）”	奶子nɛi^{21}lə^{0}
长岛	肚子tu^{52}tsʅ^{0}	肚脖脐tu^{31}pi^{55}tʃ^{h}ou^{0}“脖脐”读为“鼻秋（轻声）”	奶子nai^{213}tsʅ^{0}
海阳	肚子tu^{34}ə^{0}	肚脐眼tu^{21}ts^{h}iəu^{0}iã^{214}“脐”读为“秋”轻声	奶子nɛ^{21}ə^{0}
莱西	肚子tu^{45}tsʅ^{0}	脖脐pi^{45}tʃ^{h}ʅ^{0}“脖”读为“鼻”	奶子nɛ^{45}tsʅ^{0}
平度	肚子tu^{45}tθʅ^{0}	脖脐眼儿pu^{45}ts^{h}i^{0}iɛr^{45}	奶子nɛ^{213}tθʅ^{0}
青岛	肚子tu^{45}tθʅ^{0}	脖脐pu^{45}ts^{h}i^{0} 脖脐眼儿pu^{45}ts^{h}i^{0}iɛr^{55}	奶子nɛ^{213}tθʅ^{0}

① 脖，《广韵》蒲没切，“胦脐”；《字汇》：“蒲没切，音勃。脖胦，脐也。”“脖”音“部”阳平者符合古音演变规律，音“部”（去声）音“鼻”音“弥”者，“脐”音“秋”者，均系方言中的音变。

续表

	0490肚子腹部	0491肚脐	0492乳房女性的
高密	肚子tu^{42}tθɿ^{0}	脖脐pu^{55}tsʰi^{0} 脖脐眼子pu^{55}tsʰi^{0}iã^{23}tθɿ^{0}	奶子nɛ^{21}tθɿ^{0}
诸城	肚子tu^{44}tθɿ^{0}	脖脐pu^{24}tθʰi^{0}	奶子nɛ^{213}tθɿ^{0}
沂水	肚子tu^{44}dðɿ^{0}	脖脐pu^{24}tsʰi^{0} 脖脐眼儿pu^{24}tsʰi^{0}ɻɛr^{44} 脖脐眼子pu^{24}tsʰi^{0}iã^{213}dðɿ^{0}	奶子nɛ^{213}dðɿ^{0}
临朐	肚子tu^{44}tθɿ^{0}	脖脐眼儿pu^{35}tɕʰi^{0}iɛr^{44}	奶子nɛ^{213}tθɿ^{0}
日照	肚子tu^{53}tθɿ^{0}	脖脐眼儿pu^{44}ȶʰi^{0}ʐɛr^{44}	奶子nɛ^{213}tθɿ^{0} 饭fã^{31}婉称哺乳期妇女乳房
莒南	肚子tu^{42}tθɿ^{0}	脖脐pu^{24}tsʰi^{0} 脖脐眼子pu^{24}tsʰi^{0}iã^{213}tθɿ^{0} 脖脐眼儿pu^{24}tsʰi^{0}ɻɛr^{55}	奶子nɛ^{213}tθɿ^{0}
潍坊	肚子tu^{55}tsɿ^{0}	脖脐pu^{35}tɕʰi^{0}	奶子nɛ^{24}tsɿ^{0}
寿光	肚子tu^{55}tsɿ^{0}	脖脐pu^{35}tɕʰi^{0} 脖脐眼儿pu^{35}tɕʰi^{0}iɛr^{55}	奶子nɛ^{24}tsɿ^{0}
高青	肚子tu^{55}tsɿ^{0}	脖脐眼儿pu^{55}tɕʰi^{0}iɛr^{55}	妈妈mɑ^{213}mɑ^{0}
阳信	肚子tu^{55}tsɿ^{0}	脖脐pi^{45}tɕʰi^{0} “脖”读为“鼻”	猫⁼儿mɔr^{213}
济阳	肚子tu^{55}tsɿ^{0}	脖脐pu^{24}tɕʰi^{0} 脖脐眼儿pu^{24}tɕʰi^{0}iɛr^{55}	妈妈ma^{21}ma^{0}
利津	肚子tu^{55}tsɿ^{0}	脖脐眼儿pi^{24}tɕʰi^{0}iɛr^{55} “脖”读为“鼻”	奶子nɛ^{213}tsɿ^{0} 妈妈ma^{31}ma^{0}
乐陵	肚子tu^{55}tsɿ^{0}	脖脐pi^{55}tɕʰi^{0} “脖”读为“鼻”	摸⁼儿mər^{24}
商河	肚子tu^{54}tsɿ^{0}	脖脐pu^{24}tɕʰi^{0} 脖脐眼儿pu^{24}tɕʰi^{0}iɛr^{45}	妈妈mɑ^{21}mɑ^{0}
平原	肚子tu^{42}tsɿ^{0}	脖脐眼儿pu^{55}tɕʰi^{0}iɛr^{55}	妈妈ma^{21}ma^{0}
德州	肚子tu^{42}tsɿ^{0}	肚脐眼儿tu^{42}tɕʰi^{0}iɛr^{55}	妈妈ma^{213}ma^{0}
武城	肚子tu^{53}tsɿ^{0}	肚子眼儿tu^{53}tsɿ^{0}iɛr^{55}	妈妈ma^{24}ma^{0}
临清	肚子tu^{53}tsɿ^{0}	肚脐儿tu^{31}tɕʰier^{53}	妈妈ma^{13}ma^{0}
冠县	肚子tu^{53}tsɿ^{0}	肚脐儿tu^{314}tsʰier^{53}	包儿包儿pɔr^{21}pɔr^{0}
聊城	肚子tu^{53}tsɿ^{0}	肚脐眼儿tu^{53}tɕʰi^{0}iɛr^{44}	妈妈ma^{13}ma^{0}
济南	肚子tu^{55}tsɿ^{0}	脖脐pu^{445}tɕʰi^{0} 脖脐眼儿pu^{445}tɕʰi^{0}iɛr^{55}	妈妈ma^{21}ma^{0}

续表

	0490肚子腹部	0491肚脐	0492乳房女性的
泰安	肚子tu^{42}tsɿ^{0}	脖脐pu^{55}tɕ^{h}i^{0}	妈妈ma^{21}ma^{0}
莱芜	肚子tu^{42}tsɿ^{0}	脖脐pu^{13}tɕ^{h}i^{0}	口子k^{h}ou^{213}tsɿ^{0}
新泰	肚子tu^{54}tθɿ^{0}	脖脐pu^{45}tɕ^{h}i^{0}	妈妈ma^{21}ma^{0} 口口k^{h}ou^{23}k^{h}ou^{0}
沂源	肚子tu^{55}tθɿ^{0}	脖脐pu^{35}tɕ^{h}i^{0}	奶子nɛ^{21}tθɿ^{0}
博山	肚子tu^{55}ə^{0}	脖脐pu^{35}tɕ^{h}i^{0}	妈妈mɑ^{21}mɑ^{0}
张店	肚子tu^{55}ɿ^{0}	脖脐pu^{35}tɕ^{h}i^{0}	妈妈mɑ^{21}mɑ^{0}
阳谷	肚子tu^{42}zɿ^{0}	肚么=脐儿tu^{31}mə^{0}tɕ^{h}iɤr^{42}	妈妈ma^{31}ma^{0}
梁山	肚子tu^{42}tsɿ^{0}	脖脐眼儿pi^{42}tɕ^{h}i^{0}iɛr^{55} “脖”读为“鼻”	妈儿妈儿mar^{21}mar^{0}
菏泽	肚子tu^{31}tə^{0}	脖脐窑=子pu^{31}tɕi^{0}iɔ^{53}tə^{0} “脐”读为“即”轻声	妈妈ma^{21}ma^{0}
曹县	肚子tu^{31}tə^{0}	脖脐窑=子pu^{44}tɕi^{44}iɔ^{53}tə^{0} “脐”读为“即”	麦=麦=mei^{21}mei^{0}
金乡	肚子tu^{42}tsɿ^{0}	脖脐眼儿pu^{55}tɕ^{h}i^{0}iɛr^{55}	麦=儿麦=儿mer^{21}mer^{0} 咪咪mi^{21}mi^{0}
曲阜	肚子tu^{42}tsɿ^{0}	脖脐眼儿pu^{55}tɕ^{h}i^{0}iɛr^{55}	斗=斗=儿tou^{213}tour^{0}
薛城	肚子tu^{41}tsɿ^{0}	肚眼儿tu^{41}iɛr^{24} 肚眼子tu^{41}iã^{24}tsɿ^{0}	妈眉=ma^{31}me^{0}
郯城	肚子tu^{51}tsɿ^{0}	脖眼子pu^{44}iã^{24}tsɿ^{0} 脖脐眼子pu^{44}tɕ^{h}i^{0}iã^{24}tsɿ^{0}	妈ma^{213} 妈奶儿ma^{21}nɛr^{24} 妈奶子ma^{21}nɛ^{24}tsɿ^{0}
临沂	肚子tu^{31}tsɿ^{0}	脖脐眼子pi^{55}tɕ^{h}i^{0}iã^{214}tsɿ^{0} “脖”读为“鼻”	奶子nɛ^{214}tsɿ^{0} 乳房zu^{55}fɑŋ^{53}

	0493屁股	0494肛门	0495阴茎成人的
荣成	腚tiŋ^{33}	腚个眼子tiŋ^{33}kə^{0}ian^{214}tsɿ^{0}	鸭子ia^{214}tsɿ^{0}
烟台	腚tiŋ^{33}成年人 腚沟儿tiŋ^{33}kour^{53}小孩儿	腚眼儿tiŋ^{33}iar^{14} 腚沟眼儿tiŋ^{33}kou^{53}iar^{14}	朘①子tɕi^{53}tsɿ^{0}

① 表示阴茎的一种说法通常写作“鸡巴”（鸡子），但在分尖团的方言中，该词根属尖音字，与属团音字的“鸡”声母不同。其本字应如同蒲松龄《日用俗字·身体章》所写为“朘”。朘，《广韵》臧回切，精母平声灰韵，“赤子阴也”。《老子》第五十五章：“未知牝牡之合而朘作，精之至也。”此统一写作“朘”。

续表

	0493 屁股	0494 肛门	0495 阴茎成人的
栖霞	腚 tiŋ^{342}	腚干眼儿 tiŋ^{34}kãn^{34}iɐr^{214}	朘子 tʃʅ^{52}lə^{0} 屌 tiɔo^{214}
长岛	腚 tiŋ^{52}	腚眼子 tiŋ^{52}ian^{35}tsɿ^{0}	朘个狗子 tʃi^{52}kə^{0}kou^{35}tsɿ^{0}
海阳	腚 tiŋ^{341}	腚沟眼子 tiŋ^{34}kəu^{0}iã^{21}ə^{0}	朘子 tsi^{52}ə^{0}
莱西	腚 tiŋ^{42}	腚眼儿 tiŋ^{42}iɐr^{55} 腚眼子 tiŋ^{42}iã^{45}tsɿ^{0} 腚干眼儿 tiŋ^{55}kã^{0}iɐr^{55}	鸭子 ia^{42}tsɿ^{0} 朘子 tʃʅ^{32}tsɿ^{0} 屌 tiɔ^{55}
平度	腚 tiŋ^{42}	腚眼儿 tiŋ^{45}iɛr^{0} 腚干眼儿 tiŋ^{45}kã^{0}iɛr^{55}	朘子 tsi^{213}tθɿ^{0} 屌 tiɔ^{55}
青岛	腚 tioŋ^{42}	腚眼儿 tioŋ^{45}ʐɛr^{0}	朘子 tsi^{213}tθɿ^{0} 屌 tiɔ^{55} 常用于骂人
高密	腚 tioŋ^{21}	腚眼门儿 tioŋ^{55}iã^{0}mer^{42} 腚眼儿 tioŋ^{55}ʐɛr^{0}	鸭子 iɑ^{23}tθɿ^{0} 屌 tiɔ^{55}
诸城	腚 ȶiəŋ^{31}	腚眼门子 ȶiəŋ^{44}iã^{0}mẽ^{24}tθɿ^{0}	屌 ȶiɔ^{44} 鸭子 ia^{213}tθɿ^{0}
沂水	腚 tiŋ^{31}	腚眼儿 tiŋ^{31}ɻɛr^{44} 腚眼子 tiŋ^{31}iã^{213}dðɿ^{0}	鸭子 ia^{213}dðɿ^{0} 屌 tiɔ^{44}
临朐	腚 tiŋ^{21}	腚眼子 tiŋ^{21}iã^{213}tθɿ^{0}	屌 tiɔ^{44}
日照	腚 tiəŋ^{31}	腚眼门子 tiəŋ^{53}iã^{0}mẽ^{44}tθɿ^{0}	鸭子 iɑ^{213}tθɿ^{0} 屌 tiɔ^{44} 小腹 θiɔ^{213}fu^{0} 婉称
莒南	腚 tiŋ^{312}	腚门子 tiŋ^{31}mẽ^{44}tθɿ^{0}	鸭子 ia^{213}tθɿ^{0}
潍坊	腚膗子 tiŋ^{31}tʂʰuei^{35}tsɿ^{0}	腚眼门子 tiŋ^{55}iã^{0}mẽ^{35}tsɿ^{0}	鹐子 tʂʰẽ^{35}tsɿ^{0} 屌 tiɔɤ^{55}
寿光	腚 tiŋ^{21}	腚眼儿 tiŋ^{21}iɛr^{55} 腚眼子 tiŋ^{21}iã^{24}tsɿ^{0}	屌 tiɔ^{55} 鸭子 ia^{213}tsɿ^{0}
高青	腚膗子 tiŋ^{41}tʂʰuei^{35}tsɿ^{0}	腚眼儿 tiŋ^{41}iɛr^{55}	鸭子 iɑ^{213}tsɿ^{0}
阳信	腚膗子 tiŋ^{31}tʂʰuei^{45}tsɿ^{0}	腚眼儿 tiŋ^{31}iɛr^{55}	朘巴 tɕi^{31}pə^{0} 雀子 tɕʰiɔ^{31}tsɿ^{0} 蝼蛄 lou^{45}kou^{0}
济阳	腚 tiŋ^{31}	腚眼子 tiŋ^{31}iã^{213}tsɿ^{0}	雀子 tɕʰiɔ^{23}tsɿ^{0} 屌 tiɔ^{55} 朘巴 tɕi^{21}pa^{0}
利津	腚 tiŋ^{31}	腚眼子 tiŋ^{31}iã^{213}tsɿ^{0}	屌 tiɔ^{55}

续表

	0493屁股	0494肛门	0495阴茎成人的
乐陵	腚腄子tiŋ^{31}tʂʰuei^{55}tsɿ^{0}	腚眼子tiŋ^{31}iã^{212}tsɿ^{0}	朘巴tɕi^{31}pɑ^{0}
商河	腚tiŋ^{31} 腚腄子tiŋ^{31}tʂʰuei^{24}tsɿ^{0}	腚眼子tiŋ^{31}iã^{213}tsɿ^{0}	雀子tɕʰiɔ^{213}tsɿ^{0} 朘巴tɕi^{21}pɑ^{0}
平原	腚tiŋ^{21}	腚眼子tiŋ^{21}iã^{23}tsɿ^{0}	朘巴tɕi^{21}pa^{0}
德州	腚瓜子tiŋ^{21}kua^{0}tsɿ^{0}	腚眼子tiŋ^{21}iã^{213}tsɿ^{0}	朘巴tɕi^{21}pa^{0}
武城	腚瓜子tiŋ^{21}kua^{55}tsɿ^{0}	腚眼子tiŋ^{21}iã^{24}tsɿ^{0}	朘巴tɕi^{312}pa^{0} 雀子tɕʰiɔ^{312}tsɿ^{0}
临清	腚tiŋ^{313} 屁股pʰi^{53}ku^{0}	腚眼儿tiŋ^{31}iɛr^{44} 屁股眼儿pʰi^{53}ku^{0}iɛr^{44}	朘巴tɕi^{13}pa^{0}
冠县	腚蛋儿tiŋ^{24}tɐr^{314}	腚眼儿tiŋ^{31}iɐr^{55}	朘子tsi^{21}tsɿ^{0}
聊城	腚tiŋ^{313}	腚眼子tiŋ^{31}iã^{44}tsɿ^{0}	屌tiɔ^{44} 朘巴tɕi^{13}pa^{0}
济南	腚tiŋ^{21}	腚眼子tiŋ^{21}iã^{213}tsɿ^{0}	雀子tɕʰyə^{21}tsɿ^{0} 朘巴tɕi^{21}pa^{0}
泰安	腚tiŋ^{21} 腚腄子tiŋ^{21}tʂʰuei^{55}tsɿ^{0}	腚眼子tiŋ^{21}iã^{213}tsɿ^{0}	屌tiɔ^{55} 朘巴子tɕi^{21}pa^{0}tsɿ^{0}
莱芜	腚腄子tiŋ^{31}tʃʰuei^{13}tsɿ^{0}	腚眼子tiŋ^{31}iã^{213}tsɿ^{0}	屌tiɔ^{55}
新泰	腚腄子tiŋ^{31}pfʰei^{45}tθɿ^{0}	腚眼子tiŋ^{31}iã^{213}tθɿ^{0}	屌tiɔ^{55}
沂源	腚腄子tiŋ^{31}tʃʰuei^{35}tθɿ^{0}	腚眼子tiŋ^{31}iã^{21}tθɿ^{0}	鸭子ia^{21}tθɿ^{0}
博山	腚腄tiŋ^{31}tʂʰuei^{55}	腚眼tiŋ^{31}iã^{55}	屌tiɔ^{55} 鸭子iɑ^{22}ə^{0}
张店	腚tiŋ^{31}	腚眼子tiŋ^{31}iã^{213}ɿ^{0}	屌tiɔ^{55} 鸭子iɑ^{33}ɿ^{0}
阳谷	腚tiŋ^{313}	腚眼子tiŋ^{31}iã^{13}zɿ^{0}	屌tiɔ^{55} 朘巴tɕi^{31}pa^{0}
梁山	腚tiŋ^{314} 腚腄子tiŋ^{21}tsʰuei^{55}tsɿ^{0}	腚眼子tiŋ^{31}iã^{23}tsɿ^{0}	屌tiɔ^{55} 朘巴子tɕi^{21}pa^{0}tsɿ^{0}
菏泽	腚tiŋ^{312}	腚眼子tiŋ^{31}iã^{44}tə^{0}	屌tiɔ^{44}
曹县	腚tiŋ^{312}	腚眼儿tiŋ^{31}iɐr^{44}	嘎⁼子ka^{44}tə^{0}
金乡	腚tiŋ^{312} 腚腄子tiŋ^{31}tsʰuei^{55}tsɿ^{0}	腚眼子tiŋ^{31}iã^{23}tsɿ^{0}	嘎⁼ka^{55} 朘巴子tɕi^{21}pa^{23}tsɿ^{0}
曲阜	腚腄子tiŋ^{31}tsʰuei^{55}tsɿ^{0}	腚眼子tiŋ^{31}iã^{213}tsɿ^{0}	屌tiɔ^{55} 朘巴子tɕi^{21}pa^{0}tsɿ^{0}

续表

	0493屁股	0494肛门	0495阴茎成人的
薛城	腚tiŋ^{41} 腚帮子tiŋ^{41}pɑŋ^{31}tsɿ^{0}	腚眼子tiŋ^{41}iã^{24}tsɿ^{0}	朘嘎=子tɕi^{31}ka^{55}tsɿ^{0} 朘巴tɕi^{31}pa^{0}
郯城	腚tiŋ^{51}	腚眼子tiŋ^{51}iã^{24}tsɿ^{0}	屌tiɔ^{24}
临沂	腚tiŋ^{312} 屁股pʰi^{31}ku^{0}	腚门子tiŋ^{31}mẽ^{55}tsɿ^{0}	屌tiɔ^{55}

	0496女阴成人的	0497肏动词	0498精液
荣成	屄pi^{53}	肏tsʰau^{33}	雄①çyŋ^{35}
烟台	屄pi^{53}	肏tsʰau^{33}	雄çyŋ^{33}
栖霞	屄pi^{312}	肏tsʰɔo^{52}	雄çyŋ^{342}
长岛	屄pi^{312}	肏tsʰau^{52}	雄çyŋ^{55}
海阳	屄pi^{52}	肏tsʰɔ^{341}	雄çyŋ^{341}
莱西	屄就=pi^{32}tʃiou^{0} 屄pi^{214}	肏tsʰɔ^{42} 近=ciẽ^{42}	雄çyŋ^{42}
平度	屄pi^{213}	肏tθʰɔ^{42}也用于骂人 近=ciã^{42}	精tsiŋ^{213} 雄çiŋ^{42}
青岛	屄pi^{213} 疤=pɑ^{213}	肏tθʰɔ^{42} 近=屌tɕiẽ^{42}tiɔ^{55}	雄çioŋ^{42}
高密	屄pi^{213}	肏tθʰɔ^{21} 弄loŋ^{21}	雄çioŋ^{42}
诸城	屄pi^{213}	肏tθʰɔ^{31}	雄ʃəŋ^{53}
沂水	屄pi^{213}	肏tθʰɔ^{31}	雄çyŋ^{53}
临朐	屄pi^{213}	肏tθʰɔ^{21} 日zʅ^{21}只用于骂人时	雄çyŋ^{53}
日照	屄pi^{213} 小腹θiɔ^{213}fu^{0}婉称	协=屌ʃiə^{53}tiɔ^{44}	雄ʃiəŋ^{53}
莒南	屄pi^{213}	肏tθʰɔ^{312}	雄çyŋ^{53}

① 山东方言中表示精液的说法除了阳信一点说$_{s}$suŋ（即“㞞”）之外，其他各点都读作“雄”，与“㞞”读音不同；并且，在区分尖团音的方言中，“雄”是团音字来自古见组声母，而“㞞”是尖音字来自古精组声母。可见“雄”音不能写作“㞞”。其实，这两个字在古书中都未见有表示精液的用法，而现代方言中“雄”和“㞞”都有表示怯懦、能力低下的意思，用“雄”的地方说“雄了”“雄包”（这一用法《现代汉语词典》写作“熊”）；用“㞞”的地方说“㞞了”“㞞包”。两者应该是有一定关联的，其来源待考。

续表

	0496 女阴成人的	0497 肏动词	0498 精液
潍坊	屄 pi^{214}	肏 tsʰɔɤ^{31} 日 zʅ^{31}	雄 ɕyŋ^{53}
寿光	屄 pi^{213}	肏 tsʰɔ^{21} 日 lə^{21} 只用于骂人时	雄 ɕyŋ^{53}
高青	屄 pi^{213}	弄 nəŋ^{41}	雄 ɕyŋ^{55}
阳信	屄 pi^{213}	肏 tsʰɔ^{31}	屃 suŋ^{43}
济阳	屄 pi^{213}	肏 tsʰɔ^{31}	雄 ɕyŋ^{55}
利津	屄 pi^{213}	肏 tsʰɔ^{31} 日 zʅ^{31}	雄 ɕyŋ^{53}
乐陵	屄 pi^{24}	肏 tsʰɔ^{51}	雄 ɕyŋ^{55}
商河	屄 pi^{213}	肏 tsʰɔ^{31} 日 zʅ^{31}	雄 ɕyŋ^{54}
平原	屄 pi^{213}	肏 tsʰɔu^{21}	雄 ɕyŋ^{42}
德州	屄 pi^{213}	肏 tsʰɔ^{21}	雄 ɕyŋ^{42}
武城	屄 pi^{224}	肏 tsʰɔ^{312}	雄 ɕyŋ^{53}
临清	屄 pi^{13}	肏 tsʰau^{313} 弄 nəŋ^{313}	雄 ɕyŋ^{53}
冠县	屄 pi^{13}	肏 tsʰɔ^{314}	雄 ɕyŋ^{53}
聊城	屄 pi^{13}	肏 tsʰɔ^{313} 弄 nəŋ^{313}	雄 ɕyŋ^{53}
济南	屄 pi^{213}	肏 tsʰɔ^{21} 日 zʅ^{21}	雄 ɕyŋ^{42}
泰安	屄 pi^{213}	日 zʅ^{21} 肏 tsʰɔ^{21}	雄 ɕyŋ^{42}
莱芜	屄 pi^{213}	肏 tsʰɔ^{42}	雄 ɕyŋ^{55}
新泰	屄 pi^{213}	日 ʒʅ^{31}	雄 ɕyŋ^{42}
沂源	屄 pi^{213}	攮 nɑŋ^{55}	雄 ɕyŋ^{55}
博山	屄 pi^{213}	肏 tsʰɔ^{31}	雄 ɕyŋ^{55}
张店	屄 pi^{213}	肏 tsʰɔ^{31}	雄 ɕyŋ^{55}
阳谷	屄 pi^{213}	肏 tsʰɔ^{313} 日 zɿ^{213}	雄 ɕyŋ^{42}

续表

	0496 女阴成人的	0497 肏动词	0498 精液
梁山	屄 pi^{213}	日 zʅ^{314} 肏 tsʰɔ^{314}	雄 ɕyŋ^{42}
菏泽	屄 pi^{213}	日 zʅ^{213}	雄 ɕyŋ^{53}
曹县	屄 pi^{213}	尻$^{=}$ kʰɔ^{213}	雄 ɕyŋ^{53}
金乡	屄 pi^{213}	日 zʅ^{213}	雄 ɕyŋ^{42}
曲阜	屄 pi^{213}	肏 tsʰɔ^{312} 日 zʅ^{213}	雄 ɕyŋ^{42}
薛城	屄 pi^{313}	肏 tsʰɔ^{41} 日 zʅ^{313}	雄 ɕyŋ^{55}
郯城	屄 pi^{213}	肏 tsʰɔ^{51} 日 zʅ^{213} 干 kã^{51}	雄 ɕyŋ^{44}
临沂	屄 pi^{214}	日 zʅ^{214} 肏 tsʰɔ^{312}	雄 ɕyŋ^{53}

	0499 来月经注意婉称	0500 拉屎	0501 撒尿
荣成	来好事儿 lai^{53}xau^{21}ʂər^{33}	拉屎 la^{53}ʂʅ^{214} 拉 la^{53}	尿泼$^{=}$ niau^{33}pʰo^{0} 尿尿 niau^{33}niau^{33} 尿 niau^{33}
烟台	来身上 lɛ^{33}ɕin^{53}ɕiɑŋ^{0}	拉屎 la^{53}sʅ^{14}	尿尿 ȵiau^{53}ȵiau^{33}
栖霞	穿衣裳 tsʰuãn^{34}i^{52}ʃəŋ^{0} “裳”读为“升”轻声 来例假 ləi^{34}li^{55}cia^{214}	拉屎 la^{55}sʅ^{214}	尿尿 ȵiɔo^{52}ȵiɔo^{0}
长岛	来好事儿 lai^{55}xau^{21}sər^{52}	拉屎 la^{52}sʅ^{213}	尿尿 ȵiau^{52}ȵiau^{52}
海阳	来月经 lɛ^{52}yə^{34}ciŋ^{52}	拉屎 la^{55}ʂʅ^{214}	尿尿 ȵiɔ^{52}ȵiɔ^{341}
莱西	来月经 lɛ^{24}yə^{42}ciŋ^{214} 来例假 lɛ^{24}li^{42}cia^{55}	大便 ta^{44}piã^{31} 拉屎 la^{214}sʅ^{55}	小便 ʃiɔ^{24}piã^{42} 尿尿 ȵiɔ^{23}ȵiɔ^{42}
平度	来月经 lɛ^{213}yə^{42}ciŋ^{213} 来例假 lɛ^{42}li^{213}cia^{55}	拉屎 la^{213}ʂʅ^{55} 大便 ta^{213}piã^{42}	尿尿 ȵiɔ^{213}ȵiɔ^{42}
青岛	来月经 lɛ^{42}yə^{42}tɕioŋ^{213}	拉屎 lɑ^{213}ʂʅ^{55}	尿尿 ȵiɔ^{213}ȵiɔ^{42}
高密	来好事儿 lɛ^{42}xɔ^{55}ʂer^{21} 来例假 lɛ^{42}li^{21}tɕiɑ^{55} 来大姨妈 lɛ^{42}tɑ^{21}i^{42}mɑ^{213}	拉屎 lɑ^{213}ʂʅ^{55}	尿尿 ȵiɔ^{23}ȵiɔ^{21} 解手儿 tɕiɛ^{42}ʂour^{55}
诸城	来月头儿 lɛ^{53}yə^{31}tʰour^{53}	拉屎 la^{213}ʂʅ^{44}	尿尿 ȵiɔ^{31}ȵiɔ^{31}

续表

	0499来月经注意婉称	0500拉屎	0501撒尿
沂水	来那一样儿lɛ^{53}na^{31}i^{24}ɻɑ̃r^{31}	拉屎la^{213}ʂʅ^{44}	尿尿niɔ^{31}θue^{213}
临朐	来例假lɛ^{53}li^{21}tɕia^{44}	拉屎la^{213}ʂʅ^{44}	尿尿ȵiɔ^{21}θuei^{213}
日照	洗衣裳θi^{44}i^{31}ʃiɑŋ^{0}	拉屎lɑ^{213}ʂʅ^{44}	尿尿θuei^{23}niɔ^{31} 尿尿niɔ^{31}niɔ^{31}
莒南	洗衣裳si^{55}i^{21}ʂɑŋ^{0} 来例假lɛ^{53}li^{31}tɕia^{55}	拉屎la^{213}ʂʅ^{55}	尿尿niɔ^{31}θei^{213}
潍坊	来好事儿lɛ^{24}xɔɤ^{24}ʂer^{31} 来月经lɛ^{24}yə^{31}tɕiŋ^{214} 来例假lɛ^{24}li^{31}tɕiɑ^{55}	拉屎lɑ^{214}ʂʅ^{55}	尿尿ȵiɔɤ^{24}ȵiɔɤ^{0}
寿光	来了事儿lɛ^{35}lɔ^{0}ɬʅ^{21} 来了好事儿lɛ^{35}lɔ^{0}xɔ^{55}ɬʅ^{21}	拉屎la^{213}ʂʅ^{55}	撒尿sa^{13}ȵiɔ^{21} 尿尿ȵiɔ^{13}ȵiɔ^{21}
高青	来月经lɛ^{55}yə^{41}tɕiŋ^{213}	拉屎lɑ^{213}ʂʅ^{55}	尿尿ȵiɔ^{41}suei^{213}
阳信	来身上lɛ^{55}ʂə̃^{31}xɑŋ^{0} 筹⁼衣裳tʂʰou^{55}i^{31}ʂɑŋ^{0} 来事儿lɛ^{55}ʂer^{31}	拉屎la^{213}ʂʅ^{55}	尿尿ȵiɔ^{31}suei^{213}
济阳	来身上哂lɛ^{55}ʂẽ^{21}xɑŋ^{0}lia^{0}	拉屎la^{213}ʂʅ^{55}	尿尿ȵiɔ^{31}suei^{213}
利津	来身上lɛ^{55}ʂẽ^{31}ʂɑŋ^{0}	解大手儿tɕiɛ^{55}ta^{31}ʂour^{55} 解大便tɕiɛ^{55}ta^{24}piã^{31}	尿尿ȵiɔ^{31}suei^{213} 解小手儿tɕiɛ^{55}ɕiɔ^{55}ʂour^{55}
乐陵	来身上lɛ^{55}ʂẽ^{31}ʂɑŋ^{0}	拉屎lɑ^{212}sɿ^{55}	尿泡ȵiɔ^{31}pʰɔ^{24}
商河	来身上lɛ^{24}ʂẽ^{0}xɑŋ^{0}	拉屎lɑ^{213}sɿ^{45}	尿泡ȵiɔ^{31}pʰɔ^{213}
平原	来身上lɛi^{55}ʂẽ^{21}ʂɑŋ^{0}	拉㞎㞎la^{55}pa^{23}pa^{0}	尿泡ȵiɔu^{21}pʰɔu^{213}
德州	来事儿哂lɛ^{42}ʂer^{42}lia^{0}	拉㞎㞎la^{213}pa^{213}pa^{0}	尿泡ȵiɔ^{21}pʰɔ^{213}
武城	来身上lɛ^{53}ʂẽ^{312}ʂɑŋ^{0}	拉屎la^{21}ʂʅ^{55}	尿泡ȵiɔ^{21}pʰɔ^{224} 尿尿ȵiɔ^{21}ȵiɔ^{312}
临清	来亲家lai^{53}tɕʰin^{13}tɕia^{0}	拉屎la^{13}ʂʅ^{44}	尿泡儿ȵiau^{31}pʰaur^{13} 尿尿ȵiau^{31}suei^{13}
冠县	身上来了ʂẽ^{53}ʂɑŋ^{0}lɛ^{53}lə^{0}	屙屎ə^{13}ʂʅ^{55}	尿泡ȵiɔ^{31}pʰɔ^{13}
聊城	来身上啦lɛ^{53}sẽ^{13}sɑŋ^{0}la^{0}	拉屎la^{13}sɿ^{44}	尿泡ȵiɔ^{31}pʰɔ^{13}
济南	来身上lɛ^{42}ʂẽ^{21}ʂɑŋ^{0}	拉屎la^{213}ʂʅ^{55}	尿尿ȵiɔ^{21}suei^{213}
泰安	来身上lɛ^{42}ʂẽ^{21}ʂɑŋ^{0}	拉屎la^{213}ʂʅ^{55}	尿尿ȵiɔ^{21}suei^{213} 尿尿ȵiɔ^{21}ȵiɔ^{21}
莱芜	来例假lɛ^{13}li^{31}tɕia^{55}	拉屎la^{213}ʃʅ^{55}	尿尿ȵiɔ^{31}suei^{213}

续表

	0499来月经注意婉称	0500拉屎	0501撒尿
新泰	来身上lɛ^{55}ʃẽ^{21}ʃɑŋ^{0}	拉屎la^{21}ʃʅ^{55}	尿尿ȵiɔ^{31}suei^{213}
沂源	来例假lɛ^{55}li^{21}tɕia^{0}	拉屎la^{21}ʃʅ^{55}	尿尿ȵiɔ^{31}θuei^{213}
博山	到月头嗹tɔ^{31}yə^{31}tʰəu^{35}liã^{0}	拉屎lɑ^{213}ʂʅ^{55}	尿尿ȵiɔ^{21}suei^{0}
张店	来身上嗹lɛ^{55}ʂə̃^{21}ʂɑŋ^{0}liã^{0}	拉屎lɑ^{213}ʂʅ^{55}	尿尿ȵiɔ^{31}suei^{213}
阳谷	来客啦lɛ^{42}kʰei^{31}la^{0} 身上来啦sẽ^{31}sɑŋ^{0}lɛ^{42}la^{0}	屙屎ɣə^{13}sɿ^{55}	尿泡ȵiɔ^{31}pʰɔ^{213} 尿尿ȵiɔ^{31}suei^{213}
梁山	来事儿啦lɛ^{42}tʂer^{42}la^{0}	屙屎ɣə^{23}sɿ^{55}	尿尿ȵiɔ^{21}ɕyei^{213}
菏泽	见身上tɕiã^{31}sẽ^{21}xɑŋ^{0}	屙粑粑ɣə^{213}pa^{44}pa^{0}	尿泡ȵiɔ^{31}pʰɔ^{213}
曹县	来月经lai^{53}yə^{213}tɕiŋ^{213}	屙屎ɣə^{21}sɿ^{44}	尿泡ȵiɔ^{53}pʰɔ^{213}
金乡	身上来啦sẽ^{21}sɑŋ^{0}lɛ^{55}la^{0}	屙屎ɣə^{21}sɿ^{55} 屙粑粑ɣə^{21}pa^{23}pa^{0}	尿泡ȵiɔ^{31}pʰɔ^{213}
曲阜	来月经lɛ^{42}yə^{23}tɕiŋ^{213} 来客啦lɛ^{42}kʰei^{21}la^{0}	屙屎ɣə^{21}sɿ^{55}	尿尿ȵiɔ^{31}suei^{213}
薛城	身上来啦sẽ^{31}sɑŋ^{0}lɛ^{55}la^{0}	屙屎ɣə^{31}sɿ^{24}	尿尿ȵiɔ^{41}ɕye^{313}
郯城	来好事儿lɛ^{44}xɔ^{24}ʂer^{51} 来例假lɛ^{44}li^{51}ɕia^{24}	拉屎la^{21}ʂʅ^{24}	尿尿ȵiɔ^{51}sue^{213} 撒尿sa^{21}ȵiɔ^{51}
临沂	来好事儿lɛ^{53}xɔ^{55}ʃer^{312}	拉屎la^{24}ʃʅ^{55} 大便ta^{31}piã^{312}	尿尿ȵiɔ^{31}suei^{214} 撒尿sa^{24}ȵiɔ^{312}

	0502放屁	0503相当于"他妈的"的口头禅	0504病了
荣成	放屁fɑŋ^{33}pʰi^{33}	他妈了个屄tʰa^{53}ma^{53}lə^{0}kə^{0}pi^{53}	病了piŋ^{33}lə^{0}
烟台	放屁fɑŋ^{53}pʰi^{33}	他妈个屄tʰa^{33}ma^{53}kə^{0}pi^{53}	病了piŋ^{33}lə^{0}
栖霞	放屁fɑŋ^{55}pʰi^{52}	他妈的tʰa^{34}ma^{52}tə^{0}	病了piŋ^{52}lə^{0}
长岛	放屁fɑŋ^{52}pʰi^{52}	他妈了个屄tʰa^{55}ma^{52}lə^{0}kə^{0}pi^{31}	病了piŋ^{52}lə^{0}
海阳	放屁fɑŋ^{52}pʰi^{341}	恁娘了个臭屄nẽ^{21}ȵiɑŋ^{34}lə^{0}kə^{0}tsʰəu^{52}pi^{52}	病了piŋ^{34}lə^{0}
莱西	放屁fɑŋ^{23}pʰi^{42}	肏tsʰɔ^{42} 他妈的tʰa^{55}ma^{214}ti^{0} 妈的ma^{214}ti^{0}	病了piŋ^{45}lə^{0} 长病了tʃɑŋ^{55}piŋ^{45}lə^{0}

续表

	0502放屁	0503相当于“他妈的”的口头禅	0504病了
平度	放屁fɑŋ^{213}pʰi^{42}	屄养的pi^{213}iɑŋ^{45}ti^{0} 他娘个屄tʰa^{55}ȵiɑŋ^{42}kə^{0}pi^{213} 肏他娘tθʰɔ^{42}tʰa^{213}ȵiɑŋ^{42}	长病tʃɑŋ^{55}piŋ^{42}
青岛	放屁fɑŋ^{213}pʰi^{42}	屄养的pi^{213}iɑŋ^{55}ti^{0} 肏恁娘tθʰɔ^{42}nẽ^{55}ȵiɑŋ^{42} 妈了个屄mɑ^{213}lə^{0}kə^{0}pi^{213}	病了pioŋ^{45}lə^{0}
高密	放屁fɑŋ^{23}pʰi^{21}	真低$^{=}$tʃə̃^{23}ti^{213} 妈了个屄mɑ^{23}lə^{0}kə^{0}pi^{213} 他娘了个屄tʰɑ^{55}ȵiɑŋ^{55}lə^{0}kə^{0}pi^{213}	长包$^{=}$摊$^{=}$儿tʃɑŋ^{55}pɔ^{21}tʰɛr^{0} 长病了tʃɑŋ^{23}pioŋ^{42}lə^{0}
诸城	放屁fɑŋ^{31}pʰi^{31}	他妈了个屄的tʰa^{44}ma^{24}lə^{0}kə^{0}pi^{31}ȶi^{0} 他娘的tʰa^{44}ȵiɑŋ^{24}ȶi^{0}	长病了tʃɑŋ^{44}piəŋ^{44}lə^{0} 闹相生nɔ^{31}θiɑŋ^{44}ʂəŋ^{0}用于小孩 不如科$^{=}$pu^{44}y^{213}kʰuə^{0}妇女多用
沂水	放屁fɑŋ^{31}pʰi^{31}	他娘的tʰa^{44}niɑŋ^{24}ti^{0}男性多用 他奶奶的tʰa^{44}nɛ^{213}nɛ^{0}ti^{0}女性多用	长病dʒɑŋ^{44}piŋ^{31}
临朐	放屁fɑŋ^{21}pʰi^{21}	操恁娘tθʰɔ^{21}nə̃^{21}ȵiɑŋ^{53}	长病tʂɑŋ^{44}piŋ^{21} 不济pu^{21}tɕi^{21}
日照	放屁fɑŋ^{44}pʰi^{31}	协$^{=}$他娘的ʃiə^{53}tʰə^{0}niɑŋ^{44}ti^{0}	有毛病iou^{24}mɔ^{44}piəŋ^{0}
莒南	放屁fɑŋ^{13}pʰi^{31}	他娘的tʰa^{55}niɑŋ^{24}ti^{0} 他妈了个屄的tʰa^{55}ma^{213}lə^{0}kə^{0}pi^{21}ti^{0}	有病了iou^{55}piŋ^{42}lə^{0} 得病了tei^{13}piŋ^{42}lə^{0}
潍坊	放屁fɑŋ^{24}pʰi^{0}	娘那个屄的ȵiɑŋ^{53}nɑ^{31}kuə^{0}pi^{31}ti^{0} 挨去吧iɛ^{35}tɕʰi^{0}pɑ^{0} 拉肚子去吧lɑ^{214}tu^{55}tsɿ^{0}tɕʰi^{0}pɑ^{0}	长病tʂɑŋ^{24}piŋ^{31} 病嗹piŋ^{24}liã^{0}
寿光	放屁fɑŋ^{13}pʰi^{21}	娘那个屄ȵiɑŋ^{53}na^{0}kuə^{0}pi^{213}	嫌不好ɕiã^{53}pu^{213}xɔ^{55} 得了症候儿tei^{213}lɔ^{0}tʂə̃^{55}xəur^{0}“症”读为“镇” 不舒坦pu^{13}ʂu^{21}tʰã^{0}不舒服，婉称生病
高青	放屁fɑŋ^{41}pʰi^{41}	他娘的tʰɑ^{55}ȵiɑŋ^{35}ti^{0}	长病tʂɑŋ^{55}piŋ^{41}
阳信	放屁fɑŋ^{23}pʰi^{31}	他妈啦个屄的tʰa^{55}ma^{213}la^{0}kə^{0}pi^{31}ti^{0}	不爱动pu^{55}ŋɛ^{23}tuŋ^{31}

续表

	0502放屁	0503相当于"他妈的"的口头禅	0504病了
济阳	放屁faŋ^{31}pʰi^{31}	妈屄ma^{55}pi^{213}	病俩piŋ^{55}lia^{0}
利津	排气pʰɛ^{53}tɕʰi^{31} 放屁faŋ^{24}pʰi^{31}	他娘的tʰa^{55}ȵiaŋ^{35}ti^{0}	病哩piŋ^{55}li^{0}
乐陵	放屁faŋ^{24}pʰi^{51}	他妈了个屄的tʰɑ^{55}mɑ^{212}lə^{0}kə^{0}pi^{31}ti^{0}	有病咧iou^{55}piŋ^{55}liə^{0}
商河	放屁faŋ^{24}pʰi^{31}	肏他奶tsʰɔ^{31}tʰɑ^{21}nɛ^{0} 日他奶zʅ^{31}tʰɑ^{21}nɛ^{0}	嫌不好ɕiã^{45}pu^{0}xɔ^{0}
平原	放屁faŋ^{23}pʰi^{21}	他奶的tʰa^{21}nɛi^{23}ti^{0} 他娘的tʰa^{21}ȵiaŋ^{55}ti^{0}	病俩piŋ^{42}lia^{0}
德州	放屁faŋ^{213}pʰi^{21}	我肏uə^{55}tsʰɔ^{21} 他娘的tʰa^{55}ȵiaŋ^{55}ti^{0}	不得劲儿pu^{21}tei^{213}tɕier^{21}
武城	放屁faŋ^{24}pʰi^{312}	他娘的tʰa^{24}ȵiaŋ^{55}ti^{0}	病囔piŋ^{53}lã^{0}
临清	放屁faŋ^{13}pʰi^{313}	他妹子tʰa^{0}mei^{53}tsɿ^{0}	病啦piŋ^{53}la^{0}
冠县	放屁faŋ^{24}pʰi^{314}	他妈的tʰa^{53}ma^{21}ti^{0} 日他娘zʅ^{31}tʰa^{0}ȵiaŋ^{53}	病啦piŋ^{53}la^{0}
聊城	放屁faŋ^{31}pʰi^{313}	他娘的tʰa^{44}ȵiaŋ^{44}ti^{0}	病啦piŋ^{53}la^{0}
济南	放屁faŋ^{23}pʰi^{21}	弯$^{=}$儿慢$^{=}$儿uɛr^{21}mər^{0} 他妈的个屄的tʰa^{213}ma^{0}ti^{0}kə^{0}pi^{21}ti^{0} 他奶奶的tʰa^{55}nɛ^{213}nɛ^{0}ti^{0}	长病俩tʂaŋ^{213}piŋ^{55}lia^{0} 不济pu^{23}tɕi^{21}
泰安	放屁faŋ^{21}pʰi^{21}	他娘的tʰa^{213}ȵiaŋ^{55}ti^{0}	病俩piŋ^{42}lia^{0} 不得腔pu^{23}tei^{23}tɕʰiaŋ^{213}
莱芜	放屁faŋ^{31}pʰi^{42}	你娘那个屄ȵi^{213}ȵiaŋ^{0}na^{31}kə^{0}pi^{213}	不熨$^{=}$发$^{=}$pu^{31}y^{31}fa^{0}
新泰	放屁faŋ^{31}pʰi^{31}	滚他娘的kuẽ^{45}tʰa^{0}ȵiaŋ^{45}ti^{0}	病俩piŋ^{54}lia^{0}
沂源	放屁faŋ^{31}pʰi^{31}	他娘的tʰa^{213}ȵiaŋ^{35}ti^{0}	长病tʃaŋ^{13}piŋ^{31}
博山	放屁faŋ^{31}pʰi^{31}	肏恁娘呃tsʰɔ^{55}ŋei^{0}ȵiaŋ^{35}ə^{0} 这块舅子tʂə^{31}kʰuɛ^{31}tɕiəu^{55}ə^{0}	病嗹piŋ^{55}liã^{0}
张店	放屁faŋ^{31}pʰi^{31}	肏他娘tsʰɔ^{55}tʰɑ^{0}ȵiaŋ^{55}	长病咧tʂaŋ^{55}piŋ^{55}liə^{0}
阳谷	放屁faŋ^{13}pʰi^{313}	他妈哩tʰa^{13}ma^{31}li^{0} 他娘哩tʰa^{13}ȵiaŋ^{42}li^{0} 奶奶哩nɛ^{13}nɛ^{0}li^{0}	病啦piŋ^{42}la^{0}
梁山	放屁faŋ^{21}pʰi^{314}	妈了个屄ma^{23}lə^{0}kə^{0}pi^{213}	不带$^{=}$好pu^{23}tɛ^{31}xɔ^{55}

续表

	0502放屁	0503相当于“他妈的”的口头禅	0504病了
菏泽	放屁faŋ^{213}p^{h}i^{312}	日他娘zʅ^{213}ta^{44}ȵiaŋ^{213} 妈了个屄ma^{21}lə^{0}kə^{0}pi^{21}	病啦piŋ^{31}la^{0} 不咋的pu^{213}tsa^{44}ti^{0}
曹县	放屁faŋ^{13}p^{h}i^{312}	妈了个屄ma^{21}lə^{0}kə^{0}pi^{213}	不咋好哩pu^{21}tsa^{0}xɔ^{44}lei^{0}
金乡	放屁faŋ^{23}p^{h}i^{312}	他娘的t^{h}a^{23}ȵiaŋ^{21}li^{0}	病啦piŋ^{42}la^{0}
曲阜	放屁faŋ^{23}p^{h}i^{312}	日他娘zʅ^{21}t^{h}a^{0}ȵiaŋ^{42}	不得腔pu^{21}tei^{0}tɕ^{h}iaŋ^{213}
薛城	放屁faŋ^{41}p^{h}i^{41}	他娘的t^{h}a^{31}ȵiaŋ^{55}ti^{0}	有病啦iou^{24}piŋ^{41}la^{0}
郯城	放屁faŋ^{51}p^{h}i^{51}	他娘的t^{h}a^{21}ȵiaŋ^{44}tə^{0} 去他娘的tɕ^{h}y^{51}t^{h}a^{0}ȵiaŋ^{44}tə^{0}	得症儿啦te^{21}tʂə̃r^{51}la^{0} 得财$^{=}$乎啦te^{21}ts^{h}ɛ^{44}xu^{0}la^{0} 得病啦te^{21}piŋ^{51}la^{0}
临沂	放屁faŋ^{31}p^{h}i^{312}	日他娘zʅ^{21}t^{h}a^{0}ȵiaŋ^{53}	有［了］病了iou^{214}piŋ^{31}lə^{0} 得［了］症儿了tei^{21}tʃə̃r^{31}lə^{0}

	0505着凉	0506咳嗽	0507发烧
荣成	凉着了liaŋ^{53}tʂə^{0}lə^{0}	咳嗽k^{h}ɛ^{214}sə^{0}	发烧fa^{21}ʃau^{53}
烟台	冻着了tuŋ^{33}ɾə^{0}lə^{0}	咳嗽k^{h}ɤ^{21}sou^{33}	怪热的kuɛ^{33}ie^{21}tə^{0}
栖霞	受儿凉ʃəur^{55}liaŋ^{52}	咳嗽kə^{21}səu^{0}	发热fa^{34}iɛ^{52}
长岛	冻着了tuŋ^{52}tʃə^{0}lə^{0}	咳嗽k^{h}ə^{55}sou^{0}	发烧fa^{55}ʃau^{31}
海阳	冻着了tuŋ^{34}ə^{0}lə^{0}	咳嗽k^{h}ə^{21}səu^{0}	发烧fa^{21}sɔ^{52}
莱西	冻着了toŋ^{42}tsə^{0}lə^{0} 受凉ʃiou^{31}liaŋ^{214} 受寒ʃiou^{31}xã^{42}	咳嗽k^{h}ə^{214}sou^{0}	发热fa^{55}iə^{42}
平度	冻着了təŋ^{42}tʃuə^{0}lə^{0}	咳嗽k^{h}ə^{45}θuə^{0} “嗽”读为“索”轻声	发烧fa^{55}ʃɔ^{213}
青岛	冻着了toŋ^{42}tʂʅ^{0}lə^{0} 凉着了liaŋ^{45}tʂʅ^{0}lə^{0}	咳嗽k^{h}uə^{44}θuə^{0} “嗽”读为“索”轻声	发烧fa^{55}ʃɔ^{213}
高密	冻着了toŋ^{42}tʂə^{0}lə^{0} 凉着了liaŋ^{55}tʂə^{0}lə^{0} 闪着了ʃã^{23}tʂə^{0}lə^{0}	咳嗽k^{h}ə^{23}θuə^{0} “嗽”读为“索”轻声	发烧fa^{42}ʃɔ^{213}
诸城	冻着啦təŋ^{44}tʂə^{0}lə^{0}	咳嗽k^{h}uə^{213}θuə^{0} “嗽”读为“索”轻声	发热fa^{24}iə^{31}
沂水	冻着了tuŋ^{44}tʂə^{0}lə^{0}	咳嗽k^{h}uə^{213}θuə^{0} “嗽”读为“索”轻声	发热fa^{44}iə^{31}

续表

	0505着凉	0506咳嗽	0507发烧
临朐	冻着咧tuŋ^{44}tʂuə^{0}liə^{0}	咳嗽kʰuə^{213}θuə^{0} "嗽"读为"索"轻声	发热fa^{44}ʐə^{21}
日照	冻着了təŋ^{53}tʂʅ^{0}lə^{0}	咳嗽kʰə^{213}θu^{0} "嗽"读为"苏"轻声	发热fɑ^{23}iə^{31}
莒南	冻着了tuŋ^{42}tʂə^{0}lə^{0}	咳嗽kʰə^{213}θɔ^{0} "嗽"读为"扫"轻声	发热fa^{13}iə^{31} 发烧fa^{13}ʃɔ^{213}
潍坊	冻着嗹toŋ^{55}tʂuə^{0}liã^{0} 闪着嗹ʂã^{24}tʂuə^{0}liã^{0}	咳嗽kʰuə^{214}suə^{0} "嗽"读为"索"轻声	发烧fɑ^{24}ʂɔɤ^{214}
寿光	闪着ʂã^{24}tʂuə^{0} 冻着tuŋ^{55}tʂuə^{0}	咳嗽kʰuə^{213}suə^{0} "嗽"读为"索"轻声	发热fa^{13}lə^{21}
高青	冻着咧tuŋ^{55}tʂuə^{0}liə^{0}	咳嗽kʰuə^{213}suə^{0} "嗽"读为"索"轻声	发烧fɑ^{55}ʂɔ^{213}
阳信	冻着咧tuŋ^{55}tʂou^{0}liə^{0}	咳嗽kʰə^{31}suə^{0} "嗽"读为"索"轻声	发烧fa^{55}ʂɔ^{213}
济阳	冻着唡tuŋ^{55}tʂɔ^{0}lia^{0}	咳嗽kʰə^{23}suə^{0} "嗽"读为"索"轻声	发烧fa^{55}ʂɔ^{213}
利津	冻着tuŋ^{55}tʂɔ^{0}	咳嗽kʰə^{24}suə^{0} "嗽"读为"索"轻声	发烧fa^{44}ʂɔ^{213}
乐陵	冻着咧tuŋ^{55}tʂou^{0}liə^{0}	咳嗦kʰə^{31}suə^{0} "嗽"读为"索"轻声	发烧fɑ^{24}ʂɔ^{24}
商河	冻着唡tuŋ^{54}tʂɔ^{0}liɑ^{0}	咳嗽kʰə^{213}sɔ^{0} "嗽"读为"扫"轻声	发烧fɑ^{45}ʂɔ^{213}
平原	凉着唡liɑŋ^{55}tʂou^{0}lia^{0}	咳嗽kʰə^{23}suə^{0} "嗽"读为"索"轻声	发烧fa^{23}ʂɔu^{213}
德州	凉着了liɑŋ^{55}tʂɔ^{0}lə^{0}	咳嗽kʰə^{213}sɔ^{0} "嗽"读为"扫"轻声	发烧fa^{213}ʂɔ^{213}
武城	凉着㘓liɑŋ^{55}tʂɔ^{0}lã^{0}	咳嗽kʰə^{312}suə^{0} "嗽"读为"索"轻声	发烧fa^{24}ʂɔ^{224}
临清	冻着tuŋ^{31}tʂau^{53} 受凉ʂou^{31}liɑŋ^{53}	咳嗽kʰə^{44}sau^{0} "嗽"读为"扫"轻声	发烧fa^{13}ʂau^{13}
冠县	着凉tʂuə^{53}liɑŋ^{53}	咳嗽kʰə^{55}sou^{0}	发烧fa^{13}ʂɔ^{13}
聊城	受凉sou^{31}liɑŋ^{53}	咳嗽kʰə^{44}suə^{0} "嗽"读为"索"轻声	发热fa^{13}zə^{313}
济南	凉着唡liɑŋ^{445}tʂɔ^{0}lia^{0} 受凉ʂou^{21}liɑŋ^{42}	咳嗽kʰə^{21}suə^{21} "嗽"读为"索"轻声	发烧fa^{23}ʂɔ^{213}

续表

	0505着凉	0506咳嗽	0507发烧
泰安	着凉tʂuə^{42}liaŋ^{42} 冻着俩tuŋ^{42}tʂʅ^{0}lia^{0}	咳嗽k^{h}ə^{21}suə^{0} “嗽”读为“索”轻声	发烧fa^{23}ʂɔ^{213} 发热fa^{23}zə̩^{21}
莱芜	受凉ʃou^{31}liaŋ^{55}	咳嗽k^{h}uə^{31}suə^{31} “嗽”读为“索”轻声	发热fa^{213}ʒə^{42}
新泰	着凉pfə^{42}liaŋ^{42}	咳嗽k^{h}ə^{21}θuə^{0} “嗽”读为“索”轻声	发热fa^{45}ʒə^{0}
沂源	冻着了tuŋ^{55}tʃuə^{0}lə^{0}	咳嗽k^{h}uə^{21}θuə^{0} “嗽”读为“索”轻声	发热fa^{55}iə^{31}
博山	凉着嗹liaŋ^{35}tʂuə^{0}liã^{0}	咳嗽k^{h}uə^{22}suə^{0} “嗽”读为“索”轻声	发烧fa^{55}ʂɔ^{213}
张店	冻着嗹tuŋ^{55}tʂuə^{0}liã^{0}	咳嗽k^{h}uə^{33}suə^{0} “嗽”读为“索”轻声	发热fa^{213}zə̩^{31}
阳谷	冻着啦tuŋ^{31}tsuo^{0}la^{0}	咳嗽k^{h}ə^{55}sou^{0}	发热fa^{13}zə^{213} 发烧fa^{13}sɔ^{213}
梁山	冻着啦tuŋ^{21}tsuə^{0}la^{0}	咳嗽k^{h}ə^{42}ts^{h}ɔ^{0} “嗽”读为“嘈”轻声	发热fa^{23}zə^{213}
菏泽	冻着tuŋ^{31}tsuə^{0}	咳嗽k^{h}ə^{53}sɔ^{0} “嗽”读为“扫”轻声	发热fa^{213}zə^{213}
曹县	凉着啦liaŋ^{53}tʂɔ^{0}la^{0}	咳嗽k^{h}ə^{44}ts^{h}ɔ^{0} “嗽”读为“嘈”轻声	发烧fa^{213}ʂɔ^{213}
金乡	着凉tsuə^{42}liaŋ^{42}	咳嗽k^{h}ə^{21}ts^{h}ɔ^{0} “嗽”读为“嘈”轻声	发热fa^{33}zə^{313}
曲阜	受凉啦sou^{31}liaŋ^{55}la^{0}	咳嗽k^{h}ə^{213}sɔ^{0} “嗽”读为“扫”轻声	发热fa^{23}zə^{213}
薛城	冻着啦tuŋ^{41}tsə^{0}la^{0}	咳嗽k^{h}ə^{31}sɔ^{0} “嗽”读为“扫”轻声	发热fa^{24}zə^{313}
郯城	受凉ʂəu^{51}liaŋ^{44}	咳嗽k^{h}ə^{21}sʅ^{0} “嗽”读为“思”轻声	发热fa^{13}zə̩^{213} 有热iəu^{44}zə̩^{213} 发烧fa^{13}ʂɔ^{213}
临沂	冻着了tuŋ^{31}tʃɔ^{0}lə^{0}	咳嗽k^{h}ə^{21}sɔ^{0} “嗽”读为“扫”轻声	发热fa^{24}zə̩^{214}

	0508发抖	0509肚子疼	0510拉肚子
荣成	战战tʃan^{33}tʃan^{0}	肚子痛tu^{33}tsʅ^{0}t^{h}uŋ^{33}	冒$^{=}$肚子mau^{21}tu^{33}tsʅ^{0} 拉稀la^{53}çi^{53}
烟台	打战战ta^{21}tɕian^{33}tɕian^{0}	肚子疼tu^{33}ɾə^{0}t^{h}əŋ^{33}	拉肚子la^{53}tu^{33}ɾə^{0}

续表

	0508发抖	0509肚子疼	0510拉肚子
栖霞	战战tʃãn^{52}tʃãn^{0}	肚儿疼tur^{34}tʰəŋ^{52}	冒$^{=}$肚mɔo^{34}tu^{342}
长岛	战战tʃan^{52}tʃan^{0}	肚子疼tu^{52}tsɿ^{0}tʰəŋ^{52}	拉稀la^{55}çi^{31}
海阳	打哆嗦ta^{21}tə^{52}səu^{0}	肚子疼tu^{34}ə^{0}tʰəŋ^{341}	拉肚子la^{52}tu^{34}ə^{0}
莱西	打战战儿ta^{55}tʃiã^{42}tʃiɐr^{0} 打哆嗦ta^{55}tuə^{214}suə^{0}	肚子疼tu^{45}tsɿ^{0}tʰəŋ^{42}	拉肚子la^{214}tu^{45}tsɿ^{0} 拉稀la^{55}çi^{214}
平度	抖擞tou^{42}θou^{0}	肚子疼tu^{45}tθɿ^{0}tʰəŋ^{42}	拉肚子la^{213}tu^{45}tθɿ^{0}
青岛	打抖擞tɑ^{55}tou^{42}θou^{0}	肚子疼tu^{45}tθɿ^{0}tʰoŋ^{42}	拉肚子lɑ^{213}tu^{45}tθɿ^{0} 呲稀tθʰɿ^{55}çi^{213}较严重
高密	哆嗦tuə^{21}θuə^{0} 抖擞tou^{23}θou^{0}	肚子疼tu^{42}tθɿ^{0}tʰoŋ^{42}	拉肚子lɑ^{213}tu^{42}tθɿ^{0} 闹肚子nɔ^{21}tu^{42}tθɿ^{0} 扯便杆子tʃʰə^{55}piã^{21}kã^{0}tθɿ^{0}拉得厉害，严重
诸城	打战战ta^{24}tʃã^{44}tʃã^{0}	肚子疼tu^{44}tθɿ^{0}tʰəŋ^{53}	拉肚子la^{213}tu^{44}tθɿ^{0}
沂水	打哆嗦ta^{44}tuə^{21}θuə^{0} 打战战ta^{213}dʒã^{44}dʒã^{0}	肚子疼tu^{44}dðɿ^{0}tʰəŋ^{53}	拉肚子la^{213}tu^{44}dðɿ^{0}
临朐	打战战ta^{213}tʃã^{44}tʃã^{0} 打嘚嘚ta^{44}tei^{21}tei^{0}	肚子疼tu^{44}tθɿ^{0}tʰəŋ^{53}	拉肚子la^{213}tu^{44}tθɿ^{0}
日照	打战战tɑ^{213}tʃiã^{53}tʃiã^{0}	肚子疼tu^{53}tθɿ^{0}tʰəŋ^{53}	呲肚子tθʰɿ^{24}tu^{53}tθɿ^{0}
莒南	打战战ta^{55}tʃã^{53}tʃã^{0} 打得得ta^{55}tei^{213}tei^{0}	肚子疼tu^{42}tθɿ^{0}tʰəŋ^{53} 害肚子疼xɛ^{13}tu^{42}tθɿ^{0}tʰəŋ^{53}	淌肚子tʰɑŋ^{55}tu^{42}tθɿ^{0} 拉肚子la^{13}tu^{42}tθɿ^{0}
潍坊	哆嗦tuə^{31}suə^{0} 战战tʂã^{55}tʂã^{0} 战战哆嗦tʂã^{55}tʂã^{0}tuə^{31}suə^{0}	肚子疼tu^{55}tsɿ^{0}tʰəŋ^{53}	拉肚子lɑ^{214}tu^{55}tsɿ^{0}
寿光	战战tʂã^{55}tʂã^{0} 打嘚塞$^{=}$ta^{55}tei^{213}sei^{0} 打嘚嘚ta^{55}tei^{213}tei^{0}	肚子疼tu^{55}tsɿ^{0}tʰəŋ^{53}	跑茅子pʰɔ^{55}mɔ^{35}tsɿ^{0}
高青	哆嗦tuə^{213}suə^{0}	肚子疼tu^{55}tsɿ^{0}tʰəŋ^{55}	跑栏pʰɔ^{55}lã^{55}
阳信	哆嗦tuə^{31}suə^{0}	肚子疼tu^{55}tsɿ^{0}tʰəŋ^{43}	跑茅子pɔ^{55}mɔ^{45}tsɿ^{0} 跑肚pʰɔ^{55}tu^{31}
济阳	打哆嗦ta^{13}tuə^{23}suə^{0}	肚子疼tu^{55}tsɿ^{0}tʰəŋ^{55}	拉肚子la^{13}tu^{55}tsɿ^{0} 泻肚子çiə^{31}tu^{55}tsɿ^{0}
利津	战战tʂã^{55}tʂã^{0} 哆嗦tuə^{213}suə^{0}	肚子疼tu^{31}tsɿ^{0}tʰəŋ^{53}	跑栏pʰɔ^{55}lã^{53}
乐陵	哆嗦tuə^{31}suə^{0}	肚子疼tu^{55}tsɿ^{0}tʰəŋ^{55}	闹肚子nɔ^{31}tu^{55}tsɿ^{0} 跑茅子pʰɔ^{55}mɔ^{55}tsɿ^{0}

续表

	0508发抖	0509肚子疼	0510拉肚子
商河	打哆嗦tɑ^{45}tuə^{21}suə^{0}	肚子疼tu^{54}tsɿ^{0}tʰəŋ^{54}	拉肚子lɑ^{213}tu^{54}tsɿ^{0} 泻肚子ɕiə^{31}tu^{54}tsɿ^{0} 闹肚子nɔ^{31}tu^{54}tsɿ^{0}
平原	哆嗦tuə^{21}suə^{0}	肚子疼tu^{42}tsɿ^{0}tʰəŋ^{42}	闹肚子nɔu^{21}tu^{42}tsɿ^{0}
德州	哆嗦tuə^{21}suə^{0} 抖搂tou^{213}lou^{0}	肚子疼tu^{42}tsɿ^{0}tʰəŋ^{0}	闹肚子nɔ^{21}tu^{42}tsɿ^{0} 蹿稀tsʰuã^{213}ɕi^{213}
武城	哆嗦tuə^{312}suə^{0}	肚子疼tu^{53}tsɿ^{0}tʰəŋ^{53}	闹肚子nɔ^{21}tu^{53}tsɿ^{0}
临清	哆嗦tuə^{13}suə^{0} 合=萨=xə^{44}sa^{0}	肚子疼tu^{53}tsɿ^{0}tʰəŋ^{53}	闹肚子nau^{31}tu^{53}tsɿ^{0} 拉肚子la^{13}tu^{53}tsɿ^{0}
冠县	打哆嗦ta^{55}tuə^{21}suə^{0} 打颤ta^{55}tʂʰã^{314}	肚子疼tu^{53}tsɿ^{0}tʰəŋ^{53}	跑茅子pʰɔ^{55}mɔ^{55}tsɿ^{0} 拉肚子la^{13}tu^{53}tsɿ^{0}
聊城	打合=萨=ta^{44}xə^{44}sa^{0} 打哆嗦ta^{44}tuə^{13}suə^{0}	肚子疼tu^{53}tsɿ^{0}tʰəŋ^{53}	跑茅子pʰɔ^{44}mɔ^{44}tsɿ^{0} 拉肚子la^{13}tu^{53}tsɿ^{0}
济南	哆嗦tuə^{21}suə^{0} 打合=萨=ta^{55}xə^{445}sa^{0}	肚子疼tu^{55}tsɿ^{0}tʰəŋ^{42}	拉肚子la^{213}tu^{55}tsɿ^{0} 泻肚子ɕiə^{21}tu^{55}tsɿ^{0} 闹肚子nɔ^{21}tu^{55}tsɿ^{0}
泰安	哆嗦tuə^{21}suə^{0}	肚子疼tu^{42}tsɿ^{0}tʰəŋ^{42}	拉肚子la^{213}tu^{42}tsɿ^{0} 闹肚子nɔ^{21}tu^{42}tsɿ^{0} 蹿薄儿tsʰuã^{213}pər^{42}
莱芜	打战战ta^{213}tʃã^{42}tʃã^{0}	肚子疼tu^{42}tsɿ^{0}tʰəŋ^{55}	跑肚子pʰɔ^{213}tu^{42}tsɿ^{0}
新泰	哆嗦tuə^{21}θuə^{0}	肚子疼tu^{54}tθɿ^{0}tʰəŋ^{42}	拉稀la^{23}ɕi^{213} 拉肚子la^{21}tu^{55}tθɿ^{0}
沂源	打哆嗦ta^{55}tuə^{21}θuə^{0}	肚子疼tu^{55}tθɿ^{0}tʰəŋ^{55}	拉肚子la^{13}tu^{55}tθɿ^{0}
博山	打哆嗦tɑ^{55}tuə^{213}suə^{0}	肚子疼tu^{55}ə^{0}tʰəŋ^{55}	拉肚子lɑ^{213}tu^{55}ə^{0}
张店	哆嗦tuə^{33}suə^{0} 打战战tɑ^{55}tʂã^{55}tʂã^{0}	肚子疼tu^{55}ɿ^{0}tʰəŋ^{55}	拉肚子lɑ^{33}tu^{55}ɿ^{0} 跑栏pʰɔ^{55}lã^{55}
阳谷	打哆嗦ta^{55}tuo^{31}suo^{0}	肚子疼tu^{42}zɿ^{0}tʰəŋ^{42}	跑肚pʰɔ^{55}tu^{313}
梁山	打嘚嘚ta^{55}tei^{21}tei^{0} 打合=萨=ta^{55}xə^{55}sa^{0}	肚里疼tu^{42}li^{0}tʰəŋ^{42}	跑肚儿pʰɔ^{55}tur^{314} 屙稀粪ɣə^{23}ɕi^{23}fẽ^{314}
菏泽	打合=萨=ta^{44}xə^{53}sa^{0}	肚里疼tu^{31}lɛ^{0}tʰəŋ^{53}	跑肚pʰɔ^{44}tu^{312}
曹县	打哆哆ta^{44}tuə^{21}tuə^{0}	肚里疼tu^{31}lei^{0}tʰəŋ^{53}	拉肚子la^{213}tu^{31}tə^{0}
金乡	打哆嗦ta^{55}tuə^{21}suə^{0}	肚里疼tu^{42}li^{0}tʰəŋ^{42}	屙稀粑粑ɣə^{23}ɕi^{21}pa^{23}pa^{0}
曲阜	哆嗦tuə^{55}suə^{0}	肚子疼tu^{42}tsɿ^{0}tʰəŋ^{42}	跑茅子pʰɔ^{42}mɔ^{55}tsɿ^{0}

续表

	0508发抖	0509肚子疼	0510拉肚子
薛城	打合⁼萨⁼ta^{24}xə^{55}sa^{0} 打哆嗦ta^{24}tuə^{55}suə^{0}	肚子疼tu^{41}tsɿ^{0}tʰəŋ^{55}	跑肚子pʰɔ^{24}tu^{41}tsɿ^{0} 拉肚子la^{313}tu^{41}tsɿ^{0} 拉肚la^{313}tu^{41}
郯城	打嘚嘚ta^{24}te^{21}te^{0} 打合⁼瑟⁼ta^{24}xə^{44}sə^{0} 打冷战ta^{24}ləŋ^{24}tʂã^{51}	肚子疼tu^{51}tsɿ^{0}tʰəŋ^{44}	跑肚pʰɔ^{24}tu^{51} 拉肚子la^{21}tu^{51}tsɿ^{0}
临沂	打合⁼瑟⁼ta^{55}xə^{55}sə^{0} 打哆嗦ta^{55}tuə^{21}suə^{0}	肚子疼tu^{31}tsɿ^{0}tʰəŋ^{53}	拉肚子la^{24}tu^{31}tsɿ^{0}

	0511患疟疾	0512中暑	0513肿
荣成	发疟子fa^{21}io^{35}tsɿ^{0}	中暑tʂuŋ^{33}ʃy^{214}	肿tʂuŋ^{214}
烟台	（无）	热着了ie^{21}ɾə^{0}lə^{0}	肿tsuŋ^{14}
栖霞	（无）	中儿暑tsũr^{52}ʃy^{214}	肿tsuŋ^{214}
长岛	（无）	热着了iɛ^{35}tʃə^{0}lə^{0}	肿tsuŋ^{213}
海阳	发疟子fa^{21}yə^{34}ə^{0}	热了iə^{34}lə^{0}	肿tʂuŋ^{214}
莱西	发疟子fa^{55}yə^{42}tsɿ^{0}	中暑tsoŋ^{21}ʃu^{55}	肿tsoŋ^{55}
平度	发脾寒fa^{213}pʰi^{45}xã^{0}	热着了iə^{42}tʂə^{0}lə^{0}	肿tʂuŋ^{55}
青岛	发脾寒fɑ^{42}pʰi^{55}xã^{0}	热着了iə^{42}tʂʅ^{0}lə^{0}	肿tʂoŋ^{55}
高密	发脾寒fɑ^{213}pʰi^{55}xã^{0}	热毒iə^{21}tu^{42} 疮气tʂʰuɑŋ^{23}tɕʰi^{21}	肿tʂoŋ^{55}
诸城	发脾寒fa^{24}pʰi^{24}xã^{0}	热着了iə^{44}tʂə^{0}lə^{0}	肿tʂəŋ^{44}
沂水	发脾寒fa^{44}pʰi^{24}xã^{0}	热着了iə^{44}tʂɔ^{0}lə^{0}	肿tʂuŋ^{44}
临朐	发脾寒fa^{213}pʰi^{35}xã^{0}	伤了火连⁼疮ʃɑŋ^{21}lə^{0}xuə^{213}liã^{0}tʂʰuɑŋ^{213}	虚ɕy^{213}
日照	发脾寒fɑ^{24}pʰi^{44}xã^{0}	热着了iə^{53}tʂʅ^{0}lə^{0}	肿tʂəŋ^{44}
莒南	发脾寒fa^{213}pʰi^{24}xã^{0}	中暑tʂuŋ^{31}ʃɥ^{55}	肿tʂuŋ^{55}
潍坊	发脾寒fɑ^{214}pʰi^{35}xã^{0}	热着咧ʐɤ^{55}tʂuə^{0}liə^{0} 中暑tʂoŋ^{214}ʂu^{55}	肿tʂoŋ^{55}
寿光	发脾寒fa^{213}pʰi^{35}xã^{0}	热着了lə^{55}tʂuə^{0}liɔ^{0}	肿tʂuŋ^{55}
高青	发疟子fɑ^{55}iɔ^{55}tsɿ^{0}	热着咧ʐə^{55}tʂuə^{0}liə^{0}	肿tʂuŋ^{55}
阳信	发疟子fa^{213}iɔ^{55}tsɿ^{0}	热着咧ʐə^{55}tʂou^{0}liə^{0}	肿tʂuŋ^{55}

续表

	0511患疟疾	0512中暑	0513肿
济阳	发疟子fa^{13}iɔ^{55}tsɿ^{0}	热着哂zə̧^{55}tʂɔ^{0}lia^{0}	肿tʂuŋ^{55}
利津	发脾寒fa^{44}p^{h}i^{24}xã^{0}	热着zə̧^{55}tʂɔ^{0}	肿tʂuŋ^{55}
乐陵	发疟子fɑ^{24}iɔ^{55}tsɿ^{0}	热着咧zə̧^{55}tʂou^{0}liə^{0}	肿tʂuŋ^{55}
商河	发疟子fɑ^{45}iɔ^{54}tsɿ^{0}	热着哂zə̧^{54}tʂɔ^{0}liɑ^{0}	肿tʂuŋ^{45}
平原	发疟子fa^{212}iɔu^{42}tsɿ^{0}	热着哂zə̧^{42}tʂɔu^{0}lia^{0}	肿tʂuŋ^{55}
德州	发疟子fa^{213}iɔ^{42}tsɿ^{0}	热着了zə̧^{42}tʂɔ^{0}lə^{0}	肿tʂuŋ^{55}
武城	发疟子fa^{24}iɔ^{53}tsɿ^{0}	热着嘣lə^{53}tʂɔ^{0}lã^{0}	肿tʂuŋ^{55}
临清	发疟子fa^{13}iau^{53}tsɿ^{0}	热着啦zə̧^{31}tʂau^{44}la^{0}	肿tʂuŋ^{44}
冠县	发疟子fa^{13}yɤ^{53}tsɿ^{0}	热着啦zə̧^{31}tʂɔ^{55}la^{0}	肿tʂuŋ^{55}
聊城	发疟子fa^{13}yə^{53}tsɿ^{0}	热着啦zə^{53}tsɔ^{0}la^{0}	肿tsuŋ^{44}
济南	打摆子ta^{55}pɛ^{213}tsɿ^{0} 发疟子fa^{213}yə^{55}tsɿ^{0}	热着哂zə̧^{55}tʂɔ^{0}lia^{0}	肿tʂuŋ^{55}
泰安	发疟子fa^{213}yə^{42}tsɿ^{0}	中暑tʂuŋ^{21}ʂu^{55} 热着哂zə̧^{42}tʂɿ^{0}lia^{0}	肿tʂuŋ^{55} 虚ɕy^{213}
莱芜	发脾寒fa^{31}p^{h}i^{13}xã^{0}	热倒了ʒə^{42}tɔ^{0}liɔ^{0}	肿tʃuŋ^{55}
新泰	发脾寒fa^{21}p^{h}i^{45}xã^{0}	中暑pfəŋ^{42}fu^{55}	肿pfəŋ^{55}
沂源	发脾寒fa^{55}p^{h}i^{35}xã^{0}	热着了iə^{55}tʃuə^{0}lə^{0}	肿tʃuŋ^{55}
博山	发脾寒fɑ^{213}p^{h}ɪ^{35}xa^{0}	热着啑lə^{55}tʂuə^{0}liã^{0}	肿tʂuŋ^{55}
张店	发脾寒fɑ^{55}p^{h}i^{35}xã^{0}	热着咧zə̧^{55}tʂuə^{0}liə^{0}	肿tʂuŋ^{55}
阳谷	发疟子fa^{13}yo^{31}zɿ^{0}	热着啦zə^{13}tsuo^{0}la^{0}	肿tsuŋ^{55}
梁山	发疟子fa^{23}yə^{21}tsɿ^{0}	热着zə^{34}tsuə^{0}	虚肿ɕy^{23}tsuŋ^{55} 肿tsuŋ^{55}
菏泽	发疟子fa^{213}yə^{21}tə^{0}	伤热sɑŋ^{213}zə^{213}	肿tsuŋ^{44}
曹县	发疟子fa^{213}yə^{21}tə^{0}	中暑tʂuŋ^{31}ʂu^{44}	肿tʂuŋ^{44}
金乡	发疟子fa^{23}yə^{21}tsɿ^{0}	热着啦zə^{21}tsuə^{0}la^{0}	肿tsuŋ^{55}
曲阜	发疟子fa^{213}yə^{21}tsɿ^{0}	热着啦zə^{213}tsuə^{0}la^{0}	肿tsuŋ^{55}
薛城	发疟子fa^{23}yə^{31}tsɿ^{0} 打摆子ta^{55}pɛ^{24}tsɿ^{0}	热晕啦zə^{23}yẽ^{31}la^{0} 中暑tsuŋ^{31}fu^{24}	肿tsuŋ^{24}
郯城	发疟子fa^{13}yə^{21}tsɿ^{0} 发疟疾fa^{13}yə^{21}tɕi^{44}	中暑tʂuŋ^{51}fu^{44} 伤热ʂɑŋ^{13}zə̧^{213}	肿tʂuŋ^{24}
临沂	发疟子fa^{24}yə^{21}tsɿ^{0}	中暑tʃuŋ^{31}ʃu^{55}	肿tʃuŋ^{55}

	0514化脓	0515疤好了的	0516癣
荣成	化脓xua^{33}nu^{53}	疤pa^{53}	癣sian^{214}
烟台	溃脓xuei^{33}nuŋ^{33}	疤pa^{53}	癣ɕian^{14}
栖霞	有脓iəu^{34}nuŋ^{312}	疤pa^{312}	癣ʃyãn^{214}
长岛	化脓xua^{52}nuŋ^{55}	疤pa^{312}	癣ʃan^{213}
海阳	化脓xua^{34}nəŋ^{52}	疤pa^{52}	花疮xua^{52}tʂʰɑŋ^{0}
莱西	化脓xua^{31}nəŋ^{214} 溃脓xuei^{42}nəŋ^{0}	疤pa^{214}	癣ʃyã^{55}
平度	化脓xua^{213}nəŋ^{42} 溃脓xuei^{42}nəŋ^{0}	疤pa^{213}	癣syã^{55}
青岛	化脓xuɑ^{213}noŋ^{42}	疤儿pɑr^{213}	癣syã^{55}
高密	呼$^{=}$脓xu^{21}noŋ^{0} 化脓xuɑ^{21}noŋ^{42}	疤pɑ^{213}	癣syã^{55}
诸城	鼓脓ku^{45}nəŋ^{53}	疤pa^{213}	癣θyã^{44}
沂水	化脓xua^{31}nuŋ^{53}	疤pa^{213} 疤瘌pa^{21}la^{0}	癣syã^{44}
临朐	发恶fa^{213}uə^{0}	疤pa^{213}	癣ɕyã^{44}
日照	溃脓xuei^{53}nəŋ^{0}	疤儿pɑr^{213}	癣θyã^{44}
莒南	化脓xua^{31}nəŋ^{53}	疤瘌pa^{21}la^{0} 疤pa^{213}	癣syã^{55}
潍坊	溃脓xuei^{31}noŋ^{53} 化脓xuɑ^{31}noŋ^{53}	疤pɑ^{214}	癣ɕyã^{55}
寿光	溃脓xuei^{21}nuŋ^{53} 化脓xua^{21}nuŋ^{53}	疤pa^{213}	癣ɕyã^{55}
高青	恶发了ŋɔ^{213}fɑ^{0}lə^{0}	疤pɑ^{213}	癣ɕyã^{55}
阳信	恶发ŋɔ^{31}fə^{0} 化脓xua^{31}nəŋ^{43}	疤pa^{213}	癣ɕyã^{55}
济阳	恶发俩uə^{23}fa^{0}lia^{0} 化脓xua^{31}nuŋ^{55}	疤瘌pa^{21}la^{0}	癣ɕyã^{55}
利津	恶发ŋɔ^{213}fa^{44}	疤pa^{213}	癣ɕyã^{55}
乐陵	恶发咧ŋɔ^{31}fɑ^{0}liə^{0}	疤pɑ^{24}	癣ɕyã^{55}
商河	化脓xuɑ^{31}nuŋ^{54} 恶发俩ŋɔ^{213}fɑ^{0}liɑ^{0}	疤pɑ^{213} 疤瘌pɑ^{21}lɑ^{0}	癣ɕyã^{45}

续表

	0514化脓	0515疤好了的	0516癣
平原	发咧fa^{21}lia^{0}	疤pa^{213}	癣ɕyã^{55}
德州	鼓脓儿ku^{55}nuə̃r^{42}	疤瘌pa^{21}la^{0}	癣ɕyã^{55}
武城	化脓xua^{21}noŋ^{53}	疤瘌pa^{312}la^{0}	癣ɕyã^{55}
临清	溃脓xuei^{31}nuŋ^{53}	疤瘌pa^{13}la^{0}	癣ɕyan^{44}
冠县	化脓xua^{314}nuŋ^{53}	疤瘌pa^{21}la^{0}	癣suã^{55}
聊城	溃脓xuei^{31}nuŋ^{53}	疤瘌pa^{13}la^{0}	癣ɕyã^{44}
济南	恶发ŋə^{21}fa^{0}	疤瘌pa^{21}la^{0}	癣ɕyã^{55}
泰安	化脓xua^{21}nuŋ^{42}	疤瘌pa^{21}la^{0}	癣ɕyã^{55}
莱芜	发了fa^{23}liɔ^{0}	疤療$^{=}$pa^{31}liɔ^{0}	癣ɕyã^{55}
新泰	化脓xua^{31}nuŋ^{42}	疤瘌pa^{21}la^{213}	癣ɕyã^{55}
沂源	淌脓t^{h}ɑŋ^{21}nuŋ^{55}	疤pa^{213}	癣ɕyã^{55}
博山	恶发嗹uə^{22}fɑ^{0}liã^{0}	疤瘌pɑ^{21}lɑ^{0}	癣ɕyã^{55}
张店	恶发uə^{33}fɑ^{0}	疤pɑ^{213}	癣ɕyã^{55}
阳谷	化脓xua^{31}nuŋ^{42}	疤瘌pa^{31}la^{0}	癣suã^{55}
梁山	溃脓xuei^{31}nuŋ^{42}	疤瘌pa^{21}la^{0}	癣ɕyã^{55}
菏泽	溃脓xuei^{31}nuŋ^{53}	疤瘌pa^{21}la^{0}	癣suã^{44}
曹县	化脓xua^{31}nuŋ^{53}	疤瘌pa^{21}la^{0}	癣suã^{44}
金乡	溃脓xuei^{31}nuŋ^{42}	疤瘌pa^{21}la^{0}	癣ɕyã^{55}
曲阜	溃脓xuei^{31}nuŋ^{42}	疤瘌pa^{21}la^{0}	癣ɕyã^{55}
薛城	鼓脓ku^{24}nuŋ^{55} 淌脓t^{h}ɑŋ^{24}nuŋ^{55}	疤瘌pa^{31}la^{0}	癣ɕyã^{24}
郯城	鼓脓ku^{24}nuŋ^{44} 淌脓t^{h}ɑŋ^{24}nuŋ^{44}	疤娄pa^{21}ləu^{0} 疤pa^{213}	癣ɕyã^{24}
临沂	淌脓t^{h}ɑŋ^{55}nuŋ^{53} 化脓xua^{31}nuŋ^{53}	疤瘌pa^{21}la^{0} 疤瘌儿pa^{21}lar^{0}	癣ɕyã^{55}

	0517痣凸起的	0518疙瘩蚊子咬后形成的	0519狐臭
荣成	记ci^{33}	鼓凸ku^{214}t^{h}ə^{0} “凸”有音变	狐臭xu^{35}tʃ^{h}əu^{33}
烟台	记tɕi^{33}	疙瘩ka^{21}ta^{0}	狐臊xu^{33}sau^{0}

续表

	0517 痣凸起的	0518 疙瘩蚊子咬后形成的	0519 狐臭
栖霞	痣 tsɿ^{52}	皮粒 pʰi^{21}li^{0}	狐臊 xu^{34}sɔo^{0}
长岛	记 ci^{52}	皮陵$^{=}$ pʰi^{35}liŋ^{0}	狐臭 xu^{55}tʃʰou^{52}
海阳	记 ci^{341}	皮陵$^{=}$ pʰi^{21}liŋ^{0}	狐臊 xu^{34}sɔ^{0}
莱西	记 ci^{42} 痣 tsɿ^{42}	疙磴$^{=}$ kə^{214}təŋ^{0}	狐臊 xu^{55}sɔ^{214} 狐臭 xu^{23}tʃʰiou^{42}
平度	记 ci^{213}	疙瘩 ka^{45}ta^{0} 仑$^{=}$顿$^{=}$ lã^{55}tã^{42}	狐臊 xu^{45}θɔ^{0} 狐臭 xu^{45}tʃʰou^{0}
青岛	记 tɕi^{42}	疙瘩 kɑ^{44}tɑ^{0} 仑$^{=}$顿$^{=}$ lẽ^{55}tẽ^{42}	狐臊 xu^{45}θɔ^{0} 狐臊子 xu^{45}θɔ^{0}tθɿ^{0}
高密	痦子 u^{42}tθɿ^{0} 痣子 tʂʅ^{42}tθɿ^{0}	疙瘩 kɑ^{23}tɑ^{0} 木疙瘩 mu^{55}kɑ^{0}tɑ^{0}	狐臊子 xu^{55}θɔ^{0}tθɿ^{0} 腋臭 iə^{55}tʃʰou^{0}
诸城	痦子 u^{44}tθɿ^{0}	疙瘩 ka^{213}ta^{0}	狐臊 xu^{24}θɔ^{0}
沂水	痣 tʂʅ^{31}	疙瘩 ka^{213}ta^{0} 木疙瘩 mu^{44}ka^{0}ta^{0}	狐臭 xu^{24}tʃʰou^{0}
临朐	痦子 u^{44}tθɿ^{0}	木疙瘩 mu^{21}ka^{21}ta^{0}	狐臊 xu^{35}θɔ^{0}
日照	痣 tʂʅ^{31}	疙瘩 kɑ^{213}tɑ^{0}	狐臊 xu^{44}θɔ^{0}
莒南	痦子 u^{42}tθɿ^{0} 痣 tʂʅ^{31}	木片 mu^{42}pʰiã^{0} 疙瘩 ka^{213}ta^{0} 木疙瘩 mu^{31}kə^{21}ta^{0}	臭胳肢 tʃʰou^{31}ka^{213}tʂʅ^{53} 狐臭 xu^{55}tʃʰou^{31}
潍坊	瘊子 xɤɯ^{35}tsɿ^{0}	疙瘩 kɑ^{214}tɑ^{0}	狐臊 xu^{35}sɔɤ^{0}
寿光	痦子 u^{55}tsɿ^{0}	疙瘩 ka^{213}ta^{0} 木疙瘩 mu^{55}ka^{0}ta^{0}	狐臊 xu^{35}sɔ^{0}
高青	痣子 tʂʅ^{55}tsɿ^{0}	疙瘩 kɑ^{213}tɑ^{0}	狐臊 xu^{35}sɔ^{0}
阳信	痦子 u^{55}tsɿ^{0}	疙瘩 ka^{31}ta^{0}	臭胳嚓$^{=}$窝子 tʂʰou^{31}ka^{45}tʂʰa^{0} uə^{31}tsɿ^{0}
济阳	痦子 u^{55}tsɿ^{0}	疙瘩 ka^{23}ta^{0}	狐臭 xu^{24}tʂʰou^{0}
利津	痦子 u^{55}tsɿ^{0}	疙瘩 ka^{213}ta^{0}	腋臭 iə^{55}tʂʰou^{31}
乐陵	痦子 u^{55}tsɿ^{0}	疙瘩 kɑ^{31}tɑ^{0}	臭嘎嚓$^{=}$窝 tʂʰou^{31}kɑ^{24}tsʰɑ^{0} uə^{24}
商河	瘊子 xou^{24}tsɿ^{0}	疙瘩 kɑ^{213}tɑ^{0}	臭胳嚓$^{=}$窝儿 tʂʰou^{31}kɑ^{54}tsʰɑ^{0} uər^{213}
平原	痦子 u^{42}tsɿ^{0}	疙瘩 kə^{21}ta^{0}	汗臭 xã^{42}tʂʰou^{0}

续表

	0517痣凸起的	0518疙瘩蚊子咬后形成的	0519狐臭
德州	瘩子u^{42}tsɿ^{0}	疙瘩ka^{21}ta^{0}	臭胳肢窝tʂʰou^{21}ka^{42}tʂʅ^{0}uə^{213}
武城	瘩子u^{53}tsɿ^{0}	疙瘩kə^{312}ta^{0}	（无）
临清	瘊儿xour^{53}	疙瘩kə^{13}ta^{0}	狐臭xu^{44}tʂʰou^{313}
冠县	雀子tsʰuə^{21}tsɿ^{0} 瘊儿xour^{53}	疙瘩kə^{21}ta^{0}	狐臭xu^{55}tʂʰou^{0}
聊城	雀子tɕʰyə^{13}tsɿ^{0}小的 瘊儿xour^{53}大的	疙瘩kə^{13}ta^{0}	胳到⁼窝儿臭kə^{13}tɔ^{0}uər^{13}tsʰou^{313}
济南	瘩子u^{55}tsɿ^{0}	批⁼片⁼pʰi^{21}pʰiã^{0}	狐臭xu^{445}tʂʰou^{0}
泰安	记tɕi^{21}	疙瘩kə^{21}ta^{0} 木片⁼mu^{21}pʰiã^{0}	狐臭xu^{55}tʂʰou^{21}
莱芜	痣tʃʅ^{42}	疙瘩ka^{23}ta^{0}	腋臭iə^{213}tʃʰou^{42}
新泰	瘩子u^{54}tθɿ^{0}	疙瘩kə^{21}ta^{213}	狐臭xu^{23}tʃʰou^{31}
沂源	瘩子u^{55}tθɿ^{0}	疙瘩kə^{21}ta^{0}	狐臊xu^{55}θɔ^{213}
博山	痣tʂʅ^{31}	疙瘩kɑ^{22}tɑ^{0}	狐臭xu^{35}tʂʰəu^{0}
张店	瘩子u^{55}ɿ^{0}	疙瘩kɑ^{33}tɑ^{0}	狐臭xu^{55}tʂʰou^{31}
阳谷	痣tsɿ^{313} 瘊子xou^{55}zɿ^{0}	疙瘩kə^{31}ta^{0}	狐臭xu^{55}tsʰou^{313}
梁山	雀子tɕʰyə^{21}tsɿ^{0}	木疙瘩mu^{21}kə^{21}ta^{0}	胳肢窝儿臭kə^{55}tsɿ^{0}uər^{23}tsʰou^{314}
菏泽	瘊子xou^{53}tə^{0}	疙瘩kə^{21}ta^{0}	狐臭xu^{44}tsʰou^{312}
曹县	瘊子xou^{53}tə^{0}	疙瘩kə^{21}ta^{0}	狐臭xu^{53}tsʰou^{0}
金乡	记tɕi^{312}	疙瘩kə^{21}ta^{0}	臭胳拉肢tsʰou^{31}kə^{21}la^{0}tsɿ^{213}
曲阜	雀子tɕʰyə^{21}tsɿ^{0}	木疙瘩mu^{21}kə^{0}ta^{213}	狐臭xu^{55}tsʰou^{312}
薛城	瘩子u^{41}tsɿ^{0}	疙瘩kə^{31}ta^{0}	狐臊xu^{55}sɔ^{0}
郯城	瘩子u^{51}tsɿ^{0} 痣tʂʅ^{51}	疙瘩kə^{21}tə^{0}/kə^{21}ta^{0}	狐臭xu^{24}tʂʰəu^{51}
临沂	瘩子u^{31}tsɿ^{0}	疙瘩kə^{21}tə^{0}	狐臭xu^{55}tʃʰou^{0}

	0520看病	0521诊脉	0522针灸
荣成	望病儿mɑŋ^{53}piə̃r^{33}	试脉儿ʂʅ^{33}mar^{214}	打干针ta^{21}kan^{53}tʃən^{53}
烟台	看病kʰan^{53}piŋ^{33}	把脉pa^{33}mo^{14}	针灸tɕin^{53}tɕiou^{14}

续表

	0520 看病	0521 诊脉	0522 针灸
栖霞	看病k^{h}ãn^{52}piŋ^{342}	把把脉pa^{34}pa^{34}mə^{52}	针针tʃĩn^{52}tʃĩn^{0}
长岛	看病k^{h}an^{52}piŋ^{52}	把脉pa^{21}mə^{213}	打干针ta^{21}kan^{55}tʃən^{31}
海阳	看病k^{h}ã^{52}piŋ^{341}	试试脉儿ʂʅ^{52}ʂʅ^{0}mər^{341} 试脉儿ʂʅ^{52}mər^{341}	下去针çia^{21}c^{h}i^{0}tsẽ^{52}
莱西	看病k^{h}ã^{214}piŋ^{42} 扎咕病tsa^{45}ku^{0}piŋ^{42}治病	把脉pa^{214}mə^{42} 试脉sʅ^{42}mə^{42}	针灸tʃiẽ^{214}ciou^{55} 下针儿çia^{31}tʃier^{214} 下干针儿çia^{31}kã^{55}tʃier^{214}
平度	看病k^{h}ã^{213}piŋ^{42} 扎咕病tʂa^{45}ku^{0}piŋ^{42}治病	试脉儿ʃʅ^{213}mer^{42}	针灸tʃə̃^{213}ciou^{55} 下针çia^{42}tʃə̃^{213}
青岛	看病k^{h}ã^{42}pioŋ^{42} 扎咕病tʂɑ^{55}ku^{0}pioŋ^{42}治病	试脉儿ʃʅ^{213}mer^{42} 听脉儿t^{h}ioŋ^{213}mer^{42}	针灸tʃẽ^{213}tɕiou^{55} 下针ɕiɑ^{42}tʃẽ^{213}
高密	看病k^{h}ã^{23}pioŋ^{21} 扎咕病tʂɑ^{23}ku^{0}pioŋ^{21}治病	把脉儿pɑ^{55}mer^{21} 试脉儿ʂʅ^{21}mer^{21} 诊脉儿tʃə̃^{55}mer^{21}	下针ɕiɑ^{21}tʃə̃^{213} 针灸tʃə̃^{213}tɕiou^{55}
诸城	看病k^{h}ã^{31}piəŋ^{31}	试脉ʂʅ^{31}mei^{31}	扎针tʂa^{44}tʃẽ^{213}
沂水	看病k^{h}ã^{31}piŋ^{31}	评脉p^{h}iŋ^{53}me^{31}	下干针ɕia^{31}kã^{21}dʒẽ^{0}
临朐	看病k^{h}ã^{21}piŋ^{21}	评脉p^{h}iŋ^{53}mei^{21}	扎干针tʂa^{44}kã^{21}tʃə̃^{0}
日照	看病k^{h}ã^{44}piəŋ^{31}	视脉ʂʅ^{44}mei^{31}	下针ʃiɑ^{31}tʃiẽ^{213}
莒南	看病k^{h}ã^{13}piŋ^{31}	把脉pa^{55}mei^{31} 评脉p^{h}iŋ^{53}mei^{31}	下针ɕia^{31}tʃẽ^{213} 针灸tʃẽ^{213}tɕiou^{55}
潍坊	看病儿k^{h}ã^{31}piẽr^{31} 扎裹$^{=}$病儿tʂɑ^{214}kuə^{0}piẽr^{31}治病	评脉儿p^{h}iŋ^{53}mɐr^{31} 摸脉儿mə^{31}mɐr^{31}	针灸tʂẽ^{214}tɕiɤɯ^{55}
寿光	看病k^{h}ã^{13}piŋ^{21}	评脉p^{h}iŋ^{53}mei^{21}	下针ɕia^{21}tʂə̃^{213}
高青	看病k^{h}ã^{41}piŋ^{41}	号脉xɔ^{41}mɛ^{41} 把脉pɑ^{213}mɛ^{41}	针灸tʂə̃^{213}tɕiou^{55}
阳信	看病k^{h}ã^{23}piŋ^{31}	摸脉儿mɔ^{23}mɛr^{31}	扎旱针tʂa^{213}xã^{31}tʂə̃^{213}
济阳	看病k^{h}ã^{31}piŋ^{31}	评脉儿p^{h}iŋ^{55}mɛr^{31}	扎银针tʂa^{21}iẽ^{55}tʂẽ^{213} 针灸tʂẽ^{54}tɕiou^{55} 扎针灸tʂa^{213}tʂẽ^{54}tɕiou^{55}
利津	看病k^{h}ã^{24}piŋ^{31}	评脉p^{h}iŋ^{53}mei^{31} 摸脉mə^{24}mei^{31}	下旱针ɕia^{31}xã^{55}tʂẽ^{0}
乐陵	看病k^{h}ã^{24}piŋ^{51}	号脉儿xɔ^{24}mɛr^{51}	扎行针tsɑ^{212}ɕiŋ^{55}tʂẽ^{0}

续表

	0520看病	0521诊脉	0522针灸
商河	看病kʰã^{24}piŋ^{31}	号脉xɔ^{24}mɛ^{21}	针灸tʂẽ^{24}tɕiou^{213}
平原	看病kʰã^{23}piŋ^{21}	评脉pʰiŋ^{55}mɛi^{21}	针灸tʂẽ^{23}tɕiou^{213}
德州	看病kʰã^{213}piŋ^{21}	号脉xɔ^{213}mɛ^{21}	针灸tʂẽ^{213}tɕiou^{213} 扎行针tʂa^{213}ɕiŋ^{42}tʂẽ^{213}
武城	瞧病tɕʰiɔ^{53}piŋ^{312}	摸脉儿mə^{24}mɛr^{312}	下针ɕia^{21}tʂẽ^{224}
临清	看病kʰan^{13}piŋ^{313}	号脉xau^{13}mai^{313}	扎旱针儿tʂa^{13}xan^{31}tʂer^{13}
冠县	看病kʰã^{24}piŋ^{314}	号脉xɔ^{24}mɛ^{314}	扎针tʂa^{13}tʂẽ^{13}
聊城	看病kʰã^{31}piŋ^{313}	号脉xɔ^{31}mɛ^{313}	扎针tsa^{13}tsẽ^{13}
济南	看病kʰã^{23}piŋ^{21}	号脉xɔ^{23}mei^{21}	针灸tʂẽ^{23}tɕiou^{213}
泰安	看病kʰã^{21}piŋ^{21}	号脉xɔ^{21}mei^{21}	针灸tʂẽ^{23}tɕiou^{213}
莱芜	请先生tɕʰiŋ^{55}ɕiã^{31}ʃəŋ^{0}	试脉ʃʅ^{31}mei^{42}	下针ɕia^{31}tʃẽ^{213}
新泰	看症候儿kʰã^{31}tʃəŋ^{54}xour^{0}	号脉xɔ^{31}mei^{31}	下针ɕia^{31}tʃẽ^{213}
沂源	看病kʰã^{31}piŋ^{31}	评脉pʰiŋ^{55}mei^{31}	下针ɕia^{31}tʃə̃^{213}
博山	看病kʰã^{31}piŋ^{31}	试脉ʂʅ^{31}mei^{31}	针灸tʂẽ^{213}tɕiəu^{55}
张店	看病kʰã^{31}piŋ^{31}	评脉pʰiŋ^{55}mei^{31}	扎旱针tʂɑ^{33}xã^{31}tʂə̃^{213}
阳谷	看病kʰã^{13}piŋ^{313}	摸脉儿mə^{13}mɤr^{213}	扎针tsa^{13}tsẽ^{213}
梁山	看病kʰã^{31}piŋ^{314}	品脉pʰiẽ^{55}mei^{314} 号脉xɔ^{21}mei^{314} 摸脉mə^{23}mei^{314}	扎针tsa^{23}tsẽ^{213}
菏泽	看病kʰã^{312}piŋ^{312}	评脉儿pʰiŋ^{53}mer^{213} 号脉儿xɔ^{31}mer^{213}	扎针tsa^{213}tsẽ^{213}
曹县	看病kʰã^{13}piŋ^{312}	评脉儿pʰiŋ^{53}mɤr^{213}	扎旱针tʂa^{213}xã^{31}tʂẽ^{213}
金乡	看病kʰã^{23}piŋ^{312}	候脉xou^{31}mei^{213}	针灸tsẽ^{21}tɕiou^{55}
曲阜	看病kʰã^{23}piŋ^{312}	候脉儿xou^{31}mer^{213}	扎针tsa^{23}tsẽ^{213}
薛城	看病kʰã^{41}piŋ^{41}	候脉xou^{41}me^{313}	扎针tsa^{23}tsẽ^{313}
郯城	看症儿kʰã^{51}tʂə̃r^{51} 看病kʰã^{51}piŋ^{51}	试脉儿ʂʅ^{51}mer^{213} 摸儿摸儿脉儿mər^{21}mər^{0}mer^{213} 把儿脉儿par^{44}mer^{213}	扎针tʂa^{13}tʂə̃^{213} 针灸tʂə̃^{21}tɕiəu^{24}
临沂	看病kʰã^{31}piŋ^{312}	把脉pa^{55}mei^{214}	扎针tʃa^{24}tʃẽ^{214} 针灸tʃẽ^{24}tɕiou^{55}

	0523打针	0524打吊针	0525吃药统称
荣成	打针儿ta^{21}tʃər^{53}	打吊瓶ta^{21}tiau^{33}piŋ^{35}	吃药tʃʰi^{21}io^{214}
烟台	打针儿ta^{14}tɕiər^{53}	打吊瓶儿ta^{14}tiau^{33}pʰiə̃r^{33}	吃药tɕʰi^{53}ye^{14}
栖霞	打针儿ta^{34}tʃiər^{312}	打吊棒儿ta^{21}tiɔo^{52}pɑ̃r^{342}	呖$^{=}$药tɛi^{21}yɛ^{52}
长岛	打针ta^{55}tʃən^{31}	打吊棒儿ta^{55}tiau^{52}pɑ̃r^{52}	呖$^{=}$药tai^{21}yo^{213}
海阳	打针ta^{21}tsẽ^{52}	打吊瓶儿ta^{21}tiɔ^{52}pʰiə̃r^{341}	吃药tsʰɿ^{21}yə^{341}
莱西	打针ta^{55}tʃiẽ^{214}	打吊瓶儿ta^{55}tiɔ^{214}pʰiə̃r^{42} 打吊针儿ta^{55}tiɔ^{42}tʃier^{214}	吃药tʃʰɿ^{55}yə^{42}
平度	打针ta^{55}tʃə̃^{213}	打吊瓶ta^{55}tiɔ^{213}pʰiŋ^{42} 打吊针儿ta^{55}tiɔ^{42}tʂer^{213}	吃药tʃʰɿ^{55}yə^{42}
青岛	打针tɑ^{55}tʃẽ^{213}	打吊瓶儿tɑ^{55}tiɔ^{213}pʰiõr^{42}	吃药tʃʰɿ^{55}yə^{42}
高密	打针tɑ^{42}tʃə̃^{213}	打吊瓶儿tɑ^{55}tiɔ^{21}pʰiõr^{42} 打吊针儿tɑ^{55}tiɔ^{21}tʂer^{213} 打吊水儿tɑ^{55}tiɔ^{21}ʂuer^{55}	吃药tʃʰɿ^{55}yə^{21}
诸城	打针ta^{44}tʃẽ^{0}	打吊针儿ta^{44}ȶiɔ^{31}tʃer^{213}	吃药tʃʰɿ^{44}yə^{31}
沂水	打针ta^{44}dʒẽ^{213}	打吊针ta^{44}tiɔ^{31}dʒẽ^{213}	吃药tʃʰɿ^{24}yə^{31}
临朐	打小针儿ta^{44}ɕiɔ^{44}tʃer^{213}	打吊瓶儿ta^{44}tiɔ^{21}pʰiə̃r^{53}	喝药xa^{44}yə^{21}
日照	打针tɑ^{44}tʃiẽ^{213}	打吊针tɑ^{44}tiɔ^{31}tʃiẽ^{213}	吃药tʃʰɿ^{44}yə^{31}
莒南	打针ta^{55}tʃẽ^{213}	挂吊瓶儿kua^{13}tiɔ^{13}pʰiə̃r^{53} 打吊针ta^{55}tiɔ^{13}tʃẽ^{213}	吃药tʃʰɿ^{13}yə^{31}
潍坊	打针tɑ^{55}tʂẽ^{214}	打吊针儿tɑ^{24}tiɔɤ^{55}tʂer^{0} 打吊瓶儿tɑ^{24}tiɔɤ^{31}pʰiẽr^{53}	吃药tʂʰʅ^{24}yə^{31} 喝药xɑ^{24}yə^{31}
寿光	打针ta^{55}tʂə̃^{213}	打吊针ta^{55}tiɔ^{21}tʂə̃^{213}	喝药xa^{13}yə^{21} 吃药tʂʰʅ^{13}yə^{21}
高青	扎针tʂɑ^{55}tʂə̃^{213}	吊水儿tiɔ^{41}ʂuer^{55}	吃药tʂʰʅ^{55}iɔ^{41}
阳信	扎针tʂa^{213}tʂə̃^{213}	打吊针ta^{55}tiɔ^{31}tʂə̃^{213}	吃药tʂʰʅ^{213}iɔ^{31}
济阳	扎针tʂa^{55}tʂẽ^{213}	输水ʂu^{54}ʂuei^{55}	吃药tʂʰʅ^{55}iɔ^{31}
利津	扎针tʂa^{44}tʂẽ^{213}	打吊瓶ta^{55}tiɔ^{31}pʰiŋ^{53} 输水ʂu^{213}ʂuei^{55}	吃药tʂʰʅ^{44}iɔ^{31}
乐陵	扎针儿tsɑ^{24}tʂer^{24}	输水ʂu^{212}ʂuei^{55} 打吊针tɑ^{55}tiɔ^{31}tʂẽ^{24}	吃药儿tʂʰʅ^{24}iɔr^{51}
商河	扎针tʂɑ^{45}tʂẽ^{213}	输水ʂu^{213}ʂuei^{45}	吃药tʂʰʅ^{45}iɔ^{31} 喝药xə^{45}iɔ^{31}

续表

	0523打针	0524打吊针	0525吃药统称
平原	扎针tsa^{23}tʂẽ^{213}	打吊瓶儿ta^{55}tiɔu^{21}p^{h}iᴇr^{42}	吃药tʂ^{h}ʅ^{23}iɔu^{21}
德州	打针ta^{55}tʂẽ^{213}	打吊针ta^{55}tiɔ^{21}tʂẽ^{213} 输液ʂu^{213}iə^{213}	吃药tʂ^{h}ʅ^{213}iɔ^{21} 喝药xə^{213}iɔ^{21}
武城	扎针儿tʂa^{24}tʂer^{224}	输液ʂu^{24}iə^{312}	喝药xə^{24}iɔ^{312}
临清	打针ta^{44}tʂen^{13}	打吊针ta^{44}tiau^{31}tʂen^{13} 输液ʂu^{13}iə^{13}	吃药tʂ^{h}ʅ^{13}iau^{313}
冠县	打针ta^{55}tʂẽ^{0}	打吊针ta^{55}tiɔ^{31}tʂẽ^{13} 输液ʂu^{13}iə^{13}	吃药tʂ^{h}ʅ^{13}yɤ^{314}
聊城	打针ta^{44}tsẽ^{13}	输液su^{13}iə^{13}	吃药ts^{h}ɿ^{13}yə^{313}
济南	打针ta^{55}tʂẽ^{213}	打吊针ta^{55}tiɔ^{21}tʂẽ^{213}	喝药xə^{23}yə^{21} 吃药tʂ^{h}ʅ^{23}yə^{21}
泰安	打针ta^{55}tʂẽ^{213}	打吊针ta^{55}tiɔ^{21}tʂẽ^{213}	吃药tʂ^{h}ʅ^{23}yə^{21} 喝药xə^{23}yə^{21}
莱芜	扎针tʃa^{55}tʃẽ^{213}	输水ʃu^{213}ʃuei^{55}	喝药xə^{213}yə^{42}
新泰	打针ta^{55}tʃẽ^{213}	打吊针ta^{55}tiɔ^{31}tʃẽ^{213} 打吊瓶ta^{55}tiɔ^{31}p^{h}iŋ^{42}	吃药tʃ^{h}ʅ^{23}yə^{31}
沂源	打针ta^{55}tʃə̃^{213}	打棒针ta^{55}pɑŋ^{31}tʃə̃^{213}	吃药tʃ^{h}ʅ^{55}yə^{31}
博山	打针tɑ^{55}tʂẽ^{213}	打吊针tɑ^{55}tiɔ^{31}tʂẽ^{213}	吃药tʂ^{h}ʅ^{55}yə^{31}
张店	打针tɑ^{55}tʂə̃^{213}	扎吊针tʂɑ^{33}tiɔ^{31}tʂə̃^{213}	吃药tʂ^{h}ʅ^{33}iɔ^{31}
阳谷	打针ta^{55}tsẽ^{213}	挂吊瓶kua^{13}tiɔ^{31}p^{h}iŋ^{42}	吃药ts^{h}ɿ^{13}yo^{213}
梁山	打针ta^{55}tsẽ^{213}	打吊针ta^{55}tiɔ^{31}tsẽ^{213} 打吊瓶ta^{55}tiɔ^{31}p^{h}iŋ^{42}	吃药ts^{h}ɿ^{23}yə^{314}
菏泽	打针ta^{44}tsẽ^{213}	打吊针ta^{44}tiɔ^{31}tsẽ^{213} 输液su^{213}iɛ^{312}	吃药ts^{h}ɿ^{213}yə^{213}
曹县	打针ta^{44}tʂẽ^{213}	打吊针ta^{44}tiɔ^{31}tʂẽ^{213}	吃药ts^{h}ɿ^{213}yə^{213}
金乡	打针ta^{55}tsẽ^{213}	打吊针ta^{55}tiɔ^{31}tsẽ^{213}	吃药ts^{h}ɿ^{23}yə^{213}
曲阜	打针ta^{55}tsẽ^{213}	打吊瓶儿ta^{55}tiɔ^{31}p^{h}iə̃r^{42}	吃药ts^{h}ɿ^{23}yə^{213}
薛城	打针ta^{55}tsẽ^{313}	打吊针ta^{24}tiɔ^{41}tsẽ^{313}	吃药ts^{h}ɿ^{23}yə^{313}
郯城	打针ta^{44}tʂə̃^{213}	打盐水儿ta^{24}iã^{44}fer^{24} 挂吊瓶儿kua^{51}tiɔ^{51}p^{h}iə̃r^{44} 打吊针儿ta^{24}tiɔ^{51}tʂə̃r^{213}	吃药tʂ^{h}ʅ^{13}yə^{213}
临沂	打针ta^{55}tʃẽ^{214}	打吊针儿ta^{31}tiɔ^{31}tʃer^{214} 挂吊瓶儿kua^{31}tiɔ^{31}p^{h}iɤ̃r^{53}	吃药tʃ^{h}ʅ^{24}yə^{214}

	0526 汤药	0527 病轻了	0528 说媒
荣成	草药 tsʰau^{214}io^{0}	病儿强了 piə̃r^{33}cʰiɑŋ^{35}lə^{0}	做媒 tsəu^{33}mei^{53}
烟台	汤药 tʰɑŋ^{53}ye^{14}	病强了 piŋ^{53}tɕʰiɑŋ^{33}lə^{0}	做媒 tsou^{33}mei^{53}
栖霞	草药 tsʰɔo^{21}yɛ^{52}	病强了 piŋ^{52}cʰiɑŋ^{34}lə^{0}	提媒 tʰi^{55}mei^{52}
长岛	汤药 tʰɑŋ^{31}yo^{213}	病强了 piŋ^{52}cʰiɑŋ^{55}lə^{0}	做媒 tsou^{52}mei^{55}
海阳	草药 tθʰɔ^{21}yə^{341}	病强了 piŋ^{34}cʰiɑŋ^{34}lə^{0}	提亲 tʰi^{34}tsʰĩ^{52}
莱西	草药 tsʰɔ^{214}yə^{42} 中药 tsoŋ^{214}yə^{42}	病轻了 piŋ^{42}cʰiŋ^{214}lə^{0}	说亲 ʃuə^{55}tʃʰiẽ^{214}
平度	草药 tθʰɔ^{55}yə^{42} 中药 tʂuŋ^{213}yə^{42}	轻了 cʰiŋ^{213}lə^{0}	说媒 ʃuə^{55}mei^{42}
青岛	中药 tʂoŋ^{213}yə^{42}	轻了 tɕʰioŋ^{213}lə^{0}	说媒 ʃuə^{55}mei^{42}
高密	汤药 tʰɑŋ^{21}yə^{0} 中药 tʂoŋ^{23}yə^{21}	好多了 xɔ^{55}tuə^{21}lə^{0} 好一大些了 xɔ^{23}i^{55}tɑ^{21}siə^{21}lə^{0}	找个家口 tʂɔ^{23}kə^{0}tɕiɑ^{213}kʰou^{55} 给男的说媒 找个场儿 tʂɔ^{23}kə^{0}tʂʰɑr^{55} 给女的说媒 找个主儿 tʂɔ^{23}kə^{0}tʂur^{55} 给女的说媒
诸城	汤药 tʰɑŋ^{31}yə^{0}	病好点儿啦 piəŋ^{31}xɔ^{44}tɛr^{0}la^{0}	说媒 ʃuə^{44}mei^{53}
沂水	汤药 tʰɑŋ^{21}yə^{0}	病见轻唠 piŋ^{31}tɕiã^{31}tɕʰiŋ^{21}lɔ^{0}	说媒 ʃuə^{213}me^{53}
临朐	汤药 tʰɑŋ^{21}yə^{0}	见好 tɕiã^{21}xɔ^{44}	说媒 ʂuə^{213}mei^{53}
日照	汤药 tʰɑŋ^{31}yə^{0}	好点儿了 xɔ^{44}tɛr^{213}lə^{0}	说媒 ʃyə^{24}mei^{53}
莒南	草药 tθʰɔ^{55}yə^{31} 中药 tʂuŋ^{13}yə^{31}	好点儿了 xɔ^{55}trɛr^{213}lə^{0} 强点儿了 tɕʰiɑŋ^{53}trɛr^{213}lə^{0} 见轻了 tɕiã^{13}tɕʰiŋ^{21}lə^{0}	说媒 ʃuə^{213}mei^{53}
潍坊	中药 tʂoŋ^{24}yə^{31}	病儿好点儿了 piẽr^{31}xɔɤ^{55}tiɐr^{0}lə^{0}	提亲 tʰi^{53}tɕʰiẽ^{214} 介绍对象儿 tɕiɛ^{55}ʂɔɤ^{0}tuei^{35}ɕiɑ̃r^{31}
寿光	汤药 tʰɑŋ^{21}yə^{0}	见好 tɕiã^{21}xɔ^{55}	说媒 ʂuə^{213}mei^{53} 保媒 pɔ^{55}mei^{53} 提亲 tʰi^{53}tɕʰiə̃^{213}
高青	草药 tsʰɔ^{213}iɔ^{0}	轻快咧 tɕʰiŋ^{21}kʰuɛ^{0}liə^{0}	说媒 ʂuə^{55}mei^{55}
阳信	草药 tsʰɔ^{55}iɔ^{31}	轻省嗹 tɕʰiŋ^{31}ʂəŋ^{0}liã^{0}	提亲亲 tʰi^{55}tɕʰiə̃^{31}tɕʰiə̃^{0}
济阳	汤药 tʰɑŋ^{21}iɔ^{0} 草药 tsʰɔ^{213}iɔ^{0}	病轻快俩 piŋ^{31}tɕʰiŋ^{21}kʰuɛ^{0}lia^{0}	说媒 ʂuə^{213}mei^{55}

续表

	0526汤药	0527病轻了	0528说媒
利津	草药tsʰɔ^{55}iɔ^{31} 汤药tʰɑŋ^{31}iɔ^{0}	见好了tɕiã^{31}xɔ^{213}lə^{0}	说媒ʂuə^{44}mei^{53}
乐陵	草药tsʰɔ^{55}iɔ^{51}	病好点儿咧piŋ^{31}xɔ^{55}tiɛr^{212}liə^{0}	保媒pɔ^{55}mei^{55}
商河	草药tsʰɔ^{213}iɔ^{0}	好点儿俩xɔ^{45}tiɛr^{213}liɑ^{0}	说媒ʂuə^{213}mei^{54}
平原	草药tsʰɔu^{23}iɔu^{0}	病轻俩piŋ^{23}tɕʰiŋ^{21}lia^{0}	提亲tʰi^{42}tɕʰiẽ^{213}
德州	中药tʂuŋ^{213}iɔ^{21}	见好tɕiã^{21}xɔ^{55}	说亲ʂuə^{213}tɕʰiẽ^{213}
武城	草药tsʰɔ^{55}iɔ^{312}	病轻囒piŋ^{21}tɕʰiŋ^{312}lã^{0}	说媒ʂuə^{24}mei^{53}
临清	汤药tʰɑŋ^{13}iau^{313} 中药tʂuŋ^{13}iau^{313}	病轻啦piŋ^{31}tɕʰiŋ^{13}la^{0}	说媒ʂuə^{13}mei^{53}
冠县	中药tʂuŋ^{13}yɤ^{31}	轻啦tɕʰiŋ^{21}la^{0}	说媒ʂuə^{13}mei^{53}
聊城	汤药tʰɑŋ^{13}yə^{0}	病轻啦piŋ^{31}tɕʰiŋ^{13}la^{0}	说媒suə^{13}mei^{53}
济南	中药tʂuŋ^{23}yə^{21}	好点儿俩xɔ^{55}tiɛr^{213}lia^{0} 见轻俩tɕiã^{23}tɕʰiŋ^{21}lia^{0}	说媒ʂuə^{213}mei^{42}
泰安	汤药tʰɑŋ^{21}yə^{0}	松缓俩suŋ^{21}xuã^{0}lia^{0}	说媒ʂuə^{213}mei^{42}
莱芜	汤药tʰɑŋ^{31}yə^{0}	不咋的了pu^{31}tsa^{55}ti^{0}liɔ^{0}	说亲事ʃuə^{31}tɕʰiẽ^{213}ʃʅ^{42}
新泰	汤药tʰɑŋ^{21}yə^{0}	轻快俩tɕʰiŋ^{21}kʰuɛ^{0}lia^{0}	说媒fə^{31}mei^{42}
沂源	汤药tʰɑŋ^{21}yə^{0}	病好了piŋ^{31}xɔ^{21}lə^{0}	说媒ʃuə^{21}mei^{55}
博山	汤药tʰɑŋ^{21}yə^{0}	轻快嗹tɕʰiŋ^{21}kʰuɛ^{0}liã^{0}	说媒ʂuə^{213}mei^{55}
张店	中药tʂuŋ^{213}iɔ^{31}	轻快咧tɕʰiŋ^{21}kʰuɛ^{0}liə^{0}	说媒 ʂuə^{33}mei^{55}
阳谷	汤药tʰɑŋ^{13}yo^{213}	见轻啦tɕiã^{31}tɕʰiŋ^{0}la^{0}	说媒fə^{13}mei^{42}
梁山	汤药tʰɑŋ^{21}yə^{0}	好点儿啦xɔ^{55}tiɛr^{0}la^{0}	说媒fə^{213}mei^{42}
菏泽	汤药tʰɑŋ^{213}yə^{213}	见轻啦tɕiã^{31}tɕʰiŋ^{21}la^{0}	说媒fə^{213}mei^{53}
曹县	汤药tʰɑŋ^{213}yə^{0}	好点儿啦xɔ^{44}tiɛr^{0}la^{0}	说媒ʂuə^{213}mei^{53}
金乡	汤药tʰɑŋ^{23}yə^{213}	病好点儿啦piŋ^{31}xɔ^{42}tiɛr^{0}la^{0}	说媒suə^{213}mei^{42}
曲阜	汤药tʰaŋ^{21}yə^{0}	病好点儿啦piŋ^{31}xɔ^{42}tiɛr^{0}la^{0}	提亲tʰi^{42}tɕʰiẽ^{213}
薛城	汤药tʰɑŋ^{23}yə^{313}	轻点儿啦tɕʰiŋ^{31}tiɛr^{24}la^{0} 见轻tɕiã^{41}tɕʰiŋ^{313} 见功啦tɕiã^{41}kuŋ^{31}la^{0}	提亲tʰi^{55}tɕʰiẽ^{313} 介绍对象tɕiɛ^{41}sɔ^{0}tue^{41}ɕiɑŋ^{41}

续表

	0526汤药	0527病轻了	0528说媒
郯城	汤药tʰɑŋ13yə213 中药tʂuŋ13yə213	见回头了tɕiã51xue44tʰəu44lə0 舒坦点儿了ʂu21tʰã0tiɛr24lə0 见轻了tɕiã51tɕʰiŋ21lə0	说媒fə21me44 说亲fə13tɕʰiə̃213 说对象儿fə213te51ɕiɑ̃r51
临沂	中药tʃuŋ24yə214	见轻了tɕiã31tɕʰiŋ21lə0	说媒ʃuə24mei53

	0529媒人	0530相亲	0531订婚
荣成	做媒的tsəu33mei53tə0	过目kuo33mu33 看人儿kʰan33iər53	送日子suŋ33i214tsɿ0
烟台	媒人mei53in0	看人儿kʰan33iər0	下帖儿ɕia33tʰiɐr14 订婚tiŋ33xuən53
栖霞	媒婆儿mei55pʰər342	看人儿kʰãn34iər312	订日子tiŋ55i21lə0
长岛	媒人mei55in0	打照面ta55tʃau52mian52	订亲tiŋ55tʃʰən31
海阳	媒人mei52ĩ0	看人儿kʰã34iə̃r52	订亲tiŋ34tsʰĩ52
莱西	媒婆儿mei32pʰər0	看人儿kʰã31ier214	订亲tiŋ31tʃʰiẽ214
平度	媒人mei45iə̃0	看人儿kʰã213ier42	订婚tiŋ13xuə̃213
青岛	媒人mei45iẽ0	看人儿kʰã213ʐɛr42	撒媒柬θɑ55mei213tɕiã55
高密	媒婆子mei55pʰə0tθɿ0 介绍人tɕiɛ21ʃɔ55iə̃42	看人儿kʰã21ʐɛr42 看场儿kʰã21tʂʰɑr55 女方去男方家看	定亲tioŋ21tsʰiə̃213
诸城	媒婆子mei24pʰə0tθɿ0	验亲iã31tθʰẽ213	投启tʰou53tʃʰʅ44 定亲ȶiəŋ31tθʰẽ213
沂水	媒人me24iẽ0 说媒的ʃuə213me24ti0	相亲siɑŋ24tθʰẽ213	订婚tiŋ31xuẽ213
临朐	媒人mei35ʐə̃0	见面儿tɕiã21miɛr21	送帖子θuŋ21tʰiə213tθɿ0
日照	媒人mei53iẽ53	验媒iã31mei53	投启tʰou53tʃʰʅ44
莒南	媒婆mei53pʰə0 媒人mei24iẽ0	相媒siɑŋ213mei53 相亲siɑŋ13tsʰiẽ213	订亲tiŋ31tsʰiẽ213
潍坊	媒婆子mei35pʰə0tsɿ0 介绍人tɕiɛ31ʂɔɤ53ʐẽ53 媒人mei35ʐẽ0	见面儿tɕiã24miɐr31 相亲ɕiɑŋ24tɕʰiẽ214	下柬儿ɕiɑ31tɕiɐr55 订婚tiŋ55xuẽ214 定亲tiŋ31tɕʰiẽ214
寿光	媒人mei35lə̃0 说媒的ʂuə213mei35ti0	相亲ɕiɑŋ55tɕʰiə̃213	送柬儿suŋ21tɕiɛr55 送帖儿suŋ21tʰiɤr213
利津	媒人mei35ʐẽ0	见面儿tɕiã24miɛr31	订亲tiŋ31tɕʰiẽ213

续表

	0529 媒人	0530 相亲	0531 订婚
高青	媒人mei^{35}ẓə̃^{0}	见面儿tɕiã^{41}miɛr^{41}	订亲tiŋ^{41}tɕ^{h}iə̃^{213}
阳信	媒人mei^{45}ẓə̃^{0}	见面儿tɕiã^{23}miɛr^{31}总说 相媳妇儿ɕiaŋ^{213}ɕi^{31}fur^{0}男方用 相婆婆家ɕiaŋ^{213}p^{h}ə^{45}p^{h}ə^{0}tɕiə^{0}女方用	订亲tiŋ^{31}tɕ^{h}iə̃^{213} 大见面儿ta^{55}tɕiã^{23}miɛr^{31}
济阳	媒人mei^{24}ẓẽ^{0}	见面儿tɕiã^{31}miɛr^{31}	订婚tiŋ^{31}xuẽ^{213} 定亲tiŋ^{31}tɕ^{h}iẽ^{213}
乐陵	媒人mei^{55}ẓẽ^{0}	相亲ɕiaŋ^{24}tɕ^{h}iẽ^{24}	订婚tiŋ^{31}xuẽ^{24}
商河	媒人mei^{24}ẓẽ^{0}	见面儿tɕiã^{24}miɛr^{31}	订婚tiŋ^{31}xuẽ^{213} 订亲tiŋ^{31}tɕ^{h}iẽ^{213} 抄号儿ts^{h}ɔ^{24}xɔr^{31}
平原	媒人mei^{55}ẓẽ^{0}	小见面儿ɕiɔu^{55}tɕiã^{23}miɐr^{21}	大见面儿ta^{21}tɕiã^{23}miɐr^{21}
德州	媒人mei^{55}ẓẽ^{0} 介绍人tɕiə^{21}ṣɔ^{42}ẓẽ^{42}	见面儿tɕiã^{213}miɛr^{21} 相对象ɕiaŋ^{213}tuei^{213}ɕiaŋ^{21}	定亲tiŋ^{21}tɕ^{h}iẽ^{213}
武城	介绍人tɕiə^{312}ṣɔ^{0}lẽ^{53} 说和人ṣuə^{24}xə^{53}lẽ^{53}	见面儿tɕiã^{21}miɛr^{312}	订亲tiŋ^{21}tɕ^{h}iẽ^{224}
临清	媒人mei^{44}ẓen^{0} 红娘xuŋ^{53}ṇiaŋ^{53}	见面儿tɕian^{13}miɛr^{313}	订婚tiŋ^{31}xun^{13} 定亲tiŋ^{31}tɕ^{h}in^{13}
冠县	媒人mei^{55}ẓẽ^{0}	相亲siaŋ^{13}ts^{h}iẽ^{13}	订婚tiŋ^{31}xuẽ^{13} 换帖儿xuã^{31}t^{h}iər^{13}
聊城	媒人mei^{44}zẽ^{0} 说媒的suə^{13}mei^{44}ti^{0}	见面儿tɕiã^{31}miɛr^{313}	订日子tiŋ^{31}zʅ^{53}tsʅ^{0}
济南	媒婆儿mei^{445}p^{h}ər^{0} 媒婆子mei^{445}p^{h}ə^{0}tsʅ^{0}	见面儿tɕiã^{23}miɛr^{21}	订亲tiŋ^{21}tɕ^{h}iẽ^{213}
泰安	媒人mei^{55}zẽ^{0}	相亲ɕiaŋ^{23}tɕ^{h}iẽ^{213} 见面tɕiã^{21}miã^{21}	订婚tiŋ^{21}xuẽ^{213} 定亲tiŋ^{21}tɕ^{h}iẽ^{213}
莱芜	媒婆子mei^{55}p^{h}ə^{13}tsʅ^{0}	相媳妇ɕiaŋ^{31}ɕi^{23}fu^{0}	换盅xuã^{31}tʃuŋ^{213}
新泰	媒人mei^{45}ʒẽ^{0}	相亲ɕiaŋ^{23}tɕ^{h}iẽ^{213}	下柬儿ɕia^{21}tɕiɛr^{55}
沂源	媒婆mei^{35}p^{h}ə^{0}	看人k^{h}ã^{31}iə̃^{55}	订亲tiŋ^{31}tɕ^{h}iə̃^{213}
博山	媒人mei^{35}lẽ^{0}	相亲ɕiaŋ^{55}tɕ^{h}iẽ^{213} 见面tɕiã^{31}miɛ^{31}	订亲tiŋ^{31}tɕ^{h}iẽ^{213}
张店	媒人mei^{35}ẓə̃^{0}	相亲ɕiaŋ^{213}tɕ^{h}iə̃^{213}	订婚tiŋ^{31}xuə̃^{213} 下柬子ɕia^{31}tɕiã^{213}ʅ^{0}
阳谷	媒人mei^{55}zẽ^{0}	相亲ɕiaŋ^{13}tɕ^{h}iẽ^{213}	订婚tiŋ^{31}xuẽ^{213}

续表

	0529媒人	0530相亲	0531订婚
梁山	媒人mei^{55}zẽ^{0}	相媒ɕiɑŋ^{213}mei^{42}	订亲tiŋ^{31}tɕʰiẽ^{213}
菏泽	媒人mei^{53}zẽ^{0}	见面儿tɕiã^{213}miɛr^{312}	下小帖儿ɕia^{31}ɕiɔ^{44}tʰiɛr^{213}
曹县	媒人mei^{53}zẽ^{0} 媒婆mei^{53}pʰə^{53}	小见面儿ɕiɔ^{44}tɕiã^{31}miɐr^{312}	大见面儿ta^{31}tɕiã^{31}miɐr^{312}
金乡	媒人mei^{55}zẽ^{0} 介绍人tɕiə^{31}sɔ^{55}zẽ^{42}	见面儿tɕiã^{23}miɛr^{312}	订婚tiŋ^{31}xuẽ^{213}
曲阜	媒人mei^{55}zẽ^{0}	见面儿tɕiã^{23}miɛr^{312}	订亲tiŋ^{31}tɕʰiẽ^{213}
薛城	媒人me^{55}zẽ^{0}	见面儿tɕiã^{41}miɛr^{41}	订亲tiŋ^{41}tɕʰiẽ^{313}
郯城	媒婆儿me^{44}pʰər^{44} 媒人me^{44}zə̃^{0}	相对象ɕiɑŋ^{213}tue^{51}ɕiɑŋ^{51} 相亲ɕiɑŋ^{13}tɕʰiə̃^{213}	定亲tiŋ^{51}tɕʰiə̃^{213} 订婚tiŋ^{51}xuə̃^{213}
临沂	媒人mei^{55}zẽ^{0}	相亲ɕiɑŋ^{24}tɕʰiẽ^{214}	定亲tiŋ^{31}tɕʰiẽ^{214}

	0532嫁妆	0533结婚统称	0534娶妻子男子～，动宾
荣成	嫁妆cia^{33}tʂuaŋ^{0}	结婚ciɛ^{21}xuən^{53}	将媳妇tsiɑŋ^{53}si^{35}fu^{0}
烟台	嫁妆tɕia^{33}tsuɑŋ^{0}	结婚tɕie^{33}xuən^{53}	将媳妇儿tɕiɑŋ^{53}ɕi^{21}fur^{0}
栖霞	嫁妆cia^{52}tʃuŋ^{0}	（旧无统称）	将媳妇儿tʃɑŋ^{55}si^{21}fər^{0}
长岛	嫁妆cia^{52}tsuɑŋ^{0}	办喜事儿pan^{52}çi^{21}sər^{52}	将媳妇tʃɑŋ^{52}ʃʅ^{35}fu^{0}
海阳	嫁妆cia^{34}tʂuŋ^{0}	（旧无统称）	将媳妇儿tsɑŋ^{34}çi^{21}fur^{0}
莱西	嫁妆cia^{42}tsuɑŋ^{0}	结婚ciə^{33}xuẽ^{214} 办喜事儿pã^{42}çi^{55}ser^{42}	将媳妇儿tʃiɑŋ^{214}ʃʅ^{214}fer^{0}
平度	嫁妆cia^{42}tʂuɑŋ^{0}	结婚ciə^{42}xuə̃^{213} 办喜事儿pã^{213}çi^{45}ʂer^{42}	将媳妇tsiɑŋ^{213}si^{45}fu^{0}
青岛	嫁妆tɕia^{42}tʂuɑŋ^{0}	办喜事儿pã^{42}ɕi^{55}ʂer^{42}	将媳妇tsiɑŋ^{213}si^{44}fu^{0}
高密	陪送pʰei^{55}θoŋ^{0} 嫁妆tɕia^{42}tʂuɑŋ^{0}	结婚tɕiə^{42}xuə̃^{213}较新的说法	将媳妇儿tsiɑŋ^{213}si^{23}fur^{0} 娶媳妇儿tsʰy^{42}si^{23}fur^{0}
诸城	陪送pʰei^{24}θəŋ^{0}	办喜事儿pã^{31}ʃʅ^{44}ʂer^{31}	将媳子tθiɑŋ^{24}θi^{213}tθɿ^{0}
沂水	陪送pʰe^{24}suŋ^{0} 嫁妆tɕia^{44}tʂuɑŋ^{0}	结婚tɕiə^{44}xuẽ^{213}	娶媳妇儿tsʰy^{44}si^{213}fur^{0}
临朐	嫁妆tɕia^{44}tʂuɑŋ^{0}	成家tʃʰəŋ^{53}tɕia^{213}	娶媳妇儿tɕʰy^{44}ɕi^{213}fur^{0}
日照	陪送pʰei^{44}θəŋ^{0}	办喜事儿pã^{31}ʃʅ^{44}ʂer^{31} 结婚tʃiə^{44}xuẽ^{213}	将媳子ȶiɑŋ^{213}θi^{213}tθɿ^{0}

续表

	0532嫁妆	0533结婚统称	0534娶妻子男子～，动宾
莒南	嫁妆tɕia^{42}tʂuaŋ^{0}	结婚tɕiə^{13}xuẽ^{213}	娶媳子tsʰy^{55}si^{213}tθɿ^{0} 成家tʃʰəŋ^{53}tɕia^{213}
潍坊	缘房iã^{35}faŋ^{0}“缘”读为“颜”	成亲tʂʰəŋ^{53}tɕʰiẽ^{214} 结婚tɕiə^{24}xuẽ^{214}	将媳妇tɕiaŋ^{55}ɕi^{214}fu^{0}
寿光	缘房iã^{35}faŋ^{0}“缘”读为“颜”	成亲tʂʰəŋ^{53}tɕʰiə̃^{213}	娶媳妇儿tɕʰy^{55}ɕi^{213}fur^{0} 将媳妇儿tɕiaŋ^{213}ɕi^{213}fur^{0}
高青	嫁妆tɕia^{55}tʂuaŋ^{0}	办喜事儿pã^{41}ɕi^{55}ʂer^{41}	娶媳妇儿tɕʰy^{55}ɕi^{213}fur^{0}
阳信	陪送pʰei^{45}suŋ^{0}	结婚tɕiə^{213}xuə̃^{213}	娶媳妇儿tɕʰy^{55}ɕi^{31}fur^{0}
济阳	缘房iã^{24}faŋ^{0}“缘”读为“颜”	结婚tɕiə^{55}xuẽ^{213} 成亲tʂʰəŋ^{55}tɕʰiẽ^{213}	娶媳妇儿tɕʰy^{55}ɕi^{23}fur^{0}
利津	嫁妆tɕia^{55}tʂuaŋ^{0}统称 缘房yã^{35}faŋ^{0}	结婚tɕiə^{44}xuẽ^{213}	娶媳妇儿tɕʰy^{55}ɕi^{24}fur^{0}
乐陵	嫁妆tɕia^{55}tʂuaŋ^{0}	结婚tɕiə^{24}xuẽ^{24}	娶媳妇儿tɕʰy^{55}ɕi^{31}fur^{0}
商河	陪送pʰei^{24}suŋ^{0}	结婚tɕiə^{54}xuẽ^{213} 成亲tʂʰəŋ^{54}tɕʰiẽ^{213}	娶媳妇儿tɕʰy^{45}ɕi^{213}fur^{0}
平原	陪送pʰei^{55}suŋ^{0}	结婚tɕiə^{55}xuẽ^{213}	娶媳妇儿tɕʰy^{55}ɕi^{21}fər^{0}
德州	嫁妆tɕia^{42}tʂuaŋ^{0}	结婚tɕiə^{213}xuẽ^{213}	娶媳妇儿tɕʰy^{55}ɕi^{21}fur^{0}
武城	嫁妆tɕia^{53}tʂuaŋ^{0}	结婚tɕiə^{24}xuẽ^{224}	娶媳妇儿tɕʰy^{55}ɕi^{312}fur^{0}
临清	陪送pʰei^{44}suŋ^{0}	结婚tɕiə^{13}xun^{13}	娶媳妇儿tɕʰy^{44}ɕi^{44}fur^{0}
冠县	嫁妆tɕia^{53}tʂuaŋ^{0}	结婚tɕiə^{13}xuẽ^{13}	娶媳妇tsʰy^{55}si^{53}fu^{0}
聊城	陪送pʰei^{44}suŋ^{0} 嫁妆tɕia^{53}tsuaŋ^{0}	结婚tɕiə^{13}xuẽ^{13} 办喜事儿pã^{31}ɕi^{44}ser^{0}	娶媳妇儿tɕʰy^{44}ɕi^{44}fur^{0}
济南	缘房iã^{445}faŋ^{0}“缘”读为“颜” 陪嫁pʰei^{445}tɕia^{0}	结婚tɕiə^{23}xuẽ^{213} 成亲tʂʰəŋ^{42}tɕʰiẽ^{213}	娶媳妇tɕʰy^{55}ɕi^{21}fu^{0}
泰安	嫁妆tɕia^{42}tʂuaŋ^{0}	结婚tɕiə^{23}xuẽ^{213} 办公事pã^{21}kuŋ^{23}ʂʅ^{21} 办喜事儿pã^{21}ɕi^{55}ʂer^{21}	娶媳妇儿tɕʰy^{55}ɕi^{21}fur^{0}
莱芜	陪送pʰei^{13}suŋ^{0}	结婚tɕiə^{55}xuẽ^{213}	娶媳妇tɕʰy^{55}ɕi^{31}fu^{0}
新泰	嫁妆tɕia^{54}pfaŋ^{0}	结婚tɕiə^{42}xuẽ^{213}	娶媳妇子tɕʰy^{55}ɕi^{21}fu^{0}tθɿ^{0}
沂源	陪送pʰei^{35}θuŋ^{0}	（旧无统称）	娶媳妇tɕʰy^{55}ɕi^{21}fu^{0}
博山	陪送pʰei^{35}suŋ^{0}	娶媳妇tɕʰy^{55}ɕi^{22}fu^{0}	娶媳妇tɕʰy^{55}ɕi^{22}fu^{0}

续表

	0532 嫁妆	0533 结婚统称	0534 娶妻子男子～，动宾
张店	嫁妆 tɕia^{55}tʂuɑŋ^{0} 陪送 pʰei^{35}suŋ^{0}	办喜事 pã^{31}ɕi^{55}ʂʅ^{31}	娶媳妇 tɕʰy^{55}ɕi^{33}fu^{0}
阳谷	嫁妆 tɕia^{42}tsuɑŋ^{0}	结婚 tɕiə^{13}xuẽ^{213}	娶媳妇 tɕʰy^{55}ɕi^{55}fu^{0}
梁山	家什 tɕia^{21}sʅ^{0}	（旧无统称）	娶媳妇儿 tɕʰy^{55}ɕi^{21}fur^{0}
菏泽	嫁妆 tɕia^{31}tsuɑŋ^{0}	成人儿 tsʰəŋ^{53}zer^{53}	娶花媳妇 tɕʰy^{44}xua^{213}ɕi^{53}fu^{0} 娶媳妇 tɕʰy^{44}ɕi^{53}fu^{0}
曹县	嫁妆 tɕia^{53}tsuɑŋ^{0}	结婚 tɕiə^{213}xuẽ^{213}	娶媳妇 tɕʰy^{44}ɕi^{21}fu^{0}
金乡	嫁妆 tɕia^{42}tsuɑŋ^{0}	结婚 tɕiə^{23}xuẽ^{213}	娶媳妇儿 tɕʰy^{55}ɕi^{21}fur^{0}
曲阜	嫁妆 tɕia^{42}tsuaŋ^{0}	结婚 tɕiə^{23}xuẽ^{213}	娶媳妇儿 tɕʰy^{55}ɕi^{21}fur^{0}
薛城	嫁妆 tɕia^{41}pfɑŋ^{0}	结婚 tɕiə^{23}xuẽ^{313}	娶媳妇 tɕʰy^{55}ɕi^{31}fu^{0}
郯城	嫁妆 tɕia^{51}tʂuɑŋ^{0}	成亲 tʂʰəŋ^{44}tɕʰiã^{213} 成家 tʂʰəŋ^{44}tɕia^{213} 结婚 tɕiə^{13}xuã^{213}	娶媳子 tɕʰy^{24}ɕi^{21}tsʅ^{0} 娶媳妇儿 tɕʰy^{24}ɕi^{21}fur^{0} 娶老婆 tɕʰy^{24}lɔ^{24}pʰə^{0}
临沂	嫁妆 tɕia^{31}tʃuɑŋ^{0}	结婚 tɕiə^{24}xuẽ^{214}	娶媳妇儿 tɕʰy^{55}ɕi^{21}fur^{0} 娶老婆 tɕʰy^{55}lɔ^{214}pʰə^{0}

	0535 出嫁女子～	0536 拜堂	0537 新郎
荣成	出门子 tʃʰy^{21}mən^{53}tsʅ^{0}	拜堂 pai^{33}tʰɑŋ^{35}	新新女婿 sin^{53}sin^{0}ny^{214}sy^{0}
烟台	出门子 tɕʰy^{21}mən^{53}rə^{0}	拜堂 pɛ^{53}tʰɑŋ^{33}	新女婿儿 ɕin^{53}ȵy^{21}ɕyər^{33}
栖霞	发付闺女 fa^{21}fu^{0}kuei^{52}ȵiŋ^{0}	拜天地儿 pei^{34}tʰiãn^{52}tiər^{0}	新女婿儿 ʃĩn^{34}ȵy^{21}çyər^{0}
长岛	做媳妇 tsou^{52}ʃʅ^{35}fu^{0}	拜天地 pai^{55}tʰian^{31}ti^{52}	新女婿儿 ʃən^{31}ȵy^{35}çyər^{0}
海阳	出门子 tʃʰy^{34}mẽ^{52}ə^{0}	拜天地 pɛ^{34}tʰiã^{52}ti^{0}	女婿儿 ȵy^{21}çyər^{0}
莱西	出嫁 tʃʰu^{55}cia^{42}	拜天地儿 pɛ^{42}tʰiã^{214}tier^{42}	女婿 ȵy^{214}ʃy^{42} 新郎 ʃiẽ^{214}lɑŋ^{42} 新郎官儿 ʃiẽ^{214}lɑŋ^{42}kuɐr^{214}
平度	出嫁 tʃʰu^{45}cia^{42}	拜天地 pɛ^{42}tʰiã^{213}ti^{42} 拜堂 pɛ^{213}tʰɑŋ^{42}	新女婿 siə̃^{213}ȵy^{45}sy^{42} 新郎官儿 siə̃^{213}lɑŋ^{42}kuɐr^{213} 新郎 siə̃^{213}lɑŋ^{42}
青岛	嫁闺女 tɕia^{42}kuei^{21}ȵy^{0} 出嫁 tʃʰu^{55}tɕia^{42}	拜天地 pɛ^{42}tʰiã^{213}ti^{42} 拜堂 pɛ^{213}tʰɑŋ^{42}	新女婿 siẽ^{213}ȵy^{55}sy^{42} 新郎官儿 siẽ^{213}lɑŋ^{42}kuɐr^{213} 新郎 siẽ^{213}lɑŋ^{42}
高密	做媳妇儿 tθou^{21}si^{23}fur^{0} 对女子自己来说 发嫁 fa^{55}tɕia^{21} 对娘家人来说	拜天地 pɛ^{21}tʰiã^{23}ti^{21}	新郎 siə̃^{213}lɑŋ^{42} 新郎官儿 siə̃^{213}lɑŋ^{42}kuɐr^{213}

续表

	0535出嫁女子～	0536拜堂	0537新郎
诸城	出门子tʃʰu^{44}mẽ^{24}tθɿ^{0} 做媳子tθou^{31}θi^{213}tθɿ^{0}	拜堂pɛ^{31}tʰɑŋ^{53}	新郎θẽ^{213}lɑŋ^{53}
沂水	娶嫁tsʰy^{44}tɕia^{31} 出嫁tʃʰɥ^{44}tɕia^{31}	拜堂pɛ^{31}tʰɑŋ^{53} 拜天地pɛ^{31}tʰia^{24}ti^{31}	新郎ʃẽ^{213}lɑŋ^{53}
临朐	出嫁tʃʰu^{44}tɕia^{21}	拜天地pɛ^{21}tʰiã^{13}ti^{21}	（无）
日照	出门子tʃʰu^{44}mẽ^{44}tθɿ^{0}	拜天地pɛ^{31}tʰiã^{213}ti^{31}	新郎θẽ^{213}lɑŋ^{53}
莒南	出门子tʃʰɥ^{213}mẽ^{55}tθɿ^{0}	拜天地pɛ^{31}tʰiã^{13}ti^{31} 拜堂pɛ^{31}tʰɑŋ^{53}	新郎子siẽ^{213}lɑŋ^{24}tθɿ^{0}
潍坊	做媳妇tsɤɯ^{31}ɕi^{214}fu^{0} 出嫁tʂʰu^{24}tɕiɑ^{31}	拜天地pɛ^{31}tʰiã^{24}ti^{31} 拜堂pɛ^{31}tʰɑŋ^{53}	新女婿ɕiẽ^{214}ȵy^{24}ɕy^{0} 新郎ɕiẽ^{214}lɑŋ^{53}
寿光	做媳妇儿tsu^{21}ɕi^{213}fur^{0} 过门儿kuə^{21}mɭ^{53} 出阁tʂʰu^{55}kuə^{213}较文雅的说法	拜天地pɛ^{21}tʰiã^{13}ti^{21}	（无）
高青	出阁tʂʰu^{55}kuə^{213}	拜天地pɛ^{41}tʰiã^{213}ti^{41}	新女婿ɕiə̃^{213}ȵy^{213}ɕy^{0}
阳信	娶tɕʰy^{55}	拜天地pɛ^{31}tʰiã^{213}ti^{31}	新女婿ɕiə̃^{213}ȵy^{213}ɕy^{0}
济阳	娶唡tɕʰy^{213}lia^{0}	拜天地pɛ^{31}tʰiã^{13}ti^{31}	新女婿ɕiẽ^{55}ȵy^{213}ɕy^{0}
利津	做媳妇儿tsu^{31}ɕi^{24}fur^{0}	拜天地pɛ^{31}tʰiã^{24}ti^{31}	新女婿ɕiẽ^{24}ȵy^{213}ɕy^{0}
乐陵	娶咧tɕʰy^{212}liə^{0}	拜堂pɛ^{31}tʰɑŋ^{55}	新女婿ɕiẽ^{24}ȵy^{212}ɕy^{0}
商河	娶tɕʰy^{45}	拜天地pɛ^{31}tʰiã^{24}ti^{31}	新女婿ɕiẽ^{24}ȵy^{213}ɕy^{0}
平原	出门子tʂʰu^{21}mẽ^{55}tsɿ^{0}	拜堂pɛi^{21}tʰɑŋ^{42}	新女婿ɕiẽ^{21}ȵy^{23}ɕy^{0}
德州	嫁人tɕia^{21}ʐẽ^{42} 出门子tʂʰu^{213}mẽ^{55}tsɿ^{0}	定礼儿tiŋ^{21}lier^{55}	新郎ɕiẽ^{213}lɑŋ^{42} 新郎官儿ɕiẽ^{213}lɑŋ^{42}kuɛr^{213}
武城	娶囒tɕʰy^{24}lã^{0}	拜天地pɛ^{21}tʰiã^{24}ti^{0}	新女婿ɕiẽ^{21}ȵy^{24}ɕy^{0}
临清	出嫁tʂʰu^{13}tɕia^{313}	拜堂pai^{31}tʰɑŋ^{53}	新女婿ɕin^{13}ȵy^{44}ɕy^{0}
冠县	出嫁tʂʰu^{13}tɕia^{314}	拜堂pɛ^{314}tʰɑŋ^{53} 典礼tiã^{53}li^{55}	新女婿siẽ^{13}ȵy^{55}sy^{0}
聊城	出门儿tsʰu^{13}mer^{53}	拜堂pɛ^{31}tʰɑŋ^{53}	新女婿ɕiẽ^{13}ȵy^{44}ɕy^{0}
济南	娶tɕʰy^{55}	拜天地pɛ^{21}tʰiã^{23}ti^{21} 拜堂pɛ^{21}tʰɑŋ^{42}	新郎ɕiẽ^{213}lɑŋ^{42} 新女婿ɕiẽ^{23}ȵy^{213}ɕy^{0}
泰安	出嫁tʂʰu^{23}tɕia^{21} 娶tɕʰy^{55}	拜堂pɛ^{21}tʰɑŋ^{42} 拜天地pɛ^{21}tʰiã^{23}ti^{21}	新郎ɕiẽ^{213}lɑŋ^{42} 新女婿ɕiẽ^{23}ȵy^{213}ɕy^{0}
莱芜	出嫁tʃʰu^{213}tɕia^{42}	拜天地pɛ^{31}tʰiã^{13}ti^{42}	新女婿ɕiẽ^{31}ȵy^{213}ɕy^{0}

续表

	0535 出嫁女子～	0536 拜堂	0537 新郎
新泰	出嫁pfʰu^{23}tɕia^{31}	拜堂pɛ^{31}tʰɑŋ^{42}	新郎ɕiẽ^{23}lɑŋ^{42}
沂源	出嫁tʃʰu^{55}tɕia^{31}	拜天地pɛ^{31}tʰiã^{13}ti^{31}	新女婿ɕiə̃^{55}ȵy^{21}ɕy^{0}
博山	出阁tʂʰu^{213}kuə^{55}	拜天地pɛ^{31}tʰiã^{213}ti^{31}	新女婿ɕiẽ^{213}ȵy^{213}ɕy^{0}
张店	出阁tʂʰu^{33}kuə^{33}	拜天地pɛ^{31}tʰiã^{213}ti^{31}	新女婿ɕiə̃^{213}ȵy^{213}ɕy^{0}
阳谷	出门儿tsʰu^{13}mɤr^{42}	拜天地pɛ^{31}tʰiã^{13}ti^{0}	新女婿ɕiẽ^{13}ȵy^{13}ɕy^{0}
梁山	嫁tɕia^{314}	拜天地pɛ^{31}tʰiã^{23}ti^{314}	新女婿ɕiẽ^{23}ȵy^{23}ɕy^{0} 新郎官ɕiẽ^{213}lɑŋ^{42}kuã^{213}
菏泽	成人儿tsʰəŋ^{53}zer^{53}	拜天地pɛ^{31}tʰiã^{21}ti^{0}	新女婿ɕiẽ^{213}ȵy^{44}ɕy^{0}
曹县	出嫁闺女tʂʰu^{21}tɕia^{0}kuei^{21}ȵy^{0}	拜堂pai^{31}tʰɑŋ^{53}	新女婿ɕiẽ^{21}ȵy^{44}ɕy^{0}
金乡	娶闺女tɕʰy^{55}kuei^{21}ȵy^{0} 出门儿tsʰu^{213}mer^{42}	拜天地pɛ^{31}tʰiã^{23}ti^{312}	新女婿ɕiẽ^{21}ȵy^{23}ɕy^{0}
曲阜	出嫁tsʰu^{23}tɕia^{312}	拜堂pɛ^{31}tʰaŋ^{42}	新男官ɕiẽ^{213}nã^{42}kuã^{213}
薛城	出门子pfʰu^{31}mẽ^{55}tsɿ^{0}	拜堂pɛ^{41}tʰɑŋ^{55}	新女婿ɕiẽ^{31}ȵy^{24}ɕy^{0}
郯城	出门子tʂʰu^{21}mə̃^{44}tsɿ^{0} 出嫁tʂʰu^{21}tɕia^{51}	拜天地pɛ^{51}tʰiã^{21}ti^{51}	新男人ɕiə̃^{21}nã^{44}ʐə̃^{0} 新女婿ɕiə̃^{21}ȵy^{24}ɕy^{0} 新郎ɕiə̃^{21}lɑŋ^{44}
临沂	出门子tʃʰu^{24}mẽ^{55}tsɿ^{0} 出嫁tʃʰu^{24}tɕia^{312}	拜堂pɛ^{31}tʰɑŋ^{53}	新郎儿ɕiẽ^{24}lɑ̃r^{53}

	0538 新娘子	0539 孕妇	0540 怀孕
荣成	新新媳妇sin^{53}sin^{0}si^{35}fu^{0}	带孩子的tai^{33}xai^{35}tsɿ^{0}tə^{0}	有了iəu^{214}lə^{0}
烟台	新媳妇儿ɕin^{53}ɕi^{21}fur^{33}	带孩子老婆tɛ^{53}xɛ^{33}ɾə^{0}lau^{21}pʰo^{0}	有了iou^{21}lə^{0}
栖霞	新媳妇儿ʃĩn^{34}si^{21}fər^{0}	带孩子老婆tɛi^{52}xɛi^{34}lə^{0}lɔo^{21}pʰə^{0}	有儿孩子iəur^{34}xɛi^{34}lə^{0}
长岛	新媳妇ʃən^{31}ʃɿ^{35}fu^{0}	大肚老婆儿ta^{31}tu^{52}lau^{35}pʰər^{0}	有了iou^{35}lə^{0}
海阳	媳妇儿si^{21}fur^{0}	带孩子老婆tɛ^{52}xɛ^{34}ə^{0}lɔ^{21}pʰə^{0}	有喜了iəu^{34}ɕi^{21}lə^{0}
莱西	媳妇ʃɿ^{214}fer^{42} 新娘ʃiẽ^{214}ȵiɑŋ^{42}	孕妇yẽ^{42}fu^{0}	怀孕了xuɛ^{214}yẽ^{42}lə^{0} 有喜了iou^{55}ɕi^{45}lə^{0}
平度	新媳妇siə̃^{213}si^{45}fu^{0} 新娘siə̃^{213}ȵiɑŋ^{42} 新娘子siə̃^{213}ȵiɑŋ^{45}tθɿ^{0}	带孩子老婆tɛ^{42}xɛ^{45}tθɿ^{0}lɔ^{45}pʰə^{0}	带孩子了tɛ^{42}xɛ^{45}tθɿ^{0}lə^{0} 怀孕xuɛ^{213}yə̃^{42} 有喜了iou^{42}ɕi^{45}lə^{0}

续表

	0538 新娘子	0539 孕妇	0540 怀孕
青岛	新媳妇siẽ^{213}si^{44}fu^{0} 新娘siẽ^{213}ȵiɑŋ^{42}	孕妇yẽ^{213}fu^{42}	大肚子了tɑ^{213}tu^{45}tθɿ^{0}lə^{0} 有喜了iou^{42}çi^{55}lə^{0}
高密	新媳妇儿siə̃^{213}si^{23}fur^{0} 新娘子siə̃^{213}ȵiɑŋ^{55}tθɿ^{0}	大肚子老婆tɑ^{21}tu^{55}tθɿ^{0}lɔ^{23}pʰə^{0}	有喜了iou^{42}çi^{23}lə^{0} 带孩子了tɛ^{21}xɛ^{55}tθɿ^{0}lə^{0} 怀上了xuɛ^{55}xɑŋ^{0}lə^{0}
诸城	新媳子θẽ^{24}θi^{213}tθɿ^{0}	大肚子老婆ta^{44}tu^{0}tθɿ^{0}lɔ^{213}pʰə^{0}	有喜了iou^{44}ʃɿ^{213}lə^{0} 带着孩子了tɛ^{44}tʂə^{0}xɛ^{24}tθɿ^{0}lə^{0}
沂水	新娘ʃẽ^{213}niɑŋ^{53} 新媳妇儿ʃẽ^{24}si^{213}fur^{0}	带肚子tɛ^{44}tu^{0}dðɿ^{0}	有了iou^{213}lɔ^{0} 怀上了xuɛ^{24}ʃɑŋ^{0}lɔ^{0}
临朐	新媳妇儿çiə̃^{44}çi^{213}fur^{0}	大肚子ta^{21}tu^{44}tθɿ^{0}	有喜iəu^{44}çi^{44}
日照	新媳子θẽ^{23}θi^{213}tθɿ^{0}	带孩子老婆tɛ^{44}xɛ^{0}tθɿ^{0}lɔ^{213}pʰə^{0}	有了iou^{213}lə^{0}
莒南	新娘子siẽ^{213}niɑŋ^{53}tθɿ^{0} 新娘siẽ^{213}niɑŋ^{53}	孕妇yẽ^{13}fu^{31}	有喜了iou^{213}çi^{213}lə^{0} 有了iou^{213}lə^{0}
潍坊	新媳妇儿çiẽ^{24}çi^{24}fur^{0} 新娘子çiẽ^{214}ȵiɑŋ^{35}tsɿ^{0}	怀孕老婆xuɛ^{35}yẽ^{0}lɔɤ^{24}pʰə^{0}	有了喜iɤɯ^{24}liɔɤ^{0}çi^{55} 怀孕xuɛ^{35}yẽ^{0}
寿光	新媳妇儿çiə̃^{55}çi^{213}fur^{0}	大肚子ta^{21}tu^{55}tsɿ^{0}	有了iəu^{24}liɔ^{0} 有喜iəu^{53}çi^{55} 双身ʂuɑŋ^{55}ʂə̃^{213}
高青	新媳妇儿çiə̃^{213}çi^{213}fur^{0}	大肚子tɑ^{41}tu^{55}tsɿ^{0}	有了iou^{213}lə^{0}
阳信	新媳妇儿çiə̃^{213}çi^{31}fur^{0}	重身tʂʰuŋ^{43}ʂə̃^{213}	有咧iou^{213}liə^{0}
济阳	新媳妇儿çiẽ^{55}çi^{23}fur^{0}	大肚子ta^{31}tu^{55}tsɿ^{0}少	有喜啊iou^{55}çi^{213}lia^{0} 有啊iou^{213}lia^{0}
利津	新媳妇儿çiẽ^{24}çi^{24}fur^{0}	孕妇yẽ^{24}fu^{31}	有哩iou^{213}li^{0}
乐陵	新媳妇儿çiẽ^{24}çi^{31}fur^{0}	怀孕的xuɛ^{55}yẽ^{55}ti^{0}	有咧iou^{212}liə^{0}
商河	新媳妇儿çiẽ^{24}çi^{213}fur^{0}	大肚子tɑ^{31}tu^{54}tsɿ^{0}	有啊iou^{213}liɑ^{0} 有喜啊iou^{45}çi^{213}liɑ^{0}
平原	新媳妇儿çiẽ^{23}çi^{42}fər^{0}	大肚子的ta^{21}tu^{42}tsɿ^{0}ti^{0}	赶怀啊kã^{42}xuɛi^{55}lia^{0}
德州	新娘子çiẽ^{213}ȵiɑŋ^{55}tsɿ^{0} 新媳妇儿çiẽ^{213}çi^{21}fur^{0}	大肚子ta^{21}tu^{42}tsɿ^{0}	有啦iou^{213}la^{0} 有喜了iou^{42}çi^{213}lə^{0} 怀上了xuɛ^{55}ʂaŋ^{0}lə^{0}
武城	新媳妇儿çiẽ^{24}çi^{312}fur^{0}	孕妇yẽ^{24}fu^{312}	有嘞iou^{24}lã^{0}
临清	新媳妇儿çin^{13}çi^{44}fur^{0}	孕妇yn^{13}fu^{313}	有啦iou^{44}la^{0} 有喜啦iou^{53}çi^{44}la^{0}

续表

	0538新娘子	0539孕妇	0540怀孕
冠县	新媳妇儿siẽ^{13}si^{53}fur^{0}	孕妇yẽ^{31}fu^{13}	怀孕xuɛ^{55}yẽ^{314} 有了iou^{44}la^{0}
聊城	新媳妇儿ɕiẽ^{13}ɕi^{44}fur^{0}	孕妇yẽ^{31}fu^{13}	怀上啦xuɛ^{44}saŋ^{31}la^{0} 有啦iou^{44}la^{0} 有喜啦iou^{53}ɕi^{44}la^{0}
济南	相公娘子ɕiaŋ^{55}ku^{0}ȵiaŋ^{445}tsɿ^{0} “公”读为“姑” 新媳妇儿ɕiẽ^{23}ɕi^{21}fur^{0}	大肚子ta^{21}tu^{55}tsɿ^{0}	有喜iou^{42}ɕi^{55} 有俩iou^{213}lia^{0}
泰安	新娘ɕiẽ^{213}ȵiaŋ^{42} 新媳妇儿ɕiẽ^{23}ɕi^{21}fur^{0}	孕妇yẽ^{21}fu^{21}	有喜iou^{42}ɕi^{55} 有俩iou^{213}lia^{0} 怀孕xuɛ^{55}yẽ^{21}
莱芜	新媳妇ɕiẽ^{31}ɕi^{31}fu^{0}	重身妇tʃʰuŋ^{55}ʃẽ^{213}fu^{42}	有喜iou^{55}ɕi^{55}
新泰	新媳妇ɕiẽ^{23}ɕi^{21}fu^{0}	孕妇yẽ^{31}fu^{31}	怀孕xuɛ^{23}yẽ^{31}
沂源	新媳妇ɕiə̃^{55}ɕi^{21}fu^{0}	孕妇uə̃^{31}fu^{0} “孕”读为“问”	有喜iou^{55}ɕi^{55}
博山	新媳妇ɕiẽ^{213}ɕi^{22}fu^{0}	（无专称）	有喜哩iəu^{55}ɕi^{213}liã^{0} 身沉哩ʂẽ^{213}tʂʰẽ^{35}liã^{0}
张店	新媳妇ɕiə̃^{213}ɕi^{33}fu^{0}	怀身老婆xuɛ^{35}ʂə̃^{0}lɔ^{213}pʰə^{0}	有咧iou^{213}liə^{0}
阳谷	新媳妇ɕiẽ^{13}ɕi^{55}fu^{0}	孕妇yẽ^{31}fu^{213}	有了iou^{13}la^{0}
梁山	新媳妇儿ɕiẽ^{23}ɕi^{55}fur^{0}	大肚子娘们儿ta^{31}tu^{42}tsɿ^{0}ȵiaŋ^{55}mer^{0} 孕妇yẽ^{31}fu^{213}	有啦iou^{55}la^{0} 上身儿啦saŋ^{31}ser^{21}la^{0}
菏泽	花媳妇儿xua^{213}ɕi^{53}fur^{0}	（无专称）	有啦iou^{44}la^{0}
曹县	新媳妇ɕiẽ^{21}ɕi^{53}fu^{0}	孕妇yẽ^{31}fu^{213}	有喜iou^{53}ɕi^{44}
金乡	新媳妇儿ɕiẽ^{23}ɕi^{21}fur^{0}	孕妇yẽ^{21}fu^{213}	有喜啦iou^{42}ɕi^{23}la^{0}
曲阜	新媳妇儿ɕiẽ^{23}ɕi^{21}fur^{0}	双身子suaŋ^{213}sẽ^{21}tsɿ^{0}	上身啦saŋ^{31}sẽ^{21}la^{0} 有喜啦iou^{55}ɕi^{23}la^{0}
薛城	新媳妇ɕiẽ^{23}ɕi^{31}fu^{0}	孕妇yẽ^{41}fu^{313}	有喜啦iou^{55}ɕi^{24}la^{0}
郯城	新媳子ɕiə̃^{13}ɕi^{21}tsɿ^{0} 新媳妇儿ɕiə̃^{13}ɕi^{21}fur^{0} 新娘子ɕiə̃^{21}ȵiaŋ^{44}tsɿ^{0}	孕妇yə̃^{51}fu^{51}	有啦iəu^{24}la^{0} 有事儿啦iəu^{24}ʂer^{51}la^{0} 有喜啦iəu^{24}ɕi^{24}la^{0}
临沂	新娘儿ɕiẽ^{24}ȵiãr^{53} 新娘子ɕiẽ^{24}ȵiaŋ^{55}tsɿ^{0}	孕妇yẽ^{31}fu^{214}	怀孕xuɛ^{53}yẽ^{312} 有喜了iou^{55}ɕi^{214}lə^{0} 大肚子了ta^{31}tu^{31}tsɿ^{0}lə^{0} 戏谑

	0541 害喜妊娠反应	0542 分娩	0543 流产
荣成	害孩子 xai^{33}xai^{35}tsɿ^{0}	拾孩子 ʃi^{55}xai^{35}tsɿ^{0}	掉了 tiau^{33}lə^{0}
烟台	害孩子 xɛ^{53}xɛ^{33}ɾə^{0}	生孩子 səŋ^{53}xɛ^{33}ɾə^{0}	流了 liou^{33}lə^{0}
栖霞	闹喜 nɔo^{55}çi^{214}	拾儿孩子 ʃər^{34}xɛi^{34}lə^{0}	掉了 tiɔo^{34}lə^{0}
长岛	害了 xai^{52}lə^{0}	生孩子 səŋ^{52}xai^{55}tsɿ^{0}	掉了 tiau^{52}lə^{0}
海阳	害孩子 xɛ^{52}xɛ^{34}ə^{0}	拾了 sɿ^{34}lə^{0}	掉了 tiɔ^{34}lə^{0}
莱西	嫌饭了 çiã^{21}fã^{45}lə^{0}	生了 səŋ^{32}lə^{0}	掉了 tiɔ^{45}lə^{0} 指自然流产 流产 liou^{214}ts^{h}ã^{55} 指自然流产或去医院人工流产 流了 liou^{45}lə^{0} 同"流产"
平度	嫌饭了 çiã^{213}fã^{42}lə^{0}	生孩子 ʂəŋ^{213}xɛ^{45}tθɿ^{0}	掉了 tiɔ^{45}lə^{0} 指自然流产 流产 liou^{213}tʂ^{h}ã^{55} 指人工流产
青岛	嫌饭了 ɕiã^{213}fã^{44}lə^{0}	生孩子 ʂoŋ^{213}xɛ^{55}tθɿ^{0}	小产 siɔ^{213}tʂ^{h}ã^{55} 小月子 siɔ^{55}yə^{42}tθɿ^{0}
高密	嫌饭 ɕiã^{42}fã^{21}	生孩子 ʂoŋ^{213}xɛ^{55}tθɿ^{0}	小产 siɔ^{42}tʂ^{h}ã^{55} 指自然流产 流了 liou^{55}lə^{0} 指人工流产 掉了 tiɔ^{42}lə^{0}
诸城	嫌饭 ʃã^{53}fã^{31} 上身儿了 ʃaŋ^{31}ʃer^{31}lə^{0}	养孩子 iaŋ^{44}xɛ^{24}tθɿ^{0}	小产 θiɔ^{53}tʂ^{h}ã^{44} 掉了孩子 ȶiɔ^{44}lə^{0}xɛ^{24}tθɿ^{0}
沂水	嫌饭 ɕiã^{53}fã^{31}	养活 iaŋ^{213}xuə^{0} 生孩子 ʂəŋ^{21}xɛ^{24}dðɿ^{0}	小产 siɔ^{53}tʂ^{h}ã^{44}
临朐	嫌饭儿 ɕiã^{53}fɛr^{21}	拾孩子 ʃɿ^{53}xɛ^{35}tθɿ^{0}	小产 ɕiɔ^{44}tʃ^{h}ã^{0} 掉了 tiɔ^{44}liɔ^{0}
日照	嫌饭 ʃiã^{53}fã^{31}	养孩子 iaŋ^{213}xɛ^{44}tθɿ^{0} 生孩子 ʂəŋ^{213}xɛ^{44}tθɿ^{0}	掉了 tiɔ^{53}lə^{0}
莒南	嫌饭 ɕiã^{53}fã^{31}	拾 ʃɿ^{53} 生 ʃəŋ^{213} 有 iou^{55}	流产 liou^{53}tʂ^{h}ã^{55}
潍坊	反应 fã^{35}iŋ^{0}	生 ʂəŋ^{214} 生孩子 ʂəŋ^{214}xɛ^{35}tsɿ^{0}	掉咧 tiɔɤ^{55}liə^{0} 指自然流产 流咧 liɤɯ^{35}liə^{0} 指人工流产 小产 ɕiɔɤ^{53}tʂ^{h}ã^{55} 指自然流产
寿光	长喜病 tʂaŋ^{53}ɕi^{55}piŋ^{21}	拾孩子 ʂʅ^{53}xɛ^{35}tsɿ^{0}	掉了 tiɔ^{55}liɔ^{0} 小失 ɕiɔ^{55}ʂʅ^{213}
高青	害口 xɛ^{41}k^{h}ou^{55}	生孩子 ʂəŋ^{213}xɛ^{35}tsɿ^{0}	掉了 tiɔ^{55}lə^{0}
阳信	长孩子病 tʂaŋ^{55}xɛ^{45}tsɿ^{0}piŋ^{31}	倒下咧 tɔ^{213}ɕiə^{0}liə^{0}	落生 lɔ^{55}ʂəŋ^{0}

续表

	0541害喜妊娠反应	0542分娩	0543流产
济阳	长喜病tʂɑŋ^{55}ɕi^{55}piŋ^{31}	生孩子ʂəŋ^{213}xɛ^{24}tsɿ^{0} 拾孩子ʂʅ^{55}xɛ^{24}tsɿ^{0}	小月ɕiɔ^{213}yə^{0} 掉啢tiɔ^{55}lia^{0}
利津	不爱吃pu^{44}ŋɛ^{31}tʂ^{h}ʅ^{44}	生哩ʂəŋ^{31}li^{0}	小失ɕiɔ^{53}ʂʅ^{44} 小产ɕiɔ^{55}tʂ^{h}ã^{55}
乐陵	长小病儿tʂɑŋ^{55}ɕiɔ^{55}piər^{51}	生咧səŋ^{31}liə^{0}	掉咧tiɔ^{55}liə^{0}
商河	长病tʂɑŋ^{45}piŋ^{31}	倒下啢tɔ^{31}ɕiɑ^{54}liɑ^{0}	掉啢tiɔ^{54}liɑ^{0}
平原	闹口子nɔu^{21}k^{h}ou^{23}tsɿ^{0}	生啢səŋ^{21}lia^{0}	小月ɕiɔu^{23}yə^{0} 小产iɔu^{42}tʂ^{h}ã^{55}
德州	闹口nɔ^{21}k^{h}ou^{55}	生孩子ʂẽ^{213}xɛ^{55}tsɿ^{0} 养活孩子iɑŋ^{213}xuə^{0}xɛ^{55}tsɿ^{0}	掉啦tiɔ^{42}la^{0} 小月ɕiɔ^{213}yə^{0}
武城	口不好k^{h}ou^{55}pu^{21}xɔ^{55}	生囒ʂəŋ^{312}lã^{0}	葬弄囒tsɑŋ^{53}luŋ^{0}lã^{0}
临清	害病儿xai^{13}piər^{313}	生孩子ʂəŋ^{13}xai^{44}tsɿ^{0}	流啦liou^{44}la^{0}
冠县	害病xɛ^{24}piŋ^{314} 害口xɛ^{31}k^{h}ou^{55}	生啦ʂəŋ^{21}la^{0}	小产siɔ^{53}tʂ^{h}ã^{55}
聊城	害病儿xɛ^{31}piər^{313}	生孩子səŋ^{13}xɛ^{44}tsɿ^{0}	小产ɕiɔ^{53}ts^{h}ã^{44}
济南	害喜xɛ^{21}ɕi^{55}	生孩子ʂəŋ^{213}xɛ^{445}tsɿ^{0} 拾孩子ʂʅ^{42}xɛ^{445}tsɿ^{0}	小月儿ɕiɔ^{213}yər^{0} 掉啢tiɔ^{55}lia^{0}
泰安	害口xɛ^{21}k^{h}ou^{55}	生孩子ʂəŋ^{213}xɛ^{55}tsɿ^{0} 添啢t^{h}iã^{21}lia^{0}	小月ɕiɔ^{213}yə^{0} 小产ɕiɔ^{42}tʂ^{h}ã^{55}
莱芜	嫌饭ɕiã^{55}fã^{42}	生孩子ʃəŋ^{31}xɛ^{13}tsɿ^{0}	小月ɕiɔ^{213}yə^{0}
新泰	有唠喜啢iou^{45}lɔ^{0}ɕi^{213}lia^{0}	生啢ʃəŋ^{21}lia^{0}	小月啢ɕiɔ^{213}yə^{0}lia^{0}
沂源	嫌饭儿ɕiã^{55}fɛr^{31}	生孩子ʃəŋ^{213}xɛ^{35}tθɿ^{0}	小产ɕiɔ^{55}tʃ^{h}ã^{55}
博山	长孩病tʂɑŋ^{55}xɛ^{35}piŋ^{31}	生孩子ʂəŋ^{213}xɛ^{35}ə^{0}	掉嗹tiɔ^{55}liã^{0} 小产嗹ɕiɔ^{55}tʂ^{h}ã^{213}liã^{0}
张店	长孩病tʂɑŋ^{55}xɛ^{55}piŋ^{31}	养活咧iɑŋ^{213}xuə^{0}liə^{0} 添咧t^{h}iã^{21}liə^{0}	小月咧ɕiɔ^{213}yə^{0}liə^{0}
阳谷	害病儿xɛ^{13}piər^{313}	生孩子səŋ^{13}xɛ^{55}zɿ^{0}	小月ɕiɔ^{13}yo^{0}
梁山	害病儿咧xɛ^{21}piə̃r^{0}liə^{0}	生səŋ^{213}	掉啦tiɔ^{42}la^{0} 小月啦ɕiɔ^{23}yə^{21}la^{0}
菏泽	害病xɛ^{213}piŋ^{312}	生啦səŋ^{21}la^{0}	掉啦tiɔ^{31}la^{0} 过小月子啦kuə^{31}ɕiɔ^{44}yə^{213}tə^{0}la^{0}
曹县	嫌恶饭ɕiã^{53}u^{44}fã^{312}	生孩子səŋ^{21}xai^{53}tə^{0}	小产ɕiɔ^{53}ts^{h}ã^{44}

续表

	0541 害喜妊娠反应	0542 分娩	0543 流产
金乡	害病儿xɛ^{23}piə̃r^{312}	添tʰiã^{213}	小月啦ɕiɔ^{23}yə^{0}la^{0}
曲阜	害喜病xɛ^{31}ɕi^{55}piŋ^{312} 害口xɛ^{31}kʰou^{55}	占房tsã^{31}faŋ^{42} 生孩子səŋ^{213}xɛ^{55}tsɿ^{0}	小产ɕiɔ^{42}tsʰã^{55} 小月ɕiɔ^{213}yə^{0}
薛城	害喜xɛ^{41}ɕi^{24} 嫌饭ɕiã^{55}fã^{41}	生孩子səŋ^{31}xɛ^{55}tsɿ^{0}	小产ɕiɔ^{55}tsʰã^{24}
郯城	嫌饭ɕiã^{44}fã^{51}	拾孩子ʂʅ^{44}xɛ^{44}tsɿ^{0} 生小孩儿ʂəŋ^{21}ɕiɔ^{24}xɛr^{44}	小月子ɕiɔ^{24}yə^{21}tsɿ^{0} 小产ɕiɔ^{24}tʂʰã^{24} 流产liəu^{44}tʂʰã^{24}
临沂	嫌饭ɕiã^{53}fã^{312}	拾孩子ʃʅ^{53}xɛ^{55}tsɿ^{0} 生小孩儿ʃəŋ^{24}ɕiɔ^{55}xɛr^{53}	小产ɕiɔ^{55}tʃʰã^{55} 坐小月子tsuə^{31}ɕiɔ^{55}yə^{21}tsɿ^{0} 流产liou^{53}tʃʰã^{55}

	0544 双胞胎	0545 坐月子	0546 吃奶
荣成	双棒子ʂuaŋ^{53}paŋ^{33}tsɿ^{0}	坐月子tso^{33}yɛ^{214}tsɿ^{0}	奶奶子nai^{53}nai^{214}tsɿ^{0}
烟台	双棒儿suaŋ^{53}pãr^{33}	坐月子tsuo^{33}ye^{21}ɾə^{0}	奶奶nɛ^{33}nɛ^{14}
栖霞	双棒儿suaŋ^{55}pãr^{52}	坐月子tsuo^{21}yɛ^{52}lə^{0}	咂奶tsa^{55}nɛi^{214}
长岛	双棒儿suaŋ^{31}pãr^{52}	坐月子tsuə^{52}yɛ^{35}tsɿ^{0}	奶奶nai^{52}nai^{213}
海阳	对双儿tei^{52}ʂuãr^{341}	坐月子tθuo^{52}yə^{34}ə^{0}	咂奶tsa^{21}nɛ^{214}
莱西	一对双儿i^{214}tei^{42}suãr^{42}	坐月子tsuə^{214}yə^{42}tsɿ^{0}	吃奶tʃʰʅ^{214}nɛ^{55} 奶奶nɛ^{31}nɛ^{55}
平度	一对双儿i^{213}tei^{0}ʂuãr^{213}	坐月子tθuə^{213}yə^{42}tθɿ^{0}	吃奶tʃʰʅ^{213}nɛ^{55} 奶奶nɛ^{55}nɛ^{213}
青岛	对双儿tei^{213}ʂuãr^{42}	坐月子tθuə^{213}yə^{42}tθɿ^{0}	吃奶tʃʰʅ^{213}nɛ^{55}
高密	一对双儿i^{55}tuei^{21}ʂuãr^{42} 一对儿i^{55}ter^{42} 双胞胎ʂuaŋ^{23}pɔ^{55}tʰɛ^{213}	坐月子tθuə^{21}yə^{42}tθɿ^{0}	吃奶tʃʰʅ^{55}nɛ^{213}
诸城	一对双儿i^{44}tuei^{31}ʂuãr^{31}	坐月子tθuə^{31}yə^{44}tθɿ^{0}	抱奶pɔ^{31}nɛ^{44}
沂水	双儿生儿ʂuãr^{44}ʂə̃r^{0}	坐月子dðuə^{31}yə^{44}dðɿ^{0}	喝奶xa^{53}nɛ^{44} 咂奶dða^{53}nɛ^{44}
临朐	双生ʂuaŋ^{44}ʂəŋ^{0}	坐月子tθuə^{21}yə^{44}tθɿ^{0}	望⁼奶uaŋ^{21}nɛ^{44}
日照	一对儿双儿i^{24}tuer^{31}ʂuãr^{31}	坐月子tθuə^{31}yə^{53}tθɿ^{0}	卯⁼奶mɔ^{53}nɛ^{44}
莒南	双儿双儿ʂuar^{42}ʂɬuãr^{0} 双胞胎ʂuaŋ^{13}pɔ^{13}tʰɛ^{213}	坐月子tθuə^{31}yə^{42}tθɿ^{0}	喝奶xa^{213}nɛ^{55}

续表

	0544 双胞胎	0545 坐月子	0546 吃奶
潍坊	一对双儿i^{24}tuei^{31}ʂuɑ̃r^{31}	过月子kuə^{31}yə^{55}tsɿ^{0}	望$^{=}$奶uɑŋ^{53}nɛ^{55} 吃奶tʂ^{h}ʅ^{214}nɛ^{55}
寿光	双双儿ʂuɑŋ^{55}ʂuʌr^{0} 双子ʂuɑŋ^{21}tsɿ^{0}	过月子kuə^{21}yə^{55}tsɿ^{0}	吃奶tʂ^{h}ʅ^{213}nɛ^{55}
高青	双活儿ʂuɑŋ^{55}xuər^{0}	坐月子tsuə^{41}yə^{55}tsɿ^{0}	吃妈妈tʂ^{h}ʅ^{55}mɑ^{21}mɑ^{0}
阳信	对巴儿tuei^{55}par^{0}	坐月子tsuə^{31}yə^{55}tsɿ^{0}	吃冒$^{=}$儿tʂ^{h}ʅ^{213}mər^{213}
济阳	双棒子ʂuɑŋ^{13}pɑŋ^{0}tsɿ^{0} 双棒儿ʂuɑŋ^{55}par^{0}	坐月子tsuə^{31}yə^{55}tsɿ^{0}	吃妈妈tʂ^{h}ʅ^{55}ma^{21}ma^{0}
利津	对生tuei^{55}ʂəŋ^{0} 一对儿i^{24}tuer^{31}	坐月子tsuə^{31}yə^{55}tsɿ^{0}	吃妈妈tʂ^{h}ʅ^{44}ma^{31}ma^{0}
乐陵	对巴儿tuei^{55}pɑr^{0}	坐月子tsuə^{31}yə^{55}tsɿ^{0}	吃摸$^{=}$儿tʂ^{h}ʅ^{24}mər^{24}
商河	对巴儿tuei^{54}pɑr^{0}	过月子kə^{31}yə^{54}tsɿ^{0}	吃妈妈tʂ^{h}ʅ^{45}mɑ^{21}mɑ^{0}
平原	对巴儿tuei^{42}par^{0}	坐月子tsuə^{21}yə^{42}tsɿ^{0}	吃妈妈tʂ^{h}ʅ^{23}ma^{21}ma^{0}
德州	双棒儿ʂuɑŋ^{21}pɑ̃r^{0}	坐月子tsuə^{213}yə^{42}tsɿ^{0} 月子里yə^{42}tsɿ^{0}li^{55}	吃妈妈tʂ^{h}ʅ^{213}ma^{213}ma^{0}
武城	一对儿i^{24}tuer^{312}	坐月子tsuə^{21}yə^{53}tsɿ^{0}	吃妈妈tʂ^{h}ʅ^{24}ma^{312}ma^{0}
临清	双胞胎ʂuɑŋ^{13}pau^{13}t^{h}ai^{13}	坐月子tsuə^{31}yə^{53}tsɿ^{0}	吃妈儿妈儿tʂ^{h}ʅ^{13}mar^{13}mar^{0}
冠县	双巴儿ʂuɑŋ^{53}par^{0}	坐月子tsuə^{13}yə^{53}tsɿ^{0}	喝儿包儿包儿xər^{55}pɔr^{21}pɔr^{0}
聊城	双巴儿suɑŋ^{53}par^{0}	坐月子tsuə^{31}yə^{53}tsɿ^{0}	吃妈儿妈儿ts^{h}ʅ^{13}mar^{13}mar^{0} 吃包儿包儿ts^{h}ʅ^{13}pɔr^{13}pɔr^{0}
济南	双巴儿ʂuɑŋ^{55}par^{0}	坐月子tsuə^{21}yə^{55}tsɿ^{0}	吃妈妈tʂ^{h}ʅ^{23}ma^{21}ma^{0}
泰安	双巴儿ʂuɑŋ^{42}par^{0} 双胞胎ʂuɑŋ^{23}pɔ^{23}t^{h}ɛ^{213}	坐月子tsuə^{21}yə^{42}tsɿ^{0} 睡倒俩ʂuei^{42}tɔ^{0}lia^{0}	吃奶tʂ^{h}ʅ^{213}nɛ^{55} 吃口儿口儿tʂ^{h}ʅ^{23}k^{h}our^{213}k^{h}our^{0}
莱芜	双生子ʃuɑŋ^{13}ʃəŋ^{31}tsɿ^{0}	坐月子tsuə^{31}yə^{42}tsɿ^{0}	吃口子tʃ^{h}ʅ^{31}k^{h}ou^{213}tsɿ^{0}
新泰	双生pfɑŋ^{54}ʃəŋ^{0}	坐月子tθuə^{31}yə^{54}tθɿ^{0}	吃口口tʃ^{h}ʅ^{55}k^{h}ou^{213}k^{h}ou^{0}
沂源	双生ʃuɑŋ^{55}ʃəŋ^{0}	坐月子tθuə^{31}yə^{55}tθɿ^{0}	奶奶nɛ^{55}nɛ^{0}
博山	双胞胎ʂuɑŋ^{213}pɔ^{55}t^{h}ɛ^{213} 双棒ʂuɑŋ^{21}pɑŋ^{0}	坐月子tsuə^{31}yə^{55}ə^{0}	吃妈妈tʂ^{h}ʅ^{55}mɑ^{21}mɑ^{0}
张店	双棒子ʂuɑŋ^{55}pɑŋ^{0}ʅ^{0}	欹[①]下咧tɕ^{h}iə^{21}ɕia^{0}liə^{0}	吃妈妈tʂ^{h}ʅ^{33}mɑ^{21}mɑ^{0}

① 字的写法参见0789“倚”脚注。

续表

	0544 双胞胎	0545 坐月子	0546 吃奶
阳谷	双生儿faŋ^{42}ʂər^{0}	过月子kuo^{31}yo^{31}zɿ^{0}	吃妈妈tsʰɿ^{13}ma^{31}ma^{0}
梁山	双生儿faŋ^{42}ʂə̃r^{0}	过月子kuə^{31}yə^{21}tsɿ^{0} 喝米饭吃鸡蛋xə^{23}mi^{55}fã^{314} tsʰɿ^{23}tɕi^{23}tã^{314}	吃妈妈tsʰɿ^{23}ma^{21}ma^{0}
菏泽	一对儿双生i^{213}tuer^{31}suaŋ^{213} səŋ^{213}	过月子kuə^{31}yə^{21}tə^{0}	吃妈妈tsʰɿ^{213}ma^{21}ma^{0}
曹县	双生faŋ^{53}səŋ^{0}	过月子kuə^{31}yə^{21}tə^{0}	吃麦=麦=tʂʰʅ^{213}mei^{21}mei^{0}
金乡	双生儿suaŋ^{42}ʂər^{0}	过月子kuə^{31}yə^{21}tsɿ^{0}	吃麦=儿麦=儿tsʰɿ^{23}mer^{21}mer^{0}
曲阜	双生儿suaŋ^{42}sər^{0}	坐月子tsuə^{31}yə^{21}tsɿ^{0}	吃斗斗儿tsʰɿ^{21}tou^{213}tour^{0}
薛城	一对双生i^{23}tue^{41}faŋ^{41}saŋ^{0} “生”读为“商”轻声	坐月子tɕyə^{41}yə^{31}tsɿ^{0}	吃妈眉=tsʰɿ^{23}ma^{31}me^{0}
郯城	双儿双fãr^{51}fã^{0} 一对双儿双i^{21}te^{51}fãr^{51}fã^{0} 双胞胎faŋ^{13}pɔ^{13}tʰɛ^{213}	坐月子tsuə^{51}yə^{21}tsɿ^{0}	吃妈tʂʰʅ^{13}ma^{213} 裹①奶kuə^{24}nɛ^{24} 吃奶tʂʰʅ^{21}nɛ^{24}
临沂	一对双生儿i^{24}tei^{31}ʃuaŋ^{31}ʃɤ̃r^{0} 双胞胎ʃuaŋ^{24}pɔ^{24}tʰɛ^{214}	坐月子tsuə^{31}yə^{21}tsɿ^{0}	喝妈儿妈儿xə^{24}mar^{21}mar^{0} 喝妈儿xə^{24}mar^{214} 喝奶xə^{24}nɛ^{55}

	0547 断奶	0548 满月	0549 生日统称
荣成	齐奶子tsi^{35}nai^{214}tsɿ^{0}	满月man^{55}yɛ^{214}	生日ʂəŋ^{53}i^{0}
烟台	摘奶tsɤ^{33}nɛ^{14} 掐奶tɕʰia^{33}nɛ^{14}	出月儿tɕʰy^{33}yɐr^{14}	过生日kuo^{33}səŋ^{53}i^{0}成人 长尾巴tɕiaŋ^{33}i^{21}paŋ^{0}小孩儿生日。“巴”读为“膀”轻声
栖霞	摘奶tsə^{55}nɛi^{214}	满月儿mãn^{21}yɐr^{52}	过生日kuo^{55}səŋ^{52}i^{0}
长岛	勒奶lə^{55}nai^{213}	满月man^{35}yɛ^{213}	生日səŋ^{31}i^{0}
海阳	摘奶tʂə^{21}nɛ^{214}	满月儿mã^{21}yɐr^{341}	生日ʂəŋ^{52}i^{0}
莱西	断奶tã^{31}nɛ^{55} 摘奶tsə^{55}nɛ^{55}	满月mã^{214}yə^{42}	生日səŋ^{32}i^{0}
平度	摘奶tʂei^{213}nɛ^{55}	出月子tʃʰu^{45}yə^{42}tθɿ^{0}	生日ʂəŋ^{213}i^{42}
青岛	断奶tuã^{42}nɛ^{55} 掐奶tɕʰia^{55}nɛ^{55}	满月儿mã^{55}yər^{42} 出月子tʃʰu^{213}yə^{42}tθɿ^{0}	生日ʂoŋ^{213}i^{42}

① 《现代汉语词典》(第7版)“裹”:“❸〈方〉吸(奶)。”

续表

	0547断奶	0548满月	0549生日统称
高密	摘奶tʂei^{42}nɛ^{55} 断奶tuã^{21}nɛ^{55}	出月子tʃʰu^{55}yə^{42}tθɿ^{0}	生日ʂoŋ^{21}i^{0}
诸城	摘奶tʂei^{44}nɛ^{44}	出满月tʃʰu^{44}mã^{213}yə^{0}	生日ʂəŋ^{31}i^{0}
沂水	掐奶tɕʰia^{53}nɛ^{44}	满月mã^{213}yə^{0}	生日ʂəŋ^{21}i^{0}
临朐	摘奶tʂei^{53}nɛ^{44} 掐奶tɕʰia^{44}nɛ^{44}	满月mã^{213}yə^{0}	生日ʂəŋ^{21}ʐʅ^{0}
日照	掐奶tʃʰiɑ^{213}nɛ^{44}	出月子tʃʰu^{44}yə^{53}tθɿ^{0} 满月mã^{213}yə^{0}	生日ʂəŋ^{31}i^{0}
莒南	掐奶tɕʰia^{213}nɛ^{55}	满月mã^{213}yə^{0}	生日ʂəŋ^{21}i^{0}
潍坊	掐奶tɕʰiɑ^{214}nɛ^{55}	满月mã^{24}yə^{0}	生日ʂəŋ^{31}ʐʅ^{0}
寿光	掐奶tɕʰia^{213}nɛ^{55}	满月mã^{24}yə^{0}	生日ʂəŋ^{21}lə^{0}
高青	掐奶tɕʰiɑ^{213}nɛ^{55}	满月mã^{213}yə^{0}	生日ʂəŋ^{21}ʐʅ^{0}
阳信	掐奶tɕʰia^{213}nɛ^{55}	满月mã^{213}yə^{0}	生日ʂəŋ^{31}ʐʅ^{0}
济阳	掐奶tɕʰia^{55}nɛ^{55}	满月mã^{213}yə^{0}	生日ʂəŋ^{21}ʐʅ^{0}
利津	掐奶tɕʰia^{44}nɛ^{55}	出月子tʂʰu^{44}yə^{55}tsɿ^{0}	好日子xɔ^{55}ʐʅ^{55}tsɿ^{0}
乐陵	掐奶tɕʰiɑ^{212}nɛ^{55}	满月mã^{212}yə^{0}	生日səŋ^{31}ʐʅ^{0}
商河	断嘴tuã^{31}tsuei^{45} 摘嘴tsei^{54}tsuei^{45}	满月mã^{213}yə^{0}	生日ʂəŋ^{21}ʐʅ^{0}
平原	掐奶tɕʰia^{212}nɛi^{55}	出月子tʂʰu^{21}yə^{42}tsɿ^{0}	生日儿səŋ^{42}ʐər^{0}
德州	断奶tuã^{21}nɛ^{55}	满月mã^{213}yə^{0}	生日ʂəŋ^{21}ʐʅ^{0}
武城	掐奶tɕʰia^{21}nɛ^{55}	出月子tʂʰu^{24}yə^{53}tsɿ^{0}	生日ʂəŋ^{312}ɭə^{0}
临清	掐奶tɕʰia^{13}nai^{44} 断奶tuan^{31}nai^{44}	满月man^{44}yə^{0}	生儿ʂər^{13}
冠县	掐奶tsʰia^{13}nɛ^{55}	满月mã^{55}yə^{0}	生日ʂəŋ^{13}ʐʅ^{31}
聊城	掐奶tɕʰia^{13}nɛ^{44}	满月mã^{44}yə^{0}	生儿sər^{13}
济南	掐奶tɕʰia^{213}nɛ^{55} 忌奶tɕi^{21}nɛ^{55}	满月mã^{213}yə^{0}	生日ʂəŋ^{21}ʐʅ^{0}
泰安	断奶tuã^{21}nɛ^{55} 掐奶tɕʰia^{213}nɛ^{55}	满月mã^{213}yə^{0}	生日ʂəŋ^{21}ʐʅ^{0}
莱芜	掐奶tɕʰia^{213}nɛ^{55}	满月mã^{213}yə^{55}	生日ʃəŋ^{31}ʒʅ^{0}
新泰	掐奶tɕʰia^{42}nɛ^{55}	满月mã^{213}yə^{0}	生日ʃəŋ^{21}ʒʅ^{0}

续表

	0547 断奶	0548 满月	0549 生日统称
沂源	掐奶 tɕʰia^{21}nɛ^{55}	满月 mã^{21}yə^{0}	生日 ʃəŋ^{42}i^{0}
博山	忌妈妈 tɕi^{31}mɑ^{21}mɑ^{0}	满月 mã^{213}yə^{0}	生日 ʂəŋ^{21}ɭə^{0}
张店	忌奶 tɕi^{31}nɛ^{55}	满月 mã^{213}yə^{0}	生日 ʂəŋ^{21}ʐʅ^{0}
阳谷	掐奶 tɕʰia^{13}nɛ^{55}	满月 mã^{55}yo^{213}	生儿 ʂər^{213}
梁山	掐奶 tɕʰia^{23}nɛ^{55}	出满月 tsʰu^{23}mã^{55}yə^{314}	生儿 ʂə̃r^{213}
菏泽	断奶 tuã^{31}nɛ^{44}	满月 mã^{44}yə^{0}	生儿 sə̃r^{213}
曹县	掐奶 tɕʰia^{21}nai^{44}	满月 mã^{44}yə^{0}	生 səŋ^{213}
金乡	掐奶 tɕʰia^{21}nɛ^{55}	满月 mã^{23}yə^{0}	过生儿 kuə^{31}ʂə̃r^{213}
曲阜	掐奶 tɕʰia^{21}nɛ^{55}	满月 mã^{213}yə^{0}	生日 səŋ^{23}zɿ^{213}
薛城	掐奶 tɕʰia^{31}nɛ^{24}	满月 mã^{55}yə^{313}	生日 səŋ^{23}zɿ^{313}
郯城	掐妈 tɕʰia^{13}ma^{213} 掐奶 tɕʰia^{21}nɛ^{24} 断奶 tuã^{51}nɛ^{24}	满月 mã^{44}yə^{213}	生日 ʂəŋ^{21}ʐə̃^{0} “日”读为“刃”，又读 ʐʅ^{213}
临沂	掐奶 tɕʰia^{24}nɛ^{55} 断奶 tuã^{31}nɛ^{55}	满月 mã^{21}yə^{0}	生日 ʃəŋ^{21}ʐʅ^{0}

	0550 做寿	0551 死统称	0552 死婉称，最常用的几种，指老人：他～了
荣成	过生日 kuo^{33}ʂəŋ^{53}i^{0}	死 sɿ^{214}	老了 lau^{214}lə^{0}
烟台	庆寿 tɕʰiŋ^{53}ɕiou^{33}	死 sɿ^{14}	老了 lau^{21}lə^{0}
栖霞	庆寿 cʰiŋ^{55}ʃəu^{52}	死 sɿ^{214}	老 lɔo^{214}
长岛	过寿 kuə^{52}ʃou^{52}	死 sɿ^{213}	老了 lau^{35}lə^{0} 走了 tsou^{35}lə^{0}
海阳	庆寿 cʰiŋ^{52}səu^{341}	死 θɿ^{214}	老 lɔ^{214}
莱西	庆寿 cʰiŋ^{21}ʃiou^{42}	死 sɿ^{55}	走了 tsou^{45}lə^{0}一般用于中年以上 老了 lɔ^{45}lə^{0}用于老人 去世 cʰy^{21}ʃʅ^{42}
平度	过生日 kuə^{42}ʂəŋ^{213}i^{42}	死 θɿ^{55}	走了 tθou^{45}lə^{0}一般用于中年以上 老了 lɔ^{45}lə^{0}一般用于老人 去世 cʰy^{213}ʃʅ^{42}
青岛	上寿 ʃɑŋ^{213}ʃou^{42}	死 θɿ^{55}	走了 tθou^{44}lə^{0}一般用于中年以上 老了 lɔ^{44}lə^{0}用于老人

续表

	0550做寿	0551死统称	0552死婉称，最常用的几种，指老人：他～了
高密	祝寿tʂu^{21}ʃou^{21} 上寿ʃɑŋ^{23}ʃou^{21}	死θʅ^{55}	老了lɔ^{23}lə^{0} 走了tθou^{23}lə^{0}
诸城	上寿ʃɑŋ^{31}ʃou^{31}	死θʅ^{44}	老啦lɔ^{213}la^{0}
沂水	做生日dðu^{31}ʂəŋ^{21}i^{0}	死θʅ^{44}	老lɔ^{44} 走dðou^{44} 没价mu^{24}tɕia^{0}
临朐	做生日tθu^{21}ʂəŋ^{21}ʐʅ^{0}	死θʅ^{44}	老了lɔ^{213}liɔ^{0} 没有了mu^{35}iəu^{0}liɔ^{0}
日照	过生日kuə^{44}ʂəŋ^{31}i^{0}	死θʅ^{44}	老了lɔ^{213}lə^{0} 走了tθou^{213}lə^{0}
莒南	上寿ʃɑŋ^{13}ʃou^{31}	死θʅ^{55}	老了lɔ^{213}lə^{0} 走了tθou^{213}lə^{0} 去世tɕʰy^{13}ʃʅ^{31}
潍坊	过生日kuə^{24}ʂəŋ^{31}ʐʅ^{0} 祝寿tʂu^{24}ʂɤɯ^{31}	死sʅ^{55}	去世了tɕʰy^{31}ʂʅ^{31}liɔ^{0} 走啢tsɤɯ^{24}lia^{0} 老啢lɔɤ^{24}lia^{0}
寿光	做寿tsu^{13}ʂəu^{21} 过生日kuə^{13}ʂəŋ^{21}lə^{0}	死sʅ^{55}	老了lɔ^{24}liɔ^{0} 走了tsəu^{24}liɔ^{0} 没了mu^{35}liɔ^{0}
高青	做生日tsu^{41}ʂəŋ^{21}ʐʅ^{0}	死sʅ^{55}	没了mu^{35}lə^{0} 走咧tsou^{213}liə^{0} 老咧lɔ^{213}liə^{0}
阳信	过生日kə^{23}ʂəŋ^{31}ʐʅ^{0} 做生日tsou^{31}ʂəŋ^{31}ʐʅ^{0}	死sʅ^{55}	过去嗹kə^{55}tɕʰi^{0}liã^{0} 走嗹tsou^{213}liã^{0} 没嗹mu^{45}liã^{0}
济阳	做生日tsou^{31}ʂəŋ^{21}ʐʅ^{0} 过生日kə^{31}ʂəŋ^{21}ʐʅ^{0}	死sʅ^{55}	走啢tsou^{213}lia^{0} 过去啢kə^{55}tɕʰi^{0}lia^{0} 没啢mu^{24}lia^{0}
利津	做生日tsu^{24}ʂəŋ^{31}ʐʅ^{0}	死sʅ^{55}	老哩lɔ^{213}li^{0} 没哩mu^{35}li^{0}
乐陵	做寿tsou^{24}ʂou^{51}	死sʅ^{55}	过去咧kə^{55}tɕʰi^{0}liə^{0} 老咧lɔ^{212}liə^{0} 走咧tsou^{212}liə^{0}
商河	做生日tsou^{24}ʂəŋ^{21}ʐʅ^{0}	死sʅ^{45}	老啢lɔ^{213}liɑ^{0} 过去啢kə^{54}tɕʰi^{0}liɑ^{0} 没啢mu^{24}liɑ^{0}

续表

	0550 **做寿**	0551 **死**统称	0552 **死**婉称，最常用的几种，指老人：他～了
平原	做生日儿tsou^{23}səŋ^{42}zər^{0}	死sɿ^{55}	没哂mu^{55}lia^{0} 老哂lɔu^{23}lia^{0}
德州	做寿tsuə^{213}ʂou^{21} 过生日kuə^{213}ʂəŋ^{21}ʐʅ^{0}	死sɿ^{55}	老啦lɔ^{213}la^{0} 走哂tsou^{213}lia^{0} 没哂mei^{55}lia^{0}
武城	做寿tsou^{21}ʂou^{312}	死sɿ^{55}	不在嘞pu^{24}tsɛ^{53}lã^{0} 去世tɕʰy^{21}ʂʅ^{312}
临清	做寿tsou^{13}ʂou^{313}	死sɿ^{44}	老啦lau^{44}la^{0} 走啦tsou^{44}la^{0} 不在啦pu^{13}tsai^{53}la^{0}
冠县	过生儿kuə^{31}ʂər^{13}	死sɿ^{55}	没他啦mei^{31}tʰa^{44}la^{0} 老啦lɔ^{55}la^{0}
聊城	做寿tsou^{31}sou^{313}	死sɿ^{44}	不在啦pu^{13}tsɛ^{53}la^{0} 老啦lɔ^{44}la^{0} 走啦tsou^{44}la^{0}
济南	做生日tsou^{23}ʂəŋ^{21}ʐʅ^{0} 做寿tsou^{23}ʂou^{21}	死sɿ^{55}	没哂mu^{445}lia^{0} 老哂lɔ^{213}lia^{0} 过去哂kə^{55}tɕʰi^{0}lia^{0}
泰安	做寿tsou^{21}ʂou^{21}	死sɿ^{55}	走哂tsou^{213}lia^{0} 老大$^{=}$哂lɔ^{213}ta^{0}lia^{0}
莱芜	过好日子kuə^{42}xɔ^{213}ʒʅ^{42}tsɿ^{0}	死sɿ^{55}	不在了pu^{213}tsɛ^{42}liɔ^{0} 上西方路了ʃɑŋ^{31}ɕi^{213}fɑŋ^{31}lu^{55}liɔ^{0} 老大$^{=}$了lɔ^{213}ta^{55}liɔ^{0}
新泰	做生日tθəu^{31}ʃəŋ^{21}ʒʅ^{0}	死θɿ^{55}	老哂lɔ^{213}lia^{0}用于老人 瞎哂ɕia^{21}lia^{0}用于小孩
沂源	做生日tθu^{31}ʃəŋ^{42}i^{0}	死θɿ^{55}	老了lɔ^{21}lə^{0}
博山	做生日tsu^{31}ʂəŋ^{21}ɭə^{0}	死sɿ^{55}	去世tɕʰy^{31}ʂʅ^{31} 走嗹tsəu^{213}liã^{0} 老嗹lɔ^{213}liã^{0}
张店	做生日tsu^{31}ʂəŋ^{21}ʐʅ^{0}	死sɿ^{55}	老嗹lɔ^{213}liã^{0} 走嗹tsou^{213}liã^{0} 没嗹mu^{35}liã^{0}
阳谷	做生儿tsou^{31}ʂər^{213}	死sɿ^{55}	老了lɔ^{13}la^{0} 去世啦tɕʰy^{31}sɿ^{42}la^{0}

续表

	0550 做寿	0551 死统称	0552 死婉称，最常用的几种，指老人：他～了
梁山	过寿kuə^{23}sou^{314}	死sɿ^{55}	老啦lɔ^{23}la^{0} 没啦mei^{21}la^{0} 走啦tsou^{23}la^{0}
菏泽	过生儿kuə^{31}sə̃r^{213}	死sɿ^{44}	走啦tsou^{44}la^{0} 老啦lɔ^{44}la^{0}
曹县	做生tsuə^{31}səŋ^{213}	死sɿ^{44}	老啦lɔ^{44}la^{0}
金乡	过寿kuə^{23}sou^{312}	死sɿ^{55}	老啦lɔ^{23}la^{0} 过世啦kuə^{31}sɿ^{42}la^{0}
曲阜	过生儿kuə^{31}sər^{213}	死sɿ^{55}	不在啦pu^{213}tsε^{42}la^{0}
薛城	过大寿kuə^{23}ta^{41}sou^{41}	死sɿ^{24}	老啦lɔ^{24}la^{0} 走啦tsou^{24}la^{0}
郯城	过寿kuə^{51}ʂəu^{51} 做寿tsuə^{51}ʂəu^{51}	死sɿ^{24}	老lɔ^{24} 海$^{=}$xε^{24} 咽气iã^{51}tɕʰi^{51}
临沂	过寿kuə^{31}ʃou^{312}	死sɿ^{55}	走tsou^{55} 老lɔ^{55} 没mu^{53}

	0553 自杀	0554 咽气	0555 入殓
荣成	自杀tsɿ^{33}ʂa^{214}	断气儿tan^{33}cʰiər^{33}	入殓y^{21}lian^{33}
烟台	自杀tsɿ^{33}sa^{14}	断气儿tan^{53}tɕʰiər^{33}	入殓y^{21}lian^{33}
栖霞	自杀tsɿ^{55}sa^{214}	咽儿气儿iɐr^{55}cʰiər^{52}	入殓y^{55}liãn^{342}
长岛	寻死ʃən^{55}sɿ^{213}	咽气儿ian^{52}cʰiər^{52}	入殓y^{21}lian^{52}
海阳	自尽tsɿ^{52}tsĩ^{341}	咽儿气儿iɐr^{52}cʰiər^{341}	入殓y^{52}liã^{341}
莱西	寻短见ʃyẽ^{42}tã^{45}ciã^{0} 自杀tsɿ^{42}sa^{55}	咽气儿iã^{42}cʰier^{42} 断气儿tã^{42}cʰier^{42}	入殓y^{23}liã^{42}
平度	寻短见syə̃^{213}tã^{55}ciã^{42} 自尽tθɿ^{213}ciə̃^{42}	咽气iã^{213}cʰi^{42}	入殓y^{213}liã^{42}
青岛	寻死siẽ^{213}θɿ^{55}	咽气儿iã^{213}tɕʰier^{42}	入殓y^{213}liã^{42} 成殓①tʃʰoŋ^{42}liã^{42}

① “成殓”或写作“盛殓”，两种写法均见于古代小说。《红楼梦》103回用“成殓”，《水浒传》31回用“盛殓”。《醒世姻缘传》一般说“入殓”，也用“盛殓”。按：“殓”为动词，指“给死者穿衣入棺”（《汉语大词典》），因此以用“成”表完成更为合宜。以下均写作“成殓”。阳谷的“成奠”中的“成”也是完成之意，更不宜写作“盛”。

续表

	0553自杀	0554咽气	0555入殓
高密	自尽tθɿ^{42}tsiə̃^{21} 寻短见syə̃^{42}tuã^{55}tɕiã^{21} 自杀tθɿ^{21}ʂa^{55}	咽气儿iã^{21}tɕʰier^{42}	装棺材tʂuaŋ^{23}kuã^{21}tθʰɛ^{0}
诸城	寻死θẽ^{53}θɿ^{44} 寻了无常θẽ^{24}lə^{0}u^{53}tʃʰaŋ^{53}	没气儿啦mu^{53}tʃʰer^{44}la^{0}	入殓y^{31}liã^{31}
沂水	自杀dðɿ^{31}ʂa^{44}	咽气iã^{31}tɕʰi^{31} 断气tuã^{31}tɕʰi^{31}	入殓y^{31}liã^{31}
临朐	寻死ɕyə̃^{35}θɿ^{0} 寻短见ɕyə̃^{53}tuã^{44}tɕiã^{21}	咽气iã^{21}tɕʰi^{21}	装棺tʂuaŋ^{21}kuã^{213}
日照	自尽tθɿ^{53}tθẽ^{31}	咽气iã^{31}tʃʰʅ^{31} 断气tuã^{31}tʃʰʅ^{31}	入殓y^{44}liã^{31}
莒南	自尽tθɿ^{53}tsiẽ^{31} 自杀tθɿ^{53}ʂa^{213}	咽气iã^{13}tɕʰi^{31}	成殓tʃʰəŋ^{53}liã^{31}
潍坊	自杀tsɿ^{55}ʂa^{214}	咽气iã^{55}tɕʰi^{0} 断气儿tuã^{31}tɕʰier^{31}	入殓ʐu^{24}liã^{0}
寿光	寻死ɕiə̃^{53}sɿ^{55}	咽气儿iã^{13}tɕʰiɭ^{21}	入殓lu^{213}liã^{21}
高青	寻死ɕiə̃^{55}sɿ^{55} 寻短见ɕyə̃^{55}tã^{55}tɕiã^{41}	断气tuã^{41}tɕʰi^{41}	入殓儿ʐu^{41}ʐɛr^{41}
阳信	寻头儿ɕiə̃^{55}tʰour^{43}	断气儿tuã^{23}tɕʰier^{31}	入殓y^{23}liã^{31}
济阳	自杀tsɿ^{55}ʂa^{213}	咽气儿俩iã^{31}tɕʰier^{55}lia^{0} 倒唠头俩tɔ^{213}lɔ^{0}tʰou^{24}lia^{0}	入殓lu^{31}liã^{31}
利津	寻无常ɕyẽ^{53}u^{53}tʂʰaŋ^{53}	断气儿tuã^{24}tɕʰier^{31}	入殡ʐu^{24}piẽ^{31}
乐陵	寻死ɕyẽ^{51}sɿ^{55}	断气儿tuã^{24}tɕʰier^{51}	入殓y^{24}liã^{51}
商河	寻头儿ɕiẽ^{54}tʰour^{54} 寻短见ɕiẽ^{54}tuã^{45}tɕiã^{31}	没气儿俩mu^{24}tɕʰier^{31}lia^{0} 倒头俩tɔ^{31}tʰou^{24}lia^{0}	入殓ʐu^{24}liã^{31}
平原	寻短见ɕyẽ^{42}tuã^{55}tɕiã^{21}	断气儿tuã^{23}tɕʰiər^{21}	入殓lu^{23}liã^{21}
德州	寻死ɕyẽ^{42}sɿ^{55} 寻短见ɕyẽ^{42}tuã^{55}tɕiã^{21}	到头tɔ^{21}tʰou^{42} 咽气儿iã^{213}tɕʰier^{21}	入殓ʐu^{213}liã^{21}
武城	寻短见ɕyẽ^{53}tuã^{55}tɕiã^{312} 寻无常ɕyẽ^{53}u^{53}tʂʰaŋ^{0}	咽气儿iã^{24}tɕʰier^{312}	入殓y^{24}liã^{312}
临清	自尽tsɿ^{13}tɕin^{313} 自杀tsɿ^{31}ʂa^{13}	咽气儿ian^{13}tɕʰier^{313} 倒头tau^{44}tʰou^{53}	入殓lu^{13}lian^{313}
冠县	寻死siẽ^{53}sɿ^{55}	没气儿mei^{13}tɕʰier^{314}	成殓tʂʰəŋ^{53}liã^{314}

续表

	0553 自杀	0554 咽气	0555 入殓
聊城	自尽tsɿ^{13}tɕiẽ^{313}	咽气儿啦iã^{31}tɕ^{h}ier^{53}la^{0} 倒头啦tɔ^{44}t^{h}ou^{44}la^{0}	入殓zu^{31}liã^{313}
济南	寻死ɕiẽ^{42}sɿ^{55} 自杀tsɿ^{55}ʂa^{213}	咽气儿iã^{23}tɕ^{h}ier^{21} 倒头俩tɔ^{55}t^{h}ou^{445}lia^{0}	入殓lu^{23}liã^{21}
泰安	寻门儿ɕiẽ^{42}mer^{42}	咽气儿iã^{21}tɕ^{h}ier^{21}	入殓lu^{21}liã^{21}
莱芜	寻无常ɕyə̃^{55}u^{55}tʃ^{h}ɑŋ^{55}	咽气iã^{31}tɕ^{h}i^{42}	入殓lu^{31}liã^{42}
新泰	寻死ɕyẽ^{42}θɿ^{55}	咽气iã^{31}tɕ^{h}i^{31}	入殓ʒu^{31}liã^{0}
沂源	自尽tθɿ^{55}tɕiə̃^{0}	断气tuã^{31}tɕ^{h}i^{31}	入殓lu^{31}liã^{31}
博山	寻短见ɕyẽ^{55}tuã^{213}tɕiã^{0}	咽气iã^{31}tɕ^{h}i^{31}	入殓lu^{31}liã^{31}
张店	寻短见ɕyə̃^{55}tuã^{55}tɕiã^{31}	咽气iã^{31}tɕ^{h}i^{31}	入殓lu^{31}liã^{31}
阳谷	自尽tsɿ^{13}tɕiẽ^{313}	咽气儿iã^{13}tɕ^{h}iɤr^{313}	成殓ts^{h}əŋ^{55}liã^{313} 成奠ts^{h}əŋ^{55}tiã^{313}
梁山	己家死啦tɕi^{42}tɕia^{0}sɿ^{23}la^{0}	咽气iã^{31}tɕ^{h}i^{314}	封棺fəŋ^{23}kuã^{213} 成殓ts^{h}əŋ^{42}liã^{314}
菏泽	寻死suẽ^{53}sɿ^{44}	断气儿tuã^{213}tɕ^{h}ier^{312}	成殓ts^{h}əŋ^{44}liã^{312}
曹县	寻死ɕiẽ^{53}sɿ^{44}	咽气儿iã^{13}tɕ^{h}iɤr^{312}	入殓zu^{213}liã^{312}
金乡	寻死ɕiẽ^{42}sɿ^{55}	咽气iã^{23}tɕ^{h}i^{312}	成殓ts^{h}əŋ^{55}liã^{312}
曲阜	寻短见ɕyẽ^{42}tuã^{55}tɕiã^{312}	咽气iã^{23}tɕ^{h}i^{312} 倒头tɔ^{55}t^{h}ou^{42}	成殓ts^{h}əŋ^{55}tiã^{312}
薛城	寻短见ɕyẽ^{55}tuã^{24}tɕiã^{41} 自尽tsɿ^{41}tɕiẽ^{41} 自杀tsɿ^{41}sa^{313}	咽气iã^{41}tɕ^{h}i^{41}	成殓ts^{h}əŋ^{55}liã^{41}
郯城	自尽tsɿ^{51}tɕiə̃^{51} 自杀tsɿ^{51}ʂa^{213}	咽气iã^{51}tɕ^{h}i^{51} 闭气pi^{51}tɕ^{h}i^{51}	成殓tʂ^{h}əŋ^{44}liã^{51} 入殓ʐu^{21}liã^{51}
临沂	自尽tsɿ^{31}tɕiẽ^{312} 自杀tsɿ^{31}ʃa^{214}	咽气iã^{31}tɕ^{h}i^{312}	入殓ʐu^{24}liã^{312}

	0556 棺材	0557 出殡	0558 灵位
荣成	棺材kuan^{53}ts^{h}ai^{0}	出殡tʃ^{h}y^{21}pin^{33}	神志碑儿ʂən^{35}tʂɿ^{0}pər^{53}
烟台	棺材kuan^{53}ts^{h}ɛ^{0}	出殡tɕ^{h}y^{21}pin^{33}	牌位儿p^{h}ɛ^{33}uər^{0}
栖霞	棺材kuãn^{52}ts^{h}ɛi^{0}	发殡fa^{21}pĩn^{52}	牌位儿p^{h}ɛi^{34}uər^{0}
长岛	棺材kuan^{31}ts^{h}ai^{0}	出殡tʃ^{h}y^{21}pin^{52}	牌儿位儿p^{h}ɐr^{55}uər^{0}

续表

	0556 棺材	0557 出殡	0558 灵位
海阳	棺材kuã^{52}tsʰɛ^{0}	出殡tʃʰy^{21}pĩ^{341}	牌位儿pʰɛ^{34}uər^{0}
莱西	棺材kuã^{32}tsʰɛ^{0}	出殡tʃʰu^{55}piẽ^{42}	牌位儿pʰɛ^{45}uer^{0} 灵位liŋ^{214}uei^{42}
平度	棺材kuã^{213}tθʰɛ^{42}一般的 寿材ʃou^{213}tθʰɛ^{42}老人用的	出殡tʃʰu^{45}piə̃^{42}	牌位儿pʰɛ^{45}uer^{0}
青岛	棺材kuã^{213}tθʰɛ^{42}一般的 寿器ʃou^{213}tɕʰi^{42}老人用的	出殡tʃʰu^{55}piẽ^{42} 发丧fɑ^{55}θɑŋ^{213}	牌位儿pʰɛ^{45}uer^{0}
高密	寿材ʃou^{21}tθʰɛ^{42}老人用的 棺材kuã^{21}tθʰɛ^{0}年轻人用的	报庙儿pɔ^{23}miɔr^{21} 出殡tʃʰu^{55}piə̃^{21}	牌位儿pʰɛ^{55}uer^{0} 灵位儿lioŋ^{55}uer^{0}
诸城	木头mu^{44}tʰou^{0}统称 寿木ʃou^{31}mu^{31}老人死前做的 棺材kuã^{31}tθʰɛ^{0}	送殡θəŋ^{31}pẽ^{31}	牌位儿pʰɛ^{24}uer^{0}
沂水	板pã^{44} 棺材kuã^{21}tθʰɛ^{0}	送殡suŋ^{31}pẽ^{31} 出殡tʃʰɥ^{44}pẽ^{31}	牌位儿pʰɛ^{24}uer^{0}
临朐	枺路$^{=}$xuə^{35}lu^{0}	出殡tʃʰu^{44}pə̃^{21}	牌位儿pʰɛ^{35}uer^{0}
日照	薄材pə^{53}tθʰɛ^{53}普通说法 棺材kuã^{31}tθʰɛ^{0}大户人家称棺材 生枺ʂəŋ^{31}xuə^{0}廉价的	拉棺lɑ^{44}kuã^{213} 出殡tʃʰu^{23}pẽ^{31}	牌位儿pʰɛ^{44}uer^{0}
莒南	生枺ʂəŋ^{21}xu^{0}“枺”读为“胡” 棺材kuã^{21}tθʰɛ^{0}	拉棺la^{13}kuã^{213} 出殡tʃʰʅ^{55}piẽ^{31}	牌位儿pʰɛ^{55}uer^{31} 灵位儿liŋ^{55}uer^{31}
潍坊	棺材kuã^{31}tsʰɛ^{0}统指 棺kuã^{214} 寿材ʂɤɯ^{31}tsʰɛ^{53}老人用的	出殡tʂʰu^{24}pẽ^{31}	牌位儿pʰɛ^{35}uer^{0}
寿光	器木tɕʰi^{55}mu^{0} 材tsʰɛ^{53}	出殡tʂʰu^{13}piə̃^{21}	牌位儿pʰɛ^{53}uɭ^{21}
高青	棺材kuã^{21}tsʰɛ^{0} 枺xuə^{55}	出丧tʂʰu^{55}sɑŋ^{213}	牌位儿pʰɛ^{35}uer^{0}
阳信	棺材kuã^{31}tsʰɛ^{0}	出丧tʂʰu^{213}sɑŋ^{213}	牌位儿pʰɛ^{45}uer^{0}
济阳	斗子tou^{213}tsɿ^{0}	出丧tʂʰu^{55}sɑŋ^{213}	牌位儿pʰɛ^{24}uer^{0}
利津	寿木ʂou^{55}mu^{0} 棺木kuã^{31}mu^{0}	发丧fa^{44}sɑŋ^{213}	牌儿位儿pʰɛr^{35}uer^{0}
乐陵	斗子tou^{212}tsɿ^{0} 棺木kuã^{24}mu^{51}	出丧tʂʰu^{24}sɑŋ^{24}	牌位儿pʰɛ^{55}uer^{0}
商河	斗子tou^{213}tsɿ^{0}	出丧tʂʰu^{45}sɑŋ^{213}	牌位儿pʰɛ^{24}uer^{0}

续表

	0556 棺材	0557 出殡	0558 灵位
平原	棺材kuã^{21}tsʰɛi^{0} 寿儿木儿ʂour^{23}mur^{21}事先为老人准备好的	出丧tʂʰu^{23}sɑŋ^{213}	牌位儿pʰɛi^{55}uər^{0}
德州	棺材kuã^{21}tsʰɛ^{0}	出殡tʂʰu^{213}piẽ^{21}	牌位儿pʰɛ^{55}uer^{0}
武城	斗子tou^{24}tsɿ^{0} 棺材kuã^{312}tsʰɛ^{0} 棺木kuã^{24}mu^{312}	发丧fa^{24}sɑŋ^{224}	牌位pʰɛ^{55}uei^{0}
临清	棺材kuan^{13}tsʰai^{0} 寿材ʂou^{31}tsʰai^{53}	发丧fa^{13}sɑŋ^{13}	牌位pʰai^{44}uei^{0}
冠县	斗子tou^{44}tsɿ^{0}	出丧tʂʰu^{13}sɑŋ^{13}	灵位liŋ^{53}uei^{314}
聊城	寿器sou^{31}tɕʰi^{0} 棺材kuã^{13}tsʰɛ^{53}	发丧fa^{13}sɑŋ^{13}	牌位儿pʰɛ^{44}uer^{313}
济南	棺材kuã^{21}tsʰɛ^{0}	发丧fa^{23}sɑŋ^{213} 出殡tʂʰu^{23}piẽ^{21} 出丧tʂʰu^{23}sɑŋ^{213}	牌位儿pʰɛ^{445}uer^{0}
泰安	寿材ʂou^{21}tsʰɛ^{42}	出丧tʂʰu^{23}sɑŋ^{213}	牌位pʰɛ^{55}uei^{0}
莱芜	寿器ʃou^{31}tɕʰi^{42}	出殡tʃʰu^{55}piẽ^{213}	牌位子pʰɛ^{13}uei^{55}tsɿ^{0}
新泰	斗子təu^{213}tθɿ^{0}	出丧tʃʰu^{23}θɑŋ^{213}	牌位pʰɛ^{45}uei^{0}
沂源	板pã^{55}	发丧fa^{55}θɑŋ^{213}	牌位儿pʰɛ^{55}uer^{31}
博山	杯路⁼xuə^{35}lu^{0} 棺材kuã^{21}tsʰɛ^{0}	出殡tʂʰu^{213}piẽ^{31} 发丧fɑ^{55}sɑŋ^{213}	灵位liŋ^{35}uei^{0}
张店	棺材kuã^{21}tsʰɛ^{0} 材tsʰɛ^{55} 杯路⁼xuə^{35}lu^{0}	发丧fɑ^{33}sɑŋ^{213}	牌位pʰɛ^{55}uei^{31}
阳谷	寿器sou^{31}tɕʰi^{0} 喜棺ɕi^{55}kuã^{213}	出丧tsʰu^{13}sɑŋ^{13}	牌儿位儿pʰɐr^{55}uɤr^{0}
梁山	木头mu^{21}tʰou^{0} 个⁼子kə^{42}tsɿ^{0}	出丧tsʰu^{23}sɑŋ^{314}	牌位儿pʰɛ^{55}uɛr^{0}
菏泽	板pã^{44} 木头mu^{21}tʰou^{0}	出门儿tsʰu^{213}mer^{53} 发丧fa^{213}sɑŋ^{213}	牌位儿pʰɛ^{53}uer^{0}
曹县	板pã^{44}	出殡tʂʰu^{213}piẽ^{312}	灵位儿liŋ^{53}uɤr^{0}
金乡	板pã^{55} 木头mu^{21}tʰou^{0}	发丧fa^{23}sɑŋ^{213}	牌位儿pʰɛ^{55}uɛr^{0}
曲阜	板pã^{55}	出丧tsʰu^{23}saŋ^{213}	牌位儿pʰɛ^{55}uɛr^{0}

续表

	0556 棺材	0557 出殡	0558 灵位
薛城	木头mu^{31}t^{h}ou^{0} 杦xuə^{55}	出老殡pf^{h}u^{31}lɔ^{24}piẽ^{41}	灵牌liŋ^{55}p^{h}ε^{55}
郯城	杦xə^{44} 棺材kuã^{13}ts^{h}ε^{213} 木头mu^{21}t^{h}əu^{0}讳称	出棺tʂ^{h}u^{13}kuã^{213} 出殡tʂ^{h}u^{21}piã^{51}	灵牌liŋ^{44}p^{h}ε^{44} 灵位liŋ^{44}ue^{51} 牌位p^{h}ε^{44}ue^{51}
临沂	薄盒pə^{53}xə^{53}	送殡suŋ^{31}piẽ^{312} 出殡tʃ^{h}u^{24}piẽ^{312}	牌位p^{h}ε^{55}uei^{0}

	0559 坟墓单个的，老人的	0560 上坟	0561 纸钱
荣成	茔头iŋ^{35}t^{h}ə^{0}	上坟ʃaŋ^{33}fən^{35}	纸钱tʂʅ^{21}tsian^{35}
烟台	坟fən^{33}	上坟çiaŋ^{53}fən^{33}	纸tsʅ^{14}
栖霞	崮堆ku^{52}tei^{0} 茔地iŋ^{34}ti^{0}	上茔ʃaŋ^{52}iŋ^{342}	纸钱tsʅ^{21}tʃ^{h}iãn^{342}
长岛	茔iŋ^{55}	上坟ʃaŋ^{52}fən^{55}	纸钱儿tsʅ^{21}tʃ^{h}ɐr^{55}
海阳	茔盘iŋ^{52}p^{h}ã^{341}	上坟saŋ^{52}fẽ^{341}	纸钱tʂʅ^{21}ts^{h}iã^{341}
莱西	坟子fẽ^{45}tsʅ^{0} 茔iŋ^{42}	上坟ʃaŋ^{214}fẽ^{42}	纸钱tsʅ^{24}tʃ^{h}iã^{42}
平度	坟fə̃^{42} 茔iŋ^{42}	上坟ʃaŋ^{213}fə̃^{42}	纸钱tʂʅ^{45}ts^{h}iã^{42}
青岛	寿坟ʃou^{213}fẽ^{42} 坟子fẽ^{45}tθʅ^{0}通用	上坟ʃaŋ^{213}fẽ^{42}	纸钱tʂʅ^{55}ts^{h}iã^{42}
高密	寿坟ʃou^{21}fə̃^{42}没埋人的 坟fə̃^{42}埋了人的	上坟ʃaŋ^{21}fə̃^{42}	烧纸ʃɔ^{23}tʂʅ^{213} 纸钱tʂʅ^{23}ts^{h}iã^{0}
诸城	坟fẽ^{53}	上坟ʃaŋ^{31}fẽ^{53}	烧纸ʃɔ^{44}tʂʅ^{44}
沂水	坟子fẽ^{24}dðʅ^{0} 坟fẽ^{53}	上坟ʃaŋ^{31}fẽ^{53}	烧纸ʃɔ^{21}tʂʅ^{0} 纸花儿tʂʅ^{213}xuar^{0}
临朐	坟子fə̃^{35}tθʅ^{0}	上坟ʃaŋ^{21}fə̃^{53}	钱粮tç^{h}iã^{53}liaŋ^{53}
日照	坟fẽ^{53}	上坟ʃiaŋ^{31}fẽ^{53}	烧纸ʃiɔ^{31}tʂʅ^{0}
莒南	林lẽ^{53} 坟子fẽ^{24}tθʅ^{0}	上坟ʃaŋ^{31}fẽ^{53}	纸tʂʅ^{55}
潍坊	坟fẽ^{53}	上坟ʂaŋ^{31}fẽ^{53}	纸钱儿tʂʅ^{24}tç^{h}iɐr^{0}
寿光	坟fə̃^{53}	上坟ʂaŋ^{21}fə̃^{53}	烧纸ʂɔ^{21}tʂʅ^{0}
高青	坟fə̃^{55}	上坟ʂaŋ^{41}fə̃^{55}	黄表纸xuaŋ^{55}piɔ^{55}tʂʅ^{55}

续表

	0559坟墓单个的，老人的	**0560上坟**	**0561纸钱**
阳信	坟fə̃^{43}	上坟ʂaŋ^{31}fə̃^{43}	烧纸ʂɔ^{31}tʂʅ^{0}
济阳	坟fẽ^{55}	上坟ʂaŋ^{31}fẽ^{55}	烧纸ʂɔ^{21}tʂʅ^{0}
利津	坟fẽ^{53}	上坟ʂaŋ^{31}fẽ^{53}	钱粮tɕʰiã^{53}liaŋ^{53} 烧纸ʂɔ^{31}tʂʅ^{0}
乐陵	坟fẽ^{55}	上坟ʂaŋ^{51}fẽ^{55}	烧纸ʂɔ^{51}tsʅ^{0}
商河	坟fẽ^{54}	上坟ʂaŋ^{31}fẽ^{54}	烧纸ʂɔ^{21}tsʅ^{0}
平原	坟fẽ^{42}	上坟ʂaŋ^{21}fẽ^{42}	烧纸儿ʂɔu^{212}tsər^{55}
德州	坟fẽ^{42} 坟头儿fẽ^{42}tʰour^{42}	上坟ʂaŋ^{21}fẽ^{42}	烧纸ʂɔ^{21}tʂʅ^{0}
武城	坟fẽ^{53}	上坟ʂaŋ^{21}fẽ^{53}	纸钱儿tʂʅ^{24}tɕʰiɛr^{53}
临清	坟fen^{53}	上坟ʂaŋ^{31}fen^{53}	烧纸ʂau^{13}tʂʅ^{44}
冠县	坟头儿fẽ^{53}tʰour^{53}	上坟ʂaŋ^{314}fẽ^{53}	烧纸ʂɔ^{21}tʂʅ^{0}
聊城	坟fẽ^{53}	上坟saŋ^{31}fẽ^{53}	烧纸sɔ^{13}tsɿ^{44}
济南	坟fẽ^{42}	上坟ʂaŋ^{21}fẽ^{42}	火纸xuə^{42}tʂʅ^{55} 烧纸ʂɔ^{21}tʂʅ^{0}
泰安	坟fẽ^{42}	上坟ʂaŋ^{21}fẽ^{42}	火纸xuə^{42}tʂʅ^{55}
莱芜	坟fẽ^{55}	上坟ʃaŋ^{31}fẽ^{55}	火纸xuə^{55}tʃʅ^{213}
新泰	坟子fẽ^{45}tθɿ^{0}	上坟ʃaŋ^{31}fẽ^{42}	火纸xuə^{42}tʃʅ^{55}
沂源	坟子fə̃^{35}tθɿ^{0}	上坟ʃaŋ^{31}fə̃^{55}	钱粮tɕʰiã^{55}liaŋ^{55}
博山	坟fẽ^{55}	上坟ʂaŋ^{31}fẽ^{55}	钱粮tɕʰiã^{53}liaŋ^{55}
张店	坟fə̃^{55}	祭先tɕi^{31}ɕiã^{213} 上坟ʂaŋ^{31}fə̃^{55}	黄表纸xuaŋ^{55}piɔ^{55}tʂʅ^{55}
阳谷	坟头子fẽ^{42}tʰou^{42}zɿ^{0}	烧纸sɔ^{13}tsɿ^{55} 上坟saŋ^{31}fẽ^{42}	火纸xuo^{42}tsɿ^{55}
梁山	坟子fẽ^{55}tsɿ^{0}	上林saŋ^{31}liẽ^{42}	火纸xuə^{42}tsɿ^{55}
菏泽	坟fẽ^{53} 坟头儿fẽ^{53}tʰour^{53}	烧纸sɔ^{213}tsɿ^{44}	纸tsɿ^{44}
曹县	墓子mu^{31}tə^{0}	上林ʂaŋ^{31}liẽ^{53}	纸钱tsɿ^{44}tɕʰiã^{53}
金乡	坟头fẽ^{42}tʰou^{42}	上林saŋ^{31}liẽ^{42}	火纸xuə^{42}tsɿ^{55}
曲阜	坟fẽ^{42} 坟头子fẽ^{42}tʰou^{55}tsɿ^{0}	上坟saŋ^{31}fẽ^{42}	火纸xuə^{42}tsɿ^{55}

续表

	0559坟墓单个的，老人的	0560上坟	0561纸钱
薛城	坟子fẽ^{55}tsɿ^{0}	上坟sɑŋ^{41}fẽ^{55}	火纸xuə^{55}tsɿ^{24}
郯城	坟材$^{=}$fə̃^{44}tsʰɛ^{0}	上坟ʂɑŋ^{51}fə̃^{44}	火纸xuə^{24}tʂʅ^{24} 纸钱tʂʅ^{24}tɕʰiã^{44}
临沂	坟子fẽ^{55}tsɿ^{0}	上坟ʃɑŋ^{31}fẽ^{53}	纸tʃʅ^{55}

	0562老天爷	0563菩萨统称	0564观音
荣成	老天爷lau^{214}tʰian^{53}iɛ^{53}	菩萨pʰu^{35}sa^{0}	观音kuan^{53}in^{53}
烟台	老天爷lau^{21}tʰian^{53}ie^{33}	菩萨pʰu^{33}sa^{0}	观音kuan^{21}in^{53}
栖霞	老天爷lɔo^{21}tʰiãn^{52}iɛ^{342}	菩萨pʰu^{34}sa^{0}	观音kuãn^{34}ĩn^{312}
长岛	老天爷lau^{55}tʰian^{31}iɛ^{55}	菩萨pʰu^{55}sa^{0}	观音kuan^{55}in^{0}
海阳	天老爷爷tʰiã^{52}lɔ^{0}iə^{52}iə^{0}	菩萨pʰu^{34}sa^{0}	观音kuã^{34}ĩ^{52}
莱西	老天爷lɔ^{55}tʰiã^{214}iə^{42} 天老爷tʰiã^{214}lɔ^{0}iə^{42} "老"读为"了"	菩萨pʰu^{45}sa^{0}	观音菩萨kuã^{55}iẽ^{214}pʰu^{45}sa^{0} 观音kuã^{55}iẽ^{214}
平度	老天爷lɔ^{55}tʰiã^{213}iə^{42} 天老爷tʰiã^{213}lɔ^{55}iə^{42}	菩萨pʰu^{45}θa^{0}	观音菩萨kuã^{213}iə̃^{0}pʰu^{45}θa^{0} 观世音kuã^{213}ʃʅ^{42}iə̃^{213}
青岛	老天爷爷lɔ^{55}tʰiã^{213}iə^{45}iə^{0} 天老爷爷tʰiã^{213}lɔ^{55}iə^{45}iə^{0}	菩萨pʰu^{45}θɑ^{0}	观音菩萨kuã^{213}iẽ^{0}pʰu^{45}θɑ^{0} 观音娘娘kuã^{213}iẽ^{0}ȵiɑŋ^{45}ȵiɑŋ^{0}
高密	天老爷tʰiã^{213}lɔ^{55}iə^{42} 老天爷lɔ^{42}tʰiã^{213}iə^{42}	菩萨pʰu^{55}θɑ^{0}	观音菩萨kuã^{23}iə̃^{213}pʰu^{55}θɑ^{0} 观世音kuã^{23}ʃʅ^{21}iə̃^{213}
诸城	天老爷tʰiã^{213}lɔ^{44}iə^{53}	菩萨pʰu^{24}θa^{0}	观音kuã^{31}iẽ^{0}
沂水	老天爷lɔ^{44}tʰiã^{213}iə^{53} 天老爷tʰiã^{213}lɔ^{44}iə^{53}	菩萨pʰu^{24}θa^{0}	观音kuã^{21}iẽ^{0}
临朐	天老爷爷tʰiã^{213}lɔ^{44}iə^{35}iə^{0}	菩萨pʰu^{35}θa^{0}	观音kuã^{21}iə̃^{0}
日照	天老爷tʰiã^{213}lɔ^{53}iə^{53}	菩萨pʰu^{44}θɑ^{0}	观音kuã^{44}iẽ^{213}
莒南	天老爷tʰiã^{213}lɔ^{55}iə^{53}	菩萨pʰu^{55}θa^{0}	观音菩萨kuã^{21}iẽ^{0}pʰu^{55}θa^{0}
潍坊	天老爷tʰiã^{24}lɔɤ^{0}iə^{53}	菩萨pʰu^{35}sɑ^{0}	观音菩萨kuã^{24}iẽ^{214}pʰu^{35}sɑ^{0} 观音kuã^{24}iẽ^{214}
寿光	老天爷lɔ^{55}tʰiã^{213}iə^{53}	菩萨pʰu^{35}sa^{0}	观音kuã^{55}iə̃^{213}
高青	老天爷爷lɔ^{55}tʰiã^{213}iə^{35}iə^{0}	菩萨pʰu^{35}sɑ^{0}	观世音kuã^{213}ʂʅ^{41}iə̃^{213}
阳信	天爷爷tʰiã^{213}iə^{45}iə^{0}	菩萨pʰu^{45}sa^{0}	观音娘娘kuã^{31}iə̃^{0}ȵiɑŋ^{45}ȵiɑŋ^{0}

续表

	0562老天爷	0563菩萨统称	0564观音
济阳	老天爷lɔ^{55}tʰiã^{213}iə^{55} 天爷爷tʰiã^{213}iə^{24}iə^{0}	菩萨pʰu^{24}sa^{0}	观音kuã^{21}iẽ^{0} 观音菩萨kuã^{21}iẽ^{0}pʰu^{24}sa^{0}
利津	天爷爷tʰiã^{213}iə^{35}iə^{0}	菩萨pʰu^{35}sa^{0}	观音kuã^{24}iẽ^{213}
乐陵	天爷爷tʰiã^{212}iə^{55}iə^{0}	菩萨pʰu^{55}sɑ^{0}	观音菩萨kuã^{31}iẽ^{0}pʰu^{55}sɑ^{0}
商河	老天爷lɔ^{45}tʰiã^{213}iə^{54} 天爷爷tʰiã^{213}iə^{24}iə^{0}	菩萨pʰu^{24}sɑ^{0}	观音kuã^{24}iẽ^{213} 观音菩萨kuã^{24}iẽ^{213}pʰu^{24}sɑ^{0}
平原	老天爷儿lɔu^{55}tʰiã^{212}iɛr^{42}	菩萨pʰu^{55}sa^{0}	观音菩萨kuã^{23}iẽ^{213}pʰu^{55}sa^{0}
德州	老天爷lɔ^{55}tʰiã^{213}iə^{42} 天爷爷tʰiã^{213}iə^{55}iə^{0}	神仙ʂẽ^{55}ɕiã^{0}	观音菩萨kuã^{213}iẽ^{213}pʰu^{55}sa^{0}
武城	天爷爷tʰiã^{24}iə^{55}iə^{0}	菩萨pʰu^{55}sa^{0}	观音kuã^{24}iẽ^{224}
临清	老天爷lau^{44}tʰian^{13}iə^{53}	菩萨pʰu^{44}sa^{0}	观音kuan^{13}in^{13} 观音娘娘kuan^{13}in^{13}ȵiɑŋ^{44}ȵiɑŋ^{0}
冠县	老天爷lɔ^{53}tʰiã^{13}iə^{53}	菩萨pʰu^{55}sa^{0}	观音菩萨kuã^{13}iẽ^{13}pʰu^{55}sa^{0}
聊城	天爷爷tʰiã^{13}iə^{44}iə^{0}	菩萨pʰu^{44}sa^{0}	观音娘娘kuã^{13}iẽ^{13}ȵiɑŋ^{44}ȵiɑŋ^{0}
济南	老天爷lɔ^{55}tʰiã^{213}iə^{42} 天老爷tʰiã^{213}lɔ^{55}iə^{42} 天爷爷tʰiã^{213}iə^{445}iə^{0}	菩萨pʰu^{445}sa^{0}	观音kuã^{21}iẽ^{0} 观音菩萨kuã^{21}iẽ^{0}pʰu^{445}sa^{0}
泰安	天爷爷tʰiã^{213}iə^{55}iə^{0}	菩萨pʰu^{55}sa^{0}	观世音kuã^{23}ʂʅ^{21}iẽ^{213}
莱芜	老天爷lɔ^{55}tʰiã^{213}iə^{55}	菩萨pʰu^{13}sa^{0}	观音奶奶kuã^{31}iẽ^{31}nɛ^{213}nɛ^{0}
新泰	老天爷爷lɔ^{55}tʰiã^{21}iə^{45}iə^{0} 老天爷lɔ^{55}tʰiã^{21}iə^{42}	菩萨pʰu^{23}θa^{0}	观音菩萨kuã^{21}iẽ^{0}pʰu^{45}θa^{0}
沂源	老天爷lɔ^{55}tʰiã^{21}iə^{55}	菩萨pʰu^{35}θa^{0}	观音kuã^{21}iə̃^{0}
博山	天老爷爷tʰiã^{213}lɔ^{55}iə^{35}iə^{0}	菩萨pʰu^{35}sɑ^{0}	观音菩萨kuɑ̃^{21}iẽ^{0}pʰu^{35}sɑ^{0}
张店	天爷爷tʰiã^{213}iə^{35}iə^{0}	菩萨pʰu^{35}sɑ^{0}	观音kuã^{21}iə̃^{0}
阳谷	天爷爷tʰiã^{13}iə^{55}iə^{0}	菩萨pʰu^{55}sa^{0}	观音菩萨kuã^{13}iẽ^{13}pʰu^{55}sa^{0}
梁山	天爷爷tʰiã^{23}iə^{55}iə^{0}	菩萨pʰu^{55}sa^{0}	观音kuã^{23}iẽ^{213}
菏泽	老天爷lɔ^{44}tʰiã^{213}iɛ^{53}	菩萨pʰu^{53}sa^{0}	观音菩萨kuã^{213}iẽ^{213}pʰu^{53}sa^{0}
曹县	老天爷lɔ^{44}tʰiã^{213}iə^{53}	菩萨pʰu^{53}sa^{0}	观音菩萨kuã^{213}iẽ^{213}pʰu^{53}sa^{0}
金乡	老天爷爷lɔ^{55}tʰiã^{213}iə^{55}iə^{0}	菩萨pʰu^{55}sa^{0}	观音kuã^{23}iẽ^{213}
曲阜	老天爷lɔ^{55}tʰiã^{213}iə^{42}	菩萨pʰu^{55}sa^{0}	观音kuã^{23}iẽ^{213}
薛城	天老爷tʰiã^{31}lɔ^{24}iə^{0}	菩萨pʰu^{55}sa^{0}	观音菩萨kuã^{23}iẽ^{31}pʰu^{55}sa^{0}

续表

	0562 老天爷	0563 菩萨统称	0564 观音
郯城	老天爷lɔ^{24}tʰiã^{21}iə^{44} 天老爷tʰiã^{21}lɔ^{24}iə^{44}	菩萨pʰu^{44}sa^{0}	观音kuã^{13}iə̃^{213} 观音菩萨kuã^{13}iə̃^{21}pʰu^{44}sa^{0}
临沂	老天爷lɔ^{55}tʰiã^{24}iə^{53} 天老爷tʰiã^{24}lɔ^{55}iə^{53}	菩萨pʰu^{55}sa^{0}	观音kuã^{24}iẽ^{214}

	0565 灶神口头的叫法，其中如有方言亲属称谓要释义	0566 寺庙	0567 祠堂
荣成	灶王爷tsau^{33}uaŋ^{0}iɛ^{53}	庙miau^{33}	家庙cia^{53}miau^{33} 祠堂tsʰɿ^{35}tʰaŋ^{35}
烟台	灶王爷tsau^{33}uaŋ^{0}ie^{33}	庙miau^{33}	祠堂tsʰɿ^{53}tʰaŋ^{33}
栖霞	灶神tsɔo^{55}ʃə̃n^{342} 灶母爷爷tsɔo^{34}mu^{0}iɛ^{52}iɛ^{0}	庙miɔo^{342}	祠堂tsʰɿ^{34}tʰaŋ^{0}
长岛	灶老爷爷tsau^{52}lau^{0}iɛ^{55}iɛ^{0}	庙miau^{52}	祠堂tsʰɿ^{52}tʰaŋ^{55}
海阳	灶母爷爷tθɔ^{34}mu^{0}iə^{52}iə^{0}	庙miɔ^{341}	家庙cia^{52}miɔ^{341}
莱西	灶屋爷爷tsɔ^{42}u^{0}iə^{45}iə^{0}	庙miɔ^{42}	祠堂tsʰɿ^{23}tʰaŋ^{42}
平度	灶王爷tθɔ^{42}uaŋ^{213}iə^{42} 灶妈儿tθɔ^{42}mar^{0}	庙miɔ^{42}	家庙cia^{213}miɔ^{42} 永=房iŋ^{55}faŋ^{42}
青岛	灶王儿爷tθɔ^{42}uãr^{213}iə^{42}	祠tθʰɿ^{42} 庙miɔ^{42}	家庙tɕia^{213}miɔ^{42}
高密	灶王爷tθɔ^{21}uaŋ^{0}iə^{42} 灶王娘tθɔ^{21}uaŋ^{0}ȵiaŋ^{42}	庙miɔ^{21}	祠堂tθʰɿ^{42}tʰaŋ^{42}有名无物
诸城	灶王爷爷tθɔ^{31}uã^{0}iə^{24}iə^{0} “王”读为“完”	庙miɔ^{31}	祠堂tθʰɿ^{53}tʰaŋ^{53}
沂水	灶么老爷dðɔ^{44}mə^{0}lɔ^{213}iə^{0}	庙miɔ^{31}	祠堂tθʰɿ^{53}tʰaŋ^{53}
临朐	灶王老爷tθɔ^{21}uaŋ^{0}lɔ^{213}iə^{0}	庙miɔ^{21}	（无）
日照	灶王爷tθɔ^{53}uaŋ^{0}iə^{53}	庙miɔ^{31}	祠堂tθʰɿ^{53}tʰaŋ^{53}
莒南	灶么老爷tθɔ^{42}mə^{0}lɔ^{213}iə^{0}	庙miɔ^{312}	祠堂tθʰɿ^{53}tʰaŋ^{53}
潍坊	灶王爷tsɔɤ^{55}uaŋ^{0}iə^{0}	庙miɔɤ^{31} 大庙ta^{24}miɔɤ^{31} 寺庙sɿ^{31}miɔɤ^{31}	祠堂tsʰɿ^{53}tʰaŋ^{53}
寿光	灶王爷tsɔ^{55}uaŋ^{0}iə^{53}	庙miɔ^{21}	家庙tɕia^{13}miɔ^{21}
高青	灶王爷爷tsɔ^{41}uaŋ^{55}iə^{35}iə^{0}	寺庙sɿ^{55}miɔ^{41}	家庙tɕia^{213}miɔ^{41}
阳信	灶王爷爷tsɔ^{55}uaŋ^{0}iə^{45}iə^{0}	庙miɔ^{31}	祠堂tsʰɿ^{31}tʰaŋ^{43}

续表

	0565灶神口头的叫法，其中如有方言亲属称谓要释义	0566寺庙	0567祠堂
济阳	灶王爷tsɔ^{31}uɑŋ^{0}iə^{55} 灶王爷爷tsɔ^{31}uɑŋ^{0}iə^{24}iə^{0}	庙miɔ^{31}	家庙tɕia^{13}miɔ^{31}
利津	灶王爷tsɔ^{31}uɑŋ^{0}iə^{53}	庙miɔ^{31}	祠堂tsʰʅ^{53}tʰɑŋ^{53}
乐陵	灶王爷tsɔ^{55}uɑŋ^{0}iə^{55}	庙miɔ^{51}	祠堂tsʰʅ^{51}tʰɑŋ^{55}
商河	灶王爷tsɔ^{31}uɑŋ^{54}iə^{54}	庙miɔ^{31}	祠堂tsʰʅ^{54}tʰɑŋ^{54}
平原	灶王爷tsɔu^{21}uɑŋ^{0}iə^{42}	庙miɔu^{21}	家庙tɕia^{23}miɔu^{21}
德州	灶王爷tsɔ^{42}uɑŋ^{55}iə^{42}	庙miɔ^{21}	（无）
武城	灶王爷tsɔ^{312}uɑŋ^{0}iə^{53}	庙miɔ^{312}	（无）
临清	灶王爷tsau^{31}uɑŋ^{44}iə^{53}	寺sɿ^{313}	（无）
冠县	灶王爷tsɔ^{31}uɑŋ^{0}iə^{53} 灶王奶奶tsɔ^{31}uɑŋ^{0}nɛ^{44}nɛ^{0}	寺庙sɿ^{24}miɔ^{314}	家庙tɕia^{55}miɔ^{314}
聊城	灶王爷tsɔ^{31}uɑŋ^{0}iə^{53}	庙miɔ^{313}	祠堂tsʰʅ^{53}tʰɑŋ^{53}少
济南	灶王爷爷tsɔ^{21}uɑŋ^{42}iə^{445}iə^{0} 灶王爷tsɔ^{21}uɑŋ^{42}iə^{42}	庙miɔ^{21}	祠堂tsʰʅ^{445}tʰɑŋ^{0}
泰安	灶妈爷tsɔ^{42}ma^{0}iə^{42}	庙miɔ^{21}	家庙tɕia^{23}miɔ^{21}
莱芜	灶君老爷tsɔ^{42}tɕyẽ^{31}lɔ^{213}iə^{0}	庙miɔ^{42}	家庙tɕia^{213}miɔ^{42}
新泰	灶王老爷tθɔ^{31}uɑŋ^{42}lɔ^{213}iə^{0}	庙miɔ^{31}	祠堂tθʰʅ^{42}tʰɑŋ^{42}
沂源	灶王老爷tθɔ^{31}uɑŋ^{55}lɔ^{21}iə^{0}	庙miɔ^{31}	祠堂tθʰʅ^{55}tʰɑŋ^{55}
博山	灶王爷爷tsɔ^{31}uɑŋ^{55}iə^{35}iə^{0}	寺庙sɿ^{31}miɔ^{31}	祠堂tsʰʅ^{31}tʰɑŋ^{55} 家庙tɕia^{213}miɔ^{31}
张店	灶王爷爷tsɔ^{31}uɑŋ^{55}iə^{35}iə^{0}	庙miɔ^{31}	祠堂tsʰʅ^{55}tʰɑŋ^{55}
阳谷	灶王爷tsɔ^{42}uɑŋ^{0}iə^{42}	和尚庙xə^{42}sɑŋ^{0}miɔ^{313}	家庙tɕia^{13}miɔ^{313}
梁山	灶王爷tsɔ^{42}uɑŋ^{0}iə^{42}	庙miɔ^{314}	家庙tɕia^{23}miɔ^{314}
菏泽	老灶爷lɔ^{44}tsɔ^{31}iɛ^{53}	庙miɔ^{312}	家庙tɕia^{21}miɔ^{0}
曹县	灶王爷tsɔ^{31}uɑŋ^{0}iə^{53}	庙miɔ^{312}	祠堂tsʰʅ^{53}tʰɑŋ^{0}
金乡	灶爷爷tsɔ^{31}iə^{55}iə^{0}	寺庙sɿ^{23}miɔ^{312}	祠堂tsʰʅ^{42}tʰɑŋ^{0} 家庙tɕia^{23}miɔ^{312}
曲阜	灶火老爷tsɔ^{42}xuə^{0}lɔ^{213}iə^{0} 灶君爷tsɔ^{31}tɕyẽ^{213}iə^{42}	庙miɔ^{312}	祠堂tsʰʅ^{42}tʰaŋ^{42}
薛城	灶老爷tsɔ^{41}lɔ^{24}iə^{0}	庙miɔ^{41}	家庙tɕia^{313}miɔ^{41}

续表

	0565灶神口头的叫法，其中如有方言亲属称谓要释义	0566寺庙	0567祠堂
郯城	灶老爷tsɔ^{51}lɔ^{24}iə^{44}	庙miɔ^{51} 寺庙sɿ^{51}miɔ^{51}	祠堂tsʰɿ^{44}tʰɑŋ^{44}
临沂	灶王老爷tsɔ^{31}uɑŋ^{0}lɔ^{214}iə^{0}	庙miɔ^{312}	祠堂tsʰɿ^{53}tʰɑŋ^{53}

	0568和尚	0569尼姑	0570道士
荣成	和尚xo^{35}ʃɑŋ^{0}	姑子ku^{53}tsɿ^{0}	道士tau^{33}ʂʅ^{0}
烟台	和尚xuo^{33}tɕʰiɑŋ^{0}	姑子ku^{53}rə^{0}	道士tau^{33}sɿ^{0}
栖霞	和尚xuo^{34}tʃʰɑŋ^{0}	姑子ku^{52}lə^{0}	老道lɔo^{21}tɔo^{52}
长岛	和尚xuə^{55}ʃɑŋ^{0}	尼姑子ȵi^{55}ku^{31}tsɿ^{0}	道士tau^{52}sɿ^{0}
海阳	和尚xuo^{34}tʂʰɑŋ^{0}	姑子ku^{52}ə^{0}	道士tɔ^{34}ʂʅ^{0}
莱西	和尚xuə^{45}tʃʰɑŋ^{0}	姑子ku^{214}tsɿ^{55} 尼姑ȵi^{33}ku^{214}	道士tɔ^{45}sɿ^{0}
平度	和尚xuə^{45}tʃʰɑŋ^{0}	姑子ku^{213}tθɿ^{0} 尼姑mi^{45}ku^{0}	道士tɔ^{45}ʃʅ^{0}
青岛	和尚xuə^{45}tʃʰɑŋ^{0}	姑姑子ku^{21}ku^{0}tθɿ^{0}	道士tɔ^{45}ʃʅ^{0}
高密	和尚xə^{55}tʃʰɑŋ^{0}	姑姑子ku^{21}ku^{0}tθɿ^{0}	道士tɔ^{42}ʂʅ^{0}
诸城	和尚xuə^{24}tʃʰɑŋ^{0}	姑子ku^{31}tθɿ^{0}	道士tɔ^{44}ʂʅ^{0}
沂水	和尚xuə^{24}tʃʰɑŋ^{0}	姑子ku^{21}dðɿ^{0}	道士tɔ^{44}ʂʅ^{0}
临朐	和尚xuə^{35}tʃʰɑŋ^{0}	姑子ku^{21}tθɿ^{0}	道士tɔ^{44}ʂʅ^{0}
日照	和尚xə^{44}tʃʰɑŋ^{0}	姑姑子ku^{31}ku^{0}tθɿ^{0}	道士tɔ^{53}ʂʅ^{0}
莒南	和尚xə^{24}ʃɑŋ^{0}	姑姑子ku^{21}ku^{0}tθɿ^{0}	道士tɔ^{42}ʂʅ^{0}
潍坊	和尚xuə^{35}tʂʰɑŋ^{0}	尼姑子ȵi^{35}ku^{0}tsɿ^{0} 尼姑儿ȵi^{35}kur^{0}	道士tɔɤ^{55}ʂʅ^{0}
寿光	和尚xuə^{35}tʂʰɑŋ^{0}	姑子ku^{21}tsɿ^{0}	道士tɔ^{55}ʂʅ^{0}
高青	和尚xə^{35}tʂʰɑŋ^{0}	姑子ku^{21}tsɿ^{0}	道士tɔ^{55}ʂʅ^{0}
阳信	和尚xə^{45}tʂʰɑŋ^{0}	姑子ku^{31}tsɿ^{0}	道士tɔ^{55}ʂʅ^{0}
济阳	和尚xə^{24}tʂʰɑŋ^{0}	姑子ku^{21}tsɿ^{0}	道士tɔ^{55}ʂʅ^{0} 老道lɔ^{13}tɔ^{31}
利津	和尚xə^{35}tʂʰɑŋ^{0}	姑子ku^{31}tsɿ^{0}	道士tɔ^{55}ʂʅ^{0}
乐陵	和尚xə^{55}tʂʰɑŋ^{0}	姑子ku^{31}tsɿ^{0}	老道lɔ^{55}tɔ^{51}

续表

	0568 和尚	0569 尼姑	0570 道士
商河	和尚 xə^{24}tʂʰɑŋ^{0}	姑子 ku^{21}tsɿ^{0}	道士 tɔ^{54}sɿ^{0} 老道 lɔ^{45}tɔ^{31}
平原	和尚 xə^{55}ʂɑŋ^{0}	姑姑儿 ku^{21}kur^{0}	老道 lɔu^{55}tɔu^{21}
德州	和尚 xə^{55}ʂɑŋ^{0} 出家的 tʂʰu^{213}tɕia^{21}ti^{0}	姑儿姑儿 kur^{21}kur^{0} 姑子 ku^{21}tsɿ^{0}	老道 lɔ^{55}tɔ^{21}
武城	和尚 xə^{55}tʂʰɑŋ^{0}	姑姑子 ku^{312}ku^{0}tsɿ^{0}	老道 lɔ^{55}tɔ^{312}
临清	和尚 xə^{44}tʂʰɑŋ^{0}	姑姑子 ku^{13}ku^{0}tsɿ^{0}	老道儿 lau^{44}taur^{313} 道士 tau^{53}ʂʅ^{0}
冠县	和尚 xə^{53}ʂɑŋ^{0}	姑姑儿 ku^{21}kur^{0}	道人 tɔ^{53}ʐẽ^{0}
聊城	和尚 xə^{44}tsʰɑŋ^{0}	姑姑 ku^{13}ku^{0}	老道儿 lɔ^{44}tɔr^{313}
济南	和尚 xə^{445}tʂʰɑŋ^{0}	姑子 ku^{21}tsɿ^{0}	道士 tɔ^{55}ʂʅ^{0} 老道士 lɔ^{213}tɔ^{55}ʂʅ^{0}
泰安	和尚 xə^{55}tʂʰɑŋ^{0}	姑姑子 ku^{21}ku^{0}tsɿ^{0}	道士 tɔ^{42}ʂʅ^{0}
莱芜	和尚 xə^{13}tʃʰɑŋ^{0}	姑子 ku^{31}tsɿ^{0}	道士 tɔ^{42}ʃʅ^{0}
新泰	和尚 xə^{45}tʃʰɑŋ^{0}	姑姑子 ku^{21}ku^{21}tθɿ^{0}	道士 tɔ^{54}ʃʅ^{0}
沂源	和尚 xuə^{35}tʃʰɑŋ^{0}	姑子 ku^{21}ɿ^{0}	道士 tɔ^{55}ʃʅ^{0}
博山	和尚 xuə^{35}tʂʰɑŋ^{0}	姑子 ku^{21}ə^{0}	道士 tɔ^{55}ʂʅ^{0}
张店	和尚 xuə^{35}tʂʰɑŋ^{0}	姑子 ku^{21}ɿ^{0}	道士 tɔ^{55}ʂʅ^{0}
阳谷	和尚 xə^{55}sɑŋ^{0}	尼姑 ȵi^{42}ku^{0}	老道 lɔ^{55}tɔ^{313}
梁山	和尚 xə^{55}sɑŋ^{0}	姑姑子 ku^{21}ku^{0}tsɿ^{0}	老道 lɔ^{55}tɔ^{314}
菏泽	和尚 xuə^{53}sɑŋ^{0}	姑子 ku^{21}tə^{0}	道人 tɔ^{31}zẽ^{0}
曹县	和尚 xə^{53}ʂɑŋ^{0}	姑子 ku^{21}tə^{0}	老道 lɔ^{44}tɔ^{312}
金乡	和尚 xə^{55}sɑŋ^{0}	姑子 ku^{21}tsɿ^{0}	道士 tɔ^{42}sɿ^{0} 道人 tɔ^{42}zẽ^{0}
曲阜	和尚 xə^{55}saŋ^{0}	姑姑子 ku^{21}ku^{0}tsɿ^{0}	老道 lɔ^{55}tɔ^{312}
薛城	和尚 xə^{55}sɑŋ^{0}	姑姑子 ku^{31}ku^{31}tsɿ^{0} 尼姑 ȵi^{55}ku^{0}	道人 tɔ^{41}zẽ^{0}
郯城	和尚 xə^{44}ʂəŋ^{0}	姑姑子 ku^{21}ku^{21}tsɿ^{0} 尼姑 ȵi^{44}ku^{0}	道士 tɔ^{51}ʂʅ^{0} 老道士 lɔ^{24}tɔ^{51}ʂʅ^{0}
临沂	和尚 xə^{55}tʃʰɑŋ^{0}	姑姑子 ku^{21}ku^{21}tsɿ^{0} 尼姑 ȵi^{53}ku^{214}	道士 tɔ^{31}ʃʅ^{0}

	0571 算命统称	0572 运气	0573 保佑
荣成	算命san^{33}miŋ^{33}	运儿yər^{33}	保佑pau^{21}iəu^{33}
烟台	算命san^{53}miŋ^{33} 算卦san^{53}kua^{33}	走字儿tsou^{21}tsər^{33}	保佑pau^{21}iou^{0}
栖霞	算命sãn^{55}miŋ^{52}	时气sʅ^{34}cʰi^{52}	保佑pɔo^{21}iəu^{52}
长岛	算命的san^{52}miŋ^{52}ti^{0}	点儿tiɐr^{213}	保佑pau^{21}iou^{52}
海阳	算命θã^{52}miŋ^{341}	时气ʂʅ^{34}cʰi^{0}	照应tsɔ^{34}iŋ^{0}
莱西	算卦sã^{214}kua^{42} 算命sã^{214}miŋ^{42} 占卦tʃiã^{214}kua^{42}	运气yẽ^{42}cʰi^{0}	保佑pɔ^{55}iou^{42}
平度	算卦θã^{213}kua^{42} 算命θã^{213}miŋ^{42}	运气yə̃^{213}cʰi^{0}	保着pɔ^{45}tʂə^{0}
青岛	算卦θuã^{213}kuɑ^{42} 算命θuã^{213}mioŋ^{42}	运气yẽ^{42}tɕʰi^{0}	保佑pɔ^{55}iou^{0}
高密	算卦θuã^{23}kuɑ^{21}	运气yə̃^{21}tɕʰi^{0}	保佑pɔ^{55}iou^{21}
诸城	算卦θuã^{31}kua^{31}	运气yẽ^{31}tʃʰʅ^{31}	保佑pɔ^{44}iou^{31}
沂水	算卦θuã^{31}kua^{31} 算命θuã^{31}miŋ^{31}	时气儿ʂʅ^{53}tɕʰiɾcr^{31}	保佑pɔ^{44}iou^{31}
临朐	算卦θuã^{21}kua^{21}	时气儿ʂʅ^{53}tɕʰier^{21}	保佑pɔ^{44}iəu^{21}
日照	算命θuã^{44}miəŋ^{31}	时气ʂʅ^{44}tʃʰʅ^{0}	保佑pɔ^{44}iou^{31}
莒南	算命θuã^{13}miŋ^{31} 打卦算命ta^{55}kua^{31}θuã^{13}miŋ^{31}	时气ʂʅ^{24}tɕʰi^{0} 运气yẽ^{42}tɕʰi^{0}	保佑pɔ^{55}iou^{31}
潍坊	算卦suã^{24}kuɑ^{31} 算命suã^{24}miŋ^{31}	运气yẽ^{31}tɕʰi^{0}大的 时气ʂʅ^{35}tɕʰi^{0}小的	保佑pɔɤ^{24}ʐɤɯ^{31} 加护tɕiɑ^{24}xu^{31}
寿光	算卦suã^{13}kua^{21}	时气ʂʅ^{53}tɕʰi^{21}	保佑pɔ^{55}iəu^{21}
高青	算卦suã^{41}kuɑ^{41}	运气儿yə̃^{41}tɕʰier^{41}	保佑pɔ^{55}iou^{41}
阳信	算卦suã^{23}kua^{31}	时气ʂʅ^{55}tɕʰi^{31}	加护tɕia^{23}xu^{31}
济阳	算卦suã^{31}kua^{31}	运气yẽ^{31}tɕʰi^{0} 时气ʂʅ^{24}tɕʰi^{0}	保佑pɔ^{13}iou^{31}
利津	算卦suã^{24}kua^{31}	运气yẽ^{31}tɕʰi^{0}	保佑pɔ^{55}iou^{31} 保住pɔ^{213}tʂu^{0}
乐陵	算卦suã^{24}kuɑ^{51}	运气yẽ^{31}tɕʰi^{0}	保佑pɔ^{55}iou^{51}
商河	算卦suã^{24}kuɑ^{31}	运气yẽ^{31}tɕʰi^{31}	保佑pɔ^{45}iou^{31} 保着pɔ^{213}tʂou^{0}

续表

	0571 算命统称	0572 运气	0573 保佑
平原	算卦 suã^{23}kua^{21}	运气 yẽ^{21}tɕʰi^{0}	保佑 pɔu^{55}iou^{21}
德州	算卦 suã^{213}kua^{21}	时气儿 ʂʅ^{55}tɕʰier^{0}	保佑 pɔ^{55}iou^{21}
武城	算卦 suã^{24}kua^{312}	运气 yẽ^{24}tɕʰi^{0} 变调特殊	保佑 pɔ^{55}iou^{312}
临清	算卦 suan^{13}kua^{313}	运气 yn^{53}tɕʰi^{0}	保佑 pau^{44}iou^{313}
冠县	算卦 suã^{24}kua^{314}	运气 yẽ^{24}tɕʰi^{31}	保佑 pɔ^{55}iou^{0}
聊城	算卦 suã^{31}kua^{313}	时气 sʅ^{44}tɕʰi^{0}	保佑 pɔ^{44}iou^{313}
济南	算卦 suã^{23}kua^{21}	运气 yẽ^{23}tɕʰi^{21}	保着 pɔ^{213}tʂʅ^{0}
泰安	算卦 suã^{21}kua^{21}	时气 ʂʅ^{55}tɕʰi^{0}	保佑 pɔ^{55}iou^{21}
莱芜	算卦 suã^{31}kua^{42}	时运 ʃʅ^{13}yẽ^{0}	保佑 pɔ^{213}iou^{42}
新泰	算卦 suã^{31}kua^{31}	时气 ʃʅ^{45}tɕʰi^{0}	保佑 pɔ^{55}iou^{31}
沂源	算卦 θuã^{31}kua^{31}	时气儿 ʃʅ^{55}tɕʰier^{31}	保佑 pɔ^{55}iou^{31}
博山	算卦 suã^{31}kuɑ^{31}	运 yẽ^{31} 运气 yẽ^{31}tɕʰi^{31}	保佑 pɔ^{213}iəu^{0}
张店	算卦 suã^{31}kuɑ^{31}	运气 yə̃^{31}tɕʰi^{31}	保佑 pɔ^{55}iou^{31}
阳谷	算卦 suã^{13}kua^{313}	时气 sʅ^{55}tɕʰi^{0}	保佑 pɔ^{55}iou^{0}
梁山	算卦 ɕyã^{31}kua^{314}	时气 sʅ^{55}tɕʰi^{0}	保佑 pɔ^{55}iou^{0}
菏泽	算卦 suã^{213}kua^{312}	时运 sʅ^{53}ỹ^{312}	保佑 pɔ^{44}iou^{312}
曹县	算卦 suã^{13}kua^{312}	时运 sʅ^{53}yẽ^{0}	保佑 pɔ^{44}iou^{0}
金乡	算卦 suã^{23}kua^{312}	时运 sʅ^{55}yẽ^{0}	保佑 pɔ^{55}iou^{0}
曲阜	算卦 suã^{23}kua^{312}	运气 yẽ^{23}tɕʰi^{312}	保佑 pɔ^{55}iou^{312}
薛城	算卦 ɕyã^{41}kua^{41}	运气 yẽ^{41}tɕʰi^{41}	保佑 pɔ^{24}iou^{41}
郯城	算卦 suã^{51}kua^{51} 算命 suã^{51}miŋ^{51} 打卦算命 ta^{24}kua^{51}suã^{51}miŋ^{51}	时气 ʂʅ^{44}tɕʰi^{0} 运气 yə̃^{51}tɕʰi^{51}	保 pɔ^{24} 保佑 pɔ^{24}iəu^{51}
临沂	算卦 suã^{31}kua^{312}	时气 ʃʅ^{55}tɕʰi^{0} 运气 yẽ^{24}tɕʰi^{0}	保 pɔ^{55} 保佑 pɔ^{55}iou^{312}

	0574 人一个~	0575 男人成年的，统称	0576 女人三四十岁已婚的，统称
荣成	人儿 iər^{53}	汉子 xan^{33}tsʅ^{0} 男的 nan^{35}tə^{0}	老婆 lau^{214}pʰə^{0} 媳妇 si^{35}fu^{0}

续表

	0574人一个～	0575男人成年的，统称	0576女人三四十岁已婚的，统称
烟台	人in^{53}	汉子xan^{33}ɾə^{0}	老婆lau^{21}p^{h}o^{0}
栖霞	人ĩn^{312}	男人nãn^{34}ĩn^{312} 汉子xɑŋ^{52}lə^{0}	老娘们儿lɔo^{21}ȵiɑŋ^{34}mər^{0}
长岛	人in^{55}	汉们xan^{52}mən^{0}	娘们儿ȵiɑŋ^{55}mər^{0}
海阳	人ĩ^{52}	汉子xã^{34}ə^{0} 男人nã^{34}ĩ^{0}	老婆lɔ^{21}p^{h}ə^{0} 女人ȵy^{21}ĩ^{0}
莱西	人iẽ^{214}	男人nã^{45}iẽ^{0} 汉子xã^{42}tsɿ^{0}	老婆lɔ^{213}p^{h}ə^{0} 婆娘p^{h}ə^{45}ȵiɑŋ^{0} 媳妇儿ʃʅ^{214}fer^{42}
平度	人iə̃^{42}	汉子xã^{42}tθɿ^{0}	老婆lɔ^{45}p^{h}ə^{0} 媳妇儿si^{45}fur^{0}
青岛	人iẽ^{42}	汉子xã^{42}tθɿ^{0} 汉们xã^{42}mẽ^{0}	老婆儿lɔ^{55}p^{h}ər^{42} 娘们儿ȵiɑŋ^{42}mer^{0}
高密	人儿ier^{42}	男的nã^{55}ti^{0} 汉子xã^{42}tθɿ^{0}	媳妇儿si^{23}fur^{0} 老婆lɔ^{23}p^{h}ə^{0}
诸城	人iẽ^{53}	男人nã^{53}iẽ^{0}	老婆lɔ^{213}p^{h}ə^{0}
沂水	人iẽ^{53}	爷儿们儿iər^{24}mer^{0}	娘儿们儿niɑ̃r^{24}mer^{0}
临朐	人zə̃^{53}	男的nã^{35}ti^{0}	女的ȵy^{213}ti^{0}
日照	人iẽ^{53}	大男人tɑ^{31}nã^{53}iẽ^{53}	小女人儿0iɔ^{53}ny^{213}zer^{53} 女人ny^{24}iẽ^{53}
莒南	人iẽ^{53}	大男人ta^{31}nã^{53}iẽ^{0} 男人nã^{53}iẽ^{0} 爷们儿iə^{53}mer^{0}	女人ny^{213}iẽ^{0} 妇女fu^{31}ny^{55} 娘们儿niɑŋ^{24}mer^{0}
潍坊	人zẽ^{53}	汉子xã^{55}tsɿ^{0}	娘们儿ȵiɑŋ^{35}mer^{0} 老婆lɔɤ^{24}p^{h}ə^{0} 媳妇ɕi^{214}fu^{0}
寿光	人lə̃^{53}	男的nã^{35}ti^{0}	女的ȵy^{24}ti^{0} 老婆lɔ^{24}p^{h}ə^{0}
高青	人zə̃^{55}	男人nã^{55}zə̃^{0}	女人ny^{55}zə̃^{0}
阳信	人zə̃^{43}	爷们儿iə^{45}mer^{0}成年男性 大老爷们儿ta^{31}lɔ^{55}iə^{45}mer^{0}特指壮劳力男性	娘们儿ȵiɑŋ^{45}mer^{0}
济阳	人zẽ^{55}	爷们儿iə^{24}mer^{0} 男的nã^{24}ti^{0}	娘们儿ȵiɑŋ^{24}mer^{0} 女的ȵy^{213}ti^{0}

续表

	0574 人 一个~	0575 男人 成年的，统称	0576 女人 三四十岁已婚的，统称
利津	人ʐẽ^{53}	男的nã^{35}ti^{0} 男人nã^{53}ʐẽ^{53}	女的ȵy^{213}ti^{0} 女人ȵy^{55}ʐẽ^{53}
乐陵	人ʐẽ^{55}	男的nã^{55}ti^{0}	女的ȵy^{212}ti^{0}
商河	人ʐẽ^{54}	爷们儿iə^{24}mer^{0}	娘们儿ȵiaŋ^{24}mer^{0}
平原	人ʐẽ^{42}	男的nã^{55}ti^{0}	女的ȵy^{23}ti^{0}
德州	人ʐẽ^{42}	男的nã^{55}ti^{0}	女的ȵy^{213}ti^{0}
武城	人lẽ^{53}	男的nã^{55}li^{0}	女的ȵy^{24}li^{0}
临清	人ʐen^{53}	男的nan^{44}tə^{0} 男人nan^{53}ʐen^{0} 爷们儿iə^{44}mer^{0}	女的ȵy^{44}tə^{0} 女人ȵy^{44}ʐen^{53} 娘们儿ȵiaŋ^{44}mer^{0}
冠县	人ʐẽ^{53}	男的nã^{55}tiə^{0}	女的ȵy^{44}tiə^{0} 妇女fu^{31}ȵy^{55}
聊城	人zẽ^{53}	男爷们儿nã^{53}iə^{44}mer^{0} 老爷们儿lɔ^{44}iə^{44}mer^{0}	老娘们儿lɔ^{44}ȵiaŋ^{44}mer^{0} 家里的tɕia^{13}li^{0}ti^{0}
济南	人ʐẽ^{42}	爷们儿iə^{445}mer^{0} 男的nã^{445}ti^{0}	娘们儿ȵiaŋ^{445}mer^{0} 女的ȵy^{213}ti^{0}
泰安	人ʐẽ^{42}	男爷们儿nã^{42}iə^{55}mer^{0}	娘们儿ȵiaŋ^{55}mer^{0}
莱芜	人ʒẽ^{55}	男人nã^{55}ʒẽ^{0} 汉子xã^{42}tsɿ^{0}	娘们ȵiaŋ^{13}mẽ^{0}
新泰	人ʒẽ^{42}	男的nã^{45}li^{0}	女的ȵy^{213}li^{0}
沂源	人iə̃^{55}	男人nã^{35}iə̃^{0}	女人ȵy^{21}iə̃^{0}
博山	人lẽ^{55}	男人nã^{53}lẽ^{55} 汉子xã^{55}ə^{0}	女人ȵy^{213}lẽ^{0}
张店	人ʐə̃^{55}	爷们儿iə^{35}mei^{0}	老婆们lɔ^{213}pʰə^{0}mə̃^{0}
阳谷	人zẽ^{42}	男的nã^{55}li^{0} 爷们儿iə^{55}mɤr^{0} 外头人儿uɛ^{42}tʰou^{0}ʐɤr^{42}	娘们儿ȵiaŋ^{55}mɤr^{0} 老娘们儿lɔ^{42}ȵiaŋ^{55}mɤr^{0} 家里人儿tɕia^{31}li^{0}ʐɤr^{42}
梁山	人zẽ^{42}	劳力lɔ^{42}li^{314}	娘们儿ȵiaŋ^{55}mer^{0}
菏泽	人zẽ^{53}	外头的uɛ^{31}tʰou^{0}lɛ^{0} 男的nã^{53}lɛ^{0}	家下的ɕia^{31}ɕia^{0}lɛ^{0} “家”读为“虾” 娘们儿ȵiaŋ^{53}mer^{0} 女的ȵy^{44}lɛ^{0}

续表

	0574 人一个～	0575 男人成年的，统称	0576 女人三四十岁已婚的，统称
曹县	人 zẽ^{53}	男的 nã^{53}lei^{0}	妇女 fu^{31}ȵy^{44}
金乡	人 zẽ^{42}	男的 nã^{55}li^{0}	女的 ȵy^{23}li^{0}
曲阜	人 zẽ^{42}	男的 nã^{55}li^{0}	女的 ȵy^{213}li^{0}
薛城	人 zẽ^{55}	男的 nã^{55}ti^{0}	女的 ȵy^{24}ti^{0} 娘们儿 ȵiaŋ^{55}mer^{0}
郯城	人 zə̃^{44}	男劳力 nã^{44}lɔ^{44}li^{213} 劳力 lɔ^{44}li^{213} 男人 nã^{44}zə̃^{0}	娘们儿 ȵiaŋ^{44}mer^{0} 妇女 fu^{51}ȵy^{24}
临沂	人 zẽ^{53}	劳力 lɔ^{53}li^{214} 男劳力 nã^{53}lɔ^{53}li^{214}	老婆头子 lɔ^{214}pʰə^{0}tʰou^{55}tsɿ^{0} 非正式 老娘们儿 lɔ^{55}ȵiaŋ^{55}mer^{0} 非正式 妇女 fu^{24}ȵy^{55} 正式

	0577 单身汉	0578 老姑娘	0579 婴儿
荣成	光棍儿 kuaŋ^{53}kuər^{33}	老大闺女 lau^{31}ta^{33}kueɪ^{53}ny^{0}	小月子嘎⁼儿 siau^{55}yɛ^{214}tsɿ^{0}kɐr^{53}
烟台	光棍儿 kuaŋ^{53}kuər^{33}	老闺女 lau^{21}kuei^{53}ȵiŋ^{0}	小月月孩儿 ɕiau^{33}ye^{21}ye^{0}xɐr^{33}
栖霞	光棍儿 kuaŋ^{55}kuər^{52}	老闺女 lɔo^{214}kuei^{55}ȵiŋ^{0}	月子孩儿 yɛ^{52}ə^{0}xɐr^{342}
长岛	光棍儿 kuaŋ^{31}kuər^{52}	老闺女 lau^{55}kuei^{31}ȵiŋ^{0}	月孩儿 yɛ^{21}xɐr^{55}
海阳	光棍儿 kuaŋ^{52}kuər^{341}	老闺女 lɔ^{21}kuei^{52}ȵiŋ^{0}	月孩儿 yə^{52}xɐr^{341}
莱西	光棍儿 kuaŋ^{214}kuer^{42}	老嫚儿 lɔ^{214}mɐr^{42}	婴儿 iŋ^{214}ər^{0} 小孩儿 ʃiɔ^{55}xɐr^{42}
平度	光棍儿 kuaŋ^{213}kuer^{42} 光棍子 kuaŋ^{213}kuə̃^{42}tθɿ^{0}	老大嫚儿 lɔ^{45}ta^{0}mɐr^{213}	小孩儿 siɔ^{55}xɛr^{42} 月孩子 yə^{42}xɛ^{0}tθɿ^{0} 未满月的
青岛	光棍儿 kuaŋ^{213}kuer^{42}	老大嫚儿 lɔ^{55}tɑ^{42}mɛr^{213}	吃奶的孩子 tʃʰɿ^{213}nɛ^{55}ti^{0}xɛ^{45}tθɿ^{0} 屎孩子 ʂɿ^{55}xɛ^{42}tθɿ^{0}
高密	光棍儿 kuaŋ^{23}kuer^{21}	老大嫚儿 lɔ^{55}tɑ^{21}mɛr^{213}	月孩子 yə^{42}xɛ^{0}tθɿ^{0}
诸城	光棍子 kuaŋ^{44}kuẽ^{44}tθɿ^{0}	老姑娘 lɔ^{213}ku^{0}ȵiaŋ^{0}	月孩子 yə^{44}xɛ^{0}tθɿ^{0}
沂水	光棍儿 kuaŋ^{24}kuer^{31} 光棍子 kuaŋ^{213}kuẽ^{44}dðɿ^{0}	老大闺女 lɔ^{44}ta^{53}kuẽ^{44}ny^{44}	小妈儿妈儿 siɔ^{44}mar^{21}mar^{0}
临朐	光棍子 kuaŋ^{13}kuə̃^{44}tθɿ^{0}	老大闺女 lɔ^{213}ta^{0}kuei^{0}ȵy^{0}	月孩子 yə^{44}xɛ^{0}tθɿ^{0} 一个月或只有几个月大的

续表

	0577 单身汉	0578 老姑娘	0579 婴儿
日照	光棍子kuɑŋ^{213}kuẽ^{53}tθɿ^{0}	老大闺女lɔ^{213}tɑ^{31}kuei^{31}ny^{0}	月孩子yə^{53}xɛ^{0}tθɿ^{0}
莒南	光棍子kuɑŋ^{13}kuẽ^{42}tθɿ^{0}	老闺女lɔ^{55}kuẽ^{21}ny^{0}	月抱孩儿yə^{42}pu^{0}xɛr^{53} 婴儿iŋ^{213}ɭə^{53}
潍坊	光棍子kuɑŋ^{214}kuẽ^{55}tsɿ^{0}	老大闺女lɔɤ^{24}tɑ^{0}kuei^{31}ȵy^{0}	小孩儿ɕiɔɤ^{55}xɛr^{53} 月孩子yə^{55}xɛ^{0}tsɿ^{0}未满月的
寿光	光棍儿kuɑŋ^{13}kuɭ^{21}	老大闺女lɔ^{55}ta^{21}kuei^{21}ȵy^{0}	月孩儿yə^{55}xɛr^{0}一个月或只有几个月大的
高青	光棍儿kuɑŋ^{213}kuer^{41}	老闺女lɔ^{55}kuə̃^{21}ȵy^{0}	娃娃uɑ^{35}uɑ^{0}
阳信	光棍儿kuɑŋ^{213}kuer^{31} 光棍子kuɑŋ^{213}kuə̃^{55}tsɿ^{0}	老闺女lɔ^{55}kuə̃^{31}ȵy^{0} 女光棍儿ȵy^{55}kuɑŋ^{213}kuer^{31}	月娃儿娃儿孩子yə^{55}uər^{0}uər^{0}xɛ^{45}tsɿ^{0}
济阳	光棍子kuɑŋ^{21}kuẽ^{55}tsɿ^{0}	老闺女lɔ^{21}kuei^{54}ȵi^{55}	月孩子yə^{55}xɛ^{0}tsɿ^{0} 奶娃儿娃儿nɛ^{213}uar^{0}uar^{0}
利津	光棍子kuɑŋ^{213}kuẽ^{55}tsɿ^{0} 光棍儿kuɑŋ^{24}kuer^{31}	老闺女lɔ^{213}kuei^{0}ȵy^{0}	月孩子yə^{55}xɛ^{0}tsɿ^{0}
乐陵	光棍儿kuɑŋ^{24}kuer^{51}	老闺女lɔ^{55}kuei^{31}ȵi^{0}	月孩子yə^{55}xɛ^{0}tsɿ^{0}
商河	光棍子kuɑŋ^{213}kuẽ^{54}tsɿ^{0}	老闺女lɔ^{213}kuei^{0}ȵi^{0}	奶孩子nɛ^{21}xɛ^{24}tsɿ^{0}
平原	光棍儿kuɑŋ^{23}kuər^{21}	老闺女lɔu^{23}kuei^{21}ȵy^{0}	月孩儿yə^{42}xɛr^{0}
德州	光棍儿kuɑŋ^{213}kuer^{21}	老姑娘lɔ^{213}ku^{0}ȵiɑŋ^{0}	小月孩儿ɕiɔ^{55}yə^{42}xɛr^{0}
武城	光棍儿kuɑŋ^{24}kuer^{0}	老闺女lɔ^{24}kuei^{0}ȵi^{0}	小月孩儿ɕiɔ^{24}yə^{53}xɛr^{0}
临清	光棍儿kuɑŋ^{13}kuer^{313}	老闺女lau^{44}kun^{13}ȵi^{0}	婴儿iŋ^{13}ər^{53}
冠县	光棍儿kuɑŋ^{55}kuər^{0}	老姑娘lɔ^{55}ku^{21}ȵiɑŋ^{0}	小孩儿siɔ^{55}xɛr^{53}
聊城	光棍儿kuɑŋ^{13}kuer^{313}	老闺女lɔ^{44}kuei^{13}ȵy^{0}	月窝里小孩儿yə^{53}uə^{0}li^{0}ɕiɔ^{44}xɛr^{53}
济南	光棍儿kuɑŋ^{23}kuer^{21} 光棍子kuɑŋ^{213}kuẽ^{55}tsɿ^{0}	老姑娘lɔ^{213}ku^{0}ȵiɑŋ^{0} 老妮子lɔ^{213}ȵi^{0}tsɿ^{0}	月孩子yə^{55}xɛ^{0}tsɿ^{0} 奶娃儿娃儿nɛ^{213}uar^{0}uar^{0} 月娃儿娃儿yə^{55}uar^{0}uar^{0}
泰安	光棍子kuɑŋ^{23}kuẽ^{42}tsɿ^{0}	老姑娘lɔ^{213}ku^{0}ȵiɑŋ^{0}	小娃儿娃儿ɕiɔ^{213}uar^{55}uar^{0}
莱芜	光棍子kuɑŋ^{213}kuẽ^{42}tsɿ^{0}	老闺女lɔ^{213}kuei^{0}ȵy^{0}	小娃娃ɕiɔ^{31}ua^{13}ua^{0}
新泰	光棍子kuɑŋ^{23}kuẽ^{54}tθɿ^{0}	老闺女lɔ^{21}kuẽ^{45}ȵy^{0}	月娃娃yə^{23}ua^{21}ua^{0}
沂源	光棍子kuɑŋ^{21}kuə̃^{55}tθɿ^{0}	老闺女lɔ^{2135}kuei^{0}ȵy^{0}	月孩子yə^{55}xɛ^{0}tθɿ^{0}
博山	光棍子kuɑŋ^{213}kuẽ^{55}ə^{0}	老闺女lɔ^{213}kuẽ^{0}ȵy^{0}	月孩yə^{55}xɛ^{0}
张店	光棍子kuɑŋ^{213}kuə̃^{55}ɿ^{0}	老闺女lɔ^{55}kuei^{21}ȵy^{0}	娃娃uɑ^{35}uɑ^{0}

续表

	0577 单身汉	0578 老姑娘	0579 婴儿
阳谷	光棍汉子kuaŋ^{31}kuẽ^{0}xã^{42}zʅ^{0}	老闺女lɔ^{55}kuei^{31}ȵy^{0}	毛儿娃娃mɔr^{42}ua^{55}ua^{0} 小毛儿娃娃çiɔ^{55}mɔr^{42}ua^{55}ua^{0}
梁山	光棍儿汉儿kuaŋ^{55}kuer^{0}xɛr^{314}	老闺女lɔ^{55}kuei^{21}ȵy^{0}	月窝孩儿yə^{21}uə^{0}xɛr^{42} 娃娃ua^{55}ua^{0}
菏泽	光棍儿汉子kuaŋ^{21}kuer^{0}xã^{31}tə^{0}	老闺女lɔ^{44}kuei^{21}ȵy^{0}	小娃儿娃儿çiɔ^{44}uar^{53}uar^{0}
曹县	光棍儿kuaŋ^{21}kuɤr^{0}	老姑娘lɔ^{44}ku^{21}ȵiaŋ^{0}	娃娃ua^{53}ua^{0}
金乡	光棍汉子kuaŋ^{21}kuẽ^{0}xã^{42}tsʅ^{0}	家姑子老tɕia^{21}ku^{0}tsʅ^{0}lɔ^{55}	小月娃儿çiɔ^{55}yə^{23}uar^{42}
曲阜	光棍儿kuaŋ^{213}kuer^{0}	老妮儿lɔ^{55}ȵier^{213}	月娃娃yə^{213}ua^{55}ua^{0}
薛城	光棍儿kuaŋ^{313}kuer^{41} 光腚汉子kuaŋ^{31}tiŋ^{0}xã^{41}tsʅ^{0}	老妮儿lɔ^{55}ȵier^{0}	月窝儿yə^{23}uər^{313}
郯城	光棍子kuaŋ^{21}kuə̃^{51}tsʅ^{0} 光棍蛋子kuaŋ^{21}kuə̃^{51}tã^{51}tsʅ^{0} 光蛋kuaŋ^{21}tã^{51}	老闺女lɔ^{24}kuə̃^{21}ȵy^{0} 老大闺女lɔ^{24}ta^{51}kuə̃^{21}ȵy^{0}	月付⁼孩儿yə^{21}fu^{0}xɛr^{44}
临沂	光棍子kuaŋ^{24}kuẽ^{31}tsʅ^{0}	老姑娘lɔ^{214}ku^{0}ȵiaŋ^{0}	小月乎孩儿çiɔ^{55}yə^{21}xu^{0}xɛr^{53}

	0580 小孩三四岁的，统称	0581 男孩统称：外面有个～在哭	0582 女孩统称：外面有个～在哭
荣成	小孩儿siau^{21}xɐr^{35}	小小儿siau^{55}siaur^{214}	小闺女siau^{21}kuei^{53}ny^{0}
烟台	小孩儿çiau^{21}xɐr^{33}	小小儿çiau^{33}çiaur^{14}	小闺妮儿çiau^{21}kuei^{0}ȵiɔr^{0}
栖霞	小孩儿ʃiɔo^{21}xɐr^{342}	小厮ʃiɔo^{21}sʅ^{0}	小闺女儿ʃiɔo^{21}kuei^{52}ȵiə̃r^{0} “女儿”读为“宁儿”轻声
长岛	小孩儿ʃau^{21}xɐr^{55}	小小儿ʃau^{52}ʃaur^{213} 小子ʃau^{35}tsʅ^{0}	小闺妮儿ʃau^{35}kuei^{31}ȵiər^{0}
海阳	小人儿siɔ^{21}iər^{52}	小厮siɔ^{21}sʅ^{0}	闺女kuei^{52}ȵiŋ^{0} “女”读为“宁”轻声
莱西	小孩儿ʃiɔ^{55}xɐr^{42}	男孩儿nã^{42}xɐr^{42} 小厮子ʃiɔ^{45}sʅ^{0}tsʅ^{0}	女孩儿ȵy^{55}xɐr^{42} 千金tʃʰiã^{55}ciẽ^{214} 小嫚儿ʃiɔ^{55}mɐr^{214}
平度	小孩儿siɔ^{55}xɛr^{42}	小小儿siɔ^{213}θɔr^{55}	小嫚儿siɔ^{55}mɛr^{213}
青岛	要孩子ʂuɑ^{55}xɛ^{42}tθʅ^{0}	小小儿siɔ^{213}θɔr^{55}	小嫚儿siɔ^{55}mɛr^{213}
高密	小孩儿siɔ^{213}xɛr^{42} 娃娃uɑ^{55}uɑ^{0}	小子siɔ^{23}tθʅ^{0}	小嫚儿siɔ^{42}mɛr^{213}
诸城	小孩儿θiɔ^{44}xɛr^{53}	小厮θiɔ^{213}θʅ^{0}	闺女儿kuẽ^{31}nur^{0} “闺”读为“棍”阴平

续表

	0580 小孩三四岁的，统称	0581 男孩统称：外面有个～在哭	0582 女孩统称：外面有个～在哭
沂水	小孩儿siɔ^{213}xɛr^{53}	小断siɔ^{213}θʅ^{0} 小断孩儿siɔ^{213}θʅ^{0}xɛr^{53}	小妮儿siɔ^{53}ner^{44} 小闺女儿siɔ^{44}kuẽ^{21}nyer^{0} "闺"读为"棍"阴平
临朐	小孩儿ɕiɔ^{33}xɛr^{53}	小断孩儿ɕiɔ^{44}θʅ^{21}xɛr^{0}	小闺女ɕiɔ^{44}kuei^{21}ȵy^{0} 小妮子儿ɕiɔ^{44}ȵi^{213}tθer^{0}
日照	小孩儿θiɔ^{24}xɛr^{53}	小断θiɔ^{213}θʅ^{0}	小丫儿θiɔ^{44}ʐɑr^{213} 小闺女儿θiɔ^{24}kuei^{31}nur^{0}
莒南	小孩儿siɔ^{53}xɛr^{53} 幼儿iou^{31}ɭə^{53}	小小子儿siɔ^{53}siɔ^{213}tθɾer^{0}	小丫头siɔ^{213}ia^{21}tʰou^{0}
潍坊	小孩儿ɕiɔɤ^{55}xɐr^{53}	小断ɕiɔɤ^{24}sʅ^{0}	小闺女儿ɕiɔɤ^{24}kuẽ^{31}ȵyer^{0} "闺"读为"棍"阴平
寿光	小孩儿ɕiɔ^{55}xɛr^{53}	小断ɕiɔ^{24}sʅ^{0}	小闺女儿ɕiɔ^{55}kuei^{21}ȵyr^{0} 小妮儿ɕiɔ^{55}ȵiɭ^{213}
高青	小孩儿ɕiɔ^{55}xɛr^{55}	小子ɕiɔ^{213}tsʅ^{0}	闺女kuei^{21}ȵy^{0}
阳信	奶娃儿娃儿nɛ^{213}uar^{0}uar^{0}	小断ɕiɔ^{213}sʅ^{0}	小妮儿ɕiɔ^{55}ȵier^{213} 小闺女儿ɕiɔ^{55}kuə̃^{31}ȵyur^{0} "闺"读为"棍"阴平
济阳	小孩子ɕiɔ^{21}xɛ^{24}tsʅ^{0} 娃儿娃儿uar^{24}uar^{0}	小断ɕiɔ^{213}sʅ^{0}	小闺妮儿ɕiɔ^{55}kuei^{21}ȵier^{0}
利津	小孩儿ɕiɔ^{55}xɛr^{53}	小小断ɕiɔ^{55}ɕiɔ^{213}sʅ^{0}	小闺女ɕiɔ^{55}kuei^{31}ȵy^{0} 小妮子ɕiɔ^{55}ȵi^{213}tsʅ^{0}
乐陵	小孩儿ɕiɔ^{55}xɛr^{55}	小小子儿ɕiɔ^{51}ɕiɔ^{212}tser^{0}	小闺女儿ɕiɔ^{55}kuẽ^{31}ȵyur^{0} "闺"读为"棍"阴平
商河	小孩子ɕiɔ^{45}xɛ^{24}tsʅ^{0} 娃儿娃儿uɑr^{24}uɑr^{0}	小断ɕiɔ^{213}sʅ^{0}	闺女kuẽ^{21}ȵi^{0} "闺"读为"棍"阴平
平原	小孩儿ɕiɔu^{212}xɐr^{42}	小小子儿ɕiɔu^{55}ɕiɔu^{23}tsər^{0}	小丫头儿ɕiɔu^{55}ia^{21}tʰour^{0}
德州	小娃娃ɕiɔ^{55}ua^{55}ua^{0}	小子ɕiɔ^{213}tsʅ^{0}	丫头ia^{21}tʰou^{0}
武城	小孩儿ɕiɔ^{24}xɛr^{53}	小小儿ɕiɔ^{53}ɕiɔr^{55}	小妮儿ɕiɔ^{55}ȵier^{224}
临清	小孩儿ɕiau^{44}xɛr^{53}	小儿ɕiaur^{44}	妮儿ȵier^{13}
冠县	小孩儿siɔ^{55}xɛr^{53}	小儿siɔr^{55}	妮儿ȵier^{13}
聊城	小孩儿ɕiɔ^{44}xɛr^{53}	小子ɕiɔ^{44}tsʅ^{0}	小闺女儿ɕiɔ^{44}kuei^{13}ȵyer^{0} 小妮儿ɕiɔ^{44}ȵier^{13}
济南	小孩子ɕiɔ^{55}xɛ^{445}tsʅ^{0} 小孩儿ɕiɔ^{55}xɛr^{42}	小小子ɕiɔ^{55}ɕiɔ^{213}tsʅ^{0} 小小儿ɕiɔ^{42}ɕiɔr^{55} 小子ɕiɔ^{213}tsʅ^{0}	小妮儿ɕiɔ^{55}ȵier^{213} 小闺女儿ɕiɔ^{55}kuẽ^{21}ȵyer^{0} "闺"读为"棍"阴平

续表

	0580 **小孩**三四岁的，统称	0581 **男孩**统称：外面有个～在哭	0582 **女孩**统称：外面有个～在哭
泰安	小孩儿ɕiɔ^{213}xɛr^{42} 孩子xɛ^{55}tsɿ^{0}	小厮ɕiɔ^{213}sɿ^{0}	闺女kuei^{21}ȵy^{0}
莱芜	小孩子ɕiɔ^{31}xɛ^{13}tsɿ^{0}	小厮ɕiɔ^{213}sɿ^{0}	小闺女ɕiɔ^{55}kuei^{31}ȵy^{0}
新泰	小孩儿ɕiɔ^{23}xɐr^{42}	小厮孩儿ɕiɔ^{213}θɿ^{0}xɐr^{42}	闺女孩儿kuẽ^{21}ȵy^{0}xɐr^{42} "闺"读为"棍"阴平
沂源	小孩儿ɕiɔ^{21}xɛr^{55}	小厮ɕiɔ^{21}θɿ^{0}	妮子ȵi^{21}tθɿ^{0}
博山	小孩ɕiɔ^{213}xɛ^{55}	小厮ɕiɔ^{213}sɿ^{0}	闺女kuẽ^{21}ȵy^{0} "闺"读为"棍"阴平
张店	小孩ɕiɔ^{55}xɛ^{55}	小厮ɕiɔ^{213}sɿ^{0}	闺女kuei^{21}ȵy^{0}
阳谷	小娃娃ɕiɔ^{42}ua^{55}ua^{0}	小小子儿ɕiɔ^{42}ɕiɔ^{13}tɤr^{0}	小闺女儿ɕiɔ^{42}kuẽ^{31}ȵyɤr^{55} "闺"读为"棍"阴平
梁山	小孩儿ɕiɔ^{23}xɛr^{42}	小子ɕiɔ^{23}tsɿ^{0} 小儿ɕiɔr^{55}	妮儿ȵier^{213} 闺女kuei^{21}ȵy^{0}
菏泽	小孩儿ɕiɔ^{44}xɛr^{53}	小小子ɕiɔ^{53}ɕiɔ^{44}tə^{0}	小闺女儿ɕiɔ^{44}kuei^{21}ȵyer^{0} 小妮子ɕiɔ^{44}ȵi^{21}tə^{0}
曹县	小孩儿ɕiɔ^{44}xɐr^{53}	男孩儿nã^{53}xɐr^{53} 半大小了pã^{31}ta^{21}ɕiɔ^{44}tə^{0}	小闺女儿ɕiɔ^{44}kuei^{21}ȵyɤr^{0}
金乡	小孩儿ɕiɔ^{23}xɛr^{42}	小子ɕiɔ^{23}tsɿ^{0}	小闺女儿ɕiɔ^{55}kuei^{21}ȵyer^{0}
曲阜	小孩儿ɕiɔ^{55}xɛr^{42}	小小子儿ɕiɔ^{55}ɕiɔ^{213}tser^{0}	小闺女儿ɕiɔ^{55}kuei^{21}ȵyer^{0}
薛城	小孩儿ɕiɔ^{24}xɛr^{55}	小小子儿ɕiɔ^{55}ɕiɔ^{24}tser^{0}	小闺女儿ɕiɔ^{55}kue^{31}ȵyer^{0}
郯城	小孩儿ɕiɔ^{24}xɛr^{44}	小小子ɕiɔ^{24}ɕiɔ^{24}tsɿ^{0} 小男孩儿ɕiɔ^{24}nã^{44}xɛr^{44}	丫头ia^{21}tʰəu^{0} 小丫头儿ɕiɔ^{24}ia^{21}tʰəur^{0} 小女孩儿ɕiɔ^{24}ȵy^{24}xɛr^{44}
临沂	小孩儿ɕiɔ^{55}xɛr^{53}	小男孩儿ɕiɔ^{55}nã^{53}xɛr^{53}	小女孩儿ɕiɔ^{55}ȵy^{55}xɛr^{53}

	0583 **老人**七八十岁的，统称	0584 **亲戚**统称	0585 **朋友**统称
荣成	老人lau^{21}in^{53}	亲戚tsʰin^{53}tsʰi^{0}	朋友pʰəŋ^{35}iəu^{0}
烟台	老人儿lau^{14}iər^{53}	亲戚tɕʰin^{53}tɕʰi^{0}	朋友pʰəŋ^{33}iou^{0}
栖霞	老人lɔo^{34}ĩn^{312}	亲亲tʃʰĩn^{52}tʃʰĩn^{0}	朋友pʰəŋ^{34}iəu^{0}
长岛	老的lau^{35}ti^{0}	亲亲tʃʰən^{31}tʃʰən^{0}	朋友pʰəŋ^{55}iou^{0}
海阳	老头子lɔ^{21}tʰəu^{34}ə^{0} 老婆儿lɔ^{21}pʰər^{0}	亲亲tsʰĩ^{52}tsʰĩ^{0}	伙计xuo^{21}ci^{0}
莱西	老人lɔ^{55}iẽ^{214}	亲戚tʃʰiẽ^{32}tʃʰɿ^{0}	朋友pʰəŋ^{45}iou^{0} 伙计xuə^{214}ci^{42}

续表

	0583老人七八十岁的，统称	0584亲戚统称	0585朋友统称
平度	老人儿lɔ^{45}ier^{0}	亲戚tsʰiã^{213}tsʰi^{0}	伙计xuə^{45}ci^{0}
青岛	老人lɔ^{55}iẽ^{0}	亲亲tsʰiẽ^{21}tsʰiẽ^{0}	伙计xuə^{44}tɕiə^{0} “计”读为“结”轻声
高密	老人儿lɔ^{213}ẓer^{42}	亲亲tsʰiã^{23}tsʰiã^{0}	伙计xuə^{23}tɕi^{0}
诸城	老人lɔ^{213}iẽ^{53} 老汉儿lɔ^{44}xɛr^{31}男性老人 老妈儿lɔ^{44}mar^{213}女性老人	亲亲tθʰẽ^{31}tθʰẽ^{0}	相好的θiaŋ^{44}xɔ^{213}ṭi^{0}
沂水	有年纪的iou^{44}niã^{24}tɕi^{0}ti^{0} 上唠年纪的ʃaŋ^{44}lɔ^{0}niã^{24}tɕi^{0}ti^{0}	亲亲tʃʰẽ^{21}tʃʰẽ^{0}	相好儿的siaŋ^{24}xɔr^{213}ti^{0}
临朐	有年纪儿的iəu^{213}ȵiã^{35}tɕier^{0}ti^{0}	亲戚tɕʰiã^{21}tɕʰi^{0}	伙计xuə^{213}tɕi^{0} 朋友pʰəŋ^{35}iəu^{0}
日照	老人lɔ^{24}iẽ^{53}	亲亲tθʰẽ^{31}tθʰẽ^{0}	伙计xuə^{213}tʃɿ^{0}
莒南	上了年纪的ʃaŋ^{42}lə^{0}niã^{55}tɕi^{0}ti^{0}	亲亲tsʰiẽ^{21}tsʰiẽ^{0}	伙计xuə^{213}tɕi^{0} 朋友pʰəŋ^{24}iou^{0}
潍坊	老人儿lɔɤ^{55}ẓer^{53}	亲戚儿tɕʰiẽ^{31}tɕʰier^{0}	朋友pʰəŋ^{35}iɤɯ^{0}
寿光	老人lɔ^{55}lə̃^{53}	亲戚tɕʰiã^{21}tɕʰi^{0}	伙计xuə^{55}tɕi^{21} 相好的ɕiaŋ^{213}xɔ^{24}ti^{0}
高青	老人lɔ^{55}ẓə̃^{55}	亲亲tɕʰiã^{21}tɕʰiã^{0}	朋友pʰəŋ^{35}iou^{0}
阳信	老人lɔ^{55}ẓə̃^{43}	亲亲tɕʰiã^{31}tɕʰiã^{0}	朋友pʰəŋ^{45}iou^{0}
济阳	老人lɔ^{21}ẓẽ^{0} 上唠年纪儿的ʂaŋ^{55}lɔ^{0}ȵiã^{24} tɕier^{0}ti^{0}	亲亲tɕʰiẽ^{21}tɕʰiẽ^{0}	朋友pʰəŋ^{24}iou^{0}
利津	老人lɔ^{55}ẓẽ^{53}	亲戚tɕʰiẽ^{31}tɕʰi^{0}	朋友pʰəŋ^{35}iou^{0}
乐陵	老人儿们儿lɔ^{55}ẓer^{55}mer^{0}	亲亲tɕʰiẽ^{31}tɕʰiẽ^{0}	相好的ɕiaŋ^{24}xɔ^{212}ti^{0} 不错的pu^{24}tsʰuə^{55}ti^{0}
商河	上年纪儿的ʂaŋ^{31}ȵiã^{24}tɕier^{0}ti^{0} 上岁数的ʂaŋ^{31}suei^{54}ʂu^{0}ti^{0}	亲亲tɕʰiẽ^{21}tɕʰiẽ^{0}	相好的ɕiaŋ^{24}xɔ^{213}ti^{0}
平原	上岁儿数的ʂaŋ^{21}suər^{42}ʂu^{0}ti^{0}	亲亲tɕʰiẽ^{21}tɕʰiẽ^{0}	相好的ɕiaŋ^{21}xɔu^{23}ti^{0}
德州	上年纪儿的ʂaŋ^{55}ȵiã^{55}tɕier^{0}ti^{0}	亲戚tɕʰiẽ^{21}tɕʰi^{0}	朋友pʰəŋ^{55}iou^{0} 不错的pu^{55}tsʰuə^{42}ti^{0}
武城	上岁数的ʂaŋ^{21}suei^{53}ʂu^{0}ti^{0}	亲家tɕʰiẽ^{312}tɕia^{0}	不错的pu^{24}tsʰuə^{53}ti^{0} 相好的ɕiaŋ^{21}xɔ^{24}ti^{0}
临清	上年纪儿的ʂaŋ^{31}ȵian^{44}tɕier^{0}tə^{0}	亲戚tɕʰin^{13}tɕʰi^{0}	朋友pʰəŋ^{53}iou^{0}
冠县	老人lɔ^{55}zẽ^{0}	亲家tsʰiẽ^{21}tɕia^{0}	朋友pʰəŋ^{53}iou^{0}

续表

	0583老人七八十岁的，统称	0584亲戚统称	0585朋友统称
聊城	上年纪儿的sɑŋ^{31}ȵiã^{44}tɕier^{0}ti^{0} 老人lɔ^{44}zẽ^{53}	亲家tɕʰiẽ^{13}tɕʰia^{0}	不错的pu^{13}tsʰuə^{53}ti^{0} 朋友pʰəŋ^{53}iou^{0}
济南	有年纪儿的iou^{42}ȵiã^{445}tɕier^{0}ti^{0} 上岁数的ʂɑŋ^{21}suei^{55}ʂu^{0}ti^{0}	亲亲tɕʰiẽ^{21}tɕʰiẽ^{0}	朋友pʰəŋ^{445}iou^{0}
泰安	老的lɔ^{213}ti^{0} 有年纪儿的iou^{55}ȵiã^{55}tɕier^{0}ti^{0}	亲戚tɕʰiẽ^{21}tɕʰi^{0}	朋友pʰəŋ^{55}iou^{0}
莱芜	老头子lɔ^{31}tʰou^{13}tsɿ^{0}	亲亲tɕʰiẽ^{31}tɕʰiẽ^{0}	朋友pʰəŋ^{13}iou^{0}
新泰	老人lɔ^{23}ʒẽ^{42}	亲戚tɕʰiẽ^{21}tɕʰi^{0}	朋友pʰəŋ^{45}iou^{0}
沂源	有年纪儿的iou^{213}ȵiã^{35}tɕier^{0}ti^{0}	亲戚tɕʰiã^{21}tɕʰi^{0}	朋友pʰəŋ^{35}iou^{0}
博山	老人lɔ^{213}lẽ^{55}	亲亲tɕʰiẽ^{21}tɕʰiẽ^{0}	朋友pʰəŋ^{35}iəu^{0}
张店	老人lɔ^{55}zə̃^{55}	亲戚tɕʰiə̃^{21}tɕʰi^{0}	朋友pʰəŋ^{35}iou^{0}
阳谷	老人lɔ^{55}zẽ^{0}	亲戚tɕʰiẽ^{31}tɕʰi^{0}	朋友pʰəŋ^{42}iou^{0}
梁山	有年纪儿的iou^{23}ȵiã^{55}tɕier^{0}li^{0}	亲亲tɕʰẽ^{21}tɕʰiẽ^{0}	伙计儿xuə^{55}tɕier^{0}
菏泽	有年纪的iou^{44}ȵiã^{44}tɕi^{0}lɛ^{0}	亲戚tɕʰiẽ^{21}tɕʰi^{0}	怪得的kuɛ^{31}tei^{21}lɛ^{0}
曹县	有年纪儿的iou^{44}ȵiã^{53}tɕiɤr^{0}lei^{0}	亲亲tɕʰiẽ^{21}tɕʰiẽ^{0}	伙计xuə^{44}tɕi^{0}
金乡	有年纪儿的iou^{23}ȵiã^{55}tɕier^{0}li^{0}	亲亲tɕʰiẽ^{21}tɕʰiẽ^{0}	伙计xuə^{23}tɕi^{0}
曲阜	老人家lɔ^{42}zẽ^{55}tɕia^{0}	亲亲tɕʰiẽ^{21}tɕʰiẽ^{0}	伙家xuə^{213}tɕia^{0}
薛城	老人lɔ^{24}zẽ^{55}	亲亲tɕʰiẽ^{31}tɕʰiẽ^{0}	朋友pʰəŋ^{41}iou^{0}
郯城	有年人儿iəu^{24}ȵiã^{44}zʅer^{44} 老年人儿lɔ^{24}ȵiã^{44}zʅer^{44} 老人家lɔ^{24}zʅə̃^{44}tɕia^{0}	亲亲tɕʰiə̃^{21}tɕʰiə̃^{0}	伙计xuə^{24}tɕi^{0} 朋友pʰəŋ^{44}iəu^{24}
临沂	老人家lɔ^{55}zʅẽ^{55}tɕia^{0}	亲戚tɕʰiẽ^{21}tɕʰi^{0}	伙计xuə^{214}tɕi^{0} 朋友pʰəŋ^{55}iou^{0}

	0586邻居统称	0587客人	0588农民
荣成	邻居lin^{35}cy^{0}	客kʰɛ^{214}	做庄稼tsəu^{33}tʂuɑŋ^{53}cia^{0} 庄稼佬儿tʂuɑŋ^{53}cia^{0}laur^{214}
烟台	邻居lin^{33}tɕy^{0}	客kʰɤ^{14}	庄稼把子tsuɑŋ^{53}tɕia^{0}pa^{33}rə^{0}
栖霞	邻室儿lĩn^{52}ʃər^{0}	客kʰə^{214}	庄户孙tsuɑŋ^{21}xu^{0}sə̃n^{312}
长岛	邻居lin^{55}cy^{0}	客儿kʰər^{213}	种地的tsuŋ^{52}ti^{52}ti^{0}
海阳	门儿口儿mẽ^{52}ə^{0}kʰəur^{214}	客kʰə^{214}	种庄稼的tʂuŋ^{34}tʂuɑŋ^{52}cia^{0}tə^{0}

续表

	0586邻居统称	0587客人	0588农民
莱西	邻居liẽ^{45}cy^{0} 邻宿liẽ^{45}ʃy^{0}	客k^{h}ə^{55}	农民noŋ^{42}mei^{0} “民”读为“梅”轻声 庄户孙tsuaŋ^{32}xu^{0}sẽ^{214} 庄稼人tsuaŋ^{32}ci^{0}iẽ^{55} “稼”读为“记”轻声
平度	邻室①家liə̃^{45}ʃʅ^{0}çia^{0}	客儿k^{h}er^{55}	农民nu^{42}miə̃^{0} 庄户人tʂuaŋ^{213}xu^{0}iə̃^{42}
青岛	邻首$^{=}$liẽ^{45}ʃou^{0} 邻居liẽ^{45}tçy^{0}	客k^{h}ei^{55}	农民nu^{42}miẽ^{0} 种庄稼的tʂoŋ^{42}tʂuaŋ^{21}tçia^{0}ti^{0}
高密	邻陈$^{=}$家liə̃^{55}tʃ^{h}iə̃^{0}tçiə̃^{0} “家”读为“近”轻声	客儿k^{h}er^{55}	庄户人tʂuaŋ^{21}xu^{0}iə̃^{42} 种地的tʂoŋ^{21}ti^{55}ti^{0}
诸城	邻深$^{=}$家lẽ^{24}ʃẽ^{0}tʃa^{0}	客儿k^{h}er^{44}	庄户人tʂuaŋ^{31}xu^{0}iẽ^{53}
沂水	邻深$^{=}$家lẽ^{24}ʃẽ^{0}tçia^{0}	客k^{h}e^{44}	下庄户的çia^{31}tʂuaŋ^{21}xu^{0}ti^{0} 种地的tʂuŋ^{31}ti^{44}ti^{0}
临朐	邻室家liə̃^{35}ʃʅ^{0}ka^{0}	客k^{h}ei^{44}	庄户人tʂuaŋ^{21}xu^{0}ʐə̃^{53}
日照	邻深$^{=}$家lẽ^{44}ʃẽ^{0}tʃia^{0}	客k^{h}ei^{213}	庄户人tʂuaŋ^{31}xu^{0}iẽ^{53}
莒南	邻舍家lẽ^{55}ʃə^{0}tçiɛ^{0} “家”读为“皆”轻声 邻居lẽ^{55}tçy^{0}	客k^{h}ei^{213}	打庄户的ta^{55}tʂuaŋ^{21}xu^{0}ti^{0} 庄户人tʂuaŋ^{21}xu^{0}iẽ^{53}
潍坊	邻陈$^{=}$家liẽ^{35}tʂ^{h}ẽ^{0}ka^{0}	客儿k^{h}er^{214}	乡里人儿çiaŋ^{31}ȵi^{0}ʐer^{53} 庄户人家儿tʂuaŋ^{31}xu^{0}ʐẽ^{35}kar^{0}
寿光	邻室家liə̃^{35}ʂʅ^{0}tçia^{0}	客k^{h}ei^{213}	下庄户地的çia^{21}tʂuaŋ^{21}xu^{0}ti^{55}ti^{0}
高青	邻室家liə̃^{35}ʂʅ^{0}tçia^{0}	客k^{h}ei^{213}	老百姓lɔ^{55}pɛ^{55}çiŋ^{41} 庄户人tʂuaŋ^{21}xu^{0}ʐə̃^{55}
阳信	邻室家liə̃^{45}ʂʅ^{0}tçiə^{0}	客k^{h}ei^{213}	种地的tʂuŋ^{31}ti^{55}ti^{0}
济阳	邻室家liẽ^{24}ʂʅ^{0}tçia^{0}	客k^{h}ei^{213}	种地的tʂuŋ^{31}ti^{55}ti^{0} 庄户人tʂuaŋ^{21}xu^{0}ʐẽ^{55}
利津	邻室家liẽ^{35}ʂʅ^{0}tçia^{0}	客k^{h}ei^{44}	农民nu^{53}miẽ^{53}

① 鲁北、鲁中、鲁东很多地方称邻居为“邻室家”，莒南一处称“邻舍家”，另有潍坊、济南等几处读第二个音节为“深”或“陈”。由于暂时不能确定“深”“陈”是“室”的音变还是“舍”的音变，所以这几处记为同音字。青岛的“邻首”也不能确定“首”音的来源，也记为同音字。

续表

	0586 邻居统称	0587 客人	0588 农民
乐陵	邻室家liẽ^{55}ʂʅ^{0}tɕia^{0}	客tɕʰiə^{24}	农民nuŋ^{51}miẽ^{55} 种地的tʂuŋ^{31}ti^{55}ti^{0}
商河	邻室家liẽ^{24}ʂʅ^{0}tɕia^{0}	客kʰei^{45}/tɕʰiə^{45}	种地的tʂuŋ^{31}ti^{54}ti^{0} 庄户人家tʂuaŋ^{21}xu^{0}ʐẽ^{24}tɕia^{0}
平原	邻室liẽ^{55}ʂʅ^{0}	客tɕʰiə^{213}	农民nuŋ^{42}miẽ^{42}
德州	街坊邻居tɕiɛ^{21}faŋ^{0}liẽ^{55}tɕy^{0}	客tɕʰiə^{213}	种地的tʂuŋ^{213}ti^{42}ti^{0}
武城	邻深⁼家liẽ^{55}ʂẽ^{0}tɕia^{0}	客kʰə^{312}	种地的tʂuŋ^{21}ti^{53}ti^{0}
临清	邻居lin^{44}tɕy^{0}	客人kʰə^{53}ʐen^{0}	庄稼人tʂuaŋ^{13}tɕia^{0}ʐen^{53}
冠县	邻居liẽ^{53}tɕy^{13}	客人kʰə^{314}ʐẽ^{53}	农民nuŋ^{53}miẽ^{53}
聊城	街坊tɕiɛ^{13}faŋ^{13}	客人kʰə^{53}zẽ^{0} 客kʰə^{313}	庄稼人tsuaŋ^{13}tɕia^{0}zẽ^{53} 乡里人ɕiaŋ^{13}li^{44}zẽ^{0}
济南	邻深⁼家lẽ^{445}ʂẽ^{0}tɕia^{0}	客kʰei^{213}	庄户人tʂuaŋ^{21}xu^{0}ʐẽ^{42}
泰安	邻室家liẽ^{55}ʂʅ^{0}tɕia^{0}	客kʰei^{213}	种地的tʂuŋ^{21}ti^{42}ti^{0}
莱芜	邻室家liẽ^{13}ʃʅ^{0}ɕia^{0}	客kʰei^{213}	庄稼人tʃuaŋ^{31}tɕia^{0}ʒẽ^{55}
新泰	邻室家liẽ^{45}ʃʅ^{0}tɕia^{0}	客kʰei^{213}	老百姓lɔ^{55}pei^{55}ɕiŋ^{31}
沂源	邻深⁼家liə̃^{35}ʃə̃^{0}tɕia^{0}	客kʰei^{213}	庄户人tʃuaŋ^{21}xu^{0}iə̃^{55}
博山	邻室家liẽ^{35}ʂʅ^{0}tɕia^{0}	客kʰei^{213}	农民nu^{53}miẽ^{55}
张店	邻室家liə̃^{35}ʂʅ^{0}tɕia^{0}	客kʰei^{33}	庄户人tʂuaŋ^{21}xu^{0}ʐə̃^{55}
阳谷	邻居liẽ^{42}tɕy^{0}	客kʰei^{213}	庄稼人tsuaŋ^{31}tɕia^{0}zẽ^{42}
梁山	邻居liẽ^{42}tɕy^{0}	客kʰei^{314}	庄稼人儿tsuaŋ^{21}tɕia^{0}zer^{42}
菏泽	邻居liẽ^{53}tɕy^{0}	客kʰei^{213}	庄稼人儿tsuaŋ^{21}tɕia^{0}zer^{53}
曹县	邻居liẽ^{53}tɕy^{0}	客kʰei^{213}	农民nuŋ^{53}miẽ^{53}
金乡	邻居liẽ^{42}tɕy^{0}	客kʰei^{213}	种地的tsuŋ^{31}ti^{42}li^{0}
曲阜	邻居liẽ^{42}tɕy^{0}	客kʰei^{213}	农民nuŋ^{42}miẽ^{42}
薛城	邻居liẽ^{54}tɕy^{0} 街坊邻居tɕiɛ^{31}faŋ^{0}liẽ^{54}tɕy^{0}	客kʰe^{313}	庄户人pfaŋ^{31}xu^{0}zẽ^{55}
郯城	邻居百舍liə̃^{44}tɕy^{0}pe^{21}ʂə^{51} 老庄市邻lɔ^{24}tʂuaŋ^{21}ʂʅ^{51}liə̃^{44} 庄邻tʂuaŋ^{21}liə̃^{44}	客kʰe^{213} 客人kʰə^{51}ʐə̃^{44}	庄户人tʂuaŋ^{21}xu^{0}ʐə̃^{44} 打庄户的ta^{24}tʂuaŋ^{21}xu^{0}tə^{0}
临沂	邻室家liẽ^{55}ʃʅ^{0}tɕia^{0}	客kʰei^{214}	打庄户的ta^{55}tʃuaŋ^{21}xu^{0}ti^{0} 庄户人tʃuaŋ^{21}xu^{0}ʒẽ^{53}

	0589 商人	0590 手艺人统称	0591 泥水匠
荣成	做买卖的 tsəu^{33}mai^{214}mai^{0}tə^{0}	耍手艺的 ʂua^{55}ʃəu^{214}i^{0}tə^{0}	瓦匠 ua^{33}tsə^{0} “匠”有音变
烟台	做买儿卖儿的 tsou^{33}mɐr^{21}mɐr^{33}tə^{0}	耍手艺的 sua^{33}ɕiou^{21}i^{33}tə^{0}	瓦匠 ua^{33}tɕiaŋ^{0}
栖霞	做买卖的 tsəu^{34}mɛi^{21}mɛi^{0}li^{0}	耍手艺的 sua^{55}ʃəu^{21}i^{34}li^{0}	瓦匠 ua^{52}tʃaŋ^{0}
长岛	做买儿卖儿的 tsou^{52}mɐr^{21}mɐr^{52}ti^{0}	耍手艺的 sua^{55}ʃou^{21}i^{52}ti^{0}	瓦匠 ua^{52}tʃaŋ^{0}
海阳	做买卖的 tθəu^{34}mɛ^{21}mɛ^{0}tə^{0}	耍手艺的 ʂua^{21}səu^{21}i^{0}tə^{0}	瓦匠 ua^{34}tsiaŋ^{0}
莱西	做买卖的 tsuə^{21}mɛ^{45}mɛ^{0}tə^{0} 小生意 商人 ʃaŋ^{32}iẽ^{55} 比较大的生意 买卖人 mɛ^{45}mɛ^{0}iẽ^{55}	手艺人 ʃiou^{55}i^{42}iẽ^{55}	瓦匠 ua^{42}tʃiaŋ^{0} 瓦工儿 ua^{42}kõr^{214}
平度	做买儿卖儿的 tθou^{213}mɛr^{45}mɛr^{0}ti^{0}	匠人 tsiaŋ^{213}iə̃^{42}	瓦匠 ua^{42}tsiaŋ^{0} 瓦工儿 ua^{45}kõr^{0}
青岛	买儿卖儿人 mɛr^{55}mɛr^{42}iẽ^{42}	耍手艺的 ʂua^{55}ʃou^{55}i^{0}ti^{0} 手艺人 ʃou^{55}i^{0}iẽ^{42}	瓦匠 ua^{42}tsiaŋ^{0}
高密	做买儿卖儿的 tθuə^{21}mɛr^{23}mɛr^{0}ti^{0} 买儿卖儿人儿 mɛr^{23}mɛr^{0}ʐer^{42}	耍手艺的 ʂua^{55}ʃou^{23}i^{0}ti^{0} 有本事的 iou^{42}pə̃^{23}ʂʅ^{0}ti^{0}	泥瓦匠 ȵi^{42}ua^{55}tsiaŋ^{21}
诸城	做买卖的 tθou^{31}mɛ^{213}mɛ^{0}ʈi^{0}	匠人 tθiaŋ^{44}iẽ^{0}	窑匠 iɔ^{24}tθiaŋ^{0}
沂水	做买儿卖儿的 dðu^{31}mɛr^{213}mɛr^{0}ti^{0}	耍手艺的 ʂua^{44}ʃou^{213}i^{0}ti^{0}	泥瓦匠 mi^{24}ua^{0}dziaŋ^{31}
临朐	买卖人 mɛ^{213}mɛ^{0}ʐə̃^{53} 做买儿卖儿的 tθu^{21}mɛr^{213}mɛr^{0}ti^{0}	有手艺儿的 iəu^{44}ʃəu^{213}ier^{44}ti^{0}	窑匠 iɔ^{35}tɕiaŋ^{0}
日照	做买儿卖儿的 tθu^{31}mɛr^{213}mɛr^{0}ti^{0}	耍手艺的 ʂua^{44}ʃiou^{213}i^{0}ti^{0}	窑匠 iɔ^{44}ʈiaŋ^{0}
莒南	做买卖的 tθou^{31}mɛ^{213}mɛ^{0}ti^{0} 做生意的 tθou^{31}ʂəŋ^{21}i^{0}ti^{0}	有手艺的 iou^{55}ʃou^{213}i^{0}ti^{0}	泥瓦匠 mi^{53}ua^{55}tsiaŋ^{31}
潍坊	买卖儿人儿 mɛ^{24}mɛr^{0}ʐer^{53}	匠人 tɕiaŋ^{55}ʐẽ^{0} 手艺人儿 ʂɤɯ^{24}i^{31}ʐer^{53}	窑匠 iɔɤ^{35}tɕiaŋ^{0} 砖瓦匠 tʂuã^{214}ua^{55}tɕiaŋ^{0}
寿光	做买卖的 tsu^{21}mɛ^{24}mɛ^{0}ti^{0}	匠人 tɕiaŋ^{55}lə̃^{0}	窑匠 iɔ^{35}tɕiaŋ^{0} 瓦匠 ua^{55}tɕiaŋ^{0}
高青	买卖人 mɛ^{213}mɛ^{0}ʐə̃^{55}	手艺人 ʂou^{213}i^{0}ʐə̃^{55}	瓦匠 ua^{55}tɕiaŋ^{41}
阳信	做买儿卖儿的 tsou^{31}mɛr^{213}mɛr^{0}ti^{0}	耍手艺的 ʂua^{55}ʂou^{213}i^{0}ti^{0}	瓦匠 ua^{55}tɕiaŋ^{0}

续表

	0589 商人	0590 手艺人统称	0591 泥水匠
济阳	干买儿卖儿的kã^{31}mɛr^{213}mɛr^{0}ti^{0} 买儿卖儿人mɛr^{213}mɛr^{0}ʐẽ^{55}	手艺人ʂou^{55}i^{0}ʐẽ^{55} 要手艺的ʂua^{55}ʂou^{213}i^{0}ti^{0}	瓦匠ua^{55}tɕiaŋ^{0}
利津	做买卖儿的tsu^{31}mɛ^{213}mɛr^{0}ti^{0}	匠人tɕiaŋ^{55}ʐẽ^{0}	瓦工ua^{55}kuŋ^{0}
乐陵	做买儿卖儿的tsou^{31}mɛr^{212}mɛr^{0}ti^{0}	会手艺的xuei^{31}ʂou^{212}i^{0}ti^{0}	瓦匠ua^{55}tɕiaŋ^{0}
商河	做买儿卖儿的tsou^{31}mɛr^{213}mɛr^{0}ti^{0} 干买儿卖儿的kã^{31}mɛr^{213}mɛr^{0}ti^{0} 买卖人儿mɛ^{213}mɛ^{0}ʐer^{0}	要手艺的ʂua^{45}ʂou^{213}i^{0}ti^{0}	瓦匠ua^{45}tɕiaŋ^{31} 泥瓦匠ȵi^{24}ua^{45}tɕiaŋ^{31}
平原	做买卖的tsou^{21}mɛi^{23}mɛi^{0}ti^{0}	手艺人儿ʂou^{23}i^{0}ʐər^{42}	瓦匠ua^{42}tɕiaŋ^{0}
德州	买卖人mɛ^{213}mɛ^{0}ʐẽ^{42} 做买卖的tsuə^{21}mɛ^{213}mɛ^{0}ti^{0}	能耐人nəŋ^{55}nɛ^{0}ʐẽ^{42}	泥瓦匠ȵi^{42}ua^{55}tɕiaŋ^{21}
武城	做买卖的tsou^{21}mɛ^{24}mɛ^{0}ti^{0}	手艺人ʂou^{24}i^{0}lẽ^{53}	瓦匠ua^{53}tɕiaŋ^{0}
临清	买卖人mai^{44}mai^{0}ʐən^{53}	手艺人ʂou^{44}i^{0}ʐən^{0}	泥瓦匠ȵi^{44}ua^{44}tɕiaŋ^{313}
冠县	做买卖的tsuə^{31}mɛ^{55}mɛ^{0}ti^{0}	手艺人ʂou^{55}i^{0}ʐẽ^{53}	泥水匠ȵi^{53}ʂuei^{0}tsiaŋ^{314} 泥瓦匠ȵi^{53}ua^{55}tsiaŋ^{31}
聊城	做买卖的tsuə^{31}mɛ^{44}mɛ^{31}ti^{0}	要手艺的sua^{53}sou^{44}i^{31}ti^{0}	干泥水活儿的kã^{31}ȵi^{44}suei^{0}xuər^{44}ti^{0} 泥瓦匠ȵi^{53}ua^{44}tɕiaŋ^{313}
济南	买卖人mɛ^{213}mɛ^{0}ʐẽ^{0} 干买卖的kã^{21}mɛ^{213}mɛ^{0}ti^{0} 做买卖的tsou^{21}mɛ^{213}mɛ^{0}ti^{0}	要手艺的ʂua^{55}ʂou^{55}i^{55}ti^{0}	泥瓦匠ȵi^{42}ua^{55}tɕiaŋ^{21} 瓦匠ua^{55}tɕiaŋ^{21}
泰安	做买卖的tsou^{21}mɛ^{213}mɛ^{0}ti^{0}	匠人tɕiaŋ^{42}ʐẽ^{0}	泥巴匠ȵi^{55}pa^{0}tɕiaŋ^{21} 瓦匠ua^{42}tɕiaŋ^{0}
莱芜	买卖人mɛ^{213}mɛ^{42}ʒẽ^{0}	手艺人ʃou^{213}i^{42}ʒẽ^{0}	泥巴匠ȵi^{55}pa^{213}tɕiaŋ^{42}
新泰	做买卖的tθəu^{31}mɛ^{213}mɛ^{0}ti^{0}	匠艺人tɕiaŋ^{31}i^{31}ʒẽ^{42}	泥瓦匠ȵi^{42}ua^{55}tɕiaŋ^{31}
沂源	做买儿卖儿的tθou^{31}mɛr^{21}mɛr^{0}ti^{0}	匠作儿tɕiaŋ^{21}tθuər^{0}	垒匠lei^{21}tɕiaŋ^{0}
博山	做买卖tsu^{31}mɛ^{213}mɛ^{0}	匠人tɕiaŋ^{55}lẽ^{0}	泥瓦匠ȵi^{53}ua^{55}tɕiaŋ^{31}
张店	买卖人mɛ^{213}mɛ^{0}ʐə̃^{55}	手艺人ʂou^{55}i^{0}ʐə̃^{55}	泥瓦匠ȵi^{55}ua^{55}tɕiaŋ^{31}

续表

	0589 商人	0590 手艺人统称	0591 泥水匠
阳谷	买卖人mɛ^{55}mɛ^{0}zẽ^{42} 做买儿卖儿的tsuo^{31}mɐr^{55}mɐr^{0}li^{0}	手艺人sou^{55}i^{0}zẽ^{42}	泥水匠ȵi^{42}fei^{55}tɕiaŋ^{313} 泥瓦匠ȵi^{42}ua^{55}tɕiaŋ^{313}
梁山	做买卖的tsou^{31}mɛ^{55}mɛ^{0}li^{0}	手艺人sou^{55}i^{0}zẽ^{42}	瓦匠ua^{42}tɕiaŋ^{0}
菏泽	做生意的tsou^{31}səŋ^{21}i^{0}lɛ^{0}	手艺人sou^{44}i^{0}zẽ^{53}	泥瓦匠ȵi^{53}ua^{44}tɕiaŋ^{312} 泥水匠ȵi^{53}fei^{44}tɕiaŋ^{312}
曹县	做生意的tsuə^{53}səŋ^{21}i^{0}lei^{0}	手艺人ʂou^{44}i^{31}zẽ^{53}	泥水匠ȵi^{53}fei^{44}tɕiaŋ^{312}
金乡	做买卖的tsou^{31}mɛ^{23}mɛ^{0}li^{0}	手艺人sou^{23}i^{0}zẽ^{42}	泥水匠ȵi^{42}suei^{55}tɕiaŋ^{312}
曲阜	买卖人mɛ^{213}mɛ^{0}zẽ^{42}	耍手艺的sua^{42}sou^{213}i^{0}li^{0}	泥瓦匠ȵi^{42}ua^{55}tɕiaŋ^{312}
薛城	做生意的tsou^{41}səŋ^{31}i^{0}ti^{0} 做买卖的tsuə^{41}mɛ^{24}mɛ^{0}ti^{0}	耍手艺的fa^{55}sou^{24}i^{0}ti^{0}	瓦工ua^{41}kuŋ^{0}
郯城	做买卖的tsəu^{51}mɛ^{24}mɛ^{51}tə^{0} 做生意的tsəu^{51}ʂəŋ^{21}i^{0}tə^{0}	有手艺的iəu^{24}ʂəu^{24}i^{0}tə^{0} 手艺人ʂəu^{24}i^{0}ʐə̃^{44}	泥水匠mi^{44}fe^{24}tɕiaŋ^{51}
临沂	做买卖的tsou^{31}mɛ^{214}mɛ^{0}ti^{0}	有手艺的iou^{55}ʃou^{214}i^{0}ti^{0} 手艺人ʃou^{214}i^{0}ʐẽ^{53}	泥水匠mi^{53}ʃuei^{55}tɕiaŋ^{312} 瓦工ua^{31}kuŋ^{0}

	0592 木匠	0593 裁缝	0594 理发师
荣成	木匠mu^{33}tsə^{0} "匠"有音变	裁缝tsʰai^{35}fəŋ^{0}	剃头的tʰi^{53}təu^{35}tə^{0} 推头的tʰei^{53}təu^{35}tə^{0}
烟台	木匠mu^{33}tɕiaŋ^{0}	裁缝tsʰɛ^{33}faŋ^{0} "缝"读为"房"轻声	剃头的tʰi^{53}tʰou^{33}tə^{0}
栖霞	木匠mu^{55}tʃaŋ^{0}	裁缝tsʰɛi^{34}faŋ^{0} "缝"读为"房"轻声	剃头的tʰi^{55}tʰəu^{34}tə^{0}
长岛	木匠mu^{55}tʃaŋ^{0}	裁缝tsʰai^{55}fəŋ^{0}	剪头的tʃan^{21}tʰou^{55}ti^{0}
海阳	木匠mu^{34}tsiaŋ^{0}	做衣裳的tθəu^{34}i^{52}saŋ^{0}tə^{0}	剃头的tʰi^{52}tʰəu^{34}tə^{0}
莱西	木匠mu^{42}tʃiaŋ^{0} 木工儿mu^{42}kõr^{214}	裁缝tsʰɛ^{45}fəŋ^{0}	剃头的tʰi^{214}tʰou^{45}ti^{0} 理发的li^{55}fa^{214}ti^{0}
平度	木匠mu^{42}tsiaŋ^{0} 木工儿mu^{45}kõr^{0}	裁缝tθʰɛ^{45}fəŋ^{0}	剃头的tʰi^{213}tʰou^{45}ti^{0}
青岛	木匠mu^{42}tsiaŋ^{0}	裁缝tθʰɛ^{45}faŋ^{0} "缝"读为"房"轻声	待诏tɛ^{45}tʃɔ^{0}
高密	木匠mu^{42}tsiaŋ^{0} 木工儿mu^{21}kõr^{213}	裁缝tθʰɛ^{55}faŋ^{0} "缝"读为"房"轻声 做衣裳的tθou^{21}i^{21}xaŋ^{0}ti^{0}	剃头的tʰi^{21}tʰou^{55}ti^{0} 剃头匠tʰi^{21}tʰou^{42}tsiaŋ^{21} 待诏tɛ^{42}tʃou^{0} "诏"读为"州"

续表

	0592木匠	0593裁缝	0594理发师
诸城	木匠mu^{44}tθiaŋ^{0}	裁缝tθʰɛ^{24}faŋ^{0}“缝”读为“房”轻声	待诏tɛ^{44}tʃou^{0}“诏”读为“州”
沂水	木匠mu^{44}dziaŋ^{31}	做衣裳的dðu^{31}i^{21}ʃaŋ^{0}ti^{0}	剃头的tʰi^{31}tʰou^{24}ti^{0} 剃头匠子tʰi^{31}tʰou^{53}dziaŋ^{44}dðʅ^{0}
临朐	木匠mu^{44}tɕiaŋ^{0}	裁缝tθʰɛ^{35}faŋ^{0}“缝”读为“房”轻声	剃头匠tʰi^{21}tʰəu^{53}tɕiaŋ^{21}
日照	木匠mu^{53}ȶiaŋ^{0}	裁缝tθʰɛ^{44}faŋ^{0}“缝”读为“房”轻声	待诏tɛ^{53}tʃou^{0}旧称，“诏”读为“州” 剃头的tʰi^{23}tʰou^{44}ti^{0}
莒南	木匠mu^{42}tsiaŋ^{0}	裁缝tθɛ^{24}fəŋ^{0} 砸$^{=}$衣裳的①tθa^{53}i^{21}ʃəŋ^{0}ti^{0}	剃头的tʰi^{31}tʰou^{24}ti^{0}
潍坊	木匠mu^{55}tɕiaŋ^{0} 匠人tɕiaŋ^{55}ʐẽ^{0} 木工儿mu^{55}kõr^{0}	裁缝tsʰɛ^{35}fəŋ^{0}	剃头的tʰi^{31}tʰɤɯ^{35}ti^{0} 剃头匠tʰi^{31}tʰɤɯ^{53}tɕiaŋ^{0} 理发师li^{24}fa^{24}ʂʅ^{214}
寿光	木匠mu^{55}tɕiaŋ^{0}	裁缝tsʰɛ^{35}faŋ^{0}“缝”读为“房”轻声 做衣裳的tsu^{13}i^{21}ʂaŋ^{0}ti^{0}	剃头的tʰi^{21}tʰəu^{35}ti^{0} 剃头匠tʰi^{21}tʰəu^{53}tɕiaŋ^{21}
高青	木匠mu^{55}tɕiaŋ^{0}	裁缝tsʰɛ^{35}faŋ^{0}“缝”读为“房”轻声	剃头的tʰi^{41}tʰou^{35}ti^{0}
阳信	木匠mu^{55}tɕiaŋ^{0}	做衣裳的tsou^{23}i^{31}ʂaŋ^{0}ti^{0}	剃头的tʰi^{31}tʰou^{45}ti^{0}
济阳	木匠mu^{55}tɕiaŋ^{0}	裁缝tsʰɛ^{24}faŋ^{0}“缝”读为“房”轻声 砸$^{=}$衣裳的tsa^{13}i^{21}ʂaŋ^{0}ti^{0}	剃头的tʰi^{31}tʰou^{24}ti^{0} 推头的tʰuei^{213}tʰou^{24}ti^{0}
利津	木工mu^{31}kuŋ^{213}	裁缝tsʰɛ^{35}faŋ^{0}“缝”读为“房”轻声	剃头匠tʰi^{31}tʰou^{53}tɕiaŋ^{31}
乐陵	木匠mu^{55}tɕiaŋ^{0}	做衣裳的tsou^{24}i^{31}ʂaŋ^{0}ti^{0}	剃头的tʰi^{31}tʰou^{55}ti^{0}
商河	木匠mu^{54}tɕiaŋ^{0} 木工mu^{31}kuŋ^{213}	裁缝tsʰɛ^{24}faŋ^{0}“缝”读为“房”轻声	剃头的tʰi^{31}tʰou^{24}ti^{0} 剃头匠tʰi^{31}tʰou^{24}tɕiaŋ^{31}
平原	木匠mu^{42}tɕiaŋ^{0}	裁缝tsʰɛi^{55}faŋ^{0}“缝”读为“房”轻声	推头的tʰuei^{21}tʰou^{55}ti^{0}
德州	木匠mu^{42}tɕiaŋ^{0}	裁缝tsʰɛ^{55}fəŋ^{0} 做衣服的tsuə^{213}i^{21}fu^{0}ti^{0}	剃头的tʰi^{21}tʰou^{55}ti^{0}

① “砸$^{=}$衣裳”指用缝纫机缝制衣服（同北京话，见董树人《新编北京方言词典》，商务印书馆2010年版）。下同。由于现代的裁缝都是用缝纫机来缝制衣服，所以有些点只列“砸$^{=}$衣裳的”一种说法。此外，有些点未把“裁缝”的说法列于首位，此处均改置于首位。

续表

	0592木匠	0593裁缝	0594理发师
武城	木匠mu^{53}tɕiɑŋ^{0}	铰衣裳的tɕiɔ^{55}i^{312}ʂɑŋ^{0}ti^{0}	推头的t^{h}ei^{24}t^{h}ou^{55}ti^{0}
临清	木匠mu^{53}tɕiɑŋ^{0}	裁缝ts^{h}ai^{44}fəŋ^{0} 砸$^{=}$衣裳的tsa^{53}i^{13}ʂɑŋ^{0}tə^{0}	剃头的t^{h}i^{31}t^{h}ou^{44}tə^{0}
冠县	木匠mu^{53}tsiɑŋ^{0}	铰衣裳的tɕiɔ^{55}i^{21}ʂɑŋ^{0}ti^{0}	剃头的t^{h}i^{31}t^{h}ou^{53}ti^{0}
聊城	木工mu^{31}kuŋ^{13}	砸$^{=}$衣裳的tsa^{53}i^{13}sɑŋ^{0}ti^{0}	剃头的t^{h}i^{31}t^{h}ou^{44}ti^{0}
济南	木匠mu^{55}tɕiɑŋ^{0}	裁缝ts^{h}ɛ^{445}fɑŋ^{0} "缝"读为"房"轻声	剃头的t^{h}i^{21}t^{h}ou^{445}ti^{0} 推头的t^{h}uei^{213}t^{h}ou^{445}ti^{0}
泰安	木匠mu^{42}tɕiɑŋ^{0}	裁缝ts^{h}ɛ^{55}fɑŋ^{0} "缝"读为"房"轻声	剃头的t^{h}i^{21}t^{h}ou^{55}ti^{0}
莱芜	木匠mu^{42}tɕiɑŋ^{0}	裁缝ts^{h}ɛ^{13}fɑŋ^{0} "缝"读为"房"轻声	剃头匠子t^{h}i^{31}t^{h}ou^{0}tɕiɑŋ^{42}tsɿ^{0}
新泰	木匠mu^{54}tɕiɑŋ^{0}	裁缝tθ^{h}ɛ^{45}fəŋ^{0}	剃头的t^{h}i^{31}t^{h}ou^{45}ti^{0}
沂源	木匠mu^{55}tɕiɑŋ^{0}	做衣裳的tθuə^{31}i^{21}ʃɑŋ^{0}ti^{0}	剃头匠子t^{h}i^{31}t^{h}ou^{55}tɕiɑŋ^{55}tθɿ^{0}
博山	木匠mu^{55}tɕiɑŋ^{0}	裁缝ts^{h}ɛ^{35}fɑŋ^{0} "缝"读为"房"轻声	剃头的t^{h}i^{31}t^{h}əu^{35}ə^{0}
张店	木匠mu^{55}tɕiɑŋ^{0}	裁缝ts^{h}ɛ^{35}fɑŋ^{0} "缝"读为"房"轻声	剃头匠t^{h}i^{31}t^{h}ou^{55}tɕiɑŋ^{31}
阳谷	木匠mu^{31}tɕiɑŋ^{0}	裁缝ts^{h}ɛ^{55}fəŋ^{0} 做衣裳的tsou^{31}i^{31}sɑŋ^{0}li^{0}	剃头匠t^{h}i^{31}t^{h}ou^{0}tɕiɑŋ^{313} 剃头的t^{h}i^{31}t^{h}ou^{0}li^{0}
梁山	木匠mu^{23}tɕiɑŋ^{31}	砸$^{=}$衣裳的tsa^{42}i^{21}sɑŋ^{0}li^{0}	剃头的t^{h}i^{31}t^{h}ou^{55}li^{0}
菏泽	木匠mu^{21}tɕiɑŋ^{0}	做衣裳的tsou^{31}i^{21}sɑŋ^{0}lɛ^{0}	剃头的t^{h}i^{31}t^{h}ou^{53}lɛ^{0}
曹县	木匠mu^{21}tɕiɑŋ^{0}	裁缝ts^{h}ai^{53}fəŋ^{0}	剃头的t^{h}i^{31}t^{h}ou^{53}lei^{0}
金乡	木匠mu^{21}tɕiɑŋ^{0}	裁缝ts^{h}ɛ^{55}fəŋ^{0}	剃头的t^{h}i^{31}t^{h}ou^{55}li^{0}
曲阜	木匠mu^{213}tɕiɑŋ^{0}	裁缝ts^{h}ɛ^{55}fɑŋ^{0} "缝"读为"房"轻声	剃头的t^{h}i^{31}t^{h}ou^{55}li^{0}
薛城	木匠mu^{31}tɕiɑŋ^{0}	砸$^{=}$衣裳的tsa^{55}i^{31}sɑŋ^{0}ti^{0}	剃头的t^{h}i^{41}t^{h}ou^{55}ti^{0}
郯城	木工mu^{13}kuŋ^{213} 木匠mu^{21}tɕiɑŋ^{51}	裁缝ts^{h}ɛ^{44}fɑŋ^{0} "缝"读为"房"轻声 做衣裳的tsəu^{51}i^{21}ʂəŋ^{0}tə^{0} 砸$^{=}$衣裳的tsa^{44}i^{21}ʂəŋ^{0}tə^{0}	剃头匠子t^{h}i^{51}t^{h}əu^{44}tɕiɑŋ^{51}tsɿ^{0} 剃头匠t^{h}i^{51}t^{h}əu^{44}tɕiɑŋ^{51} 剃头的t^{h}i^{51}t^{h}əu^{44}tə^{0}
临沂	木匠mu^{214}tɕiɑŋ^{0} 木工mu^{24}kuŋ^{214}	裁缝ts^{h}ɛ^{55}fɑŋ^{0} "缝"读为"房"轻声	剃头的t^{h}i^{31}t^{h}ou^{55}ti^{0} 剃头匠子t^{h}i^{31}t^{h}ou^{53}tɕiɑŋ^{31}tsɿ^{0} 略含贬义

	0595厨师	0596师傅	0597徒弟
荣成	熬饭的au^{53}fan^{33}tə^{0} 厨子tʃʰy^{35}tsɿ^{0} 大师傅ta^{33}ʂʅ^{53}fu^{0}	师傅ʂʅ^{53}fu^{0} 老师lau^{21}ʂʅ^{53}	徒弟tʰu^{35}ti^{0}
烟台	厨子tɕʰy^{33}ɾə^{0}	师傅sɿ^{53}fu^{0}	徒弟tʰu^{33}ti^{0}
栖霞	厨子tʃʰy^{34}lə^{0}	师傅sɿ^{52}fu^{0}	徒弟tʰu^{34}ti^{0}
长岛	大师傅ta^{52}sɿ^{31}fu^{0}	师傅sɿ^{31}fu^{0}	徒弟tʰu^{55}ti^{0}
海阳	厨子tʃʰy^{34}ə^{0}	师傅ʂʅ^{52}fu^{0}	学徒的çyə^{52}tʰu^{34}tə^{0}
莱西	大师傅ta^{45}sɿ^{0}fu^{0} 厨师tsʰu^{31}sɿ^{214}	师傅sɿ^{214}fu^{0}	徒弟tʰu^{45}ti^{0} 学徒çyə^{214}tʰu^{42}
平度	大师傅ta^{45}ʂʅ^{0}fu^{0} 做饭的tθou^{213}fã^{45}ti^{0}	师傅ʂʅ^{213}fu^{0}	徒弟tʰu^{45}ti^{0} 学徒çyə^{213}tʰu^{42}
青岛	厨子tʃʰu^{45}tθɿ^{0}背称 大师傅tɑ^{45}ʂʅ^{0}fu^{0}统称	师傅ʂʅ^{21}fu^{0} 老师儿lɔ^{55}ʂer^{213}	徒弟tʰu^{45}ti^{0} 学徒çyə^{213}tʰu^{42}
高密	大师傅tɑ^{42}ʂʅ^{0}fu^{0} 伙夫xuə^{23}fu^{0}	师傅ʂʅ^{21}fu^{0} 老师儿lɔ^{55}ʂer^{213}	学徒çyə^{42}tʰu^{42} 学徒的çyə^{42}tʰu^{55}ti^{0} 徒弟tʰu^{55}ti^{0}
诸城	厨子tʃʰu^{24}tθɿ^{0}	师傅ʂʅ^{31}fu^{0}	徒弟tʰu^{24}ti^{0}
沂水	厨子tʃʰʮ^{24}dðɿ^{0} 大师傅ta^{44}ʂʅ^{0}fu^{0}	师傅ʂʅ^{21}fu^{0} 老师lɔ^{44}ʂʅ^{213}	徒弟tʰu^{24}ti^{0} 学徒的çyə^{53}tʰu^{24}ti^{0}
临朐	厨子tʃʰu^{35}tθɿ^{0}	老师儿lɔ^{44}ʂer^{213}	徒弟tʰu^{35}ti^{0}
日照	伙夫xuə^{44}fu^{213}	师傅ʂʅ^{31}fu^{0}	徒弟tʰu^{44}ti^{0}
莒南	厨子tʃʰʮ^{24}tθɿ^{0} 厨师tʃʰʮ^{53}ʂʅ^{213}	老师儿lɔ^{55}ʂɬer^{213} 师傅ʂʅ^{21}fu^{0}	徒弟tʰu^{24}ti^{0} 学徒çyə^{53}tʰu^{55}
潍坊	大师傅tɑ^{55}ʂʅ^{0}fu^{0}水平较高 厨子tʂʰu^{35}tsɿ^{0}	师傅ʂʅ^{31}fu^{0} 老师lɔɤ^{24}ʂʅ^{214}	徒弟tʰu^{35}ti^{0} 学生çyə^{35}ʂəŋ^{0}
寿光	大师傅ta^{55}ʂʅ^{0}fu^{0}	老师儿lɔ^{55}ɬʅ^{213}	徒弟tʰu^{35}ti^{0}
高青	大师傅tɑ^{55}ʂʅ^{0}fu^{0}	老师lɔ^{55}ʂʅ^{213}	徒弟tʰu^{35}ti^{0}
阳信	大师傅ta^{55}ʂʅ^{0}fu^{0} 掌勺儿的tʂɑŋ^{55}ʂɔr^{45}ti^{0}	师傅ʂʅ^{31}fu^{0}	徒弟tʰu^{45}ti^{0}
济阳	红案子老师儿xuŋ^{24}ŋã^{55}tsɿ^{0} lɔ^{55}ʂer^{213}	师傅ʂʅ^{21}fu^{0}	徒弟tʰu^{24}ti^{0}
利津	大厨ta^{31}tʂʰu^{53}	师傅ʂʅ^{31}fu^{0}	徒弟tʰu^{35}ti^{0}
乐陵	炒菜的tsʰɔ^{55}tsʰɛ^{55}ti^{0} 大师傅tɑ^{55}sɿ^{0}fu^{0}	师傅sɿ^{31}fu^{0}	学徒的çiɔ^{55}tʰu^{55}ti^{0}

续表

	0595厨师	0596师傅	0597徒弟
商河	炒菜的tsʰɔ^{45}tsʰɛ^{54}ti^{0} 忙饭的maŋ^{54}fã^{54}ti^{0}	师傅sɿ^{21}fu^{0} 老师lɔ^{45}sɿ^{213}	徒弟tʰu^{24}ti^{0}
平原	厨子tʂʰu^{55}tsɿ^{0}	老师儿lɔu^{42}sər^{213}	徒弟tʰu^{55}ti^{0}
德州	大师傅ta^{42}ʂʅ^{0}fu^{0} 厨子tʂʰu^{55}tsɿ^{0}	师傅ʂʅ^{21}fu^{0}	徒弟tʰu^{55}ti^{0}
武城	厨子tʂʰu^{55}tsɿ^{0}	老师儿lɔ^{55}ʂer^{224}	学徒的ɕyə^{53}tʰu^{55}ti^{0}
临清	厨子tʂʰu^{44}tsɿ^{0} 厨师tʂʰu^{53}ʂʅ^{13}	师傅ʂʅ^{13}fu^{0} 老师lau^{44}ʂʅ^{13}	徒弟tʰu^{44}ti^{0} 学生ɕyə^{44}ʂəŋ^{0}
冠县	做饭的tsuə^{31}fã^{53}ti^{0}	师傅ʂʅ^{21}fu^{0}	徒弟tʰu^{55}ti^{0}
聊城	伙夫xuə^{44}fu^{13}	师傅sɿ^{13}fu^{0} 老师儿lɔ^{44}ser^{13}	徒弟tʰu^{44}ti^{0} 学徒ɕyə^{53}tʰu^{53}
济南	大师傅ta^{55}ʂʅ^{21}fu^{0} 厨子tʂʰu^{445}tsɿ^{0}	师傅ʂʅ^{21}fu^{0}	徒弟tʰu^{445}ti^{0}
泰安	厨子tʂʰu^{55}tsɿ^{0}	老师儿lɔ^{55}ʂer^{213}	徒弟tʰu^{55}ti^{0}
莱芜	厨师傅tʃʰu^{13}ʃʅ^{0}fu^{0}	师傅ʃʅ^{31}fu^{0}	徒弟tʰu^{13}ti^{0}
新泰	厨师pfʰu^{42}ʃʅ^{213}	师傅ʃʅ^{21}fu^{0}	徒弟tʰu^{42}ti^{31}
沂源	厨子tʃʰu^{35}tθɿ^{0}	师傅ʃʅ^{21}fu^{0}	徒弟tʰu^{35}ti^{0}
博山	大师傅ta^{55}ʂʅ^{0}fu^{0}	师傅ʂʅ^{21}fu^{0}	徒弟tʰu^{35}ti^{0}
张店	大师傅ta^{55}ʂʅ^{0}fu^{0}	师傅ʂʅ^{21}fu^{0}	徒弟tʰu^{35}ti^{0}
阳谷	大师傅ta^{42}sɿ^{0}fu^{0} 掌勺的tsaŋ^{55}fə^{55}li^{0}	师傅sɿ^{31}fu^{0}	徒弟tʰu^{55}ti^{0}
梁山	炒菜的tsʰɔ^{55}tsʰɛ^{31}li^{0}	老师儿lɔ^{55}ʂer^{213}	徒弟tʰu^{55}ti^{0}
菏泽	厨子tsʰu^{53}tə^{0}	老师lɔ^{44}sɿ^{213}	徒弟tʰu^{53}ti^{0}
曹县	伙夫xuə^{44}fu^{213}	老师lɔ^{44}sɿ^{213}	徒弟tʰu^{53}ti^{312}
金乡	厨子tsʰu^{55}tsɿ^{0} 焗长tɕy^{21}tsaŋ^{0}	老师lɔ^{55}sɿ^{213}	徒弟tʰu^{55}ti^{0}
曲阜	厨子tsʰu^{55}tsɿ^{0}	老师儿lɔ^{55}ser^{213}	徒弟tʰu^{55}ti^{0}
薛城	熬菜的ɣɔ^{31}tsʰɛ^{41}ti^{0} 厨子pfʰu^{55}tsɿ^{0}	师傅sɿ^{31}fu^{0}	徒儿tʰu^{55}ɭə^{55} 徒弟tʰu^{55}ti^{41}

续表

	0595厨师	0596师傅	0597徒弟
郯城	伙夫xuə^{44}fu^{213} 掂瓢儿的tiã^{21}pʰiɔr^{44}tə^{0} 厨子tʂʰu^{44}tsɿ^{0}	师傅ʂʅ^{21}fu^{0} 老师lɔ^{44}ʂʅ^{213}	徒儿tʰu^{44}ɭə^{44} 徒弟tʰu^{44}ti^{0}
临沂	厨子tʃʰu^{55}tsɿ^{0}	老师lɔ^{55}ʃʅ^{214}	徒弟tʰu^{55}ti^{0}

	0598乞丐统称，非贬称（无统称则记成年男的）	0599妓女	0600流氓
荣成	要饭的iau^{33}fan^{33}tə^{0}	婊子piau^{214}tsɿ^{0}	流子球liəu^{35}tsɿ^{0}cʰiəu^{53}
烟台	要饭儿的iau^{53}fɐr^{33}tə^{0}	婊子piau^{21}ɾə^{0}	流氓liou^{33}maŋ^{14}
栖霞	要饭的iɔo^{34}fãn^{34}li^{0}	婊子piɔo^{21}lə^{0}	流氓liəu^{52}maŋ^{312}
长岛	要饭的iau^{52}fan^{52}ti^{0}	婊子piau^{35}tsɿ^{0}	流氓liou^{31}maŋ^{213}
海阳	要饭的iɔ^{52}fã^{34}ti^{0}	婊子piɔ^{21}ə^{0}	流氓liəu^{55}maŋ^{214}
莱西	要饭儿的iɔ^{21}fɐr^{42}tə^{0}	马子ma^{45}tsɿ^{0} 妓女ci^{214}ȵy^{55}	流氓liou^{214}maŋ^{55}
平度	要饭儿的iɔ^{213}fɐr^{45}ti^{0}	妓女ci^{213}ȵy^{55}	流氓liou^{213}maŋ^{55}
青岛	要饭儿的lɔ^{213}fɐr^{55}ti^{0} 叫花子tɕiɔ^{42}xua^{213}tθɿ^{0}	妓女tɕi^{213}ȵy^{55}	流氓liou^{213}maŋ^{55}
高密	要饭的iɔ^{21}fã^{42}ti^{0}	婊子piɔ^{21}tθɿ^{0} 窑子iɔ^{55}tθɿ^{0}	流氓liou^{42}maŋ^{55}
诸城	讨老子tʰɔ^{213}lɔ^{0}tθɿ^{0} 要饭的iɔ^{31}fã^{44}ȶi^{0}	窑子里的iɔ^{24}tθɿ^{0}li^{0}ȶi^{0}	流氓liou^{24}maŋ^{0}
沂水	要饭的iɔ^{31}fã^{44}ti^{0} 叫花子tɕiɔ^{31}xua^{21}dðɿ^{0}	婊子piɔ^{213}dðɿ^{0}	流氓liou^{24}maŋ^{0}
临朐	要饭儿的iɔ^{21}fɛr^{44}ti^{0}	开窑子的kʰɛ^{213}iɔ^{35}tθɿ^{0}ti^{0} 婊子piɔ^{213}tθɿ^{0}	不正干的pu^{13}tʃəŋ^{21}kã^{44}ti^{0}
日照	要饭的iɔ^{31}fã^{53}ti^{0}	婊子piɔ^{213}tθɿ^{0}	流氓liou^{53}maŋ^{44}
莒南	要饭的iɔ^{31}fã^{42}ti^{0}	妓女tɕi^{31}ny^{55}	流氓liou^{24}maŋ^{0} 不照调的pu^{55}tʃɔ^{31}tiɔ^{42}ti^{0}
潍坊	要饭儿的iɔɤ^{31}fɛr^{55}ti^{0}	破鞋pʰə^{31}ɕiɛ^{53}	流氓liɤɯ^{35}maŋ^{0}指男女关系不正派的男性
寿光	要饭儿的iɔ^{21}fɛr^{55}ti^{0}	婊子piɔ^{24}tsɿ^{0}	流氓liəu^{35}maŋ^{0}
高青	要饭儿的iɔ^{41}fɛr^{55}ti^{0}	窑女儿iɔ^{55}ȵyer^{55}	流氓liou^{35}maŋ^{0}
阳信	要饭儿的iɔ^{31}fɛr^{0}ti^{0}	婊子piɔ^{213}tsɿ^{0}	流氓liou^{45}maŋ^{0}

续表

	0598乞丐统称，非贬称（无统称则记成年男的）	0599妓女	0600流氓
济阳	要饭的iɔ^{31}fã^{55}ti^{0} 叫花子tɕiɔ^{23}xua^{0}tsɿ^{0}	窑子里的iɔ^{24}tsɿ^{0}ȵi^{0}ti^{0}	流球liou^{24}tɕʰiou^{0} 流氓liou^{24}maŋ^{0}
利津	要饭的iɔ^{31}fã^{55}ti^{0}	窑女iɔ^{53}ȵy^{55}	地皮ti^{31}pʰi^{53}
乐陵	要饭儿的iɔ^{31}fɛr^{55}ti^{0}	窑子的iɔ^{55}tsɿ^{0}ti^{0}	混儿混儿xuer^{55}xuer^{0}
商河	要饭的iɔ^{31}fã^{54}ti^{0}	窑子铺里的iɔ^{24}tsɿ^{0}pʰu^{54}li^{0}ti^{0} 窑子娘们儿iɔ^{24}tsɿ^{0}ȵiaŋ^{24}mer^{0}	流氓liou^{54}maŋ^{54}
平原	要饭的iɔu^{21}fã^{42}ti^{0}	窑姐儿iɔu^{42}tɕiᴇr^{55}	二流子ər^{21}liou^{42}tsɿ^{0}
德州	要饭的iɔ^{213}fã^{42}ti^{0}	窑姐儿iɔ^{42}tɕiər^{55}	毛流子mɔ^{42}liou^{55}tsɿ^{0}
武城	要饭的iɔ^{21}fã^{53}ti^{0}	窑儿姐iɔr^{53}tɕiə^{55}	二流子ɭə^{21}liou^{53}tsɿ^{0} 下三烂ɕia^{21}sã^{24}lã^{312}
临清	叫花子tɕiau^{53}xua^{0}tsɿ^{0} 要饭的iau^{31}fan^{53}tə^{0}	窑姐iau^{53}tɕiə^{44}	二流子ər^{31}liou^{13}tsɿ^{0} 流氓liou^{53}maŋ^{53}
冠县	要饭的iɔ^{24}fã^{53}ti^{0}	窑姐儿iɔ^{53}tsiər^{55}	二流子ər^{31}liou^{53}tsɿ^{0}
聊城	叫花子tɕiɔ^{31}xua^{13}tsɿ^{0} 要饭的iɔ^{31}fã^{53}ti^{0}	窑姐儿iɔ^{53}tɕiər^{44}	二流子ər^{31}liou^{44}tsɿ^{0}好吃懒做的 流氓liou^{53}maŋ^{53}作风有问题的
济南	叫花子tɕiɔ^{55}xua^{0}tsɿ^{0} 要饭的iɔ^{21}fã^{55}ti^{0}	窑子娘们儿iɔ^{445}tsɿ^{0}ȵiaŋ^{445}mer^{0}	流氓liou^{42}maŋ^{55}
泰安	叫花子tɕiɔ^{42}xua^{0}tsɿ^{0} 要饭的iɔ^{21}fã^{42}ti^{0} 要么儿吃的iɔ^{21}mər^{42}tʂʰʅ^{21}ti^{0}	窑子里的iɔ^{55}tsɿ^{0}li^{0}ti^{0}	二流子ər^{21}liou^{55}tsɿ^{0} 下三烂ɕia^{21}sã^{23}lã^{21}
莱芜	要饭的iɔ^{31}fã^{42}ti^{0}	窑女iɔ^{55}ȵy^{55}	二流子ɭə^{213}liou^{31}tsɿ^{0}
新泰	要饭的iɔ^{31}fã^{54}ti^{0}	窑姐儿iɔ^{42}tɕiər^{213}	流氓liou^{45}maŋ^{0}
沂源	要饭的iɔ^{31}fã^{55}ti^{0}	婊子piɔ^{21}tθɿ^{0}	下流胚ɕia^{55}liou^{0}pʰi^{55}
博山	要饭的iɔ^{31}fã^{55}ə^{0}	窑里头人iɔ^{55}li^{213}tʰəu^{0}lẽ^{55}	二流子ɭə^{55}liəu^{0}ə^{0}
张店	叫花子tɕiɔ^{31}xuɑ^{21}ɿ^{0} 要饭的iɔ^{31}fã^{55}ti^{0}	妓女tɕi^{31}ȵy^{55} 窑子里的iɔ^{35}ɿ^{0}ȵi^{0}ti^{0}	流氓liou^{35}maŋ^{0}
阳谷	要饭的iɔ^{31}fã^{42}li^{0} 叫花子tɕiɔ^{31}xua^{31}zɿ^{0}	窑姐儿iɔ^{42}tɕiər^{55}	二流子ər^{31}liou^{55}zɿ^{0}
梁山	要饭的iɔ^{21}fã^{42}li^{0} 叫花子tɕiɔ^{31}xua^{213}tsɿ^{0}	卖货mɛ^{31}xuə^{314}	流氓liou^{42}maŋ^{42}
菏泽	要饭的iɔ^{213}fã^{31}lɛ^{0}	婊子piɔ^{44}tə^{0}	流氓liou^{53}maŋ^{53}
曹县	要饭的iɔ^{13}fã^{31}lei^{0}	妓女tɕi^{31}ȵy^{44}	流氓liou^{53}maŋ^{52}

续表

	0598 乞丐 统称，非贬称（无统称则记成年男的）	0599 妓女	0600 流氓
金乡	要饭的 iɔ^{31}fã^{42}li^{0}	窑子的 iɔ^{55}tsʅ^{0}li^{0}	流氓 liou^{42}maŋ^{42}
曲阜	要饭的 iɔ^{31}fã^{42}li^{0}	卖屄的 mɛ^{31}pi^{21}li^{0} 婊子 piɔ^{213}tsʅ^{0}	流氓 liou^{42}maŋ^{42}
薛城	要饭的 iɔ^{41}fã^{41}ti^{0}	婊子 piɔ^{24}tsʅ^{0}	流氓 liou^{55}maŋ^{55}
郯城	要饭的 iɔ^{51}fã^{51}tə^{0} 叫花子 tɕiɔ^{51}xua^{21}tsʅ^{0}	卖屄的 mɛ^{51}pi^{21}tə^{0} 卖身的 mɛ^{51}ʂə̃^{21}tə^{0}	流氓 liəu^{44}maŋ^{44}
临沂	要饭的 iɔ^{31}fã^{31}ti^{0}	妓女 tɕi^{31}ȵy^{55}	流氓儿 liou^{53}mãr^{53}

	0601 贼	0602 瞎子 统称，非贬称（无统称则记成年男的）	0603 聋子 统称，非贬称（无统称则记成年男的）
荣成	小偷儿 siau^{21}tʰəur^{53}	瞎子 çia^{214}tsʅ^{0}	聋子 luŋ^{53}tsʅ^{0}
烟台	贼 tsɤ^{33}	瞎子 çia^{14}ɾə^{0}	聋子 luŋ^{53}ɾə^{0}
栖霞	贼 tsə^{342} 小偷儿 ʃiɔo^{34}tʰəur^{312}	瞎子 çia^{21}lə^{0}	聋子 luŋ^{52}lə^{0}
长岛	小偷儿 ʃau^{55}tʰəur^{31}	瞎子 çia^{35}tsʅ^{0}	聋子 luŋ^{55}tsʅ^{0}
海阳	小偷儿 siɔ^{21}tʰəur^{52}	瞎子 çia^{21}ə^{0}	聋子 luŋ^{52}ə^{0}
莱西	贼儿 tsər^{42} 小偷儿 ʃiɔ^{55}tʰour^{214}	瞎子 çia^{24}tsʅ^{0} 瞎汉 çia^{214}xã^{42}	聋子 loŋ^{214}tsʅ^{0} 聋汉①loŋ^{214}xã^{0}
平度	贼 tθei^{42} 小偷儿 siɔ^{55}tʰour^{213}	瞎汉 çia^{45}xã^{0}	聋汉 ləŋ^{45}xã^{0}
青岛	贼 tθei^{42} 小偷儿 siɔ^{55}tʰour^{213}	瞎汉 ɕiɑ^{44}xã^{0}	聋汉 loŋ^{45}xã^{0}
高密	小偷儿 siɔ^{55}tʰour^{213} 贼 tθei^{42}	瞎汉 ɕiɑ^{23}xã^{0} 瞎眼 ɕiɑ^{42}iã^{55}	聋汉 loŋ^{55}xã^{0} 聋子 loŋ^{55}tθʅ^{0}
诸城	小偷儿 θiɔ^{44}tʰour^{213} 起手 tʃʰʅ^{213}ʃou^{0}	瞎汉 ʃa^{213}xã^{0}	聋汉 ləŋ^{24}xã^{0}
沂水	小偷儿 siɔ^{44}tʰour^{213}	瞎汉 ɕiɑ^{213}xã^{0}	聋汉 luŋ^{24}xã^{0}
临朐	小偷儿 ɕiɔ^{44}tʰəur^{213}	瞎汉 ɕiɑ^{213}xã^{0}	聋汉 luŋ^{35}xã^{0}
日照	小偷儿 θiɔ^{44}tʰour^{213}	瞎汉 ʃiɑ^{213}xã^{0}	聋汉 ləŋ^{44}xã^{0}

① 以下的“聋汉”均为统称。

续表

	0601贼	0602瞎子统称，非贬称（无统称则记成年男的）	0603聋子统称，非贬称（无统称则记成年男的）
莒南	小偷儿siɔ^{55}tʰour^{213}统称 贼种tθei^{53}tʂuŋ^{55}指惯偷	瞎汉ɕiɑ^{213}xã^{0}	聋汉luŋ^{24}xã^{0}
潍坊	小偷儿ɕiɔɤ^{55}tʰour^{214}	瞎汉ɕiɑ^{214}xã^{0}	聋汉loŋ^{35}xã^{0}
寿光	贼tsei^{53}多指入室盗窃者 小偷儿ɕiɔ^{55}tʰəur^{213}	瞎汉ɕiɑ^{213}xã^{0}	聋汉luŋ^{35}xã^{0}
高青	起手tɕʰi^{213}ʂou^{55}	瞎厮ɕiɑ^{213}sɿ^{0}	聋巴luŋ^{35}pɑ^{0}
阳信	贼tsei^{43} 小偷儿ɕiɔ^{55}tʰour^{213}小偷小摸的贼	瞎厮ɕia^{31}sɿ^{0}	聋汉luŋ^{45}xã^{0}
济阳	贼tsei^{55} 小偷儿ɕiɔ^{55}tʰour^{213}	瞎眼子ɕia^{23}iã^{0}tsɿ^{0}	聋汉luŋ^{24}xã^{0}
利津	小偷儿ɕiɔ^{55}tʰour^{213}	瞎厮ɕia^{24}sɿ^{0}	聋厮luŋ^{35}sɿ^{0}
乐陵	偷营生儿的tʰou^{212}iŋ^{55}sər^{0}ti^{0}	瞎子ɕiɑ^{31}tsɿ^{0}	聋子luŋ^{55}tsɿ^{0}
商河	小偷儿ɕiɔ^{45}tʰour^{213} 贼tsei^{54}	瞎子ɕiɑ^{21}tsɿ^{0}	聋汉luŋ^{24}xã^{0}
平原	小偷儿ɕiɔu^{55}tʰour^{213}	瞎子ɕia^{21}tsɿ^{0}	聋子luŋ^{55}tsɿ^{0}
德州	小偷儿ɕiɔ^{55}tʰour^{213}	瞎子ɕia^{21}tsɿ^{0}	聋子luŋ^{55}tsɿ^{0}
武城	小偷儿ɕiɔ^{53}tʰour^{224}	瞎子ɕia^{312}tsɿ^{0}	聋子luŋ^{55}tsɿ^{0}
临清	贼tsei^{53} 小偷儿ɕiau^{44}tʰour^{13}	瞎子ɕia^{13}tsɿ^{0}	聋子luŋ^{44}tsɿ^{0}
冠县	小偷儿siɔ^{55}tʰour^{13}	瞎子ɕia^{21}tsɿ^{0}	聋子luŋ^{53}tsɿ^{0}
聊城	小偷儿ɕiɔ^{44}tʰour^{13}	瞎子ɕia^{13}tsɿ^{0}	聋子luŋ^{44}tsɿ^{0}
济南	贼tsei^{42} 小偷儿ɕiɔ^{55}tʰour^{213}	瞎眼子ɕia^{21}iã^{0}tsɿ^{0} 瞎子ɕia^{21}tsɿ^{0}	聋子luŋ^{445}tsɿ^{0} 聋汉luŋ^{445}xã^{0}
泰安	小偷儿ɕiɔ^{55}tʰour^{213}	瞎子ɕia^{21}tsɿ^{0}	聋汉luŋ^{55}xã^{0}
莱芜	贼tsei^{55}	瞎厮ɕia^{31}sɿ^{0}	聋汉luŋ^{13}xã^{42}
新泰	小偷ɕiɔ^{42}tʰou^{213}	瞎厮ɕia^{21}θɿ^{0}	聋子luŋ^{45}tθɿ^{0}
沂源	小偷ɕiɔ^{55}tʰou^{213}	瞎汉ɕia^{21}xã^{0}	聋汉luŋ^{35}xã^{0}
博山	贼tsei^{55} 小偷ɕiɔ^{55}tʰəu^{213}	瞎厮ɕiɑ^{22}ə^{0}	聋子luŋ^{35}ə^{0}
张店	小偷ɕiɔ^{55}tʰou^{213}	瞎厮ɕiɑ^{33}sɿ^{0}	聋巴luŋ^{35}pɑ^{0}

续表

	0601贼	0602瞎子统称，非贬称（无统称则记成年男的）	0603聋子统称，非贬称（无统称则记成年男的）
阳谷	贼tsei^{42} 做贼的tsou^{31}tsei^{55}li^{0} 小绺ɕiɔ^{42}liou^{55}	瞎子ɕia^{31}zʅ^{0}	聋子luŋ^{55}zʅ^{0}
梁山	小偷儿ɕiɔ^{55}t^{h}our^{213}	瞎子ɕia^{21}tsʅ^{0}	聋子luŋ^{55}tsʅ^{0}
菏泽	小偷儿ɕiɔ^{44}t^{h}our^{213}	瞎子ɕia^{21}tə^{0}	聋子luŋ^{53}tə^{0}
曹县	小偷ɕiɔ^{44}t^{h}ou^{213} 贼tsei^{53}	瞎子ɕia^{21}tə^{0}	聋子luŋ^{53}nə^{0}
金乡	小偷儿ɕiɔ^{55}t^{h}our^{213}	瞎子ɕia^{21}tsʅ^{0}	聋子luŋ^{55}tsʅ^{0}
曲阜	小偷儿ɕiɔ^{55}t^{h}our^{213}	瞎子ɕia^{21}tsʅ^{0}	聋子luŋ^{55}tsʅ^{0}
薛城	小偷儿ɕiɔ^{55}t^{h}our^{313}	瞎子ɕia^{31}tsʅ^{0}	聋子luŋ^{55}tsʅ^{0}
郯城	三只手sã^{13}tʂʅ^{21}ʂəu^{24} 小偷儿ɕiɔ^{44}t^{h}əur^{213} 贼tse^{44}	瞎子ɕia^{21}tsʅ^{0} 盲人mɑŋ^{44}zə̃^{44}	聋子luŋ^{44}tsʅ^{0}
临沂	小偷儿ɕiɔ^{55}t^{h}our^{214} 贼tsei^{53}	盲人mɑŋ^{53}zẽ^{53} 瞎子ɕia^{21}tsʅ^{0}含贬义	聋子luŋ^{55}tsʅ^{0}

	0604哑巴统称，非贬称（无统称则记成年男的）	0605驼子统称，非贬称（无统称则记成年男的）	0606瘸子统称，非贬称（无统称则记成年男的）
荣成	哑巴ia^{214}pə^{0}	老锅儿lau^{21}kuor^{53}	瘸子cyɛ^{35}tsʅ^{0}
烟台	哑巴ia^{21}pa^{0}	罗锅儿luo^{33}kuor^{53}	瘸子tɕ^{h}ye^{33}rə^{0}
栖霞	哑巴ia^{21}pa^{0}	锅锅腰kuo^{52}kuo^{0}iɔo^{312}	瘸子c^{h}yɛ^{34}lə^{0}
长岛	哑巴ia^{35}pa^{0}	罗锅子luə^{55}kuə^{31}tsʅ^{0}	瘸子c^{h}yɛ^{55}tsʅ^{0}
海阳	哑巴ia^{21}pa^{0}	锅锅腰儿kuo^{52}kuo^{0}iɔr^{52}	瘸子c^{h}yə^{34}ə^{0}
莱西	哑巴ia^{45}pu^{0}“巴”读为“不”轻声	锅腰儿kuə^{214}iɔr^{0} 罗锅儿luə^{33}kuər^{214}	瘸子c^{h}yə^{45}tsʅ^{0} 瘸腿儿c^{h}yə^{45}t^{h}er^{0}
平度	哑巴ia^{45}pa^{0}	马蓬腰儿ma^{55}p^{h}əŋ^{0}iɔr^{213} 锅腰子kuə^{213}iɔ^{0}tθʅ^{0}	瘸腿c^{h}yə^{45}t^{h}ei^{0}
青岛	哑巴iɑ^{55}pɑ^{0}	马蓬腰mɑ^{55}p^{h}oŋ^{42}iɔ^{213}	瘸腿儿tɕ^{h}yə^{45}t^{h}uer^{0}
高密	哑巴iɑ^{23}pɑ^{0}	锅腰子kuə^{21}iɔ^{0}tθʅ^{0}	瘸腿tɕ^{h}yə^{55}t^{h}ei^{0}
诸城	哑巴ia^{213}pa^{0}	锅腰子kuə^{31}iɔ^{0}tθʅ^{0}	瘸腿tʃ^{h}uə^{24}t^{h}uei^{0}
沂水	哑巴ia^{213}pa^{0}	锅腰子kuə^{21}iɔ^{0}dðʅ^{0}	瘸巴tɕ^{h}yə^{24}pa^{0}

续表

	0604哑巴统称，非贬称（无统称则记成年男的）	0605驼子统称，非贬称（无统称则记成年男的）	0606瘸子统称，非贬称（无统称则记成年男的）
临朐	哑巴 ia^{213}pa^{0}	锅腰子 kuə^{21}iɔ^{0}tθɿ^{0}	瘸巴 tɕʰyə^{35}pa^{0}
日照	哑巴 iɑ^{213}pɑ^{0}	罗锅儿腰儿 luə^{44}kuər^{0}zɔ̜r^{213} 龟儿 kuer^{213}	瘸巴 tʃʰyə^{44}pɑ^{0}
莒南	哑巴 iɑ^{213}pu^{0} “巴”读为“不”轻声	龟腰子 kuei^{13}iɔ^{21}tθɿ^{0}	瘸巴 tɕʰyə^{24}pu^{0}
潍坊	哑巴 iɑ^{214}pɑ^{0}	锅腰子 kuə^{31}iɔɤ^{0}tsɿ^{0}	瘸腿儿 tɕʰyə^{35}tʰuer^{0}
寿光	哑巴 ia^{213}pa^{0}	锅腰子 kuə^{21}iɔ^{0}tsɿ^{0}	瘸巴 tɕʰyə^{35}pa^{0}
高青	哑巴 iɑ^{213}pɑ^{0}	锅腰子 kuə^{41}iɔ^{213}tsɿ^{0}	瘸巴 tɕʰyə^{35}pɑ^{0}
阳信	哑巴 ia^{213}pa^{0}	锅腰子 kuə^{31}iɔ^{0}tsɿ^{0}	瘸巴 tɕʰyə^{45}pɑ^{0}
济阳	哑巴 ia^{213}pa^{0}	锅腰子 kuə^{21}iɔ^{0}tsɿ^{0}	瘸巴 tɕʰyə^{24}pa^{0}
利津	哑巴 ia^{213}pa^{0}	锅腰子 kuə^{31}iɔ^{0}tsɿ^{0}	瘸巴 tɕʰyə^{35}pa^{0}
乐陵	哑巴 iɑ^{212}pɑ^{0}	锅腰子 kuə^{31}iɔ^{0}tsɿ^{0}	瘸巴 tɕʰyə^{55}pɑ^{0}
商河	哑巴 iɑ^{213}pɑ^{0}	锅腰子 kuə^{21}iɔ^{0}tsɿ^{0}	瘸子 tɕʰyə^{24}tsɿ^{0} 瘸巴 tɕʰyə^{24}pɑ^{0}
平原	哑巴 ia^{23}pa^{0}	锅腰子 kuə^{21}iɔu^{21}tsɿ^{0}	瘸子 tɕʰyə^{55}tsɿ^{0}
德州	哑巴 ia^{213}pa^{0}	罗锅儿 luə^{42}kuər^{213}	瘸子 tɕʰyə^{55}tsɿ^{0}
武城	哑巴 ia^{24}pa^{0}	锅腰子 kuə^{312}iɔ^{0}tsɿ^{0}	瘸子 tɕʰyə^{55}tsɿ^{0}
临清	哑巴 ia^{44}pa^{0}	锅腰儿 kuə^{13}iaur^{0}	瘸子 tɕʰyə^{44}tsɿ^{0}
冠县	哑巴 ia^{44}pa^{0}	罗锅儿 luə^{55}kuər^{0}	瘸子 tɕʰyə^{55}tsɿ^{0}
聊城	哑巴 ia^{44}pa^{0}	锅腰儿 kuə^{13}iɔr^{13}	瘸子 tɕʰyə^{44}tsɿ^{0}
济南	哑巴 ia^{213}pa^{0}	锅腰子 kuə^{21}iɔ^{0}tsɿ^{0} 罗锅腰儿 luə^{445}kuə^{0}iɔr^{213}	拐子 kuɛ^{213}tsɿ^{0} 瘸巴 tɕʰyə^{445}pa^{0}
泰安	哑巴 ia^{213}pa^{0}	罗锅 luə^{55}kuə^{0}	瘸巴 tɕʰyə^{55}pa^{0}
莱芜	哑巴 ia^{213}pa^{0}	罗锅 luə^{13}kuə^{0}	瘸巴 tɕʰyə^{13}pa^{0}
新泰	哑巴 ia^{21}pa^{0}	罗锅子 luə^{45}kuə^{0}tθɿ^{0}	瘸巴 tɕʰyə^{45}pa^{0}
沂源	哑巴 ia^{21}pa^{0}	锅腰子 kuə^{31}iɔ^{21}tθɿ^{0}	瘸巴 tɕʰyə^{35}pa^{0}
博山	哑巴 iɑ^{213}pɑ^{0}	罗锅 luə^{35}kuə^{0}	瘸巴 tɕʰyə^{35}ə^{0}
张店	哑巴 iɑ^{213}pɑ^{0}	锅腰子 kuə^{21}iɔ^{0}ɿ^{0}	瘸巴 tɕʰyə^{35}pɑ^{0}
阳谷	哑巴 ia^{13}pa^{0}	锅腰子 kuo^{31}iɔ^{55}zɿ^{0}	瘸子 tsʰuo^{55}zɿ^{0}

续表

	0604 **哑巴**统称，非贬称（无统称则记成年男的）	0605 **驼子**统称，非贬称（无统称则记成年男的）	0606 **瘸子**统称，非贬称（无统称则记成年男的）
梁山	哑巴 ia^{23}pa^{0}	罗锅腰 luə^{55}ku^{0}iɔ^{213} “锅”读为“古”轻声	瘸子 tɕʰyə^{55}tsɿ^{0}
菏泽	哑巴 ia^{44}pa^{0}	罗锅腰 luɛ^{53}ku^{0}iɔ^{213} “锅”读为“古”轻声 背锅子 pei^{31}kuə^{21}tə^{0}	瘸子 tɕʰyə^{53}tə^{0}
曹县	哑巴 iã^{44}pa^{0}	罗锅腰 luo^{53}ku^{0}iɔ^{213} “锅”读为“古”轻声	瘸子 tɕʰyə^{53}tə^{0}
金乡	哑巴 ia^{23}pa^{0}	罗锅腰 luə^{55}ku^{0}iɔ^{213} “锅”读为“古”轻声	瘸子 tɕʰyə^{55}tsɿ^{0}
曲阜	哑巴 ia^{213}pa^{0}	罗锅腰儿 luə^{55}kuə^{0}iɔr^{213}	瘸巴 tɕʰyə^{55}pa^{0}
薛城	哑巴 ia^{24}pa^{0}	罗锅子 luə^{55}kuə^{31}tsɿ^{0}	瘸子 tɕʰyə^{55}tsɿ^{0}
郯城	哑巴 ia^{24}pu^{0} “巴”读为“不”轻声	龟腰子 kue^{13}iɔ^{21}tsɿ^{0} 罗锅子 luə^{44}kuə^{21}tsɿ^{0} 罗锅儿 luə^{44}kuər^{213}	点腿儿 tiã^{24}tʰer^{24} 老点 lɔ^{24}tiã^{24} 瘸子 tɕʰyə^{44}tsɿ^{0}
临沂	哑巴 ia^{214}pu^{0} “巴”读为“不”轻声	龟腰子 kuei^{24}iɔ^{21}tsɿ^{0}	瘸子 tɕʰyə^{55}tsɿ^{0}

	0607 **疯子**统称，非贬称（无统称则记成年男的）	0608 **傻子**统称，非贬称（无统称则记成年男的）	0609 **笨蛋**蠢的人
荣成	疯子 fəŋ^{53}tsɿ^{0} 痴子 tʃʰi^{53}tsɿ^{0}	彪⁼子 piau^{53}tsɿ^{0}	笨蛋 pən^{33}tan^{33}
烟台	疯子 fəŋ^{53}ɾə^{0}	彪⁼子 piau^{53}ɾə^{0}	彪⁼子 piau^{53}ɾə^{0}
栖霞	疯子 fəŋ^{52}lə^{0}	彪⁼子 piɔo^{52}lə^{0}	二百五 ər^{34}pə^{34}u^{214}
长岛	痴子 tʃʰɿ^{31}tsɿ^{0}	傻子 ʃa^{35}tsɿ^{0}	笨蛋 pən^{52}tan^{52}
海阳	痴子 tsʰɿ^{52}ə^{0}	彪⁼子 piɔ^{52}ə^{0}	笨蛋 pẽ^{52}tã^{341}
莱西	疯子 fəŋ^{32}tsɿ^{0}	彪⁼子 piɔ^{32}tsɿ^{0}	笨蛋 pẽ^{214}tã^{42}
平度	疯子 fəŋ^{213}tθɿ^{0}	彪⁼子 piɔ^{213}tθɿ^{0} 痴厮 tʃʰɿ^{213}θɿ^{0}	笨蛋 pə̃^{42}tã^{0}
青岛	痴厮 tʃʰɿ^{21}θɿ^{0} 嘲①巴 tʃʰɔ^{45}pɑ^{0}	彪⁼子 piɔ^{213}tθɿ^{0}	笨蛋 pẽ^{213}tã^{42} 蠢货 tʃʰuẽ^{55}xuə^{42}

① 表示“傻”义的“嘲”本字尚需进一步考定。此暂以“嘲”有嘲弄义，将“嘲巴”视为被别人嘲弄的对象（疯子或傻子），不在“嘲”字后加同音符号。下同。

续表

	0607 **疯子**统称，非贬称（无统称则记成年男的）	0608 **傻子**统称，非贬称（无统称则记成年男的）	0609 **笨蛋**蠢的人
高密	痴巴 tʃʰʅ^{21}pɑ^{0} 挪①巴 iə^{55}pɑ^{0}	痴巴 tʃʰʅ^{21}pɑ^{0} 挪巴 iə^{55}pɑ^{0}	笨蛋 pə̃^{23}tã^{21}
诸城	嘲巴 tʃʰɔ^{24}pa^{0}	嘲巴 tʃʰɔ^{24}pa^{0} 半彪⁼子 pã^{44}piɔ^{0}tθʅ^{0}	笨蛋 pẽ^{31}tã^{31}
沂水	癫汉 tiã^{21}xã^{0}	嘲巴 tʃʰɔ^{24}pa^{0}	笨蛋 pẽ^{31}tã^{31}
临朐	疯汉 fəŋ^{21}xã^{0}	嘲巴 tʃʰɔ^{35}pa^{0}	聋 luŋ^{53}
日照	疯汉 fəŋ^{31}xã^{0}可指女性	嘲巴 tʃʰiɔ^{44}pɑ^{0} 彪⁼子 piɔ^{31}tθə^{0}	傻瓜 ʃiɑ^{44}kuɑ^{213}
莒南	疯汉 fəŋ^{21}xã^{0}	傻子 ʃa^{213}tθʅ^{0}程度浅 愣子 ləŋ^{42}tθʅ^{0}程度深	笨货 pẽ^{31}xuə^{31} 笨蛋 pẽ^{13}tã^{31}
潍坊	挪巴 iə^{35}pɑ^{0}	半昏 pã^{55}xuẽ^{0} 二嘲 ɐr^{55}tʂʰɔɤ^{0}	笨蛋 pẽ^{24}tã^{31} 二嘲 ɐr^{55}tʂʰɔɤ^{0}
寿光	疯子 fəŋ^{21}tsʅ^{0} 嘲巴 tʂʰɔ^{35}pa^{0}	嘲巴 tʂʰɔ^{35}pa^{0}	笨蛋 pə̃^{13}tã^{21}
高青	疯汉 fəŋ^{21}xã^{0}	傻瓜 ʂɑ^{213}kuɑ^{0}	笨蛋 pə̃^{41}tã^{41}
阳信	疯厮 fəŋ^{31}sʅ^{0}	傻瓜 ʂa^{213}kuə^{0}	打⁼瓜 ta^{213}kuə^{0}智力差的人
济阳	疯汉 fəŋ^{21}xã^{0}	傻瓜 ʂa^{213}kua^{0}	笨蛋 pẽ^{31}tã^{31}
利津	疯厮 fəŋ^{31}sʅ^{0}	勺⁼巴 ʂɔ^{35}pa^{0} 嘲巴 tʂʰɔ^{35}pa^{0}	笨蛋 pẽ^{24}ta^{31}
乐陵	神经病 ʂẽ^{51}tɕiŋ^{24}piŋ^{51}	傻瓜 ʂa^{212}kuɑ^{0}	笨蛋 pẽ^{24}tã^{51}
商河	疯汉 fəŋ^{21}xã^{0}	傻瓜 ʂa^{213}kuɑ^{0}	笨蛋 pẽ^{24}tã^{31} 愚肉 y^{24}ʐou^{0}
平原	疯子 fəŋ^{21}tsʅ^{0}	傻子 ʂa^{23}tsʅ^{0}	笨蛋 pẽ^{23}tã^{21}
德州	疯子 fəŋ^{21}tsʅ^{0}	傻瓜 ʂa^{213}kua^{0}	笨蛋 pẽ^{213}tã^{21}
武城	神经病 ʂẽ^{55}tɕiŋ^{0}piŋ^{312}	傻瓜 ʂa^{24}kua^{0}	瞎头子 ɕia^{24}tʰou^{55}tsʅ^{0} 料头子 liɔ^{53}tʰou^{0}tsʅ^{0}
临清	疯子 fəŋ^{13}tsʅ^{0}	憨头 xan^{13}tʰou^{0}	笨蛋 pen^{13}tan^{313}
冠县	魔道 mə^{55}tɔ^{0}	傻子 ʂa^{44}tsʅ^{0}	笨蛋 pẽ^{24}tã^{314}
聊城	疯子 fəŋ^{13}tsʅ^{0}	憨子 xã^{13}tsʅ^{0}	笨蛋 pẽ^{31}tã^{313} 憨种 xã^{13}tsuŋ^{44}

① 与“嘲”类似，此暂以“挪（揄）”有耍弄的意思而不在“挪”字后加同音符号。下同。

续表

	0607 **疯子**统称，非贬称（无统称则记成年男的）	0608 **傻子**统称，非贬称（无统称则记成年男的）	0609 **笨蛋**蠢的人
济南	疯子 fəŋ^{21}tsɿ^{0} 疯汉 fəŋ^{21}xã^{0}	傻瓜 ʂa^{213}kua^{0}	笨蛋 pẽ^{23}tã^{21}
泰安	疯子 fəŋ^{21}tsɿ^{0}	嘲巴 tʂʰɔ^{55}pa^{0}	愚料 y^{23}liɔ^{21}
莱芜	疯汉 fəŋ^{31}xã^{0}	嘲巴 tʃʰɔ^{13}pa^{0}	傻瓜 ʃa^{213}kua^{0}
新泰	疯子 fəŋ^{21}tθɿ^{0}	傻子 ʃa^{213}tθɿ^{0}	笨蛋 pẽ^{31}tã^{31}
沂源	疯汉 fəŋ^{21}xã^{0}	嘲巴 tʃʰɔ^{35}pa^{0}	笨蛋 pə̃^{31}tã^{31}
博山	疯子 fəŋ^{21}ə^{0}	傻瓜 ʂɑ^{213}kuɑ^{0} 嘲巴 tʂʰɔ^{35}pɑ^{0}	笨蛋 pẽ^{31}tã^{31}
张店	疯子 fəŋ^{21}ɿ^{0}	傻瓜 ʂɑ^{213}kuɑ^{0} 来⁼子 lɛ^{35}ɿ^{0}	笨蛋 pə̃^{31}tã^{31}
阳谷	疯子 fəŋ^{31}zɿ^{0} 魔道 mə^{55}tɔ^{0}	傻子 sa^{13}zɿ^{0} 憨子 xã^{31}zɿ^{0} 巴憨子 pa^{42}xã^{31}zɿ^{0}	笨蛋 pẽ^{13}tã^{313} 㞞包 suŋ^{42}pɔ^{213}
梁山	老疯子 lɔ^{55}fəŋ^{21}tsɿ^{0}	拼⁼头①pʰiẽ^{21}tʰəu^{0} 拼⁼种 pʰiẽ^{23}tsuŋ^{55}	笨种 pẽ^{31}tsuŋ^{55} 笨货 pẽ^{31}xuə^{314}
菏泽	魔道 mə^{53}tɔ^{0}	傻种 sa^{53}tsuŋ^{44} 拼⁼种 pʰiẽ^{213}tsuŋ^{44} 傻瓜 sa^{44}kua^{0}	笨蛋 pẽ^{213}tã^{312}
曹县	神经病 ʂẽ^{53}tɕiŋ^{213}piŋ^{312}	傻瓜 ʂa^{44}kua^{213} 半吊子 pã^{13}tiɔ^{31}tə^{0}	笨蛋 pẽ^{13}tã^{312}
金乡	魔道 mə^{55}tɔ^{0}	拼⁼种 pʰiẽ^{21}tsuŋ^{55}	笨蛋 pẽ^{23}tã^{312}
曲阜	老疯子 lɔ^{55}fəŋ^{21}tsɿ^{0}	傻瓜 sa^{55}kua^{213}	笨瓜子 pẽ^{31}kua^{55}tsɿ^{0}
薛城	疯子 fəŋ^{31}tsɿ^{0}	憨子 xã^{31}tsɿ^{0}	笨猪精 pẽ^{41}pfu^{23}tɕiŋ^{313}
郯城	疯子 fəŋ^{21}tsɿ^{0} 神经病 ʂə̃^{44}tɕiŋ^{21}piŋ^{51}	憨子 xã^{21}tsɿ^{0} 傻子 ʂa^{24}tsɿ^{0}	笨蛋 pə̃^{51}tã^{51}
临沂	疯子 fəŋ^{21}tsɿ^{0} 邪子 ɕiə^{55}tsɿ^{0} 神经病 ʃẽ^{53}tɕiŋ^{24}piŋ^{312}	憨子 xã^{21}tsɿ^{0} 傻子 ʃa^{214}tsɿ^{0}	笨蛋 pẽ^{31}tã^{312} 蠢货 tʃʰuẽ^{55}xuə^{312}

① “拼⁼”指愚笨的，蒲松龄《日用俗字》写作“傰”。由于该字形一般作为“倗”字异体，所以不予采用。下同。

中国语言资源保护工程

中国语言资源集·山东　组委会

主任

李　明

执行主任

孙晓箬　荆　戈

成员

（按音序排列）

管恩文　刘恩允　刘　勇

吴　臻　向　平　张茂聪

教育部语言文字信息管理司
山　东　省　教　育　厅　指导

中国语言资源保护研究中心　统筹

中国语言资源保护工程

中国语言资源集·山东　编委会

中国语言资源集

山东

词汇卷 二

张树铮　主编

山东人民出版社·济南

	0610 **爷爷**呼称，最通用的	0611 **奶奶**呼称，最通用的	0612 **外祖父**叙称
荣成	爷 iɛ^{53}	婆 po^{35}	姥爷 lau^{214}iɛ^{0}
烟台	爷 ie^{33}	婆 p^{h}o^{33}	姥爷 lau^{21}ie^{0}
栖霞	爷爷 iɛ^{34}iɛ^{0}	奶奶 nɛi^{52}nɛi^{0}	姥爷 lɔo^{21}iɛ^{0}
长岛	爷爷 iɛ^{55}iɛ^{0}	婆婆 p^{h}ə^{55}p^{h}ə^{0}	姥爷 lau^{35}iɛ^{0}
海阳	爷爷 iə^{52}iə^{0} "爷"读阴平	奶奶 nɛ^{52}nɛ^{0}	姥爷 lɔ^{21}iə^{0}
莱西	爷爷 iə^{214}iə^{0} "爷"读阴平	奶奶 nɛ^{214}nɛ^{0}	姥爷 lɔ^{45}iə^{0}
平度	爷爷 iə^{45}iə^{0}	妈妈①ma^{45}ma^{0}	姥爷 lɔ^{45}iə^{0}
青岛	爷爷 iə^{45}iə^{0}	妈妈 mɑ^{44}mɑ^{0}	姥爷 lɔ^{55}iə^{42}
高密	爷爷 iə^{21}iə^{0} "爷"读阴平	妈妈 mɑ^{21}mɑ^{0}	姥爷 lɔ^{23}iə^{0}
诸城	爷爷 iə^{31}iə^{0} "爷"读阴平	妈妈 ma^{213}ma^{0}	姥爷 lɔ^{213}iə^{0}
沂水	爷爷 iə^{21}iə^{0} "爷"读阴平	奶奶 nɛ^{213}nɛ^{0}	姥爷 lɔ^{213}iə^{0}
临朐	爷爷 iə^{21}iə^{0} "爷"读阴平	妈妈 ma^{213}ma^{0}	姥爷 lɔ^{213}iə^{0}
日照	爷爷 iə^{31}iə^{0} "爷"读阴平	妈妈 mɑ^{213}mɑ^{0}	姥爷 lɔ^{213}iə^{0}
莒南	爷爷 iə^{21}iə^{0} "爷"读阴平	奶奶 nɛ^{213}nɛ^{0}	姥爷 lɔ^{213}iə^{0}
潍坊	爷爷 iə^{31}iə^{0} "爷"读阴平	妈妈 mɑ^{24}mɑ^{0}	姥爷 lɔɤ^{24}iə^{0}
寿光	爷爷 iə^{21}iə^{0} "爷"读阴平	妈妈 ma^{24}ma^{0}	姥爷 lɔ^{24}iə^{0}
高青	爷爷 iə^{35}iə^{0}	奶奶 nɛ^{213}nɛ^{0}	姥爷 lɔ^{213}iə^{0}
阳信	爷爷 iə^{45}iə^{0}	奶奶 nɛ^{45}nɛ^{0}	姥爷 lɔ^{213}iə^{0}
济阳	爷爷 iə^{24}iə^{0}	奶奶 nɛ^{213}nɛ^{0}	姥爷 lɔ^{213}iə^{0}
利津	爷爷 iə^{35}iə^{0}	奶奶 nɛ^{213}nɛ^{0}	姥爷 lɔ^{213}iə^{0}
乐陵	爷爷 iə^{55}iə^{55}	奶奶 nɛ^{212}nɛ^{0}	姥爷 lɔ^{212}iə^{0}
平原	爷爷 iə^{55}iə^{0}	奶奶 nɛi^{23}nɛi^{0}	姥爷 lɔu^{23}iə^{0}
商河	爷爷 iə^{24}iə^{0}	奶奶 nɛ^{213}nɛ^{0}	姥爷 lɔ^{213}iə^{0}
德州	爷爷 iə^{55}iə^{0}	奶奶 nɛ^{213}nɛ^{0}	姥爷 lɔ^{213}iə^{0}
武城	爷爷 iə^{55}iə^{0}	奶奶 nɛ^{24}nɛ^{0}	姥爷 lɔ^{24}iə^{0}

① 以下表祖母义的"妈"都读上声，表母亲义的"妈"都读阴平。《广韵》"妈"即读上声，"母也"。"妈妈"重叠表祖母与"爷"（表父亲）重叠后的"爷爷"表祖父是同样的语义变化。因为别无本字，所以只能与表母亲义的"妈"写作同一个字形。

续表

	0610爷爷呼称，最通用的	**0611奶奶**呼称，最通用的	**0612外祖父**叙称
临清	爷爷iə^{44}iə^{0}	奶奶nai^{44}nai^{0}	姥爷lau^{44}iə^{0}
冠县	爷爷iə^{55}iə^{0}	奶奶nɛ^{44}nɛ^{0}	姥爷lɔ^{44}iə^{0}
聊城	爷爷iə^{44}iə^{0}	奶奶nɛ^{44}nɛ^{0}	姥爷lɔ^{13}iə^{0}
济南	爷爷iə^{445}iə^{0}	奶奶nɛ^{213}nɛ^{0}	姥爷lɔ^{213}iə^{0}
泰安	爷爷iə^{55}iə^{0}	奶奶nɛ^{213}nɛ^{0}	姥爷lɔ^{213}iə^{0}
莱芜	老爷lɔ^{213}iə^{0}	奶奶nɛ^{213}nɛ^{0}	外姥爷uɛ^{213}lɔ^{0}iə^{0}
新泰	老爷lɔ^{213}iə^{0}	奶奶nɛ^{213}nɛ^{0}	姥爷lɔ^{213}iə^{0}
沂源	爷爷iə^{21}iə^{0} “爷”读阴平	奶奶nɛ^{21}nɛ^{0}	姥爷lɔ^{21}iə^{0}
博山	爷爷iə^{21}iə^{0} “爷”读阴平	奶奶nɛ^{213}nɛ^{0}	姥爷lɔ^{213}iə^{0}
张店	爷爷iə^{35}iə^{0}	奶奶nɛ^{213}nɛ^{0}	姥爷lɔ^{213}iə^{0}
阳谷	爷爷iə^{55}iə^{0}	奶奶nɛ^{13}nɛ^{0}	姥爷lɔ^{55}iə^{0}
梁山	爷爷iə^{55}iə^{0}	奶奶nɛ^{23}nɛ^{0}	姥爷lɔ^{23}iə^{0}
菏泽	爷爷iɛ^{53}iɛ^{0}	奶奶nɛ^{44}nɛ^{0}	姥爷lɔ^{44}iɛ^{0}
曹县	爷爷iə^{53}iə^{0}	奶奶nai^{44}nai^{0}	姥爷lɔ^{44}iə^{0}
金乡	爷爷iə^{55}iə^{0}	奶奶nã^{23}nã^{0}读为“南（上声）南（轻声）”	姥爷lɔ^{23}iə^{0}
曲阜	爷爷iə^{55}iə^{0}	奶奶nã^{213}nã^{0}读为“南（上声）南（轻声）”	外爷爷uɛ^{31}iə^{55}iə^{0}
薛城	老爷lɔ^{24}iə^{0} 爷爷iə^{55}iə^{0}	奶奶nã^{24}nã^{0}读为“南（上声）南（轻声）”	姥爷lɔ^{24}iə^{0} 外姥爷uɛ^{41}lɔ^{24}iə^{0}
郯城	爷爷iə^{44}iə^{0} 老爹lɔ^{44}tiə^{213}	奶nã^{24}读为“南”上声 奶奶nã^{24}nã^{0}读为“南（上声）南（轻声）”	大姥ta^{51}lɔ^{24} 姥爷lɔ^{24}iə^{0}
临沂	爷爷iə^{55}iə^{0}	奶奶nɛ^{214}nɛ^{0}	姥爷lɔ^{214}iə^{0}

	0613外祖母叙称	**0614父母**①合称	**0615父亲**叙称
荣成	姥儿laur^{214}	爹妈tiɛ^{53}ma^{53}	爹tiɛ^{53}

① 有些地方称父亲为“大”或“大大”，但实际读音在不同方言中有阴平、阳平和去声三种声调（叠音时后字读轻声），还有个别地方读为“呆”。本材料中统一使用“大”字，在备注中说明其实际读音（读去声时不注）。“娘”一般读n（ȵ）iɑŋ，但也有少数地方读n（ȵ）ia；声调一般是阳平，少数地方读阴平。本材料中一律记为“娘”字，在备注中说明其实际读音。

续表

	0613 外祖母叙称	0614 父母合称	0615 父亲叙称
烟台	姥儿 laur^{14}	爹妈 tie^{33}ma^{53}	爹 tie^{53} 爸 pa^{33}
栖霞	姥娘 lɔo^{21}ȵiŋ^{0} "娘" 读为 "宁" 轻声	爹妈 tiɛ^{34}ma^{312} 老儿的 lɔor^{21}lɛi^{0}	爹 tiɛ^{312}
长岛	姥娘 lau^{35}ȵiaŋ^{0}	爸妈 pa^{52}ma^{213}	爸 pa^{52}
海阳	姥娘 lɔ^{21}ȵiŋ^{0} "娘" 读为 "宁" 轻声	爹妈 tiə^{52}ma^{52}	爹 tiə^{52}
莱西	姥娘 lɔ^{45}ȵiaŋ^{0}	父母 fu^{42}mu^{55} 爹娘 tiə^{214}ȵiaŋ^{42}	爸爸 pa^{42}pa^{0} 爹 tiə^{214} 爹爹 tiə^{214}tiə^{0}
平度	姥娘 lɔ^{45}ȵiaŋ^{42}	爹娘 tiə^{213}ȵiaŋ^{42}	爹 tiə^{213} 爸爸 pa^{42}pa^{0}
青岛	姥娘 lɔ^{55}ȵiaŋ^{42}	爹娘 tiə^{213}ȵiaŋ^{42}	爹 tiə^{213}
高密	姥娘 lɔ^{23}ȵiaŋ^{0}	爹娘 tiə^{213}ȵiaŋ^{42}	大大 tɑ^{21}tɑ^{0} "大" 读为阴平 爹 tiə^{213}
诸城	姥娘 lɔ^{213}ȵiaŋ^{0}	爷娘 iə^{53}ȵiaŋ^{53}	大大 ta^{31}ta^{0} "大" 读为阴平
沂水	姥娘 lɔ^{213}niaŋ^{0}	爷娘 iə^{213}niaŋ^{53}	爷 iə^{213} 大大 ta^{21}ta^{0} "大" 读为阴平
临朐	姥娘 lɔ^{213}ȵiaŋ^{0}	爹娘 tiə^{213}ȵiaŋ^{53}	爹 tiə^{213} 爷 iə^{53}
日照	姥娘 lɔ^{213}niaŋ^{0}	爹娘 tiə^{213}niaŋ^{53} 老祖 lɔ^{53}tθu^{44} 爷娘 iə^{53}niaŋ^{53}	大大 tɑ^{31}tɑ^{0} "大" 读为阴平 爹 tiə^{213}
莒南	姥娘 lɔ^{213}niaŋ^{0}	大大妈妈 ta^{21}ta^{0}ma^{21}ma^{0} "大" 读为阴平 爹娘 tiə^{213}niaŋ^{53}	大大 ta^{21}ta^{0} "大" 读为阴平 爹 tiə^{213} 父亲 fu^{42}tsʰiẽ^{0}
潍坊	姥娘 lɔɤ^{24}ȵiaŋ^{0}	父母 fu^{31}mu^{55} 爹娘 tiə^{214}ȵiaŋ^{53}	爹 tiə^{214} 爷 iə^{53} 大 tɑ^{53} "大" 读为阳平
寿光	姥娘 lɔ^{24}ȵiaŋ^{0} 姥姥 lɔ^{24}lɔ^{0}	爷娘 iə^{53}ȵiaŋ^{53}	爷 iə^{53}
高青	姥娘 lɔ^{213}ȵiaŋ^{0}	爹娘 tiə^{213}ȵiaŋ^{55} 父母 fu^{41}mu^{55}	爹 tiə^{213}
阳信	姥娘 lɔ^{213}ȵiaŋ^{0}	爹娘 tiə^{213}ȵiaŋ^{43}	俺爹 ŋã^{55}tiə^{213}

续表

	0613外祖母叙称	0614父母合称	0615父亲叙称
济阳	姥娘lɔ^{213}ȵiaŋ^{0}	爹妈tiə^{55}ma^{213}	爹tiə^{213} 爸爸pa^{55}pa^{0}
利津	姥娘lɔ^{213}ȵiaŋ^{0}	父母fu^{31}mu^{55}	爹tiə^{213} 爸爸pa^{55}pa^{0}
乐陵	姥姥儿lɔ^{212}lɔr^{0}	爹娘tiə^{212}ȵiaŋ^{55}	爹tiə^{24} 爸爸pɑ^{55}pɑ^{0}
商河	姥娘lɔ^{213}ȵiaŋ^{0}	爹奶tiə^{213}nɛ^{45} 爹娘tiə^{213}ȵiaŋ^{54}	爸爸pɑ^{54}pɑ^{0} 爹tiə^{213}
平原	姥娘lɔu^{23}ȵiaŋ^{0}	老的lɔu^{23}ti^{0}	爸爸pa^{42}pa^{0}
德州	姥娘lɔ^{213}ȵiaŋ^{0}	爹娘tiə^{213}ȵiaŋ^{42}	爸爸pa^{42}pa^{0} 父亲fu^{42}tɕ^{h}iẽ^{0}
武城	姥娘lɔ^{24}ȵiaŋ^{0}	爹娘tiə^{24}ȵiaŋ^{53}	爹tiə^{224}
临清	姥娘lau^{44}ȵiaŋ^{0} 姥姥lau^{44}lau^{0}	父母fu^{31}mu^{44}	大大ta^{13}ta^{0} “大”读为阴平 爸爸pa^{53}pa^{0} 父亲fu^{53}tɕ^{h}in^{0}
冠县	姥娘lɔ^{44}ȵiaŋ^{0}	爹娘tiə^{13}ȵiaŋ^{53}	爹tiə^{13}
聊城	姥娘lɔ^{13}ȵiaŋ^{0}	父母fu^{31}mu^{44}	爸爸pa^{53}pa^{0} 大大ta^{53}ta^{0} 父亲fu^{53}tɕ^{h}iẽ^{0}
济南	姥娘lɔ^{213}ȵiaŋ^{0}	爸爸妈pa^{55}pa^{0}ma^{213}	爸爸pa^{55}pa^{0}
泰安	姥娘lɔ^{213}ȵiaŋ^{0}	爹娘tiə^{213}ȵiaŋ^{42}	爹tiə^{213}
莱芜	姥娘lɔ^{213}ȵiaŋ^{0}	父母亲fu^{31}mu^{213}tɕ^{h}iẽ^{0}	爹tiə^{213} 爹爹tiə^{31}tiə^{213} 爷iə^{55}
新泰	姥娘lɔ^{213}ȵiaŋ^{0}	老的lɔ^{213}li^{0}	大大ta^{45}ta^{0} “大”读为阳平 爹tiə^{213}
沂源	姥娘lɔ^{21}ȵiaŋ^{0}	老的lɔ^{21}ti^{0}	爷iə^{55}
博山	姥娘lɔ^{213}ȵiaŋ^{0}	父母fu^{31}mu^{55} 爹娘tiə^{213}ȵiaŋ^{55}	爹tiə^{213}
张店	姥娘lɔ^{213}ȵiaŋ^{0}	爹娘tiə^{213}ȵiaŋ^{55}	爹tiə^{213}
阳谷	姥娘lɔ^{55}ȵiaŋ^{0}	爹娘tiə^{13}ȵiaŋ^{42} 父母fu^{31}mu^{0}	父亲fu^{42}tɕ^{h}iẽ^{0} 爹tiə^{213}
梁山	姥娘lɔ^{23}ȵiaŋ^{0}	爹娘tiə^{213}ȵiaŋ^{42}	爹tiə^{213} 大大tɛ^{21}tɛ^{0} “大”读为“呆”

续表

	0613外祖母叙称	0614父母合称	0615父亲叙称
菏泽	姥娘lɔ^{44}ȵiaŋ^{0}	爹娘tiɛ^{213}ȵiaŋ^{53}	大大ta^{31}ta^{0}
曹县	姥娘lɔ^{44}ȵiaŋ^{0}	爹娘tiə^{213}ȵiaŋ^{53}	父亲fu^{31}tɕ^{h}iẽ^{213} 爹tiə^{213} 大大ta^{53}ta^{0}
金乡	姥娘lɔ^{23}ȵiaŋ^{0}	爹娘tiə^{23}ȵiaŋ^{213}	大大ta^{55}ta^{0} “大”读为阳平
曲阜	姥娘laŋ^{213}ȵiaŋ^{0} “姥”读为“朗”	爹娘tiə^{213}ȵiaŋ^{42}	爹tiə^{213}
薛城	姥娘laŋ^{24}ȵiaŋ^{0} “姥”读为“朗”	爹娘tiə^{31}ȵiaŋ^{55}	大ta^{55} “大”读为阳平 爹tiə^{313} 爷iə^{55}
郯城	小姥儿çiɔ^{24}lɔr^{24} 姥娘lɔ^{24}ȵiaŋ^{0} 姥lɔ^{24}	爹娘tiə^{21}ȵiaŋ^{44} 父母fu^{51}mu^{24}	父亲fu^{51}tɕ^{h}iə̃^{0} 大ta^{213} “大”读为阴平 爸pa^{44}
临沂	姥娘lɔ^{214}ȵiaŋ^{0}	父母fu^{31}mu^{55}	爹tiə^{214} 大大ta^{21}ta^{0} “大”读为阴平

	0616母亲叙称	0617爸爸呼称，最通用的	0618妈妈呼称，最通用的
荣成	妈ma^{53}	爹tiɛ^{53}	妈ma^{53}
烟台	妈ma^{53}	爹tie^{53} 爸pa^{33}	妈ma^{53}
栖霞	妈ma^{312}	爹tiɛ^{312}	妈ma^{312}
长岛	妈ma^{213}	爸pa^{52}	妈ma^{213}
海阳	妈ma^{52}	爹tiə^{52} 爸pa^{341}	妈ma^{52}
莱西	妈ma^{214} 妈母ma^{214}mu^{0}	爸pa^{42} 爹tiə^{214}	妈ma^{214} 妈母ma^{214}mu^{0}
平度	娘ȵiaŋ^{42} 妈ma^{213}	爹tiə^{213} 爸爸pa^{42}pa^{0}	娘ȵiaŋ^{42} 妈ma^{213}
青岛	娘ȵiaŋ^{213}	爹tiə^{213}	娘ȵiaŋ^{213}
高密	娘ȵiaŋ^{42}	大大ta^{21}ta^{0} “大”读为阴平	娘ȵiaŋ^{42}
诸城	娘ȵiaŋ^{53}	大大ta^{31}ta^{0} “大”读为阴平	娘ȵiaŋ^{53}
沂水	娘niaŋ^{53}	爷iə^{213} 大大ta^{21}ta^{0} “大”读为阴平	娘niaŋ^{53}

续表

	0616 **母亲**叙称	0617 **爸爸**呼称，最通用的	0618 **妈妈**呼称，最通用的
临朐	娘ȵiaŋ^{53}	爹tiə^{213} 爷iə^{53}	娘ȵiaŋ^{53}
日照	娘niaŋ^{53}	大大ta^{31}ta^{0} “大”读为阴平	娘niaŋ^{53}
莒南	妈妈ma^{21}ma^{0} 娘niaŋ^{53} 母亲mu^{213}tsʰiẽ^{0}	大大ta^{21}ta^{0} “大”读为阴平	妈妈ma^{21}ma^{0} 娘niaŋ^{53}
潍坊	娘ȵiaŋ^{53} 婶儿ʂer^{55} 妈ma^{214}	爸pa^{53} 大ta^{53} “大”读为阳平 爹tiə^{214}	娘ȵiaŋ^{53} 婶儿ʂer^{55} 妈ma^{214}
寿光	娘ȵiaŋ^{53}	爷iə^{53}	娘ȵiaŋ^{53}
高青	娘ȵiaŋ^{55}	爹tiə^{213}	娘ȵiaŋ^{55}
阳信	娘ȵiaŋ^{43}	爹tiə^{213}	娘ȵiaŋ^{43}
济阳	妈ma^{213}	爹tiə^{213} 爸爸pa^{55}pa^{0}	妈ma^{213}
利津	娘ȵiaŋ^{53} 妈ma^{213}	爹tiə^{213} 爸爸pa^{55}pa^{0}	娘ȵiaŋ^{53} 妈ma^{213}
乐陵	娘ȵiaŋ^{55}	爹tiə^{24} 爸爸pa^{55}pa^{0}	娘ȵiaŋ^{55}
商河	妈ma^{213} 奶nɛ^{45} 娘ȵiaŋ^{54}	爸爸pa^{54}pa^{0} 爹tiə^{213}	妈ma^{213} 娘ȵiaŋ^{54} 奶nɛ^{45}
平原	娘ȵiaŋ^{42}	爸爸pa^{42}pa^{0}	娘ȵiaŋ^{42}
德州	娘ȵiaŋ^{42}	爸爸pa^{42}pa^{0}	娘ȵiaŋ^{42}
武城	娘ȵiaŋ^{53}	爹tiə^{224}	娘ȵiaŋ^{53}
临清	娘ȵiaŋ^{13} “娘”读为阴平	大大ta^{13}ta^{0} “大”读为阴平 爸爸pa^{53}pa^{0}	娘ȵiaŋ^{13} “娘”读为阴平
冠县	娘ȵiaŋ^{53}	爹tiə^{13}	娘ȵiaŋ^{53}
聊城	娘ȵiaŋ^{53}	大ta^{313} 爸pa^{313} 叔叔su^{44}su^{0}	娘ȵiaŋ^{53}
济南	妈ma^{213}	爸爸pa^{55}pa^{0}	妈ma^{213}
泰安	娘ȵiaŋ^{42}	大ta^{42} “大”读为阳平	娘ȵiaŋ^{42}

续表

	0616 **母亲**叙称	0617 **爸爸**呼称，最通用的	0618 **妈妈**呼称，最通用的
莱芜	婀$^{=}$ŋa^{55} 娘ȵiaŋ^{55}	爹tiə^{213} 爹爹tiə^{31}tiə^{213} 爷iə^{55}	婀$^{=}$ŋa^{55} 娘ȵiaŋ^{55}
新泰	娘ȵiaŋ^{42}	大大ta^{45}ta^{0} “大”读为阳平 爹tiə^{213}	娘ȵiaŋ^{42}
沂源	娘ȵiaŋ^{55}	爷iə^{55}	娘ȵiaŋ^{55}
博山	娘ȵiaŋ^{55}	爹tiə^{213}	娘ȵiaŋ^{55}
张店	娘ȵiaŋ^{55}	爹tiə^{213} 爹爹tiə^{21}tiə^{0}	娘ȵiaŋ^{55}
阳谷	母亲mu^{13}tɕʰiẽ^{0} 娘ȵiaŋ^{42}	爹tiə^{213}	娘ȵia^{313} “娘”无鼻音尾
梁山	娘ȵiaŋ^{213} “娘”读为阴平	爹tiə^{213} 大大tɛ^{21}tɛ^{0} “大”读为“呆”/ta^{55}ta^{0}	娘ȵiaŋ^{213}
菏泽	娘ȵiaŋ^{213} “娘”读为阴平	大大ta^{31}ta^{0}	娘ȵiaŋ^{213}
曹县	母亲mu^{44}tɕʰiẽ^{0} 娘ȵiaŋ^{53}	大大ta^{53}ta^{0}	娘ȵiaŋ^{53}
金乡	娘ȵiaŋ^{213} “娘”读为阴平	大大ta^{55}ta^{0} “大”读为阳平	娘ȵiaŋ^{213} “娘”读为阴平
曲阜	娘ȵiaŋ^{42}	大大ta^{55}ta^{0} “大”读为阳平	娘ȵia^{312} “娘”无鼻音尾，声调为去声
薛城	娘ȵiaŋ^{55}	大ta^{55} “大”读为阳平 爹tiə^{313}	娘ȵiaŋ^{55}
郯城	娘ȵiaŋ^{44} 母亲mu^{24}tɕʰiɜ̃^{0}	大ta^{213} “大”读为阴平	娘ȵiaŋ^{44}
临沂	娘ȵiaŋ^{53}	爹tiə^{214} 大大ta^{21}ta^{0} “大”读为阴平	娘ȵiaŋ^{53}

	0619 **继父**叙称	0620 **继母**叙称	0621 **岳父**叙称
荣成	后爹xəu^{33}tiɛ^{53}	后妈xəu^{33}ma^{53}	丈人tʃaŋ^{33}in^{0}
烟台	后爹xou^{33}tie^{53}	后妈xou^{33}ma^{53}	丈人爹tɕiaŋ^{33}in^{0}tie^{53} 老丈人lau^{21}tɕiaŋ^{33}in^{0}
栖霞	后爹xəu^{34}tiɛ^{312}	后妈xəu^{34}ma^{312}	丈人tʃaŋ^{34}i^{0}
长岛	后爹xou^{52}tiɛ^{31}	后妈xou^{52}ma^{213}	丈人tʃaŋ^{52}in^{0}

续表

	0619 继父叙称	0620 继母叙称	0621 岳父叙称
海阳	后爹 xəu^{34}tiə^{52}	后妈 xəu^{34}ma^{52}	丈人 tsaŋ^{34}ĩ^{0}
莱西	后爸 xou^{42}pa^{42} 后爹 xou^{42}tiə^{214}	后妈 xou^{42}ma^{214} 后娘 xou^{42}ȵiaŋ^{42}	丈人 tʃaŋ^{45}i^{0}
平度	后爹 xou^{42}tiə^{213}	后娘 xou^{42}ȵiaŋ^{0}	丈人 tʃaŋ^{45}iə̃^{0}
青岛	后爹 xou^{42}tiə^{213}	后娘 xou^{42}ȵiaŋ^{213}	丈人 tʃaŋ^{45}iẽ^{0}
高密	后爹 xou^{21}tiə^{213}	后娘 xou^{21}ȵiaŋ^{42}	丈人 tʃaŋ^{42}iə̃^{0}
诸城	后爷 xou^{31}iə^{53}	后娘 xou^{31}ȵiaŋ^{53}	丈母爷 tʃaŋ^{44}mu^{0}iə^{53}
沂水	后爷 xou^{31}iə^{213}	后娘 xou^{31}niaŋ^{53}	丈母爷 dʒaŋ^{44}mə^{0}iə^{213}
临朐	后老头儿 xəu^{21}lɔ^{33}tʰəur^{53}	后娘 xəu^{21}ȵiaŋ^{53}	丈母爷 tʃaŋ^{44}mu^{0}iə^{53} 丈人 tʃaŋ^{44}ʐə̃^{0}
日照	替头子爹 tʰi^{44}tʰou^{0}tθɿ^{0}tiə^{213}	替头子娘 tʰi^{44}tʰou^{0}tθɿ^{0}niaŋ^{53}	丈人爹 tʃiaŋ^{53}iẽ^{0}tiə^{213}
莒南	后大大 xou^{13}ta^{21}ta^{0} “大”读为阴平 后爹 xou^{31}tiə^{213}	后妈妈 xou^{13}ma^{21}ma^{0} 后娘 xou^{31}niaŋ^{53}	丈人 tʃaŋ^{42}iẽ^{0}
潍坊	后爹 xɤɯ^{31}tiə^{214}	后娘 xɤɯ^{31}ȵiaŋ^{53}	丈母爹 tʂaŋ^{55}mu^{0}tiə^{214}
寿光	后爷 xəu^{21}iə^{53}	后娘 xəu^{21}ȵiaŋ^{53}	丈母爷 tʂaŋ^{55}mu^{0}iə^{53} 丈人 tʂaŋ^{55}lə̃^{0}
高青	后爹 xou^{41}tiə^{213}	后娘 xou^{41}ȵiaŋ^{55}	丈人 tʂaŋ^{55}ʐə̃^{0}
阳信	后爹 xou^{31}tiə^{213}	后娘 xou^{31}ȵiaŋ^{43}	丈人 tʂaŋ^{55}ʐə̃^{0} 老丈人 lɔ^{55}tʂaŋ^{55}ʐə̃^{0}
济阳	继父 tɕi^{31}fu^{31}	继母 tɕi^{31}mu^{55}	丈人 tʂaŋ^{55}ʐẽ^{0} 岳父 yə^{31}fu^{31}
利津	干绕爹 kã^{31}ʐɔ^{0}tiə^{213}	后娘 xou^{31}ȵiaŋ^{53}	丈人 tʂaŋ^{55}ʐẽ^{0}
乐陵	后爹 xou^{31}tiə^{24}	后娘 xou^{31}ȵiaŋ^{55}	老丈人 lɔ^{55}tʂaŋ^{55}ʐẽ^{0}
商河	后爹 xou^{31}tiə^{213}	后妈 xou^{31}ma^{213}	丈人 tʂaŋ^{54}ʐẽ^{0} 老丈人 lɔ^{45}tʂaŋ^{54}ʐẽ^{0}
平原	伯伯 pɛi^{21}pɛi^{0}	婶子 ʂẽ^{23}tsɿ^{0}	丈人 tʂaŋ^{42}ʐẽ^{0}
德州	后爹 xou^{21}tiə^{213}	后娘 xou^{21}ȵiaŋ^{42}	老丈人 lɔ^{55}tʂaŋ^{42}ʐẽ^{0}
武城	后爹 xou^{21}tiə^{224}	后娘 xou^{21}ȵiaŋ^{53}	丈人 tʂaŋ^{53}lẽ^{0}
临清	继父 tɕi^{13}fu^{313}	继母 tɕi^{31}mu^{44}	老丈人 lau^{44}tʂaŋ^{53}ʐen^{0}
冠县	继父 tɕi^{24}fu^{314}	继母娘 tɕi^{31}mu^{0}ȵiaŋ^{53}	老丈人 lɔ^{55}tʂaŋ^{53}ʐẽ^{0} 老岳父 lɔ^{55}yə^{13}fu^{314}

续表

	0619 继父叙称	0620 继母叙称	0621 岳父叙称
聊城	叔叔 su^{44}su^{0}	后娘 xou^{31}ȵiɑŋ^{53}	岳父 yə^{31}fu^{313} 老丈人 lɔ^{44}tsɑŋ^{53}zẽ^{0} 不如"岳父"尊敬
济南	后爹 xou^{21}tiə^{213}	后妈 xou^{21}ma^{213}	老丈人 lɔ^{55}tʂɑŋ^{55}ʐẽ^{0} 丈人 tʂɑŋ^{55}ʐẽ^{0}
泰安	晚大 uã^{213}ta^{42} "大"读为阳平	晚娘 uã^{213}ȵiɑŋ^{42}	丈母爷 tʂɑŋ^{42}mu^{0}iə^{42} 丈人 tʂɑŋ^{42}ʐẽ^{0}
莱芜	晚爷 uã^{213}iə^{55}	晚娘 uã^{213}ȵiɑŋ^{55}	丈母爷 tʃɑŋ^{42}mu^{0}iə^{55}
新泰	后喽$^{=}$ xou^{54}lou^{0}	后娘 xou^{31}ȵiɑŋ^{42}	丈母爷 tʃɑŋ^{54}mu^{0}iə^{42}
沂源	后爷 xou^{31}iə^{55}	后娘 xou^{31}ȵiɑŋ^{55}	丈母爷 tʃɑŋ^{55}mu^{0}iə^{55}
博山	后爹 xəu^{31}tiə^{213} 后老 xəu^{55}lɔ^{0}	后娘 xəu^{31}ȵiɑŋ^{55} 后嬷 xəu^{31}mei^{213}	丈人 tʂɑŋ^{55}lẽ^{0} 丈母爷 tʂɑŋ^{55}mu^{0}iə^{55}
张店	后爹 xou^{31}tiə^{213}	后娘 xou^{31}ȵiɑŋ^{55}	丈母爷 tʂɑŋ^{55}mu^{0}iə^{55}
阳谷	后爹 xou^{31}tiə^{213} 继父 tɕi^{13}fu^{313}	晚娘 uã^{55}ȵiaŋ^{42} 继母 tɕi^{31}mu^{55}	丈母大爷 tsɑŋ^{42}mu^{0}ta^{31}iə^{0} 老丈人 lɔ^{55}tsɑŋ^{42}zẽ^{0}
梁山	晚爹 uã^{55}tiə^{213}	晚娘 uã^{55}ȵiɑŋ^{42}	老丈人 lɔ^{55}tsɑŋ^{42}zẽ^{0}
菏泽	后爹 xou^{31}tiɛ^{213} 后老大 xou^{31}lɔ^{44}ta^{312}	晚娘 uã^{44}ȵiɑŋ^{0}	老丈人 lɔ^{44}tsɑŋ^{31}zẽ^{0}
曹县	继父 tɕi^{13}fu^{312}	继母 tɕi^{31}mu^{44}	老丈人 lɔ^{44}tʂɑŋ^{53}zẽ^{0}
金乡	晚爹 uã^{55}tiə^{213}	晚娘 uã^{55}ȵiɑŋ^{213}	老丈人 lɔ^{55}tsɑŋ^{42}zẽ^{0}
曲阜	晚爹 uã^{55}tiə^{213}	晚娘 uã^{55}ȵiaŋ^{42}	丈巴爹 tsaŋ^{42}pa^{0}tiə^{213}
薛城	后爹 xou^{41}tiə^{313}	晚娘 uã^{24}ȵiɑŋ^{55}	丈母爷 tsɑŋ^{41}mu^{0}iə^{55}
郯城	后爹 xəu^{51}tiə^{213} 继父 tɕi^{51}fu^{51}	后娘 xəu^{51}ȵiɑŋ^{44} 后妈 xəu^{51}ma^{213} 继母 tɕi^{51}mu^{24}	老丈人 lɔ^{24}tʂɑŋ^{51}ʐə̃^{0} 老岳 lɔ^{44}yə^{213} 丈母爹 tʂɑŋ^{51}mu^{0}tiə^{213}
临沂	后爹 xou^{31}tiə^{214}	后娘 xou^{31}ȵiɑŋ^{53}	老丈人 lɔ^{55}tʃɑŋ^{31}ʐẽ^{0}

	0622 岳母叙称	0623 公公叙称	0624 婆婆叙称
荣成	丈母娘儿 tʃɑŋ^{33}mu^{0}niãr^{35}	公爹 kuŋ^{53}tiɛ^{53}	婆妈 pʰo^{35}ma^{53}
烟台	丈母娘儿 tɕiɑŋ^{53}mu^{21}ȵiãr^{33}	公公 kuŋ^{53}kuŋ^{0} 公公爹 kuŋ^{53}kuŋ^{33}tie^{53}	婆婆 pʰo^{33}pʰo^{0} 婆婆妈 pʰo^{33}pʰo^{0}ma^{53}
栖霞	丈母娘 tʃɑŋ^{34}mu^{0}ȵiɑŋ^{342}	公公 kuŋ^{52}kuŋ^{0}	婆婆 pʰə^{34}pʰə^{0}

续表

	0622 岳母叙称	0623 公公叙称	0624 婆婆叙称
长岛	丈母娘儿 tʃaŋ^{52}mu^{0}ȵiãr^{55}	公公儿 kuŋ^{31}kuə̃r^{0}	婆婆 pʰə^{55}pʰə^{0}
海阳	丈母 tsaŋ^{34}mu^{0}	公公 kuŋ^{52}kuŋ^{0}	婆婆 pʰə^{34}pʰə^{0}
莱西	丈母 tʃaŋ^{45}mu^{0}	公公 koŋ^{214}koŋ^{0} 公爹 koŋ^{55}tiə^{214}	婆婆 pʰə^{45}pʰə^{0} 婆母 pʰə^{42}mu^{55}
平度	丈母 tʃaŋ^{45}mu^{0}	公公 kuŋ^{213}kuŋ^{0}	婆婆 pʰə^{45}pʰə^{0}
青岛	丈母娘 tʃaŋ^{45}mu^{0}ȵiaŋ^{42}	公公 koŋ^{21}koŋ^{0}	婆婆 pʰə^{45}pʰə^{0}
高密	丈母娘 tʃaŋ^{55}mu^{0}ȵiaŋ^{42}	公公 koŋ^{21}koŋ^{0}	婆婆 pʰə^{55}pʰə^{0}
诸城	丈母娘 tʃaŋ^{44}mu^{0}ȵiaŋ^{53}	公公 kəŋ^{31}kəŋ^{0}	婆婆 pʰə^{24}pʰə^{0}
沂水	丈母娘 dʒaŋ^{44}mə^{0}niaŋ^{53}	公公 kuŋ^{21}kuŋ^{0} 公公爷 kuŋ^{21}kuŋ^{0}iə^{213}	婆婆 pʰə^{24}pʰə^{0} 婆婆娘 pʰə^{24}pʰə^{0}niaŋ^{53}
临朐	丈母娘 tʃaŋ^{44}mu^{0}ȵiaŋ^{53}	公公 kuŋ^{21}kuŋ^{0}	婆婆 pʰə^{35}pʰə^{0}
日照	丈母娘 tʃiaŋ^{53}mu^{0}niaŋ^{53}	公公 kəŋ^{31}kəŋ^{0}	婆婆 pʰə^{44}pʰə^{0}
莒南	丈母娘 tʃaŋ^{42}mu^{0}niaŋ^{53}	公公 kuŋ^{21}kuŋ^{0}	婆婆 pʰə^{24}pʰə^{0}
潍坊	丈母娘 tʂaŋ^{55}mu^{0}ȵiaŋ^{53}	公公 koŋ^{31}koŋ^{0}	婆婆 pʰə^{35}pʰə^{0}
寿光	丈母娘 tʂaŋ^{55}mu^{0}ȵiaŋ^{53}	公公 kuŋ^{21}kuŋ^{0}	婆婆 pʰə^{35}pʰə^{0}
高青	丈母娘 tʂaŋ^{55}mu^{0}ȵiaŋ^{55}	公爹 kuŋ^{213}tiə^{213}	婆母娘 pʰə^{35}mu^{0}ȵiaŋ^{55}
阳信	丈母娘 tʂaŋ^{55}mu^{0}ȵiaŋ^{43}	公公 kuŋ^{31}kuŋ^{0}	婆婆 pʰə^{45}pʰə^{0}
济阳	丈母娘 tʂaŋ^{55}mu^{0}ȵiaŋ^{55} 岳母 yə^{31}mu^{55}	公公 kuŋ^{21}kuŋ^{0}	婆婆 pʰə^{24}pʰə^{0}
利津	丈母娘 tʂaŋ^{55}mu^{0}ȵiaŋ^{53}	老爷 lɔ^{55}iə^{213}	老娘 lɔ^{55}ȵia^{213} “娘”无鼻尾韵
乐陵	丈母娘 tʂaŋ^{55}mu^{0}ȵiaŋ^{55}	公公 kuŋ^{31}kuŋ^{0}	婆婆 pʰə^{55}pʰə^{0}
商河	丈母娘 tʂaŋ^{54}mu^{0}ȵiaŋ^{0}	公公 kuŋ^{21}kuŋ^{0}	婆婆 pʰə^{24}pʰə^{0}
平原	丈母娘 tʂaŋ^{42}mu^{0}ȵiaŋ^{42}	这呵⁼俺爸爸 tʂə^{42}xə^{0}ŋã^{21}pa^{42}pa^{0} 此为儿媳提及公公时的叙称。“这呵”义为这里、这边	这呵⁼俺娘 tʂə^{42}xə^{0}ŋã^{21}ȵiaŋ^{42} 此为儿媳提及婆婆时的叙称。“这呵”义为这里、这边
德州	丈母娘 tʂaŋ^{42}mu^{0}ȵiaŋ^{42}	公公 kuŋ^{21}kuŋ^{0}	婆婆 pʰə^{55}pʰə^{0}
武城	丈母娘 tʂaŋ^{53}mu^{0}ȵiaŋ^{53}	公公 kuŋ^{312}kuŋ^{0}	婆婆 pʰə^{55}pʰə^{0}
临清	丈母娘 tʂaŋ^{53}mu^{0}ȵiaŋ^{53}	公公 kuŋ^{13}kuŋ^{0}	婆婆 pʰə^{44}pʰə^{0}
冠县	丈母娘 tʂaŋ^{31}mu^{0}ȵiaŋ^{53} 老岳母 lɔ^{55}yə^{31}mu^{55}	公公 kuŋ^{21}kuŋ^{0}	婆婆 pʰə^{55}pʰə^{0}

续表

	0622 岳母叙称	0623 公公叙称	0624 婆婆叙称
聊城	岳母 yə^{31}mu^{44} 丈母娘 tsɑŋ^{53}mu^{0}ȵiɑŋ^{53} 不如“岳母”尊敬	老公公 lɔ^{44}kuŋ^{13}kuŋ^{0}	老婆婆 lɔ^{44}p^{h}ə^{44}p^{h}ə^{0}
济南	丈母娘 tʂɑŋ^{55}mu^{0}ȵiɑŋ^{42}	公公 kuŋ^{21}kuŋ^{0} 老公公 lɔ^{55}kuŋ^{21}kuŋ^{0}	婆婆 p^{h}ə^{445}p^{h}ə^{0} 老婆婆 lɔ^{55}p^{h}ə^{445}p^{h}ə^{0}
泰安	丈母娘 tʂɑŋ^{42}mu^{0}ȵiɑŋ^{42}	公爹 kuŋ^{23}tiə^{213}	婆婆 p^{h}ə^{55}p^{h}ə^{0}
莱芜	丈母娘 tʃɑŋ^{42}mu^{0}ȵiɑŋ^{55}	公公 kuŋ^{31}kuŋ^{0}	婆婆 p^{h}ə^{13}p^{h}ə^{0}
新泰	丈母娘 tʃɑŋ^{54}mu^{0}ȵiɑŋ^{42}	公公 kuŋ^{21}kuŋ^{0}	婆婆 p^{h}ə^{45}p^{h}ə^{0}
沂源	丈母娘 tʃɑŋ^{55}mu^{0}ȵiɑŋ^{55}	公公 kuŋ^{21}kuŋ^{0}	婆婆 p^{h}ə^{35}p^{h}ə^{0}
博山	丈母娘 tʂɑŋ^{55}mu^{0}ȵiɑŋ^{55}	公公 kuŋ^{21}kuŋ^{0}	婆婆 p^{h}ə^{35}p^{h}ə^{0}
张店	丈母娘 tʂɑŋ^{55}mu^{0}ȵiɑŋ^{55}	公公 kuŋ^{21}kuŋ^{0}	婆婆 p^{h}ə^{35}p^{h}ə^{0}
阳谷	丈母娘 tsɑŋ^{42}mu^{0}ȵiɑŋ^{42}	公公 kuŋ^{31}kuŋ^{0} 老公公 lɔ^{55}kuŋ^{31}kuŋ^{0}	婆婆 p^{h}ə^{55}p^{h}ə^{0} 老婆婆 lɔ^{55}p^{h}ə^{55}p^{h}ə^{0}
梁山	丈母娘 tsɑŋ^{42}mu^{0}ȵiɑŋ^{42}	老公公 lɔ^{55}kuŋ^{21}kuŋ^{0}	老婆婆 lɔ^{55}p^{h}ə^{55}p^{h}ə^{0}
菏泽	丈母娘 tsɑŋ^{31}mu^{0}ȵiɑŋ^{53}	老公公 lɔ^{44}kuŋ^{21}kuŋ^{0}	婆子 p^{h}ə^{53}tə^{0}
曹县	丈母娘 tʂɑŋ^{53}mu^{0}ȵiɑŋ^{53}	老公公 lɔ^{44}kuŋ^{21}kuŋ^{0}	老婆婆 lɔ^{44}p^{h}ə^{53}p^{h}ə^{0}
金乡	丈母娘 tsɑŋ^{42}mu^{0}ȵiɑŋ^{42}	老公公 lɔ^{55}kuŋ^{21}kuŋ^{0}	老婆婆 lɔ^{55}p^{h}ə^{55}p^{h}ə^{0}
曲阜	丈巴娘 tsaŋ^{42}pa^{0}ȵiaŋ^{42}	公公 kuŋ^{21}kuŋ^{0}	婆婆 p^{h}ə^{55}p^{h}ə^{0}
薛城	丈母娘 tsɑŋ^{41}mu^{0}ȵiɑŋ^{55}	老公公 lɔ^{55}kuŋ^{31}kuŋ^{0}	老婆婆 lɔ^{24}p^{h}ə^{55}p^{h}ə^{0}
郯城	丈母娘 tʂɑŋ^{51}mu^{0}ȵiɑŋ^{44} 岳母 yə^{21}mu^{24}	老公公 lɔ^{24}kuŋ^{21}kuŋ^{0} 公爹 kuŋ^{13}tiə^{213}	婆婆 p^{h}ə^{44}p^{h}ə^{0} 老婆婆 lɔ^{24}p^{h}ə^{44}p^{h}ə^{0}
临沂	丈母娘 tʃɑŋ^{31}mu^{0}ȵiɑŋ^{53}	老公公 lɔ^{55}kuŋ^{21}kuŋ^{0}	老婆婆 lɔ^{55}p^{h}ə^{55}p^{h}ə^{0}

	0625 伯父呼称，统称	0626 伯母呼称，统称	0627 叔父呼称，统称
荣成	大爷 ta^{33}iɛ^{0}	大妈 ta^{33}ma^{53}	叔 ʃy^{214}
烟台	大爹 ta^{35}tie^{53}	大妈 ta^{35}ma^{53}	叔 ɕy^{14}
栖霞	伯伯 pə^{21}pə^{0}	大妈 ta^{34}ma^{312}	叔叔 ʃy^{21}ʃy^{0}
长岛	大爷 ta^{52}iɛ^{0}	大妈 ta^{52}ma^{213}	叔叔 ʃy^{35}ʃy^{0}
海阳	大爷 ta^{34}iə^{0}	大妈 ta^{34}ma^{52}	大大 ta^{52}ta^{0} “大”读为阴平
莱西	大爹 ta^{31}tiə^{214}	大妈 ta^{31}ma^{214}	爹儿 tiər^{214}

续表

	0625 伯父呼称，统称	0626 伯母呼称，统称	0627 叔父呼称，统称
平度	大爷 ta⁴²iə⁰ 大大 ta²¹³ta⁰ “大”读为阴平	大娘 ta⁴²ȵiaŋ⁰ 大大 ta²¹³ta⁰ “大”读为阴平	叔叔 ʃu⁴⁵ʃu⁰
青岛	（无统称）称呼时在“爹”前加排行，如“大爹”“二爹”	（无统称）称呼时在“娘”前加排行，如“大娘”“二娘”	（无统称）称呼时在“爹”前加排行，如“二爹”“三爹”
高密	大爷 tɑ²¹iə⁴²	大娘 tɑ²¹ȵiaŋ⁴²	叔 ʃu⁵⁵ 大大 tɑ²¹tɑ⁰ “大”读为阴平
诸城	大爷 ta³¹iə⁵³	大娘 ta³¹ȵiaŋ⁵³	大大 ta³¹ta⁰ “大”读为阴平
沂水	大爷 ta³¹iə⁵³	大娘 ta³¹niaŋ⁵³	叔 ʃʮ⁴⁴
临朐	大爷 ta²¹iə⁵³	大娘 ta²¹ȵiaŋ⁵³	叔 ʃu⁴⁴
日照	大爷 ta⁵³iə⁰	大娘 tɑ³¹niaŋ⁵³	叔 ʃu²¹³
莒南	大爷 ta⁴²iə⁰	大娘 ta⁴²niaŋ⁰	叔 ʃu²¹³
潍坊	大爷 tɑ³¹iə⁵³	大娘 tɑ³¹ȵiaŋ⁵³	大大 tɑ³⁵tɑ⁰ “大”读为阳平 叔 ʂu²¹⁴
寿光	（无统称）称呼时在“爷”前加排行，如“大爷”“二爷”。儿语中有称“爷爷”者	（无统称）称呼时在“娘”前加排行，如“大娘”“二娘”。儿语中有称“娘娘”者	叔 ʂu²¹³
高青	大爷 tɑ⁴¹iə⁵⁵	大娘 tɑ⁴¹ȵiaŋ⁵⁵	叔叔 ʂu²¹³ʂu⁰
阳信	伯 pɛ²¹³	奶 nɛ⁵⁵	叔嗹 ʂu⁴³liã⁰ 呼称 叔 ʂu²¹³ 统称
济阳	大爷 ta³¹iə⁵⁵	大妈 ta³¹ma²¹³ 大娘 ta³¹ȵiaŋ⁵⁵	叔 ʂu²¹³ 伯伯 pɛ²³pɛ⁰
利津	大爷 ta³¹iə⁵³	大娘 ta³¹ȵiaŋ⁵³	叔 ʂu⁴⁴
乐陵	大伯 tɑ³¹pɛ²⁴	大娘 tɑ³¹ȵiaŋ⁵⁵	叔 ʂou²⁴
商河	大爷 tɑ³¹iə⁵⁴	大娘 tɑ³¹ȵiaŋ⁵⁴	叔 ʂu⁴⁵
平原	大爷 ta²¹iə⁴²	大娘 ta²¹ȵiaŋ⁴²	伯伯 pɛi²¹pɛi⁰
德州	大爷 ta²¹iə⁴²	大娘 ta²¹ȵiaŋ⁴²	伯 pɛ²¹³
武城	大爷 ta²¹iə⁵³	大娘 ta²¹ȵiaŋ⁵³	叔 ʂu²²⁴
临清	大爷 ta³¹iə⁰	大娘 ta³¹ȵiaŋ⁴⁴	叔叔 ʂu¹³ʂu⁰
冠县	大爷 ta⁵³iə⁰	大娘 ta⁵³ȵiaŋ⁰	叔叔 ʂu⁴⁴ʂu⁰
聊城	大爷 ta³¹iə⁵³	大娘 ta³¹ȵiaŋ⁴⁴	叔叔 su⁴⁴su⁰
济南	大爷 ta²¹iə⁴²	大娘 ta²¹ȵiaŋ⁴²	叔叔 ʂu²¹ʂu⁰

续表

	0625伯父呼称，统称	**0626伯母**呼称，统称	**0627叔父**呼称，统称
泰安	大爷ta^{21}iə^{0}	大娘ta^{21}ȵiaŋ^{0}	叔ʂu^{213}
莱芜	大爷ta^{31}iə^{55}	大娘ta^{31}ȵiaŋ^{55}	叔叔ʃu^{23}ʃu^{0}
新泰	大爷ta^{31}iə^{42}	大娘ta^{31}ȵiaŋ^{42}	叔fu^{213}
沂源	大爷ta^{31}iə^{55}	大娘ta^{31}ȵiaŋ^{55}	叔ʃu^{213}
博山	大爷tɑ^{31}iə^{55}	大娘tɑ^{31}ȵiɑŋ^{55}	叔ʂu^{213} 小爷ɕiɔ^{213}iə^{55}
张店	大爷tɑ^{31}iə^{55}	大娘tɑ^{31}ȵiɑŋ^{55}	叔叔ʂu^{33}ʂu^{0}
阳谷	大爷ta^{31}iə^{0}	大娘ta^{31}ȵiaŋ^{0}	叔fu^{213}
梁山	大爷ta^{31}iə^{42}	大娘ta^{31}ȵiaŋ^{42}	叔fu^{213}
菏泽	大爷ta^{31}iɛ^{0}	大娘ta^{31}ȵiaŋ^{0}	叔fu^{44}
曹县	大爷ta^{31}iə^{0}	大娘ta^{31}ȵiaŋ^{0}	叔fu^{44}
金乡	大爷ta^{31}iə^{213}	大娘ta^{31}ȵiaŋ^{213}	叔叔su^{23}su^{0}
曲阜	大爷ta^{31}iə^{0}	大娘ta^{31}ȵiaŋ^{0}	叔su^{213}
薛城	大爷ta^{41}iə^{0}	大娘ta^{41}ȵiaŋ^{0}	叔fu^{24}
郯城	大ta^{51} 大爷ta^{51}iə^{0}	大ta^{51} 大娘ta^{51}ȵiaŋ^{0}	叔fu^{213}
临沂	大爷ta^{31}iə^{0}/ta^{31}i^{0} "爷"读为"移"轻声	大娘ta^{31}ȵiŋ^{0} "娘"读为"宁"轻声/ta^{31}ȵiaŋ^{0}	叔ʃu^{214}

	0628排行最小的叔父呼称，如"幺叔"	**0629叔母**呼称，统称	**0630姑**呼称，统称（无统称则记分称：比父大，比父小；已婚，未婚）
荣成	小叔儿siau^{55}ʃyər^{214}	婶儿ʃər^{214}	姑ku^{53}比妈小的 姑妈ku^{53}ma^{53}比妈大的
烟台	小叔ɕiau^{33}ɕy^{14}	婶儿ɕiər^{14}	姑ku^{53}
栖霞	小叔ʃiɔo^{21}ʃy^{0}	婶儿ʃər^{214}	姑姑ku^{52}ku^{0}
长岛	老叔lau^{52}ʃy^{213}	老婶子lau^{52}ʃən^{35}tsɿ^{0}	姑姑ku^{31}ku^{0}
海阳	小大siɔ^{34}ta^{52} "大"读为阴平	娘娘ȵiaŋ^{52}ȵiaŋ^{0}关系近。"娘"读为阴平 婶儿sər^{214}关系远	姑ku^{52}
莱西	小爹儿ʃiɔ^{55}tiər^{214}	娘儿ȵiãr^{42}	姑ku^{214}

续表

	0628 排行最小的叔父呼称，如“幺叔”	**0629 叔母**呼称，统称	**0630 姑**呼称，统称（无统称则记分称：比父大，比父小；已婚，未婚）
平度	小叔叔儿 sio^{42}ʃu^{45}ʂur^{0}	婶子 ʃə̃^{45}tθɿ^{0}	姑 ku^{213}
青岛	小爹儿 siɔ^{55}tiər^{213}	娘 ȵiaŋ^{42} 排行加“娘”	姑 ku^{213}
高密	小叔儿 siɔ^{42}ʂur^{55} 小大大 siɔ^{55}ta^{21}ta^{0}“大”读为阴平	婶儿婶儿 ʂer^{23}ʂer^{0} 娘娘 ȵiaŋ^{21}ȵiaŋ^{0}“娘”读为阴平	姑 ku^{213}
诸城	小大大 θiɔ^{44}ta^{31}ta^{0}“大”读为阴平	娘娘 ȵiaŋ^{31}ȵiaŋ^{0}“娘”读为阴平	姑 ku^{213}
沂水	小叔 siɔ^{53}ʃɥ^{44}	婶子 ʃẽ^{213}dðɿ^{0}	姑 ku^{213}
临朐	（无专称）最小的亦按排行称几叔	婶子 ʃə̃^{213}tθɿ^{0} 婶儿婶儿 ʃer^{213}ʃer^{0}	姑 ku^{213}
日照	小叔 θiɔ^{53}ʃu^{213} 小大大 θiɔ^{213}ta^{31}ta^{0}“大”读为阴平	婶子 ʃiẽ^{213}tθɿ^{0} 娘娘 niaŋ^{31}niaŋ^{0}“娘”读为阴平	姑 ku^{213}
莒南	小叔 siɔ^{53}ʃu^{213}	婶子 ʃẽ^{213}tθɿ^{0}	姑 ku^{213}
潍坊	小大大 ɕiɔɤ^{214}ta^{35}ta^{0}“大”读为阳平 小叔 ɕiɔɤ^{55}ʂu^{214}	婶子 ʂẽ^{24}tsɿ^{0}	姑 ku^{214}
寿光	（无专称）最小的亦按排行称几叔	婶子 ʂə̃^{24}tsɿ^{0} 婶儿婶儿 ɬʅ^{24}ɬʅ^{0}	姑 ku^{213}
高青	小叔 ɕiɔ^{55}ʂu^{213}	婶子 ʂə̃^{213}tsɿ^{0}	姑 ku^{213}
阳信	小叔 ɕiɔ^{55}ʂuə^{213}“叔”读为“说”	婶子 ʂə̃^{24}tsɿ^{0} 呼称 /ʂə̃^{213}tsɿ^{0} 统称	姑唻[①] ku^{31}lɛ^{0} 呼称 姑 ku^{213} 统称
济阳	小叔儿 ɕiɔ^{55}ʂur^{213} 小伯伯 ɕiɔ^{55}pɛ^{23}pɛ^{0}	婶子 ʂẽ^{213}tsɿ^{0}	姑 ku^{213}
利津	小叔儿 ɕiɔ^{55}ʂur^{44}	婶子 ʂẽ^{213}tsɿ^{0}	姑 ku^{213}
乐陵	小叔儿 ɕiɔ^{55}ʂour^{24}	婶子 ʂẽ^{212}tsɿ^{0}	姑 ku^{24}
商河	小叔儿 ɕiɔ^{54}ʂur^{45}	婶子 ʂẽ^{213}tsɿ^{0}	姑 ku^{213}
平原	小伯伯 ɕiɔu^{55}pei^{21}pei^{0}	婶子 ʂẽ^{23}tsɿ^{0}	姑 ku^{213}
德州	小伯 ɕiɔ^{55}pɛ^{213}	婶子 ʂẽ^{213}tsɿ^{0}	姑 ku^{213}

① “唻”为语气成分，但呼称时必不可少。

续表

	0628 **排行最小的叔父**呼称，如“幺叔”	0629 **叔母**呼称，统称	0630 **姑**呼称，统称（无统称则记分称：比父大，比父小；已婚，未婚）
武城	小叔ɕiɔ^{53}ʂu^{224}	婶子ʂẽ^{24}tsɿ^{0}	姑姑ku^{312}ku^{0}
临清	小叔叔ɕiau^{44}ʂu^{13}ʂu^{0}	婶子ʂen^{44}tsɿ^{0}	姑姑ku^{13}ku^{0}
冠县	小叔ɕiɔ^{53}ʂu^{55}	婶子ʂẽ^{44}tsɿ^{0}	姑姑ku^{44}ku^{0} 姑ku^{55}
聊城	小叔叔ɕiɔ^{44}su^{44}	婶子sẽ^{44}tsɿ^{0}	姑姑ku^{13}ku^{0}
济南	小爸爸儿ɕiɔ^{55}pa^{55}par^{0}	婶子ʂẽ^{213}tsɿ^{0}	姑姑ku^{21}ku^{0}
泰安	小叔ɕiɔ^{42}ʂu^{213}	婶子ʂẽ^{213}tsɿ^{0}	姑ku^{213}
莱芜	小叔ɕiɔ^{55}ʃu^{213}	婶子ʃẽ^{213}tsɿ^{0}	姑ku^{213}
新泰	小叔ɕiɔ^{55}fu^{213}	婶子ʃẽ^{213}tθɿ^{0}	姑ku^{213}
沂源	小叔ɕiɔ^{55}ʃu^{213}	婶子ʃə̃^{21}tθɿ^{0}	姑ku^{213}
博山	小叔ɕiɔ^{213}ʂu^{0} 小爷ɕiɔ^{213}iə^{55}	婶子ʂẽ^{213}ə^{0}	姑ku^{213}
张店	小叔叔ɕiɔ^{55}ʂu^{33}ʂu^{0}	婶子ʂə̃^{213}ɿ^{0}	姑ku^{213}
阳谷	叔fu^{213}	婶子sẽ^{13}zɿ^{0}	姑姑ku^{13}ku^{0}
梁山	小叔ɕiɔ^{55}fu^{213}	婶子sẽ^{23}tsɿ^{0}	姑ku^{213}
菏泽	（无专称）最小的亦按排行称几叔	婶子sẽ^{44}nɔ^{0}	妈妈ma^{44}ma^{0} “妈”读上声
曹县	小叔ɕiɔ^{53}fu^{44}	婶子ʂẽ^{44}nẽ^{0}	妈妈ma^{44}ma^{0} “妈”读上声
金乡	小叔ɕiɔ^{42}su^{213}	婶子sẽ^{23}tsɿ^{0}	妈妈ma^{23}ma^{0} “妈”读上声
曲阜	（无专称）最小的亦按排行称几叔	婶子sẽ^{213}tsɿ^{0}	姑ku^{213}
薛城	小叔ɕiɔ^{55}fu^{24}	婶子sẽ^{24}tsɿ^{0}	姑娘ku^{31}n̠iaŋ^{0}
郯城	小叔ɕiɔ^{44}fu^{213}	婶子ʂə̃^{24}tsɿ^{0}	姑ku^{213}
临沂	小叔ɕiɔ^{55}ʃu^{214}	婶子ʃẽ^{214}tsɿ^{0}	姑ku^{214}

	0631 **姑父**呼称，统称	0632 **舅舅**呼称	0633 **舅妈**呼称
荣成	姑父ku^{53}fu^{0}	舅ci^{33} 比母亲大。读为“季”/ciəu^{33} 比母亲小	舅母ciəu^{33}mu^{0}
烟台	姑父ku^{53}fu^{0}	舅tɕiou^{33}	舅妈tɕiou^{35}ma^{53} 舅母tɕiou^{35}mu^{0}

续表

	0631 姑父呼称，统称	0632 舅舅呼称	0633 舅妈呼称
栖霞	姑父 ku^{52}fu^{0}	舅舅 ciəu^{52}ciəu^{0}	舅母 ciəu^{52}mu^{0}
长岛	姑父 ku^{31}fu^{0}	舅舅 ciou^{52}ciou^{0}	妗母 cin^{52}mən^{0} “母”读为“们”
海阳	姑父 ku^{52}fu^{0}	舅 ciəu^{341}	舅母 ciəu^{34}mu^{0}
莱西	姑父 ku^{32}fu^{0}	舅儿 ciour^{42} 舅舅 ciou^{42}ciou^{0}	舅母 ciou^{42}mu^{0} 舅妈 ciou^{42}ma^{214}
平度	姑父 ku^{213}fu^{0}	舅儿 ciour^{42}	舅母 ciou^{42}mu^{0}
青岛	姑父 ku^{213}fu^{42}	舅儿 tɕiour^{42}	妗子 tɕiẽ^{45}tθɿ^{0}
高密	姑父 ku^{21}fu^{0}	舅 tɕiou^{21}	妗子 tɕiə̃^{42}tθɿ^{0}
诸城	姑父 ku^{31}fu^{0}	舅 tʃou^{31}	妗子 tʃẽ^{44}tθɿ^{0}
沂水	姑父 ku^{21}fu^{0}	舅 tɕiou^{31}	妗子 tɕiẽ^{44}dðɿ^{0}
临朐	姑父 ku^{21}fu^{0}	舅 tɕiəu^{21}	妗子 tɕiə̃^{44}tθɿ^{0}
日照	姑父 ku^{31}fu^{0}	舅 tʃiou^{31}	妗子 tʃiẽ^{53}tθɿ^{0}
莒南	姑父 ku^{21}fu^{0}	舅 tɕiou^{312}	妗子 tɕiẽ^{42}tθɿ^{0}
潍坊	姑父 ku^{31}fu^{0}	舅 tɕiɤɯ^{31}	妗子 tɕiẽ^{55}tsɿ^{0}
寿光	姑父 ku^{21}fu^{0}	舅 tɕiəu^{21}	妗子 tɕiə̃^{55}tsɿ^{0}
高青	姑父 ku^{21}fu^{0}	舅 tɕiou^{41}	妗子 tɕiə̃^{55}tsɿ^{0}
阳信	姑父 ku^{31}fə^{0}呼称/ku^{31}fu^{0}统称	舅唻 tɕiou^{55}lɛ^{0}	妗子 tɕiə̃^{55}tsə^{0}
济阳	姑父 ku^{21}fu^{0}	舅 tɕiou^{31}	妗子 tɕiẽ^{55}tsɿ^{0}
利津	姑父 ku^{31}fu^{0}	舅 tɕiou^{31} 舅舅 tɕiou^{55}tɕiou^{0}	妗子 tɕiẽ^{55}tsɿ^{0}
乐陵	姑父 ku^{31}fu^{0}	舅 tɕiou^{51}	妗子 tɕiẽ^{55}tsɿ^{0}
商河	姑父 ku^{21}fu^{0}	舅 tɕiou^{31}	妗子 tɕiẽ^{54}tsɿ^{0}
平原	姑父 ku^{21}fu^{0}	舅 tɕiou^{21}	妗子 tɕiẽ^{42}tsɿ^{0}
德州	姑父 ku^{21}fu^{0}	舅舅 tɕiou^{42}tɕiou^{0}	舅母 tɕiou^{42}mu^{0}
武城	姑父 ku^{312}fu^{0}	舅 tɕiou^{312}	妗子 tɕiẽ^{53}tsɿ^{0}
临清	姑父 ku^{13}fu^{0}	舅舅 tɕiou^{53}tɕiou^{0}	妗子 tɕin^{53}tsɿ^{0}
冠县	姑父 ku^{21}fu^{0}	舅 tɕiou^{314}	妗子 tɕiẽ^{53}tsɿ^{0}
聊城	姑父 ku^{13}fu^{0}	舅舅 tɕiou^{53}tɕiou^{0}	妗子 tɕiẽ^{53}tsɿ^{0}
济南	姑爸爸 ku^{213}pa^{55}pa^{0} 姑父 ku^{21}fu^{0}	舅舅 tɕiou^{55}tɕiou^{0}	妗子 tɕiẽ^{55}tsɿ^{0}

续表

	0631 姑父呼称，统称	0632 舅舅呼称	0633 舅妈呼称
泰安	姑父 ku^{21}fu^{0}	舅 tɕiou^{21}	妗子 tɕiẽ^{42}tsɿ^{0}
莱芜	姑父 ku^{31}fu^{0}	舅 tɕiou^{42}	妗子 tɕiẽ^{42}tsɿ^{0}
新泰	姑父 ku^{21}fu^{0}	舅 tɕiou^{31}	妗子 tɕiẽ^{54}tθɿ^{0}
沂源	姑父 ku^{21}fu^{0}	舅 tɕiou^{31}	妗子 tɕiə̃^{55}tθɿ^{0}
博山	姑父 ku^{21}fu^{0}	舅 tɕiəu^{31}	妗子 tɕiẽ^{55}ə^{0}
张店	姑父 ku^{21}fu^{0}	舅 tɕiou^{31}	妗子 tɕiə̃^{55}ɿ^{0}
阳谷	姑父 ku^{31}fu^{0}	舅 tɕiou^{313}	妗子 tɕiẽ^{42}zɿ^{0}
梁山	姑父 ku^{21}fu^{0}	舅 tɕiou^{314}	妗子 tɕiẽ^{42}tsɿ^{0}
菏泽	姑父 ku^{21}fu^{0}	舅 tɕiou^{312}	妗子 tɕiẽ^{31}tə^{0}
曹县	姑父 ku^{21}fu^{0}	舅 tɕiou^{312}	妗子 tɕiẽ^{31}nẽ^{0}
金乡	姑父 ku^{21}fu^{0}	舅 tɕiou^{312}	妗子 tɕiẽ^{42}tsɿ^{0}
曲阜	姑父 ku^{21}fu^{0}	舅 tɕiou^{312}	妗子 tɕiẽ^{42}tsɿ^{0}
薛城	姑父 ku^{31}fu^{0}	舅 tɕiou^{41}	妗子 tɕiẽ^{41}tsɿ^{0}
郯城	姑父 ku^{21}fu^{0}	舅 tɕiəu^{51}	妗子 tɕiə̃^{51}tsɿ^{0}
临沂	姑父 ku^{21}fu^{0}	舅 tɕiou^{312}	舅母 tɕiou^{31}mu^{0}

	0634 姨呼称，统称（无统称则记分称：比母大，比母小；已婚，未婚）	0635 姨父呼称，统称	0636 弟兄合称
荣成	姨妈 i^{21}ma^{53} 比母亲大 姨 i^{214} 比母亲小	姨父 i^{53}fu^{0}	弟兄 ti^{33}çyŋ^{0}
烟台	姨 i^{14}	姨父 i^{53}fu^{0}	兄弟 ɕyŋ^{53}ti^{0}
栖霞	姨 i^{312}	姨父 i^{52}fu^{0}	弟兄 ti^{34}çyŋ^{0}
长岛	姨 i^{55}	姨父 i^{55}fu^{0}	弟兄 ti^{52}çyŋ^{0}
海阳	姨 i^{52}	姨父 i^{52}fu^{0}	弟兄 ti^{34}çyŋ^{0}
莱西	姨姨 i^{214}i^{0} 姨 i^{214}	姨父 i^{214}fu^{0}	弟兄 ti^{45}çyŋ^{0}
平度	姨 i^{42}	姨父 i^{45}fu^{0}	弟兄 ti^{45}çiŋ^{0}
青岛	姨 i^{42}	姨父 i^{45}fu^{0}	弟兄 ti^{45}ɕioŋ^{0}
高密	姨 i^{42}	姨父 i^{55}fu^{0}	弟兄 ti^{42}ɕioŋ^{0} 兄弟 ɕioŋ^{21}ti^{0}

续表

	0634 **姨**呼称，统称（无统称则记分称：比母大，比母小；已婚，未婚）	0635 **姨父**呼称，统称	0636 **弟兄**合称
诸城	姨i^{53}	姨父i^{24}fu^{0}	弟兄ȶi^{44}ʃəŋ^{0}
沂水	姨i^{53}	姨父i^{24}fu^{0}	弟兄ti^{44}ɕyŋ^{0}
临朐	姨i^{53}	姨父i^{35}fu^{0}	弟兄ti^{44}ɕyŋ^{0}
日照	姨i^{53}	姨父i^{44}fu^{0}	弟兄们ti^{53}ʃiəŋ^{0}mẽ^{0}
莒南	姨i^{53}	姨父i^{24}fu^{0}	弟兄ti^{42}ɕyŋ^{0}
潍坊	姨i^{53}	姨父i^{35}fu^{0}	弟兄ti^{55}ɕyŋ^{0}
寿光	姨i^{53}	姨父i^{35}fu^{0}	弟兄ti^{55}ɕyŋ^{0} 兄弟ɕyŋ^{13}ti^{21}
高青	姨i^{55}	姨父i^{35}fu^{0}	弟兄ti^{55}ɕyŋ^{0}
阳信	姨唻i^{45}lɛ^{0}呼称 姨i^{43}统称	姨父i^{45}fə^{0}呼称/i^{45}fu^{0}统称	弟兄们ti^{55}ɕyŋ^{0}mə̃^{0}
济阳	姨i^{55}	姨父i^{24}fu^{0}	兄弟们ɕyŋ^{13}ti^{55}mẽ^{0}
利津	姨i^{53}	姨父i^{35}fu^{0}	弟兄ti^{31}ɕyŋ^{0} 兄弟ɕyŋ^{24}ti^{31}
乐陵	姨i^{55}	姨父i^{55}fu^{0}	兄弟ɕyŋ^{24}ti^{51}
商河	姨i^{54}	姨父i^{24}fu^{0}	兄弟ɕyŋ^{21}ti^{0} 兄弟们ɕyŋ^{213}ti^{54}mẽ^{0}
平原	姨i^{42}	姨父i^{55}fu^{0}	兄弟ɕyŋ^{21}ti^{0}
德州	姨i^{42}	姨父i^{55}fu^{0}	哥们儿kə^{21}mer^{0}
武城	姨i^{53}	姨父i^{55}fu^{0}	兄弟ɕyŋ^{312}ti^{0}
临清	姨i^{53}	姨父i^{44}fu^{0}	弟兄ti^{53}ɕyŋ^{0} 兄弟ɕyŋ^{13}ti^{0}
冠县	姨i^{53}	姨父i^{55}fu^{0}	弟兄们ti^{53}ɕyŋ^{0}mẽ^{0} 兄弟ɕyŋ^{21}ti^{0} 弟兄ti^{53}ɕyŋ^{0}
聊城	姨i^{53}	姨父i^{44}fu^{0}	兄弟们ɕyŋ^{13}ti^{53}mẽ^{0}
济南	姨i^{42}	姨父i^{445}fu^{0}	兄弟们ɕyŋ^{23}ti^{55}mẽ^{0}
泰安	姨i^{42}	姨父i^{55}fu^{0}	弟兄ti^{42}ɕyŋ^{0} 兄弟ɕyŋ^{213}ti^{21}
莱芜	姨i^{55}	姨父i^{13}fu^{0}	弟兄ti^{42}ɕyŋ^{0}
新泰	姨i^{42}	姨父i^{45}fu^{0}	弟兄ti^{54}ɕyŋ^{0}

续表

	0634 **姨**呼称，统称（无统称则记分称：比母大，比母小；已婚，未婚）	0635 **姨父**呼称，统称	0636 **弟兄**合称
沂源	姨i^{55}	姨父i^{35}fu^{0}	弟兄们ti^{55}ɕyŋ^{0}mə̃^{0}
博山	姨i^{55}	姨父i^{35}fu^{0}	弟兄ti^{55}ɕyŋ^{0}
张店	姨i^{55}	姨父i^{35}fu^{0}	弟兄们ti^{55}ɕyŋ^{0}mə̃^{0}
阳谷	姨i^{42}	姨父i^{55}fu^{0}	弟兄ti^{42}ɕyŋ^{0} 兄弟ɕyŋ^{13}ti^{0}
梁山	姨i^{42}	姨父i^{55}fu^{0}	弟兄ti^{42}ɕyŋ^{0} 兄弟ɕyŋ^{23}ti^{31}
菏泽	姨i^{53}	姨父i^{53}fu^{0}	弟兄ti^{31}ɕyŋ^{0}
曹县	姨i^{53}	姨父i^{53}fu^{0}	弟兄ti^{53}ɕyŋ^{0}
金乡	姨i^{42}	姨父i^{55}fu^{0}	弟兄ti^{42}ɕyŋ^{0}
曲阜	姨i^{42}	姨父i^{55}fu^{0}	弟兄ti^{42}ɕyŋ^{0}
薛城	姨i^{55}	姨父i^{55}fu^{0}	弟兄ti^{41}ɕyŋ^{0} 兄弟ɕyŋ^{313}ti^{41}
郯城	姨i^{44}	姨父i^{44}fu^{0}	弟兄ti^{51}ɕyŋ^{0} 兄弟ɕyŋ^{21}ti^{51}
临沂	姨i^{53}	姨父i^{24}fu^{0}	弟兄ti^{31}ɕyŋ^{0} 弟兄们ti^{31}ɕyŋ^{0}mẽ^{0}

	0637 **姊妹**合称，注明是否可包括男性	0638 **哥哥**呼称，统称	0639 **嫂子**呼称，统称
荣成	姊妹tsɿ^{55}mə^{0}可包括男性。“妹”有音变	哥ko^{53}	嫂sau^{214}
烟台	姊妹tsɿ^{21}mei^{33}可包括男性	哥kɤ^{53}	嫂子sau^{21}ɾə^{0}
栖霞	姊妹tsɿ^{21}mei^{0}可包括男性	哥哥kuo^{52}kuo^{0}	嫂子sɔo^{21}lə^{0}
长岛	姊们①tsɿ^{35}mən^{0}可包括男性	哥哥kə^{31}kə^{0}	嫂子sau^{35}tsɿ^{0}
海阳	姊妹tsɿ^{21}mei^{0}可包括男性	哥哥kuo^{52}kuo^{0}	嫂子θɔ^{21}ə^{0}
莱西	姊妹儿tsɿ^{45}mer^{0}可包括男性	哥kə^{214}/kuə^{214} 哥哥kə^{32}kə^{0}/kuə^{32}kuə^{0}	嫂子sɔ^{45}tsɿ^{0}

① 有多处将“姊妹”说成“姊们”。其中的“们”既可以认作“妹”的音变，也可以认为是“姊妹们”的省略了“妹”的形式，待考。至于“妹们们”的说法肯定是第二个“妹”发生了音变。以下凡说成“姊们”的都写作“姊们”，说成“姊们们”的写作“姊妹们”。

续表

	0637 **姊妹**合称，注明是否可包括男性	0638 **哥哥**呼称，统称	0639 **嫂子**呼称，统称
平度	姊妹儿tθɿ^{45}mer^{0}可包括男性	哥哥kuə^{213}kuə^{0}	嫂子θɔ^{45}tθɿ^{0}
青岛	姊妹儿tθɿ^{55}mer^{42}可包括男性	哥kuə^{213}	嫂子θɔ^{55}tθɿ^{0}
高密	姊妹儿tθɿ^{23}mer^{0}可包括男性	哥哥kə^{21}kə^{0}	嫂子θɔ^{23}tθɿ^{0}
诸城	姊们tθɿ^{213}mẽ^{0}可包括男性 姊妹儿tθɿ^{213}mer^{0}可包括男性	哥哥kuə^{31}kuə^{0}	嫂子θɔ^{213}tθɿ^{0}
沂水	姊们dðɿ^{213}mẽ^{0}可包括男性。	哥kuə^{213} 哥哥kə^{21}kə^{0}	嫂子θɔ^{213}θɿ^{0}
临朐	姊妹儿们tθɿ^{213}mer^{0}mə̃^{0}可包括男性	哥哥kuə^{21}kuə^{0}	嫂子θɔ^{213}tθɿ^{0}
日照	姊妹tθɿ^{213}mẽ^{0}可包括男性。“妹”读为“们” 姊妹们tθɿ^{213}mẽ^{0}mẽ^{0}可包括男性。“妹”读为“们”	哥哥kə^{31}kə^{0}	嫂嫂θɔ^{213}θɔ^{0}
莒南	姊妹tθɿ^{213}mei^{0}可包括男性	哥哥kə^{21}kə^{0}	嫂子θɔ^{213}tθɿ^{0}
潍坊	姊妹tsɿ^{214}mei^{0}可包括男性	哥哥kuə^{31}kuə^{0}	嫂子sɔɤ^{24}tsɿ^{0}
寿光	姊妹儿tsɿ^{24}mɭ^{0}不包括男性 姊们tsɿ^{24}mə̃^{0}可包括男性 姊妹们tsɿ^{24}mə̃^{0}mə̃^{0}可包括男性。“妹”读为“们”	哥哥kuə^{21}kuə^{0} 哥kuə^{213}	嫂sɔ^{55}
高青	姊妹们tsɿ^{213}mei^{0}mə̃^{0}不包括男性	哥哥kə^{21}kə^{0}	嫂子sɔ^{213}tsɿ^{0}
阳信	姊妹们tsɿ^{213}mə̃^{0}mə̃^{0}可包括男性。“妹”读为“们”	哥俫kə^{31}lɛ^{0}呼称 哥kə^{213}统称	嫂子sɔ^{24}tsə^{0}呼称 嫂子sɔ^{213}tsɿ^{0}统称
济阳	姊妹们tsɿ^{213}mẽ^{0}mẽ^{0}可包括男性。“妹”读为“们”	哥哥kə^{21}kə^{0}	嫂子sɔ^{213}tsɿ^{0}
利津	姊们tsɿ^{213}mẽ^{0}可包括男性	哥kə^{213} 哥哥kə^{31}kə^{0}	嫂子sɔ^{213}tsɿ^{0}
乐陵	姊妹们tsɿ^{212}mei^{0}mẽ^{0}可包括男性	哥kə^{24}	嫂子sɔ^{212}tsɿ^{0}
商河	姊们tsɿ^{213}mẽ^{0}可包括男性 姊妹们tsɿ^{213}mẽ^{0}mẽ^{0}可包括男性。“妹”读为“们”	哥哥kə^{21}kə^{0}	嫂子sɔ^{213}tsɿ^{0}
平原	姊妹儿tsɿ^{23}mər^{0}可包括男性	哥哥kə^{21}kə^{0}	嫂子sɔu^{23}tsɿ^{0}
德州	姊妹儿tsɿ^{213}mer^{0}可包括男性	哥kə^{213}	嫂子sɔ^{213}tsɿ^{0}

续表

	0637 **姊妹**合称，注明是否可包括男性	0638 **哥哥**呼称，统称	0639 **嫂子**呼称，统称
武城	姊们tsɿ^{24}mẽ^{0}可包括男性	哥哥kə^{312}kə^{0}	嫂子sɔ^{24}tsɿ^{0}
临清	姊妹tsɿ^{44}mei^{0}可包括男性	哥哥kə^{13}kə^{0}	嫂子sau^{44}tsɿ^{0}
冠县	姊妹tsɿ^{55}mei^{0}可包括男性	哥哥kə^{44}kə^{0}	嫂子sɔ^{44}tsɿ^{0}
聊城	姊妹tsɿ^{44}mei^{0}可包括男性	哥哥kə^{44}kə^{0}	嫂子sɔ^{44}tsɿ^{0}
济南	姊们tsɿ^{213}mẽ^{0}可包括男性 姊妹们tsɿ^{213}mẽ^{0}mẽ^{0}可包括男性。“妹”读为“们” 姊妹们儿tsɿ^{213}mei^{0}mer^{0}不包括男性	哥哥kə^{21}kə^{0}	嫂子sɔ^{213}tsɿ^{0}
泰安	姊妹tsɿ^{213}mei^{0}可包括男性 姊妹儿tsɿ^{213}mer^{0}不包括男性	哥kə^{213}	嫂子sɔ^{213}tsɿ^{0}
莱芜	姊妹tsɿ^{213}mei^{42}可包括男性	哥哥kə^{31}kə^{0}	嫂子sɔ^{213}tsɿ^{0}
新泰	姊妹tθɿ^{213}mei^{0}可包括男性	哥哥kə^{21}kə^{0}	嫂子θɔ^{213}tθɿ^{0}
沂源	姊妹们tθɿ^{21}mei^{0}mã^{0}可包括男性	哥哥kuə^{21}kuə^{0}	嫂子θɔ^{21}tθɿ^{0}
博山	姊妹们tsɿ^{213}mẽ^{0}mẽ^{0}可包括男性。“妹”读为“们”	哥哥kuə^{21}kuə^{0} 哥kuə^{213}	嫂子sɔ^{213}ə^{0}
张店	姊妹们tsɿ^{213}mci^{0}mã^{0}不包括男性	哥哥kuə^{21}kuə^{0}	嫂子sɔ^{213}ɿ^{0}
阳谷	姊妹tsɿ^{55}mei^{0}可包括男性	哥哥kə^{13}kə^{0}	嫂子sɔ^{13}zɿ^{0}
梁山	姊们tsɿ^{23}mẽ^{0}可包括男性	哥kə^{55}	嫂子sɔ^{23}tsɿ^{0}
菏泽	姊妹tsɿ^{44}mei^{0}可包括男性	哥kə^{44}	嫂子sɔ^{44}tə^{0}
曹县	姊妹tsɿ^{44}mei^{0}可包括男性	哥kə^{44}	嫂子sɔ^{44}tə^{0}
金乡	姊妹tsɿ^{23}mei^{0}可包括男性	哥哥kə^{23}kə^{0}	嫂子sɔ^{23}tsɿ^{0}
曲阜	姊妹们tsɿ^{213}mẽ^{0}mẽ^{0}可包括男性。“妹”读为“们”	哥哥kə^{213}kə^{0}	嫂sɔ^{55}
薛城	姊们tsɿ^{24}mẽ^{0}可包括男性	哥kə^{24}	嫂sɔ^{24}
郯城	姊妹tsɿ^{24}mu^{0}可包括男性。“妹”读为“幕”轻声	哥kə^{213}	嫂子sɔ^{24}tsɿ^{0}
临沂	姊们tsɿ^{214}mẽ^{0}可包括男性	哥kə^{214}	嫂子sɔ^{214}tsɿ^{0}

	0640 弟弟叙称	0641 弟媳叙称	0642 姐姐呼称，统称
荣成	兄儿çỹr^{53}	兄弟媳妇çyŋ^{53}ti^{0}si^{35}fu^{0}	姐tsiɛ^{214}
烟台	弟ti^{33}	兄弟媳妇儿ɕyŋ^{53}ti^{0}ɕi^{21}fur^{33}	姐tɕie^{14}
栖霞	兄儿çyə̃r^{312}	兄媳妇çyŋ^{52}ʃʅ^{21}fu^{0}	姐姐tʃiɛ^{21}tʃiɛ^{0}
长岛	弟弟ti^{52}ti^{0}	兄媳妇çyŋ^{31}ʃʅ^{35}fu^{0}	姐姐tʃiɛ^{35}tʃiɛ^{0}
海阳	兄儿çyə̃r^{52}	兄媳妇çyŋ^{52}si^{21}fu^{0}	姐姐tsiə^{21}tsiə^{0}
莱西	弟ti^{42} 弟弟ti^{42}ti^{0} 兄弟çyŋ^{32}ti^{0}	弟妹ti^{42}mei^{42} 兄弟媳妇儿çyŋ^{214}ti^{0}ʃʅ^{214}fer^{0}	姐姐tʃiə^{24}tʃiə^{0}
平度	兄弟çiŋ^{213}ti^{0} 弟弟ti^{42}ti^{0}	兄弟媳妇儿çiŋ^{213}ti^{42}si^{45}fur^{0} 弟妹ti^{213}mei^{42}	姐姐tsiə^{45}tsiə^{0}
青岛	兄弟ɕioŋ^{213}ti^{42}	兄弟媳妇ɕioŋ^{213}ti^{42}si^{55}fu^{42} 弟妹ti^{213}mei^{42}	姐姐tsiə^{55}tsiə^{0}
高密	兄弟ɕioŋ^{21}ti^{0} 弟弟ti^{42}ti^{0}	兄弟媳妇儿ɕioŋ^{21}ti^{0}si^{23}fur^{0} 弟妹ti^{23}mei^{21}	姐姐tsiə^{23}tsiə^{0}
诸城	兄弟ʃəŋ^{31}ȶi^{0}	兄弟媳子ʃəŋ^{31}ȶi^{0}θi^{213}tθʅ^{0}	姐姐tθiə^{213}tθiə^{0}
沂水	兄弟ɕyŋ^{21}ti^{0}	兄弟媳妇儿ɕyŋ^{21}ti^{0}si^{213}fur^{0} 弟妹ti^{31}me^{31}	姐姐dziə^{213}dziə^{0}
临朐	兄弟ɕyŋ^{21}ti^{0}	兄弟媳妇ɕyŋ^{21}ti^{0}ɕi^{21}fu^{0}	姐姐tɕiə^{213}tɕiə^{0}
日照	兄弟ʃiəŋ^{31}ti^{0} 弟弟ti^{53}ti^{0}	兄媳子ʃiəŋ^{31}θi^{213}tθʅ^{0}	姐姐ȶiə^{213}ȶiə^{0}
莒南	兄弟ɕyŋ^{21}ti^{0}	兄媳子ɕyŋ^{21}si^{21}tθʅ^{0} 他婶子tʰa^{55}ʃẽ^{21}tθʅ^{0}	姐姐tsiə^{213}tsiə^{0}
潍坊	兄弟ɕyŋ^{31}ti^{0}	弟媳妇儿ti^{31}ɕi^{214}fur^{0}	姐tɕiə^{55} 姐姐tɕiə^{24}tɕiə^{0}
寿光	兄弟ɕyŋ^{21}ti^{0}	兄弟家ɕyŋ^{21}ti^{0}ka^{0} 兄弟媳妇儿ɕyŋ^{21}ti^{0}ɕi^{213}fur^{0}	姐姐tɕiə^{24}tɕiə^{0}
高青	兄弟ɕyŋ^{213}ti^{41}	兄弟媳妇ɕyŋ^{213}ti^{0}ɕi^{21}fu^{0}	姐姐tɕiə^{213}tɕiə^{0}
阳信	兄弟ɕyŋ^{31}ti^{0}	兄弟媳妇儿ɕyŋ^{31}ti^{0}ɕi^{31}fur^{0}	姐唻tɕiə^{24}lɛ^{0}呼称 姐tɕiə^{55}统称
济阳	兄弟ɕyŋ^{21}ti^{0}	兄弟媳妇儿ɕyŋ^{21}ti^{0}ɕi^{23}fur^{0} 弟妹ti^{31}mei^{31}	姐姐tɕiə^{213}tɕiə^{0}
利津	兄弟ɕyŋ^{31}ti^{0}	兄弟媳妇儿ɕyŋ^{31}ti^{0}ɕi^{24}fur^{0} 弟妹ti^{24}mei^{31}	姐姐tɕiə^{213}tɕiə^{0}

续表

	0640 弟弟叙称	0641 弟媳叙称	0642 姐姐呼称，统称
乐陵	兄弟ɕyŋ^{31}ti^{0}	兄弟媳妇儿ɕyŋ^{212}ti^{24}ɕi^{31}fur^{0}	姐tɕiə^{55}
商河	兄弟ɕyŋ^{21}ti^{0}	兄弟媳妇儿ɕyŋ^{21}ti^{0}ɕi^{213}fur^{0}	姐姐tɕiə^{213}tɕiə^{0}
平原	兄弟ɕyŋ^{21}ti^{0}	兄弟媳妇儿ɕyŋ^{21}ti^{0}ɕi^{21}fər^{0}	姐姐tɕiə^{23}tɕiə^{0}
德州	兄弟ɕyŋ^{21}ti^{0}	兄弟媳妇儿ɕyŋ^{21}ti^{0}ɕi^{42}fur^{0}	姐姐tɕiə^{213}tɕiə^{0}
武城	兄弟ɕyŋ^{24}ti^{0}	兄弟媳妇儿ɕyŋ^{312}ti^{0}ɕi^{312}fur^{0}	姐tɕiə^{55}
临清	兄弟ɕyŋ^{13}ti^{0} 弟弟ti^{53}ti^{0}	兄弟媳妇ɕyŋ^{13}ti^{0}ɕi^{44}fu^{0}	姐姐tɕiə^{44}tɕiə^{0}
冠县	兄弟ɕyŋ^{21}ti^{0}	兄弟媳妇儿ɕyŋ^{21}ti^{0}si^{55}fur^{0}	姐姐tsiə^{44}tsiə^{0}
聊城	兄弟ɕyŋ^{13}ti^{0}	兄弟媳妇儿ɕyŋ^{13}ti^{0}ɕi^{44}fur^{0}	姐姐tɕiə^{44}tɕiə^{0}
济南	兄弟ɕyŋ^{21}ti^{0}	兄弟媳妇ɕyŋ^{21}ti^{0}ɕi^{21}fu^{0}	姐姐tɕiə^{213}tɕiə^{0}
泰安	兄弟ɕyŋ^{21}ti^{0}	兄弟媳妇儿ɕyŋ^{21}ti^{0}ɕi^{21}fur^{0} 弟妹ti^{21}mei^{21}	姐tɕiə^{55}
莱芜	兄弟ɕyŋ^{213}ti^{42}	弟妹ti^{31}mei^{42}	姐姐tɕiə^{213}tɕiə^{0}
新泰	兄弟ɕyŋ^{21}ti^{0}	兄弟媳妇ɕyŋ^{21}ti^{0}ɕi^{21}fu^{0}	姐姐tɕiə^{213}tɕiə^{0}
沂源	兄弟ɕyŋ^{21}ti^{0}	兄弟媳妇ɕyŋ^{21}ti^{0}ɕi^{21}fu^{0}	姐姐tɕiə^{21}tɕiə^{0}
博山	兄弟ɕyŋ^{21}ti^{0}	弟妇ti^{31}fu^{31} 弟妹ti^{31}mei^{31}	姐姐tɕiə^{213}tɕiə^{0} 姐tɕiə^{213}
张店	兄弟ɕyŋ^{21}ti^{0}	兄弟媳妇ɕyŋ^{21}ti^{0}ɕi^{33}fu^{0}	姐姐tɕiə^{213}tɕiə^{0}
阳谷	兄弟ɕyŋ^{31}li^{0} “弟”读为“里”轻声	兄弟媳妇ɕyŋ^{31}li^{0}ɕi^{55}fu^{0} “弟”读为“里”轻声	姐姐tɕiə^{13}tɕiə^{0}
梁山	兄弟ɕyŋ^{21}li^{0} “弟”读为“里”轻声	兄弟媳妇儿ɕyŋ^{21}li^{0}ɕi^{55}fur^{0} “弟”读为“里”轻声	姐姐tɕiə^{55}tɕiə^{0}
菏泽	兄弟ɕyŋ^{21}ȵi^{0} “弟”读为“尼”轻声	兄弟媳妇儿ɕyŋ^{21}ȵi^{0}ɕi^{53}fur^{0} “弟”读为“尼”轻声	姐tɕiɛ^{44}
曹县	兄弟ɕyŋ^{21}ȵi^{0} “弟”读为“尼”轻声	弟妹儿ti^{13}mɤr^{312}	姐tɕiə^{44}
金乡	兄弟ɕyŋ^{21}li^{0} “弟”读为“里”轻声	兄弟媳妇儿ɕyŋ^{21}li^{0}ɕi^{21}fur^{0} “弟”读为“里”轻声	姐姐tɕiə^{23}tɕiə^{0}
曲阜	兄弟ɕyŋ^{21}li^{0} “弟”读为“里”轻声	兄弟媳妇儿ɕyŋ^{21}li^{0}ɕi^{21}fur^{0} “弟”读为“里”轻声	姐姐tɕiə^{213}tɕiə^{0}
薛城	兄弟ɕyŋ^{31}ti^{0}	兄弟媳妇儿ɕyŋ^{31}ti^{0}ɕi^{31}fur^{0}	姐tɕiə^{24}

续表

	0640 弟弟叙称	0641 弟媳叙称	0642 姐姐呼称，统称
郯城	兄弟ɕyŋ^{21}ti^{0} 弟弟ti^{51}ti^{0}	兄媳子ɕyŋ^{13}ɕi^{21}tsɿ^{0} 兄媳妇儿ɕyŋ^{13}ɕi^{21}fur^{0}	姐tɕiə^{24}
临沂	兄弟ɕyŋ^{21}ti^{0} 弟弟ti^{31}ti^{0}	弟媳妇儿ti^{31}ɕi^{21}fur^{0}	姐tɕiə^{55}

	0643 姐夫呼称	0644 妹妹叙称	0645 妹夫叙称
荣成	姐夫tsiɛ^{214}fu^{0} 哥ko^{53}	妹儿mər^{33}	妹夫mei^{33}fu^{0}
烟台	哥kɤ^{53}	妹儿mər^{33}	妹夫mei^{33}fu^{0}
栖霞	姐夫tʃiɛ^{21}fu^{0}	妹妹mei^{52}mei^{0}	妹夫mei^{34}fu^{0}
长岛	姐夫tʃiɛ^{35}fu^{0}	妹妹mei^{52}mei^{0}	妹夫mei^{52}fu^{0}
海阳	姐夫tsiə^{21}fu^{0}	妹妹mei^{34}mei^{0}	妹夫mei^{34}fu^{0}
莱西	姐夫tʃiə^{24}fu^{0} 哥kə^{214}/kuə^{214}	妹妹mei^{42}mei^{0}	妹夫mei^{45}fu^{0}
平度	姐夫tsiə^{45}fu^{0} 哥哥kuə^{213}kuə^{0}	妹妹mei^{45}mei^{0}	妹夫mei^{45}fu^{0} 兄弟ɕiŋ^{213}ti^{0}
青岛	姐夫tsiə^{55}fu^{0}	妹妹mẽ^{45}mẽ^{0} “妹”读为“们”	妹夫mei^{45}fu^{0}
高密	姐夫tsiə^{23}fu^{0}	妹妹mei^{42}mei^{0}	妹夫mei^{42}fu^{0}
诸城	姐夫tθiə^{213}fu^{0}	妹妹mei^{44}mei^{0}	妹夫mei^{44}fu^{0}
沂水	姐夫dziə^{213}fu^{0}	妹妹me^{44}me^{0}	妹夫me^{44}fu^{0}
临朐	姐夫tɕiə^{213}fu^{0}	妹妹mei^{44}mei^{0}	妹夫mei^{44}fu^{0}
日照	哥哥kə^{31}kə^{0}	妹妹mei^{53}mei^{0}	兄弟ʃiəŋ^{31}ti^{0}
莒南	姐夫tsiə^{213}fu^{0}	妹妹mei^{42}mei^{0}	妹夫mei^{42}fu^{0}
潍坊	表哥piɔɤ^{55}kuə^{214}	妹妹mei^{55}mei^{0}	妹夫mei^{55}fu^{0}
寿光	姐夫tɕiə^{24}fu^{0}	妹妹mei^{55}mei^{0}	妹夫mei^{55}fu^{0}
高青	姐夫tɕiə^{213}fu^{0}	妹子mei^{55}tsɿ^{0}	妹夫mei^{55}fu^{0}
阳信	哥哧kə^{31}lɛ^{21} 哥kə^{213}	妹妹mei^{55}mei^{0}	妹夫mei^{55}fu^{0}
济阳	哥哥kə^{21}kə^{0}	妹妹mei^{55}mei^{0}	妹夫mei^{55}fu^{0}
利津	哥kə^{213}	妹妹mei^{55}mei^{0}	妹夫mei^{55}fu^{0}
乐陵	哥kə^{24}	妹妹mei^{55}mei^{0}	妹夫mei^{55}fu^{0}

续表

	0643 姐夫呼称	0644 妹妹叙称	0645 妹夫叙称
商河	哥 kə^{213}	妹妹 mei^{54}mei^{0}	妹夫 mei^{54}fu^{0}
平原	哥 kə^{213}	妹妹 mei^{42}mei^{0}	妹夫 mei^{42}fu^{0}
德州	姐夫 tɕiə^{213}fu^{0}	妹妹 mei^{42}mei^{0}	妹夫 mei^{42}fu^{0}
武城	哥哥 kə^{312}kə^{0}	妹妹 mei^{53}mei^{0}	妹夫 mei^{53}fu^{0}
临清	哥 kə^{13}	妹妹 mei^{53}mei^{0}	妹夫 mei^{53}fu^{0}
冠县	姐夫 tsiə^{44}fu^{0}	妹妹 mei^{53}mei^{0}	妹夫儿 mei^{53}fur^{0}
聊城	哥 kə^{44}	妹妹 mei^{53}mei^{0}	妹夫 mei^{53}fu^{0}
济南	哥 kə^{213}	妹妹 mei^{55}mẽ^{0} 后一“妹”读为“们”	妹夫 mei^{55}fu^{0}
泰安	姐夫 tɕiə^{213}fu^{0}	妹妹 mei^{42}mei^{0}	妹夫 mei^{42}fu^{0}
莱芜	姐夫 tɕiə^{213}fu^{0}	妹妹 mei^{42}mei^{0}	妹夫 mei^{42}fu^{0}
新泰	姐夫 tɕiə^{213}fu^{0}	妹妹 mei^{54}mei^{0}	妹夫 mei^{45}fu^{0}
沂源	姐夫 tɕiə^{21}fu^{0}	妹妹 mei^{55}mei^{0}	妹夫 mei^{55}fu^{0}
博山	哥哥 kuə^{21}kuə^{0}	妹妹 mei^{55}mei^{0}	妹夫 mei^{55}fu^{0}
张店	姐夫 tɕiə^{213}fu^{0}	妹妹 mei^{55}mei^{0}	妹夫 mei^{55}fu^{0}
阳谷	姐夫 tɕiə^{13}fu^{0}	妹妹 mei^{42}mei^{0}	妹夫 mei^{42}fu^{0}
梁山	姐夫 tɕiə^{23}fu^{0}	妹妹 mei^{42}mei^{0}	妹夫 mei^{42}fu^{0}
菏泽	姐夫 tɕiɛ^{44}fu^{0} 哥 kə^{44}	妹妹 mei^{31}mei^{0}	妹夫 mei^{31}fu^{0} 兄弟 ɕyŋ^{213}ti^{312}
曹县	哥 kə^{44}	妹妹 mei^{31}mei^{0}	妹夫 mei^{53}fu^{0}
金乡	姐夫 tɕiə^{23}fu^{0}	妹妹 mei^{42}mei^{0}	妹夫 mei^{42}fu^{0}
曲阜	姐夫 tɕiə^{213}fu^{0}	妹妹 mẽ^{42}mẽ^{0} 读为“门（去声）们”	妹夫 mẽ^{42}fu^{0}“妹”读为“门”去声
薛城	姐夫 tɕiə^{24}fu^{0} 哥 kə^{24}	妹妹 mẽ^{41}mẽ^{0} 读为“门（去声）们”	妹妹女婿 mẽ^{41}mẽ^{41}ȵy^{24}ɕy^{0}“妹妹”读为“门（去声）们”
郯城	姐夫 tɕiə^{24}fu^{0}	妹妹 mə̃^{51}mə̃^{0} 读为“门（去声）们”	妹婿 mə̃^{51}ɕy^{51}“妹”读为“门”去声 妹夫 mə̃^{51}fu^{0}“妹”读为“门”去声
临沂	姐夫 tɕiə^{214}fu^{0}	妹妹 mẽ^{31}mẽ^{0} 读为“门（去声）们”	妹夫 mẽ^{31}fu^{0}“妹”读为“门”去声

	0646 堂兄弟叙称，统称	0647 表兄弟叙称，统称	0648 妯娌弟兄妻子的合称
荣成	叔伯兄弟 ʃy^{35}pɛ^{0}ɕyŋ^{53}ti^{0}	表兄弟 piau^{21}ɕyŋ^{53}ti^{0}	妯娌 tʃy^{35}li^{0}

续表

	0646堂兄弟叙称，统称	0647表兄弟叙称，统称	0648妯娌弟兄妻子的合称
烟台	叔伯儿兄弟ɕy^{21}por^{33}ɕyŋ^{53}ti^{0}	表兄弟piau^{14}ɕyŋ^{53}ti^{0}	妯娌儿tɕy^{33}liər^{0}
栖霞	叔兄弟ʃy^{34}ɕyŋ^{52}ti^{342} 叔伯弟兄ʃy^{34}pei^{0}ti^{52}ɕyŋ^{0}	姑舅弟兄ku^{52}ciəu^{34}ti^{52}ɕyŋ^{0} 姑舅表亲 两姨弟兄liɑŋ^{21}i^{52}ti^{34}ɕyŋ^{0}两姨表亲	妯娌tʃy^{34}li^{0}
长岛	堂兄弟tʰɑŋ^{55}ɕyŋ^{31}ti^{52}	表兄弟piau^{35}ɕyŋ^{31}ti^{52}	妯儿娌tʃur^{55}li^{0}
海阳	叔兄弟ʂu^{34}ɕyŋ^{52}ti^{341}	表兄弟piɔ^{34}ɕyŋ^{52}ti^{341}	妯娌tʃy^{34}li^{0}
莱西	叔兄弟ʃu^{55}ɕyŋ^{214}ti^{42} 叔伯兄弟ʃu^{45}pu^{0}ɕyŋ^{214}ti^{0}	表兄弟piɔ^{55}ɕyŋ^{214}ti^{42}	妯娌tʃu^{45}li^{0}
平度	叔伯兄弟ʃu^{55}pei^{0}ɕiŋ^{213}ti^{0} 叔兄弟儿ʃu^{55}ɕiŋ^{213}ter^{0}	表兄弟piɔ^{55}ɕiŋ^{213}ti^{0}	妯娌tʃu^{45}li^{0}
青岛	叔伯兄弟ʃu^{55}pei^{0}ɕioŋ^{21}ti^{0} 叔兄弟儿ʃu^{55}ɕioŋ^{213}ter^{0}	表兄弟piɔ^{55}ɕioŋ^{21}ti^{0}	妯娌tʃu^{45}li^{0}
高密	叔兄弟儿ʃu^{55}ɕioŋ^{23}ter^{21} 叔伯兄弟儿ʃu^{23}pei^{0}ɕioŋ^{21}ter^{0}	表兄弟儿piɔ^{42}ɕioŋ^{21}ter^{0}	妯娌tʃu^{55}li^{0}
诸城	叔伯兄弟儿ʃu^{213}pei^{0}ʃəŋ^{213}ter^{31}	表兄弟儿piɔ^{44}ʃəŋ^{213}ter^{31}	妯娌们tʃu^{24}ɭə^{0}mẽ^{0}"娌"读为"儿"轻声
沂水	叔伯兄弟ʂu^{213}pe^{0}ɕyŋ^{24}ti^{31} 叔伯兄弟儿ʂu^{213}pe^{0}ɕyŋ^{24}trer^{31}	表兄弟儿piɔ^{44}ɕyŋ^{24}trer^{31}	妯娌dʒu^{24}li^{0}
临朐	叔伯兄弟ʃu^{213}pei^{0}ɕyŋ^{21}ti^{0}	表兄弟儿piɔ^{44}ɕyŋ^{13}tier^{21}	妯娌tʃu^{35}li^{0}
日照	叔伯兄弟ʃu^{213}pei^{0}ʃiəŋ^{31}ti^{0}	表兄弟piɔ^{44}ʃiəŋ^{213}ti^{31}	妯娌们tʃu^{44}lẽ^{0}mẽ^{0}"娌"有音变
莒南	叔伯兄弟ʃu^{213}pei^{0}ɕyŋ^{21}ti^{0} 叔兄弟ʃu^{13}ɕyŋ^{13}ti^{31}	表兄弟儿piɔ^{55}ɕyŋ^{13}trer^{31}	妯娌tʂu^{24}li^{0}
潍坊	叔伯兄弟ʂu^{214}pei^{0}ɕyŋ^{31}ti^{0}	表兄弟儿piɔɤ^{55}ɕyŋ^{24}tier^{31}	妯娌tʂu^{35}li^{0}
寿光	叔伯兄弟ʂu^{213}pei^{0}ɕyŋ^{13}ti^{21}	表兄弟piɔ^{55}ɕyŋ^{13}ti^{21}	妯娌tʂu^{35}li^{0}
高青	叔伯兄弟ʂu^{213}pei^{0}ɕyŋ^{213}ti^{41}	表兄弟piɔ^{55}ɕyŋ^{213}ti^{41}	妯娌tʂu^{35}li^{0}
阳信	叔伯兄弟ʂu^{213}pɛ^{43}ɕyŋ^{213}ti^{31}	表兄弟piɔ^{55}ɕyŋ^{213}ti^{31}	妯娌tʂou^{45}li^{0}
济阳	叔伯兄弟ʂu^{23}pɛ^{0}ɕyŋ^{21}ti^{0}	表兄弟piɔ^{55}ɕyŋ^{13}ti^{31}	妯娌tʂu^{24}li^{0}
利津	亲叔兄弟tɕʰiẽ^{213}ʂu^{0}ɕyŋ^{24}ti^{31}	表兄弟piɔ^{55}ɕyŋ^{24}ti^{31}	姊妹们tsɿ^{213}mei^{0}mẽ^{0}
乐陵	叔伯兄弟ʂu^{31}pɛ^{0}ɕyŋ^{24}ti^{51}	表兄弟piɔ^{55}ɕyŋ^{24}ti^{51}	妯娌tʂou^{55}li^{0}
商河	叔兄弟ʂu^{54}ɕyŋ^{24}ti^{31} 叔伯兄弟ʂu^{213}pɛ^{0}ɕyŋ^{24}ti^{31}	表兄弟piɔ^{54}ɕyŋ^{24}ti^{31}	妯娌tʂou^{24}li^{0}

续表

	0646 堂兄弟叙称，统称	0647 表兄弟叙称，统称	0648 妯娌弟兄妻子的合称
平原	叔伯兄弟 ʂu^{21}pɛi^{0}ɕyŋ^{23}ti^{0}	表兄弟 piɔu^{55}ɕyŋ^{0}ti^{21}	妯娌 tʂou^{55}li^{0}
德州	兄弟 ɕyŋ^{21}ti^{0}	表兄弟儿 piɔ^{55}ɕyŋ^{213}tier^{21}	妯娌 tʂou^{55}li^{0}
武城	叔伯兄弟 ʂu^{312}pɛ^{0}ɕyŋ^{24}ti^{0}	表兄弟 piɔ^{55}ɕyŋ^{24}ti^{312}	妯娌 tʂou^{55}li^{0}
临清	叔伯兄弟 ʂu^{13}pai^{13}ɕyŋ^{13}ti^{0}	表兄弟 piau^{44}ɕyŋ^{13}ti^{313}	妯娌 tʂou^{44}li^{0}
冠县	堂兄弟 tʰɑŋ^{53}ɕyŋ^{21}ti^{0}	表兄弟 piɔ^{53}ɕyŋ^{13}ti^{314}	妯娌 tʂu^{53}li^{0}
聊城	叔兄弟 su^{13}ɕyŋ^{13}ti^{313} 叔伯兄弟 su^{13}pɛ^{53}ɕyŋ^{13}ti^{0}	表兄弟 piɔ^{44}ɕyŋ^{13}ti^{313} 姑舅的儿子 姨兄弟 i^{53}ɕyŋ^{13}ti^{313} 姨的儿子	妯娌 tsu^{53}li^{0}
济南	叔兄弟儿 ʂu^{23}ɕyŋ^{23}tier^{21} 叔伯兄弟 ʂu^{21}pei^{0}ɕyŋ^{23}ti^{21}	表兄弟 piɔ^{55}ɕyŋ^{23}ti^{21}	妯娌 tʂu^{445}li^{0}
泰安	叔伯兄弟 ʂu^{21}pei^{0}ɕyŋ^{23}ti^{21}	表兄弟 piɔ^{55}ɕyŋ^{23}ti^{21}	妯娌 tʂu^{55}li^{0}
莱芜	堂兄弟 tʰɑŋ^{55}ɕyŋ^{213}ti^{42}	表兄弟 piɔ^{55}ɕyŋ^{213}ti^{42}	妯娌 tʃu^{13}li^{0}
新泰	叔伯兄弟 fu^{21}pei^{42}ɕyŋ^{21}ti^{0}	表兄弟 piɔ^{55}ɕyŋ^{23}ti^{31}	妯娌 pfu^{45}li^{0}
沂源	叔伯兄弟 ʃu^{21}pei^{0}ɕyŋ^{21}ti^{0}	表兄弟 piɔ^{55}ɕyŋ^{13}ti^{31}	妯娌 tʃu^{35}li^{0}
博山	叔伯兄弟 ʂu^{21}pei^{0}ɕyŋ^{21}ti^{0}	表兄弟 piɔ^{55}ɕyŋ^{213}ti^{31}	妯娌们 tʂu^{35}li^{0}mẽ^{0}
张店	叔伯兄弟 ʂu^{33}pei^{0}ɕyŋ^{213}ti^{31}	表兄弟 piɔ^{55}ɕyŋ^{213}ti^{31}	妯娌 tʂu^{35}li^{0}
阳谷	堂兄弟 tʰɑŋ^{42}suŋ^{13}ti^{313}	表兄弟 piɔ^{55}suŋ^{13}ti^{313}	妯娌 tsu^{55}li^{0}
梁山	叔伯兄弟 su^{21}pei^{0}ɕyŋ^{21}ti^{0}	表兄弟 piɔ^{55}ɕyŋ^{23}ti^{314}	妯娌 tsu^{55}li^{0}
菏泽	堂兄弟 tʰɑŋ^{53}ɕyŋ^{213}ti^{312}	表兄弟 piɔ^{44}ɕyŋ^{213}ti^{312}	妯娌 tsu^{53}li^{0}
曹县	堂兄弟 tʰɑŋ^{53}ɕyŋ^{213}ti^{0}	表兄弟 piɔ^{44}ɕyŋ^{213}ti^{0}	妯娌 tʂou^{53}li^{0}
金乡	叔伯兄弟 su^{21}pei^{0}ɕyŋ^{21}li^{0}	老表 lɔ^{42}piɔ^{55} 表兄弟 piɔ^{55}ɕyŋ^{23}ti^{312}	妯娌 tsu^{55}li^{0}
曲阜	叔伯兄弟 su^{21}pei^{0}ɕyŋ^{21}li^{0}	表兄弟儿 piɔ^{55}ɕyŋ^{23}tier^{312}	妯娌 tsu^{55}li^{0}
薛城	叔兄弟 fu^{31}ɕyŋ^{313}ti^{41} 同祖父 堂兄弟 tʰɑŋ^{55}ɕyŋ^{313}ti^{41} 同曾祖父	老表 lɔ^{55}piɔ^{24} 表兄弟 piɔ^{55}ɕyŋ^{313}ti^{41}	妯娌们 pfu^{54}li^{0}mẽ^{0}
郯城	叔兄弟 fu^{13}ɕyŋ^{21}ti^{51}/ʂu^{13}ɕyŋ^{21}ti^{51} 叔伯兄弟 fu^{21}pe^{51}ɕyŋ^{21}ti^{51}/ʂu^{21}pe^{51}ɕyŋ^{21}ti^{51}	老表 lɔ^{24}piɔ^{24} 表兄弟 piɔ^{24}ɕyŋ^{21}ti^{51}	妯娌 tʂu^{44}li^{0}
临沂	叔伯兄弟 ʃu^{21}pei^{0}ɕyŋ^{21}ti^{0}	表兄弟儿 piɔ^{55}ɕyŋ^{24}tier^{312}	妯娌 tʃu^{55}li^{0}

	0649 **连襟**姊妹丈夫的关系，叙称	0650 **儿子**叙称：我的～	0651 **儿媳妇**叙称：我的～
荣成	连襟 lian^{35}cin^{0}	儿郎 ər^{53}lə^{0} “郎”有音变	儿郎媳妇 ər^{53}lə^{0}si^{35}fu^{0} “郎”有音变
烟台	连襟 lian^{35}tɕin^{0}	儿郎 ər^{53}lɑŋ^{0}	媳妇子 ɕi^{21}fu^{33}ɾə^{0}
栖霞	连襟 liãn^{34}cĩn^{312}	儿 ər^{312}	儿媳妇 ər^{34}ʃɿ^{21}fu^{0}
长岛	连襟 lian^{52}cin^{0}	儿 ər^{55}	媳妇 ʃɿ^{35}fu^{0}
海阳	连襟 liã^{34}cĩ^{52}	儿 ər^{52}	儿媳妇 ər^{52}çi^{21}fu^{0}
莱西	连襟 liã^{31}ciẽ^{214}	儿 ər^{214} 儿子 ər^{214}tsɿ^{0}	儿媳妇儿 ər^{214}ʃɿ^{55}fer^{0} 儿媳 ər^{214}ʃɿ^{0}
平度	连襟 liã^{45}ciə̃^{0}	儿 er^{42} 儿子 er^{45}tθɿ^{0}	媳子 si^{45}tθɿ^{0} 儿媳 er^{213}si^{55} 儿媳妇儿 er^{213}si^{45}fur^{0}
青岛	连襟 liã^{45}tɕiẽ^{0}	儿 ɭə^{42}	儿媳妇儿 ɭə^{21}si^{44}fur^{0}
高密	连襟 liã^{55}tɕiə̃^{0} 连乔①儿 liã^{42}tɕʰiɔr^{42}	儿 ɭə^{42}	儿媳子 ɭə^{42}si^{23}tθɿ^{0} 儿媳妇儿 ɭə^{42}si^{23}fur^{0}
诸城	连襟 liã^{24}tʃẽ^{0} 割不断 ka^{213}pu^{0}tuã^{31}	儿 ɭə^{53}	儿媳子 ɭə^{53}θi^{213}tθɿ^{0}
沂水	两乔儿 liɑŋ^{213}tɕʰiɔr^{53}	儿 ɭə^{53}	儿媳妇儿 ɭə^{53}si^{213}fur^{0} 儿媳妇子 ɭə^{53}si^{213}fu^{0}dðɿ^{0}
临朐	连襟儿 liã^{35}kə̃r^{0} “襟”读为“庚” 一担挑儿 i^{44}tã^{21}tʰiɔr^{213}	儿 lə^{53}	儿媳妇儿 lə^{53}ɕi^{213}fur^{0}
日照	连襟 liã^{44}tʃiẽ^{0} 连乔儿 liã^{53}tʃʰiɔr^{53}	儿 ɭə^{53}	儿媳子 ɭə^{53}θi^{213}tθɿ^{0}
莒南	两乔儿 liɑŋ^{55}tɕʰiɔr^{53} 两搭乔儿 liɑŋ^{55}ta^{213}tɕʰiɔr^{53}	儿 ɭə^{53}	儿媳子 ɭə^{53}si^{21}tθɿ^{0}
潍坊	连襟儿 liã^{35}tɕier^{0}	儿 ɐr^{53}	儿媳妇儿 ɐr^{55}ɕi^{214}fur^{0}
寿光	连乔儿 liã^{35}tɕʰiɔr^{0} 一条绳儿 i^{213}tʰiɔ^{53}ʂɤr^{53} 一担挑儿 i^{13}tã^{21}tʰiɔr^{213}	儿 lə^{53}	儿媳妇儿 lə^{53}ɕi^{213}fur^{0}
高青	平拉 pʰiŋ^{55}lɑ^{213}	儿 ɭə^{55}	儿媳妇儿 ɭə^{55}ɕi^{213}fur^{0}

① “连襟”多地称“连乔”或“两乔”，一说为“桥”，双方共同通过妻家而结为亲戚；一说典出《三国演义》大小乔故事。待考。此统一写作“乔”。

续表

	0649 连襟姊妹丈夫的关系，叙称	**0650 儿子**叙称：我的～	**0651 儿媳妇**叙称：我的～
阳信	扯腿儿tʂʰə^{55}tʰuer^{55}	小儿ɕiɔr^{55} 儿ər^{43}	小儿家ɕiɔr^{213}tɕiə^{0} 儿媳妇儿ər^{55}ɕi^{31}fur^{0}
济阳	两乔儿liaŋ^{213}tɕʰiɔr^{0} 一担挑儿i^{55}tã^{31}tʰiɔr^{213} 两拽liaŋ^{13}tʂuɛ^{31}	儿ɭə^{55}	儿媳妇ɭə^{55}ɕi^{23}fu^{0}
利津	一条绳i^{24}tʰiɔ^{53}ʂəŋ^{53} 一拉杆儿i^{24}la^{213}kɛr^{55}	儿子lə^{35}tsɿ^{0}	儿媳妇儿lə^{53}ɕi^{24}fur^{0}
乐陵	连乔儿liã^{31}tɕʰiɔr^{55} 平拉pʰiŋ^{51}la^{24} 一担挑儿i^{24}tã^{51}tʰɔr^{24}	儿ər^{55}	儿媳妇儿ər^{55}ɕi^{31}fur^{0}
商河	撅一担tɕyə^{21}i^{24}tã^{0} 两乔儿liaŋ^{54}tɕʰiɔr^{54} 一担挑儿i^{24}tã^{31}tʰiɔr^{213}	儿ɭə^{54} 小子ɕiɔ^{213}tsɿ^{0}	儿媳妇儿ɭə^{24}ɕi^{213}fur^{0}
平原	两乔儿liaŋ^{212}tɕʰiɔur^{42}	儿ər^{42}	儿媳妇儿ər^{42}ɕi^{21}fər^{0}
德州	连襟儿liã^{55}tɕier^{0}	小子ɕiɔ^{213}tsɿ^{0} 儿ər^{42}	儿媳妇ər^{42}ɕi^{21}fu^{0}
武城	两乔儿liaŋ^{24}tɕʰiɔr^{53}	小子ɕiɔ^{24}tsɿ^{0}	儿媳妇儿ɭə^{53}ɕi^{312}fur^{0}
临清	两乔儿liaŋ^{44}tɕʰiaur^{53} 一担挑儿i^{44}tan^{31}tʰiaur^{13}	儿子ər^{44}tsɿ^{0} 小子ɕiau^{44}tsɿ^{0} 儿ɔr^{53}	儿媳妇ər^{53}ɕi^{44}fu^{0}
冠县	一担挑儿i^{44}tã^{31}tʰiɔr^{13} 一条杠i^{13}tʰiɔ^{53}kaŋ^{314} 两乔儿liaŋ^{53}tɕʰiɔr^{53}	儿子ər^{55}tsɿ^{0} 小儿siɔr^{55}	儿媳妇儿ər^{53}si^{55}fur^{0}
聊城	两乔儿liaŋ^{44}tɕʰiɔr^{53} 一担挑儿i^{44}tã^{31}tʰiɔr^{13}	小子ɕiɔ^{44}tsɿ^{0}	儿媳妇儿ər^{53}ɕi^{44}fur^{0}
济南	两乔儿liaŋ^{55}tɕʰiɔr^{42} 两拽liaŋ^{55}tʂuɛ^{21}	儿ər^{42}	儿媳妇ər^{42}ɕi^{21}fu^{0}
泰安	两乔liaŋ^{213}tɕʰiɔ^{42}	儿ər^{42}	儿媳妇儿ər^{42}ɕi^{21}fur^{0}
莱芜	两乔liaŋ^{213}tɕʰiɔ^{55}	儿子ɭə^{13}tsɿ^{0}	媳妇子ɕi^{31}fu^{0}tsɿ^{0}
新泰	两乔liaŋ^{23}tɕʰiɔ^{42}	儿ɭə^{42}	儿媳妇ɭə^{42}ɕi^{21}fu^{0}
沂源	两乔儿liaŋ^{55}tɕʰiɔr^{55}	儿ɭə^{55}	儿媳妇ɭə^{55}ɕi^{21}fu^{0}
博山	两乔子liaŋ^{55}tɕʰiɔ^{35}ə^{0}	儿ɭə^{55}	儿媳妇ɭə^{55}ɕi^{21}fu^{0}
张店	两乔liaŋ^{55}tɕʰiɔ^{55} 拉不平子la^{33}pu^{0}pʰiŋ^{35}ɿ^{0}	儿ɭə^{55}	媳妇子ɕi^{33}fu^{0}ɿ^{0}

续表

	0649 连襟姊妹丈夫的关系，叙称	0650 儿子叙称：我的～	0651 儿媳妇叙称：我的～
阳谷	两乔儿liaŋ^{55}tɕʰiɔr^{42}	儿ər^{42} 小儿ɕiɔr^{55}	儿媳妇ər^{42}ɕi^{55}fu^{0} 媳妇ɕi^{55}fu^{0}
梁山	两乔儿liaŋ^{42}tɕʰiɔr^{42}	儿ɭ^{42}	儿媳妇儿ɭ^{42}ɕi^{21}fur^{0}
菏泽	两乔儿liaŋ^{44}tɕʰiɔr^{53} 一根檩i^{213}kẽ^{213}liẽ^{44}	小儿ɕiɔr^{44}	儿媳妇儿ɭ^{53}ɕi^{21}fur^{0}
曹县	连襟liã^{53}tɕiẽ^{0}	儿子ɣər^{53}tsɿ^{0}	儿媳妇ɣər^{53}ɕi^{21}fu^{0}
金乡	两来拽liaŋ^{23}lɛ^{42}tsuɛ^{312}	儿ər^{42}	儿媳妇儿ər^{42}ɕi^{21}fur^{0}
曲阜	两乔儿liaŋ^{55}tɕʰiɔr^{42}	儿ər^{42}	儿媳妇儿ər^{42}ɕi^{21}fur^{0}
薛城	两乔儿liaŋ^{24}tɕʰiɔr^{55}	儿ɭə^{55}	儿媳妇ɭə^{55}ɕi^{31}fu^{0}
郯城	两乔儿liaŋ^{24}tɕʰiɔr^{44} 两连襟liaŋ^{24}liã^{44}tɕiə̃^{213}	儿ɭə^{44} 儿子ɭə^{44}tsɿ^{0}	儿媳子ɭə^{44}ɕi^{21}tsɿ^{0} 儿媳妇儿ɭə^{44}ɕi^{21}fur^{0}
临沂	两乔儿liaŋ^{55}tɕʰiɔr^{53} 连襟liã^{55}tɕiẽ^{0}	儿ɭə^{53} 儿子ɭə^{55}tsɿ^{0}	儿媳妇ɭə^{53}ɕi^{21}fu^{0}

	0652 女儿叙称：我的～	0653 女婿叙称：我的～	0654 孙子儿子之子
荣成	闺女kuei^{53}ni^{0} “女”读为“你”轻声	闺女女婿kuei^{53}ny^{0}ni^{214}sɿ^{0} “女婿”读为“你思（轻声）”	孙子sən^{53}tsɿ^{0}
烟台	闺女儿kuei^{53}ȵyər^{0}	女婿儿ȵy^{21}ɕyər^{33}	孙子sən^{53}ɾə^{0}
栖霞	闺女kuei^{52}ȵiŋ^{0} “女”读为“宁”轻声	女婿儿ȵy^{21}syər^{0}	孙子səŋ^{52}lə^{0}
长岛	闺女kuei^{31}ȵiŋ^{0} “女”读为“宁”轻声	女婿儿ȵy^{35}ʃuər^{0}	孙子sən^{31}tsɿ^{0}
海阳	闺女kuei^{52}ȵiŋ^{0} “女”读为“宁”轻声	女婿儿ȵy^{21}syər^{0}	孙子θẽ^{52}ə^{0}
莱西	闺女kuẽ^{214}ȵiŋ^{0}读为“棍（阴平）宁（轻声）”	女婿ȵy^{24}ʃy^{42}	孙子sẽ^{214}tsɿ^{0}
平度	闺女kuə̃^{213}ȵy^{0} “闺”读为“棍”阴平	女婿ȵy^{45}sy^{0}	孙子θə̃^{213}tθɿ^{0}
青岛	闺女kuẽ^{21}ȵy^{0} “闺”读为“棍”阴平	女婿ȵy^{44}sy^{0}	孙子θuẽ^{21}tθɿ^{0}
高密	闺女kuei^{21}ȵy^{0}	闺女女婿kuei^{21}ȵy^{0}ȵy^{23}sy^{0} 女婿ȵy^{23}sy^{0}	孙子θuə̃^{21}tθɿ^{0}
诸城	闺女kuẽ^{31}ȵy^{0} “闺”读为“棍”阴平	闺女女婿kuẽ^{31}ȵy^{0}ȵy^{213}θy^{0} “闺”读为“棍”阴平	孙子θuẽ^{31}tθɿ^{0}

续表

	0652女儿叙称：我的～	0653女婿叙称：我的～	0654孙子儿子之子
沂水	闺女kuẽ^{21}ny^{0} “闺”读为“棍”阴平	闺女婿kuẽ^{24}ny^{213}ɕy^{0} “闺”读为“棍”阴平	孙子θuẽ^{21}dðɿ^{0}
临朐	闺女kuei^{21}ȵy^{0}	闺女婿kuei^{21}ȵy^{213}ɕy^{0}	孙子儿θuə̃^{21}tθer^{0}
日照	闺女kuei^{31}ny^{0}	闺女婿kuei^{31}ny^{213}θy^{0}	孙子θuẽ^{31}tθɿ^{0}
莒南	闺女kuẽ^{21}ny^{0} “闺”读为“棍”阴平	闺女婿kuẽ^{21}ny^{0}ɕy^{31} “闺”读为“棍”阴平	孙子θuẽ^{21}tθɿ^{0}
潍坊	闺女kuei^{31}ȵy^{0}	女婿ȵy^{214}ɕy^{0}	孙子儿suẽ^{31}tser^{0}
寿光	闺女kuei^{21}ȵy^{0}	女婿ȵy^{24}ɕy^{0} 闺女女婿kuei^{21}ȵy^{0}ȵy^{24}ɕy^{0}	孙子suə̃^{21}tsɿ^{0}
高青	闺女kuei^{21}ȵy^{0}	女婿ȵy^{213}ɕy^{0}	孙子suə̃^{21}tsɿ^{0}
阳信	闺女kuə̃^{31}ȵy^{0} “闺”读为“棍”阴平	女婿ȵy^{213}ɕy^{0} 闺女女婿kuə̃^{31}ȵy^{0}ȵy^{213}ɕy^{0} “闺”读为“棍”阴平	孙子儿suə̃^{31}tser^{0}
济阳	闺女kuei^{21}ȵi^{0} “女”读为“你”轻声	闺女女婿kuei^{21}ȵi^{0}ȵy^{213}ɕy^{0} “闺女”的“女”读为“你”轻声 女婿ȵy^{21}ɕy^{0}	孙子儿suẽ^{21}tser^{0}
利津	闺女kuei^{31}ȵy^{0}	女婿ȵy^{213}ɕy^{0}	孙子suẽ^{31}tsɿ^{0}
乐陵	闺女kuei^{31}ȵi^{0} “女”读为“你”轻声	女婿ȵy^{212}ɕy^{0}	孙子儿suẽ^{31}tser^{0}
商河	闺女kuẽ^{21}ȵi^{0} “闺”读为“棍”阴平	女婿ȵy^{213}ɕy^{0}	孙子suẽ^{21}tsɿ^{0}
平原	闺女kuei^{21}ȵy^{0}	女婿ȵy^{23}ɕy^{0}	孙子儿suẽ^{21}tsər^{0}
德州	闺女kuei^{21}ȵy^{0}	女婿ȵy^{213}ɕy^{0} 姑爷ku^{213}iə^{0}	孙子儿suẽ^{21}tser^{0}
武城	闺女kuei^{312}ȵi^{0} “女”读为“你”轻声	姑爷ku^{24}iə^{0}	孙子儿suẽ^{312}tser^{0}
临清	闺女kun^{13}ȵy^{0} “闺”读为“棍”阴平	闺女女婿kun^{13}ȵy^{44}ȵy^{44}ɕy^{0} “闺”读为“棍”阴平 贵客kuei^{31}tɕ^{h}iə^{13}	孙子sun^{13}tsɿ^{0}
冠县	闺女kuei^{21}ȵi^{0} “女”读为“你”轻声 女儿ȵy^{55}ər^{53} 妮儿ȵier^{13}	女婿ȵy^{44}sy^{0} 闺女女婿kuei^{21}ȵi^{0}ȵy^{55}sy^{0}	孙子suẽ^{31}tsɿ^{0}
聊城	闺女kuei^{13}ȵy^{0}	闺女女婿kuei^{13}ȵy^{0}ȵy^{44}ɕy^{0} 贵客kuei^{31}k^{h}ə^{313}	孙子儿suẽ^{13}tser^{0}

续表

	0652 女儿叙称：我的～	0653 女婿叙称：我的～	0654 孙子儿子之子
济南	闺女kuẽ^{21}ȵi^{0}读为“棍（阴平）你（轻声）”	闺女女婿kuẽ^{21}ȵy^{0}ȵy^{213}ɕy^{0} “闺”读为“棍”阴平 女婿ȵy^{213}ɕy^{0}	孙子儿suẽ^{21}tser^{0}
泰安	闺女kuei^{21}ȵy^{0}	贵客kuei^{21}kʰei^{213} 客kʰei^{213}	孙子儿suẽ^{21}tser^{0}
莱芜	闺女kuei^{31}ȵy^{0}	女婿ȵy^{213}ɕy^{0}	孙子儿suẽ^{31}tsuei^{0} “子”读为“嘴”轻声
新泰	闺女kuẽ^{21}ȵy^{0} “闺”读为“棍”阴平	女婿ȵy^{213}ɕy^{0}	孙子儿θuẽ^{21}tθuɤr^{0} “子儿”读为“嘴儿”轻声
沂源	闺女kuei^{21}ȵy^{0}	闺女婿kuei^{21}ȵy^{21}ɕy^{0}	孙子儿θuə̃^{21}tθer^{0}
博山	闺女kuẽ^{21}ȵy^{0} “闺”读为“棍”阴平	女婿ȵy^{213}ɕy^{0}	孙子suẽ^{21}ə^{0}
张店	闺女kuei^{21}ȵy^{0}	客kʰei^{33} 闺女女婿kuei^{21}ȵy^{0}ȵy^{213}ɕy^{0}	孙子suə̃^{21}ɿ^{0}
阳谷	闺女kuei^{31}ȵy^{0} 妮儿ȵiɤr^{213}	闺女女婿kuei^{31}ȵy^{0}ȵy^{13}ɕy^{0} 女婿ȵy^{13}ɕy^{0}	孙子儿suẽ^{31}tɤr^{55}
梁山	妮儿ȵier^{213} 闺女kuei^{21}ȵy^{0}	客儿kʰer^{213} 闺女女婿kuei^{21}ȵy^{0}ȵy^{23}ɕy^{0}	孙子儿ɕyẽ^{21}tser^{0}
菏泽	妮儿ȵier^{213} 闺女kuei^{21}ȵy^{0}	客kʰei^{213}	孙儿suer^{213}
曹县	闺女kuei^{21}ȵy^{44}	客kʰei^{213}	孙儿suər^{213}
金乡	闺女kuei^{21}ȵy^{0}	闺女女婿kuei^{21}ȵy^{0}ȵy^{23}ɕy^{0}	孙子儿suẽ^{21}tser^{0}
曲阜	闺女kuei^{21}ȵy^{0}	闺女女婿kuei^{21}ȵy^{0}ȵy^{213}ɕy^{0}	孙子儿suẽ^{21}tser^{0}
薛城	闺女kue^{31}ȵy^{0}	客kʰe^{313} 女婿ȵy^{24}ɕy^{0}	孙子ɕyẽ^{31}tsɿ^{0} 里孙li^{55}ɕyẽ^{0}
郯城	闺女kuə̃^{21}ȵy^{0} “闺”读为“棍”阴平 女儿ȵy^{24}ɭə^{0}	闺［女］女婿kuə̃^{21}ȵy^{24}ɕy^{0} “闺”读为“棍”阴平 贵客kue^{51}kʰe^{213}	孙子suə̃^{21}tsɿ^{0}
临沂	闺女kuẽ^{21}ȵy^{0} “闺”读为“棍”阴平	贵客kuei^{31}kʰei^{214} 闺［女］女婿kuẽ^{214}ȵy^{21}ɕy^{0} “闺”读为“棍”阴平	孙子suẽ^{21}tsɿ^{0}

	0655 重孙子儿子之孙	0656 侄子弟兄之子	0657 外甥姐妹之子
荣成	重孙子tʂʰuŋ^{35}sən^{53}tsɿ^{0}	侄儿tʃər^{35}	外甥uai^{33}ʂəŋ^{0}
烟台	重孙子tsʰuŋ^{35}sən^{53}ɾə^{0}	侄儿tɕiər^{33}	外甥uɛ^{33}səŋ^{0}

续表

	0655 **重孙子**儿子之孙	0656 **侄子**弟兄之子	0657 **外甥**姐妹之子
栖霞	重孙子tsʰuŋ^{34}səŋ^{52}lə^{0}	侄儿tʃiər^{342}	外甥uɛi^{34}səŋ^{0}
长岛	重孙子tsʰuŋ^{55}sən^{31}tsɿ^{0}	侄儿tʃər^{55}	外甥uai^{52}səŋ^{0}
海阳	重孙子tʂʰuŋ^{34}θẽ^{52}ə^{0}	侄儿tsɿ^{34}ər^{0}	外甥uɛ^{34}ʂəŋ^{0}
莱西	重孙子tsʰoŋ^{45}sẽ^{0}tsɿ^{0}	侄儿tʃiər^{42}	外甥uɛ^{45}səŋ^{0}
平度	重孙子tʂʰuŋ^{45}θə̃^{0}tθɿ^{0}	侄儿tʂer^{42}	外甥uɛ^{45}ʂəŋ^{0}
青岛	重孙子tʂʰoŋ^{45}θuẽ^{0}tθɿ^{0}	侄儿tʂer^{42}	外甥uɛ^{45}ʂoŋ^{0}
高密	重孙子tʂʰoŋ^{55}θuə̃^{21}tθɿ^{0}	侄儿tʂer^{42}	外甥uɛ^{42}ʂoŋ^{0}
诸城	重孙子tʃʰəŋ^{24}θuẽ^{0}tθɿ^{0}	侄儿tʃer^{53}	外甥uɛ^{44}ʂəŋ^{0}
沂水	重孙子tʂʰuŋ^{24}θuẽ^{0}dðɿ^{0}	侄子dʒɿ^{24}dðɿ^{0} 侄儿dʒer^{53}	外甥uɛ^{44}ʂəŋ^{0} 外甥儿uɛ^{44}ʂɬẽr^{0}
临朐	重孙子儿tʂʰuŋ^{35}θuə̃^{0}tθer^{0}	侄儿tʃer^{53}	外甥uei^{44}ʂəŋ^{0}
日照	重孙子tʂʰəŋ^{44}θuẽ^{0}tθɿ^{0}	侄儿tʃier^{53}	外甥uɛ^{53}ʂəŋ^{0}
莒南	重孙子tʂʰuŋ^{24}θuẽ^{0}tθɿ^{0}	侄儿tʃɾer^{53}	外甥uɛ^{42}ʂəŋ^{0}
潍坊	重孙子儿tʂʰoŋ^{35}ʂuẽ^{0}tser^{0}	侄儿tʂer^{53}	外甥uei^{55}ʂəŋ^{0}
寿光	重孙子tʂʰuŋ^{35}suə̃^{0}tsɿ^{0}	侄儿tʂʅ^{53}	外甥uei^{55}ʂəŋ^{0}
高青	重孙子tʂʰuŋ^{35}suə̃^{0}tsɿ^{0}	侄子tʂʅ^{35}tsɿ^{0}	外甥uɛ^{55}ʂəŋ^{0}
阳信	重孙子儿tʂʰuŋ^{45}suə̃^{0}tser^{0}	侄子tʂʅ^{45}tsɿ^{0} 侄儿tʂer^{43}	外甥uɛ^{55}ʂəŋ^{0}
济阳	重孙子儿tʂʰuŋ^{24}suẽ^{0}tser^{0}	侄儿tʂer^{55}	外甥uɛ^{55}ʂəŋ^{0}
利津	重孙子儿tʂʰuŋ^{35}suẽ^{0}tser^{0}	侄儿tʂer^{53}	外甥uɛ^{55}ʂəŋ^{0}
乐陵	重孙子儿tʂʰuŋ^{55}suẽ^{31}tser^{0}	侄儿tser^{55}	外甥uɛ^{55}səŋ^{0}
商河	重孙子tʂʰuŋ^{24}suẽ^{0}tsɿ^{0}	侄儿tʂer^{54} 侄子tʂʅ^{24}tsɿ^{0}	外甥uɛ^{54}səŋ^{0}
平原	重孙子儿tʂʰuŋ^{23}suẽ^{21}tsər^{0}	侄儿tʂər^{42}	外甥uɛi^{42}səŋ^{0}
德州	重孙子儿tʂʰuŋ^{42}suẽ^{21}tser^{0}	侄儿tʂer^{42}	外甥uɛ^{42}ʂəŋ^{0}
武城	重孙子儿tʂʰuŋ^{55}suẽ^{0}tser^{0}	侄儿tʂer^{53}	外甥uɛ^{53}ʂəŋ^{0}
临清	重孙子tʂʰuŋ^{53}sun^{13}tsɿ^{0}	侄儿tʂer^{53}	外甥uai^{53}ʂəŋ^{0}
冠县	重孙子tʂʰuŋ^{53}suẽ^{21}tsɿ^{0}	侄儿tʂer^{53}	外甥儿uɛ^{53}ʂər^{0}
聊城	重孙子儿tsʰuŋ^{53}suẽ^{13}tser^{0}	侄儿tser^{53}	外甥uɛ^{53}səŋ^{0}

续表

	0655 重孙子儿子之孙	0656 侄子弟兄之子	0657 外甥姐妹之子
济南	重孙子 tʂʰuŋ^{445}suẽ^{0}tsɿ^{0}	侄儿 tʂer^{42} 侄子 tʂʅ^{445}tsɿ^{0}	外甥 uɛ^{55}ʂəŋ^{0}
泰安	重孙子儿 tʂʰuŋ^{42}suẽ^{21}tser^{0}	侄儿 tʂer^{42}	外甥 uɛ^{42}ʂəŋ^{0}
莱芜	重孙子 tʃʰuŋ^{13}suẽ^{0}tsuei^{0}	侄子 tʃʅ^{13}tsɿ^{0}	外甥 uɛ^{42}ʃəŋ^{0}
新泰	重孙儿 tʃʰuŋ^{45}θuɤr^{0}	侄儿 tʃɤr^{42}	外甥 uɛ^{42}ʃəŋ^{0}
沂源	重孙子儿 tʃʰuŋ^{35}θuã^{0}tθer^{0}	侄子 tʃʅ^{35}tθɿ^{0}	外甥 uɛ^{55}ʃəŋ^{0}
博山	重孙 tʂʰuŋ^{35}suẽ^{0}	侄儿 tʂei^{55}	外甥 uɛ^{55}ʂəŋ^{0}
张店	重孙子 tʂʰuŋ^{35}suã^{0}ɿ^{0}	侄儿 tʂei^{55} 侄 tʂʅ^{55}	外甥 uɛ^{55}ʂəŋ^{0}
阳谷	重孙子儿 tsʰuŋ^{42}suẽ^{31}tɤr^{55}	侄儿 tsɤr^{42}	外甥儿 uɛ^{42}ʂər^{0}
梁山	重孙子 tɕʰyŋ^{42}ɕyẽ^{21}tʂer^{0} “重”读为“穷”	侄儿 tʂer^{42}	外甥儿 uɛ^{42}ʂə̃r^{0}
菏泽	重孙子儿 tsʰuŋ^{53}suẽ^{21}tser^{0}	侄儿 tser^{53}	外甥 uɛ^{31}səŋ^{0}
曹县	重孙儿 tsʰuŋ^{53}suər^{213}	侄儿 tʂɤr^{53}	外甥 uai^{31}səŋ^{213}
金乡	重孙子 tɕʰyŋ^{42}suẽ^{21}tsɿ^{0} “重”读为“穷”	侄儿 tʂer^{42}	外甥儿 uɛ^{42}ʂə̃r^{0}
曲阜	重孙子儿 tɕʰyŋ^{42}suẽ^{21}tser^{0} “重”读为“穷”	侄儿 tser^{42}	外甥儿 uɛ^{42}sər^{0}
薛城	重孙子 pfʰəŋ^{55}ɕyẽ^{31}tsɿ^{0} 重孙儿 pfʰəŋ^{55}ɕyer^{313}	侄儿 tser^{55}	外甥 uɛ^{41}səŋ^{0}
郯城	重孙子 tʂʰuŋ^{44}suã^{21}tsɿ^{0} 重孙儿 tʂʰuŋ^{44}suer^{213}	侄儿 tʂer^{44} 侄子 tʂʅ^{44}tsɿ^{0}	外甥 uɛ^{51}ʂəŋ^{0}
临沂	重孙子 tʃʰuŋ^{53}suẽ^{21}tsɿ^{0}	侄儿 tʃer^{53} 侄子 tʃʅ^{55}tsɿ^{0}	外甥 uɛ^{31}ʃəŋ^{0}

	0658 外孙女儿之子	0659 夫妻合称	0660 丈夫叙称，最通用的，非贬称：她的～
荣成	外甥 uai^{33}ʂəŋ^{0}	两口子 liaŋ^{55}kʰəu^{214}tsɿ^{0}	汉子 xan^{33}tsɿ^{0} 男人 nan^{35}in^{53}
烟台	外甥 uɛ^{33}səŋ^{0}	两口子 liaŋ^{33}kʰou^{21}rə^{0}	男人 nan^{33}in^{0} 汉子 xan^{33}rə^{0}
栖霞	外甥 uɛi^{34}səŋ^{0}	两口 liaŋ^{55}kʰəu^{214}	男人 nãn^{34}ĩn^{0}
长岛	外孙儿 uai^{52}sər^{31}	两口子 liaŋ^{52}kʰou^{35}tsɿ^{0}	男人 nan^{55}in^{0}

续表

	0658 **外孙**女儿之子	0659 **夫妻**合称	0660 **丈夫**叙称，最通用的，非贬称：她的～
海阳	外甥uɛ^{34}ʂəŋ^{0}	两口子liaŋ^{34}k^{h}əu^{21}ə^{0}	汉子xã^{34}ə^{0}
莱西	外甥uɛ^{45}səŋ^{0}	两口子liaŋ^{42}k^{h}ou^{45}tsɿ^{0} 老婆汉子lɔ^{45}p^{h}ə^{0}xã^{42}tsɿ^{0}	男人nã^{45}iẽ^{0} 汉子xã^{42}tsɿ^{0} 女婿ȵy^{24}ʃy^{42}
平度	外甥uɛ^{45}ʂəŋ^{0}	两口子liaŋ^{45}k^{h}ou^{0}tθɿ^{0}	男人nã^{42}iə̃^{0} 汉子xã^{42}tθɿ^{0} 女婿ȵy^{45}sy^{0}
青岛	外甥uɛ^{45}ʂoŋ^{0}	两口子liaŋ^{55}k^{h}ou^{55}tθɿ^{0} 老婆汉子lɔ^{55}p^{h}ə^{0}xã^{42}tθɿ^{0}	男人nã^{42}iẽ^{0} 汉子xã^{42}tθɿ^{0} 掌柜的tʃaŋ^{55}kuei^{45}ti^{0}
高密	外甥uɛ^{42}ʂoŋ^{0} 外孙uɛ^{21}θuə̃^{213}	两口子liaŋ^{42}k^{h}ou^{23}tθɿ^{0}	男的nã^{55}ti^{0} 掌柜的tʃaŋ^{213}kuei^{42}ti^{0} 老头儿lɔ^{213}tour^{42}
诸城	外甥uɛ^{44}ʂəŋ^{0}	两口子liaŋ^{44}k^{h}ou^{213}tθɿ^{0}	男人nã^{53}iẽ^{0}
沂水	外甥儿uɛ^{44}ʂɬẽr^{0}	两口子liaŋ^{44}k^{h}ou^{213}dðɿ^{0}	男人nã^{53}iẽ^{0}
临朐	外甥uei^{44}ʂəŋ^{0}	两口子liaŋ^{44}k^{h}əu^{213}tθɿ^{0}	男人nã^{35}ʐə̃^{0}
日照	外甥uɛ^{53}ʂəŋ^{0}	两口子liaŋ^{44}k^{h}ou^{213}tθɿ^{0}	当家的taŋ^{213}tʃia^{31}ti^{0} 外头儿uɛ^{53}t^{h}our^{0}
莒南	重外甥tʂ^{h}uŋ^{53}uɛ^{42}ʂəŋ^{0}	两口子liaŋ^{55}k^{h}ou^{213}tθɿ^{0} 公母俩ku^{21}mu^{0}lia^{55} “公”读为“姑”	男人nã^{53}iẽ^{0}
潍坊	外甥uei^{55}ʂəŋ^{0}	两口子liaŋ^{55}k^{h}ɤɯ^{24}tsɿ^{0} 老婆汉子lɔɤ^{24}p^{h}ə^{0}xã^{55}tsɿ^{0}	男人nã^{53}ʐẽ^{53} 汉子xã^{55}tsɿ^{0}
寿光	外甥uei^{55}ʂəŋ^{0} 外甥孙子uei^{55}ʂəŋ^{0}suə̃^{21}tsɿ^{0}	两口子liaŋ^{55}k^{h}əu^{24}tsɿ^{0}	男的nã^{35}ti^{0} 男人nã^{53}lə̃^{53}
高青	外甥uɛ^{55}ʂəŋ^{0}	两口子liaŋ^{55}k^{h}ou^{213}tsɿ^{0}	男人nã^{55}ʐə̃^{0}
阳信	外甥uɛ^{55}ʂəŋ^{0}	两口子liaŋ^{55}k^{h}ou^{213}tsɿ^{0}	爷们儿iə^{45}mer^{0} 掌柜的tʂaŋ^{55}kuei^{55}ti^{0} 家里tɕia^{31}li^{0}
济阳	外甥uɛ^{55}ʂəŋ^{0} 外户子uɛ^{55}xu^{0}tsɿ^{0}	两口子liaŋ^{55}k^{h}ou^{213}tsɿ^{0}	掌柜的tʂaŋ^{21}kuei^{55}ti^{0} 当家的taŋ^{13}tɕia^{21}ti^{0}
利津	外甥uɛ^{55}ʂəŋ^{0}	两口子liaŋ^{55}k^{h}ou^{213}tsɿ^{0}	男人nã^{53}ʐẽ^{53} 当家的taŋ^{24}tɕia^{31}ti^{0}
乐陵	外甥uɛ^{55}səŋ^{0}	两口子liaŋ^{51}k^{h}ou^{212}tsɿ^{0}	爷们儿iə^{55}mer^{0}

续表

	0658 外孙女儿之子	0659 夫妻合称	0660 丈夫叙称，最通用的，非贬称：她的～
商河	外甥 $uɛ^{54}səŋ^{0}$	两口子 $liaŋ^{54}k^{h}ou^{213}tsɿ^{0}$ 公母俩 $kuŋ^{21}mu^{0}lia^{0}$	爷们儿 $iə^{24}mer^{0}$ 她屋里的 $t^{h}ɑ^{54}u^{21}li^{0}ti^{0}$
平原	外甥 $uɛi^{42}səŋ^{0}$	两口子 $liaŋ^{42}k^{h}ou^{23}tsɿ^{0}$	爷们儿 $iə^{55}mər^{0}$
德州	外甥 $uɛ^{42}ʂəŋ^{0}$	两口子 $liaŋ^{55}k^{h}ou^{213}tsɿ^{0}$ 公母俩 $kuŋ^{21}mu^{0}lia^{55}$	老头子 $lɔ^{55}t^{h}ou^{55}tsɿ^{0}$
武城	外甥 $uɛ^{53}ʂəŋ^{0}$	两口子 $liaŋ^{53}k^{h}ou^{24}tsɿ^{0}$	俺男的 $ŋã^{55}nã^{55}ti^{0}$ 以第一人称为例，下同 俺男人 $ŋã^{55}nã^{53}lẽ^{53}$
临清	外甥 $uai^{53}ʂəŋ^{0}$	两口子 $liaŋ^{53}k^{h}ou^{44}tsɿ^{0}$	男人 $nan^{53}ʐen^{0}$
冠县	外孙儿 $uɛ^{31}suer^{13}$	两口子 $liaŋ^{53}k^{h}ou^{44}tsɿ^{0}$	男的 $nã^{55}ti^{0}$
聊城	外甥 $uɛ^{53}səŋ^{0}$	两口子 $liaŋ^{53}k^{h}ou^{13}tsɿ^{0}$	对象 $tuei^{13}ɕiaŋ^{313}$ 男人 $nã^{53}zẽ^{0}$
济南	外甥 $uɛ^{55}ʂəŋ^{0}$ 外户子 $uɛ^{55}xu^{0}tsɿ^{0}$	公母俩 $ku^{21}mu^{0}lia^{0}$ “公”读为“姑”	男的 $nã^{445}ti^{0}$ 男人 $nã^{42}ʐẽ^{0}$
泰安	外甥 $uɛ^{42}ʂəŋ^{0}$	两口子 $liaŋ^{42}k^{h}ou^{213}tsɿ^{0}$ 公母俩 $kuŋ^{21}mu^{0}lia^{55}$	男的 $nã^{55}ti^{0}$ 男人 $nã^{42}ʐẽ^{0}$
莱芜	外孙 $uɛ^{31}suẽ^{213}$	两口子 $liaŋ^{55}k^{h}ou^{213}tsɿ^{0}$	男人 $nã^{55}ʒẽ^{0}$
新泰	外甥 $uɛ^{42}ʃəŋ^{0}$	两口子 $liaŋ^{55}k^{h}ou^{213}tθɿ^{0}$	男的 $nã^{45}ti^{0}$
沂源	外甥 $uɛ^{55}ʃəŋ^{0}$	两口子 $liaŋ^{55}k^{h}ou^{21}tθɿ^{0}$	男人 $nã^{35}iə̃^{0}$
博山	外甥 $uɛ^{55}ʂəŋ^{0}$	两口子 $liaŋ^{55}k^{h}əu^{21}ə^{0}$	男人 $nã^{55}lẽ^{0}$
张店	外甥 $uɛ^{55}ʂəŋ^{0}$	两口子 $liaŋ^{55}k^{h}ou^{213}ɿ^{0}$	男人 $nã^{55}ʐə̃^{55}$ 当家的 $taŋ^{213}tɕia^{21}ti^{0}$ 掌柜的 $tʂaŋ^{55}kuei^{55}ti^{0}$
阳谷	外孙儿 $uɛ^{42}ʂər^{0}$	两口子 $liaŋ^{42}k^{h}ou^{13}zɿ^{0}$	男的 $nã^{55}li^{0}$ 男人 $nã^{42}zẽ^{0}$ 外头人儿 $uɛ^{42}t^{h}ou^{0}ʐɤr^{0}$
梁山	外甥儿 $uɛ^{42}ʂə̃r^{0}$	两口子 $liaŋ^{42}k^{h}ou^{23}tsɿ^{0}$	男人 $nã^{42}zẽ^{42}$
菏泽	外甥 $uɛ^{31}səŋ^{0}$	两口子 $liaŋ^{53}k^{h}ou^{44}tə^{0}$	男人 $nã^{53}zẽ^{0}$
曹县	外甥 $uai^{53}səŋ^{0}$	两口子 $liaŋ^{53}k^{h}ou^{44}tə^{0}$	男人 $nã^{53}zẽ^{0}$ 丈夫 $tʂaŋ^{53}fu^{0}$ 当家的 $taŋ^{213}tɕia^{21}lei^{0}$

续表

	0658外孙女儿之子	**0659夫妻**合称	**0660丈夫**叙称，最通用的，非贬称：她的～
金乡	外甥儿uɛ^{42}ʂə̃r^{0}	公母俩kuŋ^{21}mei^{0}lia^{55} “母”读为“美”轻声 两口子liɑŋ^{42}kʰou^{23}tsɿ^{0}	男的nã^{55}li^{0} 当家儿的tɑŋ^{23}tɕiar^{21}li^{0}
曲阜	外甥儿uɛ^{42}sər^{0}	公母俩ku^{21}mẽ^{0}lia^{55} “公母”读为“姑们” 两口子liɑŋ^{42}kʰou^{213}tsɿ^{0}	男的nã^{55}li^{0} 当家儿的tɑŋ^{213}tɕiar^{21}li^{0}
薛城	外孙子uɛ^{41}ɕyẽ^{31}tsɿ^{0} 外孙儿uɛ^{41}ɕyer^{313}	公母俩kuŋ^{31}mu^{0}lia^{24} 两口子liɑŋ^{55}kʰou^{24}tsɿ^{0}	男人nã^{55}zẽ^{0} 当家的tɑŋ^{23}tɕia^{31}ti^{0}
郯城	外孙子uɛ^{51}suã^{21}tsɿ^{0}	公公俩kuŋ^{21}kuŋ^{0}lia^{24} 老公俩lɔ^{24}kuŋ^{21}lia^{24} 两口子liɑŋ^{24}kʰəu^{24}tsɿ^{0}	外人儿uɛ^{51}ʐer^{44} 外头人儿uɛ^{51}tʰəu^{0}ʐer^{44} 男人nã^{44}ʐə̃^{0}
临沂	外甥uɛ^{31}ʃəŋ^{0}	两口子liɑŋ^{55}kʰou^{214}tsɿ^{0}	男的nã^{55}ti^{0} 男人nã^{55}ʐẽ^{0}

	0661妻子叙称，最通用的，非贬称：他的～	**0662名字**	**0663绰号**
荣成	老婆lau^{214}pʰə^{0}指年龄大的 媳妇si^{35}fu^{0}指年龄小的	名儿miə̃r^{53}	外号儿uai^{33}xaur^{33}
烟台	老婆lau^{21}pʰo^{0}	名儿miə̃r^{33}	外号儿uɛ^{53}xaur^{33}
栖霞	老婆lɔo^{21}pʰə^{0}	名儿miə̃r^{312}	外名儿uɛi^{34}miə̃r^{312}
长岛	老婆lau^{35}pʰə^{0}	名儿miə̃r^{55}	外号儿uai^{52}xaur^{52}
海阳	老婆lɔ^{21}pʰə^{0}	名儿miə̃r^{52}	外号儿uɛ^{52}xɔr^{341}
莱西	老婆lɔ^{24}pʰə^{0} 媳妇儿ʃɿ^{214}fer^{0} 妻子tʃʰɿ^{21}tsɿ^{0}	名儿miə̃r^{214}	外名儿uɛ^{45}miə̃r^{0} 外号儿uɛ^{42}xɔr^{42}
平度	老婆lɔ^{45}pʰə^{0} 媳妇si^{45}fu^{0} 爱人ɛ^{213}iə̃^{42}	名儿miə̃r^{42}	外号儿uɛ^{213}xɔr^{42} 外名uɛ^{45}miŋ^{0}
青岛	老婆lɔ^{44}pʰə^{0} 家里的tɕiɑ^{213}li^{0}ti^{0}	名儿miə̃r^{42}	外号儿uɛ^{213}xɔr^{42}
高密	老婆lɔ^{23}pʰə^{0} 家里tɕiɑ^{21}lɛ^{0} 媳妇儿si^{23}fur^{0}	名儿miə̃r^{42}	外号儿uɛ^{23}xɔr^{21} 诨名字xu^{21}mioŋ^{0}tθɿ^{0} “诨”读为“乎” 外名儿uɛ^{42}miə̃r^{0}

续表

	0661 妻子叙称，最通用的，非贬称：他的～	0662 名字	0663 绰号
诸城	老婆lɔ^{213}pʰə^{0} 家里tʃa^{31}lə^{0}	名儿mə̃r^{53} 大号儿ta^{31}xɔr^{31}	鬼名字kuei^{213}miəŋ^{0}tθɿ^{0}
沂水	老婆lɔ^{213}pʰə^{0} 娘们儿niɑŋ^{24}mer^{0}	名儿miə̃r^{53}	外号儿uɛ^{31}xɔr^{31} 诨名字xuẽ^{44}miŋ^{0}dðɿ^{0}
临朐	老婆lɔ^{213}pʰə^{0}	名儿miə̃r^{53}	外名儿uɛ^{44}miə̃r^{0}
日照	媳子θi^{213}tθɿ^{0} 屋里的u^{23}li^{213}ti^{0}	名儿miə̃r^{53}	诨名字xuẽ^{53}miəŋ^{0}tθɿ^{0}
莒南	老婆lɔ^{213}pʰə^{0} 媳子si^{21}tθɿ^{0}	名儿mɾə̃r^{53}	外号儿uɛ^{13}xɔr^{31}
潍坊	老婆lɔɤ^{24}pʰə^{0} 家里tɕiɑ^{31}ȵi^{0} 媳妇儿ɕi^{214}fur^{0}	名儿miẽr^{53}	外名儿uɛ^{55}miẽr^{0} 外号儿uɛ^{55}xɔr^{0}
寿光	老婆lɔ^{24}pʰə^{0} 媳妇儿ɕi^{213}fur^{0} 家里tɕiɑ^{21}ȵi^{0}	名儿miɤr^{53} 大号儿ta^{13}xɔr^{21}学名 小名儿ɕiɔ^{24}miɤr^{0}乳名	外名儿uɛ^{55}miɤr^{0}
高青	媳妇儿ɕi^{213}fur^{0} 老婆lɔ^{213}pʰə^{0}	名儿miə̃r^{55}	外号儿uɛ^{41}xɔr^{41}
阳信	娘们儿ȵiɑŋ^{45}mer^{0} 家里tɕiɑ^{31}li^{0} 烧火的ʂɔ^{213}xuə^{213}ti^{0}	名儿miər^{43}	外号儿uɛ^{23}xɔr^{31}
济阳	家里tɕiɑ^{21}ȵi^{0} 媳妇ɕi^{23}fu^{0} 内当家的nei^{31}tɑŋ^{13}tɕiɑ^{21}ti^{0}	名儿miər^{55} 名字miŋ^{24}tsɿ^{0}	外号儿uɛ^{31}xɔr^{31}
利津	老婆lɔ^{213}pʰə^{0} 媳妇儿ɕi^{24}fur^{0}	名儿miər^{53}	外号儿uɛ^{24}xɔr^{31}
乐陵	娘们儿ȵiɑŋ^{55}mer^{0}	名儿miər^{55}	外号儿uɛ^{24}xɔr^{51}
商河	娘们儿ȵiɑŋ^{24}mer^{0} 他屋里的tʰɑ^{54}u^{21}li^{0}ti^{0}	名儿miər^{54} 大号tɑ^{24}xɔ^{31}	外号uɛ^{24}xɔ^{31}
平原	俺家的ŋã^{55}tɕiɑ^{21}ti^{0}以人称代词加“家的”代指（此处以“俺”为例）	名儿miᴇr^{42}	外号儿uɛi^{23}xɔur^{21}
德州	家里tɕiɑ^{21}li^{0}	名儿miər^{42} 大号tɑ^{213}xɔ^{21}	外号儿uɛ^{213}xɔr^{21}

续表

	0661 妻子叙称，最通用的，非贬称：他的～	0662 名字	0663 绰号
武城	俺那口子ŋã^{55}na^{21}kʰou^{24}tsɿ^{0} 以人称代词加“口子”代指（此处以“俺”为例） 俺那娘们儿ŋã^{55}na^{21}ȵiɑŋ^{55}mer^{0} 以人称代词加“那娘们儿”代指（此处以“俺”为例）	名儿miər^{53}	外号儿uɛ^{24}xɔr^{312}
临清	媳妇ɕi^{44}fu^{0}	名儿miər^{53}	外号儿uai^{13}xaur^{313} 绰号儿tʂʰuə^{13}xaur^{313}
冠县	家里的tɕia^{21}li^{0}tə^{0} 媳妇儿si^{55}fur^{0}	名儿miər^{53}	外号uɛ^{24}xɔ^{314}
聊城	家属tɕia^{13}su^{44} 家里的tɕia^{13}li^{0}ti^{0} 媳妇ɕi^{44}fu^{0}	名儿miər^{53}	外号儿uɛ^{31}xɔr^{313}
济南	老婆lɔ^{213}pʰə^{0} 媳妇儿ɕi^{21}fur^{0}	名miŋ^{42} 大号ta^{23}xɔ^{21}	外号儿uɛ^{23}xɔr^{21}
泰安	媳妇儿ɕi^{21}fur^{0} 老婆lɔ^{213}pʰə^{0}	名儿miə̃r^{42}	外号儿uɛ^{21}xɔr^{21}
莱芜	老婆lɔ^{213}pʰə^{0}	名字miŋ^{13}tsɿ^{0}	诨名字xuẽ^{13}miŋ^{0}tsɿ^{0}
新泰	媳妇子ɕi^{21}fu^{0}tθɿ^{0}	名miŋ^{42}	诨名字xuẽ^{45}miŋ^{0}tθɿ^{0}
沂源	老婆lɔ^{21}pʰə^{0}	名儿miə̃r^{55}	坏名字xuɛ^{55}miŋ^{0}tθɿ^{0}
博山	俺家里ŋã^{55}tɕiɑ^{21}ə^{0} 家属tɕiɑ^{213}ʂu^{55}	名miŋ^{55}	外号uɛ^{31}xɔ^{31}
张店	老婆lɔ^{213}pʰə^{0} 媳妇ɕi^{33}fu^{0}	名miŋ^{55}	外号uɛ^{31}xɔ^{31}
阳谷	媳妇ɕi^{55}fu^{0} 某某家mu^{42}mu^{13}tɕia^{0} 以其丈夫名字加“家”代指	名儿miər^{42}	外号儿uɛ^{13}xɔr^{313}
梁山	家里tɕia^{21}li^{0} 媳妇儿ɕi^{21}fur^{0}	名儿miɾə̃r^{42}	外号儿uɛ^{31}xɔr^{214}
菏泽	老婆子lɔ^{44}pʰə^{53}tə^{0} 媳妇儿ɕi^{53}fur^{0}	名儿miə̃r^{53}	诨号儿xuẽ^{213}xɔr^{312} 外号儿uɛ^{213}xɔr^{312}
曹县	老婆儿lɔ^{44}pʰər^{53}	名miŋ^{53}	外号儿uai^{13}xɔr^{312}
金乡	媳妇儿ɕi^{21}fur^{0} 家里人tɕia^{21}li^{0}zẽ^{42}	名儿miə̃r^{42}	外号儿uɛ^{23}xɔr^{312}

续表

	0661妻子叙称，最通用的，非贬称：他的～	0662名字	0663绰号
曲阜	媳妇儿ɕi^{21}fur^{0}	名儿miə̃r^{42}	外号儿uɛ^{23}xɔr^{312}
薛城	媳妇儿ɕi^{31}fur^{0} 家里的tɕia^{31}li^{0}ti^{0}	名儿miə̃r^{55}	外号儿uɛ^{41}xɔr^{41}
郯城	媳子ɕi^{21}tsɿ^{0} 家里的tɕia^{21}li^{0}tə^{0} 家的tɕia^{21}tə^{0}	名儿miə̃r^{44} 名字miŋ^{44}tsɿ^{0}	诨号儿xuə̃^{51}xɔr^{51} 外号儿uɛ^{51}xɔr^{51} 绰号儿tʂʰuə^{21}xɔr^{51}
临沂	老婆lɔ^{214}pʰə^{0} 媳妇儿ɕi^{21}fur^{0}	名儿miɤ̃r^{53} 名字miŋ^{55}tsɿ^{0}	外号uɛ^{31}xɔ^{312}

	0664干活儿统称：在地里～①	0665事情一件～	0666插秧
荣成	干活儿kan^{33}xuor^{35}	事儿ʂər^{33}	栽稻子tsai^{53}tau^{33}tsɿ^{0}
烟台	干活儿kan^{53}xuor^{33}	事儿sər^{33}	插秧tsʰa^{35}iɑŋ^{53}本地无
栖霞	干活儿kãn^{52}xuor^{342}	事儿sər^{342}	种稻子tsuŋ^{52}tɔo^{34}lə^{0}
长岛	干活儿kan^{52}xuər^{55}	事儿sər^{52}	（无）
海阳	干活儿kã^{52}xuor^{341}	事ʂɿ^{341}	种稻子tʂuŋ^{52}tɔ^{34}ə^{0}
莱西	干活儿kã^{214}xuər^{42}	事儿ser^{42}	插秧tsʰa^{55}iɑŋ^{214}
平度	干活儿kã^{213}xuər^{42} 做营生tθou^{213}iŋ^{42}ʂəŋ^{0}	事儿ʂer^{42}	插秧tʂʰa^{55}iɑŋ^{213}本地无
青岛	干活儿kã^{213}xuər^{42}	事儿ʂer^{42}	插秧tʂʰɑ^{55}iɑŋ^{213}
高密	上坡儿ʃɑŋ^{21}pʰər^{213} 干活儿kã^{21}xuər^{42}	事儿ʂer^{21}	插秧tʂʰɑ^{42}iɑŋ^{213}本地无
诸城	干活儿kã^{31}xuər^{53}	事儿ʂer^{31}	（无）
沂水	干活儿kã^{31}xuər^{53}	事儿ʂɫer^{31}	插秧儿tʂʰa^{24}ɻɑ̃r^{213} 撒秧儿θa^{24}iɑ̃r^{213}
临朐	干营生kã^{21}iŋ^{35}ʂəŋ^{0}	事儿ʂer^{21}	（无）
日照	做营生儿tθu^{31}iəŋ^{44}ʂə̃r^{0}	事儿ʂer^{31}	插稻子tʂʰɑ^{213}tɔ^{53}tθɿ^{0}
莒南	做活儿tθou^{31}xər^{53} 干活儿kã^{31}xər^{53}	事儿ʂɫer^{312}	插秧儿tʂʰa^{13}iɑ̃r^{213}

① 本词项有些点的“上坡”“下湖”首先指下地（去劳动），亦可代指在地里劳动（如说“他上坡了”，可以指他去地里劳动了）。不在地里干活儿不能叫“上坡”“下湖”。

续表

	0664干活儿统称：在地里～	0665事情一件～	0666插秧
潍坊	干活儿kã^{31}xuər^{53}	事儿ʂer^{31}	插秧tʂ^{h}ɑ^{24}iɑŋ^{214}本地无
寿光	干活儿kã^{21}xuor^{53} 干营生儿kã^{21}iŋ^{35}ʂʌr^{0} 做营生儿tsu^{21}iŋ^{35}ʂʌr^{0}	事儿ɬʅ^{21}	（无）
高青	做营生儿tsu^{41}iŋ^{35}ʂə̃r^{0}	事儿ʂer^{41}	栽秧儿tsɛ^{55}iãr^{213} 插秧儿tʂ^{h}ɑ^{213}iãr^{213}
阳信	做活儿tsou^{23}xuər^{43}	事儿ʂer^{31}	（无）
济阳	干活儿kã^{31}xuər^{55}	事儿ʂer^{31}	插秧tʂ^{h}a^{55}iɑŋ^{213}
利津	做营生tsu^{31}iŋ^{35}ʂəŋ^{0}	事儿ʂer^{31}	插秧tʂ^{h}a^{44}iɑŋ^{213}
乐陵	干活儿kã^{31}xuər^{55}	事儿ser^{51}	插秧ts^{h}ɑ^{24}iɑŋ^{24}
商河	上坡ʂɑŋ^{31}p^{h}ə^{213}	事儿ser^{31}	插秧tʂ^{h}ɑ^{45}iɑŋ^{213}
平原	干活儿kã^{21}xuor^{42}	事儿sər^{21}	插秧ts^{h}a^{23}iɑŋ^{213}
德州	做活儿tsuə^{21}xuər^{42}	事儿ʂer^{21}	（无）
武城	干活儿kã^{21}xuər^{53}	事儿ʂer^{312}	插秧tʂ^{h}a^{24}iɑŋ^{224}
临清	干活儿kan^{31}xuər^{53}	事儿ʂer^{313}	（无）
冠县	干活儿kã^{314}xuər^{53}	事儿ʂer^{314}	插秧tʂ^{h}a^{13}iɑŋ^{13}
聊城	干活儿kã^{31}xuər^{53}	事儿ser^{313}	（无）
济南	上坡ʂɑŋ^{21}p^{h}ə^{213}	事儿ʂer^{21}	插秧tʂ^{h}a^{23}iɑŋ^{213}
泰安	干活儿kã^{21}xuər^{42}	事儿ʂer^{21}	（无）
莱芜	干活kã^{31}xuə^{55}	事情ʃʅ^{31}tɕ^{h}iŋ^{55}	插秧tʃ^{h}a^{55}iɑŋ^{213}
新泰	干活儿kã^{31}xuɤr^{42}	事儿ʃɤr^{31}	插秧tʃ^{h}a^{23}iɑŋ^{213}
沂源	干活kã^{31}xuə^{55}	事儿θer^{31}	栽秧儿tθɛ^{55}iãr^{213}
博山	干活路kã^{31}xuə^{35}lu^{0}	事儿ʂei^{31}	插秧tʂ^{h}ɑ^{55}iɑŋ^{213}
张店	干活kã^{31}xuə^{55} 做营生tsu^{31}iŋ^{35}ʂəŋ^{0}	事儿ʂei^{31}	插秧tʂ^{h}ɑ^{213}iɑŋ^{213}
阳谷	做活儿tsou^{31}xuor^{42}	事儿sɤr^{313}	插秧ts^{h}a^{13}iɑŋ^{213}
梁山	干活儿kã^{31}xuər^{42}	事儿ʂer^{314}	插秧ts^{h}a^{23}iɑŋ^{213}
菏泽	做活儿tsou^{31}xuər^{53}	事儿ser^{312}	栽稻子tsɛ^{213}tɔ^{31}tə^{0}
曹县	干活儿kã^{31}xuər^{53}	事儿sɤr^{312}	插秧ts^{h}a^{213}iɑŋ^{213}

续表

	0664干活儿统称：在地里～	0665事情一件～	0666插秧
金乡	干活儿kã^{31}xuər^{42}	事儿ʂer^{312}	栽稻子tsɛ^{213}tɔ^{42}tsɿ^{0}
曲阜	干活儿kã^{31}xuər^{42}	事儿ser^{312}	栽稻子tsɛ^{213}tɔ^{42}tsɿ^{0}
薛城	做活儿tsou^{41}xuər^{55}	事儿ser^{41}	栽稻tsɛ^{313}tɔ^{41}
郯城	干活儿kã^{51}xər^{44}	事儿ʂer^{51}	栽稻tsɛ^{21}tɔ^{51} 插稻tʂʰa^{21}tɔ^{51} 插秧儿tʂʰa^{13}iɑ̃r^{213}
临沂	下湖ɕia^{31}xu^{53} 干活儿kã^{31}xər^{53}	事儿ʃer^{312}	插稻tʃʰa^{24}tɔ^{312} 插秧儿tʃʰa^{24}iɑ̃r^{214}

	0667割稻	0668种菜	0669犁名词
荣成	割稻子ka^{21}tau^{33}tsɿ^{0}	种菜tʂuŋ^{33}tsʰai^{33}	犁li^{53}
烟台	割稻子ka^{21}tau^{33}ɾə^{0}本地无	种菜tsuŋ^{53}tsʰɛ^{33}	犁li^{53}
栖霞	割稻子ka^{21}tɔo^{34}lə^{0}	种菜tsuŋ^{52}tsʰɛi^{52}	犁犋ly^{21}cy^{0} “犁”读为“驴”
长岛	（无）	种菜tsuŋ^{52}tsʰai^{52}	犁犋ly^{55}cy^{52} “犁”读为“驴”
海阳	割稻子ka^{21}tɔ^{34}ə^{0}	种菜tʂuŋ^{52}tsʰɛ^{341}	犁犋ly^{21}cy^{0} “犁”读为“吕”
莱西	割稻子ka^{55}tɔ^{45}tsɿ^{0} 收稻子ʃiou^{214}tɔ^{45}tsɿ^{0}	种菜tsoŋ^{31}tsʰɛ^{42}	犁犋ly^{24}cy^{42} “犁”读为“驴”
平度	割稻子ka^{55}tɔ^{45}tθɿ^{0}本地无	种菜tʂuŋ^{213}tθʰɛ^{42}	犁犋ly^{45}cy^{0} “犁”读为“驴”
青岛	割稻子kɑ^{55}tɔ^{45}tθɿ^{0}	种菜tʂoŋ^{213}tθʰɛ^{42}	犁li^{42}
高密	割稻子kɑ^{23}tɔ^{21}tθɿ^{0}本地无	种菜tʂoŋ^{23}tθʰɛ^{21}	犁li^{42}
诸城	（无）	种园tʂəŋ^{31}yã^{53}	犁li^{53}
沂水	割稻子ka^{213}tɔ^{44}dðɿ^{0}	种菜tʂuŋ^{31}tθʰɛ^{31}	犁li^{53}
临朐	（无）	挽⁼菜园儿uã^{44}tθʰɛ^{21}yɛr^{53}	犁子li^{35}tθɿ^{0}
日照	割稻子kɑ^{213}tɔ^{53}tθɿ^{0}	种菜tʂəŋ^{44}tθʰɛ^{31}	犁li^{53}
莒南	割稻子ka^{13}tɔ^{42}tθɿ^{0}	种菜tʂuŋ^{13}tθʰɛ^{31}	犁li^{53}
潍坊	割稻子kɑ^{214}tɔɤ^{55}tsɿ^{0}本地无	种菜tʂoŋ^{24}tsʰɛ^{31}	犁li^{53}
寿光	（无）	种菜tʂuŋ^{21}tsʰɛ^{21} 种园子tʂuŋ^{21}yã^{35}tsɿ^{0}	犁li^{53}
高青	割稻子kɑ^{213}tɔ^{55}tsɿ^{0}	种菜tʂuŋ^{41}tsʰɛ^{41}	犁li^{55}
阳信	割稻子kuə^{213}tɔ^{55}tsɿ^{0}	种菜tʂuŋ^{23}tsʰɛ^{31}	犁li^{43}

续表

	0667割稻	0668种菜	0669犁名词
济阳	割稻子kə^{21}tɔ^{55}tsɿ^{0}	种菜tʂuŋ^{31}ts^{h}ɛ^{31}	犁li^{55}
利津	割稻子ka^{44}tɔ^{55}tsɿ^{0}	种菜tʂuŋ^{24}ts^{h}ɛ^{31}	犁li^{53}
乐陵	割稻子kuə^{24}tɔ^{55}tsɿ^{0}	种菜tʂuŋ^{24}ts^{h}ɛ^{51}	犁li^{55}
商河	割稻子kə^{45}tɔ^{54}tsɿ^{0}	种菜tʂuŋ^{24}ts^{h}ɛ^{31}	犁li^{54}
平原	割稻子kə^{21}tɔu^{42}tsɿ^{0}	种菜tʂuŋ^{23}ts^{h}ɛi^{21}	犁li^{42}
德州	（无）	种园子tʂuŋ^{21}yã^{55}tsɿ^{0} 拾掇园子ʂʅ^{55}tɔ^{0}yã^{55}tsɿ^{0}	犁li^{42}
武城	割稻子kə^{24}tɔ^{53}tsɿ^{0}	种菜tʂuŋ^{24}ts^{h}ɛ^{312}	犁li^{53}
临清	（无）	种菜tʂuŋ^{13}ts^{h}ai^{313}	犁li^{53}
冠县	割稻kə^{13}tɔ^{314}	种菜tʂuŋ^{24}ts^{h}ɛ^{314}	犁li^{53}
聊城	（无）	种菜tsuŋ^{31}ts^{h}ɛ^{313}	犁li^{53}
济南	割稻子kə^{213}tɔ^{55}tsɿ^{0}	种菜tʂuŋ^{23}ts^{h}ɛ^{21}	犁li^{42}
泰安	（无）	种菜tʂuŋ^{21}ts^{h}ɛ^{21}	犁li^{42}
莱芜	割稻kə^{213}tɔ^{42}	种菜tʃuŋ^{31}ts^{h}ɛ^{42}	犁li^{55}
新泰	割稻子ka^{23}tɔ^{54}tθɿ^{0}	种菜pfəŋ^{31}tθ^{h}ɛ^{31}	犁li^{42}
沂源	割稻子ka^{21}tɔ^{55}tθɿ^{0}	种菜tʃuŋ^{31}tθ^{h}ɛ^{31}	犁li^{55}
博山	割稻kɑ^{213}tɔ^{31}	种菜tʂuŋ^{31}ts^{h}ɛ^{31}	犁li^{55}
张店	割稻kɑ^{33}tɔ^{31}	种菜tʂuŋ^{31}ts^{h}ɛ^{31}	犁li^{55}
阳谷	割稻kə^{13}tɔ^{313}	种菜tsuŋ^{13}ts^{h}ɛ^{313}	犁li^{42}
梁山	割稻子kə^{213}tɔ^{42}tsɿ^{0}	种菜tsuŋ^{31}ts^{h}ɛ^{214}	犁li^{42}
菏泽	割稻子kə^{213}tɔ^{31}tə^{0}	种菜tsuŋ^{213}ts^{h}ɛ^{312}	犁子li^{53}tə^{0}
曹县	割稻kə^{213}tɔ^{312}	种菜tʂuŋ^{13}ts^{h}ai^{312}	犁子li^{53}tə^{0}
金乡	割稻子kə^{213}tɔ^{42}tsɿ^{0}	种园tsuŋ^{31}yã^{42}	犁子li^{55}tsɿ^{0}
曲阜	割稻子kə^{213}tɔ^{42}tsɿ^{0}	种菜tsuŋ^{23}ts^{h}ɛ^{312}	犁子li^{55}tsɿ^{0}
薛城	割稻kə^{313}tɔ^{41}	种菜pfəŋ^{41}ts^{h}ɛ^{41}/tsuŋ^{41}ts^{h}ɛ^{41}	犁子li^{55}tsɿ^{0}
郯城	割稻ka^{21}tɔ^{51}	种菜tʂuŋ^{51}ts^{h}ɛ^{51}	犁li^{44}
临沂	割稻ka^{24}tɔ^{312}	种菜tʃuŋ^{31}ts^{h}ɛ^{312}	犁li^{53}

	0670 锄头	0671 镰刀	0672 把儿刀~
荣成	锄 tʂʰu^{35}	镰 lian^{53}	把儿 par^{33}
烟台	锄 tsʰu^{33}	镰 lian^{53}	把儿 par^{33}
栖霞	锄 tsʰu^{342}	镰 liãn^{312}	把儿 par^{52}
长岛	锄 tsʰu^{55}	镰 lian^{55}	把儿 par^{52}
海阳	锄 tʂʰu^{341}	镰 liã^{52}	把儿 par^{341}
莱西	锄 tsʰu^{42}	镰 liã^{214}	把儿 pʌr^{42}
平度	锄 tʂʰu^{42}	镰 liã^{42}	把儿 par^{213}
青岛	锄 tʂʰu^{42}	镰 liã^{42}	把儿 pɑr^{42}
高密	锄 tʂʰu^{42} 锄头 tʂʰu^{55}tʰou^{0}	镰 liã^{42}	把儿 pɑr^{21}
诸城	锄 tʂʰu^{53}	镰 liã^{53}	把儿 par^{31}
沂水	锄 tʂʰu^{53}	镰 liã^{53}	把儿 par^{44} 把儿 par^{31}
临朐	锄 tʂʰu^{53}	镰 liã^{53}	把儿 pʌr^{44}
日照	锄 tʂʰu^{53}	镰 liã^{53}	把儿 pɑr^{31}
莒南	锄 tʂʰu^{53}	镰刀 liã^{53}tɔ^{213}	把儿 par^{55}
潍坊	锄 tʂʰu^{53} 锄头 tʂʰu^{35}tʰɤɯ^{0}	镰 liã^{53}	把儿 pɑr^{55}
寿光	锄 tʂʰu^{53}	镰 liã^{53}	把儿 pʌr^{21}
高青	锄 tʂʰu^{55}	镰 liã^{55}	把儿 pɑr^{41}
阳信	锄 tʂʰu^{43}	镰 liã^{43}	把儿 par^{55}
济阳	锄 tʂʰu^{55}	镰 liã^{55}	把儿 par^{55}
利津	锄 tʂʰu^{53}	镰 liã^{53}	把儿 par^{55}
乐陵	锄 tʂʰu^{55}	镰 liã^{55}	把儿 pɑr^{55}
商河	锄 tʂʰu^{54}	镰 liã^{54}	把儿 pɑr^{45}
平原	锄 tʂʰu^{42}	镰 liã^{42}	把儿 par^{55}
德州	锄 tʂʰu^{42}	镰刀 liã^{55}tɔ^{0}	把儿 pɐr^{21}
武城	锄 tʂʰu^{53}	镰 liã^{53}	把儿 par^{312}
临清	锄 tʂʰu^{53}	镰 lian^{53}	把儿 par^{44}

续表

	0670锄头	0671镰刀	0672把儿刀～
冠县	锄tʂʰu^{53}	镰liã^{53}	把儿par^{55}
聊城	锄tsʰu^{53}	镰liã^{53}	把儿par^{313}
济南	锄tʂʰu^{42}	镰liã^{42}	把儿par^{55}
泰安	锄tʂʰu^{42}	镰liã^{42}	把儿par^{55}
莱芜	锄头tʃʰu^{55}tʰou^{55}	镰刀liã^{55}tɔ^{213}	把pa^{55}
新泰	锄pfʰu^{42}	镰liã^{42}	把儿par^{31}
沂源	锄tʃʰu^{55}	镰头liã^{35}tʰou^{0}	把儿par^{31}
博山	锄tʂʰu^{55}	镰liã^{55}	把子pɑ^{55}ə^{0}
张店	锄tʂʰu^{55}	镰liã^{55}	把子pɑ^{213}ʅ^{0}
阳谷	锄tsʰu^{42}	镰liã^{42}	把儿par^{55}
梁山	锄tsʰu^{42}	镰liã^{42}	把儿par^{55}
菏泽	锄tsʰu^{53}	镰liã^{53}	把子pa^{44}tə^{0}
曹县	锄tʂʰuə^{53}	镰刀liã^{53}tɔ^{213}	把儿par^{312}
金乡	锄tsʰu^{42}	镰liã^{42}	把儿par^{55}
曲阜	锄tsʰu^{42}	镰liã^{42}	把儿par^{55}
薛城	锄pfʰu^{55}	镰刀liã^{55}tɔ^{313}	把儿par^{24}
郯城	锄tʂʰu^{44}	镰刀liã^{44}tɔ^{213}	把儿par^{24}/par^{51}茶壶～
临沂	锄tʃʰu^{53}	镰刀liã^{53}tɔ^{214}	把儿par^{55}

	0673扁担	0674箩筐	0675筛子统称
荣成	扁担pian^{214}tan^{0}	筐kʰuɑŋ^{53}	筛子ʂai^{53}tsʅ^{0}
烟台	担杖tan^{33}tɕiŋ^{0} “杖”读为“郑”轻声	筐kʰuɑŋ^{53}	筛子sɛ^{53}ɾə^{0}
栖霞	扁担piãn^{21}tãn^{0}	筐kʰuɑŋ^{312}	筛子sɛi^{52}lə^{0}
长岛	扁担pian^{35}tan^{0}无钩，抬东西 担杖tan^{52}tʃɑŋ^{0}有钩，挑东西	筐子kʰuɑŋ^{31}tsʅ^{0}	筛子sai^{31}tsʅ^{0}
海阳	扁担piã^{21}tɛ^{0} “担”读为“带”轻声	筐kʰuɑŋ^{52}	筛子ʂɛ^{52}ə^{0}
莱西	扁担piã^{24}tã^{42} 担肩tã^{42}ciã^{0}	筐子kʰuɑŋ^{214}tsʅ^{0}	筛子sɛ^{214}tsʅ^{0}

续表

	0673扁担	0674箩筐	0675筛子统称
平度	扁担piã^{45}tã^{0}两端不带铁钩 担杖tã^{42}tʃəŋ^{0}两端带铁钩“杖”读为“郑”轻声	筐kʰuaŋ^{213}	箩luə^{42} 筛子ʂɛ^{213}tθɿ^{0}
青岛	扁担piã^{44}tã^{0}	筐kʰuaŋ^{213} 筐子kʰuaŋ^{21}tθɿ^{0}	箩luə^{42}
高密	扁担piã^{23}tã^{0}两端没有钩 担杖tã^{42}tʃaŋ^{0}两端有钩	牛筐iou^{55}kʰuaŋ^{0} 抬筐tʰɛ^{55}kʰuaŋ^{0}	筛子ʂɛ^{21}tθɿ^{0}
诸城	扁担piã^{213}tã^{0}	提篮ȶʰi^{24}liã^{0}“篮”读为“连”轻声	筛子ʃɛ^{31}tθɿ^{0}
沂水	扁担piã^{213}tã^{0}	筐kʰuaŋ^{213}	筛子ʂɛ^{21}dðɿ^{0}
临朐	扁担piã^{213}tã^{0}	柳筐liəu^{213}kʰuaŋ^{0}	筛子ʂɛ^{21}tθɿ^{0}
日照	扁担piã^{213}tã^{0}	筐kʰuaŋ^{213}	筛子ʂɛ^{31}tθɿ^{0}
莒南	扁担piã^{213}tã^{0} 勾担kou^{21}tã^{0}带钩	筐头子kʰuaŋ^{213}tʰou^{24}tθɿ^{0}	筛子ʂɛ^{21}tθɿ^{0}
潍坊	扁担piã^{24}tã^{0}	筐子kʰuaŋ^{31}tsɿ^{0}	筛子ʂɛ^{31}tsɿ^{0}
寿光	扁担piã^{24}tã^{0}不带钩的 担杖tã^{55}tʂaŋ^{0}带钩儿的	筐kʰuaŋ^{213}	筛子ʂɛ^{21}tsɿ^{0}
高青	扁担piã^{213}tã^{0}	筐kʰuaŋ^{213}	筛子ʂɛ^{21}tsɿ^{0}
阳信	扁担piã^{213}tã^{0}	箩筐luə^{45}kʰuaŋ^{0}	筛子ʂɛ^{31}tsɿ^{0}
济阳	担杖tã^{55}tʂaŋ^{0}	筐kʰuaŋ^{213}	筛子ʂɛ^{21}tsɿ^{0}
利津	扁担piã^{213}tã^{0}	筐kʰuaŋ^{213}	筛子ʂɛ^{31}tsɿ^{0}
乐陵	担杖tã^{55}tʂaŋ^{0}	筐kʰuaŋ^{24}	筛子sɛ^{31}tsɿ^{0}
商河	担杖tã^{54}tʂaŋ^{0}	筐kʰuaŋ^{213}	筛子sɛ^{21}tsɿ^{0}
平原	扁担piã^{23}tã^{0}	筐kʰuaŋ^{213}	筛子sɛi^{21}tsɿ^{0}
德州	扁担piã^{55}tã^{21}	筐头子kʰuaŋ^{213}tʰou^{55}tsɿ^{0}	筛子ʂɛ^{21}tsɿ^{0}
武城	担子tã^{53}tsɿ^{0}	箩筐luə^{53}kʰuaŋ^{224}	筛子ʂɛ^{312}tsɿ^{0}
临清	扁担pian^{44}tan^{0}	箩筐luə^{53}kʰuaŋ^{13}	筛子ʂai^{13}tsɿ^{0} 箩luə^{53}
冠县	扁担piã^{55}tã^{0}	筐kʰuaŋ^{13}	筛子ʂɛ^{21}tsɿ^{0}
聊城	扁担piã^{44}tã^{0} 钩担kou^{13}tã^{0}有钩，挑水用	筐kʰuaŋ^{13}	筛子sɛ^{13}tsɿ^{0}
济南	担杖tã^{55}tʂaŋ^{0}	筐kʰuaŋ^{213}	筛子ʂɛ^{21}tsɿ^{0}

续表

	0673扁担	0674箩筐	0675筛子统称
泰安	担子tã^{42}tsɿ^{0}	簸⁼篮子pə^{55}lã^{0}tsɿ^{0}	筛子ʂɛ^{21}tsɿ^{0}
莱芜	担子tã^{42}tsɿ^{0}	筐kʰuaŋ^{213}	筛子ʃɛ^{31}tsɿ^{0}
新泰	担子tã^{54}tθɿ^{0}	筐头子kʰuaŋ^{21}tʰou^{45}tθɿ^{0}	筛子ʃɛ^{21}tθɿ^{0}
沂源	扁担piã^{21}tã^{0}	筐头子kʰuaŋ^{21}tʰou^{0}tθɿ^{0}	筛子ʃɛ^{21}tθɿ^{0}
博山	担杖tã^{55}tʂaŋ^{0}	筐子kʰuaŋ^{21} 落地筐子luə^{31}ti^{31}kʰuaŋ^{21}ə^{0}	筛子ʂɛ^{21}ə^{0}
张店	担子tã^{55}ɿ^{0} 担杖tã^{55}tʂaŋ^{0}	筐kʰuaŋ^{213}	筛子ʂɛ^{213}ɿ^{0}
阳谷	扁担piã^{55}tã^{0} 担子tã^{42}zɿ^{0}	浅筐tɕʰiã^{13}kʰuaŋ^{0}	筛子sɛ^{31}zɿ^{0}
梁山	钩担kou^{23}tã^{31}	大筐ta^{31}kʰuaŋ^{213}	筛子sɛ^{21}tsɿ^{0}
菏泽	扁担piã^{44}tã^{0}不区分带不带钩	筐子kʰuaŋ^{21}tə^{0}	筛子sɛ^{21}tə^{0}
曹县	扁担piã^{44}tã^{0}	筐kʰuaŋ^{213}	筛子sai^{21}tə^{0}
金乡	钩担kou^{21}tã^{0}	筐kʰuaŋ^{213}	筛子sɛ^{21}tsɿ^{0}
曲阜	担子tã^{42}tsɿ^{0}	筐kʰuaŋ^{213}	筛子sɛ^{21}tsɿ^{0}
薛城	扁担piã^{24}tã^{0}两边无钩 钩担kou^{31}tã^{0}两边有钩	筐kʰuaŋ^{313}	筛子sɛ^{31}tsɿ^{0}
郯城	扁担piã^{24}tã^{51}	筐kʰuaŋ^{213} 筐头子kʰuaŋ^{21}tʰəu^{44}tsɿ^{0}	筛了ʂɛ^{21}tsɿ^{0}
临沂	扁担piã^{214}tã^{0}	筐kʰuaŋ^{214}	筛子ʃɛ^{21}tsɿ^{0}

	0676簸箕农具，有梁的	0677簸箕簸米用	0678独轮车
荣成	撮子tsʰo^{35}tsɿ^{0}	簸箕po^{33}cʰi^{0}	小推车儿siau^{21}tʰei^{53}tʃʰiɐr^{53}
烟台	（无）	簸箕po^{33}tɕʰi^{0}	小推车儿ɕiau^{21}tʰei^{53}tɕʰiɐr^{0}
栖霞	撮子tsʰuo^{21}lə^{0}	簸箕pə^{52}cʰi^{0}	小推车儿ʃiɔo^{21}tʰei^{52}tʃʰiɐr^{0}
长岛	撮子tsʰuə^{35}tsɿ^{0}	簸箕pə^{52}cʰi^{0}	小推车儿ʃau^{21}tʰei^{55}tʃʰər^{31}
海阳	（无）	簸箕pə^{34}cʰi^{0}	小推车siɔ^{21}tʰei^{52}tsʰə^{0}
莱西	（无）	簸箕pə^{42}cʰi^{0}	小推车儿ʃiɔ^{55}tʰei^{21}tʃʰiər^{0}
平度	（无）	簸箕pə^{42}cʰi^{0}	小推车儿siɔ^{55}tʰei^{213}tʃʰər^{0} 小拥车儿siɔ^{55}iŋ^{213}tʃʰər^{0}
青岛	（无）	簸箕pə^{42}tɕʰi^{0}	小推车儿siɔ^{55}tʰei^{21}tʂʰər^{0}

续表

	0676簸箕农具，有梁的	0677簸箕簸米用	0678独轮车
高密	（无）	簸箕pə^{42}tɕʰi^{0}	小拱儿车儿siɔ^{55}kõr^{21}tʂʰər^{0} 小拥车儿siɔ^{55}ioŋ^{23}tʂʰər^{0} 小推车儿siɔ^{55}tʰuei^{21}tʂʰər^{0}
诸城	（无）	簸箕pə^{44}tʃʰʅ^{0}	小拥车儿θiɔ^{44}iəŋ^{31}tʃʰər^{0}
沂水	扱①簸箕tʂʰɑ^{213}pə^{0}tɕʰi^{0}	簸箕pə^{44}tɕʰi^{0}	小拥车儿siɔ^{44}yŋ^{21}tʃʰər^{0}
临朐	扱子tʂʰa^{21}tθʅ^{0}	簸箕pə^{44}tɕʰi^{0}	小车子ɕiɔ^{213}tʃʰə^{0}tθʅ^{0}
日照	（无）	簸箕pə^{53}tʃʰʅ^{0}	拥车子iəŋ^{31}tʃʰiə^{0}tθʅ^{0}中间隔开，两边载物 小轱辘马②儿θiɔ^{44}ku^{31}lu^{0}mɑr^{44}上部为平板
莒南	（无）	簸箕pə^{42}tɕʰi^{0}	小拥车siɔ^{55}yŋ^{21}tʃʰə^{0}
潍坊	（无）	簸箕pə^{55}tɕʰi^{0}	二把手车子ɐr^{31}pɑ^{0}ʂɤɯ^{55}tʂʰə^{31}tsʅ^{0}
寿光	扱子tʂʰa^{213}tsʅ^{0}	簸箕pə^{55}tɕʰi^{0}	推车子tʰuei^{21}tʂʰə^{0}tsʅ^{0} 小推车儿ɕiɔ^{55}tʰuei^{21}tʂʰɤr^{0} 拥车子yŋ^{21}tʂʰə^{0}tsʅ^{0}
高青	扱簸箕tʂʰɑ^{213}pə^{0}tɕʰi^{0}	簸箕pə^{55}tɕʰi^{0}	小车子ɕiɔ^{55}tʂʰə^{21}tsʅ^{0}
阳信	簸箕pə^{55}tɕʰi^{0}	簸箕pə^{55}tɕʰi^{0}	推车子tʰuei^{31}tʂʰə^{0}tsʅ^{0}
济阳	沙$^{=}$簸箕ʂa^{21}pə^{0}tɕʰi^{0}	簸箕pə^{55}tɕʰi^{0}	推车子tʰuei^{21}tʂʰə^{0}tsʅ^{0} 太平车子tʰɛ^{31}pʰiŋ^{55}tʂʰə^{21}tsʅ^{0}
利津	（无）	簸箕pə^{55}tɕʰi^{0}	推车子tʰuei^{31}tʂʰə^{0}tsʅ^{0}
乐陵	（无）	簸箕pə^{55}tɕʰi^{0}	小推车儿ɕiɔ^{55}tʰuei^{31}tʂʰər^{0}
商河	（无）	簸箕pə^{54}tɕʰi^{0}	平车子pʰiŋ^{24}tʂʰə^{0}tsʅ^{0} 土车子tʰu^{213}tʂʰə^{0}tsʅ^{0} 太平车子tʰɛ^{31}pʰiŋ^{54}tʂʰə^{21}tsʅ^{0}
平原	（无）	簸箕pə^{42}tɕʰi^{0}	推车子tʰuei^{21}tʂʰə^{21}tsʅ^{0} 土车子tʰu^{23}tʂʰə^{21}tsʅ^{0}
德州	簸箕pə^{42}tɕʰi^{0}	簸箕pə^{42}tɕʰi^{0}	小推车儿ɕiɔ^{55}tʰuei^{21}tʂʰər^{0}
武城	（无）	簸箕pə^{53}tɕʰi^{0}	推车子tʰei^{24}tʂʰə^{312}tsʅ^{0}

① “扱”，《广韵》楚洽切。“取也。获也。举也。引也。《说文》：‘收也。’”此种有提梁的“簸箕”并不用来颠簸，而是用来收取物品（粮食、肥料、土等）的，今读音相当于清入字，音义均合。下同。

② “轱辘马”为日语くるま的音译。

续表

	0676 簸箕农具，有梁的	0677 簸箕簸米用	0678 独轮车
临清	（无）	簸箕pə^{53}tɕʰi^{0}	推车儿tʰuei^{13}tʂʰər^{13}
冠县	（无）	簸箕pə^{53}tɕʰi^{0}	小推车儿siɔ^{53}tʰuei^{13}tʂʰər^{13}
聊城	（无）	簸箕pə^{53}tɕʰi^{0}	小洪$^{=}$车儿ɕiɔ^{53}xuŋ^{44}tsʰər^{0}
济南	（无）	簸箕pə^{55}tɕʰi^{0}	二把手小车儿ər^{21}pa^{42}ʂou^{55} ɕiɔ^{55}tʂʰər^{213}
泰安	撮子tsʰuə^{21}tsɿ^{0}	簸箕pə^{42}tɕʰi^{0}	独轱轮儿tu^{42}ku^{213}luer^{42}
莱芜	（无）	簸箕pə^{42}tɕʰi^{0}	小车子ɕiɔ^{213}tʃʰə^{31}tsɿ^{0}
新泰	（无）	簸箕pə^{54}tɕʰi^{0}	车子tʃʰə^{21}tθɿ^{0}
沂源	扱子tʃʰa^{21}tθɿ^{0}	簸箕pə^{55}tɕʰi^{0}	推车子tʰuei^{21}tʃʰə^{0}tθɿ^{0}
博山	扱［子］tʂʰɑ^{213}	簸箕pə^{55}tɕʰi^{0}	车tʂʰə^{213} 小推车ɕiɔ^{55}tʰuei^{213}tʂʰə^{213}
张店	扱［子］tʂʰɑ^{213}	簸箕pə^{55}tɕʰi^{0}	小车ɕiɔ^{55}tʂʰə^{213}
阳谷	撮子tsʰuo^{31}zɿ^{0}	簸箕pə^{42}tɕʰi^{0}	土牛子tʰu^{55}ȵiou^{55}zɿ^{0} 小推车儿ɕiɔ^{55}tʰuei^{13}tsʰər^{213}
梁山	粪筥子fẽ^{21}tɕy^{21}tsɿ^{0}	簸箕pə^{42}tɕʰi^{0}	土牛子tʰu^{55}ȵiou^{55}tsɿ^{0} 小洪$^{=}$车儿ɕiɔ^{55}xuŋ^{55}tʂʰər^{0}
菏泽	撮子tsʰuə^{21}tə^{0}	簸箕pə^{31}tɕʰi^{0}	洪$^{=}$车子xuŋ^{53}tsʰə^{21}tə^{0}
曹县	（无）	簸箕pə^{53}tɕʰi^{0}	小车子ɕiɔ^{44}tʂʰə^{21}tə^{0}
金乡	簸箕pə^{42}tɕi^{0} 粪箕子fẽ^{31}tɕi^{21}tsɿ^{0}	簸箕pə^{42}tɕi^{0}	土牛子tʰu^{55}ȵiou^{55}tsɿ^{0} 洪$^{=}$车子xuŋ^{55}tsʰə^{21}tsɿ^{0}
曲阜	粪箕子fẽ^{31}tɕi^{21}tsɿ^{0}	簸箕pə^{42}tɕʰi^{0}	斗$^{=}$斗$^{=}$儿拱tou^{42}tour^{55}kuŋ^{55}
薛城	扒扱子pa^{41}tsʰa^{24}tsɿ^{0}	簸箕pə^{41}ɕi^{0} "箕"读为"希"轻声	独轮车tu^{55}le^{55}tsʰə^{0} "轮"读为"雷" 小推车ɕiɔ^{55}tʰue^{23}tsʰə^{0}
郯城	（无）	簸箕pə^{51}tɕʰi^{0}	胶车子tɕiɔ^{13}tʂʰə^{21}tsɿ^{0} 小推车儿ɕiɔ^{24}tʰe^{13}tʂʰər^{213}
临沂	（无）	簸箕pə^{31}tɕʰi^{0}	小胶车儿ɕiɔ^{55}tɕiɔ^{24}tʃʰər^{214} 胶车儿tɕiɔ^{24}tʃʰər^{214}

	0679 轮子旧式的，如独轮车上的	0680 碓整体	0681 臼
荣成	车轱轮儿tʃʰiɛ^{53}ku^{0}lər^{35}	碓个窝儿tei^{33}kə^{0}uor^{53}	臼子ciəu^{53}tsɿ^{0}
烟台	轱轮儿ku^{21}lər^{0}	碓臼儿tei^{33}tɕiour^{0}	碓臼儿tei^{33}tɕiour^{0}

续表

	0679轮子旧式的，如独轮车上的	0680碓整体	0681臼
栖霞	轱辘儿ku^{21}ləur^{0} "辘"读为"喽"	碓臼tei^{52}ciəu^{342}	臼ciəu^{342}
长岛	轱辘儿ku^{35}lur^{0}	碓臼tei^{52}ciou^{0}	碓臼tei^{52}ciou^{0}
海阳	轱辘ku^{21}ləu^{0} "辘"读为"喽"	碓臼儿tei^{52}ciəur^{341}	臼儿ciəur^{52}
莱西	轱轮儿ku^{55}ler^{42} 轮子lẽ^{45}tsɿ^{0}	（无）	臼子ciou^{45}tsɿ^{0}
平度	轱轮儿ku^{55}ẓer^{42}	碓臼tei^{42}ciou^{0}	臼子ciou^{45}tθɿ^{0}
青岛	轱轮儿ku^{55}ẓer^{42}	（无）	臼子tɕiou^{45}tθɿ^{0}
高密	轱轮儿ku^{23}ẓuer^{0}	（无）	臼子tɕiou^{42}tθɿ^{0}
诸城	轱轮儿ku^{213}luer^{0}	碓tuei^{31}	碓tuei^{31}
沂水	车脚①子tʃʰə^{44}tɕyə^{213}dðɿ^{0}	碓tue^{31}	臼子tɕiou^{44}dðɿ^{0}
临朐	轱辘儿ku^{21}lur^{0}	石臼ʃɿ^{35}tɕiəu^{0}	臿②臼tʂʰa^{213}tɕiəu^{0}
日照	车脚子tʃʰiə^{44}tʃyə^{213}tθɿ^{0} 车轱辘儿tʃʰiə^{44}ku^{213}ẓur^{0}	碓tuei^{31}	臼子tʃiou^{53}tθɿ^{0}
莒南	轱辘儿ku^{213}ɻur^{0}	碓tei^{312}	碓臼子tei^{31}tɕiou^{42}tθɿ^{0}
潍坊	轱轮儿ku^{214}luer^{0}	搉臼tɕʰiɑ^{24}tɕiɤɯ^{31}	臼子tɕiɤɯ^{55}tsɿ^{0} 臼tɕiɤɯ^{31}
寿光	车轱轮儿tʂʰə^{55}ku^{213}ɭuɭ^{0}	（无）	（无）
高青	轱辘儿ku^{213}lur^{55}	（无）	（无）
阳信	轱辘儿ku^{213}lur^{0}	（无）	（无）
济阳	车轱轮儿tʂʰə^{55}ku^{21}luer^{0}	（无）	（无）
利津	轱轮儿ku^{213}luer^{0}	（无）	臼tɕiou^{213}
乐陵	车轱辘tʂʰə^{24}ku^{212}lou^{0} "辘"读为"喽"	（无）	（无）
商河	轱辘儿ku^{21}lur^{0} 车脚tʂʰə^{213}tɕiɔ^{45}	（无）	（无）

① "车脚"的"脚"，本字是"[illegible]"，即"辋[illegible]"，指车轮的外周。不过一般写作"脚"。下同。

② 1941年版《潍县志稿·民社志·方言》："臼曰臿臼。"并引《说文》："臿，舂去麦皮也。"今潍坊有"搉臼"一词（见"碓"条潍坊点）。潍坊的"搉臼"和临朐的"臿臼"，读音相近、意义相近，或为同源。今暂写作不同字形。

续表

	0679轮子旧式的，如独轮车上的	**0680碓**整体	**0681臼**
平原	车脚儿tʂ^{h}ə^{212}tɕyər^{55}	（无）	碓子tuei^{42}tsɿ^{0}
德州	轱轮儿ku^{213}lər^{0}	（无）	（无）
武城	轱轮儿ku^{24}luer^{0}	（无）	（无）
临清	车轱轮儿tʂ^{h}ə^{13}ku^{44}luer^{0}	（无）	（无）
冠县	轱轮儿ku^{44}luer^{0}	碓窑子tei^{31}iɔ^{53}tsɿ^{0}	碓窑子tei^{31}iɔ^{53}tsɿ^{0}较大，捣粮食用
聊城	车轱轮儿ts^{h}ə^{13}ku^{44}luer^{0}	（无）	（无）
济南	轱轮儿ku^{21}luer^{0} 车轱轮子tʂ^{h}ə^{21}ku^{0}luẽ^{445}tsɿ^{0}	（无）	臼子tɕiou^{55}tsɿ^{0}
泰安	车轱轮子tʂ^{h}ə^{23}ku^{21}luẽ^{0}tsɿ^{0}	（无）	臼tɕiou^{21}
莱芜	车脚子tʃ^{h}ə^{31}tɕyə^{0}tsɿ^{0}	（无）	（无）
新泰	轮子luẽ^{45}tθɿ^{0}	（无）	（无）
沂源	轱辘子ku^{21}lu^{0}tθɿ^{0}	（无）	臼子tɕiou^{55}tθɿ^{0}
博山	轱辘ku^{22}lu^{0}	（无）	（无）
张店	轱轮儿ku^{33}luei^{55}	（无）	（无）
阳谷	轱轮儿ku^{13}luɤr^{0}	碓窑子tuei^{31}iɔ^{55}zɿ^{0} 碓头tuei^{31}t^{h}ou^{42}	臼子tɕiou^{42}zɿ^{0}
梁山	轱轮儿ku^{55}luer^{0}	碓臼tuẽ^{31}tɕiou^{314} “碓”读为“顿”	臼子tɕiou^{42}tsɿ^{0}
菏泽	轱轮子ku^{44}luẽ^{0}tə^{0}	碓窑子tuẽ^{31}iɔ^{53}tə^{0} “碓”读为“顿”	（无）
曹县	轱轮子ku^{44}luŋ^{0}nẽ^{0} “轮”读为“笼”轻声	碓窑子tuẽ^{31}iɔ^{53}tə^{0} “碓”读为“顿”	（无）
金乡	轱轮儿ku^{23}luer^{0}	碓头tuei^{31}t^{h}ou^{42}	碓窑子tuei^{31}iɔ^{55}tsɿ^{0}
曲阜	轱轮儿ku^{213}luer^{0}	（无）	臼子tɕiou^{42}tsɿ^{0}
薛城	轱轮子ku^{24}luẽ^{0}tsɿ^{0} 车轱轮儿ts^{h}ə^{31}ku^{24}ler^{0}	碓窝子tue^{41}uə^{31}tsɿ^{0}	碓头tue^{41}t^{h}ou^{55}
郯城	轱辘儿ku^{24}ləur^{44} “辘”读为“喽”	碓te^{51}老/tue^{51}新	碓te^{51} 碓窝子te^{51}uə^{21}tsɿ^{0}
临沂	车轱辘儿tʃ^{h}ə^{24}ku^{21}lur^{0}	碓tei^{312}	（无）

	0682磨名词	0683年成	0684走江湖统称
荣成	磨mo^{33}	年头儿nian^{53}t^{h}əur^{35}	闯江湖tʂ^{h}uaŋ^{21}ciaŋ^{53}xu^{0}
烟台	磨mo^{33}	收成ɕiou^{53}tɕ^{h}iŋ^{0}	卖艺的mɛ^{53}i^{33}tə^{0}
栖霞	磨mə^{52}	收成ʃəu^{52}tʃ^{h}əŋ^{0}	跑江湖p^{h}ɔo^{34}ciaŋ^{52}xu^{0}
长岛	磨mə^{52}	年景ȵian^{55}ciŋ^{0}	闯江湖ts^{h}uaŋ^{35}ciaŋ^{31}xu^{55}
海阳	磨mə^{341}	年头儿ȵiã^{52}t^{h}əur^{341}	闯江湖tʂ^{h}uaŋ^{21}ciaŋ^{52}xu^{0}
莱西	磨mə^{42}	收成ʃiou^{32}tʃ^{h}əŋ^{0}	闯江湖ts^{h}uaŋ^{31}ciaŋ^{32}xu^{0} 走江湖tsou^{55}ciaŋ^{32}xu^{0}
平度	磨mə^{42}	年成ȵiã^{45}tʃ^{h}əŋ^{0}	闯江湖tʂ^{h}uaŋ^{55}ciaŋ^{213}xu^{0}
青岛	磨mə^{42}	年成ȵiã^{45}tʃ^{h}oŋ^{0}	打把势ta^{213}pa^{55}ʃʅ^{42} 卖艺的mɛ^{213}i^{42}ti^{0} 杂把耍儿tθa^{42}pa^{213}ʂuar^{55}
高密	磨mə^{21}	收成ʃou^{21}tʃ^{h}oŋ^{0}	走江湖tθou^{42}tɕiaŋ^{213}xu^{42}一般指卖艺为生
诸城	磨mə^{31}	年景儿ȵiã^{53}tʃə̃r^{44}	闯外tʂ^{h}uaŋ^{31}uɛ^{31}
沂水	磨mə^{31}	收成ʃou^{21}tʃ^{h}əŋ^{0}	闯外tʂ^{h}uaŋ^{31}uɛ^{31}
临朐	磨mə^{21}	年景ȵiã^{53}tɕiŋ^{44} 收成ʃəu^{21}tʃ^{h}əŋ^{0}	走南闯北tθəu^{44}nã^{53}tʂ^{h}uaŋ^{44}pei^{44}
日照	磨mə^{31}	年景儿niã^{53}tʃiə̃r^{44} 收成ʃiou^{31}tʃ^{h}iəŋ^{0}	闯荡tʂ^{h}uaŋ^{213}taŋ^{0} 闯tʂ^{h}uaŋ^{31}
莒南	磨mə^{312}	年景儿niã^{53}tɕiə̃r^{55}	闯江湖tʂ^{h}uaŋ^{31}tɕiaŋ^{213}xu^{53}
潍坊	磨mə^{31}	收成ʂɤɯ^{31}tʂ^{h}əŋ^{0}	闯江湖tʂ^{h}uaŋ^{55}tɕiaŋ^{214}xu^{53} 走江湖tsɤɯ^{55}tɕiaŋ^{214}xu^{53}
寿光	磨mə^{21}	收成ʂəu^{21}tʂ^{h}əŋ^{0} 年景ȵiã^{53}tɕiŋ^{55}	走南闯北tsəu^{55}nã^{53}tʂ^{h}uaŋ^{55}pei^{213} 闯外tʂ^{h}uaŋ^{21}uɛ^{21}
高青	磨mə^{41}	年成ȵiã^{35}tʂ^{h}əŋ^{0}	走江湖tsou^{55}tɕiaŋ^{213}xu^{55}
阳信	磨mə^{31}	年成ȵiã^{45}tʂ^{h}əŋ^{0}	闯江湖tʂ^{h}uaŋ^{55}tɕiaŋ^{213}xu^{43}
济阳	磨mə^{31}	年成ȵiã^{24}tʂ^{h}əŋ^{0}	跑江湖p^{h}ɔ^{55}tɕiaŋ^{213}xu^{55} 闯江湖tʂ^{h}uaŋ^{55}tɕiaŋ^{213}xu^{55}
利津	磨mə^{31}	年景ȵiã^{53}tɕiŋ^{55}	闯江湖tʂ^{h}uaŋ^{55}tɕiaŋ^{213}xu^{53}
乐陵	磨mə^{51}	收成ʂou^{31}tʂ^{h}əŋ^{0}	跑江湖p^{h}ɔ^{55}tɕiaŋ^{212}xu^{55}
商河	磨mə^{31}	年成ȵiã^{24}tʂ^{h}əŋ^{0}	走江湖tsou^{45}tɕiaŋ^{213}xu^{54}

续表

	0682磨名词	0683年成	0684走江湖统称
平原	磨mə^{21}	收成ʂou^{21}tʂʰəŋ^{0}	跑买卖pʰɔu^{42}mɛi^{23}mɛi^{0}
德州	磨mə^{21}	年景儿ȵiã^{42}tɕiə̃r^{55}	闯荡tʂʰuaŋ^{213}taŋ^{0}
武城	磨mə^{312}	收成ʂou^{312}tʂʰəŋ^{0}	跑买卖pʰɔ^{55}mɛ^{24}mɛ^{0}
临清	磨mə^{313}	收成ʂou^{13}tʂʰəŋ^{0}	闯江湖tʂʰuaŋ^{44}tɕiaŋ^{13}xu^{53}
冠县	磨mə^{314}	年景ȵiã^{53}tɕiŋ^{0} 收成ʂou^{13}tʂʰəŋ^{53}	跑江湖儿pʰɔ^{55}tɕiaŋ^{31}xur^{0}
聊城	磨mə^{313}	年月儿ȵiã^{44}yər^{0} 年头儿ȵiã^{53}tʰour^{53}	闯江湖tsʰuaŋ^{44}tɕiaŋ^{13}xu^{53}
济南	磨mə^{21}	年成ȵiã^{445}tʂʰəŋ^{0} 年景ȵiã^{42}tɕiŋ^{55}	闯江湖tʂʰuaŋ^{55}tɕiaŋ^{213}xu^{42}
泰安	磨mə^{21}	年景儿ȵiã^{42}tɕiə̃r^{55}	走江湖tsou^{55}tɕiaŋ^{213}xu^{42}
莱芜	磨mə^{42}	年成ȵiã^{13}tʃʰəŋ^{0}	走南闯北tsou^{213}nã^{55}tʃʰuaŋ^{31}pei^{213}
新泰	磨mə^{31}	年成ȵiã^{45}tʃʰəŋ^{0} 收成ʃou^{21}tʃʰəŋ^{0}	跑江湖pʰɔ^{55}tɕiaŋ^{21}xu^{42}
沂源	磨mə^{31}	年景ȵiã^{55}tɕiŋ^{55}	闯江湖tʃʰuaŋ^{31}tɕiaŋ^{21}xu^{55}
博山	磨mə^{31}	年成ȵiã^{35}tʂʰəŋ^{0}	走江湖tsəu^{55}tɕiaŋ^{213}xu^{55}
张店	磨mə^{31}	收成ʂou^{21}tʂʰəŋ^{0}	闯江湖tʂʰuaŋ^{55}tɕiaŋ^{213}xu^{55}
阳谷	磨mə^{313}	收儿成儿ʂour^{31}tʂʰə̃r^{0}	跑江湖pʰɔ^{55}tɕiaŋ^{13}xu^{42}
梁山	磨mə^{314}	年月ȵiã^{55}yə^{0}	走南闯北tsou^{55}nã^{42}tʂʰuaŋ^{55}pei^{213}
菏泽	磨mə^{312}	年景儿ȵiã^{53}tɕiə̃r^{0}	（无）
曹县	磨mə^{312}	收成ʂou^{21}tʂʰəŋ^{0}	走江湖tsou^{44}tɕiaŋ^{213}xu^{53}
金乡	磨mə^{312}	年成ȵiã^{42}tsʰəŋ^{0}	闯江湖tsʰuaŋ^{55}tɕiaŋ^{213}xu^{42}
曲阜	磨mə^{312}	年成ȵiã^{55}tsʰəŋ^{0}	闯江湖tsʰuaŋ^{55}tɕiaŋ^{213}xu^{42}
薛城	磨mə^{41}	年成ȵiã^{55}tsʰəŋ^{55}	闯江湖pfʰaŋ^{55}tɕiaŋ^{31}xu^{55}
郯城	磨mə^{51}	收成ʂəu^{21}tʂʰəŋ^{0} 年景儿ȵiã^{44}tɕiə̃r^{24}	闯江湖tʂʰuaŋ^{24}tɕiaŋ^{21}xu^{44}
临沂	磨mə^{312}	年景儿ȵiã^{53}tɕiɣ̃r^{55}	闯江湖tʃʰuaŋ^{55}tɕiaŋ^{21}xu^{0}

	0685打工	0686斧子	0687钳子
荣成	扛活kʰaŋ^{33}xuo^{33}	斧子fu^{214}tsɿ^{0}	钳子cʰian^{35}tsɿ^{0}

续表

	0685打工	0686斧子	0687钳子
烟台	打工ta^{21}kuŋ^{53}	斧子fu^{21}ɾə^{0}	钳子tɕ^{h}ian^{33}ɾə^{0}
栖霞	打小工儿ta^{21}ʃiɔo^{34}kũr^{52}	大斧tɛi^{34}fu^{0} “大”读为“带”	钳子c^{h}iɑŋ^{34}lə^{0}
长岛	打工ta^{35}kuŋ^{31}	斧子fu^{35}tsɿ^{0}	钳子c^{h}ian^{55}tsɿ^{0}
海阳	扛活k^{h}ɑŋ^{52}xuo^{341} 当小工儿tɑŋ^{21}siɔ^{0}kũr^{52}	斧头fu^{52}t^{h}əu^{341}	钳子c^{h}iã^{34}ə^{0}
莱西	打工ta^{55}koŋ^{214}	斧子fu^{24}tsɿ^{0} 斧头fu^{24}t^{h}ou^{42}	钳子c^{h}iã^{45}tsɿ^{0}
平度	打工ta^{55}kuŋ^{213}	斧子fu^{45}tθɿ^{0}	钳子c^{h}iã^{45}tθɿ^{0}
青岛	扛活儿k^{h}ɑŋ^{213}xuər^{42}长工 寻工夫siẽ^{42}koŋ^{21}fu^{0}短工	斧fu^{55} 斧头fu^{44}t^{h}ou^{31}	钳子tɕ^{h}iã^{45}tθɿ^{0}
高密	打工tɑ^{42}koŋ^{213} 找活儿tʂɔ^{213}xuər^{42}	斧头fu^{23}t^{h}ou^{0} 斧子fu^{23}tθɿ^{0}	钳子tɕ^{h}iã^{55}tθɿ^{0}
诸城	打工儿ta^{44}kə̃r^{213}	斧头fu^{213}t^{h}ou^{0}	钳子tʃ^{h}ã^{24}tθɿ^{0}
沂水	打外拐儿ta^{44}uɛ^{31}kuɛr^{44}	斧头fu^{213}t^{h}ou^{0}	钳子tɕ^{h}iã^{24}dðɿ^{0}
临朐	打短工ta^{44}tuã^{213}kuŋ^{0} 扎$^{=}$觅汉tʂa^{213}mi^{44}xã^{0}	斧子fu^{213}tθɿ^{0}	钳子tɕ^{h}iã^{35}tθɿ^{0}
日照	打劳力tɑ^{24}lɔ^{44}li^{31} 出工tʃ^{h}u^{44}kəŋ^{213}	斧fu^{44} 斧头fu^{213}t^{h}ou^{0}	钳子tʃ^{h}iã^{44}tθɿ^{0}
莒南	打工儿ta^{53}kuə̃r^{213}	斧头fu^{213}t^{h}ou^{0}	钳子tɕ^{h}iã^{24}tθɿ^{0}
潍坊	打工tɑ^{55}koŋ^{214}	斧子fu^{24}tsɿ^{0}	钳子tɕ^{h}iã^{55}tsɿ^{0}
寿光	打短工儿ta^{53}tuã^{24}kuɤr^{0}受人短期雇佣 扛觅汉儿k^{h}ɑŋ^{21}mi^{55}xɛr^{21}受人长期雇佣	斧子fu^{24}tsɿ^{0}	钳子tɕ^{h}iã^{35}tsɿ^{0}
高青	打工tɑ^{55}kuŋ^{213}	斧子fu^{213}tsɿ^{0}	钳子tɕ^{h}iã^{35}tsɿ^{0}
阳信	扛活k^{h}ɑŋ^{31}xuə^{43}	斧子fu^{213}tsɿ^{0}	钳子tɕ^{h}iã^{45}tsɿ^{0}
济阳	扛活儿k^{h}ɑŋ^{31}xuər^{55} 打工ta^{55}kuŋ^{213}	斧子fu^{213}tsɿ^{0}	钳子tɕ^{h}iã^{24}tsɿ^{0}
利津	打工ta^{55}kuŋ^{213}	斧子fu^{213}tsɿ^{0}	钳子tɕ^{h}iã^{35}tsɿ^{0}
乐陵	打工tɑ^{55}kuŋ^{24}	斧子fu^{212}tsɿ^{0}	钳子tɕ^{h}iã^{55}tsɿ^{0}
商河	扛活k^{h}ɑŋ^{31}xuə^{54}	斧子fu^{213}tsɿ^{0}	钳子tɕ^{h}iã^{24}tsɿ^{0}
平原	扛活儿k^{h}ɑŋ^{21}xuor^{42}	斧子fu^{23}tsɿ^{0}	钳子tɕ^{h}iã^{55}tsɿ^{0}

续表

	0685打工	0686斧子	0687钳子
德州	扛活 kʰɑŋ^{21}xuə^{42}	斧子 fu^{213}tsɿ^{0}	钳子 tɕʰiã^{55}tsɿ^{0}
武城	扛活 kʰɑŋ^{21}xuə^{53} 打工 ta^{53}kuŋ^{224}	斧 fu^{55}	钳子 tɕʰiã^{55}tsɿ^{0}
临清	扛活儿kʰɑŋ^{31}xuər^{53}	斧子 fu^{44}tsɿ^{0}	钳子 tɕʰian^{44}tsɿ^{0}
冠县	扛活 kʰɑŋ^{13}xuə^{53} 打工 ta^{55}kuŋ^{13}	斧子 fu^{44}tsɿ^{0}	钳子 tɕʰiã^{55}tsɿ^{0}
聊城	扛活儿kʰɑŋ^{31}xuər^{53}	斧子 fu^{44}tsɿ^{0} 斧头 fu^{44}tʰou^{0}	钳子 tɕʰiã^{44}tsɿ^{0}
济南	扛活儿kʰɑŋ^{21}xuər^{42}	斧子 fu^{213}tsɿ^{0}	钳子 tɕʰiã^{445}tsɿ^{0}
泰安	做活 tsou^{21}xuə^{42}	斧子 fu^{213}tsɿ^{0}	钳子 tɕʰiã^{55}tsɿ^{0}
莱芜	扛活 kʰɑŋ^{42}xuə^{55}	斧子 fu^{213}tsɿ^{0}	钳子 tɕʰiã^{13}tsɿ^{0}
新泰	打工 ta^{55}kuŋ^{213}	斧子 fu^{213}tθɿ^{0}	钳子 tɕʰiã^{45}tθɿ^{0}
沂源	出伕子 tʃʰu^{55}fu^{21}tθɿ^{0}	斧头 fu^{21}tʰou^{0}	钳子 tɕʰiã^{35}tθɿ^{0}
博山	打短工 tɑ^{55}tuã^{213}kuŋ^{0}	斧子 fu^{35}ə^{0}	钳子 tɕʰiã^{35}ə^{0}
张店	打短工 tɑ^{55}tuã^{213}kuŋ^{0}	斧子 fu^{213}ɿ^{0}	钳子 tɕʰiã^{35}ɿ^{0}
阳谷	打短儿ta^{42}tuɐr^{55} 扛长活儿kʰɑŋ^{31}tsʰɑŋ^{42}xuor^{42}	斧子 fu^{13}zɿ^{0}	钳子 tɕʰiã^{55}zɿ^{0}
梁山	扛活 kʰɑŋ^{31}xuə^{42} 打工 ta^{55}kuŋ^{213}	斧子 fu^{23}tsɿ^{0}	钳子 tɕʰiã^{42}tsɿ^{0}
菏泽	扛活儿kʰɑŋ^{31}xuər^{53}	斧子 fu^{44}tə^{0}	钳子 tɕʰiã^{53}tə^{0}
曹县	干活儿kã^{31}xuər^{53}	斧子 fu^{44}tə^{0}	钳子 tɕʰiã^{53}nẽ^{0}
金乡	扛活 kʰɑŋ^{31}xuə^{42}	斧子 fu^{23}tsɿ^{0}	钳子 tɕʰiã^{55}tsɿ^{0}
曲阜	做活儿tsou^{31}xuər^{42}	斧子 fu^{213}tsɿ^{0}	钳子 tɕʰiã^{55}tsɿ^{0}
薛城	干工 kã^{41}kuŋ^{313}	斧头 fu^{55}tʰou^{55}	钳子 tɕʰiã^{55}tsɿ^{0}
郯城	打工 ta^{44}kuŋ^{213}	斧头 fu^{24}tʰəu^{0}	钳子 tɕʰiã^{44}tsɿ^{0}
临沂	打工 ta^{55}kuŋ^{214}	斧子 fu^{214}tsɿ^{0} 斧头 fu^{214}tʰou^{0}	钳子 tɕʰiã^{55}tsɿ^{0}

	0688螺丝刀	0689锤子	0690钉子
荣成	螺丝刀 lo^{35}sɿ^{0}tau^{53}	锤 tʂʰuei^{35}	钉儿tiə̃r^{53}
烟台	螺丝刀子 luo^{33}sɿ^{0}tau^{53}rə^{0}	锤子 tsʰuei^{33}rə^{0}	钉子 tiŋ^{53}rə^{0}

续表

	0688 螺丝刀	0689 锤子	0690 钉子
栖霞	螺丝刀儿luo^{34}sɿ^{0}tɔor^{52}	锤子tsʰuei^{34}lə^{0}	钉儿tiɔ̃r^{312}
长岛	螺丝刀luə^{55}sɿ^{0}tau^{31}	锤子tsʰuei^{55}tsɿ^{0}	钉子tiŋ^{31}tsɿ^{0}
海阳	螺丝刀luo^{52}θɿ^{0}tɔ^{52}	锤子tʂʰuei^{34}ə^{0}	钉儿tiɔ̃r^{52}
莱西	螺丝刀儿luə^{45}sɿ^{0}tɔr^{214}	锤子tsʰuei^{45}tsɿ^{0}	钉子tiŋ^{214}tsɿ^{0}
平度	螺丝刀儿luə^{45}θɿ^{0}tɔr^{213}	锤tʂʰuei^{42}	钉子tiŋ^{213}tθɿ^{0}
青岛	螺丝刀儿luə^{42}θɿ^{55}tɔr^{213} 起子tɕʰi^{55}tθɿ^{0}	锤tʂʰuei^{42}	钉子tioŋ^{213}tθɿ^{0} 洋钉儿iaŋ^{42}tiɔ̃r^{213}
高密	螺丝刀子luə^{42}θɿ^{0}tɔ^{21}tθɿ^{0} 螺丝刀儿luə^{42}θɿ^{0}tɔr^{213}	锤tʂʰuei^{42} 锤子tʂʰuei^{55}tθɿ^{0}	钉子tioŋ^{21}tθɿ^{0}
诸城	解锥tʃɛ^{213}tʂuei^{0}	锤tʂʰuei^{53}	钉子ȶiəŋ^{31}tθɿ^{0}
沂水	解锥tɕiɛ^{213}tʂue^{0} 螺丝刀儿luə^{24}θɿ^{0}tɔr^{213} 螺丝刀子luə^{24}θɿ^{0}tɔ^{21}dðɿ^{0}	锤tʂʰue^{53}	钉子tiŋ^{21}dðɿ^{0}
临朐	起子tɕʰi^{213}tθɿ^{0}	锤子tʂʰuei^{35}tθɿ^{0}	洋油钉儿iaŋ^{53}iəu^{53}tiɔ̃r^{213}
日照	改锥kɛ^{213}tʂuei^{0} 螺丝刀子luə^{44}θɿ^{0}tɔ^{31}tθɿ^{0}	锤tʂʰuei^{53}	钉子tiəŋ^{31}tθɿ^{0}
莒南	解锥tɕiɛ^{213}tʂuei^{0}	锤tʂʰuei^{53}	洋寨⁼子iaŋ^{53}tʂɛ^{42}tθɿ^{0}
潍坊	螺丝刀子luə^{35}sɿ^{0}tɔɤ^{31}tsɿ^{0}	锤子tʂʰuei^{35}tsɿ^{0}	钉子tiŋ^{31}tsɿ^{0}
寿光	起子tɕʰi^{24}tsɿ^{0} 螺丝刀儿luə^{55}sɿ^{0}tɔr^{213}	锤子tʂʰuei^{35}tsɿ^{0}	钉子tiŋ^{21}tsɿ^{0}
高青	螺丝刀儿luə^{55}sɿ^{213}tɔr^{213}	锤子tʂʰuei^{35}tsɿ^{0}	钉子tiŋ^{21}tsɿ^{0}
阳信	起子tɕʰi^{213}tsɿ^{0} 螺丝刀儿luə^{55}sɿ^{0}tɔr^{213}	钉锤子tiŋ^{31}tʂʰuei^{0}tsɿ^{0}	钉子tiŋ^{31}tsɿ^{0}
济阳	螺丝刀儿luə^{55}sɿ^{0}tɔr^{213}	锤子tʂʰuei^{24}tsɿ^{0}	钉子tiŋ^{21}tsɿ^{0}
利津	螺丝刀儿luə^{55}sɿ^{0}tɔr^{213}	锤子tʂʰuei^{35}tsɿ^{0}	钉子tiŋ^{31}tsɿ^{0}
乐陵	改锥kɛ^{212}tʂuei^{0}	钉锤子tiŋ^{31}tʂʰuei^{0}tsɿ^{0}	钉子tiŋ^{31}tsɿ^{0}
商河	螺丝刀子luə^{24}sɿ^{0}tɔ^{21}tsɿ^{0}	锤子tʂʰuei^{24}tsɿ^{0}	钉子tiŋ^{21}tsɿ^{0}
平原	改锥kei^{42}tʂuei^{213}	锤子tʂʰuei^{55}tsɿ^{0}	钉子tiŋ^{21}tsɿ^{0}
德州	改锥kɛ^{55}tʂuei^{213}	锤子tʂʰuei^{55}tsɿ^{0}	钉子tiŋ^{21}tsɿ^{0}
武城	改锥kɛ^{53}tʂʰuei^{224}	锤头tʂʰuei^{55}tʰou^{0}	钉子tiŋ^{312}tsɿ^{0}
临清	改锥kai^{44}tʂuei^{13}	锤头tʂʰuei^{44}tʰou^{0}	钉子tiŋ^{13}tsɿ^{0} 洋钉iaŋ^{53}tiŋ^{13}

续表

	0688螺丝刀	0689锤子	0690钉子
冠县	改锥kɛ^{55}tʂuei^{13} 起子tɕʰi^{44}tsɿ^{0}	锤子tʂʰuei^{55}tsɿ^{0}	钉tiŋ^{13}
聊城	改锥kɛ^{44}tsuei^{13} 螺丝刀儿luə^{53}sɿ^{13}tɔr^{13}	锤头tsʰuei^{44}tʰou^{0} 锤子tsʰuei^{44}tsɿ^{0}	钉子tiŋ^{13}tsɿ^{0}
济南	螺丝刀儿luə^{55}sɿ^{0}tɔr^{213}	锤子tʂʰuei^{445}tsɿ^{0} 钉锤子tiŋ^{21}tʂʰuei^{0}tsɿ^{0}	钉子tiŋ^{21}tsɿ^{0}
泰安	螺丝刀儿luə^{42}sɿ^{0}tɔr^{213}	锤子tʂʰuei^{55}tsɿ^{0}	钉子tiŋ^{21}tsɿ^{0}
莱芜	螺丝刀luə^{55}sɿ^{213}tɔ^{213}	锤子tʃʰuei^{13}tsɿ^{0}	钉子tiŋ^{31}tsɿ^{0}
新泰	螺丝刀luə^{45}θɿ^{0}tɔ^{213}	锤pfʰei^{42}	钉子tiŋ^{21}tθɿ^{0}
沂源	螺丝刀儿luə^{55}θɿ^{0}tɔr^{213}	锤tʃʰuei^{55}	钉子tiŋ^{21}tθɿ^{0}
博山	螺丝刀子luə^{55}sɿ^{0}tɔ^{21}ə^{0}	锤子tʂʰuei^{35}ə^{0}	钉子tiŋ^{21}ə^{0}
张店	螺丝刀子luə^{55}sɿ^{213}tɔ^{21}ʅ^{0}	锤子tʂʰuei^{35}ʅ^{0}	钉子tiŋ^{21}ʅ^{0}
阳谷	改锥kɛ^{55}tsuei^{213}	锤头tsʰuei^{55}tʰou^{0} 锤子tsʰuei^{55}zɿ^{0}	钉头儿tiŋ^{13}tʰour^{42}
梁山	螺丝刀子luə^{42}sɿ^{0}tɔ^{21}tsɿ^{0}	锤子tsʰuei^{55}tsɿ^{0}	钉子tiŋ^{21}tsɿ^{0}
菏泽	螺丝刀儿luə^{53}sɿ^{213}tɔr^{213} 改锥kɛ^{44}tsuei^{213}	锤tsʰuei^{53}	钉tiŋ^{213}
曹县	起子tɕʰi^{44}tə^{0}	锤tʂʰuei^{53}	钉tiŋ^{213}
金乡	螺丝刀儿luə^{42}sɿ^{0}tɔr^{213}	锤tsʰuei^{42}	洋钉iɑŋ^{55}tiŋ^{213}
曲阜	螺丝刀子luə^{42}sɿ^{0}tɔ^{21}tsɿ^{0}	锤tsʰuei^{42}	洋钉iaŋ^{42}tiŋ^{213} 钉tiŋ^{213}
薛城	螺丝刀luə^{55}sɿ^{0}tɔ^{313}	锤pfʰe^{55}	洋钉iɑŋ^{55}tiŋ^{313} 钉tiŋ^{313}
郯城	起子tɕʰi^{24}tsɿ^{0} 螺丝刀子luə^{44}sɿ^{21}tɔ^{21}tsɿ^{0}	锤tʂʰue^{44}	洋寨$^{=}$子iaŋ^{44}tʂɛ^{51}tsɿ^{0} 钉子tiŋ^{21}tsɿ^{0}
临沂	起子tɕʰi^{214}tsɿ^{0}	锤tʃʰuei^{53} 锤子tʃʰuei^{55}tsɿ^{0}	铁钉tʰiə^{24}tiŋ^{214} 钉子tiŋ^{21}tsɿ^{0}

	0691绳子	0692棍子	0693做买卖
荣成	绳儿ʃə̃r^{35}	棍kuən^{33}指粗的 棍儿kuər^{33}指细的	做买卖tsəu^{33}mai^{214}mai^{0}
烟台	绳儿ɕiə̃r^{33}	棍子kuən^{33}ɾə^{0}	做买卖tsou^{33}mɛ^{21}mɛ^{0}

续表

	0691绳子	0692棍子	0693做买卖
栖霞	绳子ʃəŋ^{34}lə^{0}	棍kuə̃n^{52}	做买卖tsəu^{34}mɛi^{21}mɛi^{0}
长岛	绳子ʃəŋ^{55}tsɿ^{0}	棍儿kuər^{52}	做买卖tsou^{52}mai^{35}mai^{0}
海阳	绳儿sə̃r^{341}	棍子kuẽ^{34}ə^{0}	做买卖tθəu^{34}mɛ^{21}mɛ^{0}
莱西	绳儿ʃə̃r^{42} 绳子ʃəŋ^{45}tsɿ^{0}	棍子kuẽ^{42}tsɿ^{0} 棍儿kuer^{42}	做买卖tsuə^{42}mɛ^{45}mɛ^{0}
平度	绳子ʃəŋ^{45}tθɿ^{0}	棍子kuə̃^{42}tθɿ^{0}	做买儿卖儿tθou^{213}mɛr^{45}mɛr^{0}
青岛	绳子ʃoŋ^{45}tθɿ^{0}	棍子kuẽ^{42}tθɿ^{0}	做买儿卖儿tθou^{213}mɛr^{55}mɛr^{0}
高密	绳子ʃoŋ^{55}tθɿ^{0}	巴棍子pɑ^{21}kuə̃^{0}tθɿ^{0}	做买儿卖儿tθou^{21}mɛr^{23}mɛr^{0} 做生意tθou^{21}ʃoŋ^{23}i^{21}
诸城	绳子ʃəŋ^{24}tθɿ^{0}	巴棍子pa^{31}kuẽ^{0}tθɿ^{0}	做买卖tθou^{31}mɛ^{213}mɛ^{0}
沂水	绳子ʃəŋ^{24}dðɿ^{0} 绳ʃəŋ^{53}	巴棍儿pa^{21}kuer^{0} 巴棍子pa^{21}kuẽ^{0}dðɿ^{0}	做买儿卖儿dðu^{31}mɛr^{213}mɛr^{0}
临朐	绳子ʃəŋ^{35}tθɿ^{0}	棍子kuə̃^{44}tθɿ^{0}	做买儿卖儿tθu^{21}mɛr^{213}mɛr^{0}
日照	绳子ʃiəŋ^{44}tθɿ^{0}	棍kuẽ^{31}	做买儿卖儿tθu^{31}mɛr^{213}mɛr^{0}
莒南	绳子ʃəŋ^{24}tθɿ^{0}	巴棍子pa^{213}kuẽ^{42}tθɿ^{0}	做买卖tθou^{31}mɛ^{213}mɛ^{0} 做生意tθou^{31}ʂəŋ^{213}i^{0}
潍坊	绳子ʂəŋ^{35}tsɿ^{0}	棍子kuẽ^{55}tsɿ^{0}	做买卖tsɤɯ^{31}mɛ^{24}mɛ^{0}
寿光	绳子ʂəŋ^{35}tsɿ^{0}	棍子kuə̃^{55}tsɿ^{0}	做买卖tsu^{21}mɛ^{24}mɛ^{0}
高青	绳子ʂəŋ^{35}tsɿ^{0}	棍子kuə̃^{55}tsɿ^{0}	做买儿卖儿tsu^{41}mɛr^{213}mɛr^{0}
阳信	绳子ʂəŋ^{45}tsɿ^{0}	棍子kuə̃^{55}tsɿ^{0}	做买儿卖儿tsou^{31}mɛr^{213}mɛr^{0}
济阳	绳子ʂəŋ^{24}tsɿ^{0}	棍子kuẽ^{55}tsɿ^{0}	做买儿卖儿tsou^{31}mɛr^{213}mɛr^{0}
利津	绳子ʂəŋ^{55}tsɿ^{0}	棍子kuẽ^{55}tsɿ^{0}	做买卖儿tsu^{31}mɛ^{213}mɛr^{0}
乐陵	绳儿ʂər^{55}	棍子kuẽ^{55}tsɿ^{0} 杠子kɑŋ^{55}tsɿ^{0}	做买儿卖儿tsou^{31}mɛr^{212}mɛr^{0}
商河	绳子ʂəŋ^{24}tsɿ^{0}	棍子kuẽ^{54}tsɿ^{0}	做买卖tsou^{31}mɛ^{213}mɛ^{0}
平原	绳子ʂəŋ^{55}tsɿ^{0}	棍子kuẽ^{42}tsɿ^{0}	做买卖tsou^{21}mɛi^{23}mɛi^{0}
德州	绳儿ʂər^{42}	棍子kuẽ^{42}tsɿ^{0} 棍儿kuer^{21}	做买卖tsou^{21}mɛ^{213}mɛ^{0}
武城	绳子ʂəŋ^{55}tsɿ^{0}	棍子kuẽ^{53}tsɿ^{0}	做买儿卖儿tsou^{21}mɛr^{24}mɛr^{0}
临清	绳子ʂəŋ^{44}tsɿ^{0}	棍子kun^{53}tsɿ^{0} 棍儿kuer^{313}	做买儿卖儿tsuə^{31}mɛr^{44}mɛr^{0}

续表

	0691绳子	0692棍子	0693做买卖
冠县	绳ʂəŋ^{53}较粗 绳子ʂəŋ^{55}tsɿ^{0}较细	棍子kuẽ^{53}tsɿ^{0}	做买卖tsuə^{31}mɛ^{55}mɛ^{0}
聊城	绳儿sər^{53}	棍子kuẽ^{53}tsɿ^{0} 杠子kaŋ^{53}tsɿ^{0}较粗的棍子	做买卖tsou^{31}mɛ^{44}mɛ^{0}
济南	绳子ʂəŋ^{445}tsɿ^{0}	棍子kuẽ^{55}tsɿ^{0} 棍棒子kuẽ^{55}paŋ^{0}tsɿ^{0}	做买卖tsou^{21}mɛ^{213}mɛ^{0} 做买儿卖儿tsou^{21}mɛr^{213}mɛr^{0}
泰安	绳子ʂəŋ^{55}tsɿ^{0}	巴棍子pa^{21}kuẽ^{55}tsɿ^{0}	做买卖tsou^{21}mɛ^{213}mɛ^{0}
莱芜	绳子ʃəŋ^{13}tsɿ^{0}	棍子kuẽ^{42}tsɿ^{0}	做买卖tsuə^{42}mɛ^{213}mɛ^{0}
新泰	绳子ʃəŋ^{45}tθɿ^{0}	棍子kuẽ^{54}tθɿ^{0}	做买卖tθou^{31}mɛ^{213}mɛ^{0}
沂源	绳子ʃəŋ^{35}tθɿ^{0}	巴棍子pa^{21}kuə̃^{0}tθɿ^{0}	做买卖tθu^{31}mɛ^{21}mɛ^{0}
博山	绳子ʂəŋ^{35}ə^{0}	棍子kuẽ^{55}ə^{0}	做买卖tsu^{31}mɛ^{213}mɛ^{0}
张店	绳子ʂəŋ^{35}ɿ^{0}	巴棍pɑ^{21}kuə̃^{0}	做买卖tsu^{31}mɛ^{213}mɛ^{0}
阳谷	绳səŋ^{42}	棍子kuẽ^{42}zɿ^{0}	做买儿卖儿tsou^{31}mɐr^{55}mɐr^{0}
梁山	绳səŋ^{42}	棍子kuẽ^{42}tsɿ^{0}	做买卖tsou^{31}mɛ^{55}mɛ^{0} 做生意tsou^{31}səŋ^{23}i^{31}
菏泽	绳子səŋ^{53}tə^{0}	棍子kuẽ^{31}nə^{0}	做买卖tsou^{31}mɛ^{44}mɛ^{0}
曹县	绳子ʂəŋ^{53}nẽ^{0}	棍子kuẽ^{31}nẽ^{0}	做生意tsou^{31}ʂəŋ^{21}i^{0}
金乡	绳səŋ^{42}	棍kuẽ^{312}	做生意tsuə^{31}səŋ^{21}i^{0}
曲阜	绳səŋ^{42}	巴棍子pa^{21}kuẽ^{213}tsɿ^{0}	做买卖tsou^{31}mɛ^{213}mɛ^{0}
薛城	绳səŋ^{55}	棍kuẽ^{41}	做生意tsou^{41}səŋ^{31}i^{0}
郯城	绳子ʂəŋ^{44}tsɿ^{0}	巴棍子pa^{21}kuə̃^{51}tsɿ^{0} 棍kuə̃^{51}	做买卖tsəu^{51}mɛ^{24}mɛ^{0} 做生意tsuə^{51}ʂəŋ^{21}i^{0}
临沂	绳子ʃəŋ^{55}tsɿ^{0}	巴棍子pa^{24}kuẽ^{31}tsɿ^{0} 棍子kuẽ^{31}tsɿ^{0}	做买卖tsu^{31}mɛ^{214}mɛ^{0}/tsuə^{24}mɛ^{214}mɛ^{0}

	0694商店	0695饭馆	0696旅馆旧称
荣成	社ʃɛ^{33} 小店儿siau^{21}tiɐr^{33} 商店ʂaŋ^{53}tian^{33}	馆子kuan^{214}tsɿ^{0}	旅社ly^{21}ʃiɛ^{33} 旅馆ly^{55}kuan^{214} 旅店ly^{21}tian^{33}
烟台	百货店儿po^{21}xuo^{0}tiɐr^{33}	饭馆子fan^{53}kuan^{21}ɾə^{0}	旅馆ly^{33}kuan^{14}
栖霞	杂货店儿tsa^{34}xuo^{0}tiɐr^{52}	饭馆儿fã^{52}kuɐr^{214}	旅店ly^{21}tiã^{52}

续表

	0694商店	0695饭馆	0696旅馆旧称
长岛	小卖铺儿ʃau^{55}mai^{52}p^{h}ur^{52}	馆子kuan^{35}tsɿ^{0}	旅馆ly^{52}kuan^{213}
海阳	乡社çiɑŋ^{52}sə^{341}	饭店fã^{52}tiã^{341}	旅社ly^{21}sə^{341}
莱西	门市部儿mẽ^{45}sɿ^{0}pur^{42} 商店ʃɑŋ^{214}tiã^{42}	饭店fã^{42}tiã^{42} 饭馆儿fã^{214}kuɛr^{55}	旅舍ly^{214}ʃiə^{42} 旅店ly^{214}tiã^{42}
平度	合作社xə^{213}tθuə^{42}ʃə^{42} 商店ʃɑŋ^{213}tiã^{42}	饭店fã^{213}tiã^{42} 饭馆儿fã^{213}kuɛr^{55}	旅舍ly^{55}ʃə^{42} 旅馆ly^{213}kuã^{55}
青岛	小铺儿siɔ^{55}p^{h}ur^{42} 合作社xə^{213}tθuə^{42}ʃə^{42} 供销社koŋ^{42}siɔ^{213}ʃə^{42}	饭店fã^{213}tiã^{42}	旅店ly^{55}tiã^{42} 旅馆ly^{213}kuã^{55}
高密	铺子p^{h}u^{42}tθɿ^{0} 门市部儿mə̃^{55}ʂʅ^{0}pur^{21} 商店ʃɑŋ^{23}tiã^{21}	饭店fã^{23}tiã^{21} 饭馆儿fã^{21}kuɛr^{55}	马车店mɑ^{55}tʃ^{h}ə^{0}tiã^{21}
诸城	门市部儿mẽ^{24}ʂʅ^{0}pur^{31}	馆子kuã^{213}tθɿ^{0}	店ȶiã^{31}
沂水	商店ʃɑŋ^{24}tiã^{31}	饭馆儿fã^{31}kuɛr^{44}	旅店ly^{44}tiã^{31}
临朐	铺子p^{h}u^{44}tθɿ^{0}	馆子kuã^{213}tθɿ^{0}	店tiã^{21}
日照	铺里p^{h}u^{53}li^{0}	馆子kuã^{213}tθɿ^{0}	店tiã^{31}
莒南	小卖部siɔ^{55}mɛ^{13}pu^{31}小 商店ʃɑŋ^{13}tiã^{31}大	饭馆儿fã^{31}kuɛr^{55} 饭店fã^{13}tiã^{31}	坊子fɑŋ^{21}tθɿ^{0}
潍坊	小铺儿çiɔɤ^{24}p^{h}ur^{31} 门市部儿mẽ^{35}ʂʅ^{0}pur^{31}	饭店fã^{24}tiã^{31}	店tiã^{31}
寿光	铺子p^{h}u^{55}tsɿ^{0}	馆子kuã^{24}tsɿ^{0}	店tiã^{21}
高青	铺子p^{h}u^{55}tsɿ^{0}	饭店fã^{41}tiã^{41}	店tiã^{41}
阳信	门市mə̃^{45}ʂʅ^{0}	馆子kuã^{213}tsɿ^{0}	店tiã^{31} 旅社ly^{55}ʂə^{31}
济阳	铺子p^{h}u^{55}tsɿ^{0}	馆子kuã^{213}tsɿ^{0} 饭店fã^{31}tiã^{31}	店tiã^{31}
利津	商店ʂɑŋ^{24}tiã^{31}	饭馆儿fã^{31}kuɛr^{55}	店tiã^{31}
乐陵	门市mẽ^{55}sɿ^{0}	饭店fã^{24}tiã^{51}	旅店ly^{55}tiã^{51}
商河	铺子p^{h}u^{54}tsɿ^{0}	饭店fã^{24}tiã^{31} 馆子kuã^{213}tsɿ^{0}	店tiã^{31}
平原	门市mẽ^{55}sɿ^{0}	饭店fã^{23}tiã^{21}	店tiã^{21}
德州	铺儿p^{h}ur^{21}小的 门市mẽ^{55}ʂʅ^{0}大的	饭馆儿fã^{21}kuɛr^{55}	店tiã^{21}

续表

	0694商店	0695饭馆	0696旅馆旧称
武城	门市部儿mẽ^{55}ʂʅ^{0}pur^{312}	饭馆儿fã^{21}kuɛr^{55}	旅社ly^{55}ʂə^{312}
临清	店tian^{313} 铺儿pʰur^{313}	饭店fan^{13}tian^{313} 餐馆儿tsʰan^{13}kuɛr^{44}	旅店ly^{53}tian^{313} 旅馆ly^{53}kuan^{44} 马车店ma^{44}tʂʰə^{13}tian^{313}
冠县	门市部儿mẽ^{55}ʂʅ^{0}pur^{314}	饭店fã^{24}tiã^{314}	店tiã^{314}
聊城	门市部儿mẽ^{44}sʅ^{31}pur^{313}	饭店fã^{311}tiã^{313}	店tiã^{313} 马车店ma^{44}tsʰə^{13}tiã^{313}
济南	铺子pʰu^{55}tsʅ^{0}	馆子kuã^{213}tsʅ^{0}	店tiã^{21}
泰安	铺子pʰu^{42}tsʅ^{0}	馆子kuã^{213}tsʅ^{0}	店tiã^{21}
莱芜	商店ʃaŋ^{213}tiã^{42}	饭馆儿fã^{31}kuɛ^{55}	旅馆ly^{55}kuã^{213}
新泰	商店ʃaŋ^{23}tiã^{31}	馆子kuã^{213}tθʅ^{0}	旅舍ly^{55}ʃə^{31}
沂源	铺子pʰu^{55}tθʅ^{0}	馆子kuã^{21}tθʅ^{0}	店tiã^{31}
博山	铺子pʰu^{55}ə^{0}	馆子kuã^{213}ə^{0}	店tiã^{31}
张店	铺子pʰu^{55}ʅ^{0}	馆子kuã^{213}ʅ^{0}	店tiã^{31}
阳谷	商铺saŋ^{13}pʰu^{313} 小卖店儿ɕiɔ^{55}mɛ^{13}tiɛr^{313}	饭店fã^{13}tiã^{313}	旅馆ly^{55}kuã^{55} 旅店ly^{55}tiã^{313} 旅社ly^{55}sə^{313}
梁山	小铺儿ɕiɔ^{55}pʰur^{314}	馆子kuã^{23}tsʅ^{0}	大车店ta^{31}tsʰə^{23}tiã^{31} 店tiã^{314}
菏泽	铺子pʰu^{31}tə^{0}	馆子kuã^{44}tə^{0} 饭店fã^{213}tiã^{312}	店tiã^{312}
曹县	小卖部儿ɕiɔ^{44}mai^{44}pur^{312} 门市部儿mẽ^{53}sʅ^{0}pur^{312} 代销点tai^{31}ɕiɔ^{21}tiã^{44}	饭店fã^{13}tiã^{312} 食堂ʂʅ^{53}tʰaŋ^{53}	旅社儿ly^{44}ʂər^{312}
金乡	铺面pʰu^{31}miã^{213}	饭馆儿fã^{31}kuɛr^{55} 饭店fã^{23}tiã^{312}	店tiã^{312}
曲阜	铺儿pʰur^{312}	饭馆儿fã^{31}kuɛr^{55}	旅店ly^{55}tiã^{312}
薛城	合作店儿xə^{55}tsuə^{41}tiɛr^{41} 代销店儿tɛ^{41}ɕiɔ^{313}tiɛr^{41}	馆子kuã^{24}tsʅ^{0}	店tiã^{41}
郯城	门市部儿mə̃^{44}ʂʅ^{0}pur^{51} 商店ʂaŋ^{21}tiã^{51}	饭馆儿fã^{51}kuɛr^{24} 饭店fã^{51}tiã^{51}	坊子faŋ^{21}tsʅ^{0} 店tiã^{51} 旅馆儿ly^{24}kuɛr^{24}
临沂	商店ʃaŋ^{24}tiã^{312}	饭馆儿fã^{31}kuɛr^{55} 饭店fã^{31}tiã^{312}	店tiã^{312}

	0697贵	0698便宜	0699合算
荣成	贵kuei^{33}	贱tsian^{33}	上算ʃɑŋ^{33}san^{33}
烟台	贵kuei^{33}	贱tɕian^{33}	上算ɕiɑŋ^{53}san^{33} 合算xuo^{53}san^{33}
栖霞	贵kuei^{52}	贱tʃiãn^{342}	上算ʃɑŋ^{55}sãn^{52}
长岛	贵kuei^{52}	贱tʃan^{52}	上算ʃɑŋ^{52}san^{52}
海阳	贵kuei^{341}	贱tsiã^{341}	合账xuo^{52}tsɑŋ^{341}
莱西	贵kuei^{42}	便宜p^{h}iã^{45}i^{0} 贱tʃiã^{42}	合算xə^{23}sã^{42} 上算ʃɑŋ^{23}sã^{42}
平度	贵kuei^{42}	便宜p^{h}iã^{45}i^{0} 贱tsiã^{42}	上算ʃɑŋ^{213}θã^{42}
青岛	贵kuei^{42}	便宜p^{h}iã^{45}i^{0} 贱tsiã^{42}	上算ʃɑŋ^{213}θuã^{42}
高密	贵kuei^{21}	贱tsiã^{21} 便宜p^{h}iã^{55}i^{0}	合算xuə^{42}θuã^{21}
诸城	贵kuei^{31}	贱tθiã^{31}	合算xuə^{53}θuã^{31}
沂水	贵kue^{31}	便宜p^{h}iã^{24}i^{0} 贱dziã^{31}	合算xuə^{53}θuã^{31}
临朐	贵kuei^{21}	贱tɕiã^{21}	合账kuə^{44}tʃɑŋ^{21} "合"读为"裹"①
日照	贵kuei^{31}	贱ȶiã^{31}	划算xuɑ^{44}θuã^{0}
莒南	贵kuei^{312}	贱tsiã^{312}	划算xua^{24}θuã^{0}
潍坊	贵kuei^{31}	便宜p^{h}iã^{35}i^{0} 贱tɕiã^{31}	合算xuə^{55}suã^{0}
寿光	贵kuei^{21}	贱tɕiã^{21} 便宜p^{h}iã^{35}i^{0}	合账kuə^{55}tʂɑŋ^{21} "合"读为"裹" 合适xuə^{53}ʂʅ^{213}
高青	贵kuei^{41}	贱tɕiã^{41}	划算xuɑ^{35}suã^{0}
阳信	贵kuei^{31}	贱tɕiã^{31}	合账kə^{55}tʂɑŋ^{31} "合"读为"哥"上声
济阳	贵kuei^{31}	便宜p^{h}iã^{24}i^{0} 贱tɕiã^{31}	合算xə^{24}suã^{0}

① "合",《广韵》有古沓切一读,今声母读k符合规律。寿光、阳信点读音同此。

续表

	0697贵	0698便宜	0699合算
利津	贵kuei^{31}	贱tɕiã^{31} 便宜p^{h}iã^{35}i^{0}	合算xə^{35}suã^{0}
乐陵	贵kuei^{51}	贱tɕiã^{51}	合适xə^{51}ʂʅ^{24}
商河	贵kuei^{31}	贱tɕiã^{31} 便宜p^{h}iã^{24}i^{0}	合适xə^{54}ʂʅ^{54} 合算xə^{24}suã^{0}
平原	贵kuei^{21}	贱tɕiã^{21}	合算xə^{23}suã^{0}
德州	贵kuei^{21}	贱tɕiã^{21}	划算xua^{55}suã^{0}
武城	贵kuei^{312}	贱tɕiã^{312}	合适xə^{53}ʂʅ^{224} 划算xua^{55}suã^{0}
临清	贵kuei^{313}	便宜p^{h}ian^{44}i^{0}	划算xua^{44}suan^{0}
冠县	贵kuei^{314}	贱tɕiã^{314}	划算xua^{53}suã^{31}
聊城	贵kuei^{313}	贱tɕiã^{313}	划算xua^{44}suã^{0} 合算xə^{44}suã^{0}
济南	贵kuei^{21}	便宜p^{h}iã^{445}i^{0} 贱tɕiã^{21}	合算xə^{445}suã^{0} 合适xə^{42}ʂʅ^{213}
泰安	贵kuci^{21}	贱tɕiã^{21}	划算xua^{55}suã^{0}
莱芜	贵kuei^{42}	便宜p^{h}iã^{13}i^{0}	合算xə^{13}suã^{42}
新泰	贵kuei^{31}	便宜p^{h}iã^{45}i^{0}	划算xua^{45}θuã^{0}
沂源	贵kuei^{31}	贱tiã^{31}	合算xuə^{55}θuã^{31}
博山	贵kuei^{31}	贱tɕiã^{31}	划算xuə^{35}suã^{0}
张店	贵kuei^{31}	贱tɕiã^{31}	合账xuə^{35}tʂɑŋ^{0}
阳谷	贵kuei^{313}	贱tɕiã^{313}	划算xua^{55}suã^{0}
梁山	贵kuei^{314}	贱tɕiã^{314}	可算k^{h}ə^{55}ɕyã^{0}
菏泽	贵kuei^{312}	贱tɕiã^{312}	划算xua^{53}suã^{0}
曹县	贵kuei^{312}	贱tɕiã^{312}	合适xə^{53}ʂʅ^{213} 划算xua^{44}suã^{312}
金乡	贵kuei^{312}	便宜p^{h}iã^{55}i^{0}	划算xua^{55}suã^{0}
曲阜	贵kuei^{312}	便宜p^{h}iã^{55}i^{0}	合适xə^{42}sɿ^{213}
薛城	贵kue^{41}	贱tɕiã^{41}	合乎儿xə^{55}xur^{0}
郯城	贵kue^{51}	贱tɕiã^{51} 便宜p^{h}iã^{44}i^{0}	划算xua^{44}suã^{51} 合算xə^{44}suã^{51}

续表

	0697 贵	0698 便宜	0699 合算
临沂	贵 kuei^{312}	贱 tɕiã^{312} 便宜 p^{h}iã^{55}i^{0}	合算 xə^{55}suã^{0} 划算 xua^{55}suã^{0}

	0700 折扣	0701 亏本	0702 钱统称
荣成	打折儿 ta^{55}tʃɐr^{214}	赔了 p^{h}ei^{35}lə^{0}	钱 tsian^{35}
烟台	打折儿 ta^{21}tɕiɐr^{33}	亏本儿 k^{h}uei^{53}pər^{14}	钱 tɕ^{h}ian^{33}
栖霞	折 tʃiɛ^{342}	赔本儿 p^{h}ei^{54}pər^{214}	钱 tʃ^{h}iãn^{342}
长岛	折儿 tʃər^{55}	赔了 p^{h}ei^{55}lə^{0}	钱 tʃ^{h}an^{55}
海阳	打折 ta^{21}tsə^{341}	赔儿本儿 p^{h}ər^{34}pər^{214}	钱 ts^{h}iã^{341}
莱西	折扣 tʃiə^{45}k^{h}ou^{0}	赔本儿 p^{h}ei^{42}per^{55} 亏本儿 k^{h}uei^{214}per^{55} 折本儿 ʃiə^{42}per^{55}	钱 tʃ^{h}iã^{42}
平度	折扣儿 tʃə^{45}k^{h}our^{42}	折本儿 ʃə^{213}per^{55} 赔本儿 p^{h}ei^{213}per^{55}	钱 ts^{h}iã^{42}
青岛	降价儿 tɕiaŋ^{213}tɕiar^{42}	亏本儿 k^{h}uei^{213}per^{55} 赔本儿 p^{h}ei^{213}per^{55}	钱 ts^{h}iã^{42}
高密	打折儿 tɑ^{42}tʂər^{55} 折扣 tʃə^{23}k^{h}ou^{21}	赔了 p^{h}ei^{55}lə^{0} 折了 ʃə^{55}lə^{0} 亏了 k^{h}uei^{21}lə^{0}	钱 ts^{h}iã^{42}
诸城	折儿 tʃər^{44}	折本儿 ʃə^{53}per^{44}	钱 tθ^{h}iã^{53}
沂水	打折扣 ta^{44}dʒə^{53}k^{h}ou^{31}	折本儿 ʃə^{53}per^{44}	钱 ts^{h}iã^{53}
临朐	（无）	折了 ʃə^{35}liə^{0}	钱 tɕ^{h}iã^{53}
日照	折儿 tʂər^{213}	折本儿 ʃiə^{53}per^{44} 赔本儿 p^{h}ei^{53}per^{44}	钱 ȶ^{h}iã^{53}
莒南	折儿 tʃrər^{213}	折本儿 ʃə^{53}per^{55} 赔本儿 p^{h}ei^{53}per^{55}	钱 ts^{h}iã^{53}
潍坊	打折儿 tɑ^{55}tʂər^{214}	折了 ʂə^{35}liə^{0} 赔 p^{h}ei^{53}	钱 tɕ^{h}iã^{53}
寿光	（无）	折本儿 ʂə^{53}pʅ^{55}	钱 tɕ^{h}iã^{53}
高青	打折儿 tɑ^{55}tʂər^{213}	赔本儿 p^{h}ei^{55}per^{55}	钱 tɕ^{h}iã^{55}
阳信	打折儿 ta^{55}tʂər^{213}	赔本儿 p^{h}ei^{31}per^{55}	票子 p^{h}iɔ^{55}tsɿ^{0}
济阳	（无）	赔本儿 p^{h}ei^{54}per^{55}	钱 tɕ^{h}iã^{55}

续表

	0700折扣	0701亏本	0702钱统称
利津	（无）	赔本儿p^{h}ei^{53}per^{55} 亏本儿k^{h}uei^{213}per^{55}	钱tɕ^{h}iã^{53}
乐陵	（无）	赔本儿p^{h}ei^{31}per^{55}	钱tɕ^{h}iã^{55}
商河	折扣tʂə^{45}k^{h}ou^{31}	赔本儿p^{h}ei^{54}per^{45} 赔钱p^{h}ei^{54}tɕ^{h}iã^{54}	钱tɕ^{h}iã^{54} 票子p^{h}iɔ^{54}tsɿ^{0}
平原	（无）	赔本儿p^{h}ei^{42}pər^{55}	钱tɕ^{h}iã^{42}
德州	（无）	折本儿ʂə^{42}per^{55}	钱tɕ^{h}iã^{42}
武城	（无）	赔本儿p^{h}ei^{53}per^{55}	钱tɕ^{h}iã^{53}
临清	打折儿ta^{44}tʂər^{13}	赔啦p^{h}ei^{53}la^{0} 亏啦k^{h}uei^{13}la^{0}	钱tɕ^{h}ian^{53}
冠县	折儿扣儿tʂər^{13}k^{h}our^{314}	赔本儿p^{h}ei^{53}per^{55}	钱ts^{h}iã^{53}
聊城	折扣tsə^{13}k^{h}ou^{313}	赔本儿p^{h}ei^{53}per^{44}	钱tɕ^{h}iã^{53} 票子p^{h}iɔ^{53}tsɿ^{0}
济南	（无）	赔本儿p^{h}ei^{42}per^{55} 赔钱p^{h}ei^{42}tɕ^{h}iã^{42}	钱tɕ^{h}iã^{42} 票子p^{h}iɔ^{55}tsɿ^{0}
泰安	让钱儿ʐɑŋ^{21}tɕ^{h}iɛr^{42}	赔本儿p^{h}ei^{42}per^{55}	钱tɕ^{h}iã^{42}
莱芜	折扣tʃə^{13}k^{h}ou^{42}	赔本儿p^{h}ei^{55}pei^{55}	钱tɕ^{h}iã^{55}
新泰	折扣tʃə^{45}k^{h}ou^{0}	赔本儿p^{h}ei^{42}pɤr^{55}	钱tɕ^{h}iã^{42}
沂源	打折ta^{55}tʃə^{213}	折本儿ʃə^{55}per^{55}	钱t^{h}iã^{55}
博山	便宜点儿p^{h}iã^{35}i^{0}tiɛ^{0}	赔嗹p^{h}ei^{35}liã^{0} 折本嗹ʂə^{55}pẽ^{213}liã^{0}	钱tɕ^{h}iã^{55}
张店	打折tɑ^{55}tʂə^{33}	赔本儿p^{h}ei^{55}pei^{55} 赔咧p^{h}ei^{35}liə^{0}	钱tɕ^{h}iã^{55}
阳谷	折扣tsə^{55}k^{h}ou^{0}	赔本儿p^{h}ei^{42}pɤr^{55}	钱tɕ^{h}iã^{42}
梁山	折耗sə^{55}xɔ^{0}	亏了k^{h}uei^{21}lə^{0}	钱tɕ^{h}iã^{42}
菏泽	（无）	赔啦p^{h}ei^{53}la^{0}	钱tɕ^{h}iã^{53}
曹县	减价tɕiã^{44}tɕia^{312}	赔儿本儿p^{h}ər^{53}pər^{44}	钱tɕ^{h}iã^{53}
金乡	折扣tsə^{23}k^{h}ou^{312} 打价儿ta^{55}tɕiar^{312}	赔儿本儿p^{h}er^{42}per^{55}	钱tɕ^{h}iã^{42}
曲阜	削价ɕyə^{23}tɕia^{312}	亏啦k^{h}uei^{21}la^{0}	钱tɕ^{h}iã^{42}
薛城	折tsə^{313}	折本儿sə^{55}per^{24}	钱tɕ^{h}iã^{55}

续表

	0700折扣	0701亏本	0702钱统称
郯城	折儿tʂər^{213}	折本儿ʂə^{44}per^{24} 赔本儿pʰe^{44}per^{24} 亏本儿kʰue^{21}per^{24}	钱tɕʰiã^{44}
临沂	打折ta^{55}tʃə^{214}	赔本儿pʰei^{53}per^{55}	钱tɕʰiã^{53}

	0703零钱	0704硬币	0705本钱
荣成	零钱liŋ^{53}tsian^{35}	钢镚儿kaŋ^{53}pə̃r^{33}	本儿pər^{214}
烟台	零钱liŋ^{53}tɕʰian^{0}	钢钻子kaŋ^{53}tsan^{33}ɾə^{0}	本钱pən^{21}tɕʰian^{33}
栖霞	零钱liŋ^{52}tʃʰiãn^{342}	钢钻儿kaŋ^{52}tsɐr^{342}	本钱pə̃n^{21}tʃʰiãn^{0}
长岛	零钱liŋ^{55}tʃʰan^{55}	钢蛋儿kaŋ^{31}tɐr^{52}	本儿pər^{213}
海阳	零钱liŋ^{52}tsʰiã^{341}	钢镚儿kaŋ^{52}pə̃r^{341}	本钱pẽ^{21}tsʰiã^{341}
莱西	零钱liŋ^{214}tʃʰiã^{42}	钢镚儿kaŋ^{214}pə̃r^{42} 钢子儿kaŋ^{214}tser^{55}	本钱pẽ^{214}tʃʰiã^{42}
平度	零钱liŋ^{42}tsʰiã^{42}	钢子儿kaŋ^{213}tθer^{55} 小银子儿siɔ^{213}iə̃^{45}tθer^{0} 钢镚儿kaŋ^{213}pə̃r^{42}	本钱pə̃^{45}tsʰiã^{42}
青岛	零钱lioŋ^{213}tsʰiã^{42}	小银子儿siɔ^{55}iẽ^{45}tθer^{0}	本钱pẽ^{55}tsʰiã^{42}
高密	零钱lioŋ^{42}tsʰiã^{42}	钢镚儿kaŋ^{23}põr^{21} 小银子儿siɔ^{213}iə̃^{55}tθer^{0}	本儿per^{55}
诸城	零钱liəŋ^{53}tθʰiã^{53}	钢子儿kaŋ^{213}tθer^{44}	本儿per^{44}
沂水	零碎钱liŋ^{24}θue^{0}tsʰiã^{53} 零钱儿liŋ^{53}tsʰiɛr^{53}	小钢洋儿siɔ^{44}kaŋ^{213}iãr^{53}	本儿per^{44} 本钱pẽ^{213}tsʰiã^{0}
临朐	零钱儿liŋ^{53}tɕʰiɛr^{53}	钢子儿kaŋ^{213}tθer^{44}	本儿per^{44}
日照	零钱liəŋ^{53}ȶʰiã^{53}	钢镚儿kaŋ^{213}pə̃r^{31}	本钱pẽ^{213}ȶʰiã^{0}
莒南	小钱儿siɔ^{55}tθʰɾɛr^{53} 零钱儿liŋ^{53}tθʰɾɛr^{53}	小钢锞儿siɔ^{55}kaŋ^{13}kər^{213} “锞”读为“哥” 小钢蛋儿siɔ^{55}kaŋ^{13}tɾɛr^{53}	本儿per^{55} 本钱pẽ^{213}tsʰiã^{0}
潍坊	零钱儿liŋ^{53}tɕʰiɛr^{53}	钢板儿kaŋ^{214}pɐr^{55}	本儿per^{55}
寿光	零钱儿liŋ^{53}tɕʰiɛr^{53}	钢子儿kaŋ^{213}tsɭ^{55}	本钱pə̃^{24}tɕʰiã^{0} 本儿pɭ^{55}
高青	零钱liŋ^{55}tɕʰiã^{55}	钢镚子kaŋ^{213}pəŋ^{55}tsɿ^{55}	本儿per^{55}
阳信	零钱liŋ^{31}tɕʰiã^{43}	小镚子儿ɕiɔ^{55}pəŋ^{55}tser^{0} 钢镚儿kuaŋ^{213}pə̃r^{31}	本儿per^{55}

续表

	0703零钱	0704硬币	0705本钱
济阳	零钱liŋ^{55}tɕ^{h}iã^{0}	小银元儿ɕiɔ^{21}iẽ^{54}yɛr^{55} 硬币iŋ^{31}pi^{31}	本儿per^{55} 本钱pẽ^{213}tɕ^{h}iã^{0}
利津	零钱liŋ^{53}tɕ^{h}iã^{53} 零碎钱儿liŋ^{35}suei^{0}tɕ^{h}iɛr^{53}	小银元儿ɕiɔ^{55}iẽ^{53}yɛr^{53} 钢镚kaŋ^{24}pəŋ^{31}	本钱pẽ^{213}tɕ^{h}iã^{0}
乐陵	零碎钱儿liŋ^{55}suei^{0}tɕ^{h}iɛr^{0}	小镚子儿ɕiɔ^{55}pəŋ^{55}tser^{0}	本儿per^{55}
商河	零钱liŋ^{54}tɕ^{h}iã^{54} 小票子ɕiɔ^{45}p^{h}iɔ^{54}tsɿ^{0}	分钱儿fẽ^{21}tɕ^{h}iɛr^{0}	本钱pẽ^{213}tɕ^{h}iã^{0} 本儿per^{45}
平原	零钱儿liŋ^{42}tɕ^{h}iɛr^{42}	毛锞儿mɔ^{42}kɤr^{213} “锞”读为“哥”	本钱pẽ^{23}tɕ^{h}iã^{0}
德州	零花儿liŋ^{42}xuɐr^{213}	毛锞儿mɔ^{42}k^{h}ər^{213}	本儿per^{55}
武城	零钱liŋ^{53}tɕ^{h}iã^{53}	钢镚子kaŋ^{24}pəŋ^{53}tsɿ^{0}	本钱pẽ^{24}tɕ^{h}iã^{0}
临清	零钱liŋ^{53}tɕ^{h}ian^{0}	小镚子ɕiau^{44}pəŋ^{53}tsɿ^{0}	本儿per^{44}
冠县	零钱liŋ^{53}ts^{h}iã^{53}	钢吨$^{=}$儿kaŋ^{13}tuər^{13} 钢镚儿kaŋ^{13}pər^{314}	本钱pẽ^{55}ts^{h}iã^{53}
聊城	零钱liŋ^{53}tɕ^{h}iã^{53}	银元iẽ^{53}yã^{53} 毛锞儿mɔ^{53}k^{h}ər^{13}	老本儿lɔ^{53}per^{44} 本钱pẽ^{44}tɕ^{h}iã^{0}
济南	零钱liŋ^{42}tɕ^{h}iã^{42}	银锞儿iẽ^{42}kər^{213} “锞”读为“哥”	本儿per^{55}
泰安	零钱liŋ^{42}tɕ^{h}iã^{42}	毛锞儿mɔ^{42}kər^{213} “锞”读为“哥”	本儿per^{55}
莱芜	零钱liŋ^{55}tɕ^{h}iã^{0}	小银子ɕiɔ^{213}iẽ^{13}tsɿ^{0}	本钱pẽ^{213}tɕ^{h}iã^{0}
新泰	零钱liŋ^{42}tɕ^{h}iã^{42}	洋锞子iaŋ^{55}kə^{21}tθɿ^{0} “锞”读为“哥”	本钱pẽ^{23}tɕ^{h}iã^{42}
沂源	小钱ɕiɔ^{21}tɕ^{h}iã^{55}	钢镚儿kaŋ^{13}pə̃r^{31}	本儿per^{55}
博山	零头liŋ^{35}t^{h}əu^{0}	银元iẽ^{53}yã^{55}	本pẽ^{55}
张店	零钱liŋ^{55}tɕ^{h}iã^{55}	银钢$^{=}$iə̃^{35}kaŋ^{0}	本钱pə̃^{213}tɕ^{h}iã^{0}
阳谷	零钱liŋ^{42}tɕ^{h}iã^{42}	钢镚儿kaŋ^{13}pə̃r^{313} 小银元儿ɕiɔ^{55}iẽ^{42}yɛr^{42}	本钱pẽ^{13}tɕ^{h}iã^{0} 本儿pɤr^{55}
梁山	毛锞儿mɔ^{55}kər^{213} “锞”读为“哥”	小银元儿ɕiɔ^{55}iẽ^{42}yɛr^{42}	本儿per^{55}
菏泽	零钱liŋ^{53}tɕ^{h}iã^{53}	毛锞儿mɔ^{53}k^{h}ər^{213}	本儿per^{44}
曹县	零钱liŋ^{53}tɕ^{h}iã^{53}	钢镚儿kaŋ^{213}pə̃r^{312}	本儿pər^{44}

续表

	0703零钱	0704硬币	0705本钱
金乡	零钱liŋ^{42}tɕʰiã^{42} 小钱儿ɕiɔ^{23}tɕʰiɛr^{42}	分锞儿fẽ^{23}kər^{213} “锞”读为“哥”	本儿per^{55}
曲阜	零钱liŋ^{42}tɕʰiã^{42}	分锞儿fẽ^{23}kər^{213} “锞”读为“哥”	本儿per^{55}
薛城	碎钱ɕye^{41}tɕʰiã^{55}	毛锞儿mɔ^{55}kər^{313} “锞”读为“哥” 分锞儿fẽ^{23}kər^{313} “锞”读为“哥”	老本儿lɔ^{55}pe^{24}
郯城	零钱liŋ^{44}tɕʰiã^{44}	毛儿锞儿mɔr^{44}kər^{213} “锞”读为“哥” 钢镚儿kɑŋ^{21}pə̃r^{51}	本儿per^{24} 本钱pə̃^{24}tɕʰiã^{44}
临沂	零钱liŋ^{53}tɕʰiã^{53}	钢镚儿kɑŋ^{24}pɤ̃r^{312}	本钱pẽ^{214}tɕʰiã^{0}

	0706工钱	0707路费	0708花～钱
荣成	工钱kuŋ^{53}tsʰian^{0}	盘缠pʰan^{35}tʃʰan^{0}	花xua^{53}
烟台	工钱kuŋ^{53}tɕʰian^{0}	路费lu^{53}fei^{33}	花xua^{53}
栖霞	工钱kuŋ^{52}tʃʰiãn^{0}	盘缠pʰãn^{34}tʃʰãn^{0}	花xua^{312}
长岛	工钱kuŋ^{31}tʃʰan^{55}	路费lu^{52}fei^{52}	花xua^{312}
海阳	工钱kuŋ^{52}tsʰiã^{0}	盘缠pʰã^{34}tsʰã^{0}	花xua^{52}
莱西	工钱koŋ^{32}tʃʰiã^{0}	路费lu^{214}fei^{42}	花xua^{214}
平度	工钱kuŋ^{213}tsʰiã^{42}	盘缠pʰã^{45}tʃʰã^{0} 路费lu^{42}fei^{42}	花xua^{213}
青岛	工钱koŋ^{213}tsʰiã^{42}	盘缠pʰã^{45}tʃʰã^{0}	花xuɑ^{213}
高密	工钱koŋ^{21}tsʰiã^{0}	盘缠pʰã^{55}tʃʰã^{0} 路费lu^{23}fei^{21}	花xuɑ^{213}
诸城	工钱kəŋ^{31}tθʰiã^{0}	盘缠pʰã^{24}tʃʰã^{0}	花xua^{213}
沂水	工钱kuŋ^{21}tsʰiã^{0}	盘缠pʰã^{24}tʃʰã^{0} 路费lu^{31}fe^{31}	花xua^{213}
临朐	工钱kuŋ^{21}tɕʰiã^{0}	盘缠pʰã^{35}tʃʰã^{0}	花xua^{213}
日照	工钱kəŋ^{31}ȶʰiã^{0}	盘缠pʰã^{44}tʃʰiɑŋ^{0} “缠”读为“常”轻声	花xuɑ^{213}
莒南	工钱kuŋ^{21}tsʰiã^{0}	盘缠pʰã^{24}tʃʰã^{0}	花xua^{213}
潍坊	工钱koŋ^{31}tɕʰiã^{0}	路费lu^{24}fei^{31}	花xuɑ^{214}

续表

	0706 工钱	0707 路费	0708 花~钱
寿光	工钱 kuŋ^{21}tɕ^{h}iã^{0}	盘缠 p^{h}ã^{35}tʂ^{h}ã^{0}	花 xua^{213}
高青	工钱 kuŋ^{21}tɕ^{h}iã^{0}	盘缠 p^{h}ã^{35}tʂ^{h}ã^{0}	花 xuɑ^{213}
阳信	工钱 kuŋ^{31}tɕ^{h}iã^{0}	盘缠 p^{h}ã^{45}tʂ^{h}ã^{0}	花 xua^{213}
济阳	工钱 kuŋ^{21}tɕ^{h}iã^{0}	盘缠 p^{h}ã^{24}tʂ^{h}ã^{0}	花 xua^{213}
利津	工钱 kuŋ^{31}tɕ^{h}iã^{0}	盘缠 p^{h}ã^{35}tʂ^{h}ã^{0}	花 xua^{213}
乐陵	工资 kuŋ^{24}tsɿ^{24}	盘费 p^{h}ã^{55}fei^{0}	花 xuɑ^{24}
商河	工钱 kuŋ^{21}tɕ^{h}iã^{0}	盘缠钱 p^{h}ã^{24}tʂ^{h}ã^{0}tɕ^{h}iã^{54}	花 xuɑ^{213}
平原	工钱 kuŋ^{21}tɕ^{h}iã^{0}	盘缠 p^{h}ã^{55}tʂ^{h}ã^{0}	花 xua^{213}
德州	工钱 kuŋ^{21}tɕ^{h}iã^{0}	盘缠 p^{h}ã^{55}tʂ^{h}ã^{0}	花 xua^{213}
武城	工钱 kuŋ^{312}tɕ^{h}iã^{0}	盘缠 p^{h}ã^{55}tʂ^{h}ã^{0}	花 xua^{224}
临清	工钱 kuŋ^{13}tɕ^{h}ian^{0}	盘缠 p^{h}an^{44}tʂ^{h}an^{0}	花 xua^{13}
冠县	工钱 kuŋ^{13}ts^{h}iã^{53}	盘缠 p^{h}ã^{55}tʂ^{h}ã^{0}	花 xua^{13}
聊城	工钱 kuŋ^{13}tɕ^{h}iã^{53}	盘缠 p^{h}ã^{44}ts^{h}ã^{0} 路费 lu^{31}fei^{313}	花 xua^{13}
济南	工钱 kuŋ^{21}tɕ^{h}iã^{0}	盘缠 p^{h}ã^{445}tʂ^{h}ã^{0}	花 xua^{213}
泰安	工钱 kuŋ^{21}tɕ^{h}iã^{0}	盘缠 p^{h}ã^{55}tʂ^{h}ã^{0}	花 xua^{213}
莱芜	工钱 kuŋ^{31}tɕ^{h}iã^{0}	盘缠 p^{h}ã^{13}tʃ^{h}ã^{0}	花 xua^{213}
新泰	工钱 kuŋ^{21}tɕ^{h}iã^{0}	盘缠 p^{h}ã^{45}tʃ^{h}ã^{0}	花 xua^{213}
沂源	工钱 kuŋ^{21}t^{h}iã^{0}	盘缠 p^{h}ã^{35}tʃ^{h}ã^{0}	花 xua^{213}
博山	工钱 kuŋ^{21}tɕ^{h}iã^{0} 支工 tʂɿ^{21}kuŋ^{0}	盘缠 p^{h}ã^{35}tʂ^{h}ã^{0}	花 xuɑ^{213}
张店	工钱 kuŋ^{21}tɕ^{h}iã^{0}	盘缠 p^{h}ã^{35}tʂ^{h}ã^{0}	花 xuɑ^{213}
阳谷	工钱 kuŋ^{31}tɕ^{h}iã^{0}	盘缠 p^{h}ã^{55}ts^{h}ã^{0}	花 xua^{213}
梁山	工钱 kuŋ^{21}tɕ^{h}iã^{0}	盘缠 p^{h}ã^{55}ts^{h}ã^{0} 路需 lu^{31}ɕy^{213}	花 xua^{213}
菏泽	工钱 kuŋ^{21}tɕ^{h}iã^{0}	盘缠 p^{h}ã^{53}ts^{h}ã^{0}	花 xua^{213}
曹县	工钱 kuŋ^{21}tɕ^{h}iã^{44}	盘缠 p^{h}ã^{53}tʂ^{h}ã^{0}	花 xua^{213}
金乡	工钱 kuŋ^{21}tɕ^{h}iã^{0}	盘缠 p^{h}ã^{55}sã^{0} “缠”读为“扇”轻声	花 xua^{213}
曲阜	工钱 kuŋ^{21}tɕ^{h}iã^{0}	盘缠钱 p^{h}ã^{55}ts^{h}ã^{0}tɕ^{h}iã^{0}	花 xua^{213}

续表

	0706 工钱	0707 路费	0708 花~钱
薛城	工钱 kuŋ^{31}tɕ^{h}iã^{0}	盘缠 p^{h}ã^{55}ts^{h}ã^{0}	花 xua^{313}
郯城	工钱 kuŋ^{21}tɕ^{h}iã^{44}	路费 lu^{51}fe^{51}	花 xua^{213}
临沂	工钱 kuŋ^{21}tɕ^{h}iã^{0}	路费 lu^{31}fei^{312}	花 xua^{214}

	0709 赚卖一斤能~一毛钱	0710 挣打工~了一千块钱	0711 欠~他十块钱
荣成	挣 tʂəŋ^{33}	挣 tʂəŋ^{33}	该 kai^{53}
烟台	挣 tsəŋ^{33}	挣 tsəŋ^{33}	该 kɛ^{53} 欠 tɕ^{h}ian^{33}
栖霞	赚 tʃuãn^{342}	挣 tsəŋ^{52}	该 kɛi^{312}
长岛	赚 tsuan^{52}	挣 tsəŋ^{52}	该 kai^{312}
海阳	挣 tʂəŋ^{341}	挣 tʂəŋ^{341}	短 tã^{214}
莱西	挣 tsəŋ^{42} 赚 tsuã^{42}	挣 tsəŋ^{42}	该 kɛ^{214} 欠 c^{h}iã^{42}
平度	赚 tʃuã^{42}	挣 tʂəŋ^{42}	欠 c^{h}iã^{42} 该 kɛ^{213}
青岛	赚 tʃuã^{42}	挣 tʂoŋ^{42}	欠 tɕ^{h}iã^{42} 该 kɛ^{213}
高密	挣 tʂoŋ^{21} 赚 tʃuã^{21}	挣 tʂoŋ^{21}	该 kɛ^{213} 差 tʂ^{h}ɑ^{213} 欠 tɕ^{h}iã^{21}
诸城	挣 tʂəŋ^{31}	挣 tʂəŋ^{31}	该 kɛ^{213}
沂水	挣 tʂəŋ^{31}	挣 tʂəŋ^{31}	该 kɛ^{213} 欠 tɕ^{h}iã^{31}
临朐	赚 tʃuã^{21} 挣 tʂəŋ^{21}	挣 tʂəŋ^{21} 赚 tʃuã^{21}	该 kɛ^{213}
日照	赚 tʃyã^{31}	挣 tʂəŋ^{31}	欠 tʃ^{h}iã^{31}
莒南	赚 tʃuã^{312}	挣 tʂəŋ^{312}	该 kɛ^{213} 欠 tɕ^{h}iã^{312}
潍坊	赚 tʂuã^{31}	挣 tʂəŋ^{31}	该 kɛ^{214} 欠 tɕ^{h}iã^{31}
寿光	赚 tʂuã^{21}	挣 tʂəŋ^{21}	该 kɛ^{213}
高青	挣 tʂəŋ^{41}	挣 tʂəŋ^{41}	该 kɛ^{213}

续表

	0709赚卖一斤能～一毛钱	0710挣打工～了一千块钱	0711欠～他十块钱
阳信	赚tʂuã^{31}	挣tʂəŋ^{31}	该kɛ^{213}
济阳	混xuẽ^{31} 挣tʂəŋ^{31}	混xuẽ^{31} 挣tʂəŋ^{31}	该kɛ^{213}
利津	挣tʂəŋ^{31}	挣tʂəŋ^{31}	该kɛ^{213}
乐陵	挣tsəŋ^{51}	挣tsəŋ^{51}	该kɛ^{24}
商河	赚tʂuã^{31} 挣tsəŋ^{31}	挣tsəŋ^{31}	该kɛ^{213} 欠tɕ^{h}iã^{31}
平原	赚tʂuã^{21}	挣tsəŋ^{21}	该kɛi^{213}
德州	赚tʂuã^{21}	挣tʂəŋ^{21}	该kɛ^{213}
武城	挣tʂəŋ^{312}	挣tʂəŋ^{312}	该kɛ^{224}
临清	赚tʂuan^{313} 挣tʂəŋ^{313}	挣tʂəŋ^{313}	该kai^{13} 欠tɕ^{h}ian^{313}
冠县	赚tʂuã^{314}	挣tʂəŋ^{314}	欠tɕ^{h}iã^{314} 该kɛ^{13} 争$^{=}$tʂəŋ^{13}
聊城	赚tsuã^{313}	挣tsəŋ^{313}	该kɛ^{13}
济南	赚tʂuã^{21} 挣tʂəŋ^{21} 混xuẽ^{21}	挣tʂəŋ^{21}	该kɛ^{213}
泰安	挣tʂəŋ^{21} 赚tʂuã^{21}	混xuẽ^{21} 挣tʂəŋ^{21}	该kɛ^{213} 欠tɕ^{h}iã^{21}
莱芜	赚tʃuã^{42}	挣tʃəŋ^{42}	欠tɕ^{h}iã^{42}
新泰	挣tʃəŋ^{31} 赚pfã^{31}	挣tʃəŋ^{31}	该kɛ^{213}
沂源	挣tʃəŋ^{31}	挣tʃəŋ^{31}	该kɛ^{213}
博山	赚tʂuã^{31}	挣tʂəŋ^{31}	该kɛ^{213}
张店	赚tʂuã^{31} 挣tʂəŋ^{31}	挣tʂəŋ^{31}	该kɛ^{213}
阳谷	赚tsuã^{313}	挣tsəŋ^{313}	该kɛ^{213}
梁山	赚tsuã^{314} 挣tsəŋ^{314}	挣tsəŋ^{314} 混xuẽ^{314}	该kɛ^{213}
菏泽	赚tsuã^{312}	挣tsəŋ^{312}	该kɛ^{213}

续表

	0709赚卖一斤能～一毛钱	0710挣打工～了一千块钱	0711欠～他十块钱
曹县	赚tʂuã^{312}	挣tsəŋ^{312}	该kai^{213}
金乡	赚tsuã^{312}	挣tsəŋ^{312}	该kɛ^{213}
曲阜	赚tsuã^{312}	挣tsəŋ^{312}	该kɛ^{213}
薛城	挣tsəŋ^{41}	挣tsəŋ^{41}	该kɛ^{313}
郯城	赚tʂuã^{51}	挣tʂəŋ^{51}	该kɛ^{213} 欠tɕʰiã^{51}
临沂	挣tʃəŋ^{312}	挣tʃəŋ^{312}	该kɛ^{214} 欠tɕʰiã^{312}

	0712算盘	0713秤统称	0714称用秆秤～
荣成	算盘子san^{33}pʰan^{35}tsɿ^{0}	秤tʃʰəŋ^{33}	称tʃʰəŋ^{53}
烟台	算盘儿san^{53}pʰɐr^{33}	秤tɕʰiŋ^{33}	称tɕʰiŋ^{53}
栖霞	算盘儿sãn^{52}pʰɐr^{342}	秤tʃʰəŋ^{52}	称tʃʰəŋ^{312}
长岛	算盘儿san^{52}pʰɐr^{55}	秤tʃʰəŋ^{52}	称tʃʰəŋ^{312}
海阳	算盘儿θã^{52}pʰɐr^{341}	秤tsʰəŋ^{341}	称tsʰəŋ^{52}
莱西	算盘儿sã^{21}pʰɐr^{42}	秤tʃʰəŋ^{42}	称tʃʰəŋ^{214}
平度	算盘儿θã^{213}pʰɛr^{42} 算盘子θã^{42}pʰã^{45}tθɿ^{0}	秤tʃʰəŋ^{42}	称tʃʰəŋ^{213}
青岛	算盘儿θuã^{42}pʰɛr^{0} 算盘子θuã^{42}pʰã^{0}tθɿ^{0}	秤tʃʰoŋ^{42}	称tʃʰoŋ^{213}
高密	算盘子θuã^{21}pʰã^{55}tθɿ^{0}	秤tʃʰoŋ^{21}	称tʃʰoŋ^{213}
诸城	算盘子θuã^{31}pʰã^{24}tθɿ^{0}	秤tʃʰəŋ^{31}	称tʃʰəŋ^{213}
沂水	算盘儿θuã^{31}pʰɛr^{53} 算盘子θuã^{31}pʰã^{24}dðɿ^{0}	秤tʃʰəŋ^{31}	称tʃʰəŋ^{213} 告⁼么kɔ^{44}mə^{0}
临朐	算盘子θuã^{21}pʰã^{35}tθɿ^{0}	秤tʃʰəŋ^{21}	称tʃʰəŋ^{213}
日照	算盘子θuã^{53}pʰã^{0}tθɿ^{0}	秤tʃʰiəŋ^{31}	称tʃʰiəŋ^{213}
莒南	算盘子θuã^{31}pʰã^{24}tθɿ^{0}	秤tʃʰəŋ^{312}	称tʃʰəŋ^{213}
潍坊	算盘子suã^{31}pʰã^{35}tsɿ^{0}	秤tʂʰəŋ^{31}	称tʂʰəŋ^{214}
寿光	算盘儿suã^{21}pʰɛr^{53} 算盘子suã^{21}pʰã^{35}tsɿ^{0}	秤tʂʰəŋ^{21}	称tʂʰəŋ^{213}
高青	算盘儿suã^{41}pʰɛr^{55}	秤tʂʰəŋ^{41}	称tʂʰəŋ^{213}

续表

	0712算盘	0713秤统称	0714称用秆秤～
阳信	算盘子suã^{31}p^{h}ã^{45}tsɿ^{0}	秤tʂ^{h}əŋ^{31}	称tʂ^{h}əŋ^{213} 约iɔ^{213}
济阳	算盘子suã^{31}p^{h}ã^{24}tsɿ^{0}	秤tʂ^{h}əŋ^{31}	称tʂ^{h}əŋ^{213}
利津	算盘子suã^{31}p^{h}ã^{35}tsɿ^{0}	秤tʂ^{h}əŋ^{31}	称tʂ^{h}əŋ^{213}
乐陵	算盘子suã^{31}p^{h}ã^{55}tsɿ^{0}	秤tʂ^{h}əŋ^{51}	约iɔ^{24}
商河	算盘子suã^{31}p^{h}ã^{24}tsɿ^{0}	秤tʂ^{h}əŋ^{31}	称tʂ^{h}əŋ^{213}
平原	算盘suã^{21}p^{h}ã^{42}	秤tʂ^{h}əŋ^{21}	约iɔu^{213}
德州	算盘儿suã^{21}p^{h}ɛr^{42}	秤tʂ^{h}əŋ^{21}	称tʂ^{h}əŋ^{213}
武城	算盘suã^{21}p^{h}ã^{53}	秤tʂ^{h}əŋ^{312}	约iɔ^{224}
临清	算盘suan^{53}p^{h}an^{0}	秤tʂ^{h}əŋ^{313}	约iau^{13}
冠县	算盘suã^{31}p^{h}ã^{0}	秤tʂ^{h}əŋ^{314}	约iɔ^{13}
聊城	算盘suã^{31}p^{h}ã^{0}	秤ts^{h}əŋ^{313}	约iɔ^{13}
济南	算盘子suã^{21}p^{h}ã^{445}tsɿ^{0} 算盘suã^{21}p^{h}ã^{42}	秤tʂ^{h}əŋ^{21}	称tʂ^{h}əŋ^{213}
泰安	算盘suã^{21}p^{h}ã^{42}	秤tʂ^{h}əŋ^{21}	称tʂ^{h}əŋ^{213}
莱芜	算盘suã^{31}p^{h}ã^{55}	秤tʃ^{h}əŋ^{42}	称tʃ^{h}əŋ^{213}
新泰	算盘儿θuã^{31}pɐr^{42}	秤tʃ^{h}əŋ^{31}	称tʃ^{h}əŋ^{213}
沂源	算盘子θuã^{31}p^{h}ã^{35}tθɿ^{0}	秤tʃ^{h}əŋ^{31}	称tʃ^{h}əŋ^{213}
博山	算盘子suã^{31}p^{h}ã^{35}ə^{0}	秤tʂ^{h}əŋ^{31}	称tʂ^{h}əŋ^{213}
张店	算盘子suã^{31}p^{h}ã^{35}ɿ^{0}	秤tʂ^{h}əŋ^{31}	称tʂ^{h}əŋ^{213}
阳谷	算盘suã^{31}p^{h}ã^{0}	秤ts^{h}əŋ^{313}	称ts^{h}əŋ^{213}
梁山	算盘ɕyã^{31}p^{h}ã^{55}	秤ts^{h}əŋ^{314}	称ts^{h}əŋ^{213}
菏泽	算盘suã^{31}p^{h}ã^{0}	秤ts^{h}əŋ^{312}	志①志tsɿ^{31}tsɿ^{0}
曹县	算盘suã^{53}p^{h}ã^{0}	秤tʂ^{h}əŋ^{312}	志tsɿ^{312}
金乡	算盘suã^{31}p^{h}ã^{213}	秤ts^{h}əŋ^{312}	称称ts^{h}əŋ^{21}ts^{h}əŋ^{0}
曲阜	算盘suã^{31}p^{h}ã^{0}	秤ts^{h}əŋ^{312}	称ts^{h}əŋ^{213}
薛城	算盘ɕyã^{41}p^{h}ã^{0}	秤ts^{h}əŋ^{41}	称ts^{h}əŋ^{313} 横$^{=}$横$^{=}$xuŋ^{41}xuŋ^{0}

① 此处依蒲松龄《聊斋俚曲集·穷汉词》中的写法（用"誌"表示测量义），并改为简体"志"。

续表

	0712 算盘	0713 秤统称	0714 称用秆秤~
郯城	算盘儿 suã^{51}pʰɛr^{44}	秤 tʂʰəŋ^{51}	横$^{=}$xuŋ^{44} 约 yə^{213}
临沂	算盘 suã^{31}pʰã^{0}	秤 tʃʰəŋ^{312}	称 tʃʰəŋ^{214}

	0715 赶集	0716 集市	0717 庙会
荣成	赶集 kan^{21}tsi^{33}	集 tsi^{33}	庙会 miau^{33}xuei^{33}
烟台	赶集 kan^{21}tɕi^{33}	集 tɕi^{33}	庙会 miau^{53}xuei^{33}
栖霞	赶集 kãn^{52}tʃʅ^{342}	集 tʃʅ^{342}	庙会 miɔo^{52}xuei^{52} 赶山 kãn^{34}sãn^{312}
长岛	赶集 kan^{21}tʃʅ^{55}	集 tʃʅ^{55}	庙会 miau^{52}xuei^{52}
海阳	赶集 kã^{21}tsi^{341}	集 tsi^{341}	赶山 kã^{21}ʂã^{52}
莱西	赶集 kã^{55}tʃʅ^{42}	市场 sʅ^{21}tʃʰɑŋ^{55} 集 tʃʅ^{42}	庙会 miɔ^{42}xuei^{42}
平度	赶集 kã^{55}tsi^{42}	集 tsi^{42}	庙会 miɔ^{42}xuei^{213}
青岛	赶集 kã^{55}tsi^{42}	集 tsi^{42}	庙会 miɔ^{213}xuei^{42} 山会 ʂã^{213}xuei^{42} 山 ʂã^{213}
高密	赶集 kã^{213}tsi^{42}	集 tsi^{42}	山会 ʂã^{23}xuei^{21} 山 ʂã^{213} 庙会 miɔ^{23}xuei^{21}
诸城	上集 ʃɑŋ^{31}tθi^{53} 赶集 kã^{213}tθi^{53}	集 tθi^{53}	赶山 kã^{44}ʂã^{213}
沂水	赶集 kã^{213}dzi^{53}	集 dzi^{53}	山会 ʂã^{24}xue^{31}
临朐	赶集 kã^{44}tɕi^{53}	集 tɕi^{53}	庙会 miɔ^{21}xuei^{21}
日照	赶大集 kã^{213}tɑ^{31}ʈi^{53}	集市 ʈi^{53}ʂʅ^{31}	庙会 miɔ^{44}xuei^{31}
莒南	赶集 kã^{55}tsi^{53}	集 tsi^{53}	会 xuei^{312}
潍坊	赶集 kã^{55}tɕi^{53}	大集 tɑ^{31}tɕi^{53}	庙会 miɔɤ^{24}xuei^{31}
寿光	赶集 kã^{55}tɕi^{53}	集 tɕi^{53}	会 xuei^{21}
高青	赶集 kã^{55}tɕi^{55}	集 tɕi^{55}	庙会 miɔ^{41}xuei^{41}
阳信	赶集 kã^{55}tɕi^{43}	集 tɕi^{43}	庙会 miɔ^{23}xuei^{31}
济阳	赶集 kã^{21}tɕi^{0}	集 tɕi^{55}	（无）

续表

	0715赶集	0716集市	0717庙会
利津	赶集kã^{55}tɕi^{53}	集tɕi^{53}	庙会miɔ^{24}xuei^{31}
乐陵	赶集kã^{55}tɕi^{55}	集tɕi^{55}	庙会miɔ^{24}xuei^{51}
商河	赶集kã^{45}tɕi^{54}	集tɕi^{54}	庙会miɔ^{24}xuei^{31}
平原	赶集kã^{212}tɕi^{42}	集tɕi^{42}	庙会miɔu^{23}xuei^{21}
德州	赶集kã^{55}tɕi^{42}	集tɕi^{42}	庙会miɔ^{213}xuei^{21}
武城	赶集kã^{24}tɕi^{53}	集tɕi^{53}	庙会miɔ^{21}xuei^{312}
临清	赶集kan^{44}tɕi^{53}	集tɕi^{53}	庙会miau^{13}xuei^{313}
冠县	赶集kã^{55}tsi^{53}	集tsi^{53}	会xuei^{314}
聊城	赶集kã^{44}tɕi^{53}	集tɕi^{53}	庙会miɔ^{31}xuei^{313}旧有，现在无
济南	赶集kã^{55}tɕi^{42}	集tɕi^{42}	庙会miɔ^{23}xuei^{21} 山会ʂã^{23}xuei^{21}专指千佛山庙会
泰安	赶集kã^{213}tɕi^{42}	集tɕi^{42}	庙会miɔ^{21}xuei^{21} 起会tɕ^{h}i^{55}xuei^{21}
莱芜	赶集kã^{13}tɕi^{55}	集tɕi^{55}	庙会miɔ^{31}xuei^{42}
新泰	赶集kã^{23}tɕi^{42}	集tɕi^{42}	庙会miɔ^{31}xuei^{31}
沂源	赶集kã^{21}tsi^{55}	集tsi^{55}	庙会miɔ^{31}xuei^{31}
博山	赶集kã^{213}tɕi^{55}	集tɕi^{55} 大集ta^{31}tɕi^{55}	庙会miɔ^{31}xuei^{31}
张店	赶集kã^{55}tɕi^{55} 上集ʂɑŋ^{31}tɕi^{55}	集tɕi^{55}	庙会miɔ^{31}xuei^{31}
阳谷	赶集kã^{55}tɕi^{42}	集tɕi^{42}	庙会miɔ^{13}xuei^{0} 会xuei^{313}
梁山	赶集kã^{55}tɕi^{42}	集tɕi^{42}	会xuei^{314}
菏泽	赶集kã^{44}tɕi^{53} 赶会kã^{44}xuei^{312}“会”的规模大于“集”	集tɕi^{53}	庙会miɔ^{213}xuei^{312}
曹县	赶集kã^{44}tɕi^{53} 赶会kã^{44}xuei^{312}	集tɕi^{53}	庙会miɔ^{13}xuei^{31}
金乡	赶会kã^{55}xuei^{312}	集tɕi^{42}	庙会miɔ^{23}xuei^{312}
曲阜	赶集kã^{55}tɕi^{42}	集tɕi^{42}	会xuei^{312}
薛城	赶集kã^{24}tɕi^{55} 赶大集kã^{24}ta^{41}tɕi^{55}	集tɕi^{55} 大集ta^{41}tɕi^{55}	会xue^{41} 庙会miɔ^{41}xue^{41}

续表

	0715赶集	0716集市	0717庙会
郯城	赶集kã^{24}tɕi^{44}	集tɕi^{44}	会xue^{51}
临沂	赶集kã^{55}tɕi^{53}	集tɕi^{53}	庙会miɔ^{31}xuei^{312}

	0718学校	0719教室	0720上学
荣成	学堂çio^{35}tʰɑŋ^{35}	教室ciau^{33}ʃi^{35}	上学ʃɑŋ^{33}çio^{35}
烟台	书房ɕy^{53}fɑŋ^{0} 学校ɕye^{53}ɕiau^{33}	教室tɕiau^{33}ɕi^{33}	上学ɕiɑŋ^{53}ɕye^{33} 上书房ɕiɑŋ^{53}ɕy^{53}fɑŋ^{0}
栖霞	书房ʃy^{52}fɑŋ^{0} 学校çyɛ^{34}çiɔo^{52}	教室ciɔo^{34}ʃʅ^{52}	上书房ʃɑŋ^{34}ʃy^{52}fɑŋ^{0}
长岛	学校çyo^{55}çiau^{52}	教室ciau^{52}ʃʅ^{55}	上学ʃɑŋ^{52}çyo^{55}
海阳	书房ʃy^{52}fɑŋ^{0} 学校çyə^{52}çiɔ^{341}	教室ciɔ^{52}sʅ^{341}	上书房sɑŋ^{34}ʃy^{52}fɑŋ^{0}
莱西	学校çyə^{45}çiɔ^{0}	教室ciɔ^{21}ʃʅ^{42}	上学ʃɑŋ^{21}çyə^{42}
平度	学校çyə^{45}çiɔ^{0}	教室ciɔ^{213}ʃʅ^{42}	上学ʃɑŋ^{213}çyə^{42}
青岛	学堂ɕyə^{213}tʰɑŋ^{42} 学校ɕyə^{213}ɕiɔ^{42}	教室tɕiɔ^{213}ʃʅ^{42}	上学ʃɑŋ^{213}ɕyə^{42}
高密	学屋儿ɕyə^{55}ur^{0} 学校ɕyə^{55}ɕiɔ^{21}	教室tɕiɔ^{21}ʃʅ^{55}	上学屋儿ʃɑŋ^{21}ɕyə^{55}ur^{0} 上学儿ʃɑŋ^{21}ɕyər^{42}
诸城	学屋ʃuə^{24}u^{0} 学校ʃuə^{53}ʃɔ^{31}	学屋ʃuə^{24}u^{0} 教室tʃɔ^{31}ʃʅ^{44}	上学ʃɑŋ^{31}ʃuə^{53}
沂水	学屋ɕyə^{24}u^{0}	学屋ɕyə^{24}u^{0} 教室tɕiɔ^{31}ʃʅ^{44}	上学ʃɑŋ^{31}ɕyə^{53}
临朐	书房ʃu^{21}fɑŋ^{0}	课堂kʰuə^{21}tʰɑŋ^{53}	上书房ʃɑŋ^{21}ʃu^{21}fɑŋ^{0}
日照	学堂ʃyə^{53}tʰɑŋ^{53}学校 学屋ʃyə^{44}u^{0}私塾	学屋子ʃyə^{44}u^{0}tθʅ^{0}	上学ʃiɑŋ^{31}ʃyə^{53}
莒南	学堂ɕyə^{53}tʰɑŋ^{53} 学校ɕyə^{53}ɕiɔ^{31}	学屋ɕyə^{24}u^{0} 教室tɕiɔ^{31}ʃʅ^{213}	上学ʃɑŋ^{31}ɕyə^{53}
潍坊	书房儿ʂu^{31}fɑ̃r^{0} 学校ɕyə^{55}ɕiɔɤ^{0}	教室tɕiɔɤ^{55}ʂʅ^{214}	上学ʂɑŋ^{31}ɕyə^{53} 上书房儿ʂɑŋ^{24}ʂu^{31}fɑ̃r^{0}
寿光	书房ʂu^{21}fɑŋ^{53} 学校ɕyə^{53}ɕiɔ^{21}	课堂kʰuə^{21}tʰɑŋ^{53}	上书房ʂɑŋ^{21}ʂu^{213}fɑŋ^{53} 上学ʂɑŋ^{21}ɕyə^{53}
高青	学屋ɕiɔ^{35}u^{0}	学屋ɕiɔ^{35}u^{0}	上学儿ʂɑŋ^{41}ɕiɔr^{55}

续表

	0718学校	0719教室	0720上学
阳信	书房儿ʂu^{31}fər^{0}	教室tɕiɔ^{31}ʂʅ^{213}	上书房儿ʂaŋ^{23}ʂu^{31}fər^{0} 上学儿ʂaŋ^{23}ɕiɔr^{43}
济阳	学屋ɕiɔ^{24}u^{0} 学校ɕyə^{13}ɕiɔ^{31}	教室tɕiɔ^{31}ʂʅ^{213}	上学ʂaŋ^{31}ɕiɔ^{55}
利津	学屋ɕiɔ^{35}u^{0} 学堂ɕiɔ^{53}tʰɑŋ^{53} 学校ɕyə^{53}ɕiɔ^{31}	教室tɕiɔ^{31}ʂʅ^{44}	上学ʂaŋ^{31}ɕiɔ^{53}
乐陵	书房儿ʂu^{31}fər^{0} 学校ɕyə^{55}ɕiɔ^{51}	教室tɕiɔ^{31}ʂʅ^{24}	上学儿ʂaŋ^{31}ɕiɔr^{55}
商河	学堂ɕyə^{54}tʰɑŋ^{54} 学校ɕyə^{54}ɕiɔ^{31}	教室tɕiɔ^{31}ʂʅ^{45}	上学ʂaŋ^{31}ɕiɔ^{54}
平原	学校ɕiɔu^{55}ɕiɔu^{21}	教室tɕiɔu^{21}ʂʅ^{213}	上学儿ʂaŋ^{21}ɕiɔur^{42}
德州	学校ɕiɔ^{55}ɕiɔ^{0}	教室tɕiɔ^{21}ʂʅ^{213}	上学儿ʂaŋ^{21}ɕiɔr^{42}
武城	学儿屋儿ɕiɔr^{55}ur^{0}	教室tɕiɔ^{21}ʂʅ^{224}	上学儿ʂaŋ^{21}ɕiɔr^{53}
临清	学校ɕyə^{44}ɕiau^{313}	教室tɕiau^{31}ʂʅ^{13} 课堂kʰə^{31}tʰɑŋ^{53}	上学ʂaŋ^{31}ɕyə^{53}
冠县	学校ɕyɤ^{53}ɕiɔ^{31}	教室tɕiɔ^{31}ʂʅ^{13}	上学ʂaŋ^{314}ɕyɤ^{53}
聊城	学堂ɕyə^{53}tʰɑŋ^{53} 学校ɕyə^{44}ɕiɔ^{313}	教室tɕiɔ^{31}sʅ^{313}	上学saŋ^{31}ɕyə^{53} 上书房儿saŋ^{31}su^{13}fãr^{53}旧
济南	学堂ɕyə^{42}tʰɑŋ^{42} 学校ɕyə^{55}ɕiɔ^{21}	教室tɕiɔ^{21}ʂʅ^{213}	上学ʂaŋ^{21}ɕyə^{42}
泰安	学校ɕyə^{55}ɕiɔ^{21}	教室tɕiɔ^{21}ʂʅ^{213}	上学ʂaŋ^{21}ɕyə^{42}
莱芜	学校ɕyə^{55}ɕiɔ^{42}	教室tɕiɔ^{31}ʃʅ^{213}	上学ʃaŋ^{31}ɕyə^{55}
新泰	学校ɕyə^{42}ɕiɔ^{31}	教室tɕiɔ^{31}ʃʅ^{213}	上学ʃaŋ^{31}ɕyə^{42}
沂源	学校ɕyə^{55}ɕiɔ^{31}	教室tɕiɔ^{31}ʃʅ^{213}	上学ʃaŋ^{31}ɕyə^{55}
博山	书房ʂu^{21}faŋ^{0}	书房ʂu^{21}faŋ^{0}	上书房ʂaŋ^{31}ʂu^{21}faŋ^{0}
张店	书房ʂu^{21}faŋ^{0}	书房ʂu^{21}faŋ^{0}	上学ʂaŋ^{31}ɕiɔ^{55}
阳谷	学屋ɕyo^{55}u^{0} 学校ɕyo^{55}ɕiɔ^{313}	教室tɕiɔ^{31}sʅ^{213}	上学saŋ^{31}ɕyo^{42}
梁山	学屋ɕyə^{55}u^{0} 学校ɕyə^{42}ɕiɔ^{314}	教室tɕiɔ^{31}sʅ^{213}	上学saŋ^{31}ɕyə^{42}
菏泽	学校ɕyə^{44}ɕiɔ^{312}	教室tɕiɔ^{31}sʅ^{213}	上学saŋ^{31}ɕyə^{53}
曹县	学校ɕyə^{44}ɕiɔ^{312}	教室tɕiɔ^{31}ʂʅ^{213}	上学ʂaŋ^{31}ɕyə^{53}

续表

	0718 学校	0719 教室	0720 上学
金乡	学校ɕyə^{55}ɕiɔ^{312}	教室tɕiɔ^{31}sɿ^{213}	上学saŋ^{31}ɕyə^{42}
曲阜	学校ɕyə^{55}ɕiɔ^{312}	教室tɕiɔ^{31}sɿ^{213}	上学saŋ^{31}ɕyə^{42}
薛城	学堂ɕyə^{55}t^{h}aŋ^{55} 学校ɕyə^{55}ɕiɔ^{41}	教室tɕiɔ^{41}sɿ^{313}	上学saŋ^{41}ɕyə^{55}
郯城	学校ɕyə^{44}ɕiɔ^{51}	教室tɕiɔ^{51}ʂʅ^{213}	上学ʂaŋ^{51}ɕyə^{44}
临沂	学校ɕyə^{53}ɕiɔ^{312}	教室tɕiɔ^{31}ʃʅ^{214}	上学ʃaŋ^{31}ɕyə^{53}

	0721 放学	0722 考试	0723 书包
荣成	放学faŋ^{33}ɕio^{35}	考试k^{h}au^{21}ʂʅ^{33}	书包儿ʃy^{53}paur^{53}
烟台	放学faŋ^{53}ɕye^{33}	考试k^{h}au^{21}sɿ^{33}	书包ɕy^{33}pau^{53}
栖霞	放学faŋ^{55}ɕyɛ^{342}	考考儿k^{h}ɔo^{34}k^{h}ɔor^{214}	书包ʃy^{34}pɔo^{312}
长岛	放学faŋ^{52}ɕyo^{55}	考试k^{h}au^{21}sɿ^{52}	书包儿ʃy^{55}paur^{31}
海阳	放学faŋ^{52}ɕyə^{341}	考考儿k^{h}ɔ^{21}k^{h}ɔr^{214}	书包ʃy^{34}pɔ^{52}
莱西	放学faŋ^{21}ɕyə^{42}	考试k^{h}ɔ^{55}sɿ^{42}	书包儿ʃu^{55}pɔr^{214}
平度	放学faŋ^{213}ɕyə^{42}	考试k^{h}ɔ^{55}ʂʅ^{42}	书包儿ʃu^{55}pɔr^{213}
青岛	放学faŋ^{213}ɕyə^{42}	考试k^{h}ɔ^{55}ʂʅ^{0}	书包儿ʃu^{55}pɔr^{213}
高密	放学faŋ^{21}ɕyə^{42}	考试k^{h}ɔ^{55}ʂʅ^{21}	书包儿ʃu^{42}pɔr^{213}
诸城	放学faŋ^{31}ʃuə^{53}	考试k^{h}ɔ^{44}ʂʅ^{31}	书包ʃu^{24}pɔ^{213}
沂水	放学faŋ^{31}ɕyə^{53}	考试k^{h}ɔ^{44}ʂʅ^{31}	书包ʃʮ^{24}pɔ^{213}
临朐	散学θã^{21}ɕyə^{53}	考试k^{h}ɔ^{44}ʂʅ^{21}	书包儿ʃu^{44}pɔr^{213}
日照	放学faŋ^{31}ʃyə^{53}	考试k^{h}ɔ^{23}ʂʅ^{31}	书包儿ʃu^{44}pɔr^{213}
莒南	放学faŋ^{31}ɕyə^{53}	考试k^{h}ɔ^{55}ʂʅ^{31}	书包ʃʮ^{13}pɔ^{213}
潍坊	放学faŋ^{31}ɕyə^{53} 散学sã^{31}ɕyə^{53}	考试k^{h}ɔɤ^{24}ʂʅ^{31}	书包ʂu^{24}pɔɤ^{214}
寿光	散学sã^{21}ɕyə^{53}	考试k^{h}ɔ^{55}ʂʅ^{21}	书包儿ʂu^{55}pɔr^{213}
高青	放学儿faŋ^{41}ɕiɔr^{55}	考试k^{h}ɔ^{55}ʂʅ^{41}	书包ʂu^{55}pɔ^{213}
阳信	放学儿faŋ^{31}ɕiɔr^{43}	考试k^{h}ɔ^{55}ʂʅ^{31}	书包ʂu^{55}pɔ^{213}
济阳	放学faŋ^{31}ɕiɔ^{55}	考试k^{h}ɔ^{55}ʂʅ^{31}	书包ʂu^{55}pɔ^{213}
利津	放学faŋ^{31}ɕiɔ^{53}	考试k^{h}ɔ^{55}ʂʅ^{31}	书包儿ʂu^{24}pɔr^{213}

续表

	0721 放学	0722 考试	0723 书包
乐陵	放学儿fɑŋ^{51}ɕiɔr^{55}	考试kʰɔ^{55}ʂʅ^{51}	书包ʂu^{24}pɔ^{24}
商河	下学儿ɕia^{31}ɕiɔr^{54} 放学儿fɑŋ^{31}ɕiɔr^{54}	考试kʰɔ^{45}ʂʅ^{31}	书包ʂu^{24}pɔ^{213}
平原	放学儿fɑŋ^{21}ɕiɔur^{42}	考试kʰɔu^{55}ʂʅ^{21}	书包儿ʂu^{23}pɔur^{213}
德州	放学儿fɑŋ^{21}ɕiɔr^{42}	考试kʰɔ^{55}ʂʅ^{21}	书包ʂu^{213}pɔ^{213}
武城	放学儿fɑŋ^{21}ɕiɔr^{53}	考试kʰɔ^{55}ʂʅ^{0}	书包ʂu^{24}pɔ^{224}
临清	放学fɑŋ^{31}ɕyə^{53}	考试kʰau^{44}ʂʅ^{0}	书包儿ʂu^{13}paur^{13}
冠县	下学ɕia^{314}ɕyɤ^{53}	考试kʰɔ^{55}ʂʅ^{31}	书包ʂu^{13}pɔ^{13}
聊城	放学fɑŋ^{31}ɕyə^{53}	考试kʰɔ^{44}sʅ^{313}	书包儿su^{13}pɔr^{13}
济南	下学ɕia^{21}ɕyə^{42} 放学fɑŋ^{21}ɕyə^{42}	考试kʰɔ^{55}ʂʅ^{21}	书包ʂu^{23}pɔ^{213}
泰安	放学fɑŋ^{21}ɕyə^{42}	考试kʰɔ^{55}ʂʅ^{21}	书包ʂu^{23}pɔ^{213}
莱芜	放学fɑŋ^{31}ɕyə^{55}	考试kʰɔ^{213}ʃʅ^{42}	书包ʃu^{55}pɔ^{213}
新泰	放学fɑŋ^{31}ɕyə^{42}	考试kʰɔ^{55}ʃʅ^{31}	书包fu^{23}pɔ^{213}
沂源	放学fɑŋ^{31}ɕyə^{55}	考试kʰɔ^{55}ʃʅ^{31}	书包ʃu^{55}pɔ^{213}
博山	放学fɑŋ^{31}ɕyə^{55}	考试kʰɔ^{55}ʂʅ^{31}	书包ʂu^{55}pɔ^{213}
张店	放学fɑŋ^{31}ɕiɔ^{55}	考试kʰɔ^{55}ʂʅ^{31}	书包ʂu^{213}pɔ^{213}
阳谷	放学fɑŋ^{31}ɕyo^{42}	考试kʰɔ^{55}sʅ^{0}	书包fu^{13}pɔ^{213}
梁山	放学fɑŋ^{31}ɕyə^{42}	考试kʰɔ^{55}sʅ^{0}	书包fu^{23}pɔ^{213}
菏泽	下学ɕia^{31}ɕyə^{53} 放学fɑŋ^{31}ɕyə^{53}	考试kʰɔ^{44}sʅ^{31}	书包fu^{213}pɔ^{213}
曹县	放学fɑŋ^{31}ɕyə^{53}	考试kʰɔ^{44}ʂʅ^{312}	书包fu^{213}pɔ^{213}
金乡	放学fɑŋ^{31}ɕyə^{42}	考试kʰɔ^{23}sʅ^{0}	书包su^{23}pɔ^{213}
曲阜	放学fɑŋ^{31}ɕyə^{42}	考试kʰɔ^{55}sʅ^{312}	书包su^{23}pɔ^{213}
薛城	放学fɑŋ^{41}ɕyə^{55}	考试kʰɔ^{24}sʅ^{41}	书包fu^{23}pɔ^{313}
郯城	放学fɑŋ^{51}ɕyə^{44}	考试kʰɔ^{24}ʂʅ^{51}	书包fu^{13}pɔ^{213}
临沂	放学fɑŋ^{31}ɕyə^{53}	考试kʰɔ^{55}ʃʅ^{312}	书包ʃu^{24}pɔ^{214}

	0724 本子	0725 铅笔	0726 钢笔
荣成	本儿pər^{214}	铅笔cʰian^{53}pi^{214}	钢笔kɑŋ^{53}pi^{214}

续表

	0724本子	0725铅笔	0726钢笔
烟台	本儿pər^{14}	铅笔tɕʰian^{53}pi^{14}	钢笔kaŋ^{53}pi^{14}
栖霞	本儿pər^{214}	铅笔cʰiãn^{55}pi^{214}	钢笔kaŋ^{52}pi^{214}
长岛	本儿pər^{213}	铅笔cʰian^{52}pi^{213}	钢笔kaŋ^{52}pi^{213}
海阳	本儿pər^{214}	铅笔cʰiã^{52}pi^{214}	水笔ʂuei^{21}pi^{214}
莱西	本子pẽ^{24}tsɿ^{0} 本儿per^{55}	铅笔cʰiã^{214}pi^{55}	钢笔kaŋ^{214}pi^{55}
平度	本儿per^{55}	铅笔cʰiã^{213}pi^{55}	钢笔kaŋ^{213}pi^{55}
青岛	本子pẽ^{55}tθɿ^{0}	铅笔tɕʰiã^{213}pi^{55}	钢笔kaŋ^{213}pi^{55}
高密	本子pə̃^{23}tθɿ^{0}	铅笔tɕʰiã^{213}pi^{55}	水笔ʂuei^{42}pi^{55} 自来水儿笔tθɿ^{42}lɛ^{42}ʂuer^{42}pi^{55} 钢笔kaŋ^{213}pi^{55}
诸城	本子pẽ^{213}tθɿ^{0}	铅笔tʃʰã^{44}pi^{44}	钢笔kaŋ^{213}pi^{44}
沂水	本子pẽ^{213}dðɿ^{0}	铅笔tɕʰiã^{213}pe^{44}	钢笔kaŋ^{213}pe^{44}
临朐	本子pə̃^{213}tθɿ^{0}	铅笔tɕʰiã^{213}pi^{44}	水笔ʂuei^{44}pi^{44}
日照	本子pẽ^{213}tθɿ^{0}	铅笔tʃʰiã^{53}pi^{213}	钢笔kaŋ^{44}pi^{213}
莒南	本子pẽ^{213}tθɿ^{0}	铅笔tɕʰiã^{13}pei^{213}	钢笔kaŋ^{13}pei^{213}
潍坊	本子pẽ^{24}tsɿ^{0}	铅笔tɕʰiã^{24}pei^{214}	水笔ʂuei^{24}pei^{0} 钢笔kaŋ^{24}pei^{214}
寿光	本子pə̃^{24}tsɿ^{0}	铅笔tɕʰiã^{213}pi^{55}	水笔ʂuei^{24}pi^{0}
高青	本子pə̃^{213}tsɿ^{0}	铅笔tɕʰiã^{55}pei^{213}	钢笔kaŋ^{213}pei^{55}
阳信	本儿per^{55}	铅笔tɕʰiã^{213}pei^{213}	钢笔kaŋ^{213}pei^{213}
济阳	本子pẽ^{213}tsɿ^{0}	铅笔tɕʰiã^{55}pei^{213}	钢笔kaŋ^{55}pei^{213}
利津	本儿per^{55}	铅笔tɕʰiã^{213}pi^{44}	钢笔kaŋ^{213}pi^{44}
乐陵	本儿per^{55}	铅笔tɕʰiã^{24}pei^{24}	钢笔kaŋ^{24}pei^{24}
商河	本子pẽ^{213}tsɿ^{0}	铅笔tɕʰiã^{213}pei^{45}	钢笔kaŋ^{31}pei^{45} 自来水笔tsɿ^{31}lɛ^{0}ʂuei^{54}pei^{45}
平原	本儿pər^{55}	铅笔tɕʰiã^{23}pei^{213}	钢笔kaŋ^{23}pei^{213}
德州	本儿per^{55}	铅笔tɕʰiã^{213}pei^{213}	钢笔kaŋ^{213}pei^{213}
武城	本儿per^{55}	铅笔tɕʰiã^{24}pei^{224}	钢笔kaŋ^{24}pei^{224}
临清	本儿per^{44}	铅笔tɕʰian^{13}pei^{13}	钢笔kaŋ^{13}pei^{13}

续表

	0724本子	0725铅笔	0726钢笔
冠县	本子pẽ^{44}tsɿ^{0}	铅笔tɕʰiã^{13}pei^{13}	钢笔kaŋ^{13}pei^{13}
聊城	本子pẽ^{44}tsɿ^{0} 本儿per^{44}	铅笔tɕʰiã^{13}pei^{13}	钢笔kaŋ^{13}pei^{13} 自来水儿笔tsɿ^{31}lɛ^{0}suer^{44}pei^{0}
济南	本子pẽ^{213}tsɿ^{0}	铅笔tɕʰiã^{23}pei^{213}	自来水笔tsɿ^{55}lɛ^{0}ʂuei^{55}pei^{213}
泰安	本子pẽ^{213}tsɿ^{0}	铅笔tɕʰiã^{23}pei^{213}	钢笔kaŋ^{23}pei^{213}
莱芜	本子pẽ^{213}tsɿ^{0}	铅笔tɕʰiã^{31}pei^{0}	钢笔kaŋ^{31}pei^{0}
新泰	本子pẽ^{213}tθɿ^{0}	铅笔tɕʰiã^{23}pei^{213}	钢笔kaŋ^{23}pei^{213}
沂源	本子pə̃^{21}tθɿ^{0}	铅笔tɕʰiã^{55}pei^{213}	钢笔kaŋ^{21}pei^{55}
博山	本子pẽ^{213}ə^{0}	铅笔tɕʰiã^{213}pei^{55}	钢笔kaŋ^{213}pei^{55}
张店	本子pə̃^{21}ɿ^{0}	铅笔tɕʰiã^{213}pi^{55}	钢笔kaŋ^{213}pi^{55}
阳谷	本子pẽ^{13}zɿ^{0}	铅笔tɕʰiã^{13}pei^{213}	钢笔kaŋ^{13}pei^{213}
梁山	本子pẽ^{23}tsɿ^{0}	铅笔tɕʰiã^{23}pei^{213}	钢笔kaŋ^{23}pei^{213}
菏泽	本子pẽ^{44}tə^{0}	铅笔tɕʰiã^{213}pei^{213}	钢笔kaŋ^{213}pei^{213}
曹县	本子pẽ^{44}nẽ^{0}	铅笔tɕʰiã^{213}pei^{213}	钢笔kaŋ^{213}pei^{0}
金乡	本子pẽ^{23}tsɿ^{0}	铅笔tɕʰiã^{23}pei^{213}	钢笔kaŋ^{23}pei^{213}
曲阜	本子pẽ^{213}tsɿ^{0}	铅笔tɕʰiã^{23}pei^{213}	钢笔kaŋ^{23}pei^{213}
薛城	本子pẽ^{24}tsɿ^{0}	铅笔tɕʰiã^{23}pe^{313}	钢笔kaŋ^{23}pe^{313}
郯城	本子pə̃^{24}tsɿ^{0}	铅笔tɕʰiã^{13}pe^{213}	钢笔kaŋ^{13}pe^{213}
临沂	本子pẽ^{214}tsɿ^{0}	铅笔tɕʰiã^{24}pei^{214}	钢笔kaŋ^{24}pei^{214}

	0727圆珠笔	0728毛笔	0729墨①
荣成	油儿笔iəur^{53}pi^{214}	毛笔mau^{53}pi^{214}	墨mɛ^{214}
烟台	油笔iou^{53}pi^{14}	毛笔mau^{53}pi^{14}	墨mo^{14}
栖霞	圆珠儿笔yãn^{34}tʃur^{52}pi^{214}	毛笔mɔo^{52}pi^{214}	墨mə^{52}
长岛	圆珠笔yan^{55}tʃy^{31}pi^{213}	毛笔mau^{52}pi^{213}	墨mə^{213}

① “墨”本指用来在砚台里加水研出墨汁的墨块，但有时也指研出的墨汁（如“蘸点儿墨”）。所以，本条的调查材料中，有的只记录墨块，有的只记录墨汁，有的则两者兼记，所指并不尽同。此照录原材料，但把钢笔用的“墨水”删掉。

续表

	0727圆珠笔	0728毛笔	0729墨
海阳	油儿笔iəur^{52}pi^{214}	毛笔mɔ^{52}pi^{214}	墨mə^{341}
莱西	圆珠儿笔yã^{42}tʃur^{214}pi^{55} 油儿笔iour^{214}pi^{55}	毛笔mɔ^{24}pi^{55}	墨mə^{42} 墨汁mə^{42}tsʅ^{55}
平度	圆子笔yã^{45}tθʅ^{0}pi^{0} 圆珠儿笔yã^{42}tʂur^{213}pi^{0}	毛笔mɔ^{213}pi^{55}	墨mei^{213} 墨汁子mei^{213}tʃʅ^{45}tθʅ^{0}
青岛	圆子笔yã^{42}tθʅ^{0}pi^{55} 圆珠笔yã^{42}tʃu^{213}pi^{55}	毛笔mɔ^{213}pi^{55}	墨mei^{213}
高密	圆子笔yã^{42}tθʅ^{0}pi^{55}	毛笔mɔ^{42}pi^{55}	墨mei^{21} 墨汁子mei^{21}tʃʅ^{23}tθʅ^{0}
诸城	圆子笔yã^{44}tθʅ^{0}pi^{44}	毛笔mɔ^{53}pi^{44}	墨mei^{31}
沂水	圆子笔yã^{53}dðʅ^{0}pe^{44}	毛笔mɔ^{53}pe^{44}	墨me^{31}
临朐	圆子油儿yã^{53}tθʅ^{0}iəur^{53}	毛笔mɔ^{53}pi^{44}	墨mei^{21}
日照	自来水儿tθʅ^{44}lɛ^{0}ʂuer^{44} 圆珠笔yã^{53}tʃu^{44}pi^{213}	毛笔mɔ^{53}pi^{213}	墨mei^{31}
莒南	圆子笔yã^{53}tθʅ^{55}pei^{213}	毛笔mɔ^{53}pei^{213}	墨mei^{312}
潍坊	圆子笔yã^{53}tsʅ^{0}pei^{214} 圆珠笔yã^{53}tʂu^{0}pei^{214}	毛笔mɔɤ^{53}pei^{214}	墨mei^{31} 墨汁子mei^{31}tʂʅ^{214}tsʅ^{0}
寿光	圆子笔yã^{53}tsʅ^{55}pi^{55}	写管ɕiə^{24}kuã^{0}	墨mei^{21}墨块 墨汁子mei^{21}tʂʅ^{213}tsʅ^{0}墨汁
高青	圆珠笔yã^{55}tʂu^{213}pei^{55}	毛笔mɔ^{55}pi^{0}	墨mei^{41}
阳信	圆子笔yã^{31}tsʅ^{0}pei^{213}	毛笔mɔ^{55}pei^{213}	墨mei^{31}
济阳	圆子笔yã^{55}tsʅ^{0}pei^{213}	毛笔mɔ^{55}pei^{213}	墨mei^{31}
利津	圆珠儿笔yã^{53}tʂur^{0}pi^{44}	写管ɕiə^{213}kuã^{0} 毛笔mɔ^{53}pi^{44}	墨mei^{31}
乐陵	圆子笔yã^{51}tsʅ^{55}pei^{24}	毛笔mɔ^{51}pei^{24}	墨mei^{51}
商河	圆珠笔yã^{54}tʂu^{213}pei^{45} 圆子笔yã^{54}tsʅ^{0}pei^{45}	毛笔mɔ^{54}pei^{45}	墨mei^{31}
平原	圆子笔yã^{42}tsʅ^{0}pei^{213}	毛笔mɔu^{42}pei^{213}	墨mei^{21}
德州	圆珠笔yã^{42}tʂu^{213}pei^{213}	毛笔mɔ^{42}pei^{213}	墨汁儿mei^{21}tʂer^{213}
武城	圆珠儿笔yã^{53}tʂur^{24}pei^{224}	毛笔mɔ^{53}pei^{224}	墨汁儿mei^{21}tʂer^{224}
临清	自来水笔tsʅ^{31}lai^{0}ʂuei^{44}pei^{0} 圆珠笔yan^{53}tʂu^{13}pei^{0}	毛笔mau^{53}pei^{0}	墨mei^{313}

续表

	0727圆珠笔	0728毛笔	0729墨
冠县	圆珠笔yã^{44}tʂu^{0}pei^{13}	毛笔mɔ^{53}pei^{13}	墨mei^{314}
聊城	圆珠笔yã^{53}tsu^{13}pei^{13}	毛笔mɔ^{53}pei^{13}	墨汁儿mei^{31}tser^{13}
济南	圆子笔yã^{42}tsʅ^{55}pei^{213}	毛笔mɔ^{42}pei^{213}	墨mei^{21}
泰安	圆珠笔yã^{42}tʂu^{23}pei^{213}	毛笔mɔ^{42}pei^{213}	墨mei^{21}
莱芜	圆珠笔yã^{55}tʃu^{31}pei^{0}	毛笔mɔ^{55}pei^{0}	墨mei^{42}
新泰	圆子笔yã^{45}tθʅ^{0}pei^{213}	毛笔mɔ^{42}pei^{213}	墨mei^{213}
沂源	圆子笔yã^{55}tθʅ^{0}pei^{213}	毛笔mɔ^{55}pei^{213}	墨汁子mei^{31}tʃʅ^{21}tθʅ^{0}
博山	圆珠笔yã^{55}tʂu^{213}pei^{55}	毛笔mɔ^{53}pei^{55}	墨mei^{31}
张店	圆珠笔yã^{55}tʂu^{213}pi^{55}	毛笔mɔ^{55}pi^{55}	墨mei^{31}
阳谷	油字笔iou^{42}tsʅ^{0}pei^{213} 圆珠笔yã^{42}tsu^{13}pei^{213}	毛笔mɔ^{42}pei^{213}	墨mei^{213}
梁山	圆子笔yã^{42}tsʅ^{0}pei^{213}	毛笔mɔ^{42}pei^{213}	墨mei^{213}
菏泽	油笔iou^{53}pei^{213} 油字笔iou^{53}tsʅ^{0}pei^{213}	毛笔mɔ^{53}pei^{213}	墨mei^{213}
曹县	油笔iou^{53}pei^{0}	毛笔mɔ^{53}pei^{0}	墨mei^{213}
金乡	圆珠笔yã^{42}tsu^{0}pei^{213}	毛笔mɔ^{55}pei^{213}	墨汁mei^{23}tsʅ^{213}
曲阜	圆子笔yã^{42}tsʅ^{0}pei^{213}	毛笔mɔ^{42}pei^{213}	墨mei^{213}
薛城	圆子笔yã^{55}tsʅ^{0}pe^{313}	毛笔mɔ^{55}pe^{313}	墨汁me^{23}tsʅ^{313}
郯城	圆子笔yã^{44}tsʅ^{24}pe^{213}	毛笔mɔ^{44}pe^{213}	墨块儿mi^{21}k^{h}uɛr^{51} “墨”读为“密”/me^{21}k^{h}uɛr^{51} 墨汁mi^{13}tʂʅ^{213} “墨”读为“密”/me^{13}tʂʅ^{213}
临沂	圆珠笔yã^{53}tʃu^{55}pei^{214} “珠”读为“主”	毛笔mɔ^{53}pei^{214}	墨mei^{214}

	0730砚台	0731信一封～	0732连环画
荣成	砚石ian^{33}ʃi^{0}	信sin^{33}	小画儿书siau^{21}xuɐr^{33}ʃy^{53}
烟台	砚台ian^{33}t^{h}ɛ^{0}	信ɕin^{33}	小人儿书ɕiau^{21}iər^{33}ɕy^{53}
栖霞	砚台iãn^{34}t^{h}ɛi^{342}	信ʃĩn^{52}	小人儿书ʃiɔo^{34}iər^{34}ʃy^{312}
长岛	砚台ian^{52}t^{h}ai^{55}	信ʃən^{52}	小人儿书ʃau^{21}iər^{55}ʃy^{31}
海阳	砚台iã^{34}t^{h}ɛ^{0}	信sĩ^{341}	小人儿书siɔ^{21}iər^{34}ʃy^{52}

续表

	0730砚台	0731信一封～	0732连环画
莱西	砚台iã^{45}tʰɛ^{0}	信ʃiẽ^{42}	连环画儿liã^{33}xuã^{214}xuʌr^{42}
平度	砚台iã^{45}tʰɛ^{0}	信siə̃^{42}	小人儿书siɔ^{55}ier^{42}ʃu^{213} 连环画儿liã^{42}xuã^{213}xuar^{42}
青岛	砚台iã^{45}tʰɛ^{0}	信siẽ^{42}	小人儿书siɔ^{55}ʐer^{42}ʃu^{213} 图书tʰu^{42}ʃu^{213}
高密	砚台iã^{42}tʰɛ^{0}	信siə̃^{21}	小人书儿siɔ^{213}iə̃^{42}ʂur^{213} 连环画儿liã^{42}xuã^{42}xuɑr^{21}
诸城	砚台iã^{44}tʰɛ^{0}	信θẽ^{31}	小人书儿θiɔ^{45}iẽ^{53}ʃur^{213} 小书儿θiɔ^{44}ʃur^{213}
沂水	砚台iã^{44}tʰɛ^{0}	信ʃẽ^{31}	小书儿siɔ^{44}ʃur^{213}
临朐	砚台iã^{44}tʰɛ^{0}	信ɕiə̃^{21}	小人儿书儿ɕiɔ^{213}ʐer^{0}ʃur^{213}
日照	砚台iã^{53}tʰɛ^{0}	信θẽ^{31}	小画儿册儿θiɔ^{213}xuɑr^{31}tʂʰer^{213}
莒南	砚台iã^{42}tʰɛ^{0}	信siẽ^{312}	画册儿xua^{31}tʂʰɬer^{55}
潍坊	砚台iã^{31}tʰɛ^{53}	信ɕiẽ^{31}	小画书儿ɕiɔɤ^{55}xuɑ^{31}ʂur^{214} 小书儿ɕiɔɤ^{55}ʂur^{214} 小人儿书儿ɕiɔɤ^{55}ʐer^{53}ʂur^{214}
寿光	砚台iã^{55}tʰɛ^{0}	信ɕiə̃^{21}	连环画儿liã^{53}xuã^{53}xuʌr^{21} 小人儿书儿ɕiɔ^{55}ɭ^{53}ʂur^{213} 小画书儿ɕiɔ^{55}xua^{21}ʂur^{213}
高青	砚台iã^{55}tʰɛ^{0}	信ɕiə̃^{41}	小画书儿ɕiɔ^{55}xuɑ^{41}ʂur^{213} 小人儿书儿ɕiɔ^{55}ʐer^{55}ʂur^{213}
阳信	砚台iã^{55}tʰɛ^{0}	信ɕiə̃^{31}	画本儿xua^{31}per^{55}
济阳	砚台iã^{55}tʰɛ^{0}	信ɕiẽ^{31}	小画儿书儿ɕiɔ^{55}xuar^{31}ʂur^{213} 小人儿书儿ɕiɔ^{21}ʐer^{55}ʂur^{213}
利津	砚台iã^{55}tʰɛ^{0}	信ɕiẽ^{31}	小画儿书ɕiɔ^{55}xuar^{31}ʂu^{213}
乐陵	砚台iã^{55}tʰɛ^{0}	信ɕiẽ^{51}	小画书ɕiɔ^{55}xuɑ^{24}ʂu^{24}
商河	砚台iã^{54}tʰɛ^{0}	信ɕiẽ^{31}	小画儿书儿ɕiɔ^{45}xuɑr^{24}ʂur^{213} 小画本儿ɕiɔ^{45}xuɑ^{31}per^{45} 连环画儿liã^{54}xuã^{54}xuɑr^{31}
平原	砚台iã^{42}tʰɛi^{0}	信ɕiẽ^{21}	画书儿xua^{21}ʂur^{213}
德州	砚台iã^{42}tʰɛ^{0}	信ɕiẽ^{21}	画儿书儿xuɐr^{21}ʂur^{213} 小人儿书儿ɕiɔ^{55}ʐer^{42}ʂur^{213}
武城	砚台iã^{53}tʰɛ^{0}	信ɕiẽ^{312}	小人儿书ɕiɔ^{24}ler^{53}ʂu^{224}

续表

	0730砚台	0731信一封~	0732连环画
临清	砚台ian^{31}t^{h}ai^{53}	信ɕin^{313}	画儿书xuar^{31}ʂu^{13}
冠县	砚台iã^{31}t^{h}ɛ^{0}	信siẽ^{314}	画册儿xua^{31}tʂ^{h}ər^{13}
聊城	砚台iã^{31}t^{h}ɛ^{53}	信ɕiẽ^{313}	画本儿xua^{31}per^{44}
济南	砚台iã^{55}t^{h}ɛ^{0}	信ɕiẽ^{21}	连环画儿liã^{42}xuã^{42}xuar^{21}
泰安	砚瓦iã^{42}ua^{0}	信ɕiẽ^{21}	小人儿书ɕiɔ^{213}zʅer^{42}ʂu^{213} 画本儿xua^{21}per^{55}
莱芜	砚台iã^{42}t^{h}ɛ^{0}	信ɕiẽ^{42}	连环画liã^{55}xuã^{55}xua^{42}
新泰	砚台iã^{54}t^{h}ɛ^{0}	信ɕiẽ^{31}	小人儿书ɕiɔ^{23}ʒɤr^{42}fu^{213}
沂源	砚台iã^{55}t^{h}ɛ^{0}	信ɕiə̃^{31}	小人书ɕiɔ^{21}iə̃^{55}ʃu^{213}
博山	砚台iã^{55}t^{h}ɛ^{0}	信ɕiẽ^{31}	小画书ɕiɔ^{55}xuɑ^{0}ʂu^{213}
张店	砚台iã^{55}t^{h}ɛ^{0}	信ɕiə̃^{31}	小人书ɕiɔ^{55}zʅə̃^{55}ʂu^{213}
阳谷	砚汪iã^{42}uɑŋ^{0} 磨汪mə^{42}uɑŋ^{0}	信ɕiẽ^{313}	画册儿xua^{31}tʂ^{h}ər^{213}
梁山	砚iã^{314}	信ɕiẽ^{314}	画本儿xua^{31}per^{55}
菏泽	砚台iã^{31}t^{h}ɛ^{0}	信ɕiẽ^{312}	画儿书xuar^{31}fu^{213}
曹县	砚台iã^{31}t^{h}ai^{53}	信ɕiẽ^{312}	画书xua^{31}fu^{213}
金乡	砚台iã^{31}t^{h}ɛ^{42}	信ɕiẽ^{312}	画本儿xua^{31}per^{55}
曲阜	砚汪iã^{42}uaŋ^{0}	信ɕiẽ^{312}	画本儿xua^{31}per^{55}
薛城	砚汪iã^{41}uɑŋ^{0}	信ɕiẽ^{41}	小人书ɕiɔ^{24}zẽ^{55}fu^{313}
郯城	砚台iã^{51}t^{h}ɛ^{0}	信ɕiə̃^{51}	画册儿xua^{51}tʂ^{h}er^{213}
临沂	砚台iã^{31}t^{h}ɛ^{0}	信ɕiẽ^{312}	小画册儿ɕiɔ^{55}xua^{31}tʃ^{h}er^{214} 连环画儿liã^{53}xuã^{53}xuar^{312}

	0733捉迷藏	0734跳绳	0735毽子
荣成	趴老母$^{=}$儿p^{h}a^{53}lau^{55}mur^{214}	跳绳儿t^{h}iau^{33}ʃə̃r^{35}	毽儿ciɐr^{33}
烟台	趴老母$^{=}$儿p^{h}a^{53}lau^{14}mur^{0}	跳绳儿t^{h}iau^{53}ɕiə̃r^{33}	毽儿tɕiɐr^{33}
栖霞	趴猫儿p^{h}a^{34}mɔor^{312}	跳绳儿t^{h}iɔo^{55}ʃə̃r^{342}	毽儿ciɐr^{52}
长岛	趴老母$^{=}$儿p^{h}a^{55}lau^{52}mur^{213}	跳绳儿t^{h}iau^{52}ʃə̃r^{55}	毽儿ciɐr^{52}
海阳	趴猫儿p^{h}a^{34}mɔr^{52}	跳绳儿t^{h}iɔ^{52}sə̃r^{341}	毽儿ciɐr^{341}

续表

	0733捉迷藏	0734跳绳	0735毽子
莱西	趴猫儿pʰa^{55}mɔr^{214}	跳绳儿tʰiɔ^{21}ʃə̃r^{42}	毽子ciã^{42}tsɿ^{0} 毽儿ciɐr^{42}
平度	藏猫儿tθʰɑŋ^{42}mɔr^{213}	跳绳儿tʰiɔ^{213}ʂə̃r^{42}	毽儿ciɛr^{55} 毽子ciã^{42}tθɿ^{0}
青岛	藏猫儿tθʰɑŋ^{42}mɔr^{213}	跳绳儿tʰiɔ^{213}ʂõr^{42}	毽儿tɕiɛr^{42}
高密	藏猫儿tθʰɑŋ^{42}mɔr^{213}	跳绳儿tʰiɔ^{21}ʂõr^{42}	毽儿tɕiɛr^{21}
诸城	藏哞⁼儿tθʰɑŋ^{53}mour^{213}	跳绳ȶʰiɔ^{31}ʃəŋ^{53}	卯⁼儿mɔr^{44}
沂水	藏猫儿tθʰɑŋ^{53}mɔr^{213}	跳绳儿tʰiɔ^{31}ʃə̃r^{53}	毽子tɕyã^{44}dðɿ^{0}
临朐	藏人儿tθʰɑŋ^{53}ʐer^{53}	跳绳儿tʰiɔ^{21}ʃə̃r^{53}	毽子tɕiã^{44}tθɿ^{0}
日照	藏哞⁼儿tθʰɑŋ^{53}mour^{213}	跳绳儿tʰiɔ^{31}ʂə̃r^{53}	毽子tʃiã^{53}tθɿ^{0}
莒南	藏猫儿猫儿tθʰɑŋ^{53}mour^{13}mour^{213}	跳绳儿tʰiɔ^{31}ʃɾə̃r^{53}	毽子tɕyã^{42}tθɿ^{0} “毽”读为“倦”
潍坊	藏人儿tsʰɑŋ^{53}ʐer^{53}	跳绳儿tʰiɔɤ^{31}ʂẽr^{53}	毽子tɕiã^{55}tsɿ^{0}
寿光	藏人儿tsʰɑŋ^{53}ɭ^{53}	跳绳儿tʰiɔ^{21}ʂɤr^{53}	毽子tɕiã^{55}tsɿ^{0}
高青	藏瞎摸乎⁼儿tsʰɑŋ^{55}ɕiɑ^{55}mɑ^{0}xur^{213}	跳绳tʰiɔ^{41}ʂəŋ^{55}	毽儿tɕiɛr^{41}
阳信	拉藏摸儿la^{213}tsʰɑŋ^{43}mər^{55}	跳绳tʰiɔ^{31}ʂəŋ^{43}	毽儿tɕʰiɛr^{31}
利津	摸瞎儿mə^{31}ɕiar^{24}蒙眼寻人的游戏 藏家母⁼儿tsʰɑŋ^{53}tɕia^{213}mur^{55}一人寻找其他藏起来的人	跳绳tʰiɔ^{31}ʂəŋ^{53}	卯⁼儿mɔr^{55}
济阳	藏乎⁼眼瞎tsʰɑŋ^{55}xu^{55}iã^{55}ɕia^{213}	跳绳tʰiɔ^{31}ʂəŋ^{55}	毽子tɕiã^{55}tsɿ^{0}
乐陵	藏摸儿摸儿tsʰɑŋ^{51}mər^{212}mər^{0}	跳绳tʰiɔ^{31}ʂəŋ^{55}	毽儿tɕʰiɛr^{51}读为“欠儿”
商河	藏瞎儿tsʰɑŋ^{54}ɕiar^{45}	跳绳tʰiɔ^{31}ʂəŋ^{54}	毽儿tɕiɛr^{31}
平原	藏迷糊儿tsʰɑŋ^{55}mi^{42}xur^{213}一人寻找其他藏起来的人 摸瞎儿mə^{23}ɕiar^{213}蒙眼寻人的游戏	跳绳tʰiɔu^{21}ʂəŋ^{42}	毽儿tɕyɛr^{21}
德州	藏摸儿摸儿tsʰɑŋ^{42}mər^{213}mər^{0}	跳绳tʰiɔ^{21}ʂəŋ^{42}	鸡毛毽儿tɕi^{213}mɔ^{42}tɕiɛr^{21}
武城	藏迷糊儿tsʰɑŋ^{53}mi^{53}xur^{224}	跳绳tʰiɔ^{21}ʂəŋ^{53}	毽子tɕiã^{53}tsɿ^{0}
临清	藏马⁼乎⁼儿tsʰɑŋ^{53}ma^{44}xur^{13}	跳绳tʰiau^{31}ʂəŋ^{53}	毽子tɕian^{53}tsɿ^{0}

续表

	0733捉迷藏	0734跳绳	0735毽子
冠县	藏马$^{=}$乎$^{=}$儿tsʰɑŋ^{55}ma^{0}xur^{13}	跳绳tʰiɔ^{314}ʂəŋ^{53}	毽儿tɕiɐr^{314}
聊城	藏猫儿虎$^{=}$儿tsʰɑŋ^{53}mɔr^{53}xur^{44}	跳绳tʰiɔ^{31}səŋ^{53}	毽儿tɕiɛr^{313}
济南	藏猫儿乎$^{=}$儿tsʰɑŋ^{42}mɔr^{42}xur^{213} 藏马$^{=}$儿乎$^{=}$儿tsʰɑŋ^{42}mar^{55}xur^{213}	跳绳tʰiɔ^{21}ʂəŋ^{42}	毽子tɕiã^{55}tsɿ^{0}
泰安	藏老猫收$^{=}$儿tsʰɑŋ^{42}lɔ^{213}mɔ^{0}ʂour^{213}	跳绳tʰiɔ^{21}ʂəŋ^{42}	毽子tɕiã^{42}tsɿ^{0}
莱芜	藏屋檐儿tsʰɑŋ^{55}u^{31}iɛ^{55}	跳绳tʰiɔ^{42}ʃəŋ^{55}	毽子tɕiã^{42}tsɿ^{0}
新泰	藏马$^{=}$齁$^{=}$儿tθʰɑŋ^{42}ma^{55}xour^{213}	跳绳tʰiɔ^{31}ʃəŋ^{42}	毽子tɕyã^{54}tθɿ^{0}
沂源	藏猫儿tθʰɑŋ^{55}mɔr^{213}	跳绳tʰiɔ^{31}ʃəŋ^{55}	毽子tɕiã^{55}tθɿ^{0}
博山	藏颜色tsʰɑŋ^{55}iã^{35}ʂei^{0}	跳绳tʰiɔ^{31}ʂəŋ^{55}	毽子tɕiã^{55}ə^{0}
张店	藏没颜色tsʰɑŋ^{55}mei^{0}iã^{35}ʂei^{0}	跳绳tʰiɔ^{31}ʂəŋ^{55}	毽子tɕiã^{55}ɿ^{0}
阳谷	藏麻$^{=}$根$^{=}$儿tsʰɑŋ^{42}ma^{0}kɤr^{213}	跳绳tʰiɔ^{31}səŋ^{42}	毽儿tɕiɐr^{313}
梁山	藏洋$^{=}$马$^{=}$根$^{=}$儿tsʰɑŋ^{42}iɑŋ^{55}ma^{0}ker^{213}	跳绳儿tʰiɔ^{31}ʂə̃r^{42}	毽子tɕiã^{42}tsɿ^{0}
菏泽	藏母$^{=}$tsʰɑŋ^{53}mu^{44}	跳绳儿tʰiɔ^{31}sə̃r^{53}	毽子tɕiã^{31}tə^{0}
曹县	藏母$^{=}$tsʰɑŋ^{53}mu^{44}	跳绳tʰiɔ^{31}ʂəŋ^{53}	毽子tɕiã^{53}nẽ^{0}
金乡	藏妈$^{=}$虎底儿tsʰɑŋ^{55}ma^{21}xu^{0}tier^{55}	跳绳儿tʰiɔ^{31}ʂə̃r^{42}	毽子tɕiã^{42}tsɿ^{0}
曲阜	藏猫儿齁$^{=}$儿tsʰaŋ^{42}mɔr^{55}xour^{213}	跳绳tʰiɔ^{31}səŋ^{42}	毽子tɕiã^{42}tsɿ^{0}
薛城	藏猫齁$^{=}$儿tsʰɑŋ^{54}mɔ^{55}xour^{313}	跳绳儿tʰiɔ^{41}sə̃r^{55}	毽子tɕiã^{41}tsɿ^{0}
郯城	藏蟒$^{=}$儿猫儿tsʰɑŋ^{44}mɑ̃r^{21}mɔr^{44}	跳绳儿tʰiɔ^{51}ʂə̃r^{44}	毽子tɕyã^{51}tsɿ^{0}
临沂	藏蒙儿蒙儿tsʰɑŋ^{53}mɤ̃r^{214}mɤ̃r^{0}	跳绳儿tʰiɔ^{31}ʃɤ̃r^{53}	毽子tɕyã^{31}tsɿ^{0}

	0736风筝	0737舞狮	0738鞭炮统称
荣成	鹞子iau^{35}tsɿ^{0}	耍狮子ʂua^{21}ʂʅ^{53}tsɿ^{0}	鞭炮pian^{53}pʰau^{33}
烟台	老鹞子lau^{21}iau^{33}ɾə^{0}	耍狮子sua^{21}sɿ^{53}ɾə^{0}	鞭pian^{53} 爆仗pau^{33}tɕiŋ^{0} “仗”读为“郑”轻声
栖霞	鹞子iɔo^{34}lə^{0}	耍狮sua^{21}sɿ^{0}	爆仗pɔo^{52}tʃiəu^{0} “仗”读为“宙”轻声

续表

	0736 风筝	0737 舞狮	0738 鞭炮统称
长岛	风筝儿fəŋ^{31}tʃə̃r^{0}	耍狮子sua^{35}sɿ^{31}tsɿ^{0}	爆仗pau^{52}tʃəŋ^{0} "仗"读为"郑"轻声
海阳	风筝fəŋ^{52}tsəŋ^{0}	耍狮子ʂua^{21}ʂʅ^{52}ə^{0}	爆仗pɔ^{34}tsəŋ^{0}大的。"仗"读为"郑"轻声 鞭piã^{52}小的
莱西	风筝fəŋ^{32}tsəŋ^{0}	舞狮u^{55}sɿ^{214} 耍狮子sua^{55}sɿ^{214}tsɿ^{0}	鞭炮piã^{214}pʰɔ^{42}
平度	风筝儿fəŋ^{213}tʂə̃r^{0} 鹞子iɔ^{45}tθɿ^{0}	耍狮子ʂua^{55}ʂʅ^{213}tθɿ^{0}	鞭炮piã^{213}pʰɔ^{42}
青岛	风筝儿foŋ^{21}tʂõr^{0}	耍狮子ʂuɑ^{55}ʂʅ^{213}tθɿ^{0}	爆仗pɔ^{42}tʃɑŋ^{0}
高密	风筝foŋ^{21}tʂoŋ^{0}	耍狮子ʂuɑ^{55}ʂʅ^{21}tθɿ^{0}	爆仗pɔ^{42}tʃɑŋ^{21} 鞭piã^{213} 鞭炮piã^{23}pʰɔ^{21}
诸城	风筝fəŋ^{31}tʂəŋ^{0}	耍狮子ʂua^{44}ʂʅ^{31}tθɿ^{0}	爆仗pɔ^{44}tʃɑŋ^{0}单个 鞭piã^{213}成辫
沂水	风筝fəŋ^{21}tʂəŋ^{0}	玩狮子uã^{31}ʂʅ^{21}dðɿ^{0} 耍狮子ʂua^{44}ʂʅ^{21}dðɿ^{0}	鞭炮piã^{24}pʰɔ^{31}
临朐	风筝fəŋ^{21}tʂəŋ^{0}	跑狮包⁼儿pʰɔ^{44}ʂʅ^{21}pɔr^{0}	鞭爆仗piã^{213}pɔ^{44}tʃɑŋ^{0}
日照	风筝儿fəŋ^{31}tʂə̃r^{0}	耍狮包⁼ʂuɑ^{213}ʂʅ^{31}pɔ^{0}	鞭piã^{213}
莒南	风筝儿fəŋ^{21}tʂɬə̃r^{0}	耍狮子ʂua^{55}ʂʅ^{21}tθɿ^{0}	炮仗pʰɔ^{42}tʃəŋ^{0} "仗"读为"郑"轻声 鞭piã^{213} 鞭炮piã^{13}pʰɔ^{31}
潍坊	鹞子iɔɤ^{55}tsɿ^{0} 风筝fəŋ^{31}tʂəŋ^{0}	耍狮子ʂuɑ^{55}ʂʅ^{31}tsɿ^{0}	爆仗pɔɤ^{55}tʂɑŋ^{0}
寿光	鹞子iɔ^{55}tsɿ^{0} 鹞鹰iɔ^{55}iŋ^{0}	玩狮包⁼uã^{53}ʂʅ^{21}pɔ^{0}	爆仗pɔ^{55}tʂɑŋ^{0}
高青	风筝fəŋ^{21}tʂəŋ^{0}	舞狮子u^{55}ʂʅ^{21}tsɿ^{0}	雷子luei^{35}tsɿ^{0}
阳信	风筝fəŋ^{31}tʂəŋ^{0}	耍狮包⁼ʂua^{55}ʂʅ^{31}pɔ^{0}	鞭piã^{213} 爆仗pɔ^{55}tʂɑŋ^{0}
济阳	风筝fəŋ^{21}tʂəŋ^{0}	玩狮子uã^{55}ʂʅ^{21}tsɿ^{0}	爆仗pɔ^{55}tʂɑŋ^{0}
利津	八卦pa^{44}kua^{31} 风筝fəŋ^{31}tʂəŋ^{0}	玩儿狮子uɛr^{53}ʂʅ^{31}tsɿ^{0}	爆仗pɔ^{55}tʂɑŋ^{0}
乐陵	风筝fəŋ^{31}tsəŋ^{0}	玩狮猫⁼uã^{55}sɿ^{31}mɔ^{0}	鞭piã^{24}

续表

	0736 风筝	0737 舞狮	0738 鞭炮统称
商河	风筝fəŋ^{21}tsəŋ^{0}	耍狮包$^{=}$ʂuɑ^{45}ʂʅ^{21}pɔ^{0}	火鞭xuə^{45}piã^{213} 爆仗pɔ^{54}tʂɑŋ^{0}
平原	风筝fəŋ^{21}tʂəŋ^{0}	玩儿狮子uɐr^{55}sʅ^{21}tsʅ^{0}	爆仗pɔu^{42}tʂɑŋ^{0}
德州	风筝fəŋ^{21}tʂəŋ^{0}	玩儿狮子uɐr^{55}ʂʅ^{21}tsʅ^{0} 玩儿狮包$^{=}$uɐr^{55}ʂʅ^{21}pɔ^{0}	火鞭xuə^{55}piã^{213}
武城	风筝fəŋ^{312}tʂɑŋ^{0} "筝"读为"张"轻声	玩儿狮子uɐr^{53}ʂʅ^{312}tsʅ^{0}	爆仗pɔ^{53}tʂɑŋ^{0}
临清	风筝fəŋ^{13}tʂəŋ^{0}	舞狮u^{44}ʂʅ^{13} 玩儿狮包$^{=}$儿uɐr^{53}ʂʅ^{13}paur^{0}	鞭花pian^{13}xua^{13}
冠县	风筝fəŋ^{21}tʂəŋ^{0}	玩狮马$^{=}$头uã^{53}ʂʅ^{21}ma^{0}t^{h}ou^{53}	炮p^{h}ɔ^{314}
聊城	风筝fəŋ^{13}tsəŋ^{0}	耍狮子sua^{44}sʅ^{13}tsʅ^{0}	炮儿p^{h}ɔr^{313}
济南	风筝fəŋ^{21}tsəŋ^{0}	玩狮包$^{=}$uã^{42}ʂʅ^{21}pɔ^{0} 耍狮子ʂua^{55}ʂʅ^{21}tsʅ^{0}	爆仗pɔ^{55}tʂɑŋ^{0}
泰安	风筝fəŋ^{21}tʂəŋ^{0}	玩儿狮包$^{=}$儿uɐr^{42}ʂʅ^{23}pɔr^{213}	爆仗pɔ^{42}tʂɑŋ^{0}
莱芜	风筝fəŋ^{31}tʃəŋ^{0}	舞狮u^{55}ʃʅ^{213}	鞭炮piã^{213}p^{h}ɔ^{42}
新泰	风筝fəŋ^{21}tʃəŋ^{0}	玩狮跑$^{=}$uã^{42}ʃʅ^{21}p^{h}ɔ^{0}	爆仗pɔ^{54}tʃɑŋ^{0}
沂源	风筝fəŋ^{21}tʃəŋ^{0}	攻狮猫$^{=}$kuŋ^{13}ʃʅ^{21}mɔ^{0}	鞭炮piã^{13}p^{h}ɔ^{31}
博山	风筝fəŋ^{21}tʂəu^{0} "筝"读为"宙"轻声	玩狮包$^{=}$uã^{55}ʂʅ^{21}pɔ^{0}	爆仗pɔ^{55}tʂɑŋ^{0} 火鞭xuə^{55}piã^{213}
张店	风筝fəŋ^{21}tʂəŋ^{0}	玩狮子uã^{55}ʂʅ^{21}ʅ^{0}	爆仗pɔ^{55}tʂɑŋ^{0}
阳谷	风筝fəŋ^{31}tsəŋ^{0}	舞狮子u^{55}sʅ^{31}zʅ^{0} 玩狮子uã^{42}sʅ^{31}zʅ^{0}	鞭花piã^{13}xua^{213} 炮仗p^{h}ɔ^{42}tsɑŋ^{0}
梁山	风筝fəŋ^{21}tsəŋ^{0}	玩狮子uã^{42}sʅ^{21}sʅ^{0}	炮仗p^{h}ɔ^{42}tsɑŋ^{0}
菏泽	鹰iŋ^{213}	玩狮子uã^{53}sʅ^{21}tə^{0}	炮仗p^{h}ɔ^{31}ts^{h}ɑŋ^{0} "仗"读为"唱"轻声
曹县	风筝子fəŋ^{21}tsəŋ^{0}nẽ^{0}	舞狮u^{44}sʅ^{213}	鞭炮piã^{213}p^{h}ɔ^{312} 炮仗p^{h}ɔ^{53}ʂɑŋ^{0} "仗"读为"尚"轻声
金乡	风筝fəŋ^{21}tsəŋ^{0}	玩狮子uã^{42}sʅ^{21}tsʅ^{0}	炮仗p^{h}ɔ^{42}sɑŋ^{0} "仗"读为"尚"轻声
曲阜	风筝fəŋ^{21}tsəŋ^{0}	玩狮子uã^{42}sʅ^{21}tsʅ^{0}	火鞭xuə^{55}piã^{213}
薛城	风筝fəŋ^{31}tsəŋ^{0}	玩儿狮子uɛ^{55}sʅ^{31}tsʅ^{0}	炮仗p^{h}ɔ^{41}tsəŋ^{0} "仗"读为"郑"轻声 炮p^{h}ɔ^{41}

续表

	0736 风筝	0737 舞狮	0738 鞭炮统称
郯城	风筝 fəŋ21tʂəŋ0	玩狮子 uã44ʂʅ21tsʅ0	鞭 piã213
临沂	风筝 fəŋ21tʃʰəŋ0 "筝"读为"撑"轻声	舞狮子 u55ʃʅ21tsʅ0	炮仗 pʰɔ31tʃəŋ0 "仗"读为"郑"轻声 鞭 piã214

	0739 唱歌	0740 演戏	0741 锣鼓统称
荣成	唱歌儿 tʃʰɑŋ33kor53	唱戏 tʃʰɑŋ33çi33	锣鼓 luo53ku214
烟台	唱歌儿 tɕʰiɑŋ33kɤr53	唱戏 tɕʰiɑŋ53çi33	锣鼓 luo33ku0
栖霞	唱歌儿 tʃʰɑŋ34kuor312	唱戏 tʃʰɑŋ55çi52 演戏 iãn21çi52	锣鼓 luo34ku0
长岛	唱歌儿 tʃʰɑŋ55kər31	演戏 ian21çi52	锣鼓 luə52ku213
海阳	唱歌儿 tsʰɑŋ34kuor52	演戏 iã21çi341	锣鼓 luo52ku0
莱西	唱歌儿 tʃʰɑŋ31kər214	演戏 iã55çi42 唱戏 tʃʰɑŋ42çi42	锣鼓 luə214ku55
平度	唱歌儿 tʃʰɑŋ42kər213	唱戏 tʃʰɑŋ213çi42 演戏 iã55ʂi213	锣鼓儿 luə42kur55 锣鼓家什 luə42ku0cia213ʃʅ0
青岛	唱歌儿 tʃʰɑŋ42kər213	唱戏 tʃʰɑŋ213çi42	家什儿 tɕia213ʂer42 锣鼓 luə213ku55
高密	唱歌儿 tʃʰɑŋ21kər213	唱戏 tʃʰɑŋ23çi21 演戏 iã55çi21	锣鼓儿 luə42kur55
诸城	唱歌儿 tʃʰɑŋ31kuər213	唱戏 tʃʰɑŋ31ʃʅ31	锣鼓家器儿 luə53ku44tʃa213tʃʰer0
沂水	唱歌儿 tʃʰɑŋ31kuər213	演戏 iã44çi31 唱戏 tʃʰɑŋ31çi31	锣鼓家什 luə53ku44tɕia24ʂʅ31
临朐	唱唱儿 tʃʰɑŋ21tʃʰãr21	唱戏儿 tʃʰɑŋ21çier21	家伙儿 tɕia21xuɤr0
日照	唱歌儿 tʃʰiɑŋ31kər213	演戏 iã23ʃʅ31	锣鼓家什儿 luə53ku44tʃiɑ213ʂer31
莒南	唱歌儿 tʃʰɑŋ31kər213	唱戏 tʃʰɑŋ13çi31	锣鼓家什 luə53ku55tɕia213ʂʅ0
潍坊	唱歌儿 tʂʰɑŋ31kuər214	唱戏 tʂʰɑŋ24çi31 演戏 iã24çi31	砸吧家什儿 tsɑ35pɑ0tɕia35ʂer0 锣鼓 luə53ku55
寿光	唱 tʂʰɑŋ21	唱戏 tʂʰɑŋ13çi21	锣鼓儿 luə53kur55
高青	唱歌 tʂʰɑŋ41kə213	演戏 iã55çi41	锣鼓 luə55ku55
阳信	唱歌儿 tʂʰɑŋ31kər213	演戏 iã55çi31 唱戏 tʂʰɑŋ31çi31	锣鼓 luə31ku55

续表

	0739 唱歌	0740 演戏	0741 锣鼓统称
济阳	唱歌儿 tʂʰɑŋ^{31}kər^{213}	唱戏 tʂʰɑŋ^{31}ɕi^{31}	锣鼓 luə^{54}ku^{55}
利津	唱歌儿 tʂʰɑŋ^{31}kər^{213}	唱戏 tʂʰɑŋ^{24}ɕi^{31}	锣鼓 luə^{53}ku^{55}
乐陵	唱歌儿 tʂʰɑŋ^{31}kər^{24}	唱戏 tʂʰɑŋ^{24}ɕi^{51}	锣鼓 luə^{31}ku^{55}
商河	唱歌儿 tʂʰɑŋ^{31}kər^{213} 唱唱 tʂʰɑŋ^{31}tʂʰɑŋ^{0}	唱戏 tʂʰɑŋ^{24}ɕi^{31}	响货 ɕiɑŋ^{213}xuə^{0}
平原	唱歌儿 tʂʰɑŋ^{21}kɤr^{213}	演戏 iã^{55}ɕi^{21}	锣鼓儿 luə^{42}kur^{55}
德州	唱歌儿 tʂʰɑŋ^{21}kər^{213}	唱戏 tʂʰɑŋ^{213}ɕi^{21}	锣鼓家伙 luə^{42}ku^{55}tɕia^{213}xuə^{0}
武城	唱歌儿 tʂʰɑŋ^{21}kər^{224}	唱戏 tʂʰɑŋ^{21}ɕi^{312}	锣鼓 luə^{53}ku^{55}
临清	唱歌儿 tʂʰɑŋ^{31}kər^{13}	唱戏 tʂʰɑŋ^{13}ɕi^{313} 演戏 ian^{44}ɕi^{313}	锣鼓 luə^{53}ku^{0}
冠县	唱歌儿 tʂʰɑŋ^{31}kər^{13}	唱戏 tʂʰɑŋ^{24}ɕi^{31} 演戏 iã^{55}ɕi^{31}	锣儿鼓儿 luər^{53}kur^{0}
聊城	唱唱儿 tsʰɑŋ^{31}tsʰar^{313} 唱歌儿 tsʰɑŋ^{31}kər^{13}	唱戏 tsʰɑŋ^{13}ɕi^{313} 演戏 iã^{44}ɕi^{313}	锣鼓 luə^{53}ku^{0}
济南	唱歌 tʂʰɑŋ^{21}kə^{213}	唱戏 tʂʰɑŋ^{23}ɕi^{21}	锣鼓 luə^{42}ku^{55}
泰安	唱歌儿 tʂʰɑŋ^{21}kər^{213}	演戏 iã^{55}ɕi^{21}	家什 tɕia^{21}ʂʅ^{0} 锣鼓 luə^{42}ku^{55}
莱芜	唱歌 tʃʰɑŋ^{31}kə^{213}	演戏 iã^{213}ɕi^{42}	锣鼓 luə^{55}ku^{55}
新泰	唱歌儿 tʃʰɑŋ^{31}kər^{213}	演戏 iã^{55}ɕi^{31}	锣鼓家什 luə^{45}ku^{0}tɕia^{21}ʃʅ^{0}
沂源	唱歌 tʃʰɑŋ^{31}kuə^{213}	唱戏 tʃʰɑŋ^{31}ɕi^{31}	锣鼓 luə^{55}ku^{55}
博山	唱歌 tʂʰɑŋ^{31}kuə^{213}	唱戏 tʂʰɑŋ^{31}ɕi^{31}	锣鼓 luə^{53}ku^{55}
张店	唱歌 tʂʰɑŋ^{31}kuə^{213}	唱戏 tʂʰɑŋ^{31}ɕi^{31}	锣鼓 luə^{55}ku^{55} 武场 u^{55}tʂʰɑŋ^{55} 家伙点儿 tɕia^{213}xuə^{0}tiɛ^{55}
阳谷	唱歌儿 tsʰɑŋ^{31}kər^{213}	演戏 iã^{55}ɕi^{313} 唱戏 tsʰɑŋ^{13}ɕi^{313}	锣鼓儿 luo^{42}kur^{0}
梁山	唱歌儿 tsʰɑŋ^{31}kər^{213}	唱戏 tsʰɑŋ^{31}ɕi^{314}	锣鼓 luə^{42}ku^{0}
菏泽	唱歌儿 tsʰɑŋ^{31}kər^{213}	唱戏 tsʰɑŋ^{213}ɕi^{312}	锣鼓家什儿 luə^{53}ku^{0}tɕia^{21}ser^{0} 锣鼓 luə^{53}ku^{0}
曹县	唱歌儿 tʂʰɑŋ^{31}kər^{213}	唱戏 tʂʰɑŋ^{13}ɕi^{312}	锣鼓 luə^{53}ku^{44}
金乡	唱歌儿 tsʰɑŋ^{31}kər^{213}	唱戏 tsʰɑŋ^{23}ɕi^{312}	锣鼓 luə^{42}ku^{55}

续表

	0739 唱歌	0740 演戏	0741 锣鼓统称
曲阜	唱歌儿tsʰaŋ^{31}kər^{213}	唱戏tsʰaŋ^{23}ɕi^{312}	锣鼓luə^{42}ku^{0}
薛城	唱歌儿tsʰɑŋ^{41}kər^{313}	唱戏tsʰɑŋ^{41}ɕi^{41}	锣鼓家什luə^{55}ku^{55}tɕia^{31}sɿ^{0}
郯城	唱儿唱儿tʂʰɑ̃r^{51}tʂʰɑ̃r^{51} 唱歌儿tʂʰɑ̃^{51}kər^{213}	唱戏tʂʰɑŋ^{51}ɕi^{51} 演戏iã^{24}ɕi^{51}	锣鼓家什luə^{44}ku^{24}tɕia^{21}ʂʅ^{0}
临沂	唱歌儿tʃʰɑŋ^{31}kər^{214}	唱戏tʃʰɑŋ^{31}ɕi^{312}	锣鼓家什luə^{53}ku^{55}tɕia^{21}ʃʅ^{0}

	0742 二胡	0743 笛子	0744 划拳
荣成	胡琴xu^{35}cʰin^{0}	笛子ti^{35}tsɿ^{0}	划拳xua^{35}cʰyan^{35}
烟台	胡琴儿xu^{33}tɕʰiər^{0}	笛子ti^{33}ɾə^{0}	划拳xua^{53}tɕʰyan^{33}
栖霞	胡琴儿xu^{34}cʰiər^{0}	笛子ti^{34}lə^{0}	划拳xua^{52}cʰyãn^{342}
长岛	二胡ər^{52}xu^{213} "胡"读为"虎"	笛子ti^{55}tsɿ^{0}	划拳xua^{52}cʰyan^{55}
海阳	胡琴儿xu^{34}cʰiər^{0}	笛子ti^{34}ə^{0}	猜拳tsʰɛ^{52}cʰyã^{341}
莱西	二胡儿ər^{3}xur^{55} "胡"读为"虎" 胡琴儿xu^{45}cʰiər^{0}	笛子ti^{45}tsɿ^{0}	划拳xua^{214}cʰyã^{42}
平度	二胡er^{42}xu^{213}	笛子ti^{45}tθɿ^{0}	划拳xua^{213}cʰyã^{42}
青岛	胡琴儿xu^{45}tɕʰier^{0} 支弓儿tʂʅ^{213}kõr^{42}	笛子ti^{45}tθɿ^{0}	划拳xuɑ^{213}tɕʰyã^{42}
高密	二胡儿ɭə^{21}xur^{55} "胡"读为"虎" 胡琴儿xu^{55}tɕʰier^{0}	笛子ti^{55}tθɿ^{0}	划拳xuɑ^{21}tɕʰyã^{42}
诸城	二胡儿ɭə^{31}xur^{44} "胡"读为"虎"	笛子ȶi^{24}tθɿ^{0}	猜拳tθʰɛ^{213}tʃʰuã^{53} 划拳xua^{31}tʃʰuã^{53}
沂水	二胡儿ɭə^{31}xur^{44} "胡"读为"虎" 二胡子ɭə^{31}xu^{213}dðɿ^{0}	笛子ti^{24}dðɿ^{0}	划拳xua^{31}tɕʰyã^{53}
临朐	胡琴儿xu^{35}tɕʰier^{0}	笛子ti^{35}tθɿ^{0}	划拳xua^{21}tɕʰyã^{53}
日照	二胡儿ɭə^{31}xur^{44} "胡"读为"虎"	笛子ti^{44}tθɿ^{0}	猜拳tθʰɛ^{213}tʃʰyã^{53}
莒南	二胡ɭə^{31}xu^{55} "胡"读为"虎"	笛子ti^{24}tθɿ^{0}	猜拳tθʰɛ^{213}tɕʰyã^{53}
潍坊	二胡儿ɐr^{31}xur^{55} "胡"读为"虎"	笛子ti^{35}tsɿ^{0}	划拳xuɑ^{31}tɕʰyã^{53}

续表

	0742二胡	0743笛子	0744划拳
寿光	胡琴儿xu^{35}tɕ^{h}iɭ^{0} 二胡儿lə^{31}xur^{55} “胡”读为“虎”	笛子ti^{35}tsɿ^{0}	划拳xua^{21}tɕ^{h}yã^{53}
高青	二胡儿ɭə^{41}xur^{55} “胡”读为“虎”	笛子ti^{35}tsɿ^{0}	划拳xuɑ^{41}tɕ^{h}yã^{55}
阳信	呼$^{=}$儿呼$^{=}$儿xur^{31}xur^{0}	小笛儿ɕiɔ^{55}ter^{43}	划拳xua^{31}tɕ^{h}yã^{43}
济阳	二胡儿ɭə^{31}xur^{55} “胡”读为“虎”	笛子ti^{24}tsɿ^{0}	划拳xua^{54}tɕ^{h}yã^{55}
利津	弦子ɕiã^{35}tsɿ^{0}	笛子ti^{35}tsɿ^{0}	划拳xua^{53}tɕ^{h}yã^{53}
乐陵	二胡儿ər^{31}xur^{55} “胡”读为“虎”	笛子ti^{55}tsɿ^{0}	猜拳ts^{h}ɛ^{24}tɕ^{h}yã^{55}
商河	弦子ɕiã^{24}tsɿ^{0} 胡琴儿xu^{24}tɕ^{h}ier^{0}	笛儿tier^{54} 笛子ti^{24}tsɿ^{0}	划拳xuɑ^{31}tɕ^{h}yã^{54}
平原	二胡儿ər^{21}xur^{55} “胡”读为“虎”	笛子ti^{55}tsɿ^{0}	划拳xua^{21}tɕ^{h}yã^{42}
德州	胡琴儿xu^{55}tɕ^{h}ier^{0}	笛儿tier^{42}	猜拳ts^{h}ɛ^{213}tɕ^{h}yã^{42}
武城	二胡儿ɭə^{53}xur^{53}	笛子ti^{55}tsɿ^{0}	划拳xua^{53}tɕ^{h}yã^{53}
临清	二胡ər^{31}xu^{53}	笛子ti^{44}tsɿ^{0} 笛儿tier^{53}	划拳xua^{53}tɕ^{h}yan^{53}
冠县	弦子ɕiã^{55}tsɿ^{0}	笛儿tier^{53}	划拳xua^{314}tɕ^{h}yã^{53}
聊城	弦子ɕiã^{44}tsɿ^{0}	笛儿tier^{53}	猜拳ts^{h}ɛ^{13}tɕ^{h}yã^{53}
济南	胡琴儿xu^{445}tɕ^{h}ier^{0}	笛子ti^{445}tsɿ^{0}	划拳xua^{21}tɕ^{h}yã^{42} 猜拳ts^{h}ɛ^{213}tɕ^{h}yã^{42}
泰安	胡琴儿xu^{55}tɕ^{h}ier^{0}	笛子ti^{55}tsɿ^{0}	划拳xua^{42}tɕ^{h}yã^{42}
莱芜	二胡ɭə^{31}xu^{55} “胡”读为“虎”	笛子ti^{13}tsɿ^{0}	划拳xua^{31}tɕ^{h}yã^{55}
新泰	二胡ɭə^{31}xu^{42}	笛子ti^{45}tθɿ^{0}	划拳xua^{31}tɕ^{h}yã^{42}
沂源	二胡ɭə^{31}xu^{55} “胡”读为“虎”	笛子ti^{35}tθɿ^{0}	划拳xua^{31}tɕ^{h}yã^{55}
博山	二胡子ɭə^{31}xu^{35}ə^{0}	笛子ti^{35}ə^{0}	划拳xuɑ^{53}tɕ^{h}yã^{55}
张店	混子xuə̃^{55}ɿ^{0}	笛子ti^{35}ɿ^{0}	划拳xuɑ^{31}tɕ^{h}yã^{55}
阳谷	弦子ɕiã^{55}zɿ^{0}	笛ti^{42}	划拳xua^{31}ts^{h}uã^{42} 打拳ta^{55}ts^{h}uã^{42} 猜拳ts^{h}ɛ^{13}ts^{h}uã^{42}

续表

	0742二胡	0743笛子	0744划拳
梁山	弦子ɕiã^{55}tsɿ^{0}	笛ti^{42}	猜拳tsʰɛ^{213}tɕʰyã^{42}
菏泽	弦子ɕiã^{53}tə^{0}	笛子ti^{53}tə^{0}	猜拳tsʰɛ^{213}tɕʰyã^{53} 猜枚tsʰɛ^{213}mei^{53}
曹县	二胡ɣər^{31}xu^{53}	笛ti^{53}	猜拳tsʰai^{213}tɕʰyã^{53}
金乡	弦子ɕiã^{55}tsɿ^{0}	笛ti^{42}	猜拳tsʰɛ^{213}tɕʰyã^{42}
曲阜	胡琴儿xu^{55}tɕʰier^{0}	笛子ti^{55}tsɿ^{0}	猜拳tsʰɛ^{213}tɕʰyã^{42}
薛城	胡琴xu^{55}tɕʰiẽ^{55}	笛子ti^{55}tsɿ^{0}	耍拳fa^{24}tɕʰyã^{55}
郯城	二胡儿ɭə^{51}xur^{24} “胡”读为“虎”	笛子ti^{44}tsɿ^{0}	猜拳tsʰɛ^{21}tɕʰyã^{44} 划拳xua^{44}tɕʰyã^{44}
临沂	二胡儿ɭə^{31}xur^{55} “胡”读为“虎”	笛子ti^{55}tsɿ^{0}	划拳xua^{53}tɕʰyã^{53}

	0745下棋	0746打扑克	0747打麻将
荣成	下棋儿çia^{33}cʰiər^{35}	打扑克儿ta^{21}pʰu^{35}kʰər^{0}	打麻将ta^{21}ma^{35}tsiɑŋ^{33}
烟台	下棋ɕia^{53}tɕʰi^{33}	打扑克儿ta^{21}pʰu^{33}kʰər^{0}	推牌九tʰei^{53}pʰɛ^{33}tɕiou^{14}
栖霞	下棋çia^{52}cʰi^{342}	打扑克儿ta^{34}pʰu^{34}kʰər^{0}	搓麻将tsʰuo^{34}ma^{34}tʃɑŋ^{52}
长岛	下棋çia^{52}cʰi^{55}	打扑克儿ta^{21}pʰu^{55}kʰər^{0}	打麻将ta^{21}ma^{55}tʃɑŋ^{52}
海阳	下棋çia^{52}cʰi^{341}	打扑克儿ta^{21}pʰu^{34}kʰər^{0}	打麻将ta^{21}ma^{52}tsiɑŋ^{341}
莱西	下棋çia^{21}cʰi^{42}	打扑克儿ta^{55}pʰu^{45}kʰər^{0}	打麻将ta^{55}ma^{214}tʃiɑŋ^{42}
平度	下棋儿çia^{213}cʰier^{42}	打扑克儿ta^{55}pʰu^{45}kʰər^{0}	打麻将ta^{55}ma^{213}tsiɑŋ^{0}
青岛	下棋儿ɕiɑ^{213}tɕʰier^{42}	打扑克儿tɑ^{55}pʰu^{45}kʰər^{0}	打麻将tɑ^{55}mɑ^{213}tsiɑŋ^{42}
高密	下棋ɕiɑ^{21}tɕʰi^{42}	打扑克儿tɑ^{213}pʰu^{55}kʰər^{0} 打牌儿tɑ^{213}pʰɛr^{42}	打麻将tɑ^{55}mɑ^{55}tsiɑŋ^{0}
诸城	下棋ʃa^{31}tʃʰʅ^{53}	打牌儿ta^{44}pʰɛr^{0}	打麻将ta^{44}ma^{44}tθiɑŋ^{31}
沂水	下棋ɕia^{31}tɕʰi^{53}	打牌儿ta^{213}pʰɛr^{53}	打麻将ta^{213}ma^{24}dziɑŋ^{0}
临朐	下棋儿ɕia^{21}tɕʰier^{53}	打牌儿ta^{33}pʰɛr^{53}	打麻将ta^{33}ma^{53}tɕiɑŋ^{21}
日照	下棋ʃiɑ^{31}tʃʰʅ^{53}	打牌儿tɑ^{24}pʰɛr^{53}	打麻将tɑ^{44}mɑ^{44}ȶiɑŋ^{31}
莒南	下棋ɕia^{31}tɕʰi^{53}	打牌儿ta^{55}pʰɛr^{53} 打扑克儿ta^{55}pʰu^{24}kʰər^{0}	打牌儿ta^{55}pʰɛr^{53} 打麻将ta^{55}ma^{24}tsiɑŋ^{0}
潍坊	下棋ɕiɑ^{31}tɕʰi^{53}	打扑克儿tɑ^{214}pʰu^{55}kʰer^{0} 打牌tɑ^{214}pʰɛ^{53}	打麻将tɑ^{214}mɑ^{55}tɕiɑŋ^{31} 打牌tɑ^{214}pʰɛ^{53}

续表

	0745 下棋	0746 打扑克	0747 打麻将
寿光	下棋ɕia^{21}tɕʰi^{53}	打扑克儿ta^{55}pʰu^{35}kʰɤr^{0}	打麻将ta^{55}ma^{35}tɕiaŋ^{0}
高青	下棋ɕiɑ^{41}tɕʰi^{55}	打扑克儿ta^{55}pʰu^{35}kʰər^{0}	打麻将tɑ^{55}mɑ^{55}tɕiɑŋ^{41}
阳信	下棋儿ɕia^{31}tɕʰier^{43}	打扑克儿ta^{55}pʰu^{45}kʰər^{0}	打麻将ta^{55}ma^{55}tɕiaŋ^{31}
济阳	下棋儿ɕia^{31}tɕʰier^{55}	打扑克ta^{21}pʰu^{24}kʰə^{0}	打麻将ta^{21}ma^{13}tɕiaŋ^{31}
利津	下棋儿ɕia^{31}tɕʰier^{53}	打牌ta^{55}pʰɛ^{53} 看牌kʰã^{31}pʰɛ^{53}	打麻将ta^{55}ma^{55}tɕiaŋ^{31}
乐陵	下棋ɕiɑ^{31}tɕʰi^{55}	来牌lɛ^{55}pʰɛ^{55}	打麻将tɑ^{55}mɑ^{55}tɕiɑŋ^{51}
商河	来棋lɛ^{31}tɕʰi^{54} “来”读为“赖” 下棋ɕiɑ^{31}tɕʰi^{54}	来扑克儿lɛ^{31}pʰu^{21}kʰər^{0} “来”读为“赖” 打扑克儿tɑ^{45}pʰu^{21}kʰər^{0}	来麻将lɛ^{31}mɑ^{24}tɕiɑŋ^{0} “来”读为“赖” 打麻将tɑ^{45}mɑ^{24}tɕiɑŋ^{0} 玩儿麻将uɛr^{54}mɑ^{24}tɕiɑŋ^{0}
平原	下棋ɕia^{21}tɕʰi^{42}	来扑克儿lɛi^{55}pʰu^{23}kʰɤr^{0}	打麻将ta^{21}ma^{55}tɕiaŋ^{21}
德州	下棋儿ɕia^{21}tɕʰier^{42}	打牌儿ta^{55}pʰɛr^{42}	打麻将ta^{55}ma^{55}tɕiaŋ^{0} 搓一圈儿tsʰuə^{21}i^{0}tɕʰyɛr^{213}
武城	下棋儿ɕia^{21}tɕʰier^{53}	打牌ta^{24}pʰɛ^{53} 打扑克儿ta^{24}pʰu^{55}kɔr^{0}	打麻将ta^{55}ma^{55}tɕiaŋ^{312}
临清	下棋ɕia^{31}tɕʰi^{53}	打扑克ta^{44}pʰu^{44}kʰə^{0}	打麻将ta^{44}ma^{44}tɕiaŋ^{313}
冠县	下棋ɕia^{314}tɕʰi^{53}	打扑儿克儿ta^{55}pʰur^{44}kʰer^{0}	打麻将ta^{55}ma^{53}tsiaŋ^{314}
聊城	下棋儿ɕia^{31}tɕʰier^{53}	打牌ta^{44}pʰɛ^{53}	打麻将ta^{53}ma^{44}tɕiaŋ^{313}
济南	下棋ɕia^{21}tɕʰi^{42}	打扑克儿ta^{213}pʰu^{445}kʰər^{0}	玩儿麻将uɛr^{42}ma^{445}tɕiaŋ^{0} 打麻将ta^{55}ma^{445}tɕiaŋ^{0}
泰安	下棋ɕia^{21}tɕʰi^{42}	打牌儿ta^{213}pʰɛr^{42} 打扑克牌儿ta^{55}pʰu^{55}kə^{0}pʰɛr^{42}	打麻将ta^{42}ma^{55}tɕiaŋ^{0} 搓麻将tsʰuə^{213}ma^{55}tɕiaŋ^{0}
莱芜	下棋ɕia^{31}tɕʰi^{55}	打扑克ta^{213}pʰu^{13}kʰə^{0}	打麻将ta^{55}ma^{213}tɕiaŋ^{42}
新泰	下棋儿ɕia^{31}tɕʰiɤr^{42}	打牌儿ta^{23}pʰɐr^{42}	打麻将ta^{21}ma^{45}tɕiaŋ^{0}
沂源	下棋儿ɕia^{31}tɕʰier^{55}	打扑克ta^{213}pʰu^{35}kʰə^{0}	打牌儿ta^{21}pʰɛr^{55}
博山	下棋ɕiɑ^{53}tɕʰi^{55}	打扑克ta^{55}pʰu^{35}kʰə^{0}	打麻将tɑ^{55}mɑ^{35}tɕiɑŋ^{0}
张店	下棋ɕiɑ^{31}tɕʰi^{55}	打牌ta^{55}pʰɛ^{55}	打麻将tɑ^{55}mɑ^{55}tɕiɑŋ^{31}
阳谷	下棋ɕia^{31}tɕʰi^{42}	打扑克ta^{55}pʰu^{55}kʰə^{0}	打麻将ta^{55}ma^{42}tɕiaŋ^{313}
梁山	下棋ɕia^{31}tɕʰi^{42}	打扑克儿ta^{55}pʰu^{55}kər^{0}	打麻将ta^{55}ma^{55}tɕiaŋ^{314}
菏泽	下棋ɕia^{31}tɕʰi^{53}	来牌lɛ^{53}pʰɛ^{53}	来牌儿lɛ^{53}pʰɛr^{53}

续表

	0745下棋	0746打扑克	0747打麻将
曹县	来棋lai^{31}tɕʰi^{53} "来"读为"赖"	来扑克牌儿lai^{31}pʰu^{44}kʰə^{0}pʰɐr^{0} "来"读为"赖"	打麻将ta^{44}ma^{44}tɕiaŋ^{312}
金乡	下棋ɕia^{31}tɕʰi^{42}	打牌ta^{23}pʰɛ^{42}	来麻将lɛ^{21}ma^{55}tɕiaŋ^{0} "来"读为"赖"
曲阜	下棋儿ɕia^{31}tɕʰier^{42}	打牌ta^{55}pʰɛ^{42}	来麻将lɛ^{42}ma^{55}tɕiaŋ^{312}
薛城	下棋ɕia^{41}tɕʰi^{55}	打牌ta^{24}pʰɛ^{55}	打麻将ta^{24}ma^{55}tɕiaŋ^{41}
郯城	来棋lɛ^{44}tɕʰi^{44} 下棋ɕia^{51}tɕʰi^{44}	来牌儿lɛ^{44}pʰɛr^{44} 打牌ta^{24}pʰɛ^{44} 打扑克ta^{24}pʰu^{44}kʰə^{51}	打麻将ta^{24}ma^{44}tɕiaŋ^{51}
临沂	下棋ɕia^{31}tɕʰi^{53}	打牌儿ta^{55}pʰɛr^{53} 打扑儿克儿ta^{55}pʰur^{53}kʰər^{312}	打牌儿ta^{55}pʰɛr^{53} 打麻将ta^{55}ma^{55}tɕiaŋ^{0}

	0748变魔术	0749讲故事	0750猜谜语
荣成	变戏法儿pian^{33}çi^{33}far^{214} 耍藏戏儿ʂua^{21}tsʰɑŋ^{35}çiər^{33}	讲故事ciɑŋ^{21}ku^{33}ʂʅ^{0} 说广⁼闲⁼儿ʃyɛ^{33}kuɑŋ^{21}siər^{35}	破谜①po^{33}mei^{33}
烟台	变戏法儿pian^{33}ɕi^{0}far^{14}	讲故事儿tɕiɑŋ^{21}ku^{33}sər^{0}	猜谜儿tsʰɛ^{53}miər^{33}
栖霞	耍把戏儿sua^{34}pa^{21}çiər^{0}	说故事儿ʃyɛ^{21}ku^{34}sər^{0}	破谜儿pʰə^{55}mər^{342}
长岛	变戏法儿pian^{55}çi^{52}far^{213}	讲故事儿ciɑŋ^{35}ku^{52}sər^{0}	猜谜儿tsʰai^{31}mər^{52}
海阳	耍藏眼⁼儿ʂua^{21}tθʰɑŋ^{34}iɐr^{0}	说故事suo^{21}ku^{34}ʂʅ^{0}	破谜儿pʰɔ^{21}mər^{341}
莱西	变魔术piã^{21}mə^{45}ʃu^{0} 耍把戏儿sua^{31}pa^{214}çiər^{42}	讲故事儿ciɑŋ^{214}ku^{42}ser^{0} 说故事儿ʃuə^{55}ku^{42}ser^{0}	猜谜语tsʰɛ^{55}mi^{21}y^{55} 猜谜儿tsʰɛ^{214}mer^{42}
平度	变戏法儿piã^{42}çi^{213}far^{55} 耍魔术ʂua^{55}mə^{45}ʃu^{0}	讲故事ciɑŋ^{55}ku^{42}ʂʅ^{0}	猜谜儿tθʰɛ^{213}mer^{42}
青岛	变戏法儿piã^{213}ɕi^{42}fɑr^{55}	讲故事tɕiɑŋ^{55}ku^{42}ʂʅ^{0}	猜谜儿tθʰɛ^{213}mer^{42}
高密	耍戏法儿ʂuɑ^{55}ɕi^{42}fɑr^{0} 变魔术piã^{21}mə^{55}ʃu^{0}	吧②瞎话儿pɑ^{213}ɕiɑ^{23}xuɑr^{21} 晕⁼yə̃^{213}	猜谜儿tθʰɛ^{213}mer^{42}
诸城	变戏法儿piã^{31}ʃʅ^{31}far^{44} 耍藏掖ʂua^{45}tθʰɑŋ^{53}iə^{44}	吧瞎话儿pa^{45}ʃa^{213}xuar^{0}	猜谜儿tθʰɛ^{44}mer^{31} 统称 抛谜儿pʰɔ^{213}mer^{31} 出谜

---

① 《现代汉语词典》"谜"有mèi一读，标记为"〈方〉"。山东方言中多数点读音同此，下面不作标记。

② 蒲松龄《聊斋俚曲集》中或写作"巴瞎话"(《禳妒咒》)，或写作"吧瞎话"(《慈悲曲》)。此写作从口的"吧"(音阴平)。另见0927"撒谎"。

续表

	0748变魔术	0749讲故事	0750猜谜语
沂水	演精$^{=}$法儿iã^{213}dziŋ^{0}far^{44} 变戏法儿piã^{31}ɕi^{31}far^{44}	说呱儿ʃuə^{55}kuar^{44}	猜谜儿tθ^{h}ɛ^{24}mer^{31}
临朐	玩藏掖uã^{53}tθ^{h}ɑŋ^{53}iə^{213}	啦呱①儿la^{21}kuʌr^{213}	猜谜儿tθ^{h}ɛ^{213}mer^{21}
日照	变戏法儿piã^{44}ʃʅ^{31}fɑr^{213}	啦呱儿la^{53}kuɑr^{44}	猜谜儿tθ^{h}ɛ^{23}mer^{31}
莒南	变戏法piã^{13}ɕi^{31}fa^{213} 耍魔术ʂua^{55}mə^{53}ʂu^{53}	说讲儿ʃuə^{213}tɕiɑŋ^{55} 讲故事tɕiɑŋ^{55}ku^{42}ʂʅ^{0}	猜谜儿tθ^{h}ɛ^{13}mer^{31}
潍坊	变戏法儿piã^{31}ɕi^{31}fɑr^{214}	说古儿ʂuə^{214}kur^{55} 讲古儿tɕiɑŋ^{53}kur^{55}	猜谜儿ts^{h}ɛ^{214}mer^{31}
寿光	耍藏掖ʂua^{213}ts^{h}ɑŋ^{53}iə^{213}	说古儿ʂuə^{213}kur^{55}	抛谜儿p^{h}ɔ^{13}mʅ^{21} 猜谜儿ts^{h}ɛ^{13}mʅ^{21}
高青	变戏法儿piã^{41}ɕi^{41}fɑr^{213}	啦呱儿la^{213}kuɑr^{55}	猜谜儿tsɛ^{213}mer^{41}
阳信	玩戏法儿uã^{31}ɕi^{31}far^{213}	说笑话儿ʂuə^{213}ɕiɔ^{55}xuar^{0}	抛谜儿p^{h}ɔ^{213}mer^{31}
济阳	变戏法儿piã^{31}ɕi^{31}far^{213}	啦呱儿la^{54}kuar^{55}	猜谜儿ts^{h}ɛ^{13}mer^{31} 抛谜儿p^{h}ɔ^{13}mer^{31}
利津	变戏法儿piã^{31}ɕi^{31}far^{24}	说笑话ʂuə^{44}ɕiɔ^{55}xua^{0}	猜谜儿ts^{h}ɛ^{24}mer^{31}
乐陵	变戏法儿piã^{31}ɕi^{31}fɑr^{24}	啦呱儿la^{31}kuɑr^{55}	猜谜儿ts^{h}ɛ^{212}mer^{0} 抛谜儿p^{h}ɔ^{55}mer^{0}
商河	变戏法儿piã^{31}ɕi^{31}fɑr^{213} 玩儿戏法儿uɛr^{54}ɕi^{31}fɑr^{213}	啦呱儿la^{54}kuɑr^{45}	猜谜儿ts^{h}ɛ^{24}mer^{31} 抛谜儿p^{h}ɔ^{24}mer^{31}
平原	玩当$^{=}$子uã^{55}tɑŋ^{42}tsʅ^{0} 变戏法儿piã^{21}ɕi^{21}far^{213}	啦呱儿la^{21}kuar^{55}	猜谜儿ts^{h}ɛi^{23}mər^{21}
德州	变戏法儿piã^{21}ɕi^{21}fɐr^{213}	讲故事tɕiɑŋ^{55}ku^{42}ʂʅ^{0}	撇谜儿p^{h}iə^{55}mer^{21}
武城	变戏法儿piã^{21}ɕi^{21}far^{224}	啦呱儿la^{53}kuar^{55}	猜谜儿ts^{h}ɛ^{24}mer^{312}
临清	变戏法儿pian^{13}ɕi^{31}far^{13}	啦呱儿la^{53}kuar^{44}	猜谜儿ts^{h}ai^{13}mier^{53}
冠县	变戏法儿piã^{24}ɕi^{31}far^{13}	啦呱儿la^{53}kuar^{55}	猜谜儿ts^{h}ɛ^{13}mer^{314}
聊城	变戏法piã^{13}ɕi^{31}fa^{13}	啦呱儿la^{53}kuar^{44}	猜谜儿ts^{h}ɛ^{13}mer^{313}
济南	变戏法儿piã^{21}ɕi^{21}far^{213}	啦呱儿la^{42}kuar^{55} 叙狐$^{=}$ɕy^{21}xu^{42}	猜谜儿ts^{h}ɛ^{23}mer^{21} 抛谜儿p^{h}ɔ^{213}mer^{21}

① 山东方言中多地称聊天或讲故事为“啦呱儿”，两字均为记音字。其中“呱”（音上声）的写法各地比较一致，“啦”或写作“拉”，本书统一写作从口的“啦”（音阳平）。两字均不加同音符号。另见0917“说”、0919“聊天儿”。

续表

	0748变魔术	0749讲故事	0750猜谜语
泰安	变戏法儿piã^{21}ɕi^{21}far^{213}	啦呱儿la^{42}kuar^{55}	破谜儿pʰə^{213}mer^{21}
莱芜	玩藏掖uã^{55}tsʰɑŋ^{55}iə^{213}	啦呱la^{55}kua^{213}	抛谜儿pʰɔ^{213}mei^{42}
新泰	变戏法piã^{31}ɕi^{31}fa^{213}	啦呱儿la^{42}kuar^{55}	猜谜儿tθʰɛ^{23}mɤr^{42}
沂源	玩把戏uã^{55}pa^{35}ɕi^{0}	啦呱la^{55}kua^{55}	猜谜儿tθʰɛ^{13}mer^{31}
博山	变戏法piã^{31}ɕi^{31}fɑ^{213} 玩藏掖uã^{53}tsʰɑŋ^{55}iɛ^{55}	啦呱lɑ^{53}kuɑ^{55}	扒谜儿pɑ^{213}mei^{31} 猜谜儿tsʰɛ^{213}mei^{31}
张店	变戏法piã^{31}ɕi^{31}fɑ^{33}	啦呱lɑ^{33}kuɑ^{55}	扒谜儿pɑ^{55}mei^{31}
阳谷	变戏法儿piã^{13}ɕi^{31}far^{213}	啦呱儿la^{42}kuar^{55}	猜谜儿tsʰɛ^{13}mɤr^{213}
梁山	变戏法儿piã^{31}ɕi^{31}far^{213}	啦呱儿la^{42}kuar^{55}	破谜儿pʰə^{23}mer^{314}
菏泽	二古⁼眼ɭ^{31}ku^{0}iã^{44}	啦呱儿la^{53}kuar^{44}	破谜pʰə^{213}mi^{213}
曹县	玩二古⁼眼uã^{53}ɣər^{53}ku^{0}iã^{44}	讲故事tɕiɑŋ^{44}ku^{53}sɿ^{0}	猜谜tsʰai^{213}mi^{312}
金乡	玩魔术uã^{42}mə^{42}su^{42}	啦呱儿la^{42}kuar^{0}	破谜pʰə^{23}mi^{312}
曲阜	变戏法儿piã^{23}ɕi^{31}far^{213}	啦笑话儿la^{42}ɕiɔ^{42}xuar^{0}	破谜儿pʰə^{31}mer^{42}
薛城	变戏法儿piã^{41}ɕi^{41}far^{313}	啦呱la^{55}kua^{24}	猜谜tsʰɛ^{313}mi^{41}
郯城	变魔术piã^{51}mə^{44}fu^{44} 玩魔术uã^{44}mə^{44}fu^{44}	讲故事tɕiɑŋ^{24}ku^{51}ʂʅ^{0}	破谜pʰə^{51}mi^{44}
临沂	变戏法儿piã^{31}ɕi^{31}far^{214} 变魔术piã^{31}mə^{53}ʃu^{53}	啦呱儿la^{53}kuar^{55} 讲故事tɕiɑŋ^{55}ku^{31}ʃʅ^{0}	破谜儿pʰə^{24}mer^{214} 猜谜tsʰɛ^{24}mi^{53}

	0751玩儿游玩：到城里～	0752串门儿	0753走亲戚
荣成	站tʂan^{33}	串门子tʂʰuan^{33}mən^{53}tsɿ^{0} 串门儿tʂʰuan^{33}mər^{53}	走亲戚tsəu^{21}tsʰin^{53}tsʰi^{0}
烟台	站tsan^{33}	串门子tsʰuan^{35}mən^{53}ɾə^{0}	走亲戚tsou^{14}tɕʰin^{53}tɕʰi^{0}
栖霞	耍sua^{214}	闯⁼门儿tʃʰuɑŋ^{34}mər^{312}	出门儿tʃʰy^{34}mər^{312}
长岛	玩儿uar^{55}	闯⁼门子tsʰuɑŋ^{52}mən^{55}tsɿ^{0}	走亲亲①tsou^{35}tʃʰən^{31}tʃʰən^{0}
海阳	耍ʂua^{214}	闯⁼门儿tʂʰuɑŋ^{34}mər^{52}	出门儿tʃʰy^{34}mər^{52}
莱西	玩儿uɐr^{42} 耍sua^{55}	闯⁼门儿tsʰuɑŋ^{42}mer^{214}	走亲戚tsou^{55}tʃʰiẽ^{214}tʃʰʅ^{0} 出门儿tʃʰu^{55}mer^{214}

① 有相当多的点说"走亲亲"。其中的"亲亲"应该是"亲戚"的顺同化音变。下面照写"亲亲"不作标记。

续表

	0751玩儿游玩：到城里～	0752串门儿	0753走亲戚
平度	要ʂua^{55} 玩儿uɐr^{42}	闯⁼门子tʂʰuaŋ^{213}mə̃^{45}tθʅ^{0}	走亲戚tθou^{55}tsʰiə̃^{213}tsʰi^{0}
青岛	要ʂuɑ^{55}	闯⁼门子tʂʰuaŋ^{213}mẽ^{45}tθʅ^{0}	走亲tθou^{55}tsʰiẽ^{213}
高密	要儿要儿ʂuɑr^{42}ʂuɑr^{0}	闯⁼门子tʂʰuaŋ^{21}mə̃^{55}tθʅ^{0} 串门子tʃʰuã^{21}mə̃^{55}tθʅ^{0}	出门儿tʃʰu^{213}mer^{42} 走亲亲tθou^{55}tsʰiə̃^{21}tsʰiə̃^{0}
诸城	要ʂua^{44}	闯⁼门子tʂʰuaŋ^{31}mẽ^{24}tθʅ^{0}	走亲亲tθou^{44}tθʰẽ^{31}tθʰẽ^{0} 出门儿tʃʰu^{44}mer^{53}
沂水	玩儿uɐr^{53}	闯⁼门儿tʂʰuaŋ^{31}mer^{53} 闯⁼门子tʂʰuaŋ^{31}mẽ^{24}dðʅ^{0}	走亲亲dðou^{44}tʃʰẽ^{21}tʃʰẽ^{0}
临朐	要ʂua^{44}	闯⁼门子tʂʰuaŋ^{21}mə̃^{35}tθʅ^{0}	走亲戚tθəu^{44}tɕʰiə̃^{21}tɕʰi^{0}
日照	要ʂuɑ^{44}	闯⁼门子tʂʰuaŋ^{31}mẽ^{44}tθʅ^{0}	走亲tθou^{44}tθʰẽ^{213}
莒南	要ʂua^{55}	遛门子liou^{213}mẽ^{24}tθʅ^{0}	走亲亲tθou^{55}tsʰiẽ^{21}tsʰiẽ^{0}
潍坊	要ʂuɑ^{55}	串门子tʂʰuã^{31}mẽ^{35}tsʅ^{0}	走亲戚tsɤɯ^{55}tɕʰiẽ^{31}tɕʰi^{0}
寿光	玩儿uɐr^{53}	闯⁼门子tʂʰuaŋ^{21}mə̃^{35}tsʅ^{0}	走亲戚tsəu^{55}tɕʰiə̃^{21}tɕʰi^{0}
高青	玩儿uɐr^{55}	串门子tʂʰuã^{41}mə̃^{35}tsʅ^{0}	走亲亲tsou^{55}tɕʰiə̃^{21}tɕʰiə̃^{0}
阳信	玩儿uɐr^{43}	闯⁼门子tʂʰuaŋ^{31}mə̃^{45}tsʅ^{0}	走亲亲tsou^{55}tɕʰiə̃^{31}tɕʰiə̃^{0}
济阳	玩儿uɐr^{55}	闯⁼门子tʂʰuaŋ^{21}mẽ^{24}tsʅ^{0}	走亲亲tsou^{55}tɕʰiẽ^{21}tɕʰiẽ^{0}
利津	玩儿uɐr^{53}	闯⁼门子tʂʰuaŋ^{31}mẽ^{35}tsʅ^{0}	走亲戚tsou^{55}tɕʰiẽ^{31}tɕʰi^{0}
乐陵	玩儿uɐr^{55}	闯⁼门子tʂʰuaŋ^{31}mẽ^{55}tsʅ^{0}	走亲亲tsou^{55}tɕʰiẽ^{31}tɕʰiẽ^{0}
商河	玩儿uɐr^{54}	闯⁼门子tʂʰuaŋ^{21}mẽ^{24}tsʅ^{0}	走亲亲tsou^{45}tɕʰiẽ^{21}tɕʰiẽ^{0}
平原	玩儿uɐr^{42}	串门儿tʂʰuã^{21}mər^{42}	走亲亲tsou^{55}tɕʰiẽ^{21}tɕʰiẽ^{0}
德州	玩儿uɐr^{42}	串门子tʂʰuã^{21}mẽ^{55}tsʅ^{0}	走亲戚tsou^{55}tɕʰiẽ^{21}tɕʰi^{0}
武城	玩儿uɐr^{53}	串门儿tʂʰuã^{21}mer^{53}	走亲家tsou^{55}tɕʰiẽ^{312}tɕia^{0}
临清	玩儿uɐr^{53}	串门儿tʂʰuan^{31}mer^{53}	走亲家tsou^{44}tɕʰin^{13}tɕia^{0}
冠县	玩儿uɐr^{53}	串门儿tʂʰuã^{314}mer^{53}	走亲家tsou^{55}tsʰiẽ^{21}tɕia^{0}
聊城	玩儿uɐr^{53}	串门儿tsʰuã^{31}mer^{53}	走亲家tsou^{44}tɕʰiẽ^{13}tɕia^{0}
济南	玩儿uɐr^{42}	闯⁼门子tʂʰuaŋ^{21}mẽ^{445}tsʅ^{0} 闯⁼门儿tʂʰuaŋ^{21}mer^{42}	走亲亲tsou^{55}tɕʰiẽ^{21}tɕʰiẽ^{0}
泰安	玩儿uɐr^{42}	闯⁼门子tʂʰuaŋ^{21}mẽ^{55}tsʅ^{0} 串门儿tʂʰuã^{21}mer^{42}	走亲戚tsou^{55}tɕʰiẽ^{21}tɕʰi^{0}
莱芜	玩uã^{55}	串门子tʃʰuã^{42}mẽ^{13}tsʅ^{0}	走亲亲tsou^{55}tɕʰiẽ^{31}tɕʰiẽ^{0}

续表

	0751 玩儿游玩：到城里～	0752 串门儿	0753 走亲戚
新泰	玩儿 uɐr^{42}	闯$^{=}$门子 pfʰaŋ^{31}mẽ^{45}tθɿ^{0}	走亲戚 tθou^{55}tɕʰiẽ^{21}tɕʰi^{0}
沂源	玩 uã^{55}	闯$^{=}$门子 tʃʰuaŋ^{31}mə̃^{35}tθɿ^{0}	走亲戚 tθou^{55}tɕʰiə̃^{21}tɕʰi^{0}
博山	玩玩 uã^{55}uã^{0}	闯$^{=}$门 tʂʰuaŋ^{53}mẽ^{55}	走亲亲 tsəu^{55}tɕʰiẽ^{21}tɕʰiẽ^{0}
张店	玩 uã^{55}	闯$^{=}$门子 tʂʰuaŋ^{31}mə̃^{35}ɿ^{0}	走亲戚 tsou^{55}tɕʰiə̃^{21}tɕʰi^{0}
阳谷	玩儿 uɐr^{42}	串门儿 tsʰuã^{31}mɤr^{42} 串门子 tsʰuã^{31}mẽ^{55}zɿ^{0}	走亲戚 tsou^{55}tɕʰiẽ^{31}tɕʰi^{0}
梁山	玩儿玩儿 uɛr^{42}uɛr^{0}	串门儿 tsʰuã^{31}mer^{42}	走亲亲 tsou^{55}tɕʰiẽ^{21}tɕʰiẽ^{0}
菏泽	玩儿 uɐr^{53}	串门子 tsʰuã^{31}mẽ^{53}tə^{0}	走亲亲 tsou^{44}tɕʰiẽ^{21}tɕʰiẽ^{0}
曹县	玩儿哩 uɐr^{53}lei^{0}	串门子 tʂʰuã^{31}mẽ^{53}nẽ^{0}	走亲亲 tsou^{44}tɕʰiẽ^{21}tɕʰiẽ^{0}
金乡	玩儿 uɐr^{42}	串门子 tsʰuã^{31}mẽ^{55}tsɿ^{0}	走亲亲 tsou^{55}tɕʰiẽ^{21}tɕʰiẽ^{0}
曲阜	玩儿 uɐr^{42}	串门子 tsʰuã^{31}mẽ^{55}tsɿ^{0}	走亲亲 tsou^{55}tɕʰiẽ^{21}tɕʰiẽ^{0}
薛城	玩儿 uɐr^{55}	串门儿 pfʰã^{41}mer^{55} 串门子 pfʰã^{41}mẽ^{55}tsɿ^{0}	走亲亲 tsou^{55}tɕʰiẽ^{31}tɕʰiẽ^{0} 看亲亲 kʰã^{41}tɕʰiẽ^{31}tɕʰiẽ^{0}
郯城	玩儿 uɐr^{44}	遛门子 liəu^{21}mə̃^{44}tsɿ^{0}	走亲亲 tsəu^{24}tɕʰiə̃^{21}tɕʰiə̃^{0}
临沂	玩儿 uɐr^{53}	遛门子 liou^{24}mẽ^{55}tsɿ^{0} 串门儿 tʃʰuã^{31}mer^{53}	走亲戚 tsou^{55}tɕʰiẽ^{21}tɕʰi^{0}

	0754 看～电视	0755 听用耳朵～	0756 闻嗅：用鼻子～
荣成	望 maŋ^{53} 读为“忙”阴平 看 kʰan^{33}	听 tʰiŋ^{53}	听 tʰiŋ^{53}
烟台	看 kʰan^{33}	听 tʰiŋ^{53}	听 tʰiŋ^{53}
栖霞	看 kʰãn^{52}	听 tʰiŋ^{312}	闻 uə̃n^{312}
长岛	看 kʰan^{52}	听 tʰiŋ^{312}	闻 uən^{55}
海阳	看 kʰã^{341}	听 tʰiŋ^{52}	闻 uẽ^{52}
莱西	看 kʰã^{42}	听 tʰiŋ^{214}	闻 uẽ^{214}
平度	看 kʰã^{42}	听 tʰiŋ^{213}	闻 uə̃^{42}
青岛	看 kʰã^{42}	听 tʰioŋ^{213}	闻 uẽ^{42}
高密	看 kʰã^{21}	听 tʰioŋ^{213}	闻 yə̃^{42} 读为“云”
诸城	看 kʰã^{31}	听 ȶʰiəŋ^{213}	闻 yẽ^{53} 读为“云”
沂水	看 kʰã^{31}	听 tʰiŋ^{213}	闻 yẽ^{53} 读为“云”

续表

	0754 看～电视	0755 听用耳朵～	0756 闻嗅：用鼻子～
临朐	看k^{h}ã^{21}	听t^{h}iŋ^{213}	闻uə̃^{53}
日照	看k^{h}ã^{31}	听t^{h}iəŋ^{213}	闻yẽ^{53}读为“云”
莒南	看k^{h}ã^{312}	听t^{h}iŋ^{213}	闻yẽ^{53}读为“云”
潍坊	看k^{h}ã^{31}	听t^{h}iŋ^{214}	闻yẽ^{53}读为“云”
寿光	看k^{h}ã^{21}	听t^{h}iŋ^{213}	闻yə̃^{53}读为“云”/uə̃^{53}
高青	看k^{h}ã^{41}	听t^{h}iŋ^{213}	闻uə̃^{55}
阳信	看k^{h}ã^{31}	听t^{h}iŋ^{213}	闻uə̃^{43}
济阳	看k^{h}ã^{31}	听t^{h}iŋ^{213}	闻uẽ^{55}
利津	看k^{h}ã^{31}	听t^{h}iŋ^{213}	闻uẽ^{53}
乐陵	看k^{h}ã^{51}	听t^{h}iŋ^{24}	闻uẽ^{55}
商河	看k^{h}ã^{31}	听t^{h}iŋ^{213}	闻uẽ^{54}
平原	看k^{h}ã^{21}	听t^{h}iŋ^{213}	闻uẽ^{42}
德州	看k^{h}ã^{21}	听t^{h}iŋ^{213}	闻uẽ^{42}
武城	看k^{h}ã^{312}	听t^{h}iŋ^{224}	闻uẽ^{53}
临清	看k^{h}an^{313}	听t^{h}iŋ^{13}	闻un^{53}
冠县	看k^{h}ã^{314}	听t^{h}iŋ^{13}	闻uẽ^{55}
聊城	看k^{h}ã^{313}	听t^{h}iŋ^{13}	闻uẽ^{53}
济南	看k^{h}ã^{21}	听t^{h}iŋ^{213}	闻uẽ^{42}
泰安	看k^{h}ã^{21}	听t^{h}iŋ^{213}	闻uẽ^{42}
莱芜	看k^{h}ã^{42}	听t^{h}iŋ^{213}	闻uẽ^{55}
新泰	看k^{h}ã^{31}	听t^{h}iŋ^{213}	闻uẽ^{42}
沂源	看k^{h}ã^{31}	听t^{h}iŋ^{213}	闻uə̃^{55}
博山	看k^{h}ã^{31}	听t^{h}iŋ^{213}	闻uẽ^{55}
张店	看k^{h}ã^{31}	听t^{h}iŋ^{213}	闻uə̃^{55}
阳谷	看k^{h}ã^{313}	听t^{h}iŋ^{213}	闻uẽ^{55}
梁山	看k^{h}ã^{314}	听t^{h}iŋ^{213}	闻uẽ^{42}
菏泽	看k^{h}ã^{312}	听t^{h}iŋ^{213}	闻uẽ^{53}
曹县	看k^{h}ã^{312}	听t^{h}iŋ^{213}	闻uẽ^{53}

续表

	0754 看～电视	0755 听用耳朵～	0756 闻嗅：用鼻子～
金乡	看kʰã^{312}	听tʰiŋ^{213}	闻uẽ^{42}
曲阜	看kʰã^{312}	听tʰiŋ^{213}	闻uẽ^{42}
薛城	看kʰã^{41}	听tʰiŋ^{313}	闻uẽ^{55}
郯城	看kʰã^{51}	听tʰiŋ^{213}	闻uə̃^{44}
临沂	看kʰã^{312}	听tʰiŋ^{214}	闻uẽ^{53}

	0757 吸～气	0758 睁～眼	0759 闭～眼
荣成	吸çy^{214}读为“嘘”	睁tʂəŋ^{53}	闭pi^{33}
烟台	吸çi^{14}	睁tsəŋ^{53}	闭pi^{33}
栖霞	吸çy^{214}读为“嘘”	睁tsəŋ^{312}	闭pi^{52}
长岛	吸çi^{213}	睁tsəŋ^{312}	闭pi^{52}
海阳	吸çy^{214}读为“嘘”	睁tʂəŋ^{52}	闭pi^{341}
莱西	吸çi^{55} 喘tsʰuã^{55}	睁tsəŋ^{214}	闭pi^{42}
平度	吸çi^{213} 喘tʃʰuã^{55}	睁tʂəŋ^{213}	闭pi^{42}
青岛	喘tʃʰuã^{55}	睁tʂoŋ^{213}	闭pi^{42}
高密	喘tʃʰuã^{55}	睁tʂoŋ^{213}	闭pi^{21}
诸城	喘tʃʰuã^{44} 吸ʃʅ^{213}	睁tʂəŋ^{213}	闭pi^{31}
沂水	咂dða^{44}	睁tʂəŋ^{213}	合xa^{53}
临朐	往里喘uɑŋ^{213}li^{0}tʃʰuã^{44}	睁tʂəŋ^{213}	合xa^{53}
日照	吸ʃʅ^{213}	睁tʂəŋ^{213}	闭pi^{31}
莒南	吸çy^{213}读为“嘘”/çi^{213}	睁tʂəŋ^{213}	眯mi^{213} 合xa^{53}
潍坊	喘tʂʰuã^{55}	睁tʂəŋ^{214}	闭pi^{31}
寿光	吸çi^{213}	睁tʂəŋ^{213}	合xuə^{53}
高青	吸çi^{213}	睁tʂəŋ^{213}	闭pi^{41}

续表

	0757 吸～气	0758 睁～眼	0759 闭～眼
阳信	吸 ɕi^{213}	睁 tʂəŋ^{213}	瞑 miŋ^{43}
济阳	吸 ɕi^{213}	睁 tʂəŋ^{213}	闭 pi^{31} 瞑 miŋ^{55}
利津	吸 ɕi^{44}	睁 tʂəŋ^{213}	瞑 miŋ^{53} 闭 pi^{31}
乐陵	吸 ɕi^{51}	睁 tsəŋ^{24}	闭 pi^{51}
商河	吸 ɕi^{213}	睁 tsəŋ^{213}	闭 pi^{31} 合 xə^{54}
平原	吸 ɕi^{21}	睁 tsəŋ^{213}	闭 pi^{21}
德州	吸 ɕi^{213}	睁 tʂəŋ^{213}	闭 pi^{21}
武城	吸 ɕi^{312}	睁 tʂəŋ^{224}	闭 pi^{312}
临清	吸 ɕi^{13}	睁 tʂəŋ^{13}	闭 pi^{313}
冠县	吸 ɕi^{13}	睁 tʂəŋ^{13}	合 xə^{53}
聊城	吸 ɕi^{13}	睁 tsəŋ^{13}	闭 pi^{313}
济南	吸 ɕi^{213}	睁 tʂəŋ^{213}	瞑 miŋ^{42}
泰安	吸 ɕi^{213}	睁 tʂəŋ^{213}	闭 pi^{21} 合 xə^{42}
莱芜	吸 ɕi^{213}	睁 tʃəŋ^{213}	闭 pi^{42}
新泰	吸 ɕi^{213}	睁 tʃəŋ^{213}	闭 pi^{31}
沂源	吸 ɕi^{213}	睁 tʃəŋ^{213}	闭 pi^{31}
博山	喘 tʂʰuã^{55}	睁 tʂəŋ^{213}	闭 pi^{31}
张店	吸 ɕi^{33}	睁 tʂəŋ^{213}	闭 pi^{31}
阳谷	吸 ɕi^{213}	睁 tsəŋ^{213}	合 xə^{42}
梁山	吸 ɕi^{213}	睁 tsəŋ^{213}	合 xə^{42}
菏泽	吸 ɕi^{213}	睁 tsəŋ^{213}	圪⁼挤 kə^{53}tɕi^{0}
曹县	吸 ɕi^{213}	睁 tsəŋ^{213}	圪⁼挤 kə^{53}tɕi^{0}
金乡	吸 ɕi^{213}	睁 tsəŋ^{213}	圪⁼挤 kə^{55}tɕi^{0}
曲阜	吸 ɕi^{213}	睁 tsəŋ^{213}	击 tɕi^{213}
薛城	吸 ɕi^{313}	睁 tsəŋ^{313}	闭 pi^{41} 圪⁼睛 kə^{31}tɕiŋ^{0}

续表

	0757 吸~气	0758 睁~眼	0759 闭~眼
郯城	吸 ɕi^{213}	睁 tʂəŋ^{213}	合 xa^{44} 闭 pi^{51}
临沂	吸 ɕi^{214}	睁 tʃəŋ^{214}	眯 mi^{214}

	0760 眨~眼	0761 张~嘴	0762 闭~嘴
荣成	夹巴 tsia^{33}pa^{0}	张 tʃaŋ^{53}	闭 pi^{33}
烟台	夹巴 tɕia^{21}pa^{0} 瞌巴 kʰa^{21}pa^{0}	张 tɕiaŋ^{53}	闭 pi^{33}
栖霞	瞌巴 kʰa^{21}pa^{0}	张 tʃaŋ^{312}	闭 pi^{52}
长岛	夹巴 cia^{35}pa^{0}	张 tʃaŋ^{312}	闭 pi^{52}
海阳	夹巴 cia^{21}pa^{0}	张 tsaŋ^{52}	闭 pi^{341}
莱西	眨 tsa^{55}	张 tʃaŋ^{214}	闭 pi^{42}
平度	嘛$^{=}$嗒 ma^{213}ta^{0} 眨巴 tʂa^{45}pa^{0}	张 tʃaŋ^{213}	闭 pi^{42}
青岛	嘛$^{=}$瞪 ma^{213}toŋ^{42} 眨巴 tʂa^{44}pa^{0}	张 tʃaŋ^{213}	闭 pi^{42}
高密	嘛$^{=}$瞪 ma^{21}toŋ^{0} 眨 tʂa^{55}	张 tʃaŋ^{213}	闭 pi^{21}
诸城	嘛$^{=}$嗒 ma^{31}ta^{0}	张 tʃaŋ^{213}	闭 pi^{31}
沂水	挤巴 dzi^{213}pa^{0}	张 dʒaŋ^{213}	闭 pi^{31}
临朐	瞌巴 kʰa^{213}pa^{0}	巴$^{=}$ pa^{213}	并 piŋ^{21}
日照	眨咕 tʂa^{213}ku^{0}	张 tʃiaŋ^{213}	闭 pi^{31}
莒南	眨 tʂa^{55}	张 tʃaŋ^{213}	眯 mi^{213}
潍坊	嘛$^{=}$嗒 ma^{31}ta^{0} 眨 tʂa^{214}	巴$^{=}$ pa^{214} 张 tʂaŋ^{214}	闭 pi^{31}
寿光	眨巴 tʂa^{213}pa^{0} 瞒① tʂã^{55}	张 tʂaŋ^{213} 巴$^{=}$ pa^{213}	并 piŋ^{21}
高青	眨 tʂa^{213}	张 tʂaŋ^{213}	闭 pi^{41}
阳信	瞒咕 tʂã^{213}ku^{0}	张 tʂaŋ^{213}	并 piŋ^{31}

① 此采用蒲松龄《聊斋俚曲集·禳妒咒》中的写法。

续表

	0760眨～眼	0761张～嘴	0762闭～嘴
济阳	眨么tʂa^{23}mə^{0}	张tʂaŋ^{213}	闭pi^{31}
利津	噺tʂã^{55}	张tʂaŋ^{213}	并piŋ^{31} 闭pi^{31}
乐陵	噺咕tsã^{212}ku^{0}	张tʂaŋ^{24}	闭pi^{51}
商河	眨tsɑ^{45}	张tʂaŋ^{213}	闭pi^{31} 合xə^{54}
平原	眨tsa^{213}	张tʂaŋ^{213}	闭pi^{21}
德州	眨么tʂa^{213}mə^{0}	张tʂaŋ^{213}	闭pi^{21}
武城	眨咕tʂa^{24}ku^{0}	张tʂaŋ^{224}	闭pi^{312}
临清	眨巴tʂa^{44}pa^{0} 眨tʂa^{44}	张tʂaŋ^{13}	闭pi^{313}
冠县	挤么tsi^{44}ma^{0}	张tʂaŋ^{13}	闭pi^{314}
聊城	眨么tsa^{53}mə^{53}	张tsaŋ^{13}	闭pi^{313}
济南	眨巴tʂa^{213}pa^{0} 眨呱tʂa^{213}kua^{0} 眨咕tʂa^{213}ku^{0}	张tʂaŋ^{213}	闭pi^{21} 合xə^{42}
泰安	眨tʂa^{213} 眨巴tʂa^{21}pa^{0}	张tʂaŋ^{213}	闭pi^{21}
莱芜	眨tʃa^{213}	张tʃaŋ^{213}	闭pi^{42}
新泰	眨tʃa^{213}	张tʃaŋ^{213}	闭pi^{31}
沂源	嘛$^{=}$眨ma^{21}tθa^{0}	张tʃaŋ^{213}	闭pi^{31}
博山	眨巴tʂa^{21}pɑ^{0}	张tʂaŋ^{213}	闭pi^{31}
张店	逼$^{=}$咂$^{=}$pi^{33}tsɑ^{33}	张tʂaŋ^{213}	闭pi^{31}
阳谷	挤嘛$^{=}$tɕi^{13}ma^{0}	张tsaŋ^{213}	绷pəŋ^{55}
梁山	挤tɕi^{55}	张tsaŋ^{213}	合xə^{42}
菏泽	挤巴tɕi^{44}pa^{0}	张tsaŋ^{213}	绷pəŋ^{44}
曹县	挤巴tɕi^{44}pa^{0}	张tʂaŋ^{213}	绷pəŋ^{44}
金乡	挤巴tɕi^{23}pa^{0}	张tsaŋ^{213}	绷pəŋ^{55}
曲阜	眨么tsa^{21}mə^{0}	张tsaŋ^{213}	绷pəŋ^{55}
薛城	挤不$^{=}$儿tɕi^{24}pur^{0}	张tsaŋ^{313}	闭pi^{41}

续表

	0760眨~眼	0761张~嘴	0762闭~嘴
郯城	眨不⁼tʂa^{24}pu^{0}	张tʂaŋ^{213}	抿miə̃^{24} 闭pi^{51}
临沂	眨不⁼tʃa^{214}pu^{0} 眨tʃa^{55}	张tʃaŋ^{214}	眯mi^{214} 闭pi^{312}

	0763咬狗~人	0764嚼把肉~碎	0765咽~下去
荣成	咬iau^{214}	嚼tsio^{35}	吞tʰən^{53}
烟台	咬iau^{14}	嚼tɕye^{33}	吞tʰən^{53}
栖霞	咬iɔo^{214}	嚼tʃyɛ^{342}	咽iãn^{52}
长岛	咬iau^{213}	嚼tʃuə^{55}	咽ian^{52}
海阳	咬iɔ^{214}	嚼cyə^{341}	吞tʰẽ^{52}
莱西	咬iɔ^{55}	嚼tʃyə^{42}	咽iã^{42}
平度	咬iɔ^{55}	嚼cyə^{42}	咽iã^{42}
青岛	咬iɔ^{55}	嚼tɕyə^{42}	咽iã^{42} 吞tʰẽ^{213}
高密	咬iɔ^{55}	嚼tsyə^{42}	咽iã^{21}
诸城	咬iɔ^{44}	嚼tθyə^{53}	咽iã^{31}
沂水	咬iɔ^{44}	嚼dzyə^{53}	咽iã^{31}
临朐	咬iɔ^{44}	嚼tɕyə^{53}	咽iã^{21}
日照	咬iɔ^{44}	嚼ȶyə^{53}	咽iã^{31} 吞tʰuẽ^{213}
莒南	咬iɔ^{55}	嚼tsyə^{53}	咽iã^{312}
潍坊	咬iɔɣ^{55} 插⁼tʂʰɑ^{214}	嚼tɕyə^{53}	咽iã^{31}
寿光	插⁼tʂʰa^{213}狗咬 咬iɔ^{55}人咬	嚼tɕyə^{53}	咽iã^{21}
高青	咬iɔ^{55}	嚼tɕiɔ^{55}	咽iã^{41}
阳信	咬iɔ^{55}	嚼tɕiɔ^{43}	咽iã^{31}
济阳	咬iɔ^{55}	嚼tɕiɔ^{55}	咽iã^{31}
利津	咬iɔ^{55}	嚼tɕiɔ^{53}	咽iã^{31}
乐陵	咬iɔ^{55}	嚼tɕiɔ^{55}	咽iã^{51}

续表

	0763咬狗～人	0764嚼把肉～碎	0765咽～下去
商河	咬iɔ^{45}	嚼tɕiɔ^{54}	咽iã^{31}
平原	咬iɔu^{55}	嚼tɕiɔu^{42}	咽iã^{21}
德州	咬iɔ^{55}	嚼tɕiɔ^{42}	咽iã^{21}
武城	咬iɔ^{55}	嚼tɕiɔ^{53}	咽iã^{312}
临清	咬iau^{44}	嚼tɕiau^{53}	咽ian^{313}
冠县	咬iɔ^{55}	嚼tsuə^{53}	咽iã^{314}
聊城	咬iɔ^{44}	嚼tɕiɔ^{53}	咽iã^{313}
济南	咬iɔ^{55}	嚼tɕiɔ^{42}	咽iã^{21}
泰安	咬iɔ^{55}	嚼tɕyə^{42}	咽iã^{21}
莱芜	咬iɔ^{55}	嚼tɕyə^{55}	咽iã^{42}
新泰	咬iɔ^{55}	嚼tɕyə^{42}	咽iã^{31}
沂源	咬iɔ^{55}	嚼tɕyə^{55}	咽iã^{31}
博山	咬iɔ^{55}	嚼tɕyə^{55}	咽iã^{31}
张店	咬iɔ^{55}	嚼tɕiɔ^{55}	咽iã^{31}
阳谷	咬iɔ^{55}	嚼tsuo^{42}	咽iã^{313}
梁山	咬iɔ^{55}	嚼tɕyə^{42}	咽iã^{314}
菏泽	咬iɔ^{44}	嚼tsuə^{53}	咽iã^{312}
曹县	咬iɔ^{44} 掐$^{=}$tɕ^{h}ia^{213}	嚼tsuə^{53}	咽iã^{312}
金乡	咬iɔ^{55}	嚼tɕyə^{42}	咽iã^{312}
曲阜	咬iɔ^{55}	嚼tɕyə^{42}	咽iã^{312}
薛城	咬iɔ^{24}	嚼tɕyə^{55}	咽iã^{41}
郯城	咬iɔ^{24}	嚼tsuə^{44}	咽iã^{51}
临沂	咬iɔ^{55}	嚼tɕyə^{53}	咽iã^{312}

	0766舔人用舌头～	0767含～在嘴里	0768亲嘴
荣成	舔t^{h}ian^{214}	含xan^{35}	亲嘴ts^{h}in^{53}tsei^{214}
烟台	舔t^{h}ian^{14}	含xan^{33}	亲嘴tɕ^{h}in^{53}tsei^{14}
栖霞	舔t^{h}iãn^{214}	抗$^{=}$k^{h}ɑŋ^{52}	亲嘴儿tʃ^{h}ĩn^{55}tsər^{214}

续表

	0766舔人用舌头～	0767含～在嘴里	0768亲嘴
长岛	舔tʰian^{213}	抗=kʰɑŋ^{55}	亲嘴tʃʰən^{52}tsei^{213}
海阳	舔tʰiã^{214}	抗=儿kʰɑ̃r^{341}	亲嘴tsʰĩ^{55}tθei^{214}
莱西	舔tʰiã^{55}	含xã^{42} 抗=kʰɑŋ^{42}	亲嘴儿tʃʰiẽ^{214}tser^{55}
平度	舔tʰiã^{55}	含xã^{42}	亲嘴儿tsʰiə̃^{213}tθer^{55}
青岛	舔tʰiã^{55}	没=着mu^{213}tʂʅ^{0}	亲嘴儿tsʰiẽ^{213}tθuer^{55}
高密	舔tʰiã^{55}	含xã^{42}	斗嘴tou^{21}tθuei^{55} “斗”音去声。下同
诸城	舔tʰiã^{44}	含xã^{53}	亲嘴儿tθʰẽ^{213}tθuer^{44} 做嘴儿tθou^{31}tθuer^{0}
沂水	舔tʰiã^{44}	含xẽ^{53}读为“痕”	亲嘴儿tʃʰẽ^{213}dðuer^{44} 做嘴儿dðu^{31}dðuer^{44}
临朐	舔tʰiã^{44}	含xə̃^{53}读为“痕”	做嘴儿tθu^{21}tθuer^{44}
日照	舔tʰiã^{44}	含xẽ^{53}读为“痕”/xã^{53}	亲亲tθʰẽ^{213}tθʰẽ^{0}
莒南	舔tʰiã^{55}	含xã^{53}	斗嘴tou^{31}tθei^{55} 亲嘴tsʰiẽ^{213}tθei^{55}
潍坊	舔tʰiã^{55}	含xã^{53}	亲嘴儿tɕʰiẽ^{214}tsuer^{55}
寿光	舔tʰiã^{55}	含xã^{53}	做嘴儿tsu^{21}tsuɭ^{55}
高青	舔tʰiã^{55}	含xã^{55}	对嘴儿tuei^{41}tsuer^{55}
阳信	舔tʰiã^{55}	含xə̃^{43}读为“痕”	亲嘴儿tɕʰiə̃^{213}tsuer^{55}
济阳	舔tʰiã^{55}	含xẽ^{55}读为“痕”	亲嘴儿tɕʰiẽ^{54}tsuer^{55}
利津	舔tʰiã^{55}	含xẽ^{53}读为“痕”	做嘴儿tsu^{31}tsuer^{55}
乐陵	舔tʰiã^{55}	含xẽ^{55}读为“痕”	亲嘴儿tɕʰiẽ^{212}tsuer^{55}
商河	舔tʰiã^{45}	含xẽ^{54}读为“痕”	做嘴tsou^{31}tsuei^{45}
平原	舔tʰiã^{55}	含xẽ^{42}读为“痕”	做嘴儿tsou^{21}tsuər^{55}
德州	舔tʰiã^{55}	含xã^{42}	亲嘴儿tɕʰiẽ^{213}tsuer^{55}
武城	舔tʰiã^{55}	含xẽ^{53}读为“痕”	亲嘴儿tɕʰiẽ^{21}tsuer^{55}
临清	舔tʰian^{44}	含xen^{53}读为“痕”	亲嘴儿tɕʰin^{13}tsuer^{44} 亲亲tɕʰin^{13}tɕʰin^{0}
冠县	舔tʰiã^{55}	噙tɕʰiẽ^{53}	亲嘴儿tsʰiẽ^{13}tsuer^{55}
聊城	舔tʰiã^{44}	含xã^{53}	亲嘴儿tɕʰiẽ^{13}tsuer^{44}

续表

	0766 舔人用舌头～	0767 含～在嘴里	0768 亲嘴
济南	舔 tʰiã^{55}	含 xẽ^{42} 读为“痕”	亲嘴儿 tɕʰiẽ^{213}tsuer^{55}
泰安	舔 tʰiã^{55}	含 xẽ^{42} 读为“痕”	逗嘴 tou^{21}tsuei^{55} 亲嘴 tɕʰiẽ^{213}tsuei^{55}
莱芜	舔 tʰiã^{55}	含 xã^{55}	斗嘴 tou^{31}tsuei^{55}
新泰	舔 tʰiã^{55}	含 xẽ^{42} 读为“痕”	斗嘴 tou^{31}tθuei^{55}
沂源	舔 tʰiã^{55}	含 xã^{55}	做嘴儿 tθu^{31}tθuer^{55}
博山	舔 tʰiã^{55}	含 xẽ^{55} 读为“痕”	做嘴 tsu^{31}tsuei^{55}
张店	舔 tʰiã^{55}	含 xə̃^{55} 读为“痕”	做嘴 tsu^{31}tsuei^{55}
阳谷	舔 tʰiã^{55}	噙 tɕʰiẽ^{42}/ɕiẽ^{42}	亲嘴儿 tɕʰiẽ^{13}tsuɤr^{55}
梁山	舔 tʰiã^{55}	噙 tɕʰiẽ^{42}	亲嘴 tɕʰiẽ^{23}tɕyei^{55}
菏泽	舔 tʰiã^{44}	噙 tɕʰiẽ^{53}	亲嘴 tɕʰiẽ^{213}tsuei^{44}
曹县	舔 tʰiã^{44}	噙 tɕʰiẽ^{53}	亲嘴儿 tɕʰiẽ^{21}tsuər^{44}
金乡	舔 tʰiã^{55}	噙 tɕʰiẽ^{42} 含 xã^{42}	亲嘴儿 tɕʰiẽ^{21}tsuer^{55}
曲阜	舔 tʰiã^{55}	噙 tɕʰiẽ^{42}	亲嘴儿 tɕʰiẽ^{21}tsuer^{55}
薛城	舔 tʰiã^{24}	含 xẽ^{55} 读为“痕”	亲嘴儿 tɕʰiẽ^{31}tɕyer^{24}
郯城	舔 tʰiã^{24}	含 xə̃^{44} 读为“痕”	斗嘴儿 təu^{51}tsuer^{24} 小儿 亲嘴儿 tɕʰiə̃^{21}tsuer^{24} 成人
临沂	舔 tʰiã^{55}	含 xẽ^{53} 读为“痕”	做嘴儿 tsou^{31}tsuer^{55} 亲嘴儿 tɕʰiẽ^{24}tsuer^{55}

	0769 吮吸用嘴唇聚拢吸取液体，如吃奶时	0770 吐上声，把果核儿～掉	0771 吐去声，呕吐：喝酒喝～了
荣成	吸 ɕy^{214} 读为“嘘”	吐 tʰu^{214}	呕 əu^{214}
烟台	吸 ɕy^{14} 读为“嘘”	吐 tʰu^{14}	呕 ou^{14}
栖霞	咂 tsa^{214}	吐 tʰu^{214}	呕 əu^{214}
长岛	吸 ɕy^{213} 读为“嘘” 咂嘶 tsa^{35}sɿ^{0}	吐 tʰu^{213}	呕 ou^{213}
海阳	咂 tsa^{214}	吐 tʰu^{214}	呕 əu^{214}
莱西	吸 ɕi^{55}	吐 tʰu^{55}	呕 ou^{55} 吐 tʰu^{55}

续表

	0769 吮吸用嘴唇聚拢吸取液体，如吃奶时	0770 吐上声，把果核儿～掉	0771 吐去声，呕吐：喝酒喝～了
平度	吸 çy^{55} 读为“嘘” 咂嘎 tθa^{45}ka^{0}	吐 tʰu^{55}	呕 ou^{55}
青岛	搐 tʃʰu^{213}	吐 tʰu^{55}	吐 tʰu^{55} 呕 ou^{55}
高密	搐 tʃʰu^{213}	吐 tʰu^{55}	吐 tʰu^{55}
诸城	咂 tθa^{44} 吸 ʃʅ^{213} 吃 tʃʰʅ^{44} 小孩～奶	吐 tʰu^{44}	吐 tʰu^{44}
沂水	咂 dða^{44}	吐 tʰu^{44}	哕 yə^{44} 吐 tʰu^{44}
临朐	咂 tθa^{213}	吐 tʰu^{44}	吐 tʰu^{21}
日照	咂 tθɑ^{213}	吐 tʰu^{44}	吐 tʰu^{44} 呕 ŋou^{44}
莒南	吸 çy^{213} 读为“嘘” 裹①kuə^{55}	吐 tʰu^{55}	呕 ou^{55}
潍坊	抽 tʂʰɤɯ^{214} 咂 tsɑ^{53}	吐 tʰu^{55}	呕 ŋɤɯ^{55}
寿光	咂 tsa^{213}	吐 tʰu^{55}	吐 tʰu^{21}
高青	抽 tʂʰou^{213}	吐 tʰu^{55}	吐 tʰu^{41}
阳信	嘬 tsuə^{213}	吐 tʰu^{55}	吐 tʰu^{31}
济阳	抽 tʂʰou^{213}	吐 tʰu^{55}	吐 tʰu^{31}
利津	嘬 tsuə^{55}	吐 tʰu^{55}	吐 tʰu^{31}
乐陵	裹 kuə^{55}	吐 tʰu^{55}	吐 tʰu^{51}
商河	裹 kuə^{45}	吐 tʰu^{45}	吐 tʰu^{31}
平原	裹 kuə^{55}	吐 tʰu^{55}	吐 tʰu^{21}
德州	裹 kuə^{55}	吐 tʰu^{55}	吐 tʰu^{21}
武城	裹 kuə^{55}	吐 tʰu^{55}	吐 tʰu^{312}
临清	裹 kuə^{44}	吐 tʰu^{44}	吐 tʰu^{313}

① 参见《现代汉语词典》“裹”义项3：“〈方〉吸（奶）”。下同。

续表

	0769 吮吸用嘴唇聚拢吸取液体，如吃奶时	0770 吐上声，把果核儿~掉	0771 吐去声，呕吐：喝酒喝~了
冠县	吸 çi^{13}	吐 $\text{t}^{h}\text{u}^{55}$	哕 yə^{55} 倒 tɔ^{314}
聊城	裹 kuə^{44}	吐 $\text{t}^{h}\text{u}^{44}$	吐 $\text{t}^{h}\text{u}^{313}$
济南	裹 kuə^{55}	吐 $\text{t}^{h}\text{u}^{55}$	吐 $\text{t}^{h}\text{u}^{21}$
泰安	裹 kuə^{55}	吐 $\text{t}^{h}\text{u}^{55}$	吐 $\text{t}^{h}\text{u}^{21}$ 哕 yə^{55}
莱芜	吸 çi^{213}	吐 $\text{t}^{h}\text{u}^{55}$	吐 $\text{t}^{h}\text{u}^{55}$
新泰	收⁼收⁼ $\text{ʃou}^{45}\text{ʃou}^{0}$ 读为"收（阳平）收（轻声）"	吐 $\text{t}^{h}\text{u}^{55}$	哕 yə^{55}
沂源	咂 tθa^{213} 抽 $\text{tʃ}^{h}\text{ou}^{213}$	吐 $\text{t}^{h}\text{u}^{55}$	哕 yə^{213}
博山	抽 $\text{tʂ}^{h}\text{əu}^{213}$	吐 $\text{t}^{h}\text{u}^{55}$	吐 $\text{t}^{h}\text{u}^{31}$
张店	抽 $\text{tʂ}^{h}\text{ou}^{213}$	吐 $\text{t}^{h}\text{u}^{55}$	吐 $\text{t}^{h}\text{u}^{31}$
阳谷	吸 çi^{213}	吐 $\text{t}^{h}\text{u}^{55}$	哕 yo^{55}
梁山	裹 kuə^{55}	吐 $\text{t}^{h}\text{u}^{55}$	哕 yə^{55}
菏泽	裹 kuə^{44}	吐 $\text{t}^{h}\text{u}^{44}$	哕 yə^{44}
曹县	吸 çi^{213} 裹 kuə^{44}	吐 $\text{t}^{h}\text{u}^{44}$	哕 yə^{44}
金乡	裹 kuə^{55}	吐 $\text{t}^{h}\text{u}^{55}$	哕 yə^{55}
曲阜	裹 kuə^{55}	吐 $\text{t}^{h}\text{u}^{55}$	哕 yə^{55}
薛城	吸 çi^{313} 裹 kuə^{24}	吐 $\text{t}^{h}\text{u}^{24}$	哕 yə^{24} 吐 $\text{t}^{h}\text{u}^{24}$
郯城	裹 kuə^{24}	吐 $\text{t}^{h}\text{u}^{24}$	哕 yə^{24} 吐 $\text{t}^{h}\text{u}^{24}$
临沂	裹 kuə^{55}	吐 $\text{t}^{h}\text{u}^{55}$	呕 ɣou^{55} 吐 $\text{t}^{h}\text{u}^{55}$

	0772 打喷嚏	0773 拿用手把苹果~过来	0774 给他~我一个苹果
荣成	打嚏巴 $\text{ta}^{21}\text{t}^{h}\text{i}^{35}\text{pa}^{0}$	拿 na^{53}	乞⁼ $\text{k}^{h}\text{ei}^{214}$ 给 kei^{214}
烟台	打喷嚏 $\text{ta}^{14}\text{p}^{h}\text{ən}^{53}\text{t}^{h}\text{i}^{0}$	拿 na^{53}	给 kei^{14}

续表

	0772打喷嚏	0773拿用手把苹果～过来	0774给他～我一个苹果
栖霞	打啊吃$^{=}$ta^{34}a^{21}tʃʰʅ^{0}	喊$^{=}$xãn^{214}	乞$^{=}$kʰei^{214} 给kei^{214}
长岛	打喷嚏ta^{35}pʰən^{31}tʰi^{0}	喊$^{=}$xan^{213} 拿na^{55}	给kei^{213}
海阳	打嚏[1]其$^{=}$ta^{21}tɛ^{34}cʰi^{0} "嚏"读为"带"	拿na^{52}	给cʰi^{214}
莱西	打啊吃$^{=}$ta^{55}a^{32}tʃʰʅ^{0}	拿na^{214} 含$^{=}$xã^{42}	给kei^{55} 乞$^{=}$cʰi^{55}
平度	打啊吃$^{=}$ta^{55}a^{213}tʃʰʅ^{0}	拿na^{42}	乞$^{=}$cʰi^{55} 给kei^{55}
青岛	打啊吃$^{=}$tɑ^{55}ɑ^{45}tʃʰʅ^{0}	拿nɑ^{42}	给tɕʰi^{55} 给kei^{55}
高密	打啊吃$^{=}$tɑ^{55}ɑ^{21}tʃʰʅ^{0}	拿nɑ^{42}	给kei^{42}
诸城	打啊嚏ta^{44}ŋa^{31}ȶʰi^{0}	拿na^{53}	给tʃʅ^{53}
沂水	打啊亭$^{=}$ta^{44}ŋa^{21}tʰiŋ^{0}	拿na^{53}	给tɕi^{53}
临朐	打啊嚏ta^{213}a^{44}tʰi^{0}	拿na^{53}	给tɕi^{53}
日照	打嚏喷tɑ^{213}tʰi^{53}pʰei^{0} "喷"读为"胚"轻声	拿nɑ^{53}	给tʃʅ^{53}
莒南	打啊嚏ta^{55}a^{213}tʰi^{0}	拿na^{53}	给tɕi^{53}
潍坊	打嚏皮$^{=}$tɑ^{55}tɛ^{55}pʰi^{0} "嚏"读为"带"	拿nɑ^{53}	给tɕi^{53}
寿光	打嚏喷ta^{55}tɛ^{55}pʰə̃^{0} "嚏"读为"带"	拿na^{53}	给tɕi^{53}
高青	打嚏喷tɑ^{55}tɛ^{55}pʰə̃^{0} "嚏"读为"带"	拿nɑ^{55}	给tɕi^{55}
阳信	打嚏喷ta^{55}tʰi^{55}pʰə̃^{0}	拿na^{43}	给tɕi^{43}
济阳	打啊嚏ta^{21}ŋa^{24}tʰi^{0}	拿na^{55}	给tɕi^{55}
利津	打嚏喷ta^{55}tɛ^{55}pʰiẽ^{0} "嚏喷"读为"带拼（轻声）"	拿na^{53}	给tɕi^{53}

① 这里的"嚏"读为"带"。下面也有数点的"嚏"读"带"。"嚏"字《广韵》都计切，端母霁韵，音同"帝"。所以，读不送气的t声母其实是更符合规律的，反倒是现在一般读的tʰi不合规律。不过读为"带"韵母不合规律。考虑到蟹摄一些韵的洪音读ai类韵母，我们暂以音"带"的这个字本字属"嚏"。

续表

	0772打喷嚏	0773拿用手把苹果～过来	0774给他～我一个苹果
乐陵	打嚏喷tɑ^{55}tʰiə^{31}fẽ^{0} “嚏喷”读为“贴分（轻声）”	拿nɑ^{55}	给tɕi^{55}/kei^{55}
商河	打嚏喷tɑ^{45}tʰi^{54}pʰẽ^{0}	拿nɑ^{54}	给kei^{54}/tɕʰi^{54}
平原	打喷嚏ta^{55}pʰẽ^{21}tʰi^{0}	拿na^{42}	给kei^{42}
德州	打啊嚏ta^{55}a^{213}tʰi^{21}	拿na^{42}	给kei^{42}
武城	打嚏喷ta^{24}tʰi^{53}fẽ^{0} “喷”读为“分”轻声	拿na^{53}	给tɕi^{53}
临清	打喷嚏ta^{44}pʰen^{13}tʰi^{0} 打鼻⁼嚏ta^{53}pi^{44}tʰi^{0}	拿na^{53}	给kei^{53}
冠县	打喷嚏ta^{55}pʰẽ^{21}tʰi^{0}	拿na^{53}	给kei^{55}
聊城	打啊嚏ta^{44}a^{13}tʰi^{0}	拿na^{53}	给kei^{53}
济南	打啊嚏ta^{55}a^{213}tʰi^{42}	拿na^{42}	给kei^{42}
泰安	打嚏喷ta^{213}tʰi^{42}fẽ^{0} “喷”读为“分”轻声	拿na^{42}	给kei^{42}
莱芜	打嚏喷ta^{31}tʰi^{42}pʰẽ^{0}	拿na^{55}	给tɕi^{55}
新泰	打啊嚏ta^{55}a^{21}tʰi^{0}	拿na^{42}	给tɕi^{55}
沂源	打鼻⁼嚏ta^{55}pi^{35}tɕʰi^{0} “嚏”读为“气”轻声	拿na^{55}	给tɕi^{55}
博山	打嚏喷tɑ^{213}tɛ^{55}pʰẽ^{0} “嚏”读为“带”	拿nɑ^{55}	给tɕi^{55}
张店	打嚏喷tɑ^{55}tɛ^{55}pʰə̃^{0} “嚏”读为“带”	拿nɑ^{55}	给tɕi^{55}
阳谷	打啊嚏ta^{42}a^{13}tʰi^{0}	拿na^{42}	给kei^{42}
梁山	打啊嚏ta^{55}ɣa^{23}tʰi^{0}	拿na^{42}	给kei^{42}
菏泽	打嚏喷ta^{44}tʰi^{53}fẽ^{0} “喷”读为“分”轻声	拿na^{53}	给kei^{312}
曹县	打嚏喷ta^{44}tʰi^{53}fẽ^{0} “喷”读为“分”轻声	拿na^{53}	给kei^{44}
金乡	打啊嚏ta^{55}ɣa^{21}tʰi^{0}	拿na^{42}	给kei^{312}
曲阜	打嚏喷ta^{55}tʰi^{42}fẽ^{0} “喷”读为“分”轻声	拿na^{42}	给kei^{42}
薛城	打嚏喷ta^{24}tʰi^{41}fẽ^{0} “喷”读为“分”轻声	拿na^{55}	给ke^{55}

续表

	0772打喷嚏	0773拿用手把苹果～过来	0774给他～我一个苹果
郯城	打啊嚏 $ta^{24}a^{21}t^hi^{51}$	拿 na^{44}	给 ke^{44}
临沂	打啊嚏 $ta^{55}ɣa^{214}t^hi^{0}$ 打喷嚏 $ta^{55}p^hẽ^{21}t^hi^{0}$	拿 na^{53}	给 kei^{53}

	0775摸～头	0776伸～手	0777挠～痒痒
荣成	摸 mo^{53}	伸 $ʃən^{53}$	㧟 k^huai^{214} 抓 $tʂua^{53}$ 挠 nau^{53}
烟台	摸 mo^{53}	伸 $çin^{53}$	㧟 $k^huɛ^{14}$ 挠 nau^{53}
栖霞	捞 $lɔo^{52}$	伸 $ʃə̃n^{312}$	㧟 $k^huɛi^{214}$
长岛	摸 $mə^{312}$	伸 $ʃən^{312}$	㧟 k^huai^{213}
海阳	摸 $mə^{341}$	伸 $sẽ^{52}$	㧟 $k^huɛ^{214}$
莱西	摸 $mə^{42}$	伸 $ʃiẽ^{214}$	掠 ua^{55} 挠 $nɔ^{214}$
平度	摸 $mə^{42}$	伸 $ʃə̃^{213}$	㧟 $k^huɛ^{55}$
青岛	摸 $mə^{213}$	伸 $ʃẽ^{213}$	掠 $uɑ^{55}$ 㧟 $k^huɛ^{55}$
高密	摸 $mə^{21}$	伸 $ʃə̃^{213}$	掠 $uɑ^{55}$
诸城	摸 $mə^{31}$	伸 $ʃẽ^{213}$	掠 ua^{44} 挠 $nɔ^{53}$
沂水	摸 $mə^{31}$	伸 $ʃuẽ^{213}$	㧟 $k^huɛ^{44}$
临朐	摸 $mə^{21}$	伸 $ʃə̃^{213}$	撅⁼ $tçyə^{213}$
日照	摸 $mə^{31}$	伸 $ʃyẽ^{213}$	㧟 $k^huɛ^{44}$
莒南	摸 $mə^{312}$	伸 $ʃuẽ^{213}$	㧟 $k^huɛ^{55}$
潍坊	摸 $mə^{31}$	伸 $ʂẽ^{214}$	挠 $nɔɤ^{53}$ 㧟 $k^huɛ^{55}$
寿光	摸 $mə^{21}$	舒 $ʂu^{213}$ 伸 $ʂə̃^{213}$	掠 ua^{55} 㧟 $k^huɛ^{55}$ 挠 $nɔ^{53}$
高青	摸 $mə^{41}$	伸 $ʂə̃^{213}$	㧟 $k^huɛ^{55}$
阳信	摸 $mɔ^{31}$	伸 $ʂə̃^{213}$	㧟 $k^huɛ^{55}$

续表

	0775摸～头	0776伸～手	0777挠～痒痒
济阳	摸mə^{213}	伸ʂẽ^{213}	㧟kʰuɛ^{55}
利津	摸mə^{31}	伸ʂẽ^{213}	㧟kʰuɛ^{55}
乐陵	摸mɔ^{24}	伸ʂẽ^{24}	㧟kʰuɛ^{55}
商河	摸mə^{213}	伸ʂẽ^{213}	㧟kʰuɛ^{45} 挠nɔ^{54}
平原	摸mə^{213}	伸ʂẽ^{213}	㧟kʰuɛi^{55}
德州	摸mə^{213}	伸ʂẽ^{213}	挠nɔ^{42}
武城	摸mə^{224}	伸ʂẽ^{224}	㧟kʰuɛ^{55}
临清	摸mə^{13}	伸ʂen^{13}	㧟kʰuai^{44}
冠县	摸mə^{13}	伸tʂʰẽ^{13}	㧟kʰuɛ^{55}
聊城	摸mə^{13}	伸tsʰẽ^{13}	㧟kʰuɛ^{44}
济南	摸mə^{213}	伸tʂʰẽ^{213}	㧟kʰuɛ^{55}
泰安	摸mə^{213} 胡$^{=}$拉xu^{55}la^{0}	伸tʂʰẽ^{213}	㧟kʰuɛ^{55}
莱芜	摸mə^{213}	伸ʃẽ^{213}	㧟kʰuɛ^{55}
新泰	摸mə^{213}	伸tʃʰẽ^{213}	挠nɔ^{42}
沂源	摸mɔ^{31}	伸ʃə̃^{213}	撅$^{=}$tɕyə^{213}
博山	摸mə^{31}	伸ʂẽ^{213}	㧟kʰuɛ^{55}
张店	摸mə^{31}	伸ʂə̃^{213}	撅$^{=}$tɕyə^{213}
阳谷	摸mə^{213}	伸tsʰẽ^{213}/sẽ^{213}	㧟kʰuɛ^{55}
梁山	摸mə^{213} 摸拉mu^{55}la^{0}	伸tsʰẽ^{213}	挠nɔ^{42} 㧟kʰuɛ^{55}
菏泽	摸mə^{213}	伸tsʰẽ^{213}	㧟kʰuɛ^{44}
曹县	胡$^{=}$拉xu^{53}la^{0}	伸tʂʰẽ^{213}	㧟kʰuai^{44}
金乡	摸mə^{213}	伸tsʰẽ^{213}	㧟kʰuɛ^{55}
曲阜	摸拉mu^{55}la^{0}	伸tsʰẽ^{213}	㧟kʰuɛ^{55}
薛城	摸mə^{313}	伸tsʰẽ^{313}/sẽ^{313}	㧟kʰuɛ^{24}
郯城	摩喽mə^{44}ləu^{0}	伸ʂə̃^{213}	㧟kʰuɛ^{24}
临沂	摸mə^{214}	伸ʃẽ^{214}	㧟kʰuɛ^{55}

	0778掐用拇指和食指的指甲～皮肉	0779拧～螺丝	0780拧～毛巾
荣成	掐ts^{h}ia^{214}	拧nyŋ^{214}	拧nyŋ^{214} 捺na^{214}
烟台	掐tɕ^{h}ia^{14}	扭ȵiou^{14}	扭ȵiou^{14}
栖霞	掐c^{h}ia^{214}	拧ȵyŋ^{214}	拧ȵyŋ^{214}
长岛	掐c^{h}ia^{213}	拧ȵiŋ^{213}	拧ȵiŋ^{213}
海阳	掐c^{h}ia^{214}	拧ȵyŋ^{214}	拧ȵyŋ^{214}
莱西	掐c^{h}ia^{55}	扭ȵiou^{42}	扭ȵiou^{55}
平度	掐c^{h}ia^{55}	拧ȵiŋ^{55}	拧ȵiŋ^{55}
青岛	掐tɕ^{h}iɑ^{55}	扭ȵiou^{55} 拧ȵioŋ^{42}	扭ȵiou^{55} 拧ȵioŋ^{42}
高密	掐tɕ^{h}iɑ^{55}	上ʃɑŋ^{21}～螺丝	扭ȵiou^{55}
诸城	掐tʃ^{h}a^{44}	扭ȵiou^{44} 拧ȵiəŋ^{44} 上ʃɑŋ^{31}～螺丝	扭ȵiou^{44}
沂水	掐tɕ^{h}ia^{44}	拧niŋ^{53}	拧niŋ^{53}
临朐	掐tɕ^{h}ia^{44}	拧ȵiŋ^{53}	拧ȵiŋ^{53}
日照	掐tʃ^{h}iɑ^{213}	拧niəŋ^{44}	肘$^{=}$tʃiou^{44}
莒南	掐tɕ^{h}ia^{213}	肘$^{=}$tʃou^{55}	肘$^{=}$tʃou^{55}
潍坊	掐tɕ^{h}iɑ^{214}	拧ȵiŋ^{55} 上ʂɑŋ^{31}～螺丝	拧ȵiŋ^{55}
寿光	掐tɕ^{h}ia^{213}	拧ȵiŋ^{53}	拧ȵiŋ^{53}
高青	掐tɕ^{h}iɑ^{213}	拧ȵiŋ^{55}	拧ȵiŋ^{55}
阳信	掐tɕ^{h}ia^{213}	拧ȵiŋ^{43} 上ʂɑŋ^{31}～螺丝	拧niŋ^{43}
济阳	掐tɕ^{h}ia^{213}	拧ȵiŋ^{55}	拧ȵiŋ^{55}
利津	掐tɕ^{h}ia^{44}	拧ȵiŋ^{53}	拧ȵiŋ^{53}
乐陵	掐tɕ^{h}ia^{24}	上ʂɑŋ^{51}～螺丝	拧niŋ^{55}
商河	掐tɕ^{h}ia^{45}	拧ȵiŋ^{45}	拧ȵiŋ^{45}
平原	掐tɕ^{h}ia^{213}	拧ȵiŋ^{42}	拧ȵiŋ^{42}
德州	掐tɕ^{h}ia^{213}	拧ȵiŋ^{55}	拧ȵiŋ^{55}

续表

	0778掐用拇指和食指的指甲～皮肉	0779拧～螺丝	0780拧～毛巾
武城	掐tɕʰia^{224}	拧ȵiŋ^{55}	拧ȵiŋ^{53}
临清	掐tɕʰia^{13}	拧ȵiŋ^{53} 上ʂɑŋ^{313}～螺丝	拧ȵiŋ^{53}
冠县	掐tɕʰia^{13}	拧ȵiŋ^{53}	拧ȵiŋ^{53}
聊城	掐tɕʰia^{13}	拧ȵiŋ^{53}	拧ȵiŋ^{53}
济南	掐tɕʰia^{213}	拧ȵiŋ^{55}	拧ȵiŋ^{55}
泰安	掐tɕʰia^{213}	拧ȵiŋ^{55}	拧ȵiŋ^{55}
莱芜	掐tɕʰia^{213}	拧ȵiŋ^{55}	拧ȵiŋ^{55}
新泰	掐tɕʰia^{213}	拧ȵiŋ^{55}	拧ȵiŋ^{55}
沂源	掐tɕʰia^{213}	拧ȵiŋ^{55}	拧ȵiŋ^{55}
博山	掐tɕʰiɑ^{213}	拧ȵiŋ^{55}	拧ȵiŋ^{55}
张店	掐tɕʰiɑ^{33}	拧ȵiŋ^{55}	拧ȵiŋ^{55}
阳谷	掐tɕʰia^{213}	拧ȵiŋ^{42} 上ʂɑŋ^{313}～螺丝	拧ȵiŋ^{42}
梁山	掐tɕʰia^{213}	拧ȵiŋ^{42}	拧ȵiŋ^{42}
菏泽	掐tɕʰia^{213}	拧ȵiŋ^{53}	拧ȵiŋ^{53}
曹县	掐tɕʰia^{213}	拧ȵiŋ^{53}	拧ȵiŋ^{53}
金乡	掐tɕʰia^{213}	拧ȵiŋ^{42}	拧ȵiŋ^{42}
曲阜	掐tɕʰia^{213}	拧ȵiŋ^{42}	拧ȵiŋ^{42}
薛城	掐tɕʰia^{313}	拧ȵiŋ^{55}	肘⁼tsou^{24} 拧ȵiŋ^{55}
郯城	掐tɕʰia^{213}	肘⁼tʂəu^{24} 拧ȵiŋ^{44}	肘⁼tʂəu^{24}
临沂	掐tɕʰia^{214}	拧ȵiŋ^{55}	肘⁼tʃou^{55} 拧ȵiŋ^{53}

	0781捻用拇指和食指来回～碎	0782掰把橘子～开，把馒头～开	0783剥～花生
荣成	捻nian^{214}	掰pɛ^{214}	剥pa^{214}
烟台	捻ȵian^{14}	掰po^{14}	剥pa^{14}

续表

	0781捻用拇指和食指来回～碎	0782掰把橘子～开，把馒头～开	0783剥～花生
栖霞	捻ȵiãn^{214}	掰pə^{214}	剥pa^{214}
长岛	捻ȵian^{213}	掰pə^{213}	剥pa^{213}
海阳	捻ȵiã^{214}	掰pə^{214}	剥pa^{214}
莱西	捻ȵiã^{55}	掰pə^{55}	剥pa^{55}
平度	捻ȵiã^{55}	掰pei^{55}	剥pa^{55}
青岛	搓tθ^{h}uə^{213} 捻ȵiã^{55}	掰pei^{55}	剥pɑ^{55}
高密	捻ȵiã^{55}	掰pei^{55}	剥pɑ^{55}
诸城	捻ȵiã^{44}	掰pei^{44}	剥pa^{44}
沂水	捻niã^{44}	掰pe^{44}	剥pa^{44}
临朐	捻ȵiã^{44}	掰pei^{44}	剥pa^{213}
日照	捻niã^{44}	掰pei^{213}	剥pɑ^{213}
莒南	捻niã^{55}	掰pei^{213}	剥pa^{213}
潍坊	捻ȵiã^{55}	掰pei^{214}	剥pɑ^{214}
寿光	捻ȵiã^{55}	掰pei^{213}	剥pa^{213}
高青	捻ȵiã^{55}	掰pei^{213}	剥pə^{213}
阳信	捻嗦ȵiã^{213}suə^{0}	掰pei^{213}	剥pɔ^{213}
济阳	捻ȵiã^{55}	掰pei^{213}	剥pa^{213}
利津	捻ȵiã^{55}	掰pei^{44}	剥pa^{44}
乐陵	捻niã^{55}	掰pei^{24}	剥pɔ^{24}
商河	捻ȵiã^{45}	掰pei^{213}	剥pɑ^{213}
平原	捻ȵiã^{55}	掰pei^{213}	剥pa^{213}
德州	捻ȵiã^{55}	掰pɛ^{213}	剥pa^{213}
武城	搓ts^{h}uə^{224}	掰pei^{224}	剥pa^{224}
临清	捻ȵian^{44}	掰pai^{13}	剥pə^{13}
冠县	捻ȵiã^{55} 搓ts^{h}uə^{13}	掰pɛ^{13}	剥pə^{13}
聊城	捻ȵiã^{44}	掰pɛ^{13}	剥pa^{13}/pə^{13}
济南	捻ȵiã^{55}	掰pei^{213}	剥pa^{213}

续表

	0781捻用拇指和食指来回～碎	0782掰把橘子～开，把馒头～开	0783剥～花生
泰安	捻ȵiã^{55} 搓悠tsʰuə^{21}iou^{0}	掰pei^{213}	剥pa^{213}
莱芜	捻ȵiã^{55}	掰pei^{213}	剥pə^{213}
新泰	捻悠ȵiã^{213}iou^{0}	掰pei^{213}	剥pa^{213}
沂源	捻ȵiã^{55}	掰pei^{213}	剥pə^{213}
博山	捻ȵiã^{55}	掰pei^{213}	剥pɑ^{213}
张店	捻ȵiã^{55}	掰pei^{33}	剥pɑ^{33}
阳谷	捻ȵiã^{55}	掰pei^{213}	剥pə^{213}
梁山	捻屑⁼ȵiã^{23}ɕyə^{42}	掰pei^{213}	剥pə^{213}
菏泽	圪⁼捻kə^{21}ȵiã^{0}	掰pei^{213}	剥pə^{213}
曹县	圪⁼捻kə^{21}ȵiã^{44}	掰pei^{213}	剥pə^{213}
金乡	捻ȵiã^{55}	掰pei^{213}	剥pə^{213}
曲阜	捻ȵiã^{55}	掰pei^{213}	剥pə^{213}
薛城	捻ȵiã^{24}	掰pe^{313}	剥pə^{313}
郯城	捻ȵiã^{24}	掰pe^{213}	剥pə^{213}
临沂	捻ȵiã^{55}	掰pei^{214}	剥pa^{214}/pə^{214}

	0784撕把纸～了	0785折把树枝～断	0786拔～萝卜
荣成	撕sɿ^{53}	缺⁼①cʰyɛ^{214}	拔pa^{35}
烟台	撕sɿ^{53}	缺⁼tɕʰye^{53}	拔pa^{33}
栖霞	挣tsəŋ^{342} 撕sɿ^{312}	缺⁼cʰyɛ^{214}	拔pa^{342}
长岛	撕sɿ^{312}	缺⁼cʰyɛ^{213}	拔pa^{55}
海阳	撕sɿ^{52}	缺⁼cʰyə^{214}	拔pa^{341}
莱西	勒⁼lə^{55} 撕sɿ^{214}	缺⁼cʰyə^{55}	拔pa^{42}

① “缺”，表折断义，多地有“撅”“缺”两种读音。“撅”有人写作“撧”或“䦆”。不过在分尖团的方言里，这个字都是读为团音，与尖音的“撧”（䦆）声母不同。因此本条中均写作同音的“撅”（《汉语大词典》“撅”字有一个义项引用近代的例子表示折断义）。读为送气音者记作同音字“缺”并加同音符号。

续表

	0784撕把纸～了	0785折把树枝～断	0786拔～萝卜
平度	攋①lɛ^{55} 撕θɿ^{213}	抈yə^{55} 缺$^{=}$cʰyə^{55}	拔pa^{42}
青岛	攋lɛ^{55} 撕θɿ^{213}	抈yə^{55} 缺$^{=}$tɕʰyə^{55}	薅xɔ^{213} 拔pa^{42}
高密	裂liə^{21} 撕θɿ^{213}	缺$^{=}$tɕʰyə^{55}	薅xɔ^{213} 拔pa^{42}
诸城	撕θɿ^{213} 攋lɛ^{44}	缺$^{=}$tʃʰuə^{44}	拔pa^{53} 薅xɔ^{213}
沂水	撕θɿ^{213}	缺$^{=}$tɕʰyə^{44}	拔pa^{53}
临朐	攋lɛ^{44} 撕θɿ^{213}	抈yə^{44}	拔pa^{53}
日照	眵$^{=}$tʂʰʅ^{213}	缺$^{=}$tʃʰyə^{213}	拔pa^{53}
莒南	裂liə^{55} 撕θɿ^{213}	缺$^{=}$tɕʰyə^{55}	拔pa^{53}
潍坊	撕sɿ^{214} 攋lɛ^{55}	抈yə^{214}	拔pa^{53}
寿光	攋lɛ^{55} 裂liə^{55} 撕sɿ^{213}	抈yə^{213} 撅tɕyə^{213}	拔pa^{53}
高青	撕sɿ^{213}	折tʂə^{213}	拔pa^{55}
阳信	撕sɿ^{213}	窝uə^{213} 折tʂə^{213}	拔pa^{43}
济阳	撕sɿ^{213} 裂liə^{55}	缺$^{=}$tɕʰyə^{213}	拔pa^{55}
利津	撕sɿ^{213}	折tʂə^{44}	拔pa^{53}
乐陵	撕sɿ^{24}	窝uə^{24}	拔pa^{55}
商河	撕sɿ^{213}	缺$^{=}$tɕʰyə^{45}	拔pa^{54}
平原	撕sɿ^{213}	抈yə^{213}	拔pa^{42}
德州	撕sɿ^{213}	缺$^{=}$tɕʰyə^{55}	拔pa^{42}
武城	扯tʂʰə^{55}	缺$^{=}$tɕʰyə^{224}	拔pa^{53}
临清	撕sɿ^{13}	缺$^{=}$tɕʰyə^{44}	拔pa^{53}

① “攋”方音读为“来”上声。此采用蒲松龄《日用俗字》中的字形。下同。

续表

	0784 **撕**把纸～了	0785 **折**把树枝～断	0786 **拔**～萝卜
冠县	撕 sɿ^{13}	缺 $^{=}$tɕʰyə^{55}	拔 pa^{53}
聊城	撕 sɿ^{13}	缺 $^{=}$tɕʰyə^{44}	拔 pa^{53}
济南	裂 liə^{55} 撕 sɿ^{213}	缺 $^{=}$tɕʰyə^{55} 抈 yə^{55}	拔 pa^{42}
泰安	撕 sɿ^{213} 撕巴 sɿ^{21}pa^{0}	缺 $^{=}$tɕʰyə^{55}	拔 pa^{42}
莱芜	撕 sɿ^{213}	折 tʃə^{55}	拔 pa^{55}
新泰	撕 θɿ^{213}	折 tʃə^{55}	拔 pa^{42}
沂源	撕 θɿ^{213}	缺 $^{=}$tɕʰyə^{213}	拔 pa^{55}
博山	撕 sɿ^{213}	撅 tɕyə^{213} 折 tʂə^{213}	拔 pɑ^{55}
张店	撕 sɿ^{213}	掰 pei^{33}	拔 pɑ^{55}
阳谷	撕 sɿ^{213}	撮 $^{=}$tsʰuo^{55}	拔 pa^{42}
梁山	撕 sɿ^{213}	缺 $^{=}$tɕʰyə^{55}	薅 xɔ^{213}
菏泽	撕 sɿ^{213}	缺 $^{=}$tɕʰyə^{44}	薅 xɔ^{213}
曹县	撕 sɿ^{213}	缺 $^{=}$tɕʰyə^{44}	薅 xɔ^{213}
金乡	撕 sɿ^{213}	缺 $^{=}$tɕʰyə^{55}	薅 xɔ^{213}
曲阜	撕 sɿ^{213}	缺 $^{=}$tɕʰyə^{55}	拔 pa^{42}
薛城	撕 sɿ^{313} 扯 tsʰə^{24}	缺 $^{=}$tɕʰyə^{24}	拔 pa^{55}
郯城	撕 sɿ^{213}	抈 yə^{24} 缺 $^{=}$tɕʰyə^{24}	拔 pa^{44}
临沂	裂 liə^{55}	掰 pei^{214} 缺 $^{=}$tɕʰyə^{55}	拔 pa^{53}

	0787 **摘**～花	0788 **站**站立：～起来	0789 **倚**斜靠：～在墙上
荣成	摘 tʃɛ^{214}	立 li^{214}	攲① cʰiɛ^{53}

① 表示斜倚或半躺的意思，山东多地说成“茄”阴平，在胶辽官话区不读上声、在保留清入字的地方不读入声，所以不是古清声母入声字；在分尖团的地方，属团音字，所以不能记成“趄”之类尖音字。从意义来看，与“攲”相通。《汉语大词典》注音引《集韵》丘奇切，释义1是“歪斜；倾斜”。3是同“倚”，“斜倚，斜靠”。但今方音无读“欺”者。考虑到该字无合适同音字可记，意义与“攲”相通，姑记作“攲”。

续表

·	0787 **摘**～花	0788 **站**站立：～起来	0789 **倚**斜靠：～在墙上
烟台	摘 tsɤ^{14}	站 tsan^{33}	倚 i^{14}
栖霞	摘 tsə^{214}	站 tsɑŋ^{52} 读为“葬”	倚 i^{214}
长岛	摘 tsə^{55}	站 tsan^{52}	倚 i^{213}
海阳	摘 tʂə^{214}	站 tsã^{341}	倚 i^{214}
莱西	摘 tsə^{55}	站 tsã^{42}	倚 i^{55} 靠 kʰɔ^{42}
平度	摘 tʂei^{55}	站 tʂã^{42}	倚 i^{55} 靠 kʰɔ^{42}
青岛	摘 tʂei^{55}	站 tʂã^{42}	倚 i^{55}
高密	掐 tɕʰiɑ^{55} 摘 tʂei^{55}	站 tʂã^{21}	倚 i^{55} 靠 kʰɔ^{21}
诸城	掐 tʃʰa^{44}	站 tʂã^{31}	倚 i^{44}
沂水	摘 tʂe^{44}	站 tʂã^{31}	倚 i^{44}
临朐	摘 tʂei^{44}	站 tʂã^{21}	倚 i^{44}
日照	摘 tʂei^{213}	站 tʂã^{31}	倚 i^{213}
莒南	采 tθʰɛ^{55} 摘 tʂei^{213}	站 tʂã^{312}	倚 i^{55} 靠 kʰɔ^{312}
潍坊	摘 tʂei^{214}	站 tʂã^{31}	倚 i^{55}
寿光	摘 tʂei^{213}	站 tʂã^{21}	倚 i^{55}
高青	摘 tʂei^{213}	站 tʂã^{41}	倚 i^{55}
阳信	摘 tʂei^{213}	站 tʂã^{31}	倚 i^{55}
济阳	摘 tʂei^{213}	站 tʂã^{31}	倚 i^{55}
利津	摘 tʂei^{44}	站 tʂã^{31}	倚 i^{55}
乐陵	摘 tsɛ^{24}	站 tsã^{51}	靠 kʰɔ^{51}
商河	摘 tsei^{45} 掐 tɕʰiɑ^{45}	站 tsã^{31}	倚 i^{45} 靠 kʰɔ^{31}
平原	摘 tsɛi^{213}	站 tsã^{21}	靠 kʰɔu^{21} 倚 i^{55}
德州	摘 tʂɛ^{213}	站 tʂã^{21}	倚 i^{55}

续表

	0787 **摘**～花	0788 **站**站立：～起来	0789 **倚**斜靠：～在墙上
武城	摘 tʂɛ^{224}	站 tʂã^{312}	倚 i^{55}
临清	摘 tʂai^{13}	站 tʂan^{313}	倚 i^{44} 靠 kʰau^{313}
冠县	摘 tʂɛ^{13}	站 tʂã^{314}	倚 i^{55}
聊城	摘 tsɛ^{13}	站 tsã^{313}	靠 kʰɔ^{313}
济南	摘 tʂei^{213} 掐 tɕʰia^{213}	站 tʂã^{21}	靠 kʰɔ^{21}
泰安	摘 tʂei^{213}	站 tʂã^{21}	倚 i^{55} 崴 ⁼uɛ^{55}
莱芜	摘 tʃei^{213}	站 tʃã^{42}	倚 i^{55}
新泰	摘 tʃei^{213}	站 tʃã^{31}	倚 i^{55}
沂源	摘 tʃei^{213}	站 tʃã^{31}	倚 i^{55}
博山	摘 tʂei^{213}	站 tʂã^{31}	倚 i^{55}
张店	摘 tʂei^{33}	站 tʂã^{31}	倚 i^{55}
阳谷	揪 tɕiou^{213}	站 tsã^{313}	倚 i^{55}
梁山	掐 tɕʰia^{213}	站 tsã^{314}	倚 i^{55}
菏泽	摘 tsei^{213}	站 tsã^{312}	倚 i^{44}
曹县	摘 tsei^{213}	站 tsã^{312}	倚 i^{44}
金乡	摘 tsei^{213}	站 tsã^{312}	倚 i^{55}
曲阜	摘 tsei^{213}	站 tsã^{312}	倚 i^{55}
薛城	摘 tse^{313}	站 tsã^{41}	倚 i^{24}
郯城	摘 tʂe^{213}	站 tʂã^{51}	倚 i^{24}
临沂	摘 tʃei^{214}	站 tʃã^{312}	倚 i^{55}

	0790 **蹲**～下	0791 **坐**～下	0792 **跳**青蛙～起来
荣成	蹲 tən^{33}	坐 tso^{33}	跳 tʰiau^{33} 蹦 pəŋ^{53}
烟台	蹲 tən^{53}	坐 tsuo^{33}	跳 tʰiau^{33}
栖霞	蹲 təŋ^{312} 读为"灯"	坐 tsuo^{342}	蹦 pəŋ^{52}

续表

	0790 蹲～下	0791 坐～下	0792 跳青蛙～起来
长岛	蹲 tən^{312}	坐 tsuə^{52}	跳 t^{h}iau^{52}
海阳	蹲 tẽ^{52}	坐 tθuo^{341}	跳 t^{h}iɔ^{341}
莱西	蹲 tẽ^{214}	坐 tsuə^{42}	跳 t^{h}iɔ^{42} 蹦 pəŋ^{42}
平度	蹲 tə̃^{213}	坐 tθuə^{42}	跳 t^{h}iɔ^{42} 蹦 pəŋ^{42}
青岛	蹲 tẽ^{213}	坐 tθuə^{42}	跳 t^{h}iɔ^{42} 蹦 poŋ^{42}
高密	蹲跍①tuə̃^{21}ku^{0} 蹲 tuə̃^{213}	坐 tθuə^{21}	蹦 poŋ^{21} 跳 t^{h}iɔ^{21}
诸城	跍蹲 ku^{31}tuẽ^{0}	坐 tθuə^{31}	跳 ȶ^{h}iɔ^{31}
沂水	蹲 tuẽ^{213}	坐 dðuə^{31}	蹦 pəŋ^{31}
临朐	跍对 $^{=}$ku^{21}tuei^{0}	坐 tθuə^{21}	蹦 pəŋ^{21}
日照	蹲 tuẽ^{213} 跍都 $^{=}$ku^{31}tu^{0}	坐 tθuə^{31}	蹦 pəŋ^{31}
莒南	蹲 tuẽ^{213}	坐 tθuə^{312}	蹦 pəŋ^{312}
潍坊	跍低 $^{=}$ku^{31}ti^{0} 蹲 tuẽ^{214}	坐 tsuə^{31}	跳 t^{h}iɔɤ^{31} 蹦 pəŋ^{31}
寿光	跍低 $^{=}$ku^{21}ti^{0}	坐 tsuə^{21}	跳 t^{h}iɔ^{21} 蹦 pəŋ^{21}
高青	跍得 $^{=}$ku^{21}tei^{0}	坐 tsuə^{41}	跳 t^{h}iɔ^{41}
阳信	踞踞 tɕy^{31}tɕy^{0}	坐 tsuə^{31}	蹦 pəŋ^{31}
济阳	跍低 $^{=}$ku^{21}ti^{0}	坐 tsuə^{31}	蹦 pəŋ^{31}
利津	跍低 $^{=}$ku^{31}ti^{0} 蹲 tuẽ^{213}	坐 tsuə^{31}	跳 t^{h}iɔ^{31}
乐陵	蹲 tuẽ^{24}	坐 tsuə^{51}	蹦 pəŋ^{51} 跳 t^{h}iɔ^{51}
商河	跍低 $^{=}$ku^{21}ti^{0}	坐 tsuə^{31}	蹦 pəŋ^{31} 跳 t^{h}iɔ^{31}

① “跍”，《广韵》苦胡切，“蹲貌”。不过山东方言中都读同“姑”。

续表

	0790蹲～下	0791坐～下	0792跳青蛙～起来
平原	跍低$^{=}$ku^{21}ti^{0}	坐tsuə^{21}	蹦pəŋ^{21}
德州	蹲tuẽ^{213}	坐tsuə^{21}	跳t^{h}iɔ^{21} 蹦pəŋ^{21}
武城	跍低$^{=}$ku^{55}ti^{0}	坐tsuə^{312}	跳t^{h}iɔ^{312}
临清	跍低$^{=}$ku^{44}ti^{0}	坐tsuə^{313}	跳t^{h}iau^{313}
冠县	跍得$^{=}$ku^{21}tei^{0}	坐tsuə^{314}	蹦pəŋ^{314}
聊城	跍得$^{=}$ku^{13}tei^{0}	坐tsuə^{313}	跳t^{h}iɔ^{313}
济南	跍得$^{=}$ku^{21}tei^{0}	坐tsuə^{21}	蹦pəŋ^{21} 跳t^{h}iɔ^{21}
泰安	跍对$^{=}$ku^{21}tuei^{0}	坐tsuə^{21}	跳t^{h}iɔ^{21}
莱芜	蹲tuẽ^{213}	坐tsuə^{42}	跳t^{h}iɔ^{42}
新泰	跍对$^{=}$ku^{21}tuei^{0}	坐tθuə^{31}	跳t^{h}iɔ^{31}
沂源	跍丁$^{=}$ku^{21}tiŋ^{0}	坐tθuə^{31}	蹦pəŋ^{31} 跳t^{h}iɔ^{31}
博山	跍得$^{=}$ku^{21}tei^{0}	坐tsuə^{31}	跳t^{h}iɔ^{31}
张店	跍得$^{=}$ku^{21}tei^{0}	坐tsuə^{31}	跳t^{h}iɔ^{31}
阳谷	跍梯$^{=}$ku^{31}t^{h}i^{0}	坐tsuo^{313}	跳t^{h}iɔ^{313}
梁山	跍堆$^{=}$ku^{21}tɕyei^{0}	坐tɕyə^{314}	蹦pəŋ^{314}
菏泽	跍挤$^{=}$ku^{213}tɕi^{0}	坐tsuə^{312}	蹦pəŋ^{312}
曹县	跍挤$^{=}$ku^{21}tɕi^{0}	坐tsuə^{312}	蹦pəŋ^{312}
金乡	跍挤$^{=}$ku^{21}tɕi^{0}	坐tsuə^{312}	跳t^{h}iɔ^{312}
曲阜	跍堆ku^{21}tsuei^{0}	坐tsuə^{312}	蹦pəŋ^{312}
薛城	蹲tuẽ^{313}	坐tɕyə^{41}	蹦pəŋ^{41} 跳t^{h}iɔ^{41}
郯城	蹲tuə̃^{213}	坐tsuə^{51}	蹦pəŋ^{51} 跳t^{h}iɔ^{51}
临沂	蹲tuẽ^{214}	坐tsuə^{312}	跳t^{h}iɔ^{312} 蹦pəŋ^{312}

	0793迈跨过高物：从门槛上～过去	**0794踩**[①]脚～在牛粪上	**0795翘**～腿
荣成	曼$^{=}$man^{53}	踩ts^{h}ai^{214} 跐ts^{h}i^{214}	翘c^{h}iau^{53}
烟台	曼$^{=}$man^{53}	踩ts^{h}ɛ^{14}	翘tɕ^{h}iau^{33}
栖霞	曼$^{=}$mãn^{52}	踩ts^{h}ɛi^{214}	翘c^{h}iɔo^{52}
长岛	跨k^{h}ua^{52}	踩ts^{h}ai^{213}	翘c^{h}iau^{52}
海阳	曼$^{=}$mã^{52}	踩ts^{h}ɛ^{214}	翘c^{h}iɔ^{52}
莱西	迈mɛ^{42} 跨k^{h}ua^{42}	踩ts^{h}ɛ^{55}	翘c^{h}iɔ^{42}
平度	迈mei^{42}跨过物较高 跨k^{h}ua^{42}跨过物较矮	蹅tʂa^{213} 踩tʂ^{h}ɛ^{55}	翘c^{h}iɔ^{42}
青岛	迈mei^{42} 跨k^{h}uɑ^{42}	蹅tʂɑ^{213} 踩tʂ^{h}ɛ^{55}	翘tɕ^{h}iɔ^{42}
高密	迈mɛ^{21}	踩tθ^{h}ɛ^{55}	翘tɕ^{h}iɔ^{21}
诸城	趠[②]tʂ^{h}ɔ^{31}	踩tʂ^{h}ɛ^{44} 蹅tʂa^{213}	翘tʃ^{h}ɔ^{31}
沂水	趠tʂ^{h}ɔ^{31}	踩tʂ^{h}ɛ^{44}	翘tɕ^{h}iɔ^{31}
临朐	朝$^{=}$tʃ^{h}ɔ^{53}	踩tʂ^{h}ɛ^{44}	翘tɕ^{h}iɔ^{21}

① 山东方言中，相当于“踩”的读“柴”上声，相当于“踏”的读“渣”（只有薛城一点读送气声母且读上声）。蒲松龄《聊斋俚曲集》中“踩”或写作“蹀”，即今之“柴上声”。但“蹀”字《广韵》《集韵》未见，《玉篇》“千来切”，《康熙字典》按语云：“《玉篇》‘蹀’字无义。《篇海》又引《玉篇》‘践升也’，误。”也就是说，“蹀”字意义存疑，且声母及声调与山东方言不合。不过“踩”字的音义同样有问题。《康熙字典》：“《篇海》音葵，跳也。又音劣，义同。”与今之“踩”音义更为不合。《现代汉语词典》和《汉语大词典》《汉语大字典》的“踩”字均有异体“跴”。美国传教士卫三畏（Wells Williams）所编写的《汉英韵府》（1874）中“跴”字音“柴”上声（ʿch‘ɑi），举例如“～一脚泥”“～西瓜皮”，可见当时有用“跴”字记录义为踩踏音为“柴”上声的这个词的。不过这个字形又嫌生僻。综合上述因素，音“柴”上声的此处仍写作“踩”。“踏”字《广韵》他合切，透母入声。声母与方音不合，调类也与方音不合：在保留清入的利津等地方言中，该字并不读清入；在清入读上声的胶辽官话中，该字也不读上声。因此，山东方言这个“渣”音“踏”义的本字应该不是“踏”。《聊斋俚曲集》中“踏”或写作“蹅”。“蹅”亦为后起字，未见于古代字书，但至少元代始见于书面，见《汉语大词典》，义为踏，读chǎ。《现代汉语词典》释为“〈口〉（在雨雪、泥水中）踩”。不过《中原音韵》中该字与“楂”同音，可见历史上“蹅”有zhā的读音。据此，音“渣”的“踏”都记作“蹅”；薛城声母送气、声调上声同普通话，也写作“蹅”。

② 趠，《广韵》丑教切：“行貌。”《集韵》敕教切：“超也”；又竹交切：“疾走也。”

续表

	0793迈跨过高物：从门槛上～过去	0794踩脚～在牛粪上	0795翘～腿
日照	趕tʂʰɔ^{31} 跨kʰuɑ^{31}	踩tʂʰuε^{213}/tʂʰε^{44} 踏tʂɑ^{213}	翘tʃʰiɔ^{31}
莒南	趕tʂʰɔ^{312}	踏tʂa^{213}	盘pʰã^{55}
潍坊	迈mei^{31}	踩tʂʰε^{55} 踏tʂa^{214}	翘tɕʰiɔɤ^{31} 抬tʰε^{53}
寿光	迈mei^{21}	踩tʂʰε^{55} 踏tʂa^{213}	翘tɕʰiɔ^{21}
高青	迈mei^{41}	踩tʂʰε^{55}	翘tɕʰiɔ^{41}
阳信	迈mε^{31}	踩tʂʰε^{55}	扬iɑŋ^{43}
济阳	迈mε^{31}	扁$^{=}$piã^{55} 踩tsʰε^{55}	翘tɕʰiɔ^{31}
利津	迈mei^{31}	踩tʂʰε^{55} 踏tʂa^{213}	翘tɕʰiɔ^{31}
乐陵	迈mε^{51}	踩tsʰε^{55}	翘tɕʰiɔ^{51}
商河	迈mε^{31}	扁$^{=}$piã^{45} 踩tsʰε^{45} 免$^{=}$miã^{45}	盘pʰã^{54} 翘tɕʰiɔ^{31}
平原	迈mεi^{21}	踩tsʰεi^{55}	翘tɕʰiɔu^{21}
德州	迈mε^{21}	踩tsʰε^{55} 扁$^{=}$piã^{55}	翘tɕʰiɔ^{21}
武城	迈mε^{312}	踩tʂʰε^{55}	抬tʰε^{53}
临清	曼$^{=}$man^{313}	踩tʂʰai^{44}	翘tɕʰiau^{313}
冠县	迈mã^{314}	踩tʂʰε^{55}	翘tɕʰiɔ^{314}
聊城	曼$^{=}$mã^{313}	踩tsʰε^{44}	翘tɕʰiɔ^{313}
济南	迈mei^{21}	踩tʂʰε^{55} 免$^{=}$miã^{55}	翘tɕʰiɔ^{21}
泰安	曼$^{=}$mã^{21}	踩tʂʰε^{55}	翘tɕʰiɔ^{21}
莱芜	迈mei^{42}	踩tʃʰε^{55}	翘tɕʰiɔ^{42}
新泰	迈mei^{31}	踩tʃʰε^{55}	翘tɕʰiɔ^{31}
沂源	迈mei^{31}	踏tʃa^{213}	翘tɕʰiɔ^{31}
博山	迈mei^{31}	踩tʂʰε^{55}	翘tɕʰiɔ^{31}

续表

	0793迈跨过高物：从门槛上～过去	0794踩脚～在牛粪上	0795翘～腿
张店	迈mei^{31}	蹅tʂɑ^{213}	翘tɕʰiɔ^{31}
阳谷	曼=mã^{313} 趠tsʰɔ^{313}	撇=pʰiə^{55} 谝=pʰiã^{55}	翘tɕʰiɔ^{213}
梁山	曼=mã^{314}	扁=piã^{55}	翘tɕʰiɔ^{314}
菏泽	趠tsʰɔ^{312}	踩tsʰɛ^{44}	翘tɕʰiɔ^{312}
曹县	趠tsʰɔ^{312}	踩tsʰai^{44}	翘tɕʰiɔ^{312}
金乡	曼=mã^{312}	踩tsʰɛ^{55}	翘tɕʰiɔ^{312}
曲阜	曼=mã^{312} 趠tsʰɔ^{312}	踩tsʰɛ^{55}	翘tɕʰiɔ^{312}
薛城	趠tsʰɔ^{41}	蹅tsʰa^{24}读为“插”上声 踩tsʰɛ^{24}	翘tɕʰiɔ^{41}
郯城	趠tʂʰɔ^{51}	造=tsɔ^{51} 踩tʂʰɛ^{24}	翘tɕʰiɔ^{213}
临沂	趠tʃʰɔ^{312}	踩tʃʰɛ^{55}	翘tɕʰiɔ^{312}

	0796弯～腰	0797挺～胸	0798趴～着睡
荣成	弯uan^{53} 躬kuŋ^{53}	挺tʰiŋ^{214}	哈xa^{33}
烟台	弯uan^{53}	挺tʰiŋ^{14}	趴pʰa^{53}
栖霞	锅①kuo^{312}	挺tʰiŋ^{214}	哈趴xa^{34}pʰa^{0}
长岛	弯uan^{312}	挺tʰiŋ^{213}	趴pʰa^{312}
海阳	锅kuo^{52}	挺tʰiŋ^{214}	哈趴xa^{34}pʰa^{0}
莱西	弯uã^{214}	挺tʰiŋ^{55}	趴pʰa^{214}
平度	弯uã^{213}	挺tʰiŋ^{55}	趴pʰa^{213}
青岛	弯uã^{213}	挺tʰioŋ^{55}	趴pʰɑ^{213}
高密	锅kuə^{213}	挺tʰioŋ^{55}	趴pʰɑ^{213}

① 表示“弯（腰）”的“锅”本字待考。《现代汉语词典》（第7版）有“罗锅”一词，义为“弯（腰）”。所以，该字不用加同音符号。

续表

	0796 弯～腰	0797 挺～胸	0798 趴～着睡
诸城	虾①ʃa^{213} 弯 uã^{213}	挺ȶ^{h}iəŋ^{44}	趴 p^{h}a^{213}
沂水	龟 kue^{213}	□t^{h}ẽ^{44}②	趴 p^{h}a^{213}
临朐	锅 kuə^{213}	挺 t^{h}iŋ	趴 p^{h}a^{213}
日照	虾 ʃiɑ^{213}	挺 t^{h}iəŋ^{44}	窝 uə^{213}
莒南	虾 ɕia^{213}	挺 t^{h}iŋ^{55}	趴 p^{h}a^{213}
潍坊	弯 uã^{214}	挺 t^{h}iŋ^{55}	趴 p^{h}ɑ^{214}
寿光	锅 kuə^{213}	挺 t^{h}iŋ^{55}	趴 p^{h}a^{213}
高青	锅 kuə^{213}	挺 t^{h}iŋ^{55}	趴 p^{h}ɑ^{213}
阳信	锅 kuə^{213}	□t^{h}uã^{55}～着胸膛 挺 t^{h}iŋ^{55}～腰	趴 p^{h}a^{213}
济阳	锅 kuə^{213}	挺 t^{h}iŋ^{55}	趴 p^{h}a^{213}
利津	弯 uã^{213}	挺 t^{h}iŋ^{55} 直 tʂʅ^{53}	趴 p^{h}a^{213}
乐陵	锅 kuə^{24}	挺 t^{h}iŋ^{55}	趴 p^{h}ɑ^{24}
商河	锅 kuə^{213}	挺 t^{h}iŋ^{45}	趴 p^{h}ɑ^{213}
平原	锅 kuə^{213} 哈 xa^{213} 弯 uã^{213}	挺 t^{h}iŋ^{55}	趴 p^{h}a^{213}
德州	锅 kuə^{213} 哈 xa^{213}	挺 t^{h}iŋ^{55}	趴 p^{h}a^{213}
武城	锅 kuə^{224}	挺 t^{h}iŋ^{55}	趴 p^{h}a^{224}
临清	弯 uan^{13}	挺 t^{h}iŋ^{44}	趴 p^{h}a^{13}
冠县	虾 ɕia^{13}	挺 t^{h}iŋ^{55}	趴 p^{h}a^{13}

① “虾”的本字是“鰕”，《集韵》虚加切，“身傴皃”。不过早在元代就有写作“虾”（蝦）的，况且《现代汉语词典》“鰕”是作为“哈”（表弯腰义）的异体出现的，所以这里径写作“虾”。

② 沂水的t^{h}ẽ^{44}（上声）和阳信的t^{h}uẽ^{44}（上声）是同源同义的，都没有合适的同音字可记（后者虽然可以记作“氽⁼”，但该字也是方言字，生僻难认）。寿光其实也有t^{h}ẽ^{55}（上声），只用于“～着肚子”（不说“～胸膛”），相当于说“腆着肚子”。（《现代汉语词典》（第7版）“腆”：“❷〈方〉凸出或挺起（胸、腹）：～着胸脯 | ～着个大肚子。”）t^{h}ẽ^{44}或t^{h}uẽ^{44}本字不详，与较通用的“腆”字韵母差异较大，所以只好用“□”代表。

续表

	0796 弯~腰	0797 挺~胸	0798 趴~着睡
聊城	虾 çia^{13} 弯 uã^{13}	挺 t^{h}iŋ^{44}	趴 p^{h}a^{13}
济南	锅 kuə^{213}	挺 t^{h}iŋ^{55}	趴 p^{h}a^{213}
泰安	弯 uã^{213} 虾 çia^{213}	挺 t^{h}iŋ^{55}	趴 p^{h}a^{213}
莱芜	弯 uã^{213}	挺 t^{h}iŋ^{55}	趴 p^{h}a^{213}
新泰	弯 uã^{213}	挺 t^{h}iŋ^{55}	趴 p^{h}a^{213}
沂源	锅 kuə^{213}	挺 t^{h}iŋ^{55}	趴 p^{h}a^{213}
博山	弯 uã^{213}	挺 t^{h}iŋ^{55}	趴 p^{h}ɑ^{213}
张店	锅 kuə^{213}	挺 t^{h}iŋ^{55}	趴 p^{h}ɑ^{213}
阳谷	虾 çia^{213} 弯 uã^{213}	挺 t^{h}iŋ^{55}	趴 p^{h}a^{213}
梁山	虾 çia^{213}	挺 t^{h}iŋ^{55}	趴 p^{h}a^{213}
菏泽	弯 uã^{213}	挺 t^{h}iŋ^{44}	趴 p^{h}a^{213}
曹县	虾 çia^{213}	挺 t^{h}iŋ^{44}	趴 p^{h}a^{213}
金乡	虾 çia^{213}	挺 t^{h}iŋ^{55}	趴 p^{h}a^{213}
曲阜	虾 çia^{213}	挺 t^{h}iŋ^{55}	趴 p^{h}a^{213}
薛城	弯 uã^{313}	挺 t^{h}iŋ^{24}	趴 p^{h}a^{313}
郯城	虾 çia^{213} 弓 kuŋ^{213} 弯 uã^{213}	挺 t^{h}iŋ^{24}	趴 p^{h}a^{213}
临沂	虾 çia^{214} 弯 uã^{214}	挺 t^{h}iŋ^{55}	趴 p^{h}a^{214}

	0799 爬小孩在地上~	0800 走慢慢儿~	0801 跑慢慢儿走，别~
荣成	爬 pa^{35}	走 tsəu^{214}	跑 p^{h}au^{214}
烟台	爬 p^{h}a^{33}	走 tsou^{14}	跑 p^{h}au^{14}
栖霞	爬 p^{h}a^{342}	走 tsəu^{214}	跑 p^{h}ɔo^{214}
长岛	爬 p^{h}a^{55}	走 tsou^{213}	跑 p^{h}au^{213}
海阳	爬 p^{h}a^{341}	走 tθəu^{214}	跑 p^{h}ɔ^{214}
莱西	爬 p^{h}a^{42}	走 tsou^{55}	跑 p^{h}ɔ^{55}

续表

	0799 **爬**小孩在地上～	0800 **走**慢慢儿～	0801 **跑**慢慢儿走，别～
平度	爬pʰa^{42}	走tθou^{55}	跑pʰɔ^{55}
青岛	爬pʰɑ^{42}	走tθou^{55}	跑pʰɔ^{55}
高密	爬pʰɑ^{42}	走tθou^{55}	跑pʰɔ^{55} 蹿tθʰuã^{213}
诸城	爬pʰa^{53}	走tθou^{44}	跑pʰɔ^{44}
沂水	爬pʰa^{53}	走dðou^{44}	跑pʰɔ^{44}
临朐	爬pʰa^{53}	走tθəu^{44}	跑pʰɔ^{44}
日照	爬pʰɑ^{53}	走tθou^{44}	跑pʰɔ^{44}
莒南	爬pʰa^{53}	走tθou^{55}	跑pʰɔ^{55}
潍坊	爬pʰɑ^{53}	走tsɤɯ^{55}	跑pʰɔɤ^{55}
寿光	爬pʰa^{53}	走tsəu^{55}	颠①tiã^{213}
高青	爬pʰɑ^{55}	走tsou^{55}	跑pʰɔ^{55}
阳信	爬pʰa^{43}	走tsou^{55}	跑pʰɔ^{55}
济阳	爬pʰa^{55}	走tsou^{55}	跑pʰɔ^{55}
利津	爬pʰa^{53}	走tsou^{55}	跑pʰɔ^{55} 颠tiã^{213}
乐陵	爬pʰɑ^{55}	走tsou^{55}	跑pʰɔ^{55}
商河	爬pʰɑ^{54}	走tsou^{45}	跑pʰɔ^{45}
平原	爬pʰa^{42}	走tsou^{55}	跑pʰɔu^{55}
德州	爬pʰa^{42}	走tsou^{55}	蹿tsʰuã^{213}
武城	爬pʰa^{53}	走tsou^{55}	跑pʰɔ^{55}
临清	爬pʰa^{53}	走tsou^{44}	跑pʰau^{44}
冠县	爬pʰa^{53}	走tsou^{55}	跑pʰɔ^{55}
聊城	爬pʰa^{53}	走tsou^{44}	跑pʰɔ^{44}
济南	爬pʰa^{42}	走tsou^{55}	跑pʰɔ^{55}
泰安	爬pʰa^{42}	走tsou^{55}	跑pʰɔ^{55} 颠儿tiɛr^{213}

① 《现代汉语词典》(第7版)中,"颠"有"跑"义("颠[2]"义项3),不过标注为"〈方〉"。

续表

	0799爬*小孩在地上～*	**0800走***慢慢儿～*	**0801跑***慢慢儿走，别～*
莱芜	爬p^{h}a^{55}	走tsou^{55}	跑p^{h}ɔ^{55}
新泰	爬p^{h}a^{42}	走tθou^{55}	跑p^{h}ɔ^{55}
沂源	爬p^{h}a^{55}	走tθou^{55}	跑p^{h}ɔ^{55}
博山	爬p^{h}ɑ^{55}	走tsəu^{55}	跑p^{h}ɔ^{55}
张店	爬p^{h}ɑ^{55}	走tsou^{55}	跑p^{h}ɔ^{55}
阳谷	爬p^{h}a^{42}	走tsou^{55}	跑p^{h}ɔ^{55}
梁山	爬p^{h}a^{42}	走tsou^{55}	跑p^{h}ɔ^{55}
菏泽	爬p^{h}a^{53}	走tsou^{44}	跑p^{h}ɔ^{44}
曹县	爬p^{h}a^{53}	走tsou^{44}	跑p^{h}ɔ^{44}
金乡	爬p^{h}a^{42}	走tsou^{55}	跑p^{h}ɔ^{55}
曲阜	爬p^{h}a^{42}	走tsou^{55}	跑p^{h}ɔ^{55}
薛城	爬p^{h}a^{55}	走tsou^{24}	跑p^{h}ɔ^{24}
郯城	爬p^{h}a^{44}	走tsəu^{24}	跑p^{h}ɔ^{24}
临沂	爬p^{h}a^{53}	走tsou^{55}	跑p^{h}ɔ^{55}

	0802逃*逃跑：小偷～走了*	**0803追***追赶：～小偷*	**0804抓***～小偷*
荣成	逃t^{h}au^{35}	赶kan^{214}	抓tʂua^{214}
烟台	逃t^{h}au^{33}	追tsuei^{53}	抓tsua^{14}
栖霞	跑p^{h}ɔo^{214}	撵ȵiãn^{214} 赶kãn^{214}	抓tsua^{214}
长岛	逃t^{h}au^{55}	追tsuei^{312}	抓tsua^{213}
海阳	跑p^{h}ɔ^{214}	撵ȵiã^{214}	抓tʂua^{214}
莱西	逃t^{h}ɔ^{42}	撵ȵiã^{55} 追tsuei^{214}	抓tsua^{55}
平度	逃t^{h}ɔ^{42}	撵ȵiã^{55} 追tʂuei^{213}	抓tʂua^{55}
青岛	逃t^{h}ɔ^{42}	撵ȵiã^{55} 追tʂuei^{213}	抓tʂuɑ^{55} 逮tɛ^{55}
高密	蹿tθ^{h}uã^{213} 跑p^{h}ɔ^{55} 逃t^{h}ɔ^{42}	撵ȵiã^{55} 追tʂuei^{213}	抓tʂuɑ^{55}

续表

	0802 逃逃跑：小偷～走了	0803 追追赶：～小偷	0804 抓～小偷
诸城	跑 p^{h}ɔ^{44}	断 tuã^{31}	拿 na^{53}
沂水	逃 t^{h}ɔ^{53}	断 tuã^{31}	逮 tɛ^{44} 抓 tʂua^{213}
临朐	蹿 tθ^{h}uã^{213}	撵 ȵiã^{44}	逮 tɛ^{44}
日照	逃 t^{h}ɔ^{53}	断 tuã^{31}	拿 nɑ^{53}
莒南	跑 p^{h}ɔ^{55} 溜 liou^{213}	断 tuã^{312}	逮 tɛ^{55}
潍坊	逃 t^{h}ɔɤ^{53}	撵 ȵiã^{55} 追 tʂuei^{214}	抓 tʂuɑ^{214}
寿光	颠 tiã^{213}	撵 ȵiã^{55}	逮 tɛ^{55}
高青	逃 t^{h}ɔ^{55}	撵 ȵiã^{55}	抓 tʂuɑ^{213}
阳信	跑 p^{h}ɔ^{55}	追 tʂuei^{213}	逮 tɛ^{55} 抓 tʂuɑ^{213}
济阳	跑 p^{h}ɔ^{55}	撵 ȵiã^{55}	逮 tɛ^{55}
利津	逃 t^{h}ɔ^{53}	撵 ȵiã^{55}	逮 tɛ^{55} 抓 tʂuɑ^{213}
乐陵	跑 p^{h}ɔ^{55}	撵 ȵiã^{55}	逮 tɛ^{55}
商河	跑 p^{h}ɔ^{45}	撵 ȵiã^{45} 追 tʂuei^{213}	逮 tɛ^{45}
平原	逃 t^{h}ɔu^{42}	撵 ȵiã^{55}	逮 tɛi^{55}
德州	逃 t^{h}ɔ^{42}	追 tʂuei^{213} 撵 ȵiã^{55}	逮 tɛ^{55}
武城	蹿 ts^{h}uã^{224}	撵 ȵiã^{55}	逮 tɛ^{55}
临清	跑 p^{h}au^{44}	撵 ȵian^{44}	逮 tai^{44} 抓 tʂua^{13}
冠县	跑 p^{h}ɔ^{55}	撵 ȵiã^{55} 追 tʂuei^{13}	抓 tʂua^{13}
聊城	跑 p^{h}ɔ^{44}	撵 ȵiã^{44}	逮 tɛ^{44}
济南	逃 t^{h}ɔ^{42}	撵 ȵiã^{55}	逮 tɛ^{55}
泰安	逃 t^{h}ɔ^{42} 蹿趟子 ts^{h}uã^{23}t^{h}ɑŋ^{42}tsɿ^{0}	追 tʂuei^{213} 撵 ȵiã^{55}	抓 tʂua^{213} 逮 tɛ^{55}
莱芜	逃 t^{h}ɔ^{55}	追 tʃuei^{213}	抓 tʃua^{213}

续表

	0802 逃逃跑：小偷～走了	0803 追追赶：～小偷	0804 抓～小偷
新泰	逃 $t^{h}ɔ^{42}$	追 $pfei^{213}$	抓 pfa^{213}
沂源	逃 $t^{h}ɔ^{55}$	撵 $ȵiã^{55}$	逮 $tɛ^{55}$
博山	跑 $p^{h}ɔ^{55}$ 蹿 $ts^{h}uã^{213}$	撵 $ȵiã^{55}$	抓 $tʂuɑ^{213}$ 逮 $tɛ^{55}$
张店	跑 $p^{h}ɔ^{55}$	撵 $ȵiã^{55}$	逮 $tɛ^{55}$
阳谷	逃 $t^{h}ɔ^{42}$	撵 $ȵiã^{55}$ 断 $tuã^{313}$ 追 $tsuei^{213}$	逮 $tɛ^{55}$
梁山	跑 $p^{h}ɔ^{55}$	撵 $ȵiã^{55}$ 断 $tuã^{314}$	逮 $tɛ^{55}$
菏泽	跑 $p^{h}ɔ^{44}$	撵 $ȵiã^{44}$	逮 $tɛ^{44}$
曹县	跑 $p^{h}ɔ^{44}$	撵 $ȵiã^{44}$	搿 $k^{h}ei^{53}$
金乡	逃 $t^{h}ɔ^{42}$	断 $tuã^{312}$	抓 $tsua^{213}$
曲阜	溜 $liou^{213}$	断 $tuã^{312}$	逮 $tɛ^{55}$
薛城	跑 $p^{h}ɔ^{24}$	断 $tuã^{41}$ 追 pfe^{313}	逮 $tɛ^{24}$
郯城	跑 $p^{h}ɔ^{24}$	断 $tuã^{51}$ 追 $tʂue^{213}$	逮 $tɛ^{24}$ 抓 $tʂua^{213}$
临沂	跑 $p^{h}ɔ^{55}$ 逃 $t^{h}ɔ^{53}$ 逃跑 $t^{h}ɔ^{53}p^{h}ɔ^{55}$	断 $tuã^{312}$ 追 $tʃuei^{214}$	逮 $tɛ^{55}$ 抓 $tʃua^{214}$

	0805 抱把小孩～在怀里	0806 背～孩子	0807 搀～老人
荣成	抱 pau^{33}	背 pei^{53}	招 $tʃau^{53}$
烟台	抱 pau^{33}	背 pei^{53}	搀 $ts^{h}an^{53}$ 招 $tɕiau^{53}$
栖霞	抱 $pɔo^{52}$	背 pei^{312}	搀 $ts^{h}ãn^{312}$
长岛	抱 pau^{52}	背 pei^{312}	搀 $ts^{h}an^{312}$
海阳	抱 pu^{52}	背 pei^{52}	搀 $tʂ^{h}ã^{52}$
莱西	抱 $pɔ^{42}$	背 pei^{214}	扶 fu^{42} 搀 $ts^{h}ã^{214}$
平度	抱 pu^{42}	背 pei^{213}	招 $tʃɔ^{213}$

续表

	0805 抱把小孩～在怀里	0806 背～孩子	0807 搀～老人
青岛	抱 pu⁴²	背 pei²¹³	搀 tʂʰã²¹³ 扶 fu⁴²
高密	抱 pu²¹	背 pei²¹	扶 fu⁴² 招 tʃɔ²¹³
诸城	抱 pɔ³¹	背 pei³¹	扶 fu⁵³
沂水	抱 pɔ³¹	背 pe³¹	架 tɕia³¹
临朐	抱 pɔ²¹	背 pei²¹	招 tʃɔ²¹³
日照	抱 pɔ³¹	背 pei³¹	扶 fu⁵³
莒南	抱 pɔ³¹²	背 pei³¹²	扶 fu⁵³ 一个人搀扶 架 tɕia³¹² 两个或以上的人搀扶
潍坊	抱 pu³¹	背 pei³¹	架 tɕiɑ³¹ 招 tʂɔɤ²¹⁴
寿光	抱 pu²¹	背 pei²¹	招 tʂɔ²¹³ 扶 fu⁵³
高青	抱 pu⁴¹	背 pei⁴¹	招 tʂɔ²¹³
阳信	抱 pɔ³¹	背 pei³¹	招 tʂɔ²¹³
济阳	抱 pu³¹	背 pei³¹	招着 tʂɔ²¹tʂɔ⁰
利津	抱 pu³¹	背 pei³¹	招着 tʂɔ³¹tʂɔ⁰ 扶着 fu³⁵tʂɔ⁰
乐陵	抱 pɔ⁵¹	背 pei⁵¹	扶着 fu⁵⁵tʂou⁰ 招着 tʂɔ³¹tʂou⁰
商河	抱 pu³¹	背 pei³¹	架着 tɕiɑ⁵⁴tʂou⁰
平原	抱 pɔu²¹	背 pei²¹	扶 fu⁴²
德州	搂 lou⁵⁵ 抱 pɔ²¹	背 pei²¹	扶 fu⁴²
武城	抱 pɔ³¹²	背 pei³¹²	扶着 fu⁵⁵tʂɔ⁰
临清	抱 pau³¹³	背 pei³¹³	搀 tʂʰan¹³ 扶 fu⁵³
冠县	抱 pɔ³¹⁴ 揣 tʂʰuɛ¹³	背 pei¹³	搀 tʂʰã¹³
聊城	抱 pɔ³¹³	背 pei³¹³	扶 fu⁵³ 招 tsɔ¹³ 对小孩

续表

	0805抱把小孩～在怀里	0806背～孩子	0807搀～老人
济南	抱pɔ^{21}	背pei^{21}	架tɕia^{21}
泰安	抱pɔ^{21}	背pei^{21}	扶fu^{42}
莱芜	抱pɔ^{42}	背pei^{213}	搀tʃʰã^{213}
新泰	抱pɔ^{31}	背pei^{213}	搀tʃʰã^{55}
沂源	抱pɔ^{31}	背pei^{31}	架tɕia^{31}
博山	抱pɔ^{31}	背pei^{31}	架tɕiɑ^{31} 招tʂɔ^{213}
张店	抱pu^{31}	背pei^{31}	招tʂɔ^{213}
阳谷	抱pɔ^{313}	背pei^{313}	架着tɕia^{42}zə^{0} 扶着fu^{55}zə^{0}
梁山	抱pɔ^{314} 携ɕiə^{42}	背pei^{314}	架tɕia^{314}
菏泽	抱pɔ^{312}	背pei^{312}	扶fu^{53}
曹县	抱pɔ^{312}/pu^{312}	背pei^{312}	扶fu^{53} 招呼tʂɔ^{21}xu^{0}
金乡	抱pɔ^{312}	背pei^{312}	扶fu^{42}
曲阜	抱pɔ^{312}	背pei^{312}	扶fu^{42}
薛城	抱pɔ^{41}	驮tʰuə^{55}	扶fu^{55} 招呼着tsɔ^{31}xu^{0}tsə^{0}
郯城	抱pɔ^{51}	驼tʰuə^{44} 背pe^{51}	架tɕia^{51} 扶fu^{44}
临沂	抱pɔ^{312}	背pei^{312}	架tɕia^{312} 搀tʃʰã^{214}

	0808推几个人一起～汽车	0809摔跌：小孩～倒了	0810撞人～到电线杆上
荣成	推tʰei^{53}	磕kʰa^{214}	撞tʂʰuɑŋ^{33}
烟台	推tʰei^{53}	磕kʰa^{14} 摔suɛ^{53}	撞tsʰuɑŋ^{33}
栖霞	推tʰei^{312}	磕kʰa^{214}	撞tsʰuɑŋ^{52}
长岛	推tʰei^{312}	磕kʰa^{213}	撞tsʰuɑŋ^{52}
海阳	拥yŋ^{52}	磕kʰa^{214}	撞tʂʰuɑŋ^{341}

续表

	0808 **推**几个人一起～汽车	0809 **摔**跌：小孩～倒了	0810 **撞**人～到电线杆上
莱西	拥 yŋ^{214} 推 tʰei^{214}	磕 kʰa^{55} 摔 suɛ^{214} 跌 tiə^{55}	撞 tsuɑŋ^{42} 碰 pʰəŋ^{42}
平度	拥 iŋ^{213} 推 tʰei^{213}	磕 kʰa^{55} 跌 tiə^{55} 摔 ʂuɛ^{213}	撞 tʂuɑŋ^{42} 碰 pʰəŋ^{213}
青岛	拥 ioŋ^{213} 推 tʰei^{213}	磕 kʰɑ^{55}	撞 tʂuɑŋ^{42}
高密	拥 ioŋ^{213}用力较小/yə̃^{213}用力较大时读为"晕"	磕 kʰɑ^{55} 跌 tiə^{55}	碰 pʰoŋ^{21} 撞 tʂʰuɑŋ^{21}
诸城	推 tʰuei^{213}	磕 kʰa^{44}	碰 pʰəŋ^{31}
沂水	偎$^{=}$ue^{213}	摔 ʂue^{44}	撞 tʂʰuɑŋ^{31}
临朐	拥 yŋ^{213}	磕 kʰa^{44}	撞 tʂʰuɑŋ^{21}
日照	偎$^{=}$uei^{213}	磕 kʰɑ^{213}	碰 pʰəŋ^{31}
莒南	推 tʰei^{213}	磕 kʰa^{213}程度轻 摔 ʃuei^{213}程度重	撞 tʂuɑŋ^{312}
潍坊	拥 yŋ^{214}/yə̃^{214}读为"晕" 推 tʰuei^{214}	磕 kʰɑ^{214} 摔 ʂuei^{214} 跌 tiə^{214}	撞 tʂʰuɑŋ^{31} 碰 pʰəŋ^{31}
寿光	拥 yŋ^{213}	张$^{=}$tʂɑŋ^{213} 摔 ʂue^{213}	碰 pʰəŋ^{21}
高青	拥 yŋ^{213}	摔 ʂue^{213}	撞 tʂuɑŋ^{41}
阳信	拥 yŋ^{213}	张$^{=}$tʂɑŋ^{213} 跌 tiə^{213} 摔 ʂue^{213}	撞 tʂʰuɑŋ^{31}
济阳	推 tʰuei^{213}	跌 tiə^{213}	碰 pʰəŋ^{31}
利津	推 tʰuei^{213} 拥 yŋ^{213}	摔 ʂuei^{44} 跌 tiə^{44}	撞 tʂʰuɑŋ^{31}
乐陵	推 tʰuei^{24}	跌 tiə^{24}	碰 pʰəŋ^{51}
商河	推 tʰuei^{213} 搡 sɑŋ^{45}	跌 tiə^{45} 摔 ʂue^{45}	撞 tʂuɑŋ^{31}
平原	推 tʰuei^{213}	摔 ʂuei^{213} 跌 tiə^{55}	碰 pʰəŋ^{21}

续表

	0808 **推**几个人一起～汽车	0809 **摔**跌：小孩～倒了	0810 **撞**人～到电线杆上
德州	搡①suŋ^{55}	摔ʂuɛ^{213}	撞tʂ^{h}uaŋ^{21}两个人相撞 碰p^{h}əŋ^{21}人撞其他物体
武城	推t^{h}ei^{224}	跌tiə^{224}	碰p^{h}əŋ^{312}
临清	推t^{h}uei^{13}	摔ʂuai^{13}	撞tʂuaŋ^{313} 碰p^{h}əŋ^{313}
冠县	推t^{h}uei^{13}	摔ʂuɛ^{13}	撞tʂuaŋ^{314} 碰p^{h}əŋ^{314}
聊城	推t^{h}ei^{13}	摔suɛ^{13}	碰p^{h}əŋ^{313}
济南	拥yŋ^{213} 推t^{h}uei^{213}	跌tiə^{213}	撞tʂ^{h}uaŋ^{21} 碰p^{h}əŋ^{21}
泰安	推t^{h}uei^{213} 拥yŋ^{55}	摔ʂuei^{213} 跌tiə^{213}	撞tʂ^{h}uaŋ^{21} 碰p^{h}əŋ^{21}
莱芜	推t^{h}uei^{213}	摔ʃuɛ^{55}	撞tʃuaŋ^{42}
新泰	拥yŋ^{213}	摔fei^{213}	撞pf^{h}aŋ^{31}/tʃuaŋ^{31}
沂源	拥yŋ^{213}	磕k^{h}a^{213}	碰p^{h}əŋ^{31}
博山	拥yŋ^{213}	摔ʂuei^{213} 张⁼倒tʂaŋ^{31}tɔ^{55}	撞tʂuaŋ^{31}
张店	拥yŋ^{213}	张⁼tʂaŋ^{213}	碰p^{h}əŋ^{31}
阳谷	推t^{h}uei^{213} 拥uŋ^{55}	摔fɛ^{213}	碰p^{h}əŋ^{313}
梁山	拥uŋ^{55}	摔suei^{213}	撞ts^{h}uaŋ^{314}
菏泽	拥uŋ^{213}	摔fei^{213}	碰p^{h}əŋ^{312}
曹县	推t^{h}uei^{213} 拥uŋ^{213}	摔fei^{213}/ʂuai^{213} 打ta^{44}	碰p^{h}əŋ^{312}
金乡	拥uŋ^{55}	摔suei^{213}	碰p^{h}əŋ^{312}
曲阜	拥yŋ^{55}	摔suei^{213}	撞ts^{h}uaŋ^{312} 碰p^{h}əŋ^{312}
薛城	拥yŋ^{313} 推t^{h}ue^{313}	摔fe^{313}	碰p^{h}əŋ^{41} 撞pf^{h}aŋ^{41} 杠kaŋ^{41}

① “搡”，《集韵·董韵》损动切，“推也”。

续表

	0808 **推**几个人一起～汽车	0809 **摔**跌：小孩～倒了	0810 **撞**人～到电线杆上
郯城	拥 yŋ^{213} 推 t^{h}e^{213}	磕 k^{h}a^{213} 摔 fe^{213}	岗 ⁼kaŋ^{24} 碰 p^{h}əŋ^{51} 撞 tʂ^{h}uaŋ^{51}
临沂	拥 yẽ^{214}读为"晕" 推 t^{h}uei^{214}	摔 ʃuei^{214}	撞 tʃ^{h}uaŋ^{312}

	0811 **挡**你～住我了，我看不见	0812 **躲**躲藏：他～在床底下	0813 **藏**藏放，收藏：钱～在枕头下面
荣成	挡 taŋ^{214}	躲 to^{214}	稳 uən^{214}
烟台	挡 taŋ^{14}	趴 p^{h}a^{53}	掩 ian^{14}
栖霞	挡 taŋ^{214}	趴 p^{h}a^{312}	掩 iãn^{52}
长岛	挡 taŋ^{213}	趴 p^{h}a^{312}	掩 ian^{52}
海阳	挡 taŋ^{214}	趴 p^{h}a^{52}	掩 iã^{341}
莱西	挡 taŋ^{55}	趴 p^{h}a^{214} 藏 ts^{h}aŋ^{42} 躲 tuə^{55}	掩 iã^{42} 藏 ts^{h}aŋ^{42}
平度	挡 taŋ^{55}	藏 tθ^{h}aŋ^{42} 躲 tuə^{55}	藏 tθ^{h}aŋ^{42}
青岛	挡 taŋ^{55}	藏 tθ^{h}aŋ^{42} 躲 tuə^{55}	藏 tθ^{h}aŋ^{42}
高密	挡 taŋ^{55}	藏 tθ^{h}aŋ^{42} 躲 tuə^{55}	藏 tθ^{h}aŋ^{42}
诸城	挡 taŋ^{44}	藏 tθ^{h}aŋ^{53}	收收① ʃou^{31}ʃou^{0}
沂水	挡 taŋ^{44}	躲 tuə^{44}	藏 tθ^{h}aŋ^{53} 收收 ʃou^{31}ʃou^{0}
临朐	挡 taŋ^{44}	藏 tθ^{h}aŋ^{53}	收收 ʂəu^{21}ʂəu^{0} 藏 tθ^{h}aŋ^{53}
日照	挡 taŋ^{44}	藏 tθ^{h}aŋ^{53}	收收 ʃiou^{31}ʃiou^{0}
莒南	挡 taŋ^{55}	藏 tθ^{h}aŋ^{53}	藏 tθ^{h}aŋ^{53}
潍坊	挡 taŋ^{55}	藏 ts^{h}aŋ^{53}	藏 ts^{h}aŋ^{53} 收拾 ʂɤɯ^{31}ʂʅ^{0}

① "收收"是"收拾"的音变。下同。

续表

	0811挡你～住我了，我看不见	0812躲躲藏：他～在床底下	0813藏藏放，收藏：钱～在枕头下面
寿光	挡taŋ^{55} 影iŋ^{55}遮挡视线	藏tsʰɑŋ^{53}	藏tsʰɑŋ^{53}藏匿到某处 收拾ʂəu^{21}ʂʅ^{0}收藏
高青	挡taŋ^{55} 遮tʂə^{213}	躲tuə^{55}	藏tsʰɑŋ^{55} 收收ʂou^{21}ʂou^{0}
阳信	挡taŋ^{55}	藏tsʰɑŋ^{43}	搁kɔ^{213}正常收藏，有空间 掖iə^{213}放置在物体下面 藏tsʰaŋ^{43}放在别人不知道的地方
济阳	挡taŋ^{55}	藏tsʰɑŋ^{55}	藏tsʰɑŋ^{55}
利津	挡taŋ^{55}	藏tsʰɑŋ^{53}	藏tsʰɑŋ^{53}
乐陵	挡taŋ^{55}	藏tsʰɑŋ^{55}	藏tsʰɑŋ^{55}
商河	挡taŋ^{45} 遮tʂə^{213}	藏tsʰɑŋ^{54} 躲tuə^{45}	藏tsʰɑŋ^{54}
平原	挡taŋ^{42}	藏tsʰɑŋ^{42}	藏tsʰɑŋ^{42}
德州	挡taŋ^{55}	藏tsʰɑŋ^{42}	藏tsʰɑŋ^{42}
武城	挡taŋ^{55}	藏tsʰɑŋ^{53}	藏tsʰɑŋ^{53}
临清	挡taŋ^{44}	藏tsʰɑŋ^{53}	藏tsʰɑŋ^{53}
冠县	挡taŋ^{55}	躲tuə^{55} 藏tsʰɑŋ^{53}	藏tsʰɑŋ^{53}
聊城	挡taŋ^{44}	藏tsʰɑŋ^{53}	藏tsʰɑŋ^{53}
济南	挡taŋ^{55} 遮tʂə^{213}	藏tsʰɑŋ^{42}	藏tsʰɑŋ^{42}
泰安	挡taŋ^{55}	躲tuə^{55}	藏tsʰɑŋ^{42}
莱芜	挡taŋ^{55}	躲tuə^{55}	藏tsʰɑŋ^{55}
新泰	挡taŋ^{55}	躲tuə^{55}	藏tθʰɑŋ^{42}
沂源	挡taŋ^{55}	躲tuə^{55}	收收ʃou^{21}ʃou^{0}
博山	挡taŋ^{55}	躲tuə^{55}	收收ʂəu^{21}ʂəu^{0}
张店	挡taŋ^{55}	藏tsʰɑŋ^{55}	收收ʂou^{21}ʂou^{0}
阳谷	挡taŋ^{55}	藏tsʰɑŋ^{42}	藏tsʰɑŋ^{42}
梁山	遮tsə^{213}	躲tuə^{55} 藏tsʰɑŋ^{42}	藏tsʰɑŋ^{42}
菏泽	挡taŋ^{44}	藏tsʰɑŋ^{53}	藏tsʰɑŋ^{53}

续表

	0811挡你～住我了，我看不见	0812躲躲藏：他～在床底下	0813藏藏放，收藏：钱～在枕头下面
曹县	影iŋ44	藏tsʰɑŋ53	藏tsʰɑŋ53
金乡	挡tɑŋ55	躲tuə55	藏tsʰɑŋ42
曲阜	挡tɑŋ55	躲tuə55	藏tsʰaŋ42
薛城	挡tɑŋ24	藏tsʰɑŋ55 躲tuə24	拾ʂʅ55 收sou313 藏tsʰɑŋ55
郯城	挡tɑŋ24	藏tsʰɑŋ44	藏tsʰɑŋ44
临沂	隔kei214侧重于双方的遮挡 挡tɑŋ55侧重于单方的遮挡	藏tsʰɑŋ53隐蔽程度深 躲tuə55隐蔽程度浅	藏tsʰɑŋ53

	0814放把碗～在桌子上	0815摞把砖～起来	0816埋～在地下
荣成	搁ko214	摞lo53 垛to33	埋mai53
烟台	稳uən14 放fɑŋ33	摞luo53	埋mɛ53
栖霞	稳uə̃n214	垛tuo342	埋mɛi312
长岛	稳uən213	摞luə55	埋mai55
海阳	搁kuo214	摞luo52	埋mɔ52
莱西	放fɑŋ42 搁kə55	摞luə214	埋mɛ214
平度	搁kuə55 放fɑŋ213	摞luə42	埋mɛ213
青岛	搁kuə55 放fɑŋ42	摞luə42	埋mɛ213
高密	搁kə55 撂liɔ213	摞luə42	埋mɛ42
诸城	搁kuə44	摞luə53	埋mɛ53
沂水	搁kə44	摞luə53 垛tuə31	埋mɛ53
临朐	搁kuə44 横xəŋ53	摞luə53	埋mɛ53
日照	搁kə213	摞luə31	埋mɛ53

续表

	0814 放把碗~在桌子上	0815 摞把砖~起来	0816 埋~在地下
莒南	搁kə^{213}	摞luə^{53}	埋mɛ^{53}
潍坊	搁kuə^{214} 放faŋ^{31}	摞luə^{53}	埋mɛ^{53}
寿光	放xaŋ^{21}读为"杭"去声 搁kuə^{213}	摞luə^{53}	埋mɛ^{53}
高青	搁kə^{213}	摞luə^{55}	埋mɛ^{55}
阳信	搁kɔ^{213}	摞luə^{43}	埋mɛ^{43}
济阳	放faŋ^{31}	摞luə^{55}	埋mɛ^{55}
利津	搁kɔ^{55} 放faŋ^{31}	摞luə^{53}	埋mɛ^{53}
乐陵	搁kɔ^{24}	摞luə^{55}	埋mɛ^{55}
商河	搁kɔ^{45}	摞luə^{54}	埋mɛ^{54}
平原	搁kə^{213}	摞luə^{42}	埋mɛi^{42}
德州	搁kə^{213}	摞luə^{42} 排p^{h}ɛ^{42}	埋mɛ^{21}
武城	撂liɔ^{312}	摞luə^{53}	埋mɛ^{53}
临清	撂liau^{313} 放faŋ^{313} 搁kə^{13}	摞luə^{53} 垛tuə^{313}	埋mai^{53}
冠县	搁kə^{13} 放faŋ^{314}	摞luə^{53}	埋mɛ^{53}
聊城	放faŋ^{313} 搁kə^{13}	摞luə^{53}	埋mɛ^{53}
济南	搁kə^{213}	摞luə^{42}	埋mɛ^{42}
泰安	放faŋ^{21} 搁kə^{213}	摞luə^{42}	埋mɛ^{42}
莱芜	放faŋ^{42}	摞luə^{55}	埋mɛ^{55}
新泰	放faŋ^{31}	摞luə^{42}	埋mɛ^{42}
沂源	搁kuə^{213} 放faŋ^{31}	摞luə^{55}	埋mɛ^{55}
博山	乖$^{=}$kuɛ^{213} 搁kuə^{213}	摞luə^{55}	埋mɛ^{55}

续表

	0814放把碗～在桌子上	0815撂把砖～起来	0816埋～在地下
张店	放 faŋ^{31}	撂 luə^{55}	埋 mε^{55}
阳谷	搁 kə^{213} 撂 liɔ^{313} 放 fɑŋ^{313}	撂 luo^{42}	埋 mε^{42}
梁山	搁 kə^{213}	撂 luə^{42}	埋 mε^{42}
菏泽	搁 kə^{213}	撂 luə^{312}	埋 mε^{53}
曹县	搁 kə^{213}	撂 luə^{312}	埋 mai^{53}
金乡	搁 kə^{213}	撂 luə^{312}	埋 mε^{42}
曲阜	放 faŋ^{312}	撂 luə^{42}	埋 mε^{42}
薛城	搁 kə^{313} 撂 liɔ^{41}	撂 luə^{41} 美$^{=}$me^{24}	埋 mε^{55}
郯城	搁 kə^{44} 放 fɑŋ^{51}	撂 luə^{51}	埋 mε^{44}
临沂	搁 kə^{214} 放 fɑŋ^{312}	撂 luə^{53}/luə^{312}	埋 mε^{53}

	0817盖把茶杯～上	0818压用石头～住	0819摁用手指按：～图钉
荣成	盖 kai^{33}	压 ia^{214}	按 an^{33}
烟台	盖 kε^{33}	压 ia^{14}	摁 ən^{33}
栖霞	捂 u^{214} 盖 kεi^{52}	压 ia^{52}	按 ãn^{52}
长岛	盖 kai^{52}	压 ia^{213}	摁 ən^{52}
海阳	盖 kε^{341}	压 ia^{341}	摁 ẽ^{341}
莱西	盖 kε^{42}	压 ia^{55}	摁 ẽ^{42}
平度	盖 kε^{42}	压 ia^{55}	摁 ə̃^{42}
青岛	盖 kε^{42}	压 iɑ^{42}	摁 ẽ^{42}
高密	盖 kε^{21}	压 iɑ^{21}	摁 ə̃^{21}
诸城	盖 kε^{31}	压 ia^{31}	摁 ŋẽ^{31}
沂水	盖 kε^{31}	压 ia^{31}	摁 ŋẽ^{31}
临朐	盖 kε^{21}	压 ia^{21}	摁 ŋə̃^{21}
日照	盖 kε^{31}	压 iɑ^{31}	摁 ŋẽ^{31}

续表

	0817 盖把茶杯～上	0818 压用石头～住	0819 摁用手指按：～图钉
莒南	盖 kε^{312}	压 ia^{312}	按 ã^{312}
潍坊	盖 kε^{31}	压 iɑ^{31}	摁 ŋẽ^{31}
寿光	盖 kε^{21} 盖小的东西如杯子 盇①xa^{53} 盖大的东西如锅、井口	压 ia^{21}	摁 ŋə̃^{21}
高青	盖 kε^{41}	压 iɑ^{213}	摁 ŋə̃^{41}
阳信	盖 kε^{31}	压 ia^{213}	摁 ŋə̃^{31}
济阳	盖 kε^{31}	压 ia^{213}	摁 ŋẽ^{31}
利津	盖 kε^{31}	压 ia^{31}	摁 ŋẽ^{31}
乐陵	盖 kε^{51}	压 iɑ^{24}	摁 ŋẽ^{51}
商河	盖 kε^{31}	压 iɑ^{45}	摁 ŋẽ^{31}
平原	盖 kεi^{21}	压 ia^{213}	摁 ŋẽ^{21}
德州	盖 kε^{21}	压 ia^{213}	摁 ŋẽ^{21}
武城	盖 kε^{312}	压 ia^{224}	摁 ŋẽ^{312}
临清	盖 kai^{313}	压 ia^{13}	摁 ŋen^{313}
冠县	盖 kε^{314}	压 ia^{13}	摁 ɣẽ^{314}
聊城	盖 kε^{313}	压 ia^{13}	摁 ɣẽ^{313}
济南	盖 kε^{21}	压 ia^{21}	摁 ŋẽ^{21}
泰安	盖 kε^{21}	压 ia^{213}	摁 ɣẽ^{21}
莱芜	盖 kε^{42}	压 ia^{213}	摁 ŋẽ^{42}
新泰	盖 kε^{31}	压 ia^{213}	摁 ŋẽ^{31}
沂源	盖 kε^{31}	压 ia^{31}	摁 ŋə̃^{31}
博山	盖 kε^{31}	压 iɑ^{31}	摁 ŋẽ^{31}
张店	盖 kε^{31}	压 iɑ^{31}	摁 ŋə̃^{31}
阳谷	盖 kε^{313}	压 ia^{213}	摁 ɣẽ^{313}
梁山	盖 kε^{314}	压 ia^{213}	摁 ɣẽ^{314}
菏泽	盖 kε^{312}	压 ia^{213}	摁 ɣẽ^{312}

① “盇”，《广韵》胡臘切，“覆也”。

续表

	0817 **盖**把茶杯～上	0818 **压**用石头～住	0819 **摁**用手指按：～图钉
曹县	盖kai^{312}	压ia^{213}	摁ɣẽ^{312}
金乡	盖kɛ^{312}	压ia^{213}	摁ɣẽ^{312}
曲阜	盖kɛ^{312}	压ia^{213}	摁ɣẽ^{312}
薛城	盖kɛ^{41}	压ia^{313}	摁ɣẽ^{41}
郯城	盖kɛ^{51}	压ia^{213}	摁ə̃^{51} 按ã^{51}
临沂	盖kɛ^{312}	压ia^{312}/ia^{214}	按ɣã^{312} 摁ɣẽ^{312}

	0820 **捅**用棍子～鸟窝	0821 **插**把香～到香炉里	0822 **戳**～个洞
荣成	捅tʰuŋ^{214}	插tʂʰa^{214}	戳tʂʰo^{214} 捅tʰuŋ^{214}
烟台	捅tʰuŋ^{14}	插tsʰa^{14}	捅tʰuŋ^{14}
栖霞	捅tʰuŋ^{214}	插tsʰa^{214}	捅tʰuŋ^{214}
长岛	捅tʰuŋ^{213}	插tsʰa^{213}	戳tsʰuə^{213}
海阳	捅tʰuŋ^{214}	插tʂʰa^{214}	插tʂʰa^{214}
莱西	捅tʰoŋ^{55}	插tsʰa^{55}	戳tsʰuə^{55}
平度	戳tʂʰuə^{42} 捅tʰəŋ^{55}	插tʂʰa^{55}	戳tʂʰuə^{42}
青岛	戳tʂʰuə^{42} 捅tʰoŋ^{55}	插tʂʰɑ^{55}	戳tʂʰuə^{42} 捅tʰoŋ^{55}
高密	戳tʂʰuə^{42}	插tʂʰɑ^{55}	戳tʂʰuə^{42}
诸城	戳tʂʰuə^{53} 捣tɔ^{44}	插tʂʰa^{44}	戳tʂʰuə^{53}
沂水	戳tʂʰuə^{53}	插tʂʰa^{44}	戳tʂʰuə^{53} 投$^{=}$tʰou^{53}
临朐	戳tʂʰuə^{53}	插tʂʰa^{213}	戳tʂʰuə^{53}
日照	戳tʂʰuə^{53}	插tʂʰɑ^{213}	捅tʰəŋ^{44}
莒南	捣tɔ^{55}	插tʂʰa^{213}	戳tʂʰuə^{53}
潍坊	戳tʂʰuə^{53} 捅tʰoŋ^{55}	插tʂʰɑ^{214}	戳tʂʰuə^{53}

续表

	0820**捅**用棍子～鸟窝	0821**插**把香～到香炉里	0822**戳**～个洞
寿光	戳tʂʰuə^{53} 捅tʰuŋ^{55}	插tʂʰa^{213}	戳tʂʰuə^{53}
高青	捣tɔ^{55}	插tʂʰɑ^{213}	戳tʂʰuə^{55}
阳信	捅tʰuŋ^{55} 戳tʂʰuə^{43}	插tʂʰa^{213}	戳tʂʰuə^{43} 捅tʰuŋ^{55}
利津	捅tʰuŋ^{55}	插tʂʰa^{44}	戳tʂʰuə^{53}
济阳	戳tʂʰuə^{55} 捅tʰuŋ^{55}	插tʂʰa^{213}	戳tʂʰuə^{55} 捅tʰuŋ^{55}
乐陵	戳tʂʰuə^{55}	插tsʰɑ^{24}	戳tʂʰuə^{55}
商河	戳tʂʰuə^{54} 捅tʰuŋ^{45}	插tsʰɑ^{45}	戳tʂʰuə^{54} 捅tʰuŋ^{45}
平原	捅tʰuŋ^{55}	插tsʰa^{213}	戳tʂʰuə^{213}
德州	捅tʰuŋ^{55} 戳tʂʰuə^{42}	插tʂʰa^{213}	戳tʂʰuə^{42} 攮nɑŋ^{55} 捅tʰuŋ^{55}
武城	戳tʂʰuə^{53}	插tʂʰa^{224}	戳tʂʰuə^{53}
临清	捅tʰuŋ^{44}	插tʂʰa^{13}	戳tʂʰuə^{13}
冠县	戳tʂʰuə^{13}	插tʂʰa^{13}	戳tʂʰuə^{13}
聊城	戳tsʰuə^{53} 捅tʰuŋ^{44}	插tsʰa^{13}	戳tsʰuə^{53}
济南	戳tʂʰuə^{42} 捅tʰuŋ^{55}	插tʂʰa^{213}	戳tʂʰuə^{42} 捅tʰuŋ^{55}
泰安	捅tʰuŋ^{55}	插tʂʰa^{213}	戳tʂʰuə^{42}
莱芜	捅tʰuŋ^{55}	插tʃʰa^{213}	戳tʃʰuə^{213}
新泰	捅tʰuŋ^{55}	插tʃʰa^{213}	戳pfʰə^{42}
沂源	戳tʃʰuə^{55}	插tʃʰa^{213}	戳tʃʰuə^{55}
博山	捅tʰuŋ^{55}	插tʂʰɑ^{213}	戳tʂʰuə^{55}
张店	捣tɔ^{55}	插tʂʰɑ^{33}	戳tʂʰuə^{55}
阳谷	捅tʰuŋ^{213}	插tsʰa^{213}	戳tsʰuo^{42}
梁山	捣tɔ^{55} 捅tʰuŋ^{55}	插tsʰa^{213}	戳tsʰuə^{42} 攮nɑŋ^{55}
菏泽	戳tsʰuə^{53}	插tsʰa^{213}	戳tsʰuə^{53}

续表

	0820捅用棍子～鸟窝	0821插把香～到香炉里	0822戳～个洞
曹县	捣tɔ^{44}	插ts^{h}a^{213}	捣tɔ^{44}
金乡	戳ts^{h}uə^{42}	插ts^{h}a^{213}	戳ts^{h}uə^{42}
曲阜	捅t^{h}uŋ^{55} 捣tɔ^{55}	插ts^{h}a^{213}	戳ts^{h}uə^{42}
薛城	投$^{=}$t^{h}ou^{55} 捣tɔ^{24} 戳pf^{h}ə^{55}	插ts^{h}a^{313} 按ɣã^{41}	戳pf^{h}ə^{55}
郯城	戳tʂ^{h}uə^{44}	插tʂ^{h}a^{213}	戳tʂ^{h}uə^{44}
临沂	戳tʃ^{h}uə^{53}受力面积小 捣tɔ^{55}受力面积大	插tʃ^{h}a^{214}	戳tʃ^{h}uə^{53}受力面积小 捣tɔ^{55}受力面积大

	0823砍～树	0824剁把肉～碎做馅儿	0825削～苹果
荣成	砍k^{h}an^{214}	剁to^{33}	削sio^{214}
烟台	砍k^{h}an^{14}	剁tuo^{33}	削çye^{14}
栖霞	砍k^{h}ãn^{214}	剁tuo^{52}	刻k^{h}ə^{214}
长岛	砍k^{h}an^{213}	剁tuə^{52}	削ʃyo^{213}
海阳	砍k^{h}ã^{214}	剁tuo^{341}	削çyə^{214}
莱西	伐fa^{42} 砍k^{h}ã^{55}	剁tuə^{42}	削ʃyɔ^{42}
平度	砍k^{h}ã^{55}	剁tuə^{42}	削syə^{55}
青岛	砍k^{h}ã^{55}	剁tuə^{42}	削syə^{55}
高密	割kɑ^{55} 杀ʂɑ^{55} 砍k^{h}ã^{55}	剁tuə^{21}	削syə^{55}
诸城	杀ʂa^{44} 劈p^{h}i^{44} 砍k^{h}ã^{44}	剁tuə^{31}	削θyə^{44}
沂水	砍k^{h}ã^{44}	剁tuə^{31}	旋syã^{213}
临朐	杀ʂa^{213}	剁tuə^{21}	削çyə^{44}
日照	砍k^{h}ã^{44}	剁tuə^{31}	刻k^{h}ei^{213}
莒南	杀ʂa^{213}	剁tuə^{312}	刻k^{h}ei^{213}
潍坊	砍k^{h}ã^{55}	剁tuə^{31}	削çyə^{214}

续表

	0823砍～树	0824剁把肉～碎做馅儿	0825削～苹果
寿光	砍kã^{55} 品⁼pʰiə̃^{55} 杀ʂa^{213}	剁tuə^{21}	削çyə^{213}
高青	砍kʰã^{55}	剁tuə^{41}	削çiɔ^{213}
阳信	砍kʰã^{55}	剁tuə^{31}	削çiɔ^{213}
济阳	砍kʰã^{55}	剁tuə^{31}	削çyə^{213}
利津	砍kʰã^{55}	剁tuə^{31}	削çiɔ^{44}
乐陵	砍kʰã^{55}	剁tuə^{51}	削çiɔ^{24}
商河	剁tuə^{31} 砍kʰã^{45}	剁tuə^{31}	削çiou^{213}
平原	砍kʰã^{55}	剁tuə^{21}	削çiɔu^{213}
德州	砍kʰã^{55}	剁tuə^{21}	削çiɔ^{213}
武城	砍kʰã^{55}	剁tuə^{312}	削çiɔ^{224}
临清	砍kʰan^{44}	剁tuə^{313}	削çiau^{13}
冠县	砍kʰã^{55}	剁tuə^{314}	削suə^{13}
聊城	砍kʰã^{44}	剁tuə^{313}	削çyə^{13}
济南	杀ʂa^{213}	剁tuə^{21}	削çyə^{213}
泰安	杀ʂa^{213} 砍kʰã^{55}	剁tuə^{21}	削çyə^{213}
莱芜	砍kʰã^{55}	剁tuə^{42}	削çyə^{213}
新泰	砍kʰã^{55}	剁tuə^{31}	削çyə^{213}
沂源	砍kʰã^{55}	剁tuə^{31}	削çyə^{213}
博山	砍kʰã^{55}	剁tuə^{31}	削çyə^{213}
张店	砍kʰã^{55}	剁tuə^{31}	削çyə^{55}
阳谷	砍kʰã^{55}	剁tuo^{313}	削suo^{213}
梁山	砍kʰã^{55}	剁tuə^{314}	削çyə^{213}
菏泽	砍kʰã^{44}	剁tuə^{312}	削suə^{213}
曹县	出tʂʰu^{213} 砍kʰã^{44}	剁tuə^{312}	劙liẽ^{53}
金乡	砍kʰã^{55}	剁tuə^{312}	削çyə^{213}

续表

	0823砍～树	0824剁把肉～碎做馅儿	0825削～苹果
曲阜	杀 sa^{213}	剁 tuə^{312}	削 ɕyə^{213}
薛城	砍 kʰã^{24}	剁 tuə^{41}	削 ɕyə^{313}
郯城	杀 ʂa^{213} 大树 砍 kʰã^{24} 小树	剁 tuə^{51}	削 suə^{213}
临沂	杀 ʃa^{214}～大树 砍 kʰã^{55}～小树	剁 tuə^{312}	削 ɕyə^{214}

	0826裂木板～开了	0827皱皮～起来	0828腐烂死鱼～了
荣成	裂 liɛ^{214}	皱 tʂəu^{33} 搐搐 tʃʰy^{53}tʃʰy^{0}	烂 lan^{33} 臭 tʃʰəu^{33}
烟台	裂 lie^{14}	搐搐儿 tɕʰy^{21}tɕʰyər^{0}	臭 tɕʰiou^{33} 动物 烂 lan^{33} 植物
栖霞	裂 liɛ^{52}	搐搐儿 tʃʰy^{21}tʃʰyər^{0}	烂 lãn^{342}
长岛	裂 liɛ^{52}	搐搐 tʃʰy^{35}tʃʰy^{0}	烂 lan^{52}
海阳	裂 liə^{341}	搐搐 tʃʰu^{21}tʃʰu^{0}	臭 tsʰəu^{341}
莱西	裂 liə^{42}	皱 tsou^{55}	臭了 tʃʰɪou^{43}lə^{0} 烂了 lã^{55}lə^{0}
平度	裂 liə^{55}	搐儿搐儿 tʂʰur^{45}tʂʰur^{0} 皱儿 tʂour^{213}	踢蹬 tʰi^{45}təŋ^{0} 臭了 tʃʰou^{42}lə^{0} 烂了 lã^{42}lə^{0}
青岛	裂 liə^{42}	搐儿搐儿 tʂʰur^{55}tʂʰur^{0}	霉烂 mei^{45}lã^{0}
高密	裂 liə^{21}	搐儿搐儿 tʂʰur^{23}tʂʰur^{0} 皱儿 tʂour^{21}	烂了 lã^{42}lə^{0} 臭了 tʃʰou^{42}lə^{0} 霉了 mei^{55}lə^{0}
诸城	裂 liə^{31}	皱皱 tʂou^{44}tʂou^{0} 搐搐 tʂʰu^{213}tʂʰu^{0}	烂 lã^{31}
沂水	裂 liə^{31}	皱 tʂou^{31}	烂 lã^{31}
临朐	裂 liə^{21}	搐搐 tʂʰu^{213}tʂʰu^{0}	烂 lã^{21}
日照	裂 liə^{31}	皱 tʂou^{31}	烂糊 lã^{53}xu^{0}
莒南	裂 liə^{312}	搐 tʂʰu^{213} 皱 tʂou^{312}	烂 lã^{312}
潍坊	裂 liə^{31} 皉 pʰi^{55}	搐儿搐儿 tʂʰur^{214}tʂʰur^{0}	糟烂 tsɔɤ^{31}lã^{0} 鱼腐烂 瞎了 ɕiɑ^{214}liə^{0}

续表

	0826裂木板～开了	0827皱皮～起来	0828腐烂死鱼～了
寿光	皉pʰi^{55} 裂liə^{55}	搐搐tʂʰu^{213}tʂʰu^{0}	烂lã^{21}
高青	裂liə^{55}	搐tʂʰu^{213}	糟烂tsɔ^{21}lã^{0}
阳信	裂liə^{31}	抽抽tʂʰou^{31}tʂʰou^{0}	糟烂tsɔ^{31}lã^{0}
济阳	裂liə^{31}	搐搐tʂʰu^{23}tʂʰu^{0}	臭tʂʰou^{31}
利津	裂liə^{31}	皱tʂou^{31}	糟tsɔ^{213}鱼腐烂 糟烂tsɔ^{31}lã^{0}水果等腐烂
乐陵	裂liə^{51}	纵①tsuŋ^{51}	烂lã^{51}
商河	裂liə^{31}	抽抽tʂʰou^{213}tʂʰou^{0}	烂lã^{31}
平原	裂liə^{21}	纵tsuŋ^{21}	烂lã^{21}
德州	裂liə^{21} 拔缝pa^{55}fəŋ^{0}	皱tʂou^{21} 纵纵tsuŋ^{42}tsuŋ^{0}	烂lã^{21}
武城	裂liə^{312}	纵tsuŋ^{312}	烂lã^{312}
临清	裂liə^{313}	皱tʂou^{313}	糟tsau^{13}
冠县	裂liə^{314}	皱儿tʂour^{314}	臭tʂʰou^{314} 烂lã^{314}
聊城	裂liə^{313}	皱tsou^{313}	糟烂啦tsɔ^{13}lã^{53}la^{0}
济南	裂liə^{55}	搐搐tʂʰu^{21}tʂʰu^{0}	烂lã^{21}
泰安	裂liə^{21}	纵tɕyŋ^{21} 皱tʂou^{21}	糟tsɔ^{213} 烂lã^{21}
莱芜	裂liə^{42}	皱tʃou^{42}	烂lã^{42}
新泰	裂liə^{31}	皱tʃou^{31}	烂lã^{31}
沂源	裂liə^{31}	搐搐tʃʰu^{21}tʃʰu^{0}	烂lã^{31}
博山	拔了璺pɑ^{35}ə^{0}uẽ^{31}	皱tʂəu^{31}	烂lã^{31}
张店	裂liə^{31}	搐搐tʂʰu^{33}tʂʰu^{0}	烂lã^{31}
阳谷	裂liə^{213}	皱tsou^{313}	糟呱=tsɔ^{31}kua^{0}
梁山	裂liə^{213}	聚tɕy^{314} 纵tɕyŋ^{314}	糟烂tsɔ^{21}lã^{0}

① 参见《现代汉语词典》(第7版)“纵^{3}”释为“〈方〉起皱纹”。下同。

续表

	0826 **裂** 木板～开了	0827 **皱** 皮～起来	0828 **腐烂** 死鱼～了
菏泽	裂 liɛ^{213}	顾$^{=}$搐 ku^{31}ts^{h}u^{0} 撮巴 tsuə^{44}pa^{0}	烂 lã^{312}
曹县	裂 liə^{213}	撮巴 ts^{h}uə^{21}pa^{0}	臭 tʂ^{h}ou^{312}
金乡	裂 liə^{213}	皱 tsou^{312}	糟 tsɔ^{213}
曲阜	裂 liə^{213}	纵 tɕyŋ^{312} 皱 tsou^{312}	糟 tsɔ^{213}
薛城	裂 liə^{313}	搐巴 pf^{h}u^{31}pa^{0} 齉$^{=}$褶子 nɑŋ^{54}tsə^{31}tsɿ^{0} 专指皮肤皱	糟 tsɔ^{313} 指鱼 臭 ts^{h}ou^{41} 指肉
郯城	裂 liə^{213}	打齉$^{=}$儿 ta^{24}nɑ̃r^{51}	烂 lã^{51}
临沂	炸$^{=}$缝儿 tʃa^{31}fɤ̃r^{312} 裂 liə^{214}	齉$^{=}$nɑŋ^{312}	臭 tʃ^{h}ou^{312} 鱼肉类 烂 lã^{312} 果蔬类腐烂

	0829 **擦** 用毛巾～手	0830 **倒** 把碗里的剩饭～掉	0831 **扔** 丢弃：这个东西坏了，～了它
荣成	擦 tɜ^{h}a^{214} 抹 ma^{214}	倒 tau^{33}	撂 liau^{33}
烟台	擦 ts^{h}a^{14}	倒 tau^{33}	丢 tiou^{53}
栖霞	擦 ts^{h}a^{214}	倒 tɔo^{52}	横$^{=}$xəŋ^{312} 丢 tiəu^{312}
长岛	擦 ts^{h}a^{213}	倒 tau^{52} 押$^{=}$ia^{213}	扔 ləŋ^{312}
海阳	擦 tθ^{h}a^{52}	倒 tɔ^{341}	横$^{=}$儿 xɔ̃r^{52}
莱西	擦 ts^{h}a^{55}	倒 tɔ^{42} 押$^{=}$ia^{55}	撂 liɔ^{214}
平度	擦 tθ^{h}a^{55}	押$^{=}$ia^{55} 倒 tɔ^{42}	拶$^{=}$tʃã^{55} 扔 ləŋ^{213}
青岛	擦 tθ^{h}ɑ^{55}	倒 tɔ^{42}	横$^{=}$xoŋ^{42} 撂 liɔ^{213}
高密	擦 tθ^{h}ɑ^{55}	泚［了］tθ^{h}ə^{213} 倒 tɔ^{21}	扔 loŋ^{213} 拽 tʂuɛ^{213}
诸城	抹 ma^{44} 擦 tθ^{h}a^{44}	押$^{=}$ia^{44} 泚 tθ^{h}ɿ^{213}	撂 liɔ^{213} 拽 tʂuɛ^{213}

续表

	0829 **擦**用毛巾～手	0830 **倒**把碗里的剩饭～掉	0831 **扔**丢弃：这个东西坏了，～了它
沂水	擦 tθʰa^{44}	搕 kʰa^{44} 倒 tɔ^{31}	拽 tʂuɛ^{213} 撇 pʰiə^{44}
临朐	擦 tθʰa^{44}	押 =ia^{44}	拽 tʂuɛ^{213} 撂 liɔ^{213}
日照	擦 tθʰɑ^{213}	押 =iɑ^{213}	撇 pʰiə^{213} 横 =xəŋ^{31}
莒南	擦 tθʰa^{213}	倒 tɔ^{312}	横 =xəŋ^{312}
潍坊	擦 tsʰɑ^{214} 抹 mɑ^{214}	泚 tsʰɿ^{214} 押 =iɑ^{214} 卡 =tɕʰiɑ^{214}	拽 tʂuɛ^{214} 扔 zəŋ^{214}
寿光	擦 tsʰa^{213}一般地擦 抹 ma^{213}粗略地擦	押 =ia^{213} 泚 tsʰɿ^{213}只用于液体	撂 liɔ^{213} 拽 tʂuɛ^{213} □ luɛ^{213}
高青	擦 tsʰɑ^{213}	倒 tɔ^{41} 捅 tʰuŋ^{55}	扔 zəŋ^{213}
阳信	擦 tsʰa^{213}	捅 tʰuŋ^{55}	拽 tʂuɛ^{213} 扔 zəŋ^{213}
济阳	擦 tsʰa^{213}	倒 tɔ^{31}	拽 tʂuɛ^{213}
利津	擦 tsʰa^{44}	泚 tsʰɿ^{213}	拽 tʂuɛ^{213} 撂 liɔ^{213}
乐陵	擦 tsʰɑ^{24}	捅 tʰuŋ^{55}	拽 tʂuɛ^{24}
商河	擦 tsʰɑ^{45}	倒 tɔ^{31}	拽 tʂuɛ^{213} □ zuɛ^{213} 扔 zəŋ^{213}
平原	擦 tsʰa^{213}	倒 tɔu^{21}	扔 ləŋ^{213}
德州	擦 tsʰa^{213}	倒 tɔ^{21}	扔 ləŋ^{213}
武城	擦 tsʰa^{224}	倒 tɔ^{312}	扔 ləŋ^{224}
临清	擦 tsʰa^{13}	倒 tau^{313}	扔 ləŋ^{13}
冠县	擦 tsʰa^{13}	倒 tɔ^{314}	扔 zəŋ^{13}
聊城	擦 tsʰa^{13}	倒 tɔ^{313}	撇 pʰiə^{13}
济南	擦 tsʰa^{213}	倒 tɔ^{21}	拽 tʂuɛ^{213}

续表

	0829**擦**用毛巾～手	0830**倒**把碗里的剩饭～掉	0831**扔**丢弃：这个东西坏了，～了它
泰安	擦tsʰa^{213}	擓①xuə^{213} 倒tɔ^{21}	拽tʂuɛ^{213} 扔zəŋ^{213}
莱芜	擦tsʰa^{213}	倒tɔ^{42}	拽tʃuɛ^{213}
新泰	擦tθʰa^{213}	倒tɔ^{31}	拽pfɛ^{213}
沂源	擦tθʰa^{213}	押$^{=}$ia^{213}	拽tʃuɛ^{213} 撇pʰiə^{213}
博山	擦tsʰɑ^{213}	搕kʰɑ^{213} 押$^{=}$iɑ^{213}	撂liɔ^{31}
张店	擦tsʰɑ^{33}	倒tɔ^{31}	乖$^{=}$kuɛ^{213}
阳谷	擦tsʰa^{213}	擓xuo^{213}	□zɛ^{55} 扔ləŋ^{213}/zəŋ^{213}
梁山	擦tsʰa^{213}	擓xuə^{213}	拽tsɛ^{55} 甩sɛ^{55}
菏泽	擦tsʰa^{213}	擓xuə^{213}	扔ləŋ^{213} 覂②pã^{44}
曹县	擦tsʰa^{213}	擓xuə^{213}	覂pa^{44} 扔ləŋ^{213}
金乡	擦tsʰa^{213}	擓xuə^{213}	甩sɛ^{55}
曲阜	擦tsʰa^{213}	擓xuə^{213} 倒tɔ^{312}	横$^{=}$xəŋ^{312}
薛城	抹ma^{313} 擦tsʰa^{313}	倾kʰəŋ^{24}读为"坑"上声 擓xuə^{313} 虎$^{=}$xu^{24}	甩sɛ^{24} 横$^{=}$xəŋ^{41}
郯城	擦tsʰa^{213}	搕kʰa^{213}/kʰa^{24} 倒tɔ^{51}	横$^{=}$xəŋ^{51} 覂pã^{24} 扔zəŋ^{213}
临沂	擦tsʰa^{214}	搕kʰa^{55}倾倒量稍大的非流质物 倒tɔ^{312}倾倒量稍小的流质物	扔ləŋ^{214} 横$^{=}$xəŋ^{312}

① 《现代汉语词典》：擓，"把堆积的东西倒出来……"

② "覂"，《集韵·范韵》补范切。"《博雅》：'弃也。'"章炳麟《新方言·岭外三州语》："《广雅》：'覂，弃也。'三州语谓擿弃为覂。"下同。

	0832扔投掷：比一比谁~得远	0833掉掉落，坠落：树上~下一个梨	0834滴水~下来
荣成	捽ʃyɛ^{53}	掉tiau^{33}	滴ti^{214}
烟台	扔ləŋ^{53}	掉tiau^{33}	滴ti^{14}
栖霞	发fa^{214}	掉tiɔo^{342}	滴ti^{214}
长岛	扔ləŋ^{312}	掉tiau^{52}	滴ti^{213}
海阳	亨$^{=}$儿xə̃r^{52}	掉tiɔ^{341}	滴ti^{214}
莱西	撂liɔ^{214}	掉tiɔ^{42} 落luə^{42}	滴ti^{55}
平度	携$^{=}$çiə^{55}	掉tiɔ^{42} 落luə^{42}	滴ti^{55}
青岛	撂liɔ^{213} 拽tʂuɛ^{213}	掉tiɔ^{42}	滴ti^{55}
高密	撂liɔ^{213} 扔loŋ^{213}	落luə^{21} 掉tiɔ^{21}	滴ti^{55}
诸城	撂liɔ^{213}	掉ȶiɔ^{31}	滴ȶi^{44}
沂水	拽tʂuɛ^{213} 撇pʰiə^{44}	掉tiɔ^{31} 落luə^{31}	滴ti^{44}
临朐	拽tʂuɛ^{213} 撂liɔ^{213}	掉tiɔ^{21}	滴答ti^{21}ta^{0}
日照	撇pʰiə^{213} 拽tʂuɛ^{213}	掉tiɔ^{31}	滴答ti^{213}tɑ^{0}
莒南	横$^{=}$xəŋ^{312}	掉tiɔ^{312}	滴ti^{213}
潍坊	搉tɕʰiɑ^{214} 拽tʂuɛ^{214}	掉tiɔɤ^{31} 落luə^{31}	滴ti^{214}
寿光	撂liɔ^{213} 拽tʂuɛ^{213}	掉tiɔ^{21}	滴答ti^{21}ta^{0}
高青	扔zəŋ^{213}	掉tiɔ^{41}	滴ti^{213}
阳信	扔ləŋ^{213}	掉tiɔ^{31}	滴答ti^{31}tə^{0}
济阳	扔ləŋ^{213}	掉tiɔ^{31}	滴答ti^{23}ta^{0}
利津	拽tʂuɛ^{213} 撂liɔ^{213}	掉tiɔ^{31}	滴答ti^{24}ta^{0}
乐陵	投tʰou^{55}	掉tiɔ^{51}	滴答ti^{31}tɑ^{0}

续表

	0832 **扔** 投掷：比一比谁～得远	0833 **掉** 掉落，坠落：树上～下一个梨	0834 **滴** 水～下来
商河	□ʐuɛ^{213} 扔ʐəŋ^{213}	掉tiɔ^{31}	滴ti^{45}
平原	扔ʐəŋ^{213}	掉tiɔu^{21}	滴答ti^{21}ta^{0}
德州	扔ləŋ^{213}	掉tiɔ^{21}	滴ti^{213}
武城	扔ləŋ^{224}	掉tiɔ^{312}	滴答ti^{312}ta^{0}
临清	撇p^{h}iə^{44}	掉tiau^{313}	滴答ti^{13}ta^{0}
冠县	扔ʐəŋ^{13} 投t^{h}ou^{53}	掉tiɔ^{314}	滴ti^{13}
聊城	□zɛ^{44}	掉tiɔ^{313}	滴答ti^{13}ta^{0}
济南	拽tʂuɛ^{213}	掉tiɔ^{21}	滴ti^{213}
泰安	扔ʐəŋ^{213}	掉tiɔ^{21}	滴ti^{213}
莱芜	扔ləŋ^{213}	掉tiɔ^{42}	滴ti^{213}
新泰	拽pfɛ^{213}	掉tiɔ^{31}	滴ti^{213}
沂源	撇p^{h}iə^{213}	掉tiɔ^{31}	滴ti^{213}
博山	撂liɔ^{213}	掉tiɔ^{31}	滴ti^{213}
张店	乖⁼kuɛ^{213}	掉tiɔ^{31}	滴ti^{33}
阳谷	投t^{h}ou^{42}	掉tiɔ^{313} 落luo^{213}	滴ti^{213} 滴答ti^{31}ta^{0}
梁山	扔ləŋ^{213}	掉tiɔ^{314}	滴答ti^{21}ta^{0}
菏泽	扔ləŋ^{213}	落luə^{213}	滴ti^{213}
曹县	扔ləŋ^{213}	落luə^{213}	滴ti^{213} 滴答ti^{21}ta^{0}
金乡	扔zəŋ^{213}	掉tiɔ^{312}	滴ti^{213}
曲阜	扔zəŋ^{213}	掉tiɔ^{312}	滴ti^{213}
薛城	扔zəŋ^{313} 甩sɛ^{24} 拽pfɛ^{24}	掉tiɔ^{41} 落luə^{313}	滴ti^{313}
郯城	横⁼xəŋ^{51} 扔ʐəŋ^{213}	掉tiɔ^{51}	滴ti^{213}
临沂	扔ləŋ^{214}	掉tiɔ^{312}	滴ti^{214}

	0835 丢丢失：钥匙～了	0836 找寻找：钥匙～到	0837 捡～到十块钱
荣成	丢 tiəu⁵³	找 tʂau²¹⁴	拾 ʃi³⁵
烟台	丢 tiou⁵³	找 tsau¹⁴	捡 tɕian¹⁴
栖霞	掉 tiɔo³⁴²	找 tsɔo²¹⁴	捡 ciãn²¹⁴
长岛	折乎 ʃə⁵⁵xu⁰ 掉 tiau⁵²	找 tsau²¹³	捡 cian²¹³
海阳	掉 tiɔ³⁴¹	找 tʂɔ²¹⁴	拾 ʂʅ³⁴¹
莱西	掉 tiɔ⁴² 丢 tiou²¹⁴	找 tsɔ⁵⁵	拾 ʃʅ⁴² 捡 ciã⁵⁵
平度	掉 tiɔ⁴² 丢 tiou²¹³	找 tʂɔ⁵⁵	捡 ciã⁵⁵ 拾 ʃʅ⁴²
青岛	掉 tiɔ⁴²	找 tʂɔ⁵⁵	捡 tɕiã⁵⁵ 拾 ʃʅ⁴²
高密	掉 tiɔ²¹	找 tʂɔ⁵⁵	拾 ʃʅ⁴² 捡 tɕiã⁵⁵
诸城	瞎 ʃa⁴⁴ 掉 tiɔ³¹	找 tʂɔ⁴⁴	拾 ʃʅ⁵³
沂水	瞎 ɕia⁴⁴	找 tʂɔ⁴⁴	拾 ʃʅ⁵³
临朐	掉 tiɔ²¹	找 tʂɔ⁴⁴	拾 ʃʅ⁵³
日照	瞎 ʃiɑ²¹³	找 tʂɔ⁴⁴	拾 ʃʅ⁵³
莒南	瞎 ɕia²¹³	找 tʂɔ⁵⁵	拾 ʃʅ⁵³
潍坊	掉 tiɔɤ³¹ 丢 tiɤɯ²¹⁴	找 tʂɔɤ⁵⁵	拾 ʂʅ⁵³ 捡 tɕiã⁵⁵
寿光	掉 tiɔ²¹ 失昧 ʂʅ²¹³mei⁰ 失错 ʂʅ²¹³tsʰuə⁰	找 tʂɔ⁵⁵	拾 ʂʅ⁵³
高青	掉 tiɔ⁴¹	找 tʂɔ⁵⁵	拾 ʂʅ⁵⁵
阳信	掉 tiɔ³¹	找 tʂɔ⁵⁵	拾 ʂʅ⁴³
济阳	掉 tiɔ³¹	找 tʂɔ⁵⁵	拾 ʂʅ⁵⁵
利津	掉 tiɔ³¹	找 tʂɔ⁵⁵	拾 ʂʅ⁵³
乐陵	掉 tiɔ⁵¹	找 tsɔ⁵⁵	拾 ʂʅ⁵⁵
商河	掉 tiɔ³¹	找 tsɔ⁴⁵	拾 ʂʅ⁵⁴

续表

	0835丢丢失：钥匙～了	0836找寻找：钥匙～到	0837捡～到十块钱
平原	掉tiɔu^{21} 丢tiou^{213}	找tsɔu^{55}	拾ʂʅ^{42}
德州	掉tiɔ^{21}	找tʂɔ^{55}	拾ʂʅ^{42}
武城	掉tiɔ^{312}	找tʂɔ^{55}	拾ʂʅ^{53}
临清	掉tiau^{313} 丢tiou^{13}	找tʂau^{44}	拾ʂʅ^{53}
冠县	掉tiɔ^{314} 丢tiou^{13}	找tʂɔ^{55}	拾ʂʅ^{53}
聊城	掉tiɔ^{313}	找tsɔ^{44}	拾sɿ^{53}
济南	掉tiɔ^{21}	找tʂɔ^{55}	拾ʂʅ^{42}
泰安	掉tiɔ^{21} 丢tiou^{213}	找tʂɔ^{55}	拾ʂʅ^{42} 捡tɕiã^{55}
莱芜	丢tiou^{213}	找tʃɔ^{55}	拾ʃʅ^{55}
新泰	掉tiɔ^{31}	找tʃɔ^{55}	拾ʃʅ^{42}
沂源	撇pʰiə^{213}	找tʃɔ^{55}	拾ʃʅ^{55}
博山	掉tiɔ^{31}	找tʂɔ^{55}	拾ʂʅ^{55}
张店	掉tiɔ^{31}	找tʂɔ^{55}	拾ʂʅ^{55}
阳谷	掉tiɔ^{313}	找tsɔ^{55}	拾sɿ^{42}
梁山	掉tiɔ^{314}	找tsɔ^{55}	拾sɿ^{42}
菏泽	掉tiɔ^{312}	找tsɔ^{44}	拾sɿ^{53}
曹县	掉tiɔ^{312}	找tsɔ^{44}	拾ʂʅ^{53}
金乡	掉tiɔ^{312}	找tsɔ^{55}	拾sɿ^{42}
曲阜	掉tiɔ^{312}	找tsɔ^{55}	拾sɿ^{42}
薛城	掉tiɔ^{41}	找tsɔ^{24}	拾sɿ^{55}
郯城	掉tiɔ^{51}	找tʂɔ^{24}	拾ʂʅ^{44}
临沂	掉tiɔ^{312} 丢tiou^{214}	找tʃɔ^{55}	拾ʃʅ^{53} 捡tɕiã^{55}

	0838提用手把篮子～起来	0839挑～担	0840扛káng，把锄头～在肩上
荣成	提溜ti^{53}lə^{0}	挑tʰiau^{53}	扛kʰaŋ^{33}

续表

	0838 提用手把篮子～起来	0839 挑～担	0840 扛 káng，把锄头～在肩上
烟台	提溜儿 ti^{53}liour^{0}	挑 tʰiau^{53}	扛 kʰaŋ^{33}
栖霞	提喽 ti^{52}ləu^{0}	挑 tʰiɔo^{312}	扛 kʰaŋ^{342}
长岛	提喽 ti^{31}lou^{0}	挑 tʰiau^{312}	扛 kʰaŋ^{55}
海阳	提溜 ti^{52}liəu^{0}	挑 tʰiɔ^{52}	扛 kʰaŋ^{341}
莱西	提喽 ti^{214}lou^{0} 提 tʰi^{42} 今$^{=}$ciẽ^{214}	挑 tʰiɔ^{214}	扛 kʰaŋ^{42}
平度	今$^{=}$ciə̃^{213} 提溜 ti^{213}liou^{0}	挑 tʰiɔ^{213}	扛 kʰaŋ^{42}
青岛	今$^{=}$tɕiẽ^{213}	挑 tʰiɔ^{213}	扛 kʰaŋ^{42}
高密	提溜 ti^{21}liou^{0} 拿 na^{42}	挑 tʰiɔ^{213}	扛 kʰaŋ^{21}
诸城	提溜 ȶi^{31}liou^{0}	挑 ȶʰiɔ^{213}	扛 kʰaŋ^{31}
沂水	提溜 ti^{31}liou^{0}	挑 tʰiɔ^{213} 担 tã^{213}	扛 kʰaŋ^{53}
临朐	提溜 ti^{21}liəu^{0}	挑 tʰiɔ^{213}	扛 kʰaŋ^{53}
日照	提 tʰi^{53}	挑 tʰiɔ^{213}	扛 kʰaŋ^{31}
莒南	提溜 ti^{24}liou^{0}	挑 tʰiɔ^{213}	扛 kʰaŋ^{312}
潍坊	提溜 ti^{31}liɤɯ^{0} 今$^{=}$tɕiẽ^{214}	挑 tʰiɔɤ^{214}	扛 kʰaŋ^{31}
寿光	提溜 ti^{21}liəu^{0}	挑 tʰiɔ^{213}	扛 kʰaŋ^{21}
高青	提喽 tʰi^{21}lou^{0}	挑 tʰiɔ^{213}	扛 kʰaŋ^{41}
阳信	提喽 ti^{45}lou^{0}	挑 tʰiɔ^{213}	扛 kʰaŋ^{31}
济阳	提喽 ti^{24}lou^{0}	挑 tʰiɔ^{213}	扛 kʰaŋ^{31}
利津	提拉 ti^{31}la^{0}	挑 tʰiɔ^{213}	扛 kʰaŋ^{31}
乐陵	提噜儿 ti^{31}lur^{0}	挑 tʰiɔ^{24}	扛 kʰaŋ^{51}
商河	提喽 ti^{24}lou^{0}	挑 tʰiɔ^{213}	扛 kʰaŋ^{31}
平原	提喽 ti^{55}lou^{0}	挑 tʰiɔu^{213}	扛 kʰaŋ^{21}
德州	提喽 ti^{55}lou^{0}	挑 tʰiɔ^{213}	扛 kʰaŋ^{21}
武城	提喽 ti^{55}lou^{0}	挑 tʰiɔ^{224}	扛 kʰaŋ^{312}

续表

	0838 **提**用手把篮子～起来	0839 **挑**～担	0840 **扛** káng，把锄头～在肩上
临清	提溜 tʰi^{44}liou^{0}	挑 tʰiau^{13} 担 tan^{13}	扛 kʰɑŋ^{313}
冠县	提 tʰi^{53}	挑 tʰiɔ^{13} 担 tã^{13}	扛 kʰɑŋ^{314}
聊城	提溜 ti^{44}liou^{0}	挑 tʰiɔ^{13}	扛 kʰɑŋ^{313}
济南	提喽 ti^{445}lou^{0}	挑 tʰiɔ^{213}	扛 kʰɑŋ^{21}
泰安	提溜 tʰi^{55}liou^{0}/ti^{55}liou^{0}	挑 tʰiɔ^{213} 担 tã^{213}	扛 kʰɑŋ^{21}
莱芜	提 tʰi^{55}	挑 tʰiɔ^{213}	扛 kʰɑŋ^{42}
新泰	提 tʰi^{42}	挑 tʰiɔ^{213}	扛 kʰɑŋ^{42}
沂源	提溜 ti^{21}liou^{0}	挑 tʰiɔ^{213}	扛 kʰɑŋ^{31}
博山	提溜 tʰi^{35}liəu^{0}	挑 tʰiɔ^{213} 担 tã^{213}	扛 kʰɑŋ^{31}
张店	提 tʰi^{55} 提溜 tʰi^{35}liou^{0}	挑 tʰiɔ^{213}	扛 kʰɑŋ^{31}
阳谷	提 tʰi^{42}/ti^{42}	挑 tʰiɔ^{213} 担 tã^{213}	扛 kʰɑŋ^{313}
梁山	提喽 ti^{55}lou^{0}/tʰi^{55}lou^{0}	担 tã^{213}	扛 kʰɑŋ^{314}
菏泽	掂 tiã^{213}	担 tã^{213}	扛 kʰɑŋ^{312}
曹县	掂 tiã^{312}	挑 tʰiɔ^{213}	扛 kʰɑŋ^{312}
金乡	提 tʰi^{42}	挑 tʰiɔ^{213} 担 tã^{213}	扛 kʰɑŋ^{312}
曲阜	提喽 ti^{55}lou^{0}	挑 tʰiɔ^{213}	扛 kʰɑŋ^{312}
薛城	拎 liŋ^{313}	挑 tʰiɔ^{313} 担 tã^{313}	扛 kʰɑŋ^{41}
郯城	拎 liə̃^{213} 提 ti^{44}	担 tã^{213} 挑 tʰiɔ^{213}	扛 kʰɑŋ^{51}
临沂	提溜 ti^{55}liou^{0}/tʰi^{55}liou^{0} 提 tʰi^{53}	担 tã^{214} 挑 tʰiɔ^{214}	扛 kʰɑŋ^{312}

	0841 **抬**～轿	0842 **举**～旗子	0843 **撑**～伞
荣成	抬 tʰai^{35}	举 cy^{214}	打 ta^{214}

续表

	0841 抬～轿	0842 举～旗子	0843 撑～伞
烟台	抬tʰɛ^{33}	举tɕy^{14}	打ta^{14}
栖霞	抬tʰɛi^{342}	擎cʰiŋ^{342}	打ta^{214}
长岛	抬tʰai^{55}	擎cʰiŋ^{55}	打ta^{213}
海阳	抬tʰɛ^{341}	擎cʰiŋ^{341}	打ta^{214} 撑tʂʰəŋ^{52}
莱西	抬tʰɛ^{42}	举cy^{55} 擎cʰiŋ^{42}	打ta^{55}
平度	抬tʰɛ^{42}	举cy^{55} 擎cʰiŋ^{42}	打ta^{55} 撑tʂʰəŋ^{213}
青岛	抬tʰɛ^{42}	举tɕy^{55} 打tɑ^{55}	打tɑ^{55} 撑tʂʰoŋ^{213}
高密	抬tʰɛ^{42}	擎tɕʰioŋ^{42} 举tɕy^{55}	打tɑ^{55}
诸城	抬tʰɛ^{53}	举tʃu^{44} 打ta^{44}～着旗	打ta^{44} 撑tʂʰəŋ^{213}
沂水	抬tʰɛ^{53}	举tɕy^{44}	撑tʂʰəŋ^{213}
临朐	抬tʰɛ^{53}	举tɕy^{44}	撑tʂʰəŋ^{213}
日照	抬tʰɛ^{53}	打tɑ^{44}	打tɑ^{44} 撑tʂʰəŋ^{213}
莒南	抬tʰɛ^{53}	举tɕy^{213}	打ta^{55}
潍坊	抬tʰɛ^{53}	举tɕy^{214}	打tɑ^{55}
寿光	抬tʰɛ^{53}	举tɕy^{55} 擎tɕʰiŋ^{53}～起来	撑tʂʰəŋ^{213}
高青	抬tʰɛ^{55}	举tɕy^{55}	打tɑ^{55}
阳信	抬tʰɛ^{43}	举tɕy^{55}用于小旗子：～旗子 打ta^{55}用于大旗：～红旗	打ta^{55}
济阳	抬tʰɛ^{55}	打ta^{55}	打ta^{55}
利津	抬tʰɛ^{53}	举tɕy^{55}	打ta^{55} 撑tʂʰəŋ^{213}
乐陵	抬tʰɛ^{55}	举tɕy^{55}	打tɑ^{55}
商河	抬tʰɛ^{54}	打tɑ^{45}	打tɑ^{45}
平原	抬tʰɛi^{42}	举tɕy^{55}	打ta^{55}

续表

	0841抬~轿	0842举~旗子	0843撑~伞
德州	抬t^{h}ɛ^{42}	举tɕy^{55}	打ta^{55}
武城	抬t^{h}ɛ^{53}	举tɕy^{55}	打ta^{55}
临清	抬t^{h}ai^{53}	举tɕy^{44}	打ta^{44}
冠县	抬t^{h}ɛ^{53}	举tɕy^{55}	打ta^{55}
聊城	抬t^{h}ɛ^{53}	举tɕy^{44}	打ta^{44}
济南	抬t^{h}ɛ^{42}	举tɕy^{55} 打ta^{55}	打ta^{55}
泰安	抬t^{h}ɛ^{42}	举tɕy^{55}	打ta^{55}
莱芜	抬t^{h}ɛ^{55}	举tɕy^{55}	撑tʃ^{h}əŋ^{213}
新泰	抬t^{h}ɛ^{42}	举tɕy^{55}	撑tʃ^{h}əŋ^{213}
沂源	抬t^{h}ɛ^{55}	举tɕy^{213}	打ta^{55}
博山	抬t^{h}ɛ^{55}	举tɕy^{55}	打tɑ^{55}
张店	抬t^{h}ɛ^{55}	举tɕy^{55} 打tɑ^{55}	撑tʂ^{h}əŋ^{213} 打tɑ^{55}
阳谷	抬t^{h}ɛ^{42}	举tɕy^{55}	撑ts^{h}əŋ^{213}
梁山	抬t^{h}ɛ^{42}	举tɕy^{55}	撑ts^{h}əŋ^{213}
菏泽	抬t^{h}ɛ^{53}	举tɕy^{44}	打ta^{44}
曹县	抬t^{h}ai^{53}	举tɕy^{44}	打ta^{44}
金乡	抬t^{h}ɛ^{42}	举tɕy^{55}	打ta^{55}
曲阜	抬t^{h}ɛ^{42}	举tɕy^{55}	打ta^{55}
薛城	抬t^{h}ɛ^{55}	举tɕy^{24} 挑t^{h}iɔ^{24}	撑ts^{h}əŋ^{313} 打ta^{24}
郯城	抬t^{h}ɛ^{44}	举tɕy^{24}	打ta^{24} 撑tʂ^{h}əŋ^{213}
临沂	抬t^{h}ɛ^{53}	举tɕy^{55}	打ta^{55}

	0844撬把门~开	0845挑挑选，选择：你自己~一个	0846收拾~东西
荣成	启c^{h}i^{214}	挑t^{h}iau^{53} 拣cian^{214}	拾掇ʃi^{35}tə^{0} “掇”有音变
烟台	启tɕ^{h}i^{14}	挑t^{h}iau^{53}	拾掇ɕi^{33}tou^{0}

续表

	0844 **撬**把门～开	0845 **挑**挑选，选择：你自己～一个	0846 **收拾**～东西
栖霞	别 piɛ^{342}	挑 t^{h}iɔo^{312}	拾掇 ʃʅ^{34}tɔo^{0}
长岛	撬 c^{h}iau^{52}	挑 t^{h}iau^{312}	拾掇 ʃʅ^{55}tau^{0}
海阳	别 piə^{341}	挑 t^{h}iɔ^{52}	拾掇 sʅ^{34}tɔ^{0}
莱西	解 ciə^{55} 撬 c^{h}iɔ^{42}	挑 t^{h}iɔ^{214}	拾掇 ʃʅ^{45}tɔ^{0} 收拾 ʃiou^{45}ʃʅ^{0}
平度	撬 c^{h}iɔ^{42} 解 ciə^{42} 撅 cyə^{213}	挑 t^{h}iɔ^{213}	拾掇 ʃʅ^{45}tuə^{0} 收拾 ʃou^{213}ʃʅ^{0}
青岛	撬 tɕ^{h}iɔ^{42} 解 tɕiə^{42} 别 piə^{42}	挑 t^{h}iɔ^{213}	拾掇 ʃʅ^{45}tuə^{0} 收拾 ʃou^{45}ʃʅ^{0}
高密	起 tɕ^{h}i^{55}	挑 t^{h}iɔ^{213}	拾掇 ʃʅ^{55}tɔ^{0} 收拾 ʃou^{21}ʃʅ^{0}
诸城	拗 iɔ^{31} 撬 tʃ^{h}ɔ^{31}	剔 ȶ^{h}i^{44}	拾掇 ʃʅ^{24}tɔ^{0}
沂水	撬 tɕ^{h}iɔ^{31}	拣 tɕiã^{44}	拾掇 ʃʅ^{24}tuə^{0}
临朐	摇 ⁼iɔ^{53}	选 ɕyã^{44} 挑 t^{h}iɔ^{213}	拾掇 ʃʅ^{35}tuə^{0}
日照	硌 ⁼kə^{53}	剔 t^{h}i^{213}	拾掇 ʃʅ^{44}tɔ^{0}
莒南	撬 tɕ^{h}iɔ^{312} 别 piə^{53}	选 syã^{55} 拣 tɕiã^{55}	拾掇 ʃʅ^{24}tə^{0} “掇”有音变
潍坊	起 tɕ^{h}i^{55} 撬 tɕ^{h}iɔɤ^{31} 拗 iɔɤ^{31}	挑 t^{h}iɔɤ^{214} 拣 tɕiã^{55}	拾掇 ʂʅ^{35}tuə^{0}
寿光	拗 iɔ^{21}	挑 t^{h}iɔ^{213}	拾掇 ʂʅ^{35}tuə^{0}
高青	拨 pə^{213}	挑 t^{h}iɔ^{213}	拾掇 ʂʅ^{35}tuə^{0}
阳信	拗 iɔ^{31}	拣 tɕiã^{55} 挑 t^{h}iɔ^{213}	拾掇 ʂʅ^{45}tuə^{0}
济阳	撬 tɕ^{h}iɔ^{31}	挑 t^{h}iɔ^{213}	拾掇 ʂʅ^{24}tɔ^{0}
利津	拗 iɔ^{31} 撬 tɕ^{h}iɔ^{31}	拣 tɕiã^{55}	拾掇 ʂʅ^{35}tuə^{0}
乐陵	撬 tɕ^{h}iɔ^{51}	挑 t^{h}iɔ^{24}	拾掇 ʂʅ^{55}tɔ^{0}

续表

	0844**撬**把门～开	0845**挑**挑选，选择：你自己～一个	0846**收拾**～东西
商河	拗 iɔ^{31}	挑 tʰiɔ^{213}	拾掇 ʂʅ^{24}tɔ^{0}
平原	别 piə^{42}	拣 tɕiã^{55}	拾掇 ʂʅ^{23}tɔu^{0}
德州	撬 tɕʰiɔ^{21}	拣 tɕiã^{55} 挑 tʰiɔ^{213}	拾掇 ʂʅ^{55}tɔ^{0}
武城	别 piə^{53}	挑 tʰiɔ^{224}	拾掇 ʂʅ^{55}tɔ^{0}
临清	别 piə^{53}	挑 tʰiau^{13} 拣 tɕian^{44}	拾掇 ʂʅ^{44}tuə^{0}
冠县	撬 tɕʰiɔ^{314}	挑 tʰiɔ^{13} 拣 tɕiã^{55}	拾掇 ʂʅ^{55}tuə^{0}
聊城	别 piə^{53}	挑 tʰiɔ^{13}	拾掇 sʅ^{44}tɔ^{0}
济南	撬 tɕʰiɔ^{21} 拗 iɔ^{21}	挑 tʰiɔ^{213}	拾掇 ʂʅ^{445}tɔ^{0}
泰安	起 tɕʰi^{55} 撬 tɕʰiɔ^{21}	挑 tʰiɔ^{213}	收拾 ʂou^{21}ʂʅ^{0} 拾掇 ʂʅ^{55}tuə^{0}
莱芜	撬 tɕʰiɔ^{42}	挑 tʰiɔ^{213}	拾掇 ʃʅ^{13}tuə^{0}
新泰	撬 tɕʰiɔ^{31}	挑 tʰiɔ^{213}	拾掇 ʃʅ^{45}tuə^{0}
沂源	摇 $^{=}$iɔ^{55}	拣 tɕiã^{55}	拾掇 ʃʅ^{35}tuə^{0}
博山	拗 iɔ^{31}	挑 tʰiɔ^{213} 选 ɕyã^{55}	拾掇 ʂʅ^{35}tuə^{0}
张店	撬 tɕʰiɔ^{31} 起 tɕʰi^{55}	拣 tɕiã^{55}	拾掇 ʂʅ^{35}tɔ^{0}
阳谷	别 piə^{42}	挑 tʰiɔ^{213}	拾掇 sʅ^{55}tɔ^{0}
梁山	别 piə^{42}	投 $^{=}$tʰou^{42}	拾掇 sʅ^{55}tɔ^{0}
菏泽	别 piɛ^{53}	挑 tʰiɔ^{213}	拾掇 sʅ^{53}tɔ^{0}
曹县	别 piə^{53}	拣 tɕiã^{44}	拾掇 ʂʅ^{53}tɔ^{0}
金乡	别 piə^{42}	选 ɕyã^{55}	拾掇 sʅ^{55}tɔ^{0}
曲阜	别 piə^{42}	挑 tʰiɔ^{213}	拾掇 sʅ^{55}tuə^{0}
薛城	撬 tɕʰiɔ^{41} 别 piə^{55}	挑 tʰiɔ^{313} 选 ɕyã^{24}	拾掇 sʅ^{55}tou^{0}
郯城	别 piə^{44} 撬 tɕʰiɔ^{51}	选 suã^{24} 挑 tʰiɔ^{213}	拾掇 ʂʅ^{44}tɔu^{0}

续表

	0844 撬把门～开	0845 挑挑选，选择：你自己～一个	0846 收拾～东西
临沂	别piə^{53} 撬tɕʰiɔ^{312}	拣tɕiã^{55}一般不用于人 挑tʰiɔ^{214} 选ɕyã^{55}	拾掇ʃʅ^{55}tɔ^{0} 收拾ʃou^{21}ʃʅ^{0}

	0847 挽～袖子	0848 涮把杯子～一下	0849 洗～衣服
荣成	挽uan^{214}	刷ʂua^{214} 涮ʂuan^{33}	洗si^{214}
烟台	挽uan^{14}	涮suan^{33}	洗ɕi^{14}
栖霞	挽uãn^{214}	刷sua^{214}	洗ʃi^{214}
长岛	挽uan^{213}	刷sua^{213}	洗ʃʅ^{213}
海阳	挽uã^{214}	拽$^{=}$拽$^{=}$tʂuɛ^{34}tʂuɛ^{0}	洗si^{214}
莱西	挽uã^{55}	涮suã^{42}	洗ʃʅ^{55}
平度	挽uã^{55}	刷ʂua^{55}	洗si^{55}
青岛	挽uã^{55}	刷ʂuɑ^{55} 涮ʂuã^{42} 拽$^{=}$tʂuɛ^{42}	洗si^{55}
高密	挽uã^{55}	刷ʂuɑ^{55}	洗si^{55}
诸城	挽uã^{44}	拽$^{=}$tʂuɛ^{31}	洗θi^{44} 绸$^{=}$tʃʰou^{53}只用清水涮
沂水	挽uã^{44}	寨$^{=}$tʂɛ^{31}	洗si^{44}
临朐	挽uã^{44}	创$^{=}$tʂʰuɑŋ^{44}	捭①pɛ^{44}
日照	挽uã^{44}	逛$^{=}$逛$^{=}$kuɑŋ^{31}kuɑŋ^{0} 寨$^{=}$寨$^{=}$tʂɛ^{31}tʂɛ^{0}	洗θi^{44}
莒南	卷tɕyã^{55}	寨$^{=}$tʂɛ^{312}	洗si^{55}
潍坊	挽uã^{55}	刷ʂuɑ^{214}	捭pɛ^{55}
寿光	挽uã^{55}	创$^{=}$tʂʰuɑŋ^{21}	捭pɛ^{55}
高青	撸lu^{213}	刷ʂuɑ^{213}	洗ɕi^{55}
阳信	挽uã^{55}	涮ʂuã^{31}	绸$^{=}$tʂʰou^{43}

① 捭，《集韵》补买切。"《说文》：'两手击也。'"《汉语大词典》释为双手横向对外击。用手洗衣服时双手交错移动，意义近于"两手击"。

续表

	0847 挽～袖子	0848 涮把杯子～一下	0849 洗～衣服
济阳	挽 uã^{55}	涮 ʂuã^{31}	绸$^{=}$tʂʰou^{55}
利津	挽 uã^{55}	刷 ʂua^{44}	洗 ɕi^{55}
乐陵	挽 uã^{55}	涮 ʂuã^{51}	绸$^{=}$tʂʰou^{55}
商河	挽 uã^{45} 卷 tɕyã^{45}	涮 ʂuã^{31}	绸$^{=}$tʂʰou^{54}
平原	卷 tɕyã^{55} 理$^{=}$li^{55}	涮 suã^{21}	绸$^{=}$tʂʰou^{42}
德州	挽 uã^{55}	涮 ʂuã^{21}	绸$^{=}$tʂʰou^{42}
武城	挽 uã^{55}	涮 ʂuã^{312}	绸$^{=}$tʂʰou^{53}
临清	挽 uan^{44}	涮 ʂuan^{313}	洗 ɕi^{44} 绸$^{=}$tʂʰou^{53}
冠县	缅①miã^{55}	涮 ʂuã^{314}	洗 si^{55}
聊城	挽 uã^{44}	涮 suã^{313}	洗 ɕi^{44} 绸$^{=}$tsʰou^{53}
济南	挽 uã^{55} 卷 tɕyã^{55}	涮 ʂuã^{21}	绸$^{=}$tʂʰou^{42}
泰安	挽 uã^{55} 撸 lu^{213}	涮 ʂuã^{21}	洗 ɕi^{55}
莱芜	挽 uã^{55}	涮 ʃuã^{42}	洗 ɕi^{213}
新泰	挽 uã^{55}	涮 pfʰã^{31}	洗 ɕi^{55}
沂源	挽 uã^{55}	寨$^{=}$嚯$^{=}$tʃɛ^{55}xuə^{0}	洗 ɕi^{55}
博山	挽 yã^{55} 读为"远"	涮 ʂuã^{31} 冲 tʂʰuŋ^{213}	洗 ɕi^{55}
张店	挽 yã^{55} 读为"远"	寨$^{=}$寨$^{=}$tʂɛ^{31}tʂɛ^{31}	洗 ɕi^{55}
阳谷	缅 miã^{55} 扁$^{=}$piã^{55}	涮 fã^{313}	洗 ɕi^{55}
梁山	缅 miã^{55} 挽 uã^{55}	涮 suã^{314}	洗 ɕi^{55}
菏泽	扁$^{=}$piã^{44}	刷 fa^{213}	洗 ɕi^{44}
曹县	扁$^{=}$piã^{44}	涮 fã^{312}	洗 ɕi^{44}

① 《现代汉语词典》"缅^{2}"："〈方〉卷（juǎn）：～上袖子｜把边儿～过去。"

续表

	0847 挽～袖子	0848 涮把杯子～一下	0849 洗～衣服
金乡	扁 $^{=}$piã^{55}	涮 suã^{312} 刷 sua^{213}	洗 ɕi^{55}
曲阜	卷 tɕyã^{55}	涮 suã^{312}	洗 ɕi^{55}
薛城	卷 tɕyã^{24}	涮 fã^{41}	洗 ɕi^{24}
郯城	卷 tɕyã^{24}	寨 $^{=}$tʂɛ^{51} 涮 fã^{51}	洗 ɕi^{24}
临沂	卷 tɕyã^{55}	寨 $^{=}$tʃɛ^{312} 涮 ʃuã^{312}	洗 ɕi^{55}

	0850 捞～鱼	0851 拴～牛	0852 捆～起来
荣成	捞 lau^{53}	拴 ʂuan^{53}	绑 pɑŋ^{214} 捆 k^{h}uən^{214}
烟台	捞 lau^{53}	拴 suan^{53}	捆 k^{h}uən^{14}
栖霞	捞 lɔo^{312}	拦 lãn^{342}	捆 k^{h}uə̃n^{214}
长岛	捞 lau^{312}	拴 suan^{312}	捆 k^{h}uən^{213}
海阳	捞 lɔ^{52}	拦 lã^{214}	绑 pɑŋ^{214} 捆 k^{h}uẽ^{214}
莱西	抓 tsua^{55} 捞 lɔ^{214}	拴 suã^{214}	捆 k^{h}uẽ^{55}
平度	捞 lɔ^{42}	拴 ʂuã^{213}	捆 c^{h}yə̃^{55} 读为"群"上声
青岛	捞 lɔ^{213}	拴 ʂuã^{213}	捆 k^{h}uẽ^{55} 绑 pɑŋ^{55}
高密	捞 lɔ^{42}	拴 ʂuã^{213}	捆 tɕ^{h}yə̃^{55} 读为"群"上声 绑 pɑŋ^{55}
诸城	捞 lɔ^{53}	拴 ʂuã^{213}	捆 tʃ^{h}uẽ^{44} 读为"群"上声 绑 pɑŋ^{44}
沂水	捞 lɔ^{53}	拴 ʂuã^{213}	捆 tɕ^{h}yẽ^{44} 读为"群"上声
临朐	捞 lɔ^{53}	拴 ʂuã^{213}	绑 pɑŋ^{44}
日照	打 tɑ^{44}	拴 ʂuã^{213}	捆 tʃ^{h}yẽ^{44} 读为"群"上声 绑 pɑŋ^{44}
莒南	捞 lɔ^{53}	拴 ʃuã^{213}	捆 tɕ^{h}yẽ^{55} 读为"群"上声
潍坊	捞 lɔɤ^{53}	拴 ʂuã^{214}	捆 tɕ^{h}yẽ^{55} 读为"群"上声 绑 pɑŋ^{55}

续表

	0850捞~鱼	0851拴~牛	0852捆~起来
寿光	捞lɔ^{53}	拴ʂuã^{213}	捆tɕ^{h}yə̃^{55}读为“群”上声 煞①ʂa^{213} 绑paŋ^{55}
高青	捞lɔ^{55}	拴ʂuã^{213}	捆tɕ^{h}yə̃^{55}读为“群”上声
阳信	捞lɔ^{43}	拴ʂuã^{213}	捆tɕ^{h}yə̃^{55}读为“群”上声
济阳	摸mə^{213}	拴ʂuã^{213}	捆tɕ^{h}yẽ^{55}读为“群”上声
利津	捞lɔ^{53}	拴ʂuã^{213}	捆tɕ^{h}yẽ^{55}读为“群”上声
乐陵	逮tɛ^{55} 打ta^{55}	拴ʂuã^{24}	捆k^{h}uẽ^{55} 绑paŋ^{55}
商河	捞lɔ^{54}	拴ʂuã^{213}	绑paŋ^{45} 捆tɕ^{h}yẽ^{45}读为“群”上声
平原	捞lɔu^{42}	拴ʂuã^{213}	捆tɕ^{h}yẽ^{55}读为“群”上声
德州	捞lɔ^{42}	拴ʂuã^{213}	绑paŋ^{55} 捆k^{h}uẽ^{55}
武城	捞lɔ^{53}	拴ʂuã^{224}	绑paŋ^{55}
临清	捞lau^{53}	拴ʂuan^{13}	捆k^{h}un^{11} 绑paŋ^{44}
冠县	捞lɔ^{53}	拴ʂuã^{13}	捆k^{h}uẽ^{55}
聊城	捞lɔ^{31} 逮tɛ^{44}	拴suã^{13}	捆k^{h}uẽ^{44} 绑paŋ^{44}
济南	逮tɛ^{55}	拴ʂuã^{213}	捆k^{h}uẽ^{55} 绑paŋ^{55}
泰安	捞lɔ^{42}	拴ʂuã^{213}	捆k^{h}uẽ^{55}
莱芜	捞lɔ^{55}	拴ʃuã^{213}	捆k^{h}uẽ^{55}
新泰	捞lɔ^{42}	拴fã^{213}	捆tɕ^{h}yẽ^{55}读为“群”上声
沂源	捞lɔ^{55}	拴ʃuã^{213}	捆tɕ^{h}yə̃^{55}读为“群”上声
博山	捞lɔ^{55}	拴ʂuã^{213}	捆tɕ^{h}yẽ^{55}读为“群”上声
张店	逮tɛ^{55} 捞lɔ^{55} 抄tʂ^{h}ɔ^{31}	拴ʂuã^{213}	绑paŋ^{55} 捆k^{h}uə̃^{55}

① 《现代汉语词典》(第7版)“煞”:“②勒紧;扣紧:~车｜~一~腰带。”

续表

	0850 捞～鱼	0851 拴～牛	0852 捆～起来
阳谷	捞 lɔ42	拴 fã213	捆 kʰuẽ55
梁山	捞 lɔ42	拴 fã213	捆 kʰuẽ55
菏泽	捞 lɔ53	拴 fã213	捆 kʰuẽ44
曹县	捞 lɔ53	拴 fã213	捆 kʰuẽ44
金乡	捞 lɔ42	拴 suã213	捆 kʰuẽ55 绑 pɑŋ55
曲阜	捞 lɔ42	拴 suã213	捆 kʰuẽ55 绑 paŋ55 扎 tsa213
薛城	捞 lɔ55	拴 fã313	捆 kʰuẽ24 绑 pɑŋ24
郯城	逮 tɛ24	拴 fã213	绑 pɑŋ24 捆 kʰuã24
临沂	逮 tɛ55	拴 ʃuã214	绑 pɑŋ55 捆 kʰuẽ55

	0853 解～绳子	0854 挪～桌子	0855 端～碗
荣成	解 ciɛi214	挪 no53	端 tan53
烟台	解 tɕiɛ14	挪 nuo53	端 tan53/tɤ14 有音变
栖霞	解 ciɛi214	挪 nuo312	擎 cʰiŋ342
长岛	解 ciai213	挪 nuə55	端 tan312
海阳	解 ciɛi214	挪 nuo52	端 tã52
莱西	解 ciə55	搬 pã214 挪 nuə214	掇 tuə55 端 tã214
平度	解 ciɛ55	挪 nuə42	掇 tuə55 端 tã213
青岛	解 tɕiə55	挪 nuə42	掇 tuə55 端 tuã213
高密	解 tɕiɛ55	挪 nuə42	端 tuã213 掇 tuə55
诸城	解 tʃɛ44	挪 nuə53	掇 tuə44 端 tuã213
沂水	解 tɕiɛ44	挪 nuə53	端 tuã213

续表

	0853解～绳子	0854挪～桌子	0855端～碗
临朐	解 tɕiɛ^{44}	挪 nuə^{53}	端 tuã^{213} 掇 tuə^{44}
日照	解 tʃiɛ^{44}	挪 nuə^{53}	掇 tuə^{44} 端 tuã^{213}
莒南	解 tɕiɛ^{55}	挪 nuə^{53}	端 tuã^{213}
潍坊	解 tɕiɛ^{55}	挪 nuə^{53} 搬 pã^{214}	掇 tuə^{214} 端 tuã^{214}
寿光	解 tɕiɛ^{55}	挪 nuə^{53}	掇 tuə^{213}
高青	解 tɕiɛ^{55}	挪 nuə^{55}	端 tuã^{213}
阳信	解 tɕiɛ^{55}	挪 nuə^{43}	端 tuã^{213}
济阳	解 tɕiɛ^{55}	拖 t^{h}uə^{213}	端 tuã^{213}
利津	解 tɕiɛ^{55}	挪 nuə^{53}	端 tuã^{213}
乐陵	解 tɕiɛ^{55}	挪 nuə^{55}	端 tuã^{24}
商河	解 tɕiɛ^{45}	挪 nuə^{54}	端 tuã^{213}
平原	解 tɕiɛi^{55}	挪 nuə^{42}	端 tuã^{213}
德州	解 tɕiɛ^{55}	挪 nuə^{42}	端 tuã^{213}
武城	解 tɕiɛ^{55}	挪 nuə^{53}	端 tuã^{224}
临清	解 tɕiɛ^{44}	挪 nuə^{53}	端 tuan^{13}
冠县	解 tɕiɛ^{55}	挪 nuə^{53}	端 tuã^{13}
聊城	解 tɕiɛ^{44}	挪 nuə^{53}	端 tuã^{13}
济南	解 tɕiɛ^{55}	挪 nuə^{42}	端 tuã^{213}
泰安	解 tɕiɛ^{55}	挪 nuə^{42}	端 tuã^{213}
莱芜	解 tɕiɛ^{213}	挪 nuə^{55}	端 tuã^{213}
新泰	解 tɕiə^{55}	挪 nuə^{42}	端 tuã^{213}
沂源	解 tɕiɛ^{55}	挪 nuə^{55}	端 tuã^{213}
博山	解 tɕiɛ^{55}	挪 nuə^{55}	端 tuã^{213}
张店	解 tɕiɛ^{55}	挪 nuə^{55}	端 tuã^{213}
阳谷	解 tɕiɛ^{55}	挪 nuo^{42}	端 tuã^{213}
梁山	解 tɕiɛ^{55}	挪 nuə^{42}	端 tuã^{213}

续表

	0853解～绳子	0854挪～桌子	0855端～碗
菏泽	解tɕiɛ^{44}	挪nuə^{53}	端tuã^{213}
曹县	解tɕiə^{44}	挪nuə^{53}	端tuã^{213}
金乡	解tɕiə^{55}	挪nuə^{42}	端tuã^{213}
曲阜	解tɕiɛ^{55}	挪nuə^{42}	端tuã^{213}
薛城	解tɕiɛ^{24}	挪nuə^{55}	端tuã^{313}
郯城	解tɕiɛ^{24}	挪nuə^{44}	端tuã^{213}
临沂	解tɕiɛ^{55}	搬pã^{214} 挪nuə^{53}	端tuã^{214}

	0856摔碗～碎了	0857掺～水	0858烧～柴
荣成	打ta^{214}	兑tei^{33}	烧ʃau^{53}
烟台	摔suɛ^{53}故意 打ta^{14}非故意	掺tsʰan^{53} 兑tei^{33}	烧ɕiau^{53}
栖霞	打ta^{214}	兑tei^{342}	烧ʃiɔo^{312}
长岛	打ta^{213}	兑tei^{52}	烧ʃau^{312}
海阳	摔ʂuɛ^{52}	掺tsʰã^{52} 兑tei^{341}	烧sɔ^{52}
莱西	摔suɛ^{214}故意 打ta^{55}非故意	掺tsʰã^{214}故意造假 兑tei^{42}	烧ʃɔ^{214}
平度	摔ʂuei^{55}	掺tʂʰã^{213} 兑tei^{213}	烧ʃɔ^{213}
青岛	摔ʂuei^{55}	掺tʂʰã^{213} 兑tei^{42}	烧ʃɔ^{213}
高密	摔ʂuei^{55} 砸tθɑ^{42} 害$^{=}$乎xɛ^{42}xu^{0}	掺tʂʰã^{213} 兑tuei^{21}	烧ʃɔ^{213}
诸城	砸tθa^{53} 摔ʂuei^{44}	掺tʂʰã^{213}	烧ʃɔ^{213}
沂水	摔ʂue^{44}	掺tʂʰã^{213} 掺乎tʂʰã^{31}xu^{0}	烧ʃɔ^{213}
临朐	摔ʂuei^{44}	掺tʂʰã^{213}	烧ʃɔ^{213}
日照	摔ʂuei^{213}	掺tʂʰã^{213}	烧ʃiɔ^{213}

续表

	0856摔碗～碎了	0857掺～水	0858烧～柴
莒南	摔ʃuei²¹³	掺tʂʰã²¹³ 兑tei³¹²	烧ʃɔ²¹³
潍坊	摔ʂuei²¹⁴	掺tʂʰã²¹⁴	烧ʂɔɤ²¹⁴
寿光	摔ʂuei²¹³	掺tʂʰã²¹³用于液体或非液体 兑tui²¹只用于液体	烧ʂɔ²¹³
高青	摔ʂuɛ²¹³	掺tʂʰã²¹³	烧ʂɔ²¹³
阳信	摔ʂuɛ²¹³	掺tʂʰã²¹³	烧ʂɔ²¹³
济阳	摔ʂuɛ²¹³ 打ta⁵⁵	掺tʂʰã²¹³ 兑tuei³¹	烧ʂɔ²¹³
利津	砸tsa⁵³	掺tʂʰã²¹³	烧ʂɔ²¹³
乐陵	打tɑ⁵⁵	掺tsʰã²⁴	烧ʂɔ²⁴
商河	摔ʂuɛ⁴⁵ 打tɑ⁴⁵	掺tsʰã²¹³	烧ʂɔ²¹³
平原	打ta⁵⁵ 摔ʂuɛi²¹³	掺tsʰã²¹³	烧ʂou²¹³
德州	摔ʂuɛ²¹³	掺tʂʰã²¹³掺入固体 兑tuei²¹掺入液体	烧ʂɔ²¹³
武城	打ta⁵⁵	兑tuei³¹²	烧ʂɔ²²⁴
临清	摔ʂuai¹³ 打ta⁴⁴	掺tʂʰan¹³ 兑tuei³¹³	烧ʂau¹³
冠县	打ta⁵⁵	掺tʂʰã¹³	烧ʂɔ¹³
聊城	摔suɛ¹³ 打ta⁴⁴	掺tsʰã¹³ 兑tuei³¹³	烧sɔ¹³
济南	打ta⁵⁵ 揍tsou²¹	掺tʂʰã²¹³	烧ʂɔ²¹³
泰安	摔ʂuei²¹³ 打ta⁵⁵	掺tʂʰã²¹³	烧ʂɔ²¹³
莱芜	摔ʃuei⁵⁵	掺tʃʰã²¹³	烧ʃɔ²¹³
新泰	摔fei²¹³	掺tʃʰã²¹³	烧ʃɔ²¹³
沂源	摔ʃuei²¹³	掺tʃʰã²¹³	烧ʃɔ²¹³
博山	摔ʂuei²¹³ 打tɑ⁵⁵	掺tʂʰɑ̃²¹³	烧ʂɔ²¹³
张店	打tɑ⁵⁵	掺tʂʰã²¹³	烧ʂɔ²¹³

续表

	0856 **摔**碗～碎了	0857 **掺**～水	0858 **烧**～柴
阳谷	摔 fɛ^{213}	掺 tsʰã^{213} 兑 tuei^{313}	烧 sɔ^{213}
梁山	摔 fei^{213}	掺 tsʰã^{213}	烧 sɔ^{213}
菏泽	摔 fei^{213}	掺 tsʰã^{213} 兑 tuei^{312}	烧 sɔ^{213}
曹县	打 ta^{44}	兑 tuei^{312}	烧 ʂɔ^{213}
金乡	摔 suei^{213}	掺 tsʰã^{213} 使 sɿ^{55}	烧 sɔ^{213}
曲阜	摔 suei^{213}	掺 tsʰã^{213}	烧 sɔ^{213}
薛城	摔 fe^{313}	掺 tsʰã^{313} 兑 tue^{41}	烧 sɔ^{313}
郯城	打 ta^{24}	掺 tʂʰã^{213}	烧 ʂɔ^{213}
临沂	摔 ʃuei^{214}	掺 tʃʰã^{214}	烧 ʃɔ^{214}

	0859 **拆**～房子	0860 **转**～圈儿	0861 **捶**用拳头～
荣成	拆 tʃʰɛ^{214}	转 tʂuan^{33}	捶 tʂʰuei^{35}
烟台	拆 tsʰɤ^{53}	转 tsuan^{33}	捶 tsʰuei^{33}
栖霞	拆 tsʰə^{214}	转 tʃuãn^{52}	捶 tsʰuei^{342}
长岛	拆 tsʰə^{213}	转 tsuan^{52}	捶 tsʰuei^{55}
海阳	拆 tsʰə^{214}	转 tʂuã^{341}	砸 tsa^{341} 吼 $^{=}$xəu^{214} 掂 tiã^{52}
莱西	拆 tsʰə^{55}	转 tsuã^{42}	捶 tsʰuei^{42}
平度	拆 tʂʰei^{55}	转 tʃuã^{42}	撸 $^{=}$lu^{213}
青岛	拆 tʂʰei^{55}	转 tʃuã^{42}	捶 tʂʰuei^{42} 掂 tiã^{213}
高密	拆 tʂʰei^{55}	转 tʃuã^{21}	捶 tʂʰuei^{42}
诸城	拆 tʂʰei^{44}	转 tʃuã^{31}	砸 tθa^{53} 捶 tʂʰuei^{53}
沂水	拆 tʂʰe^{44}	转 dʒuã^{31}	捶 tʂʰue^{53}
临朐	拆 tʂʰei^{44} 扒 pa^{213}	转 tʃuã^{21}	捣 tɔ^{44}

续表

	0859 拆～房子	0860 转～圈儿	0861 捶用拳头～
日照	拆tʂ^{h}ei^{213}	转tʃyã^{31}	捶tʂ^{h}uei^{53}
莒南	拆tʂ^{h}ei^{213}	转tʃuã^{312}	捣tɔ^{55}平行用力 捶tʂ^{h}uei^{53}重重用力
潍坊	拆tʂ^{h}ei^{214}	转tʂuã^{31}	砸tsɑ^{53}
寿光	扒pa^{213} 拆tʂ^{h}ei^{213}	转tʂuã^{21}	捶tʂ^{h}uei^{53}
高青	拆tʂ^{h}ei^{213}	转tʂuã^{55}	捶tʂ^{h}uei^{55}
阳信	拆tʂ^{h}ei^{213} 扒pa^{213}	转tʂuã^{31}	捶tʂ^{h}uei^{43}
济阳	扒pa^{213}	转tʂuã^{31}	锤tʂ^{h}uei^{55}
利津	拆tʂ^{h}ei^{44} 扒pa^{213}	转tʂuã^{31}	捶tʂ^{h}uei^{53}
乐陵	扒pɑ^{24}	转tʂuã^{51}	捶tʂ^{h}uei^{55}
商河	扒pɑ^{213} 拆ts^{h}ɛ^{45}	转tʂuã^{31}	捶tʂ^{h}uei^{54} 砸tsɑ^{54}
平原	扒pa^{213}	转悠tʂuã^{42}iou^{0}	捶tʂ^{h}uci^{42}
德州	扒pa^{213}	转tʂuã^{21}	捶tʂ^{h}uei^{42}
武城	扒pa^{224}	转tʂuã^{312}	捶tʂ^{h}uei^{53}
临清	拆tʂ^{h}ai^{13}	转tʂuan^{313}	捶tʂ^{h}uei^{53}
冠县	拆tʂ^{h}ɛ^{13}	转tʂuã^{314}	捶tʂ^{h}uei^{53}
聊城	拆ts^{h}ɛ^{13} 扒pa^{13}	转tsuã^{313}	捣tɔ^{44}
济南	扒pa^{213} 拆tʂ^{h}ei^{213}	转tʂuã^{21}	捶tʂ^{h}uei^{42} 砸tsa^{42}
泰安	拆tʂ^{h}ei^{213} 扒pa^{213}	转tʂuã^{21}	捶tʂ^{h}uei^{42}
莱芜	拆tʃ^{h}ei^{213}	转tʃuã^{42}	捶tʃ^{h}uei^{55}
新泰	拆tʃ^{h}ei^{213}	转pfã^{31}	捶pf^{h}ei^{42}
沂源	拆tʃ^{h}ei^{213}	转tʃuã^{31}	捶tʃ^{h}uei^{55}
博山	拆tʂ^{h}ei^{213}	转tʂuã^{31}	捶tʂ^{h}uei^{55}
张店	拆tʂ^{h}ei^{33} 扒pɑ^{213}	转tʂuã^{31}	砸tsɑ^{55}

续表

	0859拆～房子	0860转～圈儿	0861捶用拳头～
阳谷	拆ts^{h}ei^{213} 扒pa^{213}	转tsuã^{313}	捶ts^{h}uei^{42}
梁山	拆ts^{h}ei^{213}	转tsuã^{314}	捶ts^{h}uei^{42}
菏泽	掀ɕiã^{213}	转tsuã^{312}	捶ts^{h}uei^{53}
曹县	拆ts^{h}ei^{213}	转tʂuã^{312}	打ta^{44}
金乡	拆ts^{h}ei^{213} 扒pa^{213}	转tsuã^{312}	捶ts^{h}uei^{42}
曲阜	拆ts^{h}ei^{213}	转tsuã^{312}	捶ts^{h}uei^{42}
薛城	拆ts^{h}e^{313} 扒pa^{313}	转pfã^{41}	砸tsa^{55} 捶pf^{h}e^{55}
郯城	拆tʂ^{h}e^{213}	转tʂuã^{51}	掏t^{h}ɔ^{213}水平用力 □tʂue^{24}垂直用力（读为"追"上声） 捶tʂ^{h}ue^{44}水平、垂直用力
临沂	拆tʃ^{h}ei^{214}	转tʃuã^{312}	捶tʃ^{h}uei^{53}

	0862打统称：他～了我一下	0863打架动手：两个人在～	0864休息
荣成	砸tsa^{35} 打ta^{214}	打仗ta^{21}tʃɑŋ^{33}	歇歇çiɛ^{55}çiɛ^{0}
烟台	打ta^{14}	打仗ta^{21}tɕiɑŋ^{33}	歇气ɕie^{21}tɕ^{h}i^{0}
栖霞	打ta^{214}	打仗ta^{21}tʃɑŋ^{52}	歇歇çiɛ^{55}çiɛ^{0}
长岛	打ta^{213}	打仗ta^{21}tʃɑŋ^{52}	歇歇çiɛ^{35}çiɛ^{0}
海阳	打ta^{214}	打仗ta^{21}tsɑŋ^{341}	歇歇çiə^{34}çiə^{0}
莱西	打ta^{55}	打仗ta^{214}tʃɑŋ^{42} 打架ta^{214}cia^{42}	歇歇çiə^{42}çiə^{0}
平度	打ta^{55}	打仗ta^{55}tʃɑŋ^{42}	歇歇çiə^{42}çiə^{0}
青岛	打tɑ^{55}	打仗tɑ^{55}tʃɑŋ^{42}	歇歇ɕiə^{44}ɕiə^{0} 歇歇ɕiə^{42}ɕiə^{0}
高密	揍tθou^{21} 打tɑ^{55}	打仗tɑ^{55}tʃɑŋ^{21}	歇儿歇儿ɕiər^{42}ɕiər^{0}
诸城	打ta^{44}	打仗ta^{44}tʃɑŋ^{31}	歇下儿ʃə^{213}xar^{0}
沂水	打ta^{44}	打仗ta^{44}dʒɑŋ^{31}	歇歇ɕiə^{213}ɕiə^{0}
临朐	打ta^{44}	打仗ta^{44}tʃɑŋ^{21}	歇ɕiə^{44}

续表

	0862打统称：他～了我一下	0863打架动手：两个人在～	0864休息
日照	打ta^{44}	打仗ta^{23}tʃiaŋ^{31} 拔跌儿pa^{53}tiər^{213}	歇歇ʃia^{213}ʃia^{0}
莒南	打ta^{55} 砸tθa^{53}	打仗ta^{55}tʃaŋ^{31} 砸仗tθa^{53}tʃaŋ^{31}	歇歇儿ɕiə^{13}ɕiər^{213}
潍坊	打ta^{55} 砸tsa^{53}	捣仗tɔɤ^{55}tʂaŋ^{0}	歇歇儿ɕiə^{214}ɕiər^{0}
寿光	打ta^{55}	打仗ta^{55}tʂaŋ^{21}	歇儿歇儿ɕiɤr^{213}ɕiɤr^{0}
高青	打ta^{55}	打仗ta^{55}tʂaŋ^{41}	歇儿着ɕiər^{213}tʂɔ^{0}
阳信	打ta^{55} 揍tsou^{31}	打仗ta^{55}tʂaŋ^{31}	歇歇儿ɕiə^{31}ɕiər^{0}
济阳	揍tsou^{31}	打仗ta^{13}tʂaŋ^{31}	歇歇儿ɕiə^{21}ɕiər^{0}
利津	打ta^{55}	打仗ta^{55}tʂaŋ^{31}	歇ɕiə^{44}
乐陵	打ta^{55}	打仗ta^{55}tʂaŋ^{51}	歇着ɕiə^{31}tʂou^{0}
商河	打ta^{45}	打仗ta^{45}tʂaŋ^{31}	歇着ɕiə^{213}tʂou^{0}
平原	打ta^{55}	干仗kã^{23}tʂaŋ^{21}	歇着ɕiə^{21}tʂou^{0}
德州	打ta^{55}	打仗ta^{55}tʂaŋ^{21}	歇着ɕiə^{21}tʂɔ^{0}
武城	打ta^{55}	打仗ta^{55}tʂaŋ^{312}	歇儿歇儿ɕiər^{24}ɕiər^{0}
临清	打ta^{44} 揍tsou^{313}	打架ta^{44}tɕia^{313}	歇歇ɕiə^{13}ɕiə^{0} 歇一会儿ɕiə^{13}i^{0}xuer^{313}
冠县	打ta^{55}	打架ta^{55}tɕia^{314}	歇歇儿ɕiə^{21}ɕiər^{0}
聊城	揍tsou^{313}	打架ta^{44}tɕia^{313} 干仗kã^{31}tsaŋ^{313}	歇歇儿ɕiə^{13}ɕiər^{0}
济南	打ta^{55} 揍tsou^{21}	打仗ta^{55}tʂaŋ^{21}	歇歇ɕiə^{213}ɕiə^{0}
泰安	揍tsou^{21}	打仗ta^{55}tʂaŋ^{21} 下架子ɕia^{21}tɕia^{42}tsɿ^{0}	休息ɕiou^{23}ɕi^{213} 歇歇儿ɕiə^{213}ɕiər^{0}
莱芜	打ta^{55}	打架ta^{213}tɕia^{42}	歇歇ɕiə^{31}ɕiə^{0}
新泰	打ta^{55}	打仗ta^{55}tʃaŋ^{31}	歇歇ɕiə^{21}ɕiə^{0}
沂源	打ta^{55}	打仗ta^{55}tʃaŋ^{31}	歇歇ɕiə^{21}ɕiə^{0}
博山	打ta^{55}	打仗ta^{55}tʂaŋ^{31}	歇着ɕiə^{22}tʂuə^{0} 歇歇ɕiə^{22}ɕiə^{0}
张店	打ta^{55}	打仗ta^{55}tʂaŋ^{31}	歇着ɕiə^{33}tʂɔ^{0}

续表

	0862打统称：他～了我一下	0863打架动手：两个人在～	0864休息
阳谷	打ta^{55}	打架ta^{55}tɕia^{313}	歇儿歇儿ɕiər^{13}ɕiər^{0}
梁山	揍tsou^{314}	揍架tsou^{31}tɕia^{214}	歇着ɕiə^{21}tsə^{0}
菏泽	打ta^{44}	打架ta^{44}tɕia^{312}	歇着ɕiɛ^{21}tsuə^{0}
曹县	打ta^{44}	打架ta^{44}tɕia^{312}	歇歇ɕiə^{21}ɕiə^{0}
金乡	打ta^{55} 揍tsou^{312}	揍架tsou^{23}tɕia^{312}	歇歇儿ɕiə^{21}ɕiər^{0}
曲阜	揍tsou^{312} 打ta^{55}	打架ta^{55}tɕia^{312}	歇歇儿ɕiə^{213}ɕiər^{0}
薛城	打ta^{24} 揍tsou^{41}	打架ta^{24}tɕia^{41} 揍架tsou^{41}tɕia^{41} 打仗ta^{24}tsaŋ^{41}	歇歇ɕiə^{31}ɕiə^{0}
郯城	揍tsəu^{51} 打ta^{24}	打仗ta^{24}tʂaŋ^{51}	歇歇儿ɕiə^{13}ɕiər^{213}
临沂	揍tsou^{312} 打ta^{55}	打仗ta^{55}tʃɑŋ^{312} 打架ta^{55}tɕia^{312}	歇歇儿ɕiə^{21}ɕiər^{0}

	0865打哈欠[1]	0866打瞌睡	0867睡他已经～了
荣成	打哈欹$^{=}$ta^{21}xa^{53}çiɛ^{0}	打瞌睡ta^{21}k^{h}a^{35}ʂʅ^{0} "睡"读为"事"轻声	睡ʂuei^{33}
烟台	打哈欹$^{=}$ta^{21}xa^{53}ɕie^{0}	打瞌睡儿ta^{33}k^{h}a^{21}suər^{0}	睡suei^{33}
栖霞	打哈气$^{=}$儿ta^{34}xa^{52}c^{h}iər^{0}	打瞌睡儿ta^{34}k^{h}a^{21}suər^{0}	睡suei^{342}
长岛	打哈嚏$^{=}$ta^{55}xa^{31}t^{h}i^{0}	打瞌睡ta^{21}k^{h}a^{55}suei^{0}	睡suei^{52}
海阳	打哈气$^{=}$ta^{21}xa^{52}ç^{h}i^{0}	打盹儿ta^{21}tər^{214}	睡ʂuei^{341}
莱西	打哈闲$^{=}$ta^{55}xa^{214}çiã^{0}	打瞌睡儿ta^{55}k^{h}a^{214}suer^{42} 打盹儿ta^{214}ter^{55} 困了k^{h}uẽ^{42}lə^{0}	睡suei^{42}
平度	打啊欠ta^{55}a^{213}c^{h}iã^{0}	打盹儿ta^{213}ter^{55}	困k^{h}uə̃^{213} 睡ʂuei^{42}
青岛	打火$^{=}$欹tɑ^{55}xuə^{213}ɕiə^{0}	打盹儿tɑ^{213}ter^{55}	困k^{h}uẽ^{42} 睡ʂuei^{42}

① 44点中，除梁山"打出神"之外，都可视为"打哈欠"的音变。"哈欠"两字音变多样（尤其是"欠"）。考虑到"哈欠"本身就是摹声构词，所以下面只记其同音字。

续表

	0865打哈欠	0866打瞌睡	0867睡他已经~了
高密	打哈吃$^{=}$tɑ^{55}xɑ^{0}tʃʰʅ^{0}	打盹tɑ^{42}tuə̃^{55}	困kʰuə̃^{21}
诸城	打哈闲$^{=}$ta^{44}xa^{31}ʃã^{0}	打盹ta^{44}tuẽ^{44}	困kʰuẽ^{31}
沂水	打哈歇$^{=}$ta^{44}xuə^{21}ɕiə^{0}	打盹ta^{53}tuẽ^{44}	睡ʂue^{31} 困kʰuẽ^{31}
临朐	打哈歇$^{=}$ta^{44}xa^{21}ɕiə^{0}	打盹ta^{44}tuə̃^{44} 迷盹mi^{35}tuə̃^{0}	困kʰuə̃^{21}
日照	打哈吓$^{=}$tɑ^{44}xɑ^{31}ʃiɑ^{0}	打盹tɑ^{53}tuẽ^{44}	困kʰuẽ^{31}
莒南	打哈希$^{=}$ta^{55}xa^{21}ɕi^{0} 打呵希$^{=}$ta^{55}xə^{21}ɕi^{0}	打盹ta^{53}tuẽ^{55}	睡ʂuei^{312}
潍坊	打哈歇$^{=}$tɑ^{55}xɑ^{31}ɕiə^{0}	打盹儿tɑ^{53}tuer^{55}	困kʰuẽ^{31}
寿光	打哈歇$^{=}$ta^{55}xa^{21}ɕiə^{0}	打盹儿ta^{53}tuɭ^{55}	困kʰuə̃^{21} 困觉kʰuə̃^{13}tɕiɔ^{21}
高青	打哈歇$^{=}$儿ta^{55}xɑ^{21}ɕiər^{0}	打盹儿tɑ^{55}tuer^{55}	睡ʂuei^{41}
阳信	打呵歇$^{=}$儿ta^{55}xuə^{31}ɕiər^{0}	打盹儿ta^{31}tuer^{55}	睡ʂuei^{31}
济阳	打哈希$^{=}$ta^{55}xa^{21}ɕi^{0}	打盹儿ta^{54}tuer^{55}	躺下tʰɑŋ^{21}ɕia^{0} 睡ʂuei^{31}
利津	打呵歇$^{=}$ta^{55}xuə^{31}ɕiə^{0}	磕头kʰə^{44}tʰou^{53} 打盹儿ta^{53}tuer^{55}	困觉kʰuẽ^{24}tɕiɔ^{31}
乐陵	打呵歇$^{=}$tɑ^{55}xuə^{31}ɕiə^{0}	打盹儿tɑ^{31}tuer^{55}	睡ʂuei^{51}
商河	打哈气$^{=}$tɑ^{45}xɑ^{21}tɕʰi^{0}	打盹儿tɑ^{54}tuer^{45}	睡ʂuei^{31} 歇着ɕiə^{213}tʂou^{0}
平原	打哈气$^{=}$ta^{55}xa^{21}tɕʰi^{0}	打盹儿ta^{42}tuər^{55}	睡ʂuei^{21}
德州	打哈歇$^{=}$ta^{55}xa^{21}ɕiə^{0}	打盹儿ta^{42}tuer^{55}	歇着ɕiə^{21}tʂɔ^{0}
武城	打哈气$^{=}$ta^{55}xa^{312}tɕʰi^{0}	打盹儿ta^{53}tsuer^{55} “盹儿”读为“嘴儿”	睡ʂuei^{312}
临清	打哈气$^{=}$ta^{44}xa^{13}tɕʰi^{0}	打瞌睡ta^{44}kʰə^{13}ʂuei^{0} 打盹儿ta^{53}tuer^{44}	睡ʂuei^{313}
冠县	打呵闪$^{=}$儿ta^{55}xə^{31}ʂɐr^{0}	打瞌睡ta^{55}kʰə^{55}ʂuei^{0}	睡ʂuei^{314}
聊城	打哈嚏$^{=}$ta^{44}xa^{13}tʰi^{0}	打盹儿ta^{53}tuer^{44}	困kʰuẽ^{313}
济南	打哈希$^{=}$ta^{55}xa^{21}ɕi^{0}	打盹儿ta^{42}tuer^{55}	睡ʂuei^{21}
泰安	打呵闪$^{=}$ta^{55}xə^{21}ʂã^{0}	打盹儿ta^{42}tuer^{55}	睡ʂuei^{21}
莱芜	打呵闪$^{=}$ta^{55}xə^{31}ʃã^{0}	打盹ta^{55}tuẽ^{213}	睡ʃuei^{42}

续表

	0865打哈欠	0866打瞌睡	0867睡他已经～了
新泰	打呵闪$^{=}$ta^{55}xə^{21}ʃã^{0}	打盹ta^{42}tuẽ^{55}	睡fei^{31}
沂源	打哈欠ta^{21}xa^{13}tɕʰiã^{31}	打盹儿ta^{55}tuer^{55}	睡ʃuei^{31}
博山	打哈歇$^{=}$ta^{55}xɑ^{31}ɕiə^{0}	打盹tɑ^{55}tuẽ^{55}	困觉kʰuẽ^{31}tɕiɔ^{31}
张店	打哈气$^{=}$tɑ^{55}xɑ^{21}tɕʰi^{0}	打盹tɑ^{55}tuə̃^{55}	睡ʂuei^{31}
阳谷	打哈达$^{=}$儿ta^{55}xa^{31}tar^{0}	打瞌头儿ta^{55}kʰə^{31}tʰour^{0}	睡fei^{313}
梁山	打出神ta^{55}tsʰu^{21}sẽ^{0}	打盹儿ta^{42}tuer^{55}	睡fei^{314}
菏泽	打哈哈ta^{44}xa^{21}xa^{0}	在$^{=}$盹儿tsɛ^{31}tsuer^{44} "盹儿"读为"嘴儿"	睡fei^{312}
曹县	打哈哈ta^{44}xa^{21}xa^{0}	打瞌睡ta^{44}kʰə^{53}ʂuei^{0}	睡fei^{312}
金乡	打哈哈ta^{55}xa^{31}xa^{0}	打盹儿ta^{42}tuer^{55}	睡suei^{312} 歇ɕiə^{213}
曲阜	打哈哈ta^{55}xa^{21}xa^{0}	打盹儿ta^{42}tuer^{55}	睡suei^{312}
薛城	打哈哈ta^{55}xa^{31}xa^{0}	打盹ta^{55}tuẽ^{24} 打盹儿ta^{55}tuer^{24}	睡fe^{41} 睡觉fe^{41}tɕiɔ^{41}
郯城	打哈什$^{=}$ta^{24}xa^{21}ʂʅ^{0}	打盹儿ta^{24}tuer^{24}	睡fe^{51}
临沂	打哈闪$^{=}$ta^{55}xa^{21}ʃã^{0}	打盹儿ta^{55}tuer^{55}	睡ʃuei^{312}

	0868打呼噜	0869做梦	0870起床
荣成	打呼噜ta^{21}xu^{53}lə^{0} "噜"有音变	做梦tsəu^{33}məŋ^{33}	起来cʰiɛ^{35}lai^{0} "起"有音变
烟台	打鼾睡ta^{21}xan^{53}suei^{0}	做梦tsou^{53}məŋ^{33}	起来tɕʰi^{21}lɛ^{33}
栖霞	打鼾睡ta^{34}xãn^{34}suei^{0}	做梦tsəu^{52}məŋ^{342}	起来cʰi^{21}lɛi^{0}
长岛	打呼儿ta^{55}xur^{0}	做梦tsou^{52}məŋ^{52}	起来cʰi^{35}lai^{0}
海阳	打鼾睡ta^{21}xã^{34}ʂuei^{0}	做梦tθəu^{52}məŋ^{341}	起来cʰi^{21}lɛ^{0}
莱西	打呼隆ta^{55}xu^{214}loŋ^{0} 打鼾睡ta^{55}xã^{45}suei^{0}	做梦tsuə^{214}məŋ^{42}	起来cʰi^{45}lɛ^{0} 起床cʰi^{214}tsʰuɑŋ^{42}
平度	打鼾睡ta^{55}xã^{213}ʂuei^{42} 打呼噜ta^{55}xu^{213}lu^{0}	做梦tθou^{213}məŋ^{42}	起来cʰi^{45}lɛ^{0}
青岛	打呼隆tɑ^{55}xu^{213}loŋ^{42}	做梦tθou^{213}moŋ^{42}	起来tɕʰi^{55}lɛ^{42}
高密	打呼噜tɑ^{55}xu^{21}lu^{0}	做梦tθou^{23}moŋ^{21}	起来tɕʰi^{23}lɛ^{0}
诸城	打呼噜ta^{44}xu^{31}lu^{0}	做梦tθou^{31}məŋ^{31}	起来tʃʰʅ^{213}lɛ^{0} 起床tʃʰʅ^{44}tʂʰuɑŋ^{53}

续表

	0868打呼噜	0869做梦	0870起床
沂水	打呼噜ta^{44}xu^{31}lu^{0}	做梦tθu^{31}məŋ^{31}	起来tɕ^{h}i^{213}lɛ^{0}
临朐	打鼾睡ta^{44}xã^{13}ʂuei^{21}	做梦tθu^{21}məŋ^{21}	起来tɕ^{h}i^{213}lɛ^{0}
日照	打呼噜tɑ^{44}xu^{31}lu^{0}	做梦tθu^{44}məŋ^{31}	起来tʃ^{h}ʅ^{213}lɛ^{0}
莒南	打呼隆ta^{55}xu^{21}luŋ^{0}	做梦tθou^{13}məŋ^{31}	起来tɕ^{h}i^{213}lɛ^{0}
潍坊	打呼噜tɑ^{55}xu^{31}lu^{0}	做梦tsɤɯ^{55}məŋ^{0}	起来tɕ^{h}i^{24}lɛ^{0}
寿光	打呼噜ta^{55}xu^{21}lu^{0}	做梦tsu^{13}məŋ^{21}	起炕tɕ^{h}i^{55}k^{h}ɑŋ^{21}
高青	打呼噜tɑ^{55}xu^{213}lu^{55}	做梦tsu^{41}məŋ^{41}	起床tɕ^{h}i^{55}tʂ^{h}uɑŋ^{55}
阳信	打呼噜ta^{55}xu^{31}lu^{0}	做梦tsou^{23}məŋ^{31}	起来tɕ^{h}i^{213}lɛ^{0}
济阳	打呼噜ta^{13}xu^{21}lu^{0}	做梦tsou^{31}məŋ^{31}	起来tɕ^{h}i^{213}lɛ^{0}
利津	打呼噜ta^{55}xu^{213}lu^{0}	做梦tsu^{24}məŋ^{31}	起床tɕ^{h}i^{55}tʂ^{h}uɑŋ^{53}
乐陵	打呼噜tɑ^{55}xu^{31}lu^{0}	做梦tsou^{24}məŋ^{51}	起来tɕ^{h}i^{212}lɛ^{0}
商河	打呼噜tɑ^{45}xu^{21}lu^{0}	做梦tsou^{24}məŋ^{31}	起来tɕ^{h}i^{213}lɛ^{0}
平原	打呼噜ta^{55}xu^{21}lu^{0}	做梦tsou^{23}məŋ^{21}	起来tɕ^{h}i^{23}lɛi^{0}
德州	打呼噜ta^{55}xu^{21}lu^{0}	做梦tsou^{213}məŋ^{21}	起来tɕ^{h}i^{213}lɛ^{0}
武城	打呼噜ta^{55}xu^{312}lu^{0}	做梦tsou^{21}məŋ^{312}	起来tɕ^{h}i^{24}lɛ^{0}
临清	打呼噜ta^{44}xu^{13}lu^{0}	做梦tsuə^{13}məŋ^{313}	起来tɕ^{h}i^{44}lai^{0} 起床tɕ^{h}i^{44}tʂ^{h}uɑŋ^{53}
冠县	打呼噜ta^{55}xu^{21}lu^{0}	做梦tsou^{24}məŋ^{314}	起来tɕ^{h}i^{55}lɛ^{0}
聊城	打呼噜ta^{44}xu^{13}lu^{0}	做梦tsou^{31}məŋ^{313}	起来tɕ^{h}i^{44}lɛ^{0} 起tɕ^{h}i^{44}
济南	打呼噜ta^{55}xu^{21}lu^{0}	做梦tsou^{23}məŋ^{21}	起来tɕ^{h}i^{213}lɛ^{0}
泰安	打呼喽ta^{55}xu^{21}lou^{0}	做梦tsou^{21}məŋ^{21}	起床tɕ^{h}i^{213}tʂ^{h}uɑŋ^{42} 起tɕ^{h}i^{55}
莱芜	打呼噜ta^{55}xu^{31}lu^{0}	做梦tsuə^{31}məŋ^{42}	起床tɕ^{h}i^{213}tʃ^{h}uɑŋ^{55}
新泰	打呼喽ta^{55}xu^{21}lou^{0}	做梦tθou^{31}məŋ^{31}	起床tɕ^{h}i^{23}pf^{h}ɑŋ^{42}
沂源	打呼噜ta^{55}xu^{21}lu^{0}	做梦tθu^{31}məŋ^{31}	起来tɕ^{h}i^{21}lɛ^{0}
博山	打鼾睡tɑ^{55}xã^{55}ʂuei^{0}	做梦tsu^{31}məŋ^{31}	起来tɕ^{h}i^{213}lɛ^{0}
张店	打呼噜tɑ^{55}xu^{33}lu^{55}	做梦tsu^{31}məŋ^{31}	起来tɕ^{h}i^{213}lɛ^{0}
阳谷	打呼噜ta^{55}xu^{31}lu^{0}	做梦tsou^{13}məŋ^{313}	起来tɕ^{h}i^{55}lɛ^{0}

续表

	0868打呼噜	0869做梦	0870起床
梁山	打呼喽ta^{55}xou^{21}lou^{0} "呼"读为"齁"	做梦tsou^{31}məŋ^{214}	起来tɕʰi^{55}lɛ^{0}
菏泽	打呼噜儿ta^{44}xu^{21}lur^{0}	做梦tsou^{213}məŋ^{312}	起来tɕʰi^{44}lɛ^{0}
曹县	扯呼噜tʂʰə^{44}xu^{21}lu^{0}	做梦tsou^{31}məŋ^{312}	起床tɕʰi^{44}tʂʰuaŋ^{53}
金乡	打呼喽ta^{55}xu^{21}lou^{0}	做梦tsou^{23}məŋ^{312}	起来tɕʰi^{23}lɛ^{0}
曲阜	打呼噜ta^{55}xu^{21}lu^{0}	做梦tsou^{23}məŋ^{312}	起tɕʰi^{55}
薛城	打呼喽ta^{55}xu^{31}lou^{0}	做梦tsou^{41}məŋ^{41}	起来tɕʰi^{24}lɛ^{0}
郯城	打呼儿ta^{44}xur^{213} 打呼喽儿ta^{24}xu^{21}ləur^{0}	做梦tsəu^{51}məŋ^{51}	起来tɕʰi^{24}lɛ^{44} 起床tɕʰi^{24}tʂʰuaŋ^{44}
临沂	打呼喽儿ta^{55}xu^{21}lour^{0}	做景儿tsuə^{24}tɕiɤ̃r^{55} 做梦tsuə^{31}məŋ^{312}	起床tɕʰi^{55}tʃʰuaŋ^{53}

	0871刷牙	0872洗澡	0873想思索：让我～一下
荣成	刷牙ʂua^{21}ia^{53}	洗澡si^{55}tsau^{214}	寻思syn^{35}sɿ^{0}
烟台	刷牙sua^{21}ia^{53}	洗澡儿ɕi^{33}tsaur^{14}	想ɕiaŋ^{14}
栖霞	刷牙sua^{34}ia^{312}	洗澡儿ʃi^{34}tsɔor^{214}	想ʃaŋ^{214}
长岛	刷牙sua^{21}ia^{55}	洗澡儿ʃɿ^{52}tsaur^{213}	想ʃaŋ^{213}
海阳	刷牙ʂua^{21}ia^{52}	洗澡si^{21}tsɔ^{214}	想siaŋ^{214}
莱西	刷牙sua^{55}ia^{214}	洗澡儿ʃɿ^{214}tsɔr^{55}	寻思ʃiẽ^{55}sɿ^{0} 想ʃiaŋ^{55}
平度	刷牙ʂua^{55}ia^{42}	洗澡儿si^{213}tθɔr^{55}	寻思siə̃^{45}θɿ^{0} 想siaŋ^{55}
青岛	刷牙ʂuɑ^{55}iɑ^{42}	洗澡儿si^{213}tθɔr^{55}	寻思siẽ^{45}θɿ^{0} 想siaŋ^{55}
高密	刷牙ʂuɑ^{213}iɑ^{42}	洗澡儿si^{42}tθɔr^{55}	寻思siə̃^{55}sɿ^{0} 想siaŋ^{55}
诸城	刷牙ʂua^{44}ia^{31}	洗澡儿θi^{44}tθɔr^{44}	寻思θẽ^{24}θɿ^{0}
沂水	刷牙ʂua^{213}ia^{53}	澡儿洗dðɔr^{213}si^{0} 洗澡儿si^{53}dðɔr^{44}	纳=么na^{213}mə^{0} 倒量tɔ^{44}liaŋ^{0} 寻思ʃẽ^{24}θɿ^{0}
临朐	刷牙ʂua^{213}ia^{53}	洗光腚ɕi^{44}kuaŋ^{21}tiŋ^{0}	寻思ɕiə̃^{35}θɿ^{0}
日照	刷牙ʂuɑ^{213}iɑ^{53}	洗澡儿θi^{53}tθɔr^{44}	寻寻θẽ^{44}θẽ^{0}

续表

	0871刷牙	0872洗澡	0873想思索：让我～一下
莒南	刷牙ʂua²¹³ia⁵³	洗澡si⁵³tθɔ⁵⁵	寻思siẽ²⁴θɿ⁰ 想siaŋ⁵⁵
潍坊	刷牙ʂuɑ²¹⁴iɑ⁵³	洗澡ɕi⁵³tsɔɤ⁵⁵	寻思ɕiẽ³⁵sɿ⁰ 琢磨tsuə³⁵mə⁰
寿光	刷牙ʂua²¹³ia⁵³	洗洗ɕi⁵⁵ɕi⁰	寻思ɕiə̃³⁵sɿ⁰
高青	刷牙ʂuɑ⁵⁵iɑ⁵⁵	洗澡儿ɕi⁵⁵tsɔr⁵⁵	想ɕiaŋ⁵⁵
阳信	刷牙ʂua²¹³ia⁴³	洗澡儿ɕi³¹tsɔr⁵⁵	寻思ɕiə̃⁴⁵sɿ⁰
济阳	刷牙ʂua²¹³ia⁵⁵	洗澡儿ɕi⁵⁴tsɔr⁵⁵	寻思ɕiẽ²⁴sɿ⁰ 琢磨tsuə²⁴mə⁰ 想ɕiaŋ⁵⁵
利津	刷牙ʂua⁴⁴ia⁵³	洗澡儿ɕi⁵³tsɔr⁵⁵	琢磨tsuə³⁵mə⁰
乐陵	刷牙ʂuɑ²¹²iɑ⁵⁵	洗澡儿ɕi³¹tsɔr⁵⁵	寻思ɕiẽ⁵⁵sɿ⁰
商河	刷牙ʂuɑ⁴⁵iɑ⁵⁴	洗澡儿ɕi⁵⁴tsɔr⁴⁵	寻思ɕiẽ²⁴sɿ⁰
平原	刷牙ʂua²¹²ia⁴²	洗澡儿ɕi⁴²tsɔur⁵⁵	寻思ɕiẽ⁵⁵sɿ⁰
德州	刷牙ʂua²¹³ia⁴²	洗澡儿ɕi⁴²tsɔr⁵⁵	寻思ɕiẽ⁵⁵sɿ⁰
武城	刷牙ʂua²⁴ia⁵³	洗澡儿ɕi⁵³tsɔr⁵⁵	寻思ɕiẽ⁵⁵sɿ⁰
临清	刷牙ʂua¹³ia⁵³	洗澡ɕi⁵³tsau⁴⁴	寻思ɕin⁴⁴sɿ⁰ 想ɕiaŋ⁴⁴
冠县	刷牙ʂua¹³ia⁵³	洗澡儿si⁵³tsɔr⁵⁵	想siaŋ⁵⁵
聊城	刷牙sua¹³ia⁵³	洗澡儿ɕi⁵³tsɔr⁴⁴	寻思ɕiẽ⁴⁴sɿ⁰
济南	刷牙ʂua²¹³ia⁴²	洗澡儿ɕi⁴²tsɔr⁵⁵	寻思ɕiẽ⁴⁴⁵sɿ⁰ 琢磨tsuə⁴⁴⁵mə⁰
泰安	刷牙ʂua²¹³ia⁴²	洗澡儿ɕi⁴²tsɔr⁵⁵	想ɕiaŋ⁵⁵ 寻思ɕiẽ⁵⁵sɿ⁰
莱芜	刷牙ʃua²¹³ia⁵⁵	洗澡ɕi⁵⁵tsɔ⁵⁵	想ɕiaŋ⁵⁵
新泰	刷牙fa²³ia⁴²	洗澡ɕi⁴²tθɔ⁵⁵	寻思ɕiẽ⁴⁵θɿ⁰
沂源	刷牙ʃua⁵⁵ia⁵⁵	洗光腚儿ɕi⁵⁵kuaŋ²¹tiə̃r⁰	寻思ɕiə̃³⁵θɿ⁰
博山	刷牙ʂuɑ²¹³iɑ⁵⁵	洗澡ɕi⁵³tsɔ⁵⁵	想ɕiaŋ⁵⁵ 寻思ɕiẽ³⁵sɿ⁰
张店	刷牙ʂuɑ⁵⁵iɑ⁵⁵	洗澡ɕi⁵⁵tsɔ⁵⁵	寻思ɕiə̃³⁵sɿ⁰
阳谷	刷牙fa¹³ia⁴²	洗澡儿ɕi⁵⁵tsɔr⁵⁵	想ɕiaŋ⁵⁵

续表

	0871 刷牙	0872 洗澡	0873 想思索：让我～一下
梁山	刷牙 sua²¹³ia⁴²	洗澡儿 ɕi⁵⁵tsɔr⁵⁵	寻思 ɕiẽ⁵⁵sɿ⁰
菏泽	刷牙 fa²¹³ia⁵³	抹抹身上 ma²¹ma⁰sẽ²¹xɑŋ⁰ 洗澡儿 ɕi⁵³tsɔr⁴⁴	想 ɕiɑŋ⁴⁴
曹县	刷牙 fa²¹³ia⁵³	洗澡 ɕi⁴⁴tsɔ⁴⁴	想 ɕiɑŋ⁴⁴
金乡	刷牙 sua²¹³ia⁴²	洗澡儿 ɕi⁴²tsɔr⁵⁵	寻思 ɕiẽ⁵⁵sɿ⁰ 想 ɕiɑŋ⁵⁵
曲阜	刷牙 sua²¹³ia⁴²	洗澡儿 ɕi⁴²tsɔr⁵⁵	寻思 ɕiẽ⁵⁵sɿ⁰ 想 ɕiɑŋ⁵⁵
薛城	刷牙 fa³¹ia⁵⁵	洗澡 ɕi⁵⁵tsɔ²⁴	想 ɕiɑŋ²⁴
郯城	刷牙 fa²¹ia⁴⁴	洗澡 ɕi²⁴tsɔ²⁴	想 ɕiɑŋ²⁴ 琢磨 tsuə⁴⁴mə⁰
临沂	刷牙 ʃua²⁴ia⁵³	洗澡 ɕi⁵⁵tsɔ⁵⁵	寻思 ɕiẽ⁵⁵sɿ⁰ 琢磨 tsuə²⁴mə⁰ 想 ɕiɑŋ⁵⁵

	0874 想想念：我很～他	0875 打算我～开个店	0876 记得
荣成	想 siɑŋ²¹⁴	打算 ta²¹san³³	记得 ci³³tə⁰
烟台	想 ɕiɑŋ¹⁴	寻思 ɕin³³sɿ⁰ 打算 ta²¹san⁰	记得 tɕi³³tə⁰
栖霞	想 ʃɑŋ²¹⁴	寻思 ʃĩn³⁴sɿ⁰	记得 ci⁵⁵tɛi⁰
长岛	挂牵 kua⁵²cʰian⁰	打算 ta⁵⁵san⁵²	记得 ci⁵²ti⁰
海阳	想 siɑŋ²¹⁴	寻思 sĩ³⁴sɿ⁰	记得 ci³⁴tɛ⁰
莱西	想 ʃiɑŋ⁵⁵	打算 ta⁴⁵sã⁰ 打谱儿 ta⁵⁵pʰur²¹⁴ "谱" 读为阴平	记着 ci⁴²tsə⁰ 想着 ʃiɑŋ⁴⁵tsə⁰ 记得 ci⁴²tə⁰
平度	想 siɑŋ⁵⁵ 挂挂 kua⁴²kua⁰	打算 ta⁴⁵θã⁰ 打谱儿 ta²¹³pʰur⁵⁵	记着 ci⁴²tʂə⁰ 想着 siɑŋ⁴⁵tʂə⁰
青岛	想 siɑŋ⁵⁵ 挂挂 kuɑ⁴²kuɑ⁰	打算 tɑ⁴⁵θuã⁰ 打谱儿 tɑ⁵⁵pʰur²¹³ "谱" 读为阴平	记着 tɕi⁴²tʂɿ⁰ 想着 siɑŋ⁴⁴tʂɿ⁰
高密	想 siɑŋ⁵⁵	打谱儿 tɑ⁴²pʰur²¹³ "谱" 读为阴平 打算 tɑ⁵⁵θuã²¹	想着 siɑŋ²³tʂuə⁰

续表

	0874 **想**想念：我很～他	0875 **打算**我～开个店	0876 **记得**
诸城	想 θiaŋ^{44}	打谱儿 ta^{44}pʰur^{213} “谱” 读为阴平	记着 tʃʅ^{44}tʂə^{0}
沂水	想 siaŋ^{44}	寻思 ʃẽ^{24}θʅ^{0} 打算 ta^{213}θuã^{0}	想着 siaŋ^{213}tʂə^{0}
临朐	想 çiaŋ^{44} 挂挂 kua^{21}kua^{0} “挂” 读为阴平	打谱儿 ta^{44}pʰur^{213} “谱” 读为阴平	想着 çiaŋ^{213}tʂuə^{0}
日照	想 θiaŋ^{44} 念想 niã^{31}θiaŋ^{0}	打谱儿 ta^{44}pʰur^{213} “谱” 读为阴平	记着 tʃʅ^{53}tʂə^{0} 想着 θiaŋ^{213}tʂə^{0}
莒南	想 siaŋ^{55}	打谱儿 ta^{55}pʰur^{213} “谱” 读为阴平 计划 tçi^{13}xua^{31} 打算 ta^{55}θuã^{31}	记着 tçi^{42}tʂə^{0} 想着 siaŋ^{213}tʂə^{0}
潍坊	挂挂 kua^{31}kua^{0} “挂” 读为阴平	打谱儿 ta^{55}pʰur^{214} “谱” 读为阴平 打算 ta^{24}suã^{0}	想着 çiaŋ^{24}tʂuə^{0}
寿光	想 çiaŋ^{55} 挂挂 kua^{21}kua^{0} “挂” 读为阴平	打谱儿 ta^{55}pʰur^{213} “谱” 读为阴平	想着 çiaŋ^{24}tʂuə^{0}
高青	想 çiaŋ^{55}	打谱儿 ta^{55}pʰur^{213} “谱” 读为阴平	记得 tçi^{55}tei^{0}
阳信	挠$^{=}$得$^{=}$ nɔ^{45}tə^{0}	打谱儿 ta^{55}pʰur^{213} “谱” 读为阴平	记得 tçi^{55}ti^{0}
济阳	想 çiaŋ^{55}	打算 ta^{13}suã^{31} 想 çiaŋ^{55}	记得 tçi^{55}ti^{0}
利津	想 çiaŋ^{55}	打谱儿 ta^{55}pʰur^{213} “谱” 读为阴平	想着 çiaŋ^{213}tʂɔ^{0}
乐陵	想 çiaŋ^{55}	想着 çiaŋ^{212}tʂou^{0}	记得 tçi^{55}ti^{0}
商河	想 çiaŋ^{45}	打谱 ta^{54}pʰu^{45}	记得 tçi^{54}ti^{0}
平原	想 çiaŋ^{55}	打谱儿 ta^{42}pʰur^{55} 寻思 çiẽ^{55}sʅ^{0}	记得 tçi^{42}ti^{0}
德州	挂着 kua^{42}tʂɔ^{0} 想 çiaŋ^{55}	打算 ta^{213}suã^{0}	记得 tçi^{42}tə^{0}
武城	想 çiaŋ^{55}	打谱儿 ta^{53}pʰur^{55}	想着 çiaŋ^{24}tʂɔ^{0}
临清	想 çiaŋ^{44} 惦记 tian^{53}tçi^{0}	打算 ta^{44}suan^{0}	记得 tçi^{53}tə^{0}
冠县	想 siaŋ^{55}	打算 ta^{55}suã^{0}	记得 tçi^{53}tə^{0}

续表

	0874 **想**想念：我很～他	0875 **打算**我～开个店	0876 **记得**
聊城	想ɕiaŋ^{44}	打算ta^{44}suã^{0}	记得tɕi^{53}ti^{0}
济南	想ɕiaŋ^{55}	想ɕiaŋ^{55} 打算ta^{213}suã^{0}	记得tɕi^{55}ti^{0}
泰安	想ɕiaŋ^{55}	打算ta^{213}suã^{0} 打谱儿ta^{42}p^{h}ur^{55}	记得tɕi^{42}ti^{0}
莱芜	想ɕiaŋ^{55}	打算ta^{213}suã^{42}	记得tɕi^{42}tei^{0}
新泰	想ɕiaŋ^{55}	打算ta^{213}θuã^{0}	记得tɕi^{54}li^{0}
沂源	想ɕiaŋ^{55}	打谱ta^{55}p^{h}u^{213} “谱”读为阴平	想着ɕiaŋ^{21}tʃuə^{0}
博山	想ɕiaŋ^{55}	盘算p^{h}ã^{35}suã^{0}	记得tɕi^{55}ə^{0}
张店	想ɕiaŋ^{55}	打谱tɑ^{55}p^{h}u^{213} “谱”读为阴平	记得tɕi^{55}tei^{0}
阳谷	想ɕiaŋ^{55}	想着ɕiaŋ^{13}zə^{0}	记得tɕi^{42}li^{0}
梁山	挂先$^{=}$着kua^{42}ɕiã^{0}tsɿ^{0}	想着ɕiaŋ^{23}tsə^{0} 打谱儿ta^{42}p^{h}ur^{55}	记得tɕi^{42}li^{0}
菏泽	想ɕiaŋ^{44}	想ɕiaŋ^{44}	记得tɕi^{31}lɛ^{0}
曹县	想ɕiaŋ^{44}	打扯子ta^{44}tʂ^{h}ə^{21}tə^{0}	记得tɕi^{31}lei^{0}
金乡	想ɕiaŋ^{55}	打谱儿ta^{42}p^{h}ur^{55}	记得tɕi^{42}li^{0}
曲阜	想ɕiaŋ^{55}	想ɕiaŋ^{55}	记得tɕi^{42}li^{0}
薛城	想ɕiaŋ^{24}	打谱儿ta^{55}p^{h}ur^{313} “谱”读为阴平 打算ta^{24}ɕyã^{41}	记得tɕi^{41}ti^{0}
郯城	想ɕiaŋ^{24}	想ɕiaŋ^{24} 打算ta^{24}suã^{51}	想着ɕiaŋ^{24}tʂə^{0} 记着tɕi^{51}tʂə^{0}
临沂	想ɕiaŋ^{55}	盘算p^{h}ã^{55}suã^{0} 打算ta^{214}suã^{0}	记得tɕi^{31}ti^{0} 记着tɕi^{31}tʃɔ^{0}

	0877 **忘记**	0878 **怕**害怕：你别～	0879 **相信**我～你
荣成	忘了maŋ^{33}lə^{0}	怕p^{h}a^{33}	信sin^{33}
烟台	忘了uaŋ^{33}lə^{0}	怕p^{h}a^{33}	信ɕin^{33}
栖霞	忘uaŋ^{342}	怕p^{h}a^{52}	信ʃĩn^{52}
长岛	忘uaŋ^{52}	怕p^{h}a^{52}	相信ʃaŋ^{31}ʃən^{52}
海阳	忘uaŋ^{341}	怕p^{h}a^{341}	信sĩ^{341}

续表

	0877忘记	0878怕害怕：你别～	0879相信我～你
莱西	忘了uaŋ^{45}lə^{0}	害怕xɛ^{214}p^{h}a^{42} 怕p^{h}a^{42}	相信ʃiaŋ^{214}ʃiẽ^{42} 信ʃiẽ^{42}
平度	忘了uaŋ^{45}lə^{0}	害怕xɛ^{213}p^{h}a^{42} 怕p^{h}a^{42}	相信siaŋ^{45}siə̃^{0} 信siə̃^{42}
青岛	忘了uaŋ^{45}lə^{0}	害吓xɛ^{213}ɕia^{42} 怕p^{h}ɑ^{42}	相信siaŋ^{55}siẽ^{0} 信服siẽ^{42}fu^{0}
高密	忘了uaŋ^{42}lə^{0} 不记得了pu^{55}tɕi^{42}tə^{0}lə^{0}	害怕xɛ^{23}p^{h}ɑ^{21} 怕p^{h}ɑ^{21}	相信siaŋ^{55}siə̃^{21} 信着siə̃^{42}tʂə^{0} 信siə̃^{21}
诸城	忘啦uaŋ^{44}la^{0}	怕p^{h}a^{31}	信θẽ^{31}
沂水	忘唠uaŋ^{44}lɔ^{0}	怕p^{h}a^{31} 害怕xɛ^{31}p^{h}a^{31}	信ʃẽ^{31}
临朐	忘了uaŋ^{44}liɔ^{0}	害怕xɛ^{21}p^{h}a^{21}	信ɕiə̃^{21}
日照	忘了uaŋ^{53}lə^{0}	怕p^{h}ɑ^{31}	信θẽ^{31}
莒南	忘了uaŋ^{42}lə^{0}	怕p^{h}a^{312} 害怕xɛ^{13}p^{h}a^{31}	相信siaŋ^{55}siẽ^{31}
潍坊	忘咧uaŋ^{55}liə^{0}	害怕xɛ^{24}p^{h}ɑ^{31} 怕p^{h}ɑ^{31}	信着ɕiẽ^{55}tʂuə^{0} 相信ɕiaŋ^{24}ɕiẽ^{31} 信ɕiẽ^{31}
寿光	忘uaŋ^{21}	害怕xɛ^{13}p^{h}a^{21}	信ɕiə̃^{21}
高青	忘咧uaŋ^{55}liə^{0}	怕p^{h}ɑ^{41}	相信ɕiaŋ^{213}ɕiə̃^{41}
阳信	忘嗹uaŋ^{55}liã^{0} 想不着咧ɕiaŋ^{213}pu^{0}tʂɔ^{45}liə^{0}	小胆儿ɕiɔ^{31}tɛr^{55}	信ɕiə̃^{31}
济阳	忘俩uaŋ^{55}lia^{0}	害怕xɛ^{31}p^{h}a^{31} 怕p^{h}a^{31}	信ɕiẽ^{31}
利津	忘uaŋ^{31}	怕p^{h}a^{31}	相信ɕiaŋ^{55}ɕiẽ^{31}
乐陵	忘咧uaŋ^{55}liə^{0}	怕p^{h}ɑ^{51}	信着ɕiẽ^{55}tʂou^{0}
商河	忘俩uaŋ^{54}lia^{0}	害怕xɛ^{24}p^{h}ɑ^{31}	相信ɕiaŋ^{24}ɕiẽ^{31}
平原	忘俩uaŋ^{42}lia^{0}	怕p^{h}a^{21}	信着ɕiẽ^{42}tʂɔu^{0}
德州	忘俩uaŋ^{42}lia^{0}	怕p^{h}a^{21}	信ɕiẽ^{21}
武城	忘下uaŋ^{53}ɕia^{0}	怕p^{h}a^{312}	信ɕiẽ^{312}
临清	忘啦uaŋ^{53}la^{0}	怕p^{h}a^{313}	相信ɕiaŋ^{13}ɕin^{313} 信ɕin^{313}

续表

	0877 忘记	0878 怕害怕：你别～	0879 相信我～你
冠县	忘啦 uɑŋ⁵³la⁰	害怕 xɛ⁵³pʰa³¹⁴	相信 siɑŋ⁵⁵siẽ³¹⁴
聊城	忘啦 uɑŋ⁵³la⁰	害怕 xɛ³¹pʰa³¹³ 怕 pʰa³¹³	相信 ɕiɑŋ⁴⁴ɕiẽ³¹³
济南	忘俩 uɑŋ⁵⁵lia⁰	害怕 xɛ²³pʰa²¹ 怕 pʰa²¹	信 ɕiẽ²¹
泰安	忘记 uɑŋ²¹tɕi²¹ 忘 uɑŋ²¹	怕 pʰa²¹ 胆怵 tã²¹³tʂʰu⁰	相信 ɕiɑŋ⁵⁵ɕiẽ²¹
莱芜	忘了 uɑŋ⁴²liɔ⁰	怕 pʰa⁴²	相信 ɕiɑŋ²¹³ɕiẽ⁴²
新泰	忘俩 uɑŋ⁵⁴lia⁰	怕 pʰa³¹	相信 ɕiɑŋ²³ɕiẽ³¹
沂源	忘了 uɑŋ⁵⁵lə⁰	怕 pʰa³¹	信 ɕiə̃³¹
博山	忘唓 uɑŋ⁵⁵liã⁰	怕 pʰɑ³¹	信 ɕiẽ³¹
张店	忘了 uɑŋ⁵⁵liɔ⁰	怕 pʰɑ³¹ 害怕 xɛ³¹pʰɑ³¹	信 ɕiə̃³¹
阳谷	忘啦 uɑŋ⁴²la⁰	怕 pʰa³¹³	信实 ɕiẽ³¹ʂʅ⁴² 相信 ɕiɑŋ¹³ɕiẽ³¹³
梁山	忘啦 uɑŋ⁴²la⁰	怕 pʰa³¹⁴	信 ɕiẽ³¹⁴
菏泽	忘啦 uɑŋ³¹la⁰	怕 pʰa³¹²	信 ɕiẽ³¹²
曹县	忘啦 uɑŋ⁵³la⁰	怕 pʰa³¹²	信 ɕiẽ³¹²
金乡	忘啦 uɑŋ⁴²la⁰	怕 pʰa³¹²	信 ɕiẽ³¹²
曲阜	忘啦 uɑŋ⁴²la⁰	怕 pʰa³¹²	信 ɕiẽ³¹²
薛城	忘啦 uɑŋ⁴¹la⁰	害吓慌 xɛ⁴¹ɕia⁴¹xuŋ⁰ "慌"读为"哄"轻声。下同 吓得慌 ɕia⁴¹ti⁰xuŋ⁰	信 ɕiẽ⁴¹
郯城	想不起来 ɕiɑŋ²⁴pu⁰tɕʰi²⁴lɛ⁴⁴ 忘了 uɑŋ⁵¹lə⁰	嫌怕 ɕiã⁴⁴pʰa⁵¹ 害怕 xɛ⁵¹pʰa⁵¹ 怕 pʰa⁵¹	信 ɕiə̃⁵¹ 相信 ɕiɑŋ²¹ɕiə̃⁵¹
临沂	忘了 uɑŋ³¹lə⁰ 想不起来了 ɕiɑŋ²¹⁴pu⁰tɕʰi⁵⁵lɛ⁵⁵lə⁰ 想不着了 ɕiɑŋ²¹⁴pu⁰tʃuə⁵⁵lə⁰	害吓 xɛ³¹ɕia³¹² 害怕 xɛ³¹pʰa³¹² 怕 pʰa³¹²	信 ɕiẽ³¹² 相信 ɕiɑŋ⁵⁵ɕiẽ⁰

	0880 发愁	0881 小心过马路要～	0882 喜欢～看电视
荣成	发愁 fa²¹tʂʰəu³⁵	小心 siau²¹sin⁵³	喜欢 ɕi²¹xuan⁵³

续表

	0880发愁	0881小心过马路要～	0882喜欢～看电视
烟台	害愁xɛ^{53}tsʰou^{33}	小心ɕiau^{21}ɕin^{0}	稀罕ɕi^{53}xan^{0}
栖霞	害愁xɛi^{52}tsʰəu^{342}	好生儿xɔo^{34}ʃə̃r^{312}	稀罕ɕi^{52}xãn^{0}
长岛	愁tsʰou^{55}	小心ʃau^{35}ʃən^{31}	喜欢ɕi^{35}xuan^{0}
海阳	害愁xɛ^{52}tʂʰəu^{341}	小心siɔ^{21}sĩ^{0}	稀罕ɕi^{52}xã^{0}
莱西	发愁fa^{55}tsʰou^{42} 愁tsʰou^{42} 愁得慌tsʰou^{55}tə^{0}xuɑŋ^{214}	小心ʃiɔ^{214}ʃiẽ^{0} 躲备着tuə^{214}pei^{42}tsə^{0}	稀罕ɕi^{214}xã^{0} 喜欢ɕi^{214}xuã^{55} 爱ɛ^{42}
平度	愁得慌tʂʰou^{45}tə^{0}ʃɑŋ^{0} "慌"读为"上"轻声	小心siɔ^{45}siə̃^{0} 躲备着tuə^{45}pei^{0}tʂə^{0}	爱ɛ^{42} 喜欢ɕi^{45}xuã^{0}
青岛	害愁xɛ^{213}tʂʰou^{42}	小心siɔ^{44}siẽ^{0}	稀罕ɕi^{213}xã^{42} 喜欢ɕi^{44}xuã^{0}
高密	愁人tʂʰou^{42}iə̃^{42}	小心siɔ^{23}siə̃^{0} 当心tɑŋ^{42}siə̃^{213} 注意tʃu^{55}i^{0}	乐意lə^{21}i^{21} 喜欢ɕi^{23}xuã^{0}
诸城	害愁xɛ^{31}tʂʰou^{53} 愁人tʂʰou^{53}iẽ^{0}	躲备着点儿tuə^{213}pei^{0}tʂə^{0}tɛr^{44}	好xɔ^{31}
沂水	犯愁fã^{31}tʂʰou^{53} 发愁fa^{213}tʂʰou^{53}	好生点儿xɔ^{213}ʃɑŋ^{0}tɛr^{44} "生"读为"商"轻声 小心siɔ^{213}ʃẽ^{0}	好xɔ^{31} 喜拉ɕi^{213}la^{0}
临朐	犯愁fã^{21}tʂʰəu^{53}	好生着xɑŋ^{213}xəŋ^{0}tʂuə^{0}	好xɔ^{21}
日照	发愁fɑ^{213}tʂʰou^{53}	躲备点儿tuə^{213}pei^{0}tɛr^{0}	好xɔ^{31}
莒南	犯愁fã^{31}tʂʰou^{53}	小心siɔ^{213}siẽ^{0}	喜欢ɕi^{213}xuã^{0} 爱ɛ^{312}
潍坊	犯愁fã^{31}tʂʰɤɯ^{53} 愁得慌tʂʰɤɯ^{35}ti^{0}xuɑŋ^{0}	好生着xɔɤ^{24}ʂɑŋ^{0}tʂuə^{0} "生"读为"商"轻声 小心ɕiɔɤ^{24}ɕiẽ^{0}	好xɔɤ^{31} 爱ŋɛ^{31}
寿光	愁tʂʰəu^{53} 犯愁fã^{21}tʂʰəu^{53}	好生着xɔ^{24}ʂʅ^{0}tʂuə^{53} "生"读为"实"轻声	爱ŋɛ^{21} 愿意yã^{213}i^{21} 好xɔ^{21}
高青	愁tʂʰou^{55}	小心ɕiɔ^{213}ɕiə̃^{0}	喜欢ɕi^{213}xuã^{0}
阳信	愁得慌tʂʰou^{45}ti^{0}xuɑŋ^{0}	小心ɕiɔ^{213}ɕiə̃^{0}	爱ŋɛ^{31}
济阳	愁得慌tʂʰou^{24}ti^{0}xuɑŋ^{0}	小心ɕiɔ^{213}ɕiẽ^{0}	好xɔ^{31} 愿意yã^{31}i^{31}

续表

	0880 发愁	0881 小心过马路要～	0882 喜欢～看电视
利津	愁得慌tʂ^{h}ou^{35}ti^{0}xuɑŋ^{0}	小心ɕiɔ^{213}ɕiẽ^{0}	愿意yã^{24}i^{31} 爱ŋɛ^{31}
乐陵	愁得慌ts^{h}ou^{55}ti^{0}ʂɑŋ^{0}	小心ɕiɔ^{212}ɕiẽ^{0}	愿意yã^{24}i^{51}
商河	愁ts^{h}ou^{54}	小心ɕiɔ^{213}ɕiẽ^{0}	爱ŋɛ^{31} 好xɔ^{31}
平原	愁得慌ts^{h}ou^{55}ti^{0}xɑŋ^{0}	小心ɕiɔu^{23}ɕiẽ^{0}	愿意yã^{42}i^{0} 爱ŋɛi^{21}
德州	愁tʂ^{h}ou^{42}	留神儿liou^{42}ʂer^{42}	稀罕ɕi^{21}xã^{0}
武城	作难tsuə^{24}nã^{53}	小心ɕiɔ^{24}ɕiẽ^{0}	愿意yã^{312}i^{0} 爱ŋɛ^{312}
临清	犯愁fan^{31}tʂ^{h}ou^{53}	注意tʂu^{13}i^{313} 小心ɕiau^{44}ɕin^{0}	好xau^{313} 爱ŋai^{313} 喜欢ɕi^{44}xuan^{0}
冠县	发愁fa^{13}tʂ^{h}ou^{53}	小心siɔ^{44}siẽ^{0}	喜欢ɕi^{44}xuã^{0}
聊城	犯愁fã^{31}ts^{h}ou^{53}	小心ɕiɔ^{13}ɕiẽ^{0}	喜欢ɕi^{44}xuã^{0} 好xɔ^{313}
济南	愁tʂ^{h}ou^{42}	小心ɕiɔ^{213}ɕiẽ^{0}	好xɔ^{21} 愿意yã^{23}i^{21}
泰安	犯愁fã^{21}tʂ^{h}ou^{42}	小心ɕiɔ^{55}ɕiẽ^{213}	喜欢ɕi^{213}xuã^{0} 愿意yã^{21}i^{21}
莱芜	发愁fa^{213}tʃ^{h}ou^{55}	小心ɕiɔ^{55}ɕiẽ^{213}	喜欢ɕi^{13}xuã^{0}
新泰	发愁fa^{23}tʃ^{h}ou^{42}	杭⁼杭⁼着xɑŋ^{213}xɑŋ^{0}tʃɔ^{0}	喜欢ɕi^{213}xuã^{0}
沂源	犯愁fã^{31}tʃ^{h}ou^{55}	好生点儿xɔ^{21}ʃɑŋ^{0}tɛr^{0}	好xɔ^{31}
博山	愁tʂ^{h}əu^{55}	好生着xɔ^{213}ʂəŋ^{0}tʂuə^{0}	好xɔ^{31}
张店	愁tʂ^{h}ou^{55}	小心ɕiɔ^{213}ɕiə̃^{0}	好xɔ^{31}
阳谷	犯愁fã^{31}ts^{h}ou^{42}	留心liou^{42}ɕiẽ^{213}	好xɔ^{313}
梁山	愁得慌ts^{h}ou^{55}li^{0}xɑŋ^{0}	提备着点儿ti^{21}pei^{55}tsɿ^{0}tiɛr^{0}	喜见ɕi^{55}tɕiã^{0}
菏泽	做难tsou^{31}nã^{53}	招呼点儿tsɔ^{21}xu^{0}tiɛr^{0}	好xɔ^{312}
曹县	愁ts^{h}ou^{53}	招乎着tʂɔ^{21}xu^{0}tə^{0}	好xɔ^{312} 喜欢ɕi^{44}xuã^{0}
金乡	犯愁fã^{31}ts^{h}ou^{42}	小心ɕiɔ^{23}ɕiẽ^{0}	待见tɛ^{23}tɕiã^{312}
曲阜	犯愁fã^{31}ts^{h}ou^{42}	小心ɕiɔ^{55}ɕiẽ^{213}	待悦tɛ^{42}yə^{0} 喜欢ɕi^{213}xuã^{0}

续表

	0880 发愁	0881 小心过马路要～	0882 喜欢～看电视
薛城	犯愁 fã^{41}ts^{h}ou^{55} 愁得慌 ts^{h}ou^{55}ti^{0}xuŋ^{0} “慌”读为“哄”轻声	小心 ɕiɔ^{24}ɕiẽ^{0}	好 xɔ^{41} 用于动词前 喜 ɕi^{24} 用于动词前 喜欢 ɕi^{24}xuã^{0} 用于名词前
郯城	犯愁 fã^{51}tʂ^{h}əu^{44} 愁得慌 tʂ^{h}əu^{44}tə^{0}xuɑŋ^{0} 发愁 fa^{21}tʂ^{h}əu^{44}	小心 ɕiɔ^{44}ɕiẽ^{213}	喜 ɕi^{24} 喜乎 ɕi^{24}xu^{0} 喜欢 ɕi^{24}xuã^{0}
临沂	愁 tʃ^{h}ou^{53}	小心 ɕiɔ^{214}ɕiẽ^{0}	喜欢 ɕi^{214}xuã^{0}

	0883 讨厌～这个人	0884 舒服凉风吹来很～	0885 难受生理的
荣成	嗝应[①] kɛ^{33}in^{0} “应”读为“印”轻声	熨帖 y^{214}t^{h}ə^{0} “帖”有音变 舒索 ʃu^{53}sɿ^{0} “索”读为“丝”轻声	不熨贴 pu^{33}y^{214}t^{h}ə^{0} “帖”有音变 遭罪 tsau^{53}tsei^{33}
烟台	嗝央 kɤ^{33}iɑŋ^{0}	舒索 ɕy^{53}suo^{0}	难受 nan^{53}ɕiou^{33}
栖霞	嗝央 kə^{34}iɑŋ^{0}	过瘾 kuo^{55}ĩn^{214}	遭罪 tsɔo^{52}tsei^{52}
长岛	嗝应 kə^{52}iŋ^{0}	舒服 ʃy^{31}fu^{0}	难受 nan^{55}ʃou^{52}
海阳	嗝央 kə^{34}iɑŋ^{0}	舒索 ʃy^{52}sɔ^{0} “索”读为“搔”轻声	遭罪 tsɔ^{52}tθei^{341}
莱西	嗝央 kə^{42}iɑŋ^{0}	舒舒 ʃu^{32}ʃu^{0}	难受 nã^{24}ʃiou^{42} 不舒舒 pu^{55}ʃu^{32}ʃu^{0}
平度	烦恶 fã^{45}u^{0} 嗝央 kə^{42}iɑŋ^{0}	舒服 ʃu^{213}fu^{0} 享受 çiɑŋ^{45}ʃou^{0} 得劲儿 tei^{55}ciər^{42}	难受 na^{213}ʃou^{42} 不舒服 pu^{213}ʃu^{213}fu^{0} 不得劲儿 pu^{213}tei^{45}ciər^{42}
青岛	烦弃 fã^{45}tɕ^{h}i^{0} 嗝应 kə^{42}ioŋ^{0}	舒索 ʃu^{21}θuə^{0}	难受 nã^{213}ʃou^{42} 不舒索 pu^{55}ʃu^{21}θuə^{0}
高密	烦弃 fã^{55}tɕ^{h}i^{0} 犯恶 fã^{55}u^{0}	如$^{=}$作 y^{42}tθuə^{0} 舒服 ʃu^{21}fu^{0}	不好受 pu^{42}xɔ^{55}ʃou^{21} 难受 nã^{42}ʃou^{21} 不如$^{=}$作 pu^{55}y^{42}tθuə^{0}
诸城	腌臜 ŋa^{213}tθa^{0} 烦弃 fã^{24}tʃ^{h}ʅ^{0}	如$^{=}$作 y^{44}tθuə^{0} 好受 xɔ^{44}ʃou^{31}	不好受 pu^{44}xɔ^{44}ʃou^{31}

---

① 《现代汉语词典》（第7版）写作“硌硬”：“〈方〉❶讨厌；腻味：心里～得慌。❷使讨厌；使腻味：这种事儿特别～人。”其实“讨厌、腻味”的意思与“硌”义没有密切的联系，“硌硬”只是记音而已。鲁南和鲁西南说成“恶应”，即恶心的意思。本条首字与“硌”音同的写作与“恶心”意义相近的“嗝”，后字（都读轻声）与“硬”音同的写作“应”，读作“央”的写作“央”，统一不加同音符号。

续表

	0883 讨厌～这个人	0884 舒服凉风吹来很～	0885 难受生理的
沂水	烦弃fã^{24}tɕ^{h}i^{0}	好受xɔ^{44}ʃou^{31} 乳$^{=}$科$^{=}$y^{213}k^{h}uə^{0}	难受nã^{53}ʃou^{31}
临朐	烦弃fã^{35}tɕ^{h}i^{0}	舒坦ʃu^{21}t^{h}ã^{0}	难受nã^{53}ʃəu^{21}
日照	烦弃fã^{44}tʃ^{h}ʅ^{0}	舒坦ʃu^{31}t^{h}ã^{0}	不好受pu^{44}xɔ^{44}ʃou^{31}
莒南	烦fã^{53} 烦弃fã^{24}tɕ^{h}i^{0}	舒坦ʃʮ^{21}t^{h}ã^{0} 舒服ʃʮ^{21}fu^{0}	不好受pu^{55}xɔ^{55}ʃou^{31} 难受nã^{53}ʃou^{31}
潍坊	烦弃fã^{35}tɕ^{h}i^{0} 犯恶fã^{55}u^{0}	舒坦ʂu^{31}t^{h}ã^{0} 如$^{=}$作ʐu^{35}tsuə^{0}	不舒坦pu^{24}ʂu^{31}t^{h}ã^{0} 不好受pu^{214}xɔɤ^{55}ʂɤɯ^{31}
寿光	犯恶fã^{13}u^{21} 烦弃fã^{35}tɕ^{h}i^{0}	舒坦ʂu^{21}t^{h}ã^{0} 受用ʂəu^{55}yŋ^{0} 如$^{=}$作lu^{55}tsuə^{0}	难受nã^{53}ʂəu^{21}
高青	烦弃fã^{35}tɕ^{h}i^{0}	舒坦ʂu^{21}t^{h}ã^{0}	难受nã^{55}ʂou^{41}
阳信	烦恶fã^{55}u^{31}	舒坦ʂu^{31}t^{h}ã^{0}	不好受pu^{31}xɔ^{55}ʂou^{31} 难受nã^{55}ʂou^{31}
济阳	烦fã^{55}	舒坦ʂu^{21}t^{h}ã^{0}	难受nã^{13}ʂou^{31} 不得劲儿pu^{21}tei^{13}tɕier^{31}
利津	烦恶fã^{24}u^{31} 烦弃fã^{35}tɕ^{h}i^{0}	舒坦ʂu^{31}t^{h}ã^{0} 恣儿tser^{31}	不好受pu^{44}xɔ^{55}ʂou^{31} 难受nã^{55}ʂou^{31}
乐陵	烦fã^{55}	舒坦ʂu^{31}t^{h}ã^{0}	不好受pu^{212}xɔ^{55}ʂou^{51}
商河	影$^{=}$iŋ^{45}	舒服ʂu^{21}fu^{0} 舒坦ʂu^{21}t^{h}ã^{0}	难受nã^{24}ʂou^{31} 不得劲儿pu^{45}tei^{45}tɕier^{31} 不舒坦pu^{45}ʂu^{21}t^{h}ã^{0}
平原	烦fã^{42}	舒坦ʂu^{212}t^{h}ã^{0} 恣儿tsər^{21}	不好受pu^{21}xɔu^{55}ʂou^{21} 不得劲儿pu^{21}tei^{55}tɕiər^{21}
德州	不喜了pu^{42}ɕi^{213}lə^{0}	恣儿tser^{21} 舒坦ʂu^{21}t^{h}ã^{0} 得劲儿tei^{213}tɕier^{21}	不得劲儿pu^{213}tei^{213}tɕier^{21} 不好受pu^{21}xɔ^{55}ʂou^{21}
武城	烦fã^{53}	舒坦ʂu^{312}t^{h}ã^{0} 恣儿tser^{312}	不得劲儿pu^{21}tei^{55}tɕier^{312}
临清	烦fan^{53}	舒坦ʂu^{13}t^{h}an^{44}	难受nan^{44}ʂou^{313} 不得劲儿pu^{31}tei^{13}tɕier^{313}
冠县	烦fã^{53} 讨厌t^{h}ɔ^{55}iã^{0}	得劲儿tei^{53}tɕier^{314}	难受nã^{53}ʂou^{314}
聊城	烦恶fã^{44}u^{0}	得劲儿tei^{13}tɕier^{313}	不得劲儿pu^{31}tei^{13}tɕier^{313} 难受nã^{44}sou^{313}

续表

	0883 讨厌～这个人	0884 舒服凉风吹来很～	0885 难受生理的
济南	烦 fã^{42}	舒坦 ʂu^{21}tʰã^{0}	难受 nã^{445}ʂou^{0} 不得劲儿 pu^{21}tei^{23}tɕier^{21}
泰安	烦恶 fã^{21}u^{21} 烦 fã^{42}	舒坦 tʂʰu^{21}tʰã^{0} “舒”读为“初” 得劲儿 tei^{23}tɕier^{21} 恣儿 tser^{21}	难受 nã^{55}ʂou^{21} 不得劲儿 pu^{23}tei^{23}tɕier^{21}
莱芜	烦恶 fã^{31}u^{42}	恣 tsɿ^{42}	不熨发$^{=}$ pu^{31}y^{31}fa^{0}
新泰	烦恶 fã^{23}u^{31}	熨帖 y^{21}tʰiə^{0}	难受 nã^{23}ʃou^{31}
沂源	烦弃 fã^{35}tɕʰi^{0}	好受 xɔ^{55}ʃou^{31} 舒坦 ʃu^{21}tʰã^{0}	难受 nã^{55}ʃou^{31}
博山	烦恶 fã^{31}u^{31}	熨帖 y^{213}tʰiə^{0}	难受 nã^{55}ʂəu^{31}
张店	烦 fã^{55}	得劲儿 tei^{33}tɕiei^{31}	不得劲儿 pu^{33}tei^{33}tɕiei^{31}
阳谷	恶应 ɣə^{31}iŋ^{0} 多嫌 tuo^{31}ɕiã^{0}	舒坦 su^{31}tʰã^{0} 熨帖 lu^{31}tʰiə^{0} “熨”读为“路”	难受 nã^{42}sou^{313}
梁山	恶应 ɣə^{21}iŋ^{0} 烦 fã^{42}	得意儿 tə^{23}ɾer^{314}	不得意儿 pu^{23}tə^{23}ɾer^{314}
菏泽	恶心 ɣə^{21}ɕiẽ^{0}	得劲儿 tei^{213}tɕier^{312}	不得劲儿 pu^{31}tei^{213}tɕier^{312}
曹县	烦 fã^{53}	是味儿 sɿ^{213}uər^{312} 舒服 ʂu^{21}fu^{0}	难受 nã^{44}ʂou^{0}
金乡	烦 fã^{42}	舒服 su^{21}fu^{0} 适味儿 sɿ^{23}uer^{312}	难受 nã^{55}sou^{312}
曲阜	恶应 ɣə^{21}iŋ^{0}	好受 xɔ^{55}sou^{312}	不好受 pu^{21}xɔ^{55}sou^{312}
薛城	烦 fã^{55} 恶应 ɣə^{31}iŋ^{0}	舒坦 fu^{31}tʰã^{0}	不好受 pu^{31}xɔ^{24}sou^{41}
郯城	烦 fã^{44} 讨厌 tʰɔ^{24}iã^{51}	舒坦 fu^{21}tʰã^{0} 舒服 ʂu^{21}fu^{0}	不好受 pu^{21}xɔ^{24}ʂəu^{51} 难受 nã^{44}ʂəu^{51}
临沂	烦 fã^{53} 讨厌 tʰɔ^{55}iã^{312}	舒坦 ʃu^{21}tʰã^{0} 舒服 ʃu^{21}fu^{0}	不好受 pu^{24}xɔ^{55}ʃou^{312} 难受 nã^{53}ʃou^{312}

	0886 难过心理的	0887 高兴	0888 生气
荣成	不熨帖 pu^{33}y^{214}tʰə^{0} “帖”有音变 难过 nan^{53}kuo^{33}	欢气 xuan^{53}cʰi^{0}	生气 ʂəŋ^{53}cʰi^{33}
烟台	难过 nan^{53}kuo^{33}	欢气 xuan^{53}tɕʰi^{0}	生气 səŋ^{53}tɕʰi^{33}
栖霞	难受 nãn^{52}ʃəu^{342}	欢喜 xuãn^{52}çi^{0}	生气 səŋ^{55}cʰi^{52}

续表

	0886难过心理的	0887高兴	0888生气
长岛	难过nan55kuə52	高兴kau31çiŋ52	生气səŋ31cʰi52
海阳	难受nã52səu341	欢气xuã52cʰi0	生气ʂəŋ52cʰi341
莱西	难过nã24kuə42 难受nã24ʃiou42	欢气xuã32cʰi0 高兴kɔ214çiŋ42	生气səŋ214cʰi42
平度	难过nã213kuə42 难受nã213ʃou42	欢气xuã213cʰi0 高兴kɔ213çiŋ0	生气ʂəŋ213cʰi42
青岛	难受nã213ʃou42	欢气xuã21tɕʰi0	生气ʂoŋ213tɕʰi42
高密	不乐意pu55lə21i21 不好受pu42xɔ55ʃou21	恣儿tθer21 高兴kɔ23çioŋ21	火儿了xuər23lə0 生气ʂoŋ23tɕʰi21
诸城	不好受pu44xɔ44ʃou31	恣儿tθer31 欢气xuã31tʃʰʅ0	生气ʂəŋ213tʃʰʅ31
沂水	不济pu44dzi31	恣dðʅ31 恣儿dðer31	生气ʂəŋ24tɕʰi31
临朐	难受nã53ʃəu21	恣儿tθer21	生气ʂəŋ213tɕʰi21
日照	不济pu44ʈi31	恣tθʅ31 欢气xuã31tʃʰʅ0	生气ʂəŋ23tʃʰʅ31
莒南	难受nã53ʃou31	恣tθʅ312 高兴kɔ13çiŋ31	生气ʂəŋ13tɕʰi31 气得慌tɕʰi42tə0xuɑŋ0
潍坊	不舒坦pu24ʂu0tʰã0 不得劲儿pu214tei55tɕier31 不是滋味儿pu24ʂʅ31tsʅ31uer0	恣儿tser31	生气ʂəŋ24tɕʰi31
寿光	难受nã53ʂəu21	欢气xuã21tɕʰi0 恣儿tsʅ21	生气ʂəŋ13tɕʰi21
高青	难过nã55kuə41	恣儿tser41	生气ʂəŋ213tɕʰi41
阳信	不好受pu31xɔ55ʂou31 难受nã55ʂou31	恣tsʅ31 恣儿tser31	生气ʂəŋ213tɕʰi31
济阳	难受nã13ʂou31	恣儿tser31	生气ʂəŋ13tɕʰi31
利津	不好受pu44xɔ55ʂou31 难受nã55ʂou31	恣儿tser31 欢气xuã31tɕʰi0	生气ʂəŋ24tɕʰi31
乐陵	不好受pu212xɔ55ʂou51	欢气xuã31tɕʰi0	气得慌tɕʰi55ti0ʂɑŋ0 “慌”读为“上”轻声
商河	难受nã24ʂou0	高兴kɔ24çiŋ31 恣儿tser31略带得意之情	生气ʂəŋ24tɕʰi31

续表

	0886 难过心理的	0887 高兴	0888 生气
平原	不好受pu^{21}xɔu^{55}ʂou^{21} 不得劲儿pu^{21}tei^{55}tɕiər^{21}	喜欢ɕi^{23}xuã^{0}	生气səŋ^{23}tɕʰi^{21}
德州	难受nã^{55}ʂou^{0}	乐lə^{21}	生气ʂəŋ^{213}tɕʰi^{21} 肚憋儿tu^{21}piər^{213}
武城	不得劲儿pu^{21}tei^{55}tɕier^{312}	喜欢ɕi^{24}xuã^{0}	气得慌tɕʰi^{53}ti^{0}xuɑŋ^{0}
临清	难过nan^{44}kuə^{313}	高兴kau^{13}ɕiŋ^{313} 恣儿tser^{313}	生气ʂəŋ^{13}tɕʰi^{313}
冠县	难过nã^{53}kuə^{314}	高兴kɔ^{13}ɕiŋ^{314}	生气ʂəŋ^{13}tɕʰi^{314}
聊城	难过nã^{44}kuə^{313}	恣儿tser^{313} 高兴kɔ^{13}ɕiŋ^{313}	生气səŋ^{13}tɕʰi^{313}
济南	难过nã^{445}kuə^{0} 不得劲儿pu^{21}tei^{23}tɕier^{21}	高兴kɔ^{23}ɕiŋ^{21} 恣儿tser^{21}略带得意之情	生气ʂəŋ^{23}tɕʰi^{21}
泰安	难过nã^{55}kuə^{21} 难受nã^{55}ʂou^{21}	恣tsɿ^{21} 得tei^{213}	生气ʂəŋ^{23}tɕʰi^{21}
莱芜	难过nã^{55}kuə^{42}	高兴kɔ^{213}ɕiŋ^{42}	生气səŋ^{213}tɕʰi^{42}
新泰	难过nã^{23}kuə^{31}	高兴kɔ^{23}ɕiŋ^{0} 恣tθɿ^{31}	生气ʃəŋ^{23}tɕʰi^{0}
沂源	不济pu^{35}tɕi^{0}	恣儿tθer^{31}	生气ʃəŋ^{13}tɕʰi^{31}
博山	难过nã^{55}kuə^{31}	恣tsɿ^{31}	生气ʂəŋ^{213}tɕʰi^{31}
张店	不得劲儿pu^{33}tei^{33}tɕiei^{31} 不痛快pu^{33}tʰuŋ^{55}kʰuɛ^{0}	恣tsɿ^{31}	生气ʂəŋ^{213}tɕʰi^{31}
阳谷	难过nã^{42}kuo^{313}	高兴kɔ^{13}ɕiŋ^{313}	生气səŋ^{13}tɕʰi^{313}
梁山	不好受pu^{23}xɔ^{55}sou^{314}	得tei^{314}	生气səŋ^{23}tɕʰi^{314}
菏泽	难受nã^{44}sou^{312}	得tei^{213}	烦fã^{53}
曹县	不是味儿pu^{44}sɿ^{0}uər^{312}	高兴kɔ^{13}ɕiŋ^{312}	生气ʂəŋ^{13}tɕʰi^{312}
金乡	难过nã^{55}kuə^{312}	高兴kɔ^{23}ɕiŋ^{312}	生气səŋ^{23}tɕʰi^{312}
曲阜	难受nã^{55}sou^{312} 难过nã^{55}kuə^{312}	喜ɕi^{55} 得tei^{213}	生气səŋ^{23}tɕʰi^{312}
薛城	不好受pu^{31}xɔ^{24}sou^{41}	恣儿tser^{41} 喜ɕi^{24} 欢喜xuã^{31}ɕi^{24}	生气səŋ^{23}tɕʰi^{41}
郯城	难受nã^{44}ʂəu^{51}程度较轻 难过nã^{44}kuə^{51}程度较重	恣tsɿ^{51} 高兴kɔ^{21}ɕiŋ^{51}	来气lɛ^{44}tɕʰi^{51} 气得慌tɕʰi^{51}tə^{0}xuɑŋ^{0} 生气ʂəŋ^{21}tɕʰi^{51}

续表

	0886难过心理的	0887高兴	0888生气
临沂	不好过pu^{24}xɔ^{55}kuə^{312} 难过nã^{53}kuə^{312} 难受nã^{53}ʃou^{312}	恣tsɿ^{312} 恣儿tser^{312} 高兴kɔ^{24}ɕiŋ^{312}	生气ʃəŋ^{24}tɕʰi^{312}

	0889责怪	0890后悔	0891忌妒
荣成	埋怨man^{53}yan^{0} 嫌伙=ɕiɑn^{35}xuo^{0}	后悔xəu^{33}xuei^{214}	嫉妒tsi^{33}tu^{0}
烟台	埋怨man^{53}yan^{0}	后悔xou^{33}xuei^{0}	眼红ian^{21}xuŋ^{33}
栖霞	埋怨mãn^{52}yãn^{342}	懊啃=ɔo^{21}kʰə̃n^{0}	害气xɛi^{55}cʰi^{52}
长岛	怨yan^{52}	后悔xou^{52}xuei^{213}	忌妒ci^{52}tu^{0}
海阳	埋怨mã^{52}yã^{0}	后悔xəu^{34}xuei^{0}	气不忿儿cʰi^{34}pu^{0}fər^{341}
莱西	怪kuɛ^{42} 怨yã^{42}	后悔xou^{21}xuei^{55}	嫉妒tʃɿ^{42}tu^{0}
平度	数咕ʂu^{45}ku^{0} 怨yã^{213}	后悔xou^{213}xuei^{55} 懊悔ɔ^{45}xuei^{0}	嫉妒tsi^{45}tu^{0}
青岛	巴=数pɑ^{213}ʂu^{42} 埋怨mã^{45}yã^{0}	懊恨ɔ^{55}xẽ^{42} 后悔xou^{213}xuei^{55}	嫉妒tsi^{42}tu^{0}
高密	嫌候=ɕiã^{55}xou^{0} 埋怨mã^{55}yã^{0}	懊悔ɔ^{23}xuei^{0} 后悔xou^{21}xuei^{55}	忌妒tɕi^{42}tu^{0}
诸城	怨yã^{31} 埋怨mã^{24}yã^{0}	懊悔ŋɔ^{213}xuei^{0}	妒忌tu^{31}tʃɿ^{31}
沂水	咋=备xua^{213}pe^{0} 欻=将tʂʰua^{213}dziɑŋ^{0}	懊悔ŋɔ^{31}xue^{44}	红眼xuŋ^{53}iã^{44} 眼红iã^{213}xuŋ^{53} 眼热iã^{55}iə^{31}
临朐	嫌ɕiã^{53}	懊悔ŋɔ^{21}xuei^{44}	（无）
日照	抱怨pɔ^{31}yã^{31} 埋怨mã^{44}yã^{0}	懊悔ŋɔ^{213}xuei^{0}	忌妒ȶi^{53}tu^{0}
莒南	怨yã^{312} 怪kuɛ^{312}	后悔xou^{31}xuei^{55}	红眼xuŋ^{53}iã^{55} 眼红iã^{55}xuŋ^{53} 嫉妒tsi^{42}tu^{0}
潍坊	嫌候=ɕiã^{35}xɤɯ^{0} 发落fɑ^{214}luə^{0}	懊悔ŋɔɤ^{24}xuei^{0} 肮脏ŋɑŋ^{31}tsɑŋ^{0}	妒忌tu^{55}tɕi^{0}
寿光	埋怨mã^{35}yã^{0} 怨yã^{21}	懊唤=ŋɔ^{24}xuã^{0}	眼红iã^{55}xuŋ^{53}

续表

	0889责怪	0890后悔	0891忌妒
高青	埋怨mɛ^{35}yã^{41}	懊悔ŋɔ^{213}xuei^{0}	忌妒tɕi^{35}tu^{0}
阳信	埋怨mã^{45}yã^{0}	懊悔nɔ^{55}xuei^{0}	妒忌tu^{55}tɕi^{0}
济阳	怪kuɛ^{31}	后悔xou^{31}xuei^{55}	嫉=妒ti^{24}tu^{0} “嫉”读为“敌”
利津	怨yã^{31}	腌臜ŋa^{31}tsa^{0}	嫉妒tɕi^{35}tu^{0} 妒忌tu^{55}tɕi^{0}
乐陵	埋怨mã^{55}yã^{0}	后悔xou^{31}xuei^{55}	忌妒tɕi^{55}tu^{0}
商河	怪kuɛ^{31}	后悔xou^{31}xuei^{45} 腌臜ŋɑ^{21}tsɑ^{0}	忌妒tɕi^{31}tu^{31}
平原	埋怨mã^{55}yã^{21} 怪着kuɛi^{42}tʂɔu^{0}	后悔xou^{21}xuei^{55}	妒嫉tu^{42}tɕi^{0}
德州	怪着kuɛ^{42}tʂɔ^{0}	后悔xou^{21}xuei^{55}	眼红iã^{55}xuŋ^{42}
武城	埋怨mã^{55}yã^{0}	后悔xou^{21}xuei^{55}	忌妒tɕi^{53}tu^{0}
临清	怪kuai^{313} 埋怨man^{44}yan^{0}	后悔xou^{31}xuei^{44}	嫉妒tɕi^{44}tu^{0}
冠县	埋怨mã^{55}yã^{31}	后悔xou^{31}xuei^{55}	眼儿气iɐr^{55}tɕ^{h}i^{314}
聊城	埋怨mã^{44}yã^{0}	后悔xou^{31}xuei^{44}	眼气iã^{44}tɕ^{h}i^{313}
济南	怪kuɛ^{21} 责怪tsə^{23}kuɛ^{21}	后悔xou^{21}xuei^{55}	恨xẽ^{21}
泰安	怪kuɛ^{21} 嗔tʂ^{h}ẽ^{213} 抱怨pɔ^{42}yã^{0}	后悔xou^{21}xuei^{55} 腌臜ɣa^{21}tsa^{0}	眼红iã^{213}xuŋ^{42}
莱芜	怪kuɛ^{42}	后悔xou^{31}xuei^{213}	忌妒tɕi^{13}tu^{42}
新泰	埋怨mã^{45}yã^{0}	懊悔ŋɔ^{53}xuei^{0}	忌妒tɕi^{54}tu^{0}
沂源	埋怨mã^{35}yã^{31}	懊悔ŋɔ^{31}xuei^{55}	红眼xuŋ^{31}iã^{55}
博山	怨yã^{31} 埋怨mã^{35}yã^{0}	懊唤=ŋɔ^{213}xuã^{0}	妒忌tu^{35}tɕi^{0}
张店	怨yã^{31}	兀=苏=u^{33}su^{0} 懊悔ŋɔ^{55}xuei^{0}	递=奸=ti^{31}tɕiã^{213}
阳谷	埋怨mã^{55}yã^{0} 责怪tsei^{13}kuɛ^{0}	后悔xou^{31}xuei^{0}	忌妒tɕi^{42}tu^{0} 妒忌tu^{42}tɕi^{0} 吃醋ts^{h}ɿ^{13}ts^{h}u^{313}

续表

	0889责怪	0890后悔	0891忌妒
梁山	埋怨mã⁵⁵yã⁰	后悔xou²¹xuei⁰	眼馋iã⁵⁵tsʰã⁴² 眼红iã⁵⁵xuŋ⁴²
菏泽	抱怨pɔ³¹yã⁰ 埋怨mɛ⁵³yã⁰	后亏xou³¹kʰuei²¹³	眼红iã⁴⁴xuŋ⁵³
曹县	埋怨mã⁵³yã⁰	后悔xou³¹xuei⁰	眼红iã⁴⁴xuŋ⁵³
金乡	抱怨pɔ³¹yã³¹²	后悔xou³¹xuei⁵⁵	眼馋iã²³tsʰã⁴² 眼红iã²³xuŋ⁴²
曲阜	抱怨pɔ⁴²yã⁰	后悔xou³¹xuei⁵⁵	忌妒tɕi⁵⁵tu⁰
薛城	抱怨pɔ⁴¹yã⁰	后悔xou⁴¹xue²⁴	忌妒tɕi⁵⁵tou⁰
郯城	怨yã⁵¹ 怪kuɛ⁵¹	后悔xəu⁵¹xue²⁴	红眼xuŋ⁴⁴iã²⁴ 眼红iã²⁴xuŋ⁴⁴ 嫉妒tɕi⁴⁴tu⁵¹
临沂	怨yã³¹² 怪kuɛ³¹² 怪坏kuɛ³¹xuɛ⁰	懊恼ɣɔ³¹xuei⁰ 后悔xou³¹xuei⁵⁵	红眼xuŋ⁵³iã⁵⁵ 眼红iã⁵⁵xuŋ⁵³ 嫉妒tɕi⁵⁵tu⁰

	0892害羞	0893丢脸	0894欺负
荣成	害惮xai³³tan³³	丢人tiəu⁵³in⁵³	欺负cʰi⁵³fu⁰
烟台	害惮xɛ⁵³tan³³	丢人tiou³⁵in⁵³	欺负tɕʰi⁵³fu⁰
栖霞	害惮xɛi⁵²tãn³⁴²	丢人tiəu⁵²ĩn³⁴²	抓⁼乎tsua²¹xu⁰
长岛	害臊xai⁵²sau⁵²	丢人tiou³¹in⁵⁵	欺负cʰi³¹fu⁰ 抓⁼乎tsua³⁵xu⁰
海阳	害惮xɛ⁵²tã³⁴¹	丢人tiəu³⁴ĩ⁵²	欺负cʰi⁵²fu⁰
莱西	害惮xɛ²⁴tã⁴² 害羞xɛ⁴²ʃiou²¹⁴	丢人tiou⁵⁵iẽ²¹⁴ 丢脸tiou²¹⁴liã⁵⁵	欺负cʰi³²fu⁰ 腔⁼cʰiɑŋ²¹⁴
平度	嫌候⁼惮得慌çiã⁴⁵xou⁰tã⁴²ti⁰ʃɑŋ⁰ "慌"读为"上"轻声 害羞xɛ⁴²siou²¹³	丢脸tiou²¹³liã⁵⁵ 丢人tiou²¹³iə̃⁴²	欺负cʰi²¹³fu⁰
青岛	害惮xɛ²¹³tã⁴²	丢人tiou²¹³iẽ⁴²	欺负tɕʰi²¹fu⁰ 压榨iɑ²¹³tʂɑ⁴²
高密	腼腆miã²³pʰiã⁰ "腆"读为"谝" 害羞xɛ²¹siou²¹³	丢人tiou²¹³iə̃⁴² 丢脸tiou²¹³liã⁵⁵	欺负tɕʰi²¹fu⁰
诸城	丢的慌ȶiou³¹ȶi⁰xuɑŋ⁰	丢人ȶiou²¹³iẽ⁵³	欺乎tʃʰʅ³¹xu⁰

续表

	0892害羞	0893丢脸	0894欺负
沂水	器=ɕiɔ^{213} 害器①=xɛ^{31}ɕiɔ^{213}	丢人tiou^{213}iẽ^{53} 丢丑tiou^{213}tʃʰou^{44}	讹uə^{53} 欺负tɕʰi^{31}fu^{0}
临朐	害器=xɛ^{21}ɕiɔ^{213}	丢人tiəu^{213}ʐə̃^{53}	恶uə^{21}
日照	害羞xɛ^{44}θiou^{213}	丢人tiou^{213}iẽ^{53}	欺负tʃʰʅ^{31}fəŋ^{0} "负"读为"缝"
莒南	抹=抹=丢丢mə^{213}mə^{0}tiou^{21}tiou^{0} 害器=xɛ^{31}ɕiɔ^{213}	丢人tiou^{213}iẽ^{53} 丢脸tiou^{213}liã^{55}	欺负tɕʰi^{21}fu^{0}
潍坊	害器=xɛ^{31}ɕiɔɤ^{214}	丢人tiɤɯ^{214}ʐẽ^{53} 丢脸tiɤɯ^{214}liã^{55}	欺负tɕʰi^{31}fu^{0}
寿光	害器=xɛ^{21}ɕiɔ^{213}	丢人tiəu^{213}lə̃^{53} 丢脸tiəu^{213}liã^{55}	骑=梁=tɕʰi^{35}liɑŋ^{0}
高青	害器=xɛ^{41}ɕiɔ^{213}	丢人tiou^{213}ʐə̃^{55}	欺负tɕʰi^{21}fu^{0}
阳信	害臊xɛ^{55}sɔ^{31}	丢人tiou^{213}ʐə̃^{43} 抹=丢mə^{213}tiou^{0}	欺负tɕʰi^{31}fu^{0}
济阳	害臊xɛ^{31}sɔ^{31}	丢人tiou^{13}ʐẽ^{55}	欺负tɕʰi^{21}fu^{0}
利津	害羞xɛ^{31}ɕiou^{213}	丢人tiou^{213}ʐẽ^{53}	欺负tɕʰi^{31}fu^{0}
乐陵	害臊xɛ^{24}sɔ^{51}	丢人tiou^{212}ʐẽ^{55}	欺负tɕʰi^{31}fu^{0}
商河	害臊xɛ^{24}sɔ^{31}	丢人tiou^{213}ʐẽ^{54}	欺负tɕʰi^{21}fu^{0}
平原	嫌瞬=ɕiã^{42}ʂuẽ^{42}后字读阳平 小脸儿ɕiɔu^{42}liɐr^{55}	丢人tiou^{212}ʐẽ^{42}	欺负tɕʰi^{21}fu^{0}
德州	害臊xɛ^{213}sɔ^{21}	丢人tiou^{213}ʐẽ^{42}	欺负tɕʰi^{21}fu^{0}
武城	害臊xɛ^{24}sɔ^{312} 小脸儿ɕiɔ^{53}liɐr^{55}	丢人tiou^{24}lẽ^{53}	欺负tɕʰi^{312}fu^{0}
临清	害臊xai^{44}sau^{313} 臊不拉的sau^{31}pu^{0}la^{13}tə^{0}	丢人tiou^{13}ʐən^{53} 现眼ɕian^{31}ian^{44} 丢人现眼tiou^{13}ʐən^{53}ɕian^{31}ian^{44}	掐巴tɕʰia^{44}pa^{0} 欺负tɕʰi^{13}fu^{0}
冠县	害羞xɛ^{31}ɕiou^{13} 抹不开脸儿mə^{55}pu^{0}kʰɛ^{0}liɐr^{55}	丢人tiou^{13}ʐẽ^{53}	强霸tɕʰiɑŋ^{53}pa^{0} 欺负tɕʰi^{21}fu^{0}
聊城	害神=xɛ^{31}sẽ^{53} 害臊xɛ^{31}sɔ^{313}	丢人tiou^{13}zẽ^{53}	欺负tɕʰi^{13}fu^{0}
济南	害臊xɛ^{23}sɔ^{21}	丢人tiou^{213}ʐẽ^{42}	欺负tɕʰi^{21}fu^{0}

① 在分尖团的方言中，"器"与"羞"声母和韵母都不同，前者是团音字，后者是尖音字。不分尖团的方言中，只有韵母不同。此按照蒲松龄《聊斋俚曲集》的写法，区分"器"与"羞"。

续表

	0892害羞	0893丢脸	0894欺负
泰安	害臊xɛ^{21}sɔ^{21}	丢人tiou^{213}ʐẽ^{42}	欺负tɕʰi^{21}fu^{0}
莱芜	害臊xɛ^{31}sɔ^{42}	丢人tiou^{213}ʒẽ^{55}	欺负tɕʰi^{31}fu^{0}
新泰	害臊xɛ^{31}θɔ^{31}	丢人tiou^{23}ʒẽ^{42}	欺负tɕʰi^{21}fu^{0}
沂源	害臊xɛ^{31}θɔ^{31}	丢人tiou^{21}iə̃^{55}	欺负tɕʰi^{21}fu^{0}
博山	害羞xɛ^{31}ɕiəu^{213} 嚣=得慌xiɔ^{21}ə^{0}xuaŋ^{0}	丢人tiəu^{213}lẽ^{55}	欺负tɕʰi^{21}fu^{0}
张店	害嚣=xɛ^{31}ɕiɔ^{213}	丢人tiou^{213}ʐə̃^{55}	派=孙=pʰɛ^{31}suə̃^{213}
阳谷	害嚣=xɛ^{42}ɕiɔ^{213}	丢人tiou^{13}zẽ^{42} 丢脸tiou^{13}liã^{55}	腔=霸tɕʰiaŋ^{31}pa^{0}
梁山	害臊xɛ^{31}sɔ^{314}	丢人tiou^{213}zẽ^{42}	压梁=ia^{23}liaŋ^{0}
菏泽	害嚣=xɛ^{31}ɕiɔ^{213}	丢人tiou^{213}zẽ^{53}	欺负tɕʰi^{21}fu^{0}
曹县	脸红liã^{44}xuŋ^{53}	丢人tiou^{213}zẽ^{53}	欺负tɕʰi^{21}fu^{0}
金乡	害嚣=xɛ^{31}ɕiɔ^{213}	丢人tiou^{213}zẽ^{42}	欺负tɕʰi^{21}fu^{0}
曲阜	害嚣=xɛ^{31}ɕiɔ^{213}	丢人tiou^{213}zẽ^{42}	欺梁=tɕʰi^{21}liaŋ^{0}
薛城	羞的慌ɕiou^{31}ti^{0}xuŋ^{0} “慌”读为“哄”轻声 害羞xɛ^{41}ɕiou^{313}	丢人tiou^{31}zẽ^{55}	讹ɣə^{55}
郯城	抹=抹=丢丢mə^{24}mə^{0}tiəu^{13}tiəu^{213} 害羞xɛ^{51}ɕiəu^{213}	丢人tiəu^{21}ʐə̃^{44} 丢脸tiəu^{21}liã^{24}	欺负tɕʰi^{21}fu^{0}
临沂	丢tiou^{214} 害羞xɛ^{31}ɕiou^{214}	丢人tiou^{24}ʐẽ^{53} 丢脸tiou^{24}liã^{55}	欺负tɕʰi^{21}fu^{0}

	0895装～病	0896疼～小孩儿	0897要我～这个
荣成	装tʂuaŋ^{53}	亲tsʰin^{53}	要iau^{33}
烟台	装tsuaŋ^{53}	疼tʰəŋ^{33}	要iau^{33}
栖霞	装tsuaŋ^{312}	疼tʰəŋ^{52}	要iɔo^{52}
长岛	装tsuaŋ^{312}	疼tʰəŋ^{52}	要iau^{52}
海阳	装tʂuaŋ^{52}	疼tʰəŋ^{341}	要iɔ^{341}
莱西	装tsuaŋ^{214}	海=疼xɛ^{214}tʰəŋ^{42}	要iɔ^{42}
平度	装tʂuaŋ^{213}	疼tʰəŋ^{42}	要iɔ^{213}

续表

	0895 装～病	0896 疼～小孩儿	0897 要我～这个
青岛	装tʂuɑŋ^{213}	疼tʰoŋ^{42}	要iɔ^{42}
高密	假装儿tɕiɑ^{55}tʂuɑ̃r^{213} 装点=tʂuɑŋ^{21}tiã^{0}	心疼siə̃^{21}tʰoŋ^{0}	要iɔ^{21}
诸城	装tʂuɑŋ^{213}	疼tʰəŋ^{53}	要iɔ^{31}
沂水	推tʰue^{213} 推脱tʰue^{31}tʰuə^{0}	疼tʰəŋ^{53}	要iɔ^{31}
临朐	装tʂuɑŋ^{213}	疼tʰəŋ^{53}	要iɔ^{21}
日照	装tʂuɑŋ^{213}	疼tʰəŋ^{53}	要iɔ^{31}
莒南	装tʂuɑŋ^{213} 当板=儿tɑŋ^{213}pɛr^{55}	疼tʰəŋ^{53}	要iɔ^{312}
潍坊	糗=tɕʰiɤɯ^{55}	疼tʰəŋ^{53}	要iɔɤ^{31}
寿光	推搪tʰuei^{21}tʰɑŋ^{0} 装tʂuɑŋ^{213}	疼科=tʰəŋ^{35}kʰuə^{0} 疼tʰəŋ^{53}	要iɔ^{21}
高青	装tʂuɑŋ^{213}	疼tʰəŋ^{55}	要iɔ^{41}
阳信	装tʂuɑŋ^{213}	疼tʰəŋ^{43}	要iɔ^{31}
济阳	装tʂuɑŋ^{213}	疼tʰəŋ^{55}	要iɔ^{31}
利津	装歪=tʂuɑŋ^{31}uɛ^{0}	疼tʰəŋ^{53}	要iɔ^{31}
乐陵	装tʂuɑŋ^{24}	疼tʰəŋ^{55}	要iɔ^{51}
商河	装tʂuɑŋ^{213}	疼tʰəŋ^{54}	要iɔ^{31}
平原	装tʂuɑŋ^{213}	疼tʰəŋ^{42}	要iɔu^{21}
德州	装tʂuɑŋ^{213}	疼tʰəŋ^{42}	要iɔ^{21}
武城	装tʂuɑŋ^{224}	疼tʰəŋ^{53}	要iɔ^{312}
临清	装tʂuɑŋ^{13}	疼tʰəŋ^{53}	要iau^{313}
冠县	装tʂuɑŋ^{13}	疼tʰəŋ^{53} 娇tɕiɔ^{13}	要iɔ^{314}
聊城	装tsuɑŋ^{13}	疼tʰəŋ^{53}	要iɔ^{313}
济南	装tʂuɑŋ^{213}	疼tʰəŋ^{42}	要iɔ^{21}
泰安	装tʂuɑŋ^{213}	疼tʰəŋ^{42}	要iɔ^{21}
莱芜	装tʃuɑŋ^{213}	疼tʰəŋ^{55}	要iɔ^{42}
新泰	装pfɑŋ^{213}	疼tʰəŋ^{42}	要iɔ^{31}

续表

	0895 装~病	0896 疼~小孩儿	0897 要我~这个
沂源	装 tʃuaŋ^{213}	疼 t^{h}əŋ^{55}	要 iɔ^{31}
博山	装 tʂuaŋ^{213}	疼 t^{h}əŋ^{55}	要 iɔ^{31}
张店	装 tʂuaŋ^{213} 装佯 tʂuaŋ^{213}iaŋ^{55}	疼 t^{h}əŋ^{55}	要 iɔ^{31}
阳谷	装 tsuaŋ^{213}	疼 t^{h}əŋ^{42}	要 iɔ^{313}
梁山	装 tsuaŋ^{213}	疼 t^{h}əŋ^{42}	要 iɔ^{314}
菏泽	装 tsuaŋ^{213}	疼 t^{h}əŋ^{53}	要 iɔ^{312}
曹县	装 tʂuaŋ^{213}	疼 t^{h}əŋ^{53}	要 iɔ^{312}
金乡	装 tsuaŋ^{213}	疼 t^{h}əŋ^{42}	要 iɔ^{312}
曲阜	装 tsuaŋ^{213}	疼 t^{h}əŋ^{42}	要 iɔ^{312}
薛城	装 pfaŋ^{313}/tsuaŋ^{313}	疼 t^{h}əŋ^{55}	要 iɔ^{41}
郯城	装佯儿 tʂuaŋ^{21}iãr^{44} 装 tʂuaŋ^{213}	疼 t^{h}əŋ^{44}	要 iɔ^{51}
临沂	装佯 tʃuaŋ^{24}iaŋ^{53} 装 tʃuaŋ^{214}	疼 t^{h}əŋ^{53}	要 iɔ^{312}

	0898 有我~一个孩子	0899 没有他~孩子	0900 是我~老师
荣成	有 iəu^{214}	没有 mo^{53}iəu^{214}	是 ʂʅ^{33}
烟台	有 iou^{14}	没有 mo^{33}iou^{14}	是 sɿ^{33}
栖霞	有 iəu^{214}	没有 mei^{52}iəu^{214}	是 sɿ^{52}
长岛	有 iou^{213}	没有 mei^{52}iou^{213}	是 sɿ^{52}
海阳	有 iəu^{214}	没有 mə^{34}iəu^{214}	是 ʂʅ^{341}
莱西	有 iou^{55}	没有 mu^{21}iou^{55}	是 sɿ^{42}
平度	有 iou^{55}	没有 mu^{213}iou^{55}	是 ʂʅ^{42}
青岛	有 iou^{55}	没有 mə^{213}iou^{55}	是 ʂʅ^{42}
高密	有 iou^{55}	没有 mu^{42}iou^{55}	是 ʂʅ^{21}
诸城	有 iou^{44}	没有 mu^{44}iou^{0}	是 ʂʅ^{31}
沂水	有 iou^{44}	没价 mu^{24}tɕia^{0}	是 ʂʅ^{31}
临朐	有 iəu^{44}	没有 mu^{35}iəu^{0} 没个$^{=}$价 mu^{35}ka^{0}tɕia^{0}	是 ʂʅ^{21}

续表

	0898 有我~一个孩子	0899 没有他~孩子	0900 是我~老师
日照	有 iou^{44}	没有 mu^{53}iou^{44}	是 ʂʅ^{31}
莒南	有 iou^{55}	没有 mu^{31}iou^{55}	是 ʂʅ^{312}
潍坊	有 iɤɯ^{55}	没有 mu^{35}iɤɯ^{0}	是 ʂʅ^{31}
寿光	有 iəu^{55}	没价 mu^{35}ka^{0} 没有 mu^{35}iəu^{0}	是 ʂʅ^{21}
高青	有 iou^{55}	没有 mu^{35}iou^{0}	是 ʂʅ^{41}
阳信	有 iou^{55}	没有 mu^{31}iou^{55}	是 ʂʅ^{31}
济阳	有 iou^{55}	没有 mu^{21}iou^{0}	是 ʂʅ^{31}
利津	有 iou^{55}	没有 mu^{31}iou^{55}	是 ʂʅ^{31}
乐陵	有 iou^{55}	没有 mu^{31}iou^{0}	是 sɿ^{51}
商河	有 iou^{45}	没有 mu^{31}iou^{45}	是 sɿ^{31}
平原	有 iou^{55}	没有 mei^{21}iou^{55}	是 sɿ^{213}
德州	有 iou^{55}	没 mei^{21}	是 ʂʅ^{21}
武城	有 iou^{55}	没有 mu^{21}iou^{55}	是 sɿ^{312}
临清	有 iou^{44}	没有 mei^{13}iou^{44}	是 ʂʅ^{313}
冠县	有 iou^{55}	没有 mei^{13}iou^{55}	是 ʂʅ^{314}
聊城	有 iou^{44}	没 mei^{13} 没有 mei^{13}iou^{44}	是 sɿ^{313}
济南	有 iou^{55}	没有 mu^{21}iou^{55}	是 ʂʅ^{21}
泰安	有 iou^{55}	没有 mu^{21}iou^{0} 没 mu^{213}	是 ʂʅ^{21}
莱芜	有 iou^{55}	没有 mu^{42}iou^{0}	是 ʃʅ^{42}
新泰	有 iou^{55}	没价 mu^{213}tɕiə^{0} 没有 mə^{42}iou^{55}	是 ʃʅ^{31}
沂源	有 iou^{55}	没价 mu^{35}tɕia^{0}	是 ʃʅ^{31}
博山	有 iəu^{55}	没价 mu^{35}tɕiɑ^{0}	是 ʂʅ^{31}
张店	有 iou^{55}	没有 mu^{31}iou^{55}	是 ʂʅ^{31}
阳谷	有 iou^{55}	没有 mei^{31}iou^{0} 没 mei^{213}	是 sɿ^{313}
梁山	有 iou^{55}	没有 mei^{21}iou^{55}	是 sɿ^{314}

续表

	0898 有我～一个孩子	0899 没有他～孩子	0900 是我～老师
菏泽	有 iou^{44}	没有 mei^{31}iou^{44}	是 sɿ^{312}
曹县	有 iou^{44}	没有 mei^{31}iou^{44}	是 sɿ^{312}
金乡	有 iou^{55}	没有 mei^{21}iou^{55}	是 sɿ^{312}
曲阜	有 iou^{55}	没有 mei^{21}iou^{55}	是 sɿ^{312}
薛城	有 iou^{24}	没有 me^{41}iou^{24}	是 sɿ^{41}
郯城	有 iəu^{24}	没有 me^{51}iəu^{24}	是 ʂʅ^{51}
临沂	有 iou^{55}	没有 mu^{31}iou^{55}	是 ʃʅ^{312}

	0901 不是他～老师	0902 在[①]他～家	0903 不在他～家
荣成	不是 pu^{21}ʂʅ^{33}	歹$^{=}$tai^{214} 在 tsai^{214}	不歹$^{=}$pu^{55}tai^{214} 不在 pu^{55}tsai^{214}
烟台	不是 pu^{21}sɿ^{33}	在 tsɛ^{33}	不在 pu^{21}tsɛ^{33}
栖霞	不是 pu^{21}sɿ^{52}	呆 tɛi^{52}	不呆 pu^{21}tɛi^{52}
长岛	不是 pu^{55}sɿ^{52}	呆 tai^{52}	不呆 pu^{55}tai^{52}
海阳	不是 pu^{21}ʂʅ^{341}	待 tɛ^{341}	不待 pu^{21}tɛ^{341}
莱西	不是 pu^{24}sɿ^{42}	在 tsɛ^{42}	不在 pu^{24}tsɛ^{42}
平度	不是 pu^{45}ʂʅ^{0}	在 tθɛ^{42}	不在 pu^{213}tθɛ^{42}
青岛	不是 pu^{55}ʂʅ^{42}	歹$^{=}$tɛ^{55}	不歹$^{=}$pu^{42}tɛ^{55}
高密	不是 pu^{55}ʂʅ^{21}	歹$^{=}$tɛ^{55}	不歹$^{=}$pu^{42}tɛ^{55} 没在 mu^{55}tθɛ^{21}
诸城	不是 pu^{213}ʂʅ^{31}	歹$^{=}$tɛ^{44}	不歹$^{=}$pu^{44}tɛ^{44}
沂水	不是 pu^{213}ʂʅ^{31}	歹$^{=}$tɛ^{44}	没歹$^{=}$mu^{53}tɛ^{44}
临朐	不是 pu^{44}ʂʅ^{0}	呆 tɛ^{213}	不呆 pu^{21}tɛ^{213}
日照	不是 pu^{44}ʂʅ^{31}	歹$^{=}$tɛ^{44}	不歹$^{=}$pu^{213}tɛ^{44}

① 多数点不读“在”而读“呆”“歹”“待”。这三种形式与“在”的关系有待考查。普通话中，读阴平的一般写作“呆”（也写作“待”，参《现代汉语词典》），读去声的写作“待”也很常见，此处以上两种即如此书写，不加同音符号；读上声的此统一写作同音的“歹”以示区别，后加同音符号。实际上，民国时期的白话文中，读“呆”的也曾写过“歹”，如《汉语大词典》引朱自清《初到清华记》：“从前在北平读书的時候，老在城圈儿里歹着。”朱自清《我所见的叶圣陶》：“在杭州歹了两个月，放寒假前，他便匆匆地回去了。”

续表

	0901不是他～老师	0902在他～家	0903不在他～家
莒南	不是pu^{55}ʂʅ^{31}	歹$^{=}$tɛ^{55}	没歹$^{=}$mu^{31}tɛ^{55}
潍坊	不是pu^{24}ʂʅ^{31}	在tsɛ^{31}	不在pu^{24}tsɛ^{31}
寿光	不是pu^{13}ʂʅ^{21}	歹$^{=}$tɛ^{55}	不歹$^{=}$pu^{213}tɛ^{55}
高青	不是pu^{35}ʂʅ^{0}	待tɛ^{41}	不待pu^{35}tɛ^{41}
阳信	不是pu^{55}ʂʅ^{31}	歹$^{=}$tɛ^{55}	不歹$^{=}$pu^{31}tɛ^{55}
济阳	不是pu^{13}ʂʅ^{31}	歹$^{=}$tɛ^{55}	不歹$^{=}$pu^{21}tɛ^{55}
利津	不是pu^{44}ʂʅ^{31}	歹$^{=}$tɛ^{55}	不歹$^{=}$pu^{44}tɛ^{55}
乐陵	不是pu^{55}sʅ^{0}	歹$^{=}$tɛ^{55}	不歹$^{=}$pu^{31}tɛ^{0}
商河	不是pu^{45}sʅ^{0}	待tɛ^{31}	不待pu^{45}tɛ^{31}
平原	不是pu^{23}sʅ^{21}	歹$^{=}$tɛi^{55}	不歹$^{=}$pu^{212}tɛi^{55}
德州	不是pu^{55}ʂʅ^{0}	从ts^{h}uŋ^{42} 歹$^{=}$tɛ^{55}	不从pu^{213}ts^{h}uŋ^{42} 不歹$^{=}$pu^{213}tɛ^{55}
武城	不是pu^{24}ʂʅ^{0}	呆tɛ^{224} 从ts^{h}uŋ^{53}	没呆mu^{21}tɛ^{224} 没从mu^{21}ts^{h}uŋ^{53}
临清	不是pu^{44}ʂʅ^{0}	歹$^{=}$tai^{44}	不歹$^{=}$pu^{31}tai^{44}
冠县	不是pu^{55}ʂʅ^{31}	在tsɛ^{314}	不在pu^{55}tsɛ^{0}
聊城	不是pu^{44}sʅ^{0}	歹$^{=}$tɛ^{44} 在tsɛ^{313}	不歹$^{=}$pu^{0}tɛ^{44} 不在pu^{44}tsɛ^{313}
济南	不是pu^{55}ʂʅ^{21}	歹$^{=}$tɛ^{55}	不歹$^{=}$pu^{42}tɛ^{55}
泰安	不是pu^{23}ʂʅ^{21}	在tsɛ^{21} 歹$^{=}$tɛ^{55}	不在pu^{23}tsɛ^{21} 不歹$^{=}$pu^{213}tɛ^{55}
莱芜	不是pu^{213}ʃʅ^{42}	在tsɛ^{42}	不在pu^{213}tsɛ^{42}
新泰	不是pu^{23}ʃʅ^{31}	在tθɛ^{31}	不在pu^{23}tθɛ^{31}
沂源	不是pu^{35}ʃʅ^{31}	待tɛ^{31}	不待pu^{35}tɛ^{31}
博山	不是pu^{35}ʂʅ^{0}	待tɛ^{31}	不待pu^{35}tɛ^{0}
张店	不是pu^{33}ʂʅ^{31}	待tɛ^{31}	不待pu^{33}tɛ^{31}
阳谷	不是pu^{13}sʅ^{0}	待tɛ^{313}	不待pu^{13}tɛ^{0}
梁山	不是pu^{23}sʅ^{4}	歹$^{=}$tɛ^{55}	不歹$^{=}$pu^{21}tɛ^{55}
菏泽	不是pu^{44}sʅ^{312}	呆tɛ^{213}	不呆pu^{31}tɛ^{213}
曹县	不是pu^{213}sʅ^{312}	歹$^{=}$tai^{44}	没歹$^{=}$mei^{53}tai^{44}

续表

	0901 **不是**他～老师	0902 **在**他～家	0903 **不在**他～家
金乡	不是pu^{23}sɿ^{312}	歹$^{=}$tɛ^{55}	没歹$^{=}$mei^{21}tɛ^{55}
曲阜	不是pu^{23}sɿ^{312}	歹$^{=}$tɛ^{55}	没歹$^{=}$mei^{21}tɛ^{55}
薛城	不是pu^{24}sɿ^{41}	歹$^{=}$tɛ^{24}	不歹$^{=}$pu^{31}tɛ^{24}
郯城	不是pu^{21}ʂʅ^{51}	歹$^{=}$tɛ^{24} 搁kə^{44}	没歹$^{=}$me^{51}tɛ^{24} 不歹$^{=}$pu^{21}tɛ^{24} 没搁me^{51}kə^{44}
临沂	不是pu^{24}ʃʅ^{312}	歹$^{=}$tɛ^{55} 在tsɛ^{312}	不歹$^{=}$pu^{24}tɛ^{55} 不在pu^{24}tsɛ^{312}

	0904 **知道**我～这件事	0905 **不知道**我～这件事	0906 **懂**我～英语
荣成	知道tʃi^{53}tau^{33}	不知道pu^{21}tʃi^{53}tau^{0}	懂tuŋ^{214}
烟台	知道tɕi^{53}tau^{0}	不知道pu^{14}tɕi^{53}tau^{0}	懂tuŋ^{14}
栖霞	知道tʃʅ^{52}tɔo^{0}	不知道pu^{34}tʃʅ^{52}tɔo^{0}	懂tuŋ^{214}
长岛	知道tʃʅ^{31}tau^{0}	不知道pu^{55}tʃʅ^{31}tau^{52}	懂tuŋ^{213}
海阳	知道tsɿ^{52}tɔ^{0}	不知道pu^{34}tsɿ^{52}tɔ^{0}	懂tuŋ^{214}
莱西	知道tʃʅ^{32}tɔ^{0}	不知道pu^{55}tʃʅ^{32}tɔ^{0}	懂toŋ^{55}
平度	知道tʃʅ^{213}tɔ^{0}	不知道pu^{45}tʃʅ^{0}tɔ^{0}	懂təŋ^{55}
青岛	知道tʃʅ^{213}tɔ^{42}	不知道pu^{55}tʃʅ^{213}tɔ^{42}	懂toŋ^{55}
高密	知道tʃʅ^{21}tɔ^{0} 摸着mə^{21}tʂə^{0} 了解liɔ^{42}tɕiɛ^{55}	知不道①tʃʅ^{213}pu^{0}tɔ^{21} 摸不着mə^{213}pu^{0}tʂə^{42} 不知道pu^{21}tʃʅ^{23}tɔ^{21}	懂得tuə̃^{23}ti^{0} “懂”读为“盹” 会xuei^{21}
诸城	知道tʃʅ^{31}tɔ^{0}	知不道tʃʅ^{31}pu^{0}tɔ^{31}	懂tuẽ^{44}读为“盹” 懂得tuẽ^{213}ti^{0} “懂”读为“盹”
沂水	知道dʒʅ^{24}tɔ^{31}	不知道pu^{44}dʒʅ^{24}tɔ^{31} 知不道dʒʅ^{31}pu^{0}tɔ^{31}	懂得tuẽ^{213}ti^{0} “懂”读为“盹”
临朐	知道tʃʅ^{21}tɔ^{0}	知不道tʃʅ^{21}pu^{0}tɔ^{21}	懂tuə̃^{44}读为“盹” 懂得tuə̃^{213}ti^{0} “懂”读为“盹”
日照	知道tʃʅ^{31}tɔ^{0}	不知道pu^{44}tʃʅ^{44}tɔ^{31} 知不道tʃʅ^{31}pu^{0}tɔ^{0}	懂tuẽ^{44}读为“盹”/təŋ^{44}

① 有人认为，“知不道”的说法或由俗词源而来：把“知道”理解为“知到”，则否定形式是“知不到”。不过这需进一步考订。此处仍写作“道”。

续表

	0904知道我～这件事	0905不知道我～这件事	0906懂我～英语
莒南	知道tʃʅ^{21}tɔ^{0}	知不道tʃʅ^{21}pu^{0}tɔ^{31}	会xuei^{312} 懂tuŋ^{55}
潍坊	知道tʂʅ^{31}tɔɤ^{0}	不知道pu^{214}tʂʅ^{24}tɔɤ^{31}	懂tuẽ^{55}读为“吨”
寿光	知道tʂʅ^{21}tɔ^{0}	知不道tʂʅ^{21}pu^{0}tɔ^{21}	懂得tuã^{24}ti^{0}“懂”读为“吨”
高青	知道tʂʅ^{21}tɔ^{0}	知不道tʂʅ^{213}pu^{35}tɔ^{41}	懂tuŋ^{55}
阳信	知道tʂʅ^{45}tɔ^{0}	知不道tʂʅ^{31}pu^{0}tɔ^{31}	懂tuã^{55}读为“吨” 懂得tuã^{213}ti^{0}“懂”读为“吨”
济阳	知道tʂʅ^{13}tɔ^{31}	知不道tʂʅ^{21}pu^{0}tɔ^{31}	会xuei^{31} 懂tuẽ^{55}读为“吨”
利津	知道tʂʅ^{31}tɔ^{0}	知不道tʂʅ^{31}pu^{0}tɔ^{0}	懂得tuẽ^{213}ti^{0}“懂”读为“吨”
乐陵	知道tʂʅ^{212}tɔ^{0}	知不道tʂʅ^{212}pu^{0}tɔ^{51}	懂得tuŋ^{212}ti^{0}
商河	知道tʂʅ^{21}tɔ^{0}	知不道tʂʅ^{213}pu^{0}tɔ^{31} 不知道pu^{45}tʂʅ^{21}tɔ^{0}	懂得tuẽ^{213}ti^{0}“懂”读为“吨”
平原	知道tʂʅ^{23}tɔu^{21}	不知道pu^{21}tʂʅ^{23}tɔu^{21}	懂tuŋ^{55}
德州	知道tʂʅ^{213}tɔ^{21}	不知道pu^{42}tʂʅ^{213}tɔ^{21}	懂tuŋ^{55}
武城	知道tʂʅ^{24}tɔ^{0}	知不道tʂʅ^{24}pu^{0}tɔ^{0}	懂得tuŋ^{24}ti^{0}
临清	知道tʂʅ^{44}tau^{0}	不知道pu^{31}tʂʅ^{13}tau^{313}	会xuei^{313}
冠县	知道tʂʅ^{55}tɔ^{0}	知不道tʂʅ^{21}pu^{0}tɔ^{314}	懂tuŋ^{55} 知道tʂʅ^{55}tɔ^{0}
聊城	知道tsɿ^{13}tɔ^{0}	知不道tsɿ^{13}pu^{0}tɔ^{313} 不知道pu^{31}tsɿ^{0}tɔ^{313}	会xuei^{313}
济南	知道tʂʅ^{23}tɔ^{21}	知不道tʂʅ^{21}pu^{0}tɔ^{21}	懂tuẽ^{55}读为“吨” 会xuei^{21}
泰安	知道tʂʅ^{23}tɔ^{21} 许$^{=}$过ɕy^{55}kuə^{21}	知不道tʂʅ^{21}pu^{0}tɔ^{21} 没许$^{=}$过mu^{213}ɕy^{55}kuə^{21}	懂tuẽ^{55}读为“吨”
莱芜	知道tʃʅ^{213}tɔ^{42}	知不道tʃʅ^{31}pu^{31}tɔ^{42}	懂得tuẽ^{213}ti^{0}“懂”读为“吨”
新泰	知道tʃʅ^{23}tɔ^{31}	知不道tʃʅ^{21}pu^{0}tɔ^{31}	懂tuẽ^{55}读为“吨”
沂源	知道tʃʅ^{13}tɔ^{31}	知不道tʃʅ^{21}pu^{0}tɔ^{31}	懂tuŋ^{55}
博山	知道tʂʅ^{21}tɔ^{0}	知不道tʂʅ^{21}pu^{0}tɔ^{31}	懂tuẽ^{55}读为“吨”
张店	知道tʂʅ^{21}tɔ^{0}	知不道tʂʅ^{21}pu^{0}tɔ^{31}	懂tuŋ^{55}
阳谷	知道tsɿ^{13}tɔ^{0}	知不道tsɿ^{31}pu^{0}tɔ^{0}	懂tuŋ^{55}

续表

	0904 知道我～这件事	**0905 不知道**我～这件事	**0906 懂**我～英语
梁山	知道 tsɿ^{23}tɔ^{31}	知不道 tsɿ^{21}pu^{0}tɔ^{31}	懂 tuẽ^{55} 读为"盹"
菏泽	知道 tsɿ^{21}tɔ^{0}	不知道 pu^{31}tsɿ^{213}tɔ^{312}	懂 tuŋ^{44}
曹县	知道 tʂʅ^{21}tɔ^{0}	知不道 tʂʅ^{21}pu^{0}tɔ^{312}	懂 tuŋ^{44}
金乡	知道 tsɿ^{21}tɔ^{0}	知不道 tsɿ^{21}pu^{0}tɔ^{312}	懂 tuŋ^{55}
曲阜	知道 tsɿ^{213}tɔ^{0}	知不道 tsɿ^{21}pu^{0}tɔ^{0}	懂 tuŋ^{55}
薛城	知道 tsɿ^{31}tɔ^{0}	知不道 tsɿ^{31}pu^{0}tɔ^{41}	懂 tuŋ^{24}
郯城	知道 tʂʅ^{21}tɔ^{51}	知不道 tʂʅ^{21}pu^{21}tɔ^{51} 不知道 pu^{21}tʂʅ^{21}tɔ^{51}	会 xue^{51} 懂 tuŋ^{24}
临沂	知道 tʃʅ^{24}tɔ^{312}	知不道 tʃʅ^{21}pu^{0}tɔ^{312} 不知道 pu^{24}tʃʅ^{24}tɔ^{312}	会 xuei^{312}

	0907 不懂我～英语	**0908 会**我～开车	**0909 不会**我～开车
荣成	不懂 pu^{55}tuŋ^{214}	会 xuei^{33}	不会 pu^{21}xuei^{33}
烟台	不懂 pu^{33}tuŋ^{14}	会 xuei^{33}	不会 pu^{21}xuei^{33}
栖霞	不懂 pu^{55}tuŋ^{214}	会 xuei^{52}	不会 pu^{34}xuei^{52}
长岛	不懂 pu^{31}tuŋ^{213}	会 xuei^{52}	不会 pu^{55}xuei^{52}
海阳	不懂 pu^{21}tuŋ^{214}	会 xuei^{341}	不会 pu^{21}xuei^{341}
莱西	不懂 pu^{32}toŋ^{55}	会 xuei^{42}	不会 pu^{24}xuei^{42}
平度	不懂 pu^{213}təŋ^{55}	会 xuei^{42}	不会 pu^{55}xuei^{42}
青岛	不懂 pu^{42}toŋ^{55}	会 xuei^{42}	不会 pu^{55}xuei^{42}
高密	不懂得 pu^{55}tuə̃^{23}ti^{0} "懂"读为"盹" 不会 pu^{55}xuei^{21}	会 xuei^{21}	不会 pu^{55}xuei^{21}
诸城	不懂 pu^{44}tuẽ^{44} "懂"读为"盹"，下同 不懂得 pu^{44}tuẽ^{213}ȶi^{0}	会 xuei^{31}	不会 pu^{44}xuei^{31}
沂水	不懂得 pu^{44}tuẽ^{213}ti^{0} "懂"读为"盹"	会 xue^{31}	不会 pu^{44}xue^{31}
临朐	不懂得 pu^{21}tuə̃^{213}ti^{0} "懂"读为"盹"	会 xuei^{21}	不会 pu^{44}xuei^{0}
日照	不懂 pu^{44}tuẽ^{44} "懂"读为"盹"，又读为"董"	会 xuei^{31}	不会 pu^{44}xuei^{31}

续表

	0907 不懂我～英语	0908 会我～开车	0909 不会我～开车
莒南	不会 $pu^{55}xuei^{31}$ 不懂 $pu^{53}tuŋ^{55}$	会 $xuei^{312}$	不会 $pu^{55}xuei^{31}$
潍坊	不懂 $pu^{214}tuẽ^{55}$ “懂”读为“吨”	会 $xuei^{31}$	不会 $pu^{24}xuei^{31}$
寿光	不懂得 $pu^{22}tuə̃^{24}ti^{0}$ “懂”读为“吨”	会 $xuei^{21}$	不会 $pu^{13}xuei^{21}$
高青	不懂 $pu^{213}tuŋ^{55}$	会 $xuei^{41}$	不会 $pu^{35}xuei^{41}$
阳信	不懂 $pu^{31}tuə̃^{55}$ “懂”读为“吨”。下条同 不懂得 $pu^{55}tuə̃^{213}ti^{0}$	会 $xuei^{31}$	不会 $pu^{55}xuei^{31}$
济阳	不会 $pu^{13}xuei^{31}$ 不懂 $pu^{21}tuẽ^{55}$ “懂”读为“吨”	会 $xuei^{31}$	不会 $pu^{13}xuei^{31}$
利津	不懂得 $pu^{44}tuẽ^{213}ti^{0}$ “懂”读为“吨”	会 $xuei^{31}$	不会 $pu^{44}xuei^{31}$
乐陵	不懂得 $pu^{31}tuŋ^{212}ti^{0}$	会 $xuei^{51}$	不会 $pu^{24}xuei^{51}$
商河	不懂得 $pu^{54}tuẽ^{213}ti^{0}$ “懂”读为“吨”	会 $xuei^{31}$	不会 $pu^{45}xuei^{31}$
平原	不懂 $pu^{212}tuŋ^{55}$	会 $xuei^{21}$	不会 $pu^{23}xuei^{21}$
德州	不懂 $pu^{42}tuŋ^{55}$	会 $xuei^{21}$	不会 $pu^{55}xuei^{0}$
武城	不懂的 $pu^{21}tuŋ^{24}ti^{0}$	会 $xuei^{312}$	不会 $pu^{24}xuei^{0}$
临清	不会 $pu^{44}xuei^{0}$	会 $xuei^{313}$	不会 $pu^{44}xuei^{0}$
冠县	不懂 $pu^{31}tuŋ^{55}$ 知不道 $tʂʅ^{31}pu^{0}tɔ^{31}$	会 $xuei^{314}$	不会 $pu^{55}xuei^{0}$
聊城	不会 $pu^{44}xuei^{313}$	会 $xuei^{313}$	不会 $pu^{44}xuei^{313}$
济南	不懂 $pu^{21}tuẽ^{55}$ “懂”读为“吨”	会 $xuei^{21}$	不会 $pu^{23}xuei^{21}$
泰安	不懂 $pu^{21}tuẽ^{55}$ “懂”读为“吨”	会 $xuei^{21}$	不会 $pu^{23}xuei^{21}$
莱芜	不懂得 $pu^{31}tuẽ^{213}ti^{0}$ “懂”读为“吨”	会 $xuei^{42}$	不会 $pu^{213}xuei^{42}$
新泰	不懂 $pu^{31}tuẽ^{55}$ “懂”读为“吨”	会 $xuei^{31}$	不会 $pu^{23}xuei^{31}$
沂源	不懂 $pu^{21}tuŋ^{55}$	会 $xuei^{31}$	不会 $pu^{13}xuei^{31}$
博山	不懂 $pu^{31}tuẽ^{55}$ “懂”读为“吨”	会 $xuei^{31}$	不会价 $pu^{213}xuei^{55}tɕia^{0}$
张店	不懂 $pu^{33}tuŋ^{55}$	会 $xuei^{31}$	不会 $pu^{33}xuei^{31}$

续表

	0907不懂我～英语	0908会我～开车	0909不会我～开车
阳谷	不懂pu^{13}tuŋ^{55}	会xuei^{313}	不会pu^{13}xuei^{0}
梁山	不懂pu^{23}tuẽ^{55} "懂"读为"盹"	会xuei^{314}	不会pu^{23}xuei^{314}
菏泽	不懂pu^{213}tuŋ^{44}	会xuei^{312}	不会pu^{44}xuei^{312}
曹县	不懂pu^{21}tuŋ^{44}	会xuei^{312}	不会pu^{213}xuei^{312}
金乡	不懂pu^{21}tuŋ^{55}	会xuei^{312}	不会pu^{23}xuei^{312}
曲阜	不懂pu^{21}tuŋ^{55}	会xuei^{312}	不会pu^{23}xuei^{312}
薛城	不懂pu^{31}tuŋ^{24}	会xue^{41}	不会pu^{313}xue^{41}
郯城	不会pu^{21}xue^{51} 不懂pu^{21}tuŋ^{24}	会xue^{51}	不会pu^{21}xue^{51}
临沂	不会pu^{24}xuei^{312}	会xuei^{312}	不会pu^{24}xuei^{312}

	0910认识我～他	0911不认识我～他	0912行应答语
荣成	认得in^{33}tə^{0}	不认得pu^{55}in^{33}tə^{0}	行çiŋ^{35}
烟台	认识in^{33}ɕi^{0}	不认识pu^{21}in^{33}ɕi^{0}	行ɕiŋ^{33}
栖霞	认得ĩn^{34}tɛi^{0}	不认得pu^{55}ĩn^{34}tɛi^{0}	行çiŋ^{342}
长岛	认得in^{52}tei^{0}	不认得pu^{55}in^{52}tei^{0}	行çiŋ^{55}
海阳	认得ĩ^{34}tɛ^{0}	不认得pu^{21}ĩ^{34}tɛ^{0}	行çiŋ^{341}
莱西	认得iẽ^{45}tɛ^{0} 认识iẽ^{42}ʃʅ^{0}	不认得pu^{214}iẽ^{45}tɛ^{0} 不认识pu^{214}iẽ^{42}ʃʅ^{0}	行çiŋ^{42} 好xɔ^{55} 可以k^{h}ə^{42}i^{55}
平度	认得iə̃^{45}ti^{0}	不认得pu^{55}iə̃^{42}ti^{0}	中tʂuŋ^{213} 行çiŋ^{42} 好xɔ^{55}
青岛	认得iẽ^{45}ti^{0} 认识iẽ^{45}ʃʅ^{0}	不认得pu^{55}iẽ^{45}ti^{0} 不认识pu^{42}iẽ^{42}ʃʅ^{0}	中tʂoŋ^{213} 行ɕioŋ^{42} 好xɔ^{55}
高密	认得iə̃^{42}ti^{0}	不认得pu^{213}iə̃^{42}ti^{0}	中tʂoŋ^{213}
诸城	认得iẽ^{44}ȶi^{0}	不认得pu^{213}iẽ^{44}ȶi^{0}	中tʂəŋ^{213}
沂水	认得iẽ^{44}ti^{0}	不认得pu^{44}iẽ^{44}ti^{0}	中tʂuŋ^{213}
临朐	认得ʐə̃^{44}ti^{0}	不认得pu^{21}ʐə̃^{44}ti^{0}	中tʂuŋ^{213}
日照	认得iẽ^{53}ti^{0}	不认得pu^{44}iẽ^{53}ti^{0}	中tʂəŋ^{213}

续表

	0910 认识我～他	0911 不认识我～他	0912 行应答语
莒南	认得 iẽ^{42}ti^{0}	不认得 pu^{55}iẽ^{42}ti^{0}	行 ɕiŋ^{53} 好 xɔ^{55}
潍坊	认得 ʐ̩ẽ^{55}ti^{0}	不认得 pu^{214}ʐ̩ẽ^{55}ti^{0}	行 ɕiŋ^{53}
寿光	认得 lə̃^{55}ti^{0}	不认得 pu^{22}lə̃^{55}ti^{0}	中 tʂuŋ^{213} 行 ɕiŋ^{53}
高青	认得 ʐ̩ə̃^{55}ti^{0}	不认得 pu^{213}ʐ̩ə̃^{55}ti^{0}	行 ɕiŋ^{55}
阳信	认得 ʐ̩ə̃^{55}ti^{0}	不认得 pu^{55}ʐ̩ə̃^{55}ti^{0}	行 ɕiŋ^{43} 中 tʂuŋ^{213}
济阳	认得 ʐ̩ẽ^{55}ti^{0}	不认得 pu^{21}ʐ̩ẽ^{55}ti^{0}	行 ɕiŋ^{55}
利津	认得 ʐ̩ẽ^{55}ti^{0}	不认得 pu^{44}ʐ̩ẽ^{55}ti^{0}	行 ɕiŋ^{53} 中 tʂuŋ^{213}
乐陵	认得 ʐ̩ẽ^{55}ti^{0}	不认得 pu^{24}ʐ̩ẽ^{55}ti^{0}	行 ɕiŋ^{55}
商河	认得 ʐ̩ẽ^{54}ti^{0}	不认得 pu^{45}ʐ̩ẽ^{54}ti^{0}	行 ɕiŋ^{54}
平原	认得 ʐ̩ẽ^{42}ti^{0}	不认得 pu^{23}ʐ̩ẽ^{42}ti^{0}	行 ɕiŋ^{42}
德州	认得 ʐ̩ẽ^{42}ti^{0}	不认得 pu^{55}ʐ̩ẽ^{42}ti^{0}	行 ɕiŋ^{42}
武城	认得 lẽ^{53}ti^{0}	不认得 pu^{24}lẽ^{53}ti^{0}	行 ɕiŋ^{53}
临清	认得 ʐ̩en^{53}tə^{0}	不认得 pu^{44}ʐ̩en^{53}tə^{0}	行 ɕiŋ^{53} 好 xau^{44}
冠县	认识 ʐ̩ẽ^{31}ʂʅ^{0}	不认识 pu^{53}ʐ̩ẽ^{31}ʂʅ^{0}	行 ɕiŋ^{53}
聊城	认得 zẽ^{53}tei^{0}	不认得 pu^{44}zẽ^{53}tei^{0}	行 ɕiŋ^{53} 好 xɔ^{44}
济南	认得 ʐ̩ẽ^{55}ti^{0}	不认得 pu^{213}ʐ̩ẽ^{55}ti^{0}	行 ɕiŋ^{42}
泰安	认识 ʐ̩ẽ^{42}ʂʅ^{0} 认得 ʐ̩ẽ^{42}ti^{0}	不认识 pu^{213}ʐ̩ẽ^{42}ʂʅ^{0} 不认得 pu^{213}ʐ̩ẽ^{42}ti^{0}	行 ɕiŋ^{42}
莱芜	认得 ʒẽ^{42}ti^{0}	不认得 pu^{213}ʒẽ^{42}ti^{0}	行 ɕiŋ^{55}
新泰	认得 ʒẽ^{54}ti^{0}	不认得 pu^{21}ʒẽ^{54}ti^{0}	行 ɕiŋ^{31}
沂源	认得 iə̃^{55}ti^{0}	不认得 pu^{21}iə̃^{55}ti^{0}	中 tʃuŋ^{213}
博山	认 lẽ^{31}	不认 pu^{213}lẽ^{31}	行 ɕiŋ^{55}
张店	认得 ʐ̩ə̃^{55}ti^{0}	不认得 pu^{33}ʐ̩ə̃^{55}ti^{0}	行 ɕiŋ^{55} 中 tʂuŋ^{213}
阳谷	认得 zẽ^{42}li^{0}	不认得 pu^{13}zẽ^{42}li^{0}	行 ɕiŋ^{42}

续表

	0910认识我～他	0911不认识我～他	0912行应答语
梁山	认得zẽ^{42}li^{0}	不认得pu^{23}zẽ^{42}li^{0}	行çiŋ^{42}
菏泽	认得zẽ^{31}lɛ^{0}	不认得pu^{53}zẽ^{31}lɛ^{0}	中tsuŋ^{213} 管kuã^{44}
曹县	认得zẽ^{31}lẽ^{0}	不认得pu^{21}zẽ^{53}lẽ^{0}	管kuã^{44} 中tṣuŋ^{213}
金乡	认得zẽ^{42}li^{0}	不认得pu^{213}zẽ^{42}li^{0}	中tsuŋ^{213}
曲阜	认得zẽ^{42}li^{0}	不认得pu^{213}zẽ^{42}li^{0}	行çiŋ^{42}
薛城	认得zẽ^{41}ti^{0}	不认得pu^{31}zẽ^{41}ti^{0}	管kuã^{24} 行çiŋ^{55}
郯城	认得ẓə̃^{51}te^{0} 认识ẓə̃^{51}ṣʅ^{0}	不认得pu^{21}ẓə̃^{51}te^{0} 不认识pu^{21}ẓə̃^{51}ṣʅ^{0}	行çiŋ^{44} 好xɔ^{24}
临沂	认得ẓẽ^{31}ti^{0} 认识ẓẽ^{31}ʃʅ^{0}	不认得pu^{24}ẓẽ^{31}ti^{0} 不认识pu^{24}ẓẽ^{31}ʃʅ^{0}	行çiŋ^{53}

	0913不行应答语	0914肯～来	0915应该～去
荣成	不行pu^{21}çiŋ^{35}	肯k^{h}ən^{214}	该着kai^{53}tṣə^{0}
烟台	不行pu^{21}çiŋ^{33}	肯k^{h}ən^{14}	该kɛ^{53} 应该iŋ^{33}kɛ^{53}
栖霞	不行pu^{21}çiŋ^{342}	肯k^{h}ə̃n^{214}	该kɛi^{312}
长岛	不行pu^{21}çiŋ^{55}	肯k^{h}ən^{213}	应该iŋ^{55}kai^{31}
海阳	不行pu^{21}çiŋ^{341}	肯k^{h}ẽ^{214}	该kɛ^{52}
莱西	不行pu^{214}çiŋ^{42} 不好pu^{214}xɔ^{55} 不可以pu^{55}k^{h}ə^{214}i^{55}	愿意yã^{23}i^{42} 肯k^{h}ẽ^{55}	应该iŋ^{55}kɛ^{214} 该kɛ^{214}
平度	不行pu^{55}çiŋ^{42} 不好pu^{213}xɔ^{55} 不中pu^{55}tṣuŋ^{213}	肯k^{h}ə̃^{55} 愿意yã^{213}i^{42}	该kɛ^{213}
青岛	不中pu^{55}tṣoŋ^{213} 不行pu^{55}çioŋ^{42} 不好pu^{213}xɔ^{55}	肯k^{h}ẽ^{55} 愿意yã^{213}i^{42}	该kɛ^{213}
高密	不中pu^{55}tṣoŋ^{213}	乐意lə^{21}i^{21} 会xuei^{21} 肯k^{h}ə̃^{55}	应该ioŋ^{42}kɛ^{213}

续表

	0913不行应答语	0914肯～来	0915应该～去
诸城	不中pu^{44}tʂəŋ^{213}	愿yã^{31}	该kɛ^{213}
沂水	不中pu^{44}tʂuŋ^{213}	能nəŋ^{53}	该kɛ^{213}
临朐	不行pu^{21}çiŋ^{53}	愿意yã^{21}i^{21}	该kɛ^{213}
日照	不中pu^{44}tʂəŋ^{213}	愿意yã^{44}i^{31}	该kɛ^{213} 应该iəŋ^{44}kɛ^{213} 应当iəŋ^{44}taŋ^{213}
莒南	不行pu^{55}çiŋ^{53}	愿yã^{312}	应当iŋ^{13}taŋ^{213} 该kɛ^{213} 得tei^{213}
潍坊	不行pu^{214}çiŋ^{53}	愿意yã^{24}i^{31}	该kɛ^{214} 应该iŋ^{24}kɛ^{214}
寿光	不行pu^{22}çiŋ^{53}	愿意yã^{13}i^{21}	该kɛ^{213} 应该iŋ^{55}kɛ^{213}
高青	不行pu^{213}çiŋ^{55}	愿意yã^{41}i^{41}	该kɛ^{213}
阳信	不行pu^{55}çiŋ^{43} 不中pu^{55}tʂuŋ^{213}	肯kʰə̃^{55}	该kɛ^{213}
济阳	不行pu^{21}çiŋ^{55}	肯kʰẽ^{55}	该kɛ^{213}
利津	不行pu^{44}çiŋ^{53} 不中pu^{44}tʂuŋ^{213}	愿意yã^{24}i^{31}	该kɛ^{213}
乐陵	不行pu^{55}çiŋ^{55}	愿意yã^{24}i^{51}	该kɛ^{24}
商河	不行pu^{45}çiŋ^{54}	肯kʰẽ^{45}	该kɛ^{213}
平原	不行pu^{212}çiŋ^{42}	愿意yã^{42}i^{0}	该kei^{213}
德州	不行pu^{213}çiŋ^{42}	愿意yã^{213}i^{21}	应该iŋ^{213}kɛ^{213}
武城	不行pu^{24}çiŋ^{53}	愿意yã^{312}i^{0}	该kɛ^{224}
临清	不行pu^{44}çiŋ^{53}	能nəŋ^{53}	应该iŋ^{13}kai^{13}
冠县	不行pu^{13}çiŋ^{53}	愿意yã^{31}i^{0}	应该iŋ^{13}kɛ^{13}
聊城	不行pu^{44}çiŋ^{53}	愿意yã^{31}i^{313} 肯kʰẽ^{44}	应该iŋ^{13}kɛ^{13} 该kɛ^{13}
济南	不行pu^{213}çiŋ^{42}	肯kʰẽ^{55}	该kɛ^{213}
泰安	不行pu^{213}çiŋ^{42}	愿意yã^{21}i^{21}	应该iŋ^{23}kɛ^{213} 该kɛ^{213}
莱芜	不行pu^{213}çiŋ^{55}	肯kʰẽ^{55}	应该iŋ^{55}kɛ^{213}

续表

	0913不行应答语	0914肯～来	0915应该～去
新泰	不行pu^{23}ɕiŋ^{42}	肯k^{h}ẽ^{55}	应该iŋ^{23}kɛ^{213}
沂源	不中pu^{55}tʃuŋ^{213}	能nəŋ^{55}	该kɛ^{213}
博山	不行pu^{213}ɕiŋ^{55}	愿意yã^{31}i^{31}	该kɛ^{213}
张店	不行pu^{33}ɕiŋ^{55} 不中pu^{33}tʂuŋ^{213}	愿意yã^{31}i^{31}	应该iŋ^{55}kɛ^{213}
阳谷	不行pu^{13}ɕiŋ^{42}	愿意yã^{31}i^{0}	应该iŋ^{13}kɛ^{13} 该kɛ^{213}
梁山	不行pu^{23}ɕiŋ^{42}	愿意yã^{21}i^{0}	该kɛ^{213}
菏泽	不中pu^{31}tsuŋ^{213} 不管pu^{31}kuã^{44}	想ɕiaŋ^{44}	该kɛ^{213}
曹县	不中pu^{213}tʂuŋ^{213} 不管pu^{21}kuã^{44}	愿意yã^{31}i^{0}	该kai^{213} 应该iŋ^{31}kai^{213}
金乡	不中pu^{23}tsuŋ^{213}	愿意yã^{23}i^{312}	该kɛ^{213}
曲阜	不行pu^{213}ɕiŋ^{42}	愿意yã^{31}i^{0}	该kɛ^{213}
薛城	不管pu^{31}kuã^{24} 不行pu^{31}ɕiŋ^{55}	肯k^{h}ẽ^{24}	该kɛ^{313} 应该iŋ^{41}kɛ^{313}
郯城	不行pu^{21}ɕiŋ^{44}	愿yã^{51} 想ɕiaŋ^{24} 肯k^{h}ə̃^{24}	该kɛ^{213} 应该iŋ^{13}kɛ^{213} 应当iŋ^{13}taŋ^{213}
临沂	不行pu^{24}ɕiŋ^{53}	愿yã^{312} 想ɕiaŋ^{55}	该kɛ^{214} 应该iŋ^{24}kɛ^{214}

	0916可以～去	0917说～话	0918话说～
荣成	能ləŋ^{35}读为"棱"阳平	说ʃyɛ^{214}	话xua^{33}
烟台	能nəŋ^{33}	说suo^{14}	话xua^{33}
栖霞	可以k^{h}uo^{34}i^{0}	说ʃyɛ^{214}	话xua^{342}
长岛	可以k^{h}ə^{35}i^{0}	说ʃyɛ^{213}	话xua^{52}
海阳	可以k^{h}uo^{34}i^{0}	说suo^{214}	话xua^{341}
莱西	可以k^{h}ə^{42}i^{55} 能nəŋ^{42}	说ʃuə^{55} 吭声儿k^{h}əŋ^{55}sə̃r^{214}	话xua^{42}
平度	可以k^{h}ə^{42}i^{0}/k^{h}ə^{55}i^{0} 能nəŋ^{42}	说ʃuə^{55} 讲ciaŋ^{55} 吭声儿k^{h}əŋ^{55}ʂə̃r^{213}	话xua^{42}

续表

	0916可以～去	0917说～话	0918话说～
青岛	可以kʰə^{55}i^{0} 能noŋ^{42}	说ʃuə^{55}	话xuɑ^{42}
高密	中tʂoŋ^{213}	说ʃuə^{55}	呱儿kuɑr^{55}
诸城	可以kʰuə^{44}i^{213}	说ʃuə^{44}	话xuɑ^{31}
沂水	能nəŋ^{53}	说ʃuə^{44}	话xuɑ^{31}
临朐	能nəŋ^{53}	啦①la^{44}	话儿xuᴀr^{21}
日照	能nəŋ^{53}	说ʃyə^{213}	话xuɑ^{31}
莒南	能nəŋ^{53} 可以kʰə^{55}i^{213}	说ʃuə^{213}	话儿xuar^{312} 呱儿kuar^{55}
潍坊	可以kʰuə^{55}i^{214} 能nəŋ^{53}	说ʂuə^{214} 啦lɑ^{53}	话xuɑ^{31}
寿光	能nəŋ^{53} 可以kʰuə^{55}i^{213}较新的说法。一般是说"……也行"	说ʂuə^{213}	话xua^{21}
高青	能nəŋ^{55}	说ʂuə^{213}	话xuɑ^{41}
阳信	能nəŋ^{43}	说ʂuə^{213}	话xua^{31}
济阳	可以kʰə^{55}i^{0}	说ʂuə^{213}	话儿xuar^{31}
利津	可以kʰə^{213}i^{0}	说ʂuə^{44}	话xua^{31}
乐陵	能nəŋ^{55}	说ʂuə^{24}	话儿xuɑr^{51}
商河	可以kʰə^{54}i^{45}	说ʂuə^{45}	话xuɑ^{31}
平原	可以kʰə^{42}i^{0}	说ʂuə^{213}	话儿xuar^{21}
德州	可以kʰə^{55}i^{0}	说ʂuə^{213}	话xua^{21}
武城	能nəŋ^{53}	说ʂuə^{224}	话xua^{312}
临清	能nəŋ^{53} 可以kʰə^{44}i^{0}	说ʂuə^{13}	话儿xuar^{313}
冠县	能nəŋ^{53}	说ʂuə^{13}	话xua^{314}
聊城	能nəŋ^{53}	说suə^{13}	话儿xuar^{313}
济南	可kʰə^{55} 可以kʰə^{55}i^{0}	说ʂuə^{213}	话xua^{21}

① "啦"字写法见0749"讲故事"脚注。

续表

	0916可以~去	0917说~话	0918话说~
泰安	能nəŋ^{42}	啦la^{42} 说ʂuə^{213}	话xua^{21}
莱芜	可以k^{h}ə^{55}i^{213}	说ʃuə^{213}	话xua^{42}
新泰	可以k^{h}ə^{55}i^{0}	说fə^{213}	话xua^{31}
沂源	能nəŋ^{55}	说ʃuə^{213}	话xua^{31}
博山	能nəŋ^{55}	说ʂuə^{213}	话xuɑ^{31}
张店	可以k^{h}uə^{33}i^{0}	说ʂuə^{33}	话xuɑ^{31}
阳谷	能nəŋ^{42}	说fə^{213}	话xua^{313}
梁山	行ɕiŋ^{42}	说fə^{213}	话xua^{314}
菏泽	能nəŋ^{53}	说fə^{213}	话儿xuar^{312}
曹县	能nəŋ^{53} 可以k^{h}ə^{44}i^{0}	说fə^{213}	话xua^{312}
金乡	能nəŋ^{42}	说suə^{213}	话xua^{312}
曲阜	能nəŋ^{42}	说suə^{213}	话xua^{312}
薛城	能nəŋ^{55}	说fə^{313}	话xua^{41}
郯城	能nəŋ^{44} 可以k^{h}ə^{24}i^{0}	说fə^{213}老/ʂuə^{213}新	话xua^{51}
临沂	能nəŋ^{53} 可以k^{h}ə^{55}i^{55}	啦la^{53} 说ʃuə^{214}	呱儿kuar^{55} 话儿xuar^{312}

	0919聊天儿	0920叫~他一声儿	0921吆喝大声喊
荣成	啦①呱儿la^{35}kuar^{214}	叫tsiau^{33} 喊xan^{214}	嘘唤çy^{53}xuan^{0}
烟台	啦呱儿la^{33}kuar^{14}	叫tɕiau^{33}	吆喝iau^{53}xuo^{0}
栖霞	啦呱儿la^{34}kuar^{214}	叫ciɔo^{52}	召号tʃɔo^{52}xɔo^{0}
长岛	说话ʃyɛ^{21}xua^{52}	招呼tʃau^{31}xu^{0}	吆喝iau^{31}xə^{0}
海阳	啦呱儿la^{34}kuar^{214}	叫ciɔ^{341}	召呼tsɔ^{52}xu^{0}

① “啦”字写法见0749“讲故事”脚注。

续表

	0919聊天儿	0920叫～他一声儿	0921吆喝大声喊
莱西	啦呱儿la^{21}kuᴀr^{55} 聊天儿liɔ^{55}tʰiɛr^{214} 闲聊çiã^{21}liɔ^{55}	叫ciɔ^{42}	吆呼iɔ^{32}xu^{0} 嘘呼çy^{32}xu^{0}
平度	闲聊çiã^{42}liɔ^{42} 啦呱儿la^{213}kuar^{55} 聊天儿liɔ^{42}tʰiɛr^{213}	叫ciɔ^{42} 喊xã^{55}	吆喝iɔ^{213}xuə^{0} 嘘喝çy^{213}xuə^{0}
青岛	闲聊ɕiã^{213}liɔ^{42} 啦呱儿lɑ^{213}kuɑr^{55} 聊天儿liɔ^{42}tʰiɛr^{213}	叫tɕiɔ^{42} 喊xã^{55}	嘘喝ɕy^{213}xuə^{42}
高密	啦呱儿lɑ^{42}kuɑr^{55} 晕⁼yə̃^{213} 诌tʂou^{213}	叫tɕiɔ^{21} 喊xã^{55}	吆呼iɔ^{21}xu^{0}
诸城	啦呱儿la^{53}kuar^{44}	吆喝iɔ^{31}xuə^{0} 叫tʃɔ^{31}	吆喝iɔ^{31}xuə^{0}
沂水	啦闲呱儿la^{53}ɕiã^{53}kuar^{44}	叫tɕiɔ^{31} 咋呼tʂa^{21}xu^{0} 吆喝iɔ^{21}xuə^{0}	吆喝iɔ^{21}xuə^{0} 咋呼tʂa^{21}xu^{0}
临朐	啦呱儿la^{53}kuᴀr^{55}	吆喝iɔ^{21}xuə^{0}	吆喝iɔ^{21}xuə^{0} 啁啁儿tʂɔ^{21}tʂɔr^{0}读为“钊钊”
日照	闲啦呱儿ʃiã^{53}lɑ^{53}kuɑr^{44} 啦闲呱儿lɑ^{53}ʃiã^{44}kuɑr^{0}	吆喝iɔ^{31}xuə^{0}	吆喝iɔ^{31}xuə^{0}
莒南	啦呱儿la^{53}kuar^{55} 啦闲呱儿la^{53}ɕiã^{53}kuar^{55}	叫tɕiɔ^{312} 喊xã^{55}	吆喝iɔ^{21}xuə^{0}
潍坊	啦呱儿lɑ^{53}kuɑr^{55} 啦马⁼子lɑ^{53}mɑ^{24}tsɿ^{0}	叫tɕiɔɤ^{31} 喊xã^{55}	吆喝iɔɤ^{31}xuə^{0}
寿光	啦呱儿la^{53}kuʌr^{55}	叫tɕiɔ^{21}	吆喝iɔ^{21}xuə^{0}
高青	闲说话儿ɕiã^{55}ʂuə^{213}xuɑr^{41}	叫tɕiɔ^{41}	招呼儿tʂɔ^{21}xur^{0}
阳信	啦呱儿la^{31}kuar^{55} 闲说话儿ɕiã^{55}ʂuə^{213}xuar^{31}	叫tɕiɔ^{31} 招呼儿tʂɔ^{31}xur^{0}	吆喝iɔ^{31}xuə^{0}
济阳	啦呱儿la^{54}kuar^{55}	叫tɕiɔ^{31} 喊xã^{55}	咋呼tʂa^{21}xu^{0}
利津	啦呱儿la^{53}kuar^{55}	叫tɕiɔ^{31} 喊xã^{55}	吆喝iɔ^{31}xə^{0}
乐陵	啦呱儿lɑ^{31}kuɑr^{55}	叫tɕiɔ^{51} 喊xã^{55}	吆喝iɔ^{31}xə^{0}

续表

	0919 聊天儿	0920 叫～他一声儿	0921 吆喝大声喊
商河	啦呱儿 la^{54}kuar^{45}	叫 tɕiɔ^{31} 喊 xã^{45}	吆喝 iɔ^{21}xuə^{0}
平原	啦呱儿 la^{21}kuar^{55}	叫 tɕiɔu^{21} 喊 xã^{55}	嚷 zɑŋ^{55}
德州	啦呱儿 la^{42}kuɐr^{55}	喊 xã^{55}	嚷嚷 zɑŋ^{21}zɑŋ^{0}
武城	啦呱儿 la^{53}kuar^{55}	喊 xã^{55}	喊 xã^{55}
临清	啦呱儿 la^{53}kuar^{44}	喊 xan^{44} 叫 tɕiau^{313}	叫唤 tɕiau^{53}xuan^{0} 咋哄 tʂa^{53}xuŋ^{0} 喊吵 xan^{44}tʂʰau^{0}
冠县	啦呱儿 la^{53}kuar^{55}	喊 xã^{55} 叫 tɕiɔ^{314}	大声喊 ta^{31}ʂəŋ^{0}xã^{55}
聊城	啦呱儿 la^{53}kuar^{44}	喊 xã^{44}	吆喝 iɔ^{13}xuə^{0} 做买卖时～ 叫唤 tɕiɔ^{53}xuã^{0} 带贬义
济南	啦呱儿 la^{42}kuar^{55} 叙狐$^{=}$ ɕy^{21}xu^{42}	叫 tɕiɔ^{21} 喊 xã^{55}	咋呼 tʂa^{21}xu^{0}
泰安	啦呱儿 la^{42}kuar^{55} 啦闲呱儿 la^{42}ɕiã^{42}kuar^{55}	喊 xã^{55} 叫 tɕiɔ^{21}	咋呼 tʂa^{21}xu^{0}
莱芜	啦呱 la^{55}kua^{213}	叫 tɕiɔ^{42}	吆喝 iɔ^{31}xuə^{0}
新泰	啦呱儿 la^{42}kuar^{55}	叫 tɕiɔ^{31}	吆喝 iɔ^{21}xuə^{0}
沂源	啦呱儿 la^{55}kuar^{55}	叫 tɕiɔ^{31}	咋呼 tʃa^{21}xu^{0}
博山	啦呱 lɑ^{53}kuɑ^{55} 说话 ʂuə^{213}xuɑ^{31}	喊 xã^{55} 叫 tɕiɔ^{31}	吆喝 iɔ^{21}xuə^{0}
张店	闲说话 ɕiã^{55}ʂuə^{33}xuɑ^{31} 说闲话 ʂuə^{33}ɕiã^{35}xuɑ^{0}	叫 tɕiɔ^{31} 喊 xã^{55} 吆喝 iɔ^{31}xuə^{0}	吆喝 iɔ^{21}xuə^{0}
阳谷	闲扯 ɕiã^{42}tsʰə^{55} 扯闲谈 tsʰə^{55}ɕiã^{42}tʰã^{42} 啦呱 la^{42}kua^{55}	叫 tɕiɔ^{313} 喊 xã^{55}	吆喝 iɔ^{31}xə^{0} 叫喊 tɕiɔ^{31}xã^{55}
梁山	啦呱儿 la^{42}kuar^{55}	喊 xã^{55}	咋呼 tsa^{21}xu^{0}
菏泽	啦呱儿 la^{53}kuar^{44}	喊 xã^{44}	吆唤 iɔ^{21}xuã^{0}
曹县	说话 fə^{213}xua^{0}	喊 xã^{44}	吆唤 iɔ^{21}xuã^{0}
金乡	啦呱儿 la^{42}kuar^{55}	喊 xã^{55}	咋呼 tsa^{21}xu^{0}
曲阜	啦呱儿 la^{42}kuar^{55}	喊 xã^{55}	咋呼 tsa^{21}xu^{0}

续表

	0919聊天儿	0920叫～他一声儿	0921吆喝大声喊
薛城	啦呱儿la^{55}kuar^{24}	喊xã^{24}	吆喝iɔ^{31}xuə^{0}
郯城	啦呱儿la^{44}kuar^{24}	喊ɕiã^{24}读为“显” 叫tɕiɔ^{51}	喊呼ɕiã^{24}xu^{0}“喊”读为“显” 吆呼iɔ^{21}xu^{0}
临沂	啦呱儿la^{53}kuar^{55} 说话儿ʃuə^{24}xuar^{312}	喊xã^{55} 叫tɕiɔ^{312}	吆呼iɔ^{21}xu^{0}

	0922哭小孩～	0923骂当面～人	0924吵架动嘴：两个人在～
荣成	哭k^{h}u^{214}	骂ma^{33}	吵嘴tʂ^{h}au^{35}tsei^{214}
烟台	哭k^{h}u^{14}	噘①tɕye^{33} 骂ma^{33}	打仗ta^{21}tɕiɑŋ^{33}
栖霞	哭k^{h}u^{214}	噘cyɛ^{342}	吵吵ts^{h}ɔo^{52}ts^{h}ɔo^{0}
长岛	哭k^{h}u^{213}	骂ma^{52}	打仗ta^{21}tʃɑŋ^{52}
海阳	哭k^{h}u^{214}	噘cyə^{341}	争犟tʂəŋ^{52}ciɑŋ^{0}
莱西	哭k^{h}u^{55}	噘cyə^{42} 骂ma^{42}	打仗ta^{55}tʃɑŋ^{42} 打嘴仗ta^{33}tsei^{24}tʃɑŋ^{42}
平度	哭k^{h}u^{55}	噘cyə^{42} 骂ma^{42}	打仗ta^{55}tʃɑŋ^{213} 打嘴官司ta^{213}tθei^{45}kuã^{0}θɿ^{0}
青岛	哭k^{h}u^{55}	噘tɕyə^{42}	打嘴仗tɑ^{213}tθuei^{55}tʃɑŋ^{42}
高密	咧歪$^{=}$liə^{21}uɛ^{0}	噘tɕyə^{42}	打仗ta^{55}tʃɑŋ^{21} 打嘴仗tɑ^{42}tθuei^{23}tʃɑŋ^{0}
诸城	嚎xɔ^{53}小孩儿～ 叫困$^{=}$tʃɔ^{44}k^{h}uẽ^{0} 哭k^{h}u^{44}	噘tʃuə^{53}	打仗ta^{44}tʃɑŋ^{31}
沂水	喊ɕiã^{44}读为“显” 叫唤tɕiɔ^{44}k^{h}uã^{0}“唤”读为“宽”轻声	骂ma^{31} 噘tɕyə^{53}	打嘴巴舌ta^{44}dðue^{213}pa^{0}ʃə^{53} 打嘴仗ta^{44}dðue^{213}dʒɑŋ^{0}
临朐	叫唤tɕiɔ^{44}xuã^{0}	骂ma^{21} 噘tɕyə^{53}	打仗ta^{44}tʃɑŋ^{21}
日照	喊ʃiã^{44}读为“显”	噘tʃyə^{53}	打嘴仗ta^{44}tθuei^{44}tʃiɑŋ^{31}
莒南	喊ɕiã^{55}读为“显”	噘tɕyə^{53}	吵仗tʂ^{h}ɔ^{55}tʃɑŋ^{31} 闹仗nɔ^{13}tʃɑŋ^{31}

① 表示骂义的“噘”在山东方言中一般读阳平（声调系统中阳平与其他调类相混者读为其他调）。下面不一一注明。

续表

	0922哭小孩～	0923骂当面～人	0924吵架动嘴：两个人在～
潍坊	哭kʰu^{214}	噘tɕyə^{53}	打仗ta^{24}tʂaŋ^{31} 噘起来了tɕyə^{35}tɕʰi^{0}lɛ^{0}liə^{0}
寿光	哭kʰu^{213}	噘tɕyə^{53} 骂ma^{21}	打仗ta^{55}tʂaŋ^{21} 打嘴官司ta^{55}tsuei^{24}kuã^{0}sʅ^{0}
高青	哭kʰu^{213}	骂ma^{41}	打仗ta^{55}tʂaŋ^{41}
阳信	哭kʰu^{213}	卷$^{=}$[①]tɕyã^{55} 噘tɕyə^{43}	打仗ta^{55}tʂaŋ^{31}
济阳	哭kʰu^{213}	卷$^{=}$tɕyã^{55} 骂ma^{31}	打嘴仗ta^{55}tsuei^{213}tʂaŋ^{0}
利津	哭kʰu^{44}	骂ma^{31} 卷$^{=}$tɕyã^{55}	打仗ta^{55}tʂaŋ^{31}
乐陵	哭kʰu^{24}	卷$^{=}$tɕyã^{55}	打仗ta^{55}tʂaŋ^{51}
商河	哭kʰu^{45}	卷$^{=}$tɕyã^{45} 骂ma^{31}	打仗ta^{45}tʂaŋ^{31}
平原	哭kʰu^{213}	卷$^{=}$tɕyã^{55} 骂ma^{21}	打囔囔ta^{23}naŋ^{21}naŋ^{0}
德州	哭kʰu^{213}	骂ma^{21}	打吵子ta^{55}tʂʰɔ^{213}tsʅ^{0}
武城	哭kʰu^{224}	卷$^{=}$tɕyã^{55} 骂ma^{312}	打吵子ta^{24}tʂʰɔ^{24}tsʅ^{0}
临清	哭kʰu^{13}	骂ma^{313} 卷$^{=}$tɕyan^{44}	吵吵tʂʰau^{44}tʂʰau^{0} 吵tʂʰau^{44}
冠县	哭kʰu^{13}	骂ma^{314}	吵架tʂʰɔ^{55}tɕia^{314}
聊城	哭kʰu^{13}	骂ma^{313} 卷$^{=}$tɕyã^{44}	囔囔naŋ^{13}naŋ^{0} 吵吵tsʰɔ^{44}tsʰɔ^{0}
济南	咧咧liə^{21}liə^{0} 咧拜$^{=}$liə^{21}pɛ^{0} 哭kʰu^{213}	卷$^{=}$tɕyã^{55} 骂ma^{21}	打仗ta^{55}tʂaŋ^{21}
泰安	哭kʰu^{213}	骂ma^{21} 卷$^{=}$tɕyã^{55}	吵嚷tʂʰɔ^{21}iaŋ^{0} 翻嚷fã^{21}iaŋ^{0}
莱芜	哭kʰu^{213}	骂ma^{42}	吵嘴tʃʰɔ^{55}tsuei^{55}

① 表示骂义的“卷$^{=}$”有人写作“呟”。该字《集韵》古泫切，“声也”。《汉语大字典》和《汉语大词典》都据《文选》李善注释为“大声”，所以不能肯定其为本字。《汉语大词典》“卷”(juǎn)义9“方言。骂。”此处采用《汉语大词典》的写法，但加同音符号“$^{=}$”。

续表

	0922哭小孩～	0923骂当面～人	0924吵架动嘴：两个人在～
新泰	哭k^{h}u^{213}	骂ma^{31}	吵吵tʃ^{h}ɔ^{21}tʃ^{h}ɔ^{213}
沂源	叫唤tɕiɔ^{55}xuã^{0}	骂ma^{31}	打仗ta^{55}tʃaŋ^{31}
博山	哭k^{h}u^{213}	骂mɑ^{31}	吵嘴tʂ^{h}ɔ^{53}tsuei^{55} 打仗tɑ^{55}tʂɑŋ^{31}
张店	哭k^{h}u^{33}	骂mɑ^{31}	打仗tɑ^{55}tʂɑŋ^{31}
阳谷	哭k^{h}u^{213}	骂ma^{313}	骂架ma^{13}tɕia^{0} 嚷架zɑŋ^{55}tɕia^{0}
梁山	哭k^{h}u^{213}	卷$^{=}$tɕyã^{55} 骂ma^{314}	拌嘴pã^{31}tɕyei^{55}
菏泽	闹nɔ^{312}	卷$^{=}$tɕyã^{44}	吵架ts^{h}ɔ^{44}tɕia^{312}
曹县	哭k^{h}u^{213}	卷$^{=}$tɕyã^{44}	嚷架zɑŋ^{44}tɕia^{312} 吵牌$^{=}$儿ts^{h}ɔ^{44}p^{h}ɐr^{53}
金乡	哭k^{h}u^{213} 闹nɔ^{312}	骂ma^{312} 卷$^{=}$tɕyã^{55}	嚷架zɑŋ^{55}tɕia^{312}
曲阜	哭k^{h}u^{213}	骂ma^{312}	闹乱子nɔ^{31}luã^{42}tsɿ^{0}
薛城	哭k^{h}u^{313}	骂ma^{41}	硌$^{=}$气kə^{55}tɕ^{h}i^{41}
郯城	喊ɕiã^{24}读为"显" 哭k^{h}u^{213}	噘tɕyə^{44} 骂ma^{51}	拌嘴pã^{51}tsue^{24} 吵仗tʂ^{h}ɔ^{24}tʂɑŋ^{51}
临沂	喊ɕiã^{55}读为"显" 哭k^{h}u^{214}	噘tɕyə^{53} 骂ma^{312}	闹仗nɔ^{31}tʃɑŋ^{312} 吵仗tʃ^{h}ɔ^{55}tʃɑŋ^{312}

	0925骗～人	0926哄～小孩	0927撒谎
荣成	熊$^{=}$çyŋ^{35}	哄xuŋ^{214}	撒谎sa^{55}xuɑŋ^{214} 说瞎话儿ʃyɛ^{21}çia^{21}xuar^{33}
烟台	熊$^{=}$çyŋ^{33} 骗p^{h}ian^{33}	逗引tou^{33}in^{0}	说瞎话儿suo^{33}çia^{21}xuar^{33} 撒谎sa^{53}xuɑŋ^{14}
栖霞	熊$^{=}$çyŋ^{342}	哄xuŋ^{214}	撒谎sa^{55}xuɑŋ^{214} 说瞎话ʃyɛ^{55}çia^{55}xua^{342}
长岛	熊$^{=}$çyŋ^{55} 骗p^{h}ian^{52}	哄xuŋ^{213}	说谎话ʃyɛ^{55}xuɑŋ^{21}xua^{52}
海阳	熊$^{=}$çyŋ^{341}	哄xuŋ^{214}	撒谎sa^{21}xuɑŋ^{214}
莱西	熊$^{=}$人çyŋ^{42}iẽ^{214} 骗p^{h}iã^{42}	哄xoŋ^{55} 逗tou^{42}	撒谎sa^{214}xuɑŋ^{55} 说谎ʃuə^{214}xuɑŋ^{55}

续表

	0925骗~人	0926哄~小孩	0927撒谎
平度	糊弄xu^{45}ləŋ^{0} 骗p^{h}iã^{42}	哄xuŋ^{55} 逗引tou^{42}iə̃^{0}	撒谎儿θa^{213}xuɑ̃r^{55}
青岛	糊弄xu^{42}loŋ^{0} 哄xoŋ^{55} 骗p^{h}iã^{42}	哄xoŋ^{55} 逗弄tou^{42}loŋ^{0}	撒谎儿θa^{213}xuɑ̃r^{55} 说谎儿ʃuə^{213}xuɑ̃r^{55}
高密	掳$^{=}$lu^{55} 诓k^{h}uɑŋ^{213}	引iə̃^{55} 哄xoŋ^{55}	掳$^{=}$人lu^{213}iə̃^{42} 胡说八道xu^{42}ʃuə^{55}pɑ^{55}tɔ^{21} 胡诌xu^{42}tʂou^{213}
诸城	哄xəŋ^{44} 点$^{=}$哄ȶiã^{213}xəŋ^{0}	哄xəŋ^{44}	掏$^{=}$t^{h}ɔ^{213} 掏$^{=}$事儿t^{h}ɔ^{44}ʂer^{31}
沂水	哄xuŋ^{44} 蒙məŋ^{213} 坑k^{h}əŋ^{213}	哄xuŋ^{44}	说瞎话ʃuə^{44}ɕia^{213}xua^{0}
临朐	出$^{=}$tʃ^{h}u^{44}	哄xuŋ^{44}	吧[①]瞎话pa^{44}ɕia^{213}xua^{0}
日照	哄xəŋ^{44}程度轻 坑k^{h}əŋ^{213}程度重	哄xəŋ^{44}	没实话mu^{53}ʃʅ^{44}xuɑ^{31}
莒南	哄xuŋ^{55} 诓k^{h}uɑŋ^{213} 骗p^{h}iã^{312}	哄xuŋ^{55}	说谎儿ʃuə^{213}xuɑ̃r^{55} 撒谎儿θa^{213}xuɑ̃r^{55}
潍坊	唠$^{=}$lɔɤ^{214}指小事 骗p^{h}iã^{31} 鬼$^{=}$kuei^{55}指小事	哄xoŋ^{55}	唠$^{=}$lɔɤ^{214} 撒谎儿sɑ^{214}xuɑ̃r^{55} 说谎儿ʂuə^{214}xuɑ̃r^{55}
寿光	卢$^{=}$咕lu^{35}ku^{0} 哄xuŋ^{55}	哄xuŋ^{55}	撒谎sa^{213}xuɑŋ^{55}
高青	诓k^{h}uɑŋ^{213}	哄xuŋ^{55}	说谎ʂuə^{55}xuɑŋ^{55}
阳信	诓k^{h}uɑŋ^{213} 吴$^{=}$弄u^{45}luŋ^{0}	哄xuŋ^{55}	纂$^{=}$咕嘴tsuã^{55}ku^{0}tsuei^{0}
济阳	诓k^{h}uɑŋ^{213}	哄xuŋ^{55}	诌谎tʂ^{h}ou^{54}xuɑŋ^{55}“诌”读为“抽”
利津	骗p^{h}iã^{31}	哄xuŋ^{55}	撒谎sa^{44}xuɑŋ^{55}
乐陵	糊弄xu^{55}luŋ^{0}	哄xuŋ^{55}	撒谎sɑ^{212}xuɑŋ^{55}

① “吧”的写法参见0749“讲故事”脚注。

续表

	0925骗～人	0926哄～小孩	0927撒谎
商河	诓kʰuɑŋ^{213} 捞$^{=}$lu^{45} 胡弄xu^{54}ləŋ^{0}	哄xuŋ^{45}	说瞎话ʂuə^{54}ɕiɑ^{45}xuɑ^{31}
平原	骗pʰiã^{21}	哗$^{=}$哄xua^{55}xuŋ^{0}	撒谎sa^{212}xuɑŋ^{55}
德州	糊弄xu^{42}ləŋ^{0}	哄xuŋ^{55}	说瞎话儿ʂuə^{213}ɕia^{213}xuɐr^{21}
武城	骗pʰiã^{312}	哄xuŋ^{55}	吧瞎pa^{24}ɕia^{224}
临清	胡弄xu^{53}luŋ^{0} 骗pʰian^{313}	哄xuŋ^{44}	吧瞎pa^{13}ɕia^{13} 说瞎话儿ʂuə^{13}ɕia^{13}xuar^{313}
冠县	骗pʰiã^{314}	哄xuŋ^{55}	说瞎话ʂuə^{13}ɕia^{55}xua^{0} 撒谎sa^{13}xuɑŋ^{55}
聊城	勒$^{=}$lei^{13} 胡弄xu^{53}luŋ^{0}	哄xuŋ^{44}	吧瞎pa^{13}ɕia^{13} 说瞎话儿suə^{13}ɕia^{13}xuar^{313}
济南	诓kʰuɑŋ^{213} 糊弄xu^{55}luŋ^{0}	哄xuŋ^{55}	吧瞎话儿pa^{23}ɕia^{23}xuar^{21}
泰安	玩uã^{42} 诓kʰuɑŋ^{213}	哄xuŋ^{55}	吧瞎话pa^{23}ɕia^{23}xua^{21}
莱芜	骗pʰiã^{42}	哄xuŋ^{55}	说瞎话ʃuə^{31}ɕia^{213}xua^{42}
新泰	吴$^{=}$弄u^{45}luŋ^{0}	哄xuŋ^{55}	吧瞎pa^{23}ɕia^{213}
沂源	诓kʰuɑŋ^{213} 哄xuŋ^{55}	哄xuŋ^{55}	吧瞎话pa^{55}ɕia^{21}xua^{0}
博山	绰哄tʂʰuə^{213}xuŋ^{0}	哄xuŋ^{55}	说瞎话ʂuə^{55}ɕiɑ^{213}xuɑ^{55}
张店	骗pʰiã^{31} 诓kʰuɑŋ^{213}	哄xuŋ^{55}	扎$^{=}$瞎话tʂɑ^{33}ɕiɑ^{33}xuɑ^{0}
阳谷	坑kʰəŋ^{213} 糊弄xu^{42}luŋ^{0}	哄xuŋ^{55}	掏$^{=}$瞎话tʰɔ^{13}ɕia^{13}xua^{313}
梁山	糊弄xu^{42}luŋ^{0}	哄xuŋ^{55}	说瞎话fə^{23}ɕia^{55}xua^{314}
菏泽	拢$^{=}$luŋ^{44} 坑kʰəŋ^{213}	哄xuŋ^{44}	撇瞎话儿pʰiɛ^{213}ɕia^{21}xuar^{0}
曹县	坑kʰəŋ^{213} 诓kʰuɑŋ^{213}	哄xuŋ^{44}	说瞎话fə^{213}ɕia^{21}xua^{0}
金乡	坑kʰəŋ^{213}	哄xuŋ^{55}	说瞎话儿suə^{213}ɕia^{21}xuar^{0}
曲阜	谑ɕyə^{213}	哄xuŋ^{55}	啦云la^{42}yẽ^{42}

续表

	0925骗～人	0926哄～小孩	0927撒谎
薛城	拢$^{=}$luŋ^{24} 坑kʰəŋ^{313}	哄xuŋ^{24} 拢$^{=}$luŋ^{24}	说瞎话儿fə^{23}çia^{31}xuar^{0}
郯城	谑çyə^{213} 哄xuŋ^{24} 骗pʰiã^{51}	哄xuŋ^{24}	说瞎话fə^{13}çia^{21}xua^{51} 侃空儿kʰã^{44}kʰuə̃r^{213} 谑人çyə^{21}ʐə̃^{44}
临沂	谑çyə^{214} 谑哄çyə^{21}xuŋ^{0} 哄xuŋ^{55}	哄xuŋ^{55}	谑人çyə^{24}ʐẽ^{53} 谑哄人çyə^{21}xuŋ^{0}ʐẽ^{53} 侃空儿kʰã^{55}kʰuɤ̃r^{214}

	0928吹牛	0929拍马屁	0930开玩笑
荣成	吹牛tʂʰuei^{53}niəu^{53}	溜须liəu^{35}çy^{0}	说笑话儿ʃyɛ^{21}siau^{33}xuar^{0}
烟台	吹牛屄tsʰuei^{53}ȵiou^{33}pi^{53}	舔腚tʰian^{21}tiŋ^{33} 顺着裤裆放屁suən^{33}ɾə^{0}kʰu^{33}taŋ^{0}faŋ^{53}pʰi^{33}	说笑话儿suo^{53}çiau^{33}xuar^{33}
栖霞	吹牛屄tsʰuei^{34}ȵyŋ^{34}pi^{312} "牛"有音变	舔腚tʰiãn^{34}tiŋ^{342}	闹玩儿nɔo^{55}uɐr^{342} 滚闹儿kuə̃n^{21}nɔor^{52}
长岛	吹牛屄tsʰuei^{31}ȵiou^{55}pi^{31}	舔腚tʰian^{21}tiŋ^{52}	要欢sua^{55}xuan^{31}
海阳	吹牛tʂʰuei^{34}ȵyŋ^{52} "牛"有音变	溜腚沟子舔蜂蜜liəu^{34}tiŋ^{34}kəu^{52}ə^{0}tʰiã^{34}fəŋ^{52}mi^{341}	说闹话儿suo^{21}nɔ^{52}xuar^{341}
莱西	吹牛tsʰuei^{55}ȵiou^{214} 吹牛屄tsʰuei^{21}ȵiou^{55}pi^{214}	舔腚沟tʰiã^{55}tiŋ^{312}kou^{214} 溜腚片liou^{55}tiŋ^{24}pʰiã^{42} 拍马屁pʰɛ^{214}ma^{55}pʰi^{42}	开玩笑kʰɛ^{214}uã^{45}ʃiɔ^{0} 说笑话ʃuə^{214}ʃiɔ^{42}xua^{0}
平度	吹牛tʂʰuei^{213}ȵiou^{42} 吹牛屄tʂʰuei^{213}ȵiou^{42}pi^{213}	舔腚tʰiã^{55}tiŋ^{42} 拍马屁pʰei^{213}ma^{55}pʰi^{42} 溜沟子liou^{213}kou^{213}tθɿ^{0}	开玩笑kʰɛ^{213}uã^{45}siɔ^{0}
青岛	吹牛tʂʰuei^{213}ȵiou^{42} 吹牛屄tʂʰuei^{213}ȵiou^{42}pi^{213}	舔腚tʰiã^{55}tioŋ^{42}	弄戏儿loŋ^{213}çier^{42} 开玩笑kʰɛ^{213}uã^{55}siɔ^{0}
高密	吹牛屄tʂʰuei^{213}ȵiou^{42}pi^{213} 吹牛皮tʂʰuei^{213}ȵiou^{42}pʰi^{42}	舔腚tʰiã^{55}tioŋ^{21} 拍马屁pʰei^{55}mɑ^{55}pʰi^{21}	开玩笑kʰɛ^{213}uã^{55}siɔ^{0} 闹着玩儿nɔ^{42}tʂə^{0}uɛr^{42}
诸城	吹牛屄tʂʰuei^{213}ȵiou^{53}pi^{213} 吹牛tʂʰuei^{44}ȵiou^{53}	舔腚ȶʰiã^{44}ȶiəŋ^{31} 溜沟子liou^{24}kou^{31}tθɿ^{0}	闹玩儿nɔ^{31}uɐr^{53}
沂水	吹大气儿tʂʰue^{24}ta^{31}tɕʰier^{31} 拉大撑$^{=}$la^{53}ta^{31}tʂʰəŋ^{53} 吹牛屄tʂʰue^{213}iou^{53}pi^{213}	舔腚眼子tʰiã^{44}tiŋ^{31}iã^{213}dðɿ^{0}	打秧$^{=}$儿ta^{44}ɻãr^{213}
临朐	吹牛屄tʂʰuei^{213}ȵiəu^{53}pi^{213}	舔腚tʰiã^{44}tiŋ^{21}	闹笑nɔ^{21}çiɔ^{21}

续表

	0928吹牛	0929拍马屁	0930开玩笑
日照	吹大气儿 tʂʰuei^{213}tɑ^{31}tʃʰer^{31}	溜沟子 liou^{213}kou^{31}tθɿ^{0} 舔脸 tʰiã^{53}liã^{44}	搭聊 tɑ^{213}liɔ^{53}
莒南	吹牛 tʂʰuei^{213}niou^{53}	舔腚 tʰiã^{55}tiŋ^{31} 舔腚门子 tʰiã^{55}tiŋ^{31}mẽ^{24}tθɿ^{0} 拍马屁 pʰei^{213}ma^{55}pʰi^{31}	说了要的 ʃuə^{213}lə^{0}ʂua^{213}ti^{0} 开玩笑 kʰɛ^{213}uã^{24}siɔ^{0}
潍坊	吹牛屄 tʂʰuei^{214}ȵiɤɯ^{53}pi^{214} 吹 tʂʰuei^{214} 吹牛 tʂʰuei^{214}ȵiɤɯ^{53}	舔么 tʰiã^{24}mə^{0}	开玩笑 kʰɛ^{214}uã^{53}ɕiɔɤ^{31} 闹着玩儿 nɔɤ^{55}tʂuə^{0}uɐr^{53}
寿光	吹牛屄 tʂʰuei^{213}ȵiəu^{53}pi^{213} 拉大撑$^{=}$ la^{13}ta^{21}tʂʰəŋ^{53} 撑$^{=}$ tʂʰəŋ^{53}	舔腚 tʰiã^{24}tiŋ^{21} 舔么 tʰiã^{24}mə^{0} 抹和 mə^{24}xuə^{0}	说玩话儿 ʂuə^{213}uã^{35}xuʌr^{21} 闹着玩儿 nɔ^{55}tʂuə^{0}uɐr^{53}
高青	吹牛 tʂʰuei^{213}ȵiou^{55}	捋胡子 ly^{55}xu^{35}tsɿ^{0}	闹着玩儿 nɔ^{55}tʂuə^{0}uɐr^{55}
阳信	吹牛 tʂʰuei^{213}ȵiou^{43}	打靶子 ta^{55}pa^{213}tsɿ^{0} 舔腚 tʰiã^{55}tiŋ^{31} 溜须 liou^{213}ɕy^{213}	闹玩儿 nɔ^{31}uɐr^{43}
济阳	吹牛 tʂʰuei^{213}ȵiou^{55}	打靶儿 ta^{54}par^{55} 舔腚 tʰiã^{13}tiŋ^{31}	闹着玩儿 nɔ^{55}tʂɔ^{0}uɐr^{55}
利津	晕$^{=}$ yẽ^{213} 吹牛 tʂʰuei^{213}ȵiou^{53}	打绺$^{=}$ ta^{53}liou^{55} 拍马屁 pʰei^{44}ma^{55}pʰi^{31}	闹着玩儿 nɔ^{31}tʂɔ^{0}uɐr^{53}
乐陵	吹 tʂʰuei^{24}	舔腚 tʰiã^{55}tiŋ^{51}	闹着玩儿 nɔ^{55}tʂou^{0}uɐr^{55}
商河	吹 tʂʰuei^{213} 吹牛 tʂʰuei^{213}ȵiou^{54} 说大话 ʂuə^{45}tɑ^{24}xuɑ^{31}	舔腚 tʰiã^{45}tiŋ^{31} 打靶儿 tɑ^{45}pɑr^{45} 拿劲 nɑ^{24}tɕiẽ^{0}	说笑话儿 ʂuə^{45}ɕiɔ^{54}xuɑr^{0} 闹着玩儿 nɔ^{54}tʂɿ^{0}uɐr^{54}
平原	吹 tʂʰuei^{213}	献殷勤 ɕiã^{21}iẽ^{212}tɕʰiẽ^{42} 溜须 liou^{23}ɕy^{213}	闹玩儿 nɔu^{21}uɐr^{42} 说笑话儿 ʂuə^{21}ɕiɔu^{42}xuar^{0}
德州	吹 tʂʰuei^{213}	舔腚 tʰiã^{55}tiŋ^{21}	闹着玩儿 nɔ^{42}tʂə^{0}uɐr^{42}
武城	吹 tʂʰuei^{224}	巴结 pa^{312}tɕiə^{0} 溜须 liou^{24}ɕy^{224}	说笑话儿 ʂuə^{24}ɕiɔ^{53}xuar^{0} 闹着玩儿 nɔ^{53}tʂɔ^{0}uɐr^{53}
临清	吹牛 tʂʰuei^{13}ȵiou^{53}	拍马屁 pʰai^{13}ma^{44}pʰi^{313} 舔腚 tʰian^{44}tiŋ^{313} 溜须拍马 liou^{13}ɕy^{13}pʰai^{13}ma^{44}	逗笑话 tou^{31}ɕiau^{53}xua^{0} 逗 tou^{313}
冠县	吹 tʂʰuei^{13} 吹牛 tʂʰuei^{13}ȵiou^{53}	巴结 pa^{21}tɕiə^{0}	开玩笑 kʰai^{31}uã^{55}ɕiɔ^{31}

续表

	0928吹牛	0929拍马屁	0930开玩笑
聊城	吹气儿tsʰuei^{13}tɕʰier^{313} 吹牛屄tsʰuei^{13}ȵiou^{53}pi^{13}	舔腚tʰiã^{44}tiŋ^{313} 拍马溜须pʰɛ^{13}ma^{44}liou^{13}ɕy^{13} 溜沟子liou^{13}kou^{13}tsɿ^{44}	闹着玩儿nɔ^{53}tsə^{0}uɛr^{53}
济南	吹tʂʰuei^{213} 吹牛tʂʰuei^{213}ȵiou^{42} 吹牛屄tʂʰuei^{213}ȵiou^{42}pi^{213}	舔腚tʰiã^{55}tiŋ^{21} 舔腚溜沟子tʰiã^{55}tiŋ^{21}liou^{23}kou^{21}tsɿ^{0}	闹着玩儿nɔ^{55}tʂʅ^{0}uɛr^{42}
泰安	吹牛tʂʰuei^{213}ȵiou^{42} 胡吹海嗙xu^{42}tʂʰuei^{213}xɛ^{42}pʰɑŋ^{55}	舔腚tʰiã^{55}tiŋ^{21}	闹着玩儿nɔ^{42}tʂʅ^{0}uɛr^{42}
莱芜	吹牛tʃʰuei^{213}ȵiou^{55}	拍马屁pʰei^{31}ma^{213}pʰi^{0}	打洋⁼外⁼ta^{213}iɑŋ^{55}uɛ^{42}
新泰	吹牛pfʰei^{21}ȵiou^{42}	舔腚眼子tʰiã^{55}tiŋ^{31}iã^{213}tθɿ^{0}	闹着玩儿nɔ^{54}tʃə^{0}uɐr^{42}
沂源	吹牛屄tʃʰuei^{21}ȵiou^{55}pi^{213}	舔腚眼子tʰiã^{55}tiŋ^{31}iã^{21}tθɿ^{0}	闹着玩儿nɔ^{55}tʃuə^{0}uɛ^{55}
博山	吹劲tʂʰuei^{213}tɕiẽ^{31} 撑劲tʂʰəŋ^{213}tɕiẽ^{31}	舔腚tʰiã^{55}tiŋ^{31}	闹着玩儿nɔ^{55}ə^{0}uɛ^{55}
张店	说大话ʂuə^{33}tɑ^{55}xuɑ^{0} 吹牛屄tʂʰuei^{213}ȵiou^{55}pi^{213}	舔腚tʰiã^{55}tiŋ^{31}	闹着玩儿nɔ^{33}tʂuə^{0}uɛ^{55}
阳谷	吹牛tsʰuei^{13}ȵiou^{42} 说大话fə^{13}ta^{13}xua^{313} 胡吹溜⁼拉xu^{13}tsʰuei^{13}liou^{31}la^{42}	拍马pʰɛ^{13}ma^{55} 巴结pa^{31}tɕiə^{0}	闹着玩儿nɔ^{42}zə^{0}uɐr^{42}
梁山	说大话fə^{23}ta^{31}xua^{314}	舔腚tʰiã^{55}tiŋ^{314}	闹着玩儿nɔ^{55}tsɿ^{0}uɐr^{42}
菏泽	瞎吹ɕia^{213}tsʰuei^{213}	巴结pa^{21}tɕiɛ^{0}	闹着玩儿nɔ^{31}tsuə^{0}uɐr^{53}
曹县	吹牛皮tʂʰuei^{213}ȵiou^{53}pʰi^{53}	巴结pa^{21}tɕiə^{0}	说着玩儿ʂuə^{21}tə^{0}uɐr^{53}
金乡	吹牛屄tsʰuei^{213}ȵiou^{42}pi^{213}	舔腚官⁼tʰiã^{55}tiŋ^{31}kuã^{213} 献浅子[①]ɕiã^{31}tɕʰiã^{23}tsɿ^{0}	闹着玩儿nɔ^{42}tsɿ^{0}uɐr^{42}
曲阜	吹牛屄tsʰuei^{213}ȵiou^{42}pi^{213}	舔腚眼子tʰiã^{55}tiŋ^{31}iã^{213}tsɿ^{0}	闹着玩儿nɔ^{42}tsɿ^{0}uɐr^{42}
薛城	说大话fə^{23}ta^{41}xua^{0}	舔腚眼子tʰiã^{24}tiŋ^{41}iã^{24}tsɿ^{0}	嘻摿⁼玩儿ɕi^{31}tʰɑŋ^{0}uɐr^{55}
郯城	说大话fə^{21}ta^{51}xua^{51} 吹牛tʂʰue^{21}ȵiəu^{44}	舔腚tʰiã^{24}tiŋ^{51} 拍马屁pʰe^{21}ma^{24}pʰi^{51}	嘻摿⁼ɕi^{21}tʰɑŋ^{0} 开玩笑kʰɛ^{21}uã^{44}ɕiɔ^{51}
临沂	吹牛屄tʃʰuei^{24}ȵiou^{53}pi^{214} 吹牛儿tʃʰuei^{24}ȵiour^{53} 吹牛皮tʃʰuei^{24}ȵiou^{53}pʰi^{53}	舔腚tʰiã^{55}tiŋ^{312} 拍马屁pʰei^{24}ma^{55}pʰi^{312}	嘻摿⁼ɕi^{21}tʰɑŋ^{0} 开玩笑kʰɛ^{24}uã^{53}ɕiɔ^{312}

① “献浅”的写法见《醒世姻缘传》。

	0931告诉～他	0932谢谢致谢语	0933对不起致歉语
荣成	告伙$^{=}$kau^{33}xuo^{0}	谢谢siɛ^{33}siɛ^{0}	对不起tei^{33}pu^{0}c^{h}i^{214}
烟台	告浑$^{=}$kau^{33}xuən^{0}	谢谢ɕie^{33}ɕie^{0}	对不起tei^{33}pu^{0}tɕ^{h}i^{14}
栖霞	告道kɔo^{55}tɔo^{342} 告浑$^{=}$kɔo^{52}xuə̃n^{0}	谢谢ʃiɛ^{52}ʃiɛ^{0}	对不起tei^{55}pu^{0}c^{h}i^{214}
长岛	告送kau^{52}suŋ^{0}	谢谢ʃiɛ^{52}ʃiɛ^{0}	对不起tei^{52}pu^{0}c^{h}i^{213}
海阳	告浑$^{=}$kɔ^{34}xuẽ^{0}	谢谢siə^{34}siə^{0}	对不起tei^{34}pu^{0}c^{h}i^{0}
莱西	告诉kɔ^{42}su^{0} 递$^{=}$……道ti^{42}……tɔ^{42}	谢谢ʃiə^{42}ʃiə^{0}	对不起tei^{42}pu^{0}c^{h}i^{55} 对不住tei^{42}pu^{0}tʃu^{42}
平度	跟……说kə̃^{213}……ʃuə^{55} 告诉kɔ^{42}θu^{0}	谢谢siə^{42}siə^{0}	对不起tei^{42}pu^{0}c^{h}i^{55} 对不住tei^{42}pu^{0}tʃu^{42}
青岛	跟……道kẽ^{213}……tɔ^{42}	谢谢siə^{42}siə^{0}	对不起tei^{42}pu^{0}tɕ^{h}i^{55} 对不住tei^{42}pu^{0}tʃu^{42}
高密	和……说xɑŋ^{21}……ʃuə^{55} “和”读为“杭”去声	谢谢siə^{21}siə^{0}	对不起tuei^{42}pu^{0}tɕ^{h}i^{55} 对不住tuei^{42}pu^{0}tʃu^{21}
诸城	说ʃuə^{44}	亏着你啊k^{h}uei^{213}tʂə^{0}ȵi^{213}a^{0}	对不住tuei^{44}pu^{0}tʃu^{31}
沂水	说ʃuə^{44}	多亏唠tuə^{24}k^{h}ue^{31}lɔ^{0}	对不住唠tue^{11}pu^{0}dʒʮ^{11}lɔ^{0}
临朐	和他说xɑŋ^{53}t^{h}a^{0}ʂuə^{44} “和”读为“杭”	麻烦了ma^{35}fã^{0}liə^{0}	对不住tuei^{44}pu^{0}tʃu^{21}
日照	对道tuei^{31}tɔ^{0} 说ʃyə^{213}	亏着你k^{h}uei^{31}tʂə^{0}ni^{44}	不好意思pu^{213}xɔ^{44}i^{53}θɿ^{0}
莒南	跟……说kẽ^{55}……ʃuə^{213} 告诉kɔ^{42}θu^{0}	谢谢siə^{31}siə^{0}	对不起tei^{42}pu^{0}tɕ^{h}i^{55} 对不住tei^{42}pu^{0}tʃʮ^{31}
潍坊	和……说xə^{53}……ʂuə^{214} 告送kɔɤ^{55}soŋ^{0}	谢谢ɕiə^{31}ɕiə^{31}	对不起tuei^{55}pu^{0}tɕ^{h}i^{55}
寿光	和他说xuə^{21}t^{h}a^{0}ʂuə^{213}	麻烦嘞ma^{35}fã^{0}lã^{0}	对不住tuei^{55}pu^{0}tʂu^{21}
高青	嘱咐tʂu^{213}fu^{55}	谢谢ɕiə^{41}ɕiə^{0}	对不住tuei^{55}pu^{0}tʂu^{41}
阳信	说给ʂuə^{31}tɕi^{0}	谢咧ɕiə^{55}liə^{0}	对不住tuei^{55}pu^{0}tʂu^{31}
济阳	告送kɔ^{55}suŋ^{0}	谢谢ɕiə^{31}ɕiə^{0}	对不起tuei^{55}pu^{0}tɕ^{h}i^{55} 对不住tuei^{55}pu^{0}tʂu^{31}
利津	和……说xə^{53}……ʂuə^{44}	亏了你k^{h}uei^{31}liɔ^{0}ȵi^{55} 谢谢ɕiə^{31}ɕiə^{0}	怨我yã^{31}uə^{55} 对不起tuei^{31}pu^{0}tɕ^{h}i^{55}
乐陵	说给ʂuə^{31}kei^{0}	谢谢ɕiə^{51}ɕiə^{0}	对不住tuei^{31}pu^{24}tʂu^{51}

续表

	0931告诉~他	0932谢谢致谢语	0933对不起致歉语
商河	告诉kɔ^{54}su^{0}	亏着你kʰuei^{21}tʂou^{0}ȵi^{45} 谢谢ɕiə^{31}ɕiə^{31}	对不住tuei^{54}pu^{0}tʂu^{31}
平原	给……说kei^{42}……ʂuə^{213}	谢谢ɕiə^{21}ɕiə^{0}	对不起tuei^{42}pu^{0}tɕʰi^{55}
德州	告送kɔ^{42}suŋ^{0}	谢谢ɕiə^{21}ɕiə^{0}	对不住tuei^{42}pu^{0}tʂu^{21}
武城	给……说tɕi^{53}……ʂuə^{224} “给”也读kei^{53}	谢谢ɕiə^{24}ɕiə^{312}	对不住tei^{53}pu^{0}tʂu^{312}
临清	告诉kau^{53}su^{0} 告送kau^{53}suŋ^{0}	谢谢ɕiə^{31}ɕiə^{0}	对不住tei^{31}pu^{0}tʂu^{313} 对不起tei^{31}pu^{0}tɕʰi^{44}
冠县	告诉kɔ^{53}su^{0}	谢谢siə^{31}siə^{0}	对不住tuei^{53}pu^{0}tʂu^{314}
聊城	告送kɔ^{53}suŋ^{0}	谢谢ɕiə^{31}ɕiə^{0}	对不起tuei^{53}pu^{0}tɕʰi^{44} 对不住tuei^{53}pu^{0}tsu^{313}
济南	告送kɔ^{55}suŋ^{0}	谢谢ɕiə^{21}ɕiə^{21}	对不住tuei^{55}pu^{0}tʂu^{21}
泰安	说给ʂuə^{21}kei^{0}	谢谢ɕiə^{21}ɕiə^{21}	对不住tuei^{42}pu^{0}tʂu^{21}
莱芜	告诉kɔ^{42}su^{0}	谢谢ɕiə^{31}ɕiə^{42}	对不住tuei^{42}pu^{0}tʃu^{42}
新泰	告送kɔ^{54}θuŋ^{0}	谢谢ɕiə^{54}ɕiə^{0}	对不住tuei^{31}pu^{23}pfu^{0}
沂源	说ʃuə^{213}	多亏tuə^{55}kʰuei^{213}	对不住tuei^{55}pu^{0}tʃu^{31}
博山	和他说xuə^{35}tʰɑ^{0}ʂuə^{213}	麻烦嗹mɑ^{35}fã^{0}liã^{0}	对不住tuei^{55}pu^{13}tʂu^{31}
张店	说ʂuə^{33}	谢谢ɕiə^{31}ɕiə^{31} 麻烦mɑ^{35}fã^{0}	对不住tuei^{55}pu^{0}tʂu^{31}
阳谷	说给fə^{31}kei^{0}	谢谢ɕiə^{31}ɕiə^{0} 谢啦ɕiə^{42}la^{0}	对不住啦tuei^{42}pu^{13}tsu^{42}la^{0}
梁山	说fə^{213}	亏了你kʰuei^{23}lə^{0}ȵi^{55}	对不着你tuei^{42}pu^{0}tsuo^{55}ȵi^{0}
菏泽	说fə^{213}	麻烦啦ma^{53}fã^{0}la^{0}	（无）
曹县	给他说kei^{44}tʰa^{0}fə^{213}	谢谢ɕiə^{31}ɕiə^{0}	对不起tuei^{31}pu^{0}tɕʰi^{44}
金乡	说给suə^{21}kei^{0}	多亏了你tuə^{213}kʰuei^{21}liɔ^{0}ȵi^{55}	对不住tuei^{42}pu^{0}tsu^{312} 多包涵tuə^{23}pɔ^{213}xã^{42}
曲阜	说给suə^{21}kei^{0}	谢谢ɕiə^{31}ɕiə^{0}	对不住啦tuei^{42}pu^{0}tsu^{42}la^{0}
薛城	对他说tue^{41}tʰa^{0}fə^{313} 给他说ke^{55}tʰa^{0}fə^{313}	谢谢ɕiə^{41}ɕiə^{0}	对不起tue^{41}pu^{0}tɕʰi^{24}
郯城	跟……说kã^{213}……fə^{213}	谢谢ɕiə^{51}ɕiə^{0}	对不住te^{51}pu^{0}tʂu^{51}
临沂	给……说kei^{53}……ʃuə^{214}	谢了ɕiə^{31}lə^{0} 谢谢ɕiə^{31}ɕiə^{0}	对不住tei^{31}pu^{0}tʃu^{312}

	0934再见告别语	0935大苹果～	0936小苹果～
荣成	再见tsai^{33}cian^{214} 再来tsai^{33}lai^{53}	大ta^{33}	小siau^{214}
烟台	再见tsɛ^{53}tɕian^{33}	大ta^{33}	小ɕiau^{14}
栖霞	再见tsɛi^{52}ciãn^{52}	大ta^{52}	小ʃiɔo^{214}
长岛	再见tsai^{52}cian^{52}	大ta^{52}	小ʃau^{213}
海阳	再见tsɛ^{52}ciã^{341}	大ta^{341}	小siɔ^{214}
莱西	再见tsɛ^{42}ciã^{42}	大ta^{42}	小ʃiɔ^{55}
平度	再见tθɛ^{213}ciã^{42}	大ta^{42}	小siɔ^{55}
青岛	再见tθɛ^{213}tɕiã^{42}	大tɑ^{42}	小siɔ^{55}
高密	再见tθɛ^{23}tɕiã^{21} 走了tθou^{23}lə^{0}	大tɑ^{21}	小siɔ^{55}
诸城	再来哈tθɛ^{213}lɛ^{53}xa^{0}主人语 就是吧哈tθiou^{31}ʂʅ^{31}pa^{0}xa^{0}客人语	大ta^{31}	小θiɔ^{44}
沂水	押两天儿再来ia^{213}liãŋ^{44}tʰiɛr^{213}dðɛ^{31}lɛ^{53}	大ta^{31}	小siɔ^{44}
临朐	再来耍tθɛ^{21}lɛ^{53}ʂua^{44}	大ta^{21}	小ɕiɔ^{44}
日照	再来啊tɛ^{213}lɛ^{53}ɑ^{31}	大tɑ^{31}	小θiɔ^{44}
莒南	再见tθɛ^{13}tɕiã^{31} 下[一]回儿见ɕia^{53}xuer^{53}tɕiã^{31}	大ta^{312}	小siɔ^{55}
潍坊	再见tsɛ^{24}tɕiã^{31}	大tɑ^{31}	小ɕiɔɤ^{55}
寿光	走囒tsəu^{24}lã^{0}	大tɑ^{21}	小ɕiɔ^{55}
高青	再见tsɛ^{41}tɕiã^{41}	大tɑ^{41}	小ɕiɔ^{55}
阳信	再说话儿[口扁]tsɛ^{31}ʂuə^{23}xuar^{31}piã^{0}	大ta^{31}	小ɕiɔ^{55}
济阳	再来啊tsɛ^{21}lɛ^{24}a^{0} 再见tsɛ^{55}tɕiã^{0}	大ta^{31}	小ɕiɔ^{55}
利津	再见tsɛ^{24}tɕiã^{31}	大ta^{31}	小ɕiɔ^{55}
乐陵	再见tsɛ^{24}tɕiã^{51}	大tɑ^{51}	小ɕiɔ^{55}

续表

	0934 再见告别语	0935 大苹果~	0936 小苹果~
商河	慢着慢着mã^{54}tʂou^{0}mã^{54}tʂou^{0} 再见面儿再见面儿tsɛ^{31}tɕiã^{24}miɛr^{31}tsɛ^{31}tɕiã^{24}miɛr^{31} 再见tsɛ^{24}tɕiã^{31}	大tɑ^{31}	小ɕiɔ^{45}
平原	再见tsɛi^{23}tɕiã^{21}	大ta^{21}	小ɕiɔu^{55}
德州	走了tsou^{213}lə^{0} 你忙着ȵi^{55}mɑŋ^{55}tʂɔ^{0}	大ta^{21}	小ɕiɔ^{55}
武城	下边儿见ɕia^{312}piɛr^{0}tɕiã^{312}	大ta^{312}	小ɕiɔ^{55}
临清	再来啊tsai^{31}lai^{53}a^{0} 再见tsai^{13}tɕian^{313}	大ta^{313}	小ɕiau^{44}
冠县	别送啦piə^{53}suŋ^{31}la^{0} 改日再来kɛ^{55}ʐʅ^{0}tsɛ^{314}lɛ^{53}	大ta^{314}	小siɔ^{55}
聊城	再见tsɛ^{31}tɕiã^{313}	大ta^{313}	小ɕiɔ^{44}
济南	慢着点儿走mã^{55}tʂʅ^{0}tiɛr^{213}tsou^{0} 再来啊tsɛ^{21}lɛ^{445}a^{0} 再见tsɛ^{23}tɕiã^{21}	大ta^{21}	小ɕiɔ^{55}
泰安	再来tsɛ^{21}lɛ^{42}	大ta^{21}	小ɕiɔ^{55}
莱芜	再来tsɛ^{31}lɛ^{55}	大ta^{42}	小ɕiɔ^{55}
新泰	慢着点儿mã^{54}tʃə^{0}tiɐr^{0} 杭⁼杭⁼着xɑŋ^{213}xɑŋ^{0}tʃə^{0}	大ta^{31}	小ɕiɔ^{55}
沂源	回见xuei^{55}tɕiã^{31}	大ta^{31}	小ɕiɔ^{55}
博山	再来tsɛ^{31}lɛ^{55} 回见xuei^{55}tɕiã^{31}	大tɑ^{31}	小ɕiɔ^{55}
张店	后会有期xou^{31}xuei^{31}iou^{55}tɕʰi^{213}	大tɑ^{31}	小ɕiɔ^{55}
阳谷	改天见kɛ^{42}tʰiã^{13}tɕiã^{313} 改遭说话kɛ^{42}tsɔ^{13}fə^{13}xua^{313}	大ta^{313}	小ɕiɔ^{55}
梁山	再来tsɛ^{31}lɛ^{42}	大ta^{314}	小ɕiɔ^{55}
菏泽	走啦tsou^{44}la^{0}	大ta^{312}	小ɕiɔ^{44}
曹县	下回再来ɕia^{31}xuei^{0}tsai^{31}lai^{53}	大ta^{312}	小ɕiɔ^{44}
金乡	别送啦pɛ^{55}suŋ^{42}la^{0} 慢走mã^{31}tsou^{55}	大ta^{312}	小ɕiɔ^{55}
曲阜	慢走mã^{31}tsou^{55} 留步liou^{55}pu^{312}	大ta^{312}	小ɕiɔ^{55}

续表

	0934 再见告别语	0935 大苹果～	0936 小苹果～
薛城	走啦 tsou^{24}la^{0} 客人语 再来 tsɛ^{41}lɛ^{55} 主人语	大 ta^{41}	小 ɕiɔ^{24}
郯城	再见 tsɛ^{51}tɕiã^{51}	大 ta^{51}	小 ɕiɔ^{24}
临沂	回头见 xuei^{55}tʰou^{53}tɕiã^{312} 再见 tsɛ^{31}tɕiã^{312}	大 ta^{312}	小 ɕiɔ^{55}

	0937 粗绳子～	0938 细绳子～	0939 长线～
荣成	粗 tsʰu^{53}	细 si^{33}	长 tʃʰaŋ^{35}
烟台	粗 tsʰu^{53}	细 ɕi^{33}	长 tɕʰiaŋ^{33}
栖霞	粗 tsʰu^{312}	细 ʃʅ^{52}	长 tʃʰaŋ^{342}
长岛	粗 tsʰu^{312}	细 ʃʅ^{52}	长 tʃʰaŋ^{55}
海阳	粗 tθʰu^{52}	细 si^{341}	长 tsʰaŋ^{341}
莱西	粗 tsʰu^{214}	细 ʃʅ^{42}	长 tʃʰaŋ^{42}
平度	粗 tθʰu^{213}	细 si^{42}	长 tʃʰaŋ^{42}
青岛	粗 tθʰu^{213}	细 si^{42}	长 tʃʰaŋ^{42}
高密	粗 tθʰu^{213}	细 si^{21}	长 tʃʰaŋ^{42}
诸城	粗 tθʰu^{213}	细 θi^{31}	长 tʃʰaŋ^{53}
沂水	粗 tθʰu^{213}	细 si^{31}	长 tʃʰaŋ^{53}
临朐	粗 tθʰu^{213}	细 ɕi^{21}	长 tʃʰaŋ^{53}
日照	粗 tθʰu^{213}	细 θi^{31}	长 tʃʰiaŋ^{53}
莒南	粗 tθʰu^{213}	细 si^{312}	长 tʃʰaŋ^{53}
潍坊	粗 tsʰu^{214}	细 ɕi^{31}	长 tʂʰaŋ^{53}
寿光	粗 tsʰu^{213}	细 ɕi^{21}	长 tʂʰaŋ^{53}
高青	粗 tsʰu^{213}	细 ɕi^{41}	长 tʂʰaŋ^{55}
阳信	粗 tsʰu^{213}	细 ɕi^{31}	长 tʂʰaŋ^{43}
济阳	粗 tsʰu^{213}	细 ɕi^{31}	长 tʂʰaŋ^{55}
利津	粗 tsʰu^{213}	细 ɕi^{31}	长 tʂʰaŋ^{53}
乐陵	粗 tsʰu^{24}	细 ɕi^{51}	长 tʂʰaŋ^{55}
商河	粗 tsʰu^{213}	细 ɕi^{31}	长 tʂʰaŋ^{54}

续表

	0937 **粗**绳子～	0938 **细**绳子～	0939 **长**线～
平原	粗 ts^{h}u^{213}	细 ɕi^{21}	长 tʂ^{h}ɑŋ^{42}
德州	粗 ts^{h}u^{213}	细 ɕi^{21}	长 tʂ^{h}ɑŋ^{42}
武城	粗 ts^{h}u^{224}	细 ɕi^{312}	长 tʂ^{h}ɑŋ^{53}
临清	粗 ts^{h}u^{13}	细 ɕi^{313}	长 tʂ^{h}ɑŋ^{53}
冠县	粗 ts^{h}u^{13}	细 si^{314}	长 tʂ^{h}ɑŋ^{53}
聊城	粗 ts^{h}u^{13}	细 ɕi^{313}	长 ts^{h}ɑŋ^{53}
济南	粗 ts^{h}u^{213}	细 ɕi^{21}	长 tʂ^{h}ɑŋ^{42}
泰安	粗 ts^{h}u^{213}	细 ɕi^{21}	长 tʂ^{h}ɑŋ^{42}
莱芜	粗 tʃ^{h}u^{213}	细 ɕi^{42}	长 tʃ^{h}ɑŋ^{55}
新泰	粗 tθ^{h}u^{213}	细 ɕi^{31}	长 tʃ^{h}ɑŋ^{42}
沂源	粗 tθ^{h}u^{213}	细 ɕi^{31}	长 tʃ^{h}ɑŋ^{55}
博山	粗 ts^{h}u^{213}	细 ɕi^{31}	长 tʂ^{h}ɑŋ^{55}
张店	粗 ts^{h}u^{213}	细 ɕi^{31}	长 tʂ^{h}ɑŋ^{55}
阳谷	粗 ts^{h}u^{213}	细 ɕi^{313}	长 ts^{h}ɑŋ^{42}
梁山	粗 ts^{h}u^{213}	细 ɕi^{314}	长 ts^{h}ɑŋ^{42}
菏泽	粗 ts^{h}u^{213}	细 ɕi^{312}	长 ts^{h}ɑŋ^{53}
曹县	粗 ts^{h}u^{213}	细 ɕi^{312}	长 tʂ^{h}ɑŋ^{53}
金乡	粗 ts^{h}u^{213}	细 ɕi^{312}	长 ts^{h}ɑŋ^{42}
曲阜	粗 ts^{h}u^{213}	细 ɕi^{312}	长 ts^{h}aŋ^{42}
薛城	粗 pf^{h}u^{313}/tɕ^{h}y^{313}	细 ɕi^{41}	长 ts^{h}ɑŋ^{55}
郯城	粗 ts^{h}u^{213}	细 ɕi^{51}	长 tʂ^{h}ɑŋ^{44}
临沂	粗 ts^{h}u^{214}	细 ɕi^{312}	长 tʃ^{h}ɑŋ^{53}

	0940 **短**线～	0941 **长**时间～	0942 **短**时间～
荣成	短 tan^{214}	长 tʃ^{h}ɑŋ^{35}	短 tan^{214}
烟台	短 tan^{14}	长 tɕ^{h}iɑŋ^{33}	短 tan^{14}
栖霞	短 tãn^{214}	长 tʃ^{h}ɑŋ^{342}	短 tãn^{214}
长岛	短 tan^{213}	长 tʃ^{h}ɑŋ^{55}	短 tan^{213}

续表

	0940 短线～	0941 长时间～	0942 短时间～
海阳	短 tã^{214}	长 tsʰaŋ^{341}	短 tã^{214}
莱西	短 tã^{55}	长 tʃʰaŋ^{42}	短 tã^{55}
平度	短 tã^{55}	长 tʃʰaŋ^{42}	没脏$^{=}$杆儿 mu^{42}tθaŋ^{213}kɛr^{55} 短 tã^{55}
青岛	短 tuã^{55}	长 tʃʰaŋ^{42}	麻$^{=}$脏$^{=}$杆儿 ma^{42}tθaŋ^{213}kɛr^{55} 短 tuã^{55}
高密	短 tuã^{55}	长 tʃʰaŋ^{42}	没霎儿霎儿 mu^{42}ʂar^{23}ʂar^{0}
诸城	短 tuã^{44}	长 tʃʰaŋ^{53}	短 tuã^{44}
沂水	短 tuã^{44}	长 tʃʰaŋ^{53}	短 tuã^{44}
临朐	短 tuã^{44}	长 tʃʰaŋ^{53}	短 tuã^{44}
日照	短 tuã^{44}	长 tʃʰiaŋ^{53}	没大霎儿霎儿 mu^{44}ta^{0}ʂar^{213}ʂar^{0} 短 tuã^{44}
莒南	短 tuã^{55}	长 tʃʰaŋ^{53}	短 tuã^{55}
潍坊	短 tuã^{55}	长 tʂʰaŋ^{53}	短 tuã^{55}
寿光	短 tuã^{55}	长 tʂʰaŋ^{53}	短 tuã^{55}
高青	短 tuã^{55}	长 tʂʰaŋ^{55}	短 tuã^{55}
阳信	短 tuã^{55}	长 tʂʰaŋ^{43}	短 tuã^{55}
济阳	短 tuã^{55}	长 tʂʰaŋ^{55}	短 tuã^{55}
利津	短 tuã^{55}	长 tʂʰaŋ^{53}	短 tuã^{55}
乐陵	短 tuã^{55}	长 tʂʰaŋ^{55}	短 tuã^{55}
商河	短 tuã^{45}	长 tʂʰaŋ^{54}	短 tuã^{45}
平原	短 tuã^{55}	长 tʂʰaŋ^{42}	短 tuã^{55}
德州	短 tuã^{55}	长 tʂʰaŋ^{42}	短 tuã^{55}
武城	短 tuã^{55}	长 tʂʰaŋ^{53}	短 tuã^{55}
临清	短 tuan^{44}	长 tʂʰaŋ^{53}	短 tuan^{44}
冠县	短 tuã^{55}	长 tʂʰaŋ^{53}	短 tuã^{55}
聊城	短 tuã^{44}	长 tsʰaŋ^{53}	短 tuã^{44}
济南	短 tuã^{55}	长 tʂʰaŋ^{42}	短 tuã^{55}
泰安	短 tuã^{55}	长 tʂʰaŋ^{42}	短 tuã^{55}

续表

	0940 **短**线～	0941 **长**时间～	0942 **短**时间～
莱芜	短 tuã^{55}	长 tʃ^{h}ɑŋ^{55}	短 tuã^{55}
新泰	短 tuã^{55}	长 tʃ^{h}ɑŋ^{42}	短 tuã^{55}
沂源	短 tuã^{55}	长 tʃ^{h}ɑŋ^{55}	短 tuã^{55}
博山	短 tuã^{55}	长 tʂ^{h}ɑŋ^{55}	短 tuã^{55}
张店	短 tuã^{55}	长 tʂ^{h}ɑŋ^{55}	短 tuã^{55}
阳谷	短 tuã^{55}	长 ts^{h}ɑŋ^{42} 远 yã^{55}	短 tuã^{55} 近 tɕiẽ^{313}
梁山	短 tuã^{55}	长 ts^{h}ɑŋ^{42}	短 tuã^{55}
菏泽	短 tuã^{44}	长 ts^{h}ɑŋ^{53}	短 tuã^{44}
曹县	短 tuã^{44}	长 tʂ^{h}ɑŋ^{53}	短 tuã^{44}
金乡	短 tuã^{55}	长 ts^{h}ɑŋ^{42}	短 tuã^{55}
曲阜	短 tuã^{55}	长 ts^{h}aŋ^{42}	短 tuã^{55}
薛城	短 tuã^{24}	长 ts^{h}ɑŋ^{55}	短 tuã^{24}
郯城	短 tuã^{24}	长 tʂ^{h}ɑŋ^{44}	短 tuã^{24}
临沂	短 tuã^{55}	长 tʃ^{h}ɑŋ^{53}	短 tuã^{55}

	0943 **宽**路～	0944 **宽敞**房子～	0945 **窄**路～
荣成	宽 k^{h}uan^{53}	宽敞 k^{h}uan^{53}tʃ^{h}ə^{0} “敞”有音变	窄 tʃɛ^{214}
烟台	宽 k^{h}uan^{53}	宽透 k^{h}uan^{53}t^{h}ou^{0}	窄 tsɤ^{14}
栖霞	宽 k^{h}uãn^{312}	宽透 k^{h}uãn^{52}t^{h}əu^{0}	窄 tsə^{214}
长岛	宽 k^{h}uan^{312}	宽透 k^{h}uan^{31}t^{h}ou^{0}	窄 tsə^{213}
海阳	宽 k^{h}uã^{52}	宽透 k^{h}uã^{52}t^{h}əu^{0}	窄巴 tʂə^{21}pa^{0}
莱西	宽 k^{h}uã^{214}	宽透 k^{h}uã^{32}t^{h}ou^{0}	窄 tsə^{55}
平度	宽 k^{h}uã^{213}	宽透 k^{h}uã^{213}t^{h}ou^{0} 宽敞 k^{h}uã^{213}tʃ^{h}aŋ^{55}	窄 tʂei^{55}
青岛	宽 k^{h}uã^{213}	宽透 k^{h}uã^{213}t^{h}ou^{42} 宽敞 k^{h}uã^{21}tʃ^{h}aŋ^{0}	窄 tʂei^{55}
高密	宽 k^{h}uã^{213}	宽拓 k^{h}uã^{21}t^{h}uə^{0} 宽敞 k^{h}uã^{21}tʃ^{h}ɑŋ^{0} 敞亮 tʃ^{h}ɑŋ^{23}liɑŋ^{0}	窄 tʂei^{55}

续表

	0943 宽路～	0944 宽敞房子～	0945 窄路～
诸城	宽 kʰuã^{213}	宽快 kʰuã^{31}kʰuɛ^{0} 宽拓 kʰuã^{31}tʰuə^{0}	窄 tʂei^{44}
沂水	宽 kʰuã^{213}	宽快 kʰuã^{31}kʰuɛ^{0}	窄 tʂe^{44}
临朐	宽 kʰuã^{213}	宽快 kʰuã^{21}kʰuɛ^{0}	窄 tʂei^{44}
日照	宽 kʰuã^{213}	宽快 kʰuã^{31}kʰuɛ^{0}	窄 tʂei^{213}
莒南	宽 kʰuã^{213}	宽快 kʰuã^{21}kʰuɛ^{0} 宽敞 kʰuã^{21}tʃʰɑŋ^{0}	窄 tʂei^{213}
潍坊	宽 kʰuã^{214}	宽敞 kʰuã^{31}tʂʰɑŋ^{0} 敞亮 tʂʰɑŋ^{24}liɑŋ^{0}	窄 tʂei^{214}
寿光	宽 kʰuã^{213}	宽快 kʰuã^{21}kʰuɛ^{0}	窄 tʂei^{213}
高青	宽 kʰuã^{213}	宽快 kʰuã^{21}kʰuɛ^{0}	窄 tʂei^{213}
阳信	宽 kʰuã^{213}	宽绰 kʰuã^{31}tʂʰɔ^{0}	窄 tʂɛ^{213}
济阳	宽 kʰuã^{213}	宽绰 kʰuã^{21}tʂʰɔ^{0}	窄 tʂei^{213}
利津	宽 kʰuã^{213}	宽快 kʰuã^{31}kʰuɛ^{0}	窄 tʂei^{44}
乐陵	宽 kʰua^{24}	宽绰 kʰua^{31}tʂʰɔ^{0}	窄 tsɛ^{24}
商河	宽 kʰuã^{213}	宽绰 kʰuã^{21}tʂʰɔ^{0}	窄 tsɛ^{45}
平原	宽 kʰuã^{213}	宽绰 kʰuã^{21}tʂʰɔu^{0}	窄 tsɛi^{55}
德州	宽 kʰuã^{213}	宽敞 kʰuã^{21}tʂʰɑŋ^{0} 敞亮 tʂʰɑŋ^{213}liɑŋ^{0}	窄 tʂɛ^{213}
武城	宽 kʰuã^{224}	宽绰 kʰuã^{312}tʂʰɔ^{0}	窄 tʂɛ^{224}
临清	宽 kʰuan^{13}	宽绰 kʰuan^{13}tʂʰau^{0}	窄 tʂai^{13} 窄巴 tʂai^{13}pa^{0}
冠县	宽 kʰuã^{13}	亮堂 liɑŋ^{53}tʰɑŋ^{0} 宽敞 kʰuã^{21}tʂʰɑŋ^{0}	窄 tʂɛ^{13}
聊城	宽 kʰuã^{13}	宽绰 kʰuã^{13}tsʰɔ^{53}	窄 tsɛ^{13} 窄巴 tsɛ^{13}pa^{0}
济南	宽 kʰuã^{213}	宽绰 kʰuã^{21}tʂʰɔ^{0}	窄 tʂei^{213} 窄巴 tʂei^{21}pa^{0}
泰安	宽 kʰuã^{213}	宽绰 kʰuã^{21}tʂʰɔ^{0}	窄 tʂei^{213}
莱芜	宽 kʰuã^{213}	宽绰 kʰuã^{31}tʃʰɔ^{0}	窄 tʃei^{213}
新泰	宽 kʰuã^{213}	宽绰 kʰuã^{21}tʃʰɔ^{0}	窄 tʃei^{213}

续表

	0943宽路～	0944宽敞房子～	0945窄路～
沂源	宽kʰuã^{213}	宽快kʰuã^{21}kʰuɛ^{0}	窄tʃei^{213}
博山	宽kʰuã^{213}	宽快kʰuã^{21}kʰuɛ^{0}	窄tʂei^{213}
张店	宽kʰuã^{213}	宽敞kʰuã^{21}tʂʰɑŋ^{0} 宽绰kʰuã^{21}tʂʰɔ^{0}	窄tʂei^{33}
阳谷	宽kʰuã^{213}	宽绰kʰuã^{31}tsʰɔ^{0}	窄tsei^{213}
梁山	宽kʰuã^{213}	宽绰kʰuã^{21}tsʰɔ^{0}	窄巴tsei^{21}pa^{0}
菏泽	宽kʰuã^{213}	宽绰kʰuã^{21}tsʰɔ^{0}	窄tsei^{213}
曹县	宽kʰuã^{213}	宽绰kʰuã^{21}tʂʰɔ^{0}	窄tsei^{213}
金乡	宽kʰuã^{213}	宽绰kʰuã^{21}tsʰɔ^{0}	窄tsei^{213}
曲阜	宽kʰuã^{213}	宽绰kʰuã^{21}tsʰɔ^{0}	窄tsei^{213}
薛城	宽kʰuã^{313}	宽绰kʰuã^{31}tsʰɔ^{0}	窄tse^{313}
郯城	宽kʰuã^{213}	宽绰kʰuã^{21}tʂʰɔ^{0} 宽敞kʰuã^{21}tʂʰɑŋ^{0}	窄tʂe^{213}
临沂	宽kʰuã^{214}	宽敞kʰuã^{21}tʃʰɑŋ^{0}	窄tʃei^{214}

	0946高飞机飞得～	0947低鸟飞得～	0948高他比我～
荣成	高kau^{53}	低ti^{53}	高kau^{53}
烟台	高kau^{53}	低ti^{53}	高kau^{53}
栖霞	高kɔo^{312}	低ti^{312}	高kɔo^{312}
长岛	高kau^{312}	矮iai^{213}	高kau^{312}
海阳	高kɔ^{52}	低ti^{52}	高kɔ^{52}
莱西	高kɔ^{214}	低ti^{214} 矮iɛ^{55}	高kɔ^{214}
平度	高kɔ^{213}	低ti^{213} 矮iɛ^{55}	高kɔ^{213}
青岛	高kɔ^{213}	低ti^{213} 矮iɛ^{55}	高kɔ^{213}
高密	高kɔ^{213}	矮ɛ^{55} 低ti^{213}	高kɔ^{213}
诸城	高kɔ^{213}	低ȶi^{213} 矮iɛ^{44}	高kɔ^{213}

续表

	0946 高飞机飞得～	0947 低鸟飞得～	0948 高他比我～
沂水	高 kɔ^{213}	矮 iɛ^{44}	高 kɔ^{213}
临朐	高 kɔ^{213}	矮 iɛ^{44}	高 kɔ^{213}
日照	高 kɔ^{213} 不矮乎 pu^{44}iɛ^{213}xu^{0}	矮 iɛ^{44} 不大高儿 pu^{44}ta^{31}kɔr^{213}	高 kɔ^{213} 猛 məŋ^{44}
莒南	高 kɔ^{213}	低 ti^{213}	高 kɔ^{213}
潍坊	高 kɔɤ^{214}	矮 iɛ^{55} 低 ti^{214}	高 kɔɤ^{214}
寿光	高 kɔ^{213}	矮 iɛ^{55}	高 kɔ^{213}
高青	高 kɔ^{213}	低 ti^{213}	高 kɔ^{213}
阳信	高 kɔ^{213}	矮 iɛ^{55}	高 kɔ^{213}
济阳	高 kɔ^{213}	矮 iɛ^{55}	高 kɔ^{213}
利津	高 kɔ^{213}	矮 iɛ^{55}	高 kɔ^{213}
乐陵	高 kɔ^{24}	矮 iɛ^{55}	高 kɔ^{24}
商河	高 kɔ^{213}	矮 iɛ^{45}	高 kɔ^{213}
平原	高 kɔu^{213}	矮 iɛɪ^{55}	高 kɔu^{213}
德州	高 kɔ^{213}	低 ti^{213}	高 kɔ^{213}
武城	高 kɔ^{224}	矮 iɛ^{55}	高 kɔ^{224}
临清	高 kau^{13}	矮 iɛ^{44}	高 kau^{13}
冠县	高 kɔ^{13}	矮 iɛ^{55} 低 ti^{13}	高 kɔ^{13}
聊城	高 kɔ^{13}	矮 iɛ^{44}	高 kɔ^{13}
济南	高 kɔ^{213}	矮 iɛ^{55}	高 kɔ^{213}
泰安	高 kɔ^{213}	矮 iɛ^{55}	高 kɔ^{213}
莱芜	高 kɔ^{213}	矮 iɛ^{55} 低 ti^{213}	高 kɔ^{213}
新泰	高 kɔ^{213}	低 ti^{213}	高 kɔ^{213}
沂源	高 kɔ^{213}	矮 iɛ^{55}	高 kɔ^{213}
博山	高 kɔ^{213}	低 ti^{213}	高 kɔ^{213}
张店	高 kɔ^{213}	矮 iɛ^{55}	高 kɔ^{213}
阳谷	高 kɔ^{213}	矮 iɛ^{55}	高 kɔ^{213}

续表

	0946 高飞机飞得～	0947 低鸟飞得～	0948 高他比我～
梁山	高 $kɔ^{213}$	矮 $iɛ^{55}$	高 $kɔ^{213}$
菏泽	高 $kɔ^{213}$	矮 $iɛ^{44}$	高 $kɔ^{213}$
曹县	高 $kɔ^{213}$	矮 $iə^{44}$	高 $kɔ^{213}$
金乡	高 $kɔ^{213}$	矮 $iə^{55}$	高 $kɔ^{213}$
曲阜	高 $kɔ^{213}$	低 ti^{213}	高 $kɔ^{213}$
薛城	高 $kɔ^{313}$	矮 $iɛ^{24}$/$ɣɛ^{24}$	高 $kɔ^{313}$
郯城	高 $kɔ^{213}$	矮 $iɛ^{24}$ 低 ti^{213}	高 $kɔ^{213}$
临沂	高 $kɔ^{214}$	矮 $iɛ^{55}$ 低 ti^{214}	高 $kɔ^{214}$

	0949 矮他比我～	0950 远路～	0951 近路～
荣成	矮 $iɛi^{214}$	远 yan^{214}	近 cin^{33} 近么 $cin^{33}mə^{0}$
烟台	矮 $ɛ^{14}$	远 yan^{14}	近 $tɕin^{33}$
栖霞	矮 $iɛi^{214}$	远 $yãn^{214}$	近便 $cĩn^{34}piãn^{52}$
长岛	矮 iai^{213}	远 yan^{213}	近 cin^{52}
海阳	矮 $iɛi^{214}$	远 $yã^{214}$	近 $cĩ^{341}$
莱西	矮 $iɛ^{55}$	远 $yã^{55}$	近 $ciẽ^{42}$
平度	矮 $iɛ^{55}$	远 $yã^{55}$	近 $ciə̃^{55}$
青岛	矮 $iɛ^{55}$	远 $yã^{55}$	近 $tɕiẽ^{42}$
高密	矮 $iɛ^{55}$	远 $yã^{55}$	近 $tɕiə̃^{21}$ 近便 $tɕiə̃^{42}piã^{0}$
诸城	矮 $iɛ^{44}$	远 $yã^{44}$	近 $tʃẽ^{31}$
沂水	矮 $iɛ^{44}$	远 $yã^{44}$	近 $tɕiẽ^{31}$ 近面⁼儿 $tɕiẽ^{44}mɛr^{0}$
临朐	矮 $iɛ^{44}$	远 $yã^{44}$	近 $tɕiə̃^{21}$
日照	矮 $iɛ^{44}$	远 $yã^{44}$ 不近乎 $pu^{44}tʃiẽ^{53}xu^{0}$	近 $tʃiẽ^{31}$
莒南	矮 $iɛ^{55}$	远 $yã^{55}$	近 $tɕiẽ^{312}$
潍坊	矮 $iɛ^{55}$	远 $yã^{55}$	近 $tɕiẽ^{31}$

续表

	0949 矮他比我～	0950 远路～	0951 近路～
寿光	矮 iɛ⁵⁵	远 yã⁵⁵	近 tɕiə̃²¹ 近便 tɕiə̃⁵⁵piã⁰
高青	矮 iɛ⁵⁵	远 yã⁵⁵	近 tɕiə̃⁴¹
阳信	矮 iɛ⁵⁵ 矬 tsʰuə⁴³	远 yã⁵⁵	近 tɕiə̃³¹
济阳	矮 iɛ⁵⁵	远 yã⁵⁵	近 tɕiẽ³¹
利津	矮 iɛ⁵⁵	远 yã⁵⁵	近 tɕiẽ³¹
乐陵	矮 iɛ⁵⁵	远 yã⁵⁵	近 tɕiẽ⁵¹
商河	矮 iɛ⁴⁵	远 yã⁴⁵	近 tɕiẽ³¹
平原	矮 iɛi⁵⁵	远 yã⁵⁵	近 tɕiẽ²¹
德州	矮 ŋɛ⁵⁵	远 yã⁵⁵	近 tɕiẽ²¹
武城	矮 iɛ⁵⁵	远 yã⁵⁵	近 tɕiẽ³¹²
临清	矬 tsʰuə⁵³	远 yan⁴⁴	近 tɕin³¹³
冠县	矮 iɛ⁵⁵	远 yã⁵⁵	近 tɕiẽ³¹⁴
聊城	矮 iɛ⁴⁴	远 yã⁴⁴	近 tɕiẽ³¹³
济南	矮 iɛ⁵⁵	远 yã⁵⁵	近 tɕiẽ²¹
泰安	矮 iɛ⁵⁵ 矬 tsʰuə⁴²	远 yã⁵⁵	近 tɕiẽ²¹
莱芜	矮 iɛ⁵⁵	远 yã⁵⁵	近 tɕiẽ⁴²
新泰	矮 iɛ⁵⁵	远 yã⁵⁵	近 tɕiẽ³¹
沂源	矮 iɛ⁵⁵	远 yã⁵⁵	近 tɕiə̃³¹
博山	矮 iɛ⁵⁵	远 yã⁵⁵	近 tɕiẽ³¹
张店	矮 iɛ⁵⁵	远 yã⁵⁵	近 tɕiə̃³¹
阳谷	矮 iɛ⁵⁵	远 yã⁵⁵	近 tɕiẽ³¹³
梁山	矮 iɛ⁵⁵	远 yã⁵⁵	近 tɕiẽ³¹⁴
菏泽	矮 iɛ⁴⁴	远 yã⁴⁴	近 tɕiẽ³¹²
曹县	矮 iə⁴⁴	远 yã⁴⁴	近 tɕiẽ³¹²
金乡	矮 iə⁵⁵	远 yã⁵⁵	近 tɕiẽ³¹²
曲阜	矮 iɛ⁵⁵	远 yã⁵⁵	近 tɕiẽ³¹²

续表

	0949 矮他比我～	0950 远路～	0951 近路～
薛城	矮 iɛ^{24}/ɣɛ^{24}	远 yã^{24}	近 tɕiẽ^{41}
郯城	矮 iɛ^{24}	远 yã^{24}	近 tɕiə̃^{51}
临沂	矮 iɛ^{55}	远 yã^{55}	近 tɕiẽ^{312}

	0952 深水～	0953 浅水～	0954 清水～
荣成	深 ʃən^{53}	浅 ts^{h}ian^{214}	清 ts^{h}iŋ^{53}
烟台	深 ɕin^{53}	浅 tɕ^{h}ian^{14}	清 tɕ^{h}iŋ^{53}
栖霞	深 ʃĩn^{312}	浅 tʃ^{h}ãn^{214}	清 tʃ^{h}iŋ^{312}
长岛	深 ʃən^{312}	浅 tʃ^{h}an^{213}	清 tʃ^{h}əŋ^{312}
海阳	深 sẽ^{52}	浅 ts^{h}iã^{214}	清 ts^{h}iŋ^{52}
莱西	深 ʃiẽ^{214}	浅 tʃ^{h}iã^{55}	清 tʃ^{h}iŋ^{214}
平度	深 ʃə̃^{213}	浅 ts^{h}iã^{55}	清 ts^{h}iŋ^{213}
青岛	深 ʃẽ^{213}	浅 ts^{h}iã^{55}	清 ts^{h}ioŋ^{213}
高密	深 ʃə̃^{213}	浅 ts^{h}iã^{55}	清 ts^{h}ioŋ^{213}
诸城	深 ʃẽ^{213}	浅 tθ^{h}iã^{44}	清 tθ^{h}iəŋ^{213}
沂水	深 ʃẽ^{213}	浅 ts^{h}iã^{44}	清 ts^{h}iŋ^{213}
临朐	深 ʃə̃^{213}	浅 tɕ^{h}iã^{44}	清 tɕ^{h}iŋ^{213}
日照	深 tʃ^{h}iẽ^{213}/ʃiẽ^{213} 不浅乎 pu^{44}ȶ^{h}iã^{213}xu^{0}	浅 ȶ^{h}iã^{44}	振$^{=}$清 tʂẽ^{31}ȶ^{h}iəŋ^{213}
莒南	深 ʃẽ^{213}	浅 ts^{h}iã^{55}	清 ts^{h}iŋ^{213}
潍坊	深 ʂẽ^{214}	浅 tɕ^{h}iã^{55}	清 tɕ^{h}iŋ^{214}
寿光	深 ʂə̃^{213}	浅 tɕ^{h}iã^{55}	清 tɕ^{h}iŋ^{213}
高青	深 ʂə̃^{213}	浅 tɕ^{h}iã^{55}	清 tɕ^{h}iŋ^{213}
阳信	深 ʂə̃^{213}	浅 tɕ^{h}iã^{55}	清亮 tɕ^{h}iŋ^{213}liɑŋ^{31}
济阳	深 tʂ^{h}ẽ^{213}	浅 tɕ^{h}iã^{55}	清 tɕ^{h}iŋ^{213}
利津	深 ʂẽ^{213}	浅 tɕ^{h}iã^{55}	清 tɕ^{h}iŋ^{213}
乐陵	深 ʂẽ^{24}	浅 tɕ^{h}iã^{55}	清亮 tɕ^{h}iŋ^{24}liɑŋ^{51}
商河	深 ʂẽ^{213}	浅 tɕ^{h}iã^{45}	清 tɕ^{h}iŋ^{213}
平原	深 ʂẽ^{213}	浅 tɕ^{h}iã^{55}	清 tɕ^{h}iŋ^{213}

续表

	0952 深水～	0953 浅水～	0954 清水～
德州	深 ʂẽ^{213}	浅 tɕʰiã^{55}	清 tɕʰiŋ^{213}
武城	深 tʂʰẽ^{224}	浅 tɕʰiã^{55}	清 tɕʰiŋ^{224}
临清	深 tʂʰen^{13}	浅 tɕʰian^{44}	清 tɕʰiŋ^{13}
冠县	深 tʂʰẽ^{13}	浅 tsʰiã^{55}	清 tsʰiŋ^{13}
聊城	深 tsʰẽ^{13}	浅 tɕʰiã^{44}	清 tɕʰiŋ^{13}
济南	深 tʂʰẽ^{213}	浅 tɕʰiã^{55}	清 tɕʰiŋ^{213}
泰安	深 tʂʰẽ^{213}	浅 tɕʰiã^{55}	清 tɕʰiŋ^{213}
莱芜	深 tʃʰẽ^{213}	浅 tɕʰiã^{55}	清 tɕʰiŋ^{213}
新泰	深 tʃʰẽ^{213}	浅 tɕʰiã^{55}	清 tɕʰiŋ^{213}
沂源	深 ʃə̃^{213}	浅 tɕʰiã^{55}	清 tɕʰiŋ^{213}
博山	深 tʂʰẽ^{213}	浅 tɕʰiã^{55}	清 tɕʰiŋ^{213}
张店	深 tʂʰə̃^{213}	浅 tɕʰiã^{55}	清 tɕʰiŋ^{213}
阳谷	深 tsʰẽ^{213}	浅 tɕʰiã^{55}	清 tɕʰiŋ^{213} 清亮 tɕʰiŋ^{31}liɑŋ^{0}
梁山	深 tsʰẽ^{213}	浅 tɕʰiã^{55}	清 tɕʰiŋ^{213}
菏泽	深 tsʰẽ^{213}	浅 tɕʰiã^{44}	清 tɕʰiŋ^{213}
曹县	深 tʂʰẽ^{213}	浅 tɕʰiã^{44}	清 tɕʰiŋ^{213}
金乡	深 tsʰẽ^{213}	浅 tɕʰiã^{55}	清 tɕʰiŋ^{213}
曲阜	深 tsʰẽ^{213}	浅 tɕʰiã^{55}	清 tɕʰiŋ^{213}
薛城	深 tsʰẽ^{313}	浅 tɕʰiã^{24}	清 tɕʰiŋ^{313}
郯城	深 tʂʰə̃^{213}白 ʂə̃^{213}文	浅 tɕʰiã^{24}	清 tɕʰiŋ^{213}
临沂	深 ʃẽ^{214}	浅 tɕʰiã^{55}	清 tɕʰiŋ^{214}

	0955 浑水～	0956 圆	0957 扁
荣成	浑 xuən^{35}	团 tan^{35}	扁扁 pian^{214}pian^{0}
烟台	浑 xuən^{33}	圆 yan^{33}	扁 pian^{14}
栖霞	浑 xuə̃n^{342}	团团 tʰãn^{34}tʰãn^{0}	扁 piãn^{214}
长岛	浑 xuən^{55}	圆 yan^{55}	扁 pian^{213}
海阳	浑 xuẽ^{341}	圆 yã^{341}	扁 piã^{214}

续表

	0955浑水~	0956圆	0957扁
莱西	浑xuẽ^{42}	圆yã^{42} 团团t^{h}ã^{45}t^{h}ã^{0}	扁piã^{55}
平度	浑xuə̃^{42}	圆yã^{42} 团t^{h}ã^{42}	扁piã^{55}
青岛	浑xuẽ^{42}	圆yã^{42} 团t^{h}ã^{42}	扁piã^{55}
高密	浑xuə̃^{42}	圆yã^{42} 团t^{h}uã^{42}	扁piã^{55}
诸城	浑xuẽ^{53}	圆yã^{53}	扁piã^{44}
沂水	浑xuẽ^{53}	圆yã^{53}	扁piã^{44}
临朐	浑xuə̃^{53}	圆yã^{53}	扁皮$^{=}$piã^{213}p^{h}i^{0}
日照	稀浑ʃʅ^{213}xuẽ^{53}	圆yã^{53}	扁piã^{44}
莒南	浑xuẽ^{53}	圆yã^{53}	扁piã^{55}
潍坊	浑xuẽ^{53}	圆yã^{53} 团t^{h}uã^{53}	扁piã^{55} 扁皮$^{=}$piã^{24}p^{h}i^{0}
寿光	浑xuə̃^{53} 糨tɕiɑŋ^{21}	圆yã^{53} 圆悠yã^{35}iəu^{0} 团悠t^{h}uã^{35}iəu^{0}	扁皮$^{=}$piã^{24}p^{h}i^{0} 扁piã^{55}
高青	浑xuə̃^{55}	圆yã^{55}	扁piã^{55}
阳信	浑xuə̃^{43}	圆圆yã^{45}yã^{0}	扁皮$^{=}$piã^{213}p^{h}i^{0}
济阳	浑xuẽ^{55}	圆yã^{55} 圆悠yã^{24}iou^{0}	扁piã^{55} 扁瓜$^{=}$piã^{213}kua^{0}
利津	浑xuẽ^{53}	圆yã^{55}	扁piã^{55}
乐陵	浑xuẽ^{55}	圆yã^{55}	扁piã^{55}
商河	浑xuẽ^{54}	圆yã^{54}	扁piã^{45}
平原	浑xuẽ^{42}	圆yã^{42}	扁piã^{55}
德州	浑xuẽ^{42}	圆圆yã^{55}yã^{0}	扁古$^{=}$piã^{213}ku^{0}
武城	浑xuẽ^{53}	圆yã^{53}	扁piã^{55}
临清	浑xun^{53}	圆yan^{53}	扁pian^{44} 扁瓜$^{=}$pian^{44}kua^{0}
冠县	浑xuẽ^{53}	圆yã^{53}	扁piã^{55}

续表

	0955浑水~	0956圆	0957扁
聊城	浑xuẽ^{53}	圆yã^{53}	扁piã^{44} 扁瓜$^{=}$piã^{44}kua^{0}
济南	浑xuẽ^{42}	圆悠yã^{445}iou^{0} 圆yã^{42}	扁piã^{55}
泰安	浑xuẽ^{42}	圆yã^{42}	扁瓜$^{=}$piã^{213}kua^{0}
莱芜	浑xuẽ^{55}	圆yã^{55}	扁piã^{55}
新泰	浑xuẽ^{42}	圆yã^{42}	扁piã^{55}
沂源	浑xuə̃^{55}	圆yã^{55}	扁piã^{55}
博山	浑xuẽ^{55}	圆yã^{55}	扁piã^{55}
张店	浑xuə̃^{55}	圆yã^{55}	扁piã^{55}
阳谷	浑xuẽ^{42}	圆yã^{42}	扁piã^{55}
梁山	浑xuẽ^{42}	圆yã^{42}	扁piã^{55}
菏泽	浑xuẽ^{53}	圆yã^{53}	扁piã^{44}
曹县	浑xuẽ^{53}	圆yã^{53}	扁piã^{44}
金乡	浑xuẽ^{42}	圆yã^{42}	扁piã^{55}
曲阜	浑xuẽ^{42}	圆yã^{42}	扁piã^{55}
薛城	浑xuẽ^{55}	圆yã^{55} 团t^{h}uã^{55}	扁piã^{24}
郯城	浑xuə̃^{44}	圆yã^{44}	扁piã^{24}
临沂	浑xuẽ^{53}	圆yã^{53}	扁piã^{55}

	0958方	0959尖	0960平
荣成	方faŋ^{53}	尖tsian^{53}	平p^{h}iŋ^{35}
烟台	方faŋ^{53}	尖tɕian^{53}	平和p^{h}iŋ^{33}xuo^{0}
栖霞	方faŋ^{312}	尖tʃiãn^{312}	平p^{h}iŋ^{342}
长岛	方faŋ^{312}	尖tʃan^{312}	平p^{h}iŋ^{55}
海阳	方faŋ^{52}	尖tsiã^{52}	平p^{h}iŋ^{341}
莱西	方faŋ^{214}	尖tʃiã^{214}	平p^{h}iŋ^{42}
平度	方faŋ^{213}	尖tsiã^{213}	平p^{h}iŋ^{42}
青岛	方儿fãr^{213}	尖tsiã^{213}	平p^{h}ioŋ^{42}

续表

	0958方	0959尖	0960平
高密	方 fɑŋ^{213}	尖 tsiã^{213}	平 pʰioŋ^{42}
诸城	方 fɑŋ^{213}	尖 tθiã^{213}	平 pʰiəŋ^{53}
沂水	方 fɑŋ^{213}	尖 dziã^{24}	平 pʰiŋ^{53} 平和 pʰiŋ^{24}xuə^{0}
临朐	方 fɑŋ^{213} 四方 θɿ^{44}fɑŋ^{0}	尖 tɕiã^{213} 尖尖 tɕiã^{21}tɕiã^{0}	平 pʰiŋ^{53} 平和 pʰiŋ^{35}xuə^{0}
日照	方 fɑŋ^{213}	尖 ȶiã^{213}	平 pʰiəŋ^{53}
莒南	方 fɑŋ^{213}	尖 tsiã^{213}	平 pʰiŋ^{53}
潍坊	方 fɑŋ^{214}	尖 tɕiã^{214}	平 pʰiŋ^{53}
寿光	方方 fɑŋ^{21}fɑŋ^{0} 方 fɑŋ^{213} 四方 sɿ^{55}fɑŋ^{0}	尖尖 tɕiã^{21}tɕiã^{0} 尖 tɕiã^{213}	平 pʰiŋ^{53}
高青	方 fɑŋ^{213}	尖 tɕiã^{213}	平 pʰiŋ^{55}
阳信	四方 sɿ^{55}fɑŋ^{0}	尖尖儿 tɕiã^{31}tɕiɛr^{0}	平 pʰiŋ^{43}
济阳	方 fɑŋ^{213}	尖 tɕiã^{213}	平 pʰiŋ^{55}
利津	方 fɑŋ^{213}	尖 tɕiã^{213}	平 pʰiŋ^{53}
乐陵	方 fɑŋ^{24}	尖 tɕiã^{24}	平 pʰiŋ^{55}
商河	方 fɑŋ^{213}	尖 tɕiã^{213}	平 pʰiŋ^{54}
平原	方 fɑŋ^{213}	尖 tɕiã^{213}	平 pʰiŋ^{42}
德州	四方 sɿ^{21}fɑŋ^{0}	尖 tɕiã^{213}	平 pʰiŋ^{42}
武城	方 fɑŋ^{224}	尖 tɕiã^{224}	平 pʰiŋ^{53}
临清	方 fɑŋ^{13}	尖 tɕian^{13}	平 pʰiŋ^{53}
冠县	方 fɑŋ^{13}	尖 tsiã^{13}	平 pʰiŋ^{53}
聊城	方 fɑŋ^{13}	尖 tɕiã^{13}	平 pʰiŋ^{53}
济南	方 fɑŋ^{213}	尖 tɕiã^{213}	平 pʰiŋ^{42}
泰安	方 fɑŋ^{213}	尖 tɕiã^{213}	平 pʰiŋ^{42}
莱芜	方 fɑŋ^{213}	尖 tɕiã^{213}	平 pʰiŋ^{55}
新泰	方 fɑŋ^{213}	尖 tɕiã^{213}	平 pʰiŋ^{42}
沂源	方 fɑŋ^{213}	尖 tɕiã^{213}	平 pʰiŋ^{55}
博山	方 fɑŋ^{213}	尖 tɕiã^{213}	平 pʰiŋ^{55}

续表

	0958方	0959尖	0960平
张店	方 faŋ^{213}	尖 tɕiã^{213}	平 p^{h}iŋ^{55}
阳谷	方 faŋ^{213} 四方 sɿ^{31}faŋ^{213}	尖 tɕiã^{213}	平 p^{h}iŋ^{42}
梁山	方 faŋ^{213}	尖 tɕiã^{213}	平 p^{h}iŋ^{42}
菏泽	方 faŋ^{213}	尖 tɕiã^{213}	平 p^{h}iŋ^{53}
曹县	方 faŋ^{213}	尖 tɕiã^{213}	平 p^{h}iŋ^{53}
金乡	方 faŋ^{213}	尖 tɕiã^{213}	平 p^{h}iŋ^{42}
曲阜	方 faŋ^{213}	尖 tɕiã^{213}	平 p^{h}iŋ^{42}
薛城	方 faŋ^{313} 四方 sɿ^{41}faŋ^{313}	尖 tɕiã^{313} 虚$^{=}$尖 ɕy^{23}tɕiã^{313}	平 p^{h}iŋ^{55}
郯城	方 faŋ^{213}	尖 tɕiã^{213}	平 p^{h}iŋ^{44}
临沂	方 faŋ^{214}	尖 tɕiã^{214}	平 p^{h}iŋ^{53}

	0961肥～肉	0962瘦～肉	0963肥形容猪等动物
荣成	肥 fei^{35}	瘦 ʂəu^{33}	肥 fei^{35}
烟台	肥 fei^{33}	瘦 sou^{33}	肥 fei^{33}
栖霞	肥 fei^{342}	瘦 səu^{52}	肥 fei^{342}
长岛	肥 fei^{55}	瘦 sou^{52}	肥 fei^{55}
海阳	肥 fei^{341}	瘦 ʂəu^{341}	肥 fei^{341}
莱西	肥 fei^{42}	瘦 sou^{42}	肥 fei^{42}
平度	肥 fei^{42}	瘦 ʂou^{42}	肥 fei^{42} 胖 p^{h}aŋ^{42}
青岛	肥 fei^{42}	瘦 ʂou^{42}	肥 fei^{42}
高密	肥 fei^{42}	瘦 ʂou^{21}	肥 fei^{42}
诸城	肥 fei^{53}	瘦 ʂou^{31}	肥 fei^{53}
沂水	肥 fe^{53}	瘦 ʂou^{31}	胖 p^{h}aŋ^{31} 肥 fe^{53}
临朐	肥 fei^{53}	瘦 ʂəu^{21}	肥 fei^{53}
日照	肥 fei^{53}	瘦 ʂou^{31}	肥 fei^{53}
莒南	肥 fei^{53}	瘦 ʃou^{312}	肥 fei^{53}

续表

	0961肥～肉	0962瘦～肉	0963肥形容猪等动物
潍坊	肥 fei^{53}	瘦 ʂɤɯ^{31}	肥 fei^{53}
寿光	肥 fei^{53}	瘦 ʂəu^{21}	肥 fei^{53}
高青	肥 fei^{55}	瘦 ʂou^{41}	肥 fei^{55}
阳信	肥 fei^{43}	瘦 ʂou^{31}	肥 fei^{43}
济阳	肥 fei^{55}	瘦 ʂou^{31}	肥 fei^{55}
利津	肥 fei^{53}	瘦 ʂou^{31}	肥 fei^{53}
乐陵	肥 fei^{55}	瘦 sou^{51}	肥 fei^{55}
商河	肥 fei^{54}	瘦 sou^{31}	肥 fei^{54}
平原	肥 fei^{42}	瘦 sou^{21}	肥 fei^{42}
德州	肥 fei^{42}	瘦 ʂou^{21}	肥 fei^{42}
武城	肥 fei^{53}	瘦 ʂou^{312}	肥 fei^{53}
临清	肥 fei^{53}	瘦 ʂou^{313}	肥 fei^{53}
冠县	肥 fei^{53}	瘦 ʂou^{314}	肥 fei^{53}
聊城	肥 fei^{53}	瘦 sou^{313}	肥 fei^{53}
济南	肥 fei^{42}	瘦 ʂou^{21}	肥 fei^{42}
泰安	肥 fi^{42}	瘦 ʂou^{21}	肥 fi^{42}
莱芜	肥 fei^{55}	瘦 ʃou^{42}	肥 fei^{55} 胖 p^{h}ɑŋ^{42}
新泰	肥 fei^{42}	瘦 ʃou^{31}	胖 p^{h}ɑŋ^{31}
沂源	胖 p^{h}ɑŋ^{31}	瘦 ʃou^{31}	胖 p^{h}ɑŋ^{31}
博山	肥 fei^{55}	瘦 ʂəu^{31}	肥 fei^{55} 胖 p^{h}ɑŋ^{31}
张店	肥 fei^{55}	瘦 ʂou^{31}	肥 fei^{55}
阳谷	肥 fi^{42}	瘦 sou^{313}	肥 fi^{42}
梁山	肥 çy^{42}	瘦 sou^{314}	肥 çy^{42}
菏泽	肥 fi^{53}	瘦 sou^{312}	肥 fi^{53}
曹县	肥 fi^{53}	瘦 sou^{312}	肥 fi^{53}
金乡	肥 fi^{42}	瘦 sou^{312}	肥 fi^{42}
曲阜	肥 fi^{42}	瘦 sou^{312}	肥 fi^{42}

续表

	0961肥～肉	0962瘦～肉	0963肥形容猪等动物
薛城	肥 fi^{55}	瘦 sou^{41}	肥 fi^{55}
郯城	肥 fe^{44}	瘦 ʂəu^{51}	胖 p^{h}ɑŋ^{51} 肥 fe^{44}
临沂	肥 fei^{53}	瘦 ʃou^{312}	肥 fei^{53}

	0964胖形容人	0965瘦形容人、动物	0966黑黑板的颜色
荣成	胖 p^{h}ɑŋ^{33}	瘦 ʂəu^{33}	黑 xɛ^{214}
烟台	胖 p^{h}ɑŋ^{33}	瘦 sou^{33}	黑 xɤ^{14}
栖霞	胖 p^{h}ɑŋ^{52}	瘦 səu^{52}	黑 xə^{214}
长岛	胖 p^{h}ɑŋ^{52}	瘦 sou^{52}	黑 xə^{213}
海阳	胖 p^{h}ɑŋ^{341}	瘦 ʂəu^{341}	黑 xə^{214}
莱西	胖 p^{h}ɑŋ^{42}	瘦 sou^{42}	黑 xə^{55}
平度	胖 p^{h}ɑŋ^{42}	瘦 ʂou^{42}	黑 xei^{55}
青岛	胖 p^{h}ɑŋ^{42}	瘦 ʂou^{42}	黑 xei^{55}
高密	胖 p^{h}ɑŋ^{21}	瘦 ʂou^{21}	黑 xei^{55}
诸城	胖 p^{h}ɑŋ^{31}	瘦 ʂou^{31}	黑 xei^{44}
沂水	胖 p^{h}ɑŋ^{31}	瘦 ʂou^{31} 干巴 kã^{31}pa^{0}	黑 xe^{44}
临朐	胖 p^{h}ɑŋ^{21}	瘦 ʂəu^{21}	黑 xei^{44}
日照	胖 p^{h}ɑŋ^{31}	瘦 ʂou^{31}	黑 xei^{213}
莒南	胖 p^{h}ɑŋ^{312}	瘦 ʃou^{312}	黑 xei^{213}
潍坊	胖 p^{h}ɑŋ^{31}	瘦 ʂɤɯ^{31}	黑 xei^{214}
寿光	胖 p^{h}ɑŋ^{21}	瘦 ʂəu^{21}	黑 xei^{213}
利津	胖 p^{h}ɑŋ^{31}	瘦 ʂou^{31}	黑 xei^{44}
高青	胖 p^{h}ɑŋ^{41}	瘦 ʂou^{41}	黑 xei^{213}
阳信	胖 p^{h}ɑŋ^{31}	瘦 ʂou^{31}	黑 xei^{213}
济阳	胖 p^{h}ɑŋ^{31}	瘦 ʂou^{31}	黑 xei^{213}
乐陵	胖 p^{h}ɑŋ^{51}	瘦 sou^{51}	黑 xei^{24}
商河	胖 p^{h}ɑŋ^{31}	瘦 ʂou^{31}	黑 xei^{45}

续表

	0964胖形容人	0965瘦形容人、动物	0966黑黑板的颜色
平原	胖p^{h}ɑŋ^{21}	瘦sou^{21}	黑xei^{213}
德州	胖p^{h}ɑŋ^{21}	瘦ʂou^{21} 干巴儿kã^{21}pɐr^{0}	黑xei^{213}
武城	胖p^{h}ɑŋ^{312}	瘦ʂou^{312}	黑xei^{224}
临清	胖p^{h}ɑŋ^{313} 肥fei^{53}	瘦ʂou^{313}	黑xei^{13}
冠县	胖p^{h}ɑŋ^{314}	瘦ʂou^{314}	黑xei^{13}
聊城	胖p^{h}ɑŋ^{313}	瘦sou^{313}	黑xei^{13}
济南	胖p^{h}ɑŋ^{21}	瘦ʂou^{21}	黑xei^{213}
泰安	胖p^{h}ɑŋ^{21}	瘦ʂou^{21}	黑xei^{213}
莱芜	胖p^{h}ɑŋ^{42}	瘦ʃou^{42}	黑xei^{213}
新泰	胖p^{h}ɑŋ^{31}	瘦ʃou^{31}	黑xei^{213}
沂源	胖p^{h}ɑŋ^{31}	瘦ʃou^{31}	黑xei^{213}
博山	胖p^{h}ɑŋ^{31}	瘦ʂəu^{31}	黑xei^{213}
张店	胖p^{h}ɑŋ^{31}	瘦ʂou^{31}	黑xei^{33}
阳谷	胖p^{h}ɑŋ^{42}	瘦sou^{313}	黑xei^{213}
梁山	胖p^{h}ɑŋ^{314} 富态fu^{42}t^{h}ɛ^{0}	瘦sou^{314} 干巴kã^{21}pa^{0}	黑xei^{213}
菏泽	胖p^{h}ɑŋ^{312}	瘦sou^{312}	黑xei^{213}
曹县	胖p^{h}ɑŋ^{312}	瘦sou^{312}	黑xei^{213}
金乡	胖p^{h}ɑŋ^{312}	瘦sou^{312}	黑xei^{213}
曲阜	胖p^{h}aŋ^{312}	瘦sou^{312}	黑xei^{213}
薛城	胖p^{h}ɑŋ^{41}	瘦sou^{41}	黑xe^{313}
郯城	胖p^{h}ɑŋ^{51}	瘦ʂəu^{51}	黑xe^{213}
临沂	胖p^{h}ɑŋ^{312}	瘦ʃou^{312}	黑xei^{214}

	0967白雪的颜色	0968红国旗的主颜色，统称	0969黄国旗上五星的颜色
荣成	白pɛ^{33}	红xuŋ^{35}	黄xuɑŋ^{35}
烟台	白po^{33}	红xuŋ^{33}	黄xuɑŋ^{33}

续表

	0967 **白**雪的颜色	0968 **红**国旗的主颜色，统称	0969 **黄**国旗上五星的颜色
栖霞	白 $pə^{342}$	红 $xuŋ^{342}$	黄 $xuaŋ^{342}$
长岛	白 $pə^{55}$	红 $xuŋ^{55}$	黄 $xuaŋ^{55}$
海阳	白 $pə^{341}$	红 $xuŋ^{341}$	黄 $xuaŋ^{341}$
莱西	白 $pə^{42}$	红 $xoŋ^{42}$	黄 $xuaŋ^{42}$
平度	白 pei^{42}	红 $xuŋ^{42}$	黄 $xuaŋ^{42}$
青岛	白 pei^{42}	红 $xoŋ^{42}$	黄 $xuaŋ^{42}$
高密	白 pei^{42}	红 $xoŋ^{42}$	黄 $xuaŋ^{42}$
诸城	白 pei^{53}	红 $xəŋ^{53}$	黄 $xuaŋ^{53}$
沂水	白 pe^{53}	红 $xuŋ^{53}$	黄 $xuaŋ^{53}$
临朐	白 pei^{53}	红 $xuŋ^{53}$	黄 $xuaŋ^{53}$
日照	白 pei^{53}	红 $xəŋ^{53}$	黄 $xuaŋ^{53}$
莒南	白 pei^{53}	红 $xuŋ^{53}$	黄 $xuaŋ^{53}$
潍坊	白 pei^{53}	红 $xoŋ^{53}$	黄 $xuaŋ^{53}$
寿光	白 pei^{53}	红 $xuŋ^{53}$	黄 $xuaŋ^{53}$
高青	白 $pɛ^{55}$	红 $xuŋ^{55}$	黄 $xuaŋ^{55}$
阳信	白 $pɛ^{43}$	红 $xuŋ^{43}$	黄 $xuaŋ^{43}$
济阳	白 $pɛ^{55}$	红 $xuŋ^{55}$	黄 $xuaŋ^{55}$
利津	白 pei^{53}	红 $xuŋ^{53}$	黄 $xuaŋ^{53}$
乐陵	白 $pɛ^{55}$	红 $xuŋ^{55}$	黄 $xuaŋ^{55}$
商河	白 $pɛ^{54}$	红 $xuŋ^{54}$	黄 $xuaŋ^{54}$
平原	白 $pɛi^{42}$	红 $xuŋ^{42}$	黄 $xuaŋ^{42}$
德州	白 $pɛ^{42}$	红 $xuŋ^{42}$	黄 $xuaŋ^{42}$
武城	白 $pɛ^{53}$	红 $xuŋ^{53}$	黄 $xuaŋ^{53}$
临清	白 pai^{53}	红 $xuŋ^{53}$	黄 $xuaŋ^{53}$
冠县	白 $pɛ^{53}$	红 $xuŋ^{53}$	黄 $xuaŋ^{53}$
聊城	白 $pɛ^{53}$	红 $xuŋ^{53}$	黄 $xuaŋ^{53}$
济南	白 pei^{42}	红 $xuŋ^{42}$	黄 $xuaŋ^{42}$
泰安	白 pei^{42}	红 $xuŋ^{42}$	黄 $xuaŋ^{42}$

续表

	0967 白雪的颜色	0968 红国旗的主颜色，统称	0969 黄国旗上五星的颜色
莱芜	白 pei^{55}	红 $xuŋ^{55}$	黄 $xuaŋ^{55}$
新泰	白 pei^{42}	红 $xuŋ^{42}$	黄 $xuaŋ^{42}$
沂源	白 pei^{55}	红 $xuŋ^{55}$	黄 $xuaŋ^{55}$
博山	白 pei^{55}	红 $xuŋ^{55}$	黄 $xuaŋ^{55}$
张店	白 pei^{55}	红 $xuŋ^{55}$	黄 $xuaŋ^{55}$
阳谷	白 pei^{42}	红 $xuŋ^{42}$	黄 $xuaŋ^{42}$
梁山	白 pei^{42}	红 $xuŋ^{42}$	黄 $xuaŋ^{42}$
菏泽	白 pei^{53}	红 $xuŋ^{53}$	黄 $xuaŋ^{53}$
曹县	白 pei^{53}	红 $xuŋ^{53}$	黄 $xuaŋ^{53}$
金乡	白 pei^{42}	红 $xuŋ^{42}$	黄 $xuaŋ^{42}$
曲阜	白 pei^{42}	红 $xuŋ^{42}$	黄 $xuaŋ^{42}$
薛城	白 pe^{55}	红 $xuŋ^{55}$	黄 $xuaŋ^{55}$
郯城	白 pe^{44}	红 $xuŋ^{44}$	黄 $xuaŋ^{44}$
临沂	白 pei^{53}	红 $xuŋ^{53}$	黄 $xuaŋ^{53}$

	0970 蓝蓝天的颜色	0971 绿绿叶的颜色	0972 紫紫药水的颜色
荣成	蓝 lan^{53}	绿 ly^{214}	紫 $tsɿ^{214}$
烟台	蓝 lan^{53}	绿 lu^{14}/ly^{14}	紫 $tsɿ^{14}$
栖霞	蓝 $lãn^{312}$	绿 ly^{52}	紫 $tsɿ^{214}$
长岛	蓝 lan^{55}	绿 ly^{213}	紫 $tsɿ^{213}$
海阳	蓝 $lã^{52}$	绿 ly^{341}	紫 $tθɿ^{214}$
莱西	蓝 $lã^{214}$	绿 ly^{42}	紫 $tsɿ^{55}$
平度	蓝 $lã^{42}$	绿 ly^{213}	紫 $tθɿ^{55}$ 香色 $çiaŋ^{213}ʂei^{0}$
青岛	蓝 $lã^{42}$	绿 ly^{42}	紫 $tθɿ^{55}$
高密	蓝 $lã^{42}$	绿 ly^{21}	紫 $tθɿ^{55}$
诸城	蓝 $lã^{53}$	绿 ly^{31}	紫 $tθɿ^{44}$
沂水	蓝 $lã^{53}$	绿 ly^{31}	紫 $dðɿ^{44}$
临朐	蓝 $lã^{53}$	绿 ly^{21}	紫 $tθɿ^{44}$

续表

	0970 **蓝**蓝天的颜色	0971 **绿**绿叶的颜色	0972 **紫**紫药水的颜色
日照	蓝 $lã^{53}$	绿 ly^{31}	紫 $tθɿ^{44}$
莒南	蓝 $lã^{53}$	绿 ly^{31}	紫 $tθɿ^{55}$
潍坊	蓝 $lã^{53}$	绿 ly^{31}	紫 $tsɿ^{55}$
寿光	蓝 $lã^{53}$	绿 ly^{21}	紫 $tsɿ^{55}$
高青	蓝 $lã^{55}$	绿 ly^{41}	紫 $tsɿ^{55}$
阳信	蓝 $lã^{43}$	绿 ly^{31}	紫 $tsɿ^{55}$
济阳	蓝 $lã^{55}$	绿 ly^{31}	紫 $tsɿ^{55}$
利津	蓝 $lã^{53}$	绿 ly^{31}	紫 $tsɿ^{55}$
乐陵	蓝 $lã^{55}$	绿 ly^{51}	紫 $tsɿ^{55}$
商河	蓝 $lã^{54}$	绿 ly^{31}	紫 $tsɿ^{45}$
平原	蓝 $lã^{21}$	绿 ly^{21}	紫 $tsɿ^{55}$
德州	蓝 $lã^{42}$	绿 ly^{21}	紫 $tsɿ^{55}$
武城	蓝 $lã^{53}$	绿 ly^{312}	紫 $tsɿ^{55}$
临清	蓝 lan^{53}	绿 ly^{313}	紫 $tsɿ^{44}$
冠县	蓝 $lã^{53}$	绿 ly^{314}	紫 $tsɿ^{55}$
聊城	蓝 $lã^{53}$	绿 ly^{313}	紫 $tsɿ^{44}$
济南	蓝 $lã^{42}$	绿 ly^{21}	紫 $tsɿ^{55}$
泰安	蓝 $lã^{42}$	绿 ly^{21}	紫 $tsɿ^{55}$
莱芜	蓝 $lã^{55}$	绿 ly^{42}	紫 $tsɿ^{55}$
新泰	蓝 $lã^{42}$	绿 ly^{31}	紫 $tθɿ^{55}$
沂源	蓝 $lã^{55}$	绿 ly^{31}	紫 $tθɿ^{55}$
博山	蓝 $lã^{55}$	绿 ly^{31}	紫 $tsɿ^{55}$
张店	蓝 $lã^{55}$	绿 ly^{31}	紫 $tsɿ^{55}$
阳谷	蓝 $lã^{42}$	绿 ly^{213}	紫 $tsɿ^{55}$
梁山	蓝 $lã^{42}$	绿 ly^{213}	紫 $tsɿ^{55}$
菏泽	蓝 $lã^{53}$	绿 ly^{213}	紫 $tsɿ^{44}$
曹县	蓝 $lã^{53}$	绿 ly^{213}	紫 $tsɿ^{44}$
金乡	蓝 $lã^{42}$	绿 ly^{213}	紫 $tsɿ^{55}$

续表

	0970 **蓝**蓝天的颜色	0971 **绿**绿叶的颜色	0972 **紫**紫药水的颜色
曲阜	蓝 lã^{42}	绿 ly^{213}	紫 tsʅ^{55}
薛城	蓝 lã^{55}	绿 lu^{313}	紫 tsʅ^{24}
郯城	蓝 lã^{44}	绿 lu^{213}	紫 tsʅ^{24}
临沂	蓝 lã^{53}	绿 lu^{214}	紫 tsʅ^{55}

	0973 **灰**草木灰的颜色	0974 **多**东西~	0975 **少**东西~
荣成	灰 xuei^{53}	多 to^{53}	少 ʃau^{214}
烟台	灰 xuei^{53}	多 tuo^{53}	少 çiau^{14}
栖霞	灰 xuei^{312}	多 tuo^{312}	少 ʃɔo^{214}
长岛	灰 xuei^{312}	多 tuə^{312}	少 ʃau^{213}
海阳	灰 xuei^{52}	多 tuo^{52}	少 sɔ^{214}
莱西	灰 xuei^{214}	多 tuə^{214}	少 ʃiɔ^{55}
平度	灰 xuei^{213}	多 tuə^{213}	少 ʃɔ^{55}
青岛	灰 xuei^{213}	多 tuə^{213}	少 ʃɔ^{55}
高密	灰 xuei^{213}	多 tuə^{213}	少 ʃɔ^{55}
诸城	灰 xuei^{213}	多 tuə^{213}	少 ʃɔ^{44}
沂水	灰 xue^{213}	多 tuə^{213}	少 ʃɔ^{44}
临朐	灰 xuei^{213}	多 tuə^{213}	少 ʃɔ^{44}
日照	灰 xuei^{213}	多 tuə^{213}	少 ʃiɔ^{44}
莒南	灰 xuei^{213}	多 tuə^{213}	少 ʃɔ^{55}
潍坊	灰 xuei^{214}	多 tuə^{214}	少 ʂɔɤ^{55}
寿光	灰 xuei^{213}	多 tuə^{213}	少 ʂɔ^{55}
高青	灰 xuei^{213}	多 tuə^{213}	少 ʂɔ^{55}
阳信	灰 xuei^{213}	多 tuə^{213}	少 ʂɔ^{55}
济阳	灰 xuei^{213}	多 tuə^{213}	少 ʂɔ^{55}
利津	灰 xuei^{213}	多 tuə^{213}	少 ʂɔ^{55}
乐陵	灰 xuei^{24}	多 tuə^{24}	少 ʂɔ^{55}
商河	灰 xuei^{213}	多 tuə^{213}	少 ʂɔ^{45}

续表

	0973 灰草木灰的颜色	0974 多东西～	0975 少东西～
平原	灰 xuei^{213}	多 tuə^{213}	少 ʂɔu^{55}
德州	灰 xuei^{213}	多 tuə^{213}	少 ʂɔ^{55}
武城	灰 xuei^{224}	多 tuə^{224}	少 ʂɔ^{55}
临清	灰 xuei^{13}	多 tuə^{13}	少 ʂau^{44}
冠县	灰 xuei^{13}	多 tuə^{13}	少 ʂɔ^{55}
聊城	灰 xuei^{13}	多 tuə^{13}	少 sɔ^{44}
济南	灰 xuei^{213}	多 tuə^{213}	少 ʂɔ^{55}
泰安	灰 xuei^{213}	多 tuə^{213}	少 ʂɔ^{55}
莱芜	灰 xuei^{213}	多 tuə^{213}	少 ʃɔ^{55}
新泰	灰 xuei^{213}	多 tuə^{213}	少 ʃɔ^{55}
沂源	灰 xuei^{213}	多 tuə^{213}	少 ʃɔ^{55}
博山	灰 xuei^{213}	多 tuə^{213}	少 ʂɔ^{55}
张店	灰 xuei^{213}	多 tuə^{213}	少 ʂɔ^{55}
阳谷	灰 xuei^{213}	多 tuo^{213}	少 sɔ^{55}
梁山	灰 xuei^{213}	多 tuə^{213}	少 sɔ^{55}
菏泽	灰 xuei^{213}	多 tuə^{213}	少 sɔ^{44}
曹县	灰 xuei^{213}	多 tuə^{213}	少 ʂɔ^{44}
金乡	灰 xuei^{213}	多 tuə^{213}	少 sɔ^{55}
曲阜	灰 xuei^{213}	多 tuə^{213}	少 sɔ^{55}
薛城	灰 xue^{313}	多 tuə^{313}	少 sɔ^{24}
郯城	灰 xue^{213}	多 tuə^{213}	少 ʂɔ^{24}
临沂	灰 xuei^{214}	多 tuə^{214}	少 ʃɔ^{55}

	0976 重担子～	0977 轻担子～	0978 直线～
荣成	沉 tʃən^{35} 重 tʂuŋ^{33}	轻 cʰiŋ^{53}	直 tʃi^{35}
烟台	沉 tɕʰin^{33}	锃$^{=}$轻儿 tsəŋ^{35}tɕʰiə̃r^{53}	直 tɕi^{33}
栖霞	沉 tʃʰə̃n^{342}	轻 cʰiŋ^{312}	直 tʃʅ^{342}
长岛	沉 tʃʰən^{55}	轻 cʰiŋ^{312}	直 tʃʅ^{55}

续表

	0976 重担子～	0977 轻担子～	0978 直线～
海阳	重 tʂuŋ^{341}	轻 cʰiŋ^{52}	直 tsɿ^{341}
莱西	重 tsoŋ^{42} 沉 tʃʰiẽ^{42}	轻 cʰiŋ^{214}	直 tʃɿ^{42}
平度	沉 tʃʰə̃^{42} 重 tʂuŋ^{42}	轻 cʰiŋ^{213}	直 tʃɿ^{42}
青岛	沉 tʃʰẽ^{42} 重 tʂoŋ^{42}	轻 tɕʰioŋ^{213}	直 tʃɿ^{42}
高密	沉 tʃʰə̃^{42}	轻快 tɕʰioŋ^{21}kʰuɛ^{0} 轻 tɕʰioŋ^{213}	直 tʃɿ^{42}
诸城	沉 tʃʰẽ^{53}	轻 tʃʰəŋ^{213} 轻快 tʃʰəŋ^{31}kʰuɛ^{0}	直 tʃɿ^{53} 直立 tʃɿ^{24}li^{0}
沂水	沉 tʃʰẽ^{53}	轻 tɕʰiŋ^{213} 轻快 tɕʰiŋ^{31}kʰuɛ^{0}	直 dʒɿ^{53}
临朐	沉 tʃʰə̃^{53}	轻 tɕʰiŋ^{213} 轻快 tɕʰiŋ^{21}kʰuɛ^{0}	直 tʃɿ^{53} 直立 tʃɿ^{35}li^{0}
日照	沉 tʃʰiẽ^{53}	轻 tʃʰiəŋ^{213} 轻快 tʃʰiəŋ^{31}kʰuɛ^{0}	直 tʃɿ^{53}
莒南	沉 tʃʰẽ^{53} 重 tʂuŋ^{312}	轻 tɕʰiŋ^{213}	直 tʃɿ^{53}
潍坊	沉 tʂʰẽ^{53} 重 tʂoŋ^{31}	轻 tɕʰiŋ^{214}	直 tʂʅ^{53}
寿光	沉 tʂʰə̃^{53}	轻 tɕʰiŋ^{213}	直 tʂʅ^{53} 直立 tʂʅ^{35}li^{0}
高青	沉 tʂʰə̃^{55} 重 tʂuŋ^{41}	轻 tɕʰiŋ^{213}	直 tʂʅ^{55}
阳信	沉 tʂʰə̃^{43}	轻生 tɕʰiŋ^{31}ʂəŋ^{0}	直 tʂʅ^{43}
济阳	沉 tʂʰẽ^{55} 重 tʂuŋ^{31}	轻 tɕʰiŋ^{213} 轻快 tɕʰiŋ^{21}kʰuɛ^{0}	直 tʂʅ^{55}
利津	沉 tʂʰẽ^{53}	轻 tɕʰiŋ^{213}	直 tʂʅ^{53}
乐陵	沉 tʂʰẽ^{55}	轻 tɕʰiŋ^{24}	直 tʂʅ^{55}
商河	沉 tʂʰẽ^{31}	轻 tɕʰiŋ^{213}	直 tʂʅ^{54}
平原	沉 tʂʰẽ^{42}	轻 tɕʰiŋ^{213}	直 tʂʅ^{42}
德州	沉 tʂʰẽ^{42}	轻 tɕʰiŋ^{213}	直 tʂʅ^{42}

续表

	0976 重担子～	0977 轻担子～	0978 直线～
武城	沉tʂʰẽ^{53}	轻tɕʰiŋ^{224}	直tʂʅ^{53}
临清	沉tʂʰen^{53}	轻tɕʰiŋ^{13}	直tʂʅ^{53}
冠县	重tʂuŋ^{314}	轻tɕʰiŋ^{13}	直tʂʅ^{53}
聊城	沉tsʰẽ^{53}	轻tɕʰiŋ^{13}	直tsɿ^{53} 直林⁼tsɿ^{44}liẽ^{0}
济南	沉tʂʰẽ^{42}	轻tɕʰiŋ^{213}	直tʂʅ^{42}
泰安	沉tʂʰẽ^{42}	轻tɕʰiŋ^{213}	直tʂʅ^{42} 直偻⁼tʂʅ^{55}ly^{0}
莱芜	重tʃuŋ^{42}	轻tɕʰiŋ^{213}	直tʃʅ^{55}
新泰	重pfəŋ^{31}	轻tɕʰiŋ^{213}	直tʃʅ^{42}
沂源	沉tʃʰə̃^{55}	轻tɕʰiŋ^{213}	直tʃʅ^{55}
博山	沉tʂʰẽ^{55} 重tʂuŋ^{31}	轻tɕʰiŋ^{213}	直tʂʅ^{55}
张店	沉tʂʰə̃^{55}	轻tɕʰiŋ^{213}	直tʂʅ^{55}
阳谷	沉tsʰẽ^{42} 重tsuŋ^{313}	轻tɕʰiŋ^{213}	直tsɿ^{42} 直捻⁼tsɿ^{55}ȵiã^{0}
梁山	沉tsʰẽ^{42}	轻生tɕʰiŋ^{21}səŋ^{0}	直tsɿ^{42}
菏泽	沉tsʰẽ^{53}	轻tɕʰiŋ^{213}	直tsɿ^{53}
曹县	沉tʂʰẽ^{53}	轻tɕʰiŋ^{213}	直tʂʅ^{53}
金乡	沉tsʰẽ^{42}	轻tɕʰiŋ^{213}	直tsɿ^{42}
曲阜	沉tsʰẽ^{42}	轻tɕʰiŋ^{213} 轻生tɕʰiŋ^{21}səŋ^{55}	直tsɿ^{42} 直仑⁼儿tsɿ^{55}luer^{0}
薛城	沉tsʰẽ^{55}	轻tɕʰiŋ^{313} 轻巧tɕʰiŋ^{31}tɕʰiɔ^{0}	直tsɿ^{55}
郯城	沉tʂʰə̃^{44} 重tʂuŋ^{51}	轻tɕʰiŋ^{213}	直tʂʅ^{44}
临沂	重tʃuŋ^{312}	轻tɕʰiŋ^{214}	直tʃʅ^{53}

	0979 陡坡～，楼梯～	0980 弯弯曲：这条路是～的	0981 歪帽子戴～了
荣成	陡təu^{214}	弯uan^{53}	歪uai^{53}
烟台	陡tou^{14}	弯uan^{53}	歪uai^{53}

续表

	0979陡坡～，楼梯～	0980弯弯曲：这条路是～的	0981歪帽子戴～了
栖霞	陡 təu^{214}	弯 uãn^{312}	歪 uɛi^{312}
长岛	陡 tou^{213}	弯 uan^{312}	歪 uai^{312}
海阳	陡 təu^{214}	弯 uã^{52}	歪 uɛ^{52}
莱西	陡 tou^{55}	弯 uã^{214}	歪 uɛ^{214}
平度	陡 tou^{55}	弯 uã^{213}	歪 uɛ^{213}
青岛	陡 tou^{55}	弯 uã^{213}	歪 uɛ^{213}
高密	陡 tou^{55}	弯 uã^{213}	歪 uɛ^{213} 斜 siə^{42} 偏 p^{h}iã^{213}
诸城	陡 tou^{44}	弯 uã^{213} 弯弯 uã^{31}uã^{0}	歪 uɛ^{213} 歪歪 uɛ^{31}uɛ^{0}
沂水	陡 tou^{44}	弯 uã^{213}	歪 uɛ^{213}
临朐	陡 təu^{44}	弯弯 uã^{21}uã^{0}	歪 uɛ^{213}
日照	陡 tou^{44}	弯弯 uã^{31}uã^{0}	歪歪 uɛ^{31}uɛ^{0}
莒南	陡 tou^{55}	弯 uã^{213}	歪 uɛ^{213}
潍坊	陡 tɤɯ^{55}	弯 uã^{214}	歪 uɛ^{214}
寿光	陡 təu^{55}	弯弯 uã^{21}uã^{0}	歪歪 uɛ^{21}uɛ^{0} 歪 uɛ^{213}
高青	陡 tou^{55}	弯 uã^{213}	歪 uɛ^{213}
阳信	陡 tou^{55} 直 tʂʅ^{43}	弯弯 uã^{31}uã^{0}	歪歪 uɛ^{31}uɛ^{0}
济阳	陡 tou^{55}	弯弯 uã^{21}uã^{0}	歪 uɛ^{213}
利津	陡 tou^{55}	弯 uã^{213}	歪 uɛ^{213}
乐陵	陡 tou^{55}	弯 uã^{24}	歪 uɛ^{24}
商河	陡 tou^{45}	弯 uã^{213}	歪 uɛ^{213}
平原	陡 tou^{55}	弯 uã^{213}	歪 uɛi^{213}
德州	陡 tou^{55}	弯 uã^{213}	歪 uɛ^{213}
武城	立 li^{312}	弯 uã^{224}	歪 uɛ^{224}
临清	陡 tou^{44} 立楞 li^{53}ləŋ^{0}	弯 uan^{13}	歪 uai^{13} 斜楞 ɕiə^{44}ləŋ^{0}

续表

	0979 陡坡～，楼梯～	0980 弯弯曲：这条路是～的	0981 歪帽子戴～了
冠县	陡 tou^{55}	弯 $uã^{13}$	歪 $uɛ^{13}$
聊城	陡 tou^{44} 立楞 $li^{53}ləŋ^{0}$	弯 $uã^{13}$ 弯弯 $uã^{13}uã^{0}$	歪 $uɛ^{13}$ 斜楞 $ɕiə^{44}ləŋ^{0}$
济南	陡 tou^{55}	弯 $uã^{213}$ 弯弯 $uã^{21}uã^{0}$	歪 $uɛ^{213}$
泰安	陡 tou^{55}	弯 $uã^{213}$ 弯弯 $uã^{21}uã^{0}$	歪 $uɛ^{213}$ 歪歪 $uɛ^{21}uɛ^{0}$
莱芜	陡 tou^{55}	弯 $uã^{213}$	歪 $uɛ^{213}$
新泰	陡 tou^{55}	弯 $uã^{213}$	歪 $uɛ^{213}$
沂源	陡 tou^{55}	弯 $uã^{213}$	歪 $uɛ^{213}$
博山	陡 $təu^{55}$	弯 $uã^{213}$	歪 $uɛ^{213}$
张店	陡 tou^{55}	弯 $uã^{213}$	歪 $uɛ^{213}$
阳谷	陡 tou^{55}	弯 $uã^{213}$ 弯弯 $uã^{31}uã^{0}$	歪 $uɛ^{213}$ 歪歪 $uɛ^{31}uɛ^{0}$
梁山	立陡 $li^{21}tou^{55}$	弯 $uã^{213}$ 弯弯 $uã^{31}uã^{0}$	歪 $uɛ^{213}$ 歪歪 $uɛ^{21}uɛ^{0}$
菏泽	立 li^{213}	弯 $uã^{213}$	歪 $uɛ^{213}$
曹县	陡 tou^{44}	弯 $uã^{213}$	歪 uai^{213}
金乡	陡 tou^{55}	弯 $uã^{213}$	歪 $uɛ^{213}$
曲阜	陡 tou^{55}	弯 $uã^{213}$	歪 $uɛ^{213}$
薛城	陡 tou^{24}	弯 $uã^{313}$	歪 $uɛ^{313}$
郯城	陡 $təu^{24}$	弯 $uã^{213}$	斜 $ɕiə^{44}$ 歪 $uɛ^{213}$
临沂	陡 tou^{55}	弯 $uã^{214}$	歪 $uɛ^{214}$

	0982 厚木板～	0983 薄木板～	0984 稠稀饭～
荣成	厚 $xəu^{33}$	薄 po^{33} 枵薄 $ɕiau^{53}po^{0}$	厚 $xəu^{33}$
烟台	厚 xou^{33}	枵 $ɕiau^{53}$	厚 xou^{33}
栖霞	厚 $xəu^{342}$	枵 $ɕiɔo^{312}$	厚 $xəu^{342}$
长岛	厚 xou^{52}	枵 $ɕiau^{312}$	厚 xou^{52}

续表

	0982厚木板～	0983薄木板～	0984稠稀饭～
海阳	厚xəu^{341}	枵çiɔ^{52}	厚xəu^{341}
莱西	厚xou^{42}	枵çiɔ^{214} 薄pə^{42}	厚xou^{42}
平度	厚xou^{42}	薄pə^{42}	厚xou^{42}
青岛	厚xou^{42}	薄pə^{42}	厚xou^{42}
高密	厚xou^{21}	薄pə^{42}	厚xou^{21}
诸城	厚xou^{31}	薄pə^{53}	干kã^{213}
沂水	厚xou^{31}	薄pə^{53}	稠tʃʰou^{53} 干稠kã^{213}tʃʰou^{53}
临朐	厚xəu^{21}	薄pə^{53}	稠tʃʰəu^{53}
日照	厚xou^{31}	薄pə^{53}	干kã^{213}
莒南	厚xou^{312}	薄pə^{53}	干kã^{213}
潍坊	厚xɤɯ^{31}	薄pə^{53}	糨tɕiaŋ^{31}
寿光	厚xəu^{21}	薄儿pɤr^{53}	糨tɕiaŋ^{21}
高青	厚xou^{41}	薄pə^{55}	稠tʂʰou^{55}
阳信	厚xou^{31} 厚实xou^{55}ʂʅ^{0} 厚墩xou^{55}tuə̃^{0}	薄pɔ^{43}	糨tɕiaŋ^{31}
济阳	厚xou^{31}	薄pə^{55}	稠tʂʰou^{55}
利津	厚xou^{31}	薄pɔ^{53}	糨tɕiaŋ^{31}
乐陵	厚xou^{51}	薄儿pɔr^{55}	糨tɕiaŋ^{51}
商河	厚xou^{31}	薄pə^{54}	稠tʂʰou^{54}
平原	厚xou^{21}	薄pə^{42}	糨tɕiaŋ^{21}
德州	厚xou^{21}	薄pɔ^{42}	稠tʂʰou^{42}
武城	厚xou^{312}	薄pə^{53}	稠tʂʰou^{53}
临清	厚xou^{313}	薄pə^{53}	稠tʂʰou^{53}
冠县	厚xou^{314}	薄pə^{53}	稠tʂʰou^{53}
聊城	厚xou^{313}	薄pə^{53}	稠tsʰou^{53}
济南	厚xou^{21}	薄pə^{42}	稠tʂʰou^{42}
泰安	厚xou^{21}	薄pə^{42}	稠tʂʰou^{42}

续表

	0982厚木板～	0983薄木板～	0984稠稀饭～
莱芜	厚xou^{42}	薄pə^{55}	稠tʃʰou^{55}
新泰	厚xou^{31}	薄pə^{31}	稠tʃʰou^{42}
沂源	厚xou^{31}	薄pə^{55}	稠tʃʰou^{55}
博山	厚xəu^{31}	薄pə^{55}	稠tʂʰəu^{55}
张店	厚xou^{31}	薄pə^{33}	稠tʂʰou^{55}
阳谷	厚xou^{313}	薄pə^{42}	稠tsʰou^{42}
梁山	厚xou^{314} 厚实xou^{42}sʅ^{0}	薄pə^{42} 攮$^{=}$拜$^{=}$zaŋ^{55}pɛ^{0}	稠tsʰou^{42}
菏泽	厚xou^{312}	薄pə^{53}	稠tsʰou^{53}
曹县	厚xou^{312}	薄pə^{53}	稠tʂʰou^{53}
金乡	厚xou^{312}	薄pə^{42}	稠tsʰou^{42}
曲阜	厚xou^{312}	薄pə^{42}	稠tsʰou^{42} 稠乎儿tsʰou^{55}xur^{0}
薛城	厚xou^{41}	薄pə^{55}	稠tsʰou^{55}
郯城	厚xəu^{51}	薄pə^{44}	厚xəu^{51}
临沂	厚xou^{312}	薄pə^{53}	厚xou^{312}

	0985稀稀饭～	0986密菜种得～	0987稀稀疏：菜种得～
荣成	稀çi^{53}	密mi^{214}	稀çi^{53}
烟台	稀ɕi^{53}	密mi^{14}	稀ɕi^{53}
栖霞	稀çi^{312}	密mi^{52}	僻pʰi^{312}
长岛	稀çi^{312}	密mi^{213}	僻pʰi^{312}
海阳	稀çi^{52}	密mi^{341}	稀çi^{52}
莱西	枵çiɔ^{214}	密mi^{42}	僻pʰi^{55}
平度	薄pə^{42}	密mi^{213}	稀çi^{213}
青岛	薄pə^{42} 稀ɕi^{213}	密mi^{42}	僻pʰi^{213} 稀ɕi^{213}
高密	薄pə^{42}	密mi^{21}	稀ɕi^{213}
诸城	薄pə^{53}	厚xou^{31}	稀ʃʅ^{213}

续表

	0985 稀稀饭～	0986 密菜种得～	0987 稀稀疏：菜种得～
沂水	薄 $pə^{53}$	密 mi^{31} 稠 $tʃ^{h}ou^{53}$	稀 $ɕi^{213}$
临朐	薄 $pə^{53}$	稠 $tʃ^{h}əu^{53}$	稀 $ɕi^{213}$
日照	薄 $pə^{53}$	厚 xou^{31}	稀 $ʃʅ^{213}$
莒南	薄 $pə^{53}$	密 mi^{312}	稀 $ɕi^{213}$
潍坊	薄 $pə^{53}$	密 mi^{31}	稀 $ɕi^{214}$
寿光	清 $tɕ^{h}iŋ^{213}$	密 mi^{21}	稀 $ɕi^{213}$
高青	薄儿 $pər^{55}$	密 mei^{41}	稀拉 $ɕi^{21}lɑ^{0}$
阳信	薄 $pɔ^{43}$	密 mi^{31}	稀 $ɕi^{213}$
济阳	薄 $pə^{55}$	密 mei^{31}	稀 $ɕi^{213}$
利津	薄 $pɔ^{53}$	密 mi^{31}	稀 $ɕi^{213}$
乐陵	薄儿 $pər^{55}$	密 mei^{51}	稀 $ɕi^{24}$
商河	薄 $pə^{54}$	密 mei^{31}	稀 $ɕi^{213}$ 稀拉 $ɕi^{21}lɑ^{0}$
平原	稀 $ɕi^{213}$	密 mei^{21}	稀 $ɕi^{213}$
德州	稀 $ɕi^{213}$	密 mei^{21}	稀拉 $ɕi^{21}la^{0}$
武城	稀 $ɕi^{224}$	密 mi^{312}	稀 $ɕi^{224}$
临清	稀 $ɕi^{13}$	稠 $tʂ^{h}ou^{53}$	稀拉 $ɕi^{13}la^{0}$
冠县	稀 $ɕi^{13}$	稠 $tʂ^{h}ou^{53}$	稀 $ɕi^{13}$
聊城	稀 $ɕi^{13}$	稠 $ts^{h}ou^{53}$	稀 $ɕi^{13}$
济南	稀 $ɕi^{213}$	密 mei^{21}	稀 $ɕi^{213}$ 稀拉 $ɕi^{21}la^{0}$
泰安	稀 $ɕi^{213}$ 薄 $pə^{42}$	稠 $tʂ^{h}ou^{42}$	稀 $ɕi^{213}$ 稀拉 $ɕi^{21}la^{0}$
莱芜	稀 $ɕi^{213}$	密 mi^{42}	稀 $ɕi^{213}$
新泰	稀 $ɕi^{213}$	密 mi^{31}	稀 $ɕi^{213}$
沂源	薄 $pə^{55}$	密 mi^{31}	稀 $ɕi^{213}$
博山	稀 $ɕi^{213}$	密 mi^{31}	稀朗⁼ $ɕi^{21}lɑŋ^{0}$
张店	稀 $ɕi^{213}$ 薄 $pə^{33}$	密 mi^{31}	稀 $ɕi^{213}$

续表

	0985 **稀**稀饭～	0986 **密**菜种得～	0987 **稀**稀疏：菜种得～
阳谷	稀ɕi^{213}	稠tsʰou^{42}	稀ɕi^{213}
梁山	稀ɕi^{213}	稠tsʰou^{42}	稀朗$^{=}$ɕi^{21}laŋ^{0}
菏泽	稀ɕi^{213}	稠tsʰou^{53}	稀ɕi^{213}
曹县	稀ɕi^{213}	稠tʂʰou^{53}	稀ɕi^{213}
金乡	稀ɕi^{213}	稠tsʰou^{42}	稀ɕi^{213}
曲阜	稀ɕi^{213} 薄薄拉拉pə^{42}pə^{0}la^{23}la^{213}	稠tsʰou^{42}	稀ɕi^{213}
薛城	稀ɕi^{313} 虾$^{=}$空ɕia^{23}kʰuŋ^{313}	稠tsʰou^{55}	稀ɕi^{313}
郯城	薄pə^{44} 稀ɕi^{213}	厚xəu^{51} 密mi^{213}	稀ɕi^{213}
临沂	稀ɕi^{214}	厚xou^{312} 密mi^{214}	稀ɕi^{214}

	0988 **亮**指光线，明亮	0989 **黑**指光线，完全看不见	0990 **热**天气
荣成	亮liaŋ^{33}	黑xɛ^{214}	热iɛ^{214}
烟台	亮liaŋ^{33} 锃亮tsəŋ^{53}liaŋ^{33}	黑xɤ^{14}	热ie^{14}
栖霞	亮liaŋ^{52}	黑xə^{214}	热iɛ^{52}
长岛	亮liaŋ^{52}	黑xə^{213}	热iɛ^{213}
海阳	亮liaŋ^{341}	黑xə^{214}	热iə^{341}
莱西	亮liaŋ^{42}	黑xə^{55}	热iə^{42}
平度	明miŋ^{42} 亮liaŋ^{42}	烘$^{=}$黑xuŋ^{213}xei^{55} 黑xei^{55}	热iə^{213}
青岛	明mioŋ^{42} 亮liaŋ^{42}	烘$^{=}$黑xoŋ^{213}xei^{55} 黢黑tsʰy^{213}xei^{55}	热iə^{42}
高密	锃明tʂoŋ^{21}mioŋ^{42} 亮liaŋ^{21}	烘$^{=}$黑xoŋ^{21}xei^{55} 黑xei^{55}	暖乎nuã^{23}xu^{0}
诸城	明快miəŋ^{24}kʰuɛ^{0}	烘$^{=}$黑xəŋ^{31}xei^{44}	热iə^{31}
沂水	明miŋ^{53}	黑xe^{44}	热iə^{31}
临朐	明miŋ^{53} 明快miŋ^{35}kʰuɛ^{0}	黑xei^{44}	热ʐə^{21}

续表

	0988 **亮**指光线，明亮	0989 **黑**指光线，完全看不见	0990 **热**天气
日照	亮 liaŋ^{31} 神=明 ʂẽ^{53}miəŋ^{53} 锃明 tʂəŋ^{31}miəŋ^{53}	黑 xei^{213} 乌黑 u^{44}xei^{213} 漆黑 ȶʰi^{23}xei^{213}	热 iə^{31}
莒南	亮 liaŋ^{312}	黑 xei^{213}	热 iə^{312}
潍坊	明 miŋ^{53} 亮 liaŋ^{31}	糊黑 xu^{55}xei^{214} 黑 xei^{214}	热 ʐə^{31}
寿光	明快儿 miŋ^{35}kʰuɛr^{0} 明 miŋ^{53}	黑 xei^{213}	热 lə^{21}
高青	亮 liaŋ^{41}	黑 xei^{213}	热 ʐə^{41}
阳信	明快 miŋ^{45}kʰuɛ^{0}	黢黑 tɕʰy^{213}xei^{213}	热 ʐə^{31}
济阳	明快 miŋ^{24}kʰuɛ^{0} 亮 liaŋ^{31}	黢黑 tɕʰy^{55}xei^{213}	热 ʐə^{31}
利津	亮 liaŋ^{31}	黑 xei^{44}	热 ʐə^{31}
乐陵	亮堂 liaŋ^{55}tʰaŋ^{0}	黑 xei^{24}	热 ʐə^{51}
商河	亮堂 liaŋ^{54}tʰaŋ^{0} 明快 miŋ^{24}kʰuɛ^{0}	黑 xei^{45}	热 ʐə^{31}
平原	明 miŋ^{42} 亮 liaŋ^{21}	黑 xei^{213}	热 ʐə^{21}
德州	亮 liaŋ^{21}	黑 xei^{213}	热 ʐə^{21}
武城	明快 miŋ^{55}kʰuɛ^{0}	暗 ŋã^{312}	热 lə^{312}
临清	亮 liaŋ^{313}	黑 xei^{13}	热 ʐə^{313}
冠县	亮 liaŋ^{314} 明 miŋ^{53}	黑 xei^{13}	热 ʐə^{314}
聊城	亮 liaŋ^{313} 明快 miŋ^{44}kʰuɛ^{0}	黢黑 tɕʰy^{31}xei^{13}	热 zə^{313}
济南	亮 liaŋ^{21} 明快 miŋ^{445}kʰuɛ^{0}	黑 xei^{213}	热 ʐə^{21}
泰安	亮 liaŋ^{21}	黑 xei^{213}	热 ʐə^{21}
莱芜	明 miŋ^{55}	黑 xei^{213}	热 ʒə^{42}
新泰	明快 miŋ^{45}kʰuɛ^{0}	黑 xei^{213}	热 ʒə^{31}
沂源	明 miŋ^{55}	黑 xei^{213}	热 iə^{31}
博山	亮 liaŋ^{31}	黑 xei^{213}	热 lə^{31}

续表

	0988 **亮**指光线，明亮	0989 **黑**指光线，完全看不见	0990 **热**天气
张店	明快 miŋ^{35}kʰuɛ^{0}	黑 xei^{33}	热 zə̣^{31}
阳谷	亮 liaŋ^{313}	黑 xei^{213}	热 zə^{213}
梁山	亮 liaŋ^{314}	黑 xei^{213}	热 zə^{213}
菏泽	明 miŋ^{53}	黑 xei^{213}	热 zə^{213}
曹县	明 miŋ^{53} 亮 liaŋ^{312}	黑 xei^{213}	热 zə̣^{213}
金乡	亮 liaŋ^{312}	黑 xei^{213}	热 zə^{213}
曲阜	亮 liaŋ^{312}	黑 xei^{213}	热 zə^{213}
薛城	亮 liaŋ^{41}	黑 xe^{313}	热 zə^{313}
郯城	亮 liaŋ^{51}	黑 xe^{213}	热 zə̣^{213}
临沂	亮 liaŋ^{312}	黑 xei^{214}	热 zə̣^{214}

	0991 **暖和**天气	0992 **凉**天气	0993 **冷**天气
荣成	暖和 nau^{214}xo^{0} “暖”读为“脑”	凉 liaŋ^{53}	冻人 tuŋ^{33}in^{0} 冷 ləŋ^{214}
烟台	暖和 nau^{21}xuən^{33} 读为“脑昏”	凉 liaŋ^{53}	冷 ləŋ^{14}
栖霞	暖和 nɔo^{21}xuə̃n^{0} 读为“脑昏”	凉 liaŋ^{312}	冷 ləŋ^{214}
长岛	暖和 nan^{35}xə^{0} “暖”读为“南”上声	凉快 liaŋ^{55}kʰuai^{0}	冷 ləŋ^{213}
海阳	暖和 nɔ^{21}xuẽ^{0} 读为“脑昏”	凉 liaŋ^{52}	冷 ləŋ^{214}
莱西	暖乎 nɔ^{24}xu^{0} “暖”读为“脑”	凉 liaŋ^{214}	冷 ləŋ^{55}
平度	暖和 nã^{45}xuə^{0}	凉 liaŋ^{42}	冷 ləŋ^{55}
青岛	暖乎 nɔ^{44}xu^{0} “暖”读为“脑”	凉 liaŋ^{42}	冷 loŋ^{55}
高密	暖乎 nuã^{23}xu^{0}	凉快 liaŋ^{55}kʰuɛ^{0}	凉 liaŋ^{42}
诸城	暖和 naŋ^{213}xuə^{0} “暖”读为“攮”	凉 liaŋ^{53}	冷 ləŋ^{44}
沂水	暖和 naŋ^{213}xuə^{0} “暖”读为“攮”	凉 liaŋ^{53} 凉快 liaŋ^{24}kʰuɛ^{0}	冷 ləŋ^{44}
临朐	暖和 nuã^{213}xuə^{0}	凉 liaŋ^{53} 凉快儿 liaŋ^{35}kʰuɛr^{0}	冷 ləŋ^{44}

续表

	0991 暖和天气	0992 凉天气	0993 冷天气
日照	暖和 nɑŋ^{213}xu^{0} “暖”读为“攮”	凉 liɑŋ^{53}	冷 ləŋ^{44}
莒南	暖和 nɑŋ^{213}xu^{0} “暖”读为“攮”	凉快 liɑŋ^{24}k^{h}uɛ^{0} 凉 liɑŋ^{53}	冷 ləŋ^{55}
潍坊	暖和 nuã^{24}xuə^{0}	凉 liɑŋ^{53}	冷 ləŋ^{55}
寿光	暖和 nɑŋ^{24}xuə^{0} “暖”读为“攮”	凉 liɑŋ^{53}	冷 ləŋ^{55}
高青	暖和 nã^{213}xuə^{0} “暖”读为“南”上声	凉 liɑŋ^{55}	冷 ləŋ^{55}
阳信	暖和 nɑŋ^{213}xuə^{0} “暖”读为“攮”	凉渗$^{=}$liɑŋ^{45}ʂã^{0}	冷 ləŋ^{55}
济阳	暖和 nɑŋ^{213}xuə^{0} “暖”读为“攮”	凉快 liɑŋ^{24}k^{h}uɛ^{0}	冷 ləŋ^{55}
利津	暖和 nɑŋ^{213}xuə^{0} “暖”读为“攮”	凉 liɑŋ^{31}	冷 ləŋ^{55}
乐陵	暖和 nɑŋ^{212}xuə^{0} “暖”读为“攮”	凉 liɑŋ^{55}	冷 ləŋ^{55}
商河	暖和 nɑŋ^{213}xuə^{0} “暖”读为“攮”	凉 liɑŋ^{54}	冷 ləŋ^{45}
平原	暖和 nɑŋ^{23}xuə^{0} “暖”读为“攮”	凉 liɑŋ^{42}	冷 ləŋ^{55}
德州	暖和 nuã^{213}xuə^{0}	凉 liɑŋ^{42}	冷 ləŋ^{55}
武城	暖和 nɑŋ^{24}xuə^{0} “暖”读为“攮”	凉 liɑŋ^{53}	冷 ləŋ^{55}
临清	暖和 nuan^{44}xuə^{0}	凉快 liɑŋ^{44}k^{h}uai^{0}	冷 ləŋ^{44}
冠县	暖和 nã^{55}xuə^{0} “暖”读为“南”上声	凉 liɑŋ^{53}	冷 ləŋ^{55}
聊城	暖和 nã^{44}xə^{0} “暖”读为“南”上声	凉快 liɑŋ^{44}k^{h}uɛ^{0}	冷 ləŋ^{44}
济南	暖和 nɑŋ^{213}xuə^{0} “暖”读为“攮”	凉 liɑŋ^{42}	冷 ləŋ^{55}
泰安	暖和 nɑŋ^{213}xuə^{0} “暖”读为“攮”	凉 liɑŋ^{42}	冷 ləŋ^{55}
莱芜	暖和 nɑŋ^{213}xuə^{0} “暖”读为“攮”	凉 liɑŋ^{55}	冷 ləŋ^{55}

续表

	0991暖和天气	0992凉天气	0993冷天气
新泰	暖和 $naŋ^{213}xuə^{0}$ "暖"读为"攮"	凉 $liaŋ^{42}$	冷 $ləŋ^{55}$
沂源	暖和 $nã^{21}xuə^{0}$ "暖"读为"南"上声	凉 $liaŋ^{55}$	冷 $ləŋ^{55}$
博山	暖和 $naŋ^{213}xuə^{0}$ "暖"读为"攮"	凉 $liaŋ^{55}$	冷 $ləŋ^{55}$
张店	暖和 $naŋ^{213}xuə^{0}$ "暖"读为"攮"	凉快 $liaŋ^{35}k^{h}uɛ^{0}$ 凉渗⁼儿 $liaŋ^{35}ʂei^{0}$	冷 $ləŋ^{55}$
阳谷	暖和 $nuã^{13}xuo^{0}$	凉 $liaŋ^{42}$ 凉快 $liaŋ^{55}k^{h}uɛ^{0}$	冷 $ləŋ^{55}$
梁山	暖乎 $nuã^{23}xu^{0}$	凉 $liaŋ^{42}$	冷 $ləŋ^{55}$
菏泽	暖和 $nuã^{44}xuə^{0}$	凉 $liaŋ^{53}$ 凉快 $liaŋ^{53}k^{h}uɛ^{0}$	冷 $ləŋ^{44}$
曹县	暖和 $nuã^{44}xə^{0}$	凉 $liaŋ^{53}$	冷 $ləŋ^{44}$
金乡	暖乎 $nuã^{23}xu^{0}$	凉 $liaŋ^{42}$	冷 $ləŋ^{55}$
曲阜	暖和 $nuã^{213}xuə^{0}$	凉 $liaŋ^{42}$	冷 $ləŋ^{55}$
薛城	暖和 $nuã^{24}xuə^{0}$	凉 $liaŋ^{55}$	冷 $ləŋ^{24}$
郯城	暖乎 $nuã^{24}xu^{0}$	凉快 $liaŋ^{44}k^{h}uɛ^{0}$	凉 $liaŋ^{44}$ 冷 $ləŋ^{24}$
临沂	暖乎 $naŋ^{214}xu^{0}$ "暖"读为"攮"	凉 $liaŋ^{53}$	冷 $ləŋ^{55}$

	0994热水~	0995凉水~	0996干干燥：衣服晒~了
荣成	热 $iɛ^{214}$	凉 $liaŋ^{53}$	干 kan^{53}
烟台	热 ie^{14}	凉 $liaŋ^{53}$	干 kan^{53}
栖霞	热 $iɛ^{52}$	凉 $liaŋ^{312}$	干 $kãn^{312}$
长岛	热 $iɛ^{213}$	凉 $liaŋ^{55}$	干 kan^{312}
海阳	热 $iə^{341}$	凉 $liaŋ^{52}$	干爽 $kã^{52}saŋ^{0}$ "爽"读为"嗓"轻声
莱西	热 $iə^{42}$	凉 $liaŋ^{214}$	干 $kã^{214}$
平度	热 $iə^{213}$	凉 $liaŋ^{42}$	干 $kã^{213}$
青岛	热 $iə^{42}$	凉 $liaŋ^{42}$	干 $kã^{213}$

续表

	0994 热水～	0995 凉水～	0996 干干燥：衣服晒～了
高密	热 iə^{21}	凉 liaŋ^{42}	干 kã^{213}
诸城	热 iə^{31}	凉 liaŋ^{53}	干 kã^{213}
沂水	热 iə^{31}	凉 liaŋ^{53}	干 kã^{213}
临朐	热 ʐə^{21}	凉 liaŋ^{53}	干 kã^{213}
日照	热 iə^{31}	凉 liaŋ^{53}	干 kã^{213}
莒南	热 iə^{312}	凉 liaŋ^{53}	干 kã^{213}
潍坊	热 ʐə^{31}	凉 liaŋ^{53}	干 kã^{214}
寿光	热 lə^{21}	凉 liaŋ^{53}	干 kã^{213}
高青	热 ʐə^{41}	凉 liaŋ^{55}	干 kã^{213}
阳信	热 ʐə^{31}	凉 liaŋ^{43}	干 kã^{213}
济阳	热 ʐə^{31}	凉 liaŋ^{55}	干 kã^{213}
利津	热 ʐə^{31}	凉 liaŋ^{31}	干 kã^{213}
乐陵	热 ʐə^{51}	凉 liaŋ^{55}	干 kã^{24}
商河	热 ʐə^{31}	凉 liaŋ^{54}	干 kã^{213}
平原	热 ʐə^{21}	凉 liaŋ^{42}	干 kã^{213}
德州	热 ʐə^{21}	凉 liaŋ^{42}	干 kã^{213}
武城	热 lə^{312}	凉 liaŋ^{53}	干 kã^{224}
临清	热 ʐə^{313} 烫 tʰaŋ^{313}	凉 liaŋ^{53}	干 kan^{13}
冠县	热 ʐə^{314}	凉 liaŋ^{53}	干 kã^{13}
聊城	热 zə^{313}	凉 liaŋ^{53}	干 kã^{13}
济南	热 ʐə^{21}	凉 liaŋ^{42}	干 kã^{213}
泰安	热 ʐə^{21}	凉 liaŋ^{42}	干 kã^{213}
莱芜	热 ʒə^{42}	凉 liaŋ^{55}	干 kã^{213}
新泰	热 ʒə^{31}	凉 liaŋ^{42}	干 kã^{213}
沂源	热 iə^{31}	凉 liaŋ^{55}	干 kã^{213}
博山	热 lə^{31}	凉 liaŋ^{55}	干 kã^{213}
张店	热 ʐə^{31}	凉 liaŋ^{55}	干 kã^{213}
阳谷	热 zə^{213}	凉 liaŋ^{42}	干 kã^{213}

续表

	0994 热水～	0995 凉水～	0996 干干燥：衣服晒～了
梁山	热 zə^{213}	凉 liaŋ^{42}	干 kã^{213}
菏泽	热 zə^{213}	凉 liaŋ^{53}	干 kã^{213}
曹县	热 zə̣^{213}	凉 liaŋ^{53}	干 kã^{213}
金乡	热 zə^{213}	凉 liaŋ^{42}	干 kã^{213}
曲阜	热 zə^{213}	凉 liaŋ^{42}	干 kã^{213}
薛城	热 zə^{313} 温 uẽ^{313}	凉 liaŋ^{55} 冷 ləŋ^{24}	干 kã^{313}
郯城	热 zə̣^{213}	凉 liaŋ^{44}	干 kã^{213}
临沂	热 zə̣^{214}	凉 liaŋ^{53}	干 kã^{214}

	0997 湿潮湿：衣服淋～了	0998 干净衣服～	0999 脏肮脏，不干净，统称：衣服～
荣成	湿 ʃi^{214}	干净 kan^{53}tsɿ^{0} "净"读为"资"轻声	脏 tsaŋ^{53}
烟台	湿 ɕi^{14}	干净 kan^{53}tɕiŋ^{0}	脏 tsaŋ^{53}
栖霞	湿 ʃʅ^{214}	干净 kãn^{52}tʃiŋ^{0}	趴⁼拉 pʰa^{21}la^{0}
长岛	湿 ʃʅ^{213}	干净 kan^{31}tʃəŋ^{0}	脏 tsaŋ^{312} 赖⁼呆 laɪ^{312}taɪ^{0}
海阳	湿 sɿ^{214}	干净 kã^{52}tsiŋ^{0}	趴⁼拉 pʰa^{21}la^{0}
莱西	湿 ʃʅ^{55}	干净 kã^{32}tʃiŋ^{0}	窝囊 uə^{32}naŋ^{0} 脏 tsaŋ^{214}
平度	湿 ʃʅ^{55}	干净 kã^{213}tsiŋ^{0}	窝囊 uə^{213}naŋ^{0} 脏 tθaŋ^{213}
青岛	湿 ʃʅ^{55}	干净 kã^{213}tsioŋ^{42}	邋撒⁼ la^{45}θa^{0} 脏 tθaŋ^{213}
高密	湿 ʃʅ^{55}	干净 kã^{21}tsioŋ^{0}	窝囊 uə^{21}naŋ^{0} 肮脏 aŋ^{21}tθaŋ^{0}
诸城	湿 ʃʅ^{44}	干净 kã^{213}tʃẽ^{0} "净"读为"震"轻声	癞 lɛ^{31}
沂水	湿 ʃʅ^{44}	干净 kã^{31}dziŋ^{0}	脏 dðaŋ^{213} 窝囊 uə^{31}naŋ^{0}
临朐	湿 ʃʅ^{44}	干净 kã^{21}tɕiŋ^{0}	脏 tθaŋ^{213}

续表

	0997 **湿**潮湿：衣服淋~了	0998 **干净**衣服~	0999 **脏**肮脏，不干净，统称：衣服~
日照	湿ʃʅ^{213}	干净kã^{31}ȶiəŋ^{0}	癞lɛ^{31}
莒南	湿ʃʅ^{213}	干净kã^{21}tsiŋ^{0}	意=歪=i^{42}uɛ^{0} 脏tθaŋ^{213}
潍坊	湿ʂʅ^{214}	干净kã^{31}tɕiŋ^{0}	脏囊tsaŋ^{31}naŋ^{0}
寿光	湿ʂʅ^{213}	干净kã^{21}tɕiŋ^{0}	脏tsaŋ^{213} 脏囊tsaŋ^{21}naŋ^{0} 碜tʂʰə̃^{55}
高青	湿ʂʅ^{213}	干净kã^{21}tɕiŋ^{0}	脏tsaŋ^{213}
阳信	湿ʂʅ^{213}	干净kã^{31}tɕiŋ^{0}	脏tsaŋ^{213} 窝囊uə^{31}naŋ^{0}
济阳	湿ʂʅ^{213}	干净kã^{21}tɕiŋ^{0}	脏tsaŋ^{213} 窝囊uə^{21}naŋ^{0}
利津	湿ʂʅ^{44}	干净kã^{31}tɕiŋ^{0}	脏tsaŋ^{213} 窝囊uə^{31}naŋ^{0}
乐陵	湿ʂʅ^{24}	干净kã^{24}tɕiŋ^{51}	窝囊uə^{31}naŋ^{0}
商河	湿ʂʅ^{213}	干净kã^{21}tɕiŋ^{0}	脏tsaŋ^{213} 窝囊uə^{21}naŋ^{0}
平原	湿ʂʅ^{213}	干净kã^{23}tɕiŋ^{21}	脏tsaŋ^{213}
德州	湿ʂʅ^{213}程度高 潮tʂʰɔ^{42}程度低	干净kã^{213}tɕiŋ^{21}	脏tsaŋ^{213}
武城	湿ʂʅ^{224}	干净kã^{24}tɕiŋ^{0}	邋遢la^{312}ta^{0} “遢”读为“大”轻声
临清	湿ʂʅ^{13}	干净kan^{13}tɕiŋ^{0}	脏tsaŋ^{13}
冠县	湿ʂʅ^{13}	干净kã^{21}tsiŋ^{0}	脏tsaŋ^{13}
聊城	湿sʅ^{13}	干净kã^{13}tɕiŋ^{0}	脏tsaŋ^{13} 腌臜ɣa^{13}tsa^{53}
济南	湿ʂʅ^{213}	干净kã^{21}tɕiŋ^{0}	脏tsaŋ^{213}
泰安	湿ʂʅ^{213}	干净kã^{23}tɕiŋ^{21}	脏tsaŋ^{213} 埋汰mɛ^{55}tʰɛ^{0}
莱芜	湿ʃʅ^{213}	干净kã^{31}tɕiŋ^{0}	脏tsaŋ^{213}
新泰	湿ʃʅ^{213}	利整子li^{54}tʃəŋ^{0}tθʅ^{0}	脏tθaŋ^{213}
沂源	湿ʃʅ^{213}	干净kã^{21}tɕiŋ^{0}	窝囊uə^{21}naŋ^{0}

续表

	0997 湿潮湿：衣服淋～了	0998 干净衣服～	0999 脏肮脏，不干净，统称：衣服～
博山	湿 ʂʅ^{213}	干净 kã^{31}tɕiŋ^{55}	脏 tsɑŋ^{213}
张店	湿 ʂʅ^{33}	干净 kã^{21}tɕiŋ^{0}	窝囊 uə^{21}nɑŋ^{0} 脏 tsɑŋ^{213}
阳谷	湿 sɿ^{213}	干净 kã^{13}tɕiŋ^{0}	脏 tsɑŋ^{213}
梁山	湿 sɿ^{213}	干净 kã^{23}tɕiŋ^{31}	脏 tsɑŋ^{213}
菏泽	潮 ts^{h}ɔ^{53} 湿 sɿ^{213}	干净 kã^{21}tɕiŋ^{0}	窝囊 uə^{21}nɑŋ^{0} 腌臜 ɣa^{21}tsa^{0}
曹县	湿 ʂʅ^{213}	干净 kã^{21}tɕiŋ^{0}	腌臜 ɣa^{21}tsa^{0}
金乡	湿 sɿ^{213}	干净 kã^{21}tɕiŋ^{0}	脏 tsɑŋ^{213}
曲阜	湿 sɿ^{213}	干净 kã^{213}tɕiŋ^{0}	脏 tsaŋ^{213}
薛城	湿 sɿ^{313}带水 潮 ts^{h}ɔ^{55}不带水	干净 kã^{31}n̠iŋ^{0} “净”读为“宁”轻声	脏 tsɑŋ^{313}
郯城	湿 ʂʅ^{213}	干净 kã^{21}tɕiŋ^{0}	脏 tsɑŋ^{213}
临沂	湿 ʃʅ^{214}	干净 kã^{21}tɕiŋ^{0}	脏 tsɑŋ^{214}

	1000 快锋利：刀子～	1001 钝刀～	1002 快坐车比走路～
荣成	快 k^{h}uai^{33}	钝 tən^{33}	快 k^{h}uai^{33}
烟台	快 k^{h}uɛ^{33}	钝 tən^{33}	快 k^{h}uɛ^{33}
栖霞	快 k^{h}uɛi^{52}	钝 tə̃n^{342}	快 k^{h}uɛi^{52}
长岛	快 k^{h}uai^{52}	钝 tən^{52}	快 k^{h}uai^{52}
海阳	快 k^{h}uɛ^{341}	钝 tẽ^{341}	快 k^{h}uɛ^{341}
莱西	快 k^{h}uɛ^{42}	不快 pu^{24}k^{h}uɛ^{42} 钝 tẽ^{42}	快 k^{h}uɛ^{42}
平度	快 k^{h}uɛ^{42}	不快 pu^{45}k^{h}uɛ^{42}	快 k^{h}uɛ^{42} 急 ci^{55}
青岛	快 k^{h}uɛ^{42}	木 mu^{42}	快 k^{h}uɛ^{42}
高密	快 k^{h}uɛ^{21}	痴$^{=}$巴 tʃ^{h}ʅ^{21}pɑ^{0} 不快 pu^{55}k^{h}uɛ^{21}	快 k^{h}uɛ^{21}
诸城	快 k^{h}uɛ^{31}	不快 pu^{44}k^{h}uɛ^{31}	快 k^{h}uɛ^{31}
沂水	快 k^{h}uɛ^{31}	木 mu^{31} 钝 tuẽ^{31}	快 k^{h}uɛ^{31}

续表

	1000 快锋利：刀子～	1001 钝刀～	1002 快坐车比走路～
临朐	快k^{h}uɛ^{21}	木mu^{21} 钝tuə̃^{21}	快k^{h}uɛ^{21}
日照	快k^{h}uɛ^{31}	木mu^{31}	快k^{h}uɛ^{31} 快当k^{h}uɛ^{53}taŋ^{0}
莒南	快k^{h}uɛ^{312}	不快pu^{13}k^{h}uɛ^{31} 钝tuẽ^{312}	快k^{h}uɛ^{312}
潍坊	快k^{h}uɛ^{31}	钝tuẽ^{31}	快k^{h}uɛ^{31}
寿光	快k^{h}uɛ^{21}	钝tuə̃^{21} 木mu^{21}	快k^{h}uɛ^{21}
高青	快k^{h}uɛ^{41}	不快pu^{35}k^{h}uɛ^{41}	快k^{h}uɛ^{41}
阳信	快k^{h}uɛ^{31}	不快pu^{55}k^{h}uɛ^{31}	快k^{h}uɛ^{31}
济阳	快k^{h}uɛ^{31}	不快pu^{13}k^{h}uɛ^{31}	快k^{h}uɛ^{31}
利津	快k^{h}uɛ^{31}	不快pu^{44}k^{h}uɛ^{31}	快k^{h}uɛ^{31}
乐陵	快k^{h}uɛ^{51}	不快pu^{24}k^{h}uɛ^{51}	快k^{h}uɛ^{51}
商河	快k^{h}uɛ^{31}	不快pu^{45}k^{h}uɛ^{31}	快k^{h}uɛ^{31}
平原	快k^{h}uɛi^{21}	不快pu^{23}k^{h}uɛi^{21}	快k^{h}uɛi^{21}
德州	快k^{h}uɛ^{21}	钝tuẽ^{21} 背pei^{21}	快k^{h}uɛ^{21}
武城	快k^{h}uɛ^{312}	不快pu^{24}k^{h}uɛ^{0}	快k^{h}uɛ^{312}
临清	快k^{h}uai^{313}	不快pu^{44}k^{h}uai^{313} 钝tun^{313}	快k^{h}uai^{313}
冠县	快k^{h}uɛ^{314}	不快pu^{55}k^{h}uɛ^{314}	快k^{h}uɛ^{314}
聊城	快k^{h}uɛ^{313}	不快pu^{44}k^{h}uɛ^{0}	快k^{h}uɛ^{313}
济南	快k^{h}uɛ^{21}	不快pu^{23}k^{h}uɛ^{21}	快k^{h}uɛ^{21}
泰安	快k^{h}uɛ^{21}	钝tuẽ^{21}	快k^{h}uɛ^{21}
莱芜	快k^{h}uɛ^{42}	钝tuẽ^{42}	快k^{h}uɛ^{42}
新泰	快k^{h}uɛ^{31}	钝tuẽ^{31}	快k^{h}uɛ^{31}
沂源	快k^{h}uɛ^{31}	不快pu^{35}k^{h}uɛ^{31}	快k^{h}uɛ^{31}
博山	快k^{h}uɛ^{31}	木mu^{31} 不快pu^{213}k^{h}uɛ^{31}	快k^{h}uɛ^{31}
张店	快k^{h}uɛ^{31}	不快pu^{33}k^{h}uɛ^{31}	快k^{h}uɛ^{31}

续表

	1000快锋利：刀子～	**1001钝**刀～	**1002快**坐车比走路～
阳谷	快kʰuɛ^{313}	木mu^{213} 不快pu^{13}kʰuɛ^{313}	快kʰuɛ^{313}
梁山	快kʰuɛ^{314}	钝tuẽ^{314}	快kʰuɛ^{314}
菏泽	快kʰuɛ^{312}	不快pu^{44}kʰuɛ^{312}	快kʰuɛ^{312}
曹县	快kʰuai^{312}	不快pu^{13}kʰuai^{312}	快kʰuai^{312}
金乡	快kʰuɛ^{312}	钝tuẽ^{312}	快kʰuɛ^{312}
曲阜	快kʰuɛ^{312}	钝tuẽ^{312}	快kʰuɛ^{312}
薛城	快kʰuɛ^{41}	不快pu^{313}kʰuɛ^{41} 钝tuẽ^{41}	快kʰuɛ^{41}
郯城	快kʰuɛ^{51}	不快pu^{21}kʰuɛ^{51} 钝tuə̃^{51}	快kʰuɛ^{51}
临沂	快kʰuɛ^{312}	不快pu^{55}kʰuɛ^{312} 钝tuẽ^{312}	快kʰuɛ^{312}

	1003慢走路比坐车～	**1004早**来得～	**1005晚**来～了
荣成	慢man^{33}	早tsau^{214}	晚uan^{214}
烟台	慢man^{33}	早tsau^{14}	晚uan^{14}
栖霞	慢mãn^{342}	早tsɔo^{214}	晚uãn^{214}
长岛	慢man^{52}	早tsau^{213}	晚uan^{213}
海阳	慢mã^{341}	早tθɔ^{214}	晚uã^{214}
莱西	慢mã^{42}	早tsɔ^{55}	晚uã^{55}
平度	慢mã^{42}	早tθɔ^{55}	晚uã^{55}
青岛	慢mã^{42}	早tθɔ^{55}	晚uã^{55}
高密	慢mã^{21}	早tθɔ^{55}	晚uã^{55} 迟tʃʰʅ^{42}
诸城	慢mã^{31}	早tθɔ^{44}	晚uã^{44}
沂水	慢mã^{31}	早dðɔ^{44}	晚uã^{44}
临朐	慢mã^{21}	早tθɔ^{44}	晚uã^{44}
日照	慢mã^{31}	早tθɔ^{44}	晚uã^{44}
莒南	慢mã^{312}	早tθɔ^{55}	晚uã^{55}

续表

	1003慢走路比坐车～	1004早来得～	1005晚来～了
潍坊	慢mã³¹	早tsɔɤ⁵⁵	晚uã⁵⁵
寿光	慢mã²¹	早tsɔ⁵⁵	晚uã⁵⁵
高青	慢mã⁴¹	早tsɔ⁵⁵	晚uã⁵⁵
阳信	慢mã³¹	早tsɔ⁵⁵	晚uã⁵⁵
济阳	慢mã³¹	早tsɔ⁵⁵	晚uã⁵⁵
利津	慢mã³¹	早tsɔ⁵⁵	晚uã⁵⁵
乐陵	慢mã⁵¹	早tsɔ⁵⁵	晚uã⁵⁵
商河	慢mã³¹	早tsɔ⁴⁵	晚uã⁴⁵
平原	慢mã²¹	早tsɔu⁵⁵	晚uã⁵⁵
德州	慢mã²¹	早tsɔ⁵⁵	晚uã⁵⁵
武城	慢mã³¹²	早tsɔ⁵⁵	晚uã⁵⁵
临清	慢man³¹³	早tsau⁴⁴	晚uan⁴⁴
冠县	慢mã³¹⁴	早tsɔ⁵⁵	晚uã⁵⁵
聊城	慢mã³¹³	早tsɔ⁴⁴	晚uã⁴⁴
济南	慢mã²¹	早tsɔ⁵⁵	晚uã⁵⁵
泰安	慢mã²¹	早tsɔ⁵⁵	晚uã⁵⁵
莱芜	慢mã⁴²	早tsɔ⁵⁵	晚uã⁵⁵
新泰	慢mã³¹	早tθɔ⁵⁵	晚uã⁵⁵
沂源	慢mã³¹	早tθɔ⁵⁵	晚uã⁵⁵
博山	慢mã³¹	早tsɔ⁵⁵	晚uã⁵⁵
张店	慢mã³¹	早tsɔ⁵⁵	晚uã⁵⁵
阳谷	慢mã³¹³	早tsɔ⁵⁵	晚uã⁵⁵
梁山	慢mã³¹⁴	早tsɔ⁵⁵	晚uã⁵⁵
菏泽	慢mã³¹²	早tsɔ⁴⁴	晚uã⁴⁴
曹县	慢mã³¹²	早tsɔ⁴⁴	晚uã⁴⁴
金乡	慢mã³¹²	早tsɔ⁵⁵	晚uã⁵⁵
曲阜	慢mã³¹²	早tsɔ⁵⁵	晚uã⁵⁵
薛城	慢mã⁴¹	早tsɔ²⁴	晚uã²⁴

续表

	1003慢走路比坐车～	1004早来得～	1005晚来～了
郯城	慢 mã^{51}	早 tsɔ^{24}	晚 uã^{24}
临沂	慢 mã^{312}	早 tsɔ^{55}	晚 uã^{55}

	1006晚天色～	1007松捆得～	1008紧捆得～
荣成	晚 uan^{214}	松 suŋ^{53}	紧 cin^{214}
烟台	黑 xɤ^{14}	松 suŋ^{53}	紧 tɕin^{14}
栖霞	晚 uãn^{214}	松 suŋ^{312}	紧 cĩn^{214}
长岛	晚 uan^{213}	松 suŋ^{312}	紧 cin^{213}
海阳	晚 uã^{214}	松 θuŋ^{52}	紧 cĩ^{214}
莱西	晚 uã^{55}	松 soŋ^{214}	紧 ciẽ^{55}
平度	晚 uã^{55}	松 θəŋ^{213}	紧 ciə̃^{55}
青岛	晚 uã^{55}	松 θoŋ^{213}	紧 tɕiẽ^{55}
高密	黑 xei^{55} 晚 uã^{55}	松 θoŋ^{213}	紧 tɕiə̃^{55}
诸城	晚 uã^{44}	松 θəŋ^{213}	紧 tʃẽ^{44} 结实 tʃə^{213}ʃʅ^{0}
沂水	晚 uã^{44} 不早儿 pu^{53}dðɾɔr^{44}	松 θuŋ^{213}	紧 tɕiẽ^{44}
临朐	晚 uã^{44}	松 θuŋ^{213}	紧 tɕiə̃^{44}
日照	上黑影儿了 ʃiɑŋ^{31}xei^{44}z̥ə̃r^{213}lə^{0}	松 θəŋ^{213}	紧 tʃiẽ^{44}
莒南	晚 uã^{55}	松 θuŋ^{213}	结实 tɕiə^{21}ʃʅ^{0} 紧 tɕiẽ^{55}
潍坊	晚 uã^{55}	松 soŋ^{214}	紧 tɕiẽ^{55}
寿光	晚 uã^{55}	松 suŋ^{213}	紧 tɕiə̃^{55}
高青	晚 uã^{55}	松 suŋ^{213}	紧 tɕiə̃^{55}
阳信	晚 uã^{55}	松 suŋ^{213}	结实 tɕiə^{31}ʂʅ^{0} 紧 tɕiə̃^{55}
济阳	晚 uã^{55}	松 suŋ^{213}	紧 tɕiẽ^{55}
利津	晚 uã^{55}	松 suŋ^{213}	紧 tɕiẽ^{55}
乐陵	晚 uã^{55}	松 suŋ^{24}	紧 tɕiẽ^{55}

续表

	1006 晚天色～	1007 松捆得～	1008 紧捆得～
商河	晚 uã^{45}	松 suŋ^{213}	紧 tɕiẽ^{45}
平原	晚 uã^{55}	松 suŋ^{213}	紧 tɕiẽ^{55}
德州	晚 uã^{55}	松 suŋ^{213}	紧 tɕiẽ^{55} 结实 tɕiə^{213}ʂʅ^{0}
武城	黑 xei^{224}	松 suŋ^{224}	紧 tɕiẽ^{55}
临清	晚 uan^{44}	松 suŋ^{13}	紧 tɕin^{44}
冠县	晚 uã^{55}	松 suŋ^{13}	紧 tɕiẽ^{55}
聊城	晚 uã^{44}	松 suŋ^{13}	紧 tɕiẽ^{44}
济南	晚 uã^{55}	松 suŋ^{213}	紧 tɕiẽ^{55}
泰安	晚 uã^{55}	松 suŋ^{213}	紧 tɕiẽ^{55}
莱芜	晚 uã^{55}	松 suŋ^{213}	紧 tɕiẽ^{55}
新泰	晚 uã^{55}	松 θuŋ^{213}	紧 tɕiẽ^{55}
沂源	晚 uã^{55}	松 θuŋ^{213}	紧 tɕiə̃^{55}
博山	晚 uã^{55}	松 suŋ^{213}	紧 tɕiẽ^{55}
张店	不早 pu^{33}tsɔ^{55}	松 suŋ^{213}	紧 tɕiə̃^{55}
阳谷	晚 uã^{55} 黑 xei^{213}	松 suŋ^{213}	紧 tɕiẽ^{55}
梁山	晚 uã^{55}	松 ɕyŋ^{213}	紧 tɕiẽ^{55} 结实 tɕiə^{21}sʅ^{0}
菏泽	晚 uã^{44}	松 suŋ^{213}	紧 tɕiẽ^{44}
曹县	黑 xei^{213}	松 suŋ^{213}	紧 tɕiẽ^{44}
金乡	晚 uã^{55}	松 suŋ^{213}	紧 tɕiẽ^{55}
曲阜	晚 uã^{55}	松 suŋ^{213}	紧 tɕiẽ^{55}
薛城	晚 uã^{24}	松 ɕyŋ^{313}	紧 tɕiẽ^{24}
郯城	不早 pu^{21}tsɔ^{24} 晚 uã^{24}	松 suŋ^{213}	结实 tɕiə^{21}ʂʅ^{0} 紧 tɕiə̃^{24}
临沂	晚 uã^{55}	松 suŋ^{214}	紧 tɕiẽ^{55} 结实 tɕiə^{21}ʃʅ^{0}

	1009 容易这道题～	1010 难这道题～	1011 新衣服～
荣成	容易 $yŋ^{53}i^{0}$	难 nan^{53}	新 sin^{53}
烟台	容易 $yŋ^{33}i^{0}$	难 nan^{33}	新 $çin^{53}$
栖霞	简单 $ciãn^{21}tãn^{0}$	难 $nãn^{342}$	新 $ʃĩn^{312}$
长岛	容易 $yŋ^{55}i^{0}$	难 nan^{55}	新 $ʃən^{312}$
海阳	省劲儿 $ʂəŋ^{21}ciər^{341}$	难 $nã^{341}$	新 $sĩ^{52}$
莱西	容易 $yŋ^{45}i^{0}$ 简单 $ciã^{45}tã^{0}$	难 $nã^{42}$	新 $ʃiẽ^{214}$
平度	简单 $ciã^{45}tã^{0}$ 容易 $iŋ^{45}i^{0}$	难 $nã^{42}$	新 $siə̃^{213}$
青岛	简单 $tɕiã^{45}tã^{0}$ 容易 $ioŋ^{45}i^{0}$	难 $nã^{42}$	新 $siẽ^{213}$
高密	简单 $tɕiã^{55}tã^{0}$ 容易 $ioŋ^{55}i^{0}$	难 $nã^{42}$	新 $siə̃^{213}$
诸城	容易 $iəŋ^{24}i^{0}$ 不难 $pu^{44}nã^{53}$	难 $nã^{53}$	新 $θẽ^{213}$
沂水	容易 $yŋ^{24}i^{0}$ 简单 $tɕiã^{44}tã^{0}$	难 $nã^{53}$ 费事儿 $fe^{31}ʂɬer^{31}$	新 $ʃẽ^{213}$
临朐	容易 $luŋ^{35}i^{0}$	难 $nã^{53}$	新 $çiə̃^{213}$
日照	容易 $iəŋ^{44}i^{0}$ 简单 $tʃiã^{44}tã^{213}$	难 $nã^{53}$	新 $θẽ^{213}$
莒南	简单 $tɕiã^{55}tã^{213}$ 容易 $yŋ^{24}i^{0}$	难 $nã^{53}$	新 $siẽ^{213}$
潍坊	容易 $ʐoŋ^{35}i^{0}$ 简单 $tɕiã^{55}tã^{214}$	难 $nã^{53}$	新 $çiẽ^{214}$
寿光	容易 $yŋ^{35}i^{0}$	难 $nã^{53}$	新 $çiə̃^{213}$
高青	容易 $yŋ^{35}i^{0}$	难 $nã^{55}$	新 $çiə̃^{213}$
阳信	容易 $yŋ^{45}i^{0}$	难 $nã^{43}$	新 $çiə̃^{213}$
济阳	容易 $yŋ^{24}i^{0}$	难 $nã^{55}$	新 $çiẽ^{213}$
利津	好做 $xɔ^{55}tsu^{31}$ 简单 $tɕiã^{55}tã^{213}$	难 $nã^{53}$	新 $çiẽ^{213}$
乐陵	容易 $ʐuŋ^{55}i^{0}$	难 $nã^{55}$	新 $çiẽ^{24}$

续表

	1009 容易这道题~	1010 难这道题~	1011 新衣服~
商河	容易 $yŋ^{24}i^{0}$	难 $nã^{54}$	新 $ɕiẽ^{213}$
平原	容易 $ʐuŋ^{55}i^{0}$ 简单 $tɕiã^{42}tã^{0}$	难 $nã^{42}$	新 $ɕiẽ^{213}$
德州	容易 $ʐuŋ^{55}i^{0}$ 好办 $xɔ^{55}pã^{0}$	难 $nã^{42}$	新 $ɕiẽ^{213}$
武城	简单 $tɕiã^{53}tã^{0}$ 容易 $luŋ^{55}i^{0}$	难 $nã^{53}$	新 $ɕiẽ^{224}$
临清	容易 $ʐuŋ^{44}i^{0}$	难 nan^{53}	新 $ɕin^{13}$
冠县	容易 $ʐuŋ^{55}i^{0}$	难 $nã^{53}$	新 $siẽ^{13}$
聊城	容易 $zuŋ^{44}i^{0}$	难 $nã^{53}$	新 $ɕiẽ^{13}$
济南	容易 $yŋ^{445}i^{0}$	难 $nã^{42}$	新 $ɕiẽ^{213}$
泰安	容易 $yŋ^{55}i^{0}$	难 $nã^{42}$	新 $ɕiẽ^{213}$
莱芜	容易 $luŋ^{13}i^{0}$	难 $nã^{55}$	新 $ɕiẽ^{213}$
新泰	容易 $yŋ^{45}i^{0}$	难 $nã^{42}$	新 $ɕiẽ^{213}$
沂源	容易 $yŋ^{35}i^{0}$	难 $nã^{55}$	新 $ɕiə̃^{213}$
博山	容易 $yŋ^{35}i^{0}$	难 $nã^{55}$	新 $ɕiə̃^{213}$
张店	容易 $luŋ^{35}i^{0}$ 不难 $pu^{33}nã^{55}$	难 $nã^{55}$	新 $ɕiə̃^{213}$
阳谷	容易 $yŋ^{55}i^{0}$	难 $nã^{42}$	新 $ɕiẽ^{213}$
梁山	容易 $yŋ^{55}i^{0}$	难 $nã^{42}$	新 $ɕiẽ^{213}$
菏泽	容易 $yŋ^{53}i^{0}$ 简单 $tɕiã^{44}tã^{0}$	难 $nã^{53}$	新 $ɕiẽ^{213}$
曹县	容易 $yŋ^{53}i^{0}$	难 $nã^{53}$	新 $ɕiẽ^{213}$
金乡	容易 $yŋ^{55}i^{0}$	难 $nã^{42}$	新 $ɕiẽ^{213}$
曲阜	容易 $zuŋ^{55}i^{0}$	难 $nã^{42}$	新 $ɕiẽ^{213}$
薛城	容易 $vəŋ^{55}i^{0}$/$zuŋ^{55}i^{0}$	难 $nã^{55}$	新 $ɕiẽ^{313}$
郯城	简单 $tɕiã^{44}tã^{0}$ 容易 $ʐuŋ^{44}i^{0}$	难 $nã^{44}$	新 $ɕiə̃^{213}$
临沂	易 i^{312} 简单 $tɕiã^{55}tã^{214}$	难 $nã^{53}$	新 $ɕiẽ^{214}$

	1012旧衣服～	1013老人～	1014年轻人～
荣成	旧ciəu^{33}	老lau^{214}	年轻nian^{53}cʰiŋ^{53}
烟台	旧tɕiou^{33}	老lau^{14}	年轻ȵian^{33}tɕʰiŋ^{53}
栖霞	旧ciəu^{342}	老lɔo^{214}	年轻ȵiãn^{34}cʰiŋ^{312}
长岛	旧ciou^{52}	老lau^{213}	年轻ȵian^{55}cʰiŋ^{31}
海阳	旧ciəu^{341}	老lɔ^{214}	年轻ȵiã^{34}cʰiŋ^{52}
莱西	旧ciou^{42}	老lɔ^{55}	年轻ȵiã^{31}cʰiŋ^{214}
平度	旧ciou^{42}	老lɔ^{55}	年轻ȵiã^{42}cʰiŋ^{213}
青岛	旧tɕiou^{42}	老lɔ^{55}	年幼ȵiã^{213}iou^{42} 年轻ȵiã^{42}tɕʰioŋ^{213}
高密	旧tɕiou^{21}	老lɔ^{55}	年轻ȵiã^{42}tɕʰioŋ^{213}
诸城	旧tʃou^{31}	老lɔ^{44}	年轻ȵiã^{53}tʃʰəŋ^{213} 年小ȵiã^{53}θiɔ^{44}
沂水	旧tɕiou^{31}	老lɔ^{44}	年轻niã^{53}tɕʰiŋ^{213} 年巴轻niã^{53}pa^{0}tɕʰiŋ^{213}
临朐	旧tɕiəu^{21}	老lɔ^{44}	年轻ȵiã^{53}tɕʰiŋ^{213} 年小ȵiã^{53}ɕiɔ^{44}
日照	旧tʃiou^{31}	老lɔ^{44}	年轻niã^{53}tʃʰiəŋ^{213}
莒南	旧tɕiou^{312}	上［了］年纪ʃɑŋ^{53}niã^{55}tɕi^{0} 年纪大niã^{24}tɕi^{0}ta^{31} 老lɔ^{55}	年轻niã^{53}tɕʰiŋ^{213}
潍坊	旧tɕiɤɯ^{31}	老lɔɤ^{55}	年小ȵiã^{53}ɕiɔɤ^{55} 年轻ȵiã^{53}tɕʰiŋ^{214}
寿光	旧tɕiəu^{21}	老lɔ^{55}	年小ȵiã^{53}ɕiɔ^{55}
高青	旧tɕiou^{41}	老lɔ^{55}	年轻ȵiã^{55}tɕʰiŋ^{213}
阳信	旧tɕiou^{31}	老lɔ^{55}	年轻ȵiã^{43}tɕʰiŋ^{213}
济阳	旧tɕiou^{31}	老lɔ^{55}	年轻ȵiã^{55}tɕʰiŋ^{213}
利津	旧tɕiou^{31}	老lɔ^{55}	年轻ȵiã^{53}tɕʰiŋ^{213}
乐陵	破pʰə^{51} 旧tɕiou^{51}	老lɔ^{55}	年轻ȵiã^{51}tɕʰiŋ^{24}
商河	旧tɕiou^{31}	老lɔ^{45}	年轻ȵiã^{54}tɕʰiŋ^{213}
平原	旧tɕiou^{21}	老lɔu^{55}	年轻ȵiã^{42}tɕʰiŋ^{213}

续表

	1012旧衣服～	1013老人～	1014年轻人～
德州	旧tɕiou^{21}	老lɔ^{55}	年轻n̠iã^{42}tɕ^{h}iŋ^{213} 正当年tʂəŋ^{21}tɑŋ^{213}n̠iã^{42}
武城	旧tɕiou^{312}	老lɔ^{55}	年轻n̠iã^{53}tɕ^{h}iŋ^{224}
临清	旧tɕiou^{313}	老lau^{44}	年轻n̠ian^{53}tɕ^{h}iŋ^{13}
冠县	旧tɕiou^{314}	老lɔ^{55}	年轻n̠iã^{53}tɕ^{h}iŋ^{13}
聊城	旧tɕiou^{313}	老lɔ^{44}	年轻n̠iã^{53}tɕ^{h}iŋ^{13}
济南	旧tɕiou^{21}	老lɔ^{55}	年轻n̠iã^{42}tɕ^{h}iŋ^{213}
泰安	旧tɕiou^{21}	老lɔ^{55}	年轻n̠iã^{42}tɕ^{h}iŋ^{213}
莱芜	旧tɕiou^{42}	老lɔ^{55}	年轻n̠iã^{55}tɕ^{h}iŋ^{0}
新泰	旧tɕiou^{31}	老lɔ^{55}	年轻n̠iã^{42}tɕ^{h}iŋ^{213}
沂源	旧tɕiou^{31}	老lɔ^{55}	年轻n̠iã^{55}tɕ^{h}iŋ^{213}
博山	旧tɕiəu^{31}	老lɔ^{55}	年轻n̠iã^{55}tɕ^{h}iŋ^{213}
张店	旧tɕiou^{31} 褪旧t^{h}uei^{55}tɕiou^{0}	老lɔ^{55}	年轻n̠iã^{55}tɕ^{h}iŋ^{213}
阳谷	破p^{h}ə^{313}	老lɔ^{55}	年轻n̠iã^{42}tɕ^{h}iŋ^{213}
梁山	破p^{h}ə^{314}	上岁数啦sɑŋ^{31}suei^{42}fu^{0}la^{0} 上年纪啦sɑŋ^{31}n̠iã^{55}tɕi^{0}la^{0}	年轻n̠iã^{42}tɕ^{h}iŋ^{213}
菏泽	破p^{h}ə^{312}	有年纪儿iou^{44}n̠iã^{53}tɕier^{0}	年轻n̠iã^{53}tɕ^{h}iŋ^{213}
曹县	破p^{h}ə^{312}	老lɔ^{44}	年轻n̠iã^{53}tɕ^{h}iŋ^{213}
金乡	旧tɕiou^{312}	老lɔ^{55}	年轻n̠iã^{55}tɕ^{h}iŋ^{213}
曲阜	旧tɕiou^{312}	老lɔ^{55}	年轻n̠iã^{31}tɕ^{h}iŋ^{213}
薛城	旧tɕiou^{41}	老lɔ^{24}	年轻n̠iã^{55}tɕ^{h}iŋ^{313}
郯城	旧tɕiəu^{51}	上岁数ʂɑŋ^{51}sue^{51}fu^{0} 上年纪ʂɑŋ^{51}n̠iã^{44}tɕi^{0} 年纪大n̠iã^{44}tɕi^{51}ta^{51}	年轻n̠iã^{44}tɕ^{h}iŋ^{213}
临沂	旧tɕiou^{312}	年纪大了n̠iã^{55}tɕi^{0}ta^{31}lə^{0}	年轻n̠iã^{53}tɕ^{h}iŋ^{214}

	1015软糖～	1016硬骨头～	1017烂肉煮得～
荣成	软yan^{214}	硬iŋ^{33}	烂乎lan^{33}xu^{0} 烂lan^{33}
烟台	软乎yan^{21}xu^{0}	硬iŋ^{33}	烂乎lan^{33}xu^{0}

续表

	1015软糖～	1016硬骨头～	1017烂肉煮得～
栖霞	软yãn^{214}	硬iŋ^{342}	烂lãn^{342}
长岛	软yan^{213}	硬iŋ^{52}	烂lan^{52}
海阳	软yã^{214}	硬iŋ^{341}	烂lã^{341}
莱西	软yã^{55}	硬iŋ^{42}	烂乎儿lã^{45}xur^{0} 烂lã^{42}
平度	软yã^{55} 软和yã^{45}xuə^{0}	硬iŋ^{42}	烂乎儿lã^{45}xur^{0} 烂lã^{42}
青岛	软yã^{55}	硬ioŋ^{42}	烂乎儿lã^{45}xur^{0}
高密	软乎yã^{23}xu^{0} 软yã^{55}	硬ioŋ^{42}	烂lã^{21}
诸城	软yã^{44}	硬iəŋ^{31}	烂lã^{31}
沂水	软和yã^{213}xuə^{0}	硬iŋ^{31}	烂lã^{31}
临朐	软luã^{44}	硬iŋ^{21}	烂lã^{21}
日照	软yã^{44}	硬iəŋ^{31}	烂lã^{31}
莒南	软乎yã^{213}xu^{0}	硬iŋ^{312}	烂lã^{312}
潍坊	软和儿ʐuã^{24}xuər^{0} 软ʐuã^{55}	硬iŋ^{31}	烂lã^{31}
寿光	软luã^{55}	硬iŋ^{21}	烂lã^{21}
高青	软ʐuã^{55}	硬iŋ^{41}	烂lã^{41}
阳信	软yã^{55}	硬iŋ^{31}	烂lã^{31}
济阳	软luã^{55}	硬iŋ^{31}	烂lã^{31}
利津	软ʐuã^{55} 软和儿ʐuã^{213}xuər^{0}	硬iŋ^{31}	烂lã^{31} 烂乎lã^{55}xu^{0}
乐陵	软和儿yã^{212}xuər^{0}	硬iŋ^{51}	烂乎儿lã^{55}xur^{0}
商河	软ʐuã^{45}	硬iŋ^{31}	烂乎lã^{54}xu^{0}
平原	软和儿ʐuã^{23}xuor^{0}	硬iŋ^{21}	烂乎儿lã^{42}xur^{0}
德州	软ʐuã^{55}	硬iŋ^{21}	烂乎lã^{42}xu^{0}
武城	软和luã^{24}xə^{0}	硬iŋ^{312}	烂lã^{312}
临清	软luan^{44} 软和luan^{44}xuə^{0}	硬iŋ^{313}	烂lan^{313}
冠县	软ʐuã^{55}	硬iŋ^{314}	烂lã^{314}

续表

	1015软糖~	1016硬骨头~	1017烂肉煮得~
聊城	软化 $^{=}$zuã^{44}xua^{0} 软 zuã^{44}	硬 iŋ^{313}	烂 lã^{313} 烂乎 lã^{53}xu^{0}
济南	软 luã^{55}	硬 iŋ^{21}	烂 lã^{21}
泰安	软 luã^{55} 软和儿 luã^{213}xuər^{0}	硬 iŋ^{21}	烂 lã^{21}
莱芜	软 luã^{55}	硬 iŋ^{42}	烂 lã^{42}
新泰	软 yã^{55}	硬 iŋ^{31}	烂 lã^{31}
沂源	软和 yã^{21}xuə^{0}	硬 iŋ^{31}	烂 lã^{31}
博山	软 luã^{55}/yã^{55}	硬 iŋ^{31}	烂 lã^{31}
张店	软 ʐuã^{55}	硬 iŋ^{31}	烂 lã^{31}
阳谷	软 zuã^{55} 软扭 $^{=}$zuã^{13}ȵiou^{0}	硬 iŋ^{313}	烂 lã^{313}
梁山	软和儿 zuã^{23}xuər^{2}	硬 iŋ^{314}	烘 $^{=}$xuŋ^{213} 烂 lã^{314}
菏泽	软 zuã^{44}	硬 iŋ^{312}	烘 $^{=}$xuŋ^{213} 烂 lã^{312}
曹县	软 ʐuã^{44}	硬 iŋ^{312}	烂 lã^{312}
金乡	软 zuã^{55}	硬 iŋ^{312}	烂 lã^{312}
曲阜	软 zuã^{55}	硬 iŋ^{312}	烂 lã^{312}
薛城	软 vã^{24}	硬 iŋ^{41}	烂 lã^{41} 透 t^{h}ou^{41}
郯城	软 ʐuã^{24}	硬 iŋ^{51}	烂 lã^{51}
临沂	软 ʐuã^{55}	硬 iŋ^{312}	烂 lã^{312}

	1018糊饭烧~了	1019结实家具~	1020破衣服~
荣成	糊 xu^{35}	结实 ciɛ^{53}ʃi^{0}	破 p^{h}o^{33}
烟台	糊 xu^{33}	结实 tɕie^{53}ɕi^{0}	破 p^{h}o^{33}
栖霞	糊 xu^{342}	结实 ciɛ^{34}ʃʅ^{0}	破 p^{h}ə^{52}
长岛	糊 xu^{55}	结实 ciɛ^{35}ʃʅ^{0}	破 p^{h}ə^{52}
海阳	糊 xu^{341}	结实 ciə^{34}sʅ^{0} 壮 tʂuɑŋ^{341}	破 p^{h}ə^{341}

续表

	1018糊饭烧～了	**1019结实**家具～	**1020破**衣服～
莱西	糊xu^{42}	结实ciə^{214}ʃʅ^{0}	破p^{h}ə^{42}
平度	糊xu^{42}	结实ciə^{45}ʃʅ^{0}	破p^{h}ə^{213}
青岛	糊xu^{42}	结实tɕiə^{55}ʃʅ^{42}	破p^{h}ə^{42}
高密	糊xu^{42}	结实tɕiə^{23}ʃʅ^{0}	破p^{h}ə^{21}
诸城	糊xu^{53}	结实tʃə^{213}ʃʅ^{0}	破p^{h}ə^{31}
沂水	糊xu^{53}	壮tʂuaŋ^{31} 结实tɕiə^{213}ʃʅ^{0}	破p^{h}ə^{31}
临朐	糊xu^{53}	结实tɕiə^{213}ʃʅ^{0} 挺妥t^{h}iŋ^{213}t^{h}uə^{0}	破p^{h}ə^{21}
日照	糊xu^{53}	扎实tʂa^{213}ʃʅ^{0}	碎θuei^{31}
莒南	糊xu^{53}	扎实tʂa^{213}ʃʅ^{0}	破p^{h}ə^{312}
潍坊	糊xu^{53}	结实tɕiə^{214}ʂʅ^{0}	破p^{h}ə^{31}
寿光	糊xu^{53}	结实tɕiə^{213}ʂʅ^{0} 铡$^{=}$壮tʂa^{35}tʂuaŋ^{0}	破p^{h}ə^{21}程度浅 烂lã^{21}程度深
高青	糊xu^{55}	结实tɕiə^{213}ʂʅ^{0}	破p^{h}ə^{41}
阳信	糊xu^{43}	结实tɕiə^{31}ʂʅ^{0}	烂lã^{31}
济阳	糊xu^{55}	敦壮tuẽ^{13}tʂuaŋ^{31} 结实tɕiə^{23}ʂʅ^{0}	破p^{h}ə^{31}
利津	糊xu^{53} 焦tɕiɔ^{213}	结实tɕiə^{24}ʂʅ^{0} 硬梆iŋ^{31}paŋ^{0}	破p^{h}ə^{31}
乐陵	糊xu^{55}	敦壮tuẽ^{24}tʂuaŋ^{51}	烂lã^{51}
商河	糊xu^{54} 糊漆$^{=}$xu^{24}tɕ^{h}i^{0}	结实tɕiə^{213}ʂʅ^{0} 柱壮tʂu^{54}tʂuaŋ^{0}	破p^{h}ə^{31}
平原	糊xu^{42}	结实tɕiə^{23}ʂʅ^{0}	破p^{h}ə^{21} 烂lã^{21}
德州	糊漆$^{=}$xu^{55}tɕ^{h}i^{0}	结实tɕiə^{213}ʂʅ^{0}	破p^{h}ə^{21}
武城	糊xu^{53}	憨梆xã^{312}paŋ^{0}	破p^{h}ə^{312}
临清	糊xu^{53}	夹$^{=}$壮tɕia^{13}tʂuaŋ^{0} 结实tɕiə^{13}ʂʅ^{0}	破p^{h}ə^{313}
冠县	糊xu^{53}	结实tɕiə^{21}ʂʅ^{0}	破p^{h}ə^{314} 烂lã^{314}

续表

	1018 **糊**饭烧～了	1019 **结实**家具～	1020 **破**衣服～
聊城	糊 xu^{53}	夹$^{=}$壮 tɕia^{13}tsuaŋ^{0} 结实 tɕiə^{53}sɿ^{0}	烂 lã^{313} 破 pʰə^{313}
济南	糊 xu^{42} 糊漆$^{=}$xu^{445}tɕʰi^{0}	结实 tɕiə^{21}ʂʅ^{0} 敦壮 tuẽ^{213}tʂuaŋ^{0}	破 pʰə^{21}
泰安	糊 xu^{42}	结实 tɕiə^{21}ʂʅ^{0}	破 pʰə^{21}
莱芜	糊 xu^{55}	结实 tɕiə^{31}ʃʅ^{0}	破 pʰə^{42}
新泰	糊 xu^{42}	结实 tɕiə^{21}ʃʅ^{0}	破 pʰə^{31}
沂源	糊 xu^{55}	敦壮 tə̃^{13}tʃuaŋ^{31}	破 pʰə^{31}
博山	糊 xu^{55}	结实 tɕiə^{22}ʂʅ^{0}	破 pʰə^{31}
张店	糊 xu^{55}	结实 tɕiə^{33}ʂʅ^{0}	破 pʰə^{31} 烂 lã^{31}
阳谷	糊 xu^{42}	结实 tɕiə^{31}sɿ^{0}	破 pʰə^{313}
梁山	糊爆 xu^{55}pɔ^{0}	挺妥 tʰiŋ^{23}tʰuə^{2}	烂 lã^{314}
菏泽	糊 xu^{53}	结实 tɕiɛ^{21}sɿ^{0} 扎$^{=}$壮 tsa^{21}tsuaŋ^{0}	破 pʰə^{312}
曹县	糊 xu^{53} 偶$^{=}$ɣou^{44}	憨实 xã^{21}ʂʅ^{0}	烂 lã^{312}
金乡	糊 xu^{42}	结实 tɕiə^{21}sɿ^{0}	破 pʰə^{312}
曲阜	糊 xu^{42}	结实 tɕiə^{21}sɿ^{0}	破 pʰə^{312}
薛城	糊 xu^{55}	结实 tɕiə^{31}sɿ^{0} 扎$^{=}$壮 tsa^{31}pfaŋ^{0}	烂 lã^{41} 破 pʰə^{41}
郯城	糊 xu^{44}	扎$^{=}$壮 tʂa^{21}tʂuaŋ^{0} 结实 tɕiə^{21}ʂʅ^{0}	破 pʰə^{51}
临沂	糊 xu^{53}	扎$^{=}$壮 tʃa^{214}tʃuaŋ^{0} 结实 tɕiə^{21}ʃʅ^{0}	破 pʰə^{312}

	1021 **富**他家很～	1022 **穷**他家很～	1023 **忙**最近很～
荣成	富 fu^{33}	穷 cʰyŋ^{35}	忙 maŋ^{53}
烟台	有钱 iou^{21}tɕʰian^{33}	穷 tɕʰyŋ^{33}	忙 maŋ^{53}
栖霞	富 fu^{52} 有 iəu^{214}	穷 cʰyŋ^{342}	忙 maŋ^{312}
长岛	富 fu^{52}	穷 cʰyŋ^{55}	忙 maŋ^{55}

续表

	1021富他家很～	1022穷他家很～	1023忙最近很～
海阳	富 fu^{341}	穷 c^{h}yŋ^{341}	忙 mɑŋ^{52}
莱西	富 fu^{42}	穷 c^{h}yŋ^{42}	忙 mɑŋ^{214}
平度	富 fu^{42}	穷 c^{h}iŋ^{42}	忙 mɑŋ^{42}
青岛	富 fu^{42}	穷 tɕ^{h}ioŋ^{42}	忙 mɑŋ^{42}
高密	有 iou^{55} 富 fu^{21}	穷 tɕ^{h}ioŋ^{42}	忙 mɑŋ^{42}
诸城	有 iou^{44}	穷 tʃ^{h}əŋ^{53}	忙 mɑŋ^{53}
沂水	财主 tθ^{h}ɛ^{24}dʒʮ^{0} 富 fu^{31}	穷 tɕ^{h}yŋ^{53}	忙 mɑŋ^{53}
临朐	肥 fei^{53}	穷 tɕ^{h}yŋ^{53}	忙 mɑŋ^{53}
日照	有 iou^{44}	穷 tʃ^{h}iəŋ^{53}	忙 mɑŋ^{53} 不得闲 pu^{44}tei^{213}ʃiã^{53}
莒南	有 iou^{55}	穷 tɕ^{h}yŋ^{53}	忙 mɑŋ^{53}
潍坊	綦有钱 tɕ^{h}i^{53}iɤɯ^{214}tɕ^{h}iã^{53} 富 fu^{31}	穷 tɕ^{h}yŋ^{53}	忙 mɑŋ^{53}
寿光	有 iəu^{55} 富 fu^{21}	穷 tɕ^{h}yŋ^{53} 贫 p^{h}iə̃^{53}	忙 mɑŋ^{53}
高青	富 fu^{41} 有 iou^{55}	穷 tɕ^{h}yŋ^{55}	忙 mɑŋ^{55}
阳信	富 fu^{31} 有 iou^{55} 阔 k^{h}ə^{31}	穷 tɕ^{h}yŋ^{43} 没有 mu^{31}iou^{55}	忙 mɑŋ^{31} 忙活 mɑŋ^{45}xuə^{0}
济阳	有 iou^{55} 富 fu^{31}	穷 tɕ^{h}yŋ^{55}	忙 mɑŋ^{55}
利津	富 fu^{31}	穷 tɕ^{h}yŋ^{53}	忙 mɑŋ^{53}
乐陵	趁 tʂ^{h}ẽ^{51}	穷 tɕ^{h}yŋ^{55}	忙 mɑŋ^{55}
商河	富 fu^{31} 有 iou^{45}	穷 tɕ^{h}yŋ^{54}	忙 mɑŋ^{54}
平原	趁 tʂ^{h}ẽ^{21}	穷 tɕ^{h}yŋ^{42}	忙 mɑŋ^{42}
德州	趁 tʂ^{h}ẽ^{21}	穷 tɕ^{h}yŋ^{42}	忙 mɑŋ^{42}
武城	趁 tʂ^{h}ẽ^{312} 有 iou^{55}	穷 tɕ^{h}yŋ^{53}	忙 mɑŋ^{53}

续表

	1021 **富**他家很～	1022 **穷**他家很～	1023 **忙**最近很～
临清	富 fu^{313} 有 iou^{44}	穷 tɕ^{h}yŋ^{53}	忙 maŋ^{53}
冠县	好过 xɔ^{55}kuə^{314} 有 iou^{55}	穷 tɕ^{h}yŋ^{53}	忙 maŋ^{53}
聊城	有 iou^{44} 趁 ts^{h}ẽ^{313}	穷 tɕ^{h}yŋ^{53}	忙 maŋ^{53}
济南	阔 k^{h}uə^{21} 有 iou^{55}	穷 tɕ^{h}yŋ^{42}	忙 maŋ^{42}
泰安	富 fu^{21} 厚实 xou^{42}ʂʅ^{0}	穷 tɕ^{h}yŋ^{42} 艰窘 tɕiã^{21}tɕyẽ^{0}	忙 maŋ^{42}
莱芜	富 fu^{42}	穷 tɕ^{h}yŋ^{55}	忙 maŋ^{55}
新泰	富 fu^{31}	穷 tɕ^{h}yŋ^{42}	忙 maŋ^{42}
沂源	肥 fei^{55}	穷 tɕ^{h}yŋ^{55}	忙 maŋ^{55}
博山	富 fu^{31} 有 iəu^{55}	穷 tɕ^{h}yŋ^{55} 贫寒 p^{h}iẽ^{35}xã^{0}	忙 maŋ^{55}
张店	财主 ts^{h}ɛ^{35}tʂu^{0} 有 iou^{55}	穷 tɕ^{h}yŋ^{55} 贫 p^{h}iə̃^{55} 累 luei^{31}	忙 maŋ^{55}
阳谷	富 fu^{313} 有 iou^{55}	穷 ts^{h}uŋ^{42} 读为“丛”	忙 maŋ^{42}
梁山	有 iou^{55}	没有 mei^{23}iou^{55} 很累 xẽ^{55}lei^{31}	忙 maŋ^{42}
菏泽	有 iou^{44} 方便 faŋ^{213}piã^{312}	穷 tɕ^{h}yŋ^{53}	忙 maŋ^{53}
曹县	富 fu^{312}	穷 tɕ^{h}yŋ^{53}	忙 maŋ^{53}
金乡	富 fu^{312}	穷 tɕ^{h}yŋ^{42}	忙 maŋ^{42}
曲阜	阔 k^{h}uə^{312}	穷 tɕ^{h}yŋ^{42}	忙 maŋ^{42}
薛城	阔 k^{h}uə^{41}	穷 tɕ^{h}yŋ^{55}	忙 maŋ^{55} 不得闲 pu^{55}te^{31}ɕiã^{55}
郯城	有 iəu^{24} 富 fu^{51}	穷 tɕ^{h}yŋ^{44}	忙 maŋ^{44}
临沂	有 iou^{55} 富 fu^{312}	穷 tɕ^{h}yŋ^{53}	忙 maŋ^{53}

	1024闲最近比较～	1025累走路走得很～	1026疼摔～了
荣成	闲çian^{35}	使人ʂʅ^{21}in^{53} 累lei^{33}	痛tʰuŋ^{33}
烟台	闲çian^{33}	累lei^{33}	疼tʰəŋ^{33}
栖霞	闲çiã^{342}	累lei^{342}	疼tʰəŋ^{52}
长岛	闲çian^{55}	累lei^{52}	疼tʰəŋ^{52}
海阳	闲çiã^{341}	使杀ʂʅ^{21}ʂʅ^{0}相当于说“累死”。“杀”读为“使”	疼tʰəŋ^{341}
莱西	闲散çiã^{42}sã^{0} 闲çiã^{42}	累lei^{42}	疼tʰəŋ^{42}
平度	闲çiã^{42}	累lei^{42}	疼tʰəŋ^{42}
青岛	闲ɕiã^{42}	累lei^{42}	疼tʰoŋ^{42}
高密	闲ɕiã^{42}	害使了xɛ^{21}ʂʅ^{23}lə^{0} 真使人tʃə̃^{213}ʂʅ^{55}iə̃^{42}	疼tʰoŋ^{42}
诸城	闲ʃã^{53}	使人ʂʅ^{213}iẽ^{0}	疼tʰəŋ^{53}
沂水	闲ɕiã^{53} 清闲tsʰiŋ^{313}ɕia^{53}	使得慌ʂʅ^{213}ti^{0}ʃaŋ^{0} “慌”读为“上”轻声 累lue^{31}	疼tʰəŋ^{53}
临朐	闲ɕiã^{53}	使ʂʅ^{44}不单用。连用如“使得慌”“使着了”	疼tʰəŋ^{53}
日照	闲ʃiã^{53} 松闲θəŋ^{31}ʃiã^{0}	累lei^{31}	疼tʰəŋ^{53}
莒南	闲ɕiã^{53}	累lei^{312}	疼tʰəŋ^{53}
潍坊	闲ɕiã^{53}	累luei^{31}	疼tʰəŋ^{53}
寿光	清闲tɕʰiŋ^{213}ɕiã^{53}	使ʂʅ^{55}不单用。连用如“使得慌”“使着了”“使杀了”	疼tʰəŋ^{53}
高青	闲ɕiã^{55}	使得慌ʂʅ^{213}ti^{0}xuaŋ^{0}	疼tʰəŋ^{55}
阳信	闲ɕiã^{43} 没事儿mu^{23}ʂer^{31}	累luei^{31} 使得慌ʂʅ^{213}ti^{0}xuaŋ^{0}	疼tʰəŋ^{43}
济阳	清闲tɕʰiŋ^{13}ɕiã^{55}	使得慌ʂʅ^{213}ti^{0}xuaŋ^{213} 累得慌luei^{55}ti^{0}xuaŋ^{213}	疼tʰəŋ^{55}
利津	闲ɕiã^{53}	使得慌ʂʅ^{213}ti^{0}xuaŋ^{213}	疼tʰəŋ^{53}
乐陵	有空儿iou^{55}kʰuər^{51}	累luei^{51} 使得慌sʅ^{212}ti^{0}xuaŋ^{0}	疼tʰəŋ^{55}

续表

	1024闲最近比较～	1025累走路走得很～	1026疼摔～了
商河	闲 $ɕiã^{54}$	使得慌 $sɿ^{213}ti^{0}xaŋ^{0}$ 累 $luei^{31}$	疼 $t^{h}əŋ^{54}$
平原	闲 $ɕiã^{42}$	累 lei^{21}	疼 $t^{h}əŋ^{42}$
德州	闲 $ɕiã^{42}$	累 lei^{21} 乏 fa^{42}	疼 $t^{h}əŋ^{42}$
武城	闲 $ɕiã^{53}$	累 lei^{312}	疼 $t^{h}əŋ^{53}$
临清	清闲 $tɕ^{h}iŋ^{13}ɕian^{53}$ 闲 $ɕian^{53}$	累 lei^{313}	疼 $t^{h}əŋ^{53}$
冠县	闲 $ɕiã^{53}$	累 lei^{314}	疼 $t^{h}uŋ^{53}$
聊城	闲 $ɕiã^{53}$ 清闲 $tɕ^{h}iŋ^{13}ɕiã^{53}$	累 lei^{313}	疼 $t^{h}əŋ^{53}$
济南	闲 $ɕiã^{42}$	使得慌 $ʂʅ^{213}ti^{0}xuaŋ^{0}$	疼 $t^{h}əŋ^{42}$
泰安	闲 $ɕiã^{42}$	累 $luei^{21}$	疼 $t^{h}əŋ^{42}$
莱芜	闲 $ɕiã^{55}$	累 $luei^{42}$	疼 $t^{h}əŋ^{55}$
新泰	闲 $ɕiã^{42}$	累 $luei^{31}$	疼 $t^{h}əŋ^{42}$
沂源	闲 $ɕiã^{55}$	使得慌 $ʃʅ^{21}ti^{0}xuaŋ^{0}$	疼 $t^{h}əŋ^{55}$
博山	闲 $ɕiã^{55}$	使得慌 $ʂʅ^{35}ə^{0}xuaŋ^{0}$	疼 $t^{h}əŋ^{55}$
张店	闲 $ɕiã^{55}$ 有空 $iou^{55}k^{h}uŋ^{31}$	使得慌 $ʂʅ^{213}ti^{0}xuaŋ^{0}$	疼 $t^{h}əŋ^{55}$
阳谷	闲 $ɕiã^{42}$	累 lei^{313}	疼 $t^{h}əŋ^{42}$
梁山	闲 $ɕiã^{42}$	累 lei^{314}	疼 $t^{h}əŋ^{42}$
菏泽	闲 $ɕiã^{53}$	累 lei^{312}	疼 $t^{h}əŋ^{53}$
曹县	闲 $ɕiã^{53}$	累 lei^{312}	疼 $t^{h}əŋ^{53}$
金乡	闲 $ɕiã^{42}$	累 lei^{312}	疼 $t^{h}əŋ^{42}$
曲阜	闲 $ɕiã^{42}$	累 lei^{312}	疼 $t^{h}əŋ^{42}$
薛城	清闲 $tɕ^{h}iŋ^{31}ɕiã^{55}$	累 le^{41}	疼 $t^{h}əŋ^{55}$
郯城	闲 $ɕiã^{44}$	累 le^{51}	疼 $t^{h}əŋ^{44}$
临沂	闲 $ɕiã^{53}$	累 lei^{312}	疼 $t^{h}əŋ^{53}$

	1027 **痒**皮肤～	1028 **热闹**看戏的地方很～	1029 **熟悉**这个地方我很～
荣成	痒 iaŋ^{214}	热闹 iɛ^{33}nau^{0}	熟悉 ʂu^{35}si^{0}
烟台	痒痒 iaŋ^{21}iaŋ^{0}	热闹 ie^{33}nau^{0}	熟悉 su^{33}ɕi^{0}
栖霞	痒痒 iɔo^{21}iɔo^{0} 读为"咬咬"	热闹 iɛ^{55}nɔo^{0}	熟悉 su^{34}ʃi^{0}
长岛	刺挠 tsʰʅ^{52}nau^{0}	热闹 iɛ^{55}nau^{0}	熟悉 su^{55}ʃʅ^{0}
海阳	痒 iaŋ^{214}	热闹 iə^{34}nɔ^{0}	熟悉 su^{34}sʅ^{0}
莱西	痒痒 iaŋ^{24}iaŋ^{0}	热闹 iə^{42}nɔ^{0}	熟 su^{42} 熟悉 su^{42}ʃʅ^{0}
平度	痒痒 iaŋ^{45}iaŋ^{0}	热闹 iə^{42}nɔ^{0}	熟 ʂu^{42} 熟悉 ʂu^{42}si^{0}
青岛	痒痒 iaŋ^{44}iaŋ^{0}	热闹 iə^{42}nɔ^{0}	熟 ʂu^{42}
高密	痒 iaŋ^{55}	热闹 iə^{42}nɔ^{0}	熟 ʂu^{42} 熟悉 ʂu^{42}si^{0} 知道 tʃʅ^{21}tɔ^{0}
诸城	痒痒 iaŋ^{213}iaŋ^{0}	热闹 iə^{44}nɔ^{0}	熟 ʂu^{53}
沂水	痒 iaŋ^{44} 痒痒 iaŋ^{213}iaŋ^{0}	热闹 iə^{44}nɔ^{0}	熟和 ʂu^{24}xuə^{0}
临朐	痒痒 iaŋ^{213}iaŋ^{0}	热闹 zə̧^{44}nɔ^{0}	熟 ʂu^{53} 熟和 ʂu^{35}xuə^{0}
日照	痒痒 iaŋ^{213}iaŋ^{0}	热闹儿 iə^{53}nɔr^{0}	熟 ʂu^{53}
莒南	痒痒 iaŋ^{213}iaŋ^{0}	热闹 iə^{42}nɔ^{0}	熟 ʃu^{53} 熟乎 ʃu^{24}xu^{0}
潍坊	痒 iaŋ^{55}	热闹 zə̧^{55}nɔɤ^{0}	熟 ʂu^{53} 熟悉 ʂu^{55}ɕi^{0}
寿光	痒痒 iaŋ^{24}iaŋ^{0} 皮肤有不舒服或想发笑的感觉 刺挠 tsʰʅ^{55}nɔ^{0} 皮肤有不舒服的感觉	热闹 lə^{55}nɔ^{0}	熟 ʂu^{53}
高青	痒痒 iaŋ^{213}iaŋ^{0}	热闹 zə̧^{55}nɔ^{0}	熟化 ʂu^{35}xua^{0}
阳信	痒痒 iaŋ^{213}iaŋ^{0} 刺挠 tsʰʅ^{55}nɔ^{0}	热闹 zə̧^{55}nɔ^{0}	熟 ʂu^{43}
济阳	痒痒 iaŋ^{213}iaŋ^{0}	热闹 zə̧^{55}nɔ^{0}	熟 ʂu^{55}
利津	刺挠 tsʰʅ^{55}nɔ^{0} 痒痒 iaŋ^{213}iaŋ^{0}	热闹 zə̧^{31}nɔ^{0}	熟 ʂu^{53}

续表

	1027 痒皮肤～	1028 热闹看戏的地方很～	1029 熟悉这个地方我很～
乐陵	痒痒 iaŋ^{212}iaŋ^{0}	热闹 ẓə^{55}nɔ^{0}	熟 ʂou^{55}
商河	痒痒 iaŋ^{213}iaŋ^{0} 刺挠 tsʰɿ^{54}nɔ^{0}	热闹 ẓə^{54}nɔ^{0}	熟 ʂu^{54}
平原	痒痒 iaŋ^{23}iaŋ^{0} 刺挠 tsʰɿ^{42}nɔu^{0}	热闹儿 ẓə^{42}nɔur^{0}	熟 ʂou^{42}
德州	刺挠 tsʰɿ^{42}nɔ^{0}	热闹 ẓə^{42}nɔ^{0}	熟 ʂou^{42}
武城	痒痒 iaŋ^{24}iaŋ^{0} 刺挠 tsʰɿ^{53}nɔ^{0}	火爆 xuə^{24}pɔ^{0} 热闹 lə^{53}nɔ^{0}	熟 ʂu^{53}
济南	痒痒 iaŋ^{213}iaŋ^{0} 痒 iaŋ^{55}	热闹 ẓə^{55}nɔ^{0}	熟 ʂu^{42}
泰安	痒 iaŋ^{55} 痒痒 iaŋ^{213}iaŋ^{0}	热闹 ẓə^{42}nɔ^{0}	熟 ʂu^{42} 熟化 ʂu^{42}xua^{0}
临清	痒痒 iaŋ^{44}iaŋ^{0} 痒 iaŋ^{44}	热闹 ẓə^{53}nau^{0}	熟 ʂu^{53} 熟悉 ʂu^{44}ɕi^{0}
冠县	痒 iaŋ^{55}	热闹 ẓə^{53}nɔ^{0}	熟 ʂu^{53}
聊城	痒痒 iaŋ^{44}iaŋ^{0}	热闹 zə^{53}nɔ^{0}	熟 su^{53} 熟悉 su^{44}ɕi^{10}
莱芜	痒 iaŋ^{55}	热闹 ʒə^{55}nɔ^{0}	熟悉 ʃu^{55}ɕi^{213}
新泰	痒 iaŋ^{55}	热闹 ʒə^{54}nɔ^{0}	熟化 fu^{45}xua^{0}
沂源	痒 iaŋ^{55}	热闹 iə^{55}nɔ^{0}	熟化 ʃu^{35}xua^{0}
博山	痒痒 iaŋ^{213}iaŋ^{0}	热闹 lə^{55}nɔ^{0}	熟化 ʂu^{35}xuɑ^{0}
张店	痒痒 iaŋ^{213}iaŋ^{0} 刺挠 tsʰɿ^{55}nɔ^{0}	热闹 ẓə^{55}nɔ^{0}	熟化 ʂu^{35}xuɑ^{0}
阳谷	痒 iaŋ^{55} 痒痒 iaŋ^{13}iaŋ^{0}	热闹 zə^{13}nɔ^{0}	熟悉 fu^{42}ɕi^{0}
梁山	痒痒 iaŋ^{23}iaŋ^{0}	热闹 zə^{23}nɔ^{31}	熟 fu^{42}
菏泽	痒痒 iaŋ^{44}iaŋ^{0}	热闹 zə^{21}nɔ^{0}	熟 fu^{53}
曹县	痒痒 iaŋ^{44}iaŋ^{0}	热闹 ẓə^{21}nɔ^{0}	熟 fu^{53}
金乡	痒痒 iaŋ^{23}iaŋ^{0}	热闹 zə^{21}nɔ^{0}	熟 su^{42}
曲阜	痒痒 iaŋ^{213}iaŋ^{0}	热闹儿 zə^{213}nɔr^{0}	熟 su^{42}
薛城	痒痒 iaŋ^{24}iaŋ^{0}	热闹 zə^{31}nɔ^{0}	熟 fu^{55} 熟悉 fu^{55}ɕi^{0}

续表

	1027 **痒**皮肤～	1028 **热闹**看戏的地方很～	1029 **熟悉**这个地方我很～
郯城	痒痒 iaŋ^{24}iaŋ^{0} 痒 iaŋ^{24}	热闹 ʐə^{21}nɔ^{51}	熟 fu^{44} 熟识 fu^{44}ʂʅ^{0}
临沂	痒痒 iaŋ^{214}iaŋ^{0}	热闹 ʐə^{21}nɔ^{0}	熟 ʃu^{53}

	1030 **陌生**这个地方我很～	1031 **味道**尝尝～	1032 **气味**闻闻～
荣成	不认得 pu^{21}in^{35}tə^{0}	味儿 uər^{33}	味儿 uər^{33}
烟台	不认得 pu^{21}in^{33}tə^{0}	味儿 uər^{33}	味儿 uər^{33}
栖霞	不认得 pu^{34}ĩn^{34}tɛi^{0}	味儿 uər^{342}	味儿 uər^{342}
长岛	不熟悉 pu^{52}su^{55}ʃʅ^{0}	味儿 uər^{52}	味儿 uər^{52}
海阳	不认得 pu^{21}ĩ^{34}tɛ^{0}	味道 uei^{34}tɔ^{0}	味儿 uər^{341}
莱西	生 səŋ^{214}	味儿 uer^{42} 味道儿 uei^{45}tɔr^{0}	味儿 uer^{42}
平度	生 ʂəŋ^{213}	味儿 uer^{42} 味道 uei^{45}tɔ^{0}	味儿 uer^{42}
青岛	生 ʂoŋ^{213}	味道 uei^{45}tɔ^{0} 滋味儿 tθɿ^{213}uer^{42}	味儿 uer^{42}
高密	不熟 pu^{213}ʂu^{42} 摸不着 mə^{21}pu^{0}tʂə^{42} 不熟悉 pu^{21}ʂu^{55}si^{0}	味儿 uer^{21}	味儿 uer^{21}
诸城	生 ʂəŋ^{213} 不熟 pu^{44}ʂu^{53}	味儿 uer^{31}	味儿 uer^{31}
沂水	生 ʂəŋ^{213}	味儿 uer^{31} 滋味儿 dðɿ^{31}uer^{0}	味儿 uer^{31}
临朐	生 ʂəŋ^{213}	味儿 uer^{21}	味儿 uer^{21}
日照	不熟 pu^{44}ʂu^{53}	味儿 uer^{31}	味儿 uer^{31}
莒南	不熟 pu^{55}ʂu^{53} 不熟乎 pu^{55}ʂu^{24}xu^{0}	味儿 uer^{312}	味儿 uer^{312}
潍坊	眼生 iã^{24}ʂəŋ^{0} 生 ʂəŋ^{214}	味儿 uer^{31} 味儿道 uer^{55}tɔɤ^{0}	味儿 uer^{31}
寿光	生 ʂəŋ^{213}	味道儿 uei^{55}tɔr^{0} 味儿 uʅ^{21}	味儿 uʅ^{21}
高青	眼生 iã^{213}ʂəŋ^{0}	味儿道儿 uer^{55}tɔr^{0}	味儿 uer^{41}

续表

	1030陌生这个地方我很～	1031味道尝尝～	1032气味闻闻～
阳信	生$ʂəŋ^{213}$	味儿uer^{31}	味儿uer^{31}
济阳	生冷$ʂəŋ^{21}ləŋ^{0}$	味儿uer^{31}	味儿uer^{31}
利津	不熟$pu^{44}ʂu^{53}$	味儿uer^{31}	味儿uer^{31}
乐陵	不熟$pu^{212}ʂou^{55}$	滋味儿$tsɿ^{31}uer^{0}$	气味儿$tɕ^{h}i^{51}uer^{0}$
商河	生$səŋ^{213}$	滋味儿$tsɿ^{21}uer^{0}$	味儿uer^{31}
平原	不熟$pu^{212}ʂou^{42}$	味儿$uər^{21}$	味儿$uər^{21}$ 气味儿$tɕ^{h}i^{23}uər^{21}$
德州	生$ʂəŋ^{213}$	味儿uer^{21}	味儿uer^{21}
武城	不熟$pu^{24}ʂu^{53}$	滋味儿$tsɿ^{24}uer^{0}$	气味儿$tɕ^{h}i^{24}uer^{0}$
临清	生$ʂəŋ^{13}$	味儿uer^{313}	味儿uer^{313}
冠县	生$ʂəŋ^{13}$	味儿uer^{314}	味儿uer^{314}
聊城	生$səŋ^{13}$	味儿uer^{313}	味儿uer^{313}
济南	生$ʂəŋ^{213}$	滋味儿$tsɿ^{21}uer^{0}$	味儿uer^{21}
泰安	生$ʂəŋ^{213}$ 生分$ʂəŋ^{21}f\tilde{e}^{0}$	味道$uei^{21}tɔ^{21}$	味儿uer^{21}
莱芜	陌生$mə^{42}ʃəŋ^{213}$ 不熟$pu^{31}ʃu^{55}$	味道$uei^{31}tɔ^{42}$ 味uei^{42}	味uei^{42}
新泰	不熟化$pu^{21}fu^{45}xua^{0}$	味儿$uɤr^{31}$	味儿$uɤr^{31}$
沂源	生$ʃəŋ^{213}$	味儿uer^{31}	味儿uer^{31}
博山	眼生$i\tilde{a}^{213}ʂəŋ^{0}$	味道$uei^{31}tɔ^{31}$	味uei^{31}
张店	生$ʂəŋ^{213}$ 不熟化$pu^{33}ʂu^{35}xuɑ^{0}$	滋味$tsɿ^{21}uei^{0}$	味uei^{31}
阳谷	生$səŋ^{213}$	味儿$uɤr^{313}$	味儿$uɤr^{313}$
梁山	生$səŋ^{213}$	味儿uer^{314}	味儿uer^{314}
菏泽	生$səŋ^{213}$	味儿uer^{312}	味儿uer^{312}
曹县	不熟$pu^{213}fu^{53}$	味儿$uɤr^{312}$	味儿$uɤr^{312}$
金乡	北⁼生$pei^{23}səŋ^{213}$	口味儿$k^{h}ou^{55}uer^{0}$	味儿uer^{312}
曲阜	生$səŋ^{213}$	味儿uer^{312}	味儿uer^{312}
薛城	生$səŋ^{313}$ 不熟$pu^{31}fu^{55}$	味儿uer^{41}	味儿uer^{41}

续表

	1030陌生这个地方我很～	1031味道尝尝～	1032气味闻闻～
郯城	生ʂəŋ^{213} 不熟识pu^{21}fu^{44}ʂʅ^{0}	味儿uer^{51} 味儿道uer^{51}tɔ^{51}	味儿uer^{51} 气味儿tɕʰi^{51}uer^{51}
临沂	生ʃəŋ^{214}	味儿uer^{312}	味儿uer^{312}

	1033咸菜～	1034淡菜～	1035酸
荣成	咸çian^{35}	善ʃan^{33} 淡tan^{33}	酸san^{53}
烟台	咸çian^{33}	善çian^{33} 淡tan^{33}	酸san^{53}
栖霞	咸çiãn^{342}	淡tãn^{342}	酸sãn^{312}
长岛	咸çian^{55}	善ʃan^{52}	酸san^{312}
海阳	咸çiã^{341}	淡tã^{341}	酸θã^{52}
莱西	咸çiã^{42}	淡tã^{42}	酸sã^{214}
平度	咸çiã^{42}	淡tã^{42}	酸θã^{213}
青岛	咸çiã^{42}	淡tã^{42}	酸θuã^{213}
高密	咸çiã^{42}	没咸味儿mei^{42}çiã^{55}uer^{0}	酸θuã^{213}
诸城	咸ʃã^{53}	淡tã^{31}	酸θuã^{213}
沂水	咸çiã^{53} 盐味儿掌⁼大iã^{53}uer^{31}dʒɑŋ^{44}ta^{31}	淡tã^{31} 没盐味儿mu^{53}iã^{53}uer^{31}	酸θuã^{213}
临朐	咸çiã^{53}	淡tã^{21} 盐轻iã^{35}tɕʰiŋ^{0}	酸θuã^{213}
日照	咸ʃiã^{53} 齁儿齁儿的xour^{213}xour^{0}ti^{0}	淡tã^{53}	酸θuã^{213}
莒南	咸çiã^{53}	淡tã^{312}	酸θuã^{213}
潍坊	咸çiã^{53}	淡tã^{31}	酸suã^{214}
寿光	咸çiã^{53}	淡tã^{21}	酸suã^{213}
高青	咸çiã^{55}	淡tã^{41}	酸suã^{213}
阳信	咸çiã^{43}	淡tã^{31}	酸suã^{213}
济阳	咸çiã^{55}	不咸pu^{21}çiã^{55}	酸suã^{213}
利津	咸çiã^{53}	淡tã^{31}	酸suã^{213}
乐陵	咸çiã^{55}	淡tã^{51}	酸suã^{24}

续表

	1033咸菜~	1034淡菜~	1035酸
商河	咸ɕiã^{54}	淡tã^{31}	酸suã^{213}
平原	咸ɕiã^{42}	淡tã^{21}	酸suã^{213}
德州	咸ɕiã^{42}	淡tã^{21}	酸suã^{213}
武城	咸ɕiã^{53}	淡tã^{312}	酸suã^{224}
临清	咸ɕian^{53}	淡tan^{313}	酸suan^{13}
冠县	咸ɕiã^{53}	淡tã^{314}	酸suã^{13}
聊城	咸ɕiã^{53}	淡tã^{313}	酸suã^{13}
济南	咸ɕiã^{42}	淡tã^{21}	酸suã^{213}
泰安	咸ɕiã^{42}	淡tã^{21}	酸suã^{213}
莱芜	咸ɕiã^{55}	淡tã^{42}	酸suã^{213}
新泰	咸ɕiã^{42}	淡tã^{31}	酸θuã^{213}
沂源	咸ɕiã^{55}	淡tã^{31}	酸θuã^{213}
博山	咸ɕiã^{55}	淡tã^{31}	酸suã^{213}
张店	咸ɕiã^{55}	淡tã^{31}	酸suã^{213}
阳谷	咸ɕiã^{42}	淡tã^{313}	酸suã^{213}
梁山	咸ɕiã^{42}	不咸pu^{23}ɕiã^{42}	酸ɕyã^{213}
菏泽	咸ɕiã^{53}	不咸pu^{213}ɕiã^{53}	酸suã^{213}
曹县	咸ɕiã^{53}	甜tʰiã^{53}	酸suã^{213}
金乡	咸ɕiã^{42}	淡tã^{312} 不咸pu^{213}ɕiã^{42}	酸suã^{213}
曲阜	咸ɕiã^{42}	淡tã^{312}	酸suã^{213}
薛城	咸ɕiã^{55}	淡tã^{41}	酸ɕyã^{313}
郯城	咸ɕiã^{44}	淡tã^{51}	酸suã^{213}
临沂	咸ɕiã^{53}	淡tã^{312}	酸suã^{214}

	1036甜	1037苦	1038辣
荣成	甜tian^{35}/tʰian^{35}	苦kʰu^{214}	辣la^{214}
烟台	甜tʰian^{33}	苦kʰu^{14}	辣la^{14}
栖霞	甜tʰiãn^{342}	苦kʰu^{214}	辣la^{52}

续表

	1036甜	1037苦	1038辣
长岛	甜t^{h}ian^{55}	苦k^{h}u^{213}	辣la^{213}
海阳	甜t^{h}iã^{341}	苦k^{h}u^{214}	辣la^{341}
莱西	甜t^{h}iã^{42}	苦k^{h}u^{55}	辣la^{42}
平度	甜t^{h}iã^{42}	苦k^{h}u^{55}	辣la^{42}
青岛	甜t^{h}iã^{42}	苦k^{h}u^{55}	辣lɑ^{42}
高密	甜t^{h}iã^{42}	苦k^{h}u^{55}	辣lɑ^{21}
诸城	甜t^{h}iã^{53}	苦k^{h}u^{44}	辣la^{31}
沂水	甜t^{h}iã^{53}	苦k^{h}u^{44}	辣la^{31}
临朐	甜t^{h}iã^{53}	苦k^{h}u^{44}	辣la^{21}
日照	甜t^{h}iã^{53}	苦k^{h}u^{213}	辣lɑ^{31}
莒南	甜t^{h}iã^{53}	苦k^{h}u^{55}	辣lɑ^{312}
潍坊	甜t^{h}iã^{53}	苦k^{h}u^{55}	辣lɑ^{31}
寿光	甜t^{h}iã^{53}	苦k^{h}u^{55}	辣la^{21}
高青	甜t^{h}iã^{55}	苦k^{h}u^{55}	辣lɑ^{41}
阳信	甜t^{h}iã^{43}	苦k^{h}u^{55}	辣la^{31}
济阳	甜t^{h}iã^{55}	苦k^{h}u^{55}	辣la^{31}
利津	甜t^{h}iã^{53}	苦k^{h}u^{55}	辣la^{31}
乐陵	甜t^{h}iã^{55}	苦k^{h}u^{55}	辣lɑ^{51}
商河	甜t^{h}iã^{54}	苦k^{h}u^{45}	辣lɑ^{31}
平原	甜t^{h}iã^{42}	苦k^{h}u^{55}	辣la^{21}
德州	甜t^{h}iã^{42}	苦k^{h}u^{55}	辣la^{21}
武城	甜t^{h}iã^{53}	苦k^{h}u^{55}	辣la^{312}
临清	甜t^{h}ian^{53}	苦k^{h}u^{44}	辣la^{313}
冠县	甜t^{h}iã^{53}	苦k^{h}u^{55}	辣la^{314}
聊城	甜t^{h}iã^{53}	苦k^{h}u^{44}	辣la^{313}
济南	甜t^{h}iã^{42}	苦k^{h}u^{55}	辣la^{21}
泰安	甜t^{h}iã^{42}	苦k^{h}u^{55}	辣la^{21}
莱芜	甜t^{h}iã^{55}	苦k^{h}u^{55}	辣la^{42}

续表

	1036甜	1037苦	1038辣
新泰	甜$t^hiã^{42}$	苦k^hu^{55}	辣la^{31}
沂源	甜$t^hiã^{55}$	苦k^hu^{55}	辣la^{31}
博山	甜$t^hiã^{55}$	苦k^hu^{55}	辣$lɑ^{31}$
张店	甜$t^hiã^{55}$	苦k^hu^{55}	辣$lɑ^{31}$
阳谷	甜$t^hiã^{42}$	苦k^hu^{55}	辣la^{213}
梁山	甜$t^hiã^{42}$	苦k^hu^{55}	辣la^{213}
菏泽	甜$t^hiã^{53}$	苦k^hu^{44}	辣la^{213}
曹县	甜$t^hiã^{53}$	苦k^hu^{44}	辣la^{213}
金乡	甜$t^hiã^{42}$	苦k^hu^{55}	辣la^{213}
曲阜	甜$t^hiã^{42}$	苦k^hu^{55}	辣la^{213}
薛城	甜$t^hiã^{55}$	苦k^hu^{24}	辣la^{313}
郯城	甜$t^hiã^{44}$	苦k^hu^{24}	辣la^{213}
临沂	甜$t^hiã^{53}$	苦k^hu^{55}	辣la^{214}

	1039鲜鱼汤~	1040香	1041臭
荣成	鲜$sian^{53}$	香$çiaŋ^{53}$	臭$tʃ^həu^{33}$
烟台	鲜$ɕian^{53}$	香$ɕiɑŋ^{53}$	臭$tɕ^hiou^{33}$
栖霞	鲜$ʃãn^{312}$	香$çiaŋ^{312}$	臭$tʃ^həu^{52}$
长岛	鲜$ʃan^{312}$	香$çiaŋ^{312}$	臭$tʃ^hou^{52}$
海阳	鲜$çyã^{52}$	香$çiaŋ^{52}$	臭$ts^həu^{341}$
莱西	鲜亮$ʃyã^{214}liaŋ^{0}$ 鲜$ʃyã^{214}$	香$çiaŋ^{214}$	臭$tʃ^hiou^{42}$
平度	鲜亮$syã^{213}liaŋ^{0}$ 鲜$syã^{213}$	香$çiaŋ^{213}$	臭$tʃ^hou^{42}$
青岛	鲜亮$syã^{213}liaŋ^{42}$ 鲜$syã^{213}$	香$ɕiaŋ^{213}$	臭$tʃ^hou^{42}$
高密	鲜$siã^{213}$	香$ɕiaŋ^{213}$	臭$tʃ^hou^{21}$
诸城	鲜$θiã^{213}$	香$ʃaŋ^{213}$	臭$tʃ^hou^{31}$
沂水	鲜$siã^{213}$	香$ɕiaŋ^{213}$	臭$tʃ^hou^{31}$

续表

	1039鲜鱼汤～	1040香	1041臭
临朐	鲜ɕiã^{213}	香ɕiaŋ^{213}	臭tʃʰəu^{21}
日照	鲜θiã^{213}	香ʃiaŋ^{213}	臭tʃʰiou^{31}
莒南	鲜siã^{213}	香ɕiaŋ^{213}	臭tʃʰou^{312}
潍坊	鲜ɕiã^{214}	香ɕiaŋ^{214}	臭tʂʰɤɯ^{31}
寿光	鲜亮ɕiã^{13}liaŋ^{21} 鲜ɕiã^{213}	香ɕiaŋ^{213}	臭tʂʰəu^{21}
高青	鲜ɕiã^{213}	香ɕiaŋ^{213}	臭tʂʰou^{41}
阳信	鲜ɕiã^{213}	香ɕiaŋ^{213}	臭tʂʰou^{31}
济阳	鲜ɕiã^{213}	香ɕiaŋ^{213}	臭tʂʰou^{31}
利津	鲜ɕiã^{213}	香ɕiaŋ^{213}	臭tʂʰou^{31}
乐陵	鲜ɕiã^{24}	香ɕiaŋ^{24}	臭tʂʰou^{51}
商河	鲜ɕiã^{213}	香ɕiaŋ^{213}	臭tʂʰou^{31}
平原	鲜ɕiã^{213}	香ɕiaŋ^{213}	臭tʂʰou^{21}
德州	鲜ɕiã^{213}	香ɕiaŋ^{213}	臭tʂʰou^{21}
武城	鲜ɕiã^{224}	香ɕiaŋ^{224}	臭tʂʰou^{312}
临清	鲜ɕian^{13}	香ɕiaŋ^{13}	臭tʂʰou^{313}
冠县	鲜siã^{13}	香ɕiaŋ^{13}	臭tʂʰou^{314}
聊城	鲜ɕiã^{13}	香ɕiaŋ^{13}	臭tsʰou^{313}
济南	鲜ɕiã^{213}	香ɕiaŋ^{213}	臭tʂʰou^{21}
泰安	鲜ɕiã^{213}	香ɕiaŋ^{213}	臭tʂʰou^{21}
莱芜	鲜ɕiã^{213}	香ɕiaŋ^{213}	臭tʃʰou^{42}
新泰	鲜ɕiã^{213}	香ɕiaŋ^{213}	臭tʃʰou^{31}
沂源	鲜ɕiã^{213}	香ɕiaŋ^{213}	臭tʃʰou^{31}
博山	鲜ɕiã^{213}	香ɕiaŋ^{213}	臭tʂʰəu^{31}
张店	鲜ɕiã^{213}	香ɕiaŋ^{213}	臭tʂʰou^{31}
阳谷	鲜ɕiã^{213}	香ɕiaŋ^{213}	臭tsʰou^{313}
梁山	鲜ɕiã^{213}	香ɕiaŋ^{213}	臭tsʰou^{314}
菏泽	鲜ɕiã^{213}	香ɕiaŋ^{213}	臭tsʰou^{312}
曹县	鲜ɕiã^{213}	香ɕiaŋ^{213}	臭tʂʰou^{312}

续表

	1039鲜鱼汤~	1040香	1041臭
金乡	鲜ɕiã^{213}	香ɕiaŋ^{213}	臭tsʰou^{312}
曲阜	鲜ɕiã^{213}	香ɕiaŋ^{213}	臭tsʰou^{312}
薛城	鲜ɕiã^{313}	香ɕiaŋ^{313}	臭tsʰou^{41}
郯城	鲜ɕiã^{213}	香ɕiaŋ^{213}	臭tʂʰəu^{51}
临沂	鲜ɕiã^{214}	香ɕiaŋ^{214}	臭tʃʰou^{312}

	1042馊饭~	1043腥鱼~	1044好人~
荣成	酸san^{53}	腥siŋ^{53}	好xau^{214}
烟台	坏xuɛ^{33}	腥ɕiŋ^{53}	好xau^{14}
栖霞	酸sãn^{312}	腥ʃiŋ^{312}	好xɔo^{214}
长岛	酸san^{312}	腥ʃəŋ^{312}	好xau^{213}
海阳	酸θã^{52}	腥siŋ^{52}	好xɔ^{214}
莱西	酸了sã^{32}lə^{0} 丝=闹=了sɿ^{21}nɔ^{45}lə^{0} 踢蹬了tʰi^{21}təŋ^{42}lə^{0}	腥ʃiŋ^{214}	好xɔ^{55}
平度	丝=闹=了θɿ^{213}nɔ^{0}lə^{0} 踢蹬tʰi^{45}təŋ^{0}	腥siŋ^{213}	好xɔ^{55}
青岛	丝=闹=了θɿ^{21}nɔ^{0}lə^{0}	腥sioŋ^{213}	好xɔ^{55}
高密	丝=闹=了θɿ^{21}nɔ^{0}lə^{0}	腥sioŋ^{213}	好xɔ^{55}
诸城	丝=闹=θɿ^{31}nɔ^{0} 酸θuã^{213}	腥气θiəŋ^{31}tʃʰɿ^{0}	好xɔ^{44}
沂水	酸θuã^{213} 变味儿piã^{31}uer^{31}	腥siŋ^{213} 腥气siŋ^{21}tɕʰi^{0}	好xɔ^{44}
临朐	丝=闹=θɿ^{21}nɔ^{0}	腥气ɕiŋ^{21}tɕʰi^{0}	好xɔ^{44}
日照	酸θuã^{213} 丝=闹=θɿ^{31}nɔ^{0}	腥θiəŋ^{213}	好xɔ^{44}
莒南	变味儿piã^{13}uer^{31}轻 酸θuã^{213}重 臭tʃʰou^{312}最重	腥siŋ^{213}	好xɔ^{55}
潍坊	丝=闹=sɿ^{31}noɤ^{0}	腥ɕiŋ^{214}	好xoɤ^{55}
寿光	丝=闹=sɿ^{21}nɔ^{0}	腥气ɕiŋ^{21}tɕʰi^{0}	好xɔ^{55} 不糙pu^{55}tsʰɔ^{213} 不孬pu^{55}nɔ^{213}

续表

	1042馊饭～	1043腥鱼～	1044好人～
高青	酸suã^{213}	腥气ɕiŋ^{21}tɕ^{h}i^{0}	好xɔ^{55}
阳信	馊sou^{213}液体食物变质 丝$^{=}$囊$^{=}$sɿ^{31}nɑŋ^{0}固体食物变质	腥气ɕiŋ^{31}tɕ^{h}i^{0}	好xɔ^{55}
济阳	酸suã^{213}	腥气ɕiŋ^{21}tɕ^{h}i^{0}	不孬pu^{55}nɔ^{213} 好xɔ^{55}
利津	丝$^{=}$囊$^{=}$sɿ^{31}nɑŋ^{0}饭 有味儿iou^{55}uer^{31}汤	腥ɕiŋ^{213}	好xɔ^{55}
乐陵	坏咧xuɛ^{55}liə^{0} 丝$^{=}$闹$^{=}$sɿ^{31}nɔ^{0}	腥气ɕiŋ^{31}tɕ^{h}i^{0}	好xɔ^{55} 不错pu^{24}ts^{h}uə^{51}
商河	酸suã^{213} 卡$^{=}$气k^{h}ɑ^{24}tɕ^{h}i^{0}	腥气ɕiŋ^{21}tɕ^{h}i^{0}	好xɔ^{45}
平原	臊sɔu^{213}	腥气ɕiŋ^{21}tɕ^{h}i^{0}	好xɔu^{55} 不孬pu^{21}nɔu^{213}
德州	酸suã^{213}	腥气ɕiŋ^{21}tɕ^{h}i^{0}	好xɔ^{55}
武城	丝$^{=}$闹$^{=}$sɿ^{312}nɔ^{0}	腥气ɕiŋ^{312}tɕ^{h}i^{0}	不错pu^{24}ts^{h}uə^{312}
临清	丝$^{=}$闹$^{=}$sɿ^{13}nau^{0}	腥ɕiŋ^{13}	好xau^{44}
冠县	味儿uer^{314} 丝$^{=}$闹$^{=}$sɿ^{21}nɔ^{0}	腥siŋ^{13}	好xɔ^{55}
聊城	丝$^{=}$闹$^{=}$sɿ^{13}nɔ^{0}	腥气ɕiŋ^{13}tɕ^{h}i^{0}	好xɔ^{44}
济南	酸suã^{213}	腥气ɕiŋ^{21}tɕ^{h}i^{0}	好xɔ^{55}
泰安	丝$^{=}$闹$^{=}$sɿ^{21}nɔ^{0} 酸suã^{213}	腥气ɕiŋ^{23}tɕ^{h}i^{21}	不孬pu^{23}nɔ^{213} 不赖pu^{23}lɛ^{213}
莱芜	丝$^{=}$闹$^{=}$sɿ^{31}nɔ^{0}	腥ɕiŋ^{213}	好xɔ^{55}
新泰	酸θuã^{213}	腥ɕiŋ^{213}	好xɔ^{55}
沂源	酸θuã^{213}	腥ɕiŋ^{213}	好xɔ^{55}
博山	酸suã^{213} 坏xuɛ^{31}	腥气ɕiŋ^{21}tɕ^{h}i^{0}	好xɔ^{55}
张店	丝$^{=}$闹$^{=}$sɿ^{21}nɔ^{0} 酸suã^{213}	腥气ɕiŋ^{21}tɕ^{h}i^{0}	好xɔ^{55}
阳谷	丝$^{=}$闹$^{=}$sɿ^{31}nɔ^{55}	腥气ɕiŋ^{13}tɕ^{h}i^{0}	好xɔ^{55} 不咋儿pu^{31}tʂar^{55}
梁山	丝$^{=}$闹$^{=}$sɿ^{21}nɔ^{0}	腥气ɕiŋ^{23}tɕ^{h}i^{31}	好xɔ^{55}

续表

	1042馊饭～	1043腥鱼～	1044好人～
菏泽	丝$^{=}$气sɿ^{21}tɕ^{h}i^{0}	腥气ɕiŋ^{21}tɕ^{h}i^{0}	不孬pu^{31}nɔ^{213}
曹县	丝$^{=}$气sɿ^{21}tɕ^{h}i^{0} 变味儿piã^{13}uər^{312}	腥气ɕiŋ^{21}tɕ^{h}i^{0}	好xɔ^{44}
金乡	丝$^{=}$闹$^{=}$sɿ^{21}nɔ^{0}	腥气ɕiŋ^{21}tɕ^{h}i^{0}	好xɔ^{55}
曲阜	丝$^{=}$闹$^{=}$sɿ^{21}nɔ^{0}	腥气ɕiŋ^{213}tɕ^{h}i^{0}	好xɔ^{55}
薛城	丝$^{=}$囊$^{=}$sɿ^{31}naŋ^{55} 酸ɕyã^{313}	腥ɕiŋ^{313} 虾腥ɕia^{23}ɕiŋ^{313}	好xɔ^{24} 不孬pu^{23}nɔ^{313}
郯城	丝$^{=}$囊$^{=}$sɿ^{21}naŋ^{0} 变味儿piã^{51}uer^{51}	腥ɕiŋ^{213}	好xɔ^{24}
临沂	变味儿piã^{31}uer^{31}	腥ɕiŋ^{214}	好xɔ^{55}

	1045坏人～	1046差东西质量～	1047对账算～了
荣成	坏xuai^{33}	差tʂ^{h}a^{33} 熊ɕyŋ^{35}	对tei^{33}
烟台	坏xuɛ^{33}	差ts^{h}a^{53}	对tei^{33}
栖霞	坏xuɛi^{342}	不好pu^{34}xɔo^{214}	对tei^{52}
长岛	坏xuai^{52}	不好pu^{55}xau^{213} 差ts^{h}a^{52}	对tei^{52}
海阳	坏xuɛ^{341}	熊ɕyŋ^{341}	对tei^{341}
莱西	坏xuɛ^{42} 疵毛ts^{h}ɿ^{214}mɔ^{42}	疵毛ts^{h}ɿ^{214}mɔ^{42} 差ts^{h}a^{42}	对tei^{42}
平度	坏xuɛ^{42}	疵毛tθ^{h}ɿ^{213}mɔ^{42}	对tei^{213}
青岛	坏xuɛ^{42}	疵毛tθ^{h}ɿ^{213}mɔ^{42}	对tei^{42}
高密	坏xuɛ^{21}	疵毛tθ^{h}ɿ^{213}mɔ^{42} 不好pu^{42}xɔ^{55}	对tuei^{21}/tei^{21}
诸城	坏xuɛ^{31}	糙tθɔ^{213} 疵毛tθ^{h}ɿ^{44}mɔ^{53}	对tuei^{31}
沂水	坏xuɛ^{31} 孬nɔ^{213}	差tʂ^{h}a^{213} 不大好pu^{44}ta^{0}xɔ^{44}	对tue^{31}
临朐	疵毛tθ^{h}ɿ^{213}mɔ^{53} 孬nɔ^{213}	次tθ^{h}ɿ^{213} 差tʂ^{h}a^{213}	对tuei^{21}
日照	坏xuɛ^{31}	孬nɔ^{213}	对tuei^{31}

续表

	1045坏人～	1046差东西质量～	1047对账算～了
莒南	坏xuɛ^{312}	孬nɔ^{213} 差tʂʰa^{213}	对tei^{312}
潍坊	坏xuɛ^{31}	不好pu^{214}xɔɤ^{55} 差tʂʰɑ^{31}	对tuei^{31}
寿光	坏xuɛ^{21} 孬nɔ^{213} 疵毛tsʰɿ^{213}mɔ^{53}	疵毛tsʰɿ^{213}mɔ^{53} 差tʂʰa^{213} 次tsʰɿ^{31}	对tuei^{21}
高青	坏xuɛ^{41}	差tʂʰɑ^{213}	对tuei^{41}
阳信	坏xuɛ^{31}	孬nɔ^{213} 弱ʐɔ^{31} 疵毛tsʰɿ^{213}mɔ^{43}	对tuei^{31}
济阳	孬nɔ^{213} 坏xuɛ^{31}	不好pu^{21}xɔ^{55} 疵毛tsʰɿ^{213}mɔ^{55}	对tuei^{31}
利津	坏xuɛ^{31}	孬nɔ^{213}	对tuei^{31}
乐陵	孬nɔ^{24} 坏xuɛ^{51}	差tsʰɑ^{51}	对tuei^{51}
商河	孬nɔ^{213}	孬nɔ^{213} 疵毛tsʰɿ^{213}mɔ^{54}	对tuei^{31}
平原	孬nɔu^{213}	孬nɔu^{213} 差tsʰa^{21}	对tuei^{21}
德州	孬nɔ^{213}	次tsʰɿ^{21}	对tuei^{21}
武城	不好pu^{21}xɔ^{55} 孬nɔ^{224}	不好pu^{21}xɔ^{55}	对tuei^{312}
临清	孬nau^{13} 坏xuai^{313}	孬nau^{13} 差tʂʰa^{313}	对tei^{313}
冠县	坏xuɛ^{314}	差tʂʰa^{314}	对tuei^{314}
聊城	孬nɔ^{13} 坏xuɛ^{313}	孬nɔ^{13}	对tei^{313}
济南	孬nɔ^{213}	疵毛tsʰɿ^{213}mɔ^{42}	对tuei^{21}
泰安	坏xuɛ^{21}	孬nɔ^{213}	对tuei^{21}
莱芜	坏xuɛ^{42}	差tʃʰa^{213}	对tuei^{42}
新泰	坏xuɛ^{31}	差tʃʰa^{213}	对tuei^{31}
沂源	坏xuɛ^{31}	孬nɔ^{213}	对tuei^{31}

续表

	1045 坏人～	1046 差东西质量～	1047 对账算～了
博山	坏 xuɛ^{31}	疵毛 ts^{h}ɿ^{53}mɔ^{55}	对 tuei^{31}
张店	坏 xuɛ^{31} 孬 nɔ^{213}	次 ts^{h}ɿ^{31} 不好 pu^{33}xɔ^{55}	对 tuei^{31}
阳谷	坏 xuɛ^{313} 孬 nɔ^{213}	差 ts^{h}a^{213} 孬 nɔ^{213}	对 tuei^{313}
梁山	孬 nɔ^{213}	孬 nɔ^{213}	对 tuei^{314}
菏泽	孬 nɔ^{213} 坏 xuɛ^{312}	不咋样儿 pu^{213}tsa^{44}iãr^{312} 差劲儿 ts^{h}a^{213}tɕier^{312}	对 tuei^{312}
曹县	坏 xuai^{312}	不好 pu^{21}xɔ^{44}	对 tuei^{312}
金乡	坏 xuɛ^{312}	孬 nɔ^{213}	对 tuei^{312}
曲阜	坏 xuɛ^{312}	孬 nɔ^{213}	对 tuei^{312}
薛城	坏 xuɛ^{41} 孬 nɔ^{313}形容人，做事不够好，比“坏”轻；形容物，质量不好 疵毛 ts^{h}ɿ^{31}mɔ^{55}	孬 nɔ^{313} 差 ts^{h}a^{313}	对 tue^{41}
郯城	孬 nɔ^{213}程度轻 坏 xuɛ^{51}程度重	疵毛 ts^{h}ɿ^{21}mɔ^{44} 孬 nɔ^{213} 差 tʂ^{h}a^{213}	对 te^{51}
临沂	坏 xuɛ^{312}	差 tʃ^{h}a^{214}	对 tei^{312}

	1048 错账算～了	1049 漂亮形容年轻女性的长相：她很～	1050 丑形容人的长相：猪八戒很～
荣成	错 ts^{h}o^{33}	俊 tsin^{33}	碜 tʃən^{214}
烟台	错 ts^{h}uo^{33}	好看 xau^{21}k^{h}an^{33} 俊 tɕin^{33}	丑 tɕ^{h}iou^{14}
栖霞	错 ts^{h}uo^{52}	俊 tʃə̃n^{52}	丑 tʃ^{h}əu^{214}
长岛	错 ts^{h}uə^{52}	俊 tʃən^{52}	丑 tʃ^{h}ou^{213}
海阳	错 tθ^{h}uo^{341}	俊 tsỹ^{341}	丑 ts^{h}əu^{214}
莱西	错 ts^{h}uə^{42} 差 ts^{h}a^{42}	俊 tʃyẽ^{42} 漂亮 piɔ^{42}liɑŋ^{0}	丑 tʃ^{h}iou^{55}
平度	错 tθ^{h}uə^{42} 差 tʂ^{h}a^{42}	俊 tsyə̃^{42}	丑 tʃ^{h}ou^{55}
青岛	错 tθ^{h}uə^{42}	俊 tsyẽ^{42}	丑 tʃ^{h}ou^{55}

续表

	1048 **错**账算～了	1049 **漂亮**形容年轻女性的长相：她很～	1050 **丑**形容人的长相：猪八戒很～
高密	差tʂʰɑ^{21} 错tθʰuə^{21}	俊tsyã^{21} 漂亮pʰiɔ^{42}liɑŋ^{0}	难看nã^{42}kʰã^{21} 丑tʃʰou^{55}
诸城	差tʂʰa^{31} 错tθʰuə^{31}	俊tθuẽ^{31}	丑tʃʰou^{44}
沂水	差tʂʰa^{31}	俊dʒuẽ^{31} 俊巴儿dʒuẽ^{44}par^{0}	丑tʃʰou^{44} 难看nã^{53}kʰã^{31}
临朐	差tʂʰa^{21}	俊tɕyə̃^{21}	丑tʃʰəu^{44}
日照	差tʂʰɑ^{31}	俊tθuẽ^{31}	丑tʃʰiọu^{44}
莒南	差tʂʰa^{312} 错tθʰuə^{312}	俊tsyẽ^{312} 漂亮pʰiɔ^{42}liɑŋ^{0}	丑tʃʰou^{55} 难看nã^{53}kʰã^{31}
潍坊	错tsʰuə^{31} 差tʂʰɑ^{31}	俊tɕyẽ^{31}	丑tʂʰɤɯ^{55}
寿光	差tʂʰa^{21}	俊tɕyə̃^{21}	丑tʂʰəu^{55}
高青	差tʂʰɑ^{41}	俊tɕyə̃^{41}	丑tʂʰou^{55}
阳信	差tʂʰa^{31}	俊tɕyə̃^{31}	难看nã^{55}kʰã^{31} 丑tʂʰou^{55}
济阳	差tʂʰa^{31}	俊tɕyẽ^{31}	难看nã^{13}kʰã^{31}
利津	差tʂʰa^{213}	俊tɕyẽ^{31}/tsuẽ^{31} 好看xɔ^{55}kʰã^{31}	难看nã^{55}kʰã^{31} 丑tʂʰou^{55}
乐陵	差tsʰɑ^{51}	俊tsuẽ^{51} 好看xɔ^{55}kʰã^{51}	难看nã^{55}kʰã^{51}
商河	错tsʰuə^{31} 差tsʰɑ^{31}	俊tɕyẽ^{31} 漂亮pʰiɔ^{54}liɑŋ^{0}	丑tʂʰou^{45} 难看nã^{54}kʰã^{31}
平原	差tsʰa^{21}	俊tɕyẽ^{21}	丑tʂʰou^{55}
德州	差tʂʰa^{21}	好看xɔ^{55}kʰã^{21} 俊tɕyẽ^{21}	难看nã^{42}kʰã^{21}
武城	差tʂʰa^{312} 错tsʰuə^{312}	俊tɕyẽ^{312}	丑tʂʰou^{55}
临清	错tsʰuə^{313} 差tʂʰa^{313}	俊tsun^{313} 好看xau^{44}kʰan^{313}	丑tʂʰou^{44} 难看nan^{44}kʰan^{313}
冠县	错tsʰuə^{314} 差tʂʰa^{314}	俊tsuẽ^{314} 好看xɔ^{55}kʰã^{314}	丑tʂʰou^{55} 难看nã^{55}kʰã^{314}

续表

	1048错账算～了	1049漂亮形容年轻女性的长相：她很～	1050丑形容人的长相：猪八戒很～
聊城	错tsʰuə^{313} 差tsʰa^{313}	俊tɕyẽ^{313} 好看xɔ^{44}kʰã^{313} 俊巴tɕyẽ^{53}pa^{0}	丑tsʰou^{44} 难看nã^{44}kʰã^{313}
济南	错tsʰuə^{21}	俊tɕyẽ^{21}	丑tʂʰou^{55}
泰安	差tʂʰa^{21} 错tsʰuə^{21}	俊巴儿tɕyẽ^{42}par^{0}	难看nã^{55}kʰã^{21}
莱芜	错tsʰuə^{42}	俊tɕyẽ^{42}	丑tʃʰou^{55}
新泰	错tθʰuə^{31}	俊巴tɕyẽ^{54}pa^{0}	丑tʃʰou^{55}
沂源	差tʃʰa^{31}	俊tɕyə̃^{31}	丑tʃʰou^{55}
博山	差tʂʰɑ^{31}	俊tɕyẽ^{31}	丑tʂʰəu^{55}
张店	错tsʰuə^{31} 差tʂʰɑ^{31}	俊tɕyə̃^{31} 好看xɔ^{55}kʰã^{31}	丑tʂʰou^{55}
阳谷	错tsʰuo^{313} 差tsʰa^{313}	好看xɔ^{55}kʰã^{313} 美mei^{55} 俊tsuẽ^{313}	丑tsʰou^{55}
梁山	错tɕʰyə^{314} 差tsʰa^{314}	俊tɕyẽ^{314}	丑tsʰou^{55}
菏泽	差tsʰa^{312}	俊tsuẽ^{312} 好看xɔ^{44}kʰã^{31}	难看nã^{53}kʰã^{312}
曹县	错tsʰuə^{312} 差tsʰa^{312}	不孬pu^{213}nɔ^{213}	不好pu^{21}xɔ^{44}
金乡	差tsʰa^{312}	俊tɕyẽ^{312}	丑tsʰou^{55} 难看nã^{55}kʰã^{312}
曲阜	差tsʰa^{312} 错tsʰuə^{312}	俊tɕyẽ^{312}	丑tsʰou^{55}
薛城	差tsʰa^{41}用于算账。不用于做事 错tɕʰyə^{41}	俊tɕyẽ^{41}	丑tsʰou^{24}
郯城	差tʂʰa^{51} 错tsʰuə^{51}	俊tsuə̃^{51} 好看xɔ^{24}kʰã^{51} 漂亮pʰiɔ^{51}liɑŋ^{0}	难看nã^{44}kʰã^{51} 丑tʂʰəu^{24}
临沂	差tʃʰa^{312} 错tsʰuə^{312}	俊tɕyẽ^{312}	丑tʃʰou^{55} 难看nã^{53}kʰã^{312}

	1051勤快	1052懒	1053乖
荣成	勤快ciŋ^{35}kʰuai^{0}	懒lan^{214}	当意tɑŋ^{33}i^{33} 乖kuai^{53}
烟台	勤快tɕʰin^{33}kʰuɛ^{0}	懒lan^{14}	听话tʰiŋ^{53}xua^{33}
栖霞	勤勤cʰĩn^{55}cʰĩn^{0}	懒lãn^{214}	好xɔo^{214}
长岛	勤勤cʰin^{52}cʰin^{0}	懒lan^{213}	乖kuai^{312}
海阳	勤快cʰĩ^{34}kʰuɛ^{0}	懒lã^{214}	听说tʰiŋ^{52}suo^{214}
莱西	勤快cʰiẽ^{42}kʰuɛ^{0}	懒lã^{55}	听说tʰiŋ^{214}ʃuə^{55} 听话tʰiŋ^{214}xua^{42} 好xɔ^{55}
平度	勤快cʰiə̃^{42}kʰuɛ^{0}	懒lã^{55}	听说tʰiŋ^{213}ʃuə^{55} 悟⁼量⁼u^{45}liɑŋ^{0}
青岛	勤快tɕʰiẽ^{42}kʰuɛ^{0}	懒lã^{55}	听说tʰioŋ^{213}ʃuə^{55} 悟⁼量⁼u^{45}liɑŋ^{0}
高密	爱动弹ɛ^{21}toŋ^{42}tʰã^{0} 勤快tɕʰiə̃^{42}kʰuɛ^{0}	懒lã^{55} 不爱动弹pu^{55}ɛ^{21}toŋ^{42}tʰã^{0}	听说tʰioŋ^{213}ʃuə^{55} 听话tʰioŋ^{23}xuɑ^{21} 好xɔ^{55}
诸城	勤力tʃʰẽ^{24}li^{0}	懒lã^{44}	伸展ʃẽ^{31}tʃã^{0}
沂水	勤力tɕʰiẽ^{24}li^{0}	懒lã^{44}	听话儿tʰiŋ^{24}xuar^{31}
临朐	勤力tɕʰiə̃^{35}li^{0}	懒lã^{44} 惰懒tuə^{44}lã^{0}	抠⁼kʰəu^{213}
日照	麻利mɑ^{44}li^{0}	懒lã^{44}	可气kʰə^{213}tʃʰʅ^{0}
莒南	勤力tɕʰiẽ^{24}li^{0}	懒lã^{55}	听话儿tʰiŋ^{13}xuar^{31}
潍坊	能干nəŋ^{55}kã^{31} 勤tɕʰiẽ^{53} 勤快tɕʰiẽ^{35}kʰuɛ^{0}	懒lã^{55}	听话儿tʰiŋ^{24}xuɑr^{31}
寿光	勤力tɕʰiə̃^{35}li^{0} 勤快tɕʰiə̃^{35}kʰuɛ^{0}	懒lã^{55} 惰懒tuə^{55}lã^{0}	听说tʰiŋ^{55}ʂuə^{213} 懂事儿tuə̃^{55}ɬʅ^{21} “懂”读为“盹”
高青	勤tɕʰiə̃^{55}	懒lã^{55}	听说tʰiŋ^{55}ʂuə^{213}
阳信	勤快tɕʰiə̃^{45}kʰuɛ^{0}	懒lã^{55}	乖kuɛ^{213} 听说tʰiŋ^{213}ʂuə^{213}
济阳	勤力tɕʰiẽ^{24}li^{0}	懒lã^{55}	听说tʰiŋ^{55}ʂuə^{213} 乖kuɛ^{213}

续表

	1051勤快	1052懒	1053乖
利津	勤tɕʰiẽ^{53} 勤快tɕʰiẽ^{35}kʰuε^{0}	懒lã^{55}	听说tʰiŋ^{213}ʂuə^{44} 听话tʰiŋ^{24}xua^{31}
乐陵	勤快tɕʰiẽ^{55}kʰuε^{0}	懒lã^{55}	听说tʰiŋ^{24}ʂuə^{24}
商河	勤tɕʰiẽ^{54} 勤快tɕʰiẽ^{24}kʰuε^{0}	懒lã^{45}	听说tʰiŋ^{213}ʂuə^{45} 听话tʰiŋ^{24}xuɑ^{31} 乖kuε^{213}
平原	勤谨tɕʰiẽ^{42}tɕiẽ^{0}	懒lã^{55}	听说tʰiŋ^{23}ʂuə^{213}
德州	勤谨tɕʰiẽ^{42}tɕiẽ^{55} 勤快tɕʰiẽ^{55}kʰuε^{0}	懒lã^{55}	听话tʰiŋ^{213}xua^{21}
武城	快当kʰuε^{53}tɑŋ^{0}	懒lã^{55}	听说tʰiŋ^{24}ʂuə^{224} 听话tʰiŋ^{24}xua^{312}
临清	勤快tɕʰin^{44}kʰuai^{0}	懒lan^{44}	听话tʰiŋ^{13}xua^{313} 听说tʰiŋ^{13}ʂuə^{13}
冠县	勤勤tɕʰiẽ^{53}tɕʰiẽ^{55}	懒lã^{55}	听说tʰiŋ^{13}ʂuə^{13} 听话tʰiŋ^{13}xua^{314}
聊城	勤力tɕʰiẽ^{44}li^{0}	懒lã^{44}	听话tʰiŋ^{13}xua^{313} 听说tʰiŋ^{13}suə^{13}
济南	勤力tɕʰiẽ^{445}li^{0}	懒lã^{55}	听说tʰiŋ^{23}ʂuə^{213} 听话tʰiŋ^{23}xua^{21} 乖kuε^{213}
泰安	勤力tɕʰiẽ^{55}li^{0}	懒lã^{55}	听话儿tʰiŋ^{23}xuar^{21} 乖kuε^{213}
莱芜	勤力tɕʰiẽ^{13}li^{42}	懒lã^{55}	乖kuε^{42}
新泰	勤力tɕʰiẽ^{45}li^{0}	懒lã^{55}	乖kuε^{213}
沂源	勤力tɕʰiə̃^{35}li^{0}	懒lã^{55}	听说tʰiŋ^{55}ʃuə^{213}
博山	勤力tɕʰiẽ^{35}li^{0}	懒lã^{55}	听说tʰiŋ^{55}ʂuə^{213}
张店	勤力tɕʰiə̃^{35}li^{0}	懒lã^{55}	听说tʰiŋ^{213}ʂuə^{33}
阳谷	勤力tɕʰiẽ^{55}li^{0}	懒lã^{55}	好xɔ^{55} 听说tʰiŋ^{13}fə^{213}
梁山	勤力tɕʰiẽ^{55}li^{0}	懒lã^{55}	听话tʰiŋ^{23}xua^{314} 懂事儿tuẽ^{55}ʂer^{314} “懂”读为“盹”
菏泽	勤力tɕʰiẽ^{53}li^{0}	懒lã^{44}	听说tʰiŋ^{213}fə^{213}

续表

	1051勤快	1052懒	1053乖
曹县	勤勤tɕʰiẽ^{53}tɕʰiẽ^{0}	懒lã^{44}	听话tʰiŋ^{213}xua^{312} 听说tʰiŋ^{213}fə^{213}
金乡	勤力tɕʰiẽ^{55}li^{0}	懒lã^{55}	乖kuɛ^{213}
曲阜	勤力tɕʰiẽ^{55}li^{0}	懒lã^{55}	乖kuɛ^{213}
薛城	勤力tɕʰiẽ^{55}li^{0}	懒lã^{24}	乖kuɛ^{313}
郯城	勤力tɕʰiə̃^{44}li^{0} 勤快tɕʰiə̃^{44}kʰuɛ^{51}	懒lã^{24}	信话儿ɕiə̃^{51}xuar^{51} 乖kuɛ^{213}
临沂	勤力tɕʰiẽ^{55}li^{0}	懒lã^{55}	听话儿tʰiŋ^{24}xuar^{312}

	1054顽皮	1055老实	1056傻痴呆
荣成	调皮tʰiau^{21}pʰi^{35} 顽皮uan^{35}pʰi^{0}	老实lau^{214}ʃi^{0}	彪$^{=}$piau^{53} 傻ʂa^{214}
烟台	调皮tʰiau^{21}pʰi^{33}	老实lau^{21}ɕi^{0}	彪$^{=}$piau^{53}
栖霞	皮pʰi^{342}	老实lɔo^{21}ʃʅ^{0}	彪$^{=}$piɔo^{312}
长岛	调皮tʰiau^{21}pʰi^{55}	老实lau^{35}ʃʅ^{0}	彪$^{=}$子piau^{31}tsʅ^{0}
海阳	皮pʰi^{341} 调皮tʰiɔ^{52}pʰi^{341}	老实lɔ^{21}sʅ^{0}	彪$^{=}$piɔ^{52}
莱西	滑皮xua^{45}pʰi^{0} 皮pʰi$^{[illegible]}$ 调皮tʰiɔ^{214}pʰi^{42}	老实lɔ^{214}ʃʅ^{0}	彪$^{=}$piɔ^{214} 傻ʃa^{214}
平度	皮pʰi^{42}	老实lɔ^{45}ʃʅ^{0}	彪$^{=}$piɔ^{213} 痴tʃʰʅ^{213} 傻ʃa^{55}
青岛	皮pʰi^{42}	老实lɔ^{55}ʃʅ^{42}	彪$^{=}$piɔ^{213} 痴tʃʰʅ^{213} 傻ʃɑ^{55}
高密	捣蛋tɔ^{55}tã^{21} 讨$^{=}$人tʰɔ^{55}iə̃^{42}	老实lɔ^{23}ʃʅ^{0} 听话tʰioŋ^{23}xuɑ^{21} 听说tʰioŋ^{213}ʃuə^{55}	痴tʃʰʅ^{213} 彪$^{=}$piɔ^{213}
诸城	睃$^{=}$θuə^{53} 皮pʰi^{53}	老实lɔ^{213}ʃʅ^{0}	嘲①tʃʰɔ^{53} 傻ʃa^{44}

① “嘲”的写法参见0607“疯子”、0608“傻瓜”的脚注。

续表

	1054顽皮	1055老实	1056傻痴呆
沂水	调皮tʰiɔ^{53}pʰi^{53} 淘登tʰɔ^{24}təŋ^{0}	老实lɔ^{213}ʃʅ^{0}	嘲tʃʰɔ^{53} 缺心眼儿tɕʰyə^{44}ʃẽ^{213}ɻɛr^{44}
临朐	睃=θuə^{53}	老实lɔ^{213}ʃʅ^{0} 憨xã^{213}	嘲tʃʰɔ^{53}
日照	捣蛋tɔ^{23}tã^{31} 皮pʰi^{53}用于小孩子	老实lɔ^{213}ʃʅ^{0} 听话儿tʰiəŋ^{23}xuar^{31}	傻ʃia^{213} 嘲乎乎的tʃʰiɔ^{53}xu^{44}xu^{44}ti^{0}
莒南	皮pʰi^{53} 调皮tʰiɔ^{53}pʰi^{53}	老实lɔ^{213}ʃʅ^{0}	嘲tʃʰɔ^{53} 憨xã^{213} 傻ʃa^{213}
潍坊	蹭=tsʰəŋ^{31} 捣蛋tɔɤ^{24}tã^{31} 调皮tʰiɔɤ^{53}pʰi^{53}	老实lɔɤ^{24}ʂʅ^{0} 哈=达=胡=氏=xa^{214}ta^{0}xu^{35}ʂʅ^{0}	傻ʂa^{55} 二嘲ɐr^{55}tʂʰɔɤ^{0}
寿光	睃=suə^{53} 作tsuə^{213} 皮pʰi^{53}	老实lɔ^{24}ʂʅ^{0}	嘲tʂʰɔ^{53}
高青	睃=suə^{55}	老实lɔ^{213}ʂʅ^{0}	傻瓜ʂa^{213}kua^{0}
阳信	皮pʰi^{43} 糟tsɔ^{213} 踢蹬tʰi^{31}təŋ^{0}	老实lɔ^{213}ʂʅ^{0}	傻ʂa^{55}
济阳	皮pʰi^{55} 蓑=衣=suə^{21}i^{0}	老实lɔ^{213}ʂʅ^{0}	傻ʂa^{55} 呆tɛ^{213}
利津	调皮tʰiɔ^{53}pʰi^{53}	老实lɔ^{213}ʂʅ^{0}	勺=ʂɔ^{53}
乐陵	讨=tʰɔ^{55} 皮pʰi^{55} 吊=猴儿tiɔ^{31}xour^{55}	老实lɔ^{212}ʂʅ^{0}	傻ʂa^{55}
商河	皮pʰi^{54} 吊=猴tiɔ^{31}xou^{54} 蓑=丢=suə^{21}tiou^{0}	老实lɔ^{213}ʂʅ^{0}	傻ʂa^{45} 呆tɛ^{213}
平原	不听说pu^{23}tʰiŋ^{21}ʂuə^{213}	老实lɔu^{23}ʂʅ^{0}	傻ʂa^{55}
德州	调皮tʰiɔ^{42}pʰi^{42}	老实lɔ^{213}ʂʅ^{0}	傻ʂa^{55}
武城	调皮tʰiɔ^{53}pʰi^{53} 捣蛋tɔ^{55}tã^{312}	实在ʂʅ^{24}tsɛ^{0} 说事儿ʂuə^{24}ʂer^{312}	拼=pʰiẽ^{224} 干=蛋=kã^{53}tã^{0}
临清	捣蛋tau^{44}tan^{313} 调皮tʰiau^{53}pʰi^{53}	老实lau^{44}ʂʅ^{0}	憨xan^{13}

续表

	1054顽皮	1055老实	1056傻痴呆
冠县	俏皮tsʰiɔ^{314}pʰi^{53} 捣蛋tɔ^{55}tã^{314}	老实lɔ^{55}ʂʅ^{53} 稳当uẽ^{55}taŋ^{0}	傻ʂa^{55} 憨xã^{13}
聊城	皮pʰi^{53} 捣蛋tɔ^{44}tã^{313}	老实lɔ^{13}sʅ^{0}	憨xã^{13}
济南	皮pʰi^{42} 蓑$^{=}$衣$^{=}$suə^{21}i^{0}	老实lɔ^{213}ʂʅ^{0}	傻ʂa^{55} 呆tɛ^{213}
泰安	蓑$^{=}$衣$^{=}$suə^{21}i^{0} 捣蛋tɔ^{55}tã^{21}	老实lɔ^{213}ʂʅ^{0}	嘲巴tʂʰɔ^{55}pa^{0} 傻ʂa^{55}
莱芜	邪古$^{=}$ɕiə^{13}ku^{0}	老实lɔ^{213}ʃʅ^{0}	嘲tʃʰɔ^{55}
新泰	皮赛$^{=}$pʰi^{45}θɛ^{0}	老实lɔ^{213}ʃʅ^{0}	傻ʃa^{55}
沂源	锁$^{=}$θuə^{55}	老实lɔ^{21}ʃʅ^{0}	嘲tʃʰɔ^{55}
博山	锁$^{=}$suə^{55}	老实lɔ^{213}ʂʅ^{0}	傻瓜ʂɑ^{213}kuɑ^{0} 嘲巴tʂʰɔ^{35}pɑ^{0}
张店	调皮tʰiɔ^{55}pʰi^{55} 皮pʰi^{55}	老实lɔ^{213}ʂʅ^{0}	嘲tʂʰɔ^{55}
阳谷	调皮tʰiɔ^{42}pʰi^{42} 捣蛋tɔ^{55}tã^{313}	老实lɔ^{13}sʅ^{0}	傻sa^{55} 憨xã^{213} 呆tɛ^{213}
梁山	捣蛋tɔ^{55}tã^{314}	憨厚xa^{33}xou^{314} 实在sʅ^{55}tsɛ^{0}	拼$^{=}$pʰiẽ^{213} 傻sa^{55}
菏泽	皮脸pʰi^{53}liã^{44}	实诚sʅ^{53}tsʰəŋ^{0} 实在sʅ^{53}tsɛ^{0}	拼$^{=}$pʰiẽ^{213}
曹县	捣蛋tɔ^{44}tã^{312} 皮脸pʰi^{53}liã^{44}	老实lɔ^{44}ʂʅ^{0}	傻ʂa^{44} 拼$^{=}$pʰiẽ^{213}
金乡	调皮tʰiɔ^{42}pʰi^{42}	老实lɔ^{23}sʅ^{0}	拼$^{=}$pʰiẽ^{213}
曲阜	调皮tʰiɔ^{42}pʰi^{42}	老实lɔ^{213}sʅ^{0}	憨xã^{213} 傻sa^{55}
薛城	皮pʰi^{55}	老实lɔ^{24}sʅ^{0}	傻sa^{24} 惹$^{=}$zə^{55}
郯城	皮pʰi^{44}	老实lɔ^{24}ʂʅ^{0}	憨xã^{213} 傻ʂa^{24}
临沂	调皮tʰiɔ^{53}pʰi^{53}	老实lɔ^{214}ʃʅ^{0}	憨xã^{214} 傻ʃa^{55}

	1057笨蠢	1058大方不吝啬	1059小气吝啬
荣成	笨pən^{33}	大方ta^{33}faŋ^{0} 大把儿ta^{33}par^{214}	夹气tsia^{35}ts^{h}i^{0} 小气siau^{214}c^{h}i^{0}
烟台	彪$^{=}$piau^{53}	大方ta^{33}faŋ^{0}	小气ɕiau^{21}tɕ^{h}i^{0}
栖霞	笨pə̃n^{342}	割舍ka^{21}ʃi^{0} “舍”读为“实”轻声	搐tʃ^{h}y^{312}
长岛	笨pən^{52}	大方ta^{52}faŋ^{0}	小拉ʃau^{52}la^{0}
海阳	笨pẽ^{341}	大方ta^{34}faŋ^{0}	小气siɔ^{21}c^{h}i^{0}
莱西	笨pẽ^{42} 拙tʃuə^{55}	大方ta^{42}faŋ^{0} 大手儿大脚儿ta^{42}ʃiour^{55}ta^{42}cyər^{55}	小气ʃiɔ^{45}c^{h}i^{0}
平度	笨pə̃^{42} 拙tʃuə^{55}	大方ta^{42}faŋ^{0} 大手ta^{45}ʃou^{0}	小气siɔ^{45}c^{h}i^{42} 小家子气siɔ^{55}cia^{213}tθɿ^{0}c^{h}i^{42}
青岛	笨pẽ^{42} 拙tʃuə^{55}	大样tɑ^{45}iaŋ^{0} 大手tɑ^{45}ʃou^{0} 大方tɑ^{42}faŋ^{0}	小气siɔ^{55}tɕ^{h}i^{42} 小家子气siɔ^{55}tɕiɑ^{42}tθɿ^{0}tɕ^{h}i^{42}
高密	笨pə̃^{21} 嘲tʃ^{h}ɔ^{42}	大手tɑ^{42}ʃou^{0} 大方tɑ^{42}faŋ^{0}	抠k^{h}ou^{213} 抠门儿k^{h}ou^{213}mer^{42} 小气siɔ^{23}tɕ^{h}i^{0}
诸城	笨pẽ^{31}	大手ta^{44}ʃou^{0} 大方ta^{44}faŋ^{0}	乍古ka^{213}ku^{0} 细作θi^{44}tθuə^{0}
沂水	拙dʒuə^{44} 笨pẽ^{31}	大方ta^{31}faŋ^{213} 大可ta^{44}k^{h}ə^{0}	小作siɔ^{213}dðuə^{0} 细作si^{44}dðuə^{0} 掐掐捏捏tɕ^{h}ia^{21}tɕ^{h}ia^{0}niə^{21}niə^{0}
临朐	笨pə̃^{21}	大方ta^{21}faŋ^{0}	乍古ka^{213}ku^{0}
日照	笨pẽ^{31} 拙tʃyə^{213}	大待ta^{31}tɛ^{0}	细作θi^{53}tθuə^{0} 不割舍pu^{44}kɑ^{213}ʃɿ^{0} “舍”读为“实”轻声
莒南	笨pẽ^{312}	大方ta^{42}faŋ^{0}	小气siɔ^{213}tɕ^{h}i^{0}
潍坊	笨pẽ^{31} 拙tʂuə^{214}	大方ta^{55}faŋ^{0} 大手大脚tɑ^{31}ʂɤɯ^{55}tɑ^{31}tɕyə^{214}	狗屄kɤɯ^{24}pi^{0} 狗屄屎kɤɯ^{24}pi^{0}ʂɿ^{0}
寿光	笨pə̃^{21} 拙tʂuə^{213}	大方ta^{55}faŋ^{0}	乍古ka^{24}ku^{0}吝啬 小作ɕiɔ^{24}tsuə^{0}小气 夹挤tɕia^{213}tɕi^{0}吝啬
高青	笨pə̃^{41}	大方tɑ^{41}faŋ^{213}	乍古kɑ^{213}ku^{55}

续表

	1057笨蠢	1058大方不吝啬	1059小气吝啬
阳信	笨pə̃^{31}	大方ta^{31}faŋ^{0}	撮=tsuə^{55} 抠kʰou^{213} 小作子气ɕiɔ^{213}tsuə^{0}tsɿ^{0}tɕʰi^{31}
济阳	笨pẽ^{31}	大方ta^{31}faŋ^{213}	小作ɕiɔ^{213}tsuə^{0} 抠儿kʰour^{213} 小气ɕiɔ^{213}tɕʰi^{0}
利津	笨pẽ^{31}	大方ta^{31}faŋ^{213}	不出息pu^{44}tʂʰu^{24}ɕi^{0} 抠kʰou^{213}
乐陵	笨pẽ^{51}	大方ta^{51}faŋ^{0}	乔=里tɕʰiɔ^{51}li^{55}
商河	笨pẽ^{31} 迂y^{213}	大方ta^{31}faŋ^{0}	小气ɕiɔ^{213}tɕʰi^{0} 奸奸tɕiã^{21}tɕiã^{0} 抠kʰou^{213}
平原	笨pẽ^{21}	大方ta^{42}faŋ^{0}	抠儿kʰour^{213} 琐碎suə^{55}suei^{21}
德州	笨pẽ^{21}	大手ta^{21}ʂou^{55}	缩气suə^{55}tɕʰi^{0}
武城	不灵范=pu^{21}liŋ^{55}fã^{0}	大方ta^{312}faŋ^{0}	抠儿kʰour^{224}
临清	笨pen^{313} 蠢tʂʰun^{53} 迂y^{13}	大方ta^{31}faŋ^{13}	小气ɕiau^{44}tɕʰi^{0} 抠儿kʰour^{13} 吝啬lin^{31}sə^{0}
冠县	笨pẽ^{314}	大方ta^{53}faŋ^{0}	小气ɕiɔ^{55}tɕʰi^{0}
聊城	笨pẽ^{313}	大方ta^{53}faŋ^{0}	私闹=sɿ^{13}nɔ^{0} 小气ɕiɔ^{44}tɕʰi^{0} 奸tɕiã^{13}
济南	笨pẽ^{21}	大方ta^{21}faŋ^{0}	抠儿kʰour^{213} 生古ka^{213}ku^{55} 小气ɕiɔ^{213}tɕʰi^{0}
泰安	笨pẽ^{21} 迂y^{213}	出血儿tʂʰu^{23}ɕiər^{213}	抠门儿kʰou^{213}mer^{42} 不出血儿pu^{23}tʂʰu^{23}ɕiər^{213}
莱芜	笨pẽ^{42}	大方ta^{31}faŋ^{213}	小气ɕiɔ^{213}tɕʰi^{42}
新泰	笨pẽ^{31}	大方ta^{31}faŋ^{213}	细作ɕi^{54}tθuə^{0}
沂源	拙tʃuə^{213}	大方ta^{31}faŋ^{213}	生古ka^{21}ku^{0}
博山	笨pẽ^{31}	大方ta^{55}faŋ^{0}	生古ka^{22}ku^{0}
张店	笨pə̃^{31}	大方ta^{31}faŋ^{213}	生古ka^{33}ku^{33}

续表

	1057笨蠢	1058大方不吝啬	1059小气吝啬
阳谷	笨pẽ^{313}	大方ta^{42}fɑŋ^{0}	小气ɕiɔ^{55}tɕʰi^{0}
梁山	不灵巧pu^{23}liŋ^{55}tɕʰiɔ^{0}	大方ta^{42}fɑŋ^{0}	小气ɕiɔ^{55}tɕʰi^{0} 细抠儿ɕi^{31}kʰour^{213}
菏泽	笨pẽ^{312}	大方ta^{31}fɑŋ^{0}	撮⁼挤tsuə^{44}tɕi^{0}
曹县	二八ɭ^{21}pa^{213}	大方ta^{53}fɑŋ^{0}	抠门儿kʰou^{213}mər^{53}
金乡	笨pẽ^{312}	大方ta^{42}fɑŋ^{0}	小气ɕiɔ^{23}tɕʰi^{0}
曲阜	笨pẽ^{312}	大方ta^{42}fɑŋ^{0}	小气ɕiɔ^{213}tɕʰi^{0} 抠kʰou^{213}
薛城	笨pẽ^{41}	大方ta^{41}fɑŋ^{0} 舍泛⁼sə^{24}fã^{0}	小气ɕiɔ^{24}tɕʰi^{0} 孬种nɔ^{31}pfəŋ^{24}
郯城	笨pã^{51}	大方ta^{51}fɑŋ^{0}	小气ɕiɔ^{24}tɕʰi^{0}
临沂	笨pẽ^{312}	大方ta^{31}fɑŋ^{0}	小气ɕiɔ^{214}tɕʰi^{0}

	1060直爽性格～	1061犟脾气～	1062一～二三四五……，下同
荣成	直实ʃi^{35}ʂʅ^{0}	犟ciɑŋ^{33} 倔cyɛ^{33}	一i^{214}
烟台	直tɕi^{33}	犟tɕiɑŋ^{33}	一i^{14}
栖霞	直tʃʅ^{342}	犟ciɑŋ^{342}	一i^{214}
长岛	直tʃʅ^{55}	犟ciɑŋ^{52}	一i^{213}
海阳	直率tsʅ^{34}ʂuɛ^{0}	犟ciɑŋ^{341}	一i^{214}
莱西	直tʃʅ^{42} 爽朗suɑŋ^{214}lɑŋ^{0}	犟ciɑŋ^{42} 拗ȵiou^{42}	一i^{55}
平度	直tʃʅ^{42}	犟ciɑŋ^{42} 拗ȵiou^{213}	一i^{55}
青岛	爽快ʂuɑŋ^{55}kʰuɛ^{42}	犟tɕiɑŋ^{42} 拗ȵiou^{42} 轴tʃou^{42}	一i^{55}
高密	痛快tʰoŋ^{42}kʰuɛ^{0} 直tʃʅ^{42}	直种tʃʅ^{42}tʂoŋ^{0} 犟tɕiɑŋ^{21}	一i^{55}
诸城	直tʃʅ^{53}	犟tʃɑŋ^{31}多用于成人 牛①ȵiou^{53}多用于小孩脾气犟	一i^{44}

① 音去声者记为"拗"，音阳平者记为"牛"。

续表

	1060 直爽性格～	1061 犟脾气～	1062 一～二三四五……，下同
沂水	直 dʒʅ^{053}	犟 tɕiaŋ^{31}	一 i^{213}
临朐	直实 tʃʅ^{35}ʃʅ^{0}	直 tʃʅ^{53}	一 i^{213}
日照	直 tʃʅ^{53} 痛快 tʰəŋ^{53}kʰuɛ^{0}	倔 tʃyə^{31} 犟 tʃiaŋ^{31}	一 i^{213}
莒南	直 tʃʅ^{53}	拗 niou^{312} 犟 tɕiaŋ^{312}	一 i^{213}
潍坊	直 tʂʅ^{53}	犟 tɕiaŋ^{31} 牛膀子 ȵiɤɯ^{35}paŋ^{0}tsʅ^{0}	一 i^{214}
寿光	直实 tʂʅ^{35}ʂʅ^{0} 耿直 直 tʂʅ^{53} 耿直 爽快 ʂuaŋ^{24}kʰuɛ^{0} 说话做事不拖泥带水	犟 tɕiaŋ^{21} 牛 ȵiəu^{53}	一 i^{213}
高青	直 tʂʅ^{55}	犟 tɕiaŋ^{41}	一 i^{213}
阳信	直 tʂʅ^{43}	犟 tɕiaŋ^{31}	一 i^{213}
济阳	直实 tʂʅ^{24}ʂʅ^{0}	犟 tɕiaŋ^{31} 倔 tɕyə^{55}	一 i^{213}
利津	爽快 ʂuaŋ^{55}kʰuɛ^{31}	犟 tɕiaŋ^{31}	一 i^{44}
乐陵	痛快 tʰuŋ^{55}kʰuɛ^{0}	拧孙 ȵiŋ^{55}suẽ^{0}	一 i^{24}
商河	直爽 tʂʅ^{54}ʂuaŋ^{45}	犟 tɕiaŋ^{31} 拧 ȵiŋ^{31}	一 i^{213}
平原	爽快 ʂuaŋ^{23}kʰuɛi^{0}	倔 tɕyə^{21} 拧孙 ȵiŋ^{42}suẽ^{0}	一 i^{213}
德州	直 tʂʅ^{42}	犟 tɕiaŋ^{21} 倔 tɕyə^{21} 拧 ȵiŋ^{21}	一 i^{213}
武城	爽快 ʂuaŋ^{24}kʰuɛ^{0}	倔 tɕyə^{312} 拧 ȵiŋ^{312}	一 i^{224}
临清	爽快 ʂuaŋ^{44}kʰuai^{0}	犟 tɕiaŋ^{313} 倔 tɕyə^{313}	一 i^{13}
冠县	直耿 tʂʅ^{53}kəŋ^{55}	犟 tɕiaŋ^{314} 倔 tɕyə^{314}	一 i^{13}
聊城	爽快 suaŋ^{44}kʰuɛ^{0} 麻利 ma^{44}li^{0}	犟 tɕiaŋ^{313} 倔 tɕyə^{313} 听不进别人的话	一 i^{13}
济南	直 tʂʅ^{42}	犟 tɕiaŋ^{21}	一 i^{213}

续表

	1060 直爽性格～	1061 犟脾气～	1062 一～二三四五……，下同
泰安	直tʂʅ^{42} 直肠子tʂʅ^{42}tʂʰaŋ^{55}tsʅ^{0}	犟tɕiaŋ^{21} 拗ȵiou^{21}	一i^{213}
莱芜	直tʃʅ^{55}	犟tɕiaŋ^{42}	一i^{213}
新泰	直性子tʃʅ^{45}ɕiŋ^{0}tθʅ^{0}	犟tɕiaŋ^{31}	一i^{213}
沂源	直tʃʅ^{55}	犟tɕiaŋ^{31}	一i^{213}
博山	直tʂʅ^{55}	犟tɕiaŋ^{31}	一i^{213}
张店	直tʂʅ^{55}	拗ȵiou^{31}	一i^{33}
阳谷	爽快faŋ^{55}kʰuɛ^{0} 直耿tsʅ^{55}kəŋ^{0}	犟tɕiaŋ^{313} 倔tsuo^{313}	一i^{213}
梁山	直tsʅ^{42}	倔tɕyə^{42}	一i^{213}
菏泽	直tsʅ^{53}	别piɛ^{53} 拗ȵiou^{312}	一i^{213}
曹县	直tʂʅ^{53}	犟tɕiaŋ^{312}	一i^{213}
金乡	直tsʅ^{42}	拗ȵiou^{312} 坐跟tsuə^{42}kẽ^{0}	一i^{213}
曲阜	直tsʅ^{42}	拧ȵiŋ^{312}	一i^{213}
薛城	直tsʅ^{55}	倔tɕyə^{41} 肉zou^{41}	一i^{313}
郯城	直tʂʅ^{44}	拗niəu^{51} 犟tɕiaŋ^{51}	一i^{213}
临沂	直tʃʅ^{53}	犟tɕiaŋ^{312}多直接对抗 拗ȵiou^{312}多以沉默方式对抗	一i^{214}

	1063 二	1064 三	1065 四
荣成	二ər^{33}	三san^{53}	四sʅ^{33}
烟台	二ər^{33}	三san^{53}	四sʅ^{33}
栖霞	二ər^{342}	三sãn^{312}	四sʅ^{52}
长岛	二ər^{52}	三san^{312}	四sʅ^{52}
海阳	二ər^{341}	三θã^{52}	四θʅ^{341}
莱西	二ər^{42}	三sã^{214}	四sʅ^{42}
平度	二er^{42}	三θã^{213}	四θʅ^{42}

续表

	1063二	1064三	1065四
青岛	二ɭə^{213}	三θã^{213}	四θɿ^{213}
高密	二ɭə^{21}	三θã^{213}	四θɿ^{21}
诸城	二ɭə^{31}	三θã^{213}	四θɿ^{31}
沂水	二ɭə^{31}	三θã^{213}	四θɿ^{31}
临朐	二lə^{21}	三θã^{213}	四θɿ^{21}
日照	二ɭə^{31}	三θã^{213}	四θɿ^{31}
莒南	二ɭə^{312}	三θã^{213}	四θɿ^{312}
潍坊	二ɐr^{31}	三sã^{214}	四sɿ^{31}
寿光	二lə^{21}	三sã^{213}	四sɿ^{21}
高青	二ɭə^{41}	三sã^{213}	四sɿ^{41}
阳信	二ər^{31}	三sã^{213}	四sɿ^{31}
济阳	二ɭə^{31}	三sã^{213}	四sɿ^{31}
利津	二lə^{31}	三sã^{213}	四sɿ^{31}
乐陵	二ər^{51}	三sã^{24}	四sɿ^{51}
商河	二ɭə^{31}	三sã^{213}	四sɿ^{31}
平原	二ər^{21}	三sã^{213}	四sɿ^{21}
德州	二ər^{21}	三sã^{213}	四sɿ^{21}
武城	二ɭə^{312}	三sã^{224}	四sɿ^{312}
临清	二ər^{313}	三san^{13}	四sɿ^{313}
冠县	二ər^{314}	三sã^{13}	四sɿ^{314}
聊城	二ər^{313}	三sã^{13}	四sɿ^{313}
济南	二ər^{21}	三sã^{213}	四sɿ^{21}
泰安	二ər^{21}	三sã^{213}	四sɿ^{21}
莱芜	二ɭə^{42}	三sã^{213}	四sɿ^{42}
新泰	二ɭə^{31}	三θã^{213}	四θɿ^{31}
沂源	二ɭə^{31}	三θã^{213}	四θɿ^{31}
博山	二ɭə^{31}	三sã^{213}	四sɿ^{31}
张店	二ɭə^{31}	三sã^{213}	四sɿ^{31}

续表

	1063二	1064三	1065四
阳谷	二ər^{313}	三sã^{213}	四sɿ^{313}
梁山	二ɭ^{314}	三sã^{213}	四sɿ^{314}
菏泽	二ɭ^{312}	三sã^{213}	四sɿ^{312}
曹县	二ɣər^{312}	三sã^{213}	四sɿ^{312}
金乡	二ər^{312}	三sã^{213}	四sɿ^{312}
曲阜	二ər^{312}	三sã^{213}	四sɿ^{312}
薛城	二ɭə^{41}	三sã^{313}	四sɿ^{41}
郯城	二ɭə^{51}	三sã^{213}	四sɿ^{51}
临沂	二ɭə^{312}	三sã^{214}	四sɿ^{312}

	1066五	1067六	1068七
荣成	五u^{214}	六liəu^{33}	七tsʰi^{214}
烟台	五u^{14}	六liou^{33}	七tɕʰi^{14}
栖霞	五u^{214}	六liəu^{52}	七tʃʰʅ^{214}
长岛	五u^{213}	六liou^{52}	七tʃʰi^{213}
海阳	五u^{214}	六liəu^{341}	七tsʰi^{214}
莱西	五u^{55}	六liou^{42}	七tʃʰʅ^{55}
平度	五u^{55}	六liou^{213}	七tsʰi^{55}
青岛	五u^{55}	六liou^{42}	七tsʰi^{55}
高密	五u^{55}	六liou^{21}	七tsʰi^{55}
诸城	五u^{44}	六liou^{31}	七tθʰi^{44}
沂水	五u^{44}	六liou^{31}	七tsʰi^{44}
临朐	五u^{44}	六liəu^{21}	七tɕʰi^{44}
日照	五u^{44}	六liou^{31}	七ȶʰi^{213}
莒南	五u^{55}	六liou^{312}	七tsʰi^{213}
潍坊	五u^{55}	六liɤɯ^{31}	七tɕʰi^{214}
寿光	五u^{55}	六liəu^{21}	七tɕʰi^{213}
高青	五u^{55}	六liou^{41}	七tɕʰi^{213}

续表

	1066五	1067六	1068七
阳信	五 u^{55}	六 $liou^{31}$	七 $tɕ^hi^{213}$
济阳	五 u^{55}	六 $liou^{31}$	七 $tɕ^hi^{213}$
利津	五 u^{55}	六 $liou^{31}$	七 $tɕ^hi^{44}$
乐陵	五 u^{55}	六 $liou^{51}$	七 $tɕ^hi^{24}$
商河	五 u^{45}	六 $liou^{31}$	七 $tɕ^hi^{213}$
平原	五 u^{55}	六 $liou^{21}$	七 $tɕ^hi^{213}$
德州	五 u^{55}	六 $liou^{21}$	七 $tɕ^hi^{213}$
武城	五 u^{55}	六 $liou^{312}$	七 $tɕ^hi^{224}$
临清	五 u^{44}	六 $liou^{313}$	七 $tɕ^hi^{13}$
冠县	五 u^{55}	六 $liou^{314}$	七 ts^hi^{13}
聊城	五 u^{44}	六 $liou^{313}$	七 $tɕ^hi^{13}$
济南	五 u^{55}	六 $liou^{21}$	七 $tɕ^hi^{213}$
泰安	五 u^{55}	六 $liou^{21}$	七 $tɕ^hi^{213}$
莱芜	五 u^{55}	六 $liou^{42}$	七 $tɕ^hi^{213}$
新泰	五 u^{55}	六 $liou^{31}$	七 $tɕ^hi^{213}$
沂源	五 u^{55}	六 $liou^{31}$	七 $tɕ^hi^{213}$
博山	五 u^{55}	六 $liəu^{31}$	七 $tɕ^hi^{213}$
张店	五 u^{55}	六 $liou^{31}$	七 $tɕ^hi^{33}$
阳谷	五 u^{55}	六 $liou^{313}$	七 $tɕ^hi^{213}$
梁山	五 u^{55}	六 $liou^{314}$	七 $tɕ^hi^{213}$
菏泽	五 u^{44}	六 $liou^{312}$	七 $tɕ^hi^{213}$
曹县	五 u^{44}	六 $liou^{312}$	七 $tɕ^hi^{213}$
金乡	五 u^{55}	六 $liou^{312}$	七 $tɕ^hi^{213}$
曲阜	五 u^{55}	六 $liou^{312}$	七 $tɕ^hi^{213}$
薛城	五 u^{24}	六 $liou^{41}$	七 $tɕ^hi^{313}$
郯城	五 u^{24}	六 $liəu^{51}$	七 $tɕ^hi^{213}$
临沂	五 u^{55}	六 $liou^{312}$	七 $tɕ^hi^{214}$

	1069八	1070九	1071十
荣成	八pa^{214}	九ciəu^{214}	十ʃi^{33}
烟台	八pa^{14}	九tɕiou^{14}	十çi^{33}
栖霞	八pa^{214}	九ciəu^{214}	十ʃʅ^{342}
长岛	八pa^{213}	九ciou^{213}	十ʃɿ^{55}
海阳	八pa^{214}	九ciəu^{214}	十sɿ^{341}
莱西	八pa^{55}	九ciou^{55}	十ʃɿ^{42}
平度	八pa^{55}	九ciou^{55}	十ʃɿ^{42}
青岛	八pɑ^{55}	九tɕiou^{55}	十ʃɿ^{42}
高密	八pɑ^{55}	九tɕiou^{55}	十ʃɿ^{42}
诸城	八pa^{44}	九tʃou^{44}	十ʃɿ^{53}
沂水	八pa^{44}	九tɕiou^{44}	十ʃɿ^{53}
临朐	八pa^{44}	九tɕiəu^{44}	十ʃɿ^{53}
日照	八pɑ^{213}	九tʃiou^{44}	十ʃɿ^{53}
莒南	八pa^{213}	九tɕiou^{55}	十ʃɿ^{53}
潍坊	八pɑ^{214}	九tɕiɤɯ^{55}	十ʂʅ^{53}
寿光	八pa^{213}	九tɕiəu^{55}	十ʂʅ^{53}
高青	八pɑ^{213}	九tɕiou^{55}	十ʂʅ^{55}
阳信	八pa^{213}	九tɕiou^{55}	十ʂʅ^{43}
济阳	八pa^{213}	九tɕiou^{55}	十ʂʅ^{55}
利津	八pa^{44}	九tɕiou^{55}	十ʂʅ^{53}
乐陵	八pɑ^{24}	九tɕiou^{55}	十ʂʅ^{55}
商河	八pɑ^{213}	九tɕiou^{45}	十ʂʅ^{54}
平原	八pa^{213}	九tɕiou^{55}	十ʂʅ^{42}
德州	八pa^{213}	九tɕiou^{55}	十ʂʅ^{42}
武城	八pa^{224}	九tɕiou^{55}	十ʂʅ^{53}
临清	八pa^{13}	九tɕiou^{44}	十ʂʅ^{53}
冠县	八pa^{13}	九tɕiou^{55}	十ʂʅ^{53}
聊城	八pa^{13}	九tɕiou^{44}	十sɿ^{53}

续表

	1069八	1070九	1071十
济南	八pa^{213}	九tɕiou^{55}	十ʂʅ^{42}
泰安	八pa^{213}	九tɕiou^{55}	十ʂʅ^{42}
莱芜	八pa^{213}	九tɕiou^{55}	十ʃʅ^{42}
新泰	八pa^{213}	九tɕiou^{55}	十ʃʅ^{42}
沂源	八pa^{213}	九tɕiou^{55}	十ʃɿ^{55}
博山	八pɑ^{213}	九tɕiəu^{55}	十ʂʅ^{55}
张店	八pɑ^{33}	九tɕiou^{55}	十ʂʅ^{55}
阳谷	八pa^{213}	九tɕiou^{55}	十sɿ^{42}
梁山	八pa^{213}	九tɕiou^{55}	十sɿ^{42}
菏泽	八pa^{213}	九tɕiou^{44}	十sɿ^{53}
曹县	八pa^{213}	九tɕiou^{44}	十ʂʅ^{53}
金乡	八pa^{213}	九tɕiou^{55}	十sɿ^{42}
曲阜	八pa^{213}	九tɕiou^{55}	十sɿ^{42}
薛城	八pa^{313}	九tɕiou^{24}	十sɿ^{55}
郯城	八pa^{213}	九tɕiəu^{24}	十ʂʅ^{44}
临沂	八pa^{214}	九tɕiou^{55}	十ʃʅ^{53}

	1072二十有无合音①	1073三十有无合音②	1074一百
荣成	二十ər^{33}ʃi^{0}	三十san^{53}ʃi^{0}	一百i^{55}pɛ^{214}
烟台	二十ər^{33}ɕi^{0}	三十san^{53}ɕi^{0}	一百i^{33}po^{14}
栖霞	二十ər^{34}ʃʅ^{0}	三十sãn^{52}ʃʅ^{342}	一百i^{34}pə^{214}
长岛	二十ər^{52}ʃɿ^{55}	三十san^{31}ʃɿ^{55}	一百i^{52}pə^{213}
海阳	二十ər^{34}sɿ^{0}	三十θã^{52}sɿ^{0}	一百i^{21}pə^{214}
莱西	二十ər^{214}ʃɿ^{42}	三十sã^{214}ʃɿ^{42}	一百i^{21}pə^{55}
平度	二十er^{213}ʃɿ^{42}	三十θã^{213}ʃɿ^{42}	一百i^{213}pei^{55}

① 各点均无合音。

② 各点均无合音。

续表

	1072二十有无合音	1073三十有无合音	1074一百
青岛	二十ɭə^{213}ʃʅ^{42}	三十θã^{213}ʃʅ^{42}	一百i^{213}pei^{55}
高密	二十ɭə^{21}ʃʅ^{42}	三十θã^{213}ʃʅ^{42}	一百i^{42}pei^{55}
诸城	二十ɭə^{31}ʃʅ^{53}	三十θã^{213}ʃʅ^{53}	一百i^{44}pei^{44}
沂水	二十ɭə^{31}ʃʅ^{53}	三十θã^{24}ʃʅ^{53}	一百i^{213}pe^{44}
临朐	二十lə^{21}ʃʅ^{53}	三十θã^{213}ʃʅ^{53}	一百i^{213}pei^{44}
日照	二十ɭə^{31}ʃʅ^{53}	三十θã^{213}ʃʅ^{53}	一百i^{24}pei^{213}
莒南	二十ɭə^{31}ʃʅ^{53}	三十θã^{55}ʃʅ^{53}	一百i^{13}pei^{213}
潍坊	二十ɐr^{31}ʂʅ^{0}	三十sã^{214}ʂʅ^{53}	一百i^{24}pei^{214}
寿光	二十lə^{21}ʂʅ^{53}	三十sã^{213}ʂʅ^{53}	一百i^{55}pei^{213}
高青	二十ɭə^{41}ʂʅ^{55}	三十sã^{213}ʂʅ^{55}	一百i^{55}pei^{213}
阳信	二十ər^{31}ʂʅ^{43}	三十sã^{55}ʂʅ^{43}	一百i^{31}pɛ^{55}
济阳	二十ɭə^{31}ʂʅ^{55}	三十sã^{213}ʂʅ^{55}	一百i^{55}pei^{213} "百"也读pɛ^{213}
利津	二十lə^{31}ʂʅ^{53}	三十sã^{213}ʂʅ^{53}	一百i^{24}pei^{44}
乐陵	二十ər^{31}ʂʅ^{55}	三十sã^{212}ʂʅ^{55}	一百i^{212}pɛ^{55}
商河	二十ɭə^{31}ʂʅ^{54}	三十sã^{213}ʂʅ^{54}	一百i^{54}pɛ^{45}
平原	二十ər^{21}ʂʅ^{42}	三十sã^{212}ʂʅ^{42}	一百i^{23}pɛi^{213}
德州	二十ər^{21}ʂʅ^{42}	三十sã^{213}ʂʅ^{42}	一百i^{213}pɛ^{213}
武城	二十ɭə^{21}ʂʅ^{53}	三十sã^{24}ʂʅ^{53}	一百i^{24}pɛ^{224}
临清	二十ər^{31}ʂʅ^{53}	三十san^{13}ʂʅ^{53}	一百i^{31}pai^{13}
冠县	二十ər^{314}ʂʅ^{53}	三十sã^{13}ʂʅ^{53}	一百i^{13}pɛ^{13}
聊城	二十ər^{31}sʅ^{53}	三十sã^{13}sʅ^{53}	一百i^{31}pɛ^{13}
济南	二十ər^{21}ʂʅ^{42}	三十sã^{213}ʂʅ^{42}	一百i^{23}pei^{213}
泰安	二十ər^{21}ʂʅ^{42}	三十sã^{213}ʂʅ^{42}	一百i^{23}pei^{213}
莱芜	二十ɭə^{31}ʃʅ^{55}	三十sã^{13}ʃʅ^{55}	一百i^{31}pei^{0}
新泰	二十ɭə^{31}ʃʅ^{42}	三十θã^{21}ʃʅ^{42}	一百i^{23}pei^{213}
沂源	二十ɭə^{31}ʃʅ^{55}	三十θã^{21}ʃʅ^{55}	一百i^{55}pei^{213}
博山	二十ɭə^{31}ʂʅ^{55}	三十sã^{213}ʂʅ^{55}	一百i^{213}pei^{55}
张店	二十ɭə^{31}ʂʅ^{55}	三十sã^{213}ʂʅ^{55}	一百i^{33}pei^{33}

续表

	1072二十有无合音	1073三十有无合音	1074一百
阳谷	二十ər^{31}sɿ^{42}	三十sã^{213}sɿ^{42}	一百i^{13}pei^{213}
梁山	二十ɭ^{31}sɿ^{42}	三十sã^{213}sɿ^{42}	一百i^{23}pei^{213}
菏泽	二十ɭ^{31}sɿ^{53}	三十sã^{213}sɿ^{53}	一百i^{31}pei^{213}
曹县	二十ɣər^{31}ʂʅ^{53}	三十sã^{213}ʂʅ^{53}	一百i^{213}pei^{213}
金乡	二十ər^{31}sɿ^{42}	三十sã^{213}sɿ^{42}	一百i^{23}pei^{213}
曲阜	二十ər^{31}sɿ^{42}	三十sã^{213}sɿ^{42}	一百i^{23}pei^{213}
薛城	二十ɭə^{41}sɿ^{55}	三十sã^{31}sɿ^{55}	一百i^{23}pe^{313}
郯城	二十ɭə^{51}ʂʅ^{44}	三十sã^{21}ʂʅ^{44}	一百i^{13}pe^{213}
临沂	二十ɭə^{31}ʃʅ^{53}	三十sã^{24}ʃʅ^{53}	一百i^{24}pei^{214}

	1075一千	1076一万	1077一百零五
荣成	一千i^{21}tsʰian^{53}	一万i^{21}uan^{33}	一百零五i^{55}pɛ^{21}liŋ^{53}u^{214}
烟台	一千i^{14}tɕʰian^{53}	一万i^{21}uan^{33}	一百零五i^{33}po^{14}liŋ^{0}u^{14}
栖霞	一千i^{34}tʃʰiãn^{312}	一万i^{34}uãn^{52}	一百零五i^{21}pə^{34}liŋ^{0}u^{214}
长岛	一千i^{55}tʃʰan^{31}	一万i^{55}uan^{52}	一百零五i^{52}pə^{213}liŋ^{55}u^{213}
海阳	一千i^{21}cʰiã^{52}	一万i^{21}uã^{341}	一百零五i^{21}pə^{21}liŋ^{52}u^{214}
莱西	一千i^{55}tʃʰiã^{214}	一万i^{214}uã^{42}	一百零五i^{21}pə^{55}liŋ^{214}u^{55}
平度	一千i^{55}tsʰiã^{213}	一万i^{55}uã^{213}	一百零五i^{213}pei^{55}liŋ^{213}u^{55}
青岛	一千i^{55}tsʰiã^{213}	一万i^{55}uã^{42}	一百零五i^{213}pei^{55}lioŋ^{213}u^{55}
高密	一千i^{55}tsʰiã^{213}	一万i^{55}uã^{21}	一百零五i^{42}pei^{55}lioŋ^{42}u^{55}
诸城	一千i^{44}tθʰiã^{213}	一万i^{44}uã^{31}	一百零五i^{44}pei^{44}liəŋ^{53}u^{44}
沂水	一千i^{24}tsʰiã^{213}	一万i^{24}uã^{31}	一百零五i^{213}pe^{44}liŋ^{53}u^{44}
临朐	一千i^{44}tɕʰiã^{213}	一万i^{44}uã^{21}	一百零五i^{21}pei^{0}liŋ^{53}u^{44}
日照	一千i^{24}ȶʰiã^{213}	一万i^{24}uã^{31}	一百零五i^{24}pei^{213}liəŋ^{53}u^{44}
莒南	一千i^{13}tsʰiã^{213}	一万i^{13}uã^{31}	一百零五i^{13}pei^{213}liŋ^{53}u^{55}
潍坊	一千i^{24}tɕʰiã^{214}	一万i^{24}uã^{31}	一百零五i^{24}pei^{214}liŋ^{53}u^{55}
寿光	一千i^{55}tɕʰiã^{213}	一万i^{13}uã^{21}	一百零五i^{213}pei^{0}liŋ^{53}u^{55}
高青	一千i^{55}tɕʰiã^{213}	一万i^{213}uã^{41}	一百零五i^{55}pei^{213}liŋ^{55}u^{55}

续表

	1075 一千	1076 一万	1077 一百零五
阳信	一千 i^{55}tɕʰiã^{213}	一万 i^{55}uã^{31}	一百零五 i^{31}pɛ^{55}liŋ^{31}u^{55}
济阳	一千 i^{55}tɕʰiã^{213}	一万 i^{55}uã^{31}	一百零五 i^{55}pei^{213}liŋ^{54}u^{55} “百”也读 pɛ^{213}
利津	一千 i^{24}tɕʰiã^{213}	一万 i^{24}uã^{31}	一百零五 i^{24}pei^{44}liŋ^{53}u^{55}
乐陵	一千 i^{51}tɕʰiã^{24}	一万 i^{24}uã^{51}	一百零五 i^{212}pɛ^{55}liŋ^{31}u^{55}
商河	一千 i^{45}tɕʰiã^{213}	一万 i^{45}uã^{31}	一百零五 i^{54}pɛ^{45}liŋ^{54}u^{45}
平原	一千 i^{23}tɕʰiã^{213}	一万 i^{23}uã^{21}	一百零五 i^{23}pei^{21}liŋ^{42}u^{55}
德州	一千 i^{213}tɕʰiã^{213}	一万 i^{55}uã^{0}	一百零五 i^{213}pɛ^{213}liŋ^{42}u^{55}
武城	一千 i^{24}tɕʰiã^{224}	一万 i^{24}uã^{312}	一百零五 i^{24}pɛ^{0}liŋ^{53}u^{55}
临清	一千 i^{31}tɕʰian^{13}	一万 i^{44}uan^{313}	一百零五 i^{31}pai^{13}liŋ^{53}u^{44}
冠县	一千 i^{13}tɕʰiã^{13}	一万 i^{13}uã^{314}	一百零五 i^{13}pɛ^{13}liŋ^{53}u^{55}
聊城	一千 i^{31}tɕʰiã^{13}	一万 i^{13}uã^{313}	一百零五 i^{31}pɛ^{13}liŋ^{53}u^{44}
济南	一千 i^{23}tɕʰiã^{213}	一万 i^{23}uã^{21}	一百零五 i^{23}pei^{213}liŋ^{42}u^{55}
泰安	一千 i^{23}tɕʰiã^{213}	一万 i^{23}uã^{21}	一百零五 i^{23}pei^{213}liŋ^{42}u^{55}
莱芜	一千 i^{55}tɕʰiã^{213}	一万 i^{213}uã^{42}	一百零五 i^{31}pei^{0}liŋ^{55}u^{213}
新泰	一千 i^{23}tɕʰiã^{213}	一万 i^{23}uã^{31}	一百零五 i^{23}pei^{21}liŋ^{42}u^{55}
沂源	一千 i^{55}tʰiã^{213}	一万 i^{55}uã^{31}	一百零五 i^{21}pei^{55}liŋ^{55}u^{55}
博山	一千 i^{55}tɕʰiã^{213}	一万 i^{55}uã^{31}	一百零五 i^{213}pei^{213}liŋ^{53}u^{55}
张店	一千 i^{33}tɕʰiã^{213}	一万 i^{33}uã^{31}	一百零五 i^{33}pei^{33}liŋ^{55}u^{55}
阳谷	一千 i^{13}tɕʰiã^{213}	一万 i^{13}uã^{313}	一百零五 i^{13}pei^{0}liŋ^{42}u^{55}
梁山	一千 i^{23}tɕʰiã^{213}	一万 i^{23}uã^{314}	一百零五 i^{23}pei^{213}liŋ^{42}u^{55}
菏泽	一千 i^{31}tɕʰiã^{213}	一万 i^{213}uã^{312}	一百零五 i^{31}pei^{213}liŋ^{53}u^{44}
曹县	一千 i^{213}tɕʰiã^{213}	一万 i^{213}uã^{312}	一百零五 i^{213}pei^{21}liŋ^{53}u^{44}
金乡	一千 i^{23}tɕʰiã^{213}	一万 i^{23}uã^{312}	一百零五 i^{23}pei^{213}liŋ^{42}u^{55}
曲阜	一千 i^{23}tɕʰiã^{213}	一万 i^{23}uã^{312}	一百零五 i^{23}pei^{213}liŋ^{42}u^{55}
薛城	一千 i^{23}tɕʰiã^{313}	一万 i^{313}uã^{41}	一百零五 i^{23}pe^{31}liŋ^{54}u^{24}
郯城	一千 i^{13}tɕʰiã^{213}	一万 i^{21}uã^{51}	一百零五 i^{13}pe^{21}liŋ^{44}u^{24}
临沂	一千 i^{24}tɕʰiã^{214}	一万 i^{24}uã^{312}	一百零五 i^{24}pei^{24}liŋ^{53}u^{55}

	1078一百五十	1079第一～，第二	1080二两重量
荣成	一百五十i^{55}pɛ^{21}u^{35}ʃi^{0}	第一ti^{33}i^{214}	二两ər^{33}liɑŋ^{0}
烟台	一百五十i^{33}po^{14}u^{21}ɕi^{33}	第一ti^{33}i^{14}	二两ər^{33}liɑŋ^{0}
栖霞	一百五i^{21}pə^{34}u^{214}	第一ti^{34}i^{214}	二两ər^{55}liɑŋ^{214}
长岛	一百五十i^{52}pə^{213}u^{21}ʃʅ^{55}	第一ti^{52}i^{213}	二两ər^{52}liɑŋ^{213}
海阳	一百五十i^{21}pə^{34}u^{21}sʅ^{0}	第一ti^{34}i^{214}	二两ər^{55}liɑŋ^{214}
莱西	一百五i^{45}pə^{0}u^{55} 一百五十i^{214}pə^{55}u^{214}ʃʅ^{42}	第一ti^{21}i^{55}	二两ər^{45}liɑŋ^{0}
平度	一百五i^{42}pei^{213}u^{55}	第一ti^{213}i^{55}	二两er^{45}liɑŋ^{0}
青岛	一百五i^{42}pei^{55}u^{55}	第一ti^{213}i^{55}	二两ɭə^{213}liɑŋ^{55}
高密	一百五i^{55}pei^{55}u^{55}	第一ti^{21}i^{55}	二两ɭə^{42}liɑŋ^{0}
诸城	一百五i^{44}pei^{44}u^{44}	第一ȶi^{31}i^{44}	二两ɭə^{44}liɑŋ^{0}
沂水	一百五i^{213}pe^{44}u^{44} 一百五十i^{213}pe^{44}u^{213}ʃʅ^{53}	第一ti^{31}i^{213}	二两ɭə^{44}liɑŋ^{0}
临朐	一百五i^{21}pei^{0}u^{44}	第一ti^{21}i^{213}	二两lə^{44}liɑŋ^{0}
日照	一百五i^{24}pei^{213}u^{44} 一百五十i^{24}pei^{213}u^{24}ʃʅ^{53}	第一ti^{31}i^{213}	二两ɭə^{53}liɑŋ^{0}
莒南	一百五十i^{13}pei^{213}u^{55}	第一ti^{31}i^{213}	二两ɭə^{42}liɑŋ^{0}
潍坊	百五i^{24}pci^{214}u^{55}	第 ti^{31}i^{214}	二两ɐr^{55}liɑŋ^{0}
寿光	一百五i^{213}pei^{0}u^{55}	第一ti^{21}i^{213}	二两lə^{55}liɑŋ^{0}
高青	一百五i^{55}pei^{213}u^{55}	第一ti^{41}i^{213}	二两ɭə^{55}liɑŋ^{0}
阳信	一百五i^{31}pɛ^{55}u^{55}	第一ti^{31}i^{213}	二两ər^{55}liɑŋ^{0}
济阳	一百五十i^{55}pei^{213}u^{21}ʂʅ^{0} "百"也读pɛ^{213}	第一ti^{31}i^{213}	二两ɭə^{55}liɑŋ^{0}
利津	一百五i^{24}pei^{44}u^{55}	第一ti^{31}i^{44}	二两lə^{31}liɑŋ^{0}
乐陵	一百五i^{212}pɛ^{55}u^{55}	第一ti^{31}i^{24}	二两ər^{55}liɑŋ^{0}
商河	一百五i^{54}pɛ^{45}u^{45} 一百五十i^{54}pɛ^{45}u^{45}ʂʅ^{54}	第一ti^{31}i^{45}	二两ɭər^{54}liɑŋ^{0}
平原	一百五i^{23}pei^{21}u^{55}	第一ti^{21}i^{213}	二两ər^{42}liɑŋ^{0}
德州	一百五i^{213}pɛ^{213}u^{55}	第一ti^{21}i^{213}	二两ər^{42}liɑŋ^{0}
武城	一百五i^{24}pɛ^{0}u^{55}	第一ti^{21}i^{224}	二两ɭə^{53}liɑŋ^{0}

续表

	1078一百五十	1079第一~，第二	1080二两重量
临清	一百五十i^{31}pai^{13}u^{44}ʂʅ^{53} 一百五i^{31}pai^{13}u^{44}	第一ti^{31}i^{13}	二两ər^{31}liaŋ^{44}
冠县	一百五十i^{13}pɛ^{13}u^{55}ʂʅ^{0}	第一ti^{31}i^{13}	二两ər^{31}liaŋ^{55}
聊城	一百五十i^{31}pɛ^{13}u^{44}sɿ^{53} 一百五i^{31}pɛ^{13}u^{44}	第一ti^{31}i^{13}	二两ər^{31}liaŋ^{44}
济南	一百五十i^{23}pei^{213}u^{55}ʂʅ^{42} 一百五i^{23}pei^{213}u^{55}	第一ti^{21}i^{213}	二两ər^{55}liaŋ^{0}
泰安	一百五十i^{23}pei^{213}u^{213}ʂʅ^{42}	第一ti^{21}i^{213}	二两ər^{42}liaŋ^{0}
莱芜	一百五十i^{31}pei^{0}u^{213}ʃʅ^{0}	第一ti^{31}i^{213}	二两ɭə^{42}liaŋ^{0}
新泰	一百五十i^{23}pei^{21}u^{55}ʃʅ^{42}	第一ti^{31}i^{213}	二两ɭə^{54}liaŋ^{0}
沂源	一百五i^{21}pei^{55}u^{55}	第一ti^{31}i^{213}	二两ɭə^{55}liaŋ^{0}
博山	一百五i^{213}pei^{213}u^{55}	第一ti^{31}i^{213}	二两ɭə^{55}liaŋ^{0}
张店	一百五十i^{33}pei^{33}u^{55}ʂʅ^{55}	第一ti^{31}i^{33}	二两ɭə^{55}liaŋ^{0}
阳谷	一百五i^{13}pei^{13}u^{55}	第一ti^{31}i^{213}	二两ər^{31}liaŋ^{0}
梁山	一百五十i^{23}pei^{21}u^{55}sɿ^{42}	第一ti^{31}i^{213}	二两ɭ^{31}liaŋ^{55}
菏泽	一百五i^{31}pei^{213}u^{44}	第一ti^{31}i^{213}	二两ɭ^{31}liaŋ^{44}
曹县	一百五i^{213}pei^{21}u^{44}	第一ti^{31}i^{213}	二两ɣər^{31}liaŋ^{44}
金乡	一百五十i^{213}pei^{21}u^{55}sɿ^{42}	第一ti^{31}i^{213}	二两ər^{31}liaŋ^{55}
曲阜	一百五i^{213}pei^{21}u^{55}	第一ti^{31}i^{213}	二两ər^{31}liaŋ^{55}
薛城	一百五i^{23}pe^{31}u^{24}	第一ti^{41}i^{313}	二两ɭə^{41}liaŋ^{24}
郯城	一百五i^{13}pe^{21}u^{24} 一百五十i^{13}pe^{21}u^{24}ʂʅ^{44}	第一ti^{51}i^{213}	二两ɭə^{51}liaŋ^{24}
临沂	一百五十i^{24}pei^{24}u^{55}ʃʅ^{53}	第一ti^{31}i^{214}	二两ɭə^{31}liaŋ^{55}

	1081几个你有~孩子？	1082俩你们~	1083仨你们~
荣成	几个ci^{214}kə^{0}	俩lia^{214}	仨sa^{53}
烟台	几个tɕi^{21}kɤ^{33}	俩lia^{14}	仨sa^{53}
栖霞	几个ci^{34}kə^{52}	俩lia^{214}	仨sa^{312}
长岛	几个ci^{35}kə^{0}	俩lia^{213}	仨sa^{312}
海阳	几个ci^{21}kə^{0}	俩lia^{214}	仨sa^{52}

续表

	1081 几个你有～孩子？	1082 俩你们～	1083 仨你们～
莱西	几个 ci^{45}kə^{0}	俩儿 liᴀr^{55}	仨 sa^{214}
平度	几个 ci^{45}kə^{0}	俩 lia^{55}	仨 θa^{213}
青岛	几个 tɕi^{55}kə^{42}	俩 liɑ^{55}	仨 θɑ^{213}
高密	几个 tɕi^{23}kə^{0}	俩 liɑ^{55}	仨 θɑ^{213}
诸城	几个 tʃʅ^{213}kə^{0}	俩 lia^{44}	仨 θa^{213}
沂水	几个 tɕi^{213}kə^{0}	俩 lia^{44}	仨 θa^{213}
临朐	几呃 tɕi^{213}ə^{0}	俩 lia^{44}	仨 θa^{213}
日照	多少 tuə^{53}ʃuə^{0}	俩 liɑ^{44} 俩儿 ʐɑr^{44}	仨 θɑ^{213}
莒南	几个 tɕi^{213}kə^{0}	两个 liɑŋ^{213}kə^{0}	三个 θã^{21}kə^{0}
潍坊	几个 tɕi^{24}kuə^{0} 几耶$^{=}$ tɕi^{24}iə^{0}	俩 liɑ^{55}	仨 sɑ^{214}
寿光	几呃 tɕi^{24}ə^{0}	俩 lia^{55}	仨 sa^{213}
高青	几个 tɕi^{55}kə^{41}	俩 liɑ^{55}	仨 sɑ^{213}
阳信	几耶$^{=}$ tɕi^{213}iə^{0}	俩 lia^{55}	仨 sa^{213}
济阳	几呀 tɕi^{213}ia^{0}	俩 lia^{55}	仨 sa^{213}
利津	几呀 tɕi^{213}ia^{0}	俩 lia^{55}	仨 sa^{213}
乐陵	几呀 tɕi^{212}iɑ^{0}	俩 liɑ^{55}	仨 sɑ^{24}
商河	几呀 tɕi^{213}iɑ^{0}	俩 liɑ^{45}	仨 sɑ^{213}
平原	几呀 tɕi^{23}ia^{0}	俩 lia^{55}	仨 sa^{213}
德州	几呀 tɕi^{213}ia^{0}	俩 lia^{55}	仨 sa^{213}
武城	几呀 tɕi^{24}ia^{0}	俩 lia^{55}	仨 sa^{224}
临清	几个 tɕi^{44}kə^{0}	俩 lia^{44}	仨 sa^{13}
冠县	几个 tɕi^{55}kə^{314}	俩 liɑ^{55}	仨 sɑ^{13}
聊城	几个 tɕi^{44}kə^{0}	俩 lia^{44} 两个 liɑŋ^{44}kə^{0}	仨 sa^{13}
济南	几呀 tɕi^{213}ia^{0}	俩 lia^{55}	仨 sa^{213}
泰安	几个 tɕi^{55}kə^{21}	俩 lia^{55}	仨 sa^{213}
莱芜	几个 tɕi^{213}kə^{0}	俩 lia^{55}	仨 sa^{213}

续表

	1081 几个你有～孩子？	1082 俩你们～	1083 仨你们～
新泰	几个 tɕi^{55}kə^{31}	俩 lia^{55}	仨 θa^{213}
沂源	几个 tɕi^{21}kuə^{0}	俩 lia^{55}	仨 θa^{213}
博山	几个 tɕi^{55}kuə^{31} 几呃 tɕi^{213}ə^{0}	俩 liɑ^{55}	仨 sɑ^{213}
张店	几呀 tɕi^{213}iɑ^{0}	俩 liɑ^{55}	仨 sɑ^{213}
阳谷	几个 tɕi^{55}kə^{313}	俩 lia^{55}	仨 sa^{213}
梁山	几个 tɕi^{55}kə^{314}	俩 lia^{55}	仨 sa^{213}
菏泽	几个 tɕi^{44}kə^{312}	俩 lia^{44}	仨 sa^{213}
曹县	几个 tɕi^{44}kə^{0}	俩 lia^{44}	仨 sa^{213}
金乡	几个 tɕi^{55}kə^{312}	俩 lia^{55}	仨 sa^{213}
曲阜	几个 tɕi^{55}kə^{0}	俩 lia^{55}	仨 sa^{213}
薛城	几个 tɕi^{24}kə^{41}	俩 lia^{24}	仨 sa^{313}
郯城	几个 tɕi^{24}kə^{0}	俩 lia^{24} 两个 liɑŋ^{24}kə^{0}	仨 sa^{213} 三个 sã^{21}kə^{0}
临沂	几个 tɕi^{214}kə^{0}	两个 liɑŋ^{214}kə^{0} 俩儿 liar^{55}	三个 sã^{21}kə^{0} 仨 sa^{214}

	1084 个把	1085 个一～人	1086 匹一～马
荣成	个儿把 kor^{33}pa^{0}	个 ko^{33}	匹 pʰi^{53}
烟台	不几个儿 pu^{33}tɕi^{21}kɤr^{33}	个 kɤ^{33}	匹 pʰi^{53}
栖霞	几个 ci^{34}kə^{52}	个 kə^{52}	匹 pʰi^{214}
长岛	个儿把 kər^{52}pa^{0}	个 kə^{52}	匹 pʰi^{312}
海阳	个儿把 kuor^{52}pa^{214}	个 kuo^{341}/kə^{341}	匹 pʰi^{52}
莱西	几个 ci^{24}kə^{0}	个 kə^{42}	匹 pʰi^{214} 个 kə^{42}
平度	个把儿 kuə^{42}par^{0}	个 kuə^{213}	匹 pʰi^{213} 个 kuə^{213}
青岛	个把儿 kə^{42}pɑr^{0}	个 kə^{42}	匹 pʰi^{213}
高密	个把 kə^{42}pɑ^{0}	个 kə^{21}	匹 pʰi^{213}
诸城	几个 tʃʅ^{213}kə^{0}	个 kə^{31}	匹 pʰi^{213}

续表

	1084个把	1085个一～人	1086匹一～马
沂水	一半个儿i^{24}pã^{31}kər^{31} 一个儿半个儿i^{24}kər^{31}pã^{31}kər^{31}	个kə^{31}	匹p^{h}i^{213}
临朐	个把kuə^{44}pa^{0}	个kuə^{21}	匹p^{h}i^{213}
日照	没几个儿mu^{53}tʃʅ^{213}kər^{0}	个kə^{31}	匹p^{h}i^{213}
莒南	个把儿kə^{31}pər^{213}	个kə^{312}	匹p^{h}i^{213}
潍坊	（无）	个kuə^{31}	匹p^{h}i^{214}
寿光	个把儿kuə^{55}pʌr^{0} 个数儿kuə^{55}ʂur^{0}	个kuə^{21}	匹p^{h}i^{53} 个kuə^{21}
高青	个把kə^{55}pɑ^{0}	个kə^{41}	匹p^{h}i^{213}
阳信	一个儿半个儿的i^{55}kər^{31}pã^{31}kər^{55}ti^{0}	个kə^{31}	匹p^{h}i^{213}
济阳	个把kə^{55}pa^{0}	个kə^{31}	个kə^{31} 匹p^{h}i^{55}
利津	（无）	个kə^{31}	匹p^{h}i^{213}
乐陵	（无）	个kə^{51}	匹p^{h}i^{24}
商河	个把kə^{54}pã^{0}“把”读为“半”轻声	个kə^{31}	个kə^{31}
平原	个把儿kə^{42}par^{0}	个kə^{21}	匹p^{h}i^{213}
德州	个儿把儿kər^{21}pɐr^{55}	个kə^{21}	匹p^{h}i^{55}
武城	个把kə^{53}pã^{0}“把”读为“半”轻声	个kə^{312}	匹p^{h}i^{224}
临清	个把儿kə^{31}par^{44}	个kə^{313}	匹p^{h}i^{53}
冠县	个儿把kər^{31}pa^{0}	个kə^{314}	匹p^{h}i^{53}
聊城	个儿把kər^{31}pa^{0}	个kə^{313}	个kə^{313} 匹p^{h}i^{53}
济南	个把kə^{55}pa^{0}	个kə^{21}	个kə^{21}
泰安	个把kə^{42}pa^{0} 个数kə^{42}ʂu^{0}	个kə^{21}	匹p^{h}i^{42}
莱芜	个把kə^{42}pa^{0}	个kə^{42}	匹p^{h}i^{55}
新泰	个把kə^{54}pa^{0}	个kə^{31}	匹p^{h}i^{213}
沂源	一个俩的i^{55}kuə^{31}lia^{21}ti^{0}	个kuə^{31}	匹p^{h}i^{213}

续表

	1084个把	1085个一～人	1086匹一～马
博山	个把kuə^{55}pɑ^{0}	个kuə^{31}	匹pʰi^{55}
张店	个把kuə^{55}pɑ^{0}	个kuə^{31}	匹pʰi^{213}
阳谷	个儿把儿kɤr^{31}par^{213}	个kə^{313}	匹pʰi^{42}
梁山	个把儿kə^{31}par^{55}	个kə^{314}	匹pʰi^{42}
菏泽	个儿把儿kər^{31}par^{44}	个kə^{312}	匹pʰi^{53}
曹县	个儿把儿kər^{31}par^{213}	个kə^{312}	个kə^{312}
金乡	个把儿kə^{31}par^{55}	个kə^{312}	匹pʰi^{42}
曲阜	个把儿kə^{31}par^{55}	个kə^{312}	个kə^{312}
薛城	个把儿kə^{41}par^{24}	个kə^{41}	匹pʰi^{313}
郯城	个儿把儿kər^{51}par^{24}	个kə^{51}	匹pʰi^{213}
临沂	个把儿kə^{31}par^{55}	个kə^{312}	匹pʰi^{214}

	1087头一～牛	1088头一～猪	1089只一～狗
荣成	头tʰəu^{35}	头tʰəu^{35} 个ko^{33}	只tʃi^{53} 条tʰiau^{35} 个ko^{33}
烟台	头tʰou^{33}	口kʰou^{14} 头tʰou^{33}	个kɤ^{33}
栖霞	个kə^{52}	口kʰəu^{214}	条tʰiɔo^{342}
长岛	头tʰou^{55}	头tʰou^{55}	只tʃʅ^{312}
海阳	头tʰəu^{341}	头tʰəu^{341}一头猪 个kə^{341}数量多于"一"时，用量词"个"，例如"三个猪"	条tʰiɔ^{341}
莱西	头tʰou^{42} 个kə^{42}	头tʰou^{42} 个kə^{42}	条tʰiɔ^{214} 个kə^{42}
平度	头tʰou^{42} 个kuə^{213}	头tʰou^{42} 个kuə^{213}	只tʂʅ^{213} 个kuə^{213}
青岛	头tʰou^{42}	头tʰou^{42}	条tʰiɔ^{42}
高密	头tʰou^{42}	头tʰou^{42} 个kə^{21}	个kə^{21} 条tʰiɔ^{42}
诸城	头tʰou^{53} 个kə^{31}	个kə^{31}	个kə^{31}

续表

	1087 头一～牛	1088 头一～猪	1089 只一～狗
沂水	头t^{h}ou^{53}	口k^{h}ou^{44} 头t^{h}ou^{53}	条t^{h}iɔ^{53} 只tʂʅ^{213}
临朐	头t^{h}əu^{53}	个kuə^{21}	个kuə^{21}
日照	头t^{h}ou^{53}	头t^{h}ou^{53} 个kə^{31}	个kə^{31} 条t^{h}iɔ^{53}
莒南	头t^{h}ou^{53}	头t^{h}ou^{53}	条t^{h}iɔ^{53}
潍坊	头t^{h}ɤɯ^{53}	头t^{h}ɤɯ^{53} 只tʂʅ^{214}	只tʂʅ^{214} 条t^{h}iɔɤ^{53}
寿光	头t^{h}əu^{53} 个kuə^{21}	头t^{h}əu^{53} 个kuə^{21}	个kuə^{21}
高青	头t^{h}ou^{55}	头t^{h}ou^{55}	条t^{h}iɔ^{55}
阳信	头t^{h}ou^{43}	头t^{h}ou^{43}	条t^{h}iɔ^{43}
济阳	个kə^{31} 头t^{h}ou^{55}	个kə^{31} 头t^{h}ou^{55}	个kə^{31}
利津	头t^{h}ou^{53}	头t^{h}ou^{53}	只tʂʅ^{213}
乐陵	头t^{h}ou^{55}	头t^{h}ou^{55}	只tʂʅ^{24} 条t^{h}iɔ^{55}
商河	个kə^{31}	个kə^{31}	个kə^{31}
平原	头t^{h}ou^{42}	头t^{h}ou^{42}	只tʂʅ^{213}
德州	头t^{h}ou^{42}	头t^{h}ou^{42}	条t^{h}iɔ^{42}
武城	头t^{h}ou^{53}	头t^{h}ou^{53}	只tʂʅ^{224}
临清	头t^{h}ou^{53}	口k^{h}ou^{44} 头t^{h}ou^{53}	条t^{h}iau^{53}
冠县	头t^{h}ou^{53}	头t^{h}ou^{53}	只tʂʅ^{13} 条t^{h}iɔ^{314}
聊城	个kə^{313} 头t^{h}ou^{53}	个kə^{313} 头t^{h}ou^{53}	个kə^{313} 条t^{h}iɔ^{53}
济南	个kə^{21}	个kə^{21} 口k^{h}ou^{55} 头t^{h}ou^{42}	个kə^{21}
泰安	头t^{h}ou^{42}	口k^{h}ou^{55}	个kə^{21}
莱芜	头t^{h}ou^{55}	头t^{h}ou^{55}	条t^{h}iɔ^{55}

续表

	1087 头一～牛	1088 头一～猪	1089 只一～狗
新泰	头$t^{h}ou^{42}$	头$t^{h}ou^{42}$	只$tʃʅ^{213}$
沂源	头$t^{h}ou^{55}$	口$k^{h}ou^{55}$	条$t^{h}iɔ^{55}$
博山	头$t^{h}əu^{55}$	头$t^{h}əu^{55}$	条$t^{h}iɔ^{55}$
张店	头$t^{h}ou^{55}$	头$t^{h}ou^{55}$ 个$kuə^{31}$	个$kuə^{31}$
阳谷	头$t^{h}ou^{42}$	头$t^{h}ou^{42}$ 口$k^{h}ou^{55}$	只$tsʅ^{213}$ 条$t^{h}iɔ^{42}$
梁山	头$t^{h}ou^{42}$	头$t^{h}ou^{42}$	条$t^{h}iɔ^{42}$
菏泽	头$t^{h}ou^{53}$	头$t^{h}ou^{53}$	只$tsʅ^{213}$ 个$kə^{312}$
曹县	个$kə^{312}$	个$kə^{312}$	个$kə^{312}$
金乡	头$t^{h}ou^{42}$	头$t^{h}ou^{42}$	条$t^{h}iɔ^{42}$
曲阜	个$kə^{312}$	个$kə^{312}$	个$kə^{312}$
薛城	头$t^{h}ou^{55}$	口$k^{h}ou^{24}$ 头$t^{h}ou^{55}$ 个$kə^{41}$	只$tsʅ^{313}$ 条$t^{h}iɔ^{55}$
郯城	头$t^{h}əu^{44}$	头$t^{h}əu^{44}$	条$t^{h}iɔ^{44}$
临沂	头$t^{h}ou^{53}$	头$t^{h}ou^{53}$	条$t^{h}iɔ^{53}$

	1090 只一～鸡	1091 只一～蚊子	1092 条一～鱼
荣成	只$tʃi^{53}$ 个ko^{33}	个ko^{33}	根儿$kər^{53}$ 个ko^{33} 条$t^{h}iau^{35}$
烟台	个$kɤ^{33}$	个$kɤ^{33}$	个$kɤ^{33}$ 条$t^{h}iau^{33}$
栖霞	个$kə^{52}$	个$kə^{52}$	条$t^{h}iɔo^{342}$
长岛	只$tʃʅ^{312}$	个$kə^{52}$	条$t^{h}iau^{55}$
海阳	只$tʂʅ^{52}$	个kuo^{341}	条$t^{h}iɔ^{341}$
莱西	只$tsʅ^{214}$也可用“个”	个$kə^{42}$	条$t^{h}iɔ^{214}$也可用“个”
平度	只$tʂʅ^{213}$也可用“个”	个$kuə^{213}$	条$t^{h}iɔ^{42}$
青岛	只$tʂʅ^{213}$	个$kə^{42}$	条$t^{h}iɔ^{42}$

续表

	1090只一～鸡	1091只一～蚊子	1092条一～鱼
高密	个kə21 只tʂʅ213	个kə21	条tʰiɔ42
诸城	个kə31	个kə31	个kə31
沂水	只tʂʅ213	个kə31	根kẽ213 条tʰiɔ53
临朐	只tʂʅ213	个kuə21	条tʰiɔ53 根kə̃213
日照	个kə31	个kə31	个kə31 条tʰiɔ53
莒南	只tʂʅ213	个kə312	条tʰiɔ53
潍坊	只tʂʅ214	只tʂʅ214 个kuə31	条tʰiɔɤ53
寿光	只tʂʅ213 个kuə21	个kuə21	条tʰiɔ53 个kuə21
高青	只tʂʅ213	个kə41	条tʰiɔ55
阳信	个kə31	个kə31	条tʰiɔ43
济阳	个kə31	个kə31	个kə31 条tʰiɔ55
利津	只tʂʅ213	只tʂʅ213	条tʰiɔ53
乐陵	只tʂʅ24	个kə51	条tʰiɔ55
商河	个kə31	个kə31	个kə31
平原	只tʂʅ213	个kə21	条儿tʰiɔur42
德州	只tʂʅ213	个kə21	条tʰiɔ42
武城	只tʂʅ224	只tʂʅ224	条tʰiɔ53
临清	只tʂʅ13	个kə313	条tʰiau53
冠县	只tʂʅ13	个kə314	条tʰiɔ53
聊城	个kə313 只tsʅ13	个kə313	条tʰiɔ53
济南	个kə21	个kə21	个kə21
泰安	只tʂʅ213	个kə21	条tʰiɔ42
莱芜	只tʃʅ213	只tʃʅ213	条tʰiɔ55

续表

	1090只一～鸡	1091只一～蚊子	1092条一～鱼
新泰	只tʃʅ²¹³	只tʃʅ²¹³	根kẽ²¹³ 条tʰiɔ⁴²
沂源	只tʃʅ²¹³	个kuə³¹	根kə̃²¹³
博山	只tʂʅ²¹³	个kuə³¹	条tʰiɔ⁵⁵
张店	个kuə³¹ 只tʂʅ²¹³	个kuə³¹	条tʰiɔ⁵⁵
阳谷	只tsɿ²¹³	只tsɿ²¹³	条tʰiɔ⁴²
梁山	只tsɿ²¹³	个kə³¹⁴	条tʰiɔ⁴²
菏泽	只tsɿ²¹³	个kə³¹²	条tʰiɔ⁵³
曹县	只tʂʅ²¹³	个kə³¹²	个kə³¹²
金乡	只tsɿ²¹³	个kə³¹²	条tʰiɔ⁴²
曲阜	个kə³¹²	个kə³¹²	个kə³¹²
薛城	只tsɿ³¹³	个kə⁴¹	条tʰiɔ⁵⁵
郯城	只tʂʅ²¹³	只tʂʅ²¹³	条tʰiɔ⁴⁴
临沂	只tʃʅ²¹⁴	个kə³¹²	条tʰiɔ⁵³

	1093条一～蛇	1094张一～嘴	1095张一～桌子
荣成	个ko³³	张tʃaŋ⁵³	张tʃaŋ⁵³ 个ko³³
烟台	个kɤ³³	个kɤ³³	个kɤ³³
栖霞	条tʰiɔo³⁴²	张tʃaŋ³¹²	张tʃaŋ³¹²
长岛	条tʰiau⁵⁵	张tʃaŋ³¹²	张tʃaŋ³¹²
海阳	根kẽ⁵²	张tsaŋ⁵²	张tsaŋ⁵²
莱西	条tʰiɔ²¹⁴可用“个”	张tʃaŋ²¹⁴可用“个”	张tʃaŋ²¹⁴
平度	条tʰiɔ⁴²	张tʃaŋ²¹³可用“个”	张tʃaŋ²¹³
青岛	条tʰiɔ⁴²	张tʃaŋ²¹³	张tʃaŋ²¹³
高密	条tʰiɔ⁴² 个kə²¹	张tʃaŋ²¹³	张tʃaŋ²¹³
诸城	根kẽ²¹³	张tʃaŋ²¹³	张tʃaŋ²¹³
沂水	根kẽ²¹³	张dʒaŋ²¹³	张dʒaŋ²¹³

续表

	1093条一～蛇	1094张一～嘴	1095张一～桌子
临朐	条t^{h}iɔ^{53}	张tʃaŋ^{213}	张tʃaŋ^{213}
日照	条t^{h}iɔ^{53}	个kə^{31}	张tʃiaŋ^{213} 个kə^{31}
莒南	条t^{h}iɔ^{53}	张tʃaŋ^{213}	张tʃaŋ^{213}
潍坊	条t^{h}iɔɤ^{53} 根kẽ^{214}	张tʂaŋ^{214} 个kuə^{31}	张tʂaŋ^{214}
寿光	根kə̃^{213}	张tʂaŋ^{213}	张tʂaŋ^{213}
高青	根kə̃^{213}	张tʂaŋ^{213}	张tʂaŋ^{213}
阳信	根kə̃^{213}	张tʂaŋ^{213}	张tʂaŋ^{213}
济阳	个kə^{31} 条t^{h}iɔ^{55}	个kə^{31}	个kə^{31} 张tʂaŋ^{213}
利津	条t^{h}iɔ^{53}	张tʂaŋ^{213}	张tʂaŋ^{213}
乐陵	条t^{h}iɔ^{55}	张tʂaŋ^{24}	张tʂaŋ^{24}
商河	个kə^{31}	个kə^{31}	个kə^{31}
平原	条儿t^{h}iɔur^{42}	张tʂaŋ^{213}	张tʂaŋ^{213}
德州	条t^{h}iɔ^{42}	张tʂaŋ^{213}	张tʂaŋ^{213}
武城	条t^{h}iɔ^{53}	张tʂaŋ^{224}	张tʂaŋ^{224}
临清	条t^{h}iau^{53}	张tʂaŋ^{13}	张tʂaŋ^{13}
冠县	条t^{h}iɔ^{53}	张tʂaŋ^{13}	张tʂaŋ^{13}
聊城	条t^{h}iɔ^{53}	张tsaŋ^{13}	张tsaŋ^{13}
济南	个kə^{21}	张tʂaŋ^{213}	个kə^{21}
泰安	个kə^{21}	张tʂaŋ^{213}	张tʂaŋ^{213}
莱芜	条t^{h}iɔ^{55}	张tʃaŋ^{213}	张tʃaŋ^{213}
新泰	条t^{h}iɔ^{42}	张tʃaŋ^{213}	张tʃaŋ^{213}
沂源	根kə̃^{213}	张tʃaŋ^{213}	张tʃaŋ^{213}
博山	条t^{h}iɔ^{55}	张tʂaŋ^{213}	张tʂaŋ^{213}
张店	根kə̃^{213} 条t^{h}iɔ^{55}	张tʂaŋ^{213}	张tʂaŋ^{213}
阳谷	条t^{h}iɔ^{42} 根kẽ^{213}	张tsaŋ^{213}	张tsaŋ^{213}

续表

	1093条一～蛇	1094张一～嘴	1095张一～桌子
梁山	根kẽ213	张tsaŋ213	张tsaŋ213
菏泽	个kə312	张tsaŋ213	张tsaŋ213
曹县	个kə312	张tʂaŋ213	个kə312
金乡	个kə312	张tsaŋ213	张tsaŋ213
曲阜	个kə312	个kə312	个kə312
薛城	个kə41	张tsaŋ313	张tsaŋ313
郯城	条tʰiɔ44	张tʂaŋ213	张tʂaŋ213
临沂	条tʰiɔ53	张tʃaŋ214 个kə312	张tʃaŋ214

	1096床一～被子	1097领一～席子	1098双一～鞋
荣成	个ko33 床tʂʰuaŋ35	领liŋ214	双ʂuaŋ53
烟台	床tsʰuaŋ33	个kɤ33	双suaŋ53
栖霞	床tsʰuaŋ342	领liŋ214	双suaŋ312
长岛	床tsʰuaŋ55	领liŋ213	双suaŋ312
海阳	床tʂʰuaŋ341	领liŋ214	双ʂuaŋ52
莱西	床tsʰuaŋ42	领liŋ55 张tʃaŋ214	双suaŋ214
平度	床tʂʰuaŋ42	领liŋ55 张tʃaŋ213	双ʂuaŋ213
青岛	床tʂʰuaŋ42	领lioŋ55	双ʂuaŋ213
高密	床tʂʰuaŋ42	领lioŋ55	双ʂuaŋ213
诸城	床tʂʰuaŋ53	领liəŋ44	双ʂuaŋ213
沂水	床tʂʰuaŋ53	领liŋ44	双ʂuaŋ213
临朐	床tʂʰuaŋ53	张tʃaŋ213 领liŋ44	双ʂuaŋ213
日照	床tʂʰuaŋ31	领liəŋ44	双ʂuaŋ213
莒南	床tʂʰuaŋ53	领liŋ55	双ʂuaŋ213
潍坊	床tʂʰuaŋ53	领liŋ55	双ʂuaŋ214

续表

	1096床一～被子	1097领一～席子	1098双一～鞋
寿光	床tʂʰuaŋ^{53}	领liŋ^{55}	双ʂuaŋ^{213}
高青	床tʂʰuaŋ^{55}	领liŋ^{55}	双ʂuaŋ^{213}
阳信	床tʂʰuaŋ^{43}	领liŋ^{55} 床tʂʰuaŋ^{43} 张tʂaŋ^{213}	双ʂuaŋ^{213}
济阳	床tʂʰuaŋ^{55}	床tʂʰuaŋ^{55} 领liŋ^{55}	双ʂuaŋ^{213}
利津	床tʂʰuaŋ^{53}	领liŋ^{55}	双ʂuaŋ^{213}
乐陵	床tʂʰuaŋ^{55}	个kə^{51}	双ʂuaŋ^{24}
商河	床tʂʰuaŋ^{54}	个kə^{31}	双ʂuaŋ^{213}
平原	床tʂʰuaŋ^{42}	领liŋ^{55}	双ʂuaŋ^{213}
德州	床tʂʰuaŋ^{42}	领liŋ^{55}	双ʂuaŋ^{213}
武城	床tʂʰuaŋ^{53}	领liŋ^{55}	双ʂuaŋ^{224}
临清	床tʂʰuaŋ^{53}	领liŋ^{44}	双ʂuaŋ^{13}
冠县	个kə^{314} 床tʂʰuaŋ^{53}	领liŋ^{55}	双ʂuaŋ^{13}
聊城	床tsʰuaŋ^{53}	张tsaŋ^{13} 领liŋ^{44}	双suaŋ^{13}
济南	床tʂʰuaŋ^{42}	张tʂaŋ^{213}	双ʂuaŋ^{213}
泰安	床tʂʰuaŋ^{42}	领liŋ^{55}	双ʂuaŋ^{213}
莱芜	床tʃʰuaŋ^{55}	领liŋ^{55}	双ʃuaŋ^{213}
新泰	床pfʰaŋ^{42}	领liŋ^{55}	双faŋ^{213}
沂源	床tʃʰuaŋ^{55}	领liŋ^{55}	双ʃuaŋ^{213}
博山	床tʂʰuaŋ^{55}	领liŋ^{55}	双ʂuaŋ^{213}
张店	床tʂʰuaŋ^{55}	领liŋ^{55}	双ʂuaŋ^{213}
阳谷	床tsʰuaŋ^{42}	领liŋ^{55}	双faŋ^{213}
梁山	床tsʰuaŋ^{42}	领liŋ^{55}	双faŋ^{213}
菏泽	床tsʰuaŋ^{53}	领liŋ^{44}	双faŋ^{213}
曹县	床tʂʰuaŋ^{53}	领liŋ^{44}	双faŋ^{213}
金乡	床tsʰuaŋ^{42}	领liŋ^{55}	双suaŋ^{213}

续表

	1096 床一～被子	1097 领一～席子	1098 双一～鞋
曲阜	床 $ts^hua\eta^{42}$	领 $li\eta^{55}$	双 $sua\eta^{213}$
薛城	床 $pf^h\alpha\eta^{55}$	领 $li\eta^{24}$	双 $f\alpha\eta^{313}$
郯城	条 $t^hi\mathrm{ɔ}^{44}$ 床 $t\c{s}^hu\alpha\eta^{44}$	顶 $ti\eta^{24}$	双 $f\alpha\eta^{213}$
临沂	床 $t\int^hu\alpha\eta^{53}$	领 $li\eta^{55}$	双 $\int u\alpha\eta^{214}$

	1099 把一～刀	1100 把一～锁	1101 根一～绳子
荣成	把 pa^{214}	把 pa^{214}	根儿 $k\partial r^{53}$
烟台	把 pa^{14}	把 pa^{14}	根 $k\partial n^{53}$
栖霞	把 pa^{214}	把 pa^{214}	根儿 $k\partial r^{312}$
长岛	把 pa^{213}	把 pa^{213}	根 $k\partial n^{312}$
海阳	把 pa^{214}	把 pa^{214}	根 $k\tilde{e}^{52}$
莱西	把 pa^{55}	把 pa^{55}	根 $k\tilde{e}^{214}$ 条 $t^hi\mathrm{ɔ}^{214}$
平度	把 pa^{55}	把 pa^{55}	根 $k\tilde{\partial}^{213}$ 条 $t^hi\mathrm{ɔ}^{42}$
青岛	把 $p\alpha^{55}$	把 $p\alpha^{55}$	根 $k\tilde{e}^{213}$
高密	把 $p\alpha^{55}$	把 $p\alpha^{55}$	条 $t^hi\mathrm{ɔ}^{42}$ 根儿 ker^{213}
诸城	把 pa^{44}	把 pa^{44}	根 $k\tilde{e}^{213}$
沂水	把 pa^{44}	把 pa^{44}	根 $k\tilde{e}^{213}$
临朐	把 pa^{44}	把 pa^{44}	根 $k\tilde{\partial}^{213}$
日照	把 $p\alpha^{44}$	把 $p\alpha^{44}$	根 $k\tilde{e}^{213}$ 根儿 ker^{213}
莒南	把 pa^{55}	把 pa^{55}	根 $k\tilde{e}^{213}$
潍坊	把 $p\alpha^{55}$	把 $p\alpha^{55}$	根 $k\tilde{e}^{214}$
寿光	把 pa^{55}	把 pa^{55}	根 $k\tilde{\partial}^{213}$
高青	把 $p\alpha^{55}$	把 $p\alpha^{55}$	根 $k\tilde{\partial}^{213}$
阳信	把 pa^{55}	把 pa^{55}	根 $k\tilde{\partial}^{213}$
济阳	把 pa^{55}	把 pa^{55}	根 $k\tilde{e}^{213}$ 条 $t^hi\mathrm{ɔ}^{55}$

续表

	1099 把一～刀	1100 把一～锁	1101 根一～绳子
利津	把 pa^{55}	把 pa^{55}	根 kẽ^{213}
乐陵	把 pɑ^{55}	把 pɑ^{55}	根儿 ker^{24}
商河	个 kə^{31}	个 kə^{31}	根 kẽ^{213}
平原	把 pa^{55}	把 pa^{55}	根儿 kər^{213}
德州	把 pa^{55}	把 pa^{55}	根 kẽ^{213}
武城	把 pa^{55}	把 pa^{55}	根儿 ker^{224}
临清	把 pa^{44}	把 pa^{44}	根儿 ker^{13} 条 t^{h}iau^{53}
冠县	个 kə^{314}	个 kə^{314}	条 t^{h}iɔ^{53}
聊城	把 pa^{44}	把 pa^{44}	根 kẽ^{13} 条 t^{h}iɔ^{53}
济南	把 pa^{55}	把 pa^{55}	根儿 ker^{213}
泰安	把 pa^{55}	把 pa^{55}	根 kẽ^{213}
莱芜	把 pa^{55}	把 pa^{55}	根 kə̃^{213}
新泰	把 pa^{55}	把 pa^{55}	根 kẽ^{213}
沂源	把 pa^{55}	把 pa^{55}	根 kə̃^{213}
博山	把 pɑ^{55}	把 pɑ^{55}	根 kẽ^{213}
张店	把 pɑ^{55}	把 pɑ^{55}	根 kə̃^{213}
阳谷	把 pa^{55}	把 pa^{55}	根 kẽ^{213}
梁山	把 pa^{55}	把 pa^{55}	根 kẽ^{213}
菏泽	把 pa^{44}	把 pa^{44}	根 kẽ^{213}
曹县	个 kə^{312}	个 kə^{312}	根儿 kɤr^{213} 条 t^{h}iɔ^{53}
金乡	把 pa^{55}	把 pa^{55}	根 kẽ^{213}
曲阜	把 pa^{55}	把 pa^{55}	根儿 ker^{42}
薛城	把 pa^{24}	把 pa^{24}	根儿 ker^{55} 根 kẽ^{55}
郯城	把 pa^{24}	个 kə^{51} 把 pa^{24}	根儿 ker^{213} 条 t^{h}iɔ^{44}
临沂	把 pa^{55}	把 pa^{55}	根儿 ker^{214} 根 kẽ^{214}

	1102支一～毛笔	1103副一～眼镜	1104面一～镜子
荣成	支tʂʅ^{53}	副fu^{33}	面mian^{33}
烟台	支tsɿ^{53}	副fu^{33}	个kɤ^{33}
栖霞	管kuãn^{214}	副fu^{52}	面miãn^{342}
长岛	支tsɿ^{312}毛笔 管kuan^{214}钢笔	副fu^{52}	面mian^{52}
海阳	支tʂʅ^{52}	副fu^{341}	面miã^{341}
莱西	支tsɿ^{214}	副fu^{214}	面miã^{42}可用“个”
平度	支tʂʅ^{213}	副fu^{213}	面miã^{42}可用“个”
青岛	支tʂʅ^{213}	副fu^{213}	面miã^{42}大的 个kə^{42}小的
高密	支tʂʅ^{213} 根儿ker^{213}	副fu^{21}	面miã^{21} 个kə^{21}
诸城	支tʂʅ^{213}	副fu^{53}	个kə^{31}
沂水	支tʂʅ^{213}	副fu^{31}	个kə^{31} 面miã^{31}
临朐	支tʂʅ^{213}	副fu^{21}	面miã^{21}
日照	支tʂʅ^{213}	副fu^{53}	个kə^{31}小的 面miã^{31}大的
莒南	支tʂʅ^{213}	副fu^{312}	面miã^{312}
潍坊	支tʂʅ^{214}	副fu^{31}	面miã^{31}
寿光	支tʂʅ^{213}	副fu^{21}	面miã^{21}用于大的 个kuə^{21}用于小的
高青	支tʂʅ^{213}	副fu^{41}	面miã^{41}
阳信	个kə^{31} 支tʂʅ^{213}	副fu^{31}	面miã^{31}
济阳	支tʂʅ^{213}	副fu^{31}	个kə^{31}
利津	支tʂʅ^{213}	副fu^{31}	面miã^{31}
乐陵	支tsɿ^{24}	副fu^{51}	面miã^{51}
商河	个kə^{31}	个kə^{31}	个kə^{31}
平原	根儿kər^{213}	副fu^{21}	面miã^{21}

续表

	1102支一～毛笔	1103副一～眼镜	1104面一～镜子
德州	管kuã^{55} 支tʂʅ^{213}	副fu^{21}	面miã^{21} 个kə^{21}
武城	支tʂʅ^{224}	副fu^{312}	个kə^{312}
临清	支tʂʅ^{13}	副fu^{313}	面mian^{313} 个kə^{313}
冠县	支tʂʅ^{13}	副fu^{314}	个kə^{314}
聊城	支tsɿ^{13}	副fu^{313}	个kə^{313}
济南	管kuã^{55}	副fu^{21}	面miã^{21} 张tʂɑŋ^{213}
泰安	支tʂʅ^{213}	副fu^{21}	面miã^{21}
莱芜	支tʃʅ^{213}	副fu^{42}	面miã^{42}
新泰	支tʃʅ^{213} 杆kã^{55}	副fu^{31}	面miã^{31}
沂源	支tʃʅ^{213}	副fu^{31}	面miã^{31}
博山	支tʂʅ^{213}	副fu^{31}	面miã^{31}
张店	支tʂʅ^{213}	副fu^{31}	面miã^{31} 个kuə^{31}
阳谷	支tsɿ^{213} 杆kã^{55}	副fu^{42}	面miã^{313}
梁山	支tsɿ^{213}	副fu^{42}	面miã^{314}
菏泽	支tsɿ^{213} 杆kã^{44}	副fu^{312}	面miã^{312}
曹县	个kə^{312}	个kə^{312}	个kə^{312}
金乡	杆儿kɛr^{55}	副fu^{42}	面miã^{312}
曲阜	根儿kɛr^{42}	副fu^{312}	个kə^{312}
薛城	支tsɿ^{313}	副fu^{41}	面miã^{41}
郯城	根儿kɛr^{214} 支tʂʅ^{213}	副fu^{51}	面miã^{51}
临沂	支tʃʅ^{214}	副fu^{312}	个kə^{312}

	1105块一～香皂	1106辆一～车	1107座一～房子
荣成	块儿k^{h}uɐr^{33}	垄$^{=}$lyŋ^{214}	栋təŋ^{33}

续表

	1105 块一～香皂	1106 辆一～车	1107 座一～房子
烟台	块儿 k^huɐr33	领 liŋ14 辆 liaŋ14	栋 tuŋ33
栖霞	块 k^huɛi52	领 liŋ214	栋 təŋ52
长岛	块儿 k^huɐr52	辆 liaŋ52	栋 təŋ52
海阳	块 k^huɛ341	辆 liŋ214	栋 təŋ341
莱西	块儿 k^huɐr42	领 liŋ55 个 kə42	栋 toŋ42
平度	块儿 k^huɛr42	辆 liaŋ55 个 kuə213	栋 təŋ213 可用"个"
青岛	块儿 k^huɛr42	辆 liaŋ42	栋 toŋ42
高密	块儿 k^huɛr21	辆 liaŋ21	栋 toŋ21 座 tθuə21
诸城	块儿 k^huɛr31	辆 liaŋ31	处 $tʃ^h$u31
沂水	块 k^huɛ31 块儿 k^huɛr31	挂 kua31 辆 liaŋ31	位 ue31
临朐	块 k^huɛ21	辆 liaŋ21	位 uei21
日照	块儿 k^huɛr31	辆 liaŋ31	处 $tʃ^h$u31
莒南	块 k^huɛ312	辆 liaŋ312	座 tθuə312
潍坊	块儿 k^huɛr31	辆 liaŋ31	栋 toŋ31
寿光	块 k^huɛ21	辆 liaŋ21	位 uei21
高青	块 k^huɛ41	辆 liaŋ41	座 tsuə41
阳信	块儿 k^huɛr31	辆 liaŋ31	座 tsuə213
济阳	块儿 k^huɛr31	辆 liaŋ31 部 pu31 只用于汽车	座 tsuə31
利津	块儿 k^huɛr31	辆 liaŋ31	座 tsuə55
乐陵	块儿 k^huɛr51	辆 liaŋ51	座 tsuə24
商河	块 k^huɛ31	个 kə31	个 kə31
平原	块儿 k^huɛr21	辆 liaŋ21	座 tsuə21
德州	块儿 k^huɛr21	辆 liaŋ21	所 suə55
武城	块儿 k^huɛr312	辆 liaŋ312	座 tsuə312

续表

	1105块一～香皂	1106辆一～车	1107座一～房子
临清	块kʰuai^{313}	辆liaŋ^{313} 部pu^{313}	座tsuə^{313}
冠县	块儿kʰuɐr^{314}	辆liaŋ^{314}	座tsuə^{314}
聊城	块儿kʰuɐr^{313}	个kə^{313} 辆liaŋ^{313} 部pu^{313}	座tsuə^{313} 处tsʰu^{313}
济南	块kʰuɛ^{21}	辆liŋ^{21}读为“令”	座tsuə^{21}
泰安	块儿kʰuɐr^{21}	辆liaŋ^{21}	处tʂʰu^{21}
莱芜	块kʰuɛ^{42}	辆liaŋ^{42}	座tsuə^{42}
新泰	块kʰuɛ^{31}	辆liaŋ^{31}	位uei^{31}
沂源	块kʰuɛ^{31}	辆liaŋ^{31}	座tθuə^{31}
博山	块kʰuɛ^{31}	辆liaŋ^{31}	座tsuə^{31}
张店	块kʰuɛ^{31}	辆liaŋ^{31}	口kʰou^{55}
阳谷	块kʰuɛ^{313}	辆liaŋ^{313}	座tsuo^{313} 口kʰou^{55}
梁山	块kʰuɛ^{314}	辆liaŋ^{314}	座tsuə^{314} 套tʰɔ^{314}
菏泽	块儿kʰuɐr^{312}	辆liaŋ^{312}	座tsuə^{312}
曹县	块儿kʰuɐr^{312}	辆liaŋ^{312}	处tʂʰu^{312}只说一处院儿，不说一处房子
金乡	块儿kʰuɐr^{312}	辆liaŋ^{312}	座tsuə^{55}
曲阜	个kə^{312}	个kə^{312}	处tsʰu^{213}
薛城	块儿kʰuɐr^{41}	辆liaŋ^{41}	处pfʰu^{41} 座tɕyə^{41}
郯城	块儿kʰuɐr^{51}	辆liaŋ^{51}	位ue^{51} 座tsuə^{51} 栋tuŋ^{51}
临沂	块儿kʰuɐr^{312}	辆liaŋ^{312}	位uei^{312}

	1108座一～桥	1109条一～河	1110条一～路
荣成	座tsuo^{33}	条tʰiau^{35}	条tʰiau^{35} 个ko^{33}

续表

	1108座一～桥	1109条一～河	1110条一～路
烟台	座 tsuo³³	个 kɤ³³	条 tʰiau³³
栖霞	座 tsuo³⁴²	条 tʰiɔo³⁴²	条 tʰiɔo³⁴²
长岛	座 tsuə⁵²	条 tʰiau⁵⁵	条 tʰiau⁵⁵
海阳	座 tθuo³⁴¹	条 tʰiɔ³⁴¹	条 tʰiɔ³⁴¹
莱西	封 fəŋ²¹⁴ 座 tsuə⁴²	条 tʰiɔ²¹⁴	条 tʰiɔ²¹⁴
平度	座 tθuə⁴² 可用"个"	条 tʰiɔ⁴²	条 tʰiɔ⁴²
青岛	座 tθuə⁴²	条 tʰiɔ⁴²	条 tʰiɔ⁴²
高密	座 tθuə²¹	条 tʰiɔ⁴²	条 tʰiɔ⁴²
诸城	座 tθuə³¹	条 ȶʰiɔ⁵³	条 ȶʰiɔ⁵³
沂水	座 dðuə⁴⁴	条 tʰiɔ⁵³	条 tʰiɔ⁵³
临朐	架 tɕia²¹	条 tʰiɔ⁵³	根 kẽ²¹³
日照	座 tθuə³¹ 大的 个 kə³¹ 小的	条 tʰiɔ⁵³	条 tʰiɔ⁵³
莒南	座 tθuə³¹²	条 tʰiɔ⁵³	条 tʰiɔ⁵³
潍坊	座 tsuə³¹	条 tʰiɔɤ⁵³	条 tʰiɔɤ⁵³
寿光	座 tsuə²¹	条 tʰiɔ⁵³	根 kẽ²¹³
高青	座 tsuə⁴¹	条 tʰiɔ⁵⁵	条 tʰiɔ⁵⁵
阳信	座 tsuə²¹³	条 tʰiɔ⁴³	条 tʰiɔ⁴³
济阳	座 tsuə³¹	条 tʰiɔ⁵⁵	条 tʰiɔ⁵⁵
利津	座 tsuə⁵⁵	条 tʰiɔ⁵³	条 tʰiɔ⁵³
乐陵	座 tsuə²⁴	条 tʰiɔ⁵⁵	条 tʰiɔ⁵⁵
商河	个 kə³¹	个 kə³¹	个 kə³¹
平原	座 tsuə²¹	条 tʰiɔu⁴²	个 kə²¹
德州	座 tsuə²¹	条 tʰiɔ⁴²	条 tʰiɔ⁴²
武城	座 tsuə³¹²	条 tʰiɔ⁵³	条 tʰiɔ⁵³
临清	座 tsuə³¹³	条 tʰiau⁵³	条 tʰiau⁵³
冠县	座 tsuə³¹⁴	条 tʰiɔ⁵³	条 tʰiɔ⁵³
聊城	座 tsuə³¹³	条 tʰiɔ⁵³	条 tʰiɔ⁵³

续表

	1108 **座**一～桥	1109 **条**一～河	1110 **条**一～路
济南	座 tsuə^{21}	条 tʰiɔ^{42}	条 tʰiɔ^{42}
泰安	座 tsuə^{21}	条 tʰiɔ^{42}	条 tʰiɔ^{42}
莱芜	座 tsuə^{42}	条 tʰiɔ^{55}	条 tʰiɔ^{55}
新泰	座 tθuə^{31}	条 tʰiɔ^{42}	条 tʰiɔ^{42}
沂源	座 tθuə^{31}	条 tʰiɔ^{55}	条 tʰiɔ^{55}
博山	座 tsuə^{31}	条 tʰiɔ^{55}	条 tʰiɔ^{55}
张店	个 kuə^{31}	条 tʰiɔ^{55}	条 tʰiɔ^{55}
阳谷	座 tsuo^{313}	条 tʰiɔ^{42}	条 tʰiɔ^{42}
梁山	座 tsuə^{314}	条 tʰiɔ^{42}	条 tʰiɔ^{42}
菏泽	座 tsuə^{312}	条儿 tʰiɔr^{53}	条儿 tʰiɔr^{53}
曹县	个 kə^{312}	条 tʰiɔ^{53}	条 tʰiɔ^{53}
金乡	座 tsuə^{55}	条 tʰiɔ^{42}	个 kə^{312}
曲阜	个 kə^{312}	个 kə^{312}	个 kə^{312}
薛城	座 tɕyə^{41}	条 tʰiɔ^{55}	条 tʰiɔ^{55}
郯城	座 tsuə^{51}	条 tʰiɔ^{44}	条 tʰiɔ^{44}
临沂	个 kə^{312}	条 tʰiɔ^{53}	条 tʰiɔ^{53}

	1111 **棵**一～树	1112 **朵**一～花	1113 **颗**一～珠子
荣成	棵 kʰuo^{53}	朵 to^{214}	粒儿 liər^{33} 个 ko^{33}
烟台	棵 kʰuo^{53} 小 棵 kʰɤ^{53} 大	朵儿 tuor^{14}	个 kɤ^{33}
栖霞	棵 kʰuo^{312}	朵 tuo^{214}	粒儿 liər^{52}
长岛	棵 kʰə^{312}	朵 tuə^{213}	颗 kʰə^{312}
海阳	棵 kʰuo^{52}	朵 tuo^{214}	个 kuo^{341}
莱西	棵 kʰuə^{214}	朵 tuə^{55} 枝 tsɿ^{214}	个 kə^{42}
平度	棵 kʰuə^{213}	朵 tuə^{42} 枝 tʂʅ^{213}	颗 kʰuə^{213} 可用"个"
青岛	棵 kʰuə^{213}	朵 tuə^{55} 枝 tʂʅ^{213}	个 kə^{42} 颗 kʰuə^{213}

续表

	1111 棵一~树	1112 朵一~花	1113 颗一~珠子
高密	棵kʰuə^{213}	朵tuə^{55} 枝tʂʅ^{213}	粒li^{21}
诸城	棵kʰuə^{213}	枝tʂʅ^{213}	个kə^{31}
沂水	棵kʰuə^{213}	朵tuə^{213} 朵儿tuər^{213}	个kə^{31}
临朐	棵kʰuə^{213}	朵tuə^{44}	颗kʰuə^{213}
日照	棵kʰuə^{213}	个kə^{31}	个kə^{31}
莒南	棵kʰuə^{213}	朵tuə^{213}	颗kʰuə^{213}
潍坊	棵kʰuə^{214}	朵tuə^{55}	颗kʰuə^{214} 粒儿lier^{31}
寿光	棵kʰuə^{213}	个kuə^{21}	颗kʰuə^{213}
高青	棵kʰuə^{213}	朵儿tuər^{213}	个kə^{41}
阳信	棵kʰə^{213}	朵tuə^{213}	个kə^{31}
济阳	棵kʰə^{213}	朵tuə^{55}	个kə^{31} 颗kʰə^{213}
利津	棵kʰuə^{213}	朵tuə^{213}	颗kʰuə^{213}
乐陵	棵kʰə^{24}	朵tuə^{24}	个kə^{51}
商河	个kə^{31}	个kə^{31}	个kə^{31}
平原	棵kʰə^{213}	朵儿tuor^{213}	颗kʰə^{213}
德州	棵kʰə^{213}	朵tuə^{55}	粒儿lier^{21}
武城	棵kʰə^{224}	朵tuə^{55}	个kə^{312}
临清	棵kʰə^{13}	朵tuə^{44}	颗kʰə^{13} 个kə^{313}
冠县	棵kʰuə^{13}	朵儿tuər^{55}	颗kʰə^{13}
聊城	棵kʰuə^{13}	朵tuə^{44}	个kə^{313}
济南	棵kʰə^{213}	朵tuə^{55}	个kə^{21}
泰安	棵kʰə^{213}	朵tuə^{55}	颗kʰə^{213}
莱芜	棵kʰə^{213}	朵tuə^{55}	颗kʰə^{213}
新泰	棵kʰə^{213}	朵tuə^{55}	颗kʰə^{213}
沂源	棵kʰuə^{213}	朵tuə^{55}	个kuə^{31}

续表

	1111 棵一～树	1112 朵一～花	1113 颗一～珠子
博山	棵k^{h}uə^{213}	朵tuə^{55}	个kuə^{31}
张店	棵k^{h}uə^{213}	朵tuə^{213}	个kuə^{31}
阳谷	棵k^{h}uo^{213}/k^{h}ə^{213}	朵儿tuor^{55}	颗k^{h}uo^{213}/k^{h}ə^{213} 粒li^{213}
梁山	棵k^{h}uə^{213}	朵儿tuər^{55}	粒li^{314}
菏泽	棵k^{h}uə^{213}	朵儿tuər^{44}	颗k^{h}uə^{213}
曹县	棵k^{h}uə^{213}	骨朵ku^{21}tuə^{0}	个kə^{312}
金乡	棵k^{h}uə^{213}	朵儿tuər^{55}	个儿kər^{312} 粒li^{213}
曲阜	棵k^{h}uə^{213}	个kə^{312}	个kə^{312}
薛城	棵k^{h}uə^{313}	朵儿tuər^{24}	个kə^{41}
郯城	棵k^{h}uə^{213}	朵tuə^{24} 枝tʂʅ^{213}	颗k^{h}ə^{213}
临沂	棵k^{h}uə^{214}	朵tuə^{55}	个kə^{312}

	1114 粒一～米	1115 顿一～饭	1116 剂一～中药
荣成	粒儿liər^{33}	顿tən^{33}	服fu^{33}
烟台	粒li^{33}	顿tən^{33}	服fu^{33}
栖霞	粒儿liər^{52}	顿tə̃n^{52}	服fu^{52}
长岛	粒li^{213}	顿tən^{52}	服fu^{52}
海阳	粒li^{341}	顿tẽ^{341}	服fu^{341}
莱西	粒li^{42}	顿tẽ^{42}	服fu^{214}
平度	粒li^{213}也可用“个”	顿tə̃^{213}	服fu^{213}
青岛	粒li^{42}	顿儿ter^{42}	服fu^{42}
高密	粒li^{21}	顿tuə̃^{21}	服fu^{21}
诸城	粒儿ʐer^{31}	顿tuẽ^{31}	服fu^{53}
沂水	粒li^{31} 粒儿lier^{31}	顿tuẽ^{31}	服fu^{31}
临朐	（无）一般说“几个米粒”，不说“几粒米”或“几个米”	顿tuə̃^{21}	服fu^{21}

续表

	1114粒一～米	1115顿一～饭	1116剂一～中药
日照	个kə^{31}	顿tuẽ^{31}	服fu^{53}
莒南	粒li^{312}	顿tuẽ^{312}	服fu^{312}
潍坊	粒儿lier^{31}	顿tuẽ^{31}	服fu^{31}
寿光	(无)一般说"几个米粒",不说"几粒米"或"几个米"	顿tuə̃^{21}	服fu^{21}
高青	粒li^{41}	顿tuə̃^{41}	服fu^{41}
阳信	粒儿ler^{31}	顿tuə̃^{31}	服fu^{31}
济阳	粒li^{31} 粒儿lier^{31}	顿tuẽ^{31}	服fu^{31}
利津	粒li^{31}	顿tuẽ^{31}	服fu^{31}
乐陵	粒儿ler^{51}	顿tuẽ^{51}	服fu^{51}
商河	粒儿lier^{31}	顿tuẽ^{31}	服fu^{31}
平原	粒li^{21}	顿tuẽ^{21}	服fu^{21}
德州	粒儿lier^{21}	顿tuẽ^{21}	服fu^{21}
武城	粒儿lier^{312}	顿儿tuer^{312}	服fu^{312}
临清	粒儿lier^{313}	顿tun^{313}	服fu^{313}
冠县	粒li^{314}	顿tuẽ^{314}	服fu^{314} 剂tsi^{314}
聊城	粒儿lier^{313}	顿tuẽ^{313}	服fu^{313}
济南	粒儿lier^{21}	顿tuẽ^{21}	服fu^{21}
泰安	粒li^{21}	顿tuẽ^{21}	服fu^{21}
莱芜	粒li^{42}	顿tuẽ^{42}	剂tɕi^{42}
新泰	粒li^{31}	顿tuẽ^{31}	服fu^{31}
沂源	粒li^{31}	顿tuə̃^{31}	服fu^{31}
博山	粒li^{31}	顿tuẽ^{31}	服fu^{31}
张店	个kuə^{31}	顿tuə̃^{31}	服fu^{31}
阳谷	粒li^{213}	顿tuẽ^{313}	服fu^{42}
梁山	粒li^{314}	顿tuẽ^{314}	服fu^{42}
菏泽	粒li^{213}	顿tuẽ^{312}	剂tɕi^{312}

续表

	1114粒一～米	1115顿一～饭	1116剂一～中药
曹县	粒儿liɤr^{213}	顿tuẽ^{312}	剂tɕi^{312}
金乡	粒li^{213}	顿tuẽ^{312}	服fu^{42}
曲阜	粒儿lier^{213}	顿tuẽ^{312}	服fu^{312}
薛城	粒儿lier^{313}	顿tuẽ^{41}	服fu^{41}
郯城	粒儿lier^{213}	顿tuə̃^{51}	服fu^{51}
临沂	粒li^{214}	顿tuẽ^{312}	服fu^{312}

	1117股一～香味	1118行一～字	1119块一～钱
荣成	股儿kur^{214}	行xɑŋ^{35} 垄lyŋ^{214}	块k^{h}uai^{33}
烟台	股ku^{14}	行xɑŋ^{33}	块儿k^{h}uer^{33}
栖霞	股儿kur^{214}	行xɑŋ^{342}	块k^{h}uɛi^{52}
长岛	股ku^{213}	行xɑŋ^{55}	块k^{h}uai^{52}
海阳	股儿kur^{214}	行xɑŋ^{341}	块k^{h}uɛ^{341}
莱西	股儿kur^{55}	趟t^{h}ɑŋ^{42} 行xɑŋ^{42}	块k^{h}uɛ^{42}
平度	股儿kur^{55}	行儿xɑ̃r^{42} 趟儿t^{h}ɑ̃r^{213}	块儿k^{h}uɛr^{42}
青岛	股儿kur^{55}	行儿xɑ̃r^{42}	块k^{h}uɛ^{42}
高密	股ku^{55} 阵tʃə̃^{21}	趟儿t^{h}ɑ̃r^{21} 行儿xɑ̃r^{42}	块k^{h}uɛ^{21}
诸城	股子ku^{213}tθɿ^{0}	趟儿t^{h}ɑ̃r^{31}	块k^{h}uɛ^{31}
沂水	股子ku^{213}dðɿ^{0}	趟儿t^{h}ɑ̃r^{31} 行儿xɑ̃r^{53}	块k^{h}uɛ^{31}
临朐	股儿kur^{44}	趟儿t^{h}ɑ̃r^{21}	块儿k^{h}uɛr^{21}
日照	股ku^{44}	行xɑŋ^{53}	块k^{h}uɛ^{31}
莒南	股ku^{55}	行儿xɑ̃r^{53}	块k^{h}uɛ^{312}
潍坊	股儿kur^{55}	行儿xɑ̃r^{53} 趟儿t^{h}ɑ̃r^{31}	块儿k^{h}uɐr^{31}
寿光	股儿kur^{55}	趟t^{h}ɑŋ^{21}	块k^{h}uɛ^{21}
高青	股儿kur^{55}	行xɑŋ^{55}	块儿k^{h}uɛr^{41}

续表

	1117股—～香味	1118行—～字	1119块—～钱
阳信	股子ku^{213}tsɿ^{0}	趟tʰɑŋ^{31}	块kʰuɛ^{31}
济阳	股子ku^{21}tsɿ^{0}	趟tʰɑŋ^{31}	块kʰuɛ^{31}
利津	股儿kur^{55} 阵tʂẽ^{31}	行xɑŋ^{53} 趟tʰɑŋ^{31}	块kʰuɛ^{31}
乐陵	个kə^{51}	趟儿tʰɑr^{51}	块kʰuɛ^{51}
商河	个kə^{31}	趟tʰɑŋ^{31}	块kʰuɛ^{31}
平原	股儿kur^{55}	行xɑŋ^{42}	块kʰuɛi^{21}
德州	股ku^{55}	行xɑŋ^{42}	块kʰuɛ^{21}
武城	种tʂuŋ^{55} 股子ku^{24}tsɿ^{0}	趟tʰɑŋ^{312}	块kʰuɛ^{312}
临清	股ku^{44}	行xɑŋ^{53} 趟tʰɑŋ^{313}	块kʰuai^{313}
冠县	股ku^{55}	行xɑŋ^{53}	块kʰuɛ^{314}
聊城	股ku^{44}	行xɑŋ^{53} 趟tʰɑŋ^{313}	块kʰuɛ^{313}
济南	股子ku^{213}tsɿ^{0}	行xɑŋ^{42} 趟tʰɑŋ^{21}	块kʰuɛ^{21}
泰安	股ku^{55}	行xɑŋ^{42}	块kʰuɛ^{21}
莱芜	股ku^{55}	行xɑŋ^{55}	块kʰuɛ^{42}
新泰	股ku^{55}	行xɑŋ^{42}	块kʰuɛ^{31}
沂源	股儿kur^{55}	趟儿tʰɑ̃r^{31}	块kʰuɛ^{31}
博山	股ku^{55}	行xɑŋ^{55}	块kʰuɛ^{31}
张店	个kuə^{31}	行xɑŋ^{55}	块kʰuɛ^{31}
阳谷	股儿kur^{55}	行儿xɑ̃r^{42}	块kʰuɛ^{313}
梁山	股ku^{55}	行xɑŋ^{42}	块kʰuɛ^{314}
菏泽	股ku^{44}	行儿xɑ̃r^{53}	块kʰuɛ^{312}
曹县	股儿kur^{44}	行xɑŋ^{53}	块kʰuai^{312}
金乡	股儿kur^{55}	趟儿tʰɑ̃r^{312}	块kʰuɛ^{312}
曲阜	股ku^{55}	行儿xɑ̃r^{42}	块kʰuɛ^{312}
薛城	股儿kur^{24} 股子ku^{24}tsɿ^{0}	趟tʰɑŋ^{41}	块kʰuɛ^{41}

续表

	1117股—～香味	1118行—～字	1119块—～钱
郯城	股ku^{24} 股子ku^{24}tsɿ^{0}	行儿xãr^{44}	块k^{h}uɛ^{51}
临沂	股子ku^{214}tsɿ^{0}	趟儿t^{h}ãr^{312} 行儿xãr^{53}	块k^{h}uɛ^{312}

	1120毛①角：—～钱	1121件—～事情	1122点儿—～东西
荣成	卯mau^{214} 角儿cior^{214}	件儿ciɐr^{33}	点儿tiɐr^{214}
烟台	卯mau^{14} 角tɕye^{14}	个kɤ^{33} 件儿tɕiɐr^{33}	点儿tiɐr^{14}
栖霞	毛mɔo^{312}	件儿ciɐr^{342}	点儿tiɐr^{214}
长岛	卯mau^{213}	桩tsuaŋ^{312} 个kə^{52}	点儿tiɐr^{213}
海阳	卯mɔ^{214}	件ciã^{341}	点儿tiɐr^{214}
莱西	卯mɔ^{55} 角儿cyər^{55}	件儿ciɐr^{42} 个kə^{42}	点儿tiɐr^{55} 没点儿mu^{21}tiɐr^{55}
平度	卯mɔ^{55} 角儿cyər^{55}	件儿ciɛr^{42} 块儿k^{h}uɛr^{42}	点儿tɛr^{55}
青岛	卯mɔ^{55}	件儿tɕiɛr^{42} 块儿k^{h}uɛr^{42}	点儿tiɛr^{55}
高密	卯mɔ^{55}	件儿tɕiɛr^{21} 个kə^{21}	点儿tɛr^{55}
诸城	卯mɔ^{44}	个kuə^{31}/kə^{31}	点儿tɛr^{44}
沂水	卯mɔ^{44}	样儿iãr^{31} 个儿kər^{31}	点儿tiɛr^{44}
临朐	卯mɔ^{44}	个kuə^{21}	点儿tiɛr^{44}
日照	卯mɔ^{44}	个kə^{31}	点儿tɛr^{44}
莒南	卯mɔ^{55}	件tɕiã^{312}	点儿trɛr^{55}

① 普通话中钱币单位“角”俗称mɑu^{35}，读阳平，词源未见严格考证。写作“毛”，只是记音。山东各地一般读上声，音“卯”，亦不详所自；调查材料中读阳平的只有济南、商河、新泰三点，另有栖霞一点读阴平（该方言中次浊平声字多读阴平，所以该点“毛”读阴平约略等于其他点读阳平）。以下音上声者记为“卯”，音阳平或阴平者记为“毛”，均略去同音符号。

续表

	1120毛角：一～钱	1121件一～事情	1122点儿一～东西
潍坊	卯mɔɤ^{55}	件儿tɕiɐr^{31}	点儿tiɐr^{55}
寿光	卯mɔ^{55}	个kuə^{21} 样子iaŋ^{55}tsɿ^{0}也可说"样儿"	点儿tiɛr^{55}
高青	卯mɔ^{55}	件儿tɕiɛr^{41}	点tiã^{55}
阳信	卯mɔ^{55}	个kə^{31}	点儿tɛr^{55}
济阳	卯mɔ^{55}	个kə^{31} 件tɕiã^{31}	点儿tiɛr^{55}
利津	卯mɔ^{55}	件tɕiã^{31} 桩tʂuaŋ^{213}	丁点儿tiŋ^{213}tiɛr^{55}
乐陵	卯mɔ^{55}	件tɕiã^{51}	点儿tiɛr^{55}
商河	毛mɔ^{54}	个kə^{31}	点儿tiɛr^{45}
平原	卯mɔu^{55}	件tɕiã^{21}	点儿tiɐr^{55}
德州	卯mɔ^{55}	件儿tɕiɛr^{21}	点儿tiɛr^{55}
武城	卯mɔ^{55}	件儿tɕiɛr^{312}	点儿tiɛr^{55}
临清	卯mau^{44}	个kə^{313}	点儿tiɛr^{44}
冠县	卯mɔ^{55}	件tɕiã^{314}	点儿tiɐr^{55}
聊城	卯mɔ^{44}	个kə^{313} 件tɕiã^{313}	点儿tiɛr^{44}
济南	毛mɔ^{42}	个kə^{21} 件tɕiã^{21} 桩tʂuaŋ^{213}	点儿点儿tiɛr^{213}tiɛr^{0}
泰安	卯mɔ^{55}	件tɕiã^{21}	点儿tiɛr^{55}
莱芜	卯mɔ^{55}	件tɕiã^{42}	一点儿点儿i^{213}tiɛ^{13}tiɛ^{0}
新泰	毛mɔ^{42}	件儿tɕiɐr^{31}	点儿tiɐr^{55}
沂源	卯mɔ^{55}	件儿tɕiɛr^{31}	点儿tiɛr^{55}
博山	卯mɔ^{55}	件tɕiã^{31}	点儿tiɛ^{55}
张店	卯mɔ^{55}	个kuə^{31}	点儿tiɛ^{55} 没点儿mu^{55}tiɛ^{55}
阳谷	卯mɔ^{55}	件tɕiã^{313}	点儿tiɐr^{55}
梁山	卯mɔ^{55}	件儿tɕiɛr^{314}	点儿tiɛr^{55}
菏泽	卯mɔ^{44}	件儿tɕiɛr^{312}	点儿tiɛr^{44}

续表

	1120毛角：一～钱	1121件一～事情	1122点儿一～东西
曹县	卯mɔ^{44}	件儿tɕiɐr^{312}	点儿tiɐr^{44}
金乡	卯mɔ^{55}	件儿tɕiɛr^{312} 桩tsuaŋ^{213}	点儿tiɛr^{55}
曲阜	卯mɔ^{55}	个kə^{312}	点儿tiɛr^{55}
薛城	卯mɔ^{24}	个kə^{41}	点儿tiɛr^{24}
郯城	卯mɔ^{24}	件tɕiã^{51} 个kə^{51}	点儿tiɛr^{24}
临沂	卯mɔ^{55}	件儿tɕiɛr^{312}	点儿tiɛr^{55}

	1123些一～东西	1124下打一～，动量，不是时量	1125会儿坐了一～
荣成	些siɛ^{53} 堆tei^{53}	下儿çiar^{33}	么$^{=}$盖$^{=}$儿mo^{53}kar^{33}
烟台	大些ta^{33}çie^{0}多 点儿tiɐr^{14}少	下儿çiar^{33}	会儿xuər^{14}
栖霞	些ʃiɛ^{312}	下çia^{52}	气儿c^{h}iər^{52}
长岛	些ʃiɛ^{312}	下çia^{52}	会儿xuər^{55}
海阳	些儿çiɐr^{52}	下çia^{341}	会儿xuər^{341}
莱西	些ʃiə^{214}	下çia^{42}	会儿xuer^{42} 没些儿mu^{214}ʃiər^{0} 阵儿tʃer^{42}
平度	些siə^{42}	下儿çiar^{42}	会儿xuer^{42} 阵儿tʂer^{42}
青岛	些siə^{213}	下儿çiɑr^{42}	会儿xuer^{42} 阵儿tʂer^{42}
高密	些siə^{213}	下儿çiɑr^{21}	会儿xuer^{42} 霎儿ʂɑr^{55} 盘$^{=}$儿p^{h}ɛr^{42}
诸城	些θiə^{213}	下儿ʃar^{31}	没霎儿霎儿mu^{53}ʂar^{213}ʂar^{0}
沂水	下$^{=}$货$^{=}$子çia^{44}xuə^{0}dðɿ^{0} 些siə^{213}	下儿çiar^{31}	霎儿霎儿ʂɬar^{213}ʂɬar^{0}
临朐	些çiə^{213}	下çia^{21}	盼$^{=}$子p^{h}ã^{213}tθɿ^{0} “盼$^{=}$”读上声
日照	些θiə^{213}	下儿ʃiɑr^{31}	会儿xuer^{31}

续表

	1123些一~东西	1124下打一~，动量，不是时量	1125会儿坐了一~
莒南	些siə^{53}	下儿ɕirar^{312}	霎儿ʂɬar^{213} 霎儿霎儿ʂɬar^{213}ʂɬar^{0}
潍坊	些ɕiə^{214}	下儿ɕiɑr^{31}	霎儿ʂɑr^{214} 会儿xuer^{31}
寿光	些ɕiə^{213}	下儿xʌr^{21}	盼$^{=}$儿p^{h}ɛr^{55} “盼$^{=}$”读上声 霎儿ʂʌr^{213}
高青	些ɕiə^{213}	下ɕiɑ^{41}	霎儿霎儿ʂɑr^{213}ʂɑr^{0}
阳信	些ɕiə^{213}	下儿ɕiar^{31}	霎儿ʂer^{213} 霎儿霎儿ʂer^{45}ʂer^{0}
济阳	些ɕiə^{213}	下ɕia^{31} 下子ɕia^{55}tsɿ^{0}	霎儿ʂar^{213} 会儿xuer^{55}
利津	些ɕiə^{213}	下ɕia^{31}	霎儿ʂar^{44} 闷$^{=}$儿mer^{213}
乐陵	些ɕiə^{24}	下儿ɕiɑr^{51} 下子ɕiɑ^{55}tsɿ^{0}	深$^{=}$儿ser^{24}
商河	些ɕiə^{213}	下ɕiɑ^{31}	霎儿sɑr^{45}
平原	些ɕiə^{213}	下儿ɕiar^{21}	闷$^{=}$儿mər^{213}
德州	些ɕiə^{213}	下ɕia^{21}	会儿xuer^{213}
武城	些ɕiə^{224}	下儿ɕiar^{312}	会儿xer^{224}
临清	些ɕiə^{13}	下ɕia^{313}	会儿xuer^{313}
冠县	些siə^{13}	下ɕia^{314}	会儿xuer^{314}
聊城	些ɕiə^{13}	下ɕia^{313}	会儿xuer^{313}
济南	些ɕiə^{213}	下子ɕia^{55}tsɿ^{0}	霎儿ʂar^{213} 会儿xuer^{21}
泰安	些ɕiə^{213}	下ɕia^{21}	霎ʂa^{213} 会儿xuer^{21}
莱芜	些ɕiə^{213}	下ɕia^{42}	一霎霎i^{31}ʃa^{31}ʃa^{0}
新泰	些ɕiə^{213}	下ɕia^{31}	霎霎ʃa^{21}ʃa^{0}
沂源	下$^{=}$货$^{=}$ɕia^{55}xuə^{0}	下ɕia^{31}	霎儿ʃar^{31}
博山	些ɕiə^{213}	下ɕiɑ^{31}	一霎霎i^{213}ʂɑ^{22}ʂɑ^{0}
张店	些ɕiə^{213}	下ɕiɑ^{31}	霎霎ʂɑ^{33}ʂɑ^{0}

续表

	1123些一~东西	1124下打一~，动量，不是时量	1125会儿坐了一~
阳谷	些ɕiə^{213}	下儿ɕiar^{313}	会儿xuor^{313}
梁山	堆tɕyei^{213}	下儿ɕiar^{314}	会儿xuer^{314}
菏泽	些ɕiɛ^{44}	下ɕia^{312}	会儿xuer^{312}
曹县	些ɕiə^{44}	下ɕia^{312}	会儿xuɤr^{312}
金乡	些ɕiə^{55}	下儿ɕiar^{312}	会儿xuer^{312}
曲阜	点子tiã^{23}tsɿ^{0} 些ɕiə^{55}	下儿ɕiar^{312}	会儿xuer^{312}
薛城	些ɕiə^{24}	下ɕia^{41}	会儿xuer^{41}
郯城	些ɕiə^{24}	下儿ɕiar^{51}	下ɕia^{51} 会儿xuer^{51}
临沂	些ɕiə^{55}	下儿ɕiar^{312}	会儿xuer^{312}

	1126顿打一~	1127阵下了一~雨	1128趟去了一~
荣成	顿tən^{33}	阵儿tʂər^{33} 么=盖=儿mo^{53}kar^{33}	趟tʰaŋ^{33} 回儿xuər^{35}
烟台	顿tən^{33}	阵儿tɕiər^{33}	趟tʰaŋ^{33}
栖霞	顿tə̃n^{52}	阵儿tʃər^{342}	趟tʰaŋ^{52}
长岛	顿tən^{52}	阵儿tʃər^{52}	趟tʰaŋ^{52}
海阳	顿tẽ^{341}	阵儿tsər^{341}	趟tʰaŋ^{341}
莱西	顿tẽ^{42}	阵儿tʃer^{42} 没些儿mu^{214}ʃiər^{0}	趟tʰaŋ^{42}
平度	顿tə̃^{213} 遭儿tθɔr^{213}	阵tʂə̃^{42} 会儿xuer^{42}	趟儿tʰɑ̃r^{213}
青岛	顿tẽ^{42} 遭儿tθɔr^{213}	阵儿tʂer^{42} 会儿xuer^{42}	趟儿tʰɑ̃r^{42}
高密	顿tuə̃^{21}	阵儿tʂer^{21} 霎儿ʂɑr^{55}	趟儿tʰɑ̃r^{21}
诸城	顿tuẽ^{31}	阵儿tʃer^{31}	趟tʰaŋ^{31} 回儿xuer^{53}
沂水	顿tuẽ^{31}	阵儿dʒer^{31}	趟tʰaŋ^{31} 趟儿tʰɑ̃r^{31}

续表

	1126顿打一～	1127阵下了一～雨	1128趟去了一～
临朐	顿tuə̃^{21}	阵儿tʃer^{21}	趟儿tʰɑ̃r^{21}
日照	顿tuẽ^{31}	阵儿tʃiẽr^{31}	趟tʰɑŋ^{31}
莒南	顿tuẽ^{312}	末$^{=}$儿mər^{312} 阵tʃẽ^{312}	趟儿trɑ̃r^{312}
潍坊	顿tuẽ^{31}	阵tʂẽ^{31}	趟儿tʰɑ̃r^{31}
寿光	顿tuə̃^{21}	阵子tʂə̃^{55}tsɿ^{0} 阵儿tʂʅ^{21}	趟tʰɑŋ^{21}未然、已然均可 回儿xuer^{53}只用于已然
高青	顿tuə̃^{41}	阵tʂə̃^{41}	趟tʰɑŋ^{41}
阳信	顿tuə̃^{31}	阵儿tʂer^{31} 阵子tʂə̃^{55}tsɿ^{0}时间长于“阵儿”	趟tʰɑŋ^{31} 回儿xuer^{43}
济阳	顿tuẽ^{31}	阵tʂẽ^{31} 阵子tʂẽ^{55}tsɿ^{0} 阵儿tʂer^{31}	趟tʰɑŋ^{31} 回儿xuer^{55}
利津	顿tuẽ^{31}	阵tʂẽ^{31}	回儿xuer^{53}
乐陵	顿tuẽ^{51}	阵儿tʂer^{51}	趟tʰɑŋ^{51}
商河	顿tuẽ^{31}	阵儿tʂer^{31}	趟tʰɑŋ^{31}
平原	顿tuẽ^{21}	阵儿tʂər^{21}	趟tʰɑŋ^{21} 回儿xuər^{42}
德州	顿tuẽ^{21}	阵tʂẽ^{21}	趟tʰɑŋ^{21}
武城	顿tuẽ^{312}	阵子tʂẽ^{53}tsɿ^{0}	趟儿tʰar^{312}
临清	顿tun^{313}	阵儿tʂer^{313} 会儿xuer^{313}	回xuei^{53} 趟tʰɑŋ^{313}
冠县	顿tuẽ^{314}	阵tʂẽ^{314}	趟tʰɑŋ^{314}
聊城	顿tuẽ^{313}	阵儿tser^{313}	趟tʰɑŋ^{313}
济南	顿tuẽ^{21}	阵儿tʂer^{21}	回儿xuer^{42}
泰安	顿tuẽ^{21}	阵tʂẽ^{21}	趟tʰɑŋ^{21}
莱芜	顿tuẽ^{42}	阵tʃẽ^{42}	趟tʰɑŋ^{42}
新泰	顿tuẽ^{31}	阵儿tʃɤr^{31}	趟tʰɑŋ^{31}
沂源	顿tuə̃^{31}	阵儿tʃər^{31}	趟tʰɑŋ^{31}
博山	顿tuẽ^{31}	阵tʂẽ^{31}	趟tʰɑŋ^{31}

续表

	1126 **顿**打一～	1127 **阵**下了一～雨	1128 **趟**去了一～
张店	顿 tuə^{31}	阵 tʂə̃^{31}	趟 tʰɑŋ^{31} 回 xuei^{55}
阳谷	顿 tuẽ^{313}	阵儿 tsər^{313}	趟 tʰɑŋ^{313}
梁山	顿 tuẽ^{314}	阵 tsẽ^{314}	趟 tʰɑŋ^{314}
菏泽	顿 tuẽ^{312}	阵 tsẽ^{312}	趟 tʰɑŋ^{312}
曹县	顿 tuẽ^{312}	阵 tʂẽ^{312}	趟 tʰɑŋ^{312}
金乡	顿 tuẽ^{312}	阵 tsẽ^{312}	趟 tʰɑŋ^{312}
曲阜	顿 tuẽ^{312}	阵儿 tser^{312} 阵子 tsẽ^{42}tsɿ^{0}	趟 tʰaŋ^{312}
薛城	顿 tuẽ^{41}	阵 tsẽ^{41}	趟 tʰɑŋ^{41} 未然、已然皆可 回 xue^{55} 只用于已然
郯城	顿 tuə^{51}	阵 tʂə̃^{51}	趟 tʰɑŋ^{51}
临沂	顿 tuẽ^{312}	阵儿 tʃer^{312}	趟儿 tʰɑ̃r^{312}

	1129 **我**～姓王	1130 **你**① ～也姓王	1131 **您**尊称
荣成	我 uo^{214} 俺 an^{214}	你 ni^{214} 倷 na^{214}	（无）
烟台	我 uo^{14} 俺 an^{14}	你 ȵi^{14} 恁 nən^{14}	（无）
栖霞	俺 ãn^{214} 我 uo^{214}	恁 nə̃n^{214} 你 ȵi^{214}	你 ȵi^{214}
长岛	我 uə^{213} 俺 an^{213}	你 ȵi^{213} 倷 na^{213}	你 ȵi^{213} 倷 na^{213}
海阳	我 uo^{214} 俺 ã^{214}	你 ȵi^{214}	你 ȵi^{214}
莱西	我 uə^{55} 俺 ã^{55}	你 ȵi^{55} 恁 nẽ^{55}	恁 nẽ^{55}

① 单数第二人称代词除了“你”之外，山东各地还有三种说法：第一种是烟台威海一带的na，通常写作“倷”，此处照写；第二种是nen（nə̃或nei）类，通常写作“恁”，此处照写，不写作“您”；第三种是ŋen（ŋə̃或ŋei）类，此处写作“您”，以示读音与“恁”有别。此外，阳信一地还有ȵiə̃的旧称（以上各种说法均读上声），也写作“您”。以上均不加同音符号。1131“您（尊称）”、1135“你们”用字同此（高青、德州敬称是“您”ȵiə̃上声）。

续表

	1129 我～姓王	1130 你～也姓王	1131 您尊称
平度	俺 ã^{55} 我 uə^{55}	你 ȵi^{55} 恁 nã^{55}	恁 nã^{55}
青岛	俺 ã^{55} 我 uə^{55}	你 ȵi^{55}	恁 nẽ^{55}
高密	我 uə^{55} 俺 ã^{55}	你 ȵi^{55} 恁 nã^{55}	恁 nã^{55}
诸城	俺 ŋã^{44} 多用作领属关系 我 uə^{44}	恁 nẽ^{44} 多用作领属关系 你 ȵi^{44}	（无）
沂水	俺 ŋã^{44} 我 uə^{44}	你 ni^{44}	恁 nẽ^{44}
临朐	俺 ŋã^{44} 我 uə^{44}	你 ȵi^{44}	恁 nã^{44}
日照	俺 nã^{44} 随意，不亲切/ŋã^{44} 含亲切意 我 uə^{44}	你 ni^{44} 恁 nẽ^{44} 表领属	恁 nẽ^{44}
莒南	俺 ã^{55} 我 uə^{55}	你 ni^{55}	恁 nẽ^{55}
潍坊	俺 ŋã^{55} 我 uə^{55}	您 ŋẽ^{55} 你 ȵi^{55}	您 ŋẽ^{55}
寿光	我 uə^{55} 俺 ŋã^{55}	你 ȵi^{55} 您 ŋã^{55} 表领属	您 ŋã^{55}
高青	我 uə^{55}	你 ȵi^{55}	您 ȵiã^{55}
阳信	俺 ŋã^{55} 我 uə^{55}	你 ȵi^{55} 您 ȵiã^{55} 比说话人岁数更大的人	恁 nã^{55}
济阳	俺 ŋã^{55} 我 uə^{55}	你 ȵi^{55}	恁 nẽ^{55}
利津	俺 ŋã^{55} 我 uə^{55}	你 ȵi^{55}	（无）
乐陵	我 uə^{55}	你 ȵi^{55}	（无）
商河	俺 ŋã^{45} 我 uə^{45}	你 ȵi^{45}	（无）
平原	我 uə^{55}	你 ȵi^{55}	（无）
德州	俺 ŋã^{55}	你 ȵi^{55}	您 ȵiẽ^{55}
武城	俺 ŋã^{55}	你 ȵi^{55}	（无）

续表

	1129 我～姓王	1130 你～也姓王	1131 您尊称
临清	我 uə^{44} 俺 ŋan^{44}	你 ȵi^{44}	恁 nei^{44}
冠县	俺 ɣã^{55} 我 uə^{55}	你 ȵi^{55}	恁 nẽ^{53}
聊城	俺 ɣã^{44} 我 uə^{44}	你 ȵi^{44}	恁 nẽ^{44}
济南	俺 ŋã^{55} 我 uə^{55}	你 ȵi^{55}	（无）
泰安	我 uə^{55} 俺 nã^{55}	你 ȵi^{55} 恁 nei^{55}	（无）
莱芜	俺 ŋã^{55}	你 ȵi^{55}	（无）
新泰	俺 ŋã^{55} 我 uə^{55}	你 ȵi^{55}	（无）
沂源	俺 ŋã^{55}	你 ȵi^{55}	恁 nə̃^{55}
博山	我 uə^{55} 俺 ŋã^{55}	你 ȵi^{55} 您 ŋẽ^{55}	您 ŋẽ^{55}
张店	我 uə^{55} 俺 ŋã^{55}	你 ȵi^{55} 您 ŋei^{55}	（无）
阳谷	俺 ɣã^{55} 我 uə^{55}	你 ȵi^{55}	恁 nei^{55}
梁山	俺 ɣã^{55} 我 uə^{55}	恁 nei^{55} 你 ȵi^{55}	恁 nei^{55}
菏泽	俺 ɣã^{44} 我 uə^{44}	你 ȵi^{44} 恁 nẽ^{44}	恁 nẽ^{44}
曹县	俺 ɣã^{44} 我 uə^{44}	你 ȵi^{44}	恁 nẽ^{44}
金乡	我 uə^{55} 俺 ɣã^{55}	你 ȵi^{55} 恁 nei^{55}	恁 nei^{55}
曲阜	俺 ɣã^{55} 我 uə^{55}	恁 nẽ^{55}	（无）
薛城	俺 ɣã^{24} 我 uə^{24}	你 ȵi^{24}	（无）
郯城	俺 ã^{24} 我 uə^{24}	你 ȵi^{24}	恁 nə̃^{24}
临沂	我 uə^{55} 俺 ɣã^{55}	你 ȵi^{55}	（无）

	1132 他～姓张	1133 我们不包括听话人：你们别去，～去	1134 咱[1]们包括听话人：他们不去，～去吧
荣成	他tʰa^{53}	我们uo^{214}mən^{35} 俺an^{214}	咱tsa^{35}读为"杂"
烟台	他tʰa^{53}	我们uo^{21}mən^{0}	咱们tsa^{33}mən^{0} "咱"读为"杂"。下条同 咱tsa^{33}
栖霞	他tʰa^{312}	我们uo^{21}mə̃n^{0} 俺ãn^{214}	咱浑家tsa^{34}xuə̃n^{34}cia^{312} "咱"读为"杂"
长岛	他tʰa^{312}	我们uə^{35}mən^{0} 俺an^{213}	咱们tsan^{55}mən^{0} 咱tsa^{55}读为"杂"
海阳	他tʰa^{52}	我们uo^{21}mẽ^{0} 俺ã^{214} 咱tsa^{341}读为"杂"	咱们tθa^{34}mẽ^{0} "咱"读为"杂"
莱西	他tʰa^{214}	俺ã^{55} 我们uə^{24}mẽ^{0}	咱tsa^{42}读为"杂"
平度	他tʰa^{55}	俺ã^{55} 我们uə^{45}mə̃^{0}	咱tθã^{42}
青岛	他tʰə^{55}	俺ã^{55}	喒tθẽ^{42}
高密	他tʰɑ^{55}	俺ã^{55} 俺们ã^{23}mə̃^{0} 我们uə^{23}mə̃^{0}	喒tθə̃^{42} 喒们tθə̃^{55}mə̃^{0} 我们uə^{23}mə̃^{0}
诸城	他tʰa^{44}	俺ŋã^{44} 我们uə^{213}mẽ^{0}	喒tθẽ^{53} 咱tθã^{53}
沂水	他tʰə^{44}	俺ŋã^{44}	喒dðẽ^{53}
临朐	他tʰa^{44}	俺ŋã^{44}	喒tθə̃^{53}
日照	他tʰɑ^{213}	俺nã^{44} 俺ŋã^{44}	喒tθẽ^{53}
莒南	他tʰa^{55}	咱们tθã^{213}mẽ^{0} 我们uə^{213}mẽ^{0}	咱tθã^{55}
潍坊	他tʰɑ^{214}	俺ŋã^{55}	喒tɕiẽ^{53}

① 人称代词"咱"在山东方言中有三种读音：一读为"杂"，这是"咱"字古读；一读为"簪"阳平，这是普通的读法；还有一种是读"怎"阳平（潍坊读"今"阳平），此处记为"喒"。1137"大家"中的"咱"同此。

续表

	1132 他～姓张	**1133 我们**不包括听话人：你们别去，～去	**1134 咱们**包括听话人：他们不去，～去吧
寿光	他tʰa^{213}	俺ŋã^{55} 俺这一档子ŋã^{55}tʂə^{21}i^{0}tɑŋ^{55}tsʅ^{0}	喒tsã^{53} 喒这一档子tsã^{53}tʂə^{21}i^{0}tɑŋ^{55}tsʅ^{0}
高青	他tʰɑ^{213}	我们uə^{213}mã^{0}	咱们tsã^{213}mã^{0}
阳信	他tʰa^{55}	俺们ŋã^{213}mã^{0}	咱tsã^{55} 咱们tsã^{213}mã^{0}
济阳	他tʰa^{213}	俺ŋã^{55} 俺这伙儿ŋã^{55}tʂə^{21}xuər^{55}	咱tsã^{55} 咱这伙儿tsã^{55}tʂə^{21}xuər^{55}
利津	他tʰa^{55}	俺ŋã^{55} 俺们ŋã^{213}mẽ^{0}	咱tsã^{55}
乐陵	他tʰɑ^{55}	俺ŋã^{55} 俺们ŋã^{212}mẽ^{0}	咱tsã^{55} 咱们tsã^{212}mẽ^{0}
商河	他tʰɑ^{45}	俺们ŋã^{213}mẽ^{0} 俺这伙儿ŋã^{45}tʂə^{31}xuər^{45}	咱们tsã^{213}mẽ^{0} 咱这伙儿tsã^{45}tʂə^{31}xuər^{45}
平原	他tʰa^{55}	俺ŋã^{55} 俺们ŋã^{23}mẽ^{0}	咱tsã^{55} 咱们tsã^{23}mẽ^{0}
德州	他tʰa^{55}	俺们ŋã^{213}mẽ^{0}	咱们tsã^{213}mẽ^{0}
武城	他tʰa^{55}	俺们ŋã^{24}mẽ^{0}	咱tsã^{55} 咱们tsã^{24}mẽ^{0}
临清	他tʰɑ^{44}	俺们ŋan^{44}men^{0} 我们uə^{44}men^{0}	咱们tsan^{44}men^{0} 咱tsan^{53}
冠县	他tʰa^{55}	俺ɣã^{55} 俺几个ɣã^{55}tɕi^{55}kə^{0} 我们uə^{44}mẽ^{0}	咱tsã^{55} 咱几个tsã^{55}tɕi^{55}kə^{0} 咱们tsã^{44}mẽ^{0}
聊城	他tʰa^{44}	俺们ɣã^{44}mẽ^{0} 我们uə^{44}mẽ^{0}	咱们tsã^{44}mẽ^{0}
济南	他tʰa^{55}	俺ŋã^{55} 俺们ŋã^{213}mẽ^{0} 俺这伙ŋã^{55}tʂə^{21}xuə^{55}	咱tsã^{55} 咱们tsã^{213}mẽ^{0} 咱这伙tsã^{55}tʂə^{21}xuə^{55}
泰安	他tʰa^{213}	俺nã^{55}	咱tsã^{55}
莱芜	他tʰa^{213}	我们uə^{213}mẽ^{0}	咱们tsã^{213}mẽ^{0}
新泰	他tʰa^{213}	我们uə^{213}mẽ^{0}	咱们tθã^{45}mẽ^{0}
沂源	他tʰa^{213}	俺ŋã^{55}	咱们tθã^{55}mã^{0}
博山	他tʰɑ^{213}	咱们tsã^{213}mẽ^{0} 俺这伙ŋã^{213}tʂə^{31}xuə^{213}	咱tsã^{55} 咱这［一］些tsã^{55}tʂə^{21}ɕiə^{213}

续表

	1132他～姓张	1133我们不包括听话人：你们别去，～去	1134咱们包括听话人：他们不去，～去吧
张店	他tʰɑ^{33}	俺们ŋã^{213}mã^{0}	咱们tsã^{213}mã^{0} 咱tsã^{55}
阳谷	他tʰa^{55}	俺ɣã^{55} 俺几个ɣã^{55}tɕi^{55}kə^{0}	咱tsã^{55} 咱几个tsã^{55}tɕi^{55}kə^{0}
梁山	他tʰa^{213}	俺ɣã^{55} 我们uə^{23}mẽ^{0}	咱tsã^{55} 咱们tsã^{23}mẽ^{0}
菏泽	他tʰa^{44}	俺ɣã^{44}	咱tsã^{44}
曹县	他tʰa^{44}	俺几个ɣã^{44}tɕi^{44}kə^{0}	咱几个tsã^{53}tɕi^{44}kə^{0}
金乡	他tʰa^{213}	俺ɣã^{55}	咱们tsã^{23}mẽ^{0} 我们uə^{23}mẽ^{0}
曲阜	他tʰa^{213}	俺ɣã^{55}	咱tsã^{42}
薛城	他tʰa^{313}	俺ɣã^{24} 俺们ɣã^{24}mẽ^{0}	咱tsã^{24} 咱们tsã^{24}mẽ^{0}
郯城	他tʰa^{213}	俺们ã^{24}mã^{0} 我们uə^{24}mã^{0}	咱tsã^{24} 咱们tsã^{24}mã^{0} 我们uə^{24}mã^{0}
临沂	他tʰa^{55}	俺ɣã^{55} 我们uə^{214}mẽ^{0}	咱tsã^{55}

	1135你们～去	1136他们～去	1137大家～一起干
荣成	傢na^{214} 你们ni^{214}mən^{0}	他们tʰa^{53}mən^{0}	大家伙儿ta^{33}cia^{53}xuor^{214} 大家ta^{33}cia^{53}
烟台	恁nən^{14} 你们ȵi^{21}mən^{0}	他们tʰa^{53}mən^{0}	大家伙儿ta^{35}tɕia^{53}xuor^{14}
栖霞	恁浑家nə̃n^{21}xuə̃n^{34}cia^{312} 恁nə̃n^{214}	他们tʰa^{52}mə̃n^{0}	大家伙儿ta^{34}cia^{52}xuor^{214}
长岛	你们ȵi^{35}mən^{0}	他们tʰa^{31}mən^{0}	大家ta^{55}cia^{31}
海阳	恁nẽ^{214}	他们tʰa^{52}mẽ^{0}	大家伙儿ta^{21}cia^{52}xuor^{214}
莱西	恁nẽ^{55} 你们ȵi^{24}mẽ^{0}	他们tʰa^{214}mẽ^{0}	大伙儿ta^{214}xuər^{55} 大家儿ta^{42}ciʌr^{214} 咱tsa^{42}读为"杂"
平度	恁nə̃^{55} 你们ȵi^{45}mə̃^{0}	他们tʰa^{45}mə̃^{0}	咱tθã^{42} 大家伙儿ta^{55}cia^{213}xuər^{55} 大伙儿ta^{213}xuər^{55}

续表

	1135你们～去	1136他们～去	1137大家～一起干
青岛	恁nẽ^{55}	他们tʰə^{44}mẽ^{0}	喒tθẽ^{42} 大家伙儿tɑ^{55}tɕiɑ^{213}xuər^{55} 大伙儿tɑ^{213}xuər^{55}
高密	恁nə̃^{55} 你们n̠i^{23}mə̃^{0} 恁们nə̃^{23}mə̃^{0}	他们tʰɑ^{23}mə̃^{0}	喒tθə̃^{42}人少的时候 大家伙儿tɑ^{55}tɕiɑ^{0}xuər^{55}人多的时候 大伙儿tɑ^{21}xuər^{55}
诸城	恁nẽ^{44} 你们n̠i^{213}mẽ^{0}	他们tʰa^{213}mẽ^{0}	大家伙儿ta^{44}tʃa^{0}xuər^{44} 大伙儿ta^{31}xuər^{44}
沂水	恁nẽ^{44}	他们tʰa^{213}mẽ^{0}	大家伙儿ta^{44}tɕia^{0}xuər^{44} 大伙儿ta^{31}xuər^{44}
临朐	恁nə̃^{44} 恁这些nə̃^{44}tʃə^{21}ɕiə^{0}	他那些tʰa^{44}na^{21}ɕiə^{0}	大家伙儿ta^{44}tɕia^{0}xuɤr^{44}
日照	恁nẽ^{44}	他们tʰɑ^{213}mẽ^{0}	大家伙儿tɑ^{44}tʃiɑ^{0}xuər^{44}
莒南	你们ni^{213}mẽ^{0}	他们tʰa^{213}mẽ^{0}	大家伙儿ta^{42}tɕia^{0}xuər^{55} 大伙儿ta^{31}xuər^{55}
潍坊	您ŋẽ^{55} 你们n̠i^{24}mẽ^{0}	他们tʰɑ^{214}mẽ^{0}	喒tɕiẽ^{53} 大家伙儿tɑ^{24}tɕiɑ^{0}xuər^{55} 大伙儿tɑ^{214}xuər^{55}
寿光	您ŋə̃^{55} 您这一档子ŋə̃^{55}tʂə^{21}i^{0}tɑŋ^{55}tsɿ^{0}	他那一档了tʰa^{13}na^{21}i^{0}tɑŋ^{55}tsɿ^{0}	大伙儿ta^{21}xuor^{55} 大伙儿里ta^{21}xuor^{24}n̠i^{0} 大家伙儿ta^{21}tɕia^{213}xuor^{55}
高青	你们n̠i^{213}mə̃^{0}	他们tʰɑ^{213}mə̃^{0}	大伙儿tɑ^{41}xuər^{55}
阳信	你们n̠i^{213}mə̃^{0}	他们tʰa^{213}mə̃^{0}	大家伙儿ta^{55}tɕia^{0}xuər^{55}
济阳	恁nəŋ^{55}/nə̃^{55} 恁这伙儿nẽ^{55}tʂə^{21}xuər^{55}	他这伙儿tʰa^{55}tʂə^{21}xuər^{55}	大伙儿ta^{31}xuər^{55} 大伙子ta^{13}xuə^{213}tsɿ^{0}
利津	恁nẽ^{55}	他们tʰa^{213}mẽ^{0}	大伙儿ta^{31}xuər^{55}
乐陵	你们n̠i^{212}mẽ^{0}	他们tʰɑ^{212}mẽ^{0}	大家伙儿tɑ^{55}tɕiɑ^{0}xuər^{55}
商河	你们n̠i^{213}mẽ^{0} 你这伙儿n̠i^{45}tʂə^{31}xuər^{45}	他们tʰɑ^{213}mẽ^{0} 他这伙儿tʰɑ^{45}tʂə^{31}xuər^{45}	大伙儿tɑ^{31}xuər^{45}
平原	你们n̠i^{23}mẽ^{0}	他们tʰa^{23}mẽ^{0}	大伙儿ta^{21}xuor^{55}
德州	你们n̠i^{213}mẽ^{0}	他们tʰa^{213}mẽ^{0}	大伙儿ta^{21}xuər^{55}
武城	您ŋẽ^{55} 您们ŋẽ^{24}mẽ^{0}	他们tʰa^{24}mẽ^{0}	大伙儿ta^{21}xuər^{55}

续表

	1135你们～去	1136他们～去	1137大家～一起干
临清	你们ȵi^{44}men^{0}	他们tʰa^{44}men^{0}	大伙儿ta^{31}xuər^{44}
冠县	恁nẽ^{55} 恁几个nẽ^{55}tɕi^{55}kə^{0} 你几个ȵi^{55}tɕi^{55}kə^{0}	他们tʰa^{44}mẽ^{0} 他几个tʰa^{55}tɕi^{55}kə^{0}	大伙儿ta^{31}xuər^{55} 大家伙儿ta^{31}tɕia^{0}xuər^{55}
聊城	你们ȵi^{44}mẽ^{0}	他们tʰa^{44}mẽ^{0}	大伙儿ta^{31}xuər^{44} 大家ta^{31}tɕia^{13}
济南	你这伙ȵi^{55}tʂə^{21}xuə^{55}	他这伙tʰa^{55}tʂə^{21}xuə^{55}	大伙儿ta^{42}xuər^{55} 大家伙儿ta^{21}tɕia^{213}xuər^{55}
泰安	恁nei^{55}	他们tʰa^{21}mei^{0}	齐大乎的tɕʰi^{55}ta^{0}xu^{55}ti^{0}
莱芜	你们ȵi^{213}mẽ^{0}	他们tʰa^{31}mẽ^{0}	大家ta^{42}tɕia^{0}
新泰	恁几个nei^{23}tɕi^{45}kə^{0}	他们tʰa^{21}mẽ^{0}	大家伙ta^{54}tɕia^{0}xuə^{55}
沂源	恁nə̃^{55}	他们tʰa^{21}mə̃^{0}	大家伙儿ta^{55}tɕia^{0}xuər^{55}
博山	您ŋẽ^{55}	乜一伙子ȵiə^{21}ə^{0}xuə^{213}ə^{0}	大伙tɑ^{31}xuə^{213}
张店	您ŋei^{55} 你们ȵi^{213}mə̃^{0}	他们tʰɑ^{33}mə̃^{0}	大伙tɑ^{31}xuə^{55}
阳谷	恁nei^{55} 恁几个nei^{55}tɕi^{13}kə^{0}	他们tʰa^{13}mẽ^{0}	大家伙儿ta^{42}tɕia^{0}xuor^{55}
梁山	恁nei^{55}	他们tʰa^{21}mẽ^{0}	大家伙儿ta^{42}tɕia^{0}xuər^{55}
菏泽	恁nẽ^{44}	他们tʰa^{44}mẽ^{0}	大伙儿ta^{31}xuər^{44}
曹县	恁几个nẽ^{53}tɕi^{44}kə^{0}	他几个tʰa^{53}tɕi^{44}kə^{0}	大伙儿ta^{31}xuər^{44}
金乡	恁nei^{55} 你们ȵi^{23}mẽ^{0}	他们tʰa^{21}mẽ^{0}	大家ta^{42}tɕia^{0} 大伙儿ta^{42}xuər^{55}
曲阜	恁nẽ^{55}	他们tʰa^{21}mẽ^{0}	咱tsã^{42}
薛城	恁ne^{24}可用于领属关系，不用于单数第二人称 你们ȵi^{24}mẽ^{0}	他们tʰa^{31}mẽ^{0}	大伙儿ta^{41}xuər^{24}
郯城	恁nə̃^{24} 你们ȵi^{24}mə̃^{0}	他们tʰa^{21}mə̃^{0}	大家伙儿ta^{51}tɕia^{21}xuər^{24} 大家ta^{51}tɕia^{213}
临沂	恁nẽ^{55}	他们tʰa^{214}mẽ^{0}	大伙儿ta^{31}xuər^{55} 大家ta^{31}tɕia^{214}

	1138 自己我～做的	1139 别人这是～的	1140 我爸～今年八十岁
荣成	自个儿tsɿ^{33}kor^{214} 自己tsɿ^{33}ci^{214}	人家in^{53}cia^{0}	俺爹an^{21}tiɛ^{53}
烟台	自己tsɿ^{33}tɕi^{14} 自个儿tsɿ^{33}kɤr^{14}	旁人pʰɑŋ^{33}in^{50}	俺爹an^{14}tie^{53} 俺爸an^{21}pa^{33}
栖霞	自己tsɿ^{52}ci^{214} 自个儿tsɿ^{52}kər^{214}	人家ĩn^{52}ciɛ^{312} "家"读为"揭"阴平	俺爹ãn^{34}tiɛ^{312}
长岛	自个儿tsɿ^{52}kər^{213}	人家in^{55}ci^{0} "家"读为"机"轻声 别人piɛ^{55}in^{0}	俺爸an^{21}pa^{52}
海阳	自个儿tθɿ^{34}kuor^{214} 自己tθɿ^{34}ci^{214}	人家ĩ^{52}cia^{0}	俺爹ã^{21}tiə^{52}
莱西	自己tsɿ^{45}ci^{0}	人家iẽ^{45}ci^{0} "家"读为"机"轻声 旁人pʰɑŋ^{45}iẽ^{0}	我爹uə^{55}tiə^{214} 俺爹ã^{55}tiə^{214}
平度	自己tθɿ^{45}ci^{0}	人家iə̃^{45}ciə^{0} "家"读为"揭"轻声	俺爹ã^{55}tiə^{213}
青岛	自己tθɿ^{45}tɕi^{0} 自个儿tθɿ^{45}kər^{0}	人家iẽ^{45}tɕi^{0} "家"读为"机"轻声	俺爹ã^{55}tiə^{213}
高密	自个儿tθɿ^{21}kər^{55} 自己tθɿ^{42}tɕi^{0}	人家iə̃^{55}tɕi^{0} "家"读为"机"轻声 别人pɪə^{42}ɪə^{42}	俺大大ã^{55}tɑ^{21}tɑ^{0} "大"读为阴平 俺爹ã^{55}tiə^{213}
诸城	自己tθɿ^{24}tʃʅ^{0}	旁人pʰɑŋ^{53}iẽ^{0}	俺大大ŋã^{24}ta^{31}ta^{0} "大"读为阴平
沂水	自家dðɿ^{24}tɕia^{0} 自己dðɿ^{53}tɕi^{213}	旁人pʰɑŋ^{42}iẽ^{42}	俺爷ŋã^{44}iə^{213} 俺大大ŋã^{44}ta^{21}ta^{0} "大"读为阴平
临朐	自家tθɿ^{35}ka^{0} "家"读为"嘎"轻声	人家zə̃^{35}ka^{0} "家"读为"嘎"轻声	俺爹ŋã^{44}tiə^{213} 俺爷ŋã^{33}iə^{53}
日照	自己tθɿ^{53}tʃʅ^{213}	旁人pʰɑŋ^{44}iẽ^{0}	俺爹nã^{44}tiə^{213}
莒南	自己tθɿ^{31}tɕi^{213}	旁人pʰɑŋ^{53}iẽ^{0}	俺大大ã^{55}ta^{21}ta^{0} "大"读为阴平
潍坊	自家tsɿ^{35}kə^{0} "家"读为"个"轻声	人家zẽ^{35}kə^{0} "家"读为"个"轻声	俺爹ŋã^{55}tiə^{214} 俺大ŋã^{55}tɑ^{53} "大"读为阳平 俺爸爸ŋã^{55}pɑ^{35}pɑ^{0}

续表

	1138 自己我～做的	1139 别人这是～的	1140 我爸～今年八十岁
寿光	自家tsɿ^{35}ka^{0} "家"读为"嘎"轻声	人家lə̃^{35}ka^{0} "家"读为"嘎"轻声 旁人pʰɑŋ^{53}lə̃^{53}与"人家"的区别同于普通话 别人piə^{53}lə̃^{53}	俺爷ŋã^{55}iə^{53}
高青	自家tsɿ^{35}tɕiɑ^{0}	人家ʐə̃^{35}tɕiɑ^{0}	俺爹ŋã^{55}tiə^{213}
阳信	个人kə^{55}ʐə̃^{0}	别人儿piə^{31}ʐer^{0} 旁人儿pʰɑŋ^{31}ʐer^{0}	俺爹ŋã^{55}tiə^{213}
济阳	自家tsɿ^{55}tɕia^{0} 个人kə^{31}ʐẽ^{55}	人家ʐẽ^{24}tɕia^{0} 旁人pʰɑŋ^{55}ʐẽ^{0}	俺爹ŋã^{55}tiə^{213} 俺爸爸ŋã^{21}pa^{55}pa^{0}
利津	自家tsɿ^{35}tɕia^{0} 个人kə^{31}ʐẽ^{53}	人家ʐẽ^{35}tɕia^{0}	俺爹ŋã^{55}tiə^{213} 俺爸ŋã^{55}pa^{31}
乐陵	个人kə^{24}ʐẽ^{0}	别人儿piə^{51}ʐer^{0}	俺爹ŋã^{55}tiə^{24} 俺爸爸ŋã^{55}pɑ^{55}pɑ^{0}
商河	个人kə^{24}ʐẽ^{0} 自家tsɿ^{24}tɕiɑ^{0}	人家ʐẽ^{24}tɕiɑ^{0} 旁人pʰɑŋ^{54}ʐẽ^{0}	俺爹ŋã^{45}tiə^{213} 我爸爸uə^{45}pɑ^{54}pɑ^{0}
平原	个人kə^{21}ʐẽ^{42}	旁人儿pʰɑŋ^{42}ʐər^{0}	俺爸爸ŋã^{21}pa^{42}pa^{0}
德州	自个儿tsɿ^{21}kər^{55}	旁人儿pʰɑŋ^{42}ʐer^{42} 人家ʐẽ^{55}tɕia^{0}	俺爸爸ŋã^{55}pa^{42}pa^{0}
武城	个人kə^{21}lẽ^{53}	人家lẽ^{55}tɕia^{0} 旁人儿pʰɑŋ^{53}ler^{53}	俺爹ŋã^{53}tiə^{224}
临清	自个儿tsɿ^{31}kər^{44} 个人kə^{31}ʐen^{53}	别人piə^{53}ʐen^{0} 旁人pʰɑŋ^{53}ʐen^{0}	我大大uə^{44}ta^{13}ta^{0} "大"读为阴平 我爸爸uə^{44}pa^{53}pa^{0}
冠县	自个儿tsɿ^{31}kər^{55}	别人piə^{53}ʐẽ^{53}	俺爹ɣã^{55}tiə^{13} 俺父亲ɣã^{55}fu^{53}tsʰiẽ^{0}
聊城	自个儿tsɿ^{31}kər^{44} 个人kə^{31}zẽ^{53}	别人儿piə^{53}zer^{0} 旁人儿pʰɑŋ^{53}zer^{0}	俺大ɣã^{44}ta^{313} 俺爸ɣã^{44}pa^{313}
济南	个人kə^{21}ʐẽ^{42} 自家tsɿ^{445}tɕia^{0}	人家ʐẽ^{445}tɕia^{0} 旁人pʰɑŋ^{42}ʐẽ^{0}	俺爸爸ŋã^{55}pa^{55}pa^{0} 俺男老的儿ŋã^{55}nã^{42}lɔ^{213}tier^{0}
泰安	自己tɕi^{42}tɕi^{213} "自"读为"及"	人家ʐẽ^{55}tɕia^{0}	俺大nã^{213}ta^{42} "大"读为阳平
莱芜	自己tsɿ^{42}tɕi^{0}	旁人pʰɑŋ^{55}ʒẽ^{0}	俺爷ŋã^{213}iə^{55} 俺爹ŋã^{55}tiə^{213} 俺爹爹ŋã^{55}tiə^{31}tiə^{0}

续表

	1138 自己我～做的	**1139 别人**这是～的	**1140 我爸**～今年八十岁
新泰	自己tθʅ42tɕi213	旁人pʰɑŋ54ʒẽ0	俺大大ŋã23ta45ta0 “大”读为阳平 俺爹ŋã55tiə213
沂源	自家tθʅ35tɕia0	旁人pʰɑŋ55iə̃0	俺爷ŋã21iə55
博山	自家tsʅ35tɕiɑ0	人家lẽ35tɕiɑ0	俺爹ŋã55tiə213
张店	自家tsʅ35tɕiɑ0	旁人pʰɑŋ55ẓə̃0 人家ẓə̃35tɕiɑ0	俺爹ŋã55tiə213
阳谷	己家tɕi55tɕia0	别人儿piə42ẓɤr42	俺爹ɣã55tiə213 俺父亲ɣã55fu42tɕʰiẽ0
梁山	己家tɕi55tɕia0	人家zẽ55tɕia0 旁人儿pʰɑŋ42zer0	俺爹ɣã55tiə213
菏泽	自己tsʅ31tɕi44 自家tsʅ53tɕia213	人家zẽ53tɕia0	俺大大ɣã44ta31ta0
曹县	自家tsʅ31tɕia213	人家zẽ53tɕia0	俺大ɣa44ta312 俺爹ɣã44tiə213 俺父亲ɣã44fu31tɕʰiẽ213
金乡	自家tɕi42tɕia0 “自”读为“及”	旁人儿pʰɑŋ42zer0	俺爹ɣã55tiə213 俺大大ɣã213ta55ta0 “大”读为阳平
曲阜	自己tsʅ31tɕi0	人家zẽ55tɕia0	俺大大ɣã55ta55ta0 “大”读为阳平
薛城	自己tsʅ41tɕi24 自个儿tsʅ41kər0	旁人pʰɑŋ54zẽ0	俺大ɣã24ta55 “大”读为阳平
郯城	个人kə51ẓə̃44 自己tsʅ51tɕi213	旁人pʰɑŋ44ẓə̃44 人家ẓə̃44tɕia0 别人piə44ẓə̃44	俺大ã44ta213 “大”读为阴平 我父亲uə24fu51tɕʰiə̃0
临沂	个人kə31ẓẽ53 自己tsʅ31tɕi214	旁人pʰɑŋ53ẓẽ53 别人piə53ẓẽ53	俺爹ɣã55tiə214 俺大大ɣã55ta21ta0 “大”读为阴平 俺父亲ɣã55fu31tɕʰiẽ0

	1141 你爸～在家吗？	**1142 他爸**～去世了	**1143 这个**我要～，不要那个
荣成	倷爹na21tiɛ53	他爹tʰa53tiɛ53	这个tʃiɛ33kə0
烟台	恁爹nən14tie53 恁爸nən21pa33	他爹tʰa14tie53 他爸tʰa21pa33	这个tɕie33kə0

续表

	1141 你爸~在家吗?	1142 他爸~去世了	1143 这个我要~，不要那个
栖霞	恁爹nə̃n^{34}tiɛ^{312}	他爹tʰa^{34}tiɛ^{312}	这个tʃə^{52}kə^{0}
长岛	倷爸na^{21}pa^{52}	他爸tʰa^{31}pa^{52}	这个tʃə^{52}kə^{0}
海阳	恁爸nei^{21}pa^{341} 恁爹nei^{21}tiə^{52}	他爸tʰa^{52}pa^{341} 他爹tʰa^{21}tiə^{52}	这个tsə^{34}kə^{0}
莱西	你爹n̥i^{55}tiə^{214} 恁爹nẽ^{55}tiə^{214}	他爹tʰa^{55}tiə^{214}	这个tʃiə^{45}kə^{0}
平度	恁爹nə̃^{55}tiə^{213}	他爹tʰa^{55}tiə^{213}	这个tʃə^{213}kuə^{0}
青岛	恁爹nẽ^{55}tiə^{213}	他爹tʰa^{55}tiə^{213}	这个tʃə^{21}kə^{0}
高密	恁大大nə̃^{55}tɑ^{21}tɑ^{0} "大"读为阴平 恁爹nə̃^{55}tiə^{213}	他大大tʰɑ^{55}tɑ^{21}tɑ^{0} "大"读为阴平 他爹tʰɑ^{55}tiə^{213}	这个tʃə^{21}kə^{0}
诸城	恁大大nẽ^{24}ta^{31}ta^{0} "大"读为阴平	他大大tʰa^{44}ta^{31}ta^{0} "大"读为阴平	这个tʃə^{24}kə^{0}
沂水	恁爷nẽ^{44}iə^{213} 恁大大nẽ^{44}ta^{21}ta^{0} "大"读为阴平	他爷tʰa^{44}iə^{213} 他大大tʰa^{44}ta^{21}ta^{0} "大"读为阴平	这个dʒə^{31}kə^{0}
临朐	恁爹nə̃^{44}tiə^{213} 恁爷nə̃^{33}iə^{53}	他爹tʰa^{44}tiə^{213} 他爷tʰa^{33}iə^{53}	这个tʃə^{21}kuə^{21}
日照	恁爹nẽ^{44}tiə^{213}	他爹tʰɑ^{44}tiə^{213}	这个tʃiə^{31}kə^{0}
莒南	恁大大nẽ^{55}ta^{21}ta^{0} "大"读为阴平	他大大tʰa^{55}ta^{21}ta^{0} "大"读为阴平	这个tʃə^{42}kə^{0}
潍坊	您爹ŋẽ^{55}tiə^{214} 您大ŋẽ^{55}tɑ^{53} "大"读为阳平 您爸爸ŋẽ^{55}pɑ^{35}pɑ^{0}	他爹tʰɑ^{55}tiə^{214} 他大tʰɑ^{55}tɑ^{53} "大"读为阳平 他爸爸tʰɑ^{55}pɑ^{35}pɑ^{0}	这个tʂə^{31}kuə^{0}
寿光	您爷ŋə̃^{55}iə^{53}	他爷tʰa^{213}iə^{53}	这个tʂə^{21}kuə^{0}
高青	你爹n̥i^{55}tiə^{213}	他爹tʰɑ^{213}tiə^{0}	这户$^{=}$tʂə^{41}xu^{41} 这个tʂə^{41}kə^{41}
阳信	你爹n̥i^{55}tiə^{213}	他爹tʰa^{55}tiə^{213}	这个tʂə^{23}kə^{31}
济阳	恁爹nẽ^{55}tiə^{213} 恁爸爸nẽ^{21}pa^{55}pa^{0}	他爹tʰa^{55}tiə^{213} 他爸爸tʰa^{21}pa^{55}pa^{0}	这个tʂə^{55}kə^{0}
利津	你爹n̥i^{55}tiə^{213} 你爸n̥i^{55}pa^{31}	他爹tʰa^{55}tiə^{213} 他爸tʰa^{55}pa^{31}	这个tʂə^{31}kə^{0}
乐陵	你爹n̥i^{55}tiə^{24} 你爸爸n̥i^{55}pɑ^{55}pɑ^{0}	他爹tʰɑ^{55}tiə^{24} 他爸爸tʰɑ^{55}pɑ^{55}pɑ^{0}	这个tʂə^{55}kə^{0}

续表

	1141你爸～在家吗？	1142他爸～去世了	1143这个我要～，不要那个
商河	你爹ȵi^{45}tiə^{213} 你爸爸ȵi^{45}pɑ^{54}pɑ^{0}	他爹tʰɑ^{45}tiə^{213} 他爸爸tʰɑ^{45}pɑ^{54}pɑ^{0}	这个tʂə^{31}kə^{0}
平原	你爸爸ȵi^{21}pa^{42}pa^{0}	他爸爸tʰa^{21}pa^{42}pa^{0}	这个tʂə^{42}kə^{0}
德州	你爸爸ȵi^{55}pa^{42}pa^{0}	他爸爸tʰa^{55}pa^{42}pa^{0}	这个tʂə^{21}kə^{0}
武城	您爹ŋẽ^{53}tiə^{224}	他爹tʰa^{53}tiə^{224}	这个tʂə^{312}kə^{0}
临清	你大大ȵi^{44}ta^{13}ta^{0} “大”读为阴平 你爸爸ȵi^{44}pa^{53}pa^{0}	他大大tʰa^{44}ta^{13}ta^{0}父亲去世后称爹。“大”读为阴平 他爸爸tʰa^{44}pa^{53}pa^{0}	这个tʂə^{31}kə^{0}
冠县	恁爹nẽ^{55}tiə^{13} 恁父亲nẽ^{55}fu^{53}tsʰiẽ^{0}	他爹tʰa^{55}tiə^{13} 他父亲tʰa^{55}fu^{53}tsʰiẽ^{0}	这个tʂə^{21}kə^{0}
聊城	恁大nẽ^{44}ta^{313} 恁爸nẽ^{44}pa^{313}	他大tʰa^{44}ta^{313}父亲去世后称爹 他爸tʰa^{44}pa^{313}	这个tsə^{31}kə^{0}
济南	你爸爸ȵi^{55}pa^{55}pa^{0} 你男老的儿ȵi^{55}nã^{42}lɔ^{213}tier^{0}	他爸爸tʰa^{55}pa^{55}pa^{0} 他男老的儿tʰa^{55}nã^{42}lɔ^{213}tier^{0}	这个tʂə^{55}kə^{0}
泰安	恁大nei^{213}ta^{42} “大”读阳平	他大tʰa^{213}ta^{42} “大”读为阳平	这个tʂə^{21}kə^{0}
莱芜	你爷ȵi^{213}iə^{55} 你爹ȵi^{55}tiə^{213} 你爹爹ȵi^{55}tiə^{31}tiə^{0}	他爷tʰa^{213}iə^{55} 他爹tʰa^{55}tiə^{213} 他爹爹tʰa^{55}tiə^{31}tiə^{0}	这个tʃə^{42}kə^{0}
新泰	恁大大nci^{23}ta^{45}ta^{0} “大”读阳平 你爹nei^{42}tiə^{213}	他大大tʰa^{23}ta^{45}ta^{0} “大”读为阳平 他爹tʰa^{23}tiə^{213}	这个tʃə^{54}kə^{0}
沂源	恁爷nã^{21}iə^{55}	他爷tʰa^{21}iə^{55}	这个tʃə^{31}kuə^{31}
博山	您爹ŋẽ^{55}tiə^{213}	他爹tʰɑ^{55}tiə^{213}	这户$^{=}$tʂə^{213}xu^{31} 这个tʂə^{55}kuə^{0}
张店	您爹ŋei^{55}tiə^{213}	他爹tʰɑ^{213}tiə^{213}	这个tʂə^{21}kuə^{0}
阳谷	恁爹nei^{55}tiə^{213} 恁父亲nei^{55}fu^{42}tɕʰiẽ^{0}	他爹tʰa^{213}tiə^{213} 他父亲tʰa^{13}fu^{42}tɕʰiẽ^{0}	这个tsə^{31}kə^{0}
梁山	恁爹nei^{55}tiə^{213}	他爹tʰa^{23}tiə^{213}	这个tsə^{31}kə^{0}
菏泽	恁大大nẽ^{44}ta^{31}ta^{0}	他大大tʰa^{44}ta^{31}ta^{0}	这个tsə^{31}kə^{0}
曹县	恁大nẽ^{44}ta^{312} 恁爹nẽ^{44}tiə^{213} 恁父亲nẽ^{44}fu^{31}tɕʰiẽ^{213}	他大tʰa^{44}ta^{312} 他爹tʰa^{44}tiə^{213} 他父亲tʰa^{44}fu^{31}tɕʰiẽ^{213}	这个tʂə^{31}kə^{0}

续表

	1141 **你爸**～在家吗?	1142 **他爸**～去世了	1143 **这个**我要～，不要那个
金乡	恁爹nei^{55}tiə^{213} 恁大大nei^{213}ta^{55}ta^{0}“大”读为阳平	他爹tʰa^{23}tiə^{213} 他大大tʰa^{213}ta^{55}ta^{0}“大”读为阳平	这个tsə^{31}kə^{0}
曲阜	恁大大nẽ^{55}ta^{55}ta^{0}“大”读为阳平	他大大tʰa^{213}ta^{55}ta^{0}“大”读为阳平	这个tsə^{31}kə^{0}
薛城	恁大ne^{24}ta^{55}“大”读为阳平	他大tʰa^{31}ta^{55}“大”读为阳平	这个tsə^{41}kə^{0}
郯城	恁大nã^{44}ta^{213}“大”读为阴平 恁爸nã^{24}pa^{44} 恁父亲nã^{24}fu^{51}tɕʰiã^{0}	他大tʰa^{13}ta^{213}“大”读为阴平 他爸tʰa^{21}pa^{44} 他父亲tʰa^{21}fu^{51}tɕʰiã^{0}	这个tʂɛ^{51}kə^{0}/tʂə^{51}kə^{0}
临沂	恁爹nẽ^{55}tiə^{214} 恁大大nẽ^{55}ta^{21}ta^{0}“大”读为阴平 恁爸爸nẽ^{55}pa^{55}pa^{0}	他爹tʰa^{55}tiə^{214} 他大大tʰa^{55}ta^{21}ta^{0}“大”读为阴平 他爸爸tʰa^{55}pa^{55}pa^{0}	这个tʃə^{31}kə^{0}

	1144 **那个**我要这个，不要～	1145 **哪个**你要～杯子?	1146 **谁**你找～?
荣成	那个na^{33}ko^{0} 乜①个niɛ^{33}ko^{0}	哪个na^{33}ko^{0}	谁ʃyɛ^{35}
烟台	乜个n̥ie^{33}kə^{0} 那个na^{33}kə^{0}	哪个na^{21}kə^{0}	谁suei^{33}/sei^{33}
栖霞	乜个n̥iɛ^{52}kə^{0}	哪个na^{52}kə^{0}	谁ʃyɛ^{342}
长岛	乜个n̥iɛ^{52}kə^{0} 那个na^{52}kə^{0}	哪个na^{35}kə^{0}	谁sei^{55}
海阳	那个na^{34}kə^{0} 乜个n̥iə^{34}kə^{0}	乜个n̥iə^{34}kə^{0}	谁suo^{341}
莱西	那个na^{45}kə^{0}	哪个na^{45}kə^{0}有时“个”读kuə^{0}	谁ʃuə^{42}
平度	那个na^{213}kuə^{0}	哪个na^{55}kuə^{213}“个”又读kə^{213}	谁ʂei^{42}
青岛	那个nə^{21}kə^{0}	哪个nɑ^{55}kə^{213}	谁ʂuei^{42}
高密	那个nɑ^{21}kə^{0}	哪个nɑ^{55}kə^{0}	谁ʃei^{42}
诸城	乜个n̥iə^{24}kə^{0} 那个na^{24}kə^{0}	哪个na^{213}kə^{31}	谁ʃei^{53}

① 远指代词音“捏”(调类各地不尽一致)的，有人写作“捏”。此处统一写作“乜”，以免歧义。音nə、nɛ的仍写作“那”。

续表

	1144 那个我要这个，不要～	**1145 哪个**你要～杯子？	**1146 谁**你找～？
沂水	那个 na^{31}kə^{0}	哪个 na^{213}kə^{0}	谁 ʂe^{53}
临朐	乜个 ȵiə^{21}kuə^{21} 那个 na^{21}kuə^{21}	哪个 na^{213}kuə^{0}	谁 ʂei^{53}
日照	那个 nɑ^{31}kə^{0}看得见或看不见 乜个 niə^{31}kə^{0}看得见	哪个 nɑ^{213}kə^{0}	谁 ʂei^{53}
莒南	那个 na^{42}kə^{0}	哪个 na^{213}kə^{0}	谁 ʂei^{55}
潍坊	那个 nɑ^{31}kuə^{0}	哪个 nɑ^{24}kuə^{31}	谁 ʂei^{53}
寿光	那个 na^{21}kuə^{0} 乜个 ȵiə^{21}kuə^{0}	哪个 na^{24}kuə^{0}	谁 ʂei^{53}
高青	那户$^{=}$nɑ^{213}xu^{41} 那个 nɑ^{213}kə^{0}	哪个 nɑ^{55}kə^{41}	谁 ʂei^{55}
阳信	那个 na^{23}kə^{31} 乜个 ȵiə^{23}kə^{31}	哪个 na^{55}kə^{31}	谁 ʂei^{43}
济阳	那个 na^{55}kə^{0}	哪个 na^{213}kə^{0}	谁 ʂei^{55}
利津	乜个 ȵiə^{31}kə^{0} 那个 na^{31}kə^{0}	哪个 na^{213}kə^{0}	谁 ʂei^{53}
乐陵	那个 nɑ^{55}kə^{0}	哪个 nɑ^{212}kə^{0}	谁 sei^{55}
商河	乜个 ȵiə^{31}kə^{0}	哪个 nɑ^{45}kə^{31}	谁 sei^{54}
平原	那个 na^{42}kə^{0}	哪个 na^{23}kə^{0}	谁 sei^{42}
德州	那个 na^{21}kə^{0}	哪个 na^{213}kə^{0}	谁 ʂei^{42}
武城	那个 na^{312}kə^{0}	哪个 na^{24}kə^{0}	谁 ʂei^{53}
临清	那个 na^{31}kə^{0}	哪个 na^{44}kə^{0}	谁 ʂei^{53} 哪个 na^{44}kə^{0}
冠县	那个 na^{21}kə^{0}	哪个 na^{21}kə^{0}	谁 ʂei^{53}
聊城	那个 na^{31}kə^{0}	哪个 na^{44}kə^{0}	谁 sei^{53}
济南	那个 na^{55}kə^{0}	哪个 na^{213}kə^{0}	谁 ʂei^{42}
泰安	那个 na^{21}kə^{0}	哪个 na^{213}kə^{0}	谁 ʂei^{42}
莱芜	那个 na^{55}kə^{0}	哪个 na^{13}kə^{0}	谁 ʃei^{55}
新泰	那个 na^{54}kə^{0}	哪个 na^{213}kə^{0}	谁 ʃei^{42}
沂源	那个 na^{31}kuə^{31}	哪个 na^{21}kuə^{0}	谁 ʃei^{55}

续表

	1144 **那个**我要这个，不要～	1145 **哪个**你要～杯子？	1146 **谁**你找～？
博山	那户$^{=}$nɑ^{213}xu^{31} 那个nɑ^{55}kuə^{0}	哪个nɑ^{213}kuə^{31}	谁ʂei^{55}
张店	那个nɑ^{21}kuə^{0} 乜个ȵiə^{21}kuə^{0}	哪个nɑ^{213}kuə^{0}	谁ʂei^{55}
阳谷	那个na^{31}kə^{0}	哪个na^{55}kə^{0}	谁sei^{42}
梁山	那个na^{31}kə^{0}	哪个na^{55}kə^{0}	谁sei^{42}
菏泽	那个na^{31}kə^{0}	哪个na^{44}kə^{0}	谁sei^{53}
曹县	那个na^{31}kə^{0}	哪个na^{44}kə^{0}	谁sei^{53}
金乡	那个na^{31}kə^{0}	哪个na^{23}kə^{0}	谁sei^{42}
曲阜	那个na^{31}kə^{0}	哪个na^{55}kə^{0}	谁sei^{42}
薛城	那个na^{41}kə^{0}	哪个na^{24}kə^{0}	谁fe^{24}/se^{24}
郯城	那个nɛ^{51}kə^{0}/na^{51}kə^{0}	哪个nɛ^{24}kə^{0}/na^{24}kə^{0}	谁个ʂe^{24}kə^{0} 谁ʂe^{24}
临沂	那个na^{31}kə^{0}	哪个na^{55}kə^{0}	谁ʃei^{55}

	1147 **这里**在～，不在那里	1148 **那里**在这里，不在～	1149 **哪里**你到～去？
荣成	这场儿tʃiɛ^{33}tʃɑ̃r^{0} 这儿tʃiɐr^{33}	乜场儿niɛ^{33}tʃɑ̃r^{0}	哪儿nar^{33}
烟台	这场儿tɕie^{33}tɕʰiɑ̃r^{0}	乜场儿ȵie^{33}tɕʰiɑ̃r^{0}	哪场儿na^{21}tɕʰiɑ̃r^{0}
栖霞	这场儿tʃə^{52}tʃʰɑ̃r^{214}	乜场儿ȵiɛ^{52}tʃʰɑ̃r^{214}	哪儿nar^{214}
长岛	这场儿tʃə^{52}tʃʰɑ̃r^{0}	那场儿na^{52}tʃʰɑ̃r^{0} 乜场儿ȵiɛ^{52}tʃʰɑ̃r^{0}	哪儿na^{213}ər^{0}
海阳	这儿tsə^{21}ər^{0}	那儿na^{21}ər^{0}	哪里ȵiə^{21}li^{0}
莱西	这里tʃiə^{45}lɛ^{0}/tʃiə^{45}li^{0}	那里na^{45}lɛ^{0}/na^{45}li^{0}	哪儿nʌr^{55} 哪场儿na^{42}tʃʰɑ̃r^{55} 哪里na^{45}li^{0}
平度	这里tʃə^{42}li^{0}	那里na^{42}li^{0}	哪里na^{45}li^{0} 哪场儿na^{42}tʂʰɑ̃r^{55}
青岛	这里tʃə^{42}lə^{0}	那里nə^{42}lə^{0}	哪里nɑ^{55}lə^{0} 哪个场儿nɑ^{55}kə^{0}tʂʰɑ̃r^{55}
高密	这里tʃə^{21}lɛ^{0}	那来nɑ^{21}lɛ^{0}	哪里nɑ^{23}lɛ^{0}

续表

	1147 **这里**在～，不在那里	1148 **那里**在这里，不在～	1149 **哪里**你到～去？
诸城	这里 tʃə^{24}lə^{0}	乜里 ȵiə^{24}lə^{0} 那里 na^{24}lə^{0}	哪里 na^{213}lə^{0}
沂水	这里 dʒə^{44}li^{0}/dʒə^{44}lɛ^{0} 这 dʒə^{31}	那里 na^{44}li^{0}/na^{44}lɛ^{0} 那 na^{31}	哪里 na^{213}li^{0}/na^{213}lɛ^{0} 哪 na^{44}
临朐	这里 tʃə^{35}li^{0}	乜里 ȵiə^{35}li^{0} 那里 na^{35}li^{0}	哪 na^{44} 哪里 na^{213}li^{0}
日照	这里 tʃiə^{53}lə^{0}	那里 nɑ^{53}lə^{0}看得见或看不见 乜里 niə^{53}lə^{0}看得见	哪里 nɑ^{213}lə^{0}
莒南	这里 tʃə^{42}lɛ^{0}	那里 na^{42}lɛ^{0}	哪来 na^{213}lɛ^{0}
潍坊	这里 tʂə^{35}ȵi^{0}	那里 nɑ^{35}ȵi^{0}	哪里 nɑ^{24}ȵi^{0} 哪个埝儿 nɑ^{35}kuə^{0}ȵiɐr^{55}
寿光	这里 tʂə^{35}ȵi^{0} 这价 tʂə^{35}ka^{0} “价”读为“嘎”轻声	那里 na^{35}ȵi^{0} 乜里 ȵiə^{35}ȵi^{0} 乜价 ȵiə^{35}ka^{0} “价”读为“嘎”轻声	哪里 na^{24}ȵi^{0} 哪价 na^{24}ka^{0} “价”读为“嘎”轻声
高青	这里 tʂə^{55}liou^{0}	那里 nɑ^{55}liou^{0}	哪里 nɑ^{213}liou^{0}
阳信	这里 tʂə^{55}li^{0}	那里 na^{55}li^{0} 乜里 ȵiə^{55}li^{0}	哪里 na^{213}li^{0}
济阳	这里 tʂə^{55}ȵi^{0}	那里 na^{55}ȵi^{0}	哪里 na^{213}ȵi^{0}
利津	这里 tʂə^{55}la^{0}/tʂə^{55}li^{0}	那里 na^{55}la^{0}/na^{55}li^{0}	哪里 na^{213}la^{0}/na^{213}li^{0}
乐陵	这呵⁼儿 tʂə^{55}xer^{0}	那呵⁼儿 nɑ^{55}xer^{0}	哪呵⁼儿 nɑ^{212}xer^{0}
商河	这里 tʂə^{54}li^{0}	那里 ȵiə^{54}li^{0}	哪里 nɑ^{213}li^{0}
平原	这呵⁼儿 tʂə^{42}xər^{0}	那呵⁼儿 na^{42}xər^{0}	哪呵⁼儿 na^{23}xər^{0}
德州	这里 tʂə^{42}li^{0}	那里 na^{42}li^{0}/na^{42}liou^{0}	哪哈⁼儿 na^{213}xɛr^{0} 哪里 na^{213}li^{0}/na^{213}liour^{0}
武城	这呵⁼儿 tʂə^{53}xer^{0}	那呵⁼儿 na^{53}xer^{0}	哪呵⁼儿 na^{24}xer^{0}
临清	这儿 tʂər^{53} 这哈⁼儿 tʂə^{53}xɛr^{0}	那儿 nar^{53} 那哈⁼儿 na^{53}xɛr^{0}	哪儿 nar^{44} 哪哈⁼儿 na^{44}xɛr^{0}
冠县	这里 tʂə^{53}li^{0} 这呵⁼tʂə^{53}xə^{0}	那里 na^{53}li^{0} 那呵⁼na^{53}xə^{0}	哪 na^{55} 哪呵⁼na^{53}xə^{0}
聊城	这呵⁼儿 tsə^{53}xər^{0} 这里 tsə^{53}li^{0}	那呵⁼儿 na^{53}xər^{0} 那里 na^{53}li^{0}	哪里 na^{44}li^{0}
济南	这里 tʂə^{55}ȵi^{0}	那里 na^{55}ȵi^{0}	哪里 na^{213}ȵi^{0}

续表

	1147 **这里** 在～，不在那里	1148 **那里** 在这里，不在～	1149 **哪里** 你到～去？
泰安	这窝儿tʂə^{21}uər^{42}	那窝儿na^{21}uər^{42}	哪窝儿na^{213}uər^{42}
莱芜	这里tʃə^{42}li^{0}	那里na^{42}li^{0}	哪里na^{13}li^{0}
新泰	这里tʃə^{54}li^{0}	那里na^{54}li^{0}	哪里na^{213}li^{0}
沂源	这里tʃə^{55}ȵi^{0}	那里na^{55}ȵi^{0}	哪里na^{21}ȵi^{0}
博山	这tʂə^{31}	那nɑ^{31}	哪nɑ^{213}
张店	这里tʂə^{55}ȵi^{0}	那里nɑ^{55}ȵi^{0} 乜里ȵiə^{55}ȵi^{0}	哪里nɑ^{213}ȵi^{0}
阳谷	这呵$^{=}$tsə^{42}xə^{0}	那呵$^{=}$na^{42}xə^{0}	哪呵$^{=}$na^{13}xə^{0}
梁山	这呵$^{=}$tsə^{42}xə^{0}	那呵$^{=}$na^{42}xə^{0}	哪呵$^{=}$na^{55}xə^{0}
菏泽	这呵$^{=}$tsə^{31}xə^{0}	那呵$^{=}$na^{31}xə^{0}	哪呵$^{=}$na^{44}xə^{0}
曹县	这个地方tʂə^{31}kə^{0}ti^{53}fɑŋ^{0}	那个地方na^{31}kə^{0}ti^{53}fɑŋ^{0}	哪个地方na^{44}kə^{0}ti^{53}fɑŋ^{0}
金乡	这呵$^{=}$儿tsə^{42}xər^{0}	那呵$^{=}$na^{42}xə^{0}	哪里na^{23}xə^{0}
曲阜	这里tsə^{42}li^{0}	那里na^{42}li^{0}	哪里na^{213}li^{0}
薛城	这里tsə^{41}li^{0}	那里na^{41}li^{0}	哪里na^{24}li^{0} 哪na^{24}
郯城	这呵$^{=}$tʂə^{51}xə^{0} 这里tʂə^{51}lɛ^{0}/tʂə^{51}lə^{0}	那呵$^{=}$na^{51}xə^{0} 那里na^{51}lɛ^{0}/na^{51}lə^{0}	哪呵$^{=}$na^{24}xə^{0} 哪里na^{24}lɛ^{0}/na^{24}lə^{0}
临沂	这咍$^{=}$儿tʃə^{31}xɛr^{214} 这里tʃə^{31}li^{0}	那咍$^{=}$儿na^{31}xɛr^{0} 那里na^{31}li^{0}	哪咍$^{=}$儿na^{214}xɛr^{0} 哪里na^{214}li^{0}

	1150 **这样** 事情是～的，不是那样的	1151 **那样** 事情是这样的，不是～的	1152 **怎样** 什么样：你要～的？
荣成	这样儿tʃiɛ^{33}iãr^{214}	乜样儿niɛ^{53}iãr^{33}	么样儿mo^{53}iãr^{214}
烟台	这样儿tɕie^{33}iãr^{0}	乜样儿ȵie^{33}iãr^{0}	什么样儿ɕin^{33}mo^{0}iãr^{0}
栖霞	这么样儿tʃə^{52}mə^{0}iãr^{342}	乜么样儿ȵiɛ^{52}mə^{0}iãr^{342}	什么样儿ʃən^{34}mə^{0}iãr^{342}
长岛	这样儿tʃə^{52}iãr^{0}	乜样儿ȵiɛ^{52}iãr^{0}	什么样儿ʃən^{55}mə^{0}iãr^{52}
海阳	这么样儿tsə^{21}mə^{0}iãr^{341}	那么样儿na^{34}mə^{0}iãr^{341}	怎么样tsɑŋ^{34}mə^{0}iɑŋ^{341} "怎"读为"脏"上声
莱西	这样儿tʃiə^{55}iãr^{42} 这个样儿tʃiə^{45}kə^{0}iãr^{42}	乜样儿ȵiə^{33}iãr^{42} 乜个样儿ȵiə^{45}kə^{0}iãr^{42}	什么样儿ʃʅ^{42}mə^{0}iãr^{42} "什"读为"十"
平度	这样儿tʃə^{213}iãr^{42} 这个样儿tʃə^{213}kə^{0}iãr^{42}	那样儿na^{213}iãr^{42} 那个样儿na^{213}kə^{0}iãr^{42}	什么样儿ʃə̃^{45}mə^{0}iãr^{42}

续表

	1150这样事情是～的，不是那样的	1151那样事情是这样的，不是～的	1152怎样什么样：你要～的？
青岛	这样儿tʃə^{213}iãr^{42} 这个样儿tʃə^{213}kə^{0}iãr^{42}	那样儿nə^{213}iãr^{42} 那个样儿nə^{213}kə^{0}iãr^{42}	怎么样儿tθoŋ^{55}mu^{0}iɑ̃r^{42} “怎”读为“增”上声
高密	这样儿tʃə^{21}ʐãr^{21} 这个样儿tʃə^{21}kə^{0}ʐãr^{21} 这么着tʃoŋ^{42}mə^{0}tʂə^{0}	那样儿nɑ^{21}ʐãr^{21} 那个样儿nɑ^{21}kə^{0}ʐãr^{21} 那么着nɑ^{42}mə^{0}tʂə^{0}	怎么样儿tθoŋ^{23}mə^{0}ʐɑ̃r^{55} “怎”读为“增”上声
诸城	这样儿tʃə^{31}ʐãr^{31}	乜样儿ȵiə^{31}ʐãr^{31} 那样儿na^{31}ʐãr^{31}	什么样儿ʃəŋ^{44}mə^{0}ʐãr^{31}“什”读为“剩”
沂水	章$^{=}$dʒɑŋ^{213}“这样”的合音 章$^{=}$儿dʒãr^{213}	娘$^{=}$niɑŋ^{213}读阴平。“乜样”的合音 囔$^{=}$儿nãr^{213}“那样”的合音	什么样儿ʃəŋ^{24}mə^{0}ɻãr^{31}“什”读为“剩”
临朐	章$^{=}$tʃɑŋ^{213}“这样”的合音	娘$^{=}$ȵiɑŋ^{213}读阴平。“乜样”的合音	哪户$^{=}$儿的na^{213}xur^{44}ti^{0} 什么户$^{=}$儿的ʃə̃^{53}mə^{0}xur^{441}ti^{0}
日照	这样儿tʃiə^{31}ʐãr^{31}	那样儿nɑ^{31}ʐãr^{31}	怎么样tθəŋ^{44}mə^{0}iɑŋ^{31}“怎”读为“增”去声
莒南	这样儿tʃə^{13}ɻãr^{31}	那样儿na^{13}ɻãr^{31}	怎么样儿tθəŋ^{213}mə^{0}ɻãr^{31} “怎”读为“增”上声
潍坊	这样儿tʂə^{31}iãr^{31} 这个样儿tʂə^{31}kuə^{0}iãr^{31}	那样儿nɑ^{31}iãr^{31} 那个样儿nɑ^{31}kuə^{0}iãr^{31}	什么样儿ʂəŋ^{55}mə^{0}ɪɑr^{31}“什”读为“剩” 怎么样儿tsəŋ^{24}mə^{0}iãr^{31}“怎”读为“增”上声
寿光	章$^{=}$tʂɑŋ^{213}“这样”的合音 丈$^{=}$么着tʂɑŋ^{55}mə^{0}tʂuə^{53}“丈$^{=}$”也是“这样”的合音	娘$^{=}$ȵiɑŋ^{213}读阴平。“乜样”的合音 娘$^{=}$么着ȵiɑŋ^{55}mə^{0}tʂuə^{53}“娘$^{=}$”读去声，也可读阴平。 囔$^{=}$nɑŋ^{213}“那样”的合音	哪一户$^{=}$儿na^{24}i^{0}xur^{21} 啥户$^{=}$儿ʂa^{55}xur^{0}
高青	这样tʂə^{55}iɑŋ^{0}	那样nɑ^{55}iɑŋ^{0}	咋着tsɑ^{213}tʂɔ^{0}
阳信	这样儿tʂə^{23}iar^{31}	那样儿na^{23}iar^{31} 乜样儿ȵiə^{23}iar^{0}	啥样儿ʂa^{31}iar^{31}
济阳	这么着tʂə^{55}mə^{0}tʂɔ^{0}	那么着na^{55}mə^{0}tʂɔ^{0}	啥样儿ʂa^{13}iar^{31}
利津	这个样tʂə^{31}kə^{0}iɑŋ^{31}	那个样na^{31}kə^{0}iɑŋ^{31}	啥样ʂa^{53}iɑŋ^{31}
乐陵	这样儿tʂə^{51}iɑr^{0}	那样儿nɑ^{51}iɑr^{0}	嘛样儿mɑ^{51}iɑr^{0}
商河	这么着tʂə^{31}mə^{0}tʂou^{0}	那么着nɑ^{31}mə^{0}tʂou^{0}	啥ʂɑ^{31}
平原	这样儿tʂə^{33}iar^{0}	那样儿na^{33}iar^{0}	嘛样儿ma^{42}iar^{0}
德州	这么着tʂə^{21}mə^{0}tʂɔ^{0}	那么着na^{21}mə^{0}tʂɔ^{0}	怎么着tsẽ^{213}mə^{0}tʂɔ^{0}

续表

	1150 这样事情是～的，不是那样的	1151 那样事情是这样的，不是～的	1152 怎样什么样：你要～的？
武城	这样 tʂə^{24}iaŋ^{0}	那样 na^{24}iaŋ^{0}	嘛样儿 ma^{55}iãr^{0}
临清	这样儿 tʂə^{13}iar^{313}	那样儿 na^{13}iar^{313}	什么样儿 ʂen^{44}mə^{0}iar^{313} 么样儿 mə^{53}iar^{313}
冠县	这样 tʂə^{21}iaŋ^{0}	那样 na^{21}iaŋ^{0}	哪样 na^{55}iaŋ^{0} 啥样 ʂa^{13}iaŋ^{31}
聊城	这样 tsə^{31}iaŋ^{313}	那样 na^{13}iaŋ^{313}	什么样 sẽ^{44}mə^{0}iaŋ^{0}
济南	这样 tʂə^{23}iaŋ^{21} 这样儿 tʂə^{23}iar^{21}	那样儿 na^{23}iãr^{21}	什么样儿 ʂẽ^{55}mə^{0}iãr^{21} 么样儿 mə^{42}iãr^{21}
泰安	这样儿 tʂə^{21}iar^{21}	那样儿 na^{21}iar^{21}	什么样儿 ʂəŋ^{55}mə^{0}iar^{21} “什”读为“剩”
莱芜	这个样 tʃə^{31}kə^{0}iaŋ^{42}	那个样 na^{31}kə^{0}iaŋ^{42}	咋样 tsa^{31}iaŋ^{42}
新泰	这样 tʃə^{31}iaŋ^{31}	那样 na^{31}iaŋ^{31}	什么样 ʃə^{45}mə^{0}iaŋ^{31} “什”读为“舌”
沂源	这样 tʃə^{31}iaŋ^{31}	那样 na^{31}iaŋ^{31}	啥样 ʃa^{31}iaŋ^{31}
博山	章⁼样 tʂaŋ^{213}iaŋ^{31} “章”是“这个”或“这样”的合音	曩⁼样 naŋ^{213}iaŋ^{31} “曩”是“那样”的合音	咋着 tsa^{35}tʂuə^{0}
张店	这样 tʂə^{213}iaŋ^{31}	那样 na^{213}iaŋ^{31} 乜样 ȵiə^{2131}iaŋ^{31}	啥样 ʂa^{31}iaŋ^{31}
阳谷	这样儿 tsə^{13}iãr^{313}	那样儿 na^{13}iãr^{313}	啥样儿 sa^{13}iãr^{0} 咋样儿 tsa^{55}iãr^{0}
梁山	这样儿 tsə^{31}iãr^{314}	那样儿 na^{31}iãr^{314}	啥样儿 sa^{31}iãr^{314}
菏泽	这法儿 tsə^{31}far^{213} 这样 tsə^{31}iaŋ^{312}	那法儿 na^{31}far^{213} 那样 na^{31}iaŋ^{312}	啥样 sa^{213}iaŋ^{312} 咋样 tsa^{44}iaŋ^{312}
曹县	这样 tʂə^{31}iaŋ^{31}	那样 na^{31}iaŋ^{31}	啥样儿 sa^{31}iãr^{31}
金乡	这样儿 tsə^{23}iãr^{312}	那样儿 na^{23}iãr^{312}	咋样儿 tsa^{55}iãr^{312}
曲阜	这样儿 tsə^{23}iãr^{312}	那样儿 na^{23}iãr^{312}	怎么样儿 tsəŋ^{23}mə^{0}iãr^{312} “怎”读为“增”上声
薛城	这样 tsə^{41}iaŋ^{41}	那样 na^{41}iaŋ^{41}	什么样 xuŋ^{55}mə^{0}iaŋ^{41} “什”读为“红”
郯城	这样儿 tʂɛ^{51}iãr^{51}/tʂə^{51}iãr^{51}	那样儿 nɛ^{51}iãr^{51}/na^{51}iãr^{51}	哪样儿 nɛ^{24}iãr^{51}/na^{24}iãr^{51} 什么样儿 ʂəŋ^{44}mə^{0}iãr^{51} “什”读为“绳”
临沂	这样 tʃə^{24}iaŋ^{312}	那样 na^{24}iaŋ^{312}	怎样儿 tsəŋ^{214}iãr^{0} “怎”读为“增”上声

	1153这么~贵啊	1154怎么这个字~写？	1155什么这个是~字？
荣成	这么tʃiɛ^{35}mə^{0}	怎么tsən^{214}mə^{0}	么mo^{35}
烟台	这么tɕie^{33}mo^{0}	怎么tsən^{21}mo^{0}	什么ɕin^{33}mo^{0}
栖霞	这么tʃə^{52}mə^{0}	哪么na^{34}mə^{0}	什么ʃə̃n^{34}mə^{0}
长岛	这么tʃə^{52}mə^{0}	哪么na^{35}mə^{0}	什么ʃən^{52}mə^{0}
海阳	这么tsə^{34}mə^{0}	怎么tsɑŋ^{34}mə^{0} “怎”读为“脏”上声	什么sɑŋ^{34}mə^{0} “什”读为“商”上声
莱西	这么tʃiə^{45}mə^{0} 真tʃiẽ^{214}	哪么na^{45}mə^{0} 怎么tsẽ^{45}mə^{0}	什么ʃʅ^{45}mə^{0} “什”读为“实”上声
平度	这么tθə^{42}mə^{0}	怎么tθə̃^{45}mə^{0}	什么ʃə̃^{55}mə^{0}
青岛	这么tθoŋ^{42}mu^{0} “这”读为“增”去声	怎么tθoŋ^{55}mu^{0} “怎”读为“增”上声	什么ʃoŋ^{45}mu^{0} “什”读为“绳”
高密	这么tʃoŋ^{42}mə^{0} “这”读为“证”	怎么tθoŋ^{23}mə^{0} “怎”读为“增”上声	什么ʃoŋ^{42}mə^{0} “什”读为“剩”
诸城	丈⁼么tʃɑŋ^{44}mə^{0} “丈”是“这样”的合音	怎么tθəŋ^{213}mə^{0} “怎”读为“增”上声	什么ʃəŋ^{44}mə^{0} “什”读为“剩”
沂水	怎么dðəŋ^{44}mə^{0} “这”读为“增”去声	怎么着dðəŋ^{213}mə^{0}tʂə^{0} “怎”读为“增”上声	什么ʃəŋ^{24}mə^{0} “什”读为“绳”
临朐	这么tʃə^{44}mə^{0}	怎么tθə̃^{213}mə^{0}	什么ʃəŋ^{44}mə^{0} “什”读为“剩”
日照	丈⁼么tʃiɑŋ^{53}mə^{0} “丈”是“这样”的合音	怎么tθəŋ^{213}mə^{0} “怎”读为“增”上声	什么ʂəŋ^{53}mə^{0} “什”读为“剩”
莒南	这么tθəŋ^{42}mə^{0} “这”读为“增”去声	怎么tθəŋ^{213}mə^{0} “怎”读为“增”上声	什么ʃəŋ^{53}mə^{0} “什”读为“剩”
潍坊	这么tʂə^{55}mə^{0}	怎么tsəŋ^{24}mə^{0} “怎”读为“增”上声	什么ʂəŋ^{55}mə^{0} “什”读为“剩”
寿光	丈⁼么tʂɑŋ^{55}mə^{0} “丈”是“这样”的合音	怎么tsəŋ^{24}mə^{0} “怎”读为“增”上声，下同 怎么着tsəŋ^{24}mə^{0}tʂuə^{53}	什么ʂəŋ^{55}mə^{0} “什”读为“剩”
高青	这么tʂə^{55}mə^{0}	咋tsɑ^{41}	啥ʂɑ^{41}
阳信	这么tʂou^{55}mə^{0} “这”读为“咒” 那么ȵiou^{55}mə^{0} “那”读为“扭”去声	咋tsa^{55}	啥ʂa^{31}
济阳	这么tʂə^{55}mə^{0} 那么na^{55}mə^{0}	咋tsa^{31} 怎么tsəŋ^{213}mə^{0} “怎”读为“增”上声	啥ʂa^{55} 什么ʂẽ^{55}mə^{0}

续表

	1153这么～贵啊	1154怎么这个字～写？	1155什么这个是～字？
利津	这么tʂə^{31}mə^{0}	咋着tsa^{213}tʂə^{0}	啥ʂa^{53}
乐陵	这么tʂə^{51}mə^{0}	咋着tsɑ^{212}tʂou^{0}	嘛mɑ^{51}
商河	恁么nəŋ^{31}mə^{0} "恁"读为"能"去声	咋tsɑ^{45}	啥ʂɑ^{31}
平原	这么tʂə^{42}mə^{0}	怎么tsəŋ^{23}mə^{0} "怎"读为"增"上声	嘛ma^{42}
德州	这么tʂə^{21}mə^{0}	怎么tsəŋ^{213}mə^{0} "怎"读为"增"上声	嘛ma^{42}
武城	这么tsuŋ^{53}mə^{0} "这"读为"纵"	怎么tsuŋ^{24}mə^{0} "怎"读为"总"	嘛ma^{53}
临清	这么tʂə^{53}mə^{0}	怎么tsen^{44}mə^{0}	什么ʂen^{44}mə^{0} 么儿mər^{53}
冠县	这么tʂə^{21}mə^{0}	咋着tsɑ^{55}tsɿ^{0}	啥ʂa^{53}
聊城	这么tsə^{53}mə^{0}	怎么tsẽ^{44}mə^{0} 咋tsa^{53}	么儿mər^{53} 什么sẽ^{44}mə^{0}
济南	这么tʂə^{55}mə^{0}	怎么tsəŋ^{213}mə^{0} "怎"读为"增"上声	么mə^{42}
泰安	这么tsəŋ^{42}mə^{0} "这"读为"增"去声	怎么tsəŋ^{213}mə^{0} "怎"读为"增"上声	什么ʂəŋ^{55}mə^{0} "什"读为"绳"
莱芜	这么tsəŋ^{42}mə^{0} "这"读为"增"去声	怎么tsəŋ^{213}mə^{0} "怎"读为"增"上声	什么ʃəŋ^{42}mə^{0} "什"读为"剩"
新泰	这么tθə^{54}mə^{0}	怎么tθəŋ^{213}mə^{0} "怎"读为"增"上声	什么ʃəŋ^{54}mə^{0} "什"读为"剩"
沂源	这么tʃə^{55}mə^{0}	怎么tθə̃^{21}mə^{0}	什么ʃə̃^{55}mə^{0}
博山	章$^{=}$tʂɑŋ^{213} "这样"的合音	咋tsɑ^{31}	啥ʂɑ^{31}
张店	这么tʂə^{31}mə^{0}	咋tsɑ^{55}	啥ʂɑ^{55}
阳谷	缯$^{=}$tsəŋ^{42} "这么"的合音	咋着tsa^{55}tsə^{0}	啥sa^{313}
梁山	这么tsẽ^{42}ma^{0} "这"读为"震"	咋着tsa^{23}tsə^{0}	啥sa^{42}
菏泽	恁nəŋ^{53}读为"能"去声	咋着tsa^{44}tsuə^{0}	啥sa^{53}
曹县	恁nəŋ^{53}读为"能"去声	咋tsa^{44}	啥ʂa^{312}
金乡	这么tsə^{42}ma^{0}	咋么tsa^{23}ma^{0}	什么sẽ^{55}mə^{0} 啥sa^{312}
曲阜	这么tsəŋ^{42}mə^{0} "这"读为"增"去声	怎么tsəŋ^{213}mə^{0} "怎"读为"增"上声	什么səŋ^{55}mə^{0} "什"读为"绳"

续表

	1153这么～贵啊	**1154怎么**这个字～写？	**1155什么**这个是～字？
薛城	这么tsuŋ^{41}mə^{0}“这”读为“纵” 那么nuŋ^{41}mə^{0}“那”读为“农”去声	怎tsuŋ^{24}读为“总” 怎么tsuŋ^{24}mə^{0}	什么xuŋ^{55}mə^{0}“什”读为“绳”
郯城	缯$^{=}$tsəŋ^{51}“这么”的合音 缯$^{=}$么tsəŋ^{51}mə^{0}	怎tsəŋ^{24}读为“增”上声 怎么tsəŋ^{24}mə^{0}	什么ʂəŋ^{44}mə^{0}“什”读为“绳”
临沂	怎tsəŋ^{53}读为“增”阳平	怎tsəŋ^{214}读为“增”上声	什么ʃəŋ^{55}mə^{0}“什”读为“绳”

	1156什么①你找～？	**1157为什么**你～不去？	**1158干什么**你在～？
荣成	么儿mor^{35}	为么儿uei^{33}mor^{35}	弄么儿nəu^{33}mor^{35}“弄”读为“耨”
烟台	什么çin^{33}mo^{0}	为什么uei^{53}çin^{33}mo^{0}	干什么kan^{53}çin^{33}mo^{0}
栖霞	什么ʃə̃n^{34}mə^{0}	哪么na^{34}mə^{0}	干什么kã^{52}ʃə̃n^{34}mə^{0}
长岛	什么ʃən^{52}mə^{0}	哪么na^{35}mə^{0} 怎么tsən^{35}mə^{0}	干什么kan^{52}ʃən^{52}mə^{0}
海阳	什么sɑŋ^{34}mə^{0}“什”读为“商”阳平。右同	为什么uei^{34}sɑŋ^{34}mə^{0}	干什么kã^{52}sɑŋ^{34}mə^{0}
莱西	什么ʃʅ^{45}mə^{0}“什”读为“实”。右同	为什么uei^{42}ʃʅ^{45}mə^{0} 怎么tsẽ^{45}mə^{0}	干什么kã^{32}ʃʅ^{42}mə^{0} 做什么tsuə^{42}ʃʅ^{42}mə^{0}
平度	什么ʃə̃^{55}mə^{0}	为什么uei^{42}ʃə̃^{55}mə^{0} 怎么tθə̃^{45}mə^{0}	干什么kã^{213}ʃə̃^{55}mə^{0} 做什么tθou^{45}ʃə̃^{0}mə^{0}
青岛	什么ʃoŋ^{45}mu^{0}“什”读为“绳”。右同	为什么uei^{213}ʃoŋ^{42}mu^{0} 怎么tθoŋ^{55}mə^{0}“怎”读为“增”上声	干什么kã^{213}ʃoŋ^{45}mu^{0} 做什么tθou^{213}ʃoŋ^{45}mu^{0}
高密	什么ʃoŋ^{42}mə^{0}“什”读为“剩”。右同	为什么uei^{21}ʃoŋ^{55}mə^{0}	做什么tθou^{21}ʃoŋ^{42}mə^{0} 干什么kã^{21}ʃoŋ^{42}mə^{0}
诸城	什么ʃəŋ^{44}mə^{0}“什”读为“剩”。右同	为什么uei^{31}ʃəŋ^{44}mə^{0}	做什么tθou^{31}ʃəŋ^{44}mə^{0}
沂水	什么ʃəŋ^{24}mə^{0}“什”读为“绳”。右同	为什么ue^{53}ʃəŋ^{24}mə^{0}	做什么dǒu^{31}ʃəŋ^{24}mə^{0} 弄什么nuŋ^{31}ʃəŋ^{24}mə^{0} 捣工$^{=}$什么tɔ^{213}kuŋ^{0}ʃəŋ^{24}mə^{0}
临朐	什么ʃəŋ^{44}mə^{0}“什”读为“剩”。右同	怎么tθə̃^{213}mə^{0}	做什么tθu^{21}ʃəŋ^{44}mə^{0}

① “什么”的读音参看1155。1157、1158同此。

续表

	1156 什么你找～？	1157 为什么你～不去？	1158 干什么你在～？
日照	什么 ʂəŋ^{53}mə^{0} "什"读为"剩"。右同	怎么 tθəŋ^{213}mə^{0} "怎"读为"增"上声	做什么 tθu^{31}ʂəŋ^{53}mə^{0}
莒南	什么 ʃəŋ^{42}mə^{0} "什"读为"剩"。右同	凭什么 pʰiŋ^{53}ʃəŋ^{53}mə^{0} 为什么 uei^{31}ʃəŋ^{53}mə^{0}	做什么 tθou^{31}ʃəŋ^{53}mə^{0}
潍坊	什么 ʂəŋ^{55}mə^{0} "什"读为"剩"。右同	为什么 uei^{31}ʂəŋ^{55}mə^{0}	干什么 kã^{31}ʂəŋ^{55}mə^{0} 做什么 tsɤɯ^{31}ʂəŋ^{55}mə^{0}
寿光	啥 ʂa^{21} 只做宾语 什么 ʂəŋ^{55}mə^{0} "什"读为"剩"。只做主语或定语	为啥 uei^{13}ʂa^{21}	咋 tsa^{53} 做啥 tsu^{21}ʂa^{21}
高青	啥 ʂɑ^{41}	为啥 uei^{41}ʂɑ^{55}	干啥 kã^{41}ʂɑ^{41}
阳信	啥 ʂa^{31}	为啥 uei^{23}ʂa^{31}	做啥 tsou^{23}ʂa^{31}
济阳	啥 ʂa^{55} 什么 ʂẽ^{55}mə^{0}	为啥 uei^{31}ʂa^{31} 为什么 uei^{31}ʂẽ^{55}mə^{0}	干啥 kã^{21}ʂa^{55} 干什么 kã^{21}ʂẽ^{55}mə^{0}
利津	啥 ʂa^{53}	为啥 uei^{24}ʂa^{53}	干啥 kã^{31}ʂa^{53}
乐陵	嘛 mɑ^{51}	咋 tsɑ^{55}	做嘛 tsou^{31}mɑ^{51}
商河	啥 ʂɑ^{31}	为啥 uei^{24}ʂɑ^{31}	干啥 kã^{24}ʂɑ^{31}
平原	嘛 ma^{42}	为嘛 uei^{21}ma^{42}	干嘛 kã^{23}ma^{42}
德州	嘛 ma^{42}	为嘛 uei^{21}ma^{42}	干嘛 kã^{21}ma^{42}
武城	嘛 ma^{53}	为嘛 uei^{21}ma^{53}	干嘛 kã^{21}ma^{53}
临清	什么 ʂen^{44}mə^{0} 么儿 mər^{53}	为什么 uei^{31}ʂen^{44}mə^{0} 为么 uei^{31}mə^{53}	干什么 kan^{31}ʂen^{44}mə^{0} 干么儿 kan^{31}mər^{53}
冠县	啥 ʂa^{53}	为啥 uei^{55}ʂa^{0}	干啥 kã^{24}ʂa^{31}
聊城	么儿 mər^{53} 什么 sẽ^{44}mə^{0}	为么儿 uei^{31}mər^{53} 为什么 uei^{31}sẽ^{44}mə^{0}	干么儿 kã^{31}mər^{53}
济南	么 mə^{42}	为么 uei^{21}mə^{42} 怎么 tsəŋ^{213}mə^{0} "怎"读为"增"上声	干么 kã^{21}mə^{42}
泰安	么儿 mər^{42}	干么儿 kã^{21}mər^{42}	做么儿 tsou^{21}mər^{42}
莱芜	什么 ʃəŋ^{55}mə^{0} "什"读为"绳"	为什么 uei^{31}ʃẽ^{42}mə^{0}	干什么 kã^{31}ʃə^{42}mə^{0}
新泰	什么 ʃəŋ^{45}mə^{0} "什"读为"绳"。右同	为啥 uei^{31}ʃa^{42} 为什么 uei^{31}ʃəŋ^{54}mə^{0}	干啥 kã^{31}ʃa^{42} 干什么 kã^{31}ʃəŋ^{54}mə^{0}

续表

	1156 **什么**你找～？	1157 **为什么**你～不去？	1158 **干什么**你在～？
沂源	什么ʃə̃^{55}mə^{0}	为啥uei^{31}ʃa^{31}	做啥tθu^{31}ʃa^{31}
博山	啥ʂɑ^{31}	为啥uei^{31}ʂɑ^{55}	干啥kã^{31}ʂɑ^{55}
张店	啥ʂɑ^{55}	为啥uei^{31}ʂɑ^{55}	做啥tsu^{31}ʂɑ^{55}
阳谷	啥sa^{313}	为啥uei^{42}sa^{0}	干啥kã^{13}sa^{0}
梁山	啥sa^{42}	为啥uei^{31}sa^{42}	做啥tsou^{31}sa^{42} 干啥kã^{31}sa^{42}
菏泽	啥sa^{53}	为啥uei^{44}sa^{53}	干啥kã^{31}sa^{53} 咋tsua^{53}
曹县	啥ʂa^{312}	因为啥iẽ^{213}uei^{53}sa^{31}	干啥kã^{31}ʂa^{312}
金乡	啥sa^{312}	为啥uei^{55}sa^{312}	干啥kã^{23}sa^{312}
曲阜	么儿mər^{42}	因为么儿iẽ^{21}uei^{0}mər^{42}	干么儿kã^{31}mər^{42}
薛城	什么xuŋ^{55}mə^{0} "什"读为"红"。右同	为什么ue^{31}xuŋ^{55}mə^{0}	干什么kã^{41}xuŋ^{55}mə^{0}
郯城	什么ʂəŋ^{44}mə^{0} "什"读为"绳"。右同	怎tsəŋ^{24}读为"增"上声 为什么ue^{51}ʂəŋ^{44}mə^{0}	干嘛儿kã^{51}mar^{44} 干什么kã^{51}ʂəŋ^{44}mə^{0}
临沂	什么ʃəŋ^{55}mə^{0} "什"读为"绳"。右同	为什么uei^{31}ʃəŋ^{55}mə^{0}	干什么kã^{31}ʃəŋ^{55}mə^{0}

	1159 **多少**这个村有～人？	1160 **很**今天～热	1161 **非常**比上条程度深：今天～热
荣成	多少to^{53}ʃau^{0}	真tʃən^{53}	太t^{h}ai^{35}
烟台	多少tuo^{53}ɕiau^{14}	挺t^{h}iŋ^{14} 很xən^{14}	太t^{h}ɛ^{33} 真tɕin^{53}
栖霞	多少tuo^{52}suo^{0} "少"读为"说"轻声	真tʃə̃n^{312} 挺t^{h}iŋ^{214}	太t^{h}ɛi^{52}
长岛	多少tuə^{31}ʃau^{0}	真tʃən^{312} 很xən^{213}	非常fei^{31}tʃ^{h}ɑŋ^{55}
海阳	多少tuo^{52}sə^{0} "少"有音变	真tsẽ^{52} 挺t^{h}iŋ^{214}	太t^{h}ɛ^{341}
莱西	多少tuə^{21}ʃuə^{0} "少"读为"说"轻声	真tʃiẽ^{214} 太t^{h}ɛ^{42} 很xẽ^{214}	特别t^{h}ə^{214}piə^{42} 非常儿fei^{214}tʃ^{h}ɑ̃r^{42}

续表

	1159 多少这个村有~人？	1160 很今天~热	1161 非常比上条程度深：今天~热
平度	多少 tuə^{213}ʃɔ^{55}	真 tʃə̃^{213} 很 xə̃^{213}	非常 fei^{213}tʃʰaŋ^{42} 特别 tʰə^{45}piə^{42}
青岛	多少 tuə^{21}ʃuə^{0} “少”读为“说”轻声	真 tʃẽ^{213} 很 xẽ^{213}	忒 tʰei^{213}
高密	多少 tuə^{21}ʃuə^{0} “少”读为“说”轻声	挺 tʰioŋ^{55} 真 tʃə̃^{213}	綦 tɕʰi^{42}
诸城	多少 tuə^{213}ʃuə^{0} “少”读为“说”轻声	很 xẽ^{44}	岗$^{=}$的 kaŋ^{24}ȶi^{0}
沂水	多少 tuə^{213}ʃuə^{0} “少”读为“说”轻声	怪 kuɛ^{31} 着 tʂuə^{53} 岗$^{=}$① kaŋ^{213}/kaŋ^{42}	岗$^{=}$着 kaŋ^{213}tʂɔ^{0} 岗$^{=}$得 kaŋ^{213}te^{0}
临朐	多少 tuə^{35}ʂuə^{0} “少”读为“说”轻声	岗$^{=}$kaŋ^{213}	格外 kei^{44}uɛ^{21}
日照	多少 tuə^{53}ʃuə^{0} “少”读为“说”轻声	真 tʃiẽ^{213} 丈$^{=}$么 tʃiaŋ^{53}mə^{0} “丈$^{=}$”是“这样”的合音。右同	丈$^{=}$么的 tʃiaŋ^{53}mə^{0}ti^{0}
莒南	多少 tuə^{213}ʃə^{0} “少”有音变	那么 nəŋ^{42}mə^{0} “那”读为“能”去声。右同 特别 tʰə^{31}piə^{53}	那么 nəŋ^{42}mə^{0} 特别 tʰə^{31}piə^{53}
潍坊	多少 tuə^{55}ʂuə^{0} “少”读为“说”轻声	綦 tɕʰi^{53} 真 tʂẽ^{214} 怪 kuɛ^{31}	綦 tɕʰi^{53} 特别 tʰuə^{53}piə^{53}
寿光	多少 tuə^{35}ʂuə^{0} “少”读为“说”轻声	很 xə̃^{213} 挺 tʰiŋ^{213} 岗$^{=}$kaŋ^{55} 有主观色彩	格外 kei^{13}uei^{21}
高青	多少 tuə^{35}ʂɔ^{0}	岗$^{=}$kaŋ^{213}	岗$^{=}$kaŋ^{213}
阳信	多少 tuə^{45}xɔ^{0}/tuə^{45}ɔ^{0} “少”读为“好”（轻声）或脱落声母	老 lɔ^{55}	老么 lɔ^{45}mə^{0}
济阳	多少 tuə^{54}ʂɔ^{55}	挺 tʰiŋ^{55}	真 tʂẽ^{213} 太 tʰɛ^{31}

① 鲁中一些地方的程度副词“岗”有阴平、上声、阳平和去声等不同调类。此处统一写作“岗$^{=}$”。新泰读“降”（阳平），写作“降$^{=}$”；博山读“响”，写作“响$^{=}$”。1161、1163同此。

续表

	1159 **多少**这个村有～人？	1160 **很**今天～热	1161 **非常**比上条程度深：今天～热
利津	多少tuə^{35}ʂɔ^{0}	棱$^{=}$ləŋ^{213} 很xẽ^{55}	岗$^{=}$的kaŋ^{213}ti^{0}
乐陵	多少tuə^{212}ʂɔ^{0}	挺t^{h}iŋ^{55}	老lɔ^{55} 岗$^{=}$kaŋ^{51}
商河	多少tuə^{213}ʂɔ^{0}	愣①ləŋ^{31} 岗$^{=}$kaŋ^{213}	着扇$^{=}$tʂɔ^{54}ʂã^{31}
平原	多少tuə^{55}ʂɔu^{0}	挺t^{h}iŋ^{55}	岗$^{=}$kaŋ^{42}
德州	多少tuə^{55}ʂɔ^{0}	挺t^{h}iŋ^{55}	岗$^{=}$kaŋ^{42}
武城	多少tuə^{312}ʂɔ^{0}	棱$^{=}$ləŋ^{224}	岗$^{=}$kaŋ^{53}
临清	多些tuə^{44}ɕiə^{0} 多少tuə^{44}ʂau^{0}	真tʂen^{13}	太t^{h}ai^{313}
冠县	多少tuə^{31}ʂɔ^{55}	血$^{=}$②siə^{13} 多tuə^{13} 很xẽ^{55}	真tʂẽ^{13}
聊城	多些tuə^{44}ɕiə^{13}	棱$^{=}$ləŋ^{13} 很xẽ^{44}	特别t^{h}ə^{44}piə^{53}
济南	多少tuə^{445}ʂɔ^{0}	挺t^{h}iŋ^{42} 棱$^{=}$ləŋ^{213} 乔tɕ^{h}iɔ^{42}	岗$^{=}$着kaŋ^{55}tʂʅ^{0} 岗$^{=}$kaŋ^{42}
泰安	多少tuə^{42}xɔ^{0}“少”读为“好”轻声	棱$^{=}$ləŋ^{213} 挺t^{h}iŋ^{55} 血$^{=}$ɕiə^{213}	忒t^{h}uei^{213} 岗$^{=}$kaŋ^{42}
莱芜	多少tuə^{213}ʃɔ^{0}	怪kuɛ^{42}	格外kə^{13}uɛ^{42} 忒t^{h}uei^{213}
新泰	多少tuə^{45}ʃɔ^{0}	降$^{=}$ɕiaŋ^{42} 稀ɕi^{213}	忒t^{h}uei^{213}
沂源	多少tuə^{21}ʃɔ^{0}	怪kuɛ^{31}	岗$^{=}$着kaŋ^{21}tʃuə^{0}

① 济南及附近有些地方程度副词读“愣”阴平，有的读去声。读阴平的写作“棱$^{=}$”（该字普通话中读阳平又读阴平），读去声的写作“愣”。

② 鲁西南一些地方程度副词读“ɕiə”（阴平），通常写作“血”。分尖团的冠县方言中该词读为尖音，但有些分尖团的方言中也读作团音。所以，其本字待考。此统一写作“血$^{=}$”。1161同此。

续表

	1159 多少这个村有～人？	1160 很今天～热	1161 非常比上条程度深：今天～热
博山	多少 tuə^{35}ʂuə^{0}“少”读为“说”轻声	响$^{=}$ɕiaŋ^{55} 忒 tʰuei^{213} 岗$^{=}$kaŋ^{213}	响$^{=}$ɕiaŋ^{55}
张店	多少 tuə^{35}ʂuə^{0}“少”读为“说”轻声	挺 tʰiŋ^{55}	岗$^{=}$着 kaŋ^{213}tʂuə^{0} 岗$^{=}$kaŋ^{213}
阳谷	多些 tuo^{55}ɕiə^{0}	血$^{=}$ɕiə^{213} 很 xẽ^{55}	太 tʰɛ^{313} 出奇 tsʰu^{13}tɕʰi^{42}
梁山	多些 tuə^{42}ɕiə^{55}	很 xẽ^{55}	忒 tʰuei^{213}
菏泽	多些 tuə^{21}ɕiɛ^{0}	哈$^{=}$xɛ^{213}	哈$^{=}$xɛ^{213}
曹县	多些 tuə^{21}ɕiə^{0}	真 tʂẽ^{213}	血$^{=}$ɕiə^{213} 特别 tʰə^{53}piə^{53}
金乡	多少 tuə^{21}sɔ^{0}	很 xẽ^{55}	忒 tʰuei^{213}
曲阜	多少 tuə^{42}xɔ^{0}“少”读为“好”轻声	可 kʰə^{213}	真 tsẽ^{213}
薛城	多少 tuə^{31}sɔ^{24}	怪 kuɛ^{41}程度轻 忒 tʰue^{313}程度重 很 xẽ^{24}	忒 tʰue^{313}
郯城	多少 tuə^{21}ʂɔ^{24}	怪 kuɛ^{51} 真 tʂə̃^{213} 很 xə̃^{24}	特别 tʰə^{44}piə^{44} 非常 fe^{21}tʂʰaŋ^{44}
临沂	多少 tuə^{55}ʃɔ^{0}	怪 kuɛ^{312}	真 tʃẽ^{214}

	1162 更今天比昨天～热	1163 太这个东西～贵，买不起	1164 最弟兄三个中他～高
荣成	还 xai^{35}	太 tʰai^{35}	最 tsei^{35}
烟台	更 kəŋ^{53}	太 tʰɛ^{33}	最 tsei^{33} 顶 tiŋ^{14}
栖霞	更 kəŋ^{52}	太 tʰɛi^{52} 够儿 kəur^{52}	最 tsei^{52}
长岛	还 xan^{55} 更 kəŋ^{52}	太 tʰai^{52}	最 tsei^{52}
海阳	更 kəŋ^{52}	太 tʰɛ^{341}	最 tθei^{341}
莱西	更 kəŋ^{42} 还 xã^{42}	太 tʰɛ^{42} 特别 tʰə^{214}piə^{42}	最 tsei^{42}

续表

	1162 **更**今天比昨天～热	1163 **太**这个东西～贵，买不起	1164 **最**弟兄三个中他～高
平度	更kəŋ^{42}	忒tʰei^{213}	最tθei^{213}
青岛	更koŋ^{213}	忒tʰei^{213}	最tθuei^{213}
高密	还xã^{42} 更koŋ^{21}	很xə̃^{55} 綦tɕʰi^{42}	最tθuei^{21}
诸城	还xã^{53}	岗$^{=}$的kaŋ^{24}ȶi^{0}	数着ʂu^{213}tʂə^{0}
沂水	更kəŋ^{31}	太tʰɛ^{31} 着dʒuə^{53} 岗$^{=}$kaŋ^{213}	最dðue^{31}
临朐	更kəŋ^{21}	岗$^{=}$kaŋ^{213}	最tθuei^{21}
日照	还xã^{53}	丈$^{=}$么tʃiaŋ^{53}mə^{0} “丈”是“这样”的合音 曩$^{=}$么naŋ^{53}mə^{0} “曩”是“那样”的合音	数着ʂu^{213}tʂə^{0}
莒南	更kəŋ^{312} 还xã^{53}	太tʰɛ^{312}	最tθei^{312} 顶tiŋ^{55}
潍坊	还xã^{53} 更kəŋ^{31}	綦tɕʰi^{53} 太tʰɛ^{31}	最tsuei^{31}
寿光	更kəŋ^{21} 还xã^{53}	很xə̃^{213}	最tsuei^{21}
高青	更kəŋ^{41}	岗$^{=}$kaŋ^{213}	最tsuei^{41}
阳信	还xã^{43}	着实tʂɔ^{55}ʂʅ^{0}	顶数tiŋ^{55}ʂu^{0}
济阳	还xã^{55} 更kəŋ^{31}	着实tʂɔ^{55}ʂʅ^{0} 太tʰɛ^{31}	最tsuei^{31}
利津	还xã^{53}	太tʰɛ^{31}	最tsuei^{31} 顶tiŋ^{55}
乐陵	还xã^{55}	太tʰɛ^{51}	最tsuei^{51}
商河	还xã^{54}	着实tʂɔ^{54}ʂã^{0} “实”读为“善”轻声	顶tiŋ^{45} 最tsuei^{31}
平原	还xã^{42}	太tʰɛi^{21}	最tsuei^{21}
德州	还xã^{55}	忒tʰuei^{213}	最tsuei^{21}
武城	还xã^{53}	忒tʰei^{224}	数ʂu^{55}～他高
临清	还xai^{53} 更kəŋ^{313}	忒tʰei^{13}	最tsuei^{313} 都tou^{313}

续表

	1162 **更**今天比昨天～热	1163 **太**这个东西～贵，买不起	1164 **最**弟兄三个中他～高
冠县	更kəŋ^{314}	太t^{h}ɛ^{314}	最tsuei^{314}
聊城	还xã^{53} 更kəŋ^{313}	忒t^{h}ei^{13}	顶tiŋ^{44} 最tsuei^{313}
济南	还xã^{42}	忒t^{h}uei^{213}	最tsuei^{21} 顶tiŋ^{55}
泰安	更kəŋ^{21} 还xã^{42}	忒t^{h}uei^{213}	最tsuei^{21}
莱芜	更kəŋ^{42}	太t^{h}ɛ^{42}	最tsuei^{42}
新泰	更kəŋ^{31}	忒t^{h}uei^{213}	最tθuei^{31}
沂源	还xã^{55}	忒tuei^{213}	最tθuei^{31}
博山	忒t^{h}uei^{213}	响$^{=}$ɕiaŋ^{55} 忒t^{h}uei^{213}	最tsuei^{31}
张店	还xã^{55}	岗$^{=}$kaŋ^{213} 岗$^{=}$着kaŋ^{213}tʂuə^{0}	顶数tiŋ^{55}ʂu^{55} 最tsuei^{31}
阳谷	更kəŋ^{313}	忒t^{h}uei^{213}	顶tiŋ^{55} 最tsuei^{313}
梁山	还xɛ^{42} 更kəŋ^{314}	忒t^{h}uei^{213}	最tsuei^{314}
菏泽	还xɛ^{53}	忒t^{h}uei^{213}	最tsuei^{312}
曹县	还xai^{53}	忒t^{h}uei^{213}	最tsuei^{312}
金乡	还xɛ^{42}	忒t^{h}uei^{213}	最tsuei^{312}
曲阜	还xɛ^{42}	忒t^{h}uei^{213}	最tsuei^{312}
薛城	还xɛ^{55}	忒t^{h}ue^{313}	顶tiŋ^{24}
郯城	还xɛ^{44} 更kəŋ^{51}	太t^{h}ɛ^{51}	最tsue^{51}
临沂	还xɛ^{53}	太t^{h}ɛ^{312} 真tʃẽ^{214}	最tsuei^{312}

	1165 **都**大家～来了	1166 **一共**～多少钱？	1167 **一起**我和你～去
荣成	都təu^{53}	一共i^{21}kuŋ^{33}	一堆儿i^{55}tər^{214}
烟台	都tou^{53}	一共i^{21}kuŋ^{33}	一块儿i^{21}k^{h}uɐr^{33}

续表

	1165**都**大家～来了	1166**一共**～多少钱?	1167**一起**我和你～去
栖霞	都təu^{312}	统共t^{h}uŋ^{34}kuŋ^{52}	一块儿i^{34}k^{h}uɐr^{52} 一堆儿i^{55}tər^{214}
长岛	都təu^{312}	总共tsuŋ^{21}kuŋ^{52}	一块儿i^{55}k^{h}uɐr^{52} 一堆儿i^{55}tər^{31}
海阳	都təu^{52}	统共t^{h}uŋ^{21}kuŋ^{341}	一堆儿i^{21}tər^{52}
莱西	都tou^{214}	一共儿i^{214}kõr^{42} 总共儿tsoŋ^{55}kõr^{42}	一块儿i^{214}k^{h}uɐr^{42} 一堆儿i^{55}ter^{214} 一起儿i^{21}c^{h}ier^{55}
平度	都tou^{213} 全ts^{h}yã^{42}	一共i^{55}kuŋ^{213} 总共tθəŋ^{55}kuŋ^{42}	一堆儿i^{55}tθuer^{213}以下的“（一）堆”都读为“嘴”阴平，不读t声母 一块儿i^{45}k^{h}uɛr^{42} 一起i^{213}c^{h}i^{55}
青岛	都tou^{213}	一共i^{55}koŋ^{213} 共拢总koŋ^{42}loŋ^{213}tθoŋ^{55}	一块儿i^{55}k^{h}uɛr^{42} 一堆儿i^{55}tθuer^{213} 一起i^{213}tɕ^{h}i^{55}
高密	都tou^{55} 全ts^{h}yã^{42}	共总儿koŋ^{21}tθõr^{23}	一块儿i^{55}k^{h}uɛr^{42}
诸城	都tou^{31} □tuɛ^{213}“都也”的合音	总共tθəŋ^{44}kəŋ^{31}	一块儿i^{44}k^{h}uɛr^{31}
沂水	都tou^{31} 全ts^{h}yã^{53} 全都ts^{h}yã^{53}tou^{31}	拢共luŋ^{44}kuŋ^{31} 一共然i^{24}kuŋ^{31}iã^{53} 统共然t^{h}uŋ^{44}kuŋ^{31}iã^{53}	一块儿i^{24}k^{h}uɛr^{31}
临朐	都təu^{21}	一共i^{44}kuŋ^{21}	一堆儿i^{44}tθuer^{213}
日照	都tou^{31}	共总kəŋ^{31}tθəŋ^{44}	一块儿i^{24}k^{h}uɛr^{31}
莒南	都tou^{213} 全ts^{h}yã^{53}	一总i^{21}tθuŋ^{213}	一起i^{55}tɕ^{h}i^{55} 一块儿i^{55}k^{h}uɛr^{31}
潍坊	都tɤɯ^{31} 全tɕ^{h}yã^{53}	一共i^{24}koŋ^{31} 共总koŋ^{31}tsoŋ^{55}	一堆i^{24}tsuei^{214} 一块儿i^{24}k^{h}uɐr^{31}
寿光	都təu^{21}	共总kuŋ^{21}tsuŋ^{55} 一共总i^{13}kuŋ^{21}tsuŋ^{55} 一总里i^{213}tsuŋ^{24}ȵi^{0}	一堆儿i^{55}tsuɭ^{213}
高青	都tou^{41}	一共i^{35}kuŋ^{41}	一堆i^{55}tsuei^{213}
阳信	都tou^{213}	总共tsuŋ^{31}kuŋ^{55}	一堆儿i^{55}tsuer^{213}

续表

	1165 都大家～来了	**1166 一共**～多少钱？	**1167 一起**我和你～去
济阳	都tou^{21} 全tɕ^{h}yã^{55}	总共tsuŋ^{13}kuŋ^{31} 一共i^{13}kuŋ^{31}	一块儿i^{13}k^{h}uɛr^{31} 一堆儿i^{55}tsuer^{213}
利津	都tou^{213}	总共tsuŋ^{55}kuŋ^{31}	一堆儿i^{24}tsuer^{213} 一块儿i^{24}k^{h}uɛr^{31} 一回儿i^{24}xuer^{53}
乐陵	都tou^{24}	总共tsuŋ^{55}kuŋ^{51}	一块儿i^{24}k^{h}uɛr^{51}
商河	全tɕ^{h}yã^{54} 都tou^{213}	一共i^{45}kuŋ^{31} 总共tsuŋ^{45}kuŋ^{31} 统共t^{h}uŋ^{45}kuŋ^{31}	一堆儿i^{45}tsuer^{213}
平原	都tou^{213}	一共i^{23}kuŋ^{21}	一堆儿i^{23}tsuər^{213} 一块儿i^{23}k^{h}uɐr^{21}
德州	全tɕ^{h}yã^{42}	统共t^{h}uŋ^{55}kuŋ^{21}	一块儿i^{213}k^{h}uɛr^{21}
武城	全tɕ^{h}yã^{53} 都tou^{224}	总共tsuŋ^{55}kuŋ^{312}	一堆儿i^{24}tsuer^{224} 一块儿i^{24}k^{h}uɛr^{312}
临清	都tou^{44}	共攒$^{=}$kuŋ^{31}tsan^{44} 统共t^{h}uŋ^{44}kuŋ^{313}	一堆儿i^{44}tsuer^{13}
冠县	都tou^{13}	一共i^{13}kuŋ^{314} 总共tsuŋ^{31}kuŋ^{55} "总"和"共"调类互换 共总kuŋ^{55}tsuŋ^{314} "共"和"总"调类互换	一翠$^{=}$儿i^{13}ts^{h}uer^{31} 一块儿i^{13}k^{h}uɐr^{314} 一起i^{13}tɕ^{h}i^{55}
聊城	都tou^{44} 全tɕ^{h}yã^{53}	总共tsuŋ^{44}kuŋ^{313} 统共t^{h}uŋ^{44}kuŋ^{313}	一块儿i^{44}k^{h}uɛr^{313} 一起i^{31}tɕ^{h}i^{44}
济南	全tɕ^{h}yã^{42} 都tou^{213}	一共拢总i^{23}kuŋ^{21}luŋ^{42}tsuŋ^{55} 总共tsuŋ^{55}kuŋ^{21} 共总kuŋ^{21}tsuŋ^{55}	一堆儿i^{23}tsuer^{213}
泰安	都tou^{213}	一共i^{23}kuŋ^{21} 统共t^{h}uŋ^{23}kuŋ^{21} 总共tsuŋ^{55}kuŋ^{21}	一堆儿i^{23}tsuer^{213}
莱芜	都tou^{213}	一共i^{213}kuŋ^{42}	一块i^{213}k^{h}uɛ^{42}
新泰	都təu^{213}	一共i^{23}kuŋ^{31}	一堆儿i^{23}tθuɤr^{213}
沂源	都tou^{31}	一共i^{55}kuŋ^{31}	一堆儿i^{55}tθuer^{213}
博山	都təu^{31}	一共i^{55}kuŋ^{31}	一堆i^{55}tsuei^{213}

续表

	1165都大家～来了	**1166一共**～多少钱？	**1167一起**我和你～去
张店	都tou^{31}	总共tsuŋ^{55}kuŋ^{31}	一堆i^{55}tsuei^{213} 一块i^{55}k^{h}uɛ^{31}
阳谷	都tou^{213}	一共i^{13}kuŋ^{313} 拢共luŋ^{55}kuŋ^{0} 共总kuŋ^{31}tsuŋ^{0}	般伐$^{=}$儿pã^{13}far^{42} 一伐$^{=}$儿i^{13}far^{42}
梁山	都tou^{213} 全tɕ^{h}yã^{42}	一共i^{23}kuŋ^{314} 总共tsuŋ^{55}kuŋ^{314}	一堆儿i^{23}tɕyer^{213} 一伐$^{=}$儿i^{23}far^{42} 一块儿i^{23}k^{h}uɛr^{314}
菏泽	都tou^{312}	统共t^{h}uŋ^{213}kuŋ^{312} 共合kuŋ^{31}xə^{53}	一法$^{=}$儿i^{213}far^{213}
曹县	都tou^{213}	一共i^{213}kuŋ^{312}	一伐$^{=}$儿i^{213}far^{53} 一块儿i^{213}k^{h}uɛr^{312}
金乡	都tou^{213}	总共tsuŋ^{55}kuŋ^{312}	一伐$^{=}$儿i^{213}far^{42} 一块儿i^{23}k^{h}uɛr^{312}
曲阜	都tou^{213}	一共i^{23}kuŋ^{312} 拢共luŋ^{55}kuŋ^{312}	一伐$^{=}$儿i^{213}far^{42}
薛城	都tou^{313}	总共tsuŋ^{24}kuŋ^{41}	一坨$^{=}$儿i^{31}t^{h}uər^{55} 一块儿i^{24}k^{h}uɛr^{41}
郯城	全ts^{h}uã^{44} 都təu^{213}	总共tsuŋ^{24}kuŋ^{51} 合起来xə^{44}tɕ^{h}i^{24}lɛ^{0} 一共i^{21}kuŋ^{51}	一块儿i^{21}k^{h}uɛr^{51} 一起i^{21}tɕ^{h}i^{24}
临沂	都tou^{214}	总共tsuŋ^{55}kuŋ^{312} 一共i^{24}kuŋ^{312}	一块儿i^{24}k^{h}uɛr^{312}

	1168只我～去过一趟	**1169刚**这双鞋我穿着～好	**1170刚**我～到
荣成	就tsiəu^{33}	刚ciaŋ^{53}读为“江”。下同 刚刚ciaŋ^{53}ciaŋ^{53}	刚ciaŋ^{53}读为“江”
烟台	就tɕiou^{33}	正tɕiŋ^{33}	刚刚儿kaŋ^{35}kãr^{53} 刚kaŋ^{53} 才ts^{h}ɛ^{14}
栖霞	就tʃiəu^{52}	正tʃəŋ^{52}	才ts^{h}ɛi^{214}
长岛	只tʃʅ^{55}	刚kaŋ^{312}	刚kaŋ^{312}
海阳	就tsiəu^{52}	正tsəŋ^{341}	刚ciaŋ^{52}读为“江”
莱西	就tʃiou^{42} 只tsʅ^{55}	正tʃəŋ^{42}	才ts^{h}ɛ^{42} 刚kaŋ^{214}

续表

	1168 只我～去过一趟	1169 刚这双鞋我穿着～好	1170 刚我～到
平度	就 tsiou^{42}	正 tʃəŋ^{213}	才 tθʰɛ^{42} 刚 kaŋ^{213}
青岛	就 tsiou^{42}	正 tʃoŋ^{213}	刚 tɕiaŋ^{213} 读为“江”/kaŋ^{213} 才 tθʰɛ^{42}
高密	就 tsiou^{21} 才 tθʰɛ^{42}	整 tʃoŋ^{55}	刚 tɕiaŋ^{55} 读为“江”/kaŋ^{213} 才 tθʰɛ^{42}
诸城	只 tθɿ^{213} 就 tθiou^{31}	整 tʃəŋ^{55}	刚 tʃaŋ^{213} 读为“江”
沂水	就 dziou^{31}	整 dʒəŋ^{44}	刚 tɕiaŋ^{213} 读为“江”
临朐	只 tʂʅ^{213}	整 tʃəŋ^{44}	刚 tɕiaŋ^{213} 读为“江”
日照	只 tʂʅ^{213} 就 ȶiou^{31}	正 tʃiəŋ^{213}	刚 tʃiaŋ^{213} 读为“江”
莒南	就 tsiou^{312} 只 tʂʅ^{55}	正 tʃəŋ^{312} 很 xẽ^{55}	刚 tɕiaŋ^{213} 读为“江”
潍坊	就 tɕiɤɯ^{31} 只 tʂʅ^{214}	正 tʂəŋ^{31}	刚 tɕiaŋ^{214} 读为“江” 才 tsʰɛ^{53}
寿光	光 kaŋ^{213} 读为“钢” 就 tɕiəu^{21}	整 tʂəŋ^{55}	刚 tɕiaŋ^{213} 读为“江” 刚才 tɕiaŋ^{213}tsʰɛ^{53}“刚”读为“江”
高青	就 tɕiou^{41}	正 tʂəŋ^{41}	刚 tɕiaŋ^{213} 读为“江”
阳信	仔$^{=}$tsɿ^{55}	正 tʂəŋ^{31}	刚 kaŋ^{213} 才 tsʰɛ^{43}
济阳	就 tɕiou^{31} 只 tʂʅ^{213}	正 tʂəŋ^{31}	刚 tɕiaŋ^{213} 读为“江”/kaŋ^{213}
利津	就 tɕiou^{31}	正 tʂəŋ^{31}	刚 kaŋ^{213}
乐陵	就 tɕiou^{51}/tʂou^{51}	正 tʂəŋ^{51}	刚 kaŋ^{24}
商河	就 tɕiou^{31} 只 tsɿ^{45}	整 tʂəŋ^{45}	刚 tɕiaŋ^{213} 读为“江”
平原	就 tɕiou^{21}	正 tʂəŋ^{21}	刚 kaŋ^{213} 才 tsʰɛi^{42}
德州	就 tɕiou^{21}	正 tʂəŋ^{21}	刚 kaŋ^{213}
武城	就 tɕiou^{312}	正 tʂəŋ^{312}	才 tsʰɛ^{53}
临清	都 tou^{313} 就 tɕiou^{313}	正 tʂəŋ^{313}	刚 tɕiaŋ^{13} 读为“江” 才 tsʰai^{53}

续表

	1168只我～去过一趟	1169刚这双鞋我穿着～好	1170刚我～到
冠县	只tʂʅ^{13} 就tou^{314}读为“豆”	正tʂəŋ^{314}	刚tɕiɑŋ^{13}读为“江”
聊城	只tsɿ^{13} 光kuɑŋ^{13} 满共mã^{44}kuŋ^{313}	正tsəŋ^{313}	刚tɕiɑŋ^{13}读为“江” 才tsʰɛ^{53}
济南	就tɕiou^{21}	正tʂəŋ^{55} 刚tɕiɑŋ^{213}读为“江”	刚tɕiɑŋ^{213}读为“江”
泰安	统的tʰuŋ^{213}ti^{0}	正tʂəŋ^{21}	刚tɕiɑŋ^{213}读为“江”
莱芜	就tɕiou^{42}	刚tɕiɑŋ^{213}读为“江”	刚tɕiɑŋ^{213}读为“江”
新泰	统里tʰuŋ^{213}li^{0}	稀⁼ɕi^{213}	刚tɕiɑŋ^{213}读为“江”
沂源	就tɕiou^{31}	正tʃəŋ^{31}	刚tɕiɑŋ^{213}读为“江”
博山	就tɕiəu^{31}	正tʂəŋ^{31}	刚tɕiɑŋ^{213}读为“江”
张店	就tɕiou^{31}	正tʂəŋ^{31}	刚tɕiɑŋ^{213}读为“江”
阳谷	只tsɿ^{42}	刚tɕiɑŋ^{213}读为“江”	刚tɕiɑŋ^{213}读为“江”
梁山	就tsou^{314}	正tsəŋ^{314}	刚tɕiɑŋ^{213}读为“江”
菏泽	就tɕiou^{312}	正tsəŋ^{312}	刚tɕiɑŋ^{213}读为“江”
曹县	就tɕiou^{312}	正tʂəŋ^{312}	刚tɕiɑŋ^{213}读为“江”
金乡	就tɕiou^{312}	正tsəŋ^{312}	刚tɕiɑŋ^{213}读为“江”
曲阜	只tsɿ^{42}	正tsəŋ^{312}	刚tɕiɑŋ^{213}读为“江”
薛城	就tɕiou^{41} 只tsɿ^{313}	正tsəŋ^{41}	刚tɕiɑŋ^{313}读为“江”
郯城	就tɕiəu^{51}	正tʂəŋ^{51}	刚tɕiɑŋ^{213}读为“江”
临沂	就tɕiou^{312}	正tʃəŋ^{312}	刚tɕiɑŋ^{214}读为“江”

	1171才你怎么～来啊？	1172就我吃了饭～去	1173经常我～去
荣成	才tsʰai^{214}	就tsiəu^{33}	经常ciŋ^{53}tʃʰɑŋ^{35}
烟台	才tsʰɛ^{14}	就tɕiou^{33}	常tɕʰiɑŋ^{33} 管多儿kuan^{14}tuor^{53}
栖霞	才tsʰɛi^{214}	就tʃiəu^{52}	常tʃʰɑŋ^{342}
长岛	才tsʰai^{55}	就tʃou^{52}	经常ciŋ^{31}tʃʰɑŋ^{55}

续表

	1171才你怎么～来啊？	1172就我吃了饭～去	1173经常我～去
海阳	才tθʰɛ^{214}	就tsiəu^{52}	常tsʰaŋ^{341}
莱西	才tsʰɛ^{42}	就tʃiou^{42} 再tsɛ^{42}	常tʃʰaŋ^{42} 经常儿ciŋ^{214}tʃʰãr^{42} 老是lɔ^{214}sɿ^{42}
平度	才tθʰɛ^{42}	就tsiou^{42} 再tθɛ^{42}	老是lɔ^{55}ʂʅ^{42} 常tʃʰaŋ^{42} 光kuaŋ^{213}
青岛	才tθʰɛ^{42}	就tsiou^{42}	老是lɔ^{55}ʂʅ^{42} 常tʃʰaŋ^{42}
高密	才tθʰɛ^{42}	再tθɛ^{213} 就tsiou^{21}	管总kuã^{23}tθoŋ^{0} 老是lɔ^{23}ʂʅ^{0} 光kuaŋ^{213}
诸城	才tθʰɛ^{53}	就tθiou^{31}	常tʃʰaŋ^{53}
沂水	才tθʰɛ^{53}	就dziou^{31}	岗$^=$好的kaŋ^{213}xɔ^{44}ti^{0}
临朐	才tθʰɛ^{53}	就tɕiəu^{21}	常tʃʰaŋ^{53}
日照	刚tʃiaŋ^{213}读为“江”	就ȶiou^{31}	来回儿lɛ^{53}xuer^{53}
莒南	才tθʰɛ^{53}	就tsiou^{312}	常tʃʰaŋ^{53} 经常tɕiŋ^{213}tʃʰaŋ^{53}
潍坊	才tsʰɛ^{53} 刚tɕiaŋ^{214}读为“江”	就tɕiɤɯ^{31}	常tʂʰaŋ^{53} 老是lɔɤ^{24}ʂʅ^{31} 光kuaŋ^{214}
寿光	才tsʰɛ^{53}	就tɕiəu^{21}	光待kaŋ^{13}tɛ^{21}“光”读为“钢” 常tʂʰaŋ^{53}
高青	才tsʰɛ^{55}	就tɕiou^{41}	经常tɕiŋ^{213}tʂʰaŋ^{55}
阳信	才tsʰɛ^{43}	就tɕiou^{31}	光kuaŋ^{55}读为“广” 常tʂʰaŋ^{43}
济阳	才tsʰɛ^{55}	就tɕiou^{31}	常tʂʰaŋ^{55} 净tɕiŋ^{31}
利津	才tsʰɛ^{53}	就tɕiou^{31}/tsou^{31}	常tʂʰaŋ^{53}
乐陵	才tsʰɛ^{55}	就tʂou^{51}/tɕiou^{51}	光kuaŋ^{24}
商河	才tsʰɛ^{54}	就tɕiou^{31}	常tʂʰaŋ^{54} 经常tɕiŋ^{213}tʂʰaŋ^{54}
平原	才tsʰɛi^{42}	就tɕiou^{21}	常tʂʰaŋ^{42}

续表

	1171 才你怎么～来啊?	1172 就我吃了饭～去	1173 经常我～去
德州	才tsʰɛ^{42}	就tɕiou^{21}	经常tɕiŋ^{213}tʂʰaŋ^{42}
武城	才tsʰɛ^{53}	就tɕiou^{312}	常tʂʰaŋ^{53}
临清	才tsʰai^{53}	就tou^{313}读为"豆"/tɕiou^{313}	常tʂʰaŋ^{53}
冠县	才tsʰɛ^{53}	就tsiou^{314}	回儿回儿xuər^{53}xuər^{53} 光kuaŋ^{13} 朝天tʂɔ^{13}tʰiã^{13}
聊城	才tsʰɛ^{53}	就tou^{44}读为"豆"/tɕiou^{51}	经常tɕiŋ^{13}tsʰaŋ^{53} 常tsʰaŋ^{53}
济南	才tsʰɛ^{42}	就tɕiou^{21}	常tʂʰaŋ^{42} 净tɕiŋ^{21}
泰安	才tsʰɛ^{42}	就tou^{21}读为"豆"	常tʂʰaŋ^{42} 不大离儿地pu^{21}ta^{0}lier^{55}ti^{0}
莱芜	才tsʰɛ^{55}	就tɕiou^{42}	经常tɕiŋ^{31}tʃʰaŋ^{55}
新泰	才tθʰɛ^{42}	就tɕiou^{31}	经常tɕiŋ^{21}tʃʰaŋ^{42}
沂源	才tθʰɛ^{55}	就tɕiou^{31}	见天tɕiã^{31}tʰiã^{213}
博山	才tsʰɛ^{55}	就tɕiəu^{31}	时常ʂʅ^{53}tʂʰaŋ^{55} 光kuaŋ^{213}
张店	才tsʰɛ^{55}	就tɕiou^{31}	常tsʰaŋ^{55} 断不了tuã^{31}pu^{0}liɔ^{0}
阳谷	才tsʰɛ^{42}	就tsou^{313}读为"奏"	朝天tsɔ^{13}tʰiã^{213}
梁山	才tsʰɛ^{42}	就tsou^{314}读为"奏"	经常tɕiŋ^{213}tsʰaŋ^{42} 常tsʰaŋ^{42}
菏泽	才tsʰɛ^{53}	就tɕiou^{312}	老乎的lɔ^{44}xu^{0}lɛ^{0}
曹县	才tsʰai^{53}	就tɕiou^{312}	靠住kʰɔ^{31}tʂu^{0}
金乡	才tsʰɛ^{42}	就tɕiou^{312}	经常tɕiŋ^{213}tsʰaŋ^{42}
曲阜	才tsʰɛ^{42}	就tɕiou^{312}	经常tɕiŋ^{213}tsʰaŋ^{42}
薛城	才tsʰɛ^{55}	就tɕiou^{41}	常tsʰaŋ^{55} 好xɔ^{41}
郯城	才tsʰɛ^{44}	就tɕiəu^{51}	常tʂʰaŋ^{44} 经常tɕiŋ^{21}tʂʰaŋ^{44}
临沂	才tsʰɛ^{53}	就tɕiou^{312}	经常tɕiŋ^{24}tʃʰaŋ^{53} 常tʃʰaŋ^{53}

	1174 又他～来了	1175 还他～没回家	1176 再你明天～来
荣成	又iəu^{33}	还xan^{35}/xai^{35}	再tsai^{33}
烟台	又iou^{33}	还xan^{33}/xɛ^{33}	再tsɛ^{33}
栖霞	又iəu^{52}	还xãn^{342}	再tsɛi^{52}
长岛	又iou^{52}	还xan^{55}	再tsai^{52}
海阳	又iəu^{341}	还xã^{341}	再tθɛ^{341}
莱西	又iou^{42}	还xã^{42}	再tsɛ^{42}
平度	又iou^{213}	还xa^{42}	再tθɛ^{213}
青岛	又iou^{213}	还xɑ^{42}	再tθɛ^{213}
高密	又iou^{21}	还xã^{42}	再tθɛ^{213} 还xã^{42}
诸城	又iou^{31}	还xã^{53}	再tθɛ^{213}
沂水	又iou^{31}	还xã^{53}	再tɛ^{213}读为“呆”/dðɛ^{213}/dðɛ^{31}
临朐	又iəu^{21}	还xã^{53}	再tθɛ^{213}
日照	又iou^{31}	还xã^{53}	再tɛ^{213}读为“呆”
莒南	又iou^{312}	还xã^{53}	再tθɛ^{312}
潍坊	又iɤɯ^{31}	还xã^{31}	再tsɛ^{214}
寿光	又iəu^{21}	还xã^{53}	再tsɛ^{213}
高青	又iou^{41}	还xã^{55}	再tsɛ^{213}
阳信	又iou^{31}	还xã^{43}	再tsɛ^{31}
济阳	又iou^{31}	还xã^{55}	再tsɛ^{213}
利津	又iou^{31}	还xã^{53}	再tsɛ^{213}
乐陵	又iou^{51}	还xã^{55}	再tsɛ^{51}/tɛ^{51}又读为“呆”
商河	又iou^{31}	还xã^{54}	再tsɛ^{213}
平原	又iou^{21}	还xã^{42}	再tsɛi^{21}
德州	又iou^{21}	还xã^{55}	再tsɛ^{21}
武城	又iou^{312}	还xã^{53}	再tsɛ^{312}/tɛ^{312}又读为“呆”
临清	又iou^{313}	还xai^{53}	再tsai^{313}
冠县	又iou^{314}	还xɛ^{53}	再tsɛ^{314}

续表

	1174 **又**他～来了	1175 **还**他～没回家	1176 **再**你明天～来
聊城	又 iou^{313}	还 xã^{53}	再 tsɛ^{313}
济南	又 iou^{21}	还 xã^{42}	再 tsɛ^{213}
泰安	又 iou^{21}	还 xã^{42}	再 tsɛ^{21}/tɛ^{213} 又读为“呆”
莱芜	又 iou^{42}	还 xã^{55}	再 tsɛ^{213}
新泰	又 iou^{31}	还 xã^{42}	再 tθɛ^{31}
沂源	又 iou^{31}	还 xɛ^{55}	再 tθɛ^{213}
博山	又 iəu^{31}	还 xɛ^{55}	再 tsɛ^{31}
张店	又 iou^{31}	还 xã^{55}	再 tsɛ^{213}
阳谷	又 iou^{313}	还 xa^{42}	再 tsɛ^{313}
梁山	又 iou^{314}	还 xɛ^{42}	再 tsɛ^{314}
菏泽	又 iou^{312}	还 xɛ^{53}	再 tsɛ^{312}
曹县	又 iou^{312}	还 xai^{53}	再 tsai^{312}
金乡	又 iou^{312}	还 xɛ^{42}	再 tsɛ^{312}
曲阜	又 iou^{312}	还 xɛ^{42}	再 tsɛ^{312}
薛城	又 iou^{41}	还 xɛ^{55}	再 tsɛ^{41}
郯城	又 iəu^{51}	还 xɛ^{44}	再 tsɛ^{51}
临沂	又 iou^{312}	还 xɛ^{53}	再 tsɛ^{312}

	1177 **也**我～去；我～是老师	1178 **反正**不用急，～还来得及	1179 **没有**昨天我～去
荣成	也 iɛ^{214}	反正 fan^{214}tʃəŋ^{0}	没 mo^{53}/mei^{35}
烟台	也 ie^{14}	反正儿 fan^{21}tɕiə̃r^{33}	没 mo^{33}
栖霞	也 iɛ^{214}	反正 fãn^{21}tʃəŋ^{52}	没 mei^{52} 没有 mei^{52}iəu^{214}
长岛	也 iɛ^{213}	反正 fan^{21}tʃəŋ^{52}	没 mei^{312}
海阳	也 iə^{214}	反正 fã^{21}tsəŋ^{341}	没 mə^{341}
莱西	也 iə^{55}	反正 fã^{214}tʃəŋ^{42}	没 mu^{214}
平度	也 iə^{42}	反正 fã^{45}tʃəŋ^{0}	没 mu^{213}
青岛	也 iə^{55}	反正 fã^{213}tʃoŋ^{42}	没 mə^{213}
高密	也 iə^{55}	反正 fã^{23}tʃoŋ^{0}	没 mu^{42}

续表

	1177 也我～去；我～是老师	1178 反正不用急，～还来得及	1179 没有昨天我～去
诸城	也 iə^{44}	反正 fã^{213}tʃəŋ^{0}	没 mu^{53}
沂水	也 iə^{213}	反正 fã^{24}dʒəŋ^{31}	没价 mu^{24}tɕia^{0}
临朐	也 iə^{44}	反正 fã^{44}tʃəŋ^{21}	没 mu^{53}
日照	也 iə^{213}	反正 fã^{213}tʃiəŋ^{0}	没 mu^{53}
莒南	也 iə^{55}	反正 fã^{213}tʃəŋ^{0}	没 mu^{312}
潍坊	也 iə^{214}	反正 fã^{24}tʂəŋ^{31}	没 mu^{53}
寿光	也 iə^{213}	反不是 fã^{24}pu^{0}ʂʅ^{0}	没 mu^{53}
高青	也 iə^{213}	反正 fã^{55}tʂəŋ^{41}	没价 mu^{35}tɕia^{0}
阳信	也 iə^{55}	反正 fã^{213}tʂəŋ^{0}	没 mu^{43}
济阳	也 iə^{55}	反正 fã^{13}tʂəŋ^{31}	没 mu^{55} 没价 mu^{21}tɕia^{0}
利津	也 iə^{55}	反正 fã^{213}tʂəŋ^{0}	没 mu^{31}
乐陵	也 iə^{55}	反着 fã^{212}tʂou^{0}	没 mu^{55}
商河	也 iə^{45}	反正 fã^{213}tʂʅ^{0} “正” 读为 “至” 轻声	没 mu^{31} 没价 mu^{31}tɕia^{0}
平原	也 iə^{55}	反正 fã^{23}tʂəŋ^{0}	没 mei^{21}
德州	也 iə^{55}	反是 fã^{213}ʂʅ^{0} 反正 fã^{213}tʂəŋ^{21}	没 mei^{21}
武城	也 iə^{55}	反正 fã^{24}tʂəŋ^{0}	没 mu^{312}/mei^{312}
临清	也 iə^{44}	反是 fan^{44}ʂʅ^{0}	没 mei^{13}
冠县	也 iə^{55}	反正 fã^{55}tʂəŋ^{0}	没有 mei^{13}iou^{55}
聊城	也 iə^{44}	反正 fã^{13}tsəŋ^{0} 贵贱 kuei^{31}tɕiã^{313}	没 mei^{13}
济南	也 iə^{55}	反正 fã^{213}tʂʅ^{0} “正” 读为 “至” 轻声	没 mu^{21} 没价 mu^{213}tɕia^{0}
泰安	也 iə^{55}	反正 fã^{213}tʂəŋ^{0}/fã^{213}ʂəŋ^{0} “正” 读为 “胜” 轻声	没 mu^{213}
莱芜	也 iə^{55}	反正 fã^{213}tʃəŋ^{42}	没 mu^{55}
新泰	也 iə^{55}	反正 fɑŋ^{213}tʃəŋ^{0} “反” 读为 “方”	没价 mu^{213}tɕiə^{0}
沂源	也 iə^{55}	反正 fã^{55}tʃəŋ^{31}	没 mu^{55}

续表

	1177 也我～去；我～是老师	**1178 反正**不用急，～还来得及	**1179 没有**昨天我～去
博山	也 iə^{55}	反正 fɑ̃^{55}tʂəŋ^{31}	没价 mu^{35}tɕiɑ^{0}
张店	也 iə^{55}	反正 fã^{55}tʂəŋ^{31}	没 mu^{55}
阳谷	也 iə^{42}	反正 fã^{31}tsəŋ^{0} 长短 tsʰɑŋ^{42}tuã^{55}	没 mei^{213} 没有 mei^{13}iou^{0}
梁山	也 iə^{42}	反正 fã^{23}tsəŋ^{2}	没 mei^{213}
菏泽	也 iɛ^{44}	反正 fã^{21}tsəŋ^{0}	没 mei^{213}
曹县	也 iə^{53}	反正 fã^{21}tʂəŋ^{0}	没 mei^{312}
金乡	也 iə^{42}	反正 fã^{55}tsəŋ^{0}	没 mei^{213}
曲阜	也 iɛ^{42}	反正 fã^{213}tsəŋ^{0}	没 mei^{213}
薛城	也 iɛ^{24}/iə^{24}	反是 fã^{24}sɿ^{0}	没 me^{41}
郯城	也 iɛ^{24}	反正 fã^{21}tʂəŋ^{51}	没 me^{51}
临沂	也 iə^{55}	反正 fã^{214}tʃəŋ^{312}	没 mu^{312}

	1180 不明天我～去	**1181 别**你～去	**1182 甭**不用，不必：你～客气
荣成	不 pu^{214}	别①pie^{35}	不用 pu^{21}yŋ^{35}
烟台	不 pu^{14}	别 pɛ^{33}	不用 pu^{21}yŋ^{33}
栖霞	不 pu^{214}	别 pei^{214}	不用 pu^{34}yŋ^{52}
长岛	不 pu^{55}	别 piɛ^{55} 别 pai^{55}	别 piɛ^{55}
海阳	不 pu^{214}	别 pɛ^{341}	别 pɛ^{341}
莱西	不 pu^{55}	别 pɛ^{42} 不要 pu^{21}iɔ^{42}	不用 pu^{21}yŋ^{42} 别 pɛ^{42}
平度	不 pu^{55}	别 pɛ^{42}	别 pɛ^{42}
青岛	不 pu^{55}	别 pɛ^{42}	别 pɛ^{42}
高密	不 pu^{55}	别 piə^{42}	不用 pu^{55}ioŋ^{21} 别 piə^{42}
诸城	不 pu^{213}	别 piə^{53}	别 piə^{53} 不用 pu^{44}iəŋ^{31}

① 表否定的“别”，多半方言点读“摆”阳平，小半点读“憋”阳平。下面不一一注明。1182同此。

续表

	1180 不明天我～去	1181 别你～去	1182 甭不用，不必：你～客气
沂水	不 pu^{44}	别 $piə^{53}$	甭 $pẽ^{53}$ 读为“本”阳平
临朐	不 pu^{44}	别 $piə^{53}$	甭啊 $pə̃^{53}ŋa^{0}$ “甭”读为“本”阳平
日照	不 pu^{213}	甭 $pẽ^{53}$ 读为“本”阳平 别 $piə^{53}$	甭 $pẽ^{53}$ 读为“本”阳平 别 $piə^{53}$
莒南	不 pu^{55}	别 $pə^{53}$	甭 $pẽ^{53}$ 读为“本”阳平
潍坊	不 pu^{214}	别 $pɛ^{53}$	甭 $pẽ^{53}$ 读为“本”阳平 别 $pɛ^{53}$
寿光	不 pu^{213}	休 $xəu^{213}$ 读为“齁” 别 $pɛ^{53}$	甭 $pəŋ^{53}$ 甭啊 $pəŋ^{35}ŋa^{0}$
高青	不 pu^{213}	甭 $pəŋ^{55}$	甭 $pəŋ^{55}$
阳信	不 pu^{213}	别 $pə^{55}$	甭 $pəŋ^{31}$
济阳	不 pu^{213}	甭 $pẽ^{55}$ 读为“本”阳平	甭 $pẽ^{55}$ 读为“本”阳平
利津	不 pu^{44}	甭 $pẽ^{53}$ 读为“本”阳平	甭 $pẽ^{53}$ 读为“本”阳平
乐陵	不 pu^{24}	别 $piə^{55}$ 甭 $pẽ^{51}$ 读为“本”阳平	别 $piə^{55}$ 甭 $pẽ^{51}$ 读为“笨”
商河	不 pu^{45}	别 $piə^{54}$	别 $piə^{54}$ 甭 $pəŋ^{54}$
平原	不 pu^{213}	甭 $pẽ^{42}$ 读为“本”阳平	甭 $pẽ^{42}$ 读为“本”阳平
德州	不 pu^{213}	别 $piə^{42}$	甭 $pəŋ^{42}$
武城	不 pu^{224}	甭 $pẽ^{53}$ 读为“本”阳平	甭 $pẽ^{53}$ 读为“本”阳平
临清	不 pu^{313}	别 $piə^{53}$	甭价 $piŋ^{53}tɕia^{0}$ “甭”读为“并” 不用 $pu^{44}yŋ^{0}$
冠县	不 pu^{13}	别 $piə^{53}$	甭 $pəŋ^{53}$ 别 $piə^{53}$
聊城	不 pu^{13}	别 $piə^{53}$	不用 $pu^{44}yŋ^{313}$
济南	不 pu^{213}	别 $pɛ^{42}$	别 $pɛ^{42}$ 甭 $piŋ^{42}$ 读为“兵”阳平
泰安	不 pu^{213}	别 $pɛ^{42}$	甭 $piŋ^{42}$ 读为“兵”阳平
莱芜	不 pu^{213}	别 $piə^{55}$	甭 $pẽ^{55}$ 读为“本”阳平
新泰	不 pu^{213}	别 pei^{42}	别 $pɛ^{42}$

续表

	1180 不明天我～去	1181 别你～去	1182 甭不用，不必：你～客气
沂源	不pu^{213}	甭pəŋ^{55}	别piə^{55}
博山	不pu^{213}	别pɛ^{55}	甭pəŋ^{55}
张店	不pu^{33}	别piə^{55}	甭pəŋ^{55}
阳谷	不pu^{213}	别pɛ^{42}	别pɛ^{42}
梁山	不pu^{213}	别pɛ^{42}	别pɛ^{42} 别piə^{42}
菏泽	不pu^{213}	别piɛ^{53}	别piɛ^{53}
曹县	不pu^{213}	别piə^{53}	别piə^{53}
金乡	不pu^{213}	别pɛ^{42}	别piə^{42}
曲阜	不pu^{213}	别pɛ^{42}	别pɛ^{42}
薛城	不pu^{313}	别pɛ^{55}	别pɛ^{55}
郯城	不pu^{213}	别pɛ^{44}	别pɛ^{44}
临沂	不pu^{55}	别pɛ^{53}	别pɛ^{53}

	1183 快天～亮了	1184 差点儿～摔倒了	1185 宁可～买贵的
荣成	快k^{h}uai^{33} 好xau^{214}	差么点儿tʂ^{h}a^{53}mə^{0}tiɐr^{214}	豁上xuo^{53}ʃɑŋ^0
烟台	好xau^{14} 快k^{h}uɛ^{33}	差点儿ts^{h}a^{33}tiɐr^{14}	豁上xuo^{53}ɕiɑŋ^0
栖霞	好xɔo^{214}	差么点儿ts^{h}a^{21}mə^{0}tiɐr^{214}	豁上xuo^{52}ʃəŋ^0
长岛	快k^{h}uai^{52} 好xau^{213}	差点儿ts^{h}a^{31}tiɐr^{213}	宁肯ȵiŋ^{52}k^{h}ən^{213}
海阳	快k^{h}uɛ^{341}	差么点儿tʂ^{h}a^{21}mə^{0}tiɐr^{214}	豁xuo^{52} 豁上xuo^{52}sɑŋ^0
莱西	快k^{h}uɛ^{42}	差没①点儿ts^{h}a^{32}mu^{0}tiɐr^{55} 差点儿ts^{h}a^{24}tiɐr^{55}	宁愿ȵiŋ^{42}yã^{42} 宁可ȵiŋ^{42}k^{h}ə^{55} 宁肯ȵiŋ^{42}k^{h}ẽ^{55}
平度	快k^{h}uɛ^{42}	差没点儿tʂ^{h}a^{42}mu^{0}tɐr^{55} 差点儿tʂ^{h}a^{213}tɐr^{55}	宁肯ȵiŋ^{42}k^{h}ə̃^{55}

① 此处和以下各点中读为mu^{0}的写作“没”，以区别于读mə^{0}的“么”。其本字待考。

续表

	1183快天～亮了	1184差点儿～摔倒了	1185宁可～买贵的
青岛	快kʰuɛ^{42}	差没点儿tʂʰɑ^{42}mu^{0}tiɛr^{55} 差点儿tʂʰɑ^{213}tiɛr^{55}	宁肯ȵioŋ^{42}kʰẽ^{55}
高密	赶忙儿kã^{213}mɑ̃r^{42} 快kʰuɛ^{21}	差没了点儿tʂʰɑ^{213}mu^{55}lə^{0}tɛr^{55}	宁肯ȵioŋ^{42}kʰə̃^{55} 乐意lə^{23}i^{21}
诸城	快kʰuɛ^{31}	差没点儿tʂʰa^{213}mu^{0}tɛr^{44}	宁愿ȵiəŋ^{24}yã^{0}
沂水	快kʰuɛ^{31}	差一乎乎儿tʂʰa^{24}i^{24}xu^{31}xur^{0} 差一乎下⁼儿tʂʰa^{24}i^{24}xu^{31}ɕiar^{0} 差点儿tʂʰa^{213}tiɛr^{44}	宁愿niŋ^{53}yã^{31}
临朐	快待kʰuɛ^{21}tɛ^{21}	差每⁼儿每⁼儿tʂʰa^{21}mer^{44}mer^{0}	豁上xuə^{21}xɑŋ^{0}
日照	快kʰuɛ^{31}	差点儿点儿tʂʰɑ^{31}tɛr^{213}tɛr^{0} 歇⁼乎一歇⁼乎儿ʃiə^{213}xu^{0}i^{44}ʃiə^{31}xur^{0}	宁愿niəŋ^{44}yã^{0} 能愿nəŋ^{44}yã^{0}
莒南	快kʰuɛ^{312}	歇⁼乎点儿ɕiə^{213}xu^{0}trɛr^{55} 大池⁼点儿ta^{42}tʂʰʅ^{0}trɛr^{55} 差点儿tʂʰa^{13}trɛr^{55}	宁愿niŋ^{53}yã^{31} 宁可niŋ^{53}kʰə^{55}
潍坊	待tɛ^{31} 快kʰuɛ^{31}	差丁点儿tʂʰɑ^{55}tiŋ^{214}tiɐr^{55} 差没点儿tʂʰɑ^{55}mu^{0}tiɐr^{55} 差点儿tʂʰɑ^{214}tiɐr^{55}	宁愿ȵiŋ^{53}yã^{31} 宁肯ȵiŋ^{53}kʰẽ^{55}
寿光	快待kʰuɛ^{21}tɛ^{21}	差一点儿tʂʰa^{21}i^{0}tɛr^{55}	宁愿ȵiŋ^{53}yã^{21}
高青	快kʰuɛ^{41}	差一点儿点儿tʂʰɑ^{41}i^{55}tiɛr^{213}tɛr^{0}	宁愿ȵiŋ^{41}yã^{41}
阳信	快kʰuɛ^{31}	差一点点儿tʂʰa^{31}i^{0}tɛ^{213}tɛr^{0}	宁肯ȵiŋ^{31}kʰə̃^{55} 情愿tɕʰiŋ^{55}yã^{31}
济阳	快kʰuɛ^{31} 要iɔ^{31}	差点儿点儿tʂʰa^{213}tiɛr^{21}tiɛr^{0}	宁愿ȵiŋ^{31}yã^{31}
利津	快kʰuɛ^{31}	差乎下⁼儿tʂʰa^{213}xu^{0}ɕiar^{31}	宁愿ȵiŋ^{24}yã^{31}
乐陵	快kʰuɛ^{51}	差点儿tsʰɑ^{31}tɛr^{55}	宁愿ȵiŋ^{24}yã^{51}
商河	快kʰuɛ^{31}	差点儿tsʰɑ^{213}tiɛr^{45} 差一点儿tsʰɑ^{21}i^{0}tiɛr^{45}	宁愿ȵiŋ^{24}yã^{0} 宁可ȵiŋ^{31}kʰə^{45}
平原	快kʰuɛi^{21}	差点儿tsʰa^{21}tiɐr^{55}	宁可ȵiŋ^{21}kʰə^{55}
德州	快kʰuɛ^{21}	差点儿tʂʰa^{213}tiɛr^{55} 差一齁⁼儿tʂʰa^{42}i^{0}xour^{213}	宁可ȵiŋ^{21}kʰə^{55} 宁愿ȵiŋ^{55}yã^{21}
武城	快kʰuɛ^{312}	差一乎儿tʂʰa^{53}i^{0}xur^{24}	情愿tɕʰiŋ^{53}yã^{312}
临清	快kʰuai^{313}	差点儿tʂʰa^{13}tiɛr^{44}	情愿tɕʰiŋ^{44}yan^{313}

续表

	1183快天～亮了	1184差点儿～摔倒了	1185宁可～买贵的
冠县	快kʰuɛ^{314}	差点儿tʂʰa^{13}tiɐr^{55}	宁可ȵiŋ^{31}kʰə^{55}
聊城	快kʰuɛ^{313}	差点儿tsʰa^{13}tiɛr^{44} 几乎tɕi^{13}xu^{13}	宁愿ȵiŋ^{13}yã^{313} 宁可ȵiŋ^{31}kʰə^{44}
济南	要iɔ^{21}	差一希⁼乎儿tʂʰa^{21}i^{0}ɕi^{213}xur^{0} 差一点儿点儿tʂʰa^{213}i^{0}tiɛr^{213}tiɛr^{0}	宁愿ȵiŋ^{55}yã^{21}
泰安	到好tɔ^{21}xɔ^{55} 这就tʂə^{21}tou^{21} "就"读为"豆"	希⁼乎乎儿ɕi^{213}xu^{0}xur^{213}	宁愿ȵiŋ^{55}yã^{21}
莱芜	快kʰuɛ^{42}	差点儿点儿tʃʰa^{31}tiɛ^{213}tiɛ^{0}	宁愿ȵiŋ^{31}yã^{42}
新泰	快kʰuɛ^{31}	差点儿tʃʰa^{23}tiɤr^{55}	宁肯ȵiŋ^{31}kʰẽ^{55}
沂源	快kʰuɛ^{31}	川⁼们⁼儿tʃʰuã^{21}mer^{55}	宁愿ȵiŋ^{55}yã^{31}
博山	快kʰuɛ^{31}	差一点儿点儿tʂʰɑ^{21}i^{0}tiɛ^{213}tiɛ^{0}	宁愿ȵiŋ^{55}yã^{31}
张店	快kʰuɛ^{31}	差没点儿tʂʰɑ^{213}mu^{0}tɛ^{55}	宁愿ȵiŋ^{55}yã^{31}
阳谷	快kʰuɛ^{313}	大差一点儿ta^{42}tsʰa^{0}i^{13}tiɐr^{55}	情愿tɕʰiŋ^{55}yã^{313}
梁山	快kʰuɛ^{314}	差一乎儿乎儿tsʰa^{21}i^{0}xur^{55}xur^{0} 大差一点儿ta^{42}tsʰa^{0}i^{23}trɛr^{55}	宁愿ȵiŋ^{42}yã^{314}
菏泽	快kʰuɛ^{312}	差点儿tsʰa^{213}tiɛr^{44}	情愿tɕʰiŋ^{53}yã^{312}
曹县	快kʰuai^{312}	差点儿tsʰa^{31}tiɐr^{44}	宁愿ȵiŋ^{13}yã^{312}
金乡	快kʰuɛ^{312}	差点儿tsʰa^{21}tiɛr^{0}	宁愿ȵiŋ^{55}yã^{312}
曲阜	快kʰuɛ^{312}	几几乎儿tɕi^{55}tɕi^{0}xur^{213} 差点儿tsʰa^{42}tiɛr^{55}	宁愿ȵiŋ^{55}yã^{312}
薛城	要iɔ^{41} 快kʰuɛ^{41}	差点儿tsʰa^{31}tiɛr^{24} 差码⁼儿码⁼儿tsʰa^{23}mar^{24}mar^{0}	情愿tɕʰiŋ^{55}yã^{41} 宁愿ȵiŋ^{55}yã^{41}
郯城	快kʰuɛ^{51}	大点儿ta^{51}tiɛr^{24} 差点儿tʂʰa^{21}tiɛr^{24}	宁愿ȵiŋ^{44}yã^{51}
临沂	快kʰuɛ^{312}	差点儿tʃʰa^{24}tiɛr^{55}	情愿tɕʰiŋ^{53}yã^{312}

	1186故意～打破的	1187随便～弄一下	1188白～跑一趟
荣成	特为儿tʰɛ^{33}uər^{0}	随便儿sei^{35}piɐr^{33}	白pɛ^{35}
烟台	特为儿tʰə^{21}uər^{33}	随便儿sei^{53}piɐr^{33} 凑付tsʰou^{33}fu^{0}	白po^{33}
栖霞	特为儿tʰə^{34}uər^{342}	随便儿sei^{34}piɐr^{52}	白pə^{342}

续表

	1186 故意～打破的	1187 随便～弄一下	1188 白～跑一趟
长岛	特①为儿tə^{52}uər^{0} “特”读为“得”	随便sei^{55}pian^{52}	白pə^{55}
海阳	特故意儿tʰiə^{21}ku^{0}iər^{214}	随便儿θei^{52}piɐr^{341}	白pə^{341}
莱西	特为tʰə^{42}uei^{42} 有意iou^{55}i^{42}	随便儿sei^{214}piɐr^{42}	白pə^{42} 干kã^{214}
平度	特为tei^{45}uei^{42} “特”读为“得” 单为tã^{213}uei^{0}	随便θei^{213}piã^{42} 胡乱xu^{42}lã^{0}	白pei^{42} 干kã^{213}
青岛	特为tei^{45}uei^{0} “特”读为“得” 单为tã^{213}uei^{0}	随便θuei^{213}piã^{42}	白pei^{42} 干kã^{213}
高密	特特tei^{55}tei^{0} “特”读为“得”。下同 特为tei^{23}uei^{21} 成心tʃʰoŋ^{42}siã^{213}	随意θuei^{42}i^{21}	白pei^{42}
诸城	出心tʃʰu^{44}θẽ^{213}	随便θuei^{53}piã^{31}	干kã^{213}
沂水	特为tue^{24}ue^{0} “特”读为“得”	随便θue^{53}piã^{31}	干kã^{213}
临朐	特为tei^{213}uei^{21} “特”读为“得”	（无）	干kã^{213} 白pei^{53}
日照	特为tθei^{44}uei^{31} “特”读为“则”	随意θuei^{53}i^{31}	白pei^{53} 瞎ʃiɑ^{213}
莒南	特为tei^{24}uei^{0} “特”读为“得” 有意iou^{55}i^{31} 故意ku^{13}i^{31}	随便θei^{53}piã^{31}	白pei^{53}
潍坊	出心tʂʰu^{55}ɕiẽ^{214}	胡乱xu^{55}luã^{31} 随便儿suei^{53}piɐr^{31}	白pei^{53} 干kã^{214}
寿光	特为tei^{213}uei^{21} “特”读为“得” 敬②为tɕiŋ^{13}uei^{21} “敬”读为“经” 成心tʂʰəŋ^{53}ɕiã^{213}	好歹地xɔ^{53}tɛ^{24}ti^{0}	白pɛ^{53} 干kã^{213}

① 表示“故意”的意思，除了上面的荣成、烟台、栖霞三点是“特为”之外，大部分点是读作“得为”或“得意”。但是，写作“得”显然与意义不合，而写作“特”又与读音不合：“特”字中古为定母入声，读不送气声母是符合规律的，但声调不应读同清声母入声字“得”（胶辽官话读上声、冀鲁官话和中原官话读阴平）。不过“特”的现代读音本来就比较特殊，如普通话中读为送气声母不合规律，读去声也不符合规律；今山东方言中，“特”字都读为送气声母，声调多数为阳平（与普通话不同）。所以，写作“得为”或是“特为”都不是很理想。鉴于“特”字的读音比较特殊，所以从意义出发，将“特”读同“得”作为特殊字音对待，“得为”“得意”写作“特为”“特意”，但在备注中说明读音。

② 高青、阳信、利津、乐陵、商河、平原、武城这一片相连的区域都说成“敬心”，这与蒲松龄《聊斋俚曲集》中用“敬心”表特意的用法是一致的。寿光的“敬为”未见于他地和文献。

续表

	1186故意～打破的	1187随便～弄一下	1188白～跑一趟
高青	敬心tɕiŋ^{41}ɕiã^{213}	随便suei^{55}piã^{41}	白pɛ^{55}
阳信	敬tɕiŋ^{31} 敬心tɕiŋ^{31}ɕiã^{213}	随便儿suei^{55}piɛr^{31}	白pɛ^{43}
济阳	特为tei^{24}uei^{0} "特"读为"得"	随便suei^{13}piã^{31}	白pɛ^{55}
利津	敬心tɕiŋ^{31}ɕiẽ^{213}	随便suei^{53}piã^{31}	白pei^{53}
乐陵	敬心tɕiŋ^{31}ɕiẽ^{24}	随便suei^{55}piã^{51}	白pɛ^{55}
商河	敬心tɕiŋ^{31}ɕiẽ^{213}	随便suei^{54}piã^{31}	白pɛ^{54} 干kã^{213}
平原	敬心tɕiŋ^{21}ɕiẽ^{213}	随便suei^{55}piã^{0}	白pei^{42}
德州	特意t^{h}ə^{213}i^{21}	随便儿suei^{55}piɛr^{0}	白pɛ^{42}
武城	敬心tɕiẽ^{312}ɕiẽ^{0} "敬"读为"近"	随便儿suei^{53}piɛr^{312}	白pɛ^{53}
临清	特意儿tei^{31}ier^{13} "特"读为"得"	随便儿suei^{44}piɛr^{313}	白pai^{53}
冠县	故意ku^{24}i^{31} 特意儿tei^{13}iər^{314} "特"读为"得" 意正i^{24}tʂəŋ^{314}	随便儿suei^{53}piɐr^{314}	白pɛ^{53}
聊城	特意儿的tei^{53}iər^{13}ti^{0} "特"读为"得" 故意的ku^{31}i^{53}ti^{0}	随便儿suei^{44}piɛr^{313} 随意suei^{44}i^{313}	白pɛ^{53}
济南	特为tei^{445}uei^{0} "特"读为"得"。下同 特为意儿tei^{445}uei^{0}ier^{213}	随便suei^{55}piã^{21}	白pei^{42}
泰安	特为tei^{55}uei^{0} "特"读为"得"	随便suei^{55}piã^{21}	白pei^{42}
莱芜	特为tei^{213}uei^{42} "特"读为"得"	随便儿suei^{55}piɛ^{42}	白pei^{55}
新泰	特为tei^{23}uei^{31} "特"读为"得"	随便θuei^{45}piã^{0}	白pei^{42}
沂源	特为tei^{13}uei^{31} "特"读为"得"	随便θuei^{55}piã^{31}	白pei^{55}
博山	特为tei^{213}uei^{31} "特"读为"得"	随便suei^{55}piã^{31}	白pei^{55}
张店	成心tʂ^{h}əŋ^{55}ɕiã^{213}	随便儿suei^{55}piɛ^{31}	白pei^{55}
阳谷	单为tã^{13}uei^{313} 特意儿tei^{55}iɤr^{0} "特"读为"得"	随便儿suei^{55}piɐr^{313} 随意suei^{55}i^{313}	白pei^{42}
梁山	特意儿tei^{55}ier^{314} "特"读为"得"	随便儿suei^{55}piãr^{314}	白pei^{42}

续表

	1186故意～打破的	1187随便～弄一下	1188白～跑一趟
菏泽	单板$^{=}$儿tã^{21}pɛr^{0}	随便儿suei^{53}piɛr^{312}	白pei^{53}
曹县	单母$^{=}$意儿tã^{21}mu^{0}iər^{312}	随便suei^{53}piã^{312}	白pei^{53}
金乡	特意儿tei^{42}ier^{312} “特”读为“得”	随便suei^{55}piã^{312}	白pei^{42}
曲阜	特为儿tei^{55}uer^{0} “特”读为“得” 专意tsuã^{213}i^{0}	随便儿suei^{55}piɛr^{312}	白pei^{42}
薛城	有意iou^{24}i^{41} 特意te^{55}i^{41} “特”读为“得”	随便儿ɕy^{55}piɛr^{41}	白pe^{55}
郯城	特为te^{44}ue^{44} “特”读为“得” 有意iəu^{24}i^{51} 故意ku^{51}i^{51}	随便儿sue^{44}piɛr^{51}	白pe^{44}
临沂	特为tei^{55}uei^{0} “特”读为“得” 有意iou^{55}i^{312} 故意ku^{31}i^{312}	随便儿suei^{53}piɛr^{312}	白pei^{53}

	1189肯定～是他干的	1190可能～是他干的	1191一边～走，～说
荣成	肯定kʰən^{21}tiŋ^{33}	兴çiŋ^{53} 可能kʰo^{21}ləŋ^{35} “能”读为“棱”阳平	边pian^{53}
烟台	肯定kʰən^{21}tiŋ^{33}	可能kʰɤ^{21}nəŋ^{33}	一边儿i^{35}piɐr^{33}
栖霞	一定i^{34}tiŋ^{52}	可能kʰə^{34}nəŋ^{52}	一边儿i^{34}piɐr^{312}
长岛	保证pau^{21}tʃəŋ^{52} 肯定kʰən^{21}tiŋ^{52}	可能kʰə^{21}nəŋ^{55}	边pian^{312}
海阳	肯定kʰẽ^{21}tiŋ^{341}	可能kʰuo^{21}nəŋ^{341}	一边儿i^{21}piɐr^{52} 赶儿kã^{21}ə^{0}
莱西	肯定kʰẽ^{55}tiŋ^{42} 一定i^{214}tiŋ^{42}	害不着xɛ^{45}pu^{0}tsuə^{42} 可能kʰə^{55}nəŋ^{42} 说不定ʃuə^{45}pu^{0}tiŋ^{42}	边儿piɐr^{214} 一边儿i^{55}piɐr^{214}
平度	肯定kʰə̃^{55}tiŋ^{42}	害不着xɛ^{45}pu^{0}tʃuə^{42} 兴许çiŋ^{213}çy^{55} 大概ta^{213}kɛ^{55}	边piã^{213} 赶价kã^{45}ciə^{0}
青岛	肯定kʰẽ^{55}tioŋ^{42}	大概tɑ^{213}kɛ^{42} 兴许çioŋ^{213}çy^{55}	一边儿i^{42}piɐr^{213} 边儿piɐr^{213}

续表

	1189 肯定～是他干的	1190 可能～是他干的	1191 一边～走，～说
高密	肯定kʰə̃^{55}tioŋ^{21} 一定i^{55}tioŋ^{21}	弄不好noŋ^{42}pu^{0}xɔ^{55} 碍不住ɛ^{55}pu^{0}tʃu^{21} 大约母$^{=}$儿ta^{21}yə^{213}mur^{55}	边piã^{213}
诸城	肯定kʰẽ^{44}ȶiəŋ^{31}	可能kʰuə^{45}nəŋ^{53} 八成pa^{213}tʃʰəŋ^{0}	一面i^{213}ma^{0} “面”读为“吗” 一边儿i^{44}pɛr^{213}
沂水	保险pɔ^{53}ɕiã^{44}	佯$^{=}$巧了iɑŋ^{53}tɕʰiɔ^{213}lɔ^{0} 大意概ta^{31}i^{21}kɛ^{213} 可能kʰə^{213}nəŋ^{53}	一面儿i^{24}mər^{31} “面”读为“末”，下同 一面i^{24}mə^{31}
临朐	准tʃuə̃^{44}	备不的pei^{44}pu^{0}ti^{0} 备不住pei^{44}pu^{0}tʃu^{0} 也许iə^{44}ɕy^{44}	一面i^{213}mə^{44} “面”读为“末”
日照	保险pɔ^{53}ʃiã^{44}	大约ta^{31}yə^{213}可能性小 大概ta^{31}kɛ^{213}可能性大	一面i^{213}mu^{44} “面”读为“亩”
莒南	一定i^{55}tiŋ^{31} 肯定kʰẽ^{55}tiŋ^{31}	可能kʰə^{55}nəŋ^{53}	一面i^{13}mu^{31} “面”读为“木”
潍坊	保证pɔɤ^{24}tʂəŋ^{31} 肯定kʰẽ^{24}tiŋ^{31}	大其概ta^{31}tɕʰi^{0}kɛ^{214}	一边儿i^{24}pɐr^{214}
寿光	定准儿tiŋ^{21}tʂuɭ^{55} 一准儿i^{213}tʂuɭ^{55}	备不住pei^{55}pu^{0}tʂu^{21} 许是ɕy^{55}ʂʅ^{21} 大概ta^{21}kɛ^{213}	一面儿i^{13}miɛr^{21}
高青	保证pɔ^{55}tʂəŋ^{41}	可能kʰə^{55}nəŋ^{55}	面儿i^{35}mɛr^{41} “面儿”读为“曼儿”
阳信	准tʂuə̃^{55} 保准pɔ^{31}tʂuə̃^{55}	大半儿里ta^{31}pɛr^{55}li^{0} 八儿成儿par^{45}tʂʰar^{0} “成儿”读为“常儿”轻声	随着suei^{45}tʂou^{0}
济阳	肯定kʰẽ^{13}tiŋ^{31} 准是tʂuẽ^{13}ʂʅ^{31}	挡不住tɑŋ^{55}pu^{0}tʂu^{31} 可能kʰə^{21}nəŋ^{0}	随着suei^{24}tʂɔ^{0} 一边儿i^{55}piɛr^{213} 边piã^{213}
利津	保准pɔ^{53}tʂuẽ^{55}	可能kʰə^{55}nəŋ^{53} 准tʂuẽ^{55}	一面i^{24}mɑŋ^{53} “面”读为“忙” 一边儿i^{24}piɛr^{213}
乐陵	准tʂuẽ^{55}	挡不住tɑŋ^{55}pu^{0}tʂu^{0}	边piã^{24}
商河	准tʂuẽ^{45} 肯定kʰẽ^{45}tiŋ^{31}	可能kʰə^{45}nəŋ^{0} 挡么tɑŋ^{54}mə^{0}	一样i^{45}iɑŋ^{31}
平原	肯定kʰẽ^{55}tiŋ^{21}	挡不着tɑŋ^{42}pu^{0}tʂɔu^{0}	边piã^{213}
德州	准tʂuẽ^{55}	没准儿mei^{21}tʂuer^{55}	边piã^{213}

续表

	1189 肯定～是他干的	1190 可能～是他干的	1191 一边～走，～说
武城	一定i^{24}tiŋ^{312}	挡不住taŋ^{53}pu^{0}tʂu^{0} 备不住pei^{53}pu^{0}tʂu^{0}	边piã^{224}
临清	肯定kʰən^{44}tiŋ^{313} 保险pau^{53}çian^{44}	也兴iə^{44}çiŋ^{13} 定不住tiŋ^{53}pu^{0}tʂu^{313}	边pian^{13}
冠县	肯定kʰẽ^{55}tiŋ^{314} 保险pɔ^{53}çiã^{55} 保证pɔ^{55}tʂəŋ^{0}	可能kʰə^{55}nəŋ^{0} 说不定ʂuə^{13}pu^{13}tiŋ^{314}	一边儿i^{31}piɐr^{13}
聊城	就是tçiou^{31}sʅ^{0} 肯定kʰẽ^{44}tiŋ^{313}	可能kʰə^{44}nəŋ^{53} 备不住pei^{53}pu^{0}tsu^{313}	边piã^{13}
济南	准是tʂuẽ^{55}ʂʅ^{21}	可能kʰə^{55}nəŋ^{42}	一边儿i^{55}piɐr^{213} 随suei^{42}
泰安	准tʂuẽ^{55} 肯定kʰẽ^{55}tiŋ^{21}	没的是mu^{55}ti^{0}ʂʅ^{21}	一面i^{21}ma^{0} “面”读为“吗”
莱芜	准是tʃuẽ^{213}ʃʅ^{42}	可能kʰə^{213}nəŋ^{55}	一行i^{213}xuaŋ^{55} “行”读为“黄”
新泰	肯定kʰẽ^{55}tiŋ^{31}	可能kʰə^{23}nəŋ^{42}	一边儿i^{23}piɐr^{213}
沂源	保险pɔ^{55}çiã^{213}	演⁼巧儿iã^{55}tçʰiɔr^{55}	一面i^{55}mə^{31} “面”读为“末”
博山	保证pɔ^{35}tʂəŋ^{0}	可能kʰuə^{213}nəŋ^{55}	赶kã^{55}
张店	保准pɔ^{55}tʂuã^{55}	八成pa^{33}tʂʰəŋ^{55}	一面i^{33}maŋ^{0} “面”读为“忙”
阳谷	保准pɔ^{55}tsuẽ^{55} 保险pɔ^{55}çiã^{55}	挡不住taŋ^{42}pu^{0}tsu^{0}	边piã^{213}
梁山	一准儿i^{23}tʂuer^{55}	挡不着taŋ^{42}pu^{0}tsuə^{42}	一面儿i^{21}miẽr^{0}
菏泽	保险pɔ^{53}çiã^{44} 准tsuẽ^{44}	碍不着ɣɛ^{31}pu^{0}tsuə^{53} 八成儿pa^{213}tsʰə̃r^{53}	边piã^{213}
曹县	一定i^{213}tiŋ^{312}	可能kʰə^{44}nəŋ^{53}	一边儿i^{213}piɐr^{213}
金乡	保准pɔ^{42}tsuẽ^{55}	挡不着taŋ^{42}pu^{0}tsuə^{42}	一面i^{21}ma^{0} “面”读为“吗”
曲阜	保准pɔ^{42}tsuẽ^{55}	挡不着taŋ^{42}pu^{0}tsuə^{0}	一边i^{21}pei^{0} “边”读为“北”轻声
薛城	保准pɔ^{55}pfẽ^{24}	差不多tsʰa^{31}pu^{0}tuə^{313}	边piã^{313}
郯城	一定i^{21}tiŋ^{51} 肯定kʰə̃^{24}tiŋ^{51}	八成儿pa^{21}tʂʰə̃r^{44} 可能kʰə^{24}nəŋ^{44}	边piã^{213} 一边i^{13}piã^{213} 一边儿i^{13}piɐr^{213}
临沂	肯定kʰẽ^{55}tiŋ^{312} 一定i^{24}tiŋ^{312} 绝对tçyə^{53}tei^{312}	可能kʰə^{55}nəŋ^{53}	一边儿i^{24}piɐr^{214}

	1192 和我～他都姓王	1193 和我昨天～他去城里了	1194 对他～我很好
荣成	和 xo^{35}	和 xo^{35}	对 tei^{33}
烟台	和 $xɤ^{33}$ 和 xuo^{33}	和 $xɤ^{33}$ 和 xuo^{33}	对 tei^{33}
栖霞	和 xuo^{342}	和 xuo^{342}	对 tei^{52}
长岛	和 $xə^{213}$	和 $xə^{213}$	对 tei^{52}
海阳	和 xuo^{341}/$xɑŋ^{341}$ 读为“杭”去声	和 xuo^{341}	对 tei^{341}
莱西	和 $xə^{42}$ 跟 $kẽ^{214}$	和 $xə^{42}$ 跟 $kẽ^{214}$	对 tei^{42}
平度	和 $xə^{42}$ 跟 $kə̃^{213}$	和 $xə^{42}$ 跟 $kə̃^{213}$	对 tei^{213}
青岛	和 $xuə^{42}$ 跟 $kẽ^{213}$	和 $xuə^{42}$ 跟 $kẽ^{213}$	对 $tuei^{42}$
高密	上 $ʃɑŋ^{21}$ 和 $xɑŋ^{42}$ 读为“杭”去声	上 $ʃɑŋ^{21}$ 和 $xɑŋ^{43}$ 读为“杭”	对 $tuei^{21}$ 拿着 $na^{55}tʂə^{0}$
诸城	和 $xɑŋ^{31}$ 读为“杭”去声	和 $xɑŋ^{31}$ 读为“杭”去声	待 $tɛ^{31}$
沂水	和 xou^{31} 读为“后”	和 xou^{31} 读为“后”	对 tue^{31} 拿着 $na^{24}tʂə^{0}$
临朐	和 $xɑŋ^{21}$ 读为“杭”去声	和 $xɑŋ^{21}$ 读为“杭”去声	待 $tɛ^{21}$
日照	和 $xuɑŋ^{31}$ 读为“晃”/$xɑŋ^{31}$ 读为“杭”去声	和 $xuɑŋ^{31}$ 读为“晃”/$xɑŋ^{31}$ 读为“杭”去声	待 $tɛ^{31}$
莒南	跟 $kẽ^{53}$ 读为阳平	跟 $kẽ^{53}$/$kẽ^{55}$ 读为阳平或上声	对 tei^{312}
潍坊	和 $xuə^{53}$ 跟 $kẽ^{214}$	和 $xuə^{53}$ 跟 $kẽ^{214}$	对 $tuei^{31}$
寿光	和 $xuə^{53}$	和 $xuə^{53}$	待 $tɛ^{21}$
高青	和 $xə^{55}$	和 $xə^{55}$	待 $tɛ^{41}$
阳信	跟 $kə̃^{213}$	跟 $kə̃^{43}$	对 $tuei^{31}$ 待着 $tɛ^{55}tʂou^{0}$
济阳	给 kei^{55}	给 kei^{55}	对 $tuei^{31}$
利津	和 $xə^{53}$	和 $xə^{53}$	对 $tuei^{31}$
乐陵	跟 $kẽ^{24}$	跟 $kẽ^{24}$	对 $tuei^{51}$
商河	跟 $kẽ^{31}$ 和 $xə^{31}$/$xɑŋ^{31}$ 读为“杭”去声	跟 $kẽ^{31}$ 和 $xə^{31}$/$xɑŋ^{31}$ 读为“杭”去声	对 $tuei^{31}$

续表

	1192 和我～他都姓王	1193 和我昨天～他去城里了	1194 对他～我很好
平原	跟 kẽ^{213}	跟 kẽ^{213}	对 tuei^{21}
德州	跟 kẽ^{213}	跟 kẽ^{213}	待 tɛ^{21}
武城	跟 kẽ^{224}	跟 kẽ^{224}	对 tuei^{312}
临清	跟 ken^{13} 和 xə^{53}	跟 ken^{13} 和 xə^{53}	对 tei^{313} 待 tai^{313}
冠县	和 xuə^{53} 跟 kẽ^{13}	和 xuə^{53} 跟 kẽ^{13}	对 tuei^{314}
聊城	跟 kẽ^{13} 和 xə^{53}	跟 kẽ^{13} 和 xə^{53}	对 tei^{313} 待 tɛ^{313}
济南	和 xə^{42}/xɑŋ^{42} 读为"杭"	跟 kẽ^{213}	对 tuei^{21}
泰安	和 xə^{42}	和 xə^{42}	对 tuei^{21}
莱芜	和 xɔ^{55}	和 xɔ^{55}	对 tuei^{42}
新泰	和 xə^{42}	和 xə^{42}	对 tuei^{31}
沂源	和 xuə^{55}	和 xuə^{55}	对 tuei^{31}
博山	和 xuə^{55}	和 xuə^{55}	对 tuei^{31} 待 tɛ^{31}
张店	和 xuə^{55}	和 xuə^{55}	对 tuei^{31}
阳谷	跟 kẽ^{213}	跟 kẽ^{213}	对 tuei^{313}
梁山	给 kei^{314}	给 kei^{314}	待 tɛ^{314}
菏泽	给 kei^{312}	给 kei^{312}	待 tɛ^{312} 对 tuei^{312}
曹县	跟 kẽ^{213}	跟 kẽ^{213} 和 xə^{53}	对 tue^{312}
金乡	给 kei^{312}	给 kei^{312}	对 tuei^{312}
曲阜	和 xei^{312} 读为"黑"去声	和 xei^{312} 同左	对 tuei^{312}
薛城	给 ke^{55} 和 xə^{55}	和 xə^{55}	对 tue^{41}
郯城	跟 kə̃^{213} 和 xə^{44}	跟 kə̃^{213} 和 xə^{44}	对 te^{51}
临沂	给 kei^{53} 和 xə^{53}	给 kei^{53} 和 xə^{53}	对 tei^{312}

	1195往① ～东走	1196向～他借一本书	1197按～他的要求做
荣成	望uaŋ^{33} 朝tʃʰau^{35}	望uaŋ^{33} 和xo^{35}	照tʃau^{33} 按an^{53}
烟台	往uaŋ^{14}	和xɤ^{33}	照tɕiau^{33}
栖霞	往uaŋ^{214}	跟kə̃n^{312}	按ãn^{312}
长岛	往uaŋ^{213} 朝tʃʰau^{55}	跟kən^{312}	照tʃau^{52}
海阳	望uaŋ^{341}	向xaŋ^{341}读为“杭”去声	按ã^{52}
莱西	望uaŋ^{42} 向çiaŋ^{42} 朝tʃʰɔ^{42}	跟kẽ^{214}	按ã^{214} 照tʃɔ^{42}
平度	上ʃaŋ^{42} 望uaŋ^{42} 朝tʃʰɔ^{42}	跟kə̃^{213}	按ã^{213} 照tʃɔ^{42}
青岛	往uaŋ^{55} 向çiaŋ^{42} 朝tʃʰɔ^{42}	跟kẽ^{213}	按ã^{213} 照tʃɔ^{42}
高密	上ʃaŋ^{21} 朝tʃʰɔ^{42} 望uaŋ^{21}	问uə̃^{21} 跟kə̃^{213} 上ʃaŋ^{21}	照tʃɔ^{21} 按ã^{213}
诸城	上ʃaŋ^{31}	向ʃaŋ^{31}	照tʃɔ^{31} 按ŋã^{31}
沂水	朝tʃʰɔ^{53} 望uaŋ^{31}	问uẽ^{31}	照dʒɔ^{31}
临朐	上ʃaŋ^{21}	问uə̃^{21}	照tʃɔ^{21}
日照	上ʃiaŋ^{31}	问uẽ^{31}	照tʃiɔ^{31} 照着tʃiɔ^{53}tʂə^{0}
莒南	望uaŋ^{312} 朝tʃʰɔ^{53} 向çiaŋ^{312}	跟kẽ^{55}	按ã^{213} 照tʃɔ^{312}
潍坊	望uaŋ^{31} 向çiaŋ^{31} 朝tʂʰɔɤ^{53}	问uẽ^{31} 向çiaŋ^{31}	照tʂɔɤ^{31} 按ŋã^{214} 望uaŋ^{31}

① 《现代汉语词典》中表示朝向的介词“往”只有上声一读，《汉语大词典》据《集韵》“于放切”有去声一读。读去声的过去也经常写作“望”。本条读上声的写作“往”，读去声的写作“望”。

续表

	1195往~东走	**1196向**~他借一本书	**1197按**~他的要求做
寿光	朝tʂ^{h}ɔ^{53} 望uɑŋ^{21}	跟kɔ̃^{21}读为去声	照tʂɔ^{21} 照着tʂɔ^{55}tʂuə^{0}
高青	望uɑŋ^{41} 朝tʂ^{h}ɔ^{55}	上ʂɑŋ^{41}	照tʂɔ^{41} 按ŋã^{41}
阳信	上ʂɑŋ^{31}	跟kɔ̃^{31}读为去声。~某人借 问uɔ̃^{31}~某人要	按着ŋã^{31}tʂou^{0} 依着i^{31}tʂou^{0}
济阳	向ɕiɑŋ^{31} 上ʂɑŋ^{31}	给kei^{55}	照tʂɔ^{31}
利津	望uɑŋ^{31}	跟kẽ^{213}	按ŋã^{31} 照tʂɔ^{31}
乐陵	往uɑŋ^{55}	跟kẽ^{24}	照tʂɔ^{51}
商河	上ʂɑŋ^{31}	跟kẽ^{31}	按ŋã^{31} 照tʂɔ^{31}
平原	望uɑŋ^{21} 向ɕiɑŋ^{21}	跟kẽ^{213}	按ŋã^{21}
德州	上ʂɑŋ^{21}	跟kẽ^{213}	按ŋã^{21} 照tʂɔ^{21}
武城	望uɑŋ^{312} 上ʂɑŋ^{312}	给kei^{53}	按ŋã^{312} 照tʂɔ^{312}
临清	上ʂɑŋ^{313} 朝tʂ^{h}au^{53} 望uɑŋ^{313}	跟ken^{13}	按ŋan^{313} 照tʂau^{313}
冠县	上ʂɑŋ^{314} 望uɑŋ^{314} 朝tʂ^{h}ɔ^{53}	向ɕiɑŋ^{314} 跟kẽ^{13}	按ɣã^{314}
聊城	上sɑŋ^{313} 往uɑŋ^{44}	跟kẽ^{13} 和xə^{53}	按ɣã^{313} 照tsɔ^{313}
济南	上ʂɑŋ^{21}	跟kẽ^{213}	照tʂɔ^{21}
泰安	望uɑŋ^{21}	和xə^{42}	按ɣã^{21}
莱芜	往uɑŋ^{55}	向ɕiɑŋ^{42}	按ŋã^{42}
新泰	往uɑŋ^{55}	和xə^{42}	按ŋã^{31}
沂源	朝tʃ^{h}ɔ^{55}	问uã^{31}	照tʃɔ^{31}
博山	往uɑŋ^{55} 朝tʂ^{h}ɔ^{55}	问uẽ^{31}	照tʂɔ^{31} 按ŋã^{31}

续表

	1195往～东走	1196向～他借一本书	1197按～他的要求做
张店	上ʂɑŋ^{31}	问uə̃^{31} 跟kə̃^{213}	照着tʂɔ^{55}tʂuə^{0}
阳谷	往uɑŋ^{55} 朝tsʰɔ^{42} 向ɕiɑŋ^{313}	向ɕiɑŋ^{313} 跟kẽ^{213}	按ɣã^{313}
梁山	朝tsʰɔ^{42} 望uɑŋ^{314}	给kei^{42}	照tsɔ^{314} 按ɣã^{314}
菏泽	上sɑŋ^{312} 往uɑŋ^{44}	给kei^{312}	按ɣã^{312} 照tsɔ^{312}
曹县	向ɕiɑŋ^{312} 上ʂɑŋ^{312}	给kei^{44}	按ɣã^{312}
金乡	朝tsʰɔ^{42}	跟kẽ^{42}	按ɣã^{312} 照tsɔ^{312}
曲阜	望uaŋ^{312} 上saŋ^{312}	给kei^{42}	照tsɔ^{312}
薛城	外⁼uɛ^{41} 壳⁼kʰə^{55} 上sɑŋ^{41}	问uẽ^{41} 向ɕiɑŋ^{41} 给ke^{55}	照tsɔ^{41} 按ɣã^{41}
郯城	朝tʂʰɔ^{44} 往uɑŋ^{44}	问uə̃^{51} 跟kə̃^{213} 向ɕiɑŋ^{51}	照tʂɔ^{51} 按ã^{51}
临沂	朝tʃʰɔ^{53} 望uɑŋ^{312}	问uẽ^{312}	按ɣã^{312}

	1198替～他写信	1199如果～忙你就别来了	1200不管～怎么劝他都不听
荣成	替tʰi^{33}	要是iau^{33}ʂʅ^{0}	管kuan^{214}
烟台	替tʰi^{33}	要是iau^{33}sɿ^{0}	管kuan^{14} 不管pu^{33}kuan^{14}
栖霞	替tʰi^{52}	要是iɑŋ^{52}sɿ^{0}“要”读为“样”	管kuɑŋ^{214}读为“广”/kuãn^{214}
长岛	帮pɑŋ^{312} 替tʰi^{52}	要是iau^{52}sɿ^{52}	不管pu^{52}kuan^{213}
海阳	替tʰi^{341}	要是iɔ^{34}ʂʅ^{0}	甭管pẽ^{34}kuã^{214}“甭”读为“本”
莱西	帮pɑŋ^{214} 替tʰi^{42}	如果y^{214}kuə^{55} 要是iɔ^{42}sɿ^{0}	不管pu^{214}kuã^{55}

续表

	1198 替～他写信	1199 如果～忙你就别来了	1200 不管～怎么劝他都不听
平度	替tʰi^{42}	要是iɔ^{213}ʂʅ^{42} 如果y^{45}kuə^{0}	不管pu^{213}kuã^{55}
青岛	替tʰi^{42} 代tɛ^{42}	要是iɔ^{42}ʂʅ^{0}	不管pu^{213}kuã^{55}
高密	替tʰi^{21}	要是iɔ^{21}ʂʅ^{21} 如果y^{42}kuə^{0}	不管pu^{55}kuã^{55}
诸城	替ȶʰi^{31}	要是iɔ^{31}ʂʅ^{31}	无论u^{44}luẽ^{31} 不管pu^{44}kuã^{44}
沂水	替tʰi^{31}	要是iɔ^{31}ʂʅ^{31}	甭管pẽ^{53}kuã^{44} “甭”读为“本”阳平
临朐	替tʰi^{21}	要是iɔ^{21}ʂʅ^{21} ……的话ti^{0}xua^{21}	甭管pɑ̃^{53}kuã^{44} “甭”读为“本”阳平
日照	替tʰi^{31}	要是iɔ^{31}ʂʅ^{0}	甭管pẽ^{53}kuã^{44} “甭”读为“本”阳平
莒南	替tʰi^{312}	要是iɔ^{21}ʂʅ^{0}	管kuã^{55} 不管pu^{53}kuã^{55}
潍坊	帮paŋ^{214}	要是iɔɤ^{31}ʂʅ^{31} 如果ʐu^{31}kuə^{55}	不管pu^{214}kuã^{55} 管kuã^{55}
寿光	替tʰi^{21}	要是iɔ^{21}ʂʅ^{0} ……的话ti^{0}xua^{0} 要是……的话iɔ^{21}ʂʅ^{0}……ti^{0}xua^{0}	甭管pəŋ^{53}kuã^{55}
高青	替tʰi^{41}	要是iɔ^{41}ʂʅ^{41}	甭管pəŋ^{55}kuã^{55}
阳信	替tʰi^{31}	要是iɔ^{31}ʂʅ^{31}	不管pu^{31}kuã^{55} 甭管pəŋ^{43}kuã^{55}
济阳	替tʰi^{31}	要是iɔ^{31}ʂʅ^{31}	怎么着tsẽ^{21}mə^{0}tʂɔ^{0} 甭管pẽ^{54}kuã^{55} “甭”读为“本”阳平
利津	替tʰi^{31}	要iɔ^{31} 要是iɔ^{24}ʂʅ^{31}	不管pu^{44}kuã^{55}
乐陵	替tʰi^{51}	要是iɔ^{51}sʅ^{0}	不管pu^{212}kuã^{55}
商河	替tʰi^{31}	要是iɔ^{31}ʂʅ^{31}	甭管pəŋ^{54}kuã^{0} 别管pɛ^{54}kuã^{0}
平原	替tʰi^{21}	要是iɔu^{23}sʅ^{21}	不管pu^{212}kuã^{55}
德州	替tʰi^{21}	要是iɔ^{21}ʂʅ^{0}	甭管pəŋ^{42}kuã^{55}

续表

	1198 替～他写信	1199 如果～忙你就别来了	1200 不管～怎么劝他都不听
武城	替t^{h}i^{312}	要是iɔ^{312}ʂʅ^{0}	不管pu^{21}kuã^{55}
临清	替t^{h}i^{313} 代tai^{313}	要是iau^{31}ʂʅ^{44}	甭管piŋ^{53}kuan^{44}“甭”读为“兵”阳平 不管pu^{31}kuan^{44}
冠县	替t^{h}i^{314}	如果lu^{53}kuə^{55} 要是iɔ^{24}ʂʅ^{31}	不管pu^{21}kuã^{55}
聊城	替t^{h}i^{313} 代tɛ^{313}	如果zu^{53}kuə^{44} 要是iɔ^{31}sʅ^{0}	不管pu^{31}kuã^{44}
济南	替t^{h}i^{21}	要是iɔ^{23}ʂʅ^{21}	甭管piŋ^{42}kuã^{55}“甭”读为“兵”阳平 别管pɛ^{42}kuã^{55}
泰安	替t^{h}i^{21}	要是iɔ^{21}ʂʅ^{21}	甭管piŋ^{42}kuã^{55}“甭”读为“兵”阳平
莱芜	替t^{h}i^{42}	要是iɔ^{31}ʃʅ^{42}	不论pu^{13}luẽ^{42}
新泰	替t^{h}i^{31}	要是iɔ^{31}ʃʅ^{31}	甭管pəŋ^{42}kuã^{55}
沂源	替t^{h}i^{31}	要是iɔ^{31}ʃʅ^{31}	甭管pəŋ^{55}kuã^{55}
博山	替t^{h}i^{31}	要是iɔ^{31}ʂʅ^{31}	不用管pu^{35}yŋ^{31}kuã^{55}
张店	替t^{h}i^{31}	要是iɔ^{31}ʂʅ^{31}	甭管pəŋ^{55}kuã^{55}
阳谷	替t^{h}i^{313}	要是iɔ^{13}sʅ^{313}	不管pu^{13}kuã^{0}
梁山	替t^{h}i^{314}	要是iɔ^{31}sʅ^{0}	别管pɛ^{42}kuã^{55}
菏泽	替t^{h}i^{312}	要是iɔ^{31}sʅ^{0}	不管pu^{31}kuã^{44}
曹县	替t^{h}i^{312}	要是iɔ^{31}sʅ^{0}	不管pu^{21}kuã^{44}
金乡	替t^{h}i^{312}	要是iɔ^{23}sʅ^{312}	不管pu^{21}kuã^{55} 不论pu^{23}luẽ^{312}
曲阜	替t^{h}i^{312}	要是iɔ^{31}sʅ^{0}	不管pu^{21}kuã^{55}
薛城	替t^{h}i^{41} 代tɛ^{41}	要是iɔ^{41}sʅ^{41}	不问pu^{313}uẽ^{41} 不管pu^{31}kuã^{24} 不论pu^{313}luẽ^{41}
郯城	替t^{h}i^{51}	要iɔ^{51} 要是iɔ^{51}ʂʅ^{51}	无论u^{44}luə̃^{51} 不管pu^{21}kuã^{24}
临沂	替t^{h}i^{312}	要iɔ^{312} 要是iɔ^{31}ʃʅ^{312}	不管pu^{55}kuã^{55}

参考文献

［1］曹延杰：《德州方言志》，语文出版社1991年版。

［2］曹延杰：《宁津方言志》，中国文史出版社2003年版。

［3］董绍克、张家芝主编：《山东方言词典》，语文出版社1997年版。

［4］董绍克：《山东方言词区域特征例释》，《首届官话方言国际学术讨论会论文集》，青岛出版社2000年版。

［5］董绍克：《阳谷方言研究》，齐鲁书社2005年版。

［6］傅根清：《山东方言特殊词语的分析研究》，《山东大学学报》（哲社版）2001年第1期。

［7］高慎贵：《新泰方言志》，语文出版社1996年版。

［8］高晓虹：《章丘方言志》，齐鲁书社2011年版。

［9］贺巍：《河南山东皖北苏北的官话（稿）》，《方言》1985年第3期。

［10］贺巍：《冀鲁豫三省毗连地区的方言分界》，《方言》1986年第1期。

［11］洪小熙：《山东东区东莱片方言的再分区》，《方言》2008年第2期。

［12］姜岚：《威海方言总揽》，中央编译出版社2018年版。

［13］姜仁涛：《胶东方言特征词研究》，齐鲁书社2016年版。

［14］李行杰主编：《青岛市志·方言志》，新华出版社1997年版。

［15］刘淑学：《冀鲁官话的分区（稿）》，《方言》2006年第4期。

［16］罗福腾：《牟平方言志》，语文出版社1992年版。

［17］罗福腾：《牟平方言词典》，江苏教育出版社1997年版。

［18］罗福腾：《胶辽官话概论》，《中国语学研究·开篇》1999年第18期。

［19］马凤如：《金乡方言志》，齐鲁书社2000年版。

［20］马静、吴永焕：《临沂方言志》，齐鲁书社2003年版。

［21］孟庆泰、罗福腾：《淄川方言志》，语文出版社1994年版。

［22］宁廷德：《宁阳方言志》，齐鲁书社2013年版。

［23］钱曾怡等：《烟台方言报告》，齐鲁书社1982年版。

［24］钱曾怡：《对编写山东省方言志的认识和初步设想》，《文史哲》1983年第2期。

［25］钱曾怡、高文达、张志静：《山东方言的分区》，《方言》1985年第4期。

［26］钱曾怡、罗福腾：《潍坊方言志》，潍坊新闻出版局1992年版。

［27］钱曾怡、罗福腾、孔宪浩：《长岛方言志》，《山东史志丛刊》1992年增刊。

［28］钱曾怡：《汉语方言调查中的几个问题——从山东方言调查所想到的》，《中国语文研究四十年纪念文集》，北京语言学院出版社1993年版。

［29］钱曾怡：《博山方言研究》，社会科学文献出版社1993年版。

［30］钱曾怡：《济南方言词典》，江苏教育出版社1997年版。

［31］钱曾怡主编：《山东方言研究》，齐鲁书社2001年版。

［32］钱曾怡：《山东方言研究方法新探》，《山东大学学报》（人文社科版）2002年第2期。

［33］钱曾怡、曹志耘、罗福腾：《诸城方言志》，吉林人民出版社2002年版。

［34］钱曾怡、太田斋、陈洪昕、杨秋泽：《莱州方言志》，齐鲁书社2005年版。

［35］钱曾怡主编：《汉语官话方言研究》，齐鲁书社2010年版。

［36］钱曾怡、岳立静、刘娟、张燕芬：《山东沂山地区方言简志》，《方言》2015年第2期。

［37］邵燕梅：《郯城方言志》，齐鲁书社2006年版。

［38］邵燕梅、刘长锋、邵明武：《沂南方言志》，齐鲁书社2010年版。

［39］邵燕梅、张贵霞、张涛、王全宝：《费县方言志》，商务印书馆2019年版。

［40］石明远：《莒县方言志》，语文出版社1995年版。

［41］宋恩泉：《汶上方言志》，齐鲁书社2005年版。

［42］［日］太田斋：《胶南方言调查报告（稿）》，《神户外大论丛》1990年第41卷。

［43］唐子恒：《文登话若干俚俗词语探源》，《山东大学学报》（哲社版）1996年第2期。

［44］王淑霞：《荣成方言志》，语文出版社1995年版。

［45］王淑霞、张艳华：《定陶方言志》，时代文艺出版社2005年版。

［46］王希文：《枣庄方言志》，山东省出版管理处枣庄出版管理办公室1986年版。

［47］王希文：《郯城方言志》，山东省出版管理处枣庄出版管理办公室1987年版。

［48］王晓军、田家成、马春时：《苍山方言志》，齐鲁书社2012年版。

［49］王衍军：《泗水方言研究》，暨南大学出版社2014年版。

［50］吴永焕：《山东郓城方言研究》，学苑出版社2018年版。

［51］徐明轩、朴炯春：《威海方言志》，韩国学古房1997年版。

［52］杨秋泽：《利津方言志》，语文出版社1990年版。

［53］杨秋泽:《东营方言研究》，中国国际文化出版社2009年版。
［54］杨文波:《兖州方言的儿化与子尾》,《东方语言学》(第十三辑)，上海教育出版社2013年版。
［55］殷焕先主编:《山东省志·方言志》，山东人民出版社1993年版。
［56］于克仁:《平度方言志》，语文出版社1992年版。
［57］张鹤泉:《聊城方言志》，语文出版社1995年版。
［58］张鸿魁:《临清方言志》，中国展望出版社1990年版。
［59］张金圈:《无棣方言志》，世界图书出版广东有限公司2015年版。
［60］张凯:《枣庄方言志》，山东人民出版社2011年版。
［61］张树铮:《山东省寿光方言的形容词》,《方言》1990年第3期。
［62］张树铮:《寿光方言志》，语文出版社1995年版。
［63］张树铮:《胶辽官话的分区(稿)》,《方言》2007年第4期。
［64］张树铮:《方言词汇深层中的古文化词遗存举隅——没大萨、关目、穷迭剌、罟罟、摩诃罗》,《现代语文》2022年第1期。
［65］张廷兴:《沂水方言志》，语文出版社1999年版。
［66］赵日新、沈明、扈长举:《即墨方言志》，语文出版社1991年版。
［67］甄珍、陈蒙:《山东淄博方言指示词的三分现象》,《方言》2018年第4期。

词目索引

1.本索引将1200个词目按音序排列。因为每个字母下总条目并不太多，所以不再列出具体音节的拼音。

2.原调查词目中有些用小号字进行了意义或用法的说明。本索引中对意义或用法可能有歧义的词目保留了说明，其中有的对原说明进行了删减或调整。个别词目新加了说明。

3.词目后的四位数字是词目的序号。按序号亦可在对照表中查检。

【D】

【T】

【W】

后　记

屈指算来，从山东省筹划中国语言资源有声数据库山东库的建设到写下本后记，已经是十一个年头了。

2012年，由国家语委和国家教育部语信司组织的中国语言资源有声数据库建设工程在江苏省的试点结束，山东省是最早响应、准备启动本省语言资源有声数据库建设的几个省份之一。山东省语委积极筹划，经过专家论证，设计了中国语言资源有声数据库山东库建设的规划，并获得山东省政府有关部门批准。2013年8月20日，山东省语委办在济南市龙奥大厦举行了中国语言资源有声数据库山东库建设工程暨济南方言点调查启动仪式，山东省的语言资源保护工作正式启动。

中国语言资源有声数据库山东库（以下简称“山东有声库”）建设项目在全省设置了120个方言调查点，基本涵盖全省原有县级行政区域（包括由县改设的区），城区集中的地级市（或副省级市）只选择其老城区所在的区，如济南市区只选择历下区，由长清县改设的长清区则单独设点。调查点、方言发音人、调查内容、录音录像技术指标、数据库及文本内容等，均按照中国语言资源有声数据库的统一规范执行。

为了保证项目的高质量顺利进行，项目成立了以钱曾怡教授为首席专

家的核心专家组，组织了十个调查团队和一个验收团队。

核心专家组成员如下：

首席专家：钱曾怡（山东大学教授）

核心专家：盛玉麒（山东大学教授）、张树铮（山东大学教授）、岳立静（山东大学教授）、亢世勇（鲁东大学教授）、王淑霞（山东女子学院教授）

核心专家组秘书：姜岚（鲁东大学副教授）

十个调查团队的负责人分别是：

盛玉麒（山东大学教授）

张树铮（山东大学教授）

岳立静（山东大学教授）

刘　娟（山东大学副教授）

张燕芬（山东大学副教授）

亢世勇（鲁东大学教授）

姜　岚（鲁东大学副教授，后为教授）

邵燕梅（山东师范大学副教授，后为教授）

邢　军（青岛大学副教授，后为教授）

王红娟（山东青年政治学院副教授，后为山东师范大学副教授）

验收团队由王淑霞（山东女子学院教授）负责。

2015年，中国语言资源保护工程（以下简称“语保工程”）启动之后，山东省有44个点纳入语保工程的调查点，于是，山东有声库建设进入与语保工程双轨并行阶段。钱曾怡先生受邀担任全国语保工程顾问，张树铮、岳立静和王红娟受邀担任了全国语保工程核心专家组专家。2019年，全国语保工程顺利结束；2021年，山东有声库建设顺利结束。

从2013到2021年八年多时间里，在省语委领导下，项目组各位同仁齐

心协力，怀着对项目负责、对调查点语言事实负责、为子孙后代留下真实资料的责任心开展了辛苦而卓有成效的工作。各调查团队多次往返驻地和调查地，从认真遴选发音人、仔细调查、反复审音、斟酌用字、严格按照规范录音录像和后期整理，到迎接中期检查、预验收、验收以及检查验收之后的多次修改和补充调查，其中甘与苦，唯有寸心知。

钱曾怡先生是山东方言调查研究的开拓者、领路者和实践者。从20世纪50年代全国汉语方言普查中的山东方言普查开始，五十多年筚路蓝缕，既培育了大批今已成为国内方言学界精英的学生，又发表和出版了大批山东方言研究成果。2012年，钱先生已届八旬，但宝刀未老，对山东方言有声数据库项目的规划和规范的制订亲力亲为，对调查材料的质量紧抓不懈。钱先生半个多世纪的经验积累，对于制定规划和规范发挥了决定性的作用，为山东省语言资源保护工作的高质量完成提供了重要保障。

早在全国语保工程启动之前的2015年，山东省语委就筹划在山东有声库结束之后先行出版纸质版，并议定由张树铮任主编、岳立静任副主编。后来由张树铮起草了体例，并在2017年春与钱曾怡先生和岳立静对编写计划和体例进行了商讨，准备随即启动该项工作。恰在此时，中国语言资源保护工程决定分省出版纸质本《中国语言资源集》。鉴于山东有声库建设的结束要晚于语保工程的完成，于是决定先进行《中国语言资源集·山东》的编辑。2019年，《中国语言资源集·山东》由国家语委正式立项，山东省语委亦通过教育厅委托服务的方式向项目组拨付了充足的配套经费。

由于语保工程一期调查点的验收直到2019年年底才告结束，所以《中国语言资源集·山东》项目组是2020年春天才拿到全省44个语保点的调查材料的。编辑工作也于此开始。其经过略述如下。

2020年5月至6月，在与岳立静会商之后，张树铮组织了部分老师先根据录音对部分调查点的音系进行复核。参加此次复核的有邵燕梅、王红娟、

张燕芬、陈晓姣、孙宇炜和张树铮。此后，张树铮对另几位的复核意见又进行了核对。

2020年7月15日至31日，项目组在青岛集中进行材料复核。参加人员有：张树铮、岳立静、刘娟、王红娟、亓文婧、孙宇炜、江语林、林珈亦、杨青。主要的工作是两项：张树铮和岳立静主要是把未复核完的音系继续复核完，其他各位主要是根据录音和复核后的音系对各点的字音、词汇和语法例句进行逐条核对。其间，王红娟、亓文婧和孙宇炜因学校有任务而提前离开，但都是带着任务回去的，数日后完成核对任务将结果报给了张树铮。

各点音系的复核人和各点字词句的复核人具体如下：

方言点	音系复核	材料复核	方言点	音系复核	材料复核
01荣成	张树铮	刘　娟	18阳信	张树铮	林珈亦
02烟台	张树铮	王红娟	19济阳	王红娟	林珈亦
03栖霞	林珈亦 张树铮	林珈亦	20利津	张树铮	林珈亦
04长岛	张树铮	林珈亦	21乐陵	张燕芬	王红娟
05海阳	张树铮	林珈亦	22商河	王红娟	林珈亦
06莱西	岳立静	林珈亦	23平原	邵燕梅	林珈亦
07平度	张树铮	江语林	24德州	张树铮	杨　青
08青岛	岳立静	江语林	25武城	张燕芬	刘　娟
09高密	张树铮	林珈亦	26临清	王红娟	林珈亦
10诸城	张树铮	王红娟	27冠县	张燕芬	杨　青
11沂水	张树铮	林珈亦	28聊城	王红娟	杨　青
12临朐	孙宇炜	杨　青	29济南	王红娟	江语林
13日照	张树铮	江语林	30泰安	孙宇炜	江语林
14莒南	林珈亦	亓文婧	31莱芜	张燕芬	孙宇炜
15潍坊	张树铮	江语林	32新泰	邵燕梅	孙宇炜
16寿光	张树铮	张树铮	33沂源	林珈亦	亓文婧
17高青	张树铮	林珈亦	34博山	孙宇炜	江语林

续表

方言点	音系复核	材料复核	方言点	音系复核	材料复核
35张店	张燕芬	孙宇炜	40金乡	邵燕梅	亓文婧
36阳谷	陈晓姣	孙宇炜	41曲阜	张燕芬 邵燕梅	王红娟
37梁山	邵燕梅	亓文婧	42薛城	陈晓姣	刘　娟
38菏泽	张树铮	杨　青	43郯城	张树铮	林珈亦
39曹县	陈晓姣	江语林	44临沂	张树铮	林珈亦

此外，杨青还负责了各点概况的整理。2020年8月之后，主要由张树铮负责进行了以下工作：

（1）对单点材料的复核意见逐点根据录音进行了取舍的确认。

（2）对各方言点的音系进行体例的统一，并根据老男发音人和青男发音人的单字音数据表整理了各点的新老差异。

（3）用语保中心提供的合成软件分别合成Word版的1000字音对照表、1200词对照表和50个语法例句对照表。

（4）对字音对照表进行格式规范方面的调整。

（5）对词汇对照表进行加工：①统一用字；②查考和换用本字；③调整或删汰原有欠妥词目或说明；④添注音变信息；⑤添加必要脚注对用字等进行说明；⑥统一格式规范。

（6）对语法例句对照表进行加工，内容同词汇对照表。

（7）撰写各卷概述，说明有关注音、用字等方面的体例和具体规定。

在此期间，各调查团队负责人也都积极配合，包括补充各点单音节动词重叠的变调情况以及对少数疑难问题的复核。

以上工作大致到2020年底完成，至此本书书稿已成雏形。此后书稿由岳立静进行审核。同时，经钱曾怡先生推荐，项目组与国家一级出版社山东人民出版社签订了出版协议。

2021年，张树铮组织博士研究生对书稿材料进行了两次集中的核校。第一次参加的研究生是林珈亦和杨青，第二次参加的是林珈亦和袁舒。主要是检查文本中的错漏和体例不一之处。张树铮对她们提出的问题进行了确认。其中，林珈亦和杨青还查阅资料对各点的地理和行政区划等进行了改写。另外，林珈亦绘制了方言调查点分布图。

2022年春，张树铮先是请硕士研究生魏鑫根据张振兴、李琦编的《中国分省区汉语方言文献目录》抽取出2011年之前发表出版的山东方言研究论著目录，后又请博士研究生袁舒补充了从2012年到2021年间出版发表的山东方言研究论著目录，并由杨青进行了校对并根据《山东方言研究》补充了部分文献。最后一次大的内容核对是在2022年6月份，由张树铮和林珈亦、袁舒对因为连读容易出错而仍存在问题（主要是连读变调问题）的语法例句部分全部根据录音进行了重新复核。其中，林珈亦复核了胶辽官话和冀鲁官话的36点，袁舒复核了中原官话8点，张树铮独自根据录音复核了约一半的内容，又对林、袁二位复核后指出的问题之处根据录音进行了确认或排除。

上述期间，张树铮和岳立静在浏览书稿中不断发现有些记音或体例方面的新问题，所以零星的修改是持续进行的，包括对同类问题的统查统改。在此基础上，2022年9月18日本项目进行了专家验收。验收组专家们充分肯定了本书稿的成绩和一些创新，同时也指出了还存在的一些问题。此后，张树铮和岳立静吸收专家们的意见又对书稿进行了一次修改。10月下旬，经过修改的书稿提交给出版社。

2022年12月出版社排出清样后，岳立静和张树铮在2022年12月和2023年2月分别组织研究生校对了语音卷、词汇卷和语法卷的清样。最后，张树铮对校对意见根据录音又进行了核对，最终完成第一次的清样校对。2023年5月，张树铮又组织研究生进行了第二次清样校对。2023年9月，

张树铮对词汇卷清样中的问题又进行了核对、修改。

以上不厌其详的流水账，并非为了摆功，而是想说明，本书的的确确是集体的作品。

首先，本书的材料源自各地的方言发音人。他们在参加发音人遴选、调查中的积极主动和全力配合，表现出了对自己方言和地方文化的强烈热爱、对于保护当地方言文化的责任感，时时令我们这些调查人员感动。我们作为调查和编辑人员，要向他们表示崇高的敬意！各地教育局（语委）的领导和具体办事人员，在宣传发动、发音人遴选、录音录像场地选择、各方协调等方面也都有重要贡献，为各地调查任务的完成创造了条件。

其次是各调查团队的贡献。各团队的负责人老师，都是在繁忙的教学和工作之余进行这些调查工作的，没有他们辛苦而认真的劳动，也就没有本书的基础材料。

再次是参加材料审核和多次校对的各位老师和同学们。从根据录音对原始材料一个音一个词一个句子的核对，到对有如此繁多音标符号的书稿一次又一次的检查、校对，每一次检查都能揪出一些瑕疵，但是，从最初的问题多多到最后的一次比一次少，背后都是他们的功劳。

必须要提到的还有山东人民出版社的领导和编辑们，他们不仅慨然同意出版符号繁多、读者面也有一定局限的本书，而且在具体的编辑过程中表现出了认真负责、一丝不苟的精神，说老实话，我们原本以为他们对于书中这些琐细的音标会轻易放过的，但直到最后的校样中，他们仍然发现了一些我们过筛了多遍的小疏漏，比如送气符号的疏漏或多余、儿化符号的缺失等，这是让我们非常感谢并值得我们学习的。

当然，作为一个方言学研究者和本书的主编，衷心觉得本书的完成和问世要感谢我们的时代！如果不是国家的迅速发展，就不可能有足够的经

费来支持如此大规模的方言调查和整理、编辑、出版工作。国家有关政府部门对方言文化的重视，则是中国语言资源保护工程能落到实处的基础。从2012年开始酝酿中国语言资源有声数据库山东库建设工程以来，山东省语委办各任领导都非常重视该项工作以及语保工程的山东方言调查项目，从筹措经费到具体组织工作团队、安排各地语委进行相关工作，到组织每个年度的中期检查、预验收、验收等，无不尽心尽力。尤其需要提及的是，省语办前主任梁斌言同志是中国语言资源有声数据库山东库建设工程的倡导者和组织者，这项工作为后来的语保工程山东方言调查工作奠定了良好基础；前主任孙祖兴同志的任期正在语保工程进行期间，所以语保工程山东方言调查的检查和验收以及同期进行的中国语言资源有声数据库山东库建设的检查验收都是他负责组织的，他也为这两项工程的顺利进行解决了很多实际问题；现任主任管恩文同志则对本书的编写出版给予了充分支持。

行文至此，完全没有以往写后记时的轻松、解脱之感，因为本书的内容过于庞大而细碎，尽管多次核校，但书中的疏漏和错误是很难完全避免的。作为编写人员，我们肯定要准备着迎接读者的进一步批评指正！尤其是我作为编集工作的负责人，更要负起对书中所有错误的责任。汇集全省120个方言点资料的《山东省语言资源集》正在编写之中，欢迎读者对本书的批评，因为这可以使我们在《山东省语言资源集》的编写中避免“二过”。

不管怎样，看到本书的出版，无论是我还是参与中国语言资源保护工程山东方言调查的调查人、发音人以及参加这项工程的其他人员，都会由衷感到高兴的，因为这些年来我们为山东省的语言资源保护工作所付出的心血终于可以直接跟读者见面了。而社会上关心山东方言文化的领导和省内外读者也会感到高兴的，因为这是历史上第一次如此大规模的山东方言

状况的文字展示，山东省的语言资源可以用白纸黑字的形式保存下来，而社会各方面对山东方言的研究和利用也有了一个便利的平台。

“衣沾不足惜，但使愿无违。”是为此刻的心声。

张树铮

识于2023年9月知新楼

中国语言资源保护工程

中国语言资源集·山东　组委会

主任

李　明

执行主任

孙晓筠　荆　戈

成员

（按音序排列）

管恩文　刘恩允　刘　勇

吴　臻　向　平　张茂聪

教育部语言文字信息管理司
山　东　省　教　育　厅　指导

中国语言资源保护研究中心　统筹

中国语言资源保护工程

中国语言资源集·山东　编委会

中国语言资源集

山东

语音卷

张树铮　主编

山东人民出版社·济南

图书在版编目（CIP）数据

中国语言资源集. 山东. 语音卷 / 张树铮主编 .— 济南：山东人民出版社, 2023.11
ISBN 978-7-209-14688-3

Ⅰ. ①中… Ⅱ. ①张… Ⅲ. ①北方方言 - 语音 - 方言研究 - 山东 Ⅳ. ①H17

中国国家版本馆CIP数据核字（2023）第123591号

中国语言资源集 · 山东　语音卷
ZHONGGUO YUYAN ZIYUAN JI · SHANDONG　YUYIN JUAN

张树铮　主编

主管单位　山东出版传媒股份有限公司
出版发行　山东人民出版社
出 版 人　胡长青
社　　址　济南市市中区舜耕路517号
邮　　编　250003
电　　话　总编室（0531）82098914
　　　　　市场部（0531）82098027
网　　址　http://www.sd-book.com.cn
印　　装　山东新华印务有限公司
经　　销　新华书店

规　　格　16开（185mm×260mm）
印　　张　33.5
插　　页　4
字　　数　595千字
版　　次　2023年11月第1版
印　　次　2023年11月第1次
ISBN 978-7-209-14688-3
总 定 价　458.00元（全三卷）
　　　　　如有印装质量问题，请与出版社总编室联系调换。

总　序

教育部、国家语言文字工作委员会于2015年5月发布《教育部国家语委关于启动中国语言资源保护工程的通知》（教语信司〔2015〕2号），启动中国语言资源保护工程（以下简称语保工程），在全国范围开展以语言资源调查、保存、展示和开发利用等为核心的各项工作。

在教育部、国家语委统一领导下，经各地行政主管部门、专业机构、专家学者和社会各界人士共同努力，至2019年底，语保工程超额完成总体规划的调查任务。调查范围涵盖包括港澳台在内的全国所有省份、123个语种及其主要方言。汇聚语言和方言原始语料文件数据1000多万条，其中音视频数据各500多万条，总物理容量达100TB，建成世界上最大规模的语言资源库和展示平台。

语保工程所获得的第一手原始语料具有原创性、抢救性、可比性和唯一性，是无价之宝，亟待开展科学系统的整理加工和开发应用，使之发挥应有的重要作用。编写《中国语言资源集（分省）》（以下简称资源集）是其中的一项重要工作。

早在2016年，教育部语言文字信息管理司（以下简称语信司）就委托中国语言资源保护研究中心（以下简称语保中心）编写了《中国语言资源集

（分省）编写出版规范（试行）》。2017年1月，语信司印发《关于推进中国语言资源集编写的通知》（教语信司函〔2017〕6号），要求“各地按照工程总体要求和本地区进展情况，在资金筹措、成果设计等方面早设计、早谋划、早实施，积极推进分省资源集编写出版工作”，“努力在第一个‘百年’到来之际，打造标志性的精品成果。”2018年5月，又印发了《关于启动中国语言资源集（分省）编写出版试点工作的通知》（教语信司函〔2018〕27号），部署在北京、上海、山西等地率先开展资源集编写出版试点工作，并明确“中国语言资源集（分省）编写出版工作将于2019年在全国范围内全面铺开”。2019年3月，教育部办公厅印发《关于部署中国语言资源保护工程2019年度汉语方言调查及中国语言资源集编制工作的通知》（教语信厅函〔2019〕2号），要求“在试点基础上，在全国范围内开展资源集编制工作”。

为科学有效开展资源集编写工作，语信司和语保中心通过试点、工作会、研讨会等形式，广泛收集意见建议，不断完善工作方案和编写规范。语信司于2019年7月印发了修订后的《中国语言资源集（分省）实施方案》和《中国语言资源集（分省）编写出版规范》（教语信司函〔2019〕30号）。按规定，资源集收入本地区所有调查点的全部字词句语料，并列表对照排列。该方案和规范既对全国作出统一要求，保证了一致性和可比性，也兼顾各地具体情况，保持了一定的灵活性。

各省（区、市）语言文字管理部门高度重视本地区资源集的编写出版工作，在组织领导、管理监督和经费保障等方面做了大量工作，给予大力支持。各位主编认真负责，严格要求，专家团队团结合作，协同作战，保证了资源集的高水准和高质量。我们有信心期待《中国语言资源集》将成为继《中国语言文化典藏》《中国濒危语言志》之后语保工程的又一重大标志性成果。

语保工程最重要的成果就是语言资源数据。各省（区、市）的语言资源按照国家统一规划规范汇集出版，这在我国历史上尚属首次。而资源集所收调查点数之多，材料之全面丰富，编排之统一规范，在全世界范围内亦未见出其右者。从历史的眼光来看，本系列资源集的出版无疑具有重大意义和宝贵价值。我本人作为语保工程首席专家，在此谨向多年来奋战在语保工作战线上的各位领导和专家学者致以崇高的敬意！

曹志耘

2020年10月5日

序

山东是人口大省，2021年的常住人口有一亿零一百六十多万，居全国第二位。从地理看，山东西部和北部位于华北大平原、中南部是山地丘陵，与河北、河南、安徽、江苏毗邻，东部则是山东半岛，与辽东半岛和朝鲜半岛隔海相望。从历史看，山东是华夏文化的发祥地之一，是儒家文化的诞生地，在数千年的中国历史舞台上一直是中心区域之一。独特的地理环境和悠久深厚的人文历史积淀，孕育出了齐鲁大地的文化传统和特有的山东气度；山东人民所说的山东话，也在继承古代汉语基础上，植根于本地并交融于共同语，表现出了浓郁的山东风味。

方言是当地人们社会交际的主要工具，它又是地方文化的结晶，渗透着各地的人文历史、风土人情，既是语言资源也是文化资源。方言一方面受到民族共同语的引领，另一方面也能够为共同语的发展提供营养。并且，掌握当地方言特点，对更好地学习普通话以及教育、公安、医疗等行业也有重要意义。因此，党和政府历来重视对方言的调查研究。二十世纪五十年代，在国务院关于推广普通话的指示下，高教部和教育部组织全国高校专家开展了汉语方言普查，对全国各地的方言进行了一次摸底，掌握了汉语方言的基本情况。山东省的方言普查成果后来汇编成了《山东方言语音

概况》(油印本)。八十年代，在新编的省市县各级新方志中，都设立了方言专章，由此也推动了对各地方言的大范围调查。新编《山东省志》中的《方言志》(1993年出版)，是在省教育厅组织下省内几十名专家共同努力的结果，在对36个点进行调查的基础上，勾勒了山东方言的基本面貌和特点，提供了大量的比较详实的方言资料。二十一世纪以来，随着普通话的日益普及，汉语方言的调查研究与语言资源的保护开始结合起来。国家语委和教育部语信司于2008年启动了中国语言资源有声数据库建设工程，并首先在江苏省开展试点。2012年试点结束以后，山东省语委迅速响应，于2013年8月正式启动了中国语言资源有声数据库山东库建设工程，组织了10个调查团队，对全省120个县(区)级方言点开展调查。2015年，国家语委和教育部语信司又在中国语言资源有声数据库建设工程的基础上，启动了“中国语言资源保护工程”(简称“语保工程”)。山东省共承担了44个方言点的调查任务。目前，以上调查任务已全部完成。事实证明，要对汉语方言进行大范围的普遍性的调查，没有政府部门的领导和支持是无法展开的，而山东省则在汉语方言的调查和研究中一直走在全国的前列。

中国语言资源有声数据库山东库建设工程和语保工程都采用了现代化的技术和保存手段，高质量的录音录像和数据表是其主要呈现形式。这有利于资料的永久性保存和通过计算机网络的查询，但不便于一般读者翻阅。为了方便各界利用这些宝贵的资料，国家语委和教育部语信司部署了纸本《中国语言资源集》的编辑工作，《中国语言资源集·山东》一书就是根据全国统一的体例对山东省语保工程44点资料中的主要文字内容加以汇总和编集而成的。

山东省语委不仅对本书资料的调查进行了直接筹划和领导、筹集经费和布置各地语委系统协同工作，对本书的编辑亦非常重视。省语委组织了编委会开展工作，并在国家语委项目经费的基础上筹集了配套经费，使得

本书能够顺利地编辑和出版。另外，对中国语言资源有声数据库山东库建设工程120个方言点的全面资料的整理出版也将于近期展开。

相信本书的出版能够展现山东省语言资源的基本面貌，对于保护和利用这些语言资源和文化资源发挥应有的作用，对于增强地域文化自信和建设文化强省也会提供新的助力。对于省外人士来说，可以由此了解山东省的语言资源；而对于省内各地的人们来说，既可以通过本书了解本地的方言状况，又可以了解省内其他地方的方言特点，这对于增进省内各地的相互了解和沟通，无疑也是具有十分直接的意义的。

荆　戈

2022年7月

山东方言的分区和语保工程调查点分布图

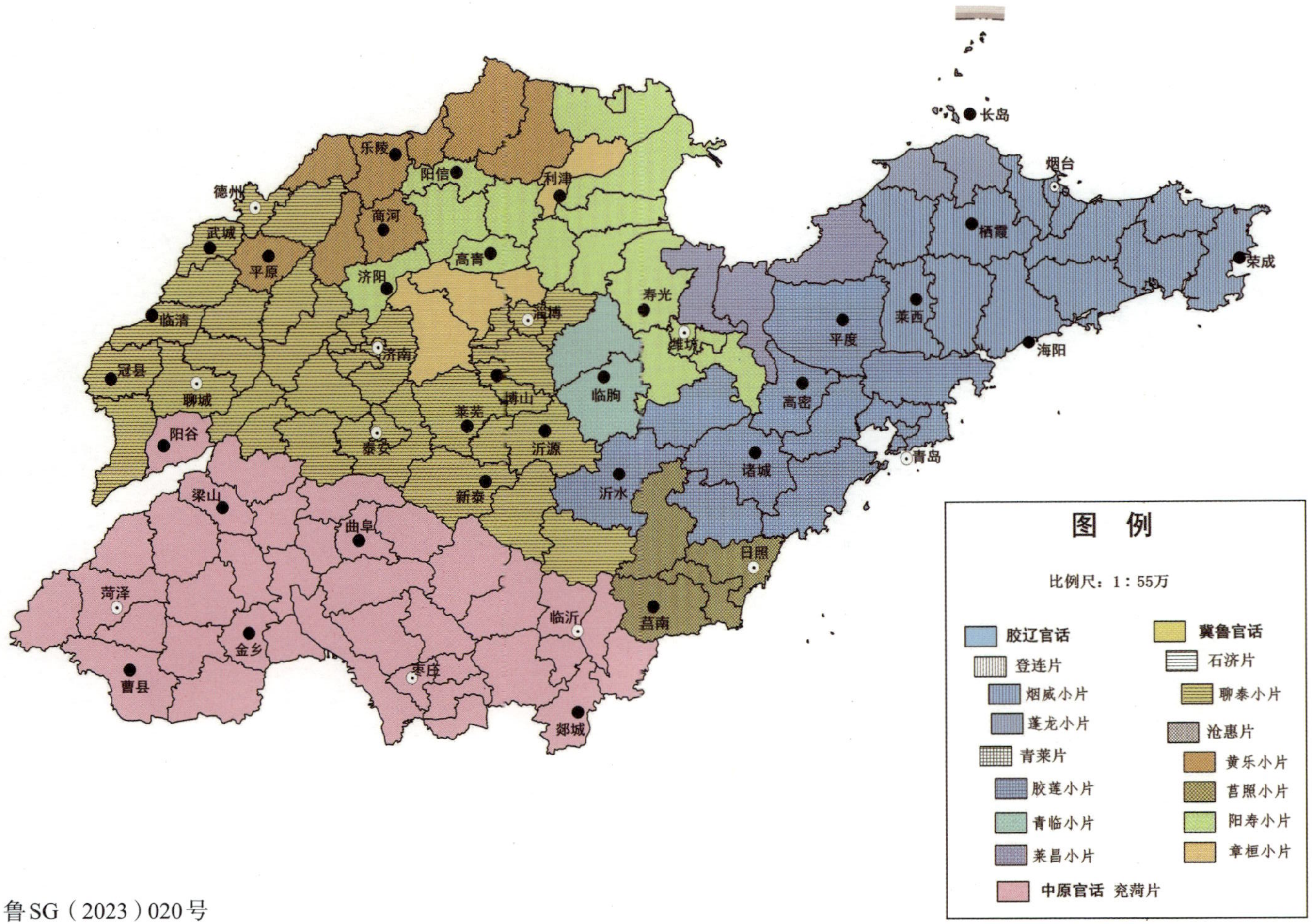

鲁SG（2023）020号

目 录

语音卷

概　述

一

山东省内通行汉语，其方言均属于官话方言（也叫北方方言），各地又有地域差异。根据《中国语言地图集》（第一版、第二版）的分区，山东省内方言分别属于官话方言的胶辽官话（主要分布在胶东半岛及其相邻的腹地）、冀鲁官话（主要分布在鲁西、鲁北和鲁中，另有鲁东南的日照、莒南等地）和中原官话（主要分布在鲁西南和鲁南）。[①]以上分区可称为三分法。钱曾怡等《山东方言的分区（稿）》，则把山东方言分为东西两区，各区又分两片：东区分为东莱片和东潍片，西区分为西齐片和西鲁片。以上分区可称为二分法。山东方言的东区（东莱片和东潍片）大致相当于山东的胶辽官话区（另加日照、莒南等地），西区的西齐片大致相当于山东的冀鲁官话区（除去日照、莒南等地），西鲁片大致相当于山东的中原官话区。可见，两种分区方法所得的结果是大同而小异的。三分法的长处是把山东方言的不同区域特点与外省方言相联系：山东的胶辽官话与辽宁的胶辽官话相关、山东的冀鲁官话与河北的冀鲁官话相关、山东的中原官话与河南、河北、苏北、皖北等地的中原官话相关。二分法的优点在于，从省内来说，东西两区的划分更具合理性和便利性：西区的西齐片（冀鲁官话区）和西鲁片（中原官话区）具有更多的一致性，而东区（胶辽官话区）则与西区的差异较大；东区和西区的说法也便于人们结合山东地理上的东和西来理解和使用。

以上的分区标准都是语音特征。例如，“支”和“知”在东区不同音，而西区一般同音；“一”在东区与“椅”同音，而在西区与“衣”同音；东区“人”“银”同音，而西区两字不同音。人们对方言差异感知最明显的是语音，因此，以语音特征为标准来为方言分区是合理的。不过，大的区、片之下还会有小的差异，正如俗语所说，“三里不同音”，这里不能细说。

各地的词汇和语法特点也存在着一些差异。例如，东区一般把水饺叫作“馉

① 《山东省志·方言志》将山东方言分为东区、中北区和西南区，基本对应胶辽官话、冀鲁官话和中原官话。

饽”，西区不叫“馉饽”而叫作“包子”或“扁食”。再如说“他比我高”，鲁中到鲁东常常说成“他高起我”。这些差异往往也是成片分布的，但也会有一些说法只见于某个很小的地理范围。如把东西（物件）叫作“稿儿”，只有寿光及其附近这样说。总的说来，每个地方都会有自己独特的语音特点、词汇和语法特点。各地方言既有与民族共同语或与其他山东方言相同的共性，也有特异的个性，由此呈现出各自不同的面貌。

二

现代汉语各地方言的独特面貌是在继承古代汉语基础上受各地社会历史、文化和地理等因素影响而形成的，蕴含着深厚的语言资源和文化资源。在社会快速变革、开放，普通话日益普及的时代背景下，方言的使用领域萎缩、特点逐渐褪色，这也是时势使然、无法逆转的趋势。因此，利用现代化的科学手段，记录和保存方言，是当前最为切实可行的保护方言资源的方式。为此，国家语委于2008年启动了“中国语言资源有声数据库建设工程”，并首先在江苏省开展试点。2012年试点结束以后，山东省语委迅速响应，经过酝酿和前期准备，于2013年8月正式启动了中国语言资源有声数据库山东库建设工程，拟对全省120个方言点（以县、区或县级市为单位，以老县城或城区为调查点）根据全国统一的规范（包括发音人条件、调查内容和技术标准等）进行调查、数据采集和整理。该工程至2020年底基本完成。

2015年，国家语委在“中国语言资源有声数据库建设工程”的基础上，启动了“中国语言资源保护工程”（简称“语保工程”）。与前者相比，基本调查内容不变，但增加了部分口头文化内容。由此，山东省的语言资源保护工作转为语保工程和原有的中国语言资源有声数据库山东库建设工程同步进行。语保工程在山东省共设汉语方言调查点44个，调查任务已于2016年至2019年全部完成。《中国语言资源集·山东》一书是对语保工程44个点所获资料主要文字内容的汇总，兹先行出版，以利传布和各界使用。中国语言资源有声数据库山东库建设工程120个方言点的全面资料留待日后整理出版。

语保工程44个方言点是综合考虑方言特点的代表性和地域上的均衡性来选定的。它们较为均匀地分布于全省各地：

胶辽官话区（12点）：荣成、烟台（芝罘区）、栖霞、长岛、海阳、莱西以上登连片烟威小片、平度、青岛（市南区）、高密、诸城、沂水以上青莱片胶莲小片、临朐以上青莱片青临小片；

冀鲁官话区（23点）：日照（东港区）、莒南以上沧惠片莒照小片、潍坊（潍城区）、寿光、高青、阳信、济阳以上沧惠片阳寿小片、利津以上沧惠片章桓小片、乐陵、商河、平原以上沧惠片黄乐小片、德州（德城区）、武城、临清、冠县、聊城（东昌府区）、济南（历下区）、泰安（泰山区）、莱芜、新泰、沂源、博山、张店以上石济片聊泰小片；

中原官话区（9点）：阳谷、梁山、菏泽（牡丹区）、曹县、金乡、曲阜、薛城、郯城、临沂（兰山区）以上均属兖菏片[①]。

以上各区内的排列次序是：先按大片排列、再按小片排列。同一层级内各点的排列次序，按地理接近来安排，这样便于就近点的相互比较。其中，胶辽官话大致是由东而西、而南，因为越往西、往南与冀鲁官话的特点越接近。冀鲁官话大致是由东而西、而南，因为冀鲁官话的东部有一些特点与胶辽官话比较接近；其中聊泰小片大致由北而南，因为其北部与上一片沧惠片相连，有许多共同点。中原官话区都属于《中国语言地图集》（第二版）未分小片的兖菏片[②]，大致是由西而东，因为西部与鲁西和鲁中的冀鲁官话相接，共同点也比较多。

本书中语音、词汇和语法各卷材料的排列次序与此一致。

各县市区内部也会存在一定的内部差异。根据中国语言保护工程的统一要求，各县市区方言点一律限于城区，但在概况中会对县市区内部的方言差异有简要介绍。

各点调查的内容包括语音（老年男性和青年男性）、词汇、语法、地方普通话和口头文化五大部分。《中国语言资源集·山东》只收入老年男性的主要调查内容（兼顾与青年男性发音人发音的新老差异），分为语音、词汇和语法三卷编集出版。口头文化内容留待日后整理出版。

---

① 原调查材料中地级市城区点的称名不一致，有的径称地级市名，有的则称区名。本书做了统一处理：统一使用地名而不是行政区划名。具体来说，原为县或县级市升格为地级市而地名不变的，其城区点即称其地级市名（如烟台、潍坊、德州、聊城、泰安、菏泽、临沂）；非由县或县级市改设的地级市且城区分散的，则称其区名（也是地名，如淄博市的博山和张店、枣庄市的薛城）。副省级市济南（历下区）和青岛（市南区）原即称济南、青岛，保持不变（对于济、青两市来说，非独立聚居区域的区名只是行政区划名而非地名，如济南市的槐荫区、市中区；而由县改设的区名既是行政区划名也是地名，如章丘区、长清区）。

② 其实兖菏片内部也有不少差异，就这9点来说，可以分为4个小片：阳谷、梁山、菏泽、曹县为一小片（"水"＝"匪"），金乡、曲阜为一小片（"水"≠"匪"，"资"＝"支"），薛城、郯城为一小片（调型接近于徐州），临沂为一小片（"水"≠"匪"，"资"≠"支"，调型不同于徐州）。《山东省志·方言志》将山东省内的中原官话称为"西南区"，内部分为"西菏片（菏泽一带）、南兖片（济宁枣庄一带）、南临片（临沂一带）"三片。

三

语音卷的主要内容是中国语言资源保护工程山东省44个方言调查点的语音状况。根据《中国语言资源集》的统一安排，语音卷有以下主要内容：

1.各点概况

介绍各调查点的基本情况，包括地理、人口、民族、方言、地方文艺等状况。

2.各地语音系统

分别介绍各调查点的声韵调系统、连读变调、轻声、儿化、新老差异及其他音变情况，由此可见各地方音的基本面貌和特点。

3.字音对照

用列表的形式排列44点老年男性发音人单字读音。共1000个常用汉字，按语保工程统一的字序排列。这些汉字代表着不同的古音来源，能够基本反映各方言的字音特点和与中古音系的对应规律。采用表格的形式，便于一览各个字在山东各地的读音，也便于各点之间的比较。每个字头下列出了它们的中古音韵地位，以方便研究。由于1000个单字是按照中古音韵地位排列的，不便检索，因此，本卷还附录这1000个单字的普通话音序索引。

本卷后面所列参考文献，主要是以山东方言语音为对象的著作和论文，也收入了综合性研究中与山东方言语音关涉较多的部分著作和论文。

附录中列出各点的调查合作人、调查人和调查的基本情况。老年男性发音人是本书材料的主要提供者。青年男性发音人、老年和青年女性等调查合作人的调查记录虽然在本书中没有直接反映，但他们对于本书所收内容也有直接或间接的贡献。其中，青年男性发音人的发音是各点新老语音差异中新派的主要依据。许多点的语音、词汇和语法的调查中有老年女性乃至备选老年发音人的参与。原调查材料中还有发音人工作单位、通讯方式、经历、父母及配偶等信息，为保护隐私，此一律略去。

四

本书的体例，是遵照《中国语言资源集》（分省）的统一规范安排的。这里具体说明以下几个语音方面的问题。词汇卷和语法卷的记音与此一致，不再另外说明。

1.关于国际音标记音

本书各卷均采用国际音标记音。国际音标是国际上一种通行的精确记录语音的书面符号，因此，用国际音标记音可以最大程度地精确记录各地或大或小的语音差异，准确反映各地的语音特点，以利于研究和各方面利用。

2.关于音位处理

国际音标有众多的字母符号和附加符号来表示各种有细微差异的语音，但附加符号不便阅读和处理，语保工程中根据方音记录的通常做法，统一规定记音中不用附加符号。因此，需要对语音系统进行音位处理。在调查记录中，各调查点都遵循了音位归纳处理的一般原则；同时，结合山东方言的一些特点，语保工程山东省核心专家组又制定了一些具体的规定，以利于各点材料处理的统一、规范。在本书材料的汇集整理过程中，又对上述规定做了一定的补充。兹一并说明如下。

（1）声母

① n和ȵ分为不同声母。

按照《调查手册》“字体和格式”第10条规定，n、ȵ要分列不同声母。

说明：山东方言中n和ȵ一般为互补分布，前者拼开合二呼，后者拼齐撮二呼。但有些方言是只有n而没有ȵ，齐撮二呼前亦读n。为保持与省外材料的统一和更准确地记录方音，统一分开记录n、ȵ声母。

② 不起辨义作用的v（ʋ）声母一般应处理为介音u，但在音系说明中要加以说明。少数方言中v另有来源，且有辨义作用，应记为v。

说明：山东方言中有些地方合口呼韵母逢零声母时u读为齿唇部位的擦音，但通常摩擦较轻，实际音值是齿唇部位的半元音ʋ。如果处理成声母，就需要把通常的合口呼韵母处理为开口呼韵母，这样在比较古今韵母演变规律和同其他方言进行比较时会产生一些麻烦。因此，考虑到ʋ只是出现在零声母后，为了便于古今比较和方言间的比较，此规定ʋ不作为单独的声母出现，而作为u介音的一种条件变体。此种情况应在声母部分的零声母后加以说明，以便阅读（因为在描写音系时声母部分在前，所以应先加说明，以免读者误解）。

少数地方的v不是合口呼韵母在零声母后的变体，而是古日母字在合口呼前的变化，与古知庄章组声母在合口呼前读pf、pf^h、f呈系统对应状态（如郯城）。并且，这种方言中的v与零声母的u介音确实是起辨义作用的不同音位。所以，此种情况下，v应处理为独立的声母。

（2）韵母

① a音位的处理：不区分a和ᴀ，统一记为a；但需区分a和ɑ。

说明：山东方言中的a和ᴀ没有辨义作用，也不表现明显的方音特征。a、ia、ua韵母中的a，多数地点是央元音ᴀ，少数地方舌位偏前，但也不是最前的a。为便于计算机的输入和输出，此统一记为a，可在音系说明中说明其实际音值。后低元音ɑ与a也不具有辨义作用，但可以表现方音特征。如博山等地ɑ、iɑ、uɑ的ɑ发音明显为后元音，并且这是与其他大部分山东方言相区别的明显特征，因此应该记为ɑ而不应记为a。ɑŋ、iɑŋ、uɑŋ中的ɑ通常也是后低元音，也应记为ɑ。

山东方言多数地区古咸山摄阳声韵（相当于普通话中的an类韵母）读为鼻化韵。其主要元音的音值通常是a或æ，一般记为a（即ã、iã、uã、yã）即可，有必要时在音系说明中说明其实际音值；少数地方若主要元音偏后或偏央，形成明显地方特色，也可视其音位系统情况记为ɑ（或ᴀ）。

② iŋ和iəŋ：一般不记为iəŋ。如果中间的ə特别明显，可在音系说明中加说明。但诸城、日照等地的"庚宫""英拥"相混，其中"庚宫"读əŋ韵母，"英拥"读iəŋ韵母，əŋ和iəŋ韵母两者区别在于有无i介音，所以写作iəŋ，以突出其特点。

③ uŋ和uəŋ：uəŋ只出现在零声母时，如"翁瓮"，一般不单列韵母，可在音系说明中作说明。

④ ə、iə、uə、yə：山东方言中相当于普通话ɤ、iɛ、uo、yɛ（蟹摄字除外）的韵母多数地区读为ə、iə、uə、yə，这套韵母的主要元音在不同声母或不同介音之后发音略有不同，如在舌根音声母后舌位靠后，在圆唇的介音后唇形略圆。用ə、iə、uə、yə记录这套韵母比较符合山东实际情况，不记ɤ、iɤ、uɤ、yɤ。如果有的地方uə、yə韵母的主要元音唇形比较圆，可以记为uo、yo。有些地方iə、yə的主要元音舌位较前且稍低，可以记为iɛ、yɛ。

说明：普通话里古蟹摄开口二等喉牙音字多数读iɛ韵母而与果摄假摄字以及咸山摄的部分入声字混同（如"解"与"姐""结"同韵母），而山东方言中除鲁西南少数地方外两者都不相混，前者一般读iɛ（或iai，如"解"），与来自蟹摄的ɛ（或ai，相当于普通话的ai类）韵母同韵基；后者一般读iə（如"姐结"）。两者音位区别明显，不能相混。同样，"月"类韵母一般应记为yə而不记作yɛ。如果有的方言中"解"与"姐"类韵母混同或是来自蟹摄的字读ai而不是ɛ，且主要元音确实较前较低，也可记作iɛ。总之，在"该爱"读ɛ韵母且"解""姐"韵母不同的方言中，"姐"类韵母不能记为iɛ，"月"类不能记为yɛ，以免混淆两类韵母。

⑤ ẽ、iẽ、uẽ、yẽ类韵母的记音：不同地方的主要元音有偏前的e和偏央的ə的差

异，根据实际读音确定使用ẽ或ə̃，以表现方音特点。有些地方的iẽ和yẽ实际读音中的元音是以i和y为主，发完i、y后有时有舌位的稍微降低，接近于iĩ、yỹ，一般记为iẽ、yẽ，实际音值在音系说明中加以说明；有的地方发完i、y后舌位没有降低，可记为ĩ、ỹ。

（3）关于“儿耳二”音节的记音

这个音节的读音既涉及韵母也涉及声母，所以单说一下。山东方言中除了如同普通话读卷舌韵母ər的地方之外，分布比较广的读法是一个边辅音和一个元音的组合。边辅音有些地方是ɭ，有些地方是与t、t^h、n部位相同的l；元音大多为比ə略高的一个央元音（多数是读ɘ，不过各地高低略有差异）。并且，元音一般发音较为短暂，边辅音发完后一带而过，所以听起来边辅音时长相对较长。本书尊重各调查团队的记音方式，不作统一。还有少数地方是只发一个边辅音ɭ独成音节，后面没有元音，这种情况无需统一。

3.声调的调值和调类的称名

本书在核对材料时，一般尊重原材料的描写，只对极少数有明显偏差的某个调类的调值做了更改。但有一种情况需要说明：有些点某个调类的调值描写单就本点来说并无太大不妥，但将其与其他点的材料比较时会发现，两点所记的同样调值其实区别较大。这样的时候，就需要对其所记调值进行微调，以免误导读者，以为两点的这个调值是相同的。

与普通话相比，有些方言中调类发生了合并。常见的如阳平与去声合并、阳平与上声合并，有部分方言则是古清声母入声字独立为一个调类。这样就有合并的调类叫什么和独立的入声调类要不要标示阴阳的问题。比如，博山话中阳平和上声合并，叫作“上声”还是“阳平”抑或是“阳平上”？如果不叫“阳平”，那么该方言中的阴平调也就失去了阳平的对照，因此，其阴平调是叫作“阴平”还是“平声”？主要来自古清声母入声字的独立调类，叫作“入声”还是“阴入”？这些问题学术界并无统一规范。本书一般尊重各调查团队的命名，但对两地类型相同而命名不同的情况进行了统一。

4.关于轻声

山东方言的轻声音节总是跟在其他音节后面的（句末或句中）。因此，本书在语音描写中把轻声和两字组连读变调放在一起来说明。

需要注意的是，山东方言中不少地方的轻声（或某一地中的某些轻声）音长并不短，有些还有明显的调型变化。另外，前字音高相同、但轻声音节音高不同，是反映方言声调特色的一个方面；并且有的方言前字音高相同、轻声音节音高不同还能起辨义作用，属于不同的"前字+轻声"类型。因此，轻声的音高（及其变化）是具有重要意义的。不过，由于轻声音节按统一体例只能标记为"0"，所以其音高（及其变化）只能在连调表中加以标示。

此外，有些地方（鲁西、鲁西南尤为突出）的轻声由于并不明显"轻而短"，所以某个音节到底是轻声还是非轻声有时是很难断定的。本书在核对材料过程中，除了原材料记录明显有误的之外，通常是尊重原调查材料对轻声的判断的。

6.关于儿化

山东方言中大部分地区是同普通话相同的卷舌型儿化，但各地的儿化韵音色往往差别很大，在记录上难度相当大。可以说，没有哪两个地方的儿化韵是完全相同的。另外，儿化的音值也缺乏足够的材料来核对，所以，本书在核对整理过程中基本尊重原材料的记录（除了明显的讹误）。

博山、张店和莱芜三点，相当于其他地方和普通话儿化的是变韵的形式。如，相当于"玩儿"的说法是把单字的"uã"说成"uɛ"。这种变韵功能上相当于儿化，其变韵与否是有规律的，其变韵形式也与卷舌型儿化地区的幼儿型儿化相同（参张树铮《方言历史探索》）。因此，我们将其视为儿化的一种形式，而不笼统归之于"小称"。在词汇和语法的文字记录中，也标示为"儿"字。

此外，在汉字记录中，仿照《现代汉语词典》的做法，表示儿化（或儿化变韵）的"儿"使用小号字"儿"，以与独立成音节的"儿"相区别。

7.关于其他主要音变规律

原材料中对此的记录很少。整理过程中只对少数点的材料做了补充，多数点不列此项内容。

8.关于"文、白""新、老"的标注

山东方言中传统的文白异读相对比较少，常见的是近几十年来受普通话影响而新形成的读音与方言原有读音形成的区别。从时间看，这些新读音是相对于原有读音（"老"读）而言的"新"读；从使用者来看，以年轻人使用为主，老年人使用较少，这也是"新（派）"读音的性质；但从使用的领域来看，又是以书面语词为主，口语常用词中的读音即使是年轻人也往往念原有的方言读音，这样看来又像是"文、白"读的问题，即新读是"文读"，老读是"白读"。事实上，这与历史上的"文、白"

也确实有相同之处：都是受权威语音系统影响所致，都是先在书面语词中使用，然后向口语词渗透。换个角度看，年老的人和年轻人对此的感觉并不一致：习惯于“老”读的年长者，主要认为这是“新、老”读的问题（先不说是否受普通话影响），而在习惯于“新、老”并存的年轻人那里，主要认为这是“文、白”读的问题。进而言之，可能再过几十年，现在的年轻人变老之后，人们就只认为这是“文、白”读的问题了。而在当前，在各地方言受到普通话极大影响的时代背景下，判定这些新读的性质时难免存在角度的差异。况且，即使是同一个人用到同一个词，也可能是一会儿用“老”读、一会儿用“新”读，这又有了自由变读的特点。原调查材料中，同样的情况有的标为“文、白”，有的标为“新、老”，有的标为“又、又”等。各地材料标注不一、甚至同一地材料前后标注不一，这一现象确实是情有可原的。本书在整理过程中，尊重了调查者的标注，未作统一处理（尽管并排起来看似乎有些“刺眼”）。这里加以说明，也是希望读者不必过分追究这些名目的区别。如果笼统来说，“老”与“白”、“新”与“文”（以及一些情况下的“又”）在很大程度上是没有太多区别的（当然这只是就山东方言大部分情况而言的）。

9.关于方言的内部差异

任何方言都会存在内部差异。我们在各地遴选发音人时都会对此有直接的体会。比如同是一个村的同一年龄段的不同人，性别、受教育程度、从事的职业、本人是否喜欢阅读、喜欢文艺等等因素，甚至其母亲娘家来自哪里，都会影响到他们的一些细微的语音特点。尤其是青年男性发音人，个体差异更为明显：“土”一点儿的，与老男基本没有差别（甚至有年轻人比年长者更“土”的情况）；“洋”一点儿的，与老男则差别很大，至少是有许多字是照普通话音类来读的。不过，这些方面的差异，是需要进行专门的社会语言学的大范围调查才能够弄清的。本书涉及的内部差异主要有两个方面，一是县区内部的地域差异，这个方面主要是在各点概况里简略反映；二是调查点中老男发音人和青男发音人所反映的新老差异，本书在第一章中有专节讨论。至于文白差异，由于上面提到的原因——方言中主要是新的文白差异，而这又与新老差异纠缠在一起，所以就在新老差异这一节中一并说到而不单独讨论了。

此外，原材料中有少数点个别字的又读系误认本字而致，本书不予采取。如“戒”有的点记录有读同“忌”的又读，实际上是把“忌烟、忌酒”的“忌”当成了“戒”，误以为“戒”有“忌”的读音。《现代汉语词典》的“忌”本身就有“戒除”的意思（举例为“忌烟、忌酒”），“忌烟、忌酒”的“忌”并非“戒”字。又如，

“浆”有的点记录有去声的又读，而去声一读只见于“～糊”一词。其实，“浆糊”中的“浆”本字是“糨”，不应该把“糨”的读音加到“浆”字上。《汉语方音字汇》中收“浆”的去声一读，注为“糨”的训读，其实并不妥当。“浆”“糨”古声有精、见母之别，今区分尖团的方言中两字声母有别，“浆”并非“糨”的训读，而是不分尖团的方言中“糨”字的异写。《现代汉语词典》（第七版）“糨糊”一词字形作“糨”，可谓拨乱反正；而“浆”的去声一读，释为“同‘糨’”，只是“从俗”的折中之举。

附带说明的是，原材料中不同的声母或韵母并列说明的时候，有的中间加顿号、有的不加顿号，为便于排版和阅读，本卷一律加了顿号。如“tʂ、tʂʰ、ʂ”，不作“tʂ tʂʰ ʂ”；“ou、iou”，不作“ou iou”。

第一章　各地概况

第一节　荣成方音

壹　概况

荣成市位于山东半岛最东端，东、南、北三面濒临黄海，海岸线长达500公里；西与威海市文登区接壤，西北与威海市区（环翠区）相邻。地理坐标为东经122° 08′—122° 42′，北纬36° 45′—37° 27′之间，面积1526平方公里。荣成市地处胶东低山丘陵区的东端，有山地、丘陵、平原三种地貌类型，山地主要是北部的伟德山和南端的槎山，平原主要以呈狭窄带状分布在河流沿岸和沿海地区；半数土地为丘陵，海拔一般在200米左右。

荣成市系1988年由原荣成县改置，由威海市代管。截至2021年，荣成市辖12个镇、10个街道、790个行政村、51个居委会，另有荣成经济开发区、石岛管理区、好运角旅游度假区。市政府驻崖头街道。截至2020年11月，全市常住人口有71.42万人，全市人口绝大多数为汉族，少数民族数量很少。

全市通行荣成方言，无少数民族语言。荣成方言属胶辽官话登连片烟威小片，全市方言差异不大，仅与邻县区接壤地口音与周边区市互相影响。

当地无流行的曲艺或地方戏。

调查点为山东省威海市荣成市崖头街道。

贰　声韵调

一　声母（24个，含零声母）[①]

p	八兵爬又病	p^h	派片爬又	m	麦明泥又	f	飞风副蜂肥饭

① 声母表列出语保调查全部调查用字和极个别补充的例字。因为例字较多，为使页面整齐，声母分4列排列，首列不送气音和零声母，次列送气音，第3列有鼻音声母者列鼻音声母，无鼻音声母者列擦音声母；第4列列边音或其他声母。下同。

t	多东甜又毒	t^h	讨天甜又	n	脑南年泥又	l	老蓝连路
ts	资早租酒字贼坐	ts^h	刺草寸清全祠	s	丝三酸想谢		
tʂ	竹争装纸	$tʂ^h$	拆茶抄初床春船	ʂ	事山双顺声母		
tʃ	张柱主	$tʃ^h$	抽车城	ʃ	手书十		
c	九	c^h	轻权	ç	响县		
k	高共	k^h	开	x	好灰活		
ø	味问热软熬月安温王云用药						

说明：

tʃ组声母实际上有两种音值：一种是舌叶和舌尖同时起作用发出来的，音色更接近于ts、ts^h、s；一种是舌叶和舌面前部同时起作用发出来的，音色更接近于tɕ、$tɕ^h$、ɕ。前者只拼洪音韵母，后者只拼细音韵母。

二 韵母（40个）[①]

ɿ	丝	i	米戏十急七一直尺锡	u	苦五骨谷	y	猪雨出橘绿局
ʅ	师试						
ər	二						
a	茶塔法辣八	ia	牙鸭	ua	瓦刮		
ɛ	北色白	iɛ	写接贴热节	uɛ	国	yɛ	靴月
o	歌坐盒托郭壳	io	药学	uo	过活		
ai	开排	iɛi	鞋	uai	快		
ei	赔对飞			uei	鬼		
au	宝饱	iau	笑桥				
əu	豆走	iəu	油六				
an	南山半短	ian	盐年	uan	官	yan	权
ən	深根寸	in	心新	uən	滚春	yn	云
ɑŋ	糖	iɑŋ	响讲	uɑŋ	床王双		
əŋ	灯升争横	iŋ	硬病星	uŋ	东	yŋ	兄用

① 韵母表列出语保调查全部调查用字和极个别补充的例字。按开齐合撮四呼排为4列。韵母排列顺序参照《汉语方音字汇》（2003）。少数方言点"儿耳二"等读为独立成音节的ɭ或韵母为ɘ，为便比较，排于相当于其他点ər的位置。

说明：

1. a、ia、ua中的a，实际音值为央元音ᴀ。

2. ər发音时元音先不卷舌，然后再卷舌，实际音值是ɐɚ。

3. o与p、p^h、m、f相拼，圆唇度略低，如"婆、磨"等。

4. iɛ、yɛ、iɛi中的ɛ，实际音值略高略后，接近于ə。

5. ian中主要元音时长较短，舌位较高，实际音值是ien。

6. uŋ逢零声母时，实际读为uəŋ。

7. əŋ、iŋ中韵尾略偏前，ə也略偏前。

三　声调（4个）[①]

阴平	53	东该灯风通开天春门牛油
阳平	35	龙铜皮糖红毒白盒罚
上声	214	懂古鬼九统苦讨草买老五有谷百搭节急哭拍塔切刻麦叶月
去声	33	动罪近后冻怪半四痛快寸去卖路硬乱洞地饭树六

说明：

1. 阴平的终点比3略低，记为53。

2. 阳平实际音值为升降调，所以与普通话的35听感差别很大。发音时先是高升，升至最高点后喉部迅速放松，音高出现急剧下降，调值为352。有些字前面升的幅度略小，调值为452。考虑到该调以升为主，尾部的时长较短（有时很短），所以统一记为35。

3. 古次浊平声字有分化，多数字读阴平53，少数字读阳平35。

4. 上声为以升为主的调子，但开头有短暂的低降或低平，收尾常会出现急剧下降，调值为2142，统一记为214。

5. 去声一般为中平33，不过调型有时略有降低，强调时则发得较长且尾部略有上升，调值为335。

① 声调表列出语保调查全部调查用字。

叁 连读变调

表1-1 荣成方言连读变调表

前字	后字 阴平53	阳平35	上声214	去声33	轻声 普通轻声	轻声 单音节动词重叠
阴平53	53+53 山沟 棉花	53+35 油条 锅台	53+214 开水 初一	53+33 天亮 油菜	53+2 云彩 端午	53+4 听听 穿穿
阳平35	35+53 台风 前年	①35+35 蝴蝶 ②53+35 值钱 围脖儿	35+214 白酒 茶叶	35+33 随便 蚕豆	①35+2 时候 城里 ②53+2 明子	①53+3 提提 缝缝 ②35+3 谈谈
上声214	21+53 水泥 往年	21+35 小河 纸钱	55+214 水果 打折	214+33 考试 打仗	①55+3 尾巴 起来 ②21+4 点心	①55+3 走走 歇歇 ②35+3 改改 削削
去声33	33+53 过冬 地瓜	33+35 上学 汗流儿	33+214 大水 下雨	33+33 上算 半夜	33+2 外头 下来	①33+2 看看 练练 ②55+2 抱抱 坐坐

说明：

1. 阴平+阴平、去声+去声中，后字读得比较重，前字稍短。

2. “阳平+阳平”“阳平+轻声”“上声+轻声”“去声+轻声”各有变或不变两种形式，基本上是两可的，材料中皆按发音人的习惯记录。

3. 去声在轻声前，前字（33）有时在结尾处上升，实际调值是335+2；有时读得较高，为44或55。

肆 儿化

荣成基本韵母40个，除本身是卷舌韵母的ər和无儿化韵的uɛ之外，其余38个韵母均可儿化。有的基本韵母儿化后合并，还有的基本韵母有不同儿化韵母，儿化后共有26个儿化韵母。

表1-2 荣成方言儿化韵表

儿化韵	原韵母	例词	儿化韵	原韵母	例词
ar	a	刀把儿 号码儿	ɐr	iɛ	打折儿 小车儿
iar	ia	豆芽儿 小虾儿	iɐr	iɛ	蝶儿 小聂儿
uar	ua	小褂儿 花儿		iɛi	小鞋儿 台阶儿
or	o	老婆儿 哥儿		ian	边儿 药面儿
ior	io	旦角儿 小雀儿	uɐr	uai	块儿 乖儿
uor	uo	干活儿 大伙儿		uan	罐儿 遛弯儿
ər	ei	小街儿 嘴儿	yɐr	yɛ	补缺儿 月儿
	ən	车轮儿 村儿		yan	花卷儿 圈儿
	ɛ	色儿 政策儿	ur	u	牛犊儿 裤儿
	ɿ	鸡子儿 瓜子儿	əur	əu	小豆儿 老头儿
	ʅ	没事儿 纸儿	iəur	iəu	妞儿 袖儿
	i	针鼻儿 皮儿	aur	au	应个卯儿 刀儿
iər	i	侄儿 豆汁儿	iaur	iau	苗儿 调儿
	in	虾仁儿 使劲儿	ɑ̃r	ɑŋ	鞋帮儿 帮忙儿
uər	uei	墨水儿 小鬼儿	iɑ̃r	iɑŋ	撇腔儿 小羊儿
	uən	没准儿 掉魂儿	uɑ̃r	uɑŋ	小床儿 网儿
yər	y	小树儿 有趣儿	ə̃r	əŋ	门缝儿 小板凳儿
	yn	小军儿 合群儿	iə̃r	iŋ	名儿 小命儿
ɐr	ai	牌儿 带儿	ũr	uŋ	小洞儿 小瓮儿
	an	盘儿 摊儿	ỹr	yŋ	小熊儿 蚕蛹儿

说明：

tʃ组声母拼细音韵母的音节，儿化后韵母细音变洪音（i介音消失、y介音变u介音）。如"车"$tʃ^hiɛ^{53}$，"（小）车儿"$tʃ^hɐr^{53}$。

伍 新老差异

荣成方言的新老差异主要表现在以下几个方面：

1.普通话读tʂ组声母的字，老男古知庄章组字分读两类，一类读tʂ、$tʂ^h$、ʂ，一类读tʃ、$tʃ^h$、ʃ。后一类中又分两类，一类接近于ts、ts^h、s，一类接近于tɕ、$tɕ^h$、ɕ。与老男相比，接近于ts、ts^{h}、s的字青男都读成了tʂ、tʂ^{h}、ʂ，而接近于tɕ、tɕ^{h}、ɕ的字青男一般也读tʃ、tʃ^{h}、ʃ，且只拼细音韵母（其中少数读成了tʂ、tʂ^{h}、ʂ拼洪音韵母），个别字仍读接近于ts、ts^{h}、s的舌叶音（拼洪音韵母）。如：

针——老男tʃən^{53}　青男tʂən^{53}

照——老男tʃau^{33}　青男tʂau^{33}

陈——老男tʃ^{h}ən^{35}　青男tʂ^{h}ən^{35}

唱——老男tʃ^{h}ɑŋ^{33}　青男tʂ^{h}ɑŋ^{33}

鼠——老男ʃy^{214}　青男ʂu^{214}

绳——老男ʃəŋ^{35}　青男ʂəŋ^{35}

2.荣成老派方言中，古全浊声母平声字有一部分口语常用字读不送气声母或有不送气声母的异读，新派一般读送气声母。如：

台——老男tai^{35}／t^{h}ai^{35}　青男t^{h}ai^{35}

甜——老男tian^{35}／t^{h}ian^{35}　青男t^{h}ian^{35}

盆——老男pən^{35}／p^{h}ən^{35}　青男p^{h}ən^{35}

3.荣成老派方言中，一部分见组细音（含二等）字读为ts、ts^{h}、s声母；新派将其中的一部分读为c、c^{h}、ç声母。如：

肩——老男tsian^{53}　青男cian^{53}

解——老男tsiɛi^{214}又ciɛi^{214}又　青男ciɛ^{214}

相反的例子如“咸”老男读çian^{35}而青男读sian^{35}，又如“瞎”老男读çia^{214}而青男读sia^{214}。其实，老男读的是新派的读法，青男读的是老派的读法。

第二节　烟台（芝罘）方音

壹　概况

烟台市的中心城区为芝罘区，位于山东半岛东北部，东北和北部濒临黄海，与辽宁大连市隔海相望。芝罘区东和东南与烟台市莱山区接壤，西、西南毗连福山区。地理坐标处在东经121° 16′—121° 25′，北纬37° 24′—37° 38′之间，全区面积179.2平方公里。芝罘区三面环山、一面临海，境内主要有丘陵、低山和平原三种地貌。西北部的芝罘岛丘陵起伏，中部奇山山脉横亘，南、西部地势较为平坦，北部沿海地带属山地港湾型海岸，岸线曲折。

芝罘区历史上属福山县地。1861年辟为通商口岸后逐渐发展为城市。1934年，烟台特别行政区成立，直辖于山东省政府。1938年，设立烟台市。1983年烟台市升格为地级市，以原县级烟台市区为芝罘区。截至2018年，芝罘区辖12个街道。区政府驻向阳街道。截至2020年，全区常住人口为87.72万，以汉族人口为主，仅有少量少数民族（约5000人）。

全区通行烟台（芝罘）方言，无少数民族语言。芝罘方言属胶辽官话登连片烟威小片，全区无明显差异。

当地无流行的曲艺或地方戏。

调查点为山东省山东省烟台市芝罘区。

贰　声韵调

一　声母（19个，含零声母）

p	八兵病	p^h	派片爬	m	麦明泥又	f	飞风副蜂肥饭
t	多东毒	t^h	讨天甜	n	脑南	l	老蓝连路
ts	资早租字贼坐竹争装纸	ts^h	刺草寸祠拆茶抄初床春船	s	丝三酸事山双顺		
tɕ	酒张柱主九	$tɕ^h$	清全抽车城轻权	ȵ	年泥又	ɕ	想谢手书十响县
k	高共	k^h	开	x	好灰活		
Ø	味问热软熬月安温王云用药						

说明：

1. n与ȵ互补：n只拼开口呼、合口呼，ȵ只拼齐齿呼、撮口呼。

2. tɕ、$tɕ^h$、ɕ有时候带有舌叶音色彩，更多见于古知庄章声母字，但有些精组和见组细音字也发成此类音。此统一记作tɕ、$tɕ^h$、ɕ。

二　韵母（37个）

ɿ	师丝试	i	米戏十急七一直尺锡	u	苦五骨谷绿又	y	猪雨出橘绿又局
ər	二						
a	茶塔法辣八	ia	牙鸭	ua	瓦刮		

ɛ	开排	iɛ	鞋又	uɛ	快	ye	靴月药学
o	北白			uo	坐过活托郭国		
ɤ	歌盒壳色	ie	写鞋又接贴热节				
ei	赔对飞			uei	鬼		
au	宝饱	iau	笑桥				
ou	豆走	iou	油六				
an	南山半短	ian	盐年	uan	官	yan	权
ən	根寸	in	心深	uən	滚春	yn	云
ɑŋ	糖	iɑŋ	响讲	uɑŋ	床王双		
əŋ	灯争横	iŋ	升硬病星	uŋ	东	yŋ	兄用

说明：

1. a、ia、ua韵母中的a，实际音值为略后一点儿的央元音ᴀ。

2. o韵母拼p、pʰ、m、f、k、kʰ、x时，圆唇度略低，实际音值接近ɤ。

3. ɛ（包括ɛ和uɛ韵母）有时有动程，但不明显，如"排、埋、派、牌、外、歪"等，而青男发音人动程较为明显，这与上世纪六十年代的记音比较一致，可见老男发音人的读法其实是更为新派的读法。

4. ie韵母中的e，在实际发音中舌位略后。

5. ye韵母中的e，有的字实际发音略圆，实际音值接近ø，如"靴、脚"等。

6. iŋ有鼻化色彩，实际读音为iɤ̃。

7. uŋ逢零声母时，实际读为uəŋ。

三　声调（3个）

阴平	53	东该灯风通开天春门牛油
上声	14	懂古鬼九统苦讨草买老五有谷百搭节急哭拍塔切刻麦叶月
去声	33	龙铜皮糖红动罪近后冻怪半四痛快寸去卖路硬乱洞地饭树六毒白盒罚

说明：

1.53调主要来自古代清声母平声字。古次浊声母平声字的一小半读53调，其余大半读33调（去声）；古全浊声母平声字则全部读33调（去声）。因此，本书把53调称为阴平，不叫作平声。

2.上声的调值老年男性发音人一般读为升调14，开头没有明显的曲折，结尾也没有明显的弯曲。用在句中时升的幅度则略小。此统一记为14。而青男发音人上声的开头则有比较明显的低降（或低平），这与上世纪六十年代的记录214一致，可见老男发音人的读法其实是更为新派的读法（老男发的tɕ、tɕ^h、ɕ声母有时读得带有舌叶色彩也是较为新派的特点）。

4.去声字多数是前升后降的凸调，不过升至顶点时转折较为平缓，因而有中间平的感觉，实际调值为3443（或342）；有些字则读得升降不明确，基本为平调。此统一记为33。

叁　连读变调

表2-1　烟台方言连读变调表

前字	后字				
	阴平53	上声14	去声33	轻声	
				普通轻声	单音节动词重叠
阴平53	35+53 东风　元宵	53+14 冬泳　猪血	53+33 鸡蛋　天平	53+2 公公　今年	53+2 听听　穿穿 谈谈　缝缝
上声14	①14+53 小葱　耳科 ②21+33 老年	33+14 小暑　起码	21+33 小豆　土地 小孩儿　赶集	①21+4 早晨　起来 ②14+3 麦子　果子	21+3 走走　想想
去声33	①33+53 大车　旱烟 ②35+53 地瓜　大妈	33+14 下雨　妇女	53+33 做饭　大红	①33+1 褂子　婆婆 ②53+2 南瓜　萝卜 ③35+2 时候　上去	33+1 看看　抱抱 学学

肆　儿化

烟台（芝罘）方言基本韵母37个，除卷舌韵母ər，其余36个韵母均可儿化。有的基本韵母儿化后合并，还有的基本韵母出现多个儿化韵母，合并后共有26个儿化韵母。

表2-2 烟台方言儿化韵表

儿化韵	原韵母	例词	儿化韵	原韵母	例词
ar	a	刀把儿　号码儿	iər	in	今儿　使劲儿
iar	ia	豆芽儿　小虾儿	uər	uei	一会儿　墨水儿
uar	ua	小褂儿　花儿		uən	冰棍儿　没准儿
or	o	老婆儿　山坡儿	yər	yn	小军儿　合群儿
ɤr	ɤ	哥儿　盒儿		y	找主儿　小树儿
uor	uo	干活儿　大伙儿			驴儿　句儿
aur	au	应个卯儿　刀儿	ur	u	牛犊儿
ɐr	ɛ	牌儿　带儿	iɐr	iɛ	小鞋儿　台阶儿
	an	盘儿　摊儿		ie	打折儿　小车儿
uɐr	uɛ	块儿　乖儿		ian	边儿　药面儿
	uan	罐儿　遛弯儿	iour	iou	妞儿　袖儿
yɐr	yan	花卷儿　圈儿	ãr	ɑŋ	鞋帮儿　帮忙儿
	ye	旦角儿　小雀儿	iãr	iɑŋ	撇腔儿　样儿
iaur	iau	苗儿　调儿	uãr	uɑŋ	小床儿　小筐儿
ər	ɿ	瓜子儿　刺儿	ə̃r	əŋ	门缝儿　小板凳儿
	ən	赔本儿　没门儿	iə̃r	iŋ	名儿　小命儿
	ei	宝贝儿　辈儿	ũr	uŋ	小东儿　小洞儿
our	ou	小豆儿　老头儿	yə̃r	yŋ	小熊儿　蚕蛹儿
iər	i	皮儿　差不离儿			

说明：

1.芝罘话中的儿化除了与普通话一样表示小称之外，还可以表示相当于实现体“了”的语法意义。如“坐了两天车”中的“坐了”，芝罘话中说成“坐儿tsuor^{33}”。

2.有些词快读时儿化，慢读时并没有变成儿化韵，而是“ər”独立成音节，如词汇0057“灰（烧成的）”：灰儿xuei^{53}ər^{0}；0058“灰尘（桌面上的）”：灰儿xuei^{53}ər^{0}。

伍　其他主要音变

1.名词词缀“子”读音弱化为ɾə^{0}。其中以闪音ɾ为主，ə只是顺带发出的混元音，有时只有闪音没有元音。如：

桃子$t^hau^{33}ɾə^0$　李子$li^{21}ɾə^0$　杏子$ɕiŋ^{33}ɾə^0$　柚子$iəu^{33}ɾə^0$

叶子$iɛ^{21}ɾə^0$　洋柿子$iaŋ^{53}sɿ^{33}ɾə^0$　孙子$sən^{53}ɾə^0$

2.表示进行体的“着”在芝罘话中一般也发成$ɾə^0$。如：

贴着$t^hie^{21}ɾə^0$　躺着$t^hɑŋ^{21}ɾə^0$

陆　新老差异

从老男和青男的发音来看，两者的主要差异在于音值方面：

1.普通话读ai、uai韵母的字（古入声来源的除外），青男读的是aɛ、uaɛ；而老男读的是ɛ和uɛ，其中的ɛ虽然有时略有动程，但基本上是个单元音，而青男的aɛ动程比较明显。

2.上声调，青男读的是明显的低降升调214，而老男基本上是个单纯的升调14，有时前头略有低降。

对比钱曾怡等《烟台方言报告》（1982）所记录的1963年的调查和1979年的核对调查，上述两个方面，青男的读音特点与该书所记录的烟台方言是一致的，老男的读音特点是不一致的。这说明，青男的读音其实是更偏老派，而老男的读音反倒是更为新近的。

据上书记录，1979年的时候，当时的老派仍区分尖团音，而新派已经将尖团音混同。而本次调查中的老男和青男都是不区分尖团音的，可见在这一点上，老男的读音也是属于新派的。

又据上书，1979年的时候，普通话读tʂ组的字老派分作两类，一类读ts组，一类字读tɕ组，而新派则把老派读tɕ组的字读成了tʃ组。本次调查的老男和青男声母系统中，古知三章组字青男比较整齐地读tɕ组，而老男有些字读成tʃ组。从这一点来看，青男的特点属于老派，而老男则更具有七十年代新派的特点。

第三节　栖霞方音

壹　概况

栖霞市位于山东半岛腹地，北与烟台市福山区、蓬莱区接壤，东临烟台市牟平区，西与招远市为邻，西北部与龙口市相接，南与莱阳市、海阳市毗邻；地理坐标介于东经120° 33′—121° 16′，北纬37° 05′—37° 29′之间，总面积为1793平方公里。全市地貌以低山丘陵为主，海拔300米以上的低山区占总面积的36.8%；海拔100—300米的丘陵区，占48.2%；海拔100米以下的平原区为占15%。

栖霞市系1995年由原栖霞县改置，由烟台市代管。截至2020年，栖霞市下辖3个街道，11个镇。市政府驻庄园街道。全市常住人口43.54万人，以汉族为主，仅有少量少数民族。

全市通行栖霞方言，无少数民族语言。栖霞方言属胶辽官话登连片烟威小片，区内无明显方言差异。

当地无流行的曲艺或地方戏。

调查点为山东省烟台市栖霞市翠屏街道城关村。

贰　声韵调

一　声母（22个，含零声母）

p	八兵病	pʰ	派片爬	m	麦明泥	f	飞风副蜂肥饭
t	多东毒	tʰ	讨天甜	n	脑南	l	老蓝连路
ts	资早租字贼坐竹争装纸	tsʰ	草寸祠拆茶抄初床	s	丝三酸事山双		
tʃ	酒张柱主	tʃʰ	清全抽车春船城	ʃ	想谢顺手书十		
c	九	cʰ	轻权	ȵ	年	ç	响县
k	高共	kʰ	开	x	好灰活		
ø	味问热软熬月安温王云用药						

说明：

1. tʃ、tʃʰ、ʃ发音时舌尖、舌叶共同起作用。

2. ȵ实际音值是ɲ。

3. 舌面中c、cʰ、ç声母有时发音接近舌面前。

二　韵母（38个）

ɿ	师丝试	i	米戏急一	u	苦五骨谷	y	猪雨出橘绿局
ʅ	十七直尺锡						
ər	二						

a	茶塔法辣八	ia	牙鸭	ua	瓦刮		
ə	歌又盒又壳北色白			uo	歌又坐过盒又活托郭国		
		iɛ	写接贴热节			yɛ	靴月药学
ɛi	开排	iɛi	鞋	uɛ	快		
ei	赔对飞			uei	鬼		
ɔo	宝饱	iɔo	笑桥				
əu	豆走	iəu	油六				
ãn	南山半短	iãn	盐年	uãn	官	yãn	权
ə̃n	深根寸	ĩn	心深新	uə̃n	滚春	ỹn	云
ɑŋ	糖	iɑŋ	响讲	uɑŋ	床王双	yɑŋ	院
əŋ	灯升争横	iŋ	硬病星	uŋ	东	yŋ	兄用

说明：

1.舌叶声母tʃ、tʃ^{h}、ʃ后的齐齿呼韵母中，i韵母或i介音的实际发音是略带一点卷舌色彩的不圆唇的舌叶元音（姑写为ʅ），如“十”ʃi、“酒”tʃiəu中的i；撮口呼韵母中，y韵母或y介音的实际发音是略带一点卷舌色彩的圆唇的舌叶元音（姑写为ʮ）。逢ĩn、ỹn时，ĩ和ỹ实际发为ʅẽ和ʮẽ。

2.韵母uo有轻微的后滑音ə，实际音值为uoə，记为uo。

3. iɛi韵母有的字在发音时，韵尾i发音不明显。

4. iɛ、yɛ在实际发音时，主要元音有的开口度略小，舌位稍偏后，接近iə、yə。

5.韵母əu、iəu中的u实际发音圆唇度很小，接近于ɯ。

6.普通话中读-n韵尾的字，栖霞话中主要元音鼻化，韵尾n比较弱。本材料记作鼻化元音加n尾，实际音值是ã^{n}、ə̃^{n}类。

7. iãn韵母中的a实际音值是ᴇ。

8.普通话中读-ŋ韵尾的字，栖霞话中主要元音也有的略带鼻化色彩，记音时不标注鼻化符号。

9.在舌叶音声母后的ʅ，实际带有舌叶色彩。

10. uŋ逢零声母时实际音值是oŋ。

三 声调（4个）

阴平　312　东该灯风通开天春门牛油

阳平　342　龙铜皮糖红动近寸卖路硬洞地饭树毒白盒罚

上声　214　懂古鬼九统苦讨草买老五有谷百搭节急哭拍塔切刻

去声　52　罪后冻怪半四痛快去乱六麦叶月

说明：

1.阴平起点实际高于3度。

2.阳平调最高点高于4。有少数字发音时前部上升幅度较小，接近于442。

3.上声开头有较短的低降或低平，有时很不明显。此统一记为214。

4.去声开头有时读得有较短的平调，调值为552。

叁 连读变调

表3-1 栖霞方言连读变调表

前字	后字					
	阴平312	阳平342	上声214	去声52	轻声	
					普通轻声	单音节动词重叠
阴平 312	34+312 猪肝　山沟	①52+342 松树　围裙 ②55+342 剃头　油条	①52+214 中指　钢笔 ②55+214 烧草　铅笔	①55+52 山药　生气 ②52+52 油菜	52+23 聋子　孙子 牙猫　干净	①52+4 听听　搬搬 ②34+3 穿穿
阳平 342	34+312 面汤　圆葱	34+342 地震　皮锤	54+214 白酒　食指	①34+52 白菜　近便 ②52+52 庙会	34+3 石头　爷爷 时气	①34+3 提提　谈谈 ②55+2 缝缝　学学
上声 214	34+312 眼眉　刷牙	①34+342 小河　纸钱 ②55+342 暖壶　嘴皮	①34+214 老虎　洗澡 ②55+214 鬼节　马桶	21+52 往后　草药	①21+4 竹子　姐姐 ②55+2 果木	①52+1 走走　歇歇 ②52+4 说说　刷刷
去声 52	34+312 看牛　弟兄	①52+342 下棋　日食 ②55+342 大河　放学	①55+214 大水　木耳 ②52+214 热水	55+52 上算　唱戏	①34+3 后日　大麦 ②52+1 凳子　舅舅 ③55+2 热闹　记得	①52+1 看看　抱抱 ②34+3 换换　坐坐

说明：

1.栖霞方言中，普通话读阳平的字（清入来源的字除外，下同）有些读为阴平，普通话读去声的字有些读为阳平，也有的读为阴平。上表所列例词中的字的调类，均以方言的调类为准。

2.阴平后的轻声实际是个升调。

3.阴平312做后字时，有时尾音上升不明显，仍记为312。

肆 儿化

栖霞基本韵母37个，除本身是卷舌韵母的ər之外，其余36个韵母均可儿化。有的基本韵母儿化后合并，合并后共有24个儿化韵母。

表3-2 栖霞方言儿化韵表

儿化韵	原韵母	例词	儿化韵	原韵母	例词
ar	a	刀把儿 号码儿	iɐr	iɛ	打折儿 碟儿
iar	ia	豆芽儿 小虾儿		iɛi	小鞋儿 台阶儿
uar	ua	小褂儿 花儿		iãn	边儿 药面儿
uor	uo	干活儿 盒儿	uɐr	uɛi	块儿 拐儿
ər	ə	老婆儿 哥儿		uãn	遛弯儿 手腕儿
	ɿ	鸡子儿 瓜子儿	yɐr	yɛ	旦角儿 补缺儿
	ei	辈儿 跑腿儿		yãn	花卷儿 小院儿
	ʅ	没事儿 侄儿	ɔor	ɔo	趁早儿 棉袄儿
	ə̃n	赔本儿 车轮儿	iɔor	iɔo	苗儿 调儿
iər	i	针鼻儿 皮儿	əur	əu	老头儿 小楼儿
	ĩn	使劲儿 心儿	iəur	iəu	妞儿 袖儿
uər	uei	墨水儿 小鬼儿	ɑ̃r	ɑŋ	鞋帮儿 药方儿
	uə̃n	掉魂儿 作文儿	iɑ̃r	iɑŋ	撇腔儿 样儿
yər	y	小树儿 有趣儿	uɑ̃r	uɑŋ	小床儿 小筐儿
	ỹn	小军儿 合群儿	ə̃r	əŋ	门缝儿 坑儿
ur	u	小猪儿	iə̃r	iŋ	名儿 山顶儿
ɐr	ãn	盘儿 扇儿	uə̃r	uŋ	小洞儿 小葱儿
	ɛi	牌儿 孩儿	yə̃r	yŋ	小熊儿 蚕蛹儿

伍 其他主要音变

词缀“子”一般读为$lə^{0}$。

动词后的“了1”有时读为$ə^{0}$，有时读为前一音节的儿化形式。

助词“着”多读为$ər^{0}$。语法例句中写作“儿”。

陆 新老差异

栖霞方言中新老差异不大。主要有以下几点：

1.普通话读ʈʂ组声母而老派读ts声母的字，逢合口呼的时候青男多读为tʃ组声母。如：

追——老男$tsuei^{312}$　青男$tʃuei^{31}$

闩——老男$suãn^{312}$　青男$ʃuãn^{31}$

壮——老男$tsuɑŋ^{52}$　青男$tʃuɑŋ^{52}$

2.在老派和新派中，前后鼻音韵尾都有混淆的少数字，但比较而言，新派分开的多，混淆的少。如：

看——老男$k^{h}ɑŋ^{52}$又$k^{h}ãn^{52}$又　青男$k^{h}ãn^{52}$

盘——老男$p^{h}ãn^{342}$　青男$p^{h}ɑŋ^{342}$

孙——老男$səŋ^{312}$　青男$sə̃n^{31}$

3.个别与普通话（以及山东大多数方言）音类差异较大的字，新派按普通话音类来读。如：

奴——老男$nuŋ^{342}$　青男nu^{342}

鲜——老男$ʃyãn^{312}$又$ʃiãn^{312}$又　青男$ʃiãn^{31}$

笋——老男$sə̃n^{214}$　青男$suə̃n^{214}$

第四节 长岛方音

壹 概况

长岛原为长岛县，为山东省唯一的海岛县，位于蓬莱以北的胶东半岛和辽东半岛之间的黄渤海交汇处。由庙岛列岛（亦称长山列岛）的32个岛屿组成，其中有居民的岛屿

10个，最大的岛屿是南长山岛。地理坐标范围在120° 35′ —120° 45′ 、北纬37° 53′ —37° 59′ 之间，岛陆面积56.8平方公里，海域面积3541平方公里，海岸线187.8公里。长岛以剥蚀山岳和海岸地貌为主要特征，属低山丘陵区，滨海地带有小面积平原。

截至2017年，长岛县下辖8个乡镇、街道，2个开发管理处。县政府驻南长山岛的南长山街道。全县总人口为4.17万人，以汉族为主，仅有少量少数民族。2020年，长岛县建置取消，与原县级蓬莱市合并为新设的烟台市蓬莱区。

长岛通行长岛方言，无少数民族语言。长岛方言属于胶辽官话登连片蓬龙小片。

当地无流行的曲艺或地方戏。

调查点为山东省烟台市原长岛县（今属蓬莱区）南长山镇南城村。

贰 声韵调

一 声母（22个，含零声母）

p	八兵病	pʰ	派片爬	m	麦明泥又	f	飞风副蜂肥饭
t	多东毒	tʰ	讨天甜	n	脑南	l	老蓝连路
ts	资早租字贼坐竹争装纸	tsʰ	刺草寸祠拆茶抄初床春船	s	丝三酸事山双顺		
tʃ	酒张柱主	tʃʰ	清全抽车城	ȵ	年泥又	ʃ	想谢手书十
c	九	cʰ	轻权	ç	响县		
k	高共	kʰ	开	x	好灰活		
ø	味问热软熬月安温王云用药						

说明：

1. ts、tsʰ、s有些字稍有齿间色彩。

2. 声母n和ȵ互补，n只与开口呼、合口呼相拼，ȵ只与齐齿呼、撮口呼相拼。

3. tʃ、tʃʰ、ʃ发音时舌尖微翘，与ts、tsʰ、s相近而不同。

4. 声母c、cʰ、ç个别字舌位偏前，有些比舌面中偏后。

二 韵母（37个）

ɿ	师丝试十七直尺锡	i	鞋又米戏急一	u	苦五骨谷	y	猪雨出橘绿局
ər	二						
a	茶塔法辣八	ia	牙鸭	ua	瓦刮		

		iɛ	写接贴热节			yɛ	靴月
ə	歌盒壳色白老			uə	坐过活托郭国	yo	药学
ai	开排白新	iai	鞋又	uai	快		
ei	对飞	uei	鬼				
au	宝饱笑	iau	桥				
ou	豆走	iou	油六				
an	南山半短	ian	盐年	uan	官	yan	权
ən	心深根新寸	in	音人	uən	滚春	yn	云
ɑŋ	糖	iɑŋ	响讲	uɑŋ	床王双		
əŋ	灯升争星横	iŋ	硬病	uŋ	东	yŋ	兄用

说明：

1. tʃ组声母后的y，实际音值接近ʯ。

2. 韵母ə实际发音偏后，部分字接近于ɤ，如"歌kə312"；拼p、pʰ、m时前有合口成分。

3. uə、yə中的ə圆唇色彩比较明显。

4. ai、iai中的ai动程较小，实际音值为ɛe。iai中的ai有时发成ɛ。

5. iɛ中的ɛ偏央偏后。

6. au、iau有时动程不足，实际音值是ɔo。

7. uŋ逢零声母实际音值为uəŋ。

叁 声调（4个）

阴平	312	东该灯风通开天春
阳平	55	门龙牛油铜皮糖红急毒白盒罚
上声	213	懂古鬼九统苦讨草买老五有谷百搭节哭拍塔切刻麦
去声	52	动罪近后冻怪半四痛快寸去卖路硬乱洞地饭树六叶月

说明：

阴平312的起点略高于3。部分阴平字只读为降调31。此统一记作312。

叁　连读变调

表4–1　长岛方言连读变调表

前字	后字					
	阴平 312	阳平 55	上声 213	去声 52	轻声	
					普通轻声	单音节动词重叠
阴平 312	55+31 书包　东风	31+55 梳头　丢人	52+213 开水　中指	31+52 天亮　生气	31+3 天气　东西	①31+3 听听　穿穿 ②35+2 搬搬
阳平 55	55+31 洋灰　还书	①52+55 围脖　咸盐 ②55+55 轮胎	①55+213 寻死　黄酒 ②52+213 毛笔　食指	55+52 牌位　船票	55+2 锤子　爷爷	55+2 谈谈　尝尝 学学　砸砸
上声 213	①55+31 发烧　打针 ②35+31 种猪　母猪	①35+55 月食　母牛 ②21+55 火油　刷牙	52+213 洗澡　热水	①21+52 考试　打架 ②35+52 炒菜	①35+2 奶奶　尾巴 ②213+2 妹子 ③55+2 月亮	35+2 走走　想想 说说　刷刷
去声 52	55+31 地瓜　菜刀	52+55 下棋　放牛	52+213 右手　电影	52+52 看病　算命	52+2 外面　夜里	52+2 算算　抱抱

说明：

上声做后字时实际音值是212或21。

肆　儿化

长岛话基本韵母37个，除本身是卷舌韵母的ər之外，其余36个韵母均可儿化。有的基本韵母儿化后合并，还有的基本韵母出现多个儿化韵母，合并后共有23个儿化韵母。

表4–2　长岛方言儿化韵表

儿化韵	原韵母	例词	儿化韵	原韵母	例词
ar	a	刀把儿　号码儿	iar	ia	豆芽儿　小虾儿

续表

儿化韵	原韵母	例词
uar	ua	牙刷儿　小褂儿
ər	ən	赔本儿　没门儿
	ə	老婆儿　葱白儿
	ei	宝贝儿　辈儿 一对儿　跑腿儿
	ɿ	豆汁儿　瓜子儿
iər	iai	小鞋儿　台阶儿
	i	针鼻儿　小米儿
	in	使劲儿　今儿
uər	uə	错儿　干活儿
	uei	墨水儿　一会儿
	uən	冰棍儿　掉魂儿
yər	y	有趣儿　小雨儿
	yɛ	补缺儿　月儿
	yn	小军儿　云儿
ɐr	ai	牌儿　盖儿
	an	扇儿　盘儿
iɐr	iɛ	打折儿　小车儿

儿化韵	原韵母	例词
iɐr	ian	边儿　一点儿
uɐr	uai	块儿　乖儿
	uan	罐儿　手腕儿
yɐr	yan	花卷儿　小院儿
ur	u	牛犊儿
	y	找主儿　小树儿
aur	au	趁早儿　棉袄儿
iaur	iau	到了儿　条儿
our	ou	小豆儿　袖儿
iour	iou	加油儿　妞儿
ãr	ɑŋ	鞋帮儿　帮忙儿
iãr	iɑŋ	撇腔儿　模样儿
uãr	uɑŋ	小床儿　小筐儿
ə̃r	əŋ	门缝儿　小板凳儿
iə̃r	iŋ	小命儿　山顶儿
uə̃r	uŋ	老翁儿　小洞儿
yə̃r	yŋ	小熊儿　蚕蛹儿

说明：

儿化时tʃ组声母变为tʂ、tʂ^{h}、ʂ，如果原韵母为细音韵母，则儿化韵中的i介音丢失，y介音变为u介音。如“车”tʃ^{h}iɛ^{312}，“（小）车儿”tʂɐr^{312}。

伍　其他主要音变

词缀“子”多数读为ɿ^{0}，少数读为tsɿ^{0}或独立成音节的l^{0}。词汇材料中统一记为tsɿ^{0}。

陆　新老差异

长岛方言中新老差异很小，主要是老派与普通话音类不同的字中，有少数字新派改按普通话音类或接近于普通话的音类来读。其中较有系统性的是，老派读iai韵母的字（来自古见组蟹摄）与iɛ韵母（来自非蟹摄）的字不同，如“解”和“姐”的韵母不同，而普通话读音相同；新派则将这两类字混同读iɛ，同普通话。如：

解——老男 ciai^{213}　青男 ciɛ^{213}

鞋——老男 çiai^{55}新 çi^{55}老　青男 çi^{55}老 çiɛ^{55}新

还副词——老男 xan^{55}　青男 xai^{55}

勺——老男 ʃyɛ^{55}　青男 ʃau^{55}

松——老男 ʃyŋ^{312}　青男 ʃuŋ^{312}

第五节　海阳方音

壹　概况

海阳市地处位于山东半岛东南部，南濒黄海，东临威海市乳山市、烟台市牟平区，西接莱阳市，西南与青岛市即墨区毗邻，北部与栖霞市接壤。地理坐标范围在东经120° 50′ —121° 29′、北纬36° 16′ —37° 10′之间，陆地总面积1909平方公里，海域面积1829平方公里，海岸线长212公里。海阳以低山丘陵为主，地势整体低缓，海拔多在50米以下。

海阳市系1996年由原海阳县改置，由烟台市代管。截至2018年，海阳市下辖4个街道、10个镇，另设有3个工业区、1个旅游区。市政府驻东村街道。截至2020年，全市人口为58.27万，以汉族为主，仅有少量少数民族。

全市通行海阳方言，无少数民族语言。海阳方言属于胶辽官话登连片烟威小片，市内无明显方言差异，只有与外区市接壤地带口音与周边区市互相影响。

当地无流行的曲艺或地方戏。

调查点为山东省烟台市海阳市方圆街道它山泊村。

贰　声韵调

一　声母（28个，含零声母）

p	八兵病	p^h	派片爬	m	麦明泥老	f	飞风副蜂肥饭
t	多东毒	t^h	讨天甜	n	脑南	l	老蓝连路
tθ	资早租字贼坐	$tθ^h$	刺草寸祠	θ	丝三酸		

ts	酒张	tsʰ	清全抽车城	s	想谢手十		
tʂ	竹争装纸	tʂʰ	拆茶抄初床春船	ʂ	事山双顺		
tʃ	柱主	tʃʰ	除	ʃ	书		
c	九	cʰ	轻权	ȵ	年泥新	ç	响县
k	高共	kʰ	开	x	好灰活		
ø	味问热软熬月安温王云用药						

说明：

1. 声母ts、tsʰ、s发音部位略靠后。

2. ȵ的实际音值是舌面中鼻音ɲ。

3. tʃ组声母与tʂ组声母互补，tʃ组只跟y韵母（实际音值是略带卷舌的圆唇舌叶元音ʮ）相拼。因此，也可以把tʃ组与tʂ组合并为一类。此处为了突出特色，将tʃ组声母独立。

二 韵母（37个）

ɿ	丝十直尺	i	米戏急七一锡	u	苦五骨谷	y	猪雨出橘绿局
ʅ	师试						
ər	二						
a	茶塔法辣八	ia	牙鸭	ua	瓦刮		
ɛ	开排	iɛi	鞋	uɛ	快		
ɔ	宝饱	iɔ	笑桥				
ə	壳北色白	iə	写接贴热节	uo	歌坐过盒活托郭国	yə	靴月药学
ei	赔对飞			uei	鬼		
əu	豆走	iəu	油六				
ã	南山半短	iã	盐年	uã	官	yã	权
ẽ	深根寸	ĩ	心新	uẽ	滚春	ỹ	云
ɑŋ	糖	iɑŋ	响讲	uɑŋ	床王双		
əŋ	灯升争横	iŋ	硬病星	uŋ	东	yŋ	兄用

说明：

1. ʅ韵母只与舌尖前声母和齿间声母相拼。

2. 高元音ɿ、ʅ、i、u、y等常有轻微的后滑音ə，但少数没有，记为ɿ、ʅ、i、u、y。y韵母在tʃ组声母后实际音值是略带卷舌的圆唇舌叶元音ʮ（参见声母说明）。

3. a、ia、ua中的a实际音值是央ᴀ。

4. uo韵母后有轻微的后滑音ə。

5. iə、yə韵母后有轻微的后滑音ə。

6. ɛ韵母发音时略有动程，开口度略小，舌位偏央，实际音值为ᴇe或əe。

7. iɛi实际音值是iei，i韵尾较短。

8. ei韵母主要元音舌位偏央，实际音值为əi。

9. ɔ韵母开口度较小，实际音值为开口度稍大一点的o并略有动程，实际发音接近于o̞u。

10. əu、iəu中的u实际发音基本不圆唇，舌位在ɯ和ɤ之间；有时略有圆唇色彩。

11. 普通话的前鼻尾韵母在海阳方言中都读成主要元音鼻化然后以舌位略高的纯元音收尾。ã、iã、uã、yã的实际音值是æ̃ɛ、iæ̃ɛ、uæ̃ɛ、yæ̃ɛ;ẽ、ĩ、uẽ、ỹ的实际音值是ẽi、ĩi、uẽi、ỹi（以上的i实际音值是ɩ）。末尾的ɛ和i并不鼻化，时长较短。海阳以东、以北的乳山、栖霞等地，这类韵母主要元音鼻化后有一个舌尖抬起的动作，但并不发音，而海阳则是舌面向上抬起、声带继续振动从而发出一个舌位稍高的元音。

12. ɑŋ、iɑŋ、uɑŋ韵母的主要元音略圆唇，并带有鼻化，而鼻音韵尾不明显，实际音值为ɒ̃ŋ。

13. uŋ逢零声母实际音值是uoŋ，如“翁”。

三　声调（3个）

阴平	52	东该灯风通开天春
上声	214	懂古鬼九统苦讨草买老五有谷百搭节急哭拍塔切刻
去声	341	门龙牛油铜皮糖红动罪近后冻怪半四痛快寸去卖路硬乱洞地饭树六麦叶月毒白盒罚

说明：

1. 阴平是单纯的降调，去声有明显的先升后降，两者区分明显。

2. 古浊平声字和古全浊入声字大部分读去声，少部分读阴平52，还有少数字与去声和阴平都不同，与去声前部有明显升高且时长较长不同，而是有短暂升高从而听起来以降为主，或前部听感上只是有个短暂的平调，调值接近于441，但又与阴平单纯的降调41有别。如“鹅”和“饿”声调不同，“磨（面）”和“（石）磨”声调不同，后者读去声341，前者更接近于441，与后者明显的升降调不同。此外，还有少数全浊入声字升降幅度较小，也与一般去声字不同，如“集”“及”。因为此类字较少，所以不独立阳平一类，读得接近于441的归入阴平（52）；升降幅度较小的仍归入升降调（去声）。

叁 连读变调

表5-1 海阳方言连读变调表

前字	后字				
	阴平52	上声214	去声341	轻声	
				普通轻声	单音节动词重叠
阴平52	34+52 书包 丢人	55+214 猪血 亲嘴	52+341 油菜 生气	①52+1 山药 公猪 ②34+2 石头 围裙	①52+1 听听 穿穿 ②34+2 谈谈 缝缝
上声214	34+52 打针 眼眉	34+214 老虎 洗澡	21+341 本钱 打仗	21+4 尾巴 出来	34+3 走走 想想
去声341	34+52 地瓜 咸盐	55+214 木耳 白酒	52+341 庆寿 饭店	34+3 木头 前年	34+3 看看 抱抱

肆 儿化

海阳方言基本韵母37个，除本身是卷舌韵母的ər之外，其余36个韵母均可儿化。有的基本韵母儿化后合并，合并后共有23个儿化韵母。

表5-2 海阳方言儿化韵表

儿化韵	原韵母	例词	儿化韵	原韵母	例词
ar	a	刀把儿 号码儿	iər	i	针鼻儿 皮儿
iar	ia	豆芽儿 小虾儿		ĩ	使劲儿 心儿
uar	ua	小褂儿 花儿	uər	uei	墨水儿 小鬼儿
uor	uo	盒儿 大伙儿		u	牛犊儿 小树儿
ər	ə	老婆儿 打折儿		uẽ	掉魂儿 作文儿
	ɿ	鸡子儿 侄儿	yər	y	驴儿 有趣儿
	ei	辈儿 跑腿儿		ỹ	小军儿 合群儿
	ʅ	没事儿 年三十儿	ɐr	ã	盘儿 扇儿
	ẽ	赔本儿 车轮儿		ɛ	牌儿 孩儿

续表

儿化韵	原韵母	例词	儿化韵	原韵母	例词
iɐr	iə	蝶儿　姐儿	əur	əu	老头儿　小楼儿
	iεi	小鞋儿　台阶儿	iəur	iəu	妞儿　袖儿
	iã	边儿　药面儿	ãr	ɑŋ	鞋帮儿　药方儿
uɐr	uε	块儿　拐儿	iãr	iɑŋ	撇腔儿　样儿
	uã	遛弯儿　手腕儿	uãr	uɑŋ	小床儿　小筐儿
yɐr	yə	旦角儿　补缺儿	ə̃r	əŋ	门缝儿　坑儿
	yã	花卷儿　小院儿	iə̃r	iŋ	名儿　山顶儿
ɔr	ɔ	趁早儿　棉袄儿	yə̃r	yŋ	小熊儿　蚕蛹儿
iɔr	iɔ	苗儿　调儿	ũr	uŋ	老翁儿　小葱儿

伍　其他主要音变

词缀“子”一般读作ə^{0}。助词“着”也常常读作ə^{0}。词汇和语法例句中都写其本字。

陆　新老差异

1.新派受普通话影响，把一部分方言读ts、ts^{h}、s或tʃ、tʃ^{h}、ʃ的字按普通话的读法读为tʂ、tʂ^{h}、ʂ。如：

张——老男tsɑŋ^{52}　青男tʂɑŋ^{52}

厂——老男ts^{h}ɑŋ^{214}　青男tʂ^{h}ɑŋ^{214}

绳——老男səŋ^{341}　青男ʂəŋ^{341}

叔——老男ʃy^{214}　青男ʂu^{214}

也有少量方言读tʂ、tʂ^{h}、ʂ的字按普通话的音类读为tθ、tθ^{h}、θ。如：

策——老男tʂ^{h}ə^{214}　青男tθ^{h}ə^{214}

2.普通话的前鼻音尾韵母老男读为主要元音鼻化然后以舌位略高的纯元音收尾，ã、iã、uã、yã实际音值是æ̃ε、iæ̃ε、uæ̃ε、yæ̃ε，ẽ、ĩ、uẽ、ỹ实际音值是ẽι、ĩι、uẽι、ỹι。末尾的ε和ι并不鼻化，时长较短。而青男上列韵母只是主要元音的鼻化，末尾没有明显的舌位变化。从与周边方言的比较来看，这种现象并非单纯的个体差异。在海阳以东、以北的乳山、栖霞等地，这类韵母主要元音鼻化后有一个舌尖抬起的动作，但并不发音，老男的读法实际上是舌面抬起并发音，这与乳山、栖霞等地的特点是有联系的；而海阳以西（以南是大海）的即墨、平度、青岛等地都发为纯粹的鼻化元音，青男的特点是与这些地方的特点相联系的，换言之，青男的发音特点是受西部方言的影响的。

第六节　莱西方音

壹　概况

莱西市位于胶东半岛中部，东邻莱阳市，北、西北与招远市、莱州市相连，南部与青岛市即墨区相接，西部与平度市毗邻。地理坐标范围在东经120° 12′ —120° 40′、北纬36° 34′ —37° 09′ 之间，总面积1568.2平方公里。莱西地貌类型主要有低山、丘陵、平原、洼地4种，地形总趋势是北高南低，北部为低山丘陵，中部为平原，南部为洼地。

莱西市系1990年由原莱西县（1945年由莱阳县析出）改置，由青岛市代管。截至2018年，莱西市辖8个镇、3个街道。市政府驻水集街道。截至2020年，全市常住人口为72万人，以汉族为主，只有少量少数民族。

全市通行莱西方言，无少数民族语言。莱西方言属于胶辽官话登连片烟威小片。市内无明显方言差异，但与外区市接壤地带方言与邻近区市互有影响。

当地无流行的曲艺或地方戏。

调查点为山东省青岛市莱西市水集街道沙岭村。

贰　声韵调

一　声母（23个，含零声母）

p	八兵病	p^h	派片爬	m	麦明泥白	f	飞风副蜂肥饭
t	多东毒	t^h	讨天甜	n	脑南	l	老蓝连路
ts	资早租字贼坐竹争装纸	ts^h	刺草寸祠拆茶抄初床春船	s	丝三酸事山双顺		

tʃ	酒张柱主	tʃʰ	清全抽车城	ʃ	想谢手书十	ʒ	软文
c	九	cʰ	轻权	ȵ	年泥文	ç	响县
k	高共	kʰ	开	x	好灰活		
ø	味问热软白熬月安温王云用药						

说明：

1.零声母拼齐齿呼时实际发音带摩擦j。

2.零声母拼合口呼时实际发音接近唇齿浊擦音v。

3.舌尖前音ts、tsʰ、s实际发音靠近齿间音，有时会自由变读为齿间音tθ、tθʰ、θ。

4. tʃ、tʃʰ、ʃ实际发音部位介于舌尖和舌叶之间。

5. c、cʰ、ç发音略靠后。

二　韵母（37个）

ʅ	师丝试直尺十七锡	i	米戏急一	u	苦五猪骨出谷	y	雨橘绿局
ər	二						
a	茶塔法辣八	ia	牙鸭	ua	瓦刮		
ɛ	开排	iɛ	鞋	uɛ	快		
ɔ	宝饱	iɔ	笑桥	uɔ	袄		
ə	歌文盒文壳北色白	iə	写接贴热节	uə	歌白坐过盒白活托郭国	yə	靴月药学
ei	赔对飞			uei	鬼		
ou	豆走	iou	油六				
ã	南山半短	iã	盐年	uã	官	yã	权
ẽ	根寸白	iẽ	心深新	uẽ	寸文滚春	yẽ	云
ɑŋ	糖	iɑŋ	响讲	uɑŋ	床王双		
əŋ	灯升争横	iŋ	硬病星	oŋ	东	yŋ	兄用

说明：

1. ʅ在tʃ、tʃʰ、ʃ后是舌叶色彩的元音，有时为舌面元音i，如“习”。

2. i、u、y、ʅ作单元音韵母时有轻微的后有滑音，实际音值为iᵊ、uᵊ、yᵊ、ʅᵊ。

3. u在舌叶音tʃ、tʃʰ、ʃ为舌叶色彩的元音，近于ʮ。

4. a、ia、ua中的a实际音值是ᴀ。

5. ə在舌根音后实际音是ɤ，在u后实际音值是ʌ，在y后实际音值是ø，与tʃ组声母相拼时为ʅə。

6. ɛ韵母略有动程，实际音值接近ɛe，uɛ实际音值接近uɛe。

7. ei韵母音值有时为e，如“妹”。

8. iɛ的实际音值是ɪᴇ。

9. ɔ舌位略低，但不到ɒ。韵母uɔ仅见于“袄”字。

10. ou略有动程，韵尾音值接近ɷ，实际音值接近əɷ。

11. ẽ、iẽ、uẽ、yẽ韵母的实际音值接近于ɪ̃、iɪ̃、uɪ̃、yɪ̃。

12. ã的实际读音为æ̃；iã中ã的实际读音为ɛ̃。

13. ɑŋ类韵母ɑ鼻音化，为ɑ̃ŋ。

14. iŋ实际音值为iəŋ。

15. tʃ、tʃ^{h}、ʃ后的i或i介音，在发音时有轻有重，读得轻时接近于无，听感上只是声母有一些舌面色彩；读得重时则i的音色比较清晰。同一个字不同的人会读得轻重有异，同一个人也会在不同的场合读得有所不同。本资源集在核对时尊重了原调查者的记音，只是对前后不一致之处做了修订（如韵母系统中的例字与单字表中的记音不一致）。

三 声调（3个）

阴平	214	东该灯风通开天春门牛油
上声	55	懂古鬼九统苦草买老五有谷百搭节急哭拍塔切刻
去声	42	龙铜皮糖红讨动罪近后冻怪半四痛快寸去卖路硬乱洞地饭树六麦叶月毒白盒罚

说明：

1. 214调大部分字来自古清声母平声字，而古浊声母平声字大部分读42调（去声），只有次浊平声字的一部分读214调。因此，本书把214调称为阴平，不叫作平声；把42调称为去声，不叫作阳平。

2. 阴平调的214，发音不太稳定，有时读224或24调。

叁　连读变调

表6–1　莱西方言连读变调表

前字	后字				
	阴平 214	上声 55	去声 42	轻声	
				普通轻声	单音节动词重叠
阴平 214	55+214 猪肝　班车	214+55 肩膀　山谷	214+42 花茶　公历	①214+31 庄稼　刀子 ②32+5 芝麻　干净 云彩　人家	214+31 听听　穿穿
上声 55	55+214 板车　水沟 火油	①214+55 起码　彩礼 ②42+55 可以　哪场儿	①55+42 闪电　眼前 ②24+42 小豆　纸钱	①24+42 尾巴　起来 ②214+2 老婆	42+2 走走　想想 说说　歇歇
去声 42	①31+214 地瓜　洋灰 麦秸 ②33+214 棉花	①42+55 财礼 ②21+55 骑马　下雨 ③33+55 长果	①42+42 渔民　毛重 ②23+42 毛桃　值钱 ③44+42 大便 ④21+42 稻田　面前	①45+3 袖子　黄豆 ②42+1 汉子　妹妹 ③21+1 下边儿	42+2 求求　看看 学学　捏捏

说明：

1.因阴平有24的变体，所以阴平为前字的变调有时也会读为24，本表未算作变调形式列出。

2.去声在轻声变调类型①中读45，有时读为高平55，如：茶叶、滑皮。

肆　儿化

莱西方言基本韵母37个，除ər、uɔ外均可儿化，有的基本韵母儿化后合并，合并后共有29个儿化韵母。

表6–2　莱西方言儿化韵表

儿化韵	原韵母	例词	儿化韵	原韵母	例词
ʌr	a	刀把儿　号码儿	iʌr	ia	豆芽儿　小虾儿

续表

儿化韵	原韵母	例词	儿化韵	原韵母	例词
uʌr	u	小褂儿　牙刷儿	uer	uei	一会儿　墨水儿
ər	ə	老婆儿　打折儿		uẽ	没准儿
iər	iə	树叶儿　碟儿	yer	yẽ	小军儿　合群儿
	i	针鼻儿　差不离儿	ur	u	找主儿　小树儿
uər	uə	大伙儿　错儿	yr	y	有趣儿　小雨儿
yər	yə	补缺儿　月儿	ɔr	ɔ	赶早儿　小刀儿
ɐr	ɛ	牌儿　盖儿	iɔr	iɔ	苗儿　调儿
	ã	盘儿　摊儿	our	ou	老头儿　两口儿
iɐr	iɛ	台阶儿　小鞋儿	iour	iou	袖儿　加油儿
	iã	药面儿　一点儿	ɑ̃r	ɑŋ	鞋帮儿　帮忙儿
uɐr	uɛ	拐儿　块儿	iɑ̃r	iɑŋ	撇腔儿　样儿
	uã	遛弯儿　手腕儿	uɑ̃r	uɑŋ	小筐儿　小床儿
yɐr	yã	小院儿　眼圈儿	ə̃r	əŋ	门缝儿　坑儿
er	ɿ	刺儿　侄儿	iə̃r	iŋ	名儿　小命儿
	ei	葱白儿　一对儿	uə̃r	uəŋ	老翁儿　小瓮儿
	ẽ	赔本儿　车轮儿	õr	oŋ	小洞儿　没空儿
ier	iẽ	心儿　使劲儿	iõr	yŋ	小熊儿　蚕蛹儿

伍　其他主要音变

有的轻声音节不仅声调发生变化，韵母也发生变化。如：

瓜 kua→ku：黄瓜 xuɑŋ^{45}ku^{0}

鹊 tʃʰyə→tʃʰy：鸦鹊喜鹊 ia^{214}tʃʰy^{0}

蚤 tsɔ→tsou：蛇蚤跳蚤 kə^{214}tsou^{0}

粮 liɑŋ→liŋ：干粮 kã^{214}liŋ^{0}

发 fa→fu：头发 tʰou^{45}fu^{0}

陆　新老差异

莱西方言中新老差异主要表现在以下几个方面：

1.老派方言古精组细音字与古知庄章的部分字混同，读tʃ组声母，古见组细音字读c组声母；新派古精组细音字大部分与古见组细音字混同，读tɕ组声母。从声母系统的角度说，老派有c组无tɕ组；而新派相反。如：

青——老男 $tʃ^hiŋ^{214}$　青男 $tʃ^həŋ^{214}$

进——老男 $tʃiẽ^{42}$　青男 $tɕiẽ^{42}$

轻——老男 $c^hiŋ^{214}$　青男 $tɕ^hiŋ^{214}$

劲——老男 $ciẽ^{42}$　青男 $tɕiẽ^{42}$

这种变化与普通话的影响有关。

2.老派的ts组声母新派读为齿间音tθ、$tθ^h$、θ。如：

杂——老男 tsa^{42}　青男 $tθa^{42}$

闸——老男 tsa^{55}　青男 $tθa^{55}$

山——老男 $sã^{214}$　青男 $θã^{214}$

三——老男 $sã^{214}$　青男 $θã^{214}$

这种变化与邻近的青岛、平度等地方言影响有关。

3.老派tʃ组声母拼细音韵母今新派仍读tʃ组的字中，有不少字的韵母由细音变为洪音。如：

削——老男 $ʃyə^{55}$　青男 $ʃuə^{55}$

舌——老男 $ʃiə^{42}$　青男 $ʃə^{42}$

由于在老派那里tʃ组后细音韵母的介音本来就不是十分清晰和稳定，所以这种差异也可能是个体差异。

第七节　平度方音

壹　概况

平度市位于胶东半岛西部，南连胶州市，北接莱州市，东以小沽河、大沽河为界，与莱西市和青岛市即墨区相邻；西及西南以胶莱河为界，与昌邑市和高密市隔河相望。平度地处北纬36° 28′ —37° 02′，东经119° 31′ —120° 19′ 之间，东西长71公里，南北宽64公里，全市总面积约3176平方公里，是山东省面积最大的县级市。平度整体地形北高南低，呈伞形向东南、西南、西北倾斜。北部是大泽山脉，海拔736.7米，是全市的最高峰；西北部是洼地丘陵区；中部、东南部、西南部则是平原。

平度市系1989年由原平度县改置，由青岛市代管。截至2020年，平度市辖12镇、5街道。市政府驻凤台街道。常住人口约119万人，以汉族为主，仅有少量少数民族。

全市通行平度方言，无少数民族语言。平度方言属于胶辽官话青莱片胶莲小片。语音的内部差异主要是南北不同，主要体现在：（1）“对、酸、村”等字的介音。南面部分地区存在有介音和无介音两读现象，有介音是青岛、潍坊一带的特点；北部多数地区没有介音，是烟台、威海一带的特点。（2）“登东、争忠”等字的韵母读音。平度境内的中部及东南部地区“登东”同音、“争忠”同音，同青岛及潍坊部分地区方言；平度东部和西北部不同音，同烟台、威海方言。（3）声调。平度境内大部分地区只有三个声调，跟莱州、莱西等地一致，只有西南边靠潍坊地区的一些地方是四个声调，与昌邑等地一致。（4）“儿二耳”的读音。东北多读零声母卷舌韵母，同烟台、威海一带；西南多读ḷə，同潍坊及山东省中部地区。中间一些点两可。

当地无流行的曲艺或地方戏。

调查点为山东省青岛市平度市东阁街道东阁村。

贰　声韵调

一　声母（28个，含零声母）

p	八兵病	pʰ	派片爬	m	麦明泥白	f	飞风副蜂肥饭
t	多东毒	tʰ	讨天甜	n	脑南	l	老蓝连路
tθ	资早租字贼坐	tθʰ	刺草寸祠	θ	丝三酸		
ts	酒	tsʰ	清全	s	想谢		
tʃ	张柱主	tʃʰ	抽车春船城	ʃ	顺手书十		
tʂ	竹争装纸	tʂʰ	拆茶抄初床	ʂ	事山双		
c	九	cʰ	轻权	ç	响县	ȵ	年泥文
k	高共	kʰ	开	x	好灰活		
ø	味问热软熬月安温王云用药						

说明：

1. c、cʰ、ç略靠前，但比tɕ、tɕʰ、ɕ略靠后，有些字的读音近于tɕ、tɕʰ、ɕ。

2. tʃ、tʃʰ、ʃ组声母实际音值接近于ts、tsʰ、s，发音以舌尖为主，舌叶略起作用。

3. 开口呼的零声母有时带有摩擦，发音接近ɣ。

二　韵母（36）

ɿ	丝十直尺	i	米戏急七一锡	u	苦五猪骨出谷	y	雨橘绿局
ʅ	师试						
ər	二						
a	茶塔法辣八	ia	牙鸭	ua	瓦刮		
ɛ	开排	iɛ	鞋	uɛ	快		
ɔ	宝饱	iɔ	笑桥				
ə	歌壳	iə	写接贴热节	uə	坐过盒活郭国	yə	靴月药学
ei	赔对飞北色白			uei	鬼		
ou	豆走	iou	油六				
ã	南山半短	iã	盐年	uã	官	yã	权
ə̃	深根寸	iə̃	心新	uə̃	滚春	yə̃	云
ɑŋ	糖	iɑŋ	响讲	uɑŋ	床王双		
əŋ	灯升争横东	iŋ	硬病星兄用	uŋ	公		

说明：

1. ɿ在tθ、tθʰ、θ后是具有齿间音色彩的元音；在tʃ、tʃʰ、ʃ后是舌叶色彩的元音。

2. u在tʃ、tʃʰ、ʃ后是舌叶色彩元音，近于ʮ；在tʂ、tʂʰ、ʂ、ʐ后是具有卷舌色彩的元音，近于ʯ。

3. a的发音比央ᴀ略靠后。

4. ə、iə、uə、yə韵母的实际音值接近于əɐ、iɐ、uɐ、yɐ，后面的央元音是滑音。

5. ɛ实际读音有动程，接近æe。

6. ɔ有时略有动程。

7. ou、iou的实际读音为oʊ、ioʊ。

8. ə̃发音时略有动程，ə̃、uə̃的实际音值是ɛ̃ẽ、uɛ̃ẽ。

9. ɑŋ、iɑŋ、uɑŋ韵尾有时发音不明显。

10. uŋ逢零声母时实际发音是uəŋ。

三 声调（3个）

阴平　213　东该灯风通开天春统六月

阳平　42　门龙牛油铜皮糖红讨动罪后冻怪半四痛快寸去卖路硬乱洞地饭树麦叶毒白盒罚

上声　55　懂古鬼九苦草买老五有近谷百搭节急哭拍塔切刻

说明：

1.阴平213，有时读为13。

2.普通话一般读去声的字（古去声、全浊上声、次浊入声）在平度方言中分为两类，少部分（约六分之一）读阴平213，大部分（约六分之五）读为42；而普通话一般读阳平的字（古浊声母平声、全浊声母入声）在平度方言中不发生分化，读42。因此，42调与阳平字的对应是整齐的，而与去声字的对应是不整齐的，本书把42调称为阳平，不叫作去声。

3.阳平的起点略高，但不到5。一般是降调，少数字有的是先平后降442，有的是先升后降342。

叁　连读变调

表7-1　平度方言连读变调表

前字	后字				
	阴平 213	阳平 42	上声 55	轻声 普通轻声	轻声 单音节动词重叠
阴平 213	55+213 花边　公司	213+42 花茶　天亮	213+55 冬泳　声母	213+42 东西　干净	213+31 听听　穿穿
阳平 42	42+213 毛巾　大车 豆浆　害羞	①42+42 渔民　毛重 ②213+42 酱油　透明	①42+55 上海　财礼 ②213+55 大海　年底	①45+21 棉花　谁的 ②42+21 画家　用的	①42+2 谈谈　尝尝 抱抱　换换 学学　嚼嚼 ②213+31 看看　练练
上声 55	55+213 火车　小葱	①55+42 老年　小寒 ②45+42 火油　以前	①42+55 友好　海水 ②213+55 起码　彩礼	①45+42 姐姐　桌子 ②42+21 谷雨　损失	42+2 走走　洗洗 说说　歇歇

说明：

1.“阳平+阳平”“阳平+上声”“上声+阳平”和“上声+上声”各有两种变调形式，基本上是两可的，皆按发音人的习惯记录。

2.阴平在阳平、上声前，收尾比原调略低，实为212；两个阳平相连，前字收尾比2略高，实为43。两者皆按不变处理。

3.平度方言三个声调，古去声字绝大部分归入阳平，但在轻声前，两者变调不同，原阳平字变为45，原去声字42不变。

肆　儿化

平度方言基本韵母36个，除er外均可儿化。有的基本韵母儿化后合并，合并后共有27个儿化韵母。

表7-2　平度方言儿化韵表

儿化韵	原韵母	例词	儿化韵	原韵母	例词
ar	a	刀把儿　号码儿	er	ɿ	侄儿　刺儿
i^{r}ar	ia	豆芽儿　小虾儿		ʅ	没事儿
uar	ua	小褂儿　牙刷儿		i	年底儿　差不离儿
ər	ɔ	老婆儿　打折儿		ei	葱白儿　宝贝儿
	iə	碟儿　姐儿		ə̃	赔本儿　没门儿
i^{r}ər	iə	树叶儿		iə̃	口信儿
uər	uə	大伙儿　错儿	i^{r}er	i	皮儿
	yə	家雀儿		iə̃	使劲儿　今儿
y^{r}ər	yə	补缺儿　月儿	uer	uei	一会儿　墨水儿
ɛr	ɛ	牌儿　盖儿		uə̃	轱轮儿　没准儿
	ã	盘儿　摊儿		yə̃	俊儿
	iã	雨点儿	y^{r}er	yə̃	合群儿　小云儿
i^{r}ɛr	iɛ	台阶儿　小鞋儿	ur	u	找主儿　枣核儿
	iã	药面儿	y^{r}r	y	有趣儿　小鱼儿
uɛr	uɛ	拐儿　块儿	ɔr	ɔ	赶早儿　小刀儿
	uã	一段儿　茶馆儿	i^{r}ɔr	iɔ	小小儿
	yã	旋儿		iɔ	面条儿　不开窍儿
y^{r}ɛr	yã	小院儿　眼圈儿	our	ou	老头儿　两口儿

续表

儿化韵	原韵母	例词	儿化韵	原韵母	例词
i^{ɾ}our	iou	袄袖儿　加油儿	uɑ̃r	uɑŋ	小筐儿　庄儿
ɑ̃r	ɑŋ	鞋帮儿　帮忙儿	ə̃r	əŋ	跳绳儿
	iɑŋ	亮儿	ũr	uŋ	没空儿
i^{ɾ}ɑ̃r	iɑŋ	撇腔儿	iə̃r	iŋ	小病儿　小熊儿

说明：

1. 儿化韵ər的舌位有动程，接近əɐr。ɛr的实际音值接近ɐr。

2. 声母是tʃ、tʃ^{h}、ʃ的儿化后声母为tʂ、tʂ^{h}、ʂ。

3. ts、ts^{h}、s变为tθ、tθ^{h}、θ。

4. l变为ʐ。ʐ声母在音系中没有，但声母l的字儿化后，声母变为ʐ，摩擦较轻。

5. 声母t、t^{h}、n，p，tθ、tθ^{h}、θ和元音i、y儿化后有时出现闪音ɾ。闪音在词汇记音中不记录。

伍　新老差异

平度方言新老差异主要表现在以下几个方面：

1. 老派方言中，古见组细音字（团音字）读舌面中音c、c^{h}、ç，而新派读为舌面前音tɕ、tɕ^{h}、ɕ。如："街"老男读ciɛ^{213}，青男读tɕiɛ^{213}；"骑"老男读c^{h}i^{42}，青男读tɕ^{h}i^{42}；"夏"老男读çia^{42}，青男读ɕia^{42}。

2. 新派增加了ʐ声母。普通话读ʐ声母的字老派读零声母（细音韵母），新派读ʐ声母（洪音韵母）。如"如"老男读y^{213}，青男读ʐu^{42}；"染"老男读iã^{55}，青男读ʐã^{55}；"荣"老男iŋ^{55}，青男ʐuŋ^{55}。

3. 普通话读uŋ韵母的字，老派读为əŋ韵母（与普通话中读əŋ韵母的字相混），而新派则读uŋ韵母。

此外，有些老派与普通话音类（声类、韵类、调类）有别的字，新派改按普通话的音类来读。如"做"老男读ou韵母，新派读uə韵母；"色"老男读ʂei^{55}，青男读θə^{42}又读ʂei^{55}，青男的前一读是按照普通话的音类来读的；"客"老男读k^{h}ei^{55}又读k^{h}ə^{55}，前者是白读，后者是文读，而青男则只读k^{h}ə^{42}。

总的来看，青男的读音受普通话影响很大，在音类上和某些声韵母的音值上向普通话靠拢了。

第八节　青岛（市南）方音

壹　概况

青岛市市南区地处青岛市区南部，是青岛市人民政府所在地。市南区南临黄海，西与青岛黄岛区隔胶州湾相望，东与青岛市崂山区毗邻，北接市北区。地理坐标范围为东经120° 16′ —120° 25′，北纬36° 02′ —36° 05′，东西长12.7公里，南北最宽处4.8公里，总面积30.01平方公里。市南区地貌从形态上分有山地、丘陵、滨海低地等，崂山山脉的绵延使市南区有东北高西南低的地貌特征。

市南区一直是青岛市主城区之一。截至2020年，市南区下辖11个街道，常住人口为48.66万人。全市以汉族人口为主，超千人以上的少数民族有回族、满族和朝鲜族。

全区通行青岛方言，无少数民族语言。市南区方言同青岛市其他城区一样，属于胶辽官话青莱片胶莲小片。内部无明显方言差异（只有台西的挪庄附近主要是从日照等地来的外来人口，所以方言中有日照口音）。

当地无流行的曲艺或地方戏。

调查点为青岛市市南区。

贰　声韵调

一　声母（29个，含零声母）

p	八兵病	pʰ	派片爬	m	麦明泥白	f	飞风副蜂肥饭
t	多东毒	tʰ	讨天甜	n	脑南	l	老蓝连路
tθ	资早租字贼坐	tθʰ	刺草寸祠	θ	丝三酸		
ts	酒	tsʰ	清全	s	想谢		
tʃ	张柱主	tʃʰ	抽车春船城	ʃ	顺手书十		
tʂ	竹争装纸	tʂʰ	拆茶抄初床	ʂ	事山双	ɭ	二儿
tɕ	九	tɕʰ	轻权	ȵ	年泥文	ɕ	响县

k	高共	kʰ	开	x	好灰活
Ø	味问热软熬月安温王云用药				

说明：

1. n和ȵ互补分布，前者拼开口呼和合口呼，后者拼齐齿呼和撮口呼。

2. tʃ组声母实际音值接近于舌尖音ts、tsʰ、s，但舌叶也略有接触，所以与ts、tsʰ、s仍有不同。

二 韵母（35个）

ɿ	丝十直尺	i	米戏急七一锡	u	苦五猪骨出	y	雨橘绿局
ʅ	师试						
ɑ	茶塔法辣八	iɑ	牙鸭	uɑ	瓦刮		
ɛ	开排	iɛ	鞋	uɛ	快		
ɔ	宝饱	iɔ	笑桥				
ə	歌二盒文壳	iə	写接贴热节	uə	坐过盒白活托郭国	yə	靴月药学
ei	赔对飞北色白			uei	鬼		
ou	豆走	iou	油六				
ã	南山半	iã	盐年	uã	短官	yã	权
ẽ	深根	iẽ	心新	uẽ	寸滚春	yẽ	云
ɑŋ	糖	iɑŋ	响讲	uɑŋ	床王双		
oŋ	灯升争横东	ioŋ	硬病星兄用	uoŋ	翁		

说明：

1. ɿ在声母tθ、tθʰ、θ后是具有齿间色彩的元音，在tʃ、tʃʰ、ʃ后是具有舌叶色彩的元音；u在tʃ、tʃʰ、ʃ后是具有舌叶色彩的圆唇元音，在tʂ、tʂʰ、ʂ后面是具有卷舌色彩的元音。

2. ẽ的实际发音稍靠后。

3. oŋ和ioŋ各有两个变体əŋ、oŋ和ioŋ、yŋ，为自由变体。

4. ioŋ中的o略靠前，但不是ə。

5. ɑ、iɑ、uɑ中的ɑ，比央ᴀ靠后，但不到ɑ。

三 声调（3个）

阴平 213 东该灯风通开天春

阳平　　42　　门龙牛油铜皮糖红动罪后冻怪半四痛快寸去卖路硬乱洞地饭树六麦叶月毒白盒罚

上声　　55　　懂古鬼九统苦讨草买老五有谷百搭节急哭拍塔切刻

说明：

1.阴平调以升为主。

2.普通话中一般读阳平的字（古浊声母平声、全浊声母入声）和一般读去声的字（古去声、全浊上声）在青岛方言中读为一类。考虑到42调与周围区分阳平和去声的方言中的阳平调比较接近（如胶州阳平为52，去声是212），所以本书把青岛的42调称为阳平，不叫作去声。

叁　连读变调

表8-1　青岛方言连读变调表

前字	后字				
	阴平213	阳平42	上声55	轻声	
				普通轻声	单音节动词重叠
阴平213	55+213 花边　公司	213+42 天亮　花茶	213+55 冬泳　井水	①213+4 庄稼　穿的 ②21+42 星星　东西	213+31 听听　穿穿
阳平42	42+213 毛巾　大车	①42+42 渔民　大红 ②213+42 毛桃　透明	①42+55 财礼　上海 ②213+55 年底　大海	①45+3 拾掇　虫子 雹子　雾露 ②44+5 娘家　胰子 ③42+1 笑话　棍子	①42+2 尝尝　谈谈 抱抱　换换 学学　嚼嚼 ②213+31 看看　捏捏
上声55	55+213 火车　小葱	55+42 老年　小寒	①42+55 友好　海水 ②213+55 起码　彩礼	①55+5 桌子　椅子 ②44+53 点心　女婿	42+2 走走　洗洗 说说　歇歇

说明：

1.“阳平+阳平”“阳平+上声”和“上声+上声”各有两种变调形式，基本上是两可的，皆按发音人的习惯记录。

2.连读调中前字读音记为213的音节，其声调读音起头降幅较小、收尾升幅比3略低，实际音值近12。

3.两个阳平相连，前字收尾比2略高，实为43。两者皆按不变处理。

4.青岛方言单字调三个声调，古去声和全浊上声字（去声）绝大部分与古浊平和全浊入（阳平）合一，但在轻声前，两者变调不同：原阳平字一般变为45（类型①），少数变为44（类型②）；原去声字42不变（个别读同阳平，如“雾露”）。

5.“上声+轻声”中，①类（55+5）后字轻声音节有时略有动程，近43；读②类（44+5）的词较少。类型①中前字的音高读得并不一致，有时是55（桌子），有时是44或33（尾巴、姐姐、本子），但都是较高的平调，共同的特点是后字（轻声音节）起点高度与前字基本持平，读得较平或略降。材料中统一记为55+0。而类型②后字（轻声音节）起点比前字终点高，并且有明显的高降。材料中记为44+0。

肆 儿化

青岛（市南区）方言基本韵母35个，均可儿化。有的基本韵母儿化后合并，合并后共有26个儿化韵母。

表8-2 青岛方言儿化韵表

儿化韵	原韵母	例词	儿化韵	原韵母	例词
ɑr	ɑ	刀把儿 号码儿	er	ɿ	侄儿 刺儿
iɑr	iɑ	豆芽儿 小虾儿		ʅ	没事儿
uɑr	uɑ	小褂儿 牙刷儿		i	底儿
ər	ə	老婆儿 打折儿		ei	葱白儿 宝贝儿
iər	iə	树叶儿 姐儿		ẽ	赔本儿 没门儿
uər	uə	大伙儿 错儿	ier	i	皮儿 差不离儿
yər	yə	补缺儿 月儿		iẽ	使劲儿 今儿
ɛr	ɛ	牌儿 盖儿	uer	uei	一会儿 墨水儿
	ã	盘儿 摊儿		uẽ	没准儿
iɛr	iɛ	台阶儿 小鞋儿	yer	y	有趣儿 小鱼儿
	iã	雨点儿 药面儿		yẽ	合群儿 小云儿
uɛr	uɛ	拐儿 块儿	ur	u	找主儿 枣核儿
	uã	一段儿 茶馆儿	ɔr	ɔ	赶早儿 小刀儿
yɛr	yã	小院儿 眼圈儿	iɔr	iɔ	面条儿 不开窍儿

续表

儿化韵	原韵母	例词	儿化韵	原韵母	例词
our	ou	老头儿　两口儿	uɑ̃r	uɑŋ	小筐儿　庄儿
iour	iou	加油儿　抓阄儿	õr	oŋ	跳绳儿　没空儿
ɑ̃r	ɑŋ	鞋帮儿　帮忙儿	iõr	ioŋ	小病儿　小熊儿
iɑ̃r	iɑŋ	撇腔儿　花样儿	uõr	uoŋ	老翁儿

说明：

声母l的字儿化后，声母变为ʐ，摩擦较轻，如：（轱）轮儿 ʐer^{0}。有的零声母音节字儿化时也会变为ʐ声母，如：（电影）院儿ʐuɛr^{42}。

伍　新老差异

青岛（市南区）方言的新老差异主要有以下几个方面：

1.老派区分尖团音，古精组细音字读ts组声母，古见组细音字读tɕ组声母，“酒”≠“九”，“千”≠“牵”，“西”≠“希”；新派不分尖团音，统读tɕ组声母，“酒”=“九”，“千”=“牵”，“西”=“希”。

2.普通话读tʂ组声母（古知庄章组）的字老派分读两类，一类读tʂ组声母，一类读tʃ组声母，“支”≠“知”，“站”≠“占”，“山”≠“膻”；新派合一，都读tʂ组声母，“支”=“知”，“站”=“占”，“山”=“膻”。

3.普通话的“儿耳二”音节，老派读ḷə，新派读ər同普通话。

4.普通话的“歌科河”音节（不包括咸山摄一等入声来源的字），老派读合口呼uə，“歌”=“锅”，“河”=“活”；新派读开口呼ə，“歌”≠“锅”，“河”≠“活”。

5.普通话t组和ts组声母拼合口呼的字，老派也读合口呼，新派一般读作开口呼。如：

短——老男 tuã^{55}　青男 tã^{55}

暖——老男 nuã^{55}　青男 nã^{55}

酸——老男 θuã^{213}　青男 θã^{213}

醉——老男 tθuei^{42}　青男 tθei^{42}

这些字在青岛以北是比较整齐地读开口呼的地区，以南以西是读合口呼的地区（以东是黄海），青岛方言位于交接地带，老男和青男的读法也有可能不是新老派的问题，而是内部原有的差异。

第九节 高密方音

壹 概况

高密市地处胶莱平原腹地，东邻胶州市，西靠安丘市、昌邑市，南连诸城市，北接平度市。地理范围介于北纬36° 8′ —36° 41′，东经119° 26′ —120° 之间，南北最长60.1公里，东西最宽51.2公里，总面积约1605.55平方公里。高密市境域地势南高北低，南部属泰沂山区末端，地势较高；中部地区宽阔平缓；北部区域为低平区，地势低洼，地面平展。

高密市系1994年由原高密县改置，由潍坊市代管。截至2020年，全市辖3个街道、7个镇。市政府驻密水街道。常住人口为87.73万人，绝大部分人口为汉族，少数民族包括回族2.5万余人、满族7000余人、蒙古族1000余人，另有千人以下的少数民族6000余人。

全市通行高密方言，无少数民族语言。高密方言属于胶辽官话青莱片胶莲小片。市内方言内部大同小异。

当地流行的地方戏主要是茂腔，属国家非物质文化遗产。

调查点为山东省潍坊市高密市密水街道南关社区。

贰 声韵调

一 声母（29个，含零声母）

p	八兵病	pʰ	派片爬	m	麦明泥白	f	飞风副蜂肥饭
t	多东毒	tʰ	讨天甜	n	脑南	l	老蓝连路
tθ	资早租字贼坐	tθʰ	刺草寸祠	θ	丝三酸		
ts	酒	tsʰ	清全	s	想谢		
tʃ	张柱主	tʃʰ	抽车春船城	ʃ	顺手书十		
tʂ	竹争装纸	tʂʰ	拆茶抄初床	ʂ	事山双	ɭ	儿耳二白
tɕ	九	tɕʰ	轻权	ȵ	年泥文	ɕ	响县

k	高共	k^h	开	x	好灰活
ø	味问热软熬月安温王云用药二文				

说明：

1.零声母拼u之外的合口呼带有摩擦，实际音值是ʋ。

2.零声母拼开口呼有时略带有摩擦，有时摩擦明显，实际声母接近ɣ。

3. ts组声母只拼细音韵母，且老男发音人带有较多舌面音色彩，但仍与tɕ组声母有别。从青男和其他发音人的情况看，这些字（尖音字）一般读ts组。所以综合来看，记为ts组。

4.舌叶音tʃ、$tʃ^h$、ʃ是舌叶齿龈音，有时听感近于ts、ts^h、s，尤其是擦音“输竖”等。

二　韵母（35个）

ɿ	丝十直尺	i	米戏急七一锡	u	苦五猪骨出谷	y	雨橘绿局
ʅ	师试						
ɐr	二文						
ɑ	茶塔法辣八	iɑ	牙鸭	uɑ	瓦刮		
ɛ	开排	iɛ	鞋	uɛ	快		
ɔ	宝饱	iɔ	笑桥				
ə	歌二白盒壳色文	iə	写接贴热节	uə	坐过活托郭国	yə	靴月药学
ei	赔对白飞北色白白			uei	对文鬼		
ou	豆走	iou	油六				
ã	南山半	iã	盐年	uã	短官	yã	权
ə̃	深根	iə̃	心新	uə̃	寸滚春	yə̃	云
ɑŋ	糖	iɑŋ	响讲	uɑŋ	床王双		
oŋ	灯升争横东	ioŋ	硬病星兄用				

说明：

1. i韵母略有动程，发i后，舌向后缩，接近iɨ。

2. ɿ在tθ组声母后是齿间元音；在tʃ组声母后是与之同部位的舌叶不圆唇元音。

3. u韵母略有动程，在tʃ、$tʃ^h$、ʃ声母后是与之同部位的舌叶圆唇元音。

4. y韵母实际音值不稳定，有时是单元音y，多数略有动程，带后滑音。

5. ɑ、iɑ、uɑ中的ɑ实际上比央ᴀ略后，不到ɑ。

6. ə在舌根音后实际音是ɤ；在i后和声母tʃ、tʃʰ、ʃ和ʂ后舌位略低，实际音值是ɜ；在u后实际音值是ʌ。

7. ɛ韵母略有动程，实际音值接近ɛe。iɛ、uɛ实际音值接近iɛe、uɛe。

8. ɔ的开口度略小，但不到o。

9. ou、iou中的o实际音值接近于ə。

10. ioŋ中的个别字受普通话影响读iŋ（如“病”）。

三　声调（4个）

阴平　213　东该灯风通开天春
阳平　42　门龙牛油铜皮糖红讨痛毒白盒罚
上声　55　懂古鬼九统苦草买老五有谷百搭节急哭拍塔切刻
去声　21　动罪近后冻怪半四快寸去卖路硬乱洞地饭树六麦叶月

说明：

1. 阴平有时最低点不到1实际为224，且有24变体。

2. 去声21的实际音值是211。

叁　连读变调

表9-1　高密方言连读变调表

<table>
<tr><th rowspan="3">前字</th><th colspan="6">后字</th></tr>
<tr><th rowspan="2">阴平
213</th><th rowspan="2">阳平
42</th><th rowspan="2">上声
55</th><th rowspan="2">去声
21</th><th colspan="2">轻声</th></tr>
<tr><th>普通轻声</th><th>单音节动词重叠</th></tr>
<tr><td>阴平
213</td><td>①55+213
花生儿　稀粥
②23+213
山沟儿</td><td>213+42
东南　天平</td><td>213+55
冬泳　声母</td><td>①23+21
冬至　花样
②55+21
稀饭</td><td>①21+1
刀子　庄稼
②55+3
东西儿
③23+1
亲亲</td><td>23+3
听听　穿穿</td></tr>
<tr><td>阳平
42</td><td>42+213
毛巾　晴天</td><td>42+42
渔民　年龄</td><td>42+55
毛纺　财礼</td><td>42+21
鱼刺　年货</td><td>55+3
明日　黄瓜</td><td>42+2
尝尝　谈谈
学学　嚼嚼</td></tr>
</table>

续表

前字	后字					
	阴平 213	阳平 42	上声 55	去声 21	轻声	
					普通轻声	单音节动词重叠
上声 55	①55+213 水沟　一天 ②42+213 板车　火车	213+42 老人　小寒	42+55 彩礼　土纸	55+21 小豆　土地	①23+42 李家　姐姐 ②42+1 里边　水果 ③55+4 简单　哪个	42+2 走走　洗洗 说说　歇歇
去声 21	21+213 大风　见天	21+42 大红　按时	21+55 大雨　圣母	①23+21 旱地　大豆 ②21+21 内地　气象	①42+1 木炭　夜来 ②55+4 月亮　耗子	21+1 看看　练练 抱抱　换换 捏捏　热热

说明：

1.轻声变调，后字实际音值各不相同，词汇记音均记为0。

2.阳平在轻声前变为55调的，有时为45。

肆　儿化

高密方言35个韵母中，除了卷舌韵母ɐr之外，其余各韵母都可以发生卷舌的儿化。其中有些韵母儿化后发生了合并，共形成26个儿化韵。

表9-2　高密方言儿化韵表

儿化韵	原韵母	例词	儿化韵	原韵母	例词
ɐr	ɑ	刀把儿　号码儿	uər	uə	大伙儿　错儿
	iɑ	豆芽儿　俩儿	yər	yə	补缺儿　旦角儿
iɐr	iɑ	小虾儿　架儿	ɛr	ɛ	牌儿　盖儿
uɐr	uɑ	小褂儿　牙刷儿		ã	盘儿　摊儿
ər	ə	老婆儿　打折儿		iã	边儿　雨点儿
	iə	碟儿		yã	小院儿
	yə	月儿	iɛr	iɛ	小鞋儿
iər	iə	姐儿　树叶儿		iã	件儿　面儿

续表

儿化韵	原韵母	例词	儿化韵	原韵母	例词
uɛr	uɛ	拐儿　块儿	yr	y	有趣儿　小鱼儿
	uã	一段儿　茶馆儿	yer	yə̃	俊儿　合群儿
yɛr	yã	旋儿	ɔr	ɔ	赶早儿　小刀儿
er	ɿ	刺儿		iɔ	末儿末儿了儿
	ʅ	没事儿	iɔr	iɔ	面条儿　不开窍儿
	ei	葱白儿　宝贝儿	our	ou	老头儿　兜儿
	ə̃	赔本儿　没门儿		iou	小六儿
	i	底儿　差不离儿	iour	iou	袄袖儿　抓阄儿
	iə̃	脚印儿	ɑ̃r	ɑŋ	鞋帮儿　帮忙儿
	yə̃	小云儿		iɑŋ	样儿
ier	iə̃	使劲儿　今儿	iɑ̃r	iɑŋ	撇腔儿
	i	皮儿　鸡儿	uɑ̃r	uɑŋ	小筐儿　庄儿
uer	uei	一会儿　墨水儿	õr	oŋ	没空儿　老翁儿
	uə̃	轱轮儿　没准儿		ioŋ	山顶儿
ur	u	找主儿　枣核儿	iõr	ioŋ	小熊儿　电影儿

说明：

1. tʃ、tʃ^{h}、ʃ声母儿化后变为tʂ、tʂ^{h}、ʂ。

2. l声母儿化后变为ʐ，摩擦较轻。如：俩儿ʐɐr^{55}。

3. p、p^{h}、m、t、t^{h}、n、tθ、tθ^{h}、θ声母的音节儿化后带有闪音ɾ。

4. 零声母齐齿呼和撮口呼字儿化后，声母多变为ʐ，摩擦较轻。如：月儿ʐər^{21}，印儿ʐər^{21}。有时是介音i、y带闪音，如：叶儿i^{ɾ}ər。

5. t、t^{h}、l等声母拼齐齿呼和撮口呼时，韵母的i介音往往丢掉，有些y介音也会丢掉，而在其他声母后介音不发生变化，所以同一韵母在不同的声母后会变成不同的儿化韵。如ioŋ韵母：顶儿tioŋ^{55}→tõr^{55}，影儿ioŋ55→iõr。

伍　新老差异

高密方言中新老差异较小，主要是老派方言中音类与普通话不同的字，其中部分字新派读得与普通话音类相同或增加与普通话音类相同的又读。如：

松——老男sioŋ^{213}　青男θoŋ^{213}又sioŋ^{213}又

声——老男ʃoŋ^{213}　青男ʂoŋ^{213}

百——老男pei^{55}　青男pei^{55}白pɛ^{55}文

笋——老男syã^{55}　青男θuã^{55}

第十节　诸城方音

壹　概况

诸城市东与青岛市黄岛区毗连，南与五莲县接壤，西与沂水县为邻，北与安丘市、高密市交界，地理位置介于北纬35°42′—36°21′，东经119°01′—119°43′之间，总面积2183平方公里。诸城市位于山东半岛泰沂山脉与胶潍平原交界处，地势南高北低，南部为起伏较大的低山丘陵，中部向北为波状平原，边缘有低山缓丘分布。

诸城市系1987年由原诸城县改置，由潍坊市代管。截至2020年，诸城市下辖3个街道、10个乡镇。市政府驻密州街道。有常住人口107.82万人，以汉族为主；其他少数民族人口1000余人。

全市通行诸城方言，无少数民族语言。诸城方言均属胶辽官话青莱片胶莲小片，但内部存在地域差异。密州、舜王、龙都以及相州南部等地较一致，与周边差异较大。东边与胶州近，北近安丘；西与沂水、莒县近，南边与五莲近。城关与城里也有不同，如城里“粗”与“清”声母同为tθʰ，城关读音不同，“粗”为tθʰ，“清”为tɕʰ。

当地流行的地方戏主要是茂腔。诸城原有茂腔剧团，后改为艺术团。现在茂腔还很流行，常有群众比赛、会演等活动。除此，还有东路大鼓、竹板快书等说唱艺术形式。

调查点为山东省潍坊市诸城市密州街道臧家庄子。

贰　声韵调

一　声母（26个，含零声母）

p	八兵病	pʰ	派片爬	m	麦明泥	f	飞风副蜂肥饭
t	多东毒	tʰ	讨	n	脑南	l	老蓝连路
tθ	资早租酒字贼坐	tθʰ	刺草寸清全祠	θ	丝三酸想谢		

ȶ	店	ȶʰ	天甜	ȵ	年		
tʃ	张柱主九	tʃʰ	抽车春船城轻权	ʃ	顺手书十响县		
tʂ	竹争装纸	tʂʰ	拆茶抄初床	ʂ	事山双	ɭ	二
k	高共	kʰ	开	ŋ	熬安	x	好灰活
∅	味问热软月温王云用药						

说明：

1. 以u作介音的合口呼零声母音节开头，有摩擦不明显的唇齿动作。

2. 声母tθ、tθʰ，除与ɿ韵母相拼塞擦音色彩明显外，其他情况下通常都带有齿间塞音色彩；在细音前吐舌有时不明显，语流中这种表现更为突出。

3. 声母ȶ、ȶʰ的读音，有时舌面化色彩不明显。

4. 声母tʃ、tʃʰ、ʃ发音时，舌叶位置靠近或接触上齿龈部位，且接触面较小；在词汇或语流中，有时读音有明显的舌面音色彩。

5. ɭ声母仅见于“儿耳二”音节，发音时读音拉长，收尾时轻轻带出央元音ə。

二 韵母（35个）

ɿ	丝戏十急直尺	i	米七一锡	u	苦五猪骨出橘谷局	y	雨绿
ʅ	师试						
a	茶塔法辣八	ia	牙鸭	ua	瓦刮		
ɛ	开排鞋	iɛ	矮	uɛ	快		
ɔ	宝饱桥	iɔ	笑				
ə	二	iə	写接贴热节	uə	歌坐过靴盒活托郭壳学国	yə	月药
ei	赔飞北色白			uei	对鬼		
ou	豆走	iou	油六				
ã	南山半	iã	盐年	uã	短官权	yã	全软
ẽ	心深根新	iẽ	人认	uẽ	寸滚春横	yẽ	云
ɑŋ	糖响讲	iɑŋ	想	uɑŋ	床王双		
əŋ	灯升争兄东	iəŋ	硬病星用	uəŋ	翁		

说明：

1. 单韵母ə，略带动程，实际读音近əɐ。

2.元音ə，在iə、yə韵母中舌位偏低，开口度略大，实际音值近ɐ元音；在uə韵母中舌位偏后、偏低；在ɭ声母后，舌位偏高。

3.元音a，在韵母a、ia、ua中，实际音值比ᴀ还偏后一些。

4.元音ɿ，在齿间声母tθ、tθʰ、θ后，实际音值为齿间不圆唇元音，在舌叶声母tʃ、tʃʰ、ʃ后，实际音值为舌叶部位的不圆唇元音。

5.元音u，在舌叶音tʃ、tʃʰ、ʃ后，实际音值是舌叶部位的圆唇元音。

6.韵母i、ɿ、ʅ后面有个近于ə的滑音；u、y韵母略带动程，后面有个轻微的滑音。

7.元音ɛ，有时略带动程，实际音值近ɛe；在iɛ韵母中舌位偏高，音值近ᴇ。

8.元音ɔ，有时略带动程，实际音值近ɔo。

9.韵母ou、iou实际音值为oʊ、ioʊ。

10. ẽ、iẽ、uẽ、yẽ韵母中的ẽ略有动程，结尾略带鼻尾n。

11.韵母əŋ、iəŋ的实际音值因人因时而异，əŋ、iəŋ或ʊŋ、iʊŋ不一。

12.与声母相拼时，韵母iəŋ或iʊŋ中的主元音ə或ʊ较弱，近过渡音。

三　声调（4个）

阴平　213　东该灯风通开天春

阳平　53　门龙牛油铜皮糖红毒白盒罚讨急又，着～

上声　44　懂古鬼九统苦草买老五有谷百搭节急又，很～哭拍塔切刻

去声　31　冻怪半四痛快寸去卖路硬乱洞地饭树动罪近后六麦叶月

说明：

上声的调值有时高于44，近55。

叁　连读变调

表10-1　诸城方言连读变调表

前字	后字					
	阴平 213	阳平 53	上声 44	去声 31	轻声	
					普通轻声	单音节动词重叠
阴平 213	24+213 山沟儿　香菇	①213+53 当央儿　香油	213+44 猪血　钢子儿	213+31 干菜　阴历	①31+1 天气　沙子	24+31 听听　穿穿

续表

前字	后字					
	阴平 213	阳平 53	上声 44	去声 31	轻声	
					普通轻声	单音节动词重叠
阴平 213		②44+53 疵毛　吹牛			②213+5 家器儿　干净 ③24+31 东西	
阳平 53	53+213 洋灰　毛衣	①53+53 河涯　洋油 ②44+53 鱼鳞	53+44 苹果　洋火	53+31 阳历　洋蜡	①24+31 云彩　雹子 ②53+2 前边儿　头年 ③44+2 馄饨　没有	53+2 谈谈　学学
上声 44	44+213 手灯　小猪	①44+53 说媒　小孩儿 ②45+53 脸前　小河儿 ③213+53 火油　赶集	①44+44 起火　竹笋 ②53+44 老虎　投契	①44+31 扫地　眼泪 ②24+31 发热 ③213+31 哪个	213+5 早晌　竹子	44+2 走走　说说
去声 31	31+213 大风　背心儿	31+53 太阳　大河	31+44 下雨　盖屋	31+31 地震　玉豆	①44+2 月明　日头 ②31+2 下午　右手 ③24+31 这个　那个	31+2 看看　抱抱

说明：

1.“去声31+去声31”，有时前字降幅不明显，调值近33，如“被套、试脉”。

2.“去声31+阳平53”，有时后字起点略低，调值近42，如词汇0560“上坟”中的“坟”。

3. 31，表示此轻声读音的调值比单字调31时长要略短些。

4.“一”在上声前有时读213，如“一码=”；“不”在去声前也有时读213，如“不是”。

肆　儿化

诸城方言中的儿化以韵母元音发生卷舌化为特征。有些韵母的元音直接加卷舌动作，有些韵母的元音发生变化后加卷舌动作。35个韵母均可儿化，儿化后，其韵母发生了较大合并，共形成15个儿化韵母。

表10-2　诸城方言儿化韵表

儿化韵	原韵母	例词
ar	a	裤衩儿　角儿
	ia	豆芽儿
	ɑŋ	汤儿
	iɑŋ	小炉匠儿
uar	ua	花儿　啦呱儿
ər	ə	围脖儿　折儿
	iə	蝶儿　叶儿
uər	uə	水窝儿　小河儿
	yə	月儿
er	ei	宝贝儿　客儿
	ɿ	刺儿　恣儿
	ʅ	侄儿　事儿
	i	底儿　粒儿
	ẽ	折本儿　手巾儿
	iẽ	脚印儿
uer	uei	这会儿　亲嘴儿
	uẽ	冰棍儿　轱轮儿
	yẽ	小云儿
ɛr	ɛ	盖儿　小鞋儿
	iɛ	河涯儿
	ã	盘儿　篮儿
	iã	埝儿　边儿
uɛr	uɛ	块儿
	uã	烟卷儿　闹玩儿
	yã	院儿
ur	u	果木儿　打谱儿
	y	小雨儿
ɔr	ɔ	枣儿　哨儿
	iɔ	调儿
our	ou	山沟儿　时候儿
	iou	加油儿
ɑ̃r	ɑŋ	一趟儿　下晌儿
	iɑŋ	当央儿
uɑ̃r	uɑŋ	庄儿　一对双儿
ə̃r	əŋ	缝儿　打工儿
	iəŋ	名儿　打鸣儿
uə̃r	uəŋ	小瓮儿

说明：

1. ər的主要元音舌位略低；uər的主要元音舌位略偏后。

2. er、uer的主要元音舌位略偏后。

3. ə̃r的主要元音有时音值近ʊ。

4. 儿化后，所有的齐齿呼、撮口呼韵母中的介音i或y，或丢失或变得非常弱，本材料中皆记为相应的开口呼和合口呼儿化韵。

5. l声母音节和齐齿呼、撮口呼零声母音节，儿化后，l声母和零声母都变读为ʐ（实际音值为无擦通音ɻ）声母。例如：

小楼儿lou^{53}→ʐour^{53}　车轮儿luẽ^{53}→ʐuer^{53}　米粒儿li^{31}→ʐer^{31}

毛驴儿ly^{53}→ʐur^{53}　豆芽儿ia^{53}→ʐar^{53}　脚印儿iẽ^{31}→ʐer^{31}

小六儿liou^{31}→ʐour^{31}　小院儿yã^{31}→ʐuer^{31}

6. 儿化后，ȶ、ȶʰ声母会变读为t、tʰ声母，例如：表兄弟儿ȶi^{31}→ter^{31}。

7.儿化后，p、p^{h}、m，t、t^{h}，tθ、tθ^{h}、θ声母后会带上轻微的闪音ɾ，其中t、t^{h}声母后的闪音最为明显，例如：

带$_{儿}$t^{ɾ}ɛr^{31}　摊$_{儿}$t^{hɾ}ɛr^{213}　底$_{儿}$t^{ɾ}er^{44}　面$_{儿}$m^{ɾ}ɛr^{31}　打杂$_{儿}$tθ^{ɾ}ar^{53}

以上情况，在词汇记录中，除闪音ɾ不记出来外，其他音变现象一律按实际读音记录。

伍　新老差异

诸城方言新老派的最主要差异在于老派的tθ、tθ^{h}声母新派读为ȶ、ȶ^{h}（细音韵母前）或t、t^{h}（洪音韵母前）声母。如：

焦——老男tθiɔ^{213}　青男ȶiɔ^{213}

蚕——老男tθ^{h}ã^{53}　青男t^{h}ã^{53}

老派的θ声母，在洪音前青男同样读为θ，但在细音前读为ɕ，韵母为细音。如："心"，老男青男都读为θẽ^{213}；"笑"，老男读为θiɔ^{31}，青男读为ɕiɔ^{31}。

第十一节　沂水方音

壹　概况

沂水县位于临沂市北部，居沂蒙山区腹地，沂河、沭河上游。东临莒县，西与沂源县、蒙阴县交界，南与沂南县相接，北与安丘市、临朐县毗连。地理坐标范围为东经118° 13′ —119° 03′，北纬35° 36′ —36° 13′之间，总面积2434.8平方公里。沂水县整体地貌属低山丘陵，西部、北部为低山区，东部、东北部为丘陵；中部、南部为平原，全境地势自西北向东南倾斜。

沂水县归地级临沂市管辖。截至2020年，全县辖2个街道、16个乡镇。县政府驻沂城街道。总人口119.44万人，以汉族为主，占总人口的99.46%；另有回族、满族等少数民族人口，占0.04%。

全县通行沂水方言，无少数民族语言。沂水方言属于胶辽官话青莱片胶莲小片，境内方言分歧较小。东北部的杨庄镇、官庄镇、马站镇、圈里乡等少数乡镇口音略有不同，但皆属于同一方言片。

当地较有特色的地方剧种是拉魂腔（又名拉呼腔或肘鼓子）。该剧始于晚清，流传至今，遍及全县。

调查点为山东省临沂市沂水县沂城街道。

贰　声韵调

一　声母（29个，含零声母）

p	八兵病	p^{h}	派片爬	m	麦明泥老	f	飞风副蜂肥饭
t	多东毒	t^{h}	讨天甜	n	脑南年泥新	l	老蓝连路
dð	资早租字贼坐	tθ^{h}	刺草寸祠	θ	丝三酸		
dz	酒	ts^{h}	清全	s	想谢		
tʂ	竹争装纸	tʂ^{h}	拆茶抄初床	ʂ	事山双	ɭ	二耳
dʒ	张柱主	tʃ^{h}	抽车春船城	ʃ	顺手书十		
tɕ	九	tɕ^{h}	轻权	ɕ	响县		
k	高共	k^{h}	开	ŋ	熬安	x	好灰活
ø	味问热软月温王云用药						

说明：

1. 塞擦音声母只有不送气音dz、dð、dʒ为浊音，其他同部位的音皆为清音。在实际语流中这些不送气浊塞擦音有时会发为同部位的浊擦音z、ð、ʒ。

2. 舌叶音声母dʒ、tʃ^{h}、ʃ发音稍靠前，略带舌尖色彩。

3. ɭ声母仅拼ə韵母（二、儿、耳），发音部位稍后，为舌尖与硬腭前部成阻发音，发音时持阻时间稍长，然后轻轻带出时长较短的ə（实际音值为ɘ）。

二　韵母（37个）

ɿ	丝十直尺	i	米戏急七一锡	u	苦五骨谷	y	雨橘绿局
ʅ	师试			ʮ	猪出		
a	茶塔法辣八	ia	牙鸭	ua	瓦刮		
ɛ	开排	iɛ	鞋	uɛ	快		
ɔ	宝饱	iɔ	笑桥				

ə	歌新二壳文，新	iə	写接贴热节	uə	歌老坐过盒活托郭壳文，老国	yə	靴月药壳白学
e	赔飞北色白			ue	对鬼		
ou	豆走	iou	油六				
ã	南山半	iã	盐年	uã	短官	yã	权
ẽ	心深根新	iẽ	人紧	uẽ	寸滚春横白	yẽ	云
ɑŋ	糖	iɑŋ	响讲	uɑŋ	床王双		
əŋ	灯升争横文	iŋ	硬病星	uŋ	东	yŋ	兄用

说明：

1. a在a、ia、ua中实际音值是ᴀ。

2. ə拼p、p^h、m、f时唇形略圆。

3. uŋ韵母逢零声母时实际音值是uəŋ，如“翁瓮”。

4. “二、耳”等音节的元音韵母ə实际音值是舌面央半高元音ɘ。

三 声调（4个）

阴平 213 东该灯风通开天春

阳平 53 门龙牛油铜皮糖红急着～毒白盒罚

上声 44 懂古鬼九统苦讨草买老五有谷百搭节急紧～哭拍塔切刻

去声 31 动罪近后冻怪半四痛快寸去卖路硬乱洞地饭树六月麦叶

说明：

1. 阴平调前降部分的起点不到2，有时候发成113。

2. 去声的起点有时为2。

叁 连读变调

表11-1 沂水方言连读变调表

前字	后字					
	阴平213	阳平53	上声44	去声31	轻声	
					普通轻声	单音节动词重叠
阴平213	24+213 青天 中心	213+53 东南 花茶	213+44 冬泳 声母	24+31 荒地 冬至	21+1 庄稼 刀子	13+21 听听 搬搬

续表

前字	后字					
	阴平213	阳平53	上声44	去声31	轻声	
					普通轻声	单音节动词重叠
阳平53	53+213 毛巾　晴天	53+53 毛桃　值钱	53+44 骑马　财礼	53+31 毛重　油菜	24+53 娘家　棉花	53+21 谈谈　缝缝
上声44	44+213 耳科　小葱	213+53 老年　小寒	53+44 起码　彩礼	44+31 主任　发热	213+4 买卖　椅子	44+21 走走　洗洗 说说　刷刷
去声31	31+213 大车　证书	31+53 大红　上门	31+44 大雨　上海	31+31 大豆　上当	44+1 辫子　笑话	31+21 看看　换换

说明：

1.一般情况下，两字组连调的前字音长略短些，列表中为变调的基本规律，有极少数不变调的例外情况。

2.轻声音节的音长相对较短。从音高来说，阳平后的轻声是个明显的高降调；上声后的轻声是个平调；阴平和去声后的轻声都是低降调，尤其是阴平后的轻声，其起点实际比前字的终点（1）还要低，上表中标为1。

肆　儿化

沂水方言37个基本韵母都可以发生卷舌的儿化。

齐齿呼的韵母儿化时，有时丢掉介音，有时保留介音，不区别意义。有些韵母在p组、t组和ts组声母后会添加一个闪音ɾ。

沂水方言儿化时有些声母会发生一定的变化。主要有：

（1）l声母拼齐齿呼和撮口呼韵母时，儿化后声母l有时变为卷舌近音ɻ，i介音丢掉，y变为u。零声母的齐齿呼韵母，儿化后i有时变为ɻ。例如“（窗）帘儿”liã^{53}→ɻɛr^{53}，“（小河）涯儿”iɛ^{53}→ɻɛr^{53}，“（毛）驴儿”ly^{53}→ɻur^{53}。

（2）声母tʂ、tʂ^{h}、ʂ和dʒ、tʃ^{h}、ʃ音节儿化时，儿化韵有时会在声母后增加边擦音ɬ，dʒ、tʃ^{h}、ʃ组声母多数情况会变为声母tʂ、tʂ^{h}、ʂ。例如，“事儿”读为ʂɬer，“（外）甥儿”ʂɬə̃r。

（3）声母dz、ts^{h}、s拼齐齿呼、撮口呼韵母儿化时，声母有时会变为dð、tθ^{h}、θ。例如，“姐”读为dziə，“姐儿”读为dðɾər。

下表所列的儿化韵包括儿化时添加的闪音ɾ和通音ɻ。“／”表示两可的读音。

表11-2 沂水方言儿化韵表

儿化韵	原韵母	例词	儿化韵	原韵母	例词
ar	a	刀把儿 号码儿	ɻɔr/iɔr	iɔ	到了儿 腰儿
iar	ia	瓜架儿	our	ou	小豆儿 老头儿
ɻar/iar		俩儿 豆芽儿	our/iour	iou	袖儿 抓阄儿
uar	ua	小褂儿	ɾour/our		妞儿
ɬuar		牙刷儿	ɻour		小六儿
ər	ə	老婆儿 打折儿	iour		小尤儿
ɾər/iər	iə	蝶儿 帖儿	ɛr	ã	盘儿 摊儿
		姐儿 结儿	ɾɛr/ɛr/iɛr	iã	一点儿 埝儿
ər/iər		小聂儿	ɛr/iɛr		一边儿 药面儿
iɻər/iər		树叶儿	ɻɛr/iɛr		吃烟儿
urər	uə	有错儿 找座儿	uɛr	uã	罐儿 遛弯儿
uər		干活儿 大伙儿	yɛr	yã	花卷儿 圈儿
yər	yə	小雀儿 旦角儿	er	ə̃	赔本儿 没门儿
ɾer	ɿ	瓜子儿 肉丝儿	iɾer/ier	iẽ	使劲儿 笔芯儿
er	ʅ	侄儿 豆汁儿	ɻer/ier		脚印儿
ɾer/iɾer	i	针鼻儿 猪蹄儿	uer	uẽ	冰棍儿 车轮儿
iɾer/ier		小鸡儿 小旗儿	yer	yẽ	小军儿 合群儿
ɾur/ur	u、ʮ	牛犊儿 找主儿	ɑ̃r	ɑŋ	鞋帮儿 帮忙儿
ɻur	y	小驴儿 小雨儿	iɑ̃r	iɑŋ	撇腔儿 小姜儿
ɛr	ɛ	牌儿 盖儿	ɻɑ̃r/iɑ̃r		学样儿 插秧儿
ɾɛr/ɛr		带儿	uɑ̃r	uɑŋ	小床儿 小筐儿
ɻɛr/iɛr	iɛ	小河涯儿	ə̃r	əŋ	门缝儿 小板凳儿
uɛr	uɛ	块儿 乖儿	iɾə̃r/iə̃r	iŋ	名儿 小命儿
er	e	宝贝儿 辈儿	ɻə̃r/iɻə̃r		黑影儿
urer/uer	ue	一对儿 跑腿儿	urə̃r/uə̃r	uŋ	小东儿 小洞儿
ɾɔr/ɔr	ɔ	小刀儿 趁早儿	ʊə̃r/uə̃r		老翁儿 小翁儿
ɔr		应个卯儿 棉袄儿	yə̃r	yŋ	小熊儿

伍　新老差异

沂水方言中的新老差异主要表现在以下几个方面：

1.老派方言中dz、dʒ、dð三个浊塞擦音在新派中已有很大程度的清化，并且也不像有些老男那样读为同部位的浊擦音z、ð、ʒ。

2.普通话零声母开口呼的字老派发为ŋ声母，青男发为舌面后浊擦音ɣ。

3.普通话读ʐ声母的字老派发为零声母（韵母为细音），新派增加ʐ声母的又读（韵母为洪音）。

第十二节　临朐方音

壹　概况

临朐县位于沂山北麓，弥河上游。东临昌乐市、安丘市，西临淄博市博山区，南与沂水县、沂源县接壤，北与青州市毗邻。地理坐标范围在东经118° 14′ —118° 49′，北纬36° 04′ —36° 37′ 之间，总面积1831平方公里。临朐县境内南高北低，南、西、东为低山、丘陵，中、北为平原，形成三大地貌。主要河流分弥河、汶河两大水系。

临朐县归地级潍坊市管辖。截至2020年，全县辖4个街道、6个镇，常住人口80.63万人。以汉族人口为主，少数民族不足千人。

全县通行临朐方言，无少数民族语言。临朐方言属胶辽官话青莱片青临小片，内部没有明显地域差异。

当地无流行的曲艺或地方戏。

调查点为山东省潍坊市临朐县城关街道。

贰　声韵调

一　声母（27个，含零声母）

p	八兵病	p^h	派片爬	m	麦明泥	f	飞风副蜂肥饭
t	多东毒	t^h	讨天甜	n	脑南	l	老蓝连路软

tθ	资早租字贼坐	tθʰ	刺草寸祠	θ	丝三酸		
tʂ	竹争装纸	tʂʰ	拆茶抄初床	ʂ	事山双	ʐ	热
tʃ	张柱主	tʃʰ	抽车春船城	ʃ	顺手书十		
tɕ	酒九	tɕʰ	清全轻权	ȵ	年	ɕ	想谢响县
k	高共	kʰ	开	ŋ	熬安	x	好灰活
∅	味问月温王云用药						

说明：

1. tθ、tθʰ、θ组声母，发音时舌尖处于两齿之间，但咬舌不紧，摩擦较轻，故听感上齿间音色彩不重。

2. t、tʰ声母拼齐齿呼时，实际发音有舌面化色彩，听感上接近ȶ、ȶʰ。

3. n和ȵ为互补关系，n只拼开口呼和合口呼，ȵ只拼齐齿呼和撮口呼。

4. l拼ə韵母（儿耳二）时，发音部位通常偏后，接近于ɭ，韵母的发音部位高于央ə，实际音值为ɘ。但只要韵母不变，声母部位在舌尖中甚至舌尖前都不影响听感，所以统一记作l。

5. 普通话中读ʐ声母的字临朐方言中一般读l声母，不过现在受普通话影响也有不少字读成了ʐ声母。本材料依据老男的实际发音单立ʐ声母，读l声母的字仍照实际发音记作l。

6. tʃ、tʃʰ、ʃ组声母的实际发音部位在舌尖前，在听感上接近ts、tsʰ、s组，但发音时舌尖略翘。

二　韵母（36个）

ɿ	丝十直尺	i	米戏急七一锡	u	苦五猪骨出谷	y	雨橘绿局
ʅ	师试						
a	茶瓦塔法辣八	ia	牙鸭	ua	刮		
ɛ	开排	iɛ	鞋	uɛ	快		
ɔ	宝饱	iɔ	笑桥				
ə	二热	iə	写接贴节	uə	歌坐过盒活托郭壳文国新	yə	靴月药壳白学
ei	赔飞北色白			uei	对鬼国老		
əu	豆走	iəu	油六				

ã	南山半	iã	盐年	uã	短官	yã	权
ə̃	深根	iə̃	心新	uə̃	寸滚春横白	yə̃	云
ɑŋ	糖	iɑŋ	响讲	uɑŋ	床王双		
əŋ	灯升争横文	iŋ	硬病星	uŋ	东	yŋ	兄用

说明：

1. a在a、ia、ua中实际音值是ᴀ，在ã、iã、uã、yã中是æ。
2. ə韵母与l相拼（儿耳二）时，韵母的发音部位比央ə稍高，实际音值为ɘ。
3. ɛ、iɛ、uɛ中的ɛ舌位略高，接近于ᴇ。
4. ɔ、iɔ中的ɔ舌位略高。
5. əu、iəu中的ə舌位略高。
6. uŋ中的u舌位略低、圆唇程度不如普通话。逢零声母时实际音值是uəŋ。

三　声调（4个）

阴平　213　东该灯风通开天春

阳平　53　门龙牛油铜皮糖红毒白盒罚急着～

上声　44　懂古鬼九统苦讨草买老五有谷百搭节急紧～哭拍塔切刻

去声　21　动罪近后冻怪半四痛快寸去卖路硬乱洞地饭树六麦叶月

说明：

1. 阳平调值的起点有时不足5，读成42。
2. 去声有时起点高于2，读成31。

叁　连读变调

表12-1　临朐方言连读变调表

前字	后字					
	阴平 213	阳平 53	上声 44	去声 21	轻声	
					普通轻声	单音节动词重叠
阴平 213	44+213 声音　公斤	213+53 公民　天堂	213+44 公里　消失	13+21 亲近　生命	21+1 刀子　妈妈	24+3 添添　帮帮
阳平 53	53+213 毛巾　条约	53+53 毛驴　留学	53+44 毛毯　合理	53+21 流动　毛裤	35+3 炉子　婆婆	53+2 拦拦　谈谈

续表

前字	后字					
	阴平 213	阳平 53	上声 44	去声 21	轻声	
					普通轻声	单音节动词重叠
上声 44	44+213 主编 老师	33+53 海洋 演员	44+44 小米 发火	44+21 主要 铁路	213+4 手里 姐姐	44+2 走走 说说
去声 21	21+213 下乡 立冬	21+53 下棋 入学	21+44 动手 政府	21+21 受罪 致敬	44+2 袜子 妹妹	21+1 盖盖 摸摸

说明：

1.阴平

①阴平在阳平前有的读得以升为主，有的读得以降为主。此仍记作213，作不变调处理。

②阴平在轻声前一般读为21，单音节动词重叠时前字读为声调24。

2.阳平

阳平在轻声前一般读为升调35，单音节动词重叠时前字不变调。

3.上声

①上声在阳平前读稍低的平调，有时后面有升高的过程类似于24，有时前面有降的成分类似于323，但不稳定，此统一记为33。

②上声在轻声前一般读降升调，不过其升的部分时长稍短，有时候听起来不太明显。单音节动词重叠时前字不变调。

4.去声

去声一般不变调，只有在轻声前变为44，而单音节动词重叠时前字也不变调。

5.轻声的音高和调型

①轻声音节的音高及调型在不同调类后有别，音高见上表。调型情况为：4为平调，实际调值是44；3、2、1都是降调，实际调值分别是32、21和1，记为1的实际上也是降调，不过其终点比单字调的1更低。

肆 儿化

临朐方言中所有的韵母都可以儿化，其主要特点与普通话相同，也是以卷舌为主要特征。有些儿化韵是在原韵母后直接加卷舌动作形成；有些韵母在儿化过程中除了带有卷舌特征外，音值也发生了改变。儿化韵及其对应的非儿化韵母如下表。

表12-2 临朐方言儿化韵表

儿化韵	原韵母	例词	儿化韵	原韵母	例词
ᴀr	a	岔儿 法儿	iᴀr	ia	豆芽儿 架儿

续表

儿化韵	原韵母	例词	儿化韵	原韵母	例词
uAr	ua	花儿　小褂儿	ier	iə̃	小秦儿　印儿
εr	ε	带儿　盖儿	uer	uei	墨水儿　味儿
	ã	地盘儿　小摊儿		uə̃	村儿　打盹儿
iεr	iε	小鞋儿　秸儿	yer	yə̃	合群儿　小军儿
	iã	边儿　线儿	ɔr	ɔ	刀儿　小袄儿
uεr	uε	拐儿　筷儿	iɔr	iɔ	腰儿　纸条儿
	uã	官儿　小段儿	ur	u	路儿　画图儿
yεr	yã	卷儿　院儿	yr	y	句儿　小雨儿
ɤr	ə	老婆儿　沫儿	əur	əu	小狗儿　猴儿
iɤr	iə	小碟儿　树叶儿	iəur	iəu	短袖儿　加油儿
uɤr	uə	唱歌儿　干活儿	ɑ̃r	ɑŋ	药方儿　茶缸儿
yɤr	yə	角儿　小岳儿	iɑ̃r	iɑŋ	小姜儿　亮儿
er	ɿ	刺儿　丝儿	uɑ̃r	uɑŋ	蛋黄儿　筐儿
	ʅ	翅儿　事儿	ə̃r	əŋ	坑儿　绳儿
	ei	宝贝儿　葱白儿	iə̃r	iŋ	钉儿　小瓶儿
	ə̃	本儿　根儿	uə̃r	uŋ	洞儿　小葱儿
ier	i	地儿　肚脐儿	yə̃r	yŋ	小龙儿　小熊儿

说明：

1. iεr、uεr、yεr中的ε的实际发音中发音部位更靠后，接近ə。

2. 个别l声母的字儿化时，声母变为ʐ，其后的韵母如果是撮口呼，则变为相应的合口呼。

伍　新老差异

临朐方言中的新老差异主要表现在新派把方言中与普通话音类不同的一部分字改为按照普通话的音类来读。其中较有规律的有两类：

1. 普通话中读ʐ声母的字老派多读l声母或零声母，新派不少读成了ʐ声母

让——老男 lɑŋ^{21}　青男 ʐɑŋ^{21}

如——老男 lu^{21}　青男 ʐu^{53} 调类亦由去声改读同于普通话的阳平

软——老男luã^{44} 青男ʐuã^{44}

容——老男luŋ^{53} 青男ʐuŋ^{53}

2.普通话读tʂ组声母而方言中读tʃ组声母的一部分（不是全部），新派读成tʂ组声母。如：

制——老男tʃʅ^{21} 青男tʂʅ^{21}

陈——老男tʃʰə̃^{53} 青男tʂʰə̃^{53}

失——老男ʃʅ^{44} 青男ʂʅ^{44}

第十三节 日照（东港）方音

壹 概况

日照市东港区为日照市主城区、市人民政府所在地。处于山东半岛南翼，东临渤海，与日本、韩国隔海相望；西靠莒县，南部与日照市岚山区相接，北部毗邻五莲县。地理坐标范围在东经119°04′—119°39′、北纬35°04′—35°36′之间，总面积907.37平方公里。东港区地貌类型多样，有山区、平原、丘陵、湿地等，海陆兼备，自然景观丰富。

日照市前身为原日照县，县城在今东港区日照街道。1985年撤县改市；1989年升级为地级市；1992年以原日照市行政区域设东港区；2004年析出原东港区的岚山头、安东卫2个街道和虎山、碑廓、黄墩、后村、高兴、巨峰6个镇另设岚山区。截至2020年，今东港区下辖5个街道、7个镇。区政府驻日照街道。全区人口为83.82万，以汉族为主，有少数民族2000余人，约占总人口的0.26%。

日照东港区通行日照方言，无少数民族语言。日照方言属冀鲁官话沧惠片莒照小片。本区方言城内（原日照县城里）、城外过去有一定差异，城内“井”（t-）＝“顶”（t-）（老派，80岁以上老人），城外“井”（ȶ-）≠“顶”（t-）；城内“战＝见、交＝招”；城外（小香店）无此现象。

地方曲艺有“满江红”，为“鲁南五大调”之一，是流行于日照市沿海一带的民间音乐表现形式。2008年被列入第二批国家级非物质文化遗产名录。

调查点为山东省日照市东港区日照街道。

贰　声韵调

一　声母（25个，含零声母）

p	八兵病	p^h	派片爬	m	麦明泥	f	飞风副蜂肥饭
t	多东毒	t^h	讨天甜	n	脑南年	l	老蓝连路
tθ	资早租字贼坐	$tθ^h$	刺草寸祠	θ	丝三酸想谢		
ȶ	酒	$ȶ^h$	清全				
tʃ	张柱主九	$tʃ^h$	抽车春船城轻权	ʃ	顺手书十响县		
tʂ	竹争装纸	$tʂ^h$	拆茶抄初床	ʂ	事山双	ɭ	二
k	高共	k^h	开	ŋ	熬安	x	好灰活
ø	味问热软月温王云用药						

说明：

1.声母t、t^h、n在细音前带舌面色彩。

2.声母ȶ、$ȶ^h$实际音值为齿间塞音，因而舌面前部会与上齿龈和上齿背部位接触；与t、t^h的区别在于舌尖位置的前后有微异，并有音位对立，如“切≠铁”，“清≠听”。

3.声母tʃ、$tʃ^h$、ʃ发音时，舌叶接触或靠近上齿龈和硬腭前部位置，有舌面前音色彩。

4.合口呼零声母音节开头有轻微的唇齿摩擦。

二　韵母（35个）

ɿ	丝戏十急直尺	i	米七一锡	u	苦五猪骨出橘谷绿老局	y	雨绿新
ʅ	师试						
ɑ	茶塔法辣八	iɑ	牙鸭	uɑ	瓦刮		
ɛ	开排	iɛ	鞋	uɛ	快		
ɔ	宝饱	iɔ	笑桥				
ə	歌过～来二盒新活干～壳	iə	写接贴热节	uə	坐过～去盒老活生～托郭国	yə	靴月药学
ei	赔飞北色白			uei	对鬼		
ou	豆走	iou	油六				

ã	南山半	iã	盐年	uã	短官	yã	权
ẽ	心深根	iẽ	深	uẽ	寸滚横～过来	yẽ	春云
ɑŋ	糖	iɑŋ	响讲	uɑŋ	床王双		
əŋ	灯升争横～道～东	iəŋ	升硬病星兄用	uəŋ	翁		

说明：

1. 韵母ɿ，在齿间声母tθ、tθʰ、θ后实际读音为齿间不圆唇元音；在舌叶声母tʃ、tʃʰ、ʃ后实际音值为舌叶不圆唇元音。

2. tʃ、tʃʰ、ʃ声母与ɿ韵母之间有一个近舌面前i元音的过渡音，实际读音近iɿ。

3. 韵母u，在舌叶声母tʃ、tʃʰ、ʃ后实际音值为舌叶圆唇元音且前有一个近于y的过渡音。

4. 韵母i、y在零声母音节中略带摩擦。

5. 单韵母ɿ、ʅ、i、u、y后常带有一个略偏低偏央的后滑音。

6. 单韵母ə，实际读音为əɐ；与p、pʰ、m、f声母相拼时，ə前带有过渡的u介音；与ɭ声母相拼时，实际音值舌位偏高。

7. 复韵母iə、uə、yə后都带有后滑音ɐ，有时主元音ə会弱化，读音近iəɐ、uəɐ、yəɐ；ə在uə、yə韵母中带有圆唇色彩。

8. 韵母ɛ舌位略高，近ᴇ，有时略有动程。

9. 韵母ɔ略有动程，近于ɔo；iɔ中的ɔ开口度略小。

10. 韵母ou中u圆唇不明显。

11. 元音a在ã、iã、uã、yã韵中舌位略偏后。ɑ、iɑ、uɑ中的ɑ实际音值比央ᴀ舌位靠后，但不到ɑ。

12. 韵母ẽ有时略带一点儿前鼻尾音-n。

13. 韵母ɑŋ、iɑŋ、uɑŋ的后鼻尾-ŋ有时不明显，未成阻。

14. 韵母əŋ、iəŋ，有时主元音ə舌位偏后，带圆唇色彩，实际音值近ʊŋ、iʊŋ；有时是ə先不圆唇后有圆唇动作，实际音值近əuŋ、iəuŋ或əŋʷ、iəŋʷ。əŋ、ʊŋ、əuŋ、əŋʷ皆为自由变读，iəŋ、iʊŋ、iəuŋ、iəŋʷ也皆为自由变读。

15. iəŋ韵中的元音ə在非零声母音节中读音较弱，只有在强调读音时才较为明显。

16. 舌叶音声母后的介音i不太明显。

三　声调（4个）

阴平　213　东该灯风通开天春苦百节哭拍塔切刻

阳平　53　门龙牛油铜皮糖红毒白盒罚讨急着~

上声　44　懂古鬼九统草买老五有谷搭急很~：时间紧

去声　31　冻怪半四痛快寸去卖路硬乱洞地饭树动罪近后六麦叶月

说明：

上声调44，有时尾部略降。

叁　连读变调

表13-1　日照方言连读变调表

<table>
<tr><th rowspan="3">前字</th><th colspan="6">后字</th></tr>
<tr><th rowspan="2">阴平213</th><th rowspan="2">阳平53</th><th rowspan="2">上声44</th><th rowspan="2">去声31</th><th colspan="2">轻声</th></tr>
<tr><th>普通轻声</th><th>单音节动词重叠</th></tr>
<tr><td>阴平213</td><td>①44+213
山沟儿　杀猪
②23+213
黢黑</td><td>213+53
东南　锅台</td><td>213+44
冬泳　以往</td><td>①23+31
身后　听话儿
②44+31
崩硬　吃药</td><td>①31+2
庄稼　刀子
②213+4
天天　家器</td><td>213+4
听听　说说</td></tr>
<tr><td>阳平53</td><td>53+213
洋灰　元宵</td><td>53+53
毛桃　值钱</td><td>53+44
骑马　洋火</td><td>53+31
毛重　阳历</td><td>44+3
娘家　炉子</td><td>53+1
谈谈　学学</td></tr>
<tr><td>上声44</td><td>44+213
小葱　养鸡</td><td>24+53
小河儿　火油</td><td>53+44
小暑　起码</td><td>①44+31
以后　保佑
②23+31
考试　演戏</td><td>213+42
李家　女猫</td><td>53+1
走走　想想</td></tr>
<tr><td>去声31</td><td>31+213
大车　重心</td><td>31+53
上门　大河</td><td>①31+44
大雨　妇女
②44+44
木耳</td><td>①31+31
大豆　地面
②44+31
地动　对面儿</td><td>①53+1
辫子　笑话
②31+2
念想</td><td>31+2
看看　盖盖</td></tr>
</table>

说明：

1.出现在不同声调后的轻声音节音高有高低差异，表中按实际音高记录，词汇、语法和口头文化转写记录中一律记作0。

2.阳平在轻声前有时候读45，如“石头”“油菜”。材料中统一记作44。

3.去声在轻声前的类型①，前字有时读作55。材料中统一记作53。

4.“一”“不”为前字时有特殊变化，“一”都读成24，“不”都读成44。如：一天、一年、一起、一万，不中、不熟、不懂、不会。

肆　儿化

日照方言中的儿化以韵母元音发生卷舌化为特征。有些韵母的元音直接加卷舌动作，有些韵母的元音发生变化后加卷舌动作。除uəŋ韵母外，34个韵母均可儿化，儿化后，其韵母发生了不同程度的合并，共产生25个儿化韵母。

表13-2　日照方言儿化韵表

儿化韵	原韵母	例词	儿化韵	原韵母	例词
ɑr	ɑ	刀把儿　号码儿	ɛr	iã	点儿
	iɑ	豆芽儿　爷俩儿	iɛr	iɛ	小鞋儿　小街儿
iɑr	iɑ	小虾儿		iã	边儿　药面儿
uɑr	uɑ	花儿　牙刷儿	uɛr	uɛ	块儿　拐儿
ər	ə	老婆儿　山坡儿		uã	罐儿　手腕儿
	iə	蝶儿　叶儿		yã	小院儿
iər	iə	打折儿　小车儿	yɛr	yã	花卷儿　圈儿
uər	uə	错儿　干活儿	ur	u	牛犊儿　小树儿
	yə	小雀儿　月儿		y	小鱼儿
yər	yə	旦角儿	ɔr	ɔ	刀儿　棉袄儿
er	ei	宝贝儿　妹儿		iɔ	腰儿
	ɿ	刺儿　鸡子儿	iɔr	iɔ	苗儿　调儿
	ʅ	侄儿　没事儿	our	ou	小豆儿　老头儿
	i	差不离儿　小鸡儿		iou	加油儿　小六儿
	ẽ	赔本儿　没门儿	iour	iou	袖儿　抓阄儿
	iẽ	脚印儿	ãr	ɑŋ	鞋帮儿　药方儿
ier	i	针鼻儿　小米儿		iɑŋ	样儿
	iẽ	使劲儿	iãr	iɑŋ	撇腔儿
uer	uei	一对儿　跑腿儿	uãr	uɑŋ	小床儿　网儿
	uẽ	冰棍儿　村儿	ə̃r	əŋ	门缝儿　板凳儿　空儿
yer	yẽ	小军儿　合群儿		iəŋ	影儿　山顶儿　蚕蛹儿
ɛr	ɛ	牌儿	iə̃r	iəŋ	名儿　小命儿　小熊儿
	ã	盘儿　摊儿			

说明：

（1）儿化时，声母t、t^{h}、n、tθ、tθ^{h}、θ后（有时是介音i后）常带轻微的闪音ɾ。例如：

豆儿t^{ɾ}our^{31}　（牛）犊儿t^{ɾ}ur^{53}　摊儿t^{hɾ}ɛr^{213}　疃儿t^{hɾ}uɛr^{44}　埝儿n^{ɾ}ɛr^{44}

（打）杂儿tθ^{ɾ}ɑr^{53}　字儿tθ^{ɾ}er^{31}　枣儿tθ^{ɾ}ɔr^{44}　错儿tθ^{hɾ}uər^{31}　刺儿tθ^{hɾ}er^{31}

心儿θ^{ɾ}er^{213}　皮儿p^{h}i^{ɾ}er^{53}　苗儿mi^{ɾ}ɔr^{53}　袖儿θi^{ɾ}our^{31}

（2）儿化时，声母卷舌。通常有两种情况：一是，l声母变为舌尖后擦音ʐ（实际音值为无擦通音ɻ）；二是，齐齿呼零声母音节开头增加舌尖后擦音ʐ（实际音值为无擦通音ɻ）。例如：

l → ʐ：车轱辘儿tʃ^{h}iə ku ʐur

i → ʐ：叶儿ʐər　这样儿tʃiə ʐɑ̃r

（3）儿化时，齐齿呼、撮口呼韵母中的介音i有时会丢失、y会变为u，变成相应的开口呼和合口呼儿化韵。例如：

齐齿呼 → 开口呼：点儿t^{ɾ}ɛr^{44}　底儿ter^{44}　埝儿n^{ɾ}ɛr^{44}

撮口呼 → 合口呼：（小）鱼儿ʐur^{53}　（小）院儿ʐuɛr^{31}

（4）儿化时，随着韵母i、y介音的丢失，与其相拼的声母也随之发生改变。例如：

ȶ、ȶ^{h} → t、t^{h}/tθ、tθ^{h}：（表兄）弟儿ȶi^{31} → t^{ɾ}er^{31}　（脸）前儿ȶ^{h}iã^{53} → tθ^{hɾ}ɛr^{53}

（有）趣儿ȶ^{h}y^{31} → tθ^{hɾ}ur^{31}

（5）tʃ、tʃ^{h}、ʃ声母在儿化音节中，有时会变为舌尖后音tʂ、tʂ^{h}、ʂ，其韵母也会随之变为相应的开口呼或合口呼，如词汇0734“跳绳儿”读为t^{h}iɔ^{31}ʂə̃r^{53}。

以上情况，在词汇记录中，除（1）中闪音ɾ不记出来外，其他音变现象一律按实际读音记录。

伍　其他主要音变

词缀“子”的韵母ɿ，有时会发生央化变读为ə，例如词汇0157“藤子”的实际读音即为t^{h}əŋ^{44}tθə^{0}。本材料中词缀“子”的读音一律记作tθɿ^{0}。

陆　新老差异

日照方言的新老差异主要有：

1.老男把古见组细音字（团音字）读为tʃ组声母，而青男把这些字读为tɕ组声母。如“见”，老男读tʃiã^{31}，青男读tɕiã^{31}；“现”，老男读ʃiã^{31}，青男读ɕiã^{31}。从音值的角度说，新派在声母系统中增加了tɕ、tɕ^{h}、ɕ声母。不过还有一部分团音字青男仍读tʃ组声母，这一部分字韵母青男读洪音。如“勤”，老男读tʃ^{h}iẽ^{53}，青男读tʃ^{h}ẽ^{53}；“群”，老男读tʃ^{h}yẽ^{53}，青男读tʃ^{h}uẽ^{53}。

2.老男把古精、清、从母细音字（尖音字）读为ȶ、ȶʰ声母，这些字中有一些青男仍读同老男，但有一些不送气音则直接读成了t，与古端母细音字同音。如：

姐——老男ȶiə^{44}　青男tiə^{44}　比较：跌tiə^{213}

酒——老男ȶiou^{44}　青男tiou^{44}　比较：丢tiou^{213}

3.普通话开口呼零声母的字，老男读ŋ声母，青男读零声母，同普通话。如“爱岸恩”等。

第十四节　莒南方音

壹　概况

莒南县地处鲁东南鲁苏交界处，东邻日照市岚山区，南接江苏省连云港市，西与临沂市河东区毗邻，北与市莒县相接。地理坐标范围在东经118° 33′ —119° 06′ 、北纬35° 00′ —35° 23′ 之间，总面积1752平方公里。地势北高南低、东高西低，县境地貌以大店、十字路至相沟为界，分为东西两部分：东部低山丘陵区，西部平原区。有沭河和滨海两大水系。

莒南县归地级临沂市管辖。截至2020年，全县辖1个街道、15个镇，常住人口为84.1万人。人口以汉族为主，少数民族有2000余人，占总人口的0.27%。

全县通行莒南方言，无少数民族语言。莒南方言属于冀鲁官话沧惠片莒照小片，内部无明显差异。

当地无流行的曲艺或地方戏。

调查点为山东省临沂市莒南县十字路镇街道。

贰　声韵调

一　声母（28个，含零声母）

p	八兵病	pʰ	派片爬	m	麦明泥白	f	飞风副蜂肥饭
t	多东毒	tʰ	讨天甜	n	脑南年泥文	l	老蓝连路
tθ	资早租字贼坐	tθʰ	刺草寸祠	θ	丝三酸		

ts	酒	tsʰ	清全	s	想谢		
tʂ	竹争装纸	tʂʰ	拆茶抄初床	ʂ	山事双	ɭ	二
tʃ	张柱主	tʃʰ	抽车春船城	ʃ	顺手书十		
tɕ	九	tɕʰ	轻权	ɕ	响县		
k	高共	kʰ	开	x	好灰活		
ø	味问热软熬月安温王云用药						

说明：

1.合口呼逢零声母时有少数情况下u会读为唇齿音ʋ。

2.tʃ组声母发音时舌尖和舌叶同时起作用，其中舌尖起作用更大，所以音色上听起来更接近于舌尖前音。

3.零声母在开口呼韵母前有时有轻微的舌根浊擦音ɣ。

二　韵母（37个）

ɿ	丝十直尺	i	米戏急七一锡	u	苦五骨出谷绿～林	y	雨橘绿～色局
ʅ	帅试			ʮ	猪		
a	茶塔法辣八	ia	牙鸭	ua	瓦刮		
ɛ	开排	iɛ	鞋	uɛ	快		
ɔ	宝饱	iɔ	笑桥壳地～				
ə	歌二盒活壳纸～子，文色新	iə	写接贴热节	uə	坐过托郭国	yə	靴月药壳纸～子，白学
ei	赔对飞北色老白			uei	鬼		
ou	豆走	iou	油六				
ã	南山半	iã	盐年	uã	短官	yã	权
ẽ	深根	iẽ	心新	uẽ	寸滚春	yẽ	云
ɑŋ	糖	iɑŋ	响讲	uɑŋ	床王双		
əŋ	灯升争横	iŋ	硬病星	uŋ	东	yŋ	兄用

说明：

1. a、ia、ua中的a实际音值是ᴀ。

2. “儿、耳、二”等音节的韵母标记为ə，其实际音值为ɘ。

3.后鼻辅音尾韵母aŋ、iaŋ、uaŋ、əŋ、iŋ、uŋ、yŋ的实际音值为ãŋ、iãŋ、uãŋ、ə̃ŋ、iə̃ŋ、uə̃ŋ、yə̃ŋ。

4. uŋ韵母逢零声母时实际音值是uəŋ。

三 声调（4个）

阴平　213　东该灯风通开天春统谷百搭节急哭拍塔切刻老

阳平　53　门龙牛油铜皮糖红讨又毒白盒罚

上声　55　懂古鬼九苦讨又草买老五有

去声　312　动罪近后冻怪半四痛快寸去卖路硬乱洞地饭树刻新六麦叶月

说明：

莒南方言有两个降升调，分别是阴平和去声，阴平的调值为213，去声的调值为312，二者的区别在于升降的音长上，阴平降短升长，去声降长升短。另外，去声的单字调也经常会读为降调31，材料中统一记作312。

叁 连读变调

表14-1　莒南方言连读变调表

前字	后字					
	阴平 213	阳平 53	上声 55	去声 312	轻声	
					普通轻声	单音节动词重叠
阴平 213	13+213 山沟 猪血	213+53 灰尘 天明	213+55 失火 开水	13+31 冬至 鞭炮	①21+24 菠菜 冬闲 ②21+4 天天 谷子	13+44 听听 搬搬 说说 刷刷
阳平 53	53+213 洋烟 年轻	53+53 洋油 薄地	53+55 凉水 黄酒	53+31 难受 成殓	①24+1 云彩 梅花 ②55+2 雹子 油菜	53+21 谈谈 缝缝
上声 55	①53+213 小汪儿 打工 ②55+213 老师儿 打针	55+53 眼红 打牌儿	53+55 米酒 马桶	55+31 考试 保佑	21+4 尾巴 本子	44+21 走走 洗洗

续表

前字	后字					
	阴平 213	阳平 53	上声 55	去声 312	轻声	
					普通轻声	单音节动词重叠
去声 312	31+213 害羞　盖屋	31+53 酱油　下棋	31+55 下雨　右手	13+31 地震　饭店	42+1 辫子　弟兄	31+21 看看　换换

说明：

1.连读变调发生于正常的语流中，若强调时语速稍慢，多读为本调。

2.阳平+轻声时，前字有些读成升调24，有些读成平调，实际调值是44，此处记为55。

3.去声在轻声前，有时读得更像44。此统一记作42。

4.去声做后字时，多数读成31，强调时读为312。此统一记为31。

肆　儿化

莒南方言中儿化现象比较丰富，特别是由于儿化时会在韵母中添加闪音ɾ或边音ɬ以及有声母及介音的变化。为了便于说明这些复杂的变化，下表先列出原韵母，然后列出在不同声母后韵母发生的变化。其中有些是原韵母的新读或旧读才有的儿化韵，表中例词后用小字标出“新”“老”。儿化时声母发生变化的，在“→”前列出原声母，后面列出变化后的声母。

表14-2　莒南方言儿化表

原韵母	声母条件	儿化后韵母	例词
a	k kʰ x p pʰ m	ar	银行卡儿　刀把儿　号码儿
	t tʰ n tθ tθʰ θ tʃ tʃʰ ʃ	ɾar	一沓儿　一捺儿　打杂儿　板擦儿　爷仨儿　小二傻儿
	tʂ tʂʰ ʂ	ɬar	豆腐渣儿　树杈儿　一霎儿
	l→ɭ	ar	大落儿
ia	tɕ tɕʰ ɕ	iɾar	小架儿　一掐儿　小虾儿
	l Ø→ɭ	ar	爷俩儿　豆芽儿
ua	k kʰ x	uar	小褂儿　小花儿
	tʂ tʂʰ ʂ	uɬar	小爪儿　牙刷儿
ə	p pʰ m k kʰ x	ər	山坡儿　泡沫儿　小格儿（新）　小盒儿　小鹅儿
	tʃ tʃʰ ʃ	ɾər	打折儿　车辙儿　小车儿

续表

原韵母	声母条件	儿化后韵母	例词
iə	t tʰ n	ɾər	一碟儿 请帖儿 小镊儿(老)
	ts tsʰ s→tθ tθʰ θ		一节儿 一截儿
	p pʰ m tɕ tɕʰ ɕ	iɾər	小鳖儿(老) 一撇儿(老) 小结儿(老) 小茄儿(老)
	p pʰ m tɕ tɕʰ ɕ n	iər	小鳖儿(新) 一撇儿(新) 小结儿(新) 小茄儿(新) 小镊儿(新)
	ø→ɻ	ər	小夜儿 树叶儿
uə	k kʰ x l ø	uər	小锅儿 小伙儿 一窝儿 一摞儿(新) 小锣儿(新)
	t tʰ n tθ tθʰ θ tʃ tʃʰ ʃ	uɾər	一朵儿 一坨儿 一撮儿 小锁儿 盖戳儿 小勺儿
	l→ɻ	uər	一摞儿(老) 小锣儿(老)
	tʂ tʂʰ ʂ	uɬər	小桌儿 派出所儿
yə	tɕ tɕʰ ɕ	yər	旦角儿 补缺儿
	ts tsʰ s→tθ tθʰ θ	uɾər	小麻雀儿
ei	p pʰ m k kʰ x l	er	宝贝儿 葱白儿 小格儿(老) 小客儿(老) 小雷儿(新)
	t tʰ n tθ tθʰ θ	ɾer	一对儿 跑腿儿 小贼儿 木塞儿
	tʂ tʂʰ ʂ	ɬer	精窄儿窄儿 一册儿
	l→ɻ	er	小雷儿(老)
uei	k kʰ x ø	uer	小鬼儿 一会儿 有味儿
	tʂ tʂʰ ʂ	uɬer	木锥儿 小锤儿 墨水儿
ã	p pʰ m k kʰ x ŋ	ɛr	老伴儿 小盘儿 吃饭儿 小杆儿 出汗儿 小案儿
	t tʰ n tθ tθʰ θ tʃ tʃʰ ʃ	ɾɛr	小胆儿 小摊儿 小簪儿 小三儿 小扇儿 小闪儿
	l→ɻ	ɛr	小篮儿
	tʂ tʂʰ ʂ	ɬɛr	小车站儿 小铲儿
iã	t tʰ n	ɾɛr	小店儿 一天儿 埝儿
	ts tsʰ s→tθ tθʰ θ		小尖儿 竹签儿 成仙儿
	p pʰ m tɕ tɕʰ ɕ	iɾɛr	小辫儿 一片儿 药面儿 一件儿 门槛儿 一根弦儿
	l ø(老)→ɻ	ɛr	窗帘儿 小脸儿 小眼儿(老) 冒烟儿(老)
	ø(新)	iɛr	小眼儿(新) 冒烟儿(新)

续表

原韵母	声母条件	儿化后韵母	例词
uã	k kʰ x	uɛr	当官儿　小罐儿　小环儿
	t tʰ n tθ tθʰ θ	urɛr	一小段儿　一小团儿　小钻儿　小蒜儿
	l→ɭ	uɛr	小栾儿
	tʂ tʂʰ ʂ	uɬɛr	小门闩儿　小木栓儿
yã	ts tsʰ s→tθ tθʰ θ	urɛr	小全儿　小旋儿
	tɕ tɕʰ ɕ	yrɛr	小娟儿　小圈儿　木楦儿
	Ø→ɭ	ɛr	小园儿　小院儿
aŋ	p pʰ m k kʰ x l（新）	ãr	鞋帮儿　帮忙儿　药方儿　小缸儿　米糠儿　一行儿　小狼儿（新）
	t tʰ n	rãr	小裤裆儿　小皮囊儿
	l→ɭ（老）	ãr	小狼儿（老）　走廊儿（老）
iaŋ	ts tsʰ s→tθ tθʰ θ	rãr	小蒋儿　小枪儿　小箱儿
	tɕ tɕʰ ɕ	irãr	小姜儿　小巷儿
	l Ø（老）→ɭ	ãr	小梁儿　有亮儿　小羊儿（老）　小样儿（老）
	Ø（新）	iãr	小羊儿（新）　小样儿（新）
uaŋ	k kʰ x Ø	uãr	小筐儿　小水汪儿
	tʂ tʂʰ ʂ	uɬãr	木桩儿　小窗儿　一双儿
ɛ	p pʰ m k kʰ x l（新）	ɛr	小牌儿　小盖儿　小孩儿　小赖儿（新）
	t tʰ n tθ tθʰ θ	rɛr	小袋儿　小台儿　小灾儿　小菜儿
	l→ɭ	ɛr	小赖儿（老）
	tʂ tʂʰ ʂ	ɬɛr	小寨儿　小柴儿　小筛儿
iɛ	tɕ tɕʰ ɕ	irɛr	小街儿　台阶儿　小鞋儿
uɛ	k kʰ x	uɛr	小乖儿乖儿　一小块儿
	tʂ tʂʰ ʂ	ɬɛr	拽儿拽儿拉拉
ɿ	tθ tθʰ θ tʃ tʃʰ ʃ	rer	瓜子儿　词儿　肉丝儿　豆汁儿　小侄儿（老）　小池儿
ʅ	tʂ tʂʰ ʂ	ɬer	树枝儿　小侄儿（新）　小事儿
ʮ	tʃ tʃʰ ʃ	ruer	找主儿　小树儿　小猪儿（老）　小橱儿（老）　小画书儿（老）
		rur	小轴儿　小猪儿（新）　小画书儿（新）　小橱儿（新）

续表

原韵母	声母条件	儿化后韵母	例词
i	p p^h m t t^h n	ɾer	针鼻儿　皮儿　小米儿　底儿　蹄儿　小妮儿
	ts ts^h s→tθ tθ^h θ	ɾer	屋脊儿　小集儿　小凉席儿
	tɕ tɕ^h ɕ	iɾer	小鸡儿　小旗儿
	l ø（老）→ɭ	er	小李儿　差不离儿　小椅儿（老）　小衣儿（老）
	ø（新）	ier	小椅儿（新）　小衣儿（新）
u	p p^h m f k k^h x ø	ur	小步儿　小铺儿　小牟儿　小付儿　小鼓儿　小裤儿　小吴儿
	t t^h n tθ tθ^h θ	ɾur	小牛犊儿　小秃儿　小奴儿　小卒儿　小醋儿
	l→ɭ	ur	小鹿儿　小路儿　小炉儿
	tʂ tʂ^h ʂ	ɬur	小竹儿　小雏儿　小木梳儿
y	tɕ tɕ^h ɕ	yɾur	小锯儿（老）　小曲儿（老）
		yɾer	小锯儿（新）　小曲儿（新）
	l ø→ɭ	uer	小驴儿　小吕儿　小鱼儿
ɔ	p p^h m k k^h x ŋ	ɔr	小包儿　小袍儿　小帽儿　小猫儿　羊羔儿　小袄儿
	t t^h n tθ tθ^h θ tʃ tʃ^h ʃ	ɾɔr	小刀儿　小桃儿　痒痒挠儿　小枣儿　小草儿　小嫂儿　有一招儿（老）
	l→ɭ	ɔr	小牢儿
	tʂ tʂ^h ʂ	ɬɔr	有一招儿（新）
iɔ	t t^h n	ɾɔr	小调儿　小条儿　小鸟儿
	ts ts^h s→tθ tθ^h θ		辣椒儿　吹箫儿（老）　老小儿
	p p^h m tɕ tɕ^h ɕ ts ts^h s ø（新）	iɾɔr	小表儿　买票儿　小苗儿　睡一小觉儿　小桥儿　小萧儿（新）　酒肴儿（新）
	ø（老）→ɭ	ɔr	小妖儿（老）　酒肴儿（老）
əŋ	p p^h m f k k^h x ŋ	ə̃r	水泵儿　小棚儿　门缝儿　水坑儿　哼儿哼儿
	t t^h n tθ tθ^h θ tʃ tʃ^h ʃ	ɾə̃r	小灯儿　小板凳儿　小曾儿　一层儿　有症儿　小秤儿　小声儿
	l→ɭ	ə̃r	小楞儿　小棱儿
	tʂ tʂ^h ʂ	ɬə̃r	椅子樘儿　外甥儿
iŋ	t t^h n	ɾə̃r	小钉儿　小亭儿　头顶儿　小宁儿
	ts ts^h s→tθ tθ^h θ		小静儿　小青儿　定盘星儿
	tɕ tɕ^h ɕ p p^h m	iɾə̃r	小庆儿　小邢儿　小兵儿　小瓶儿　小命儿　小名儿
	l ø→ɭ	ə̃r	小玲儿　小岭儿　小英儿　电影儿

续表

原韵母	声母条件	儿化后韵母	例词
uŋ	k k^h x ∅	uə̃r	小工儿　没空儿　小红儿　小翁儿
	t t^h n tθ $tθ^h$ θ	urə̃r	小董儿　小桶儿　小葱儿　小宋儿
	l→ɻ	uə̃r	小笼儿　小龙儿　小垄儿
	tʂ $tʂ^h$ ʂ	ɬuə̃r	小盅儿　小虫儿
yŋ	tɕ $tɕ^h$ ɕ	yrə̃r	小熊儿
	∅→ɻ	uə̃r	小勇儿　小荣儿
ẽ	p p^h m f k k^h x	er	小本儿　小盆儿　小门儿　小份儿　墙根儿
	tʃ $tʃ^h$ ʃ	ɾer	小针儿　小陈儿　翻身儿
	tʂ $tʂ^h$ ʂ	ɬer	小豆枕儿　褂子衬儿　小人参儿
	l→ɻ	er	小树林儿
iẽ	ts ts^h s→tθ $tθ^h$ θ	ɾer	小尽儿　花芯儿
	tɕ $tɕ^h$ ɕ	irer	小金儿　小褂襟儿　小琴儿
	∅→ɻ	er	小人儿　小印儿　杏仁儿
uẽ	k k^h x ∅	uer	打滚儿　掉魂儿　花纹儿　裂璺儿
	t t^h n tθ $tθ^h$ θ tʃ $tʃ^h$ ʃ	urer	小木墩儿　一小顿儿　小村儿　小孙儿　没准儿　小春儿
	l→ɻ	uer	小轮儿
yẽ	tɕ $tɕ^h$ ɕ	yrer	小军儿　合群儿
	∅→ɻ	uer	小云儿
əu	k k^h x ŋ	əur	小狗儿　一小口儿　小藕儿　小猴儿
	t t^h n tθ $tθ^h$ θ tʃ $tʃ^h$ ʃ	ɾəur	小兜儿　小偷儿　小头儿　念个咒儿　丝绸儿　一手儿
	l→ɻ	əur	小楼儿　小篓儿
	tʂ $tʂ^h$ ʂ	ɬəur	小胳膊肘儿　满脸皱儿　发愁儿
iəu	ts ts^h s→tθ $tθ^h$ θ	ɾəur	小酒儿　小袖儿　小妞儿
	tɕ $tɕ^h$ ɕ	irəur	抓阄儿　小九儿九儿　小球儿
	l ∅→ɻ	əur	小刘儿　一小溜儿　小尤儿　小肉儿

伍　新老差异

莒南方言中新老差异相对较大。老派方言除清声母入声字属于冀鲁官话特点之外，其他一些特点与胶辽官话区一致：中古知庄章组字分读两类，一类读tʂ组，一类读tʃ

组；老派古精组细音字和见组细音字不混（区分尖团音），一类读ts组，一类读tɕ组；普通话读ʐ声母（包括古日母非止摄开口字和来自喻母的部分字）的字老派读零声母。新派方言中，古知庄章组字合一读tʂ组声母，尖团音合一读tɕ组声母，普通话读ʐ声母的字也读ʐ声母或有ʐ声母的又读。这样一来，在新派莒南方言中，胶辽官话语音特点的痕迹就所剩无几了。以上三类情况举例如下：

猪——老男tʃɥ^{213}　青男tʂu^{213}

抽——老男tʃʰou^{213}　青男tʂʰou^{213}

世——老男ʃʅ^{312}　青男ʂʅ^{31}

焦——老男tsiɔ^{213}　青男tɕiɔ^{213}

浅——老男tsʰiã^{55}　青男tɕʰiã^{55}

洗——老男si^{55}　青男ɕi^{55}

人——老男iẽ^{53}　青男ʐẽ^{53}

认——老男iẽ^{312}　青男iẽ^{31}老 ʐẽ^{31}新

此外还有一些零星的字新派受普通话影响而改变了老派的音类，此不赘举。

第十五节　潍坊（潍城）方音

壹　概况

潍坊市潍城区是潍坊市的老城区（20世纪50年代之前的潍县县城），以北浪河为界与奎文区毗邻，北接寒亭区，东南与坊子区相连，西北、西南与寿光、昌乐两市接壤。地理坐标介于东经118° 55′ —119° 06′ 、北纬36° 35′ —36° 49′ ，总面积289.56平方公里。潍城区地势南高北低，呈较平缓倾斜状，西南部为丘陵，系泰沂山脉尾间，分布在大于河两岸；其他区域为洪积冲积平原，占全区总面积的72.9%，地势较缓平。

1951年以原潍县县城为中心设县级潍坊市，原潍县境域分属潍县、潍坊市（1958年潍县曾并入潍坊市，1962年重新析出），隶属昌潍专区（后改称昌潍地区、潍坊地区）。1983年，潍坊市升格为地级市，原县级潍坊市和原潍县辖区划分为潍城区、坊子区、寒亭区；1994年，又从潍城区分出奎文区。截至2020年，潍城区下辖6个街道，另设有1个经济开发区。区政府原在城区内，近年迁至于河街道。常住人口为52.13万人，绝大部分为汉族，少数民族人口不足千人。

潍城区通行潍坊方言，无少数民族语言。潍城区为原潍县县城所在地（奎文区为东关地区），潍城方言即典型的潍坊方言，属冀鲁官话沧惠片阳寿小片。而城东、城北的广大农村地区（今主要归潍坊市寒亭区）与其东的昌邑市方言相近，属于胶辽官话青莱片莱昌小片，城南及东南的地区（今主要归潍坊市坊子区）与安丘、高密毗邻，方言相近，属于胶辽官话青莱片胶莲小片。以今潍城区而言，基本属于冀鲁官话区。内部差异主要是原城里和城外的声母有一定差异，又主要体现在古日母字的读音上：城里日母止摄开口字读为ɐr，其他日母字读ʐ声母；城外日母止摄开口字读ɭə，其他日母字读零声母（如“人”＝“银”）。此外，原城里话中古知庄章声母分为两套声母，一类为普通的卷舌声母tʂ、$tʂ^h$、ʂ，一类为略带舌叶色彩的卷舌声母（实际读下舌叶声母），两套声母非常接近但又有区别。其分类与胶辽官话中的知庄章二分基本一致，但读音却与其他胶辽官话不同。20世纪80年代的时候，年轻人中这两类读音已经合流，而中老年人还保留两者对立；如今能保留这种对立的人极少。

本地的地方戏曲主要是潍县梆子、大鼓戏。潍县梆子由河北梆子与当地方言和民歌相结合而形成，清光绪年间最盛。音乐唱腔有三季梅、二梆、一串铃、四大腔、垫板、三板、闪板、十三嗨等。打击乐与京剧相同，剧目有《夫妻乐》《三人疑》《王宝钏》等。清末，逐渐被京剧所代替。大鼓书（东路大鼓）清代后期流行于山东省潍坊地区和滨州地区。演唱者一至三人，演员自击铜板（或钢板）和书鼓，另有三弦伴奏。也有一人自弹三弦自唱和一人左腿打板、右手弹三弦带敲鼓、板的。传统曲目有《隋唐》《杨家将》等。民国后，西河大鼓传入山东省，许多东路大鼓演员改唱西河大鼓，这一曲种渐趋衰亡。至今潍城地区大鼓书的传承艺人仅余几人。

调查点为山东省潍坊市潍城区城关街道。

贰　声韵调

一　声母（24个，含零声母）

p	八兵病	p^h	派片爬	m	麦明泥	f	飞风副蜂肥饭
t	多东毒	t^h	讨天甜	n	脑南	l	老蓝连路
ts	资早租字贼坐	ts^h	刺草寸祠	s	丝三酸		

tʂ	张竹柱争装纸主	tʂʰ	抽拆茶抄初床车春船城	ʂ	事山双顺手书十	ʐ	热软文
tɕ	酒九	tɕʰ	清全轻权	ȵ	年泥	ɕ	想谢响县
k	高共	kʰ	开	ŋ	熬安	x	好灰活
ø	味问软白月温王云用药						

说明：

1. tʂ、tʂʰ、ʂ声母的个别字实际发音时接近舌叶音tʃ、tʃʰ、ʃ。

2. tɕ、tɕʰ、ɕ发音部位略靠前，但不带齿音色彩。

二　韵母（37个）

ɿ	丝	i	米戏急七一锡	u	苦五猪骨出谷	y	雨橘绿局
ʅ	师试十直尺						
ɐr	二						
ɑ	茶塔法辣八	iɑ	牙鸭	uɑ	瓦刮		
ɛ	开排	iɛ	鞋	uɛ	快		
ə	热	iə	写接贴节	uə	歌坐过盒活托郭壳文国	yə	靴月药壳文学
ei	赔飞北色白			uei	对鬼		
ɔɤ	宝饱	iɔɤ	笑桥				
ɤɯ	豆走	iɤɯ	油六				
ã	南山半	iã	盐年	uã	短官	yã	权
ẽ	深根	iẽ	心新	uẽ	寸滚春横白	yẽ	云
ɑŋ	糖	iɑŋ	响讲	uɑŋ	床王双		
əŋ	灯升争横文	iŋ	硬病星	oŋ	东	yŋ	兄用

说明：

1. i做单韵母时略有动程，发i后，舌向后缩，接近iɨ。

2. u在tʂ、tʂʰ、ʂ、ʐ后实际音值接近ʮ。

3. y做单韵母时实际音值不稳定，有时是单元音y，如“句”；多数略有动程，舌向后缩，接近yø，如“锯去”；有时接近iu，如“女”。

4. ɑ的实际音值不到舌位的最后，但略带圆唇。

5. ə在舌根音后实际音值是ɤ；在i后和声母tʂ、tʂʰ、ʂ后舌位略低，实际音值是ɜ；

在u后实际音值是ʌ；在y后实际音值是ø。

6. ɛ韵母略有动程，实际音值接近ɛe。iɛ、uɛ实际音值接近iɛe、uɛe。

7. ɔɤ、iɔɤ中的ɔ开口度略小（在i介音后尤其如此），有些字中的ɤ读得不太清晰。此统一记作ɔɤ。

8. ẽ的实际发音接近ẽĩ，并且鼻化程度也不高。

9. oŋ逢零声母时实际音值为uəŋ。

三　声调（4个）

阴平　214　东该灯风通开天春谷百搭节哭拍塔刻切

阳平　53　门龙牛油铜皮糖红毒白盒罚急

上声　55　懂古鬼九统苦讨草买老五有

去声　31　动罪近后冻怪半四痛快寸去卖路硬乱洞地饭树六麦叶月

说明：

1. 阴平214，有时发音为224。

2. 上声发音不太稳定，一般是高平调55，但也有不少发成升调45。

3. 阳平53的起点略低，接近42。

叁　连读变调

表15-1　潍坊方言连读变调表

前字	后字					
	阴平214	阳平53	上声55	去声31	轻声	
					普通轻声	单音节动词重叠
阴平214	24+214 香菇　今天	214+53 赶集　今年	214+55 不管　声母	24+31 荒地　家具	①31+21 刀子　乡里 ②214+5 玻璃　桌子 ③55+4 多少	214+4 听听　穿穿 说说　歇歇
阳平53	①53+214 毛巾　晴天 ②55+214 毛衣　洋葱	53+53 男人　零钱儿	53+55 锣鼓　骑马	①53+31 随便儿 ②55+31 学校　胡乱	①35+2 娘家　云彩 ②55+3 什么	53+2 尝尝　学学

续表

<table>
<tr><th rowspan="3">前字</th><th colspan="6">后字</th></tr>
<tr><th rowspan="2">阴平214</th><th rowspan="2">阳平53</th><th rowspan="2">上声55</th><th rowspan="2">去声31</th><th colspan="2">轻声</th></tr>
<tr><th>普通轻声</th><th>单音节动词重叠</th></tr>
<tr><td>上声55</td><td>①55+214
每天　小葱
②24+214
养鸡　老师</td><td>55+53
火油　打鸣</td><td>53+55
洗澡　打盹儿</td><td>24+31
扫地　韭菜</td><td>24+4
爪子　老鼠儿</td><td>53+2
走走　洗洗</td></tr>
<tr><td>去声31</td><td>①31+214
大车　见天
②55+214
教室　辣椒</td><td>①31+53
破鞋　后娘
②33+53
面条　大爷</td><td>31+55
大雨　圣母</td><td>①31+31
变蛋　做饭
②24+31
饭店　唱戏</td><td>55+3
画家　豆腐</td><td>31+2
看看　换换</td></tr>
</table>

说明：

轻声音节实际音值各不相同，词汇记音中均记为0。

肆　儿化

除卷舌韵母ɐr之外，其他36个韵母都可以发生卷舌的儿化。儿化后形成27个儿化韵。

表15-2　潍坊方言儿化韵表

<table>
<tr><th>儿化韵</th><th>原韵母</th><th>例词</th><th>儿化韵</th><th>原韵母</th><th>例词</th></tr>
<tr><td>ɑr</td><td>ɑ</td><td>刀把儿　号码儿</td><td rowspan="2">uɐr</td><td>uɛ</td><td>拐儿　块儿</td></tr>
<tr><td>iɑr</td><td>iɑ</td><td>豆芽儿　小虾儿</td><td>uã</td><td>一段儿　茶馆儿</td></tr>
<tr><td>uɑr</td><td>uɑ</td><td>小褂儿　牙刷儿</td><td>yɐr</td><td>yã</td><td>旋儿　小院儿</td></tr>
<tr><td>ər</td><td>ə</td><td>老婆儿　打折儿</td><td rowspan="4">er</td><td>ɿ</td><td>刺儿　字儿</td></tr>
<tr><td rowspan="2">iər</td><td rowspan="2">iə</td><td>碟儿　姐儿</td><td>ʅ</td><td>没事儿</td></tr>
<tr><td>树叶儿</td><td>ei</td><td>葱白儿　宝贝儿</td></tr>
<tr><td>uər</td><td>uə</td><td>大伙儿　错儿</td><td>ẽ</td><td>赔本儿　没门儿</td></tr>
<tr><td rowspan="2">yər</td><td rowspan="2">yə</td><td>家雀儿</td><td rowspan="2">ier</td><td>i</td><td>皮儿　门鼻儿</td></tr>
<tr><td>补缺儿　月儿</td><td>iẽ</td><td>使劲儿　今儿</td></tr>
<tr><td rowspan="2">ɐr</td><td>ɛ</td><td>牌儿　盖儿</td><td rowspan="2">uer</td><td>uei</td><td>一会儿　墨水儿</td></tr>
<tr><td>ã</td><td>盘儿　摊儿</td><td>uẽ</td><td>轱轮儿　没准儿</td></tr>
<tr><td rowspan="2">iɐr</td><td>iɛ</td><td>小鞋儿</td><td rowspan="2">yer</td><td>yẽ</td><td>小俊儿　合群儿</td></tr>
<tr><td>iã</td><td>雨点儿　药面儿</td><td>y</td><td>有趣儿　小鱼儿</td></tr>
</table>

续表

儿化韵	原韵母	例词	儿化韵	原韵母	例词
ur	u	找主儿　枣核儿	iãr	iaŋ	亮儿　撇腔儿
ɔr	ɔɤ	赶早儿　小刀儿	uãr	uaŋ	小筐儿　庄儿
iɔr	iɔɤ	面条儿　不开窍儿	ẽr	əŋ	跳绳儿　小程儿
our	ɤɯ	老头儿　兜儿	iẽr	iŋ	小病儿　小瓶儿
iour	iɤɯ	袄袖儿　抓阄儿	õr	oŋ	没空儿　老翁儿
ãr	aŋ	鞋帮儿　帮忙儿	iõr	yŋ	小熊儿　蚕蛹儿

说明：our和iour中的o开口度比较大，接近于ɔ。

伍　新老差异

潍坊（潍城区）方言中新老差异不大，主要是有些老派音类与普通话音类不一致的字，新派改按普通话音类来读或增加与普通话音类相同的又读。如：

贫——老男$p^hẽ^{53}$　青男$p^hiẽ^{53}$

民——老男$mẽ^{53}$　青男$miẽ^{53}$

笋——老男$çyẽ^{55}$　青男$suẽ^{55}$

缚——老男$fə^{53}$　青男fu^{53}

测——老男$tʂ^hei^{214}$阴平　青男$ts^hə^{31}$去声

溪——老男$çi^{53}$阳平　青男$çi^{214}$阴平

第十六节　寿光方音

壹　概况

寿光市位于渤海莱州湾西南岸，东邻潍坊市寒亭区，西接广饶县，南部与青州市和昌乐县相邻，北濒渤海。地理坐标介于东经118° 32′ —119° 10′ 、北纬36° 41′ —37° 19′ 之间，纵长60公里，横宽48公里，海岸线长56公里，总面积2072平方公里。寿光市处于自南向北缓慢降低的平原区，海拔最高点49.5米，最低点高程1米，南北相对高差48.5米，水平距离70公里，平均坡降万分之一。

寿光市系1993年由原寿光县改置，由潍坊市代管。截至2020年，寿光市下辖5个街道、9个镇，另设有1个园区。市政府驻圣城街道。截至2020年，全市常住人口为116.33万人。主要为汉族，改革开放后因为婚姻或工作有少数民族迁入，数量很少。

全市通行寿光方言，无少数民族语言。寿光方言均属官话方言，其中大部分地区（含县城）属于古清声母入声字读阴平的冀鲁官话沧惠片阳寿小片；北部的田柳镇、营里镇，台头镇的牛头镇村等，古清声母入声字读上声，古知庄章组字分读两类声母，区分尖团音，符合胶辽官话特点，实际上可归入胶辽官话青莱片的莱昌小片。此外，弥河以东的洛城街道、稻田街道，古日母非止摄字多读零声母（“肉”=“又”），与寿光东边的胶辽官话区一致；而县城附近及以南、以西的地区读l声母（“肉”=“漏”），与寿光以西的广饶、临淄等地一致；县城以北地区读ʐ声母，与东、西部均不同。

当地流行的戏曲过去主要是京剧，许多村有京剧戏班春节时演出，县里有京剧团。现在已很少有演出。无其他流行的戏曲和曲艺。

调查点为山东省潍坊市寿光市圣城街道北关村。

贰　声韵调

一　声母（23个，含零声母）

p	八兵病	pʰ	派片爬	m	麦明泥	f	飞风副蜂肥饭
t	多东毒	tʰ	讨天甜	n	脑南	l	老蓝连路热软
ts	资早租字贼坐	tsʰ	刺草寸祠	s	丝三酸		
tʂ	张竹柱争装纸主	tʂʰ	抽拆茶抄初床车春船城	ʂ	事山双顺手书十		
tɕ	酒九	tɕʰ	清全轻权	ȵ	年	ɕ	想谢响县
k	高共	kʰ	开	ŋ	熬安	x	好灰活
ø	味问月温王云用药						

说明：

1. n和ȵ为互补关系，n只拼开口呼和合口呼，ȵ只拼齐齿呼和撮口呼。

2. l声母与ɘ韵母相拼时（“儿耳二”等字），发音部位通常稍后，持阻时间稍长，然后轻轻带出时长较短的韵母ɘ。参见韵母说明1。

3. ts、tsʰ、s组声母，实际发音部位为舌尖齿龈。

二 韵母(37个)

ɿ	丝	i	米戏急七一锡	u	苦五猪骨出谷	y	雨橘绿局
ʅ	师试十直尺						
a	茶塔法辣八	ia	牙鸭	ua	瓦刮		
ɛ	开排	iɛ	鞋	uɛ	快		
ɔ	宝饱	iɔ	笑桥				
ə	热	iə	写接贴节	uə	歌坐过盒活托郭壳文国新	yə	靴月药壳白
ɘ	二						
ei	赔飞北色白			uei	对鬼国老		
əu	豆走	iəu	油六				
ã	南山半	iã	盐年	uã	短官	yã	权
ə̃	深根	iə̃	心新	uə̃	寸滚春横白	yẽ	云
ɑŋ	糖	iɑŋ	响讲	uɑŋ	床王双		
əŋ	灯升争横文	iŋ	硬病星	uŋ	东	yŋ	兄用

说明:

1. ɘ与ə在l声母后构成对立(二lɘ≠热lə),其中的l无论发音部位前后、持阻时间长短,都不起区别意义作用,区别两者的是韵母的不同。

2. a在a、ia、ua中实际音值是ᴀ,在ã、uã中实际音值是æ,在iã、yã中实际音值是ɛ。

3. ə拼p、p^h、m、f时唇形略圆。

4. ei的动程很小。

5. uŋ逢零声母时实际音值是uəŋ,如"翁瓮"。

6. i、u、y、ɿ、ʅ韵母重读时,有时尾部的舌位略微降低。

7. "国"字uei韵母的读法实际上是旧读,现在六七十岁的人也很少读uei韵母。但姓氏的"国"本地人一般还读uei韵母。

三 声调(4个)

阴平 213 东该灯风通开天春谷百搭节急紧~哭拍塔切刻

阳平 53 门龙牛油铜皮糖红急着~毒白盒罚

上声　55　懂古鬼九统苦讨草买老五有

去声　21　冻怪半四痛快寸去动罪近后卖路硬乱洞地饭树六麦叶月

说明：

1. 阴平调前降部分的起点不到2，有时候发成113。

2. 上声实际调值高度不足5。

3. 去声在单念时起点有时为3。

叁　连读变调

表16-1　寿光方言连读变调表

<table>
<tr><th colspan="2" rowspan="3">前字</th><th colspan="6">后字</th></tr>
<tr><th rowspan="2">阴平213</th><th rowspan="2">阳平53</th><th rowspan="2">上声55</th><th rowspan="2">去声21</th><th colspan="2">轻声</th></tr>
<tr><th>普通轻声</th><th>单音节动词重叠</th></tr>
<tr><td rowspan="2">阴平213</td><td>古清声母平声</td><td rowspan="2">55+213
声音　发生</td><td rowspan="2">213+53
生活　发明</td><td rowspan="2">213+55
生产　发火</td><td rowspan="2">13+21
生命　发动</td><td>21+1
家里　姑父</td><td>24+1
听听　穿穿</td></tr>
<tr><td>古清声母入声</td><td>213+4
发了　叔叔</td><td>213+4
说说　吃吃</td></tr>
<tr><td colspan="2">阳平53</td><td>53+213
毛巾　平均</td><td>53+53
毛驴　平原</td><td>53+55
毛毯　平反</td><td>53+21
毛裤　平调</td><td>35+3
前头　婆婆</td><td>53+2
提提　谈谈</td></tr>
<tr><td colspan="2">上声55</td><td>55+213
省心　火车</td><td>55+53
省钱　海洋</td><td>53+55
省长　小米</td><td>55+21
省事　礼貌</td><td>24+4
省着　姐姐</td><td>55+2
讲讲　走走</td></tr>
<tr><td colspan="2">去声21</td><td>21+213
电灯　放心</td><td>21+53
电源　放人</td><td>21+55
电表　放水</td><td>①213+21
电话　对立
②21+21
外地　大队</td><td>55+2
垫子　妹妹</td><td>21+1
看看　换换</td></tr>
</table>

说明：

1. 阴平

①阴平在阴平读同上声（55）。如“声音”和“省心”的声调一样。

②阴平在阳平和上声前前部较平，后部升起，实际发音为224。

③今阴平在轻声前分读两类，来自古平声调的为一类，来自古清声母入声字的为一类。

2. 阳平

阳平除了在轻声前（单音节动词重叠时例外）之外均不变调。

3. 上声

上声在上声前读同阳平（53）。如“理解”和“厘米”的声调一样。

4.去声

去声在去声前有两种型式，本材料按实际发音记音。去声在去声后实际读为31。

5.轻声

①单音节动词重叠时后字读轻声，但其前字的读法（连调或不变调）与其他的普通词的读法不一致（清入字例外）。

②轻声音节的音高及调型在不同调类后有别，音高见上表，调型情况为：4为平调，实际调值是44；3、2、1都是降调，实际调值分别是32、21和1，记为1的实际上也是降调，不过其终点比单字调的1更低。词汇和语法材料中轻声音节统一记作0。

③上声在普通轻声前的实际调值与阳平在普通轻声前的调值相近而略低，但其后轻声音节的调型和音高明显不同，上声后是44，阳平后是32，所以上声+轻声和阳平+轻声的区别很明显。但由于轻声音节都记为0，所以将上声在普通轻声前的连读调记为24，以与阳平在普通轻声前的连读调35相区别。

④连续轻声的读法。

首字	连续两个轻声	连续三个轻声	连续四个轻声
阴平（古清平字） 213→21	21+1+1 风门子　张师傅	21+1+1+1 三篼斗子　张师傅家	21+1+1+1+1 张师傅家的
阴平（古清入字） 213	213+4+4 说嘴子　郭师傅	213+4+4+4 屋里头的　郭师傅家	213+4+4+4 郭师傅家的
阳平53→35	35+4+2 甜秫秸　徐师傅	35+4+2+1 前窝儿里的　徐师傅家	35+4+2+1+1 徐师傅家的
上声55→23	23+4+4 拐肘子　李师傅	23+4+4+4 死胡同里　李师傅家	23+4+4+4+4 李师傅家的
去声21→55	55+2+1 后老婆　郑师傅	55+2+1+1 热疙瘩子　郑师傅家	55+2+1+1+1 郑师傅家的

方言词说明：

风门子，门外加设的挡风的小门。三篼斗子，一种稍小的篼斗（用来挎着或提着的有提梁的条编用具，可用来盛粮食、干粮等）。说嘴子，耍嘴皮子的人。甜秫秸，一种甜味的高粱秸秆。前窝儿里的，指与前妻或与前夫所生的子女。拐肘子，肘。后老婆，后妻。热疙瘩子，痱子。

6.以上规律中有少数例外，兹不具列。

肆 儿化

寿光方言中的儿化比较发达，儿化词比较多。其主要特点与普通话相同，也是以卷舌为主要特征。但在儿化韵的具体音值上，与普通话有不少差异。除了ə韵母没有儿化之外，其余韵母都可以儿化。

表16-2 寿光方言儿化韵表

儿化韵	原韵母	例词
ʌr	a	茶儿 打杂儿
	ia（l声母后）	娘俩儿
	ɑŋ（老）	小张儿 小唐儿
	iɑŋ（l声母后）	干粮儿
iʌr	ia（l之外声母后）	豆芽儿 小夏儿
	iɑŋ（l之外声母后）	小羊儿 小姜儿
uʌr	ua	小瓦儿 拉呱儿
	uɑŋ	小床儿 蛋黄儿
ɛr	ɛ	小孩儿 打牌儿
	ã	小盘儿 小三儿
	iã（t、t^h、ȵ、l声母后）	一点儿 小脸儿
iɛr	iɛ	小鞋儿 秫秸儿
	iã（t、t^h、ȵ、l之外声母后）	线儿 一间儿
uɛr	uɛ	拐儿 （敞着）怀儿
	uã	玩儿 水管儿
yɛr	yã	小娟儿 队员儿
ɤr	ə	老婆儿
	iə（t、t^h、ȵ、l声母后）	请帖儿
	əŋ	小绳儿 椅子樗儿
	iŋ（t、t^h、ȵ、l声母后）	秫秸莛儿 挂零儿
iɤr	iə（t、t^h、ȵ、l之外的声母后）	菜叶儿 血儿
	iŋ（t、t^h、ȵ、l之外的声母后）	小瓶儿 名儿

续表

儿化韵	原韵母	例词
uor	uə	蛾儿　歌儿
	yə（l声母后）	大略儿
	uŋ	小葱儿　虫儿
	yŋ（l声母后）	小龙儿
yɤr	yə（l之外声母后）	小学儿　药儿
	yŋ（l之外声母后）	（无例词，此按规律附列于此）
ɔr	ɔ	小刀儿　小赵儿
	iɔ（t、t^h、ȵ、l声母后）	材料儿　纸条儿
iɔr	iɔ（t、t^h、ȵ、l之外的声母后）	腰儿　小桥儿
ɭ	ɿ	字儿　词儿
	ʅ	纸儿　事儿
	ei	格儿　色儿
	ə̃	根儿　婶儿
	i（t、t^h、ȵ、l声母后）	地儿　差不离儿
iɭ	i（t、t^h、ȵ、l之外的声母后）	小鸡儿　皮儿
	iə̃	不要紧儿　手印儿
uɭ	uei	味儿　小鬼儿
	uə̃	布纹儿　打滚儿
yɭ	yə̃	小云儿　小军儿
ur	u	小路儿　小书儿
yr	y	小鱼儿　曲儿
əur	əu	小狗儿　小手儿
	iəu（l声母后）	小刘儿
iəur	iəu（l之外的声母后）	小球儿　加油儿
ɑ̃r	ɑŋ（新）	小张儿　茶缸儿
iɑ̃r	iɑŋ（新）	小姜儿　小杨儿
uɑ̃r	uɑŋ（新）	小王儿

说明：

1. ʌ的实际舌位高低为半低与低之间，较之ɐ位置靠后。

2. ɑŋ、iɑŋ、uɑŋ组韵母有两种儿化方式，一种是丢掉韵尾后主要元音卷舌但没有鼻化，一种是丢掉韵尾后主要元音卷舌并鼻化。前者是较老较“土”的特点，与寿光城北的大片区域特点一致；后者是较新的特点，与寿光城南、东南的区域特点一致。

3. uor中o圆唇程度不足，也可记为uɤr。

4. ɛr、iɛr、uɛr、yɛr中的ɛ舌位在ɛ和ə之间。

5. 儿化韵ɭ的发音特点是，发出声母后舌尖直接上抵硬腭前部，声母和ɭ中间的过渡音不明显。逢tʂ、tʂʰ声母时，舌尖及其两侧（舌叶）抵住硬腭前部并完全堵住口腔气流通道，持阻后松开舌叶，只保持舌尖抵住硬腭，气流从两侧通过发出边音，实际发音是舌尖后的ʈɭ、ʈʰɭ，本材料仍记作tʂɭ、tʂɭ。逢ʂ声母时，声母一般发成气流较强的清边擦音ɬ（如“事儿”是ɬɭ），本材料记作ɬɭ。逢l声母（包括普通话中读ʐ寿光读l的字，下同）时，则只发一个ɭ（如“人儿”是ɭ^{53}），如果读得较重，则前部读得气流较强，实际发音是ꞎɭ，本材料均记作ɭ。

6. 儿化韵uɭ与tʂ、tʂʰ、ʂ、l相拼时，声母发音部位保持不变，只是发音时嘴唇圆拢，而后变为展唇发出ɭ。如“准儿”“春儿”“水儿”“泪儿”分别读为tʂʷɭ、tʂʰʷɭ、ɬʷɭ（ʂ变为ɬ参见说明4）、ɭʷɭ（l声母变为ɭ参见说明7）。也有人读作tʂuɭ、tʂʰuɭ、ʂuɭ、ɭʷɭ。本材料中统一记作tʂuɭ、tʂʰuɭ、ʂuɭ、ɭuɭ。

7. t、tʰ声母后，i介音消失，齐齿呼与开口呼儿化后读音相同。如“垫儿tɛr＝蛋儿”。现在受普通话和其他强势方言影响，有时候也保留i介音。此外，t、tʰ后偶尔带有轻微的闪音ɾ，如“（骨）突儿”有时读作tɾur。

8. l声母的字儿化时，声母变为ʐ，其后的韵母如果是齐齿呼或撮口呼，则变为相应的开口呼和合口呼。遇儿化韵ɭ和uɭ时的情况见说明4和5。

伍　其他主要音变

有些字在读轻声时有特殊的变化。如：（屋）里li→ȵi，（底）下çia→xa，（桌子）上ʂɑŋ→xɑŋ，（自）家tɕia→ka，（后）晌ʂɑŋ→xɑŋ，（得）慌xuɑŋ→xɑŋ。不过老男发音人有时候也读同单字音，本材料以实际发音记音。此外，有些字有特殊读音，如“泥”读mi（阳平），此不具列。

陆　新老差异

寿光方言中的新老差异主要表现在新派受普通话影响很大，方言中一些与普通话有差异的音类改按普通话的音类来读。

1. 普通话读ʐ声母的字老派读l声母，新派读ʐ声母或有ʐ声母的又读。如“热人肉软”等。

2.古入声韵母的字（主要是宕江曾梗通五摄，另外还有咸山摄一等韵的部分字）普通话的韵母类别有些与方言不同，青男增加与普通话韵类相同的又读。如：

测——老男$tʂ^hei^{213}$　青男$tʂ^hei^{213}$老$ts^hə^{21}$新

客——老男k^hei^{213}　青男k^hei^{213}老$k^hə^{21}$新

3.普通话零声母开口呼的字，老派读ŋ声母，新派增加零声母的又读。

4.老派与普通话调类不同的字，新派有不少字改按普通话调类来读。如：“如”老派读去声，新派读阳平；“付”（支付）老派读阳平，新派读去声；“派”老派读阳平，新派读去声；“闸”老派读上声，新派读阳平；“设”老派读上声，新派读去声。

第十七节　高青方音

壹　概况

高青县位于鲁北平原，地势平坦，黄河为其北界，小清河为其南界，北、西北隔黄河与滨州市滨城区、惠民县相望，东与博兴县接壤，西、西南接邹平市，南以小清河为界与桓台县为邻。地理坐标为东经117° 33′ —118° 04′，北纬37° 01′ —37° 19′。辖区东西长45公里，南北宽26公里，总面积831平方公里。

高青县系1948年由原高苑县和青城县合并而成。原属惠民专区（后改称惠民地区、滨州地区），1990年划归淄博市管辖。截至2020年，高青县辖2个街道、7个镇、1个省级经济开发区。县政府驻田镇街道。全县常住人口31.31万人，少数民族700余人。

全县通行高青方言，无少数民族语言。高青方言均属冀鲁官话沧惠片阳寿小片。县内方言略有地域差异：木李、常家为一类，特点是阳平字读降调；旧镇一带分尖团音；黑李寨一带舌根音多，鼻音浓；其余乡镇差别不大。有些地方古清声母入声字单独一个调类，与属冀鲁官话沧惠片章桓小片的邹平、桓台、利津一致。

当地流行的民间曲艺有木板大鼓、莲花落等；民间戏曲有东路梆子、吕剧等，其中黑李寨镇东路梆子较为出名。

调查点为山东省淄博市高青县田镇街道。

贰 声韵调

一 声母（25个，含零声母）

p 八兵病	p^h 派片爬	m 麦明	f 飞风副蜂肥饭
t 多东毒	t^h 讨天甜	n 脑南	l 老蓝连路
ts 资早租字贼坐	ts^h 刺草寸祠	s 丝三酸	
tʂ 张竹柱争装纸主	$tʂ^h$ 抽拆茶抄初床车春船城	ʂ 事山双顺手书十	ʐ 热软
			ɭ 儿耳二
tɕ 酒九	$tɕ^h$ 清全轻权	ȵ 年泥	ɕ 想谢响县
k 高共	k^h 开	ŋ 熬安	x 好灰活
ø 味问月温王云用药			

说明：

1.零声母齐齿呼音节前有时有明显摩擦色彩。

2.“事”在口语中总是以儿化的形式出现读为“事儿”，声母变为齿龈边擦音ɬ。

3. ts、ts^h、s组声母，在拼合口呼和ɿ时略带齿间音色彩。

二 韵母（36个）

ɿ 丝	i 米戏急七一锡	u 苦五猪骨出谷	y 雨橘绿局
ʅ 师试十直尺			
ɑ 茶塔法辣八	iɑ 牙鸭	uɑ 瓦刮	
ɛ 开排白	iɛ 鞋	uɛ 快	
ɔ 宝饱	iɔ 笑桥药学又		
ə 歌过又二盒热壳	iə 写接贴节	uə 坐过又活托郭国	yə 靴月学又
ei 赔飞北色		uei 对鬼	
ou 豆走	iou 油六		
ã 南山半	iã 盐年	uã 短官	yã 权
ə̃ 深根	iə̃ 心新	uə̃ 寸滚春	yə̃ 云
ɑŋ 糖	iɑŋ 响讲	uɑŋ 床王双	
əŋ 灯升争横	iŋ 硬病星	uŋ 东	yŋ 兄用

说明：

1. ɑ、iɑ、uɑ中的ɑ实际音值不到ɑ，比ᴀ稍后。

2. ə拼p、p^h、m、f时唇形略圆。在ɭ声母后（儿耳二）实际音值是比ə高一些的ɘ。

3. ei和ou的动程都很小。

3. uŋ逢零声母时实际音值是uəŋ（如“翁瓮”）。

4. i、u、y为单韵母时韵尾有趋向央元音ə的动程。

三　声调（3个）

阴平　213　东该灯风通开天春谷百搭节哭拍塔切刻

上声　55　懂古鬼九统苦讨草买老五有门龙牛油铜皮糖红急毒白盒罚

去声　41　冻怪半四痛快寸去卖路硬乱洞地饭树动罪近后六麦叶月

说明：

1. 阴平单念有时后升段不明显，发成211。

2. 普通话中一般读阳平的字（古浊声母平声、全浊声母入声）和读上声的字（古清声母和次浊声母上声）在高青方言中单字调都读55（在轻声前变调中有区别）。考虑到55调与周围区分阳平和上声的方言中的上声调值相同（如利津上声读55），所以把高青的55调称为上声，不叫做阳平。

3. 上声实际调值一般为略升的调子，为45，后半部的平调段较短，但听感上是平调。但有些来自古浊平或全浊入的字有时会读为降调，为54（这可能与邻近区分阳平和上声的方言中阳平读53有关）。此统一记为55。

4. 去声起点有时较高读为41，有时较低读为31，此统一记为41。

叁　连读变调

表17-1　高青方言连读变调表

<table>
<tr><th rowspan="3">前字</th><th colspan="5">后字</th></tr>
<tr><th rowspan="2">阴平
213</th><th rowspan="2">上声
55</th><th rowspan="2">去声
41</th><th colspan="2">轻声</th></tr>
<tr><th>普通轻声</th><th>单音节动词重叠</th></tr>
<tr><td>阴平
213</td><td>55+213
猪肝　公爹
扎针　发烧</td><td>213+55
香油　猪栏</td><td>213+41
冬至　蜂蜜</td><td>①21+1
松树　甘蔗
②213+33
黑夜　竹子</td><td>①45+4
听听　穿穿
②55+5
刷刷　说说</td></tr>
</table>

续表

前字	后字				
	阴平 213	上声 55	去声 41	轻声	
				普通轻声	单音节动词重叠
上声 55	55+213 洋葱　年糕	55+55 洋油　暖壶	55+41 难受　炒菜	①35+2 娘家　棉花 ②213+4 李家　买卖 ③55+1 零钱　毛笔	55+3 谈谈　嚼嚼 走走　想想
去声 41	41+213 蜜蜂　订亲	41+55 剃头　害口	41+41 做饭　号脉	55+1 豆腐　笑话	31+1 看看　坐坐

说明：

1.阴平在轻声前有两种变调形式：其中古清声母入声字在轻声前读213，但前降段有时不明显，常常读为23，但后字轻声一般读33中平调；还有一类读为31，但后字轻声分为两种情况，一种读为23低升调，一种是不带调型的低调，记为1。

2.上声在非轻声前或作后字时调值不太稳定，有时略降。

3.上声在轻声前主要有两种变调形式：①古浊声母平声字和全浊入声字在轻声前读为35高升调；②上声字读为213，但后升段不明显，常常读为21低降调。类型③"55+1"的类型见于少数词，前字都是古浊平字，后字在其他方言中通常不读轻声，但老男发得又轻又短又低，此作轻声处理。

4.去声在去声前时实际音值是31或21。有少数去声字在轻声前读35调（如"腊月"）。此统一记作55。

肆　儿化

高青方言共有36个韵母，儿化时发生合韵，共有26个儿化韵。儿化音变主要对韵尾和主要元音产生影响，与普通话的儿化韵类似。有的儿化音变会引起增加闪音ɾ、声母移位等现象。例如：点儿tiã^{55} → t^{ɾ}ɛr^{55}；事儿ʂʅ^{41} → ɬer^{41}。l声母的字儿化时，声母有时变为ʐ，其后的韵母如果是齐齿呼，则变为相应的开口呼，例如：入殓儿ʐu^{41}ʐɛr^{41}。

表17-2　高青方言儿化韵表

儿化韵	原韵母	例词	儿化韵	原韵母	例词
ɑr	ɑ	变戏法儿　找茬儿	iɑr	iɑ	桌角儿　光脚丫儿

续表

儿化韵	原韵母	例词	儿化韵	原韵母	例词
uɑr	uɑ	小褂儿　花儿	ier	i	小鸡儿　差不离儿
ər	ə	蛋壳儿　下巴颏儿		iə̃	今儿　没劲儿
iər	iə	爷儿俩　树叶儿	uer	uei	做嘴儿
uər	uə	水果儿　大伙儿		uə̃	轱轮儿　没准儿
	uŋ	没空儿　小葱儿	yer	y	蛐儿蛐儿　小鱼儿
yər	yə	家雀儿　银角儿		yə̃	小云儿
ɛr	ɛ	牌儿　布袋儿	ur	u	小猪儿
	ã	盘儿　花瓣儿	ɔr	ɔ	天不早儿
	iã	入殓儿	iɔr	iɔ	面条儿　不开窍儿
iɛr	iɛ	小鞋儿	our	ou	山沟儿　两口儿
	iã	埝儿　笔尖儿	iour	iou	松球儿　小牛儿
uɛr	uɛ	拐儿　块儿	ãr	ɑŋ	麦芒儿　跳房儿
	uã	下晚儿　茶馆儿	iãr	iɑŋ	撇腔儿　花样儿
yɛr	yã	考卷儿　眼圈儿	uãr	uɑŋ	庄儿　小筐儿
er	ɿ	瓜子儿　刺儿	ə̃r	əŋ	水坑儿
	ʅ	事儿　翅儿	iə̃r	iŋ	名儿　光腚儿
	ei	葱白儿　摸着黑儿	uə̃r	uŋ	洞儿　种儿
	ə̃	本儿　今们=儿			

伍　其他主要音变

后缀“子”在轻读时有时会弱化为舌尖前浊擦音z。

陆　新老差异

高青方言中的新老差异主要表现为新派受普通话影响较多，部分字的声类、韵类和调类改按普通话来读。其中青男的音类往往更接近于普通话。如：

策　老男：tʂʰei^{213}老 / tsʰə^{213}新，声韵母都有变化，但调类未变　青男：tsʰə^{41}声韵调都有变化

笋　老男：ɕyə̃^{55}　青男：suə̃^{55}

色　老男：ʂei²¹³　青男：sə⁴¹

成系统的变化主要是：①“儿耳二”音节老派读ɭə，新派读为卷舌韵母ər。②古影疑母洪音字读ŋ声母，新派读零声母。如“饿”，老男读ŋə⁴¹，青男读ə⁴¹。

第十八节　阳信方音

壹　概况

阳信县位于滨州市西北部，东靠滨州市沾化区、滨城区，南接惠民县，西邻济南市商河县、德州市乐陵市，北连无棣县、德州市庆云县。地理坐标为东经117° 15′ —117° 52′，北纬37° 26′ —37° 43′，辖区东西长52.5公里，南北宽29.0公里，总面积约793平方公里。阳信县地处鲁北平原，西高东低、南高北低。

阳信县归地级滨州市管辖。截至2020年，阳信县辖2个街道、7个镇、1个乡。县政府驻信城街道。全县常住人口44.41万人，少数民族人口约1万人，以回族为主。

全县通行阳信方言，无少数民族语言。阳信方言属于冀鲁官话沧惠片阳寿小片。内部差异不大，大致可分为三片：一是中部的县城及其以北的地区，为典型的阳信话；二是西北与德州市乐陵、庆云交界的地区，受德州方言影响；三是靠近惠民的南部地区，受惠民话影响，如“二”说ɭə，阳平与去声合流，“时＝是”。

当地流行的曲艺形式主要有木板大鼓、西河大鼓和阳信大鼓。

调查点为山东省滨州市阳信县金阳街道。

贰　声韵调

一　声母（24个，含零声母）

p 八兵病	pʰ 派片爬	m 麦明	f 飞风副蜂肥饭
t 多东毒	tʰ 讨天甜	n 脑南	l 老蓝连路
ts 资早租字贼坐	tsʰ 刺草寸祠	s 丝三酸	
tʂ 张竹柱争装纸主	tʂʰ 抽拆茶抄初床车春船城	ʂ 事山双顺手书十	ʐ 热
tɕ 酒九	tɕʰ 清全轻权	ȵ 年泥	ɕ 想谢响县

k	高共	k^h	开	ŋ	熬安	x	好灰活
∅	味问软月温王云用药						

说明：

1.声母ʐ摩擦性不强，实际音值近ɻ。

2.合口呼零声母音节开头带有轻微的唇齿摩擦。

二　韵母（38个）

ɿ	丝	i	米戏急七一锡	u	苦五猪骨出谷	y	雨橘绿局
ʅ	师试十直尺						
ər	二						
a	茶塔法辣八	ia	牙鸭	ua	瓦刮		
ɛ	开排色白	iɛ	鞋	uɛ	快		
ɔ	宝饱	iɔ	笑桥药壳地～学	uɔ	桌		
ə	歌盒热壳子母～（子弹壳）	iə	写接贴节	uə	坐过活托郭国	yə	靴月
ei	赔飞北			uei	对鬼		
ou	豆走	iou	油六				
ã	南山半	iã	盐年	uã	短官	yã	权
ə̃	深根	iə̃	心新	uə̃	寸滚春	yə̃	云
ɑŋ	糖	iɑŋ	响讲	uɑŋ	床王双		
əŋ	灯升争横	iŋ	硬病星	uŋ	东	yŋ	兄用

说明：

1.元音ə，作单韵母时舌位偏后，音值近ɤ；在介音u、y后舌位略低，且有圆唇色彩；在介音i后舌位略偏前、偏高。

2.元音a，在韵母a、ia、ua中舌位偏后，实际音值近ᴀ。

3.韵母ə̃、iə̃、uə̃、yə̃中的ə̃，后面有舌面抬高的动作，实际读音是ə̃ẽ。

4.韵母uŋ，在零声母音节中实际读音为uəŋ。

三　声调（4个）

阴平　213　东该灯风通开天春统～一讨～论谷搭节急很～哭拍塔切刻

阳平　43　门龙牛油铜皮糖红讨～饭急着～毒白盒罚

上声　55　懂古鬼九统总～苦草买老五有百

去声　31　冻怪半四痛快寸去卖路硬乱洞地饭树动罪近后六麦叶月

说明：

1.阴平调曲折不明显，开头音高略低于2。

2.阳平调降幅较小，不强调时，有时调值近44。

叁　连读变调

表18-1　阳信方言连读变调表

前字	后字					
	阴平213	阳平43	上声55	去声31	轻声	
					普通轻声	单音节动词重叠
阴平 213	①55+213 星期　发烧 ②213+213 香菇　栽秧	213+43 高粱　甘蓝	213+55 干草　掐奶	213+31 冬至　家具	①31+2 松树　钉子 ②213+4 玻璃　轱辘儿	①213+4 听听　歇歇 ②213+1 听听　歇歇
阳平 43	43+213 晴天　圆葱	①43+43 河涯　渔民 ②31+43 煤油　零钱	①43+55 城里 ②31+55 骑马　锣鼓	55+31 银杏　鱼刺	①45+4 鼻子　席子 ②43+4 头年	①55+5 提提　缝缝 ②43+44 谈谈　学学 ③31+33 尝尝
上声 55	55+213 小猪　早先	55+43 眼皮　伙房	①55+55 打闪　水果儿 ②31+55 起码　小胆儿	55+31 土地　演戏	213+4 椅子　扁担	①55+5 走走 ②43+44 想想　改改
去声 31	31+213 左边儿　唱歌	①31+43 剃头　跳绳 ②23+43 做活儿　上学	31+55 辣酒　左手	①31+31 旱地　唱戏 ②23+31 外号　地动	①55+3 钥匙　道士 ②31+2 大方　这个	31+2 看看　抱抱

说明：

1.阳平在阴平前如同单字调一样，有时读得降幅很小，接近平调。此处均按不变调处理。

2.“去声+去声②（23+31）”的前字读得稍慢就会接近213，从而与“阴平+去声

（213+31）”相混，“三步”和“散步”、“书目”和“树木”往往混而不分。此统一记作24。

3.“阴平+轻声”中的轻声音节有时读为短低平调（22）或短低升调（23）。

4.“阳平+轻声②”中的前字音节，调值升幅较小，近44。

5.阴平的单音节动词重叠时，213+4和213+1两种调型自由变读。

6.“一”“不”做前字时有特殊变化。在阴平、阳平和去声前读为55，在上声前读为31。如：

一／不+阴平→55+213　一千　一天　不中

一／不+阳平→55+43　一条　一群　不行

一／不+上声→31+55　一百　不歹=

一／不+去声→55+31　一万　不是　不快

肆　儿化

阳信方言中的儿化以韵母主要元音发生卷舌化为特征。有些韵母的主要元音直接加卷舌动作，有些韵母的主要元音发生变化后加卷舌动作。除ər、uɔ韵母外，36个韵母均可儿化，但儿化后，其韵母发生了较大合并，共产生21个儿化韵母。

表18-2　阳信方言儿化韵表

儿化韵	原韵母	例词	儿化韵	原韵母	例词
ar	a	刀把儿　裤衩儿	yər	yə	旦角儿　补缺儿
	ɑŋ	鞋帮儿　药方儿		yŋ	小熊儿
iar	ia	豆芽儿　俩儿	ɛr	ɛ	牌儿　盖儿
	iɑŋ	模样儿　撇腔儿		ã	小胆儿　盘儿
uar	ua	花儿　牙刷儿	iɛr	iɛ	小鞋儿　台阶儿
	uɑŋ	庄儿　小筐儿		iã	埝儿　对面儿
ər	ə	打折儿　小河儿	uɛr	uɛ	块儿　拐儿
	əŋ	缝儿		uã	手腕儿　玩儿
	iŋ	山顶儿	yɛr	yã	烟卷儿　圈儿
iər	iə	树叶儿　歇歇儿	er	ei	蚕妹儿　宝贝儿
	iŋ	名儿　星儿		ɿ	恣儿　刺儿
uər	uə	窝儿　干活儿		ʅ	侄儿　翅儿
	uŋ	窟窿儿　没空儿		ə̃	赔本儿　阵儿

续表

儿化韵	原韵母	例词	儿化韵	原韵母	例词
ier	i	下棋儿　底儿	ur	y	驴儿
	iə̃	小手巾儿　使劲儿	yur	y	句儿　小雨儿
uer	uei	味儿　裤腿儿	ɔr	ɔ	道儿　枣儿
	uə̃	光棍儿　村儿	iɔr	iɔ	鸟儿　苗儿
yer	yə̃	合群儿　小军儿	our	ou	扣儿　老头儿
ur	u	打谱儿　小树儿	iour	iou	妞儿　袖儿

说明：

1. əŋ韵母儿化后有时也会读为ə̃r，如：钢镚儿kɑŋ^{213}pə̃r^{31}。

2. p、t、t^{h}、l等声母拼齐齿呼韵母的音节，儿化后，有的音节齐齿呼韵母会变为开口呼。如：左边儿tsuə^{31}pɛr^{213}（iã→ɛr）、点儿tɛr^{55}（iã→ɛr）、蝴蝶儿xu^{45}tər^{0}（iə→ər）、面条儿miã^{31}t^{h}ɔr^{43}（iɔ→ɔr）、猪蹄儿tʂu^{213}t^{h}er^{43}（i→er）、粒儿ler^{31}（i→er）。

伍　其他主要音变

在亲属称谓的呼称中，存在着特殊的音变现象。

1. “上声55+轻声”的前字上声会变24调，如“婶子”“嫂子”。

2. 后一音节为与语气词的合音，声调结尾处转降。如“大伯”呼称读为ta^{31}pɛ^{232}，pɛ^{232}实际为“伯哎”的合音；“大奶”呼称读为ta^{31}nɛ^{553}，nɛ^{553}实际为“奶哎”的合音。

陆　新老差异

阳信方言新老差异不大。主要表现有以下几个方面：

1. 普通话ʐ声母拼合口呼的字，老派读为l声母或零声母，新派读为ʐ声母。如：

入——老男lu^{31}　青男ʐu^{31}

软——老男yã^{55}　青男ʐuã^{55}

2. 普通话零声母开口呼的字，老派读ŋ声母，新派虽然仍有ŋ声母，但一些字已经读成了零声母，如“爱安恩额”等。

3. 老派方言中有一些音类与普通话不同的字，新派读为与普通话相同的音类。如：

所——老男ʂuə^{55}　青男suə^{55}

类——老男luei^{31}　青男lei^{31}

弱——老男zɔ̢^{31}　青男zuə̢^{31}软～zɔ̢^{31}身体～

刻——老男kʰei^{213}　青男kʰə^{31}调类亦由阴平改读去声

第十九节　济阳方音

壹　概况

济南市济阳区因位于古济水（今黄河河道）之北而得名，南隔黄河与济南市历城区、章丘区相望，东隔黄河与邹平市为邻，东北与惠民县交界，西接齐河县，北依临邑县与商河县。地理坐标为东经116° 52′ —117° 27′，北纬36° 41′ —37° 15′，辖区总面积1076平方公里。济阳区地处鲁北平原，地势平坦，西南高东北低。

济阳原为济阳县，归济南市管辖；2018年撤济设区。截至2020年，济阳区辖8个街道、2个镇。区政府驻济北街道。全区常住人口40.18万人，少数民族约1万人，以回族为主。

全区通行济阳方言，无少数民族语言。济阳方言属冀鲁官话沧惠片阳寿小片。县内有一定的地域差异。东北的仁风、曲堤一带，有精组读t、tʰ、普通话ʂ声母拼合口的字读f的现象；西北的新市一带，舌尖前和舌尖后声母相混；南边崔寨旧属济南市历城区，口音接近济南；回民聚居地的口音也略有不同。

当地没有用方言说唱的曲艺或地方戏。

调查点为山东省济南市济阳区济阳街道。

贰　声韵调

一　声母（25个，含零声母）

p 八兵病	pʰ 派片爬	m 麦明	f 飞风副蜂肥饭
t 多东毒	tʰ 讨天甜	n 脑南	l 老蓝连路软
ts 资早租字贼坐	tsʰ 刺草寸祠	s 丝三酸	

tʂ	张竹柱争装纸主	tʂʰ	抽拆茶抄初床车春船城	ʂ	事山双顺手书十	ʐ	热
						ɭ	儿耳二
tɕ	酒九	tɕʰ	清全轻权	ȵ	年泥	ɕ	想谢响县
k	高共	kʰ	开	ŋ	熬安	x	好灰活
∅	味问月温王云用药						

二　韵母(36个)

ɿ	丝	i	米戏急七一锡	u	苦五猪骨出谷	y	雨橘绿局
ʅ	师试十直尺						
a	茶塔法辣八	ia	牙鸭	ua	瓦刮		
ɛ	开排色白文	iɛ	鞋	uɛ	快		
ɔ	宝饱	iɔ	笑桥壳白药学白				
ə	歌过白二盒热郭又壳文	iə	写接贴节	uə	坐过文活托郭又国	yə	靴月学文
ei	赔飞北白白			uei	对鬼		
ou	豆走	iou	油六				
ã	南山半	iã	盐年	uã	短官	yã	权
ẽ	深根	iẽ	心新	uẽ	寸滚春	yẽ	云
ɑŋ	糖	iɑŋ	响讲	uɑŋ	床王双		
əŋ	灯升争横	iŋ	硬病星	uŋ	东	yŋ	兄用

说明:

1. a、ia、ua中a舌位靠后，为ᴀ。
2. ɛ略低，接近æ。
3. ã、iã、uã、yã主要元音偏高，实际为æ̃、iæ̃、uæ̃、yæ̃。
4. u作韵头时在零声母音节中有时带摩擦，接近ʋ。
5. ɑŋ、iɑŋ、uɑŋ主要元音鼻化，ŋ有动程，不到位。
6. uŋ逢零声母时实际音值是uəŋ。

三　声调(3个)

阴平　213　东该灯风通开天春谷百搭节急又哭拍塔切刻

上声　55　门龙牛油铜皮糖红懂古鬼九统苦讨草买老五有毒白盒罚

去声　31　动罪近后冻怪半四痛快寸去卖路硬乱洞地饭树六麦叶月急又

说明：

普通话中一般读阳平的字（古浊声母平声、全浊声母入声）和读上声的字（古清声母和次浊声母上声）在济阳方言中单字调都读55（在轻声前变调中有区别）。考虑到55调与周围区分阳平和上声的方言中的上声调值相同（如济南上声读55），所以把济阳的55调称为上声，不叫做阳平。

叁　连读变调

表19-1　济阳方言连读变调表

前字	后字				
	阴平 213	上声 55	去声 31	轻声	
				普通轻声	单音节动词重叠
阴平 213	55+213 东风　中心	①13+55 东南　低头 ②54+55 冬泳　天理 ③213+55 推头　开水	13+31 冬至　天亮	①21+1 庄稼　秧子 ②23+1 黑夜　出去	13+3 听听　穿穿 说说　刷刷
上声 55	55+213 晴天　小葱	①54+55 毛桃　骑马 ②21+55 小寒　眼皮	13+31 毛重　土地	①24+4 娘家　白夜 ②213+5 李家　起来 ③55+2 零钱　可以	55+2 谈谈　缝缝 走走　想想
去声 31	31+213 大车　稻谷	31+55 大红　大雨	31+31 大豆　地震	55+2 辫子　后头	21+1 看看　抱抱 落落（脚） 热热（饭）

说明：

阴平在上声前不变调时，收尾比原调略低，实为212。

肆　儿化

济阳方言中的36个韵母中，除了yŋ韵母字数较少，没有儿化例词之外，其余35

个都可以发生卷舌的儿化。有些韵母在儿化中发生了合并，共形成25个儿化韵母。

表19-2 济阳方言儿化韵表

儿化韵	原韵母	例词
ar	a	刀把儿 裤衩儿
iar	ia	俩儿 豆芽儿
	iɑŋ	鞋样儿
uar	ua	花儿 娃儿
	uɑŋ	庄儿 小筐儿
ər	ə	老婆儿 唱歌儿
	əŋ	缝儿
iər	iə	蝶儿 歇歇儿
	iŋ	影儿 打鸣儿
uər	uə	错儿 大伙儿
	uŋ	小虫儿
yər	yə	旦角儿 家雀儿
ɛr	ɛ	牌儿 买卖儿
	ã	盘儿 摊儿
iɛr	iɛ	小鞋儿 台阶儿
	iã	边儿 面儿
uɛr	uɛ	块儿 拐儿
	uã	罐儿 玩儿
yɛr	yã	花卷儿 银圆儿

儿化韵	原韵母	例词
er	ɿ	鸡子儿 刺儿
	ʅ	侄儿 戒指儿
	ei	宝贝儿 蚕们=儿
	ẽ	赔本儿 今们=儿
ier	i	针鼻儿 猜谜儿
	iẽ	使劲儿 背心儿
uer	uei	一对儿 牌位儿
	uẽ	冰棍儿 打盹儿
yer	y	驴儿 马驹儿
	yẽ	小军儿 合群儿
ur	u	牛犊儿 媳妇儿
ɔr	ɔ	刀儿 外号儿
iɔr	iɔ	苗儿 两乔儿
our	ou	小豆儿 裤头儿
iour	iou	妞儿 小六儿
ãr	ɑŋ	鞋帮儿 药方儿
iãr	iɑŋ	羊儿
uãr	uɑŋ	小床儿 网儿
ə̃r	əŋ	小板凳儿 坑儿
iə̃r	iŋ	名儿 山顶儿

说明：

ŋ尾韵母儿化时有两种形式，一种是韵尾丢掉主要元音直接卷舌，一种是韵尾丢掉主要元音卷舌并鼻化（同普通话）。

伍 新老差异

济阳方言中新老差异主要表现在新派受普通话影响，把一些与普通话不同的音类读成了与普通话相同的音类。举例如下：

所——老男ʂuə⁵⁵　青男suə⁵⁵声类同普通话

如——老男lu³¹　青男ʐu⁵⁵声类和调类同普通话

爱——老男ŋɛ³¹　青男ɛ³¹声类同普通话

择——老男tʂei⁵⁵白tʂɛ⁵⁵文。文读韵类同普通话　青男tsə⁵⁵声类、韵类同普通话

松——老男ɕyŋ²¹³　青男suŋ²¹³声类、韵类同普通话

第二十节　利津方音

壹　概况

利津县位于渤海西南岸，黄河近口段左侧。东北部濒临渤海，东及东南与东营市垦利区、东营区为邻，西南与博兴县隔河相望，西与滨州市滨城区、沾化区接壤，北与东营市河口区相交。地理坐标介于东经118° 07′ —118° 54′ 、北纬37° 22′ —38° 12′ 。县境呈西南至东北向狭长带状，南北长102.5公里，东西宽8.5—25公里，总面积1665.6平方公里。

利津县归地级东营市管辖。截至2020年，利津县下辖2个街道、4个镇、2个乡，另设有1个开发区。县政府驻利津街道。全县常住人口23.82万人，绝大部分是汉族，少数民族人口仅百余人。

全县通行利津方言，无少数民族语言。利津方言均属冀鲁官话沧惠片章桓小片。其中，陈庄镇来自寿光北部的移民较多，方言带有寿光口音；明集乡与沾化靠近，方言带有沾化口音。

当地无流行的曲艺或地方戏。

调查点为山东省东营市利津县凤凰城街道西冯村。

贰　声韵调

一　声母（24个，含零声母）

p　八兵病　　pʰ　派片爬　　m　麦明　　f　飞风副蜂肥饭

t	多东毒	tʰ	讨天甜	n	脑南	l	老蓝连路
ts	资早租字贼坐	tsʰ	刺草寸祠	s	丝三酸		
tʂ	张竹柱争装纸主	tʂʰ	抽拆茶抄初床车春船城	ʂ	事山双顺手书十	ʐ	热软
tɕ	酒九	tɕʰ	清全轻权	ȵ	年泥	ɕ	想谢响县
k	高共	kʰ	开	ŋ	熬安	x	好灰活
∅	味问月温王云用药						

说明：

1. “二”“耳”等字的l声母持阻时间长于“来”“乐”等字，发音人明确发音部位是舌尖－龈前，非卷舌的ɭ。

2. ts声母个别时候有擦化现象，数量不多（如“坐”“砸”），不明显。在轻声音节中，有的ts组声母带有舌尖－齿间音色彩。

3. tʂ组声母非卷舌音（舌尖背面－龈腭），而是翘舌音（舌尖－龈脊/龈后）。

4. x声母发音时气流较强，位置较后，有时会振动小舌。

二 韵母（36个）

ɿ	丝	i	米戏急七一锡	u	苦五猪骨出谷	y	雨橘绿局
ʅ	师试十直尺						
a	茶塔法辣八	ia	牙鸭	ua	瓦刮		
ɛ	开排	iɛ	鞋	uɛ	快		
ɔ	宝饱	iɔ	笑桥药壳学白				
ə	歌过老二盒热色文	iə	写接贴节	uə	坐过新活托郭国	yə	靴月学文
ei	赔飞北色白白			uei	对鬼		
ou	豆走	iou	油六				
ã	南山半	iã	盐年	uã	短官	yã	权
ẽ	深根	iẽ	心新	uẽ	寸滚春横又	yẽ	云
ɑŋ	糖	iɑŋ	响讲	uɑŋ	床王双		
əŋ	灯升争横又	iŋ	硬病星	uŋ	东	yŋ	兄用

说明：

1. 以i开头的韵母逢零声母时有摩擦，为半元音j。i韵母发音结尾处有时舌头会提前放松后移，以致单元音音色不单纯，接近i^{ə}。

2. 以u、y为韵头的韵母逢零声母时u、y时有摩擦，实际音值为半元音w、ɥ。单元音u、y音色不单纯，有复化倾向，接近u^{ə}、y^{ə}。

3. ɿ、ʅ音色不单纯，舌头会提前放松，形成ɿ^{ə}、ʅ^{ə}的音色。

4. ə韵母非纯粹单元音，主元音略高略后于ə，接近ɤ，结尾略有动程，由ɤ向ə滑动，实际音值接近ɤ^{ə}。"儿""耳""二"的韵母实际上与ə韵母有别，舌位较高，接近ɘ，因无对立，故归入ə韵。

5. iə、yə主要元音舌位略低略前，uə主要元音舌位略后，与普通话的uo类似，主元音是圆唇度降低、舌位下降的o，在o和ɔ之间。

6. a、ia、ua韵母的主要元音实际比央元音ᴀ略后，但还不到ɑ。

7. ɛ、iɛ、uɛ韵母主要元音略低，结尾有轻微动程，有模糊的韵尾，由ɛ̹向ᴇ滑动。

8. ɔ、iɔ韵母主要元音略低，有轻微动程，有模糊的韵尾，由ɔ̹向o滑动。

9. ã、iã、uã、yã韵母不是单纯的鼻化韵，元音有鼻化色彩，发音结尾有动程，但舌尖不抵齿龈，严式可记ã^{n}、iã̠^{n}、uã^{n}、yã̠^{n}。

10. iẽ、ẽ、uẽ、yẽ主要元音比e略低略后，结尾有动程，实际音值为ĩ^{ɲ}、ẽ^{ɲ}、uẽ^{ɲ}、ỹ^{ɲ}，即向舌面中–硬腭鼻音的位置移动舌位。

11. ɑŋ组韵母有时鼻尾不明显，元音有鼻化色彩，尤其在词末。

12. uŋ逢零声母时实际读音是uəŋ。

三　声调（5个）

阴平	213	东该灯风通开天春统
阳平	53	门龙牛油铜皮糖红讨毒白盒罚
上声	55	懂古鬼九苦草买老五有
去声	31	冻怪半四痛快寸去卖路硬乱洞地饭树动罪近后六麦叶月
入声	44	谷百搭节急哭拍塔切刻

说明：

1. 上声有时结尾上扬，接近45，有时较平，定调55。与入声44调有别，如：古55≠谷44，苦55≠哭44。

2.去声有时会结尾略拖长或升高，变成311或312，发音人自己无感觉。

3.入声44调首尾较平，与上声55调有别。当地人对此区分得很清楚。比字时，上声55调发音人有时会结尾上扬，而入声字则没有这种上扬现象。

叁 连读变调

表20-1 利津方言连读变调表

前字	后字						
	阴平 213	阳平 53	上声 55	去声 31	入声 44	轻声	
						普通轻声	单音节 动词重叠
阴平 213	24+213 东风 中心	213+53 中年 东南	213+55 公理 声母	24+31 天亮 冬至	①213+44 钢笔 东北 ②213+24 山谷	①31+1 干净 刀子 ②24+5 玻璃	212+3 听听 穿穿
阳平 53	53+213 毛巾 晴天	53+53 文明 值钱	53+55 骑马 财礼	53+31 城市 鱼刺	53+44 毛笔 华北	35+3 娘家 棉花	53+2 谈谈 玩玩
上声 55	55+213 火车 小葱	55+53 老年 小寒	53+55 起码 彩礼	55+31 统治 主任	53+44 享福 洗脚	213+4 耳朵 椅子	55+3 走走 想想
去声 31	31+213 上班 路灯	31+53 地头 上门	31+55 妇女 报纸	24+31 散步 庙会	①31+44 外国 信息 ②31+24 摸瞎 戏法	55+3 画家 妹妹	31+1 看看 抱抱
入声 44	44+213 北京 国家	44+53 发财 出名	44+55 黑板 发火	44+31 接受 发票	44+44 出国 节约	24+5 竹子 出去	24+3 说说 刷刷

说明：

1.阳平在轻声前有部分读为45，极少数读得接近于55。此统一记为35。

2.入声作后字时有时变成24。如“山谷”“戏法”。

肆 儿化

利津方言中的36个韵母中，除了yŋ韵母字数较少，没有儿化例词之外，其余35个都可以发生卷舌的儿化。有些韵母在儿化中发生了合并，共形成21个儿化韵母。

表20-2　利津方言儿化韵表

儿化韵	原韵母	例词	儿化韵	原韵母	例词
ar	a	号码儿　刀把儿	uər	uŋ	没空儿　小筒儿
	ɑŋ	小张儿　一行儿	yər	yə	旦角儿　月儿
iar	ia	豆芽儿　架儿	er	ɿ	瓜子儿　字儿
	iɑŋ	太阳儿　小羊儿		ʅ	侄儿　没事儿
uar	ua	花儿　画儿		i	底儿　差不离儿
	uɑŋ	小筐儿　小王儿		ẽ	赔本儿　没门儿
ɛr	ɛ	牌儿　盖儿		ei	宝贝儿
	ã	盘儿　摊儿	ier	i	皮儿　小米儿
iɛr	iɛ	小鞋儿　台阶儿		iẽ	使劲儿　脚印儿
	iã	一边儿　一点儿	uer	uẽ	冰棍儿　村儿
uɛr	uɛ	一块儿　拐儿		uei	一对儿　墨水儿
	uã	罐儿　手腕儿	yer	yẽ	合群儿　云儿
yɛr	ya	花卷儿　小院儿	ur	u	找主儿　小树儿
ər	ə	泡沫儿　小车儿	yur	y	有趣儿　小鱼儿
	əŋ	缝儿　绳儿	ɔr	ɔ	桃儿　趁早儿
iər	iə	姐儿　叶儿	iɔr	iɔ	条儿　调儿
	iŋ	星儿　杏儿	our	ou	水沟儿　老头儿
uər	uə	错儿　干活儿	iour	iou	袖儿　加油儿

说明：

1. ɛr组儿化韵实际音值为ɐṛ，比普通话的ɐr略高一点点，卷舌动作幅度比普通话略小。

2. er组儿化韵实际音值为əṛ，也比普通话的ər略高一点。

3. ər韵实际音值为ɤr。

4. uər实际音值为uor。

5. iər、yər的实际音值为iɜr、yɜr。

6. 儿化韵基本特征是元音央化，通常只有前低元音、后元音儿化后可以大体保持本来音色，中、高前元音儿化时主元音一般都会央化。利津方言的儿化元音卷舌动作幅度比普通话小，普通话的ər、ɐr韵，元音发出后，舌尖向后卷起，动程明显，利津方言的卷舌则舌头一开始已经呈卷起状态，动程较小，受卷舌动作影响，元音也略高于普通话。

7. yŋ韵母的字较少，未发现儿化例词。

伍 其他主要音变

1.轻声音节中一些词尾的ts有齿间音色彩，发音时舌尖抵上齿背，如“虼蚤kuə^{24}tsɔ^{0}”“被子pei^{55}tsɿ^{0}”中的“蚤”和“子”。

2.个别l声母的儿化韵会音变为ʐ（ɻ），如“水哇儿啦儿”中的“啦儿”。

3.首字为“一”的词连读变调与其他入声字不同，一般的入声字保持本调44不变，而“一”做首字时通常读为24，如：一张i^{24}tʂɑŋ^{213}　一回儿i^{24}xuər^{53}　一碗i^{24}uã^{55}　一块儿i^{24}kʰuɐr^{31}　一百i^{24}pei^{44}。

4.个别儿化声母后有轻微闪音色彩，如“星儿ɕʳiər^{213}”，并不多见。

陆 新老差异

利津方言中新老差异主要表现于新派受普通话影响，把一部分方言音类与普通话音类（包括声类、韵类、调类）不同的字改按普通话音类来读。如：

缩——老男ʂuə^{44}　青男suə^{44}

松——老男ɕyŋ^{213}又suŋ^{213}又　青男suŋ^{213}

策——老男tʂʰei^{44}白tsʰə^{44}文。调类为入声　青男tsʰə^{31}声韵调都有别，调类为去声

类——老男luei^{31}　青男lei^{31}

薄——老男pə^{53}　青男pɔ^{53}

决——老男tɕyə^{44}入声　青男tɕyə^{53}阳平

第二十一节 乐陵方音

壹 概况

乐陵市位于山东省北部，北隔漳卫新河与河北省南皮、盐山两县相望，东毗庆云、西临宁津、南接商河，东南和阳信县相连，西南与临邑县、德州市陵城区接壤。地理坐标为东经116°54′—117°20′，北纬37°25′—37°51′，总面积1172.2平方公里。乐陵市地处鲁西北平原，地势平坦，自西北向东南逐渐降低。

乐陵市系1988年由原乐陵县改置，由德州市代管。截至2020年，乐陵市辖4个

街道、9个镇、3个乡。市政府驻市中街道。全市常住人口55.9万人，少数民族人口较少。

全市通行乐陵方言，无少数民族语言。乐陵方言属冀鲁官话沧惠片黄乐小片。当地人一般认为以马家河为界，南北口音有别。主要是词汇差别，另外南部“儿”读l声母，北部读同普通话。

当地没有用方言说唱的曲艺或地方戏。

调查点为山东省德州市乐陵市市中街道北关村。

贰 声韵调

一 声母（24个，含零声母）

p	八兵病	p^h	派片爬	m	麦明	f	飞风副蜂肥饭
t	多东毒	t^h	讨天甜	n	脑南	l	老蓝连路
ts	资早租字贼坐争纸	ts^h	刺草寸祠拆茶抄	s	丝三酸事山		
tʂ	张竹柱装主	$tʂ^h$	抽初床车春船城	ʂ	双顺手书十	ʐ	热
tɕ	酒九	$tɕ^h$	清全轻权	ȵ	年泥	ɕ	想谢响县
k	高共	k^h	开	ŋ	熬安	x	好灰活
∅	味问软月温王云用药						

说明：

1. tʂ组声母非卷舌音，而是翘舌音（舌尖－龈脊/龈后）。ʐ声母实际为舌尖－龈脊/龈后的近音ɻ。

2. ts组声母有时为舌尖/舌叶－龈音，所以听感不同于其他官话中的舌尖－齿/龈音。主动发音部位接触的是齿龈部位。

二 韵母（38个）

ɿ	师丝试又	i	米戏急七一锡	u	苦五猪骨出谷	y	雨橘绿局
ʅ	试又十直尺						
ər	二						
ɑ	茶塔法辣八	iɑ	牙鸭	uɑ	瓦刮		

ɛ	开排色白白	iɛ	鞋	uɛ	快		
ɔ	宝饱	iɔ	笑桥药壳又学白	uɔ	桌文		
ə	歌过老盒热壳又色文	iə	写接贴节	uə	坐过新活托郭国桌文	yə	靴月学文
ei	赔飞北			uei	对鬼		
ou	豆走	iou	油六				
ã	南山半	iã	盐年	uã	短官	yã	权
ẽ	深根	iẽ	心新	uẽ	寸滚春	yẽ	云
ɑŋ	糖	iɑŋ	响讲	uɑŋ	床王双		
əŋ	灯升争横	iŋ	硬病星	uŋ	东	yŋ	兄用

说明：

1. 以i开头的韵母为零声母音节时有摩擦，为半元音j。

2. 以u、y为韵头的零声母音节u、y时有摩擦，实际音值为半元音或近音w/ʋ、ɥ。

3. ə韵母非纯粹单元音，主元音接近ɤ，结尾略有动程，由ɤ向ʌ滑动，实际音值接近ɤ^{ʌ}。

4. “儿”“耳”“二”的元音实际上比ər略低。

5. iə、yə主要元音舌位较前，严格说来是iᴇ-、yᴇ-，uə主要元音舌位略后，与普通话的uo类似，主元音是圆唇度降低、舌位下降的o，在o和ɔ之间。

6. a、ia、ua韵母的主要元音实际比央元音ᴀ略后。

7. ɛ、iɛ、uɛ韵母主要元音略高，结尾略有动程，由ᴇ̣向e滑动。

8. ɔ、iɔ韵母主要元音略低，结尾略有动程，由ɔ向o滑动。

9. ã、iã、uã、yã韵母元音有鼻化色彩，舌位略高。发音结尾有时有动程，但舌尖不抵齿龈，后渡段（鼻化后滑音性质）填补韵尾位置。有时动程不明显。

10. iẽ、ẽ、uẽ、yẽ主要元音比e略低略后，ẽ、uẽ、yẽ结尾有动程，即向舌面中–硬腭鼻音的位置移动舌位，结尾可能是更高的鼻化后滑音。

11. uŋ逢零声母时实际读音是uəŋ，如“翁”。

三　声调（3个）

阴平　24　东该灯风通开天春谷搭节哭拍塔切刻

上声　55　门龙牛油铜皮糖红懂古鬼九统苦讨草买老五有毒白盒罚

去声　51　冻怪半四痛快寸去卖路硬乱洞地饭树动罪近后六麦叶月

说明：

1.阴平绝大多数是24，为升调，个别前头略降或平，多在时长20%前。

2.普通话中一般读阳平的字（古浊声母平声、全浊声母入声）和读上声的字（古清声母和次浊声母上声）在乐陵方言中单字调都读55（在轻声前变调中有区别）。考虑到55调与周围区分阳平和上声的方言中的上声调值相同（如阳信上声读55），所以把乐陵的55调称为上声，不叫做阳平。

3.去声为高降调51，在连调前字中起点会降低，变成31。

叁　连读变调

乐陵方言单字调中，来自古浊平和全浊入声的字（对应于普通话的阳平）和来自古清上和次浊上的字（对应于普通话的上声）合为一类“上声”，但在连读变调中两类变化差异较大，所以下表中“上声”分列为两类，一类相当于普通话的阳平，另一类相当于普通话的上声。

表21-1　乐陵方言连读变调表

前字		后字					
		阴平 24	上声55		去声 51	轻声	
			古浊平、 全浊入	古清上、 次浊上		普通轻声	单音节 动词重叠
阴平 24		24+24 东风　中心	212+55 中年　东南	212+55 公理　声母	24+51 天亮　冬至	①31+1 干净　刀子 ②212+31 玻璃　家什儿	212+3 听听　穿穿
上声 55	古浊平全浊入	①51+24 毛巾　晴天 ②55+24 洋灰	①51+55 年龄 ②55+55 毛桃 ③31+55 洋油　油条	①51+55 油饼　图纸 ②31+55 棉袄　赔本	55+51 城市　鱼刺	55+4 娘家　棉花	51+2 谈谈　玩玩
	古清上次浊上	51+24 火车　小葱	55+55 小寒　纸钱	①51+55 小暑　彩礼 ②31+55 打盹　老虎	55+51 统治　主任	212+3 耳朵　椅子	55+2 走走　想想

续表

前字	后字：阴平 24	后字：上声55 古浊平、全浊入	后字：上声55 古清上、次浊上	后字：去声 51	后字：轻声 普通轻声	后字：轻声 单音节动词重叠
去声 51	31+24 上班　路灯	①31+51 地头　按时 ②31+55 大红　上门	①31+55 妇女　报纸 ②51+55 下雨　左手	24+51 散步　庙会	①55+2 妹妹　上头 ②51+2 上边儿　大方	52+1 看看　抱抱

说明：

1. 阴平+上声，前字有时略有低凹，表现为212调，有时不变。这里统一记作212。

2. 阴平+轻声字，除31+1的主要变调模式外，偶尔也有212+3的模式，有时前字是24本调，这里处理记作212+3。而31+1的模式实际上前字更高，为41，甚至51。与去声+轻声（51+1）的模式有趋同倾向。

3. 浊平字（含全浊入）虽然归入上声55，但变调中有时还有差异，尤其是轻声词。原阳平字+轻声的55+轻→55+4变调中，前字大多较平为55，少数稍升，为45。

4. 上声+上声的变调，包括前字、后字为原来的阳平（浊平字）或上声（清上+次浊上）的多种组合情况中，31+55是一种常见的变调模式，在多种组合中都会出现。

5. 去声单字调51，较高，作连调前字时多读31。但有时也会读得较高，如：下雨51+55。

6. 去声+轻声的类型①中，前字有时读成高降54，此统一记为55。

肆　儿化

乐陵方言中的38个韵母中，除了ər（卷舌韵母）和yŋ（字数较少，没有儿化例词）之外，其余36个都可以发生卷舌的儿化。有些韵母在儿化中发生了合并，共形成21个儿化韵母。

表21-2　乐陵方言儿化韵表

儿化韵	原韵母	例词	儿化韵	原韵母	例词
ar	ɑ	号码儿　刀把儿	uar	uɑ	花儿　画儿
	ɑŋ	小张儿　一行儿		uɑŋ	小筐儿　小王儿
iar	iɑ	豆芽儿　架儿	ɛr	ɛ	牌儿　盖儿
	iɑŋ	太阳儿　小羊儿		ã	盘儿　摊儿

续表

儿化韵	原韵母	例词	儿化韵	原韵母	例词
iɛr	iɛ	小鞋儿 台阶儿	er	i	底儿 差不离儿
	iã	一边儿 一点儿		ẽ	赔本儿 没门儿
uɛr	uɛ	一块儿 拐儿		ei	宝贝儿
	uã	罐儿 手腕儿	ier	i	皮儿 小米儿
yɛr	yã	花卷儿 小院儿		iẽ	使劲儿 脚印儿
ər	ə	泡沫儿 小车儿	uer	uẽ	冰棍儿 村儿
	əŋ	缝儿 绳儿		uei	一对儿 墨水儿
iər	iə	姐儿 叶儿	yer	yẽ	合群儿 云儿
	iŋ	星儿 杏儿	ur	u	找主儿 小树儿
uər	uə	错儿 干活儿	yur	y	有趣儿 小鱼儿
	uŋ	没空儿 小筒儿	ɔr	ɔ	桃儿 趁早儿
yər	yə	旦角儿 月儿	iɔr	iɔ	条儿 调儿
er	ɿ	瓜子儿 字儿	our	ou	水沟儿 老头儿
	ʅ	侄儿 没事儿	iour	iou	袖儿 加油儿

说明：

1. ɛr组儿化韵实际音值为ɐ̝r，比普通话的ɐr略高一点点，卷舌动作幅度比普通话略小。

2. er组儿化韵实际音值为ər。

3. ər韵实际音值为ɤr，因为单字音ə韵母实际音值为ɤ^。

4. uər实际音值为uor。

5. iər、yər的实际音值为iɜr、yɜr。

6. i韵母的儿化韵多为ier（实际音值为iər），如：米儿$mier^{55}$。但也有一些丢失i介音的，如：差不离儿ler^{55}。如果声母是t、t^{h}，可能还会带上闪音的色彩，如：底$t^{ɾ}er^{55}$。

7.后鼻音韵母的儿化韵，年轻发音人有时会发成与普通话相同的鼻化韵，如：房儿$\tilde{fa}r^{55}$。

8.乐陵方言的儿化元音卷舌动作幅度比普通话略小，有的元音也略高于普通话。

9. yŋ韵母的字较少，未发现儿化的例词。

伍 其他主要音变

1.轻声词中的“子”有时会弱化为浊擦音声母，如：雹子pɔ^{55}zʅ^{0}。

2.“一”本调为24，后加平声的数量词时会变调51。如：一千i^{51}tɕʰiã^{24}。

3.“气得慌”“愁得慌”中“慌”读ʂɑŋ^{0}。

4.词汇中还保留着一些原浊平口语常用词的降调，如：嘛ma^{51}，甭pẽ^{51}。

5.相当于“了2”的动态助词有时为“了liɔ^{0}”、有时为“嘞liou^{0}”，无明显区别。

陆 新老差异

1.老派方言中普通话ʐ声母合口呼的字读l声母或零声母，新派往往读ʐ声母。如：

入——老男lu^{51}又y^{51}又 青男ʐu^{51}

软——老男yã^{55} 青男yã^{55}又ʐã^{55}又

闰——老男yẽ^{51} 青男ʐuẽ^{51}

2.普通话a、ia、ua韵母字，老派读a舌位较后，位于央ᴀ和后ɑ之间。新派读为央ᴀ。老派读法是乐陵到滨州、淄博一带的读法，而新派读法是普通话和德州到济南一带的读法。

3.有一些方言中音类（包括声类、韵类和调类）与普通话不同的字，新派改按普通话音类来读。如：

如——老男lu^{51}去声 青男ʐu^{51}

所——老男ʂuə^{55} 青男suə^{55}

类——老男luei^{51}又lei^{51}又 青男lei^{51}

嫩——老男lẽ^{51} 青男nẽ^{51}

第二十二节 商河方音

壹 概况

商河县位于山东省西北部，南临济南市济阳区，东靠惠民县、阳信县，北与乐陵市接壤，西与临邑县毗邻。地理坐标为东经116° 58′ —117° 26′，北纬37° 06′ —37° 32′，辖区总面积1162.9平方公里。商河县地处华北平原，地势平缓，自西南向东北缓缓倾斜。

商河县归济南市管辖。截至2020年，商河县辖1个街道、11个镇。县政府驻许商街道。全县常住人口52.73万人，汉族占绝大多数，少数民族人口约1万人。

全县通行商河方言，无少数民族语言。商河方言属冀鲁官话沧惠片黄乐小片。境内口音差别不大。

当地流行的方言戏曲曾有迷戏，如今没落，少有演出。

调查点为山东省济南市商河县许商街道。

贰　声韵调

一　声母（25个，含零声母）

p	八兵病	pʰ	派片爬	m	麦明	f	飞风副蜂肥饭
t	多东毒	tʰ	讨天甜	n	脑南	l	老蓝连路
ts	资早租字贼坐争纸	tsʰ	刺草寸祠拆茶抄	s	丝三酸事山		
tʂ	张竹柱装主	tʂʰ	抽初床车春船城	ʂ	双顺手书十	ʐ	热软
						ɭ	儿耳二又
tɕ	酒九	tɕʰ	清全轻权	ȵ	年泥	ɕ	想谢响县
k	高共	kʰ	开	ŋ	熬安	x	好灰活
ø	味问月温王云用药二又						

说明：

1. tʂ组声母翘舌较轻，实际音值介于tʂ和tʃ之间。

2. 古知庄章组声母字有读ts组的现象。

3. ŋ实际发音部位略前。

二　韵母（37个）

ɿ	丝师试	i	米戏急七一锡	u	苦五猪骨出谷	y	雨橘绿局
ʅ	十直尺						
ər	二又						

ɑ	茶塔法辣八	iɑ	牙鸭	uɑ	瓦刮		
ɛ	开排色白	iɛ	鞋	uɛ	快		
ɔ	宝饱	iɔ	笑桥壳地～药学				
ə	歌过～道二又盒热壳果～	iə	写接贴节	uə	坐过～木活托郭国	yə	靴月
ei	赔飞北色白			uei	对鬼国		
ou	豆走	iou	油六				
ã	南山半	iã	盐年	uã	短官	yã	权
ẽ	深根	iẽ	心新	uẽ	寸滚春	yẽ	云
ɑŋ	糖	iɑŋ	响讲	uɑŋ	床王双		
əŋ	灯升争横	iŋ	硬病星	uŋ	东	yŋ	兄用

说明：

1. ɑ、iɑ、uɑ中ɑ舌位在ᴀ和ɑ之间。

2. ɛ、ɔ有时略有动程。

3. ã、iã、uã、yã主要元音偏高，实际为æ̃、iæ̃、uæ̃、yæ̃。

4. u作韵头时在零声母音节中有时带摩擦，接近ʋ。

5. ɑŋ、iɑŋ、uɑŋ主要元音鼻化，ŋ有动程，不到位。

6. uŋ逢零声母时实际音值为uəŋ，如“翁”。

三　声调（4个）

阴平	213	东该灯风通开天春
阳平	54	门龙牛油铜皮糖红急毒白盒罚
上声	45	懂古鬼九统苦讨草买老五有谷百搭节哭拍塔切刻白
去声	31	动罪近后冻怪半四痛快寸去卖路硬乱洞地饭树刻文六麦叶月

说明：

1. 阴平有时终点偏高，近214。

2. 阳平有时发成55。此统一记作54。

3. 上声有时前段较平，后段升得较快，幅度小，为335或445。

4. 去声有时起点较高，整体可记为42。

叁　连读变调

表22-1　商河方言连读变调表

<table>
<tr><th rowspan="3">前字</th><th colspan="6">后字</th></tr>
<tr><th rowspan="2">阴平213</th><th rowspan="2">阳平54</th><th rowspan="2">上声45</th><th rowspan="2">去声31</th><th colspan="2">轻声</th></tr>
<tr><th>普通轻声</th><th>单音节动词重叠</th></tr>
<tr><td>阴平213</td><td>24+213
东风　中心</td><td>213+54
东南　低头</td><td>213+45
冬泳　开水</td><td>24+31
冬至　天亮</td><td>21+1
庄稼　秧子</td><td>13+3
听听　说说</td></tr>
<tr><td>阳平54</td><td>54+213
晴天　成天</td><td>54+54
毛桃　值钱</td><td>54+45
骑马　财礼</td><td>54+31
毛重　年货</td><td>24+5
娘家　前年</td><td>55+2
谈谈　学学</td></tr>
<tr><td>上声45</td><td>45+213
小葱　整天</td><td>45+54
小寒　眼皮</td><td>54+45
起码　彩礼</td><td>45+31
土地　主任</td><td>213+4
李家　出去</td><td>55+2
走走　想想</td></tr>
<tr><td>去声31</td><td>31+213
大车　稻谷</td><td>31+54
大红　日食</td><td>31+45
大雨　下雨</td><td>①31+31
外地
②24+31
大豆　地面</td><td>①54+2
辫子　后头
②31+1
大方　后年</td><td>21+1
看看　抱抱</td></tr>
</table>

说明：

1.阴平在上声前不变调，收尾比原调略低，实为212。

2.上声在轻声前实际音值为212。

肆　儿化

商河方言中的37个韵母中，除了ər（卷舌韵母）和yŋ（字数较少，没有儿化例词）之外，其余35个都可以发生卷舌的儿化。有些韵母在儿化中发生了合并，共形成25个儿化韵母（其中ŋ尾韵母有两种儿化形式）。

表22-2　商河方言儿化韵表

儿化韵	原韵母	例词	儿化韵	原韵母	例词
ar	a	刀把儿	uar	ua	花儿
	ɑŋ	药方儿		uɑŋ	庄儿
iar	ia	俩儿	ər	ə	老婆儿
	iɑŋ	样儿		əŋ	缝儿

续表

儿化韵	原韵母	例词	儿化韵	原韵母	例词
iər	iə	蝶儿	ier	i	针鼻儿
	iŋ	名儿		iẽ	使劲儿
uər	uə	错儿	uer	uei	一对儿
	uŋ	小瓮儿		uẽ	冰棍儿
yər	yə	旦角儿	yer	y	驴儿
ɛr	ɛ	牌儿		yẽ	小军儿
	ã	盘儿	ur	u	牛犊儿
iɛr	iɛ	小鞋儿	ɔr	ɔ	刀儿
	iã	边儿	iɔr	iɔ	苗儿
uɛr	uɛ	块儿	our	ou	小豆儿
	uã	罐儿	iour	iou	妞儿
yɛr	yã	花卷儿	ãr	ɑŋ	鞋帮儿
er	ɿ	鸡子儿	iãr	iɑŋ	羊儿
	ʅ	侄儿	uãr	uɑŋ	小床儿
	ei	宝贝儿	ə̃r	əŋ	小板凳儿
	ẽ	赔本儿	iə̃r	iŋ	名儿

伍 新老差异

商河方言中新老差异不大，主要有以下几点：

1. 老男读a、ia、ua中的a舌位稍后，不到ɑ但比ᴀ靠后。青男读为ᴀ。青年的读法应该是受到了普通话和周围强势方言（如德州）的影响。

2. 一部分普通话读tʂ组声母的字（来自古庄组字）老派读ts、ts^h、s，青男读为tʂ组声母。如“找柴产虱师”等。

3. 普通话中读lei音节的字，老派读luei，新派同普通话读lei。

第二十三节　平原方音

壹　概况

平原县位于山东省西北部，东、东南与临邑县、禹城市交界，西、西南与武城县、夏津先毗连，南与高唐县为邻，北与德州市德城区、陵城区接壤。地理坐标为东经116° 10′ —116° 42′，北纬36° 57′ —37° 18′，辖区总面积1047平方公里。平原县地处鲁西北平原，地势平坦，地形自西南向东北缓慢倾斜。

平原县归地级德州市管辖。截至2020年，辖2个街道、8个镇、2个乡和1个省级经济开发区。县政府驻龙门街道。全县常住人口41.9万人，少数民族人口6500余人，以回民为主。

全县通行平原方言，无少数民族语言。平原方言均属冀鲁官话沧惠片黄乐小片。县内按口音分成三类：1.以县城为中心包括龙门街道、桃园街道、三唐乡等乡镇，发音特点是部分翘舌音发成平舌（庄章组），如“茶”“事”“争”“时”等；2.俗称“东乡方言”，主要分布在京沪铁路以东的王凤楼镇（原张士府乡），发音特点是平舌音发成翘舌音，如“葱”“醋”“坐”等；3.俗称“马颊河西方言”，主要分布在马颊河以西的思城镇、王杲铺镇，发音特点是日母字读零声母。

当地没有流行的用方言说唱的曲艺或地方戏。

调查点为山东省德州市平原县龙门街道北街。

贰　声韵调

一　声母（24个，含零声母）

p	八兵病	pʰ	派片爬	m	麦明	f	飞风副蜂肥饭
t	多东毒	tʰ	讨天甜	n	脑南	l	老蓝连路
ts	资早租字贼坐争纸	tsʰ	刺草寸祠拆茶	s	丝三酸事山		
tʂ	张竹柱装主	tʂʰ	抽抄初床车春船城	ʂ	双顺手书十	ʐ	热软
tɕ	酒九	tɕʰ	清全轻权	ȵ	年泥	ɕ	想谢响县

k	高共	kʰ	开	ŋ	熬安	x	好灰活
ø	味问月温王云用药						

说明：

ʐ声母实际音值为卷舌近音ɻ。

二 韵母（37个）

ɿ	师丝	i	米戏急七一锡	u	苦五猪骨出谷	y	雨橘绿局
ʅ	试十直尺						
ər	二						
a	茶塔法辣八	ia	牙鸭	ua	瓦刮		
ə	歌过老盒热壳	iə	写接贴节	uə	坐过新活托郭国	yə	靴月学文
ɛi	开排色白	iɛi	鞋	uɛi	快		
ei	赔飞北			uei	对鬼		
ɔu	宝饱	iɔu	笑桥药学白				
ou	豆走	iou	油六				
ã	南山半	iã	盐年	uã	短官	yã	权
ẽ	深根	iẽ	心新	uẽ	寸滚春	yẽ	云
ɑŋ	糖	iɑŋ	响讲	uɑŋ	床王双		
əŋ	灯升争横	iŋ	硬病星	uŋ	东	yŋ	兄用

说明：

1.以i开头的韵母逢零声母时i有摩擦，实际音值为半元音j。

2.合口呼韵母逢零声母时，u有摩擦，实际音值为半元音w或唇齿近音ʋ。

3.撮口呼韵母逢零声母时y有摩擦，为半元音ɥ。

4. ər韵读去声时实际音值为ɐr，如“二”；其他声调为ər，如“儿”“耳”。

5. ə韵母实际上略高较后，与普通话的ɤ基本一致，都有下颚自然下降的动程，故音色不单纯，实际音值为ɤᵊ。

6. iə、yə韵母主要元音有时略前，位置不十分稳定。

7. uə韵母中的ə略带圆唇，与普通话的uo差别不太大。

8. a、ia、ua的主要元音实际音值为ᴀ。

9. ɛi、iɛi、uɛi的韵尾处于磨损状态中，主要元音与韵尾之间动程较小，但还有。

10. ɔu、iɔu、ou、iou的韵尾也处于磨损状态中。

11. ã组和ẽ组韵母不算典型鼻化韵，元音带鼻化色彩，结尾处舌尖并不抵齿龈，但下颚有上升或下降的动作。ã组韵母主要元音实际是æ的鼻化，ẽ组的实际音值为Ẽ。

12. uŋ韵母逢零声母时实际音值为uəŋ。

三　声调（4个）

阴平　213　东该灯风通开天春统百搭哭拍塔切

阳平　42　门龙牛油铜皮糖红讨急毒白盒罚

上声　55　懂古鬼九苦草买老五有谷节

去声　21　冻怪半四痛快寸去卖路硬乱洞地饭树动罪近后刻六麦叶月

说明：

去声起点有时比2略高。

叁　连读变调

表23-1　平原方言连读变调表

<table>
<tr><th rowspan="3">前字</th><th colspan="6">后字</th></tr>
<tr><th rowspan="2">阴平213</th><th rowspan="2">阳平42</th><th rowspan="2">上声55</th><th rowspan="2">去声21</th><th colspan="2">轻声</th></tr>
<tr><th>普通轻声</th><th>单音节动词重叠</th></tr>
<tr><td>阴平213</td><td>23+213
东风　中心</td><td>212+42
中年　东南</td><td>212+55
公理　声母</td><td>23+31
天亮　冬至</td><td>①21+1
干净　刀子
②212+3
呱啦　蛇蚤</td><td>212+3
听听　穿穿</td></tr>
<tr><td>阳平42</td><td>42+213
毛巾　晴天</td><td>42+42
文明　值钱</td><td>42+55
骑马　财礼</td><td>55+21
城市　鱼刺</td><td>①55+3
棉花　油菜
②42+1
旁人儿　年货</td><td>42+2
谈谈　玩玩</td></tr>
<tr><td>上声55</td><td>42+213
火车　小葱</td><td>①212+42
小寒　嘴唇
②55+42
眼皮</td><td>42+55
起码　彩礼</td><td>55+21
土地　主任</td><td>23+2
李家　椅子</td><td>42+2
走走　想想</td></tr>
</table>

续表

前字	后字					
	阴平213	阳平42	上声55	去声21	轻声	
					普通轻声	单音节动词重叠
去声21	21+213 上班　路灯	21+42 上门　按时	21+55 大雨　上海	23+21 大豆　地面	①42+2 豆腐　妹妹 ②21+1 过年(明年) ③33+2 左边儿　右边儿	21+1 看看　抱抱

肆　儿化

平原话37个韵母中，除yŋ、ər外，其他韵母都能儿化，儿化后合并成20个儿化韵。

表23-2　平原方言儿化韵表

儿化韵	原韵母	例词	儿化韵	原韵母	例词
ar	a	号码儿　刀把儿	ɤr	ə	山坡儿　小车儿
	ɑŋ	鞋帮儿　药方儿		əŋ	门缝儿　水坑儿
iar	ia	豆芽儿　架儿	iᴇr	iə	姐儿　叶儿
	iɑŋ	爷俩儿　样儿		iŋ	星儿　名儿
uar	ua	花儿　画儿　牙刷儿	uor	uə	错儿　干活儿
	uɑŋ	小床儿　筐儿		uŋ	没空儿　老翁儿
ɐr	ɛi	牌儿　盖儿　小孩儿	yᴇr	yə	旦角儿　月儿
	ã	盘儿　摊儿	ər	ɿ	瓜子儿　老师儿
iɐr	iɛi	小鞋儿　台阶儿		ʅ	侄儿　三十儿
	iã	一边儿　一点儿		ẽ	赔本儿　没门儿
uɐr	uɛi	一块儿　拐儿		ei	宝贝儿　蚕们=儿
	uã	罐儿　手腕儿	iər	i	皮儿　小米儿
yɐr	yã	花卷儿　小院儿		iẽ	使劲儿　脚印儿

续表

儿化韵	原韵母	例词	儿化韵	原韵母	例词
uər	uẽ	冰棍儿　村儿	ɔur	ɔu	桃儿　趁早儿
	uei	一对儿　墨水儿	iɔur	iɔu	条儿　调儿
yər	y	有趣儿　小鱼儿	our	ou	水沟儿　老头儿
	yẽ	合群儿　云儿	iour	iou	袖儿　加油儿
ur	u	找主儿　小树儿			

说明："驴"儿化后变成$luər^{42}$，"媳妇"儿化后变成$ɕi^{21}fər^{0}$。

伍　新老差异

平原方言的新老差异主要表现在：

1.普通话读ʐ声母合口呼的字，老派多数读l声母，新派改读ʐ声母。如"如""入"老男读lu^{21}，青男读$ʐu^{21}$。

2.普通话读tʂ组声母而方言中读ts组声母的部分字，新派读tʂ组声母。如"产杀省争"等。

此外，受普通话影响，新派把与普通话音类有异的字改按普通话音类（声类、韵类、调类）来读。如：

奴——老男$nuŋ^{42}$　青男nu^{42}

类——老男$luei^{21}$　青男lei^{21}

密——老男mei^{21}白mi^{21}文　青男mi^{21}

或——老男$xuei^{21}$又$xuə^{21}$又　青男$xuə^{21}$

龙——老男$lyŋ^{42}$又$luŋ^{42}$又　青男$luŋ^{42}$

左——老男$tsuə^{21}$去声　青男$tsuə^{55}$上声

第二十四节 德州（德城）方音

壹 概况

德州市位于山东省的西北部，与河北省毗邻。德城区为其中心城区。德城区西与河北省故城县、北与河北省吴桥县接壤，东和东南与宁津县、德州市陵城区毗邻，南与平原县、武城县相接。地理坐标为东经115° 45′ —117° 36′，北纬36° 24′ —38° 0′，辖区总面积231平方公里。德城区地处黄河冲积平原，地势西高东低。

德城区原为县级德州市，1994年德州升格为地级市后，原县级德州市改称德州市德城区。截至2020年，德城区辖4个街道、2个镇。区政府驻新湖街道。全区常住人口69.53万人；少数民族人口1.3万人，其中回族人数最多，满族有千余人。

德城区通行德州方言，无少数民族语言。德州方言属冀鲁官话石济片聊泰小片。区内方言比较一致，无明显方言区别。

当地没有流行的用方言说唱的曲艺或地方戏。

调查点为山东省德州市德城区新华街道。

贰 声韵调

一 声母（24个，含零声母）

p	八兵病	p^h	派片爬	m	麦明	f	飞风副蜂肥饭
t	多东毒	t^h	讨天甜	n	脑南	l	老蓝连路
ts	资早租字贼坐	ts^h	刺草寸祠	s	丝三酸		
tʂ	张竹柱争装纸主	tʂ^h	抽拆茶抄初床车春船城	ʂ	事山双顺手书十	ʐ	热软
tɕ	酒九	tɕ^h	清全轻权	ȵ	年泥	ɕ	想谢响县
k	高共	k^h	开	ŋ	熬安	x	好灰活
∅	味问月温王云用药						

说明：

1. n和ȵ为互补关系：n只拼开口呼、合口呼，ȵ只拼齐齿呼、撮口呼。

2. 零声母合口呼的u介音发音时有齿唇部位的轻微摩擦，实际读音为半元音ʋ。此按零声母处理，韵母中不再说明。

二　韵母（37个）

ɿ	丝	i	米戏急七一锡	u	苦五猪骨出谷	y	雨橘绿局
ʅ	师试十直尺						
ər	二						
a	茶塔法辣八	ia	牙鸭	ua	瓦刮		
ɛ	开排色白	iɛ	鞋	uɛ	快		
ɔ	宝饱	iɔ	笑桥药壳又学				
ə	歌盒热壳又	iə	写接贴节	uə	坐过活托郭国	yə	靴月
ei	赔飞北			uei	对鬼		
ou	豆走	iou	油六				
ã	南山半	iã	盐年	uã	短官	yã	权
ẽ	深根	iẽ	心新	uẽ	寸滚春	yẽ	云
ɑŋ	糖	iɑŋ	响讲	uɑŋ	床王双		
əŋ	灯升争横	iŋ	硬病星	uŋ	东	yŋ	兄用

说明：

1. a、ia、ua韵母中a实际音值为央低元音ᴀ；ã、iã、uã、yã韵母中a实际音值为æ。

2. ə韵母和声母tʂ、tʂ^h、ʂ、ʐ、k、k^h、ŋ、x相拼时，实际音值为后半高不圆唇元音ɤ。与声母p、p^h、m相拼时唇略圆。

3. iɛ韵母中ɛ舌位略低略后。

4. ei、uei韵母从e到i动程较小，滑动时长较短，与普通话有一定区别。

5. uŋ逢零声母时实际读音为ʋəŋ，如“翁瓮”。

三　声调（4个）

阴平　213　东该灯风通开天春谷百搭节哭拍塔切刻

阳平　42　门龙牛油铜皮糖红急毒白盒罚

上声　55　懂古鬼九统苦讨草买老五有

去声　21　冻怪半四痛快寸去动罪近后卖路硬乱洞地饭树六麦叶月

说明：

1.阴平调值重读时为213，读得较快时听起来像是13，不过从语图看起始阶段还是有低降。老男备选发音人等其他发音人读得低降升更明显一些。此统一记作213。连读变调中所记的213调值情况与此相同。

2.去声单念时有时起点略高，为31。此统一记作21。

叁　连读变调

表24-1　德州方言连读变调表

前字	后字					
					轻声	
	阴平 213	阳平 42	上声 55	去声 21	普通轻声	单音节动词重叠
阴平 213	213+213 公斤　发生	213+42 工人　结局	213+55 公海　发火	213+21 公正　出嫁	21+22 刀子　吃的	213+21 添添　说说
阳平 42	42+213 毛巾　游街	42+42 毛驴　油条	42+55 毛毯　油饼	42+21 流向　田地	55+21 炉子　合上	42+21 拦拦　学学
上声 55	55+213 海滨　老师	55+42 海洋　演员	42+55 海岛　有理	55+21 海外　礼拜	213+32 姐姐　我的	42+32 走走　搅搅
去声 21	21+213 犯规　证书	21+42 动摇　证据	21+55 动手　政府	213+21 受罪　致敬	42+21 架子　豆腐	21+22 抱抱　让让

说明：

1.非轻声前发生变调的只有两种情况：①上声在上声前变阳平42，②去声在去声前变阴平213。

2.除单音节动词重叠时前一音节不变调外，各调在轻声前都要发生变调：阴平变为21，阳平变为55，上声变为213，去声变为42。这四个连读调与单字调相比并没有增加新的调值，不过对应的调类发生了转移，相当于：阴平变为去声，阳平变为上声，上声变为阴平，去声变为阳平。

3.轻声的音高由前字的调类所决定。除单音节动词重叠形式外，在阴平后为22，在阳平和去声后为21，在上声后为32。单音节动词重叠形式的第二个音节读轻声，在阴平和阳平前读21，在上声后读32，在去声后读22。

肆 儿化

除卷舌韵母ər之外，其余36个韵母都可以儿化。儿化后形成27个儿化韵。

表24-2 德州方言儿化韵表

儿化韵	原韵母	例词	儿化韵	原韵母	例词
ɐr	a	刀把儿 号码儿	ɛr	ɛ	带儿 盖儿
iɐr	ia	芽儿 架儿		ã	蒜瓣儿 扇儿
uɐr	ua	花儿 牙刷儿	iɛr	iɛ	小鞋儿 小街儿
ər	ə	坡儿 小车儿		iã	眼儿 边儿
iər	iə	叶儿 撇儿	uɛr	uɛ	筷儿 拐儿
	iŋ	小瓶儿 小性儿		uã	抱团儿 官儿
uər	uə	干活儿 小锁儿	yɛr	yã	院儿 头发旋儿
	uŋ	小葱儿 小瓮儿	ɔr	ɔ	枣儿 刀儿
yər	yə	小岳儿 小学儿	iɔr	iɔ	小学儿 纸条儿
er	ɿ	字儿 刺儿	our	ou	加油儿 短袖儿
	ʅ	汁儿 翅儿	iour	iou	兜儿 小洋楼儿
	ei	宝贝儿 小字辈儿	ur	u	面饽儿 画图儿
	ẽ	本儿 门儿	ɑ̃r	ɑŋ	鞋帮儿 药方儿
ier	i	地儿 米粒儿	iɑ̃r	iɑŋ	小姜儿 小墙儿
	iẽ	印儿 心儿	uɑ̃r	uɑŋ	筐儿 小床儿
uer	uei	小鬼儿 墨水儿	ə̃r	əŋ	小程儿 坑儿
	uẽ	车轮儿 打盹儿	iə̃r	iŋ	影儿 眼镜儿
yer	y	小雨儿 毛驴儿	uə̃r	uŋ	筒儿 属小龙儿
	yẽ	小云儿 小军儿	yũr	yŋ	蚕蛹儿 小熊儿

说明：iŋ、uŋ韵母各有两种儿化读音：一种为主要元音变为ə加卷舌，没有鼻化；另一种为主要元音卷舌并鼻化。

伍 新老差异

德州德城区方言中的新老差异主要表现为新派受普通话影响较多，部分字的声类、韵类和调类改按普通话来读。如：

嫩——老男：$l\tilde{e}^{21}$ 青男：$n\tilde{e}^{21}$

褥——老男：y^{21}老 $ʐu^{21}$新 青男：$ʐu^{21}$

笋——老男：$ɕy\tilde{e}^{55}$ 青男：$su\tilde{e}^{55}$

策——老男：$tʂ^hɛ^{213}$ 青男：$ts^hə^{21}$

耕——老男：$tɕiŋ^{213}$ 青男：$kəŋ^{213}$

德州方言声类、韵类和调类与普通话差别较小，所以新老差异也比较小。

第二十五节 武城方音

壹 概况

武城县位于山东省西北部，与河北省毗邻。其西和北同河北省故城县相望，东北与德州市德城区为邻，东与平原县连接，南和夏津县交界。地理坐标为东经115° 51′ —116° 17′，北纬37° 03′ —37° 23′，辖区总面积748平方公里。武城县地处鲁西北平原，地势平坦，南高北低。

武城县归地级德州市管辖。截至2020年，武城县辖1个街道、7个镇、1个省级开发区。县政府驻广运街道。全县常住人口35.37万人，少数民族4000余人，以回族为主。

全县通行武城方言，无少数民族语言。武城方言属冀鲁官话石济片聊泰小片。当地一般认为分西南和东北两种口音，但差异不大。

当地流行的曲艺形式有运河号子、杨庄吕洼的柳子戏等。

调查点为山东省德州市武城县老城镇三合村。

贰 声韵调

一 声母（24个，含零声母）

p	八兵病	p^h	派片爬	m	麦明	f	飞风副蜂肥饭
t	多东毒	t^h	讨天甜	n	脑南	l	老蓝连路
ts	资早租字贼坐	ts^h	刺草寸祠	s	丝三酸		

tʂ	张竹柱争装纸主	tʂʰ	抽拆茶抄初床车春船城	ʂ	事山双顺手书十	ɭ	日
tɕ	酒九	tɕʰ	清全轻权	ȵ	年泥	ɕ	想谢响县
k	高共	kʰ	开	ŋ	熬安	x	好灰活
∅	味问月温王云用药						

说明：

1. ɭ为卷舌边近音，只出现在“二”“耳”“儿”“日”音节中。老男的单字音中，“儿”“耳”读成独成音节的ɭ，“日”和“二”读成ɭə（ə的实际音值是舌位略高的ɘ，其中“二”另有ər的又读）；但在“儿子”“耳朵”等词语中，“儿”“耳”也读成ɭə。

2. ts组声母有时舌尖会碰上齿背，带上舌尖−齿间音色彩。

3. tʂ组声母非卷舌音（舌尖背面−龈腭），而是翘舌音（舌尖−龈脊/龈后）。

二　韵母（37个）

ɿ	丝	i	米戏急七一锡	u	苦五猪骨出谷	y	雨橘绿局
ʅ	师试十直尺						
ər	二又						
a	茶塔法辣八	ia	牙鸭	ua	瓦刮		
ɛ	廾排	iɛ	鞋	uɛ	快		
ɔ	宝饱	iɔ	笑桥药又壳学白				
ə	歌过老二又盒热色文	iə	写接贴节	uə	坐过新活托郭国	yə	靴月药又学文
ei	赔飞北色白白			uei	对鬼		
ou	豆走	iou	油六				
ã	南山半	iã	盐年	uã	短官	yã	权
ẽ	深根	iẽ	心新	uẽ	寸滚春	yẽ	云
ɑŋ	糖	iɑŋ	响讲	uɑŋ	床王双		
əŋ	灯升争横	iŋ	硬病星	uŋ	东	yŋ	兄用

说明：

1. 以i、u、y开头的韵母为零声母音节时有摩擦，为半元音j、w、ɥ。

2. ə韵母非纯粹单元音，主元音略高略后于ə，接近ɤ，结尾略有动程，由ɤ向ə滑动，实际音值接近ɤ^{ə}。在ʅ后是ɘ。

3. iə、yə主要元音舌位略前，uə主要元音舌位略后，与普通话的uo类似，主元音是圆唇度降低、舌位较低的o。

4. a、ia、ua韵母的主要元音实际是央元音ᴀ。

5. ɛ、iɛ、uɛ韵母主要元音实际是ᴇ，结尾偶有轻微动程，有模糊的韵尾，由ᴇ向e滑动。

6. ɔ、iɔ韵母主要元音舌位略高，有轻微动程，有模糊的韵尾，由ɔ向o滑动。

7. ã、iã、uã、yã韵母不是典型的鼻化韵，元音鼻化色彩明显，发音结尾略有动程，但舌尖不抵齿龈，严式可记ã^{n}、iã^{n}、uã^{n}、yã^{n}。

8. iẽ、ẽ、uẽ、yẽ韵腹比e略低，结尾有动程，实际音值为ĩ^{ɲ}、ẽ^{ɲ}、uẽ^{ɲ}、ỹ^{ɲ}，即向舌面中–硬腭鼻音的位置移动舌位。

9. uŋ逢零声母时实际音值为uəŋ。

三　声调（4个）

阴平　224　东该灯风通开天春统谷百搭节急哭拍塔切刻

阳平　53　门龙牛油铜皮糖红讨毒白盒罚

上声　55　懂古鬼九苦草买老五有

去声　312　动罪近后冻怪半四痛快寸去卖路硬乱洞地饭树六麦叶月

说明：

1. 阴平起点较平，然后上升，定调224。

2. 去声起点高低不定，有时是312，有时是212，定调312。

叁　连读变调

表25–1　武城方言连读变调表

前字	后字					
	阴平224	阳平53	上声55	去声312	轻声	
					普通轻声	单音节动词重叠
阴平224	24+224 东风　中心	24+53 中年　东南	21+55 公理　声母	24+312 天亮　冬至	312+3 冻冻　霜雪	24+3 听听　说说

续表

前字	后字					
	阴平224	阳平53	上声55	去声312	轻声	
					普通轻声	单音节动词重叠
阳平53	53+224 毛巾　晴天	53+53 文明　值钱	53+55 骑马　财礼	55+312 城市　鱼刺	①53+2 葵花　年龄 ②55+4 棉花　黄瓜	53+2 谈谈　尝尝
上声55	①55+224 火车　小葱 ②53+224 老天	①55+53 小寒　嘴唇 ②24+53 打鸣儿　眼前	53+55 起码　彩礼	55+312 土地　主任	24+3 小豆　椅子	53+2 走走　想想
去声312	21+224 上班　路灯	21+53 上门　按时	21+55 大雨　上海	①24+312 上岸　地面 ②21+312 对过儿　见面	①53+3 豆腐　笑话 ②312+4 下边　上边	24+3 看看　抱抱 热热　捏捏

说明：

去声+去声的第二种变调模式21+312中前字较平，接近22。

肆　儿化

除ər（卷舌韵母）和yŋ（字数较少，没有发现儿化用例）之外，其余35个韵母都可以儿化。儿化后形成20个儿化韵。

表25-2　武城方言儿化韵表

儿化韵	原韵母	例词	儿化韵	原韵母	例词
ar	a	号码儿　刀把儿	ɛr	ɛ	牌儿　盖儿
	ɑŋ	鞋帮儿　药方儿		ã	盘儿　摊儿
iar	ia	豆芽儿　架儿	iɛr	iɛ	小鞋儿　台阶儿
	iɑŋ	太阳儿　小羊儿		iã	一边儿　一点儿
uar	ua	花儿　画儿	uɛr	uɛ	一块儿　拐儿
	uɑŋ	小筐儿　小王儿		uã	罐儿　手腕儿

续表

儿化韵	原韵母	例词	儿化韵	原韵母	例词
yɛr	yã	花卷儿 小院儿	ier	i	皮儿 小米儿
ər	ə	泡沫儿 小车儿		iẽ	使劲儿 脚印儿
	əŋ	缝儿 绳儿	uer	uẽ	冰棍儿 村儿
iər	iə	姐儿 叶儿		uei	一对儿 墨水儿
	iŋ	星儿 杏儿		u	榆树儿 老鼠儿
uər	uə	错儿 干活儿	yer	y	有趣儿 小鱼儿
	uŋ	没空儿		yẽ	合群儿 云儿
yər	yə	旦角儿 月儿	ur	u	找主儿 小树儿
er	ɿ	瓜子儿 字儿	ɔr	ɔ	桃儿 趁早儿
	ʅ	侄儿 没事儿	iɔr	iɔ	条儿 调儿
	ẽ	赔本儿 没门儿	our	ou	水沟儿 老头儿
	ei	宝贝儿	iour	iou	袖儿 加油儿

说明：

1. ɛr组儿化韵实际音值为ɐr̝，比普通话的ɐr略高一点点。

2. er组儿化韵实际音值为ər̝，有时也比普通话的ər略高一点。

3. ər韵实际音值为ɤr，因为单字音ə韵母实际音值为ɤᵊ。

4. uər实际音值为uor。

5. iər、yər的实际音值为iɜr、yɜr。

6. 儿化韵基本特征是元音央化，通常只有前低元音、后元音儿化后可以大体保持本来音色，中、高前元音儿化时主元音一般都会央化。武城方言元音开口度普遍偏小，卷舌后元音舌位也相对略高一点。

7. 一些儿化韵如“打鸣儿ta^{24}miər^{0}”儿化舌尖向后卷的过程中，拍击齿龈形成拍音色彩，实际音值为ta^{24}mˤiər^{0}。另如“枣儿tsˤɔr^{55}”。

伍 新老差异

武城方言的音类与普通话比较接近，新老差异也很小，只有少数老派与普通话音类不同的字新派按普通话音类来读。如：

缩——老男ʂuə^{55} 青男suə^{224}

僧——老男tsəŋ^{224} 青男səŋ^{224}

寄——老男tɕi^{224}阴平 青男tɕi^{312}去声

甲——老男tɕia^{224}阴平 青男tɕia^{55}上声

第二十六节　临清方音

壹　概况

临清市位于山东省最西北部，西隔卫运河与河北省临西县相望，北与夏津县毗连，东邻高唐县、聊城市茌平区，南接聊城东昌府区、冠县。地理坐标为东经115° 27′ —116° 02′，北纬36° 39′ —36° 55′。辖区总面积960平方公里。临清市地处鲁西北平原，地势平坦，起伏较少，地势西南高，东北低。

临清市由地级聊城市代管。截至2020年，临清市辖4个街道、12个镇、1个经济开发区。市政府驻青年路街道。全市常住人口79.45万人；少数民族共1.8万人。

全市通行临清方言，无少数民族语言。临清方言属冀鲁官话石济片聊泰小片。东乡和南乡口音略有差异。

当地主要流行京剧，没有自己的方言曲艺或地方戏。

调查点为山东省聊城市临清市新华路街道。

贰　声韵调

一　声母（24个，含零声母）

p	八兵病	pʰ	派片爬	m	麦明	f	飞风副蜂肥饭
t	多东毒	tʰ	讨天甜	n	脑南	l	老蓝连路软
ts	资早租	tsʰ	刺草寸祠	s	丝三酸		
tʂ	字贼坐张竹柱争装纸主	tʂʰ	抽拆茶抄初床车春船城	ʂ	事山双顺手书十	ʐ	热
tɕ	酒九	tɕʰ	清全轻权	ȵ	年泥	ɕ	想谢响县
k	高共	kʰ	开	ŋ	熬安	x	好灰活
Ø	味问月温王云用药						

说明：tʂ组翘舌较轻，介于tʂ组和tʃ之间。

二 韵母（37个）

ɿ	丝	i	米戏急七一锡	u	苦五猪骨出谷	y	雨橘绿局
ʅ	师试十直尺						
ər	二						
a	茶塔法辣八	ia	牙鸭	ua	瓦刮		
ə	歌盒热壳鸡蛋～色文	iə	写接贴节	uə	坐过活托郭国	yə	靴月学新
ai	开排色白白	iɛ	鞋	uai	快		
ei	赔飞北			uei	对鬼		
au	宝饱	iau	笑桥壳地～学老				
ou	豆走	iou	油六				
an	南山半	ian	盐年	uan	短官	yan	权
en	深根	in	心新	un	寸滚春	yn	云
ɑŋ	糖	iɑŋ	响讲	uɑŋ	床王双		
əŋ	灯升争横	iŋ	硬病星	uŋ	东	yŋ	兄用

说明：

1. a、ia中a实际音值是ᴀ。
2. ə、uə偏后偏高，ə拼唇音声母时带圆唇色彩。
3. iə、yə中的ə实际音值较前较低，应为e。
4. ai、uai实际音值为æi、uæi。
5. au极个别动程不明显，读为ɔ。
6. an组和en组主要元音鼻化。ian、yan主要元音为ɛ。
7. ɑŋ组主要元音带鼻化。
8. uŋ韵母逢零声母时实际音值是uəŋ（如“翁瓮”）。

三 声调（4个）

阴平	13	东该灯风通开天春谷百搭节哭拍塔切刻
阳平	53	门龙牛油铜皮糖红讨急毒白盒罚
上声	44	懂古鬼九统苦草买老五有

去声　313　动罪近后冻怪半四痛快寸去卖路硬乱洞地饭树六麦叶月

说明：

1.阴平13个别略有曲折，为213。

2.去声313个别曲折不明显，词汇中有时读为24，或31。

叁　连读变调

表26-1　临清方言连读变调表

前字	后字					
	阴平 13	阳平 53	上声 44	去声 313	轻声	
					普通轻声	单音节动词重叠
阴平 13	①13+13 东风　香菇 ②31+13 一百　一千	13+53 东南　天明	13+44 冬泳　开水	13+313 冬至　天亮	①13+5 庄稼　疙瘩 ②13+1 天气　乡下	13+3 听听　穿穿
阳平 53	53+13 洋灰　河堤	53+53 毛桃　洋油	53+44 骑马	44+313 毛重　学校	①44+1 蚕豆　石头 ②53+2 明年　苹果	53+1 谈谈　学学
上声 44	44+13 小葱　打针	44+53 小寒　彩虹	53+44 起码　旅馆	44+313 土地　扫地	①44+3 嫂子　母狗 ②44+1 出来　炒锅	53+1 走走　想想
去声 313	31+13 大车　饭锅	31+53 大红　月食	31+44 大雨　下雨	13+313 大豆　地震	①53+2 绿豆　木头 ②31+4 月亮　那个	31+5 看看　抱抱

肆　儿化

除ər（卷舌韵母）和yŋ（字数较少，没有发现儿化用例）之外，其余35个韵母都可以儿化。儿化后形成20个儿化韵。

表26-2 临清方言儿化韵表

儿化韵	原韵母	例词	儿化韵	原韵母	例词
ar	a	刀把儿	iar	ia	豆芽儿
	ɑŋ	唱儿		iɑŋ	羊儿
uar	ua	花儿	ur	u	牛犊儿　路儿
	uɑŋ	小筐儿	iər	iə	叶儿
ər	ə	车儿		iŋ	名儿
	əŋ	坑儿	yər	yə	旦角儿
uər	uə	干活儿	iɛr	iɛ	小鞋儿
	uŋ	小葱儿		ian	边儿
ɛr	ai	牌儿	yɛr	yan	花卷儿
	an	盘儿	ier	i	针鼻儿
uɛr	uɛ	块儿		in	使劲儿
	uan	罐儿	yer	y	驴儿
er	ɿ	鸡子儿		yn	云儿
	ei	宝贝儿	aur	au	刀儿
	en	赔本儿	iaur	iau	苗儿
uer	u	找主儿	our	ou	小豆儿
	uei	一对儿	iour	iou	妞儿
	un	冰棍儿			

伍 新老差异

临清方言中新老差异主要表现于方言中与普通话不同的音类（声类、韵类、调类），青年人常按照普通话音类来读。其中较成系统的是，普通话中读ʐ声母合口呼的字，方言中老派读l声母，新派一般读同普通话的ʐ声母。如：

如——老男 lu^{53}　青男 ʐu^{53}

软——老男 luan^{44}　青男 luã^{44}又 ʐuã^{44}又

容——老男 luŋ^{53}　青男 ʐuŋ^{53}

一些零星的音类差异字如：

策——老男 $tʂ^hai^{13}$ 白 $ts^hə^{313}$ 文 青男 $ts^hə^{313}$

撞——老男 $tʂ^huaŋ^{313}$ 又 $tʂuaŋ^{313}$ 又 青男 $tʂuaŋ^{313}$

笋——老男 $çyn^{44}$ 又 sun^{44} 又 青男 $suẽ^{44}$

从音值看，老派中有前鼻音尾-n，但因为主要元音有鼻化，所以-n尾的功能有些冗余，发得也比较轻弱；而新派则丢掉鼻音尾-n，只发鼻化的主要元音。如：

山——老男 $ʂan^{13}$ 青男 $ʂã^{13}$

深——老男 $tʂ^hen^{13}$ 又 $ʂen^{13}$ 又 青男 $ʂẽ^{13}$

第二十七节 冠县方音

壹 概况

冠县位于山东省西部，西与河北省馆陶县相邻，东临聊城市东昌府区，北界临清市，南接莘县。地理坐标为东经115° 16′ —115° 47′，北纬36° 22′ —36° 42′。辖区总面积1161平方公里。冠县地处鲁西北平原，地势开阔平坦，略有起伏，地形自西南向东北倾斜。

冠县归地级聊城市管辖。截至2020年，冠县辖3个街道、11个镇、4个乡。县政府驻清泉街道。全县常住人口为71.93万人；少数民族人口1万余人。

全县通行冠县方言，无少数民族语言。冠县方言属冀鲁官话石济片聊泰小片。内部可分三片：（1）城区片，包括冠县大部分地区。（2）北片，主要包括柳林镇、甘官屯乡。此片口音与相邻的聊城市东昌府区相近。（3）西片，主要包括东古城镇、斜店乡、北馆陶镇，此片口音与毗邻的河北省馆陶县方言相近。各片之间差异不大。

当地流行的曲艺形式，早先有民间小戏“蛤蟆嗡”，现在会表演的人已少见。

调查点为山东省聊城市冠县清泉街道。

贰 声韵调

一 声母（24个，含零声母）

p	八兵病	p^h	派片爬	m	麦明	f	飞风副蜂肥饭

t	多东毒	t^h	讨天甜	n	脑南	l	老蓝连路
ts	资早租酒字贼坐	ts^h	刺草寸清全祠	s	丝三酸想谢		
tʂ	张竹柱争装纸主	$tʂ^h$	抽拆茶抄初床车春船城	ʂ	事山双顺手书十	ʐ	热软
tɕ	九	$tɕ^h$	轻权	ȵ	年泥	ɕ	响县
k	高共	k^h	开	ɣ	熬安	x	好灰活
∅	味问月温王云用药						

说明：

1. 声母tɕ、$tɕ^h$、ɕ、ts、ts^h、s与齐齿呼、撮口呼韵母相拼时，两组声母音色差别很小，但比字时，调查到的两位冠县老男都能清楚地辨认。

2. 声母ɣ有时带有同部位鼻音成分或塞音成分。

二　韵母（38个）

ɿ	丝	i	米戏急七一锡	u	苦五猪骨出谷	y	雨橘绿局
ʅ	师试十直尺						
ər	二						
a	茶塔法辣八	ia	牙鸭	ua	瓦刮		
ɛ	开排色白白	iɛ	鞋	uɛ	快		
ɔ	宝饱	iɔ	笑桥				
ə	歌盒热壳色文	iə	写接贴节	uə	坐过活托郭国	yə	靴月
						yɤ	药学
ei	赔对白飞北			uei	对文鬼		
ou	豆走	iou	油六				
ã	南山半	iã	盐年	uã	短官	yã	权
ẽ	深根	iẽ	心新	uẽ	寸滚春	yẽ	云
ɑŋ	糖	iɑŋ	响讲	uɑŋ	床王双		
əŋ	灯升争横文	iŋ	硬病星	uŋ	横白东	yŋ	兄用

说明：

1. ʅ、i、u、y单用和在韵尾且读曲折调时有轻微后滑音成分，这些后滑音均读得比较含混，实际读音近ɿ^{ə}、iɘ、u^{ʊ}、y^{ɪ}。

2. a、ia、ua中的a实际读音为ᴀ。

3.韵母ɛ、iɛ有时略有动程，实际读音为ɛᴇ、iɛᴇ。

4.韵母ə、uə中的ə在实际读音中开口度略大，逢阳平、去声时更明显。

5.韵母iə、yə中的ə在实际读音中舌位靠前，近似iᴇ、yᴇ。

6.韵母ə与声母tʂ、tʂ^{h}、ʂ相拼时，有时实际读音舌位比ə更高。

7.韵母ə与声母p、p^{h}、m、f相拼时，其实际读音为^{u}ə。

8.韵母ɔ、iɔ舌位略低，有时略有动程，为ɔo、iɔo。

9.韵母ei、uei实际读音为eɪ、ueɪ，有时动程不明显。

10.韵母ã、iã、uã、yã中的ã逢阴平、去声时后面有个较弱的鼻音尾n，实际读音是ã^{n}、iã^{n}、uã^{n}、yã^{n}。

11.韵母ẽ、iẽ、uẽ、yẽ中的ẽ逢阴平、去声时略有动程，实际读音是ẽɪ、iẽɪ、uẽɪ、yẽɪ。

12.韵母əŋ、iŋ、uŋ、yŋ有时有鼻化音色彩，实际读音为ə̃ŋ、iə̃ŋ、uə̃ŋ、ỹŋ。

13.韵母iŋ实际读音为iəŋ。

14.韵母uŋ有时实际读音为uəŋ。

15.韵母ər在实际读音中主要元音的开口度有变化，如读“二”时ə的开口度比读“儿耳”时略大。

三　声调（4个）

阴平	13	东该灯风通开天春统又谷百搭节哭拍塔切刻麦
阳平	53	门龙牛油铜皮糖红急毒白盒罚
上声	55	懂古鬼九统又苦讨草买老五有
去声	314	动罪近后冻怪半四痛快寸去卖路硬乱洞地饭树六叶月

说明：

1.阴平13有时在发音刚开始时略有曲折。

2.上声55有时读音为45。

3.去声314实际读音起始点比3略低，但比阴平字读213时的起始点高，因此起始点记作3。

叁　连读变调

表27-1　冠县方言连读变调表

前字	后字					
	阴平13	阳平53	上声55	去声314	轻声	
					普通轻声	单音节动词重叠
阴平13	13+13 班车　公司 花边	13+53 东平　天平 低头	13+55 冬泳　公里 声母	13+314 荒地　公共 花样	①21+4 刀子　竹子 ②55+2 松树　菠菜	31+4 翻翻　说说
阳平53	53+13 毛巾　人心 洋鸡	53+53 毛桃　文明	53+55 毛纺　财礼 图纸	53+314 年货　毛重 鱼刺	①55+2 黄瓜　镯子 ②53+2 凉水　长虫	53+2 尝尝　玩玩
上声55	55+13 小葱　海军 火车	55+53 小寒　海洋 眼皮	53+55 海水　起码 彩礼	55+314 海报　有利 主任	①44+4 李家　姐姐 ②55+2 柳树　往年 ③53+2 老虎　蚂蚁	53+2 比比　想想
去声314	31+13 大车　证书 路灯	314+53 上门　透明 树皮	31+55 大雨　动手 妇女	24+314 外地　气象 上岸	①53+2 豆腐　木头 ②31+4 太阳　这样	31+4 看看　问问

说明：

1.阳平在阴平和上声后实际调值是42，变化比较细微，此处作不变调处理。

2.后字为去声314时，调值不稳定，同一个词发音人有时读为31，有时读为314。单字音中统一记为314，词汇和语法例句中按实际发音记录。

3.有些词的后字音强变弱，但音高仍保持与本字调相近的调值，有人认为这是“轻音”而非“轻声”，此将这些词的后字记为本调。

4.有些称谓词读轻声时有特殊变化，如“叔叔、姑姑、哥哥”的都读为“44+4”，与“姐姐、嫂子”等上声作前字的词连读变调规律相同。

5.阴平在轻声前的变调模式①中，21+4有时读作213+4，此统一记作21+0。

6.轻声前的变调55，实际上前部略有上升、后部略有降低，接近于454，听感上更接近于高平，与53不同。为了便于区别，此记作55。

肆　儿化

除ər（卷舌韵母）和yŋ（字数较少，没有发现儿化用例）之外，其余36个韵母都可以儿化。儿化后形成22个儿化韵（其中ɑŋ、iɑŋ有两种儿化形式）。

表27-2　冠县方言儿化韵表

儿化韵	原韵母	例词	儿化韵	原韵母	例词
ar	a	刀把儿　打杂儿	yər	yɤ	旦角儿
	ɑŋ	鞋帮儿	er	ɿ	鸡子儿　瓜子儿
iar	ia	俩儿　豆芽儿		ʅ	侄儿　豆汁儿
	iɑŋ	撇腔儿		ei	宝贝儿　辈儿
uar	ua	牙刷儿　小褂儿		ẽ	赔本儿　没门儿
	uɑŋ	小筐儿	ier	i	针鼻儿　皮儿
ɐr	ɛ	牌儿　带儿		iẽ	使劲儿　今儿
	ã	盘儿　摊儿	uer	u	小树儿
iɐr	iɛ	小鞋儿　台阶儿		uei	一对儿　跑腿儿
	iã	边儿　药面儿		uẽ	冰棍儿　车轮儿
uɐr	uɛ	块儿　乖儿	yer	y	小雨儿
	uã	罐儿　遛弯儿		yẽ	小车儿　合群儿
yɐr	yã	花卷儿	ur	u	牛犊儿　找主儿
ər	ə	老婆儿　盒儿	ɔr	ɔ	应个卯儿　刀儿
	əŋ	缝儿	iɔr	iɔ	苗儿
iər	iə	蝶儿　小聂儿	our	ou	小豆儿　老头儿
	iŋ	明儿个　名儿	iour	iou	妞儿　袖儿
uər	uə	错儿　干活儿	ɑ̃r	ɑŋ	帮忙儿
	uŋ	没空儿	iɑ̃r	iɑŋ	羊儿

说明：

1. 声母ts、ts^h、s的字儿化后，声母有时读为tʂ、$tʂ^h$、ʂ，如（画）册儿 $tʂ^h$ər。

2. 有些带i介音的音节儿化时常增加闪音ɾ，如“俩儿”lɾar，“蝶儿”tiəɾ。

3. 声母为t、t^h的字儿化后，声母有时读为卷舌的塞音ʈ、$ʈ^h$，如“刀儿”ʈɔr，“（老）头儿”$ʈ^h$our。

4. ər与声母p、p^h、m、f相拼时，其实际读音是^{u}ər。

5. er、ier、uer、yer中的e有时舌位略后。

6.有些iŋ韵字儿化后，i音色含混，韵母音值听起来有些像ər，但也不完全像，如词汇0182麦秸：（麦仰=）梃$_儿$ t^hiər。此仍记iər。

7.有些音节儿化时仅在音节末尾有细微卷舌动作，韵母音色变化微小，这种情况下记原韵母。

伍 新老差异

1.老男音系中古精组细音字（尖音字）和见组细音字（团音字）的声母虽然比较接近，但仍能区别，但青男音系中两类已经完全合并，读tɕ、$tɕ^h$、ɕ。如：

匠——老男 $tsiaŋ^{314}$ 青男 $tɕiaŋ^{314}$

青——老男 $ts^hiŋ^{13}$ 青男 $tɕ^hiŋ^{13}$

西——老男 si^{13} 青男 $ɕi^{13}$

2.老男音系中有ɣ声母字（古影疑母开口一等字），青男读零声母。如：

爱——老男 $ɣɛ^{314}$ 青男 $ɛ^{314}$

3.老男音系中普通话读ʐ声母的字逢合口呼一般读l声母，青男读ʐ声母。如：

弱——老男 $luə^{314}$ 青男 $ʐuə^{314}$

闰——老男 $lu\tilde{e}^{314}$ 青男 $ʐu\tilde{e}^{314}$

4.老男音系中部分音类与普通话不同的字，青男更多地按普通话音类发音。如：

嫩——老男 $lu\tilde{e}^{314}$ 青男 $n\tilde{e}^{314}$

策——老男 $tʂ^hɛ^{13}$ 青男 $ts^hə^{13}$

猫——老男 $mɔ^{53}$ 青男 $mɔ^{13}$

第二十八节 聊城（东昌府）方音

壹 概况

聊城市位于山东省西部，主城区为东昌府区。东昌府区东依东阿县、茌平区，南接阳谷县，西连冠县、莘县，北靠临清。地理坐标为东经115° 14′ —116° 06′、北纬36° 16′ —36° 42′，辖区总面积945平方公里。东昌府区地势平缓，西南较高，东北略低。

东昌府区即原县级聊城市。1998年聊城市升格为地级市后，原县级聊城市行政区域改称东昌府区，以聊城为明清两代东昌府治而得名。截至2020年，东昌府区辖5个街道、9个镇。区政府驻柳园街道。常住人口100.85万人；少数民族以回族居多，人口约1万人。

全区通行聊城方言，无少数民族语言。聊城方言属于冀鲁官话石济片聊泰小片，内部差异不大。

当地流行的曲艺形式主要是八角鼓儿，一般两个人，一男一女，又唱又跳，现在很少见。据传是清代中叶由北京传到聊城、临清一带，改用当地方言演唱。是山东省八角鼓曲艺的一种。

调查点为山东省聊城市东昌府区。

贰　声韵调

一　声母（21个，含零声母）

p	八兵病	pʰ	派片爬	m	麦明	f	飞风副蜂肥饭
t	多东毒	tʰ	讨天甜	n	脑南	l	老蓝连路
ts	资早租字贼坐张竹柱争装纸主	tsʰ	刺草寸祠抽拆茶抄初床车春船城	s	丝三酸事山双顺手书十	z	热软
tɕ	酒九	tɕʰ	清全轻权	ȵ	年泥	ɕ	想谢响县
k	高共	kʰ	开	ɣ	熬安	x	好灰活
∅	味问月温王云用药						

说明：

1. ɣ、z摩擦比较弱。ɣ在口语中更为明显，在读单字时有时没有，读为零声母。

2. ts组声母舌位偏后一点，接近tʃ组。

二　韵母（36个）

ʅ	师丝试十直尺	i	米戏急七一锡	u	苦五猪骨出谷	y	雨橘绿局
ər	二						
a	茶塔法辣八	ia	牙鸭	ua	瓦刮		

ɛ	开排色白白	iɛ	鞋	uɛ	快		
ɔ	宝饱	iɔ	笑桥				
ə	歌盒热壳色文	iə	写接贴节	uə	坐过活托郭国	yə	靴月药学
ei	赔飞北			uei	对鬼		
ou	豆走	iou	油六				
ã	南山半	iã	盐年	uã	短官	yã	权
ẽ	深根	iẽ	心新	uẽ	寸滚春	yẽ	云
ɑŋ	糖	iɑŋ	响讲	uɑŋ	床王双		
əŋ	灯升争横又	iŋ	硬病星	uŋ	横又东	yŋ	兄用

说明：

1. a、ia、ua中a舌位靠后，为ᴀ。

2. uə、yə中ə受介音影响，带有圆唇色彩。

3. ɛ有时有动程。

4. iã、yã主要元音偏高，实际为iæ̃、yæ̃。鼻化色彩有时比较弱。

5. ɑŋ、iɑŋ、uɑŋ主要元音带鼻化，结束时舌位不到ŋ的位置。

6. uŋ韵母逢零声母时实际音值为uəŋ，如“翁瓮”。

三 声调（4个）

阴平	13	东该灯风通开天春谷百搭节哭拍塔切刻
阳平	53	门龙牛油铜皮糖红讨急毒白盒罚
上声	44	懂古鬼九统苦草买老五有
去声	313	动罪近后冻怪半四痛快寸去卖路硬乱洞地饭树六麦叶月

说明：

1. 阴平调13，升势较缓，最低点比1略高，最高点比3略高，有时开头略有曲折，有时结束略有下降。

2. 阳平起点较高，有时降势比较明显，最低点到1。

3. 去声313曲折明显，最低点比1略高，起点比终点略低，比2略高。

叁　连读变调

表28-1　聊城方言连读变调表

前字	后字					
	阴平 13	阳平 53	上声 44	去声 313	轻声	
					普通轻声	单音节 动词重叠
阴平 13	13+13 山沟　天夕	13+53 天明　今年	13+44 温水　开水	13+313 天亮　冬至	13+3 星星　庄稼	13+4 听听　穿穿 说说　歇歇
阳平 53	53+13 台风　年初	53+53 洋油　寒食	53+44 着火　年底	44+313 毛重　学校	①44+2 石头　年时 ②53+1 明年　文明	53+1 谈谈　挪挪 学学　嚼嚼
上声 44	44+13 整天　改锥	44+53 彩虹　往年	53+44 起码　水果	44+313 土地　扫地	①44+2 冷子　牡丹 ②13+3 底下　母亲	53+1 走走　洗洗
去声 313	31+13 大车　麦秸	31+53 日食　去年	31+44 上水　木耳	①13+313 地震　半夜 ②31+313 做饭　看病	①53+1 露水　辫子 ②31+5 月亮	31+5 看看　换换

肆　儿化

除ər（卷舌韵母）和yŋ（字数较少，没有发现儿化用例）之外，其余34个韵母都可以儿化。儿化后形成23个儿化韵。

表28-2　聊城方言儿化韵表

儿化韵	原韵母	例词	儿化韵	原韵母	例词
ar	a	刀把儿	ər	ə	车儿
	ɑŋ	茶缸儿		əŋ	坑儿
uar	ua	花儿	uər	uə	干活儿
	uɑŋ	小筐儿		uŋ	小葱儿

续表

儿化韵	原韵母	例词	儿化韵	原韵母	例词
ɛr	ɛ	牌儿	ur	u	牛犊儿　找主儿
	ã	盘儿	iər	iə	叶儿
uɛr	uɛ	块儿		iŋ	名儿
	uã	罐儿	yər	yə	旦角儿
er	ʅ	鸡子儿　侄儿	iɛr	iɛ	小鞋儿
	ei	宝贝儿		iã	边儿
	ẽ	赔本儿	yɛr	yã	花卷儿
uer	uei	一对儿	ier	i	针鼻儿
	uẽ	冰棍儿		iẽ	使劲儿
ɔr	ɔ	刀儿	yer	y	驴儿
our	ou	小豆儿		yẽ	云儿
ãr	ɑŋ	鞋帮儿	iɔr	iɔ	苗儿
uãr	uɑŋ	网儿	iour	iou	妞儿
iar	ia	豆芽儿	iãr	iɑŋ	撇腔儿
	iɑŋ	羊儿			

说明：

1. ɛr、iɛr、uɛr中的ɛ实际音值舌位偏低偏央。
2. ɑŋ组韵母的儿化有两组，常用词汇儿化后韵母没有鼻化，但慢说一般会有鼻化色彩。

伍　新老差异

聊城方言中新老差异较小，主要是老派与普通话音类不同的字，有一些新派读为与普通话音类相同的音或增加了与普通话音类相同的又读。其中带有系统性但又不整齐的现象是，普通话开口呼前的零声母老派读ɣ，新派一部分字仍读同老派，另一部分则读成零声母。如：

糙——老男tsɔ^{313}　青男ts^{h}ɔ^{13}声类改同普通话，但调类因避讳而改读阴平

深——老男ts^{h}ẽ^{13}白sẽ^{13}文　青男sẽ^{13}

笋——老男ɕyẽ^{44}　青男suẽ^{44}

安——老男ɣã^{13}　青男ã^{13}

爱——老男ɣɛ^{313}　青男ɛ^{313}

第二十九节　济南（历下）方音

壹　概况

济南市自元代以来为山东省会、济南府治，其老城区位于历下区。历下意为历山（千佛山）之下，古代常用来代指济南。历下区东、南和北三面被历城区包围，西接市中区、天桥区。地理坐标为东经117° 0′ —117° 10′，北纬36° 35′ —36° 42′，辖区总面积100.89平方公里。截至2020年，历下区下辖13个街道。区政府现驻姚家街道。全区常住人口81.91万人，其中少数民族人口约1万人。

济南市区通行济南方言，无少数民族语言。济南方言属冀鲁官话石济片聊泰小片。原老城里方言（属历下区）与城外略有差异。

当地流行的曲艺形式有以下几种。①山东快书：20世纪30年代初传入济南，50年代由书场搬上舞台。济南杨立德为代表的风格被称为“杨派”，与高元钧为代表的“高派”并列。山东快书入选国家第一批非遗目录。②吕剧：20世纪50年代初期正式形成，济南市吕剧团建团于1951年10月，山东省吕剧团建团于1953年11月。吕剧入选国家第二批非遗目录。③山东大鼓：形成于明代末期，主要流传于鲁西南和济南一带，因用犁铧碎片伴奏，又称梨花（犁铧）大鼓。入选国家第一批非遗目录。④山东琴书：明代中期形成于菏泽地区，后发展为三路：菏泽为代表的南路，济南为代表的北路，青岛为代表的东路。入选国家第一批非遗目录。这些曲艺和戏剧，目前以专门的演员表演为主。

调查点为山东省济南市历下区。

贰　声韵调

一　声母（24个，含零声母）

p	八兵病	pʰ	派片爬	m	麦明	f	飞风副蜂肥饭
t	多东毒	tʰ	讨天甜	n	脑南	l	老蓝连路软
ts	资早租字贼坐	tsʰ	刺草寸祠	s	丝三酸		
tʂ	张竹柱争装纸主	tʂʰ	抽拆茶抄初床车春船城	ʂ	事山双顺手书十	ʐ	热

tɕ	酒九	tɕʰ	清全轻权	ȵ	年泥	ɕ	想谢响县
k	高共	kʰ	开	ŋ	熬安	x	好灰活
∅	味问月温王云用药						

说明：

零声母拼合口呼时略有摩擦，接近ʋ。

二 韵母（37个）

ɿ	丝	i	米戏急七一锡	u	苦五猪骨出谷	y	雨橘绿局
ʅ	师试十直尺						
ər	二						
a	茶塔法辣八	ia	牙鸭	ua	瓦刮		
ɛ	开排	iɛ	鞋	uɛ	快		
ɔ	宝饱	iɔ	笑桥				
ə	歌过白盒热壳蛋～	iə	写接贴节	uə	坐过文活托郭国文	yə	靴月药壳纸～学
ei	赔飞北色白			uei	对鬼国白		
ou	豆走	iou	油六				
ã	南山半	iã	盐年	uã	短官	yã	权
ẽ	深根	iẽ	心新	uẽ	寸滚春	yẽ	云
ɑŋ	糖	iɑŋ	响讲	uɑŋ	床王双		
əŋ	灯升争横	iŋ	硬病星	uŋ	东	yŋ	兄用

说明：

1. a、ia、ua中的a实际音值是ᴀ。

2. ɛ略低，接近æ。

3. ə、iə、uə、yə中ə舌位略低，ə和双唇音相拼时略带介音u。

4. iã、yã主要元音偏高，实际为iæ̃、yæ̃。

5. ɑŋ、iɑŋ、uɑŋ主要元音带鼻化，ŋ不到位。

6. uŋ逢零声母时实际音值为uəŋ。

三　声调（4个）

阴平　213　东该灯风通开天春谷百搭节急哭拍塔切刻统又

阳平　42　门龙牛油铜皮糖红毒白盒罚急讨

上声　55　懂古鬼九统又苦草买老五有

去声　21　冻怪半四痛快寸去卖路硬乱洞地饭树动罪近后六麦叶月

说明：

阴平首段降的幅度较小，不大到1度。

叁　连读变调

表29-1　济南方言连读变调表

前字	后字					
	阴平 213	阳平 42	上声 55	去声 21	轻声	
					普通轻声	单音节动词重叠
阴平 213	23+213 东风　香菇	213+42 东南　天明	213+55 冬泳　开水	23+21 冬至　天气	21+1 庄稼　窟窿	23+3 听听　说说
阳平 42	42+213 晴天　洋葱	42+42 毛桃　洋油	42+55 骑马　年景	55+21 毛重　学校	①445+4 娘家　容易 ②42+3 黄酒　旁人	55+2 谈谈　缝缝
上声 55	55+213 小葱　养猪	55+42 小寒　水池	42+55 起码　老虎	55+21 土地　炒菜	①213+4 李家　脑袋 ②55+2 可以	55+2 走走　想想
去声 21	21+213 大车　地瓜	21+42 大红　太阳	21+55 大雨　大水	23+21 大豆　旱地	①55+2 辫子　月亮 ②21+1 后年　去年	21+1 看看　抱抱

说明：

去声+轻声的变调类型①中，有部分前字读的是略降的54。

肆　儿化

除ər韵母外，其他韵母均可发生儿化，儿化韵共26个。

表29-2 济南方言儿化韵表

儿化韵	原韵母	例词	儿化韵	原韵母	例词
ar	a	刀把儿	er	ẽ	赔本儿
	ɑŋ	地方儿	ier	i	针鼻儿
iar	ia	俩儿		iẽ	使劲儿
	iɑŋ	这样儿	uer	uei	一对儿
uar	ua	花儿		uẽ	冰棍儿
ər	ə	老婆儿	yer	y	驴儿
iər	iə	蝶儿		yẽ	小军儿
uər	uə	错儿	ur	u	牛犊儿
yər	yə	旦角儿	ɔr	ɔ	刀儿
ɛr	ɛ	牌儿	iɔr	iɔ	苗儿
	ã	盘儿	our	ou	小豆儿
iɛr	iɛ	小鞋儿	iour	iou	球儿
	iã	边儿	ãr	ɑŋ	鞋帮儿
uɛr	uɛ	块儿	iãr	iɑŋ	羊儿
	uã	罐儿	uãr	uɑŋ	小床儿
yɛr	yã	花卷儿	ə̃r	əŋ	小板凳儿
er	ɿ	鸡子儿	iə̃r	iŋ	名儿
	ʅ	侄儿	uə̃r	uŋ	小东儿
	ei	宝贝儿			

说明：ɑŋ、iɑŋ韵母儿化时有两种形式，一种是丢掉ŋ尾主要元音直接卷舌，一种是丢掉ŋ尾主要元音鼻化并卷舌。

伍 新老差异

济南方言的新老差异主要表现在新派更多地受普通话语音系统尤其是其音类的影响，由此一些字的读音发生了变化。

从声母看，济南方言与普通话的差异主要有三个方面，而新派与老派的语音差异也主要表现在这三个方面：（1）普通话零声母开口呼的字济南话读ŋ声母，新派的ŋ声母趋于消失，许多字可以往往有零声母和ŋ声母两读。（2）古庄组字普通话有一些读

ts、ts^h、s，而济南话比较一致地读tʂ、$tʂ^h$、ʂ，新派往往读成ts、ts^h、s。（3）普通话ʐ声母合口呼的字济南话一般读l声母，新派一般读成ʐ声母。如：

爱——老男ŋɛ[21]　青男ŋɛ[21]又ɛ[21]又

策——老男$tʂ^h$ei[213]老ts^hə[21]新　青男ts^hə[21]

所——老男ʂuə[55]　青男suə[55]又ʂuə[55]又

软——老男luã[55]　青男luã[55]又ʐuã[55]又

从韵母看，济南方言与普通话的差异主要在古宕江曾梗通五摄部分字的韵类不同，另外还有一些零星的字，这些字新派往往读为普通话的韵类。如：

格——老男kei[213]老kə[213]新　青男kə[213]

龙——老男lyŋ[42]老luŋ[42]新　青男luŋ[42]

足——老男tɕy[213]　青男tɕy[213]不知～tsu[42]一般读音

笋——老男ɕyẽ[55]　青男suẽ[55]

在声调方面，济南方言与普通话调类的差异在于古清声母入声字的归调，普通话无规律地散入四声，而济南比较整齐地归入阴平，另外还有少数无规律的字调，新派往往读为普通话的调类。如：

阔——老男k^huə[213]一般读音k^huə[21]～气　青男k^huə[21]

雀——老男$tɕ^h$yə[213]　青男$tɕ^h$yə[21]

握——老男uə[213]　青男uə[21]

防——老男faŋ[55]　青男faŋ[42]

第三十节　泰安（泰山）方音

壹　概况

泰安市的主城区为泰山区。泰山区北依泰山，东西南三面与泰安市岱岳区搭界，北部与济南市历城区、长清区毗连。地理坐标为东经117° 03′ —117° 13′，北纬36° 05′ —36° 20′，辖区总面积336.86平方公里。泰山区地处泰（安）莱（芜）向斜盆地的西部边缘，北靠泰山，南濒大汶河，地势北高南低。

泰山区主体为原泰安县的县城、县级泰安市的城区。1985年泰安市升格为地级市后，原县级行政区域划分为泰山区和郊区（后改称岱岳区）。截至2020年，泰山区下辖5个街道、2个镇。区政府驻岱庙街道。全区常住人口79.99万人；少数民族人口较少，以回族居多。

泰山区通行泰安方言，无少数民族语言。泰安方言属于冀鲁官话石济片聊泰小片。内部地域差异很小。

当地流行的曲艺形式有山东梆子、泰山皮影戏等。

调查点为泰安市泰山区。

贰　声韵调

一　声母（24个，含零声母）

p	八兵病	p^h	派片爬	m	麦明	f	飞风副蜂肥饭
t	多东毒	t^h	讨天甜	n	脑南	l	老蓝连路软
ts	资早租字贼坐	ts^h	刺草寸祠	s	丝三酸		
tʂ	张竹柱争装纸主	tʂ^h	抽拆茶抄初床车春船城	ʂ	事山双顺手书十	ʐ	热
tɕ	酒九	tɕ^h	清全轻权	ȵ	年泥	ɕ	想谢响县
k	高共	k^h	开	x	好灰活	ɣ	熬安
ø	味问月温王云用药						

说明：

1.发ts、ts^h、s时，舌尖前稍触上齿尖，实际音值较接近tθ、tθ^h、θ。有些人发这组音时，有舌尖外露在上下齿之间的现象。

2. n、ȵ两音互补。n拼开、合两呼，ȵ拼齐、撮两呼。

二　韵母（37个）

ɿ	丝	i	米戏飞白急七一锡	u	苦五猪骨出谷	y	雨橘绿局
ʅ	师试十直尺						
ər	二						
a	茶塔法辣八	ia	牙鸭	ua	瓦刮		
ε	开排	iε	鞋	uε	快		

ɔ	宝饱	iɔ	笑桥				
ə	歌过白盒热壳	iə	写接贴节	uə	坐过文活托郭国	yə	靴月药学
ei	赔飞文北色白			uei	对鬼		
ou	豆走	iou	油六				
ã	南山半	iã	盐年	uã	短官	yã	权
ẽ	深根	iẽ	心新	uẽ	寸滚春	yẽ	云
ɑŋ	糖	iɑŋ	响讲	uɑŋ	床王双		
əŋ	灯升争横文	iŋ	硬病星	uŋ	横白东	yŋ	兄用

说明：

1.单韵母ə拼在唇音声母和舌根音声母的后面时，实际音值为ɤ；当ə后跟儿化时，音值为ɤ更明显。

2. ɛ、iɛ、uɛ中的ɛ，是一个动程很小的复合音，实际音值为æɛ。

3. ɔ、iɔ的ɔ，是一个动程很小的复合音，实际音值近于ɒɔ。

4. a、ia、ua的a，实际音值是A。

5. ã、iã、uã、yã的a，实际音值近于æ。

6. uə、yə中的ə，发音时有圆唇现象，音值近于o，但比o稍低。

7. uŋ中的u，实际音值稍低，近于o。

8. uŋ逢零声母时实际音值为uəŋ。

三　声调（4个）

阴平	213	东该灯风通开天春统又谷百搭节急又哭拍塔切刻
阳平	42	门龙牛油铜皮糖红讨又急又毒白盒罚
上声	55	懂古鬼九统又苦讨又草买老五有
去声	21	冻怪半四痛快寸去卖路硬乱洞地饭树动罪近后六麦叶月

说明：

1.阴平调是降升调，但下降的实际音值有限，接近1，但达不到1，记为213。

2.阳平调调值为42，起始音值一般为4，有时稍高，结束音值为2。记为42。

3.去声调是低降调，但起始点要高于2，有的甚至接近3，结束音值一般为1。有不少去声调的字，发音结束时有一个上翘的小尾巴，有的人发这种音上翘的特别明显，音值近于312。记为21。

叁 连读变调

表30-1 泰安方言连读变调表

前字	后字					
	阴平213	阳平42	上声55	去声21	轻声	
					普通轻声	单音节动词重叠
阴平213	23+213 东风 中心	213+42 东南 低头	213+55 花脸 天理	23+21 荒地 冬至	21+23 庄稼 亲戚	23+2 听听 穿穿
阳平42	42+213 毛巾 晴天	42+42 文明 值钱	42+55 骑马 财礼	55+21 同志 毛重	55+4 娘家 棉花	42+2 谈谈 缝缝
上声55	55+213 火车 小葱	213+42 老年 小寒	42+55 起码 彩礼	55+21 统治 主任	213+3 买卖 椅子	42+5 走走 想想
去声21	21+213 上班 路灯	21+42 地头 上门	21+55 妇女 报纸	21+21 做梦 剩饭	42+2 豆腐 笑话	42+2 看看 练练

说明：

1.“阴平+阳平”和“阴平+上声”中，前字均有轻微的变调，其变调情况相同：变调时，先降后升，但升不到3的位置，仍按不变处理，记作213。

2.“上声+阳平”中，前字变调情况：调值由55变为213，变调后，其读音情况与“阴平+阳平”相同，即：分红=粉红，标明=表明，车皮=扯皮。

3.“阳平+阳平”，前字调值有变化，其音值由4下降，但降不到2，仍记为42。

4.“阳平+去声”变调后读音与“上声+去声”相同，即：油菜=有菜，徒弟=土地。

肆 儿化

泰安方言基本韵母37个，除本身是卷舌韵母的ər之外，其余36个韵母均可儿化。有的基本韵母儿化后合并，合并后共有27个儿化韵母。具体情况见下表。

表30-2 泰安方言儿化韵表

儿化韵	原韵母	例词	儿化韵	原韵母	例词
ar	a	变戏法儿 找茬儿	uar	ua	小褂儿 花儿
	ɑŋ	画杠儿		uɑŋ	鸡蛋黄儿
iar	ia	豆芽儿 光脚丫儿	ər	ə	小车儿 山坡儿
	iɑŋ	那样儿		əŋ	梗儿 坑儿 缝儿

续表

儿化韵	原韵母	例词	儿化韵	原韵母	例词
iər	iə	爷儿俩　树叶儿	ier	i	皮儿　差不离儿
	iŋ	影儿　明儿　顶儿		iẽ	印儿　没劲儿
uər	uə	座儿　大伙儿	uer	uei	一会儿　墨水儿
	uŋ	空儿　公儿（雄性）		uẽ	轱轮儿　冰棍儿
yər	yə	家雀儿　银角儿	yer	y	蛐儿蛐儿　小鱼儿
ur	u	牛犊儿　枣核儿		yẽ	翻群儿　小军儿
ɛr	ɛ	牌儿　布袋儿	ɔr	ɔ	小刀儿　赶早儿
	ã	盘儿　花瓣儿	iɔr	iɔ	面条儿　不开窍儿
iɛr	iɛ	台阶儿　小鞋儿	our	ou	土豆儿　两口儿
	iã	雨点儿　笔尖儿	iour	iou	松球儿　小牛儿
uɛr	uɛ	踝儿　块儿	ãr	ɑŋ	鞋帮儿　药方儿
	uã	一段儿　茶馆儿	iãr	iɑŋ	撇腔儿　那样儿
yɛr	yã	考卷儿　眼圈儿	uãr	uɑŋ	小筐儿　鸡蛋黄儿
er	ɿ	瓜子儿　刺儿	ə̃r	əŋ	跳绳儿　坑儿
	ʅ	侄儿　老师儿	iə̃r	iŋ	小病儿　起名儿
	ei	辈儿　摸黑儿	uə̃r	uŋ	没空儿　种儿
	ẽ	本儿　出门儿	yə̃r	yŋ	小熊儿　小男儿

说明：

后鼻音韵母ɑŋ、iɑŋ、uɑŋ、əŋ、iŋ、uŋ儿化为ar、iar、uar、ər、iər、uər，是老派一种儿化方式的存留，且这种形式的儿化词越来越少；新派基本不用这种儿化形式。

伍　新老差异

泰安方言的新老差异很小。主要表现在，普通话读零声母开口呼的字，老派读ɣ声母，而新派读零声母，如“饿安恩”等。此外，有一些老派方言中与普通话音类不同的字，新派往往改按普通话的音类来读，或增加了与普通话音类一致的又读。如：

策——老男 tʂʰei^{213}白 tsʰə^{21}文　青男 tsʰei^{213}白 tsʰə^{312}文

足——老男 tɕy^{213}白 tsu^{213}文　青男 tsu^{213}

缩——老男 ʂuə^{42}　青男 suə^{42}

左——老男 tsuə^{21}又 tsuə^{55}又，姓　青男 tsuə^{55}

第三十一节 莱芜方音

壹 概况

莱芜今为济南市辖区。原为莱芜县，1983年撤县建县级莱芜市，由地级泰安市代管；1992年莱芜市升格为地级市，分为莱城、钢城两个区；2018年底，地级莱芜市撤销，所辖莱城区和钢城区改隶济南市，莱城区改称莱芜区（钢城区名称未变）。莱芜区位于泰山东麓，北邻济南市章丘区，东接沂源县和淄博市博山区，南部与济南市钢城区和新泰市相接，向西与泰安市岱岳区毗连。地理坐标介于东经117° 19′ —117° 58′ 、北纬36° 02′ —36° 33′ 之间，总面积1739平方公里。全区北、东、南三面环山，北部山脉为泰山余脉，南部为徂徕山脉，西部开阔，中部为低缓起伏的泰莱平原。山地约占莱芜市总面积的67%，丘陵占19%，平原占11%，洼地占3%。

截至2020年，莱芜区下辖8个街道、7个镇。区政府驻凤城街道。全区常住人口81万，汉族占绝大多数，另有少量少数民族。

莱芜区通行莱芜方言，无少数民族语言。莱芜方言属于冀鲁官话石济片聊泰小片。

当地流行的地方戏曲为莱芜梆子，为国家非物质文化遗产。

调查点为山东省济南市莱芜区（原莱芜市莱城区）口镇。

贰 声韵调

一 声母（25个，含零声母）

p	八兵病	pʰ	派片爬	m	麦明	f	飞风副蜂肥饭
t	多东毒	tʰ	讨天甜	n	脑南	l	老蓝连路软
ts	资早租字贼坐	tsʰ	刺草寸祠	s	丝三酸		
tʃ	张竹柱争装纸主	tʃʰ	抽拆茶抄初床车春船城	ʃ	事山双顺手书十	ʒ	热
						ɭ	二又

tɕ	酒九	tɕʰ	清全轻权	ȵ	年泥	ɕ	想谢响县
k	高共	kʰ	开	ŋ	熬安	x	好灰活
∅	味问月温王云用药二文						

说明：

1. ts、tsʰ、s有时读tθ、tθʰ、θ。"子"作词缀时声母常读tθ。

2. 零声母拼齐齿呼时前面常伴随半元音j。

3. 零声母拼合口呼时开头的u常读为ʋ。

4. "二"（包括"耳儿"等）发音时有两种读法，一种是只发一个ɭ，一种是在发完ɭ后轻轻带出一个元音，实际音值是ə，后面归入ə韵母。后一种发音时ɭ是声母，前一种发音时ɭ自成音节。此将自成音节的ɭ列入韵母表中，声母算作零声母。

二　韵母（37个，含自成音节的ɭ）

ɿ	丝	i	米戏急七一锡	u	苦五猪骨出谷	y	雨橘绿局
ʅ	师试十直尺						
a	茶塔法辣八	ia	牙鸭	ua	瓦刮		
ɛ	开排	iɛ	鞋	uɛ	快		
ɔ	宝饱	iɔ	笑桥				
ə	歌二文盒热壳	iə	写接贴节	uə	坐过活托郭国	yə	靴月药学
ei	赔飞北色白			uei	对鬼		
ou	豆走			iou	油六		
ã	南山半	iã	盐年	uã	短官	yã	权
ẽ	深根	iẽ	心新	uẽ	寸滚春	yẽ	云
ɑŋ	糖	iɑŋ	响讲	uɑŋ	床王双		
əŋ	灯升争横文	iŋ	硬病星	uŋ	横白东	yŋ	兄用
ɭ	二文						

说明：

1. 韵母为高元音i、u、y、ʅ或高元音i、u作韵尾有时会在韵尾增加相应的滑音。

2. 韵母中的圆唇元音u、y、ɔ口形略扁。

3. ɛ、iɛ、uɛ实际音值为æᴇ、iæᴇ、uæᴇ。

4. a、ia、ua中的a实际音值为ᴀ。

5. uei、ei中的e开口度略小。

6. ã、iã、uã、yã在实际读音中a的开口度略小。

7. ẽ、iẽ、uẽ、yẽ中的ẽ逢曲折调时略有动程，实际读音是ẽĩ。

8. 韵母uŋ在零声母音节中实际读音为vəŋ，如“翁瓮”。

9. “二”（儿耳）的读音见声母说明。

三 声调（3个）

阴平 213 东该灯风通开天春谷百节急又哭拍塔切刻

上声 55 门龙牛油铜皮糖红懂古鬼九统苦讨草买老五有搭急又毒白盒罚

去声 42 动罪近后冻怪半四痛快寸去卖路硬乱洞地饭树六麦叶月

说明：

1. 阴平213的曲折出现在音节的刚开始阶段，曲折不太明显。有时读成23。

2. 普通话中一般读阳平的字（古浊声母平声、全浊声母入声）和读上声的字（古清声母和次浊声母上声）在莱芜方言中单字调都读55（在轻声前变调中有区别）。考虑到55调与周围区分阳平和上声的方言中的上声调值相同（如济南上声读55），所以把莱芜的55调称为上声，不叫做阳平。

3. 上声一般读55，有时读45。此统一记作55。

叁 连读变调

表31-1 莱芜方言连读变调表

<table>
<tr><th rowspan="3">前字</th><th colspan="6">后字</th></tr>
<tr><th rowspan="2">阴平
213</th><th colspan="2">上声55</th><th rowspan="2">去声
42</th><th colspan="2">轻声</th></tr>
<tr><th>古浊平、
全浊入</th><th>古清上、
次浊上</th><th>普通轻声</th><th>单音节
动词重叠</th></tr>
<tr><td>阴平
213</td><td>55+213
东风 中心</td><td colspan="2">213+55
低头 东南
声母 天理</td><td>213+42
冬至 天亮</td><td>①31+3
庄稼 亲戚
②23+3
叔叔 橘子</td><td>①13+2
敲敲 翻翻
②31+2
说说 歇歇</td></tr>
</table>

续表

<table>
<tr><th colspan="2" rowspan="3">前字</th><th colspan="7">后字</th></tr>
<tr><th rowspan="2">阴平
213</th><th colspan="2">上声55</th><th rowspan="2">去声
42</th><th colspan="2">轻声</th></tr>
<tr><th>古浊平、
全浊入</th><th>古清上、
次浊上</th><th>普通轻声</th><th>单音节
动词重叠</th></tr>
<tr><td>上声
55</td><td>古浊
平全
浊入</td><td>55+213
儿科　毛巾
耳科　板车</td><td colspan="2">55+55
值钱　毛桃
骑马　财礼</td><td>①13+42
毛重　年货
②55+42
鱼刺　河堰</td><td>①13+4
娘家　皇帝
②55+2
零钱　毛笔</td><td>45+2
尝尝　玩玩
想想　洗洗</td></tr>
<tr><td>上声
55</td><td>古清
上次
浊上</td><td></td><td>213+55
打鸣
小寒</td><td>55+55
吵嘴
有喜</td><td>213+42
老病　小豆</td><td>213+4
姐姐　我的</td><td>45+2
尝尝　玩玩
想想　洗洗</td></tr>
<tr><td colspan="2">去声
42</td><td>31+213
货车　路灯</td><td>31+55
上门
树皮</td><td>31+213
大雨
妇女</td><td>31+42
地面　气象</td><td>55+2
豆腐　笑话</td><td>42+2
烫烫　问问</td></tr>
</table>

说明：

上声字中，来源于中古浊平和全浊入的字与来源于中古上声的字在连读中表现多有不同，所以上表中分列。

肆　儿化

莱芜方言没有卷舌儿化，但有儿化变韵，只有8个儿化变韵。

表31-2　莱芜方言儿化变韵表

儿化韵	原韵母	例词	儿化韵	原韵母	例词
ɯ	ɿ	刺儿	iɛ	iã	一点儿　拉链儿
	ʅ	没事儿	uɛ	uã	拐弯儿　小罐儿
ei	ɿ	鸡子儿	yɛ	yã	花卷儿
	ʅ	样式儿	iei	i	小鸡儿
	ẽ	赔本儿　没门儿		iẽ	不得劲儿
ɛ	ã	快板儿　小篮儿	uei	uẽ	冰棍儿　掉了魂儿

这种变韵的作用与普通话的卷舌型儿化相同。本书词汇和语法例句的汉字记录中，这种儿化变韵也用“-儿”表示。

伍 新老差异

莱芜方言中新老差异主要表现在新派受普通话影响，把一些字与普通话不同的音类读成了与普通话相同的音类。举例如下：

所——老男 ʃuə^{55} 青男 suə^{55} 声类同普通话

矮——老男 iɛ^{55} 青男 ŋɛ^{55} 韵母读开口呼，同普通话

软——老男 luã^{55} 青男 ʒuã^{213} 声类同普通话

嫩——老男 luẽ^{42} 青男 nẽ^{42} 声类韵类同普通话

笋——老男 ɕyẽ^{55} 青男 suẽ^{55} 声类韵类同普通话

左——老男 tsuə^{42} 去声 青男 tsuə^{55} 相当于上声，同普通话

此外，新派受普通话和其他方言影响，也出现了卷舌型的儿化形式，但使用卷舌型儿化的词相对普通话要少，有些词的卷舌程度不高。

第三十二节 新泰方音

壹 概况

新泰市地处鲁中腹地、泰山东麓，东接蒙阴县，南临泗水县、平邑县，北与济南市钢城区相连，西靠泰安市辖区。地理坐标范围在东经117° 16′ —118° 、北纬35° 37′ —36° 07′ 之间，总面积1946平方公里。新泰市地处泰沂山脉中段，境内北部高山凸起，东部（平阳河东）、南部（黄山以南）山岭绵延，中部（偏北）、西部为河洼平原，呈坐东向西的簸箕状；柴汶河横贯东西，把全市分为南、北山丘与中间平原三个部分。

新泰市系1983年由原新泰县和新汶市合并成立，由泰安市代管。截至2020年，新泰市辖3个街道、18个乡镇。市政府驻青云街道。总人口为127.27万人，以汉族为主；另有少数民族如回族、满族、壮族、苗族等约1.57万人，占总人口的1.1%。

全市通行新泰方言，无少数民族语言。新泰方言可分城关、寨子、楼德三片。城关片是典型的新泰话，分布于境内大部分地区；寨子片分布于东北部的寨子乡，跟莱芜话比较接近。以上两片均属冀鲁官话石济片聊泰小片。楼德片分布于西南边沿的楼德、禹村、石莱、木厂峪和放城五乡镇，接近于泗水话，属中原官话兖菏片。

当地无流行的曲艺或地方戏。

调查点为山东省泰安市新泰市青云街道福田社区（原市中街道周家庄）。

贰　声韵调

一　声母（27个，含零声母）

p	八兵病	pʰ	派片爬	m	麦明		
pf	竹老柱老装老主老	pfʰ	初老床老春老船老	f	飞风副蜂肥饭双老顺老书老		
t	多东毒	tʰ	讨天甜	n	脑南	l	老蓝连路
tθ	资早租字贼坐	tθʰ	刺草寸祠	θ	丝三酸		
tʃ	张竹新柱新争装新纸主新	tʃʰ	抽拆茶抄初新床新车春新船新城	ʃ	事山双新顺新手书新十	ʒ	热软又
						ɭ	二
tɕ	酒九	tɕʰ	清全轻权	ȵ	年泥	ɕ	想谢响县
k	高共	kʰ	开	ŋ	熬安	x	好灰活
∅	味问软又月温王云用药						

说明：

声母ɭ仅出现在“儿耳二”音节中拼ə韵母。

二　韵母（36个）

ɿ	丝	i	米戏急七一锡	u	苦五猪骨出谷	y	雨橘绿局
ʅ	师试十直尺						
a	茶塔法辣八	ia	牙鸭	ua	瓦刮		
ɛ	开排	iɛ	鞋	uɛ	快		
ɔ	宝饱	iɔ	笑桥				
ə	歌二盒热壳色新	iə	写接贴节	uə	坐过活托郭国	yə	靴月药学
ei	赔飞北色老白			uei	对鬼		
ou	豆走	iou	油六				
ã	南山半	iã	盐年	uã	短官	yã	权

ẽ	深根春老	iẽ	心新	uẽ	寸滚春新横又	yẽ	云
ɑŋ	糖床老双老	iɑŋ	响讲	uɑŋ	床新王双新		
əŋ	灯升争横又	iŋ	硬病星	uŋ	东	yŋ	兄用

说明：

1. 声母tʃ、tʃʰ、ʃ后的ʅ实际音值带有舌叶音色彩。

2. "二儿耳"音节中的ə实际音值是ɘ。

3. 韵母iə、yə中的ə舌位比单念的ə稍高。

4. 韵母ɛ、ɔ稍有一点动程，但不明显。

5. ɑŋ、iɑŋ、uɑŋ中的韵尾ŋ较弱，舌根不到位。

6. 韵母iŋ、uŋ发音时有轻微的过渡音ə，在零声母音节中ə的色彩更为明显。如"翁"，实际发音为uəŋ。

三 声调（4个）

阴平	213	东该灯风通开天春谷百搭节哭拍塔切刻
阳平	42	门龙牛油铜皮糖红讨急毒白盒罚
上声	55	懂古鬼九统苦草买老五有
去声	31	动罪近后冻怪半四痛快寸去卖路硬乱洞地饭树六麦叶月

说明：

1. 阴平213中间的曲折处调值比1略高。

2. 上声55略有上升趋势，起点比4高。

叁 连读变调

表32-1 新泰方言连读变调表

前字	后字					
	阴平213	阳平42	上声55	去声31	轻声	
					普通轻声	单音节动词重叠
阴平213	23+213 东风 青天	23+42 东南 天平	21+55 冬泳 天理	23+31 冬至 天亮	21+23 庄稼 刀子	①23+12 帮帮 翻翻 ②23+31 掐掐 切切

续表

前字	后字					
	阴平213	阳平42	上声55	去声31	轻声	
					普通轻声	单音节动词重叠
阳平42	42+213 毛巾　晴天	42+42 毛桃　填平	42+55 毛纺　图纸	23+31 毛重　皇帝	45+3 娘家　炉子	42+2 尝尝　玩玩
上声55	55+213 小葱　板车	23+42 小寒　海洋	42+55 海水　彩礼	55+31 海报　土地	213+5 李家　姐姐	42+2 醒醒　想想
去声31	31+213 大车　证书	31+42 上门　树皮	31+55 大雨　妇女	31+31 外地　地面	42+2 大豆　辫子	31+31 烫烫　问问

说明：

轻声音节在上表中记录的是实际调值，但在词汇和语法材料中，轻声一律标作“0”。

肆　儿化

新泰方言36个韵母都可以发生卷舌的儿化，儿化后形成27个儿化韵。

表32-2　新泰方言儿化韵表

儿化韵	原韵母	例词	儿化韵	原韵母	例词
ar	a	刀把儿　号码儿	ɤr	ei	辈儿　葱白儿
iar	ia	俩儿　豆芽儿		ẽ	赔本儿　虾仁儿
uar	ua	牙刷儿　小褂儿		ɿ	鸡子儿　刺儿
ɐr	ɛ	牌儿　带儿		ʅ	侄儿　没事儿
	ã	盘儿　摊儿	iɤr	i	皮儿　小米儿
iɐr	iɛ	小鞋儿　台阶儿		iẽ	使劲儿　脚印儿
	iã	边儿　药面儿	uɤr	uei	一对儿　跑腿儿
uɐr	uɛ	块儿　拐儿		uẽ	冰棍儿　作文儿
	uã	罐儿　手腕儿	yɤr	y	驴儿　小雨儿
yɐr	yã	花卷儿　小院儿		yẽ	小军儿　合群儿
ər	ə	老婆儿　小车儿	ur	u	牛犊儿　找主儿
iər	iə	蝶儿　姐儿	ɔr	ɔ	刀儿　趁早儿
uər	uə	错儿　干活儿	iɔr	iɔ	苗儿　调儿
yər	yə	旦角儿　补缺儿	our	ou	小豆儿　老头儿

续表

儿化韵	原韵母	例词	儿化韵	原韵母	例词
iour	iou	小六儿　加油儿	ə̃r	əŋ	门缝儿　小板凳儿
ɑ̃r	ɑŋ	鞋帮儿　药方儿	iə̃r	iŋ	名儿　山顶儿
iɑ̃r	iɑŋ	撇腔儿　羊儿	ũr	uŋ	小葱儿　没空儿
uɑ̃r	uɑŋ	小床儿　小筐儿	ỹr	yŋ	小熊儿　蚕蛹儿

伍　新老差异

新泰方言中的老派声母系统中有pf、pf^{h}声母，它们与f声母一起，对应于普通话中合口呼前的tʂ、tʂ^{h}、ʂ，韵母读开口呼。例如：赚pfã^{31}，船pf^{h}ã^{42}，顺fẽ^{31}。新派的读法则读为tʃ、tʃ^{h}、ʃ拼合口呼。如上述例字分别读为tʃuã^{31}、tʃ^{h}uã^{42}、ʃuẽ^{31}。

普通话中合口呼前的ʐ声母，老派一般读为l声母。如：入lu^{31}，弱luə^{31}，荣luŋ^{42}。新派读为ʒ声母。如上述例字分别读为ʒu^{31}，ʒuə^{31}，ʒuŋ^{42}。

需要说明的是，这种新派的特点并非只有青男发音人具备，老男发音人一般也有这方面的新老又读。

第三十三节　沂源方音

壹　概况

沂源县位于山东省中部，东靠临朐县，东南与沂水县毗邻，西依济南市莱芜区、钢城区，西南与新泰市接壤，南连蒙阴县，北与淄博市博山区相望。地理坐标范围在东经117° 54′ —118° 31′ 、北纬35° 55′ —36° 23′ 之间，总面积1636平方公里。沂源以山地为主，山峦起伏、沟壑纵横，地势自西北向东南倾斜；西北部鲁山主峰海拔1108.3米，东南沂河谷地海拔180米，中、低山和丘陵面积占99.3%。

沂源县归地级淄博市管辖。截至2020年，沂源县下辖2个街道、10个镇。县政府驻历山街道。全县常住人口为51.5万，以汉族为主。少数民族约2000余人，主要是回族。

全县通行沂源方言，无少数民族语言。沂源方言属于冀鲁官话石济片聊泰小片。

大致可分四种口音：县城所在的中心区域为一种；东南片的张家坡和东里镇口音相似；西北片的鲁村镇口音自成一片；东北片的三岔乡又为一片。

当地地方戏曲较为流行的是吕剧。

调查点为山东省淄博市沂源县悦庄镇。

贰 声韵调

一 声母（24个，含零声母）

p	八兵病	pʰ	派片爬	m	麦明泥	f	飞风副蜂肥饭
t	多东毒	tʰ	讨天甜	n	脑南	l	老蓝连路
tθ	资早租字贼坐	tθʰ	刺草寸祠	θ	丝三酸		
tʃ	张竹柱争装纸主	tʃʰ	抽拆茶抄初床车春船城	ʃ	事山双顺手书十	ɭ	儿耳二
tɕ	酒九	tɕʰ	清全轻权	ȵ	年	ɕ	想谢响县
k	高共	kʰ	开	ŋ	熬安	x	好灰活
ø	味问热软月温王云用药						

说明：

1. "耳儿二"音节声母记为卷舌边音ɭ，但卷舌色彩并不是很明显。

2. 古知组、庄组和章组字声母统一记为舌叶音tʃ、tʃʰ、ʃ，但发音较靠前，有舌尖前色彩。

3. 细音前古精组声母的塞擦音在语流中有时发得带有塞音色彩但又不是明确的ȶ、ȶʰ有的则读ts、tsʰ。此统一记为tɕ、tɕʰ。

二 韵母（36个）

ɿ	师丝试十直尺	i	米戏急七一锡	u	苦五猪骨出谷	y	雨橘绿局
ər	二						
a	茶塔法辣八	ia	牙鸭	ua	瓦刮		
ɛ	开排	iɛ	鞋	uɛ	快		
ɔ	宝饱	iɔ	笑桥				

ə	二壳又	iə	写接贴热节	uə	歌坐过盒活托郭国	yə	靴月药壳又学
ei	赔飞北色白			uei	对鬼		
ou	豆走	iou	油六				
ã	南山半	iã	盐年	uã	短官	yã	权
ə̃	深根	iə̃	心新	uə̃	寸滚春横又	yə̃	云
ɑŋ	糖	iɑŋ	响讲	uɑŋ	床王双		
əŋ	灯升争横又	iŋ	硬病星	uŋ	东	yŋ	兄用

说明：

1. a、ia、ua韵母中的主要元音实际音值为ᴀ。

2. ə在拼舌尖后边音声母ɭ时，偏后，偏高；在拼双唇音声母p、pʰ、m时，略带圆唇；在拼舌根音时，舌位偏高偏后，实际音值为ɤ。

3. 逢零声母时，iŋ的实际音值是iəŋ，uŋ的实际音值是uəŋ。

三　声调（3个）

阴平	213	东该灯风通开天春谷百搭节哭拍塔切刻
上声	55	门龙牛油铜皮糖红懂古鬼九统苦讨草买老五有急毒白盒罚
去声	31	动罪近后冻怪半四痛快寸去卖路硬乱洞地饭树六麦叶月

说明：

1. 普通话中一般读阳平的字（古浊声母平声、全浊声母入声）和读上声的字（古清声母和次浊声母上声）在沂源方言中单字调都读55（在轻声前变调中有区别）。考虑到55调与周围区分阳平和上声的方言中的上声调值相同（如新泰上声读55），所以把沂源的55调称为上声，不叫做阳平。

2. 有的上声音节读为略升的45调，在强调和慢读时有的音节读为高平降调553，这里统一归为高平调55。

3. 去声为降调，有的音节起点音高较高可记为41，有的音节起点音高较低可记为31，此统一记为31。

叁　连读变调

表33-1　沂源方言连读变调表

前字	后字				
	阴平 213	上声 55	去声 31	轻声	
				普通轻声	单音节动词重叠
阴平 213	55+213 东风　青天	21+55 东南　冬泳	13+31 街道　生气	①42+23 干净　芝麻 ②21+4 桌子　瞎汉	31+1 听听　穿穿
上声 55	55+213 毛巾　小葱	①55+55 毛桃　骑马 ②213+55 小寒　海洋	①55+31 毛重　学校 ②13+31 炒菜　打仗	①35+5 茶叶　棉花 ②21+4 起来　尾巴	35+3 谈谈　择择 走走　想想
去声 31	31+213 大车　证书	31+55 大红　妇女	31+31 大豆　气象	55+1 豆腐　笑话	31+1 看看　坐坐

说明："去声+轻声"中，前字一般读为幅度较小的升调，实际调值是45。

肆　儿化

沂源方言共有36个韵母，儿化时有些韵母发生合并，共有26个儿化韵。儿化音变主要对韵尾和主要元音产生影响，与普通话的儿化韵类似。有的儿化音变会引起增加闪音ɾ、声母移位等现象。例如：刺儿，tθʰɿ^{31} → tθʰɾer^{31}；事儿，ʃɿ^{31} → ɬə˞^{31}。

表33-2　沂源方言儿化韵表

儿化韵	原韵母	例词	儿化韵	原韵母	例词
ar	a	变戏法儿　找茬儿	ɛr	ɛ	牌儿　布袋儿
iar	ia	桌角儿　光脚丫儿		ã	盘儿　花瓣儿
uar	ua	小褂儿　花儿	iɛr	iɛ	小鞋儿
ər	ə	蛋壳儿　下巴颏儿		iã	埝儿　笔尖儿
iər	iə	爷儿俩　树叶儿	uɛr	uɛ	拐儿　块儿
uər	uə	水果儿　大伙儿		uã	下晚儿　茶馆儿
yər	yə	家雀儿　银角儿	yɛr	yã	考卷儿　眼圈儿

续表

儿化韵	原韵母	例词	儿化韵	原韵母	例词
er	ʅ	瓜子儿　刺儿	ɔr	ɔ	天不早儿
	ei	葱白儿　摸黑儿	iɔr	iɔ	面条儿　开窍儿
	ə̃	本儿　今们⁼儿	our	ou	山沟儿　两口儿
ier	i	小鸡儿　差不离儿	iour	iou	松球儿　小牛儿
	iə̃	今儿　没劲儿	ɑ̃r	ɑŋ	麦芒儿　跳房儿
uer	uei	做嘴儿	iɑ̃r	iɑŋ	撇腔儿　花样儿
	uə̃	轱轮儿　没准儿	uɑ̃r	uɑŋ	庄儿　小筐儿
yer	y	蛐蛐儿　小鱼儿	ə̃r	əŋ	水坑儿
	yə̃	小云儿	iə̃r	iŋ	名儿　光腚儿
ur	u	小猪儿	uə̃r	uŋ	洞儿　种儿

伍　其他主要音变

1.精组山摄开口三等四等字有读端组声母现象，但没有一致的规律，也不稳定。例如：井 $tiŋ^{55}$，借 $tiə^{31}$，节 $tiə^{21}$。其中的t实际音值是齿间的塞音。

2.“子”在子尾词中轻读弱化时有时会读为有舌尖前音色彩的浊擦音声母z。

陆　新老差异

从老男和青男的单字音比较来看，在反映原有方言特征方面两人互有参差。

1.老男字音中，来自古精组（包括洪细音）的少数字读为t声母，而青男读为与一般精组字相同的tθ声母（洪音前）或tɕ声母（细音前）。如：

嘴——老男 $tuei^{213}$　青男 $tθuei^{55}$

接——老男 $tiə^{213}$　青男 $tɕiə^{213}$

截——老男 $tiə^{55}$　青男 $tɕiə^{55}$

老男的这一读音特点与附近有些方言的特点类似，而青男的特点与普通话和大多数方言类似，因此，老男的特点是老派，青男的特点是新派。

2.从一些零星字的读音来看，青男的一些读音更多反映方言特点，而老男的读音更接近普通话，相反的情况也有，但数量不及前者。如：

侧——老男 $tθ^hə^{31}$ 韵类和调类均同普通话　青男 $tθ^hei^{213}$ 韵类和调类均合方言规律，不同于普通话

耕——老男 kəŋ²¹³　青男 tɕiŋ²¹³ 青男读音更为老派

缩——老男 θuə²¹³　青男 ʃuə²¹³ 青男读音更为老派

含——老男 xã⁵⁵　青男 xə̃⁵⁵ 青男读音更为老派

算——老男 ɕyə̃⁵⁵　青男 θuə̃⁵⁵ 老男读音更为老派

第三十四节　博山方音

壹　概况

淄博市博山区位于淄博市中部偏南，鲁中山区北部。南与沂源县接壤，西南接济南市莱芜区，西北与济南市章丘区交界，北部与淄博市淄川区毗邻，东部靠近临朐县。地理坐标介于东经117° 43′ —118° 42′、北纬36° 16′ —36° 31′ 之间，总面积698平方公里。博山区总体地势为南高北低，南、东、西三面中低山环绕，中间低山、丘陵、山涧、河谷排列，北面为丘陵河谷地带。境内山岭起伏，层峦叠嶂，山脉属鲁中山系，西连泰山，向东蜿蜒深入青州市。

博山原为博山县，1945年初置博山市，与博山县分治，此后数度分合；1955年淄博市建立，博山改为淄博市博山区。截至2020年，博山区下辖3个街道、7个镇。区政府驻城东街道。全区常住人口为41万，以汉族为主，其他回满朝鲜等少数民族人口不足千人。

全区通行博山方言，无少数民族语言。博山方言属冀鲁官话石济片聊泰小片，区内方言情况大体一致。

当地无流行的曲艺或地方戏。

调查点为山东省淄博市博山区城东街道。

贰　声韵调

一　声母（24个，含零声母）

p	八兵病	pʰ	派片爬	m	麦明	f	飞风副蜂肥饭
t	多东毒	tʰ	讨天甜	n	脑南	l	老蓝连路热软

ts	资早租字贼坐	tsʰ	刺草寸祠	s	丝三酸		
tʂ	张竹柱争装纸主	tʂʰ	抽拆茶抄初床车春船城	ʂ	事山双顺手书十	ɭ	儿耳二
tɕ	酒九	tɕʰ	清全轻权	ȵ	年泥	ɕ	想谢响县
k	高共	kʰ	开	ŋ	熬安	x	好灰活
Ø	味问月温王云用药						

说明：

零声母逢合口呼时有不稳定的齿唇浊擦音色彩，u的实际音值为 ʋ，音位归纳为零声母。如“味问温王”等字。

二 韵母（36个）

ɿ	丝	i	米戏急七一锡	u	苦五猪骨出谷	y	雨橘绿局
ʅ	师试十直尺						
ɑ	茶塔法辣八	iɑ	牙鸭	uɑ	瓦刮		
ɛ	开排	iɛ	鞋	uɛ	快		
ɔ	宝饱	iɔ	笑桥				
ə	二热	iə	写接贴节	uə	歌坐过盒活托郭国又，姓	yə	靴月药壳学
ei	赔飞北色白			uei	对鬼国又		
əu	豆走	iəu	油六				
ã	南山半	iã	盐年	uã	短官	yã	权
ẽ	深根	iẽ	心新	uẽ	寸滚春横又	yẽ	云
ɑŋ	糖	iɑŋ	响讲	uɑŋ	床王双		
əŋ	灯升争横又	iŋ	硬病星	uŋ	东	yŋ	兄用

说明：

1. ɑ、iɑ、uɑ韵母中的ɑ舌位很靠后，有点儿圆唇，实际音值为 ɒ。

2. 单元音韵母ə拼唇音声母时有圆唇色彩；拼舌根声母时实际音值是ɤ；拼ɭ时实际音值是ɘ。

3. ã、iã、uã、yã中的 ã实际音值是ᴀ元音的鼻化，而且鼻音比较弱。

4. ɑŋ、iɑŋ、uɑŋ的鼻辅音尾比较弱。

三　声调（3个）

阴平　213　东该灯风通开天春谷百搭节急哭拍塔切刻

上声　55　门龙牛油铜皮糖红懂古鬼九统苦讨草买老五有毒白盒罚

去声　31　动罪近后冻怪半四痛快寸去卖路硬乱洞地饭树六麦叶月

说明：

1.阴平213，以升为主，起始的降段较短。

2.上声有两种来源，一种来自古浊平声和全浊入声字，一种来自古清上和次浊上声字，其单字调两者混同都读55。因为周围区分阳平和上声的方言中上声是55调（如济南），所以本书把博山的55调称为上声。在语流中（包括做后字的时候），来自古浊平和全浊入的字可读为53，而来自古上声的字没有这种读法。此统一记作55。

叁　连读变调

表34-1　博山方言连读变调表

<table>
<tr><th rowspan="3">前字</th><th colspan="5">后字</th></tr>
<tr><th rowspan="2">阴平213</th><th rowspan="2">上声55</th><th rowspan="2">去声31</th><th colspan="2">轻声</th></tr>
<tr><th>普通轻声</th><th>单音节
动词重叠</th></tr>
<tr><td>阴平
213</td><td>55+213
东风　中心</td><td>213+55
花茶　花脸</td><td>213+31
冬至　天亮</td><td>①21+23
庄稼　衣裳
②22+3
柏树　鲫鱼</td><td>①55+3
冲冲　穿穿
②55+5
刷刷　歇歇</td></tr>
<tr><td>上声
55</td><td>55+213
洋鸡　养鸡</td><td>①53+55
文明　友好
②213+55
眼皮　纸钱</td><td>55+31
主任　有利</td><td>①35+4
棉花　黄瓜
②213+5
买卖　耳朵</td><td>55+3
尝尝　想想
嚼嚼　砸砸</td></tr>
<tr><td>去声
31</td><td>31+213
上班　路灯</td><td>31+55
大雨　妇女</td><td>31+31
大豆　外地</td><td>55+2
笑话　豆腐</td><td>31+1
算算　看看</td></tr>
</table>

说明：

1.阴平在轻声前有两种变调，与其古调类来源有关：古清声母平声字在轻声前读低降调21，古清声母入声字在轻声前读开头略有抬升的平调22。

2.博山单字调阳平与上声合，但在两字连调时，在上声+上声和上声+轻声的组合中阳平来源不同的字发生不同的变调。其中，古上声来源的字在轻声前读的213调（类型②），实际上低降的部分很微弱，以低升为主。

3.轻声音节在不同的调类后面有不同的音高。记音材料中统一记作0。

肆 儿化

博山方言没有卷舌型儿化，与其他方言儿化作用相同的是变韵形式。发生变韵的只有10个韵母，共形成7个变韵形式。

表34-2 博山方言儿化变韵表

变韵	原韵母	例词
ɛ	ã	小山儿
iɛ	iã	晴天儿
uɛ	uã	当官儿
yɛ	yã	小院儿
ei	ẽ	一本儿
	ɿ	字儿
	ʅ	小事儿
iei	i	小鸡儿
	iẽ	劲儿
uei	uẽ	棍儿

词汇和语法例句的汉字记录中用词根+“儿”表示变韵。如“玩儿”uã→uɛ，“事儿”ʂʅ→ʂei。

伍 其他主要音变

博山方言中的助词“了1”“的”（地、得）和词缀“-子”等存在着较为普遍的弱化现象，一般读作一个含混的ə^{0}。如：

了1：吃了饭嗹 tʂʰʅ^{21}ə^{0}fã^{55}liã^{0}

得：我算得忒快嗹 uə^{55}suã^{31}ə^{0}tʰuei^{213}kʰuɛ^{55}liã^{0}

-子：桌子 tʂuə^{213}ə^{0}，凳子 təŋ^{55}ə^{0}

有时甚至脱落，但前字音节稍有延长，并且声调读为轻声前变调，所以仍能感觉出其后有个成分。在虚语素脱落后，为了表示前一音节稍长与普通音节不同并且也便于阅读和比较，词汇和语法例句中用方括号“[ ]”标出脱落的成分。例如：

我洗[了]澡嗹 uə^{55}ɕi^{213}tsɔ^{213}liə^{0}

陆　新老差异

博山方言中的新老差异主要表现为新派受普通话影响较多，部分字的声类、韵类和调类改按普通话来读。其中青男的音类往往更接近于普通话。如：

测——老男：$tʂ^hei^{213}$老／$ts^hə^{213}$新，声韵母都有变化，但调类未变　青男：$ts^hə^{31}$声韵调都有变化

缩——老男：$ʂuə^{55}$老／$suə^{55}$新，声母有变化，但调类未变　青男：$suə^{213}$声母和调类有变化

松——老男：$ɕyŋ^{213}$　青男：$suŋ^{213}$

博山方言与普通话的声类差异主要在于古庄组字博山统一读tʂ组声母，而普通话部分字读ts组声母；韵类差异主要在于部分入声字的读音及部分通摄精组字的洪细差异；调类差异主要在于古清声母入声字博山一般读阴平而普通话分归四声。新老差异也主要表现在这些地方。其他个别字音差异如“蛇”老派读$ʂɑ^{55}$（文读，口语称“长虫”），新派一般读$ʂə^{55}$。

第三十五节　张店方音

壹　概况

淄博市张店区为淄博市政府所在地，位于淄博市中部偏北，东与临淄区相接，西与周村区毗连，南与淄川区接壤，北与桓台县为邻。地理坐标介于东经117° 55′—118° 12′、北纬36° 04′—36° 54′之间，总面积224.84平方公里（含淄博经开区）。张店区地势由南向北逐渐变缓，东南和东北为连绵起伏的低山丘陵、西北和北部为广阔坦荡的平原；全区主要有丘陵、冲积湖积平原两个地貌类型。

截至2020年，张店区辖8个街道、5个镇。区政府驻截至2020年，张店区人口为79.58万，以汉族为主；少数民族人数较少，主要是回族。

全区通行张店方言，无少数民族语言。《中国语言地图集》（第二版）将淄博市各区方言整体归入石济片聊泰小片，实际上张店区（以及周村区和临淄区）与其北的桓台县、邹平市、其西的济南市章丘区方言特点更为接近，尤其是张店和周村方言中古清声母入声字今独立为一个调类，与桓台、邹平、章丘一致，所以应以改属沧惠片章桓小片为宜。本区方言南北差异大，东西差异小。张店以东中埠镇有临淄口音，张店东北卫固镇有桓台口音，胶济铁路以南原属淄川，是淄川口音，与张店口音差别较大。

马尚与老城区在一些用词上有区别，如“过来”马尚是“kuə³¹lɛ⁰”，城区是“kə³¹lɛ⁰”。

当地流行的地方戏是周姑子，最早流行于周村，现称五音戏，有五音戏剧团。马尚西寨村（姚家寨子）还有笛梆子。

调查点为山东省淄博市张店区马尚镇西北村。

贰 声韵调

一 声母（25个，含零声母）

p	八兵病	pʰ	派片爬	m	麦明	f	飞风副蜂肥饭
t	多东毒	tʰ	讨天甜	n	脑南	l	老蓝连路
ts	资早租字贼坐	tsʰ	刺草寸祠	s	丝三酸		
tʂ	张竹柱争装纸主	tʂʰ	抽拆茶抄初床车春船城	ʂ	事山双顺手书十	ʐ	热
						ɭ	儿耳二
tɕ	酒九	tɕʰ	清全轻权	ȵ	年泥	ɕ	想谢响县
k	高共	kʰ	开	ŋ	熬安	x	好灰活
ø	味问月温王云用药						

说明：

1. 合口呼零声母音节前有的有明显唇齿音v，有的读为零声母，有时可自成音节v（如“屋”）。此统一记为零声母。

2. 舌尖后边音ɭ仅见于“儿耳二”音节。

3. 齐齿呼的零声母音节开始有明显摩擦色彩。

二 韵母（36个）

ɿ	丝	i	米戏急七一锡	u	苦五猪骨出谷	y	雨橘绿局
ʅ	师试十直尺						
ɑ	茶塔法辣八	iɑ	牙鸭	uɑ	瓦刮		
ɛ	开排	iɛ	鞋	uɛ	快		
ɔ	宝饱	iɔ	笑桥药				
ə	二热壳	iə	写接贴节	uə	歌坐过盒活托郭国ɣ	yə	靴月学

ei	赔飞北色白			uei	对鬼国又，姓		
ou	豆走	iou	油六				
ã	南山半	iã	盐年	uã	短官	yã	权
ə̃	深根	iə̃	心新	uə̃	寸滚春	yə̃	云
ɑŋ	糖	iɑŋ	响讲	uɑŋ	床王双		
əŋ	灯升争横	iŋ	硬病星	uŋ	东	yŋ	兄用

说明：

1.韵母ɑ、iɑ、uɑ中的ɑ发音时略带圆唇。

2.单韵母ə在舌尖后边音ɭ声母后发音部位偏后、偏高，实际音值是略后的ɘ。

3. ɑŋ、iɑŋ、uɑŋ的韵尾ŋ较弱，元音ɑ略鼻化。

三　声调（4个）

阴平	213	东该灯风通开天春
上声	55	懂古鬼九统苦讨草买老五有门龙牛油铜皮糖红毒白盒罚
去声	31	冻怪半四痛快寸去卖路硬乱洞地饭树动罪近后六麦叶月
入声	33	谷百搭节急哭拍塔切刻

说明：

1.单字调中来自古浊平、全浊入的字和来自古上声的字总体上说是混而不分的，此命名为上声。实际调值有时略升，为45；也有些来自浊平和全浊入的字读高降53或54，此统一记为55。

2.去声有时起点调值较高，可记为41，归纳调位时，调值记为31。

叁　连读变调

表35-1　张店方言连读变调表

前字	后字					
	阴平 213	上声 55	去声 31	入声 33	轻声	
					普通轻声	单音节动词重叠
阴平 213	213+213 东风　中心	213+55 东南　冬泳	213+31 冬至　荒地	213+33 东北　钢铁	21+23 庄稼　玻璃	35+3 穿穿　搬搬

续表

前字	后字					
	阴平 213	上声 55	去声 31	入声 33	轻声	
					普通轻声	单音节 动词重叠
上声 55	55+213 洋鸡　小葱	①55+55 骑马　起码 ②213+55 小寒　海洋	55+31 毛重　主任	55+33 洋铁　养蝎	①35+2 娘家　棉花 ②213+4 李家　买卖	55+3 谈谈　缝缝 走走　想想
去声 31	31+213 大车　证书	31+55 大红　妇女	31+31 大豆　气象	31+33 过节	55+1 豆腐　笑话	31+1 看看　坐坐
入声 33	33+213 铁窗	33+55 铁门	33+31 铁路	33+33 节约	33+3 竹子　瞎子	33+3 说说　歇歇

说明：

阴平+轻声组合，前字变为低降调，后字变为一个低升调，实际调值为“21+23”，轻声音节有明显的调型变化。

肆　儿化

张店方言没有卷舌型儿化，与其他方言儿化作用相同的是变韵形式。发生变韵的只有10个韵母，共形成7个变韵形式。

表35-2　张店方言儿化变韵表

变韵	原韵母	例词
ɛ	ã	做伴儿
iɛ	iã	一边儿
uɛ	uã	拐弯儿
yɛ	yã	圆圈儿
ei	ẽ	一根儿
	ɿ	刺儿
	ʅ	汁儿
iei	i	小鸡儿
	iẽ	劲儿
uei	uẽ	小轮儿

词汇和语法例句的汉字记录中用词根+“儿”表示变韵。如“玩儿”uã→uɛ，“事儿”ʂʅ→ʂei。

伍　其他主要音变

子尾词的“子”在轻读时通常会弱化为舌尖前浊擦音z，或零声母的ɿ或ə（有时候开口度大，实际读作ɐ），材料中统一记为零声母的ɿ。

陆　新老差异

张店方言新老差异很小，主要是老派与普通话音类不同的字新派读得与普通话音类相同或增加了与普通话音类相同的又读。如：

缩——老男ʂuə^{33}　青男suə^{33}声类与普通话同

左——老男tsuə^{31}　青男tsuə^{55}调类与普通话同

择——老男tʂei^{55}　青男tsei^{55}老tsə^{55}新，声类韵类与普通话同

足——老男tɕy^{33}　青男tɕy^{33}老tsu^{33}新

第三十六节　阳谷方音

壹　概况

阳谷县位于山东省西部，南部与河南省的台前县、范县接壤，西邻莘县，北接聊城市东昌府区，东临东阿县，东南部隔黄河与东平县相望。地理坐标为东经115° 39′ —116° 06′，北纬35° 55′ —36° 19′，全县总面积1065平方公里。阳谷县地处鲁西平原，地势由西南向东北缓倾。

阳谷县归地级聊城市管辖。截至2020年，阳谷县辖3个街道、14个镇、1个乡。县政府驻侨润街道。全县常住人口为70万人，少数民族人口约3000人，主要是回族。

全县通行阳谷方言，无少数民族语言。阳谷方言属中原官话兖菏片。内部可分三片：（1）城区片，包括县城、石佛、大布、西湖、四棚、高王庙、李台、金斗营八个乡及寿张乡的西半部。（2）小运河片，包括七级、阿城、张秋、安镇、范海、阎楼、石门宋、十五里元八个乡及郭屯乡、寿张乡的东半部。（3）徒骇河片，包括定水镇乡的全部和郭屯乡的西半部。

当地没有用方言说唱的曲艺或地方戏。

调查点为山东省聊城市阳谷县博济桥街道。

贰　声韵调

一　声母（21个，含零声母）

p	八兵病	p^h	派片爬	m	麦明	f	飞风副蜂肥饭双白书白
t	多东毒	t^h	讨天甜	n	脑南	l	老蓝连路
ts	资早租字贼坐张竹柱争装纸主	ts^h	刺草寸全祠抽拆茶抄初床车春船城权	s	丝三酸事山双文顺手书文十	z	热软文
tɕ	酒九	$tɕ^h$	清轻	ȵ	年泥	ɕ	想谢响县
k	高共	k^h	开	ɣ	熬安	x	好灰活
∅	味问软白月温王云用药						

说明：

1. f与i相拼时，除上齿与下唇有接触外，上唇与下唇也有轻微摩擦。

2. l与a相拼时，实际读音为ɭ。

二　韵母（36个）

ɿ	丝师试十直尺	i	米戏飞急七一锡	u	苦五猪骨出谷	y	雨橘绿局
ər	二						
a	茶塔法辣八	ia	牙鸭	ua	瓦刮		
ɛ	开排	iɛ	鞋	uɛ	快		
ɔ	宝饱	iɔ	笑桥				
ə	歌盒热壳色文	iə	写接贴节	uo	坐过活托郭国	yo	靴月药学
ei	赔北色白白			uei	对鬼		
ou	豆走	iou	油六				
ã	南山半	iã	盐年	uã	短官权	yã	软
ẽ	深根	iẽ	心新	uẽ	寸滚春	yẽ	云
ɑŋ	糖双白	iɑŋ	响讲	uɑŋ	床王双文		
əŋ	灯升争	iŋ	硬病星	uŋ	横东	yŋ	兄用

说明：

1.韵母ə与唇音声母相拼时有一个不太明显舌位略低的u。

2. ər（“二儿耳”）韵母中的ə舌位很高，实际发音接近于舌尖后高元音ʅ而略低。

3.韵母iə中的ə实际舌位偏前。

4.韵母yo中的y唇不太圆，更接近于i，后部有圆唇动作，并紧接着发出o。

5.韵母ɑŋ、iɑŋ、uɑŋ鼻韵尾较弱，同时主元音有较弱的鼻化。

三　声调（4个）

阴平　213　东该灯风通开天春谷百搭节急哭拍塔切刻麦叶

阳平　42　门龙牛油铜皮糖红讨又毒白盒罚

上声　55　懂古鬼九统苦讨又草买老五有

去声　313　动罪近后冻怪半四痛快寸去卖路硬乱洞地饭树六月

说明：

1.阴平213以升为主，前头略有低降，起点略低，不到2。

2.去声313的降和升都比较明显，起点略低，不到3。

叁　连读变调

表36-1　阳谷方言连读变调表

前字	后字					
	阴平213	阳平42	上声55	去声313	轻声	
					普通轻声	单音节动词重叠
阴平213	13+213 东风　青天	13+42 东南　天平	13+55 冬泳　天理	13+313 冬至　天亮	①31+4 庄稼　刀子 ②13+21 姑姑　菠菜	13+21 帮帮　翻翻
阳平42	42+213 毛巾　晴天	①42+42 毛桃　填平 ②55+42 蝴蝶儿	42+55 毛纺　图纸	42+313 年货　狐臭	②55+31 油菜　爷爷 ②42+2 葵花　长虫	42+2 尝尝　玩玩
上声55	55+213 小葱　板车	55+42 小寒　海洋	①55+55 海水　彩礼 ②42+55 打短儿	55+313 海报　有利	①13+21 李家　姐姐 ②55+31 小气　板凳	42+2 醒醒　想想

续表

前字	后字					
	阴平213	阳平42	上声55	去声313	轻声	
					普通轻声	单音节动词重叠
去声313	31+213 大车 证书	31+42 上门 透明	31+55 大雨 动手	13+313 外地 种菜	①42+2 豆腐 辫子 ②31+4 算盘 袜子	31+4 烫烫 问问

肆 儿化

阳谷方言中除了卷舌韵母ər外，其他36个韵母都可以儿化。儿化后形成28个儿化韵。

表36-2 阳谷方言儿化韵表

儿化韵	原韵母	例词	儿化韵	原韵母	例词
ar	a	刀把儿 打杂儿	uər	uə	错儿 干活儿
iar	ia	俩儿 豆芽儿		uŋ	窟窿儿 胡同儿
uar	ua	牙刷儿 小褂儿	yər	yə	旦角儿 小雀儿
	uaŋ	姜庄儿 小床儿	ɤr	ei	宝贝儿 辈儿
ɐr	ɛ	牌儿 带儿		ẽ	赔本儿 没门儿
	ã	盘儿 摊儿		ɿ	鸡子儿 豆汁儿
iɐr	iɛ	小鞋儿 台阶儿	iɤr	i	针鼻儿 皮儿
	iã	边儿 药面儿		iẽ	使劲儿 今儿
uɐr	uɛ	块儿 乖儿	uɤr	uei	一对儿 跑腿儿
	uã	罐儿 遛弯儿		uẽ	冰棍儿 车轮儿
yɐr	yã	花卷儿 圈儿	yɤr	yẽ	小军儿 合群儿
ər	ə	老婆儿 山坡儿	ur	u	牛犊儿 找主儿
	əŋ	缝儿 双生儿	ɔr	ɔ	应个卯儿 刀儿
iər	iə	蝶儿 小聂儿	iɔr	iɔ	苗儿 小桥儿
	iŋ	明儿里 打鸣儿	our	ou	小豆儿 老头儿

续表

儿化韵	原韵母	例词	儿化韵	原韵母	例词
iour	iou	袖儿　球儿	iə̃r	iŋ	名儿　小命儿
ɑ̃r	ɑŋ	鞋帮儿　帮忙儿	uə̃r	uŋ	老翁儿　小瓮儿
iɑ̃r	iɑŋ	撇腔儿　样儿	ũr	uŋ	小东儿　小洞儿
uɑ̃r	uɑŋ	小床儿　小筐儿	ỹr	yŋ	小熊儿　蚕蛹儿
ə̃r	əŋ	门缝儿　坑儿			

说明：

1.声母ts、tsʰ、s的字儿化后，声母有时读为tʂ、tʂʰ、ʂ，如“画册儿”（连环画）xua^{31}tʂʰər^{213}。

2.有些字儿化时，声母会增加闪音ɾ，如：赔本儿、针鼻儿、一对儿、小豆儿。

3.韵母əŋ个别时候儿化后韵母变为ar，如：田埂儿kar。

4.韵母ɑŋ个别时候儿化后韵母变为ər，如：地方儿fər。

5.韵母i个别时候儿化后韵母变为iɭ，如：末尾儿iɭ。

伍　新老差异

阳谷方言中的新老差异主要表现在以下几个方面：

1.普通话读ʂ声母拼合口呼的字，老派读为f声母拼开口呼；新派读为s声母拼合口呼。如：

鼠——老男fu^{55}白su^{55}文　青男su^{55}

双——老男fɑŋ^{213}白suɑŋ^{213}文　青男suɑŋ^{213}

2.普通话读tɕ、tɕʰ、ɕ声母拼撮口呼（y韵母除外）的字，老派读为ts、tsʰ、s拼合口呼；新派均读同普通话。如：

绝——老男tsuo^{42}　青男tɕyə^{42}

决——老男tsuo^{213}　青男tɕyə^{42}声调亦由阴平改为同普通话的阳平

全——老男tsʰuã^{42}　青男tɕʰyã^{42}

权——老男tsʰuã^{55}　青男tɕʰyã^{55}

雪——老男suo^{213}　青男ɕyə^{213}

学——老男suo^{42}　青男ɕyə^{42}

其他还有一些方言音类与普通话音类的不同的字，新派读得更接近于普通话的音类。此不细述。

第三十七节　梁山方音

壹　概况

梁山县位于山东省西南部，西北与河南省台前县隔黄河相望，东邻汶上县，西接郓城县，南连嘉祥县，北接东平县。地理坐标为东经115° 51′—116° 21′，北纬35° 36′—35° 58′，辖区总面积965平方公里。梁山县地处华北平原，地势西南高，东北低。

梁山县归地级济宁市管辖。截至2020年，梁山县下辖2个街道、10个镇、2个乡。县政府驻梁山街道。全县常住人口73万人；少数民族人口较少。

全县通行梁山方言，无少数民族语言。梁山方言属于中原官话兖菏片，内部地域差异较小。

当地流行的曲艺形式主要有琴书和莲花落。

调查点为山东省济宁市梁山县梁山街道。

贰　声韵调

一　声母（21个，含零声母）

p	八兵病	pʰ	派片爬	m	麦明	f	飞新风副蜂肥新饭双老顺老书老
t	多东毒	tʰ	讨天甜	n	脑南	l	老蓝连路
ts	资早租字贼坐张竹柱争装纸主	tsʰ	刺草寸祠抽拆茶抄初床车春船城	s	丝三酸新事山双新顺新手书新十	z	热软
tɕ	酒九	tɕʰ	清全轻权	ȵ	年泥	ɕ	飞老肥老酸老想谢响县
k	高共	kʰ	开	x	好灰活	ɣ	熬安
ø	味问月温王云用药						

说明：

1. 由于受普通话影响，普通话读tʂ组声母的字老年发音人有不规则地向tʂ组靠拢的现象。材料中仍都记为ts组声母。

2.“书、数、树、叔”等字，老派读为f声母，新派读为s声母。老男发音时多读为新派。

二　韵母(36个，含自成音节的ɭ)

ɿ	师丝试十直尺	i	米戏飞白急七一锡	u	苦五猪骨出谷	y	雨飞白橘绿局
a	茶塔法辣八	ia	牙鸭	ua	瓦刮		
ɛ	开排			uɛ	快		
ɔ	宝饱	iɔ	笑桥药老				
ə	歌盒热壳色文	iə	写鞋接贴节	uə	坐新过活托郭国新	yə	靴坐老月药新学
ei	赔飞文北色白白			uei	对鬼国老罪新碎新	yei	罪老碎老
ou	豆走	iou	油六				
ã	南山半	iã	盐年	uã	短官	yã	权
ẽ	深根	iẽ	心新	uẽ	寸滚春	yẽ	云
ɑŋ	糖双老	iɑŋ	响讲	uɑŋ	床王双新		
əŋ	灯升争横	iŋ	硬病星	uŋ	东翁	yŋ	兄用
ɭ	二						

说明：

1. ɛ、uɛ中的ɛ，是一个动程很小的复合音，实际音值为ɛe。

2.“二耳儿”等字，一般发为独成音节的舌尖后边音ɭ，有时结尾时舌尖略略离开硬腭。此处将独成音节的ɭ置于韵母表中，作为零声母处理。

3. iə中的ə，发音时舌位稍前稍低，音值近于ɛ。

4. uə、yə中的ə，发音时舌位稍后稍低，音值近于ʌ。

5. ɔ、iɔ的ɔ，是一个动程很小的复合音，实际音值近于ɒɔ。

6. ou、iou动程较短，u音不到位，近于o、io。

7. a、ia、ua的a，实际音值是ᴀ。

8. ã、iã、uã的a，实际音值是æ。

9. uŋ中的u，实际音值近于o。逢零声母时不变，只有“拥”字读uŋ时实际音值是uoŋ。

三　声调（4个）

阴平　213　东该灯风通开天春谷百搭节哭拍塔切刻麦

阳平　42　门龙牛油铜皮糖红讨急毒白盒罚

上声　55　懂古鬼九统苦草买老五有

去声　314　冻怪半四痛快寸去卖路硬乱洞地饭树动罪近后六叶月

说明：

1.阴平调是低降升调，起始音值为2，中间有稍微的下降，但下降的实际音值有限，接近1，但达不到1，结束时达到3，记为213。

2.阳平调是高降调，起始音值为4，有时可达到5，结束音值为2，记为42。

3.上声调是高平调，起始音值为5，水平运行，有时结束时稍有降落，记为55。

4.去声调是中降升调，起始音值为3，中间降不到1，然后上升接近4，有时会有不太明显的中塞调（嘎裂声），记为314。

叁　连读变调

表37-1　梁山方言连读变调表

前字	后字					
	阴平 213	阳平 42	上声 55	去声 314	轻声	
					普通轻声	单音节 动词重叠
阴平 213	23+213 东风　中心	213+42 东南　低头	23+55 花脸　天理	23+314 天亮　公共	21+5 芝麻　衣裳 木头　叶子	23+2 听听　穿穿
阳平 42	42+213 毛巾　晴天	42+42 文明　值钱	42+55 骑马　财礼	42+314 牌位　银杏	①55+3 娘家　棉花 ②42+3 邻居　咳嗽	42+2 谈谈　缝缝
上声 55	55+213 火车　小葱	①23+42 老人　暖瓶 ②55+42 打鸣儿　炒瓢	42+55 左手　彩礼	55+314 米饭　有利	①23+3 牡丹　韭菜 ②55+3 保佑　长相	42+2 洗洗　等等

续表

前字	后字					
	阴平 213	阳平 42	上声 55	去声 314	轻声	
					普通轻声	单音节动词重叠
去声 314	31+213 大车 地瓜	31+42 树皮 上门	31+55 动手 大雨	①31+314 做饭 旱地 ②34+314 木炭 蜡烛	42+3 辫子 簸箕	31+4 看看 抱抱

说明：

1.轻声前的第一种变调形式是主流。一般情况下，每个词只采用单一的变调方式，不可两种变调方式兼具。

2.两个阳平相连，前字收尾比2略高，实为43，按不变处理。

3.“上声+上声”有两类变调：①42+55；②后字儿化时不变，为“55+55”，如“洗澡儿”。

4.去声做后字时经常读为低降调31。

肆 儿化

梁山方言的儿化以卷舌为主要特征，共有26个儿化韵母。

表37-2 梁山方言儿化韵表

儿化韵	原韵母	例词	儿化韵	原韵母	例词
ar	a	刀把儿 打杂儿	iɛr	iə	树叶儿 歇歇儿
iar	ia	豆芽儿 小虾儿		iã	雨点儿 笔尖儿
uar	ua	小褂儿 开花儿	uɛr	uɛ	碗筷儿 鬼怪儿
ər	ə	小磨儿 山坡儿		uã	当官儿 拐弯儿
uər	uə	鸟窝儿 干活儿	yɛr	yã	考卷儿 眼圈儿
yər	yə	墙角儿 小脚儿	er	ʅ	瓜子儿 找事儿
ɛr	ɛ	挂牌儿 小孩儿		ei	小麦儿 摸黑儿
	ã	小胆儿 下班儿		ẽ	画本儿 出门儿

续表

儿化韵	原韵母	例词	儿化韵	原韵母	例词
ier	i	粉皮儿　小米儿	iɔr	iɔ	面条儿　小鸟儿
	iẽ	手印儿　没劲儿	our	ou	小偷儿　两口儿
ur	u	枣核儿　小猪儿（老）	iour	iou	加油儿　小牛儿
uer	uei	一会儿　墨水儿	ɑ̃r	ɑŋ	鞋帮儿　药方儿
	uẽ	轱轮儿　冰棍儿	iɑ̃r	iɑŋ	吃香儿　瓜秧儿
	u	小树儿　小猪儿（新）	uɑ̃r	uɑŋ	小床儿　小筐儿
	y	毛驴儿	ə̃r	əŋ	跳绳儿　外甥儿
yer	y	小徐儿　小鱼儿	iə̃r	iŋ	起名儿　山顶儿
	yẽ	成群儿　小军儿	uə̃r	uŋ	没空儿　害虫儿
ɔr	ɔ	小刀儿　羊羔儿	yə̃r	yŋ	小熊儿　棉绒儿

说明：

1. 儿化后有些韵母增加闪音，如“地儿”读为tˤər，“泥儿”读为ȵˤər。

2. u儿化为uer，是老派另一种儿化方式的存留，且这种形式的儿化词越来越少；新派基本不用这种儿化形式。

3. “得意儿（舒服）”tə^{23}lˤər^{314}、“不得意儿（难受）”pu^{21}tə^{23}lˤər^{314}中的“意”受到前字“得”影响，零声母音变为l且有闪音色彩。

4. 与普通话相比，单字音中没有tʂ组音，普通话中该组声母的字，方言中都归读ts组，但这部分字在儿化时经常读tʂ组音，如“侄儿”“（外）甥儿”“事儿”。这种情况下按实际音值tʂ组记录。

伍　新老差异

梁山方言的新老差异主要表现在，老派与枣庄一带特点相仿，普通话读ts组声母拼合口呼的字方言读成tɕ组，韵母读撮口呼；新派这些字的读法则同于普通话和山东多数方言，读为ts组，拼合口呼。如：

坐——老男tɕyə^{314}老tsuə^{314}新　青男tsuə^{314}

错——老男tɕʰyə^{314}老tsʰuə^{314}新　青男tsʰuə^{314}

岁——老男ɕyei^{314}老suei^{314}新　青男suei^{314}

梁山老派方言还有一个特点是，普通话读fei的字读成ɕy（另外还有fi的读法）。新派则只读fei或又有fi的又读，一般不再说ɕy了。如：

飞——老男ɕy^{213}老fi^{213}白fei^{213}文　青男fi^{213}白fei^{213}文

肥——老男 ɕy^{42} 老 fi^{42} 白 fei^{42} 文　青男 fei^{42}

普通话读tʂ组的字梁山一般读成ts组，不过受普通话影响，新派方言中有不少字已经读成了tʂ组声母。此外，老派方言中读“准春唇”等字为tɕ组声母（韵母为撮口呼），新派读为ts组（韵母为合口呼）。如：

准——老男 tɕyẽ^{55} 老 tsuẽ^{55} 新　青男 tsuẽ^{55}

春——老男 $\text{tɕ}^{h}\text{yẽ}^{213}$ 老 $\text{ts}^{h}\text{uẽ}^{213}$ 新　青男 $\text{ts}^{h}\text{uẽ}^{213}$

第三十八节　菏泽（牡丹）方音

壹　概况

菏泽市位于山东省西南部，中心城区为牡丹区，即原县级菏泽市。牡丹区北靠鄄城县，东接郓城县和巨野县，南邻菏泽市定陶区和曹县，西与东明县相连，西北与河南省濮阳市隔河相望。地理坐标为东经115° 10′ —115° 47′，北纬35° 02′ —35° 29′。总面积1041平方公里。牡丹区地处华北平原，地势平坦，西高东低。

原县级菏泽市为菏泽地区政府驻地。2000年设地级菏泽市后，原县级菏泽市的行政区域改称牡丹区。截至2020年，牡丹区下辖7个街道、11个镇。区政府现驻西城街道。全区常住人口为109.87万人；少数民族人数很少，有回族、蒙古族等。

牡丹区通行菏泽方言，无少数民族语言。菏泽方言属中原官话兖菏片。本区西南部一些地方接近东明县口音，古知庄章组字二分，庄组和知组二等、部分章组字读ts、tsʰ、s，知组三等和章组大部分字读tɕ、tɕʰ、ɕ。老城区东面和南面部分村子除了部分古知庄章组字二分与东明方言相同之外，古深臻摄阳声韵部分字还读成ŋ韵尾与古曾梗摄阳声韵混同，如“盆”＝“朋”，“真”＝“蒸”。

牡丹区有“曲山书海”之称，是山东琴书、山东快书的发祥地。20世纪50年代至80年代是牡丹区曲艺的鼎盛时期，牡丹区流行的代表曲种有山东琴书、山东快书、河南坠子、山东大鼓、山东落子、花鼓、竹板书、大鼓书、评词、弦子鼓、三弦铰子书、道情、莺歌柳书等。今已较少有人说唱。

调查点为山东省菏泽市牡丹区东城街道。

贰 声韵调

一 声母（21个，含零声母）

p	八兵病	p^h	派片爬	m	麦明	f	飞风副蜂肥饭
t	多东毒	t^h	讨天甜	n	脑南	l	老蓝连路
ts	资早租字贼坐张竹柱争庄纸主	ts^h	刺草寸祠抽拆茶抄初床车春船城	s	丝三酸事山顺手十	z	热软
tɕ	酒九	$tɕ^h$	清全轻权	ȵ	年泥	ɕ	想谢响县
k	高共	k^h	开	x	好灰活	ɣ	熬安
∅	味问月温王云用药						

说明：

1. n和ȵ为互补关系：n只拼开口呼、合口呼，ȵ只拼齐齿呼、撮口呼。

2. z发音时摩擦较弱。

3. tɕ、$tɕ^h$、ɕ声母在拼撮口呼时，有时发音接近于舌叶音tʃ、$tʃ^h$、ʃ。

4. 零声母拼合口呼时齿唇无摩擦；拼齐齿呼和撮口呼时略有摩擦，不过不太明显。

二 韵母（35个，含自成音节的ɭ）

ʅ	师丝试十直尺	i	米戏飞急七一锡	u	苦五猪骨出谷	y	雨橘绿局
a	茶塔法辣八	ia	牙鸭	ua	瓦刮		
ɛ	开排	iɛ	写鞋接贴节	uɛ	快		
ɔ	宝饱	iɔ	笑桥				
ə	歌盒热壳			uə	坐过活托郭国	yə	靴月药学
ei	赔北色白			uei	对鬼		
ou	豆走	iou	油六				
ã	南山半	iã	盐年	uã	短官	yã	权
ẽ	深根	iẽ	心新	uẽ	寸滚春	yẽ	云
ɑŋ	糖双	iɑŋ	响讲	uɑŋ	床王		
əŋ	灯升争	iŋ	硬病星	uŋ	横东	yŋ	兄用

ɭ 二

说明：

1. a、ia、ua中的a实际音值为舌位略后的央ᴀ。

2.“儿耳二”等字读音不稳定，单念时发成自成音节的舌尖后边音ɭ为常见，但有时也在临结束时舌尖离开硬腭，轻轻带出一个央元音ə；有时也发成受普通话影响而形成的卷舌韵母ər。材料中统一记作ɭ，按韵母处理（声母作零声母）。不单立ər韵母、ə韵母和ɭ声母。

3. ə在与唇音声母p、pʰ、m拼合时，唇形略圆。yə中的ə也经常读得唇略圆。

4. iɛ中的ɛ发音时舌位略高，处于ɛ与ᴇ之间；舌位略靠后，但不到ə。

5. uẽ、yẽ的主要元音ẽ发音时舌位略低且靠后。

6. uŋ韵母逢零声母时实际读音为uəŋ。

三 声调（4个）

阴平 213 东该灯风通开天春谷百搭节哭拍塔切刻麦叶月

阳平 53 门龙牛油铜皮糖红急毒白盒罚

上声 44 懂古鬼九统苦讨草买老五有

去声 312 冻怪半四痛快寸去动罪近后卖路硬乱洞地饭树六

说明：

1. 阴平调低降部分不太明显，有些字读成113。

2. 去声绝大部分调值为312，但在个别字中曲折不明显，发音人读成低降调31，此统一记为312。

叁 连读变调

表38-1 菏泽方言连读变调表

前字	后字					
	阴平 213	阳平 53	上声 44	去声 312	轻声	
					普通轻声	单音节动词重叠
阴平 213	213+213 公斤 中央	213+53 公民 中学	213+44 公海 亲手	213+312 公债 亲近	21+55 刀子 村里	21+3 听听 穿穿

续表

前字	后字					
	阴平 213	阳平 53	上声 44	去声 312	轻声	
					普通轻声	单音节 动词重叠
阳平 53	53+213 毛巾　合身	53+53 毛驴　文凭	53+44 毛毯　牛奶	44+312 流动　油画	53+31 炉子　怀里	53+2 谈谈　学学
上声 44	44+213 主编　口腔	44+53 海潮　小寒	53+44 小米　老酒	44+312 改造　土地	①44+31 姐姐　手里 ②53+31 搅着	44+2 走走　想想
去声 312	31+213 下乡　证书	31+53 动摇　太平	31+44 动手　电表	213+312 受气　致敬	①31+33 辫子　后晌 ②31+31 豆腐　妹妹	31+23 抱抱　盖盖

说明：

1. 阴平在轻声前读为21。在其他声调前一般读为13，考虑到其单字调前部的低降也不明显，所以本材料除在轻声前外，阴平均作不变调处理。

2. 阳平在去声前变为上声（44）。

3. 上声在上声前变为阳平（53）。

4. 去声在阴平、阳平和上声的前面时不读单字调312，读为31；在去声前变调为阴平（213）。此外，做后字的去声，在语流中也常常读为31，但有时也读312，本材料统一记作312。

5. 很多轻声音节读得并不短，在不同声调后的调型有变化。上表中加下划线表示轻声的调值。尤其值得注意的是，去声在轻声前只有一种读法（31），但其后的轻声有两种读法，多数是中平调（33），少数是低降调（31），由此形成两种连调模式。

6. 去声+轻声的类型②中，前字有时读为较高的降调42，但31和42两者为发音人自由变读。此统一记作31。

肆　儿化

菏泽牡丹区方言中有儿化，但相对普通话来说儿化词略少。儿化以韵母发生卷舌化为特征。有些韵母直接加卷舌动作，有些韵母元音发生变化后加卷舌动作。共有儿化韵26个。

表38-2 菏泽方言儿化韵表

儿化韵	原韵母	例词	儿化韵	原韵母	例词
ar	a	法儿	yer	yẽ	小军儿 合群儿
iar	ia	头发卡儿	ur	u	画图儿 小组儿
uar	ua	花儿	yr	y	小雨儿 小许儿
ɛr	ɛ	孩儿	ər	ə	小说儿
	ã	地盘儿 小摊儿	uər	uə	小锅儿
iɛr	iɛ	小街儿	yər	yə	小学儿
	iã	面儿 点儿 线儿	ɔr	ɔ	枣儿 梢儿 小高儿
uɛr	uɛ	一块儿	iɔr	iɔ	开窍儿 材料儿
	uã	抱团儿 官儿 船儿	our	ou	头儿 楼儿 小周儿
yɛr	yã	小院儿	iour	iou	加油儿 小刘儿
er	ɿ	字儿 丝儿 枝儿	ãr	aŋ	小张儿 一行儿
	ei	宝贝儿 小字辈儿	iãr	iaŋ	小姜儿 小羊儿
	ẽ	人儿	uãr	uaŋ	网儿
ier	i	皮儿 地儿 下棋儿	ə̃r	əŋ	绳儿 小程儿
	iẽ	信儿 小手巾儿	iə̃r	iŋ	眼镜儿 小性儿
uer	uei	味儿 嘴儿	uə̃r	uŋ	龙儿
	uẽ	打盹儿 村儿 准儿			

说明：

1. ãr实际发音时主要元音比a舌位靠前，接近于A。

2. 有少数词中的儿化由于轻声而有特殊的变化，如"（地）方儿"读为fũr。兹不具列。

3. 普通话中的一些常用儿化词牡丹区方言不读儿化，更多的是在词尾加"子"，如"小葱儿"读为"小葱子"。

伍 其他主要音变

"子"做后缀时一般读为$tə^0$，在鼻化韵母后面有时读为$nə^0$，但有时也读为$tə^0$，有时读为堵塞色彩较重的$nə^0$。

"里"和"的"读轻声时一般读为$lɛ^0$。

陆 新老差异

菏泽（牡丹区）方言中的新老差异，主要表现在新派受普通话影响，有一些与普通话音类（包括声类、韵类、调类）不同的音读成了与普通话相同的音类或近似的音类。其中较为突出的有以下几点：

1.普通话中ʂ声母拼合口呼的字，老派一般读f声母拼开口呼，其中的一部分字新派读s声母拼合口呼或有此类的又读。如：

鼠——老男 fu^{44}　青男 su^{44}

双——老男 $faŋ^{213}$　青男 $faŋ^{213}$ 又 $suaŋ^{213}$ 又

2.普通话开口呼零声母的字，老派读ɣ声母，新派该声母有的读得摩擦很轻，有的则读为零声母。

3.老男的yə韵母（靴月药学），青男读为yɛ或有yɛ的又读。

4.普通话中读tɕ组声母拼撮口呼的部分字（来自古精组声母），老派读ts组声母拼合口呼，新派则读成tɕ组声母拼撮口呼。如：

全——老男 $ts^{h}uã^{53}$　青男 $tɕ^{h}yã^{53}$

雀——老男 $ts^{h}uə^{213}$　青男 $tɕ^{h}yɛ^{312}$ 调类亦由阴平改为同于普通话的去声

下面的例子中，青男把韵母也读成了与普通话iau对应的韵类iɔ：

削——老男 $suə^{213}$　青男 $ɕiɔ^{213}$

第三十九节 曹县方音

壹 概况

曹县位于山东省西南部，南临河南省商丘、民权县，北接菏泽牡丹区和定陶区，东靠单县、成武县，西连东明县和河南省兰考县。地理坐标为东经115° 08′ —115° 53′，北纬34° 33′ —35° 03′。辖区南北长55.6公里，东西宽68.8公里，总面积1969平方公里。曹县地处华北平原，地势自西南向东北倾斜。

曹县归地级菏泽市管辖。截至2020年，曹县下辖5个街道、21个镇、1个省级经济开发区。县政府驻磐石街道。全县常住人口为138.4万人，少数民族有3万余人，以回族为主。

全县通行曹县方言，无少数民族语言。曹县方言属中原官话兖菏片。内部大致可分三片：第一片以旧县城为中心，包括城关以东一些乡镇，如：青堌集，大集、孙老家、侯集、王集、南里集、倪集、邵庄、梁堤头、砖庙镇、古营集；第二片主要包括桃源集、庄寨；第三片包括青岗集、王庄寨、普连集、古营集。各片差异并不太大。

当地流行的曲艺形式有豫剧、河南坠子、四平调、两夹弦等。

调查点为山东省菏泽市曹县磐石街道。

贰　声韵调

一　声母（25个，含零声母）

p	八兵病	p^h	派片爬	m	麦明	f	飞风副蜂肥饭双白顺白书白
t	多东毒	t^h	讨天甜	n	脑南	l	老蓝连路
ts	资早租字贼坐争纸	ts^h	刺草寸祠拆茶抄	s	丝三酸事山	z	染
tʂ	张竹柱装主	$tʂ^h$	抽初床车春船城	ʂ	双文顺文手书文十	ʐ	热软
tɕ	酒九	$tɕ^h$	清全轻权	ȵ	年泥	ɕ	想谢响县
k	高共	k^h	开	x	好灰活	ɣ	熬安
Ø	味问染月温王云用药						

说明：

1. tɕ、$tɕ^h$、ɕ有时发音位置略后，但还不到舌面中音。

2. tʂ、$tʂ^h$、ʂ实际发音位置略前。

3. 普通话读ʐ声母的字有两种读音，一读ʐ，一读z。前者应该是受普通话影响的新兴读音，单字中多读ʐ，而在词汇和语法例句中多读z。本材料根据发音人读音实际记录，并分列两个声母。

4. ɣ声母读得较轻微。

二　韵母（36个）

ɿ	师丝	i	米戏急七一锡	u	苦五猪骨出谷	y	雨橘绿局

ʅ	试十直尺						
ər	二						
a	茶塔法辣八	ia	牙鸭	ua	瓦刮		
ɔ	宝饱	iɔ	笑桥				
ə	歌盒热壳	iə	写鞋接贴节	uə	坐过托郭国	yə	靴月药学
ai	开排	uai	快				
ei	赔飞北色白			uei	对鬼		
ou	豆走	iou	油六				
ã	南山半	iã	盐年	uã	短官	yã	权
ẽ	深根	iẽ	心新	uẽ	寸滚春	yẽ	云
ɑŋ	糖双白	iɑŋ	响讲	uɑŋ	床王双文		
əŋ	灯升争横文	iŋ	硬病星	uŋ	横白东	yŋ	兄用

说明：

1. a、ia、ua中的a实际读音为A。

2. 韵母iə、yə中的ə有时发音位置略前，近似iE、yE。

3. 韵母ə与声母tʂ、tʂʰ、ʂ相拼时，有时实际读音舌位比ə更高。韵母ə与声母p、pʰ、m、f相拼时，其实际读音为ᵘə。

4. 韵母ɔ、iɔ舌位略低，有时略有动程，为ɔo、iɔo。

5. 韵母ei、uei实际读音为eɪ、ueɪ，有时动程不明显。

6. 韵母ã、iã、uã、yã中的ã经常读为ãⁿ、iãⁿ、uãⁿ、yãⁿ。

7. 韵母iŋ实际读音为iəŋ。əŋ、iəŋ中的ə实际读音舌位略高。

8. 韵母uŋ与零声母相拼时实际读音为ʊŋ。

三　声调（4个）

阴平	213	东该灯风通开天春谷百搭节哭拍塔切刻麦叶月
阳平	53	门龙牛油铜皮糖红讨急毒白盒罚
上声	44	懂古鬼九统苦草买老五有
去声	312	动罪近后冻怪半四痛快寸去卖路硬乱洞地饭树六

说明：

1. 阴平213实际读音起始点比2略低，发曲折的时间在发音刚开始时，有时曲折不太明显，在语流中句子结尾处曲折较为明显。

2. 上声44，有时读为45。

叁　连读变调

表39-1　曹县方言连读变调表

<table>
<tr><th rowspan="3">前字</th><th colspan="6">后字</th></tr>
<tr><th rowspan="2">阴平
213</th><th rowspan="2">阳平
53</th><th rowspan="2">上声
44</th><th rowspan="2">去声
312</th><th colspan="2">轻声</th></tr>
<tr><th>普通轻声</th><th>单音节动词重叠</th></tr>
<tr><td>阴平
213</td><td>213+213
东风　青天</td><td>213+53
东南　天平</td><td>21+44
冬泳　天理</td><td>213+312
冬至　天亮</td><td>①21+4
玻璃　庄稼
①213+21
松树　中指</td><td>21+4
帮帮　说说</td></tr>
<tr><td>阳平
53</td><td>53+213
毛巾　晴天</td><td>53+53
毛桃　填平</td><td>53+44
毛纺　图纸</td><td>44+312
年货　鱼刺</td><td>53+2
娘家　炉子</td><td>53+2
尝尝　玩玩</td></tr>
<tr><td>上声
44</td><td>44+213
小葱　板车</td><td>44+53
小寒　海洋</td><td>53+44
海水　彩礼</td><td>44+312
海报　有利</td><td>①44+2
李家　姐姐
②53+2
枕头　嘴水</td><td>①44+2
醒醒
②53+2
想想</td></tr>
<tr><td>去声
312</td><td>31+213
大车　证书</td><td>31+53
上门　透明</td><td>31+44
大雨　动手</td><td>①13+312
外地　种菜
②31+312
大蒜　做梦</td><td>①31+4
画家　辫子
②53+2
妹夫　笑话</td><td>31+4
看看　问问</td></tr>
</table>

说明：

1. 阴平在阴平、阳平和去声前，其曲折不明显，主要表现为低升调；在上声前或词尾、句尾时，常读21。以上情况下本书一律记作213。

2. 去声312在词尾或句尾时，常读31，本书一律记作312。

3. “上声44+上声44”有时读为“45+44”。本书一律记作“44+44”。

4. “上声44+轻声”有时读为“45+2”，如词汇0154“牡丹”、0163“李子”、0224“老鼠”，但并不稳定，属于自由变体，本书一律记作“44+0”。

肆 儿化

曹县方言中除卷舌韵母ər之外，其他韵母都可以发生卷舌的儿化。儿化后形成28个儿化韵。

表39-2 曹县方言儿化韵表

儿化韵	原韵母	例词	儿化韵	原韵母	例词
ar	a	刀把儿 打杂儿	iɤr	iẽ	使劲儿 今儿
iar	ia	俩儿 豆芽儿	uɤr	uei	一对儿 跑腿儿
uar	ua	牙刷儿 小褂儿		uẽ	冰棍儿 车轮儿
ɐr	ai	牌儿 带儿	yɤr	y	驴儿
	ã	盘儿 摊儿		yẽ	合群儿
iɐr	iã	旁边儿	ur	u	牛犊儿 找主儿
uɐr	uai	块儿 乖儿	ɔr	ɔ	应个卯儿
	uã	罐儿 遛弯儿	iɔr	iɔ	苗儿
yɐr	yã	花卷儿 圈儿	our	ou	小豆儿 老头儿
ər	ə	老婆儿 山坡儿	iour	iou	妞儿 袖儿
iər	iə	小聂儿 台阶儿	ɑ̃r	ɑŋ	鞋帮儿 帮忙儿
uər	uə	错儿 干活儿	iɑ̃r	iɑŋ	撇腔儿 样儿
yər	yə	旦角儿 小雀儿	uɑ̃r	uɑŋ	小床儿 小筐儿
ɤr	ei	宝贝儿 辈儿	ə̃r	əŋ	门缝儿 坑儿
	ẽ	赔本儿 没门儿	iə̃r	iŋ	名儿 小命儿
	ɿ	鸡子儿 瓜子儿	uə̃r	uŋ	老翁儿 小瓮儿
	ʅ	侄儿 豆汁儿	ũr		小东儿 小洞儿
iɤr	i	针鼻儿 皮儿	ỹr	yŋ	小熊儿 蚕蛹儿

说明：

1.有些音节儿化时声母后有闪音，如词汇0368“背心儿”、0397“馅儿”、1184“差点儿”实际读音分别为pei^{31}ɕi^{ɾ}ɤr^{213}、ɕi^{ɾ}ɐr^{312}、ts^{h}a^{31}ti^{ɾ}ɐr^{44}。

2. ər与声母p、p^{h}、m、f相拼时，其实际读音为^{u}ər。

伍　其他主要音变

“子tsɿ^{0}”作词缀时常弱化为tə^{0}，如果其前面的音节韵母是鼻化元音或以鼻音结尾，则“子tsɿ^{0}”读为nẽ^{0}。本书按实际读音记音。

陆　新老差异

曹县方言的新老差异主要有以下几点：

1.普通话读ʂ声母拼合口呼的字，老派方言读为f拼开口呼，新派读ʂ声母拼合口呼，同普通话。如：

书——老男fu^{213}又ʂu^{213}又　青男ʂu^{213}

水——老男fei^{44}白ʂuei^{44}文　青男ʂuei^{44}

2.普通话读tʂ、tʂʰ、ʂ声母的字，有一部分字老派方言读为ts、tsʰ、s，新派把其中的一部分读成tʂ、tʂʰ、ʂ。如：

师——老男sɿ^{213}　青男ʂʅ^{213}

找——老男tsɔ^{44}　青男tʂɔ^{44}

愁——老男tsʰou^{53}　青男tʂʰou^{53}

3.普通话零声母开口呼的字，老派方言读ɣ声母，新派读零声母。如：

爱——老男ɣai^{312}　青男ai^{312}

安——老男ɣã^{213}　青男ã^{213}

第四十节　金乡方音

壹　概况

金乡县位于山东省西南部，东邻鱼台县，西靠成武县、巨野县，南与单县及江苏省丰县接壤，北与嘉祥县、济宁市任城区相连。地理坐标为东经116° 07′ —116° 30′，北纬34° 52′ —35° 40′。辖区总面积886平方公里。金乡县以平原为主，仅有少量丘陵。地势由西南向东北方向倾斜。

金乡县归地级济宁市管辖。截至2020年，金乡县下辖4个街道、9个镇、1个省级开发区。县政府驻金乡街道。全县常住人口63.41万人，主要为汉族，少数民族仅3000余人（以回民为主）。

全县通行金乡方言，无少数民族语言。金乡方言属于中原官话兖菏片，县内方言差异很小。

当地流行的曲艺形式有金乡四平调、山东梆子、落子、渔鼓、琴书、大鼓、花鼓等。

调查点为山东省济宁市金乡县金乡街道。

贰　声韵调

一　声母（21个，含零声母）

p	八兵病	p^h	派片爬	m	麦明	f	飞风副蜂肥饭
t	多东毒	t^h	讨天甜	n	脑南	l	老蓝连路
ts	资早租字贼坐张竹柱争装纸主	ts^h	刺草寸祠	s	丝三酸事山双顺手书十	z	热软
tɕ	酒九	$tɕ^h$	清全轻权	ȵ	年泥	ɕ	想谢响县
k	高共	k^h	开	x	好灰活	ɣ	熬安
∅	味问月温王云用药						

说明：

由于受普通话影响，ts组声母的字老年发音人有不规则地读tʂ组的现象。材料中仍都记为ts组声母。

二　韵母（35个）

ɿ	师丝试十直尺	i	米戏飞白急七一锡	u	苦五猪骨出谷	y	雨橘绿局
ər	二						
a	茶塔法辣八	ia	牙鸭	ua	瓦刮		
ɛ	开排			uɛ	快		
ɔ	宝饱	iɔ	笑桥				
ə	歌盒热壳色文	iə	写鞋接贴节	uə	坐过活托郭国	yə	靴月药学
ei	赔飞文北色白白			uei	对鬼		

ou 豆走	iou 油六		
ã 南山半	iã 盐年	uã 短官	yã 权
ẽ 深根	iẽ 心新	uẽ 寸滚春	yẽ 云
ɑŋ 糖	iɑŋ 响讲	uɑŋ 床王双	
əŋ 灯升争横	iŋ 硬病星	uŋ 东	yŋ 兄用

说明：

1. ɛ、uɛ中的ɛ，是一个动程很小的复合音，实际音值为ɛe。

2. iə中的ə，发音时舌位稍前稍低，音值近于ɛ。

3. uə、yə中的ə，发音时舌位稍后稍低，音值近于ʌ。

4. ɔ、iɔ的ɔ，是一个动程很小的复合音，实际音值近于ɒɔ。

5. ou、iou动程较短，u音不到位，近于o、io。

6. a、ia、ua的a，实际音值是ᴀ。

7. ã、iã、uã的a，实际音值是æ。

8. uŋ中的u，实际音值近于o。逢零声母时实际音值是uəŋ。

三　声调（4个）

阴平	213	东该灯风通开天春谷百搭节急又哭拍塔切刻麦叶月
阳平	42	门龙牛油铜皮糖红讨又急又毒白盒罚
上声	55	懂古鬼九统苦讨又草买老五有
去声	312	冻怪半四痛快寸去卖路硬乱洞地饭树动罪近后六

说明：

1. 阴平调是低降升调，起始音值为2，中间有稍微的下降，但下降的实际音值有限，接近1，但达不到1，结束时达到3，记为213。

2. 阳平调是高降调，起始音值为4（有时可达到5），结束音值为2，记为42。

3. 上声调是高平调，起始音值为5，水平运行，有时结束时稍有降落，记为55。

4. 去声调是中降升调，起始音值为3中间降到1，然后有一个上升的小尾巴，结束音值近于2，记为312。

叁 连读变调

表40-1 金乡方言连读变调表

前字	后字					
	阴平 213	阳平 42	上声 55	去声 312	轻声	
					普通轻声	单音节动词重叠
阴平 213	23+213 东风 中心	213+42 东南 低头	21+55 花脸 天理	23+312 天亮 公共	①21+5 木头 叶子 ②23+2 阴历 妈妈	21+5 听听 穿穿
阳平 42	55+213 元宵 洋葱	42+42 文明 值钱	42+55 骑马 财礼	55+312 白面 难受	①55+3 娘家 棉花 ②42+2 眉头 邻居	42+2 谈谈 缝缝
上声 55	55+213 火车 小葱	23+42 老人 暖瓶	42+55 老虎 彩礼	55+312 米饭 有利	①23+2 母狗 韭菜 ②55+3 保佑 裁缝	42+2 洗洗 等等
去声 312	31+213 大车 地瓜	31+42 树皮 上门	31+55 动手 大雨	23+312 做饭 现在	①42+2 露水 这里 ②31+5 上去 进去	31+4 谢谢 看看

说明：

1.轻声前的第一种变调形式是主流。一般情况下，每个词只采用单一的变调方式，不可两种变调方式兼具。

2.两个阳平相连，前字收尾比2略高，实为43，按不变处理。

肆 儿化

金乡方言基本韵母35个，除本身是卷舌韵母的ər之外，其余34个韵母均可儿化。有的基本韵母儿化后合并，合并后共有26个儿化韵母。

表40-2 金乡方言儿化韵表

儿化韵	原韵母	例词	儿化韵	原韵母	例词
ar	a	刀把儿 打杂儿	iar	ia	豆芽儿 小虾儿

续表

儿化韵	原韵母	例词	儿化韵	原韵母	例词
uar	ua	小褂儿 开花儿	uer	uei	一会儿 墨水儿
ər	ə	小磨儿 山坡儿		uẽ	轱轮儿 冰棍儿
uər	uə	鸟窝儿 干活儿		u	小树儿 小猪儿
yər	yə	墙角儿 小脚儿		y	毛驴儿
ɛr	ɛ	挂牌儿 小孩儿	yer	y	小徐儿 小鱼儿
	ã	小胆儿 下班儿		yẽ	成群儿 小军儿
iɛr	iə	树叶儿 歇歇儿	ɔr	ɔ	小刀儿 羊羔儿
	iã	雨点儿 笔尖儿	iɔr	iɔ	面条儿 小鸟儿
uɛr	uɛ	碗筷儿 鬼怪儿	our	ou	小偷儿 两口儿
	uã	当官儿 拐弯儿	iour	iou	加油儿 小牛儿
yɛr	yã	考卷儿 眼圈儿	ãr	aŋ	鞋帮儿 药方儿
er	ɿ	瓜子儿 找事儿	iãr	iaŋ	吃香儿 瓜秧儿
	ei	小麦儿 摸黑儿	uãr	uaŋ	小床儿 小筐儿
	ẽ	画本儿 出门儿	ə̃r	əŋ	跳绳儿 外甥儿
ier	i	粉皮儿 小米儿	iə̃r	iŋ	起名儿 山顶儿
	iẽ	手印儿 没劲儿	uə̃r	uŋ	没空儿 害虫儿
ur	u	枣核儿 小猪儿	yə̃r	yŋ	小熊儿 棉绒儿

说明：

1. u儿化为uer，是老派另一种儿化方式的存留，且这种形式的儿化词越来越少；新派基本不用这种儿化形式。

2. 与普通话相比，金乡方言中没有tʂ组声母，普通话中该组声母的字，方言中都归读ts组，但这部分字在儿化时读tʂ组音，如：侄儿、（外）甥儿、事儿、（跳）绳儿。材料中按实际音值记录。

伍 新老差异

金乡方言中新老差异主要表现在新派受普通话影响，把一些与普通话不同的音类读成了与普通话相同的音类。举例如下：

爱——老男 ɣɛ^{312} 青男 ɛ^{312} 声类同普通话

宿——老男 ɕy^{213} 白 su^{213} 文。文读声韵类同普通话 青男 su^{312} 声类韵类调类均同普通话或——老男 xuei^{42}老 xuə^{42}新。老、新调类均为阳平　青男 xuə^{312}韵类和调类均同普通话

叶——老男 iə^{213}调类是阴平，符合方言中次浊入读阴平的规律　青男 iə^{312}调类是去声，同普通话

付——老男 fu^{42}支付。调类是阳平，这种读法在山东方言中多见　青男 fu^{312}调类是去声，同普通话

递——老男 ti^{42}调类是阳平，这种现象在附近方言中多见　青男 ti^{312}调类是去声，同普通话

其中比较突出的一个现象是，金乡方言老派把普通话读fei的字都发成fi，新派则都发成fei，与普通话相同，也与大部分山东方言相同。如：

肺——老男 fi^{312}白 fei^{312}文　青男 fei^{312}

第四十一节　曲阜方音

壹　概况

曲阜市是孔子故里，地处山东省西南部，东连泗水县，西抵济宁市兖州区，南临邹城市，北接宁阳县。地理坐标为东经116° 51′ —117° 13′，北纬35° 29′ —35° 49′。辖区总面积815平方公里。曲阜北、东、南三面环山，中西部是泗河、沂河冲积平原，位于鲁中南山地丘陵区向华北平原的过渡地带，构成了东北高、西南低的基本地势。

曲阜市系1986年由原曲阜县改置，由济宁市代管。截至2020年，曲阜市辖4个街道、8个镇。市政府驻鲁城街道。全市常住人口62.19万，主要是汉族，少数民族人口很少。

全市通行曲阜方言，无少数民族语言。曲阜方言属中原官话兖菏片。内部地域差异很小。

当地流行的曲艺形式主要是曲阜梆子，属于梆子戏。目前很少有人演唱。

调查点为山东省济宁市曲阜市鲁城街道。

贰　声韵调

一　声母（21个，含零声母）

p	八兵病	pʰ	派片爬	m	麦明	f	飞风副蜂肥饭
t	多东毒	tʰ	讨天甜	n	脑南	l	老蓝连路

ts	资早租字贼坐张竹柱争装纸主	ts^h	刺草寸祠抽拆茶抄初床车春船城	s	丝三酸事山双顺手书十	z	热软
tɕ	酒九	$tɕ^h$	清全轻权	ȵ	年泥	ɕ	想谢响县
k	高共	k^h	开	x	好灰活	ɣ	熬安
ø	味问月温王云用药						

说明：

1. 与普通话相比，没有tʂ组声母。普通话中该组声母的字，方言中都归读ts组。由于受普通话影响，ts组声母的字老年男性发音人有不规则读为tʂ组的现象。仍都记为ts组声母。

2. n、ȵ两音互补。n拼开、合两呼，ȵ拼齐、撮两呼。

二　韵母（36个）

ɿ	师丝试十直尺	i	米戏飞白急七一锡	u	苦五猪骨出谷	y	雨橘绿局
ər	二						
a	茶塔法辣八	ia	牙鸭	ua	瓦刮		
ɛ	开排	iɛ	鞋	uɛ	快		
ɔ	宝饱	iɔ	笑桥				
ə	歌盒热壳色文	iə	写接贴节	uə	坐过活托郭国新	yə	靴月药学
ei	陪飞文北色白白			uei	对鬼国老		
ou	豆走	iou	油六				
ã	南山半	iã	盐年	uã	短官	yã	权
ẽ	深根	iẽ	心新	uẽ	寸滚春	yẽ	云
aŋ	糖	iaŋ	响讲	uaŋ	床王双		
əŋ	灯升争横文	iŋ	硬病星	uŋ	横白东	yŋ	兄用

说明：

1. ɛ、iɛ、uɛ中的ɛ，是一个动程很小的复合音，实际音值为ɛe。

2. ɔ、iɔ的ɔ，是一个动程很小的复合音，实际音值近于ɒɔ。

3. iə、uə、yə中的ə，发音时先发ə然后舌位稍稍放低，实际音值是əɐ。

4. ou、iou动程较短，u音不到位，近于o、io。

5. a、ia、ua的a，实际音值是A。

6. ã、iã、uã的a，实际音值是æ。

7. iẽ、yẽ中的ẽ舌位较高，实际音值是ĩ。

8. aŋ、iaŋ、uaŋ中的a，实际音值为A；ŋ尾很弱，主要是元音A带有鼻化色彩。

9. uŋ中的u，实际音值近于o。

10. uŋ在零声母音节中，实际音值为uəŋ。

三 声调（4个）

阴平 213 东该灯风通开天春统又谷百搭节急又哭拍塔切刻麦叶月

阳平 42 门龙牛油铜皮糖红讨又急又毒白盒罚

上声 55 懂古鬼九统又苦讨又草买老五有

去声 312 冻怪半四痛快寸去卖路硬乱洞地饭树动罪近后六

说明：

1.阴平调是低降升调，以升为主。起始音值为2，中间下降的实际音值有限，接近1，但达不到1，结束时达到3。

2.去声调是中降升调，以降为主。起始音值为3中间降到1，然后有一个上升的小尾巴，结束音值近于2。

叁 连读变调

表41-1 曲阜方言连读变调表

<table>
<tr><th rowspan="3">前字</th><th colspan="6">后字</th></tr>
<tr><th rowspan="2">阴平213</th><th rowspan="2">阳平42</th><th rowspan="2">上声55</th><th rowspan="2">去声312</th><th colspan="2">轻声</th></tr>
<tr><th>普通轻声</th><th>单音节动词重叠</th></tr>
<tr><td>阴平 213</td><td>23+213
东风 中心</td><td>213+42
东南 低头</td><td>21+55
花脸 天理</td><td>23+312
熬菜 冬至</td><td>①21+5
木头 叶子
②213+2
木匠 腥气</td><td>213+2
听听 穿穿</td></tr>
<tr><td>阳平 42</td><td>42+213
毛巾 晴天</td><td>①42+42
文明 值钱
②55+42
鱼鳞 毛芋</td><td>42+55
骑马 财礼</td><td>55+312
白面 毛重</td><td>①55+4
娘家 棉花
②42+2
邻居 螺丝</td><td>42+2
谈谈 缝缝</td></tr>
</table>

续表

前字	后字					
	阴平213	阳平42	上声55	去声312	轻声	
					普通轻声	单音节动词重叠
上声55	55+213 火车　小葱	55+42 老年　小寒	42+55 左手　彩礼	55+312 柳树　扫地	①213+3 买卖　韭菜 ②35+4 尾巴　起来	42+2 走走　想想
去声312	31+213 大车　路灯	31+42 树皮　上门	31+55 动手　大雨	23+312 做饭　旱地	①42+2 露水　笑话 ②31+5 愿意　大爷	①31+4 看看　练练 ②31+5 抱抱　换换

说明：

1.“阳平+阳平”有两种变调形式，轻声前都有两种变调形式。第一种是主要的，词语多；第二种是次要的，词语少。每个词只采用单一的变调方式，不可两种变调方式兼具。

2.两个阳平相连读42+42时，前字收尾比2略高，实为43，按不变处理。

3.轻声的实际调值较复杂。原调为阴平调的多数字，和原调为去声调的少部分字，其后面的轻声调值为5；原调为阳平调的多数字，和原调为上声字的少部分字，其后的轻声调值为4；原调为上声调的大部分字，其后的轻声调值为3；原调为去声调的大部分字，和原调为阴平调的少部分字，以及原调为阳平调的少部分字，其后的轻声调值为2。材料中轻声调值均记为0。

肆　儿化

曲阜方言基本韵母36个，除本身是卷舌韵母的ər之外，其余35个韵母均可儿化。有的基本韵母儿化后合并，合并后共有27个儿化韵母。

表41-2　曲阜方言儿化韵表

儿化韵	原韵母	例词	儿化韵	原韵母	例词
ar	a	刀把儿　打杂儿	uar	ua	小褂儿　开花儿
iar	ia	豆芽儿　小脚丫儿	ər	ə	小车儿　山坡儿
	iaŋ	那样儿		əŋ	外甥儿　双生儿

续表

儿化韵	原韵母	例词
iər	iə	蝴蝶儿　树叶儿
	iŋ	明儿　顶儿
uər	uə	鸟窝儿　大伙儿
yər	yə	墙角儿　小脚儿
ɛr	ɛ	牌儿　布袋儿
	ã	盘儿　花瓣儿
iɛr	iɛ	台阶儿　小鞋儿
	iã	雨点儿　笔尖儿
uɛr	uɛ	踝儿　块儿
	uã	一段儿　茶馆儿
yɛr	yã	考卷儿　眼圈儿
er	ɿ	瓜子儿　侄儿
	ei	辈儿　摸黑儿
	ẽ	本儿　出门儿
ier	i	皮儿　差不离儿
	iẽ	印儿　没劲儿
uer	u	找主儿　小猪儿
	uei	一会儿　墨水儿
	uẽ	轱轮儿　冰棍儿
yer	y	蛐儿蛐儿　小鱼儿
	yẽ	合群儿　小军儿
ur	u	牛犊儿　小猪儿
ɔr	ɔ	小刀儿　赶早儿
iɔr	iɔ	面条儿　不开窍儿
our	ou	土豆儿　两口儿
iour	iou	松球儿　小牛儿
ãr	aŋ	鞋帮儿　药方儿
iãr	iaŋ	撇腔儿　那样儿
uãr	uaŋ	小筐儿　鸡蛋黄儿
ə̃r	əŋ	跳绳儿　外甥儿
iə̃r	iŋ	起名儿　山顶儿
uə̃r	uŋ	没空儿　种儿
yə̃r	yŋ	小熊儿　小勇儿

说明：

后鼻音韵母iaŋ、əŋ、iŋ儿化为iar、ər、iər，以及u儿化为uer，都是老派另一种儿化方式的存留（这部分韵母老派有两种儿化方式），且这种形式的儿化词越来越少；新派基本不用这种儿化形式。

伍　新老差异

曲阜方言新老差异较小。主要有：

1.老派方言中的ɣ声母在新派中接近消失，普通话开口呼零声母的字青男基本上也是读零声母而不像老男那样读ɣ声母。

2.老派方言中音类与普通话相差较大的字，新派倾向于按普通话的音类来读。如：

测——老男ts^{h}ei^{213}白ts^{h}ə^{213}文　青男ts^{h}ə^{312}

或——老男xuei^{42}老xuə^{42}新　青男xuə^{312}

达——老男 ta^{55}　青男 ta^{42}

贞——老男 $tsəŋ^{213}$　青男 $ts\tilde{e}^{213}$

第四十二节　薛城方音

壹　概况

枣庄市薛城区今为枣庄市政府驻地，东与枣庄市市中区（枣庄市政府原驻地）、峄城区相邻，西南与微山县毗连，北与滕州市、枣庄市山亭区接壤。地理坐标为东经117° 9′ —117° 28′，北纬34° 37′ —34° 56′。辖区总面积422.71平方公里。薛城区属黄淮冲积平原，地势东高西低，向西南倾斜。地貌有低山丘陵、山前平原、湖滨洼地三种类型。

截至2020年，薛城区下辖5个街道、4个镇。区政府驻临城街道。全区常住人口48.56万人，主要是汉族，少数民族数量很少。

全区通行薛城方言，无少数民族语言。薛城方言属于中原官话兖菏片，全境方言一致性较强。

当地流行的曲艺形式主要是柳琴戏，俗称拉魂腔。因常为盲人演唱，又叫瞎腔。还流行豫剧，过去曾有薛城豫剧团。另外，还有鲁南大鼓、说书等曲艺形式。

调查点为山东省枣庄市薛城区临城街道。

贰　声韵调

一　声母（25个，含零声母）

p	八兵病	pʰ	派片爬	m	麦明		
pf	柱又装又主又	pfʰ	初又床又春又寸又船又	f	飞风副蜂肥饭双顺书又	v	软又
t	多东毒	tʰ	讨天甜	n	脑南	l	老蓝连路
						ɭ	儿耳二
ts	资早租字贼坐张竹柱又争装又纸主又	tsʰ	刺草寸又祠抽拆茶抄初又床又车春又船又城	s	丝三酸又事山手书又十	z	热软又

tɕ	酒九	tɕʰ	清全轻权寸又	ȵ	年泥	ɕ	想谢响县酸又
k	高共	kʰ	开	x	好灰活	ɣ	熬安
∅	味问月温王云用药						

说明：

1. ɭ声母读音拉长，收尾时轻轻带出元音。"儿、二、耳"为音系补充例字。

2. 齐齿呼、合口呼、撮口呼零声母音节开头带有轻微的唇舌同部位摩擦，齐齿呼零声母的音节前为j，合口呼零声母的音节前为w，撮口呼零声母的音节前为ɥ。

3. ts、tsʰ、s、z声母发音时，有时舌尖前部略靠后，近乎靠近或接触上齿龈部位，有舌叶色彩。

4. ts、tsʰ、s、z声母拼合口呼的字，在口语或非正式场合，声母常常自由变读为pf、pfʰ、f、v，如音系例字"装、初、双、软"等；部分tɕ、tɕʰ声母拼撮口呼的字，声母也会自由变读为pf、pfʰ，如单字0005"左"、0668"寸"等。此类现象，老男发音人比青男发音人少。这种变读现象在当地较为普遍，音系中处理为又读，单字、词汇、语法以及话语、口头文化中皆以实际读音为准。

二　韵母（37个）

ɿ	丝师试十直尺	i	米戏飞又急七一锡	u	苦五猪骨出谷绿	y	雨橘局
ər	二						
a	茶塔法辣八	ia	牙鸭	ua	瓦刮		
ɛ	开排	iɛ	鞋	uɛ	快		
ɔ	宝饱	iɔ	笑桥药又				
e	赔北色又白飞又			ue	对鬼罪又碎又	ye	罪又碎又
ə	歌盒热壳二色又	iə	写接贴节	uə	坐过活托郭国	yə	靴月药又学
ou	豆走	iou	油六				
ã	南山半	iã	盐年	uã	短官	yã	权
ẽ	深根春又寸又	iẽ	心新	uẽ	寸又滚春又	yẽ	云寸又
ɑŋ	糖床又双	iɑŋ	响讲	uɑŋ	床又王		
əŋ	灯升争横~竖	iŋ	硬病星	uŋ	东横~过来葱又	yŋ	兄用葱又

说明：

1.元音a，在韵母a、ia、ua中，舌位偏后，实际音值近央元音ᴀ。

2.元音ə，在uə、yə中舌位偏后，实际读音近ɤ元音；在iə韵母中，舌位偏前；在ɭ声母后，舌位偏高略偏后。

3.单韵母ə，实际读音为ɤ元音，且出现在曲折调音节中时，韵尾常有轻微后滑音成分ɐ，实际读音为ɤɐ；与p、pʰ、m、f声母相拼时，ə前略带过渡音u，实际读音近uɤ，如单字“0013破”。

4.单韵母ɿ、i、u、y，出现在曲折调音节中时，韵尾常有轻微后滑音成分，这些后滑音均读得比较含混，实际读音近ɿᵊ、iᵊ、uᵘ、yᴵ。

5. e、ie、ue、ye韵母中的元音e略带动程，实际读音近eɪ。

6.单韵母i与f声母相拼时，i前略带过渡音ɪ，实际读音近ɪi。

7.韵母iẽ与l声母相拼时，i介音不明显，近lẽ，如单字0440“林”。

8. ɑŋ、iɑŋ、uɑŋ中的ɑŋ，实际音值是ɑ̃。有时鼻化也比较弱。

9.韵母iŋ，在零声母音节中，i与ŋ之间有轻微过渡音ə，接近iəŋ，如韵母例字“硬”。

10.韵母uŋ，在零声母音节中实际读音为uəŋ，如单字0935“翁”。

三　声调（4个）

阴平	313	东该灯风通开天春谷百搭节急紧～哭拍塔切刻麦叶月统～一冻冻冻：冰块
阳平	55	门龙牛油铜皮糖红急着～毒白盒罚
上声	24	懂古鬼九统总～苦讨草买老五有
去声	41	动罪近后冻动怪半四痛快寸去卖路硬乱洞地饭树六

说明：

1.阴平调前部下降明显，与山东其他地方所记的阴平调值213差别较大。此记为313。

2.阳平调值为55，有时尾部略降，实际读音近54。

3.上声调值为24，实际读音前平后升，近224。

4.去声调值为41，有时开头、结尾都略高一点，实际读音近52。

叁 连读变调

表42-1 薛城方言连读变调表

前字	后字					
	阴平 313	阳平 55	上声 24	去声 41	轻声	
					普通轻声	单音节 动词重叠
阴平 313	23+313 山沟 香菇	31+55 今年 梳头	31+24 掐奶 木耳	①313+41 阴历 天气 ②23+41 生气 木炭	31+4 家里 东西	21+34 听听 说说
阳平 55	55+313 洋灰 毛衣	55+55 河涯 洋油	①54+24 洋火 着火 ②54+24 鼻水	55+41 阳历 蚊帐	①55+2 云彩 石头 ②54+2 馄饨 苹果	55+2 谈谈 学学
上声 24	55+313 小麦 水坑	24+55 水瓢 赶集	①55+24 老本儿 洗澡 ②54+24 老虎 白果	24+41 保佑 眼泪	①24+42 冷子 牡丹 ②55+2 每天 里屋	24+42 走走 想想
去声 41	41+313 挎包 背心儿	41+55 大门 剃头	41+24 下雨 后悔	41+41 变蛋 地动	41+1 太阳 褥子	41+1 看看 抱抱

说明：

1.阴平+去声（313+41），前字实际读为212。

2.阴平字处于词尾或句尾位置时，有时会读为降调，调值近31。在词汇记音时，处于词尾读31调的阴平字均处理为轻声音节，调值记为0，如0088“一整天”、0678“独轮车”中的“天、车”等；在语法例句记音时，处于句尾读31调的阴平字均按照实际读音将调值记为31。

3.“去声+轻声”中前字实际音值是42。

肆 儿化

薛城方言中的儿化以韵母主要元音发生卷舌化为特征。有些韵母的主要元音直接加卷舌动作，有些韵母的主要元音发生变化后加卷舌动作。除ər ye两韵母外，35个韵母均可儿化，儿化后，其韵母发生了不同程度的合并，共有27个儿化韵母。

表42-2　薛城方言儿化韵表

儿化韵	原韵母	例词
ar	a	刀把儿　牙刷儿
iar	ia	豆芽儿
uar	ua	小褂儿　花儿
ər	ə	歌儿　盒儿
iər	iə	树叶儿　小碟儿
uər	uə	鸟窝儿　干活儿
yər	yə	角儿　家雀儿
ɛr	ɛ	牌儿　盖儿
	ã	盘儿　上班儿
iɛr	iɛ	台阶儿　小鞋儿
	iã	边儿　面儿
uɛr	uɛ	玩儿　块儿
	uã	手腕儿　茶馆儿
yɛr	yã	汤圆儿　小手绢儿
er	e	宝贝儿　合黑儿
	ʅ	鸡子儿　年三十儿
	ẽ	折本儿　菜根儿
ier	i	地儿　粒儿　妮儿
	iẽ	花心儿　脚印儿
uer	ue	味儿　一对儿
	uẽ	冰棍儿　车轱轮儿
yer	y	有趣儿　小闺女儿
	yẽ	合群儿　外孙儿
ur	u	小树儿　正月十五儿
ɔr	ɔ	刀儿　螺丝帽儿
iɔr	iɔ	面条儿　口肴儿
our	ou	裤头儿　小偷儿
iour	iou	袖儿　加油儿
ãr	aŋ	帮忙儿　小床儿
iãr	iaŋ	小羊儿　样儿
uãr	uaŋ	小筐儿　蛋黄儿
ə̃r	əŋ	缝儿　坑儿　棱儿
iə̃r	iŋ	名儿　小命儿
ũr	uŋ	没空儿　小瓮儿
yə̃r	yŋ	小葱儿　蚕蛹儿

说明：

1. ər、uər的主要元音舌位偏后，实际读音近ɤr、uɤr。
2. ũr在零声母中，实际读音近ũ^{ə}r。
3. 不少儿化韵母中卷舌动作比较小，卷舌色彩较弱。

伍　其他主要音变

词汇和语流中存在零星的儿化变韵现象，其变韵特点与淄博、滕州等地一致。其中青女发音人尤为突出，如“事儿se^{41}、三十儿sã^{21}se^{55}、眼儿iɛ^{24}”等。老男词汇中个别的儿化变韵按实际发音记录，如0705“（老）本儿”（本钱）记为pe，0737“玩儿（狮子）”（舞狮）记为uɛ。

陆　新老差异

薛城方言中青男和老男的读音主要差异存在于普通话读tʂ、ts、tɕ三组的字。总体来看，薛城方言与其北的滕州、其东的枣庄（市中区）、峄城等基本相同，其主要特点有两个：普通话中读ts、tsʰ、s声母拼合口呼的字，方言中读成tɕ、tɕʰ、ɕ拼撮口呼；普通话读tʂ、tʂʰ、ʂ、ʐ声母拼合口呼的字，方言中读成pf、pfʰ、f、v。根据这一地区性特点来看薛城老男和青男的读音，可以看出老男和青男的一些差异：

1.古精组声母逢今普通话合口呼韵母时，老男和青男表现基本相同，都是读成了tɕ、tɕʰ、ɕ声母拼撮口呼韵母，这符合这一带方言的特点。两人略有差异的是，青男比老男的这类字读得还多一些。如“坐错索宋”，老男读ts组声母拼合口呼，而青男都读成tɕ组声母。换言之，青男读得更符合方言规律一些，老男倒像是受普通话或其他地区方言影响更大一些。

2.古知庄章组逢合口读齿唇音声母的现象，也是青男更为规律。①青男古日母逢合口（包括来自喻母普通话读ʐ声母的字）读v声母，而老男有的读v，有的不读v而读z（对应于普通话的ʐ声母）。如“软”字两人都读vã，但“如荣”青男读v声母，老男读z声母。②除浊擦音外，青男读齿唇音声母的许多字（读f的除外），老男读成了ts组拼合口呼。如“垂”，青男读pfʰ，老男读tsʰ；“传～记”，青男读pf，老男读ts；“准”，青男读pf，老男读ts。也就是说，这些字中，老男读齿唇音的少于青男。

3.青男还有一个老男没有的现象是，有一部分古精组逢合口呼的字也有读pf、pfʰ的又读。如“左”，老男读tsuə（不合上述规律1而合于普通话），青男读tɕyə（符合上述规律1），又读pfə；“族”，老男读tsu（不合上述规律1而合于普通话），青男读tɕy（符合上述规律1），又读pfu；“足”，老男读tsu又读tɕy，青男只读pfu。青男的这个特点是在上述规律2的基础上的进一步扩展：把古知庄章组声母逢合口呼的字读pf、pfʰ、f的特点由古知庄章组字扩展到了古精组字的合口呼。

参考邻近同类型方言的特点来看，上述现象1和2都是青男比老男更老派，老男受普通话影响更大，而现象3则是青男更进一步，这应该是后起的现象。

第四十三节 郯城方音

壹 概况

郯城县位于山东省东南部，地处鲁苏交界，南半部探入江苏，与江苏省邳州、新沂、东海三市县为邻，北半部西接兰陵县、北依临沂市罗庄区、河东区，东靠临沭县。地理坐标介于东经118° 05′ —118° 31′，北纬34° 22′ —34° 56′。辖区总面积1195平方公里。郯城县地处鲁中南低山丘陵南部、临郯苍平原腹心地带，地势北高南低。

郯城县归地级临沂市管辖。截至2020年，郯城县辖1个街道、12个乡镇。县政府驻郯城街道。全县常住人口为88.5万人，绝大部分为汉族，占总人口的占99.36%；少数民族以回族为主，有4000余人，其他民族人口不足百人。

全县通行郯城方言，无少数民族语言。郯城方言属中原官话兖菏片。郯城全县语法一致，词汇差异细微，语音则存在一定差异。根据口音，可分为郯中、郯南、郯西、郯北四片。

流行的地方戏曲主要有：一、郯马五大调，国家级非物质文化遗产项目。由五种曲牌组织成的古老的大型民歌演唱套曲，因起源于郯城、马头一带而得名“郯马调”，也称“郯马五大调”“鲁南五大调”。二、柳琴戏，国家级非物质文化遗产项目。柳琴戏由主要伴奏乐器柳叶琴而定名，因唱腔优美，有动人魂魄之魅力，亦名为“拉魂腔”。流布于鲁南、苏北、皖北、豫东北等广大地区。当地有柳琴剧团。三、郯城大鼓，郯城县县级非物质文化遗产项目，“郯子书社”鼓书说唱形式之一。郯城大鼓主要表演器具是大鼓和钢板（铜板），以唱为主，以说白为辅。郯城大鼓主要流行于鲁南苏北特别是郯城县花园乡等地区。四、郯城琴书，郯城县县级非物质文化遗产项目，一种鼓书说唱形式。

调查点为山东省临沂市郯城县郯城街道。

贰 声韵调

一 声母（24个，含零声母）

p 八兵病　　p^h 派片爬　　m 麦明泥白　　f 飞风副蜂肥饭双白书白

t	多东毒	tʰ	讨天甜	n	脑南	l	老蓝连路
ts	资早租字贼坐	tsʰ	刺草寸全白	s	丝三酸祠		
tʂ	张竹柱争装纸主	tʂʰ	抽拆茶抄初床车春船城	ʂ	事山双文顺手书文十	ʐ	热软
						ɭ	儿白
tɕ	酒九	tɕʰ	清全文轻权	ȵ	年泥文	ɕ	想谢响县
k	高共	kʰ	开	x	好灰活		
∅	味问熬月安温王云用药儿文						

说明：

1. ʂ声母有时读为舌叶音，如“十”“事”。此统一记为ʂ。

2. ʐ的摩擦较重。

3. 部分零声母开口呼字音节起始处有一个不明显的舌根浊擦音ɣ（如单字0474“安”、0626“恩”，词汇0819“摁、按”）。

4. tɕ、tɕʰ、ɕ实际发音位置略偏后。

二 韵母（38个）

ɿ	丝	i	米戏急七一锡	u	苦五猪骨出谷绿	y	雨橘局
ʅ	师试十直尺						
ər	二文						
a	茶塔法辣八	ia	牙鸭	ua	瓦刮		
ɛ	开排	iɛ	街	uɛ	快		
ɔ	宝饱	iɔ	笑桥				
ə	歌二白盒热活老壳文色文	iə	写接贴节	uə	坐过活新托郭国	yə	靴月药壳白学
e	赔对白飞北色白白	ie	鞋	ue	对文鬼		
əu	豆走	iəu	油六				
ã	南山半	iã	盐年	uã	短官	yã	权
ə̃	深根	iə̃	心新	uə̃	寸滚春横白	yə̃	云
ɑŋ	糖双白	iɑŋ	响讲	uɑŋ	床王双文		
əŋ	灯升争横文	iŋ	硬病星	uŋ	东	yŋ	兄用

三　声调（4个）

阴平　213　东该灯风通开天春统又讨又谷百搭急节哭拍塔切刻麦叶月

阳平　44　门龙牛油铜皮糖红毒白盒罚讨

上声　24　懂古鬼九统又苦讨又草买老五有

去声　51　冻怪半四痛快寸去卖路硬乱洞地饭树动罪近后六

说明：

1.阴平调213为嘎裂音，先降后升，声带在音节发音中有短暂间歇，但在间歇过程中发音器官仍处于紧张状态。

2.去声有时起点稍低，不到5。

叁　连读变调

表43-1　郯城方言连读变调表

前字	后字					
	阴平213	阳平44	上声24	去声51	轻声	
					普通轻声	单音节动词重叠
阴平213	13+213 山沟　香烟	21+44 香油　日食	21+24 开水　失火	21+51 冬至　天亮	21+24 刀子　结实	21+24 刷刷
阳平44	44+213 洋灰　镰刀	44+44 洋油　河涯	44+24 年底　黄酒	44+51 来气　油菜	44+31 笛子　凉快	44+31 尝尝
上声24	44+213 打针　草屋	24+44 彩虹　打牌	24+24 左手　马桶	24+51 考试　手电	24+44 椅子　本子	24+44 走走
去声51	51+213 饭锅　盖屋	51+44 酱油　下棋	51+24 露水　右手	51+51 地震　饭店	51+21 辫子　弟兄	51+21 算算

说明：

1.连读变调中，阴平作后字时，若语速稍快可变为21。

2.语流中的轻声有的变为零音节，即音节中没有音素只有前一音节的延长，如词汇0104的“八［月］十五”，“月”即为零音节的轻声。

肆　儿化

除卷舌韵母ər之外的其他韵母都可以发生卷舌的儿化。儿化后形成27个儿化韵。

表43-2 郯城方言儿化韵表

儿化韵	原韵母	例词	儿化韵	原韵母	例词
ar	a	刀把儿	ier	ie	小鞋儿
iar	ia	下儿		iə̃	背心儿
uar	ua	拉呱儿 说话儿	uer	ue	逗嘴儿 盐味儿
ər	ə	下巴壳儿 唱歌儿		uə̃	开春儿 村儿
iər	iə	歇歇儿 叶儿		u	小猪儿 眼珠儿
uər	uə	花骨朵儿 窝儿	ur	u	打呼儿 二胡儿
yər	yə	角儿	yer	y	句儿 小雨儿
ɛr	ɛ	生小孩儿 盖儿		yə̃	合群儿 小军儿
	ã	被单儿 衬衫儿	ɔr	ɔ	枣儿 豆腐脑儿
iɛr	iɛ	小街儿	iɔr	iɔ	鸟儿 面条儿
	iã	对脸儿 跟前儿	əur	əu	时候儿 晌午头儿
uɛr	uɛ	块儿	iəur	iəu	袖儿 小六儿
	uã	玩儿	ɑ̃r	ɑŋ	翅膀儿 冰棒儿
yɛr	yã	汤圆儿	iɑ̃r	iɑŋ	这样儿 装样儿
er	ɿ	瓜子儿 刺儿	uɑ̃r	uɑŋ	网儿 小筐儿
	ʅ	年三十儿 豆汁儿	ə̃r	əŋ	看症儿 钢镚儿
	e	视脉儿	iə̃r	iŋ	打鸣儿 挂吊瓶儿
	ə̃	吊针儿 有年人儿	uə̃r	uŋ	虫儿
ier	i	年底儿 猪蹄儿	yə̃r	yŋ	小熊儿

说明：

u韵母的儿化多数变为uer，少数变为ur。

伍 新老差异

在郯城方言中，与普通话变化不一致的中古清声母和次浊声母入声字存在较为普遍的新老或文白异读现象，老读音多为符合方言变化的读音，新读音多为受普通话影响而产生的读音。有的音处在动态的变化中，常用的词语多以老读音为主，偶尔也会发出新读音，但不稳定，词汇材料中记录为老派读音。

第四十四节　临沂（兰山）方音

壹　概况

临沂市位于山东省东南部，其中心城区和市政府驻地为兰山区。1994年原县级临沂市升格为地级临沂市后，原县级临沂市的行政区域分设兰山、罗庄、河东三区。其中兰山区为原县级临沂市的城区及西北部区域，东隔沂河与河东区相望，西邻费县，南接罗庄区，北连沂南县。地理坐标为东经118° 06′ —118° 20′，北纬35° 03′ —35° 23′。辖区总面积839平方公里。兰山区有平原和丘陵两种地形，平原为主。北部、西部为丘陵，属鲁中南山地的南缘，中部及东南部为山前冲洪积平原，全区地势西北高、东南低。

截至2020年，兰山区下辖4个街道、8个镇。区政府驻兰山街道。全区常住人口184.4万人；少数民族不足万人，主要有回族、满族等。

全区通行临沂方言，无少数民族语言。临沂方言属中原官话兖菏片。内部地域差异不大。

当地用方言说唱的曲艺形式主要是柳琴戏，也叫拉魂腔。剧目丰富多彩，唱腔风格独特。以花腔拖腔见长。2006年被列入第一批国家级非物质文化遗产名录。

调查点为山东省临沂市兰山区金雀山街道。

贰　声韵调

一　声母（25个，含零声母）

p 八兵病	pʰ 派片爬	m 麦明泥老	f 飞风副蜂肥饭
t 多东毒	tʰ 讨天甜	n 脑南	l 老蓝连路
ts 资早租字贼坐	tsʰ 刺草寸祠	s 丝三酸	
tʃ 张竹柱争装纸主	tʃʰ 抽拆茶抄初床车春船城	ʃ 事山双顺手书十	ʐ 热软
			ɭ 二耳
tɕ 酒九	tɕʰ 清全轻权	ȵ 年泥新	ɕ 想谢响县
k 高共	kʰ 开	x 好灰活	ɣ 熬安
∅ 味问月温王云用药			

说明：

tʃ、tʃ^h、ʃ声母中大部分字读为舌尖也起作用的舌叶音，少部分读作卷舌音tʂ、tʂ^h、ʂ，无明显规律可言。此统一记作tʃ、tʃ^h、ʃ。ʐ声母中大部分字读为卷舌音ʐ，少部分字读为舌尖也起作用的舌叶音ʒ。此统一记为ʐ。

二　韵母（36个）

ɿ	丝	i	米戏急七一锡	u	苦五猪骨出谷绿老	y	雨橘绿新局
ʅ	师试十直尺						
a	茶塔法辣八	ia	牙鸭	ua	瓦刮		
ɛ	开排	iɛ	鞋	uɛ	快		
ɔ	宝饱	iɔ	笑桥				
ə	歌二盒热活壳文色新	iə	写接贴节	uə	坐过托郭国	yə	靴月药壳白学
ei	赔对老飞北色老白			uei	对新鬼		
ou	豆走	iou	油六				
ã	南山半	iã	盐年	uã	短官	yã	权
ẽ	深根	iẽ	心新	uẽ	寸滚春	yẽ	云
ɑŋ	糖	iɑŋ	响讲	uɑŋ	床王双		
əŋ	灯升争横	iŋ	硬病星	uŋ	东	yŋ	兄用

说明：

1. ʅ的实际音值是舌叶-舌尖元音。

2. ɭ声母后的ə，舌位略高，读阳平时是ɘ，读上声和去声时略有动程，接近于ɘə。

3. 后鼻辅音音尾ɑŋ、əŋ，元音略带鼻化，ŋ尾较弱；uŋ自成音节时实际音值为uəŋ。

三　声调（4个）

阴平	214	东该灯风通开天春谷百搭节急紧～哭拍塔切刻麦叶月
阳平	53	门龙牛油铜皮糖红急着～毒白盒罚
上声	55	懂古鬼九统苦讨草买老五有
去声	312	动罪近后冻怪半四痛快寸去卖路硬乱洞地饭树六

说明：

去声调值为312，少数情况下（排除前字的连读变调）只降不升，读为31。

叁　连读变调

表44-1　临沂方言连读变调表

前字	后字					
	阴平 214	阳平 53	上声 55	去声 312	轻声	
					普通轻声	单音节动词重叠
阴平 214	24+214 东风　中心	24+53 东南　中年	24+55 冬泳　中午	24+312 冬至　中部	21+1 庄稼　刀子	①21+4 听听　穿穿 说说　烙烙 ②13+21 分分　搬搬
阳平 53	53+214 毛巾　鱼缸	53+53 毛桃　渔民	53+55 毛纺　渔网	53+312 毛重　鱼刺	①55+3 娘家　炉子 ②24+2 姨夫　琢磨	53+31 谈谈　学学
上声 55	55+214 小葱　海军	55+53 小寒　海洋	55+55 小暑　海水	55+312 小豆　海报	214+4 李家　椅子	55+31 想想　洗洗
去声 312	31+214 大车　上班	31+53 大红　上门	31+55 大雨　上海	31+312 大豆　上岸	31+2 辫子　画家	31+213 看看　换换

说明：

上声+上声的连调中，前字读得略低，实际音值是44。

肆　儿化

老年男性音系共有韵母36个，所有韵母都可以发生卷舌的儿化，共形成27个儿化韵。

表44-2　临沂方言儿化韵表

儿化韵	原韵母	例词	儿化韵	原韵母	例词
ar	a	变戏法儿　找茬儿	ɛr	ɛ	牌儿　布袋儿
iar	ia	豆芽儿　光脚丫儿		ã	盘儿　花瓣儿
uar	ua	小褂儿　花儿	iɛr	iɛ	台阶儿　小鞋儿
ər	ə	自个儿　下巴颏儿		iã	雨点儿　笔尖儿
iər	iə	爷儿俩　树叶儿	uɛr	uɛ	拐儿　块儿
uər	uə	座儿　大伙儿		uã	一段儿　茶馆儿
yər	yə	家雀儿　银角儿	yɛr	yã	考卷儿　眼圈儿

续表

儿化韵	原韵母	例词	儿化韵	原韵母	例词
er	ɿ	瓜子儿　刺儿	ɔr	ɔ	应个卯儿　赶早儿
	ʅ	侄儿　豆汁儿	iɔr	iɔ	面条儿　开窍儿
	ei	葱白儿　小被儿	our	ou	土豆儿　两口儿
	ẽ	小本儿　出门儿	iour	iou	加油儿　抓阄儿
ier	i	针鼻儿　差不离儿	ãr	ɑŋ	鞋帮儿　帮忙儿
	iẽ	使劲儿　脚印儿	iãr	iɑŋ	撇腔儿　花样儿
uer	uei	一会儿　墨水儿	uãr	uɑŋ	小窗儿　小筐儿
	uẽ	冰棍儿　没准儿	ɤ̃r	əŋ	跳绳儿　门缝儿
	u	找主儿　小树儿	iɤ̃r	iŋ	山顶儿　定盘星儿
ur	u	打赌儿　牛犊儿	uɤ̃r	uŋ	没空儿　老翁儿
yer	y	毛驴儿　小鱼儿	yɤ̃r	yŋ	小熊儿　蚕蛹儿
	yẽ	合群儿　小军儿			

伍　新老差异

1.老年男性音系与青年男性音系中不分尖团，而出生于1935年的口头文化发音人张光锐存在分尖团现象，中古精组细音今读为ts、ts^h、s，中古见组细音今读tɕ、$tɕ^h$、ɕ。

2.“儿耳二”音节老男读ɭə，青男读ər。

3.老年男性的复合元音韵母ei、uei和ou、iou，青年男性发为e、ue和o、io。

4.老年男性的鼻化韵母ẽ、iẽ、uẽ、yẽ，青年男性发为ə̃、iə̃、uə̃、yə̃。

5.老年男性的后鼻音韵母ɑŋ、iɑŋ、uɑŋ和əŋ、iŋ、uŋ、yŋ，青年男性分别发为ɑ̃、iɑ̃、uɑ̃和ɤ̃、iɤ̃、uɤ̃、yɤ̃。

6.方言中有一些音类（声类、韵类、调类）与普通话不同，青男往往读同普通话的音类。如“所”，老男读ʃ声母，青男读s声母；“深”，老男读$tʃ^h$声母，青男读ʃ声母；“饿”，老男读uə韵母，青男读ə韵母；“妇”，老男读阴平，青男读去声；“甲”，老男读阴平，青男读上声。

第二章　字音对照

	0001多	0002拖	0003大～小	0004锣	0005左	0006歌	0007个	0008可
	果开一平歌端	果开一平歌透	果开一去歌定	果开一平歌来	果开一上歌精	果开一平歌见	果开一去歌见	果开一上歌溪
荣成	to^{53}	t^{h}o^{53}	ta^{33}	lo^{53}	tso^{214}	ko^{53}	ko^{33}	k^{h}o^{214}
烟台	tuo^{53}	t^{h}uo^{53}	ta^{33}	luo^{33}	tsuo^{14}	kɤ^{53}	kɤ^{33}	k^{h}ɤ^{14}
栖霞	tuo^{312}	t^{h}uo^{312}	ta^{52}	luo^{312}	tsuo^{52}	kuo^{312}又 kə^{312}又	kə^{52}	k^{h}uo^{52}又 k^{h}ə^{214}又
长岛	tuə^{312}	t^{h}uə^{312}	ta^{52}	luə^{55}	tsuə^{213}	kə^{312}	kə^{52}	k^{h}ə^{213}
海阳	tuo^{52}	t^{h}uo^{52}	ta^{341}	luo^{52}	tθuo^{214}	kuo^{52}	kuo^{341}又 kə^{341}又	k^{h}uo^{214}
莱西	tuə^{214}	t^{h}uə^{214}	ta^{42}	luə^{214}	tsuə^{42}	kuə^{214}白 kə^{214}文	kuə^{42}白 kə^{42}文	k^{h}uə^{55}白 k^{h}ə^{55}文
平度	tuə^{213}	t^{h}uə^{213}	ta^{42}	luə^{42}	tθuə^{213}	kə^{213}	kuə^{213}白 kə^{42}文	k^{h}ə^{55}
青岛	tuə^{213}	t^{h}uə^{213}	tɑ^{42}	luə^{42}	tθuə^{213}	kə^{213}	kə^{42}	k^{h}ə^{55}
高密	tuə^{213}	t^{h}uə^{213}	tɑ^{21}	luə^{42}	tθuə^{21}	kə^{213}	kə^{21}	k^{h}ə^{55}
诸城	tuə^{213}	t^{h}uə^{213}	ta^{31}	luə^{53}	tθuə^{31}	kuə^{213}	kuə^{31}	k^{h}uə^{44}
沂水	tuə^{213}	t^{h}uə^{213}	ta^{31}	luə^{53}	dðuə^{31}又 dðuə^{44}又	kuə^{213}老 kə^{213}新	kə^{31}	k^{h}ə^{44}
临朐	tuə^{213}	t^{h}uə^{213}	ta^{21}	luə^{53}	tθuə^{21}	kuə^{213}	kuə^{21}	k^{h}uə^{44}
日照	tuə^{213}	t^{h}uə^{213}	tɑ^{31}	luə^{53}	tθuə^{31}	kə^{213}	kə^{31}	k^{h}ə^{213}
莒南	tuə^{213}	t^{h}uə^{213}	ta^{312}	luə^{53}	tθuə^{312}	kə^{213}	kə^{312}	k^{h}ə^{55}
潍坊	tuə^{214}	t^{h}uə^{214}	tɑ^{31}	luə^{53}	tsuə^{31}	kuə^{214}	kuə^{31}	k^{h}uə^{55}
寿光	tuə^{213}	t^{h}uə^{213}	ta^{21}	luə^{53}	tsuə^{21}	kuə^{213}	kuə^{21}	k^{h}uə^{55}
高青	tuə^{213}	t^{h}uə^{213}	tɑ^{41}	luə^{55}	tsuə^{41}	kə^{213}	kə^{41}	k^{h}ə^{213}
阳信	tuə^{213}	t^{h}uə^{213}	ta^{31}	luə^{43}	tsuə^{31}	kə^{213}	kə^{31}	k^{h}ə^{55}
济阳	tuə^{213}	t^{h}uə^{213}	ta^{31}	luə^{55}	tsuə^{31}	kə^{213}	kə^{31}	k^{h}ə^{55}

续表

	0001多	0002拖	0003大～小	0004锣	0005左	0006歌	0007个	0008可
	果开一平歌端	果开一平歌透	果开一去歌定	果开一平歌来	果开一上歌精	果开一平歌见	果开一去歌见	果开一上歌溪
利津	tuə^{213}	t^{h}uə^{213}	ta^{31}	luə^{53}	tsuə^{31}～右 tsuə^{55}姓～	kə^{213}	kə^{31}	k^{h}ə^{55}
乐陵	tuə^{24}	t^{h}uə^{24}	tɑ^{51}	luə^{55}	tsuə^{51}	kə^{24}	kə^{51}	k^{h}ə^{55}
商河	tuə^{213}	t^{h}uə^{213}	tɑ^{31}	luə^{54}	tsuə^{31}～右 tsuə^{45}姓～	kə^{213}	kə^{31}	k^{h}ə^{45}
平原	tuə^{213}	t^{h}uə^{213}	ta^{21}	luə^{42}	tsuə^{21}	kə^{213}	kə^{21}	k^{h}ə^{55}
德州	tuə^{213}	t^{h}uə^{213}	ta^{21}	luə^{42}	tsuə^{21}	kə^{213}	kə^{21}	k^{h}ə^{55}
武城	tuə^{224}	t^{h}uə^{224}	ta^{312}	luə^{53}	tsuə^{312}～右 tsuə^{55}姓～	kə^{224}	kə^{312}	k^{h}ə^{55}
临清	tuə^{13}	t^{h}uə^{13}	ta^{313}	luə^{53}	tsuə^{44}	kə^{13}	kə^{313}	k^{h}ə^{44}
冠县	tuə^{13}	t^{h}uə^{13}	ta^{314}	luə^{53}	tsuə^{55}	kə^{13}	kə^{314}	k^{h}ə^{55}
聊城	tuə^{13}	t^{h}uə^{13}	ta^{313}	luə^{53}	tsuə^{44}	kə^{13}	kə^{313}	k^{h}ə^{44}
济南	tuə^{213}	t^{h}uə^{213}	ta^{21}	luə^{42}	tsuə^{21}～右 tsuə^{55}姓～	kə^{213}	kə^{21}	k^{h}ə^{55}
泰安	tuə^{213}	t^{h}uə^{213}	ta^{21}	luə^{42}	tsuə^{21}～右 tsuə^{55}姓～	kə^{213}	kə^{21}	k^{h}ə^{55}
莱芜	tuə^{213}	t^{h}uə^{213}	ta^{42}	luə^{55}	tsuə^{42}	kə^{213}	kə^{42}	k^{h}ə^{55}
新泰	tuə^{213}	t^{h}uə^{213}	ta^{31}	luə^{42}	tθuə^{31}	kə^{213}	kə^{31}	k^{h}ə^{55}
沂源	tuə^{213}	t^{h}uə^{213}	ta^{31}	luə^{55}	tθuə^{55}	kuə^{213}	kə^{31}	k^{h}ə^{55}
博山	tuə^{213}	t^{h}uə^{213}	tɑ^{31}	luə^{55}	tsuə^{31}	kuə^{213}	kuə^{31}	k^{h}uə^{55}
张店	tuə^{213}	t^{h}uə^{213}	tɑ^{31}	luə^{55}	tsuə^{31}	kuə^{213}	kuə^{31}	k^{h}uə^{55}
阳谷	tuo^{213}	t^{h}uo^{213}	ta^{313}	luo^{42}	tsuo^{55}	kə^{213}	kə^{313}	k^{h}ə^{55}
梁山	tuə^{213}	t^{h}uə^{213}	ta^{314}	luə^{42}	tsuə^{55}	kə^{213}	kə^{314}	k^{h}ə^{55}
菏泽	tuə^{213}	t^{h}uə^{213}	ta^{312}	luə^{53}	tsuə^{44}	kə^{213}	kə^{312}	k^{h}ə^{44}
曹县	tuə^{213}	t^{h}uə^{213}	ta^{312}	luə^{53}	tsuə^{44}	kə^{213}	kə^{312}	k^{h}ə^{44}
金乡	tuə^{213}	t^{h}uə^{213}	ta^{312}	luə^{42}	tsuə^{55}	kə^{213}	kə^{312}	k^{h}ə^{55}
曲阜	tuə^{213}	t^{h}uə^{213}	ta^{312}	luə^{42}	tsuə^{55}	kə^{213}	kə^{312}	k^{h}ə^{55}

续表

	0001多	0002拖	0003大～小	0004锣	0005左	0006歌	0007个	0008可
	果开一 平歌端	果开一 平歌透	果开一 去歌定	果开一 平歌来	果开一 上歌精	果开一 平歌见	果开一 去歌见	果开一 上歌溪
薛城	tuə^{313}	t^{h}uə^{313}	ta^{41}	luə^{55}	tsuə^{24}又 pfə^{24}又 tɕyə^{24}又	kə^{313}	kə^{41}	k^{h}ə^{24}
郯城	tuə^{213}	t^{h}uə^{213}	ta^{51}	luə^{44}	tsuə^{24}	kə^{213}	kə^{51}	k^{h}ə^{24}
临沂	tuə^{214}	t^{h}uə^{214}	ta^{312}	luə^{53}	tsuə^{55}	kə^{214}	kə^{312}	k^{h}ə^{55}

	0009鹅	0010饿	0011河	0012茄	0013破	0014婆	0015磨动	0016磨名
	果开一 平歌疑	果开一 去歌疑	果开一 平歌匣	果开三 平戈群	果合一 去戈滂	果合一 平戈並	果合一 平戈明	果合一 去戈明
荣成	uo^{53}	uo^{33}	xuo^{35}	ciɛ^{35}	p^{h}o^{33}	po^{35}祖母 p^{h}o^{35}丈夫之母	mo^{53}	mo^{33}
烟台	uo^{33}	uo^{33}	xuo^{33}白 xɤ^{33}文	tɕ^{h}ie^{33}	p^{h}o^{33}	p^{h}o^{33}	mo^{53}	mo^{33}
栖霞	uo^{312}	uo^{342}	xuo^{342}	c^{h}iɛ^{342}	p^{h}ə^{52}	p^{h}ə^{342}	mə^{342}	mə^{52}
长岛	uə^{55}	uə^{52}	xə^{55}	c^{h}yɛ^{55}老 c^{h}iɛ^{55}新	p^{h}ə^{52}	p^{h}ə^{55}	mə^{55}	mə^{52}
海阳	uo^{52}	uo^{341}	xuo^{341}	c^{h}iə^{341}	p^{h}ə^{341}	p^{h}ə^{341}	mə^{52}	mə^{341}
莱西	uə^{214}白 ə^{214}文	uə^{42}白 ə^{42}文	xuə^{42}白 xə^{42}文	c^{h}iə^{42}	p^{h}ə^{42}	p^{h}ə^{42}	mə^{214}	mə^{42}
平度	uə^{42}	uə^{42}	xuə^{42}	c^{h}iə^{42}	p^{h}ə^{42}	p^{h}ə^{42}	mə^{42}	mə^{42}
青岛	uə^{42}白 ə^{42}文	uə^{42}白 ə^{42}文	xuə^{42}白 xə^{42}文	tɕ^{h}iə^{42}	p^{h}ə^{42}	p^{h}ə^{42}	mə^{42}	mə^{42}
高密	uə^{42}	uə^{21}	xuə^{42}白 xə^{42}文	tɕ^{h}iə^{42}	p^{h}ə^{21}	p^{h}ə^{42}	mə^{42}	mə^{21}
诸城	uə^{53}	uə^{31}	xuə^{53}	tʃ^{h}ə^{53}	p^{h}ə^{31}	p^{h}ə^{53}	mə^{53}	mə^{31}
沂水	uə^{53}	uə^{31}	xuə^{53}	tɕ^{h}iə^{53}	p^{h}ə^{31}	p^{h}ə^{53}	mə^{53}	mə^{31}
临朐	uə^{53}	uə^{21}	xuə^{53}	tɕ^{h}iə^{53}	p^{h}ə^{21}	p^{h}ə^{53}	mə^{53}	mə^{21}
日照	uə^{53}	uə^{31}	xuə^{53}	tʃ^{h}iə^{53}	p^{h}ə^{31}	p^{h}ə^{53}	mə^{53}	mə^{31}
莒南	ə^{53}	uə^{312}	xə^{53}	tɕ^{h}iə^{53}	p^{h}ə^{312}	p^{h}ə^{53}	mə^{53}	mə^{312}

续表

	0009鹅	0010饿	0011河	0012茄	0013破	0014婆	0015磨动	0016磨名
	果开一 平歌疑	果开一 去歌疑	果开一 平歌匣	果开三 平戈群	果合一 去戈滂	果合一 平戈並	果合一 平戈明	果合一 去戈明
潍坊	uə53	uə31	xuə53	tɕʰiə53	pʰə31	pʰə53	mə53	mə31
寿光	uə53	uə21	xuə53	tɕʰiə53	pʰə21	pʰə53	mə53	mə21
高青	ŋə55	ŋə41	xə55	tɕʰiə55	pʰə41	pʰə55	mə55	mə41
阳信	ŋə43	uə31	xə43	tɕʰiə43	pʰə31	pʰə43	mə43	mə31
济阳	ŋə55	ŋə31	xə55	tɕʰiə55	pʰə31	pʰə55	mə55	mə31
利津	ŋə53	uə31 又 ŋə31 又	xə53	tɕʰiə53	pʰə31	pʰə53	mə31	mə31
乐陵	ŋə55	uə51 老 ŋə51 新	xə55	tɕʰiə55	pʰə51	pʰə55	mə55	mə51
商河	ŋə54	uə31	xə54	tɕʰiə54	pʰə31	pʰə54	mə54	mə31
平原	ŋə42	uə21 老 ə21 新	xə42	tɕʰiə42	pʰə21	pʰə42	mə42	mə21
德州	ŋə42	uə21	xə42	tɕʰiə42	pʰə21	pʰə42	mə42	mə21
武城	ŋə53	ŋə312	xə53	tɕʰiə53	pʰə312	pʰə53	mə53	mə312
临清	ŋə53	ŋə313	xə53	tɕʰiə53	pʰə313	pʰə53	mə53	mə313
冠县	ɣə53	ɣə314	xə53	tɕʰiə53	pʰə314	pʰə53	mə53	mə314
聊城	ɣə53	ɣə313	xə53	tɕʰiə53	pʰə313	pʰə53	mə53	mə313
济南	ŋə42	ŋə21	xə42	tɕʰiə42	pʰə21	pʰə42	mə42	mə21
泰安	ɣə42	ɣə21	xə42	tɕʰiə42	pʰə21	pʰə42	mə42	mə21
莱芜	ŋə55	uə42	xə55	tɕʰiə55	pʰə42	pʰə55	mə55	mə42
新泰	ŋə42	ŋə31	xə42	tɕʰiə42	pʰə31	pʰə42	mə42	mə31
沂源	uə55	uə31	xuə55	tɕʰiə55	pʰə31	pʰə55	mə55	mə31
博山	uə55	uə31	xuə55	tɕʰiə55	pʰə31	pʰə55	mə55	mə31
张店	uə55	uə31	xuə55	tɕʰiə55 又 tɕiɑ55 又	pʰə31	pʰə55	mə55	mə31
阳谷	ɣə42	ɣə313	xə42	tɕʰiə42	pʰə313	pʰə42	mə42	mə313
梁山	ɣə42	ɣə314	xə42	tɕʰiə42	pʰə314	pʰə42	mə42～刀 mə314～面	mə314

续表

	0009鹅	0010饿	0011河	0012茄	0013破	0014婆	0015磨动	0016磨名
	果开一 平歌疑	果开一 去歌疑	果开一 平歌匣	果开三 平戈群	果合一 去戈滂	果合一 平戈並	果合一 平戈明	果合一 去戈明
菏泽	ɣə^{53}	ɣə^{312}	xə^{53}	tɕ^{h}iɛ^{53}	p^{h}ə^{312}	p^{h}ə^{53}	mə^{53}	mə^{312}
曹县	ɣə^{53}	ɣə^{312}	xə^{53}	tɕ^{h}iə^{53}	p^{h}ə^{312}	p^{h}ə^{53}	mə^{53}	mə^{312}
金乡	ɣə^{42}	ɣə^{312}	xə^{42}	tɕ^{h}iə^{42}	p^{h}ə^{312}	p^{h}ə^{42}	mə^{42}～刀 mə^{312}～面	mə^{312}
曲阜	ɣə^{42}	ɣə^{312}	xə^{42}	tɕ^{h}iə^{42}	p^{h}ə^{312}	p^{h}ə^{42}	mə^{42}～刀 mə^{312}～面	mə^{312}
薛城	ɣə^{55}	ɣə^{41}	xə^{55}	tɕ^{h}iə^{55}	p^{h}ə^{41}	p^{h}ə^{55}	mə^{55}	mə^{41}
郯城	ə^{44}	uə^{51}老 ə^{51}新	xə^{44}	tɕ^{h}iə^{44}	p^{h}ə^{51}	p^{h}ə^{44}	mə^{44}	mə^{51}
临沂	ɣə^{53}	uə^{312}	xə^{53}	tɕ^{h}iə^{53}	p^{h}ə^{312}	p^{h}ə^{53}	mə^{53}	mə^{312}

	0017躲	0018螺	0019坐	0020锁	0021果	0022过～来	0023课	0024火
	果合一 上戈端	果合一 平戈来	果合一 上戈从	果合一 上戈心	果合一 上戈见	果合一 去戈见	果合一 去戈溪	果合一 上戈晓
荣成	to^{214}	lo^{35}	tso^{33}	so^{214}	ko^{214}	kuo^{33}	k^{h}o^{33}	xuo^{214}
烟台	tuo^{14}	luo^{33}	tɜuo^{33}	ɜuo^{14}	kuo^{14}	kuo^{33}	k^{h}ɤ^{33}	xuo^{14}
栖霞	tuo^{214}	luo^{342}	tsuo^{342}	suo^{214}	kuo^{214}	kuo^{52}	k^{h}uo^{52}	xuo^{214}
长岛	tuə^{213}	luə^{55}	tsuə^{52}	suə^{213}	kuə^{213}	kuə^{52}	k^{h}ə^{52}	xuə^{213}
海阳	tuo^{214}	luo^{52}	tθuo^{341}	θuo^{214}	kuo^{214}	kuo^{341}	k^{h}uo^{341}	xuo^{214}
莱西	tuə^{55}	luə^{214}	tsuə^{42}	suə^{55}	kuə^{55}	kuə^{42}	k^{h}ə^{42}	xuə^{55}
平度	tuə^{55}	luə^{42}	tθuə^{42}	θuə^{55}	kuə^{55}	kuə^{42}	k^{h}ə^{213}	xuə^{55}
青岛	tuə^{55}	luə^{42}	tθuə^{42}	θuə^{55}	kuə^{55}	kuə^{42}	k^{h}ə^{42}	xuə^{55}
高密	tuə^{55}	luə^{42}	tθuə^{21}	θuə^{55}	kuə^{55}	kə^{21}白 kuə^{21}文	k^{h}ə^{21}	xuə^{55}
诸城	tuə^{44}	luə^{53}	tθuə^{31}	θuə^{44}	kuə^{44}	kuə^{31}	k^{h}uə^{31}	xuə^{44}
沂水	tuə^{44}	luə^{53}	dðuə^{31}	θuə^{44}	kuə^{44}	kə^{31}老 kuə^{31}新	k^{h}ə^{31}	xuə^{44}
临朐	tuə^{44}	luə^{53}	tθuə^{21}	θuə^{44}	kuə^{44}	kuə^{21}	k^{h}uə^{21}	xuə^{44}

续表

	0017躲	0018螺	0019坐	0020锁	0021果	0022过～来	0023课	0024火
	果合一 上戈端	果合一 平戈来	果合一 上戈从	果合一 上戈心	果合一 上戈见	果合一 去戈见	果合一 去戈溪	果合一 上戈晓
日照	tuə^{44}	luə^{53}	tθuə^{31}	θuə^{44}	kuə^{44}	kuə^{31}～去（以前） kə^{31}～来	kʰə^{31}	xuə^{44}
莒南	tuə^{55}	luə^{53}	tθuə^{312}	θuə^{55}	kuə^{55}	kuə^{312}	kʰə^{312}	xuə^{55}
潍坊	tuə^{55}	luə^{53}	tsuə^{31}	suə^{55}	kuə^{55}	kuə^{31}	kʰuə^{31}	xuə^{55}
寿光	tuə^{55}	luə^{53}	tsuə^{21}	suə^{55}	kuə^{55}	kuə^{21}	kʰuə^{21}	xuə^{55}
高青	tuə^{55}	luə^{55}	tsuə^{41}	suə^{55}	kuə^{55}	kuə^{41}又 kə^{41}又	kʰə^{41}	xuə^{55}
阳信	tuə^{55}	luə^{43}	tsuə^{31}	suə^{55}	kuə^{55}	kuə^{31}	kʰə^{31}	xuə^{55}
济阳	tuə^{55}	luə^{55}	tsuə^{31}	suə^{55}	kuə^{55}	kə^{31}老 kuə^{31}新	kʰə^{31}	xuə^{55}
利津	tuə^{55}	luə^{53}	tsuə^{31}	suə^{55}	kuə^{55}苹～ kə^{55}长～儿	kə^{31}老 kuə^{31}新	kʰə^{31}	xuə^{55}
乐陵	tuə^{55}	luə^{55}	tsuə^{51}	suə^{55}	kuə^{55}	kə^{51}老 kuə^{51}新	kʰə^{51}	xuə^{55}
商河	tuə^{45}	luə^{54}	tsuə^{31}	suə^{45}	kuə^{45}	kə^{31}～道 kuə^{31}～木	kʰə^{31}	xuə^{45}
平原	tuə^{55}	luə^{42}	tsuə^{21}	suə^{55}	kuə^{55}	kə^{21}老 kuə^{21}新	kʰə^{21}	xuə^{55}
德州	tuə^{55}	luə^{42}	tsuə^{21}	suə^{55}	kuə^{55}	kuə^{21}	kʰə^{21}	xuə^{55}
武城	tuə^{55}	luə^{53}	tsuə^{312}	suə^{55}	kuə^{55}	kə^{312}老 kuə^{312}新	kʰə^{312}	xuə^{55}
临清	tuə^{44}	luə^{53}	tsuə^{313}	suə^{44}	kuə^{44}	kuə^{313}	kʰə^{313}	xuə^{44}
冠县	tuə^{55}	luə^{53}	tsuə^{314}	suə^{55}	kuə^{55}	kuə^{314}	kʰə^{314}	xuə^{55}
聊城	tuə^{44}	luə^{53}	tsuə^{313}	suə^{44}	kuə^{44}	kuə^{313}	kʰə^{313}	xuə^{44}
济南	tuə^{55}	luə^{42}	tsuə^{21}	suə^{55}	kuə^{55}	kə^{21}白 kuə^{21}文	kʰə^{21}	xuə^{55}
泰安	tuə^{55}	luə^{42}	tsuə^{21}	suə^{55}	kuə^{55}	kə^{21}白 kuə^{21}文	kʰə^{21}	xuə^{55}

续表

	0017 躲	0018 螺	0019 坐	0020 锁	0021 果	0022 过～来	0023 课	0024 火
	果合一上戈端	果合一平戈来	果合一上戈从	果合一上戈心	果合一上戈见	果合一去戈见	果合一去戈溪	果合一上戈晓
莱芜	tuə55	luə55	tsuə42	suə55	kuə55	kuə42	kʰə42	xuə55
新泰	tuə55	luə42	tθuə31	θuə55	kuə55	kuə31	kʰə31	xuə55
沂源	tuə55	luə55	tθuə31	θuə55	kuə55	kuə31	kʰuə31	xuə55
博山	tuə55	luə55	tsuə31	suə55	kuə55	kuə31	kʰuə31	xuə55
张店	tuə55	luə55	tsuə31	suə55	kuə55	kuə31	kʰuə31	xuə55
阳谷	tuo55	luo42	tsuo313	suo55	kuo55	kuo313	kʰuo313 白 kʰə313 文	xuo55
梁山	tuə55	luə42	tɕyə314 老 tsuə314 新	ɕyə55 老 suə55 新	kuə55	kuə314	kʰuə314	xuə55
菏泽	tuə44	luə53	tsuə312	suə44	kuə44	kuə312	kʰə312	xuə44
曹县	tuə44	luə53	tsuə312	suə44	kuə44	kuə312	kʰə312	xuə44
金乡	tuə55	luə42	tsuə312	suə55	kuə55	kuə312	kʰə312	xuə55
曲阜	tuə55	luə42	tsuə312	suə55	kuə55	kuə312	kʰə312	xuə55
薛城	tuə24	luə55	tsuə41	ɕyə24 又 suə24 又	kuə24	kuə41	kʰə41	xuə24
郯城	tuə24	luə44	tsuə51	suə24	kuə24	kuə51	kʰə51	xuə24
临沂	tuə55	luə53	tsuə312	suə55	kuə55	kuə312	kʰə312	xuə55

	0025 货	0026 祸	0027 靴	0028 把量	0029 爬	0030 马	0031 骂	0032 茶
	果合一去戈晓	果合一上戈匣	果合三平戈晓	假开二上麻帮	假开二平麻並	假开二上麻明	假开二去麻明	假开二平麻澄
荣成	xuo33	xuo33	ɕyɛ53	pa214	pʰa35 又 pa35 又	ma214	ma33	tʂʰa35
烟台	xuo33	xuo33	ɕye53	pa14	pʰa33	ma14	ma33	tsʰa33
栖霞	xuo52	xuo52	ɕyɛ312	pa214	pʰa342	ma214	ma342	tsʰa342
长岛	xuə52	xuə52	ɕyɛ312	pa213	pʰa55	ma213	ma52	tsʰa55
海阳	xuo341	xuo341	ɕyə52	pa214	pʰa341	ma214	ma341	tʂʰa341

续表

	0025货	0026祸	0027靴	0028把量	0029爬	0030马	0031骂	0032茶
	果合一去戈晓	果合一上戈匣	果合三平戈晓	假开二上麻帮	假开二平麻並	假开二上麻明	假开二去麻明	假开二平麻澄
莱西	xuə^{42}	xuə^{42}	çyə^{214}	pa^{55}	p^{h}a^{42}	ma^{55}	ma^{42}	ts^{h}a^{42}
平度	xuə^{42}	xuə^{42}	çyə^{213}	pa^{55}	p^{h}a^{42}	ma^{55}	ma^{42}	tʂ^{h}a^{42}
青岛	xuə^{42}	xuə^{42}	çyə^{213}	pɑ^{55}	p^{h}ɑ^{42}	mɑ^{55}	mɑ^{42}	tʂ^{h}ɑ^{42}
高密	xuə^{21}	xuə^{21}	çyə^{213}	pɑ^{55}	p^{h}ɑ^{42}	mɑ^{55}	mɑ^{21}	tʂ^{h}ɑ^{42}
诸城	xuə^{31}	xuə^{31}	ʃuə^{213}	pa^{44}	p^{h}a^{53}	ma^{44}	ma^{31}	tʂ^{h}a^{53}
沂水	xuə^{31}	xuə^{31}	çyə^{213}	pa^{44}	p^{h}a^{53}	ma^{44}	ma^{31}	tʂ^{h}a^{53}
临朐	xuə^{21}	xuə^{21}	çyə^{213}	pa^{44}	p^{h}a^{53}	ma^{44}	ma^{21}	tʂ^{h}a^{53}
日照	xuə^{31}	xuə^{31}	ʃyə^{213}	pɑ^{44}	p^{h}ɑ^{53}	mɑ^{44}	mɑ^{31}	tʂ^{h}ɑ^{53}
莒南	xuə^{312}	xuə^{312}	çyə^{213}	pa^{55}	p^{h}a^{53}	ma^{55}	ma^{312}	tʂ^{h}a^{53}
潍坊	xuə^{31}	xuə^{31}	çyə^{214}	pɑ^{55}	p^{h}ɑ^{53}	mɑ^{55}	mɑ^{31}	tʂ^{h}ɑ^{53}
寿光	xuə^{21}	xuə^{21}	çyə^{213}	pa^{55}	p^{h}a^{53}	ma^{55}	ma^{21}	tʂ^{h}a^{53}
高青	xuə^{41}	xuə^{41}	çyə^{213}	pɑ^{55}	p^{h}ɑ^{55}	mɑ^{55}	mɑ^{41}	tʂ^{h}ɑ^{55}
阳信	xuə^{31}	xuə^{31}	çyə^{213}	pa^{55}	p^{h}a^{43}	ma^{55}	ma^{31}	tʂ^{h}a^{43}
济阳	xuə^{31}	xuə^{31}	çyə^{213}	pa^{55}	p^{h}a^{55}	ma^{55}	ma^{31}	tʂ^{h}a^{55}
利津	xuə^{31}	xuə^{31}	çyə^{213}	pa^{55}	p^{h}a^{53}	ma^{55}	ma^{31}	tʂ^{h}a^{53}
乐陵	xuə^{51}	xuə^{51}	çyə^{24}	pɑ^{55}	p^{h}ɑ^{55}	mɑ^{55}	mɑ^{51}	ts^{h}ɑ^{55}
商河	xuə^{31}	xuə^{31}	çyə^{213}	pɑ^{45}	p^{h}ɑ^{54}	mɑ^{45}	mɑ^{31}	ts^{h}ɑ^{54}
平原	xuə^{21}	xuə^{21}	çyə^{213}	pa^{55}	p^{h}a^{42}	ma^{55}	ma^{21}	ts^{h}a^{42}
德州	xuə^{21}	xuə^{21}	çyə^{213}	pa^{55}	p^{h}a^{42}	ma^{55}	ma^{21}	tʂ^{h}a^{42}
武城	xuə^{312}	xuə^{312}	çyə^{224}	pa^{55}	p^{h}a^{53}	ma^{55}	ma^{312}	tʂ^{h}a^{53}
临清	xuə^{313}	xuə^{313}	çyə^{13}	pa^{44}	p^{h}a^{53}	ma^{44}	ma^{313}	tʂ^{h}a^{53}
冠县	xuə^{314}	xuə^{314}	çyə^{13}	pa^{55}	p^{h}a^{53}	ma^{55}	ma^{314}	tʂ^{h}a^{53}
聊城	xuə^{313}	xuə^{313}	çyə^{13}	pa^{44}	p^{h}a^{53}	ma^{44}	ma^{313}	ts^{h}a^{53}
济南	xuə^{21}	xuə^{21}	çyə^{213}	pa^{55}	p^{h}a^{42}	ma^{55}	ma^{21}	tʂ^{h}a^{42}
泰安	xuə^{21}	xuə^{21}	çyə^{213}	pa^{55}	p^{h}a^{42}	ma^{55}	ma^{21}	tʂ^{h}a^{42}
莱芜	xuə^{42}	xuə^{42}	çyə^{213}	pa^{55}	p^{h}a^{55}	ma^{55}	ma^{42}	tʃ^{h}a^{55}

续表

	0025货	0026祸	0027靴	0028把量	0029爬	0030马	0031骂	0032茶
	果合一 去戈晓	果合一 上戈匣	果合三 平戈晓	假开二 上麻帮	假开二 平麻並	假开二 上麻明	假开二 去麻明	假开二 平麻澄
新泰	xuə^{31}	xuə^{31}	ɕyə^{213}	pa^{55}	p^{h}a^{42}	ma^{55}	ma^{31}	tʃ^{h}a^{42}
沂源	xuə^{31}	xuə^{31}	ɕyə^{213}	pa^{55}	p^{h}a^{55}	ma^{55}	ma^{31}	tʃ^{h}a^{55}
博山	xuə^{31}	xuə^{31}	ɕyə^{213}	pɑ^{55}	p^{h}ɑ^{55}	mɑ^{55}	mɑ^{31}	tʂ^{h}ɑ^{55}
张店	xuə^{31}	xuə^{31}	ɕyə^{213}	pɑ^{55}	p^{h}ɑ^{55}	mɑ^{55}	mɑ^{31}	tʂ^{h}ɑ^{55}
阳谷	xuo^{313}	xuo^{313}	ɕyo^{213}	pa^{55}	p^{h}a^{42}	ma^{55}	ma^{313}	ts^{h}a^{42}
梁山	xuə^{314}	xuə^{314}	ɕyə^{213}	pa^{55}	p^{h}a^{42}	ma^{55}	ma^{314}	ts^{h}a^{42}
菏泽	xuə^{312}	xuə^{312}	ɕyə^{213}	pa^{44}	p^{h}a^{53}	ma^{44}	ma^{312}	ts^{h}a^{53}
曹县	xuə^{312}	xuə^{312}	ɕyə^{213}	pa^{44}	p^{h}a^{53}	ma^{44}	ma^{312}	ts^{h}a^{53}
金乡	xuə^{312}	xuə^{312}	ɕyə^{213}	pa^{55}	p^{h}a^{42}	ma^{55}	ma^{312}	ts^{h}a^{42}
曲阜	xuə^{312}	xuə^{312}	ɕyə^{213}	pa^{55}	p^{h}a^{42}	ma^{55}	ma^{312}	ts^{h}a^{42}
薛城	xuə^{41}	xuə^{41}	ɕyə^{313}	pa^{24}	p^{h}a^{55}	ma^{24}	ma^{41}	ts^{h}a^{55}
郯城	xuə^{51}	xuə^{51}	ɕyə^{213}	pa^{24}	p^{h}a^{44}	ma^{24}	ma^{51}	tʂ^{h}a^{44}
临沂	xuə^{312}	xuə^{312}	ɕyə^{214}	pa^{55}	p^{h}a^{53}	ma^{55}	ma^{312}	tʃ^{h}a^{53}

	0033沙	0034假真～	0035嫁	0036牙	0037虾	0038下方位	0039夏春～	0040哑
	假开二 平麻生	假开二 上麻见	假开二 去麻见	假开二 平麻疑	假开二 平麻晓	假开二 上麻匣	假开二 去麻匣	假开二 上麻影
荣成	ʂa^{53}	cia^{214}	cia^{33}	ia^{53}	çia^{53}	çia^{33}	çia^{33}	ia^{214}
烟台	sa^{53}	tɕia^{14}	tɕia^{33}	ia^{53}	ɕia^{53}	ɕia^{33}	ɕia^{33}	ia^{14}
栖霞	sa^{312}	cia^{214}	cia^{52}	ia^{312}	çia^{312}	çia^{52}	çia^{52}	ia^{214}
长岛	sa^{312}	cia^{213}	cia^{52}	ia^{55}	çia^{312}	çia^{52}	çia^{52}	ia^{213}
海阳	ʂa^{52}	cia^{214}	cia^{341}	ia^{52}	çia^{52}	çia^{341}	çia^{341}	ia^{214}
莱西	sa^{214}	cia^{55}	cia^{42}	ia^{214}	çia^{214}	çia^{42}	çia^{42}	ia^{55}
平度	ʂa^{213}	cia^{55}	cia^{42}	ia^{42}	çia^{213}	çia^{42}	çia^{42}	ia^{55}
青岛	ʂɑ^{213}	tɕiɑ^{55}	tɕiɑ^{42}	iɑ^{42}	ɕiɑ^{213}	ɕiɑ^{42}	ɕiɑ^{42}	iɑ^{55}
高密	ʂɑ^{213}	tɕiɑ^{55}	tɕiɑ^{21}	iɑ^{42}	ɕiɑ^{213}	ɕiɑ^{42}	ɕiɑ^{42}	iɑ^{55}

续表

	0033沙	0034假 真～	0035嫁	0036牙	0037虾	0038下 方位	0039夏 春～	0040哑
	假开二 平麻生	假开二 上麻见	假开二 去麻见	假开二 平麻疑	假开二 平麻晓	假开二 上麻匣	假开二 去麻匣	假开二 上麻影
诸城	ʂa^{213}	tʃa^{44}	tʃa^{31}	ia^{53}	ʃa^{213}	ʃa^{31}	ʃa^{31}	ia^{44}
沂水	ʂa^{213}	tɕia^{44}	tɕia^{31}	ia^{53}	ɕia^{213}	ɕia^{31}	ɕia^{31}	ia^{44}
临朐	ʂa^{213}	tɕia^{44}	tɕia^{21}	ia^{53}	ɕia^{213}	ɕia^{21}	ɕia^{21}	ia^{44}
日照	ʂɑ^{213}	tʃiɑ^{44}	tʃiɑ^{31}	iɑ^{53}	ʃiɑ^{213}	ʃiɑ^{31}	ʃiɑ^{31}	iɑ^{44}
莒南	ʂa^{213}	tɕia^{55}	tɕia^{312}	ia^{53}	ɕia^{213}	ɕia^{312}	ɕia^{312}	ia^{55}
潍坊	ʂɑ^{214}	tɕiɑ^{55}	tɕiɑ^{31}	iɑ^{53}	ɕiɑ^{214}	ɕiɑ^{31}	ɕiɑ^{31}	iɑ^{214}
寿光	ʂa^{213}	tɕia^{55}	tɕia^{21}	ia^{53}	ɕia^{213}	ɕia^{21}	ɕia^{21}	ia^{213}
高青	ʂɑ^{213}	tɕiɑ^{55}	tɕiɑ^{41}	iɑ^{55}	ɕiɑ^{213}	ɕiɑ^{41}	ɕiɑ^{41}	iɑ^{55}
阳信	ʂa^{213}	tɕia^{55}	tɕia^{31}	ia^{43}	ɕia^{213}	ɕia^{31}	ɕia^{31}	ia^{55}
济阳	ʂa^{213}	tɕia^{55}	tɕia^{31}	ia^{55}	ɕia^{213}	ɕia^{31}	ɕia^{31}	ia^{55}
利津	ʂa^{213}	tɕia^{55}	tɕia^{31}	ia^{53}	ɕia^{213}	xa^{31} 老 ɕia^{31} 新	ɕia^{31}	ia^{55}
乐陵	sɑ^{24}	tɕiɑ^{55}	tɕiɑ^{51}	iɑ^{55}	ɕiɑ^{24}	ɕiɑ^{51}	ɕiɑ^{51}	iɑ^{55}
商河	sɑ^{213}	tɕiɑ^{45}	tɕiɑ^{31}	iɑ^{54}	ɕiɑ^{213}	ɕiɑ^{31}	ɕiɑ^{31}	iɑ^{45}
平原	sa^{213}	tɕia^{55}	tɕia^{21}	ia^{42}	ɕia^{213}	ɕia^{21}	ɕia^{21}	ia^{55}
德州	ʂa^{213}	tɕia^{55}	tɕia^{21}	ia^{42}	ɕia^{213}	ɕia^{21}	ɕia^{21}	ia^{55}
武城	ʂa^{224}	tɕia^{55}	tɕia^{312}	ia^{53}	ɕia^{224}	ɕia^{312}	ɕia^{312}	ia^{55}
临清	ʂa^{13}	tɕia^{44}	tɕia^{313}	ia^{53}	ɕia^{13}	ɕia^{313}	ɕia^{313}	ia^{44}
冠县	ʂa^{13}	tɕia^{55}	tɕia^{314}	ia^{53}	ɕia^{13}	ɕia^{314}	ɕia^{314}	ia^{55}
聊城	sa^{13}	tɕia^{44}	tɕia^{313}	ia^{53}	ɕia^{13}	ɕia^{313}	ɕia^{313}	ia^{44}
济南	ʂa^{213}	tɕia^{55}	tɕia^{21}	ia^{42}	ɕia^{213}	ɕia^{21}	ɕia^{21}	ia^{55}
泰安	ʂa^{213}	tɕia^{55}	tɕia^{21}	ia^{42}	ɕia^{213}	ɕia^{21}	ɕia^{21}	ia^{55}
莱芜	ʃa^{213}	tɕia^{55}	tɕia^{42}	ia^{55}	ɕia^{213}	ɕia^{42}	ɕia^{42}	ia^{55}
新泰	ʃa^{213}	tɕia^{55}	tɕia^{31}	ia^{42}	ɕia^{213}	ɕia^{31}	ɕia^{31}	ia^{55}
沂源	ʃa^{213}	tɕia^{55}	tɕia^{31}	ia^{55}	ɕia^{213}	ɕia^{31}	ɕia^{31}	ia^{213}
博山	ʂɑ^{213}	tɕiɑ^{55}	tɕiɑ^{31}	iɑ^{55}	ɕiɑ^{213}	ɕiɑ^{31}	ɕiɑ^{31}	iɑ^{213}

续表

	0033沙	0034假真～	0035嫁	0036牙	0037虾	0038下方位	0039夏春～	0040哑
	假开二平麻生	假开二上麻见	假开二去麻见	假开二平麻疑	假开二平麻晓	假开二上麻匣	假开二去麻匣	假开二上麻影
张店	ʂɑ^{213}	tɕiɑ^{55}	tɕiɑ^{31}	iɑ^{55}	ɕiɑ^{213}	ɕiɑ^{31}	ɕiɑ^{31}	iɑ^{55}
阳谷	sa^{213}	tɕia^{55}	tɕia^{313}	ia^{42}	ɕia^{213}	ɕia^{313}	ɕia^{313}	ia^{55}
梁山	sa^{213}	tɕia^{55}	tɕia^{314}	ia^{42}	ɕia^{213}	ɕia^{314}	ɕia^{314}	ia^{55}
菏泽	sa^{213}	tɕia^{44}	tɕia^{312}	ia^{53}	ɕia^{213}	ɕia^{312}	ɕia^{312}	ia^{44}
曹县	sa^{213}	tɕia^{44}	tɕia^{312}	ia^{53}	ɕia^{213}	ɕia^{312}	ɕia^{312}	ia^{44}
金乡	sa^{213}	tɕia^{55}	tɕia^{312}	ia^{42}	ɕia^{213}	ɕia^{312}	ɕia^{312}	ia^{55}
曲阜	sa^{213}	tɕia^{55}	tɕia^{312}	ia^{42}	ɕia^{213}	ɕia^{312}	ɕia^{312}	ia^{55}
薛城	sa^{313}	tɕia^{24}	tɕia^{41}	ia^{55}	ɕia^{313}	ɕia^{41}	ɕia^{41}	ia^{24}
郯城	ʂa^{213}	tɕia^{24}	tɕia^{51}	ia^{44}	ɕia^{213}	ɕia^{51}	ɕia^{51}	ia^{24}
临沂	ʃa^{214}	tɕia^{55}	tɕia^{312}	ia^{53}	ɕia^{214}	ɕia^{312}	ɕia^{312}	ia^{55}

	0041姐	0042借	0043写	0044斜	0045谢	0046车～辆	0047蛇	0048射
	假开三上麻精	假开三去麻精	假开三上麻心	假开三平麻邪	假开三去麻邪	假开三平麻昌	假开三平麻船	假开三去麻船
荣成	tsiɛ^{214}	tsiɛ^{33}	siɛ^{214}	siɛ^{35}	siɛ^{33}	tʃʰiɛ^{53}	ʃiɛ^{35}	ʃiɛ^{33}
烟台	tɕie^{14}	tɕie^{33}	ɕie^{14}	ɕie^{33}	ɕie^{33}	tɕʰie^{53}	ɕie^{33}	ɕie^{33}
栖霞	tʃiɛ^{214}	tʃiɛ^{52}	ʃiɛ^{214}	ʃiɛ^{342}	ʃiɛ^{52}	tʃʰiɛ^{312}	ʃiɛ^{342}	ʃiɛ^{52}
长岛	tʃiɛ^{213}	tʃiɛ^{52}	ʃiɛ^{213}	ʃiɛ^{55}	ʃiɛ^{52}	tʃʰiɛ^{312}	ʃiɛ^{55}	ʃiɛ^{52}
海阳	tsiə^{214}	tsiə^{341}	siə^{214}	siə^{341}	siə^{341}	tsʰə^{52}	sə^{341}	sə^{341}
莱西	tʃiə^{55}	tʃiə^{42}	ʃiə^{55}	ʃiə^{42}	ʃiə^{42}	tʃʰiə^{214}	ʃiə^{42}	ʃiə^{42}
平度	tsiə^{55}	tsiə^{42}	siə^{55}	siə^{42}	siə^{42}	tʃʰə^{213}	ʃə^{42}	ʃə^{42}
青岛	tsiə^{55}	tsiə^{42}	siə^{55}	siə^{42}	siə^{42}	tʃʰə^{213}	ʃə^{42}	ʃə^{42}
高密	tsiə^{55}	tsiə^{21}	siə^{55}	siə^{42}	siə^{21}	tʃʰə^{213}	ʃə^{42}	ʃə^{21}
诸城	tθiə^{44}	tθiə^{31}	θiə^{44}	θiə^{53}	θiə^{31}	tʃʰə^{213}	ʃa^{53}	ʃə^{31}
沂水	dziə^{44}	dziə^{31}	siə^{44}	siə^{53}	siə^{31}	tʃʰə^{213}	ʃa^{53}	ʃə^{31}

续表

	0041 姐	0042 借	0043 写	0044 斜	0045 谢	0046 车～辆	0047 蛇	0048 射
	假开三上麻精	假开三去麻精	假开三上麻心	假开三平麻邪	假开三去麻邪	假开三平麻昌	假开三平麻船	假开三去麻船
临朐	tɕiə^{44}	tɕiə^{21}	ɕiə^{44}	ɕiə^{53}	ɕiə^{21}	tʃʰə^{213}	ʃa^{53}	ʃə^{21}
日照	ȶiə^{44}	ȶiə^{31}	θiə^{213}	θiə^{53}	θiə^{31}	tʃʰiə^{213}	ʃiɑ^{53}老 ʃiə^{53}新	ʃiə^{31}
莒南	tsiə^{55}	tsiə^{312}	siə^{213}	siə^{53}	siə^{312}	tʃʰə^{213}	ʃa^{53}白 ʃə^{53}文	ʃə^{312}
潍坊	tɕiə^{55}	tɕiə^{31}	ɕiə^{55}	ɕiə^{53}	ɕiə^{31}	tʂʰə^{214}	ʂɑ^{53}	ʂə^{31}
寿光	tɕiə^{55}	tɕiə^{21}	ɕiə^{55}	ɕiə^{53}	ɕiə^{21}	tʂʰə^{213}	ʂa^{53}	ʂə^{21}
高青	tɕiə^{55}	tɕiə^{41}	ɕiə^{55}	ɕiə^{55}	ɕiə^{41}	tʂʰə^{213}	ʂɑ^{55}	ʂə^{41}
阳信	tɕiə^{55}	tɕiə^{31}	ɕiə^{55}	ɕiə^{43}	ɕiə^{31}	tʂʰə^{213}	ʂa^{43}白 ʂə^{43}文	ʂə^{31}
济阳	tɕiə^{55}	tɕiə^{31}	ɕiə^{55}	ɕiə^{55}	ɕiə^{31}	tʂʰə^{213}	ʂa^{55}老 ʂə^{55}新	ʂə^{31}
利津	tɕiə^{55}	tɕiə^{31}	ɕiə^{55}	ɕiə^{53}	ɕiə^{31}	tʂʰə^{213}	ʂə^{53}	ʂə^{31}
乐陵	tɕiə^{55}	tɕiə^{51}	ɕiə^{55}	ɕiə^{55}	ɕiə^{51}	tʂʰə^{24}	ʂa^{55}又 ʂə^{55}又	ʂə^{51}
商河	tɕiə^{45}	tɕiə^{31}	ɕiə^{45}	ɕiə^{54}	ɕiə^{31}	tʂʰə^{213}	ʂɑ^{54}老 ʂə^{54}新	ʂə^{31}
平原	tɕiə^{55}	tɕiə^{21}	ɕiə^{55}	ɕiə^{42}	ɕiə^{21}	tʂʰə^{213}	ʂə^{42}	ʂə^{21}
德州	tɕiə^{55}	tɕiə^{21}	ɕiə^{55}	ɕiə^{42}	ɕiə^{21}	tʂʰə^{213}	ʂa^{42}	ʂə^{21}
武城	tɕiə^{55}	tɕiə^{312}	ɕiə^{55}	ɕiə^{53}	ɕiə^{312}	tʂʰə^{224}	ʂə^{53}	ʂə^{312}
临清	tɕiə^{44}	tɕiə^{313}	ɕiə^{44}	ɕiə^{53}	ɕiə^{313}	tʂʰə^{13}	ʂə^{53}	ʂə^{313}
冠县	tsiə^{55}	tsiə^{314}	siə^{55}	siə^{53}	siə^{314}	tʂʰə^{13}	ʂa^{53}白 ʂə^{53}文	ʂə^{314}
聊城	tɕiə^{44}	tɕiə^{313}	ɕiə^{44}	ɕiə^{53}	ɕiə^{313}	tsʰə^{13}	sa^{53}白 sə^{53}文	sə^{313}
济南	tɕiə^{55}	tɕiə^{21}	ɕiə^{55}	ɕiə^{42}	ɕiə^{21}	tʂʰə^{213}	ʂa^{42}老 ʂə^{42}新	ʂə^{21}
泰安	tɕiə^{55}	tɕiə^{21}	ɕiə^{55}	ɕiə^{42}	ɕiə^{21}	tʂʰə^{213}	ʂə^{42}	ʂə^{21}
莱芜	tɕiə^{55}	tɕiə^{42}	ɕiə^{55}	ɕiə^{55}	ɕiə^{42}	tʃʰə^{213}	ʃa^{55}	ʃə^{42}

续表

	0041姐	0042借	0043写	0044斜	0045谢	0046车～辆	0047蛇	0048射
	假开三上麻精	假开三去麻精	假开三上麻心	假开三平麻邪	假开三去麻邪	假开三平麻昌	假开三平麻船	假开三去麻船
新泰	tɕiə^{55}	tɕiə^{31}	ɕiə^{55}	ɕiə^{42}	ɕiə^{31}	tʃʰə^{213}	ʃa^{55}老 ʃə^{55}新	ʃə^{31}
沂源	tɕiə^{55}	tɕiə^{31}	ɕiə^{55}	ɕiə^{55}	ɕiə^{31}	tʃʰə^{213}	ʃə^{55}	ʃə^{31}
博山	tɕiə^{55}	tɕiə^{31}	ɕiə^{55}	ɕiə^{55}	ɕiə^{31}	tʂʰə^{213}	ʂɑ^{55}老 ʂə^{55}新	ʂə^{31}
张店	tɕiə^{55}	tɕiə^{31}	ɕiə^{55}	ɕiə^{55}	ɕiə^{31}	tʂʰə^{213}	ʂɑ^{55}	ʂə^{31}
阳谷	tɕiə^{55}	tɕiə^{313}	ɕiə^{55}	ɕiə^{42}	ɕiə^{313}	tsʰə^{213}	sa^{42}白 sə^{42}文	sə^{313}
梁山	tɕiə^{55}	tɕiə^{314}	ɕiə^{55}	ɕiə^{42}	ɕiə^{314}	tsʰə^{213}	sə^{42}	sə^{314}
菏泽	tɕiɛ^{44}	tɕiɛ^{312}	ɕiɛ^{44}	ɕiɛ^{53}	ɕiɛ^{312}	tsʰə^{213}	sa^{53}老 sə^{53}新	sə^{312}
曹县	tɕiə^{44}	tɕiə^{312}	ɕiə^{44}	ɕiə^{53}	ɕiə^{312}	tʂʰə^{213}	ʂə^{53}	ʂə^{312}
金乡	tɕiə^{55}	tɕiə^{312}	ɕiə^{55}	ɕiə^{42}	ɕiə^{312}	tsʰə^{213}	sə^{42}	sə^{312}
曲阜	tɕiə^{55}	tɕiə^{312}	ɕiə^{55}	ɕiə^{42}	ɕiə^{312}	tsʰə^{213}	sa^{42}老 sə^{42}新	sə^{312}
薛城	tɕiə^{24}	tɕiə^{41}	ɕiə^{24}	ɕiə^{55}	ɕiə^{41}	tsʰə^{313}	sa^{55}白，白～传 sə^{55}文	sə^{41}
郯城	tɕiə^{24}	tɕiə^{51}	ɕiə^{24}	ɕiə^{44}	ɕiə^{51}	tʂʰə^{213}	ʂə^{44}	ʂə^{51}
临沂	tɕiə^{55}	tɕiə^{312}	ɕiə^{55}	ɕiə^{53}	ɕiə^{312}	tʃʰə^{214}	ʃə^{53}	ʃə^{312}

	0049爷	0050野	0051夜	0052瓜	0053瓦名	0054花	0055化	0056华中～
	假开三平麻以	假开三上麻以	假开三去麻以	假合二平麻见	假合二上麻疑	假合二平麻晓	假合二去麻晓	假合二平麻匣
荣成	iɛ^{53}	iɛ^{214}	iɛ^{33}	kua^{53}	ua^{214}	xua^{53}	xua^{33}	xua^{35}
烟台	ie^{33}	ie^{14}	ie^{33}	kua^{53}	ua^{14}	xua^{53}	xua^{33}	xua^{33}
栖霞	iɛ^{342}	iɛ^{214}	iɛ^{52}	kua^{312}	ua^{214}	xua^{312}	xua^{52}	xua^{52}
长岛	iɛ^{55}	iɛ^{213}	iɛ^{52}	kua^{312}	ua^{213}	xua^{312}	xua^{52}	xua^{55}

续表

	0049爷	0050野	0051夜	0052瓜	0053瓦名	0054花	0055化	0056华中～
	假开三平麻以	假开三上麻以	假开三去麻以	假合二平麻见	假合二上麻疑	假合二平麻晓	假合二去麻晓	假合二平麻匣
海阳	iə^{52}	iə^{214}	iə^{341}	kua^{52}	ua^{214}	xua^{52}	xua^{341}	xua^{52}
莱西	iə^{214}	iə^{55}	iə^{42}	kua^{214}	ua^{55}	xua^{214}	xua^{42}	xua^{214}
平度	iə^{42}	iə^{55}	iə^{42}	kua^{213}	ua^{55}	xua^{213}	xua^{42}	xua^{213}
青岛	iə^{42}	iə^{55}	iə^{42}	kuɑ^{213}	uɑ^{55}	xuɑ^{213}	xuɑ^{42}	xuɑ^{42}
高密	iə^{42}	iə^{213}	iə^{21}	kuɑ^{213}	uɑ^{55}	xuɑ^{213}	xuɑ^{21}	xuɑ^{42}
诸城	iə^{53}	iə^{44}	iə^{31}	kua^{213}	ua^{44}	xua^{213}	xua^{31}	xua^{53}
沂水	iə^{213}	iə^{44}	iə^{31}	kua^{213}	ua^{44}	xua^{213}	xua^{31}	xua^{53}
临朐	iə^{53}父亲 iə^{213}祖父	iə^{44}	iə^{21}	kua^{213}	ua^{213}～片 ua^{21}～匠	xua^{213}	xua^{21}	xua^{53}
日照	iə^{53}	iə^{213}	iə^{31}	kuɑ^{213}	uɑ^{44}	xuɑ^{213}	xuɑ^{31}	xuɑ^{53}
莒南	iə^{53}	iə^{55}	iə^{312}	kua^{213}	ua^{55}	xua^{213}	xua^{312}	xua^{53}
潍坊	iə^{214}	iə^{55}	iə^{31}	kuɑ^{214}	uɑ^{55}	xuɑ^{214}	xuɑ^{31}	xuɑ^{53}
寿光	iə^{53}父亲 iə^{213}祖父	iə^{55}	iə^{21}	kua^{213}	ua^{55}	xua^{213}	xua^{21}	xua^{53}
高青	iə^{55}	iə^{55}	iə^{41}	kuɑ^{213}	uɑ^{55}	xuɑ^{213}	xuɑ^{41}	xuɑ^{55}
阳信	iə^{43}	iə^{55}	iə^{31}	kua^{213}	ua^{55}	xua^{213}	xua^{31}	xua^{43}
济阳	iə^{55}	iə^{55}	iə^{31}	kua^{213}	ua^{55}	xua^{213}	xua^{31}	xua^{55}
利津	iə^{53}大～ iə^{213}老～（公公）	iə^{55}	iə^{31}	kua^{213}	ua^{55}	xua^{213}	xua^{31}	xua^{53}
乐陵	iə^{55}	iə^{55}	iə^{51}	kuɑ^{24}	uɑ^{55}	xuɑ^{24}	xuɑ^{51}	xuɑ^{55}
商河	iə^{54}	iə^{45}	iə^{31}	kuɑ^{213}	uɑ^{45}	xuɑ^{213}	xuɑ^{31}	xuɑ^{54}
平原	iə^{42}	iə^{55}	iə^{21}	kua^{213}	ua^{55}	xua^{213}	xua^{21}	xua^{42}
德州	iə^{42}	iə^{55}	iə^{21}	kua^{213}	ua^{55}	xua^{213}	xua^{21}	xua^{42}
武城	iə^{53}	iə^{55}	iə^{312}	kua^{224}	ua^{55}	xua^{224}	xua^{312}	xua^{53}
临清	iə^{53}	iə^{44}	iə^{313}	kua^{13}	ua^{44}	xua^{13}	xua^{313}	xua^{53}
冠县	iə^{53}	iə^{55}	iə^{314}	kua^{13}	ua^{55}	xua^{13}	xua^{314}	xua^{53}

续表

	0049爷	0050野	0051夜	0052瓜	0053瓦名	0054花	0055化	0056华中～
	假开三 平麻以	假开三 上麻以	假开三 去麻以	假合二 平麻见	假合二 上麻疑	假合二 平麻晓	假合二 去麻晓	假合二 平麻匣
聊城	iə^{53}	iə^{44}	iə^{313}	kua^{13}	ua^{44}	xua^{13}	xua^{313}	xua^{53}
济南	iə^{42}	iə^{55}	iə^{21}	kua^{213}	ua^{55}	xua^{213}	xua^{21}	xua^{42}
泰安	iə^{42}	iə^{55}	iə^{21}	kua^{213}	ua^{55}	xua^{213}	xua^{21}	xua^{42}
莱芜	iə^{55}	iə^{55}	iə^{42}	kua^{213}	ua^{55}	xua^{213}	xua^{42}	xua^{55}
新泰	iə^{42}	iə^{55}	iə^{31}	kua^{213}	ua^{55}	xua^{213}	xua^{31}	xua^{42}
沂源	iə^{55}	iə^{55}	iə^{31}	kua^{213}	ua^{55}	xua^{213}	xua^{31}	xua^{55}
博山	iə^{55}	iə^{55}	iə^{31}	kuɑ^{213}	uɑ^{55}	xuɑ^{213}	xuɑ^{31}	xuɑ^{55}
张店	iə^{55}	iə^{55}	iə^{31}	kuɑ^{213}	uɑ^{55}	xuɑ^{213}	xuɑ^{31}	xuɑ^{55}
阳谷	iə^{42}	iə^{55}	iə^{313}	kua^{213}	ua^{55}	xua^{213}	xua^{313}	xua^{42}
梁山	iə^{42}	iə^{55}	iə^{314}	kua^{213}	ua^{55}	xua^{213}	xua^{314}	xua^{42}
菏泽	iɛ^{53}	iɛ^{44}	iɛ^{312}	kua^{213}	ua^{44}	xua^{213}	xua^{312}	xua^{53}
曹县	iə^{53}	iə^{44}	iə^{312}	kua^{213}	ua^{44}	xua^{213}	xua^{312}	xua^{53}
金乡	iə^{42}	iə^{55}	iə^{312}	kua^{213}	ua^{55}	xua^{213}	xua^{312}	xua^{42}
曲阜	iə^{42}	iə^{55}	iə^{312}	kua^{213}	ua^{55}	xua^{213}	xua^{312}	xua^{42}
薛城	iə^{55}	iə^{24}	iə^{41}	kua^{313}	ua^{24}	xua^{313}	xua^{41}	xua^{55}
郯城	iə^{44}	iə^{24}	iə^{51}	kua^{213}	ua^{24}	xua^{213}	xua^{51}	xua^{44}
临沂	iə^{53}	iə^{55}	iə^{312}	kua^{214}	ua^{55}	xua^{214}	xua^{312}	xua^{53}

	0057谱家～	0058布	0059铺动	0060簿	0061步	0062赌	0063土	0064图
	遇合一 上模帮	遇合一 去模帮	遇合一 平模滂	遇合一 上模並	遇合一 去模並	遇合一 上模端	遇合一 上模透	遇合一 平模定
荣成	p^{h}u^{214}	pu^{33}	p^{h}u^{53}	pu^{33}	pu^{33}	tu^{214}	t^{h}u^{214}	t^{h}u^{35}
烟台	p^{h}u^{14}	pu^{33}	p^{h}u^{53}	pu^{33}	pu^{33}	tu^{14}	t^{h}u^{14}	t^{h}u^{33}
栖霞	p^{h}u^{214}	pu^{52}	p^{h}u^{312}	pu^{342}	pu^{342}	tu^{214}	t^{h}u^{214}	t^{h}u^{342}
长岛	p^{h}u^{213}	pu^{52}	p^{h}u^{312}	pu^{52}	pu^{52}	tu^{213}	t^{h}u^{213}	t^{h}u^{55}

续表

	0057谱家～	0058布	0059铺动	0060簿	0061步	0062赌	0063土	0064图
	遇合一上模帮	遇合一去模帮	遇合一平模滂	遇合一上模並	遇合一去模並	遇合一上模端	遇合一上模透	遇合一平模定
海阳	p^hu^{214}	pu^{341}	p^hu^{52}	pu^{341}	pu^{341}	tu^{214}	t^hu^{214}	t^hu^{341}
莱西	p^hu^{55}	pu^{42}	p^hu^{214}	pu^{42}	pu^{42}	tu^{55}	t^hu^{55}	t^hu^{42}
平度	p^hu^{55}	pu^{42}	p^hu^{213}	pu^{42}	pu^{42}	tu^{55}	t^hu^{55}	t^hu^{42}
青岛	p^hu^{55}	pu^{42}	p^hu^{213}	pu^{42}	pu^{42}	tu^{55}	t^hu^{55}	t^hu^{42}
高密	p^hu^{55}	pu^{21}	p^hu^{213}	pu^{21}	pu^{21}	tu^{55}	t^hu^{55}	t^hu^{42}
诸城	p^hu^{44}	pu^{31}	p^hu^{213}	pu^{31}	pu^{31}	tu^{44}	t^hu^{44}	t^hu^{53}
沂水	p^hu^{44}	pu^{31}	p^hu^{213}	pu^{31}	pu^{31}	tu^{44}	t^hu^{44}	t^hu^{53}
临朐	p^hu^{44}	pu^{21}	p^hu^{213}	pu^{21}	pu^{21}	tu^{44}	t^hu^{44}	t^hu^{53}
日照	p^hu^{44}	pu^{31}	p^hu^{213}	pu^{31}	pu^{31}	tu^{44}	t^hu^{44}	t^hu^{53}
莒南	p^hu^{55}	pu^{312}	p^hu^{213}	pu^{312}	pu^{312}	tu^{55}	t^hu^{55}	t^hu^{53}
潍坊	p^hu^{55}	pu^{31}	p^hu^{214}	$pə^{31}$	pu^{31}	tu^{55}	t^hu^{55}	t^hu^{53}
寿光	p^hu^{55}	pu^{21}	p^hu^{213}	pu^{21}	pu^{21}	tu^{55}	t^hu^{55}	t^hu^{53}
高青	p^hu^{55}	pu^{41}	p^hu^{213}	pu^{41}	pu^{41}	tu^{55}	t^hu^{55}	t^hu^{55}
阳信	p^hu^{55}	pu^{31}	p^hu^{213}	pu^{31}	pu^{31}	tu^{55}	t^hu^{55}	t^hu^{43}
济阳	p^hu^{55}	pu^{31}	p^hu^{213}	pu^{31}	pu^{31}	tu^{55}	t^hu^{55}	t^hu^{55}
利津	p^hu^{55}	pu^{31}	p^hu^{213}	pu^{31}	pu^{31}	tu^{55}	t^hu^{55}	t^hu^{53}
乐陵	p^hu^{55}	pu^{51}	p^hu^{24}	pu^{51}	pu^{51}	tu^{55}	t^hu^{55}	t^hu^{55}
商河	p^hu^{45}	pu^{31}	p^hu^{213}	pu^{31}	pu^{31}	tu^{45}	t^hu^{45}	t^hu^{54}
平原	p^hu^{55}	pu^{21}	p^hu^{213}	pu^{21}	pu^{21}	tu^{55}	t^hu^{55}	t^hu^{42}
德州	p^hu^{55}	pu^{21}	p^hu^{213}	pu^{21}	pu^{21}	tu^{55}	t^hu^{55}	t^hu^{42}
武城	p^hu^{55}	pu^{312}	p^hu^{224}	$pə^{53}$	pu^{312}	tu^{55}	t^hu^{55}	t^hu^{53}
临清	p^hu^{44}	pu^{313}	p^hu^{13}	$pə^{53}$	pu^{313}	tu^{44}	t^hu^{44}	t^hu^{53}
冠县	p^hu^{55}	pu^{314}	p^hu^{13}	pu^{314}	pu^{314}	tu^{55}	t^hu^{55}	t^hu^{53}
聊城	p^hu^{44}	pu^{313}	p^hu^{13}	pu^{313}	pu^{313}	tu^{44}	t^hu^{44}	t^hu^{53}
济南	p^hu^{55}	pu^{21}	p^hu^{213}	pu^{21}	pu^{21}	tu^{55}	t^hu^{55}	t^hu^{42}

续表

	0057谱 家～	0058布	0059铺动	0060簿	0061步	0062赌	0063土	0064图
	遇合一 上模帮	遇合一 去模帮	遇合一 平模滂	遇合一 上模並	遇合一 去模並	遇合一 上模端	遇合一 上模透	遇合一 平模定
泰安	pʰu55	pu21	pʰu213	pu21	pu21	tu55	tʰu55	tʰu42
莱芜	pʰu55	pu42	pʰu213	pu42	pu42	tu55	tʰu55	tʰu55
新泰	pʰu55	pu31	pʰu213	pu31	pu31	tu55	tʰu55	tʰu42
沂源	pʰu55	pu31	pʰu213	pu31	pu31	tu55	tʰu55	tʰu55
博山	pʰu55	pu31	pʰu213	pu31	pu31	tu55	tʰu55	tʰu55
张店	pʰu55	pu31	pʰu213	pu31	pu31	tu55	tʰu55	tʰu55
阳谷	pʰu55	pu313	pʰu213	pə42	pu313	tu55	tʰu55	tʰu42
梁山	pu55老 pʰu55新	pu314	pʰu213	pu314	pu314	tu55	tʰu55	tʰu42
菏泽	pʰu44	pu312	pʰu213	pə53	pu312	tu44	tʰu44	tʰu53
曹县	pu44又 pʰu44又	pu312	pʰu213	pə53又 pu312又	pu312	tu44	tʰu44	tʰu53
金乡	pʰu55	pu312	pʰu213	pu312	pu312	tu55	tʰu55	tʰu42
曲阜	pʰu55	pu312	pʰu213	pu312	pu312	tu55	tʰu55	tʰu42
薛城	pʰu24	pu41	pʰu213	pu41	pu41	tu24	tʰu24	tʰu55
郯城	pʰu24	pu51	pʰu213	pu51	pu51	tu24	tʰu24	tʰu44
临沂	pʰu55	pu312	pʰu214	pu312	pu312	tu55	tʰu55	tʰu53

	0065杜	0066奴	0067路	0068租	0069做	0070错 对～	0071箍 ～桶	0072古
	遇合一 上模定	遇合一 平模泥	遇合一 去模来	遇合一 平模精	遇合一 去模精	遇合一 去模清	遇合一 平模见	遇合一 上模见
荣成	tu33	nu35	lu33	tsu53	tso33	tsʰo33	ku53	ku214
烟台	tu33	nu33	lu33	tsu53	tsou33白 tsuo33文	tsʰuo33	ku53	ku14
栖霞	tu342	nuŋ342	lu342	tsu312	tsəu52又 tsuo52又	tsʰuo52	ku312	ku214
长岛	tu52	nu55	lu52	tsu312	tsuə52	tsʰuə52	ku312	ku213

续表

	0065杜	0066奴	0067路	0068租	0069做	0070错 对～	0071箍 ～桶	0072古
	遇合一上模定	遇合一平模泥	遇合一去模来	遇合一平模精	遇合一去模精	遇合一去模清	遇合一平模见	遇合一上模见
海阳	tu341	nuŋ341	lu341	tθu52	tθəu341 老 tθuo341 新	tθʰuo341	ku52	ku214
莱西	tu42	noŋ42	lu42	tsu214	tsou42 又 tsuə42 又	tsʰuə42	ku214	ku55
平度	tu42	nu42	lu42	tθu213	tθou42 又 tθuə42 又	tθʰuə42	ku213	ku55
青岛	tu42	nu42	lu42	tθu213	tθuə42	tθʰuə42	ku213	ku55
高密	tu21	nu42	lu21	tθu213	tθou21 白 tθuə21 文	tθʰuə21	ku213	ku55
诸城	tu31	nu53	lu31	tθu213	tθou31	tθʰuə31	ku213	ku44
沂水	tu31	nu53	lu31	dðu213	dðu31	tθʰuə31	ku213	ku44
临朐	tu21	nu53	lu21	tθu213	tθu21	tθʰuə21	ku213	ku44
日照	tu31	nu53	lu31	tθu213	tθu31～饭	tθʰuə31	ku213	ku44
莒南	tu312	nu53	lu312	tθu55	tθou312 又 tθuə312 又	tθʰuə312	ku55	ku55
潍坊	tu31	nu53	lu31	tsu214	tsɤɯ31 又 tsuə31 又	tsʰuə31	ku214	ku55
寿光	tu21	nu53	lu21	tsu213	tsu21	tsʰuə21	ku213	ku55
高青	tu41	nu55	lu41	tsu213	tsu41 老 tsuə41 新	tsʰuə41	ku213	ku55
阳信	tu31	nu43	lu31	tsu213	tsou31 又 tsuə31 又	tsʰuə31	ku213	ku55
济阳	tu31	nu55	lu31	tsu213	tsou31 老 tsuə31 新	tsʰuə31	ku213	ku55
利津	tu31	nu53	lu31	tsu213	tsu31 老 tsuə31 新	tsʰuə31	ku213	ku55
乐陵	tu51	nu55	lu51	tsu24	tsou51～饭 tsuə51～作业	tsʰuə51	ku24	ku55
商河	tu31	nu54	lu31	tsu213	tsou31～饭 tsuə31～作业	tsʰuə31	ku213	ku45

续表

	0065杜	0066奴	0067路	0068租	0069做	0070错 对～	0071箍 ～桶	0072古
	遇合一上模定	遇合一平模泥	遇合一去模来	遇合一平模精	遇合一去模精	遇合一去模清	遇合一平模见	遇合一上模见
平原	tu^{21}	nuŋ^{42}	lu^{21}	tsu^{213}	tsou^{21}～饭 tsuə^{21}～作业	tsʰuə^{21}	ku^{213}	ku^{55}
德州	tu^{21}	nu^{42}	lu^{21}	tsu^{213}	tsuə^{21}	tsʰuə^{21}	ku^{213}	ku^{55}
武城	tu^{312}	nu^{53}	lu^{312}	tsu^{224}	tsou^{312}～饭 tsuə^{312}～作业	tsʰuə^{312}	ku^{224}	ku^{55}
临清	tu^{313}	nu^{53}	lu^{313}	tsu^{13}	tsou^{313}～饭 tsuə^{313}～作业	tsʰuə^{313}	ku^{13}	ku^{44}
冠县	tu^{314}	nu^{53}	lu^{314}	tsu^{13}	tsou^{13}白 tsuə^{13}文	tsʰuə^{314}	ku^{13}	ku^{55}
聊城	tu^{313}	nu^{53}	lu^{313}	tsu^{13}	tsou^{313}～饭 tsuə^{313}～作业	tsʰuə^{313}	ku^{13}	ku^{44}
济南	tu^{21}	nu^{42}	lu^{21}	tsu^{213}	tsou^{21}白 tsuə^{21}文	tsʰuə^{21}	ku^{213}	ku^{55}
泰安	tu^{21}	nu^{42}	lu^{21}	tsu^{213}	tsou^{21}白 tsuə^{21}文	tsʰuə^{21}	ku^{213}	ku^{55}
莱芜	tu^{42}	nu^{55}	lu^{42}	tsu^{213}	tsuə^{42}	tsʰuə^{42}	ku^{213}	ku^{55}
新泰	tu^{31}	nu^{42}	lu^{31}	tθu^{213}	tθuə^{31}	tθʰuə^{31}	ku^{213}	ku^{55}
沂源	tu^{31}	nu^{55}	lu^{31}	tθu^{213}	tθu^{31}	tθʰuə^{31}	ku^{213}	ku^{55}
博山	tu^{31}	nu^{55}	lu^{31}	tsu^{213}	tsu^{31}老 tsuə^{31}新	tsʰuə^{31}	ku^{213}	ku^{55}
张店	tu^{31}	nu^{55}	lu^{31}	tsu^{213}	tsu^{31}	tsʰuə^{31}	ku^{213}	ku^{55}
阳谷	tu^{313}	nu^{42}	lu^{313}	tsu^{213}	tsou^{313}白 tsuo^{313}文	tsʰuo^{313}	ku^{213}	ku^{55}
梁山	tu^{314}	nu^{42}	lu^{314}	tsu^{213}	tsou^{314}白 tsuə^{314}文	tɕʰyə^{314}老 tsʰuə^{314}新	ku^{213}	ku^{55}
菏泽	tu^{312}	nuŋ^{53}	lu^{312}	tsu^{213}	tsou^{312}	tsʰuə^{312}	ku^{213}	ku^{44}
曹县	tu^{312}	nuŋ^{53}	lu^{312}	tsu^{44}	tsou^{312}又 tsuə^{312}又	tsʰuə^{312}	ku^{213}	ku^{44}
金乡	tu^{312}	nu^{42}	lu^{312}	tsu^{213}	tsou^{312}白 tsuə^{312}文	tsʰuə^{312}	ku^{213}	ku^{55}

续表

	0065杜	0066奴	0067路	0068租	0069做	0070错 对～	0071箍 ～桶	0072古
	遇合一上模定	遇合一平模泥	遇合一去模来	遇合一平模精	遇合一去模精	遇合一去模清	遇合一平模见	遇合一上模见
曲阜	tu^{312}	nu^{42}	lu^{312}	tsu^{213}	$tsou^{312}$白 $tsuə^{312}$文	$ts^huə^{312}$	ku^{213}	ku^{55}
薛城	tu^{41}	$nuŋ^{55}$	lu^{41}	tsu^{313}	$tsou^{41}$又 $tɕyə^{41}$又 $tsuə^{41}$又	$tɕ^hyə^{41}$又 $ts^huə^{41}$又	ku^{313}	ku^{24}
郯城	tu^{51}	$nuŋ^{44}$	lu^{51}	tsu^{213}	$tsəu^{51}$白 $tsuə^{51}$文	$ts^huə^{51}$	ku^{213}	ku^{24}
临沂	tu^{312}	nu^{53}	lu^{312}	tsu^{214}	$tsuə^{312}$	$ts^huə^{312}$	ku^{214}	ku^{55}

	0073苦	0074裤	0075吴	0076五	0077虎	0078壶	0079户	0080乌
	遇合一上模溪	遇合一去模溪	遇合一平模疑	遇合一上模疑	遇合一上模晓	遇合一平模匣	遇合一上模匣	遇合一平模影
荣成	k^hu^{214}	k^hu^{33}	u^{53}	u^{214}	xu^{214}	xu^{35}	xu^{33}	u^{53}
烟台	k^hu^{14}	k^hu^{33}	u^{33}	u^{14}	xu^{14}	xu^{33}	xu^{33}	u^{53}
栖霞	k^hu^{214}	k^hu^{52}	u^{312}	u^{214}	xu^{214}	xu^{342}	xu^{342}	u^{312}
长岛	k^hu^{213}	k^hu^{52}	u^{55}	u^{213}	xu^{213}	xu^{55}	xu^{52}	u^{312}
海阳	k^hu^{214}	k^hu^{341}	u^{341}	u^{214}	xu^{214}	xu^{341}	xu^{341}	u^{52}
莱西	k^hu^{55}	k^hu^{42}	u^{42}	u^{55}	xu^{55}	xu^{42}	xu^{42}	u^{55}
平度	k^hu^{55}	k^hu^{42}	u^{42}	u^{55}	xu^{55}	xu^{42}	xu^{42}	u^{213}
青岛	k^hu^{55}	k^hu^{42}	u^{42}	u^{55}	xu^{55}	xu^{42}	xu^{42}	u^{213}
高密	k^hu^{55}	k^hu^{21}	u^{42}	u^{55}	xu^{55}	xu^{42}	xu^{21}	u^{213}
诸城	k^hu^{44}	k^hu^{31}	u^{53}	u^{44}	xu^{44}	xu^{53}	xu^{31}	u^{213}
沂水	k^hu^{44}	k^hu^{31}	u^{53}	u^{44}	xu^{44}	xu^{53}	xu^{31}	u^{213}
临朐	k^hu^{44}	k^hu^{21}	u^{53}	u^{44}	xu^{44}	xu^{53}	xu^{21}	u^{213}
日照	k^hu^{213}	k^hu^{31}	u^{53}	u^{44}	xu^{44}	xu^{53}	xu^{31}	u^{213}
莒南	k^hu^{55}	k^hu^{312}	u^{53}	u^{55}	xu^{55}	xu^{53}	xu^{312}	u^{213}
潍坊	k^hu^{55}	k^hu^{31}	u^{53}	u^{55}	xu^{55}	xu^{53}	xu^{31}	u^{214}

续表

	0073苦	0074裤	0075吴	0076五	0077虎	0078壶	0079户	0080乌
	遇合一上模溪	遇合一去模溪	遇合一平模疑	遇合一上模疑	遇合一上模晓	遇合一平模匣	遇合一上模匣	遇合一平模影
寿光	k^hu^{55}	k^hu^{21}	u^{53}	u^{55}	xu^{55}	xu^{53}	xu^{21}	u^{213}
高青	k^hu^{55}	k^hu^{41}	u^{55}	u^{55}	xu^{55}	xu^{55}	xu^{41}	u^{213}
阳信	k^hu^{55}	k^hu^{31}	u^{43}	u^{55}	xu^{55}	xu^{43}	xu^{31}	u^{213}
济阳	k^hu^{55}	k^hu^{31}	u^{55}	u^{55}	xu^{55}	xu^{55}	xu^{31}	u^{213}
利津	k^hu^{55}	k^hu^{31}	u^{53}	u^{55}	xu^{55}	xu^{53}	xu^{31}	u^{213}
乐陵	k^hu^{55}	k^hu^{51}	u^{55}	u^{55}	xu^{55}	xu^{55}	xu^{51}	u^{24}
商河	k^hu^{45}	k^hu^{31}	u^{54}	u^{45}	xu^{45}	xu^{54}	xu^{31}	u^{213}
平原	k^hu^{55}	k^hu^{21}	u^{42}	u^{55}	xu^{55}	xu^{42}	xu^{21}	u^{213}
德州	k^hu^{55}	k^hu^{21}	u^{42}	u^{55}	xu^{55}	xu^{42}	xu^{21}	u^{213}
武城	k^hu^{55}	k^hu^{312}	u^{53}	u^{55}	xu^{55}	xu^{53}	xu^{312}	u^{224}
临清	k^hu^{44}	k^hu^{313}	u^{53}	u^{44}	xu^{44}	xu^{53}	xu^{313}	u^{13}
冠县	k^hu^{55}	k^hu^{314}	u^{53}	u^{55}	xu^{55}	xu^{53}	xu^{314}	u^{13}
聊城	k^hu^{44}	k^hu^{313}	u^{53}	u^{44}	xu^{44}	xu^{53}	xu^{313}	u^{13}
济南	k^hu^{55}	k^hu^{21}	u^{42}	u^{55}	xu^{55}	xu^{42}	xu^{21}	u^{213}
泰安	k^hu^{55}	k^hu^{21}	u^{42}	u^{55}	xu^{55}	xu^{42}	xu^{21}	u^{213}
莱芜	k^hu^{55}	k^hu^{42}	u^{55}	u^{55}	xu^{55}	xu^{55}	xu^{42}	u^{213}
新泰	k^hu^{55}	k^hu^{31}	u^{42}	u^{55}	xu^{55}	xu^{42}	xu^{31}	u^{213}
沂源	k^hu^{55}	k^hu^{31}	u^{55}	u^{55}	xu^{55}	xu^{55}	xu^{31}	u^{213}
博山	k^hu^{55}	k^hu^{31}	u^{55}	u^{55}	xu^{55}	xu^{55}	xu^{31}	u^{213}
张店	k^hu^{55}	k^hu^{31}	u^{55}	u^{55}	xu^{55}	xu^{55}	xu^{31}	u^{213}
阳谷	k^hu^{55}	k^hu^{313}	u^{42}	u^{55}	xu^{55}	xu^{42}	xu^{313}	u^{213}
梁山	k^hu^{55}	k^hu^{314}	u^{42}	u^{55}	xu^{55}	xu^{42}	xu^{314}	u^{213}
菏泽	k^hu^{44}	k^hu^{312}	u^{53}	u^{44}	xu^{44}	xu^{53}	xu^{312}	u^{213}
曹县	k^hu^{44}	k^hu^{312}	u^{53}	u^{44}	xu^{44}	xu^{53}	xu^{312}	u^{213}
金乡	k^hu^{55}	k^hu^{312}	u^{42}	u^{55}	xu^{55}	xu^{42}	xu^{312}	u^{213}

续表

	0073苦	0074裤	0075吴	0076五	0077虎	0078壶	0079户	0080乌
	遇合一 上模溪	遇合一 去模溪	遇合一 平模疑	遇合一 上模疑	遇合一 上模晓	遇合一 平模匣	遇合一 上模匣	遇合一 平模影
曲阜	k^{h}u^{55}	k^{h}u^{312}	u^{42}	u^{55}	xu^{55}	xu^{42}	xu^{312}	u^{213}
薛城	k^{h}u^{24}	k^{h}u^{41}	u^{55}	u^{24}	xu^{24}	xu^{55}	xu^{41}	u^{313}
郯城	k^{h}u^{24}	k^{h}u^{51}	u^{44}	u^{24}	xu^{24}	xu^{44}	xu^{51}	u^{213}
临沂	k^{h}u^{55}	k^{h}u^{312}	u^{53}	u^{55}	xu^{55}	xu^{53}	xu^{312}	u^{214}

	0081女	0082吕	0083徐	0084猪	0085除	0086初	0087锄	0088所
	遇合三 上鱼泥	遇合三 上鱼来	遇合三 平鱼邪	遇合三 平鱼知	遇合三 平鱼澄	遇合三 平鱼初	遇合三 平鱼崇	遇合三 上鱼生
荣成	ny^{214}	ly^{214}	sy^{35}	tʃy^{53}	tʃ^{h}y^{35}	tʂ^{h}u^{53}	tʂ^{h}u^{35}	ʃo^{214}
烟台	ȵy^{14}	ly^{14}	ɕy^{33}	tɕy^{53}	tɕ^{h}y^{33}	tɕ^{h}u^{53}	ts^{h}u^{33}	suo^{14}
栖霞	ȵy^{214}	ly^{214}	ʃy^{342}	tʃy^{312}	tʃ^{h}y^{342}	ts^{h}u^{312}	ts^{h}u^{342}	suo^{214}
长岛	ȵy^{213}	ly^{213}	ʃy^{55}	tʃy^{312}	tʃ^{h}y^{55}	ts^{h}u^{312}	ts^{h}u^{55}	suə^{213}
海阳	ȵy^{214}	ly^{214}	sy^{341}	tʃy^{52}	tʃ^{h}y^{341}	tʂ^{h}u^{52}	tʂ^{h}u^{341}	ʂuo^{214}
莱西	ȵy^{55}	ly^{55}	ʃy^{42}	tʃu^{214}	tʃ^{h}u^{42}	ts^{h}u^{214}	ts^{h}u^{42}	suə^{55}
平度	ȵy^{55}	ly^{55}	sy^{42}	tʃu^{213}	tʃ^{h}u^{55}	tʂ^{h}u^{213}	tʂ^{h}u^{42}	ʂuə^{55}
青岛	ȵy^{55}	ly^{55}	sy^{42}	tʃu^{213}	tʃ^{h}u^{42}	tʂ^{h}u^{213}	tʂ^{h}u^{42}	ʂuə^{55}
高密	ȵy^{55}	ly^{55}	sy^{42}	tʃu^{213}	tʃ^{h}u^{42}	tʂ^{h}u^{213}	tʂ^{h}u^{42}	ʂuə^{55}
诸城	ȵy^{44}	ly^{44}	θy^{53}	tʃu^{213}	tʃ^{h}u^{53}	tʂ^{h}u^{213}	tʂ^{h}u^{53}	ʂuə^{44}
沂水	ny^{44}	ly^{44}	sy^{53}	dʒɥ^{213}	tʃ^{h}ɥ^{53}	tʂ^{h}u^{44} 又 tʂ^{h}u^{213} 又	tʂ^{h}u^{53}	ʂuə^{44}
临朐	ȵy^{44}	ly^{44}	ɕy^{53}	tʃu^{213}	tʃ^{h}u^{53}	tʂ^{h}u^{213}	tʂ^{h}u^{53}	ʂuə^{44}
日照	ny^{44}	ly^{44}	θy^{53}	tʃu^{213}	tʃ^{h}u^{53}	tʂ^{h}u^{213}	tʂ^{h}u^{53}	ʂuə^{44}
莒南	ny^{55}	ly^{55}	sy^{53}	tʃɥ^{213}	tʃ^{h}ɥ^{53}	tʂ^{h}u^{213}	tʂ^{h}u^{53}	ʂuə^{55}
潍坊	ȵy^{55}	ly^{55}	ɕy^{53}	tʂu^{214}	tʂ^{h}u^{53}	tʂ^{h}u^{214}	tʂ^{h}u^{53}	ʂuə^{55}
寿光	ȵy^{55}	ly^{55}	ɕy^{53}	tʂu^{213}	tʂ^{h}u^{53}	tʂ^{h}u^{213}	tʂ^{h}u^{53}	ʂuə^{55}
高青	ȵy^{55}	ly^{55}	ɕy^{55}	tʂu^{213}	tʂ^{h}u^{55}	tʂ^{h}u^{213}	tʂ^{h}u^{55}	ʂuə^{55}

续表

	0081女	0082吕	0083徐	0084猪	0085除	0086初	0087锄	0088所
	遇合三 上鱼泥	遇合三 上鱼来	遇合三 平鱼邪	遇合三 平鱼知	遇合三 平鱼澄	遇合三 平鱼初	遇合三 平鱼崇	遇合三 上鱼生
阳信	ȵy^{55}	ly^{55}	ɕy^{43}	tʂu^{213}	tʂʰu^{43}	tʂʰu^{213}	tʂʰu^{43}	ʂuə^{55}
济阳	ȵy^{55}	ly^{55}	ɕy^{55}	tʂu^{213}	tʂʰu^{55}	tʂʰu^{213}	tʂʰu^{55}	ʂuə^{55}
利津	ȵy^{55}	ly^{55}	ɕy^{53}	tʂu^{213}	tʂʰu^{53}	tʂʰu^{55}	tʂʰu^{53}	ʂuə^{55}
乐陵	ȵy^{55}	ly^{55}	ɕy^{55}	tʂu^{24}	tʂʰu^{55}	tʂʰu^{24}	tʂʰu^{55}	ʂuə^{55}
商河	ȵy^{45}	ly^{45}	ɕy^{54}	tʂu^{213}	tʂʰu^{54}	tʂʰu^{213}	tʂʰu^{54}	suə^{45}
平原	ȵy^{55}	ly^{55}	ɕy^{42}	tʂu^{213}	tʂʰu^{42}	tʂʰu^{213}	tʂʰu^{42}	suə^{55}
德州	ȵy^{55}	ly^{55}	ɕy^{42}	tʂu^{213}	tʂʰu^{42}	tʂʰu^{213}	tʂʰu^{42}	suə^{55}
武城	ȵy^{55}	ly^{55}	ɕy^{53}	tʂu^{224}	tʂʰu^{53}	tʂʰu^{224}	tʂʰu^{53}	ʂuə^{55}
临清	ȵy^{44}	ly^{44}	ɕy^{53}	tʂu^{13}	tʂʰu^{53}	tʂʰu^{13}	tʂʰu^{53}	suə^{44}
冠县	ȵy^{55}	ly^{55}	sy^{53}	tʂu^{13}	tʂʰu^{53}	tʂʰu^{13}	tʂʰu^{53}	ʂuə^{55}
聊城	ȵy^{44}	ly^{44}	ɕy^{53}	tsu^{13}	tsʰu^{53}	tsʰu^{13}	tsʰu^{53}	suə^{44}
济南	ȵy^{55}	ly^{55}	ɕy^{42}	tʂu^{213}	tʂʰu^{42}	tʂʰu^{213}	tʂʰu^{42}	ʂuə^{55}
泰安	ȵy^{55}	ly^{55}	ɕy^{42}	tʂu^{213}	tʂʰu^{42}	tʂʰu^{213}	tʂʰu^{42}	ʂuə^{55}
莱芜	ȵy^{55}	ly^{55}	ɕy^{55}	tʃu^{213}	tʃʰu^{55}	tʃʰu^{213}	tʃʰu^{55}	ʃuə^{55}
新泰	ȵy^{55}	ly^{55}	ɕy^{42}	pfu^{213}老 tʃu^{213}新	pfʰu^{42}老 tʃʰu^{42}新	pfʰu^{213}老 tʃʰu^{213}新	pfʰu^{42}老 tʃʰu^{42}新	fə^{55}老 θuə^{55}新 ʃuə^{55}新
沂源	ny^{55}	ly^{55}	ɕy^{55}	tʃu^{213}	tʃʰu^{55}	tʃʰu^{213}	tʃʰu^{55}	ʃuə^{55}
博山	ȵy^{55}	ly^{55}	ɕy^{55}	tʂu^{213}	tʂʰu^{55}	tʂʰu^{213}	tʂʰu^{55}	ʂuə^{55}
张店	ȵy^{55}	ly^{55}	ɕy^{55}	tʂu^{213}	tʂʰu^{55}	tʂʰu^{213}	tʂʰu^{55}	ʂuə^{55}
阳谷	ȵy^{55}	ly^{55}	ɕy^{42}	tsu^{213}	tsʰu^{42}	tsʰu^{213}	tsʰu^{42}	suo^{55}
梁山	ȵy^{55}	ly^{55}	ɕy^{42}	tsu^{213}	tsʰu^{42}	tsʰu^{213}	tsʰu^{42}	fə^{55}老 suə^{55}新
菏泽	ȵy^{44}	ly^{44}	ɕy^{53}	tsu^{213}	tsʰu^{53}	tsʰu^{213}	tsʰu^{53}	suə^{44}
曹县	ȵy^{44}	ly^{44}	ɕy^{53}	tʂu^{213}	tʂʰu^{53}	tʂʰuə^{213}	tʂʰuə^{53}	ʂuə^{44}
金乡	ȵy^{55}	ly^{55}	ɕy^{42}	tsu^{213}	tsʰu^{42}	tsʰu^{213}	tsʰu^{42}	suə^{55}

续表

	0081女	0082吕	0083徐	0084猪	0085除	0086初	0087锄	0088所
	遇合三 上鱼泥	遇合三 上鱼来	遇合三 平鱼邪	遇合三 平鱼知	遇合三 平鱼澄	遇合三 平鱼初	遇合三 平鱼崇	遇合三 上鱼生
曲阜	ȵy^{55}	ly^{55}	ɕy^{42}	tsu^{213}	tsʰu^{42}	tsʰu^{213}	tsʰu^{42}	suə^{55}
薛城	ȵy^{24}	ly^{24}	ɕy^{55}	pfu^{313}又 tsu^{313}又	pfʰu^{55}又 tsʰu^{55}又	pfʰu^{313}又 tsʰu^{313}又	pfʰu^{55}又 tsʰu^{55}又	fə^{24}又 suə^{24}又
郯城	ȵy^{24}	ly^{24}	ɕy^{44}	tʂu^{213}	tʂʰu^{44}	tʂʰu^{213}	tʂʰu^{44}	fə^{24}白 ʂuə^{24}文
临沂	ȵy^{55}	ly^{55}	ɕy^{53}	tʃu^{214}	tʃʰu^{53}	tʃʰu^{214}	tʃʰu^{53}	ʃuə^{55}

	0089书	0090鼠	0091如	0092举	0093锯名	0094去	0095渠~道	0096鱼
	遇合三 平鱼书	遇合三 上鱼书	遇合三 平鱼日	遇合三 上鱼见	遇合三 去鱼见	遇合三 去鱼溪	遇合三 平鱼群	遇合三 平鱼疑
荣成	ʃy^{53}	ʃy^{214}	y^{35}	cy^{214}	cy^{33}	cʰy^{33}	cy^{35}	y^{53}
烟台	ɕy^{53}	ɕy^{14}	y^{33}	tɕy^{14}	tɕy^{33}	tɕʰy^{33}	tɕʰy^{33}	y^{53}
栖霞	ʃy^{312}	ʃy^{214}	y^{52}	cy^{214}	cy^{52}	cʰy^{52}	cʰy^{312}	y^{312}
长岛	ʃy^{312}	ʃy^{213}	y^{55}	cy^{213}	cy^{52}	cʰy^{52}	cʰy^{55}	y^{55}
海阳	ʃy^{52}	ʃy^{214}	y^{341}	cy^{214}	cy^{341}	cʰy^{341}	cʰy^{341}	y^{52}
莱西	ʃu^{214}	ʃu^{55}	y^{42}	cy^{55}	cy^{42}	cʰy^{42}	cʰy^{42}	y^{214}
平度	ʃu^{213}	ʃu^{55}	y^{213}	cy^{55}	cy^{42}	cʰy^{42}	cʰy^{55}	y^{42}
青岛	ʃu^{213}	ʃu^{55}	y^{42}	tɕy^{55}	tɕy^{42}	tɕʰy^{42}	tɕʰy^{55}	y^{42}
高密	ʃu^{213}	ʃu^{55}	y^{21}	tɕy^{55}	tɕy^{21}	tɕʰy^{21}	tɕʰy^{55}	y^{42}
诸城	ʃu^{213}	ʃu^{44}	y^{53}	tʃu^{44}	tʃu^{31}	tʃʰu^{31}	tʃʰu^{44}	y^{53}
沂水	ʃɥ^{213}	ʃɥ^{44}	y^{53}	tɕy^{44}	tɕy^{31}	tɕʰy^{31}	tɕʰy^{53}	y^{53}
临朐	ʃu^{213}	ʃu^{44}	lu^{21}	tɕy^{44}	tɕy^{21}	tɕʰy^{21}	tɕʰy^{53}	y^{53}
日照	ʃu^{213}	ʃu^{44}	y^{53}	tʃu^{44}	tʃu^{31}	tʃʰu^{31}	tʃʰu^{53}	y^{53}
莒南	ʃɥ^{213}	tʃʰɥ^{55}又 ʃɥ^{55}又	y^{53}	tɕy^{213}	tɕy^{312}	tɕʰy^{312}	tɕʰy^{53}	y^{53}
潍坊	ʂu^{214}	ʂu^{55}	ʐu^{53}	tɕy^{214}	tɕy^{31}	tɕʰy^{31}	tɕʰy^{214}	y^{53}
寿光	ʂu^{213}	ʂu^{55}	lu^{21}	tɕy^{55}	tɕy^{21}	tɕʰy^{21}	tɕʰy^{53}	y^{53}

续表

	0089书	0090鼠	0091如	0092举	0093锯名	0094去	0095渠～道	0096鱼
	遇合三 平鱼书	遇合三 上鱼书	遇合三 平鱼日	遇合三 上鱼见	遇合三 去鱼见	遇合三 去鱼溪	遇合三 平鱼群	遇合三 平鱼疑
高青	ʂu^{213}	ʂu^{55}	ʐu^{41}	tɕy^{55}	tɕy^{41}	tɕ^{h}y^{41}	tɕ^{h}y^{55}	y^{55}
阳信	ʂu^{213}	ʂu^{55}	lu^{31}	tɕy^{55}	tɕy^{31}	tɕ^{h}i^{31}	tɕ^{h}y^{55}	y^{43}
济阳	ʂu^{213}	ʂu^{55}	lu^{31}	tɕy^{55}	tɕy^{31}	tɕ^{h}i^{31}白 tɕ^{h}y^{31}文	tɕ^{h}y^{213}	y^{55}
利津	ʂu^{213}	ʂu^{55}	ʐu^{31}	tɕy^{55}	tɕy^{31}	tɕ^{h}i^{31}又 tɕ^{h}y^{31}又	tɕ^{h}y^{53}	y^{53}
乐陵	ʂu^{24}	ʂu^{55}	lu^{51}	tɕy^{55}	tɕy^{51}	tɕ^{h}i^{51}又 tɕ^{h}y^{51}又	tɕ^{h}y^{55}	y^{55}
商河	ʂu^{213}	ʂu^{45}	ʐu^{31}	tɕy^{45}	tɕy^{31}	tɕ^{h}i^{31}白 tɕ^{h}y^{31}文	tɕ^{h}y^{54}	y^{54}
平原	ʂu^{213}	ʂu^{55}	lu^{21}	tɕy^{55}	tɕy^{21}	tɕ^{h}i^{21}又 tɕ^{h}y^{21}又	tɕ^{h}y^{213}	y^{42}
德州	ʂu^{213}	ʂu^{55}	ʐu^{55}	tɕy^{55}	tɕy^{21}	tɕ^{h}y^{21}	tɕ^{h}y^{42}	y^{42}
武城	ʂu^{224}	ʂu^{55}	lu^{312}	tɕy^{55}	tɕy^{312}	tɕ^{h}i^{312}又 tɕ^{h}y^{312}又	tɕ^{h}y^{53}	y^{53}
临清	ʂu^{13}	ʂu^{44}	lu^{53}	tɕy^{44}	tɕy^{313}	tɕ^{h}i^{313}白 tɕ^{h}y^{313}文	tɕ^{h}y^{53}	y^{53}
冠县	ʂu^{13}	ʂu^{55}	lu^{53}	tɕy^{55}	tɕy^{314}	tɕ^{h}y^{314}	tɕ^{h}y^{53}	y^{53}
聊城	su^{13}	su^{44}	zu^{53}	tɕy^{44}	tɕy^{313}	tɕ^{h}i^{313}又 tɕ^{h}y^{313}又	tɕ^{h}y^{53}	y^{53}
济南	ʂu^{213}	ʂu^{55}	lu^{21}	tɕy^{55}	tɕy^{21}	tɕ^{h}i^{21}白 tɕ^{h}y^{21}文	tɕ^{h}y^{213}	y^{42}
泰安	ʂu^{213}	ʂu^{55}	lu^{42}	tɕy^{55}	tɕy^{21}	tɕ^{h}i^{21}动词 tɕ^{h}y^{21}～年	tɕ^{h}y^{42}	y^{42}
莱芜	ʃu^{213}	ʃu^{55}	lu^{55}	tɕy^{55}	tɕy^{42}	tɕ^{h}y^{42}	tɕ^{h}y^{213}	y^{55}
新泰	fu^{213}老 ʃu^{213}新	fu^{55}老 ʃu^{55}新	ʒu^{42}白 lu^{42}文	tɕy^{55}	tɕy^{31}	tɕ^{h}y^{31}	tɕ^{h}y^{213}	y^{42}
沂源	ʃu^{213}	ʃu^{55}	lu^{55}	tɕy^{213}	tɕy^{31}	tɕ^{h}y^{31}	tɕ^{h}y^{55}	y^{55}
博山	ʂu^{213}	ʂu^{55}	lu^{55}	tɕy^{55}	tɕy^{31}	tɕ^{h}y^{31}	tɕ^{h}y^{213}	y^{55}
张店	ʂu^{213}	ʂu^{55}	lu^{31}	tɕy^{55}	tɕy^{31}	tɕ^{h}y^{31}	tɕ^{h}y^{33}	y^{55}

续表

	0089书	0090鼠	0091如	0092举	0093锯名	0094去	0095渠～道	0096鱼
	遇合三平鱼书	遇合三上鱼书	遇合三平鱼日	遇合三上鱼见	遇合三去鱼见	遇合三去鱼溪	遇合三平鱼群	遇合三平鱼疑
阳谷	fu^{213}白 su^{213}文	fu^{55}白 su^{55}文	lu^{42}白 zu^{42}文	$tɕy^{55}$	$tɕy^{313}$	$tɕ^hy^{313}$	$tɕ^hy^{42}$	y^{42}
梁山	fu^{213}老 su^{213}新	fu^{55}老 su^{55}新	zu^{42}	$tɕy^{55}$	$tɕy^{314}$	$tɕ^hi^{314}$白 $tɕ^hy^{314}$文	$tɕ^hy^{42}$	y^{42}
菏泽	fu^{213}	su^{44}	zu^{53}	$tɕy^{44}$	$tɕy^{312}$	$tɕ^hy^{312}$	$tɕ^hy^{53}$	y^{53}
曹县	fu^{213}又 $ʂu^{213}$又	fu^{44}又 $ʂu^{44}$又	$ʐu^{53}$	$tɕy^{44}$	$tɕy^{312}$	$tɕ^hy^{312}$	$tɕ^hy^{53}$	y^{53}
金乡	su^{213}	su^{55}	zu^{42}	$tɕy^{55}$	$tɕy^{312}$	$tɕ^hy^{312}$	$tɕ^hy^{42}$	y^{42}
曲阜	su^{213}	su^{55}	zu^{42}	$tɕy^{55}$	$tɕy^{312}$	$tɕ^hi^{312}$动词 $tɕ^hy^{312}$～年	$tɕ^hy^{42}$	y^{42}
薛城	fu^{313}又 su^{313}又	fu^{24}又 su^{24}又	zu^{55}	$tɕy^{24}$	$tɕy^{41}$	$tɕ^hy^{41}$	$tɕ^hy^{55}$	y^{55}
郯城	fu^{213}老 $ʂu^{213}$新	$tʂ^hu^{24}$白 $ʂu^{24}$文	$ʐu^{44}$	$tɕy^{24}$	$tɕy^{51}$	$tɕ^hy^{51}$	$tɕ^hy^{44}$	y^{44}
临沂	$ʃu^{214}$	$ʃu^{55}$	$ʐu^{53}$	$tɕy^{55}$	$tɕy^{312}$	$tɕ^hy^{312}$	$tɕ^hy^{53}$	y^{53}

	0097许	0098余剩～，多～	0099府	0100付	0101父	0102武	0103雾	0104取
	遇合三上鱼晓	遇合三平鱼以	遇合三上虞非	遇合三去虞非	遇合三上虞奉	遇合三上虞微	遇合三去虞微	遇合三上虞清
荣成	$çy^{214}$	y^{35}	fu^{214}	fu^{35}	fu^{33}	u^{214}	u^{33}	ts^hy^{214}
烟台	$ɕy^{14}$	y^{33}	fu^{14}	fu^{33}	fu^{33}	u^{14}	u^{33}	$tɕ^hy^{14}$
栖霞	$çy^{214}$	y^{342}	fu^{214}	fu^{52}	fu^{52}	u^{214}	u^{342}	$tʃ^hy^{214}$
长岛	$çy^{213}$	y^{55}	fu^{213}	fu^{52}	fu^{52}	u^{213}	u^{52}	$tʃ^hy^{213}$
海阳	$çy^{214}$	y^{341}	fu^{214}	fu^{341}	fu^{341}	u^{214}	u^{341}	ts^hy^{214}
莱西	$çy^{55}$	y^{42}	fu^{55}	fu^{42}	fu^{42}	u^{55}	u^{42}	$tʃ^hy^{55}$
平度	$çy^{55}$	y^{42}	fu^{55}	fu^{213}	fu^{42}	u^{55}	u^{42}	ts^hy^{55}
青岛	$ɕy^{55}$	y^{42}	fu^{55}	fu^{42}	fu^{42}	u^{55}	u^{42}	ts^hy^{55}

续表

	0097许	0098余 剩～，多～	0099府	0100付	0101父	0102武	0103雾	0104取
	遇合三上鱼晓	遇合三平鱼以	遇合三上虞非	遇合三去虞非	遇合三上虞奉	遇合三上虞微	遇合三去虞微	遇合三上虞清
高密	$ɕy^{55}$	y^{42}	fu^{55}	fu^{21}	fu^{21}	u^{55}	u^{21}	ts^hy^{55}
诸城	$ʃu^{44}$	y^{53}	fu^{44}	fu^{31}	fu^{31}	u^{44}	u^{31}	$tθ^hy^{44}$
沂水	$ɕy^{44}$	y^{53}	fu^{44}	fu^{44}又 fu^{31}又	fu^{31}	u^{44}	u^{31}	ts^hy^{44}
临朐	$ɕy^{44}$	y^{53}	fu^{44}	fu^{21}	fu^{21}	u^{44}	u^{21}	$tɕ^hy^{44}$
日照	$ʃu^{44}$	y^{53}	fu^{44}	fu^{213}	fu^{31}	u^{44}	u^{31}	$ȶ^hy^{44}$
莒南	$ɕy^{55}$	y^{53}	fu^{55}	fu^{312}	fu^{312}	u^{55}	u^{312}	ts^hy^{55}
潍坊	$ɕy^{55}$	y^{53}	fu^{55}	fu^{31}	fu^{31}	u^{55}	u^{31}	$tɕ^hy^{214}$
寿光	$ɕy^{55}$	y^{53}	fu^{55}	fu^{53}	fu^{21}	u^{55}	u^{21}	$tɕ^hy^{55}$
高青	$ɕy^{55}$	y^{55}	fu^{55}	fu^{41}	fu^{41}	u^{55}	u^{41}	$tɕ^hy^{55}$
阳信	$ɕy^{55}$	y^{43}	fu^{55}	fu^{31}	fu^{31}	u^{55}	u^{31}	$tɕ^hy^{55}$
济阳	$ɕy^{55}$	y^{55}	fu^{55}	fu^{31}	fu^{31}	u^{55}	u^{31}	$tɕ^hy^{55}$
利津	$ɕy^{53}$	y^{53}	fu^{55}	fu^{55}	fu^{31}	u^{55}	u^{31}	$tɕ^hy^{55}$
乐陵	$ɕy^{55}$	y^{55}	fu^{55}	fu^{51}	fu^{51}	u^{55}	u^{51}	$tɕ^hy^{55}$
商河	$ɕy^{45}$	y^{54}	fu^{45}	fu^{31}	fu^{31}	u^{45}	u^{31}	$tɕ^hy^{45}$
平原	$ɕy^{55}$	y^{42}	fu^{55}	fu^{21}	fu^{21}	u^{55}	u^{21}	$tɕ^hy^{55}$
德州	$ɕy^{55}$	y^{42}	fu^{55}	fu^{21}	fu^{21}	u^{55}	u^{21}	$tɕ^hy^{55}$
武城	$ɕy^{55}$	y^{53}	fu^{55}	fu^{224}	fu^{312}	u^{55}	u^{312}	$tɕ^hy^{55}$
临清	$ɕy^{44}$	y^{53}	fu^{44}	fu^{313}	fu^{313}	u^{44}	u^{313}	$tɕ^hy^{44}$
冠县	$ɕy^{55}$	y^{53}	fu^{55}	fu^{314}	fu^{314}	u^{55}	u^{314}	ts^hy^{55}
聊城	$ɕy^{44}$允～ $ɕy^{53}$姓	y^{53}	fu^{44}	fu^{313}	fu^{313}	u^{44}	u^{313}	$tɕ^hy^{44}$
济南	$ɕy^{55}$允～ $ɕy^{42}$姓	y^{42}	fu^{55}	fu^{21}	fu^{21}	u^{55}	u^{21}	$tɕ^hy^{55}$
泰安	$ɕy^{55}$允～ $ɕy^{42}$姓	y^{42}	fu^{55}	fu^{21}	fu^{21}	u^{55}	u^{21}	$tɕ^hy^{55}$

续表

	0097许	0098余 剩～，多～	0099府	0100付	0101父	0102武	0103雾	0104取
	遇合三 上鱼晓	遇合三 平鱼以	遇合三 上虞非	遇合三 去虞非	遇合三 上虞奉	遇合三 上虞微	遇合三 去虞微	遇合三 上虞清
莱芜	$ɕy^{55}$	y^{55}	fu^{55}	fu^{42}	fu^{42}	u^{55}	u^{42}	$tɕ^hy^{55}$
新泰	$ɕy^{55}$	y^{42}	fu^{55}	fu^{31}	fu^{31}	u^{55}	u^{31}	$tɕ^hy^{55}$
沂源	$ɕy^{55}$	y^{55}	fu^{55}	fu^{31}	fu^{31}	u^{55}	u^{31}	$tɕ^hy^{55}$
博山	$ɕy^{55}$	y^{55}	fu^{55}	fu^{31}	fu^{31}	u^{55}	u^{31}	$tɕ^hy^{55}$
张店	$ɕy^{55}$	y^{55}	fu^{55}	fu^{33}	fu^{31}	u^{55}	u^{31}	$tɕ^hy^{55}$
阳谷	$ɕy^{55}$	y^{42}	fu^{55}	fu^{313}	fu^{313}	u^{55}	u^{313}	$tɕ^hy^{55}$
梁山	$ɕy^{55}$ 又 $ɕy^{314}$ 又	y^{42}	fu^{55}	fu^{42}	fu^{314}	u^{55}	u^{314}	$tɕ^hiou^{55}$ 白 $tɕ^hy^{55}$ 文
菏泽	$ɕy^{44}$	y^{53}	fu^{44}	fu^{312}	fu^{312}	u^{44}	u^{312}	$tɕ^hy^{44}$
曹县	$ɕy^{44}$	y^{53}	fu^{44}	fu^{312}	fu^{312}	u^{44}	u^{312}	$tɕ^hy^{44}$
金乡	$ɕy^{55}$	y^{42}	fu^{55}	fu^{42} 支～	fu^{312}	u^{55}	u^{312}	$tɕ^hy^{55}$
曲阜	$ɕy^{55}$ 允～ $ɕy^{42}$ 姓	y^{42}	fu^{55}	fu^{312}	fu^{312}	u^{55} 动～ u^{42} 姓	u^{312}	$tɕ^hy^{55}$
薛城	$ɕy^{24}$	y^{55}	fu^{24}	fu^{41}	fu^{41}	u^{24}	u^{41}	$tɕ^hy^{24}$
郯城	$ɕy^{24}$	y^{44}	fu^{24}	fu^{51}	fu^{51}	u^{24}	u^{51}	$tɕ^hy^{24}$
临沂	$ɕy^{55}$	y^{53}	fu^{55}	fu^{312}	fu^{312}	u^{55}	u^{312}	$tɕ^hy^{55}$

	0105柱	0106住	0107数动	0108数名	0109主	0110输	0111竖	0112树
	遇合三 上虞澄	遇合三 去虞澄	遇合三 上虞生	遇合三 去虞生	遇合三 上虞章	遇合三 平虞书	遇合三 上虞禅	遇合三 去虞禅
荣成	$tʃy^{33}$	$tʃy^{33}$	$ʂu^{214}$	$ʂu^{33}$	$tʃy^{214}$	$ʃy^{53}$	$ʃy^{33}$	$ʃy^{33}$
烟台	$tɕy^{33}$	$tɕy^{33}$	su^{14}	su^{33}	$tɕy^{14}$	$ɕy^{53}$	$ɕy^{33}$	$ɕy^{33}$
栖霞	$tʃy^{342}$	$tʃy^{342}$	su^{214}	su^{52}	$tʃy^{214}$	$ʃy^{312}$	$ʃy^{342}$	$ʃy^{342}$
长岛	$tʃy^{52}$	$tʃy^{52}$	su^{213}	su^{52}	$tʃy^{213}$	$ʃy^{312}$	$ʃy^{52}$	$ʃy^{52}$
海阳	$tʃy^{341}$	$tʃy^{341}$	$ʂu^{214}$	$ʂu^{341}$	$tʃy^{214}$	$ʃy^{52}$	$ʃy^{341}$	$ʃy^{341}$
莱西	$tʃu^{42}$	$tʃu^{42}$	su^{55}	su^{42}	$tʃu^{55}$	$ʃu^{55}$	$ʃu^{42}$	$ʃu^{42}$

续表

	0105柱	0106住	0107数动	0108数名	0109主	0110输	0111竖	0112树
	遇合三 上虞澄	遇合三 去虞澄	遇合三 上虞生	遇合三 去虞生	遇合三 上虞章	遇合三 平虞书	遇合三 上虞禅	遇合三 去虞禅
平度	tʃu^{42}	tʃu^{42}	ʂu^{55}	ʂu^{42}	tʃu^{55}	ʃu^{213}	ʃu^{42}	ʃu^{42}
青岛	tʃu^{42}	tʃu^{42}	ʂu^{55}	ʂu^{42}	tʃu^{55}	ʃu^{213}	ʃu^{42}	ʃu^{42}
高密	tʃu^{21}	tʃu^{21}	ʂu^{55}	ʃu^{21}	tʃu^{55}	ʃu^{213}	ʃu^{21}	ʃu^{21}
诸城	tʃu^{31}	tʃu^{31}	ʂu^{44}	ʂu^{31}	tʃu^{44}	ʃu^{213}	ʃu^{31}	ʃu^{31}
沂水	dʒɥ^{31}	dʒɥ^{31}	ʂu^{44}	ʂu^{31}	dʒɥ^{44}	ʃɥ^{213}	ʃɥ^{31}	ʃɥ^{31}
临朐	tʃu^{21}	tʃu^{21}	ʂu^{44}	ʂu^{21}	tʃu^{44}	ʃu^{213}	ʃu^{21}	ʃu^{21}
日照	tʃu^{31}	tʃu^{31}	ʂu^{44}	ʂu^{31}	tʃu^{44}	ʃu^{213}	ʃu^{31}	ʃu^{31}
莒南	tʃɥ^{312}	tʃɥ^{312}	ʃu^{55}	ʃu^{312}	tʃɥ^{55}	ʃɥ^{213}	ʃɥ^{312}	ʃɥ^{312}
潍坊	tʂu^{31}	tʂu^{31}	ʂu^{55}	ʂu^{31}	tʂu^{55}	ʂu^{214}	ʂu^{31}	ʂu^{31}
寿光	tʂu^{21}	tʂu^{21}	ʂu^{55}	ʂu^{21}	tʂu^{55}	ʂu^{213}	ʂu^{21}	ʂu^{21}
高青	tʂu^{41}	tʂu^{41}	ʂu^{55}	ʂu^{41}	tʂu^{55}	ʂu^{213}	ʂu^{41}	ʂu^{41}
阳信	tʂu^{31}	tʂu^{31}	ʂu^{55}	ʂu^{31}	tʂu^{55}	ʂu^{213}	ʂu^{31}	ʂu^{31}
济阳	tʂu^{31}	tʂu^{31}	ʂu^{55}	ʂu^{31}	tʂu^{55}	ʂu^{213}	ʂu^{31}	ʂu^{31}
利津	tʂu^{31}	tʂu^{31}	ʂu^{55}	ʂu^{31}	tʂu^{55}	ʂu^{213}	ʂu^{31}	ʂu^{31}
乐陵	tʂu^{51}	tʂu^{51}	ʂu^{55}	ʂu^{51}	tʂu^{55}	ʂu^{24}	ʂu^{51}	ʂu^{51}
商河	tʂu^{31}	tʂu^{31}	ʂu^{45}	ʂu^{31}	tʂu^{45}	ʂu^{213}	ʂu^{31}	ʂu^{31}
平原	tʂu^{21}	tʂu^{21}	ʂu^{55}	ʂu^{21}	tʂu^{55}	ʂu^{213}	ʂu^{21}	ʂu^{21}
德州	tʂu^{21}	tʂu^{21}	ʂu^{55}	ʂu^{21}	tʂu^{55}	ʂu^{213}	ʂu^{21}	ʂu^{21}
武城	tʂu^{312}	tʂu^{312}	ʂu^{55}	ʂu^{312}	tʂu^{55}	ʂu^{224}	ʂu^{312}	ʂu^{312}
临清	tʂu^{313}	tʂu^{313}	ʂu^{44}	ʂu^{313}	tʂu^{44}	ʂu^{13}	ʂu^{313}	ʂu^{313}
冠县	tʂu^{314}	tʂu^{314}	ʂu^{55}	ʂu^{314}	tʂu^{55}	ʂu^{13}	ʂu^{314}	ʂu^{314}
聊城	tsu^{313}	tsu^{313}	su^{44}	su^{313}	tsu^{44}	su^{13}又 tsʰu^{13}～了	su^{313}	su^{313}
济南	tʂu^{21}	tʂu^{21}	ʂu^{55}	ʂu^{21}	tʂu^{55}	ʂu^{213}～赢 ʂu^{55}运～	ʂu^{21}	ʂu^{21}
泰安	tʂu^{21}	tʂu^{21}	ʂu^{55}	ʂu^{21}	tʂu^{55}	tʂʰu^{213} 白，～赢 ʂu^{213}文	ʂu^{21}	ʂu^{21}

续表

	0105柱	0106住	0107数动	0108数名	0109主	0110输	0111竖	0112树
	遇合三 上虞澄	遇合三 去虞澄	遇合三 上虞生	遇合三 去虞生	遇合三 上虞章	遇合三 平虞书	遇合三 上虞禅	遇合三 去虞禅
莱芜	tʃu42	tʃu42	ʃu55	ʃu42	tʃu55	ʃu213	ʃu42	ʃu42
新泰	pfu31老 tʃu31新	pfu31老 tʃu31新	fu55老 ʃu55新	fu31老 ʃu31新	pfu55老 tʃu55新	fu213老 ʃu213新	fu31老 ʃu31新	fu31老 ʃu31新
沂源	tʃu31	tʃu31	ʃu55	ʃu31	tʃu55	ʃu213	ʃu31	ʃu31
博山	tʂu31	tʂu31	ʂu55	ʂu31	tʂu55	ʂu213	ʂu31	ʂu31
张店	tʂu31	tʂu31	ʂu55	ʂu31	tʂu55	ʂu213	ʂu31	ʂu31
阳谷	tsu313	tsu313	fu42白 su42文	fu313白 su313文	tsu55	fu213白 su213文	fu313白 su313文	fu313
梁山	tsu314	tsu314	fu55老 su55新	fu314老 su314新	tsu55	su213运～ zu213～赢 suo又	fu314老 su314新	fu314老 su314新
菏泽	tsu312	tsu312	suə44	suə312	tsu44	su213	su312	fu312
曹县	tʂu312	tʂu312	ʂuə44	ʂuə312	tʂu44	zʅu213白 ʂu213文	fu213白 ʂu312文	fu312白 ʂu312文
金乡	tsu312	tsu312	su55	su312	tsu55	tsʰu213～赢 su213运～	su312	su312
曲阜	tsu312	tsu312	su42	su312	tsu55	zu213～赢 su213运～	su312	su312
薛城	pfu41又 tsu41又	pfu41又 tsu41又	fu24又 su24又	fu41又 su41又	pfu24又 tsu24又	pfʰu313 ～赢，又 vu313 ～赢，又 fu313运～	fu41又 su41又	fu41又 su41又
郯城	tʂu51	tʂu51	fu24老 ʂu24新	fu51老 ʂu51新	tʂu24	zʅu213白 fu213文，老 ʂu213文，新	fu51老 ʂu51新	fu51老 ʂu51新
临沂	tʃu312	tʃu312	ʃu55	ʃu312	tʃu55	ʃu214	ʃu312	ʃu312

	0113句	0114区 地～	0115遇	0116雨	0117芋	0118裕	0119胎	0120台 戏～
	遇合三去虞见	遇合三平虞溪	遇合三去虞疑	遇合三上虞云	遇合三去虞云	遇合三去虞以	蟹开一平咍透	蟹开一平咍定
荣成	cy^{33}	c^hy^{53}	y^{33}	y^{214}	y^{33}	y^{33}	t^hai^{53}	tai^{35}又 t^hai^{35}又
烟台	$tɕy^{33}$	$tɕ^hy^{53}$	y^{33}	y^{14}	y^{33}	y^{33}	$t^hɛ^{53}$	$t^hɛ^{33}$
栖霞	cy^{342}	c^hy^{312}	y^{342}	y^{214}	y^{342}	y^{52}	$t^hɛi^{312}$	$t^hɛi^{342}$
长岛	cy^{52}	c^hy^{312}	y^{52}	y^{213}	y^{52}	y^{52}	t^hai^{312}	t^hai^{55}
海阳	cy^{341}	c^hy^{52}	y^{341}	y^{214}	y^{341}	y^{341}	$t^hɛ^{52}$	$t^hɛ^{341}$
莱西	cy^{42}	c^hy^{214}	y^{42}	y^{55}	y^{42}	y^{42}	$t^hɛ^{214}$	$t^hɛ^{42}$
平度	cy^{42}	c^hy^{55}	y^{42}	y^{55}	y^{42}	y^{42}	$t^hɛ^{213}$	$t^hɛ^{42}$
青岛	$tɕy^{42}$	$tɕ^hy^{55}$	y^{42}	y^{55}	y^{42}	y^{42}	$t^hɛ^{213}$	$t^hɛ^{42}$
高密	$tɕy^{21}$	$tɕ^hy^{213}$	y^{21}	y^{55}	y^{42}	y^{55}	$t^hɛ^{213}$	$t^hɛ^{42}$
诸城	$tʃu^{31}$	$tʃ^hu^{213}$	y^{31}	y^{44}	y^{31}	y^{31}	$t^hɛ^{213}$	$t^hɛ^{53}$
沂水	$tɕy^{31}$	$tɕ^hy^{53}$	y^{31}	y^{44}	y^{31}	y^{31}	$t^hɛ^{213}$	$t^hɛ^{53}$
临朐	$tɕy^{21}$	$tɕ^hy^{53}$	y^{21}	y^{44}	y^{21}	y^{21}	$t^hɛ^{213}$	$t^hɛ^{53}$
日照	$tʃu^{31}$	$tʃ^hu^{213}$	y^{31}	y^{44}	y^{31}	y^{53}	$t^hɛ^{213}$	$t^hɛ^{53}$
莒南	$tɕy^{312}$	$tɕ^hy^{213}$	y^{312}	y^{55}	y^{312}	y^{53}	$t^hɛ^{213}$	$t^hɛ^{53}$
潍坊	$tɕy^{31}$	$tɕ^hy^{214}$	y^{31}	y^{55}	y^{31}	y^{31}	$t^hɛ^{214}$	$t^hɛ^{53}$
寿光	$tɕy^{21}$	$tɕ^hy^{213}$	y^{21}	y^{55}	y^{21}	y^{21}	$t^hɛ^{213}$	$t^hɛ^{53}$
高青	$tɕy^{41}$	$tɕ^hy^{213}$	y^{41}	y^{55}	y^{41}	y^{41}	$t^hɛ^{213}$	$t^hɛ^{55}$
阳信	$tɕy^{31}$	$tɕ^hy^{213}$	y^{31}	y^{55}	y^{31}	y^{31}	$t^hɛ^{213}$	$t^hɛ^{43}$
济阳	$tɕy^{31}$	$tɕ^hy^{213}$	y^{31}	y^{55}	y^{31}	y^{31}	$t^hɛ^{213}$	$t^hɛ^{55}$
利津	$tɕy^{31}$	$tɕ^hy^{55}$	y^{31}	y^{55}	y^{31}	y^{31}	$t^hɛ^{213}$	$t^hɛ^{53}$
乐陵	$tɕy^{51}$	$tɕ^hy^{24}$	y^{51}	y^{55}	y^{51}	y^{51}	$t^hɛ^{24}$	$t^hɛ^{55}$
商河	$tɕy^{31}$	$tɕ^hy^{45}$	y^{31}	y^{45}	y^{54}	y^{31}	$t^hɛ^{213}$	$t^hɛ^{54}$
平原	$tɕy^{21}$	$tɕ^hy^{213}$	y^{21}	y^{55}	y^{21}	y^{21}	$t^hɛi^{213}$	$t^hɛi^{42}$
德州	$tɕy^{21}$	$tɕ^hy^{213}$	y^{21}	y^{55}	y^{21}	y^{21}	$t^hɛ^{213}$	$t^hɛ^{42}$
武城	$tɕy^{312}$	$tɕ^hy^{224}$	y^{312}	y^{55}	y^{312}	y^{312}	$t^hɛ^{224}$	$t^hɛ^{53}$
临清	$tɕy^{313}$	$tɕ^hy^{13}$	y^{313}	y^{44}	y^{313}	y^{313}	t^hai^{13}	t^hai^{53}

续表

	0113句	0114区 地～	0115遇	0116雨	0117芋	0118裕	0119胎	0120台 戏～
	遇合三 去虞见	遇合三 平虞溪	遇合三 去虞疑	遇合三 上虞云	遇合三 去虞云	遇合三 去虞以	蟹开一 平咍透	蟹开一 平咍定
冠县	$tɕy^{314}$	$tɕ^hy^{13}$	y^{314}	y^{55}	y^{314}	y^{314}	$t^hɛ^{13}$	$t^hɛ^{53}$
聊城	$tɕy^{313}$	$tɕ^hy^{13}$	y^{313}	y^{44}	y^{313}	y^{313}	$t^hɛ^{13}$	$t^hɛ^{53}$
济南	$tɕy^{21}$	$tɕ^hy^{213}$	y^{21}	y^{55}	y^{21}	y^{21}	$t^hɛ^{213}$	$t^hɛ^{42}$
泰安	$tɕy^{21}$	$tɕ^hy^{213}$	y^{21}	y^{55}	y^{21}	y^{21}	$t^hɛ^{213}$	$t^hɛ^{42}$
莱芜	$tɕy^{42}$	$tɕ^hy^{213}$	y^{42}	y^{55}	y^{42}	y^{42}	$t^hɛ^{213}$	$t^hɛ^{55}$
新泰	$tɕy^{31}$	$tɕ^hy^{213}$	y^{31}	y^{55}	y^{42}	y^{31}	$t^hɛ^{213}$	$t^hɛ^{42}$
沂源	$tɕy^{31}$	$tɕ^hy^{213}$	y^{31}	y^{55}	y^{31}	y^{31}	$t^hɛ^{213}$	$t^hɛ^{55}$
博山	$tɕy^{31}$	$tɕ^hy^{213}$	y^{31}	y^{55}	y^{55}	y^{31}	$t^hɛ^{213}$	$t^hɛ^{55}$
张店	$tɕy^{31}$	$tɕ^hy^{33}$	y^{31}	y^{55}	y^{33}	y^{55}	$t^hɛ^{213}$	$t^hɛ^{55}$
阳谷	$tɕy^{313}$	$tɕ^hy^{213}$	y^{313}	y^{55}	y^{313}	y^{42}	$t^hɛ^{213}$	$t^hɛ^{42}$
梁山	$tɕy^{314}$	$tɕ^hy^{213}$	y^{314}	y^{55}	y^{42}	y^{213}	$t^hɛ^{213}$	$t^hɛ^{42}$
菏泽	$tɕy^{312}$	$tɕ^hy^{213}$	y^{312}	y^{44}	y^{53}	y^{312}	$t^hɛ^{213}$	$t^hɛ^{53}$
曹县	$tɕy^{312}$	$tɕ^hy^{213}$	y^{312}	y^{44}	y^{312}	y^{53}	t^hai^{213}	t^hai^{53}
金乡	$tɕy^{312}$	$tɕ^hy^{213}$	y^{312}	y^{55}	y^{312}	y^{312}	$t^hɛ^{213}$	$t^hɛ^{42}$
曲阜	$tɕy^{312}$	$tɕ^hy^{213}$	y^{312}	y^{55}	y^{312}	y^{312}	$t^hɛ^{213}$	$t^hɛ^{42}$
薛城	$tɕy^{41}$	$tɕ^hy^{313}$	y^{41}	y^{24}	y^{41}	y^{313}	$t^hɛ^{313}$	$t^hɛ^{55}$
郯城	$tɕy^{51}$	$tɕ^hy^{213}$	y^{51}	y^{24}	y^{51}	y^{44}	$t^hɛ^{213}$	$t^hɛ^{44}$
临沂	$tɕy^{312}$	$tɕ^hy^{214}$	y^{312}	y^{55}	y^{312}	y^{312}	$t^hɛ^{214}$	$t^hɛ^{53}$

	0121袋	0122来	0123菜	0124财	0125该	0126改	0127开	0128海
	蟹开一 去咍定	蟹开一 平咍来	蟹开一 去咍清	蟹开一 平咍从	蟹开一 平咍见	蟹开一 上咍见	蟹开一 平咍溪	蟹开一 上咍晓
荣成	tai^{33}	lai^{53}	ts^hai^{33}	ts^hai^{35}	kai^{53}	kai^{214}	k^hai^{53}	xai^{214}
烟台	$tɛ^{33}$	$lɛ^{53}$	$ts^hɛ^{33}$	$ts^hɛ^{33}$	$kɛ^{53}$	$kɛ^{14}$	$k^hɛ^{53}$	$xɛ^{14}$
栖霞	$tɛi^{342}$	$lɛi^{312}$	$ts^hɛi^{52}$	$ts^hɛi^{342}$	$kɛi^{312}$	$kɛi^{214}$	$k^hɛi^{312}$	$xɛi^{214}$
长岛	tai^{52}	lai^{55}	ts^hai^{52}	ts^hai^{55}	kai^{312}	kai^{213}	k^hai^{312}	xai^{213}

续表

	0121袋	0122来	0123菜	0124财	0125该	0126改	0127开	0128海
	蟹开一去咍定	蟹开一平咍来	蟹开一去咍清	蟹开一平咍从	蟹开一平咍见	蟹开一上咍见	蟹开一平咍溪	蟹开一上咍晓
海阳	tɛ³⁴¹	lɛ⁵²	tθʰɛ³⁴¹	tθʰɛ³⁴¹	kɛ⁵²	kɛ²¹⁴	kʰɛ⁵²	xɛ²¹⁴
莱西	tɛ⁴²	lɛ²¹⁴	tsʰɛ⁴²	tsʰɛ⁴²	kɛ²¹⁴	kɛ⁵⁵	kʰɛ²¹⁴	xɛ⁵⁵
平度	tɛ⁴²	lɛ⁴²	tθʰɛ⁴²	tθʰɛ⁴²	kɛ²¹³	kɛ⁵⁵	kʰɛ²¹³	xɛ⁵⁵
青岛	tɛ⁴²	lɛ⁴²	tθʰɛ⁴²	tθʰɛ⁴²	kɛ²¹³	kɛ⁵⁵	kʰɛ²¹³	xɛ⁵⁵
高密	tɛ²¹	lɛ⁴²	tθʰɛ²¹	tθʰɛ⁴²	kɛ²¹³	kɛ⁵⁵	kʰɛ²¹³	xɛ⁵⁵
诸城	tɛ³¹	lɛ⁵³	tθʰɛ³¹	tθʰɛ⁵³	kɛ²¹³	kɛ⁴⁴	kʰɛ²¹³	xɛ⁴⁴
沂水	tɛ³¹	lɛ⁵³	tθʰɛ³¹	tθʰɛ⁵³	kɛ²¹³	kɛ⁴⁴	kʰɛ²¹³	xɛ⁴⁴
临朐	tɛ²¹	lɛ⁵³	tθʰɛ²¹	tθʰɛ⁵³	kɛ²¹³	kɛ⁴⁴	kʰɛ²¹³	xɛ⁴⁴
日照	tɛ³¹	lɛ⁵³	tθʰɛ³¹	tθʰɛ⁵³	kɛ²¹³	kɛ⁴⁴	kʰɛ²¹³	xɛ⁴⁴
莒南	tɛ³¹²	lɛ⁵³	tθʰɛ³¹²	tθʰɛ⁵³	kɛ²¹³	kɛ⁵⁵	kʰɛ²¹³	xɛ⁵⁵
潍坊	tɛ³¹	lɛ⁵³	tsʰɛ³¹	tsʰɛ⁵³	kɛ²¹⁴	kɛ⁵⁵	kʰɛ²¹⁴	xɛ⁵⁵
寿光	tɛ²¹	lɛ⁵³	tsʰɛ²¹	tsʰɛ⁵³	kɛ²¹³	kɛ⁵⁵	kʰɛ²¹³	xɛ⁵⁵
高青	tɛ⁴¹	lɛ⁵⁵	tsʰɛ⁴¹	tsʰɛ⁵⁵	kɛ²¹³	kɛ⁵⁵	kʰɛ²¹³	xɛ⁵⁵
阳信	tɛ³¹	lɛ⁴³	tsʰɛ³¹	tsʰɛ⁴³	kɛ²¹³	kɛ⁵⁵	kʰɛ²¹³	xɛ⁵⁵
济阳	tɛ³¹	lɛ⁵⁵	tsʰɛ³¹	tsʰɛ⁵⁵	kɛ²¹³	kɛ⁵⁵	kʰɛ²¹³	xɛ⁵⁵
利津	tɛ³¹	lɛ⁵³	tsʰɛ³¹	tsʰɛ⁵³	kɛ²¹³	kɛ⁵⁵	kʰɛ²¹³	xɛ⁵⁵
乐陵	tɛ⁵¹	lɛ⁵⁵	tsʰɛ⁵¹	tsʰɛ⁵⁵	kɛ²⁴	kɛ⁵⁵	kʰɛ²⁴	xɛ⁵⁵
商河	tɛ³¹	lɛ⁵⁴	tsʰɛ³¹	tsʰɛ⁵⁴	kɛ²¹³	kɛ⁴⁵	kʰɛ²¹³	xɛ⁴⁵
平原	tɛi²¹	lɛi⁴²	tsʰɛi²¹	tsʰɛi⁴²	kɛi²¹³	kɛi⁵⁵	kʰɛi²¹³	xɛi⁵⁵
德州	tɛ²¹	lɛ⁴²	tsʰɛ²¹	tsʰɛ⁴²	kɛ²¹³	kɛ⁵⁵	kʰɛ²¹³	xɛ⁵⁵
武城	tɛ³¹²	lɛ⁵³	tsʰɛ³¹²	tsʰɛ⁵³	kɛ²²⁴	kɛ⁵⁵	kʰɛ²²⁴	xɛ⁵⁵
临清	tai³¹³	lai⁵³	tsʰai³¹³	tsʰai⁵³	kai¹³	kai⁴⁴	kʰai¹³	xai⁴⁴
冠县	tɛ³¹⁴	lɛ⁵³	tsʰɛ³¹⁴	tsʰɛ⁵³	kɛ¹³	kɛ⁵⁵	kʰɛ¹³	xɛ⁵⁵
聊城	tɛ³¹³	lɛ⁵³	tsʰɛ³¹³	tsʰɛ⁵³	kɛ¹³	kɛ⁴⁴	kʰɛ¹³	xɛ⁴⁴
济南	tɛ²¹	lɛ⁴²	tsʰɛ²¹	tsʰɛ⁴²	kɛ²¹³	kɛ⁵⁵	kʰɛ²¹³	xɛ⁵⁵

续表

	0121袋	0122来	0123菜	0124财	0125该	0126改	0127开	0128海
	蟹开一 去咍定	蟹开一 平咍来	蟹开一 去咍清	蟹开一 平咍从	蟹开一 平咍见	蟹开一 上咍见	蟹开一 平咍溪	蟹开一 上咍晓
泰安	tɛ^{21}	lɛ^{42}	tsʰɛ^{21}	tsʰɛ^{42}	kɛ^{213}	kɛ^{55}	kʰɛ^{213}	xɛ^{55}
莱芜	tɛ^{42}	lɛ^{55}	tsʰɛ^{42}	tsʰɛ^{55}	kɛ^{213}	kɛ^{55}	kʰɛ^{213}	xɛ^{55}
新泰	tɛ^{31}	lɛ^{42}	tθʰɛ^{31}	tθʰɛ^{42}	kɛ^{213}	kɛ^{55}	kʰɛ^{213}	xɛ^{55}
沂源	tɛ^{31}	lɛ^{55}	tθʰɛ^{31}	tθʰɛ^{55}	kɛ^{213}	kɛ^{55}	kʰɛ^{213}	xɛ^{55}
博山	tɛ^{31}	lɛ^{55}	tsʰɛ^{31}	tsʰɛ^{55}	kɛ^{213}	kɛ^{55}	kʰɛ^{213}	xɛ^{55}
张店	tɛ^{31}	lɛ^{55}	tsʰɛ^{31}	tsʰɛ^{55}	kɛ^{213}	kɛ^{55}	kʰɛ^{213}	xɛ^{55}
阳谷	tɛ^{313}	lɛ^{42}	tsʰɛ^{313}	tsʰɛ^{42}	kɛ^{213}	kɛ^{55}	kʰɛ^{213}	xɛ^{55}
梁山	tɛ^{314}	lɛ^{42}	tsʰɛ^{314}	tsʰɛ^{42}	kɛ^{213}	kɛ^{55}	kʰɛ^{213}	xɛ^{55}
菏泽	tɛ^{312}	lɛ^{53}	tsʰɛ^{312}	tsʰɛ^{53}	kɛ^{213}	kɛ^{44}	kʰɛ^{213}	xɛ^{44}
曹县	tai^{312}	lai^{53}	tsʰai^{312}	tsʰai^{53}	kai^{213}	kai^{44}	kʰai^{213}	xai^{44}
金乡	tɛ^{312}	lɛ^{42}	tsʰɛ^{312}	tsʰɛ^{42}	kɛ^{213}	kɛ^{55}	kʰɛ^{213}	xɛ^{55}
曲阜	tɛ^{312}	lɛ^{42}	tsʰɛ^{312}	tsʰɛ^{42}	kɛ^{213}	kɛ^{55}	kʰɛ^{213}	xɛ^{55}
薛城	tɛ^{41}	lɛ^{55}	tsʰɛ^{41}	tsʰɛ^{55}	kɛ^{313}	kɛ^{24}	kʰɛ^{313}	xɛ^{24}
郯城	tɛ^{51}	lɛ^{44}	tsʰɛ^{51}	tsʰɛ^{44}	kɛ^{213}	kɛ^{24}	kʰɛ^{213}	xɛ^{24}
临沂	tɛ^{312}	lɛ^{53}	tsʰɛ^{312}	tsʰɛ^{53}	kɛ^{214}	kɛ^{55}	kʰɛ^{214}	xɛ^{55}

	0129爱	0130贝	0131带动	0132盖动	0133害	0134拜	0135排	0136埋
	蟹开一 去咍影	蟹开一 去泰帮	蟹开一 去泰端	蟹开一 去泰见	蟹开一 去泰匣	蟹开二 去皆帮	蟹开二 平皆並	蟹开二 平皆明
荣成	ai^{33}	pei^{33}	tai^{33}	kai^{33}	xai^{33}	pai^{33}	pʰai^{35}	mai^{53}
烟台	ɛ^{33}	pei^{33}	tɛ^{33}	kɛ^{33}	xɛ^{33}	pɛ^{33}	pʰɛ^{33}	mɛ^{53}
栖霞	ɛi^{52}	pei^{52}	tɛi^{52}	kɛi^{52}	xɛi^{52}	pɛi^{52}	pʰɛi^{342}	mɛi^{312}
长岛	ai^{52}	pei^{52}	tai^{52}	kai^{52}	xai^{52}	pai^{52}	pʰai^{55}	mai^{55}
海阳	ɛ^{341}	pei^{341}	tɛ^{341}	kɛ^{341}	xɛ^{341}	pɛ^{341}	pʰɛ^{341}	mɛ^{52}
莱西	ɛ^{42}	pei^{42}	tɛ^{42}	kɛ^{42}	xɛ^{42}	pɛ^{42}	pʰɛ^{42}	mɛ^{214}
平度	ɛ^{42}	pei^{42}	tɛ^{42}	kɛ^{42}	xɛ^{42}	pɛ^{42}	pʰɛ^{42}	mɛ^{213}

续表

	0129爱	0130贝	0131带动	0132盖动	0133害	0134拜	0135排	0136埋
	蟹开一去咍影	蟹开一去泰帮	蟹开一去泰端	蟹开一去泰见	蟹开一去泰匣	蟹开二去皆帮	蟹开二平皆並	蟹开二平皆明
青岛	ε⁴²	pei⁴²	tε⁴²	kε⁴²	xε⁴²	pε⁴²	pʰε⁴²	mε²¹³
高密	ε²¹	pei⁴²	tε²¹	kε²¹	xε²¹	pε²¹	pʰε⁴²	mε⁴²
诸城	ŋε³¹	pei³¹	tε³¹	kε³¹	xε³¹	pε³¹	pʰε⁵³	mε⁵³
沂水	ŋε³¹	pe³¹	tε³¹	kε³¹	xε³¹	pε³¹	pʰε⁵³	mε⁵³ 又
临朐	ŋε²¹	pei²¹	tε²¹	kε²¹	xε²¹	pε²¹	pʰε⁵³	mε⁵³
日照	ŋε³¹	pei³¹	tε³¹	kε³¹	xε³¹	pε³¹	pʰε⁵³	mε⁵³
莒南	ε³¹²	pei³¹²	tε³¹²	kε³¹²	xε³¹²	pε³¹²	pʰε⁵³	mε⁵³
潍坊	ŋε³¹	pei⁵⁵	tε³¹	kε³¹	xε³¹	pε³¹	pʰε⁵³	mε⁵³
寿光	ŋε²¹	pei²¹³	tε²¹	kε²¹	xε²¹	pε²¹	pʰε⁵³	mε⁵³
高青	ŋε⁴¹	pei⁴¹	tε⁴¹	kε⁴¹	xε⁴¹	pε⁴¹	pʰε⁵⁵	mε⁵⁵
阳信	ŋε³¹	pei³¹	tε³¹	kε³¹	xε³¹	pε³¹	pʰε⁴³	mε⁴³
济阳	ŋε³¹	pei³¹	tε³¹	kε³¹	xε³¹	pε³¹	pʰε⁵⁵	mε⁵⁵
利津	ŋε³¹	pei³¹	tε³¹	kε³¹	xε³¹	pε³¹	pʰε⁵³	mε⁵³
乐陵	ŋε⁵¹	pei⁵¹	tε⁵¹	kε⁵¹	xε⁵¹	pε⁵¹	pʰε⁵⁵	mε⁵⁵
商河	ŋε³¹	pei³¹	tε³¹	kε³¹	xε³¹	pε³¹	pʰε⁵⁴	mε⁵⁴
平原	ŋεi²¹ 又 εi²¹ 又	pei²¹	tεi²¹	kεi²¹	xεi²¹	pεi²¹	pʰεi⁴²	mεi⁴²
德州	ŋε²¹	pei²¹	tε²¹	kε²¹	xε²¹	pε²¹	pʰε⁴²	mε⁴²
武城	ŋε³¹²	pei³¹²	tε³¹²	kε³¹²	xε³¹²	pε³¹²	pʰε⁵³	mε⁵³
临清	ŋai³¹³	pei³¹³	tai³¹³	kai³¹³	xai³¹³	pai³¹³	pʰai⁵³	mai⁵³
冠县	γε³¹⁴	pei³¹⁴	tε³¹⁴	kε³¹⁴	xε³¹⁴	pε³¹⁴	pʰε⁵³	mε⁵³
聊城	γε³¹³	pei³¹³	tε³¹³	kε³¹³	xε³¹³	pε³¹³	pʰε⁵³	mε⁵³
济南	ŋε²¹	pei²¹	tε²¹	kε²¹	xε²¹	pε²¹	pʰε⁴²	mε⁴²
泰安	γε²¹	pei²¹	tε²¹	kε²¹	xε²¹	pε²¹	pʰε⁴²	mε⁴²
莱芜	ŋε⁴²	pei⁵⁵	tε⁴²	kε⁴²	xε⁴²	pε⁴²	pʰε⁵⁵	mε⁵⁵
新泰	ŋε³¹	pei³¹	tε³¹	kε³¹	xε³¹	pε³¹	pʰε⁴²	mε⁴²

续表

	0129爱	0130贝	0131带动	0132盖动	0133害	0134拜	0135排	0136埋
	蟹开一去咍影	蟹开一去泰帮	蟹开一去泰端	蟹开一去泰见	蟹开一去泰匣	蟹开二去皆帮	蟹开二平皆並	蟹开二平皆明
沂源	ŋɛ^{31}	pei^{31}	tɛ^{31}	kɛ^{31}	xɛ^{31}	pɛ^{31}	p^{h}ɛ^{55}	mɛ^{55}
博山	ŋɛ^{31}	pei^{31}	tɛ^{31}	kɛ^{31}	xɛ^{31}	pɛ^{31}	p^{h}ɛ^{55}	mɛ^{55}
张店	ŋɛ^{31}	pei^{31}	tɛ^{31}	kɛ^{31}	xɛ^{31}	pɛ^{31}	p^{h}ɛ^{55}	mɛ^{55}
阳谷	ɣɛ^{313}	pei^{313}	tɛ^{313}	kɛ^{313}	xɛ^{313}	pɛ^{313}	p^{h}ɛ^{42}	mɛ^{42}
梁山	ɣɛ^{314}	pei^{314}	tɛ^{314}	kɛ^{314}	xɛ^{314}	pɛ^{314}	p^{h}ɛ^{42}	mɛ^{42}
菏泽	ɣɛ^{312}	pei^{312}	tɛ^{312}	kɛ^{312}	xɛ^{312}	pɛ^{312}	p^{h}ɛ^{53}	mɛ^{53}
曹县	ɣai^{312}	pei^{312}	tai^{312}	kai^{312}	xai^{312}	pai^{312}	p^{h}ai^{53}	mai^{53}
金乡	ɣɛ^{312}	pei^{312}	tɛ^{312}	kɛ^{312}	xɛ^{312}	pɛ^{312}	p^{h}ɛ^{42}	mɛ^{42}
曲阜	ɣɛ^{312}	pei^{312}	tɛ^{312}	kɛ^{312}	xɛ^{312}	pɛ^{312}	p^{h}ɛ^{42}	mɛ^{42}
薛城	ɣɛ^{41}	pe^{41}	tɛ^{41}	kɛ^{41}	xɛ^{41}	pɛ^{41}	p^{h}ɛ^{55}	mɛ^{55}
郯城	ɛ^{51}	pe^{51}	tɛ^{51}	kɛ^{51}	xɛ^{51}	pɛ^{51}	p^{h}ɛ^{44}	mɛ^{44}
临沂	ɣɛ^{312}	pei^{312}	tɛ^{312}	kɛ^{312}	xɛ^{312}	pɛ^{312}	p^{h}ɛ^{53}	mɛ^{53}

	0137戒	0138摆	0139派	0140牌	0141买	0142卖	0143柴	0144晒
	蟹开二去皆见	蟹开二上佳帮	蟹开二去佳滂	蟹开二平佳並	蟹开二上佳明	蟹开二去佳明	蟹开二平佳崇	蟹开二去佳生
荣成	ciɛi^{33}	pai^{214}	p^{h}ai^{33}	p^{h}ai^{35}	mai^{214}	mai^{33}	tʂ^{h}ai^{35}	ʂai^{33}
烟台	tɕiɛ^{33}	pɛ^{14}	p^{h}ɛ^{33}	p^{h}ɛ^{33}	mɛ^{14}	mɛ^{33}	ts^{h}ɛ^{33}	sɛ^{33}
栖霞	ciɛi^{52}	pɛi^{214}	p^{h}ɛi^{342}	p^{h}ɛi^{342}	mɛi^{214}	mɛi^{342}	ts^{h}ɛi^{342}	sɛi^{52}
长岛	ciai^{52}	pai^{213}	p^{h}ai^{52}	p^{h}ai^{55}	mai^{213}	mai^{52}	ts^{h}ai^{55}	sai^{52}
海阳	ciɛi^{341}	pɛ^{214}	p^{h}ɛ^{341}	p^{h}ɛ^{341}	mɛ^{214}	mɛ^{341}	tʂ^{h}ɛ^{341}	ʂɛ^{341}
莱西	ciɛ^{42}	pɛ^{55}	p^{h}ɛ^{42}	p^{h}ɛ^{42}	mɛ^{55}	mɛ^{42}	ts^{h}ɛ^{42}	sɛ^{42}
平度	ciɛ^{55}	pɛ^{55}	p^{h}ɛ^{42}	p^{h}ɛ^{42}	mɛ^{55}	mɛ^{42}	tʂ^{h}ɛ^{42}	ʂɛ^{42}
青岛	tɕiɛ^{42}	pɛ^{55}	p^{h}ɛ^{42}	p^{h}ɛ^{42}	mɛ^{55}	mɛ^{42}	tʂ^{h}ɛ^{42}	ʂɛ^{42}
高密	tɕiɛ^{21}	pɛ^{55}	p^{h}ɛ^{21}	p^{h}ɛ^{42}	mɛ^{55}	mɛ^{21}	tʂ^{h}ɛ^{42}	ʂɛ^{21}
诸城	tʃɛ^{31}	pɛ^{44}	p^{h}ɛ^{31}	p^{h}ɛ^{53}	mɛ^{44}	mɛ^{31}	tʂ^{h}ɛ^{53}	ʂɛ^{31}

续表

	0137戒	0138摆	0139派	0140牌	0141买	0142卖	0143柴	0144晒
	蟹开二 去皆见	蟹开二 上佳帮	蟹开二 去佳滂	蟹开二 平佳並	蟹开二 上佳明	蟹开二 去佳明	蟹开二 平佳崇	蟹开二 去佳生
沂水	tɕiɛ^{31}	pɛ^{44}	p^{h}ɛ^{31}	p^{h}ɛ^{53}	mɛ^{44}	mɛ^{31}	tʂ^{h}ɛ^{53}	ʂɛ^{31}
临朐	tɕiɛ^{21}	pɛ^{44}	p^{h}ɛ^{21}	p^{h}ɛ^{53}	mɛ^{44}	mɛ^{21}	tʂ^{h}ɛ^{53}	ʂɛ^{21}
日照	tʃiɛ^{31}	pɛ^{44}	p^{h}ɛ^{31}	p^{h}ɛ^{53}	mɛ^{44}	mɛ^{31}	tʂ^{h}ɛ^{53}	ʂɛ^{31}
莒南	tɕiɛ^{312}	pɛ^{55}	p^{h}ɛ^{312}	p^{h}ɛ^{53}	mɛ^{55}	mɛ^{312}	tʂ^{h}ɛ^{53}	ʃɛ^{312}
潍坊	tɕiɛ^{31}	pɛ^{55}	p^{h}ɛ^{31}	p^{h}ɛ^{53}	mɛ^{55}	mɛ^{31}	tʂ^{h}ɛ^{53}	ʂɛ^{31}
寿光	tɕiɛ^{21}	pɛ^{55}	p^{h}ɛ^{53}	p^{h}ɛ^{53}	mɛ^{55}	mɛ^{21}	tʂ^{h}ɛ^{53}	ʂɛ^{21}
高青	tɕiɛ^{41}	pɛ^{55}	p^{h}ɛ^{41}	p^{h}ɛ^{55}	mɛ^{55}	mɛ^{41}	tʂ^{h}ɛ^{55}	ʂɛ^{41}
阳信	tɕiɛ^{31}	pɛ^{55}	p^{h}ɛ^{31}	p^{h}ɛ^{43}	mɛ^{55}	mɛ^{31}	tʂ^{h}ɛ^{43}	ʂɛ^{31}
济阳	tɕiɛ^{31}	pɛ^{55}	p^{h}ɛ^{31}	p^{h}ɛ^{55}	mɛ^{55}	mɛ^{31}	tʂ^{h}ɛ^{55}	ʂɛ^{31}
利津	tɕiɛ^{31}	pɛ^{55}	p^{h}ɛ^{31}	p^{h}ɛ^{53}	mɛ^{55}	mɛ^{31}	tʂ^{h}ɛ^{53}	ʂɛ^{31}
乐陵	tɕiɛ^{51}	pɛ^{55}	p^{h}ɛ^{51}	p^{h}ɛ^{55}	mɛ^{55}	mɛ^{51}	ts^{h}ɛ^{55}	sɛ^{51}
商河	tɕiɛ^{31}	pɛ^{45}	p^{h}ɛ^{31}	p^{h}ɛ^{54}	mɛ^{45}	mɛ^{31}	ts^{h}ɛ^{54}	sɛ^{31}
平原	tɕiɛi^{21}	pɛi^{55}	p^{h}ɛi^{21}	p^{h}ɛi^{42}	mɛi^{55}	mɛi^{21}	ts^{h}ɛi^{42}	sɛi^{21}
德州	tɕiɛ^{21}	pɛ^{55}	p^{h}ɛ^{21}	p^{h}ɛ^{42}	mɛ^{55}	mɛ^{21}	tʂ^{h}ɛ^{42}	ʂɛ^{21}
武城	tɕiɛ^{312}	pɛ^{55}	p^{h}ɛ^{312}	p^{h}ɛ^{53}	mɛ^{55}	mɛ^{312}	tʂ^{h}ɛ^{53}	ʂɛ^{312}
临清	tɕiɛ^{313}	pai^{44}	p^{h}ai^{313}	p^{h}ai^{53}	mai^{44}	mai^{313}	tʂ^{h}ai^{53}	ʂai^{313}
冠县	tɕiɛ^{314}	pɛ^{55}	p^{h}ɛ^{314}	p^{h}ɛ^{53}	mɛ^{55}	mɛ^{314}	tʂ^{h}ɛ^{53}	ʂɛ^{314}
聊城	tɕiɛ^{313}	pɛ^{44}	p^{h}ɛ^{313}	p^{h}ɛ^{53}	mɛ^{44}	mɛ^{313}	ts^{h}ɛ^{53}	sɛ^{313}
济南	tɕiɛ^{21}	pɛ^{55}	p^{h}ɛ^{21}	p^{h}ɛ^{42}	mɛ^{55}	mɛ^{21}	tʂ^{h}ɛ^{42}	ʂɛ^{21}
泰安	tɕiɛ^{21}	pɛ^{55}	p^{h}ɛ^{21}	p^{h}ɛ^{42}	mɛ^{55}	mɛ^{21}	tʂ^{h}ɛ^{42}	ʂɛ^{21}
莱芜	tɕiɛ^{42}	pɛ^{55}	p^{h}ɛ^{42}	p^{h}ɛ^{55}	mɛ^{55}	mɛ^{42}	tʃ^{h}ɛ^{55}	ʃɛ^{42}
新泰	tɕiɛ^{31}	pɛ^{55}	p^{h}ɛ^{31}	p^{h}ɛ^{42}	mɛ^{55}	mɛ^{31}	tʃ^{h}ɛ^{42}	ʃɛ^{31}
沂源	tɕiɛ^{31}	pɛ^{55}	p^{h}ɛ^{31}	p^{h}ɛ^{55}	mɛ^{55}	mɛ^{31}	tʃ^{h}ɛ^{55}	ʃɛ^{31}
博山	tɕiɛ^{31}	pɛ^{55}	p^{h}ɛ^{31}	p^{h}ɛ^{55}	mɛ^{55}	mɛ^{31}	tʂ^{h}ɛ^{55}	ʂɛ^{31}
张店	tɕiɛ^{31}	pɛ^{55}	p^{h}ɛ^{31}	p^{h}ɛ^{55}	mɛ^{55}	mɛ^{31}	tʂ^{h}ɛ^{55}	ʂɛ^{31}
阳谷	tɕiɛ^{313}	pɛ^{55}	p^{h}ɛ^{313}	p^{h}ɛ^{42}	mɛ^{55}	mɛ^{313}	ts^{h}ɛ^{42}	sɛ^{313}

续表

	0137戒	0138摆	0139派	0140牌	0141买	0142卖	0143柴	0144晒
	蟹开二 去皆见	蟹开二 上佳帮	蟹开二 去佳滂	蟹开二 平佳並	蟹开二 上佳明	蟹开二 去佳明	蟹开二 平佳崇	蟹开二 去佳生
梁山	tɕiə^{314}	pɛ^{55}	pʰɛ^{314}	pʰɛ^{42}	mɛ^{55}	mɛ^{314}	tsʰɛ^{42}	sɛ^{314}
菏泽	tɕiɛ^{312}	pɛ^{44}	pʰɛ^{312}	pʰɛ^{53}	mɛ^{44}	mɛ^{312}	tsʰɛ^{53}	sɛ^{312}
曹县	tɕiə^{312}	pai^{44}	pʰai^{312}	pʰai^{53}	mai^{44}	mai^{312}	tsʰai^{53}	sai^{312}
金乡	tɕiə^{312}	pɛ^{55}	pʰɛ^{312}	pʰɛ^{42}	mɛ^{55}	mɛ^{312}	tsʰɛ^{42}	sɛ^{312}
曲阜	tɕiɛ^{312}	pɛ^{55}	pʰɛ^{312}	pʰɛ^{42}	mɛ^{55}	mɛ^{312}	tsʰɛ^{42}	sɛ^{312}
薛城	tɕiɛ^{41}	pɛ^{24}	pʰɛ^{41}	pʰɛ^{55}	mɛ^{24}	mɛ^{41}	tsʰɛ^{55}	sɛ^{41}
郯城	tɕiɛ^{51}	pɛ^{24}	pʰɛ^{51}	pʰɛ^{44}	mɛ^{24}	mɛ^{51}	tʂʰɛ^{44}	ʂɛ^{51}
临沂	tɕiɛ^{312}	pɛ^{55}	pʰɛ^{312}	pʰɛ^{53}	mɛ^{55}	mɛ^{312}	tʃʰɛ^{53}	ʃɛ^{312}

	0145街	0146解 ～开	0147鞋	0148蟹	0149矮	0150败	0151币	0152制 ～造
	蟹开二 平佳见	蟹开二 上佳见	蟹开二 平佳匣	蟹开二 上佳匣	蟹开二 上佳影	蟹开二 去夬並	蟹开三 去祭並	蟹开三 去祭章
荣成	tsei^{53}又 ciei^{53}又	tsiɛ^{214}又 ciɛi^{214}又	çiɛi^{35}	çiɛi^{33}	iɛi^{214}	pai^{33}	pi^{33}	tʃi^{33}
烟台	tɕiɛ^{53}	tɕiɛ^{14}	ɕiɛ^{33}	ɕiɛ^{33}	ɛ^{14}	pɛ^{33}	pi^{33}	tɕi^{33}
栖霞	ciɛi^{312}	ciɛi^{214}	çiɛi^{342}	çiɛi^{342}	iɛi^{214}	pɛi^{342}	pi^{52}	tʃʅ^{52}
长岛	ciai^{312}	ciai^{213}	çi^{55}老 çiai^{55}新	çiai^{52}	iai^{213}	pai^{52}	pi^{52}	tʃʅ^{52}
海阳	ciɛi^{52}	ciɛi^{214}	çiɛi^{341}	çiɛi^{341}	iɛi^{214}	pɛ^{341}	pi^{341}	tsʅ^{214}
莱西	ciɛ^{214}	ciɛ^{55}	çiɛ^{42}	çiɛ^{42}	iɛ^{55}白 ɛ^{55}文	pɛ^{42}	pi^{42}	tʃʅ^{42}
平度	ciɛ^{213}	ciɛ^{55}	çiɛ^{42}	çiɛ^{42}	iɛ^{55}	pɛ^{42}	pi^{42}	tʃʅ^{55}
青岛	tɕiɛ^{213}	tɕiɛ^{55}	ɕiɛ^{42}	ɕiɛ^{42}	iɛ^{55}	pɛ^{42}	pi^{42}	tʃʅ^{42}
高密	tɕiɛ^{213}	tɕiɛ^{55}	ɕiɛ^{42}	ɕiɛ^{21}	iɛ^{55}白 ɛ^{55}文	pɛ^{21}	pi^{21}	tʃʅ^{21}
诸城	tʃɛ^{213}	tʃɛ^{44}	ʃɛ^{53}	ʃɛ^{31}	iɛ^{44}	pɛ^{31}	pi^{31}	tʃʅ^{31}
沂水	tɕiɛ^{213}	tɕiɛ^{44}	ɕiɛ^{53}	ɕiɛ^{31}	iɛ^{44}	pɛ^{31}	pi^{31}	dʒʅ^{31}
临朐	tɕiɛ^{213}	tɕiɛ^{44}	ɕiɛ^{53}	ɕiɛ^{21}	iɛ^{44}	pɛ^{21}	pi^{21}	tʃʅ^{21}

续表

	0145街	0146解 ～开	0147鞋	0148蟹	0149矮	0150败	0151币	0152制 ～造
	蟹开二 平佳见	蟹开二 上佳见	蟹开二 平佳匣	蟹开二 上佳匣	蟹开二 上佳影	蟹开二 去夬並	蟹开三 去祭並	蟹开三 去祭章
日照	tʃiɛ^{213}	tʃiɛ^{44}	ʃiɛ^{53}	ʃiɛ^{31}	iɛ^{44}	pɛ^{31}	pi^{31}	tʃʅ^{31}
莒南	tɕiɛ^{213}	tɕiɛ^{55}	ɕiɛ^{53}	ɕiɛ^{312}	iɛ^{55}	pɛ^{312}	pi^{312}	tʃʅ^{312}
潍坊	tɕiɛ^{214}	tɕiɛ^{55}	ɕiɛ^{53}	ɕiɛ^{31}	iɛ^{55}	pɛ^{31}	pi^{31}	tʂʅ^{31}
寿光	tɕiɛ^{213}	tɕiɛ^{55}	ɕiɛ^{53}	ɕiɛ^{21}	iɛ^{55}	pɛ^{21}	pi^{21}	tʂʅ^{21}
高青	tɕiɛ^{213}	tɕiɛ^{55}	ɕiɛ^{55}	ɕiɛ^{41}	iɛ^{55}	pɛ^{41}	pi^{41}	tʂʅ^{41}
阳信	tɕiɛ^{213}	tɕiɛ^{55}	ɕiɛ^{43}	ɕiɛ^{31}	iɛ^{55}	pɛ^{31}	pi^{31}	tʂʅ^{31}
济阳	tɕiɛ^{213}	tɕiɛ^{55}	ɕiɛ^{55}	ɕiɛ^{31}	iɛ^{55}	pɛ^{31}	pi^{31}	tʂʅ^{31}
利津	tɕiɛ^{213}	tɕiɛ^{55}	ɕiɛ^{53}	ɕiɛ^{31}	iɛ^{55}	pɛ^{31}	pi^{31}	tʂʅ^{31}
乐陵	tɕiɛ^{24}	tɕiɛ^{55}	ɕiɛ^{55}	ɕiɛ^{51}	iɛ^{55}又 ŋɛ^{55}又	pɛ^{51}	pi^{51}	tʂʅ^{51}
商河	tɕiɛ^{213}	tɕiɛ^{45}	ɕiɛ^{54}	ɕiɛ^{31}	iɛ^{45}	pɛ^{31}	pi^{31}	tʂʅ^{31}
平原	tɕiɛi^{213}	tɕiɛi^{55}	ɕiɛi^{42}	ɕiɛi^{21}	iɛi^{55}	pɛi^{21}	pi^{21}	tʂʅ^{21}
德州	tɕiɛ^{213}	tɕiɛ^{55}	ɕiɛ^{42}	ɕiɛ^{21}	ŋɛ^{55}	pɛ^{21}	pi^{21}	tʂʅ^{21}
武城	kɛ^{224}又 tɕiɛ^{224}又	tɕiɛ^{55}	ɕiɛ^{53}	ɕiɛ^{312}	iɛ^{55}	pɛ^{312}	pi^{312}	tʂʅ^{312}
临清	tɕiɛ^{13}	tɕiɛ^{44}	ɕiɛ^{53}	ɕiɛ^{313}	iɛ^{44}	pai^{313}	pi^{313}	tʂʅ^{313}
冠县	tɕiɛ^{13}	tɕiɛ^{55}	ɕiɛ^{53}	ɕiɛ^{314}	iɛ^{55}白 ɣɛ^{55}文	pɛ^{314}	pi^{314}	tʂʅ^{314}
聊城	tɕiɛ^{13}	tɕiɛ^{44}	ɕiɛ^{53}	ɕiɛ^{313}	iɛ^{44}	pɛ^{313}	pi^{313}	tsʅ^{313}
济南	tɕiɛ^{213}	tɕiɛ^{55}	ɕiɛ^{42}	ɕiɛ^{21}	iɛ^{55}	pɛ^{21}	pi^{21}	tʂʅ^{21}
泰安	tɕiɛ^{213}	tɕiɛ^{55}	ɕiɛ^{42}	ɕiɛ^{21}	iɛ^{55}	pɛ^{21}	pi^{21}	tʂʅ^{21}
莱芜	tɕiɛ^{213}	tɕiɛ^{55}	ɕiɛ^{55}	ɕiɛ^{55}	iɛ^{55}	pɛ^{42}	pi^{42}	tʃʅ^{42}
新泰	tɕiɛ^{213}	tɕiɛ^{55}	ɕiɛ^{42}	ɕiɛ^{31}	iɛ^{55}	pɛ^{31}	pi^{31}	tʃʅ^{31}
沂源	tɕiɛ^{213}	tɕiɛ^{55}	ɕiɛ^{55}	ɕiɛ^{31}	iɛ^{55}	pɛ^{31}	pi^{31}	tʃʅ^{31}
博山	tɕiɛ^{213}	tɕiɛ^{55}	ɕiɛ^{55}	ɕiɛ^{31}	iɛ^{55}	pɛ^{31}	pi^{31}	tʂʅ^{31}
张店	tɕiɛ^{213}	tɕiɛ^{55}	ɕiɛ^{55}	ɕiɛ^{31}	iɛ^{55}	pɛ^{31}	pi^{31}	tʂʅ^{31}
阳谷	tɕiɛ^{213}	tɕiɛ^{55}	ɕiɛ^{42}	ɕiɛ^{313}	iɛ^{55}	pɛ^{313}	pi^{313}	tsʅ^{313}

续表

	0145街	0146解～开	0147鞋	0148蟹	0149矮	0150败	0151币	0152制～造
	蟹开二平佳见	蟹开二上佳见	蟹开二平佳匣	蟹开二上佳匣	蟹开二上佳影	蟹开二去夬並	蟹开三去祭並	蟹开三去祭章
梁山	tɕiə^{213}	tɕiə^{55}	ɕiə^{42}	ɕiə^{314}	iɛ^{55}白 ɣɛ^{55}文	pɛ^{314}	pi^{314}	tsʅ^{314}
菏泽	tɕiɛ^{213}	tɕiɛ^{44}	ɕiɛ^{53}	ɕiɛ^{312}	iɛ^{44}	pɛ^{312}	pi^{312}	tsʅ^{312}
曹县	tɕiə^{213}	tɕiə^{44}	ɕiə^{53}	ɕiə^{312}	iə^{44}又 ɣai^{44}又	pai^{312}	pi^{312}	tʂʅ^{312}
金乡	tɕiə^{213}	tɕiə^{55}	ɕiə^{42}	ɕiə^{312}	iə^{55}白 ɣɛ^{55}文	pɛ^{312}	pi^{312}	tsʅ^{312}
曲阜	tɕiɛ^{213}	tɕiɛ^{55}	ɕiɛ^{42}	ɕiɛ^{312}	iɛ^{55}	pɛ^{312}	pi^{312}	tsʅ^{312}
薛城	tɕiɛ^{313}	tɕiɛ^{24}	ɕiɛ^{55}	ɕiɛ^{24}	iɛ^{24}又 ɣɛ^{24}又	pɛ^{41}	pi^{41}	tsʅ^{41}
郯城	tɕiɛ^{213}	tɕiɛ^{24}	ɕiɛ^{44}	ɕiɛ^{51}螃～ ɕiɛ^{24}～子	iɛ^{24}老 ɛ^{24}新	pɛ^{51}	pi^{51}	tʂʅ^{51}
临沂	tɕiɛ^{214}	tɕiɛ^{55}	ɕiɛ^{53}	ɕiɛ^{312}	iɛ^{55}	pɛ^{312}	pi^{312}	tʃʅ^{312}

	0153世	0154艺	0155米	0156低	0157梯	0158剃	0159弟	0160递
	蟹开三去祭书	蟹开三去祭疑	蟹开四上齐明	蟹开四平齐端	蟹开四平齐透	蟹开四去齐透	蟹开四上齐定	蟹开四去齐定
荣成	ʃi^{33}	i^{33}	mi^{214}	ti^{53}	tʰi^{53}	tʰi^{53}	ti^{33}	ti^{33}
烟台	ɕi^{33}	i^{33}	mi^{14}	ti^{53}	tʰi^{53}	tʰi^{53}	ti^{33}	ti^{33}
栖霞	ʃʅ^{52}	i^{52}	mi^{214}	ti^{312}	tʰi^{312}	tʰi^{312}	ti^{52}	ti^{52}
长岛	ʃʅ^{52}	i^{52}	mi^{213}	ti^{312}	tʰi^{312}	tʰi^{312}	ti^{52}	ti^{52}
海阳	sʅ^{341}	i^{341}	mi^{214}	ti^{52}	tʰi^{52}	tʰi^{52}	ti^{341}	ti^{341}
莱西	ʃʅ^{42}	i^{42}	mi^{55}	ti^{214}	tʰi^{214}	tʰi^{214}	ti^{42}	ti^{42}
平度	ʃʅ^{42}	i^{42}	mi^{55}	ti^{213}	tʰi^{213}	tʰi^{213}	ti^{42}	ti^{42}
青岛	ʃʅ^{42}	i^{42}	mi^{55}	ti^{213}	tʰi^{213}	tʰi^{42}	ti^{42}	ti^{42}
高密	ʃʅ^{21}	i^{21}	mi^{55}	ti^{213}	tʰi^{213}	tʰi^{21}	ti^{21}	ti^{21}
诸城	ʃʅ^{31}	i^{31}	mi^{44}	ȶi^{213}	ȶʰi^{213}	ȶʰi^{31}	ȶi^{31}	ȶi^{31}
沂水	ʃʅ^{31}	i^{31}	mi^{44}	ti^{213}	tʰi^{213}	tʰi^{31}	ti^{31}	ti^{31}

续表

	0153世	0154艺	0155米	0156低	0157梯	0158剃	0159弟	0160递
	蟹开三 去祭书	蟹开三 去祭疑	蟹开四 上齐明	蟹开四 平齐端	蟹开四 平齐透	蟹开四 去齐透	蟹开四 上齐定	蟹开四 去齐定
临朐	ʃʅ^{21}	i^{21}	mi^{44}	ti^{213}	t^{h}i^{213}	t^{h}i^{21}	ti^{21}	ti^{21}
日照	ʃʅ^{31}	i^{31}	mi^{44}	ti^{213}	t^{h}i^{213}	t^{h}i^{31}	ti^{31}	ti^{31}
莒南	ʃʅ^{312}	i^{312}	mi^{55}	ti^{213}	t^{h}i^{213}	t^{h}i^{312}	ti^{312}	ti^{312}
潍坊	ʂʅ^{31}	i^{31}	mi^{55}	ti^{214}	t^{h}i^{214}	t^{h}i^{31}	ti^{31}	ti^{31}
寿光	ʂʅ^{21}	i^{21}	mi^{55}	ti^{213}	t^{h}i^{213}	t^{h}i^{21}	ti^{21}	ti^{21}
高青	ʂʅ^{41}	i^{41}	mi^{55}	ti^{213}	t^{h}i^{213}	t^{h}i^{41}	ti^{41}	ti^{41}
阳信	ʂʅ^{31}	i^{31}	mi^{55}	ti^{213}	t^{h}i^{213}	t^{h}i^{31}	ti^{31}	ti^{31}
济阳	ʂʅ^{31}	i^{31}	mi^{55}	ti^{213}	t^{h}i^{213}	t^{h}i^{31}	ti^{31}	ti^{31}
利津	ʂʅ^{31}	i^{31}	mi^{55}	ti^{213}	t^{h}i^{213}	t^{h}i^{31}	ti^{31}	ti^{31}
乐陵	ʂʅ^{51}	i^{51}	mi^{55}	ti^{24}	t^{h}i^{24}	t^{h}i^{51}	ti^{51}	ti^{51}
商河	ʂʅ^{31}	i^{31}	mi^{45}	ti^{213}	t^{h}i^{213}	t^{h}i^{31}	ti^{31}	ti^{31}
平原	ʂʅ^{21}	i^{21}	mi^{55}	ti^{213}	t^{h}i^{213}	t^{h}i^{21}	ti^{21}	ti^{21}
德州	ʂʅ^{21}	i^{21}	mi^{55}	ti^{213}	t^{h}i^{213}	t^{h}i^{21}	ti^{21}	ti^{21}
武城	ʂʅ^{312}	i^{312}	mi^{55}	ti^{224}	t^{h}i^{224}	t^{h}i^{312}	ti^{312}	ti^{312}
临清	ʂʅ^{313}	i^{313}	mi^{44}	ti^{13}	t^{h}i^{13}	t^{h}i^{313}	ti^{313}	ti^{313}
冠县	ʂʅ^{314}	i^{314}	mi^{55}	ti^{13}	t^{h}i^{13}	t^{h}i^{314}	ti^{314}	ti^{314}
聊城	sʅ^{313}	i^{313}	mi^{44}	ti^{13}	t^{h}i^{13}	t^{h}i^{313}	ti^{313}	ti^{313}
济南	ʂʅ^{21}	i^{21}	mi^{55}	ti^{213}	t^{h}i^{213}	t^{h}i^{21}	ti^{21}	ti^{21}
泰安	ʂʅ^{21}	i^{21}	mi^{55}	ti^{213}	t^{h}i^{213}	t^{h}i^{21}	ti^{21}	ti^{21}
莱芜	ʃʅ^{42}	i^{42}	mi^{55}	ti^{213}	t^{h}i^{213}	t^{h}i^{42}	ti^{42}	ti^{42}
新泰	ʃʅ^{31}	i^{31}	mi^{55}	ti^{213}	t^{h}i^{213}	t^{h}i^{31}	ti^{31}	ti^{31}
沂源	ʃʅ^{31}	i^{31}	mi^{55}	ti^{213}	t^{h}i^{213}	t^{h}i^{31}	ti^{31}	ti^{31}
博山	ʂʅ^{31}	i^{31}	mi^{55}	ti^{213}	t^{h}i^{213}	t^{h}i^{31}	ti^{31}	ti^{31}
张店	ʂʅ^{31}	i^{31}	mi^{55}	ti^{213}	t^{h}i^{213}	t^{h}i^{31}	ti^{31}	ti^{31}
阳谷	sʅ^{313}	i^{313}	mi^{55}	ti^{213}	t^{h}i^{213}	t^{h}i^{313}	ti^{313}	ti^{313}
梁山	sʅ^{314}	i^{314}	mi^{55}	ti^{213}	t^{h}i^{213}	t^{h}i^{314}	ti^{314}	ti^{314}

续表

	0153 世	0154 艺	0155 米	0156 低	0157 梯	0158 剃	0159 弟	0160 递
	蟹开三 去祭书	蟹开三 去祭疑	蟹开四 上齐明	蟹开四 平齐端	蟹开四 平齐透	蟹开四 去齐透	蟹开四 上齐定	蟹开四 去齐定
菏泽	sɿ^{312}	i^{312}	mi^{44}	ti^{213}	t^{h}i^{213}	t^{h}i^{312}	ti^{312}	ti^{53}
曹县	ʂʅ^{312}	i^{312}	mi^{44}	ti^{213}	t^{h}i^{213}	t^{h}i^{312}	ti^{312}	ti^{312}
金乡	sɿ^{312}	i^{312}	mi^{55}	ti^{213}	t^{h}i^{213}	t^{h}i^{312}	ti^{312}	ti^{42}
曲阜	sɿ^{312}	i^{312}	mi^{55}	ti^{213}	t^{h}i^{213}	t^{h}i^{312}	ti^{312}	ti^{312}
薛城	sɿ^{41}	i^{41}	mi^{24}	ti^{313}	t^{h}i^{313}	t^{h}i^{41}	ti^{41}	ti^{55}
郯城	ʂʅ^{51}	i^{51}	mi^{24}	ti^{213}	t^{h}i^{213}	t^{h}i^{51}	ti^{51}	ti^{51}
临沂	ʃʅ^{312}	i^{312}	mi^{55}	ti^{214}	t^{h}i^{214}	t^{h}i^{312}	ti^{312}	ti^{312}

	0161 泥	0162 犁	0163 西	0164 洗	0165 鸡	0166 溪	0167 契	0168 系 联～
	蟹开四 平齐泥	蟹开四 平齐来	蟹开四 平齐心	蟹开四 上齐心	蟹开四 平齐见	蟹开四 平齐溪	蟹开四 去齐溪	蟹开四 去齐匣
荣成	mi^{53} 又 ni^{53} 又	li^{53}	si^{53}	si^{214}	ci^{53}	çi^{33}	c^{h}i^{35}	çi^{33}
烟台	mi^{53} 白 ȵi^{53} 文	li^{53}	ɕi^{53}	ɕi^{14}	tɕi^{53}	ɕi^{53}	tɕ^{h}i^{33}	ɕi^{33}
栖霞	mi^{312}	li^{312}	ʃʅ^{312}	ʃʅ^{214}	ci^{312}	ʃʅ^{214}	c^{h}i^{52}	çi^{52}
长岛	mi^{55}	li^{55}	ʃɿ^{312}	ʃɿ^{213}	ci^{312}	ʃɿ^{312}	c^{h}i^{52}	çi^{52}
海阳	mi^{52} 白 ȵi^{52} 文	li^{52}	si^{52}	si^{214}	ci^{52}	çi^{341}	c^{h}i^{341}	çi^{341}
莱西	mi^{214} 白 ȵi^{214} 文	li^{214}	ʃɿ^{214}	ʃɿ^{55}	ci^{214}	çi^{214}	c^{h}i^{42}	çi^{42}
平度	mi^{42} 白 ȵi^{42} 文	li^{42}	si^{213}	si^{55}	ci^{213}	çi^{213}	c^{h}i^{42}	çi^{42}
青岛	mi^{42} 白 ȵi^{42} 文	li^{42}	si^{213}	si^{55}	tɕi^{213}	ɕi^{213}	tɕ^{h}i^{42}	ɕi^{42}
高密	mi^{42} 白 ȵi^{42} 文	li^{42}	si^{213}	si^{55}	tɕi^{213}	ɕi^{213}	tɕ^{h}i^{21}	ɕi^{21}
诸城	mi^{53}	li^{53}	θi^{213}	θi^{44}	tʃɿ^{213}	ʃɿ^{213}	tʃ^{h}ɿ^{44}	ʃɿ^{31}
沂水	mi^{53} 老 ni^{53} 新	li^{53}	si^{213}	si^{44}	tɕi^{213}	ɕi^{53}	ts^{h}i^{213}	ɕi^{31}

续表

	0161泥	0162犁	0163西	0164洗	0165鸡	0166溪	0167契	0168系 联～
	蟹开四平齐泥	蟹开四平齐来	蟹开四平齐心	蟹开四上齐心	蟹开四平齐见	蟹开四平齐溪	蟹开四去齐溪	蟹开四去齐匣
临朐	mi^{53}	li^{53}	ɕi^{213}	ɕi^{44}	tɕi^{213}	ɕi^{213}	tɕʰi^{21}	ɕi^{21}
日照	mi^{53}	li^{53}	θi^{213}	θi^{44}	tʃʅ^{213}	ʃʅ^{213}	tʃʰʅ^{31}	ʃʅ^{31}
莒南	mi^{53} 白 ni^{53} 文	li^{53}	si^{213}	si^{55}	tɕi^{213}	ɕi^{213}	tɕʰi^{312}	ɕi^{312}
潍坊	mi^{53}	li^{53}	ɕi^{214}	ɕi^{55}	tɕi^{214}	ɕi^{53}	tɕʰi^{31}	ɕi^{31}
寿光	mi^{53}	li^{53}	ɕi^{213}	ɕi^{55}	tɕi^{213}	ɕi^{53}	tɕʰi^{213}	ɕi^{21}
高青	ȵi^{55}	li^{55}	ɕi^{213}	ɕi^{55}	tɕi^{213}	ɕi^{213}	tɕʰi^{41}	ɕi^{41}
阳信	ȵi^{43}	li^{43}	si^{213}	si^{55}	tɕi^{213}	ɕi^{213}	tɕʰi^{213}	ɕi^{31}
济阳	ȵi^{55}	li^{55}	ɕi^{213}	ɕi^{55}	tɕi^{213}	ɕi^{213}	tɕʰi^{31}	ɕi^{31}
利津	ȵi^{53}	li^{53}	ɕi^{213}	ɕi^{55}	tɕi^{213}	ɕi^{53}	tɕʰi^{31}	ɕi^{31}
乐陵	ȵi^{55}	li^{55}	ɕi^{24}	ɕi^{55}	tɕi^{24}	ɕi^{24}	tɕʰi^{24}	ɕi^{51}
商河	ȵi^{54}	li^{54}	ɕi^{213}	ɕi^{45}	tɕi^{213}	ɕi^{213}	tɕʰi^{31}	ɕi^{31}
平原	ȵi^{42}	li^{42}	ɕi^{213}	ɕi^{55}	tɕi^{213}	ɕi^{213}	tɕʰi^{21}	ɕi^{21}
德州	ȵi^{42}	li^{42}	ɕi^{213}	ɕi^{55}	tɕi^{213}	ɕi^{213}	tɕʰi^{21}	ɕi^{21}
武城	ȵi^{53}	li^{53}	ɕi^{224}	ɕi^{55}	tɕi^{224}	ɕi^{224}	tɕʰi^{224}	ɕi^{312}
临清	ȵi^{53}	li^{53}	ɕi^{13}	ɕi^{44}	tɕi^{13}	ɕi^{13}	tɕʰi^{313}	ɕi^{313}
冠县	ȵi^{53}	li^{53}	si^{13}	si^{55}	tɕi^{13}	ɕi^{314}	tɕʰi^{314}	ɕi^{314}
聊城	ȵi^{53}	li^{53}	ɕi^{13}	ɕi^{44}	tɕi^{13}	ɕi^{53}	tɕʰi^{313}	ɕi^{313}
济南	ȵi^{42}	li^{42}	ɕi^{213}	ɕi^{55}	tɕi^{213}	ɕi^{213}	tɕʰi^{21}	ɕi^{21}
泰安	ȵi^{42}	li^{42}	ɕi^{213}	ɕi^{55}	tɕi^{213}	ɕi^{42}	tɕʰi^{21}	ɕi^{21}
莱芜	ȵi^{55}	li^{55}	ɕi^{213}	ɕi^{55}	tɕi^{213}	ɕi^{55}	tɕʰi^{42}	ɕi^{42}
新泰	ȵi^{42}	li^{42}	ɕi^{213}	ɕi^{55}	tɕi^{213}	ɕi^{213}	tɕʰi^{31}	ɕi^{31}
沂源	mi^{55}	li^{55}	ɕi^{213}	ɕi^{55}	tɕi^{213}	ɕi^{213}	tɕʰi^{31}	ɕi^{31}
博山	ȵi^{55}	li^{55}	ɕi^{213}	ɕi^{55}	tɕi^{213}	ɕi^{213}	tɕʰi^{31}	ɕi^{31}
张店	ȵi^{55}	li^{55}	ɕi^{213}	ɕi^{55}	tɕi^{213}	ɕi^{33}	tɕʰi^{31}	ɕi^{31}
阳谷	ȵi^{42}	li^{42}	ɕi^{213}	ɕi^{55}	tɕi^{213}	ɕi^{42}	tɕʰi^{313}	ɕi^{313}

续表

	0161泥	0162犁	0163西	0164洗	0165鸡	0166溪	0167契	0168系 联～
	蟹开四 平齐泥	蟹开四 平齐来	蟹开四 平齐心	蟹开四 上齐心	蟹开四 平齐见	蟹开四 平齐溪	蟹开四 去齐溪	蟹开四 去齐匣
梁山	ȵi^{42}	li^{42}	ɕi^{213}	ɕi^{55}	tɕi^{213}	ɕi^{42}	tɕʰi^{314}	ɕi^{314}
菏泽	ȵi^{53}	li^{53}	ɕi^{213}	ɕi^{44}	tɕi^{213}	ɕi^{53}	tɕʰiɛ^{312}	ɕi^{312}
曹县	ȵi^{53}	li^{53}	ɕi^{213}	ɕi^{44}	tɕi^{213}	ɕi^{213}	tɕʰi^{312}	ɕi^{312}
金乡	ȵi^{42}	li^{42}	ɕi^{213}	ɕi^{55}	tɕi^{213}	ɕi^{42}	tɕʰi^{312}	ɕi^{312}
曲阜	ȵi^{42}	li^{42}	ɕi^{213}	ɕi^{55}	tɕi^{213}	ɕi^{42}	tɕʰi^{312}	ɕi^{312}
薛城	ȵi^{55}	li^{55}	ɕi^{313}	ɕi^{24}	tɕi^{313}	ɕi^{313}小～ ɕi^{55}本～（地名）	tɕʰi^{41}	ɕi^{41}
郯城	mi^{44}白 ȵi^{44}文	li^{44}	ɕi^{213}	ɕi^{24}	tɕi^{213}	ɕi^{44}	tɕʰi^{51}	ɕi^{51}
临沂	mi^{53}老 ȵi^{53}新	li^{53}	ɕi^{214}	ɕi^{55}	tɕi^{214}	ɕi^{214}	tɕʰi^{312}	ɕi^{312}

	0169杯	0170配	0171赔	0172背 ～诵	0173煤	0174妹	0175对	0176雷
	蟹合一 平灰帮	蟹合一 去灰滂	蟹合一 平灰並	蟹合一 去灰並	蟹合一 平灰明	蟹合一 去灰明	蟹合一 去灰端	蟹合一 平灰来
荣成	pei^{53}	pʰei^{33}	pʰei^{35}	pei^{33}	mei^{35}	mei^{33}	tei^{33}	lei^{53}
烟台	pei^{53}	pʰei^{33}	pʰei^{33}	pei^{33}	mei^{33}	mei^{33}	tei^{33}	lei^{33}
栖霞	pei^{312}	pʰei^{52}	pʰei^{342}	pei^{342}	mei^{342}	mei^{52}	tei^{52}	lei^{312}
长岛	pei^{312}	pʰei^{52}	pʰei^{55}	pei^{52}	mei^{55}	mei^{52}	tei^{52}	lei^{55}
海阳	pei^{52}	pʰei^{341}	pʰei^{341}	pei^{341}	mei^{341}	mei^{341}	tei^{341}	lei^{52}
莱西	pei^{214}	pʰei^{42}	pʰei^{42}	pei^{214}	mei^{42}	mei^{42}	tei^{42}	lei^{214}
平度	pei^{213}	pʰei^{42}	pʰei^{42}	pei^{213}	mei^{42}	mei^{42}	tei^{213}	lei^{42}
青岛	pei^{213}	pʰei^{42}	pʰei^{42}	pei^{42}	mei^{42}	mẽ^{42}老 mei^{42}新	tei^{42}又 tuei^{42}又	lei^{42}
高密	pei^{213}	pʰei^{21}	pʰei^{42}	pei^{21}	mei^{42}	mei^{21}	tei^{21}白 tuei^{21}文	luei^{42}
诸城	pei^{213}	pʰei^{31}	pʰei^{53}	pei^{31}	mei^{53}	mei^{31}	tuei^{31}	luei^{53}
沂水	pe^{44}	pʰe^{31}	pʰe^{53}	pe^{31}	me^{53}	me^{31}	tue^{31}	lue^{53}

续表

	0169杯	0170配	0171赔	0172背～诵	0173煤	0174妹	0175对	0176雷
	蟹合一平灰帮	蟹合一去灰滂	蟹合一平灰並	蟹合一去灰並	蟹合一平灰明	蟹合一去灰明	蟹合一去灰端	蟹合一平灰来
临朐	pei^{213}	p^{h}ei^{21}	p^{h}ei^{53}	pei^{21}	mei^{53}	mei^{21}	tuei^{21}	luei^{53}
日照	pei^{213}	p^{h}ei^{31}	p^{h}ei^{53}	pei^{31}	mei^{53}	mei^{31}	tuei^{31}	lei^{53}
莒南	pei^{213}	p^{h}ei^{312}	p^{h}ei^{53}	pei^{312}	mei^{53}	mei^{312}	tei^{312}	lei^{53}
潍坊	pei^{214}	p^{h}ei^{31}	p^{h}ei^{53}	pei^{31}	mei^{53}	mei^{31}	tuei^{31}	luei^{53}
寿光	pei^{213}	p^{h}ei^{21}	p^{h}ei^{53}	pei^{21}	mei^{53}	mei^{21}	tuei^{21}	luei^{53}
高青	pei^{213}	p^{h}ei^{41}	p^{h}ei^{55}	pei^{41}	mei^{55}	mei^{41}	tuei^{41}	luei^{55}
阳信	pei^{213}	p^{h}ei^{31}	p^{h}ei^{43}	pei^{31}	mei^{43}	mei^{31}	tuei^{31}	luei^{43}
济阳	pei^{213}	p^{h}ei^{31}	p^{h}ei^{55}	pei^{31}	mei^{55}	mei^{31}	tuei^{31}	luei^{55}
利津	pei^{213}	p^{h}ei^{31}	p^{h}ei^{53}	pei^{31}	mei^{53}	mei^{31}	tuei^{31}	luei^{53}
乐陵	pei^{24}	p^{h}ei^{51}	p^{h}ei^{55}	pei^{51}	mei^{55}	mei^{51}	tuei^{51}	luei^{55}又 lei^{55}又
商河	pei^{213}	p^{h}ei^{31}	p^{h}ei^{54}	pei^{31}	mei^{54}	mei^{31}	tuei^{31}	luei^{54}
平原	pei^{213}	p^{h}ei^{21}	p^{h}ei^{42}	pei^{21}	mei^{42}	mei^{21}	tuei^{21}	lei^{42}
德州	pei^{213}	p^{h}ei^{21}	p^{h}ei^{42}	pei^{21}	mei^{42}	mei^{21}	tuei^{21}	lei^{42}
武城	pei^{224}	p^{h}ei^{312}	p^{h}ei^{53}	pei^{312}	mei^{53}	mei^{312}	tuei^{312}	lei^{53}
临清	pei^{13}	p^{h}ei^{313}	p^{h}ei^{53}	pei^{313}	mei^{53}	mei^{313}	tei^{313}	lei^{53}
冠县	pei^{13}	p^{h}ei^{314}	p^{h}ei^{53}	pei^{314}	mei^{53}	mei^{314}	tei^{314}白 tuei^{314}文	lei^{53}
聊城	pei^{13}	p^{h}ei^{313}	p^{h}ei^{53}	pei^{313}	mei^{53}	mei^{313}	tuei^{313}	lei^{53}
济南	pei^{213}	p^{h}ei^{21}	p^{h}ei^{42}	pei^{21}	mei^{42}	mei^{21}	tuei^{21}	luei^{42}
泰安	pei^{213}	p^{h}ei^{21}	p^{h}ei^{42}	pei^{21}	mei^{42}	mei^{21}	tuei^{21}	luei^{42}
莱芜	pei^{213}	p^{h}ei^{42}	p^{h}ei^{55}	pei^{42}	mei^{55}	mei^{42}	tuei^{42}	luei^{55}
新泰	pei^{213}	p^{h}ei^{31}	p^{h}ei^{42}	pei^{31}	mei^{42}	mei^{31}	tuei^{31}	luei^{42}
沂源	pei^{213}	p^{h}ei^{31}	p^{h}ei^{55}	pei^{31}	mei^{55}	mei^{31}	tuei^{31}	luei^{55}
博山	pei^{213}	p^{h}ei^{31}	p^{h}ei^{55}	pei^{31}	mei^{55}	mei^{31}	tuei^{31}	luei^{55}
张店	pei^{213}	p^{h}ei^{31}	p^{h}ei^{55}	pei^{31}	mei^{55}	mei^{31}	tuei^{31}	luei^{55}
阳谷	pei^{213}	p^{h}ei^{313}	p^{h}ei^{42}	pei^{313}	mei^{42}	mei^{313}	tuei^{313}	lei^{42}

续表

	0169杯	0170配	0171赔	0172背 ～诵	0173煤	0174妹	0175对	0176雷
	蟹合一平灰帮	蟹合一去灰滂	蟹合一平灰並	蟹合一去灰並	蟹合一平灰明	蟹合一去灰明	蟹合一去灰端	蟹合一平灰来
梁山	pei^{213}	p^{h}ei^{314}	p^{h}ei^{42}	pei^{314}	mei^{42}	mei^{314}	tuei^{314}	lei^{42}
菏泽	pei^{213}	p^{h}ei^{312}	p^{h}ei^{53}	pei^{312}	mei^{53}	mei^{312}	tuei^{312}	lei^{53}
曹县	pei^{213}	p^{h}ei^{312}	p^{h}ei^{53}	pei^{312}	mei^{53}	mei^{312}	tuei^{312}	lei^{53}
金乡	pei^{213}	p^{h}ei^{312}	p^{h}ei^{42}	pei^{312}	mei^{42}	mẽ^{312}	tuei^{312}	lei^{42}
曲阜	pei^{213}	p^{h}ei^{312}	p^{h}ei^{42}	pei^{312}	mei^{42}	mẽ^{312}	tuei^{312}	lei^{42}
薛城	pe^{313}	p^{h}e^{41}	p^{h}e^{55}	pe^{41}	me^{55}	me^{41}	tue^{41}	le^{55}
郯城	pe^{213}	p^{h}e^{51}	p^{h}e^{44}	pe^{51}	me^{44}	mə̃^{51}	te^{51} 老 tue^{51} 新	le^{44}
临沂	pei^{214}	p^{h}ei^{312}	p^{h}ei^{53}	pei^{312}	mei^{53}	mẽ^{312} 老 mei^{312} 新	tei^{312} 白 tuei^{312} 文	lei^{53}

	0177罪	0178碎	0179灰	0180回	0181外	0182会 开～	0183怪	0184块
	蟹合一上灰从	蟹合一去灰心	蟹合一平灰晓	蟹合一平灰匣	蟹合一去泰疑	蟹合一去泰匣	蟹合二去皆见	蟹合一去皆溪
荣成	tsei^{33}	sei^{33}	xuei^{53}	xuei^{35}	uai^{33}	xuei^{33}	kuai^{33}	k^{h}uai^{33}
烟台	tsei^{33}	sei^{33}	xuei^{53}	xuei^{33}	uɛ^{33}	xuei^{33}	kuɛ^{33}	k^{h}uɛ^{33}
栖霞	tsei^{52}	sei^{52}	xuei^{312}	xuei^{342}	uɛi^{52}	xuei^{52}	kuɛi^{52}	k^{h}uɛi^{52}
长岛	tsei^{52}	sei^{52}	xuei^{312}	xuei^{55}	uai^{52}	xuei^{52}	kuai^{52}	k^{h}uai^{52}
海阳	tθei^{341}	θei^{341}	xuei^{52}	xuei^{341}	uɛ^{341}	xuei^{341}	kuɛ^{341}	k^{h}uɛ^{341}
莱西	tsei^{42}	sei^{42}	xuei^{214}	xuei^{42}	uɛ^{42}	xuei^{42}	kuɛ^{42}	k^{h}uɛ^{42}
平度	tθei^{42}	θei^{213}	xuei^{213}	xuei^{42}	uɛ^{42}	xuei^{42}	kuɛ^{42}	k^{h}uɛ^{42}
青岛	tθuei^{42}	θuei^{42}	xuei^{213}	xuei^{42}	uɛ^{42}	xuei^{42}	kuɛ^{42}	k^{h}uɛ^{42}
高密	tθuei^{21}	θuei^{21}	xuei^{213}	xuei^{42}	uɛ^{21}	xuei^{21}	kuɛ^{21}	k^{h}uɛ^{21}
诸城	tθuei^{31}	θuei^{31}	xuei^{213}	xuei^{53}	uɛ^{31}	xuei^{31}	kuɛ^{31}	k^{h}uɛ^{31}
沂水	dðue^{31}	θue^{31}	xue^{213}	xue^{53}	uɛ^{31}	xue^{31}	kuɛ^{31}	k^{h}uɛ^{31}
临朐	tθuei^{21}	θuei^{21}	xuei^{213}	xuei^{53}	uei^{21}	xuei^{21}	kuɛ^{21}	k^{h}uɛ^{21}
日照	tθuei^{31}	θuei^{31}	xuei^{213}	xuei^{53}	uɛ^{31}	xuei^{31}	kuɛ^{31}	k^{h}uɛ^{31}

续表

	0177罪	0178碎	0179灰	0180回	0181外	0182会 开～	0183怪	0184块
	蟹合一 上灰从	蟹合一 去灰心	蟹合一 平灰晓	蟹合一 平灰匣	蟹合一 去泰疑	蟹合一 去泰匣	蟹合二 去皆见	蟹合一 去皆溪
莒南	tθei^{312}	θei^{312}	xuei^{213}	xuei^{53}	uɛ^{312}	xuei^{312}	kuɛ^{312}	k^{h}uɛ^{312}
潍坊	tsuei^{31}	suei^{31}	xuei^{214}	xuei^{53}	uɛ^{31}	xuei^{31}	kuɛ^{31}	k^{h}uɛ^{31}
寿光	tsuei^{21}	suei^{21}	xuei^{213}	xuei^{53}	uei^{21}又 uɛ^{21}又	xuei^{21}	kuɛ^{21}	k^{h}uɛ^{21}
高青	tsuei^{41}	suei^{41}	xuei^{213}	xuei^{55}	uɛ^{41}	xuei^{41}	kuɛ^{41}	k^{h}uɛ^{41}
阳信	tsuei^{31}	suei^{31}	xuei^{213}	xuei^{43}	uɛ^{31}	xuei^{31}	kuɛ^{31}	k^{h}uɛ^{31}
济阳	tsuei^{31}	suei^{31}	xuei^{213}	xuei^{55}	uɛ^{31}	xuei^{31}	kuɛ^{31}	k^{h}uɛ^{31}
利津	tsuei^{31}	suei^{31}	xuei^{213}	xuei^{53}	uɛ^{31}	xuei^{31}	kuɛ^{31}	k^{h}uɛ^{31}
乐陵	tsuei^{51}	suei^{51}	xuei^{24}	xuei^{55}	uɛ^{51}	xuei^{51}	kuɛ^{51}	k^{h}uɛ^{51}
商河	tsuei^{31}	suei^{31}	xuei^{213}	xuei^{54}	uɛ^{31}	xuei^{31}	kuɛ^{31}	k^{h}uɛ^{31}
平原	tsuei^{21}	suei^{21}	xuei^{213}	xuei^{42}	uɛi^{21}	xuei^{21}	kuɛi^{21}	k^{h}uɛi^{21}
德州	tsuei^{21}	suei^{21}	xuei^{213}	xuei^{42}	uɛ^{21}	xuei^{21}	kuɛ^{21}	k^{h}uɛ^{21}
武城	tsuei^{312}	suei^{312}	xuei^{224}	xuei^{53}	uɛ^{312}	xuei^{312}	kuɛ^{312}	k^{h}uɛ^{312}
临清	tsuei^{313}	suei^{313}	xuei^{13}	xuei^{53}	uai^{313}	xuei^{313}	kuai^{313}	k^{h}uai^{313}
冠县	tsuei^{314}	suei^{314}	xuei^{13}	xuei^{53}	uɛ^{314}	xuei^{314}	kuɛ^{314}	k^{h}uɛ^{314}
聊城	tsuei^{313}	suei^{313}	xuei^{13}	xuei^{53}	uɛ^{313}	xuei^{313}	kuɛ^{313}	k^{h}uɛ^{313}
济南	tsuei^{21}	suei^{21}	xuei^{213}	xuei^{42}	uɛ^{21}	xuei^{21}	kuɛ^{21}	k^{h}uɛ^{21}
泰安	tsuei^{21}	suei^{21}	xuei^{213}	xuei^{42}	uɛ^{21}	xuei^{21}	kuɛ^{21}	k^{h}uɛ^{21}
莱芜	tsuei^{42}	suei^{42}	xuei^{213}	xuei^{55}	uɛ^{42}	xuei^{42}	kuɛ^{42}	k^{h}uɛ^{42}
新泰	tθuei^{31}	θuei^{31}	xuei^{213}	xuei^{42}	uɛ^{31}	xuei^{31}	kuɛ^{31}	k^{h}uɛ^{31}
沂源	tθuei^{31}	θuei^{31}	xuei^{213}	xuei^{55}	uɛ^{31}	xuei^{31}	kuɛ^{31}	k^{h}uɛ^{31}
博山	tsuei^{31}	suei^{31}	xuei^{213}	xuei^{55}	uɛ^{31}	xuei^{31}	kuɛ^{31}	k^{h}uɛ^{31}
张店	tsuei^{31}	suei^{31}	xuei^{213}	xuei^{55}	uɛ^{31}	xuei^{31}	kuɛ^{31}	k^{h}uɛ^{31}
阳谷	tsuei^{313}	suei^{313}	xuei^{213}	xuei^{42}	uɛ^{313}	xuei^{313}	kuɛ^{313}	k^{h}uɛ^{313}
梁山	tɕyei^{314}老 tsuei^{314}新	ɕyei^{314}老 suei^{314}新	xuei^{213}	xuei^{42}	uɛ^{314}	xuei^{314}	kuɛ^{314}	k^{h}uɛ^{314}
菏泽	tsuei^{312}	suei^{312}	xuei^{213}	xuei^{53}	uɛ^{312}	xuei^{312}	kuɛ^{312}	k^{h}uɛ^{312}

续表

	0177罪	0178碎	0179灰	0180回	0181外	0182会 开～	0183怪	0184块
	蟹合一 上灰从	蟹合一 去灰心	蟹合一 平灰晓	蟹合一 平灰匣	蟹合一 去泰疑	蟹合一 去泰匣	蟹合二 去皆见	蟹合一 去皆溪
曹县	tsuei^{312}	suei^{312}	xuei^{213}	xuei^{53}	uai^{312}	xuei^{312}	kuai^{312}	k^{h}uai^{312}
金乡	tsuei^{312}	suei^{312}	xuei^{213}	xuei^{42}	uɛ^{312}	xuei^{312}	kuɛ^{312}	k^{h}uɛ^{312}
曲阜	tsuei^{312}	suei^{312}	xuei^{213}	xuei^{42}	uɛ^{312}	xuei^{312}	kuɛ^{312}	k^{h}uɛ^{312}
薛城	tɕye^{41} 又 tsue^{41} 又	ɕye^{41} 又 sue^{41} 又	xue^{313}	xue^{55}	uɛ^{41}	xue^{41}	kuɛ^{41}	k^{h}uɛ^{41}
郯城	tsue^{51}	sue^{51}	xue^{213}	xue^{44}	uɛ^{51}	xue^{51}	kuɛ^{51}	k^{h}uɛ^{51}
临沂	tsuei^{312}	suei^{312}	xuei^{214}	xuei^{53}	uɛ^{312}	xuei^{312}	kuɛ^{312}	k^{h}uɛ^{312}

	0185怀	0186坏	0187拐	0188挂	0189歪	0190画	0191快	0192话
	蟹合二 平皆匣	蟹合二 去皆匣	蟹合二 上佳见	蟹合二 去佳见	蟹合二 平佳晓	蟹合二 去佳匣	蟹合二 去夬溪	蟹合二 去夬匣
荣成	xuai^{35}	xuai^{33}	kuai^{214}	kua^{33}	uai^{53}	xua^{33}	k^{h}uai^{33}	xua^{33}
烟台	xuɛ^{33}	xuɛ^{33}	kuɛ^{14}	kua^{33}	uɛ^{53}	xua^{33}	k^{h}uɛ^{33}	xua^{33}
栖霞	xuɛi^{342}	xuɛi^{342}	kuɛi^{214}	kua^{52}	uɛi^{312}	xua^{52}	k^{h}uɛi^{52}	xua^{342}
长岛	xuai^{55}	xuai^{52}	kuai^{213}	kua^{52}	uai^{312}	xua^{52}	k^{h}uai^{52}	xua^{52}
海阳	xuɛ^{341}	xuɛ^{341}	kuɛ^{214}	kua^{341}	uɛ^{52}	xua^{341}	k^{h}uɛ^{341}	xua^{341}
莱西	xuɛ^{42}	xuɛ^{42}	kuɛ^{55}	kua^{42}	uɛ^{214}	xua^{42}	k^{h}uɛ^{42}	xua^{42}
平度	xuɛ^{42}	xuɛ^{42}	kuɛ^{55}	kua^{42}	uɛ^{213}	xua^{42}	k^{h}uɛ^{42}	xua^{42}
青岛	xuɛ^{42}	xuɛ^{42}	kuɛ^{55}	kuɑ^{42}	uɛ^{213}	xuɑ^{42}	k^{h}uɛ^{42}	xuɑ^{42}
高密	xuɛ^{42}	xuɛ^{21}	kuɛ^{55}	kuɑ^{21}	uɛ^{213}	xuɑ^{21}	k^{h}uɛ^{21}	xuɑ^{21}
诸城	xuɛ^{53}	xuɛ^{31}	kuɛ^{44}	kua^{31}	uɛ^{213}	xua^{31}	k^{h}uɛ^{31}	xua^{31}
沂水	xuɛ^{53}	xuɛ^{31}	kuɛ^{44}	kua^{31}	uɛ^{213}	xua^{31}	k^{h}uɛ^{31}	xua^{31}
临朐	xuɛ^{53}	xuɛ^{21}	kuɛ^{44}	kua^{21}	uɛ^{213}	xua^{21}	k^{h}uɛ^{21}	xua^{21}
日照	xuɛ^{53}	xuɛ^{31}	kuɛ^{44}	kuɑ^{31}	uɛ^{213}	xuɑ^{31}	k^{h}uɛ^{31}	xuɑ^{31}
莒南	xuɛ^{53}	xuɛ^{312}	kuɛ^{55}	kua^{312}	uɛ^{213}	xua^{312}	k^{h}uɛ^{312}	xua^{312}
潍坊	xuɛ^{53}	xuɛ^{31}	kuɛ^{55}	kuɑ^{31}	uɛ^{214}	xuɑ^{31}	k^{h}uɛ^{31}	xuɑ^{31}

续表

	0185怀	0186坏	0187拐	0188挂	0189歪	0190画	0191快	0192话
	蟹合二 平皆匣	蟹合二 去皆匣	蟹合二 上佳见	蟹合二 去佳见	蟹合二 平佳晓	蟹合二 去佳匣	蟹合二 去夬溪	蟹合二 去夬匣
寿光	xuɛ^{53}	xuɛ^{21}	kuɛ^{55}	kua^{21}悬挂 kua^{213}挂念；勾住	uɛ^{213}	xua^{21}	k^{h}uɛ^{21}	xua^{21}
高青	xuɛ^{55}	xuɛ^{41}	kuɛ^{55}	kuɑ^{41}	uɛ^{213}	xuɑ^{41}	k^{h}uɛ^{41}	xuɑ^{41}
阳信	xuɛ^{43}	xuɛ^{31}	kuɛ^{55}	kua^{31}	uɛ^{213}	xua^{31}	k^{h}uɛ^{31}	xua^{31}
济阳	xuɛ^{55}	xuɛ^{31}	kuɛ^{55}	kua^{31}	uɛ^{213}	xua^{31}	k^{h}uɛ^{31}	xua^{31}
利津	xuɛ^{53}	xuɛ^{31}	kuɛ^{55}	kua^{31}	uɛ^{213}	xua^{31}	k^{h}uɛ^{31}	xua^{31}
乐陵	xuɛ^{55}	xuɛ^{51}	kuɛ^{55}	kuɑ^{51}	uɛ^{24}	xuɑ^{51}	k^{h}uɛ^{51}	xuɑ^{51}
商河	xuɛ^{54}	xuɛ^{31}	kuɛ^{45}	kuɑ^{31}	uɛ^{213}	xuɑ^{31}	k^{h}uɛ^{31}	xuɑ^{31}
平原	xuɛi^{42}	xuɛi^{21}	kuɛi^{55}	kua^{21}	uɛi^{213}	xua^{21}	k^{h}uɛi^{21}	xua^{21}
德州	xuɛ^{42}	xuɛ^{21}	kuɛ^{55}	kua^{21}	uɛ^{213}	xua^{21}	k^{h}uɛ^{21}	xua^{21}
武城	xuɛ^{53}	xuɛ^{312}	kuɛ^{55}	kua^{312}	uɛ^{224}	xua^{312}	k^{h}uɛ^{312}	xua^{312}
临清	xuai^{53}	xuai^{313}	kuai^{44}	kuɑ^{313}	uɑi^{13}	xuɑ^{313}	k^{h}uai^{313}	xua^{313}
冠县	xuɛ^{53}	xuɛ^{314}	kuɛ^{55}	kua^{314}	uɛ^{13}	xua^{314}	k^{h}uɛ^{314}	xua^{314}
聊城	xuɛ^{53}	xuɛ^{313}	kuɛ^{44}	kua^{313}	uɛ^{13}	xua^{313}	k^{h}uɛ^{313}	xua^{313}
济南	xuɛ^{42}	xuɛ^{21}	kuɛ^{55}	kua^{21}	uɛ^{213}	xua^{21}	k^{h}uɛ^{21}	xua^{21}
泰安	xuɛ^{42}	xuɛ^{21}	kuɛ^{55}	kua^{21}	uɛ^{213}	xua^{21}	k^{h}uɛ^{21}	xua^{21}
莱芜	xuɛ^{55}	xuɛ^{42}	kuɛ^{213}	kua^{42}	uɛ^{213}	xua^{42}	k^{h}uɛ^{42}	xua^{42}
新泰	xuɛ^{42}	xuɛ^{31}	kuɛ^{55}	kua^{31}	uɛ^{213}	xua^{31}	k^{h}uɛ^{31}	xua^{31}
沂源	xuɛ^{55}	xuɛ^{31}	kuɛ^{55}	kua^{31}	uɛ^{213}	xua^{31}	k^{h}uɛ^{31}	xua^{31}
博山	xuɛ^{55}	xuɛ^{31}	kuɛ^{55}	kuɑ^{31}	uɛ^{213}	xuɑ^{31}	k^{h}uɛ^{31}	xuɑ^{31}
张店	xuɛ^{55}	xuɛ^{31}	kuɛ^{55}	kuɑ^{31}	uɛ^{213}	xuɑ^{31}	k^{h}uɛ^{31}	xuɑ^{31}
阳谷	xuɛ^{42}	xuɛ^{313}	kuɛ^{55}	kua^{313}	uɛ^{213}	xua^{313}	k^{h}uɛ^{313}	xua^{313}
梁山	xuɛ^{42}	xuɛ^{314}	kuɛ^{55}	kua^{314}	uɛ^{213}	xua^{314}	k^{h}uɛ^{314}	xua^{314}
菏泽	xuɛ^{53}	xuɛ^{312}	kuɛ^{44}	kua^{312}	uɛ^{213}	xua^{312}	k^{h}uɛ^{312}	xua^{312}
曹县	xuai^{53}	xuai^{312}	kuai^{44}	kua^{312}	uai^{213}	xua^{312}	k^{h}uai^{312}	xua^{312}
金乡	xuɛ^{42}	xuɛ^{312}	kuɛ^{55}	kua^{312}	uɛ^{213}	xua^{312}	k^{h}uɛ^{312}	xua^{312}

续表

	0185怀	0186坏	0187拐	0188挂	0189歪	0190画	0191快	0192话
	蟹合二 平皆匣	蟹合二 去皆匣	蟹合二 上佳见	蟹合二 去佳见	蟹合二 平佳晓	蟹合二 去佳匣	蟹合二 去夬溪	蟹合二 去夬匣
曲阜	xuε^{42}	xuε^{312}	kuε^{55}	kua^{312}	uε^{213}	xua^{312}	k^{h}uε^{312}	xua^{312}
薛城	xuε^{55}	xuε^{41}	kuε^{24}	kua^{41}	uε^{313}	xua^{41}	k^{h}uε^{41}	xua^{41}
郯城	xuε^{44}	xuε^{51}	kuε^{24}	kua^{51}	uε^{213}	xua^{51}	k^{h}uε^{51}	xua^{51}
临沂	xuε^{53}	xuε^{312}	kuε^{55}	kua^{312}	uε^{214}	xua^{312}	k^{h}uε^{312}	xua^{312}

	0193岁	0194卫	0195肺	0196桂	0197碑	0198皮	0199被～子	0200紫
	蟹合三 去祭心	蟹合三 去祭云	蟹合三 去废敷	蟹合四 去齐见	止开三 平支帮	止开三 平支並	止开三 上支並	止开三 上支精
荣成	sei^{33}	uei^{35}	fei^{33}	kuei^{33}	pei^{53}	p^{h}i^{35}	pei^{33}	tsɿ^{214}
烟台	sei^{33}	uei^{33}	fei^{33}	kuei^{33}	pei^{53}	p^{h}i^{33}	pei^{33}	tsɿ^{14}
栖霞	sei^{52}	uei^{52}	fei^{52}	kuei^{52}	pei^{312}	p^{h}i^{342}	pei^{342}	tsɿ^{214}
长岛	sei^{52}	uei^{55}	fei^{52}	kuei^{52}	pei^{312}	p^{h}i^{55}	pei^{52}	tsɿ^{213}
海阳	θei^{341}	uei^{341}	fei^{341}	kuei^{341}	pei^{52}	p^{h}i^{341}	pei^{341}	tθɿ^{214}
莱西	sei^{42}白 suei^{42}文	uei^{55}	fei^{42}	kuei^{42}	pei^{214}	p^{h}i^{42}	pei^{42}	tsɿ^{55}
平度	θei^{42}	uei^{42}	fei^{213}	kuei^{213}	pei^{213}	p^{h}i^{42}	pei^{213}	tθɿ^{55}
青岛	θuei^{42}	uei^{42}	fei^{42}	kuei^{42}	pei^{213}	p^{h}i^{42}	pei^{42}	tθɿ^{55}
高密	θuei^{21}	uei^{21}	fei^{21}	kuei^{21}	pei^{213}	p^{h}i^{42}	pei^{21}	tθɿ^{55}
诸城	θuei^{31}	uei^{31}	fei^{31}	kuei^{31}	pei^{213}	p^{h}i^{53}	pei^{31}	tθɿ^{44}
沂水	θue^{31}	ue^{31}	fe^{31}	kue^{31}	pe^{44}	p^{h}i^{53}	pe^{31}	dðɿ^{44}
临朐	θuei^{21}	uei^{21}	fei^{21}	kuei^{21}	pei^{213}	p^{h}i^{53}	pei^{21}	tθɿ^{44}
日照	θuei^{31}	uei^{31}	fei^{31}	kuei^{31}	pei^{213}	p^{h}i^{53}	pei^{31}	tθɿ^{44}
莒南	θei^{312}	uei^{312}	fei^{312}	kuei^{312}	pei^{213}	p^{h}i^{53}	pei^{312}	tθɿ^{55}
潍坊	suei^{31}	uei^{55}	fei^{31}	kuei^{31}	pei^{214}	p^{h}i^{53}	pei^{31}	tsɿ^{55}
寿光	suei^{21}	uei^{53}	fei^{21}	kuei^{21}	pei^{213}	p^{h}i^{53}	pei^{21}	tsɿ^{55}
高青	suei^{41}	uei^{55}	fei^{41}	kuei^{41}	pei^{213}	p^{h}i^{55}	pei^{41}	tsɿ^{55}
阳信	suei^{31}	uei^{43}	fei^{31}	kuei^{31}	pei^{213}	p^{h}i^{43}	pei^{31}	tsɿ^{55}

续表

	0193岁	0194卫	0195肺	0196桂	0197碑	0198皮	0199被～子	0200紫
	蟹合三去祭心	蟹合三去祭云	蟹合三去废敷	蟹合四去齐见	止开三平支帮	止开三平支並	止开三上支並	止开三上支精
济阳	suei^{31}	uei^{55}保～ uei^{31}姓～	fei^{31}	kuei^{31}	pei^{213}	p^{h}i^{55}	pei^{31}	tsɿ^{55}
利津	suei^{31}	uei^{53}	fei^{31}	kuei^{31}	pei^{213}	p^{h}i^{53}	pei^{31}	tsɿ^{55}
乐陵	suei^{51}	uei^{51}	fei^{51}	kuei^{51}	pei^{24}	p^{h}i^{55}	pei^{51}	tsɿ^{55}
商河	suei^{31}	uei^{54}保～ uei^{31}姓～	fei^{31}	kuei^{31}	pei^{213}	p^{h}i^{54}	pei^{31}	tsɿ^{45}
平原	suei^{21}	uei^{21}	fei^{21}	kuei^{21}	pei^{213}	p^{h}i^{42}	pei^{21}	tsɿ^{55}
德州	suei^{21}	uei^{42}	fei^{21}	kuei^{21}	pei^{213}	p^{h}i^{42}	pei^{21}	tsɿ^{55}
武城	suei^{312}	uei^{53}又 uei^{312}又	fei^{312}	kuei^{312}	pei^{224}	p^{h}i^{53}	pei^{312}	tsɿ^{55}
临清	suei^{313}	uei^{313}	fei^{313}	kuei^{313}	pei^{13}	p^{h}i^{53}	pei^{313}	tsɿ^{44}
冠县	suei^{314}	uei^{53}	fei^{314}	kuei^{314}	pei^{13}	p^{h}i^{53}	pei^{314}	tsɿ^{55}
聊城	suei^{313}	uei^{313}	fei^{313}	kuei^{313}	pei^{13}	p^{h}i^{53}	pei^{313}	tsɿ^{44}
济南	suei^{21}	uei^{42}保～ uei^{21}又	fei^{21}	kuei^{21}	pei^{213}	p^{h}i^{42}	pei^{21}	tsɿ^{55}
泰安	suei^{21}	uei^{21}	fɿ^{21}白 fei^{21}文	kuei^{21}	pei^{213}	p^{h}i^{42}	pei^{21}	tsɿ^{55}
莱芜	suei^{42}	uei^{55}	fei^{42}	kuei^{42}	pei^{213}	p^{h}i^{55}	pei^{42}	tsɿ^{55}
新泰	θuei^{31}	uei^{31}	fei^{31}	kuei^{31}	pei^{213}	p^{h}i^{42}	pei^{31}	tθɿ^{55}
沂源	θuei^{31}	uei^{31}	fei^{31}	kuei^{31}	pei^{213}	p^{h}i^{55}	pei^{31}	tθɿ^{55}
博山	suei^{31}	uei^{55}	fei^{31}	kuei^{31}	pei^{213}	p^{h}i^{55}	pei^{31}	tsɿ^{55}
张店	suei^{31}	uei^{31}	fei^{31}	kuei^{31}	pei^{213}	p^{h}i^{55}	pei^{31}	tsɿ^{55}
阳谷	suei^{313}	uei^{313}	fi^{313}	kuei^{313}	pei^{213}	p^{h}i^{42}	pei^{313}	tsɿ^{55}
梁山	çyei^{314}老 suei^{314}新	uei^{314}	çy^{314}老 fi^{314}白 fei^{314}文	kuei^{314}	pei^{213}	p^{h}i^{42}	pei^{314}	tsɿ^{55}
菏泽	suei^{312}	uei^{312}	fi^{312}	kuei^{312}	pei^{213}	p^{h}i^{53}	pei^{312}	tsɿ^{44}
曹县	suei^{312}	uei^{312}	fei^{312}	kuei^{312}	pei^{213}	p^{h}i^{53}	pei^{312}	tsɿ^{44}

续表

	0193岁	0194卫	0195肺	0196桂	0197碑	0198皮	0199被～子	0200紫
	蟹合三 去祭心	蟹合三 去祭云	蟹合三 去废敷	蟹合四 去齐见	止开三 平支帮	止开三 平支並	止开三 上支並	止开三 上支精
金乡	suei^{312}	uei^{312}	fi^{312} 白 fei^{312} 文	kuei^{312}	pei^{213}	pʰi^{42}	pei^{312}	tsɿ^{55}
曲阜	suei^{312}	uei^{312}	fi^{312} 白 fei^{312} 文	kuei^{312}	pei^{213}	pʰi^{42}	pei^{312}	tsɿ^{55}
薛城	ɕye^{41} 又 sue^{41} 又	ue^{41}	fi^{41}	kue^{41}	pe^{313}	pʰi^{55}	pe^{41}	tsɿ^{24}
郯城	sue^{51}	ue^{51}	fe^{51}	kue^{51}	pe^{213}	pʰi^{44}	pe^{51}	tsɿ^{24}
临沂	suei^{312}	uei^{312}	fei^{312}	kuei^{312}	pei^{214}	pʰi^{53}	pei^{312}	tsɿ^{55}

	0201刺	0202知	0203池	0204纸	0205儿	0206寄	0207骑	0208蚁
	止开三 去支清	止开三 平支知	止开三 平支澄	止开三 上支章	止开三 平支日	止开三 去支见	止开三 平支群	止开三 上支疑
荣成	tsʰɿ^{33}	tʃi^{53}	tʃʰi^{35}	tʂʅ^{214}	ər^{53}	ci^{33}	ci^{35} 又 cʰi^{35} 又	i^{33}
烟台	tsʰɿ^{33}	tɕi^{53}	tɕʰi^{33}	tsɿ^{14}	ər^{53}	tɕi^{33}	tɕʰi^{33}	i^{33}
栖霞	tsʰɿ^{52}	tʃɿ^{312}	tʃʰʅ^{342}	tsɿ^{214}	ər^{312}	ci^{52}	cʰi^{342}	i^{52}
长岛	tsʰɿ^{52}	tʃɿ^{312}	tʃʰɿ^{55}	tsɿ^{213}	ər^{55}	ci^{52}	cʰi^{55}	i^{52}
海阳	tθʰɿ^{341}	tsɿ^{52}	tsʰɿ^{341}	tʂʅ^{214}	ər^{52}	ci^{341}	cʰi^{341}	i^{341}
莱西	tsʰɿ^{42}	tʃɿ^{214}	tʃʰɿ^{42}	tsɿ^{55}	ər^{214}	ci^{42}	cʰi^{42}	i^{42}
平度	tθʰɿ^{42}	tʃɿ^{213}	tʃʰɿ^{42}	tʂʅ^{55}	er^{42}	ci^{42}	cʰi^{42}	i^{55}
青岛	tθʰɿ^{42}	tʃɿ^{213}	tʃʰɿ^{42}	tʂʅ^{55}	ɭə^{42}	tɕi^{42}	tɕʰi^{42}	i^{42}
高密	tθʰɿ^{21}	tʃɿ^{213}	tʃʰɿ^{42}	tʂʅ^{55}	ɭə^{42}	tɕi^{21}	tɕʰi^{42}	i^{21}
诸城	tθʰɿ^{31}	tʃɿ^{213}	tʃʰɿ^{53}	tʂʅ^{44}	ɭə^{53}	tʃɿ^{31}	tʃʰɿ^{53}	i^{44}
沂水	tθʰɿ^{31}	dʒɿ^{213}	tʃʰɿ^{53}	tʂʅ^{44}	ɭə^{53}	tɕi^{31}	tɕʰi^{53}	i^{31}
临朐	tθʰɿ^{21}	tʃɿ^{213}	tʃʰɿ^{53}	tʂʅ^{44}	lə^{53}	tɕi^{21}	tɕʰi^{53}	i^{44}
日照	tθʰɿ^{31}	tʃɿ^{213}	tʃʰɿ^{53}	tʂʅ^{44}	ɭə^{53}	tʃɿ^{31}	tʃʰɿ^{53}	i^{44}
莒南	tθʰɿ^{312}	tʃɿ^{213}	tʃʰɿ^{53}	tʂʅ^{55}	ɭə^{53}	tɕi^{312}	tɕʰi^{53}	i^{312}
潍坊	tsʰɿ^{31}	tʂʅ^{214}	tʂʰʅ^{53}	tʂʅ^{55}	ɐr^{53}	tɕi^{31}	tɕʰi^{53}	i^{55}

续表

	0201 刺	0202 知	0203 池	0204 纸	0205 儿	0206 寄	0207 骑	0208 蚁
	止开三 去支清	止开三 平支知	止开三 平支澄	止开三 上支章	止开三 平支日	止开三 去支见	止开三 平支群	止开三 上支疑
寿光	tsʰɿ^{21} 针～ tɕʰi^{213}～刀 （杀猪的尖刀）	tʂʅ^{213}	tʂʰʅ^{53}	tʂʅ^{55}	lə^{53}	tɕi^{21}	tɕʰi^{53}	i^{55}
高青	tsʰɿ^{41}	tʂʅ^{213}	tʂʰʅ^{55}	tʂʅ^{55}	ɭə^{55}	tɕi^{41}	tɕʰi^{55}	i^{55}
阳信	tsʰɿ^{31}	tʂʅ^{213}	tʂʰʅ^{43}	tʂʅ^{55}	ər^{43}	tɕi^{213}	tɕʰi^{43}	i^{43}
济阳	tsʰɿ^{31}	tʂʅ^{213}	tʂʰʅ^{55}	tʂʅ^{55}	ɭə^{55}	tɕi^{213}	tɕʰi^{55}	i^{55}
利津	tsʰɿ^{31}	tʂʅ^{213}	tʂʰʅ^{53}	tʂʅ^{55}	lə^{53}	tɕi^{213}	tɕʰi^{53}	i^{31}
乐陵	tsʰɿ^{51}	tʂʅ^{24}	tʂʰʅ^{55}	tsɿ^{55}	ər^{55}	tɕi^{24}	tɕʰi^{55}	i^{51}
商河	tsʰɿ^{31}	tʂʅ^{213}	tʂʰʅ^{54}	tsɿ^{45}	ɭə^{54}	tɕi^{45}	tɕʰi^{54}	i^{31}
平原	tsʰɿ^{21}	tʂʅ^{213}	tʂʰʅ^{42}	tsɿ^{55}	ər^{42}	tɕi^{213}	tɕʰi^{42}	i^{21}
德州	tsʰɿ^{21}	tʂʅ^{213}	tʂʰʅ^{42}	tʂʅ^{55}	ər^{42}	tɕi^{213}	tɕʰi^{42}	i^{21}
武城	tsʰɿ^{312}	tʂʅ^{224}	tʂʰʅ^{53}	tʂʅ^{55}	ɭə^{53} 又 ər^{53} 又	tɕi^{224}	tɕʰi^{53}	i^{312}
临清	tsʰɿ^{313}	tʂʅ^{13}	tʂʰʅ^{53}	tʂʅ^{44}	ər^{53}	tɕi^{313}	tɕʰi^{53}	i^{313}
冠县	tsʰɿ^{314}	tʂʅ^{13}	tʂʰʅ^{53}	tʂʅ^{55}	ər^{53}	tɕi^{314}	tɕʰi^{53}	i^{55}
聊城	tsʰɿ^{313}	tsɿ^{13}	tsʰɿ^{53}	tsɿ^{44}	ər^{53}	tɕi^{313}	tɕʰi^{53}	i^{44}
济南	tsʰɿ^{21}	tʂʅ^{213}	tʂʰʅ^{42}	tʂʅ^{55}	ər^{42}	tɕi^{21}	tɕʰi^{42}	i^{55}
泰安	tsʰɿ^{21}	tʂʅ^{213}	tʂʰʅ^{42}	tʂʅ^{55}	ər^{42}	tɕi^{21}	tɕʰi^{42}	i^{55}
莱芜	tsʰɿ^{42}	tʃʅ^{213}	tʃʰʅ^{55}	tʃʅ^{55}	ɭ^{55}	tɕi^{42}	tɕʰi^{55}	i^{55}
新泰	tθʰɿ^{31}	tʃʅ^{213}	tʃʰʅ^{42}	tʃʅ^{55}	ɭə^{42}	tɕi^{31}	tɕʰi^{42}	i^{55}
沂源	tθʰɿ^{31}	tʃɿ^{213}	tʃʰɿ^{55}	tʃɿ^{55}	ɭə^{31}	tɕi^{31}	tɕʰi^{55}	i^{55}
博山	tsʰɿ^{31}	tʂʅ^{213}	tʂʰʅ^{55}	tʂʅ^{55}	ɭə^{55}	tɕi^{31}	tɕʰi^{55}	i^{55}
张店	tsʰɿ^{31}	tʂʅ^{213}	tʂʰʅ^{55}	tʂʅ^{55}	ɭə^{55}	tɕi^{31}	tɕʰi^{55}	i^{55}
阳谷	tsʰɿ^{313}	tsɿ^{213}	tsʰɿ^{42}	tsɿ^{55}	ər^{42}	tɕi^{313}	tɕʰi^{42}	i^{55}
梁山	tsʰɿ^{314}	tsɿ^{213}	tsʰɿ^{42}	tsɿ^{55}	ɭ^{42}	tɕi^{314}	tɕʰi^{42}	i^{55}
菏泽	tsʰɿ^{312}	tsɿ^{213}	tsʰɿ^{53}	tsɿ^{44}	ɭ^{53}	tɕi^{312}	tɕʰi^{53}	i^{44}
曹县	tsʰɿ^{312}	tʂʅ^{213}	tʂʰʅ^{53}	tsɿ^{44}	ɣər^{53}	tɕi^{312}	tɕʰi^{53}	i^{44}

续表

	0201刺	0202知	0203池	0204纸	0205儿	0206寄	0207骑	0208蚁
	止开三 去支清	止开三 平支知	止开三 平支澄	止开三 上支章	止开三 平支日	止开三 去支见	止开三 平支群	止开三 上支疑
金乡	tsʰɿ^{312}	tsɿ^{213}	tsʰɿ^{42}	tsɿ^{55}	ər^{42}	tɕi^{312}	tɕʰi^{42}	i^{55}
曲阜	tsʰɿ^{312}	tsɿ^{213}	tsʰɿ^{42}	tsɿ^{55}	ər^{42}	tɕi^{312}	tɕʰi^{42}	i^{55}
薛城	tsʰɿ^{41}	tsɿ^{313}	tsʰɿ^{55}	tsɿ^{24}	ɭə^{55}	tɕi^{41}	tɕʰi^{55}	i^{24}
郯城	tsʰɿ^{51}	tʂʅ^{213}	tʂʰʅ^{44}	tʂʅ^{24}	ɭə^{44}老 ər^{44}新	tɕi^{51}	tɕʰi^{44}	i^{24}
临沂	tsʰɿ^{312}名 tsʰɿ^{214}动	tʃʅ^{214}	tʃʰʅ^{53}	tʃʅ^{55}	ɭə^{53}	tɕi^{312}	tɕʰi^{53}	i^{55}

	0209义	0210戏	0211移	0212比	0213屁	0214鼻	0215眉	0216地
	止开三 去支疑	止开三 去支晓	止开三 平支以	止开三 上脂帮	止开三 去脂滂	止开三 去脂並	止开三 平脂明	止开三 去脂定
荣成	i^{33}	çi^{33}	i^{53}	pi^{214}	pʰi^{33}	pi^{35}	mei^{53}	ti^{33}
烟台	i^{33}	çi^{33}	i^{53}	pi^{14}	pʰi^{33}	pi^{33}	mei^{33}	ti^{33}
栖霞	i^{52}	çi^{52}	i^{312}	pi^{214}	pʰi^{52}	pi^{342}	mei^{312}	ti^{342}
长岛	i^{52}	çi^{52}	i^{55}	pi^{213}	pʰi^{52}	pi^{55}	mei^{55}	ti^{52}
海阳	i^{341}	çi^{341}	i^{52}	pi^{214}	pʰi^{341}	pi^{341}	mei^{52}	ti^{341}
莱西	i^{42}	çi^{42}	i^{214}	pi^{55}	pʰi^{42}	pi^{42}	mei^{214}	ti^{42}
平度	i^{42}	çi^{42}	i^{42}	pi^{55}	pʰi^{42}	pi^{42}	mei^{42}	ti^{42}
青岛	i^{42}	çi^{42}	i^{42}	pi^{55}	pʰi^{42}	pi^{42}	mei^{42}	ti^{42}
高密	i^{21}	çi^{21}	i^{42}	pi^{55}	pʰi^{21}	pi^{42}	mei^{42}	ti^{21}
诸城	i^{31}	ʃʅ^{31}	i^{53}	pi^{44}	pʰi^{31}	pi^{53}	mei^{53}	ti^{31}
沂水	i^{31}	çi^{31}	i^{53}	pi^{44}	pʰi^{31}	pi^{53}	me^{53}	ti^{31}
临朐	i^{21}	çi^{21}	i^{53}	pi^{44}	pʰi^{21}	pi^{53}	mei^{53}	ti^{21}
日照	i^{31}	ʃʅ^{31}	i^{53}	pi^{44}	pʰi^{31}	pi^{53}	mei^{53}	ti^{31}
莒南	i^{312}	çi^{312}	i^{53}	pi^{55}	pʰi^{312}	pi^{53}	mei^{53}	ti^{312}
潍坊	i^{31}	çi^{31}	i^{53}	pi^{55}	pʰi^{31}	pi^{53}	mei^{53}	ti^{31}
寿光	i^{21}	çi^{21}	i^{53}	pi^{55}	pʰi^{21}	pi^{53}	mei^{53}	ti^{21}
高青	i^{41}	çi^{41}	i^{55}	pi^{55}	pʰi^{41}	pi^{55}	mei^{55}	ti^{41}

续表

	0209义	0210戏	0211移	0212比	0213屁	0214鼻	0215眉	0216地
	止开三 去支疑	止开三 去支晓	止开三 平支以	止开三 上脂帮	止开三 去脂滂	止开三 去脂並	止开三 平脂明	止开三 去脂定
阳信	i^{31}	çi^{31}	i^{43}	pi^{55}	p^{h}i^{31}	pi^{43}	mei^{43}	ti^{31}
济阳	i^{31}	çi^{31}	i^{55}	pi^{55}	p^{h}i^{31}	pi^{55}	mei^{55}	ti^{31}
利津	i^{31}	çi^{31}	i^{53}	pi^{55}	p^{h}i^{31}	pi^{53}	mei^{53}	ti^{31}
乐陵	i^{51}	çi^{51}	i^{55}	pi^{55}	p^{h}i^{51}	pi^{55}	mei^{55}	ti^{51}
商河	i^{31}	çi^{31}	i^{54}	pi^{45}	p^{h}i^{31}	pi^{54}	mei^{54}	ti^{31}
平原	i^{21}	çi^{21}	i^{42}	pi^{55}	p^{h}i^{21}	pi^{42}	mei^{42}	ti^{21}
德州	i^{21}	çi^{21}	i^{42}	pi^{55}	p^{h}i^{21}	pi^{42}	mei^{42}	ti^{21}
武城	i^{312}	çi^{312}	i^{53}	pi^{55}	p^{h}i^{312}	pi^{53}	mei^{53}	ti^{312}
临清	i^{313}	çi^{313}	i^{53}	pi^{44}	p^{h}i^{313}	pi^{53}	mei^{53}	ti^{313}
冠县	i^{314}	çi^{314}	i^{53}	pi^{55}	p^{h}i^{314}	pi^{53}	mei^{53}	ti^{314}
聊城	i^{313}	çi^{313}	i^{53}	pi^{44}	p^{h}i^{313}	pi^{53}	mei^{53}	ti^{313}
济南	i^{21}	çi^{21}	i^{42}	pi^{55}	p^{h}i^{21}	pi^{42}	mei^{42}	ti^{21}
泰安	i^{21}	çi^{21}	i^{42}	pi^{55}	p^{h}i^{21}	pi^{42}	mei^{42}	ti^{21}
莱芜	i^{42}	çi^{42}	i^{55}	pi^{55}	p^{h}i^{42}	pi^{55}	mei^{55}	ti^{42}
新泰	i^{31}	çi^{31}	i^{42}	pi^{55}	p^{h}i^{31}	pi^{42}	mei^{42}	ti^{31}
沂源	i^{31}	çi^{31}	i^{55}	pi^{55}	p^{h}i^{31}	pi^{55}	mei^{55}	ti^{31}
博山	i^{31}	çi^{31}	i^{55}	pi^{55}	p^{h}i^{31}	pi^{55}	mei^{55}	ti^{31}
张店	i^{31}	çi^{31}	i^{55}	pi^{55}	p^{h}i^{31}	pi^{55}	mei^{55}	ti^{31}
阳谷	i^{313}	çi^{313}	i^{42}	pi^{55}	p^{h}i^{313}	pi^{42}	mei^{42}	ti^{313}
梁山	i^{314}	çi^{314}	i^{42}	pi^{55}	p^{h}i^{314}	pi^{42}	mei^{42}	ti^{314}
菏泽	i^{312}	çi^{312}	i^{53}	pi^{44}	p^{h}i^{312}	pi^{53}	mei^{53}	ti^{312}
曹县	i^{312}	çi^{312}	i^{53}	pi^{44}	p^{h}i^{312}	pi^{53}	mei^{53}	ti^{312}
金乡	i^{312}	çi^{312}	i^{42}	pi^{55}	p^{h}i^{312}	pi^{42}	mei^{42}	ti^{312}
曲阜	i^{312}	çi^{312}	i^{42}	pi^{55}	p^{h}i^{312}	pi^{42}	mei^{42}	ti^{312}
薛城	i^{41}	çi^{41}	i^{55}	pi^{24}	p^{h}i^{41}	pi^{55}	me^{55}	ti^{41}
郯城	i^{51}	çi^{51}	i^{44}	pi^{24}	p^{h}i^{51}	pi^{44}	me^{44}	ti^{51}

续表

	0209 义	0210 戏	0211 移	0212 比	0213 屁	0214 鼻	0215 眉	0216 地
	止开三 去支疑	止开三 去支晓	止开三 平支以	止开三 上脂帮	止开三 去脂滂	止开三 去脂並	止开三 平脂明	止开三 去脂定
临沂	i^{312}	çi^{312}	i^{53}	pi^{55}	pʰi^{312}	pi^{53}	mei^{53}	ti^{312}

	0217 梨	0218 资	0219 死	0220 四	0221 迟	0222 师	0223 指	0224 二
	止开三 平脂来	止开三 平脂精	止开三 上脂心	止开三 去脂心	止开三 平脂澄	止开三 平脂生	止开三 上脂章	止开三 去脂日
荣成	li^{53}	tsɿ^{53}	sɿ^{214}	sɿ^{33}	tʃʰi^{35}	ʂʅ^{53}	tʂʅ^{214}	ər^{33}
烟台	li^{53}	tsɿ^{53}	sɿ^{14}	sɿ^{33}	tɕʰi^{33}	sɿ^{53}	tsɿ^{14}	ər^{33}
栖霞	li^{312}	tsɿ^{312}	sɿ^{214}	sɿ^{52}	tʃʰɿ^{342}	sɿ^{312}	tsɿ^{214}	ər^{342}
长岛	li^{55}	tsɿ^{312}	sɿ^{213}	sɿ^{52}	tʃʰɿ^{55}	sɿ^{312}	tsɿ^{213}	ər^{52}
海阳	lei^{52}	tθɿ^{52}	θɿ^{214}	θɿ^{341}	tsʰɿ^{341}	ʂʅ^{52}	tʂʅ^{214}	ər^{341}
莱西	li^{214}	tsɿ^{214}	sɿ^{55}	sɿ^{42}	tʃʰɿ^{42}	sɿ^{214}	tsɿ^{55}	ər^{42}
平度	li^{42}	tθɿ^{213}	θɿ^{55}	θɿ^{42}	tʃʰɿ^{42}	ʂʅ^{213}	tʂʅ^{55}	er^{42}
青岛	li^{42}	tθɿ^{213}	θɿ^{55}	θɿ^{42}	tʃʰɿ^{42}	ʂʅ^{213}	tʂʅ^{55}	ɭə^{213}
高密	li^{42}	tθɿ^{213}	θɿ^{55}	θɿ^{21}	tʃʰɿ^{42}	ʂʅ^{213}	tʂʅ^{55}	ɭə^{21} 白 ɐr^{21} 文
诸城	li^{53}	tθɿ^{213}	θɿ^{44}	θɿ^{31}	tʃʰɿ^{53}	ʂʅ^{213}	tʂʅ^{44}	ɭə^{31}
沂水	li^{53}	dðɿ^{213}	θɿ^{44}	θɿ^{31}	tʃʰɿ^{53}	ʂʅ^{213}	tʂʅ^{44}	ɭə^{31}
临朐	li^{53}	tθɿ^{213}	θɿ^{44}	θɿ^{21}	tʃʰɿ^{53}	ʂʅ^{213}	tʂʅ^{44}	lə^{21}
日照	li^{53}	tθɿ^{213}	θɿ^{44}	θɿ^{31}	tʃʰɿ^{53}	ʂʅ^{213}	tʂʅ^{44}	ɭə^{31}
莒南	li^{53}	tθɿ^{213}	θɿ^{55}	θɿ^{312}	tʃʰɿ^{53}	ʂʅ^{213}	tʂʅ^{55}	ɭə^{312}
潍坊	li^{53}	tsɿ^{214}	sɿ^{55}	sɿ^{31}	tʂʰʅ^{53}	ʂʅ^{214}	tʂʅ^{55}	ɐr^{31}
寿光	li^{53}	tsɿ^{213}	sɿ^{55}	sɿ^{21}	tʂʰʅ^{53}	ʂʅ^{213}	tʂʅ^{55}	lə^{21}
高青	li^{55}	tsɿ^{213}	sɿ^{55}	sɿ^{41}	tʂʰʅ^{55}	ʂʅ^{213}	tʂʅ^{55}	ɭə^{41}
阳信	li^{43}	tsɿ^{213}	sɿ^{55}	sɿ^{31}	tʂʰʅ^{43}	ʂʅ^{213}	tʂʅ^{55}	ər^{31}
济阳	li^{55}	tsɿ^{213}	sɿ^{55}	sɿ^{31}	tʂʰʅ^{55}	ʂʅ^{213}	tʂʅ^{55}	ɭə^{31}
利津	li^{53}	tsɿ^{213}	sɿ^{55}	sɿ^{31}	tʂʰʅ^{53}	ʂʅ^{213}	tʂʅ^{55}	lə^{31}
乐陵	li^{55}	tsɿ^{24}	sɿ^{55}	sɿ^{51}	tʂʰʅ^{55}	sɿ^{24}	tsɿ^{55}	ər^{51}

续表

	0217梨	0218资	0219死	0220四	0221迟	0222师	0223指	0224二
	止开三 平脂来	止开三 平脂精	止开三 上脂心	止开三 去脂心	止开三 平脂澄	止开三 平脂生	止开三 上脂章	止开三 去脂日
商河	li^{54}	tsɿ^{213}	sɿ^{45}	sɿ^{31}	tʂ^{h}ʅ^{54}	sɿ^{213}	tsɿ^{45}	lə^{31}老 ər^{31}新
平原	li^{42}	tsɿ^{213}	sɿ^{55}	sɿ^{21}	tʂ^{h}ʅ^{42}	sɿ^{213}	tsɿ^{55}	ər^{21}
德州	li^{42}	tsɿ^{213}	sɿ^{55}	sɿ^{21}	tʂ^{h}ʅ^{42}	ʂʅ^{213}	tʂʅ^{55}	ər^{21}
武城	li^{53}	tsɿ^{224}	sɿ^{55}	sɿ^{312}	tʂ^{h}ʅ^{53}	ʂʅ^{224}	tʂʅ^{55}	lə^{312}又 ər^{312}又
临清	li^{53}	tsɿ^{13}	sɿ^{44}	sɿ^{313}	tʂ^{h}ʅ^{53}	ʂʅ^{13}	tʂʅ^{44}	ər^{313}
冠县	li^{53}	tsɿ^{13}	sɿ^{55}	sɿ^{314}	tʂ^{h}ʅ^{53}	ʂʅ^{13}	tʂʅ^{55}	ər^{314}
聊城	li^{53}	tsɿ^{13}	sɿ^{44}	sɿ^{313}	ts^{h}ɿ^{53}	sɿ^{13}	tsɿ^{44}	ər^{313}
济南	li^{42}	tsɿ^{213}	sɿ^{55}	sɿ^{21}	tʂ^{h}ʅ^{55}～到 tʂ^{h}ʅ^{42}姓	ʂʅ^{213}	tʂʅ^{55}	ər^{21}
泰安	li^{42}	tsɿ^{213}	sɿ^{55}	sɿ^{21}	tʂ^{h}ʅ^{42}	ʂʅ^{213}	tʂʅ^{55}	ər^{21}
莱芜	li^{55}	tsɿ^{213}	sɿ^{55}	sɿ^{42}	tʃ^{h}ʅ^{55}	ʃʅ^{213}	tʃʅ^{55}	lə^{42}又 ɭ^{42}又
新泰	li^{42}	tθɿ^{213}	θɿ^{55}	θɿ^{31}	tʃ^{h}ʅ^{42}	ʃʅ^{213}	tʃʅ^{55}	lə^{31}
沂源	li^{55}	tθɿ^{213}	θɿ^{55}	θɿ^{31}	tʃ^{h}ʅ^{55}	ʃʅ^{213}	tʃʅ^{55}	lə^{31}
博山	li^{55}	tsɿ^{213}	sɿ^{55}	sɿ^{31}	tʂ^{h}ʅ^{55}	ʂʅ^{213}	tʂʅ^{55}	lə^{31}
张店	li^{55}	tsɿ^{213}	sɿ^{55}	sɿ^{31}	tʂ^{h}ʅ^{55}	ʂʅ^{213}	tʂʅ^{55}	lə^{31}
阳谷	li^{42}	tsɿ^{213}	sɿ^{55}	sɿ^{313}	ts^{h}ɿ^{42}	sɿ^{213}	tsɿ^{55}	ər^{313}
梁山	li^{42}	tsɿ^{213}	sɿ^{55}	sɿ^{314}	ts^{h}ɿ^{42}	sɿ^{213}	tsɿ^{55}	ɭ^{314}
菏泽	li^{53}	tsɿ^{213}	sɿ^{44}	sɿ^{312}	ts^{h}ɿ^{53}	sɿ^{213}	tsɿ^{44}	ɭ^{312}
曹县	li^{53}	tsɿ^{213}	sɿ^{44}	sɿ^{312}	tʂ^{h}ʅ^{53}	sɿ^{213}	tsɿ^{44}	ər^{312}
金乡	li^{42}	tsɿ^{213}	sɿ^{55}	sɿ^{312}	ts^{h}ɿ^{42}	sɿ^{213}	tsɿ^{55}	ər^{312}
曲阜	li^{42}	tsɿ^{213}	sɿ^{55}	sɿ^{312}	ts^{h}ɿ^{42}	sɿ^{213}	tsɿ^{55}	ər^{312}
薛城	li^{55}	tsɿ^{313}	sɿ^{24}	sɿ^{41}	ts^{h}ɿ^{55}	sɿ^{313}	tsɿ^{24}	lə^{41}
郯城	li^{44}	tsɿ^{213}	sɿ^{24}	sɿ^{51}	tʂ^{h}ʅ^{44}	ʂʅ^{213}	tʂʅ^{24}	lə^{51}老 ər^{51}新
临沂	li^{53}	tsɿ^{214}	sɿ^{55}	sɿ^{312}	tʃ^{h}ʅ^{53}	ʃʅ^{214}	tʃʅ^{55}	lə^{312}

	0225饥～饿	0226器	0227姨	0228李	0229子	0230字	0231丝	0232祠
	止开三平脂见	止开三去脂溪	止开三平脂以	止开三上之来	止开三上之精	止开三去之从	止开三平之心	止开三平之邪
荣成	ci^{53}	cʰi^{33}	i^{214}	li^{214}	tsɿ^{214}	tsɿ^{33}	sɿ^{53}	tsʰɿ^{35}
烟台	tɕi^{53}	tɕʰi^{33}	i^{14}	li^{14}	tsɿ^{14}	tsɿ^{33}	sɿ^{53}	tsʰɿ^{33}
栖霞	ci^{312}	cʰi^{52}	i^{312}	li^{214}	tsɿ^{214}	tsɿ^{342}	sɿ^{312}	tsʰɿ^{342}
长岛	ci^{312}	cʰi^{52}	i^{55}	li^{213}	tsɿ^{213}	tsɿ^{52}	sɿ^{312}	tsʰɿ^{55}
海阳	ci^{52}	cʰi^{341}	i^{52}	li^{214}	tθɿ^{214}	tθɿ^{341}	θɿ^{52}	tθʰɿ^{341}
莱西	ci^{214}	cʰi^{42}	i^{214}	li^{55}	tsɿ^{55}	tsɿ^{42}	sɿ^{214}	tsʰɿ^{42}
平度	ci^{213}	cʰi^{42}	i^{42}	li^{55}	tθɿ^{55}	tθɿ^{42}	θɿ^{213}	tθʰɿ^{42}
青岛	tɕi^{213}	tɕʰi^{42}	i^{42}	li^{55}	tθɿ^{55}	tθɿ^{42}	θɿ^{213}	tθʰɿ^{42}
高密	tɕi^{213}	tɕʰi^{21}	i^{42}	li^{55}	tθɿ^{55}	tθɿ^{21}	θɿ^{213}	tθʰɿ^{42}
诸城	tʃɿ^{213}	tʃʰɿ^{31}	i^{53}	li^{44}	tθɿ^{44}	tθɿ^{31}	θɿ^{213}	tθʰɿ^{53}
沂水	tɕi^{213}	tɕʰi^{31}	i^{53}	li^{44}	dðɿ^{44}	dðɿ^{31}	θɿ^{213}	tθʰɿ^{53}
临朐	tɕi^{213}	tɕʰi^{21}	i^{53}	li^{44}	tθɿ^{44}	tθɿ^{21}	θɿ^{213}	tθʰɿ^{53}
日照	tʃɿ^{213}	tʃʰɿ^{31}	i^{53}	li^{44}	tθɿ^{44}	tθɿ^{31}	θɿ^{213}	tθʰɿ^{53}
莒南	tɕi^{213}	tɕʰi^{312}	i^{53}	li^{55}	tθɿ^{55}	tθɿ^{312}	θɿ^{213}	tθʰɿ^{53}
潍坊	tɕi^{214}	tɕʰi^{31}	i^{53}	li^{55}	tsɿ^{55}	tsɿ^{31}	sɿ^{214}	tsʰɿ^{53}
寿光	tɕi^{213}	tɕʰi^{21}	i^{53}	li^{55}	tsɿ^{55}	tsɿ^{21}	sɿ^{213}	tsʰɿ^{53}
高青	tɕi^{213}	tɕʰi^{41}	i^{55}	li^{55}	tsɿ^{55}	tsɿ^{41}	sɿ^{213}	tsʰɿ^{55}
阳信	tɕi^{213}	tɕʰi^{31}	i^{43}	li^{55}	tsɿ^{55}	tsɿ^{31}	sɿ^{213}	tsʰɿ^{43}
济阳	tɕi^{213}	tɕʰi^{31}	i^{55}	li^{55}	tsɿ^{55}	tsɿ^{31}	sɿ^{213}	tsʰɿ^{55}
利津	tɕi^{213}	tɕʰi^{31}	i^{53}	li^{55}	tsɿ^{55}	tsɿ^{31}	sɿ^{213}	tsʰɿ^{53}
乐陵	tɕi^{24}	tɕʰi^{51}	i^{55}	li^{55}	tsɿ^{55}	tsɿ^{51}	sɿ^{24}	tsʰɿ^{55}
商河	tɕi^{213}	tɕʰi^{31}	i^{54}	li^{45}	tsɿ^{45}	tsɿ^{31}	sɿ^{213}	tsʰɿ^{54}
平原	tɕi^{213}	tɕʰi^{21}	i^{42}	li^{55}	tsɿ^{55}	tsɿ^{21}	sɿ^{213}	tsʰɿ^{42}
德州	tɕi^{213}	tɕʰi^{21}	i^{42}	li^{55}	tsɿ^{55}	tsɿ^{21}	sɿ^{213}	tsʰɿ^{42}
武城	tɕi^{224}	tɕʰi^{312}	i^{53}	li^{55}	tsɿ^{55}	tsɿ^{312}	sɿ^{224}	sɿ^{312}
临清	tɕi^{13}	tɕʰi^{313}	i^{53}	li^{44}	tsɿ^{44}	tsɿ^{313}	sɿ^{13}	tsʰɿ^{53}
冠县	tɕi^{13}	tɕʰi^{314}	i^{53}	li^{55}	tsɿ^{55}	tsɿ^{314}	sɿ^{13}	tsʰɿ^{53}

续表

	0225饥～饿	0226器	0227姨	0228李	0229子	0230字	0231丝	0232祠
	止开三平脂见	止开三去脂溪	止开三平脂以	止开三上之来	止开三上之精	止开三去之从	止开三平之心	止开三平之邪
聊城	tɕi^{13}	tɕʰi^{313}	i^{53}	li^{44}	tsɿ^{44}	tsɿ^{313}	sɿ^{13}	tsʰɿ^{53}
济南	tɕi^{213}	tɕʰi^{21}	i^{42}	li^{55}	tsɿ^{55}	tsɿ^{21}	sɿ^{213}	tsʰɿ^{42}
泰安	tɕi^{213}	tɕʰi^{21}	i^{42}	li^{55}	tsɿ^{55}	tsɿ^{21}	sɿ^{213}	tsʰɿ^{42}
莱芜	tɕi^{213}	tɕʰi^{42}	i^{55}	li^{55}	tsɿ^{55}	tsɿ^{42}	sɿ^{213}	tsʰɿ^{55}
新泰	tɕi^{213}	tɕʰi^{31}	i^{42}	li^{55}	tθɿ^{55}	tθɿ^{31}	θɿ^{213}	tθʰɿ^{42}
沂源	tɕi^{213}	tɕʰi^{31}	i^{55}	li^{55}	tθɿ^{55}	tθɿ^{31}	θɿ^{213}	tθʰɿ^{55}
博山	tɕi^{213}	tɕʰi^{31}	i^{55}	li^{55}	tsɿ^{55}	tsɿ^{31}	sɿ^{213}	tsʰɿ^{55}
张店	tɕi^{213}	tɕʰi^{31}	i^{55}	li^{55}	tsɿ^{55}	tsɿ^{31}	sɿ^{213}	tsʰɿ^{55}
阳谷	tɕi^{213}	tɕʰi^{313}	i^{42}	li^{55}	tsɿ^{55}	tsɿ^{313}	sɿ^{213}	tsʰɿ^{42}
梁山	tɕi^{213}	tɕʰi^{314}	i^{42}	li^{55}	tsɿ^{55}	tsɿ^{314}	sɿ^{213}	tsʰɿ^{42}
菏泽	tɕi^{213}	tɕʰi^{312}	i^{53}	li^{44}	tsɿ^{44}	tsɿ^{312}	sɿ^{213}	sɿ^{53}
曹县	tɕi^{213}	tɕʰi^{312}	i^{53}	li^{44}	tsɿ^{44}	tsɿ^{312}	sɿ^{213}	tsʰɿ^{53}
金乡	tɕi^{213}	tɕʰi^{312}	i^{42}	li^{55}	tsɿ^{55}	tsɿ^{312}	sɿ^{213}	tsʰɿ^{42}
曲阜	tɕi^{213}	tɕʰi^{312}	i^{42}	li^{55}	tsɿ^{55}	tsɿ^{312}	sɿ^{213}	tsʰɿ^{42}
薛城	tɕi^{313}	tɕʰi^{41}	i^{55}	li^{24}	tsɿ^{24}	tsɿ^{41}	sɿ^{313}	tsʰɿ^{55}
郯城	tɕi^{213}	tɕʰi^{51}	i^{44}	li^{24}	tsɿ^{24}	tsɿ^{51}	sɿ^{213}	tsʰɿ^{44}
临沂	tɕi^{214}	tɕʰi^{312}	i^{53}	li^{55}	tsɿ^{55}	tsɿ^{312}	sɿ^{214}	tsʰɿ^{53}

	0233寺	0234治	0235柿	0236事	0237使	0238试	0239时	0240市
	止开三去之邪	止开三去之澄	止开三上之崇	止开三去之崇	止开三上之生	止开三去之书	止开三平之禅	止开三上之禅
荣成	sɿ^{33}	tʃi^{33}	ʂʅ^{33}	ʂʅ^{33}	ʂʅ^{214}	ʂʅ^{33}	ʂʅ^{35}	ʂʅ^{33}
烟台	tsʰɿ^{33}	tɕi^{33}	sɿ^{33}	sɿ^{33}	sɿ^{14}	sɿ^{33}	sɿ^{33}	sɿ^{33}
栖霞	sɿ^{342}又 tsʰɿ^{342}又	tʃʅ^{52}	sɿ^{342}	sɿ^{342}	sɿ^{214}	sɿ^{52}	sɿ^{342}	sɿ^{342}
长岛	sɿ^{52}	tʃʅ^{52}	sɿ^{52}	sɿ^{52}	sɿ^{213}	sɿ^{52}	sɿ^{55}	sɿ^{52}
海阳	tθʰɿ^{341}少林～	tsɿ^{341}	ʂʅ^{341}	ʂʅ^{341}	ʂʅ^{214}	ʂʅ^{341}	ʂʅ^{341}	ʂʅ^{341}

续表

	0233寺	0234治	0235柿	0236事	0237使	0238试	0239时	0240市
	止开三 去之邪	止开三 去之澄	止开三 上之崇	止开三 去之崇	止开三 上之生	止开三 去之书	止开三 平之禅	止开三 上之禅
莱西	sɿ^{42}	tʃɿ^{42}	sɿ^{42}	sɿ^{42}	sɿ^{55}	sɿ^{42}	sɿ^{42}	sɿ^{42}
平度	θɿ^{42}	tʃɿ^{42}	ʂʅ^{42}	ʂʅ^{42}	ʂʅ^{55}	ʂʅ^{42}	ʂʅ^{42}	ʂʅ^{42}
青岛	tθ^{h}ɿ^{42}	tʃɿ^{42}	ʂʅ^{42}	ʂʅ^{42}	ʂʅ^{55}	ʂʅ^{42}	ʂʅ^{42}	ʂʅ^{42}
高密	θɿ^{21}	tʃɿ^{21}	ʂʅ^{21}	ʂʅ^{21}	ʂʅ^{55}	ʂʅ^{21}	ʂʅ^{42}	ʂʅ^{21}
诸城	θɿ^{31}	tʃɿ^{31}	ʂʅ^{31}	ʂʅ^{31}	ʂʅ^{44}	ʂʅ^{31}	ʂʅ^{53}	ʂʅ^{31}
沂水	θɿ^{31}	dʒɿ^{31}	ʂʅ^{31}	ʂʅ^{31}	ʂʅ^{44}	ʂʅ^{31}	ʂʅ^{53}	ʂʅ^{31}
临朐	θɿ^{21}	tʃɿ^{21}	ʂʅ^{21}	ʂʅ^{21}	ʂʅ^{44}	ʂʅ^{21}	ʂʅ^{53}	ʂʅ^{21}
日照	θɿ^{31}	tʃɿ^{31}	ʂʅ^{31}	ʂʅ^{31}	ʂʅ^{44}	ʂʅ^{31}	ʂʅ^{53}～间 tʃ^{h}ɿ^{53}姓～	ʂʅ^{31}
莒南	θɿ^{312}	tʃɿ^{312}	ʂʅ^{312}	ʂʅ^{312}	ʂʅ^{55}	ʂʅ^{312}	ʂʅ^{53}	ʂʅ^{312}
潍坊	sɿ^{31}	tʂʅ^{31}	ʂʅ^{31}	ʂʅ^{31}	ʂʅ^{55}	ʂʅ^{31}	ʂʅ^{53}	ʂʅ^{31}
寿光	sɿ^{21}	tʂʅ^{21}	ʂʅ^{21}	ʂʅ^{21}	ʂʅ^{55}	ʂʅ^{21}	ʂʅ^{53}	ʂʅ^{21}
高青	sɿ^{41}	tʂʅ^{41}	ʂʅ^{41}	ʂʅ^{41}	ʂʅ^{55}	ʂʅ^{41}	ʂʅ^{55}	ʂʅ^{41}
阳信	sɿ^{31}	tʂʅ^{31}	ʂʅ^{31}	ʂʅ^{31}	sɿ^{55}	ʂʅ^{31}	ʂʅ^{43}	ʂʅ^{31}
济阳	sɿ^{31}	tʂʅ^{31}	ʂʅ^{31}	ʂʅ^{31}	ʂʅ^{55}	ʂʅ^{31}	ʂʅ^{55}	ʂʅ^{31}
利津	sɿ^{31}	tʂʅ^{31}	ʂʅ^{31}	ʂʅ^{31}	ʂʅ^{55}	ʂʅ^{31}	ʂʅ^{53}	ʂʅ^{31}
乐陵	sɿ^{51}	tʂʅ^{51}	sɿ^{51}	sɿ^{51}	sɿ^{55}	sɿ^{51}又 ʂʅ^{51}又	sɿ^{55}	sɿ^{51}
商河	sɿ^{31}	tʂʅ^{31}	sɿ^{31}	sɿ^{31}	sɿ^{45}	sɿ^{31}	sɿ^{54}	sɿ^{31}
平原	sɿ^{21}	tʂʅ^{21}	sɿ^{21}	sɿ^{21}	ʂʅ^{55}	ʂʅ^{21}	sɿ^{42}	sɿ^{21}
德州	sɿ^{21}	tʂʅ^{21}	ʂʅ^{21}	ʂʅ^{21}	ʂʅ^{55}	ʂʅ^{21}	ʂʅ^{42}	ʂʅ^{21}
武城	sɿ^{312}	tʂʅ^{312}	ʂʅ^{312}	ʂʅ^{312}	ʂʅ^{55}	ʂʅ^{312}	ʂʅ^{53}	ʂʅ^{312}
临清	sɿ^{313}	tʂʅ^{313}	ʂʅ^{313}	ʂʅ^{313}	ʂʅ^{44}	ʂʅ^{313}	ʂʅ^{53}	ʂʅ^{313}
冠县	sɿ^{314}	tʂʅ^{314}	ʂʅ^{314}	ʂʅ^{314}	ʂʅ^{55}	ʂʅ^{314}	ʂʅ^{53}	ʂʅ^{314}
聊城	sɿ^{313}	tsɿ^{313}	sɿ^{313}	sɿ^{313}	sɿ^{44}	sɿ^{313}	sɿ^{53}	sɿ^{313}
济南	sɿ^{21}	tʂʅ^{21}	ʂʅ^{21}	ʂʅ^{21}	ʂʅ^{55}	ʂʅ^{21}	ʂʅ^{42}	ʂʅ^{21}
泰安	sɿ^{21}	tʂʅ^{21}	ʂʅ^{21}	ʂʅ^{21}	ʂʅ^{55}	ʂʅ^{21}	ʂʅ^{42}	ʂʅ^{21}

续表

	0233寺	0234治	0235柿	0236事	0237使	0238试	0239时	0240市
	止开三 去之邪	止开三 去之澄	止开三 上之崇	止开三 去之崇	止开三 上之生	止开三 去之书	止开三 平之禅	止开三 上之禅
莱芜	sɿ42	tʃʅ42	ʃʅ42	ʃʅ42	ʃʅ55	ʃʅ42	ʃʅ55	ʃʅ42
新泰	θɿ31	tʃʅ31	ʃʅ31	ʃʅ31	ʃʅ55	ʃʅ31	ʃʅ42	ʃʅ31
沂源	θɿ31	tʃɿ31	ʃɿ31	ʃɿ31	ʃɿ55	ʃɿ31	ʃɿ55	ʃɿ31
博山	sɿ31	tʂʅ31	ʂʅ31	ʂʅ31	ʂʅ55	ʂʅ31	ʂʅ55	ʂʅ31
张店	sɿ31	tʂʅ31	ʂʅ31	ʂʅ31	ʂʅ55	ʂʅ31	ʂʅ55	ʂʅ31
阳谷	sɿ313	tsɿ313	sɿ313	sɿ313	sɿ55	sɿ313	sɿ42	sɿ313
梁山	sɿ314	tsɿ314	sɿ314	sɿ314	sɿ55	sɿ314	sɿ42	sɿ314
菏泽	sɿ312	tsɿ312	sɿ312	sɿ312	sɿ44	sɿ312	sɿ53	sɿ312
曹县	sɿ312	tʂʅ312	sɿ312	sɿ312	sɿ44	ʂʅ312	sɿ53	sɿ312
金乡	sɿ312	tsɿ312	sɿ312	sɿ312	sɿ55	sɿ312	sɿ42	sɿ312
曲阜	sɿ312	tsɿ312	sɿ312	sɿ312	sɿ55	sɿ312	sɿ42	sɿ312
薛城	sɿ41	tsɿ41	ʂɿ41	ʂɿ41	ʂɿ24	ʂɿ41	ʂɿ55	ʂɿ41
郯城	sɿ51	tʂʅ51	ʂʅ51	ʂʅ51	ʂʅ24	ʂʅ51	ʂʅ44	ʂʅ51
临沂	sɿ312	tʃʅ312	ʃʅ312	ʃʅ312	ʃʅ55	ʃʅ312	ʃʅ53	ʃʅ312

	0241耳	0242记	0243棋	0244喜	0245意	0246几～个	0247气	0248希
	止开三 上之日	止开三 去之见	止开三 平之群	止开三 上之晓	止开三 去之影	止开三 上微见	止开三 去微溪	止开三 平微晓
荣成	ər214	ci33	cʰi35	çi214	i33	ci214	cʰi33	çi53
烟台	ər14	tɕi33	tɕʰi33	ɕi14	i33	tɕi14	tɕʰi33	ɕi53
栖霞	ər214	ci52	cʰi342	çi214	i52	ci214	cʰi52	çi312
长岛	ər213	ci52	cʰi55	çi213	i52	ci213	cʰi52	çi312
海阳	ər214	ci341	cʰi341	çi214	i341	ci214	cʰi341	çi52
莱西	ər214	ci42	cʰi42	çi55	i42	ci55	cʰi42	çi55
平度	er55	ci42	cʰi42	çi55	i42	ci55	cʰi42	çi55
青岛	ɭə55	tɕi42	tɕʰi42	ɕi55	i42	tɕi55	tɕʰi42	ɕi55

续表

	0241耳	0242记	0243棋	0244喜	0245意	0246几~个	0247气	0248希
	止开三上之日	止开三去之见	止开三平之群	止开三上之晓	止开三去之影	止开三上微见	止开三去微溪	止开三平微晓
高密	$ɭə^{55}$	$tɕi^{21}$	$tɕʰi^{42}$	$ɕi^{55}$	i^{21}	$tɕi^{55}$	$tɕʰi^{21}$	$ɕi^{213}$
诸城	$ɭə^{44}$	$tʃʅ^{31}$	$tʃʰʅ^{53}$	$ʃʅ^{44}$	i^{31}	$tʃʅ^{44}$	$tʃʰʅ^{31}$	$ʃʅ^{213}$
沂水	$ɭə^{44}$	$tɕi^{31}$	$tɕʰi^{53}$	$ɕi^{44}$	i^{31}	$tɕi^{44}$	$tɕʰi^{31}$	$ɕi^{44}$
临朐	$lə^{44}$	$tɕi^{21}$	$tɕʰi^{53}$	$ɕi^{44}$	i^{21}	$tɕi^{44}$	$tɕʰi^{21}$	$ɕi^{44}$
日照	$ɭə^{44}$	$tʃʅ^{31}$	$tʃʰʅ^{53}$	$ʃʅ^{44}$	i^{31}	$tʃʅ^{44}$	$tʃʰʅ^{31}$	$ʃʅ^{213}$
莒南	$ɭə^{55}$	$tɕi^{312}$	$tɕʰi^{53}$	$ɕi^{55}$	i^{312}	$tɕi^{55}$	$tɕʰi^{312}$	$ɕi^{55}$
潍坊	$ɐr^{55}$	$tɕi^{31}$	$tɕʰi^{53}$	$ɕi^{55}$	i^{31}	$tɕi^{55}$	$tɕʰi^{31}$	$ɕi^{55}$
寿光	$lə^{55}$	$tɕi^{21}$	$tɕʰi^{53}$	$ɕi^{55}$	i^{21}	$tɕi^{55}$	$tɕʰi^{21}$	$ɕi^{55}$
高青	$ɭə^{55}$	$tɕi^{41}$	$tɕʰi^{55}$	$ɕi^{55}$	i^{41}	$tɕi^{213}$	$tɕʰi^{41}$	$ɕi^{213}$
阳信	$ər^{55}$	$tɕi^{31}$	$tɕʰi^{43}$	$ɕi^{55}$	i^{31}	$tɕi^{55}$	$tɕʰi^{31}$	$ɕi^{55}$
济阳	$ɭə^{55}$	$tɕi^{31}$	$tɕʰi^{55}$	$ɕi^{55}$	i^{31}	$tɕi^{55}$	$tɕʰi^{31}$	$ɕi^{213}$~腊 $ɕi^{55}$~望
利津	$lə^{55}$	$tɕi^{31}$	$tɕʰi^{53}$	$ɕi^{55}$	i^{31}	$tɕi^{55}$	$tɕʰi^{31}$	$ɕi^{55}$
乐陵	$ər^{55}$	$tɕi^{51}$	$tɕʰi^{55}$	$ɕi^{55}$	i^{51}	$tɕi^{55}$	$tɕʰi^{51}$	$ɕi^{24}$
商河	$ɭə^{45}$~朵 $ər^{45}$木~	$tɕi^{31}$	$tɕʰi^{54}$	$ɕi^{45}$	i^{31}	$tɕi^{45}$	$tɕʰi^{31}$	$ɕi^{213}$
平原	$ər^{55}$	$tɕi^{21}$	$tɕʰi^{42}$	$ɕi^{55}$	i^{21}	$tɕi^{55}$	$tɕʰi^{21}$	$ɕi^{55}$
德州	$ər^{55}$	$tɕi^{21}$	$tɕʰi^{42}$	$ɕi^{55}$	i^{21}	$tɕi^{55}$	$tɕʰi^{21}$	$ɕi^{213}$
武城	$ɭə^{55}$又 $ər^{55}$又	$tɕi^{312}$	$tɕʰi^{53}$	$ɕi^{55}$	i^{312}	$tɕi^{55}$	$tɕʰi^{312}$	$ɕi^{224}$
临清	$ər^{44}$	$tɕi^{313}$	$tɕʰi^{53}$	$ɕi^{44}$	i^{313}	$tɕi^{44}$	$tɕʰi^{313}$	$ɕi^{13}$
冠县	$ər^{55}$	$tɕi^{314}$	$tɕʰi^{53}$	$ɕi^{55}$	i^{314}	$tɕi^{55}$	$tɕʰi^{314}$	$ɕi^{13}$
聊城	$ər^{44}$	$tɕi^{313}$	$tɕʰi^{53}$	$ɕi^{44}$	i^{313}	$tɕi^{44}$	$tɕʰi^{313}$	$ɕi^{13}$
济南	$ər^{55}$	$tɕi^{21}$	$tɕʰi^{42}$	$ɕi^{55}$	i^{21}	$tɕi^{55}$	$tɕʰi^{21}$	$ɕi^{213}$又 $ɕi^{55}$又
泰安	$ər^{55}$	$tɕi^{21}$	$tɕʰi^{42}$	$ɕi^{55}$	i^{21}	$tɕi^{55}$	$tɕʰi^{21}$	$ɕi^{213}$
莱芜	$ɭə^{55}$	$tɕi^{42}$	$tɕʰi^{55}$	$ɕi^{55}$	i^{42}	$tɕi^{55}$	$tɕʰi^{42}$	$ɕi^{213}$

续表

	0241耳	0242记	0243棋	0244喜	0245意	0246几～个	0247气	0248希
	止开三 上之日	止开三 去之见	止开三 平之群	止开三 上之晓	止开三 去之影	止开三 上微见	止开三 去微溪	止开三 平微晓
新泰	ɭə^{55}	tɕi^{31}	tɕʰi^{42}	ɕi^{55}	i^{31}	tɕi^{55}	tɕʰi^{31}	ɕi^{213}
沂源	ɭə^{55}	tɕi^{31}	tɕʰi^{55}	ɕi^{55}	i^{31}	tɕi^{55}	tɕʰi^{31}	ɕi^{213}
博山	ɭə^{55}	tɕi^{31}	tɕʰi^{55}	ɕi^{55}	i^{31}	tɕi^{55}	tɕʰi^{31}	ɕi^{213}
张店	ɭə^{55}	tɕi^{31}	tɕʰi^{55}	ɕi^{55}	i^{31}	tɕi^{55}	tɕʰi^{31}	ɕi^{33}
阳谷	ər^{55}	tɕi^{313}	tɕʰi^{42}	ɕi^{55}	i^{313}	tɕi^{55}	tɕʰi^{313}	ɕi^{213}
梁山	ʅ^{55}	tɕi^{314}	tɕʰi^{42}	ɕi^{55}	i^{314}	tɕi^{55}	tɕʰi^{314}	ɕi^{213}
菏泽	ʅ^{44}	tɕi^{312}	tɕʰi^{53}	ɕi^{44}	i^{312}	tɕi^{44}	tɕʰi^{312}	ɕi^{213}
曹县	ɣər^{44}	tɕi^{312}	tɕʰi^{53}	ɕi^{44}	i^{312}	tɕi^{44}	tɕʰi^{312}	ɕi^{213}
金乡	ər^{55}	tɕi^{312}	tɕʰi^{42}	ɕi^{55}	i^{312}	tɕi^{55}	tɕʰi^{312}	ɕi^{213}
曲阜	ər^{55}	tɕi^{312}	tɕʰi^{42}	ɕi^{55}	i^{312}	tɕi^{55}	tɕʰi^{312}	ɕi^{213}
薛城	ɭə^{24}	tɕi^{41}	tɕʰi^{55}	ɕi^{24}	i^{41}	tɕi^{24}	tɕʰi^{41}	ɕi^{313}～腊 ɕi^{24}～望
郯城	ɭə^{24}老 ər^{24}新	tɕi^{51}	tɕʰi^{44}	ɕi^{24}	i^{51}	tɕi^{24}	tɕʰi^{51}	ɕi^{213}
临沂	ɭə^{55}	tɕi^{312}	tɕʰi^{53}	ɕi^{55}	i^{312}	tɕi^{55}	tɕʰi^{312}	ɕi^{214}

	0249衣	0250嘴	0251随	0252吹	0253垂	0254规	0255亏	0256跪
	止开三 平微影	止合三 上支精	止合三 平支邪	止合三 平支昌	止合三 平支禅	止合三 平支见	止合三 平支溪	止合三 上支群
荣成	i^{53}	tsei^{214}	sei^{35}	tʂʰuei^{53}	tʂʰuei^{35}	kuei^{53}	kʰuei^{53}	kuei^{33}
烟台	i^{53}	tsei^{14}	sei^{33}	tsʰuei^{53}	tsʰuei^{33}	kuei^{53}	kʰuei^{53}	kuei^{33}
栖霞	i^{312}	tsei^{214}	sei^{342}	tsʰuei^{312}	tsʰuei^{342}	kuei^{312}	kʰuei^{312}	kuei^{342}
长岛	i^{312}	tsei^{213}	sei^{55}	tsʰuei^{312}	tsʰuei^{55}	kuei^{312}	kʰuei^{312}	kuei^{52}
海阳	i^{52}	tθei^{214}	θei^{341}	tʂʰuei^{52}	tʂʰuei^{341}	kuei^{52}	kʰuei^{52}	kuei^{341}
莱西	i^{214}	tsei^{55}	sei^{42}白 suei^{42}文	tsʰuei^{214}	tsʰuei^{42}	kuei^{214}	kʰuei^{214}	kuei^{42}
平度	i^{213}	tθei^{55}	θei^{42}	tʂʰuei^{213}	tʂʰuei^{42}	kuei^{213}	kʰuei^{213}	kuei^{42}

续表

	0249衣	0250嘴	0251随	0252吹	0253垂	0254规	0255亏	0256跪
	止开三 平微影	止合三 上支精	止合三 平支邪	止合三 平支昌	止合三 平支禅	止合三 平支见	止合三 平支溪	止合三 上支群
青岛	i^{213}	tθuei^{55}	θuei^{42}	tʂ^{h}uei^{213}	tʂ^{h}uei^{42}	kuei^{213}	k^{h}uei^{213}	kuei^{42}
高密	i^{213}	tθuei^{55}	θuei^{42}	tʂ^{h}uei^{213}	tʂ^{h}uei^{42}	kuei^{213}	k^{h}uei^{213}	kuei^{21}
诸城	i^{213}	tθuei^{44}	θuei^{53}	tʂ^{h}uei^{213}	tʂ^{h}uei^{53}	kuei^{213}	k^{h}uei^{213}	kuei^{31}
沂水	i^{213}	dðue^{44}	θue^{53}	tʂ^{h}ue^{213}	tʂ^{h}ue^{53}	kue^{213}	k^{h}ue^{213}	kue^{31}
临朐	i^{213}	tθuei^{44}	θuei^{53}	tʂ^{h}uei^{213}	tʂ^{h}uei^{53}	kuei^{213}	k^{h}uei^{213}	kuei^{21}
日照	i^{213}	tθuei^{44}	θuei^{53}	tʂ^{h}uei^{213}	tʂ^{h}uei^{53}	kuei^{213}	k^{h}uei^{213}	kuei^{31}
莒南	i^{213}	tθei^{55}	θei^{53}	tʂ^{h}uei^{213}	tʂ^{h}uei^{53}	kuei^{213}	k^{h}uei^{213}	kuei^{312}
潍坊	i^{214}	tsuei^{214}	suei^{53}	tʂ^{h}uei^{214}	tʂ^{h}uei^{53}	kuei^{214}	k^{h}uei^{214}	kuei^{31}
寿光	i^{213}	tsuei^{55}	suei^{53}	tʂ^{h}uei^{213}	tʂ^{h}uei^{53}	kuei^{213}	k^{h}uei^{213}	kuei^{21}
高青	i^{213}	tsuei^{55}	suei^{55}	tʂ^{h}uei^{213}	tʂ^{h}uei^{55}	kuei^{213}	k^{h}uei^{213}	kuei^{41}
阳信	i^{213}	tsuei^{55}	suei^{43}	tʂ^{h}uei^{213}	tʂ^{h}uei^{43}	kuei^{213}	k^{h}uei^{213}	kuei^{31}
济阳	i^{213}	tsuei^{55}	suei^{55}	tʂ^{h}uei^{213}	tʂ^{h}uei^{55}	kuei^{213}	k^{h}uei^{213}	kuei^{31}
利津	i^{213}	tsuei^{55}	suei^{53}	tʂ^{h}uei^{213}	tʂ^{h}uei^{53}	kuei^{213}	k^{h}uei^{213}	kuei^{31}
乐陵	i^{24}	tsuei^{55}	suei^{55}	tʂ^{h}uei^{24}	tʂ^{h}uei^{55}	kuei^{24}	k^{h}uei^{24}	kuei^{51}
商河	i^{213}	tsuei^{45}	suei^{54}	tʂ^{h}uei^{213}	tʂ^{h}uei^{54}	kuei^{213}	k^{h}uei^{213}	kuei^{31}
平原	i^{213}	tsuei^{55}	suei^{42}	tʂ^{h}uei^{213}	tʂ^{h}uei^{42}	kuei^{213}	k^{h}uei^{213}	kuei^{21}
德州	i^{213}	tsuei^{55}	suei^{42}	tʂ^{h}uei^{213}	tʂ^{h}uei^{42}	kuei^{213}	k^{h}uei^{213}	kuei^{21}
武城	i^{224}	tsuei^{55}	suei^{53}	tʂ^{h}uei^{224}	tʂ^{h}uei^{53}	kuei^{224}	k^{h}uei^{224}	kuei^{312}
临清	i^{13}	tsuei^{44}	suei^{53}	tʂ^{h}uei^{13}	tʂ^{h}uei^{53}	kuei^{13}	k^{h}uei^{13}	kuei^{313}
冠县	i^{13}	tsuei^{55}	suei^{53}	tʂ^{h}uei^{13}	tʂ^{h}uei^{53}	kuei^{13}	k^{h}uei^{13}	kuei^{314}
聊城	i^{13}	tsuei^{44}	suei^{53}	ts^{h}uei^{13}	ts^{h}uei^{53}	kuei^{13}	k^{h}uei^{13}	kuei^{313}
济南	i^{213}	tsuei^{55}	suei^{42}	tʂ^{h}uei^{213}	tʂ^{h}uei^{42}	kuei^{213}	k^{h}uei^{213}	kuei^{21}
泰安	i^{213}	tsuei^{55}	suei^{42}	tʂ^{h}uei^{213}	tʂ^{h}uei^{42}	kuei^{213}	k^{h}uei^{213}	kuei^{21}
莱芜	i^{213}	tsuei^{55}	suei^{55}	tʃ^{h}uei^{213}	tʃ^{h}uei^{55}	kuei^{213}	k^{h}uei^{213}	kuei^{42}
新泰	i^{213}	tθuei^{55}	θuei^{42}	pf^{h}ei^{213}老 tʃ^{h}uei^{213}新	pf^{h}ei^{42}老 tʃ^{h}uei^{42}新	kuei^{213}	k^{h}uei^{213}	kuei^{31}
沂源	i^{213}	tuei^{213}	θuei^{55}	tʃ^{h}uei^{213}	tʃ^{h}uei^{55}	kuei^{213}	k^{h}uei^{213}	kuei^{31}

续表

	0249衣	0250嘴	0251随	0252吹	0253垂	0254规	0255亏	0256跪
	止开三 平微影	止合三 上支精	止合三 平支邪	止合三 平支昌	止合三 平支禅	止合三 平支见	止合三 平支溪	止合三 上支群
博山	i^{213}	tsuei^{55}	suei^{55}	tʂʰuei^{213}	tʂʰuei^{55}	kuei^{213}	kʰuei^{213}	kuei^{31}
张店	i^{213}	tsuei^{55}	suei^{55}	tʂʰuei^{213}	tʂʰuei^{55}	kuei^{213}	kʰuei^{213}	kuei^{31}
阳谷	i^{213}	tsuei^{55}	suei^{42}	tsʰuei^{213}	tsʰuei^{42}	kuei^{213}	kʰuei^{213}	kuei^{313}
梁山	i^{213}	tɕyei^{55}老 tsuei^{55}新	ɕyei^{42}老 suei^{42}新	tsʰuei^{213}	tsʰuei^{42}	kuei^{213}	kʰuei^{213}	kuei^{314}
菏泽	i^{213}	tsuei^{44}	suei^{53}	tsʰuei^{213}	tsʰuei^{53}	kuei^{213}	kʰuei^{213}	kuei^{312}
曹县	i^{213}	tsuei^{44}	suei^{53}	tʂʰuei^{213}	tʂʰuei^{53}	kuei^{213}	kʰuei^{213}	kuei^{312}
金乡	i^{213}	tsuei^{55}	suei^{42}	tsʰuei^{213}	tsʰuei^{42}	kuei^{213}	kʰuei^{213}	kuei^{312}
曲阜	i^{213}	tsuei^{55}	suei^{42}	tsʰuei^{213}	tsʰuei^{42}	kuei^{213}	kʰuei^{213}	kuei^{312}
薛城	i^{313}	tɕye^{24}又 tsue^{24}又	ɕye^{55}又 sue^{55}又	pfʰe^{313}	tsʰue^{55}	kue^{313}	kʰue^{313}	kue^{41}
郯城	i^{213}	tsue^{24}	sue^{44}	tʂʰue^{213}	tʂʰue^{44}	kue^{213}	kʰue^{213}	kue^{51}
临沂	i^{214}	tsuei^{55}	suei^{53}	tʃʰuei^{214}	tʃʰuei^{53}	kuei^{214}	kʰuei^{214}	kuei^{312}

	0257危	0258类	0259醉	0260追	0261锤	0262水	0263龟	0264季
	止合三 平支疑	止合三 去脂来	止合三 去脂精	止合三 平脂知	止合三 平脂澄	止合三 上脂书	止合三 平脂见	止合三 去脂见
荣成	uei^{53}	lei^{33}	tsei^{33}	tʂuei^{53}	tsʰuei^{35}	suei^{214}	kuei^{53}	ci^{33}
烟台	uei^{53}	lei^{33}	tsei^{33}	tsuei^{53}	tsʰuei^{33}	suei^{14}	kuei^{53}	tɕi^{33}
栖霞	uei^{312}	lei^{52}	tsei^{52}	tsuei^{312}	tsʰuei^{342}	suei^{214}	kuei^{312}	ci^{52}
长岛	uei^{312}	lei^{52}	tsei^{52}	tsuei^{312}	tsʰuei^{55}	suei^{213}	kuei^{312}	ci^{52}
海阳	uei^{52}	lei^{341}	tθei^{341}	tʂuei^{52}	tʂʰuei^{341}	ʂuei^{214}	kuei^{52}	ci^{341}
莱西	uei^{55}	lei^{42}	tsei^{42}白 tsuei^{42}文	tsuei^{214}	tsʰuei^{42}	suei^{55}	kuei^{214}	ci^{42}
平度	uei^{55}	lei^{42}	tθei^{42}	tʂuei^{213}	tʂʰuei^{42}	ʂuei^{55}	kuei^{213}	ci^{42}
青岛	uei^{42}	lei^{42}	tθuei^{42}	tʂuei^{213}	tʂʰuei^{42}	ʂuei^{55}	kuei^{213}	tɕi^{42}
高密	uei^{55}	luei^{21}白 lei^{21}文	tθuei^{21}	tʂuei^{213}	tʂʰuei^{42}	ʂuei^{55}	kuei^{213}	tɕi^{21}
诸城	uei^{53}	luei^{31}	tθuei^{31}	tʂuei^{213}	tʂʰuei^{53}	ʂuei^{44}	kuei^{213}	tʃʅ^{31}

续表

	0257危	0258类	0259醉	0260追	0261锤	0262水	0263龟	0264季
	止合三 平支疑	止合三 去脂来	止合三 去脂精	止合三 平脂知	止合三 平脂澄	止合三 上脂书	止合三 平脂见	止合三 去脂见
沂水	ue^{44}	lue^{31}	dðue^{31}	tʂue^{213}	tʂʰue^{53}	ʂue^{44}	kue^{213}	tɕi^{31}
临朐	uei^{44}	luei^{21}	tθuei^{21}	tʂuei^{213}	tʂʰuei^{53}	ʂuei^{44}	kuei^{213}	tɕi^{21}
日照	uei^{213}安～ uei^{53}～险	lei^{31}	tθuei^{31}	tʂuei^{213}	tʂʰuei^{53}	ʂuei^{44}	kuei^{213}	tʃʅ^{31}
莒南	uei^{55}	lei^{312}	tθei^{312}	tʂuei^{213}	tʂʰuei^{53}	ʃuei^{55}	kuei^{213}	tɕi^{312}
潍坊	uei^{214}	luei^{31}	tsuei^{31}	tʂuei^{214}	tʂʰuei^{53}	ʂuei^{55}	kuei^{214}	tɕi^{31}
寿光	uei^{55}	luei^{21}	tsuei^{21}	tʂuei^{213}	tʂʰuei^{53}	ʂuei^{55}	kuei^{213}	tɕi^{21}
高青	uei^{213}	luei^{41}	tsuei^{41}	tʂuei^{213}	tʂʰuei^{55}	ʂuei^{55}	kuei^{213}	tɕi^{41}
阳信	uei^{55}	luei^{31}	tsuei^{31}	tʂuei^{213}	tʂʰuei^{43}	ʂuei^{55}	kuei^{213}	tɕi^{31}
济阳	uei^{55}	luei^{31}	tsuei^{31}	tʂuei^{213}	tʂʰuei^{55}	ʂuei^{55}	kuei^{213}	tɕi^{31}
利津	uei^{55}	luei^{31}	tsuei^{31}	tʂuei^{213}	tʂʰuei^{53}	ʂuei^{55}	kuei^{213}	tɕi^{31}
乐陵	uei^{55}	luei^{51}又 lei^{51}又	tsuei^{51}	tʂuei^{24}	tʂʰuei^{55}	ʂuei^{55}	kuei^{24}	tɕi^{51}
商河	uei^{45}	luei^{31}	tsuei^{31}	tʂuei^{213}	tʂʰuei^{54}	ʂuei^{45}	kuei^{213}	tɕi^{31}
平原	uei^{42}	luei^{21}	tsuei^{21}	tʂuei^{213}	tʂʰuei^{42}	ʂuei^{55}	kuei^{213}	tɕi^{21}
德州	uei^{55}	lei^{21}	tsuei^{21}	tʂuei^{213}	tʂʰuei^{42}	ʂuei^{55}	kuei^{213}	tɕi^{21}
武城	uei^{55}	lei^{312}	tsuei^{312}	tʂuei^{224}	tʂʰuei^{53}	ʂuei^{55}	kuei^{224}	tɕi^{312}
临清	uei^{44}	lei^{313}	tsuei^{313}	tʂuei^{13}	tʂʰuei^{53}	ʂuei^{44}	kuei^{13}	tɕi^{313}
冠县	uei^{55}	lei^{314}	tsuei^{314}	tʂuei^{13}	tʂʰuei^{53}	ʂuei^{55}	kuei^{13}	tɕi^{314}
聊城	uei^{13}	lei^{313}	tsuei^{313}	tsuei^{13}	tsʰuei^{53}	suei^{44}	kuei^{13}	tɕi^{313}
济南	uei^{55}	luei^{21}	tsuei^{21}	tʂuei^{213}	tʂʰuei^{42}	ʂuei^{55}	kuei^{213}	tɕi^{21}
泰安	uei^{55}	luei^{21}	tsuei^{21}	tʂuei^{213}	tʂʰuei^{42}	ʂuei^{55}	kuei^{213}	tɕi^{21}
莱芜	uei^{55}	luei^{42}	tsuei^{42}	tʃuei^{213}	tʃʰuei^{55}	ʃuei^{55}	kuei^{213}	tɕi^{42}
新泰	uei^{55}	luei^{31}	tθuei^{31}	pfei^{213}老 tʃuei^{213}新	pfʰei^{42}老 tʃʰuei^{42}新	fei^{55}老 ʃuei^{55}新	kuei^{213}	tɕi^{31}
沂源	uei^{213}	luei^{31}	tθuei^{31}	tʃuei^{213}	tʃʰuei^{55}	ʃuei^{55}	kuei^{213}	tɕi^{31}
博山	uei^{55}	luei^{31}	tsuei^{31}	tʂuei^{213}	tʂʰuei^{31}	ʂuei^{55}	kuei^{213}	tɕi^{31}
张店	uei^{55}	luei^{31}	tsuei^{31}	tʂuei^{213}	tʂʰuei^{55}	ʂuei^{55}	kuei^{213}	tɕi^{31}

续表

	0257危	0258类	0259醉	0260追	0261锤	0262水	0263龟	0264季
	止合三 平支疑	止合三 去脂来	止合三 去脂精	止合三 平脂知	止合三 平脂澄	止合三 上脂书	止合三 平脂见	止合三 去脂见
阳谷	uei^{55}	lei^{313}	$tsuei^{313}$	$tsuei^{213}$	ts^huei^{42}	fei^{55}	$kuei^{213}$	$tɕi^{313}$
梁山	uei^{55}	lei^{314}	$tɕyei^{314}$老 $tsuei^{314}$新	$tsuei^{213}$	ts^huei^{42}	fei^{55}老 $suei^{55}$新	$kuei^{213}$	$tɕi^{314}$
菏泽	uei^{44}	$luei^{312}$	$tsuei^{312}$	$tsuei^{213}$	ts^huei^{53}	fei^{44}	$kuei^{213}$	$tɕi^{312}$
曹县	uei^{44}	lei^{312}	$tsuei^{312}$	$tʂuei^{213}$	$tʂ^huei^{53}$	fei^{44}白 $ʂuei^{44}$文	$kuei^{213}$	$tɕi^{312}$
金乡	uei^{42}	lei^{312}	$tsuei^{312}$	$tsuei^{213}$	ts^huei^{42}	$suei^{55}$	$kuei^{213}$	$tɕi^{312}$
曲阜	uei^{55}	lei^{312}	$tsuei^{312}$	$tsuei^{213}$	ts^huei^{42}	$suei^{55}$	$kuei^{213}$	$tɕi^{312}$
薛城	ue^{24}	le^{41}	$tɕye^{41}$又 $tsue^{41}$又	pfe^{313}又 $tsue^{313}$又	pf^he^{55}皮～ ts^hue^{55}铁～	fe^{24}	kue^{313}	$tɕi^{41}$
郯城	ue^{44}	le^{51}	$tsue^{51}$	$tʂue^{213}$	$tʂ^hue^{44}$	fe^{24}老 $ʂue^{24}$新	kue^{213}	$tɕi^{51}$
临沂	uei^{55}	lei^{312}	$tsuei^{312}$	$tʃuei^{214}$	$tʃ^huei^{53}$	$ʃuei^{55}$	$kuei^{214}$	$tɕi^{312}$

	0265柜	0266位	0267飞	0268费	0269肥	0270尾	0271味	0272鬼
	止合三 去脂群	止合三 去脂云	止合三 平微非	止合三 去微敷	止合三 平微奉	止合三 上微微	止合三 去微微	止合三 上微见
荣成	$kuei^{33}$	uei^{33}	fei^{53}	fei^{33}	fei^{35}	uei^{214}	uei^{33}	$kuei^{214}$
烟台	$kuei^{33}$	uei^{33}	fei^{53}	fei^{33}	fei^{33}	i^{14}	uei^{33}	$kuei^{14}$
栖霞	$kuei^{342}$	uei^{52}	fei^{312}	fei^{52}	fei^{342}	uei^{214}	uei^{342}	$kuei^{214}$
长岛	$kuei^{52}$	uei^{52}	fei^{312}	fei^{52}	fei^{55}	uei^{213}又 i^{213}又	uei^{52}	$kuei^{213}$
海阳	$kuei^{341}$	uei^{341}	fei^{52}	fei^{341}	fei^{341}	uei^{214}	uei^{341}	$kuei^{214}$
莱西	$kuei^{42}$	uei^{42}	fei^{214}	fei^{42}	fei^{42}	uei^{55}	uei^{42}	$kuei^{55}$
平度	$kuei^{42}$	uei^{42}	fei^{213}	fei^{42}	fei^{42}	uei^{55}	uei^{42}	$kuei^{55}$
青岛	$kuei^{42}$	uei^{42}	fei^{213}	fei^{42}	fei^{42}	uei^{55}	uei^{42}	$kuei^{55}$
高密	$kuei^{21}$	uei^{21}	fei^{213}	fei^{21}	fei^{42}	i^{55}～巴 uei^{55}末～	uei^{21}	$kuei^{55}$
诸城	$kuei^{31}$	uei^{31}	fei^{213}	fei^{31}	fei^{53}	i^{44}～巴 uei^{44}结～	uei^{31}	$kuei^{44}$

续表

	0265柜	0266位	0267飞	0268费	0269肥	0270尾	0271味	0272鬼
	止合三 去脂群	止合三 去脂云	止合三 平微非	止合三 去微敷	止合三 平微奉	止合三 上微微	止合三 去微微	止合三 上微见
沂水	kue³¹	ue³¹	fe²¹³	fe³¹	fe⁵³	i²¹³白，老 i⁴⁴白，新 ue⁴⁴文	ue³¹	kue⁴⁴
临朐	kuei²¹	uei²¹	fei²¹³	fei²¹	fei⁵³	i⁴⁴～巴 uei⁴⁴结～	uei²¹	kuei⁴⁴
日照	kuei³¹	uei³¹	fei²¹³	fei³¹	fei⁵³	i⁴⁴～巴 uei⁴⁴末～	uei³¹	kuei⁴⁴
莒南	kuei³¹²	uei³¹²	fei²¹³	fei³¹²	fei⁵³	i⁵⁵	uei³¹²	kuei⁵⁵
潍坊	kuei³¹	uei³¹	fei²¹⁴	fei³¹	fei⁵³	i⁵⁵～巴 uei⁵⁵末～	uei³¹	kuei⁵⁵
寿光	kuei²¹	uei²¹	fei²¹³	fei²¹	fei⁵³	i⁵⁵～巴 uei⁵⁵结～	uei²¹	kuei⁵⁵
高青	kuei⁴¹	uei⁴¹	fei²¹³	fei⁴¹	fei⁵⁵	uei⁵⁵	uei⁴¹	kuei⁵⁵
阳信	kuei³¹	uei³¹	fei²¹³	fei³¹	fei⁴³	i⁵⁵又 uei⁵⁵又	uei³¹	kuei⁵⁵
济阳	kuei³¹	uei³¹	fei²¹³	fei³¹	fei⁵⁵	i⁵⁵～巴 uei⁵⁵结～	uei³¹	kuei⁵⁵
利津	kuei³¹	uei³¹	fei²¹³	fei³¹	fei⁵³	i⁵⁵～巴 uei⁵⁵结～	uei³¹	kuei⁵⁵
乐陵	kuei⁵¹	uei⁵¹	fei²⁴	fei⁵¹	fei⁵⁵	i⁵⁵～巴 uei⁵⁵结～	uei⁵¹	kuei⁵⁵
商河	kuei³¹	uei³¹	fei²¹³	fei³¹	fei⁵⁴	i⁴⁵～巴 uei⁴⁵结～	uei³¹	kuei⁴⁵
平原	kuei²¹	uei²¹	fei²¹³	fei²¹	fei⁴²	i⁵⁵～巴 uei⁵⁵结～	uei²¹	kuei⁵⁵
德州	kuei²¹	uei²¹	fei²¹³	fei²¹	fei⁴²	i⁵⁵～巴 uei⁵⁵结～	uei²¹	kuei⁵⁵
武城	kuei³¹²	uei³¹²	fei²²⁴	fei³¹²	fei⁵³	i⁵⁵～巴 uei⁵⁵结～	uei³¹²	kuei⁵⁵
临清	kuei³¹³	uei³¹³	fei¹³	fei³¹³	fei⁵³	i⁴⁴老，～巴 uei⁴⁴新	uei³¹³	kuei⁴⁴
冠县	kuei³¹⁴	uei³¹⁴	fei¹³	fei³¹⁴	fei⁵³	i⁵⁵白 uei⁵⁵文	uei³¹⁴	kuei⁵⁵

续表

	0265柜	0266位	0267飞	0268费	0269肥	0270尾	0271味	0272鬼
	止合三 去脂群	止合三 去脂云	止合三 平微非	止合三 去微敷	止合三 平微奉	止合三 上微微	止合三 去微微	止合三 上微见
聊城	kuei³¹³	uei³¹³	fei¹³	fei³¹³	fei⁵³	i⁴⁴老，～巴 uei⁴⁴新	uei³¹³	kuei⁴⁴
济南	kuei²¹	uei²¹	fei²¹³	fei²¹	fei⁴²	i⁵⁵白，～巴 uei⁵⁵文	uei²¹	kuei⁵⁵
泰安	kuei²¹	uei²¹	fi²¹³白 fei²¹³文	fi²¹白 fei²¹文	fi⁴²白 fei⁴²文	i⁵⁵白，～巴 uei⁵⁵文	uei²¹	kuei⁵⁵
莱芜	kuei⁴²	uei⁴²	fei²¹³	fei⁴²	fei⁵⁵	uei⁵⁵	uei⁴²	kuei⁵⁵
新泰	kuei³¹	uei³¹	fei²¹³	fei³¹	fei⁴²	i⁵⁵白，～巴 uei⁵⁵文	uei³¹	kuei⁵⁵
沂源	kuei³¹	uei³¹	fei²¹³	fei³¹	fei⁵⁵	i⁵⁵又 uei²¹³又	uei³¹	kuei⁵⁵
博山	kuei³¹	uei³¹	fei²¹³	fei³¹	fei⁵⁵	i⁵⁵又 uei⁵⁵又	uei³¹	kuei⁵⁵
张店	kuei³¹	uei³¹	fei²¹³	fei³¹	fei⁵⁵	i⁵⁵～巴 uei⁵⁵结～	uei³¹	kuei⁵⁵
阳谷	kuei³¹³	uei³¹³	fi²¹³	fi³¹³	fi⁴²	i⁵⁵白 uei⁵⁵文	uei³¹³	kuei⁵⁵
梁山	kuei³¹⁴	uei³¹⁴	ɕy²¹³老 fi²¹³白 fei²¹³文	ɕy²¹³老 fi²¹³白 fei²¹³文	ɕy⁴²老 fi⁴²白 fei⁴²文	i⁵⁵～巴 uei⁵⁵结～	uei³¹⁴	kuei⁵⁵
菏泽	kuei³¹²	uei³¹²	fi²¹³	fi³¹²	fi⁵³	i⁴⁴～巴 uei⁴⁴结～	uei³¹²	kuei⁴⁴
曹县	kuei³¹²	uei³¹²	fei²¹³	fei³¹²	fei⁵³	i⁴⁴又 uei⁴⁴又	uei³¹²	kuei⁴⁴
金乡	kuei³¹²	uei³¹²	fi²¹³白 fei²¹³文	fi³¹²白 fei³¹²文	fi⁴²白 fei⁴²文	i⁵⁵～巴 uei⁵⁵结～	uei³¹²	kuei⁵⁵
曲阜	kuei³¹²	uei³¹²	fi²¹³白 fei²¹³文	fi³¹²白 fei³¹²文	fi⁴²白 fei⁴²文	i⁵⁵～巴 uei⁵⁵结～	uei³¹²	kuei⁵⁵
薛城	kue⁴¹	ue⁴¹	fi³¹³又 fe³¹³又	fi⁴¹又 fe⁴¹又	fi⁵⁵又 fe⁵⁵又	i²⁴～巴 ue²⁴结～	ue⁴¹	kue²⁴
郯城	kue⁵¹	ue⁵¹	fe²¹³	fe⁵¹	fe⁴⁴	i²⁴白 ue²⁴文	ue⁵¹	kue²⁴
临沂	kuei³¹²	uei³¹²	fei²¹⁴	fei³¹²	fei⁵³	i⁵⁵老 uei⁵⁵新	uei³¹²	kuei⁵⁵

	0273贵	0274围	0275胃	0276宝	0277抱	0278毛	0279帽	0280刀
	止合三 去微见	止合三 平微云	止合三 去微云	效开一 上豪帮	效开一 上豪並	效开一 平豪明	效开一 去豪明	效开一 平豪端
荣成	kuei^{33}	uei^{35}	uei^{33}	pau^{214}	pau^{33}	mau^{53}	mau^{33}	tau^{53}
烟台	kuei^{33}	uei^{53}	uei^{33}	pau^{14}	pau^{33}	mau^{53}	mau^{33}	tau^{53}
栖霞	kuei^{52}	uei^{312}	uei^{52}	pɔo^{214}	pɔo^{52}	mɔo^{312}	mɔo^{342}	tɔo^{312}
长岛	kuei^{52}	uei^{55}	uei^{52}	pau^{213}	pau^{52}	mau^{55}	mau^{52}	tau^{312}
海阳	kuei^{341}	uei^{52}	uei^{341}	pɔ^{214}	pɔ^{341}	mɔ^{52}	mɔ^{341}	tɔ^{52}
莱西	kuei^{42}	uei^{214}	uei^{42}	pɔ^{55}	pu^{214}白 pɔ^{42}文	mɔ^{214}	mɔ^{42}	tɔ^{214}
平度	kuei^{42}	uei^{42}	uei^{213}	pɔ^{55}	pu^{42}	mɔ^{42}	mɔ^{42}	tɔ^{213}
青岛	kuei^{42}	uei^{42}	uei^{42}	pɔ^{55}	pɔ^{42}	mɔ^{42}	mɔ^{42}	tɔ^{213}
高密	kuei^{21}	uei^{42}	uei^{21}	pɔ^{55}	pu^{21}白 pɔ^{21}文	mɔ^{42}	mɔ^{21}	tɔ^{213}
诸城	kuei^{31}	uei^{53}	uei^{31}	pɔ^{44}	pɔ^{31}	mɔ^{53}	mɔ^{31}	tɔ^{213}
沂水	kue^{31}	ue^{53}	ue^{31}	pɔ^{44}	pɔ^{31}	mɔ^{53}	mɔ^{31}	tɔ^{213}
临朐	kuei^{21}	uei^{53}	uei^{21}	pɔ^{44}	pɔ^{21}	mɔ^{53}	mɔ^{21}	tɔ^{213}
日照	kuei^{31}	uei^{53}	uei^{31}	pɔ^{44}	pɔ^{31}	mɔ^{53}	mɔ^{31}	tɔ^{213}
莒南	kuei^{312}	uei^{53}	uei^{312}	pɔ^{55}	pɔ^{312}	mɔ^{53}	mɔ^{312}	tɔ^{213}
潍坊	kuei^{31}	uei^{53}	uei^{31}	pɔɤ^{55}	pɔɤ^{31}	mɔɤ^{53}	mɔɤ^{31}	tɔɤ^{214}
寿光	kuei^{21}	uei^{53}	uei^{21}	pɔ^{55}	pu^{21}	mɔ^{53}	mɔ^{21}	tɔ^{213}
高青	kuei^{41}	uei^{55}	uei^{41}	pɔ^{55}	pɔ^{41}	mɔ^{55}	mɔ^{41}	tɔ^{213}
阳信	kuei^{31}	uei^{43}	uei^{31}	pɔ^{55}	pɔ^{31}	mɔ^{43}	mɔ^{31}	tɔ^{213}
济阳	kuei^{31}	uei^{55}	uei^{31}	pɔ^{55}	pu^{31}白 pɔ^{31}文	mɔ^{55}	mɔ^{31}	tɔ^{213}
利津	kuei^{31}	uei^{53}	uei^{31}	pɔ^{55}	pu^{31}又 pɔ^{31}又	mɔ^{53}	mɔ^{31}	tɔ^{213}
乐陵	kuei^{51}	uei^{55}	uei^{51}	pɔ^{55}	pɔ^{51}	mɔ^{55}	mɔ^{51}	tɔ^{24}
商河	kuei^{31}	uei^{54}	uei^{31}	pɔ^{45}	pu^{31}老 pɔ^{31}新	mɔ^{54}	mɔ^{31}	tɔ^{213}
平原	kuei^{21}	uei^{42}	uei^{21}	pɔu^{55}	pɔu^{21}	mɔu^{42}	mɔu^{21}	tɔu^{213}
德州	kuei^{21}	uei^{42}	uei^{21}	pɔ^{55}	pɔ^{21}	mɔ^{42}	mɔ^{21}	tɔ^{213}

续表

	0273贵	0274围	0275胃	0276宝	0277抱	0278毛	0279帽	0280刀
	止合三 去微见	止合三 平微云	止合三 去微云	效开一 上豪帮	效开一 上豪並	效开一 平豪明	效开一 去豪明	效开一 平豪端
武城	kuei^{312}	uei^{53}	uei^{312}	pɔ^{55}	pɔ^{312}	mɔ^{53}	mɔ^{312}	tɔ^{224}
临清	kuei^{313}	uei^{53}	uei^{313}	pau^{44}	pau^{313}	mau^{53}	mau^{313}	tau^{13}
冠县	kuei^{314}	uei^{53}	uei^{314}	pɔ^{55}	pɔ^{314}	mɔ^{53}	mɔ^{314}	tɔ^{13}
聊城	kuei^{313}	uei^{53}	uei^{313}	pɔ^{44}	pɔ^{313}	mɔ^{53}	mɔ^{313}	tɔ^{13}
济南	kuei^{21}	uei^{42}	uei^{21}	pɔ^{55}	pɔ^{21}	mɔ^{42}	mɔ^{21}	tɔ^{213}
泰安	kuei^{21}	uei^{42}	uei^{21}	pɔ^{55}	pɔ^{21}	mɔ^{42}	mɔ^{21}	tɔ^{213}
莱芜	kuei^{42}	uei^{55}	uei^{42}	pɔ^{55}	pɔ^{42}	mɔ^{55}	mɔ^{42}	tɔ^{213}
新泰	kuei^{31}	uei^{42}	uei^{31}	pɔ^{55}	pɔ^{31}	mɔ^{42}	mɔ^{31}	tɔ^{213}
沂源	kuei^{31}	uei^{55}	uei^{31}	pɔ^{55}	pɔ^{31}	mɔ^{55}	mɔ^{31}	tɔ^{213}
博山	kuei^{31}	uei^{55}	uei^{31}	pɔ^{55}	pɔ^{31}	mɔ^{55}	mɔ^{31}	tɔ^{213}
张店	kuei^{31}	uei^{55}	uei^{31}	pɔ^{55}	pu^{31} 又 pɔ^{31} 又	mɔ^{55}	mɔ^{31}	tɔ^{213}
阳谷	kuei^{313}	uei^{42}	uei^{313}	pɔ^{55}	pɔ^{313}	mɔ^{42}	mɔ^{313}	tɔ^{213}
梁山	kuei^{314}	uei^{42}	uei^{314}	pɔ^{55}	pɔ^{314}	mɔ^{42}	mɔ^{314}	tɔ^{213}
菏泽	kuei^{312}	uei^{53}	uei^{312}	pɔ^{44}	pɔ^{312}	mɔ^{53}	mɔ^{312}	tɔ^{213}
曹县	kuei^{312}	uei^{53}	uei^{312}	pɔ^{44}	pɔ^{312}	mɔ^{53}	mɔ^{312}	tɔ^{213}
金乡	kuei^{312}	uei^{42}	uei^{312}	pɔ^{55}	pɔ^{312}	mɔ^{42}	mɔ^{312}	tɔ^{213}
曲阜	kuei^{312}	uei^{42}	uei^{312}	pɔ^{55}	pɔ^{312}	mɔ^{42}	mɔ^{312}	tɔ^{213}
薛城	kue^{41}	ue^{55}	ue^{41}	pɔ^{24}	pɔ^{41}	mɔ^{55}	mɔ^{41}	tɔ^{313}
郯城	kue^{51}	ue^{44}	ue^{51}	pɔ^{24}	pɔ^{51}	mɔ^{44}	mɔ^{51}	tɔ^{213}
临沂	kuei^{312}	uei^{53}	uei^{312}	pɔ^{55}	pɔ^{312}	mɔ^{53}	mɔ^{312}	tɔ^{214}

	0281讨	0282桃	0283道	0284脑	0285老	0286早	0287灶	0288草
	效开一 上豪透	效开一 平豪定	效开一 上豪定	效开一 上豪泥	效开一 上豪来	效开一 上豪精	效开一 去豪精	效开一 上豪清
荣成	t^{h}au^{214}	t^{h}au^{35}	tau^{33}	nau^{214}	lau^{214}	tsau^{214}	tsau^{33}	ts^{h}au^{214}
烟台	t^{h}au^{14}	t^{h}au^{33}	tau^{33}	nau^{14}	lau^{14}	tsau^{14}	tsau^{33}	ts^{h}au^{14}

续表

	0281讨	0282桃	0283道	0284脑	0285老	0286早	0287灶	0288草
	效开一上豪透	效开一平豪定	效开一上豪定	效开一上豪泥	效开一上豪来	效开一上豪精	效开一去豪精	效开一上豪清
栖霞	tʰɔo^{214}	tʰɔo^{342}	tɔo^{342}	nɔo^{214}	lɔo^{214}	tsɔo^{214}	tsɔo^{52}	tsʰɔo^{214}
长岛	tʰau^{213}	tʰau^{55}	tau^{52}	nau^{213}	lau^{213}	tsau^{213}	tsau^{52}	tsʰau^{213}
海阳	tʰɔ^{214}	tʰɔ^{341}	tɔ^{341}	nɔ^{214}	lɔ^{214}	tθɔ^{214}	tθɔ^{341}	tθʰɔ^{214}
莱西	tʰɔ^{42}	tʰɔ^{42}	tɔ^{42}	nɔ^{55}	lɔ^{55}	tsɔ^{55}	tsɔ^{42}	tsʰɔ^{55}
平度	tʰɔ^{42}	tʰɔ^{42}	tɔ^{42}	nɔ^{55}	lɔ^{55}	tθɔ^{55}	tθɔ^{213}	tθʰɔ^{55}
青岛	tʰɔ^{55}	tʰɔ^{42}	tɔ^{42}	nɔ^{55}	lɔ^{55}	tθɔ^{55}	tθɔ^{42}	tθʰɔ^{55}
高密	tʰɔ^{42}	tʰɔ^{42}	tɔ^{21}	nɔ^{55}	lɔ^{55}	tθɔ^{55}	tθɔ^{21}	tθʰɔ^{55}
诸城	tʰɔ^{53}	tʰɔ^{53}	tɔ^{31}	nɔ^{44}	lɔ^{44}	tθɔ^{44}	tθɔ^{31}	tθʰɔ^{44}
沂水	tʰɔ^{53}	tʰɔ^{53}	tɔ^{31}	nɔ^{44}	lɔ^{44}	dðɔ^{44}	dðɔ^{31}	tθʰɔ^{44}
临朐	tʰɔ^{44}	tʰɔ^{53}	tɔ^{21}	nɔ^{44}	lɔ^{44}	tθɔ^{44}	tθɔ^{21}	tθʰɔ^{44}
日照	tʰɔ^{53}	tʰɔ^{53}	tɔ^{31}	nɔ^{44}	lɔ^{44}	tθɔ^{44}	tθɔ^{31}	tθʰɔ^{44}
莒南	tʰɔ^{55}又 tʰɔ^{53}又	tʰɔ^{53}	tɔ^{312}	nɔ^{55}	lɔ^{55}	tθɔ^{55}	tθɔ^{312}	tθʰɔ^{55}
潍坊	tʰɔɤ^{55}	tʰɔɤ^{53}	tɔɤ^{31}	nɔɤ^{55}	lɔɤ^{55}	tsɔɤ^{55}	tsɔɤ^{31}	tsʰɔɤ^{55}
寿光	tʰɔ^{213}	tʰɔ^{53}	tɔ^{21}	nɔ^{55}	lɔ^{55}	tsɔ^{55}	tsɔ^{21}	tsʰɔ^{55}
高青	tʰɔ^{55}	tʰɔ^{55}	tɔ^{41}	nɔ^{55}	lɔ^{55}	tsɔ^{55}	tsɔ^{41}	tsʰɔ^{55}
阳信	tʰɔ^{213}～论 tʰɔ^{43}～饭	tʰɔ^{43}	tɔ^{31}	nɔ^{55}	lɔ^{55}	tsɔ^{55}	tsɔ^{31}	tsʰɔ^{55}
济阳	tʰɔ^{55}	tʰɔ^{55}	tɔ^{31}	nɔ^{55}	lɔ^{55}	tsɔ^{55}	tsɔ^{31}	tsʰɔ^{55}
利津	tʰɔ^{53}	tʰɔ^{53}	tɔ^{31}	nɔ^{55}	lɔ^{55}	tsɔ^{55}	tsɔ^{31}	tsʰɔ^{55}
乐陵	tʰɔ^{55}	tʰɔ^{55}	tɔ^{51}	nɔ^{55}	lɔ^{55}	tsɔ^{55}	tsɔ^{51}	tsʰɔ^{55}
商河	tʰɔ^{54}	tʰɔ^{54}	tɔ^{31}	nɔ^{45}	lɔ^{45}	tsɔ^{45}	tsɔ^{31}	tsʰɔ^{45}
平原	tʰɔu^{42}	tʰɔu^{42}	tɔu^{21}	nɔu^{55}	lɔu^{55}	tsɔu^{55}	tsɔu^{21}	tsʰɔu^{55}
德州	tʰɔ^{42}	tʰɔ^{42}	tɔ^{21}	nɔ^{55}	lɔ^{55}	tsɔ^{55}	tsɔ^{21}	tsʰɔ^{55}
武城	tʰɔ^{53}	tʰɔ^{53}	tɔ^{312}	nɔ^{55}	lɔ^{55}	tsɔ^{55}	tsɔ^{312}	tsʰɔ^{55}
临清	tʰau^{53}	tʰau^{53}	tau^{313}	nau^{44}	lau^{44}	tsau^{44}	tsau^{313}	tsʰau^{44}
冠县	tʰɔ^{53}	tʰɔ^{53}	tɔ^{314}	nɔ^{55}	lɔ^{55}	tsɔ^{55}	tsɔ^{314}	tsʰɔ^{55}

续表

	0281讨	0282桃	0283道	0284脑	0285老	0286早	0287灶	0288草
	效开一 上豪透	效开一 平豪定	效开一 上豪定	效开一 上豪泥	效开一 上豪来	效开一 上豪精	效开一 去豪精	效开一 上豪清
聊城	tʰɔ^{53}	tʰɔ^{53}	tɔ^{313}	nɔ^{44}	lɔ^{44}	tsɔ^{44}	tsɔ^{313}	tsʰɔ^{44}
济南	tʰɔ^{42}	tʰɔ^{42}	tɔ^{21}	nɔ^{55}	lɔ^{55}	tsɔ^{55}	tsɔ^{21}	tsʰɔ^{55}
泰安	tʰɔ^{42}～论 tʰɔ^{55}～饭	tʰɔ^{42}	tɔ^{21}	nɔ^{55}	lɔ^{55}	tsɔ^{55}	tsɔ^{21}	tsʰɔ^{55}
莱芜	tʰɔ^{55}	tʰɔ^{55}	tɔ^{42}	nɔ^{55}	lɔ^{55}	tsɔ^{55}	tsɔ^{42}	tsʰɔ^{55}
新泰	tʰɔ^{55}	tʰɔ^{42}	tɔ^{31}	nɔ^{55}	lɔ^{55}	tθɔ^{55}	tθɔ^{31}	tθʰɔ^{55}
沂源	tʰɔ^{55}	tʰɔ^{55}	tɔ^{31}	nɔ^{55}	lɔ^{55}	tθɔ^{55}	tθɔ^{31}	tθʰɔ^{55}
博山	tʰɔ^{55}	tʰɔ^{55}	tɔ^{31}	nɔ^{55}	lɔ^{55}	tsɔ^{55}	tsɔ^{31}	tsʰɔ^{55}
张店	tʰɔ^{55}	tʰɔ^{55}	tɔ^{31}	nɔ^{55}	lɔ^{55}	tsɔ^{55}	tsɔ^{31}	tsʰɔ^{55}
阳谷	tʰɔ^{55}又 tʰɔ^{42}又	tʰɔ^{42}	tɔ^{313}	nɔ^{55}	lɔ^{55}	tsɔ^{55}	tsɔ^{313}	tsʰɔ^{55}
梁山	tʰɔ^{42}	tʰɔ^{42}	tɔ^{314}	nɔ^{55}	lɔ^{55}	tsɔ^{55}	tsɔ^{314}	tsʰɔ^{55}
菏泽	tʰɔ^{53}	tʰɔ^{53}	tɔ^{312}	nɔ^{44}	lɔ^{44}	tsɔ^{44}	tsɔ^{312}	tsʰɔ^{44}
曹县	tʰɔ^{53}	tʰɔ^{53}	tɔ^{312}	nɔ^{44}	lɔ^{44}	tsɔ^{44}	tsɔ^{312}	tsʰɔ^{44}
金乡	tʰɔ^{42}～论 tʰɔ^{55}～饭	tʰɔ^{42}	tɔ^{312}	nɔ^{55}	lɔ^{55}	tsɔ^{55}	tsɔ^{312}	tsʰɔ^{55}
曲阜	tʰɔ^{42}检～ tʰɔ^{55}～饭	tʰɔ^{42}	tɔ^{312}	nɔ^{55}	lɔ^{55}	tsɔ^{55}	tsɔ^{312}	tsʰɔ^{55}
薛城	tʰɔ^{24}	tʰɔ^{55}	tɔ^{41}	nɔ^{24}	lɔ^{24}	tsɔ^{24}	tsɔ^{41}	tsʰɔ^{24}
郯城	tʰɔ^{24}～论 tʰɔ^{44}～饭	tʰɔ^{44}	tɔ^{51}	nɔ^{24}	lɔ^{24}	tsɔ^{24}	tsɔ^{51}	tsʰɔ^{24}
临沂	tʰɔ^{55}	tʰɔ^{53}	tɔ^{312}	nɔ^{55}	lɔ^{55}	tsɔ^{55}	tsɔ^{312}	tsʰɔ^{55}

	0289糙	0290造	0291嫂	0292高	0293靠	0294熬	0295好 ～坏	0296号 名
	效开一 去豪清	效开一 上豪从	效开一 上豪心	效开一 平豪见	效开一 去豪溪	效开一 平豪疑	效开一 上豪晓	效开一 去豪匣
荣成	tsʰau^{53}	tsau^{33}	sau^{214}	kau^{53}	kʰau^{33}	au^{53}	xau^{214}	xau^{33}
烟台	tsʰau^{53}	tsau^{33}	sau^{14}	kau^{53}	kʰau^{33}	au^{53}	xau^{14}	xau^{33}

续表

	0289糙	0290造	0291嫂	0292高	0293靠	0294熬	0295好～坏	0296号名
	效开一去豪清	效开一上豪从	效开一上豪心	效开一平豪见	效开一去豪溪	效开一平豪疑	效开一上豪晓	效开一去豪匣
栖霞	tsʰɔo³¹²	tsɔo⁵²	sɔo²¹⁴	kɔo³¹²	kʰɔo⁵²	ɔo³¹²	xɔo²¹⁴	xɔo⁵²
长岛	tsʰau³¹²	tsau⁵²	sau²¹³	kau³¹²	kʰau⁵²	au⁵⁵	xau²¹³	xau⁵²
海阳	tθɔ³⁴¹	tθɔ³⁴¹	θɔ²¹⁴	kɔ⁵²	kʰɔ³⁴¹	ɔ⁵²	xɔ²¹⁴	xɔ³⁴¹
莱西	tsʰɔ⁵⁵	tsɔ⁴²	sɔ⁵⁵	kɔ²¹⁴	kʰɔ⁴²	ɔ²¹⁴	xɔ⁵⁵	xɔ⁴²
平度	tθʰɔ²¹³	tθɔ⁴²	θɔ⁵⁵	kɔ²¹³	kʰɔ⁴²	ɔ⁴²	xɔ⁵⁵	xɔ⁴²
青岛	tθʰɔ²¹³	tθɔ⁴²	θɔ⁵⁵	kɔ²¹³	kʰɔ⁴²	ɔ⁴²	xɔ⁵⁵	xɔ⁴²
高密	tθɔ²¹³	tθɔ²¹	θɔ⁵⁵	kɔ²¹³	kʰɔ²¹	ɔ⁴²	xɔ⁵⁵	xɔ²¹
诸城	tθʰɔ²¹³	tθɔ³¹	θɔ⁴⁴	kɔ²¹³	kʰɔ³¹	ŋɔ⁵³	xɔ⁴⁴	xɔ³¹
沂水	tθʰɔ³¹	dðɔ³¹	θɔ⁴⁴	kɔ²¹³	kʰɔ³¹	ŋɔ⁵³	xɔ⁴⁴	xɔ³¹
临朐	tθɔ²¹³	tθɔ²¹	θɔ⁴⁴	kɔ²¹³	kʰɔ²¹	ŋɔ⁵³	xɔ⁴⁴	xɔ²¹
日照	tθɔ³¹ 又 tθʰɔ³¹ 又	tθɔ³¹	θɔ⁴⁴	kɔ²¹³	kʰɔ³¹	ŋɔ⁵³	xɔ⁴⁴	xɔ³¹
莒南	tθɔ³¹²	tθɔ³¹²	θɔ⁵⁵	kɔ²¹³	kʰɔ³¹²	ɔ⁵³	xɔ⁵⁵	xɔ³¹²
潍坊	tsʰɔɤ³¹	tsɔɤ³¹	sɔɤ⁵⁵	kɔɤ²¹⁴	kʰɔɤ³¹	ŋɔɤ⁵³	xɔɤ⁵⁵	xɔɤ³¹
寿光	tsɔ²¹³	tsɔ²¹	sɔ⁵⁵	kɔ²¹³	kʰɔ²¹	ŋɔ⁵³	xɔ⁵⁵	xɔ²¹
高青	tsɔ⁴¹	tsɔ⁴¹	sɔ⁵⁵	kɔ²¹³	kʰɔ⁴¹	ŋɔ⁵⁵	xɔ⁵⁵	xɔ⁴¹
阳信	tsʰɔ³¹	tsɔ³¹	sɔ⁵⁵	kɔ²¹³	kʰɔ³¹	ŋɔ⁴³	xɔ⁵⁵	xɔ³¹
济阳	tsʰɔ²¹³	tsɔ³¹	sɔ⁵⁵	kɔ²¹³	kʰɔ³¹	ŋɔ⁵⁵	xɔ⁵⁵	xɔ³¹
利津	tsɔ³¹	tsɔ³¹	sɔ⁵⁵	kɔ²¹³	kʰɔ³¹	ŋɔ⁵³	xɔ⁵⁵	xɔ³¹
乐陵	tsɔ⁵¹	tsɔ⁵¹	sɔ⁵⁵	kɔ²⁴	kʰɔ⁵¹	ŋɔ⁵⁵	xɔ⁵⁵	xɔ⁵¹
商河	tsɔ³¹	tsɔ³¹	sɔ⁴⁵	kɔ²¹³	kʰɔ³¹	ŋɔ⁵⁴	xɔ⁴⁵	xɔ³¹
平原	tsʰɔu⁵⁵	tsɔu²¹	sɔu⁵⁵	kɔu²¹³	kʰɔu²¹	ŋɔu⁴²	xɔu⁵⁵	xɔu²¹
德州	tsʰɔ²¹³	tsɔ²¹	sɔ⁵⁵	kɔ²¹³	kʰɔ²¹	ŋɔ⁴²	xɔ⁵⁵	xɔ²¹
武城	tsʰɔ²²⁴	tsɔ³¹²	sɔ⁵⁵	kɔ²²⁴	kʰɔ³¹²	ŋɔ⁵³ 又 ɔ⁵³ 又	xɔ⁵⁵	xɔ³¹²
临清	tsʰau³¹³	tsau³¹³	sau⁴⁴	kau¹³	kʰau³¹³	ŋau⁵³	xau⁴⁴	xau³¹³
冠县	tsʰɔ¹³	tsɔ³¹⁴	sɔ⁵⁵	kɔ¹³	kʰɔ³¹⁴	ɣɔ⁵³	xɔ⁵⁵	xɔ³¹⁴

续表

	0289糙	0290造	0291嫂	0292高	0293靠	0294熬	0295好 ～坏	0296号 名
	效开一 去豪清	效开一 上豪从	效开一 上豪心	效开一 平豪见	效开一 去豪溪	效开一 平豪疑	效开一 上豪晓	效开一 去豪匣
聊城	tsɔ^{313}	tsɔ^{313}	sɔ^{44}	kɔ^{13}	kʰɔ^{313}	ɣɔ^{53}	xɔ^{44}	xɔ^{313}
济南	tsɔ^{21}	tsɔ^{21}	sɔ^{55}	kɔ^{213}	kʰɔ^{21}	ŋɔ^{42}	xɔ^{55}	xɔ^{21}
泰安	tsɔ^{21}	tsɔ^{21}	sɔ^{55}	kɔ^{213}	kʰɔ^{21}	ɣɔ^{42}	xɔ^{55}	xɔ^{21}
莱芜	tsɔ^{42}	tsɔ^{42}	sɔ^{55}	kɔ^{213}	kʰɔ^{42}	ŋɔ^{55}	xɔ^{55}	xɔ^{42}
新泰	tθʰɔ^{31}	tθɔ^{31}	θɔ^{55}	kɔ^{213}	kʰɔ^{31}	ŋɔ^{42}	xɔ^{55}	xɔ^{31}
沂源	tθʰɔ^{213}	tθɔ^{31}	θɔ^{55}	kɔ^{213}	kʰɔ^{31}	ŋɔ^{55}	xɔ^{55}	xɔ^{31}
博山	tsʰɔ^{213}	tsɔ^{31}	sɔ^{55}	kɔ^{213}	kʰɔ^{31}	ŋɔ^{55}	xɔ^{55}	xɔ^{31}
张店	tsɔ^{213}	tsɔ^{31}	sɔ^{55}	kɔ^{213}	kʰɔ^{31}	ŋɔ^{55}	xɔ^{55}	xɔ^{31}
阳谷	tsɔ^{313}	tsɔ^{313}	sɔ^{55}	kɔ^{213}	kʰɔ^{313}	ɣɔ^{42}	xɔ^{55}	xɔ^{313}
梁山	tsɔ^{314}	tsɔ^{314}	sɔ^{55}	kɔ^{213}	kʰɔ^{314}	ɣɔ^{42}	xɔ^{55}	xɔ^{314}
菏泽	tsɔ^{312}	tsɔ^{312}	sɔ^{44}	kɔ^{213}	kʰɔ^{312}	ɣɔ^{53}	xɔ^{44}	xɔ^{312}
曹县	tsʰɔ^{312}	tsɔ^{312}	sɔ^{44}	kɔ^{213}	kʰɔ^{312}	ɣɔ^{53}	xɔ^{44}	xɔ^{312}
金乡	tsɔ^{312}	tsɔ^{312}	sɔ^{55}	kɔ^{213}	kʰɔ^{312}	ɣɔ^{42}	xɔ^{55}	xɔ^{312}
曲阜	tsɔ^{312}	tsɔ^{312}	sɔ^{55}	kɔ^{213}	kʰɔ^{312}	ɣɔ^{42}	xɔ^{55}	xɔ^{312}
薛城	tsɔ^{41}	tsɔ^{41}	sɔ^{24}	kɔ^{313}	kʰɔ^{41}	ɣɔ^{55}	xɔ^{24}	xɔ^{41}
郯城	tsʰɔ^{51}	tsɔ^{51}	sɔ^{24}	kɔ^{213}	kʰɔ^{51}	ɔ^{44}	xɔ^{24}	xɔ^{51}
临沂	tsɔ^{312}	tsɔ^{312}	sɔ^{55}	kɔ^{214}	kʰɔ^{312}	ɣɔ^{53}	xɔ^{55}	xɔ^{312}

	0297包	0298饱	0299炮	0300猫	0301闹	0302罩	0303抓 用手～牌	0304找 ～零钱
	效开二 平肴帮	效开二 上肴帮	效开二 去肴滂	效开二 平肴明	效开二 去肴泥	效开二 去肴知	效开二 平肴庄	效开二 上肴庄
荣成	pau^{53}	pau^{214}	pʰau^{33}	mau^{53}	nau^{33}	tʂau^{33}	tʂua^{53} 又 tʂua^{214}～鱼	tʂau^{214}
烟台	pau^{53}	pau^{14}	pʰau^{33}	mau^{53}	nau^{33}	tsau^{33}	tsua^{53}	tsau^{14}
栖霞	pɔo^{312}	pɔo^{214}	pʰɔo^{52}	mɔo^{312}	nɔo^{52}	tsɔo^{52}	tsua^{214}	tsɔo^{214}
长岛	pau^{312}	pau^{213}	pʰau^{52}	mau^{55}	nau^{52}	tsau^{52}	tsua^{312}	tsau^{213}

续表

	0297包	0298饱	0299炮	0300猫	0301闹	0302罩	0303抓 用手～牌	0304找 ～零钱
	效开二平肴帮	效开二上肴帮	效开二去肴滂	效开二平肴明	效开二去肴泥	效开二去肴知	效开二平肴庄	效开二上肴庄
海阳	pɔ^{52}	pɔ^{214}	pʰɔ^{341}	mɔ^{52}	nɔ^{341}	tʂɔ^{341}	tʂua^{52}	tʂɔ^{214}
莱西	pɔ^{214}	pɔ^{55}	pʰɔ^{42}	mɔ^{214}	nɔ^{42}	tsɔ^{42}	tsua^{55}	tsɔ^{55}
平度	pɔ^{213}	pɔ^{55}	pʰɔ^{42}	mɔ^{42}	nɔ^{42}	tʂɔ^{42}	tʂua^{55}	tʂɔ^{55}
青岛	pɔ^{213}	pɔ^{55}	pʰɔ^{42}	mɔ^{42}	nɔ^{42}	tʂɔ^{42}	tʂuɑ^{213}	tʂɔ^{55}
高密	pɔ^{213}	pɔ^{55}	pʰɔ^{21}	mɔ^{42}	nɔ^{21}	tʂɔ^{21}	tʂuɑ^{55}	tʂɔ^{55}
诸城	pɔ^{213}	pɔ^{44}	pʰɔ^{31}	mɔ^{53}	nɔ^{31}	tʂɔ^{31}	tʂua^{213}	tʂɔ^{44}
沂水	pɔ^{213}	pɔ^{44}	pʰɔ^{31}	mɔ^{53}	nɔ^{31}	tʂɔ^{31}	tʂua^{213}	tʂɔ^{44}
临朐	pɔ^{213}	pɔ^{44}	pʰɔ^{21}	mɔ^{53}	nɔ^{21}	tʂɔ^{21}	tʂua^{213}	tʂɔ^{44}
日照	pɔ^{213}	pɔ^{44}	pʰɔ^{31}	mɔ^{53}	nɔ^{31}	tʂɔ^{31}	tʂuɑ^{213}	tʂɔ^{44}
莒南	pɔ^{213}	pɔ^{55}	pʰɔ^{312}	mɔ^{53}	nɔ^{312}	tʂɔ^{312}	tʂua^{213}	tʂɔ^{55}
潍坊	pɔɤ^{214}	pɔɤ^{55}	pʰɔɤ^{31}	mɔɤ^{53}	nɔɤ^{31}	tʂɔɤ^{31}	tʂuɑ^{214}	tʂɔɤ^{55}
寿光	pɔ^{213}	pɔ^{55}	pʰɔ^{21}	mɔ^{53}	nɔ^{21}	tʂɔ^{21}	tʂua^{213}	tʂɔ^{55}
高青	pɔ^{213}	pɔ^{55}	pʰɔ^{41}	mɔ^{55}	nɔ^{41}	tʂɔ^{41}	tʂuɑ^{213}	tʂɔ^{55}
阳信	pɔ^{213}	pɔ^{55}	pʰɔ^{31}	mɔ^{43}	nɔ^{31}	tʂɔ^{31}	tʂua^{213}	tʂɔ^{55}
济阳	pɔ^{213}	pɔ^{55}	pʰɔ^{31}	mɔ^{55}	nɔ^{31}	tʂɔ^{31}	tʂua^{213}	tʂɔ^{55}
利津	pɔ^{213}	pɔ^{55}	pʰɔ^{31}	mɔ^{53}	nɔ^{31}	tʂɔ^{31}	tʂua^{213}	tʂɔ^{55}
乐陵	pɔ^{24}	pɔ^{55}	pʰɔ^{51}	mɔ^{55}	nɔ^{51}	tsɔ^{51}	tʂuɑ^{24}	tsɔ^{55}
商河	pɔ^{213}	pɔ^{45}	pʰɔ^{31}	mɔ^{54}	nɔ^{31}	tsɔ^{31}	tʂuɑ^{213}	tsɔ^{45}
平原	pɔu^{213}	pɔu^{55}	pʰɔu^{21}	mɔu^{42}	nɔu^{21}	tsɔu^{21}	tʂua^{213}	tsɔu^{55}
德州	pɔ^{213}	pɔ^{55}	pʰɔ^{21}	mɔ^{42}	nɔ^{21}	tʂɔ^{21}	tʂua^{213}	tʂɔ^{55}
武城	pɔ^{224}	pɔ^{55}	pʰɔ^{312}	mɔ^{53}	nɔ^{312}	tʂɔ^{312}	tʂua^{224}	tʂɔ^{55}
临清	pau^{13}	pau^{44}	pʰau^{313}	mau^{13}	nau^{313}	tʂau^{313}	tʂua^{13}	tʂau^{44}
冠县	pɔ^{13}	pɔ^{55}	pʰɔ^{314}	mɔ^{53}	nɔ^{314}	tʂɔ^{314}	tʂua^{13}	tʂɔ^{55}
聊城	pɔ^{13}	pɔ^{44}	pʰɔ^{313}	mɔ^{53}	nɔ^{313}	tsɔ^{313}	tsua^{13}	tsɔ^{44}
济南	pɔ^{213}	pɔ^{55}	pʰɔ^{21}	mɔ^{42}	nɔ^{21}	tʂɔ^{21}	tʂua^{213}	tʂɔ^{55}

续表

	0297包	0298饱	0299炮	0300猫	0301闹	0302罩	0303抓 用手～牌	0304找 ～零钱
	效开二 平肴帮	效开二 上肴帮	效开二 去肴滂	效开二 平肴明	效开二 去肴泥	效开二 去肴知	效开二 平肴庄	效开二 上肴庄
泰安	pɔ^{213}	pɔ^{55}	p^{h}ɔ^{21}	mɔ^{42}	nɔ^{21}	tʂɔ^{21}	tʂua^{213}	tʂɔ^{55}
莱芜	pɔ^{213}	pɔ^{55}	p^{h}ɔ^{42}	mɔ^{55}	nɔ^{42}	tʃɔ^{42}	tʃua^{213}	tʃɔ^{55}
新泰	pɔ^{213}	pɔ^{55}	p^{h}ɔ^{31}	mɔ^{42}	nɔ^{31}	tʃɔ^{31}	tʃua^{213}	tʃɔ^{55}
沂源	pɔ^{213}	pɔ^{55}	p^{h}ɔ^{31}	mɔ^{55}	nɔ^{31}	tʃɔ^{31}	tʃua^{213}	tʃɔ^{55}
博山	pɔ^{213}	pɔ^{55}	p^{h}ɔ^{31}	mɔ^{55}	nɔ^{31}	tʂɔ^{31}	tʂuɑ^{213}	tʂɔ^{55}
张店	pɔ^{213}	pɔ^{55}	p^{h}ɔ^{31}	mɔ^{55}	nɔ^{31}	tʂɔ^{31}	tʂuɑ^{213}	tʂɔ^{55}
阳谷	pɔ^{213}	pɔ^{55}	p^{h}ɔ^{313}	mɔ^{42}	nɔ^{313}	tsɔ^{313}	tsua^{213}	tsɔ^{55}
梁山	pɔ^{213}	pɔ^{55}	p^{h}ɔ^{314}	mɔ^{42}	nɔ^{314}	tsɔ^{314}	tsua^{213}	tsɔ^{55}
菏泽	pɔ^{213}	pɔ^{44}	p^{h}ɔ^{312}	mɔ^{213}	nɔ^{312}	tsɔ^{312}	tsua^{213}	tsɔ^{44}
曹县	pɔ^{213}	pɔ^{44}	p^{h}ɔ^{312}	mɔ^{213}	nɔ^{312}	tsɔ^{312}	tʂua^{213}	tsɔ^{44}
金乡	pɔ^{213}	pɔ^{55}	p^{h}ɔ^{312}	mɔ^{213}	nɔ^{312}	tsɔ^{312}	tsua^{213}	tsɔ^{55}
曲阜	pɔ^{213}	pɔ^{55}	p^{h}ɔ^{312}	mɔ^{42}	nɔ^{312}	tsɔ^{312}	tsua^{213}	tsɔ^{55}
薛城	pɔ^{313}	pɔ^{24}	p^{h}ɔ^{41}	mɔ^{55}	nɔ^{41}	tsɔ^{41}	pfa^{313}又 tsua^{313}又	tsɔ^{24}
郯城	pɔ^{213}	pɔ^{24}	p^{h}ɔ^{51}	mɔ^{44}	nɔ^{51}	tʂɔ^{51}	tʂua^{213}	tʂɔ^{24}
临沂	pɔ^{214}	pɔ^{55}	p^{h}ɔ^{312}	mɔ^{53}	nɔ^{312}	tʃɔ^{312}	tʃua^{214}	tʃɔ^{55}

	0305抄	0306交	0307敲	0308孝	0309校 学～	0310表 手～	0311票	0312庙
	效开二 平肴初	效开二 平肴见	效开二 平肴溪	效开二 去肴晓	效开二 去肴匣	效开三 上宵帮	效开三 去宵滂	效开三 去宵明
荣成	tʂ^{h}au^{53}	ciau^{53}	ts^{h}iau^{53}又 c^{h}iau^{53}又	çiau^{33}	çiau^{33}	piau^{214}	p^{h}iau^{33}	miau^{33}
烟台	ts^{h}au^{53}	tɕiau^{53}	tɕ^{h}iau^{53}	çiau^{33}	çiau^{33}	piau^{14}	p^{h}iau^{33}	miau^{33}
栖霞	ts^{h}ɔo^{312}	ciɔo^{312}	c^{h}iɔo^{312}	çiɔo^{52}	çiɔo^{52}	piɔo^{214}	p^{h}iɔo^{52}	miɔo^{342}
长岛	ts^{h}au^{312}	ciau^{312}	c^{h}iau^{312}	çiau^{52}	çiau^{52}	piau^{213}	p^{h}iau^{52}	miau^{52}
海阳	tʂ^{h}ɔ^{52}	ciɔ^{52}	c^{h}iɔ^{52}	çiɔ^{341}	çiɔ^{341}	piɔ^{214}	p^{h}iɔ^{341}	miɔ^{341}
莱西	ts^{h}ɔ^{214}	ciɔ^{214}	c^{h}iɔ^{214}	çiɔ^{42}	çiɔ^{42}	piɔ^{55}	p^{h}iɔ^{42}	miɔ^{42}

续表

	0305抄	0306交	0307敲	0308孝	0309校 学～	0310表 手～	0311票	0312庙
	效开二 平肴初	效开二 平肴见	效开二 平肴溪	效开二 去肴晓	效开二 去肴匣	效开三 上宵帮	效开三 去宵滂	效开三 去宵明
平度	tʂ^{h}ɔ^{213}	ciɔ^{213}	c^{h}iɔ^{213}	çiɔ^{42}	çiɔ^{42}	piɔ^{55}	p^{h}iɔ^{213}	miɔ^{42}
青岛	tʂ^{h}ɔ^{213}	tɕiɔ^{213}	tɕ^{h}iɔ^{213}	ɕiɔ^{42}	ɕiɔ^{42}	piɔ^{55}	p^{h}iɔ^{42}	miɔ^{42}
高密	tʂ^{h}ɔ^{213}	tɕiɔ^{213}	tɕ^{h}iɔ^{213}	ɕiɔ^{21}	ɕiɔ^{21}	piɔ^{55}	p^{h}iɔ^{21}	miɔ^{21}
诸城	tʂ^{h}ɔ^{213}	tʃɔ^{213}	tʃ^{h}ɔ^{213}	ʃɔ^{31}	ʃɔ^{31}	piɔ^{44}	p^{h}iɔ^{31}	miɔ^{31}
沂水	tʂ^{h}ɔ^{213}	tɕiɔ^{213}	tɕ^{h}iɔ^{213}	ɕiɔ^{31}	ɕiɔ^{31}	piɔ^{44}	p^{h}iɔ^{31}	miɔ^{31}
临朐	tʂ^{h}ɔ^{213}	tɕiɔ^{213}	tɕ^{h}iɔ^{213}	ɕiɔ^{21}	ɕiɔ^{21}	piɔ^{44}	p^{h}iɔ^{21}	miɔ^{21}
日照	tʂ^{h}ɔ^{213}	tʃiɔ^{213}	tʃ^{h}iɔ^{213}	ʃiɔ^{31}	ʃiɔ^{31}	piɔ^{44}	p^{h}iɔ^{31}	miɔ^{31}
莒南	tʂ^{h}ɔ^{213}	tɕiɔ^{213}	tɕ^{h}iɔ^{213}	ɕiɔ^{312}	ɕiɔ^{312}	piɔ^{55}	p^{h}iɔ^{312}	miɔ^{312}
潍坊	tʂ^{h}ɔɤ^{214}	tɕiɔɤ^{214}	tɕ^{h}iɔɤ^{214}	ɕiɔɤ^{31}	ɕiɔɤ^{31}	piɔɤ^{55}	p^{h}iɔɤ^{31}	miɔɤ^{31}
寿光	tʂ^{h}ɔ^{213}	tɕiɔ^{213}	tɕ^{h}iɔ^{213}	ɕiɔ^{21}	ɕiɔ^{21}	piɔ^{55}	p^{h}iɔ^{21}	miɔ^{21}
高青	tʂ^{h}ɔ^{213}	tɕiɔ^{213}	tɕ^{h}iɔ^{213}	ɕiɔ^{41}	ɕiɔ^{41}	piɔ^{55}	p^{h}iɔ^{41}	miɔ^{41}
阳信	tʂ^{h}ɔ^{213}	tɕiɔ^{213}	tɕ^{h}iɔ^{213}	ɕiɔ^{31}	ɕiɔ^{43}	piɔ^{55}	p^{h}iɔ^{31}	miɔ^{31}
济阳	tʂ^{h}ɔ^{213}	tɕiɔ^{213}	tɕ^{h}iɔ^{213}	ɕiɔ^{31}	ɕiɔ^{31}	piɔ^{55}	p^{h}iɔ^{31}	miɔ^{31}
利津	tʂ^{h}ɔ^{213}	tɕiɔ^{213}	tɕ^{h}iɔ^{213}	ɕiɔ^{31}	ɕiɔ^{31}	piɔ^{55}	p^{h}iɔ^{31}	miɔ^{31}
乐陵	ts^{h}ɔ^{24}	tɕiɔ^{24}	tɕ^{h}iɔ^{24}	ɕiɔ^{51}	ɕiɔ^{51}	piɔ^{55}	p^{h}iɔ^{51}	miɔ^{51}
商河	ts^{h}ɔ^{213}	tɕiɔ^{213}	tɕ^{h}iɔ^{213}	ɕiɔ^{31}	ɕiɔ^{31}	piɔ^{45}	p^{h}iɔ^{31}	miɔ^{31}
平原	tʂ^{h}ɔu^{213}	tɕiɔu^{213}	tɕ^{h}iɔu^{213}	ɕiɔu^{21}	ɕiɔu^{21}	piɔu^{55}	p^{h}iɔu^{21}	miɔu^{21}
德州	tʂ^{h}ɔ^{213}	tɕiɔ^{213}	tɕ^{h}iɔ^{213}	ɕiɔ^{21}	ɕiɔ^{21}	piɔ^{55}	p^{h}iɔ^{21}	miɔ^{21}
武城	tʂ^{h}ɔ^{224}	tɕiɔ^{224}	tɕ^{h}iɔ^{224}	ɕiɔ^{312}	ɕiɔ^{312}	piɔ^{55}	p^{h}iɔ^{312}	miɔ^{312}
临清	tʂ^{h}au^{13}	tɕiau^{13}	tɕ^{h}iau^{13}	ɕiau^{313}	ɕiau^{313}	piau^{44}	p^{h}iau^{313}	miau^{313}
冠县	tʂ^{h}ɔ^{13}	tɕiɔ^{13}	tɕ^{h}iɔ^{13}	ɕiɔ^{314}	ɕiɔ^{314}	piɔ^{55}	p^{h}iɔ^{314}	miɔ^{314}
聊城	ts^{h}ɔ^{13}	tɕiɔ^{13}	tɕ^{h}iɔ^{13}	ɕiɔ^{313}	ɕiɔ^{313}	piɔ^{44}	p^{h}iɔ^{313}	miɔ^{313}
济南	tʂ^{h}ɔ^{213}	tɕiɔ^{213}	tɕ^{h}iɔ^{213}	ɕiɔ^{21}	ɕiɔ^{21}	piɔ^{55}	p^{h}iɔ^{21}	miɔ^{21}
泰安	tʂ^{h}ɔ^{213}	tɕiɔ^{213}	tɕ^{h}iɔ^{213}	ɕiɔ^{21}	ɕiɔ^{21}	piɔ^{55}	p^{h}iɔ^{21}	miɔ^{21}
莱芜	tʃ^{h}ɔ^{213}	tɕiɔ^{213}	tɕ^{h}iɔ^{213}	ɕiɔ^{42}	ɕiɔ^{42}	piɔ^{55}	p^{h}iɔ^{42}	miɔ^{42}
新泰	tʃ^{h}ɔ^{213}	tɕiɔ^{213}	tɕ^{h}iɔ^{213}	ɕiɔ^{31}	ɕiɔ^{31}	piɔ^{55}	p^{h}iɔ^{31}	miɔ^{31}

续表

	0305抄	0306交	0307敲	0308孝	0309校 学～	0310表 手～	0311票	0312庙
	效开二 平肴初	效开二 平肴见	效开二 平肴溪	效开二 去肴晓	效开二 去肴匣	效开三 上宵帮	效开三 去宵滂	效开三 去宵明
沂源	tʃʰɔ^{213}	tɕiɔ^{213}	tɕʰiɔ^{213}	ɕiɔ^{31}	ɕiɔ^{31}	piɔ^{55}	pʰiɔ^{31}	miɔ^{31}
博山	tʂʰɔ^{213}	tɕiɔ^{213}	tɕʰiɔ^{213}	ɕiɔ^{31}	ɕiɔ^{31}	piɔ^{55}	pʰiɔ^{31}	miɔ^{31}
张店	tʂʰɔ^{213}	tɕiɔ^{213}	tɕʰiɔ^{213}	ɕiɔ^{31}	ɕiɔ^{31}	piɔ^{55}	pʰiɔ^{31}	miɔ^{31}
阳谷	tsʰɔ^{213}	tɕiɔ^{213}	tɕʰiɔ^{213}	ɕiɔ^{313}	ɕiɔ^{313}	piɔ^{55}	pʰiɔ^{313}	miɔ^{313}
梁山	tsʰɔ^{213}	tɕiɔ^{213}	tɕʰiɔ^{213}	ɕiɔ^{314}	ɕiɔ^{314}	piɔ^{55}	pʰiɔ^{314}	miɔ^{314}
菏泽	tsʰɔ^{213}	tɕiɔ^{213}	tɕʰiɔ^{213}	ɕiɔ^{312}	ɕiɔ^{312}	piɔ^{44}	pʰiɔ^{312}	miɔ^{312}
曹县	tsʰɔ^{213}	tɕiɔ^{213}	tɕʰiɔ^{213}	ɕiɔ^{312}	ɕiɔ^{312}	piɔ^{44}	pʰiɔ^{312}	miɔ^{312}
金乡	tsʰɔ^{213}	tɕiɔ^{213}	tɕʰiɔ^{213}	ɕiɔ^{312}	ɕiɔ^{312}	piɔ^{55}	pʰiɔ^{312}	miɔ^{312}
曲阜	tsʰɔ^{213}	tɕiɔ^{213}	tɕʰiɔ^{213}	ɕiɔ^{312}	ɕiɔ^{312}	piɔ^{55}	pʰiɔ^{312}	miɔ^{312}
薛城	tsʰɔ^{313}	tɕiɔ^{313}	tɕʰiɔ^{313}	ɕiɔ^{41}	ɕiɔ^{41}	piɔ^{24}	pʰiɔ^{41}	miɔ^{41}
郯城	tʂʰɔ^{213}	tɕiɔ^{213}	tɕʰiɔ^{213}	ɕiɔ^{51}	ɕiɔ^{51}	piɔ^{24}	pʰiɔ^{51}	miɔ^{51}
临沂	tʃʰɔ^{214}	tɕiɔ^{214}	tɕʰiɔ^{214}	ɕiɔ^{312}	ɕiɔ^{312}	piɔ^{55}	pʰiɔ^{312}	miɔ^{312}

	0313焦	0314小	0315笑	0316朝 ～代	0317照	0318烧	0319绕 ～线	0320桥
	效开三 平宵精	效开三 上宵心	效开三 去宵心	效开三 平宵澄	效开三 去宵章	效开三 平宵书	效开三 去宵日	效开三 平宵群
荣成	tsiau^{53}	siau^{214}	siau^{33}	tʂʰau^{35}	tʃau^{33}	ʃau^{53}	iau^{33}	cʰiau^{35}
烟台	tɕiau^{53}	ɕiau^{14}	ɕiau^{33}	tɕʰiau^{33}	tɕiau^{33}	ɕiau^{53}	iau^{53}	tɕʰiau^{33}
栖霞	tʃiɔo^{312}	ʃiɔo^{214}	ʃiɔo^{52}	tʃʰɔo^{342}	tʃɔo^{52}	ʃiɔo^{312}	iɔo^{52}	cʰiɔo^{342}
长岛	tʃau^{312}	ʃau^{213}	ʃau^{52}	tʃʰau^{55}	tʃau^{52}	ʃau^{312}	iau^{52}	cʰiau^{55}
海阳	tsiɔ^{52}	siɔ^{214}	siɔ^{341}	tsʰɔ^{341}	tsɔ^{341}	sɔ^{52}	iɔ^{52}	cʰiɔ^{341}
莱西	tʃiɔ^{55}	ʃiɔ^{55}	ʃiɔ^{42}	tʃʰɔ^{42}	tʃɔ^{42}	ʃɔ^{214}	iɔ^{42}	cʰiɔ^{42}
平度	tsiɔ^{213}	siɔ^{55}	siɔ^{42}	tʃʰɔ^{42}	tʃɔ^{213}	ʃɔ^{213}	iɔ^{42}	cʰiɔ^{42}
青岛	tsiɔ^{213}	siɔ^{55}	siɔ^{42}	tʃʰɔ^{42}	tʃɔ^{42}	ʃɔ^{213}	iɔ^{42}	tɕʰiɔ^{42}
高密	tsiɔ^{213}	siɔ^{55}	siɔ^{21}	tʃʰɔ^{42}	tʃɔ^{21}	ʃɔ^{213}	iɔ^{42}	tɕʰiɔ^{42}
诸城	tθiɔ^{213}	θiɔ^{44}	θiɔ^{31}	tʃʰɔ^{53}	tʃɔ^{31}	ʃɔ^{213}	iɔ^{53}	tʃʰɔ^{53}

续表

	0313焦	0314小	0315笑	0316朝～代	0317照	0318烧	0319绕～线	0320桥
	效开三平宵精	效开三上宵心	效开三去宵心	效开三平宵澄	效开三去宵章	效开三平宵书	效开三去宵日	效开三平宵群
沂水	dziɔ^{213}	siɔ^{44}	siɔ^{31}	tʃʰɔ^{53}	dʒɔ^{31}	ʃɔ^{213}	iɔ^{53}	tɕʰiɔ^{53}
临朐	tɕiɔ^{213}	ɕiɔ^{44}	ɕiɔ^{21}	tʃʰɔ^{53}	tʃɔ^{21}	ʃɔ^{213}	lɔ^{21}	tɕʰiɔ^{53}
日照	ȶiɔ^{213}	θiɔ^{44}	θiɔ^{31}	tʃʰiɔ^{53}	tʃiɔ^{31}	ʃiɔ^{213}	iɔ^{31}	tʃʰiɔ^{53}
莒南	tsiɔ^{213}	siɔ^{55}	siɔ^{312}	tʃʰɔ^{53}	tʃɔ^{312}	ʃɔ^{213}	iɔ^{53}	tɕʰiɔ^{53}
潍坊	tɕiɔɤ^{214}	ɕiɔɤ^{55}	ɕiɔɤ^{31}	tʂʰɔɤ^{31}	tʂɔɤ^{31}	ʂɔɤ^{214}	ʐɔɤ^{31}	tɕʰiɔɤ^{53}
寿光	tɕiɔ^{213}	ɕiɔ^{55}	ɕiɔ^{21}	tʂʰɔ^{53}	tʂɔ^{21}	ʂɔ^{213}	lɔ^{55}	tɕʰiɔ^{53}
高青	tɕiɔ^{213}	ɕiɔ^{55}	ɕiɔ^{41}	tʂʰɔ^{55}	tʂɔ^{41}	ʂɔ^{213}	ʐɔ^{213}	tɕʰiɔ^{55}
阳信	tɕiɔ^{213}	ɕiɔ^{55}	ɕiɔ^{31}	tʂʰɔ^{43}	tʂɔ^{31}	ʂɔ^{213}	ʐɔ^{55}	tɕʰiɔ^{43}
济阳	tɕiɔ^{213}	ɕiɔ^{55}	ɕiɔ^{31}	tʂʰɔ^{55}	tʂɔ^{31}	ʂɔ^{213}	ʐɔ^{55}	tɕʰiɔ^{55}
利津	tɕiɔ^{213}	ɕiɔ^{55}	ɕiɔ^{31}	tʂʰɔ^{53}	tʂɔ^{31}	ʂɔ^{213}	ʐɔ^{55}	tɕʰiɔ^{53}
乐陵	tɕiɔ^{24}	ɕiɔ^{55}	ɕiɔ^{51}	tʂʰɔ^{55}	tʂɔ^{51}	ʂɔ^{24}	ʐɔ^{55}	tɕʰiɔ^{55}
商河	tɕiɔ^{213}	ɕiɔ^{45}	ɕiɔ^{31}	tʂʰɔ^{54}	tʂɔ^{31}	ʂɔ^{213}	ʐɔ^{45}	tɕʰiɔ^{54}
平原	tɕiɔu^{213}	ɕiɔu^{55}	ɕiɔu^{21}	tʂʰɔu^{42}	tʂɔu^{21}	ʂɔu^{213}	ʐɔu^{21}	tɕʰiɔu^{42}
德州	tɕiɔ^{213}	ɕiɔ^{55}	ɕiɔ^{21}	tʂʰɔ^{42}	tʂɔ^{21}	ʂɔ^{213}	ʐɔ^{21}	tɕʰiɔ^{42}
武城	tɕiɔ^{224}	ɕiɔ^{55}	ɕiɔ^{312}	tʂʰɔ^{53}	tʂɔ^{312}	ʂɔ^{224}	lɔ^{312}	tɕʰiɔ^{53}
临清	tɕiau^{13}	ɕiau^{44}	ɕiau^{313}	tʂʰau^{53}	tʂau^{313}	ʂau^{13}	ʐau^{313}	tɕʰiau^{53}
冠县	tsiɔ^{13}	siɔ^{55}	siɔ^{314}	tʂʰɔ^{53}	tʂɔ^{314}	ʂɔ^{13}	ʐɔ^{53}	tɕʰiɔ^{53}
聊城	tɕiɔ^{13}	ɕiɔ^{44}	ɕiɔ^{313}	tsʰɔ^{53}	tsɔ^{313}	sɔ^{13}	zɔ^{53}	tɕʰiɔ^{53}
济南	tɕiɔ^{213}	ɕiɔ^{55}	ɕiɔ^{21}	tʂʰɔ^{42}	tʂɔ^{21}	ʂɔ^{213}	ʐɔ^{21}	tɕʰiɔ^{42}
泰安	tɕiɔ^{213}	ɕiɔ^{55}	ɕiɔ^{21}	tʂʰɔ^{42}	tʂɔ^{21}	ʂɔ^{213}	ʐɔ^{21}	tɕʰiɔ^{42}
莱芜	tɕiɔ^{213}	ɕiɔ^{55}	ɕiɔ^{42}	tʃʰɔ^{55}	tʃɔ^{42}	ʃɔ^{213}	ʒɔ^{55}	tɕʰiɔ^{55}
新泰	tɕiɔ^{213}	ɕiɔ^{55}	ɕiɔ^{31}	tʃʰɔ^{42}	tʃɔ^{42}	ʃɔ^{213}	ʒɔ^{31}	tɕʰiɔ^{42}
沂源	tɕiɔ^{213}	ɕiɔ^{55}	ɕiɔ^{31}	tʃʰɔ^{55}	tʃɔ^{31}	ʃɔ^{213}	iɔ^{55}	tɕʰiɔ^{55}
博山	tɕiɔ^{213}	ɕiɔ^{55}	ɕiɔ^{31}	tʂʰɔ^{55}	tʂɔ^{31}	ʂɔ^{213}	lɔ^{55}	tɕʰiɔ^{55}
张店	tɕiɔ^{213}	ɕiɔ^{55}	ɕiɔ^{31}	tʂʰɔ^{55}	tʂɔ^{31}	ʂɔ^{213}	ʐɔ^{55}	tɕʰiɔ^{55}
阳谷	tɕiɔ^{213}	ɕiɔ^{55}	ɕiɔ^{313}	tsʰɔ^{42}	tsɔ^{313}	sɔ^{213}	zɔ^{42}	tɕʰiɔ^{42}

续表

	0313焦	0314小	0315笑	0316朝 ～代	0317照	0318烧	0319绕 ～线	0320桥
	效开三 平宵精	效开三 上宵心	效开三 去宵心	效开三 平宵澄	效开三 去宵章	效开三 平宵书	效开三 去宵日	效开三 平宵群
梁山	tɕiɔ^{213}	ɕiɔ^{55}	ɕiɔ^{314}	ts^{h}ɔ^{42}	tsɔ^{314}	sɔ^{213}	zɔ^{42}	tɕ^{h}iɔ^{42}
菏泽	tɕiɔ^{213}	ɕiɔ^{44}	ɕiɔ^{312}	ts^{h}ɔ^{53}	tsɔ^{312}	sɔ^{213}	zɔ^{312}	tɕ^{h}iɔ^{53}
曹县	tɕiɔ^{213}	ɕiɔ^{44}	ɕiɔ^{312}	tʂ^{h}ɔ^{53}	tʂɔ^{312}	ʂɔ^{213}	ʐɔ^{53}	tɕ^{h}iɔ^{53}
金乡	tɕiɔ^{213}	ɕiɔ^{55}	ɕiɔ^{312}	ts^{h}ɔ^{42}	tsɔ^{312}	sɔ^{213}	zɔ^{42}	tɕ^{h}iɔ^{42}
曲阜	tɕiɔ^{213}	ɕiɔ^{55}	ɕiɔ^{312}	ts^{h}ɔ^{42}	tsɔ^{312}	sɔ^{213}	zɔ^{213}	tɕ^{h}iɔ^{42}
薛城	tɕiɔ^{313}	ɕiɔ^{24}	ɕiɔ^{41}	ts^{h}ɔ^{55}	tsɔ^{41}	sɔ^{313}	zɔ^{24}～线 zɔ^{41}～圈	tɕ^{h}iɔ^{55}
郯城	tɕiɔ^{213}	ɕiɔ^{24}	ɕiɔ^{51}	tʂ^{h}ɔ^{44}	tʂɔ^{51}	ʂɔ^{213}	ʐɔ^{51}	tɕ^{h}iɔ^{44}
临沂	tɕiɔ^{214}	ɕiɔ^{55}	ɕiɔ^{312}	tʃ^{h}ɔ^{53}	tʃɔ^{312}	ʃɔ^{214}	ʐɔ^{312}	tɕ^{h}iɔ^{53}

	0321轿	0322腰	0323要 重～	0324摇	0325鸟	0326钓	0327条	0328料
	效开三 去宵群	效开三 平宵影	效开三 去宵影	效开三 平宵以	效开四 上萧端	效开四 去萧端	效开四 平萧定	效开四 去萧来
荣成	ciau^{33}	iau^{53}	iau^{33}	iau^{53}	niau^{214}	tiau^{33}	tiau^{35} 树～子 t^{h}iau^{35}又	liau^{33}
烟台	tɕiau^{33}	iau^{53}	iau^{33}	iau^{53}	ȵiau^{14}	tiau^{53}	t^{h}iau^{33}	liau^{33}
栖霞	ciɔo^{52}	iɔo^{312}	iɔo^{52}	iɔo^{312}	ȵiɔo^{214}	tiɔo^{312}	t^{h}iɔo^{342}	liɔo^{52}
长岛	ciau^{52}	iau^{312}	iau^{52}	iau^{55}	ȵiau^{213}	tiau^{52}	t^{h}iau^{55}	liau^{52}
海阳	ciɔ^{341}	iɔ^{52}	iɔ^{341}	iɔ^{52}	ȵiɔ^{214}	tiɔ^{341}	t^{h}iɔ^{341}	liɔ^{341}
莱西	ciɔ^{42}	iɔ^{214}	iɔ^{42}	iɔ^{214}	ȵiɔ^{55}	tiɔ^{42}	t^{h}iɔ^{214}	liɔ^{42}
平度	ciɔ^{42}	iɔ^{213}	iɔ^{42}	iɔ^{42}	ȵiɔ^{55}	tiɔ^{213}	t^{h}iɔ^{42}	liɔ^{42}
青岛	tɕiɔ^{42}	iɔ^{213}	iɔ^{42}	iɔ^{42}	ȵiɔ^{55}	tiɔ^{42}	t^{h}iɔ^{42}	liɔ^{42}
高密	tɕiɔ^{21}	iɔ^{213}	iɔ^{21}	iɔ^{42}	ȵiɔ^{55}	tiɔ^{21}	t^{h}iɔ^{42}	liɔ^{21}
诸城	tʃɔ^{31}	iɔ^{213}	iɔ^{31}	iɔ^{53}	niɔ^{44}	ȶiɔ^{31}	ȶ^{h}iɔ^{53}	liɔ^{31}
沂水	tɕiɔ^{31}	iɔ^{213}	iɔ^{31}	iɔ^{53}	niɔ^{44}	tiɔ^{31}	t^{h}iɔ^{53}	liɔ^{31}
临朐	tɕiɔ^{21}	iɔ^{213}	iɔ^{21}	iɔ^{53}	ȵiɔ^{44}	tiɔ^{21}	t^{h}iɔ^{53}	liɔ^{21}

续表

	0321轿	0322腰	0323要 重~	0324摇	0325鸟	0326钓	0327条	0328料
	效开三 去宵群	效开三 平宵影	效开三 去宵影	效开三 平宵以	效开四 上萧端	效开四 去萧端	效开四 平萧定	效开四 去萧来
日照	tʃiɔ^{31}	iɔ^{213}	iɔ^{31}	iɔ^{53}	niɔ^{44}	tiɔ^{31}	tʰiɔ^{53}	liɔ^{31}
莒南	tɕiɔ^{312}	iɔ^{213}	iɔ^{312}	iɔ^{53}	niɔ^{55}	tiɔ^{312}	tʰiɔ^{53}	liɔ^{312}
潍坊	tɕiɔɤ^{31}	iɔɤ^{214}	iɔɤ^{31}	iɔɤ^{53}	ȵiɔɤ^{55}	tiɔɤ^{31}	tʰiɔɤ^{53}	liɔɤ^{31}
寿光	tɕiɔ^{21}	iɔ^{213}	iɔ^{21}	iɔ^{53}	ȵiɔ^{55}	tiɔ^{21}	tʰiɔ^{53}	liɔ^{21}
高青	tɕiɔ^{41}	iɔ^{213}	iɔ^{41}	iɔ^{55}	ȵiɔ^{55}	tiɔ^{41}	tʰiɔ^{55}	liɔ^{41}
阳信	tɕiɔ^{31}	iɔ^{213}	iɔ^{31}	iɔ^{43}	ȵiɔ^{55}	tiɔ^{31}	tʰiɔ^{43}	liɔ^{31}
济阳	tɕiɔ^{31}	iɔ^{213}	iɔ^{31}	iɔ^{55}	ȵiɔ^{213}	tiɔ^{31}	tʰiɔ^{55}	liɔ^{31}
利津	tɕiɔ^{31}	iɔ^{213}	iɔ^{31}	iɔ^{53}	ȵiɔ^{55}	tiɔ^{31}	tʰiɔ^{53}	liɔ^{31}
乐陵	tɕiɔ^{51}	iɔ^{24}	iɔ^{51}	iɔ^{55}	ȵiɔ^{55}	tiɔ^{51}	tʰiɔ^{55}	liɔ^{51}
商河	tɕiɔ^{31}	iɔ^{213}	iɔ^{31}	iɔ^{54}	ȵiɔ^{45}	tiɔ^{31}	tʰiɔ^{54}	liɔ^{31}
平原	tɕiɔu^{21}	iɔu^{213}	iɔu^{21}	iɔu^{42}	ȵiɔu^{55}	tiɔu^{21}	tʰiɔu^{42}	liɔu^{21}
德州	tɕiɔ^{21}	iɔ^{213}	iɔ^{21}	iɔ^{42}	ȵiɔ^{55}	tiɔ^{21}	tʰiɔ^{42}	liɔ^{21}
武城	tɕiɔ^{312}	iɔ^{224}	iɔ^{312}	iɔ^{53}	ȵiɔ^{55}	tiɔ^{312}	tʰiɔ^{53}	liɔ^{312}
临清	tɕiau^{313}	iau^{13}	iau^{313}	iau^{53}	ȵiau^{44}	tiau^{313}	tʰiau^{53}	liau^{313}
冠县	tɕiɔ^{314}	iɔ^{13}	iɔ^{314}	iɔ^{53}	ȵiɔ^{55}	tiɔ^{314}	tʰiɔ^{53}	liɔ^{314}
聊城	tɕiɔ^{313}	iɔ^{13}	iɔ^{313}	iɔ^{53}	ȵiɔ^{44}	tiɔ^{313}	tʰiɔ^{53}	liɔ^{313}
济南	tɕiɔ^{21}	iɔ^{213}	iɔ^{21}	iɔ^{42}	ȵiɔ^{55}	tiɔ^{21}	tʰiɔ^{42}	liɔ^{21}
泰安	tɕiɔ^{21}	iɔ^{213}	iɔ^{21}	iɔ^{42}	ȵiɔ^{55}	tiɔ^{21}	tʰiɔ^{42}	liɔ^{21}
莱芜	tɕiɔ^{42}	iɔ^{213}	iɔ^{42}	iɔ^{55}	ȵiɔ^{55}	tiɔ^{42}	tʰiɔ^{55}	liɔ^{42}
新泰	tɕiɔ^{31}	iɔ^{213}	iɔ^{31}	iɔ^{42}	ȵiɔ^{55}	tiɔ^{31}	tʰiɔ^{42}	liɔ^{31}
沂源	tɕiɔ^{31}	iɔ^{213}	iɔ^{31}	iɔ^{55}	ȵiɔ^{55}	tiɔ^{31}	tʰiɔ^{55}	liɔ^{31}
博山	tɕiɔ^{31}	iɔ^{213}	iɔ^{31}	iɔ^{55}	ȵiɔ^{55}	tiɔ^{31}	tʰiɔ^{55}	liɔ^{31}
张店	tɕiɔ^{31}	iɔ^{213}	iɔ^{31}	iɔ^{55}	ȵiɔ^{55}	tiɔ^{31}	tʰiɔ^{55}	liɔ^{31}
阳谷	tɕiɔ^{313}	iɔ^{213}	iɔ^{313}	iɔ^{42}	ȵiɔ^{55}	tiɔ^{313}	tʰiɔ^{42}	liɔ^{313}
梁山	tɕiɔ^{314}	iɔ^{213}	iɔ^{314}	iɔ^{42}	ȵiɔ^{55}	tiɔ^{314}	tʰiɔ^{42}	liɔ^{314}
菏泽	tɕiɔ^{312}	iɔ^{213}	iɔ^{312}	iɔ^{53}	ȵiɔ^{44}	tiɔ^{213}	tʰiɔ^{53}	liɔ^{312}

续表

	0321 轿	0322 腰	0323 要 重～	0324 摇	0325 鸟	0326 钓	0327 条	0328 料
	效开三 去宵群	效开三 平宵影	效开三 去宵影	效开三 平宵以	效开四 上萧端	效开四 去萧端	效开四 平萧定	效开四 去萧来
曹县	tɕiɔ^{312}	iɔ^{213}	iɔ^{312}	iɔ^{53}	ȵiɔ^{44}	tiɔ^{213}	tʰiɔ^{53}	liɔ^{312}
金乡	tɕiɔ^{312}	iɔ^{213}	iɔ^{312}	iɔ^{42}	ȵiɔ^{55}	tiɔ^{312}	tʰiɔ^{42}	liɔ^{312}
曲阜	tɕiɔ^{312}	iɔ^{213}	iɔ^{312}	iɔ^{42}	ȵiɔ^{55}	tiɔ^{312}	tʰiɔ^{42}	liɔ^{312}
薛城	tɕiɔ^{41}	iɔ^{313}	iɔ^{41}	iɔ^{55}	ȵiɔ^{24}	tiɔ^{41}	tʰiɔ^{55}	liɔ^{41}
郯城	tɕiɔ^{51}	iɔ^{213}	iɔ^{51}	iɔ^{44}	ȵiɔ^{24}	tiɔ^{51}	tʰiɔ^{44}	liɔ^{51}
临沂	tɕiɔ^{312}	iɔ^{214}	iɔ^{312}	iɔ^{53}	ȵiɔ^{55}	tiɔ^{312}	tʰiɔ^{53}	liɔ^{312}

	0329 箫	0330 叫	0331 母 丈～，舅～	0332 抖	0333 偷	0334 头	0335 豆	0336 楼
	效开四 平萧心	效开四 去萧见	流开一 上侯明	流开一 上侯端	流开一 平侯透	流开一 平侯定	流开一 去侯定	流开一 平侯来
荣成	siau^{53}	tsiau^{33} 又 ciau^{33} 又	mu^{214}	təu^{214}	tʰəu^{53}	təu^{35} 又 tʰəu^{35} 又	təu^{33}	ləu^{35}
烟台	ɕiau^{53}	tɕiau^{33}	mu^{14}	tou^{14}	tʰou^{53}	tʰou^{33}	tou^{33}	lou^{33}
栖霞	ʃiɔo^{312}	ciɔo^{52}	mu^{214}	təu^{214}	tʰəu^{312}	tʰəu^{342}	təu^{342}	ləu^{342}
长岛	ʃau^{312}	ciau^{52}	mu^{213}	tou^{313}	tʰou^{313}	tʰou^{55}	tou^{52}	lou^{55}
海阳	siɔ^{52}	ciɔ^{341}	mu^{214}	təu^{214}	tʰəu^{52}	tʰəu^{341}	təu^{341}	ləu^{341}
莱西	ʃiɔ^{55}	ciɔ^{42}	mu^{55}	tou^{55}	tʰou^{214}	tʰou^{42}	tou^{42}	lou^{42}
平度	siɔ^{213}	ciɔ^{42}	mu^{55}	tou^{42}	tʰou^{213}	tʰou^{42}	tou^{42}	lou^{42}
青岛	siɔ^{213}	tɕiɔ^{42}	mu^{55}	tou^{55}～动	tʰou^{213}	tʰou^{42}	tou^{42}	lou^{42}
高密	siɔ^{213}	tɕiɔ^{21}	mu^{55}	tou^{55}	tʰou^{213}	tʰou^{42}	tou^{21}	lou^{42}
诸城	θiɔ^{213}	tʃɔ^{31}	mu^{44}	tou^{44}	tʰou^{213}	tʰou^{53}	tou^{31}	lou^{53}
沂水	siɔ^{213}	tɕiɔ^{31}	mu^{44}	tou^{44}	tʰou^{213}	tʰou^{53}	tou^{31}	lou^{53}
临朐	ɕiɔ^{213}	tɕiɔ^{21}	mu^{44}	təu^{44}	tʰəu^{213}	tʰəu^{53}	təu^{21}	ləu^{53}
日照	θiɔ^{213}	tʃiɔ^{31}	mu^{44}	tou^{44}	tʰou^{213}	tʰou^{53}	tou^{31}	lou^{53}
莒南	siɔ^{213}	tɕiɔ^{312}	mu^{55}	tou^{55}	tʰou^{213}	tʰou^{53}	tou^{312}	lou^{53}
潍坊	ɕiɔɤ^{214}	tɕiɔɤ^{31}	mu^{55}	tɤɯ^{55}	tʰɤɯ^{214}	tʰɤɯ^{53}	tɤɯ^{31}	lɤɯ^{53}

续表

	0329箫	0330叫	0331母 丈～，舅～	0332抖	0333偷	0334头	0335豆	0336楼
	效开四 平萧心	效开四 去萧见	流开一 上侯明	流开一 上侯端	流开一 平侯透	流开一 平侯定	流开一 去侯定	流开一 平侯来
寿光	$ɕiɔ^{213}$	$tɕiɔ^{21}$	mu^{55}	$təu^{55}$	$t^{h}əu^{213}$	$t^{h}əu^{53}$	$təu^{21}$	$ləu^{53}$
高青	$ɕiɔ^{213}$	$tɕiɔ^{41}$	mu^{55}	tou^{55}	$t^{h}ou^{213}$	$t^{h}ou^{55}$	tou^{41}	lou^{55}
阳信	$ɕiɔ^{213}$	$tɕiɔ^{31}$	mu^{55}	tou^{55}	$t^{h}ou^{213}$	$t^{h}ou^{43}$	tou^{31}	lou^{43}
济阳	$ɕiɔ^{213}$	$tɕiɔ^{31}$	mu^{55}	tou^{55}	$t^{h}ou^{213}$	$t^{h}ou^{55}$	tou^{31}	lou^{55}
利津	$ɕiɔ^{213}$	$tɕiɔ^{31}$	mu^{55}	tou^{55}	$t^{h}ou^{213}$	$t^{h}ou^{53}$	tou^{31}	lou^{53}
乐陵	$ɕiɔ^{24}$	$tɕiɔ^{51}$	mu^{55}	tou^{55}	$t^{h}ou^{24}$	$t^{h}ou^{55}$	tou^{51}	lou^{55}
商河	$ɕiɔ^{213}$	$tɕiɔ^{31}$	mu^{45}	tou^{45}	$t^{h}ou^{213}$	$t^{h}ou^{54}$	tou^{31}	lou^{54}
平原	$ɕiɔu^{213}$	$tɕiɔu^{21}$	mu^{55}	tou^{55}	$t^{h}ou^{213}$	$t^{h}ou^{42}$	tou^{21}	lou^{42}
德州	$ɕiɔ^{213}$	$tɕiɔ^{21}$	mu^{55}	tou^{55}	$t^{h}ou^{213}$	$t^{h}ou^{42}$	tou^{21}	lou^{42}
武城	$ɕiɔ^{224}$	$tɕiɔ^{312}$	mu^{55}	tou^{55}	$t^{h}ou^{224}$	$t^{h}ou^{53}$	tou^{312}	lou^{53}
临清	$ɕiau^{13}$	$tɕiau^{313}$	mu^{44}	tou^{44}	$t^{h}ou^{13}$	$t^{h}ou^{53}$	tou^{313}	lou^{53}
冠县	$ɕiɔ^{13}$	$tɕiɔ^{314}$	mu^{55}	tou^{55}	$t^{h}ou^{13}$	$t^{h}ou^{53}$	tou^{314}	lou^{53}
聊城	$ɕiɔ^{13}$	$tɕiɔ^{313}$	mu^{44}	tou^{44}	$t^{h}ou^{13}$	$t^{h}ou^{53}$	tou^{313}	lou^{53}
济南	$ɕiɔ^{213}$	$tɕiɔ^{21}$	mu^{55}	tou^{55}	$t^{h}ou^{213}$	$t^{h}ou^{42}$	tou^{21}	lou^{42}
泰安	$ɕiɔ^{213}$	$tɕiɔ^{21}$	mu^{55}	tou^{55}	$t^{h}ou^{213}$	$t^{h}ou^{42}$	tou^{21}	lou^{42}
莱芜	$ɕiɔ^{213}$	$tɕiɔ^{42}$	mu^{55}	tou^{55}	$t^{h}ou^{213}$	$t^{h}ou^{55}$	tou^{42}	lou^{55}
新泰	$ɕiɔ^{213}$	$tɕiɔ^{31}$	mu^{55}	tou^{55}	$t^{h}ou^{213}$	$t^{h}ou^{42}$	tou^{31}	lou^{42}
沂源	$ɕiɔ^{213}$	$tɕiɔ^{31}$	mu^{55}	tou^{55}	$t^{h}ou^{213}$	$t^{h}ou^{55}$	tou^{31}	lou^{55}
博山	$ɕiɔ^{213}$	$tɕiɔ^{31}$	mu^{55}	$təu^{55}$	$t^{h}əu^{213}$	$t^{h}əu^{55}$	$təu^{31}$	$ləu^{55}$
张店	$ɕiɔ^{213}$	$tɕiɔ^{31}$	mu^{55}	tou^{55}	$t^{h}ou^{213}$	$t^{h}ou^{55}$	tou^{31}	lou^{55}
阳谷	$ɕiɔ^{213}$	$tɕiɔ^{313}$	mu^{55}	tou^{55}	$t^{h}ou^{213}$	$t^{h}ou^{42}$	tou^{313}	lou^{42}
梁山	$ɕiɔ^{213}$	$tɕiɔ^{314}$	mu^{55}	tou^{55}	$t^{h}ou^{213}$	$t^{h}ou^{42}$	tou^{314}	lou^{42}
菏泽	$ɕiɔ^{213}$	$tɕiɔ^{312}$	mu^{44}	tou^{44}	$t^{h}ou^{213}$	$t^{h}ou^{53}$	tou^{312}	lou^{53}
曹县	$ɕiɔ^{213}$	$tɕiɔ^{312}$	mu^{44}	tou^{44}	$t^{h}ou^{213}$	$t^{h}ou^{53}$	tou^{312}	lou^{53}
金乡	$ɕiɔ^{213}$	$tɕiɔ^{312}$	mu^{55}	tou^{55}	$t^{h}ou^{213}$	$t^{h}ou^{42}$	tou^{312}	lou^{42}
曲阜	$ɕiɔ^{213}$	$tɕiɔ^{312}$	mu^{55}	tou^{55}	$t^{h}ou^{213}$	$t^{h}ou^{42}$	tou^{312}	lou^{42}

续表

	0329箫	0330叫	0331母 丈～，舅～	0332抖	0333偷	0334头	0335豆	0336楼
	效开四 平萧心	效开四 去萧见	流开一 上侯明	流开一 上侯端	流开一 平侯透	流开一 平侯定	流开一 去侯定	流开一 平侯来
薛城	ɕiɔ^{313}	tɕiɔ^{41}	mu^{24}	tou^{24}	t^{h}ou^{313}	t^{h}ou^{55}	tou^{41}	lou^{55}
郯城	ɕiɔ^{213}	tɕiɔ^{51}	mu^{24}	təu^{24}	t^{h}əu^{213}	t^{h}əu^{44}	təu^{51}	ləu^{44}
临沂	ɕiɔ^{214}	tɕiɔ^{312}	mu^{55}	tou^{55}	t^{h}ou^{214}	t^{h}ou^{53}	tou^{312}	lou^{53}

	0337走	0338凑	0339钩	0340狗	0341够	0342口	0343藕	0344后 前～
	流开一 上侯精	流开一 去侯清	流开一 平侯见	流开一 上侯见	流开一 去侯见	流开一 上侯溪	流开一 上侯疑	流开一 上侯匣
荣成	tsəu^{214}	ts^{h}əu^{33}	kəu^{53}	kəu^{214}	kəu^{33}	k^{h}əu^{214}	əu^{214}	xəu^{33}
烟台	tsou^{14}	ts^{h}ou^{33}	kou^{53}	kou^{14}	kou^{33}	k^{h}ou^{14}	ou^{14}	xou^{33}
栖霞	tsəu^{214}	ts^{h}əu^{52}	kəu^{312}	kəu^{214}	kəu^{52}	k^{h}əu^{214}	əu^{214}	xəu^{52}
长岛	tsou^{213}	ts^{h}ou^{52}	kou^{312}	kou^{213}	kou^{52}	k^{h}ou^{213}	ou^{213}	xou^{52}
海阳	tθəu^{214}	tθ^{h}əu^{341}	kəu^{52}	kəu^{214}	kəu^{341}	k^{h}əu^{214}	əu^{214}	xəu^{341}
莱西	tsou^{55}	ts^{h}ou^{42}	kou^{214}	kou^{55}	kou^{42}	k^{h}ou^{55}	ou^{55}	xou^{42}
平度	tθou^{55}	tθ^{h}ou^{42}	kou^{213}	kou^{55}	kou^{42}	k^{h}ou^{55}	ou^{55}	xou^{42}
青岛	tθou^{55}	tθ^{h}ou^{42}	kou^{213}	kou^{55}	kou^{42}	k^{h}ou^{55}	ou^{55}	xou^{42}
高密	tθou^{55}	tθ^{h}ou^{21}	kou^{213}	kou^{55}	kou^{21}	k^{h}ou^{55}	ou^{55}	xou^{21}
诸城	tθou^{44}	tθ^{h}ou^{31}	kou^{213}	kou^{44}	kou^{31}	k^{h}ou^{44}	ŋou^{44}	xou^{31}
沂水	dzou^{44}	tθ^{h}ou^{31}	kou^{213}	kou^{44}	kou^{31}	k^{h}ou^{44}	ŋou^{44}	xou^{31}
临朐	tθəu^{44}	tθ^{h}əu^{21}	kəu^{213}	kəu^{44}	kəu^{21}	k^{h}əu^{44}	ŋəu^{44}	xəu^{21}
日照	tθou^{44}	tθ^{h}ou^{31}	kou^{213}	kou^{44}	kou^{31}	k^{h}ou^{44}	ŋou^{44}	xou^{31}
莒南	tθou^{55}	tθ^{h}ou^{312}	kou^{213}	kou^{55}	kou^{312}	k^{h}ou^{55}	ou^{55}	xou^{312}
潍坊	tsɤɯ^{55}	ts^{h}ɤɯ^{31}	kɤɯ^{214}	kɤɯ^{55}	kɤɯ^{31}	k^{h}ɤɯ^{55}	ŋɤɯ^{55}	xɤɯ^{31}
寿光	tsəu^{55}	ts^{h}əu^{21}	kəu^{213}	kəu^{55}	kəu^{21}	k^{h}əu^{55}	ŋəu^{55}	xəu^{21}
高青	tsou^{55}	ts^{h}ou^{41}	kou^{213}	kou^{55}	kou^{41}	k^{h}ou^{55}	ŋou^{55}	xou^{41}
阳信	tsou^{55}	ts^{h}ou^{31}	kou^{213}	kou^{55}	kou^{31}	k^{h}ou^{55}	ŋou^{55}	xou^{31}
济阳	tsou^{55}	ts^{h}ou^{31}	kou^{213}	kou^{55}	kou^{31}	k^{h}ou^{55}	ŋou^{55}	xou^{31}

续表

	0337走	0338凑	0339钩	0340狗	0341够	0342口	0343藕	0344后 前～
	流开一上侯精	流开一去侯清	流开一平侯见	流开一上侯见	流开一去侯见	流开一上侯溪	流开一上侯疑	流开一上侯匣
利津	tsou^{55}	ts^{h}ou^{31}	kou^{213}	kou^{55}	kou^{31}	k^{h}ou^{55}	ŋou^{55}	xou^{31}
乐陵	tsou^{55}	ts^{h}ou^{51}	kou^{24}	kou^{55}	kou^{51}	k^{h}ou^{55}	ŋou^{55}	xou^{51}
商河	tsou^{45}	ts^{h}ou^{31}	kou^{213}	kou^{45}	kou^{31}	k^{h}ou^{45}	ŋou^{45}	xou^{31}
平原	tsou^{55}	ts^{h}ou^{21}	kou^{213}	kou^{55}	kou^{21}	k^{h}ou^{55}	ŋou^{55}	xou^{21}
德州	tsou^{55}	ts^{h}ou^{21}	kou^{213}	kou^{55}	kou^{21}	k^{h}ou^{55}	ŋou^{55}	xou^{21}
武城	tsou^{55}	ts^{h}ou^{312}	kou^{224}	kou^{55}	kou^{312}	k^{h}ou^{55}	ŋou^{55}又 ou^{55}又	xou^{312}
临清	tsou^{44}	ts^{h}ou^{313}	kou^{13}	kou^{44}	kou^{313}	k^{h}ou^{44}	ŋou^{44}	xou^{313}
冠县	tsou^{55}	ts^{h}ou^{314}	kou^{13}	kou^{55}	kou^{314}	k^{h}ou^{55}	ɣou^{55}	xou^{314}
聊城	tsou^{44}	ts^{h}ou^{313}	kou^{13}	kou^{44}	kou^{313}	k^{h}ou^{44}	ɣou^{44}	xou^{313}
济南	tsou^{55}	ts^{h}ou^{21}	kou^{213}	kou^{55}	kou^{21}	k^{h}ou^{55}	ŋou^{55}	xou^{21}
泰安	tsou^{55}	ts^{h}ou^{21}	kou^{213}	kou^{55}	kou^{21}	k^{h}ou^{55}	ɣou^{55}	xou^{21}
莱芜	tsou^{55}	ts^{h}ou^{42}	kou^{213}	kou^{55}	kou^{42}	k^{h}ou^{55}	ŋou^{55}	xou^{42}
新泰	tθou^{55}	tθ^{h}ou^{31}	kou^{213}	kou^{55}	kou^{31}	k^{h}ou^{55}	ŋou^{55}	xou^{31}
沂源	tθou^{55}	tθ^{h}ou^{31}	kou^{213}	kou^{55}	kou^{31}	k^{h}ou^{55}	ŋou^{55}	xou^{31}
博山	tsəu^{55}	ts^{h}əu^{31}	kəu^{213}	kəu^{55}	kəu^{31}	k^{h}əu^{55}	ŋəu^{55}	xəu^{31}
张店	tsou^{55}	ts^{h}ou^{31}	kou^{213}	kou^{55}	kou^{31}	k^{h}ou^{55}	ŋou^{55}	xou^{31}
阳谷	tsou^{55}	ts^{h}ou^{313}	kou^{213}	kou^{55}	kou^{313}	k^{h}ou^{55}	ɣou^{55}	xou^{313}
梁山	tsou^{55}	ts^{h}ou^{314}	kou^{213}	kou^{55}	kou^{314}	k^{h}ou^{55}	ɣou^{55}	xou^{314}
菏泽	tsou^{44}	ts^{h}ou^{312}	kou^{213}	kou^{44}	kou^{312}	k^{h}ou^{44}	ɣou^{44}	xou^{312}
曹县	tsou^{44}	ts^{h}ou^{312}	kou^{213}	kou^{44}	kou^{312}	k^{h}ou^{44}	ɣou^{44}	xou^{312}
金乡	tsou^{55}	ts^{h}ou^{312}	kou^{213}	kou^{55}	kou^{312}	k^{h}ou^{55}	ɣou^{55}	xou^{312}
曲阜	tsou^{55}	ts^{h}ou^{312}	kou^{213}	kou^{55}	kou^{312}	k^{h}ou^{55}	ɣou^{55}	xou^{312}
薛城	tsou^{24}	ts^{h}ou^{41}	kou^{313}	kou^{24}	kou^{41}	k^{h}ou^{24}	ɣou^{24}	xou^{41}
郯城	tsəu^{24}	ts^{h}əu^{51}	kəu^{213}	kəu^{24}	kəu^{51}	k^{h}əu^{24}	əu^{24}	xəu^{51}
临沂	tsou^{55}	ts^{h}ou^{312}	kou^{214}	kou^{55}	kou^{312}	k^{h}ou^{55}	ɣou^{55}	xou^{312}

	0345厚	0346富	0347副	0348浮	0349妇	0350流	0351酒	0352修
	流开一 上侯匣	流开三 去尤非	流开三 去尤敷	流开三 平尤奉	流开三 上尤奉	流开三 平尤来	流开三 上尤精	流开三 平尤心
荣成	xəu^{33}	fu^{33}	fu^{33}	fu^{35}	fu^{53}	liəu^{33}	tsiəu^{214}	siəu^{53}
烟台	xou^{33}	fu^{33}	fu^{33}	fu^{33}	fu^{53}	liou^{33}	tɕiou^{14}	ɕiou^{53}
栖霞	xəu^{342}	fu^{52}	fu^{52}	fu^{342}	fu^{52}	liəu^{342}	tʃiəu^{214}	ʃiəu^{312}
长岛	xou^{52}	fu^{52}	fu^{52}	fu^{55}	fu^{52}	liou^{55}	tʃou^{213}	ʃou^{312}
海阳	xəu^{341}	fu^{341}	fu^{341}	fu^{341}	fu^{341}	liəu^{341}	tsiəu^{214}	siəu^{52}
莱西	xou^{42}	fu^{42}	fu^{42}	fu^{42}	fu^{42}	liou^{42}	tʃiou^{55}	ʃiou^{214}
平度	xou^{42}	fu^{42}	fu^{42}	fu^{213}	fu^{213}	liou^{42}	tsiou^{55}	siou^{213}
青岛	xou^{42}	fu^{42}	fu^{42}	fu^{42}	fu^{42}	liou^{42}	tsiou^{55}	siou^{213}
高密	xou^{21}	fu^{21}	fu^{21}	fu^{42}	fu^{21}	liou^{42}	tsiou^{55}	siou^{213}
诸城	xou^{31}	fu^{31}	fu^{31}	fu^{53}	fu^{31}	liou^{53}	tθiou^{44}	θiou^{213}
沂水	xou^{31}	fu^{31}	fu^{31}	fu^{53}	fu^{31}	liou^{53}	dziou^{44}	siou^{213}
临朐	xəu^{21}	fu^{21}	fu^{21}	fu^{53}	fu^{21}	liəu^{53}	tɕiəu^{44}	ɕiəu^{213}
日照	xou^{31}	fu^{31}	fu^{31}～局长 fu^{53}一～眼镜	fu^{53}	fu^{31}	liʊu^{44}	ȶiʊu^{44}	θiʊu^{213}
莒南	xou^{312}	fu^{312}	fu^{312}	fu^{53}	fu^{312}	liou^{53}	tsiou^{55}	siou^{213}
潍坊	xɤɯ^{31}	fu^{31}	fu^{31}	fu^{53}	fu^{31}	liɤɯ^{53}	tɕiɤɯ^{55}	ɕiɤɯ^{214}
寿光	xəu^{21}	fu^{21}	fu^{21}	fu^{53}	fu^{21}	liəu^{53}	tɕiəu^{55}	ɕiəu^{213}
高青	xou^{41}	fu^{41}	fu^{41}	fu^{55}	fu^{41}	liou^{55}	tɕiou^{55}	ɕiou^{213}
阳信	xou^{31}	fu^{31}	fu^{31}	fu^{43}	fu^{31}	liou^{43}	tɕiou^{55}	ɕiou^{213}
济阳	xou^{31}	fu^{31}	fu^{31}	fu^{55}	fu^{31}	liou^{55}	tɕiou^{55}	ɕiou^{213}
利津	xou^{31}	fu^{31}	fu^{31}	fu^{53}	fu^{31}	liou^{53}	tɕiou^{55}	ɕiou^{213}
乐陵	xou^{51}	fu^{51}	fu^{51}	fu^{55}	fu^{51}	liou^{55}	tɕiou^{55}	ɕiou^{24}
商河	xou^{31}	fu^{31}	fu^{31}	fu^{54}	fu^{31}	liou^{54}	tɕiou^{45}	ɕiou^{213}
平原	xou^{21}	fu^{21}	fu^{21}	fu^{42}	fu^{21}	liou^{42}	tɕiou^{55}	ɕiou^{213}
德州	xou^{21}	fu^{21}	fu^{21}	fu^{42}	fu^{21}	liou^{42}	tɕiou^{55}	ɕiou^{213}
武城	xou^{312}	fu^{312}	fu^{312}	fu^{53}	fu^{312}	liou^{53}	tɕiou^{55}	ɕiou^{224}
临清	xou^{313}	fu^{313}	fu^{313}	fu^{53}	fu^{313}	liou^{53}	tɕiou^{44}	ɕiou^{13}
冠县	xou^{314}	fu^{314}	fu^{314}	fu^{53}	fu^{13}	liou^{53}	tsiou^{55}	siou^{13}

续表

	0345厚	0346富	0347副	0348浮	0349妇	0350流	0351酒	0352修
	流开一 上侯匣	流开三 去尤非	流开三 去尤敷	流开三 平尤奉	流开三 上尤奉	流开三 平尤来	流开三 上尤精	流开三 平尤心
聊城	xou^{313}	fu^{313}	fu^{313}	fu^{53}	fu^{313}主～ fu^{13}～女	liou^{53}	tɕiou^{44}	ɕiou^{13}
济南	xou^{21}	fu^{21}	fu^{21}	fu^{42}	fu^{21}	liou^{42}	tɕiou^{55}	ɕiou^{213}
泰安	xou^{21}	fu^{21}	fu^{21}	fu^{42}	fu^{21}	liou^{42}	tɕiou^{55}	ɕiou^{213}
莱芜	xou^{42}	fu^{42}	fu^{42}	fu^{55}	fu^{42}	liou^{55}	tɕiou^{55}	ɕiou^{213}
新泰	xou^{31}	fu^{31}	fu^{31}	fu^{42}	fu^{31}	liou^{42}	tɕiou^{55}	ɕiou^{213}
沂源	xou^{31}	fu^{31}	fu^{31}	fu^{55}	fu^{31}	liou^{55}	tɕiou^{55}	ɕiou^{213}
博山	xəu^{31}	fu^{31}	fu^{31}	fu^{55}	fu^{31}	liəu^{55}	tɕiəu^{55}	ɕiəu^{213}
张店	xou^{31}	fu^{31}	fu^{31}	fu^{55}	fu^{31}	liou^{55}	tɕiou^{55}	ɕiou^{213}
阳谷	xou^{313}	fu^{313}	fu^{313}	fu^{42}	fu^{213}	liou^{42}	tɕiou^{55}	ɕiou^{213}
梁山	xou^{314}	fu^{314}	fu^{314}	fu^{42}	fu^{213}	liou^{42}	tɕiou^{55}	ɕiou^{213}
菏泽	xou^{312}	fu^{213}	fu^{312}	fu^{53}	fu^{213}	liou^{53}	tɕiou^{44}	ɕiou^{213}
曹县	xou^{312}	fu^{312}	fu^{312}	fu^{53}	fu^{213}	liou^{53}	tɕiou^{44}	ɕiou^{213}
金乡	xou^{312}	fu^{312}	fu^{312}	fu^{42}	fu^{312}	liou^{42}	tɕiou^{55}	ɕiou^{213}
曲阜	xou^{312}	fu^{312}	fu^{312}	fu^{42}	fu^{312}	liou^{42}	tɕiou^{55}	ɕiou^{213}
薛城	xou^{41}	fu^{41}	fu^{41}	fu^{55}	fu^{313}	liou^{55}	tɕiou^{24}	ɕiou^{313}
郯城	xəu^{51}	fu^{51}	fu^{51}	fu^{44}	fu^{51}	liəu^{44}	tɕiəu^{24}	ɕiəu^{213}
临沂	xou^{312}	fu^{312}	fu^{312}	fu^{53}	fu^{214}	liou^{53}	tɕiou^{55}	ɕiou^{214}

	0353袖	0354抽	0355绸	0356愁	0357瘦	0358州	0359臭 香～	0360手
	流开三 去尤邪	流开三 平尤彻	流开三 平尤澄	流开三 平尤崇	流开三 去尤生	流开三 平尤章	流开三 去尤昌	流开三 上尤书
荣成	siəu^{33}	tʃ^{h}əu^{53}	tʃ^{h}əu^{35}	tʂ^{h}əu^{35}	ʂəu^{33}	tʃəu^{53}	tʃ^{h}əu^{33}	ʃəu^{214}
烟台	ɕiou^{33}	tɕ^{h}iou^{53}	tɕ^{h}iou^{33}	ts^{h}ou^{33}	sou^{33}	tɕiou^{53}	tɕ^{h}iou^{33}	ɕiou^{14}
栖霞	ʃiəu^{342}	tʃ^{h}əu^{312}	tʃ^{h}əu^{342}	ts^{h}əu^{342}	səu^{52}	tʃəu^{312}	tʃ^{h}əu^{52}	ʃəu^{214}
长岛	ʃou^{52}	tʃ^{h}ou^{312}	tʃ^{h}ou^{55}	ts^{h}ou^{55}	sou^{52}	tʃou^{312}	tʃ^{h}ou^{52}	ʃou^{213}
海阳	siəu^{341}	ts^{h}əu^{52}	ts^{h}əu^{341}	tʂ^{h}əu^{341}	ʂəu^{341}	tsəu^{52}	ts^{h}əu^{341}	səu^{214}

续表

	0353袖	0354抽	0355绸	0356愁	0357瘦	0358州	0359臭 香～	0360手
	流开三 去尤邪	流开三 平尤彻	流开三 平尤澄	流开三 平尤崇	流开三 去尤生	流开三 平尤章	流开三 去尤昌	流开三 上尤书
莱西	ʃiou^{42}	tʃʰiou^{214}	tʃʰiou^{42}	tsʰou^{42}	sou^{42}	tʃiou^{214}	tʃʰiou^{42}	ʃiou^{55}
平度	siou^{42}	tʃʰou^{213}	tʃʰou^{42}	tʂʰou^{42}	ʂou^{42}	tʃou^{213}	tʃʰou^{42}	ʃou^{55}
青岛	siou^{42}	tʃʰou^{213}	tʃʰou^{42}	tʂʰou^{42}	ʂou^{42}	tʃou^{213}	tʃʰou^{42}	ʃou^{55}
高密	siou^{21}	tʃʰou^{213}	tʃʰou^{42}	tʂʰou^{42}	ʂou^{21}	tʃou^{213}	tʃʰou^{21}	ʃou^{55}
诸城	θiou^{31}	tʃʰou^{213}	tʃʰou^{53}	tʂʰou^{53}	ʂou^{31}	tʃou^{213}	tʃʰou^{31}	ʃou^{44}
沂水	siou^{31}	tʃʰou^{213}	tʃʰou^{53}	tʂʰou^{53}	ʂou^{31}	dʒou^{213}	tʃʰou^{31}	ʃou^{44}
临朐	ɕiəu^{21}	tʃʰəu^{213}	tʃʰəu^{53}	tʂʰəu^{53}	ʂəu^{21}	tʃəu^{213}	tʃʰəu^{21}	ʃəu^{44}
日照	θiou^{31}	tʃʰiou^{213}	tʃʰiou^{53}	tʂʰou^{53}	ʂou^{31}	tʃiou^{213}	tʃʰiou^{31}	ʃiou^{44}
莒南	siou^{312}	tʃʰou^{213}	tʃʰou^{53}	tʂʰou^{53}	ʂou^{312}	tʂou^{213}	tʂʰou^{312}	ʃou^{55}
潍坊	ɕiɤɯ^{31}	tʂʰɤɯ^{214}	tʂʰɤɯ^{53}	tʂʰɤɯ^{53}	ʂɤɯ^{31}	tʂɤɯ^{214}	tʂʰɤɯ^{31}	ʂɤɯ^{55}
寿光	ɕiəu^{21}	tʂʰəu^{213}	tʂʰəu^{53}	tʂʰəu^{53}	ʂəu^{21}	tʂəu^{213}	tʂʰəu^{21}	ʂəu^{55}
高青	ɕiou^{41}	tʂʰou^{213}	tʂʰou^{55}	tʂʰou^{55}	ʂou^{41}	tʂou^{213}	tʂʰou^{41}	ʂou^{55}
阳信	ɕiou^{31}	tʂʰou^{213}	tʂʰou^{43}	tʂʰou^{43}	ʂou^{31}	tʂou^{213}	tʂʰou^{31}	ʂou^{55}
济阳	ɕiou^{31}	tʂʰou^{213}	tʂʰou^{55}	tʂʰou^{55}	ʂou^{31}	tʂou^{213}	tʂʰou^{31}	ʂou^{55}
利津	ɕiou^{31}	tʂʰou^{213}	tʂʰou^{53}	tʂʰou^{53}	ʂou^{31}	tʂou^{213}	tʂʰou^{31}	ʂou^{55}
乐陵	ɕiou^{51}	tʂʰou^{24}	tʂʰou^{55}	tsʰou^{55}	sou^{51}	tʂou^{24}	tʂʰou^{51}	ʂou^{55}
商河	ɕiou^{31}	tʂʰou^{213}	tʂʰou^{54}	tsʰou^{54}	sou^{31}	tʂou^{213}	tʂʰou^{31}	ʂou^{45}
平原	ɕiou^{21}	tʂʰou^{213}	tʂʰou^{42}	tsʰou^{42}	sou^{21}	tʂou^{213}	tʂʰou^{21}	ʂou^{55}
德州	ɕiou^{21}	tʂʰou^{213}	tʂʰou^{42}	tʂʰou^{42}	ʂou^{21}	tʂou^{213}	tʂʰou^{21}	ʂou^{55}
武城	ɕiou^{312}	tʂʰou^{224}	tʂʰou^{53}	tʂʰou^{53}	ʂou^{312}	tʂou^{224}	tʂʰou^{312}	ʂou^{55}
临清	ɕiou^{313}	tʂʰou^{13}	tʂʰou^{53}	tʂʰou^{53}	ʂou^{313}	tʂou^{13}	tʂʰou^{313}	ʂou^{44}
冠县	siou^{314}	tʂʰou^{13}	tʂʰou^{53}	tʂʰou^{53}	ʂou^{314}	tʂou^{13}	tʂʰou^{314}	ʂou^{55}
聊城	ɕiou^{313}	tsʰou^{13}	tsʰou^{53}	tsʰou^{53}	sou^{313}	tsou^{13}	tsʰou^{313}	sou^{44}
济南	ɕiou^{21}	tʂʰou^{213}	tʂʰou^{42}	tʂʰou^{42}	ʂou^{21}	tʂou^{213}	tʂʰou^{21}	ʂou^{55}
泰安	ɕiou^{21}	tʂʰou^{213}	tʂʰou^{42}	tʂʰou^{42}	ʂou^{21}	tʂou^{213}	tʂʰou^{21}	ʂou^{55}
莱芜	ɕiou^{42}	tʃʰou^{213}	tʃʰou^{55}	tʃʰou^{55}	ʃou^{42}	tʃou^{213}	tʃʰou^{42}	ʃou^{55}

续表

	0353袖	0354抽	0355绸	0356愁	0357瘦	0358州	0359臭 香～	0360手
	流开三 去尤邪	流开三 平尤彻	流开三 平尤澄	流开三 平尤崇	流开三 去尤生	流开三 平尤章	流开三 去尤昌	流开三 上尤书
新泰	ɕiou^{31}	ʃou^{213}白 tʃ^{h}ou^{213}文	tʃ^{h}ou^{42}	tʃ^{h}ou^{42}	ʃou^{31}	tʃou^{213}	tʃ^{h}ou^{31}	ʃou^{55}
沂源	ɕiou^{31}	tʃ^{h}ou^{213}	tʃ^{h}ou^{55}	tʃ^{h}ou^{55}	ʃou^{31}	tʃou^{213}	tʃ^{h}ou^{31}	ʃou^{55}
博山	ɕiəu^{31}	tʂ^{h}əu^{213}	tʂ^{h}əu^{55}	tʂ^{h}əu^{55}	ʂəu^{31}	tʂəu^{213}	tʂ^{h}əu^{31}	ʂəu^{55}
张店	ɕiou^{31}	tʂ^{h}ou^{213}	tʂ^{h}ou^{55}	tʂ^{h}ou^{55}	ʂou^{31}	tʂou^{213}	tʂ^{h}ou^{31}	ʂou^{55}
阳谷	ɕiou^{313}	ts^{h}ou^{213}	ts^{h}ou^{42}	ts^{h}ou^{42}	sou^{313}	tsou^{213}	ts^{h}ou^{313}	sou^{55}
梁山	ɕiou^{314}	ts^{h}ou^{213}	ts^{h}ou^{42}	ts^{h}ou^{42}	sou^{314}	tsou^{213}	ts^{h}ou^{314}	sou^{55}
菏泽	ɕiou^{312}	ts^{h}ou^{213}	ts^{h}ou^{53}	ts^{h}ou^{53}	sou^{312}	tsou^{213}	ts^{h}ou^{312}	sou^{44}
曹县	ɕiou^{312}	tʂ^{h}ou^{213}	tʂ^{h}ou^{53}	ts^{h}ou^{53}	sou^{312}	tʂou^{213}	tʂ^{h}ou^{312}	ʂou^{44}
金乡	ɕiou^{312}	ts^{h}ou^{213}	ts^{h}ou^{42}	ts^{h}ou^{42}	sou^{312}	tsou^{213}	ts^{h}ou^{312}	sou^{55}
曲阜	ɕiou^{312}	ts^{h}ou^{213}	ts^{h}ou^{42}	ts^{h}ou^{42}	sou^{312}	tsou^{213}	ts^{h}ou^{312}	sou^{55}
薛城	ɕiou^{41}	ts^{h}ou^{313}	ts^{h}ou^{55}	ts^{h}ou^{55}	sou^{41}	tsou^{313}	ts^{h}ou^{41}	sou^{24}
郯城	ɕiəu^{51}	tʂ^{h}əu^{213}	tʂ^{h}əu^{44}	tʂ^{h}əu^{44}	ʂəu^{51}	tʂəu^{213}	tʂ^{h}əu^{51}	ʂəu^{24}
临沂	ɕiou^{312}	tʃ^{h}ou^{214}	tʃ^{h}ou^{53}	tʃ^{h}ou^{53}	ʃou^{312}	tʃou^{214}	tʃ^{h}ou^{312}	ʃou^{55}

	0361寿	0362九	0363球	0364舅	0365旧	0366牛	0367休	0368优
	流开三 去尤禅	流开三 上尤见	流开三 平尤群	流开三 上尤群	流开三 去尤群	流开三 平尤疑	流开三 平尤晓	流开三 平尤影
荣成	ʃəu^{33}	ciəu^{214}	c^{h}iəu^{35}	ci^{33}又 ciəu^{33}又	ciəu^{33}	əu^{53}又 niəu^{53}又	çiəu^{53}	iəu^{53}
烟台	ɕiou^{33}	tɕiou^{14}	tɕ^{h}iou^{33}	tɕiou^{33}	tɕiou^{33}	ȵiou^{53}	ɕiou^{53}	iou^{53}
栖霞	ʃəu^{52}	ciəu^{214}	c^{h}iəu^{342}	ciəu^{52}	ciəu^{342}	ȵyŋ^{312}	çiəu^{312}	iəu^{312}
长岛	ʃou^{52}	ciou^{213}	c^{h}iou^{55}	ciou^{52}	ciou^{52}	ȵiou^{55}	çiou^{312}	iou^{312}
海阳	səu^{341}	ciəu^{214}	c^{h}iəu^{341}	ciəu^{341}	ciəu^{341}	ȵyŋ^{52}	çiəu^{52}	iəu^{52}
莱西	ʃiou^{42}	ciou^{55}	c^{h}iou^{42}	ciou^{42}	ciou^{42}	ȵiou^{214}	çiou^{55}	iou^{214}
平度	ʃou^{42}	ciou^{55}	c^{h}iou^{42}	ciou^{42}	ciou^{42}	ȵiou^{42}	çiou^{213}	iou^{213}
青岛	ʃou^{42}	tɕiou^{55}	tɕ^{h}iou^{42}	tɕiou^{42}	tɕiou^{42}	ȵiou^{42}	ɕiou^{213}	iou^{213}

续表

	0361寿	0362九	0363球	0364舅	0365旧	0366牛	0367休	0368优
	流开三 去尤禅	流开三 上尤见	流开三 平尤群	流开三 上尤群	流开三 去尤群	流开三 平尤疑	流开三 平尤晓	流开三 平尤影
高密	ʃou²¹	tɕiou⁵⁵	tɕʰiou⁴²	tɕiou²¹	tɕiou²¹	iou⁴² 白 ȵiou⁴² 文	ɕiou²¹³	iou²¹³
诸城	ʃou³¹	tʃou⁴⁴	tʃʰou⁵³	tʃou³¹	tʃou³¹	iou⁵³ 白，放～ ȵiou⁵³ 文，～肉	ʃou²¹³	iou²¹³
沂水	ʃou³¹	tɕiou⁴⁴	tɕʰiou⁵³	tɕiou³¹	tɕiou³¹	iou⁵³ 老 niou⁵³ 新	ɕiou²¹³	iou²¹³
临朐	ʃəu²¹	tɕiəu⁴⁴	tɕʰiəu⁵³	tɕiəu²¹	tɕiəu²¹	iəu⁵³ 白 ȵiəu⁵³ 文	ɕiəu²¹³	iəu²¹³
日照	ʃiou³¹	tʃiou⁴⁴	tʃʰiou⁵³	tʃiou³¹	tʃiou³¹	iou⁵³ 白，放～ niou⁵³ 文，～肉	ʃiou²¹³	iou²¹³
莒南	ʃou³¹²	tɕiou⁵⁵	tɕʰiou⁵³	tɕiou³¹²	tɕiou³¹²	niou⁵³	ɕiou²¹³	iou²¹³
潍坊	ʂɤɯ³¹	tɕiɤɯ⁵⁵	tɕʰiɤɯ⁵³	tɕiɤɯ³¹	tɕiɤɯ³¹	ȵiɤɯ⁵³	ɕiɤɯ²¹⁴	iɤɯ²¹⁴
寿光	ʂəu²¹	tɕiəu⁵⁵	tɕʰiəu⁵³	tɕiəu²¹	tɕiəu²¹	iəu⁵³ 老 ȵiəu⁵³ 新	ɕiəu²¹³～息 xəu²¹³ 副词：不要	iəu²¹³
高青	ʂou⁴¹	tɕiou⁵⁵	tɕʰiou⁵⁵	tɕiou⁴¹	tɕiou⁴¹	ȵiou⁵⁵	ɕiou²¹³	iou²¹³
阳信	ʂou³¹	tɕiou⁵⁵	tɕʰiou⁴³	tɕiou³¹	tɕiou³¹	ȵiou⁴³	ɕiou²¹³	iou²¹³
济阳	ʂou³¹	tɕiou⁵⁵	tɕʰiou⁵⁵	tɕiou³¹	tɕiou³¹	ȵiou⁵⁵	ɕiou²¹³	iou²¹³
利津	ʂou³¹	tɕiou⁵⁵	tɕʰiou⁵³	tɕiou³¹	tɕiou³¹	ȵiou⁵³	ɕiou²¹³	iou²¹³
乐陵	ʂou⁵¹	tɕiou⁵⁵	tɕʰiou⁵⁵	tɕiou⁵¹	tɕiou⁵¹	ȵiou⁵⁵	ɕiou²⁴	iou²⁴
商河	ʂou³¹	tɕiou⁴⁵	tɕʰiou⁵⁴	tɕiou³¹	tɕiou³¹	ȵiou⁵⁴	ɕiou²¹³	iou²¹³
平原	ʂou²¹	tɕiou⁵⁵	tɕʰiou⁴²	tɕiou²¹	tɕiou²¹	ȵiou⁴²	ɕiou²¹³	iou²¹³
德州	ʂou²¹	tɕiou⁵⁵	tɕʰiou⁴²	tɕiou²¹	tɕiou²¹	ȵiou⁴²	ɕiou²¹³	iou²¹³
武城	ʂou³¹²	tɕiou⁵⁵	tɕʰiou⁵³	tɕiou³¹²	tɕiou³¹²	ȵiou⁵³	ɕiou²²⁴	iou²²⁴
临清	ʂou³¹³	tɕiou⁴⁴	tɕʰiou⁵³	tɕiou³¹³	tɕiou³¹³	ȵiou⁵³	ɕiou¹³	iou¹³
冠县	ʂou³¹⁴	tɕiou⁵⁵	tɕʰiou⁵³	tɕiou³¹⁴	tɕiou³¹⁴	ȵiou⁵³	ɕiou¹³	iou¹³
聊城	sou³¹³	tɕiou⁴⁴	tɕʰiou⁵³	tɕiou³¹³	tɕiou³¹³	ȵiou⁵³	ɕiou¹³	iou¹³
济南	ʂou²¹	tɕiou⁵⁵	tɕʰiou⁴²	tɕiou²¹	tɕiou²¹	ȵiou⁴²	ɕiou²¹³	iou²¹³
泰安	ʂou²¹	tɕiou⁵⁵	tɕʰiou⁴²	tɕiou²¹	tɕiou²¹	ȵiou⁴²	ɕiou²¹³	iou²¹³

续表

	0361寿	0362九	0363球	0364舅	0365旧	0366牛	0367休	0368优
	流开三 去尤禅	流开三 上尤见	流开三 平尤群	流开三 上尤群	流开三 去尤群	流开三 平尤疑	流开三 平尤晓	流开三 平尤影
莱芜	ʃou^{42}	tɕiou^{55}	tɕ^{h}iou^{55}	tɕiou^{42}	tɕiou^{42}	ȵiou^{55}	ɕiou^{213}	iou^{213}
新泰	ʃou^{31}	tɕiou^{55}	tɕ^{h}iou^{42}	tɕiou^{31}	tɕiou^{31}	ȵiou^{42}	ɕiou^{213}	iou^{213}
沂源	ʃou^{31}	tɕiou^{55}	tɕ^{h}iou^{55}	tɕiou^{31}	tɕiou^{31}	iou^{55}	ɕiou^{213}	iou^{213}
博山	ʂəu^{31}	tɕiəu^{55}	tɕ^{h}iəu^{55}	tɕiəu^{31}	tɕiəu^{31}	ȵiəu^{55}	ɕiəu^{213}	iəu^{213}
张店	ʂou^{31}	tɕiou^{55}	tɕ^{h}iou^{55}	tɕiou^{31}	tɕiou^{31}	ȵiou^{55}	ɕiou^{213}	iou^{213}
阳谷	sou^{313}	tɕiou^{55}	tɕ^{h}iou^{42}	tɕiou^{313}	tɕiou^{313}	ȵiou^{42}	ɕiou^{213}	iou^{213}
梁山	sou^{314}	tɕiou^{55}	tɕ^{h}iou^{42}	tɕiou^{314}	tɕiou^{314}	ȵiou^{42}	ɕiou^{213}	iou^{213}
菏泽	sou^{312}	tɕiou^{44}	tɕ^{h}iou^{53}	tɕiou^{312}	tɕiou^{312}	ȵiou^{53}	ɕiou^{213}	iou^{213}
曹县	ʂou^{312}	tɕiou^{44}	tɕ^{h}iou^{53}	tɕiou^{312}	tɕiou^{312}	ȵiou^{53}	ɕiou^{213}	iou^{213}
金乡	sou^{312}	tɕiou^{55}	tɕ^{h}iou^{42}	tɕiou^{312}	tɕiou^{312}	ȵiou^{42}	ɕiou^{213}	iou^{213}
曲阜	sou^{312}	tɕiou^{55}	tɕ^{h}iou^{42}	tɕiou^{312}	tɕiou^{312}	ȵiou^{42}	ɕiou^{213}	iou^{213}
薛城	sou^{41}	tɕiou^{24}	tɕ^{h}iou^{55}	tɕiou^{41}	tɕiou^{41}	ȵiou^{55}	ɕiou^{313}	iou^{313}
郯城	ʂəu^{51}	tɕiəu^{24}	tɕ^{h}iəu^{44}	tɕiəu^{51}	tɕiəu^{51}	ȵiəu^{44}	ɕiəu^{213}	iəu^{213}
临沂	ʃou^{312}	tɕiou^{55}	tɕ^{h}iou^{53}	tɕiou^{312}	tɕiou^{312}	ȵiou^{53}	ɕiou^{214}	iou^{214}

	0369有	0370右	0371油	0372丢	0373幼	0374贪	0375潭	0376南
	流开三 上尤云	流开三 去尤云	流开三 平尤以	流开三 平幽端	流开三 去幽影	咸开一 平覃透	咸开一 平覃定	咸开一 平覃泥
荣成	iəu^{214}	iəu^{33}	iəu^{53}	tiəu^{53}	iəu^{33}	t^{h}an^{53}	t^{h}an^{35}	nan^{53}
烟台	iou^{14}	iou^{33}	iou^{53}	tiou^{53}	iou^{33}	t^{h}an^{53}	t^{h}an^{33}	nan^{53}
栖霞	iəu^{214}	iəu^{52}	iəu^{312}	tiəu^{312}	iəu^{52}	t^{h}ãn^{52}	t^{h}ãn^{342}	nãn^{312}
长岛	iou^{213}	iou^{52}	iou^{55}	tiou^{312}	iou^{52}	t^{h}an^{312}	t^{h}an^{55}	nan^{55}
海阳	iəu^{214}	iəu^{341}	iəu^{52}	tiəu^{52}	iəu^{341}	t^{h}ã^{52}	t^{h}ã^{341}	nã^{52}
莱西	iou^{55}	iou^{42}	iou^{214}	tiou^{214}	iou^{42}	t^{h}ã^{214}	t^{h}ã^{42}	nã^{214}
平度	iou^{55}	iou^{42}	iou^{42}	tiou^{213}	iou^{213}	t^{h}ã^{213}	t^{h}ã^{42}	nã^{42}
青岛	iou^{55}	iou^{42}	iou^{42}	tiou^{213}	iou^{42}	t^{h}ã^{213}	t^{h}ã^{42}	nã^{42}

续表

	0369有	0370右	0371油	0372丢	0373幼	0374贪	0375潭	0376南
	流开三 上尤云	流开三 去尤云	流开三 平尤以	流开三 平幽端	流开三 去幽影	咸开一 平覃透	咸开一 平覃定	咸开一 平覃泥
高密	iou^{55}	iou^{21}	iou^{42}	tiou^{213}	iou^{21}	tʰã^{213}	tʰã^{42}	nã^{42}
诸城	iou^{44}	iou^{31}	iou^{53}	ȶiou^{213}	iou^{31}	tʰã^{213}	tʰã^{53}	nã^{53}
沂水	iou^{44}	iou^{31}	iou^{53}	tiou^{213}	iou^{31}	tʰã^{213}	tʰã^{53}	nã^{53}
临朐	iəu^{44}	iəu^{21}	iəu^{53}	tiəu^{213}	iəu^{21}	tʰã^{213}	tʰã^{53}	nã^{53}
日照	iou^{44}	iou^{31}	iou^{53}	tiou^{213}	iou^{31}	tʰã^{213}	tʰã^{53}	nã^{53}
莒南	iou^{55}	iou^{312}	iou^{53}	tiou^{213}	iou^{312}	tʰã^{213}	tʰã^{53}	nã^{53}
潍坊	iɤɯ^{55}	ʐɤɯ^{31} 又 iɤɯ^{31} 又	iɤɯ^{53}	tiɤɯ^{214}	iɤɯ^{31}	tʰã^{214}	tʰã^{53}	nã^{53}
寿光	iəu^{55}	iəu^{21}	iəu^{53}	tiəu^{213}	iəu^{21}	tʰã^{213}	tʰã^{53}	nã^{53}
高青	iou^{55}	iou^{41}	iou^{55}	tiou^{213}	iou^{41}	tʰã^{213}	tʰã^{55}	nã^{55}
阳信	iou^{55}	iou^{31}	iou^{43}	tiou^{213}	iou^{31}	tʰã^{213}	tʰã^{43}	nã^{43}
济阳	iou^{55}	iou^{31}	iou^{55}	tiou^{213}	iou^{31}	tʰã^{213}	tʰã^{55}	nã^{55}
利津	iou^{55}	iou^{31}	iou^{53}	tiou^{213}	iou^{31}	tʰã^{213}	tʰã^{53}	nã^{53}
乐陵	iou^{55}	iou^{51}	iou^{55}	tiou^{24}	iou^{51}	tʰã^{24}	tʰã^{55}	nã^{55}
商河	iou^{45}	iou^{31}	iou^{54}	tiou^{213}	iou^{31}	tʰã^{213}	tʰã^{54}	nã^{54}
平原	iou^{55}	iou^{21}	iou^{42}	tiou^{213}	iou^{21}	tʰã^{213}	tʰã^{42}	nã^{42}
德州	iou^{55}	iou^{21}	iou^{42}	tiou^{213}	iou^{21}	tʰã^{213}	tʰã^{42}	nã^{42}
武城	iou^{55}	iou^{312}	iou^{53}	tiou^{224}	iou^{312}	tʰã^{224}	tʰã^{53}	nã^{53}
临清	iou^{44}	iou^{313}	iou^{53}	tiou^{13}	iou^{313}	tʰan^{13}	tʰan^{53}	nan^{53}
冠县	iou^{55}	iou^{314}	iou^{53}	tiou^{13}	iou^{314}	tʰã^{13}	tʰã^{53}	nã^{53}
聊城	iou^{44}	iou^{313}	iou^{53}	tiou^{13}	iou^{313}	tʰã^{13}	tʰã^{53}	nã^{53}
济南	iou^{55}	iou^{21}	iou^{42}	tiou^{213}	iou^{21}	tʰã^{213}	tʰã^{42}	nã^{42}
泰安	iou^{55}	iou^{21}	iou^{42}	tiou^{213}	iou^{21}	tʰã^{213}	tʰã^{42}	nã^{42}
莱芜	iou^{55}	iou^{42}	iou^{55}	tiou^{213}	iou^{42}	tʰã^{213}	tʰã^{55}	nã^{55}
新泰	iou^{55}	iou^{31}	iou^{42}	tiou^{213}	iou^{31}	tʰã^{213}	tʰã^{42}	nã^{42}
沂源	iou^{55}	iou^{31}	iou^{55}	tiou^{213}	iou^{31}	tʰã^{213}	tʰã^{55}	nã^{55}

续表

	0369有	0370右	0371油	0372丢	0373幼	0374贪	0375潭	0376南
	流开三 上尤云	流开三 去尤云	流开三 平尤以	流开三 平幽端	流开三 去幽影	咸开一 平覃透	咸开一 平覃定	咸开一 平覃泥
博山	iəu^{55}	iəu^{31}	iəu^{55}	tiəu^{213}	iəu^{31}	t^{h}ã^{213}	t^{h}ã^{55}	nã^{55}
张店	iou^{55}	iou^{31}	iou^{55}	tiou^{213}	iou^{31}	t^{h}ã^{213}	t^{h}ã^{55}	nã^{55}
阳谷	iou^{55}	iou^{313}	iou^{42}	tiou^{213}	iou^{313}	t^{h}ã^{213}	t^{h}ã^{42}	nã^{42}
梁山	iou^{55}	iou^{314}	iou^{42}	tiou^{213}	iou^{314}	t^{h}ã^{213}	t^{h}ã^{42}	nã^{42}
菏泽	iou^{44}	iou^{312}	iou^{53}	tiou^{213}	iou^{312}	t^{h}ã^{213}	t^{h}ã^{53}	nã^{53}
曹县	iou^{44}	iou^{312}	iou^{53}	tiou^{213}	iou^{312}	t^{h}ã^{213}	t^{h}ã^{53}	nã^{53}
金乡	iou^{55}	iou^{312}	iou^{42}	tiou^{213}	iou^{312}	t^{h}ã^{213}	t^{h}ã^{42}	nã^{42}
曲阜	iou^{55}	iou^{312}	iou^{42}	tiou^{213}	iou^{312}	t^{h}ã^{213}	t^{h}ã^{42}	nã^{42}
薛城	iou^{24}	iou^{41}	iou^{55}	tiou^{313}	iou^{41}	t^{h}ã^{313}	t^{h}ã^{55}	nã^{55}
郯城	iəu^{24}	iəu^{51}	iəu^{44}	tiəu^{213}	iəu^{51}	t^{h}ã^{213}	t^{h}ã^{44}	nã^{44}
临沂	iou^{55}	iou^{312}	iou^{53}	tiou^{214}	iou^{312}	t^{h}ã^{214}	t^{h}ã^{53}	nã^{53}

	0377蚕	0378感	0379含 ～一口水	0380暗	0381搭	0382踏	0383拉	0384杂
	咸开一 平覃从	咸开一 上覃见	咸开一 平覃匣	咸开一 去覃影	咸开一 入合端	咸开一 入合透	咸开一 入合来	咸开一 入合从
荣成	ts^{h}an^{35}	kan^{214}	xan^{35}	an^{33}	ta^{214}	t^{h}a^{214}	la^{214}	tsa^{33}
烟台	ts^{h}an^{33}	kan^{14}	xan^{33}	an^{33}	ta^{14}	t^{h}a^{14}	la^{14}	tsa^{33}
栖霞	ts^{h}ãn^{342}	kãn^{214}	xãn^{342}	ãn^{52}	ta^{214}	t^{h}a^{214}	la^{214}	tsa^{342}
长岛	ts^{h}an^{55}	kan^{213}	xan^{55}	an^{52}	ta^{213}	t^{h}a^{213}	la^{213}	tsa^{55}
海阳	tθ^{h}ã^{341}	kã^{214}	xã^{341}	ã^{341}	ta^{214}	t^{h}a^{214}	la^{214}	tθa^{341}
莱西	ts^{h}ã^{42}	kã^{55}	xã^{42}	ã^{42}	ta^{55}	tsa^{214}白① t^{h}a^{42}文	la^{55}	tsa^{42}

① 山东方言中表“踏”义但读音同“渣”的词，其本字应该不是“踏”。在清入字读上声的胶辽官话区，该字也是读阴平而不读上声，可见其读音只相当于阴平而不同于清入（“踏”为古清入字）。本字待考。此处“踏”字记为꜀tʂa或꜀tsa者，可视为训读。本书《词汇卷》中此词记为“蹅”。

续表

	0377蚕	0378感	0379含 ～一口水	0380暗	0381搭	0382踏	0383拉	0384杂
	咸开一 平覃从	咸开一 上覃见	咸开一 平覃匣	咸开一 去覃影	咸开一 入合端	咸开一 入合透	咸开一 入合来	咸开一 入合从
平度	tθʰã^{42}	kã^{55}	xã^{42}	ã^{42}	ta^{55}	tʂa^{213}白 tʰa^{55}文	la^{55}	tθa^{42}
青岛	tθʰã^{42}	kã^{55}	xã^{42}	ã^{42}	tɑ^{55}	tʂɑ^{213}白 tʰɑ^{42}文	lɑ^{55}	tθɑ^{42}
高密	tθʰã^{42}	kã^{55}	xã^{42}	ã^{21}	tɑ^{55}	tʂɑ^{213}白 tʰɑ^{55}文	lɑ^{55}	tθɑ^{42}
诸城	tθʰã^{53}	kã^{44}	xã^{53}	ŋã^{31}	ta^{44}	tʂa^{213}	la^{44}	tθa^{53}
沂水	tθʰã^{53}	kã^{44}	xẽ^{53}白 xã^{53}文	ŋã^{31}	ta^{44}	tʂa^{213}老 tʰa^{44}新	la^{44}又 la^{53}又	dða^{53}
临朐	tθʰã^{53}	kã^{44}	xə̃^{53}	ŋã^{21}	ta^{44}	tʂa^{213}	la^{213}	tθa^{53}
日照	tθʰã^{53}	kã^{44}	xẽ^{53}～食 xã^{53}包～	ŋã^{31}	tɑ^{44}	tʂɑ^{213}脚～车 tʰɑ^{213}～实	lɑ^{213}	tθɑ^{53}
莒南	tθʰã^{53}	kã^{55}	xã^{53}	ã^{312}	ta^{213}	tʂa^{312}	la^{213}	tθa^{53}
潍坊	tsʰã^{53}	kã^{55}	xã^{53}	ŋã^{31}	tɑ^{214}	tʂɑ^{214}白 tʰɑ^{214}文	lɑ^{214}	tsɑ^{53}
寿光	tsʰã^{53}	kã^{55}	xã^{53}	ŋã^{21}	ta^{55}	tʂa^{213}	la^{21}又 la^{213}又	tsa^{53}
高青	tsʰã^{55}	kã^{55}	xã^{55}	ŋã^{41}	tɑ^{213}	tʰɑ^{213}	lɑ^{213}	tsɑ^{55}
阳信	tsʰã^{43}	kã^{55}	xə̃^{43}	ŋã^{31}	ta^{213}	tʰa^{213}	la^{213}～起来 la^{43}～锯	tsa^{43}
济阳	tsʰã^{55}	kã^{55}	xẽ^{55}	ŋã^{31}	ta^{213}	tʂa^{213}	la^{213}	tsa^{55}
利津	tsʰã^{53}	kã^{55}	xẽ^{53}老 xã^{53}新	ŋã^{31}	ta^{44}	tʂa^{213}脚～车 tʰa^{44}～步	la^{213}	tsa^{53}
乐陵	tsʰã^{55}	kã^{55}	xẽ^{55}老 xã^{55}新	ŋã^{51}	tɑ^{24}	tsɑ^{24}又 tʰɑ^{24}又	lɑ^{24}	tsɑ^{55}
商河	tsʰã^{54}	kã^{45}	xẽ^{54}又 xã^{54}又	ŋã^{31}	tɑ^{45}	tʰɑ^{45}	lɑ^{213}	tsɑ^{54}
平原	tsʰã^{42}	kã^{55}	xẽ^{42}老 xã^{42}新	ŋã^{21}	ta^{213}	tʰa^{213}	la^{213}	tsa^{42}
德州	tsʰã^{42}	kã^{55}	xã^{42}	ŋã^{21}	ta^{213}	tʰa^{213}	la^{213}	tsa^{42}

续表

	0377蚕	0378感	0379含 ～一口水	0380暗	0381搭	0382踏	0383拉	0384杂
	咸开一 平覃从	咸开一 上覃见	咸开一 平覃匣	咸开一 去覃影	咸开一 入合端	咸开一 入合透	咸开一 入合来	咸开一 入合从
武城	tsʰã^{53}	kã^{55}	xẽ^{53}老 xã^{53}新	ŋã^{312}	ta^{224}	tʰa^{224}	la^{224}～车 la^{53}～锯	tsa^{53}
临清	tsʰan^{53}	kan^{44}	xen^{53}又 xan^{53}又	ŋan^{313}	ta^{13}	tʰa^{13}	la^{13}	tsa^{53}
冠县	tsʰã^{53}	kã^{55}	xã^{53}	ɣã^{314}	ta^{13}	tʰa^{13}	la^{13}	tsa^{53}
聊城	tsʰã^{53}	kã^{44}	xã^{53}	ɣã^{313}	ta^{13}	tʰa^{13}	la^{13}	tsa^{53}
济南	tsʰã^{42}	kã^{55}	xẽ^{42}白，～着 xã^{42}文	ŋã^{21}	ta^{213}	tʂa^{213}	la^{213}	tsa^{42}
泰安	tsʰã^{42}	kã^{55}	xẽ^{42}白 xã^{42}文	ɣã^{21}	ta^{213}	tʰa^{213}	la^{213}	tsa^{42}
莱芜	tsʰã^{55}	kã^{55}	xã^{55}	ŋã^{42}	ta^{55}	tʰa^{213}	la^{213}	tsa^{55}
新泰	tθʰã^{42}	kã^{55}	xã^{42}	ŋã^{31}	ta^{213}	tʰa^{213}	la^{213}	tθa^{42}
沂源	tθʰã^{55}	kã^{55}	xã^{55}	ŋã^{31}	ta^{213}	tʃa^{213}	la^{213}	tθa^{55}
博山	tsʰã^{55}	kã^{55}	xẽ^{55}	ŋã^{31}	tɑ^{213}	tʂɑ^{213}	lɑ^{213}	tsɑ^{55}
张店	tsʰã^{55}	kã^{55}	xə̃^{55}又 xã^{55}又	ŋã^{31}	tɑ^{33}	tʂɑ^{213}	lɑ^{33}	tsɑ^{55}
阳谷	tsʰã^{42}	kã^{55}	xã^{42}	ɣã^{313}	ta^{213}	tʰa^{213}	la^{213}	tsa^{42}
梁山	tsʰã^{42}	kã^{55}	xã^{42}	ɣã^{314}	ta^{213}	tʰa^{213}	la^{213}	tsa^{42}
菏泽	tsʰã^{53}	kã^{44}	xã^{53}	ɣã^{312}	ta^{213}	tʰa^{213}	la^{213}	tsa^{53}
曹县	tʂʰã^{53}	kã^{44}	xã^{53}	ɣã^{312}	ta^{213}	tʰa^{213}	la^{213}	tsa^{53}
金乡	tsʰã^{42}	kã^{55}	xã^{42}	ɣã^{312}	ta^{213}	tʰa^{213}	la^{213}	tsa^{42}
曲阜	tsʰã^{42}	kã^{55}	xã^{42}	ɣã^{312}	ta^{213}	tʰa^{213}	la^{213}	tsa^{42}
薛城	tsʰã^{55}	kã^{24}	xẽ^{55}又 xã^{55}又	ɣã^{41}	ta^{313}	ta^{313}脚～子 tʰa^{313}～步走	la^{313}	tsa^{55}
郯城	tsʰã^{44}	kã^{24}	xə̃^{44}白 xã^{44}文	ã^{51}	ta^{213}	tʰa^{213}	la^{213}	tsa^{44}
临沂	tsʰã^{53}	kã^{55}	xẽ^{53}老 xã^{53}新	ɣã^{312}	ta^{214}	tʰa^{214}	la^{214}	tsa^{53}

	0385鸽	0386盒	0387胆	0388毯	0389淡	0390蓝	0391三	0392甘
	咸开一 入合见	咸开一 入合匣	咸开一 上谈端	咸开一 上谈透	咸开一 上谈定	咸开一 平谈来	咸开一 平谈心	咸开一 平谈见
荣成	ko^{53}	xo^{35}	tan^{214}	t^{h}an^{214}	tan^{33}	lan^{53}	san^{53}	kan^{53}
烟台	kɤ^{33}	xɤ^{33}	tan^{14}	t^{h}an^{14}	tan^{33}	lan^{53}	san^{53}	kan^{53}
栖霞	kə^{312}	xə^{342}又 xuo^{342}又	tãn^{214}	t^{h}ãn^{214}	tãn^{342}	lãn^{312}	sãn^{312}	kãn^{312}
长岛	kə^{213}	xə^{55}	tan^{213}	t^{h}an^{213}	tan^{52}	lan^{55}	san^{312}	kan^{312}
海阳	kə^{52}	xuo^{341}	tã^{214}	t^{h}ã^{214}	tã^{341}	lã^{52}	θã^{52}	kã^{52}
莱西	kə^{55}	xuə^{42}白 xə^{42}文	tã^{55}	t^{h}ã^{55}	tã^{42}	lã^{214}	sã^{214}	kã^{214}
平度	kə^{55}	xuə^{42}	tã^{55}	t^{h}ã^{55}	tã^{42}	lã^{42}	θã^{213}	kã^{213}
青岛	kə^{55}	xuə^{42}白 xə^{42}文	tã^{55}	t^{h}ã^{55}	tã^{42}	lã^{42}	θã^{213}	kã^{213}
高密	kɑ^{55}白，鹁～ kə^{55}文	xə^{42}	tã^{55}	t^{h}ã^{55}	tã^{21}	lã^{42}	θã^{213}	kã^{213}
诸城	ka^{44}鹁～ kə^{53}～子	xuə^{53}	tã^{44}	t^{h}ã^{44}	tã^{31}	lã^{53}	θã^{213}	kã^{213}
沂水	kə^{53}	xuə^{53}	tã^{44}	t^{h}ã^{44}	tã^{31}	lã^{53}	θã^{213}	kã^{213}
临朐	kuə^{44}又 kə^{44}又	xuə^{53}	tã^{44}	t^{h}ã^{44}	tã^{21}	lã^{53}	θã^{213}	kã^{213}
日照	kɑ^{53}鹁～ kə^{53}飞～	xuə^{53}老 xə^{53}新	tã^{44}	t^{h}ã^{44}	tã^{31}	lã^{53}	θã^{213}	kã^{213}
莒南	kə^{213}	xə^{53}	tã^{55}	t^{h}ã^{55}	tã^{312}	lã^{53}	θã^{213}	kã^{213}
潍坊	kuə^{214}	xuə^{53}	tã^{55}	t^{h}ã^{55}	tã^{31}	lã^{53}	sã^{214}	kã^{214}
寿光	kə^{53}	xuə^{53}	tã^{55}	t^{h}ã^{55}	tã^{21}	lã^{53}	sã^{213}	kã^{213}
高青	kə^{55}	xə^{55}	tã^{55}	t^{h}ã^{55}	tã^{41}	lã^{55}	sã^{213}	kã^{213}
阳信	kə^{213}	xə^{43}	tã^{55}	t^{h}ã^{55}	tã^{31}	lã^{43}	sã^{213}	kã^{213}
济阳	kə^{55}	xə^{55}	tã^{55}	t^{h}ã^{55}	tã^{31}	lã^{55}	sã^{213}	kã^{213}
利津	kə^{44}	xə^{53}	tã^{55}	t^{h}ã^{55}	tã^{31}	lã^{53}	sã^{213}	kã^{213}
乐陵	kə^{24}	xə^{55}	tã^{55}	t^{h}ã^{55}	tã^{51}	lã^{55}	sã^{24}	kã^{24}
商河	kə^{45}	xuə^{54}食～ （装食品用） xə^{54}～子	tã^{45}	t^{h}ã^{45}	tã^{31}	lã^{54}	sã^{213}	kã^{213}

续表

	0385鸽	0386盒	0387胆	0388毯	0389淡	0390蓝	0391三	0392甘
	咸开一入合见	咸开一入合匣	咸开一上谈端	咸开一上谈透	咸开一上谈定	咸开一平谈来	咸开一平谈心	咸开一平谈见
平原	kə²¹³	xə⁴²	tã⁵⁵	tʰã⁵⁵	tã²¹	lã⁴²	sã²¹³	kã²¹³
德州	kə²¹³	xə⁴²	tã⁵⁵	tʰã⁵⁵	tã²¹	lã⁴²	sã²¹³	kã²¹³
武城	kə²²⁴	xə⁵³	tã⁵⁵	tʰã⁵⁵	tã³¹²	lã⁵³	sã²²⁴	kã²²⁴
临清	kə¹³	xə⁵³	tan⁴⁴	tʰan⁴⁴	tan³¹³	lan⁵³	san¹³	kan¹³
冠县	kə¹³	xə⁵³	tã⁵⁵	tʰã⁵⁵	tã³¹⁴	lã⁵³	sã¹³	kã¹³
聊城	kə¹³	xə⁵³	tã⁴⁴	tʰã⁴⁴	tã³¹³	lã⁵³	sã¹³	kã¹³
济南	kə²¹³	xə⁴²	tã⁵⁵	tʰã⁵⁵	tã²¹	lã⁴²	sã²¹³	kã²¹³
泰安	kə²¹³	xə⁴²	tã⁵⁵	tʰã⁵⁵	tã²¹	lã⁴²	sã²¹³	kã²¹³
莱芜	kə⁵⁵	xə⁵⁵	tã⁵⁵	tʰã⁵⁵	tã⁴²	lã⁵⁵	sã²¹³	kã²¹³
新泰	kə²¹³	xə⁴²	tã⁵⁵	tʰã⁵⁵	tã³¹	lã⁴²	θã²¹³	kã²¹³
沂源	kə²¹³	xuə⁵⁵	tã⁵⁵	tʰã⁵⁵	tã³¹	lã⁵⁵	θã²¹³	kã²¹³
博山	kuə²¹³	xuə⁵⁵	tã⁵⁵	tʰã⁵⁵	tã³¹	lã⁵⁵	sã²¹³	kã²¹³
张店	kuə³³	xuə⁵⁵	tã⁵⁵	tʰã⁵⁵	tã³¹	lã⁵⁵	sã²¹³	kã²¹³
阳谷	kə²¹³	xə⁴²	tã⁵⁵	tʰã⁵⁵	tã³¹³	lã⁴²	sã²¹³	kã²¹³
梁山	kə²¹³	xə⁴²	tã⁵⁵	tʰã⁵⁵	tã³¹⁴	lã⁴²	sã²¹³	kã²¹³
菏泽	kə²¹³	xə⁵³	tã⁴⁴	tʰã⁴⁴	tã³¹²	lã⁵³	sã²¹³	kã²¹³
曹县	kə²¹³	xə⁵³	tã⁴⁴	tʰã⁴⁴	tã³¹²	lã⁵³	sã²¹³	kã²¹³
金乡	kə²¹³	xə⁴²	tã⁵⁵	tʰã⁵⁵	tã³¹²	lã⁴²	sã²¹³	kã²¹³
曲阜	kə²¹³	xə⁴²	tã⁵⁵	tʰã⁵⁵	tã³¹²	lã⁴²	sã²¹³	kã²¹³
薛城	kə³¹³	xə⁵⁵	tã²⁴	tʰã²⁴	tã⁴¹	lã⁵⁵	sã³¹³	kã³¹³
郯城	kə²¹³	xə⁴⁴	tã²⁴	tʰã²⁴	tã⁵¹	lã⁴⁴	sã²¹³	kã²¹³
临沂	kə²¹⁴	xə⁵³	tã⁵⁵	tʰã⁵⁵	tã³¹²	lã⁵³	sã²¹⁴	kã²¹⁴

	0393敢	0394喊	0395塔	0396蜡	0397赚	0398杉 ～木	0399减	0400咸 ～淡
	咸开一上谈见	咸开一上谈晓	咸开一入盍透	咸开一入盍来	咸开二去咸澄	咸开二平咸生	咸开二上咸见	咸开二平咸匣
荣成	kan²¹⁴	xan²¹⁴	tʰa²¹⁴	la²¹⁴	tʂuan³³	ʂa⁵³	cian²¹⁴	çian³⁵
烟台	kan¹⁴	xan¹⁴	tʰa¹⁴	la¹⁴	tsuan³³	sa⁵³	tɕian¹⁴	ɕian³³
栖霞	kãn²¹⁴	xãn²¹⁴	tʰa²¹⁴	la⁵²	tʃuãn³⁴²	sãn³¹²	ciãn²¹⁴	siãn³⁴²
长岛	kan²¹³	xan²¹³	tʰa²¹³	la²¹³	tsuan⁵²	san³¹²	cian²¹³	çian⁵⁵
海阳	kã²¹⁴	xã²¹⁴	tʰa²¹⁴	la³⁴¹	tʂuã³⁴¹	ʂã⁵²	ciã²¹⁴	çiã³⁴¹
莱西	kã⁵⁵	xã⁵⁵	tʰa⁵⁵	la⁴²	tʃuã⁴²	sã²¹⁴	ciã⁵⁵	çiã⁴²
平度	kã⁵⁵	xã⁵⁵	tʰa⁵⁵	la⁴²	tʃuã⁴²	ʂã⁵⁵	ciã⁵⁵	çiã⁴²
青岛	kã⁵⁵	xã⁵⁵	tʰɑ⁵⁵	lɑ⁴²	tʃuã⁴²	ʂã²¹³	tɕiã⁵⁵	ɕiã⁴²
高密	kã⁵⁵	xã⁵⁵	tʰɑ⁵⁵	lɑ²¹	tʃuã²¹	ʂã²¹³	tɕiã⁵⁵	ɕiã⁴²
诸城	kã⁴⁴	xã⁴⁴	tʰa⁴⁴	la³¹	tʂuã³¹	ʂa²¹³又 ʂã²¹³又	tʃã⁴⁴	ʃã⁵³
沂水	kã⁴⁴	ɕiã⁴⁴老，哭～ xã⁴⁴新	tʰa⁴⁴	la³¹	dʒuã³¹	ʂã²¹³	tɕiã⁴⁴	ɕiã⁵³
临朐	kã⁴⁴	xã⁴⁴	tʰa⁴⁴	la²¹	tʃuã²¹	ʂa²¹³	tɕiã⁴⁴	ɕiã⁵³
日照	kã⁴⁴	xã⁴⁴	tʰɑ²¹³	lɑ³¹	tʃyã³¹	ʂɑ²¹³～木 ʂã²¹³～树	tʃiã⁴⁴	ʃiã⁵³
莒南	kã⁵⁵	xã⁵⁵	tʰa²¹³	la³¹²	tʃuã³¹²	ʂã²¹³	tɕiã⁵⁵	ɕiã⁵³
潍坊	kã⁵⁵	xã⁵⁵	tʰɑ²¹⁴	lɑ³¹	tʂuã³¹	ʂã²¹⁴	tɕiã⁵⁵	ɕiã⁵³
寿光	kã⁵⁵	xã⁵⁵	tʰa²¹³	la²¹	tʂuã²¹	ʂa²¹³～竿子 ʂã²¹³～树	tɕiã⁵⁵	ɕiã⁵³
高青	kã⁵⁵	xã⁵⁵	tʰɑ²¹³	lɑ⁴¹	tʂuã⁴¹	ʂã²¹³	tɕiã⁵⁵	ɕiã⁵⁵
阳信	kã⁵⁵	xã⁵⁵	tʰa²¹³	la³¹	tʂuã³¹	ʂã²¹³	tɕiã⁵⁵	ɕiã⁴³
济阳	kã⁵⁵	xã⁵⁵	tʰa²¹³	la³¹	tʂuã³¹	ʂa²¹³	tɕiã⁵⁵	ɕiã⁵⁵
利津	kã⁵⁵	xã⁵⁵	tʰa⁴⁴	la³¹	tʂuã³¹	ʂa²¹³	tɕiã⁵⁵	ɕiã⁵³
乐陵	kã⁵⁵	xã⁵⁵	tʰɑ²⁴	lɑ⁵¹	tʂuã⁵¹	sɑ²⁴又 sã²⁴又	tɕiã⁵⁵	ɕiã⁵⁵
商河	kã⁴⁵	xã⁴⁵	tʰɑ⁴⁵	lɑ³¹	tʂuã³¹	sɑ²¹³	tɕiã⁴⁵	ɕiã⁵⁴
平原	kã⁵⁵	xã⁵⁵	tʰa²¹³	la²¹	tʂuã²¹	sa²¹³又 ʂã²¹³又	tɕiã⁵⁵	ɕiã⁴²

续表

	0393敢	0394喊	0395塔	0396蜡	0397赚	0398杉～木	0399减	0400咸～淡
	咸开一 上谈见	咸开一 上谈晓	咸开一 入盍透	咸开一 入盍来	咸开二 去咸澄	咸开二 平咸生	咸开二 上咸见	咸开二 平咸匣
德州	kã^{55}	xã^{55}	tʰa^{213}	la^{21}	tʂuã^{21}	ʂa^{213}～杆子 ʂã^{213}～树	tɕiã^{55}	ɕiã^{42}
武城	kã^{55}	xã^{55}	tʰa^{224}	la^{312}	tʂuã^{312}	ʂã^{224}	tɕiã^{55}	ɕiã^{53}
临清	kan^{44}	xan^{44}	tʰa^{13}	la^{313}	tʂuan^{313}	ʂa^{13}	tɕian^{44}	ɕian^{53}
冠县	kã^{55}	xã^{55}	tʰa^{13}	la^{314}	tʂuã^{314}	ʂa^{13}～木 ʂã^{13}～树	tɕiã^{55}	ɕiã^{53}
聊城	kã^{44}	xã^{44}	tʰa^{13}	la^{313}	tsuã^{313}	sa^{13}	tɕiã^{44}	ɕiã^{53}
济南	kã^{55}	xã^{55}	tʰa^{213}	la^{21}	tʂuã^{21}	ʂã^{213}	tɕiã^{55}	ɕiã^{42}
泰安	kã^{55}	xã^{55}	tʰa^{213}	la^{21}	tʂuã^{21}	ʂa^{213}	tɕiã^{55}	ɕiã^{42}
莱芜	kã^{55}	xã^{55}	tʰa^{213}	la^{42}	tʃuã^{42}	ʃã^{213}	tɕiã^{55}	ɕiã^{55}
新泰	kã^{55}	xã^{55}	tʰa^{213}	la^{31}	pfã^{31}老 tʃuã^{31}新	ʃã^{213}	tɕiã^{55}	ɕiã^{42}
沂源	kã^{55}	xã^{55}	tʰa^{213}	la^{31}	tʃuã^{31}	ʃã^{213}	tɕiã^{55}	ɕiã^{55}
博山	kã^{55}	xã^{55}	tʰɑ^{213}	lɑ^{31}	tʂuã^{31}	ʂã^{213}	tɕiã^{55}	ɕiã^{55}
张店	kã^{55}	xã^{55}	tʰɑ^{33}	lɑ^{31}	tʂuã^{31}	ʂã^{213}	tɕiã^{55}	ɕiã^{55}
阳谷	kã^{55}	xã^{55}	tʰa^{213}	la^{213}	tsuã^{313}	sa^{213}～木 sã^{213}～树	tɕiã^{55}	ɕiã^{42}
梁山	kã^{55}	xã^{55}	tʰa^{213}	la^{213}	tsuã^{314}	sa^{213}	tɕiã^{55}	ɕiã^{42}
菏泽	kã^{44}	xã^{44}	tʰa^{213}	la^{213}	tsuã^{312}	sã^{213}	tɕiã^{44}	ɕiã^{53}
曹县	kã^{44}	xã^{44}	tʰa^{213}	la^{213}	tʂuã^{312}	sã^{213}	tɕiã^{44}	ɕiã^{53}
金乡	kã^{55}	xã^{55}	tʰa^{213}	la^{213}	tsuã^{312}	sa^{213}	tɕiã^{55}	ɕiã^{42}
曲阜	kã^{55}	xã^{55}	tʰa^{213}	la^{213}	tsuã^{312}	sa^{213}	tɕiã^{55}	ɕiã^{42}
薛城	kã^{24}	xã^{24}	tʰa^{313}	la^{313}	pfã^{41}又 tsuã^{41}又	sa^{313}～木 sã^{313}～树	tɕiã^{24}	ɕiã^{55}
郯城	kã^{24}	ɕiã^{24}白 xã^{24}文	tʰa^{213}	la^{213}	tʂuã^{51}	ʂa^{213}	tɕiã^{24}	ɕiã^{44}
临沂	kã^{55}	xã^{55}	tʰa^{214}	la^{214}	tʃuã^{312}	ʃã^{214}	tɕiã^{55}	ɕiã^{53}

	0401插	0402闸	0403夹~子	0404衫	0405监	0406岩	0407甲	0408鸭
	咸开二入洽初	咸开二入洽崇	咸开二入洽见	咸开二平衔生	咸开二平衔见	咸开二平衔疑	咸开二入狎见	咸开二入狎影
荣成	tʂʰa^{214}	tʂa^{35}	cia^{214}	ʂan^{53}	cian^{53}	ian^{53}	cia^{214}	ia^{214}
烟台	tsʰa^{14}	tsa^{14}	tɕia^{14}	san^{53}	tɕian^{53}	ian^{33}	tɕia^{14}	ia^{14}
栖霞	tsʰa^{214}	tsa^{214}	cia^{214}	sãn^{312}	ciãn^{312}	iãn^{52}	cia^{214}	ia^{214}
长岛	tsʰa^{213}	tsa^{55}	cia^{55}	san^{312}	cian^{312}	ian^{55}	cia^{213}	ia^{213}
海阳	tʂʰa^{214}	tʂa^{214}	cia^{214}	ʂã^{52}	ciã^{52}	iã^{52}	cia^{214}	ia^{341}
莱西	tsʰa^{55}	tsa^{55}	cia^{55}	sã^{214}	ciã^{55}	iã^{42}	cia^{55}	ia^{55}
平度	tʂʰa^{55}	tʂa^{55}	cia^{55}	ʂã^{213}	ciã^{213}	iã^{42}	cia^{55}	ia^{55}
青岛	tʂʰɑ^{55}	tʂɑ^{55}	tɕiɑ^{55}	ʂã^{213}	tɕiã^{213}	iã^{42}	tɕiɑ^{55}	iɑ^{42}
高密	tʂʰɑ^{55}	tʂɑ^{55}	tɕʰiɑ^{213}白 tɕiɑ^{55}文	ʂã^{213}	tɕiã^{213}	iã^{42}	tɕiɑ^{55}	iɑ^{55}
诸城	tʂʰa^{44}	tʂa^{53}	tʃa^{44}	ʂã^{213}	tʃã^{213}	iã^{53}	tʃa^{44}	ia^{44}
沂水	tʂʰa^{44}	tʂa^{44}又 tʂa^{53}又	tɕia^{213}	ʂã^{213}	tɕiã^{213}	iã^{53}	tɕia^{44}	ia^{44}
临朐	tʂʰa^{44}	tʂa^{44}	tɕia^{44}	ʂã^{213}	tɕiã^{213}	iã^{53}	tɕia^{44}	ia^{213}
日照	tʂʰɑ^{213}	tʂɑ^{53}	tʃiɑ^{213}	ʂã^{213}	tʃiã^{213}	iã^{53}	tʃiɑ^{44}	iɑ^{213}
莒南	tʂʰa^{213}	tʂa^{55}	tɕia^{213}	ʃã^{213}	tɕiã^{213}	iã^{53}	tɕia^{55}	ia^{213}
潍坊	tʂʰɑ^{214}	tʂɑ^{55}	tɕiɑ^{214}	ʂã^{214}	tɕiã^{214}	iã^{53}	tɕiɑ^{55}	iɑ^{214}
寿光	tʂʰa^{213}	tʂa^{55}	tɕia^{213}	ʂã^{213}	tɕiã^{213}	iã^{53}	tɕia^{55}	ia^{213}
高青	tʂʰɑ^{213}	tʂɑ^{55}	tɕiɑ^{213}	ʂã^{213}	tɕiã^{213}	iã^{41}	tɕiɑ^{55}	iɑ^{213}
阳信	tʂʰa^{213}	tʂa^{55}	tɕia^{213}	ʂã^{213}	tɕiã^{213}	iã^{31}	tɕia^{213}	ia^{213}
济阳	tʂʰa^{213}	tʂa^{55}	tɕia^{213}	ʂã^{213}	tɕiã^{213}	iã^{55}	tɕia^{55}	ia^{213}
利津	tʂʰa^{44}	tʂa^{55}	tɕia^{44}	ʂã^{213}	tɕiã^{213}	iã^{53}	tɕia^{44}	ia^{44}
乐陵	tsʰɑ^{24}	tsɑ^{55}	tɕiɑ^{24}	sã^{24}	tɕiã^{24}	iã^{55}	tɕiɑ^{55}	iɑ^{24}
商河	tsʰɑ^{45}	tsɑ^{45}	tɕiɑ^{45}	ʂã^{213}	tɕiã^{213}	iã^{54}	tɕiɑ^{45}	iɑ^{45}
平原	tsʰa^{213}	tsa^{55}	tɕia^{213}	ʂã^{213}	tɕiã^{213}	iã^{42}	tɕia^{55}	ia^{55}
德州	tʂʰa^{213}	tʂa^{42}	tɕia^{213}	ʂã^{213}	tɕiã^{213}	iã^{42}	tɕia^{55}	ia^{213}
武城	tʂʰa^{224}	tʂa^{55}	tɕia^{224}	ʂã^{224}	tɕiã^{224}	iã^{53}	tɕia^{224}	ia^{224}

续表

	0401插	0402闸	0403夹 ～子	0404衫	0405监	0406岩	0407甲	0408鸭
	咸开二 入洽初	咸开二 入洽崇	咸开二 入洽见	咸开二 平衔生	咸开二 平衔见	咸开二 平衔疑	咸开二 入狎见	咸开二 入狎影
临清	tʂ^{h}a^{13}	tʂa^{44}	tɕia^{13}	ʂan^{13}	tɕian^{13}	ian^{53}	tɕia^{13}	ia^{13}
冠县	tʂ^{h}a^{13}	tʂa^{55}	tɕia^{13}	ʂã^{13}	tɕiã^{13}	iã^{53}	tɕia^{13}	ia^{13}
聊城	ts^{h}a^{13}	tsa^{44}	tɕia^{13}	sã^{13}	tɕiã^{13}	iã^{53}	tɕia^{13}	ia^{13}
济南	tʂ^{h}a^{213}	tʂa^{42}	tɕia^{213}	ʂã^{213}	tɕiã^{213}	iã^{42}	tɕia^{213}	ia^{213}
泰安	tʂ^{h}a^{213}	tʂa^{42}	tɕia^{213}	ʂã^{213}	tɕiã^{213}	iã^{42}	tɕia^{213}	ia^{213}
莱芜	tʃ^{h}a^{213}	tʃa^{55}	tɕia^{213}	ʃã^{213}	tɕiã^{213}	iã^{55}	tɕia^{55}	ia^{213}
新泰	tʃ^{h}a^{213}	tʃa^{55}	tɕia^{213}	ʃã^{213}	tɕiã^{213}	iã^{42}	tɕia^{213}	iã^{213}
沂源	tʃ^{h}a^{213}	tʃa^{55}	tɕia^{213}	ʃã^{213}	tɕiã^{213}	iã^{55}	tɕia^{213}	ia^{213}
博山	tʂ^{h}ɑ^{213}	tʂɑ^{55}	tɕiɑ^{213}	ʂã^{213}	tɕiã^{213}	iã^{55}	tɕiɑ^{55}	iɑ^{213}
张店	tʂ^{h}ɑ^{33}	tʂɑ^{55}	tɕiɑ^{33}	ʂã^{213}	tɕiã^{213}	iã^{55}	tɕiɑ^{55}	iɑ^{33}
阳谷	ts^{h}a^{213}	tsa^{55}	tɕia^{213}	sã^{213}	tɕiã^{213}	iã^{42}	tɕia^{213}	ia^{213}
梁山	ts^{h}a^{213}	tsa^{55}	tɕia^{213}	sã^{213}	tɕiã^{213}	iã^{42}	tɕia^{213}	ia^{213}
菏泽	ts^{h}a^{213}	tsa^{44}	tɕia^{213}	sã^{213}	tɕiã^{213}	iã^{53}	tɕia^{213}	ia^{213}
曹县	ts^{h}a^{213}	tsa^{44}	tɕia^{213}	sã^{213}	tɕiã^{213}	iã^{53}	tɕia^{213}	ia^{213}
金乡	ts^{h}a^{213}	tsa^{55}	tɕia^{213}	sã^{213}	tɕiã^{213}	iã^{42}	tɕia^{213}	ia^{213}
曲阜	ts^{h}a^{213}	tsa^{42}	tɕia^{213}	sã^{213}	tɕiã^{213}	iã^{42}	tɕia^{213}	ia^{213}
薛城	ts^{h}a^{313}	tsa^{55}	tɕia^{313}	sã^{313}	tɕiã^{313}	iã^{55}	tɕia^{313}	ia^{313}
郯城	tʂ^{h}a^{213}	tʂa^{44}～门 tʂa^{24}～上	tɕia^{44}	ʂã^{213}	tɕiã^{213}	iã^{44}	tɕia^{213}	ia^{213}
临沂	tʃ^{h}a^{214}	tʃa^{55}	tɕia^{214}	ʃã^{214}	tɕiã^{214}	iã^{53}	tɕia^{214}	ia^{214}

	0409黏 ～液	0410尖	0411签 ～名	0412占 ～领	0413染	0414钳	0415验	0416险
	咸开三 平盐泥	咸开三 平盐精	咸开三 平盐清	咸开三 去盐章	咸开三 上盐日	咸开三 平盐群	咸开三 去盐疑	咸开三 上盐晓
荣成	nian^{53}	tsian^{53}	ts^{h}ian^{53}	tʃan^{33}	ian^{214}	c^{h}ian^{35}	ian^{33}	çian^{214}
烟台	ȵian^{53}	tɕian^{53}	tɕ^{h}ian^{53}	tɕian^{33}	ian^{14}	tɕ^{h}ian^{33}	ian^{33}	çian^{14}

续表

	0409黏 ～液	0410尖	0411签 ～名	0412占 ～领	0413染	0414钳	0415验	0416险
	咸开三 平盐泥	咸开三 平盐精	咸开三 平盐清	咸开三 去盐章	咸开三 上盐日	咸开三 平盐群	咸开三 去盐疑	咸开三 上盐晓
栖霞	ȵiãn^{312}	tʃiãn^{312}	tʃʰiãn^{312}	tʃiãn^{52}	iãn^{214}	cʰiɑŋ^{342} 又 cʰiãn^{342} 又	iãn^{52}	çiãn^{214}
长岛	ȵian^{55}	tʃan^{312}	tʃʰan^{312}	tʃan^{52}	ian^{213}	cʰian^{55}	ian^{52}	çian^{213}
海阳	ȵiã^{52}	tsiã^{52}	tsʰiã^{52}	tsã^{341}	iã^{214}	cʰiã^{341}	iã^{214}	çiã^{214}
莱西	ȵiã^{214}	tʃiã^{214}	tʃʰiã^{55}	tʃiã^{42}	iã^{55}	cʰiã^{42}	iã^{42}	çiã^{55}
平度	ȵiã^{42}	tsiã^{213}	tsʰiã^{213}	tʃã^{42}	iã^{55}	cʰiã^{42}	iã^{42}	çiã^{55}
青岛	ȵiã^{42}	tsiã^{213}	tsʰiã^{213}	tʃã^{42}	iã^{55}	tɕʰiã^{42}	iã^{42}	ɕiã^{55}
高密	ȵiã^{42}	tsiã^{213}	tsʰiã^{213}	tʃã^{21}	iã^{55}	tɕʰiã^{42}	iã^{21}	ɕiã^{55}
诸城	ȵiã^{53}	tθiã^{213}	tθʰiã^{213}	tʃã^{31}	iã^{44}	tʃʰã^{53}	iã^{31}	ʃã^{44}
沂水	niã^{53}	dziã^{213}	tsʰiã^{213}	dʒã^{31}	iã^{44}	tɕʰiã^{53}	iã^{31}	ɕiã^{44}
临朐	ȵiã^{53}	tɕiã^{213}	tɕʰiã^{213}	tʃã^{21}	lã^{44}	tɕʰiã^{53}	iã^{21}	ɕiã^{44}
日照	ȵiã^{53}	tɕiã^{213}	tɕʰiã^{213}	tʃiã^{31}	iã^{44}	tʃʰiã^{53}	iã^{31}	ʃiã^{44}
莒南	niã^{53}	tsiã^{213}	tsʰiã^{213}	tʃã^{312}	iã^{55}	tɕʰiã^{53}	iã^{312}	ɕiã^{55}
潍坊	ȵiã^{53}	tɕiã^{214}	tɕʰiã^{214}	tʂã^{31}	ʐã^{55}	tɕʰiã^{53}	iã^{31}	ɕiã^{55}
寿光	ȵiã^{53}	tɕiã^{213}	tɕʰiã^{213}	tʂã^{21}	lã^{55}	tɕʰiã^{53}	iã^{21}	ɕiã^{55}
高青	ȵiã^{55}	tɕiã^{213}	tɕʰiã^{213}	tʂã^{41}	ʐã^{55}	tɕʰiã^{55}	iã^{41}	ɕiã^{55}
阳信	ȵiã^{43}	tɕiã^{213}	tɕʰiã^{213}	tʂã^{31}	ʐã^{55}	tɕʰiã^{43}	iã^{31}	ɕiã^{55}
济阳	ȵiã^{55}	tɕiã^{213}	tɕʰiã^{213}	tʂã^{31}	ʐã^{55}	tɕʰiã^{55}	iã^{31}	ɕiã^{55}
利津	ȵiã^{53}	tɕiã^{213}	tɕʰiã^{213}	tʂã^{31}	ʐã^{55}	tɕʰiã^{53}	iã^{31}	ɕiã^{55}
乐陵	ȵiã^{55}	tɕiã^{24}	tɕʰiã^{24}	tʂã^{51}	ʐã^{55}	tɕʰiã^{55}	iã^{51}	ɕiã^{55}
商河	ȵiã^{54}	tɕiã^{213}	tɕʰiã^{213}	tʂã^{31}	ʐã^{45}	tɕʰiã^{54}	iã^{31}	ɕiã^{45}
平原	ȵiã^{42}	tɕiã^{213}	tɕʰiã^{213}	tʂã^{21}	ʐã^{55}	tɕʰiã^{42}	iã^{21}	ɕiã^{55}
德州	ȵiã^{42}	tɕiã^{213}	tɕʰiã^{213}	tʂã^{21}	ʐã^{55}	tɕʰiã^{42}	iã^{21}	ɕiã^{55}
武城	ȵiã^{53}	tɕiã^{224}	tɕʰiã^{224}	tʂã^{312}	lã^{55}	tɕʰiã^{53}	iã^{312}	ɕiã^{55}
临清	ȵian^{53}	tɕian^{13}	tɕʰian^{13}	tʂan^{313}	ʐan^{44}	tɕʰian^{53}	ian^{313}	ɕian^{44}
冠县	ȵiã^{53}	tsiã^{13}	tsʰiã^{13}	tʂã^{314}	ʐã^{55}	tɕʰiã^{53}	iã^{314}	ɕiã^{55}

续表

	0409黏 ～液	0410尖	0411签 ～名	0412占 ～领	0413染	0414钳	0415验	0416险
	咸开三 平盐泥	咸开三 平盐精	咸开三 平盐清	咸开三 去盐章	咸开三 上盐日	咸开三 平盐群	咸开三 去盐疑	咸开三 上盐晓
聊城	ȵiã^{53}	tɕiã^{13}	tɕʰiã^{13}	tsã^{313}	zã^{44}	tɕʰiã^{53}	iã^{313}	ɕiã^{44}
济南	ȵiã^{42}	tɕiã^{213}	tɕʰiã^{213}	tʂã^{21}	ʐã^{55}	tɕʰiã^{42}	iã^{21}	ɕiã^{55}
泰安	ȵiã^{42}	tɕiã^{213}	tɕʰiã^{213}	tʂã^{21}	ʐã^{55}	tɕʰiã^{42}	iã^{21}	ɕiã^{55}
莱芜	ȵiã^{55}	tɕiã^{213}	tɕʰiã^{213}	tʃã^{42}	ʒã^{55}	tɕʰiã^{55}	iã^{42}	ɕiã^{55}
新泰	ȵiã^{42}	tɕiã^{213}	tɕʰiã^{213}	tʃã^{31}	ʒã^{55}	tɕʰiã^{42}	iã^{31}	ɕiã^{55}
沂源	ȵiã^{55}	tɕiã^{213}	tɕʰiã^{213}	tʃã^{31}	iã^{55}	tɕʰiã^{55}	iã^{31}	ɕiã^{55}
博山	ȵiã^{55}	tɕiã^{213}	tɕʰiã^{213}	tʂã^{31}	lã^{55}	tɕʰiã^{55}	iã^{31}	ɕiã^{55}
张店	ȵiã^{55}	tɕiã^{213}	tɕʰiã^{213}	tʂã^{31}	ʐã^{55}	tɕʰiã^{55}	iã^{31}	ɕiã^{55}
阳谷	ȵiã^{42}	tɕiã^{213}	tɕʰiã^{213}	tsã^{313}	zã^{55}	tɕʰiã^{42}	iã^{313}	ɕiã^{55}
梁山	ȵiã^{42}	tɕiã^{213}	tɕʰiã^{213}	tsã^{314}	zã^{55}	tɕʰiã^{42}	iã^{314}	ɕiã^{55}
菏泽	ȵiã^{53}	tɕiã^{213}	tɕʰiã^{213}	tsã^{312}	zã^{44}	tɕʰiã^{53}	iã^{312}	ɕiã^{44}
曹县	ȵiã^{53}	tɕiã^{213}	tɕʰiã^{213}	tʂã^{312}	zã^{44}	tɕʰiã^{53}	iã^{312}	ɕiã^{44}
金乡	ȵiã^{42}	tɕiã^{213}	tɕʰiã^{213}	tsã^{312}	zã^{55}	tɕʰiã^{42}	iã^{312}	ɕiã^{55}
曲阜	ȵiã^{42}	tɕiã^{213}	tɕʰiã^{213}	tsã^{312}	zã^{55}	tɕʰiã^{42}	iã^{312}	ɕiã^{55}
薛城	ȵiã^{55}	tɕiã^{313}	tɕʰiã^{313}	tsã^{41}	zã^{24}	tɕʰiã^{55}	iã^{41}	ɕiã^{24}
郯城	ȵiã^{44}	tɕiã^{213}	tɕʰiã^{213}	tʂã^{51}	ʐã^{24}	tɕʰiã^{44}	iã^{51}	ɕiã^{24}
临沂	ȵiã^{53}	tɕiã^{214}	tɕʰiã^{214}	tʃã^{312}	ʐã^{55}	tɕʰiã^{53}	iã^{312}	ɕiã^{55}

	0417厌	0418炎	0419盐	0420接	0421折 ～叠	0422叶 树～	0423剑	0424欠
	咸开三 去盐影	咸开三 平盐云	咸开三 平盐以	咸开三 入叶精	山开三 入薛章	咸开三 入叶以	咸开三 去严见	咸开三 去严溪
荣成	ian^{33}	ian^{53}	ian^{53}	tsiɛ^{214}	tʃiɛ^{214}	iɛ^{214}	cian^{33}	cʰian^{35}
烟台	ian^{33}	ian^{33}	ian^{53}	tɕie^{14}	tɕie^{14}	ie^{14}	tɕian^{33}	tɕʰian^{33}
栖霞	iãn^{52}	iãn^{342}	iãn^{312}	tʃiɛ^{214}	tʃiɛ^{342}	iɛ^{52}	ciãn^{52}	cʰiãn^{52}
长岛	ian^{52}	ian^{55}	ian^{55}	tʃiɛ^{213}	tʃiɛ^{55}	iɛ^{213}	cian^{52}	cʰian^{52}
海阳	iã^{341}	iã^{52}	iã^{52}	tsiə^{214}	tsə^{214}	iə^{341}	ciã^{214}	cʰiã^{341}

续表

	0417厌	0418炎	0419盐	0420接	0421折～叠	0422叶树～	0423剑	0424欠
	咸开三去盐影	咸开三平盐云	咸开三平盐以	咸开三入叶精	山开三入薛章	咸开三入叶以	咸开三去严见	咸开三去严溪
莱西	iã^{42}	iã^{214}	iã^{214}	tʃiə^{55}	tʃiə^{55}	iə^{42}	ciã^{42}	c^{h}iã^{42}
平度	iã^{213}	iã^{42}	iã^{42}	tsiə^{55}	tʃə^{55}	iə^{42}	ciã^{55}	c^{h}iã^{42}
青岛	iã^{42}	iã^{42}	iã^{42}	tsiə^{55}	tʃə^{55}	iə^{42}	tɕiã^{42}	tɕ^{h}iã^{42}
高密	iã^{21}	iã^{42}	iã^{42}	tsiə^{55}	tʃə^{55}	iə^{21}	tɕiã^{21}	tɕ^{h}iã^{21}
诸城	iã^{31}	iã^{53}	iã^{53}	tθiə^{44}	tʃə^{44}	iə^{31}	tʃã^{31}	tʃ^{h}ã^{31}
沂水	iã^{31}	iã^{53}	iã^{53}	dziə^{44}	dʒə^{44}	iə^{31}	tɕiã^{31}	tɕ^{h}iã^{31}
临朐	iã^{21}	iã^{53}	iã^{53}	tɕiə^{44}	tʃə^{44}	iə^{21}	tɕiã^{21}	tɕ^{h}iã^{21}
日照	iã^{31}	iã^{53}	iã^{53}	ȶiə^{213}	tʃiə^{213}	iə^{31}	tʃiã^{31}	tʃ^{h}iã^{31}
莒南	iã^{312}	iã^{53}	iã^{53}	tsiə^{213}	tʃə^{213}	iə^{312}	tɕiã^{312}	tɕ^{h}iã^{312}
潍坊	iã^{31}	iã^{53}	iã^{53}	tɕiə^{214}	tʂə^{214}	iə^{31}	tɕiã^{31}	tɕ^{h}iã^{31}
寿光	iã^{21}	iã^{53}	iã^{53}	tɕiə^{213}	tʂə^{213}	iə^{21}	tɕiã^{21}	tɕ^{h}iã^{21}
高青	iã^{41}	iã^{55}	iã^{55}	tɕiə^{213}	tʂə^{213}	iə^{41}	tɕiã^{41}	tɕ^{h}iã^{41}
阳信	iã^{31}	iã^{43}	iã^{43}	tɕiə^{213}	tʂə^{213}	iə^{31}	tɕiã^{31}	tɕ^{h}iã^{31}
济阳	iã^{31}	iã^{55}	iã^{55}	tɕiə^{213}	tʂə^{213}	iə^{31}	tɕiã^{31}	tɕ^{h}iã^{31}
利津	iã^{31}	iã^{53}	iã^{53}	tɕiə^{44}	tʂə^{44}	iə^{31}	tɕiã^{31}	tɕ^{h}iã^{31}
乐陵	iã^{51}	iã^{55}	iã^{55}	tɕiə^{24}	tʂə^{24}	iə^{51}	tɕiã^{51}	tɕ^{h}iã^{51}
商河	iã^{31}	iã^{54}	iã^{54}	tɕiə^{45}	tʂə^{45}	iə^{31}	tɕiã^{31}	tɕ^{h}iã^{31}
平原	iã^{21}	iã^{42}	iã^{42}	tɕiə^{213}	tʂə^{213}	iə^{21}	tɕiã^{21}	tɕ^{h}iã^{21}
德州	iã^{21}	iã^{42}	iã^{42}	tɕiə^{213}	tʂə^{213}	iə^{21}	tɕiã^{21}	tɕ^{h}iã^{21}
武城	iã^{312}	iã^{53}	iã^{53}	tɕiə^{224}	tʂə^{224}	iə^{312}	tɕiã^{312}	tɕ^{h}iã^{312}
临清	ian^{313}	ian^{53}	ian^{53}	tɕiə^{13}	tʂə^{13}	iə^{313}	tɕian^{313}	tɕ^{h}ian^{313}
冠县	iã^{314}	iã^{53}	iã^{53}	tsiə^{13}	tʂə^{13}	iə^{314}	tɕiã^{314}	tɕ^{h}iã^{314}
聊城	iã^{313}	iã^{53}	iã^{53}	tɕiə^{13}	tsə^{13}	iə^{313}	tɕiã^{313}	tɕ^{h}iã^{313}
济南	iã^{21}	iã^{42}	iã^{42}	tɕiə^{213}	tʂə^{213}	iə^{21}	tɕiã^{21}	tɕ^{h}iã^{21}
泰安	iã^{21}	iã^{42}	iã^{42}	tɕiə^{213}	tʂə^{213}	iə^{21}	tɕiã^{21}	tɕ^{h}iã^{21}
莱芜	iã^{42}	iã^{55}	iã^{55}	tɕiə^{213}	tʃə^{213}	iə^{42}	tɕiã^{42}	tɕ^{h}iã^{42}

续表

	0417厌	0418炎	0419盐	0420接	0421折 ～叠	0422叶 树～	0423剑	0424欠
	咸开三 去盐影	咸开三 平盐云	咸开三 平盐以	咸开三 入叶精	山开三 入薛章	咸开三 入叶以	咸开三 去严见	咸开三 去严溪
新泰	iã^{31}	iã^{42}	iã^{42}	tɕiə^{213}	tʃə^{213}	iə^{31}	tɕiã^{31}	tɕ^{h}iã^{31}
沂源	iã^{31}	iã^{55}	iã^{55}	tiə^{213}	tʃə^{213}	iə^{31}	tɕiã^{31}	tɕ^{h}iã^{31}
博山	iã^{31}	iã^{55}	iã^{55}	tɕiə^{213}	tʂə^{213}	iə^{31}	tɕiã^{31}	tɕ^{h}iã^{31}
张店	iã^{31}	iã^{55}	iã^{55}	tɕiə^{33}	tʂə^{33}	iə^{31}	tɕiã^{31}	tɕ^{h}iã^{31}
阳谷	iã^{313}	iã^{42}	iã^{42}	tɕiə^{213}	tsə^{213}	iə^{213}	tɕiã^{313}	tɕ^{h}iã^{313}
梁山	iã^{314}	iã^{42}	iã^{42}	tɕiə^{213}	tsə^{213}	iə^{213}	tɕiã^{55}	tɕ^{h}iã^{314}
菏泽	iã^{312}	iã^{53}	iã^{53}	tɕiɛ^{213}	tsə^{213}	iɛ^{213}	tɕiã^{312}	tɕ^{h}iã^{312}
曹县	iã^{312}	iã^{53}	iã^{53}	tɕiə^{213}	tʂə^{213}	iə^{213}	tɕiã^{312}	tɕ^{h}iã^{312}
金乡	iã^{312}	iã^{42}	iã^{42}	tɕiə^{213}	tsə^{213}	iə^{213}	tɕiã^{312}	tɕ^{h}iã^{312}
曲阜	iã^{312}	iã^{42}	iã^{42}	tɕiə^{213}	tsə^{213}	iə^{213}	tɕiã^{312}	tɕ^{h}iã^{312}
薛城	iã^{41}	iã^{55}	iã^{55}	tɕiə^{313}	tsə^{313}	iə^{313}	tɕiã^{41}	tɕ^{h}iã^{41}
郯城	iã^{51}	iã^{44}	iã^{44}	tɕiə^{213}	tʂə^{213}	iə^{213}	tɕiã^{51}	tɕ^{h}iã^{51}
临沂	iã^{312}	iã^{53}	iã^{53}	tɕiə^{214}	tʃə^{214}	iə^{214}	tɕiã^{312}	tɕ^{h}iã^{312}

	0425严	0426业	0427点	0428店	0429添	0430甜	0431念	0432嫌
	咸开三 平严疑	咸开三 入业疑	咸开四 上添端	咸开四 去添端	咸开四 平添透	咸开四 平添定	咸开四 去添泥	咸开四 平添匣
荣成	ian^{53}	iɛ^{33}	tian^{214}	tian^{33}	t^{h}ian^{53}	tian^{35}又 t^{h}ian^{35}又	nian^{33}	çiaŋ^{35}又 çian^{35}又
烟台	ian^{33}	ie^{33}	tian^{14}	tian^{33}	t^{h}ian^{53}	t^{h}ian^{33}	ȵian^{33}	çian^{33}
栖霞	iãn^{342}	iɛ^{52}	tiãn^{214}	tiãn^{52}	t^{h}iãn^{312}	t^{h}iãn^{342}	ȵiãn^{342}	çiãn^{342}
长岛	ian^{55}	iɛ^{52}	tian^{213}	tian^{52}	t^{h}ian^{312}	t^{h}ian^{55}	ȵian^{52}	çian^{55}
海阳	iã^{52}	iə^{341}	tiã^{214}	tiã^{341}	t^{h}iã^{52}	t^{h}iã^{341}	ȵiã^{341}	çiã^{341}
莱西	iã^{42}	iə^{42}	tiã^{55}	tiã^{42}	t^{h}iã^{214}	t^{h}iã^{42}	ȵiã^{42}	çiã^{42}
平度	iã^{42}	iə^{213}	tiã^{55}	tiã^{42}	t^{h}iã^{213}	t^{h}iã^{42}	ȵiã^{42}	çiã^{42}
青岛	iã^{42}	iə^{42}	tiã^{55}	tiã^{42}	t^{h}iã^{213}	t^{h}iã^{42}	ȵiã^{42}	çiã^{42}
高密	iã^{42}	iə^{21}	tiã^{55}	tiã^{21}	t^{h}iã^{213}	t^{h}iã^{42}	ȵiã^{21}	çiã^{42}

续表

	0425严	0426业	0427点	0428店	0429添	0430甜	0431念	0432嫌
	咸开三 平严疑	咸开三 入业疑	咸开四 上添端	咸开四 去添端	咸开四 平添透	咸开四 平添定	咸开四 去添泥	咸开四 平添匣
诸城	iã^{53}	iə^{31}	ȶiã^{44}	ȶiã^{31}	ȶʰiã^{213}	ȶʰiã^{53}	ȵiã^{31}	ʃã^{53}
沂水	iã^{53}	iə^{31}	tiã^{44}	tiã^{31}	tʰiã^{213}	tʰiã^{53}	niã^{31}	çiã^{53}
临朐	iã^{53}	iə^{21}	tiã^{44}	tiã^{21}	tʰiã^{213}	tʰiã^{53}	ȵiã^{21}	çiã^{53}
日照	iã^{53}	iə^{31}	tiã^{44}	tiã^{31}	tʰiã^{213}	tʰiã^{53}	niã^{31}	ʃiã^{53}
莒南	iã^{53}	iə^{312}	tiã^{55}	tiã^{312}	tʰiã^{213}	tʰiã^{53}	niã^{312}	çiã^{53}
潍坊	iã^{53}	iə^{31}	tiã^{55}	tiã^{31}	tʰiã^{214}	tʰiã^{53}	ȵiã^{31}	çiã^{53}
寿光	iã^{53}	iə^{21}	tiã^{55}	tiã^{21}	tʰiã^{213}	tʰiã^{53}	ȵiã^{21}	çiã^{53}
高青	iã^{55}	iə^{41}	tiã^{55}	tiã^{41}	tʰiã^{213}	tʰiã^{55}	ȵiã^{41}	çiã^{55}
阳信	iã^{43}	iə^{31}	tiã^{55}	tiã^{31}	tʰiã^{213}	tʰiã^{43}	ȵiã^{31}	çiã^{43}
济阳	iã^{55}	iə^{31}	tiã^{55}	tiã^{31}	tʰiã^{213}	tʰiã^{55}	ȵiã^{31}	çiã^{55}
利津	iã^{53}	iə^{31}	tiã^{55}	tiã^{31}	tʰiã^{213}	tʰiã^{53}	ȵiã^{31}	çiã^{53}
乐陵	iã^{55}	iə^{51}	tiã^{55}	tiã^{51}	tʰiã^{24}	tʰiã^{55}	ȵiã^{51}	çiã^{55}
商河	iã^{54}	iə^{31}	tiã^{45}	tiã^{31}	tʰiã^{213}	tʰiã^{54}	ȵiã^{31}	çiã^{54}
平原	iã^{42}	iə^{21}	tiã^{55}	tiã^{21}	tʰiã^{213}	tʰiã^{42}	ȵiã^{21}	çiã^{42}
德州	iã^{42}	iə^{21}	tiã^{55}	tiã^{21}	tʰiã^{213}	tʰiã^{42}	ȵiã^{21}	çiã^{42}
武城	iã^{53}	iə^{312}	tiã^{55}	tiã^{312}	tʰiã^{224}	tʰiã^{53}	ȵiã^{312}	çiã^{53}
临清	ian^{53}	iə^{313}	tian^{44}	tian^{313}	tʰian^{13}	tʰian^{53}	ȵian^{313}	çian^{53}
冠县	iã^{53}	iə^{314}	tiã^{55}	tiã^{314}	tʰiã^{13}	tʰiã^{53}	ȵiã^{314}	çiã^{53}
聊城	iã^{53}	iə^{313}	tiã^{44}	tiã^{313}	tʰiã^{13}	tʰiã^{53}	ȵiã^{313}	çiã^{53}
济南	iã^{42}	iə^{21}	tiã^{55}	tiã^{21}	tʰiã^{213}	tʰiã^{42}	ȵiã^{21}	çiã^{42}
泰安	iã^{42}	iə^{21}	tiã^{55}	tiã^{21}	tʰiã^{213}	tʰiã^{42}	ȵiã^{21}	çiã^{42}
莱芜	iã^{55}	iə^{42}	tiã^{55}	tiã^{42}	tʰiã^{213}	tʰiã^{55}	ȵiã^{42}	çiã^{55}
新泰	iã^{42}	iə^{31}	tiã^{55}	tiã^{31}	tʰiã^{213}	tʰiã^{42}	ȵiã^{31}	çiã^{42}
沂源	iã^{55}	iə^{31}	tiã^{55}	tiã^{31}	tʰiã^{213}	tʰiã^{55}	ȵiã^{31}	çiã^{55}
博山	iã^{55}	iə^{31}	tiã^{55}	tiã^{31}	tʰiã^{213}	tʰiã^{55}	ȵiã^{31}	çiã^{55}
张店	iã^{55}	iə^{31}	tiã^{55}	tiã^{31}	tʰiã^{213}	tʰiã^{55}	ȵiã^{31}	çiã^{55}

续表

	0425严	0426业	0427点	0428店	0429添	0430甜	0431念	0432嫌
	咸开三 平严疑	咸开三 入业疑	咸开四 上添端	咸开四 去添端	咸开四 平添透	咸开四 平添定	咸开四 去添泥	咸开四 平添匣
阳谷	iã^{42}	iə^{313}	tiã^{55}	tiã^{313}	tʰiã^{213}	tʰiã^{42}	ȵiã^{313}	ɕiã^{42}
梁山	iã^{42}	iə^{213}	tiã^{55}	tiã^{314}	tʰiã^{213}	tʰiã^{42}	ȵiã^{314}	ɕiã^{42}
菏泽	iã^{53}	iɛ^{213}	tiã^{44}	tiã^{312}	tʰiã^{213}	tʰiã^{53}	ȵiã^{312}	ɕiã^{53}
曹县	iã^{53}	iə^{213}	tiã^{44}	tiã^{312}	tʰiã^{213}	tʰiã^{53}	ȵiã^{312}	ɕiã^{53}
金乡	iã^{42}	iə^{213}	tiã^{55}	tiã^{312}	tʰiã^{213}	tʰiã^{42}	ȵiã^{312}	ɕiã^{42}
曲阜	iã^{42}	iə^{312}	tiã^{55}	tiã^{312}	tʰiã^{213}	tʰiã^{42}	ȵiã^{312}	ɕiã^{42}
薛城	iã^{55}	iə^{313}	tiã^{24}	tiã^{41}	tʰiã^{313}	tʰiã^{55}	ȵiã^{41}	ɕiã^{55}
郯城	iã^{44}	iə^{213}	tiã^{24}	tiã^{51}	tʰiã^{213}	tʰiã^{44}	ȵiã^{51}	ɕiã^{44}
临沂	iã^{53}	iə^{214}	tiã^{55}	tiã^{312}	tʰiã^{214}	tʰiã^{53}	ȵiã^{312}	ɕiã^{53}

	0433跌	0434贴	0435碟	0436协	0437犯	0438法	0439品	0440林
	咸开四 入帖端	咸开四 入帖透	咸开四 入帖定	咸开四 入帖匣	咸合三 上凡奉	咸合三 入乏非	深开三 上侵滂	深开三 平侵来
荣成	tiɛ^{214}	tʰiɛ^{214}	tiɛ^{35}	çiɛ^{35}	fan^{33}	fa^{214}	pʰin^{214}	lin^{35}树～ lin^{53}姓
烟台	tie^{14}	tʰie^{14}	tie^{33}	çie^{33}	fan^{33}	fa^{14}	pʰin^{14}	lin^{33}
栖霞	tiɛ^{214}	tʰiɛ^{214}	tiɛ^{342}	çiɛ^{342}	fãn^{342}	fa^{214}	pʰĩn^{214}	lĩn^{342}
长岛	tiɛ^{213}	tʰiɛ^{213}	tiɛ^{55}	çiɛ^{55}	fan^{52}	fa^{213}	pʰin^{213}	lin^{55}
海阳	tiə^{214}	tʰiə^{214}	tiə^{341}	çiə^{341}	fã^{341}	fa^{214}	pʰĩ^{214}	lĩ^{341}
莱西	tiə^{55}	tʰiə^{55}	tiə^{42}	çiə^{55}	fã^{42}	fa^{55}	pʰiẽ^{55}	liẽ^{214}
平度	tiə^{55}	tʰiə^{55}	tiə^{42}	çiə^{55}	fã^{42}	fa^{55}	pʰiə̃^{55}	liə̃^{42}
青岛	tiə^{55}	tʰiə^{55}	tiə^{42}	çiə^{42}	fã^{42}	fɑ^{55}	pʰiẽ^{55}	liẽ^{42}
高密	tiə^{55}	tʰiə^{55}	tiə^{42}	çiə^{42}	fã^{21}	fɑ^{55}	pʰiə̃^{55}	liə̃^{42}
诸城	ȶiə^{44}	ȶʰiə^{44}	ȶiə^{53}	ʃə^{53}	fã^{31}	fa^{44}	pʰẽ^{44}	lẽ^{53}
沂水	tiə^{44}	tʰiə^{44}	tiə^{53}	çiə^{53}	fã^{31}	fa^{44}	pʰẽ^{44}	lẽ^{53}
临朐	tiə^{44}	tʰiə^{44}	tiə^{53}	çiə^{53}	fã^{21}	fa^{44}	pʰə̃^{44}	lə̃^{53}
日照	tiə^{213}	tʰiə^{213}	tiə^{53}	ʃiə^{53}	fã^{31}	fɑ^{213}	pʰẽ^{44}	lẽ^{53}
莒南	tiə^{213}	tʰiə^{213}	tiə^{53}	çiə^{53}	fã^{312}	fa^{213}	pʰiẽ^{55}	lẽ^{53}

续表

	0433跌	0434贴	0435碟	0436协	0437犯	0438法	0439品	0440林
	咸开四 入帖端	咸开四 入帖透	咸开四 入帖定	咸开四 入帖匣	咸合三 上凡奉	咸合三 入乏非	深开三 上侵滂	深开三 平侵来
潍坊	tiə^{214}	t^{h}iə^{214}	tiə^{53}	ɕiə^{53}	fã^{31}	fɑ^{214}	p^{h}ẽ^{55}	lẽ^{53}
寿光	tiə^{213}	t^{h}iə^{213}	tiə^{53}	ɕiə^{53}	fã^{21}	fa^{213}	p^{h}iə̃^{55}	liə̃^{53} 又 lẽ^{53} 又
高青	tiə^{213}	t^{h}iə^{213}	tiə^{55}	ɕiə^{55}	fã^{41}	fɑ^{213}	p^{h}iə̃^{55}	liə̃^{55}
阳信	tiə^{213}	t^{h}iə^{213}	tiə^{43}	ɕiə^{43}	fã^{31}	fa^{213}	p^{h}iə̃^{55}	liə̃^{43}
济阳	tiə^{213}	t^{h}iə^{213}	tiə^{55}	ɕiə^{55}	fã^{31}	fa^{213}	p^{h}iẽ^{55}	liẽ^{55}
利津	tiə^{44}	t^{h}iə^{44}	tiə^{53}	ɕiə^{53}	fã^{31}	fa^{44}	p^{h}iẽ^{55}	liẽ^{53}
乐陵	tiə^{24}	t^{h}iə^{24}	tiə^{55}	ɕiə^{55}	fã^{51}	fɑ^{24}	p^{h}iẽ^{55}	liẽ^{55}
商河	tiə^{45}	t^{h}iə^{45}	tiə^{54}	ɕiə^{54}	fã^{31}	fɑ^{213}	p^{h}iẽ^{45}	liẽ^{54}
平原	tiə^{55}	t^{h}iə^{213}	tiə^{42}	ɕiə^{42}	fã^{21}	fa^{213}	p^{h}iẽ^{55}	liẽ^{42}
德州	tiə^{213}	t^{h}iə^{213}	tiə^{42}	ɕiə^{42}	fã^{21}	fa^{213}	p^{h}iẽ^{55}	liẽ^{42}
武城	tiə^{224}	t^{h}iə^{224}	tiə^{53}	ɕiə^{53}	fã^{312}	fa^{224}	p^{h}iẽ^{55}	liẽ^{53}
临清	tiə^{53}	t^{h}iə^{13}	tiə^{53}	ɕiə^{53}	fan^{313}	fa^{13}	p^{h}in^{44}	lin^{53}
冠县	tiə^{53}	t^{h}iə^{13}	tiə^{53}	ɕiə^{53}	fã^{314}	fa^{13}	p^{h}iẽ^{55}	liẽ^{53}
聊城	tiə^{13}	t^{h}iə^{13}	tiə^{53}	ɕiə^{53}	fã^{313}	fa^{13}	p^{h}iẽ^{44}	liẽ^{53}
济南	tiə^{213}	t^{h}iə^{213}	tiə^{42}	ɕiə^{42}	fã^{21}	fa^{213}	p^{h}iẽ^{55}	liẽ^{42} 又 lẽ^{42} 又
泰安	tiə^{213}	t^{h}iə^{213}	tiə^{42}	ɕiə^{42}	fã^{21}	fa^{213}	p^{h}iẽ^{55}	liẽ^{42}
莱芜	tiə^{213}	t^{h}iə^{213}	tiə^{55}	ɕiə^{55}	fã^{42}	fa^{213}	p^{h}iẽ^{55}	liẽ^{55}
新泰	tiə^{213}	t^{h}iə^{213}	tiə^{42}	ɕiə^{42}	fã^{31}	fa^{213}	p^{h}iẽ^{55}	liẽ^{42}
沂源	tiə^{213}	t^{h}iə^{213}	tiə^{55}	ɕiə^{55}	fã^{31}	fa^{213}	p^{h}iə̃^{55}	liə̃^{55}
博山	tiə^{213}	t^{h}iə^{213}	tiə^{55}	ɕiə^{55}	fã^{31}	fɑ^{213}	p^{h}iẽ^{55}	liẽ^{55}
张店	tiə^{33}	t^{h}iə^{33}	tiə^{55}	ɕiə^{55}	fã^{31}	fɑ^{33}	p^{h}iə̃^{55}	liə̃^{55}
阳谷	tiə^{42}	t^{h}iə^{213}	tiə^{42}	ɕiə^{42}	fã^{313}	fa^{213}	p^{h}iẽ^{55}	liẽ^{42}
梁山	tiə^{42}	t^{h}iə^{213}	tiə^{42}	ɕiə^{42}	fã^{314}	fa^{213}	p^{h}iẽ^{55}	liẽ^{42}
菏泽	tiɛ^{53}	t^{h}iɛ^{213}	tiɛ^{53}	ɕiɛ^{53}	fã^{312}	fa^{213}	p^{h}iẽ^{44}	liẽ^{53}
曹县	tiə^{53}	t^{h}iə^{213}	tiə^{53}	ɕiə^{53}	fã^{312}	fa^{213}	p^{h}iẽ^{44}	liẽ^{53}
金乡	tiə^{213}	t^{h}iə^{213}	tiə^{42}	ɕiə^{42}	fã^{312}	fa^{213}	p^{h}iẽ^{55}	liẽ^{42}

续表

	0433跌	0434贴	0435碟	0436协	0437犯	0438法	0439品	0440林
	咸开四 入帖端	咸开四 入帖透	咸开四 入帖定	咸开四 入帖匣	咸合三 上凡奉	咸合三 入乏非	深开三 上侵滂	深开三 平侵来
曲阜	tiə^{213}	t^{h}iə^{213}	tiə^{42}	ɕiə^{42}	fã^{312}	fa^{213}	p^{h}iẽ^{55}	liẽ^{42}
薛城	tiə^{313}	t^{h}iə^{313}	tiə^{55}	ɕiə^{55}	fã^{41}	fa^{313}	p^{h}iẽ^{24}	liẽ^{55}
郯城	tiə^{213}	t^{h}iə^{213}	tiə^{44}	ɕiə^{44}	fã^{51}	fa^{213}	p^{h}iə̃^{24}	liə̃^{44}
临沂	tiə^{214}	t^{h}iə^{214}	tiə^{53}	ɕiə^{53}	fã^{312}	fa^{214}	p^{h}iẽ^{55}	liẽ^{53}

	0441浸	0442心	0443寻	0444沉	0445参人～	0446针	0447深	0448任责～
	深开三 去侵精	深开三 平侵心	深开三 平侵邪	深开三 平侵澄	深开三 平侵生	深开三 平侵章	深开三 平侵书	深开三 去侵日
荣成	tsin^{53}	sin^{53}	sin^{35} 又 syn^{35} 又	tʃ^{h}ən^{35} 东西重 tʃən^{35}～底了	ʂən^{53}	tʃən^{53}	ʃən^{53}	in^{35}
烟台	tɕin^{33}	ɕin^{53}	ɕyn^{33}	tɕ^{h}in^{33}	sən^{53}	tɕin^{53}	ɕin^{53}	in^{33}
栖霞	tʃĩn^{52}	ʃĩn^{312}	ʃỹn^{342}	tʃ^{h}ə̃n^{342}	sə̃n^{312}	tʃĩn^{312}	ʃĩn^{312}	ĩn^{342}
长岛	tʃən^{52}	ʃən^{312}	ʃyn^{55}	tʃ^{h}ən^{55} 形容词 tʃ^{h}ən^{52} 动词	sən^{312}	tʃən^{312}	ʃən^{312}	in^{52}
海阳	tsĩ^{341}	sĩ^{52}	sỹ^{341}	ts^{h}ẽ^{341}	ʂẽ^{52}	tsẽ^{52}	sẽ^{52}	ĩ^{214}
莱西	tʃiẽ^{42}	ʃiẽ^{214}	ʃyẽ^{42}	tʃ^{h}iẽ^{42}	sẽ^{214}	tʃiẽ^{214}	ʃiẽ^{214}	iẽ^{42}
平度	tsiə̃^{213}	siə̃^{213}	syə̃^{42}	tʃ^{h}ə̃^{42}	ʂə̃^{213}	tʃə̃^{213}	ʃə̃^{213}	iə̃^{213}
青岛	tsiẽ^{42}	siẽ^{213}	siẽ^{42}～思 yẽ^{42}～找	tʃ^{h}ẽ^{42}	ʂẽ^{213}	tʃẽ^{213}	ʃẽ^{213}	iẽ^{42}
高密	ts^{h}iə̃^{213} 白 tsiə̃^{21} 文	siə̃^{213}	siə̃^{42}～思 yə̃^{42}～找	tʃ^{h}ə̃^{42}	ʂə̃^{213}	tʃə̃^{213}	ʃə̃^{213}	iə̃^{21}
诸城	tθẽ^{31}	θẽ^{213}	θẽ^{53}～思 θuẽ^{53}～找	tʃ^{h}ẽ^{53} 很～ tʃ^{h}ẽ^{31}～底儿	ʂẽ^{213}	tʃẽ^{213}	ʃẽ^{213}	iẽ^{31}
沂水	tʃ^{h}ẽ^{213}	ʃẽ^{213}	ʃẽ^{53} 老 ʃuẽ^{53} 新	tʃ^{h}ẽ^{53}	ʂẽ^{213}	dʒẽ^{213}	ʃẽ^{213}	iẽ^{31}
临朐	tɕ^{h}iə̃^{213}	ɕiə̃^{213}	ɕiə̃^{53}～思 ɕyə̃^{53}～找	tʃ^{h}ə̃^{53}	ʂə̃^{213}	tʃə̃^{213}	ʃə̃^{213}	zə̃^{21}
日照	tθẽ^{31}	θẽ^{213}	θuẽ^{53}	tʃ^{h}iẽ^{53} 很～ tʃ^{h}iẽ^{31}～底	ʂẽ^{213}	tʃiẽ^{213}	tʃ^{h}iẽ^{213} 老 ʃiẽ^{213} 新	iẽ^{31}

续表

	0441浸	0442心	0443寻	0444沉	0445参人～	0446针	0447深	0448任责～
	深开三去侵精	深开三平侵心	深开三平侵邪	深开三平侵澄	深开三平侵生	深开三平侵章	深开三平侵书	深开三去侵日
莒南	tsiẽ^{312}	siẽ^{213}	siẽ^{53}白 syẽ^{53}文	tʃʰẽ^{53}	ʂẽ^{213}	tʃẽ^{213}	ʃẽ^{213}	iẽ^{312}
潍坊	tɕʰiẽ^{31}	ɕiẽ^{214}	ɕyẽ^{53}	tʂʰẽ^{53}	ʂẽ^{214}	tʂẽ^{214}	ʂẽ^{214}	ʐẽ^{31}
寿光	tɕʰiə̃^{213}	ɕiə̃^{213}	ɕiə̃^{53}	tʂʰə̃^{53}重 tʂə̃^{21}～底	ʂə̃^{213}	tʂə̃^{213}	ʂə̃^{213}	lə̃^{21}
高青	tɕʰiə̃^{213}	ɕiə̃^{213}	ɕiə̃^{213}又 ɕyə̃^{55}又	tʂʰə̃^{55}	ʂə̃^{213}	tʂə̃^{213}	ʂə̃^{213}	ʐə̃^{41}
阳信	tɕʰiə̃^{213}	ɕiə̃^{213}	ɕiə̃^{43}～思 ɕyə̃^{43}～找	tʂʰə̃^{43}重 tʂʰə̃^{31}～底儿	ʂə̃^{213}	tʂə̃^{213}	ʂə̃^{213}	ʐə̃^{31}
济阳	tɕʰiẽ^{213}	ɕiẽ^{213}	ɕiẽ^{55}白 ɕyẽ^{55}文	tʂʰẽ^{55}～重 tʂʰẽ^{31}～底	ʂẽ^{213}	tʂẽ^{213}	tʂʰẽ^{213}又 ʂẽ^{213}又	ʐẽ^{31}
利津	tɕʰiẽ^{213}	ɕiẽ^{213}	ɕyẽ^{53}～找 ɕiẽ^{53}～思	tʂʰẽ^{53}很～ tʂʰẽ^{31}～底儿	ʂẽ^{213}	tʂẽ^{213}	ʂẽ^{213}	ʐẽ^{31}
乐陵	tɕʰiẽ^{24}	ɕiẽ^{24}	ɕiẽ^{55}～思 ɕyẽ^{55}～找	tʂʰẽ^{55}很～ tʂʰẽ^{51}～底儿	sẽ^{24}	tʂẽ^{24}	ʂẽ^{24}	ʐẽ^{51}
商河	tɕʰiẽ^{213}	ɕiẽ^{213}	ɕiẽ^{54}～思 ɕyẽ^{54}～人启事	tʂʰẽ^{54} tʂʰẽ^{31}	sẽ^{213}	tʂẽ^{213}	ʂẽ^{213}	ʐẽ^{54}
平原	tɕʰiẽ^{21}	ɕiẽ^{213}	ɕiẽ^{42}～思 ɕyẽ^{42}～找	tʂʰẽ^{42}很～ tʂʰẽ^{21}～底儿	sẽ^{213}	tʂẽ^{213}	ʂẽ^{213}	ʐẽ^{21}
德州	tɕʰiẽ^{21}	ɕiẽ^{213}	ɕiẽ^{42}旧 ɕyẽ^{42}新	tʂʰẽ^{42}很～ tʂʰẽ^{21}～底	ʂẽ^{213}	tʂẽ^{213}	ʂẽ^{213}	ʐẽ^{21}
武城	tɕʰiẽ^{53}～出油 tɕiẽ^{312}～水	ɕiẽ^{224}	ɕiẽ^{53}～思 ɕyẽ^{53}～找	tʂʰẽ^{53}很～ tʂʰẽ^{312}～底儿	ʂẽ^{224}	tʂẽ^{224}	tʂʰẽ^{224}老 ʂẽ^{224}新	lẽ^{312}
临清	tɕʰin^{13}	ɕin^{13}	ɕin^{53}～思 ɕyn^{53}～找	tʂʰen^{53}	ʂen^{13}	tʂen^{13}	tʂʰen^{13}又 ʂen^{13}又	ʐen^{313}
冠县	tsʰiẽ^{53}	siẽ^{13}	siẽ^{53}白 suẽ^{53}文	tʂʰẽ^{53}	ʂẽ^{13}	tʂẽ^{13}	tʂʰẽ^{13}白 ʂẽ^{13}文	ʐẽ^{314}
聊城	tɕʰiẽ^{313}	ɕiẽ^{13}	ɕiẽ^{53}～思 ɕyẽ^{53}～找	tsʰẽ^{53}	sẽ^{13}	tsẽ^{13}	tsʰẽ^{13}白 sẽ^{13}文	zẽ^{313}
济南	tɕʰiẽ^{213}	ɕiẽ^{213}	ɕiẽ^{42}白 ɕyẽ^{42}文	tʂʰẽ^{42}～重 tʂʰẽ^{21}～底	ʂẽ^{213}	tʂẽ^{213}	tʂʰẽ^{213}又 ʂẽ^{213}又	ʐẽ^{21}

续表

	0441浸	0442心	0443寻	0444沉	0445参人～	0446针	0447深	0448任责～
	深开三 去侵精	深开三 平侵心	深开三 平侵邪	深开三 平侵澄	深开三 平侵生	深开三 平侵章	深开三 平侵书	深开三 去侵日
泰安	tɕiẽ^{21}	ɕiẽ^{213}	ɕiẽ^{42}～思 ɕyẽ^{42}～找	tʂʰẽ^{42}	ʂẽ^{213}	tʂẽ^{213}	tʂʰẽ^{213}白 ʂẽ^{213}文	ʐẽ^{21}
莱芜	tɕʰiẽ^{213}	ɕiẽ^{213}	ɕyẽ^{55}	tʃʰẽ^{55}	ʃẽ^{213}	tʃẽ^{213}	tʃʰẽ^{213}白 ʃẽ^{213}文	ʒẽ^{42}
新泰	tɕʰiẽ^{213}	ɕiẽ^{213}	ɕiẽ^{42}白 ɕyẽ^{42}文	tʃʰẽ^{42}	ʃẽ^{213}	tʃẽ^{213}	tʃʰẽ^{213}白 ʃẽ^{213}文	ʒẽ^{31}
沂源	tɕʰiə̃^{213}	ɕiə̃^{213}	ɕiə̃^{55}又 ɕyə̃^{55}又	tʃʰə̃^{55}	ʃə̃^{213}	tʃə̃^{213}	ʃə̃^{213}	iə̃^{31}
博山	tɕʰiẽ^{213}	ɕiẽ^{213}	ɕyẽ^{55}	tʂʰẽ^{55}	ʂẽ^{213}	tʂẽ^{213}	tʂʰẽ^{213}	lẽ^{31}
张店	tɕʰiə̃^{213}	ɕiə̃^{213}	ɕiə̃^{55}又 ɕyə̃^{55}又	tʂʰə̃^{55}	ʂə̃^{213}	tʂə̃^{213}	tʂʰə̃^{213}	ʐə̃^{31}
阳谷	tɕiẽ^{213}	ɕiẽ^{213}	ɕiẽ^{42}白 suẽ^{42}文	tsʰẽ^{42}	sẽ^{213}	tsẽ^{213}	tsʰẽ^{213}	zẽ^{313}
梁山	tɕʰiẽ^{213}	ɕiẽ^{213}	ɕiẽ^{42}～思 ɕyẽ^{55}～找	tsʰẽ^{42}	sẽ^{213}	tsẽ^{213}	tsʰẽ^{213}白 sẽ^{213}文	zẽ^{314}
菏泽	tɕʰiẽ^{44}	ɕiẽ^{213}	suẽ^{53}	tsʰẽ^{53}	sẽ^{213}	tsẽ^{213}	tsʰẽ^{213}	zẽ^{312}
曹县	tɕʰiẽ^{53}	ɕiẽ^{213}	ɕyẽ^{53}	tʂʰẽ^{53}	sẽ^{213}	tʂẽ^{213}	ʂẽ^{213}	ʐẽ^{312}
金乡	tɕʰiẽ^{213}	ɕiẽ^{213}	ɕiẽ^{42}～思 ɕyẽ^{42}～找	tsʰẽ^{42}	sẽ^{213}	tsẽ^{213}	tsʰẽ^{213}白 sẽ^{213}文	zẽ^{312}
曲阜	tɕʰiẽ^{312}	ɕiẽ^{213}	ɕiẽ^{42}～思 ɕyẽ^{42}～找	tsʰẽ^{42}	sẽ^{213}	tsẽ^{213}	tsʰẽ^{213}白 sẽ^{213}文	zẽ^{312}
薛城	tɕʰiẽ^{313}	ɕiẽ^{313}	ɕyẽ^{55}	tsʰẽ^{55}	sẽ^{313}	tsẽ^{313}	tsʰẽ^{313}又 sẽ^{313}又	zẽ^{41}
郯城	tɕiə̃^{51}	ɕiə̃^{213}	ɕiə̃^{44}白 ɕyə̃^{44}文	tʂʰə̃^{44}	ʂə̃^{213}	tʂə̃^{213}	ʂə̃^{213}	ʐə̃^{51}
临沂	tɕʰiẽ^{214}又 tɕiẽ^{312}又	ɕiẽ^{214}	ɕyẽ^{53}	tʃʰẽ^{53}	ʃẽ^{214}	tʃẽ^{214}	tʃʰẽ^{214}老 ʃẽ^{214}新	ʐẽ^{312}

	0449金	0450琴	0451音	0452立	0453集	0454习	0455汁	0456十
	深开三 平侵见	深开三 平侵群	深开三 平侵影	深开三 入缉来	深开三 入缉从	深开三 入缉邪	深开三 入缉章	深开三 入缉禅
荣成	cin^{53}	cʰin^{35}	in^{53}	li^{214}	tsi^{214}聚～ tsi^{33}赶～	si^{214}	tʃi^{214}	ʃi^{33}
烟台	tɕin^{53}	tɕʰin^{33}	in^{53}	li^{33}	tɕi^{33}	ɕi^{14}	tɕi^{14}	ɕi^{33}
栖霞	cĩn^{312}	cʰĩn^{342}	ĩn^{312}	li^{52}	tʃʅ^{342}	ʃʅ^{214}	tʃʅ^{214}	ʃʅ^{342}
长岛	cin^{312}	cʰin^{55}	in^{312}	li^{52}	tʃʅ^{55}	ʃʅ^{213}	tʃʅ^{213}	ʃʅ^{55}
海阳	cĩ^{52}	cʰĩ^{341}	ĩ^{52}	li^{341}	tsi^{341}	si^{214}	tsʅ^{214}	sʅ^{341}
莱西	ciẽ^{214}	cʰiẽ^{42}	iẽ^{214}	li^{42}	tʃʅ^{42}	ʃʅ^{42}	tʃʅ^{55}	ʃʅ^{42}
平度	ciə̃^{213}	cʰiə̃^{42}	iə̃^{213}	li^{42}	tsi^{42}	si^{55}	tʃʅ^{55}	ʃʅ^{42}
青岛	tɕiẽ^{213}	tɕʰiẽ^{42}	iẽ^{213}	li^{42}	tsi^{42}	si^{42}	tʃʅ^{55}	ʃʅ^{42}
高密	tɕiə̃^{213}	tɕʰiə̃^{42}	iə̃^{213}	li^{21}	tsi^{42}	si^{55}	tʃʅ^{55}	ʃʅ^{42}
诸城	tʃẽ^{213}	tʃʰẽ^{53}	iẽ^{213}	li^{31}	tθi^{53}	θi^{53}	tʃʅ^{44}	ʃʅ^{53}
沂水	tɕiẽ^{213}	tɕʰiẽ^{53}	iẽ^{213}	li^{31}	dzi^{53}	si^{53}	dʒʅ^{44}	ʃʅ^{53}
临朐	tɕiə̃^{213}	tɕʰiə̃^{53}	iə̃^{213}	li^{21}	tɕi^{53}	ɕi^{53}	tʃʅ^{44}	ʃʅ^{53}
日照	tʃiẽ^{213}	tʃʰiẽ^{53}	iẽ^{213}	li^{31}	ȶi^{53}	θi^{53}	tʃʅ^{213}	ʃʅ^{53}
莒南	tɕiẽ^{213}	tɕʰiẽ^{53}	iẽ^{213}	li^{312}	tsi^{53}	si^{53}	tʃʅ^{213}	ʃʅ^{53}
潍坊	tɕiẽ^{214}	tɕʰiẽ^{53}	iẽ^{214}	li^{31}	tɕi^{53}	ɕi^{53}	tʂʅ^{214}	ʂʅ^{53}
寿光	tɕiə̃^{213}	tɕʰiə̃^{53}	iə̃^{213}	li^{21}	tɕi^{53}	ɕi^{53}	tʂʅ^{213}	ʂʅ^{53}
高青	tɕiə̃^{213}	tɕʰiə̃^{55}	iə̃^{213}	li^{41}	tɕi^{55}	ɕi^{55}	tʂʅ^{213}	ʂʅ^{55}
阳信	tɕiə̃^{213}	tɕʰiə̃^{43}	iə̃^{213}	li^{31}	tɕi^{43}	ɕi^{55}	tʂʅ^{213}	ʂʅ^{43}
济阳	tɕiẽ^{213}	tɕʰiẽ^{55}	iẽ^{213}	li^{31}	tɕi^{55}赶～ tɕi^{31}～合	ɕi^{55}	tʂʅ^{213}	ʂʅ^{55}
利津	tɕiẽ^{213}	tɕʰiẽ^{53}	iẽ^{213}	li^{31}	tɕi^{53}	ɕi^{53}	tʂʅ^{44}	ʂʅ^{53}
乐陵	tɕiẽ^{24}	tɕʰiẽ^{55}	iẽ^{24}	li^{51}	tɕi^{55}	ɕi^{55}	tʂʅ^{24}	ʂʅ^{55}
商河	tɕiẽ^{213}	tɕʰiẽ^{54}	iẽ^{213}	li^{31}	tɕi^{54}	ɕi^{54}	tʂʅ^{45}	ʂʅ^{54}
平原	tɕiẽ^{213}	tɕʰiẽ^{42}	iẽ^{213}	li^{21}	tɕi^{42}	ɕi^{42}	tʂʅ^{213}	ʂʅ^{42}
德州	tɕiẽ^{213}	tɕʰiẽ^{42}	iẽ^{213}	li^{21}	tɕi^{42}	ɕi^{42}	tʂʅ^{213}	ʂʅ^{42}
武城	tɕiẽ^{224}	tɕʰiẽ^{53}	iẽ^{224}	li^{312}	tɕi^{53}	ɕi^{53}	tʂʅ^{224}	ʂʅ^{53}
临清	tɕin^{13}	tɕʰin^{53}	in^{13}	li^{313}	tɕi^{53}	ɕi^{53}	tʂʅ^{13}	ʂʅ^{53}

续表

	0449金	0450琴	0451音	0452立	0453集	0454习	0455汁	0456十
	深开三 平侵见	深开三 平侵群	深开三 平侵影	深开三 入缉来	深开三 入缉从	深开三 入缉邪	深开三 入缉章	深开三 入缉禅
冠县	tɕiẽ^{13}	tɕʰiẽ^{53}	iẽ^{13}	li^{314}	tsi^{53}	si^{55}	tʂʅ^{13}	ʂʅ^{53}
聊城	tɕiẽ^{13}	tɕʰiẽ^{53}	iẽ^{13}	li^{313}	tɕi^{53}	ɕi^{44}学～ ɕi^{53}姓	tsɿ^{13}	sɿ^{53}
济南	tɕiẽ^{213}	tɕʰiẽ^{42}	iẽ^{213}	li^{21}	tɕi^{42}赶～ tɕi^{21}～合	ɕi^{42}	tʂʅ^{213}	ʂʅ^{42}
泰安	tɕiẽ^{213}	tɕʰiẽ^{42}	iẽ^{213}	li^{21}	tɕi^{42}	ɕi^{42}	tʂʅ^{213}	ʂʅ^{42}
莱芜	tɕiẽ^{213}	tɕʰiẽ^{55}	iẽ^{213}	li^{42}	tɕi^{55}	ɕi^{55}	tʃʅ^{213}	ʃʅ^{55}
新泰	tɕiẽ^{213}	tɕʰiẽ^{42}	iẽ^{213}	li^{31}	tɕi^{42}	ɕi^{42}	tʃʅ^{213}	ʃʅ^{42}
沂源	tɕiə̃^{213}	tɕʰiə̃^{55}	iə̃^{213}	li^{31}	tɕi^{55}	ɕi^{55}	tʃɿ^{213}	ʃɿ^{55}
博山	tɕiẽ^{213}	tɕʰiẽ^{55}	iẽ^{213}	li^{31}	tɕi^{55}	ɕi^{55}	tʂʅ^{213}	ʂʅ^{55}
张店	tɕiə̃^{213}	tɕʰiə̃^{55}	iə̃^{213}	li^{31}	tɕi^{55}	ɕi^{55}	tʂʅ^{33}	ʂʅ^{55}
阳谷	tɕiẽ^{213}	tɕʰiẽ^{42}	iẽ^{213}	li^{213}	tɕi^{42}	ɕi^{55}	tsɿ^{213}	sɿ^{42}
梁山	tɕiẽ^{213}	tɕʰiẽ^{42}	iẽ^{213}	li^{213}	tɕi^{42}	ɕi^{42}	tsɿ^{213}	sɿ^{42}
菏泽	tɕiẽ^{213}	tɕʰiẽ^{53}	iẽ^{213}	li^{213}	tɕi^{53}	ɕi^{53}	tsɿ^{213}	sɿ^{53}
曹县	tɕiẽ^{213}	tɕʰiẽ^{53}	iẽ^{213}	li^{213}	tɕi^{53}	ɕi^{53}	tʂʅ^{213}	ʂʅ^{53}
金乡	tɕiẽ^{213}	tɕʰiẽ^{42}	iẽ^{213}	li^{213}	tɕi^{42}	ɕi^{42}	tsɿ^{213}	sɿ^{42}
曲阜	tɕiẽ^{213}	tɕʰiẽ^{42}	iẽ^{213}	li^{312}	tɕi^{42}	ɕi^{42}	tsɿ^{213}	sɿ^{42}
薛城	tɕiẽ^{313}	tɕʰiẽ^{55}	iẽ^{313}	li^{313}	tɕi^{55}	ɕi^{55}	tsɿ^{313}	sɿ^{55}
郯城	tɕiə̃^{213}	tɕʰiə̃^{44}	iə̃^{213}	li^{213}	tɕi^{44}	ɕi^{44}	tʂʅ^{213}	ʂʅ^{44}
临沂	tɕiẽ^{214}	tɕʰiẽ^{53}	iẽ^{214}	li^{214}	tɕi^{53}	ɕi^{53}	tʃʅ^{214}	ʃʅ^{53}

	0457入	0458急	0459及	0460吸	0461单 简～	0462炭	0463弹 ～琴	0464难 ～易
	深开三 入缉日	深开三 入缉见	深开三 入缉群	深开三 入缉晓	山开一 平寒端	山开一 去寒透	山开一 平寒定	山开一 平寒泥
荣成	y^{214}	ci^{214}	ci^{214}	çi^{214}	tan^{53}	tʰan^{33}	tʰan^{35}	nan^{53}
烟台	y^{14}	tɕi^{14}	tɕi^{14}	ɕi^{14}	tan^{53}	tʰan^{33}	tʰan^{33}	nan^{33}
栖霞	y^{214}	ci^{214}	ci^{214}	çi^{214}	tãn^{312}	tʰãn^{52}	tʰãn^{342}	nãn^{342}

续表

	0457入	0458急	0459及	0460吸	0461单 简～	0462炭	0463弹 ～琴	0464难 ～易
	深开三 入缉日	深开三 入缉见	深开三 入缉群	深开三 入缉晓	山开一 平寒端	山开一 去寒透	山开一 平寒定	山开一 平寒泥
长岛	y²¹³	ci⁵⁵	ci⁵⁵	çi²¹³	tan³¹²	tʰan⁵²	tʰan⁵⁵	nan⁵⁵
海阳	y³⁴¹	ci²¹⁴	ci³⁴¹	çi²¹⁴	tã⁵²	tʰã³⁴¹	tʰã³⁴¹	nã⁵²
莱西	y⁴²	ci⁵⁵	ci⁴²	çi⁵⁵	tã²¹⁴	tʰã⁴²	tʰã⁴²	nã⁴²
平度	y²¹³	ci⁵⁵	ci⁵⁵	çi²¹³	tã²¹³	tʰã²¹³	tʰã⁴²	nã⁴²
青岛	y⁴²	tɕi⁵⁵	tɕi⁵⁵	ɕi²¹³	tã²¹³	tʰã⁴²	tʰã⁴²	nã⁴²
高密	y²¹	tɕi⁵⁵	tɕi⁴²	ɕi²¹³	tã²¹³	tʰã²¹	tʰã⁴²	nã⁴²
诸城	y³¹	tʃʅ⁴⁴很～ tʃʅ⁵³着～	tʃʅ⁵³	ʃʅ²¹³	tã²¹³	tʰã³¹	tʰã⁵³	nã⁵³
沂水	y³¹	tɕi⁴⁴老 tɕi⁵³新	tɕi⁵³	ɕi²¹³	tã²¹³	tʰã³¹	tʰã⁵³	nã⁵³
临朐	lu²¹	tɕi⁴⁴紧～ tɕi⁵³着～	tɕi⁵³	ɕi²¹³	tã²¹³	tʰã²¹	tʰã⁵³	nã⁵³
日照	y²¹³	tʃʅ⁴⁴很～ tʃʅ⁵³着～	tʃʅ⁵³	ʃʅ²¹³	tã²¹³	tʰã³¹	tʰã⁵³	nã⁵³
莒南	y²¹³	tɕi²¹³	tɕi⁵³	ɕy²¹³老 ɕi²¹³新	tã²¹³	tʰã³¹²	tʰã⁵³	nã⁵³
潍坊	ʐu³¹	tɕi⁵³	tɕi³¹	ɕi²¹⁴	tã²¹⁴	tʰã³¹	tʰã⁵³	nã⁵³
寿光	lu²¹	tɕi²¹³紧～ tɕi⁵³着～	tɕi⁵³	ɕi²¹³	tã²¹³	tʰã²¹	tʰã⁵³	nã⁵³
高青	ʐu⁴¹	tɕi⁵⁵	tɕi²¹³	ɕi²¹³	tã²¹³	tʰã⁴¹	tʰã⁵⁵	nã⁵⁵
阳信	lu³¹	tɕi²¹³很～ tɕi⁵⁵着～	tɕi²¹³	ɕi²¹³	tã³¹	tʰã³¹	tʰã⁴³	nã⁴³
济阳	lu³¹	tɕi²¹³又 tɕi⁵⁵又	tɕi²¹³又 tɕi⁵⁵又	ɕi²¹³	tã²¹³	tʰã³¹	tʰã⁵⁵	nã⁵⁵
利津	ʐu³¹	tɕi⁴⁴	tɕi³¹	ɕi⁴⁴	tã²¹³	tʰã³¹	tʰã⁵³	nã⁵³
乐陵	lu⁵¹又 y⁵¹又	tɕi⁵⁵	tɕi⁵⁵	ɕi⁵¹	tã²⁴	tʰã⁵¹	tʰã⁵⁵	nã⁵⁵
商河	ʐu³¹	tɕi⁵⁴	tɕi³¹	ɕi²¹³	tã²¹³	tʰã³¹	tʰã⁵⁴	nã⁵⁴
平原	lu²¹	tɕi⁴²	tɕi⁴²	ɕi²¹	tã²¹³	tʰã²¹	tʰã⁴²	nã⁴²

续表

	0457入	0458急	0459及	0460吸	0461单 简～	0462炭	0463弹 ～琴	0464难 ～易
	深开三 入缉日	深开三 入缉见	深开三 入缉群	深开三 入缉晓	山开一 平寒端	山开一 去寒透	山开一 平寒定	山开一 平寒泥
德州	ʐu^{21}	tɕi^{42}	tɕi^{42}	ɕi^{213}	tã^{213}	tʰã^{21}	tʰã^{42}	nã^{42}
武城	lu^{312}	tɕi^{224}	tɕi^{53}	ɕi^{312}	tã^{224}	tʰã^{312}	tʰã^{53}	nã^{53}
临清	lu^{313}	tɕi^{53}	tɕi^{53}	ɕi^{13}	tan^{13}	tʰan^{313}	tʰan^{53}	nan^{53}
冠县	lu^{13}白 ʐu^{13}文	tɕi^{53}	tɕi^{53}	ɕi^{13}	tã^{13}	tʰã^{314}	tʰã^{53}	nã^{53}
聊城	zu^{313}	tɕi^{53}	tɕi^{53}	ɕi^{13}	tã^{13}	tʰã^{313}	tʰã^{53}	nã^{53}
济南	lu^{21}	tɕi^{213}紧～ tɕi^{42}着～	tɕi^{21}～时 tɕi^{42}来得～	ɕi^{213}	tã^{213}	tʰã^{21}	tʰã^{42}	nã^{42}
泰安	lu^{21}	tɕi^{213}紧～ tɕi^{42}着～	tɕi^{42}	ɕi^{213}	tã^{213}	tʰã^{21}	tʰã^{42}	nã^{42}
莱芜	lu^{42}	tɕi^{55}又 tɕi^{213}又	tɕi^{55}	ɕi^{213}	tã^{213}	tʰã^{42}	tʰã^{55}	nã^{55}
新泰	lu^{31}白 ʒu^{31}文	tɕi^{42}	tɕi^{42}	ɕi^{213}	tã^{213}	tʰã^{31}	tʰã^{42}	nã^{42}
沂源	lu^{55}	tɕi^{55}	tɕi^{55}	ɕi^{213}	tã^{213}	tʰã^{31}	tʰã^{55}	nã^{55}
博山	lu^{31}	tɕi^{55}	tɕi^{55}	ɕi^{213}	tã^{213}	tʰã^{31}	tʰã^{55}	nã^{55}
张店	lu^{31}	tɕi^{33}	tɕi^{55}	ɕi^{55}	tã^{213}	tʰã^{31}	tʰã^{55}	nã^{55}
阳谷	zu^{213}	tɕi^{213}	tɕi^{42}	ɕi^{213}	tã^{213}	tʰã^{313}	tʰã^{42}	nã^{42}
梁山	zu^{213}	tɕi^{42}	tɕi^{42}	ɕi^{213}	tã^{213}	tʰã^{314}	tʰã^{42}	nã^{42}
菏泽	zu^{213}	tɕi^{53}	tɕi^{53}	ɕi^{213}	tã^{213}	tʰã^{312}	tʰã^{53}	nã^{53}
曹县	ʐu^{213}	tɕi^{53}	tɕi^{53}	ɕi^{213}	tã^{213}	tʰã^{312}	tʰã^{53}	nã^{53}
金乡	zu^{213}	tɕi^{213}紧～ tɕi^{42}着～	tɕi^{42}	ɕi^{213}	tã^{213}	tʰã^{312}	tʰã^{42}	nã^{42}
曲阜	zu^{213}	tɕi^{213}紧～ tɕi^{42}着～	tɕi^{42}	ɕi^{213}	tã^{213}	tʰã^{312}	tʰã^{42}	nã^{42}
薛城	zu^{313}	tɕi^{313}很～ tɕi^{55}着～	tɕi^{55}	ɕi^{313}	tã^{41}简～ tã^{313}～人	tʰã^{41}	tʰã^{55}	nã^{55}
郯城	ʐu^{213}	tɕi^{213}紧～ tɕi^{44}着～	tɕi^{44}	ɕi^{213}	tã^{213}	tʰã^{51}	tʰã^{44}	nã^{44}

续表

	0457入	0458急	0459及	0460吸	0461单 简～	0462炭	0463弹 ～琴	0464难 ～易
	深开三 入缉日	深开三 入缉见	深开三 入缉群	深开三 入缉晓	山开一 平寒端	山开一 去寒透	山开一 平寒定	山开一 平寒泥
临沂	ʐu^{214}	tɕi^{214}～事 tɕi^{53}着～	tɕi^{53}	ɕi^{214}～气 ɕi^{312}～铁石	tã^{214}	tʰã^{312}	tʰã^{53}	nã^{53}

	0465兰	0466懒	0467烂	0468伞	0469肝	0470看 ～见	0471岸	0472汉
	山开一 平寒来	山开一 上寒来	山开一 去寒来	山开一 上寒心	山开一 平寒见	山开一 去寒溪	山开一 去寒疑	山开一 去寒晓
荣成	lan^{35}	lan^{214}	lan^{33}	san^{214}	kan^{53}	kʰan^{33}	an^{33}	xan^{33}
烟台	lan^{33}	lan^{14}	lan^{33}	san^{14}	kan^{53}	kʰan^{33}	an^{33}	xan^{33}
栖霞	lãn^{342}	lãn^{214}	lãn^{342}	sãn^{214}	kãn^{312}	kʰɑŋ^{52}又 kʰãn^{52}又	ãn^{52}	xãn^{52}
长岛	lan^{55}	lan^{213}	lan^{52}	san^{213}	kan^{312}	kʰan^{52}	an^{52}	xan^{52}
海阳	lã^{341}	lã^{214}	lã^{341}	θã^{214}	kã^{52}	kʰã^{341}	ã^{52}	xã^{341}
莱西	lã^{42}	lã^{55}	lã^{42}	sã^{55}	kã^{214}	kʰã^{42}	ã^{42}	xã^{42}
平度	lã^{42}	lã^{55}	lã^{42}	θã^{55}	kã^{213}	kʰã^{42}	ã^{42}	xã^{42}
青岛	lã^{42}	lã^{55}	lã^{42}	θuã^{55}	kã^{213}	kʰã^{42}	ã^{42}	xã^{42}
高密	lã^{42}	lã^{55}	lã^{21}	θuã^{55}	kã^{213}	kʰã^{21}	ã^{21}	xã^{21}
诸城	lã^{53}	lã^{44}	lã^{31}	θã^{44}	kã^{213}	kʰã^{31}	ŋã^{31}	xã^{31}
沂水	lã^{53}	lã^{44}	lã^{31}	θã^{44}	kã^{213}	kʰã^{31}	ŋã^{31}	xã^{31}
临朐	lã^{53}	lã^{44}	lã^{21}	θã^{44}	kã^{213}	kʰã^{21}	ŋã^{21}	xã^{21}
日照	lã^{53}	lã^{44}	lã^{31}	θã^{44}	kã^{213}	kʰã^{31}	ŋã^{31}	xã^{31}
莒南	lã^{53}	lã^{55}	lã^{312}	θã^{55}	kã^{213}	kʰã^{312}	ã^{312}	xã^{312}
潍坊	lã^{53}	lã^{55}	lã^{31}	sã^{55}	kã^{214}	kʰã^{31}	ŋã^{31}	xã^{31}
寿光	lã^{53}	lã^{55}	lã^{21}	sã^{55}	kã^{213}	kʰã^{21}	ŋã^{21}	xã^{21}
高青	lã^{55}	lã^{55}	lã^{41}	sã^{55}	kã^{213}	kʰã^{41}	ŋã^{41}	xã^{41}
阳信	lã^{43}	lã^{55}	lã^{31}	sã^{55}	kã^{213}	kʰã^{31}	ŋã^{31}	xã^{31}
济阳	lã^{55}	lã^{55}	lã^{31}	sã^{55}	kã^{213}	kʰã^{31}	ŋã^{31}	xã^{31}

续表

	0465兰	0466懒	0467烂	0468伞	0469肝	0470看～见	0471岸	0472汉
	山开一平寒来	山开一上寒来	山开一去寒来	山开一上寒心	山开一平寒见	山开一去寒溪	山开一去寒疑	山开一去寒晓
利津	lã^{53}	lã^{55}	lã^{31}	sã^{55}	kã^{213}	k^{h}ã^{31}	ŋã^{31}	xã^{31}
乐陵	lã^{55}	lã^{55}	lã^{51}	sã^{55}	kã^{24}	k^{h}ã^{51}	ŋã^{51}	xã^{51}
商河	lã^{54}	lã^{45}	lã^{31}	sã^{45}	kã^{213}	k^{h}ã^{31}	ŋã^{31}	xã^{31}
平原	lã^{42}	lã^{55}	lã^{21}	sã^{55}	kã^{213}	k^{h}ã^{21}	ŋã^{21}	xã^{21}
德州	lã^{42}	lã^{55}	lã^{21}	sã^{55}	kã^{213}	k^{h}ã^{21}	ŋã^{21}	xã^{21}
武城	lã^{53}	lã^{55}	lã^{312}	sã^{55}	kã^{224}	k^{h}ã^{312}	ŋã^{312}	xã^{312}
临清	lan^{53}	lan^{44}	lan^{313}	san^{44}	kan^{13}	k^{h}an^{313}	ŋan^{313}	xan^{313}
冠县	lã^{53}	lã^{55}	lã^{314}	sã^{55}	kã^{13}	k^{h}ã^{314}	ɣã^{314}	xã^{314}
聊城	lã^{53}	lã^{44}	lã^{313}	sã^{44}	kã^{13}	k^{h}ã^{313}	ɣã^{313}	xã^{313}
济南	lã^{42}	lã^{55}	lã^{21}	sã^{55}	kã^{213}	k^{h}ã^{21}	ŋã^{21}	xã^{21}
泰安	lã^{42}	lã^{55}	lã^{21}	sã^{55}	kã^{213}	k^{h}ã^{21}	ɣã^{21}	xã^{21}
莱芜	lã^{55}	lã^{55}	lã^{42}	sã^{55}	kã^{213}	k^{h}ã^{42}	ŋã^{42}	xã^{42}
新泰	lã^{42}	lã^{55}	lã^{31}	θã^{55}	kã^{213}	k^{h}ã^{31}	ŋã^{31}	xã^{31}
沂源	lã^{55}	lã^{55}	lã^{31}	θã^{55}	kã^{213}	k^{h}ã^{31}	ŋã^{31}	xã^{31}
博山	lã^{55}	lã^{55}	lã^{31}	sã^{55}	kã^{213}	k^{h}ã^{31}	ŋã^{31}	xã^{31}
张店	lã^{55}	lã^{55}	lã^{31}	sã^{55}	kã^{213}	k^{h}ã^{31}	ŋã^{31}	xã^{31}
阳谷	lã^{42}	lã^{55}	lã^{313}	sã^{55}	kã^{213}	k^{h}ã^{313}	ɣã^{313}	xã^{313}
梁山	lã^{42}	lã^{55}	lã^{314}	sã^{55}	kã^{213}	k^{h}ã^{314}	ɣã^{314}	xã^{314}
菏泽	lã^{53}	lã^{44}	lã^{312}	sã^{44}	kã^{213}	k^{h}ã^{312}	ɣã^{312}	xã^{312}
曹县	lã^{53}	lã^{44}	lã^{312}	sã^{44}	kã^{213}	k^{h}ã^{312}	ɣã^{312}	xã^{312}
金乡	lã^{42}	lã^{55}	lã^{312}	sã^{55}	kã^{213}	k^{h}ã^{312}	ɣã^{312}	xã^{312}
曲阜	lã^{42}	lã^{55}	lã^{312}	sã^{55}	kã^{213}	k^{h}ã^{312}	ɣã^{312}	xã^{312}
薛城	lã^{55}	lã^{24}	lã^{41}	sã^{24}	kã^{313}	k^{h}ã^{41}	ɣã^{41}	xã^{41}
郯城	lã^{44}	lã^{24}	lã^{51}	sã^{24}	kã^{213}	k^{h}ã^{51}	ã^{51}	xã^{51}
临沂	lã^{53}	lã^{55}	lã^{312}	sã^{55}	kã^{214}	k^{h}ã^{312}	ɣã^{312}	xã^{312}

	0473汗	0474安	0475达	0476辣	0477擦	0478割	0479渴	0480扮
	山开一 去寒匣	山开一 平寒影	山开一 入曷定	山开一 入曷来	山开一 入曷清	山开一 入曷见	山开一 入曷溪	山开二 去山帮
荣成	xan^{33}	an^{53}	ta^{214}	la^{214}	tsʰa^{214}	ka^{214}	kʰa^{214}	pan^{33}
烟台	xan^{33}	an^{53}	ta^{14}	la^{14}	tsʰa^{14}	ka^{14}	kʰa^{14}	pan^{33}
栖霞	xãn^{342}	ãn^{312}	ta^{342}	la^{52}	tsʰa^{214}	ka^{214}	kʰa^{214}	pãn^{52}
长岛	xan^{52}	an^{312}	ta^{55}	la^{213}	tsʰa^{213}	ka^{213}	kʰa^{213}	pan^{52}
海阳	xã^{341}	ã^{52}	ta^{214}	la^{341}	tθʰa^{52}	ka^{214}	kʰa^{214}	pã^{341}
莱西	xã^{42}	ã^{214}	ta^{55}	la^{42}	tsʰa^{55}	ka^{55}白 kə^{55}文	kʰa^{55}白 kʰə^{55}文	pã^{42}
平度	xã^{42}	ã^{213}	ta^{55}	la^{213}	tθʰa^{55}	ka^{55}	kʰa^{55}	pã^{42}
青岛	xã^{42}	ã^{213}	tɑ^{55}	lɑ^{42}	tθʰɑ^{55}	kɑ^{55}	kʰɑ^{55}白 kʰə^{55}文	pã^{42}
高密	xã^{21}	ã^{213}	tɑ^{55}	lɑ^{21}	tθʰɑ^{55}	kɑ^{55}白 kə^{55}文	kʰɑ^{55}白 kʰə^{55}文	pã^{21}
诸城	xã^{31}	ŋã^{213}	ta^{44}	la^{31}	tθʰa^{44}	ka^{44}	kʰa^{44}	pã^{31}
沂水	xã^{31}	ŋã^{213}	tɑ^{53}	lɑ^{31}	tθʰɑ^{44}	kɑ^{44}	kʰa^{44}	pã^{31}
临朐	xã^{21}	ŋã^{213}	ta^{53}	la^{21}	tθʰa^{44}	ka^{44}	kʰuə^{44}	pã^{21}
日照	xã^{31}	ŋã^{213}	tɑ^{44}	lɑ^{31}	tθʰɑ^{213}	kɑ^{213}	kʰɑ^{213}	pã^{31}
莒南	xã^{312}	ã^{213}	ta^{55}	la^{312}	tθʰa^{213}	ka^{213}	kʰa^{213}	pã^{312}
潍坊	xã^{31}	ŋã^{214}	tɑ^{55}	lɑ^{31}	tsʰɑ^{214}	kɑ^{214}	kʰɑ^{214}	pã^{31}
寿光	xã^{21}	ŋã^{213}	ta^{55}又 ta^{213}又	la^{21}	tsʰa^{213}	ka^{213}	kʰuə^{213}	pã^{21}
高青	xã^{41}	ŋã^{213}	tɑ^{55}	lɑ^{41}	tsʰɑ^{213}	kɑ^{213}	kʰə^{213}	pã^{41}
阳信	xã^{31}	ŋã^{213}	ta^{43}	la^{31}	tsʰa^{213}	kuə^{213}	kʰə^{213}	pã^{31}
济阳	xã^{31}	ŋã^{213}	ta^{55}	la^{31}	tsʰa^{213}	kə^{213}	kʰə^{213}	pã^{31}
利津	xã^{31}	ŋã^{213}	ta^{53}	la^{31}	tsʰa^{44}	ka^{44}白 kə^{44}文	kʰuə^{44}白 kʰə^{44}文	pã^{31}
乐陵	xã^{51}	ŋã^{24}	tɑ^{55}	lɑ^{51}	tsʰɑ^{24}	kuə^{24}又 kə^{24}又	kʰə^{24}	pã^{51}
商河	xã^{31}	ŋã^{213}	tɑ^{45}	lɑ^{31}	tsʰɑ^{45}	kə^{45}	kʰə^{45}	pã^{31}
平原	xã^{21}	ŋã^{213}	ta^{55}	la^{21}	tsʰa^{213}	kə^{213}	kʰə^{213}	pã^{21}

续表

	0473汗	0474安	0475达	0476辣	0477擦	0478割	0479渴	0480扮
	山开一 去寒匣	山开一 平寒影	山开一 入曷定	山开一 入曷来	山开一 入曷清	山开一 入曷见	山开一 入曷溪	山开二 去山帮
德州	xã^{21}	ŋã^{213}	ta^{42}	la^{21}	ts^{h}a^{213}	kə^{213}	k^{h}ə^{213}	pã^{21}
武城	xã^{312}	ŋã^{224}	ta^{53}	la^{312}	ts^{h}a^{224}	kə^{224}	k^{h}ə^{224}	pã^{312}
临清	xan^{313}	ŋan^{13}	ta^{53}	la^{313}	ts^{h}a^{13}	kə^{13}	k^{h}ə^{13}	pan^{313}
冠县	xã^{314}	ɣã^{13}	ta^{53}	la^{314}	ts^{h}a^{13}	kə^{13}	k^{h}ə^{13}	pã^{314}
聊城	xã^{313}	ɣã^{13}	ta^{53}	la^{313}	ts^{h}a^{13}	kə^{13}	k^{h}ə^{13}	pã^{313}
济南	xã^{21}	ŋã^{213}	ta^{42}	la^{21}	ts^{h}a^{213}	kə^{213}	k^{h}ə^{213}	pã^{21}
泰安	xã^{21}	ɣã^{213}	ta^{42}	la^{21}	ts^{h}a^{213}	kə^{213}	k^{h}ə^{213}	pã^{21}
莱芜	xã^{42}	ŋã^{213}	ta^{55}	la^{42}	ts^{h}a^{213}	ka^{213}	k^{h}ə^{213}	pã^{42}
新泰	xã^{31}	ŋã^{213}	ta^{42}	la^{31}	tθ^{h}a^{213}	ka^{213}	k^{h}ə^{213}	pã^{31}
沂源	xã^{31}	ŋã^{213}	ta^{55}	la^{31}	tθ^{h}a^{213}	ka^{55}	k^{h}a^{213}又 k^{h}uə^{213}又	pã^{31}
博山	xã^{31}	ŋã^{213}	tɑ^{55}	lɑ^{31}	ts^{h}ɑ^{213}	kɑ^{213}	k^{h}uə^{213}	pã^{31}
张店	xã^{31}	ŋã^{213}	tɑ^{55}	lɑ^{31}	ts^{h}ɑ^{33}	kɑ^{33}	k^{h}uə^{33}	pã^{31}
阳谷	xã^{313}	ɣã^{213}	ta^{42}	la^{213}	ts^{h}a^{213}	kə^{213}	k^{h}ə^{213}	pã^{313}
梁山	xã^{314}	ɣã^{213}	ta^{42}	la^{213}	ts^{h}a^{213}	kə^{213}	k^{h}ə^{213}	pã^{314}
菏泽	xã^{312}	ɣã^{213}	ta^{53}	la^{213}	ts^{h}a^{213}	kə^{213}	k^{h}ə^{213}	pã^{312}
曹县	xã^{312}	ɣã^{213}	ta^{53}	la^{213}	ts^{h}a^{213}	kə^{213}	k^{h}ə^{213}	pã^{312}
金乡	xã^{312}	ɣã^{213}	ta^{42}	la^{213}	ts^{h}a^{213}	kə^{213}	k^{h}ə^{213}	pã^{312}
曲阜	xã^{312}	ɣã^{213}	ta^{55}	la^{213}	ts^{h}a^{213}	kə^{213}	k^{h}ə^{213}	pã^{312}
薛城	xã^{41}	ɣã^{313}	ta^{55}	la^{313}	ts^{h}a^{313}	kə^{313}	k^{h}ə^{313}	pã^{41}
郯城	xã^{51}	ã^{213}	ta^{44}	la^{213}	ts^{h}a^{213}	ka^{213}白 kə^{213}文	k^{h}ə^{213}	pã^{51}
临沂	xã^{312}	ɣã^{214}	ta^{53}	la^{214}	ts^{h}a^{214}	ka^{214}白 kə^{214}文	k^{h}ə^{214}	pã^{312}

	0481办	0482铲	0483山	0484产～妇	0485间房～，一～房	0486眼	0487限	0488八
	山开二去山並	山开二上山初	山开二平山生	山开二上山生	山开二平山见	山开二上山疑	山开二上山匣	山开二入黠帮
荣成	pan^{33}	tʂʰan^{214}	ʂan^{53}	tʂʰan^{214}	cian^{53}	ian^{214}	çian^{33}	pa^{214}
烟台	pan^{33}	tsʰan^{14}	san^{53}	tsʰan^{14}	tɕian^{53}	ian^{14}	ɕian^{33}	pa^{14}
栖霞	pãn^{342}	tsʰãn^{214}	sãn^{312}	tsʰãn^{214}	ciãn^{312}	iãn^{214}	çiãn^{52}	pa^{214}
长岛	pan^{52}	tsʰan^{213}	san^{312}	tsʰan^{213}	cian^{312}	ian^{213}	çian^{52}	pa^{213}
海阳	pã^{341}	tʂʰã^{214}	ʂã^{52}	tʂʰã^{214}	ciã^{52}	iã^{214}	çiã^{341}	pa^{214}
莱西	pã^{42}	tsʰã^{55}	sã^{214}	tsʰã^{55}	ciã^{214}	iã^{55}	çiã^{42}	pa^{55}
平度	pã^{42}	tʂʰã^{55}	ʂã^{213}	tʂʰã^{55}	ciã^{213}	iã^{55}	çiã^{42}	pa^{55}
青岛	pã^{42}	tʂʰã^{55}	ʂã^{213}	tʂʰã^{55}	tɕiã^{213}	iã^{55}	ɕiã^{42}	pɑ^{55}
高密	pã^{21}	tʂʰã^{55}	ʂã^{213}	tʂʰã^{55}	tɕiã^{213}	iã^{55}	ɕiã^{21}	pɑ^{55}
诸城	pã^{31}	tʂʰã^{44}	ʂã^{213}	tʂʰã^{44}	tʃã^{213}	iã^{44}	ʃã^{31}	pa^{44}
沂水	pã^{31}	tʂʰã^{44} 名词 tʂʰã^{31} 动词	ʂã^{213}	tʂʰã^{44}	tɕiã^{213}	iã^{44}	ɕiã^{31}	pa^{44}
临朐	pã^{21}	tʂʰã^{44}	ʂã^{213}	tʂʰã^{44}	tɕiã^{213}	iã^{44}	ɕiã^{21}	pa^{44}
日照	pã^{31}	tʂʰã^{44}	ʂã^{213}	tʂʰã^{44}	tʃiã^{213}	iã^{44}	ʃiã^{31}	pɑ^{213}
莒南	pã^{312}	tʂʰã^{55}	ʂã^{213}	tʂʰã^{55}	tɕiã^{213}	iã^{55}	ɕiã^{312}	pa^{213}
潍坊	pã^{31}	tʂʰã^{55}	ʂã^{214}	tʂʰã^{55}	tɕiã^{214}	iã^{55}	ɕiã^{31}	pɑ^{214}
寿光	pã^{21}	tʂʰã^{55} 名词 tʂʰã^{21} 动词	ʂã^{213}	tʂʰã^{55}	tɕiã^{213}	iã^{55}	ɕiã^{21}	pa^{213}
高青	pã^{41}	tʂʰã^{55}	ʂã^{213}	tʂʰã^{55}	tɕiã^{213}	iã^{55}	ɕiã^{41}	pɑ^{213}
阳信	pã^{31}	tʂʰã^{55}	ʂã^{213}	tʂʰã^{55}	tɕiã^{213}	iã^{55}	ɕiã^{31}	pa^{213}
济阳	pã^{31}	tʂʰã^{55}	ʂã^{213}	tʂʰã^{55}	tɕiã^{213}	iã^{55}	ɕiã^{31}	pa^{213}
利津	pã^{31}	tʂʰã^{55}	ʂã^{213}	tʂʰã^{55}	tɕiã^{213}	iã^{55}	ɕiã^{31}	pa^{44}
乐陵	pã^{51}	tsʰã^{55}	sã^{24}	tsʰã^{55}	tɕiã^{24}	iã^{55}	ɕiã^{51}	pɑ^{24}
商河	pã^{31}	tsʰã^{45}	sã^{213} 又 ʂã^{213} 又	tsʰã^{45}	tɕiã^{213}	iã^{45}	ɕiã^{31}	pɑ^{45}
平原	pã^{21}	tsʰã^{55}	sã^{213}	tsʰã^{55}	tɕiã^{213}	iã^{55}	ɕiã^{21}	pa^{213}
德州	pã^{21}	tʂʰã^{55}	ʂã^{213}	tʂʰã^{55}	tɕiã^{213}	iã^{55}	ɕiã^{21}	pa^{213}

续表

	0481办	0482铲	0483山	0484产～妇	0485间房～，一～房	0486眼	0487限	0488八
	山开二去山並	山开二上山初	山开二平山生	山开二上山生	山开二平山见	山开二上山疑	山开二上山匣	山开二入黠帮
武城	pã^{312}	tʂ^{h}ã^{55}	ʂã^{224}	tʂ^{h}ã^{55}	tɕiã^{224}	iã^{55}	ɕiã^{312}	pa^{224}
临清	pan^{313}	tʂ^{h}an^{44}	ʂan^{13}	tʂ^{h}an^{44}	tɕian^{13}	ian^{44}	ɕian^{313}	pa^{13}
冠县	pã^{314}	tʂ^{h}ã^{55}	ʂã^{13}	tʂ^{h}ã^{55}	tɕiã^{13}	iã^{55}	ɕiã^{314}	pa^{13}
聊城	pã^{313}	ts^{h}ã^{44}	sã^{13}	ts^{h}ã^{44}	tɕiã^{13}	iã^{44}	ɕiã^{313}	pa^{13}
济南	pã^{21}	tʂ^{h}ã^{55}	ʂã^{213}	tʂ^{h}ã^{55}	tɕiã^{213}	iã^{55}	ɕiã^{21}	pa^{213}
泰安	pã^{21}	tʂ^{h}ã^{55}	ʂã^{213}	tʂ^{h}ã^{55}	tɕiã^{213}	iã^{55}	ɕiã^{21}	pa^{213}
莱芜	pã^{42}	tʃ^{h}ã^{55}	ʃã^{213}	tʃ^{h}ã^{55}	tɕiã^{213}	iã^{55}	ɕiã^{42}	pa^{213}
新泰	pã^{31}	tʃ^{h}ã^{55}	ʃã^{213}	tʃ^{h}ã^{55}	tɕiã^{213}	iã^{55}	ɕiã^{31}	pa^{213}
沂源	pã^{31}	tʃ^{h}ã^{55}	ʃã^{213}	tʃ^{h}ã^{55}	tɕiã^{213}	iã^{55}	ɕiã^{31}	pa^{213}
博山	pã^{31}	tʂ^{h}ã^{55}	ʂã^{213}	tʂ^{h}ã^{55}	tɕiã^{213}	iã^{55}	ɕiã^{31}	pɑ^{213}
张店	pã^{31}	tʂ^{h}ã^{55}	ʂã^{213}	tʂ^{h}ã^{55}	tɕiã^{213}	iã^{55}	ɕiã^{31}	pɑ^{33}
阳谷	pã^{313}	ts^{h}ã^{55}	sã^{213}	ts^{h}ã^{55}	tɕiã^{213}	iã^{55}	ɕiã^{313}	pa^{213}
梁山	pã^{314}	ts^{h}ã^{55}	sã^{213}	ts^{h}ã^{55}	tɕiã^{213}	iã^{55}	ɕiã^{314}	pa^{213}
菏泽	pã^{312}	ts^{h}ã^{44}	sã^{213}	ts^{h}ã^{44}	tɕiã^{213}	iã^{44}	ɕiã^{312}	pa^{213}
曹县	pã^{312}	ts^{h}ã^{44}	sã^{213}	ts^{h}ã^{44}	tɕiã^{213}	iã^{44}	ɕiã^{312}	pa^{213}
金乡	pã^{312}	ts^{h}ã^{55}	sã^{213}	ts^{h}ã^{55}	tɕiã^{213}	iã^{55}	ɕiã^{312}	pa^{213}
曲阜	pã^{312}	ts^{h}ã^{55}	sã^{213}	ts^{h}ã^{55}	tɕiã^{213}	iã^{55}	ɕiã^{312}	pa^{213}
薛城	pã^{41}	ts^{h}ã^{24}	sã^{313}	ts^{h}ã^{24}	tɕiã^{313}	iã^{24}	ɕiã^{41}	pa^{313}
郯城	pã^{51}	tʂ^{h}ã^{24}	ʂã^{213}	tʂ^{h}ã^{24}	tɕiã^{213}	iã^{24}	ɕiã^{51}	pa^{213}
临沂	pã^{312}	tʃ^{h}ã^{55}	ʃã^{214}	tʃ^{h}ã^{55}	tɕiã^{214}	iã^{55}	ɕiã^{312}	pa^{214}

	0489扎	0490杀	0491班	0492板	0493慢	0494奸	0495颜	0496瞎
	山开二入黠庄	山开二入黠生	山开二平删帮	山开二上删帮	山开二去删明	山开二平删见	山开二平删疑	山开二入鎋晓
荣成	tʂa^{214}	ʂa^{214}	pan^{53}	pan^{214}	man^{33}	cian^{53}	ian^{53}	çia^{214}
烟台	tsa^{14}	sa^{14}	pan^{53}	pan^{14}	man^{33}	tɕian^{53}	ian^{33}	ɕian^{14}

续表

	0489扎	0490杀	0491班	0492板	0493慢	0494奸	0495颜	0496瞎
	山开二 入黠庄	山开二 入黠生	山开二 平删帮	山开二 上删帮	山开二 去删明	山开二 平删见	山开二 平删疑	山开二 入鎋晓
栖霞	tsa^{214}	sa^{214}	pãn^{312}	pãn^{214}	mãn^{342}	ciãn^{312}	iãn^{52}	çia^{214}
长岛	tsa^{213}	sa^{213}	pan^{312}	pan^{213}	man^{52}	cian^{312}	ian^{55}	çia^{213}
海阳	tʂa^{214}	ʂa^{214}	pã^{52}	pã^{214}	mã^{341}	ciã^{52}	iã^{52}	çia^{214}
莱西	tsa^{55}	sa^{55}	pã^{214}	pã^{55}	mã^{42}	ciã^{214}	iã^{42}	çia^{55}
平度	tʂa^{55}	ʂa^{55}	pã^{213}	pã^{55}	mã^{42}	ciã^{213}	iã^{42}	çia^{55}
青岛	tʂɑ^{55}	ʂɑ^{55}	pã^{213}	pã^{55}	mã^{42}	tɕiã^{213}	iã^{42}	ɕiɑ^{55}
高密	tʂɑ^{55}	ʂɑ^{55}	pã^{213}	pã^{55}	mã^{21}	tɕiã^{213}	iã^{42}	ɕiɑ^{55}
诸城	tʂa^{44}	ʂa^{44}	pã^{213}	pã^{44}	mã^{31}	tʃã^{213}	iã^{53}	ʃa^{44}
沂水	tʂa^{44}	ʂa^{44}	pã^{213}	pã^{44}	mã^{31}	tɕiã^{213}	iã^{53}	ɕia^{44}
临朐	tʂa^{44}	ʂa^{44}	pã^{213}	pã^{44}	mã^{21}	tɕiã^{213}	iã^{53}	ɕia^{44}
日照	tʂɑ^{213}	ʂɑ^{213}	pã^{213}	pã^{44}	mã^{31}	tʃiã^{213}	iã^{53}	ʃiɑ^{213}
莒南	tʂa^{213}	ʂa^{213}	pã^{213}	pã^{55}	mã^{312}	tɕiã^{213}	iã^{53}	ɕia^{213}
潍坊	tʂɑ^{214}	ʂɑ^{214}	pã^{214}	pã^{55}	mã^{31}	tɕiã^{214}	iã^{53}	ɕiɑ^{214}
寿光	tʂa^{213}	ʂa^{213}	pã^{213}	pã^{55}	mã^{21}	tɕiã^{213}	iã^{53}	ɕia^{213}
高青	tʂɑ^{213}	ʂɑ^{213}	pã^{213}	pã^{55}	mã^{41}	tɕiã^{213}	iã^{55}	ɕiɑ^{213}
阳信	tʂa^{213}	ʂa^{213}	pã^{213}	pã^{55}	mã^{31}	tɕiã^{213}	iã^{43}	ɕia^{213}
济阳	tʂa^{213}	ʂa^{213}	pã^{213}	pã^{55}	mã^{31}	tɕiã^{213}	iã^{55}	ɕia^{213}
利津	tʂa^{44}	ʂa^{44}	pã^{213}	pã^{55}	mã^{31}	tɕiã^{213}	iã^{53}	ɕia^{44}
乐陵	tsɑ^{24}	sɑ^{24}	pã^{24}	pã^{55}	mã^{51}	tɕiã^{24}	iã^{55}	ɕiɑ^{24}
商河	tsɑ^{45}	sɑ^{45}	pã^{213}	pã^{45}	mã^{31}	tɕiã^{213}	iã^{54}	ɕia^{45}
平原	tsa^{213}	sa^{213}	pã^{213}	pã^{55}	mã^{21}	tɕiã^{213}	iã^{42}	ɕia^{213}
德州	tʂa^{213}	ʂa^{213}	pã^{213}	pã^{55}	mã^{21}	tɕiã^{213}	iã^{42}	ɕia^{213}
武城	tʂa^{224}	ʂa^{224}	pã^{224}	pã^{55}	mã^{312}	tɕiã^{224}	iã^{53}	ɕia^{224}
临清	tʂa^{13}	ʂa^{13}	pan^{13}	pan^{44}	man^{313}	tɕian^{13}	ian^{53} ian^{313}姓	ɕia^{13}
冠县	tʂa^{13}	ʂa^{13}	pã^{13}	pã^{55}	mã^{314}	tɕiã^{13}	iã^{53}	ɕia^{13}
聊城	tsa^{13}	sa^{13}	pã^{13}	pã^{44}	mã^{313}	tɕiã^{13}	iã^{53}	ɕia^{13}

续表

	0489扎	0490杀	0491班	0492板	0493慢	0494奸	0495颜	0496瞎
	山开二 入黠庄	山开二 入黠生	山开二 平删帮	山开二 上删帮	山开二 去删明	山开二 平删见	山开二 平删疑	山开二 入鎋晓
济南	tʂa^{213}	ʂa^{213}	pã^{213}	pã^{55}	mã^{21}	tɕiã^{213}	iã^{42}	ɕia^{213}
泰安	tʂa^{213}	ʂa^{213}	pã^{213}	pã^{55}	mã^{21}	tɕiã^{213}	iã^{42}	ɕia^{213}
莱芜	tʃa^{213}	ʃa^{213}	pã^{213}	pã^{55}	mã^{42}	tɕiã^{213}	iã^{55}	ɕia^{213}
新泰	tʃa^{213}	ʃa^{213}	pã^{213}	pã^{55}	mã^{31}	tɕiã^{213}	iã^{42}	ɕia^{213}
沂源	tʃa^{213}	ʃa^{213}	pã^{213}	pã^{55}	mã^{31}	tɕiã^{213}	iã^{55}	ɕia^{213}
博山	tʂɑ^{213}	ʂɑ^{213}	pã^{213}	pã^{55}	mã^{31}	tɕiã^{213}	iã^{55}	ɕiɑ^{213}
张店	tʂɑ^{55}	ʂɑ^{33}	pã^{213}	pã^{55}	mã^{31}	tɕiã^{213}	iã^{55}	ɕiɑ^{33}
阳谷	tsa^{213}	sa^{213}	pã^{213}	pã^{55}	mã^{313}	tɕiã^{213}	iã^{42}	ɕia^{213}
梁山	tsa^{213}	sa^{213}	pã^{213}	pã^{55}	mã^{314}	tɕiã^{213}	iã^{314}	ɕia^{213}
菏泽	tsa^{213}	sa^{213}	pã^{213}	pã^{44}	mã^{312}	tɕiã^{213}	iã^{53}	ɕia^{213}
曹县	tsa^{213}	sa^{213}	pã^{213}	pã^{44}	mã^{312}	tɕiã^{213}	iã^{53}	ɕia^{213}
金乡	tsa^{213}	sa^{213}	pã^{213}	pã^{55}	mã^{312}	tɕiã^{213}	iã^{42}	ɕia^{213}
曲阜	tsa^{213}	sa^{213}	pã^{213}	pã^{55}	mã^{312}	tɕiã^{213}	iã^{42}	ɕia^{213}
薛城	tsa^{313}	sa^{313}	pã^{313}	pã^{24}	mã^{41}	tɕiã^{313}	iã^{55}	ɕia^{313}
郯城	tʂa^{213}	ʂa^{213}	pã^{213}	pã^{24}	mã^{51}	tɕiã^{213}	iã^{44}	ɕia^{213}
临沂	tʃa^{214}	ʃa^{214}	pã^{214}	pã^{55}	mã^{312}	tɕiã^{214}	iã^{53}	ɕia^{214}

	0497变	0498骗 欺～	0499便 方～	0500棉	0501面 ～孔	0502连	0503剪	0504浅
	山开三 去仙帮	山开三 去仙滂	山开三 去仙並	山开三 平仙明	山开三 去仙明	山开三 平仙来	山开三 上仙精	山开三 上仙清
荣成	pian^{33}	pʰian^{33}	pian^{33}	mian^{53}	mian^{33}	lian^{35}	tsian^{214}	tsʰian^{214}
烟台	pian^{33}	pʰian^{33}	pian^{33}	mian^{53}	mian^{33}	lian^{33}	tɕian^{14}	tɕʰian^{14}
栖霞	piãn^{52}	pʰiãn^{52}	piãn^{52}	miãn^{312}	miãn^{342}	liãn^{342}	tʃɑŋ^{214}又 tʃiãn^{214}又	tʃʰiãn^{214}
长岛	pian^{52}	pʰian^{52}	pian^{52}	mian^{55}	mian^{52}	lian^{55}	tʃan^{213}	tʃʰan^{213}
海阳	piã^{341}	pʰiã^{341}	piã^{341}	miã^{52}	miã^{341}	liã^{341}	tsiã^{214}	tsʰiã^{214}
莱西	piã^{42}	pʰiã^{42}	piã^{42}	miã^{214}	miã^{42}	liã^{42}	tʃiã^{55}	tʃʰiã^{55}

续表

	0497变	0498骗 欺～	0499便 方～	0500棉	0501面 ～孔	0502连	0503剪	0504浅
	山开三 去仙帮	山开三 去仙滂	山开三 去仙並	山开三 平仙明	山开三 去仙明	山开三 平仙来	山开三 上仙精	山开三 上仙清
平度	piã⁴²	pʰiã⁴²	piã²¹³	miã⁴²	miã⁴²	liã⁴²	tsiã⁵⁵	tsʰiã⁵⁵
青岛	piã⁴²	pʰiã⁴²	piã⁴²	miã⁴²	miã⁴²	liã⁴²	tsiã⁵⁵	tsʰiã⁵⁵
高密	piã²¹	pʰiã²¹	piã²¹	miã⁴²	miã²¹	liã⁴²	tsiã⁵⁵	tsʰiã⁵⁵
诸城	piã³¹	pʰiã³¹	piã³¹	miã⁵³	miã³¹	liã⁵³	tθiã⁴⁴	tθʰiã⁴⁴
沂水	piã³¹	pʰiã³¹	piã³¹	miã⁵³	miã³¹	liã⁵³	dziã⁴⁴	tsʰiã⁴⁴
临朐	piã²¹	pʰiã²¹	piã²¹	miã⁵³	miã²¹	liã⁵³	tɕiã⁴⁴	tɕʰiã⁴⁴
日照	piã³¹	pʰiã³¹	piã³¹	miã⁵³	miã³¹	liã⁵³	ȶiã⁴⁴	ȶʰiã⁴⁴
莒南	piã³¹²	pʰiã³¹²	piã³¹²	niã⁵³老 miã⁵³新	miã³¹²	liã⁵³	tsiã⁵⁵	tsʰiã⁵⁵
潍坊	piã³¹	pʰiã³¹	piã³¹	miã⁵³	miã³¹	liã⁵³	tɕiã⁵⁵	tɕʰiã⁵⁵
寿光	piã²¹	pʰiã²¹	piã²¹	miã⁵³	miã²¹	liã⁵³	tɕiã⁵⁵	tɕʰiã⁵⁵
高青	piã⁴¹	pʰiã⁴¹	piã⁴¹	miã⁵⁵	miã⁴¹	liã⁵⁵	tɕiã⁵⁵	tɕʰiã⁵⁵
阳信	piã³¹	pʰiã³¹	piã³¹	ȵiaŋ⁴³～花 miã⁴³～衣	miã³¹	liã⁴³	tɕiã⁵⁵	tɕʰiã⁵⁵
济阳	piã³¹	pʰiã³¹	piã³¹	miã⁵⁵	miã³¹	liã⁵⁵	tɕiã⁵⁵	tɕʰiã⁵⁵
利津	piã³¹	pʰiã³¹	piã³¹	miã⁵³	miã³¹	liã⁵³	tɕiã⁵⁵	tɕʰiã⁵⁵
乐陵	piã⁵¹	pʰiã⁵¹	piã⁵¹	miã⁵⁵	miã⁵¹	liã⁵⁵	tɕiã⁵⁵	tɕʰiã⁵⁵
商河	piã³¹	pʰiã³¹	piã³¹	ȵiaŋ⁵⁴～花 miã⁵⁴～衣	miã³¹	liã⁵⁴	tɕiã⁴⁵	tɕʰiã⁴⁵
平原	piã²¹	pʰiã²¹	piã²¹	miã⁴²	miã²¹	liã⁴²	tɕiã⁵⁵	tɕʰiã⁵⁵
德州	piã²¹	pʰiã²¹	piã²¹	miã⁴²	miã²¹	liã⁴²	tɕiã⁵⁵	tɕʰiã⁵⁵
武城	piã³¹²	pʰiã³¹²	piã³¹²	miã⁵³	miã³¹²	liã⁵³	tɕiã⁵⁵	tɕʰiã⁵⁵
临清	pian³¹³	pʰian³¹³	pian³¹³	mian⁵³	mian³¹³	lian⁵³	tɕian⁴⁴	tɕʰian⁴⁴
冠县	piã³¹⁴	pʰiã³¹⁴	piã³¹⁴	miã⁵³	miã³¹⁴	liã⁵³	tsiã⁵⁵	tsʰiã⁵⁵
聊城	piã³¹³	pʰiã³¹³	piã³¹³	miã⁵³	miã³¹³	liã⁵³	tɕiã⁴⁴	tɕʰiã⁴⁴
济南	piã²¹	pʰiã²¹	piã²¹	miã⁴²	miã²¹	liã⁴²	tɕiã⁵⁵	tɕʰiã⁵⁵
泰安	piã²¹	pʰiã²¹	piã²¹	miã⁴²	miã²¹	liã⁴²	tɕiã⁵⁵	tɕʰiã⁵⁵

续表

	0497 变	0498 骗 欺～	0499 便 方～	0500 棉	0501 面 ～孔	0502 连	0503 剪	0504 浅
	山开三 去仙帮	山开三 去仙滂	山开三 去仙並	山开三 平仙明	山开三 去仙明	山开三 平仙来	山开三 上仙精	山开三 上仙清
莱芜	piã^{42}	pʰiã^{42}	piã^{42}	miã^{55}	miã^{42}	liã^{55}	tɕiã^{55}	tɕʰiã^{55}
新泰	piã^{31}	pʰiã^{31}	piã^{31}	ȵiã^{42} 白 miã^{42} 文	miã^{31}	liã^{42}	tɕiã^{55}	tɕʰiã^{55}
沂源	piã^{31}	pʰiã^{31}	piã^{31}	miã^{55}	miã^{31}	liã^{55}	tɕiã^{55}	tɕʰiã^{55}
博山	piã^{31}	pʰiã^{31}	piã^{31}	miã^{55}	miã^{31}	liã^{55}	tɕiã^{55}	tɕʰiã^{55}
张店	piã^{31}	pʰiã^{31}	piã^{31}	miã^{55}	miã^{31}	liã^{55}	tɕiã^{55}	tɕʰiã^{55}
阳谷	piã^{313}	pʰiã^{313}	piã^{313}	miã^{42}	miã^{313}	liã^{42}	tɕiã^{55}	tɕʰiã^{55}
梁山	piã^{314}	pʰiã^{314}	piã^{314}	miã^{42}	miã^{314}	liã^{42}	tɕiã^{55}	tɕʰiã^{55}
菏泽	piã^{312}	pʰiã^{312}	piã^{312}	miã^{53}	miã^{312}	liã^{53}	tɕiã^{44}	tɕʰiã^{44}
曹县	piã^{312}	pʰiã^{312}	piã^{312}	miã^{53}	miã^{312}	liã^{53}	tɕiã^{44}	tɕʰiã^{44}
金乡	piã^{312}	pʰiã^{312}	piã^{312}	miã^{42}	miã^{312}	liã^{42}	tɕiã^{55}	tɕʰiã^{55}
曲阜	piã^{312}	pʰiã^{312}	piã^{312}	miã^{42}	miã^{312}	liã^{42}	tɕiã^{55}	tɕʰiã^{55}
薛城	piã^{41}	pʰiã^{41}	piã^{41}	miã^{55}	miã^{41}	liã^{55}	tɕiã^{24}	tɕʰiã^{24}
郯城	piã^{51}	pʰiã^{51}	piã^{51}	ȵiã^{44} 白 miã^{44} 文	miã^{51}	liã^{44}	tɕiã^{24}	tɕʰiã^{24}
临沂	piã^{312}	pʰiã^{312}	piã^{312}	miã^{53}	miã^{312}	liã^{53}	tɕiã^{55}	tɕʰiã^{55}

	0505 钱	0506 鲜	0507 线	0508 缠	0509 战	0510 扇名	0511 善	0512 件
	山开三 平仙从	山开三 平仙心	山开三 去仙心	山开三 平仙澄	山开三 去仙章	山开三 去仙书	山开三 上仙禅	山开三 上仙群
荣成	tsian^{35} 又 tsʰian^{35} 又	sian^{53}	sian^{33}	tʃan^{35}	tʃan^{33}	ʃan^{33}	ʃan^{33}	cian^{33}
烟台	tɕʰian^{33}	ɕian^{53}	ɕian^{33}	tɕʰian^{33}	tɕian^{33}	ɕian^{33}	ɕian^{33}	tɕian^{33}
栖霞	tʃʰiãn^{342}	ʃyãn^{312} 又 ʃiãn^{312} 又	ʃiãn^{52}	tʃʰiãn^{342}	tʃãn^{52}	ʃãn^{52}	ʃãn^{52}	ciãn^{342}
长岛	tʃʰan^{55}	ʃan^{312}	ʃan^{52}	tʃʰan^{55}	tʃan^{52}	ʃan^{52}	ʃan^{52}	cian^{52}
海阳	tsʰiã^{341}	syã^{52} 白 siã^{52} 文	siã^{341}	tsʰã^{341}	tsã^{341}	sã^{341}	sã^{341}	ciã^{341}

续表

	0505钱	0506鲜	0507线	0508缠	0509战	0510扇名	0511善	0512件
	山开三平仙从	山开三平仙心	山开三去仙心	山开三平仙澄	山开三去仙章	山开三去仙书	山开三上仙禅	山开三上仙群
莱西	tʃʰiã^{42}	ʃyã^{214}白 ʃiã^{214}文	ʃiã^{42}	tʃʰiã^{42}	tʃiã^{42}	ʃiã^{42}	ʃiã^{42}	ciã^{42}
平度	tsʰiã^{42}	syã^{213}	siã^{213}	tʃʰã^{42}	tʃã^{42}	ʃã^{42}	ʃã^{42}	ciã^{42}
青岛	tsʰiã^{42}	siã^{213}	siã^{42}	tʃʰã^{42}	tʃã^{42}	ʃã^{42}	ʃã^{42}	tɕiã^{42}
高密	tsʰiã^{42}	siã^{213}	siã^{21}	tʃʰã^{42}	tʃã^{21}	ʃã^{21}	ʃã^{21}	tɕiã^{21}
诸城	tθʰiã^{53}	θiã^{213}	θiã^{31}	tʃʰã^{53}	tʃã^{31}	ʃã^{31}	ʃã^{31}	tʃã^{31}
沂水	tsʰiã^{53}	siã^{213}	siã^{31}	tʃʰã^{53}	dʒã^{31}	ʃã^{31}	ʃã^{31}	tɕiã^{31}
临朐	tɕʰiã^{53}	ɕiã^{213}	ɕiã^{21}	tʃʰã^{53}	tʃã^{21}	ʃã^{21}	ʃã^{21}	tɕiã^{21}
日照	ȶʰiã^{53}	θiã^{213}	θiã^{31}	tʃʰiã^{53}	tʃiã^{31}	ʃiã^{31}	ʃiã^{31}	tʃiã^{31}
莒南	tsʰiã^{53}	siã^{213}	siã^{312}	tʃʰã^{53}	tʃã^{312}	ʃã^{312}	ʃã^{312}	tɕiã^{312}
潍坊	tɕʰiã^{53}	ɕiã^{214}	ɕiã^{31}	tʂʰã^{53}	tʂã^{31}	ʂã^{31}	ʂã^{31}	tɕiã^{31}
寿光	tɕʰiã^{53}	ɕiã^{213}	ɕiã^{21}	tʂʰã^{53}	tʂã^{21}	ʂã^{21}	ʂã^{21}	tɕiã^{21}
高青	tɕʰiã^{55}	ɕiã^{213}	ɕiã^{41}	tʂʰã^{55}	tʂã^{41}	ʂã^{41}	ʂã^{41}	tɕiã^{41}
阳信	tɕʰiã^{43}	ɕiã^{213}	ɕiã^{31}	tʂʰã^{43}	tʂã^{31}	ʂã^{31}	ʂã^{31}	tɕiã^{31}
济阳	tɕʰiã^{55}	ɕiã^{213}	ɕiã^{31}	tʂʰã^{55}	tʂã^{31}	ʂã^{31}	ʂã^{31}	tɕiã^{31}
利津	tɕʰiã^{53}	ɕiã^{213}	ɕiã^{31}	tʂʰã^{53}	tʂã^{31}	ʂã^{31}	ʂã^{31}	tɕiã^{31}
乐陵	tɕʰiã^{55}	ɕiã^{24}	ɕiã^{51}	tʂʰã^{55}	tʂã^{51}	ʂã^{51}	ʂã^{51}	tɕiã^{51}
商河	tɕʰiã^{54}	ɕiã^{213}	ɕiã^{31}	tʂʰã^{54}	tʂã^{31}	ʂã^{31}	ʂã^{31}	tɕiã^{31}
平原	tɕʰiã^{42}	ɕiã^{213}	ɕiã^{21}	tʂʰã^{42}	tʂã^{21}	ʂã^{21}	ʂã^{21}	tɕiã^{21}
德州	tɕʰiã^{42}	ɕiã^{213}	ɕiã^{21}	tʂʰã^{42}	tʂã^{21}	ʂã^{21}	ʂã^{21}	tɕiã^{21}
武城	tɕʰiã^{53}	ɕiã^{224}	ɕiã^{312}	tʂʰã^{53}	tʂã^{312}	ʂã^{312}	ʂã^{312}	tɕiã^{312}
临清	tɕʰian^{53}	ɕian^{13}	ɕian^{313}	tʂʰan^{53}	tʂan^{313}	ʂan^{313}	ʂan^{313}	tɕian^{313}
冠县	tsʰiã^{53}	siã^{13}	siã^{314}	tʂʰã^{53}	tʂã^{314}	ʂã^{314}	ʂã^{314}	tɕiã^{314}
聊城	tɕʰiã^{53}	ɕiã^{13}	ɕiã^{313}	tsʰã^{53}	tsã^{313}	sã^{313}	sã^{313}	tɕiã^{313}
济南	tɕʰiã^{42}	ɕiã^{213}	ɕiã^{21}	tʂʰã^{42}	tʂã^{21}	ʂã^{21}	ʂã^{21}	tɕiã^{21}
泰安	tɕʰiã^{42}	ɕiã^{213}	ɕiã^{21}	tʂʰã^{42}	tʂã^{21}	ʂã^{21}	ʂã^{21}	tɕiã^{21}
莱芜	tɕʰiã^{55}	ɕiã^{213}	ɕiã^{42}	tʃʰã^{55}	tʃã^{42}	ʃã^{42}	ʃã^{42}	tɕiã^{42}

续表

	0505钱	0506鲜	0507线	0508缠	0509战	0510扇名	0511善	0512件
	山开三 平仙从	山开三 平仙心	山开三 去仙心	山开三 平仙澄	山开三 去仙章	山开三 去仙书	山开三 上仙禅	山开三 上仙群
新泰	tɕʰiã^{42}	ɕiã^{213}	ɕiã^{31}	tʃʰã^{42}	tʃã^{31}	ʃã^{31}	ʃã^{31}	tɕiã^{31}
沂源	tɕʰiã^{55}	ɕiã^{213}	ɕiã^{31}	tʃʰã^{55}	tʃã^{31}	ʃã^{31}	ʃã^{31}	tɕiã^{31}
博山	tɕʰiã^{55}	ɕiã^{213}	ɕiã^{31}	tʂʰã^{55}	tʂã^{31}	ʂã^{31}	ʂã^{31}	tɕiã^{31}
张店	tɕʰiã^{55}	ɕiã^{213}	ɕiã^{31}	tʂʰã^{55}	tʂã^{31}	ʂã^{31}	ʂã^{31}	tɕiã^{31}
阳谷	tɕʰiã^{42}	ɕiã^{213}	ɕiã^{313}	tsʰã^{42}	tsã^{313}	sã^{313}	sã^{313}	tɕiã^{313}
梁山	tɕʰiã^{42}	ɕiã^{213}	ɕiã^{314}	tsʰã^{42}	tsã^{314}	sã^{314}	sã^{314}	tɕiã^{314}
菏泽	tɕʰiã^{53}	ɕiã^{213}	ɕiã^{312}	tsʰã^{53}	tsã^{312}	sã^{312}	sã^{312}	tɕiã^{312}
曹县	tɕʰiã^{53}	ɕiã^{213}	ɕiã^{312}	tʂʰã^{53}	tʂã^{312}	ʂã^{312}	ʂã^{312}	tɕiã^{312}
金乡	tɕʰiã^{42}	ɕiã^{213}	ɕiã^{312}	tsʰã^{42}	tsã^{312}	sã^{312}	sã^{312}	tɕiã^{312}
曲阜	tɕʰiã^{42}	ɕiã^{213}	ɕiã^{312}	tsʰã^{42}	tsã^{312}	sã^{312}	sã^{312}	tɕiã^{312}
薛城	tɕʰiã^{55}	ɕiã^{313}	ɕiã^{41}	tsʰã^{55}	tsã^{41}	sã^{41}	sã^{41}	tɕiã^{41}
郯城	tɕʰiã^{44}	ɕiã^{213}	ɕiã^{51}	tʂʰã^{44}	tʂã^{51}	ʂã^{51}	ʂã^{51}	tɕiã^{51}
临沂	tɕʰiã^{53}	ɕiã^{214}	ɕiã^{312}	tʃʰã^{53}	tʃã^{312}	ʃã^{312}	ʃã^{312}	tɕiã^{312}

	0513延	0514别～人	0515灭	0516列	0517撤	0518舌	0519设	0520热
	山开三 平仙以	山开三 入薛帮	山开三 入薛明	山开三 入薛来	山开三 入薛彻	山开三 入薛船	山开三 入薛书	山开三 入薛日
荣成	ian^{53}～长 ian^{33}～安	piɛ^{35}	miɛ^{33}	liɛ^{33}	tʃʰiɛ^{33}	ʃiɛ^{33}	ʃiɛ^{214}	iɛ^{214}
烟台	ian^{53}～长 ian^{33}～安	pie^{33}	mie^{33}	lie^{33}	tɕʰie^{33}	ɕie^{33}	ɕie^{33}	ie^{14}
栖霞	iãn^{342}	piɛ^{342}	miɛ^{52}	liɛ^{52}	tʃʰiɛ^{52}	ʃiɛ^{342}	ʃiɛ^{52}	iɛ^{52}
长岛	ian^{52}	piɛ^{55}	miɛ^{52}	liɛ^{52}	tʃʰiɛ^{52}	ʃiɛ^{55}	ʃiɛ^{52}	iɛ^{213}
海阳	iã^{52}	piə^{341}	miə^{341}	liə^{341}	tsʰə^{341}	sə^{341}	sə^{214}	iə^{341}
莱西	iã^{55}	piə^{42}	miə^{42}	liə^{42}	tʃʰiə^{42}	ʃiə^{42}	ʃiə^{42}	iə^{42}
平度	iã^{55}	piə^{42}	miə^{42}	liə^{42}	tʃʰə^{213}	ʃə^{42}	ʃə^{42}	iə^{213}
青岛	iã^{42}	piə^{42}	miə^{42}	liə^{42}	tʃʰə^{42}	ʃə^{42}	ʃə^{42}	iə^{42}

续表

	0513延	0514别～人	0515灭	0516列	0517撤	0518舌	0519设	0520热
	山开三 平仙以	山开三 入薛帮	山开三 入薛明	山开三 入薛来	山开三 入薛彻	山开三 入薛船	山开三 入薛书	山开三 入薛日
高密	iã^{55}	piə^{42}	miə^{21}	liə^{21}	tʃʰə^{21}	ʃə^{42}	ʃə^{55}	iə^{21}
诸城	iã^{44}	piə^{53}	miə^{31}	liə^{31}	tʃʰə^{31}	ʃə^{53}	ʃə^{44}	iə^{31}
沂水	iã^{44}	piə^{53}	miə^{31}	liə^{31}	tʃʰə^{31}	ʃə^{53}	ʃə^{44}	iə^{31}
临朐	iã^{44}	piə^{53}	miə^{21}	liə^{21}	tʃʰə^{21}	ʃə^{53}	ʃə^{44}	ʐə^{21}
日照	iã^{44}	piə^{53}	miə^{31}	liə^{31}	tʃʰiə^{31}	ʃiə^{53}	ʃiə^{44}	iə^{31}
莒南	iã^{55}又 iã^{53}又	piə^{53}	miə^{312}	liə^{312}	tʃʰə^{312}	ʃə^{53}	ʃə^{312}又 ʃə^{55}又	iə^{312}
潍坊	iã^{53}	piə^{53}	miə^{31}	liə^{31}	tʂʰə^{31}	ʂə^{53}	ʂə^{55}	ʐə^{31}
寿光	iã^{55}	piə^{53}	miə^{21}	liə^{21}	tʂʰə^{21}	ʂə^{53}	ʂə^{55}	lə^{21}
高青	iã^{55}	piə^{55}	miə^{41}	liə^{41}	tʂʰə^{41}	ʂə^{55}	ʂə^{55}	ʐə^{41}
阳信	iã^{55}	piə^{43}	miə^{31}	liə^{31}	tʂʰə^{31}	ʂə^{43}	ʂə^{55}	ʐə^{31}
济阳	iã^{55} iã^{31}～安	piə^{55}	miə^{31}	liə^{31}	tʂʰə^{31}	ʂə^{55}	ʂə^{31}	ʐə^{31}
利津	iã^{31}	piə^{53}	miə^{31}	liə^{31}	tʂʰə^{31}	ʂə^{53}	ʂə^{31}	ʐə^{31}
乐陵	iã^{51}	piə^{55}	miə^{51}	liə^{51}	tʂʰə^{51}	ʂə^{55}	ʂə^{51}	ʐə^{51}
商河	iã^{31}	piə^{54}	miə^{31}	liə^{31}	tʂʰə^{31}	ʂə^{54}	ʂə^{31}	ʐə^{31}
平原	iã^{21}	piə^{42}	miə^{21}	liə^{21}	tʂʰə^{21}	ʂə^{42}	ʂə^{21}	ʐə^{21}
德州	iã^{21}	piə^{42}	miə^{21}	liə^{21}	tʂʰə^{21}	ʂə^{42}	ʂə^{21}	ʐə^{21}
武城	iã^{312}	piə^{53}	miə^{312}	liə^{312}	tʂʰə^{312}	ʂə^{53}	ʂə^{312}	lə^{312}
临清	ian^{313}	piə^{53}	miə^{313}	liə^{313}	tʂʰə^{313}	ʂə^{53}	ʂə^{313}	ʐə^{313}
冠县	iã^{53}	piə^{53}	miə^{314}	liə^{314}	tʂʰə^{314}	ʂə^{53}	ʂə^{55}	ʐə^{314}
聊城	iã^{53}	piə^{53}	miə^{313}	liə^{313}	tsʰə^{313}	sə^{53}	sə^{44}	zə^{313}
济南	iã^{55}拖～ iã^{21}～安	piə^{42}	miə^{21}	liə^{21}	tʂʰə^{21}	ʂə^{42}	ʂə^{21}	ʐə^{21}
泰安	iã^{55}～长 iã^{21}～安	piə^{42}	miə^{21}	liə^{21}	tʂʰə^{21}	ʂə^{42}	ʂə^{21}	ʐə^{21}
莱芜	iã^{55}	piə^{55}	miə^{42}	liə^{42}	tʃʰə^{42}	ʃə^{55}	ʃə^{55}	ʒə^{42}

续表

	0513延	0514别～人	0515灭	0516列	0517撤	0518舌	0519设	0520热
	山开三平仙以	山开三入薛帮	山开三入薛明	山开三入薛来	山开三入薛彻	山开三入薛船	山开三入薛书	山开三入薛日
新泰	iã42	piə42	miə31	liə31	tʃʰə31	ʃə42	ʃə31	ʒə31
沂源	iã55	piə55	miə31	liə31	tʃʰə31	ʃə55	ʃə31	iə31
博山	iã31	piə55	miə31	liə31	tʂʰə31	ʂə55	ʂə31	lə31
张店	iã55	piə55	miə31	liə31	tʂʰə31	ʂə55	ʂə55	ʐə31
阳谷	iã42	piə42	miə213	liə313	tsʰə313	sə42	sə213	zə213
梁山	iã55 又 iã42 又	piə42	miə213	liə213	tsʰə314	sə42	sə314	zə213
菏泽	iã55	piɛ53	miɛ213	liɛ213	tsʰə312	sə53	sə213	zə213
曹县	iã53	piə53	miə213	liə213	tʂʰə312	ʂə53	ʂə213	ʐə213
金乡	iã55	piə42	miə213	liə213	tsʰə312	sə42	sə312	zə213
曲阜	iã55～长 iã42～安	piə42	miə213	liə312	tsʰə312	sə42	sə312	zə213
薛城	iã55	piə55	miə313	liə313	tsʰə41	sə55	sə313 建～ sə41～备	zə313
郯城	iã24 拖～ iã44～安	piə44	miə213	liə213	tʂʰə51	ʂə44	ʂə213	ʐə213
临沂	iã53	piə53	miə214	liə214	tʃʰə312	ʃə53	ʃə55	ʐə214

	0521杰	0522孽	0523建	0524健	0525言	0526歇	0527扁	0528片
	山开三入薛群	山开三入薛疑	山开三去元见	山开三去元群	山开三平元疑	山开三入月晓	山开四上先帮	山开四去先滂
荣成	ciɛ35	niɛ53	cian33	cian33	ian35	çiɛ214	pian214	pʰian33
烟台	tɕie33	ȵie33	tɕian33	tɕian33	ian33	çie14	pian14	pʰian33
栖霞	ciɛ342	ȵiɛ52	ciãn52	ciãn52	iãn342	çiɛ214	piãn214	pʰiãn52
长岛	ciɛ55	ȵiɛ52	cian52	cian52	ian55	çiɛ213	pian213	pʰian52
海阳	ciə341	ȵiə341	ciã52	ciã341	iã341	çiə214	piã214	pʰiã341
莱西	ciə42	ȵiə42	ciã42	ciã42	iã42	çiə55	piã55	pʰiã42
平度	ciə42	ȵiə42	ciã42	ciã213	iã42	çiə55	piã55	pʰiã42

续表

	0521 杰	0522 孽	0523 建	0524 健	0525 言	0526 歇	0527 扁	0528 片
	山开三 入薛群	山开三 入薛疑	山开三 去元见	山开三 去元群	山开三 平元疑	山开三 入月晓	山开四 上先帮	山开四 去先滂
青岛	tɕiə^{42}	ȵiə^{42}	tɕiã^{42}	tɕiã^{42}	iã^{42}	ɕiə^{55}	piã^{55}	pʰiã^{42}
高密	tɕiə^{42}	iə^{21} 白 ȵiə^{21} 文	tɕiã^{21}	tɕiã^{21}	iã^{42}	ɕiə^{55}	piã^{55}	pʰiã^{21}
诸城	tʃə^{53}	iə^{31}	tʃã^{31}	tʃã^{31}	iã^{53}	ʃə^{44}	piã^{44}	pʰiã^{31}
沂水	tɕiə^{53}	miə^{31}	tɕiã^{31}	tɕiã^{31}	iã^{53}	ɕiə^{44}	piã^{44}	pʰiã^{31}
临朐	tɕiə^{53}	ȵiə^{21}	tɕiã^{21}	tɕiã^{21}	iã^{53}	ɕiə^{44}	piã^{44}	pʰiã^{21}
日照	tʃiə^{53}	iə^{31} 又 niə^{31} 又	tʃiã^{31}	tʃiã^{31}	iã^{53}	ʃiə^{213}	piã^{44}	pʰiã^{31}
莒南	tɕiə^{53}	niə^{312}	tɕiã^{312}	tɕiã^{312}	iã^{53}	ɕiə^{213}	piã^{55}	pʰiã^{312}
潍坊	tɕiə^{53}	ȵiə^{31}	tɕiã^{31}	tɕiã^{31}	iã^{53}	ɕiə^{214}	piã^{55}	pʰiã^{31}
寿光	tɕiə^{53}	iə^{21}	tɕiã^{21}	tɕiã^{21}	iã^{53}	ɕiə^{213}	piã^{55}	pʰiã^{21} 药～ pʰiã^{213} 相～
高青	tɕiə^{55}	iə^{213}	tɕiã^{41}	tɕiã^{41}	iã^{55}	ɕiə^{213}	piã^{55}	pʰiã^{41}
阳信	tɕiə^{43}	ȵiə^{213}	tɕiã^{31}	tɕiã^{31}	iã^{43}	ɕiə^{213}	piã^{55}	pʰiã^{31}
济阳	tɕiə^{55}	ȵiə^{31}	tɕiã^{31}	tɕiã^{31}	iã^{55}	ɕiə^{213}	piã^{55}	pʰiã^{31}
利津	tɕiə^{53}	iə^{31} 老 ȵiə^{31} 新	tɕiã^{31}	tɕiã^{31}	iã^{53}	ɕiə^{44}	piã^{55}	pʰiã^{31}
乐陵	tɕiə^{55}	ȵiə^{24}	tɕiã^{51}	tɕiã^{51}	iã^{55}	ɕiə^{24}	piã^{55}	pʰiã^{51}
商河	tɕiə^{54}	ȵiə^{31}	tɕiã^{31}	tɕiã^{31}	iã^{54}	ɕiə^{45}	piã^{45}	pʰiã^{31}
平原	tɕiə^{42}	ȵiə^{21}	tɕiã^{21}	tɕiã^{21}	iã^{42}	ɕiə^{213}	piã^{55}	pʰiã^{21}
德州	tɕiə^{42}	ȵiə^{21}	tɕiã^{21}	tɕiã^{21}	iã^{42}	ɕiə^{213}	piã^{55}	pʰiã^{21}
武城	tɕiə^{53}	ȵiə^{312}	tɕiã^{312}	tɕiã^{312}	iã^{53}	ɕiə^{224}	piã^{55}	pʰiã^{312}
临清	tɕiə^{53}	iə^{13} 老 ȵiə^{313} 新	tɕian^{313}	tɕian^{313}	ian^{53}	ɕiə^{13}	pian^{44}	pʰian^{313}
冠县	tɕiə^{53}	ȵiə^{314}	tɕiã^{314}	tɕiã^{314}	iã^{53}	ɕiə^{13}	piã^{55}	pʰiã^{314}
聊城	tɕiə^{53}	iə^{313} 又 ȵiə^{313} 又	tɕiã^{313}	tɕiã^{313}	iã^{53}	ɕiə^{13}	piã^{44}	pʰiã^{313}
济南	tɕiə^{42}	iə^{21}	tɕiã^{21}	tɕiã^{21}	iã^{42}	ɕiə^{213}	piã^{55}	pʰiã^{21}
泰安	tɕiə^{42}	ȵiə^{21}	tɕiã^{21}	tɕiã^{21}	iã^{42}	ɕiə^{213}	piã^{55}	pʰiã^{21}

续表

	0521杰	0522孽	0523建	0524健	0525言	0526歇	0527扁	0528片
	山开三 入薛群	山开三 入薛疑	山开三 去元见	山开三 去元群	山开三 平元疑	山开三 入月晓	山开四 上先帮	山开四 去先滂
莱芜	tɕiə^{55}	iə^{213}	tɕiã^{42}	tɕiã^{42}	iã^{55}	ɕiə^{213}	piã^{55}	p^{h}iã^{42}
新泰	tɕiə^{42}	iə^{31}	tɕiã^{31}	tɕiã^{31}	iã^{42}	ɕiə^{213}	piã^{55}	p^{h}iã^{31}
沂源	tɕiə^{55}	ȵiə^{31}	tɕiã^{31}	tɕiã^{31}	iã^{55}	ɕiə^{213}	piã^{55}	p^{h}iã^{31}
博山	tɕiə^{55}	iə^{31}	tɕiã^{31}	tɕiã^{31}	iã^{55}	ɕiə^{213}	piã^{55}	p^{h}iã^{31}
张店	tɕiə^{55}	iə^{33} 又 ȵiə^{33} 又	tɕiã^{31}	tɕiã^{31}	iã^{55}	ɕiə^{33}	piã^{55}	p^{h}iã^{31}
阳谷	tɕiə^{42}	ȵiə^{213}	tɕiã^{313}	tɕiã^{313}	iã^{42}	ɕiə^{213}	piã^{55}	p^{h}iã^{313}
梁山	tɕiə^{42}	ȵiə^{213}	tɕiã^{314}	tɕiã^{314}	iã^{42}	ɕiə^{213}	piã^{55}	p^{h}iã^{314}
菏泽	tɕiɛ^{53}	ȵiɛ^{312}	tɕiã^{312}	tɕiã^{312}	iã^{53}	ɕiɛ^{213}	piã^{44}	p^{h}iã^{312}
曹县	tɕiə^{53}	ȵiə^{312}	tɕiã^{312}	tɕiã^{312}	iã^{53}	ɕiə^{213}	piã^{44}	p^{h}iã^{312}
金乡	tɕiə^{42}	ȵiə^{213}	tɕiã^{312}	tɕiã^{312}	iã^{42}	ɕiə^{213}	piã^{55}	p^{h}iã^{312}
曲阜	tɕiə^{42}	iə^{213}	tɕiã^{312}	tɕiã^{312}	iã^{42}	ɕiə^{213}	piã^{55}	p^{h}iã^{312}
薛城	tɕiə^{55}	iə^{313}	tɕiã^{41}	tɕiã^{41}	iã^{55}	ɕiə^{313}	piã^{24}	p^{h}iã^{41}
郯城	tɕiə^{44}	iə^{213}	tɕiã^{51}	tɕiã^{51}	iã^{44}	ɕiə^{213}	piã^{24}	p^{h}iã^{51}
临沂	tɕiə^{53}	ȵiə^{312}	tɕiã^{312}	tɕiã^{312}	iã^{53}	ɕiə^{214}	piã^{55}	p^{h}iã^{312}

	0529面～条	0530典	0531天	0532田	0533垫	0534年	0535莲	0536前
	山开四 去先明	山开四 上先端	山开四 平先透	山开四 平先定	山开四 去先定	山开四 平先泥	山开四 平先来	山开四 平先从
荣成	mian^{33}	tian^{214}	t^{h}ian^{53}	t^{h}ian^{35}	tian^{33}	nian^{53}	lian^{35}	ts^{h}ian^{35}
烟台	mian^{33}	tian^{14}	t^{h}ian^{53}	t^{h}ian^{33}	tian^{33}	ȵian^{53}	lian^{33}	tɕ^{h}ian^{33}
栖霞	miãn^{342}	tiãn^{214}	t^{h}iãn^{312}	t^{h}iãn^{342}	tiãn^{342}	ȵiãn^{312}	liãn^{342}	tʃ^{h}iãn^{342}
长岛	mian^{52}	tian^{213}	t^{h}ian^{312}	t^{h}ian^{55}	tian^{52}	ȵian^{55}	lian^{55}	tʃ^{h}an^{55}
海阳	miã^{341}	tiã^{214}	t^{h}iã^{52}	t^{h}iã^{341}	tiã^{341}	ȵiã^{52}	liã^{341}	ts^{h}iã^{341}
莱西	miã^{42}	tiã^{55}	t^{h}iã^{214}	t^{h}iã^{42}	tiã^{42}	ȵiã^{214}	liã^{42}	tʃ^{h}iã^{42}
平度	miã^{42}	tiã^{55}	t^{h}iã^{213}	t^{h}iã^{42}	tiã^{42}	ȵiã^{42}	liã^{42}	ts^{h}iã^{42}
青岛	miã^{42}	tiã^{55}	t^{h}iã^{213}	t^{h}iã^{42}	tiã^{42}	ȵiã^{42}	liã^{42}	ts^{h}iã^{42}

续表

	0529面 ～条	0530典	0531天	0532田	0533垫	0534年	0535莲	0536前
	山开四 去先明	山开四 上先端	山开四 平先透	山开四 平先定	山开四 去先定	山开四 平先泥	山开四 平先来	山开四 平先从
高密	miã^{21}	tiã^{55}	t^{h}iã^{213}	t^{h}iã^{42}	tiã^{21}	ȵiã^{42}	liã^{42}	ts^{h}iã^{42}
诸城	miã^{31}	ȶiã^{44}	ȶ^{h}iã^{213}	ȶ^{h}iã^{53}	ȶiã^{31}	ȵiã^{53}	liã^{53}	tθ^{h}iã^{53}
沂水	miã^{31}	tiã^{44}	t^{h}iã^{213}	t^{h}iã^{53}	tiã^{31}	niã^{53}	liã^{53}	ts^{h}iã^{53}
临朐	miã^{21}	tiã^{44}	t^{h}iã^{213}	t^{h}iã^{53}	tiã^{21}	ȵiã^{53}	liã^{53}	tɕ^{h}iã^{53}
日照	miã^{31}	tiã^{44}	t^{h}iã^{213}	t^{h}iã^{53}	tiã^{31}	niã^{53}	liã^{53}	ȶ^{h}iã^{53}
莒南	miã^{312}	tiã^{55}	t^{h}iã^{213}	t^{h}iã^{53}	tiã^{312}	niã^{53}	liã^{53}	ts^{h}iã^{53}
潍坊	miã^{31}	tiã^{55}	t^{h}iã^{214}	t^{h}iã^{53}	tiã^{31}	ȵiã^{53}	liã^{53}	tɕ^{h}iã^{53}
寿光	miã^{21}	tiã^{55}	t^{h}iã^{213}	t^{h}iã^{53}	tiã^{21}	ȵiã^{53}	liã^{53}	tɕ^{h}iã^{53}
高青	miã^{41}	tiã^{55}	t^{h}iã^{213}	t^{h}iã^{55}	tiã^{41}	ȵiã^{55}	liã^{55}	tɕ^{h}iã^{55}
阳信	miã^{31}	tiã^{55}	t^{h}iã^{213}	t^{h}iã^{43}	tiã^{31}	ȵiã^{43}	liã^{43}	tɕ^{h}iã^{43}
济阳	miã^{31}	tiã^{55}	t^{h}iã^{213}	t^{h}iã^{55}	tiã^{31}	ȵiã^{55}	liã^{55}	tɕ^{h}iã^{55}
利津	miã^{31}	tiã^{55}	t^{h}iã^{213}	t^{h}iã^{53}	tiã^{31}	ȵiã^{53}	liã^{53}	tɕ^{h}iã^{53}
乐陵	miã^{51}	tiã^{55}	t^{h}iã^{24}	t^{h}iã^{55}	tiã^{51}	ȵiã^{55}	liã^{55}	tɕ^{h}iã^{55}
商河	miã^{31}	tiã^{45}	t^{h}iã^{213}	t^{h}iã^{54}	tiã^{31}	ȵiã^{54}	liã^{54}	tɕ^{h}iã^{54}
平原	miã^{21}	tiã^{55}	t^{h}iã^{213}	t^{h}iã^{42}	tiã^{21}	ȵiã^{42}	liã^{42}	tɕ^{h}iã^{42}
德州	miã^{21}	tiã^{55}	t^{h}iã^{213}	t^{h}iã^{42}	tiã^{21}	ȵiã^{42}	liã^{42}	tɕ^{h}iã^{42}
武城	miã^{312}	tiã^{55}	t^{h}iã^{224}	t^{h}iã^{53}	tiã^{312}	ȵiã^{53}	liã^{53}	tɕ^{h}iã^{53}
临清	mian^{313}	tian^{44}	t^{h}ian^{13}	t^{h}ian^{53}	tian^{313}	ȵian^{53}	lian^{53}	tɕ^{h}ian^{53}
冠县	miã^{314}	tiã^{55}	t^{h}iã^{13}	t^{h}iã^{53}	tiã^{314}	ȵiã^{53}	liã^{53}	ts^{h}iã^{53}
聊城	miã^{313}	tiã^{44}	t^{h}iã^{13}	t^{h}iã^{53}	tiã^{313}	ȵiã^{53}	liã^{53}	tɕ^{h}iã^{53}
济南	miã^{21}	tiã^{55}	t^{h}iã^{213}	t^{h}iã^{42}	tiã^{21}	ȵiã^{42}	liã^{42}	tɕ^{h}iã^{42}
泰安	miã^{21}	tiã^{55}	t^{h}iã^{213}	t^{h}iã^{42}	tiã^{21}	ȵiã^{42}	liã^{42}	tɕ^{h}iã^{42}
莱芜	miã^{42}	tiã^{55}	t^{h}iã^{213}	t^{h}iã^{55}	tiã^{42}	ȵiã^{55}	liã^{55}	tɕ^{h}iã^{55}
新泰	miã^{31}	tiã^{55}	t^{h}iã^{213}	t^{h}iã^{42}	tiã^{31}	ȵiã^{42}	liã^{42}	tɕ^{h}iã^{42}
沂源	miã^{31}	tiã^{55}	t^{h}iã^{213}	t^{h}iã^{55}	tiã^{31}	ȵiã^{55}	liã^{55}	tɕ^{h}iã^{55}
博山	miã^{31}	tiã^{55}	t^{h}iã^{213}	t^{h}iã^{55}	tiã^{31}	ȵiã^{55}	liã^{55}	tɕ^{h}iã^{55}

续表

	0529 面 ～条	0530 典	0531 天	0532 田	0533 垫	0534 年	0535 莲	0536 前
	山开四 去先明	山开四 上先端	山开四 平先透	山开四 平先定	山开四 去先定	山开四 平先泥	山开四 平先来	山开四 平先从
张店	miã^{31}	tiã^{55}	t^{h}iã^{213}	t^{h}iã^{55}	tiã^{31}	ȵiã^{55}	liã^{55}	tɕ^{h}iã^{55}
阳谷	miã^{313}	tiã^{55}	t^{h}iã^{213}	t^{h}iã^{42}	tiã^{313}	ȵiã^{42}	liã^{42}	tɕ^{h}iã^{42}
梁山	miã^{314}	tiã^{55}	t^{h}iã^{213}	t^{h}iã^{42}	tiã^{314}	ȵiã^{42}	liã^{42}	tɕ^{h}iã^{42}
菏泽	miã^{312}	tiã^{44}	t^{h}iã^{213}	t^{h}iã^{53}	tiã^{312}	ȵiã^{53}	liã^{53}	tɕ^{h}iã^{53}
曹县	miã^{312}	tiã^{44}	t^{h}iã^{213}	t^{h}iã^{53}	tiã^{312}	ȵiã^{53}	liã^{53}	tɕ^{h}iã^{53}
金乡	miã^{312}	tiã^{55}	t^{h}iã^{213}	t^{h}iã^{42}	tiã^{312}	ȵiã^{42}	liã^{42}	tɕ^{h}iã^{42}
曲阜	miã^{312}	tiã^{55}	t^{h}iã^{213}	t^{h}iã^{42}	tiã^{312}	ȵiã^{42}	liã^{42}	tɕ^{h}iã^{42}
薛城	miã^{41}	tiã^{24}	t^{h}iã^{313}	t^{h}iã^{55}	tiã^{41}	ȵiã^{55}	liã^{55}	tɕ^{h}iã^{55}
郯城	miã^{51}	tiã^{24}	t^{h}iã^{213}	t^{h}iã^{44}	tiã^{51}	ȵiã^{44}	liã^{44}	tɕ^{h}iã^{44}
临沂	miã^{312}	tiã^{55}	t^{h}iã^{214}	t^{h}iã^{53}	tiã^{312}	ȵiã^{53}	liã^{53}	tɕ^{h}iã^{53}

	0537 先	0538 肩	0539 见	0540 牵	0541 显	0542 现	0543 烟	0544 憋
	山开四 平先心	山开四 平先见	山开四 去先见	山开四 平先溪	山开四 上先晓	山开四 去先匣	山开四 平先影	山开四 入屑滂
荣成	sian^{53}	tsian^{53}	cian^{33}	ts^{h}ian^{53}	çian^{214}	çian^{33}	ian^{53}	piɛ^{214}
烟台	ɕian^{53}	tɕian^{53}	tɕian^{33}	tɕ^{h}ian^{53}	ɕian^{14}	ɕian^{53}～在 ɕian^{33}出～	ian^{53}	pie^{14}
栖霞	ʃiãn^{312}	tʃiãn^{312}	ciãn^{52}	c^{h}iãn^{312}	çiãn^{214}	çiãn^{52}	iãn^{312}	piɛ^{214}
长岛	ʃan^{312}	cian^{312}	cian^{52}	c^{h}ian^{312}	çian^{213}	çian^{52}	ian^{312}	piɛ^{213}
海阳	siã^{52}	ciã^{52}	ciã^{341}	c^{h}iã^{52}	çiã^{214}	çiã^{341}	iã^{52}	piə^{214}
莱西	ʃiã^{214}	ciã^{214}	ciã^{42}	c^{h}iã^{214}	çiã^{55}	çiã^{42}	iã^{214}	piə^{55}
平度	siã^{213}	ciã^{213}	ciã^{42}	c^{h}iã^{213}	çiã^{55}	çiã^{213}	iã^{213}	piə^{55}
青岛	siã^{213}	tɕiã^{213}	tɕiã^{42}	tɕ^{h}iã^{213}	ɕiã^{55}	ɕiã^{42}	iã^{213}	piə^{55}
高密	siã^{213}	tsiã^{213}	tɕiã^{21}	tɕ^{h}iã^{213}	ɕiã^{55}	ɕiã^{21}	iã^{213}	piə^{55}
诸城	θiã^{213}	tθiã^{213}	tʃã^{31}	tʃ^{h}ã^{213}	ʃã^{44}	ʃã^{31}	iã^{213}	piə^{44}
沂水	siã^{213}	tɕiã^{213}	tɕiã^{31}	tɕ^{h}iã^{213}	ɕiã^{44}	ɕiã^{31}	iã^{213}	piə^{44}
临朐	ɕiã^{213}	tɕiã^{213}	tɕiã^{21}	tɕ^{h}iã^{213}	ɕiã^{44}	ɕiã^{21}	iã^{213}	piə^{44}

续表

	0537先	0538肩	0539见	0540牵	0541显	0542现	0543烟	0544憋
	山开四 平先心	山开四 平先见	山开四 去先见	山开四 平先溪	山开四 上先晓	山开四 去先匣	山开四 平先影	山开四 入屑滂
日照	θiã^{213}	tʃiã^{213}	tʃiã^{31}	tʃ^{h}iã^{213}	ʃiã^{44}	ʃiã^{31}	iã^{213}	piə^{213}
莒南	siã^{213}	tɕiã^{213}	tɕiã^{312}	tɕ^{h}iã^{213}	ɕiã^{55}	ɕiã^{312}	iã^{213}	piə^{213}
潍坊	ɕiã^{214}	tɕiã^{214}	tɕiã^{31}	tɕ^{h}iã^{214}	ɕiã^{55}	ɕiã^{31}	iã^{214}	piə^{214}
寿光	ɕiã^{213}	tɕiã^{213}	tɕiã^{21}	tɕ^{h}iã^{213}	ɕiã^{55}	ɕiã^{21}	iã^{213}	piə^{213}
高青	ɕiã^{213}	tɕiã^{213}	tɕiã^{41}	tɕ^{h}iã^{213}	ɕiã^{55}	ɕiã^{41}	iã^{213}	piə^{213}
阳信	ɕiã^{213}	tɕiã^{213}	tɕiã^{31}	tɕ^{h}iã^{213}	ɕiã^{55}	ɕiã^{31}	iã^{213}	piə^{213}
济阳	ɕiã^{213}	tɕiã^{213}	tɕiã^{31}	tɕ^{h}iã^{213}	ɕiã^{55}	ɕiã^{31}	iã^{213}	piə^{213}
利津	ɕiã^{213}	tɕiã^{213}	tɕiã^{31}	tɕ^{h}iã^{213}	ɕiã^{55}	ɕiã^{31}	iã^{213}	piə^{44}
乐陵	ɕiã^{24}	tɕiã^{24}	tɕiã^{51}	tɕ^{h}iã^{24}	ɕiã^{55}	ɕiã^{51}	iã^{24}	piə^{24}
商河	ɕiã^{213}	tɕiã^{213}	tɕiã^{31}	tɕ^{h}iã^{213}	ɕiã^{45}	ɕiã^{31}	iã^{213}	piə^{45}
平原	ɕiã^{213}	tɕiã^{213}	tɕiã^{21}	tɕ^{h}iã^{213}	ɕiã^{55}	ɕiã^{21}	iã^{213}	piə^{213}
德州	ɕiã^{213}	tɕiã^{213}	tɕiã^{21}	tɕ^{h}iã^{213}	ɕiã^{55}	ɕiã^{21}	iã^{213}	piə^{213}
武城	ɕiã^{224}	tɕiã^{224}	tɕiã^{312}	tɕ^{h}iã^{224}	ɕiã^{55}	ɕiã^{312}	iã^{224}	piə^{224}
临清	ɕian^{13}	tɕian^{13}	tɕian^{313}	tɕ^{h}ian^{13}	ɕian^{44}	ɕian^{313}	ian^{13}	piə^{13}
冠县	siã^{13}	tɕiã^{13}	tɕiã^{314}	tɕ^{h}iã^{13}	ɕiã^{55}	ɕiã^{314}	iã^{13}	piə^{13}
聊城	ɕiã^{13}	tɕiã^{13}	tɕiã^{313}	tɕ^{h}iã^{13}	ɕiã^{44}	ɕiã^{313}	iã^{13}	piə^{13}
济南	ɕiã^{213}	tɕiã^{213}	tɕiã^{21}	tɕ^{h}iã^{213}	ɕiã^{55}	ɕiã^{21}	iã^{213}	piə^{213}
泰安	ɕiã^{213}	tɕiã^{213}	tɕiã^{21}	tɕ^{h}iã^{213}	ɕiã^{55}	ɕiã^{21}	iã^{213}	piə^{213}
莱芜	ɕiã^{213}	tɕiã^{213}	tɕiã^{42}	tɕ^{h}iã^{213}	ɕiã^{55}	ɕiã^{42}	iã^{213}	piə^{213}
新泰	ɕiã^{213}	tɕiã^{213}	tɕiã^{31}	tɕ^{h}iã^{213}	ɕiã^{55}	ɕiã^{31}	iã^{213}	piə^{213}
沂源	ɕiã^{213}	tɕiã^{213}	tɕiã^{31}	tɕ^{h}iã^{55}	ɕiã^{55}	ɕiã^{31}	iã^{213}	piə^{213}
博山	ɕiã^{213}	tɕiã^{213}	tɕiã^{31}	tɕ^{h}iã^{213}	ɕiã^{55}	ɕiã^{31}	iã^{213}	piə^{213}
张店	ɕiã^{213}	tɕiã^{213}	tɕiã^{31}	tɕ^{h}iã^{213}	ɕiã^{55}	ɕiã^{31}	iã^{213}	piə^{33}
阳谷	ɕiã^{213}	tɕiã^{213}	tɕiã^{313}	tɕ^{h}iã^{213}	ɕiã^{55}	ɕiã^{313}	iã^{213}	piə^{213}
梁山	ɕiã^{213}	tɕiã^{213}	tɕiã^{314}	tɕ^{h}iã^{213}	ɕiã^{55}	ɕiã^{314}	iã^{213}	piə^{213}
菏泽	ɕiã^{213}	tɕiã^{213}	tɕiã^{312}	tɕ^{h}iã^{213}	ɕiã^{44}	ɕiã^{312}	iã^{213}	piɛ^{213}

续表

	0537 先	0538 肩	0539 见	0540 牵	0541 显	0542 现	0543 烟	0544 憋
	山开四 平先心	山开四 平先见	山开四 去先见	山开四 平先溪	山开四 上先晓	山开四 去先匣	山开四 平先影	山开四 入屑滂
曹县	ɕiã^{213}	tɕiã^{213}	tɕiã^{312}	tɕʰiã^{213}	ɕiã^{44}	ɕiã^{312}	iã^{213}	piə^{213}
金乡	ɕiã^{213}	tɕiã^{213}	tɕiã^{312}	tɕʰiã^{213}	ɕiã^{55}	ɕiã^{312}	iã^{213}	piə^{213}
曲阜	ɕiã^{213}	tɕiã^{213}	tɕiã^{312}	tɕʰiã^{213}	ɕiã^{55}	ɕiã^{312}	iã^{213}	piə^{213}
薛城	ɕiã^{313}	tɕiã^{313}	tɕiã^{41}	tɕʰiã^{313}	ɕiã^{24}	ɕiã^{41}	iã^{313}	piə^{313}
郯城	ɕiã^{213}	tɕiã^{213}	tɕiã^{51}	tɕʰiã^{213}	ɕiã^{24}	ɕiã^{51}	iã^{213}	piə^{213}
临沂	ɕiã^{214}	tɕiã^{214}	tɕiã^{312}	tɕʰiã^{214}	ɕiã^{55}	ɕiã^{312}	iã^{214}	piə^{214}

	0545 篾[①]	0546 铁	0547 捏	0548 节	0549 切动	0550 截	0551 结	0552 搬
	山开四 入屑明	山开四 入屑透	山开四 入屑泥	山开四 入屑精	山开四 入屑清	山开四 入屑从	山开四 入屑见	山合一 平桓帮
荣成	mi^{53}	tʰiɛ^{214}	niɛ^{214}	tsiɛ^{214}	tsʰiɛ^{214}	tsiɛ^{35}	ciɛ^{214}	pan^{53}
烟台	ȵie^{14}	tʰie^{14}	ȵie^{53}	tɕie^{14}	tɕʰie^{14}	tɕie^{33}	tɕie^{14}	pan^{53}
栖霞	miɛ^{52}	tʰiɛ^{214}	ȵiɛ^{52}	tʃiɛ^{214}	tʃʰiɛ^{214}	tʃiɛ^{342}	ciɛ^{214}	pãn^{312}
长岛	miɛ^{213}	tʰiɛ^{213}	ȵiɛ^{213}	tʃiɛ^{213}	tʃʰiɛ^{213}	tʃiɛ^{55}	ciɛ^{55}	pan^{312}
海阳	miə^{341}	tʰiə^{214}	ȵiə^{341}	tsiə^{214}	tsʰiə^{214}	tsiə^{341}	ciə^{214}	pã^{52}
莱西	miə^{42}	tʰiə^{55}	ȵiə^{42}	tʃiə^{55}	tʃʰiə^{55}	tʃə^{42}	ciə^{55}	pã^{214}
平度	miə^{42}	tʰiə^{55}	ȵiə^{42}	tsiə^{55}	tsʰiə^{55}	tsiə^{42}	ciə^{55}	pã^{213}
青岛	miə^{213}	tʰiə^{55}	ȵiə^{213}	tsiə^{55}	tsʰiə^{55}	tsiə^{42}	tɕiə^{55}	pã^{213}
高密	ȵiə^{42}	tʰiə^{55}	ȵiə^{21}	tsiə^{55}	tsʰiə^{55}	tsiə^{42}	tɕiə^{55}	pã^{213}

① 本条各地主要有音꜁mi（阳平与他类混者可能归为他调）、音miə꜄、既音꜁mi又音miə꜄、注“无”四种情况。山东各地没有竹子的大面积种植，亦无竹篾的采制加工；而与之相类的是高粱秸的硬皮（加工后用来编席编筐等），一般称之为꜁mi。虽然꜁mi与“篾”物类相近，但读音不同，其本字应该是“篃”（亦写作“篃”“箊”“簚”）。篃，《说文·竹部》：“筡也”。“筡，析竹笢也”。“笢，竹肤也。”《集韵·支韵》民卑切：“篃，《说文》：‘筡也。’筡，竹篾也。”异文列有“簚”“篃”“篃”。篃，《玉篇·竹部》：“莫箄切，竹篾也”；“篃，同上”。簚，《广韵·支韵》武移切，“竹篾（原误作‘篾竹’）。亦作‘篃’。”所以，材料中记꜁mi者为“篃（篃）”字读音，记miə꜄者为“篾”字读音（其实是口语中不用的书面用字读音），两者并记者一读为“篃（篃）”一读为“篾”，标“无”者系因“篾”字平常不用而不能确定读音。烟台和高密声母读为ȵ，另有原因，此不详述。

续表

	0545 篾	0546 铁	0547 捏	0548 节	0549 切动	0550 截	0551 结	0552 搬
	山开四 入屑明	山开四 入屑透	山开四 入屑泥	山开四 入屑精	山开四 入屑清	山开四 入屑从	山开四 入屑见	山合一 平桓帮
诸城	mi^{53}	ȶ^{h}iə^{44}	ȵiə^{44} 又 ȵiə^{31} 又	tθiə^{44}	tθ^{h}iə^{44}	tθiə^{53}	tʃə^{44}	pã^{213}
沂水	mi^{53}	t^{h}iə^{44}	niə^{44}	dziə^{53}	ts^{h}iə^{44}	dziə^{53}	dziə^{44} 又 tɕiə^{213} 又	pã^{213}
临朐	mi^{53}	t^{h}iə^{44}	ȵiə^{44}	tɕiə^{44}	tɕ^{h}iə^{44}	tɕiə^{53}	tɕiə^{44}	pã^{213}
日照	mi^{31} 席～子	t^{h}iə^{213}	niə^{31}	ȶiə^{213}	ȶ^{h}iə^{213}	ȶiə^{53}	tʃiə^{213}	pã^{213}
莒南	mi^{53}	t^{h}iə^{213}	niə^{213}	tsiə^{213}	ts^{h}iə^{213}	tsiə^{53}	tsiə^{213}	pã^{213}
潍坊	miə^{31}	t^{h}iə^{214}	ȵiə^{214}	tɕiə^{214}	tɕ^{h}iə^{214}	tɕiə^{53}	tɕiə^{214}	pã^{214}
寿光	mi^{53}	t^{h}iə^{213}	ȵiə^{213}	tɕiə^{213}	tɕ^{h}iə^{213}	tɕiə^{53}	tɕiə^{213}	pã^{213}
高青	miə^{213}	t^{h}iə^{213}	ȵiə^{213}	tɕiə^{213}	tɕ^{h}iə^{213}	tɕiə^{55}	tɕiə^{213}	pã^{213}
阳信	mi^{43}	t^{h}iə^{213}	ȵiə^{31}	tɕiə^{213}	tɕ^{h}iə^{213}	tɕiə^{43}	tɕiə^{213}	pã^{213}
济阳	miə^{31}	t^{h}iə^{213}	ȵiə^{213} 又 ȵiə^{31} 又	tɕiə^{213}	tɕ^{h}iə^{213}	tɕiə^{55}	tɕiə^{213}	pã^{213}
利津	（无）	t^{h}iə^{44}	ȵiə^{31}	tɕiə^{44}	tɕ^{h}iə^{44}	tɕiə^{53}	tɕiə^{44}	pã^{213}
乐陵	ȵiə^{51}	t^{h}iə^{24}	ȵiə^{51}	tɕiə^{24}	tɕ^{h}iə^{24}	tɕiə^{55}	tɕiə^{24}	pã^{24}
商河	mi^{31}	t^{h}iə^{45}	ȵiə^{31}	tɕiə^{45}	tɕ^{h}iə^{45}	tɕiə^{54}	tɕiə^{45}	pã^{213}
平原	mi^{42}	t^{h}iə^{55}	ȵiə^{21}	tɕiə^{55}	tɕ^{h}iə^{213}	tɕiə^{42}	tɕiə^{55}	pã^{213}
德州	mi^{42}	t^{h}iə^{213}	ȵiə^{21}	tɕiə^{213}	tɕ^{h}iə^{213}	tɕiə^{42}	tɕiə^{213}	pã^{213}
武城	miə^{312}	t^{h}iə^{224}	ȵiə^{224}	tɕiə^{224}	tɕ^{h}iə^{224}	tɕiə^{53}	tɕiə^{224}	pã^{224}
临清	mi^{53} 又 miə^{313} 又	t^{h}iə^{13}	ȵiə^{13}	tɕiə^{13}	tɕ^{h}iə^{13}	tɕiə^{53}	tɕiə^{13}	pan^{13}
冠县	miə^{314}	t^{h}iə^{13}	ȵiə^{13}	tsiə^{13}	ts^{h}iə^{13}	tsiə^{53}	tɕiə^{13}	pã^{13}
聊城	miə^{313}	t^{h}iə^{13}	ȵiə^{13}	tɕiə^{13}	tɕ^{h}iə^{13}	tɕiə^{53}	tɕiə^{13}	pã^{13}
济南	mi^{42}	t^{h}iə^{213}	ȵiə^{213}	tɕiə^{213}	tɕ^{h}iə^{213}	tɕiə^{42}	tɕiə^{213}	pã^{213}
泰安	mi^{42}	t^{h}iə^{213}	ȵiə^{213}	tɕiə^{213}	tɕ^{h}iə^{213}	tɕiə^{42}	tɕiə^{213}	pã^{213}
莱芜	mi^{55}	t^{h}iə^{213}	ȵiə^{42}	tɕiə^{213}	tɕ^{h}iə^{213}	tɕiə^{55}	tɕiə^{213}	pã^{213}
新泰	mi^{42}	t^{h}iə^{213}	ȵiə^{213}	tɕiə^{213}	tɕ^{h}iə^{213}	tɕiə^{42}	tɕiə^{213}	pã^{213}
沂源	miə^{31}	t^{h}iə^{213}	ȵiə^{213}	tɕiə^{213}	tɕ^{h}iə^{213}	tɕiə^{55}	tɕiə^{213}	pã^{213}

续表

	0545篾	0546铁	0547捏	0548节	0549切动	0550截	0551结	0552搬
	山开四 入屑明	山开四 入屑透	山开四 入屑泥	山开四 入屑精	山开四 入屑清	山开四 入屑从	山开四 入屑见	山合一 平桓帮
博山	miə^{213}	t^{h}iə^{213}	ȵiə^{31}	tɕiə^{213}	tɕ^{h}iə^{213}	tɕiə^{55}	tɕiə^{213}	pã^{213}
张店	mə̃^{55}又 mi^{55}又	t^{h}iə^{33}	ȵiə^{31}	tɕiə^{33}	tɕ^{h}iə^{33}	tɕiə^{55}	tɕiə^{33}	pã^{213}
阳谷	miə^{213}	t^{h}iə^{213}	ȵiə^{213}	tɕiə^{213}	tɕ^{h}iə^{213}	tɕiə^{42}	tɕiə^{213}	pã^{213}
梁山	mi^{42}	t^{h}iə^{213}	ȵiə^{213}	tɕiə^{213}	tɕ^{h}iə^{213}	tɕiə^{42}	tɕiə^{213}	pã^{213}
菏泽	mi^{312}	t^{h}iɛ^{213}	ȵiɛ^{213}	tɕiɛ^{213}	tɕ^{h}iɛ^{213}	tɕiɛ^{53}	tɕiɛ^{213}	pã^{213}
曹县	miə^{213}	t^{h}iə^{213}	ȵiə^{213}	tɕiə^{213}	tɕ^{h}iə^{213}	tɕiə^{53}	tɕiə^{213}	pã^{213}
金乡	mi^{42}	t^{h}iə^{213}	ȵiə^{213}	tɕiə^{213}	tɕ^{h}iə^{213}	tɕiə^{42}	tɕiə^{213}	pã^{213}
曲阜	mi^{42}	t^{h}iə^{213}	ȵiə^{213}	tɕiə^{213}	tɕ^{h}iə^{213}	tɕiə^{42}	tɕiə^{213}	pã^{213}
薛城	miə^{313}	t^{h}iə^{313}	ȵiə^{313}	tɕiə^{313}	tɕ^{h}iə^{313}	tɕiə^{55}	tɕiə^{313}	pã^{313}
郯城	mi^{44}	t^{h}iə^{213}	ȵiə^{213}	tɕiə^{213}	tɕ^{h}iə^{213}	tɕiə^{44}	tɕiə^{213}	pã^{213}
临沂	mi^{53}	t^{h}iə^{214}	ȵiə^{214}	tɕiə^{214}	tɕ^{h}iə^{214}	tɕiə^{53}	tɕiə^{214}	pã^{214}

	0553半	0554判	0555盘	0556满	0557端～午	0558短	0559断绳～了	0560暖
	山合一 去桓帮	山合一 去桓滂	山合一 平桓並	山合一 上桓明	山合一 平桓端	山合一 上桓端	山合一 上桓定	山合一 上桓泥
荣成	pan^{33}	p^{h}an^{33}	p^{h}an^{35}	man^{214}	tɑŋ^{53}～午	tan^{214}	tan^{33}	nan^{214}
烟台	pan^{33}	p^{h}an^{33}	p^{h}an^{33}	man^{14}	tɑŋ^{53}又 tan^{53}又	tan^{14}	tan^{33}	nan^{14}
栖霞	pãn^{52}	p^{h}ãn^{52}	p^{h}ãn^{342}	mãn^{214}	tɑŋ^{312}	tãn^{214}	tãn^{342}	nãn^{214}
长岛	pan^{52}	p^{h}an^{52}	p^{h}an^{55}	man^{213}	tɑŋ^{312}～午	tan^{213}	tan^{52}	nan^{213}
海阳	pã^{341}	p^{h}ã^{341}	p^{h}ã^{341}	mã^{214}	tɑŋ^{52}老 tã^{52}新	tã^{214}	tã^{341}	nã^{214}
莱西	pã^{42}	p^{h}ã^{42}	p^{h}ã^{42}	mã^{55}	tã^{214}	tã^{55}白 tuã^{55}文	tã^{42}白 tuã^{42}文	nã^{55}
平度	pã^{42}	p^{h}ã^{42}	p^{h}ã^{42}	mã^{55}	tã^{213}	tã^{55}	tã^{42}	nã^{55}
青岛	pã^{42}	p^{h}ã^{42}	p^{h}ã^{42}	mã^{55}	tã^{213}	tuã^{55}	tuã^{42}	nuã^{55}
高密	pã^{21}	p^{h}ã^{21}	p^{h}ã^{42}	mã^{55}	tuã^{213}	tuã^{55}	tuã^{21}	nuã^{55}

续表

	0553半	0554判	0555盘	0556满	0557端～午	0558短	0559断绳～了	0560暖
	山合一去桓帮	山合一去桓滂	山合一平桓並	山合一上桓明	山合一平桓端	山合一上桓端	山合一上桓定	山合一上桓泥
诸城	$pã^{31}$	$p^hã^{31}$	$p^hã^{53}$	$mã^{44}$	$tuã^{213}$	$tuã^{44}$	$tuã^{31}$	$nuã^{44}$
沂水	$pã^{31}$	$p^hã^{31}$	$p^hã^{53}$	$mã^{44}$	$tuã^{213}$	$tuã^{44}$	$tuã^{31}$	$nuã^{44}$
临朐	$pã^{21}$	$p^hã^{21}$	$p^hã^{53}$	$mã^{44}$	$tuã^{213}$	$tuã^{44}$	$tuã^{21}$	$nuã^{44}$
日照	$pã^{31}$	$p^hã^{31}$	$p^hã^{53}$	$mã^{44}$	$tuã^{213}$	$tuã^{44}$	$tuã^{31}$	$nɑŋ^{44}$～和 $nã^{44}$～壶 $nuã^{44}$温～
莒南	$pã^{312}$	$p^hã^{312}$	$p^hã^{53}$	$mã^{55}$	$tuã^{213}$	$tuã^{55}$	$tuã^{312}$	$nuã^{55}$
潍坊	$pã^{31}$	$p^hã^{31}$	$p^hã^{53}$	$mã^{55}$	$tuã^{214}$	$tuã^{55}$	$tuã^{31}$	$nuã^{55}$
寿光	$pã^{21}$	$p^hã^{21}$	$p^hã^{53}$	$mã^{55}$	$tuã^{213}$	$tuã^{55}$	$tuã^{21}$	$nɑŋ^{55}$～和 $nuã^{55}$～壶
高青	$pã^{41}$	$p^hã^{41}$	$p^hã^{55}$	$mã^{55}$	$tã^{213}$	$tuã^{55}$	$tuã^{41}$	$nuã^{53}$又 $nã^{53}$又 $nɑŋ^{55}$又
阳信	$pã^{31}$	$p^hã^{31}$	$p^hã^{43}$	$mã^{55}$	$tã^{213}$	$tuã^{55}$	$tuã^{31}$	$nɑŋ^{55}$～和 $nã^{55}$～壶 $nuã^{55}$温～
济阳	$pã^{31}$	$p^hã^{31}$	$p^hã^{55}$	$mã^{55}$	$tã^{213}$	$tuã^{55}$	$tuã^{31}$	$nɑŋ^{55}$～和 $nã^{55}$～壶 $nuã^{55}$～水袋
利津	$pã^{31}$	$p^hã^{31}$	$p^hã^{53}$	$mã^{55}$	$tuã^{213}$	$tuã^{55}$	$tuã^{31}$	$nuã^{55}$
乐陵	$pã^{51}$	$p^hã^{51}$	$p^hã^{55}$	$mã^{55}$	$tã^{24}$又 $tuã^{24}$又	$tuã^{55}$	$tuã^{51}$	$nã^{55}$又 $nuã^{55}$又
商河	$pã^{31}$	$p^hã^{31}$	$p^hã^{54}$	$mã^{45}$	$tã^{213}$	$tuã^{45}$	$tuã^{31}$	$nɑŋ^{45}$
平原	$pã^{21}$	$p^hã^{21}$	$p^hã^{42}$	$mã^{55}$	$tuã^{213}$	$tuã^{55}$	$tuã^{21}$	$nã^{55}$又 $nuã^{55}$又
德州	$pã^{21}$	$p^hã^{21}$	$p^hã^{42}$	$mã^{55}$	$tuã^{213}$	$tuã^{55}$	$tuã^{21}$	$nuã^{55}$
武城	$pã^{312}$	$p^hã^{312}$	$p^hã^{53}$	$mã^{55}$	$tuã^{224}$	$tuã^{55}$	$tuã^{312}$	$nã^{55}$又 $nuã^{55}$又
临清	pan^{313}	p^han^{313}	p^han^{53}	man^{44}	tan^{13}	$tuan^{44}$	$tuan^{313}$	$nuan^{44}$
冠县	$pã^{314}$	$p^hã^{314}$	$p^hã^{53}$	$mã^{55}$	$tuã^{13}$	$tuã^{55}$	$tuã^{314}$	$nuã^{55}$

续表

	0553半	0554判	0555盘	0556满	0557端～午	0558短	0559断绳～了	0560暖
	山合一去桓帮	山合一去桓滂	山合一平桓並	山合一上桓明	山合一平桓端	山合一上桓端	山合一上桓定	山合一上桓泥
聊城	pã^{313}	p^{h}ã^{313}	p^{h}ã^{53}	mã^{44}	tã^{13}	tuã^{44}	tuã^{313}	nuã^{44}
济南	pã^{21}	p^{h}ã^{21}	p^{h}ã^{42}	mã^{55}	tã^{213}又 tuã^{213}又	tuã^{55}	tuã^{21}	naŋ^{55}～和 nuã^{55}～壶
泰安	pã^{21}	p^{h}ã^{21}	p^{h}ã^{42}	mã^{55}	tuã^{213}	tuã^{55}	tuã^{21}	naŋ^{55}～和 nuã^{55}～壶
莱芜	pã^{42}	p^{h}ã^{42}	p^{h}ã^{55}	mã^{55}	tã^{213}	tuã^{55}	tuã^{42}	nã^{55}
新泰	pã^{31}	p^{h}ã^{31}	p^{h}ã^{42}	mã^{55}	tã^{213}	tuã^{55}	tuã^{31}	nã^{55}白 nuã^{55}文
沂源	pã^{31}	p^{h}ã^{31}	p^{h}ã^{55}	mã^{55}	tuã^{213}	tuã^{55}	tuã^{31}	nã^{55}
博山	pã^{31}	p^{h}ã^{31}	p^{h}ã^{55}	mã^{55}	tã^{213}	tuã^{55}	tuã^{31}	nuã^{55}又 naŋ^{55}又
张店	pã^{31}	p^{h}ã^{31}	p^{h}ã^{55}	mã^{55}	tuã^{213}	tuã^{55}	tuã^{31}	nuã^{55}又 naŋ^{55}又
阳谷	pã^{313}	p^{h}ã^{313}	p^{h}ã^{42}	mã^{55}	tuã^{213}	tuã^{55}	tuã^{313}	nuã^{55}
梁山	pã^{314}	p^{h}ã^{314}	p^{h}ã^{42}	mã^{55}	tuã^{213}	tuã^{55}	tuã^{314}	nuã^{55}
菏泽	pã^{312}	p^{h}ã^{312}	p^{h}ã^{53}	mã^{44}	tuã^{213}	tuã^{44}	tuã^{312}	nuã^{44}
曹县	pã^{312}	p^{h}ã^{312}	p^{h}ã^{53}	mã^{44}	tuã^{213}	tuã^{44}	tuã^{312}	nuã^{44}
金乡	pã^{312}	p^{h}ã^{312}	p^{h}ã^{42}	mã^{55}	tuã^{213}	tuã^{55}	tuã^{312}	nuã^{55}
曲阜	pã^{312}	p^{h}ã^{312}	p^{h}ã^{42}	mã^{55}	tuã^{213}	tuã^{55}	tuã^{312}	nuã^{55}
薛城	pã^{41}	p^{h}ã^{41}	p^{h}ã^{55}	mã^{24}	tuã^{313}	tuã^{24}	tuã^{41}	nuã^{24}
郯城	pã^{51}	p^{h}ã^{51}	p^{h}ã^{44}	mã^{24}	tuã^{213}	tuã^{24}	tuã^{51}	nuã^{24}
临沂	pã^{312}	p^{h}ã^{312}	p^{h}ã^{53}	mã^{55}	tuã^{214}	tuã^{55}	tuã^{312}	nã^{55}老 nuã^{55}新

	0561乱	0562酸	0563算	0564官	0565宽	0566欢	0567完	0568换
	山合一去桓来	山合一平桓心	山合一去桓心	山合一平桓见	山合一平桓溪	山合一平桓晓	山合一平桓匣	山合一去桓匣
荣成	lan^{33}	san^{53}	san^{33}	kuan^{53}	k^{h}uan^{53}	xuan^{53}	uan^{35}	xuan^{33}
烟台	lan^{33}	san^{53}	san^{33}	kuan^{53}	k^{h}uan^{53}	xuan^{53}	uan^{33}	xuan^{33}

续表

	0561乱	0562酸	0563算	0564官	0565宽	0566欢	0567完	0568换
	山合一 去桓来	山合一 平桓心	山合一 去桓心	山合一 平桓见	山合一 平桓溪	山合一 平桓晓	山合一 平桓匣	山合一 去桓匣
栖霞	lãn^{52}	sãn^{312}	sãn^{52}	kuãn^{312}	k^{h}uãn^{312}	xuãn^{312}	uãn^{342}	xuãn^{342}
长岛	lan^{52}	san^{312}	san^{52}	kuan^{312}	k^{h}uan^{312}	xuan^{312}	uan^{55}	xuan^{52}
海阳	lã^{341}	θã^{52}	θã^{341}	kuã^{52}	k^{h}uã^{52}	xuã^{52}	uã^{341}	xuã^{341}
莱西	lã^{42}白 luã^{42}文	sã^{214}白 suã^{214}文	sã^{42}白 suã^{42}文	kuã^{214}	k^{h}uã^{214}	xuã^{214}	uã^{42}	xuã^{42}
平度	lã^{42}	θã^{213}	θã^{42}	kuã^{213}	k^{h}uã^{213}	xuã^{213}	uã^{42}	xuã^{42}
青岛	luã^{42}	θuã^{213}	θuã^{42}	kuã^{213}	k^{h}uã^{213}	xuã^{213}	uã^{42}	xuã^{42}
高密	luã^{21}	θuã^{213}	θuã^{21}	kuã^{213}	k^{h}uã^{213}	xuã^{213}	uã^{42}	xuã^{21}
诸城	luã^{31}	θuã^{213}	θuã^{31}	kuã^{213}	k^{h}uã^{213}	xuã^{213}	uã^{53}	xuã^{31}
沂水	lã^{31}	θuã^{213}	θuã^{31}	kuã^{213}	k^{h}uã^{213}	xuã^{213}	uã^{53}	xuã^{31}
临朐	luã^{21}	θuã^{213}	θuã^{21}	kuã^{213}	k^{h}uã^{213}	xuã^{213}	uã^{53}	xuã^{21}
日照	luã^{31}又 lã^{31}～了套	θuã^{213}	θuã^{31}	kuã^{213}	k^{h}uã^{213}	xuã^{213}	uã^{53}	xuã^{31}
莒南	lã^{312}	θuã^{213}	θuã^{312}	kuã^{213}	k^{h}uã^{213}	xuã^{213}	uã^{53}	xuã^{312}
潍坊	luã^{31}	suã^{214}	suã^{31}	kuã^{214}	k^{h}uã^{214}	xuã^{214}	uã^{53}	xuã^{31}
寿光	luã^{21}	suã^{213}	suã^{21}	kuã^{213}	k^{h}uã^{213}	xuã^{213}	uã^{53}	xuã^{21}
高青	luã^{41}	suã^{213}	suã^{41}	kuã^{213}	k^{h}uã^{213}	xuã^{213}	uã^{55}	xuã^{41}
阳信	luã^{31}	suã^{213}	suã^{31}	kuã^{213}	k^{h}uã^{213}	xuã^{213}	uã^{43}	xuã^{31}
济阳	luã^{31}	suã^{213}	suã^{31}	kuã^{213}	k^{h}uã^{213}	xuã^{213}	uã^{55}	xuã^{31}
利津	luã^{31}又 lã^{31}又	suã^{213}	suã^{31}	kuã^{213}	k^{h}uã^{213}	xuã^{213}	uã^{53}	xuã^{31}
乐陵	luã^{51}又 lã^{51}又	suã^{24}	suã^{51}	kuã^{24}	k^{h}uã^{24}	xuã^{24}	uã^{55}	xuã^{51}
商河	luã^{31}	suã^{213}	suã^{31}	kuã^{213}	k^{h}uã^{213}	xuã^{213}	uã^{54}	xuã^{31}
平原	luã^{21}又 lã^{21}又	suã^{213}	suã^{21}	kuã^{213}	k^{h}uã^{213}	xuã^{213}	uã^{42}	xuã^{21}
德州	lã^{21}	suã^{213}	suã^{21}	kuã^{213}	k^{h}uã^{213}	xuã^{213}	uã^{42}	xuã^{21}
武城	luã^{312}又 lã^{312}又	suã^{224}	suã^{312}	kuã^{224}	k^{h}uã^{224}	xuã^{224}	uã^{53}	xuã^{312}

续表

	0561乱	0562酸	0563算	0564官	0565宽	0566欢	0567完	0568换
	山合一 去桓来	山合一 平桓心	山合一 去桓心	山合一 平桓见	山合一 平桓溪	山合一 平桓晓	山合一 平桓匣	山合一 去桓匣
临清	luan^{313}	suan^{13}	suan^{313}	kuan^{13}	k^{h}uan^{13}	xuan^{13}	uan^{53}	xuan^{313}
冠县	luã^{314}	suã^{13}	suã^{314}	kuã^{13}	k^{h}uã^{13}	xuã^{13}	uã^{53}	xuã^{314}
聊城	luã^{313}	suã^{13}	suã^{313}	kuã^{13}	k^{h}uã^{13}	xuã^{13}	uã^{53}	xuã^{313}
济南	luã^{21}	suã^{213}	suã^{21}	kuã^{213}	k^{h}uã^{213}	xuã^{213}	uã^{42}	xuã^{21}
泰安	luã^{21}	suã^{213}	suã^{21}	kuã^{213}	k^{h}uã^{213}	xuã^{213}	uã^{42}	xuã^{21}
莱芜	luã^{42}	suã^{213}	suã^{42}	kuã^{213}	k^{h}uã^{213}	xuã^{213}	uã^{55}	xuã^{42}
新泰	luã^{31}	θuã^{213}	θuã^{31}	kuã^{213}	k^{h}uã^{213}	xuã^{213}	uã^{42}	xuã^{31}
沂源	luã^{31}	θuã^{213}	θuã^{31}	kuã^{213}	k^{h}uã^{213}	xuã^{213}	uã^{55}	xuã^{31}
博山	luã^{31}	suã^{213}	suã^{31}	kuã^{213}	k^{h}uã^{213}	xuã^{213}	uã^{55}	xuã^{31}
张店	luã^{31}	suã^{213}	suã^{31}	kuã^{213}	k^{h}uã^{213}	xuã^{213}	uã^{55}	xuã^{31}
阳谷	luã^{313}	suã^{213}	suã^{313}	kuã^{213}	k^{h}uã^{213}	xuã^{213}	uã^{42}	xuã^{313}
梁山	luã^{314}	çyã^{213} 老 suã^{213} 新	çyã^{314} 老 suã^{314} 新	kuã^{213}	k^{h}uã^{213}	xuã^{213}	uã^{42}	xuã^{314}
菏泽	luã^{312}	suã^{213}	suã^{312}	kuã^{213}	k^{h}uã^{213}	xuã^{213}	uã^{53}	xuã^{312}
曹县	luã^{312}	suã^{213}	suã^{312}	kuã^{213}	k^{h}uã^{213}	xuã^{213}	uã^{53}	xuã^{312}
金乡	luã^{312}	suã^{213}	suã^{312}	kuã^{213}	k^{h}uã^{213}	xuã^{213}	uã^{42}	xuã^{312}
曲阜	luã^{312}	suã^{213}	suã^{312}	kuã^{213}	k^{h}uã^{213}	xuã^{213}	uã^{42}	xuã^{312}
薛城	luã^{41}	çyã^{313} 又 suã^{313} 又	çyã^{41} 又 suã^{41} 又	kuã^{313}	k^{h}uã^{313}	xuã^{313}	uã^{55}	xuã^{41}
郯城	luã^{51}	suã^{213}	suã^{51}	kuã^{213}	k^{h}uã^{213}	xuã^{213}	uã^{44}	xuã^{51}
临沂	luã^{312}	suã^{214}	suã^{312}	kuã^{214}	k^{h}uã^{214}	xuã^{214}	uã^{53}	xuã^{312}

	0569碗	0570拨	0571泼	0572末	0573脱	0574夺	0575阔	0576活
	山合一 上桓影	山合一 入末帮	山合一 入末滂	山合一 入末明	山合一 入末透	山合一 入末定	山合一 入末溪	山合一 入末匣
荣成	uan^{214}	po^{214}	p^{h}ɛ^{214}	mo^{214}	t^{h}ɛ^{214}	tɛ^{35}	k^{h}o^{33}	xuo^{35}
烟台	uan^{14}	po^{53}	p^{h}o^{14}	mo^{33}	t^{h}ɤ^{14}	tuo^{33}	k^{h}uo^{33}	xuo^{33}
栖霞	uãn^{214}	pə^{214}	p^{h}ə^{214}	mə^{52}	t^{h}ə^{214}	tə^{342}	k^{h}uo^{52}	xuo^{342}

续表

	0569碗	0570拨	0571泼	0572末	0573脱	0574夺	0575阔	0576活
	山合一 上桓影	山合一 入末帮	山合一 入末滂	山合一 入末明	山合一 入末透	山合一 入末定	山合一 入末溪	山合一 入末匣
长岛	uan^{213}	pə^{55}	pʰə^{213}	mə^{52}	tʰuə^{213}	tuə^{55}	kʰuə^{52}	xuə^{55}
海阳	uã^{214}	pə^{214}	pʰə^{214}	mə^{341}	tʰə^{214}	tə^{341}又 tuo^{341}又	kʰuo^{214}	xuo^{341}
莱西	uã^{55}	pə^{55}	pʰə^{55}	mə^{42}	tʰuə^{55}	tuə^{42}	kʰuə^{42}	xuə^{42}
平度	uã^{55}	pə^{55}	pʰə^{55}	mə^{42}	tʰuə^{55}	tuə^{42}	kʰuə^{55}	xuə^{42}
青岛	uã^{55}	pə^{55}	pʰə^{55}	mə^{42}	tʰuə^{55}	tuə^{42}	kʰuə^{42}	xuə^{42}
高密	uã^{55}	pə^{55}	pʰə^{55}	mə^{21}	tʰuə^{55}	tuə^{42}	kʰuə^{55}	xuə^{42}
诸城	uã^{44}	pə^{44}	pʰə^{44}	mə^{31}	tʰuə^{44}	tuə^{53}	kʰuə^{44}	xuə^{53}
沂水	uã^{44}	pə^{44}	pʰə^{44}	mə^{31}	tʰuə^{44}	tuə^{53}	kʰuə^{31}	xuə^{53}
临朐	uã^{44}	pə^{44}	pʰə^{44}	mə^{21}	tʰuə^{44}	tuə^{53}	kʰuə^{21}	xuə^{53}
日照	uã^{44}	pə^{213}	pʰə^{213}	mə^{31}	tʰuə^{213}	tuə^{53}	kʰuə^{31}	xuə^{53}死～ xə^{53}干～
莒南	uã^{55}	pə^{213}	pʰə^{213}	mə^{312}	tʰuə^{213}	tuə^{53}	kʰuə^{312}	xə^{53}
潍坊	uã^{55}	pə^{214}	pʰə^{214}	mə^{31}	tʰuə^{214}	tuə^{53}	kʰuə^{31}	xuə^{53}
寿光	uã^{55}	pə^{213}	pʰə^{213}	mə^{21}	tʰuə^{213}	tuə^{53}	kʰuə^{213}宽～ kʰuə^{21}～气	xuə^{53}
高青	uã^{55}	pə^{213}	pʰə^{213}	mə^{41}	tʰuə^{213}	tuə^{55}	kʰuə^{41}	xuə^{55}
阳信	uã^{55}	pə^{213}	pʰə^{213}	mə^{31}	tʰuə^{213}	tuə^{43}	kʰə^{213}广～ kʰə^{31}很～	xuə^{43}
济阳	uã^{55}	pə^{213}	pʰə^{213}	mə^{31}	tʰuə^{213}	tuə^{55}	kʰuə^{213}宽～ kʰuə^{31}～气	xuə^{55}
利津	uã^{55}	pə^{44}	pʰə^{44}	mə^{31}	tʰuə^{44}	tuə^{53}	kʰuə^{44}宽～ kʰuə^{31}～气	xuə^{53}
乐陵	uã^{55}	pə^{24}	pʰə^{24}	mə^{51}	tʰuə^{24}	tuə^{55}	kʰuə^{51}	xuə^{55}
商河	uã^{45}	pə^{45}	pʰə^{45}	mə^{31}	tʰuə^{45}	tuə^{54}	kʰuə^{31}	xuə^{54}
平原	uã^{55}	pə^{213}	pʰə^{213}	mə^{21}	tʰuə^{213}	tuə^{42}	kʰuə^{21}	xuə^{42}
德州	uã^{55}	pə^{213}	pʰə^{213}	mə^{21}	tʰuə^{213}	tuə^{42}	kʰuə^{21}	xuə^{42}
武城	uã^{55}	pə^{224}	pʰə^{224}	mə^{312}	tʰuə^{224}	tuə^{53}	kʰuə^{224}	xuə^{53}
临清	uan^{44}	pə^{13}	pʰə^{13}	mə^{313}	tʰuə^{13}	tuə^{53}	kʰuə^{313}	xuə^{53}

续表

	0569碗	0570拨	0571泼	0572末	0573脱	0574夺	0575阔	0576活
	山合一上桓影	山合一入末帮	山合一入末滂	山合一入末明	山合一入末透	山合一入末定	山合一入末溪	山合一入末匣
冠县	uã⁵⁵	pə¹³	pʰə¹³	mə¹³	tʰuə¹³	tuə⁵³	kʰuə¹³	xuə⁵³
聊城	uã⁴⁴	pə¹³	pʰə⁴⁴	mə³¹³	tʰuə¹³	tuə⁵³	kʰuə³¹³	xuə⁵³
济南	uã⁵⁵	pə²¹³	pʰə²¹³	mə²¹	tʰuə²¹³	tuə⁴²	kʰuə²¹³宽～ kʰuə²¹～气	xuə⁴²
泰安	uã⁵⁵	pə²¹³	pʰə²¹³	mə²¹	tʰuə²¹³	tuə⁴²	kʰuə²¹	xuə⁴²
莱芜	uã⁵⁵	pə⁵⁵	pʰə⁵⁵	mə⁴²	tʰuə²¹³	tuə⁵⁵	kʰuə⁴²	xuə⁵⁵
新泰	uã⁵⁵	pə²¹³	pʰə²¹³	mə³¹	tʰuə²¹³	tuə⁴²	kʰuə³¹	xuə⁴²
沂源	uã⁵⁵	pə²¹³	pʰə²¹³	mə³¹	tʰuə²¹³	tuə⁵⁵	kʰuə³¹	xuə⁵⁵
博山	uã⁵⁵	pə²¹³	pʰə²¹³	mə³¹	tʰuə²¹³	tuə⁵⁵	kʰuə³¹	xuə⁵⁵
张店	uã⁵⁵	pə³³	pʰə³³	mə³¹	tʰuə³³	tuə⁵⁵	kʰuə³³又 kʰuə³¹又	xuə⁵⁵
阳谷	uã⁵⁵	pə²¹³	pʰə²¹³	mə²¹³	tʰuo²¹³	tuo⁴²	kʰuo²¹³	xuo⁴²
梁山	uã⁵⁵	pə²¹³	pʰə²¹³	miə²¹³白 mə²¹³文	tʰuə²¹³	tuə⁴²	kʰuə²¹³老 kʰuə³¹⁴新	xuə⁴²
菏泽	uã⁴⁴	pə²¹³	pʰə²¹³	mə²¹³	tʰuə²¹³	tuə⁵³	kʰuə³¹²	xuə⁵³
曹县	uã⁴⁴	pə²¹³	pʰə²¹³	mə²¹³	tʰuə²¹³	tuə⁵³	kʰuə³¹²	xuə⁵³
金乡	uã⁵⁵	pə²¹³	pʰə²¹³	miə²¹³白 mə²¹³文	tʰuə²¹³	tuə⁴²	kʰuə²¹³	xuə⁴²
曲阜	uã⁵⁵	pə²¹³	pʰə²¹³	miə²¹³～了 mə³¹²～尾	tʰuə²¹³	tuə⁴²	kʰuə³¹²	xuə⁴²
薛城	uã²⁴	pə³¹³	pʰə³¹³	miə³¹³～了儿 mə³¹³期～	tʰuə³¹³	tuə⁵⁵	kʰuə⁴¹	xuə⁵⁵
郯城	uã²⁴	pə²¹³	pʰə²¹³	mə²¹³	tʰuə²¹³	tuə⁴⁴	kʰuə²¹³	xə⁴⁴白 xuə⁴⁴文
临沂	uã⁵⁵	pei⁵⁵白 pə²¹⁴文	pʰə²¹⁴	mə²¹⁴	tʰuə²¹⁴	tuə⁵³	kʰuə³¹²	xə⁵³老 xuə⁵³新

	0577顽 ～皮，～固	0578滑	0579挖	0580闩	0581关 ～门	0582惯	0583还 动	0584还 副
	山合二 平山疑	山合二 入黠匣	山合二 入黠影	山合二 平删生	山合二 平删见	山合二 去删见	山合二 平删匣	山合二 平删匣
荣成	uan^{35}	xua^{35}	ua^{214}	tʂ^{h}an^{53}	kuan^{53}	kuan^{33}	xuan^{35}	xan^{35}
烟台	uan^{33}	xua^{33}	ua^{53}	suan^{53}	kuan^{53}	kuan^{33}	xuan^{33}	xan^{33}
栖霞	uãn^{342}	xua^{342}	ua^{214}	suãn^{312}	kuãn^{312}	kuãn^{52}	xuãn^{342}	xãn^{342}
长岛	uan^{55}	xua^{55}	ua^{312}	suan^{312}	kuan^{312}	kuan^{52}	xuan^{55}	xan^{55}
海阳	uã^{341}	xua^{341}	ua^{214}	ʂuã^{52}	kuã^{52}	kuã^{341}	xuã^{341}	xã^{341}
莱西	uã^{42}	xua^{42}	ua^{55}	suã^{214}	kuã^{214}	kuã^{42}	xuã^{42}	xã^{42} 又 xɛ^{42} 又
平度	uã^{42}	xua^{42}	ua^{213}	ʂuã^{213}	kuã^{213}	kuã^{42}	xuã^{42}	xa^{42} 又 xɛ^{42} 又
青岛	uã^{42}	xuɑ^{42}	uɑ^{213}	ʂuã^{213}	kuã^{213}	kuã^{42}	xuã^{42}	xɑ^{42} 白 xɛ^{42} 文
高密	uã^{42}	xuɑ^{42}	uɑ^{213}	ʂuã^{213}	kuã^{213}	kuã^{21}	xuã^{42}	xã^{42}
诸城	uã^{53}	xua^{53}	ua^{213}	ʂuã^{213}	kuã^{213}	kuã^{31}	xuã^{53}	xã^{53}
沂水	uã^{53}	xua^{53}	ua^{213}	ʂuã^{213}	kuã^{213}	kuã^{31}	xuã^{53}	xã^{53}
临朐	uã^{53}	xua^{53}	ua^{213}	ʂuã^{213}	kuã^{213}	kuã^{21}	xuã^{53}	xã^{53}
日照	uã^{53}	xuɑ^{53}	uɑ^{213}	ʂuã^{213}	kuã^{213}	kuã^{31}	xuã^{53}	xã^{53}
莒南	uã^{53}	xua^{53}	ua^{213}	ʂuã^{213}	kuã^{213}	kuã^{312}	xuã^{53}	xɛ^{53}
潍坊	uã^{53}	xuɑ^{53}	uɑ^{214}	ʂuã^{214}	kuã^{214}	kuã^{31}	xuã^{53}	xã^{53} 白 xɛ^{53} 文
寿光	uã^{53}	xua^{53}	ua^{21}	ʂuã^{213}	kuã^{213}	kuã^{21}	xuã^{53}	xã^{53}
高青	uã^{55}	xuɑ^{55}	uɑ^{213}	ʂuã^{213}	kuã^{213}	kuã^{41}	xuã^{55}	xã^{55}
阳信	uã^{43}	xua^{43}	ua^{55}	ʂuã^{213}	kuã^{213}	kuã^{31}	xuã^{43}	xã^{43}
济阳	uã^{55}	xua^{55}	ua^{213}	ʂuã^{213}	kuã^{213}	kuã^{31}	xuã^{55}	xã^{55}
利津	uã^{53}	xua^{53}	ua^{213}	ʂuã^{213}	kuã^{213}	kuã^{31}	xuã^{53}	xã^{53}
乐陵	uã^{55}	xuɑ^{55}	uɑ^{24}	ʂuã^{24}	kuã^{24}	kuã^{51}	xuã^{55}	xã^{55}
商河	uã^{54}	xuɑ^{54}	uɑ^{45}	ʂuã^{213}	kuã^{213}	kuã^{31}	xuã^{54}	xã^{54}
平原	uã^{42}	xua^{42}	ua^{213}	ʂuã^{213}	kuã^{213}	kuã^{21}	xuã^{42}	xã^{42} 又 xɛi^{42} 又

续表

	0577顽 ～皮，～固	0578滑	0579挖	0580闩	0581关 ～门	0582惯	0583还 动	0584还 副
	山合二 平山疑	山合二 入黠匣	山合二 入黠影	山合二 平删生	山合二 平删见	山合二 去删见	山合二 平删匣	山合二 平删匣
德州	uã^{42}	xua^{42}	ua^{213}	ʂuã^{213}	kuã^{213}	kuã^{21}	xuã^{42}	xã^{42}
武城	uã^{53}	xua^{53}	ua^{224}	ʂuã^{224}	kuã^{224}	kuã^{312}	xuã^{53}	xã^{53}
临清	uan^{53}	xua^{53}	ua^{13}	ʂuan^{13}	kuan^{13}	kuan^{313}	xuan^{53}	xai^{53}
冠县	uã^{55}	xua^{53}	ua^{13}	ʂuã^{13}	kuã^{13}	kuã^{314}	xuã^{53}	xɛ^{53}
聊城	uã^{44}	xua^{53}	ua^{13}	suã^{13}	kuã^{13}	kuã^{313}	xuã^{53}	xã^{53}
济南	uã^{42}	xua^{42}	ua^{213}	ʂuã^{213}	kuã^{213}	kuã^{21}	xuã^{42}	xã^{42}
泰安	uã^{42}	xua^{42}	uã^{213}又 ua^{213}又	ʂuã^{213}	kuã^{213}	kuã^{21}	xuã^{42}	xã^{42}
莱芜	uã^{55}	xua^{55}	ua^{213}	ʃuã^{213}	kuã^{213}	kuã^{42}	xuã^{55}	xã^{55}
新泰	uã^{42}	xua^{42}	ua^{213}	ʃuã^{213}	kuã^{213}	kuã^{31}	xuã^{42}	xã^{42}
沂源	uã^{55}	xua^{55}	ua^{213}	ʃuã^{213}	kuã^{213}	kuã^{31}	xuã^{55}	xã^{55}
博山	uã^{55}	xuɑ^{55}	uɑ^{213}	ʂuã^{213}	kuã^{213}	kuã^{31}	xuã^{55}	xɛ^{55}
张店	uã^{55}	xuɑ^{55}	uɑ^{213}	ʂuã^{213}	kuã^{213}	kuã^{31}	xuã^{55}	xã^{55}
阳谷	uã^{42}	xua^{42}	ua^{213}	fã^{213}白 suã^{213}文	kuã^{213}	kuã^{313}	xuã^{42}	xa^{42}白 xɛ^{42}文
梁山	uã^{42}	xua^{42}	ua^{213}	suã^{213}	kuã^{213}	kuã^{314}	xuã^{42}	xɛ^{42}
菏泽	uã^{53}	xua^{53}	ua^{213}	suã^{213}	kuã^{213}	kuã^{312}	xuã^{53}	xɛ^{53}
曹县	uã^{53}	xuã^{53}	ua^{213}	ʂuã^{213}	kuã^{213}	kuã^{312}	xuã^{53}	xai^{53}
金乡	uã^{42}	xua^{42}	ua^{213}	$ts^{h}a^{213}$	kuã^{213}	kuã^{312}	xuã^{42}	xɛ^{42}
曲阜	uã^{42}	xua^{42}	uã^{213}白 ua^{213}文	suã^{213}	kuã^{213}	kuã^{312}	xuã^{42}	xɛ^{42}
薛城	uã^{55}	xua^{55}	ua^{313}	fã^{313}	kuã^{313}	kuã^{41}	xuã^{55}	xɛ^{55}
郯城	uã^{44}	xua^{44}	ua^{213}	fã^{213}老 ʂuã^{213}新	kuã^{213}	kuã^{51}	xuã^{44}	xɛ^{44}
临沂	uã^{53}	xua^{53}	ua^{214}	ʃuã^{214}	kuã^{214}	kuã^{312}	xuã^{53}	xɛ^{53}

	0585弯	0586刷	0587刮①	0588全	0589选	0590转 ～眼，～送	0591传 ～下来	0592传 ～记
	山合二 平删影	山合二 入鎋生	山合二 入鎋见	山合三 平仙从	山合三 上仙心	山合三 上仙知	山合三 平仙澄	山合三 去仙澄
荣成	uan^{53}	ʂua^{214}	kʰua^{214}又 kua^{214}又	tsʰian^{35}	sian^{214}	tʂuan^{214}	tʂʰuan^{35}	tʂuan^{33}
烟台	uan^{53}	sua^{14}	kʰua^{14}～胡子 kua^{14}～风	tɕʰyan^{33}	ɕyan^{14}	tsuan^{33}	tsʰuan^{33}	tsuan^{33}
栖霞	uãn^{312}	sua^{214}	kʰua^{214}又 kua^{214}又	tʃʰyãn^{342}	ʃyãn^{214}	tʃuãn^{214}	tʃʰuãn^{342}	tʃuãn^{52}
长岛	uan^{312}	sua^{213}	kʰua^{213}又 kua^{213}又	tʃʰuan^{55}	ʃuan^{213}	tsuan^{213}	tsʰuan^{55}	tsuan^{52}
海阳	uã^{52}	ʂua^{214}	kʰua^{214}～皮 kua^{214}～风	tsʰyã^{341}	syã^{214}	tʂuã^{214}	tʂʰuã^{341}	tʂuã^{341}
莱西	uã^{214}	sua^{55}	kua^{55}	tʃʰyã^{42}	ʃyã^{55}	tsuã^{55}	tsʰuã^{42}	tsuã^{42}
平度	uã^{213}	ʂua^{55}	kua^{55}	tsʰyã^{42}	syã^{55}	tʃuã^{55}	tʃʰuã^{42}	tʃuã^{42}
青岛	uã^{213}	ʂuɑ^{55}	kʰuɑ^{55}又 kuɑ^{55}又	tsʰyã^{42}	syã^{55}	tʃuã^{55}	tʃʰuã^{42}	tʃuã^{42}
高密	uã^{213}	ʂuɑ^{55}	kʰuɑ^{55}～胡子 kuɑ^{55}～风	tsʰyã^{42}	syã^{55}	tʃuã^{55}	tʃʰuã^{42}	tʃuã^{21}
诸城	uã^{213}	ʂua^{44}	kʰua^{44}～胡子 kua^{44}～风	tθʰyã^{53}	θyã^{44}	tʃuã^{44}	tʃʰuã^{53}	tʃuã^{31}
沂水	uã^{213}	ʂua^{44}	kua^{44}	tsʰyã^{53}	syã^{44}	dʒuã^{44}	tʃʰuã^{53}	dʒuã^{31}
临朐	uã^{213}	ʂua^{213}	kua^{213}	tɕʰyã^{53}	ɕyã^{44}	tʃuã^{44}	tʃʰuã^{53}	tʃuã^{21}
日照	uã^{213}	ʂuɑ^{213}	kʰuɑ^{213}又 kuɑ^{213}又	ȶʰyã^{53}	θyã^{44}	tʃyã^{44}	tʃʰyã^{53}	tʃyã^{31}
莒南	uã^{213}	ʂua^{213}	kua^{213}	tsʰyã^{53}	syã^{55}	tʃuã^{55}	tʃʰuã^{53}	tʃuã^{312}
潍坊	uã^{214}	ʂuɑ^{214}	kʰuɑ^{214}～皮 kuɑ^{214}～风	tɕʰyã^{53}	ɕyã^{55}	tʂuã^{55}	tʂʰuã^{53}	tʂuã^{31}
寿光	uã^{213}	ʂua^{213}	kʰua^{213}	tɕʰyã^{53}	ɕyã^{55}	tʂuã^{55}	tʂʰuã^{53}	tʂuã^{21}

① 多数点刮削义的“刮”和刮风义的“刮（颳）”读音有别，其中多数为声母有送气和不送气之分，少数是均读不送气声母但声调有别；少部分点同普通话一样只有不送气音一读（声调亦无别）。有些点将两者均标为“又”，盖因未区分两音的使用环境（或因刮削义的“刮”有时也读不送气声母）。有的点未列不送气声母的读法则是因为未计入刮风的“刮（颳）”。本词项凡声母有区别者均先列送气音、后列不送气音；声调有区别者均先列刮削义读音、后列刮风义读音。

续表

	0585弯	0586刷	0587刮	0588全	0589选	0590转 ～眼，～送	0591传 ～下来	0592传 ～记
	山合二 平删影	山合二 入鎋生	山合二 入鎋见	山合三 平仙从	山合三 上仙心	山合三 上仙知	山合三 平仙澄	山合三 去仙澄
高青	uã^{213}	ʂuɑ^{213}	kʰuɑ^{213} 又 kuɑ^{213} 又	tɕʰyã^{55}	ɕyã^{55}	tʂuã^{55}	tʂʰuã^{55}	tʂuã^{41}
阳信	uã^{213}	ʂua^{213}	kua^{213}	tɕʰyã^{43}	ɕyã^{55}	tʂuã^{55}	tʂʰuã^{43}	tʂuã^{31}
济阳	uã^{213}	ʂua^{213}	kʰua^{213}～皮儿 kua^{213}	tɕʰyã^{55}	ɕyã^{55}	tʂuã^{55}	tʂʰuã^{55}	tʂuã^{31}
利津	uã^{213}	ʂua^{44}	kʰua^{44}～脸 kua^{44}～风	tɕʰyã^{53}	ɕyã^{55}	tʂuã^{55}	tʂʰuã^{53}	tʂuã^{31}
乐陵	uã^{24}	ʂuɑ^{24}	kʰuɑ^{24} 又 kuɑ^{24} 又	tɕʰyã^{55}	ɕyã^{55}	tʂuã^{55}	tʂʰuã^{55}	tʂuã^{51}
商河	uã^{213}	ʂuɑ^{45}	kʰuɑ^{45}～皮 kuɑ^{45}～痧	tɕʰyã^{54}	ɕyã^{45}	tʂuã^{45}	tʂʰuã^{54}	tʂuã^{31}
平原	uã^{213}	ʂua^{213}	kua^{213}	tɕʰyã^{42}	ɕyã^{55}	tʂuã^{55}	tʂʰuã^{42}	tʂuã^{21}
德州	uã^{213}	ʂua^{213}	kua^{213}	tɕʰyã^{42}	ɕyã^{55}	tʂuã^{55}	tʂʰuã^{42}	tʂuã^{21}
武城	uã^{224}	ʂua^{224}	kʰua^{224} 又 kua^{224} 又	tɕʰyã^{53}	ɕyã^{55}	tʂuã^{55}	tʂʰuã^{53}	tʂuã^{312}
临清	uan^{13}	ʂua^{13}	kua^{13}	tɕʰyan^{53}	ɕyan^{44}	tʂuan^{44}	tʂʰuan^{53}	tʂuan^{313}
冠县	uã^{13}	ʂua^{13}	kua^{13}	tsʰuã^{53}	suã^{55}	tʂuã^{314}	tʂʰuã^{53}	tʂuã^{314}
聊城	uã^{13}	sua^{13}	kua^{13}	tɕʰyã^{53}	ɕyã^{44}	tsuã^{44}	tsʰuã^{53}	tsuã^{313}
济南	uã^{213}	ʂua^{213}	kʰua^{213} 又 kua^{213} 又	tɕʰyã^{42}	ɕyã^{55}	tʂuã^{55}	tʂʰuã^{42}	tʂuã^{21}
泰安	uã^{213}	ʂua^{213}	kua^{213}	tɕʰyã^{42}	ɕyã^{55}	tʂuã^{55}	tʂʰuã^{42}	tʂuã^{21}
莱芜	uã^{213}	ʃua^{213}	kua^{213}	tɕʰyã^{55}	ɕyã^{55}	tʃuã^{55}	tʃʰuã^{55}	tʃuã^{42}
新泰	uã^{213}	fa^{213} 老 ʃua^{213} 新	kua^{213}	tɕʰyã^{42}	ɕyã^{55}	pfã^{55} 老 tʃuã^{55} 新	pfʰã^{42} 老 tʃʰuã^{42} 新	pfã^{31} 老 tʃuã^{31} 新
沂源	uã^{213}	ʃua^{213}	kʰua^{213} 又 kua^{213} 又	tɕʰyã^{55}	ɕyã^{55}	tʃuã^{55}	tʃʰuã^{55}	tʃuã^{31}
博山	uã^{213}	ʂuɑ^{213}	kʰuɑ^{213} 又 kuɑ^{213} 又	tɕʰyã^{55}	ɕyã^{55}	tʂuã^{31}	tʂʰuã^{55}	tʂuã^{31}
张店	uã^{213}	ʂuɑ^{33}	kʰuɑ^{33} 又 kuɑ^{33} 又	tɕʰyã^{55}	ɕyã^{55}	tʂuã^{55}	tʂʰuã^{55}	tʂuã^{31}

续表

	0585弯	0586刷	0587刮	0588全	0589选	0590转 ～眼，～送	0591传 ～下来	0592传 ～记
	山合二 平删影	山合二 入鎋生	山合二 入鎋见	山合三 平仙从	山合三 上仙心	山合三 上仙知	山合三 平仙澄	山合三 去仙澄
阳谷	uã^{213}	fa^{213}白 sua^{213}文	kua^{55}～胡子 kua^{213}～风	tsʰuã^{42}	suã^{55}	tsuã^{55}	tsʰuã^{42}	tsuã^{313}
梁山	uã^{213}	sua^{213}	kua^{55}	tɕʰyã^{42}	ɕyã^{55}	tsuã^{55}	tsʰuã^{42}	tsuã^{314}
菏泽	uã^{213}	sua^{213}	kua^{213}	tsʰuã^{53}	suã^{44}	tsuã^{44}	tsʰuã^{53}	tsuã^{312}
曹县	uã^{213}	ʂua^{213}	kua^{44}	tɕʰyã^{53}	ɕyã^{44}	tʂuã^{44}	tʂʰuã^{53}	tʂuã^{312}
金乡	uã^{213}	sua^{213}	kua^{55}	tɕʰyã^{42}	ɕyã^{55}	tsuã^{55}	tsʰuã^{42}	tsuã^{312}
曲阜	uã^{213}	sua^{213}	kua^{55}	tɕʰyã^{42}	ɕyã^{55}	tsuã^{55}	tsʰuã^{42}	tsuã^{312}
薛城	uã^{313}	fa^{313}	kua^{24}～胡子 kua^{313}～风	tɕʰyã^{55}	ɕyã^{24}	pfã^{24}又 tsuã^{24}又	pfʰã^{55}又 tsʰuã^{55}又	tsuã^{41}
郯城	uã^{213}	fa^{213}老 ʂua^{213}新	kua^{213}	tsʰuã^{44}老 tɕʰyã^{44}新	suã^{24}老 ɕyã^{24}新	tʂuã^{24}	tʂʰuã^{44}	tʂuã^{51}
临沂	uã^{214}	ʃua^{214}	kua^{55}刀～ kua^{214}～风	tɕʰyã^{53}	ɕyã^{55}	tʃuã^{55}	tʃʰuã^{53}	tʃuã^{312}

	0593砖	0594船	0595软	0596卷 ～起	0597圈 圆～	0598权	0599圆	0600院
	山合三 平仙章	山合三 平仙船	山合三 上仙日	山合三 上仙见	山合三 平仙溪	山合三 平仙群	山合三 平仙云	山合三 去仙云
荣成	tʂuan^{53}	tʂʰuan^{35}	yan^{214}	cyan^{214}	cʰyan^{53}	cʰyan^{35}	yan^{35}	yan^{33}
烟台	tsuan^{53}	tsʰuan^{33}	yan^{14}	tɕyan^{14}	tɕʰyan^{53}	tɕʰyan^{33}	yan^{33}	yan^{33}
栖霞	tʃuãn^{312}	tʃʰuãn^{342}	yãn^{214}	cyãn^{214}	cʰyãn^{312}	cʰyãn^{342}	yãn^{342}	yãn^{342} yaŋ^{342}
长岛	tsuan^{312}	tsʰuan^{55}	yan^{213}	cyan^{213}	cʰyan^{312}	cʰyan^{55}	yan^{55}	yan^{52}
海阳	tʂuã^{52}	tʂʰuã^{341}	yã^{214}	cyã^{214}	cʰyã^{52}	cʰyã^{341}	yã^{341}	yã^{341}
莱西	tsuã^{214}	tsʰuã^{42}	yã^{55}白 ʒuã^{55}文	cyã^{55}	cʰyã^{214}	cʰyã^{55}	yã^{42}	yã^{42}
平度	tʃuã^{213}	tʃʰuã^{42}	yã^{55}	cyã^{55}	cʰyã^{213}	cʰyã^{55}	yã^{42}	yã^{42}
青岛	tʃuã^{213}	tʃʰuã^{42}	yã^{55}	tɕyã^{55}	tɕʰyã^{213}	tɕʰyã^{55}	yã^{42}	yã^{42}
高密	tʃuã^{213}	tʃʰuã^{42}	yã^{55}	tɕyã^{55}	tɕʰyã^{213}	tɕʰyã^{55}	yã^{42}	yã^{21}

续表

	0593砖 山合三 平仙章	0594船 山合三 平仙船	0595软 山合三 上仙日	0596卷～起 山合三 上仙见	0597圈圆～ 山合三 平仙溪	0598权 山合三 平仙群	0599圆 山合三 平仙云	0600院 山合三 去仙云
诸城	tʃuã^{213}	tʃ^{h}uã^{53}	yã^{44}	tʃuã^{44}	tʃ^{h}uã^{213}	tʃ^{h}uã^{53}	yã^{53}	yã^{31}
沂水	dʒuã^{213}	tʃ^{h}uã^{53}	yã^{44}	tɕyã^{44}	tɕ^{h}yã^{213}	tɕ^{h}yã^{53}	yã^{53}	yã^{31}
临朐	tʃuã^{213}	tʃ^{h}uã^{53}	luã^{44}	tɕyã^{44}	tɕ^{h}yã^{213}	tɕ^{h}yã^{44}	yã^{53}	yã^{21}
日照	tʃyã^{213}	tʃ^{h}yã^{53}	yã^{44}	tʃyã^{44}	tʃ^{h}yã^{213}	tʃ^{h}yã^{53}	yã^{53}	yã^{31}
莒南	tʃuã^{213}	tʃ^{h}uã^{53}	yã^{55}	tɕyã^{55}	tɕ^{h}yã^{213}	tɕ^{h}yã^{53}	yã^{53}	yã^{312}
潍坊	tʂuã^{214}	tʂ^{h}uã^{53}	ʐuã^{55}	tɕyã^{55}	tɕ^{h}yã^{214}	tɕ^{h}yã^{55}	yã^{53}	yã^{31}
寿光	tʂuã^{213}	tʂ^{h}uã^{53}	luã^{55}	tɕyã^{55}	tɕ^{h}yã^{213}	tɕ^{h}yã^{55}	yã^{53}	yã^{21}
高青	tʂuã^{213}	tʂ^{h}uã^{55}	ʐuã^{55}	tɕyã^{55}	tɕ^{h}yã^{213}	tɕ^{h}yã^{55}	yã^{55}	yã^{41}
阳信	tʂuã^{213}	tʂ^{h}uã^{43}	yã^{55}	tɕyã^{55}	tɕ^{h}yã^{213}	tɕ^{h}yã^{43}	yã^{43}	yã^{31}
济阳	tʂuã^{213}	tʂ^{h}uã^{55}	luã^{55}	tɕyã^{55}	tɕ^{h}yã^{213}	tɕ^{h}yã^{55}	yã^{55}	yã^{31}
利津	tʂuã^{213}	tʂ^{h}uã^{53}	ʐuã^{55}	tɕyã^{55}	tɕ^{h}yã^{213}	tɕ^{h}yã^{55}	yã^{53}	yã^{31}
乐陵	tʂuã^{24}	tʂ^{h}uã^{55}	yã^{55}	tɕyã^{55}	tɕ^{h}yã^{24}	tɕ^{h}yã^{55}	yã^{55}	yã^{51}
商河	tʂuã^{213}	tʂ^{h}uã^{54}	ʐuã^{45}	tɕyã^{45}	tɕ^{h}yã^{213}	tɕ^{h}yã^{54}	yã^{54}	yã^{31}
平原	tʂuã^{213}	tʂ^{h}uã^{42}	ʐuã^{55}	tɕyã^{55}	tɕ^{h}yã^{213}	tɕ^{h}yã^{55}	yã^{42}	yã^{21}
德州	tʂuã^{213}	tʂ^{h}uã^{42}	ʐuã^{55}	tɕyã^{55}	tɕ^{h}yã^{213}	tɕ^{h}yã^{42}	yã^{42}	yã^{21}
武城	tʂuã^{224}	tʂ^{h}uã^{53}	luã^{55}	tɕyã^{55}	tɕ^{h}yã^{224}	tɕ^{h}yã^{55}	yã^{53}	yã^{312}
临清	tʂuan^{13}	tʂ^{h}uan^{53}	luan^{44}	tɕyan^{44}	tɕ^{h}yan^{13}	tɕ^{h}yan^{44}	yan^{53}	yan^{313}
冠县	tʂuã^{13}	tʂ^{h}uã^{53}	ʐuã^{55}	tɕyã^{55}	tɕ^{h}yã^{13}	tɕ^{h}yã^{55}	yã^{53}	yã^{314}
聊城	tsuã^{13}	ts^{h}uã^{53}	zuã^{44}	tɕyã^{44}	tɕ^{h}yã^{13}	tɕ^{h}yã^{44}	yã^{53}	yã^{313}
济南	tʂuã^{213}	tʂ^{h}uã^{42}	luã^{55}	tɕyã^{55}	tɕ^{h}yã^{213}	tɕ^{h}yã^{55}	yã^{42}	yã^{21}
泰安	tʂuã^{213}	tʂ^{h}uã^{42}	luã^{55}	tɕyã^{55}	tɕ^{h}yã^{213}	tɕ^{h}yã^{55}	yã^{42}	yã^{21}
莱芜	tʃuã^{213}	tʃ^{h}uã^{55}	luã^{55}	tɕyã^{55}	tɕ^{h}yã^{213}	tɕ^{h}yã^{55}	yã^{55}	yã^{42}
新泰	pfã^{213}老 tʃuã^{213}新	pf^{h}ã^{42}老 tʃ^{h}uã^{42}新	yã^{55}老 ʒuã^{55}新	tɕyã^{55}	tɕ^{h}yã^{213}	tɕ^{h}yã^{55}	yã^{42}	yã^{31}
沂源	tʃuã^{213}	tʃ^{h}uã^{55}	yã^{55}	tɕyã^{55}	tɕ^{h}yã^{213}	tɕ^{h}yã^{55}	yã^{55}	yã^{31}
博山	tʂuã^{213}	tʂ^{h}uã^{55}	luã^{55}	tɕyã^{55}	tɕ^{h}yã^{213}	tɕ^{h}yã^{55}	yã^{55}	yã^{31}

续表

	0593砖	0594船	0595软	0596卷 ～起	0597圈 圆～	0598权	0599圆	0600院
	山合三 平仙章	山合三 平仙船	山合三 上仙日	山合三 上仙见	山合三 平仙溪	山合三 平仙群	山合三 平仙云	山合三 去仙云
张店	tʂuã^{213}	tʂʰuã^{55}	ʐuã^{55}	tɕyã^{55}	tɕʰyã^{213}	tɕʰyã^{55}	yã^{55}	yã^{31}
阳谷	tsuã^{213}	tsʰuã^{42}	yã^{55}白 zuã^{55}文	tsuã^{55}	tsʰuã^{213}	tsʰuã^{55}	yã^{42}	yã^{313}
梁山	tsuã^{213}	tsʰuã^{42}	zuã^{55}	tɕyã^{55}	tɕʰyã^{213}	tɕʰyã^{55}	yã^{42}	yã^{314}
菏泽	tsuã^{213}	tsʰuã^{53}	zuã^{44}	tɕyã^{44}	tɕʰyã^{213}	tɕʰyã^{44}	yã^{53}	yã^{312}
曹县	tʂuã^{213}	tʂʰuã^{53}	ʐuã^{44}	tɕyã^{44}	tɕʰyã^{213}	tɕʰyã^{44}	yã^{53}	yã^{312}
金乡	tsuã^{213}	tsʰuã^{42}	zuã^{55}	tɕyã^{55}	tɕʰyã^{213}	tɕʰyã^{55}	yã^{42}	yã^{312}
曲阜	tsuã^{213}	tsʰuã^{42}	zuã^{55}	tɕyã^{55}	tɕʰyã^{213}	tɕʰyã^{55}	yã^{42}	yã^{312}
薛城	pfã^{313}又 tsuã^{313}又	pfʰã^{55}又 tsʰuã^{55}又	vã^{24}又 zuã^{24}又	tɕyã^{24}	tɕʰyã^{313}	tɕʰyã^{55}	yã^{55}	yã^{41}
郯城	tʂuã^{213}	tʂʰuã^{44}	ʐuã^{24}	tɕyã^{24}	tɕʰyã^{213}	tɕʰyã^{44}	yã^{44}	yã^{51}
临沂	tʃuã^{214}	tʃʰuã^{53}	ʐuã^{55}	tɕyã^{55}	tɕʰyã^{214}	tɕʰyã^{53}	yã^{53}	yã^{312}

	0601铅 ～笔	0602绝	0603雪	0604反	0605翻	0606饭	0607晚	0608万 麻将牌
	山合三 平仙以	山合三 入薛从	山合三 入薛心	山合三 上元非	山合三 平元敷	山合三 去元奉	山合三 上元微	山合三 去元微
荣成	cʰian^{53}	tsiɛ^{35}	siɛ^{214}	fan^{214}	fan^{53}	fan^{33}	uan^{214}	uan^{33}
烟台	tɕʰian^{53}	tɕye^{33}	ɕie^{14}又 ɕye^{241}又	fan^{14}	fan^{53}	fan^{33}	uan^{14}	uan^{33}
栖霞	cʰiãn^{312}	tʃyɛ^{342}	ʃyɛ^{214}	fãn^{214}	fãn^{312}	fãn^{342}	uãn^{214}	uãn^{52}
长岛	cʰian^{312}	tʃyɛ^{55}	ʃiɛ^{213}	fan^{213}	fan^{312}	fan^{52}	uan^{213}	uan^{52}
海阳	cʰiã^{52}	tsyə^{341}	syə^{214}	fã^{214}	fã^{52}	fã^{341}	uã^{214}	uã^{341}
莱西	cʰiã^{214}	tʃyə^{42}	ʃyə^{55}	fã^{55}	fã^{214}	fã^{42}	uã^{55}	uã^{42}
平度	cʰiã^{213}	tsyə^{42}	syə^{55}	fã^{213}	fã^{213}	fã^{42}	uã^{55}	uã^{42}
青岛	tɕʰiã^{213}	tsyə^{42}	syə^{55}	fã^{55}	fã^{213}	fã^{42}	uã^{55}	uã^{42}
高密	tɕʰiã^{213}	tsyə^{42}	syə^{55}	fã^{55}	fã^{213}	fã^{21}	uã^{55}	uã^{21}
诸城	tʃʰã^{213}	tθyə^{53}	θyə^{44}	fã^{44}	fã^{213}	fã^{31}	uã^{44}	uã^{31}

续表

	0601铅 ～笔	0602绝	0603雪	0604反	0605翻	0606饭	0607晚	0608万 麻将牌
	山合三 平仙以	山合三 入薛从	山合三 入薛心	山合三 上元非	山合三 平元敷	山合三 去元奉	山合三 上元微	山合三 去元微
沂水	tɕ^{h}iã^{213}	dzyə^{53}	syə^{44}	fã^{44}	fã^{213}	fã^{31}	uã^{44}	uã^{31}
临朐	tɕ^{h}iã^{213}	tɕyə^{53}	ɕyə^{44}	fã^{44}	fã^{213}	fã^{21}	uã^{44}	uã^{21}
日照	tʃ^{h}iã^{213}	ȶyə^{53}	θyə^{44}	fã^{44}	fã^{213}	fã^{31}	uã^{44}	uã^{31}
莒南	tɕ^{h}iã^{213}	tsyə^{53}	syə^{213}	fã^{55}	fã^{213}	fã^{312}	uã^{55}	uã^{312}
潍坊	tɕ^{h}iã^{214}	tɕyə^{53}	ɕyə^{214}	fã^{55}	fã^{214}	fã^{31}	uã^{55}	uã^{31}
寿光	tɕ^{h}iã^{213}	tɕyə^{53}	ɕyə^{213}	fã^{213}正～ fã^{55}造～	fã^{213}	fã^{21}	uã^{55}	uã^{21}
高青	tɕ^{h}iã^{213}	tɕyə^{55}	ɕyə^{213}	fã^{55}	fã^{213}	fã^{41}	uã^{55}	uã^{41}
阳信	tɕ^{h}iã^{213}	tɕyə^{43}	ɕyə^{213}	fã^{55}	fã^{213}	fã^{31}	uã^{55}	uã^{31}
济阳	tɕ^{h}iã^{213}	tɕyə^{55}	ɕyə^{213}	fã^{55}	fã^{213}	fã^{31}	uã^{55}	uã^{31}
利津	tɕ^{h}iã^{213}	tɕyə^{53}	ɕyə^{44}	fã^{55}	fã^{213}	fã^{31}	uã^{55}	uã^{31}
乐陵	tɕ^{h}iã^{24}	tɕyə^{55}	ɕyə^{24}	fã^{55}	fã^{24}	fã^{51}	uã^{55}	uã^{51}
商河	tɕ^{h}iã^{213}	tɕyə^{54}	ɕyə^{45}	fã^{45}	fã^{213}	fã^{31}	uã^{45}	uã^{31}
平原	tɕ^{h}iã^{213}	tɕyə^{42}	ɕyə^{55}	fã^{55}	fã^{213}	fã^{21}	uã^{55}	uã^{21}
德州	tɕ^{h}iã^{213}	tɕyə^{42}	ɕyə^{213}	fã^{213}正～ fã^{55}造～	fã^{213}	fã^{21}	uã^{55}	uã^{21}
武城	tɕ^{h}iã^{224}	tɕyə^{53}	ɕyə^{224}	fã^{55}	fã^{224}	fã^{312}	uã^{55}	uã^{312}
临清	tɕ^{h}ian^{13}	tɕyə^{53}	ɕyə^{13}	fan^{44}	fan^{13}	fan^{313}	uan^{44}	uan^{313}
冠县	tɕ^{h}iã^{13}	tsyə^{53}	syə^{13}	fã^{55}	fã^{13}	fã^{314}	uã^{55}	uã^{314}
聊城	tɕ^{h}iã^{13}	tɕyə^{53}	ɕyə^{13}	fã^{44}	fã^{13}	fã^{313}	uã^{44}	uã^{313}
济南	tɕ^{h}iã^{213}	tɕyə^{42}	ɕyə^{213}	fã^{55}	fã^{213}	fã^{21}	uã^{55}	uã^{21}
泰安	tɕ^{h}iã^{213}	tɕyə^{42}	ɕyə^{213}	fã^{55}	fã^{213}	fã^{21}	uã^{55}	uã^{21}
莱芜	tɕ^{h}iã^{213}	tɕyə^{55}	ɕyə^{213}	fã^{55}	fã^{213}	fã^{42}	uã^{55}	uã^{42}
新泰	tɕ^{h}iã^{213}	tɕyə^{42}	ɕyə^{213}	fã^{55}	fã^{213}	fã^{31}	uã^{55}	uã^{31}
沂源	tɕ^{h}iã^{213}	tɕyə^{55}	ɕyə^{213}	fã^{55}	fã^{213}	fã^{31}	uã^{55}	uã^{31}
博山	tɕ^{h}iã^{213}	tɕyə^{55}	ɕyə^{213}	fã^{55}	fã^{213}	fã^{31}	uã^{55}	uã^{31}
张店	tɕ^{h}iã^{213}	tɕyə^{55}	ɕyə^{33}	fã^{55}	fã^{213}	fã^{31}	uã^{55}	uã^{31}

续表

	0601铅～笔	0602绝	0603雪	0604反	0605翻	0606饭	0607晚	0608万麻将牌
	山合三平仙以	山合三入薛从	山合三入薛心	山合三上元非	山合三平元敷	山合三去元奉	山合三上元微	山合三去元微
阳谷	$tɕ^hiã^{213}$	$tsuo^{42}$	suo^{213}	$fã^{55}$	$fã^{213}$	$fã^{313}$	$uã^{55}$	$uã^{313}$
梁山	$tɕ^hiã^{213}$	$tɕyə^{42}$	$ɕyə^{213}$	$fã^{55}$	$fã^{213}$	$fã^{314}$	$uã^{55}$	$uã^{314}$
菏泽	$tɕ^hiã^{213}$	$tsuə^{53}$	$suə^{213}$	$fã^{44}$	$fã^{213}$	$fã^{312}$	$uã^{44}$	$uã^{312}$
曹县	$tɕ^hiã^{213}$	$tsuə^{53}$ 白 $tɕyə^{53}$ 文	$suə^{213}$ 白 $ɕyə^{213}$ 文	$fã^{44}$	$fã^{213}$	$fã^{312}$	$uã^{44}$	$uã^{312}$
金乡	$tɕ^hiã^{213}$	$tɕyə^{42}$	$ɕyə^{213}$	$fã^{55}$	$fã^{213}$	$fã^{312}$	$uã^{55}$	$uã^{312}$
曲阜	$tɕ^hiã^{213}$	$tɕyə^{42}$	$ɕyə^{213}$	$fã^{55}$	$fã^{213}$	$fã^{312}$	$uã^{55}$	$uã^{312}$
薛城	$tɕ^hiã^{313}$	$tɕyə^{55}$	$ɕyə^{313}$	$fã^{24}$	$fã^{313}$	$fã^{41}$	$uã^{24}$	$uã^{41}$
郯城	$tɕ^hiã^{213}$	$tɕyə^{44}$	$ɕyə^{213}$	$fã^{24}$	$fã^{213}$	$fã^{51}$	$uã^{24}$	$uã^{51}$
临沂	$tɕ^hiã^{214}$	$tɕyə^{53}$	$ɕyə^{214}$	$fã^{55}$	$fã^{214}$	$fã^{312}$	$uã^{55}$	$uã^{312}$

	0609劝	0610原	0611冤	0612园	0613远	0614发头～	0615罚	0616袜
	山合三去元溪	山合三平元疑	山合三平元影	山合三平元云	山合三上元云	山合三入月非	山合三入月奉	山合三入月微
荣成	c^hyan^{33}	yan^{35}	yan^{53}	yan^{53}	yan^{214}	fa^{214}	fa^{35}	ua^{214}
烟台	$tɕ^hyan^{33}$	yan^{33}	yan^{53}	yan^{33}	yan^{14}	fa^{14}	fa^{33}	ua^{14}
栖霞	$c^hyãn^{52}$	$yãn^{342}$	$yãn^{312}$	$yãn^{342}$	$yãn^{214}$	fa^{214}	fa^{342}	ua^{52}
长岛	c^hyan^{52}	yan^{55}	yan^{312}	yan^{55}	yan^{213}	fa^{213}	fa^{55}	ua^{213}
海阳	$c^hyã^{341}$	$yã^{341}$	$yã^{52}$	$yã^{341}$	$yã^{214}$	fa^{214}	fa^{341}	ua^{341}
莱西	$c^hyã^{42}$	$yã^{42}$	$yã^{214}$	$yã^{214}$	$yã^{55}$	fu^{42}	fa^{42}	ua^{42}
平度	$c^hyã^{42}$	$yã^{213}$	$yã^{213}$	$yã^{42}$	$yã^{55}$	fa^{55}	fa^{42}	ua^{42}
青岛	$tɕ^hyã^{42}$	$yã^{42}$	$yã^{213}$	$yã^{42}$	$yã^{55}$	$fɑ^{42}$	$fɑ^{42}$	$uɑ^{42}$
高密	$tɕ^hyã^{21}$	$yã^{42}$	$yã^{213}$	$yã^{42}$	$yã^{55}$	$fɑ^{55}$	$fɑ^{42}$	$uɑ^{21}$
诸城	$tʃ^huã^{31}$	$yã^{53}$	$yã^{213}$	$yã^{53}$	$yã^{44}$	fa^{44}	fa^{53}	ua^{31}
沂水	$tɕ^hyã^{31}$	$yã^{53}$	$yã^{213}$	$yã^{53}$	$yã^{44}$	fa^{44}	fa^{53}	ua^{31}
临朐	$tɕ^hyã^{21}$	$yã^{53}$	$yã^{213}$	$yã^{53}$	$yã^{44}$	fa^{44}	fa^{53}	ua^{21}

续表

	0609劝	0610原	0611冤	0612园	0613远	0614发 头～	0615罚	0616袜
	山合三 去元溪	山合三 平元疑	山合三 平元影	山合三 平元云	山合三 上元云	山合三 入月非	山合三 入月奉	山合三 入月微
日照	tʃ^{h}yã^{31}	yã^{53}	yã^{213}	yã^{53}	yã^{44}	fɑ^{213}	fɑ^{53}	uɑ^{31}
莒南	tɕ^{h}yã^{312}	yã^{53}	yã^{213}	yã^{53}	yã^{55}	fu^{0}头～。又 fa^{0}头～。又	fa^{53}	ua^{312}
潍坊	tɕ^{h}yã^{31}	yã^{53}	yã^{214}	yã^{53}	yã^{55}	fɑ^{31}	fɑ^{53}	uɑ^{31}
寿光	tɕ^{h}yã^{21}	yã^{53}	yã^{213}	yã^{53}	yã^{55}	fa^{213}	fa^{53}	ua^{21}
高青	tɕ^{h}yã^{41}	yã^{55}	yã^{213}	yã^{55}	yã^{55}	fɑ^{213}	fɑ^{55}	uɑ^{41}
阳信	tɕ^{h}yã^{31}	yã^{43}	yã^{213}	yã^{43}	yã^{55}	fa^{213}	fa^{43}	ua^{31}
济阳	tɕ^{h}yã^{31}	yã^{55}	yã^{213}	yã^{55}	yã^{55}	fa^{213}	fa^{55}	ua^{31}
利津	tɕ^{h}yã^{31}	yã^{53}	yã^{213}	yã^{53}	yã^{55}	fa^{44}	fa^{53}	ua^{31}
乐陵	tɕ^{h}yã^{51}	yã^{55}	yã^{24}	yã^{55}	yã^{55}	fɑ^{24}	fɑ^{55}	uɑ^{51}
商河	tɕ^{h}yã^{31}	yã^{54}	yã^{213}	yã^{54}	yã^{45}	fɑ^{45}	fɑ^{54}	uɑ^{31}
平原	tɕ^{h}yã^{21}	yã^{42}	yã^{213}	yã^{42}	yã^{55}	fa^{213}	fa^{42}	ua^{21}
德州	tɕ^{h}yã^{21}	yã^{42}	yã^{213}	yã^{42}	yã^{55}	fa^{213}	fa^{42}	ua^{21}
武城	tɕ^{h}yã^{312}	yã^{53}	yã^{224}	yã^{53}	yã^{55}	fa^{224}	fa^{53}	ua^{312}
临清	tɕ^{h}yan^{313}	yan^{53}	yan^{13}	yan^{53}	yan^{44}	fa^{13}	fa^{53}	ua^{313}
冠县	tɕ^{h}yã^{314}	yã^{53}	yã^{13}	yã^{53}	yã^{55}	fa^{13}	fa^{53}	ua^{314}
聊城	tɕ^{h}yã^{313}	yã^{53}	yã^{13}	yã^{53}	yã^{44}	fa^{13}	fa^{53}	ua^{313}
济南	tɕ^{h}yã^{21}	yã^{42}	yã^{213}	yã^{42}	yã^{55}	fa^{213}	fa^{42}	ua^{21}
泰安	tɕ^{h}yã^{21}	yã^{42}	yã^{213}	yã^{42}	yã^{55}	fa^{213}	fa^{42}	ua^{21}
莱芜	tɕ^{h}yã^{42}	yã^{55}	yã^{213}	yã^{55}	yã^{55}	fa^{213}	fa^{55}	ua^{42}
新泰	tɕ^{h}yã^{31}	yã^{42}	yã^{213}	yã^{42}	yã^{55}	fa^{213}	fa^{42}	ua^{31}
沂源	tɕ^{h}yã^{31}	yã^{55}	yã^{213}	yã^{55}	yã^{55}	fa^{213}	fa^{55}	ua^{31}
博山	tɕ^{h}yã^{31}	yã^{55}	yã^{213}	yã^{55}	yã^{55}	fɑ^{213}	fɑ^{55}	uɑ^{31}
张店	tɕ^{h}yã^{31}	yã^{55}	yã^{213}	yã^{55}	yã^{55}	fɑ^{33}	fɑ^{55}	uɑ^{31}
阳谷	ts^{h}uã^{313}	yã^{42}	yã^{213}	yã^{42}	yã^{55}	fa^{213}	fa^{42}	ua^{213}
梁山	tɕ^{h}yã^{314}	yã^{42}	yã^{213}	yã^{42}	yã^{55}	fa^{213}	fa^{42}	ua^{213}

续表

	0609劝	0610原	0611冤	0612园	0613远	0614发 头～	0615罚	0616袜
	山合三 去元溪	山合三 平元疑	山合三 平元影	山合三 平元云	山合三 上元云	山合三 入月非	山合三 入月奉	山合三 入月微
菏泽	tɕʰyã^{312}	yã^{53}	yã^{213}	yã^{53}	yã^{44}	fa^{213}	fa^{53}	ua^{213}
曹县	tɕʰyã^{312}	yã^{53}	yã^{213}	yã^{53}	yã^{44}	fa^{213}	fa^{53}	ua^{213}
金乡	tɕʰyã^{312}	yã^{42}	yã^{213}	yã^{42}	yã^{55}	fa^{213}	fa^{42}	ua^{213}
曲阜	tɕʰyã^{312}	yã^{42}	yã^{213}	yã^{42}	yã^{55}	fa^{213}	fa^{42}	ua^{213}
薛城	tɕʰyã^{41}	yã^{55}	yã^{313}	yã^{55}	yã^{24}	fa^{313}	fa^{55}	ua^{313}
郯城	tɕʰyã^{51}	yã^{44}	yã^{213}	yã^{44}	yã^{24}	fa^{213}	fa^{44}	ua^{213}
临沂	tɕʰyã^{312}	yã^{53}	yã^{214}	yã^{53}	yã^{55}	fa^{214}	fa^{53}	ua^{214}

	0617月	0618越	0619县	0620决	0621缺	0622血	0623吞	0624根
	山合三 入月疑	山合三 入月云	山合四 去先匣	山合四 入屑见	山合四 入屑溪	山合四 入屑晓	臻开一 平痕透	臻开一 平痕见
荣成	yɛ^{214}	yɛ^{53}	çian^{33}	cyɛ^{35}	cʰyɛ^{214}	siɛ^{214}	tʰən^{53}	kən^{53}
烟台	ye^{14}	ye^{33}	ɕian^{33}	tɕye^{33}	tɕʰye^{14}	ɕie^{14}	tʰən^{53}	kən^{53}
栖霞	yɛ^{52}	yɛ^{52}	çiãn^{52}	cyɛ^{342}	cʰyɛ^{214}	çiɛ^{214}	tʰə̃n^{312}	kə̃n^{312}
长岛	yɛ^{213}	yɛ^{52}	çian^{52}	cyɛ^{55}	cʰyc^{213}	çic^{213}	tʰən^{312}	kən^{312}
海阳	yə^{341}	yə^{341}	çiã^{341}	cyə^{341}	cʰyə^{214}	çiə^{214}	tʰẽ^{52}	kẽ^{52}
莱西	yə^{42}	yə^{42}	çiã^{42}	cyə^{42}	cʰyə^{55}	çiə^{55}	tʰẽ^{214}	kẽ^{214}
平度	yə^{213}	yə^{55}	çiã^{42}	cyə^{55}	cʰyə^{55}	çiə^{55}	tʰə̃^{213}	kə̃^{213}
青岛	yə^{42}	yə^{42}	ɕiã^{42}	tɕyə^{55}	tɕʰyə^{55}	ɕiə^{55}	tʰẽ^{213}白 tʰuẽ^{213}文	kẽ^{213}
高密	yə^{21}	yə^{21}	ɕiã^{21}	tɕyə^{55}	tɕʰyə^{55}	ɕiə^{55}	tʰuə̃^{213}	kə̃^{213}
诸城	yə^{31}	yə^{31}	ʃã^{31}	tʃuə^{44}	tʃʰuə^{44}	ʃə^{44}	tʰuẽ^{213}	kẽ^{213}
沂水	yə^{31}	yə^{213}	ɕiã^{31}	tɕyə^{44}	tɕʰyə^{44}	ɕiə^{55}白 ɕyə^{55}文	tʰuẽ^{213}	kẽ^{213}
临朐	yə^{21}	yə^{21}	ɕiã^{21}	tɕyə^{53}	tɕʰyə^{44}	ɕiə^{44}	tʰuə̃^{213}	kə̃^{213}
日照	yə^{31}	yə^{31}	ʃiã^{31}	tʃyə^{213}	tʃʰyə^{213}	ʃiə^{213}	tʰuẽ^{213}	kẽ^{213}
莒南	yə^{312}	yə^{312}	ɕiã^{312}	tɕyə^{213}	tɕʰyə^{213}	ɕiə^{213}白 ɕyə^{213}文	tʰuẽ^{213}	kẽ^{213}

续表

	0617月	0618越	0619县	0620决	0621缺	0622血	0623吞	0624根
	山合三 入月疑	山合三 入月云	山合四 去先匣	山合四 入屑见	山合四 入屑溪	山合四 入屑晓	臻开一 平痕透	臻开一 平痕见
潍坊	$yə^{31}$	$yə^{31}$	$ɕiã^{31}$	$tɕyə^{53}$	$tɕ^hyə^{214}$	$ɕiə^{214}$	$t^huẽ^{214}$	$kẽ^{214}$
寿光	$yə^{21}$	$yə^{21}$	$ɕiã^{21}$	$tɕyə^{213}$	$tɕ^hyə^{213}$	$ɕiə^{213}$	$t^huə̃^{213}$	$kə̃^{213}$
高青	$yə^{41}$	$yə^{41}$	$ɕiã^{41}$	$tɕyə^{55}$	$tɕ^hyə^{213}$	$ɕiə^{213}$ 又 $ɕyə^{213}$ 又	$t^huə̃^{213}$	$kə̃^{213}$
阳信	$yə^{31}$	$yə^{31}$	$ɕiã^{31}$	$tɕyə^{213}$	$tɕ^hyə^{213}$	$ɕiə^{213}$	$t^huə̃^{213}$	$kə̃^{213}$
济阳	$yə^{31}$	$yə^{31}$	$ɕiã^{31}$	$tɕyə^{55}$	$tɕ^hyə^{213}$	$ɕiə^{213}$ 白 $ɕyə^{213}$ 文	$t^huẽ^{213}$	$kẽ^{213}$
利津	$yə^{31}$	$yə^{31}$	$ɕiã^{31}$	$tɕyə^{44}$	$tɕ^hyə^{44}$	$ɕiə^{44}$ 白 $ɕyə^{44}$ 文	$t^huẽ^{213}$	$kẽ^{213}$
乐陵	$yə^{51}$	$yə^{51}$	$ɕiã^{51}$	$tɕyə^{24}$	$tɕ^hyə^{24}$	$ɕiə^{24}$ 白 $ɕyə^{24}$ 文	$t^huẽ^{24}$	$kẽ^{24}$
商河	$yə^{31}$	$yə^{31}$	$ɕiã^{31}$	$tɕyə^{54}$	$tɕ^hyə^{45}$	$ɕiə^{45}$	$t^huẽ^{213}$	$kẽ^{213}$
平原	$yə^{21}$	$yə^{21}$	$ɕiã^{21}$	$tɕyə^{42}$	$tɕ^hyə^{213}$	$ɕiə^{55}$ 白 $ɕyə^{55}$ 文	$t^huẽ^{213}$	$kẽ^{213}$
德州	$yə^{21}$	$yə^{21}$	$ɕiã^{21}$	$tɕyə^{213}$	$tɕ^hyə^{213}$	$ɕiə^{213}$	$t^huẽ^{213}$	$kẽ^{213}$
武城	$yə^{312}$	$yə^{312}$	$ɕiã^{312}$	$tɕyə^{224}$	$tɕ^hyə^{224}$	$ɕiə^{224}$ 白 $ɕyə^{224}$ 文	$t^huẽ^{224}$	$kẽ^{224}$
临清	$yə^{313}$	$yə^{313}$	$ɕian^{313}$	$tɕyə^{13}$	$tɕ^hyə^{13}$	$ɕiə^{13}$	t^hun^{13}	ken^{13}
冠县	$yə^{314}$	$yə^{314}$	$ɕiã^{314}$	$tɕyə^{13}$	$tɕ^hyə^{13}$	$ɕyə^{13}$	$t^huẽ^{13}$	$kẽ^{13}$
聊城	$yə^{313}$	$yə^{313}$	$ɕiã^{313}$	$tɕyə^{13}$	$tɕ^hyə^{13}$	$ɕiə^{13}$	$t^huẽ^{13}$	$kẽ^{13}$
济南	$yə^{21}$	$yə^{21}$	$ɕiã^{21}$	$tɕyə^{42}$	$tɕ^hyə^{213}$	$ɕiə^{213}$ 白 $ɕyə^{213}$ 文	$t^huẽ^{213}$	$kẽ^{213}$
泰安	$yə^{21}$	$yə^{21}$	$ɕiã^{21}$	$tɕyə^{42}$	$tɕ^hyə^{213}$	$ɕiə^{213}$ 白 $ɕyə^{213}$ 文	$t^huẽ^{213}$	$kẽ^{213}$
莱芜	$yə^{42}$	$yə^{42}$	$ɕiã^{42}$	$tɕyə^{55}$	$tɕ^hyə^{213}$	$ɕiə^{213}$	$t^huẽ^{213}$	$kẽ^{213}$
新泰	$yə^{31}$	$yə^{31}$	$ɕiã^{31}$	$tɕyə^{42}$	$tɕ^hyə^{213}$	$ɕiə^{213}$	$t^hẽ^{213}$ 老 $t^huẽ^{213}$ 新	$kẽ^{213}$
沂源	$yə^{31}$	$yə^{31}$	$ɕiã^{31}$	$tɕyə^{55}$	$tɕ^hyə^{213}$	$ɕiə^{213}$	$t^huə̃^{213}$	$kə̃^{213}$
博山	$yə^{31}$	$yə^{31}$	$ɕiã^{31}$	$tɕyə^{55}$	$tɕ^hyə^{213}$	$ɕiə^{213}$ 老 $ɕyə^{213}$ 新	$t^huẽ^{213}$	$kẽ^{213}$

续表

	0617月	0618越	0619县	0620决	0621缺	0622血	0623吞	0624根
	山合三 入月疑	山合三 入月云	山合四 去先匣	山合四 入屑见	山合四 入屑溪	山合四 入屑晓	臻开一 平痕透	臻开一 平痕见
张店	yə^{31}	yə^{31}	ɕiã^{31}	tɕyə^{55}	tɕʰyə^{33}	ɕiə^{33}	tʰuã^{213}	kã^{213}
阳谷	yo^{313}	yo^{213}	ɕiã^{313}	tsuo^{213}	tsʰuo^{213}	ɕiə^{213}	tʰuẽ^{213}	kẽ^{213}
梁山	yə^{214}	yə^{213}	ɕiã^{314}	tɕyə^{213}	tɕʰyə^{213}	ɕiə^{213}白 ɕyə^{213}文	tʰuẽ^{213}	kẽ^{213}
菏泽	yə^{213}	yə^{213}	ɕiã^{312}	tɕyə^{213}	tɕʰyə^{213}	ɕiɛ^{213}	tʰuẽ^{213}	kẽ^{213}
曹县	yə^{213}	yə^{213}	ɕiã^{312}	tɕyə^{213}	tɕʰyə^{213}	ɕiə^{213}	tʰuẽ^{213}	kẽ^{213}
金乡	yə^{213}	yə^{213}	ɕiã^{312}	tɕyə^{213}	tɕʰyə^{213}	ɕiə^{213}白 ɕyə^{213}文	tʰuẽ^{213}	kẽ^{213}
曲阜	yə^{213}	yə^{213}超～ yə^{312}～南	ɕiã^{312}	tɕyə^{213}	tɕʰyə^{213}	ɕiə^{213}白 ɕyə^{213}文	tʰuẽ^{213}	kẽ^{213}
薛城	yə^{313}	yə^{313}	ɕiã^{41}	tɕyə^{313}	tɕʰyə^{313}	ɕiə^{313}	tʰuẽ^{313}	kẽ^{313}
郯城	yə^{213}	yə^{213}	ɕiã^{51}	tɕyə^{213}	tɕʰyə^{213}	ɕiə^{213}白 ɕyə^{213}文	tʰuã^{213}	kã^{213}
临沂	yə^{214}	yə^{214}老 yə^{312}新	ɕiã^{312}	tɕyə^{214}	tɕʰyə^{214}	ɕiə^{214}白 ɕyə^{214}文	tʰuẽ^{214}	kẽ^{214}

	0625恨	0626恩	0627贫	0628民	0629邻	0630进	0631亲～人	0632新
	臻开一 去痕匣	臻开一 平痕影	臻开三 平真並	臻开三 平真明	臻开三 平真来	臻开三 去真精	臻开三 平真清	臻开三 平真心
荣成	xən^{33}	ən^{53}	pʰin^{35}	min^{35}	lin^{35}	tsin^{33}	tsʰin^{53}	sin^{53}
烟台	xən^{33}	ən^{53}	pʰin^{33}	min^{14}	lin^{33}	tɕin^{33}	tɕʰin^{53}	ɕin^{53}
栖霞	xə̃n^{342}	ə̃n^{312}	pʰĩn^{342}	mĩn^{214}	lĩn^{342}	tʃĩn^{52}	tʃʰĩn^{312}	ʃĩn^{312}
长岛	xən^{52}	ən^{312}	pʰin^{55}	min^{213}	lin^{55}	tʃən^{52}	tʃʰən^{312}	ʃən^{312}
海阳	xẽ^{341}	ẽ^{52}	pʰĩ^{341}	mĩ^{214}	lĩ^{341}	tsĩ^{341}	tsʰĩ^{52}	sĩ^{52}
莱西	xẽ^{42}	ẽ^{214}	pʰiẽ^{42}	mei^{55}	liẽ^{42}	tʃiẽ^{42}	tʃʰiẽ^{214}	ʃiẽ^{214}
平度	xə̃^{42}	ə̃^{213}	pʰiə̃^{42}	miə̃^{55}	liə̃^{42}	tsiə̃^{42}	tsʰiə̃^{213}	siə̃^{213}
青岛	xẽ^{42}	ẽ^{213}	pʰiẽ^{42}	miẽ^{42}	liẽ^{42}	tsiẽ^{42}	tsʰiẽ^{213}	siẽ^{213}
高密	xə̃^{21}	ə̃^{213}	pʰiə̃^{42}	miə̃^{42}	liə̃^{42}	tsiə̃^{21}	tsʰiə̃^{213}	siə̃^{213}

续表

	0625恨	0626恩	0627贫	0628民	0629邻	0630进	0631亲～人	0632新
	臻开一去痕匣	臻开一平痕影	臻开三平真並	臻开三平真明	臻开三平真来	臻开三去真精	臻开三平真清	臻开三平真心
诸城	xẽ^{31}	ŋẽ^{213}	pʰẽ^{53}	mẽ^{53}	lẽ^{53}	tθẽ^{31}	tθʰẽ^{213}	θẽ^{213}
沂水	xẽ^{31}	ŋẽ^{213}	pʰẽ^{53}	mẽ^{53}	lẽ^{53}	dʒẽ^{31}	tsʰẽ^{213}	ʃẽ^{213}
临朐	xə̃^{21}	ŋə̃^{213}	pʰə̃^{53}	mə̃^{53}	lə̃^{53}	tɕiə̃^{21}	tɕʰiə̃^{213}	ɕiə̃^{213}
日照	xẽ^{31}	ŋẽ^{213}	pʰẽ^{53}	mẽ^{53}	lẽ^{53}	tθẽ^{31}	tθʰẽ^{213}	θẽ^{213}
莒南	xẽ^{312}	ẽ^{213}	pʰiẽ^{53}	miẽ^{53}	lẽ^{53}	tsiẽ^{312}	tsʰiẽ^{213}	siẽ^{213}
潍坊	xẽ^{31}	ŋẽ^{214}	pʰẽ^{53}	mẽ^{53}	lẽ^{53}	tɕiẽ^{31}	tɕʰiẽ^{214}	ɕiẽ^{214}
寿光	xə̃^{21}	ŋə̃^{213}	pʰiə̃^{53}	miə̃^{53}	liə̃^{53}	tɕiə̃^{21}	tɕʰiə̃^{213}	ɕiə̃^{213}
高青	xə̃^{41}	ŋə̃^{213}	pʰiə̃^{55}	miə̃^{55}	liə̃^{55}	tɕiə̃^{41}	tɕʰiə̃^{213}	ɕiə̃^{213}
阳信	xə̃^{31}	ŋə̃^{213}	pʰiə̃^{43}	miə̃^{43}	liə̃^{43}	tɕiə̃^{31}	tɕʰiə̃^{213}	ɕiə̃^{213}
济阳	xẽ^{31}	ŋẽ^{213}	pʰiẽ^{55}	miẽ^{55}	liẽ^{55}	tɕiẽ^{31}	tɕʰiẽ^{213}	ɕiẽ^{213}
利津	xẽ^{31}	ŋẽ^{213}	pʰiẽ^{53}	miẽ^{53}	liẽ^{53}	tɕiẽ^{31}	tɕʰiẽ^{213}	ɕiẽ^{213}
乐陵	xẽ^{51}	ŋẽ^{24}	pʰiẽ^{55}	miẽ^{55}	liẽ^{55}	tɕiẽ^{51}	tɕʰiẽ^{24}	ɕiẽ^{24}
商河	xẽ^{31}	ŋẽ^{213}	pʰiẽ^{54}	miẽ^{54}	liẽ^{54}	tɕiẽ^{31}	tɕʰiẽ^{213}	ɕiẽ^{213}
平原	xẽ^{21}	ŋẽ^{213}	pʰiẽ^{42}	miẽ^{42}	liẽ^{42}	tɕiẽ^{21}	tɕʰiẽ^{213}	ɕiẽ^{213}
德州	xẽ^{21}	ŋẽ^{213}	pʰiẽ^{42}	miẽ^{42}	liẽ^{42}	tɕiẽ^{21}	tɕʰiẽ^{213}	ɕiẽ^{213}
武城	xẽ^{312}	ŋẽ^{224}	pʰiẽ^{53}	miẽ^{53}	liẽ^{53}	tɕiẽ^{312}	tɕʰiẽ^{224}	ɕiẽ^{224}
临清	xen^{313}	ŋen^{13}	pʰin^{53}	min^{53}	lin^{53}	tɕin^{313}	tɕʰin^{13}	ɕin^{13}
冠县	xẽ^{314}	ɣẽ^{13}	pʰiẽ^{53}	miẽ^{53}	liẽ^{53}	tsiẽ^{314}	tsʰiẽ^{13}	siẽ^{13}
聊城	xẽ^{313}	ɣẽ^{13}	pʰiẽ^{53}	miẽ^{53}	liẽ^{53}	tɕiẽ^{313}	tɕʰiẽ^{13}	ɕiẽ^{13}
济南	xẽ^{21}	ŋẽ^{213}	pʰiẽ^{42}	miẽ^{42}	liẽ^{42} 又 lẽ^{42} 又	tɕiẽ^{21}	tɕʰiẽ^{213}	ɕiẽ^{213}
泰安	xẽ^{21}	ɣẽ^{213}	pʰiẽ^{42}	miẽ^{42}	liẽ^{42}	tɕiẽ^{21}	tɕʰiẽ^{213}	ɕiẽ^{213}
莱芜	xẽ^{42}	ŋẽ^{213}	piẽ^{55}	miẽ^{55}	liẽ^{55}	tɕiẽ^{42}	tɕʰiẽ^{213}	ɕiẽ^{213}
新泰	xẽ^{31}	ŋẽ^{213}	pʰiẽ^{42}	miẽ^{42}	liẽ^{42}	tɕiẽ^{31}	tɕʰiẽ^{213}	ɕiẽ^{213}
沂源	xə̃^{31}	ŋə̃^{213}	pʰiə̃^{55}	miə̃^{55}	liə̃^{55}	tɕiə̃^{31}	tɕʰiə̃^{213}	ɕiə̃^{213}
博山	xẽ^{31}	ŋẽ^{213}	pʰiẽ^{55}	miẽ^{55}	liẽ^{55}	tɕiẽ^{31}	tɕʰiẽ^{213}	ɕiẽ^{213}

续表

	0625恨	0626恩	0627贫	0628民	0629邻	0630进	0631亲～人	0632新
	臻开一去痕匣	臻开一平痕影	臻开三平真並	臻开三平真明	臻开三平真来	臻开三去真精	臻开三平真清	臻开三平真心
张店	xə̃^{31}	ŋə̃^{213}	pʰiə̃^{55}	miə̃^{55}	liə̃^{55}	tɕiə̃^{31}	tɕʰiə̃^{213}	ɕiə̃^{213}
阳谷	xẽ^{313}	ɣẽ^{213}	pʰiẽ^{42}	miẽ^{42}	liẽ^{42}	tɕiẽ^{313}	tɕʰiẽ^{213}	ɕiẽ^{213}
梁山	xẽ^{314}	ɣẽ^{213}	pʰiẽ^{42}	miẽ^{42}	liẽ^{42}	tɕiẽ^{314}	tɕʰiẽ^{213}	ɕiẽ^{213}
菏泽	xẽ^{312}	ɣẽ^{213}	pʰiẽ^{53}	miẽ^{53}	liẽ^{53}	tɕiẽ^{312}	tɕʰiẽ^{213}	ɕiẽ^{213}
曹县	xẽ^{312}	ɣẽ^{213}	pʰiẽ^{53}	miẽ^{53}	liẽ^{53}	tɕiẽ^{312}	tɕʰiẽ^{213}	ɕiẽ^{213}
金乡	xẽ^{312}	ɣẽ^{213}	pʰiẽ^{42}	miẽ^{42}	liẽ^{42}	tɕiẽ^{312}	tɕʰiẽ^{213}	ɕiẽ^{213}
曲阜	xẽ^{312}	ɣẽ^{213}	pʰiẽ^{42}	miẽ^{42}	liẽ^{42}	tɕiẽ^{312}	tɕʰiẽ^{213}	ɕiẽ^{213}
薛城	xẽ^{41}	ɣẽ^{313}	pʰiẽ^{55}	miẽ^{55}	liẽ^{55}	tɕiẽ^{41}	tɕʰiẽ^{313}	ɕiẽ^{313}
郯城	xə̃^{51}	ə̃^{213}	pʰiə̃^{44}	miə̃^{44}	liə̃^{44}	tɕiə̃^{51}	tɕʰiə̃^{213}	ɕiə̃^{213}
临沂	xẽ^{312}	ɣẽ^{214}	pʰiẽ^{53}	miẽ^{53}	liẽ^{53}	tɕiẽ^{312}	tɕʰiẽ^{214}	ɕiẽ^{214}

	0633镇	0634陈	0635震	0636神	0637身	0638辰	0639人	0640认
	臻开三去真知	臻开三平真澄	臻开三去真章	臻开三平真船	臻开三平真书	臻开三平真禅	臻开三平真日	臻开三去真日
荣成	tʃən^{33}	tʃʰən^{35}	tʃən^{33}	ʃən^{35}	ʃən^{53}	tʃʰən^{35}	in^{53}	in^{33}
烟台	tɕin^{33}	tɕʰin^{33}	tɕin^{33}	ɕin^{33}	ɕin^{53}	tɕʰin^{33}	in^{53}	in^{33}
栖霞	tʃə̃n^{52}	tʃʰə̃n^{342}	tʃə̃n^{342}	ʃə̃n^{342}	ʃə̃n^{312}	tʃʰə̃n^{342}	ĩn^{312}	ĩn^{342}
长岛	tʃən^{52}	tʃʰən^{55}	tʃən^{52}	ʃən^{55}	ʃən^{312}	tʃʰən^{55}	in^{55}	in^{52}
海阳	tsẽ^{341}	tsʰẽ^{341}	tsẽ^{341}	sẽ^{341}	sẽ^{52}	tsʰẽ^{341}	ĩ^{52}	ĩ^{341}
莱西	tʃiẽ^{42}	tʃʰiẽ^{42}	tʃiẽ^{42}	ʃiẽ^{42}	ʃiẽ^{214}	tʃʰiẽ^{42}	iẽ^{214}	iẽ^{42}
平度	tʃə̃^{42}	tʃʰə̃^{42}	tʃə̃^{42}	ʃə̃^{42}	ʃə̃^{213}	tʃʰə̃^{42}	iə̃^{42}	iə̃^{42}
青岛	tʃẽ^{42}	tʃʰẽ^{42}	tʃẽ^{42}	ʃẽ^{42}	ʃẽ^{213}	tʃʰẽ^{42}	iẽ^{42}	iẽ^{42}
高密	tʃə̃^{21}	tʃʰə̃^{42}	tʃə̃^{21}	ʃə̃^{42}	ʃə̃^{213}	tʃʰə̃^{42}	iə̃^{42}	iə̃^{21}
诸城	tʃẽ^{31}	tʃʰẽ^{53}	tʃẽ^{31}	ʃẽ^{53}	ʃẽ^{213}	tʃʰẽ^{53}	iẽ^{53}	iẽ^{31}
沂水	dʒẽ^{31}	tʃʰẽ^{53}	dʒẽ^{31}	ʃẽ^{53}	ʃẽ^{213}	tʃʰẽ^{53}	iẽ^{53}	iẽ^{31}
临朐	tʃə̃^{21}	tʃʰə̃^{53}	tʃə̃^{21}	ʃə̃^{53}	ʃə̃^{213}	tʃʰə̃^{53}	zə̃^{53}	zə̃^{21}

续表

	0633镇	0634陈	0635震	0636神	0637身	0638辰	0639人	0640认
	臻开三 去真知	臻开三 平真澄	臻开三 去真章	臻开三 平真船	臻开三 平真书	臻开三 平真禅	臻开三 平真日	臻开三 去真日
日照	tʃiẽ^{31}	tʃʰiẽ^{53}	tʃiẽ^{31}	ʃiẽ^{53}	ʃiẽ^{213}	tʃʰiẽ^{53}	iẽ^{53}	iẽ^{31}
莒南	tʃẽ^{312}	tʃʰẽ^{53}	tʃẽ^{312}	ʃẽ^{53}	ʃẽ^{213}	tʃʰẽ^{53}	iẽ^{53}	iẽ^{312}
潍坊	tʂẽ^{31}	tʂʰẽ^{53}	tʂẽ^{31}	ʂẽ^{53}	ʂẽ^{214}	tʂʰẽ^{53}	ʐẽ^{53}	ʐẽ^{31}
寿光	tʂə̃^{21}	tʂʰə̃^{53}	tʂə̃^{21}	ʂə̃^{53}	ʂə̃^{213}	tʂʰə̃^{53}	lə̃^{53}	lə̃^{21}
高青	tʂə̃^{41}	tʂʰə̃^{55}	tʂə̃^{41}	ʂə̃^{55}	ʂə̃^{213}	tʂʰə̃^{55}	ʐə̃^{55}	ʐə̃^{41}
阳信	tʂə̃^{31}	tʂʰə̃^{43}	tʂə̃^{31}	ʂə̃^{43}	ʂə̃^{213}	tʂʰə̃^{43}	ʐə̃^{43}	ʐə̃^{31}
济阳	tʂẽ^{31}	tʂʰẽ^{55}	tʂẽ^{31}	ʂẽ^{55}	ʂẽ^{213}	tʂʰẽ^{55}	ʐẽ^{55}	ʐẽ^{31}
利津	tʂẽ^{31}	tʂʰẽ^{53}	tʂẽ^{31}	ʂẽ^{53}	ʂẽ^{213}	tʂʰẽ^{53}	ʐẽ^{53}	ʐẽ^{31}
乐陵	tʂẽ^{51}	tʂʰẽ^{55}	tʂẽ^{51}	ʂẽ^{55}	ʂẽ^{24}	tʂʰẽ^{55}	ʐẽ^{55}	ʐẽ^{51}
商河	tʂẽ^{31}	tʂʰẽ^{54}	tʂẽ^{31}	ʂẽ^{54}	ʂẽ^{213}	tʂʰẽ^{54}	ʐẽ^{54}	ʐẽ^{31}
平原	tʂẽ^{21}	tʂʰẽ^{42}	tʂẽ^{21}	ʂẽ^{42}	ʂẽ^{213}	tʂʰẽ^{42}	ʐẽ^{42}	ʐẽ^{21}
德州	tʂẽ^{21}	tʂʰẽ^{42}	tʂẽ^{21}	ʂẽ^{42}	ʂẽ^{213}	tʂʰẽ^{42}	ʐẽ^{42}	ʐẽ^{21}
武城	tʂẽ^{312}	tʂʰẽ^{53}	tʂẽ^{312}	ʂẽ^{53}	ʂẽ^{224}	tʂʰẽ^{53}	lẽ^{53}	lẽ^{312}
临清	tʂen^{313}	tʂʰen^{53}	tʂen^{313}	ʂen^{53}	ʂen^{13}	tʂʰen^{53}	ʐen^{53}	ʐen^{313}
冠县	tʂẽ^{314}	tʂʰẽ^{53}	tʂẽ^{314}	ʂẽ^{53}	ʂẽ^{13}	tʂʰẽ^{53}	ʐẽ^{53}	ʐẽ^{314}
聊城	tsẽ^{313}	tsʰẽ^{53}	tsẽ^{313}	sẽ^{53}	sẽ^{13}	tsʰẽ^{53}	zẽ^{53}	zẽ^{313}
济南	tʂẽ^{21}	tʂʰẽ^{42}	tʂẽ^{21}	ʂẽ^{42}	ʂẽ^{213}	tʂʰẽ^{42}	ʐẽ^{42}	ʐẽ^{21}
泰安	tʂẽ^{21}	tʂʰẽ^{42}	tʂẽ^{21}	ʂẽ^{42}	ʂẽ^{213}	tʂʰẽ^{42}	ʐẽ^{42}	ʐẽ^{21}
莱芜	tʃẽ^{42}	tʃʰẽ^{55}	tʃẽ^{42}	ʃẽ^{55}	ʃẽ^{213}	tʃʰẽ^{55}	ʒẽ^{55}	ʒẽ^{42}
新泰	tʃẽ^{31}	tʃʰẽ^{42}	tʃẽ^{31}	ʃẽ^{42}	ʃẽ^{213}	tʃʰẽ^{42}	ʒẽ^{42}	ʒẽ^{31}
沂源	tʃə̃^{31}	tʃʰə̃^{55}	tʃə̃^{31}	ʃə̃^{55}	ʃə̃^{213}	tʃʰə̃^{55}	iə̃^{55}	iə̃^{31}
博山	tʂẽ^{31}	tʂʰẽ^{55}	tʂẽ^{31}	ʂẽ^{55}	ʂẽ^{213}	tʂʰẽ^{55}	lẽ^{55}	lẽ^{31}
张店	tʂə̃^{31}	tʂʰə̃^{55}	tʂə̃^{31}	ʂə̃^{55}	ʂə̃^{213}	tʂʰə̃^{55}	ʐə̃^{55}	ʐə̃^{31}
阳谷	tsẽ^{313}	tsʰẽ^{42}	tsẽ^{313}	sẽ^{42}	sẽ^{213}	tsʰẽ^{42}	zẽ^{42}	zẽ^{313}
梁山	tsẽ^{314}	tsʰẽ^{42}	tsẽ^{314}	sẽ^{42}	sẽ^{213}	tsʰẽ^{42}	zẽ^{42}	zẽ^{314}
菏泽	tsẽ^{312}	tsʰẽ^{53}	tsẽ^{312}	sẽ^{53}	sẽ^{213}	tsʰẽ^{53}	zẽ^{53}	zẽ^{312}

续表

	0633镇	0634陈	0635震	0636神	0637身	0638辰	0639人	0640认
	臻开三 去真知	臻开三 平真澄	臻开三 去真章	臻开三 平真船	臻开三 平真书	臻开三 平真禅	臻开三 平真日	臻开三 去真日
曹县	tʂẽ^{312}	tʂʰẽ^{53}	tʂẽ^{312}	ʂẽ^{53}	ʂẽ^{213}	tʂʰẽ^{53}	ʐẽ^{53}	ʐẽ^{312}
金乡	tsẽ^{312}	tsʰẽ^{42}	tsẽ^{312}	sẽ^{42}	sẽ^{213}	tsʰẽ^{42}	zẽ^{42}	zẽ^{312}
曲阜	tsẽ^{312}	tsʰẽ^{42}	tsẽ^{312}	sẽ^{42}	sẽ^{213}	tsʰẽ^{42}	zẽ^{42}	zẽ^{312}
薛城	tsẽ^{41}	tsʰẽ^{55}	tsẽ^{41}	sẽ^{55}	sẽ^{313}	tsʰẽ^{55}	zẽ^{55}	zẽ^{41}
郯城	tʂə̃^{51}	tʂʰə̃^{44}	tʂə̃^{51}	ʂə̃^{44}	ʂə̃^{213}	tʂʰə̃^{44}	ʐə̃^{44}	ʐə̃^{51}
临沂	tʃẽ^{312}	tʃʰẽ^{53}	tʃẽ^{312}	ʃẽ^{53}	ʃẽ^{214}	tʃʰẽ^{53}	ʐẽ^{53}	ʐẽ^{312}

	0641紧	0642银	0643印	0644引	0645笔	0646匹	0647密	0648栗
	臻开三 上真见	臻开三 平真疑	臻开三 去真影	臻开三 上真以	臻开三 入质帮	臻开三 入质滂	臻开三 入质明	臻开三 入质来
荣成	cin^{214}	in^{35}	in^{33}	in^{214}	pi^{214}	pʰi^{53}	mi^{214}	li^{33}
烟台	tɕin^{14}	in^{33}	in^{33}	in^{14}	pi^{14}	pʰi^{53}	mi^{14}	li^{33}
栖霞	cĩn^{214}	ĩn^{342}	ĩn^{52}	ĩn^{214}	pi^{214}	pʰi^{214}	mi^{52}	li^{52}
长岛	cin^{213}	in^{55}	in^{52}	in^{213}	pi^{213}	pʰi^{312}	mi^{52}	li^{52}
海阳	cĩ^{214}	ĩ^{341}	ĩ^{341}	ĩ^{214}	pi^{214}	pʰi^{52}	mi^{341}	li^{341}
莱西	ciẽ^{55}	iẽ^{42}	iẽ^{42}	iẽ^{55}	pi^{55}	pʰi^{214}	mi^{42}	li^{42}
平度	ciə̃^{55}	iə̃^{42}	iə̃^{213}	iə̃^{55}	pi^{55}	pʰi^{213}	mi^{213}	li^{42}
青岛	tɕiẽ^{55}	iẽ^{42}	iẽ^{42}	iẽ^{55}	pi^{55}	pʰi^{213}	mi^{42}	li^{42}
高密	tɕiə̃^{55}	iə̃^{42}	iə̃^{21}	iə̃^{55}	pi^{55}	pʰi^{213}	mi^{21}	li^{21}
诸城	tʃẽ^{44}	iẽ^{53}	iẽ^{31}	iẽ^{44}	pi^{44}	pʰi^{213}	mi^{31}	li^{31}
沂水	tɕiẽ^{44}	iẽ^{53}	iẽ^{31}	iẽ^{44}	pe^{44}	pʰi^{213}	mi^{31}	li^{31}
临朐	tɕiə̃^{44}	iə̃^{53}	iə̃^{21}	iə̃^{44}	pi^{44}	pʰi^{213}	mi^{21}	li^{21}
日照	tʃiẽ^{44}	iẽ^{53}	iẽ^{31}	iẽ^{44}	pi^{213}	pʰi^{213}	mi^{31}	li^{31}
莒南	tɕiẽ^{55}	iẽ^{53}	iẽ^{312}	iẽ^{55}	pei^{213}	pʰi^{213}	mi^{312}	li^{312}
潍坊	tɕiẽ^{55}	iẽ^{53}	iẽ^{31}	iẽ^{55}	pei^{214}	pʰi^{214}	mi^{31}	li^{31}
寿光	tɕiə̃^{55}	iə̃^{53}	iə̃^{21}	iə̃^{55}	pi^{55}	pʰi^{53}	mi^{21}	li^{21}
高青	tɕiə̃^{55}	iə̃^{55}	iə̃^{41}	iə̃^{55}	pei^{213}	pʰi^{213}	mi^{41}	li^{41}

续表

	0641紧	0642银	0643印	0644引	0645笔	0646匹	0647密	0648栗
	臻开三上真见	臻开三平真疑	臻开三去真影	臻开三上真以	臻开三入质帮	臻开三入质滂	臻开三入质明	臻开三入质来
阳信	$tɕiə̃^{55}$	$iə̃^{43}$	$iə̃^{31}$	$iə̃^{55}$	pei^{213}	p^hi^{213}	mi^{31}	li^{31}
济阳	$tɕiẽ^{55}$	$iẽ^{55}$	$iẽ^{31}$	$iẽ^{55}$	pei^{213}	p^hi^{55}	mei^{31}白 mi^{31}文。秘～	li^{31}
利津	$tɕiẽ^{55}$	$iẽ^{53}$	$iẽ^{31}$	$iẽ^{55}$	pi^{44}	p^hi^{213}	mi^{31}	li^{31}
乐陵	$tɕiẽ^{55}$	$iẽ^{55}$	$iẽ^{51}$	$iẽ^{55}$	pei^{24}	p^hi^{24}	mei^{51}白 mi^{51}文	li^{51}
商河	$tɕiẽ^{45}$	$iẽ^{54}$	$iẽ^{31}$	$iẽ^{45}$	pei^{45}	p^hi^{45}	mei^{31}	li^{31}
平原	$tɕiẽ^{55}$	$iẽ^{42}$	$iẽ^{21}$	$iẽ^{55}$	pei^{213}	p^hi^{213}	mei^{21}白 mi^{21}文	li^{21}
德州	$tɕiẽ^{55}$	$iẽ^{42}$	$iẽ^{21}$	$iẽ^{55}$	pei^{213}	p^hi^{213}一～布 p^hi^{42}马～	mi^{21}	li^{21}
武城	$tɕiẽ^{55}$	$iẽ^{53}$	$iẽ^{312}$	$iẽ^{55}$	pei^{224}	p^hi^{224}	mei^{312}白 mi^{312}文	li^{312}
临清	$tɕin^{44}$	in^{53}	in^{313}	in^{44}	pei^{13}	p^hi^{53}	mi^{313}	li^{313}
冠县	$tɕiẽ^{55}$	$iẽ^{53}$	$iẽ^{314}$	$iẽ^{55}$	pei^{13}	p^hi^{53}	mi^{314}	li^{314}
聊城	$tɕiẽ^{44}$	$iẽ^{53}$	$iẽ^{313}$	$iẽ^{44}$	pei^{13}	p^hi^{53}	mi^{313}	li^{313}
济南	$tɕiẽ^{55}$	$iẽ^{42}$	$iẽ^{21}$	$iẽ^{55}$	pei^{213}	p^hi^{213}	mi^{21}	li^{21}
泰安	$tɕiẽ^{55}$	$iẽ^{42}$	$iẽ^{21}$	$iẽ^{55}$	pei^{213}	p^hi^{42}	mi^{21}	li^{21}
莱芜	$tɕiẽ^{55}$	$iẽ^{55}$	$iẽ^{42}$	$iẽ^{55}$	pei^{213}	p^hi^{213}	mi^{42}	li^{42}
新泰	$tɕiẽ^{55}$	$iẽ^{42}$	$iẽ^{31}$	$iẽ^{55}$	pei^{213}老 pi^{213}新	p^hi^{213}	mi^{31}	li^{31}
沂源	$tɕiə̃^{55}$	$iə̃^{55}$	$iə̃^{31}$	$iə̃^{55}$	pei^{213}	p^hi^{55}	mi^{31}	li^{31}
博山	$tɕiẽ^{55}$	$iẽ^{55}$	$iẽ^{31}$	$iẽ^{55}$	pei^{213}	p^hi^{55}	mi^{31}	li^{31}
张店	$tɕiə̃^{55}$	$iə̃^{55}$	$iə̃^{31}$	$iə̃^{55}$	pi^{33}	p^hi^{213}	mi^{31}	li^{31}
阳谷	$tɕiẽ^{55}$	$iẽ^{42}$	$iẽ^{313}$	$iẽ^{55}$	pei^{213}	p^hi^{42}	mi^{213}	li^{213}
梁山	$tɕiẽ^{55}$	$iẽ^{42}$	$iẽ^{314}$	$iẽ^{55}$	pei^{213}又 pi^{213}又	p^hi^{42}	mi^{213}	li^{213}
菏泽	$tɕiẽ^{44}$	$iẽ^{53}$	$iẽ^{312}$	$iẽ^{44}$	pei^{213}	p^hi^{53}	mi^{213}	li^{312}

续表

	0641紧	0642银	0643印	0644引	0645笔	0646匹	0647密	0648栗
	臻开三 上真见	臻开三 平真疑	臻开三 去真影	臻开三 上真以	臻开三 入质帮	臻开三 入质滂	臻开三 入质明	臻开三 入质来
曹县	tɕiẽ^{44}	iẽ^{53}	iẽ^{312}	iẽ^{44}	pei^{213}	pʰi^{213}	mi^{213}	li^{213}
金乡	tɕiẽ^{55}	iẽ^{42}	iẽ^{312}	iẽ^{55}	pei^{213}	pʰi^{42}	mi^{213}	li^{213}
曲阜	tɕiẽ^{55}	iẽ^{42}	iẽ^{312}	iẽ^{55}	pei^{213}	pʰi^{42}	mi^{213}	li^{312}
薛城	tɕiẽ^{24}	iẽ^{55}	iẽ^{41}	iẽ^{24}	pi^{313}又 pe^{313}又	pʰi^{313}	mi^{313}	li^{313}
郯城	tɕiə̃^{24}	iə̃^{44}	iə̃^{51}	iə̃^{24}	pe^{213}	pʰi^{213}	mi^{213}	li^{213}
临沂	tɕiẽ^{55}	iẽ^{53}	iẽ^{312}	iẽ^{55}	pei^{214}	pʰi^{214}	mi^{214}	li^{214}

	0649七	0650侄	0651虱	0652实	0653失	0654日	0655吉	0656一
	臻开三 入质清	臻开三 入质澄	臻开三 入质生	臻开三 入质船	臻开三 入质书	臻开三 入质日	臻开三 入质见	臻开三 入质影
荣成	tsʰi^{214}	tʃi^{35}	ʂʅ^{214}	ʃi^{35}	ʃi^{214}	i^{214}	ci^{214}	i^{214}
烟台	tɕʰi^{14}	tɕi^{33}	sɿ^{14}	ɕi^{33}	ɕi^{14}	i^{14}	tɕi^{14}	i^{14}
栖霞	tʃʰʅ^{214}	tʃʅ^{342}	sɿ^{214}	ʃʅ^{342}	ʃʅ^{214}	i^{52}	ci^{214}	i^{214}
长岛	tʃʰi^{213}	tʃɿ^{55}	sɿ^{213}	ʃɿ^{55}	ʃɿ^{213}	i^{213}	ci^{55}	i^{213}
海阳	tsʰi^{214}	tsɿ^{341}	ʂʅ^{214}	sɿ^{341}	sɿ^{214}	i^{341}	ci^{214}	i^{214}
莱西	tʃʰɿ^{55}	tʃɿ^{42}	sɿ^{55}	ʃɿ^{42}	ʃɿ^{55}	i^{42}	ci^{55}	i^{55}
平度	tsʰi^{55}	tʃɿ^{42}	ʂʅ^{55}	ʃɿ^{42}	ʃɿ^{55}	i^{213}	ci^{55}	i^{55}
青岛	tsʰi^{55}	tʃɿ^{42}	ʂʅ^{55}	ʃɿ^{42}	ʃɿ^{42}	i^{42}	tɕi^{55}	i^{55}
高密	tsʰi^{55}	tʂʅ^{42}	ʂʅ^{55}	ʃɿ^{42}	ʃɿ^{55}	i^{21}	tɕi^{55}	i^{55}
诸城	tθʰi^{44}	tʃɿ^{53}	ʂʅ^{44}	ʃɿ^{53}	ʃɿ^{44}	i^{31}	tʃɿ^{44}	i^{44}
沂水	tsʰi^{44}	dʒɿ^{53}	ʂʅ^{44}	ʃɿ^{53}	ʃɿ^{44}	i^{31}	tɕi^{44}	i^{213}
临朐	tɕʰi^{44}	tʃɿ^{53}	ʂʅ^{44}	ʃɿ^{53}	ʃɿ^{44}	ʐʅ^{21}	tɕi^{44}	i^{213}
日照	ȶʰi^{213}	tʃɿ^{53}	ʂʅ^{213}	ʃɿ^{53}	ʃɿ^{213}	i^{31}	tʃɿ^{213}	i^{213}
莒南	tsʰi^{213}	tʃɿ^{53}	ʂʅ^{213}	ʃɿ^{53}	ʃɿ^{213}	i^{312}	tɕi^{213}	i^{213}
潍坊	tɕʰi^{214}	tʂʅ^{53}	ʂʅ^{214}	ʂʅ^{53}	ʂʅ^{214}	ʐʅ^{31}	tɕi^{214}	i^{214}
寿光	tɕʰi^{213}	tʂʅ^{53}	ʂʅ^{213}	ʂʅ^{53}	ʂʅ^{213}	lə^{21}	tɕi^{213}	i^{213}

续表

	0649七	0650侄	0651虱	0652实	0653失	0654日	0655吉	0656一
	臻开三入质清	臻开三入质澄	臻开三入质生	臻开三入质船	臻开三入质书	臻开三入质日	臻开三入质见	臻开三入质影
高青	tɕʰi²¹³	tʂʅ⁵⁵	ʂʅ²¹³	ʂʅ⁵⁵	ʂʅ²¹³	ʐʅ⁴¹	tɕi²¹³	i²¹³
阳信	tɕʰi²¹³	tʂʅ⁴³	ʂʅ²¹³	ʂʅ⁴³	ʂʅ²¹³	ʐʅ³¹	tɕi²¹³	i²¹³
济阳	tɕʰi²¹³	tʂʅ⁵⁵	ʂʅ²¹³	ʂʅ⁵⁵	ʂʅ²¹³	ʐʅ³¹	tɕi²¹³	i²¹³
利津	tɕʰi⁴⁴	tʂʅ⁴⁴	ʂʅ⁴⁴	ʂʅ⁵³	ʂʅ⁴⁴	ʐʅ³¹	tɕi⁴⁴	i⁴⁴
乐陵	tɕʰi²⁴	tʂʅ⁵⁵	sɿ²⁴	ʂʅ⁵⁵	ʂʅ²⁴	ʐʅ⁵¹	tɕi²⁴	i²⁴
商河	tɕʰi⁴⁵	tʂʅ⁵⁴	sɿ⁴⁵	ʂʅ⁵⁴	ʂʅ⁴⁵	ʐʅ³¹	tɕi⁴⁵	i⁴⁵
平原	tɕʰi²¹³	tʂʅ⁴²	sɿ²¹³	ʂʅ⁴²	ʂʅ²¹³	ʐʅ²¹	tɕi⁴²	i²¹³
德州	tɕʰi²¹³	tʂʅ⁴²	ʂʅ²¹³	ʂʅ⁴²	ʂʅ²¹³	ʐʅ²¹	tɕi²¹³	i²¹³
武城	tɕʰi²²⁴	tʂʅ⁵³	ʂʅ²²⁴	ʂʅ⁵³	ʂʅ²²⁴	ɭə³¹²	tɕi²²⁴	i²²⁴
临清	tɕʰi¹³	tʂʅ⁵³	ʂʅ¹³	ʂʅ⁵³	ʂʅ¹³	ʐʅ³¹³	tɕi¹³	i¹³
冠县	tsʰi¹³	tʂʅ⁵³	ʂʅ¹³	ʂʅ⁵³	ʂʅ¹³	ʐʅ³¹⁴	tɕi¹³	i¹³
聊城	tɕʰi¹³	tsɿ⁵³	sɿ¹³	sɿ⁵³	sɿ¹³	zɿ³¹³	tɕi¹³	i¹³
济南	tɕʰi²¹³	tʂʅ⁴²	ʂʅ²¹³	ʂʅ⁴²	ʂʅ²¹³	ʐʅ²¹	tɕi²¹³	i²¹³
泰安	tɕʰi²¹³	tʂʅ⁴²	ʂʅ²¹³	ʂʅ⁴²	ʂʅ²¹³	ʐʅ²¹	tɕi²¹³	i²¹³
莱芜	tɕʰi²¹³	tʃʅ⁵⁵	ʃʅ²¹³	ʃʅ⁵⁵	ʃʅ²¹³	ʒʅ²¹³	tɕi²¹³	i²¹³
新泰	tɕʰi²¹³	tʃʅ⁴²	ʃʅ²¹³	ʃʅ⁴²	ʃʅ²¹³	ʒʅ³¹	tɕi²¹³	i²¹³
沂源	tɕʰi²¹³	tʃɿ⁵⁵	ʃɿ²¹³	ʃɿ⁵⁵	ʃɿ²¹³	i³¹	tɕi⁵⁵	i²¹³
博山	tɕʰi²¹³	tʂei⁵⁵	ʂʅ²¹³	ʂʅ⁵⁵	ʂʅ²¹³	ɭə³¹	tɕi²¹³	i²¹³
张店	tɕʰi³³	tʂʅ⁵⁵	ʂʅ³³	ʂʅ⁵⁵	ʂʅ³³	ʐʅ³¹	tɕi³³	i³³
阳谷	tɕʰi²¹³	tsɿ⁴²	sɿ²¹³	sɿ⁵⁵	sɿ²¹³	zɿ³¹³	tɕi²¹³	i²¹³
梁山	tɕʰi²¹³	tsɿ⁴²	sɿ²¹³	sɿ⁴²	sɿ²¹³	zɿ²¹³	tɕi²¹³	i²¹³
菏泽	tɕʰi²¹³	tsɿ⁵³	sɿ²¹³	sɿ⁵³	sɿ²¹³	zɿ²¹³	tɕi²¹³	i²¹³
曹县	tɕʰi²¹³	tʂʅ⁵³	sɿ²¹³	ʂʅ⁵³	ʂʅ²¹³	ʐʅ²¹³	tɕi²¹³	i²¹³
金乡	tɕʰi²¹³	tsɿ⁴²	sɿ²¹³	sɿ⁴²	sɿ²¹³	zɿ²¹³	tɕi²¹³	i²¹³
曲阜	tɕʰi²¹³	tsɿ⁴²	sɿ²¹³	sɿ⁴²	sɿ²¹³	zɿ²¹³	tɕi²¹³	i²¹³
薛城	tɕʰi³¹³	tsɿ⁵⁵	sɿ³¹³	sɿ⁵⁵	sɿ³¹³	zɿ³¹³	tɕi³¹³	i³¹³

续表

	0649七	0650侄	0651虱	0652实	0653失	0654日	0655吉	0656一
	臻开三 入质清	臻开三 入质澄	臻开三 入质生	臻开三 入质船	臻开三 入质书	臻开三 入质日	臻开三 入质见	臻开三 入质影
郯城	tɕ^{h}i^{213}	tʂʅ^{44}	ʂʅ^{213}	ʂʅ^{44}	ʂʅ^{213}	ʐʅ^{213}	tɕi^{213}	i^{213}
临沂	tɕ^{h}i^{214}	tʃʅ^{53}	ʃʅ^{214}	ʃʅ^{53}	ʃʅ^{214}	ʐʅ^{214}	tɕi^{214}	i^{214}

	0657筋	0658劲 有～	0659勤	0660近	0661隐	0662本	0663盆	0664门
	臻开三 平殷见	臻开三 去殷见	臻开三 平殷群	臻开三 上殷群	臻开三 上殷影	臻合一 上魂帮	臻合一 平魂並	臻合一 平魂明
荣成	cin^{53}	cin^{33}	c^{h}in^{35}	cin^{33}	in^{214}	pən^{214}	pən^{35} 又 p^{h}ən^{35} 又	mən^{53}
烟台	tɕin^{53}	tɕin^{33}	tɕ^{h}in^{33}	tɕin^{33}	in^{14}	pən^{14}	p^{h}ən^{33}	mən^{53}
栖霞	cĩn^{312}	cĩn^{52}	c^{h}ĩn^{342}	cĩn^{342}	ĩn^{214}	pə̃n^{214}	p^{h}ə̃n^{342}	mə̃n^{312}
长岛	cin^{312}	cin^{52}	c^{h}in^{55}	cin^{52}	in^{213}	pən^{213}	p^{h}ən^{55}	mən^{55}
海阳	cĩ^{52}	cĩ^{341}	c^{h}ĩ^{341}	cĩ^{341}	ĩ^{214}	pẽ^{214}	p^{h}ẽ^{341}	mẽ^{52}
莱西	ciẽ^{214}	ciẽ^{42}	c^{h}iẽ^{42}	ciẽ^{42}	iẽ^{55}	pẽ^{55}	p^{h}ẽ^{42}	mẽ^{214}
平度	ciə̃^{213}	ciə̃^{42}	c^{h}iə̃^{42}	ciə̃^{55}	iə̃^{55}	pə̃^{55}	p^{h}ə̃^{42}	mə̃^{42}
青岛	tɕiẽ^{213}	tɕiẽ^{42}	tɕ^{h}iẽ^{42}	tɕiẽ^{42}	iẽ^{55}	pẽ^{55}	p^{h}ẽ^{42}	mẽ^{42}
高密	tɕiə̃^{213}	tɕiə̃^{21}	tɕ^{h}iə̃^{42}	tɕiə̃^{21}	iə̃^{55}	pə̃^{55}	p^{h}ə̃^{42}	mə̃^{42}
诸城	tʃẽ^{213}	tʃẽ^{31}	tʃ^{h}ẽ^{53}	tʃẽ^{31}	iẽ^{44}	pẽ^{44}	p^{h}ẽ^{53}	mẽ^{53}
沂水	tɕiẽ^{213}	tɕiẽ^{31}	tɕ^{h}iẽ^{53}	tɕiẽ^{31}	iẽ^{44}	pẽ^{44}	p^{h}ẽ^{53}	mẽ^{53}
临朐	tɕiə̃^{213}	tɕiə̃^{21}	tɕ^{h}iə̃^{53}	tɕiə̃^{21}	iə̃^{44}	pə̃^{44}	p^{h}ə̃^{53}	mə̃^{53}
日照	tʃiẽ^{213}	tʃiẽ^{31}	tʃ^{h}iẽ^{53}	tʃiẽ^{31}	iẽ^{44}	pẽ^{44}	p^{h}ẽ^{53}	mẽ^{53}
莒南	tɕiẽ^{213}	tɕiẽ^{312}	tɕ^{h}iẽ^{53}	tɕiẽ^{312}	iẽ^{55}	pẽ^{55}	p^{h}ẽ^{53}	mẽ^{53}
潍坊	tɕiẽ^{214}	tɕiẽ^{31}	tɕ^{h}iẽ^{53}	tɕiẽ^{31}	iẽ^{55}	pẽ^{55}	p^{h}ẽ^{53}	mẽ^{53}
寿光	tɕiə̃^{213}	tɕiə̃^{21}	tɕ^{h}iə̃^{53}	tɕiə̃^{21}	iə̃^{55}	pə̃^{55}	p^{h}ə̃^{53}	mə̃^{53}
高青	tɕiə̃^{213}	tɕiə̃^{41}	tɕ^{h}iə̃^{55}	tɕiə̃^{41}	iə̃^{213}	pə̃^{55}	p^{h}ə̃^{55}	mə̃^{55}
阳信	tɕiə̃^{213}	tɕiə̃^{31}	tɕ^{h}iə̃^{43}	tɕiə̃^{31}	iə̃^{55}	pə̃^{55}	p^{h}ə̃^{43}	mə̃^{43}
济阳	tɕiẽ^{213}	tɕiẽ^{31}	tɕ^{h}iẽ^{55}	tɕiẽ^{31}	iẽ^{213}	pẽ^{55}	p^{h}ẽ^{55}	mẽ^{55}
利津	tɕiẽ^{213}	tɕiẽ^{31}	tɕ^{h}iẽ^{53}	tɕiẽ^{31}	iẽ^{55}	pẽ^{55}	p^{h}ẽ^{53}	mẽ^{53}

续表

	0657筋	0658劲 有~	0659勤	0660近	0661隐	0662本	0663盆	0664门
	臻开三 平殷见	臻开三 去殷见	臻开三 平殷群	臻开三 上殷群	臻开三 上殷影	臻合一 上魂帮	臻合一 平魂並	臻合一 平魂明
乐陵	tɕiẽ^{24}	tɕiẽ^{51}	tɕ^{h}iẽ^{55}	tɕiẽ^{51}	iẽ^{55}	pẽ^{55}	p^{h}ẽ^{55}	mẽ^{55}
商河	tɕiẽ^{213}	tɕiẽ^{31}	tɕ^{h}iẽ^{54}	tɕiẽ^{31}	iẽ^{45}	pẽ^{45}	p^{h}ẽ^{54}	mẽ^{54}
平原	tɕiẽ^{213}	tɕiẽ^{21}	tɕ^{h}iẽ^{42}	tɕiẽ^{21}	iẽ^{55}	pẽ^{55}	p^{h}ẽ^{42}	mẽ^{42}
德州	tɕiẽ^{213}	tɕiẽ^{21}	tɕ^{h}iẽ^{42}	tɕiẽ^{21}	iẽ^{55}	pẽ^{55}	p^{h}ẽ^{42}	mẽ^{42}
武城	tɕiẽ^{224}	tɕiẽ^{312}	tɕ^{h}iẽ^{53}	tɕiẽ^{312}	iẽ^{55}	pẽ^{55}	p^{h}ẽ^{53}	mẽ^{53}
临清	tɕin^{13}	tɕin^{313}	tɕ^{h}in^{53}	tɕin^{313}	in^{44}	pen^{44}	p^{h}en^{53}	men^{53}
冠县	tɕiẽ^{13}	tɕiẽ^{314}	tɕ^{h}iẽ^{53}	tɕiẽ^{314}	iẽ^{55}	pẽ^{55}	p^{h}ẽ^{53}	mẽ^{53}
聊城	tɕiẽ^{13}	tɕiẽ^{313}	tɕ^{h}iẽ^{53}	tɕiẽ^{313}	iẽ^{44}	pẽ^{44}	p^{h}ẽ^{53}	mẽ^{53}
济南	tɕiẽ^{213}	tɕiẽ^{21}	tɕ^{h}iẽ^{42}	tɕiẽ^{21}	iẽ^{55}	pẽ^{55}	p^{h}ẽ^{42}	mẽ^{42}
泰安	tɕiẽ^{213}	tɕiẽ^{21}	tɕ^{h}iẽ^{42}	tɕiẽ^{21}	iẽ^{55}	pẽ^{55}	p^{h}ẽ^{42}	mẽ^{42}
莱芜	tɕiẽ^{213}	tɕiẽ^{42}	tɕ^{h}iẽ^{55}	tɕiẽ^{42}	iẽ^{55}	pẽ^{55}	p^{h}ẽ^{55}	mẽ^{55}
新泰	tɕiẽ^{213}	tɕiẽ^{31}	tɕ^{h}iẽ^{42}	tɕiẽ^{31}	iẽ^{213}	pẽ^{55}	p^{h}ẽ^{42}	mẽ^{42}
沂源	tɕiə̃^{213}	tɕiə̃^{31}	tɕ^{h}iə̃^{55}	tɕiə̃^{31}	iə̃^{55}	pə̃^{55}	p^{h}ə̃^{55}	mə̃^{55}
博山	tɕiẽ^{213}	tɕiẽ^{31}	tɕ^{h}iẽ^{55}	tɕiẽ^{31}	iẽ^{55}	pẽ^{55}	p^{h}ẽ^{55}	mẽ^{55}
张店	tɕiə̃^{213}	tɕiə̃^{31}	tɕ^{h}iə̃^{55}	tɕiə̃^{31}	iə̃^{55}	pə̃^{55}	p^{h}ə̃^{55}	mə̃^{55}
阳谷	tɕiẽ^{213}	tɕiẽ^{313}	tɕ^{h}iẽ^{42}	tɕiẽ^{313}	iẽ^{55}	pẽ^{55}	p^{h}ẽ^{42}	mẽ^{42}
梁山	tɕiẽ^{213}	tɕiẽ^{314}	tɕ^{h}iẽ^{42}	tɕiẽ^{314}	iẽ^{55}	pẽ^{55}	p^{h}ẽ^{42}	mẽ^{42}
菏泽	tɕiẽ^{213}	tɕiẽ^{312}	tɕ^{h}iẽ^{53}	tɕiẽ^{312}	iẽ^{44}	pẽ^{44}	p^{h}ẽ^{53}	mẽ^{53}
曹县	tɕiẽ^{213}	tɕiẽ^{312}	tɕ^{h}iẽ^{53}	tɕiẽ^{312}	iẽ^{44}	pẽ^{44}	p^{h}ẽ^{53}	mẽ^{53}
金乡	tɕiẽ^{213}	tɕiẽ^{312}	tɕ^{h}iẽ^{42}	tɕiẽ^{312}	iẽ^{55}	pẽ^{55}	p^{h}ẽ^{42}	mẽ^{42}
曲阜	tɕiẽ^{213}	tɕiẽ^{312}	tɕ^{h}iẽ^{42}	tɕiẽ^{312}	iẽ^{55}	pẽ^{55}	p^{h}ẽ^{42}	mẽ^{42}
薛城	tɕiẽ^{313}	tɕiẽ^{41}	tɕ^{h}iẽ^{55}	tɕiẽ^{41}	iẽ^{24}	pẽ^{24}	p^{h}ẽ^{55}	mẽ^{55}
郯城	tɕiə̃^{213}	tɕiə̃^{51}	tɕ^{h}iə̃^{44}	tɕiə̃^{51}	iə̃^{24}	pə̃^{24}	p^{h}ə̃^{44}	mə̃^{44}
临沂	tɕiẽ^{214}	tɕiẽ^{312}	tɕ^{h}iẽ^{53}	tɕiẽ^{312}	iẽ^{55}	pẽ^{55}	p^{h}ẽ^{53}	mẽ^{53}

	0665墩	0666嫩	0667村	0668寸	0669蹲	0670孙～子	0671滚	0672困
	臻合一平魂端	臻合一去魂泥	臻合一平魂清	臻合一去魂清	臻合一平魂从	臻合一平魂心	臻合一上魂见	臻合一去魂溪
荣成	tən^{53}	lən^{33}	ts^{h}ən^{53}	ts^{h}ən^{33}	tən^{53}	sən^{53}	kuən^{214}	k^{h}uən^{33}
烟台	tən^{53}	lən^{33}	ts^{h}ən^{53}	ts^{h}ən^{33}	tən^{53}	sən^{53}	kuən^{14}	k^{h}uən^{33}
栖霞	tə̃n^{312}	lə̃n^{342}	ts^{h}ə̃n^{312}	ts^{h}ə̃n^{342}	təŋ^{312} 又 tə̃n^{312} 又	səŋ^{312}	kuə̃n^{214}	k^{h}uə̃n^{52}
长岛	tən^{312}	lən^{52}	ts^{h}ən^{312}	ts^{h}ən^{52}	tən^{312}	sən^{312}	kuən^{213}	k^{h}uən^{52}
海阳	tẽ^{52}	lẽ^{341}	tθ^{h}ẽ^{52}	tθ^{h}ẽ^{341}	tẽ^{52}	θẽ^{52}	kuẽ^{214}	k^{h}uẽ^{341}
莱西	tẽ^{214} 白 tuẽ^{214} 文	lẽ^{42}	ts^{h}ẽ^{214} 白 ts^{h}uẽ^{214} 文	ts^{h}ẽ^{42} 白 ts^{h}uẽ^{42} 文	tẽ^{214} 白 tuẽ^{214} 文	sẽ^{214} 白 suẽ^{214} 文	kuẽ^{55}	k^{h}uẽ^{42}
平度	tə̃^{213}	lə̃^{42}	tθ^{h}ə̃^{213}	tθ^{h}ə̃^{42}	tə̃^{213}	θə̃^{213}	kuə̃^{55}	k^{h}uə̃^{213} 犯～ k^{h}uə̃^{42} ～难
青岛	tuẽ^{213}	luẽ^{42}	tθ^{h}uẽ^{213}	tθ^{h}uẽ^{42}	tẽ^{213} 白 tuẽ^{213} 文	θuẽ^{213}	kuẽ^{55}	k^{h}uẽ^{42}
高密	tuə̃^{213}	luə̃^{21} 白 lə̃^{21} 文	tθ^{h}uə̃^{213}	tθ^{h}uə̃^{21}	tuə̃^{213}	θuə̃^{213}	kuə̃^{55}	k^{h}uə̃^{21}
诸城	tuẽ^{213}	luẽ^{31}	tθ^{h}uẽ^{213}	tθ^{h}uẽ^{31}	tuẽ^{213}	θuẽ^{213}	kuẽ^{44}	k^{h}uẽ^{31}
沂水	tuẽ^{213}	luẽ^{31}	tθ^{h}uẽ^{213}	tθ^{h}uẽ^{31}	tuẽ^{213}	θuẽ^{213}	kuẽ^{44}	k^{h}uẽ^{31}
临朐	tuə̃^{213}	luə̃^{21}	tθ^{h}uə̃^{213}	tθ^{h}uə̃^{21}	tuə̃^{213}	θuə̃^{213}	kuə̃^{44}	k^{h}uə̃^{21}
日照	tuẽ^{213}	lẽ^{31}	tθ^{h}uẽ^{213}	tθ^{h}uẽ^{31}	tuẽ^{213}	θuẽ^{213}	kuẽ^{44}	k^{h}uẽ^{31}
莒南	tuẽ^{213}	lẽ^{312}	tθ^{h}uẽ^{213}	tθ^{h}uẽ^{312}	tuẽ^{213}	θuẽ^{213}	kuẽ^{55}	k^{h}uẽ^{312}
潍坊	tuẽ^{214}	luẽ^{31}	ts^{h}uẽ^{214}	ts^{h}uẽ^{31}	tuẽ^{214}	suẽ^{214}	kuẽ^{55}	k^{h}uẽ^{31}
寿光	tuə̃^{213}	luə̃^{21}	ts^{h}uə̃^{213}	ts^{h}uə̃^{21}	tuə̃^{213}	suə̃^{213}	kuə̃^{55}	k^{h}uə̃^{21}
高青	tuə̃^{213}	luə̃^{41}	ts^{h}uə̃^{213}	ts^{h}uə̃^{41}	tuə̃^{213}	suə̃^{213}	kuə̃^{55}	k^{h}uə̃^{41}
阳信	tuə̃^{213}	luə̃^{31}	ts^{h}uə̃^{213}	ts^{h}uə̃^{31}	tuə̃^{213}	suə̃^{213}	kuə̃^{55}	k^{h}uə̃^{31}
济阳	tuẽ^{213}	luẽ^{31}	ts^{h}uẽ^{213}	ts^{h}uẽ^{31}	tuẽ^{213}	suẽ^{213}	kuẽ^{55}	k^{h}uẽ^{31}
利津	tuẽ^{213}	luẽ^{31}	ts^{h}uẽ^{213}	ts^{h}uẽ^{31}	tuẽ^{213}	suẽ^{213}	kuẽ^{55}	k^{h}uẽ^{31}
乐陵	tuẽ^{24}	lẽ^{51} 又 luẽ^{51} 又	ts^{h}uẽ^{24}	ts^{h}uẽ^{51}	tuẽ^{24}	suẽ^{24}	kuẽ^{55}	k^{h}uẽ^{51}
商河	tuẽ^{213}	luẽ^{31}	ts^{h}uẽ^{213}	ts^{h}uẽ^{31}	tuẽ^{213}	suẽ^{213}	kuẽ^{45}	k^{h}uẽ^{31}
平原	tuẽ^{213}	lẽ^{21}	ts^{h}uẽ^{213}	ts^{h}uẽ^{21}	tuẽ^{213}	suẽ^{213}	kuẽ^{55}	k^{h}uẽ^{21}

续表

	0665墩	0666嫩	0667村	0668寸	0669蹲	0670孙～子	0671滚	0672困
	臻合一平魂端	臻合一去魂泥	臻合一平魂清	臻合一去魂清	臻合一平魂从	臻合一平魂心	臻合一上魂见	臻合一去魂溪
德州	tuẽ^{213}	lẽ^{21}	ts^{h}uẽ^{213}	ts^{h}uẽ^{21}	tuẽ^{213}	suẽ^{213}	kuẽ^{55}	k^{h}uẽ^{21}
武城	tuẽ^{224}	lẽ^{312}老 nẽ^{312}新	ts^{h}uẽ^{224}	ts^{h}uẽ^{312}	tuẽ^{224}	suẽ^{224}	kuẽ^{55}	k^{h}uẽ^{312}
临清	tun^{13}	lun^{313}	ts^{h}un^{13}	ts^{h}un^{313}	tun^{13}	sun^{13}	kun^{44}	k^{h}un^{313}
冠县	tuẽ^{13}	luẽ^{314}白 nuẽ^{314}文	ts^{h}uẽ^{13}	ts^{h}uẽ^{314}	tuẽ^{13}	suẽ^{13}	kuẽ^{55}	k^{h}uẽ^{314}
聊城	tuẽ^{13}	luẽ^{313}	ts^{h}uẽ^{13}	ts^{h}uẽ^{313}	tuẽ^{13}	suẽ^{13}	kuẽ^{44}	k^{h}uẽ^{313}
济南	tuẽ^{213}	luẽ^{21}	ts^{h}uẽ^{213}	ts^{h}uẽ^{21}	tuẽ^{213}	suẽ^{213}	kuẽ^{55}	k^{h}uẽ^{21}
泰安	tuẽ^{213}	luẽ^{21}	ts^{h}uẽ^{213}	ts^{h}uẽ^{21}	tuẽ^{213}	suẽ^{213}	kuẽ^{55}	k^{h}uẽ^{21}
莱芜	tuẽ^{213}	luẽ^{42}	ts^{h}uẽ^{213}	ts^{h}uẽ^{42}	tuẽ^{213}	suẽ^{213}	kuẽ^{55}	k^{h}uẽ^{42}
新泰	tuẽ^{213}	luẽ^{31}	tθ^{h}uẽ^{213}	tθ^{h}uẽ^{31}	tuẽ^{213}	θuẽ^{213}	kuẽ^{55}	k^{h}uẽ^{31}
沂源	tuə̃^{213}	luə̃^{31}	tθ^{h}uə̃^{213}	tθ^{h}uə̃^{31}	tuə̃^{213}	θuə̃^{213}	kuə̃^{55}	k^{h}uə̃^{31}
博山	tuẽ^{213}	luẽ^{31}	ts^{h}uẽ^{213}	ts^{h}uẽ^{31}	tuẽ^{213}	suẽ^{213}	kuẽ^{55}	k^{h}uẽ^{31}
张店	tuə̃^{213}	luə̃^{31}	ts^{h}uə̃^{213}	ts^{h}uə̃^{31}	tuə̃^{213}	suə̃^{213}	kuə̃^{55}	k^{h}uə̃^{31}
阳谷	tuẽ^{213}	luẽ^{313}	ts^{h}uẽ^{213}	ts^{h}uẽ^{313}	tuẽ^{213}	suẽ^{213}	kuẽ^{55}	k^{h}uẽ^{313}
梁山	tuẽ^{213}	nẽ^{314}	ts^{h}uẽ^{213}	ts^{h}uẽ^{314}	tuẽ^{213}	suẽ^{213}	kuẽ^{55}	k^{h}uẽ^{314}
菏泽	tuẽ^{213}	luẽ^{312}	ts^{h}uẽ^{213}	ts^{h}uẽ^{312}	tuẽ^{213}	suẽ^{213}	kuẽ^{44}	k^{h}uẽ^{312}
曹县	tuẽ^{213}	luẽ^{312}白 nẽ^{312}文	ts^{h}uẽ^{213}	ts^{h}uẽ^{312}	tuẽ^{213}	suẽ^{213}	kuẽ^{44}	k^{h}uẽ^{312}
金乡	tuẽ^{213}	luẽ^{312}	ts^{h}uẽ^{213}	ts^{h}uẽ^{312}	tuẽ^{213}	suẽ^{213}	kuẽ^{55}	k^{h}uẽ^{312}
曲阜	tuẽ^{213}	luẽ^{312}	ts^{h}uẽ^{213}	ts^{h}uẽ^{312}	tuẽ^{213}	suẽ^{213}	kuẽ^{55}	k^{h}uẽ^{312}
薛城	tuẽ^{313}	luẽ^{41}	pf^{h}ẽ^{313}又 ts^{h}uẽ^{313}又	pf^{h}ẽ^{41}又 tɕ^{h}yẽ^{41}又 ts^{h}uẽ^{41}又	tuẽ^{313}	ɕyẽ^{313}	kuẽ^{24}	k^{h}uẽ^{41}
郯城	tuə̃^{213}	luə̃^{51}	ts^{h}uə̃^{213}	ts^{h}uə̃^{51}	tuə̃^{213}	suə̃^{213}	kuə̃^{24}	k^{h}uə̃^{51}
临沂	tuẽ^{214}	luẽ^{312}	ts^{h}uẽ^{214}	ts^{h}uẽ^{312}	tuẽ^{214}	suẽ^{214}	kuẽ^{55}	k^{h}uẽ^{312}

	0673婚	0674魂	0675温	0676卒 棋子	0677骨	0678轮	0679俊	0680笋
	臻合一 平魂晓	臻合一 平魂匣	臻合一 平魂影	臻合一 入没精	臻合一 入没见	臻合三 平谆来	臻合三 去谆精	臻合三 上谆心
荣成	xuən^{53}	xuən^{35}	uən^{53}	tsu^{214}	ku^{214}	lən^{35}	tsin^{33} 又 tsyn^{33} 又	sən^{214}
烟台	xuən^{53}	xuən^{33}	uən^{53}	tsu^{33}	ku^{14}	lən^{33}	tɕin^{33}	sən^{14}
栖霞	xuə̃n^{312}	xuə̃n^{342}	uə̃n^{312}	tsu^{52}	ku^{214}	lə̃n^{342}	tʃə̃n^{52}	sə̃n^{214}
长岛	xuən^{312}	xuən^{55}	uən^{312}	tsu^{55}	ku^{213}	lən^{55}	tʃən^{52}	sən^{213}
海阳	xuẽ^{52}	xuẽ^{341}	uẽ^{52}	tθu^{341}	ku^{341}	lẽ^{341}	tsỹ^{341}	sỹ^{214}
莱西	xuẽ^{214}	xuẽ^{42}	uẽ^{214}	tsu^{42}	ku^{55}	lẽ^{42} 白 luẽ^{42} 文	tʃyẽ^{42}	ʃyẽ^{55}
平度	xuə̃^{213}	xuə̃^{42}	uə̃^{213}	tθu^{42}	ku^{55}	lə̃^{42}	tsyə̃^{42}	syə̃^{55}
青岛	xuẽ^{213}	xuẽ^{42}	uẽ^{213}	tθu^{42}	ku^{55}	luẽ^{42}	tsyẽ^{42}	syẽ^{55}
高密	xuə̃^{213}	xuə̃^{42}	uə̃^{213}	tθu^{42}	ku^{55}	luə̃^{42}	tsyə̃^{21}	syə̃^{55}
诸城	xuẽ^{213}	xuẽ^{53}	uẽ^{213}	tθu^{53}	ku^{44}	luẽ^{53}	tθuẽ^{31}	θuẽ^{44}
沂水	xuẽ^{213}	xuẽ^{53}	uẽ^{213}	dðu^{53}	ku^{44}	luẽ^{53}	dʒuẽ^{31}	ʃuẽ^{44}
临朐	xuə̃^{213}	xuə̃^{53}	uə̃^{213}	tθu^{53}	ku^{44}	luə̃^{53}	tɕyə̃^{21}	ɕyə̃^{44}
日照	xuẽ^{213}	xuẽ^{53}	uẽ^{213}	tθu^{53}	ku^{44}	luẽ^{53}	tθuẽ^{31}	θuẽ^{44}
莒南	xue^{313}	xue^{53}	uẽ^{213}	tθu^{53}	ku^{213}	lẽ^{53}	tsyẽ^{312}	syẽ^{55}
潍坊	xuẽ^{214}	xuẽ^{53}	uẽ^{214}	tsu^{53}	ku^{214}	luẽ^{53}	tɕyẽ^{31}	ɕyẽ^{55}
寿光	xuə̃^{213}	xuə̃^{53}	uə̃^{213}	tsu^{53}	ku^{213}	luə̃^{53}	tɕyə̃^{21}	ɕyə̃^{55}
高青	xuə̃^{213}	xuə̃^{55}	uə̃^{213}	tsu^{55}	ku^{213}	luə̃^{55}	tɕyə̃^{41}	ɕyə̃^{55}
阳信	xuə̃^{213}	xuə̃^{43}	uə̃^{213}	tsu^{43}	ku^{213}	luə̃^{43}	tɕyə̃^{31}	suə̃^{55}
济阳	xuẽ^{213}	xuẽ^{55}	uẽ^{213}	tsu^{55}	ku^{213}	luẽ^{55}	tɕyẽ^{31}	ɕyẽ^{55}
利津	xuẽ^{213}	xuẽ^{53}	uẽ^{213}	tsu^{53}	ku^{44}	luẽ^{53}	tsuẽ^{31} 又 tɕyẽ^{31} 又	ɕyẽ^{55} 又 suẽ^{55} 又
乐陵	xuẽ^{24}	xuẽ^{55}	uẽ^{24}	tsu^{55}	ku^{24}	luẽ^{55}	tsuẽ^{51} 又 tɕyẽ^{51} 又	ɕyẽ^{55}
商河	xuẽ^{213}	xuẽ^{54}	uẽ^{213}	tsu^{54}	ku^{45}	luẽ^{54}	tɕyẽ^{31}	ɕyẽ^{45}
平原	xuẽ^{213}	xuẽ^{42}	uẽ^{213}	tsu^{42}	ku^{55}	luẽ^{42}	tɕyẽ^{21}	ɕyẽ^{55}
德州	xuẽ^{213}	xuẽ^{42}	uẽ^{213}	tsu^{42}	ku^{213}	luẽ^{42}	tɕyẽ^{21}	ɕyẽ^{55}

续表

	0673婚	0674魂	0675温	0676卒 棋子	0677骨	0678轮	0679俊	0680笋
	臻合一 平魂晓	臻合一 平魂匣	臻合一 平魂影	臻合一 入没精	臻合一 入没见	臻合三 平谆来	臻合三 去谆精	臻合三 上谆心
武城	xuẽ²²⁴	xuẽ⁵³	uẽ²²⁴	tsu⁵³	ku²²⁴	luẽ⁵³	tsuẽ³¹² 又 tɕyẽ³¹² 又	ɕyẽ⁵⁵ 又 suẽ⁵⁵ 又
临清	xun¹³	xun⁵³	un¹³	tsu⁵³	ku¹³	lun⁵³	tsun³¹³	ɕyn⁴⁴ 又 sun⁴⁴ 又
冠县	xuẽ¹³	xuẽ⁵³	uẽ¹³	tsu⁵³	ku¹³	luẽ⁵³	tsuẽ³¹⁴	suẽ⁵⁵
聊城	xuẽ¹³	xuẽ⁵³	uẽ¹³	tsu⁵³	ku¹³	luẽ⁵³	tɕyẽ³¹³	ɕyẽ⁴⁴
济南	xuẽ²¹³	xuẽ⁴²	uẽ²¹³	tsu⁴²	ku²¹³	luẽ⁴²	tɕyẽ²¹	ɕyẽ⁵⁵
泰安	xuẽ²¹³	xuẽ⁴²	uẽ²¹³	tsu⁴²	ku²¹³	luẽ⁴²	tɕyẽ²¹	ɕyẽ⁵⁵
莱芜	xuẽ²¹³	xuẽ⁵⁵	uẽ²¹³	tsu⁵⁵	ku⁵⁵	luẽ⁵⁵	tɕyẽ⁴²	ɕyẽ⁵⁵
新泰	xuẽ²¹³	xuẽ⁴²	uẽ²¹³	tθu⁴²	ku²¹³	luẽ⁴²	tɕyẽ³¹	ɕyẽ⁵⁵
沂源	xuə̃²¹³	xuə̃⁵⁵	uə̃²¹³	tθu⁵⁵	ku²¹³	luə̃⁵⁵	tɕyə̃³¹	ɕyə̃⁵⁵
博山	xuẽ²¹³	xuẽ⁵⁵	uẽ²¹³	tsu⁵⁵	ku²¹³	luẽ⁵⁵	tɕyẽ³¹	ɕyẽ⁵⁵
张店	xuə̃²¹³	xuə̃⁵⁵	uə̃²¹³	tsu⁵⁵	ku³³	luə̃⁵⁵	tɕyə̃³¹	ɕyə̃⁵⁵
阳谷	xuẽ²¹³	xuẽ⁴²	uẽ²¹³	tsu⁴²	ku²¹³	luẽ⁴²	tsuẽ³¹³	suẽ⁵⁵
梁山	xuẽ²¹³	xuẽ⁴²	uẽ²¹³	tsu⁴²	ku²¹³	luẽ⁴²	tɕyẽ³¹⁴	ɕyẽ⁵⁵ 老 suẽ⁵⁵ 新
菏泽	xuẽ²¹³	xuẽ⁵³	uẽ²¹³	tsu⁵³	ku²¹³	luẽ⁵³	tsuẽ³¹²	suẽ⁴⁴
曹县	xuẽ²¹³	xuẽ⁵³	uẽ²¹³	tsu⁵³	ku²¹³	luẽ⁵³	tsuẽ³¹² 白 tɕyẽ³¹² 文	suẽ⁴⁴
金乡	xuẽ²¹³	xuẽ⁴²	uẽ²¹³	tsu⁴²	ku²¹³	luẽ⁴²	tɕyẽ³¹²	ɕyẽ⁵⁵
曲阜	xuẽ²¹³	xuẽ⁴²	uẽ²¹³	tsu⁴²	ku²¹³	luẽ⁴²	tɕyẽ³¹²	ɕyẽ⁵⁵
薛城	xuẽ³¹³	xuẽ⁵⁵	uẽ³¹³	pfu⁵⁵ 又 tsu⁵⁵ 又	ku³¹³	luẽ⁵⁵	tɕyẽ⁴¹	ɕyẽ²⁴
郯城	xuə̃²¹³	xuə̃⁴⁴	uə̃²¹³	tsu⁴⁴	ku²¹³	luə̃⁴⁴	tsuə̃⁵¹ 老 tɕyə̃⁵¹ 新	suə̃²⁴
临沂	xuẽ²¹⁴	xuẽ⁵³	uẽ²¹⁴	tsu⁵³	ku²¹⁴	luẽ⁵³	tɕyẽ³¹²	ɕyẽ⁵⁵

	0681准	0682春	0683唇	0684顺	0685纯	0686闰	0687均	0688匀
	臻合三 上谆章	臻合三 平谆昌	臻合三 平谆船	臻合三 去谆船	臻合三 平谆禅	臻合三 去谆日	臻合三 平谆见	臻合三 平谆以
荣成	tʂuən^{214}	tʂʰuən^{53}	tʂʰuən^{35}	ʂuən^{33}	tʂʰuən^{35}	yn^{33}	cyn^{53}	yn^{53}
烟台	tsuən^{14}	tsʰuən^{53}	tsʰuən^{33}	suən^{33}	tsʰuən^{33}	yn^{33}	tɕyn^{53}	yn^{53}
栖霞	tʃuə̃n^{214}	tʃʰuə̃n^{312}	tʃʰuə̃n^{342}	ʃuə̃n^{342}	tsʰuə̃n^{342}	ỹn^{52}	cỹn^{312}	ỹn^{312}
长岛	tsuən^{213}	tsʰuən^{312}	tsʰuən^{55}	suən^{52}	tsʰuən^{55}	yn^{52}	cyn^{312}	yn^{55}
海阳	tʂuẽ^{214}	tʂʰuẽ^{52}	tʂʰuẽ^{341}	ʂuẽ^{341}	tʂʰuẽ^{341}	ỹ^{52}	cỹ^{52}	ỹ^{52}
莱西	tsuẽ^{55}	tsʰuẽ^{214}	tsʰuẽ^{42}	suẽ^{42}	tsʰuẽ^{42}	yẽ^{42}白 ʒuẽ^{42}文	cyẽ^{214}	yẽ^{214}
平度	tʃuə̃^{55}	tʃʰuə̃^{213}	tʃʰuə̃^{42}	ʃuə̃^{42}	tʃʰuə̃^{42}	yə̃^{213}	cyə̃^{213}	yə̃^{42}
青岛	tʃuẽ^{55}	tʃʰuẽ^{213}	tʃʰuẽ^{42}	ʃuẽ^{42}	tʃʰuẽ^{42}	yẽ^{42}	tɕyẽ^{213}	yẽ^{42}
高密	tʃuə̃^{55}	tʃʰuə̃^{213}	tʃʰuə̃^{42}	ʃuə̃^{21}	tʃʰuə̃^{42}	yə̃^{21}	tɕyə̃^{213}	yə̃^{42}
诸城	tʃuẽ^{44}	tʃʰuẽ^{213}	tʃʰuẽ^{53}	ʃuẽ^{31}	tʃʰuẽ^{53}	yẽ^{31}	tʃuẽ^{213}	yẽ^{53}
沂水	dʒuẽ^{44}	tʃʰuẽ^{213}	tʃʰuẽ^{53}	ʃuẽ^{31}	tʃʰuẽ^{53}	yẽ^{31}	tɕyẽ^{213}	yẽ^{53}
临朐	tʃuə̃^{44}	tʃʰuə̃^{213}	tʃʰuə̃^{53}	ʃuə̃^{21}	tʃʰuə̃^{53}	luə̃^{21}	tɕyə̃^{213}	yə̃^{53}
日照	tʃyẽ^{44}	tʃʰyẽ^{213}	tʃʰyẽ^{53}	ʃyẽ^{31}	tʃʰyẽ^{53}	yẽ^{31}	tʃyẽ^{213}	yẽ^{53}
莒南	tʃuẽ^{55}	tʃʰuẽ^{213}	tʃʰuẽ^{53}	ʃuẽ^{312}	tʃʰuẽ^{53}	yẽ^{312}	tɕyẽ^{213}	yẽ^{53}
潍坊	tʂuẽ^{55}	tʂʰuẽ^{214}	tʂʰuẽ^{53}	ʂuẽ^{31}	tʂʰuẽ^{53}	yẽ^{31}白 ʐuẽ^{31}文	tɕyẽ^{214}	yẽ^{53}
寿光	tʂuə̃^{55}	tʂʰuə̃^{213}	tʂʰuə̃^{53}	ʂuə̃^{21}	tʂʰuə̃^{53}	yə̃^{21}	tɕyə̃^{213}	yə̃^{53}
高青	tʂuə̃^{55}	tʂʰuə̃^{213}	tʂʰuə̃^{55}	ʂuə̃^{41}	tʂʰuə̃^{55}	yə̃^{41}	tɕyə̃^{213}	yə̃^{55}
阳信	tʂuə̃^{55}	tʂʰuə̃^{213}	tʂʰuə̃^{43}	ʂuə̃^{31}	tʂʰuə̃^{43}	yə̃^{31}	tɕyə̃^{213}	yə̃^{43}
济阳	tʂuẽ^{55}	tʂʰuẽ^{213}	tʂʰuẽ^{55}	ʂuẽ^{31}	tʂʰuẽ^{55}	yẽ^{31}	tɕyẽ^{213}	yẽ^{55}
利津	tʂuẽ^{55}	tʂʰuẽ^{213}	tʂʰuẽ^{53}	ʂuẽ^{31}	tʂʰuẽ^{53}	yẽ^{31}	tɕyẽ^{213}	yẽ^{53}
乐陵	tʂuẽ^{55}	tʂʰuẽ^{24}	tʂʰuẽ^{55}	ʂuẽ^{51}	tʂʰuẽ^{55}	luẽ^{51}	tɕyẽ^{24}	yẽ^{55}
商河	tʂuẽ^{45}	tʂʰuẽ^{213}	tʂʰuẽ^{54}	ʂuẽ^{31}	tʂʰuẽ^{54}	yẽ^{31}	tɕyẽ^{213}	yẽ^{54}
平原	tʂuẽ^{55}	tʂʰuẽ^{213}	tʂʰuẽ^{42}	ʂuẽ^{21}	tʂʰuẽ^{42}	yẽ^{21}	tɕyẽ^{213}	yẽ^{42}
德州	tʂuẽ^{55}	tʂʰuẽ^{213}	tʂʰuẽ^{42}	ʂuẽ^{21}	tʂʰuẽ^{42}	yẽ^{21}	tɕyẽ^{213}	yẽ^{42}
武城	tʂuẽ^{55}	tʂʰuẽ^{224}	tʂʰuẽ^{53}	ʂuẽ^{312}	tʂʰuẽ^{53}	yẽ^{312}	tɕyẽ^{224}	yẽ^{53}
临清	tʂun^{44}	tʂʰun^{13}	tʂʰun^{53}	ʂun^{313}	tʂʰun^{53}	ʐun^{313}	tɕyn^{13}	yn^{53}

续表

	0681准	0682春	0683唇	0684顺	0685纯	0686闰	0687均	0688匀
	臻合三 上谆章	臻合三 平谆昌	臻合三 平谆船	臻合三 去谆船	臻合三 平谆禅	臻合三 去谆日	臻合三 平谆见	臻合三 平谆以
冠县	tʂuẽ^{55}	tʂʰuẽ^{13}	tʂʰuẽ^{53}	ʂuẽ^{314}	tʂʰuẽ^{53}	luẽ^{314}	tɕyẽ^{13}	yẽ^{53}
聊城	tsuẽ^{44}	tsʰuẽ^{13}	tsʰuẽ^{53}	suẽ^{313}	tsʰuẽ^{53}	yẽ^{313}	tɕyẽ^{13}	yẽ^{53}
济南	tʂuẽ^{55}	tʂʰuẽ^{213}	tʂʰuẽ^{42}	ʂuẽ^{21}	tʂʰuẽ^{42}	yẽ^{21}	tɕyẽ^{213}	yẽ^{42}
泰安	tʂuẽ^{55}	tʂʰuẽ^{213}	tʂʰuẽ^{42}	ʂuẽ^{21}	tʂʰuẽ^{42}	yẽ^{21}	tɕyẽ^{213}	yẽ^{42}
莱芜	tʃuẽ^{55}	tʃʰuẽ^{213}	tʃʰuẽ^{55}	ʃuẽ^{42}	tʃʰuẽ^{55}	yẽ^{42}	tɕyẽ^{213}	yẽ^{55}
新泰	pfẽ^{55}老 tʃuẽ^{55}新	pfʰẽ^{213}老 tʃʰuẽ^{213}新	pfʰẽ^{42}老 tʃʰuẽ^{42}新	fẽ^{31}老 ʃuẽ^{31}新	pfʰẽ^{42}老 tʃʰuẽ^{42}新	yẽ^{31}	tɕyẽ^{213}	yẽ^{42}
沂源	tʃuə̃^{55}	tʃʰuə̃^{213}	tʃʰuə̃^{55}	ʃuə̃^{31}	tʃʰuə̃^{55}	yə̃^{31}	tɕyə̃^{213}	yə̃^{55}
博山	tʂuẽ^{55}	tʂʰuẽ^{213}	tʂʰuẽ^{55}	ʂuẽ^{31}	tʂʰuẽ^{55}	iẽ^{31}	tɕyẽ^{213}	yẽ^{55}
张店	tʂuə̃^{55}	tʂʰuə̃^{213}	tʂʰuə̃^{55}	ʂuə̃^{31}	tʂʰuə̃^{55}	yə̃^{31}	tɕyə̃^{213}	yə̃^{55}
阳谷	tsuẽ^{55}	tsʰuẽ^{213}	tsʰuẽ^{42}	suẽ^{313}	tsʰuẽ^{42}	yẽ^{313}	tsuẽ^{213}	yẽ^{42}
梁山	tɕyẽ^{55}老 tsuẽ^{55}新	tɕʰyẽ^{213}老 tsʰuẽ^{213}新	tɕʰyẽ^{42}老 tsʰuẽ^{42}新	fẽ^{314}老 suẽ^{314}新	tsʰuẽ^{42}	zuẽ^{314}又 yẽ^{314}又	tɕyẽ^{213}	yẽ^{42}
菏泽	tsuẽ^{44}	tsʰuẽ^{213}	tsʰuẽ^{53}	suẽ^{312}	tsʰuẽ^{53}	yẽ^{312}	tɕyẽ^{213}	yẽ^{53}
曹县	tʂuẽ^{44}	tʂʰuẽ^{213}	tʂʰuẽ^{53}	fẽ^{312}白 ʂuẽ^{312}文	tʂʰuẽ^{53}	yẽ^{312}白 ʐuẽ^{312}文	tɕyẽ^{213}	yẽ^{53}
金乡	tsuẽ^{55}	tsʰuẽ^{213}	tsʰuẽ^{42}	suẽ^{312}	tsʰuẽ^{42}	yẽ^{312}	tɕyẽ^{213}	yẽ^{42}
曲阜	tsuẽ^{55}	tsʰuẽ^{213}	tsʰuẽ^{42}	suẽ^{312}	tsʰuẽ^{42}	yẽ^{312}	tɕyẽ^{213}	yẽ^{42}
薛城	tsuẽ^{24}	pfʰẽ^{313}又 tsʰuẽ^{313}又	pfʰẽ^{55}又 tsʰuẽ^{55}又	fẽ^{41}	pfʰẽ^{55}又 tsʰuẽ^{55}又	yẽ^{41}	tɕyẽ^{313}	yẽ^{55}
郯城	tʂuə̃^{24}	tʂʰuə̃^{213}	tʂʰuə̃^{44}	fə̃^{51}老 ʂuə̃^{51}新	tʂʰuə̃^{44}	yə̃^{51}	tɕyə̃^{213}	yə̃^{44}
临沂	tʃuẽ^{55}	tʃʰuẽ^{214}	tʃʰuẽ^{53}	ʃuẽ^{312}	tʃʰuẽ^{53}	yẽ^{312}	tɕyẽ^{214}	yẽ^{53}

	0689律	0690出	0691橘	0692分动	0693粉	0694粪	0695坟	0696蚊
	臻合三 入术来	臻合三 入术昌	臻合三 入术见	臻合三 平文非	臻合三 上文非	臻合三 去文非	臻合三 平文奉	臻合三 平文微
荣成	ly^{33}	tʃʰy^{214}	cy^{35}	fən^{53}	fən^{214}	fən^{33}	fən^{35}	uən^{53}
烟台	ly^{33}	tɕʰy^{14}	tɕy^{14}	fən^{53}	fən^{14}	fən^{33}	fən^{33}	uən^{53}

续表

	0689律	0690出	0691橘	0692分动	0693粉	0694粪	0695坟	0696蚊
	臻合三 入术来	臻合三 入术昌	臻合三 入术见	臻合三 平文非	臻合三 上文非	臻合三 去文非	臻合三 平文奉	臻合三 平文微
栖霞	ly^{52}	tʃʰy^{214}	cy^{214}	fə̃n^{312}	fə̃n^{214}	fə̃n^{52}	fə̃n^{342}	uə̃n^{312}
长岛	ly^{52}	tʃʰy^{213}	cy^{52}	fən^{312}	fən^{213}	fən^{52}	fən^{55}	uən^{55}
海阳	ly^{341}	tʃʰy^{214}	cy^{341}	fẽ^{52}	fẽ^{214}	fẽ^{341}	fẽ^{341}	uẽ^{52}
莱西	ly^{42}	tʃʰu^{55}	cy^{55}	fẽ^{214}	fẽ^{55}	fẽ^{42}	fẽ^{42}	uẽ^{214}
平度	ly^{42}	tʃʰu^{55}	cy^{55}	fə̃^{213}	fə̃^{55}	fə̃^{42}	fə̃^{42}	uə̃^{42}
青岛	ly^{42}	tʃʰu^{55}	tɕy^{55}	fẽ^{213}	fẽ^{55}	fẽ^{42}	fẽ^{42}	uẽ^{42}
高密	ly^{21}	tʃʰu^{55}	tɕy^{55}	fə̃^{213}	fə̃^{55}	fə̃^{21}	fə̃^{42}	uə̃^{42}
诸城	ly^{31}	tʃʰu^{44}	tʃu^{44}	fẽ^{213}	fẽ^{44}	fẽ^{31}	fẽ^{53}	uẽ^{53}
沂水	ly^{31}	tʃʰɥ^{44}	tɕy^{44}	fẽ^{213}	fẽ^{44}	fẽ^{31}	fẽ^{53}	uẽ^{53}
临朐	ly^{21}	tʃʰu^{44}	tɕy^{44}	fə̃^{213}	fə̃^{44}	fə̃^{21}	fə̃^{53}	uə̃^{53}
日照	ly^{31}	tʃʰu^{213}	tʃu^{44}	fẽ^{213}	fẽ^{44}	fẽ^{31}	fẽ^{53}	uẽ^{53}
莒南	ly^{312}	tʃʰɥ^{55}	tɕy^{213}	fẽ^{213}	fc̃^{55}	fc̃^{312}	fẽ^{53}	uẽ^{53}
潍坊	ly^{31}	tʂʰu^{214}	tɕy^{214}	fẽ^{214}	fẽ^{55}	fẽ^{31}	fẽ^{53}	uẽ^{53}
寿光	ly^{21}	tʂʰu^{213}	tɕy^{213}	fə̃^{213}	fə̃^{55}	fə̃^{21}	fə̃^{53}	uə̃^{53}
高青	ly^{41}	tʂʰu^{213}	tɕy^{213}	fə̃^{213}	fə̃^{55}	fə̃^{41}	fə̃^{55}	uə̃^{55}
阳信	ly^{31}	tʂʰu^{213}	tɕy^{213}	fə̃^{213}	fə̃^{55}	fə̃^{31}	fə̃^{43}	uə̃^{43}
济阳	ly^{31}	tʂʰu^{213}	tɕy^{213}	fẽ^{213}	fẽ^{55}	fẽ^{31}	fẽ^{55}	uẽ^{55}
利津	ly^{31}	tʂʰu^{44}	tɕy^{44}	fẽ^{213}	fẽ^{55}	fẽ^{31}	fẽ^{53}	uẽ^{53}
乐陵	ly^{51}	tʂʰu^{24}	tɕy^{24}	fẽ^{24}	fẽ^{55}	fẽ^{51}	fẽ^{55}	uẽ^{55}
商河	ly^{31}	tʂʰu^{45}	tɕy^{45}	fẽ^{213}	fẽ^{45}	fẽ^{31}	fẽ^{54}	uẽ^{54}
平原	ly^{21}	tʂʰu^{213}	tɕy^{55}	fẽ^{213}	fẽ^{55}	fẽ^{21}	fẽ^{42}	uẽ^{42}
德州	ly^{21}	tʂʰu^{213}	tɕy^{213}	fẽ^{213}	fẽ^{55}	fẽ^{21}	fẽ^{42}	uẽ^{42}
武城	ly^{312}	tʂʰu^{224}	tɕy^{224}	fẽ^{224}	fẽ^{55}	fẽ^{312}	fẽ^{53}	uẽ^{53}
临清	ly^{313}	tʂʰu^{13}	tɕy^{13}	fen^{13}	fen^{44}	fen^{313}	fen^{53}	un^{53}
冠县	ly^{314}	tʂʰu^{13}	tɕy^{13}	fẽ^{13}	fẽ^{55}	fẽ^{314}	fẽ^{53}	uẽ^{53}
聊城	ly^{313}	tsʰu^{13}	tɕy^{13}	fẽ^{13}	fẽ^{44}	fẽ^{313}	fẽ^{53}	uẽ^{53}

续表

	0689律	0690出	0691橘	0692分动	0693粉	0694粪	0695坟	0696蚊
	臻合三 入术来	臻合三 入术昌	臻合三 入术见	臻合三 平文非	臻合三 上文非	臻合三 去文非	臻合三 平文奉	臻合三 平文微
济南	ly^{21}	tʂ^{h}u^{213}	tɕy^{213}	fẽ^{213}	fẽ^{55}	fẽ^{21}	fẽ^{42}	uẽ^{42}
泰安	ly^{21}	tʂ^{h}u^{213}	tɕy^{213}	fẽ^{213}	fẽ^{55}	fẽ^{21}	fẽ^{42}	uẽ^{42}
莱芜	ly^{42}	tʃ^{h}u^{213}	tɕy^{213}	fẽ^{213}	fẽ^{55}	fẽ^{42}	fẽ^{55}	uẽ^{55}
新泰	ly^{31}	pf^{h}u^{213}老 tʃ^{h}u^{213}新	tɕy^{213}	fẽ^{213}	fẽ^{55}	fẽ^{31}	fẽ^{42}	uẽ^{42}
沂源	ly^{31}	tʃ^{h}u^{213}	tɕy^{55}	fə̃^{213}	fə̃^{55}	fə̃^{31}	fə̃^{55}	uə̃^{55}
博山	ly^{31}	tʂ^{h}u^{213}	tɕy^{213}	fẽ^{213}	fẽ^{55}	fẽ^{31}	fẽ^{55}	uẽ^{55}
张店	ly^{31}	tʂ^{h}u^{33}	tɕy^{33}	fə̃^{213}	fə̃^{55}	fə̃^{31}	fə̃^{55}	uə̃^{55}
阳谷	ly^{213}	ts^{h}u^{213}	tɕy^{213}	fẽ^{213}	fẽ^{55}	fẽ^{313}	fẽ^{42}	uẽ^{42}
梁山	ly^{213}	ts^{h}u^{213}	tɕy^{213}	fẽ^{213}	fẽ^{55}	fẽ^{314}	fẽ^{42}	uẽ^{42}
菏泽	ly^{213}	ts^{h}u^{213}	tɕy^{213}	fẽ^{213}	fẽ^{44}	fẽ^{312}	fẽ^{53}	uẽ^{53}
曹县	ly^{312}	tʂ^{h}u^{213}	tɕy^{213}	fẽ^{213}	fẽ^{44}	fẽ^{312}	fẽ^{53}	uẽ^{53}
金乡	ly^{213}	ts^{h}u^{213}	tɕy^{213}	fẽ^{213}	fẽ^{55}	fẽ^{312}	fẽ^{42}	uẽ^{42}
曲阜	ly^{213}	ts^{h}u^{213}	tɕy^{213}	fẽ^{213}	fẽ^{55}	fẽ^{312}	fẽ^{42}	uẽ^{42}
薛城	lu^{313}	pf^{h}u^{313}又 ts^{h}u^{313}又	tɕy^{313}	fẽ^{313}	fẽ^{24}	fẽ^{41}	fẽ^{55}	uẽ^{55}
郯城	ly^{213}	tʂ^{h}u^{213}	tɕy^{213}	fə̃^{213}	fə̃^{24}	fə̃^{51}	fə̃^{44}	uə̃^{44}
临沂	ly^{214}	tʃ^{h}u^{214}	tɕy^{214}	fẽ^{214}	fẽ^{55}	fẽ^{312}	fẽ^{53}	uẽ^{53}

	0697问	0698军	0699裙	0700熏	0701云 ～彩	0702运	0703佛 ～像	0704物
	臻合三 去文微	臻合三 平文见	臻合三 平文群	臻合三 平文晓	臻合三 平文云	臻合三 去文云	臻合三 入物奉	臻合三 入物微
荣成	uən^{33}	cyn^{53}	c^{h}yn^{35}	çyn^{53}	yn^{53}	yn^{33}	fu^{35}	u^{33}
烟台	uən^{33}	tɕyn^{53}	tɕ^{h}yn^{33}	çyn^{53}	yn^{33}	yn^{33}	fu^{33}	u^{33}
栖霞	uə̃n^{52}	cỹn^{312}	c^{h}ỹn^{342}	çỹn^{312}	ỹn^{312}	ỹn^{52}	fə^{342}	u^{52}
长岛	uən^{52}	cyn^{312}	c^{h}yn^{55}	çyn^{312}	yn^{55}	yn^{52}	fə^{55}	u^{52}
海阳	uẽ^{341}	cỹ^{52}	c^{h}ỹ^{341}	çỹ^{52}	ỹ^{52}	ỹ^{341}	fə^{341}	u^{341}

续表

	0697问	0698军	0699裙	0700熏	0701云 ～彩	0702运	0703佛 ～像	0704物
	臻合三 去文微	臻合三 平文见	臻合三 平文群	臻合三 平文晓	臻合三 平文云	臻合三 去文云	臻合三 入物奉	臻合三 入物微
莱西	uẽ^{42}	cyẽ^{214}	c^{h}yẽ^{42}	çyẽ^{214}	yẽ^{214}	yẽ^{42}	fu^{42}	u^{42}
平度	uə̃^{42}	cyə̃^{213}	c^{h}yə̃^{42}	çyə̃^{213}	yə̃^{42}	yə̃^{42}	fu^{55}	u^{213}
青岛	uẽ^{42}	tɕyẽ^{213}	tɕ^{h}yẽ^{42}	ɕyẽ^{213}	yẽ^{42}	yẽ^{42}	fə^{42}	u^{42}
高密	uə̃^{21}	tɕyə̃^{213}	tɕ^{h}yə̃^{42}	ɕyə̃^{213}	yə̃^{42}	yə̃^{21}	fə^{42}	u^{21}
诸城	uẽ^{53}	tʃuẽ^{213}	tʃ^{h}uẽ^{53}	ʃuẽ^{213}	yẽ^{53}	yẽ^{31}	fə^{53}	u^{31}
沂水	uẽ^{31}	tɕyẽ^{213}	tɕ^{h}yẽ^{53}	ɕyẽ^{213}	yẽ^{53}	yẽ^{31}	fə^{53}	u^{31}
临朐	uə̃^{21}	tɕyə̃^{213}	tɕ^{h}yə̃^{53}	ɕyə̃^{213}	yə̃^{53}	yə̃^{21}	fə^{53}	u^{21}
日照	uẽ^{31}	tʃyẽ^{213}	tʃ^{h}yẽ^{53}	ʃyẽ^{213}	yẽ^{53}	yẽ^{31}	fə^{53}	u^{31}
莒南	uẽ^{312}	tɕyẽ^{213}	tɕ^{h}yẽ^{53}	ɕyẽ^{213}	yẽ^{53}	yẽ^{312}	fə^{53}	u^{312}
潍坊	uẽ^{31}	tɕyẽ^{214}	tɕ^{h}yẽ^{53}	ɕyẽ^{214}	yẽ^{53}	yẽ^{31}	fə^{53}	u^{31}
寿光	uə̃^{21}	tɕyə̃^{213}	tɕ^{h}yə̃^{53}	ɕyə̃^{213}	yə̃^{53}	yə̃^{21}	fə^{53}	u^{21}
高青	uə̃^{41}	tɕyə̃^{213}	tɕ^{h}yə̃^{55}	ɕyə̃^{213}	yə̃^{55}	yə̃^{41}	fə^{55}	u^{41}
阳信	uə̃^{31}	tɕyə̃^{213}	tɕ^{h}yə̃^{43}	ɕyə̃^{213}	yə̃^{43}	yə̃^{31}	fə^{43}	u^{31}
济阳	uẽ^{31}	tɕyẽ^{213}	tɕ^{h}yẽ^{55}	ɕyẽ^{213}	yẽ^{55}	yẽ^{31}	fə^{55}	u^{31}
利津	uẽ^{31}	tɕyẽ^{213}	tɕ^{h}yẽ^{53}	ɕyẽ^{213}	yẽ^{53}	yẽ^{31}	fə^{53}	u^{31}
乐陵	uẽ^{51}	tɕyẽ^{24}	tɕ^{h}yẽ^{55}	ɕyẽ^{24}	yẽ^{55}	yẽ^{51}	fə^{55}	u^{51}
商河	uẽ^{31}	tɕyẽ^{213}	tɕ^{h}yẽ^{54}	ɕyẽ^{213}	yẽ^{54}	yẽ^{31}	fə^{54}	u^{31}
平原	uẽ^{21}	tɕyẽ^{213}	tɕ^{h}yẽ^{42}	ɕyẽ^{213}	yẽ^{42}	yẽ^{21}	fə^{42}	u^{21}
德州	uẽ^{21}	tɕyẽ^{213}	tɕ^{h}yẽ^{42}	ɕyẽ^{213}	yẽ^{42}	yẽ^{21}	fə^{42}	u^{21}
武城	uẽ^{312}	tɕyẽ^{224}	tɕ^{h}yẽ^{53}	ɕyẽ^{224}	yẽ^{53}	yẽ^{312}	fə^{53}	u^{312}
临清	un^{313}	tɕyn^{13}	tɕ^{h}yn^{53}	ɕyn^{13}	yn^{53}	yn^{313}	fə^{53}	u^{313}
冠县	uẽ^{314}	tɕyẽ^{13}	tɕ^{h}yẽ^{53}	ɕyẽ^{13}	yẽ^{53}	yẽ^{314}	fə^{53}	u^{314}
聊城	uẽ^{313}	tɕyẽ^{13}	tɕ^{h}yẽ^{53}	ɕyẽ^{13}	yẽ^{53}	yẽ^{313}	fə^{53}	u^{313}
济南	uẽ^{21}	tɕyẽ^{213}	tɕ^{h}yẽ^{42}	ɕyẽ^{213}	yẽ^{42}	yẽ^{21}	fə^{42}	u^{21}
泰安	uẽ^{21}	tɕyẽ^{213}	tɕ^{h}yẽ^{42}	ɕyẽ^{213}	yẽ^{42}	yẽ^{21}	fə^{42}	u^{21}

续表

	0697问	0698军	0699裙	0700熏	0701云 ~彩	0702运	0703佛 ~像	0704物
	臻合三 去文微	臻合三 平文见	臻合三 平文群	臻合三 平文晓	臻合三 平文云	臻合三 去文云	臻合三 入物奉	臻合三 入物微
莱芜	uẽ^{42}	tɕyẽ^{213}	tɕ^{h}yẽ^{55}	ɕyẽ^{213}	yẽ^{55}	yẽ^{42}	fə^{55}	u^{42}
新泰	uẽ^{31}	tɕyẽ^{213}	tɕ^{h}yẽ^{42}	ɕyẽ^{213}	yẽ^{42}	yẽ^{31}	fə^{42}	u^{31}
沂源	uə̃^{31}	tɕyə̃^{213}	tɕ^{h}yə̃^{55}	ɕyə̃^{213}	yə̃^{55}	yə̃^{31}	fə^{55}	u^{31}
博山	uẽ^{31}	tɕyẽ^{213}	tɕ^{h}yẽ^{55}	ɕyẽ^{213}	yẽ^{55}	yẽ^{31}	fə^{55}	u^{31}
张店	uə̃^{31}	tɕyə̃^{213}	tɕ^{h}yə̃^{55}	ɕyə̃^{213}	yə̃^{55}	yə̃^{31}	fə^{55}	u^{31}
阳谷	uẽ^{313}	tsuẽ^{213}	ts^{h}uẽ^{42}	suẽ^{213}	yẽ^{42}	yẽ^{313}	fə^{42}	u^{313}
梁山	uẽ^{314}	tɕyẽ^{213}	tɕ^{h}yẽ^{42}	ɕyẽ^{213}	yẽ^{42}	yẽ^{314}	fu^{42}老 fə^{42}新	u^{213}
菏泽	uẽ^{312}	tɕyẽ^{213}	tɕ^{h}yẽ^{53}	ɕyẽ^{213}	yẽ^{53}	yẽ^{312}	fu^{53}	u^{213}
曹县	uẽ^{312}	tɕyẽ^{213}	tɕ^{h}yẽ^{53}	ɕyẽ^{213}	yẽ^{53}	yẽ^{312}	fə^{53}	u^{213}
金乡	uẽ^{312}	tɕyẽ^{213}	tɕ^{h}yẽ^{42}	ɕyẽ^{213}	yẽ^{42}	yẽ^{312}	fu^{42}	u^{213}
曲阜	uẽ^{312}	tɕyẽ^{213}	tɕ^{h}yẽ^{42}	ɕyẽ^{213}	yẽ^{42}	yẽ^{312}	fə^{42}	u^{213}
薛城	uẽ^{41}	tɕyẽ^{313}	tɕ^{h}yẽ^{55}	ɕyẽ^{313}	yẽ^{55}	yẽ^{41}	fu^{55}	u^{313}
郯城	uə̃^{51}	tɕyə̃^{213}	tɕ^{h}yə̃^{44}	ɕyə̃^{213}	yə̃^{44}	yə̃^{51}	fu^{44}老 fə^{44}新	u^{213}
临沂	uẽ^{312}	tɕyẽ^{214}	tɕ^{h}yẽ^{53}	ɕyẽ^{214}	yẽ^{53}	yẽ^{312}	fə^{53}	u^{312}

	0705帮	0706忙	0707党	0708汤	0709糖	0710浪	0711仓	0712钢名
	宕开一 平唐帮	宕开一 平唐明	宕开一 上唐端	宕开一 平唐透	宕开一 平唐定	宕开一 去唐来	宕开一 平唐清	宕开一 平唐见
荣成	paŋ^{53}	maŋ^{53}	taŋ^{214}	t^{h}aŋ^{53}	t^{h}aŋ^{35}	laŋ^{33}	ts^{h}aŋ^{53}	kaŋ^{53}
烟台	paŋ^{53}	maŋ^{53}	taŋ^{14}	t^{h}aŋ^{53}	t^{h}aŋ^{33}	laŋ^{33}	ts^{h}aŋ^{53}	kaŋ^{53}
栖霞	paŋ^{312}	maŋ^{312}	taŋ^{214}	t^{h}aŋ^{312}	t^{h}aŋ^{342}	laŋ^{342}	ts^{h}aŋ^{312}	kaŋ^{312}
长岛	paŋ^{312}	maŋ^{55}	taŋ^{213}	t^{h}aŋ^{312}	t^{h}aŋ^{55}	laŋ^{52}	ts^{h}aŋ^{312}	kaŋ^{312}
海阳	paŋ^{52}	maŋ^{52}	taŋ^{214}	t^{h}aŋ^{52}	t^{h}aŋ^{341}	laŋ^{341}	tθ^{h}aŋ^{52}	kaŋ^{52}
莱西	paŋ^{214}	maŋ^{214}	taŋ^{55}	t^{h}aŋ^{214}	t^{h}aŋ^{42}	laŋ^{42}	ts^{h}aŋ^{214}	kaŋ^{214}
平度	paŋ^{213}	maŋ^{42}	taŋ^{55}	t^{h}aŋ^{213}	t^{h}aŋ^{42}	laŋ^{42}	tθ^{h}aŋ^{213}	kaŋ^{213}

续表

	0705帮	0706忙	0707党	0708汤	0709糖	0710浪	0711仓	0712钢名
	宕开一平唐帮	宕开一平唐明	宕开一上唐端	宕开一平唐透	宕开一平唐定	宕开一去唐来	宕开一平唐清	宕开一平唐见
青岛	paŋ^{213}	maŋ^{42}	taŋ^{55}	t^{h}aŋ^{213}	t^{h}aŋ^{42}	laŋ^{42}	tθ^{h}aŋ^{213}	kaŋ^{213}
高密	paŋ^{213}	maŋ^{42}	taŋ^{55}	t^{h}aŋ^{213}	t^{h}aŋ^{42}	laŋ^{21}	tθ^{h}aŋ^{213}	kaŋ^{213}
诸城	paŋ^{213}	maŋ^{53}	taŋ^{44}	t^{h}aŋ^{213}	t^{h}aŋ^{53}	laŋ^{31}	tθ^{h}aŋ^{213}	kaŋ^{213}
沂水	paŋ^{213}	maŋ^{53}	taŋ^{44}	t^{h}aŋ^{213}	t^{h}aŋ^{53}	laŋ^{31}	tθ^{h}aŋ^{213}	kaŋ^{213}
临朐	paŋ^{213}	maŋ^{53}	taŋ^{44}	t^{h}aŋ^{213}	t^{h}aŋ^{53}	laŋ^{21}	tθ^{h}aŋ^{213}	kaŋ^{213}
日照	paŋ^{213}	maŋ^{53}	taŋ^{44}	t^{h}aŋ^{213}	t^{h}aŋ^{53}	laŋ^{31}	tθ^{h}aŋ^{213}	kaŋ^{213}
莒南	paŋ^{213}	maŋ^{53}	taŋ^{55}	t^{h}aŋ^{213}	t^{h}aŋ^{53}	laŋ^{312}	tθ^{h}aŋ^{213}	kaŋ^{213}
潍坊	paŋ^{214}	maŋ^{53}	taŋ^{55}	t^{h}aŋ^{214}	t^{h}aŋ^{53}	laŋ^{31}	ts^{h}aŋ^{214}	kaŋ^{214}
寿光	paŋ^{213}	maŋ^{53}	taŋ^{55}	t^{h}aŋ^{213}	t^{h}aŋ^{53}	laŋ^{21}	ts^{h}aŋ^{213}	kaŋ^{213}
高青	paŋ^{213}	maŋ^{55}	taŋ^{55}	t^{h}aŋ^{213}	t^{h}aŋ^{55}	laŋ^{41}	ts^{h}aŋ^{213}	kaŋ^{213}
阳信	paŋ^{213}	maŋ^{43}	taŋ^{55}	t^{h}aŋ^{213}	t^{h}aŋ^{43}	laŋ^{31}	ts^{h}aŋ^{213}	kaŋ^{213}
济阳	paŋ^{213}	maŋ^{55}	taŋ^{55}	t^{h}aŋ^{213}	t^{h}aŋ^{55}	laŋ^{31}	ts^{h}aŋ^{213}	kaŋ^{213}
利津	paŋ^{213}	maŋ^{53}	taŋ^{55}	t^{h}aŋ^{213}	t^{h}aŋ^{53}	laŋ^{31}	ts^{h}aŋ^{213}	kaŋ^{213}
乐陵	paŋ^{24}	maŋ^{55}	taŋ^{55}	t^{h}aŋ^{24}	t^{h}aŋ^{55}	laŋ^{51}	ts^{h}aŋ^{24}	kaŋ^{24}
商河	paŋ^{213}	maŋ^{54}	taŋ^{45}	t^{h}aŋ^{213}	t^{h}aŋ^{54}	laŋ^{31}	ts^{h}aŋ^{213}	kaŋ^{213}
平原	paŋ^{213}	maŋ^{42}	taŋ^{55}	t^{h}aŋ^{213}	t^{h}aŋ^{42}	laŋ^{21}	ts^{h}aŋ^{213}	kaŋ^{213}
德州	paŋ^{213}	maŋ^{42}	taŋ^{55}	t^{h}aŋ^{213}	t^{h}aŋ^{42}	laŋ^{21}	ts^{h}aŋ^{213}	kaŋ^{213}
武城	paŋ^{224}	maŋ^{53}	taŋ^{55}	t^{h}aŋ^{224}	t^{h}aŋ^{53}	laŋ^{312}	ts^{h}aŋ^{224}	kaŋ^{224}
临清	paŋ^{13}	maŋ^{53}	taŋ^{44}	t^{h}aŋ^{13}	t^{h}aŋ^{53}	laŋ^{313}	ts^{h}aŋ^{13}	kaŋ^{13}
冠县	paŋ^{13}	maŋ^{53}	taŋ^{55}	t^{h}aŋ^{13}	t^{h}aŋ^{53}	laŋ^{314}	ts^{h}aŋ^{13}	kaŋ^{13}
聊城	paŋ^{13}	maŋ^{53}	taŋ^{44}	t^{h}aŋ^{13}	t^{h}aŋ^{53}	laŋ^{313}	ts^{h}aŋ^{13}	kaŋ^{13}
济南	paŋ^{213}	maŋ^{42}	taŋ^{55}	t^{h}aŋ^{213}	t^{h}aŋ^{42}	laŋ^{21}	ts^{h}aŋ^{213}	kaŋ^{213}
泰安	paŋ^{213}	maŋ^{42}	taŋ^{55}	t^{h}aŋ^{213}	t^{h}aŋ^{42}	laŋ^{21}	ts^{h}aŋ^{213}	kaŋ^{213}
莱芜	paŋ^{213}	maŋ^{55}	taŋ^{55}	t^{h}aŋ^{213}	t^{h}aŋ^{55}	laŋ^{42}	ts^{h}aŋ^{213}	kaŋ^{213}
新泰	paŋ^{213}	maŋ^{42}	taŋ^{55}	t^{h}aŋ^{213}	t^{h}aŋ^{42}	laŋ^{31}	tθ^{h}aŋ^{213}	kaŋ^{213}
沂源	paŋ^{213}	maŋ^{55}	taŋ^{55}	t^{h}aŋ^{213}	t^{h}aŋ^{55}	laŋ^{31}	tθ^{h}aŋ^{213}	kaŋ^{213}

续表

	0705帮	0706忙	0707党	0708汤	0709糖	0710浪	0711仓	0712钢名
	宕开一 平唐帮	宕开一 平唐明	宕开一 上唐端	宕开一 平唐透	宕开一 平唐定	宕开一 去唐来	宕开一 平唐清	宕开一 平唐见
博山	paŋ^{213}	maŋ^{55}	taŋ^{55}	tʰaŋ^{213}	tʰaŋ^{55}	laŋ^{31}	tsʰaŋ^{213}	kaŋ^{213}
张店	paŋ^{213}	maŋ^{55}	taŋ^{55}	tʰaŋ^{213}	tʰaŋ^{55}	laŋ^{31}	tsʰaŋ^{213}	kaŋ^{213}
阳谷	paŋ^{213}	maŋ^{42}	taŋ^{55}	tʰaŋ^{213}	tʰaŋ^{42}	laŋ^{313}	tsʰaŋ^{213}	kaŋ^{213}
梁山	paŋ^{213}	maŋ^{42}	taŋ^{55}	tʰaŋ^{213}	tʰaŋ^{42}	laŋ^{314}	tsʰaŋ^{213}	kaŋ^{213}
菏泽	paŋ^{213}	maŋ^{53}	taŋ^{44}	tʰaŋ^{213}	tʰaŋ^{53}	laŋ^{312}	tsʰaŋ^{213}	kaŋ^{213}
曹县	paŋ^{213}	maŋ^{53}	taŋ^{44}	tʰaŋ^{213}	tʰaŋ^{53}	laŋ^{312}	tsʰaŋ^{213}	kaŋ^{213}
金乡	paŋ^{213}	maŋ^{42}	taŋ^{55}	tʰaŋ^{213}	tʰaŋ^{42}	laŋ^{312}	tsʰaŋ^{213}	kaŋ^{213}
曲阜	paŋ^{213}	maŋ^{42}	taŋ^{55}	tʰaŋ^{213}	tʰaŋ^{42}	laŋ^{312}	tsʰaŋ^{213}	kaŋ^{213}
薛城	paŋ^{313}	maŋ^{55}	taŋ^{24}	tʰaŋ^{313}	tʰaŋ^{55}	laŋ^{41}	tsʰaŋ^{313}	kaŋ^{313}
郯城	paŋ^{213}	maŋ^{44}	taŋ^{24}	tʰaŋ^{213}	tʰaŋ^{44}	laŋ^{51}	tsʰaŋ^{213}	kaŋ^{213}
临沂	paŋ^{214}	maŋ^{53}	taŋ^{55}	tʰaŋ^{214}	tʰaŋ^{53}	laŋ^{312}	tsʰaŋ^{214}	kaŋ^{214}

	0713糠	0714薄形	0715摸	0716托	0717落	0718作	0719索	0720各
	宕开一 平唐溪	宕开一 入铎並	宕开一 入铎明	宕开一 入铎透	宕开一 入铎来	宕开一 入铎精	宕开一 入铎心	宕开一 入铎见
荣成	kʰaŋ^{53}	po^{33}	mo^{53}	tʰo^{214}	lo^{214}	tso^{33}	so^{214}	ko^{214}
烟台	kʰaŋ^{53}	po^{33}	mo^{14}	tʰuo^{14}	luo^{14}	tsuo^{33}	suo^{14}	kɤ^{14}
栖霞	kʰaŋ^{312}	pə^{342}	mə^{52}	tʰuo^{214}	luo^{52}	tsuo^{52}	suo^{214}	kə^{214}
长岛	kʰaŋ^{312}	pə^{55}	mə^{312}	tʰuə^{213}	luə^{213}	tsuə^{52}	suə^{213}	kə^{213}
海阳	kʰaŋ^{52}	pə^{341}	mə^{341}	tʰuo^{52}	luo^{341}	tθuo^{341}	θuo^{214}	kuo^{214}
莱西	kʰaŋ^{214}	pə^{42}	mə^{42}	tʰuə^{55}	luə^{42}	tsuə^{42}	suə^{55}	kə^{42}
平度	kʰaŋ^{213}	pə^{42}	mə^{213}	tʰuə^{55}	luə^{42}	tθuə^{42}	θuə^{55}	kə^{55}
青岛	kʰaŋ^{213}	pə^{42}	mə^{213}	tʰuə^{55}	luə^{42}～叶 la^{42}～下①	tθuə^{42}	θuə^{55}	kə^{42}
高密	kʰaŋ^{213}	pə^{42}	mə^{21}	tʰuə^{55}	luə^{21}～叶 la^{21}～下	tθuə^{55}	θuə^{55}	kə^{55}

① 本条中的例词“落下”均指遗落或行进中落在后面，“落后”均指与“先进”相对的意义。以下有不同读音时先列表降落义的读音，后列其他。

续表

	0713糠	0714薄形	0715摸	0716托	0717落	0718作	0719索	0720各
	宕开一平唐溪	宕开一入铎並	宕开一入铎明	宕开一入铎透	宕开一入铎来	宕开一入铎精	宕开一入铎心	宕开一入铎见
诸城	kʰɑŋ^{213}	pə^{53}	mə^{31}	tʰuə^{44}	luə^{31}～叶 la^{53}～下	tθuə^{44}	θuə^{44}	kuə^{44}
沂水	kʰɑŋ^{213}	pə^{53}	mə^{53}老 mə^{31}新	tθʰuə^{44}白 tʰuə^{44}文	la^{213}白，～后 luə^{31}文，～后 la^{53}～下	dðuə^{44}	θuə^{44}	kuə^{44}
临朐	kʰɑŋ^{213}	pə^{53}	mə^{21}	tʰuə^{44}	luə^{21}	tθuə^{21}	θuə^{44}	kuə^{44}
日照	kʰɑŋ^{213}	pə^{53}	mə^{31}	tʰuə^{213}	luə^{31}～叶 lɑ^{31}～下	tθuə^{213}	θuə^{44}	kə^{213}
莒南	kʰɑŋ^{213}	pə^{53}	mə^{312}	tuə^{213}	luə^{312}又 la^{312}又	tθuə^{213}	θuə^{55}	kə^{55}
潍坊	kʰɑŋ^{214}	pə^{53}	mə^{31}	tʰuə^{214}	luə^{31}	tsuə^{31}	suə^{55}	kuə^{214}
寿光	kʰɑŋ^{213}	pə^{53}	mə^{21}	tʰuə^{213}	luə^{21}	tsuə^{213}	suə^{55}	kuə^{55}
高青	kʰɑŋ^{213}	pə^{55}	mə^{41}	tʰuə^{213}	luə^{41}	tsuə^{41}	suə^{55}	kə^{55}
阳信	kʰɑŋ^{213}	pɔ^{43}	mɔ^{31}	tʰuə^{213}	luə^{31}降～ la^{43}～下	tsuə^{31}工～ tsuə^{213}～孽	suə^{55}	kə^{55}
济阳	kʰɑŋ^{213}	pə^{55}	mə^{213}	tʰuə^{213}	luə^{31}降～ la^{31}～下	tsuə^{31}	suə^{55}	kə^{213}
利津	kʰɑŋ^{213}	pə^{53}	mə^{31}	tʰuə^{44}	luə^{31}降～ la^{31}～下	tsuə^{44}	suə^{44}	kə^{44}
乐陵	kʰɑŋ^{24}	pɔ^{55}	mɔ^{24}又 mə^{24}又	tʰuə^{24}	luə^{51}降～ lɔ^{51}不～好 lɑ^{51}～下	tsuə^{51}	suə^{55}	kə^{55}
商河	kʰɑŋ^{213}	pɔ^{54}	mɔ^{213}又 mə^{213}又	tʰuə^{213}	luə^{31}降～ lɔ^{31}～下毛病 lɑ^{31}～下	tsuə^{45}	suə^{45}	kə^{45}
平原	kʰɑŋ^{213}	pə^{42}又 pɔu^{42}又	mə^{213}	tʰuə^{213}	luə^{21}降～ la^{21}～下	tsuə^{21}	suə^{55}	kə^{55}
德州	kʰɑŋ^{213}	pə^{42}	mə^{213}	tʰuə^{213}	luə^{21}又 lɔ^{21}又	tsuə^{21}	suə^{55}	kə^{55}
武城	kʰɑŋ^{224}	pə^{53}	mə^{224}	tʰuə^{224}	luə^{312}～叶 lɔ^{312}没～好 la^{312}～下	tsuə^{312}	suə^{55}	kə^{55}

续表

	0713糠	0714薄形	0715摸	0716托	0717落	0718作	0719索	0720各
	宕开一 平唐溪	宕开一 入铎並	宕开一 入铎明	宕开一 入铎透	宕开一 入铎来	宕开一 入铎精	宕开一 入铎心	宕开一 入铎见
临清	kʰɑŋ^{13}	pə^{53}	mə^{13}	tʰuə^{13}	luə^{313}掉～ la^{313}～下	tsuə^{13}	suə^{44}	kə^{44}
冠县	kʰɑŋ^{13}	pə^{53}	mə^{13}	tʰuə^{13}	luə^{314}	tsuə^{13}	suə^{55}	kə^{13}
聊城	kʰɑŋ^{13}	pə^{53}	mə^{13}	tʰuə^{13}	luə^{313}～叶 la^{313}～下	tsuə^{313}	suə^{44}	kə^{44}
济南	kʰɑŋ^{213}	pə^{42}	mə^{213}	tʰuə^{213}委～ tʰuə^{55}～儿所	luə^{21}～叶 la^{21}～下	tsuə^{21}	suə^{55}	kə^{55}
泰安	kʰɑŋ^{213}	pə^{42}	mə^{213}	tʰuə^{213}	luə^{21}	tsuə^{213}～孽 tsuə^{21}～文	suə^{55}	kə^{213}
莱芜	kʰɑŋ^{213}	pə^{55}	mə^{213}	tʰuə^{213}	luə^{42}	tsuə^{213}	suə^{213}	kə^{213}
新泰	kʰɑŋ^{213}	pə^{42}	mə^{213}	tʰuə^{213}	luə^{31}	tθuə^{213}	θuə^{55}	kə^{213}
沂源	kʰɑŋ^{213}	pə^{55}	mə^{213}	tʰuə^{213}	luə^{31}又 la^{55}又	tθuə^{31}	θuə^{55}	kuə^{55}
博山	kʰɑŋ^{213}	pə^{55}	mə^{31}	tʰuə^{213}	luə^{31}又 lɑ^{31}又	tsuə^{31}	suə^{55}	kuə^{213}
张店	kʰɑŋ^{213}	pə^{55}	mə^{31}	tʰuə^{33}	luə^{31}又 lɑ^{33}又	tsuə^{33}	suə^{33}	kuə^{33}
阳谷	kʰɑŋ^{213}	pə^{42}	mə^{213}	tʰuo^{213}	luo^{213}	tsuo^{213}	suo^{55}	kə^{213}
梁山	kʰɑŋ^{213}	pə^{42}老 pɔ^{42}新	mə^{213}	tʰuə^{213}	luo^{314}～后 lɔ^{213}～子戏 la^{42}～下	tsuə^{213}	suə^{55}	kə^{213}
菏泽	kʰɑŋ^{213}	pə^{53}	mə^{213}	tʰuə^{213}	luə^{213}	tsuə^{213}	suə^{44}	kə^{213}
曹县	kʰɑŋ^{213}	pə^{53}	mə^{213}	tʰuə^{213}	luə^{213}	tsuə^{213}	suə^{44}	kə^{213}
金乡	kʰɑŋ^{213}	pə^{42}	mə^{213}	tʰuə^{213}	luə^{213}～后 lɔ^{312}～子戏 la^{42}～下	tsuə^{213}	suə^{55}	kə^{213}
曲阜	kʰaŋ^{213}	pə^{42}	mə^{213}	tʰuə^{213}	luə^{213}	tsuə^{213}	suə^{55}	kə^{213}
薛城	kʰɑŋ^{313}	pə^{55}	mə^{313}	tʰuə^{313}	luə^{313}降～ la^{55}～下	tsuə^{313}	suə^{24}	kə^{313}
郯城	kʰɑŋ^{213}	pə^{213}	mə^{213}	tʰuə^{213}	luə^{213}～叶 la^{44}～下	tsuə^{213}	suə^{24}	kə^{213}
临沂	kʰɑŋ^{214}	pə^{53}	mə^{214}	tʰuə^{214}	luə^{214}～后 la^{53}～下	tsuə^{214}	suə^{55}	kə^{214}

	0721鹤	0722恶 形，入声	0723娘	0724两 斤～	0725亮	0726浆	0727抢	0728匠
	宕开一 入铎匣	宕开一 入铎影	宕开三 平阳泥	宕开三 上阳来	宕开三 去阳来	宕开三 平阳精	宕开三 上阳清	宕开三 去阳从
荣成	xo^{33}	o^{214}	niaŋ^{35}	liaŋ^{214}	liaŋ^{33}	tsiaŋ^{53}	tsʰiaŋ^{214}	tsiaŋ^{33}
烟台	xɤ^{33}	ɤ^{14}	ȵiaŋ^{33}	liaŋ^{14}	liaŋ^{33}	tɕiaŋ^{53}	tɕʰiaŋ^{14}	tɕiaŋ^{33}
栖霞	xə^{52}	ə^{52}	ȵiaŋ^{342}	liaŋ^{214}	liaŋ^{52}	tʃaŋ^{312}	tʃʰaŋ^{214}	tʃaŋ^{52}
长岛	xə^{52}	uə^{55}	ȵiaŋ^{55}	liaŋ^{213}	liaŋ^{52}	tʃaŋ^{312}	tʃʰaŋ^{213}	tʃaŋ^{52}
海阳	xuo^{341}	uo^{341}	ȵiaŋ^{341}	liaŋ^{214}	liaŋ^{341}	tsiaŋ^{52}	tsʰiaŋ^{214}	tsiaŋ^{341}
莱西	xuə^{42}	uə^{42}	ȵiaŋ^{42}	liaŋ^{55}	liaŋ^{42}	tʃiaŋ^{214}	tʃʰiaŋ^{55}	tʃiaŋ^{42}
平度	xuə^{42}	uə^{42}	ȵiaŋ^{42}	liaŋ^{55}	liaŋ^{42}	tsiaŋ^{213}	tsʰiaŋ^{55}	tsiaŋ^{42}
青岛	xuə^{42}白 xə^{42}文	uə^{42}	ȵiaŋ^{213}	liaŋ^{55}	liaŋ^{42}	tsiaŋ^{213}	tsʰiaŋ^{55}	tsiaŋ^{42}
高密	xə^{42}	ə^{55}～人	ȵiaŋ^{42}	liaŋ^{55}	liaŋ^{42}	tsiaŋ^{213}	tsʰiaŋ^{55}	tsiaŋ^{21}
诸城	xuə^{53}	uə^{44}	ȵiaŋ^{53}	liaŋ^{44}	liaŋ^{31}	tθiaŋ^{213}	tθʰiaŋ^{44}	tθiaŋ^{31}
沂水	xuə^{213}	uə^{31}	niaŋ^{53}	liaŋ^{44}	liaŋ^{31}	dziaŋ^{213}	tsʰiaŋ^{44}	dziaŋ^{31}
临朐	xə^{53}又 xuə^{21}又	uə^{44}	ȵiaŋ^{53}	liaŋ^{44}	liaŋ^{21}	tɕiaŋ^{213}	tɕʰiaŋ^{44}	tɕiaŋ^{21}
日照	xə^{213}	uə^{44}	niaŋ^{53}	liaŋ^{44}	liaŋ^{31}	ȶiaŋ^{213}	ȶʰiaŋ^{44}	ȶiaŋ^{31}
莒南	xə^{213}	ə^{213}	niaŋ^{53}	liaŋ^{55}	liaŋ^{312}	tsiaŋ^{213}	tsʰiaŋ^{55}	tsiaŋ^{312}
潍坊	xuə^{214}	uə^{31}	ȵiaŋ^{53}	liaŋ^{55}	liaŋ^{31}	tɕiaŋ^{214}	tɕʰiaŋ^{55}	tɕiaŋ^{31}
寿光	xuə^{213}又 xə^{53}又	uə^{213}	ȵiaŋ^{53}	liaŋ^{55}	liaŋ^{21}	tɕiaŋ^{213}	tɕʰiaŋ^{55}	tɕiaŋ^{21}
高青	xuə^{213}	ŋə^{213}	ȵiaŋ^{55}	liaŋ^{55}	liaŋ^{41}	tɕiaŋ^{213}	tɕʰiaŋ^{55}	tɕiaŋ^{41}
阳信	xə^{43}	ŋə^{213}	ȵiaŋ^{43}	liaŋ^{55}	liaŋ^{31}	tɕiaŋ^{213}	tɕʰiaŋ^{55}	tɕiaŋ^{31}
济阳	xə^{31}	ŋə^{213}	ȵiaŋ^{55}	liaŋ^{55}	liaŋ^{31}	tɕiaŋ^{213}	tɕʰiaŋ^{55}	tɕiaŋ^{31}
利津	xə^{44}	ŋə^{44}	ȵiaŋ^{53}	liaŋ^{55}	liaŋ^{31}	tɕiaŋ^{213}	tɕʰiaŋ^{55}	tɕiaŋ^{31}
乐陵	xə^{55}	ŋə^{24}	ȵiaŋ^{55}	liaŋ^{55}	liaŋ^{51}	tɕiaŋ^{24}	tɕʰiaŋ^{55}	tɕiaŋ^{51}
商河	xə^{54}	ŋə^{45}	ȵiaŋ^{54}	liaŋ^{45}	liaŋ^{31}	tɕiaŋ^{213}	tɕʰiaŋ^{45}	tɕiaŋ^{31}
平原	xə^{21}	ŋə^{213}	ȵiaŋ^{42}	liaŋ^{55}	liaŋ^{21}	tɕiaŋ^{213}	tɕʰiaŋ^{55}	tɕiaŋ^{21}
德州	xə^{42}老 xə^{21}新	ŋə^{213}	ȵiaŋ^{42}	liaŋ^{55}	liaŋ^{21}	tɕiaŋ^{213}	tɕʰiaŋ^{55}	tɕiaŋ^{21}

续表

	0721鹤	0722恶 形，入声	0723娘	0724两 斤～	0725亮	0726浆	0727抢	0728匠
	宕开一入铎匣	宕开一入铎影	宕开三平阳泥	宕开三上阳来	宕开三去阳来	宕开三平阳精	宕开三上阳清	宕开三去阳从
武城	xə^{312}	ŋə^{224}	ȵiaŋ^{53}	liaŋ^{55}	liaŋ^{312}	tɕiaŋ^{224}	tɕʰiaŋ^{55}	tɕiaŋ^{312}
临清	xə^{313}	ŋə^{13}	ȵiaŋ^{13}	liaŋ^{44}	liaŋ^{313}	tɕiaŋ^{13}	tɕʰiaŋ^{44}	tɕiaŋ^{313}
冠县	xə^{314}	ɣə^{13}	ȵiaŋ^{53}	liaŋ^{55}	liaŋ^{314}	tsiaŋ^{13}	tsʰiaŋ^{55}	tsiaŋ^{314}
聊城	xə^{313}	ɣə^{13}	ȵiaŋ^{53}	liaŋ^{44}	liaŋ^{313}	tɕiaŋ^{13}	tɕʰiaŋ^{44}	tɕiaŋ^{313}
济南	xə^{21}	ŋə^{213}	ȵiaŋ^{42}	liaŋ^{55}	liaŋ^{21}	tɕiaŋ^{213}	tɕʰiaŋ^{55}	tɕiaŋ^{21}
泰安	xə^{21}	ɣə^{213}	ȵiaŋ^{42}	liaŋ^{55}	liaŋ^{21}	tɕiaŋ^{213}名词，豆～ tɕiaŋ^{21}动词，～洗	tɕʰiaŋ^{55}	tɕiaŋ^{21}
莱芜	xuə^{213}	ŋə^{213}	ȵiaŋ^{55}	liaŋ^{55}	liaŋ^{42}	tɕiaŋ^{213}	tɕʰiaŋ^{55}	tɕiaŋ^{42}
新泰	xə^{31}	uə^{213}老 ŋə^{213}新	ȵiaŋ^{42}	liaŋ^{55}	liaŋ^{31}	tɕiaŋ^{213}	tɕʰiaŋ^{55}	tɕiaŋ^{31}
沂源	xə^{55}	uə^{213}	ȵiaŋ^{55}	liaŋ^{55}	liaŋ^{31}	tɕiaŋ^{213}	tɕʰiaŋ^{55}	tɕiaŋ^{31}
博山	xuə^{31}又 hɔ^{55}又	uə^{213}	ȵiaŋ^{55}	liaŋ^{55}	liaŋ^{31}	tɕiaŋ^{213}	tɕʰiaŋ^{55}	tɕiaŋ^{31}
张店	xə^{55}	uə^{33}	ȵiaŋ^{55}	liaŋ^{55}	liaŋ^{31}	tɕiaŋ^{213}	tɕʰiaŋ^{55}	tɕiaŋ^{31}
阳谷	xə^{313}	ɣə^{213}	ȵiaŋ^{42}	liaŋ^{55}	liaŋ^{313}	tɕiaŋ^{213}	tɕʰiaŋ^{55}	tɕiaŋ^{313}
梁山	xə^{314}	ɣə^{213}	ȵiaŋ^{42}	liaŋ^{55}	liaŋ^{314}	tɕiaŋ^{213}名词，豆～ tɕiaŋ^{314}动词，～布	tɕʰiaŋ^{55}	tɕiaŋ^{314}
菏泽	xə^{213}	ɣə^{213}	ȵiaŋ^{213}	liaŋ^{44}	liaŋ^{312}	tɕiaŋ^{213}	tɕʰiaŋ^{44}	tɕiaŋ^{312}
曹县	xə^{312}	ɣə^{213}	ȵiaŋ^{53}	liaŋ^{44}	liaŋ^{312}	tɕiaŋ^{213}	tɕʰiaŋ^{44}	tɕiaŋ^{312}
金乡	xə^{312}	ɣə^{213}	ȵiaŋ^{213}呼称、叙称 ȵiaŋ^{42}我的～来	liaŋ^{55}	liaŋ^{312}	tɕiaŋ^{213}名词，豆～ tɕiaŋ^{312}动词，～布	tɕʰiaŋ^{55}	tɕiaŋ^{312}
曲阜	xə^{312}	ɣə^{213}	ȵiaŋ^{42}叙称 ȵia^{312}面称	liaŋ^{55}	liaŋ^{312}	tɕiaŋ^{213}名词，豆～ tɕiaŋ^{312}动词，～布	tɕʰiaŋ^{55}	tɕiaŋ^{312}

续表

	0721鹤	0722恶形，入声	0723娘	0724两斤～	0725亮	0726浆	0727抢	0728匠
	宕开一入铎匣	宕开一入铎影	宕开三平阳泥	宕开三上阳来	宕开三去阳来	宕开三平阳精	宕开三上阳清	宕开三去阳从
薛城	xə^{41}	ɣə^{313}	ȵiɑŋ^{55}	liɑŋ^{24}	liɑŋ^{41}	tɕiɑŋ^{41}糖～ tɕiɑŋ^{313}豆～	tɕ^{h}iɑŋ^{24}	tɕiɑŋ^{41}
郯城	xə^{213}	ə^{213}	ȵiɑŋ^{44}	liɑŋ^{24}	liɑŋ^{51}	tɕiɑŋ^{213}	tɕ^{h}iɑŋ^{24}	tɕiɑŋ^{51}
临沂	xə^{214}	ɣə^{214}	ȵiɑŋ^{53}	liɑŋ^{55}	liɑŋ^{312}	tɕiɑŋ^{214}	tɕ^{h}iɑŋ^{55}	tɕiɑŋ^{312}

	0729想	0730像	0731张量	0732长～短	0733装	0734壮	0735疮	0736床
	宕开三上阳心	宕开三上阳邪	宕开三平阳知	宕开三平阳澄	宕开三平阳庄	宕开三去阳庄	宕开三平阳初	宕开三平阳崇
荣成	siɑŋ^{214}	siɑŋ^{33}名词 tsiɑŋ^{35}动词	tʃɑŋ^{53}	tʃ^{h}ɑŋ^{35}	tʂuɑŋ^{53}	tʂuɑŋ^{33}	tʂ^{h}ɑŋ^{53}	tʂ^{h}uɑŋ^{35}
烟台	ɕiɑŋ^{14}	ɕiɑŋ^{33}	tɕiɑŋ^{53}	tɕ^{h}iɑŋ^{33}	tsuɑŋ^{53}	tsuɑŋ^{33}	ts^{h}ɑŋ^{53}	ts^{h}uɑŋ^{33}
栖霞	ʃɑŋ^{214}	ʃɑŋ^{52}	tʃɑŋ^{312}	tʃ^{h}ɑŋ^{342}	tsuɑŋ^{312}	tsuɑŋ^{52}	ts^{h}ɑŋ^{312}	ts^{h}uɑŋ^{342}
长岛	ʃɑŋ^{213}	ʃɑŋ^{52}	tʃɑŋ^{312}	tʃ^{h}ɑŋ^{55}	tsuɑŋ^{312}	tsuɑŋ^{52}	ts^{h}ɑŋ^{312}	ts^{h}uɑŋ^{55}
海阳	siɑŋ^{214}	siɑŋ^{341}	tsɑŋ^{52}	ts^{h}ɑŋ^{341}	tʂuɑŋ^{52}	tʂuɑŋ^{341}	tʂ^{h}ɑŋ^{52}	tʂ^{h}uɑŋ^{341}
莱西	ʃiɑŋ^{55}	ʃiɑŋ^{42}	tʃɑŋ^{214}	tʃ^{h}ɑŋ^{42}	tsuɑŋ^{214}	tsuɑŋ^{42}	ts^{h}ɑŋ^{214}	ts^{h}uɑŋ^{42}
平度	siɑŋ^{55}	siɑŋ^{42}	tʃɑŋ^{213}	tʃ^{h}ɑŋ^{42}	tʂuɑŋ^{213}	tʂuɑŋ^{42}	tʂ^{h}ɑŋ^{213}	tʂ^{h}uɑŋ^{42}
青岛	siɑŋ^{55}	siɑŋ^{42}	tʃɑŋ^{213}	tʃ^{h}ɑŋ^{42}	tʂuɑŋ^{213}	tʂuɑŋ^{42}	tʂ^{h}ɑŋ^{213}	tʂ^{h}uɑŋ^{42}
高密	siɑŋ^{55}	siɑŋ^{42}	tʃɑŋ^{213}	tʃ^{h}ɑŋ^{42}	tʂuɑŋ^{213}	tʂuɑŋ^{21}	tʂ^{h}uɑŋ^{213}	tʂ^{h}uɑŋ^{42}
诸城	θiɑŋ^{44}	θiɑŋ^{31}	tʃɑŋ^{213}	tʃ^{h}ɑŋ^{53}	tʂuɑŋ^{213}	tʂuɑŋ^{31}	tʂ^{h}uɑŋ^{213}	tʂ^{h}uɑŋ^{53}
沂水	siɑŋ^{44}	siɑŋ^{31}	dʒɑŋ^{213}	tʃ^{h}ɑŋ^{53}	tʂuɑŋ^{213}	tʂuɑŋ^{31}	tʂ^{h}uɑŋ^{213}	tʂ^{h}uɑŋ^{53}
临朐	ɕiɑŋ^{44}	ɕiɑŋ^{21}	tʃɑŋ^{213}	tʃ^{h}ɑŋ^{53}	tʂuɑŋ^{213}	tʂuɑŋ^{21}	tʂ^{h}uɑŋ^{213}	tʂ^{h}uɑŋ^{53}
日照	θiɑŋ^{44}	θiɑŋ^{31}	tʃiɑŋ^{213}	tʃ^{h}iɑŋ^{53}	tʂuɑŋ^{213}	tʂuɑŋ^{31}	tʂ^{h}uɑŋ^{213}	tʂ^{h}uɑŋ^{53}
莒南	siɑŋ^{55}	siɑŋ^{312}	tʃɑŋ^{213}	tʃ^{h}ɑŋ^{53}	tʂuɑŋ^{213}	tʂuɑŋ^{312}	tʂ^{h}uɑŋ^{213}	tʂ^{h}uɑŋ^{53}
潍坊	ɕiɑŋ^{55}	ɕiɑŋ^{31}	tʂɑŋ^{214}	tʂ^{h}ɑŋ^{53}	tʂuɑŋ^{214}	tʂuɑŋ^{31}	tʂ^{h}uɑŋ^{214}	tʂ^{h}uɑŋ^{53}
寿光	ɕiɑŋ^{55}	ɕiɑŋ^{21}	tʂɑŋ^{213}	tʂ^{h}ɑŋ^{53}	tʂuɑŋ^{213}	tʂuɑŋ^{21}	tʂ^{h}uɑŋ^{213}	tʂ^{h}uɑŋ^{53}
高青	ɕiɑŋ^{55}	ɕiɑŋ^{41}	tʂɑŋ^{213}	tʂ^{h}ɑŋ^{55}	tʂuɑŋ^{213}	tʂuɑŋ^{41}	tʂ^{h}uɑŋ^{213}	tʂ^{h}uɑŋ^{55}

续表

	0729想	0730像	0731张量	0732长～短	0733装	0734壮	0735疮	0736床
	宕开三上阳心	宕开三上阳邪	宕开三平阳知	宕开三平阳澄	宕开三平阳庄	宕开三去阳庄	宕开三平阳初	宕开三平阳崇
阳信	ɕiaŋ^{55}	ɕiaŋ^{31}	tʂaŋ^{213}	tʂʰaŋ^{43}	tʂuaŋ^{213}	tʂuaŋ^{31}	tʂʰuaŋ^{213}	tʂʰuaŋ^{43}
济阳	ɕiaŋ^{55}	ɕiaŋ^{31}	tʂaŋ^{213}	tʂʰaŋ^{55}	tʂuaŋ^{213}	tʂuaŋ^{31}	tʂʰuaŋ^{213}	tʂʰuaŋ^{55}
利津	ɕiaŋ^{55}	ɕiaŋ^{31}	tʂaŋ^{213}	tʂʰaŋ^{53}	tʂuaŋ^{213}	tʂuaŋ^{31}	tʂʰuaŋ^{213}	tʂʰuaŋ^{53}
乐陵	ɕiaŋ^{55}	ɕiaŋ^{51}	tʂaŋ^{24}	tʂʰaŋ^{55}	tʂuaŋ^{24}	tʂuaŋ^{51}	tʂʰuaŋ^{24}	tʂʰuaŋ^{55}
商河	ɕiaŋ^{45}	ɕiaŋ^{31}	tʂaŋ^{213}	tʂʰaŋ^{54}	tʂuaŋ^{213}	tʂuaŋ^{31}	tʂʰuaŋ^{213}	tʂʰuaŋ^{54}
平原	ɕiaŋ^{55}	ɕiaŋ^{21}	tʂaŋ^{213}	tʂʰaŋ^{42}	tʂuaŋ^{213}	tʂuaŋ^{21}	tʂʰuaŋ^{213}	tʂʰuaŋ^{42}
德州	ɕiaŋ^{55}	ɕiaŋ^{21}	tʂaŋ^{213}	tʂʰaŋ^{42}	tʂuaŋ^{213}	tʂuaŋ^{21}	tʂʰuaŋ^{213}	tʂʰuaŋ^{42}
武城	ɕiaŋ^{55}	ɕiaŋ^{312}	tʂaŋ^{224}	tʂʰaŋ^{53}	tʂuaŋ^{224}	tʂuaŋ^{312}	tʂʰuaŋ^{224}	tʂʰuaŋ^{53}
临清	ɕiaŋ^{44}	ɕiaŋ^{313}	tʂaŋ^{13}	tʂʰaŋ^{53}	tʂuaŋ^{13}	tʂuaŋ^{313}	tʂʰuaŋ^{13}	tʂʰuaŋ^{53}
冠县	siaŋ^{55}	siaŋ^{314}	tʂaŋ^{13}	tʂʰaŋ^{53}	tʂuaŋ^{13}	tʂuaŋ^{314}	tʂʰuaŋ^{13}	tʂʰuaŋ^{53}
聊城	ɕiaŋ^{44}	ɕiaŋ^{313}	tsaŋ^{13}	tsʰaŋ^{53}	tsuaŋ^{13}	tsuaŋ^{313}	tsʰuaŋ^{13}	tsʰuaŋ^{53}
济南	ɕiaŋ^{55}	ɕiaŋ^{21}	tʂaŋ^{213}	tʂʰaŋ^{42}	tʂuaŋ^{213}	tʂuaŋ^{21}	tʂʰuaŋ^{213}	tʂʰuaŋ^{42}
泰安	ɕiaŋ^{55}	ɕiaŋ^{21}	tʂaŋ^{213}	tʂʰaŋ^{42}	tʂuaŋ^{213}	tʂuaŋ^{21}	tʂʰuaŋ^{213}	tʂʰuaŋ^{42}
莱芜	ɕiaŋ^{55}	ɕiaŋ^{42}	tʃaŋ^{213}	tʃʰaŋ^{55}	tʃuaŋ^{213}	tʃuaŋ^{42}	tʃʰuaŋ^{213}	tʃʰuaŋ^{55}
新泰	ɕiaŋ^{55}	ɕiaŋ^{31}	tʃaŋ^{213}	tʃʰaŋ^{42}	pfaŋ^{213}老 tʃuaŋ^{213}新	pfaŋ^{31}老 tʃuaŋ^{31}新	pfʰaŋ^{213}老 tʃʰuaŋ^{213}新	pfʰaŋ^{42}老 tʃʰuaŋ^{42}新
沂源	ɕiaŋ^{55}	ɕiaŋ^{31}	tʃaŋ^{213}	tʃʰaŋ^{55}	tʃuaŋ^{213}	tʃuaŋ^{31}	tʃʰuaŋ^{213}	tʃʰuaŋ^{55}
博山	ɕiaŋ^{55}	ɕiaŋ^{31}	tʂaŋ^{213}	tʂʰaŋ^{55}	tʂuaŋ^{213}	tʂuaŋ^{31}	tʂʰuaŋ^{213}	tʂʰuaŋ^{55}
张店	ɕiaŋ^{55}	ɕiaŋ^{31}	tʂaŋ^{213}	tʂʰaŋ^{55}	tʂuaŋ^{213}	tʂuaŋ^{31}	tʂʰuaŋ^{213}	tʂʰuaŋ^{55}
阳谷	ɕiaŋ^{55}	ɕiaŋ^{313}	tsaŋ^{213}	tsʰaŋ^{42}	tsuaŋ^{213}	tsuaŋ^{313}	tsʰuaŋ^{213}	tsʰuaŋ^{42}
梁山	ɕiaŋ^{55}	ɕiaŋ^{314}	tsaŋ^{213}	tsʰaŋ^{42}	tsuaŋ^{213}	tsuaŋ^{314}	tsʰuaŋ^{213}	tsʰuaŋ^{42}
菏泽	ɕiaŋ^{44}	ɕiaŋ^{312}	tsaŋ^{213}	tsʰaŋ^{53}	tsuaŋ^{213}	tsuaŋ^{312}	tsʰuaŋ^{213}	tsʰuaŋ^{53}
曹县	ɕiaŋ^{44}	ɕiaŋ^{312}	tʂaŋ^{213}	tʂʰaŋ^{53}	tʂuaŋ^{213}	tʂuaŋ^{312}	tʂʰuaŋ^{213}	tʂʰuaŋ^{53}
金乡	ɕiaŋ^{55}	ɕiaŋ^{312}	tsaŋ^{213}	tsʰaŋ^{42}	tsuaŋ^{213}	tsuaŋ^{312}	tsʰuaŋ^{213}	tsʰuaŋ^{42}
曲阜	ɕiaŋ^{55}	ɕiaŋ^{312}	tsaŋ^{213}	tsʰaŋ^{42}	tsuaŋ^{213}	tsuaŋ^{312}	tsʰuaŋ^{213}	tsʰuaŋ^{42}
薛城	ɕiaŋ^{24}	ɕiaŋ^{41}	tsaŋ^{313}	tsʰaŋ^{55}	pfaŋ^{313}又 tsuaŋ^{313}又	pfaŋ^{41}又 tsuaŋ^{41}又	pfʰaŋ^{313}又 tsʰuaŋ^{313}又	pfʰaŋ^{55}又 tsʰuaŋ^{55}又

续表

	0729想	0730像	0731张量	0732长～短	0733装	0734壮	0735疮	0736床
	宕开三上阳心	宕开三上阳邪	宕开三平阳知	宕开三平阳澄	宕开三平阳庄	宕开三去阳庄	宕开三平阳初	宕开三平阳崇
郯城	ɕiaŋ^{24}	ɕiaŋ^{51}	tʂaŋ^{213}	tʂʰaŋ^{44}	tʂuaŋ^{213}	tʂuaŋ^{51}	tʂʰuaŋ^{213}	tʂʰuaŋ^{44}
临沂	ɕiaŋ^{55}	ɕiaŋ^{312}	tʃaŋ^{214}	tʃʰaŋ^{53}	tʃuaŋ^{214}	tʃuaŋ^{312}	tʃʰuaŋ^{214}	tʃʰuaŋ^{53}

	0737霜	0738章	0739厂	0740唱	0741伤	0742尝	0743上～去	0744让
	宕开三平阳生	宕开三平阳章	宕开三上阳昌	宕开三去阳昌	宕开三平阳书	宕开三平阳禅	宕开三上阳禅	宕开三去阳日
荣成	ʂuaŋ^{53}	tʃaŋ^{53}	tʃʰaŋ^{214}	tʃʰaŋ^{33}	ʃaŋ^{53}	tʃʰaŋ^{35}	ʃaŋ^{33}	iaŋ^{33}
烟台	suaŋ^{53}	tɕiaŋ^{53}	tɕʰiaŋ^{14}	tɕʰiaŋ^{33}	ɕiaŋ^{53}	tɕʰiaŋ^{33}	ɕiaŋ^{33}	iaŋ^{33}
栖霞	suaŋ^{312}	tʃaŋ^{312}	tʃʰaŋ^{214}	tʃʰaŋ^{52}	ʃaŋ^{312}	tʃʰaŋ^{52}	ʃaŋ^{52}	iaŋ^{52}
长岛	suaŋ^{312}	tʃaŋ^{312}	tʃʰaŋ^{213}	tʃʰaŋ^{52}	ʃaŋ^{312}	tʃʰaŋ^{55}	ʃaŋ^{52}	iaŋ^{52}
海阳	ʂuaŋ^{52}	tsaŋ^{52}	tsʰaŋ^{214}	tsʰaŋ^{341}	saŋ^{52}	tsʰaŋ^{341}	saŋ^{341}	iaŋ^{341}
莱西	suaŋ^{214}	tʃaŋ^{214}	tʃʰaŋ^{55}	tʃʰaŋ^{42}	ʃaŋ^{214}	tʃʰaŋ^{42}	ʃaŋ^{42}	iaŋ^{42}
平度	ʂuaŋ^{213}	tʃaŋ^{213}	tʃʰaŋ^{55}	tʃʰaŋ^{42}	ʃaŋ^{213}	tʃʰaŋ^{42}	ʃaŋ^{42}	iaŋ^{213}
青岛	ʂuaŋ^{213}	tʃaŋ^{213}	tʃʰaŋ^{55}	tʃʰaŋ^{42}	ʃaŋ^{213}	tʃʰaŋ^{42}	ʃaŋ^{42}	iaŋ^{42}
高密	ʂuaŋ^{213}	tʃaŋ^{213}	tʃʰaŋ^{55}	tʃʰaŋ^{21}	ʃaŋ^{213}	tʃʰaŋ^{42}	ʃaŋ^{21}	iaŋ^{21}
诸城	ʂuaŋ^{213}	tʃaŋ^{213}	tʃʰaŋ^{44}	tʃʰaŋ^{31}	ʃaŋ^{213}	tʃʰaŋ^{53}	ʃaŋ^{31}	iaŋ^{31}
沂水	ʂuaŋ^{213}	dʒaŋ^{213}	tʃʰaŋ^{44}	tʃʰaŋ^{31}	ʃaŋ^{213}	tʃʰaŋ^{53}	ʃaŋ^{31}	iaŋ^{31}
临朐	ʂuaŋ^{213}	tʃaŋ^{213}	tʃʰaŋ^{44}	tʃʰaŋ^{21}	ʃaŋ^{213}	tʃʰaŋ^{53}	ʃaŋ^{21}	laŋ^{21}
日照	ʂuaŋ^{213}	tʃiaŋ^{213}	tʃʰiaŋ^{44}	tʃʰiaŋ^{31}	ʃiaŋ^{213}	tʃʰiaŋ^{53}	ʃiaŋ^{31}	iaŋ^{31}
莒南	ʂuaŋ^{213}	tʃaŋ^{213}	tʃʰaŋ^{55}	tʃʰaŋ^{312}	ʃaŋ^{213}	tʃʰaŋ^{53}	ʃaŋ^{312}	iaŋ^{312}
潍坊	ʂuaŋ^{214}	tʂaŋ^{214}	tʂʰaŋ^{55}	tʂʰaŋ^{31}	ʂaŋ^{214}	tʂʰaŋ^{53}	ʂaŋ^{31}	ʐaŋ^{31}
寿光	ʂuaŋ^{213}	tʂaŋ^{213}	tʂʰaŋ^{55}	tʂʰaŋ^{21}	ʂaŋ^{213}	tʂʰaŋ^{53}	ʂaŋ^{21}	laŋ^{21}
高青	ʂuaŋ^{213}	tʂaŋ^{213}	tʂʰaŋ^{55}	tʂʰaŋ^{41}	ʂaŋ^{213}	tʂʰaŋ^{55}	ʂaŋ^{41}	ʐaŋ^{41}
阳信	ʂuaŋ^{213}	tʂaŋ^{213}	tʂʰaŋ^{55}	tʂʰaŋ^{31}	ʂaŋ^{213}	tʂʰaŋ^{43}	ʂaŋ^{31}	ʐaŋ^{31}
济阳	ʂuaŋ^{213}	tʂaŋ^{213}	tʂʰaŋ^{55}	tʂʰaŋ^{31}	ʂaŋ^{213}	tʂʰaŋ^{55}	ʂaŋ^{31} 又 xaŋ^{31} 又	ʐaŋ^{31}

续表

	0737霜	0738章	0739厂	0740唱	0741伤	0742尝	0743上～去	0744让
	宕开三平阳生	宕开三平阳章	宕开三上阳昌	宕开三去阳昌	宕开三平阳书	宕开三平阳禅	宕开三上阳禅	宕开三去阳日
利津	ʂuɑŋ^{213}	tʂɑŋ^{213}	tʂʰɑŋ^{55}	tʂʰɑŋ^{31}	ʂɑŋ^{213}	tʂʰɑŋ^{53}	ʂɑŋ^{31}	ʐɑŋ^{31}
乐陵	ʂuɑŋ^{24}	tʂɑŋ^{24}	tʂʰɑŋ^{55}	tʂʰɑŋ^{51}	ʂɑŋ^{24}	tʂʰɑŋ^{55}	ʂɑŋ^{51}	ʐɑŋ^{51}
商河	ʂuɑŋ^{213}	tʂɑŋ^{213}	tʂʰɑŋ^{45}	tʂʰɑŋ^{31}	ʂɑŋ^{213}	tʂʰɑŋ^{54}	ʂɑŋ^{31}	ʐɑŋ^{31}
平原	ʂuɑŋ^{213}	tʂɑŋ^{213}	tʂʰɑŋ^{55}	tʂʰɑŋ^{21}	ʂɑŋ^{213}	tʂʰɑŋ^{42}	ʂɑŋ^{21}	ʐɑŋ^{21}
德州	ʂuɑŋ^{213}	tʂɑŋ^{213}	tʂʰɑŋ^{55}	tʂʰɑŋ^{21}	ʂɑŋ^{213}	tʂʰɑŋ^{42}	ʂɑŋ^{21}	ʐɑŋ^{21}
武城	ʂuɑŋ^{224}	tʂɑŋ^{224}	tʂʰɑŋ^{55}	tʂʰɑŋ^{312}	ʂɑŋ^{224}	tʂʰɑŋ^{53}	ʂɑŋ^{312}	lɑŋ^{312}
临清	ʂuɑŋ^{13}	tʂɑŋ^{13}	tʂʰɑŋ^{44}	tʂʰɑŋ^{313}	ʂɑŋ^{13}	tʂʰɑŋ^{53}	ʂɑŋ^{313}	ʐɑŋ^{313}
冠县	ʂuɑŋ^{13}	tʂɑŋ^{13}	tʂʰɑŋ^{55}	tʂʰɑŋ^{314}	ʂɑŋ^{13}	tʂʰɑŋ^{53}	ʂɑŋ^{314}	ʐɑŋ^{314}
聊城	suɑŋ^{13}	tsɑŋ^{13}	tsʰɑŋ^{44}	tsʰɑŋ^{313}	sɑŋ^{13}	tsʰɑŋ^{53}	sɑŋ^{313}	zɑŋ^{313}
济南	ʂuɑŋ^{213}	tʂɑŋ^{213}	tʂʰɑŋ^{55}	tʂʰɑŋ^{21}	ʂɑŋ^{213}	tʂʰɑŋ^{42}	ʂɑŋ^{21}	ʐɑŋ^{21}
泰安	ʂuɑŋ^{213}	tʂɑŋ^{213}	tʂʰɑŋ^{55}	tʂʰɑŋ^{21}	ʂɑŋ^{213}	tʂʰɑŋ^{42}	ʂɑŋ^{21}	ʐɑŋ^{21}
莱芜	ʃuɑŋ^{213}	tʃɑŋ^{213}	tʃʰɑŋ^{55}	tʃʰɑŋ^{42}	ʃɑŋ^{213}	tʃʰɑŋ^{55}	ʃɑŋ^{42}	ʒɑŋ^{42}
新泰	fɑŋ^{213}老 ʃuɑŋ^{213}新	tʃɑŋ^{213}	tʃʰɑŋ^{55}	tʃʰɑŋ^{31}	ʃɑŋ^{213}	tʃʰɑŋ^{42}	ʃɑŋ^{31}	ʒɑŋ^{31}
沂源	ʃuɑŋ^{213}	tʃɑŋ^{213}	tʃʰɑŋ^{55}	tʃʰɑŋ^{31}	ʃɑŋ^{213}	tʃʰɑŋ^{55}	ʃɑŋ^{31}	iɑŋ^{31}
博山	ʂuɑŋ^{213}	tʂɑŋ^{213}	tʂʰɑŋ^{55}	tʂʰɑŋ^{31}	ʂɑŋ^{213}	tʂʰɑŋ^{55}	ʂɑŋ^{31}	lɑŋ^{31}
张店	ʂuɑŋ^{213}	tʂɑŋ^{213}	tʂʰɑŋ^{55}	tʂʰɑŋ^{31}	ʂɑŋ^{213}	tʂʰɑŋ^{55}	ʂɑŋ^{31}	ʐɑŋ^{31}
阳谷	fɑŋ^{213}白 suɑŋ^{213}文	tsɑŋ^{213}	tsʰɑŋ^{55}	tsʰɑŋ^{313}	sɑŋ^{213}	tsʰɑŋ^{42}	sɑŋ^{313}	zɑŋ^{313}
梁山	fɑŋ^{213}老 suɑŋ^{213}新	tsɑŋ^{213}	tsʰɑŋ^{55}	tsʰɑŋ^{314}	sɑŋ^{213}	tsʰɑŋ^{42}	sɑŋ^{314}	zɑŋ^{314}
菏泽	suɑŋ^{213}	tsɑŋ^{213}	tsʰɑŋ^{44}	tsʰɑŋ^{312}	sɑŋ^{213}	tsʰɑŋ^{53}	sɑŋ^{312}	zɑŋ^{312}
曹县	fɑŋ^{213}白 ʂuɑŋ^{213}文	tʂɑŋ^{213}	tʂʰɑŋ^{44}	tʂʰɑŋ^{312}	ʂɑŋ^{213}	tʂʰɑŋ^{53}	ʂɑŋ^{312}	zɑŋ^{312}
金乡	suɑŋ^{213}	tsɑŋ^{213}	tsʰɑŋ^{55}	tsʰɑŋ^{312}	sɑŋ^{213}	tsʰɑŋ^{42}	sɑŋ^{312}	zɑŋ^{312}
曲阜	suaŋ^{213}	tsaŋ^{213}	tsʰaŋ^{55}	tsʰaŋ^{312}	saŋ^{213}	tsʰaŋ^{42}	saŋ^{312}	zaŋ^{312}
薛城	fɑŋ^{313}又 suɑŋ^{313}又	tsɑŋ^{313}	tsʰɑŋ^{24}	tsʰɑŋ^{41}	sɑŋ^{313}	tsʰɑŋ^{55}	sɑŋ^{41}	zɑŋ^{41}

续表

	0737霜	0738章	0739厂	0740唱	0741伤	0742尝	0743上 ～去	0744让
	宕开三 平阳生	宕开三 平阳章	宕开三 上阳昌	宕开三 去阳昌	宕开三 平阳书	宕开三 平阳禅	宕开三 上阳禅	宕开三 去阳日
郯城	ʂuaŋ^{213}	tʂaŋ^{213}	tʂ^{h}aŋ^{24}	tʂ^{h}aŋ^{51}	ʂaŋ^{213}	tʂ^{h}aŋ^{44}	ʂaŋ^{51}	ʐaŋ^{213}虚～ ʐaŋ^{51}避～
临沂	ʃuaŋ^{214}	tʃaŋ^{214}	tʃ^{h}aŋ^{55}	tʃ^{h}aŋ^{312}	ʃaŋ^{214}	tʃ^{h}aŋ^{53}	ʃaŋ^{312}	ʐaŋ^{312}

	0745姜 生～	0746响	0747向	0748秧	0749痒	0750样	0751雀	0752削
	宕开三 平阳见	宕开三 上阳晓	宕开三 去阳晓	宕开三 平阳影	宕开三 上阳以	宕开三 去阳以	宕开三 入药精	宕开三 入药心
荣成	ciaŋ^{53}	çiaŋ^{214}	çiaŋ^{33}	iaŋ^{53}	iaŋ^{214}	iaŋ^{33}	ts^{h}io^{35}	sio^{214}
烟台	tɕiaŋ^{53}	ɕiaŋ^{14}	ɕiaŋ^{33}	iaŋ^{53}	iaŋ^{14}	iaŋ^{33}	tɕ^{h}ye^{14}	ɕye^{14}
栖霞	ciaŋ^{312}	çiaŋ^{214}	çiaŋ^{52}	iaŋ^{312}	iaŋ^{214}	iaŋ^{342}	tʃ^{h}yɛ^{214}	ʃyɛ^{214}
长岛	ciaŋ^{312}	çiaŋ^{213}	çiaŋ^{52}	iaŋ^{312}	iaŋ^{213}	iaŋ^{52}	tʃ^{h}uə^{213}	ʃau^{213}
海阳	ciaŋ^{52}	çiaŋ^{214}	çiaŋ^{341}	iaŋ^{52}	iaŋ^{214}	iaŋ^{341}	ts^{h}yə^{214}	syə^{214}
莱西	ciaŋ^{214}	çiaŋ^{55}	çiaŋ^{42}	iaŋ^{214}	iaŋ^{55}	iaŋ^{42}	tʃ^{h}yə^{55}	ʃyə^{55}
平度	ciaŋ^{213}	çiaŋ^{55}	çiaŋ^{55}	iaŋ^{213}	iaŋ^{55}	iaŋ^{42}	ts^{h}yə^{55}	syə^{55}
青岛	tɕiaŋ^{213}	ɕiaŋ^{55}	ɕiaŋ^{42}	iaŋ^{213}	iaŋ^{55}	iaŋ^{42}	ts^{h}yə^{42}	syə^{55}
高密	tɕiaŋ^{213}	ɕiaŋ^{55}	ɕiaŋ^{21}	iaŋ^{213}	iaŋ^{55}	iaŋ^{21}	ts^{h}yə^{55}	syə^{55}
诸城	tʃaŋ^{213}	ʃaŋ^{44}	ʃaŋ^{31}	iaŋ^{213}	iaŋ^{44}	iaŋ^{31}	tθ^{h}yə^{44}	θyə^{44}
沂水	tɕiaŋ^{213}	ɕiaŋ^{44}	ɕiaŋ^{31}	iaŋ^{213}	iaŋ^{44}	iaŋ^{31}	ts^{h}yə^{44}	syə^{44}
临朐	tɕiaŋ^{213}	ɕiaŋ^{44}	ɕiaŋ^{21}	iaŋ^{213}	iaŋ^{44}	iaŋ^{21}	tɕ^{h}yə^{44}	ɕyə^{44}
日照	tʃiaŋ^{213}	ʃiaŋ^{44}	ʃiaŋ^{31}	iaŋ^{213}	iaŋ^{44}	iaŋ^{31}	ȶ^{h}yə^{213}	θyə^{213}
莒南	tɕiaŋ^{213}	ɕiaŋ^{55}	ɕiaŋ^{312}	iaŋ^{213}	iaŋ^{55}	iaŋ^{312}	ts^{h}yə^{213}	syə^{213}
潍坊	tɕiaŋ^{214}	ɕiaŋ^{55}	ɕiaŋ^{31}	iaŋ^{214}	iaŋ^{55}	iaŋ^{31}	tɕ^{h}yə^{214}	ɕyə^{214}
寿光	tɕiaŋ^{213}	ɕiaŋ^{55}	ɕiaŋ^{21}	iaŋ^{213}	iaŋ^{55}	iaŋ^{21}	tɕ^{h}yə^{213}	ɕyə^{213}
高青	tɕiaŋ^{213}	ɕiaŋ^{55}	ɕiaŋ^{41}	iaŋ^{213}	iaŋ^{55}	iaŋ^{41}	tɕ^{h}yə^{213}	ɕiɔ^{213}
阳信	tɕiaŋ^{213}	ɕiaŋ^{55}	ɕiaŋ^{31}	iaŋ^{213}	iaŋ^{55}	iaŋ^{31}	tɕ^{h}iɔ^{213}	ɕiɔ^{213}
济阳	tɕiaŋ^{213}	ɕiaŋ^{55}	ɕiaŋ^{31}	iaŋ^{213}	iaŋ^{55}	iaŋ^{31}	tɕ^{h}iɔ^{213}白 tɕ^{h}yə^{213}文	ɕiɔ^{213}白 ɕyə^{213}文

续表

	0745姜 生～	0746响	0747向	0748秧	0749痒	0750样	0751雀	0752削
	宕开三 平阳见	宕开三 上阳晓	宕开三 去阳晓	宕开三 平阳影	宕开三 上阳以	宕开三 去阳以	宕开三 入药精	宕开三 入药心
利津	tɕiaŋ^{213}	ɕiaŋ^{55}	ɕiaŋ^{31}	iaŋ^{213}	iaŋ^{55}	iaŋ^{31}	tɕʰiɔ^{44}白 tɕʰyə^{44}文	ɕiɔ^{44}白 ɕyə^{44}文
乐陵	tɕiaŋ^{24}	ɕiaŋ^{55}	ɕiaŋ^{51}	iaŋ^{24}	iaŋ^{55}	iaŋ^{51}	tɕʰiɔ^{24}白 tɕʰyə^{51}文	ɕiɔ^{24}白 ɕyə^{24}文
商河	tɕiaŋ^{213}	ɕiaŋ^{45}	ɕiaŋ^{31}	iaŋ^{213}	iaŋ^{45}	iaŋ^{31}	tɕʰiɔ^{31}家～ tɕʰyə^{31}孔～	ɕiɔ^{213}剥～ ɕiou^{45}～皮
平原	tɕiaŋ^{213}	ɕiaŋ^{55}	ɕiaŋ^{21}	iaŋ^{213}	iaŋ^{55}	iaŋ^{21}	tɕʰiɔu^{55}白 tɕʰyə^{21}文	ɕiɔu^{213}
德州	tɕiaŋ^{213}	ɕiaŋ^{55}	ɕiaŋ^{21}	iaŋ^{213}	iaŋ^{55}	iaŋ^{21}	tɕʰiɔ^{213}	ɕiɔ^{213}
武城	tɕiaŋ^{224}	ɕiaŋ^{55}	ɕiaŋ^{312}	iaŋ^{224}	iaŋ^{55}	iaŋ^{312}	tɕʰiɔ^{224}白 tɕʰyə^{224}文	ɕiɔ^{224}白 ɕyə^{224}文
临清	tɕiaŋ^{13}	ɕiaŋ^{44}	ɕiaŋ^{313}	iaŋ^{13}	iaŋ^{44}	iaŋ^{313}	tɕʰyə^{313}孔～ tɕʰiau^{44}家～儿	ɕiau^{13}
冠县	tɕiaŋ^{13}	ɕiaŋ^{55}	ɕiaŋ^{314}	iaŋ^{13}	iaŋ^{55}	iaŋ^{314}	tsʰuə^{13}	suə^{13}白 siɔ^{13}文
聊城	tɕiaŋ^{13}	ɕiaŋ^{44}	ɕiaŋ^{313}	iaŋ^{13}	iaŋ^{44}	iaŋ^{313}	tɕʰyə^{13}孔～ tɕʰiɔ^{44}家～儿	ɕyə^{13}
济南	tɕiaŋ^{213}	ɕiaŋ^{55}	ɕiaŋ^{21}	iaŋ^{213}	iaŋ^{55}	iaŋ^{21}	tɕʰyə^{213}	ɕyə^{213}
泰安	tɕiaŋ^{213}	ɕiaŋ^{55}	ɕiaŋ^{21}	iaŋ^{213}	iaŋ^{55}	iaŋ^{21}	tɕʰyə^{21}	ɕyə^{213}
莱芜	tɕiaŋ^{213}	ɕiaŋ^{55}	ɕiaŋ^{42}	iaŋ^{213}	iaŋ^{55}	iaŋ^{42}	tɕʰyə^{213}	ɕyə^{213}
新泰	tɕiaŋ^{213}	ɕiaŋ^{55}	ɕiaŋ^{31}	iaŋ^{213}	iaŋ^{55}	iaŋ^{31}	tɕʰyə^{213}	ɕyə^{213}
沂源	tɕiaŋ^{213}	ɕiaŋ^{55}	ɕiaŋ^{31}	iaŋ^{213}	iaŋ^{55}	iaŋ^{31}	tɕʰyə^{55}	ɕyə^{213}
博山	tɕiaŋ^{213}	ɕiaŋ^{55}	ɕiaŋ^{31}	iaŋ^{213}	iaŋ^{55}	iaŋ^{31}	tɕʰyə^{213}	ɕyə^{213}
张店	tɕiaŋ^{213}	ɕiaŋ^{55}	ɕiaŋ^{31}	iaŋ^{213}	iaŋ^{55}	iaŋ^{31}	tɕʰyə^{33}	ɕyə^{33}
阳谷	tɕiaŋ^{213}	ɕiaŋ^{55}	ɕiaŋ^{313}	iaŋ^{213}	iaŋ^{55}	iaŋ^{313}	tsʰuo^{213}	ɕyo^{213}
梁山	tɕiaŋ^{213}	ɕiaŋ^{55}	ɕiaŋ^{314}	iaŋ^{213}	iaŋ^{55}	iaŋ^{314}	tɕʰyə^{213}	ɕyə^{213}
菏泽	tɕiaŋ^{213}	ɕiaŋ^{44}	ɕiaŋ^{312}	iaŋ^{213}	iaŋ^{44}	iaŋ^{312}	tsʰuə^{213}	suə^{213}
曹县	tɕiaŋ^{213}	ɕiaŋ^{44}	ɕiaŋ^{312}	iaŋ^{213}	iaŋ^{44}	iaŋ^{312}	tɕʰyə^{312}	suə^{213}白 ɕiɔ^{213}文

续表

	0745姜 生～	0746响	0747向	0748秧	0749痒	0750样	0751雀	0752削
	宕开三 平阳见	宕开三 上阳晓	宕开三 去阳晓	宕开三 平阳影	宕开三 上阳以	宕开三 去阳以	宕开三 入药精	宕开三 入药心
金乡	tɕiaŋ^{213}	ɕiaŋ^{55}	ɕiaŋ^{312}	iaŋ^{213}	iaŋ^{55}	iaŋ^{312}	tɕʰyə^{213}	ɕyə^{213}
曲阜	tɕiaŋ^{213}	ɕiaŋ^{55}	ɕiaŋ^{312}	iaŋ^{213}	iaŋ^{55}	iaŋ^{312}	tɕʰyə^{213}	ɕyə^{213}
薛城	tɕiaŋ^{313}	ɕiaŋ^{24}	ɕiaŋ^{41}	iaŋ^{313}	iaŋ^{24}	iaŋ^{41}	tɕʰyə^{313}	ɕyə^{313}又 ɕiɔ^{313}又
郯城	tɕiaŋ^{213}	ɕiaŋ^{24}	ɕiaŋ^{51}	iaŋ^{213}	iaŋ^{24}	iaŋ^{51}	tsʰuə^{213}老 tɕʰyə^{213}新	suə^{213}老 ɕyə^{213}新
临沂	tɕiaŋ^{214}	ɕiaŋ^{55}	ɕiaŋ^{312}	iaŋ^{214}	iaŋ^{55}	iaŋ^{312}	tɕʰyə^{214}	ɕyə^{214}

	0753着 火～了	0754勺	0755弱	0756脚	0757约	0758药	0759光 ～线	0760慌
	宕开三 入药知	宕开三 入药禅	宕开三 入药日	宕开三 入药见	宕开三 入药影	宕开三 入药以	宕合一 平唐见	宕合一 平唐晓
荣成	tʂo^{35}	ʂo^{35}	io^{35}	cio^{214}	io^{35}	io^{214}	kuaŋ^{53}	xuaŋ^{53}
烟台	tsuo^{33}	suo^{33}	ye^{33}	tɕye^{14}	ye^{14}	ye^{14}	kuaŋ^{53}	xuaŋ^{53}
栖霞	tʃyɛ^{342}	ʃyɛ^{342}	yɛ^{52}	cyɛ^{214}	yɛ^{52}	yɛ^{52}	kuaŋ^{312}	xuaŋ^{312}
长岛	tʃuə^{55}	ʃyɛ^{55}	yo^{55}	cyo^{213}	yo^{55}	yo^{213}	kuaŋ^{312}	xuaŋ^{312}
海阳	tʂuo^{341}	suo^{341}	yə^{214}	cyə^{214}	yə^{214}	yə^{341}	kuaŋ^{52}	xuaŋ^{52}
莱西	tʃuə^{42}	ʃuə^{42}	yə^{42}	cyə^{55}	yə^{55}	yə^{42}	kuaŋ^{214}	xuaŋ^{214}
平度	tʃuə^{42}	ʃuə^{42}	yə^{55}	cyə^{55}	yə^{55}	yə^{213}	kuaŋ^{213}	xuaŋ^{213}
青岛	tʃuə^{42}	ʃuə^{42}	yə^{42}	tɕyə^{55}	yə^{55}	yə^{42}	kuaŋ^{213}	xuaŋ^{213}
高密	tʂuə^{42}	ʃuə^{42}白 ʃɔ^{42}文	yə^{55}	tɕyə^{55}	yə^{55}	yə^{21}	kuaŋ^{213}	xuaŋ^{213}
诸城	tʃuə^{53}	ʃuə^{53}	yə^{31}	tʃuə^{44}	yə^{44}	yə^{31}	kuaŋ^{213}	xuaŋ^{213}
沂水	tʂuə^{53}	ʃuə^{53}	yə^{31}	tɕyə^{44}	yə^{44}	yə^{31}	kuaŋ^{213}	xuaŋ^{213}
临朐	tʂuə^{53}	ʂuə^{53}	luə^{21}	tɕyə^{44}	yə^{44}	yə^{21}	kuaŋ^{213}	xuaŋ^{213}
日照	tʃyə^{53}～火	ʃyə^{53}	yə^{31}	tʃyə^{213}	yə^{213}	yə^{31}	kuaŋ^{213}	xuaŋ^{213}
莒南	tʃuə^{53}	ʃuə^{53}	yə^{312}	tɕyə^{213}	yə^{213}	yə^{312}	kuaŋ^{213}	xuaŋ^{213}
潍坊	tʂuə^{53}	ʂuə^{53}	ʐuə^{31}	tɕyə^{214}	yə^{214}	yə^{31}	kuaŋ^{214}	xuaŋ^{214}

续表

	0753着 火～了	0754勺	0755弱	0756脚	0757约	0758药	0759光 ～线	0760慌
	宕开三 入药知	宕开三 入药禅	宕开三 入药日	宕开三 入药见	宕开三 入药影	宕开三 入药以	宕合一 平唐见	宕合一 平唐晓
寿光	tʂuə^{53}	ʂuə^{53}	luə^{21}	tɕyə^{213}	yə^{213}	yə^{21}	kuaŋ^{213}	xuaŋ^{213}
高青	tʂuə^{55}	ʂɔ^{55}	ʐuə^{41}	tɕiɔ^{213}	iɔ^{213}	iɔ^{41}	kuaŋ^{213}	xuaŋ^{213}
阳信	tʂɔ^{43}	ʂɔ^{43}	ʐɔ^{31}	tɕiɔ^{213}	iɔ^{213}	iɔ^{31}	kuaŋ^{213}	xuaŋ^{213}
济阳	tʂɔ^{55}	ʂɔ^{55}	ʐɔ^{31}	tɕiɔ^{213}	iɔ^{213}～一下 yə^{213}～摸	iɔ^{31}	kuaŋ^{213}	xuaŋ^{213}
利津	tʂɔ^{53}	ʂɔ^{53}	ʐɔ^{31}白 ʐuə^{31}文	tɕiɔ^{44}白 tɕyə^{44}文	iɔ^{44}～一下 yə^{44}大～	iɔ^{31}	kuaŋ^{213}	xuaŋ^{213}
乐陵	tʂɔ^{55}	ʂɔ^{55}	ʐɔ^{51}	tɕiɔ^{24}	iɔ^{24}白 yə^{24}文	iɔ^{51}	kuaŋ^{24}	xuaŋ^{24}
商河	tʂɔ^{54}	ʂɔ^{54}	ʐɔ^{31}	tɕiɔ^{45}	iɔ^{213}	iɔ^{31}	kuaŋ^{213}	xuaŋ^{213}
平原	tʂɔu^{42}	ʂɔu^{42}	ʐɔu^{21}	tɕiɔu^{213}	yə^{213}	iɔu^{21}	kuaŋ^{213}	xuaŋ^{213}
德州	tʂɔ^{42}	ʂɔ^{42}	ʐɔ^{21}	tɕiɔ^{213}	iɔ^{213}	iɔ^{21}	kuaŋ^{213}	xuaŋ^{213}
武城	tʂɔ^{53}	ʂɔ^{53}	lɔ^{312}又 luə^{312}又	tɕiɔ^{224}又 tɕyə^{224}又	iɔ^{224}又 yə^{224}又	iɔ^{312}又 yə^{312}又	kuaŋ^{224}	xuaŋ^{224}
临清	tʂau^{53}	ʂau^{53}	ʐuə^{313}	tɕiau^{13}	iau^{13}	iau^{313}	kuaŋ^{13}	xuaŋ^{13}
冠县	tʂuə^{53}白 tʂɔ^{53}文	ʂuə^{53}	luə^{314}	tɕyɤ^{13}	yɤ^{13}	yɤ^{314}	kuaŋ^{13}	xuaŋ^{13}
聊城	tsɔ^{53}又 tsuə^{53}又	suə^{53}又 sɔ^{53}又	zuə^{313}	tɕyə^{13}白 tɕiɔ^{13}文	yə^{13}条～ iɔ^{13}～一～	yə^{313}	kuaŋ^{13}	xuaŋ^{13}
济南	tʂɔ^{42}	ʂɔ^{42}	luə^{21}	tɕyə^{213}	yə^{213}	yə^{21}	kuaŋ^{213}	xuaŋ^{213}
泰安	tʂuə^{42}	ʂuə^{42}	luə^{21}	tɕyə^{213}	yə^{213}	yə^{21}	kuaŋ^{213}	xuaŋ^{213}
莱芜	tʃuə^{55}	ʃuə^{55}	luə^{42}	tɕyə^{213}	yə^{213}	yə^{42}	kuaŋ^{213}	xuaŋ^{213}
新泰	pfə^{42}老 tʃuə^{42}新	fə^{42}	luə^{31}老 ʒuə^{31}新	tɕyə^{213}老 tɕiɔ^{213}新	yə^{213}	yə^{31}	kuaŋ^{213}	xuaŋ^{213}
沂源	tʃuə^{55}	ʃuə^{55}	luə^{55}	tɕyə^{213}	yə^{213}	yə^{31}	kuaŋ^{213}	xuaŋ^{213}
博山	tʂuə^{55}	ʂuə^{55}	luə^{31}	tɕyə^{213}	yə^{213}	yə^{31}	kuaŋ^{213}	xuaŋ^{213}
张店	tʂuə^{55}	ʂɔ^{55}	ʐɔ^{31}	tɕiɔ^{33}	yə^{33}	iɔ^{31}	kuaŋ^{213}	xuaŋ^{213}
阳谷	tsuo^{42}	fə^{42}白 suo^{42}文	zuo^{313}	tsuo^{213}	yo^{213}	yo^{213}	kuaŋ^{213}	xuaŋ^{213}

续表

	0753着 火～了	0754勺	0755弱	0756脚	0757约	0758药	0759光 ～线	0760慌
	宕开三 入药知	宕开三 入药禅	宕开三 入药日	宕开三 入药见	宕开三 入药影	宕开三 入药以	宕合一 平唐见	宕合一 平唐晓
梁山	tsuə^{42}	suə^{42}老 sɔ^{42}新	zuə^{213}	tɕyə^{213}老 tɕiɔ^{213}新	yə^{213}	yə^{213}老 iɔ^{314}新	kuaŋ^{213}	xuaŋ^{213}
菏泽	tsuə^{53}	suə^{53}	zuə^{312}	tɕyə^{213}	yə^{213}	yə^{213}	kuaŋ^{213}	xuaŋ^{213}
曹县	tsuə^{53}白 tʂɔ^{53}文	fə^{53}白 ʂuə^{53}文	ʐuə^{312}	tɕyə^{213}	yə^{213}	yə^{213}	kuaŋ^{213}	xuaŋ^{213}
金乡	tsuə^{42}	suə^{42}	zuə^{213}	tɕyə^{213}	yə^{213}	yə^{213}	kuaŋ^{213}	xuaŋ^{213}
曲阜	tsuə^{42}	suə^{42}	zuə^{312}	tɕyə^{213}	yə^{213}	yə^{213}	kuaŋ^{213}	xuaŋ^{213}
薛城	pfə^{55}	fə^{55}	zuə^{313}	tɕyə^{313}	yə^{313}	iɔ^{41}又 yə^{313}又	kuaŋ^{313}	xuaŋ^{313}
郯城	tʂuə^{44}	fə^{44}老 ʂuə^{44}新	ʐuə^{213}	tɕyə^{213}	yə^{213}	yə^{213}	kuaŋ^{213}	xuaŋ^{213}
临沂	tʃuə^{53}	ʃuə^{53}	ʐuə^{214}	tɕyə^{214}	yə^{214}	yə^{214}	kuaŋ^{214}	xuaŋ^{214}

	0761黄	0762郭	0763霍	0764方	0765放	0766纺	0767房	0768防
	宕合一 平唐匣	宕合一 入铎见	宕合一 入铎晓	宕合三 平阳非	宕合三 去阳非	宕合三 上阳敷	宕合三 平阳奉	宕合三 平阳奉
荣成	xuaŋ^{35}	ko^{214}	xo^{33}	faŋ^{53}	faŋ^{33}	faŋ^{214}	faŋ^{35}	faŋ^{35}
烟台	xuaŋ^{33}	kuo^{14}	xuo^{33}	faŋ^{53}	faŋ^{33}	faŋ^{14}	faŋ^{33}	faŋ^{33}
栖霞	xuaŋ^{342}	kuo^{214}	xuo^{52}	faŋ^{312}	faŋ^{52}	faŋ^{214}	faŋ^{342}	faŋ^{342}
长岛	xuaŋ^{55}	kuə^{213}	xuə^{52}	faŋ^{312}	faŋ^{52}	faŋ^{213}	faŋ^{55}	faŋ^{55}
海阳	xuaŋ^{341}	kuo^{214}	xuo^{341}	faŋ^{52}	faŋ^{341}	faŋ^{214}	faŋ^{341}	faŋ^{341}
莱西	xuaŋ^{42}	kuə^{55}	xuə^{42}	faŋ^{214}	faŋ^{42}	faŋ^{55}	faŋ^{42}	faŋ^{55}
平度	xuaŋ^{42}	kuə^{55}	xuə^{42}	faŋ^{213}	faŋ^{42}	faŋ^{55}	faŋ^{42}	faŋ^{55}
青岛	xuaŋ^{42}	kuə^{55}	xuə^{42}	faŋ^{213}	faŋ^{42}	faŋ^{55}	faŋ^{42}	faŋ^{55}
高密	xuaŋ^{42}	kuə^{213}	xuə^{21}	faŋ^{213}	faŋ^{21}	faŋ^{55}	faŋ^{42}	faŋ^{55}
诸城	xuaŋ^{53}	kuə^{44}	xuə^{31}	faŋ^{213}	faŋ^{31}	faŋ^{44}	faŋ^{53}	faŋ^{53}
沂水	xuaŋ^{53}	kuə^{44}	xuə^{31}	faŋ^{213}	faŋ^{31}	faŋ^{44}	faŋ^{53}	faŋ^{53}
临朐	xuaŋ^{53}	kuə^{44}	xuə^{21}	faŋ^{213}	faŋ^{21}	faŋ^{44}	faŋ^{53}	faŋ^{53}

续表

	0761黄	0762郭	0763霍	0764方	0765放	0766纺	0767房	0768防
	宕合一 平唐匣	宕合一 入铎见	宕合一 入铎晓	宕合三 平阳非	宕合三 去阳非	宕合三 上阳敷	宕合三 平阳奉	宕合三 平阳奉
日照	$xuaŋ^{53}$	$kuə^{44}$	$xə^{31}$	$faŋ^{213}$	$faŋ^{31}$	$faŋ^{44}$	$faŋ^{53}$	$faŋ^{53}$
莒南	$xuaŋ^{53}$	$kuə^{55}$	$xə^{312}$	$faŋ^{213}$	$faŋ^{312}$	$faŋ^{55}$	$faŋ^{53}$	$faŋ^{55}$
潍坊	$xuaŋ^{53}$	$kuə^{214}$	$xuə^{31}$	$faŋ^{214}$	$faŋ^{31}$	$faŋ^{55}$	$faŋ^{53}$	$faŋ^{55}$
寿光	$xuaŋ^{53}$	$kuə^{213}$	$xuə^{213}$	$faŋ^{213}$	$faŋ^{21}$	$faŋ^{55}$	$faŋ^{53}$	$faŋ^{55}$
高青	$xuaŋ^{55}$	$kuə^{213}$	$xuə^{213}$	$faŋ^{213}$	$faŋ^{41}$	$faŋ^{55}$	$faŋ^{55}$	$faŋ^{55}$
阳信	$xuaŋ^{43}$	$kuə^{213}$	$xuə^{213}$	$faŋ^{213}$	$faŋ^{31}$	$faŋ^{55}$	$faŋ^{43}$	$faŋ^{55}$
济阳	$xuaŋ^{55}$	$kə^{213}$ 又 $kuə^{213}$ 又	$xuə^{213}$	$faŋ^{213}$	$faŋ^{31}$	$faŋ^{55}$	$faŋ^{55}$	$faŋ^{55}$
利津	$xuaŋ^{53}$	$kuə^{44}$	$xuə^{44}$	$faŋ^{213}$	$faŋ^{31}$	$faŋ^{55}$	$faŋ^{53}$	$faŋ^{55}$
乐陵	$xuaŋ^{55}$	$kuə^{24}$	$xuə^{51}$	$faŋ^{24}$	$faŋ^{51}$	$faŋ^{55}$	$faŋ^{55}$	$faŋ^{55}$
商河	$xuaŋ^{54}$	$kuə^{45}$	$xuə^{45}$	$faŋ^{213}$	$faŋ^{31}$	$faŋ^{45}$	$faŋ^{54}$	$faŋ^{45}$
平原	$xuaŋ^{42}$	$kuə^{55}$	$xuə^{21}$	$faŋ^{213}$	$faŋ^{21}$	$faŋ^{55}$	$faŋ^{42}$	$faŋ^{55}$
德州	$xuaŋ^{42}$	$kuə^{213}$	$xuə^{21}$	$faŋ^{213}$	$faŋ^{21}$	$faŋ^{55}$	$faŋ^{42}$	$faŋ^{55}$
武城	$xuaŋ^{53}$	$kuə^{224}$	$xuə^{224}$	$faŋ^{224}$	$faŋ^{312}$	$faŋ^{55}$	$faŋ^{53}$	$faŋ^{55}$
临清	$xuaŋ^{53}$	$kuə^{13}$	$xuə^{13}$	$faŋ^{13}$	$faŋ^{313}$	$faŋ^{44}$	$faŋ^{53}$	$faŋ^{44}$
冠县	$xuaŋ^{53}$	$kuə^{13}$	$xuə^{13}$	$faŋ^{13}$	$faŋ^{314}$	$faŋ^{55}$	$faŋ^{53}$	$faŋ^{55}$
聊城	$xuaŋ^{53}$	$kuə^{13}$	$xuə^{313}$	$faŋ^{13}$	$faŋ^{313}$	$faŋ^{44}$	$faŋ^{53}$	$faŋ^{44}$
济南	$xuaŋ^{42}$	$kuə^{213}$	$xə^{213}$ 白 $xuə^{21}$ 文	$faŋ^{213}$	$faŋ^{21}$	$faŋ^{55}$	$faŋ^{42}$	$faŋ^{55}$
泰安	$xuaŋ^{42}$	$kuə^{213}$	$xə^{21}$	$faŋ^{213}$	$faŋ^{21}$	$faŋ^{55}$	$faŋ^{42}$	$faŋ^{55}$
莱芜	$xuaŋ^{55}$	$kuə^{213}$	$xuə^{213}$	$faŋ^{213}$	$faŋ^{42}$	$faŋ^{55}$	$faŋ^{55}$	$faŋ^{213}$
新泰	$xuaŋ^{42}$	$kuə^{213}$	$xuə^{213}$	$faŋ^{213}$	$faŋ^{31}$	$faŋ^{55}$	$faŋ^{42}$	$faŋ^{55}$
沂源	$xuaŋ^{55}$	$kuə^{213}$	$xuə^{55}$	$faŋ^{213}$	$faŋ^{31}$	$faŋ^{55}$	$faŋ^{55}$	$faŋ^{55}$
博山	$xuaŋ^{55}$	$kuə^{213}$	$xuə́^{31}$	$faŋ^{213}$	$faŋ^{31}$	$faŋ^{55}$	$faŋ^{55}$	$faŋ^{55}$
张店	$xuaŋ^{55}$	$kuə^{33}$	$xuə^{31}$	$faŋ^{213}$	$faŋ^{31}$	$faŋ^{55}$	$faŋ^{55}$	$faŋ^{55}$
阳谷	$xuaŋ^{42}$	kuo^{213}	xuo^{213}	$faŋ^{213}$	$faŋ^{313}$	$faŋ^{55}$	$faŋ^{42}$	$faŋ^{55}$
梁山	$xuaŋ^{42}$	$kuə^{213}$	$xuə^{314}$	$faŋ^{213}$	$faŋ^{314}$	$faŋ^{55}$	$faŋ^{42}$	$faŋ^{55}$

续表

	0761黄	0762郭	0763霍	0764方	0765放	0766纺	0767房	0768防
	宕合一 平唐匣	宕合一 入铎见	宕合一 入铎晓	宕合三 平阳非	宕合三 去阳非	宕合三 上阳敷	宕合三 平阳奉	宕合三 平阳奉
菏泽	xuaŋ^{53}	kuə^{213}	xuə^{213}	faŋ^{213}	faŋ^{312}	faŋ^{44}	faŋ^{53}	faŋ^{44}
曹县	xuaŋ^{53}	kuə^{213}	xuə^{213}	faŋ^{213}	faŋ^{312}	faŋ^{44}	faŋ^{53}	faŋ^{44}
金乡	xuaŋ^{42}	kuə^{213}	xuə^{213}	faŋ^{213}	faŋ^{312}	faŋ^{55}	faŋ^{42}	faŋ^{55}
曲阜	xuaŋ^{42}	kuə^{213}	xuə^{213}	faŋ^{213}	faŋ^{312}	faŋ^{55}	faŋ^{42}	faŋ^{55}
薛城	xuaŋ^{55}	kuə^{313}	xuə^{313}	faŋ^{313}	faŋ^{41}	faŋ^{24}	faŋ^{55}	faŋ^{24}
郯城	xuaŋ^{44}	kuə^{213}	xə^{51}老 xuə^{51}新	faŋ^{213}	faŋ^{51}	faŋ^{24}	faŋ^{44}	faŋ^{44}
临沂	xuaŋ^{53}	kuə^{214}	xə^{312}	faŋ^{214}	faŋ^{312}	faŋ^{55}	faŋ^{53}	faŋ^{55}

	0769网	0770筐	0771狂	0772王	0773旺	0774缚	0775绑	0776胖
	宕合三 上阳微	宕合三 平阳溪	宕合三 平阳群	宕合三 平阳云	宕合三 去阳云	宕合三 入药奉	江开二 上江帮	江开二 去江滂
荣成	uaŋ^{214}	kʰuaŋ^{53}	kʰuaŋ^{35}	uaŋ^{35}国～ uaŋ^{53}姓	uaŋ^{33}	fu^{33}	paŋ^{214}	pʰaŋ^{33}
烟台	uaŋ^{14}	kʰuaŋ^{53}	kʰuaŋ^{33}	uaŋ^{33}	uaŋ^{33}	fu^{14}	paŋ^{14}	pʰaŋ^{33}
栖霞	uaŋ^{214}	kʰuaŋ^{312}	kʰuaŋ^{342}	uaŋ^{342}	uaŋ^{52}	fu^{214}	paŋ^{214}	pʰaŋ^{52}
长岛	uaŋ^{213}	kʰuaŋ^{312}	kʰuaŋ^{55}	uaŋ^{55}	uaŋ^{52}	fu^{55}	paŋ^{213}	pʰaŋ^{52}
海阳	uaŋ^{214}	kʰuaŋ^{52}	kʰuaŋ^{341}	uaŋ^{341}	uaŋ^{341}	fu^{341}	paŋ^{214}	pʰaŋ^{341}
莱西	uaŋ^{55}	kʰuaŋ^{214}	kʰuaŋ^{42}	uaŋ^{42}	uaŋ^{42}	fu^{42}	paŋ^{55}	pʰaŋ^{42}
平度	uaŋ^{55}	kʰuaŋ^{213}	kʰuaŋ^{42}	uaŋ^{42}	uaŋ^{42}	fu^{55}	paŋ^{55}	pʰaŋ^{42}
青岛	uaŋ^{55}	kʰuaŋ^{213}	kʰuaŋ^{42}	uaŋ^{42}	uaŋ^{42}	fu^{42}	paŋ^{55}	pʰaŋ^{42}
高密	uaŋ^{55}	kʰuaŋ^{213}	kʰuaŋ^{55}	uaŋ^{42}	uaŋ^{21}	fu^{21}	paŋ^{55}	pʰaŋ^{21}
诸城	uaŋ^{44}	kʰuaŋ^{213}	kʰuaŋ^{53}	uaŋ^{53}	uaŋ^{31}	fə^{53}	paŋ^{44}	pʰaŋ^{31}
沂水	uaŋ^{44}	kʰuaŋ^{213}	kʰuaŋ^{53}	uaŋ^{53}	uaŋ^{31}	fu^{53}	paŋ^{44}	pʰaŋ^{31}
临朐	uaŋ^{44}	kʰuaŋ^{213}	kʰuaŋ^{53}	uaŋ^{53}	uaŋ^{21}	fə^{53}	paŋ^{44}	pʰaŋ^{21}
日照	uaŋ^{44}	kʰuaŋ^{213}	kʰuaŋ^{44}	uaŋ^{53}	uaŋ^{31}	fu^{53}	paŋ^{44}	pʰaŋ^{31}
莒南	uaŋ^{55}	kʰuaŋ^{213}	kʰuaŋ^{53}	uaŋ^{53}	uaŋ^{312}	fu^{53}	paŋ^{55}	pʰaŋ^{312}
潍坊	uaŋ^{55}	kʰuaŋ^{214}	kʰuaŋ^{53}	uaŋ^{53}	uaŋ^{31}	fə^{53}	paŋ^{55}	pʰaŋ^{31}

续表

	0769网	0770筐	0771狂	0772王	0773旺	0774缚	0775绑	0776胖
	宕合三 上阳微	宕合三 平阳溪	宕合三 平阳群	宕合三 平阳云	宕合三 去阳云	宕合三 入药奉	江开二 上江帮	江开二 去江滂
寿光	$uaŋ^{55}$	$k^huaŋ^{213}$	$k^huaŋ^{53}$	$uaŋ^{53}$	$uaŋ^{21}$	$fə^{53}$	$paŋ^{55}$	$p^haŋ^{21}$
高青	$uaŋ^{55}$	$k^huaŋ^{213}$	$k^huaŋ^{55}$	$uaŋ^{55}$	$uaŋ^{41}$	$fə^{55}$	$paŋ^{55}$	$p^haŋ^{41}$
阳信	$uaŋ^{55}$	$k^huaŋ^{213}$	$k^huaŋ^{43}$	$uaŋ^{43}$	$uaŋ^{31}$	$fə^{43}$	$paŋ^{55}$	$p^haŋ^{31}$
济阳	$uaŋ^{55}$	$k^huaŋ^{213}$	$k^huaŋ^{55}$	$uaŋ^{55}$	$uaŋ^{31}$	$fə^{55}$	$paŋ^{55}$	$p^haŋ^{31}$
利津	$uaŋ^{55}$	$k^huaŋ^{213}$	$k^huaŋ^{53}$	$uaŋ^{53}$	$uaŋ^{31}$	fu^{31}	$paŋ^{55}$	$p^haŋ^{31}$
乐陵	$uaŋ^{55}$	$k^huaŋ^{24}$	$k^huaŋ^{55}$	$uaŋ^{55}$	$uaŋ^{51}$	$fə^{55}$	$paŋ^{55}$	$p^haŋ^{51}$
商河	$uaŋ^{45}$	$k^huaŋ^{213}$	$k^huaŋ^{54}$	$uaŋ^{54}$	$uaŋ^{31}$	$fə^{54}$	$paŋ^{45}$	$p^haŋ^{31}$
平原	$uaŋ^{55}$	$k^huaŋ^{213}$	$k^huaŋ^{42}$	$uaŋ^{42}$	$uaŋ^{21}$	fu^{42}	$paŋ^{55}$	$p^haŋ^{21}$
德州	$uaŋ^{55}$	$k^huaŋ^{213}$	$k^huaŋ^{42}$	$uaŋ^{42}$	$uaŋ^{21}$	$fə^{42}$又 fu^{21}又	$paŋ^{55}$	$p^haŋ^{21}$
武城	$uaŋ^{55}$	$k^huaŋ^{224}$	$k^huaŋ^{53}$	$uaŋ^{53}$	$uaŋ^{312}$	fu^{312}	$paŋ^{55}$	$p^haŋ^{312}$
临清	$uaŋ^{44}$	$k^huaŋ^{13}$	$k^huaŋ^{53}$	$uaŋ^{53}$	$uaŋ^{313}$	$fə^{53}$	$paŋ^{44}$	$p^haŋ^{313}$
冠县	$uaŋ^{55}$	$k^huaŋ^{13}$	$k^huaŋ^{53}$	$uaŋ^{53}$	$uaŋ^{314}$	fu^{53}	$paŋ^{55}$	$p^haŋ^{314}$
聊城	$uaŋ^{44}$	$k^huaŋ^{13}$	$k^huaŋ^{53}$	$uaŋ^{53}$	$uaŋ^{313}$	fu^{313}	$paŋ^{44}$	$p^haŋ^{313}$
济南	$uaŋ^{55}$	$k^huaŋ^{213}$	$k^huaŋ^{42}$	$uaŋ^{42}$	$uaŋ^{21}$	fu^{42}	$paŋ^{55}$	$p^haŋ^{21}$
泰安	$uaŋ^{55}$	$k^huaŋ^{213}$	$k^huaŋ^{42}$	$uaŋ^{42}$	$uaŋ^{21}$	$fə^{42}$	$paŋ^{55}$	$p^haŋ^{21}$
莱芜	$uaŋ^{55}$	$k^huaŋ^{213}$	$k^huaŋ^{55}$	$uaŋ^{55}$	$uaŋ^{42}$	fu^{55}	$paŋ^{55}$	$p^haŋ^{42}$
新泰	$uaŋ^{55}$	$k^huaŋ^{213}$	$k^huaŋ^{42}$	$uaŋ^{42}$	$uaŋ^{31}$	$fə^{42}$老 fu^{42}新	$paŋ^{55}$	$p^haŋ^{31}$
沂源	$uaŋ^{55}$	$k^huaŋ^{213}$	$k^huaŋ^{55}$	$uaŋ^{55}$	$uaŋ^{31}$	$fə^{55}$	$paŋ^{55}$	$p^haŋ^{31}$
博山	$uaŋ^{55}$	$k^huaŋ^{213}$	$k^huaŋ^{55}$	$uaŋ^{55}$	$uaŋ^{31}$	fu^{55}	$paŋ^{55}$	$p^haŋ^{31}$
张店	$uaŋ^{55}$	$k^huaŋ^{213}$	$k^huaŋ^{55}$	$uaŋ^{55}$	$uaŋ^{31}$	$fə^{55}$	$paŋ^{55}$	$p^haŋ^{31}$
阳谷	$uaŋ^{55}$	$k^huaŋ^{213}$	$k^huaŋ^{42}$	$uaŋ^{42}$	$uaŋ^{313}$	fu^{42}	$paŋ^{55}$	$p^haŋ^{313}$
梁山	$uaŋ^{55}$	$k^huaŋ^{213}$	$k^huaŋ^{42}$	$uaŋ^{42}$	$uaŋ^{314}$	fu^{42}	$paŋ^{55}$	$p^haŋ^{314}$
菏泽	$uaŋ^{44}$	$k^huaŋ^{213}$	$k^huaŋ^{53}$	$uaŋ^{53}$	$uaŋ^{312}$	fu^{53}	$paŋ^{44}$	$p^haŋ^{312}$
曹县	$uaŋ^{44}$	$k^huaŋ^{213}$	$k^huaŋ^{53}$	$uaŋ^{53}$	$uaŋ^{312}$	fu^{213}	$paŋ^{44}$	$p^haŋ^{312}$
金乡	$uaŋ^{55}$	$k^huaŋ^{213}$	$k^huaŋ^{42}$	$uaŋ^{42}$	$uaŋ^{312}$	fu^{42}	$paŋ^{55}$	$p^haŋ^{312}$

续表

	0769网	0770筐	0771狂	0772王	0773旺	0774缚	0775绑	0776胖
	宕合三 上阳微	宕合三 平阳溪	宕合三 平阳群	宕合三 平阳云	宕合三 去阳云	宕合三 入药奉	江开二 上江帮	江开二 去江滂
曲阜	uaŋ^{55}	k^{h}uaŋ^{213}	k^{h}uaŋ^{42}	uaŋ^{42}	uaŋ^{312}	fu^{42}	paŋ^{55}	p^{h}aŋ^{312}
薛城	uaŋ^{24}	k^{h}uaŋ^{313}	k^{h}uaŋ^{55}	uaŋ^{55}	uaŋ^{41}	fu^{55}	paŋ^{24}	p^{h}aŋ^{41}
郯城	uaŋ^{24}	k^{h}uaŋ^{213}	k^{h}uaŋ^{44}	uaŋ^{44}	uaŋ^{51}	fu^{44}	paŋ^{24}	p^{h}aŋ^{51}
临沂	uaŋ^{55}	k^{h}uaŋ^{214}	k^{h}uaŋ^{53}	uaŋ^{53}	uaŋ^{312}	fə^{53}	paŋ^{55}	p^{h}aŋ^{312}

	0777棒	0778桩	0779撞	0780窗	0781双	0782江	0783讲	0784降 投～
	江开二 上江並	江开二 平江知	江开二 去江澄	江开二 平江初	江开二 平江生	江开二 平江见	江开二 上江见	江开二 平江匣
荣成	paŋ^{33}	tʂuaŋ^{53}	tʂ^{h}uaŋ^{33}	tʂ^{h}uaŋ^{53}	ʂuaŋ^{53}	ciaŋ^{53}	ciaŋ^{214}	çiaŋ^{33}
烟台	paŋ^{33}	tsuaŋ^{53}	ts^{h}uaŋ^{33}	ts^{h}uaŋ^{53}	suaŋ^{53}	tɕiaŋ^{53}	tɕiaŋ^{14}	ɕiaŋ^{33}
栖霞	paŋ^{342}	tsuaŋ^{312}	ts^{h}uaŋ^{52}	ts^{h}uaŋ^{312}	suaŋ^{312}	ciaŋ^{312}	ciaŋ^{214}	çiaŋ^{52}
长岛	paŋ^{52}	tsuaŋ^{312}	ts^{h}uaŋ^{52}	ts^{h}uaŋ^{312}	suaŋ^{312}	ciaŋ^{312}	ciaŋ^{213}	çiaŋ^{55}
海阳	paŋ^{341}	tʂuaŋ^{52}	tʂ^{h}uaŋ^{341}	tʂ^{h}uaŋ^{52}	ʂuaŋ^{52}	ciaŋ^{52}	ciaŋ^{214}	çiaŋ^{341}
莱西	paŋ^{42}	tsuaŋ^{214}	tsuaŋ^{42}	ts^{h}uaŋ^{214}	suaŋ^{214}	ciaŋ^{214}	ciaŋ^{55}	çiaŋ^{42}
平度	paŋ^{42}	tʂuaŋ^{213}	tʂuaŋ^{42}	tʂ^{h}uaŋ^{213}	ʂuaŋ^{213}	ciaŋ^{213}	ciaŋ^{55}	çiaŋ^{55}
青岛	paŋ^{42}	tʂuaŋ^{213}	tʂ^{h}uaŋ^{42}又 tʂuaŋ^{42}又	tʂ^{h}uaŋ^{213}	ʂuaŋ^{213}量词 ʂuaŋ^{42}动词，～起来	tɕiaŋ^{213}	tɕiaŋ^{55}	ɕiaŋ^{42}
高密	paŋ^{21}	tʂuaŋ^{213}	tʂ^{h}uaŋ^{21}又 tʂuaŋ^{21}又	tʂ^{h}uaŋ^{213}	ʂuaŋ^{213}	tɕiaŋ^{213}	tɕiaŋ^{55}	ɕiaŋ^{42}
诸城	paŋ^{31}	tʂuaŋ^{213}	tʂ^{h}uaŋ^{31}又 tʂuaŋ^{31}又	tʂ^{h}uaŋ^{213}	ʂuaŋ^{213}	tʃaŋ^{213}	tʃaŋ^{44}	ʃaŋ^{53}
沂水	paŋ^{31}	tʂuaŋ^{213}	tʂ^{h}uaŋ^{31}老 tʂuaŋ^{31}新	tʂ^{h}uaŋ^{213}	ʂuaŋ^{213}	tɕiaŋ^{213}	tɕiaŋ^{44}	ɕiaŋ^{53}
临朐	paŋ^{21}	tʂuaŋ^{213}	tʂ^{h}uaŋ^{21}	tʂ^{h}uaŋ^{213}	ʂuaŋ^{213}	tɕiaŋ^{213}	tɕiaŋ^{44}	ɕiaŋ^{53}
日照	paŋ^{31}	tʂuaŋ^{213}	tʂ^{h}uaŋ^{31}～人 tʂuaŋ^{31}被人～了	tʂ^{h}uaŋ^{213}	ʂuaŋ^{213}	tʃiaŋ^{213}	tʃiaŋ^{44}	ʃiaŋ^{44}
莒南	paŋ^{312}	tʂuaŋ^{213}	tʂ^{h}uaŋ^{312}白 tʂuaŋ^{312}文	tʂ^{h}uaŋ^{213}	ʂuaŋ^{213}	tɕiaŋ^{213}	tɕiaŋ^{55}	ɕiaŋ^{53}

续表

	0777棒	0778桩	0779撞	0780窗	0781双	0782江	0783讲	0784降 投～
	江开二 上江並	江开二 平江知	江开二 去江澄	江开二 平江初	江开二 平江生	江开二 平江见	江开二 上江见	江开二 平江匣
潍坊	paŋ^{31}	tʂuaŋ^{214}	tʂʰuaŋ^{31}白 tʂuaŋ^{31}文	tʂʰuaŋ^{214}	ʂuaŋ^{214}量词 ʂuaŋ^{31}～起来，一对～子	tɕiaŋ^{214}	tɕiaŋ^{55}	ɕiaŋ^{53}
寿光	paŋ^{21}	tʂuaŋ^{213}	tʂʰuaŋ^{21}	tʂʰuaŋ^{213}	ʂuaŋ^{213}一～ ʂuaŋ^{21}～生	tɕiaŋ^{213}	tɕiaŋ^{55}	ɕiaŋ^{53}
高青	paŋ^{41}	tʂuaŋ^{213}	tʂʰuaŋ^{41}	tʂʰuaŋ^{213}	ʂuaŋ^{213}	tɕiaŋ^{213}	tɕiaŋ^{55}	ɕiaŋ^{55}
阳信	paŋ^{31}	tʂuaŋ^{213}	tʂʰuaŋ^{31}	tʂʰuaŋ^{213}	ʂuaŋ^{213}	tɕiaŋ^{213}	tɕiaŋ^{55}	ɕiaŋ^{43}
济阳	paŋ^{31}	tʂuaŋ^{213}	tʂʰuaŋ^{31}又 tʂuaŋ^{31}又	tʂʰuaŋ^{213}	ʂuaŋ^{213}	tɕiaŋ^{213}	tɕiaŋ^{55}	ɕiaŋ^{55}
利津	paŋ^{31}	tʂuaŋ^{213}	tʂʰuaŋ^{31}又 tʂuaŋ^{31}又	tʂʰuaŋ^{213}	ʂuaŋ^{213}	tɕiaŋ^{213}	tɕiaŋ^{55}	ɕiaŋ^{53}
乐陵	paŋ^{51}	tʂuaŋ^{24}	tʂʰuaŋ^{51}又 tʂuaŋ^{51}又	tʂʰuaŋ^{24}	ʂuaŋ^{24}	tɕiaŋ^{24}	tɕiaŋ^{55}	ɕiaŋ^{55}
商河	paŋ^{31}	tʂuaŋ^{213}	tʂʰuaŋ^{31}	tʂʰuaŋ^{213}	ʂuaŋ^{213}	tɕiaŋ^{213}	tɕiaŋ^{45}	ɕiaŋ^{54}
平原	paŋ^{21}	tʂuaŋ^{213}	tʂʰuaŋ^{21}	tʂʰuaŋ^{213}	ʂuaŋ^{213}	tɕiaŋ^{213}	tɕiaŋ^{55}	ɕiaŋ^{42}
德州	paŋ^{21}	tʂuaŋ^{213}	tʂʰuaŋ^{21}	tʂʰuaŋ^{213}	ʂuaŋ^{213}	tɕiaŋ^{213}	tɕiaŋ^{55}	ɕiaŋ^{42}
武城	paŋ^{312}	tʂuaŋ^{224}	tʂʰuaŋ^{312}又 tʂuaŋ^{312}又	tʂʰuaŋ^{224}	ʂuaŋ^{224}	tɕiaŋ^{224}	tɕiaŋ^{55}	ɕiaŋ^{53}
临清	paŋ^{313}	tʂuaŋ^{13}	tʂʰuaŋ^{313}又 tʂuaŋ^{313}又	tʂʰuaŋ^{13}	ʂuaŋ^{13}	tɕiaŋ^{13}	tɕiaŋ^{44}	ɕiaŋ^{53}
冠县	paŋ^{314}	tʂuaŋ^{13}	tʂuaŋ^{314}	tʂʰuaŋ^{13}	ʂuaŋ^{13}	tɕiaŋ^{13}	tɕiaŋ^{55}	ɕiaŋ^{314}
聊城	paŋ^{313}	tsuaŋ^{13}	tsuaŋ^{313}	tsʰuaŋ^{13}	suaŋ^{13}	tɕiaŋ^{13}	tɕiaŋ^{44}	tɕʰiaŋ^{53}
济南	paŋ^{21}	tʂuaŋ^{213}	tʂʰuaŋ^{21}又 tʂuaŋ^{21}又	tʂʰuaŋ^{213}	ʂuaŋ^{213}	tɕiaŋ^{213}	tɕiaŋ^{55}	ɕiaŋ^{42}
泰安	paŋ^{21}	tʂuaŋ^{213}	tʂʰuaŋ^{21}白 tʂuaŋ^{21}文	tʂʰuaŋ^{213}	ʂuaŋ^{213}	tɕiaŋ^{213}	tɕiaŋ^{55}	ɕiaŋ^{42}
莱芜	paŋ^{42}	tʃuaŋ^{213}	tʃuaŋ^{42}	tʃʰuaŋ^{213}	ʃuaŋ^{213}	tɕiaŋ^{213}	tɕiaŋ^{55}	ɕiaŋ^{55}
新泰	paŋ^{31}	pfaŋ^{213}老 tʃuaŋ^{213}新	pfaŋ^{31}老 tʃuaŋ^{31}新	pfʰaŋ^{213}老 tʃʰuaŋ^{213}新	faŋ^{213}老 ʃuaŋ^{213}新	tɕiaŋ^{213}	tɕiaŋ^{55}	ɕiaŋ^{42}
沂源	paŋ^{55}	tʃuaŋ^{213}	tʃuaŋ^{31}	tʃʰuaŋ^{213}	ʃuaŋ^{213}	tɕiaŋ^{213}	tɕiaŋ^{55}	ɕiaŋ^{55}

续表

	0777棒	0778桩	0779撞	0780窗	0781双	0782江	0783讲	0784降 投～
	江开二 上江並	江开二 平江知	江开二 去江澄	江开二 平江初	江开二 平江生	江开二 平江见	江开二 上江见	江开二 平江匣
博山	paŋ^{31}	tʂuaŋ^{213}	tʂʰuaŋ^{31} 又 tʂuaŋ^{31} 又	tʂʰuaŋ^{213}	ʂuaŋ^{213}	tɕiaŋ^{213}	tɕiaŋ^{55}	ɕiaŋ^{55}
张店	paŋ^{31}	tʂuaŋ^{213}	tʂuaŋ^{31}	tʂʰuaŋ^{213}	ʂuaŋ^{213}	tɕiaŋ^{213}	tɕiaŋ^{55}	ɕiaŋ^{55}
阳谷	paŋ^{313}	tsuaŋ^{213}	tsuaŋ^{313}	tsʰuaŋ^{213}	faŋ^{213} 白 suaŋ^{213} 文	tɕiaŋ^{213}	tɕiaŋ^{55}	ɕiaŋ^{42}
梁山	paŋ^{314}	tsuaŋ^{213}	tsʰuaŋ^{314} 白 tsuaŋ^{314} 文	tsʰuaŋ^{213}	faŋ^{213} suaŋ^{213} 新	tɕiaŋ^{213}	tɕiaŋ^{55}	ɕiaŋ^{42}
菏泽	paŋ^{312}	tsuaŋ^{213}	tsʰuaŋ^{312} 又 tsuaŋ^{312} 又	tsʰuaŋ^{213}	faŋ^{213} 老 suaŋ^{213} 新	tɕiaŋ^{213}	tɕiaŋ^{44}	ɕiaŋ^{53}
曹县	paŋ^{312}	tʂuaŋ^{213}	tʂuaŋ^{312}	tʂʰuaŋ^{213}	faŋ^{213} 白 ʂuaŋ^{213} 文	tɕiaŋ^{213}	tɕiaŋ^{44}	ɕiaŋ^{53}
金乡	paŋ^{312}	tsuaŋ^{213}	tsʰuaŋ^{312} 白 tsuaŋ^{312} 文	tsʰuaŋ^{213}	suaŋ^{213}	tɕiaŋ^{213}	tɕiaŋ^{55}	ɕiaŋ^{42}
曲阜	paŋ^{312}	tsuaŋ^{213}	tsʰuaŋ^{312} 白 tsuaŋ^{312} 文	tsʰuaŋ^{213}	suaŋ^{213}	tɕiaŋ^{213}	tɕiaŋ^{55}	tɕʰiaŋ^{42}
薛城	paŋ^{41}	tsuaŋ^{313}	pfaŋ^{41} 又 pfʰaŋ^{41} 又 tsʰuaŋ^{41} 又 tsuaŋ^{41} 又	pfʰaŋ^{313} 又 tsʰuaŋ^{313} 又	faŋ^{313}	tɕiaŋ^{313}	tɕiaŋ^{24}	ɕiaŋ^{55}
郯城	paŋ^{51}	tʂuaŋ^{213}	tʂʰuaŋ^{51} 又 tʂuaŋ^{51} 又	tʂʰuaŋ^{213}	faŋ^{213} 老 ʂuaŋ^{213} 新	tɕiaŋ^{213}	tɕiaŋ^{24}	ɕiaŋ^{44}
临沂	paŋ^{312}	tʃuaŋ^{214}	tʃʰuaŋ^{312} 老 tʃuaŋ^{312} 新	tʃʰuaŋ^{214}	ʃuaŋ^{214}	tɕiaŋ^{214}	tɕiaŋ^{55}	ɕiaŋ^{53}

	0785项	0786剥	0787桌	0788镯	0789角	0790壳	0791学	0792握
	江开二 上江匣	江开二 入觉帮	江开二 入觉知	江开二 入觉崇	江开二 入觉见	江开二 入觉溪	江开二 入觉匣	江开二 入觉影
荣成	çiaŋ^{33}	po^{214}	tʂo^{214}	tʂo^{35}	tsia^{214} 又 cio^{35} 五～钱	kʰo^{214}	çio^{35}	uɛ^{214} ～手 ɛ^{214} 把～
烟台	ɕiaŋ^{33}	pa^{14} 白 po^{14} 文	tsuo^{14}	tsuo^{33}	tɕia^{14} 白 tɕye^{14} 文	kʰɤ^{33}	ɕye^{33}	uo^{53}

续表

	0785项	0786剥	0787桌	0788镯	0789角	0790壳	0791学	0792握
	江开二 上江匣	江开二 入觉帮	江开二 入觉知	江开二 入觉崇	江开二 入觉见	江开二 入觉溪	江开二 入觉匣	江开二 入觉影
栖霞	çiaŋ^{52}	pə^{214}	tsuo^{214}	tsuo^{342}	cyɛ^{214}又 cia^{214}又	kʰə^{342}	çyɛ^{342}	uo^{52}
长岛	çiaŋ^{52}	pə^{213}	tsuə^{213}	tsuə^{55}	cia^{213}又 cyɛ^{213}又	kʰə^{55}	çyo^{55}	uə^{213}
海阳	çiaŋ^{341}	pə^{214}	tʂuo^{214}	tʂuo^{341}	cia^{214}墙～ cyə^{214}豆～	kʰə^{341}	çyə^{341}	uo^{341}
莱西	çiaŋ^{42}	pa^{55}～皮 pə^{42}～削	tsuə^{55}	tsuə^{42}	cyə^{55}豆～儿 cia^{55}墙～儿	kʰə^{42}	çyə^{42}	uə^{42}
平度	çiaŋ^{55}	pa^{55}白 pə^{55}文	tʂuə^{55}	tʂuə^{42}	cyə^{55}一～钱 ciar^{55}墙～	kʰə^{55}	çyə^{42}	uə^{42}
青岛	ɕiaŋ^{42}	pɑ^{55}～皮 pə^{55}～削	tʂuə^{55}	tʂuə^{42}	tɕyə^{55}豆～ tɕiɑr^{55}桌子～	khə^{44}	ɕyə^{42}	uə^{42}
高密	ɕiaŋ^{21}	pɑ^{55}～皮 pə^{55}～削	tʂuə^{55}	tʂuə^{42}	tɕyə^{55}～色 tɕia^{55}牛～	kʰə^{55}	ɕyə^{42}	uə^{55}
诸城	ʃaŋ^{31}	pa^{44}白 pə^{44}文	tʂuə^{44}	tʂuə^{53}	tʃa^{44}白 tʃuə^{44}文	kʰuə^{44}	ʃuə^{53}	uə^{213}
沂水	ɕiaŋ^{31}	pa^{44}白 pə^{44}文	tʂuə^{44}	tʂuə^{53}	tɕia^{44}白 tɕyə^{44}文	tɕʰyə^{44}白 kʰuə^{44}文，老 kʰə^{44}文，新	ɕyə^{53}	uə^{213}
临朐	ɕiaŋ^{21}	pa^{213}	tʂuə^{44}	tʂuə^{53}	tɕyə^{44}	tɕʰyə^{44}白 kʰuə^{44}文	ɕyə^{53}	uə^{21}
日照	ʃiaŋ^{31}	pɑ^{213}白 pə^{213}文	tʂuə^{213}	tʂuə^{53}	tʃiɑ^{213}白， 牛～ tʃyə^{213}文， 大～子	kʰə^{213}	ʃyə^{53}	uə^{213}
莒南	ɕiaŋ^{312}	pə^{213}	tʂuə^{213}	tʂuə^{53}	tɕia^{213}白 tɕyə^{213}文1 tɕiɔ^{213}文2	tɕʰyə^{213} 纸～子 kʰə^{213}纸～子 tɕʰiɔ^{312}地～	ɕyə^{53}	uə^{213}
潍坊	ɕiaŋ^{31}	pɑ^{214}～皮 pə^{214}～削	tʂuə^{214}	tʂuə^{53}	tɕyə^{214}主～ tɕia^{214}桌～	kʰuə^{214}蛋～ tɕʰyə^{214} 屎～郎子	ɕyə^{53}	uə^{31}

续表

	0785项	0786剥	0787桌	0788镯	0789角	0790壳	0791学	0792握
	江开二 上江匣	江开二 入觉帮	江开二 入觉知	江开二 入觉崇	江开二 入觉见	江开二 入觉溪	江开二 入觉匣	江开二 入觉影
寿光	ɕiɑŋ^{21}	pa^{213}白 pə^{213}文	tʂuə^{213}	tʂuə^{53}	tɕia^{213}白 tɕyə^{213}文	tɕ^{h}yə^{213}	ɕyə^{53}	uə^{213}
高青	ɕiɑŋ^{41}	pə^{213}	tʂuə^{213}	tʂuə^{55}	tɕiɔ^{55}又 tɕyə^{55}又	k^{h}ə^{213}	ɕiɔ^{55}又 ɕyə^{53}又	uə^{213}
阳信	ɕiɑŋ^{31}	pɔ^{213} 白，～皮 pə^{213} 文，～削	tʂuɔ^{213}	tʂuə^{43}	tɕia^{213}白， 牛～ tɕiɔ^{213}文， 桌子～	k^{h}ə^{213}子母～ （子弹壳） tɕ^{h}iɔ^{31}地～	ɕiɔ^{43}	uə^{213}
济阳	ɕiɑŋ^{31}	pa^{213}白 pə^{213}文	tʂuə^{213}	tʂuə^{55}	tɕia^{213}白 tɕiɔ^{213}文， 三～钱	tɕ^{h}iɔ^{213}地～ k^{h}ə^{213}	ɕiɔ^{55}白， 上～ ɕyə^{55}文， ～习	uə^{213}
利津	ɕiɑŋ^{31}	pa^{44}白 pə^{44}文	tʂuə^{44}	tʂuə^{53}	tɕiɔ^{44}牛～ tɕia^{44}牛～ tɕyə^{44}主～	tɕ^{h}iɔ^{53}又 k^{h}ə^{213}又	ɕiɔ^{53}白 ɕyə^{53}文	uə^{213}
乐陵	ɕiɑŋ^{51}	pɔ^{24}白 pə^{24}文	tʂuɔ^{24}白 tʂuə^{24}文	tʂuə^{55}	tɕiɑ^{24}桌～ tɕiɔ^{24}牛～	k^{h}ə^{24}又 tɕ^{h}iɔ^{51}又	ɕiɔ^{55}白 ɕyə^{55}文	uə^{24}
商河	ɕiɑŋ^{31}	pɑ^{45}～皮 pə^{213}～削	tʂuə^{45}	tʂuə^{54}	tɕiɑ^{45}牛～ tɕiɔ^{45}～色	tɕ^{h}iɔ^{31}地～ k^{h}ə^{45}鸡蛋～	ɕiɔ^{54}	uə^{213}
平原	ɕiɑŋ^{21}	pa^{213}白 pə^{213}文	tʂuə^{55}	tʂuə^{42}	tɕia^{55}桌～ tɕiɔu^{55}牛～	k^{h}ə^{213}	ɕiɔu^{42}白 ɕyə^{42}文	uə^{213}
德州	ɕiɑŋ^{21}	pə^{213}	tʂuə^{213}	tʂuə^{42}	tɕiɔ^{55}	tɕ^{h}iɔ^{21}又 k^{h}ə^{213}又	ɕiɔ^{42}	uə^{213}
武城	ɕiɑŋ^{312}	pa^{224}白 pə^{224}文	tʂuə^{224}	tʂuə^{53}	tɕiɔ^{224}牛～ tɕyə^{224}主～	k^{h}ə^{224}	ɕiɔ^{53}白 ɕyə^{53}文	uə^{224}
临清	ɕiɑŋ^{313}	pə^{13}	tʂuə^{13}	tʂuə^{53}	tɕiau^{44}三～ tɕia^{44}羊～ tɕyə^{13}～色	k^{h}ə^{13}鸡蛋～ tɕ^{h}iau^{313}地～	ɕiau^{53}老 ɕyə^{53}新	uə^{13}
冠县	ɕiɑŋ^{314}	pə^{13}	tʂuə^{13}	tʂuə^{53}	tɕyɤ^{55}	k^{h}ə^{13}	ɕyɤ^{53}	uə^{13}
聊城	ɕiɑŋ^{313}	pa^{13}又 pə^{13}又	tsuə^{13}	tsuə^{53}	tɕyə^{44}墙～ tɕia^{13}羊～	k^{h}ə^{13}	ɕyə^{53}	uə^{13}
济南	ɕiɑŋ^{21}	pa^{213}白 pə^{213}文	tʂuə^{213}	tʂuə^{42}	tɕia^{213}白 tɕyə^{213}文	tɕ^{h}yə^{213}纸～ k^{h}ə^{213}蛋～	ɕyə^{42}	uə^{213}

续表

	0785项	0786剥	0787桌	0788镯	0789角	0790壳	0791学	0792握
	江开二 上江匣	江开二 入觉帮	江开二 入觉知	江开二 入觉崇	江开二 入觉见	江开二 入觉溪	江开二 入觉匣	江开二 入觉影
泰安	ɕiɑŋ^{21}	pɑ^{213}～皮 pə^{213}～削	tʂuə^{213}	tʂuə^{42}	tɕyə^{213}又 tɕiɑ^{213}牛～	kʰə^{213}	ɕyə^{42}	uə^{213}
莱芜	ɕiɑŋ^{42}	pə^{213}	tʃuə^{213}	tʃuə^{55}	tɕyə^{213}	kʰə^{213}	ɕyə^{55}	uə^{213}
新泰	ɕiɑŋ^{31}	pə^{213}	pfə^{213}老 tʃuə^{213}新	pfə^{42}老 tʃuə^{42}新	tɕiɑ^{213}老 tɕyə^{213}新	kʰə^{213}	ɕyə^{42}	uə^{213}
沂源	ɕiɑŋ^{31}	pə^{213}	tʃuə^{213}	tʃuə^{55}	tɕiɔ^{55}又 tɕiɑ^{213}又	kʰə^{213}又 tɕʰyə^{213}又	ɕyə^{55}	uə^{31}
博山	ɕiɑŋ^{31}	pə^{213}	tʂuə^{213}	tʂuə^{55}	tɕiɑ^{213}又 tɕyə^{213}又	tɕʰyə^{213}	ɕyə^{55}	uə^{213}
张店	ɕiɑŋ^{31}	pɑ^{33}又 pə^{33}又	tʂuə^{33}	tʂuə^{55}	tɕiɑ^{33}又 tɕyə^{33}又	kʰə^{33}	ɕyə^{55}又 ɕiɔ^{55}又	uə^{213}
阳谷	ɕiɑŋ^{313}	pə^{213}	tsuo^{213}	tsuo^{42}	tɕyo^{213}	kʰə^{213}	tɕyo^{42}	uo^{213}
梁山	ɕiɑŋ^{314}	pə^{213}	tsuə^{213}	tsuə^{42}	tɕyə^{213} tɕiɔ^{213}	kʰə^{213}	ɕyə^{42}	uə^{213}
菏泽	ɕiɑŋ^{312}	pə^{213}	tsuə^{213}	tsuə^{53}	tɕyə^{213}	kʰə^{213}	ɕyə^{53}	uə^{213}
曹县	ɕiɑŋ^{312}	pə^{213}	tʂuə^{213}	tsuə^{53}	tɕyə^{213}	kʰə^{213}	ɕyə^{53}	uə^{213}
金乡	ɕiɑŋ^{312}	pə^{213}	tsuə^{213}	tsuə^{42}	tɕyə^{213}	kʰə^{213}	ɕyə^{42}	uə^{213}
曲阜	ɕiɑŋ^{312}	pɑ^{213}老 pə^{213}新	tsuə^{213}	tsuə^{42}	tɕyə^{213}白 tɕiɔ^{213}文	kʰə^{213}	ɕyə^{42}	uə^{213}
薛城	ɕiɑŋ^{41}	pə^{313}	pfə^{313}又 tsuə^{313}又	pfə^{55}又 tsuə^{55}又	tɕiɑ^{313}牛～ tɕyə^{313}墙～	kʰə^{313}	ɕyə^{55}	uə^{313}
郯城	ɕiɑŋ^{51}	pə^{213}	tʂuə^{213}	tʂuə^{44}	tɕiɑ^{213}老 tɕyə^{213}新 tɕiɔ^{213}新	tɕʰyə^{213}白 kʰə^{213}文	ɕyə^{44}	uə^{213}
临沂	ɕiɑŋ^{312}	pɑ^{214}老 pə^{214}新	tʃuə^{214}	tʃuə^{53}	tɕiɑ^{214}老 tɕyə^{214}新	tɕʰyə^{214}白 kʰə^{214}文	ɕyə^{53}	uə^{214}

	0793朋	0794灯	0795等	0796凳	0797藤	0798能	0799层	0800僧
	曾开一 平登並	曾开一 平登端	曾开一 上登端	曾开一 去登端	曾开一 平登定	曾开一 平登泥	曾开一 平登从	曾开一 平登心
荣成	pʰəŋ^{35}	təŋ^{53}	təŋ^{214}	təŋ^{33}	tʰəŋ^{35}	ləŋ^{35}	tsʰəŋ^{35}	səŋ^{53}

续表

	0793朋	0794灯	0795等	0796凳	0797藤	0798能	0799层	0800僧
	曾开一 平登並	曾开一 平登端	曾开一 上登端	曾开一 去登端	曾开一 平登定	曾开一 平登泥	曾开一 平登从	曾开一 平登心
烟台	p^{h}əŋ^{33}	təŋ^{53}	təŋ^{14}	təŋ^{33}	t^{h}əŋ^{33}	nəŋ^{33}	ts^{h}əŋ^{33}	səŋ^{53}
栖霞	p^{h}əŋ^{342}	təŋ^{312}	təŋ^{214}	təŋ^{52}	t^{h}əŋ^{342}	nəŋ^{342}	ts^{h}əŋ^{342}	səŋ^{312}
长岛	p^{h}əŋ^{55}	təŋ^{312}	təŋ^{213}	təŋ^{52}	t^{h}əŋ^{55}	nəŋ^{55}	ts^{h}əŋ^{55}	səŋ^{312}
海阳	p^{h}əŋ^{341}	təŋ^{52}	təŋ^{214}	təŋ^{341}	t^{h}əŋ^{341}	nəŋ^{341}	tθ^{h}əŋ^{341}	θəŋ^{52}
莱西	p^{h}əŋ^{42}	təŋ^{214}	təŋ^{55}	təŋ^{42}	t^{h}əŋ^{42}	nəŋ^{42}	ts^{h}əŋ^{42}	səŋ^{214}
平度	p^{h}əŋ^{42}	təŋ^{213}	təŋ^{55}	təŋ^{42}	t^{h}əŋ^{42}	nəŋ^{42}	tθ^{h}əŋ^{42}	θəŋ^{213}
青岛	p^{h}oŋ^{42}	toŋ^{213}	toŋ^{55}	toŋ^{42}	t^{h}oŋ^{42}	noŋ^{42}	tθ^{h}oŋ^{42}	tθoŋ^{213}
高密	p^{h}oŋ^{42}	toŋ^{213}	toŋ^{55}	toŋ^{21}	t^{h}oŋ^{42}	noŋ^{42}	tθ^{h}oŋ^{42}	θoŋ^{213}
诸城	p^{h}əŋ^{53}	təŋ^{213}	təŋ^{44}	təŋ^{31}	t^{h}əŋ^{53}	nəŋ^{53}	tθ^{h}əŋ^{53}	θəŋ^{213}
沂水	p^{h}əŋ^{53}	təŋ^{213}	təŋ^{44}	təŋ^{31}	t^{h}əŋ^{53}	nəŋ^{53}	ɕiŋ^{53}白 tθ^{h}əŋ^{53}文	θəŋ^{213}
临朐	p^{h}əŋ^{53}	təŋ^{213}	təŋ^{44}	təŋ^{21}	t^{h}əŋ^{53}	nəŋ^{53}	tθ^{h}əŋ^{53}	θəŋ^{213}
日照	p^{h}əŋ^{53}	təŋ^{213}	təŋ^{44}	təŋ^{31}	t^{h}əŋ^{53}	nəŋ^{53}	tθ^{h}əŋ^{53}	θəŋ^{213}
莒南	p^{h}əŋ^{53}	təŋ^{213}	təŋ^{55}	təŋ^{312}	t^{h}əŋ^{53}	nəŋ^{53}	tθ^{h}əŋ^{53}	θəŋ^{213}
潍坊	p^{h}əŋ^{53}	təŋ^{214}	təŋ^{55}	təŋ^{31}	t^{h}əŋ^{53}	nəŋ^{53}	ts^{h}əŋ^{53}	səŋ^{214}
寿光	p^{h}əŋ^{53}	təŋ^{213}	təŋ^{55}	təŋ^{21}	t^{h}əŋ^{53}	nəŋ^{53}	ts^{h}əŋ^{53}	tsəŋ^{213}又 səŋ^{213}又
高青	p^{h}əŋ^{55}	təŋ^{213}	təŋ^{55}	təŋ^{41}	t^{h}əŋ^{55}	nəŋ^{55}	ts^{h}əŋ^{55}	tsəŋ^{213}
阳信	p^{h}əŋ^{43}	təŋ^{213}	təŋ^{55}	təŋ^{31}	t^{h}əŋ^{43}	nəŋ^{43}	ts^{h}əŋ^{43}	səŋ^{213}
济阳	p^{h}əŋ^{55}	təŋ^{213}	təŋ^{55}	təŋ^{31}	t^{h}əŋ^{55}	nəŋ^{55}	ts^{h}əŋ^{55}	səŋ^{213}
利津	p^{h}əŋ^{53}	təŋ^{213}	təŋ^{55}	təŋ^{31}	t^{h}əŋ^{53}	nəŋ^{53}	ts^{h}əŋ^{53}	tsəŋ^{213}
乐陵	p^{h}əŋ^{55}	təŋ^{24}	təŋ^{55}	təŋ^{51}	t^{h}əŋ^{55}	nəŋ^{55}	ts^{h}əŋ^{55}	səŋ^{24}
商河	p^{h}əŋ^{54}	təŋ^{213}	təŋ^{45}	təŋ^{31}	t^{h}əŋ^{54}	nəŋ^{54}	ts^{h}əŋ^{54}	tsəŋ^{213}
平原	p^{h}əŋ^{42}	təŋ^{213}	təŋ^{55}	təŋ^{21}	t^{h}əŋ^{42}	nəŋ^{42}	ts^{h}əŋ^{42}	tsəŋ^{213}
德州	p^{h}əŋ^{42}	təŋ^{213}	təŋ^{55}	təŋ^{21}	t^{h}əŋ^{42}	nəŋ^{42}	ts^{h}əŋ^{42}	səŋ^{213}
武城	p^{h}əŋ^{53}	təŋ^{224}	təŋ^{55}	təŋ^{312}	t^{h}əŋ^{53}	nəŋ^{53}	ts^{h}əŋ^{53}	tsəŋ^{224}
临清	p^{h}əŋ^{53}	təŋ^{13}	təŋ^{44}	təŋ^{313}	t^{h}əŋ^{53}	nəŋ^{53}	ts^{h}əŋ^{53}	səŋ^{13}

续表

	0793朋	0794灯	0795等	0796凳	0797藤	0798能	0799层	0800僧
	曾开一 平登並	曾开一 平登端	曾开一 上登端	曾开一 去登端	曾开一 平登定	曾开一 平登泥	曾开一 平登从	曾开一 平登心
冠县	p^{h}əŋ^{53}	təŋ^{13}	təŋ^{55}	təŋ^{314}	t^{h}əŋ^{53}	nəŋ^{53}	ts^{h}əŋ^{53}	səŋ^{13}
聊城	p^{h}əŋ^{53}	təŋ^{13}	təŋ^{44}	təŋ^{313}	t^{h}əŋ^{53}	nəŋ^{53}	ts^{h}əŋ^{53}	səŋ^{13}
济南	p^{h}əŋ^{42}	təŋ^{213}	təŋ^{55}	təŋ^{21}	t^{h}əŋ^{42}	nəŋ^{42}	ts^{h}əŋ^{42}	səŋ^{213} tsəŋ^{213}地名：老～口
泰安	p^{h}əŋ^{42}	təŋ^{213}	təŋ^{55}	təŋ^{21}	t^{h}əŋ^{42}	nəŋ^{42}	ts^{h}əŋ^{42}	səŋ^{213}
莱芜	p^{h}əŋ^{55}	təŋ^{213}	təŋ^{55}	təŋ^{42}	t^{h}əŋ^{55}	nəŋ^{55}	ts^{h}əŋ^{55}	tsəŋ^{213}
新泰	p^{h}əŋ^{42}	təŋ^{213}	təŋ^{55}	təŋ^{31}	t^{h}əŋ^{42}	nəŋ^{42}	tθ^{h}əŋ^{42}	θəŋ^{213}
沂源	p^{h}əŋ^{55}	təŋ^{213}	təŋ^{55}	təŋ^{31}	t^{h}əŋ^{55}	nəŋ^{55}	tθ^{h}əŋ^{55}	θəŋ^{213}
博山	p^{h}əŋ^{55}	təŋ^{213}	təŋ^{55}	təŋ^{31}	t^{h}əŋ^{55}	nəŋ^{55}	ts^{h}əŋ^{55}	səŋ^{213}
张店	p^{h}əŋ^{55}	təŋ^{213}	təŋ^{55}	təŋ^{31}	t^{h}əŋ^{55}	nəŋ^{55}	ts^{h}əŋ^{55}	tsəŋ^{213}又 səŋ^{213}又
阳谷	p^{h}əŋ^{42}	təŋ^{213}	təŋ^{55}	təŋ^{313}	t^{h}əŋ^{42}	nəŋ^{42}	ts^{h}əŋ^{42}	səŋ^{213}
梁山	p^{h}əŋ^{42}	təŋ^{213}	təŋ^{55}	təŋ^{314}	t^{h}əŋ^{42}	nəŋ^{42}	tɕ^{h}yŋ^{42}老 ts^{h}əŋ^{42}新	səŋ^{213}
菏泽	p^{h}əŋ^{53}	təŋ^{213}	təŋ^{44}	təŋ^{312}	t^{h}əŋ^{53}	nəŋ^{53}	ts^{h}əŋ^{53}	səŋ^{213}
曹县	p^{h}əŋ^{53}	təŋ^{213}	təŋ^{44}	təŋ^{312}	t^{h}əŋ^{53}	nəŋ^{53}	ts^{h}əŋ^{53}	tsəŋ^{213}又 səŋ^{213}又
金乡	p^{h}əŋ^{42}	təŋ^{213}	təŋ^{55}	təŋ^{312}	t^{h}əŋ^{42}	nəŋ^{42}	ts^{h}əŋ^{42}	səŋ^{213}
曲阜	p^{h}əŋ^{42}	təŋ^{213}	təŋ^{55}	təŋ^{312}	t^{h}əŋ^{42}	nəŋ^{42}	ts^{h}əŋ^{42}	səŋ^{213}
薛城	p^{h}əŋ^{55}	təŋ^{313}	təŋ^{24}	təŋ^{41}	t^{h}əŋ^{55}	nəŋ^{55}	ts^{h}əŋ^{55}	səŋ^{313}
郯城	p^{h}əŋ^{44}	təŋ^{213}	təŋ^{24}	təŋ^{51}	t^{h}əŋ^{44}	nəŋ^{44}	ɕiŋ^{44}白 ts^{h}əŋ^{44}文	səŋ^{213}
临沂	p^{h}əŋ^{53}	təŋ^{214}	təŋ^{55}	təŋ^{312}	t^{h}əŋ^{53}	nəŋ^{53}	ts^{h}əŋ^{53}	səŋ^{214}

	0801肯	0802北	0803墨	0804得	0805特	0806贼	0807塞	0808刻
	曾开一 上登溪	曾开一 入德帮	曾开一 入德明	曾开一 入德端	曾开一 入德定	曾开一 入德从	曾开一 入德心	曾开一 入德溪
荣成	k^{h}ən^{214}	pɛ^{214}	mɛ^{214}	tɛ^{214}	t^{h}ɛ^{35}	tsɛ^{33}	sɛ^{214}	k^{h}ɛ^{214}

续表

	0801肯	0802北	0803墨	0804得	0805特	0806贼	0807塞	0808刻
	曾开一上登溪	曾开一入德帮	曾开一入德明	曾开一入德端	曾开一入德定	曾开一入德从	曾开一入德心	曾开一入德溪
烟台	k^{h}ən^{14}	po^{14}	mo^{14}	tɤ^{14}	t^{h}ɤ^{33}	tsɤ^{33}	sɤ^{14}	k^{h}ɤ^{14}
栖霞	k^{h}ə̃n^{214}	pə^{214}	mə^{52}	tə^{214}	t^{h}ə^{342}	tsə^{342}	sə^{214}	k^{h}ə^{214}
长岛	k^{h}ən^{213}	pə^{213}	mə^{52}	tə^{213}	t^{h}ə^{55}	tsə^{55}	sə^{213}	k^{h}ə^{213}
海阳	k^{h}ẽ^{214}	pə^{214}	mə^{341}	tə^{214}	t^{h}ə^{341}	tθə^{341}	θə^{214}	k^{h}ə^{214}
莱西	k^{h}ẽ^{55}	pə^{55}	mə^{42}～水 mi^{42}即～（地名）	tə^{55}～到	t^{h}ə^{42}	tsə^{42}	sə^{55}	k^{h}ə^{55}
平度	k^{h}ə̃^{55}	pei^{55}	mei^{213}白 mə^{42}文	tə^{55}～到	t^{h}ə^{55}	tθei^{42}	θei^{55}	k^{h}ei^{55}白 k^{h}ə^{55}文
青岛	k^{h}ẽ^{55}	pei^{55}	mei^{213}～汁子 mi^{42}即～（地名）	tei^{55}	t^{h}ə^{42}	tθei^{42}	θei^{55}～牙 θɛ^{55}活～	k^{h}ei^{55}
高密	k^{h}ə̃^{55}	pei^{55}	mei^{21}～水 mi^{21}即～（地名）	tei^{55}	t^{h}ə^{55}	tθei^{42}	θei^{55}	k^{h}ei^{55}白 k^{h}ə^{55}文
诸城	k^{h}ẽ^{44}	pei^{44}	mei^{31}	tei^{44}	t^{h}ə^{44}	tθei^{53}	θei^{44}	k^{h}ei^{44}
沂水	k^{h}ẽ^{44}	pe^{44}	me^{31}	te^{44}	t^{h}ə^{31}	dðe^{53}	θe^{44}	k^{h}e^{44}
临朐	k^{h}ə̃^{44}	pei^{44}	mei^{21}	tei^{44}	t^{h}ə^{21}	tθei^{53}	θei^{44}	k^{h}ei^{44}
日照	k^{h}ẽ^{44}	pei^{213}	mei^{31}	tei^{213}	t^{h}uə^{53}老，～务 t^{h}ə^{53}新，～殊	tθei^{53}	θei^{213}	k^{h}ei^{213}
莒南	k^{h}ẽ^{55}	pei^{213}	mei^{312}老 mə^{312}新	tei^{213}老 tə^{0}新	t^{h}ə^{53}老 t^{h}ə^{312}新	tθei^{53}	θei^{55}老 θɛ^{55}新	k^{h}ei^{213}老 k^{h}ə^{312}新
潍坊	k^{h}ẽ^{55}	pei^{214}	mei^{31}～汁 mi^{31}即～	tei^{214}白 tə^{214}文	t^{h}uə^{53}白 t^{h}ə^{53}文	tsei^{53}	sei^{214}白 sɛ^{214}文	k^{h}ei^{214}白 k^{h}ə^{214}文
寿光	k^{h}ə̃^{55}	pei^{213}	mei^{21}	tei^{213}	t^{h}ə^{53}	tsei^{53}	sei^{213}	k^{h}ei^{213}
高青	k^{h}ə̃^{55}	pei^{213}	mei^{41}	tei^{213}	t^{h}ə^{55}	tsei^{55}	sei^{55}	k^{h}ei^{213}老 k^{h}ə^{213}新
阳信	k^{h}ə̃^{55}	pei^{213}	mei^{31}	tei^{213}	t^{h}ə^{43}	tsei^{43}	sɛ^{213}	k^{h}ei^{213}
济阳	k^{h}ẽ^{55}	pei^{213}	mei^{31}	tei^{213}白 tə^{213}文	t^{h}ə^{55}	tsei^{55}	sei^{213}	k^{h}ei^{213}白 k^{h}ə^{213}文

续表

	0801肯	0802北	0803墨	0804得	0805特	0806贼	0807塞	0808刻
	曾开一 上登溪	曾开一 入德帮	曾开一 入德明	曾开一 入德端	曾开一 入德定	曾开一 入德从	曾开一 入德心	曾开一 入德溪
利津	k^{h}ẽ^{55}	pei^{44}	mei^{31}	tei^{44}白 tə^{44}文	t^{h}ə^{53}	tsei^{53}	sei^{44}	k^{h}ei^{44}白 k^{h}ə^{44}文
乐陵	k^{h}ẽ^{55}	pei^{55}	mei^{51}白 mə^{51}文	tei^{24}白 tə^{55}文	t^{h}ə^{55}	tsei^{55}	sɛ^{24}	k^{h}ei^{24}又 k^{h}ə^{24}又
商河	k^{h}ẽ^{45}	pei^{45}	mei^{31}	tei^{45}	t^{h}ə^{45}	tsei^{54}	sei^{45}～住 sɛ^{45}～子	k^{h}ei^{45}白 k^{h}ə^{31}文
平原	k^{h}ẽ^{55}	pei^{55}	mei^{21}白 mə^{21}文	tei^{55}白 tə^{42}文	t^{h}ə^{21}	tsei^{42}	sei^{213}又 sɛi^{213}又	k^{h}ə^{21}
德州	k^{h}ẽ^{55}	pei^{213}	mei^{21}	tei^{213}	t^{h}ə^{21}	tsei^{42}	sei^{213}又 sɛ^{213}又	k^{h}ei^{213}
武城	k^{h}ẽ^{55}	pei^{224}	mei^{312}白 mə^{312}文	tei^{224}白 tə^{224}文	t^{h}ə^{312}	tsei^{53}	sɛ^{224}	k^{h}ei^{224}白 k^{h}ə^{224}文
临清	k^{h}en^{44}	pei^{13}	mei^{313}	tə^{13}	t^{h}ə^{313}	tsei^{53}	sai^{13}又 sai^{313}又	k^{h}ei^{13}白 k^{h}ə^{13}文
冠县	k^{h}ẽ^{55}	pei^{13}	mei^{314}	tei^{13}	t^{h}ə^{55}	tsei^{53}	sɛ^{314}	k^{h}ə^{13}
聊城	k^{h}ẽ^{44}	pei^{13}	mei^{313}	tei^{13}	t^{h}ə^{44}	tsei^{53}	sɛ^{13}	k^{h}ei^{13}白 k^{h}ə^{13}文
济南	k^{h}ẽ^{55}	pei^{213}	mei^{21}	tei^{213}	t^{h}ei^{42}白 t^{h}ə^{42}文	tsei^{42}	sei^{213}	k^{h}ei^{213}白 k^{h}ə^{213}文
泰安	k^{h}ẽ^{55}	pei^{213}	mei^{21}	tei^{213}	t^{h}ə^{42}	tsei^{42}	sei^{213}	k^{h}ei^{213}
莱芜	k^{h}ẽ^{55}	pei^{213}	mei^{42}	tei^{213}	t^{h}ə^{55}	tsei^{55}	sei^{213}	k^{h}ə^{213}
新泰	k^{h}ẽ^{55}	pei^{213}	mei^{31}	tei^{213}	t^{h}ə^{42}	tθei^{42}	θei^{213}	k^{h}ei^{213}老 k^{h}ə^{31}新
沂源	k^{h}ə̃^{55}	pei^{213}	mei^{31}	tei^{213}	t^{h}ə^{31}	tθei^{55}	θei^{213}	k^{h}ei^{213}
博山	k^{h}ẽ^{55}	pei^{213}	mei^{31}	tei^{213}	t^{h}uə^{55}	tsei^{55}	sei^{213}	k^{h}ei^{213}老 kə^{213}新
张店	k^{h}ə̃^{55}	pei^{33}	mei^{31}	tei^{33}	t^{h}ə^{55}	tsei^{55}	sei^{33}	k^{h}ei^{33}
阳谷	k^{h}ẽ^{55}	pei^{213}	mei^{213}	tei^{213}	t^{h}uo^{55}白 t^{h}ə^{55}文	tsei^{42}	sei^{213}	k^{h}ei^{213}白 k^{h}ə^{213}文
梁山	k^{h}ẽ^{55}	pei^{213}	mei^{213}老 mə^{213}新	tei^{213}老 tə^{213}新	t^{h}ei^{42}老 t^{h}ə^{42}新	tsei^{42}	sei^{213}老 sɛ^{213}新	k^{h}ei^{213}白 k^{h}ə^{213}文
菏泽	k^{h}ẽ^{44}	pei^{213}	mei^{213}	tei^{213}	t^{h}ei^{53}	tsei^{53}	sei^{213}	k^{h}ei^{213}

续表

	0801肯	0802北	0803墨	0804得	0805特	0806贼	0807塞	0808刻
	曾开一 上登溪	曾开一 入德帮	曾开一 入德明	曾开一 入德端	曾开一 入德定	曾开一 入德从	曾开一 入德心	曾开一 入德溪
曹县	kʰẽ^{44}	pei^{213}	mei^{213}	tei^{213}	tʰei^{53}	tsei^{53}	sei^{213}白 sai^{213}文	kʰei^{213}白 kʰə^{213}文
金乡	kʰẽ^{55}	pei^{213}	mei^{213}	tei^{213}	tʰə^{42}	tsei^{42}	sei^{213}	kʰei^{213}白 kʰə^{213}文
曲阜	kʰẽ^{55}	pei^{213}	mei^{213}白 mə^{213}文	tei^{213}	tʰə^{42}	tsei^{42}	sei^{213}	kʰei^{213}白 kʰə^{213}文
薛城	kʰẽ^{24}	pe^{313}	me^{313}	te^{313}	tʰə^{55}	tse^{55}	se^{313}	kʰe^{313}
郯城	kʰə̃^{24}	pe^{213}	mi^{213}老 me^{213}新 mə^{213}新	te^{213}老 tə^{213}新	tʰə^{44}老 tʰə^{51}新	tse^{44}	sɛ^{213}～子 sɛ^{51}边～	kʰe^{213}老 kʰə^{213}新
临沂	kʰẽ^{55}	pei^{214}	mei^{214}	tei^{214}老 tə^{214}新	tʰə^{312}	tsei^{53}	sei^{214}老 sɛ^{214}新	kʰei^{214}老 kʰə^{214}新

	0809黑	0810冰	0811证	0812秤	0813绳	0814剩	0815升	0816兴 高～
	曾开一 入德晓	曾开三 平蒸帮	曾开三 去蒸章	曾开三 去蒸昌	曾开三 平蒸船	曾开三 去蒸船	曾开三 平蒸书	曾开三 去蒸晓
荣成	xɛ^{214}	piŋ^{53}	tʃəŋ^{33}	tʃʰəŋ^{33}	ʃəŋ^{35}	ʃəŋ^{33}	ʃəŋ^{53}	çiŋ^{33}
烟台	xɤ^{14}	piŋ^{53}	tɕiŋ^{33}	tɕʰiŋ^{33}	çiŋ^{33}	çiŋ^{33}	çiŋ^{53}	çiŋ^{33}
栖霞	xə^{214}	piŋ^{312}	tʃəŋ^{52}	tʃʰəŋ^{52}	ʃəŋ^{342}	ʃəŋ^{342}	ʃiŋ^{312}	çiŋ^{52}
长岛	xə^{213}	piŋ^{312}	tʃəŋ^{52}	tʃʰəŋ^{52}	ʃəŋ^{55}	ʃəŋ^{52}	ʃəŋ^{312}	çiŋ^{52}
海阳	xə^{214}	piŋ^{52}	tsəŋ^{341}	tsʰəŋ^{341}	səŋ^{341}	səŋ^{341}	səŋ^{52}	çiŋ^{52}
莱西	xə^{55}	piŋ^{214}	tʃəŋ^{42}	tʃʰəŋ^{42}	ʃəŋ^{42}	ʃəŋ^{42}	ʃəŋ^{214}	çiŋ^{42}
平度	xei^{55}	piŋ^{213}	tʃəŋ^{213}	tʃʰəŋ^{213}	ʃəŋ^{42}	ʃəŋ^{42}	ʃəŋ^{213}	çiŋ^{213}
青岛	xei^{55}	pioŋ^{213}	tʃoŋ^{42}	tʃʰoŋ^{42}	ʃoŋ^{42}	ʃoŋ^{42}	ʃoŋ^{213}	çioŋ^{42}
高密	xei^{55}	pioŋ^{213}	tʃoŋ^{21}	tʃʰoŋ^{21}	ʃoŋ^{42}	ʃoŋ^{21}	ʃoŋ^{213}	çioŋ^{21}
诸城	xei^{44}	piəŋ^{213}	tʃəŋ^{31}	tʃʰəŋ^{31}	ʃəŋ^{53}	ʃəŋ^{31}	ʃəŋ^{213}	ʃəŋ^{31}
沂水	xe^{44}	piŋ^{213}	dðəŋ^{31}	tʃʰəŋ^{31}	ʃəŋ^{53}	ʃəŋ^{31}	ʃəŋ^{213}	çiŋ^{31}
临朐	xei^{44}	piŋ^{213}	tʃəŋ^{21}	tʃʰəŋ^{21}	ʃəŋ^{53}	ʃəŋ^{21}	ʃəŋ^{213}	çiŋ^{21}

续表

	0809黑	0810冰	0811证	0812秤	0813绳	0814剩	0815升	0816兴 高～
	曾开一入德晓	曾开三平蒸帮	曾开三去蒸章	曾开三去蒸昌	曾开三平蒸船	曾开三去蒸船	曾开三平蒸书	曾开三去蒸晓
日照	xei^{213}	piəŋ^{213}	tʃiəŋ^{31}	tʃʰiəŋ^{31}	ʃiəŋ^{53}	ʃiəŋ^{31}	ʃiəŋ^{213}	ʃiəŋ^{31}
莒南	xei^{213}	piŋ^{213}	tʃəŋ^{312}	tʃʰəŋ^{312}又 tʃʰəŋ^{213}又	ʃəŋ^{53}	ʃəŋ^{312}	ʃəŋ^{213}	ɕiŋ^{312}
潍坊	xei^{214}	piŋ^{214}	tʂəŋ^{31}	tʂʰəŋ^{31}	ʂəŋ^{53}	ʂəŋ^{31}	ʂəŋ^{214}	ɕiŋ^{31}
寿光	xei^{213}	piŋ^{213}	tʂəŋ^{21}	tʂʰəŋ^{21}	ʂəŋ^{53}	ʂəŋ^{21}	ʂəŋ^{213}	ɕiŋ^{21}
高青	xei^{213}	piŋ^{213}	tʂəŋ^{41}	tʂʰəŋ^{41}	ʂəŋ^{55}	ʂəŋ^{41}	ʂəŋ^{213}	ɕiŋ^{41}
阳信	xei^{213}	piŋ^{213}	tʂəŋ^{31}	tʂʰəŋ^{31}	ʂəŋ^{43}	ʂəŋ^{31}	ʂəŋ^{213}	ɕiŋ^{31}
济阳	xei^{213}	piŋ^{213}	tʂəŋ^{31}	tʂʰəŋ^{31}	ʂəŋ^{55}	ʂəŋ^{31}	ʂəŋ^{213}	ɕiŋ^{31}
利津	xei^{44}	piŋ^{213}	tʂəŋ^{31}	tʂʰəŋ^{31}	ʂəŋ^{53}	ʂəŋ^{31}	ʂəŋ^{213}	ɕiŋ^{31}
乐陵	xei^{24}	piŋ^{24}	tʂəŋ^{51}	tʂʰəŋ^{51}	ʂəŋ^{55}	ʂəŋ^{51}	ʂəŋ^{24}	ɕiŋ^{51}
商河	xei^{45}	piŋ^{213}	tʂəŋ^{31}	tʂʰəŋ^{31}	ʂəŋ^{54}	ʂəŋ^{31}	ʂəŋ^{213}	ɕiŋ^{31}
平原	xei^{213}	piŋ^{213}	tʂəŋ^{21}	tʂʰəŋ^{21}	ʂəŋ^{42}	ʂəŋ^{21}	ʂəŋ^{213}	ɕiŋ^{21}
德州	xei^{213}	piŋ^{213}	tʂəŋ^{21}	tʂʰəŋ^{21}	ʂəŋ^{42}	ʂəŋ^{21}	ʂəŋ^{213}	ɕiŋ^{21}
武城	xei^{224}	piŋ^{224}	tʂəŋ^{312}	tʂʰəŋ^{312}	ʂəŋ^{53}	ʂəŋ^{312}	ʂəŋ^{224}	ɕiŋ^{312}
临清	xei^{13}	piŋ^{13}	tʂəŋ^{313}	tʂʰəŋ^{313}	ʂəŋ^{53}	ʂəŋ^{313}	ʂəŋ^{13}	ɕiŋ^{313}
冠县	xei^{13}	piŋ^{13}	tʂəŋ^{314}	tʂʰəŋ^{314}	ʂəŋ^{53}	ʂəŋ^{314}	ʂəŋ^{13}	ɕiŋ^{13}
聊城	xei^{13}	piŋ^{13}	tsəŋ^{313}	tsʰəŋ^{313}	səŋ^{53}	səŋ^{313}	səŋ^{13}	ɕiŋ^{313}
济南	xei^{213}	piŋ^{213}	tʂəŋ^{21}	tʂʰəŋ^{21}	ʂəŋ^{42}	ʂəŋ^{21}	ʂəŋ^{213}	ɕiŋ^{21}
泰安	xei^{213}	piŋ^{213}	tʂəŋ^{21}	tʂʰəŋ^{21}	ʂəŋ^{42}	ʂəŋ^{21}	ʂəŋ^{213}	ɕiŋ^{21}
莱芜	xei^{213}	piŋ^{213}	tʃəŋ^{42}	tʃʰəŋ^{42}	ʃəŋ^{55}	ʃəŋ^{42}	ʃəŋ^{213}	ɕiŋ^{42}
新泰	xei^{213}	piŋ^{213}	tʃəŋ^{31}	tʃʰəŋ^{31}	ʃəŋ^{42}	ʃəŋ^{31}	ʃəŋ^{213}	ɕiŋ^{213}
沂源	xei^{213}	piŋ^{213}	tʃəŋ^{55}	tʃʰəŋ^{31}	ʃəŋ^{55}	ʃəŋ^{31}	ʃəŋ^{213}	ɕiŋ^{213}
博山	xei^{213}	piŋ^{213}	tʂəŋ^{31}	tʂʰəŋ^{31}	ʂəŋ^{55}	ʂəŋ^{31}	ʂəŋ^{213}	ɕiŋ^{31}
张店	xei^{33}	piŋ^{213}	tʂəŋ^{31}	tʂʰəŋ^{31}	ʂəŋ^{55}	ʂəŋ^{31}	ʂəŋ^{213}	ɕiŋ^{31}
阳谷	xei^{213}	piŋ^{213}	tsəŋ^{313}	tsʰəŋ^{313}	səŋ^{42}	səŋ^{313}	səŋ^{213}	ɕiŋ^{313}
梁山	xei^{213}	piŋ^{213}	tsəŋ^{314}	tsʰəŋ^{314}又 tsʰəŋ^{213}又	səŋ^{42}	səŋ^{314}	səŋ^{213}	ɕiŋ^{314}

续表

	0809黑	0810冰	0811证	0812秤	0813绳	0814剩	0815升	0816兴 高～
	曾开一 入德晓	曾开三 平蒸帮	曾开三 去蒸章	曾开三 去蒸昌	曾开三 平蒸船	曾开三 去蒸船	曾开三 平蒸书	曾开三 去蒸晓
菏泽	xei^{213}	piŋ^{213}	tsəŋ^{312}	tsʰəŋ^{312}	səŋ^{53}	səŋ^{312}	səŋ^{213}	ɕiŋ^{312}
曹县	xei^{213}	piŋ^{213}	tʂəŋ^{312}	tʂʰəŋ^{312}	ʂəŋ^{53}	ʂəŋ^{312}	ʂəŋ^{213}	ɕiŋ^{312}
金乡	xei^{213}	piŋ^{213}	tsəŋ^{312}	tsʰəŋ^{312}	səŋ^{42}	səŋ^{312}	səŋ^{213}	ɕiŋ^{312}
曲阜	xei^{213}	piŋ^{213}	tsəŋ^{312}	tsʰəŋ^{312}	səŋ^{42}	səŋ^{312}	səŋ^{213}	ɕiŋ^{312}
薛城	xe^{313}	piŋ^{313}	tsəŋ^{41}	tsʰəŋ^{41}	səŋ^{55}	səŋ^{41}	səŋ^{313}	ɕiŋ^{41}
郯城	xe^{213}	piŋ^{213}	tʂəŋ^{51}	tʂʰəŋ^{51}	ʂəŋ^{44}	ʂəŋ^{51}	ʂəŋ^{213}	ɕiŋ^{51}
临沂	xei^{214}	piŋ^{214}	tʃəŋ^{312}	tʃʰəŋ^{312}	ʃəŋ^{53}	ʃəŋ^{312}	ʃəŋ^{214}	ɕiŋ^{312}

	0817蝇	0818逼	0819力	0820息	0821直	0822侧	0823测	0824色
	曾开三 平蒸以	曾开三 入职帮	曾开三 入职来	曾开三 入职心	曾开三 入职澄	曾开三 入职庄	曾开三 入职初	曾开三 入职生
荣成	iŋ^{53}	pi^{214}	li^{33}	si^{214}	tʃi^{35}	tsʰɛ^{214}	tʂʰɛ^{214}	ʂɛ^{214}
烟台	iŋ^{53}	pi^{14}	li^{33}	ɕi^{14}	tɕi^{33}	tsʰɤ^{33}	tsʰɤ^{33}	sɤ^{14}
栖霞	iŋ^{312}	pi^{52}	li^{52}	ʃʅ^{214}	tʃʅ^{342}	tsʰə^{214}	tsʰə^{214}	sə^{214}
长岛	iŋ^{55}	pi^{55}	li^{52}	ʃʅ^{213}	tʃʅ^{55}	tsʰɔ^{52}	tsʰɔ^{52}	sɵ^{213}
海阳	iŋ^{52}	pi^{341}	li^{341}	si^{214}	tsʅ^{341}	tʂʰə^{214}	tʂʰə^{214}	ʂə^{214}
莱西	iaŋ^{214}	pi^{42}	li^{42}	ʃi^{55}	tʃʅ^{42}	tsʰə^{42}～面儿 tsə^{55}～歪身儿	tsʰə^{42}	sə^{55}
平度	iaŋ^{42}	pi^{42}	li^{42}	si^{55}	tʃʅ^{42}	tθʰə^{55}又 tʂʰə^{55}又	tθʰə^{55}又 tʂʰə^{55}又	ʂei^{55}
青岛	ioŋ^{213}	pi^{42}	li^{42}	si^{55}	tʃʅ^{42}	tθʰə^{42}～面 tʂei^{55}～歪	tθʰə^{42}	ʂei^{55}
高密	ioŋ^{55}苍蝇中读iaŋ^{0}	pi^{42}	li^{21}	si^{55}	tʃʅ^{42}	tθʰə^{55}	tʂʰei^{55}白 tθʰə^{55}文	ʂei^{55}白 ʂə^{55}文
诸城	iəŋ^{213}又 iaŋ^{213}苍～（读轻声）	pi^{53}	li^{31}	θi^{44}	tʃʅ^{53}	tʂei^{44}白，～歪着 tθʰə^{31}文	tʂʰei^{44}	ʂei^{44}
沂水	iŋ^{213}	pi^{53}	li^{31}	si^{44}	dʒʅ^{53}	tθʰə^{31}	tʂʰe^{44}	ʂe^{44}
临朐	iŋ^{53}	pi^{53}	li^{21}	ɕi^{213}	tʃʅ^{53}	tʂei^{44}	tʂʰei^{44}	ʂei^{44}

续表

	0817蝇	0818逼	0819力	0820息	0821直	0822侧	0823测	0824色
	曾开三 平蒸以	曾开三 入职帮	曾开三 入职来	曾开三 入职心	曾开三 入职澄	曾开三 入职庄	曾开三 入职初	曾开三 入职生
日照	iəŋ^{213}绿头～ iaŋ^{213}苍～：读轻声	pi^{53}	li^{31}	θi^{213}	tʃʅ^{53}	tʂei^{213}～着身子 tʂ^{h}ei^{213}～面	tʂ^{h}ei^{213}	ʂei^{213}
莒南	iŋ^{55}	pi^{53}	li^{312}	si^{213}	tʃʅ^{53}	tθ^{h}ə^{312}	tθ^{h}ə^{312}	ʂei^{213}
潍坊	iŋ^{214}	pi^{53}	li^{31}	ɕi^{214}	tʂʅ^{53}	tʂei^{214}白 ts^{h}ə^{31}文	tʂ^{h}ei^{214}	ʂei^{214}
寿光	iŋ^{213}	pi^{53}	li^{21}	ɕi^{213}	tʂʅ^{53}	tʂ^{h}ei^{213}	tʂ^{h}ei^{213}	ʂei^{213}
高青	iaŋ^{55}	pi^{55}	li^{41}	ɕi^{213}	tʂʅ^{55}	ts^{h}ə^{213}	ts^{h}ə^{213}	ʂei^{213}
阳信	iŋ^{43}	pi^{43}	li^{31}	ɕi^{213}	tʂʅ^{43}	ts^{h}ə^{213}～面 tʂɛ^{213}～歪着：倾斜着	ts^{h}ə^{213}	ʂɛ^{213}
济阳	iŋ^{55}	pi^{55}	li^{31}	ɕi^{213}	tʂʅ^{55}	tʂei^{213}白。～歪 ts^{h}ə^{31}文	ts^{h}ə^{31}	ʂɛ^{213}
利津	iŋ^{53}	pi^{53}	li^{31}	ɕi^{44}	tʂʅ^{53}	tʂei^{44}白 ts^{h}ə^{44}文	tʂ^{h}ei^{44}白 ts^{h}ə^{44}文	ʂei^{44}白 sə^{44}文
乐陵	iŋ^{55}	pi^{55}	li^{51}	ɕi^{24}	tʂʅ^{55}	tsɛ^{24}白 ts^{h}ə^{51}文	ts^{h}ə^{51}	sɛ^{55}白 sə^{24}文
商河	iŋ^{54}	pi^{54}	li^{31}	ɕi^{45}	tʂʅ^{54}	ts^{h}ə^{31}	ts^{h}ə^{31}	sɛ^{45}
平原	iŋ^{42}	pi^{42}	li^{21}	ɕi^{213}	tʂʅ^{42}	ts^{h}ə^{21}	ts^{h}ə^{21}	sɛi^{55}
德州	iŋ^{42}	pi^{42}	li^{21}	ɕi^{213}	tʂʅ^{42}	ts^{h}ə^{21}	ts^{h}ə^{21}	ʂɛ^{213}
武城	iŋ^{53}	pi^{53}	li^{312}	ɕi^{224}	tʂʅ^{53}	tʂɛ^{224}白 ts^{h}ə^{312}文	ts^{h}ə^{312}	ʂɛ^{224}白 sə^{224}文
临清	iŋ^{53}	pi^{13}	li^{313}	ɕi^{13}	tʂʅ^{53}	ts^{h}ə^{313}	ts^{h}ə^{313}	ʂai^{13}白 sə^{313}文
冠县	iŋ^{53}	pi^{13}	li^{314}	si^{13}	tʂʅ^{53}	tʂ^{h}ɛ^{53}白 ts^{h}ə^{314}文	tʂ^{h}ɛ^{13}白 ts^{h}ə^{13}文	ʂɛ^{13}白 sə^{13}文
聊城	iŋ^{53}	pi^{13}	li^{313}	ɕi^{13}	tsʅ^{53}	ts^{h}ə^{313}	ts^{h}ə^{13}	sɛ^{13}白 sə^{13}文
济南	iŋ^{42}	pi^{42}	li^{21}	ɕi^{213}	tʂʅ^{42}	tʂei^{213}白 ts^{h}ə^{21}文	tʂ^{h}ei^{213}白 ts^{h}ə^{213}文	ʂei^{213}
泰安	iŋ^{42}	pi^{213}	li^{21}	ɕi^{213}	tʂʅ^{42}	ts^{h}ə^{21}	tʂ^{h}ei^{213}	ʂei^{213}

续表

	0817蝇	0818逼	0819力	0820息	0821直	0822侧	0823测	0824色
	曾开三 平蒸以	曾开三 入职帮	曾开三 入职来	曾开三 入职心	曾开三 入职澄	曾开三 入职庄	曾开三 入职初	曾开三 入职生
莱芜	iŋ^{55}	pi^{55}	li^{42}	ɕi^{213}	tʃʅ^{55}	tsʰə^{213}	tsʰə^{213}	ʃei^{213}
新泰	iŋ^{42}	pi^{42}	li^{31}	ɕi^{213}	tʃʅ^{42}	tθʰə^{31}	tʃʰei^{213}老 tθʰə^{31}新	ʃei^{213}老 θə^{31}新
沂源	iŋ^{55}	pi^{55}	li^{31}	ɕi^{213}	tʃʅ^{55}	tθʰə^{31}	tθʰə^{31}	ʃei^{213}
博山	iŋ^{55}	pi^{55}	li^{31}	ɕi^{213}	tʂʅ^{55}	tsʰə^{31}	tʂʰei^{213}老 tsʰə^{213}新	ʂei^{213}
张店	iŋ^{55}	pi^{55}	li^{31}	ɕi^{33}	tʂʅ^{55}	tsʰə^{33}	tʂʰei^{33}老 tsʰə^{33}新	ʂei^{33}
阳谷	iŋ^{42}	pi^{213}	li^{213}	ɕi^{213}	tsɿ^{42}	tsei^{213}白 tsʰei^{213}白 tsʰə^{213}文	tsʰei^{213}白 tsʰə^{213}文	sei^{213}白 sə^{213}文
梁山	iŋ^{42}	pi^{213}	li^{213}	ɕi^{213}	tsɿ^{42}	tsʰei^{213}老 tsʰə^{213}新	tsʰei^{213}老 tsʰə^{213}新	sei^{213}白 sə^{213}文
菏泽	iŋ^{53}	pi^{213}	li^{213}	ɕi^{213}	tsɿ^{53}	tsʰei^{213}	tsʰei^{213}	sei^{213}
曹县	iŋ^{53}	pi^{213}	li^{213}	ɕi^{213}	tʂʅ^{53}	tsʰei^{213}	tsʰei^{213}	sei^{213}
金乡	iŋ^{42}	pi^{213}	li^{213}	ɕi^{213}	tsɿ^{42}	tsʰə^{312}	tsʰei^{213}	sei^{213}白 sə^{213}文
曲阜	iŋ^{42}	pi^{213}	li^{213}	ɕi^{213}	tsɿ^{42}	tsʰə^{312}	tsʰei^{213}白 tsʰə^{213}文	sei^{313}白 sə^{213}文
薛城	iŋ^{55}	pi^{313}	li^{313}	ɕi^{313}	tsɿ^{55}	tsʰe^{313}又 tsʰə^{313}又	tsʰe^{313}～量 tsʰə^{313}～验	se^{313}又 sə^{313}又
郯城	iŋ^{24}	pi^{44}	li^{213}	ɕi^{213}	tʂʅ^{44}	tsʰə^{213}	tʂʰe^{213}白 tsʰə^{213}文	ʂe^{213}白 sə^{213}文 sə^{51}文
临沂	iŋ^{53}	pi^{53}	li^{214}老 li^{312}新	ɕi^{214}	tʃʅ^{53}	tʃʰei^{214}老 tsʰə^{214}新	tʃʰei^{214}老 tsʰə^{214}新	ʃei^{214}老 sə^{214}新

	0825织	0826食	0827式	0828极	0829国	0830或	0831猛	0832打
	曾开三 入职章	曾开三 入职船	曾开三 入职书	曾开三 入职群	曾合一 入德见	曾合一 入德匣	梗开二 上庚明	梗开二 上庚端
荣成	tʃi^{214}	ʃi^{214}	ʃi^{214}	ci^{214}	kuɛ^{214}	xuɛ^{35}	məŋ^{214}	ta^{214}
烟台	tɕi^{14}	ɕi^{33}	ɕi^{33}	tɕi^{14}	kuo^{14}	xuo^{14}	məŋ^{14}	ta^{14}

续表

	0825织	0826食	0827式	0828极	0829国	0830或	0831猛	0832打
	曾开三 入职章	曾开三 入职船	曾开三 入职书	曾开三 入职群	曾合一 入德见	曾合一 入德匣	梗开二 上庚明	梗开二 上庚端
栖霞	tʃʅ^{214}	ʃʅ^{342}	ʃʅ^{214}	ci^{214}	kuo^{214}	xuo^{52}	məŋ^{214}	ta^{214}
长岛	tʃʅ^{213}	ʃʅ^{55}	ʃʅ^{52}	ci^{55}	kuə^{55}	xuə^{52}	məŋ^{213}	ta^{213}
海阳	tsɿ^{214}	sɿ^{341}	sɿ^{341}	ci^{52}	kuo^{214}	xuo^{341}	məŋ^{214}	ta^{214}
莱西	tʃʅ^{55}	ʃʅ^{42}	ʃʅ^{42}	ci^{42}	kuə^{55}	xuə^{42}	məŋ^{55}	ta^{55}
平度	tʃʅ^{55}	ʃʅ^{42}	ʃʅ^{213}	ci^{55}	kuə^{55}	xuə^{42}	məŋ^{55}	ta^{55}
青岛	tʃʅ^{55}	ʃʅ^{42}	ʃʅ^{42}	tɕi^{55}	kuə^{55}	xuei^{42}老 xuə^{42}新	moŋ^{55}	tɑ^{55}
高密	tʃʅ^{55}	ʃʅ^{42}	ʃʅ^{55}	tɕi^{42}	kuə^{55}	xuə^{55}	moŋ^{55}	tɑ^{55}
诸城	tʃʅ^{44}	ʃʅ^{53}	ʃʅ^{44}	tʃʅ^{53}	kuə^{44}	xuei^{53}	məŋ^{44}	ta^{44}
沂水	dʒʅ^{44}	ʃʅ^{53}	ʃʅ^{44}	tɕi^{53}	kuə^{44}	xue^{53}	məŋ^{44}	ta^{44}
临朐	tʃʅ^{44}	ʃʅ^{53}	ʃʅ^{44}	tɕi^{53}	kuei^{44}老 kuə^{44}新	xuei^{53}	məŋ^{44}	ta^{44}
日照	tʃʅ^{213}	ʃʅ^{53}	ʃʅ^{213}	tʃʅ^{53}	kuə^{44}	xuei^{53}	məŋ^{44}	tɑ^{44}
莒南	tʃʅ^{213}	ʃʅ^{53}	ʃʅ^{213}	tɕi^{53}	kuə^{55}	xuei^{53}	məŋ^{55}	ta^{55}
潍坊	tʂʅ^{214}	ʂʅ^{53}	ʂʅ^{214}	tɕi^{53}	kuə^{214}	xuei^{31}白 xuə^{31}文	məŋ^{55}	tɑ^{55}
寿光	tʂʅ^{213}	ʂʅ^{53}	ʂʅ^{213}	tɕi^{53}	kuei^{213}老 kuə^{213}新	xuei^{53}	məŋ^{55}猛烈 məŋ^{213}多次地，严厉地	ta^{55}
高青	tʂʅ^{213}	ʂʅ^{55}	ʂʅ^{41}	tɕi^{55}	kuə^{213}	xuei^{55}	məŋ^{55}	tɑ^{55}
阳信	tʂʅ^{213}	ʂʅ^{43}	ʂʅ^{31}	tɕi^{43}	kuə^{55}	xuə^{31}	məŋ^{55}	ta^{55}
济阳	tʂʅ^{213}	ʂʅ^{55}	ʂʅ^{31}	tɕi^{55}	kuə^{55}	xuei^{55}白 xuə^{55}文	məŋ^{55}	ta^{55}
利津	tʂʅ^{44}	ʂʅ^{53}	ʂʅ^{31}	tɕi^{53}	kuə^{44}	xuei^{53}又 xuə^{53}又	məŋ^{55}	ta^{55}
乐陵	tʂʅ^{24}	ʂʅ^{55}	ʂʅ^{24}	tɕi^{55}	kuə^{55}	xuei^{51}	məŋ^{55}	tɑ^{55}
商河	tʂʅ^{45}	ʂʅ^{54}	ʂʅ^{31}	tɕi^{54}	kuə^{45} kuei^{45}姓	xuei^{31}～是 xuə^{31}～者	məŋ^{45}	tɑ^{45}
平原	tʂʅ^{213}	ʂʅ^{42}	ʂʅ^{21}	tɕi^{42}	kuə^{55}	xuei^{21}又 xuə^{21}又	məŋ^{55}	ta^{55}

续表

	0825织	0826食	0827式	0828极	0829国	0830或	0831猛	0832打
	曾开三 入职章	曾开三 入职船	曾开三 入职书	曾开三 入职群	曾合一 入德见	曾合一 入德匣	梗开二 上庚明	梗开二 上庚端
德州	tʂʅ^{213}	ʂʅ^{42}	ʂʅ^{21}	tɕi^{42}	kuə^{55}	xuə^{42}	məŋ^{55}	ta^{55}
武城	tʂʅ^{224}	ʂʅ^{53}	ʂʅ^{312}	tɕi^{53}	kuə^{55}	xuei^{53}老 xuə^{53}新	məŋ^{55}	ta^{55}
临清	tʂʅ^{13}	ʂʅ^{53}	ʂʅ^{313}	tɕi^{53}	kuə^{44}	xuə^{313}	məŋ^{44}	ta^{44}
冠县	tʂʅ^{13}	ʂʅ^{53}	ʂʅ^{314}	tɕi^{53}	kuə^{55}	xuɛ^{53}	məŋ^{55}	ta^{55}
聊城	tsɿ^{13}	sɿ^{53}	sɿ^{313}	tɕi^{53}	kuə^{44}	xuɛ^{53}白 xuə^{53}文	məŋ^{44}	ta^{44}
济南	tʂʅ^{213}	ʂʅ^{42}	ʂʅ^{21}	tɕi^{42}	kuei^{55}老 kuə^{55}新	xuei^{42}	məŋ^{55}	ta^{55}
泰安	tʂʅ^{213}	ʂʅ^{42}	ʂʅ^{21}	tɕi^{42}	kuə^{55}	xuei^{42}	məŋ^{55}	ta^{55}
莱芜	tʃʅ^{213}	ʃʅ^{55}	ʃʅ^{42}	tɕi^{55}	kuə^{55}	xuei^{55}	məŋ^{55}	ta^{55}
新泰	tʃʅ^{213}	ʃʅ^{42}	ʃʅ^{31}	tɕi^{42}	kuə^{55}	xuei^{31}老 xuə^{31}新	məŋ^{55}	ta^{55}
沂源	tʃʅ^{213}	ʃʅ^{55}	ʃʅ^{55}	tɕi^{55}	kuə^{213}	xuə^{55}	məŋ^{55}	ta^{55}
博山	tʂʅ^{213}	ʂʅ^{55}	ʂʅ^{31}	tɕi^{55}	kuei^{213}姓 kuə^{213}又	xuei^{55}老 xuə^{31}新	məŋ^{55}	tɑ^{55}
张店	tʂʅ^{33}	ʂʅ^{55}	ʂʅ^{31}	tɕi^{33}	kuei^{55}姓 kuə^{33}又	xuei^{55}	məŋ^{55}	tɑ^{55}
阳谷	tsɿ^{213}	sɿ^{42}	sɿ^{313}	tɕi^{42}	kuo^{213}	xuei^{42}	məŋ^{55}	ta^{55}
梁山	tsɿ^{213}	sɿ^{42}	sɿ^{314}	tɕi^{42}	kuei^{213}老 kuə^{55}新	xuei^{42}老 xuə^{42}新	məŋ^{55}	ta^{55}
菏泽	tsɿ^{213}	sɿ^{53}	sɿ^{312}	tɕi^{53}	kuə^{213}	xuei^{53}	məŋ^{44}	ta^{44}
曹县	tʂʅ^{213}	ʂʅ^{53}	ʂʅ^{312}	tɕi^{53}	kuə^{44}	xuei^{53}白 xuə^{53}文	məŋ^{44}	ta^{44}
金乡	tsɿ^{213}	sɿ^{42}	sɿ^{312}	tɕi^{42}	kuə^{55}	xuei^{42}老 xuə^{42}新	məŋ^{55}	ta^{55}
曲阜	tsɿ^{213}	sɿ^{42}	sɿ^{312}	tɕi^{42}	kuei^{55}老 kuə^{55}新	xuei^{42}老 xuə^{42}新	məŋ^{55}	ta^{55}
薛城	tsɿ^{313}	sɿ^{55}	sɿ^{41}	tɕi^{55}	kuə^{24}	xue^{55}又 xuə^{55}又	məŋ^{24}	ta^{24}
郯城	tʂʅ^{213}	ʂʅ^{44}	ʂʅ^{213}	tɕi^{44}	kuə^{213}	xue^{44}白 xuə^{51}文	məŋ^{24}	ta^{24}

续表

	0825织	0826食	0827式	0828极	0829国	0830或	0831猛	0832打
	曾开三 入职章	曾开三 入职船	曾开三 入职书	曾开三 入职群	曾合一 入德见	曾合一 入德匣	梗开二 上庚明	梗开二 上庚端
临沂	tʃʅ^{214}	ʃʅ^{53}	ʃʅ^{214}	tɕi^{53}	kuə^{55}	xuei^{53}老 xuə^{53}老 xuə^{312}新	məŋ^{55}	ta^{55}

	0833冷	0834生	0835省 ～长	0836更 三～，打～	0837梗	0838坑	0839硬	0840行 ～为，～走
	梗开二 上庚来	梗开二 平庚生	梗开二 上庚生	梗开二 平庚见	梗开二 上庚见	梗开二 平庚溪	梗开二 去庚疑	梗开二 平庚匣
荣成	ləŋ^{214}	ʂəŋ^{53}	ʂəŋ^{214}	kəŋ^{53}	kəŋ^{214}	kʰəŋ^{53}	iŋ^{33}	çiŋ^{35}
烟台	ləŋ^{14}	səŋ^{53}	səŋ^{14}	tɕiŋ^{53}	kəŋ^{14}	kʰəŋ^{53}	iŋ^{33}	ɕiŋ^{33}
栖霞	ləŋ^{214}	səŋ^{312}	səŋ^{214}	kəŋ^{312}	kəŋ^{214}	kʰəŋ^{312}	iŋ^{342}	çiŋ^{342}
长岛	ləŋ^{213}	səŋ^{312}	səŋ^{213}	kəŋ^{312}	kəŋ^{213}	kʰəŋ^{312}	iŋ^{52}	çiŋ^{55}
海阳	ləŋ^{214}	ʂəŋ^{52}	ʂəŋ^{214}	kəŋ^{52}	kəŋ^{214}	kʰəŋ^{52}	iŋ^{341}	çiŋ^{341}
莱西	ləŋ^{55}	səŋ^{214}	səŋ^{55}	kəŋ^{214}又 ciŋ^{214}又	kəŋ^{55}	kʰəŋ^{214}	iŋ^{42}	çiŋ^{42}
平度	ləŋ^{55}	ʂəŋ^{213}	ʂəŋ^{55}	ciŋ^{213}	kəŋ^{55}	kʰəŋ^{213}	iŋ^{42}	çiŋ^{42}
青岛	loŋ^{55}	ʂoŋ^{213}	ʂoŋ^{55}	tɕioŋ^{213}	koŋ^{55}	kʰoŋ^{213}	ioŋ^{42}	ɕioŋ^{42}
高密	loŋ^{55}	ʂoŋ^{213}	ʂoŋ^{55}	tɕioŋ^{213}又 koŋ^{213}又	koŋ^{55}	kʰoŋ^{213}	ioŋ^{21}	ɕioŋ^{42}
诸城	ləŋ^{44}	ʂəŋ^{213}	ʂəŋ^{44}	tʃəŋ^{213}	kəŋ^{44}	kʰəŋ^{213}	iəŋ^{31}	ʃəŋ^{53}
沂水	ləŋ^{44}	ʂəŋ^{213}	ʂəŋ^{44}	tɕiŋ^{213}	kəŋ^{44}	kʰəŋ^{213}	iŋ^{31}	ɕiŋ^{53}
临朐	ləŋ^{44}	ʂəŋ^{213}	ʂəŋ^{44}	tɕiŋ^{213}	kəŋ^{44}	kʰəŋ^{213}	iŋ^{21}	ɕiŋ^{53}
日照	ləŋ^{44}	ʂəŋ^{213}	ʂəŋ^{44}	tʃiəŋ^{213}打～ tʃiẽ^{213}年五～	kəŋ^{44}	kʰəŋ^{213}	iəŋ^{31}	ʃiəŋ^{53}
莒南	ləŋ^{55}	ʃəŋ^{213}	ʃəŋ^{55}	kəŋ^{213}	kəŋ^{55}	kʰəŋ^{213}	iŋ^{312}	ɕiŋ^{53}
潍坊	ləŋ^{55}	ʂəŋ^{214}	ʂəŋ^{55}	tɕiŋ^{214}	kəŋ^{214}	kʰəŋ^{214}	iŋ^{31}	ɕiŋ^{53}
寿光	ləŋ^{55}	ʂəŋ^{213}	ʂəŋ^{55}	tɕiŋ^{213}	kəŋ^{55}	kʰəŋ^{213}	iŋ^{21}	ɕiŋ^{53}
高青	ləŋ^{55}	ʂəŋ^{213}	ʂəŋ^{55}	tɕiŋ^{213}	kəŋ^{55}	kʰəŋ^{213}	iŋ^{41}	ɕiŋ^{55}
阳信	ləŋ^{55}	ʂəŋ^{213}	ʂəŋ^{55}	tɕiŋ^{213}	kəŋ^{55}	kʰəŋ^{213}	iŋ^{31}	ɕiŋ^{43}

续表

	0833冷	0834生	0835省 ～长	0836更 三～，打～	0837梗	0838坑	0839硬	0840行 ～为，～走
	梗开二 上庚来	梗开二 平庚生	梗开二 上庚生	梗开二 平庚见	梗开二 上庚见	梗开二 平庚溪	梗开二 去庚疑	梗开二 平庚匣
济阳	ləŋ^{55}	ʂəŋ^{213}	ʂəŋ^{55}	tɕiŋ^{213}白 kəŋ^{213}文	kəŋ^{55}	k^{h}əŋ^{213}	iŋ^{31}	ɕiŋ^{55}
利津	ləŋ^{55}	ʂəŋ^{213}	ʂəŋ^{55}	tɕiŋ^{213}三～ kəŋ^{213}打～	kəŋ^{55}	k^{h}əŋ^{213}	iŋ^{31}	ɕiŋ^{53}
乐陵	ləŋ^{55}	səŋ^{24}	səŋ^{55}	tɕiŋ^{24}又 kəŋ^{24}又	kəŋ^{55}	k^{h}əŋ^{24}	iŋ^{51}	ɕiŋ^{55}
商河	ləŋ^{45}	səŋ^{213}	səŋ^{45}	tɕiŋ^{213}	kəŋ^{45}	k^{h}əŋ^{213}	iŋ^{31}	ɕiŋ^{54}
平原	ləŋ^{55}	səŋ^{213}	səŋ^{55}	tɕiŋ^{213}又 kəŋ^{213}又	kəŋ^{55}	k^{h}əŋ^{213}	iŋ^{21}	ɕiŋ^{42}
德州	ləŋ^{55}	ʂəŋ^{213}	ʂəŋ^{55}	tɕiŋ^{213}	kəŋ^{55}	k^{h}əŋ^{213}	iŋ^{21}	ɕiŋ^{42}
武城	ləŋ^{55}	ʂəŋ^{224}	ʂəŋ^{55}	tɕiŋ^{224}又 kəŋ^{224}又	kəŋ^{55}	k^{h}əŋ^{224}	iŋ^{312}	ɕiŋ^{53}
临清	ləŋ^{44}	ʂəŋ^{13}	ʂəŋ^{44}	tɕiŋ^{13}老 kəŋ^{13}新	kəŋ^{44}	k^{h}əŋ^{13}	iŋ^{313}	ɕiŋ^{53}
冠县	ləŋ^{55}	ʂəŋ^{13}	ʂəŋ^{55}	tɕiŋ^{13}白 kəŋ^{13}文	kəŋ^{55}	k^{h}əŋ^{13}	iŋ^{314}	ɕiŋ^{53}
聊城	ləŋ^{44}	səŋ^{13}	səŋ^{44}	kəŋ^{13}	kəŋ^{44}	k^{h}əŋ^{13}	iŋ^{313}	ɕiŋ^{53}
济南	ləŋ^{55}	ʂəŋ^{213}	ʂəŋ^{55}	tɕiŋ^{213}白 kəŋ^{213}文	kəŋ^{55}	k^{h}əŋ^{213}	iŋ^{21}	ɕiŋ^{42}
泰安	ləŋ^{55}	ʂəŋ^{213}	ʂəŋ^{55}	tɕiŋ^{213}	kəŋ^{55}	k^{h}əŋ^{213}	iŋ^{21}	ɕiŋ^{42}
莱芜	ləŋ^{55}	ʃəŋ^{213}	ʃəŋ^{55}	kəŋ^{213}	kəŋ^{55}	k^{h}əŋ^{213}	iŋ^{42}	ɕiŋ^{55}
新泰	ləŋ^{55}	ʃəŋ^{213}	ʃəŋ^{55}	tɕiŋ^{213}	kəŋ^{55}	k^{h}əŋ^{213}	iŋ^{31}	ɕiŋ^{42}
沂源	ləŋ^{55}	ʃəŋ^{213}	ʃəŋ^{55}	tɕiŋ^{213}	kəŋ^{55}	k^{h}əŋ^{213}	iŋ^{31}	ɕiŋ^{55}
博山	ləŋ^{55}	ʂəŋ^{213}	ʂəŋ^{55}	tɕiŋ^{213}	kəŋ^{55}	k^{h}əŋ^{213}	iŋ^{31}	ɕiŋ^{55}
张店	ləŋ^{55}	ʂəŋ^{213}	ʂəŋ^{55}	tɕiŋ^{213}	kəŋ^{55}	k^{h}əŋ^{213}	iŋ^{31}	ɕiŋ^{55}
阳谷	ləŋ^{55}	səŋ^{213}	səŋ^{55}	tɕiŋ^{213}	kəŋ^{55}	k^{h}əŋ^{213}	iŋ^{313}	ɕiŋ^{42}
梁山	ləŋ^{55}	səŋ^{213}	səŋ^{55}	tɕiŋ^{213}老 kəŋ^{213}新	kəŋ^{55}	k^{h}əŋ^{213}	iŋ^{314}	ɕiŋ^{42}
菏泽	ləŋ^{44}	səŋ^{213}	səŋ^{44}	kəŋ^{213}	kəŋ^{44}	k^{h}əŋ^{213}	iŋ^{312}	ɕiŋ^{53}

续表

	0833冷	0834生	0835省 ～长	0836更 三～，打～	0837梗	0838坑	0839硬	0840行 ～为，～走
	梗开二 上庚来	梗开二 平庚生	梗开二 上庚生	梗开二 平庚见	梗开二 上庚见	梗开二 平庚溪	梗开二 去庚疑	梗开二 平庚匣
曹县	ləŋ^{44}	səŋ^{213}	səŋ^{44}	kəŋ^{213}	kəŋ^{44}	k^{h}əŋ^{213}	iŋ^{312}	ɕiŋ^{53}
金乡	ləŋ^{55}	səŋ^{213}	səŋ^{55}	tɕiŋ^{213}	kəŋ^{55}	k^{h}əŋ^{213}	iŋ^{312}	ɕiŋ^{42}
曲阜	ləŋ^{55}	səŋ^{213}	səŋ^{55}	tɕiŋ^{213}白 kəŋ^{213}文	kəŋ^{55}	k^{h}əŋ^{213}	iŋ^{312}	ɕiŋ^{42}
薛城	ləŋ^{24}	səŋ^{313}	səŋ^{24}	tɕiŋ^{313}又 kəŋ^{313}又	kəŋ^{24}	k^{h}əŋ^{313}	iŋ^{41}	ɕiŋ^{55}
郯城	ləŋ^{24}	ʂəŋ^{213}	ʂəŋ^{24}	tɕiŋ^{213}老 kəŋ^{213}新	kəŋ^{24}	k^{h}əŋ^{213}	iŋ^{51}	ɕiŋ^{44}
临沂	ləŋ^{55}	ʃəŋ^{214}	ʃəŋ^{55}	tɕiŋ^{214}老 kəŋ^{214}新	kəŋ^{55}	k^{h}əŋ^{214}	iŋ^{312}	ɕiŋ^{53}

	0841百	0842拍	0843白	0844拆	0845择	0846窄	0847格	0848客
	梗开二 入陌帮	梗开二 入陌滂	梗开二 入陌並	梗开二 入陌彻	梗开二 入陌澄	梗开二 入陌庄	梗开二 入陌见	梗开二 入陌溪
荣成	pɛ^{214}	p^{h}ɛ^{214}	pɛ^{35}	tʂ^{h}ɛ^{214}	tʂɛ^{35}	tʂɛ^{214}	kɛ^{214}	k^{h}ɛ^{214}
烟台	po^{14}	p^{h}o^{14}	po^{33}	ts^{h}ɤ^{53}	tsɤ^{33}	tsɤ^{14}	kɤ^{14}	k^{h}ɤ^{14}
栖霞	pə^{214}	p^{h}ə^{214}	pə^{342}	ts^{h}ə^{214}	tsə^{342}	tsə^{214}	kə^{214}	k^{h}ə^{214}
长岛	pə^{213}	p^{h}ə^{213}	pə^{55}又 pai^{55}又	ts^{h}ə^{213}	tsə^{55}	tsə^{213}	kə^{213}	k^{h}ə^{213}
海阳	pə^{214}	p^{h}ə^{214}	pə^{341}	tʂ^{h}ə^{214}	tʂə^{341}	tʂə^{214}	kə^{214}	k^{h}ə^{214}
莱西	pə^{55}	p^{h}ə^{55}	pə^{42}	ts^{h}ə^{55}	tsə^{42}	tsə^{55}	kə^{55}	k^{h}ə^{55}
平度	pei^{55}	p^{h}ei^{55}	pei^{42}	tʂ^{h}ei^{55}	tθə^{42}	tʂei^{55}	kə^{55}	k^{h}ei^{55}白 k^{h}ə^{55}文
青岛	pei^{55}	p^{h}ei^{55}	pei^{42}	tʂ^{h}ei^{55}	tʂei^{42}	tʂei^{55}	kə^{55}	k^{h}ei^{55}白 k^{h}ə^{42}文
高密	pei^{55}	p^{h}ei^{55}	pei^{42}	tʂ^{h}ei^{55}	tʂei^{42}	tʂei^{55}	kei^{55}	k^{h}ei^{55}
诸城	pei^{44}	p^{h}ei^{44}	pei^{53}	tʂ^{h}ei^{44}	tʂei^{53}	tʂei^{44}	kei^{44}	k^{h}ei^{44}
沂水	pe^{44}	p^{h}e^{44}	pe^{53}	tʂ^{h}e^{44}	tʂe^{53}	tʂe^{44}	ke^{44}	k^{h}e^{44}
临朐	pei^{44}	p^{h}ei^{44}	pei^{53}	tʂ^{h}ei^{44}	tʂei^{53}	tʂei^{44}	kei^{44}	k^{h}ei^{44}

续表

	0841百	0842拍	0843白	0844拆	0845择	0846窄	0847格	0848客
	梗开二 入陌帮	梗开二 入陌滂	梗开二 入陌並	梗开二 入陌彻	梗开二 入陌澄	梗开二 入陌庄	梗开二 入陌见	梗开二 入陌溪
日照	pei^{213}	pʰei^{213}	pei^{53}	tʂʰei^{213}	tʂei^{53}	tʂei^{213}	kei^{213}	kʰei^{213}
莒南	pei^{213}	pʰei^{213}	pei^{53}	tʂʰei^{213}	tʂei^{53}	tʂei^{213}	kei^{213}老 kə^{213}新	kʰei^{213}
潍坊	pei^{214}	pʰei^{214}	pei^{53}	tʂʰei^{214}	tʂei^{53}	tʂei^{214}	kei^{214}白 kuə^{214}文	kʰei^{214}白 kʰuə^{31}文
寿光	pei^{213}	pʰei^{213}	pei^{53}	tʂʰei^{213}	tʂei^{53}	tʂei^{213}	kei^{213}	kʰei^{213}
高青	pei^{213}	pʰei^{213}	pɛ^{55}	tʂʰei^{213}	tʂei^{55}又 tʂə^{53}又	tʂɛ^{213}	kə^{213}	kʰei^{213}老 kʰə^{41}新
阳信	pɛ^{55}	pʰɛ^{213}	pɛ^{43}	tʂʰei^{213}	tʂɛ^{43}选～ tʂei^{43}～菜	tʂɛ^{213}	kə^{213}	kʰei^{213}
济阳	pei^{213}白 pɛ^{213}文	pʰei^{213}白 pʰɛ^{213}文	pei^{55}白 pɛ^{55}文	tʂʰei^{213}	tʂei^{55}白 tʂɛ^{55}文	tʂei^{213}	kei^{213}白 kə^{213}文	kʰei^{213}
利津	pei^{44}	pʰei^{44}	pei^{53}	tʂʰei^{44}	tʂei^{53}白 tsə^{53}文	tʂei^{44}	kə^{44}	kʰei^{44}白 kʰə^{31}文
乐陵	pɛ^{55}	pʰɛ^{24}	pɛ^{55}	tsʰɛ^{24}	tsɛ^{55}	tsɛ^{24}	kə^{24}	tɕʰiə^{24}白 kʰə^{51}文
商河	pɛ^{45}	pʰɛ^{45}	pɛ^{54}	tsʰei^{45}	tsɛ^{54}	tsɛ^{45}	kei^{45}白，～子 kə^{45}文，人～	kʰei^{45}陌生的 tɕʰiə^{45}有亲戚关系
平原	pɛi^{213}	pʰɛi^{213}	pɛi^{42}	tsʰɛi^{213}	tsə^{42}选～ tsɛi^{42}～猪	tsɛi^{55}	kə^{55}	tɕʰiə^{213}白 kʰə^{21}文
德州	pɛ^{213}	pʰɛ^{213}	pɛ^{42}	tʂʰɛ^{213}	tʂɛ^{42}	tʂɛ^{213}	kə^{42}	tɕʰiɛ^{213}旧 kʰə^{21}新
武城	pɛ^{224}	pʰɛ^{224}	pɛ^{53}	tʂʰɛ^{224}	tsə^{53}选～ tʂɛ^{53}～猪	tʂɛ^{224}	kə^{53}	kʰə^{312}
临清	pai^{13}	pʰai^{13}	pai^{53}	tʂʰai^{13}	tsə^{53}	tʂai^{13}	kə^{13}	kʰə^{313}
冠县	pɛ^{13}	pʰɛ^{13}	pɛ^{53}	tʂʰɛ^{13}	tʂɛ^{53}	tʂʰɛ^{13}	kə^{13}	kʰə^{13}
聊城	pɛ^{13}	pʰɛ^{13}	pɛ^{53}	tsʰɛ^{13}	tsɛ^{53}	tsɛ^{13}	kə^{13}	kʰə^{313}
济南	pei^{213}	pʰei^{213}	pei^{42}	tʂʰei^{213}	tʂei^{42}	tʂei^{213}	kei^{213}白 kə^{213}文	kʰei^{213}白 kʰə^{21}文
泰安	pei^{213}	pʰei^{213}	pei^{42}	tʂʰei^{213}	tʂei^{42}	tʂei^{213}	kei^{213}白 kə^{213}文	kʰei^{213}白 kʰə^{21}文

续表

	0841百	0842拍	0843白	0844拆	0845择	0846窄	0847格	0848客
	梗开二 入陌帮	梗开二 入陌滂	梗开二 入陌並	梗开二 入陌彻	梗开二 入陌澄	梗开二 入陌庄	梗开二 入陌见	梗开二 入陌溪
莱芜	pei^{213}	pʰei^{213}	pei^{55}	tʃʰei^{213}	tʃei^{55}	tʃei^{213}	kə^{213}	kʰei^{213}
新泰	pei^{213}	pʰei^{213}	pei^{42}	tʃʰei^{213}	tʃei^{42}老 tθə^{42}新	tʃei^{213}	kei^{213}老 kə^{213}新	kʰei^{213}老 kʰə^{213}新
沂源	pei^{213}	pʰei^{213}	pei^{55}	tʃʰei^{213}	tʃei^{55}	tʃei^{213}	kei^{213}	kʰei^{213}
博山	pei^{213}	pʰei^{213}	pei^{55}老 pɛ^{55}新	tʂʰei^{213}	tʂei^{55}	tʂei^{213}	kei^{213}老 kə^{213}新	kʰei^{213}老 kʰə^{31}新
张店	pei^{33}	pʰei^{33}	pei^{55}	tʂʰei^{33}	tʂei^{55}	tʂei^{33}	kei^{33}	kʰei^{33}
阳谷	pei^{213}	pʰei^{213}	pei^{42}	tsʰei^{213}	tsei^{42}白 tsə^{42}文	tsʰei^{213}	kei^{213}白 kə^{213}文	kʰei^{213}白 kʰə^{313}文
梁山	pei^{213}	pʰei^{213}	pei^{42}老 pɛ^{42}新	tsʰei^{213}	tsei^{42} tsə^{42}	tsei^{213}老 tsɛ^{213}新	kei^{213}白 kə^{213}文	kʰei^{213}白 kʰə^{314}文
菏泽	pei^{213}	pʰei^{213}	pei^{53}	tsʰei^{213}	tsei^{53}	tsei^{213}	kei^{213}	kʰei^{213}
曹县	pei^{213}	pʰei^{213}	pei^{53}	tsʰei^{213}	tsei^{53}白 tsə^{53}文	tsei^{213}	kə^{213}	kʰei^{213}白 kʰə^{312}文
金乡	pei^{213}	pʰei^{213}	pei^{42}	tsʰei^{213}	tsei^{42}	tsei^{213}	kei^{213}白 kə^{213}文	kʰei^{213}白 kʰə^{312}文
曲阜	pei^{213}	pʰei^{213}	pei^{42}	tsʰei^{213}	tsei^{42}白 tsə^{42}文	tsei^{213}	kei^{213}白 kə^{213}文	kʰei^{213}白 kʰə^{312}文
薛城	pe^{313}	pʰe^{313}	pe^{55}	tsʰe^{313}	tse^{55}又 tsə^{55}又	tse^{313}	ke^{313}～子 kə^{313}合～	kʰe^{313}来～了 kʰə^{41}～人
郯城	pe^{213}	pʰe^{213}	pe^{44}	tʂʰe^{213}	tʂe^{44}白 tsə^{44}文	tʂe^{213}白 tʂɛ^{213}文	ke^{213}白 kə^{213}文	kʰe^{213}白 kʰə^{213}文
临沂	pei^{214}	pʰei^{214}	pei^{53}	tʃʰei^{214}	tʃei^{53}	tʃei^{214}	kei^{214}老 kə^{214}新	kʰei^{214}老 kʰə^{312}新

	0849额	0850棚	0851争	0852耕	0853麦	0854摘	0855策	0856隔
	梗开二 入陌疑	梗开二 平耕並	梗开二 平耕庄	梗开二 平耕见	梗开二 入麦明	梗开二 入麦知	梗开二 入麦初	梗开二 入麦见
荣成	ɛ^{214}	pʰəŋ^{35}	tʂəŋ^{53}	ciŋ^{53}又 kəŋ^{53}又	mɛ^{214}	tʂɛ^{214}	tʂʰɛ^{214}	kɛ^{214}
烟台	ɤ^{14}	pʰəŋ^{33}	tsəŋ^{53}	kəŋ^{53}	mo^{14}	tsɤ^{14}	tsʰɤ^{14}	kɤ^{14}

续表

	0849额 梗开二 入陌疑	0850棚 梗开二 平耕並	0851争 梗开二 平耕庄	0852耕 梗开二 平耕见	0853麦 梗开二 入麦明	0854摘 梗开二 入麦知	0855策 梗开二 入麦初	0856隔 梗开二 入麦见
栖霞	ə^{214}	p^{h}əŋ^{342}	tsəŋ^{312}	ciŋ^{312}	mə^{52}	tsə^{214}	ts^{h}ə^{214}	kə^{214}
长岛	ə^{55}	p^{h}əŋ^{55}	tsəŋ^{312}	ciŋ^{312}	mə^{213}	tsə^{55}	ts^{h}ə^{52}	kə^{213}
海阳	ə^{341}	p^{h}əŋ^{341}	tʂəŋ^{52}	ciŋ^{52}	mə^{341}	tʂə^{214}	tʂ^{h}ə^{214}	kə^{214}
莱西	ə^{42}	p^{h}əŋ^{42}	tsəŋ^{214}	ciŋ^{214}白 kəŋ^{214}文	mə^{42}	tsə^{55}	ts^{h}ə^{42}	kə^{55}
平度	ə^{55}	p^{h}əŋ^{42}	tʂəŋ^{213}	ciŋ^{213}白 kəŋ^{213}文	mei^{42}	tʂei^{55}	tʂ^{h}ə^{55}	kei^{55}白 kə^{55}文
青岛	ə^{42}	p^{h}oŋ^{42}	tʃoŋ^{213}	tɕioŋ^{213}白 koŋ^{213}文	mei^{42}	tʂei^{55}	tʂ^{h}ei^{55}白 tθ^{h}ə^{42}文	kei^{55}
高密	ə^{42}	p^{h}oŋ^{42}	tʂoŋ^{213}	tɕioŋ^{213}	mei^{21}	tʂei^{55}	tʂ^{h}ei^{55}	kei^{55}
诸城	ŋə^{53}	p^{h}əŋ^{53}	tʂəŋ^{213}	tʃəŋ^{213}	mei^{31}	tʂei^{44}	tʂ^{h}ei^{44}	kei^{44}
沂水	ŋə^{53}	p^{h}əŋ^{53}	tʂəŋ^{213}	tɕiŋ^{213}	me^{31}	tʂe^{44}	tʂ^{h}e^{44}	ke^{44}
临朐	uə^{53}	p^{h}əŋ^{53}	tʂəŋ^{213}	tɕiŋ^{213}	mei^{21}	tʂei^{44}	tʂ^{h}ei^{44}	kei^{44}
日照	ŋei^{44}白，～外 ŋə^{44}文，数～	p^{h}əŋ^{53}	tʂəŋ^{213}	tʃiəŋ^{213}～地	mei^{31}	tʂei^{213}	tʂ^{h}ei^{213}	kei^{213}
莒南	ə^{53}	pəŋ^{53}	tʂəŋ^{213}	kəŋ^{213}	mei^{312}	tʂei^{213}	tʂ^{h}ei^{213}	kei^{213}
潍坊	uə^{53}	p^{h}əŋ^{53}	tʂəŋ^{214}	tɕiŋ^{214}	mei^{31}	tʂei^{214}	tʂ^{h}ei^{214}白 ts^{h}ə^{31}文	kei^{214}
寿光	uə^{53}	p^{h}əŋ^{53}	tʂəŋ^{213}	tɕiŋ^{213}	mei^{21}	tʂei^{213}	tʂ^{h}ei^{213}	kei^{213}
高青	ŋə^{55}	p^{h}əŋ^{55}	tʂəŋ^{213}	tɕiŋ^{213}	mei^{41}	tʂɛ^{213}	tʂ^{h}ei^{213}老 ts^{h}ə^{213}新	kə^{213}
阳信	ŋə^{43}	p^{h}əŋ^{43}	tʂəŋ^{213}	tɕiŋ^{213}	mɛ^{31}	tʂei^{213}	tʂ^{h}ɛ^{213}	kei^{213}
济阳	ŋə^{55}	p^{h}əŋ^{55}	tʂəŋ^{213}	tɕiŋ^{213}	mɛ^{31}	tʂei^{213}	tʂ^{h}ɛ^{213}	kei^{213}白 kə^{213}文
利津	ŋə^{53}	p^{h}əŋ^{53}	tʂəŋ^{213}	tɕiŋ^{213}又 kəŋ^{213}又	mei^{31}	tʂei^{44}	tʂ^{h}ei^{44}白 ts^{h}ə^{44}文	kei^{44}白 kə^{44}文
乐陵	ŋə^{55}	p^{h}əŋ^{55}	tsəŋ^{24}	tɕiŋ^{24}又 kəŋ^{24}又	mɛ^{51}	tsɛ^{24}	ts^{h}ɛ^{24}	kei^{24}

续表

	0849额	0850棚	0851争	0852耕	0853麦	0854摘	0855策	0856隔
	梗开二 入陌疑	梗开二 平耕並	梗开二 平耕庄	梗开二 平耕见	梗开二 入麦明	梗开二 入麦知	梗开二 入麦初	梗开二 入麦见
商河	ŋə^{54}	pʰəŋ^{54}	tsəŋ^{213}	tɕiŋ^{213}	mɛ^{31}	tsei^{45}	tsʰɛ^{31}白 tsʰə^{31}文	kei^{45}白，～开 kə^{45}文，～断
平原	ŋə^{42}	pʰəŋ^{42}	tsəŋ^{213}	tɕiŋ^{213}又 kəŋ^{213}又	mei^{21}	tsei^{213}	tsʰə^{21}	kə^{213}
德州	ŋə^{42}	pʰəŋ^{42}	tʂəŋ^{213}	tɕiŋ^{213}	mɛ^{21}	tʂɛ^{213}	tʂʰɛ^{213}	kei^{213}～开 tɕiɛ^{213}～夜
武城	ŋə^{53}	pʰəŋ^{53}	tʂəŋ^{224}	tɕiŋ^{224}又 kəŋ^{224}又	mɛ^{312}	tʂɛ^{224}	tʂʰɛ^{224}白 tsʰə^{312}文	kə^{224}
临清	ŋə^{53}	pʰəŋ^{53}	tʂəŋ^{13}	kəŋ^{13}	mai^{313}	tʂai^{13}	tʂʰai^{13}白 tsʰə^{313}文	kai^{13}白 kə^{13}文
冠县	ɣə^{55}	pʰəŋ^{53}	tʂəŋ^{13}	kəŋ^{13}	mɛ^{13}	tʂɛ^{13}	tʂʰɛ^{13}	kɛ^{13}白 kə^{13}文
聊城	ɣə^{53}	pʰəŋ^{53}	tsəŋ^{13}	kəŋ^{13}	mɛ^{313}	tsɛ^{13}	tsʰɛ^{313}	kɛ^{13}
济南	ŋə^{42}又 ŋɛ^{213}又	pʰəŋ^{42}	tʂəŋ^{213}	tɕiŋ^{213}白 kəŋ^{213}文	mei^{21}	tʂei^{213}	tʂʰei^{213}白 tsʰə^{21}文	kei^{213}
泰安	ɣei^{213}白 ɣə^{42}文	pʰəŋ^{42}	tʂəŋ^{213}	tɕiŋ^{213}	mei^{21}	tʂei^{213}	tʂʰei^{213}白 tsʰə^{21}文	kei^{213}
莱芜	ŋə^{55}	pʰəŋ^{55}	tʃəŋ^{213}	kəŋ^{213}	mei^{42}	tʃei^{213}	tʃʰei^{213}	kei^{213}
新泰	ŋə^{42}	pʰəŋ^{42}	tʃəŋ^{213}	tɕiŋ^{213}	mei^{31}	tʃei^{213}	tʃʰei^{213}	kei^{213}
沂源	ŋə^{55}	pʰəŋ^{55}	tʃəŋ^{213}	kəŋ^{213}	mei^{31}	tʃei^{213}	tʃʰei^{213}	kei^{213}
博山	uə^{55}老 ŋə^{55}新	pʰəŋ^{55}	tʂəŋ^{213}	tɕiŋ^{213}	mei^{31}	tʂei^{213}	tʂʰei^{213}	kei^{213}
张店	ŋə^{55}	pʰəŋ^{55}	tʂəŋ^{213}	tɕiŋ^{213}	mei^{31}	tʂei^{33}	tʂʰei^{33}	kei^{33}
阳谷	ɣə^{213}	pʰəŋ^{42}	tsəŋ^{213}	kəŋ^{213}	mei^{213}	tsei^{213}	tsʰei^{213}白 tsʰə^{213}文	kei^{213}白 kə^{213}文
梁山	ɣə^{42}	pʰəŋ^{42}	tsəŋ^{213}	kəŋ^{213}	mei^{213}老 mɛ^{213}新	tsei^{213}老 tsɛ^{213}新	tsʰei^{213}白 tsʰə^{213}文	kei^{213}白 kə^{213}文
菏泽	ɣei^{44}	pʰəŋ^{53}	tsəŋ^{213}	kəŋ^{213}	mei^{213}	tsei^{213}	tsʰei^{213}	kei^{213}
曹县	ɣə^{44}	pʰəŋ^{53}	tsəŋ^{213}	kəŋ^{213}	mei^{213}	tsei^{213}	tsʰei^{213}	kei^{213}

续表

	0849额	0850棚	0851争	0852耕	0853麦	0854摘	0855策	0856隔
	梗开二 入陌疑	梗开二 平耕並	梗开二 平耕庄	梗开二 平耕见	梗开二 入麦明	梗开二 入麦知	梗开二 入麦初	梗开二 入麦见
金乡	ɣei^{213}老 ɣə^{42}新	p^{h}əŋ^{42}	tsəŋ^{213}	kəŋ^{213}	mei^{213}	tsei^{213}	ts^{h}ei^{213}白 ts^{h}ə^{213}文	kei^{213}白 kə^{213}文
曲阜	ɣə^{42}	p^{h}əŋ^{42}	tsəŋ^{213}	kəŋ^{213}	mei^{213}	tsei^{213}	ts^{h}ei^{213}白 ts^{h}ə^{213}文	kei^{213}白 kə^{213}文
薛城	ɣə^{55}	p^{h}əŋ^{55}	tsəŋ^{313}	kəŋ^{313}	me^{313}	tse^{313}	ts^{h}e^{313}又 ts^{h}ə^{313}又	ke^{313}
郯城	ə^{213}白 ə^{44}文	p^{h}əŋ^{44}	tʂəŋ^{213}	kəŋ^{213}	me^{213}老 mε^{51}新	tʂe^{213}老 tʂε^{213}新	tʂ^{h}e^{213}老 ts^{h}ə^{213}新	ke^{213}老 kə^{213}新
临沂	iə^{214}老 ɣə^{53}新	p^{h}əŋ^{53}	tʃəŋ^{214}	kəŋ^{214}	mei^{214}	tʃei^{214}	tʃ^{h}ei^{214}	kei^{214}

	0857兵	0858柄	0859平	0860病	0861明	0862命	0863镜	0864庆
	梗开三 平庚帮	梗开三 去庚帮	梗开三 平庚並	梗开三 去庚並	梗开三 平庚明	梗开三 去庚明	梗开三 去庚见	梗开三 去庚溪
荣成	piŋ^{53}	piŋ^{214}	p^{h}iŋ^{35}	piŋ^{33}	miŋ^{35}	miŋ^{33}	ciŋ^{33}	c^{h}iŋ^{33}
烟台	piŋ^{53}	piŋ^{14}	p^{h}iŋ^{33}	piŋ^{33}	miŋ^{33}	miŋ^{33}	tɕiŋ^{33}	tɕ^{h}iŋ^{33}
栖霞	piŋ^{312}	piŋ^{214}	p^{h}iŋ^{342}	piŋ^{342}	miŋ^{342}	miŋ^{52}	ciŋ^{52}	c^{h}iŋ^{52}
长岛	piŋ^{312}	piŋ^{213}	p^{h}iŋ^{55}	piŋ^{52}	miŋ^{55}	miŋ^{52}	ciŋ^{52}	c^{h}iŋ^{52}
海阳	piŋ^{52}	piŋ^{214}	p^{h}iŋ^{341}	piŋ^{341}	miŋ^{341}	miŋ^{341}	ciŋ^{341}	c^{h}iŋ^{341}
莱西	piŋ^{214}	piŋ^{55}	p^{h}iŋ^{42}	piŋ^{42}	miŋ^{42}	miŋ^{42}	ciŋ^{42}	c^{h}iŋ^{42}
平度	piŋ^{213}	piŋ^{42}	p^{h}iŋ^{42}	piŋ^{42}	miŋ^{42}	miŋ^{213}	ciŋ^{42}	c^{h}iŋ^{42}
青岛	pioŋ^{213}	pioŋ^{55}	p^{h}ioŋ^{42}	pioŋ^{42}	mioŋ^{42}	mioŋ^{42}	tɕioŋ^{42}	tɕ^{h}ioŋ^{42}
高密	pioŋ^{213}	pioŋ^{21}	p^{h}ioŋ^{42}	pioŋ^{21}	mioŋ^{42}	mioŋ^{21}	tɕioŋ^{21}	tɕ^{h}ioŋ^{21}
诸城	piəŋ^{213}	piəŋ^{44}	p^{h}iəŋ^{53}	piəŋ^{31}	miəŋ^{53}	miəŋ^{31}	tʃəŋ^{31}	tʃ^{h}əŋ^{31}
沂水	piŋ^{213}	piŋ^{44}	p^{h}iŋ^{53}	piŋ^{31}	miŋ^{53}	miŋ^{31}	tɕiŋ^{31}	tɕ^{h}iŋ^{31}
临朐	piŋ^{213}	piŋ^{44}	p^{h}iŋ^{53}	piŋ^{21}	miŋ^{53}	miŋ^{21}	tɕiŋ^{21}	tɕ^{h}iŋ^{21}
日照	piəŋ^{213}	piəŋ^{44}	p^{h}iəŋ^{53}	piəŋ^{31}	miəŋ^{53}	miəŋ^{31}	tʃiəŋ^{31}	tʃ^{h}iəŋ^{31}
莒南	piŋ^{213}	piŋ^{55}	p^{h}iŋ^{53}	piŋ^{312}	miŋ^{53}	miŋ^{312}	tɕiŋ^{312}	tɕ^{h}iŋ^{312}
潍坊	piŋ^{214}	piŋ^{55}	p^{h}iŋ^{53}	piŋ^{31}	miŋ^{53}	miŋ^{31}	tɕiŋ^{31}	tɕ^{h}iŋ^{31}

续表

	0857兵	0858柄	0859平	0860病	0861明	0862命	0863镜	0864庆
	梗开三 平庚帮	梗开三 去庚帮	梗开三 平庚並	梗开三 去庚並	梗开三 平庚明	梗开三 去庚明	梗开三 去庚见	梗开三 去庚溪
寿光	piŋ^{213}	piŋ^{55}	pʰiŋ^{53}	piŋ^{21}	miŋ^{53}	miŋ^{21}	tɕiŋ^{21}	tɕʰiŋ^{21}
高青	piŋ^{213}	piŋ^{55}	pʰiŋ^{55}	piŋ^{41}	miŋ^{55}	miŋ^{41}	tɕiŋ^{41}	tɕʰiŋ^{41}
阳信	piŋ^{213}	piŋ^{55}	pʰiŋ^{43}	piŋ^{31}	miŋ^{43}	miŋ^{31}	tɕiŋ^{31}	tɕʰiŋ^{31}
济阳	piŋ^{213}	piŋ^{55}	pʰiŋ^{55}	piŋ^{31}	miŋ^{55}	miŋ^{31}	tɕiŋ^{31}	tɕʰiŋ^{31}
利津	piŋ^{213}	piŋ^{55}	pʰiŋ^{53}	piŋ^{31}	miŋ^{53}	miŋ^{31}	tɕiŋ^{31}	tɕʰiŋ^{31}
乐陵	piŋ^{24}	piŋ^{55}	pʰiŋ^{55}	piŋ^{51}	miŋ^{55}	miŋ^{51}	tɕiŋ^{51}	tɕʰiŋ^{51}
商河	piŋ^{213}	piŋ^{45}	pʰiŋ^{54}	piŋ^{31}	miŋ^{54}	miŋ^{31}	tɕiŋ^{31}	tɕʰiŋ^{31}
平原	piŋ^{213}	piŋ^{55}	pʰiŋ^{42}	piŋ^{21}	miŋ^{42}	miŋ^{21}	tɕiŋ^{21}	tɕʰiŋ^{21}
德州	piŋ^{213}	piŋ^{55}	pʰiŋ^{42}	piŋ^{21}	miŋ^{42}	miŋ^{21}	tɕiŋ^{21}	tɕʰiŋ^{21}
武城	piŋ^{224}	piŋ^{55}	pʰiŋ^{53}	piŋ^{312}	miŋ^{53}	miŋ^{312}	tɕiŋ^{312}	tɕʰiŋ^{312}
临清	piŋ^{13}	piŋ^{44}	pʰiŋ^{53}	piŋ^{313}	miŋ^{53}	miŋ^{313}	tɕiŋ^{313}	tɕʰiŋ^{313}
冠县	piŋ^{13}	piŋ^{55}	pʰiŋ^{53}	piŋ^{314}	miŋ^{53}	miŋ^{314}	tɕiŋ^{314}	tɕʰiŋ^{314}
聊城	piŋ^{13}	piŋ^{44}	pʰiŋ^{53}	piŋ^{313}	miŋ^{53}	miŋ^{313}	tɕiŋ^{313}	tɕʰiŋ^{313}
济南	piŋ^{213}	piŋ^{55}	pʰiŋ^{42}	piŋ^{21}	miŋ^{42}	miŋ^{21}	tɕiŋ^{21}	tɕʰiŋ^{21}
泰安	piŋ^{213}	piŋ^{55}	pʰiŋ^{42}	piŋ^{21}	miŋ^{42}	miŋ^{21}	tɕiŋ^{21}	tɕʰiŋ^{21}
莱芜	piŋ^{213}	piŋ^{55}	pʰiŋ^{55}	piŋ^{42}	miŋ^{55}	miŋ^{42}	tɕiŋ^{42}	tɕʰiŋ^{42}
新泰	piŋ^{213}	piŋ^{55}	pʰiŋ^{42}	piŋ^{31}	miŋ^{42}	miŋ^{31}	tɕiŋ^{31}	tɕʰiŋ^{31}
沂源	piŋ^{213}	piŋ^{55}	pʰiŋ^{55}	piŋ^{31}	miŋ^{55}	miŋ^{31}	tɕiŋ^{31}	tɕʰiŋ^{31}
博山	piŋ^{213}	piŋ^{55}	pʰiŋ^{55}	piŋ^{31}	miŋ^{55}	miŋ^{31}	tɕiŋ^{31}	tɕʰiŋ^{31}
张店	piŋ^{213}	piŋ^{55}	pʰiŋ^{55}	piŋ^{31}	miŋ^{55}	miŋ^{31}	tɕiŋ^{31}	tɕʰiŋ^{31}
阳谷	piŋ^{213}	piŋ^{55}	pʰiŋ^{42}	piŋ^{313}	miŋ^{42}	miŋ^{313}	tɕiŋ^{313}	tɕʰiŋ^{313}
梁山	piŋ^{213}	piŋ^{55}	pʰiŋ^{42}	piŋ^{314}	miŋ^{42}	miŋ^{314}	tɕiŋ^{314}	tɕʰiŋ^{314}
菏泽	piŋ^{213}	piŋ^{44}	pʰiŋ^{53}	piŋ^{312}	miŋ^{53}	miŋ^{312}	tɕiŋ^{312}	tɕʰiŋ^{312}
曹县	piŋ^{213}	piŋ^{44}	pʰiŋ^{53}	piŋ^{312}	miŋ^{53}	miŋ^{312}	tɕiŋ^{312}	tɕʰiŋ^{312}
金乡	piŋ^{213}	piŋ^{55}	pʰiŋ^{42}	piŋ^{312}	miŋ^{42}	miŋ^{312}	tɕiŋ^{312}	tɕʰiŋ^{312}
曲阜	piŋ^{213}	piŋ^{55}	pʰiŋ^{42}	piŋ^{312}	miŋ^{42}	miŋ^{312}	tɕiŋ^{312}	tɕʰiŋ^{312}

续表

	0857 兵	0858 柄	0859 平	0860 病	0861 明	0862 命	0863 镜	0864 庆
	梗开三 平庚帮	梗开三 去庚帮	梗开三 平庚並	梗开三 去庚並	梗开三 平庚明	梗开三 去庚明	梗开三 去庚见	梗开三 去庚溪
薛城	piŋ^{313}	piŋ^{24}	p^{h}iŋ^{55}	piŋ^{41}	miŋ^{55}	miŋ^{41}	tɕiŋ^{41}	tɕ^{h}iŋ^{41}
郯城	piŋ^{213}	piŋ^{24}	p^{h}iŋ^{44}	piŋ^{51}	miŋ^{44}	miŋ^{51}	tɕiŋ^{51}	tɕ^{h}iŋ^{51}
临沂	piŋ^{214}	piŋ^{55}	p^{h}iŋ^{53}	piŋ^{312}	miŋ^{53}	miŋ^{312}	tɕiŋ^{312}	tɕ^{h}iŋ^{312}

	0865 迎	0866 影	0867 剧 戏～	0868 饼	0869 名	0870 领	0871 井	0872 清
	梗开三 平庚疑	梗开三 上庚影	梗开三 入陌群	梗开三 上清帮	梗开三 平清明	梗开三 上清来	梗开三 上清精	梗开三 平清清
荣成	iŋ^{53}	iŋ^{214}	cy^{33}	piŋ^{214}	miŋ^{53}	liŋ^{214}	tsiŋ^{214}	ts^{h}iŋ^{53}
烟台	iŋ^{53}	iŋ^{14}	tɕy^{33}	piŋ^{14}	miŋ^{33}	liŋ^{14}	tɕiŋ^{14}	tɕ^{h}iŋ^{53}
栖霞	iŋ^{312}	iŋ^{214}	cy^{52}	piŋ^{214}	miŋ^{312}	liŋ^{214}	tʃiŋ^{214}	tʃ^{h}iŋ^{312}
长岛	iŋ^{55}	iŋ^{213}	cy^{52}	piŋ^{213}	miŋ^{55}	liŋ^{213}	tʃəŋ^{213}	tʃ^{h}əŋ^{312}
海阳	iŋ^{52}	iŋ^{214}	cy^{52}	piŋ^{214}	miŋ^{52}	liŋ^{214}	tsiŋ^{214}	ts^{h}iŋ^{52}
莱西	iŋ^{214}	iŋ^{55}	cy^{42}	piŋ^{55}	miŋ^{214}	liŋ^{55}	tʃiŋ^{55}	tʃ^{h}iŋ^{214}
平度	iŋ^{42}	iŋ^{55}	cy^{42}	piŋ^{55}	miŋ^{42}	liŋ^{55}	tsiŋ^{55}	ts^{h}iŋ^{213}
青岛	ioŋ^{42}	ioŋ^{55}	tɕy^{42}	pioŋ^{55}	mioŋ^{42}	lioŋ^{55}	tsioŋ^{55}	ts^{h}ioŋ^{213}
高密	ioŋ^{42}	ioŋ^{55}	tɕy^{21}	pioŋ^{55}	mioŋ^{42}	lioŋ^{55}	tsioŋ^{55}	ts^{h}ioŋ^{213}
诸城	iəŋ^{53}	iəŋ^{44}	tʃu^{31}	piəŋ^{44}	miəŋ^{53}	liəŋ^{44}	tθiəŋ^{44}	tθ^{h}iəŋ^{213}
沂水	iŋ^{53}	iŋ^{44}	tɕy^{31}	piŋ^{44}	miŋ^{53}	liŋ^{44}	dziŋ^{44}	ts^{h}iŋ^{213}
临朐	iŋ^{53}	iŋ^{44}	tɕy^{21}	piŋ^{44}	miŋ^{53}	liŋ^{44}	tɕiŋ^{44}	tɕ^{h}iŋ^{213}
日照	iəŋ^{53}	iəŋ^{44}	tʃu^{31}	piəŋ^{44}	miəŋ^{53}	liəŋ^{44}	ȶiəŋ^{44}	ȶ^{h}iəŋ^{213}
莒南	iŋ^{53}	iŋ^{55}	tɕy^{312}	piŋ^{55}	miŋ^{53}	liŋ^{55}	tsiŋ^{55}	ts^{h}iŋ^{213}
潍坊	iŋ^{53}	iŋ^{55}	tɕy^{31}	piŋ^{55}	miŋ^{53}	liŋ^{55}	tɕiŋ^{55}	tɕ^{h}iŋ^{214}
寿光	iŋ^{53}	iŋ^{55}	tɕy^{21}	piŋ^{55}	miŋ^{53}	liŋ^{55}	tɕiŋ^{55}	tɕ^{h}iŋ^{213}
高青	iŋ^{55}	iŋ^{55}	tɕy^{41}	piŋ^{55}	miŋ^{55}	liŋ^{55}	tɕiŋ^{55}	tɕ^{h}iŋ^{213}
阳信	iŋ^{43}	iŋ^{55}	tɕy^{31}	piŋ^{55}	miŋ^{43}	liŋ^{55}	tɕiŋ^{55}	tɕ^{h}iŋ^{213}
济阳	iŋ^{55}	iŋ^{55}	tɕy^{31}	piŋ^{55}	miŋ^{55}	liŋ^{55}	tɕiŋ^{55}	tɕ^{h}iŋ^{213}

续表

	0865迎	0866影	0867剧戏～	0868饼	0869名	0870领	0871井	0872清
	梗开三平庚疑	梗开三上庚影	梗开三入陌群	梗开三上清帮	梗开三平清明	梗开三上清来	梗开三上清精	梗开三平清清
利津	iŋ^{53}	iŋ^{55}	tɕy^{31}	piŋ^{55}	miŋ^{53}	liŋ^{55}	tɕiŋ^{55}	tɕʰiŋ^{213}
乐陵	iŋ^{55}	iŋ^{55}	tɕy^{51}	piŋ^{55}	miŋ^{55}	liŋ^{55}	tɕiŋ^{55}	tɕʰiŋ^{24}
商河	iŋ^{54}	iŋ^{45}	tɕy^{31}	piŋ^{45}	miŋ^{54}	liŋ^{45}	tɕiŋ^{45}	tɕʰiŋ^{213}
平原	iŋ^{42}	iŋ^{55}	tɕy^{21}	piŋ^{55}	miŋ^{42}	liŋ^{55}	tɕiŋ^{55}	tɕʰiŋ^{213}
德州	iŋ^{42}	iŋ^{55}	tɕy^{21}	piŋ^{55}	miŋ^{42}	liŋ^{55}	tɕiŋ^{55}	tɕʰiŋ^{213}
武城	iŋ^{53}	iŋ^{55}	tɕy^{312}	piŋ^{55}	miŋ^{53}	liŋ^{55}	tɕiŋ^{55}	tɕʰiŋ^{224}
临清	iŋ^{53}	iŋ^{44}	tɕy^{313}	piŋ^{44}	miŋ^{53}	liŋ^{44}	tɕiŋ^{44}	tɕʰiŋ^{13}
冠县	iŋ^{53}	iŋ^{55}	tɕy^{314}	piŋ^{55}	miŋ^{53}	liŋ^{55}	tsiŋ^{55}	tsʰiŋ^{13}
聊城	iŋ^{53}	iŋ^{44}	tɕy^{313}	piŋ^{44}	miŋ^{53}	liŋ^{44}	tɕiŋ^{44}	tɕʰiŋ^{13}
济南	iŋ^{42}	iŋ^{55}	tɕy^{21}	piŋ^{55}	miŋ^{42}	liŋ^{55}	tɕiŋ^{55}	tɕʰiŋ^{213}
泰安	iŋ^{42}	iŋ^{55}	tɕy^{21}	piŋ^{55}	miŋ^{42}	liŋ^{55}	tɕiŋ^{55}	tɕʰiŋ^{213}
莱芜	iŋ^{55}	iŋ^{55}	tɕy^{42}	piŋ^{55}	miŋ^{55}	liŋ^{55}	tɕiŋ^{55}	tɕʰiŋ^{213}
新泰	iŋ^{42}	iŋ^{55}	tɕy^{31}	piŋ^{55}	miŋ^{42}	liŋ^{55}	tɕiŋ^{55}	tɕʰiŋ^{213}
沂源	iŋ^{55}	iŋ^{55}	tɕy^{31}	piŋ^{55}	miŋ^{55}	liŋ^{55}	tɕiŋ^{55}	tɕʰiŋ^{213}
博山	iŋ^{55}	iŋ^{55}	tɕy^{31}	piŋ^{55}	miŋ^{55}	liŋ^{55}	tɕiŋ^{55}	tɕʰiŋ^{213}
张店	iŋ^{55}	iŋ^{55}	tɕy^{31}	piŋ^{55}	miŋ^{55}	liŋ^{55}	tɕiŋ^{55}	tɕʰiŋ^{213}
阳谷	iŋ^{42}	iŋ^{55}	tɕy^{313}	piŋ^{55}	miŋ^{42}	liŋ^{55}	tɕiŋ^{55}	tɕʰiŋ^{213}
梁山	iŋ^{42}	iŋ^{55}	tɕy^{314}	piŋ^{55}	miŋ^{42}	liŋ^{55}	tɕiŋ^{55}	tɕʰiŋ^{213}
菏泽	iŋ^{53}	iŋ^{44}	tɕy^{312}	piŋ^{44}	miŋ^{53}	liŋ^{44}	tɕiŋ^{44}	tɕʰiŋ^{213}
曹县	iŋ^{44}	iŋ^{44}	tɕy^{312}	piŋ^{44}	miŋ^{53}	liŋ^{44}	tɕiŋ^{44}	tɕʰiŋ^{213}
金乡	iŋ^{42}	iŋ^{55}	tɕy^{312}	piŋ^{55}	miŋ^{42}	liŋ^{55}	tɕiŋ^{55}	tɕʰiŋ^{213}
曲阜	iŋ^{42}	iŋ^{55}	tɕy^{312}	piŋ^{55}	miŋ^{42}	liŋ^{55}	tɕiŋ^{55}	tɕʰiŋ^{213}
薛城	iŋ^{55}	iŋ^{24}	tɕy^{41}	piŋ^{24}	miŋ^{55}	liŋ^{24}	tɕiŋ^{24}	tɕʰiŋ^{313}
郯城	iŋ^{44}	iŋ^{24}	tɕy^{51}	piŋ^{24}	miŋ^{44}	liŋ^{24}	tɕiŋ^{24}	tɕʰiŋ^{213}
临沂	iŋ^{53}	iŋ^{55}	tɕy^{312}	piŋ^{55}	miŋ^{53}	liŋ^{55}	tɕiŋ^{55}	tɕʰiŋ^{214}

	0873静	0874姓	0875贞	0876程	0877整	0878正～反	0879声	0880城
	梗开三上清从	梗开三去清心	梗开三平清知	梗开三平清澄	梗开三上清章	梗开三去清章	梗开三平清书	梗开三平清禅
荣成	tsiŋ^{33}	siŋ^{33}	tʃəŋ^{53}又 tʃən^{53}又	tʃ^{h}əŋ^{35}	tʃəŋ^{214}	tʃəŋ^{33}	ʃəŋ^{53}	tʃ^{h}əŋ^{35}
烟台	tɕiŋ^{33}	ɕiŋ^{33}	tɕin^{53}	tɕ^{h}iŋ^{33}	tɕiŋ^{14}	tɕiŋ^{33}	ɕiŋ^{53}	tɕ^{h}iŋ^{33}
栖霞	tʃiŋ^{52}	ʃiŋ^{52}	tʃə̃n^{312}	tʃ^{h}əŋ^{342}	tʃəŋ^{214}	tʃəŋ^{52}	ʃiŋ^{312}	tʃ^{h}əŋ^{342}
长岛	tʃəŋ^{52}	ʃəŋ^{52}	tʃən^{312}	tʃ^{h}əŋ^{55}	tʃəŋ^{213}	tʃəŋ^{52}	ʃəŋ^{312}	tʃ^{h}əŋ^{55}
海阳	tsiŋ^{341}	siŋ^{341}	tsəŋ^{52}	ts^{h}əŋ^{341}	tsəŋ^{214}	tsəŋ^{341}	səŋ^{52}	ts^{h}əŋ^{341}
莱西	tʃiŋ^{42}	ʃiŋ^{42}	tʃiẽ^{55}	tʃ^{h}iŋ^{42}	tʃəŋ^{55}	tʃəŋ^{42}	ʃəŋ^{214}	tʃ^{h}əŋ^{42}
平度	tsiŋ^{42}	siŋ^{42}	tʃə̃^{213}	tʃ^{h}əŋ^{42}	tʃəŋ^{55}	tʃəŋ^{42}	ʃəŋ^{213}	tʃ^{h}əŋ^{42}
青岛	tsioŋ^{42}	sioŋ^{42}	tʃoŋ^{213}白 tʃẽ^{213}文	tʃ^{h}oŋ^{42}	tʃoŋ^{55}	tʃoŋ^{42}	ʃoŋ^{213}	tʃ^{h}oŋ^{42}
高密	tsioŋ^{21}	sioŋ^{21}	tʃoŋ^{213}	tʃ^{h}oŋ^{42}	tʃoŋ^{55}	tʃoŋ^{21}	ʃoŋ^{213}	tʃ^{h}oŋ^{42}
诸城	tθiəŋ^{31}	θiəŋ^{31}	tʃẽ^{213}	tʃ^{h}əŋ^{53}	tʃəŋ^{44}	tʃəŋ^{31}	ʃəŋ^{213}	tʃ^{h}əŋ^{53}
沂水	dziŋ^{31}	siŋ^{31}	dʒəŋ^{213}	tʃ^{h}əŋ^{53}	dʒəŋ^{44}	dʒəŋ^{31}	ʃəŋ^{213}	tʃ^{h}əŋ^{53}
临朐	tɕiŋ^{21}	ɕiŋ^{21}	tʃəŋ^{213}老 tʃə̃^{213}新	tʃ^{h}əŋ^{53}	tʃəŋ^{44}	tʃəŋ^{21}	ʃəŋ^{213}	tʃ^{h}əŋ^{53}
日照	ƫiəŋ^{31}	θiəŋ^{31}	tʃiəŋ^{213}	tʃ^{h}iəŋ^{53}	tʃiəŋ^{44}	tʃiəŋ^{31}	ʃiəŋ^{213}	tʃ^{h}iəŋ^{53}
莒南	tsiŋ^{312}	siŋ^{312}	tʃẽ^{213}	tʃ^{h}əŋ^{53}	tʃəŋ^{55}	tʃəŋ^{312}	ʃəŋ^{213}	tʃ^{h}əŋ^{53}
潍坊	tɕiŋ^{31}	ɕiŋ^{31}	tʂəŋ^{214}白 tʂẽ^{214}文	tʂ^{h}əŋ^{53}	tʂəŋ^{55}	tʂəŋ^{31}	ʂəŋ^{214}	tʂ^{h}əŋ^{53}
寿光	tɕiŋ^{21}	ɕiŋ^{21}	tʂəŋ^{213}	tʂ^{h}əŋ^{53}	tʂəŋ^{55}	tʂəŋ^{21}	ʂəŋ^{213}	tʂ^{h}əŋ^{53}
高青	tɕiŋ^{41}	ɕiŋ^{41}	tʂəŋ^{213}	tʂ^{h}əŋ^{55}	tʂəŋ^{55}	tʂəŋ^{41}	ʂəŋ^{213}	tʂ^{h}əŋ^{55}
阳信	tɕiŋ^{31}	ɕiŋ^{31}	tʂəŋ^{213}	tʂ^{h}əŋ^{43}	tʂəŋ^{55}	tʂəŋ^{31}	ʂəŋ^{213}	tʂ^{h}əŋ^{43}
济阳	tɕiŋ^{31}	ɕiŋ^{31}	tʂəŋ^{213}	tʂ^{h}əŋ^{55}	tʂəŋ^{55}	tʂəŋ^{31}	ʂəŋ^{213}	tʂ^{h}əŋ^{55}
利津	tɕiŋ^{31}	ɕiŋ^{31}	tʂəŋ^{213}	tʂ^{h}əŋ^{53}	tʂəŋ^{55}	tʂəŋ^{31}	ʂəŋ^{213}	tʂ^{h}əŋ^{53}
乐陵	tɕiŋ^{51}	ɕiŋ^{51}	tʂẽ^{24}	tʂ^{h}əŋ^{55}	tʂəŋ^{55}	tʂəŋ^{51}	ʂəŋ^{24}	tʂ^{h}əŋ^{55}
商河	tɕiŋ^{31}	ɕiŋ^{31}	tʂəŋ^{213}	tʂ^{h}əŋ^{54}	tʂəŋ^{45}	tʂəŋ^{31}	ʂəŋ^{213}	tʂ^{h}əŋ^{54}
平原	tɕiŋ^{21}	ɕiŋ^{21}	tʂəŋ^{213}	tʂ^{h}əŋ^{42}	tʂəŋ^{55}	tʂəŋ^{21}	ʂəŋ^{213}	tʂ^{h}əŋ^{42}
德州	tɕiŋ^{21}	ɕiŋ^{21}	tʂəŋ^{213}	tʂ^{h}əŋ^{42}	tʂəŋ^{55}	tʂəŋ^{21}	ʂəŋ^{213}	tʂ^{h}əŋ^{42}

续表

	0873静	0874姓	0875贞	0876程	0877整	0878正 ～反	0879声	0880城
	梗开三 上清从	梗开三 去清心	梗开三 平清知	梗开三 平清澄	梗开三 上清章	梗开三 去清章	梗开三 平清书	梗开三 平清禅
武城	tɕiŋ^{312}	ɕiŋ^{312}	tʂəŋ^{224}	tʂʰəŋ^{53}	tʂəŋ^{55}	tʂəŋ^{312}	ʂəŋ^{224}	tʂʰəŋ^{53}
临清	tɕiŋ^{313}	ɕiŋ^{313}	tsəŋ^{13}	tʂʰəŋ^{53}	tʂəŋ^{44}	tʂəŋ^{313}	ʂəŋ^{13}	tʂʰəŋ^{53}
冠县	tsiŋ^{314}	siŋ^{314}	tʂəŋ^{13}	tʂʰəŋ^{53}	tʂəŋ^{55}	tʂəŋ^{314}	ʂəŋ^{13}	tʂʰəŋ^{53}
聊城	tɕiŋ^{313}	ɕiŋ^{313}	tsẽ^{13}	tsʰəŋ^{53}	tsəŋ^{44}	tsəŋ^{313}	səŋ^{13}	tsʰəŋ^{53}
济南	tɕiŋ^{21}	ɕiŋ^{21}	tʂəŋ^{213}	tʂʰəŋ^{42}	tʂəŋ^{55}	tʂəŋ^{21}	ʂəŋ^{213}	tʂʰəŋ^{42}
泰安	tɕiŋ^{21}	ɕiŋ^{21}	tʂəŋ^{213}	tʂʰəŋ^{42}	tʂəŋ^{55}	tʂəŋ^{21}	ʂəŋ^{213}	tʂʰəŋ^{42}
莱芜	tɕiŋ^{42}	ɕiŋ^{42}	tʃəŋ^{213}	tʃʰəŋ^{55}	tʃəŋ^{55}	tʃəŋ^{42}	ʃəŋ^{213}	tʃʰəŋ^{55}
新泰	tɕiŋ^{31}	ɕiŋ^{31}	tʃəŋ^{213}老（用于人名） tʃẽ^{213}新，～洁	tʃʰəŋ^{42}	tʃəŋ^{55}	tʃəŋ^{31}	ʃəŋ^{213}	tʃʰəŋ^{42}
沂源	tɕiŋ^{31}	ɕiŋ^{31}	tʃəŋ^{213}	tʃʰəŋ^{55}	tʃəŋ^{55}	tʃəŋ^{31}	ʃəŋ^{213}	tʃʰəŋ^{55}
博山	tɕiŋ^{31}	ɕiŋ^{31}	tʂəŋ^{213}	tʂʰəŋ^{55}	tʂəŋ^{55}	tʂəŋ^{31}	ʂəŋ^{213}	tʂʰəŋ^{55}
张店	tɕiŋ^{31}	ɕiŋ^{31}	tʂəŋ^{213}	tʂʰəŋ^{55}	tʂəŋ^{55}	tʂəŋ^{31}	ʂəŋ^{213}	tʂʰəŋ^{55}
阳谷	tɕiŋ^{313}	ɕiŋ^{313}	tsəŋ^{213}白 tsẽ^{213}文	tsʰəŋ^{42}	tsəŋ^{55}	tsəŋ^{313}	səŋ^{213}	tsʰəŋ^{42}
梁山	tɕiŋ^{314}	ɕiŋ^{314}	tsəŋ^{213}白 tsẽ^{213}文	tsʰəŋ^{42}	tsəŋ^{55}	tsəŋ^{314}	səŋ^{213}	tsʰəŋ^{42}
菏泽	tɕiŋ^{312}	ɕiŋ^{312}	tsəŋ^{213}	tsʰəŋ^{53}	tsəŋ^{44}	tsəŋ^{312}	səŋ^{213}	tsʰəŋ^{53}
曹县	tɕiŋ^{312}	ɕiŋ^{312}	tsəŋ^{213}	tʂʰəŋ^{53}	tʂəŋ^{44}	tʂəŋ^{312}	ʂəŋ^{213}	tʂʰəŋ^{53}
金乡	tɕiŋ^{312}	ɕiŋ^{312}名 ɕiŋ^{42}动	tsəŋ^{213}白 tsẽ^{213}文	tsʰəŋ^{42}	tsəŋ^{55}	tsəŋ^{312}	səŋ^{213}	tsʰəŋ^{42}
曲阜	tɕiŋ^{312}	ɕiŋ^{312}名 ɕiŋ^{42}动	tsəŋ^{213}	tsʰəŋ^{42}	tsəŋ^{55}	tsəŋ^{312}	səŋ^{213}	tsʰəŋ^{42}
薛城	tɕiŋ^{41}	ɕiŋ^{41}	tsẽ^{313}	tsʰəŋ^{55}	tsəŋ^{24}	tsəŋ^{41}	səŋ^{313}	tsʰəŋ^{55}
郯城	tɕiŋ^{51}	ɕiŋ^{51}	tʂəŋ^{213}	tʂʰəŋ^{44}	tʂəŋ^{24}	tʂəŋ^{51}	ʂəŋ^{213}	tʂʰəŋ^{44}
临沂	tɕiŋ^{312}	ɕiŋ^{312}	tʃẽ^{214}	tʃʰəŋ^{53}	tʃəŋ^{55}	tʃəŋ^{312}	ʃəŋ^{214}	tʃʰəŋ^{53}

	0881轻	0882赢	0883积	0884惜	0885席	0886尺	0887石	0888益
	梗开三平清溪	梗开三平清以	梗开三入昔精	梗开三入昔心	梗开三入昔邪	梗开三入昔昌	梗开三入昔禅	梗开三入昔影
荣成	cʰiŋ^{53}	iŋ^{53}	tsi^{214}	si^{214}	si^{33}	tʃʰi^{214}	ʃi^{35}	i^{35}
烟台	tɕʰiŋ^{53}	iŋ^{53}	tɕi^{14}	ɕi^{14}	ɕi^{33}	tɕʰi^{14}	ɕi^{33}	i^{33}
栖霞	cʰiŋ^{312}	iŋ^{312}	tʃʅ^{214}	ʃʅ^{214}	ʃʅ^{342}	tʃʰʅ^{214}	ʃʅ^{342}	i^{52}
长岛	cʰiŋ^{312}	iŋ^{55}	tʃʅ^{213}	ʃʅ^{213}	ʃʅ^{55}	tʃʰʅ^{213}	ʃʅ^{55}	i^{52}
海阳	cʰiŋ^{52}	iŋ^{52}	tsi^{214}	si^{214}	si^{341}	tsʰʅ^{214}	sʅ^{341}	i^{341}
莱西	cʰiŋ^{214}	iŋ^{214}	tʃʅ^{55}	ʃʅ^{55}	ʃʅ^{42}	tʃʰʅ^{55}	ʃʅ^{42}	i^{42}
平度	cʰiŋ^{213}	iŋ^{42}	tsi^{42}	si^{55}	si^{42}	tʃʰʅ^{55}	ʃʅ^{42}	i^{42}
青岛	tɕʰioŋ^{213}	ioŋ^{42}	tsi^{55}	si^{55}	si^{42}	tʃʰʅ^{55}	ʃʅ^{42}	i^{42}
高密	tɕʰioŋ^{213}	ioŋ^{42}	tsi^{55}	si^{55}	si^{42}	tʃʰʅ^{55}	ʃʅ^{42}	i^{21}
诸城	tʃʰəŋ^{213}	iəŋ^{53}	tθi^{44}	θi^{44}	θi^{53}	tʃʰʅ^{44}	ʃʅ^{53}	i^{31}
沂水	tɕʰiŋ^{213}	iŋ^{53}	dzi^{44}	si^{44}	si^{53}	tʃʰʅ^{44}	ʃʅ^{53}	i^{31}
临朐	tɕʰiŋ^{213}	iŋ^{53}	tɕi^{44}	ɕi^{44}	ɕi^{53}	tʃʰʅ^{44}	ʃʅ^{53}	i^{21}
日照	tʃʰiəŋ^{213}	iəŋ^{53}	ȶi^{213}	θi^{213}	θi^{53}	tʃʰʅ^{213}	ʃʅ^{53}	i^{31}
莒南	tɕʰiŋ^{213}	iŋ^{53}	tsi^{213}	si^{213}	si^{53}	tʃʰʅ^{213}	ʃʅ^{53}	i^{312}
潍坊	tɕʰiŋ^{214}	iŋ^{53}	tɕi^{214}	ɕi^{214}	ɕi^{53}	tʂʰʅ^{214}	ʂʅ^{53}	i^{31}
寿光	tɕʰiŋ^{213}	iŋ^{53}	tɕi^{213}	ɕi^{213}	ɕi^{53}	tʂʰʅ^{213}	ʂʅ^{53}	i^{21}
高青	tɕʰiŋ^{213}	iŋ^{55}	tɕi^{213}	ɕi^{213}	ɕi^{55}	tʂʰʅ^{213}	ʂʅ^{55}	i^{41}
阳信	tɕʰiŋ^{213}	iŋ^{43}	tɕi^{213}	ɕi^{213}	ɕi^{43}	tʂʰʅ^{213}	ʂʅ^{43}	i^{31}有～ i^{43}利～
济阳	tɕʰiŋ^{213}	iŋ^{55}	tɕi^{213}	ɕi^{213}	ɕi^{55}	tʂʰʅ^{213}	ʂʅ^{55}	i^{31}
利津	tɕʰiŋ^{213}	iŋ^{53}	tɕi^{44}	ɕi^{44}	ɕi^{53}	tʂʰʅ^{44}	ʂʅ^{53}	i^{31}
乐陵	tɕʰiŋ^{24}	iŋ^{55}	tɕi^{24}	ɕi^{24}	ɕi^{55}	tʂʰʅ^{24}	ʂʅ^{55}	i^{51}
商河	tɕʰiŋ^{213}	iŋ^{54}	tɕi^{213}	ɕi^{45}	ɕi^{54}	tʂʰʅ^{45}	ʂʅ^{54}	i^{31}
平原	tɕʰiŋ^{213}	iŋ^{42}	tɕi^{213}	ɕi^{55}	ɕi^{42}	tʂʰʅ^{55}	ʂʅ^{42}	i^{21}
德州	tɕʰiŋ^{213}	iŋ^{42}	tɕi^{213}	ɕi^{55}	ɕi^{42}	tʂʰʅ^{213}	ʂʅ^{42}	i^{21}
武城	tɕʰiŋ^{224}	iŋ^{53}	tɕi^{224}	ɕi^{55}	ɕi^{53}	tʂʰʅ^{224}	ʂʅ^{53}	i^{312}
临清	tɕʰiŋ^{13}	iŋ^{53}	tɕi^{13}	ɕi^{13}	ɕi^{53}	tʂʰʅ^{13}	ʂʅ^{53}	i^{313}

续表

	0881轻	0882赢	0883积	0884惜	0885席	0886尺	0887石	0888益
	梗开三平清溪	梗开三平清以	梗开三入昔精	梗开三入昔心	梗开三入昔邪	梗开三入昔昌	梗开三入昔禅	梗开三入昔影
冠县	tɕ^{h}iŋ^{13}	iŋ^{53}	tsi^{13}	si^{13}	si^{53}	tʂ^{h}ʅ^{13}	ʂʅ^{53}	i^{314}
聊城	tɕ^{h}iŋ^{13}	iŋ^{53}	tɕi^{13}	ɕi^{13}	ɕi^{53}	ts^{h}ɿ^{13}	sɿ^{53}	i^{313}
济南	tɕ^{h}iŋ^{213}	iŋ^{42}	tɕi^{213}	ɕi^{213}	ɕi^{42}	tʂ^{h}ʅ^{213}	ʂʅ^{42}	i^{21}
泰安	tɕ^{h}iŋ^{213}	iŋ^{42}	tɕi^{213}	ɕi^{213}	ɕi^{42}	tʂ^{h}ʅ^{213}	ʂʅ^{42}	i^{21}
莱芜	tɕ^{h}iŋ^{213}	iŋ^{55}	tɕi^{213}	ɕi^{213}	ɕi^{55}	tʃ^{h}ʅ^{213}	ʃʅ^{55}	i^{42}
新泰	tɕ^{h}iŋ^{213}	iŋ^{42}	tɕi^{213}	ɕi^{213}	ɕi^{42}	tʃ^{h}ʅ^{213}	ʃʅ^{42}	i^{31}
沂源	tɕ^{h}iŋ^{213}	iŋ^{55}	tɕi^{213}	ɕi^{213}	ɕi^{55}	tʃ^{h}ʅ^{55}	ʃʅ^{55}	i^{31}
博山	tɕ^{h}iŋ^{213}	iŋ^{55}	tɕi^{213}	ɕi^{213}	ɕi^{55}	tʂ^{h}ʅ^{213}	ʂʅ^{55}	i^{31}
张店	tɕ^{h}iŋ^{213}	iŋ^{55}	tɕi^{33}	ɕi^{33}	ɕi^{55}	tʂ^{h}ʅ^{33}	ʂʅ^{55}	i^{31}
阳谷	tɕ^{h}iŋ^{213}	iŋ^{42}	tɕi^{213}	ɕi^{213}	ɕi^{42}	ts^{h}ɿ^{213}	sɿ^{42}	i^{313}
梁山	tɕ^{h}iŋ^{213}	iŋ^{42}	tɕi^{213}	ɕi^{213}	ɕi^{42}	ts^{h}ɿ^{213}	sɿ^{42}普通读音 tã^{314}一～粮食	i^{213}
菏泽	tɕ^{h}iŋ^{213}	iŋ^{53}	tɕi^{213}	ɕi^{213}	ɕi^{53}	ts^{h}ɿ^{213}	sɿ^{53}	i^{312}
曹县	tɕ^{h}iŋ^{213}	iŋ^{53}	tɕi^{213}	ɕi^{213}	ɕi^{53}	tʂ^{h}ʅ^{213}	ʂʅ^{53}	i^{312}
金乡	tɕ^{h}iŋ^{213}	iŋ^{42}	tɕi^{213}	ɕi^{213}	ɕi^{42}	ts^{h}ɿ^{213}	sɿ^{42}	i^{213}
曲阜	tɕ^{h}iŋ^{213}	iŋ^{42}	tɕi^{213}	ɕi^{213}	ɕi^{42}	ts^{h}ɿ^{213}	sɿ^{42}	i^{312}
薛城	tɕ^{h}iŋ^{313}	iŋ^{55}	tɕi^{313}	ɕi^{313}	ɕi^{55}	ts^{h}ɿ^{313}	sɿ^{55}	i^{313}利～ i^{41}收～
郯城	tɕ^{h}iŋ^{213}	iŋ^{44}	tɕi^{213}	ɕi^{213}	ɕi^{44}	tʂ^{h}ʅ^{213}	ʂʅ^{44}	i^{51}
临沂	tɕ^{h}iŋ^{214}	iŋ^{53}	tɕi^{214}	ɕi^{214}	ɕi^{53}	tʃ^{h}ʅ^{214}	ʃʅ^{53}	i^{312}

	0889瓶	0890钉名	0891顶	0892厅	0893听～见	0894停	0895挺	0896定
	梗开四平青並	梗开四平青端	梗开四上青端	梗开四平青透	梗开四平青透	梗开四平青定	梗开四上青定	梗开四去青定
荣成	piŋ^{35}又 p^{h}iŋ^{35}又	tiŋ^{53}	tiŋ^{214}	t^{h}iŋ^{53}	t^{h}iŋ^{53}	t^{h}iŋ^{214}	t^{h}iŋ^{214}	tiŋ^{33}

续表

	0889瓶	0890钉名	0891顶	0892厅	0893听～见	0894停	0895挺	0896定
	梗开四 平青並	梗开四 平青端	梗开四 上青端	梗开四 平青透	梗开四 平青透	梗开四 平青定	梗开四 上青定	梗开四 去青定
烟台	pʰiŋ^{33}	tiŋ^{53}	tiŋ^{14}	tʰiŋ^{53}	tʰiŋ^{53}	tʰiŋ^{14}	tʰiŋ^{14}	tiŋ^{33}
栖霞	pʰiŋ^{342}	tiŋ^{312}	tiŋ^{214}	tʰiŋ^{312}	tʰiŋ^{312}	tʰiŋ^{214}	tʰiŋ^{214}	tiŋ^{52}
长岛	pʰiŋ^{55}	tiŋ^{312}	tiŋ^{213}	tʰiŋ^{312}	tʰiŋ^{312}	tʰiŋ^{213}	tʰiŋ^{213}	tiŋ^{52}
海阳	pʰiŋ^{341}	tiŋ^{52}	tiŋ^{214}	tʰiŋ^{52}	tʰiŋ^{52}	tʰiŋ^{214}	tʰiŋ^{214}	tiŋ^{341}
莱西	pʰiŋ^{42}	tiŋ^{214}	tiŋ^{55}	tʰiŋ^{214}	tʰiŋ^{214}	tʰiŋ^{55}	tʰiŋ^{55}	tiŋ^{42}
平度	pʰiŋ^{42}	tiŋ^{213}	tiŋ^{55}	tʰiŋ^{213}	tʰiŋ^{213}	tʰiŋ^{55}	tʰiŋ^{55}	tiŋ^{42}
青岛	pʰioŋ^{42}	tioŋ^{213}	tioŋ^{55}	tʰioŋ^{213}	tʰioŋ^{213}	tʰioŋ^{55}	tʰioŋ^{55}	tioŋ^{42}
高密	pʰioŋ^{42}	tioŋ^{213}	tioŋ^{55}	tʰioŋ^{213}	tʰioŋ^{213}	tʰioŋ^{55}	tʰioŋ^{55}	tioŋ^{21}
诸城	pʰiəŋ^{53}	ȶiəŋ^{213}	ȶiəŋ^{44}	ȶʰiəŋ^{213}	ȶʰiəŋ^{213}	ȶʰiəŋ^{53}	ȶʰiəŋ^{44}	ȶiəŋ^{31}
沂水	pʰiŋ^{53}	tiŋ^{213}	tiŋ^{44}	tʰiŋ^{213}	tʰiŋ^{213}	tʰiŋ^{53}	tʰuẽ^{44}老 tʰẽ^{44}老 tʰiŋ新	tiŋ^{31}
临朐	pʰiŋ^{53}	tiŋ^{213}	tiŋ^{44}	tʰiŋ^{213}	tʰiŋ^{213}	tʰiŋ^{53}	tʰiŋ^{44}	tiŋ^{21}
日照	pʰiəŋ^{53}	tiəŋ^{213}	tiəŋ^{44}	tʰiəŋ^{213}	tʰiəŋ^{213}	tʰiəŋ^{53}	tʰiəŋ^{44}	tiəŋ^{31}
莒南	pʰiŋ^{53}	tiŋ^{213}	tiŋ^{55}	tʰiŋ^{213}	tʰiŋ^{213}	tʰiŋ^{53}	tʰiŋ^{55}	tiŋ^{312}
潍坊	pʰiŋ^{53}	tiŋ^{214}	tiŋ^{55}	tʰiŋ^{214}	tʰiŋ^{214}	tʰiŋ^{55}	tʰiŋ^{55}	tiŋ^{31}
寿光	pʰiŋ^{53}	tiŋ^{213}	tiŋ^{55}	tʰiŋ^{213}	tʰiŋ^{213}	tʰiŋ^{55}	tʰiŋ^{55}～起 tʰiŋ^{213}很	tiŋ^{21}
高青	pʰiŋ^{55}	tiŋ^{213}	tiŋ^{55}	tʰiŋ^{213}	tʰiŋ^{213}	tʰiŋ^{55}	tʰiŋ^{55}	tiŋ^{41}
阳信	pʰiŋ^{43}	tiŋ^{213}	tiŋ^{55}	tʰiŋ^{213}	tʰiŋ^{213}	tʰiŋ^{43}	tʰiŋ^{55}	tiŋ^{31}
济阳	pʰiŋ^{55}	tiŋ^{213}	tiŋ^{55}	tʰiŋ^{213}	tʰiŋ^{213}	tʰiŋ^{55}	tʰiŋ^{55}	tiŋ^{31}
利津	pʰiŋ^{53}	tiŋ^{213}	tiŋ^{55}	tʰiŋ^{213}	tʰiŋ^{213}	tʰiŋ^{53}	tʰiŋ^{55}	tiŋ^{31}
乐陵	pʰiŋ^{55}	tiŋ^{24}	tiŋ^{55}	tʰiŋ^{24}	tʰiŋ^{24}	tʰiŋ^{55}	tʰiŋ^{55}	tiŋ^{51}
商河	pʰiŋ^{54}	tiŋ^{213}	tiŋ^{45}	tʰiŋ^{213}	tʰiŋ^{213}	tʰiŋ^{54}	tʰiŋ^{45}	tiŋ^{31}
平原	pʰiŋ^{42}	tiŋ^{213}	tiŋ^{55}	tʰiŋ^{213}	tʰiŋ^{213}	tʰiŋ^{42}	tʰiŋ^{55}	tiŋ^{21}
德州	pʰiŋ^{42}	tiŋ^{213}	tiŋ^{55}	tʰiŋ^{213}	tʰiŋ^{213}	tʰiŋ^{42}	tʰiŋ^{55}	tiŋ^{21}
武城	pʰiŋ^{53}	tiŋ^{224}	tiŋ^{55}	tʰiŋ^{224}	tʰiŋ^{224}	tʰiŋ^{53}	tʰiŋ^{55}	tiŋ^{312}

续表

	0889瓶	0890钉 名	0891顶	0892厅	0893听 ～见	0894停	0895挺	0896定
	梗开四 平青並	梗开四 平青端	梗开四 上青端	梗开四 平青透	梗开四 平青透	梗开四 平青定	梗开四 上青定	梗开四 去青定
临清	pʰiŋ^{53}	tiŋ^{13}	tiŋ^{44}	tʰiŋ^{13}	tʰiŋ^{13}	tʰiŋ^{53}	tʰiŋ^{44}	tiŋ^{313}
冠县	pʰiŋ^{53}	tiŋ^{13}	tiŋ^{55}	tʰiŋ^{13}	tʰiŋ^{13}	tʰiŋ^{53}	tʰiŋ^{55}	tiŋ^{314}
聊城	pʰiŋ^{53}	tiŋ^{13}	tiŋ^{44}	tʰiŋ^{13}	tʰiŋ^{13}	tʰiŋ^{53}	tʰiŋ^{44}	tiŋ^{313}
济南	pʰiŋ^{42}	tiŋ^{213}	tiŋ^{55}	tʰiŋ^{213}	tʰiŋ^{213}	tʰiŋ^{42}	tʰiŋ^{55}	tiŋ^{21}
泰安	pʰiŋ^{42}	tiŋ^{213}	tiŋ^{55}	tʰiŋ^{213}	tʰiŋ^{213}	tʰiŋ^{42}	tʰiŋ^{55}	tiŋ^{21}
莱芜	pʰiŋ^{55}	tiŋ^{213}	tiŋ^{55}	tʰiŋ^{213}	tʰiŋ^{213}	tʰiŋ^{55}	tʰiŋ^{55}	tiŋ^{42}
新泰	pʰiŋ^{42}	tiŋ^{213}	tiŋ^{55}	tʰiŋ^{213}	tʰiŋ^{213}	tʰiŋ^{42}	tʰiŋ^{55}	tiŋ^{31}
沂源	pʰiŋ^{55}	tiŋ^{213}	tiŋ^{55}	tʰiŋ^{213}	tʰiŋ^{213}	tʰiŋ^{55}	tʰiŋ^{55}	tiŋ^{31}
博山	pʰiŋ^{55}	tiŋ^{213}	tiŋ^{55}	tʰiŋ^{213}	tʰiŋ^{213}	tʰiŋ^{55}	tʰiŋ^{55}	tiŋ^{31}
张店	pʰiŋ^{55}	tiŋ^{213}	tiŋ^{55}	tʰiŋ^{213}	tʰiŋ^{213}	tʰiŋ^{55}	tʰiŋ^{55}	tiŋ^{31}
阳谷	pʰiŋ^{42}	tiŋ^{213}	tiŋ^{55}	tʰiŋ^{213}	tʰiŋ^{213}	tʰiŋ^{42}	tʰiŋ^{55}	tiŋ^{313}
梁山	pʰiŋ^{42}	tiŋ^{213}	tiŋ^{55}	tʰiŋ^{213}	tʰiŋ^{213}	tʰiŋ^{42}	tʰiŋ^{55}	tiŋ^{314}
菏泽	pʰiŋ^{53}	tiŋ^{213}	tiŋ^{44}	tʰiŋ^{213}	tʰiŋ^{213}	tʰiŋ^{53}	tʰiŋ^{44}	tiŋ^{312}
曹县	pʰiŋ^{53}	tiŋ^{213}	tiŋ^{44}	tʰiŋ^{213}	tʰiŋ^{213}	tʰiŋ^{53}	tʰiŋ^{44}	tiŋ^{312}
金乡	pʰiŋ^{42}	tiŋ^{213}	tiŋ^{55}	tʰiŋ^{213}	tʰiŋ^{213}	tʰiŋ^{42}	tʰiŋ^{55}	tiŋ^{312}
曲阜	pʰiŋ^{42}	tiŋ^{213}	tiŋ^{55}	tʰiŋ^{213}	tʰiŋ^{213}	tʰiŋ^{42}	tʰiŋ^{55}	tiŋ^{312}
薛城	pʰiŋ^{55}	tiŋ^{313}	tiŋ^{24}	tʰiŋ^{313}	tʰiŋ^{313}	tʰiŋ^{55}	tʰiŋ^{24}	tiŋ^{41}
郯城	pʰiŋ^{44}	tiŋ^{213}	tiŋ^{24}	tʰiŋ^{213}	tʰiŋ^{213}	tʰiŋ^{44}	tʰiŋ^{24}	tiŋ^{51}
临沂	pʰiŋ^{53}	tiŋ^{214}	tiŋ^{55}	tʰiŋ^{214}	tʰiŋ^{214}	tʰiŋ^{53}	tʰiŋ^{55}	tiŋ^{312}

	0897零	0898青	0899星	0900经	0901形	0902壁	0903劈	0904踢
	梗开四 平青来	梗开四 平青清	梗开四 平青心	梗开四 平青见	梗开四 平青匣	梗开四 入锡帮	梗开四 入锡滂	梗开四 入锡透
荣成	liŋ^{53}	tsʰiŋ^{53}	siŋ^{53}	ciŋ^{53}	çiŋ^{35}	pi^{214}	pʰi^{214}	tʰi^{214}
烟台	liŋ^{53}	tɕʰiŋ^{53}	ɕiŋ^{53}	tɕiŋ^{53}	ɕiŋ^{33}	pi^{14}	pʰi^{14}	tʰi^{14}
栖霞	liŋ^{312}	tʃʰiŋ^{312}	ʃiŋ^{312}	ciŋ^{312}	çiŋ^{342}	pi^{214}	pʰi^{214}	tʰi^{214}

续表

	0897零	0898青	0899星	0900经	0901形	0902壁	0903劈	0904踢
	梗开四平青来	梗开四平青清	梗开四平青心	梗开四平青见	梗开四平青匣	梗开四入锡帮	梗开四入锡滂	梗开四入锡透
长岛	liŋ^{55}	tʃʰəŋ^{312}	ʃəŋ^{312}	ciŋ^{312}	çiŋ^{55}	pi^{52}	pʰi^{213}	tʰi^{213}
海阳	liŋ^{52}	tsʰiŋ^{52}	siŋ^{52}	ciŋ^{52}	çiŋ^{341}	pi^{214}	pʰi^{214}	tʰi^{214}
莱西	liŋ^{214}	tʃʰiŋ^{214}	ʃiŋ^{214}	ciŋ^{214}	çiŋ^{42}	pi^{42}	pʰi^{55}	tʰi^{55}
平度	liŋ^{42}	tsʰiŋ^{213}	siŋ^{213}	ciŋ^{213}	çiŋ^{42}	pi^{55}	pʰi^{55}	tʰi^{55}
青岛	lioŋ^{42}	tsʰioŋ^{213}	sioŋ^{213}	tɕioŋ^{213}	ɕioŋ^{42}	pi^{55}	pʰi^{55}	tʰi^{42}
高密	lioŋ^{42}	tsʰioŋ^{213}	sioŋ^{213}	tɕioŋ^{213}	ɕioŋ^{42}	pi^{21}	pʰi^{55}	tʰi^{42}
诸城	liəŋ^{53}	tθʰiəŋ^{213}	θiəŋ^{213}	tʃəŋ^{213}	ʃəŋ^{53}	pi^{31}	pʰi^{44}	ȶʰi^{53}
沂水	liŋ^{53}	tsʰiŋ^{213}	siŋ^{213}	tɕiŋ^{213}	ɕiŋ^{53}	pi^{31}	pʰi^{44}	tʰi^{44}
临朐	liŋ^{53}	tɕʰiŋ^{213}	ɕiŋ^{213}	tɕiŋ^{213}	ɕiŋ^{53}	pi^{21}	pʰi^{44}	tʰi^{44}
日照	liəŋ^{53}	ȶʰiəŋ^{213}	θiəŋ^{213}	tʃiəŋ^{213}	ʃiəŋ^{53}	pi^{31}	pʰi^{213}	tʰi^{213}
莒南	liŋ^{53}	tsʰiŋ^{213}	siŋ^{213}	tɕiŋ^{213}	ɕiŋ^{53}	pi^{312}	pʰi^{55}	tʰi^{213}
潍坊	liŋ^{53}	tɕʰiŋ^{214}	ɕiŋ^{214}	tɕiŋ^{214}	ɕiŋ^{53}	pi^{31}	pʰi^{55}	tʰi^{214}
寿光	liŋ^{53}	tɕʰiŋ^{213}	ɕiŋ^{213}	tɕiŋ^{213}	ɕiŋ^{53}	pi^{21}	pʰiə̃^{55} 白 pʰi^{55} 文	tʰi^{213}
高青	liŋ^{55}	tɕʰiŋ^{213}	ɕiŋ^{213}	tɕiŋ^{213}	ɕiŋ^{55}	pi^{41}	pʰi^{213}	tʰi^{213}
阳信	liŋ^{43}	tɕʰiŋ^{213}	ɕiŋ^{213}	tɕiŋ^{213}	ɕiŋ^{43}	pi^{31}	pʰi^{213}	tʰi^{213}
济阳	liŋ^{55}	tɕʰiŋ^{213}	ɕiŋ^{213}	tɕiŋ^{213}	ɕiŋ^{55}	pi^{31}	pʰi^{213}	tʰi^{213}
利津	liŋ^{53}	tɕʰiŋ^{213}	ɕiŋ^{213}	tɕiŋ^{213}	ɕiŋ^{53}	pi^{31}	pʰi^{44}	tʰi^{44}
乐陵	liŋ^{55}	tɕʰiŋ^{24}	ɕiŋ^{24}	tɕiŋ^{24}	ɕiŋ^{55}	pi^{51}	pʰi^{24}	tʰi^{24}
商河	liŋ^{54}	tɕʰiŋ^{213}	ɕiŋ^{213}	tɕiŋ^{213}	ɕiŋ^{54}	pi^{31}	pʰi^{45}	tʰi^{45}
平原	liŋ^{42}	tɕʰiŋ^{213}	ɕiŋ^{213}	tɕiŋ^{213}	ɕiŋ^{42}	pi^{21}	pʰi^{213}	tʰi^{213}
德州	liŋ^{42}	tɕʰiŋ^{213}	ɕiŋ^{213}	tɕiŋ^{213}	ɕiŋ^{42}	pi^{21}	pʰi^{213}	tʰi^{213}
武城	liŋ^{53}	tɕʰiŋ^{224}	ɕiŋ^{224}	tɕiŋ^{224}	ɕiŋ^{53}	pi^{312}	pʰi^{224}	tʰi^{224}
临清	liŋ^{53}	tɕʰiŋ^{13}	ɕiŋ^{13}	tɕiŋ^{13}	ɕiŋ^{53}	pi^{313}	pʰi^{13}	tʰi^{13}
冠县	liŋ^{53}	tsʰiŋ^{13}	siŋ^{13}	tɕiŋ^{13}	ɕiŋ^{53}	pi^{314}	pʰi^{13}	tʰi^{13}
聊城	liŋ^{53}	tɕʰiŋ^{13}	ɕiŋ^{13}	tɕiŋ^{13}	ɕiŋ^{53}	pi^{313}	pʰi^{13}	tʰi^{13}

续表

	0897零	0898青	0899星	0900经	0901形	0902壁	0903劈	0904踢
	梗开四 平青来	梗开四 平青清	梗开四 平青心	梗开四 平青见	梗开四 平青匣	梗开四 入锡帮	梗开四 入锡滂	梗开四 入锡透
济南	liŋ^{42}	tɕʰiŋ^{213}	ɕiŋ^{213}	tɕiŋ^{213}	ɕiŋ^{42}	pi^{21}	pʰi^{55}	tʰi^{213}
泰安	liŋ^{42}	tɕʰiŋ^{213}	ɕiŋ^{213}	tɕiŋ^{213}	ɕiŋ^{42}	pi^{21}	pʰi^{213}	tʰi^{213}
莱芜	liŋ^{55}	tɕʰiŋ^{213}	ɕiŋ^{213}	tɕiŋ^{213}	ɕiŋ^{55}	pi^{42}	pʰi^{213}	tʰi^{213}
新泰	liŋ^{42}	tɕʰiŋ^{213}	ɕiŋ^{213}	tɕiŋ^{213}	ɕiŋ^{42}	pi^{31}	pʰi^{213}	tʰi^{213}
沂源	liŋ^{55}	tɕʰiŋ^{213}	ɕiŋ^{213}	tɕiŋ^{213}	ɕiŋ^{55}	pi^{31}	pʰi^{213}	tʰi^{213}
博山	liŋ^{55}	tɕʰiŋ^{213}	ɕiŋ^{213}	tɕiŋ^{213}	ɕiŋ^{55}	pi^{31}	pʰi^{213}	tʰi^{213}
张店	liŋ^{55}	tɕʰiŋ^{213}	ɕiŋ^{213}	tɕiŋ^{213}	ɕiŋ^{55}	pi^{31}	pʰi^{55}	tʰi^{33}
阳谷	liŋ^{42}	tɕʰiŋ^{213}	ɕiŋ^{213}	tɕiŋ^{213}	ɕiŋ^{42}	pi^{313}	pʰi^{213}	tʰi^{213}
梁山	liŋ^{42}	tɕʰiŋ^{213}	ɕiŋ^{213}	tɕiŋ^{213}	ɕiŋ^{42}	pi^{314}	pʰi^{213}	tʰi^{213}
菏泽	liŋ^{53}	tɕʰiŋ^{213}	ɕiŋ^{213}	tɕiŋ^{213}	ɕiŋ^{53}	pi^{312}	pʰi^{213}	tʰi^{213}
曹县	liŋ^{53}	tɕʰiŋ^{213}	ɕiŋ^{213}	tɕiŋ^{213}	ɕiŋ^{53}	pi^{312}	pʰi^{213}	tʰi^{213}
金乡	liŋ^{42}	tɕʰiŋ^{213}	ɕiŋ^{213}	tɕiŋ^{213}	ɕiŋ^{42}	pi^{312}	pʰi^{213}	tʰi^{213}
曲阜	liŋ^{42}	tɕʰiŋ^{213}	ɕiŋ^{213}	tɕiŋ^{213}	ɕiŋ^{42}	pi^{312}	pʰi^{213}	tʰi^{213}
薛城	liŋ^{55}	tɕʰiŋ^{313}	ɕiŋ^{313}	tɕiŋ^{313}	ɕiŋ^{55}	pi^{41}	pʰi^{313}	tʰi^{313}
郯城	liŋ^{44}	tɕʰiŋ^{213}	ɕiŋ^{213}	tɕiŋ^{213}	ɕiŋ^{44}	pi^{51}	pʰi^{213}	tʰi^{213}
临沂	liŋ^{53}	tɕʰiŋ^{214}	ɕiŋ^{214}	tɕiŋ^{214}	ɕiŋ^{53}	pi^{312}	pʰi^{214}	tʰi^{214}

	0905笛	0906历 农～	0907锡	0908击	0909吃	0910横 ～竖	0911划 计～	0912兄
	梗开四 入锡定	梗开四 入锡来	梗开四 入锡心	梗开四 入锡见	梗开四 入锡溪	梗合二 平庚匣	梗合二 入麦匣	梗合三 平庚晓
荣成	ti^{35}	li^{35}	si^{214}	ci^{214}	tʃʰi^{214}	xəŋ^{33}	xua^{33}	çyŋ^{53}
烟台	ti^{33}	li^{33}	ɕi^{14}	tɕi^{53}	tɕʰi^{14}	xəŋ^{33}	xua^{33}	çyŋ^{53}
栖霞	ti^{342}	li^{52}	ʃʅ^{214}	ci^{312}	tʃʰʅ^{214}	xəŋ^{342}	xua^{342}	çyŋ^{312}
长岛	ti^{55}	li^{52}	ʃɿ^{213}	ci^{312}	tʃʰɿ^{213}	xəŋ^{55}	xua^{52}	çyŋ^{312}
海阳	ti^{341}	li^{341}	si^{214}	ci^{52}	tsʰɿ^{214}	xəŋ^{341}	xua^{341}	çyŋ^{52}
莱西	ti^{42}	li^{42}	ʃɿ^{55}	ci^{214}	tʃʰɿ^{55}	xəŋ^{42}	xua^{42}	çyŋ^{214}

续表

	0905笛	0906历 农～	0907锡	0908击	0909吃	0910横 ～竖	0911划 计～	0912兄
	梗开四入锡定	梗开四入锡来	梗开四入锡心	梗开四入锡见	梗开四入锡溪	梗合二平庚匣	梗合二入麦匣	梗合三平庚晓
平度	ti^{42}	li^{213}	si^{55}	ci^{55}	tʃʰʅ^{55}	xəŋ^{42}	xua^{42}	çiŋ^{213}
青岛	ti^{42}	li^{42}	si^{55}	tɕi^{213}	tʃʰʅ^{55}	xoŋ^{42}	xuɑ^{42}	çioŋ^{213}
高密	ti^{42}	li^{21}	si^{55}	tɕi^{55}	tʃʰʅ^{55}	xoŋ^{42}	xuɑ^{21}	çioŋ^{213}
诸城	ȶi^{53}	li^{31}	θi^{44}	tʃʅ^{44}	tʃʰʅ^{44}	xuẽ^{53}～竖，～过来	xua^{31}	ʃəŋ^{213}
沂水	ti^{53}	li^{31}	si^{44}	tɕi^{213}	tʃʰʅ^{44}	xuẽ^{53}白 xəŋ^{53}文	xua^{31}	ɕyŋ^{213}
临朐	ti^{53}	li^{21}	çi^{44}	tɕi^{213}	tʃʰʅ^{44}	xuə̃^{53}白 xəŋ^{53}文	xua^{21}	ɕyŋ^{213}
日照	ti^{53}	li^{31}	θi^{213}	tʃʅ^{213}	tʃʰʅ^{213}	xuẽ^{53}～过来 xəŋ^{53}一道～	xuɑ^{31}	ʃiəŋ^{213}
莒南	ti^{53}	li^{312}	si^{213}	tɕi^{213}	tʃʅ^{213}	xəŋ^{53}	xua^{312}	ɕyŋ^{213}
潍坊	ti^{53}	li^{31}	çi^{214}	tɕi^{214}	tʂʰʅ^{214}	xuẽ^{53}白 xəŋ^{53}文	xuɑ^{31}	ɕyŋ^{214}
寿光	ti^{53}	li^{21}	çi^{213}	tɕi^{213}	tɕʰʅ^{213}	xuə̃^{53}白 xəŋ^{53}文	xua^{21}	ɕyŋ^{213}
高青	ti^{55}	li^{41}	çi^{213}	tɕi^{213}	tʂʰʅ^{213}	xəŋ^{55}	xuɑ^{41}	ɕyŋ^{213}
阳信	ti^{43}	li^{31}	çi^{213}	tɕi^{213}	tʂʰʅ^{213}	xəŋ^{43}	xua^{31}	ɕyŋ^{213}
济阳	ti^{55}	li^{31}	çi^{213}	tɕi^{213}	tʂʰʅ^{213}	xəŋ^{31}	xua^{31}	ɕyŋ^{213}
利津	ti^{53}	li^{31}	çi^{44}	tɕi^{44}	tʂʰʅ^{44}	xəŋ^{53}	xua^{31}	ɕyŋ^{213}
乐陵	ti^{55}	li^{51}	çi^{24}	tɕi^{24}	tʂʰʅ^{24}	xəŋ^{55}	xuɑ^{51}	ɕyŋ^{24}
商河	ti^{54}	li^{31}	çi^{45}	tɕi^{213}	tʂʰʅ^{45}	xəŋ^{31}	xuɑ^{31}	ɕyŋ^{213}
平原	ti^{42}	li^{21}	çi^{213}	tɕi^{213}	tʂʰʅ^{213}	xəŋ^{42}	xua^{21}	ɕyŋ^{213}
德州	ti^{42}	li^{21}	çi^{213}	tɕi^{213}	tʂʰʅ^{213}	xəŋ^{42}	xua^{21}	ɕyŋ^{213}
武城	ti^{53}	li^{312}	çi^{224}	tɕi^{224}	tʂʰʅ^{224}	xəŋ^{53}	xua^{312}	ɕyŋ^{224}
临清	ti^{53}	li^{313}	çi^{13}	tɕi^{13}	tʂʰʅ^{13}	xəŋ^{313}	xua^{313}	ɕyŋ^{13}
冠县	ti^{53}	li^{314}	si^{13}	tɕi^{13}	tʂʰʅ^{13}	xuŋ^{314}白 xəŋ^{314}文	xua^{314}	ɕyŋ^{13}

续表

	0905笛	0906历 农～	0907锡	0908击	0909吃	0910横 ～竖	0911划 计～	0912兄
	梗开四入锡定	梗开四入锡来	梗开四入锡心	梗开四入锡见	梗开四入锡溪	梗合二平庚匣	梗合二入麦匣	梗合三平庚晓
聊城	ti^{53}	li^{313}	ɕi^{13}	tɕi^{13}	tsʰɿ^{13}	xəŋ^{313} 又 xuŋ^{313} 又	xua^{53}	ɕyŋ^{13}
济南	ti^{42}	li^{21}	ɕi^{213}	tɕi^{213}	tʂʰʅ^{213}	xəŋ^{21}	xua^{21}	ɕyŋ^{213}
泰安	ti^{42}	li^{21}	ɕi^{213}	tɕi^{213}	tʂʰʅ^{213}	xuŋ^{21} 白 xəŋ^{21} 文	xua^{21}	ɕyŋ^{213}
莱芜	ti^{55}	li^{42}	ɕi^{213}	tɕi^{213}	tʃʰʅ^{213}	xuŋ^{42} 白 xəŋ^{42} 文	xua^{42}	ɕyŋ^{213}
新泰	ti^{42}	li^{31}	ɕi^{213}	tɕi^{213}	tʃʰʅ^{213}	xuẽ^{31}	xua^{31}	ɕyŋ^{213}
沂源	ti^{55}	li^{31}	ɕi^{213}	tɕi^{213}	tʃʰʅ^{213}	xuã^{55} 又 xəŋ^{31} 又	xua^{31}	ɕyŋ^{213}
博山	ti^{55}	li^{31}	ɕi^{213}	tɕi^{213}	tʂʰʅ^{213}	xəŋ^{31} 又 xuei^{55} 又 xuɛ^{55} 又	xuɑ^{31}	ɕyŋ^{213}
张店	ti^{55}	li^{31}	ɕi^{33}	tɕi^{33}	tʂʰʅ^{33}	xəŋ^{31}	xuɑ^{31}	ɕyŋ^{213}
阳谷	ti^{42}	li^{313}	ɕi^{213}	tɕi^{213}	tsʰɿ^{213}	xuŋ^{313}	xua^{313}	ɕyŋ^{213}
梁山	ti^{42}	li^{314}	ɕi^{213}	tɕi^{213}	tsʰɿ^{213}	xəŋ^{42}	xua^{314}	ɕyŋ^{213}
菏泽	ti^{53}	li^{312}	ɕi^{213}	tɕi^{213}	tsʰɿ^{213}	xuŋ^{312}	xua^{312}	ɕyŋ^{213}
曹县	ti^{53}	li^{312}	ɕi^{213}	tɕi^{213}	tʂʰʅ^{213}	xuŋ^{312} 白 xəŋ^{312} 文	xua^{312}	ɕyŋ^{213}
金乡	ti^{42}	li^{312}	ɕi^{213}	tɕi^{213}	tsʰɿ^{213}	xəŋ^{312}	xua^{312}	ɕyŋ^{213}
曲阜	ti^{42}	li^{312}	ɕi^{213}	tɕi^{213}	tsʰɿ^{213}	xuŋ^{312} 白 xəŋ^{312} 文	xua^{312}	ɕyŋ^{213}
薛城	ti^{55}	li^{41}	ɕi^{313}	tɕi^{313}	tsʰɿ^{313}	xuŋ^{41} ～过来 xəŋ^{41} 一道～	xua^{41}	ɕyŋ^{313}
郯城	ti^{44}	li^{51}	ɕi^{213}	tɕi^{213}	tʂʰʅ^{213}	xuã^{44} 白 xəŋ^{44} 文	xua^{51}	ɕyŋ^{213}
临沂	ti^{53}	li^{312}	ɕi^{214}	tɕi^{214}	tʃʰʅ^{214}	xəŋ^{53}	xua^{312}	ɕyŋ^{214}

	0913荣	0914永	0915营	0916蓬 ～松	0917东	0918懂	0919冻	0920通
	梗合三 平庚云	梗合三 上庚云	梗合三 平清以	通合一 平东並	通合一 平东端	通合一 上东端	通合一 去东端	通合一 平东透
荣成	yŋ^{214}又 yŋ^{35}又	yŋ^{214}	iŋ^{35}	p^{h}əŋ^{35}	tuŋ^{53}	tuŋ^{214}	tuŋ^{33}	t^{h}uŋ^{53}
烟台	yŋ^{33}	yŋ^{14}	iŋ^{33}	p^{h}əŋ^{33}	tuŋ^{53}	tuŋ^{14}	tuŋ^{33}	t^{h}uŋ^{53}
栖霞	yŋ^{342}	yŋ^{214}	iŋ^{342}	p^{h}əŋ^{342}	tuŋ^{312}	tuŋ^{214}	tuŋ^{52}	t^{h}uŋ^{312}
长岛	yŋ^{55}	yŋ^{213}	iŋ^{55}	p^{h}əŋ^{55}	tuŋ^{312}	tuŋ^{213}	tuŋ^{52}	t^{h}uŋ^{312}
海阳	yŋ^{214}	yŋ^{214}	iŋ^{341}	p^{h}əŋ^{341}	tuŋ^{52}	tuŋ^{214}	tuŋ^{341}	t^{h}uŋ^{52}
莱西	yŋ^{55}	yŋ^{55}	iŋ^{42}	p^{h}əŋ^{55}	toŋ^{214}	toŋ^{55}	toŋ^{42}	t^{h}oŋ^{214}
平度	iŋ^{55}	iŋ^{55}	iŋ^{42}	p^{h}əŋ^{42}	təŋ^{213}	təŋ^{55}	təŋ^{42}	t^{h}əŋ^{213}
青岛	ioŋ^{42}	ioŋ^{55}	ioŋ^{42}	p^{h}oŋ^{42}	toŋ^{213}	toŋ^{55}	toŋ^{42}	t^{h}oŋ^{213}
高密	ioŋ^{42}	ioŋ^{55}	ioŋ^{42}	p^{h}oŋ^{42}	toŋ^{213}	toŋ^{55}	toŋ^{21}	t^{h}oŋ^{213}
诸城	iəŋ^{53}	iəŋ^{44}	iəŋ^{53}	p^{h}əŋ^{53}	təŋ^{213}	təŋ^{44}	təŋ^{31}	t^{h}əŋ^{213}
沂水	yŋ^{53}	yŋ^{44}	iŋ^{53}	p^{h}əŋ^{53}	tuŋ^{213}	tuẽ^{44}白 tuŋ^{44}文	tuŋ^{31}	t^{h}uŋ^{213}
临朐	luŋ^{53}	yŋ^{44}	iŋ^{53}	p^{h}əŋ^{53}	tuŋ^{213}	tuã^{44}	tuŋ^{21}	t^{h}uŋ^{213}
日照	iəŋ^{53}	iəŋ^{44}	iəŋ^{53}	p^{h}əŋ^{53}	təŋ^{213}	tuẽ^{44}又 təŋ^{44}又	təŋ^{31}	t^{h}əŋ^{213}
莒南	yŋ^{53}	yŋ^{55}	iŋ^{53}	p^{h}əŋ^{53}	tuŋ^{213}	tuŋ^{55}	tuŋ^{312}	t^{h}uŋ^{213}
潍坊	ʐoŋ^{53}	yŋ^{55}	iŋ^{53}	p^{h}əŋ^{53}	toŋ^{214}	toŋ^{55}	toŋ^{31}	t^{h}oŋ^{214}
寿光	luŋ^{53}	yŋ^{55}	iŋ^{53}	p^{h}əŋ^{53}	tuŋ^{213}	tuã^{55} tuŋ	tuŋ^{21}	t^{h}uŋ^{213}
高青	ʐuŋ^{55}	yŋ^{55}	iŋ^{55}	p^{h}əŋ^{55}	tuŋ^{213}	tuŋ^{55}	tuŋ^{41}	t^{h}uŋ^{213}
阳信	luŋ^{43}	yŋ^{55}	iŋ^{43}	p^{h}əŋ^{43}	tuŋ^{213}	tuŋ^{55}	tuŋ^{31}	t^{h}uŋ^{213}
济阳	luŋ^{55}	yŋ^{55}	iŋ^{55}	p^{h}əŋ^{55}	tuŋ^{213}	tuŋ^{55}	tuŋ^{31}	t^{h}uŋ^{213}
利津	ʐuŋ^{53}	yŋ^{55}	iŋ^{53}	p^{h}əŋ^{53}	tuŋ^{213}	tuŋ^{55}又 tuẽ^{55}又	tuŋ^{31}	t^{h}uŋ^{213}
乐陵	ʐuŋ^{55}	yŋ^{24}	iŋ^{55}	p^{h}əŋ^{55}	tuŋ^{24}	tuŋ^{55}	tuŋ^{51}	t^{h}uŋ^{24}
商河	ʐuŋ^{54}	yŋ^{45}	iŋ^{54}	p^{h}əŋ^{54}	tuŋ^{213}	tuŋ^{45}	tuŋ^{31}	t^{h}uŋ^{213}
平原	ʐuŋ^{42}	yŋ^{55}	iŋ^{42}	p^{h}əŋ^{42}	tuŋ^{213}	tuŋ^{55}	tuŋ^{21}	t^{h}uŋ^{213}
德州	ʐuŋ^{42}	yŋ^{55}	iŋ^{42}	p^{h}əŋ^{42}	tuŋ^{213}	tuŋ^{55}	tuŋ^{21}	t^{h}uŋ^{213}

续表

	0913荣	0914永	0915营	0916蓬～松	0917东	0918懂	0919冻	0920通
	梗合三 平庚云	梗合三 上庚云	梗合三 平清以	通合一 平东並	通合一 平东端	通合一 上东端	通合一 去东端	通合一 平东透
武城	luŋ53	yŋ55	iŋ53	pʰəŋ53	tuŋ224	tuŋ55	tuŋ312	tʰuŋ224
临清	luŋ53	yŋ44	iŋ53	pʰəŋ53	tuŋ13	tuŋ44	tuŋ313	tʰuŋ13
冠县	ʐuŋ53	yŋ55	iŋ53	pʰəŋ53	tuŋ13	tuŋ55	tuŋ314	tʰuŋ13
聊城	zuŋ53 又 luŋ53 又	yŋ44 又 zuŋ44 又	iŋ53	pʰəŋ53	tuŋ13	tuŋ44	tuŋ313	tʰuŋ13
济南	luŋ42	yŋ55	iŋ42	pʰəŋ42	tuŋ213	tuŋ55	tuŋ21	tʰuŋ213
泰安	luŋ42	yŋ55	iŋ42	pʰəŋ42	tuŋ213	tuẽ55 白 tuŋ55 文	tuŋ21	tʰuŋ213
莱芜	luŋ55	yŋ55	iŋ55	pʰəŋ55	tuŋ213	tuŋ55	tuŋ42	tʰuŋ213
新泰	luŋ42 白 ʒuŋ42 文	yŋ55	iŋ42	pʰəŋ42	tuŋ213	tuŋ55	tuŋ31	tʰuŋ213
沂源	yŋ55	yŋ55	iŋ55	pʰəŋ55	tuŋ213	tuŋ55	tuŋ31	tʰuŋ213
博山	luŋ55	yŋ55	iŋ55	pʰəŋ55	tuŋ213	tuɛ55 老 tuŋ55 新	tuŋ31	tʰuŋ213
张店	luŋ55	yŋ55	iŋ55	pʰəŋ55	tuŋ213	tuŋ55	tuŋ31	tʰuŋ213
阳谷	luŋ42	zuŋ55 白 yŋ55 文	iŋ42	pʰəŋ42	tuŋ213	tuŋ55	tuŋ313	tʰuŋ213
梁山	yŋ42 又 zuŋ42 又	yŋ55 又 zuŋ55 又	iŋ42	pʰəŋ42	tuŋ213	tuẽ55	tuŋ314	tʰuŋ213
菏泽	yŋ53	yŋ44	iŋ53	pʰəŋ53	tuŋ213	tuŋ44	tuŋ312	tʰuŋ213
曹县	yŋ53 白 ʐuŋ53 文	yŋ44	iŋ53	pʰəŋ53	tuŋ213	tuŋ44	tuŋ312	tʰuŋ213
金乡	yŋ42	yŋ55	iŋ42	pʰəŋ42	tuŋ213	tuŋ55	tuŋ312	tʰuŋ213
曲阜	zuŋ42	yŋ55	iŋ42	pʰəŋ42	tuŋ213	tuŋ55	tuŋ312	tʰuŋ213
薛城	vəŋ55 又 zuŋ55 又	yŋ24	iŋ55	pʰəŋ55	tuŋ313	tuŋ24	tuŋ41 动词 tuŋ313 冻 冻：冰块	tʰuŋ313
郯城	ʐuŋ44	yŋ24	iŋ44	pʰəŋ44	tuŋ213	tuŋ24	tuŋ51	tʰuŋ213
临沂	ʐuŋ53	yŋ55	iŋ53	pʰəŋ53	tuŋ214	tuŋ55	tuŋ312	tʰuŋ214

	0921桶	0922痛	0923铜	0924动	0925洞	0926聋	0927弄	0928粽
	通合一 上东透	通合一 去东透	通合一 平东定	通合一 上东定	通合一 去东定	通合一 平东来	通合一 去东来	通合一 去东精
荣成	tʰuŋ^{214}	tʰuŋ^{33}	tʰuŋ^{35}	tuŋ^{33}	tuŋ^{33}	luŋ^{53}	nuo^{33} 又 nuŋ^{35} 又	tsəŋ^{33}
烟台	tʰuŋ^{14}	tʰuŋ^{33}	tʰuŋ^{33}	tuŋ^{33}	tuŋ^{33}	luŋ^{53}	nuŋ^{33}	tsəŋ^{33}
栖霞	tʰuŋ^{214}	tʰəŋ^{52}	tʰuŋ^{342}	tuŋ^{342}	tuŋ^{342}	luŋ^{312}	nuŋ^{342}	tsəŋ^{52}
长岛	tʰuŋ^{213}	tʰəŋ^{52}	tʰuŋ^{55}	tuŋ^{52}	tuŋ^{52}	luŋ^{55}	nuŋ^{52}	tsəŋ^{52}
海阳	tʰuŋ^{214}	tʰəŋ^{341}	tʰuŋ^{341}	tuŋ^{341}	tuŋ^{341}	luŋ^{52}	nuŋ^{341}	tθəŋ^{341}
莱西	tʰoŋ^{55}	tʰoŋ^{42}	tʰoŋ^{42}	toŋ^{42}	toŋ^{42}	loŋ^{214}	noŋ^{42}	tsəŋ^{42}
平度	tʰəŋ^{55}	tʰəŋ^{42}	tʰəŋ^{42}	təŋ^{42}	təŋ^{42}	ləŋ^{42}	ləŋ^{42}	tθəŋ^{42}
青岛	tʰoŋ^{55}	tʰoŋ^{42}	tʰoŋ^{42}	toŋ^{42}	toŋ^{42}	loŋ^{42}	loŋ^{42}	tθoŋ^{213}
高密	tʰoŋ^{55}	tʰoŋ^{42}	tʰoŋ^{42}	toŋ^{21}	toŋ^{21}	loŋ^{42}	noŋ^{21} 又 loŋ^{21} 又	tθoŋ^{21}
诸城	tʰəŋ^{44}	tʰəŋ^{31}	tʰəŋ^{53}	təŋ^{31}	təŋ^{31}	ləŋ^{53}	nəŋ^{31}	tθəŋ^{31}
沂水	tʰuŋ^{44}	tʰuŋ^{31}	tʰuŋ^{53}	tuŋ^{31}	tuŋ^{31}	luŋ^{53}	nuŋ^{31}	dðuŋ^{31}
临朐	tʰuŋ^{44}	tʰuŋ^{21}	tʰuŋ^{53}	tuŋ^{21}	tuŋ^{21}	luŋ^{53}	nuŋ^{21}	tɕyŋ^{21}
日照	tʰəŋ^{44}	tʰəŋ^{31}	tʰəŋ^{53}	təŋ^{31}	təŋ^{31}	ləŋ^{53}	nəŋ^{31}	tθəŋ^{31}
莒南	tʰuŋ^{55}	tʰuŋ^{312}	tʰuŋ^{53}	tuŋ^{312}	tuŋ^{312}	luŋ^{53}	nəŋ^{312} 又 nuŋ^{312} 又	tθuŋ^{312}
潍坊	tʰoŋ^{55}	tʰoŋ^{31}	tʰoŋ^{53}	toŋ^{31}	toŋ^{31}	loŋ^{53}	nəŋ^{31}	tɕyŋ^{31}
寿光	tʰuŋ^{55}	tʰuŋ^{21}	tʰuŋ^{53}	tuŋ^{21}	tuŋ^{21}	luŋ^{53}	nəŋ^{21} 又 luŋ^{21} 又	tɕyŋ^{21}
高青	tʰuŋ^{55}	tʰuŋ^{41}	tʰuŋ^{55}	tuŋ^{41}	tuŋ^{41}	luŋ^{55}	luŋ^{41}	tɕyŋ^{41}
阳信	tʰuŋ^{55}	tʰuŋ^{31}	tʰuŋ^{43}	tuŋ^{31}	tuŋ^{31}	luŋ^{43}	nəŋ^{31}	tsuŋ^{31}
济阳	tʰuŋ^{55}	tʰuŋ^{31}	tʰuŋ^{55}	tuŋ^{31}	tuŋ^{31}	luŋ^{55}	nuŋ^{31}	tɕyŋ^{31}
利津	tʰuŋ^{55}	tʰuŋ^{31}	tʰuŋ^{53}	tuŋ^{31}	tuŋ^{31}	luŋ^{53}	nuŋ^{31}	tɕyŋ^{31} 又 tsuŋ^{31} 又
乐陵	tʰuŋ^{55}	tʰuŋ^{51}	tʰuŋ^{55}	tuŋ^{51}	tuŋ^{51}	luŋ^{55}	nu^{51} 又 nəŋ^{51} 又	tsuŋ^{51}
商河	tʰuŋ^{45}	tʰuŋ^{31}	tʰuŋ^{54}	tuŋ^{31}	tuŋ^{31}	luŋ^{54}	nəŋ^{31}	tɕyŋ^{31}
平原	tʰuŋ^{55}	tʰuŋ^{21}	tʰuŋ^{42}	tuŋ^{21}	tuŋ^{21}	luŋ^{42}	nəŋ^{21} 又 nuŋ^{21} 又	tsuŋ^{21}

续表

	0921桶	0922痛	0923铜	0924动	0925洞	0926聋	0927弄	0928粽
	通合一 上东透	通合一 去东透	通合一 平东定	通合一 上东定	通合一 去东定	通合一 平东来	通合一 去东来	通合一 去东精
德州	tʰuŋ^{55}	tʰuŋ^{21}	tʰuŋ^{42}	tuŋ^{21}	tuŋ^{21}	luŋ^{42}	nəŋ^{21}	tsuŋ^{21}
武城	tʰuŋ^{55}	tʰuŋ^{312}	tʰuŋ^{53}	tuŋ^{312}	tuŋ^{312}	luŋ^{53}	nuŋ^{312}	tsuŋ^{312}
临清	tʰuŋ^{44}	tʰuŋ^{313}	tʰuŋ^{53}	tuŋ^{313}	tuŋ^{313}	luŋ^{53}	nuŋ^{313}又 nəŋ^{313}又	tsuŋ^{313}
冠县	tʰuŋ^{55}	tʰuŋ^{314}	tʰuŋ^{53}	tuŋ^{314}	tuŋ^{314}	luŋ^{53}	nu^{314}	tsuŋ^{314}
聊城	tʰuŋ^{44}	tʰuŋ^{313}	tʰuŋ^{53}	tuŋ^{313}	tuŋ^{313}	luŋ^{53}	nəŋ^{313}又 nuŋ^{313}又	tsuŋ^{313}
济南	tʰuŋ^{55}	tʰuŋ^{21}	tʰuŋ^{42}	tuŋ^{21}	tuŋ^{21}	luŋ^{42}	nəŋ^{21}	tɕyŋ^{21}
泰安	tʰuŋ^{55}	tʰuŋ^{21}	tʰuŋ^{42}	tuŋ^{21}	tuŋ^{21}	luŋ^{42}	nəŋ^{21}白 nuŋ^{21}文	tɕyŋ^{21}
莱芜	tʰuŋ^{55}	tʰuŋ^{42}	tʰuŋ^{55}	tuŋ^{42}	tuŋ^{42}	luŋ^{55}	luŋ^{42}	tɕyŋ^{42}
新泰	tʰuŋ^{55}	tʰuŋ^{31}	tʰuŋ^{42}	tuŋ^{31}	tuŋ^{31}	luŋ^{42}	nuŋ^{31}	tɕyŋ^{31}
沂源	tʰuŋ^{55}	tʰuŋ^{31}	tʰuŋ^{55}	tuŋ^{31}	tuŋ^{31}	luŋ^{55}	nuŋ^{55}又 luŋ^{55}又	tɕyŋ^{31}
博山	tʰuŋ^{55}	tʰuŋ^{31}	tʰuŋ^{55}	tuŋ^{31}	tuŋ^{31}	luŋ^{55}	nəŋ^{31}又 nuŋ^{31}又	tɕyŋ^{31}老 tsuŋ^{31}新
张店	tʰuŋ^{55}	tʰuŋ^{31}	tʰuŋ^{55}	tuŋ^{31}	tuŋ^{31}	luŋ^{55}	luŋ^{31}又 nuŋ^{31}又	tɕyŋ^{31}
阳谷	tʰuŋ^{55}	tʰuŋ^{313}	tʰuŋ^{42}	tuŋ^{313}	tuŋ^{313}	luŋ^{42}	nuŋ^{313}	tɕiŋ^{313}白 tsuŋ^{313}文
梁山	tʰuŋ^{55}	tʰuŋ^{314}	tʰuŋ^{42}	tuŋ^{314}	tuŋ^{314}	luŋ^{42}	nəŋ^{314}又 nuŋ^{314}又	tɕyŋ^{314}老 tsuŋ^{314}又
菏泽	tʰuŋ^{44}	tʰuŋ^{53}	tʰuŋ^{53}	tuŋ^{312}	tuŋ^{312}	luŋ^{53}	nuŋ^{312}	tsuŋ^{312}
曹县	tʰuŋ^{44}	tʰuŋ^{312}	tʰuŋ^{53}	tuŋ^{312}	tuŋ^{312}	luŋ^{53}	nuŋ^{312}	tsuŋ^{312}
金乡	tʰuŋ^{55}	tʰuŋ^{312}	tʰuŋ^{42}	tuŋ^{312}	tuŋ^{312}	luŋ^{42}	nuŋ^{312}	tɕyŋ^{312}
曲阜	tʰuŋ^{55}	tʰuŋ^{312}	tʰuŋ^{42}	tuŋ^{312}	tuŋ^{312}	luŋ^{42}	nəŋ^{312}白 nuŋ^{312}文	tsuŋ^{312}
薛城	tʰuŋ^{24}	tʰuŋ^{41}	tʰuŋ^{55}	tuŋ^{41}	tuŋ^{41}	luŋ^{55}	nəŋ^{41}	tɕyŋ^{41}
郯城	tʰuŋ^{24}	tʰuŋ^{51}	tʰuŋ^{44}	tuŋ^{51}	tuŋ^{51}	luŋ^{44}	nəŋ^{51}	tsuŋ^{51}
临沂	tʰuŋ^{55}	tʰuŋ^{312}	tʰuŋ^{53}	tuŋ^{312}	tuŋ^{312}	luŋ^{53}	nəŋ^{312}	tsuŋ^{312}

	0929葱	0930送	0931公	0932孔	0933烘～干	0934红	0935翁	0936木
	通合一 平东清	通合一 去东心	通合一 平东见	通合一 上东溪	通合一 平东晓	通合一 平东匣	通合一 平东影	通合一 入屋明
荣成	tsʰuŋ^{53}	suŋ^{33}	kuŋ^{53}	kʰuŋ^{214}	xuŋ^{53}	xuŋ^{35}	uŋ^{53}	mu^{33}
烟台	tsʰuŋ^{53}	suŋ^{33}	kuŋ^{53}	kʰuŋ^{14}	xuŋ^{53}	xuŋ^{33}	uŋ^{53}	mu^{14}
栖霞	tsʰuŋ^{312}	suŋ^{52}	kuŋ^{312}	kʰuŋ^{214}	xuŋ^{312}	xuŋ^{342}	uŋ^{312}	mu^{52}
长岛	tsʰuŋ^{312}	suŋ^{52}	kuŋ^{312}	kʰuŋ^{213}	xuŋ^{312}	xuŋ^{55}	uŋ^{312}	mu^{213}
海阳	tθʰuŋ^{52}	θuŋ^{341}	kuŋ^{52}	kʰuŋ^{214}	xuŋ^{52}	xuŋ^{341}	uŋ^{52}	mu^{341}
莱西	tsʰoŋ^{214}	soŋ^{42}	koŋ^{214}	kʰoŋ^{55}	xoŋ^{214}	xoŋ^{42}	oŋ^{214}	mu^{42}
平度	tθʰəŋ^{213}	θəŋ^{42}	kuŋ^{213}	kʰuŋ^{55}	xuŋ^{213}	xuŋ^{42}	uŋ^{213}	mu^{42}
青岛	tθʰoŋ^{213}	θoŋ^{42}	koŋ^{213}	kʰoŋ^{55}	xoŋ^{213}	xoŋ^{42}	uoŋ^{213}	mu^{42}
高密	tθʰoŋ^{213}	θoŋ^{21}	koŋ^{213}	kʰoŋ^{55}	xoŋ^{213}	xoŋ^{42}	oŋ^{213}	mu^{21}
诸城	tθʰəŋ^{213}	θəŋ^{31}	kəŋ^{213}	kʰəŋ^{44}	xəŋ^{213}	xəŋ^{53}	uəŋ^{213}	mu^{31}
沂水	tθʰuŋ^{213}	θuŋ^{31}	kuŋ^{213}	kʰuŋ^{44}	xuŋ^{213}	xuŋ^{53}	uŋ^{213}	mu^{31}
临朐	tθʰuŋ^{213}	θuŋ^{21}	kuŋ^{213}	kʰuŋ^{44}	xuŋ^{213}	xuŋ^{53}	uŋ^{213}	mu^{21}
日照	tθʰəŋ^{213}	θəŋ^{31}	kəŋ^{213}	kʰəŋ^{44}	xəŋ^{213}	xəŋ^{53}	uəŋ^{213}	mu^{31}
莒南	tθʰuŋ^{213}	θuŋ^{312}	kuŋ^{213}	kʰuŋ^{55}	xuŋ^{213}	xuŋ^{53}	uŋ^{213}	mu^{312}
潍坊	tsʰoŋ^{214}	soŋ^{31}	koŋ^{214}	kʰoŋ^{55}	xoŋ^{214}	xoŋ^{53}	uəŋ^{214}	mu^{31}
寿光	tsʰuŋ^{213}	suŋ^{21}	kuŋ^{213}	kʰuŋ^{55}	xuŋ^{213}	xuŋ^{53}	uŋ^{213}	mu^{21}
高青	tsʰuŋ^{213}	suŋ^{41}	kuŋ^{213}	kʰuŋ^{55}	xuŋ^{213}	xuŋ^{55}	uŋ^{213}	mu^{41}
阳信	tsʰuŋ^{213}	suŋ^{31}	kuŋ^{213}	kʰuŋ^{55}	xuŋ^{213}	xuŋ^{43}	uŋ^{213}	mu^{31}
济阳	tsʰuŋ^{213}	suŋ^{31}	kuŋ^{213}	kʰuŋ^{55}	xuŋ^{213}	xuŋ^{55}	uŋ^{213}	mu^{31}
利津	tsʰuŋ^{213}	suŋ^{31}	kuŋ^{213}	kʰuŋ^{55}	xuŋ^{213}	xuŋ^{53}	uŋ^{213}	mu^{31}
乐陵	tsʰuŋ^{24}	suŋ^{51}	kuŋ^{24}	kʰuŋ^{55}	xuŋ^{24}	xuŋ^{55}	uŋ^{24}	mu^{51}
商河	tsʰuŋ^{213}	suŋ^{31}	kuŋ^{213}	kʰuŋ^{45}	xuŋ^{213}	xuŋ^{54}	uŋ^{213}	mu^{31}
平原	tsʰuŋ^{213}	suŋ^{21}	kuŋ^{213}	kʰuŋ^{55}	xuŋ^{213}	xuŋ^{42}	uŋ^{213}	mu^{21}
德州	tsʰuŋ^{213}	suŋ^{21}	kuŋ^{213}	kʰuŋ^{55}	xuŋ^{213}	xuŋ^{42}	uŋ^{213}	mu^{21}
武城	tsʰuŋ^{224}	suŋ^{312}	kuŋ^{224}	kʰuŋ^{55}	xuŋ^{224}	xuŋ^{53}	uŋ^{224}	mu^{312}
临清	tsʰuŋ^{13}	suŋ^{313}	kuŋ^{13}	kʰuŋ^{44}	xuŋ^{13}	xuŋ^{53}	uŋ^{13}	mu^{313}
冠县	tsʰuŋ^{13}	suŋ^{314}	kuŋ^{13}	kʰuŋ^{55}	xuŋ^{13}	xuŋ^{53}	uŋ^{13}	mu^{314}

续表

	0929葱	0930送	0931公	0932孔	0933烘～干	0934红	0935翁	0936木
	通合一平东清	通合一去东心	通合一平东见	通合一上东溪	通合一平东晓	通合一平东匣	通合一平东影	通合一入屋明
聊城	tsʰuŋ^{13}	suŋ^{313}	kuŋ^{13}	kʰuŋ^{44}	xuŋ^{13}	xuŋ^{53}	uŋ^{13}	mu^{313}
济南	tsʰuŋ^{213}	suŋ^{21}	kuŋ^{213}	kʰuŋ^{55}	xuŋ^{213}	xuŋ^{42}	uŋ^{213}	mu^{21}
泰安	tsʰuŋ^{213}	suŋ^{21}	kuŋ^{213}	kʰuŋ^{55}	xuŋ^{213}	xuŋ^{42}	uəŋ^{213}	mu^{21}
莱芜	tsʰuŋ^{213}	suŋ^{42}	kuŋ^{213}	kʰuŋ^{55}	xuŋ^{213}	xuŋ^{55}	uŋ^{213}	mu^{42}
新泰	tθʰuŋ^{213}	θuŋ^{31}	kuŋ^{213}	kʰuŋ^{55}	xuŋ^{213}	xuŋ^{42}	uŋ^{213}	mu^{31}
沂源	tθʰuŋ^{213}	θuŋ^{31}	kuŋ^{213}	kʰuŋ^{55}	xuŋ^{213}	xuŋ^{55}	uŋ^{213}	mu^{31}
博山	tsʰuŋ^{213}	suŋ^{31}	kuŋ^{213}	kʰuŋ^{55}	xuŋ^{213}	xuŋ^{55}	uŋ^{213}	mu^{31}
张店	tsʰuŋ^{213}	suŋ^{31}	kuŋ^{213}	kʰuŋ^{55}	xuŋ^{213}	xuŋ^{55}	uŋ^{213}	mu^{31}
阳谷	tsʰuŋ^{213}	suŋ^{313}	kuŋ^{213}	kʰuŋ^{55}	xuŋ^{213}	xuŋ^{42}	uŋ^{213}	mu^{213}
梁山	tɕʰyŋ^{213}老 tsʰuŋ^{213}新	ɕyŋ^{314}老 suŋ^{314}新	kuŋ^{213}	kʰuŋ^{55}	xuŋ^{213}	xuŋ^{42}	uəŋ^{213}	mu^{213}
菏泽	tsʰuŋ^{213}	suŋ^{312}	kuŋ^{213}	kʰuŋ^{44}	xuŋ^{213}	xuŋ^{53}	uŋ^{213}	mu^{213}
曹县	tsʰuŋ^{213}	suŋ^{312}	kuŋ^{213}	kʰuŋ^{44}	xuŋ^{213}	xuŋ^{53}	uŋ^{213}	mu^{213}
金乡	tsʰuŋ^{213}	suŋ^{312}	kuŋ^{213}	kʰuŋ^{55}	xuŋ^{213}	xuŋ^{42}	uŋ^{213}	mu^{213}
曲阜	tsʰuŋ^{213}	suŋ^{312}	kuŋ^{213}	kʰuŋ^{55}	xuŋ^{213}	xuŋ^{42}	uəŋ^{213}	mu^{213}
薛城	tɕʰyŋ^{313}又 tsʰuŋ^{313}又	ɕyŋ^{41}	kuŋ^{313}	kʰuŋ^{24}	xuŋ^{313}	xuŋ^{55}	uŋ^{313}	mu^{313}
郯城	tsʰuŋ^{213}	suŋ^{51}	kuŋ^{213}	kʰuŋ^{24}	xuŋ^{213}	xuŋ^{44}	uŋ^{213}	mu^{213}
临沂	tsʰuŋ^{214}	suŋ^{312}	kuŋ^{214}	kʰuŋ^{55}	xuŋ^{214}	xuŋ^{53}	uŋ^{214}	mu^{214}

	0937读	0938鹿	0939族	0940谷稻～	0941哭	0942屋	0943冬～至	0944统
	通合一入屋定	通合一入屋来	通合一入屋从	通合一入屋见	通合一入屋溪	通合一入屋影	通合一平冬端	通合一去冬透
荣成	tu^{214}	lu^{214}	tsʰu^{214}又 tsu^{214}又	ku^{214}	kʰu^{214}	u^{53}	tuŋ^{53}	tʰuŋ^{214}
烟台	tu^{14}	lu^{14}	tsʰu^{14}	ku^{14}	kʰu^{14}	u^{53}	tuŋ^{53}	tʰuŋ^{14}
栖霞	tu^{342}	lu^{52}	tsu^{214}	ku^{214}	kʰu^{214}	u^{312}	tuŋ^{312}	tʰuŋ^{214}

续表

	0937 读	0938 鹿	0939 族	0940 谷 稻～	0941 哭	0942 屋	0943 冬 ～至	0944 统
	通合一入屋定	通合一入屋来	通合一入屋从	通合一入屋见	通合一入屋溪	通合一入屋影	通合一平冬端	通合一去冬透
长岛	tu^{55}	lu^{213}	tsu^{213}	ku^{213}	kʰu^{213}	u^{213}	tuŋ^{312}	tʰuŋ^{213}
海阳	tu^{341}	lu^{341}	tθʰu^{214}	ku^{214}	kʰu^{214}	u^{52}	tuŋ^{52}	tʰuŋ^{214}
莱西	tu^{42}	lu^{42}	tsu^{42}	ku^{55}	kʰu^{55}	u^{42}	toŋ^{214}	tʰoŋ^{55}
平度	tu^{42}	lu^{213}	tθu^{42}	ku^{55}	kʰu^{55}	u^{55}	təŋ^{213}	tʰəŋ^{213}
青岛	tu^{42}	lu^{42}	tθu^{55}	ku^{55}	kʰu^{55}	u^{213}	toŋ^{213}	tʰoŋ^{55}
高密	tu^{42}	lu^{21}	tθu^{42}	ku^{55}	kʰu^{55}	u^{55}	toŋ^{213}	tʰoŋ^{55}
诸城	tu^{44}	lu^{31}	tθu^{53}	ku^{44}	kʰu^{44}	u^{44}	təŋ^{213}	tʰəŋ^{44}
沂水	tu^{44}	lu^{31}	dðu^{53}	ku^{44}	kʰu^{44}	u^{44}	tuŋ^{213}	tʰuŋ^{44} 又 tʰuŋ^{213} 又
临朐	tu^{44}	lu^{21}	tθu^{53}	ku^{44}	kʰu^{44}	u^{44}	tuŋ^{213}	tʰuŋ^{44}
日照	tu^{44}	lu^{31}	tθu^{44}	ku^{44}	kʰu^{213}	u^{213}	təŋ^{213}	tʰəŋ^{44}
莒南	tu^{55}	lu^{312}	tθu^{53}	ku^{213}	kʰu^{213}	u^{213}	tuŋ^{213}	tʰuŋ^{213}
潍坊	tu^{55}	lu^{31}	tsu^{53}	ku^{214}	kʰu^{214}	u^{214}	toŋ^{214}	tʰoŋ^{55}
寿光	tu^{55}	lu^{21}	tsu^{53}	ku^{213}	kʰu^{213}	u^{213}	tuŋ^{213}	tʰuŋ^{55}
高青	tu^{55}	lu^{41}	tsu^{55}	ku^{213}	kʰu^{213}	u^{213}	tuŋ^{213}	tʰuŋ^{55}
阳信	tu^{43}	lu^{31}	tsu^{43}	ku^{213}	kʰu^{213}	u^{213}	tuŋ^{213}	tʰuŋ^{55} 总～ tʰuŋ^{213} ～一
济阳	tu^{55}	lu^{31}	tsu^{55}	ku^{213}	kʰu^{213}	u^{213}	tuŋ^{213}	tʰuŋ^{55}
利津	tu^{53}	lu^{31}	tsu^{53}	ku^{44}	kʰu^{44}	u^{44}	tuŋ^{213}	tʰuŋ^{213}
乐陵	tu^{55}	lu^{51}	tsu^{55}	ku^{24}	kʰu^{24}	u^{24}	tuŋ^{24}	tʰuŋ^{24}
商河	tu^{45}	lu^{31}	tsu^{54}	ku^{45}	kʰu^{45}	u^{45}	tuŋ^{213}	tʰuŋ^{45}
平原	tu^{42}	lu^{21}	tsu^{42}	ku^{55}	kʰu^{213}	u^{213}	tuŋ^{213}	tʰuŋ^{213}
德州	tu^{42}	lu^{21}	tsu^{42}	ku^{213}	kʰu^{213}	u^{213}	tuŋ^{213}	tʰuŋ^{55}
武城	tu^{53}	lu^{312}	tsu^{53}	ku^{224}	kʰu^{224}	u^{224}	tuŋ^{224}	tʰuŋ^{224}
临清	tu^{44}	lu^{313}	tsu^{53}	ku^{13}	kʰu^{13}	u^{13}	tuŋ^{13}	tʰuŋ^{44}
冠县	tu^{53}	lu^{314}	tsu^{53}	ku^{13}	kʰu^{13}	u^{13}	tuŋ^{13}	tʰuŋ^{55} 总～ tʰuŋ^{13} ～一

续表

	0937 读	0938 鹿	0939 族	0940 谷 稻～	0941 哭	0942 屋	0943 冬 ～至	0944 统
	通合一 入屋定	通合一 入屋来	通合一 入屋从	通合一 入屋见	通合一 入屋溪	通合一 入屋影	通合一 平冬端	通合一 去冬透
聊城	tu⁴⁴	lu³¹³	tsu⁵³	ku¹³	kʰu¹³	u¹³	tuŋ¹³	tʰuŋ⁴⁴
济南	tu⁵⁵	lu²¹	tsu⁴²	ku²¹³	kʰu²¹³	u²¹³	tuŋ²¹³	tʰuŋ⁵⁵ 总～ tʰuŋ²¹³ ～一
泰安	tu⁵⁵	lu²¹	tsu⁴²	ku²¹³	kʰu²¹³	u²¹³	tuŋ²¹³	tʰuŋ⁵⁵ 总～ tʰuŋ²¹³ ～一
莱芜	tu⁵⁵	lu⁴²	tsu⁵⁵	ku²¹³	kʰu²¹³	u²¹³	tuŋ²¹³	tʰuŋ⁵⁵
新泰	tu⁵⁵	lu³¹	tθu⁴²	ku²¹³	kʰu²¹³	u²¹³	tuŋ²¹³	tʰuŋ⁵⁵
沂源	tu⁵⁵	lu³¹	tθu⁵⁵	ku²¹³	kʰu²¹³	u²¹³	tuŋ²¹³	tʰuŋ⁵⁵
博山	tu⁵⁵	lu³¹	tsu⁵⁵	ku²¹³	kʰu²¹³	u²¹³	tuŋ²¹³	tʰuŋ⁵⁵
张店	tu⁵⁵	lu³¹	tsu⁵⁵	ku³³	kʰu³³	u³³	tuŋ²¹³	tʰuŋ⁵⁵
阳谷	tu⁵⁵	lu²¹³	tsu⁴²	ku²¹³	kʰu²¹³	u²¹³	tuŋ²¹³	tʰuŋ⁵⁵
梁山	tu⁵⁵	lu²¹³	tsu⁴²	ku²¹³	kʰu²¹³	u²¹³	tuŋ²¹³	tʰuŋ⁵⁵
菏泽	tu⁵³	lu²¹³	tsu⁵³	ku²¹³	kʰu²¹³	u²¹³	tuŋ²¹³	tʰuŋ⁴⁴
曹县	tu⁵³	lu²¹³	tsu⁵³	ku²¹³	kʰu²¹³	u²¹³	tuŋ²¹³	tʰuŋ⁴⁴
金乡	tu⁵⁵	lu²¹³	tsu⁴²	ku²¹³	kʰu²¹³	u²¹³	tuŋ²¹³	tʰuŋ⁵⁵
曲阜	tu⁵⁵	lu²¹³	tsu⁴²	ku²¹³	kʰu²¹³	u²¹³	tuŋ²¹³	tʰuŋ⁵⁵ 总～ tʰuŋ²¹³ ～一
薛城	tu²⁴	lu³¹³	tsu²⁴ ～谱 tsu⁵⁵ 家～	ku³¹³	kʰu³¹³	u³¹³	tuŋ³¹³	tʰuŋ²⁴ 总～ tʰuŋ³¹³ ～一
郯城	tu²⁴	lu²¹³	tsu⁴⁴	ku²¹³	kʰu²¹³	u²¹³	tuŋ²¹³	tʰuŋ²¹³ 统～ tʰuŋ²⁴ ～一
临沂	tu⁵⁵	lu²¹⁴	tsu⁵³	ku²¹⁴	kʰu²¹⁴	u²¹⁴	tuŋ²¹⁴	tʰuŋ⁵⁵ 总～ tʰuŋ²¹⁴ ～一

	0945 脓	0946 松 ～紧	0947 宋	0948 毒	0949 风	0950 丰	0951 凤	0952 梦
	通合一 平冬泥	通合一 平冬心	通合一 去冬心	通合一 入沃定	通合三 平东非	通合三 平东敷	通合三 去东奉	通合三 去东明
荣成	nuŋ⁵³	suŋ⁵³	suŋ³³	tu³⁵	fəŋ⁵³	fəŋ⁵³	fəŋ³³	məŋ³³

续表

	0945脓	0946松～紧	0947宋	0948毒	0949风	0950丰	0951凤	0952梦
	通合一平冬泥	通合一平冬心	通合一去冬心	通合一入沃定	通合三平东非	通合三平东敷	通合三去东奉	通合三去东明
烟台	nuŋ53	suŋ53	suŋ33	tu33	fəŋ53	fəŋ53	fəŋ33	məŋ33
栖霞	nuŋ312	suŋ312	suŋ52	tu342	fəŋ312	fəŋ312	fəŋ52	məŋ342
长岛	nuŋ55	suŋ312	suŋ52	tu55	fəŋ312	fəŋ312	fəŋ52	məŋ52
海阳	nəŋ52	θuŋ52	θuŋ341	tu341	fəŋ52	fəŋ52	fəŋ341	məŋ341
莱西	nəŋ214白 noŋ214文	soŋ214	soŋ42	tu42	fəŋ214	fəŋ214	fəŋ42	məŋ42
平度	nəŋ42	θəŋ213	θəŋ213	tu42	fəŋ213	fəŋ213	fəŋ213	məŋ42
青岛	noŋ42	θoŋ213	θoŋ42	tu42	foŋ213	foŋ213	foŋ42	moŋ42
高密	noŋ42	θoŋ213	θoŋ21	tu42	foŋ213	foŋ213	foŋ21	moŋ21
诸城	nəŋ53	θəŋ213	θəŋ31	tu53	fəŋ213	fəŋ213	fəŋ31	məŋ31
沂水	nuŋ53	θuŋ213	θuŋ31	tu53	fəŋ213	fəŋ213	fəŋ31	məŋ31
临朐	nuŋ53	θuŋ213	θuŋ21	tu53	fəŋ213	fəŋ213	fəŋ21	məŋ21
日照	nəŋ53	θəŋ213	θəŋ31	tu53	fəŋ213	fəŋ213	fəŋ31	məŋ31
莒南	nəŋ53	θuŋ213	θuŋ312	tu53	fəŋ213	fəŋ213	fəŋ312	məŋ312
潍坊	noŋ53	soŋ214	soŋ31	tu53	fəŋ214	fəŋ214	fəŋ31	məŋ31
寿光	nuŋ53	suŋ213	suŋ21	tu53	fəŋ213	fəŋ213	fəŋ21	məŋ21
高青	nuŋ55	suŋ213	suŋ41	tu55	fəŋ213	fəŋ213	fəŋ41	məŋ41
阳信	nəŋ43	suŋ213	suŋ31	tu43	fəŋ213	fəŋ213	fəŋ31	məŋ31
济阳	nuŋ55	suŋ213	suŋ31	tu55	fəŋ213	fəŋ213	fəŋ31	məŋ31
利津	nuŋ53	suŋ213	suŋ31	tu53	fəŋ213	fəŋ213	fəŋ31	məŋ31
乐陵	nu55	suŋ24	suŋ51	tu55	fəŋ24	fəŋ24	fəŋ51	məŋ51
商河	nuŋ54	suŋ213	suŋ31	tu54	fəŋ213	fəŋ213	fəŋ31	məŋ31
平原	nuŋ42	suŋ213	suŋ21	tu42	fəŋ213	fəŋ213	fəŋ21	məŋ21
德州	nuŋ42	suŋ213	suŋ21	tu42	fəŋ213	fəŋ213	fəŋ21	məŋ21
武城	nuŋ53	suŋ224	suŋ312	tu53	fəŋ224	fəŋ224	fəŋ312	məŋ312
临清	nuŋ53	suŋ13	suŋ313	tu53	fəŋ13	fəŋ13	fəŋ313	məŋ313

续表

	0945脓	0946松 ～紧	0947宋	0948毒	0949风	0950丰	0951凤	0952梦
	通合一 平冬泥	通合一 平冬心	通合一 去冬心	通合一 入沃定	通合三 平东非	通合三 平东敷	通合三 去东奉	通合三 去东明
冠县	nu^{53}	suŋ^{13}	suŋ^{314}	tu^{53}	fəŋ^{13}	fəŋ^{13}	fəŋ^{314}	məŋ^{314}
聊城	nuŋ^{53}	suŋ^{13}	suŋ^{313}	tu^{53}	fəŋ^{13}	fəŋ^{13}	fəŋ^{313}	məŋ^{313}
济南	nuŋ^{42}	suŋ^{213}	suŋ^{21}	tu^{42}	fəŋ^{213}	fəŋ^{213}	fəŋ^{21}	məŋ^{21}
泰安	nuŋ^{42}	suŋ^{213}	suŋ^{21}	tu^{42}	fəŋ^{213}	fəŋ^{213}	fəŋ^{21}	məŋ^{21}
莱芜	nuŋ^{55}	suŋ^{213}	suŋ^{42}	tu^{55}	fəŋ^{213}	fəŋ^{213}	fəŋ^{42}	məŋ^{42}
新泰	nuŋ^{42}	ɕyŋ^{213}	θuŋ^{31}	tu^{42}	fəŋ^{213}	fəŋ^{213}	fəŋ^{31}	məŋ^{31}
沂源	nuŋ^{55}	θuŋ^{213}	θuŋ^{31}	tu^{55}	fəŋ^{213}	fəŋ^{213}	fəŋ^{31}	məŋ^{31}
博山	nəŋ^{55} 老 nuŋ^{55} 新	suŋ^{213}	suŋ^{31}	tu^{55}	fəŋ^{213}	fəŋ^{213}	fəŋ^{31}	məŋ^{31}
张店	nuŋ^{55}	suŋ^{213}	suŋ^{31}	tu^{55}	fəŋ^{213}	fəŋ^{213}	fəŋ^{31}	məŋ^{31}
阳谷	nuŋ^{42}	suŋ^{213}	suŋ^{313}	tu^{42}	fəŋ^{213}	fəŋ^{213}	fəŋ^{313}	məŋ^{313}
梁山	nuŋ^{42}	ɕyŋ^{213} 老 suŋ^{213} 新	ɕyŋ^{313} 老 suŋ^{313} 新	tu^{42}	fəŋ^{213}	fəŋ^{213}	fəŋ^{314}	məŋ^{314}
菏泽	nuŋ^{53}	suŋ^{213}	suŋ^{312}	tu^{53}	fəŋ^{213}	fəŋ^{213}	fəŋ^{312}	məŋ^{312}
曹县	nuŋ^{53}	suŋ^{213}	suŋ^{312}	tu^{53}	fəŋ^{213}	fəŋ^{213}	fəŋ^{312}	məŋ^{312}
金乡	nuŋ^{42}	suŋ^{213}	suŋ^{312}	tu^{42}	fəŋ^{213}	fəŋ^{213}	fəŋ^{312}	məŋ^{312}
曲阜	nuŋ^{42}	suŋ^{213}	suŋ^{312}	tu^{42}	fəŋ^{213}	fəŋ^{213}	fəŋ^{312}	məŋ^{312}
薛城	nuŋ^{55}	ɕyŋ^{313}	suŋ^{41}	tu^{55}	fəŋ^{313}	fəŋ^{313}	fəŋ^{41}	məŋ^{41}
郯城	nuŋ^{44}	suŋ^{213}	suŋ^{51}	tu^{44}	fəŋ^{213}	fəŋ^{213}	fəŋ^{51}	məŋ^{51}
临沂	nuŋ^{53}	suŋ^{214}	suŋ^{312}	tu^{53}	fəŋ^{214}	fəŋ^{214}	fəŋ^{312}	məŋ^{312}

	0953中 当～	0954虫	0955终	0956充	0957宫	0958穷	0959熊	0960雄
	通合三 平东知	通合三 平东澄	通合三 平东章	通合三 平东昌	通合三 平东见	通合三 平东群	通合三 平东云	通合三 平东云
荣成	tʂuŋ^{53}	tʂuŋ^{35} 又 tʂʰuŋ^{35} 又	tʂuŋ^{53}	tʂʰuŋ^{53}	kuŋ^{53}	cyŋ^{35} 又 cʰyŋ^{35} 又	çyŋ^{35}	çyŋ^{35}
烟台	tsuŋ^{53}	tsʰuŋ^{33}	tsuŋ^{53}	tsʰuŋ^{53}	kuŋ^{53}	tɕʰyŋ^{33}	çyŋ^{33}	çyŋ^{33}

续表

	0953 中 当～	0954 虫	0955 终	0956 充	0957 宫	0958 穷	0959 熊	0960 雄
	通合三 平东知	通合三 平东澄	通合三 平东章	通合三 平东昌	通合三 平东见	通合三 平东群	通合三 平东云	通合三 平东云
栖霞	tsuŋ^{312}	ts^{h}uŋ^{342}	tsuŋ^{312}	ts^{h}uŋ^{312}	kuŋ^{312}	c^{h}yŋ^{342}	çyŋ^{342}	çyŋ^{312}
长岛	tsuŋ^{312}	ts^{h}uŋ^{55}	tsuŋ^{312}	ts^{h}uŋ^{312}	kuŋ^{312}	c^{h}yŋ^{55}	çyŋ^{55}	çyŋ^{55}
海阳	tʂuŋ^{52}	tʂ^{h}uŋ^{341}	tʂuŋ^{52}	tʂ^{h}uŋ^{52}	kuŋ^{52}	c^{h}yŋ^{341}	çyŋ^{341}	çyŋ^{341}
莱西	tsoŋ^{214}	ts^{h}oŋ^{42}	tsoŋ^{214}	ts^{h}oŋ^{55}	koŋ^{214}	c^{h}yŋ^{42}	çyŋ^{42}	çyŋ^{214}
平度	tʂuŋ^{213}	tʂ^{h}uŋ^{42}	tʂuŋ^{213}	tʂ^{h}uŋ^{213}	kuŋ^{213}	c^{h}iŋ^{42}	çiŋ^{42}	çiŋ^{42}
青岛	tʂoŋ^{213}	tʂ^{h}oŋ^{42}	tʂoŋ^{213}	tʂ^{h}oŋ^{213}	koŋ^{213}	tɕ^{h}ioŋ^{42}	ɕioŋ^{42}	ɕioŋ^{42}
高密	tʂoŋ^{213}	tʂ^{h}oŋ^{42}	tʂoŋ^{213}	tʂ^{h}oŋ^{55}	koŋ^{213}	tɕ^{h}ioŋ^{42}	ɕioŋ^{42}	ɕioŋ^{42}
诸城	tʂəŋ^{213}	tʂ^{h}əŋ^{53}	tʂəŋ^{213}	tʂ^{h}əŋ^{213}	kəŋ^{213}	tʃ^{h}əŋ^{53}	ʃəŋ^{53}	ʃəŋ^{53}
沂水	tʂuŋ^{213}	tʂ^{h}uŋ^{53}	tʂuŋ^{213}	tʂ^{h}uŋ^{213}	kuŋ^{213}	tɕ^{h}yŋ^{53}	ɕyŋ^{53}	ɕyŋ^{53}
临朐	tʂuŋ^{213}	tʂ^{h}uŋ^{53}	tʂuŋ^{213}	tʂ^{h}uŋ^{213}	kuŋ^{213}	tɕ^{h}yŋ^{53}	ɕyŋ^{53}	ɕyŋ^{53}
日照	tʂəŋ^{213}	tʂ^{h}əŋ^{53}	tʂəŋ^{213}	tʂ^{h}əŋ^{213}	kəŋ^{213}	tʃ^{h}iəŋ^{53}	ʃiəŋ^{53}	ʃiəŋ^{53}
莒南	tʂuŋ^{213}	tʂ^{h}uŋ^{53}	tʂuŋ^{213}	tʂ^{h}uŋ^{213}	kuŋ^{213}	tɕ^{h}yŋ^{53}	ɕyŋ^{53}	ɕyŋ^{53}
潍坊	tʂoŋ^{214}	tʂ^{h}oŋ^{53}	tʂoŋ^{214}	tʂ^{h}oŋ^{214}	koŋ^{214}	tɕ^{h}yŋ^{53}	ɕyŋ^{53}	ɕyŋ^{53}
寿光	tʂuŋ^{213}	tʂ^{h}uŋ^{53}	tʂuŋ^{213}	tʂ^{h}uŋ^{213}	kuŋ^{213}	tɕ^{h}yŋ^{53}	ɕyŋ^{53}	ɕyŋ^{53}
高青	tʂuŋ^{213}	tʂ^{h}uŋ^{55}	tʂuŋ^{213}	tʂ^{h}uŋ^{213}	kuŋ^{213}	tɕ^{h}yŋ^{55}	ɕyŋ^{55}	ɕyŋ^{55}
阳信	tʂuŋ^{213}	tʂ^{h}uŋ^{43}	tʂuŋ^{213}	tʂ^{h}uŋ^{213}	kuŋ^{213}	tɕ^{h}yŋ^{43}	ɕyŋ^{43}	ɕyŋ^{43}
济阳	tʂuŋ^{213}	tʂ^{h}uŋ^{55}	tʂuŋ^{213}	tʂ^{h}uŋ^{213}	kuŋ^{213}	tɕ^{h}yŋ^{55}	ɕyŋ^{55}	ɕyŋ^{55}
利津	tʂuŋ^{213}	tʂ^{h}uŋ^{53}	tʂuŋ^{213}	tʂ^{h}uŋ^{213}	kuŋ^{213}	tɕ^{h}yŋ^{53}	ɕyŋ^{53}	ɕyŋ^{53}
乐陵	tʂuŋ^{24}	tʂ^{h}uŋ^{55}	tʂuŋ^{24}	tʂ^{h}uŋ^{24}	kuŋ^{24}	tɕ^{h}yŋ^{55}	ɕyŋ^{55}	ɕyŋ^{55}
商河	tʂuŋ^{213}	tʂ^{h}uŋ^{54}	tʂuŋ^{213}	tʂ^{h}uŋ^{213}	kuŋ^{213}	tɕ^{h}yŋ^{54}	ɕyŋ^{54}	ɕyŋ^{54}
平原	tʂuŋ^{213}	tʂ^{h}uŋ^{42}	tʂuŋ^{213}	tʂ^{h}uŋ^{213}	kuŋ^{213}	tɕ^{h}yŋ^{42}	ɕyŋ^{42}	ɕyŋ^{42}
德州	tʂuŋ^{213}	tʂ^{h}uŋ^{42}	tʂuŋ^{213}	tʂ^{h}uŋ^{213}	kuŋ^{213}	tɕ^{h}yŋ^{42}	ɕyŋ^{42}	ɕyŋ^{42}
武城	tʂuŋ^{224}	tʂ^{h}uŋ^{53}	tʂuŋ^{224}	tʂ^{h}uŋ^{224}	kuŋ^{224}	tɕ^{h}yŋ^{53}	ɕyŋ^{53}	ɕyŋ^{53}
临清	tʂuŋ^{13}	tʂ^{h}uŋ^{53}	tʂuŋ^{13}	tʂ^{h}uŋ^{13}	kuŋ^{13}	tɕ^{h}yŋ^{53}	ɕyŋ^{53}	ɕyŋ^{53}
冠县	tʂuŋ^{13}	tʂ^{h}uŋ^{53}	tʂuŋ^{13}	tʂ^{h}uŋ^{13}	kuŋ^{13}	tɕ^{h}yŋ^{53}	ɕyŋ^{53}	ɕyŋ^{13}

续表

	0953中 当～	0954虫	0955终	0956充	0957宫	0958穷	0959熊	0960雄
	通合三 平东知	通合三 平东澄	通合三 平东章	通合三 平东昌	通合三 平东见	通合三 平东群	通合三 平东云	通合三 平东云
聊城	tsuŋ^{13}	tsʰuŋ^{53}	tsuŋ^{13}	tsʰuŋ^{13}	kuŋ^{13}	tɕʰyŋ^{53}	ɕyŋ^{53}	ɕyŋ^{53}
济南	tʂuŋ^{213}	tʂʰuŋ^{42}	tʂuŋ^{213}	tʂʰuŋ^{213}	kuŋ^{213}	tɕʰyŋ^{42}	ɕyŋ^{42}	ɕyŋ^{42}
泰安	tʂuŋ^{213}	tʂʰuŋ^{42}	tʂuŋ^{213}	tʂʰuŋ^{213}	kuŋ^{213}	tɕʰyŋ^{42}	ɕyŋ^{42}	ɕyŋ^{42}
莱芜	tʃuŋ^{213}	tʃʰuŋ^{55}	tʃuŋ^{213}	tʃʰuŋ^{213}	kuŋ^{213}	tɕʰyŋ^{55}	ɕyŋ^{55}	ɕyŋ^{55}
新泰	pfəŋ^{213}老 tʃuŋ^{213}新	pfʰəŋ^{42}老 tʃʰuŋ^{42}新	pfəŋ^{213}老 tʃuŋ^{213}新	pfʰəŋ^{213}老 tʃʰuŋ^{213}新	kuŋ^{213}	tɕʰyŋ^{42}	ɕyŋ^{42}	ɕyŋ^{42}
沂源	tʃuŋ^{213}	tʃʰuŋ^{55}	tʃuŋ^{213}	tʃʰuŋ^{213}	kuŋ^{213}	tɕʰyŋ^{55}	ɕyŋ^{55}	ɕyŋ^{55}
博山	tʂuŋ^{213}	tʂʰuŋ^{55}	tʂuŋ^{213}	tʂʰuŋ^{213}	kuŋ^{213}	tɕʰyŋ^{55}	ɕyŋ^{55}	ɕyŋ^{55}
张店	tʂuŋ^{213}	tʂʰuŋ^{55}	tʂuŋ^{213}	tʂʰuŋ^{213}	kuŋ^{213}	tɕʰyŋ^{55}	ɕyŋ^{55}	ɕyŋ^{55}
阳谷	tsuŋ^{213}	tsʰuŋ^{42}	tsuŋ^{213}	tsʰuŋ^{213}	kuŋ^{213}	tsʰuŋ^{42}	suŋ^{42}	suŋ^{42}
梁山	tsuŋ^{213}	tsʰuŋ^{42}	tsuŋ^{213}	tsʰuŋ^{213}	kuŋ^{213}	tɕʰyŋ^{42}	ɕyŋ^{42}	ɕyŋ^{42}
菏泽	tsuŋ^{213}	tsʰuŋ^{53}	tsuŋ^{213}	tsʰuŋ^{213}	kuŋ^{213}	tɕʰyŋ^{53}	ɕyŋ^{53}	ɕyŋ^{53}
曹县	tʂuŋ^{213}	tʂʰuŋ^{53}	tʂuŋ^{213}	tʂʰuŋ^{213}	kuŋ^{213}	tɕʰyŋ^{53}	ɕyŋ^{53}	ɕyŋ^{53}
金乡	tsuŋ^{213}	tsʰuŋ^{42}	tsuŋ^{213}	tsʰuŋ^{213}	kuŋ^{213}	tɕʰyŋ^{42}	ɕyŋ^{42}	ɕyŋ^{42}
曲阜	tsuŋ^{213}	tsʰuŋ^{42}	tsuŋ^{213}	tsʰuŋ^{213}	kuŋ^{213}	tɕʰyŋ^{42}	ɕyŋ^{42}	ɕyŋ^{42}
薛城	tsuŋ^{313}	tsʰuŋ^{55}	tsuŋ^{313}	tsʰuŋ^{313}	kuŋ^{313}	tɕʰyŋ^{55}	ɕyŋ^{55}	ɕyŋ^{55}
郯城	tʂuŋ^{213}	tʂʰuŋ^{44}	tʂuŋ^{213}	tʂʰuŋ^{213}	kuŋ^{213}	tɕʰyŋ^{44}	ɕyŋ^{44}	ɕyŋ^{44}
临沂	tʃuŋ^{214}	tʃʰuŋ^{53}	tʃuŋ^{214}	tʃʰuŋ^{214}	kuŋ^{214}	tɕʰyŋ^{53}	ɕyŋ^{53}	ɕyŋ^{53}

	0961福	0962服	0963目	0964六	0965宿 住～，～舍	0966竹	0967畜 ～生	0968缩
	通合三 入屋非	通合三 入屋奉	通合三 入屋明	通合三 入屋来	通合三 入屋心	通合三 入屋知	通合三 入屋彻	通合三 入屋生
荣成	fu^{214}	fu^{35}	mu^{33}	liəu^{33}	sy^{214}	tʂu^{214}	tʂʰu^{35}	ʃuo^{35}
烟台	fu^{14}	fu^{33}	mu^{33}	liou^{33}	ɕy^{14}	tsu^{14}	tsʰu^{33}	suo^{33}
栖霞	fu^{214}	fu^{342}	mu^{52}	liəu^{52}	ʃy^{214}	tsu^{214}	tsʰu^{52}	suo^{52}
长岛	fu^{213}	fu^{55}	mu^{52}	liou^{52}	ʃy^{213}	tsu^{213}	tsʰu^{52}	suə^{55}

续表

	0961福	0962服	0963目	0964六	0965宿 住～，～舍	0966竹	0967畜 ～生	0968缩
	通合三入屋非	通合三入屋奉	通合三入屋明	通合三入屋来	通合三入屋心	通合三入屋知	通合三入屋彻	通合三入屋生
海阳	fu^{214}	fu^{341}	mu^{341}	liəu^{341}	sy^{214}	tʂu^{214}	tʂʰu^{341}	ʂuo^{341}
莱西	fu^{55}	fu^{42}	mu^{42}	liou^{42}	ʃy^{55}白 su^{42}文	tsu^{55}	tsʰu^{42}	suə^{55}
平度	fu^{55}	fu^{42}	mu^{55}	liou^{213}	sy^{55}	tʂu^{55}	tʂʰu^{42}	ʂuə^{55}
青岛	fu^{55}	fu^{42}	mu^{42}	liou^{42}	sy^{55}	tʂu^{55}	tʂʰu^{42}	θuə^{55}
高密	fu^{55}	fu^{55}	mu^{21}	liou^{21}	sy^{55}	tʂu^{55}	tʂʰu^{55}	θuə^{55}
诸城	fu^{44}	fu^{53}	mu^{31}	liou^{31}	θy^{44}	tʂu^{44}	tʂʰu^{44}	ʂuə^{44}
沂水	fu^{44}	fu^{53}又 fu^{31}又	mu^{31}	liou^{31}	sy^{44}	tʂu^{44}	tʂʰu^{53}	ʂuə^{44}
临朐	fu^{44}	fu^{53}	mu^{21}	liəu^{21}	ɕy^{44}	tʂu^{44}	tʂʰu^{44}	ʂuə^{44}
日照	fu^{213}	fu^{53}	mu^{31}	liou^{31}	θy^{213}	tʂu^{213}	tʂʰu^{31}	ʂuə^{44}
莒南	fu^{213}	fu^{53}	mu^{312}	liou^{312}	ɕy^{213}	tʂu^{213}	tʂʰu^{213}	ʂuə^{55}
潍坊	fu^{214}	fu^{53}	mu^{31}	liɤɯ^{31}	ɕy^{214}	tʂu^{214}	tʂʰu^{31}	ʂuə^{214}
寿光	fu^{213}	fu^{53}	mu^{21}	liəu^{21}	ɕy^{213}	tʂu^{213}	tʂʰu^{55}	ʂuə^{213}
高青	fu^{213}	fu^{55}	mu^{41}	liou^{41}	ɕy^{213}	tʂu^{213}	tʂʰu^{55}	ʂuə^{55}
阳信	fu^{213}	fu^{43}	mu^{31}	liou^{31}	ɕy^{213}	tʂu^{213}	tʂʰu^{31}	ʂuə^{55}
济阳	fu^{213}	fu^{55}	mu^{31}	liou^{31}	ɕy^{213}	tʂu^{213}	tʂʰu^{31}	ʂuə^{55}
利津	fu^{44}	fu^{53}	mu^{31}	liou^{31}	ɕy^{44}又 su^{44}又	tʂu^{44}	tʂʰu^{53}	ʂuə^{44}
乐陵	fu^{24}	fu^{55}	mu^{51}	liou^{51}	ɕy^{24}又 su^{24}又	tʂu^{24}	tʂʰu^{51}	suə^{55}
商河	fu^{45}	fu^{54}	mu^{31}	liou^{31}	ɕy^{45}	tʂu^{45}	tʂʰu^{31}	suə^{45}
平原	fu^{213}	fu^{42}	mu^{21}	liou^{21}	ɕy^{55}又 su^{213}又	tʂu^{55}	tʂʰu^{21}	suə^{213}
德州	fu^{213}	fu^{42}	mu^{21}	liou^{21}	ɕy^{213}又 su^{21}又	tʂu^{213}	tʂʰu^{21}	suə^{21}
武城	fu^{224}	fu^{53}	mu^{312}	liou^{312}	ɕy^{224}又 su^{224}又	tʂu^{224}	tʂʰu^{224}	ʂuə^{55}

续表

	0961福	0962服	0963目	0964六	0965宿 住～，～舍	0966竹	0967畜 ～生	0968缩
	通合三入屋非	通合三入屋奉	通合三入屋明	通合三入屋来	通合三入屋心	通合三入屋知	通合三入屋彻	通合三入屋生
临清	fu^{13}	fu^{53}	mu^{313}	liou^{313}	su^{313}～舍 ɕiou^{313}住～	tʂu^{13}	tʂʰu^{313}	suə^{44}
冠县	fu^{13}	fu^{314}	mu^{314}	liou^{314}	sy^{13}	tʂu^{13}	ɕy^{13}牲～ tʂʰu^{13}～生	ʂuə^{55}白 suə^{55}文
聊城	fu^{13}	fu^{53}	mu^{313}	liou^{313}	ɕy^{13}	tsu^{13}	tsʰu^{313}	suə^{44}
济南	fu^{213}	fu^{42}	mu^{21}	liou^{21}	ɕy^{213}	tʂu^{213}	tʂʰu^{42}	ʂuə^{55}
泰安	fu^{213}	fu^{42}	mu^{21}	liou^{21}	ɕy^{213}	tʂu^{213}	tʂʰu^{21}	ʂuə^{42}
莱芜	fu^{213}	fu^{55}	mu^{42}	liou^{42}	ɕy^{213}	tʃu^{213}	tʃʰu^{55}	suə^{55}
新泰	fu^{213}	fu^{42}	mu^{31}	liou^{31}	ɕy^{213}	pfu^{213}老 tʃu^{213}新	pfʰu^{31}老 tʃʰu^{31}新	fə^{42}白 ʃuə^{42}文
沂源	fu^{213}	fu^{55}	mu^{31}	liou^{55}	ɕy^{213}	tʃu^{213}	tʃʰu^{55}	θuə^{213}
博山	fu^{213}	fu^{55}	mu^{31}	liəu^{31}	ɕy^{213}	tʂu^{213}	tʂʰu^{55}	ʂuə^{55}老 suə^{55}新
张店	fu^{33}	fu^{55}	mu^{31}	liou^{31}	ɕy^{33}	tʂu^{33}	tʂʰu^{31}	ʂuə^{33}
阳谷	fu^{213}	fu^{42}	mu^{313}	liou^{313}	ɕy^{213}	tsu^{213}	ɕy^{213}	suo^{55}
梁山	fu^{213}	fu^{42}	mu^{314}	liou^{314}	ɕy^{213}白 su^{213}文	tsu^{213}	tsʰu^{314}	suə^{213}
菏泽	fu^{213}	fu^{53}	mu^{312}	liou^{312}	ɕy^{213}	tsu^{213}	tsʰu^{53}	suə^{312}
曹县	fu^{213}	fu^{53}	mu^{312}	liou^{312}	su^{213}	tʂu^{213}	tʂʰu^{312}	suə^{312}
金乡	fu^{213}	fu^{42}	mu^{312}	liou^{312}	ɕy^{213}白 su^{213}文	tsu^{213}	tsʰu^{312}	suə^{213}
曲阜	fu^{213}	fu^{42}	mu^{312}	liou^{312}	ɕy^{213}白 su^{213}文	tsu^{213}	tsʰu^{312}	suə^{55}
薛城	fu^{313}	fu^{55}	mu^{41}	liou^{41}	ɕy^{313}又 su^{313}又	tsu^{313}	ɕy^{313}又 tsʰu^{313}又	suə^{313}
郯城	fu^{213}	fu^{44}	mu^{51}	liəu^{51}	ɕy^{213}	tʂu^{213}	tʂʰu^{213}	suə^{213}
临沂	fu^{214}	fu^{53}	mu^{312}	liou^{312}	ɕy^{214}	tʃu^{214}	tʃʰu^{214}老 tʃʰu^{312}新	ʃuə^{53}

	0969粥	0970叔	0971熟	0972肉	0973菊	0974育	0975封	0976蜂
	通合三 入屋章	通合三 入屋书	通合三 入屋禅	通合三 入屋日	通合三 入屋见	通合三 入屋以	通合三 平钟非	通合三 平钟敷
荣成	tʃy^{214}	ʃy^{214}	ʃy^{33}	iəu^{33}	cy^{214}	y^{33}	fəŋ^{53}	fəŋ^{53}
烟台	tɕiou^{53}	ɕy^{14}	su^{33}	iou^{33}	tɕy^{14}	y^{33}	fəŋ^{53}	fəŋ^{53}
栖霞	tʃəu^{312}	ʃy^{214}	ʃy^{342}	iəu^{52}	cy^{214}	y^{52}	fəŋ^{312}	fəŋ^{312}
长岛	tʃou^{312}	ʃy^{213}	su^{55}	iou^{52}	cy^{213}	y^{52}	fəŋ^{312}	fəŋ^{312}
海阳	tsəu^{52}	ʃy^{214}	ʃy^{341}	iəu^{341}	cy^{214}	y^{341}	fəŋ^{52}	fəŋ^{52}
莱西	tʃiou^{214}	ʃy^{55}	su^{42}	iou^{42}	cy^{55}	y^{42}	fəŋ^{214}	fəŋ^{55}
平度	tʃou^{213}	ʃu^{55}	ʃu^{42}	iou^{213}	cy^{55}	y^{42}	fəŋ^{213}	fəŋ^{213}
青岛	tʃou^{213}	ʃu^{55}	ʃu^{42}	iou^{42}	tɕy^{55}	y^{42}	foŋ^{213}	foŋ^{213}
高密	tʃou^{213}	ʃu^{55}	ʃu^{42}饭～了 ʂu^{42}～人	iou^{21}	tɕy^{55}	y^{21}	foŋ^{213}	foŋ^{213}
诸城	tʃu^{44}黏～：读轻声 tʂou^{213}	ʃu^{44}	ʃu^{53}肉～了 ʂu^{53}～悉	iou^{31}	tʃu^{44}	y^{31}	fəŋ^{213}	fəŋ^{213}
沂水	dʒou^{213}	ʃɥ^{44}	ʂu^{53}	iou^{31}	tɕy^{44}	y^{31}	fəŋ^{213}	fəŋ^{213}
临朐	tʃəu^{213}	ʃu^{44}	ʂu^{53}	zəu^{21}	tɕy^{44}	y^{21}	fəŋ^{213}	fəŋ^{213}
日照	tʃiou^{213}	ʃu^{213}	ʃu^{53}肉～了 ʂu^{53}～悉	iou^{31}	tʃu^{44}	y^{31}	fəŋ^{213}	fəŋ^{213}
莒南	tʃou^{213}	ʃɥ^{213}	ʃɥ^{53}	iou^{312}	tɕy^{55}	y^{312}	fəŋ^{213}	fəŋ^{213}
潍坊	tʂɤɯ^{214}	ʂu^{214}	ʂu^{53}	iɤɯ^{31}白 ʐɤɯ^{31}文	tɕy^{214}	y^{31}	fəŋ^{214}	fəŋ^{214}
寿光	tʂu^{213}	ʂu^{213}	ʂu^{53}	ləu^{21}	tɕy^{213}	y^{21}	fəŋ^{213}	fəŋ^{213}
高青	tʂou^{213}	ʂu^{213}	ʂu^{55}	ʐou^{41}	tɕy^{213}	y^{41}	fəŋ^{213}	fəŋ^{213}
阳信	tʂou^{213}	ʂu^{213}	ʂou^{43}	ʐou^{31}	tɕy^{213}	y^{31}	fəŋ^{213}	fəŋ^{213}
济阳	tʂou^{213}	ʂu^{213}	ʂu^{55}	ʐou^{31}	tɕy^{213}	y^{31}	fəŋ^{213}	fəŋ^{213}
利津	tʂou^{213}	ʂu^{44}	ʂu^{53}	ʐou^{31}	tɕy^{44}	y^{31}	fəŋ^{213}	fəŋ^{213}
乐陵	tʂou^{24}	ʂou^{24}白 ʂu^{24}文	ʂou^{55}白 ʂu^{55}文	ʐou^{51}	tɕy^{24}	y^{51}	fəŋ^{24}	fəŋ^{24}
商河	tʂou^{45}	ʂu^{45}	ʂu^{54}	ʐou^{31}	tɕy^{45}	y^{31}	fəŋ^{213}	fəŋ^{213}
平原	tʂou^{213}	ʂu^{213}	ʂou^{42}白 ʂu^{42}文	ʐou^{21}	tɕy^{55}	y^{21}	fəŋ^{213}	fəŋ^{213}

续表

	0969粥	0970叔	0971熟	0972肉	0973菊	0974育	0975封	0976蜂
	通合三 入屋章	通合三 入屋书	通合三 入屋禅	通合三 入屋日	通合三 入屋见	通合三 入屋以	通合三 平钟非	通合三 平钟敷
德州	tʂou^{213}	ʂu^{213}	ʂou^{42}	ʐou^{21}	tɕy^{213}	y^{21}	fəŋ^{213}	fəŋ^{213}
武城	tʂou^{224}	ʂu^{224}	ʂou^{53}又 ʂu^{53}又	lou^{312}	tɕy^{224}	y^{312}	fəŋ^{224}	fəŋ^{224}
临清	tʂou^{13}	ʂu^{13}	ʂu^{53}	ʐou^{313}	tɕy^{13}	y^{313}	fəŋ^{13}	fəŋ^{13}
冠县	tʂou^{13}	ʂu^{55}	ʂu^{53}	ʐou^{314}	tɕy^{13}	y^{314}	fəŋ^{13}	fəŋ^{13}
聊城	tsou^{13}	su^{44}	su^{53}	zou^{313}	tɕy^{13}	y^{313}	fəŋ^{13}	fəŋ^{13}
济南	tʂou^{213}	ʂu^{213}	ʂu^{42}	ʐou^{21}	tɕy^{213}	y^{21}	fəŋ^{213}	fəŋ^{213}
泰安	tʂu^{213}白 tʂou^{213}文	ʂu^{213}	ʂu^{42}	ʐou^{21}	tɕy^{213}	y^{21}	fəŋ^{213}	fəŋ^{213}
莱芜	tʃou^{213}	ʃu^{213}	ʃu^{55}	ʒou^{42}	tɕy^{213}	y^{42}	fəŋ^{213}	fəŋ^{213}
新泰	pfu^{213}老 tʃou^{213}新	fu^{213}老 ʃu^{213}新	fu^{42}老 ʃu^{42}新	ʒou^{31}	tɕy^{213}	y^{31}	fəŋ^{213}	fəŋ^{213}
沂源	tʃou^{213}	ʃu^{213}	ʃu^{55}	iou^{31}	tɕy^{213}	y^{31}	fəŋ^{213}	fəŋ^{213}
博山	tʂəu^{213}又 tʂu^{213}又	ʂu^{213}	ʂu^{55}	ləu^{31}	tɕy^{213}	y^{31}	fəŋ^{213}	fəŋ^{213}
张店	tʂou^{213}又 tʂu^{33}黏～	ʂu^{33}	ʂu^{55}	ʐou^{31}	tɕy^{33}	y^{31}	fəŋ^{213}	fəŋ^{213}
阳谷	tsou^{213}	fu^{55}白 su^{55}文	fu^{42}白 su^{42}文	zou^{313}	tɕy^{213}	y^{313}	fəŋ^{213}	fəŋ^{55}
梁山	tsou^{213}	fu^{55}又 fu^{55}	fu^{42}又 su^{42}	zou^{314}	tɕy^{213}	y^{314}	fəŋ^{213}	fəŋ^{213}
菏泽	tsou^{213}	su^{44}	fu^{53}	zou^{312}	tɕy^{213}	y^{312}	fəŋ^{213}	fəŋ^{53}
曹县	tʂou^{213}	ʂu^{44}	ʂu^{53}	ʐou^{312}	tɕy^{213}	y^{312}	fəŋ^{213}	fəŋ^{53}
金乡	tsou^{213}	su^{55}	su^{42}	zou^{312}	tɕy^{213}	y^{312}	fəŋ^{213}	fəŋ^{213}
曲阜	tsou^{213}	su^{213}	su^{42}	zou^{312}	tɕy^{213}	y^{312}	fəŋ^{213}	fəŋ^{213}
薛城	tsou^{313}	fu^{24}	fu^{55}	zou^{41}	tɕy^{313}	y^{41}	fəŋ^{313}	fəŋ^{313}
郯城	tʂəu^{213}	fu^{213}老 ʂu^{213}新	fu^{44}老 ʂu^{44}新	ʐəu^{51}	tɕy^{24}	y^{51}	fəŋ^{213}	fəŋ^{213}
临沂	tʃu^{214}老 tʃou^{214}新	ʃu^{214}	ʃu^{53}	ʐou^{312}	tɕy^{53}	y^{312}	fəŋ^{214}	fəŋ^{214}

	0977缝 一条～	0978浓	0979龙	0980松 ～树	0981重 轻～	0982肿	0983种 ～树	0984冲
	通合三 去钟奉	通合三 平钟泥	通合三 平钟来	通合三 平钟邪	通合三 上钟澄	通合三 上钟章	通合三 去钟章	通合三 平钟昌
荣成	fəŋ^{33}	nu^{35}	luŋ^{35}	syŋ^{53}	tʂuŋ^{33}	tʂuŋ^{214}	tʂuŋ^{33}	tʂʰuŋ^{53}
烟台	fəŋ^{33}	nuŋ^{33}	luŋ^{33}	ɕyŋ^{53}	tsuŋ^{33}	tsuŋ^{14}	tsuŋ^{33}	tsʰuŋ^{53}
栖霞	fəŋ^{342}	nuŋ^{342}	luŋ^{342}	ʃuŋ^{312}	tsuŋ^{312}	tsuŋ^{214}	tsuŋ^{52}	tsʰuŋ^{312}
长岛	fəŋ^{52}	nuŋ^{55}	luŋ^{55}	ʃyŋ^{312}	tsuŋ^{52}	tsuŋ^{213}	tsuŋ^{52}	tsʰuŋ^{312}
海阳	fəŋ^{341}	nuŋ^{341}	luŋ^{341}	syŋ^{52}	tʂuŋ^{341}	tʂuŋ^{214}	tʂuŋ^{341}	tʂʰuŋ^{52}
莱西	fəŋ^{42}	noŋ^{42}	loŋ^{42}	ʃyŋ^{214}	tsoŋ^{42}	tsoŋ^{55}	tsoŋ^{42}	tsʰoŋ^{55}
平度	fəŋ^{42}	nu^{42}	ləŋ^{42}	θəŋ^{213}	tʂuŋ^{42}	tʂuŋ^{55}	tʂuŋ^{42}	tʂʰuŋ^{213}
青岛	foŋ^{42}	noŋ^{42}	lioŋ^{42}老 loŋ^{42}新	sioŋ^{213}	tʂoŋ^{42}	tʂoŋ^{55}	tʂoŋ^{42}	tʂʰoŋ^{213}
高密	foŋ^{21}	noŋ^{42}	lioŋ^{42}白 loŋ^{42}文	sioŋ^{213}	tʂoŋ^{21}	tʂoŋ^{55}	tʂoŋ^{21}	tʂʰoŋ^{213}
诸城	fəŋ^{31}	nəŋ^{53}	liəŋ^{53}	θiəŋ^{213}	tʂəŋ^{31}	tʂəŋ^{44}	tʂəŋ^{31}	tʂʰəŋ^{213}
沂水	fəŋ^{31}	nuŋ^{53}	lyŋ^{53}老 luŋ^{53}新	syŋ^{213}	tʂuŋ^{31}	tʂuŋ^{44}	tʂuŋ^{31}	tʂʰuŋ^{213}
临朐	fəŋ^{21}	ȵyŋ^{53}	lyŋ^{53}	ɕyŋ^{213}	tʂuŋ^{21}	tʂuŋ^{44}	tʂuŋ^{21}	tʂʰuŋ^{213}
日照	fəŋ^{31}	nəŋ^{53}	ləŋ^{53}	θiəŋ^{213}	tʂəŋ^{31}	tʂəŋ^{44}	tʂəŋ^{31}	tʂʰəŋ^{213}
莒南	fəŋ^{312}	nuŋ^{53}	lyŋ^{53}老 luŋ^{53}新	syŋ^{213}	tʂuŋ^{312}	tʂuŋ^{55}	tʂuŋ^{312}	tʂʰuŋ^{213}
潍坊	fəŋ^{31}	noŋ^{53}	lyŋ^{53}白 loŋ^{53}文	ɕyŋ^{214}	tʂoŋ^{31}	tʂoŋ^{55}	tʂoŋ^{31}	tʂʰoŋ^{214}
寿光	fəŋ^{21}	nuŋ^{53}	lyŋ^{53}	ɕyŋ^{213}	tʂuŋ^{21}	tʂuŋ^{55}	tʂuŋ^{21}	tʂʰuŋ^{213}
高青	fəŋ^{41}	nuŋ^{55}	lyŋ^{55}	ɕyŋ^{213}	tʂuŋ^{41}	tʂuŋ^{55}	tʂuŋ^{41}	tʂʰuŋ^{213}
阳信	fəŋ^{31}	nuŋ^{43}	luŋ^{43}	suŋ^{213}	tʂuŋ^{31}	tʂuŋ^{55}	tʂuŋ^{31}	tʂʰuŋ^{213}
济阳	fəŋ^{31}	nuŋ^{55}	luŋ^{55}	ɕyŋ^{213}	tʂuŋ^{31}	tʂuŋ^{55}	tʂuŋ^{31}	tʂʰuŋ^{213}
利津	fəŋ^{31}	nuŋ^{53}	lyŋ^{53}又 luŋ^{53}又	ɕyŋ^{213}又 suŋ^{213}又	tʂuŋ^{31}	tʂuŋ^{55}	tʂuŋ^{31}	tʂʰuŋ^{213}
乐陵	fəŋ^{51}	nu^{55}	luŋ^{55}	suŋ^{24}	tʂuŋ^{51}	tʂuŋ^{55}	tʂuŋ^{51}	tʂʰuŋ^{24}
商河	fəŋ^{31}	nuŋ^{54}	lyŋ^{54}	ɕyŋ^{213}	tʂuŋ^{31}	tʂuŋ^{45}	tʂuŋ^{31}	tʂʰuŋ^{213}

续表

	0977缝 一条～	0978浓	0979龙	0980松 ～树	0981重 轻～	0982肿	0983种 ～树	0984冲
	通合三 去钟奉	通合三 平钟泥	通合三 平钟来	通合三 平钟邪	通合三 上钟澄	通合三 上钟章	通合三 去钟章	通合三 平钟昌
平原	fəŋ^{21}	nuŋ^{42}	lyŋ^{42}又 luŋ^{42}又	suŋ^{213}	tʂuŋ^{21}	tʂuŋ^{55}	tʂuŋ^{21}	tʂʰuŋ^{213}
德州	fəŋ^{21}	nuŋ^{42}	luŋ^{42}	suŋ^{213}	tʂuŋ^{21}	tʂuŋ^{55}	tʂuŋ^{21}	tʂʰuŋ^{213}
武城	fəŋ^{312}	nuŋ^{53}	lyŋ^{53}又 luŋ^{53}又	suŋ^{224}	tʂuŋ^{312}	tʂuŋ^{55}	tʂuŋ^{312}	tʂʰuŋ^{224}
临清	fəŋ^{313}	nuŋ^{53}	luŋ^{53}	suŋ^{13}	tʂuŋ^{313}	tʂuŋ^{44}	tʂuŋ^{313}	tʂʰuŋ^{13}
冠县	fəŋ^{314}	nu^{53}	luŋ^{53}	suŋ^{13}	tʂuŋ^{314}	tʂuŋ^{55}	tʂuŋ^{314}	tʂʰuŋ^{13}
聊城	fəŋ^{313}	nuŋ^{53}	luŋ^{53}	suŋ^{13}	tsuŋ^{313}	tsuŋ^{44}	tsuŋ^{313}	tsʰuŋ^{13}
济南	fəŋ^{21}	nuŋ^{42}	lyŋ^{42}白 luŋ^{42}文	ɕyŋ^{213}	tʂuŋ^{21}	tʂuŋ^{55}	tʂuŋ^{21}	tʂʰuŋ^{213}
泰安	fəŋ^{21}	nuŋ^{42}	luŋ^{42}	ɕyŋ^{213}	tʂuŋ^{21}	tʂuŋ^{55}	tʂuŋ^{21}	tʂʰuŋ^{213}
莱芜	fəŋ^{42}	nuŋ^{55}	luŋ^{55}	ɕyŋ^{213}	tʃuŋ^{42}	tʃuŋ^{55}	tʃuŋ^{42}	tʃʰuŋ^{213}
新泰	fəŋ^{31}	nuŋ^{42}	lyŋ^{42}	ɕyŋ^{213}	pfəŋ^{31}老 tʃuŋ^{31}新	pfəŋ^{55}老 tʃuŋ^{55}新	pfəŋ^{31}老 tʃuŋ^{31}新	pfʰəŋ^{213}老 tʃʰuŋ^{213}新
沂源	fəŋ^{31}	nuŋ^{55}	lyŋ^{55}	ɕyŋ^{213}	tʃuŋ^{31}	tʃuŋ^{55}	tʃuŋ^{31}	tʃʰuŋ^{213}
博山	fəŋ^{31}	nuŋ^{55}	lyŋ^{55}	ɕyŋ^{213}	tʂuŋ^{31}	tʂuŋ^{55}	tʂuŋ^{31}	tʂʰuŋ^{213}
张店	fəŋ^{31}	nuŋ^{55}	lyŋ^{55}	ɕyŋ^{213}	tʂuŋ^{31}	tʂuŋ^{55}	tʂuŋ^{31}	tʂʰuŋ^{213}
阳谷	fəŋ^{313}	nuŋ^{42}	luŋ^{42}	ɕyŋ^{213}	tsuŋ^{313}	tsuŋ^{55}	tsuŋ^{313}	tsʰuŋ^{213}
梁山	fəŋ^{314}	nuŋ^{42}	luŋ^{42}	ɕyŋ^{213} suŋ^{213}	tsuŋ^{314}	tsuŋ^{55}	tsuŋ^{314}	tsʰuŋ^{313}
菏泽	fəŋ^{312}	nuŋ^{53}	luŋ^{53}	suŋ^{213}	tsuŋ^{312}	tsuŋ^{44}	tsuŋ^{312}	tsʰuŋ^{213}
曹县	fəŋ^{312}	nuŋ^{53}	luŋ^{53}	suŋ^{213}	tʂuŋ^{312}	tʂuŋ^{44}	tʂuŋ^{312}	tʂʰuŋ^{213}
金乡	fəŋ^{312}	nuŋ^{42}	luŋ^{42}	suŋ^{213}	tsuŋ^{312}	tsuŋ^{55}	tsuŋ^{312}	tsʰuŋ^{213}
曲阜	fəŋ^{312}	nuŋ^{42}	luŋ^{42}	suŋ^{213}	tsuŋ^{312}	tsuŋ^{55}	tsuŋ^{312}	tsʰuŋ^{213}
薛城	fəŋ^{41}	nuŋ^{55}	luŋ^{55}	suŋ^{313}	pfəŋ^{41}又 tsuŋ^{41}又	tsuŋ^{24}	tsuŋ^{41}	pfʰəŋ^{313}
郯城	fəŋ^{51}	nuŋ^{44}	luŋ^{44}	suŋ^{213}	tʂuŋ^{51}	tʂuŋ^{24}	tʂuŋ^{51}	tʂʰuŋ^{213}
临沂	fəŋ^{312}	nuŋ^{53}	luŋ^{53}	suŋ^{214}	tʃuŋ^{312}	tʃuŋ^{55}	tʃuŋ^{312}	tʃʰuŋ^{214}

	0985恭	0986共	0987凶 吉～	0988拥	0989容	0990用	0991绿	0992足
	通合三 平钟见	通合三 去钟群	通合三 平钟晓	通合三 上钟影	通合三 平钟以	通合三 去钟以	通合三 入烛来	通合三 入烛精
荣成	kuŋ^{53}	kuŋ^{33}	çyŋ^{53}	yŋ^{53}	yŋ^{53}	yŋ^{33}	ly^{214}	tsu^{214}
烟台	kuŋ^{53}	kuŋ^{33}	çyŋ^{53}	yŋ^{33}	yŋ^{33}	yŋ^{33}	lu^{14}又 ly^{14}又	tsu^{14}
栖霞	kuŋ^{312}	kuŋ^{52}	çyŋ^{312}	yŋ^{214}	yŋ^{342}	yŋ^{52}	ly^{52}	tsu^{214}
长岛	kuŋ^{312}	kuŋ^{52}	çyŋ^{312}	yŋ^{312}	yŋ^{55}	yŋ^{52}	ly^{213}	tsu^{55}
海阳	kuŋ^{52}	kuŋ^{52}	çyŋ^{52}	yŋ^{52}	yŋ^{341}	yŋ^{341}	ly^{341}	tθu^{214}
莱西	koŋ^{42}	koŋ^{42}	çyŋ^{214}	yŋ^{55}	yŋ^{55}	yŋ^{42}	ly^{42}	tsu^{55}
平度	kuŋ^{213}	kuŋ^{213}	çiŋ^{213}	iŋ^{55}	iŋ^{55}	iŋ^{42}	ly^{42}	tθu^{55}
青岛	koŋ^{213}	koŋ^{42}	çioŋ^{213}	ioŋ^{55}	ioŋ^{42}	ioŋ^{42}	ly^{42}	tsy^{55}白 tθu^{55}文
高密	koŋ^{21}	koŋ^{21}	çioŋ^{213}	ioŋ^{55}	ioŋ^{42}	ioŋ^{21}	ly^{21}	tθu^{55}
诸城	kəŋ^{213}	kəŋ^{31}	ʃəŋ^{213}	iəŋ^{213}	iəŋ^{53}	iəŋ^{31}	ly^{31}	tθy^{44}
沂水	kuŋ^{213}	kuŋ^{31}	çyŋ^{213}	yŋ^{44}	yŋ^{53}	yŋ^{31}	ly^{31}	dzy^{44}
临朐	kuŋ^{44}	kuŋ^{21}	çyŋ^{213}	yŋ^{44}	luŋ^{53}	yŋ^{21}	ly^{21}	tçy^{44}
日照	kəŋ^{213}	kəŋ^{31}	ʃiəŋ^{213}	iəŋ^{213}	iəŋ^{53}	iəŋ^{31}	lu^{31}老 ly^{31}新	ȶy^{213}
莒南	kuŋ^{213}	kuŋ^{312}	çyŋ^{213}	yŋ^{213}	yŋ^{53}	yŋ^{312}	lu^{312}～林 ly^{312}～色	tçy^{213}
潍坊	koŋ^{31}	koŋ^{31}	çyŋ^{214}	yŋ^{214}	ʐoŋ^{53}	yŋ^{31}	ly^{31}	tçy^{214}
寿光	kuŋ^{213}	kuŋ^{21}	çyŋ^{213}	yŋ^{213}	luŋ^{53}	yŋ^{21}	ly^{21}	tçy^{213}
高青	kuŋ^{213}	kuŋ^{41}	çyŋ^{213}	yŋ^{213}	yŋ^{55}	yŋ^{41}	ly^{41}	tçy^{213}
阳信	kuŋ^{213}	kuŋ^{31}	çyŋ^{213}	yŋ^{213}～（推）车 yŋ^{55}～护	ʐuŋ^{43}	yŋ^{31}	ly^{31}	tçy^{213}
济阳	kuŋ^{213}	kuŋ^{31}	çyŋ^{213}	yŋ^{55}	luŋ^{55}～器 yŋ^{55}～易	yŋ^{31}	ly^{31}	tçy^{213}
利津	kuŋ^{213}	kuŋ^{31}	çyŋ^{213}	yŋ^{213}～车 yŋ^{55}～护	ʐuŋ^{53}	yŋ^{31}	ly^{31}	tçy^{44}满～ tsu^{44}～球
乐陵	kuŋ^{24}	kuŋ^{51}	çyŋ^{24}	yŋ^{24}	ʐuŋ^{55}	yŋ^{51}	ly^{51}	tsu^{24}

续表

	0985恭	0986共	0987凶 吉～	0988拥	0989容	0990用	0991绿	0992足
	通合三 平钟见	通合三 去钟群	通合三 平钟晓	通合三 上钟影	通合三 平钟以	通合三 去钟以	通合三 入烛来	通合三 入烛精
商河	kuŋ²¹³	kuŋ³¹	ɕyŋ²¹³	yŋ²¹³	ʐuŋ⁵⁴	yŋ³¹	ly³¹	tsu⁴⁵
平原	kuŋ²¹³	kuŋ²¹	ɕyŋ²¹³	yŋ⁵⁵	ʐuŋ⁴²	yŋ²¹	ly²¹	tsu²¹³
德州	kuŋ²¹³	kuŋ²¹	ɕyŋ²¹³	yŋ⁵⁵	ʐuŋ⁴²	yŋ²¹	ly²¹	tsu⁴²
武城	kuŋ²²⁴	kuŋ³¹²	ɕyŋ²²⁴	yŋ⁵⁵	luŋ⁵³	yŋ³¹²	ly³¹²	tɕy²²⁴又 tsu²²⁴又
临清	kuŋ¹³	kuŋ³¹³	ɕyŋ¹³	yŋ¹³	luŋ⁵³	yŋ³¹³	ly³¹³	tsu¹³
冠县	kuŋ¹³	kuŋ³¹⁴	ɕyŋ¹³	yŋ¹³	ʐuŋ⁵³	yŋ³¹⁴	ly³¹⁴	tsu¹³
聊城	kuŋ¹³	kuŋ³¹³	ɕyŋ¹³	yŋ¹³	zuŋ⁵³	yŋ³¹³	ly³¹³	tsu¹³
济南	kuŋ²¹³	kuŋ²¹	ɕyŋ²¹³	yŋ²¹³	luŋ⁴²	yŋ²¹	ly²¹	tɕy²¹³
泰安	kuŋ²¹³	kuŋ²¹	ɕyŋ²¹³	yŋ⁵⁵	luŋ⁴²	yŋ²¹	ly²¹	tɕy²¹³白 tsu²¹³文
莱芜	kuŋ²¹³	kuŋ⁴²	ɕyŋ²¹³	yŋ²¹³	luŋ⁵⁵	yŋ⁴²	ly⁴²	tɕy²¹³
新泰	kuŋ²¹³	kuŋ³¹	ɕyŋ²¹³	yŋ²¹³	luŋ⁴²白 yŋ⁴²文	yŋ³¹	ly³¹	tɕy²¹³
沂源	kuŋ²¹³	kuŋ³¹	ɕyŋ²¹³	yŋ²¹³	yŋ⁵⁵	yŋ³¹	ly³¹	tɕy²¹³白 tθu⁵⁵文
博山	kuŋ²¹³	kuŋ³¹	ɕyŋ²¹³	yŋ²¹³	luŋ⁵⁵又 yŋ⁵⁵又	yŋ³¹	ly³¹	tɕy²¹³老 tsu²¹³新
张店	kuŋ²¹³	kuŋ³¹	ɕyŋ²¹³	yŋ²¹³	luŋ⁵⁵	yŋ³¹	ly³¹	tɕy³³
阳谷	kuŋ²¹³	kuŋ³¹³	suŋ²¹³	yŋ²¹³	yŋ⁵⁵	yŋ³¹³	ly²¹³	tɕy²¹³
梁山	kuŋ²¹³	kuŋ³¹⁴	ɕyŋ²¹³	uŋ⁵⁵～车 yŋ⁵⁵～军	yŋ⁴²	yŋ³¹⁴	ly²¹³	tɕy²¹³白 tsu²¹³文
菏泽	kuŋ²¹³	kuŋ³¹²	ɕyŋ²¹³	yŋ²¹³	yŋ⁵³	yŋ³¹²	ly²¹³	tɕy²¹³
曹县	kuŋ²¹³	kuŋ³¹²	ɕyŋ²¹³	yŋ²¹³	yŋ⁵³白 ʐuŋ⁵³文	yŋ³¹²	ly²¹³	tsu²¹³
金乡	kuŋ²¹³	kuŋ³¹²	ɕyŋ²¹³	uŋ⁵⁵～车 yŋ⁵⁵～军	yŋ⁴²	yŋ³¹²	ly²¹³	tɕy²¹³白 tsu²¹³文
曲阜	kuŋ²¹³	kuŋ³¹²	ɕyŋ²¹³	yŋ⁵⁵～车 yŋ²¹³～军	zuŋ⁴²	yŋ³¹²	ly²¹³	tɕy²¹³白 tsu²¹³文

续表

	0985恭	0986共	0987凶吉～	0988拥	0989容	0990用	0991绿	0992足
	通合三平钟见	通合三去钟群	通合三平钟晓	通合三上钟影	通合三平钟以	通合三去钟以	通合三入烛来	通合三入烛精
薛城	kuŋ^{313}	kuŋ^{41}	ɕyŋ^{313}	yŋ^{313}～车 yŋ^{24}～护	vəŋ^{55}又 zuŋ^{55}又	yŋ^{41}	lu^{313}	pfu^{313}又 tɕy^{313}又
郯城	kuŋ^{213}	kuŋ^{51}	ɕyŋ^{213}	yŋ^{213}	ʐuŋ^{44}	yŋ^{51}	lu^{213}老 ly^{213}新	tsu^{213}
临沂	kuŋ^{214}	kuŋ^{312}	ɕyŋ^{214}	yẽ^{214}老 yŋ^{214}新	ʐuŋ^{53}	yŋ^{312}	lu^{214}老 ly^{214}新	tsu^{214}

	0993烛	0994赎	0995属	0996褥	0997曲～折，歌～	0998局	0999玉	1000浴
	通合三入烛章	通合三入烛船	通合三入烛禅	通合三入烛日	通合三入烛溪	通合三入烛群	通合三入烛疑	通合三入烛以
荣成	tʂu^{214}	ʃy^{33}	ʂu^{214}家～ ʃy^{214}～狗	y^{33}	cʰy^{214}	cy^{35}	y^{33}	y^{33}
烟台	tsu^{14}	ɕy^{33}又 su^{33}又	su^{14}家～ ɕy^{14}～相	y^{33}	tɕʰy^{14}	tɕy^{33}	y^{33}	y^{33}
栖霞	tsu^{214}	su^{52}	ʃy^{52}又 su^{214}又	y^{52}	cʰy^{214}	cy^{342}	y^{52}	y^{214}
长岛	tsu^{55}	su^{55}	su^{213}	y^{52}	cʰy^{213}	cy^{55}	y^{52}	y^{52}
海阳	tʂu^{214}	ʃy^{341}	ʃy^{214}～于 ʂu^{214}～狗	y^{341}	cʰy^{214}	cy^{341}	y^{341}	y^{341}
莱西	tsu^{55}	ʃy^{42}	su^{42}	y^{42}	cʰy^{55}	cy^{42}	y^{42}	y^{42}
平度	tʂu^{55}	ʂu^{42}	ʂu^{55}	y^{42}	cʰy^{55}	cy^{42}	y^{213}	y^{42}
青岛	tʃu^{42}	ʃu^{42}	ʂu^{55}	y^{42}	tɕʰy^{55}	tɕy^{42}	y^{42}	y^{42}
高密	tʂu^{55}	ʂu^{42}	ʃu^{21}～狗 ʂu^{21}下～	y^{21}	tɕʰy^{55}	tɕy^{42}	y^{21}	y^{55}
诸城	tʂu^{44}	ʂu^{53}	ʂu^{31}	y^{31}	tʃʰu^{44}	tʃu^{53}	y^{31}	y^{31}
沂水	tʂu^{44}	ʂu^{53}	ʂu^{53}	y^{31}	tɕʰy^{44}	tɕy^{53}	y^{31}	y^{31}
临朐	tʂu^{44}	ʂu^{53}	ʂu^{53}	lu^{21}	tɕʰy^{44}	tɕy^{53}	y^{21}	y^{21}
日照	tʂu^{213}	ʂu^{53}	ʃu^{44}～相 ʂu^{53}家～	y^{31}	tʃʰu^{213}	tʃu^{53}	y^{31}	y^{31}

续表

	0993烛	0994赎	0995属	0996褥	0997曲 ～折，歌～	0998局	0999玉	1000浴
	通合三入烛章	通合三入烛船	通合三入烛禅	通合三入烛日	通合三入烛溪	通合三入烛群	通合三入烛疑	通合三入烛以
莒南	tʂu^{53}	ʃɥ^{53}	ʃɥ^{53}	y^{312}	tɕʰy^{213}	tɕy^{53}	y^{312}	y^{312}
潍坊	tʂu^{214}	ʂu^{53}	ʂu^{55}	ʐu^{31}	tɕʰy^{214}	tɕy^{53}	y^{31}	y^{31}
寿光	tʂu^{213}	ʂu^{53}	ʂu^{53}家～ ʂu^{21}～兔、～于	lu^{21}	tɕʰy^{213}	tɕy^{53}	y^{21}	y^{21}
高青	tʂu^{213}	ʂu^{213}	ʂu^{55}	ʐu^{41}	tɕʰy^{213}	tɕy^{55}	y^{41}	y^{41}
阳信	tʂu^{213}	ʂu^{43}	ʂu^{55}～羊 ʂu^{43}家～	y^{31}	tɕʰy^{213}	tɕy^{43}	y^{31}	y^{31}
济阳	tʂu^{213}	ʂu^{55}	ʂu^{55}	lu^{31}	tɕʰy^{213}	tɕy^{55}	y^{31}	y^{31}
利津	tʂu^{44}	ʂu^{53}	ʂu^{55}家～ ʂu^{31}～龙	ʐu^{31}	tɕʰy^{44}	tɕy^{53}	y^{31}	y^{31}
乐陵	tʂu^{24}	ʂu^{55}	ʂu^{55}	y^{51}又 lu^{51}又	tɕʰy^{24}	tɕy^{55}	y^{51}	y^{51}
商河	tʂu^{45}	ʂu^{54}	ʂu^{45}	ʐu^{31}	tɕʰy^{45}	tɕy^{54}	y^{31}	y^{31}
平原	tʂu^{213}	ʂu^{42}	ʂu^{55}	ʐu^{21}	tɕʰy^{213}	tɕy^{42}	y^{21}	y^{21}
德州	tʂu^{213}	ʂu^{55}	ʂu^{55}～相 ʂu^{42}家～	y^{21}老 ʐu^{21}新	tɕʰy^{213}	tɕy^{42}	y^{21}	y^{21}
武城	tʂu^{224}	ʂu^{224}	ʂu^{53}家～ ʂu^{55}～龙	lu^{312}又 y^{312}又	tɕʰy^{224}	tɕy^{53}	y^{312}	y^{312}
临清	tʂu^{13}	ʂu^{53}	ʂu^{44}	ʐou^{313}	tɕʰy^{13}	tɕy^{53}	y^{313}	y^{313}
冠县	tʂu^{13}	ʂu^{13}	ʂu^{55}	ʐu^{314}	tɕʰy^{13}	tɕy^{53}	y^{314}	y^{314}
聊城	tsu^{13}	su^{44}	su^{44}	zou^{313}	tɕʰy^{13}	tɕy^{53}	y^{313}	y^{313}
济南	tʂu^{213}	ʂu^{42}	ʂu^{55}	lu^{21}	tɕʰy^{213}	tɕy^{42}	y^{21}	y^{21}
泰安	tʂu^{213}	ʂu^{42}	ʂu^{42}	lu^{21}	tɕʰy^{213}	tɕy^{42}	y^{21}	y^{21}
莱芜	tʃu^{213}	ʃu^{55}	ʃu^{55}	lu^{42}	tɕʰy^{213}	tɕy^{55}	y^{42}	y^{42}
新泰	pfu^{213}老 tʃu^{213}新	fu^{42}老 ʃu^{42}新	fu^{42}老 ʃu^{42}新	lu^{31}	tɕʰy^{213}	tɕy^{42}	y^{31}	y^{31}
沂源	tʃu^{213}	ʃu^{55}	ʃu^{55}	y^{31}	tɕʰy^{213}	tɕy^{55}	y^{31}	y^{31}

续表

	0993烛	0994赎	0995属	0996褥	0997曲 ～折，歌～	0998局	0999玉	1000浴
	通合三 入烛章	通合三 入烛船	通合三 入烛禅	通合三 入烛日	通合三 入烛溪	通合三 入烛群	通合三 入烛疑	通合三 入烛以
博山	tʂu^{213}	ʂu^{55}	ʂu^{55}	lu^{31}	tɕʰy^{213}	tɕy^{55}	y^{31}	y^{31}
张店	tʂu^{33}	ʂu^{55}	ʂu^{55}	lu^{31}	tɕʰy^{33}	tɕy^{55}	y^{31}	y^{31}
阳谷	tsu^{213}	su^{55}	fu^{42}白 su^{42}文	zu^{313}	tɕʰy^{213}	tɕy^{42}	y^{313}	y^{313}
梁山	tsu^{213}	fu^{42}老 su^{42}新	fu^{55}老 su^{55}新	zou^{314}老 zu^{314}新	tɕʰy^{213}	tɕy^{42}	y^{314}	y^{314}
菏泽	tsu^{213}	tu^{44}	fu^{53}	zu^{312}	tɕʰy^{213}	tɕy^{53}	y^{312}	y^{312}
曹县	tʂu^{213}	ʂu^{44}	ʂu^{53}	ʐu^{213}	tɕʰy^{213}	tɕy^{53}	y^{312}	y^{312}
金乡	tsu^{213}	su^{42}	su^{42}	zou^{312}	tɕʰy^{213}	tɕy^{42}	y^{312}	y^{312}
曲阜	tsu^{213}	su^{42}	su^{42}	zou^{312}白 zu^{312}文	tɕʰy^{213}	tɕy^{42}	y^{312}	y^{312}
薛城	tsu^{313}	fu^{24}又 su^{24}又	fu^{41}～羊 fu^{55}家～	zou^{41}	tɕʰy^{313}	tɕy^{55}	y^{41}	y^{313}
郯城	tʂu^{213}	fu^{44}老 ʂu^{44}新	fu^{24}老，～相 fu^{44}老，家～ ʂu^{44}新，家～	ʐəu^{51}	tɕʰy^{213}	tɕy^{44}	y^{51}	y^{213}
临沂	tʃu^{214}	ʃu^{53}	ʃu^{55}	ʐou^{312}	tɕʰy^{214}	tɕy^{53}	y^{312}	y^{312}

参考文献

[1] 曹延杰:《德州方言志》，语文出版社1991年版。

[2] 曹延杰:《德州方言里的零音节》,《首届官话方言国际学术讨论会论文集》，青岛出版社2000年版。

[3] 曹延杰:《宁津方言志》，中国文史出版社2003年版。

[4] 董绍克:《阳谷方言的儿化》,《中国语文》1985年第4期。

[5] 董绍克:《高密方言的儿化》,《山东师范大学学报》(社科版)1993年第1期。

[6] 董绍克:《山东阳谷方言的变调》,《方言》1993年第1期。

[7] 董绍克:《阳谷方言研究》，齐鲁书社2005年版。

[8] 段文君、贾媛、冉启斌:《山东方言焦点语音实现的共性和差异性特征——以济南、聊城、淄博方言为例》,《清华大学学报》(自然科学版)2013年第6期。

[9] 冯爱珍:《山东荣成方言古全浊声母平声字的今读与闽方言古全浊声母的不规则分化》,《首届官话方言国际学术讨论会论文集》，青岛出版社2000年版。

[10] 高聪、倪博洋:《中古知庄章声母在山东东明方言中的特殊读音分析》,《中国方言学报》(第八期)，商务印书馆2019年版。

[11] 高慎贵:《新泰方言志》，语文出版社1996年版。

[12] 高晓虹:《山东明水方言的声调》,《方言》2000年第3期。

[13] 高晓虹:《章丘方言志》，齐鲁书社2011年版。

[14] 高晓虹:《山东方言的卷舌儿化》,《中国方言学报》(第七期)，商务印书馆2017年版。

[15] 宫钦第、栾瑞波:《山东莱阳话的几种语音屈折形式》,《中国语文》2010年第2期。

[16] 贺巍:《河南山东皖北苏北的官话(稿)》,《方言》1985年第3期。

[17] 贺巍:《冀鲁豫三省毗连地区的方言分界》,《方言》1986年第1期。

[18] 洪小熙:《山东东区东莱片方言的再分区》,《方言》2008年第2期。

[19] 江语林、张树铮:《东潍片方言精组声母的读音类型及演变》,《山东社会科学》2021年第3期。

[20] 姜宝昌等:《山东方言声调的声学测算——济南、青岛、烟台》,《山东大学学

报》(哲社版)1990年第1期。

[21] 姜岚:《威海方言总揽》,中央编译出版社2018年版。

[22] 孔国兴:《山东巨野话的语音借贷及其蕴含性顺序》,《语言科学》2020年第1期。

[23] 赖玮、许小颖、陈丽美、朱晓农:《荣成凹调:僵声作为必备特征》,《东方语言学》(第十六辑),上海教育出版社2017年版。

[24] 李仕春、艾红娟:《山东方言里的一种语法变调》,《方言》2009年第4期。

[25] 李行杰主编:《青岛市志·方言志》,新华出版社1997年版。

[26] 李行杰:《莱西店埠方音四题》,《首届官话方言国际学术讨论会论文集》,青岛出版社2000年版。

[27] 林珈亦:《山东方言的"子"尾音变》,《方言》2022年第1期。

[28] 刘娟:《试论升调和降调感知的不平衡性——以济南话和香港话为例》,《方言》2016年第4期。

[29] 刘娟:《山东方言两种类型降升调对立的声学和感知探析》,《方言》2020年第3期。

[30] 刘娟、张梦如:《临沂方言降升调对立的感知实验》,《中国语音学报》(第11辑),中国社会科学出版社2019年版。

[31] 刘俊一:《胶东话四声变三调的现状和趋势》,《首届官话方言国际学术讨论会论文集》,青岛出版社2000年版。

[32] 刘淑学:《冀鲁官话的分区(稿)》,《方言》2006年第4期。

[33] 刘探宙:《烟台芝罘话一种名、动同模式的变韵》,《方言》2013年第2期。

[34] 刘现强、张晓曼:《曹县方音说略》,《首届官话方言国际学术讨论会论文集》,青岛出版社2000年版。

[35] 罗福腾:《牟平方言志》,语文出版社1992年版。

[36] 罗福腾:《牟平方言词典》,江苏教育出版社1997年版。

[37] 罗福腾:《胶辽官话概论》,《中国语学研究·开篇》1999年第18期。

[38] 罗福腾:《胶辽官话尖团音的现状与演变轨迹》,《中国语言学报》(第十七期),商务印书馆2016年版。

[39] 马凤如:《山东金乡话儿化对声母的影响》,《中国语文》1984年第4期。

[40] 马凤如:《金乡方言志》,齐鲁书社2000年版。

[41] 马静、吴永焕:《临沂方言志》,齐鲁书社2003年版。

［42］孟庆泰、罗福腾:《淄川方言志》，语文出版社1994年版。

［43］孟子敏:《平邑话的变调——兼论变调的类型》,《中国语学研究·开篇》2000年第20期。

［44］孟子敏:《平邑话的功能变调》,《首届官话方言国际学术讨论会论文集》，青岛出版社2000年版。

［45］宁廷德:《宁阳方言志》，齐鲁书社2013年版。

［46］亓海峰、曾晓渝:《莱芜方言儿化韵初探》,《语言科学》2008年第4期。

［47］亓海峰:《莱芜方言语音研究》，中国文史出版社2010年版。

［48］钱曾怡:《文登、荣成方言中古全浊平声字的读音》,《中国语文》1981年第4期。

［49］钱曾怡等:《烟台方言报告》，齐鲁书社1982年版。

［50］钱曾怡:《对编写山东省方言志的认识和初步设想》,《文史哲》1983年第2期。

［51］钱曾怡、罗福腾、曹志耘:《山东诸城、五莲方言的声韵特点》,《中国语文》1984年第3期

［52］钱曾怡、高文达、张志静:《山东方言的分区》,《方言》1985年第4期。

［53］钱曾怡、曹志耘、罗福腾:《山东平度方言内部的语音差别》,《方言》1985年第3期。

［54］钱曾怡、曹志耘、罗福腾:《山东肥城方言的语音特点》,《方言》1991年第3期。

［55］钱曾怡、罗福腾:《潍坊方言志》，潍坊新闻出版局1992年版。

［56］钱曾怡、罗福腾、孔宪浩:《长岛方言志》,《山东史志丛刊》1992年增刊。

［57］钱曾怡:《博山方言研究》，社会科学文献出版社1993年版。

［58］钱曾怡:《济南方言词典》，江苏教育出版社1997年版。

［59］钱曾怡主编:《山东方言研究》，齐鲁书社2001年版。

［60］钱曾怡:《山东方言研究方法新探》,《山东大学学报》(哲社版)2002年第2期。

［61］钱曾怡、曹志耘、罗福腾:《诸城方言志》，吉林人民出版社2002年版。

［62］钱曾怡、蔡凤书:《山东地区的龙山文化与山东方言分区》,《中国语文》2002年第2期。

［63］钱曾怡:《古知庄章声母在山东方言中的分化及其跟精见组的关系》,《中国语文》2004年第6期。

［64］钱曾怡、太田斋、陈洪昕、杨秋泽:《莱州方言志》，齐鲁书社2005年版。

［65］钱曾怡主编:《汉语官话方言研究》，齐鲁书社2010年版。

[66] 钱曾怡:《从现代山东方言的共时语音现象看其历时演变的轨迹》,《汉语学报》2012年第2期。
[67] 钱曾怡、岳立静、刘娟、张燕芬:《山东沂山地区方言简志》,《方言》2015年第2期。
[68] 山东省方言调查总结工作组:《山东方言语音概况》,1960年油印本。
[69] 邵燕梅:《郯城方言志》,齐鲁书社2006年版。
[70] 邵燕梅、刘长锋、邵明武:《沂南方言志》,齐鲁书社2010年版。
[71] 邵燕梅、张贵霞、张涛、王全宝:《费县方言志》,商务印书馆2019年版。
[72] 邵燕梅、石清洋:《山东沂水方言儿化的语音形式》,《方言》2019年第4期。
[73] 石明远:《山东省莒县方言音系》,《方言》1987年第3期。
[74] 石明远:《古庄章知三组声母在莒县方言的演变》,《方言》1990年第2期。
[75] 石明远:《莒县方言志》,语文出版社1995年版。
[76] 宋恩泉:《汶上方言志》,齐鲁书社2005年版。
[77] 宋洪民:《鲁北三县语调的"单调性"及其对"舒声促化"和"准舒声促化"的影响》,《语言科学》2006年第2期。
[78] 孙彦:《山东青岛方言中的谓词变韵现象》,《中国方言学报》(第六期),商务印书馆2016年版。
[79] [日]太田斋:《胶南方言调查报告(稿)》,《神户外大论丛》1990年第41卷。
[80] 太田斋著,傅根清译:《山东方言的儿化》,《烟台师范学院学报》(哲社版)1991年第1期。
[81] 王淑霞:《荣成方言志》,语文出版社1995年版。
[82] 王淑霞、张艳华:《定陶方言志》,时代文艺出版社2005年版。
[83] 王希文:《枣庄方言志》,山东省出版管理处枣庄出版管理办公室1986年。
[84] 王希文:《郯城方言志》,山东省出版管理处枣庄出版管理办公室1987年。
[85] 王晓军、田家成、马春时:《苍山方言志》,齐鲁书社2012年版。
[86] 王衍军:《泗水方言研究》,暨南大学出版社2014年版。
[87] 王彦:《山东知系合口字读唇齿音现象初探》,《山东大学学报》(哲社版)2006年第2期。
[88] 吴永焕:《山东方言的声调类型》,《中国语学研究·开篇》,好文出版2000年版。
[89] 吴永焕:《山东郓城方言里的两字组连调》,《首届官话方言国际学术讨论会论

文集》，青岛出版社2000年版。
[90] 吴永焕：《山东平度方言去声分归阴、阳平的语音考察》，《语言研究》2006年第26卷第2期。
[91] 吴永焕：《山东方言儿变韵的衰变》，《语言科学》2009年第5期。
[92] 吴永焕：《山东郓城话中双介音撮口韵及相关问题》，《中国语文》2009年第5期。
[93] 吴永焕：《山东郓城方言状态词词末音节的变调》，《中国语文》2018年第2期。
[94] 吴永焕：《山东郓城方言研究》，学苑出版社2018年版。
[95] [韩] 吴永焕、朴炯春：《山东方言语音研究》，新星出版社2006年版。
[96] [韩] 徐明轩、朴炯春：《威海方言志》，学古房1997年版。
[97] 许井岗、杨晓健：《日照(涛雒)方言声母特点论略》，《语言科学》2015年第3期。
[98] 薛凤生：《论平度方音之官话成分》，《清华学报》1973年第1期。
[99] 杨秋泽：《利津方言志》，语文出版社1990年版。
[100] 杨秋泽：《广饶音系》，《内陆アジア言语の研究VI》1991年第3期。
[101] 杨秋泽：《博兴方言音系》，《中国语学研究·开篇》1997年第16期。
[102] 杨秋泽：《东营方言研究》，中国国际文化出版社2009年版。
[103] 杨文波：《兖州方言的儿化与子尾》，《东方语言学》(第十三辑)，上海教育出版社2013年版。
[104] 殷焕先主编：《山东省志·方言志》，山东人民出版社1993年版。
[105] 于克仁：《平度方言志》，语文出版社1992年版。
[106] 岳立静：《日照方言知庄章和精见端的读音类型》，《方言》2005年第3期。
[107] 翟春龙：《山东淄博张店方言的"轻声前变调"》，《方言》2018年第3期。
[108] 张鹤泉：《聊城方言志》，语文出版社1995年版。
[109] 张鹤泉：《冠县方音说略》，《首届官话方言国际学术讨论会论文集》，青岛出版社2000年版。
[110] 张鸿魁：《临清方言志》，中国展望出版社1990年版。
[111] 张鸿魁：《鲁西方言中的儿化韵两读现象》，《首届官话方言国际学术讨论会论文集》，青岛出版社2000年版。
[112] 张金圈：《无棣方言志》，世界图书出版广东有限公司2015年版。
[113] 张凯：《枣庄方言志》，山东人民出版社2011年版。
[114] 张世方：《北京话ʂ声母合口呼字在单县方言中的读音》，《首届官话方言国际

学术讨论会论文集》，青岛出版社2000年版。

[115] 张树铮：《山东青州北城满族所保留的北京官话方言岛记略》，《中国语文》1995年第1期。

[116] 张树铮：《寿光方言志》，语文出版社1995年版。

[117] 张树铮：《山东寿光北部方言的儿化》，《方言》1996年第4期。

[118] 张树铮：《淄博等地方言的儿化变韵与幼儿型儿化》，《方言历史探索》，内蒙古人民出版社1999年版。

[119] 张树铮：《山东方言轻声的语音特点》，《中国语学研究·开篇》2005年第24期。

[120] 张树铮：《冀鲁官话清入归派的内部差异及历史层次——兼论北京官话的清入散归四声和冀鲁官话的特点》，《中国语言学报》第十二期，商务印书馆2006年版。

[121] 张树铮：《山东方言语音特征的扩散方向和历史层次》，《山东大学学报》（哲社版）2007年第5期。

[122] 张树铮：《胶辽官话的分区（稿）》，《方言》2007年第4期。

[123] 张廷兴：《沂水方言志》，语文出版社1999年版。

[124] 张伟静：《官话方言接触地带过渡特征分析——以山东费县方言声母系统为例》，《东岳论丛》2014年第2期。

[125] 张卫东：《文登、荣成方言中古见系部分字的文白异读》，《语言学论丛》（第十二辑）1984年。

[126] 张晓曼：《威海方言儿化与语法结构分析》，《山东社会科学》2005年第10期。

[127] 张瀛月、朱晓农：《山东滕州的声调变异——边界方言的演化动因》，《东方语言学》（第十五辑），上海教育出版社2015年版。

[128] 赵日新、沈明、扈长举：《即墨方言志》，语文出版社1991年版。

[129] 朱军玲：《临沂东风移民方言岛音变扩散规律初探》，*The Journal of Chinese Linguistics*2016年第1期。

[130] 朱军玲、张树铮：《一个面临淹没的方言岛——山东临沂市东风移民村四十年来的语音演变》，《语言研究》2013年第3期。

1000字音序索引

后　记

屈指算来，从山东省筹划中国语言资源有声数据库山东库的建设到写下本后记，已经是十一个年头了。

2012年，由国家语委和国家教育部语信司组织的中国语言资源有声数据库建设工程在江苏省的试点结束，山东省是最早响应、准备启动本省语言资源有声数据库建设的几个省份之一。山东省语委积极筹划，经过专家论证，设计了中国语言资源有声数据库山东库建设的规划，并获得山东省政府有关部门批准。2013年8月20日，山东省语委办在济南市龙奥大厦举行了中国语言资源有声数据库山东库建设工程暨济南方言点调查启动仪式，山东省的语言资源保护工作正式启动。

中国语言资源有声数据库山东库（以下简称“山东有声库”）建设项目在全省设置了120个方言调查点，基本涵盖全省原有县级行政区域（包括由县改设的区），城区集中的地级市（或副省级市）只选择其老城区所在的区，如济南市区只选择历下区，由长清县改设的长清区则单独设点。调查点、方言发音人、调查内容、录音录像技术指标、数据库及文本内容等，均按照中国语言资源有声数据库的统一规范执行。

为了保证项目的高质量顺利进行，项目成立了以钱曾怡教授为首席专

家的核心专家组，组织了十个调查团队和一个验收团队。

核心专家组成员如下：

首席专家：钱曾怡（山东大学教授）

核心专家：盛玉麒（山东大学教授）、张树铮（山东大学教授）、岳立静（山东大学教授）、亢世勇（鲁东大学教授）、王淑霞（山东女子学院教授）

核心专家组秘书：姜岚（鲁东大学副教授）

十个调查团队的负责人分别是：

盛玉麒（山东大学教授）

张树铮（山东大学教授）

岳立静（山东大学教授）

刘　娟（山东大学副教授）

张燕芬（山东大学副教授）

亢世勇（鲁东大学教授）

姜　岚（鲁东大学副教授，后为教授）

邵燕梅（山东师范大学副教授，后为教授）

邢　军（青岛大学副教授，后为教授）

王红娟（山东青年政治学院副教授，后为山东师范大学副教授）

验收团队由王淑霞（山东女子学院教授）负责。

2015年，中国语言资源保护工程（以下简称“语保工程”）启动之后，山东省有44个点纳入语保工程的调查点，于是，山东有声库建设进入与语保工程双轨并行阶段。钱曾怡先生受邀担任全国语保工程顾问，张树铮、岳立静和王红娟受邀担任了全国语保工程核心专家组专家。2019年，全国语保工程顺利结束；2021年，山东有声库建设顺利结束。

从2013到2021年八年多时间里，在省语委领导下，项目组各位同仁齐

心协力，怀着对项目负责、对调查点语言事实负责、为子孙后代留下真实资料的责任心开展了辛苦而卓有成效的工作。各调查团队多次往返驻地和调查地，从认真遴选发音人、仔细调查、反复审音、斟酌用字、严格按照规范录音录像和后期整理，到迎接中期检查、预验收、验收以及检查验收之后的多次修改和补充调查，其中甘与苦，唯有寸心知。

钱曾怡先生是山东方言调查研究的开拓者、领路者和实践者。从20世纪50年代全国汉语方言普查中的山东方言普查开始，五十多年筚路蓝缕，既培育了大批今已成为国内方言学界精英的学生，又发表和出版了大批山东方言研究成果。2012年，钱先生已届八旬，但宝刀未老，对山东方言有声数据库项目的规划和规范的制订亲力亲为，对调查材料的质量紧抓不懈。钱先生半个多世纪的经验积累，对于制定规划和规范发挥了决定性的作用，为山东省语言资源保护工作的高质量完成提供了重要保障。

早在全国语保工程启动之前的2015年，山东省语委就筹划在山东有声库结束之后先行出版纸质版，并议定由张树铮任主编、岳立静任副主编。后来由张树铮起草了体例，并在2017年春与钱曾怡先生和岳立静对编写计划和体例进行了商讨，准备随即启动该项工作。恰在此时，中国语言资源保护工程决定分省出版纸质本《中国语言资源集》。鉴于山东有声库建设的结束要晚于语保工程的完成，于是决定先进行《中国语言资源集·山东》的编辑。2019年，《中国语言资源集·山东》由国家语委正式立项，山东省语委亦通过教育厅委托服务的方式向项目组拨付了充足的配套经费。

由于语保工程一期调查点的验收直到2019年年底才告结束，所以《中国语言资源集·山东》项目组是2020年春天才拿到全省44个语保点的调查材料的。编辑工作也于此开始。其经过略述如下。

2020年5月至6月，在与岳立静会商之后，张树铮组织了部分老师先根据录音对部分调查点的音系进行复核。参加此次复核的有邵燕梅、王红娟、

张燕芬、陈晓姣、孙宇炜和张树铮。此后，张树铮对另几位的复核意见又进行了核对。

2020年7月15日至31日，项目组在青岛集中进行材料复核。参加人员有：张树铮、岳立静、刘娟、王红娟、亓文婧、孙宇炜、江语林、林珈亦、杨青。主要的工作是两项：张树铮和岳立静主要是把未复核完的音系继续复核完，其他各位主要是根据录音和复核后的音系对各点的字音、词汇和语法例句进行逐条核对。其间，王红娟、亓文婧和孙宇炜因学校有任务而提前离开，但都是带着任务回去的，数日后完成核对任务将结果报给了张树铮。

各点音系的复核人和各点字词句的复核人具体如下：

方言点	音系复核	材料复核	方言点	音系复核	材料复核
01荣成	张树铮	刘　娟	18阳信	张树铮	林珈亦
02烟台	张树铮	王红娟	19济阳	王红娟	林珈亦
03栖霞	林珈亦 张树铮	林珈亦	20利津	张树铮	林珈亦
04长岛	张树铮	林珈亦	21乐陵	张燕芬	王红娟
05海阳	张树铮	林珈亦	22商河	王红娟	林珈亦
06莱西	岳立静	林珈亦	23平原	邵燕梅	林珈亦
07平度	张树铮	江语林	24德州	张树铮	杨　青
08青岛	岳立静	江语林	25武城	张燕芬	刘　娟
09高密	张树铮	林珈亦	26临清	王红娟	林珈亦
10诸城	张树铮	王红娟	27冠县	张燕芬	杨　青
11沂水	张树铮	林珈亦	28聊城	王红娟	杨　青
12临朐	孙宇炜	杨　青	29济南	王红娟	江语林
13日照	张树铮	江语林	30泰安	孙宇炜	江语林
14莒南	林珈亦	亓文婧	31莱芜	张燕芬	孙宇炜
15潍坊	张树铮	江语林	32新泰	邵燕梅	孙宇炜
16寿光	张树铮	张树铮	33沂源	林珈亦	亓文婧
17高青	张树铮	林珈亦	34博山	孙宇炜	江语林

续表

方言点	音系复核	材料复核	方言点	音系复核	材料复核
35张店	张燕芬	孙宇炜	40金乡	邵燕梅	亓文婧
36阳谷	陈晓姣	孙宇炜	41曲阜	张燕芬 邵燕梅	王红娟
37梁山	邵燕梅	亓文婧	42薛城	陈晓姣	刘 娟
38菏泽	张树铮	杨 青	43郯城	张树铮	林珈亦
39曹县	陈晓姣	江语林	44临沂	张树铮	林珈亦

此外，杨青还负责了各点概况的整理。2020年8月之后，主要由张树铮负责进行了以下工作：

（1）对单点材料的复核意见逐点根据录音进行了取舍的确认。

（2）对各方言点的音系进行体例的统一，并根据老男发音人和青男发音人的单字音数据表整理了各点的新老差异。

（3）用语保中心提供的合成软件分别合成Word版的1000字音对照表、1200词对照表和50个语法例句对照表。

（4）对字音对照表进行格式规范方面的调整。

（5）对词汇对照表进行加工：①统一用字；②查考和换用本字；③调整或删汰原有欠妥词目或说明；④添注音变信息；⑤添加必要脚注对用字等进行说明；⑥统一格式规范。

（6）对语法例句对照表进行加工，内容同词汇对照表。

（7）撰写各卷概述，说明有关注音、用字等方面的体例和具体规定。

在此期间，各调查团队负责人也都积极配合，包括补充各点单音节动词重叠的变调情况以及对少数疑难问题的复核。

以上工作大致到2020年底完成，至此本书书稿已成雏形。此后书稿由岳立静进行审核。同时，经钱曾怡先生推荐，项目组与国家一级出版社山东人民出版社签订了出版协议。

2021年，张树铮组织博士研究生对书稿材料进行了两次集中的核校。第一次参加的研究生是林珈亦和杨青，第二次参加的是林珈亦和袁舒。主要是检查文本中的错漏和体例不一之处。张树铮对她们提出的问题进行了确认。其中，林珈亦和杨青还查阅资料对各点的地理和行政区划等进行了改写。另外，林珈亦绘制了方言调查点分布图。

2022年春，张树铮先是请硕士研究生魏鑫根据张振兴、李琦编的《中国分省区汉语方言文献目录》抽取出2011年之前发表出版的山东方言研究论著目录，后又请博士研究生袁舒补充了从2012年到2021年间出版发表的山东方言研究论著目录，并由杨青进行了校对并根据《山东方言研究》补充了部分文献。最后一次大的内容核对是在2022年6月份，由张树铮和林珈亦、袁舒对因为连读容易出错而仍存在问题（主要是连读变调问题）的语法例句部分全部根据录音进行了重新复核。其中，林珈亦复核了胶辽官话和冀鲁官话的36点，袁舒复核了中原官话8点，张树铮独自根据录音复核了约一半的内容，又对林、袁二位复核后指出的问题之处根据录音进行了确认或排除。

上述期间，张树铮和岳立静在浏览书稿中不断发现有些记音或体例方面的新问题，所以零星的修改是持续进行的，包括对同类问题的统查统改。在此基础上，2022年9月18日本项目进行了专家验收。验收组专家们充分肯定了本书稿的成绩和一些创新，同时也指出了还存在的一些问题。此后，张树铮和岳立静吸收专家们的意见又对书稿进行了一次修改。10月下旬，经过修改的书稿提交给出版社。

2022年12月出版社排出清样后，岳立静和张树铮在2022年12月和2023年2月分别组织研究生校对了语音卷、词汇卷和语法卷的清样。最后，张树铮对校对意见根据录音又进行了核对，最终完成第一次的清样校对。2023年5月，张树铮又组织研究生进行了第二次清样校对。2023年9月，

张树铮对词汇卷清样中的问题又进行了核对、修改。

以上不厌其详的流水账，并非为了摆功，而是想说明，本书的的确确是集体的作品。

首先，本书的材料源自各地的方言发音人。他们在参加发音人遴选、调查中的积极主动和全力配合，表现出了对自己方言和地方文化的强烈热爱、对于保护当地方言文化的责任感，时时令我们这些调查人员感动。我们作为调查和编辑人员，要向他们表示崇高的敬意！各地教育局（语委）的领导和具体办事人员，在宣传发动、发音人遴选、录音录像场地选择、各方协调等方面也都有重要贡献，为各地调查任务的完成创造了条件。

其次是各调查团队的贡献。各团队的负责人老师，都是在繁忙的教学和工作之余进行这些调查工作的，没有他们辛苦而认真的劳动，也就没有本书的基础材料。

再次是参加材料审核和多次校对的各位老师和同学们。从根据录音对原始材料一个音一个词一个句子的核对，到对有如此繁多音标符号的书稿一次又一次的检查、校对，每一次检查都能揪出一些瑕疵，但是，从最初的问题多多到最后的一次比一次少，背后都是他们的功劳。

必须要提到的还有山东人民出版社的领导和编辑们，他们不仅慨然同意出版符号繁多、读者面也有一定局限的本书，而且在具体的编辑过程中表现出了认真负责、一丝不苟的精神，说老实话，我们原本以为他们对于书中这些琐细的音标会轻易放过的，但直到最后的校样中，他们仍然发现了一些我们过筛了多遍的小疏漏，比如送气符号的疏漏或多余、儿化符号的缺失等，这是让我们非常感谢并值得我们学习的。

当然，作为一个方言学研究者和本书的主编，衷心觉得本书的完成和问世要感谢我们的时代！如果不是国家的迅速发展，就不可能有足够的经

费来支持如此大规模的方言调查和整理、编辑、出版工作。国家有关政府部门对方言文化的重视，则是中国语言资源保护工程能落到实处的基础。从2012年开始酝酿中国语言资源有声数据库山东库建设工程以来，山东省语委办各任领导都非常重视该项工作以及语保工程的山东方言调查项目，从筹措经费到具体组织工作团队、安排各地语委进行相关工作，到组织每个年度的中期检查、预验收、验收等，无不尽心尽力。尤其需要提及的是，省语办前主任梁斌言同志是中国语言资源有声数据库山东库建设工程的倡导者和组织者，这项工作为后来的语保工程山东方言调查工作奠定了良好基础；前主任孙祖兴同志的任期正在语保工程进行期间，所以语保工程山东方言调查的检查和验收以及同期进行的中国语言资源有声数据库山东库建设的检查验收都是他负责组织的，他也为这两项工程的顺利进行解决了很多实际问题；现任主任管恩文同志则对本书的编写出版给予了充分支持。

行文至此，完全没有以往写后记时的轻松、解脱之感，因为本书的内容过于庞大而细碎，尽管多次核校，但书中的疏漏和错误是很难完全避免的。作为编写人员，我们肯定要准备着迎接读者的进一步批评指正！尤其是我作为编集工作的负责人，更要负起对书中所有错误的责任。汇集全省120个方言点资料的《山东省语言资源集》正在编写之中，欢迎读者对本书的批评，因为这可以使我们在《山东省语言资源集》的编写中避免“二过”。

不管怎样，看到本书的出版，无论是我还是参与中国语言资源保护工程山东方言调查的调查人、发音人以及参加这项工程的其他人员，都会由衷感到高兴的，因为这些年来我们为山东省的语言资源保护工作所付出的心血终于可以直接跟读者见面了。而社会上关心山东方言文化的领导和省内外读者也会感到高兴的，因为这是历史上第一次如此大规模的山东方言

状况的文字展示，山东省的语言资源可以用白纸黑字的形式保存下来，而社会各方面对山东方言的研究和利用也有了一个便利的平台。

“衣沾不足惜，但使愿无违。”是为此刻的心声。

张树铮

识于2023年9月知新楼

中国语言资源保护工程

中国语言资源集·山东　组委会

主任

李　明

执行主任

孙晓筠　荆　戈

成员

（按音序排列）

管恩文　刘恩允　刘　勇

吴　臻　向　平　张茂聪

教育部语言文字信息管理司
山　东　省　教　育　厅　指导

中国语言资源保护研究中心　统筹

中国语言资源保护工程

中国语言资源集·山东　编委会

中国语言资源集

山东

语法卷

张树铮 主编

山东人民出版社·济南

图书在版编目（CIP）数据

中国语言资源集. 山东. 语法卷 / 张树铮主编 .— 济南：山东人民出版社, 2023.11
ISBN 978-7-209-14688-3

Ⅰ. ①中… Ⅱ. ①张… Ⅲ. ①北方方言 – 语法 – 方言研究 – 山东 Ⅳ. ①H17

中国国家版本馆CIP数据核字（2023）第123590号

中国语言资源集 · 山东　语法卷
ZHONGGUO YUYAN ZIYUAN JI · SHANDONG　YUFA JUAN

张树铮　主编

主管单位　山东出版传媒股份有限公司
出版发行　山东人民出版社
出 版 人　胡长青
社　　址　济南市市中区舜耕路517号
邮　　编　250003
电　　话　总编室（0531）82098914
　　　　　市场部（0531）82098027
网　　址　http://www.sd-book.com.cn
印　　装　山东新华印务有限公司
经　　销　新华书店

规　　格　16开（185mm×260mm）
印　　张　16.25
插　　页　4
字　　数　293千字
版　　次　2023年11月第1版
印　　次　2023年11月第1次
ISBN 978-7-209-14688-3
总 定 价　458.00元（全三卷）

总 序

教育部、国家语言文字工作委员会于2015年5月发布《教育部国家语委关于启动中国语言资源保护工程的通知》(教语信司〔2015〕2号),启动中国语言资源保护工程(以下简称语保工程),在全国范围开展以语言资源调查、保存、展示和开发利用等为核心的各项工作。

在教育部、国家语委统一领导下,经各地行政主管部门、专业机构、专家学者和社会各界人士共同努力,至2019年底,语保工程超额完成总体规划的调查任务。调查范围涵盖包括港澳台在内的全国所有省份、123个语种及其主要方言。汇聚语言和方言原始语料文件数据1000多万条,其中音视频数据各500多万条,总物理容量达100TB,建成世界上最大规模的语言资源库和展示平台。

语保工程所获得的第一手原始语料具有原创性、抢救性、可比性和唯一性,是无价之宝,亟待开展科学系统的整理加工和开发应用,使之发挥应有的重要作用。编写《中国语言资源集(分省)》(以下简称资源集)是其中的一项重要工作。

早在2016年,教育部语言文字信息管理司(以下简称语信司)就委托中国语言资源保护研究中心(以下简称语保中心)编写了《中国语言资源集

（分省）编写出版规范（试行）》。2017年1月，语信司印发《关于推进中国语言资源集编写的通知》（教语信司函〔2017〕6号），要求“各地按照工程总体要求和本地区进展情况，在资金筹措、成果设计等方面早设计、早谋划、早实施，积极推进分省资源集编写出版工作”，“努力在第一个‘百年’到来之际，打造标志性的精品成果。”2018年5月，又印发了《关于启动中国语言资源集（分省）编写出版试点工作的通知》（教语信司函〔2018〕27号），部署在北京、上海、山西等地率先开展资源集编写出版试点工作，并明确“中国语言资源集（分省）编写出版工作将于2019年在全国范围内全面铺开”。2019年3月，教育部办公厅印发《关于部署中国语言资源保护工程2019年度汉语方言调查及中国语言资源集编制工作的通知》（教语信厅函〔2019〕2号），要求“在试点基础上，在全国范围内开展资源集编制工作”。

为科学有效开展资源集编写工作，语信司和语保中心通过试点、工作会、研讨会等形式，广泛收集意见建议，不断完善工作方案和编写规范。语信司于2019年7月印发了修订后的《中国语言资源集（分省）实施方案》和《中国语言资源集（分省）编写出版规范》（教语信司函〔2019〕30号）。按规定，资源集收入本地区所有调查点的全部字词句语料，并列表对照排列。该方案和规范既对全国作出统一要求，保证了一致性和可比性，也兼顾各地具体情况，保持了一定的灵活性。

各省（区、市）语言文字管理部门高度重视本地区资源集的编写出版工作，在组织领导、管理监督和经费保障等方面做了大量工作，给予大力支持。各位主编认真负责，严格要求，专家团队团结合作，协同作战，保证了资源集的高水准和高质量。我们有信心期待《中国语言资源集》将成为继《中国语言文化典藏》《中国濒危语言志》之后语保工程的又一重大标志性成果。

语保工程最重要的成果就是语言资源数据。各省（区、市）的语言资源按照国家统一规划规范汇集出版，这在我国历史上尚属首次。而资源集所收调查点数之多，材料之全面丰富，编排之统一规范，在全世界范围内亦未见出其右者。从历史的眼光来看，本系列资源集的出版无疑具有重大意义和宝贵价值。我本人作为语保工程首席专家，在此谨向多年来奋战在语保工作战线上的各位领导和专家学者致以崇高的敬意！

曹志耘

2020年10月5日

序

山东是人口大省，2021年的常住人口有一亿零一百六十多万，居全国第二位。从地理看，山东西部和北部位于华北大平原、中南部是山地丘陵，与河北、河南、安徽、江苏毗邻，东部则是山东半岛，与辽东半岛和朝鲜半岛隔海相望。从历史看，山东是华夏文化的发祥地之一，是儒家文化的诞生地，在数千年的中国历史舞台上一直是中心区域之一。独特的地理环境和悠久深厚的人文历史积淀，孕育出了齐鲁大地的文化传统和特有的山东气度；山东人民所说的山东话，也在继承古代汉语基础上，植根于本地并交融于共同语，表现出了浓郁的山东风味。

方言是当地人们社会交际的主要工具，它又是地方文化的结晶，渗透着各地的人文历史、风土人情，既是语言资源也是文化资源。方言一方面受到民族共同语的引领，另一方面也能够为共同语的发展提供营养。并且，掌握当地方言特点，对更好地学习普通话以及教育、公安、医疗等行业也有重要意义。因此，党和政府历来重视对方言的调查研究。二十世纪五十年代，在国务院关于推广普通话的指示下，高教部和教育部组织全国高校专家开展了汉语方言普查，对全国各地的方言进行了一次摸底，掌握了汉语方言的基本情况。山东省的方言普查成果后来汇编成了《山东方言语音

概况》(油印本)。八十年代，在新编的省市县各级新方志中，都设立了方言专章，由此也推动了对各地方言的大范围调查。新编《山东省志》中的《方言志》(1993年出版)，是在省教育厅组织下省内几十名专家共同努力的结果，在对36个点进行调查的基础上，勾勒了山东方言的基本面貌和特点，提供了大量的比较详实的方言资料。二十一世纪以来，随着普通话的日益普及，汉语方言的调查研究与语言资源的保护开始结合起来。国家语委和教育部语信司于2008年启动了中国语言资源有声数据库建设工程，并首先在江苏省开展试点。2012年试点结束以后，山东省语委迅速响应，于2013年8月正式启动了中国语言资源有声数据库山东库建设工程，组织了10个调查团队，对全省120个县(区)级方言点开展调查。2015年，国家语委和教育部语信司又在中国语言资源有声数据库建设工程的基础上，启动了“中国语言资源保护工程”(简称“语保工程”)。山东省共承担了44个方言点的调查任务。目前，以上调查任务已全部完成。事实证明，要对汉语方言进行大范围的普遍性的调查，没有政府部门的领导和支持是无法展开的，而山东省则在汉语方言的调查和研究中一直走在全国的前列。

中国语言资源有声数据库山东库建设工程和语保工程都采用了现代化的技术和保存手段，高质量的录音录像和数据表是其主要呈现形式。这有利于资料的永久性保存和通过计算机网络的查询，但不便于一般读者翻阅。为了方便各界利用这些宝贵的资料，国家语委和教育部语信司部署了纸本《中国语言资源集》的编辑工作，《中国语言资源集·山东》一书就是根据全国统一的体例对山东省语保工程44点资料中的主要文字内容加以汇总和编集而成的。

山东省语委不仅对本书资料的调查进行了直接筹划和领导、筹集经费和布置各地语委系统协同工作，对本书的编辑亦非常重视。省语委组织了编委会开展工作，并在国家语委项目经费的基础上筹集了配套经费，使得

本书能够顺利地编辑和出版。另外，对中国语言资源有声数据库山东库建设工程120个方言点的全面资料的整理出版也将于近期展开。

相信本书的出版能够展现山东省语言资源的基本面貌，对于保护和利用这些语言资源和文化资源发挥应有的作用，对于增强地域文化自信和建设文化强省也会提供新的助力。对于省外人士来说，可以由此了解山东省的语言资源；而对于省内各地的人们来说，既可以通过本书了解本地的方言状况，又可以了解省内其他地方的方言特点，这对于增进省内各地的相互了解和沟通，无疑也是具有十分直接的意义的。

荆　戈

2022年7月

山东方言的分区和语保工程调查点分布图

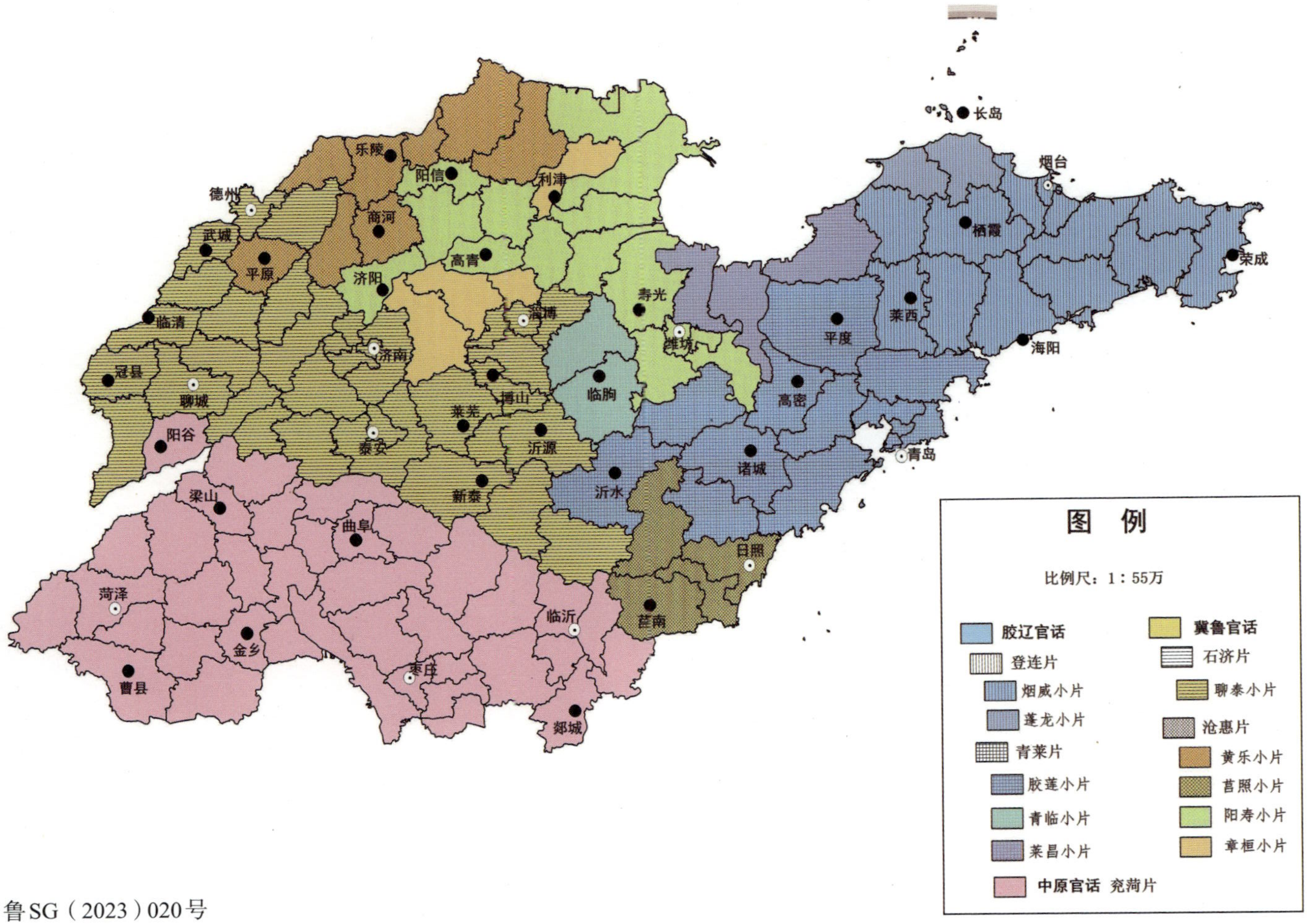

鲁SG（2023）020号

目 录

语法卷

概　述

一

语法卷的主要内容是中国语言资源保护工程山东省44个调查点的语法状况。各点按照调查手册中统一的50个例句，调查了它们在方言中的表达方式。本卷以列表的形式对照列出每一个例句在44个点中的对应表达。后面列有关于山东方言语法研究的参考文献及附录。

语法例句的调查与字音和词汇的调查特点不太一样。字音的调查比较单纯，照字读出来即可（如果有异读当然也要反映出来）。词汇的调查所指也是明确的，最多是把同一所指的不同方言说法都记录下来。而语法例句本身既有句义又有结构的问题，同时又有包含在看似平常的句子当中的重点考察的语法要点。所以，调查的结果不仅要在原句义不变的前提下换用方言的说法（词语和语法），还要保证方言的说法能够反映出语法要点在该方言中的对应形式，只有这样才能真正达到调查的目的。如果仅仅把语法例句的调查当作对普通话句子的翻译，就很有可能忽视了对该句中包含的语法重点的反映，而这一点是难免有时有疏失的。从调查实践来看，最难避免的是语法例句调查的另一个局限性：由于缺乏语境的支持，因此不同方言发音人所设想的语境可能并不一致，由此表达方式也不尽相同。尽管有些例句是问答式的，在一定程度上提供了语境，但仍然会出问题。如例句0002："a.你平时抽烟吗？b.不，我不抽烟。"调查要点之一是看"用于应答的否定词"是否能"单独成句"。某点的老男发音人纸笔调查时非常肯定地说b句不能单说"不"，但到了录音录像时又非常肯定地说b句一定要加"不"。实际上，不加"不"是普通的回答，而加"不"是十分强调的回答，两种说法在方言中都是存在的，关键看用在什么样的情境之中。

上述说明，主要是为了提醒读者在阅读这些材料时注意，不同点的材料有不同可能并不意味着这些地方的语法特点不同。当然，对于大多数例句的大多数语法要点来说，本卷的材料是能够比较好地反映本地方言语法特点的，尤其是当某个说法在较大区域内存在时——因为不可能这些点的老男发音人（包括调查人）都对某一例句有理解的偏差。

二

语法卷的体例，是遵照《中国语言资源集》(分省)的统一规范安排的。其记音和用字，与语音卷和词汇卷的处理相一致，这里不再复述。需要补充说明的是：

1.各点语句汉字记录和国际音标记音分行排列。如果同一地点有不同说法，直接排成不同的行，中间不加标记。

2.各个句子的国际音标记音，句末一般不加句号，但为便阅读，句末的问号、句中的逗号、句群中的句号仍标出。其中，问号和逗号用汉字字体，句群中的句号用西文点号。

3.各种虚词(以及疑问代词)的汉字记录，有通用字形的用通用字形，如“吗、吧、哇、咧、喽、唻[①]”之类。没有通用字形的，尽量选用带“口”旁的字，如“唠嗹嗹”之类(不加同音符号“=”)；没有带“口”旁的字的，用其他同音字(后加同音符号“=”)。各点材料使用同音字不一致的，本书进行了统一。非通用字形和同音字主要有以下一些：

(1)唠——相当于“了$_1$”，音“劳”轻声。

(2)嘞——相当于“了$_1$”，音“留”轻声。

(3)哩——相当于“了$_1$”，音“里”轻声。

(4)唡——相当于“了$_2$”，音“俩(liǎ)”轻声。该字一般用来表示英美制重量单位，即英两(盎司)，音“两”。用来标记语气词“lia”，是山东方言调查中的习惯用法，仿“俩”音liǎ而来。

(5)嗹——相当于“了$_2$”，音“连”轻声。

(6)嚂——相当于“了$_2$”，音“兰”轻声。

(7)們——相当于“吗”，音“门”轻声。

(8)嫚——相当于“吗”，音“曼”轻声。

(9)哤——相当于“吗”，音“芒”轻声。

---

① 《现代汉语词典》(第七版)有偏旁简化的“唻”：“·lai〈方〉助❶用在疑问句(特指问、正反问)的末尾，相当于‘呢’：你们敲锣打鼓的干什么～？｜人～？怎么找不到了？｜你们都有了，我～？❷相当于‘啦’：大伙儿干得可欢～。❸相当于‘来着’：娘怎么说～，怎么都忘了？”山东方言中有❶和❸两种用法，❶义写作“唻”，而❸义与“来着”有密切关系，本书径写作“来”，不写作“唻”。又，因为“唻”字在计算机处理中很难正常显示，所以本书统一用“唻”字。

（10）啵——相当于普通话的“吗”，但表疑问的意味更重，实际上是“不啊（呃）”的合音，多用于未发生的动作，强调时可说成“不啊（呃）”。

（11）么——①相当于普通话的“吗”或疑问语气词“么”，但表疑问的意味更重，实际上是“没（音mu）阳平啊（呃）”的合音，用于已发生的动作，强调时可说成“没啊（呃）”。②有些方言（如济南）中“么”音“摩”，是疑问代词，相当于“什么”。

（12）咩——相当于“吧”，音“半”轻声。

（13）㘎——相当于“吧”，音“扁”轻声。

（14）嚗——相当于“吧”，音“暴”轻声。

（15）啡——相当于“吧”（或者说“呗”），音“拜”轻声。

（16）唵——相当于语气词“啊”，表确定语气，音“俺”轻声。

（17）呃——弱读的语气词“啊”，音ə^{0}。

（18）耶——弱读的语气词“呀”，音iə^{0}。

（19）可$^{=}$——助词，用在动词性词语后面，相当于“……的时候”，音“可”轻声。

（20）嘛——音“麻”，疑问代词，相当于“什么”。

其他情况，如助词“了”读为“liao^{0}”或“lə^{0}”（少数点读为ə^{0}）、其他虚成分的弱化或音变形式如后缀“子”读为“tə^{0}”或“nə^{0}”、“的／得／地”读为“li^{0}”或“lɛ^{0}”“ə^{0}”、轻声的“里”读为“lə^{0}”“lɛ^{0}”之类，都照写本字，不另标记。如果助词“了”与前一音节合成了儿化韵，则标记为儿化词。如0036句中的“借了”，烟台是“tɕiɐr^{33}”，记为“借儿”；栖霞是“tʃiɛ^{52}ə^{0}”，记为“借了”。

需要说明的是，上述字形的使用主要涉及语气词和助词“了”，这两类的不同语音形式既关乎语音，也关乎功能：不同形式的语气词往往表达不同的语气，而“了”的不同语音形式表达不同语法意义。其他虚成分在方言中也有些音变，但有的只是词汇层面的音变（如后缀“子”），有的虽有音变但不（或基本不）涉及语法意义的改变（如“的／得／地”“着”），所以不用不同汉字形式来区别。

4.较为生僻、不易理解的方言词或需要说明的读音及语法问题在汉字句后用小字注出意义或加以说明。不涉及语法或语义问题的音变一般不做说明，读者幸勿以为记音有误。

5.有些方言有所谓的“零音节”现象，也就是轻声音节丢失，但前一音节按轻声前变调进行变调、并且音长略有延长，听起来似乎后面还有一个音节似的。从标音来看，通常不记音长，所以只有变调能够反映出后面还有“零音节”。在汉字记录时，本书增补上“零音节”的字（语素），并用方括号括起。本条说明已见于词汇卷，因为比较少见，所以这里再重申一下。

语法对照

例句目录

0001.小张昨天钓了一条大鱼，我没有钓到鱼。

0002. a.你平时抽烟吗？b.不，我不抽烟。

0003. a.你告诉他这件事了吗？b.是，我告诉他了。

0004.你吃米饭还是吃馒头？

0005.你到底答应不答应他？

0006. a.叫小强一起去电影院看《刘三姐》。b.这部电影他看过了。

0007.你把碗洗一下。

0008.他把橘子剥了皮，但是没吃。

0009.他们把教室都装上了空调。

0010.帽子被风吹走了。

0011.张明被坏人抢走了一个包，人也差点儿被打伤。

0012.快要下雨了，你们别出去了。

0013.这毛巾很脏了，扔了它吧。

0014.我们是在车站买的车票。

0015.墙上贴着一张地图。

0016.床上躺着一个老人。

0017.河里游着好多小鱼。

0018.前面走来了一个胖胖的小男孩。

0019.他家一下子死了三头猪。

0020.这辆汽车要开到广州去。

0021.学生们坐汽车坐了两整天了。

0022.你尝尝他做的点心再走吧。

0023. a.你在唱什么？b.我没在唱，我放着录音呢。

0024. a.我吃过兔子肉，你吃过没有？b.没有，我没吃过。

0025.我洗过澡了，今天不打篮球了。

0026.我算得太快算错了，让我重新算一遍。

0027.他一高兴就唱起歌来了。

0028.谁刚才议论我老师来着？

0029.只写了一半，还得写下去。

0030.你才吃了一碗米饭，再吃一碗吧。

0031.让孩子们先走，你再把展览仔仔细细地看一遍。

0032.他在电视机前看着看着睡着了。

0033.你算算看，这点钱够不够花？

0034.老师给了你一本很厚的书吧？

0035.那个卖药的骗了他一千块钱呢。

0036. a.我上个月借了他三百块钱。b.我上个月借了他三百块钱。

0037. a.王先生的刀开得很好。b.王先生的刀开得很好。

0038.我不能怪人家，只能怪自己。

0039. a.明天王经理会来公司吗？b.我看他不会来。

0040.我们用什么车从南京往这里运家具呢？

0041.他像个病人似的靠在沙发上。

0042.这么干活连小伙子都会累坏的。

0043.他跳上末班车走了。我迟到一步，只能自己慢慢走回学校了。

0044.这是谁写的诗？谁猜出来我就奖励谁十块钱。

0045.我给你的书是我教中学的舅舅写的。

0046.你比我高，他比你还要高。

0047.老王跟老张一样高。

0048.我走了，你们俩再多坐一会儿。

0049.我说不过他，谁都说不过这个家伙。

0050.上次只买了一本书，今天要多买几本。

	0001 小张昨天钓了一条大鱼，我没有钓到鱼。
荣成	小张儿夜儿钓了个大鱼，俺没钓得着。 siau^{21}tʃãr^{53}iɐr^{214}tiau^{33}lə^{0}kə^{0}ta^{33}y^{53}，an^{214}mei^{21}tiau^{33}tə^{0}tʂo^{53}
烟台	小张夜来钓了条大鱼，我没钓着。 ɕiau^{14}tɕiɑŋ^{53}ie^{33}lɛ^{0}tiau^{33}lə^{0}t^{h}iau^{33}ta^{33}y^{33}，uo^{21}mo^{33}tiau^{33}ɾə^{0}
栖霞	小张儿夜来钓了条大鱼，我没钓着。 ʃiɔo^{34}tʃãr^{52}iɛ^{34}lɛi^{0}tiɔo^{55}ə^{0}t^{h}iɔo^{34}ta^{52}y^{312}，uo^{34}mei^{34}tiɔo^{52}lə^{0}
长岛	小张夜里钓了条大鱼，我没钓着。 ʃau^{55}tʃɑŋ^{31}iɛ^{52}li^{0}tiau^{31}lə^{0}t^{h}iau^{35}ta^{52}y^{35}，uə^{35}mei^{55}tiau^{31}tʃuə^{55}
海阳	小张儿夜来钓了条大鱼，我没钓着。 siɔ^{21}tsãr^{52}iə^{34}lɛ^{0}tiɔ^{34}ə^{0}t^{h}iɔ^{34}ta^{34}y^{52}，uo^{21}mə^{52}tiɔ^{34}ə^{0}
莱西	小张儿夜来钓了一条大鱼，我没钓着。 ʃiɔ^{55}tʃãr^{214}iə^{45}lɛ^{0}tiɔ^{42}lə^{0}i^{55}t^{h}iɔ^{45}ta^{42}y^{214}，uə^{55}mu^{21}tiɔ^{42}tsə^{0}
平度	小张儿夜来钓了一条大鱼，我没钓着。 siɔ^{55}tʂãr^{213}iə^{42}lɛ^{0}tiɔ^{42}lə^{0}i^{55}t^{h}iɔ^{42}ta^{213}y^{42}，uə^{55}mu^{213}tiɔ^{42}tʂə^{0}
青岛	小张儿夜来钓了一条大鱼，我没钓着。 siɔ^{55}tʂãr^{213}iə^{45}lɛ^{0}tiɔ^{42}lə^{0}i^{55}t^{h}iɔ^{42}tɑ^{213}y^{42}，uə^{55}mu^{213}tiɔ^{42}tʂə^{0}
高密	小张儿夜来钓了条大鱼，我没钓着。 siɔ^{42}tʂãr^{213}iə^{42}lɛ^{0}tiɔ^{21}lə^{0}t^{h}iɔ^{42}tɑ^{21}y^{42}，uə^{23}mu^{0}tiɔ^{42}tʃə^{0}
诸城	小张夜来钓了条大鱼，我没钓着。 θiɔ^{44}tʃɑŋ^{213}iə^{44}lɛ^{0}ȶiɔ^{44}lə^{0}ȶ^{h}iɔ^{0}ta^{31}y^{53}，uə^{44}mu^{44}ȶiɔ^{44}tʂə^{0}
沂水	夜来霎儿，小张儿钓了一根大鱼，我没钓着。 iə^{44}lɛ^{0}ʂar^{0}，siɔ^{44}dʒãr^{213}tiɔ^{44}lə^{0}i^{24}kẽ^{213}ta^{31}y^{53}，uə^{44}mu^{53}tiɔ^{44}tʂɔ^{0}
临朐	小张夜来钓了一条大鱼，我没钓着。 ɕiɔ^{44}tʃɑŋ^{213}iə^{44}lɛ^{0}tiɔ^{44}lə^{0}i^{21}t^{h}iɔ^{53}ta^{21}y^{53}，uə^{44}mu^{53}tiɔ^{44}tʂuə^{0}
日照	小张夜来钓了个大鱼，俺没钓着。 θiɔ^{44}tʃiɑŋ^{213}iə^{53}lɛ^{0}tiɔ^{53}lə^{0}kə^{0}tɑ^{31}y^{53}，nã^{213}mu^{0}tiɔ^{53}tʂə^{0}
莒南	小张夜来钓了条大鱼，我没钓着。 siɔ^{55}tʃɑŋ^{213}iə^{31}lɛ^{0}tiɔ^{53}lə^{0}t^{h}iɔ^{53}ta^{31}y^{53}，uə^{55}mu^{31}tiɔ^{53}tʂə^{0}
潍坊	小张儿夜来钓了一条大鱼，我没钓着。 ɕiɔɤ^{55}tʂãr^{214}iə^{55}lɛ^{0}tiɔɤ^{55}liɔɤ^{0}i^{214}t^{h}iɔɤ^{53}tɑ^{31}y^{53}，uə^{55}mu^{53}tiɔɤ^{55}tʂuə^{0}
寿光	小张夜来钓唠一条大鱼，我没钓着。 ɕiɔ^{55}tʂɑŋ^{213}iə^{55}lɛ^{0}tiɔ^{55}lɔ^{0}i^{213}t^{h}iɔ^{53}ta^{21}y^{53}，uə^{55}mu^{53}tiɔ^{55}tʂuə^{0}
高青	小张儿夜来钓了一条大鱼，我没钓着。 ɕiɔ^{55}tʂãr^{213}iə^{55}lɛ^{0}tiɔ^{55}lə^{0}i^{55}t^{h}iɔ^{55}tɑ^{41}y^{55}，uə^{55}mu^{0}tiɔ^{55}tʂuə^{0}
阳信	小张夜来钓哩条大鱼，俺没钓着。 ɕiɔ^{55}tʂɑŋ^{213}iə^{55}lɛ^{0}tiɔ^{55}li^{0}t^{h}iɔ^{0}ta^{31}y^{43}，ŋã^{55}mu^{55}tiɔ^{55}tʂou^{0}

续表

	0001 小张昨天钓了一条大鱼，我没有钓到鱼。
济阳	小张夜来钓了一条大鱼，我没钓着。 ɕiɔ^{55}tʂɑŋ^{213}iə^{55}lɛ^{0}tiɔ^{55}lə^{0}i^{13}tʰiɔ^{55}ta^{31}y^{55}，uə^{21}mu^{13}tiɔ^{55}tʂɔ^{0}
利津	小张夜来钓哩一条大鱼，我没钓着。 ɕiɔ^{55}tʂɑŋ^{213}iə^{55}lɛ^{0}tiɔ^{55}li^{0}i^{24}tʰiɔ^{53}ta^{31}y^{53}，uə^{55}mu^{31}tiɔ^{55}tʂɔ^{0}
乐陵	小张儿夜来个钓嘞条大鱼，我没钓着。 ɕiɔ^{55}tʂɑr^{24}iə^{55}lɔ^{0}kə^{0}tiɔ^{55}liou^{0}tʰiɔ^{55}tɑ^{31}y^{55}，uə^{55}mu^{55}tiɔ^{55}tʂou^{0}
商河	小张夜来钓哩一个大鱼，俺没价钓着。 ɕiɔ^{45}tʂɑŋ^{213}iə^{54}lɛ^{0}tiɔ^{54}li^{0}i^{213}kə^{0}tɑ^{31}y^{54}，ŋã^{54}mu^{31}tɕiɑ^{0}tiɔ^{54}tʂɔ^{0}
平原	小张夜来钓了一条大鱼，我没钓着。 ɕiɔu^{42}tʂɑŋ^{213}iə^{42}lɛi^{0}tiɔu^{42}liɔu^{0}i^{212}tʰiɔu^{42}ta^{21}y^{42}，uə^{55}mei^{21}tiɔu^{42}tʂɔu^{0}
德州	小张夜来钓了个大鱼，我没钓着。 ɕiɔ^{55}tʂaŋ^{213}iə^{42}lɛ^{0}tiɔ^{42}lə^{0}kə^{0}ta^{21}y^{42}，uə^{55}mei^{21}tiɔ^{42}tʂɔ^{0}
武城	小张儿夜来钓唠一条鱼，俺没钓着。 ɕiɔ^{55}tʂar^{224}iə^{53}lɛ^{0}tiɔ^{53}lɔ^{0}i^{24}tʰiɔ^{53}y^{53}，ŋã^{55}mei^{21}tiɔ^{53}tʂɔ^{0}
临清	小张儿夜儿可=钓了一条大鱼，我没钓着鱼。 ɕiau^{44}tʂar^{13}iər^{53}kʰə^{0}tiau^{53}lə^{0}i^{13}tʰiau^{44}ta^{31}y^{53}，uə^{44}mei^{13}tiau^{31}tʂau^{0}y^{53}
冠县	小张夜儿里个钓了条大鱼，我没钓着。 siɔ^{55}tʂɑŋ^{13}iər^{53}li^{0}kə^{0}tiɔ^{53}lə^{0}tʰiɔ^{24}ta^{314}y^{53}，uə^{55}mei^{53}tiɔ^{24}tʂɔ^{0}
聊城	小张夜儿里钓了一条大鱼，俺没钓着。 ɕiɔ^{44}tsɑŋ^{13}iər^{53}li^{0}tiɔ^{53}lə^{0}i^{13}tʰiɔ^{44}ta^{31}y^{53}，ɣã^{44}mei^{13}tiɔ^{53}tsɔ^{0}
济南	小张夜来钓唠条大鱼，俺没钓着。 ɕiɔ^{55}tʂɑŋ^{213}iə^{55}lɛ^{0}tiɔ^{55}lɔ^{0}tʰiɔ^{42}ta^{21}y^{42}，ŋã^{55}mei^{21}tiɔ^{55}tʂɔ^{0}
泰安	夜儿小张钓唠条大鱼，俺就没钓着。 iɛr^{42}ɕiɔ^{55}tʂɑŋ^{213}tiɔ^{42}lɔ^{0}tʰiɔ^{42}ta^{21}y^{42}，nã^{55}tou^{21}mei^{23}tiɔ^{42}tʂuə^{0}
莱芜	小张夜来钓了一条大鱼，我没有钓着。 ɕiɔ^{55}tʃɑŋ^{213}iə^{55}lɛ^{0}tiɔ^{42}liɔ^{0}i^{213}tʰiɔ^{55}ta^{42}y^{55}，uə^{213}mei^{55}iou^{0}tiɔ^{55}tʃuə^{0}
新泰	小张夜来霎钓唠一根大鱼，我没价钓着。 ɕiɔ^{55}tʃɑŋ^{21}iə^{45}lɛ^{0}ʃa^{0}tiɔ^{42}lɔ^{0}i^{23}kẽ^{213}ta^{31}y^{42}，uə^{55}mu^{213}tɕiə^{0}tiɔ^{42}tʃɔ^{0}
沂源	小张夜来霎钓了一条大鱼，我没钓着。 ɕiɔ^{55}tʃɑŋ^{213}iə^{55}lɛ^{0}ʃa^{0}tiɔ^{55}lə^{0}i^{55}tʰiɔ^{55}ta^{31}y^{55}，uə^{21}mu^{55}tiɔ^{55}tʃə^{0}
博山	小张夜来钓呃条大鱼，我没钓着。 ɕiɔ^{55}tʂɑŋ^{213}iə^{55}lɛ^{0}tiɔ^{31}ə^{0}tʰiɔ^{55}tɑ^{31}y^{55}，uə^{55}mu^{55}tiɔ^{55}tʂuə^{0}
张店	小张夜来钓了条大鱼，我没钓着。 ɕiɔ^{55}tʂɑŋ^{213}iə^{55}lɛ^{0}tiɔ^{55}liɔ^{0}tʰiɔ^{55}tɑ^{31}y^{55}，uə^{55}mu^{55}tiɔ^{55}tʂuə^{0}

续表

	0001 小张昨天钓了一条大鱼，我没有钓到鱼。
阳谷	夜儿里小张钓唠一条大鱼，我没钓着。 iər^{42}li^{0}ɕiɔ^{55}tsaŋ^{213}tiɔ^{42}lɔ^{0}i^{13}tʰiɔ^{42}ta^{31}y^{42}，uo^{55}mei^{13}tiɔ^{31}tsuo^{42}
梁山	夜儿阵儿小张儿钓唠条大鱼，我没钓着。 iɛr^{42}tʂər^{0}ɕiɔ^{55}tsãr^{213}tiɔ^{42}lɔ^{0}tʰiɔ^{42}ta^{31}y^{42}，uə^{55}mei^{23}tiɔ^{31}tsuə^{42}
菏泽	小张儿夜夜儿钓了个大鱼，我没钓着。 ɕiɔ^{44}tsãr^{213}iɛ^{31}iɛr^{0}tiɔ^{21}lə^{0}kə^{0}ta^{31}y^{53}，uə^{44}mei^{53}tiɔ^{213}tsuə^{53}
曹县	小张夜们$^{=}$儿钓了一个大鱼，我没钓住。 ɕiɔ^{44}tʂaŋ^{213}iə^{31}mər^{0}tiɔ^{21}lə^{0}i^{213}kə^{0}ta^{31}y^{53}，uə^{44}mei^{213}tiɔ^{213}tʂu^{0}
金乡	小张儿夜儿们$^{=}$儿钓唠个大鱼，我没钓着鱼。 ɕiɔ^{55}tsãr^{213}iɛr^{42}mer^{0}tiɔ^{42}lɔ^{0}kə^{0}ta^{31}y^{42}，uə^{55}mei^{213}tiɔ^{42}tsuə^{0}y^{42}
曲阜	夜儿里小张儿钓了一个大鱼，我没钓着。 iɛr^{42}li^{0}ɕiɔ^{55}tsãr^{213}tiɔ^{42}lə^{0}i^{213}kə^{0}ta^{31}y^{42}，uə^{55}mei^{213}tiɔ^{31}tsuə^{55}
薛城	小张昨里钓了条大鱼，我没钓着。 ɕiɔ^{55}tsaŋ^{313}tsuə^{55}li^{0}tiɔ^{41}lə^{0}tʰiɔ^{55}ta^{41}y^{55}，uə^{24}me^{41}tiɔ^{41}pfə^{55}
郯城	小张儿昨天钓了一条大鱼，我昨天没钓着。 ɕiɔ^{55}tʂãr^{213}tsuə^{44}tʰiã^{21}tiɔ^{51}lə^{0}i^{21}tʰiɔ^{44}ta^{51}y^{44}，uə^{24}tsuə^{44}tʰiã^{21}me^{51}tiɔ^{51}tʂuə^{44}
临沂	昨大小张钓了条大鱼，我没钓着。 tsuə^{53}tʰiã^{214}ɕiɔ^{55}tʃaŋ^{214}tiɔ^{31}lə^{0}tʰiɔ^{53}ta^{31}y^{53}，uə^{55}mu^{31}tiɔ^{31}tʃɔ^{0}

	0002 a.你平时抽烟吗？b.不，我不抽烟。
荣成	a.你平常不抽烟儿？b.我不抽。 a. ni^{21}pʰiŋ^{35}tʃʰaŋ^{0}pu^{21}tʃʰəu^{53}iɐr^{53}？b. uo^{214}pu^{21}tʃʰəu^{53}
烟台	a.你平常日儿抽不抽烟？b.我不抽。 a. ȵi^{21}pʰiŋ^{53}tɕʰiaŋ^{33}iər^{14}tɕʰiou^{53}pu^{0}tɕʰiou^{53}ian^{53}？b. uo^{21}pu^{0}tɕʰiou^{53}
栖霞	a.你平常儿㕦$^{=}$不㕦$^{=}$烟？b.我不㕦$^{=}$。㕦$^{=}$：吃 a. ȵi^{21}pʰiŋ^{34}tʃʰãr^{52}tɛi^{34}pu^{0}tɛi^{34}iãn^{312}？b. uo^{21}pu^{0}tɛi^{214}
长岛	a.你平常抽烟吗？b.我不抽。 a. ȵi^{35}pʰiŋ^{52}tʃʰãŋ^{55}tʃʰou^{55}ian^{52}ma^{0}？b. uə^{35}pu^{55}tʃʰou^{312}
海阳	a.你平时吃烟吗？b.我不吃。 a. ȵi^{21}pʰiŋ^{52}ʂʅ^{52}tsʰʅ^{34}iã^{52}ma^{0}？b. uo^{21}pu^{34}tsʰʅ^{214}
莱西	a.你平常儿吃烟吗？b.我不吃烟。 a. ȵi^{55}pʰiŋ^{214}tʃʰãr^{42}tʃʰʅ^{55}iã^{214}ma^{0}？b. uə^{55}pu^{214}tʃʰʅ^{55}iã^{214}
平度	a.你平常吃烟吗？b.我不吃烟。 a. ȵi^{55}pʰiŋ^{42}tʃʰaŋ^{42}tʃʰʅ^{55}iã^{213}ma^{0}？b. uə^{55}pu^{213}tʃʰʅ^{55}iã^{213}

续表

	0002 a.**你平时抽烟吗？** b.**不，我不抽烟。**
青岛	a.你平常吃烟吗？b.我不吃烟。 a. ȵi^{55}pʰioŋ^{213}tʃʰɑŋ^{42}tʃʰɿ^{55}iã^{213}mɑ^{0}？ b. uə^{55}pu^{213}tʃʰɿ^{55}iã^{213}
高密	a.你平常吃烟呃吧？b.不，俺不吃。 a. ȵi^{55}pʰioŋ^{42}tʃʰɑŋ^{42}tʃʰɿ^{55}iã^{213}ə^{0}pɑ^{0}？ b. pu^{55}， ã^{42}pu^{0}tʃʰɿ^{55}
诸城	a.你平常吃烟吗？b.俺不吃烟。 a. ȵi^{44}pʰiəŋ^{53}tʃʰɑŋ^{53}tʃʰɿ^{44}iã^{31}ma^{0}？ b. ŋã^{44}pu^{44}tʃʰɿ^{44}iã^{213}
沂水	a.平日里你吃烟吧？b.不吃。 a. pʰiŋ^{53}i^{44}li^{0}ni^{44}tʃʰɿ^{24}iã^{21}pa^{0}？ b. pu^{21}tʃʰɿ^{44}
临朐	a.你平时吃烟呃吧？b.我不吃。“吧”为“不啊”的合音，慢说时可说成“不啊” a. ȵi^{44}pʰiŋ^{53}ʂʅ^{53}tʃʰɿ^{13}iã^{21}ə^{0}pa^{0}？ b. uə^{44}pu^{44}tʃʰɿ^{44}
日照	a.你好吃烟咗？b.俺不吃。 a. ni^{44}xɔ^{31}tʃʰɿ^{213}iã^{31}mɑŋ^{0}？ b. nã^{53}pu^{0}tʃʰɿ^{213}
莒南	a.你平时吸烟吧？b.我不吸。 a. ni^{55}pʰiŋ^{53}ʂʅ^{53}ɕy^{13}iã^{21}pa^{0}？ b. uə^{55}pu^{13}ɕy^{213}
潍坊	a.你平常吃烟呃吧？b.我不吃烟。 a. ȵi^{55}pʰiŋ^{53}tʂʰɑŋ^{53}tʂʰʅ^{24}iã^{31}ə^{0}pɑ^{0}？ b. uə^{55}pu^{31}tʂʰʅ^{24}iã^{214}
寿光	a.你平常吃烟呃吧？b.我不吃。“吧”为“不啊”的合音，慢说时可说成“不啊” a. ȵi^{55}pʰiŋ^{53}tʂʰɑŋ^{53}tʂʰʅ^{13}iã^{21}ə^{0}pa^{0}？ b. uə^{55}pu^{55}tʂʰʅ^{213}
高青	a.你抽烟吗？b.我不抽。 a. ȵi^{55}tʂʰou^{213}iã^{41}mɑ^{0}？ b. uə^{55}pu^{41}tʂʰou^{213}
阳信	a.你平常抽烟嘎？b.俺不抽。 a. ȵi^{55}pʰiŋ^{31}tʂʰɑŋ^{43}tʂʰou^{213}iã^{31}mã^{0}？ b. ŋã^{55}pu^{55}tʂʰou^{213}
济阳	a.你平常抽烟吧？b.俺不抽。 a. ȵi^{21}pʰiŋ^{54}tʂʰɑŋ^{55}tʂʰou^{55}iã^{21}pa^{0}？ b. ŋã^{21}pu^{55}tʂʰou^{213}
利津	a.你吃烟吗？b.我不吃烟。 a. ȵi^{55}tʂʰʅ^{44}iã^{31}ma^{0}？ b.uə^{55}pu^{24}tʂʰʅ^{44}iã^{213}
乐陵	a.你平常抽烟嘎？b.我不抽。 a. ȵi^{55}pʰiŋ^{55}tʂʰɑŋ^{51}tʂʰou^{24}iã^{31}mã^{0}？ b.uə^{55}pu^{24}tʂʰou^{24}
商河	a.你平时抽烟嘎？b.俺不抽。 a. ȵi^{45}pʰiŋ^{54}sɿ^{54}tʂʰou^{24}iã^{21}mã^{0}？ b. ŋã^{54}pu^{45}tʂʰou^{213}
平原	a.你平时抽烟嘎？b.我不抽。 a. ȵi^{55}pʰiŋ^{42}sɿ^{42}tʂʰou^{23}iã^{21}mã^{0}？ b. uə^{55}pu^{21}tʂʰou^{0}
德州	a.你平常抽烟吗？b.不，俺不抽烟。 a. ȵi^{55}pʰiŋ^{42}tʂʰɑŋ^{42}tʂʰou^{213}iã^{21}ma^{0}？ b. pu^{213}， ŋã^{55}pu^{21}tʂʰou^{213}iã^{213}

续表

	0002 a.你平时抽烟吗？b.不，我不抽烟。
武城	a.你平常抽烟吧？b.俺不抽。 a. ȵi^{55}pʰiŋ^{53}tʂʰɑŋ^{53}tʂʰou^{24}iã^{312}pa^{0} ? b. ŋã^{53}pu^{24}tʂʰou^{224}
临清	a.你平时抽烟吗？b.我不抽。 a. ȵi^{44}pʰiŋ^{44}ʂʅ^{0}tʂʰou^{13}ian^{13}ma^{0} ? b. uə^{44}pu^{0}tʂʰou^{13}
冠县	a.你平常吸烟啵？b.我不吸烟。 a. ȵi^{55}pʰiŋ^{53}tʂʰɑŋ^{53}ɕi^{13}iã^{13}pə^{0} ? b. uə^{55}pu^{0}ɕi^{13}iã^{13}
聊城	a.你平时吸烟吗？b.俺不吸。 a. ȵi^{44}pʰiŋ^{53}sɿ^{53}ɕi^{13}iã^{13}ma^{0} ? b. ɣã^{44}pu^{0}ɕi^{13}
济南	a.你平常抽烟吧？b.俺不抽。 a. ȵi^{55}pʰiŋ^{42}tʂʰɑŋ^{42}tʂʰou^{23}iã^{21}pa^{0} ? b. ŋã^{55}pu^{55}tʂʰou^{213}
泰安	a.平常里你抽烟吗？b.俺不抽，俺多咱也不抽。 a. pʰiŋ^{42}tʂʰɑŋ^{55}li^{0}ȵi^{55}tʂʰou^{23}iã^{21}ma^{0} ? b. nã^{23}pu^{23}tʂʰou^{213}，nã^{55}tuə^{55}tsã^{0}iə^{0}pu^{23}tʂʰou^{213}
莱芜	a.你平时抽烟吧？b.不，我不抽烟。 a. ȵi^{31}pʰiŋ^{55}ʃʅ^{0}ʃou^{55}iã^{213}pa^{0} ? b. pu^{213}，uə^{55}pu^{0}ʃou^{55}iã^{213}
新泰	a.你平时抽烟吧？b.我不抽烟。 a. ȵi^{55}pʰiŋ^{42}ʃʅ^{42}ʃou^{23}iã^{21}pa^{0} ? b. uə^{55}pu^{21}ʃou^{23}iã^{213}
沂源	a.你平常吃烟啊吗？b.我不吃烟。 a. ȵi^{55}pʰiŋ^{55}tʃʰɑŋ^{55}tʃʰʅ^{55}iã^{21}a^{0}ma^{0} ? b. uə^{55}pu^{31}tʃʰʅ^{55}iã^{213}
博山	a.平常时候你吃烟呃啵？b.我不吃烟。 a. pʰiŋ^{53}tʂʰɑŋ^{55}ʂʅ^{35}xəu^{0}ȵi^{55}tʂʰʅ^{55}iã^{21}ə^{0}po^{0} ? b. uə^{55}pu^{31}tʂʰʅ^{55}iã^{213}
张店	a.你平时吃烟吗？b.我不吃烟。 a. ȵi^{55}pʰiŋ^{55}ʂʅ^{55}tʂʰʅ^{213}iã^{31}mɑ^{35} ? b. uə^{55}pu^{33}tʂʰʅ^{33}iã^{213}
阳谷	a.你平时吸烟不？b.我不吸烟。 a. ȵi^{55}pʰiŋ^{42}sɿ^{42}ɕi^{13}iã^{213}pu^{0} ? b. uo^{55}pu^{13}ɕi^{13}iã^{213}
梁山	a.你平时吸烟啵？b.我不吸。 a. ȵi^{55}pʰiŋ^{42}sɿ^{42}ɕi^{23}iã^{21}pə^{0} ? b. uə^{55}pu^{23}ɕi^{213}
菏泽	a.你平时吸烟啵？b.我不吸。 a. ȵi^{44}pʰiŋ^{53}sɿ^{53}ɕi^{213}iã^{21}pə^{0} ? b. uə^{44}pu^{31}ɕi^{213}
曹县	a.你平常吸烟吗？b.我不吸。 a. ȵi^{44}pʰiŋ^{53}tʂʰɑŋ^{53}ɕi^{213}iã^{21}ma^{0} ? b. uə^{44}pu^{213}ɕi^{213}
金乡	a.你平时吸烟啵？b.我不吸。 a. ȵi^{55}pʰiŋ^{42}sɿ^{42}ɕi^{23}iã^{213}pə^{0} ? b. uə^{55}pu^{23}ɕi^{213}
曲阜	a.你平时吸烟啵？b.我不吸。 a. ȵi^{55}pʰiŋ^{42}sɿ^{42}ɕi^{23}iã^{213}pə^{0} ? b. uə^{55}pu^{23}ɕi^{213}

续表

	0002 a.你平时抽烟吗？b.不，我不抽烟。
薛城	a.你平时吸烟吗？ b.俺不吸烟。 a. ȵi^{24}pʰiŋ^{55}sɿ^{55}ɕi^{24}iã^{31}ma^{0}？ b. ɣã^{55}pu^{0}ɕi^{23}iã^{313}
郯城	a.你平常吸烟吧？ b.我不吸烟。 a. ȵi^{24}pʰiŋ^{44}tʂʰɑŋ^{44}ɕi^{13}iã^{21}pa^{0}？ b. uə^{24}pu^{13}ɕi^{13}iã^{213}
临沂	a.你平常吸烟吧？ b.不吸。 a. ȵi^{55}pʰiŋ^{53}tʃʰaŋ^{53}ɕy^{24}iã^{21}pa^{0}？ b. pu^{55}ɕy^{214}

	0003 a.你告诉他这件事了吗？b.是，我告诉他了。
荣成	a.你没告嚯⁼他这个事儿？ b.我告嚯⁼他了。 a. ni^{21}mei^{21}kau^{33}xuo^{0}tʰa^{0}tʃiɛ^{53}kə^{0}ʂər^{33}？ b. uo^{214}kau^{33}xuo^{0}tʰa^{53}lə^{0}
烟台	a.你告没告混⁼他这个事儿？ b.我告儿他了。 a. ȵi^{21}kau^{33}mo^{0}kau^{33}xun^{0}tʰa^{0}tɕie^{33}kə^{0}sər^{33}？ b. uo^{21}kaur^{33}tʰa^{0}lə^{0}
栖霞	a.你告儿他道这个事儿啦？ b.我告儿他道了。 a. ȵi^{21}kɔor^{52}tʰa^{0}tɔo^{34}tʃə^{52}kə^{0}sər^{34}la^{0}？ b. uo^{21}kɔor^{52}tʰa^{0}tɔo^{34}lə^{0}
长岛	a.你告送他这个事了吗？ b.对，我告送他了。 a. ȵi^{21}kau^{52}suŋ^{0}tʰa^{31}tʃə^{52}kə^{0}sɿ^{52}lə^{0}ma^{0}？ b. tei^{52}，uə^{21}kau^{52}suŋ^{0}tʰa^{31}lə^{0}
海阳	a.你告乎他这个事儿了吗？ b.我告乎他了。 a. ȵi^{21}kɔ^{34}xu^{0}tʰa^{0}tsə^{34}kə^{0}ʂər^{34}lə^{0}ma^{0}？ b. uo^{21}kɔ^{34}xu^{0}tʰa^{0}lə^{0}
莱西	a.你递他道这件事儿了么？ b.我递他道了。 a. ȵi^{55}ti^{42}tʰə^{0}tɔ^{42}tʃə^{42}ciã^{42}sər^{42}lə^{0}mə^{0}？ b. uə^{214}ti^{42}tʰə^{0}tɔ^{45}lə^{0} a.你和他说这件事儿了么？ b.我和他说了。 a. ȵi^{55}xə^{42}tʰə^{0}ʃuə^{55}tʃə^{42}ciã^{42}sər^{42}lə^{0}mə^{0}？ b. uə^{55}xə^{42}tʰə^{0}ʃuə^{214}lə^{0}
平度	a.这件儿事儿你跟他说了？ b.我跟他说了。 a. tʃə^{213}ciɛr^{0}ʂər^{42}ȵi^{55}kã^{213}tʰa^{55}ʃuə^{55}lə^{0}？ b. uə^{55}kã^{213}tʰa^{55}ʃuə^{55}lə^{0} a.这件儿事儿你向他说了？ b.我向他说了。 a. tʃə^{213}ciɛr^{0}ʂər^{42}ȵi^{55}çiɑŋ^{42}tʰa^{55}ʃuə^{55}lə^{0}？ b. uə^{55}çiɑŋ^{42}tʰa^{55}ʃuə^{55}lə^{0}
青岛	a.这个事儿你和他道了么？ b.我和他说了。 a. tʃə^{213}kə^{0}ʂər^{42}ȵi^{55}xuə^{42}tʰə^{55}tɔ^{45}lə^{0}mə^{0}？ b. uə^{55}xuə^{42}tʰə^{55}ʃuə^{55}lə^{0}
高密	a.你上他说这个事儿了？ b.我上他说了。 a. ȵi^{55}ʃɑŋ^{21}tʰə^{0}ʃuə^{213}tʃə^{21}kə^{0}ʂer^{42}lə^{0}？ b. uə^{55}ʃɑŋ^{21}tʰə^{0}ʃuə^{23}lə^{0}
诸城	a.这个事儿你和他说了吗？ b.我和他说啦。 a. tʃə^{31}kə^{0}ʂer^{31}ȵi^{44}xɑŋ^{44}tʰa^{0}ʃuə^{213}lə^{0}ma^{0}？ b. uə^{44}xə^{44}tʰa^{0}ʃuə^{213}la^{0}
沂水	a.这事儿你和他说唠么？ b.说唠。 a. dʒə^{31}ʂɬer^{31}ni^{44}xɔ^{53}tʰa^{0}ʃuə^{213}lɔ^{0}mə^{0}？ b. ʃuə^{213}lɔ^{0}

续表

	0003 a.你告诉他这件事了吗？b.是，我告诉他了。
临朐	a.你和他说这个事儿了么？b.我和他说了。"么"为"无（没）啊"的合音，慢说时可说成"无（没）啊" a. ȵi^{44}xɑŋ^{53}tʰa^{0}ʃuə^{213}tʃə^{21}kuə^{0}ʂer^{44}lə^{0}mə^{0}？b. uə^{44}xɑŋ^{53}tʰa^{0}ʃuə^{213}lə^{0}
日照	a.这个事儿你和他说啦？b.我和他说了。 a. tʃiə^{31}kə^{0}ʂer^{31}ni^{44}xuɑŋ^{53}tʰɑ^{0}ʃuə^{213}lɑ^{0}？b. uə^{44}xuɑŋ^{53}tʰɑ^{0}ʃuə^{213}lə^{0}
莒南	a.你给他说这事了吗？b.我跟他说了。 a. ni^{55}kei^{53}tʰa^{55}ʃuə^{213}tʃə^{31}ʂʅ^{53}lə^{0}ma^{0}？b. uə^{55}kẽ^{21}tʰa^{0}ʃuə^{21}lə^{0}
潍坊	a.你和他说这个事儿来么？b.我和他说来呃。 a. ȵi^{55}xuə^{55}tʰɑ^{0}ʂuə^{214}tʂə^{31}kə^{0}ʂer^{55}lɛ^{0}mə^{0}？b. uə^{55}xuə^{55}tʰɑ^{0}ʂuə^{214}lɛ^{0}ə^{0}
寿光	a.你和他说这个事儿来么？b.我和他说囒。"么"为"无（没）啊"的合音，慢说时可说成"无（没）啊" a. ȵi^{55}xuə^{55}tʰa^{0}ʂuə^{13}tʂə^{21}kuə^{0}ɬʅ^{55}lɛ^{0}mə^{53}？b. uə^{55}xuə^{55}tʰa^{0}ʂuə^{213}lã^{0}
高青	a.这事儿你和他说了吗？b.和他说来。 a. tʂə^{41}ɬɚ^{41}ȵi^{55}xə^{55}tʰɑ^{41}ʂuə^{213}lə^{0}mɑ^{0}？b. xə^{55}tʰɑ^{41}ʂuə^{213}lɛ^{0}
阳信	a.这个事儿你说给他来們？b.俺说给他咧。 a. tʂə^{23}kə^{0}ʂer^{31}ȵi^{55}ʂuə^{31}tɕi^{0}tʰa^{213}lɛ^{0}mã^{0}？b. ŋã^{55}ʂuə^{31}tɕi^{0}tʰa^{213}liə^{0}
济阳	a.你给他说这事儿来吗？b.我给他说唡。 a. ȵi^{21}kei^{55}tʰa^{213}ʂuə^{13}tʂə^{31}ʂer^{55}lɛ^{0}ma^{0}？b. uə^{21}kei^{55}tʰa^{213}ʂuə^{21}lia^{0}
利津	a.这件事你和他说哩吗？b.我说啦。 a. tʂə^{31}tɕiã^{24}ʂʅ^{31}ȵi^{55}xə^{24}tʰa^{0}ʂuɔ^{24}li^{0}ma^{0}？b. uə^{55}ʂuə^{24}la^{0}
乐陵	a.你说给他这个事儿来嫚？b.我说给他咧。 a. ȵi^{55}ʂuə^{31}kei^{0}tʰɑ^{0}tʂə^{51}kə^{0}ser^{51}lɛ^{55}mã^{0}？b. uə^{55}ʂuə^{31}kei^{0}tʰɑ^{212}liə^{0}
商河	a.你跟他说这个事儿哩吗？b.俺跟他说唡。 a. ȵi^{45}kẽ^{213}tʰɑ^{45}ʂuə^{45}tʂə^{31}kə^{31}ser^{31}li^{0}mɑ^{0}？b. ŋã^{45}kẽ^{213}tʰɑ^{45}ʂuə^{21}liɑ^{0}
平原	a.你给他说这个事儿了吽？b.嗯，我给他说唡。 a. ȵi^{55}kei^{55}tʰa^{0}ʂuə^{23}tʂə^{42}kə^{0}sər^{42}liɔu^{0}pã^{0}？b. ẽ^{0}，uə^{21}kei^{55}tʰa^{0}ʂuə^{21}lia^{0}
德州	a.你给他说这个事儿了吗？b.我给他说唡。 a. ȵi^{55}kei^{55}tʰa^{55}ʂuə^{213}tʂə^{21}kə^{0}ʂer^{42}lə^{0}ma^{0}？b. uə^{55}kei^{55}tʰa^{55}ʂuə^{21}lia^{0}
武城	a.你给他说这件事儿唠吗？b.俺给他说囒。 a. ȵi^{55}kei^{55}tʰa^{0}ʂuə^{224}tʂə^{53}tɕiã^{0}ʂer^{53}lɔ^{0}ma^{0}？b. ŋã^{55}kei^{53}tʰa^{55}ʂuə^{312}lã^{0}
临清	a.这个事儿你跟他说了吗？b.我跟他说了。 a. tʂə^{31}kə^{0}ʂer^{313}ȵi^{44}ken^{31}tʰa^{44}ʂuə^{13}lə^{0}ma^{0}？b. uə^{44}ken^{13}tʰa^{44}ʂuə^{13}lə^{0}
冠县	a.你给他说这件事儿了么？b.我给他说啦。 a. ȵi^{55}kei^{53}tʰa^{0}ʂuə^{13}tʂə^{31}tɕiã^{0}ʂer^{53}lə^{0}mə^{0}？b. uə^{55}kei^{53}tʰa^{0}ʂuə^{21}la^{0}

续表

	0003 a.你告诉他这件事了吗？b.是，我告诉他了。
聊城	a.你跟他说这个事儿了吗？b.俺跟他说啦。 a. ȵi^{44}kẽ^{13}tʰa^{0}suə^{13}tsə^{31}kə^{0}ser^{53}lə^{0}ma^{0}？b. ɣã^{44}kẽ^{13}tʰa^{0}suə^{13}la^{0}
济南	a.你给他说这个事儿唠吗？b.俺给他说啊。 a. ȵi^{55}kei^{42}tʰa^{55}ʂuə^{213}tʂə^{21}kə^{0}ʂer^{21}lɔ^{0}ma^{0}？b. ŋã^{55}kei^{42}tʰa^{55}ʂuə^{21}lia^{0} a.也可以说成："这个事儿你给他说了吗？"
泰安	a.你说给他这事儿唠吗？b.我说给他啊。 a. ȵi^{55}ʂuə^{21}kei^{0}tʰa^{55}tʂə^{21}ʂer^{42}lɔ^{0}ma^{0}？b. uə^{55}ʂuə^{21}kei^{0}tʰa^{21}lia^{0}
莱芜	a.你告诉他这件事啊吗？b.是，我告诉他啦。 a. ȵi^{13}kɔ^{55}su^{0}tʰa^{0}tʃə^{55}tɕiã^{0}ʃʅ^{42}lia^{0}ma^{0}？b. ʃʅ^{42}，uə^{31}kɔ^{42}su^{0}tʰa^{31}la^{0}
新泰	a.你和他说这件事儿啊吗？b.我和他说啊。 a. ȵi^{55}xə^{45}tʰa^{0}fə^{213}tʃə^{42}tɕiã^{0}ʃɤr^{31}lia^{0}ma^{0}？b. uə^{213}xə^{45}tʰa^{0}fə^{21}lia^{0}
沂源	a.这个事儿你和他说了吗？b.和他说了。 a. tʃə^{31}kuə^{0}ɬər^{31}ȵi^{55}xuə^{55}tʰa^{0}ʃuə^{21}lə^{0}ma^{0}？b. xə^{55}tʰa^{0}ʃuə^{21}lə^{0}
博山	a.你和他说这件事儿来么？b.我和他说来。 a. ȵi^{55}xuə^{55}tʰɑ^{0}ʂuə^{213}tʂə^{31}tɕiã^{31}ʂei^{55}lɛ^{0}mo^{0}？b. uə^{55}xuə^{55}tʰɑ^{0}ʂuə^{21}lɛ^{0}
张店	a.这个事儿你和他说嗹吗？b.和他说嗹。 a. tʂə^{31}kuə^{0}ʂei^{31}ȵi^{55}xuə^{55}tʰɑ^{0}ʂuə^{21}liã^{0}mɑ^{0}？b. xuə^{55}tʰɑ^{213}ʂuə^{21}liã^{0}
阳谷	a.你跟他说这事儿了吗？b.跟他说啦。 a. ȵi^{55}kẽ^{31}tʰa^{0}fə^{13}tsə^{31}ʂɤr^{42}lə^{0}ma^{0}？b. kẽ^{31}tʰa^{0}fə^{31}la^{0}
梁山	a.这个事儿你给他说唠嗼？b.我给他说啦。 a. tsə^{31}kə^{0}ʂer^{314}ȵi^{55}kei^{23}tʰa^{0}fə^{21}lɔ^{0}mã^{0}？b. uə^{55}kei^{23}tʰa^{0}fə^{21}la^{0}
菏泽	a.你给他说这个事儿吗？b.我给他说啦。 a. ȵi^{44}kei^{31}tʰa^{44}suə^{213}tsə^{31}kə^{0}ser^{31}ma^{0}？b. uə^{44}kei^{31}tʰa^{44}suə^{21}la^{0}
曹县	a.你给他说这个事儿了吧？b.我跟他说啦。 a. ȵi^{44}kei^{44}tʰa^{0}fə^{213}tʂə^{31}kə^{0}sɤr^{31}lə^{0}pa^{0}？b. uə^{44}kẽ^{44}tʰa^{0}fə^{21}la^{0}
金乡	a.你给他说这个事儿唠么？b.我给他说啦。 a. ȵi^{55}kei^{55}tʰa^{0}suə^{23}tsə^{31}kə^{0}ʂer^{42}lɔ^{0}mə^{0}？b. uə^{55}kei^{55}tʰa^{0}suə^{21}la^{0}
曲阜	a.你说给他这个事儿了么？b.我说给他啦。 a. ȵi^{55}suə^{21}kei^{0}tʰa^{0}tsə^{23}kə^{0}ser^{42}lə^{0}mə^{0}？b. uə^{55}suə^{21}kei^{0}tʰa^{21}la^{0}
薛城	a.这个事儿你给他说了吗？b.俺给他说啦。 a. tsə^{41}kə^{41}ser^{41}ȵi^{24}ke^{55}tʰa^{0}fə^{31}lə^{0}ma^{0}？b. ɣã^{24}ke^{55}tʰa^{0}fə^{31}la^{0}
郯城	a.你跟他说这件事儿了吗？b.我跟他说完了。 a. ȵi^{24}kə̃^{13}tʰa^{44}fə^{21}tʂə^{51}tɕiã^{51}ʂer^{51}lə^{0}ma^{0}？b. uə^{24}kə̃^{13}tʰa^{44}fə^{21}uã^{44}lə^{0}
临沂	a.这件儿事儿你给他说了吗？b.给他说啦。 a. tʃə^{31}tɕiɛr^{31}ʃer^{31}ȵi^{55}kei^{55}tʰa^{0}ʃuə^{21}lə^{0}ma^{0}？b. kei^{55}tʰa^{0}ʃuə^{21}la^{0}

	0004 你吃米饭还是吃馒头？
荣成	你吆$^{=}$米儿还是吆$^{=}$饽饽？吆$^{=}$：吃。下同 ni^{21}tai^{55}miər^{214}xai^{35}ʂʅ^{0}tai^{21}po^{53}po^{0} ?
烟台	你吆$^{=}$干饭还是吆$^{=}$饽饽？ ȵi^{21}tɛ^{14}kan^{53}fan^{0}xɛ^{33}ʂʅ^{0}tɛ^{14}po^{53}po^{0} ?
栖霞	你吆$^{=}$干饭还是吆$^{=}$卷子？ ȵi^{21}tɛi^{34}kãn^{52}fãn^{0}xɛi^{34}ʂʅ^{0}tɛi^{34}cyɑŋ^{21}lə^{0} ?
长岛	你吆$^{=}$干饭还是吆$^{=}$饽饽？ ȵi^{21}tai^{35}kan^{31}fan^{52}xai^{55}ʂʅ^{52}tai^{35}pə^{31}pə^{0} ?
海阳	你吃干饭还是吃卷子？ ȵi^{21}tsʰʅ^{34}kã^{52}fã^{34}xã^{34}ʂʅ^{0}tsʰʅ^{34}cyã^{21}ə^{0} ?
莱西	你吃干饭还是吃饽饽？ ȵi^{214}tʃʰʅ^{55}kã^{214}fã^{42}xɛ^{55}ʂʅ^{0}tʃʰʅ^{55}pə^{214}pə^{0} ?
平度	你吃干饭还是吃馒头啊？ ȵi^{213}tʃʰʅ^{55}kã^{213}fã^{42}xɛ^{42}ʂʅ^{0}tʃʰʅ^{55}mã^{45}tʰou^{0}a^{0} ?
青岛	你吃干饭还是吃饽饽？ ȵi^{55}tʃʰʅ^{55}kã^{213}fã^{42}xɑ^{42}ʂʅ^{0}tʃʰʅ^{55}pə^{21}pə^{0} ?
高密	你吃干饭还是吃饽饽啊？ ȵi^{55}tʃʰʅ^{55}kã^{21}fã^{0}xã^{55}ʂʅ^{0}tʃʰʅ^{55}pə^{21}pə^{0}ɑ^{0} ?
诸城	你吃干饭还是吃饽饽？ ȵi^{44}tʃʰʅ^{44}kã^{31}fã^{0}xã^{53}ʂʅ^{31}tʃʰʅ^{44}pə^{31}pə^{0} ?
沂水	你吃米饭还是馍馍？ ni^{44}tʃʰʅ^{44}mi^{21}fã^{42}xã^{24}ʂʅ^{0}mə^{21}mə^{0} ?
临朐	你吃米饭啊还是吃馍馍？ ȵi^{44}tʃʰʅ^{33}mi^{44}fã^{44}a^{0}xã^{35}ʂʅ^{0}tʃʰʅ^{44}mə^{35}mə^{0} ?
日照	你吃干饭还是吃饽饽？ ni^{44}tʃʰʅ^{213}kã^{31}fã^{0}xã^{44}ʂʅ^{0}tʃʰʅ^{213}pə^{31}pə^{0} ?
莒南	你吃干饭还是馍馍？ ni^{55}tʃʰʅ^{213}kã^{21}fã^{0}xã^{53}ʂʅ^{31}mə^{55}mə^{0} ?
潍坊	你吃大米干饭还是吃馒头啊？ ȵi^{55}tʂʰʅ^{214}tɑ^{31}mi^{55}kã^{31}fã^{21}xã^{35}ʂʅ^{0}tʂʰʅ^{214}mã^{35}tʰɤɯ^{0}ɑ^{0} ? 你吃大米干饭还是吃饽饽？ ȵi^{55}tʂʰʅ^{214}tɑ^{31}mi^{55}kã^{31}fã^{0}xã^{35}ʂʅ^{0}tʂʰʅ^{214}pə^{31}pə^{0} ?
寿光	你吃干饭呃还是吃馍馍呃？ ȵi^{55}tʂʰʅ^{13}kã^{21}fã^{0}ə^{0}xã^{35}ʂʅ^{0}tʂʰʅ^{213}mə^{35}mə^{0}ə^{0} ?
高青	你吃干饭呢还是吃馍馍？ ȵi^{55}tʂʰʅ^{55}kã^{41}fã^{0}ȵiə^{0}xã^{55}ʂʅ^{41}tʂʰʅ^{55}mə^{35}mə^{0} ?

续表

	0004 你吃米饭还是吃馒头？
阳信	你吃干饭唵还是吃馍馍？ ȵi55tʂʰʅ55kã45fã0ŋã0xã55ʂʅ31tʂʰʅ55mə45mə0？
济阳	你是吃米饭啊还是吃馍馍？ ȵi55ʂʅ31tʂʰʅ213mi21fã55a0xã13ʂʅ31tʂʰʅ213mə24mə0？
利津	你吃米饭是吃馍馍？ ȵi55tʂʰʅ44mi55fã31ʂʅ31tʂʰʅ44mə55mə0？ 你吃米饭还是吃馍馍？ ȵi55tʂʰʅ44mi55fã31xã53ʂʅ31tʂʰʅ44mə55mə0？
乐陵	你吃米饭还是吃馍馍？ ȵi55tʂʰʅ24mi55fã51xã55sɿ0tʂʰʅ212mə55mə0？
商河	你吃大米饭啊还是吃馍馍啊？ ȵi45tʂʰʅ213tɑ31mi213fã54ɑ0xã54sɿ31tʂʰʅ213mə24mə0ɑ0？
平原	你吃米饭还是吃馍馍？ ȵi55tʂʰʅ212mi55fã21xã55sɿ0tʂʰʅ212mə23mə0？
德州	你吃大米饭啊还是吃馒头？ ȵi55tʂʰʅ213ta21mi55fã42a0xɛ42ʂʅ21tʂʰʅ213mã55tʰou0？
武城	你吃米饭还是吃馍馍？ ȵi55tʂʰʅ24mi55fã312xã55ʂʅ0tʂʰʅ24mə55mə0？
临清	你吃米饭还是吃馍馍啊？ ȵi44tʂʰʅ13mi44fan313xai44ʂʅ0tʂʰʅ13mə44mə0a0？
冠县	你吃米饭啊还是吃馍馍呀？ ȵi55tʂʰʅ13mi55fã31a0xɛ53ʂʅ0tʂʰʅ13mə55mə0ia0？
聊城	你吃米饭［啊］还是吃馍馍？ ȵi44tsʰɿ13mi44fã53xã44sɿ0tsʰɿ13mə44mə0？
济南	你吃干饭还是吃馍馍？ ȵi55tʂʰʅ23kã23fã21xã42ʂʅ21tʂʰʅ213mə445mə0？
泰安	你是吃米饭呢还是吃馍馍呢？ ȵi55ʂʅ21tʂʰʅ213mi55fã42ȵi0xã55ʂʅ0tʂʰʅ213mə55mə0ȵi0？
莱芜	你吃米饭啊还是吃馍馍？ ȵi213tʃʰʅ31mi13fã42a0xã55ʃʅ42tʃʰʅ31mə13mə0？
新泰	你吃米饭啊是吃馍馍？ ȵi213tʃʰʅ23mi21fã42a0ʃʅ0tʃʰʅ21mə23mə0？
沂源	你吃米饭还是吃馍馍？ ȵi55tʃʰʅ213mi55fã31xã55ʃʅ31tʃʰʅ213mə35mə0？

续表

	0004你吃米饭还是吃馒头？
博山	你是吃大米饭呃还是吃馍馍呃？ ȵi^{55}ʂʅ^{31}tʂ^{h}ʅ^{213}tɑ^{31}mi^{55}fɑ̃^{55}ə^{0}xɛ^{55}ʂʅ^{31}tʂ^{h}ʅ^{213}mə^{35}mə^{35}ə^{0}？
张店	你吃米饭还是吃馍馍呃？ ȵi^{55}tʂ^{h}ʅ^{33}mi^{55}fã^{31}xã^{55}ʂʅ^{31}tʂ^{h}ʅ^{213}mə^{35}mə^{35}ə^{0}？
阳谷	你吃干饭还是馍馍？ ȵi^{55}ts^{h}ʅ^{13}kã^{13}fã^{313}xɛ^{55}sʅ^{31}mə^{55}mə^{0}？
梁山	你是吃米啊，还是吃馍馍啊？ ȵi^{55}sʅ^{0}ts^{h}ʅ^{23}mi^{23}a^{0}，xɛ^{55}sʅ^{0}ts^{h}ʅ^{23}mə^{55}mə^{0}a^{0}？
菏泽	你吃米呀还是吃馍啊？ ȵi^{44}ts^{h}ʅ^{213}mi^{44}ia^{0}xuã^{53}sʅ^{31}ts^{h}ʅ^{213}mə^{53}a^{0}？
曹县	你吃米饭还是吃馍？ ȵi^{44}tʂ^{h}ʅ^{213}mi^{44}fã^{312}xai^{53}sʅ^{0}tʂ^{h}ʅ^{213}mə^{53}？
金乡	你是吃大米饭啊，还是吃馍馍啊？ ȵi^{55}sʅ^{31}ts^{h}ʅ^{213}ta^{31}mi^{55}fã^{42}ɣa^{0}，xɛ^{55}sʅ^{31}ts^{h}ʅ^{213}mə^{55}mə^{0}ɣa^{0}？
曲阜	你吃大米，还是吃馍馍啊？ ȵi^{55}ts^{h}ʅ^{23}ta^{31}mi^{55}，xɛ^{55}sʅ^{0}ts^{h}ʅ^{213}mə^{55}mə^{0}ɣa^{0}？
薛城	你吃干饭还是吃馍馍啊？ ȵi^{55}ts^{h}ʅ^{23}kã^{23}fã^{41}xɛ^{55}sʅ^{41}ts^{h}ʅ^{31}mə^{55}mə^{0}a^{0}？
郯城	你吃米饭还是吃馒头？ ȵi^{24}tʂ^{h}ʅ^{21}mi^{34}fã^{51}xɛ^{44}ʂʅ^{51}tʂ^{h}ʅ^{21}mã^{44}t^{h}əu^{0}？ 你是吃米饭，还是吃馒头？ ȵi^{24}ʂʅ^{51}tʂ^{h}ʅ^{21}mi^{24}fã^{51}，xɛ^{44}ʂʅ^{51}tʂ^{h}ʅ^{21}mã^{44}t^{h}əu^{0}？
临沂	你吃干饭，还是吃馍馍？ ȵi^{55}tʃ^{h}ʅ^{24}kã^{21}fã^{0}，xɛ^{53}ʃʅ^{31}tʃ^{h}ʅ^{24}mə^{55}mə^{0}？

	0005你到底答应不答应他？
荣成	你到底答不答应他？ ni^{21}tau^{33}ti^{0}ta^{214}pu^{0}ta^{214}iŋ^{0}t^{h}a^{53}？
烟台	你到底应不应许他？ ȵi^{21}tau^{33}ti^{14}iŋ^{53}pu^{0}iŋ^{53}ɕy^{0}t^{h}a^{0}？
栖霞	你倒是答不答应他？ ȵi^{21}tɔo^{52}sʅ^{0}ta^{34}pu^{0}ta^{34}iŋ^{0}t^{h}a^{0}？
长岛	你到底答不答应他？ ȵi^{35}tau^{31}ti^{35}ta^{55}pu^{0}ta^{55}iŋ^{0}t^{h}a^{31}？

续表

	0005 你到底答应不答应他?
海阳	你到底答不答应他? ȵi^{21}tɔ^{34}lei^{0}ta^{21}pu^{0}ta^{21}iŋ^{0}tʰa^{52} ?
莱西	你到底答不答应他? ȵi^{55}tɔ^{214}ti^{55}ta^{55}pu^{0}ta^{55}iŋ^{0}tʰa^{214} ? 你到底答应不答应他? ȵi^{55}tɔ^{214}ti^{55}ta^{55}iŋ^{0}pu^{0}ta^{55}iŋ^{0}tʰa^{214} ?
平度	你到底答应不答应他? ȵi^{55}tɔ^{213}ti^{55}ta^{45}iŋ^{0}pu^{0}ta^{45}iŋ^{0}tʰa^{55} ?
青岛	你到底答不答应他? ȵi^{55}tɔ^{213}ti^{55}tɑ^{55}pu^{0}tɑ^{55}ioŋ^{0}tʰə^{55} ?
高密	你到底答应不答应他? ȵi^{55}tɔ^{21}ti^{55}tɑ^{23}ioŋ^{0}pu^{55}tɑ^{23}ioŋ^{0}tʰə^{0} ?
诸城	曩$^{=}$你到底答不答应他?“曩$^{=}$”是“那样”的合音，可用在句首表示对上文文意的承接，略同于“那样的话” nɑŋ^{24}ȵi^{44}tɔ^{31}ȶi^{44}ta^{31}pu^{0}ta^{31}iəŋ^{0}tʰa^{44} ? 你到底答应他吧? ȵi^{44}tɔ^{31}ȶi^{44}ta^{213}iəŋ^{0}tʰa^{44}pa^{0} ?
沂水	你到底答应还是不答应他? ni^{44}tɔ^{31}ti^{44}ta^{21}iŋ^{0}xã^{24}ʂʅ^{0}pu^{44}ta^{21}iŋ^{0}tʰa^{44} ?
临朐	你到底答应他呃么? ȵi^{44}tɔ^{21}ti^{44}ta^{213}iŋ^{0}tʰa^{213}ə^{0}mə^{0} ?
日照	你到底应承不应承他? ni^{44}tɔ^{31}ti^{44}iəŋ^{31}tʃʰiəŋ^{0}pu^{213}iəŋ^{31}tʃʰiəŋ^{0}tʰɑ^{0} ?
莒南	你到底答应他吧? ni^{55}tɔ^{31}tei^{55}ta^{21}iŋ^{0}tʰa^{55}pa^{0} ?
潍坊	你到底应承他啊还是不应承他? ȵi^{55}tɔɤ^{31}ti^{55}iŋ^{31}tʂʰəŋ^{0}tʰɑ^{0}a^{0}xã^{35}ʂʅ^{0}pu^{24}iŋ^{31}tʂʰəŋ^{0}tʰɑ^{0} ?
寿光	你到底答应他呃啵?“啵”是“不啊”的合音，也可说成“不啊” ȵi^{55}tɔ^{21}ti^{55}ta^{213}iŋ^{0}tʰa^{0}ə^{0}pə^{213} 你到底答应他还是不答应他? ȵi^{55}tɔ^{21}ti^{55}ta^{213}iŋ^{0}tʰa^{0}xã^{35}ʂʅ^{0}pu^{55}ta^{213}iŋ^{0}tʰa^{0} ?
高青	你到底儿应不应他? ȵi^{55}tɔ^{41}ter^{55}iŋ^{41}pu^{0}iŋ^{41}tʰɑ^{0} ?
阳信	你到底儿答应他啵? ȵi^{55}tɔ^{31}ter^{0}ta^{31}iŋ^{0}tʰa^{31}pə^{0} ?

续表

	0005你到底答应不答应他?
济阳	你到底应他没应他? ȵi^{55}tɔ^{31}ti^{55}iŋ^{31}tʰa^{213}mu^{13}iŋ^{31}tʰa^{213} ?
利津	你到底答应他不答应他? ȵi^{55}tɔ^{31}ti^{55}ta^{24}iŋ^{0}tʰa^{0}pu^{31}ta^{24}iŋ^{0}tʰa^{0} ?
乐陵	你到底应他不应他? ȵi^{55}tɔ^{31}ti^{55}iŋ^{31}tʰɑ^{0}pu^{24}iŋ^{31}tʰɑ^{0} ?
商河	你到底应他不应他? ȵi^{45}tɔ^{31}ti^{45}iŋ^{31}tʰɑ^{0}pu^{0}iŋ^{31}tʰɑ^{0} ?
平原	你到底行啊是不行啊? ȵi^{55}tɔu^{21}ti^{55}ɕiŋ^{55}a^{0}ʂʅ^{21}pu^{21}ɕiŋ^{55}a^{0} ?
德州	你到底应不应他? ȵi^{55}tɔ^{21}ti^{55}iŋ^{21}pu^{0}iŋ^{21}tʰa^{55} ?
武城	你到底应不应他? ȵi^{55}tɔ^{21}ti^{55}iŋ^{312}pu^{0}iŋ^{312}tʰa^{0} ?
临清	你到底答应不答应他? ȵi^{44}tau^{31}ti^{44}ta^{13}iŋ^{31}pu^{0}ta^{13}iŋ^{0}tʰa^{0} ? 你到底应不应他? ȵi^{44}tau^{31}ti^{44}iŋ^{13}pu^{0}iŋ^{31}tʰa^{0} ?
冠县	你到底答应他不答应他呀? ȵi^{55}tɔ^{31}ti^{0}tɑ^{21}iŋ^{0}tʰa^{55}pu^{21}ta^{21}iŋ^{0}tʰa^{55}ia^{0} ?
聊城	你到底儿答应不答应他? ȵi^{44}tɔ^{31}tier^{44}ta^{13}iŋ^{31}pu^{0}ta^{13}iŋ^{31}tʰa^{0} ?
济南	你到底儿答不答应他? ȵi^{55}tɔ^{21}tier^{55}ta^{21}pu^{0}ta^{21}iŋ^{0}tʰa^{213} ?
泰安	你到底是答不答应他? ȵi^{55}tɔ^{21}ti^{55}ʂʅ^{21}ta^{23}pu^{0}ta^{21}iŋ^{0}tʰa^{0} ?
莱芜	你到底答应他还是不答应他? ȵi^{55}tɔ^{31}ti^{55}ta^{31}iŋ^{0}tʰa^{31}xã^{55}ʃʅ^{42}pu^{31}ta^{31}iŋ^{0}tʰa^{31} ?
新泰	你到底是答应他啊是不答应他? ȵi^{55}tɔ^{31}ti^{55}ʃʅ^{0}ta^{21}iŋ^{0}tʰa^{21}a^{0}ʃʅ^{0}pu^{45}ta^{21}iŋ^{0}tʰa^{0} ?
沂源	你到底答应他不答应他? ȵi^{55}tɔ^{31}ti^{55}ta^{31}iŋ^{0}tʰa^{55}pu^{13}ta^{31}iŋ^{0}tʰa^{55} ?
博山	你到底是应他［啊］还是不应他［啊］? ȵi^{55}tɔ^{31}ti^{55}ʂʅ^{31}iŋ^{31}tʰɑ^{21}xɛ^{55}ʂʅ^{31}pu^{55}iŋ^{31}tʰɑ^{21} ?

续表

	0005 你到底答应不答应他?
张店	你到底应不应他[啊]? ȵi^{55}tɔ^{31}ti^{55}iŋ^{31}pu^{0}iŋ^{31}t^{h}ɑ^{21} ?
阳谷	你到底儿应不应他? ȵi^{55}tɔ^{31}tiɤr^{55}iŋ^{13}pu^{0}iŋ^{31}t^{h}a^{0} ?
梁山	你到底答应人家不答应人家啊? ȵi^{55}tɔ^{21}ti^{55}ta^{21}iŋ^{0}zẽ^{55}tɕia^{0}pu^{55}ta^{21}iŋ^{0}zẽ^{55}tɕia^{0}a^{0} ?
菏泽	你到底答应他啵? ȵi^{44}tɔ^{31}ti^{44}ta^{21}iŋ^{0}t^{h}a^{44}pə^{0} ?
曹县	你到底答不答应他? ȵi^{44}tɔ^{31}ti^{44}ta^{21}pu^{0}ta^{21}iŋ^{0}t^{h}a^{44} ?
金乡	你到底答应不答应人家啊? ȵi^{55}tɔ^{31}ti^{55}ta^{23}iŋ^{0}pu^{23}ta^{23}iŋ^{0}zẽ^{55}tɕia^{0}a^{0} ?
曲阜	你到底答应他啵? ȵi^{55}tɔ^{31}ti^{55}ta^{21}iŋ^{0}t^{h}a^{0}pə^{0} ?
薛城	你到底答应他吧? ȵi^{24}tɔ^{41}ti^{24}ta^{31}iŋ^{0}t^{h}a^{31}pa^{0} ?
郯城	你到底儿答应他还是没答应他? ȵi^{24}tɔ^{51}tier^{24}ta^{21}iŋ^{0}t^{h}a^{213}xɛ^{44}ʂʅ^{51}me^{51}ta^{21}iŋ^{0}t^{h}a^{213} ?
临沂	你最后答应他了吗? ȵi^{55}tsuei^{31}xou^{31}ta^{21}iŋ^{0}t^{h}a^{214}lə^{0}ma^{0} ?

	0006 a.叫小强一起去电影院看《刘三姐》。 b.这部电影他看过了。/他这部电影看过了。/他看过这部电影了。
荣成	a.叫小强儿一堆儿上电影院望《刘三姐儿》。b.这个电影他看了。 a. ciau^{33}siau^{35}c^{h}iɑ̃r^{214}i^{21}tər^{214}ʃɑŋ^{33}tian^{33}iŋ^{21}yan^{33}maŋ^{53}liəu^{53}san^{53}tsiər^{214} b. tʃiɛ^{33}kə^{0}tian^{33}iŋ^{214}t^{h}a^{53}k^{h}an^{33}lə^{0}
烟台	a.叫着小强一块儿上电影院儿看《刘三姐儿》。b.这个电影儿他看了。 a. tɕiau^{33}ɾə^{0}ɕiau^{33}tɕ^{h}iɑŋ^{14}i^{21}k^{h}uɐr^{33}ɕiɑŋ^{33}tian^{33}iŋ^{21}yɐr^{33}k^{h}an^{33}liou^{33}san^{53}tɕiɐr^{14} b. tɕie^{33}kə^{0}tian^{33}iə̃r^{14}t^{h}a^{53}k^{h}an^{35}lə^{0}
栖霞	a.叫小强儿一堆儿上电影院儿看《刘三姐儿》。b.这块儿电影儿他看了。 a. ciɔo^{52}ʃiɔo^{34}c^{h}iɑ̃r^{214}i^{34}tər^{214}ʃɑŋ^{52}tiãn^{52}iŋ^{0}yɐr^{52}k^{h}ãn^{52}liəu^{34}sãn^{52}tʃiɐr^{214} b. tʃə^{52}k^{h}uɐr^{52}tiãn^{52}iə̃r^{214}t^{h}a^{34}k^{h}ãn^{52}lə^{0}
长岛	a.招呼小强一堆儿上电影院儿看《刘三姐儿》。b.这电影他看过。 a. tʃau^{31}xu^{0}ʃau^{52}c^{h}iɑŋ^{213}i^{55}tər^{31}ʃɑŋ^{52}tian^{52}iŋ^{214}yɐr^{52}k^{h}an^{52}liou^{55}san^{31}tʃər^{213} b. tʃə^{55}tian^{31}iŋ^{213}t^{h}a^{21}k^{h}an^{52}kuə^{0}

续表

	0006 a.叫小强一起去电影院看《刘三姐》。 b.这部电影他看过了。/他这部电影看过了。/他看过这部电影了。
海阳	a.叫着小强一堆儿去电影院儿看《刘三姐》。b.这块儿电影儿他看了。 a. ciɔ^{34}ə^{0}siɔ^{21}cʰiɑŋ^{214}i^{21}tər^{52}cʰy^{34}tiã^{34}iŋ^{21}yɐr^{34}kʰã^{52}liəu^{34}θã^{55}tsiə^{214} b. tsə^{34}kʰuɐr^{0}tiã^{55}iər^{214}tʰa^{52}kʰã^{34}lə^{0}
莱西	a.叫小强一块儿上电影儿院儿看《刘三姐儿》。b.这块儿电影儿他看了。 a. ciɔ^{55}ʃiɔ^{214}cʰiɑŋ^{55}i^{24}kʰuɛr^{42}ʃɑŋ^{42}tiã^{42}iə̃r^{55}yɛr^{42}kʰã^{42}liou^{42}sã^{214}tʃiər^{55} b. tʃə^{42}kʰuɛr^{42}tiã^{214}iə̃r^{55}tʰa^{214}kʰã^{42}lə^{0}
平度	a.叫小强一堆儿上电影儿院儿看《刘三姐》。b.这块儿电影儿他看了。 a. ciɔ^{55}siɔ^{45}cʰiɑŋ^{55}i^{55}tθer^{213}ʃɑŋ^{42}tiã^{213}iə̃r^{55}yɛr^{42}kʰã^{213}liou^{42}θã^{213}tsiə^{55} b. tʃə^{213}kʰuɛr^{0}tiã^{213}iə̃r^{55}tʰa^{55}kʰã^{42}lə^{0}
青岛	a.叫着小强一块儿上电影儿院儿看《刘三姐》。b.这块儿电影儿他看了。 a. tɕiɔ^{42}tʂə^{0}siɔ^{55}tɕʰiɑŋ^{42}i^{55}kʰuɛr^{42}ʃɑŋ^{213}tiã^{42}ʐõr^{55}ʐuɛr^{42}kʰã^{213}liou^{42}θã^{213}tsiə^{55} b. tʃə^{213}kʰuɛr^{42}tiã^{42}ʐõr^{55}tʰə^{55}kʰã^{42}lə^{0}
高密	a.叫着小强儿一块儿上电影院儿看《刘三姐》。b.这块儿电影儿他看了。 a. tɕiɔ^{21}tʃə^{0}siɔ^{42}tɕʰiɑ̃r^{55}i^{55}kʰuɛr^{21}ʃɑŋ^{21}tiã^{21}ioŋ^{55}yɛr^{21}kʰã^{21}liou^{42}θã^{213}tsiə^{55} b. tʃə^{21}kʰuɛr^{0}tiã^{21}ʐõr^{55}tʰə^{55}kʰã^{21}lə^{0}
诸城	a.叫上小强儿一块儿上电影儿院儿去看《刘三姐》。b.这块儿电影儿他看啦。 a. tʃɔ^{44}ʃɑŋ^{0}θiɔ^{44}tʃʰɑ̃r^{53}i^{44}kʰuɛr^{31}ʃɑŋ^{31}ʈiã^{31}ʐõr^{44}ʐucr^{31}tʃʰu^{31}kʰã^{31}liou^{53}θã^{213}ʈθiə^{44} b. tʃə^{31}kʰuɛr^{31}ʈiã^{31}ʐə̃r^{44}tʰa^{44}kʰã^{44}la^{0}
沂水	a.叫小强儿一块儿上电影院儿看《刘三姐》。b.他早看唠。 a. tɕiɔ^{31}siɔ^{213}tɕʰiɑ̃r^{53}i^{24}kʰuɛr^{31}ʃɑŋ^{31}tiã^{31}iŋ^{44}yɛr^{31}kʰã^{31}liou^{53}θã^{213}dziə^{44} b. tʰa^{44}dðɔ^{213}kʰã^{44}lɔ^{0}
临朐	a.叫小强一堆儿上电影院儿去看《刘三姐》。b.这个电影他看回儿来。 a. tɕiɔ^{21}ɕiɔ^{33}tɕʰiɑŋ^{53}i^{21}tθuer^{213}ʃɑŋ^{21}tiã^{21}iŋ^{44}yɛr^{21}tɕʰy^{21}kʰã^{21}liəu^{53}θã^{213}tɕiə^{44} b. tʃə^{21}kuə^{0}tiã^{21}iŋ^{44}tʰa^{44}kʰã^{21}xuer^{0}lɛ^{0}
日照	a.佮伙儿着小强儿上电影儿院儿看《刘三姐》。b.这个电影儿他看了。 a. kɑ^{213}xuər^{0}tʂə^{0}θiɔ^{53}tʃʰiɑ̃r^{44}ʃiɑŋ^{44}tiã^{31}ʐə̃r^{44}ʐuɛr^{31}kã^{31}liou^{53}θã^{213}ʈiə^{44} b. tʃiə^{31}kə^{0}tiã^{31}ʐə̃r^{44}tʰɑ^{213}kʰã^{53}lə^{0}
莒南	a.佮伙小强儿一块儿上电影院儿看《刘三姐》。b.这个电影儿他看了。 a. ka^{213}xu^{0}siɔ^{55}tɕʰiɾɑ̃r^{53}i^{13}kʰuɛr^{31}ʃɑŋ^{31}tiã^{31}iŋ^{0}yɛr^{312}kʰã^{31}liou^{53}θã^{213}tsiə^{55} b. tʃə^{31}kə^{0}tiã^{31}ɻə̃r^{55}tʰa^{55}kʰã^{31}lə^{0}
潍坊	a.叫着小强一堆儿去电影院儿看《刘三姐儿》。b.这块儿电影儿他看来。 a. tɕiɔɤ^{55}tʂə^{0}ɕiɔɤ^{55}tɕʰiɑŋ^{53}i^{24}tsuer^{214}tɕʰy^{31}tiã^{31}iŋ^{55}yɐr^{31}kʰã^{31}liɤɯ^{53}sã^{214}tɕiər^{55} b. tʂə^{31}kʰuɐr^{0}tiã^{31}iẽr^{55}tʰɑ^{55}kʰã^{55}lɛ^{0}
寿光	a.找小强一堆儿上电影院儿看《刘三姐》。b.这个电影他看嘞。 a. tʂɔ^{55}ɕiɔ^{55}tɕʰiɑŋ^{53}i^{213}tsuɭ^{213}ʂɑŋ^{21}tiã^{21}iŋ^{55}yɛr^{21}kʰã^{21}liəu^{53}sã^{213}tɕiə^{55} b. tʂə^{21}kuə^{0}tiã^{21}iŋ^{55}tʰa^{213}kʰã^{55}lã^{0}

续表

	0006 a.叫小强一起去电影院看《刘三姐》。 b.这部电影他看过了。/他这部电影看过了。/他看过这部电影了。
高青	a.叫小强儿一堆儿去电影院儿看《刘三姐儿》。b.这个电影他看过。 a. tɕiɔ41ɕiɔ55tɕʰiãr55i55tsuer213tɕʰy41tiã41iŋ55yɛr41kʰã41liou55sã213tɕiər55 b. tʂə41kə0tiã41iŋ55tʰɑ55kʰã41kuə0
阳信	a.叫小强一堆儿上电影院儿看《刘三姐儿》。b.这个电影他看唓。 a. tɕiɔ31ɕiɔ55tɕʰiɑŋ43i55tsuer213ʂɑŋ31tiã31iŋ55yɛr31kʰã31liou43sã213tɕiər55 b. tʂə23kə0tiã31iŋ55tʰa55kʰã55liã0
济阳	a.叫上小强一堆儿上电影院儿看《刘三姐》。b.这个电影他看哂。 a. tɕiɔ55ʂɑŋ0ɕiɔ21tɕʰiɑŋ55i55tsuer213ʂɑŋ31tiã31iŋ55yɛr31kʰã31liou55sã213tɕiə55 b. tʂə31kə31tiã31iŋ55tʰa213kʰã55lia0
利津	a.叫小强一堆儿上电影院儿看《刘三姐儿》。b.这部电影他看过了。 a. tɕiɔ31ɕiɔ55tɕʰiɑŋ53i24tsuer24ʂɑŋ31tiã31iŋ55yɛr31kʰã31liou53sã213tɕiər55 b. tʂə31pu31tiã31iŋ55tʰa55kʰã31kuə0lə0
乐陵	a.叫小强一块儿去电影院儿看《刘三姐儿》。b.这个电影他看咧。 a. tɕiɔ31ɕiɔ55tɕʰiɑŋ55i24kʰuɛr51tɕʰi51tiã31iŋ55yɛr51kʰã51liou55sã212tɕiər55 b. tʂə51kə0tiã31iŋ55tʰɑ0kʰã55liə0
商河	a.叫小强一堆儿去电影院儿看《刘三姐》。b.这个电影他看过哂。 a. tɕiɔ31ɕiɔ45tɕʰiɑŋ54i24tsuer213tɕʰi31tiã31iŋ45yɛr31kʰã31liou54sã213tɕiə45 b. tʂə31kə31tiã31iŋ45tʰɑ0kʰã31kə0liɑ0
平原	a.叫小强一堆儿去电影院儿看《刘三姐儿》。b.这个电影他看哂。 a. tɕiɔu21ɕiɔu212tɕʰiɑŋ42i23tsuər213tɕʰi21tiã21iŋ23yɐr21kʰã21liou42sã23tɕiᴇr55 b. tʂə42kə0tiã21iŋ55tʰa21kʰã42lia0
德州	a.叫着小强一块儿去电影院儿看《刘三姐儿》。b.这个电影他看了。 a. tɕiɔ42tʂə0ɕiɔ55tɕʰiɑŋ42i213kʰuɛr21tɕʰy21tiã21iŋ55yɛr21kʰã21liou42sã213tɕiər55 b. tʂə21kə0tiã21iŋ55tʰa55kʰã42lə0
武城	a.叫小强一堆儿去电影院儿看《刘三姐儿》。b.这个电影他看囒。 a. tɕiɔ21ɕiɔ55tɕʰiɑŋ53i24tsuer24tɕʰy21tiã21iŋ55yɛr312kʰã21liou53sã24tɕiər55 b. tʂə312kə0tiã21iŋ55tʰa55kʰã53lã0
临清	a.叫小强一堆儿去电影院儿看《刘三姐》。b.这个电影他看过。 a. tɕiau31ɕiau44tɕʰiɑŋ53i13tsuer13tɕʰi31tian31iŋ44yɛr31kʰan31liou44san0tɕiə44 b. tʂə13kə31tian31iŋ44tʰa44kʰan31kuə44
冠县	a.叫小强一起上电影院儿看《刘三姐儿》。b.他看过啦。 a. tɕiɔ31siɔ55tɕʰiɑŋ53i13tɕʰi55ʂɑŋ24tiã31iŋ55yɐr53kʰã314liou53sã13tsiər55 b. tʰa55kʰã31kuə0la0
聊城	a.喊着小强一块儿上电影院儿里看《刘三姐儿》。b.这个电影他看过啦。 a. xã44tsə0ɕiɔ44tɕʰiɑŋ53i44kʰuɛr31sɑŋ31tiã31iŋ44yɛr53li0kʰã31liou44sã13tɕiər44 b. tsə31kə0tiã31iŋ44tʰa44kʰã31kuə53la0

续表

	0006 a.叫小强一起去电影院看《刘三姐》。 b.这部电影他看过了。/他这部电影看过了。/他看过这部电影了。
济南	a.叫着小强一堆儿上电影院儿看《刘三姐》。b.这个电影他看过唡。 a. tɕiɔ^{55}tʂʅ^{0}ɕiɔ^{55}tɕʰiaŋ^{42}i^{23}tsuer^{213}ʂaŋ^{21}tiã^{21}iŋ^{55}yɛr^{21}kʰã^{21}liou^{42}sã^{213}tɕiə^{55} b. tʂə^{23}kə^{21}tiã^{21}iŋ^{55}tʰa^{55}kʰã^{21}kuə^{55}lia^{0}
泰安	a.叫小强一堆儿上电影院儿去看《刘三姐》。b.这部电影他看唡。 a. tɕiɔ^{21}ɕiɔ^{213}tɕʰiaŋ^{42}i^{23}tsuer^{213}ʂaŋ^{21}tiã^{21}iŋ^{55}yɛr^{21}tɕʰi^{21}kʰã^{21}liou^{42}sã^{213}tɕiə^{55} b. tʂə^{21}pu^{21}tiã^{21}iŋ^{55}tʰa^{23}kʰã^{42}lia^{0}
莱芜	a.叫小强一块去电影院看《刘三姐》。b.这个电影他看过唡。 a. tɕiɔ^{31}ɕiɔ^{213}tɕʰiaŋ^{55}i^{213}kʰuɛ^{42}tɕʰy^{42}tiã^{31}iŋ^{55}yã^{42}kʰã^{42}liou^{55}sã^{31}tɕiə^{55} b. tʃə^{31}kə^{0}tiã^{31}iŋ^{55}tʰa^{55}kʰã^{31}kuə^{42}lia^{0}
新泰	a.约伙着小强一堆上电影院儿看《刘三姐》。b.这个电影他看过唡。约伙：约集 a. yə^{21}xuə^{0}tʃə^{0}ɕiɔ^{23}tɕʰiaŋ^{42}i^{23}tθuei^{213}ʃaŋ^{31}tiã^{31}iŋ^{55}yɛr^{31}kʰã^{31}liou^{42}θã^{21}tɕiə^{55} b. tʃə^{31}kə^{31}tiã^{31}iŋ^{55}tʰa^{0}kʰã^{31}kuə^{31}lia^{0}
沂源	a.叫小强一堆儿上电影院儿看《刘三姐》。b.这场电影他看过了。 a. tɕiɔ^{31}ɕiɔ^{21}tɕʰiaŋ^{55}i^{55}tuer^{213}ʃaŋ^{31}tiã^{31}iŋ^{55}yɛr^{31}kʰã^{31}liou^{55}θã^{213}tɕiə^{55} b. tʃə^{31}tʃʰaŋ^{55}tiã^{31}iŋ^{55}tʰa^{213}kʰã^{31}kuə^{55}lə^{0}
博山	a.咱喊小强呃一堆上电影院去看《刘三姐》吧。b.这块电影他看咧。 a. tsã^{53}xã^{55}ɕiɔ^{55}tɕʰiɑŋ^{35}ə^{0}i^{55}tsuei^{213}ʂɑŋ^{31}tiã^{31}iŋ^{55}yã^{31}tɕʰy^{31}kʰã^{31}liəu^{55}sã^{213}tɕiə^{55}pɑ^{0} b. tʂə^{31}kʰuɛ^{31}tiã^{31}iŋ^{55}tʰɑ^{213}kʰã^{55}liə^{0}
张店	a.叫小强一堆上电影院看《刘三姐》。b.这块电影他看嗹。 a. tɕiɔ^{31}ɕiɔ^{55}tɕʰiɑŋ^{55}i^{33}tsuei^{213}ʂɑŋ^{31}tiã^{31}iŋ^{55}yã^{31}kʰã^{31}liou^{55}sã^{213}tɕiə^{55} b. tʂə^{31}kʰuɛ^{31}tiã^{31}iŋ^{55}tʰɑ^{213}kʰã^{55}liã^{0}
阳谷	a.喊着小强般傢=儿到电影院儿去看《刘三姐儿》。b.他看过这部电影啦。 a. xã^{13}tsə^{0}ɕiɔ^{55}tɕʰiɑŋ^{42}pã^{13}far^{42}tɔ^{13}tiã^{31}iŋ^{0}yɛr^{313}tɕʰy^{13}kʰã^{31}liou^{42}sã^{13}tɕiɤr^{55} b. tʰa^{55}kʰã^{31}kuo^{0}tsə^{13}pu^{31}tiã^{31}iŋ^{55}la^{0}
梁山	a.喊着小强儿一傢=儿上电影院儿看《刘三姐》去。b.这部电影他看过啦。 a. xã^{55}tsʅ^{0}ɕiɔ^{55}tɕʰiãr^{42}i^{23}far^{42}sɑŋ^{31}tiã^{31}iŋ^{0}yɛr^{31}kʰã^{31}liou^{42}sã^{23}tɕiə^{23}tɕʰi^{0} b. tsə^{31}pu^{31}tiã^{31}iŋ^{55}tʰa^{55}kʰã^{31}kuə^{42}la^{0}
菏泽	a.喊小强儿一傢=儿上电影院儿看《刘三姐》。b.这个电影他看过。 a. xã^{44}ɕiɔ^{44}tɕʰiãr^{53}i^{213}far^{53}sɑŋ^{31}tiã^{31}iŋ^{44}yɛr^{31}kʰã^{31}liou^{53}sã^{213}tɕiɛ^{44} b. tsə^{31}kə^{0}tiã^{31}iŋ^{44}tʰa^{44}kʰã^{31}kuə^{312}
曹县	a.叫小强一块儿去电影院儿看《刘三姐》。b.这个电影他看过啦。 a. tɕiɔ^{21}ɕiɔ^{44}tɕʰiɑŋ^{53}i^{213}kʰuɐr^{31}tɕʰy^{31}tiã^{31}iŋ^{44}yɛr^{312}kʰã^{31}liou^{53}sã^{21}tɕiə^{44} b. tʂʰə^{31}kə^{0}tiã^{31}iŋ^{44}tʰa^{44}kʰã^{13}kuə^{31}la^{0}
金乡	a.喊着小强儿一傢=儿去电影院儿看《刘三姐》。b.这个电影儿他看过啦。 a. xã^{23}tsʅ^{0}ɕiɔ^{23}tɕʰiãr^{42}i^{213}far^{42}tɕʰy^{23}tiã^{31}iŋ^{55}yɛr^{312}kʰã^{31}liou^{42}sã^{23}tɕiə^{213} b. tsə^{31}kə^{0}tiã^{31}iŋ^{55}tʰa^{55}kʰã^{31}kuə^{21}la^{0}

续表

	0006 a.叫小强一起去电影院看《刘三姐》。 b.这部电影他看过了。/他这部电影看过了。/他看过这部电影了。
曲阜	a.喊着小强儿一傢⁼儿上电影院儿看电影去，演的《刘三姐》。b.这个电影儿他看过啦。 a. xã^{35}tsʅ^{0}ɕiɔ^{55}tɕʰiãr^{42}i^{213}far^{42}saŋ^{23}tiã^{31}iŋ^{55}yɛr^{312}kʰã^{23}tiã^{31}iŋ^{35}tɕʰi^{0}，iã^{34}ti^{0}liou^{42}sã^{21}tɕiə^{55} b. tsə^{31}kə^{0}tiã^{31}iə̃r^{55}tʰa^{55}kʰã^{31}kuə^{0}la^{0}
薛城	a.喊着小强一坨⁼儿上电影院儿看《刘三姐》电影去。b.这个电影他看过啦。 a. xã^{24}tsə^{0}ɕiɔ^{24}tɕʰiɑŋ^{55}i^{31}tʰuər^{55}sɑŋ^{41}tiã^{41}iŋ^{24}yɛr^{41}kʰã^{41}liou^{55}sã^{31}tɕiə^{55}tiã^{41}iŋ^{24}tɕʰy^{0} b. tsə^{41}kə^{0}tiã^{41}iŋ^{24}tʰa^{313}kʰã^{41}kuə^{41}la^{0}
郯城	a.喊小强儿上电影儿院儿一块儿看《刘三姐》。b.这个电影他看完啦。 a. xã^{24}ɕiɔ^{24}tɕʰiɑ̃r^{44}ʂɑŋ^{51}tiã^{51}iə̃r^{24}yɛr^{51}i^{21}kʰuɛr^{51}kʰã^{51}liəu^{44}sã^{21}tɕiə^{24} b. tʂə^{51}kə^{0}tiã^{51}iŋ^{24}tʰa^{21}kʰã^{51}uã^{44}la^{0}
临沂	a.叫着小强一块儿上电影院儿看《刘三姐》。b.这个电影他看过了。 a. tɕiɔ^{31}tʃə^{0}ɕiɔ^{55}tɕʰiɑŋ^{53}i^{24}kʰuɛr^{31}ʃaŋ^{31}tiã^{31}iŋ^{55}yɛr^{31}kʰã^{31}liou^{53}sã^{24}tɕiə^{55} b. tʃə^{31}kə^{0}tiã^{31}iŋ^{55}tʰa^{55}kʰã^{31}kuə^{31}lə^{0}

	0007 你把碗洗一下。
荣成	你把碗刷刷。 ni^{21}pa^{55}uan^{214}ʂua^{35}ʂua^{0}
烟台	你把碗刷一刷。 ȵi^{21}pa^{33}uan^{14}sua^{21}i^{0}sua^{14}
栖霞	你把碗刷刷。 ȵi^{34}pa^{34}uãn^{214}sua^{52}sua^{0}
长岛	你把碗刷一下。 ȵi^{35}pa^{55}uan^{213}sua^{21}i^{0}ɕia^{52}
海阳	你把碗刷刷。 ȵi^{21}pa^{34}uã^{214}ʂua^{34}ʂua^{0}
莱西	你把碗刷刷。 ȵi^{55}pa^{214}uã^{55}sua^{42}sua^{0}
平度	你把碗刷刷。 ȵi^{55}pa^{213}uã^{55}ʂua^{42}ʂua^{0}
青岛	你把碗刷刷。 ȵi^{55}pɑ^{21}uã^{55}ʂuɑ^{55}ʂuɑ^{0}
高密	你把碗刷刷。 ȵi^{55}pɑ^{55}uã^{55}ʂuɑ^{42}ʂuɑ^{0}

续表

	0007 你把碗洗一下。
诸城	你刷碗哈。 ȵi^{44}ʂua^{44}uã^{44}xa^{0} 你把碗刷刷。 ȵi^{44}pa^{44}uã^{44}ʂua^{44}ʂua^{0}
沂水	你把碗刷儿刷儿。 ni^{44}pa^{31}uã^{44}ʂɬuar^{213}ʂɬuar^{0}
临朐	你把那碗刷刷。 ȵi^{44}pa^{44}na^{21}uã^{44}ʂua^{44}ʂua^{0}
日照	你把碗刷刷　。 ni^{44}pɑ^{31}uã^{44}ʂuɑ^{213}ʂuɑ^{0}pɛ^{0}
莒南	你把碗刷刷。“把”读为“末” ni^{55}mə^{31}uã^{55}ʂua^{21}ʃua^{0}
潍坊	你把碗刷刷。 ȵi^{55}pɑ^{31}uã^{55}ʂuɑ^{214}ʂuɑ^{0}
寿光	你把碗刷刷。 ȵi^{55}pa^{21}uã^{55}ʂua^{213}ʂua^{0}
高青	你把碗刷了。 ȵi^{55}pɑ^{55}uã^{55}ʂuɑ^{213}liɔ^{0}
阳信	你码$^{=}$碗刷刷。 ȵi^{55}ma^{55}uã^{55}ʂua^{23}ʂua^{0}
济阳	你把碗刷刷。 ȵi^{55}pa^{54}uã^{55}ʂua^{21}ʂua^{0}
利津	你把碗刷哩。 ȵi^{55}pa^{55}uã^{55}ʂua^{24}li^{0}
乐陵	你去把碗刷一下儿。 ȵi^{55}tɕ^{h}y^{31}pɑ^{55}uã^{55}ʂuɑ^{31}i^{0}ɕiɑr^{51}
商河	你刷刷碗去。 ȵi^{45}ʂuɑ^{21}ʂuɑ^{0}uã^{213}tɕ^{h}i^{0}
平原	你把碗刷刷。 ȵi^{55}pa^{21}uã^{55}ʂua^{23}ʂua^{0}
德州	你把碗刷刷。 ȵi^{55}pa^{21}uã^{55}ʂua^{213}ʂua^{0}
武城	你把碗刷一下子。 ȵi^{55}pa^{0}uã^{55}ʂua^{312}i^{0}ɕia^{53}tsɿ^{0}

续表

	0007 你把碗洗一下。
临清	你刷刷碗去。 ȵi^{44}ʂua^{13}ʂua^{0}uan^{44}tɕ^{h}y^{0}
冠县	你把碗刷一下。 ȵi^{55}pa^{55}uã^{55}ʂua^{13}i^{0}ɕia^{31}
聊城	你刷刷碗。 ȵi^{44}sua^{13}sua^{0}uã^{44}
济南	你去刷刷碗去。 ȵi^{55}tɕ^{h}i^{21}ʂua^{23}ʂua^{0}uã^{213}tɕ^{h}i^{0}
泰安	你把碗刷刷。 ȵi^{55}pa^{21}uã^{55}ʂua^{213}ʂua^{0} 你把碗刷唠。 ȵi^{55}pa^{21}uã^{55}ʂua^{21}lɔ^{0} 你刷刷碗。 ȵi^{55}ʂua^{213}ʂua^{0}uã^{55}
莱芜	你把碗涮一下。 ȵi^{55}pa^{55}uã^{55}ʃuã^{42}i^{213}ɕia^{42}
新泰	你把碗刷刷。 ȵi^{213}pa^{55}uã^{55}fa^{23}fa^{0}
沂源	你把碗刷刷。 ȵi^{55}pa^{55}uã^{55}ʃua^{21}ʃua^{0}
博山	你刷刷碗。 ȵi^{55}ʂuɑ^{213}ʂuɑ^{0}uã^{55}
张店	你刷刷碗。 ȵi^{55}ʂuɑ^{33}ʂuə^{0}uã^{55} 你把碗刷刷。 ȵi^{55}pɑ^{55}uã^{55}ʂuɑ^{33}ʂuɑ^{0}
阳谷	你待$^{=}$碗刷喽。 ȵi^{55}tɛ^{31}uã^{55}fa^{31}lou^{0}
梁山	你刷刷碗去。 ȵi^{55}fa^{23}fa^{0}uã^{23}tɕ^{h}i^{0}
菏泽	你把碗刷刷。 ȵi^{44}pa^{31}uã^{44}fa^{21}fa^{0}
曹县	你把碗刷一下。 ȵi^{44}pa^{53}uã^{44}fa^{21}i^{0}ɕia^{31}

续表

	0007 你把碗洗一下。
金乡	你把碗刷刷。 ȵi^{55}pa^{31}uã^{55}sua^{21}sua^{0} 你刷刷碗。 ȵi^{55}sua^{21}sua^{0}uã^{55}
曲阜	你去把碗刷刷去。 ȵi^{55}tɕ^{h}i^{31}pa^{31}uã^{55}sua^{213}sua^{0}tɕ^{h}i^{0}。 你刷刷碗去。 ȵi^{55}sua^{213}sua^{0}uã^{35}tɕ^{h}i^{0}
薛城	你把碗刷刷。"把"读为"拜" ȵi^{24}pɛ^{41}uã^{24}fa^{31}fa^{0}
郯城	你把碗刷刷。 ȵi^{24}pa^{51}uã^{24}fa^{21}fa^{0}
临沂	你把碗刷下儿。 ȵi^{55}pa^{31}uã^{55}ʃua^{24}ɕiar^{312}

	0008 他把橘子剥了皮，但是没吃。
荣成	他把橘子剥了皮儿，敢$^{=}$拦$^{=}$子他没吃。 t^{h}a^{53}pa^{0}cy^{35}tsɿ^{0}pa^{214}lə^{0}p^{h}iər^{35}，kan^{21}lan^{35}tsɿ^{0}t^{h}a^{53}mo^{53}tʃ^{h}i^{214}
烟台	他把橘子皮儿剥了，没吃。 t^{h}a^{14}pa^{33}tɕy^{14}rə^{0}p^{h}iər^{33}pa^{14}lə^{0}，mo^{53}tɕ^{h}i^{14}
栖霞	他把橘子剥了皮儿了，没吃$^{=}$。 t^{h}a^{34}pa^{34}cy^{21}lə^{0}pa^{21}ə^{0}p^{h}iər^{34}lə^{0}，mei^{52}tɛi^{214}
长岛	他把橘子剥了，可没吃。 t^{h}a^{55}pa^{21}cy^{52}tsɿ^{0}pa^{35}lə^{0}，k^{h}ə^{55}mei^{52}tʃ^{h}ʅ^{213}
海阳	他把橘子剥了皮儿了，没吃。 t^{h}a^{52}pa^{21}cy^{34}ə^{0}pa^{21}ə^{0}p^{h}iər^{34}ə^{0}，mu^{34}ts^{h}ʅ^{214}
莱西	他把橘子剥了皮儿，但没吃。 t^{h}a^{55}pa^{42}cy^{24}tsɿ^{0}pa^{214}lə^{0}p^{h}iər^{42}，tã^{42}mu^{21}tʃ^{h}ʅ^{55}
平度	他把橘子剥皮了，可没吃。 t^{h}a^{55}pa^{21}cy^{45}tθʅ^{0}pa^{55}p^{h}i^{42}lə^{0}，k^{h}ə^{55}mu^{213}tʃ^{h}ʅ^{55}
青岛	他把橘子皮剥了，可是他没吃。 t^{h}ə^{55}pɑ^{213}tɕy^{55}tθʅ^{0}p^{h}i^{42}pɑ^{55}lə^{0}，k^{h}ə^{42}ʂʅ^{0}t^{h}ə^{55}mə^{213}tʃ^{h}ʅ^{55}
高密	他把橘子皮儿剥了，没吃。 t^{h}ɑ^{55}pɑ^{0}tɕy^{23}tθʅ^{0}p^{h}ier^{42}pɑ^{23}lə^{0}，mu^{42}tʃ^{h}ʅ^{213}

续表

	0008 他把橘子剥了皮，但是没吃。
诸城	他把橘子剥了皮，可没吃。"可"有音变。下同 tʰa^{44}pa^{44}tʃu^{213}tθɿ^{0}pa^{213}lə^{0}pʰi^{53}，kʰɛ^{44}mu^{44}tʃʰɿ^{44} 他剥了橘子皮，可没吃。 tʰa^{44}pa^{213}lə^{0}tʃu^{213}tθɿ^{0}pʰi^{53}，kʰɛ^{44}mu^{44}tʃʰɿ^{44}
沂水	他把橘子皮剥唠，可没吃。"把"读为"爆" tʰa^{44}pɔ^{31}tɕy^{213}dðɿ^{0}pʰi^{53}pa^{213}lɔ^{0}，kʰə^{21}mu^{53}tʃʰɿ^{213}
临朐	他把橘子剥了皮儿，没吃。 tʰa^{44}pa^{21}tɕy^{213}tθɿ^{0}pa^{213}lə^{0}pʰier^{53}，mu^{53}tʃʰɿ^{44}
日照	他把橘子皮剥了，也没吃呃。 tʰɑ^{44}pɑ^{44}tʃu^{213}tθɿ^{0}pʰi^{53}pɑ^{213}lə^{0}，iə^{213}mu^{0}tʃʰɿ^{213}ə^{0}
莒南	他把橘子剥了皮，没吃。"把"读为"末" tʰa^{55}mə^{31}tɕy^{213}tθɿ^{0}pa^{213}lə^{0}pʰi^{53}，mu^{31}tʃʰɿ^{213}
潍坊	他把橘子剥了皮，没吃。 tʰɑ^{214}pɑ^{0}tɕy^{214}tsɿ^{0}pɑ^{214}liɔɤ^{0}pʰi^{53}，mu^{53}tʂʰʅ^{214}
寿光	他把橘子剥唠皮，没吃。 tʰa^{55}pa^{21}tɕy^{213}tsɿ^{0}pa^{213}lɔ^{0}pʰi^{53}，mu^{53}tʂʰʅ^{213}
高青	他把橘子皮儿剥俩，可是没吃。 tʰɑ^{55}pɑ^{55}tɕy^{35}tsɿ^{0}pʰier^{55}pɑ^{21}lia^{0}，kʰə^{55}ʂʅ^{41}mu^{55}tʂʰʅ^{213}
阳信	他把橘子皮剥唓，但是没吃。"把"读为"骂" tʰa^{55}ma^{0}tɕy^{31}tsɿ^{0}pʰi^{43}pɔ^{31}liã^{0}，tã^{31}ʂʅ^{31}mu^{43}tʂʰʅ^{213}
济阳	他把橘子剥了皮儿，可是没吃。 tʰa^{54}pa^{55}tɕy^{23}tsɿ^{0}pa^{21}lə^{0}pʰier^{55}，kʰə^{13}ʂʅ^{31}mu^{55}tʂʰʅ^{213}
利津	他把橘子剥哩皮，没吃。 tʰa^{55}pa^{55}tɕy^{24}tsɿ^{0}pa^{24}li^{0}pʰi^{53}，mu^{31}tʂʰʅ^{44}
乐陵	他把橘子皮儿剥咧，没吃。 tʰa^{55}pɑ^{55}tɕy^{31}tsɿ^{0}pʰier^{55}pɔ^{31}liə^{0}，mu^{51}tʂʰʅ^{24}
商河	他把橘子剥［了］皮儿俩，他可没吃啊。 tʰɑ^{45}pɑ^{0}tɕy^{21}tsɿ^{0}pɑ^{213}pʰier^{24}liɑ^{0}，tʰɑ^{54}kʰə^{45}mu^{54}tʂʰʅ^{213}ɑ^{0}
平原	他把橘子皮儿剥俩，没吃。 tʰa^{55}pa^{21}tɕy^{21}tsɿ^{0}pʰiər^{42}pa^{21}lia^{0}，mei^{21}tʂʰʅ^{213}
德州	他把橘子剥了皮儿了，也没吃。 tʰa^{55}pa^{55}tɕy^{21}tsɿ^{0}pa^{21}lə^{0}pʰier^{55}lə^{0}，iə^{55}mei^{42}tʂʰʅ^{213}
武城	他把橘子剥喃，没吃。 tʰa^{55}pa^{0}tɕy^{312}tsɿ^{0}pa^{312}lã^{0}，mei^{21}tʂʰʅ^{224}

续表

	0008 他把橘子剥了皮，但是没吃。
临清	他把橘子皮儿剥啦，但他没吃。 t^{h}a^{44}pa^{0}tɕy^{44}tsɿ^{0}p^{h}ier^{53}pə^{31}la^{0}，tan^{31}t^{h}a^{44}mei^{13}tʂ^{h}ʅ^{13}
冠县	他把橘子皮儿剥啦，但是他没有吃。 t^{h}a^{55}pa^{31}tɕy^{21}tsɿ^{0}p^{h}ier^{53}pə^{21}la^{0}，tã^{24}ʂʅ^{0}t^{h}a^{55}mei^{13}iou^{0}tʂ^{h}ʅ^{13}
聊城	他光把橘子皮儿剥啦，还没吃唻。 t^{h}a^{44}kuɑŋ^{13}pa^{0}tɕy^{13}tsɿ^{0}p^{h}ier^{53}pə^{13}la^{0}，xã^{53}mei^{53}ts^{h}ʅ^{13}lɛ^{0}
济南	他都把橘子皮剥咧，可是没吃。 t^{h}a^{55}tou^{21}pa^{0}tɕy^{21}tsɿ^{0}p^{h}iː^{42}pa^{21}lia^{0}，k^{h}ə^{55}ʂʅ^{21}mei^{42}tʂ^{h}ʅ^{213}
泰安	他把橘子剥唠皮儿，可他没吃。 t^{h}a^{23}pa^{55}tɕy^{21}tsɿ^{0}pa^{21}lɔ^{0}p^{h}ir^{42}，k^{h}ə^{55}ṭ^{h}a^{23}mei^{23}tʂ^{h}ʅ^{213}
莱芜	他把橘子皮剥了，但是没吃。 t^{h}a^{31}pa^{55}tɕy^{31}tsɿ^{0}p^{h}iː^{55}pa^{31}liɔ^{0}，tã^{42}ʃʅ^{31}mu^{55}tʃ^{h}ʅ^{213}
新泰	他把橘子剥咧，可是没吃。 t^{h}a^{55}pa^{55}tɕy^{213}tθɿ^{0}pa^{2}lia^{0}，k^{h}ə^{55}ʃʅ^{31}mu^{42}tʃ^{h}ʅ^{213}
沂源	他把橘子皮剥了，但是他没吃。 t^{h}a^{213}pa^{55}tɕy^{21}tθɿ^{0}p^{h}iː^{55}pa^{21}lə^{0}，tã^{31}ʃʅ^{31}t^{h}a^{213}mu^{55}tʃ^{h}ʅ^{213}
博山	他把橘子皮剥嗹，他没吃。 t^{h}ɑ^{213}pɑ^{55}tɕy^{213}ə^{0}p^{h}iː^{55}pɑ^{213}liã^{0}，t^{h}ɑ^{213}mu^{55}tʂ^{h}ʅ^{213}
张店	他把橘子皮剥嗹，可是没吃。 t^{h}ɑ^{213}pɑ^{55}tɕy^{55}ɿ^{0}p^{h}iː^{55}pɑ^{55}liã^{0}，k^{h}uə^{55}ʂʅ^{31}mu^{33}tʂ^{h}ʅ^{213}
阳谷	他把橘子剥啦，没吃。 t^{h}a^{55}pa^{31}tɕy^{31}tsɿ^{0}pə^{31}la^{0}，mei^{13}ts^{h}ʅ^{213}
梁山	他把橘子皮剥啦，就是没吃。 t^{h}a^{55}pa^{31}tɕy^{21}tsɿ^{0}p^{h}iː^{42}pə^{21}la^{0}，tsou^{21}sɿ^{0}mei^{42}ts^{h}ʅ^{213}
菏泽	他把橘子剥啦，没吃。 t^{h}a^{44}pa^{53}tɕy^{21}tə^{0}pə^{21}la^{0}，mei^{53}ts^{h}ʅ^{213}
曹县	他把橘子皮儿剥啦，没吃。 t^{h}a^{44}pa^{44}tɕy^{21}tɤ^{0}p^{h}iɤr^{53}pə^{21}la^{0}，mei^{21}tʂ^{h}ʅ^{213}
金乡	他把橘子皮儿剥啦，但是没吃。 t^{h}a^{55}pa^{31}tɕy^{21}tsɿ^{0}p^{h}ier^{42}pə^{21}la^{0}，tã^{55}sɿ^{0}mei^{23}ts^{h}ʅ^{213}
曲阜	他把这个橘子皮儿剥啦，但是没吃。 t^{h}a^{55}pa^{31}tsə^{31}kə^{0}tɕy^{21}tsɿ^{0}p^{h}ier^{42}pə^{21}la^{0}，tã^{23}sɿ^{31}mei^{23}ts^{h}ʅ^{213}
薛城	他把橘子皮剥啦，可是没吃。“把”读为“拜” t^{h}a^{55}pɛ^{41}tɕy^{31}tsɿ^{0}p^{h}iː^{55}pə^{31}la^{0}，k^{h}ə^{24}sɿ^{41}me^{41}ts^{h}ʅ^{313}

续表

	0008 他把橘子剥了皮，但是没吃。
郯城	他把橘子剥完皮儿，没吃。 t^{h}a^{21}pa^{51}tɕy^{21}tsɿ^{0}pə^{21}uã^{44}p^{h}ier^{44}，me^{51}tʂ^{h}ʅ^{213}
临沂	他把橘子皮儿剥啦，没吃。 t^{h}a^{55}pa^{31}tɕy^{21}tsɿ^{0}pier^{53}pa^{21}la^{0}，mu^{31}tʃ^{h}ʅ^{214}

	0009 他们把教室都装上了空调。
荣成	他们把教室都安上了空调。 t^{h}a^{53}mən^{0}pa^{21}ciau^{33}ʃi^{214}təu^{53}an^{53}ʃɑŋ^{0}lə^{0}k^{h}uŋ^{53}t^{h}iau^{35}
烟台	他们把教室都安上空调了。 t^{h}a^{53}mən^{0}pa^{21}tɕiau^{33}ɕi^{14}tou^{33}an^{53}ɕiɑŋ^{0}k^{h}uŋ^{53}t^{h}iau^{35}lə^{0}
栖霞	他们把教室安空调了。 t^{h}a^{21}mə̃n^{0}pa^{52}ciɔo^{34}ʃʅ^{312}ãn^{34}k^{h}uŋ^{52}t^{h}iɔo^{34}lə^{0}
长岛	他们把教室都装上了空调。 t^{h}a^{21}mən^{0}pa^{55}ciau^{31}ʃʅ^{55}tou^{55}tsuɑŋ^{52}ʃɑŋ^{0}lə^{0}k^{h}uŋ^{31}t^{h}iau^{55}
海阳	他们把教室都安上空调了。 t^{h}a^{52}mẽ^{0}pa^{21}ciɔ^{52}sʅ^{34}təu^{34}ã^{52}sɑŋ^{0}k^{h}uŋ^{52}t^{h}iɔ^{34}lə^{0}
莱西	他们把教室都安上了空调。 t^{h}a^{214}mẽ^{0}pa^{55}ciɔ^{214}ʃʅ^{42}tou^{55}ã^{214}ʃɑŋ^{0}lə^{0}k^{h}oŋ^{214}t^{h}iɔ^{42}
平度	他们把教室都安上了空调。 t^{h}a^{45}mə̃^{0}pa^{55}ciɔ^{213}ʃʅ^{42}tou^{55}ã^{213}ʃɑŋ^{0}lə^{0}k^{h}uŋ^{213}t^{h}iɔ^{42}
青岛	他们把教室都安上了空调。 t^{h}ə^{55}mẽ^{0}pa^{55}tɕiɔ^{213}ʃʅ^{42}tou^{55}ã^{213}ʃɑŋ^{0}lə^{0}k^{h}oŋ^{213}t^{h}iɔ^{42}
高密	他们把教室都安上空调了。 t^{h}ɑ^{23}mə̃^{0}pa^{55}tɕiɔ^{21}ʃʅ^{55}tou^{55}ã^{21}xɑŋ^{0}k^{h}oŋ^{213}t^{h}iɔ^{55}lə^{0}
诸城	他们把教室［都也］安上空调啦。 t^{h}a^{44}mẽ^{0}pa^{44}tʃɔ^{31}ʃʅ^{44}tuɛ^{213}ŋã^{213}ʃɑŋ^{0}k^{h}əŋ^{213}ȶ^{h}iɔ^{24}la^{0}
沂水	他们把学屋里都安上唠空调。 t^{h}a^{213}mẽ^{0}pa^{31}ɕyə^{24}u^{0}li^{0}tou^{31}ŋã^{21}ʃaŋ^{0}lɔ^{0}k^{h}uŋ^{213}t^{h}iɔ^{53}
临朐	他们把教室都装上空调咧。 t^{h}a^{213}mə̃^{0}pa^{44}tɕiɔ^{21}ʃʅ^{55}təu^{213}tʂuɑŋ^{21}xɑŋ^{0}k^{h}uŋ^{213}t^{h}iɔ^{35}liə^{0}
日照	他们把教室都安上了空调。 t^{h}ɑ^{213}mẽ^{0}pɑ^{44}tʃiɔ^{31}ʃʅ^{0}tou^{31}ŋã^{31}ʃiɑŋ^{0}lə^{0}k^{h}əŋ^{213}t^{h}iɔ^{53}
莒南	他们把教室里都安上空调呃。"把"读为"末" t^{h}a^{213}mẽ^{0}mə^{31}tɕiɔ^{31}ʃʅ^{21}lə^{0}tou^{13}ã^{21}ʃaŋ^{0}k^{h}uŋ^{213}t^{h}iɔ^{55}ə^{0}

续表

	0009 他们把教室都装上了空调。
潍坊	他们把教室都安上空调了呃。 tʰɑ214mẽ0pɑ31tɕiɔɤ31ʂʅ31tɤɯ31ŋã31ʂɑŋ0kʰoŋ214tʰiɔɤ35liɔɤ0ə0
寿光	他们给教室里都安上空调嚹。 tʰa213mã0tɕi53tɕiɔ21ʂʅ213li0təu13ŋã21ʂɑŋ0kʰuŋ213tʰiɔ35lã0
高青	他们给教室安上空调了。 tʰɑ55mã55tɕi55tɕiɔ41ʂʅ55ŋã213ʂɑŋ41kʰuŋ55tʰiɔ35lə0
阳信	他们把教室里都安上空调嗹。"把"读为"马" tʰa213mã0ma55tɕiɔ213ʂʅ31li0tou213ŋã31xɑŋ0kʰuŋ31tʰiɔ45liã0
济阳	他们把教室里都安上空调俩。 tʰa213mẽ0pã55tɕiɔ31ʂʅ31li0tou21ŋã21ʂɑŋ0kʰuŋ13tʰiɔ55lia0
利津	他们把教室都安上空调啦。 tʰa213mẽ0pa55tɕiɔ31ʂʅ44tou24ŋã31ʂɑŋ0kʰuŋ213tʰiɔ55la0
乐陵	他们歹⁼教室里都安上空调咧。 tʰɑ212mẽ0tɛ55tɕiɔ24ʂʅ51li0tou24ŋã31ʂɑŋ0kʰuŋ212tʰiɔ55liə0
商河	他们把教室都安哩空调俩。 tʰɑ45mẽ0pɑ0tɕiɔ31ʂʅ45tou0ŋã21li0kʰuŋ213tʰiɔ24liɑ0
平原	他们把教室都装上空调俩。 tʰa23mẽ0pa21tɕiɔu21ʂʅ213tou23tʂuɑŋ21ʂɑŋ0kʰuŋ21tʰiɔu55lia0
德州	他们把教室都安上了空调啦。 tʰa213mẽ0pa55tɕiɔ21ʂʅ213tou213ŋã21ʂɑŋ0lə0kʰuŋ21tʰiɔ55la0
武城	他们把教室都安上空调嚹。 tʰa24mẽ0pa0tɕiɔ21tʂʅ224tou24ŋã312ʂɑŋ0kʰuŋ24tʰiɔ55lã0
临清	他们把教室都安了空调。 tʰa44men0pa44tɕiau31ʂʅ13tou44ŋan13lə0kʰuŋ13tʰiau53
冠县	他们把教室都安上了空调。 tʰa55mẽ0pa55tɕiɔ31ʂʅ13tou53ɣã21ʂɑŋ0lə0kʰuŋ13tʰiɔ53
聊城	他们把教室都安上空调啦。 tʰa44mẽ0pa44tɕiɔ31sʅ13tou31ɣã13sɑŋ53kʰuŋ13tʰiɔ44la0
济南	他这伙把教室的空调都安上俩。 tʰa55tʂə21xuə55pa0tɕiɔ21ʂʅ0ti0kʰuŋ213tʰiɔ42tou23ŋã21ʂɑŋ0lia0
泰安	他们把教室都安上空调俩。 tʰa21mei0pa21tɕiɔ21ʂʅ213tou23ɣã21xɑŋ0kʰuŋ213tʰiɔ55lia0
莱芜	他们把教室安上空调了。 tʰa31mẽ0pa55tɕiɔ31ʃʅ213ŋã31ʃɑŋ0kʰuŋ31tʰiɔ13liɔ0

续表

	0009 他们把教室都装上了空调。
新泰	他们把教室都安上空调俩。 tʰa^{21}mẽ^{0}pa^{55}tɕiɔ^{31}ʃʅ^{213}tou^{23}ŋã^{21}ʃaŋ^{0}kʰuŋ^{21}tʰiɔ^{23}lia^{0}
沂源	他们给教室都安上了空调。 tʰa^{21}mã^{0}tɕi^{55}tɕiɔ^{31}ʃʅ^{213}tou^{31}ŋã^{21}ʃaŋ^{0}lə^{0}kʰuŋ^{21}tʰiɔ^{55}
博山	教室都安上空调嗹。 tɕiɔ^{31}ʂʅ^{35}təu^{31}ŋã^{21}ʂaŋ^{0}kʰuŋ^{213}tʰiɔ^{35}liã^{0}
张店	他们给教室都安上了空调。 tʰɑ^{213}mã^{55}tɕi^{55}tɕiɔ^{31}ʂʅ^{33}tou^{213}ŋã^{31}ʂaŋ^{31}liɔ^{0}kʰuŋ^{213}tʰiɔ^{55}
阳谷	他们给教室都安上空调啦。 tʰa^{13}mẽ^{0}kei^{55}tɕiɔ^{31}sɿ^{213}tou^{13}ɣã^{31}xaŋ^{0}kʰuŋ^{13}tʰiɔ^{55}la^{0}
梁山	他们把教室都安上空调啦。 tʰa^{21}mẽ^{0}pa^{31}tɕiɔ^{31}sɿ^{213}tou^{23}ɣã^{21}saŋ^{0}kʰuŋ^{213}tʰiɔ^{55}la^{0}
菏泽	他们把教室里头都安上空调啦。 tʰa^{44}mẽ^{0}pa^{44}tɕiɔ^{31}sɿ^{213}li^{44}tʰou^{0}tou^{31}ɣã^{21}saŋ^{0}kʰuŋ^{213}tʰiɔ^{53}la^{0}
曹县	他们把教室都装上了空调。 tʰa^{44}mẽ^{0}pa^{44}tɕiɔ^{31}ʂʅ^{213}tou^{213}tsʰuaŋ^{213}saŋ^{0}lə^{0}kʰuŋ^{213}tʰiɔ^{53}
金乡	他们把教室都安上空调啦。 tʰa^{21}mẽ^{0}pa^{55}tɕiɔ^{31}sɿ^{213}tou^{23}ɣã^{21}saŋ^{0}kʰuŋ^{213}tʰiɔ^{55}la^{0}
曲阜	他们把教室里都安上空调啦。 tʰa^{21}mẽ^{0}pa^{31}tɕiɔ^{31}sɿ^{21}li^{0}tou^{23}ɣã^{21}saŋ^{0}kʰuŋ^{213}tʰiɔ^{55}la^{0}
薛城	他们把教室里都安上了空调。"把"读为"拜" tʰa^{31}mẽ^{0}pɛ^{41}tɕiɔ^{41}sɿ^{31}li^{0}tou^{313}ɣã^{31}saŋ^{0}lə^{0}kʰuŋ^{31}tʰiɔ^{55}
郯城	他们把教室都安上了空调。 tʰa^{21}mã^{0}pa^{51}tɕiɔ^{51}ʂʅ^{213}təu^{13}ã^{21}ʂaŋ^{0}lə^{0}kʰuŋ^{21}tʰiɔ^{44}
临沂	他们把教室都装上了空调。 tʰa^{214}mẽ^{0}pa^{31}tɕiɔ^{31}ʃʅ^{214}tou^{24}tʃuaŋ^{21}ʃaŋ^{0}lə^{0}kʰuŋ^{24}tʰiɔ^{53}

	0010 帽子被风吹走了。
荣成	帽子叫风儿刮去了。 mau^{33}tsɿ^{0}ciau^{33}fə̃r^{53}kua^{21}cʰy^{33}lə^{0}
烟台	帽子叫风刮跑了。 mau^{33}rə^{0}tɕiau^{33}fəŋ^{53}kua^{33}pʰau^{21}lə^{0}
栖霞	帽子叫风刮儿跑了。 mɔo^{34}lə^{0}ciɔo^{34}fəŋ^{52}kuar^{34}pʰɔo^{21}lə^{0}

续表

	0010帽子被风吹走了。
长岛	帽子叫风刮走了。 mau^{52}tsɿ^{0}ciau^{55}fəŋ^{31}kua^{35}tsou^{213}lə^{0}
海阳	帽子叫风刮去了。 mɔ^{34}ə^{0}ciɔ^{34}fəŋ^{52}kua^{214}cʰy^{0}lə^{0}
莱西	帽子叫风刮跑了。 mɔ^{42}tsɿ^{0}ciɔ^{42}fəŋ^{214}kua^{214}pʰɔ^{24}lə^{0}
平度	帽子叫风刮跑了。 mɔ^{45}tθʅ^{0}ciɔ^{42}fəŋ^{213}kua^{213}pʰɔ^{55}lə^{0}
青岛	帽子叫风刮跑了。 mɔ^{45}tθʅ^{0}tɕiɔ^{42}foŋ^{55}kuɑ^{213}pʰɔ^{55}lə^{0}
高密	帽子叫风刮走了。 mɔ^{42}tθʅ^{0}tɕiɔ^{21}foŋ^{213}kuɑ^{42}tθou^{23}lə^{0}
诸城	帽子叫风刮跑啦。 mɔ^{44}tθʅ^{0}tʃɔ^{31}fəŋ^{213}kua^{44}pʰɔ^{213}la^{0}
沂水	帽子叫风刮跑唠。 mɔ^{44}dðʅ^{0}tɕiɔ^{31}fəŋ^{213}kua^{24}pʰɔ^{213}lɔ^{0}
临朐	帽子叫风刮跑咧。 mɔ^{44}tθʅ^{0}tɕiɔ^{21}fəŋ^{213}kua^{44}pʰɔ^{213}liə^{0}
日照	帽子叫风刮跑了。 mɔ^{53}tθʅ^{0}tʃiɔ^{31}fəŋ^{213}kuɑ^{53}pʰɔ^{213}lə^{0}
莒南	帽子叫风刮走了。 mɔ^{31}tθʅ^{0}tɕiɔ^{31}fəŋ^{213}kua^{13}tθou^{213}lə^{0}
潍坊	帽子叫风刮跑嗹。 mɔɤ^{55}tsɿ^{0}tɕiɔɤ^{31}fəŋ^{214}kuɑ^{24}pʰɔɤ^{24}liã^{0}
寿光	帽子叫风刮唠去嘞。 mɔ^{55}tsɿ^{0}tɕiɔ^{21}fəŋ^{213}kua^{213}lɔ^{0}tɕʰy^{55}lã^{0}
高青	帽子叫风刮走了。 mɔ^{41}tsɿ^{0}tɕiɔ^{41}fəŋ^{213}kuɑ^{213}tsou^{213}lə^{0}
阳信	帽子让风刮跑嗹。 mɔ^{55}tsɿ^{0}ʐaŋ^{31}fəŋ^{213}kua^{213}pʰɔ^{213}liã^{0}
济阳	帽子叫风吹跑俩。 mɔ^{55}tsɿ^{0}tɕiɔ^{31}fəŋ^{213}tʂʰuei^{54}pʰɔ^{213}lia^{0}
利津	帽子叫大风刮走了。 mɔ^{55}tsɿ^{0}tɕiɔ^{31}ta^{31}fəŋ^{213}kua^{44}tsou^{213}lə^{0}

续表

	0010 帽子被风吹走了。
乐陵	帽子叫风刮跑咧。 mɔ^{55}tsɿ^{0}tɕiɔ^{31}fəŋ^{24}kuɑ^{24}pʰɔ^{212}liə^{0}
商河	帽子叫风刮跑俩。 mɔ^{54}tsɿ^{0}tɕiɔ^{31}fəŋ^{213}kuɑ^{45}pʰɔ^{213}liɑ^{0}
平原	帽子叫大风给刮走俩。 mɔu^{42}tsɿ^{0}tɕiɔu^{21}ta^{21}fəŋ^{213}kei^{42}kua^{21}tsou^{23}lia^{0}
德州	帽子叫风给刮跑了。 mɔ^{42}tsɿ^{0}tɕiɔ^{21}fəŋ^{213}kei^{55}kua^{213}pʰɔ^{213}lə^{0}
武城	帽子被风刮走嘞。 mɔ^{53}tsɿ^{0}pei^{21}fəŋ^{224}kua^{21}tsou^{24}lã^{0}
临清	帽子叫风刮跑唠。 mau^{53}tsɿ^{0}tɕiau^{31}fəŋ^{13}kua^{13}pʰau^{44}lau^{0}
冠县	帽子叫风刮走啦。 mɔ^{53}tsɿ^{0}tɕiɔ^{31}fəŋ^{13}kua^{13}tsou^{44}la^{0}
聊城	帽子叫风刮跑啦。 mɔ^{53}tsɿ^{0}tɕiɔ^{31}fəŋ^{13}kua^{13}pʰɔ^{44}la^{0}
济南	帽子让风刮跑俩。"让"也可用"叫" mɔ^{55}tsɿ^{0}ʐɑŋ^{21}fəŋ^{213}kua^{23}pʰɔ^{213}lia^{0}
泰安	帽子叫风刮跑俩。 mɔ^{42}tsɿ^{0}tɕiɔ^{21}fəŋ^{213}kua^{23}pʰɔ^{213}lia^{0}
莱芜	帽子叫风价吹走了。 mɔ^{55}tsɿ^{0}tɕiɔ^{31}fəŋ^{21}tɕia^{0}tʃʰuei^{21}tsou^{213}liɔ^{0}
新泰	帽子叫风吹走俩。 mɔ^{42}tθɿ^{0}tɕiɔ^{31}fəŋ^{213}tʃʰuei^{23}tθou^{0}lia^{0}
沂源	帽子叫风刮跑了。 mɔ^{55}tθɿ^{0}tɕiɔ^{31}fəŋ^{213}kua^{55}pʰɔ^{21}lə^{0}
博山	帽子叫风刮跑嗹。 mɔ^{55}ə^{0}tɕiɔ^{31}fəŋ^{213}kuɑ^{213}pʰɔ^{213}liã^{0}
张店	帽子叫风刮跑嗹。 mɔ^{55}ɿ^{0}tɕiɔ^{31}fəŋ^{213}kuɑ^{33}pʰɔ^{213}liã^{0}
阳谷	帽子叫风刮跑啦。 mɔ^{42}zɿ^{0}tɕiɔ^{31}fəŋ^{13}kua^{13}pʰɔ^{13}la^{0}
梁山	帽子叫风刮走啦。 mɔ^{42}tsɿ^{0}tɕiɔ^{31}fəŋ^{213}kua^{23}tsou^{23}la^{0}

续表

	0010 帽子被风吹走了。
菏泽	帽子叫风刮跑啦。 mɔ^{31}tə^{0}tɕiɔ^{31}fəŋ^{213}kua^{213}pʰɔ^{44}la^{0}
曹县	帽子叫风吹跑啦。 mɔ^{31}tɤ^{0}tɕʰiɔ^{31}fəŋ^{213}tʂʰuei^{21}pʰɔ^{44}la^{0}
金乡	帽子叫风刮跑啦。 mɔ^{42}tsʅ^{0}tɕiɔ^{31}fəŋ^{213}kua^{21}pʰɔ^{23}la^{0}
曲阜	帽子叫风刮跑啦。 mɔ^{42}tsʅ^{0}tɕiɔ^{31}fəŋ^{213}kua^{55}pʰɔ^{35}la^{0}
薛城	帽子叫风刮跑啦。 mɔ^{41}tsʅ^{0}tɕiɔ^{41}fəŋ^{313}kua^{31}pʰɔ^{24}la^{0}
郯城	帽子叫风刮跑啦。 mɔ^{51}tsʅ^{0}tɕiɔ^{51}fəŋ^{213}kua^{21}pʰɔ^{24}la^{0}
临沂	帽子叫风刮走啦。 mɔ^{31}tsʅ^{0}tɕiɔ^{31}fəŋ^{214}kua^{24}tsou^{21}la^{0}

	0011 张明被坏人抢走了一个包，人也差点儿被打伤。
荣成	张明叫坏人儿抢了个包儿，人还差么点儿被打伤了。 tʃaŋ^{53}miŋ^{35}ciau^{33}xuai^{33}iər^{53}tsʰiaŋ^{214}lə^{0}kə^{0}paur^{53}，in^{53}xai^{35}tʂʰa^{53}mə^{0}tiɐr^{214}pei^{33}ta^{21}ʂaŋ^{53}lə^{0}
烟台	张明儿叫坏人把包儿抢走了，人也差一点儿叫人家打了。 tɕiaŋ^{53}miə̃r^{33}tɕiau^{33}xuɛ^{33}in^{53}pa^{21}paur^{53}tɕʰiaŋ^{35}tsou^{21}lə^{0}，in^{53}ie^{21}tsʰa^{53}i^{0}tiɒr^{21}tɕiau^{33}in^{33}tɕia^{0}ta^{21}lə^{0}
栖霞	张明儿叫坏人抢了一个包儿，人也差么点儿被打坏了。 tʃaŋ^{52}miə̃r^{34}ciɔo^{55}xuɛi^{52}ĩn^{0}tʃʰaŋ^{21}lə^{0}i^{21}kə^{0}pɔor^{312}，ĩn^{52}iɛ^{21}tsʰa^{34}mə^{0}tiɐr^{214}pei^{52}ta^{55}xuɛi^{34}lə^{0}
长岛	张明叫坏人抢走了个包儿，人也差点儿被打坏了。 tʃaŋ^{52}miŋ^{55}ciau^{52}xuai^{52}in^{55}tʃʰaŋ^{35}tsou^{21}lə^{0}kə^{0}paur^{31}，in^{55}iɛ^{21}tsʰa^{52}tiɐr^{213}pei^{52}ta^{21}xuai^{52}lə^{0}
海阳	张明儿叫坏人抢了个包儿，人差么点儿被打伤。 tsaŋ^{52}miə̃r^{34}ciɔ^{34}xuɛ^{34}ĩ^{52}tsʰiaŋ^{21}lə^{0}kə^{0}pɔr^{52}，ĩ^{52}tʂʰa^{34}mə^{0}tiɐr^{214}pei^{34}ta^{21}saŋ^{52}
莱西	张明儿叫坏人夺去一个包儿，人也差没点儿被打伤。 tʃaŋ^{214}miə̃r^{42}ciɔ^{42}xuɛ^{42}iẽ^{214}tuə^{42}cʰy^{0}i^{24}kə^{0}pɔr^{214}，iẽ^{214}iə^{0}tsʰa^{214}mu^{0}tiɛr^{55}pei^{42}ta^{55}ʃaŋ^{214}
平度	张明儿叫坏人抢走了一个包儿，人也差没点儿伤了。 tʃaŋ^{213}miə̃r^{42}ciɔ^{42}xuɛ^{42}iə̃^{42}tsʰiaŋ^{213}tθou^{45}lə^{0}i^{55}kə^{0}pɔr^{213}，iə̃^{42}iə^{0}tʂʰa^{213}mu^{0}tiɛr^{55}ʃaŋ^{213}lə^{0}
青岛	张明的一个包儿叫坏人抢去了，还差点儿把他伤了。 tʃaŋ^{213}mioŋ^{45}ti^{0}i^{55}kə^{0}pɔr^{213}tɕiɔ^{42}xuɛ^{42}iẽ^{0}tsʰiaŋ^{55}tɕʰi^{0}lə^{0}， xɛ^{42}tʂʰa^{45}tɛr^{0}pa^{213}tʰa^{0}ʃaŋ^{213}lə^{0}
高密	张明儿的包儿叫人抢了，差没霎⁼儿挨打。 tʃaŋ^{213}mõr^{42}ti^{0}pɔr^{213}tɕiɔ^{42}iə̃^{0}tsʰiaŋ^{23}lə^{0}，tʂʰa^{21}mu^{0}ʂar^{55}ɛ^{42}ta^{55}

续表

	0011张明被坏人抢走了一个包，人也差点儿被打伤。
诸城	张明叫短路的抢了个包儿呃，人儿也差没点儿地受了伤呃。短路：拦路抢劫 tʃɑŋ^{213}məŋ^{53}tʃɔ^{31}tuã^{213}lu^{44}ȶi^{0}tθʰiaŋ^{213}lə^{0}kə^{0}pɔr^{31}ə^{0}，ʐer^{53}iə^{0}tʂʰa^{44}mu^{0}tɛr^{44}ȶi^{0}ʃou^{44}lə^{0}ʃɑŋ^{31}ə^{0}
沂水	张明叫坏人抢走唠一个包儿，还眼看打伤唠。 dʒɑŋ^{213}miŋ^{53}tɕiɔ^{31}xuɛ^{31}iẽ^{53}tsʰiaŋ^{53}dðou^{213}lɔ^{0}i^{213}kə^{0}pɔr^{213}，xã^{53}iã^{213}xã^{0}ta^{44}ʃɑŋ^{21}lɔ^{0}
临朐	张明叫坏人抢走了一个包儿呃，人也差点儿打伤咧。 tʃɑŋ^{213}miŋ^{53}tɕiɔ^{21}xuɛ^{21}ʐə̃^{53}tɕʰiaŋ^{44}tθəu^{213}liɔ^{0}i^{13}kuə^{21}pɔr^{21}ə^{0}，ʐə̃^{53}iə^{0}tʂʰa^{213}tiɛr^{44}ta^{44}ʃɑŋ^{21}liə^{0}
日照	张明儿的包儿叫坏人抢去了，人也差丁点儿叫人家打毁了。"丁"有音变 tʃiaŋ^{213}miə̃r^{44}ti^{0}pɔr^{213}tʃiɔ^{31}xuɛ^{31}iẽ^{53}ȶʰiaŋ^{213}tʃʰu^{0}lə^{0}，iẽ^{53}iə^{44}tʂʰɑ^{31}tei^{213}tɛr^{0}tʃiɔ^{31}iẽ^{44}tʃiə^{0}ta^{53}xuei^{213}lə^{0}
莒南	张明儿叫坏人给抢走了一个包儿呃，人也歇⁼乎点儿叫打伤了。 tʃɑŋ^{13}miə̃r^{53}tɕiɔ^{13}xuɛ^{31}iẽ^{53}tɕi^{53}tsʰiaŋ^{53}tθou^{213}lə^{0}i^{13}kə^{31}pɔr^{21}ə，iẽ^{53}iə^{0}ɕiə^{21}xu^{0}tiɛr^{0}tɕiɔ^{31}ta^{55}ʃɑŋ^{21}lə^{0}
潍坊	张明儿叫坏人抢走了个包儿呃，还差点儿叫人家打伤了。 tʂɑŋ^{214}miẽr^{53}tɕiɔɤ^{31}xuɛ^{31}ʐẽ^{53}tɕʰiaŋ^{55}tsɤɯ^{24}liɔɤ^{0}kə^{0}pɔɤr^{31}ə^{0}，xã^{53}tʂʰɑ^{214}tiɐr^{55}tɕiɔɤ^{31}ʐẽ^{35}kɑ^{0}tɑ^{55}ʂɑŋ^{31}liɔɤ^{0}
寿光	张明叫坏人抢走唠一个包儿，人也差丁点儿叫人家打伤唠。 tʂɑŋ^{213}miŋ^{53}tɕiɔ^{21}xuɛ^{21}lə̃^{53}tɕʰiaŋ^{53}tsəu^{55}lɔ^{0}i^{13}kuə^{21}pɔr^{213}，lə̃^{53}iə^{0}tʂʰa^{21}tiŋ^{213}tɛr^{55}tɕiɔ^{21}lə̃^{35}ka^{0}ta^{55}ʂɑŋ^{21}lɔ^{0}
高青	张明那包儿叫坏人抢走了，人也差乎儿被打伤。 tʂɑŋ^{213}miŋ^{55}nɑ^{41}pɔr^{213}tɕiɔ^{41}xuɛ^{41}ʐə̃^{55}tɕʰiaŋ^{55}tsou^{213}lə^{0}，ʐə̃^{55}iə^{41}tʂʰɑ^{213}xur^{55}pei^{41}ta^{55}ʂɑŋ^{213}
阳信	张明叫坏人抢哩个包去，人也差一点儿点儿没伤着。 tʂɑŋ^{213}miŋ^{43}tɕiɔ^{31}xuɛ^{31}ʐə̃^{43}tɕʰiaŋ^{213}li^{0}kə^{0}pɔ^{213}tɕʰiː^{31}，ʐə̃^{43}iə^{55}tʂʰa^{31}i^{0}tɛr^{213}tɛr^{0}mu^{55}ʂɑŋ^{31}tʂou^{0}
济阳	张明那包叫坏人抢跑俩，人也好不待⁼被打伤唠。 tʂɑŋ^{13}miŋ^{55}na^{31}pɔ^{213}tɕiɔ^{31}xuɛ^{31}ʐẽ^{55}tɕʰiaŋ^{13}pʰɔ^{213}lia^{0}，ʐẽ^{55}iə^{0}xɔ^{55}pu^{13}tɛ^{31}pei^{31}ta^{13}ʂɑŋ^{21}lɔ^{0}
利津	张明叫坏人抢走哩一个包儿，人差点儿没被打伤。 tʂɑŋ^{213}miŋ^{53}tɕiɔ^{31}xuɛ^{31}ʐẽ^{53}tɕʰiaŋ^{55}tsou^{213}li^{0}i^{24}kə^{0}pɔr^{213}，ʐẽ^{53}tʂʰa^{31}tiɛr^{55}mu^{31}pei^{31}ta^{55}ʂɑŋ^{213}
乐陵	张明那包儿叫坏人抢咧，人也差点儿叫人打咧。 tʂɑŋ^{212}miŋ^{55}nɑ^{51}pɔr^{24}tɕiɔ^{51}xuɛ^{51}ʐẽ^{0}tɕʰiaŋ^{212}liə^{0}，ʐẽ^{55}iə^{0}tsʰɑ^{31}tiɛr^{55}tɕiɔ^{51}ʐẽ^{51}tɑ^{212}liə^{0}
商河	张明叫坏人抢走哩个包儿，人也差点儿被打伤。 tʂɑŋ^{213}miŋ^{54}tɕiɔ^{31}xuɛ^{31}ʐẽ^{54}tɕʰiaŋ^{54}tsou^{213}li^{0}kə^{0}pɔr^{213}，ʐẽ^{54}iə^{0}tsʰɑ^{213}tiɛr^{45}pei^{31}tɑ^{45}ʂɑŋ^{213}
平原	张明叫坏人抢走了个包儿，人差点儿给打伤俩。 tʂɑŋ^{212}miŋ^{42}tɕiɔu^{21}xuɛi^{21}ʐẽ^{42}tɕʰiaŋ^{42}tsou^{23}liɔu^{0}kə^{0}pɔur^{213}，ʐẽ^{42}tsʰa^{21}tiɐr^{55}kei^{0}ta^{55}ʂɑŋ^{21}lia^{0}
德州	张明让人抢了个包儿，人还差点儿被打伤喽。 tʂɑŋ^{213}miŋ^{42}ʐɑŋ^{21}ʐẽ^{42}tɕʰiaŋ^{213}lə^{0}kə^{0}pɔr^{13}，ʐẽ^{42}xɛ^{42}tʂʰa^{21}tiɛr^{55}pei^{21}ta^{55}ʂɑŋ^{21}lou^{0}
武城	张明被孬人夺走一个包儿，人差点儿也挨揍。 tʂɑŋ^{24}miŋ^{53}pei^{21}nɔ^{24}lẽ^{53}tuə^{53}tsou^{55}i^{24}kə^{0}pɔr^{224}，lẽ^{53}tʂʰa^{21}tiɛr^{55}iə^{0}ŋɛ^{53}tsou^{312}

续表

	0011 张明被坏人抢走了一个包，人也差点儿被打伤。
临清	张明的包儿叫坏人抢走了，人还差点儿被打伤。 tʂɑŋ^{13}miŋ^{53}tə^{0}paur^{13}tɕiau^{31}xuai^{31}ʐen^{53}tɕʰiɑŋ^{44}tsou^{44}lə^{0}，ʐen^{53}xai^{0}tʂʰa^{13}tiɛr^{44}pei^{31}ta^{44}ʂɑŋ^{13}
冠县	张明被坏人抢走了一个包儿，差点儿没被人打伤。 tʂɑŋ^{13}miŋ^{53}pei^{31}xuɛ^{314}ʐẽ^{53}tsʰiɑŋ^{55}tsou^{55}lə^{0}i^{13}kə^{0}pɔr^{13}，tʂʰa^{13}tiɐr^{55}mei^{13}pei^{31}ʐẽ^{53}ta^{55}ʂɑŋ^{13}
聊城	张明叫坏人抢了个包儿，人也差点儿叫人家打伤。 tsɑŋ^{13}miŋ^{53}tɕiɔ^{31}xuɛ^{31}zẽ^{53}tɕʰiɑŋ^{44}lə^{0}kə^{0}pɔr^{13}，zẽ^{53}iə^{0}tsʰa^{13}tiɛr^{44}tɕiɔ^{31}zẽ^{44}tɕia^{0}ta^{44}sɑŋ^{13}
济南	张明的那个包儿叫坏人抢走哂，他也差一希乎儿没葬⁼着。葬⁼：损伤 tʂɑŋ^{213}miŋ^{42}ti^{0}na^{21}kə^{0}pɔr^{213}tɕiɔ^{21}xuɛ^{21}ʐẽ^{42}tɕʰiɑŋ^{55}tsou^{213}lia^{0}，tʰa^{213}iə^{0}tʂʰa^{21}i^{0}ɕi^{213}xur^{42}mei^{21}tsɑŋ^{55}tʂɔ^{0}
泰安	张明的包儿叫坏人抢走哂，还差点儿挨揍。 tʂɑŋ^{213}miŋ^{55}ti^{0}pɔr^{213}tɕiɔ^{21}xuɛ^{21}ʐẽ^{42}tɕʰiɑŋ^{55}tsou^{213}lia^{0}，xã^{42}tʂʰa^{213}tiɛr^{55}iɛ^{42}tsou^{21}
莱芜	张明叫坏人把他的包抢走了，人也差点点给打伤。 tʃɑŋ^{213}miŋ^{55}tɕiɔ^{31}xuɛ^{31}ʒẽ^{55}pa^{55}tʰa^{31}ti^{0}pɔ^{31}tɕʰiɑŋ^{55}tsou^{213}liɔ^{0}，ʒẽ^{55}iə^{31}tʃʰa^{31}tiã^{55}tiã^{55}tɕi^{55}ta^{31}ʃɑŋ^{213}
新泰	张明叫小偷抢去唠一个包，人也差点儿点儿叫他砸伤喽。 tʃɑŋ^{21}miŋ^{42}tɕiɔ^{31}ɕiɔ^{55}tʰou^{213}tɕʰiɑŋ^{23}tɕʰy^{0}lɔ^{0}i^{23}kə^{0}pɔ^{213}，ʒẽ^{42}iə^{0}tʃʰa^{31}tiɐr^{55}tiɐr^{55}tɕiɔ^{31}tʰa^{0}tθa^{42}ʃɑŋ^{21}lou^{0}
沂源	张明叫坏人抢了包，人也差点儿挨了打。 tʃɑŋ^{21}miŋ^{55}tɕiɔ^{31}xuɛ^{31}iə̃^{55}tɕʰiɑŋ^{21}lə^{0}pɔ^{213}，iə̃^{55}iə^{55}tʃʰa^{213}tiɛr^{55}iɛ^{35}lə^{0}ta^{55}
博山	张明叫那坏熊把包抢［了］去嗹，他还差一点儿点儿叫人家打伤了。 tʂɑŋ^{213}miŋ^{55}tɕiɔ^{31}nɑ^{0}xuɛ^{31}ɕyŋ^{55}pɑ^{55}pɔ^{213}tɕʰiɑŋ^{213}tɕʰy^{0}liã^{0}，tʰɑ^{213}xɛ^{55}tʂʰɑ^{21}i^{0}tiɛ^{213}tiɛ^{0}tɕiɔ^{31}lẽ^{35}tɕiɑ^{0}tɑ^{55}ʂɑŋ^{21}liɔ^{0}
张店	张明叫坏人抢了包去，人还差没点儿挨打。 tʂɑŋ^{213}miŋ^{55}tɕiɔ^{31}xuɛ^{31}ʐə̃^{55}tɕʰiɑŋ^{213}liɔ^{0}pɔ^{213}tɕʰy^{31}，ʐə̃^{55}xã^{55}tʂʰɑ^{213}mu^{0}tɛ^{55}iɛ^{55}tɑ^{55}
阳谷	张明叫坏人抢走唠一个包，人也大差一点儿被打伤。 tsɑŋ^{13}miŋ^{42}tɕiɔ^{13}xuɛ^{31}zẽ^{42}tɕʰiɑŋ^{55}tsou^{13}lɔ^{0}i^{13}kə^{0}pɔ^{213}，zẽ^{42}iə^{55}ta^{42}tsʰa^{31}i^{13}tiɐr^{55}pei^{31}ta^{55}sɑŋ^{13}
梁山	张明儿叫坏人抢走唠个包儿，人也差点儿被揍伤。 tsɑŋ^{213}miə̃r^{42}tɕiɔ^{31}xuɛ^{31}zẽ^{42}tɕʰiɑŋ^{55}tsou^{0}lɔ^{0}kə^{0}pɔr^{213}，zẽ^{42}iə^{0}tsʰa^{23}tiɛr^{55}pei^{31}tsou^{31}sɑŋ^{213}
菏泽	张明的包叫坏人抢跑啦，他也差点儿叫人打伤。 tsɑŋ^{213}miŋ^{53}ti^{0}pɔ^{213}tɕiɔ^{31}xuɛ^{31}zẽ^{53}tɕʰiɑŋ^{53}pʰɔ^{44}la^{0}，tʰa^{44}iɛ^{0}tsʰa^{213}tiɛr^{44}tɕiɔ^{31}zẽ^{53}ta^{44}sɑŋ^{213}
曹县	张明被坏人抢走了一个包儿，人也差点被打伤。 tsɑŋ^{213}miŋ^{53}pei^{31}xuai^{31}zẽ^{53}tɕʰiɑŋ^{53}tsou^{53}lə^{0}i^{213}kə^{0}pɔr^{213}，zẽ^{53}iə^{44}tsʰa^{31}tiã^{44}pei^{31}ta^{44}ʂɑŋ^{213}
金乡	张明儿的包叫坏人抢走啦，人也差点儿被揍伤。 tsɑŋ^{213}miə̃r^{55}li^{0}pɔ^{213}tɕiɔ^{31}xuɛ^{31}zẽ^{42}tɕʰiɑŋ^{42}tsou^{23}la^{0}，zẽ^{42}iɛ^{55}tsʰa^{21}tiɛr^{55}pei^{23}tsou^{31}sɑŋ^{213}
曲阜	张明儿的包儿叫人家抢走啦，还差点儿没挨揍。 tsɑŋ^{213}miə̃r^{42}li^{0}pɔr^{213}tɕiɔ^{31}zẽ^{55}tɕia^{0}tɕʰiɑŋ^{42}tsou^{35}la^{0}，xɛ^{42}tsʰa^{21}tiɛr^{55}mei^{213}iɛ^{42}tsou^{312}

续表

	0011 张明被坏人抢走了一个包，人也差点儿被打伤。
薛城	张明叫坏人抢走了包，还差码⁼码⁼挨哩揍。 tsɑŋ31miŋ55tɕiɔ41xuɛ41zẽ55tɕʰiɑŋ55tsou24lə0pɔ313，xɛ55tsʰa23ma24ma0iɛ55li0tsou41
郯城	张明儿叫坏人给抢走了一个包儿，还差点儿给打伤啦。 tʂɑŋ21miə̃r44tɕiɔ51xuɛ51zə̃44ke44tɕʰiɑŋ24tsəu24lə0i21kə0pɔr213，xɛ44tʂʰa51tiɛr24ke44ta44ʂɑŋ21la0
临沂	张明的包儿叫坏人抢去啦，人差点儿挨揍。 tʃɑŋ24miŋ53tə0pɔr214tɕiɔ31xuɛ31zẽ53tɕʰiɑŋ214tɕʰi0la0，zẽ53tʃʰa24tiɛr55iɛ53tsou312

	0012 快要下雨了，你们别出去了。
荣成	快要下雨了，傢①别出去。 kʰuai33iau33çia33y214lə0，na21piɛ35tʃʰy55cʰy0
烟台	好下雨了，恁都别出去了。 xau21çia33y21lə0，nən21tou33pie33tɕʰy21tɕʰy33lə0
栖霞	就要下雨了，恁别出去了。 tʃiəu55iɔo55çia52y21lə0，nə̃n55pɛi34tʃʰy21cʰy0lə0
长岛	要下雨了，你们别出去了。 iau52çia52y35lə0，ȵi21mən0piɛ55tʃʰy21cʰy0lə0
海阳	快下雨了，恁别出去了。 kʰuɛ34çia34y21lə0，nẽ21pɛ34tsʰu21cʰy0lə0
莱西	快要下雨了，你们别出去了。 kuɛ42iɔ0çia42y24lə0，ȵi24mẽ0pɛ42tʃʰu24cʰi0lə0
平度	快要下雨了，恁别出去了。 kuɛ42iɔ42çia213y45lə0，nə̃55piə42tʃʰu45cʰy0lə0
青岛	要下雨了，恁别出去了。 iɔ42ɕiɑ213y55lə0，nẽ55pɛ42tʃʰu55tɕʰi0lə0
高密	待要下雨了，恁别出去了。 tɛ21iɔ21ɕiɑ21y23lə0，nə̃55piə42tʃʰu23tɕʰi0lə0
诸城	待下雨啦，恁别出去啦。 tɛ31ʃa31y213la0，nẽ44piə53tʃʰu213tʃʰʅ0la0
沂水	快下雨了，恁别出去了。 kʰuɛ31ɕia31y213lə0，nẽ44piə53tʃʰʮ21tɕʰi0lə0
临朐	快待下雨嘞，恁别出去嘞。 kʰuɛ21tɛ0ɕia21y213lã0，nə̃44piə53tʃʰu213tɕʰi0lã0

① 第二人称代词中，荣成一带读na，写作“傢”，其他地方音ŋẽ（或ŋei）者写作“您”，音nẽ（或nei）者写作“恁”。

续表

	0012快要下雨了，你们别出去了。
日照	天快下雨了，恁别出去了。 tʰiã^{213}kʰuɛ^{31}ʃiɑ^{31}y^{213}lə^{0}，nẽ^{44}piə^{53}tʃʰu^{213}tʃʰu^{0}lə^{0}
莒南	就要下雨了，恁别出去了。 tsiou^{13}iɔ^{13}ɕia^{31}y^{213}lə^{0}，nẽ^{55}pə^{53}tʃʰu^{213}tɕʰy^{0}lə^{0}
潍坊	快待下雨咧，您别出去咧。 kʰuɛ^{31}tɛ^{31}ɕiɑ^{31}y^{24}liə^{0}，ŋẽ^{55}pɛ^{53}tʂʰu^{214}tɕʰi^{0}liə^{0}
寿光	快待下雨㘓，您别出去㘓。 kʰuɛ^{21}tɛ^{21}ɕia^{21}y^{213}lã^{0}，ŋə̃^{55}pɛ^{53}tʂʰu^{213}tɕʰi^{0}lã^{0}
高青	快下雨咧，你们甭出去。 kʰuɛ^{41}ɕiɑ^{41}y^{213}liə^{0}，ȵi^{213}mə̃^{0}pəŋ^{55}tʂʰu^{213}tɕʰy^{41}
阳信	快下雨嗹，你们别出去嗹。 kʰuɛ^{31}ɕia^{31}y^{213}liã^{0}，ȵi^{213}mə̃^{0}pə^{55}tʂʰu^{31}tɕʰi^{0}liã^{0}
济阳	快下雨俩，恁这伙别出去俩。 kʰuɛ^{31}ɕia^{31}y^{213}lia^{0}，nẽ^{55}tʂə^{31}xuə^{55}piə^{55}tʂʰu^{21}tɕʰi^{0}lia^{0}
利津	快下雨了，恁甭出去了。 kʰuɛ^{31}ɕia^{31}y^{213}lə^{0}，nẽ^{55}pẽ^{53}tʂʰu^{24}tɕʰy^{0}lə^{0}
乐陵	快下雨咧，你们甭出去咧。 kʰuɛ^{51}ɕiɑ^{51}y^{212}liə^{0}，ȵi^{212}mẽ^{0}pẽ^{55}tʂʰu^{31}tɕʰi^{0}liə^{0}
商河	快下雨俩，你们别出去俩。 kʰuɛ^{31}ɕiɑ^{31}y^{213}liɑ^{0}，ȵi^{313}mẽ^{0}piə^{54}tʂʰu^{213}tɕʰi^{31}liɑ^{0}
平原	快下雨俩，你们甭出去俩。 kʰuɛi^{21}ɕia^{21}y^{23}lia^{0}，ȵi^{23}mẽ^{0}pẽ^{42}tʂʰu^{23}tɕʰi^{21}lia^{0}
德州	快下雨了，你们甭出去啦。 kʰuɛ^{21}ɕia^{21}y^{213}lə^{0}，ȵi^{213}mẽ^{0}pəŋ^{42}tʂʰu^{213}tɕʰi^{0}la^{0}
武城	快要下雨㘓，您甭出去㘓。 kʰuɛ^{53}iɔ^{0}ɕia^{21}y^{24}lã^{0}，ŋẽ^{24}pẽ^{53}tʂʰu^{312}tɕʰy^{0}lã^{0}
临清	快下雨啦，你们别出去啦。 kʰuai^{31}ɕia^{31}y^{44}la^{0}，ȵi^{44}men^{0}piə^{53}tʂʰu^{13}tɕʰi^{0}la^{0}
冠县	快下雨啦，你们别出去啦。 kʰuɛ^{31}ɕia^{31}y^{55}la^{0}，ȵi^{55}mẽ^{0}piə^{53}tʂʰu^{13}tɕʰi^{0}la^{0}
聊城	快下雨啦，恁都别出去啦。 kʰuɛ^{13}ɕia^{31}y^{44}la^{0}，nei^{44}tou^{0}piə^{53}tsʰu^{13}tɕʰi^{0}la^{0}
济南	一霎儿就下雨咧，你这伙别出去咧。 i^{23}ʂar^{213}tɕiou^{21}ɕia^{21}y^{213}liə^{0}，ȵi^{55}tʂə^{21}xuə^{55}pɛ^{42}tʂʰu^{21}tɕʰi^{0}liə^{0}

续表

	0012 快要下雨了，你们别出去了。
泰安	快下雨哂，恁都别出去哂。 kʰuɛ^{21}ɕia^{21}y^{213}lia^{0}，nei^{55}tou^{213}pɛ^{42}tʂʰu^{213}tɕʰi^{21}lia^{0}
莱芜	天快下雨了，你们别出去了。 tʰiã^{213}kʰuɛ^{42}ɕia^{31}y^{213}liɔ^{0}，ȵi^{213}mẽ^{0}piə^{55}tʃʰu^{31}tʃʰy^{0}liɔ^{0}
新泰	快下雨哂，你几个别出去哂。 kʰuɛ^{31}ɕia^{31}y^{213}lia^{0}，ȵi^{213}tɕi^{55}kə^{0}piə^{42}tʃʰu^{21}tɕʰy^{0}lia^{0}
沂源	待下雨了，你们甭出去了。 tɛ^{31}ɕia^{31}y^{213}lə^{0}，ȵi^{21}mə̃^{0}pəŋ^{55}tʃʰu^{213}tɕʰy^{0}lə^{0}
博山	待下雨嗹，您别出去嗹。 tɛ^{31}ɕiɑ^{31}y^{213}liã^{0}，ŋei^{55}pɛ^{55}tʂʰu^{213}tɕʰy^{0}liã^{0}
张店	待下雨嗹，你们甭出去嗹。 tɛ^{31}ɕiɑ^{31}y^{213}liã^{0}，ȵi^{213}mə̃^{0}pəŋ^{55}tʂʰu^{33}tɕʰy^{0}liã^{0}
阳谷	快下雨啦，恁别出去啦。 kʰuɛ^{31}ɕia^{31}y^{13}la^{0}，ȵei^{55}pɛ^{42}tsʰu^{13}tɕʰy^{0}la^{0}
梁山	快下雨啦，恁别出去啦。 kʰuɛ^{31}ɕia^{31}y^{23}la^{0}，nei^{55}pɛ^{42}tsʰu^{23}tɕʰi^{0}la^{0}
菏泽	快下雨啦，恁别出去啦。 kʰuɛ^{213}ɕia^{31}y^{44}la^{0}，nẽ^{44}piɛ^{53}tsʰu^{21}tɕʰy^{0}la^{0}
曹县	快要下雨啦，你们别出去啦。 kʰuai^{31}iɔ^{0}ɕia^{31}y^{44}la^{0}，ȵi^{44}mẽ^{0}piə^{53}tʂʰu^{21}tɕʰy^{0}la^{0}
金乡	要下雨啦，恁别出去啦。 iɔ^{23}ɕia^{31}y^{23}la^{0}，nei^{55}pɛ^{42}tsʰu^{21}tɕʰy^{0}la^{0}
曲阜	要下雨啦，恁都别再出去啦。 iɔ^{23}ɕia^{31}y^{35}la^{0}，nẽ^{55}tou^{213}pɛ^{42}tsɛ^{31}tsʰu^{213}tɕʰi^{0}la^{0}
薛城	天要下雨了，恁别出去了。 tʰiã^{313}iɔ^{41}ɕia^{41}y^{24}lə^{0}，ne^{24}pɛ^{55}pfʰu^{31}tɕʰi^{0}lə^{0}
郯城	天要下雨啦，恁别出去啦。 tʰiã^{21}iɔ^{51}ɕia^{51}y^{24}la^{0}，nə̃^{24}piə^{44}tʂʰu^{21}tɕʰy^{0}la^{0}
临沂	要下雨啦，恁别出去啦。 iɔ^{31}ɕia^{31}y^{214}la^{0}，nẽ^{55}pɛ^{53}tʃʰu^{21}tɕʰi^{0}la^{0}

	0013 这毛巾很脏了，扔了它吧。
荣成	这手巾真脏，撂儿吧。 tʃiɛ^{53}ʃəu^{214}cin^{0}tʃən^{53}tsɑŋ^{53}，liaur^{33}pa^{0}

续表

	0013这毛巾很脏了，扔了它吧。
烟台	这个手巾够儿脏了，丢儿吧。 tɕie^{33}kə^{0}ɕiou^{21}tɕin^{0}kour^{33}tsaŋ^{53}lə^{0}，tiour^{53}pa^{0}
栖霞	这手巾太趴=拉了，横=儿吧。 tʃə^{52}ʃəu^{21}ciɛ^{0}tʰɛ^{52}pʰa^{21}la^{0}lə^{0}，xə̃r^{52}pa^{0}
长岛	这笼=帔太脏了，扔了吧。 tʃə^{31}luŋ^{55}pʰei^{0}tʰai^{52}tsaŋ^{31}lə^{0}，ləŋ^{31}lə^{0}pa^{0}
海阳	这手巾真趴=拉，横=儿吧。 tsə^{34}səu^{21}ciẽ^{52}tsẽ^{52}pʰa^{21}la^{0}，xə̃r^{52}pa^{0}
莱西	这手绢太窝囊啦，撂了吧。 tʃə^{42}ʃou^{55}ciã^{42}tʰɛ^{42}uə^{214}naŋ^{0}la^{0}，liɔ^{214}lə^{0}pə^{0} 这毛巾很脏啦，撂了吧。 tʃə^{42}mɔ^{42}ciẽ^{214}xẽ^{55}tsaŋ^{214}la^{0}，liɔ^{214}lə^{0}pə^{0}
平度	这手巾真窝囊，掺=了吧。 tʃə^{42}ʃou^{45}ciã^{0}tʃə̃^{213}uə^{213}naŋ^{0}，tʂə̃^{213}lə^{0}pa^{0}
青岛	这根手巾忒脏了，把它撂了吧。 tʃə^{42}kẽ^{213}ʃou^{55}tɕiẽ^{0}tʰei^{55}tθaŋ^{213}lə^{0}，pa^{213}tʰa^{55}liɔ^{45}lə^{0}pə^{0}
高密	这根手巾真窝囊，拽了吧。 tʃə^{21}kə̃^{213}ʃou^{23}tɕiə̃^{0}tʃə̃^{213}uə^{21}naŋ^{0}，tʂuɛ^{21}lə^{0}pa^{0}
诸城	这擦脸布子岗=癞啦，拽了它吧。 tʃə^{31}tθʰa^{44}liã^{44}pu^{44}tθʅ^{0}kaŋ^{53}lɛ^{44}la^{0}，tʂuɛ^{31}lɔ^{0}tʰa^{0}pa^{0}
沂水	这擦拉布子怪窝囊唠，拽唠　。 dʒə^{31}tθʰa^{21}la^{0}pu^{44}dðʅ^{0}kuɛ^{31}uə^{21}naŋ^{0}lɔ^{0}，tʂuɛ^{21}lɔ^{0}pɛ^{0}
临朐	这个手巾岗=脏囒，拽了咩。 tʃə^{21}kuə^{21}ʃəu^{213}tɕiə̃^{0}kaŋ^{213}tθaŋ^{21}liã^{0}，tʂuɛ^{21}liɔ^{0}pã^{0}
日照	这手巾儿稀癞的呃，撇了它吧。稀癞：很脏 tʃiə^{31}ʃiou^{213}tʃiẽ^{0}ʃʅ^{213}lɛ^{53}ti^{0}ə^{0}，pʰiə^{213}lə^{0}tʰa^{44}pa^{0}
莒南	这餐布子真意=歪=，横=了吧。 tʃə^{31}tθʰã^{13}pu^{31}tθʅ^{0}tʃẽ^{213}i^{31}uɛ^{0}，xəŋ^{31}lə^{0}pa^{0}
潍坊	这根手巾怪脏嗹，快拽了吧。 tʂə^{31}kẽ^{0}ʂɤɯ^{24}tɕiẽ^{0}kuɛ^{55}tsaŋ^{31}liã^{0}，kʰuɛ^{24}tʂuɛ^{31}liɔɤ^{0}pa^{0}
寿光	这个手巾很脏囒，撂唠吧。 tʂə^{21}kuə^{21}ʂəu^{23}tɕiə̃^{0}xə̃^{23}tsaŋ^{21}lã^{0}，liɔ^{21}lɔ^{0}pa^{0}
高青	这手巾岗=脏咧，拽咧它吧。 tʂə^{41}ʂou^{213}tɕiə̃^{0}kaŋ^{213}tsaŋ^{41}liə^{0}，tʂuɛ^{41}liə^{0}tʰa^{0}pa^{0}

续表

	0013这毛巾很脏了，扔了它吧。
阳信	这块儿手巾老脏嗹，扔哩它嘛。 tʂə^{23}kʰuɛr^{0}ʂou^{213}tɕiə̃^{0}lɔ^{55}tsɑŋ^{31}liã^{0}，zəŋ^{31}li^{0}tʰa^{55}piã^{0}
济阳	这手巾着实脏哂，扔了吧。 tʂə^{31}ʂou^{21}tɕiẽ^{0}tʂɔ^{55}ʂʅ^{0}tsɑŋ^{21}lia^{0}，ləŋ^{21}lə^{0}pa^{0}
利津	这块毛巾很脏了，拽哩吧。 tʂə^{31}kʰuɛ^{31}mɔ^{53}tɕiẽ^{213}xẽ^{55}tsɑŋ^{31}lə^{0}，tʂuɛ^{31}li^{0}pa^{0}
乐陵	这个手巾老脏咧，拽咧吽。 tʂə^{51}kə^{0}ʂou^{212}tɕiẽ^{0}lɔ^{55}tsɑŋ^{31}liə^{0}，tʂuɛ^{31}liə^{0}pã^{0}
商河	这布子岗⁼脏哂，□哩吧。"□"义为扔 tʂə^{31}pu^{54}tsɿ^{0}kɑŋ^{54}tsɑŋ^{21}liɑ^{0}，zʅuɛ^{31}li^{0}pɑ^{0}
平原	这手巾很脏啦，扔了它吧。 tʂə^{21}ʂou^{23}tɕiẽ^{0}xẽ^{23}tsɑŋ^{21}lɐ^{0}，ləŋ^{21}lə^{0}tʰa^{0}pa^{0}
德州	这手巾岗⁼脏咧，扔了吧。 tʂə^{21}ʂou^{213}tɕiẽ^{0}kɑŋ^{42}tsɑŋ^{21}liə^{0}，ləŋ^{21}lə^{0}pa^{0}
武城	这毛巾脏嚹，扔唠吽。 tʂə^{21}mɔ^{53}tɕiẽ^{224}tsɑŋ^{312}lã^{0}，ləŋ^{312}lɔ^{0}pã^{0}
临清	这手巾忒脏啦，扔了吧。 tʂə^{31}ʂou^{44}tɕin^{0}tʰei^{13}tsɑŋ^{0}la^{0}，ləŋ^{13}lə^{0}pa^{0}
冠县	这个手巾很脏，扔了它吧。 tʂə^{31}kə^{0}ʂou^{44}tɕiẽ^{0}xẽ^{53}tsɑŋ^{13}，zəŋ^{13}lə^{0}tʰa^{53}pa^{0}
聊城	这手巾忒脏啦，撇了它吧。 tsə^{31}sou^{44}tɕiẽ^{0}tʰei^{13}tsɑŋ^{13}la^{0}，pʰiə^{13}lə^{0}tʰa^{0}pa^{0}
济南	这毛巾乔脏哂，拽了吧。 tʂə^{21}mɔ^{42}tɕiẽ^{55}tɕʰiɔ^{42}tsɑŋ^{21}lia^{0}，tʂuɛ^{21}liɔ^{0}pa^{0}
泰安	这块儿手巾都脏哂，拽唠它吧。 tʂə^{21}kʰuɛr^{21}ʂou^{213}tɕiẽ^{0}tou^{213}tsɑŋ^{21}lia^{0}，tʂuɛ^{21}lɔ^{0}tʰa^{21}pa^{0}
莱芜	这个毛巾忒脏了，拽唠它吧。 tʃə^{31}kə^{0}mɔ^{55}tɕiẽ^{13}tʰuei^{55}tsɑŋ^{31}liɔ^{0}，tʃuɛ^{31}lɔ^{31}tʰa^{0}pa^{0}
新泰	这个残⁼布子乔脏哂，拽唠它吧。残：当为"擦脸"的合音 tʃə^{31}kə^{31}tθʰã^{42}pu^{42}tθʅ^{0}tɕʰiɔ^{42}tθɑŋ^{21}lia^{0}，tʃuɛ^{21}lɔ^{0}tʰa^{0}pa^{0}
沂源	这擦脸布子乔脏了，拽了它吧。 tʃə^{31}tθʰa^{21}liã^{0}pu^{55}tθʅ^{0}tɕʰiɔ^{55}tθɑŋ^{21}lə^{0}，tʃuɛ^{21}lə^{0}tʰa^{55}pa^{0}
博山	这毛巾响⁼脏嗹，撂了它吽。 tʂə^{31}mɔ^{53}tɕiẽ^{55}ɕiɑŋ^{213}tsɑŋ^{21}liã^{0}，liɔ^{35}liɔ^{0}tʰɑ^{0}pã^{0}

续表

	0013这毛巾很脏了，扔了它吧。
张店	这手巾岗$^{=}$脏嗹，乖$^{=}$了它咩。 tʂə^{31}ʂou^{213}tɕiə̃^{0}kaŋ^{213}tsaŋ^{21}liã^{0}，kuɛ^{31}liɔ^{0}tʰɑ^{0}pã^{0}
阳谷	这块手巾血$^{=}$脏啦，□唠　。“□”义为扔 tsə^{13}kʰuɛ^{31}sou^{13}tɕiẽ^{0}ɕiə^{13}tsaŋ^{31}la^{0}，zɛ^{13}lɔ^{0}pɛ^{0}
梁山	这手巾忒脏啦，扔了它吧。 tsə^{31}sou^{23}tɕiẽ^{0}tʰuei^{23}tsaŋ^{21}la^{0}，ləŋ^{21}lə^{0}tʰa^{0}pa^{0}
菏泽	这毛巾忒脏啦，扳$^{=}$了吧。 tsə^{31}mɔ^{53}tɕiẽ^{213}tʰuei^{213}tsaŋ^{21}la^{0}，pã^{44}lə^{0}pa^{0}
曹县	这个毛巾腌臜啦，扔了它吧。 tʂə^{31}kə^{0}mɔ^{53}tɕiẽ^{213}a^{21}tsa^{0}la^{0}，zəŋ^{21}lə^{0}tʰa^{44}pa^{0}
金乡	这个手绢忒脏啦，甩唠它吧。 tsə^{31}kə^{0}sou^{23}tɕiã^{0}tʰuei^{23}tsaŋ^{21}la^{0}，sɛ^{23}lɔ^{0}tʰa^{0}pa^{0}
曲阜	这个手巾这么脏法儿的，横$^{=}$了它吧。 tsə^{31}kə^{0}sou^{213}tɕiẽ^{0}tsəŋ^{42}mə^{0}tsaŋ^{35}far^{0}li^{0}，xəŋ^{42}lə^{0}tʰa^{0}pa^{0}
薛城	这手巾忒脏啦，甩了吧。 tsə^{41}sou^{55}tɕiẽ^{313}tʰue^{23}tsaŋ^{31}la^{0}，sɛ^{24}lə^{0}pa^{0}
郯城	这个手布子太脏啦，横$^{=}$了吧。 tʂə^{51}kə^{0}ʂəu^{24}pu^{51}tsɿ^{0}tʰɛ^{51}tsaŋ^{21}la^{0}，xəŋ^{51}lə^{0}pa^{0}
临沂	这手布子稀脏，横$^{=}$了吧。 tʃə^{31}ʃou^{55}pu^{31}tsɿ^{0}ɕi^{24}tsaŋ^{214}，xɔŋ^{31}lɔ^{0}pa^{0}

	0014我们是在车站买的车票。
荣成	俺在车站买的票。 an^{214}tsai^{33}tʃʰiɛ^{53}tʂan^{33}mai^{21}tə^{0}pʰiau^{33}
烟台	俺是在车站买的票。 an^{21}sɿ^{53}tsɛ^{33}tɕʰie^{53}tsan^{33}mɛ^{21}ti^{0}pʰiau^{33}
栖霞	俺是歹$^{=}$车站买的票。 ãn^{34}sɿ^{52}tɛi^{34}tʃʰiɛ^{55}tsãn^{52}mɛi^{21}ti^{0}pʰiɔo^{52}
长岛	俺就在车站买的票。 an^{35}tsəu^{52}tsai^{52}tʃʰə^{31}tsan^{52}mai^{21}tə^{0}pʰiau^{52}
海阳	俺是歹$^{=}$车站买的票。 ã^{21}ʂʅ^{0}tɛ^{34}tsʰə^{52}tsã^{34}mɛ^{21}ti^{0}pʰiɔ^{34}
莱西	我们在车站买的票。 uə^{45}mẽ^{0}tsɛ^{42}tʃʰiə^{214}tʃã^{42}mɛ^{45}tə^{0}pʰiɔ^{42}

续表

	0014 我们是在车站买的车票。
平度	俺是歹⁼车站买的票。 ã^{45}ʂʅ^{42}tɛ^{55}tʃʰə^{213}tʂã^{42}mɛ^{45}ti^{0}pʰiɔ^{42}
青岛	俺是歹⁼车站买的票。 ã^{55}ʂʅ^{42}tɛ^{55}tʃʰə^{213}tʂã^{42}mɛ^{55}ti^{0}pʰiɔ^{42}
高密	俺歹⁼车站上买的票。 ã^{55}tɛ^{55}tʃʰə^{23}tʂã^{42}xɑŋ^{0}mɛ^{23}ti^{0}pʰiɔ^{21} 俺是歹⁼车站上买的票。 ã^{55}ʂʅ^{21}tɛ^{55}tʃʰə^{23}tʂã^{42}xɑŋ^{0}mɛ^{23}ti^{0}pʰiɔ^{21}
诸城	俺是歹⁼车站买的票。 ŋã^{44}ʂʅ^{31}tɛ^{44}tʃʰə^{44}tʂã^{31}mɛ^{213}ȶi^{0}pʰiɔ^{31}
沂水	俺是待车站买的票。 ŋã^{44}ʂʅ^{31}tɛ^{31}tʃʰə^{24}tʂã^{31}mɛ^{213}ti^{0}pʰiɔ^{31}
临朐	俺是在车站买的车票。 ŋã^{44}ʂʅ^{21}tsɛ^{213}tʃʰə^{13}tʂã^{21}mɛ^{213}ti^{0}tʃʰə^{13}pʰiɔ^{21}
日照	俺歹⁼车站买的票。 ŋã^{44}tɛ^{44}tʃʰiə^{213}tʂã^{31}mɛ^{213}ti^{0}pʰiɔ^{31}
莒南	俺歹⁼车站买的车票。 ã^{55}tɛ^{55}tʃʰə^{13}tʂã^{31}mɛ^{213}ti^{0}tʃə^{13}pʰiɔ^{312}
潍坊	俺是歹⁼车站上买的票［呃］。 ŋã^{55}ʂʅ^{31}tɛ^{55}tʂʰə^{214}tʂã^{55}ʂɑŋ^{0}mɛ^{55}ti^{0}pʰiɔɤ^{55}
寿光	俺歹⁼车站买的车票。 ŋã^{53}tɛ^{55}tʂʰə^{13}tʂã^{21}mɛ^{23}ti^{0}tʂʰə^{13}pʰiɔ^{21}
高青	俺是待车站上买的票。 ŋã^{55}ʂʅ^{41}tɛ^{41}tʂʰə^{213}tʂã^{55}ʂɑŋ^{0}mɛ^{213}ti^{0}pʰiɔ^{41}
阳信	俺们是歹⁼车站买的票。 ŋã^{213}mə̃^{0}ʂʅ^{55}tɛ^{55}tʂʰə^{213}tʂã^{31}mɛ^{213}ti^{0}pʰiɔ^{31}
济阳	俺是待车站上买的票。 ŋã^{55}ʂʅ^{31}tɛ^{31}tʂʰə^{13}tʂã^{55}xɑŋ^{0}mɛ^{213}ti^{0}pʰiɔ^{31}
利津	俺们歹⁼车站买的票。 ŋã^{213}mẽ^{0}tɛ^{55}tʂʰə^{24}tʂã^{31}mɛ^{213}ti^{0}pʰiɔ^{31}
乐陵	俺们歹⁼车站上买的票。 ŋã^{212}mẽ^{0}tɛ^{55}tʂʰə^{24}tsã^{55}xɑŋ^{0}mɛ^{212}ti^{0}pʰiɔ^{51}
商河	俺们是在车站买的票。 ŋã^{213}mẽ^{0}sʅ^{31}tsɛ^{54}tʂʰə^{24}tsã^{31}mɛ^{213}ti^{0}pʰiɔ^{31}

续表

	0014 我们是在车站买的车票。
平原	俺们歹⁼车站买的车票。 ŋã^{23}mẽ^{0}tɛi^{0}tʂʰə^{23}tsã^{21}mɛi^{23}ti^{0}tʂʰə^{23}pʰiɔu^{21}
德州	俺们是在车站买的票。 ŋã^{213}mẽ^{0}ʂʅ^{21}tsɛ^{21}tʂʰə^{213}tʂã^{21}mɛ^{213}ti^{0}pʰiɔ^{21}
武城	俺们在车站买的票。 ŋã^{24}mẽ^{0}tsɛ^{21}tʂə^{24}tʂã^{312}mɛ^{24}ti^{0}pʰiɔ^{312}
临清	我们是在车站买的票。 uə^{44}men^{0}ʂʅ^{31}tsai^{31}tʂʰə^{13}tʂan^{31}mai^{44}tə^{0}pʰiau^{313}
冠县	我们搁汽车站买的车票。 uə^{55}mẽ^{0}kə^{13}tɕʰi^{31}tʂʰə^{0}tʂã^{314}mɛ^{44}ti^{0}tʂʰə^{13}pʰiɔ^{314}
聊城	俺们歹⁼车站买的票。 ɣã^{44}mẽ^{0}tɛ^{44}tsʰə^{13}tsã^{31}mɛ^{44}ti^{0}pʰiɔ^{313}
济南	俺这伙的票是歹⁼车站上买的。 ŋã^{55}tʂə^{21}xuə^{0}ti^{0}pʰiɔ^{21}ʂʅ^{21}tɛ^{55}tʂʰə^{23}tʂã^{55}ʂɑŋ^{0}mɛ^{213}ti^{0}
泰安	俺是在车站买的票。 nã^{55}ʂʅ^{21}tsɛ^{21}tʂʰə^{23}tʂã^{21}mɛ^{213}ti^{0}pʰiɔ^{21}
莱芜	俺是在车站里买的车票。 ŋã^{13}ʃʅ^{42}tsɛ^{31}tʃʰə^{31}tʃã^{42}li^{0}mɛ^{213}ti^{0}tʃʰə^{213}pʰiɔ^{42}
新泰	俺是在车站上买的票。 ŋã^{55}ʃʅ^{31}tθɛ^{31}tʃʰə^{23}tʃã^{31}ʃɑŋ^{0}mɛ^{213}ti^{0}pʰiɔ^{31}
沂源	我们是在车站买的车票。 uə^{21}mə̃^{0}ʃʅ^{31}tθɛ^{31}tʃʰə^{13}tʃã^{31}mɛ^{21}ti^{0}tʃʰə^{13}pʰiɔ^{31}
博山	俺这［一］伙［呃］是从车站上买的票。 ŋã^{55}tʂə^{21}xuə^{213}ʂʅ^{31}tsʰuŋ^{55}tʂʰə^{213}tʂã^{55}ʂɑŋ^{0}mɛ^{213}ə^{0}pʰiɔ^{31}
张店	俺们歹⁼车站买的票。 ŋã^{213}mə̃^{0}tɛ^{0}tʂʰə^{213}tʂã^{31}mɛ^{213}ti^{0}pʰiɔ^{31}
阳谷	俺是歹⁼车站买的票。 ɣã^{55}sʅ^{31}tɛ^{55}tsʰə^{13}tsã^{31}mɛ^{13}li^{0}pʰiɔ^{313}
梁山	俺是在车站买的票。 ɣã^{55}sʅ^{31}tsɛ^{55}tsʰə^{23}tsã^{31}mɛ^{23}ti^{0}pʰiɔ^{314}
菏泽	俺是歹⁼车站买的车票。 ɣã^{44}sʅ^{31}tɛ^{44}tsʰə^{213}tsã^{312}mɛ^{44}lɛ^{0}tsʰə^{213}pʰiɔ^{312}
曹县	我们是在车站买的车票。 uə^{44}mẽ^{0}sʅ^{31}tsai^{44}tʂʰə^{213}tsã^{31}mai^{44}lei^{0}tʂʰə^{213}pʰiɔ^{31}

续表

	0014 我们是在车站买的车票。
金乡	我们是在车站买的票。 uə^{23}mẽ^{0}sɿ^{23}tsɛ^{31}tsʰə^{23}tsã^{31}mɛ^{23}li^{0}pʰiɔ^{312}
曲阜	俺是歹⁼车站买的票。 ɣã^{55}sɿ^{31}tɛ^{55}tsʰə^{23}tsã^{312}mɛ^{213}li^{0}pʰiɔ^{312}
薛城	俺们是在车站买的车票。 ɣã^{31}mẽ^{0}sɿ^{41}tsɛ^{41}tsʰə^{23}tsã^{41}mɛ^{24}ti^{0}tsʰə^{313}pʰiɔ^{41}
郯城	俺搁车站买的票。 ã^{24}kə^{44}tʂʰə^{21}tʂã^{51}mɛ^{24}tə^{0}pʰiɔ^{51}
临沂	俺歹⁼车站买的票。 ɣã^{55}tɛ^{55}tʃʰə^{24}tʃã^{312}mɛ^{214}ti^{0}pʰiɔ^{312}

	0015 墙上贴着一张地图。
荣成	墙上贴着张地图儿。 tsʰiaŋ^{35}ʃaŋ^{0}tʰiɛ^{214}ə^{0}tʃaŋ^{53}ti^{33}tʰur^{35}
烟台	墙上贴着一张地图儿。 tɕʰiaŋ^{33}ɕiaŋ^{0}tʰie^{21}ɾə^{0}i^{33}tɕiaŋ^{0}ti^{53}tʰur^{33}
栖霞	墙上贴儿张地图儿。 tʃʰaŋ^{34}ʃaŋ^{0}tʰiɛr^{21}tʃaŋ^{0}ti^{52}tʰur^{34}
长岛	墙上贴儿张地图儿。 tʃʰaŋ^{55}ʃaŋ^{0}tʰiər^{21}tʃaŋ^{55}ti^{31}tʰur^{55}
海阳	墙上贴着张地图儿。 tsʰiaŋ^{34}saŋ^{0}tʰiə^{21}ə^{0}tsaŋ^{52}ti^{52}tʰur^{34}
莱西	墙上贴着一张地图儿。 tʃʰiaŋ^{45}ʃaŋ^{0}tʰiə^{214}tsə^{0}i^{55}tʃaŋ^{214}ti^{214}tʰur^{42}
平度	墙上贴着一张地图儿。 tsʰiaŋ^{45}ʃaŋ^{0}tʰiə^{45}tʂə^{0}i^{55}tʃaŋ^{55}ti^{213}tʰur^{42}
青岛	墙上贴着一张地图儿。 tsʰiaŋ^{45}ʃaŋ^{0}tʰiə^{55}tʂə^{0}i^{42}tʃaŋ^{55}ti^{213}tʰur^{42}
高密	墙上贴着张地图儿。 tsʰiaŋ^{55}ʃaŋ^{0}tʰiə^{23}tʂə^{0}tʃaŋ^{213}ti^{21}tʰur^{42}
诸城	墙上贴着张地图儿。 tθʰiaŋ^{24}xaŋ^{0}ȶʰiə^{213}tʂə^{0}tʃaŋ^{0}ȶi^{31}tʰur^{53}
沂水	墙上贴着一张地图儿。 tsʰiaŋ^{24}ʃaŋ^{0}tʰiə^{213}tʂə^{0}i^{24}dʒaŋ^{213}ti^{31}tʰur^{53}

续表

	0015 墙上贴着一张地图。
临朐	墙上贴了一张地图儿。 tɕʰiaŋ^{35}xaŋ^{0}tʰiə^{213}lə^{0}i^{21}tʃaŋ^{0}ti^{21}tʰur^{53}
日照	墙上贴着张地图儿。 ȶʰiaŋ^{44}ʃiaŋ^{0}tʰiə^{213}tʂʅ^{0}tʃiaŋ^{0}ti^{31}tʰur^{53}
莒南	墙上贴了一张地图儿［呃］。 tsʰiaŋ^{24}ʃaŋ^{0}tʰiə^{213}lə^{0}i^{13}tʃaŋ^{13}ti^{31}tʰur^{55}
潍坊	墙上贴着一张地图儿。 tɕʰiaŋ^{35}ʂaŋ^{0}tʰiə^{214}tʂuə^{0}i^{24}tʂaŋ^{214}ti^{31}tʰur^{31} 墙上粘着一张地图儿。 tɕʰiaŋ^{35}ʂaŋ^{0}tʂã^{31}tʂuə^{0}i^{24}tʂaŋ^{214}ti^{31}tʰur^{31}
寿光	歹$^{=}$墙上贴着一张地图儿。 tɛ^{55}tɕʰiaŋ^{35}xaŋ^{0}tʰiə^{213}tʂuə^{0}i^{55}tʂaŋ^{213}ti^{21}tʰur^{53}
高青	墙上挂着张地图。 tɕʰiaŋ^{35}ʂaŋ^{0}kua^{55}tʂə^{0}tʂaŋ^{213}ti^{41}tʰu^{55}
阳信	墙上贴着张地图儿。 tɕʰiaŋ^{45}xaŋ^{0}tʰiə^{31}tʂʅ^{0}tʂaŋ^{0}ti^{23}tʰur^{43}
济阳	墙上贴着张地图儿。 tɕʰiaŋ^{24}ʂaŋ^{0}tʰiə^{21}tʂə^{0}tʂaŋ^{213}ti^{31}tʰur^{55}
利津	墙上贴着一张地图儿。 tɕʰiaŋ^{24}ʂaŋ^{0}tʰiə^{24}tʂə^{0}i^{24}tʂaŋ^{213}ti^{31}tʰur^{53}
乐陵	墙上粘着一张地图儿。 tɕʰiaŋ^{55}ʂaŋ^{0}tʂã^{31}tʂou^{0}i^{24}tʂaŋ^{24}ti^{31}tʰur^{55}
商河	墙上贴着个地图儿。 tɕʰiaŋ^{24}xaŋ^{0}tʰiə^{213}tʂʅ^{0}kə^{54}ti^{31}tʰur^{54}
平原	墙上贴着一张地图。 tɕʰiaŋ^{55}ʂaŋ^{0}tʰiə^{212}tʂou^{0}i^{23}tʂaŋ^{213}ti^{21}tʰu^{42}
德州	墙上贴着一张地图。 tɕʰiaŋ^{55}ʂaŋ^{0}tʰiə^{21}tʂə^{0}i^{213}tʂaŋ^{213}ti^{21}tʰu^{42}
武城	墙上贴着一张地图儿。 tɕʰiaŋ^{55}ʂaŋ^{0}tʰiə^{312}tʂə^{0}i^{24}tʂaŋ^{224}ti^{21}tʰur^{53}
临清	墙上贴着一张地图儿。 tɕʰiaŋ^{44}ʂaŋ^{0}tʰiə^{13}tʂə^{0}i^{13}tʂaŋ^{13}ti^{31}tʰur^{53}
冠县	墙上贴着一张地图儿。 tsʰiaŋ^{53}ʂaŋ^{0}tʰiə^{21}tʂə^{0}i^{13}tʂaŋ^{13}ti^{31}tʰur^{53}

续表

	0015墙上贴着一张地图。
聊城	墙上粘着一个地图儿。 tɕʰiaŋ^{44}saŋ^{0}tsã^{13}tsə^{0}i^{13}kə^{31}ti^{31}tʰur^{53}
济南	墙上糊巴着张地图儿。 tɕʰiaŋ^{445}ʂaŋ^{0}xu^{21}pa^{0}tʂʅ^{0}tʂaŋ^{23}ti^{21}tʰur^{42}
泰安	墙上贴着张地图儿。 tɕʰiaŋ^{55}xaŋ^{0}tʰiə^{21}tʂʅ^{0}tʂaŋ^{23}ti^{21}tʰur^{42}
莱芜	墙上贴着一张地图。 tɕʰiaŋ^{13}ʃaŋ^{0}tʰiə^{31}tʃə^{0}i^{55}tʃaŋ^{213}ti^{31}tʰu^{55}
新泰	墙上贴唠一张地图儿。 tɕʰiaŋ^{23}xaŋ^{0}tʰiə^{21}lɔ^{0}i^{23}tʃaŋ^{213}ti^{31}tʰur^{42}
沂源	墙上挂着一张地图儿。 tɕʰiaŋ^{35}ʃaŋ^{0}kua^{55}tʃuə^{0}i^{55}tʃaŋ^{213}ti^{31}tʰur^{55}
博山	墙上贴着一张地图。 tɕʰiaŋ^{35}ʂaŋ^{0}tʰiə^{213}tʂuə^{0}i^{55}tʂaŋ^{213}ti^{31}tʰu^{55}
张店	墙上贴着张地图。 tɕʰiaŋ^{35}ʂaŋ^{0}tʰiə^{33}tʂuə^{0}tʂaŋ^{213}ti^{31}tʰu^{55}
阳谷	墙上贴着一张地图。 tɕʰiaŋ^{55}xaŋ^{0}tʰiə^{31}zɿ^{0}i^{13}tsaŋ^{13}ti^{31}tʰu^{42}
梁山	墙上贴着张地图儿。 tɕʰiaŋ^{55}xaŋ^{0}tʰiə^{21}tsɿ^{0}tsaŋ^{23}ti^{31}tʰur^{42}
菏泽	墙上贴着一张地图儿。 tɕʰiaŋ^{53}saŋ^{0}tʰiɛ^{21}tsuə^{0}i^{31}tsaŋ^{213}ti^{31}tʰur^{53}
曹县	墙上贴着一张地图儿。 tɕʰiaŋ^{53}ʂaŋ^{0}tʰiə^{21}tʂuə^{0}i^{213}tsaŋ^{213}ti^{31}tʰur^{53}
金乡	墙上贴着个地图。 tɕʰiaŋ^{55}saŋ^{0}tʰiə^{21}tsə^{0}kə^{0}ti^{31}tʰu^{42}
曲阜	墙上贴着张地图儿。 tɕʰiaŋ^{55}saŋ^{0}tʰiə^{21}tsɿ^{0}tsaŋ^{213}ti^{31}tʰur^{42}
薛城	墙上贴着张地图。 tɕʰiaŋ^{55}saŋ^{0}tʰiə^{31}tsɿ^{0}tsaŋ^{313}ti^{41}tʰu^{55}
郯城	墙上贴着一张地图儿。 tɕʰiaŋ^{44}ʂaŋ^{51}tʰiə^{21}tʂə^{0}i^{13}tʂaŋ^{21}ti^{51}tʰur^{44}
临沂	墙上贴了张地图。 tɕʰiaŋ^{55}ʃaŋ^{0}tʰiə^{21}lə^{0}tʃaŋ^{24}ti^{31}tʰu^{53}

	0016床上躺着一个老人。
荣成	炕上躺着个老人。 kʰaŋ^{33}ʃaŋ^{0}tʰaŋ^{214}tʂə^{0}kə^{0}lau^{21}in^{53}
烟台	炕上躺着个老人儿。 kʰaŋ^{33}çiaŋ^{0}tʰaŋ^{21}ɾə^{0}kə^{0}lau^{14}iər^{53}
栖霞	床上躺儿个老人。 tsʰuaŋ^{34}ʃaŋ^{0}tʰãr^{21}kə^{0}lɔo^{34}ĩn^{312}
长岛	床上躺个老人。 tsʰuaŋ^{55}ʃaŋ^{0}tʰaŋ^{213}kə^{0}lau^{21}in^{55}
海阳	炕上躺儿个老人。 kʰaŋ^{34}saŋ^{0}tʰaŋ^{21}ə^{0}kə^{0}lɔ^{34}ĩ^{52}
莱西	床上躺着一个老人。 tsʰuaŋ^{45}ʃaŋ^{0}tʰaŋ^{45}tsə^{0}i^{45}kə^{0}lɔ^{55}iẽ^{214}
平度	床上敧①着一个老人。 tʂʰuaŋ^{45}ʃaŋ^{0}cʰiə^{213}tʂə^{0}i^{45}kə^{0}lɔ^{45}iə̃^{42}
青岛	床上敧着一个老人。 tʂʰuaŋ^{45}ʃaŋ^{0}tɕʰiə^{213}tʂə^{0}i^{55}kə^{0}lɔ^{55}iẽ^{42}
高密	床上敧着一个老人。 tʂʰuaŋ^{55}xaŋ^{0}tɕʰiə^{21}tʂə^{0}i^{23}kə^{0}lɔ^{213}iə̃^{42}
诸城	炕上敧着一个老人。 kʰaŋ^{44}xaŋ^{0}tʃʰə^{31}tʂə^{0}i^{44}kə^{0}lɔ^{213}iẽ^{53}
沂水	床上敧着个有年纪儿的。 tʂʰuaŋ^{24}ʃaŋ^{0}tɕʰiə^{21}tʂə^{0}kə^{0}iou^{44}niã^{24}tɕier^{0}ti^{0}
临朐	床上敧了一个老人啊。 tʂʰuaŋ^{35}xaŋ^{0}tɕʰiə^{213}lə^{0}i^{13}kuə^{21}lɔ^{213}ʐə̃^{0}a^{0}
日照	炕上敧着个老人。 kʰaŋ^{53}ʃiaŋ^{0}tʃʰiə^{31}tʂʅ^{0}kə^{0}lɔ^{213}iẽ^{53}
莒南	床上敧着一个上年纪的。 tʂʰuaŋ^{55}ʃaŋ^{0}tɕʰiə^{21}tʂə^{0}i^{13}kə^{31}ʃaŋ^{31}niã^{24}tɕi^{0}ti^{0}
潍坊	床上敧着个老人儿。 tʂʰuaŋ^{35}ʂaŋ^{0}tɕʰiə^{31}tʂuə^{0}kə^{0}lɔɤ^{55}ʐer^{53}
寿光	歹=床上倒着一个老人。 tɛ^{55}tʂʰuaŋ^{35}xaŋ^{0}tɔ^{23}tʂuə^{0}i^{13}kuə^{21}lɔ^{55}lə̃^{53}
高青	床上倒着个老人。 tʂʰuaŋ^{35}ʂaŋ^{0}tɔ^{213}tʂə^{0}kə^{0}lɔ^{55}ʐə̃^{55}

① 字的写法参见词汇0789“倚”的脚注。

续表

	0016床上躺着一个老人。
阳信	床上躺着个老人儿。 tʂʰuaŋ^{45}xaŋ^{0}tʰaŋ^{213}tʂou^{0}kə^{0}lɔ^{55}ʐer^{43}
济阳	床上躺着个老人。 tʂʰuaŋ^{24}ʂaŋ^{0}tʰaŋ^{21}tʂə^{0}kə^{31}lɔ^{21}ʐẽ^{55}
利津	床上倒着一个老人。 tʂʰuaŋ^{24}ʂaŋ^{0}tɔ^{213}tʂɔ^{0}i^{24}kə^{0}lɔ^{55}ʐẽ^{53}
乐陵	床上倒着一个老人。 tʂʰuaŋ^{55}ʂaŋ^{0}tɔ^{212}tʂou^{0}i^{212}kə^{0}lɔ^{55}ʐẽ^{55}
商河	床上躺着个老人。 tʂʰuaŋ^{24}ʂaŋ^{0}tʰaŋ^{213}tʂou^{0}kə^{0}lɔ^{45}ʐẽ^{54}
平原	床上躺着一个老人儿。 tʂʰuaŋ^{55}ʂaŋ^{0}tʰaŋ^{23}tʂou^{0}i^{23}kə^{21}lɔu^{212}ʐər^{42}
德州	床上躺着一个老人。 tʂʰuaŋ^{55}ʂaŋ^{0}tʰaŋ^{213}tʂə^{0}i^{213}kə^{0}lɔ^{55}ʐẽ^{42}
武城	床上躺着一个老人。 tʂʰuaŋ^{55}ʂaŋ^{0}tʰaŋ^{24}tʂɔ^{0}i^{24}kə^{0}lɔ^{55}lẽ^{53}
临清	床上躺着一个老人。 tʂʰuaŋ^{44}ʂaŋ^{0}tʰaŋ^{44}tʂə^{0}i^{13}kə^{31}lau^{44}ʐen^{0}
冠县	床上躺着一个老人。 tʂʰuaŋ^{55}ʂaŋ^{0}tʰaŋ^{44}tʂə^{0}i^{13}kə^{0}lɔ^{55}ʐẽ^{53}
聊城	床上躺着个老人。 tsʰuaŋ^{44}saŋ^{0}tʰaŋ^{44}tsɿ^{0}kə^{0}lɔ^{13}zẽ^{0}
济南	床上躺着个有年纪儿的人。 tʂʰuaŋ^{445}ʂaŋ^{0}tʰaŋ^{213}tʂʅ^{0}kə^{0}iou^{55}ȵiã^{445}tɕier^{0}ti^{0}ʐẽ^{42}
泰安	炕上躺着个老人。 kʰaŋ^{42}xaŋ^{0}tʰaŋ^{213}tʂʅ^{0}kə^{0}lɔ^{213}ʐẽ^{42}
莱芜	床上躺着一个老人。 tʃʰuaŋ^{13}ʃaŋ^{0}tʰaŋ^{213}tə^{0}i^{13}kə^{0}lɔ^{213}ʒẽ^{55}
新泰	床上歪唠个老头子。 tʃʰuaŋ^{23}ʃaŋ^{31}uɛ^{213}lɔ^{0}kə^{0}lɔ^{21}tʰou^{23}tθɿ^{0}
沂源	炕上欹着一个老人。 kʰaŋ^{55}ʃaŋ^{0}tɕʰiə^{31}tʃuə^{0}i^{55}kuə^{31}lɔ^{21}iã^{55}
博山	床上欹着一个老人。 tʂʰuaŋ^{35}ʂaŋ^{0}tɕʰiə^{21}tʂuə^{0}i^{55}kuə^{31}lɔ^{213}lẽ^{55}

续表

	0016床上躺着一个老人。
张店	炕上欹着个老人。 kʰɑŋ^{55}ʂɑŋ^{0}tɕʰiə^{213}tʂuə^{0}kuə^{0}lɔ^{55}ʐə̃^{55}
阳谷	床上睡着一个老人。 tsʰuɑŋ^{55}xɑŋ^{0}fei^{42}zʅ^{0}i^{31}kə^{0}lɔ^{55}zẽ^{42}
梁山	床上仰着个老人。 tsʰuɑŋ^{55}xɑŋ^{0}iɑŋ^{23}tsə^{0}kə^{0}lɔ^{55}zẽ^{42}
菏泽	床上歪着一个有年纪儿的。 tsʰuɑŋ^{53}sɑŋ^{0}uɛ^{21}tsuə^{0}i^{213}kə^{31}iou^{44}ȵiã^{44}tɕier^{31}lɛ^{0}
曹县	床上躺着一个老人。 tʂʰuɑŋ^{53}xɑŋ^{0}tʰɑŋ^{44}tʂə^{0}i^{21}kə^{0}lɔ^{44}zẽ^{53}
金乡	床上仰着个老人。 tsʰuɑŋ^{55}sɑŋ^{0}iɑŋ^{23}tsə^{0}kə^{0}lɔ^{23}zẽ^{42}
曲阜	床上仰着个有年纪儿的。 tsʰuɑŋ^{55}sɑŋ^{0}iɑŋ^{213}tsʅ^{0}kə^{0}iou^{55}ȵiã^{55}tɕier^{0}li^{0}
薛城	床上睡着个老人。 pfʰɑŋ^{55}ʒɑŋ^{0}fc^{41}tsə^{0}kə^{0}lɔ^{24}ʑẽ^{55}
郯城	床上睡个老人。 tʂʰuɑŋ^{44}ʂɑŋ^{51}fe^{51}kə^{0}lɔ^{24}ʐə̃^{44}
临沂	床上欹着个老人。 tʃʰuɑŋ^{55}ʃɑŋ^{0}tɕʰiə^{21}tʃə^{0}kə^{0}lɔ^{55}ʐẽ^{53}

	0017河里游着好多小鱼。
荣成	河里跑着老些鱼。 xo^{35}lə^{0}pʰau^{214}tʂə^{0}lau^{21}siɛ^{53}y^{53}
烟台	河里边儿有老些小鱼儿。 xɤ^{33}li^{21}pɐr^{0}iou^{33}lau^{14}ɕie^{53}ɕiau^{21}yər^{53}
栖霞	河里老气=儿小鱼儿了。 xuo^{34}lə^{0}lɔo^{21}cʰiər^{0}ʃiɔo^{34}yər^{52}lə^{0}
长岛	河里游着老些小鱼。 xə^{55}li^{0}iou^{55}tʃə^{0}lau^{55}ʃiɛ^{31}ʃau^{21}y^{55}
海阳	河里老了鼻子小鱼儿了。老了鼻子：很多 xuo^{34}li^{0}lɔ^{21}ə^{0}pi^{34}ə^{0}siɔ^{34}yər^{52}ə^{0}

续表

	0017 河里游着好多小鱼。
莱西	河里游着很多小鱼儿。 xə55li0iou45tsə0xẽ55tuə214ʃiɔ55yr214 河里游着好多小鱼儿。 xə45li0iou45tsə0xɔ55tuə214ʃiɔ55yr214
平度	河里跑着母=些小鱼儿。 xə45li0pʰɔ45tʂə0mu45siə0siɔ45yr42
青岛	河里有若干小鱼儿。 xuə45li0iou55yə42kã0siɔ55yər42
高密	河里跑着那么些小鱼儿。 xə55lɛ0pʰɔ23tʂə0nɑ42mə0siə0siɔ213ʐur42
诸城	河里有岗=的是小鱼呃。岗=的是：很多，非常多 xuə24li0iou44kɑŋ24ȶi0ʂʅ0θiɔ44y24ə0
沂水	河涯里有怪多小鱼儿。 xuə53iɛ24li0iou44kuɛ31tuə213siɔ213ʐur53
临朐	河里有岗=着货小鱼呃。岗=着货：很多，非常多 xuə35li0iəu44kɑŋ213tʂuə0xuə21ɕiɔ213y35ə0
日照	河里有乜么些小鱼儿歹=乜里游呃。 xuə44li0iou44niə53mə0θiə44θiɔ24ʐur53tɛ213niə53li0iou44ə0
莒南	河里呃游着恁么些小鱼儿。 xə24lɛ0ə0iou24tʂə0nəŋ55mə0siə0siɔ55ɻur53
潍坊	河里游着綦多的小鱼儿呃。 xuə35ȵi0iɤɯ35tʂuə0tɕʰi53tuə214ti0ɕiɔɤ55yer35ə0
寿光	河里有很多小鱼儿。 xuə35ȵi0iəu55xə̃55tuə213ɕiɔ55yr53
高青	河里游着好些小鱼儿。 xə35li0iou35tʂə0xɔ55ɕiɛ213ɕiɔ55yer55
阳信	河里游着若干的小鱼儿。 xə45li0iou45tʂou0lɔ23kã31ti0ɕiɔ55yur43
济阳	河里有老些小鱼儿。 xə24ȵi0iou21lɔ55ɕiə213ɕiɔ21yer55
利津	河里有好多小鱼儿。 xə24li0iou55xɔ55tuə213ɕiɔ55yur53
乐陵	河里有老些小鱼儿。 xə55li0iou55lɔ51ɕiə24ɕiɔ55yur55

续表

	0017 河里游着好多小鱼。
德州	河里凫着那么些小鱼儿。 xə^{55}li^{0}fu^{55}tʂə^{0}na^{21}mə^{0}ɕiə^{0}ɕiɔ^{55}yer^{42}
商河	河里老多小鱼儿。 xə^{24}li^{0}lɔ^{45}tuə^{213}ɕiɔ^{45}yer^{54}
平原	河里有好多小鱼儿。 xə^{55}li^{0}iou^{55}xɔu^{42}tuə^{213}ɕiɔu^{55}yər^{42}
武城	河里有很多小鱼儿。 xə^{24}li^{0}iou^{55}xẽ^{53}tuə^{224}ɕiɔ^{55}yer^{53}
临清	河里凫着老些小鱼儿。 xə^{44}li^{0}fu^{44}tʂə^{0}lau^{44}ɕiə^{13}ɕiau^{44}yer^{53}
冠县	河里凫喽老些小鱼儿。 xə^{53}li^{0}fu^{53}ləu^{0}lɔ^{44}siə^{0}ɕiɔ^{55}yer^{53}
聊城	河里凫着老些小鱼儿。 xə^{44}li^{0}fu^{53}tsə^{0}lɔ^{44}ɕiə^{13}ɕiɔ^{44}yer^{53}
济南	河涯儿里游着棱$^{=}$多小鱼儿。 xə^{42}iɛr^{445}ȵi^{0}iou^{445}tʂʅ^{0}ləŋ^{23}tuə^{213}ɕiɔ^{55}yer^{42}
泰安	河里游着缯$^{=}$么多小鱼儿。缯$^{=}$么：那么 xə^{55}li^{0}iou^{55}tʂə^{0}tsəŋ^{42}mə^{0}tuə^{213}ɕiɔ^{213}yer^{42}
莱芜	河里游着好多小鱼。 xə^{13}li^{0}iou^{13}tʃuə^{0}xɔ^{213}tuə^{0}ɕiɔ^{213}y^{55}
新泰	这个河里啊，有降$^{=}$多的鱼唻。 tʃə^{31}kə^{31}xə^{23}li^{0}a^{0}，iou^{21}ɕiɑŋ^{45}tuə^{21}ti^{0}y^{45}lɛ^{0}
沂源	河里游着岗$^{=}$多小鱼儿。 xuə^{35}li^{0}iou^{35}tʃuə^{0}kɑŋ^{55}tuə^{213}ɕiɔ^{55}yr^{55}
博山	河里有响$^{=}$［呃］货小鱼嗹。响$^{=}$［呃］货：很多，非常多 xuə^{35}ə^{0}iəu^{55}ɕiɑŋ^{213}xuə^{0}ɕiɔ^{213}y^{35}liã^{0}
张店	河里岗$^{=}$［呃］货小鱼囒。岗$^{=}$［呃］货：很多，非常多 xuə^{35}ȵi^{0}kɑŋ^{213}xuə^{31}ɕiɔ^{55}y^{35}lã^{0}
阳谷	河里游着老些小鱼儿。 xə^{55}li^{0}iou^{55}zʅ^{0}lɔ^{55}ɕiə^{213}ɕiɔ^{55}yɤr^{42}
梁山	河里游着这么些个小鱼儿啊。 xə^{55}li^{0}iou^{55}tsə^{0}tsə^{42}mə^{0}ɕiə^{0}kə^{0}ɕiɔ^{55}yer^{42}a^{0}
菏泽	河里环$^{=}$多小鱼儿啊。 xə^{53}lɛ^{0}xuã^{53}tuə^{213}ɕiɔ^{44}yr^{53}a^{0}

续表

	0017 河里游着好多小鱼。
曹县	河里有好多小鱼儿。 xə^{53}li^{0}iou^{44}xɔ^{44}tuə^{213}ɕiɔ^{44}yɤr^{53}
金乡	河里有老些小鱼儿。 xə^{55}li^{0}iou^{55}lɔ^{42}ɕiə^{55}ɕiɔ^{23}yer^{42}
曲阜	河里有缯$^{=}$么点子小鱼儿。 xə^{55}li^{0}iou^{55}tsəŋ^{42}mə^{0}tiã^{213}tsɿ^{0}ɕiɔ^{55}yer^{42}
薛城	河里有很多小鱼儿。 xə^{55}li^{0}iou^{24}xẽ^{55}tuə^{313}ɕiɔ^{24}yer^{55}
郯城	河里恁多小鱼儿的。 xə^{44}li^{0}nəŋ^{51}tuə^{21}ɕiɔ^{24}yer^{44}tə^{0}
临沂	河里小鱼儿可多啦。 xə^{55}li^{0}ɕiɔ^{55}yer^{53}kʰə^{55}tuə^{21}la^{0}

	0018 前面走来了一个胖胖的小男孩。
荣成	前面儿来了个小胖小儿。 tsʰian^{35}miɐr^{0}lai^{53}lə^{0}kə^{0}siau^{21}pʰɑŋ^{33}siaur^{214}
烟台	前面儿走过来一个胖小子。 tɕʰian^{33}miɐr^{0}tsou^{21}kuo^{0}lɛ^{0}i^{33}kə^{0}pʰɑŋ^{53}ɕiau^{21}ɾə^{0}
栖霞	前面儿来儿个大胖小子。 tʃʰiãn^{34}miɐr^{0}lɛr^{52}kə^{0}ta^{52}pʰɑŋ^{52}ʃiɔo^{21}lə^{0}
长岛	前面儿来了个胖小子。 tʃʰan^{55}miɐr^{0}lai^{55}lə^{0}kə^{0}pʰɑŋ^{52}ʃau^{35}tsɿ^{0}
海阳	前头来儿个胖小子。 tsʰiã^{34}tʰəu^{0}lɐr^{52}kə^{0}pʰɑŋ^{34}siɔ^{21}ə^{0}
莱西	前面儿来了一个胖胖的小男孩儿。 tʃʰiã^{45}miɛr^{0}lɛ^{45}lə^{0}i^{45}kə^{0}pʰɑŋ^{42}pʰɑŋ^{42}tə^{0}ʃiɔ^{214}nã^{42}xɛr^{42}
平度	前面来了一个胖乎乎儿的小小儿。 tsʰiã^{42}miã^{0}lɛ^{45}lə^{0}i^{45}kə^{0}pʰɑŋ^{213}xu^{0}xur^{45}ti^{0}siɔ^{213}θɔr^{55}
青岛	前面儿来了一个胖乎乎儿的小小儿。 tsʰiã^{42}miɛr^{0}lɛ^{45}lə^{0}i^{55}kə^{0}pʰɑŋ^{42}xu^{0}xur^{0}ti^{0}siɔ^{213}θɔr^{55}
高密	前面走来一个大胖小子。 tsʰiã^{42}miã^{21}tθou^{23}lɛ^{0}i^{23}kə^{0}tɑ^{21}pʰɑŋ^{21}siɔ^{23}tθɿ^{0}
诸城	前边儿来了个胖乎乎的小厮呃。 tθʰiã^{53}pɛr^{0}lɛ^{44}lə^{0}kə^{0}pʰɑŋ^{31}xu^{44}xu^{44}ȶi^{0}θiɔ^{213}θɿ^{31}ə^{0}

续表

	0018 前面走来了一个胖胖的小男孩。
沂水	前边儿来唠个怪胖的小厮孩子。 tsʰiã^{53}piɛr^{213}lɛ^{24}lɔ^{0}kə^{0}kuɛ^{31}pʰaŋ^{44}ti^{0}siɔ^{213}θɿ^{0}xɛ^{24}dðɿ^{0}
临朐	前边儿来了一个胖小子。 tɕʰiã^{35}piɛr^{0}lɛ^{35}lə^{0}i^{13}kuə^{21}pʰaŋ^{21}ɕiɔ^{213}tθɿ^{0}
日照	前头儿来了个胖胖的小厮。 ȶʰiã^{53}tʰour^{0}lɛ^{44}lə^{0}kə^{0}pʰaŋ^{31}pʰaŋ^{53}ti^{0}θiɔ^{213}θɿ^{0}
莒南	前边儿来了一个大胖胖的小男孩儿哎。 tɕʰiã^{53}pɛr^{213}lɛ^{55}lə^{0}i^{13}kə^{31}ta^{31}pʰaŋ^{53}pʰaŋ^{0}tə^{0}siɔ^{55}nã^{53}xɛr^{55}ɛ^{0}
潍坊	前边儿来了个大胖小厮呃。 tɕʰiã^{35}pɛr^{0}lɛ^{35}liɔɤ^{0}kə^{0}ta^{31}pʰaŋ^{31}ɕiɔɤ^{35}sɿ^{0}ə^{0}
寿光	前头来唠个胖乎乎的小小厮呃。 tɕʰiã^{35}tʰəu^{0}lɛ^{35}lɔ^{0}kuə^{21}pʰaŋ^{21}xu^{0}xu^{0}ti^{0}ɕiɔ^{53}ɕiɔ^{23}sɿ^{0}ə^{0}
高青	前头来了个胖小子。 tɕʰiã^{35}tʰou^{0}lɛ^{35}lə^{0}kə^{0}pʰaŋ^{41}ɕiɔ^{213}tsɿ^{0}
阳信	前边儿来哩个老胖的小小厮儿。 tɕʰiã^{43}pɛr^{0}lɛ^{45}li^{0}kə^{0}lɔ^{55}pʰaŋ^{55}ti^{0}ɕiɔ^{55}ɕiɔ^{213}ser^{0}
济阳	前头来了个胖小厮。 tɕʰiã^{24}tʰou^{0}lɛ^{24}lə^{0}kə^{0}pʰaŋ^{31}ɕiɔ^{213}sɿ^{0}
利津	前头来哩一个胖小厮。 tɕʰiã^{55}tʰou^{0}lɛ^{24}li^{0}i^{24}kə^{0}pʰaŋ^{31}ɕiɔ^{213}sɿ^{0}
乐陵	前头来嘞个胖乎儿乎儿的小小子儿。 tɕʰiã^{55}tʰou^{0}lɛ^{55}liou^{0}kə^{0}pʰaŋ^{31}xur^{24}xur^{31}ti^{0}ɕiɔ^{51}ɕiɔ^{212}tser^{0}
商河	前头来个胖小厮。 tɕʰiã^{24}tʰou^{0}lɛ^{24}kə^{0}pʰaŋ^{31}ɕiɔ^{213}sɿ^{0}
平原	前头走来一个胖小子。 tɕʰiã^{23}tʰou^{0}tsou^{23}lɛi^{0}i^{23}kə^{21}pʰaŋ^{21}ɕiou^{23}tsɿ^{0}
德州	头里来了个胖乎乎的小小子儿。 tʰou^{55}li^{0}lɛ^{55}lə^{0}kə^{21}pʰaŋ^{21}xu^{0}xu^{21}ti^{0}ɕiɔ^{42}ɕiɔ^{213}tser^{0}
武城	前边儿来唠一个小胖小儿。 tɕʰiã^{53}piɛr^{0}lɛ^{55}lɔ^{0}i^{24}kə^{0}ɕiɔ^{55}pʰaŋ^{21}ɕiɔr^{55}
临清	前边儿走过来个胖小儿。 tɕʰian^{53}piɛr^{13}tsou^{44}kuə^{53}lai^{0}kə^{0}pʰaŋ^{31}ɕiaur^{44}
冠县	前边儿过来一个胖小子。 tɕʰiã^{53}piɛr^{13}kuə^{31}lɛ^{0}i^{13}kə^{0}pʰaŋ^{31}siɔ^{44}tsɿ^{0}

续表

	0018 前面走来了一个胖胖的小男孩。
聊城	前边儿过来一个胖咕嘟儿的小小子儿。 tɕʰiã^{53}piɛr^{13}kuə^{31}lɛ^{0}i^{13}kə^{31}pʰɑŋ^{31}ku^{0}tur^{53}ti^{0}ɕiɔ^{53}ɕiɔ^{13}tser^{0}
济南	前头走来个胖乎乎的小小子儿。 tɕʰiã^{445}tʰou^{0}tsou^{213}lɛ^{0}kə^{0}pʰɑŋ^{21}xu^{55}xu^{0}ti^{0}ɕiɔ^{55}ɕiɔ^{213}tser^{0}
泰安	前边儿过来一个胖乎儿乎儿的小厮。 tɕʰiã^{55}piɛr^{0}kuə^{42}lɛ^{0}i^{23}kə^{21}pʰɑŋ^{21}xur^{0}xur^{0}ti^{0}ɕiɔ^{213}sɿ^{0}
莱芜	前头走来一个胖嘟嘟的小娃娃。 tɕʰiã^{13}tʰou^{0}tsou^{213}lɛ^{0}i^{13}kə^{0}pʰɑŋ^{31}tu^{13}tu^{0}ti^{0}ɕiɔ^{31}ua^{13}ua^{0}
新泰	前边儿过来个胖小子。 tɕiã^{42}piɐr^{21}kə^{42}lɛ^{0}kə^{0}pʰɑŋ^{31}ɕiɔ^{213}tθɿ^{0}
沂源	前头走来了一个胖小厮。 tɕʰiã^{35}tʰou^{0}tθou^{21}lɛ^{35}lə^{0}i^{55}kuə^{0}pʰɑŋ^{31}ɕiɔ^{213}θɿ^{55}
博山	前头来一个大胖胖小厮。 tɕʰiã^{35}tʰəu^{0}lɛ^{55}i^{55}kuə^{31}tɑ^{31}pʰɑŋ^{55}pʰɑŋ^{0}ɕiɔ^{213}sɿ^{0}
张店	前头来了个胖小厮。 tɕʰiã^{35}tʰou^{0}lɛ^{35}liɔ^{0}kuə^{0}pʰɑŋ^{31}ɕiɔ^{213}sɿ^{0}
阳谷	前边儿过来喽个胖乎乎的小小子儿。 tɕʰiã^{42}piɐr^{213}kuo^{31}lɛ^{0}lou^{0}kə^{0}pʰɑŋ^{31}xu^{13}xu^{35}ti^{0}ɕiɔ^{55}ɕiɔ^{13}tɤr^{0}
梁山	前边来了个胖小子。 tɕʰiã^{42}piã^{0}lɛ^{55}lə^{0}kə^{0}pʰɑŋ^{31}ɕiɔ^{23}tsɿ^{0}
菏泽	前边来了个胖墩儿墩儿的小小子儿。 tɕʰiã^{53}piã^{0}lɛ^{53}lə^{0}kə^{0}pʰɑŋ^{31}tuer^{213}tuer^{53}lɛ^{0}ɕiɔ^{53}ɕiɔ^{44}tər^{0}
曹县	前面儿来了一个胖胖的小男孩儿。 tɕʰiã^{53}miɐr^{0}lai^{53}lə^{0}i^{21}kə^{0}pʰɑŋ^{31}pʰɑŋ^{213}lei^{0}ɕiɔ^{44}nã^{53}xɐr^{53}
金乡	前边儿过来一个胖小子。 tɕʰiã^{55}piɛr^{0}kuə^{31}lɛ^{0}i^{213}kə^{0}pʰɑŋ^{31}ɕiɔ^{23}tsɿ^{0}
曲阜	前边儿过来一个小男孩儿，可胖啦。 tɕʰiã^{42}piɛr^{0}kuə^{42}lɛ^{0}i^{213}kə^{0}ɕiɔ^{55}nã^{42}xɛr^{42}，kʰə^{213}pʰaŋ^{42}la^{0}
薛城	前面来了个很胖的小小子儿。 tɕʰiã^{55}miã^{0}lɛ^{55}lə^{0}kə^{0}xẽ^{24}pʰɑŋ^{41}ti^{0}ɕiɔ^{54}ɕiɔ^{24}tser^{0}
郯城	前边儿走来个胖胖的小男孩儿。 tɕʰiã^{44}piɛr^{213}tsəu^{24}lɛ^{44}kə^{51}pʰɑŋ^{51}pʰɑŋ^{51}tə^{0}ɕiɔ^{24}nã^{44}xɛr^{44}
临沂	前边儿过了个胖小子。 tɕʰiã^{53}piɛr^{214}kuə^{31}lə^{0}kə^{0}pʰɑŋ^{31}ɕiɔ^{214}tsɿ^{0}

	0019 他家一下子死了三头猪。
荣成	他家一堆儿死了三个猪子。 tʰa^{53}cia^{53}i^{21}tər^{214}sɿ^{214}lə^{0}san^{53}kə^{0}tʃy^{53}tsɿ^{0}
烟台	他家一下死儿三口猪。 tʰa^{53}tɕia^{53}i^{21}ɕia^{33}sɿ^{21}ər^{0}san^{53}kʰou^{21}tɕy^{53}
栖霞	他家儿一堆儿死了三口猪。 tʰa^{34}ciar^{52}i^{52}tsər^{34}sɿ^{21}lə^{0}sãn^{52}kʰəu^{34}tʃy^{312}
长岛	他家一下死了三头猪。 tʰa^{55}cia^{31}i^{35}çia^{52}sɿ^{35}lə^{0}san^{31}tʰou^{55}tʃy^{31}
海阳	他家一下死了三个猪。 tʰa^{34}cia^{52}i^{21}çia^{34}sɿ^{21}lə^{0}θã^{52}kə^{0}tʃy^{52}
莱西	他家一下子死了三个猪。 tʰa^{55}cia^{214}i^{45}çia^{42}tsɿ^{0}sɿ^{45}lə^{0}sã^{214}kə^{0}tʃu^{214}
平度	他家一下子死了三个猪。 tʰa^{55}cia^{213}i^{45}çia^{0}tθɿ^{0}θɿ^{45}lə^{0}θã^{213}kə^{0}tʃu^{213}
青岛	他家一下子死了三头猪。 tʰə^{55}tɕiɑ^{213}i^{55}ɕiɑ^{45}tθɿ^{0}θɿ^{55}lə^{0}θã^{213}tʰou^{42}tʃu^{213}
高密	他家一下子死了三个猪。 tʰɑ^{21}tɕiɑ^{213}i^{55}ɕiɑ^{42}tθɿ^{0}θɿ^{23}lə^{0}θã^{21}kə^{0}tʃu^{213} 他家一下子死了仨猪。 tʰɑ^{21}tɕiɑ^{213}i^{55}ɕiɑ^{42}tθɿ^{0}θɿ^{23}lə^{0}θɑ^{23}tʃu^{213}
诸城	他家里一下子死了三个猪呃。 tʰa^{44}tʃa^{31}lə^{0}i^{213}ʃa^{44}tθɿ^{0}θɿ^{44}lə^{0}θã^{31}kə^{0}tʃu^{31}ə^{0}
沂水	他家里一下子死唠仨猪。 tʰa^{44}tɕia^{21}li^{0}i^{24}ɕia^{44}dðɿ^{0}θɿ^{213}lɔ^{0}θa^{24}dʒʮ^{213}
临朐	他家里一下子死咧仨猪呃。 tʰa^{44}tɕia^{21}li^{0}i^{13}ɕia^{44}tθɿ^{0}θɿ^{213}liə^{0}θa^{213}tʃu^{21}ə^{0}
日照	他家里一下子毁了三头猪。 tʰa^{44}tʃiɑ^{31}lə^{0}i^{213}ʃiɑ^{53}tθɿ^{0}xuei^{213}lə^{0}θã^{213}tʰou^{53}tʃu^{213}
莒南	他家里一下子死了三头猪。 tʰa^{55}tɕia^{21}li^{0}i^{13}ɕia^{31}tθɿ^{0}θɿ^{213}lə^{0}θã^{213}tʰou^{53}tʃʮ^{213}
潍坊	他家一下子死了仨猪。 tʰɑ^{24}tɕiɑ^{214}i^{24}ɕiɑ^{55}tsɿ^{0}sɿ^{24}liɔɤ^{0}sɑ^{24}tʂu^{214}
寿光	他家里一下子死唠三头猪呃。 tʰa^{55}tɕia^{21}ȵi^{0}i^{13}xa^{55}tsɿ^{0}sɿ^{23}lɔ^{0}sã^{213}tʰəu^{53}tʂu^{21}ə^{0}
高青	他家一下子死了仨猪。 tʰɑ^{55}tɕiɑ^{213}i^{55}ɕiɑ^{55}tsɿ^{0}sɿ^{213}lə^{0}sɑ^{213}tʂu^{213}

续表

	0019 他家一下子死了三头猪。
阳信	他家里一［下］子死哩仨猪。 tʰa^{55}tɕia^{31}li^{0}i^{44}tsɿ^{0}sɿ^{213}li^{0}sa^{213}tʂu^{213}
济阳	他家里一下子死唠仨猪。 tʰa^{55}tɕia^{21}ȵi^{0}i^{213}ɕia^{55}tsɿ^{0}sɿ^{213}lɔ^{0}sa^{55}tʂu^{213}
利津	他家一回儿死哩仨猪。 tʰa^{55}tɕia^{213}i^{24}xuer^{53}sɿ^{213}li^{0}sa^{24}tʂu^{213}
乐陵	他家一下子死嚠仨猪。 tʰɑ^{51}tɕiɑ^{24}i^{24}ɕiɑ^{55}tsɿ^{0}sɿ^{212}liou^{0}sɑ^{24}tʂu^{24}
商河	他家里一下子死哩仨猪。 tʰɑ^{45}tɕiɑ^{21}li^{0}i^{24}ɕiɑ^{54}tsɿ^{0}sɿ^{213}li^{0}sɑ^{24}tʂu^{213}
平原	他家一下子死了三头猪。 tʰa^{42}tɕia^{213}i^{21}ɕia^{42}tsɿ^{0}sɿ^{23}liɔu^{0}sã^{23}tʰou^{42}tʂu^{213}
德州	他家一下子死了仨猪。 tʰa^{55}tɕia^{213}i^{213}ɕia^{42}tsɿ^{0}sɿ^{213}lə^{0}sa^{213}tʂu^{213}
武城	他家一堆儿死唠仨猪。 tʰa^{53}tɕia^{224}i^{24}tsuer^{224}sɿ^{24}lɔ^{0}sa^{24}tʂu^{224}
临清	他家一家伙死了三头猪。 tʰa^{44}tɕia^{0}i^{31}tɕia^{13}xuə^{0}sɿ^{44}lə^{0}san^{13}tʰou^{53}tʂu^{13}
冠县	他家里一下子死啦三头猪。 tʰa^{55}tɕia^{21}li^{0}i^{13}ɕia^{31}tsɿ^{0}sɿ^{44}la^{0}sã^{13}tʰou^{53}tʂu^{13}
聊城	他家一家伙死喽三个猪。 tʰa^{44}tɕia^{13}i^{13}tɕia^{31}xuə^{0}sɿ^{44}lou^{0}sã^{13}kə^{0}tsu^{13}
济南	他家里一家伙死唠三个猪。 tʰa^{55}tɕia^{213}ȵi^{0}i^{23}tɕia^{21}xuə^{0}sɿ^{213}lɔ^{0}sã^{23}kə^{21}tʂu^{213}
泰安	他家一堆儿死唠仨猪。 tʰa^{23}tɕia^{213}i^{23}tsuer^{213}sɿ^{213}lɔ^{0}sa^{23}tʂu^{213}
莱芜	他家一下子死了三头猪。 tʰa^{55}tɕia^{213}i^{31}ɕia^{42}tsɿ^{0}sɿ^{31}liɔ^{0}sã^{31}tʰou^{0}tʃu^{213}
新泰	他家里一下子死唠三头猪。 tʰa^{23}tɕia^{21}li^{0}i^{21}ɕia^{42}tθɿ^{0}θɿ^{213}lɔ^{0}θã^{21}tʰou^{0}tʃu^{213}
沂源	他家里一末⁼死了三头猪。 tʰa^{213}tɕia^{21}li^{0}i^{13}mə^{31}θɿ^{213}lə^{0}θã^{213}tʰou^{55}tʃu^{213}
博山	他家一末⁼死［呃］仨猪呃。 tʰɑ^{213}tɕiɑ^{213}i^{55}mə^{31}sɿ^{55}sɑ^{213}tʂu^{21}ə^{0}

续表

	0019 他家一下子死了三头猪。
张店	他家里一回死了仨猪。 tʰɑ^{213}tɕiɑ^{213}li^{0}i^{33}xuei^{55}sɿ^{213}liɔ^{0}sɑ^{213}tʂu^{213}
阳谷	他家一下子死唠三头猪。 tʰa^{55}tɕia^{213}i^{13}ɕia^{42}zɿ^{0}sɿ^{13}lɔ^{0}sã^{13}tʰou^{42}tsu^{213}
梁山	他家一伐$^{=}$儿死唠仨猪。 tʰa^{55}tɕia^{213}i^{23}far^{42}sɿ^{55}lɔ^{0}sa^{23}tsu^{213}
菏泽	他家一下子死喽仨猪。 tʰa^{44}tɕia^{213}i^{44}ɕia^{31}tə^{0}sɿ^{44}lou^{0}sa^{213}tsu^{213}
曹县	他家一下子死了三头猪。 tʰa^{44}tɕia^{213}i^{213}ɕia^{31}tɤ^{0}sɿ^{44}lə^{0}sã^{213}tʰou^{53}tʂu^{213}
金乡	他家一下子死唠三个猪。 tʰa^{23}tɕia^{213}i^{213}ɕia^{42}tsɿ^{0}sɿ^{23}lɔ^{0}sã^{21}kə^{0}tsu^{213}
曲阜	他家一下子死了三个猪。 tʰa^{21}tɕia^{0}i^{213}ɕia^{42}tsɿ^{0}sɿ^{213}lə^{0}sã^{23}kə^{31}tsu^{213}
薛城	他家一下子死了三口猪。 tʰa^{23}tɕia^{313}i^{31}ɕia^{41}tsɿ^{0}sɿ^{24}lə^{0}sã^{31}kʰou^{0}pfu^{313}
郯城	他家一下死三个猪。 tʰa^{13}tɕia^{213}i^{21}ɕia^{51}sɿ^{24}sã^{21}kə^{0}tʂu^{213}
临沂	他家一下儿死了三头猪。 tʰa^{55}tɕia^{214}i^{24}ɕiar^{31}ʂɿ^{214}lə^{0}sã^{24}tʰou^{53}tʃu^{214}

	0020 这辆汽车要开到广州去。/这辆汽车要开去广州。
荣成	这辇$^{=}$车要到广州去。 tʃiɛ^{33}lyŋ^{214}tʃʰiɛ^{53}iau^{33}tau^{33}kuaŋ^{214}tʃəu^{53}cʰy^{33}
烟台	这领$^{=}$车得上广州。 tɕie^{33}liŋ^{14}tɕʰie^{53}tə^{21}ɕiaŋ^{53}kuaŋ^{21}tɕiou^{0}
栖霞	这领$^{=}$车想开儿广州去。 tʃə^{52}liŋ^{34}tʃʰiɛ^{52}ʃaŋ^{34}kʰɐr^{52}kuaŋ^{21}tʃəu^{0}cʰy^{0}
长岛	这辆车要往广州开。 tʃə^{52}liaŋ^{55}tʃʰə^{312}iau^{52}uaŋ^{31}kuaŋ^{35}tʃou^{31}kʰai^{31}
海阳	这领$^{=}$车要开到广州去。 tsə^{34}liŋ^{21}tsʰə^{52}iɔ^{34}kʰɛ^{52}tɔ^{0}kuaŋ^{21}tsəu^{0}cʰy^{0}
莱西	这辆汽车要上广州。 tʃə^{45}liaŋ^{0}cʰi^{42}tʃʰiə^{214}iɔ^{42}ʃaŋ^{42}kuaŋ^{24}tʃiou^{0}

续表

	0020 这辆汽车要开到广州去。/这辆汽车要开去广州。
平度	这辆汽车要上广州去。 tʃə^{213}liɑŋ^{0}cʰi^{42}tʃʰə^{213}iɔ^{213}ʃɑŋ^{42}kuɑŋ^{45}tʃou^{0}cʰy^{42}
青岛	这辆汽车要上广州。 tʃə^{21}liɑŋ^{42}tɕʰi^{42}tʃʰə^{213}iɔ^{42}ʃɑŋ^{42}kuɑŋ^{44}tʃou^{0}
高密	这辆儿汽车要开广州去。 tʃə^{21}ʐɑ̃r^{0}tɕʰi^{21}tʃʰə^{213}iɔ^{21}kʰɛ^{21}kuɑŋ^{23}tʃou^{0}tɕʰy^{21}
诸城	这个汽车要开到广州去呃。 tʃə^{31}kə^{0}tʃʰʅ^{31}tʃʰə^{213}iɔ^{31}kʰɛ^{31}tɔ^{0}kuɑŋ^{213}tʃou^{0}tʃʰu^{44}ə^{0}
沂水	这挂汽车要上广州。 dʒə^{31}kuɑ^{31}tɕʰi^{31}tʃʰə^{213}iɔ^{31}ʃɑŋ^{31}kuɑŋ^{213}dʒou^{0} 这挂汽车要去广州。 dʒə^{31}kuɑ^{31}tɕʰi^{31}tʃʰə^{213}iɔ^{31}tɕʰi^{31}kuɑŋ^{213}dʒou^{0}
临朐	这辆汽车待往广州开。 tʃə^{21}liɑŋ^{21}tɕʰi^{21}tʃʰə^{213}tɛ^{21}uɑŋ^{21}kuɑŋ^{213}tʃəu^{0}kʰɛ^{213}
日照	这个汽车要开到广州去。 tʃiə^{31}kə^{0}tʃʰʅ^{31}tʃʰiə^{213}iɔ^{31}kʰɛ^{31}tɔ^{0}kuɑŋ^{213}tʃiou^{0}tʃʰu^{31}
莒南	这辆汽车要上广州。 tʃə^{13}liɑŋ^{31}tɕʰi^{31}tʃʰə^{13}iɔ^{31}ʃɑŋ^{31}kuɑŋ^{213}tʃou^{0}
潍坊	这辆车要上广州那里呃。 tʂə^{31}liɑŋ^{31}tʂʰə^{214}iɔɤ^{31}ʂɑŋ^{31}kuɑŋ^{24}tʂɤɯ^{0}nɑ^{24}ȵi^{0}ə^{0}
寿光	这辆汽车要望广州开。 tʂə^{21}liɑŋ^{21}tɕʰi^{21}tʂʰə^{213}iɔ^{21}uɑŋ^{21}kuɑŋ^{23}tʂəu^{0}kʰɛ^{213}
高青	这个车要上广州。 tʂə^{41}kə^{0}tʂʰə^{213}iɔ^{41}ʂɑŋ^{41}kuɑŋ^{213}tʂou^{55}
阳信	这辆汽车要开到广州去。 tʂə^{23}liɑŋ^{31}tɕʰi^{31}tʂʰə^{213}iɔ^{31}kʰɛ^{31}tɔ^{0}kuɑŋ^{213}tʂou^{0}tɕʰi^{0}
济阳	这辆汽车要上广州去。 tʂə^{31}liɑŋ^{31}tɕʰi^{31}tʂʰə^{213}iɔ^{31}ʂɑŋ^{31}kuɑŋ^{213}tʂou^{0}tɕʰi^{0}
利津	这辆汽车要到广州去。 tʂə^{31}liɑŋ^{31}tɕʰi^{31}tʂʰə^{213}iɔ^{31}tɔ^{31}kuɑŋ^{213}tʂou^{0}tɕʰy^{31}
乐陵	这辆汽车要上广州去。 tʂə^{51}liɑŋ^{0}tɕʰi^{31}tʂʰə^{24}iɔ^{51}ʂɑŋ^{51}kuɑŋ^{24}tʂou^{31}tɕʰi^{51}
商河	这辆汽车要开到广州去。 tʂə^{31}liɑŋ^{31}tɕʰi^{31}tʂʰə^{213}iɔ^{31}kʰɛ^{213}tɔ^{31}kuɑŋ^{213}tʂou^{0}tɕʰi^{0}

续表

	0020这辆汽车要开到广州去。/这辆汽车要开去广州。
平原	这辆汽车要上广州去。 tʂə^{42}liaŋ^{0}tɕʰi^{21}tʂʰə^{213}iɔu^{21}ʂaŋ^{21}kuaŋ^{23}tʂou^{0}tɕʰi^{0}
德州	这辆车要上广州。 tʂə^{21}liaŋ^{21}tʂʰə^{213}iɔ^{21}ʂaŋ^{21}kuaŋ^{213}tʂou^{0}
武城	这辆汽车要到广州去。 tʂə^{21}liaŋ^{21}tɕʰi^{21}tʂʰə^{224}iɔ^{53}tɔ^{0}kuaŋ^{24}tʂou^{0}tɕʰy^{0}
临清	这辆汽车要开到广州去。 tʂə^{13}liaŋ^{31}tɕʰi^{31}tʂʰə^{13}iau^{31}kʰai^{13}tau^{31}kuaŋ^{44}tʂou^{13}tɕʰy^{0} 这辆汽车是去广州的。 tʂə^{13}liaŋ^{31}tɕʰi^{31}tʂʰə^{13}ʂʅ^{31}tɕʰi^{31}kuaŋ^{44}tʂou^{13}tə^{0}
冠县	这辆汽车开到广州去。 tʂə^{31}liaŋ^{0}tɕʰi^{31}tʂʰə^{13}kʰɛ^{21}tɔ^{0}kuaŋ^{53}tʂou^{13}tɕʰy^{0}
聊城	这个车要上广州。 tsə^{31}kə^{0}tsʰə^{13}iɔ^{31}saŋ^{31}kuaŋ^{44}tsou^{13}
济南	这辆汽车要开到广州去。 tʂə^{21}liŋ^{21}tɕʰi^{21}tʂʰə^{213}iɔ^{21}kʰɛ^{21}tɔ^{0}kuaŋ^{213}tʂou^{0}tɕʰi^{21}
泰安	这辆汽车要开到广州去。 tʂə^{21}liaŋ^{21}tɕʰi^{21}tʂʰə^{213}iɔ^{21}kʰɛ^{21}tɔ^{0}kuaŋ^{213}tʂou^{0}tɕʰi^{0}
莱芜	这辆汽车要望广州开。 tsə^{31}liaŋ^{0}tɕʰi^{31}tʃʰə^{213}iɔ^{31}uaŋ^{42}kuaŋ^{213}tʃou^{0}kʰɛ^{213}
新泰	这个车到广州。 tʃə^{21}kə^{0}tʃə^{213}tɔ^{31}kuaŋ^{213}tʃou^{0}
沂源	这趟车要开去广州。 tʃə^{31}tʰaŋ^{31}tʃʰə^{213}iɔ^{31}kʰɛ^{13}tɕʰy^{31}kuaŋ^{213}tʃou^{55}
博山	这辆汽车是开到广州。 tʂə^{31}liaŋ^{31}tɕʰi^{31}tʂʰə^{213}ʂʅ^{31}kʰɛ^{213}tɔ^{31}kuaŋ^{213}tʂəu^{0}
张店	这辆汽车待上广州。 tʂə^{31}liaŋ^{0}tɕʰi^{31}tʂʰə^{213}tɛ^{31}ʂaŋ^{31}kuaŋ^{213}tʂou^{0}
阳谷	这辆汽车要开到广州去。 tsə^{13}liaŋ^{31}tɕʰi^{31}tsʰə^{213}iɔ^{31}kʰɛ^{13}tɔ^{0}kuaŋ^{55}tsou^{0}tɕʰy^{313}
梁山	这辆汽车要上广州。 tsə^{31}liaŋ^{0}tɕʰi^{31}tsʰə^{213}iɔ^{31}saŋ^{31}kuaŋ^{55}tsou^{213}
菏泽	这个车上广州。 tsə^{31}kə^{0}tsʰə^{213}saŋ^{31}kuaŋ^{44}tsou^{213}

续表

	0020这辆汽车要开到广州去。/这辆汽车要开去广州。
曹县	这辆汽车儿到广州去。 tsə^{31}liaŋ^{0}tɕ^{h}i^{31}tʂ^{h}ɤr^{213}tɔ^{31}kuaŋ^{44}tʂou^{0}tɕ^{h}y^{0}
金乡	这辆汽车要开到广州去。 tsə^{23}liaŋ^{31}tɕ^{h}i^{31}ts^{h}ə^{213}iɔ^{31}k^{h}ɛ^{23}tɔ^{31}kuaŋ^{55}tsou^{213}tɕ^{h}y^{0}
曲阜	这辆车是上广州的。 tsə^{23}liaŋ^{31}ts^{h}ə^{213}sɿ^{23}saŋ^{31}kuaŋ^{55}tsou^{21}li^{0}
薛城	这个汽车要开到广州去。 tsə^{41}kə^{0}tɕ^{h}i^{41}ts^{h}ə^{313}iɔ^{41}k^{h}ɛ^{313}tɔ^{41}kuaŋ^{55}tsou^{313}tɕ^{h}y^{41}
郯城	这个车是上广州的。 tʂə^{51}kə^{0}tʂ^{h}ə^{21}ʂʅ^{51}ʂaŋ^{51}kuaŋ^{44}tʂəu^{21}tə^{0}
临沂	这辆车要上广州。 tʃə^{31}liaŋ^{31}tʃ^{h}ə^{214}iɔ^{31}ʃaŋ^{31}kuaŋ^{214}tʃou^{0}

	0021学生们坐汽车坐了两整天了。
荣成	学生们坐汽车坐了两整天。 ɕio^{35}ʂəŋ^{0}mən^{0}tso^{33}c^{h}i^{33}tʃ^{h}iɛ^{53}tso^{33}lə^{0}liaŋ^{214}tʃəŋ^{21}t^{h}ian^{53}
烟台	这些学生坐儿两天两宿车。 tɕie^{33}ɕie^{0}ɕye^{33}səŋ^{0}tsuor^{33}liaŋ^{14}t^{h}ian^{53}liaŋ^{14}ɕy^{14}tɕ^{h}ie^{53}
栖霞	学生们坐车坐儿两天了。 ɕyɛ^{34}səŋ^{0}mə̃n^{0}tsuo^{34}tʃ^{h}iɛ^{52}tsuor^{34}liaŋ^{34}t^{h}iãn^{52}lə^{0}
长岛	学生坐车坐了两天整。 ɕyo^{55}səŋ^{0}tsuə^{55}tʃ^{h}ə^{31}tsuo^{52}lə^{0}liaŋ^{55}t^{h}ian^{31}tʃəŋ^{213}
海阳	学生们坐车坐了两天了。 ɕyə^{34}səŋ^{0}mẽ^{0}tθuo^{34}ts^{h}ə^{52}tθuo^{34}lə^{0}liaŋ^{34}t^{h}iã^{52}lə^{0}
莱西	学生们坐汽车坐了两天两宿。 ɕyə^{45}ʂəŋ^{0}mẽ^{0}tsuə^{42}c^{h}i^{42}tʃ^{h}iə^{214}tsuə^{42}lə^{0}liaŋ^{55}t^{h}iã^{214}liaŋ^{42}ʃy^{55}
平度	学生们坐汽车坐了两天两宿。 ɕyə^{45}ʂəŋ^{0}mə̃^{0}tθuə^{213}c^{h}i^{42}tʃ^{h}ə^{213}tθuə^{45}lə^{0}liaŋ^{55}t^{h}iã^{213}liaŋ^{42}sy^{55}
青岛	学生们坐了整整两天汽车了。 ɕyə^{45}ʂoŋ^{0}mẽ^{0}tθuə^{45}lə^{0}tʃoŋ^{42}tʃoŋ^{55}liaŋ^{55}t^{h}iã^{213}tɕ^{h}i^{42}tʃ^{h}ə^{213}lə^{0}
高密	学生们坐汽车坐了两天两宿了。 ɕyə^{55}ʂoŋ^{0}mə̃^{0}tθuə^{21}tɕ^{h}i^{21}tʃ^{h}ə^{213}tθuə^{42}lə^{0}liaŋ^{42}t^{h}iã^{213}liaŋ^{42}sy^{23}lə^{0}

续表

	0021学生们坐汽车坐了两整天了。
诸城	学生们坐汽车坐了两整天。 ʃuə24ʂəŋ0mẽ0tθuə31tʃʰʅ31tʃʰə213tθuə31lə0liɑŋ44tʃəŋ44ȶʰiã31
沂水	学生们坐汽车坐了两整天了。 ɕyə24ʂəŋ0mẽ0dðuə31tɕʰi31tʃʰə213dðuə44lə0liɑŋ213tʃəŋ44tʰiã31lə0 学生们坐汽车坐了整两天了。 ɕyə24ʂəŋ0mẽ0dðuə31tɕʰi31tʃʰə213dðuə44lə0tʃəŋ44liɑŋ44tʰiã31lə0
临朐	学生们坐汽车坐了两整天了。 ɕyə35ʂəŋ0mə̃0tθuə21tɕʰi21tʃʰə213tθuə21lə0liɑŋ44tʃəŋ44tʰiã21lə0
日照	学生们坐汽车坐两天啦。 ʃyə44ʂəŋ0mẽ0tθuə31tʃʰʅ31tʃʰiə213tθuə53liɑŋ213tʰiã31la0
莒南	学生坐汽车都坐了两整天了。 ɕyə24ʂəŋ0tθuə13tɕʰi31tʃʰə213tou13tθuə31lə0liɑŋ53tʃəŋ55tʰiã21lə0
潍坊	这些学生坐了两天汽车了。 tʂə31ɕiə0ɕyə35ʂəŋ0tsuə55liɔɤ0liɑŋ55tʰiã214tɕʰi24tʂʰə214liɔɤ0 这些学生坐汽车坐了两天嗹。 tʂə35ɕiə0ɕyə35ʂəŋ0tsuə31tɕʰi31tʂʰə214tsuə55lə0liɑŋ55tʰiã214liã0
寿光	学生们坐汽车坐了两整大嘛。 ɕyə35ʂəŋ0mə̃0tsuə21tɕʰi21tʂʰə213tsuə55liɔ0liɑŋ53tʂəŋ55tʰiã0lã0
高青	学生们坐车坐了整整两天。 ɕyə35ʂəŋ0mə̃0tsuɔ41tʂʰɔ213tsuɔ55lə0tʂəŋ55tʂəŋ55liɑŋ55tʰiã213
阳信	学生们坐汽车坐哩喽儿喽儿的两天嗹。 ɕyə45ʂəŋ0mə̃0tsuə31tɕʰi31tʂʰə213tsuə55li0lour213lour0ti0liɑŋ55tʰiã31liã0
济阳	这些学生坐唠两整天的汽车。 tʂə31ɕiə213ɕyə24ʂəŋ0tsuə55lɔ0liɑŋ21tʂəŋ55tʰiã213ti0tɕʰi31tʂʰə213
利津	学生们坐汽车坐哩两整天了。 ɕiɔ55ʂəŋ0mẽ0tsuə31tɕʰi31tʂʰə213tsuə31li0liɑŋ55tʂəŋ55tʰiã31lə0
乐陵	学生们坐汽车坐嘚两整天咧。 ɕiɔ55səŋ0mẽ0tsuə31tɕʰi31tʂʰə24tsuə55liou0liɑŋ55tʂəŋ55tʰiã31liə0
商河	学生们坐汽车坐哩两天两宿嘛。 ɕyə24səŋ0mẽ0tsuə31tɕʰi31tʂʰə213tsuə54li0liɑŋ45tʰiã213liɑŋ45ɕy31liɑ0
平原	学生们坐汽车坐了两整天嘛。 ɕiɔu23səŋ0mẽ0tsuə21tɕʰi21tʂʰə213tsuə42liɔu0liɑŋ212tʂəŋ55tʰiã21lia0
德州	学生们坐车坐两天啦。 ɕiɔ55ʂəŋ0mẽ0tsuə21tʂʰə213tsuə21liɑŋ55tʰiã21la0

续表

	0021 学生们坐汽车坐了两整天了。
武城	学生们坐汽车坐唠两老天嘞。 ɕiɔ^{55}ʂəŋ^{0}mẽ^{0}tsuə^{21}tɕʰi^{21}tʂʰə^{224}tsuə^{53}lɔ^{0}liɑŋ^{53}lɔ^{53}tʰiã^{312}lã^{0}
临清	学生们坐车都坐了两整天啦。 ɕyə^{44}ʂəŋ^{0}men^{0}tsuə^{31}tʂʰə^{13}tou^{13}tsuə^{53}lə^{0}liɑŋ^{53}tʂəŋ^{44}tʰian^{0}la^{0}
冠县	学生们坐车坐了两整天啦。 ɕyə^{53}ʂəŋ^{0}mẽ^{0}tsuə^{31}tʂʰə^{13}tsuə^{31}liɔ^{0}liɑŋ^{53}tʂəŋ^{55}tʰiã^{0}la^{0}
聊城	学生们坐了溜溜两天两夜的车啦。溜溜：满满地 ɕyə^{44}səŋ^{0}mẽ^{0}tsuə^{53}lə^{0}liou^{53}liou^{0}liɑŋ^{44}tʰiã^{13}liɑŋ^{44}iə^{53}ti^{0}tsʰə^{31}la^{0}
济南	学生们坐汽车坐唠两天两宿俩。 ɕyə^{445}ʂəŋ^{0}mẽ^{0}tsuə^{21}tɕʰi^{21}tʂʰə^{213}tsuə^{55}lɔ^{0}liɑŋ^{55}tʰiã^{213}liɑŋ^{55}ɕy^{21}lia^{0}
泰安	学生们坐汽车坐唠整整两天俩。 ɕyə^{55}ʂəŋ^{0}mei^{0}tsuə^{21}tɕʰi^{21}tʂʰə^{213}tsuə^{42}lɔ^{0}tʂəŋ^{42}tʂəŋ^{55}liɑŋ^{55}tʰiã^{21}lia^{0}
莱芜	学生们坐了两整天汽车了。 ɕyə^{13}ʃəŋ^{0}mẽ^{0}tsuə^{55}liɔ^{0}liɑŋ^{213}tʃəŋ^{55}tʰiã^{213}tɕʰi^{31}tʃʰə^{31}liɔ^{0}
新泰	这些学生坐汽车啊，坐唠两整天俩。 tʃə^{21}ɕiə^{0}ɕyə^{45}ʃəŋ^{0}tθuə^{31}tɕʰi^{31}tʃʰə^{21}a^{0}，tθuə^{42}lɔ^{0}liɑŋ^{23}tʃəŋ^{55}tʰiã^{21}lia^{0}
沂源	学生们坐汽车坐了两天了。 ɕyə^{35}ʃəŋ^{0}mə̃^{0}tθuə^{31}tɕʰi^{31}tʃʰə^{213}tθuə^{55}lə^{0}liɑŋ^{55}tʰiã^{21}lə^{0}
博山	这伙学生坐呃整整两天汽车嗹。 tʂə^{31}xuə^{55}ɕyə^{35}ʂəŋ^{0}tsuə^{55}ə^{0}tʂəŋ^{53}tʂəŋ^{55}liɑŋ^{55}tʰiã^{213}tɕʰi^{31}tʂʰə^{21}liã^{0}
张店	学生们坐汽车坐了两天嗹。 ɕyə^{35}ʂəŋ^{0}mə̃^{0}tsuə^{31}tɕʰi^{31}tʂʰə^{213}tsuə^{55}liɔ^{0}liɑŋ^{213}tʰiã^{0}liã^{0}
阳谷	学生们坐汽车坐唠两整天啦。 suo^{42}səŋ^{0}mẽ^{0}tsuo^{13}tɕʰi^{31}tsʰə^{213}tsuo^{42}lɔ^{0}liɑŋ^{42}tsəŋ^{55}tʰiã^{31}la^{0}
梁山	学生们坐车坐唠两天整啦。 ɕyə^{55}səŋ^{0}mẽ^{0}tsuə^{31}tsʰə^{213}tsuə^{42}lɔ^{0}liɑŋ^{55}tʰiã^{213}tsəŋ^{23}la^{0}
菏泽	学生们坐喽两天车啦。 ɕyə^{53}səŋ^{0}mẽ^{0}tsuə^{31}lou^{0}liɑŋ^{44}tʰiã^{213}tsʰə^{21}la^{0}
曹县	学生们坐汽车坐了两整天啦。 ɕyə^{53}səŋ^{0}mẽ^{0}tsuə^{31}tɕʰi^{31}tʂʰə^{213}tsuə^{31}lə^{0}liɑŋ^{44}tʂəŋ^{44}tʰiã^{21}la^{0}
金乡	学生们坐汽车坐唠两整天啦。 ɕyə^{55}səŋ^{0}mẽ^{0}tsuə^{23}tɕʰi^{31}tsʰə^{213}tsuə^{42}lɔ^{0}liɑŋ^{42}tsəŋ^{55}tʰiã^{21}la^{0}
曲阜	学生们坐汽车已经坐了两天啦。 ɕyə^{55}səŋ^{0}mẽ^{0}tsuə^{23}tɕʰi^{31}tsʰə^{213}i^{35}tɕiŋ^{0}tsuə^{42}lə^{0}liɑŋ^{55}tʰiã^{21}la^{0}

续表

	0021 学生们坐汽车坐了两整天了。
薛城	学生们坐汽车坐了两天啦。 ɕyə^{55}səŋ^{0}mẽ^{0}tɕyə^{41}tɕʰi^{41}tsʰə^{313}tɕyə^{41}lə^{0}liɑŋ^{55}tʰiã^{31}la^{0}
郯城	学生们坐汽车坐两整天啦。 ɕyə^{44}ʂəŋ^{21}mə̃^{0}tsuə^{51}tɕʰi^{51}tʂʰə^{213}tsuə^{51}liɑŋ^{24}tʂəŋ^{44}tʰiã^{21}la^{0}
临沂	学生坐了两整天的汽车。 ɕyə^{55}ʃəŋ^{0}tsuə^{31}lə^{0}liaŋ^{55}tʃəŋ^{55}tʰiã^{214}ti^{0}tɕʰi^{31}tʃʰə^{214}

	0022 你尝尝他做的点心再走吧。
荣成	你尝尝他弄的点心再走吧。 ni^{21}tʃʰɑŋ^{35}tʃʰɑŋ^{0}tʰa^{53}luŋ^{33}tə^{0}tian^{21}sin^{0}tsai^{33}tsəu^{214}pa^{0}
烟台	你尝尝他做的馃子再走吧。 ȵi^{21}tɕʰiɑŋ^{33}tɕʰiɑŋ^{0}tʰa^{21}tsou^{33}ti^{0}kuo^{21}ɾə^{0}tsɛ^{33}tsou^{21}pa^{0}
栖霞	你尝尝他做的大馃再走吧。 ȵi^{21}tʃʰɑŋ^{55}tʃʰɑŋ^{0}tʰa^{0}tsəu^{52}tə^{0}ta^{34}kuo^{214}tsɛi^{52}tsəu^{21}pa^{0}
长岛	你尝尝他做的馃子再走。 ȵi^{21}tʃʰɑŋ^{55}tʃʰɑŋ^{0}tʰa^{55}tsuə^{52}tə^{0}kuo^{35}tsɿ^{0}tsai^{52}tsou^{213}
海阳	你尝尝他做的馃子再走吧。 ȵi^{21}tsʰɑŋ^{34}tsʰɑŋ^{0}tʰa^{52}tθəu^{34}ti^{0}kuo^{21}ə^{0}tsɛ^{34}tθəu^{21}pa^{0}
莱西	你尝尝他做的点心再走啵。 ȵi^{55}tʃʰɑŋ^{42}tʃʰɑŋ^{0}tʰa^{214}tsuə^{42}tə^{0}tiã^{45}ʃiẽ^{0}tsɛ^{42}tsou^{45}pə^{0}
平度	你尝尝他做的点心再走吧。 ȵi^{55}tʃʰɑŋ^{42}tʃʰɑŋ^{0}tʰa^{21}tθuə^{42}ti^{0}tiã^{45}siə̃^{0}tθɛ^{213}tθou^{55}pa^{0}
青岛	你尝尝他做的点心再走吧。 ȵi^{55}tʃʰɑŋ^{42}tʃʰɑŋ^{0}tʰə^{55}tθou^{42}ti^{0}tiã^{44}siə̃^{0}tθɛ^{42}tθou^{55}pɑ^{0}
高密	你尝尝他做的点心再走。 ȵi^{55}tʃʰɑŋ^{42}tʃʰɑŋ^{0}tʰə^{0}tθou^{42}ti^{0}tiã^{23}siə̃^{0}tθɛ^{21}tθou^{55}
诸城	你尝尝他做的点心再走吧。 ȵi^{44}tʃʰɑŋ^{53}tʃʰɑŋ^{0}tʰa^{44}tθou^{44}ȶi^{0}ȶiã^{213}θẽ^{0}tθɛ^{31}tθou^{44}pa^{0}
沂水	你尝尝他做的点心着再走嘛。 ni^{44}tʃʰɑŋ^{53}tʃʰɑŋ^{0}tʰa^{44}dðu^{44}ti^{0}tiã^{213}siẽ^{0}tʂɔ^{0}dðɛ^{31}dðou^{44}piã^{0}
临朐	你尝尝他做的点心再走吧。 ȵi^{44}tʃʰɑŋ^{53}tʃʰɑŋ^{0}tʰa^{44}tθu^{44}ti^{0}tiã^{213}ɕiə̃^{0}tθɛ^{213}tθəu^{44}pa^{0}
日照	你尝尝他做的点心再走吧。 ni^{44}tʃʰiɑŋ^{53}tʃʰiɑŋ^{0}tʰɑ^{44}tθu^{53}ti^{0}tiã^{213}θiã^{0}tɛ^{213}tθou^{44}pɑ^{0}

续表

	0022 你尝尝他做的点心再走吧。
莒南	你尝尝他做的那个点心再走。 ni^{55}tʃʰɑŋ^{53}tʃʰɑŋ^{0}tʰɑ^{55}tθuə^{31}ti^{0}na^{31}kə^{0}tiã^{213}siẽ^{0}tθɛ^{31}tθou^{55}
潍坊	你尝尝他做的点心再走吧。 ȵi^{55}tʂʰɑŋ^{53}tʂʰɑŋ^{0}tʰɑ^{24}tsɤɯ^{55}ti^{0}tiã^{24}ɕiẽ^{0}tsɛ^{214}tsɤɯ^{55}pɑ^{0}
寿光	你尝尝他做的点心再走咩。 ȵi^{55}tʂʰɑŋ^{53}tʂʰɑŋ^{0}tʰa^{213}tsu^{55}ti^{0}tiã^{23}ɕiə̃^{0}tsɛ^{213}tsəu^{55}pã^{0}
高青	你尝尝他们做的点心再走吧。 ȵi^{55}tʂʰɑŋ^{55}tʂʰɑŋ^{0}tʰɑ^{213}mə̃^{0}tsuə^{55}ti^{0}tiã^{213}ɕiə̃^{0}tsɛ^{41}tsou^{213}pɑ^{0}
阳信	你尝尝他做的点心再走嘛。 ȵi^{55}tʂʰɑŋ^{31}tʂʰɑŋ^{0}tʰa^{55}tsou^{55}ti^{0}tiã^{213}ɕiə̃^{0}tsɛ^{31}tsou^{55}piã^{0}
济阳	你尝尝他做的点心可⁼再走吧。 ȵi^{55}tʂʰɑŋ^{24}tʂʰɑŋ^{0}tʰa^{213}tsou^{55}ti^{0}tiã^{213}ɕiẽ^{0}kʰə^{0}tsɛ^{31}tsou^{21}pa^{0}
利津	你尝尝他做的点心再走吧。 ȵi^{55}tʂʰɑŋ^{53}tʂʰɑŋ^{0}tʰa^{55}tsu^{31}ti^{0}tiã^{213}ɕiẽ^{0}tsɛ^{31}tsou^{55}pa^{0}
乐陵	你尝尝他做的点心再走咩。 ȵi^{55}tʂʰɑŋ^{55}tʂʰɑŋ^{0}tʰɑ^{213}tsou^{55}ti^{0}tiã^{212}ɕiẽ^{0}tsɛ^{31}tsou^{55}pã^{0}
商河	你尝尝他做的点心可⁼再走吧。 ȵi^{45}tʂʰɑŋ^{24}tʂʰɑŋ^{0}tʰɑ^{45}tsuə^{54}ti^{0}tiã^{213}ɕiẽ^{0}kʰə^{0}tsɛ^{31}tsou^{45}pɑ^{0}
平原	你尝尝他做的点心再走吧。 ȵi^{55}tʂʰɑŋ^{42}tʂʰɑŋ^{0}tʰa^{55}tsou^{42}ti^{0}tiã^{23}ɕiẽ^{0}tsɛi^{21}tsou^{42}pa^{0}
德州	你尝尝他做的点心再走吧。 ȵi^{55}tʂʰɑŋ^{55}tʂʰɑŋ^{0}tʰa^{55}tsuə^{42}ti^{0}tiã^{213}ɕiẽ^{0}tsɛ^{21}tsou^{213}pa^{0}
武城	你尝尝他做的西果子再走。 ȵi^{24}tʂʰɑŋ^{53}tʂʰɑŋ^{0}tʰa^{0}tsou^{53}ti^{0}ɕi^{21}kuə^{24}tsɿ^{0}tsɛ^{21}tsou^{55}
临清	你尝尝他做的点心再走吧。 ȵi^{44}tʂʰɑŋ^{44}tʂʰɑŋ^{0}tʰa^{44}tsuə^{53}tə^{0}tian^{44}ɕin^{0}tsai^{31}tsou^{44}pa^{0}
冠县	你尝尝他做的果子再走吧。 ȵi^{55}tʂʰɑŋ^{53}tʂʰɑŋ^{0}tʰa^{55}tsuə^{31}ti^{0}kuə^{44}tsɿ^{0}tsɛ^{31}tsou^{53}pa^{0}
聊城	你尝尝他做的果子再走吧。 ȵi^{44}tsʰɑŋ^{44}tsʰɑŋ^{0}tʰa^{44}tsou^{53}ti^{0}kuə^{13}tsɿ^{0}tsɛ^{31}tsou^{44}pa^{0}
济南	你尝尝他做的点心可⁼再走吧。 ȵi^{55}tʂʰɑŋ^{445}tʂʰɑŋ^{0}tʰa^{0}tsou^{55}ti^{0}tiã^{213}ɕiẽ^{0}kʰə^{0}tsɛ^{21}tsou^{55}pa^{0}
泰安	你尝尝他做的点心再走吧。 ȵi^{213}tʂʰɑŋ^{42}tʂʰɑŋ^{0}tʰa^{213}tsuə^{42}ti^{0}tiã^{213}ɕiẽ^{0}tsɛ^{21}tsou^{55}pa^{0}

续表

	0022 你尝尝他做的点心再走吧。
莱芜	你尝尝他做的点心再走吧。 ȵi^{31}tʃʰɑŋ^{55}tʃʰɑŋ^{0}tʰa^{213}tsuə^{55}ti^{0}tiã^{213}ɕiẽ^{0}tsɛ^{31}tsou^{213}pa^{0}
新泰	你尝尝他做的点心再走吧。 ȵi^{55}tʃʰɑŋ^{42}tʃʰɑŋ^{0}tʰa^{0}tθou^{42}ti^{0}tiã^{213}ɕiẽ^{0}tθɛ^{23}tθou^{213}pa^{0}
沂源	你先尝尝他做的点心再走吧。 ȵi^{55}ɕiã^{213}tʃʰɑŋ^{53}tʃʰɑŋ^{0}tʰa^{213}tθu^{55}ti^{0}tiã^{21}ɕiə̃^{55}tθɛ^{21}tθou^{55}pa^{0}
博山	你尝尝他做的点心再走咩。 ȵi^{55}tʂʰɑŋ^{55}tʂʰɑŋ^{0}tʰɑ^{213}tsu^{55}ə^{0}tiã^{213}ɕiẽ^{0}tsɛ^{213}tsəu^{55}pã^{0}
张店	你尝尝他做的点心再走咩。 ȵi^{55}tʂʰɑŋ^{55}tʂʰɑŋ^{0}tʰa^{33}tsu^{55}ti^{0}tiã^{213}ɕiə̃^{0}tsɛ^{31}tsou^{55}pã^{0}
阳谷	你尝尝他做的点心再走 。 ȵi^{55}tsʰɑŋ^{42}tsʰɑŋ^{0}tʰa^{55}tsou^{42}li^{0}tiã^{13}ɕiẽ^{0}tsɛ^{31}tsou^{55}pɛ^{0}
梁山	你尝尝他做的二席馃子再走吧。 ȵi^{55}tsʰɑŋ^{42}tsʰɑŋ^{0}tʰa^{5}tsuə^{42}ti^{0}ɭ^{31}ɕi^{0}kuə^{23}tsɿ^{0}tsɛ^{31}tsou^{55}pa^{0}
菏泽	你尝尝他做的点心再走吧。 ȵi^{44}tsʰɑŋ^{53}tsʰɑŋ^{0}tʰa^{44}tsou^{31}lɛ^{0}tiã^{44}ɕiẽ^{0}tsɛ^{31}tsou^{44}pa^{0}
曹县	你尝尝他做的点心再走吧。 ȵi^{44}tʂʰɑŋ^{53}tʂʰɑŋ^{0}tʰa^{44}tsuə^{31}li^{0}tiã^{44}ɕiẽ^{0}tsai^{31}tsʰou^{44}pa^{0}
金乡	你尝尝他做的点心再走吧。 ȵi^{55}tsʰɑŋ^{42}tsʰɑŋ^{0}tʰa^{23}tsuə^{42}li^{0}tiã^{23}ɕiẽ^{0}tsɛ^{31}tsou^{55}pa^{0}
曲阜	你尝尝他做的点心再走吧。 ȵi^{55}tsʰaŋ^{42}tsʰaŋ^{0}tʰa^{23}tsuə^{42}li^{0}tiã^{35}ɕiẽ^{0}tsɛ^{31}tsou^{55}pa^{0}
薛城	你尝尝他做的馃子再走吧。 ȵe^{24}tsʰɑŋ^{55}tsʰɑŋ^{0}tʰa^{31}tsou^{41}ti^{0}kuə^{24}tsɿ^{0}tsɛ^{41}tsou^{24}pa^{0}
郯城	你尝尝他做的点心再走。 ȵi^{24}tʂʰɑŋ^{44}tʂʰɑŋ^{0}tʰa^{21}tsuə^{51}tə^{0}tiã^{24}ɕiə̃^{0}tsɛ^{51}tsəu^{24}
临沂	你尝尝他做的点心再走吧。 ȵi^{55}tʃʰɑŋ^{53}tʃʰɑŋ^{0}tʰa^{55}tsuə^{31}tə^{0}tiã^{214}ɕiẽ^{0}tsɛ^{31}tsou^{55}pa^{0}

	0023 a.你在唱什么？b.我没在唱，我放着录音呢。
荣成	a.你在唱的么儿？b.我没唱，放的录音。 a. ni^{21}tsai^{33}tʃʰɑŋ^{33}tə^{0}mor^{0}？b. uo^{21}mo^{53}tʃʰɑŋ^{33}，fɑŋ^{33}tə^{0}lu^{33}in^{53}
烟台	a.你在乜儿唱的什么？b.我没唱，放的录音。 a. ȵi^{21}tsɛ^{33}ȵiɐr^{14}tɕʰiɑŋ^{53}ti^{0}ɕin^{33}mə^{0}？b. uo^{21}mo^{53}tɕʰiɑŋ^{33}，fɑŋ^{33}ti^{0}lu^{35}in^{53}

续表

	0023 a.你在唱什么？b.我没在唱，我放着录音呢。
栖霞	a.你歹=乜儿唱什么？b.我没唱，我放的录音。 a. ȵi^{21}tɛi^{34}ȵiɐr^{214}tʃʰɑŋ^{52}ʃə̃n^{34}mə^{0}？b. uo^{21}mei^{34}tʃʰɑŋ^{52}，uo^{21}fɑŋ^{52}lə^{0}lu^{34}ĩn^{312}
长岛	a.你唱什么？b.我没唱，我在放录音。 a. ȵi^{21}tʃʰɑŋ^{52}ʃən^{52}mə^{0}？b. uə^{55}mei^{31}tʃʰɑŋ^{52}，uə^{21}tsai^{52}fɑŋ^{52}lu^{35}in^{31}
海阳	a.你歹=唱什么？b.我没唱，我待放录音。 a. ȵi^{21}tɛ^{34}tsʰɑŋ^{52}sɑŋ^{34}mə^{0}？b. uo^{21}mə^{34}tsʰɑŋ^{34}，uo^{21}tɛ^{34}fɑŋ^{52}lu^{34}ĩ^{52}
莱西	a.你在唱什么？b.我没唱，在放录音。 a. ȵi^{55}tsɛ^{42}tʃʰɑŋ^{214}ʃʅ^{42}mə^{0}？b. uə^{55}mu^{214}tʃʰɑŋ^{42}，tsɛ^{42}fɑŋ^{42}lu^{31}iə̃^{214}
平度	a.你在唱什么？b.我没唱，在放录音。 a. ȵi^{55}tθɛ^{42}tʃʰɑŋ^{213}ʃəŋ^{45}mə^{0}？b. uə^{55}mu^{213}tʃʰaŋ^{42}，tθɛ^{42}fɑŋ^{213}lu^{55}iə̃^{213}
青岛	a.你歹=那里唱什么？b.我没唱，那是我放的录音。 a. ȵi^{55}tɛ^{55}nə^{42}lə^{0}tʃʰɑŋ^{42}ʃoŋ^{45}mə^{0}？b. uə^{55}mu^{213}tʃʰaŋ^{42}，nə^{42}ʂʅ^{0}uə^{55}fɑŋ^{42}ti^{0}lu^{42}iẽ^{213}
高密	a.你在唱什么？b.我没唱，我在放录音。 a. ȵi^{55}tθɛ^{21}tʃʰɑŋ^{21}ʃoŋ^{42}mə^{0}？b. uə^{55}mu^{42}tʃʰɑŋ^{42}，uə^{55}tθɛ^{21}fɑŋ^{21}lu^{21}iə̃^{21}
诸城	a.你歹=乜里唱什么？b.我没唱呃，我歹=这里放录音呃。 a. ȵi^{44}tɛ^{44}ȵiə^{44}lə^{0}tʃʰɑŋ^{31}ʃəŋ^{44}mə^{0}？b. uə^{44}mu^{53}tʃʰɑŋ^{31}ə^{0}，uə^{44}tɛ^{44}tʃə^{44}lə^{0}fɑŋ^{31}lu^{31}iẽ^{31}ə^{0}
沂水	a.你待唱什么？b.没价唱，我放的录音。 a. ni^{44}tɛ^{31}tʃʰɑŋ^{31}ʃəŋ^{24}mə^{0}？b. mu^{24}tɕia^{0}tʃʰɑŋ^{31}，uə^{44}fɑŋ^{44}ti^{0}lu^{31}iẽ^{213}
临朐	a.你歹=乜里唱什么？b.我没唱啊，我放着录音呃。 a. ȵi^{44}tɛ^{55}ȵiə^{35}ə^{0}tʃʰɑŋ^{21}ʃə̃^{44}mə^{0}？b. uə^{44}mu^{53}tʃʰɑŋ^{44}a^{0}，uə^{44}fɑŋ^{44}tʂuə^{0}lu^{21}iə̃^{21}ə^{0}
日照	a.你歹=乜里唱什么？b.我没唱啊，我歹=这里放录音。 a. ni^{44}tɛ^{44}niə^{53}lə^{0}tʃʰiɑŋ^{31}ʃəŋ^{44}mə^{0}？b. uə^{44}mu^{53}tʃʰiɑŋ^{31}ɑ^{0}，uə^{44}tɛ^{44}tʃiə^{31}lə^{0}fɑŋ^{31}lu^{31}iẽ^{213}
莒南	a.你歹=那里唱什么？b.俺没唱，是放录音的。 a. ni^{53}tɛ^{55}na^{31}lɛ^{0}tʃʰɑŋ^{31}ʃəŋ^{53}mə^{0}？b. ã^{55}mu^{13}tʃʰɑŋ^{312}，ʂʅ^{31}fɑŋ^{31}lu^{13}iẽ^{21}ti^{0}
潍坊	a.你在唱什么？b.我没唱，我放的录音。 a. ȵi^{55}tsɛ^{31}tʂʰɑŋ^{31}ʂəŋ^{55}mə^{0}？b. uə^{55}mu^{53}tʂʰɑŋ^{31}，uə^{55}fɑŋ^{55}ti^{0}lu^{24}iẽ^{214}
寿光	a.你歹=乜唱啥啊？b.我没唱啊，我放着录音呃。 a. ȵi^{55}tɛ^{55}ȵiə^{53}tʂʰɑŋ^{21}ʂa^{55}a^{0}？b. uə^{55}mu^{53}tʂʰɑŋ^{55}a^{0}，uə^{55}fɑŋ^{55}tʂuə^{0}lu^{13}iə̃^{21}ə^{0}
高青	a.你这是唱的啥？b.这不是我唱的，是放的录音 a .ȵi^{55}tʂə^{41}ʂʅ^{0}tʂʰɑŋ^{55}ti^{0}ʂɑ^{41}？b. tʂə^{41}pu^{55}ʂʅ^{0}uə^{55}tʂʰɑŋ^{55}ti^{0}，ʂʅ^{41}fɑŋ^{55}ti^{0}lu^{41}iə̃^{213}
阳信	a.你歹=乜里唱啥啊？b.我没唱啊，我放着录音嗹。 a. ȵi^{55}tɛ^{55}ȵiə^{55}li^{0}tʂʰɑŋ^{31}ʂa^{43}a^{0}？b. uə^{55}mu^{55}tʂʰɑŋ^{55}ŋa^{0}，uə^{55}fɑŋ^{55}tʂou^{0}lu^{23}iə̃^{31}liã^{0}
济阳	a.你唱的啥？b.俺没唱啊，放的录音啊。 a. ȵi^{21}tʂʰɑŋ^{55}ti^{0}ʂa^{55}？b. ŋã^{21}mu^{13}tʂʰɑŋ^{55}a^{0}，fɑŋ^{55}ti^{0}lu^{31}iẽ^{21}a^{0}

续表

	0023 a.你在唱什么？b.我没在唱，我放着录音呢。
利津	a.你唱的啥？b.我没唱，我放的录音。 a. ȵi55tʂʰɑŋ31ti0ʂa53 ? b. uə55mu24tʂʰɑŋ31， uə55fɑŋ31ti0lu31iẽ213
乐陵	a.你唱的嘛？b.我没唱，我放的录音。 a. ȵi55tʂʰɑŋ55ti0mɑ51 ? b. uə55mu55tʂʰɑŋ51， uə55fɑŋ55ti0lu31iẽ24
商河	a.你歹⁼乜里唱啥啊？b.俺没价唱，俺放的录音。 a. ȵi54tɛ54ȵiə54li0tʂʰɑŋ31ʂa54ɑ0 ? b. ŋã45mu31tɕia54tʂʰɑŋ31， ŋã45fɑŋ54ti0lu31iẽ213
平原	a.你歹⁼这儿唱嘛？b.我没唱，我放的录音。 a. ȵi55tɛi0tʂər21tʂʰɑŋ21ma42 ? b. uə55mei23tʂʰɑŋ21， uə55fɑŋ42ti0lu21iẽ213
德州	a.你唱的嘛呀？b.我没唱，我放的录音。 a. ȵi55tʂʰɑŋ42ti0ma42ia0 ? b. uə55mei213tʂʰɑŋ21， uə55fɑŋ42ti0lu21iẽ213
武城	a.你唱嘛？b.俺没唱，俺放的录音。 a. ȵi55tʂʰɑŋ21ma53 ? b. ŋã55mei24tʂʰɑŋ312， ŋã55fɑŋ53ti0lu21iẽ224
临清	a.你在唱么儿啊？b.我没唱，是放的录音。 a. ȵi44tsai13tʂʰɑŋ31mər53a0 ? b. uə44mei13tʂʰɑŋ313， ʂʅ31fɑŋ53tə0lu31in13
冠县	a.你唱的啥？b.我没唱，我放的录音。 a. ȵi55tʂʰɑŋ31ti0ʂa314 ? b. uə55mei53tʂʰɑŋ314， uə55fɑŋ31tə0lu31iẽ13
聊城	a.你在唱么？b.俺没唱，俺放的录音唻。 a. ȵi44tsɛ31tsʰɑŋ31mə53 ? b. ã44mei13tsʰɑŋ313， ã44fɑŋ53tə0lu31iẽ13lɛ0
济南	a.你唱的么？b.俺没唱么，俺放着录音呢。 a. ȵi55tʂʰɑŋ55ti0mə42 ? b. ŋã55mei55tsʰɑŋ21mə42， ŋã55fɑŋ55tʂʅ0lu23iẽ21ȵi0
泰安	a.你唱的么儿？b.我没唱，放的录音。 a. ȵi213tʂʰɑŋ42ti0mər42 ? b. uə55mu23tʂʰɑŋ21， fɑŋ42ti0lu21iẽ213
莱芜	a.你在唱啥？b.我啥也没唱，我放的录音呢。 a. ȵi55tsɛ42tʃʰɑŋ31ʃa55 ? b. uə55ʃa55iə0mu213tʃʰɑŋ42， uə55fɑŋ55ti0lu55iẽ0niə0
新泰	a.你唱的啥？b.我没唱，我在这放录音哂。 a. ȵi55tʃʰɑŋ42ti0ʃa42 ? b. uə55mu42tʃʰɑŋ31， uə55tθɛ31tʃə23fɑŋ31lu23iẽ0lia0
沂源	a.你在唱啥？b.我没唱，我放着录音呢。 a. ȵi55tθɛ31tʃʰɑŋ31ʃa55 ? b. uə55mu55tʃʰɑŋ31， uə55fɑŋ55tʃuə0lu55iã21nə0
博山	a.你歹⁼呃唱啥？b.我没唱，我放着录音［呃］。 a. ȵi55tɛ55ə0tʂʰɑŋ31ʂa53 ? b. uə55mu55tʂʰɑŋ31， uə55fɑŋ55tʂuə0lu55iẽ21
张店	a.你待乜里唱啥？b.没唱啥，我放的录音。 a. ȵi55tɛ31ȵiə55ȵi0tʂʰɑŋ31ʂa55 ? b. mu33tʂʰɑŋ31ʂa55， uə55fɑŋ55ti0lu31iã213
阳谷	a.你唱的啥？b.我没唱，我放的录音。 a. ȵi55tsʰɑŋ42li0sa313 ? b. uo55mei13tsʰɑŋ31， uo55fɑŋ42li0lu31iẽ213

续表

	0023 a.你在唱什么？b.我没在唱，我放着录音呢。
梁山	a.你唱的啥啊？b.我没唱，我放的录音。 a. ȵi^{55}tsʰɑŋ^{42}li^{0}sa^{42}a^{0}？b. uə^{55}mei^{23}tsʰɑŋ^{314}，uə^{55}fɑŋ^{42}li^{0}lu^{23}iẽ^{213}
菏泽	a.你唱的啥？b.我没唱，我放录音唻。 a. ȵi^{44}tsʰɑŋ^{31}lɛ^{0}sa^{53}？b. uə^{44}mei^{213}tsʰɑŋ^{31}，uə^{44}fɑŋ^{31}lu^{213}iẽ^{21}lɛ^{0}
曹县	a.你在唱啥？b.我没唱，在放录音呢。 a. ȵi^{44}tsai^{31}tʂʰɑŋ^{13}sa^{31}？b. uə^{44}mei^{213}tsʰɑŋ^{312}，tsai^{31}fɑŋ^{31}lu^{213}iẽ^{213}nə^{0}
金乡	a.你唱的啥？b.我没唱啥，放的录音机。 a. ȵi^{55}tsʰɑŋ^{42}li^{0}sa^{42}？b. uə^{55}mei^{23}tsʰɑŋ^{23}sa^{31}，fɑŋ^{42}li^{0}lu^{23}iẽ^{23}tɕi^{213}
曲阜	a.你唱的么儿啊？b.我没唱，放的录音。 a. ȵi^{55}tsʰaŋ^{42}li^{0}mər^{55}ɣa^{0}？b. uə^{55}mei^{23}tsʰaŋ^{312}，faŋ^{42}li^{0}lu^{23}iẽ^{213}
薛城	a.你歹$^{=}$唱什么？b.我没唱，我笨$^{=}$放着录音唻。笨$^{=}$：正在。 a. ȵi^{24}tɛ^{55}tsʰɑŋ^{41}xuŋ^{55}mə^{0}？b. uə^{24}me^{55}tsʰɑŋ^{41}，uə^{24}pẽ^{41}fɑŋ^{41}tsə^{0}lu^{24}iẽ^{31}lɛ^{0} a.你正唱什么？b.我没唱，我正放着录音唻。 a. ȵi^{24}tsəŋ^{41}tsʰɑŋ^{41}xuŋ^{41}mə^{0}？b. uə^{24}me^{55}tsʰɑŋ^{41}，uə^{24}tsəŋ^{41}fɑŋ^{41}tsə^{0}lu^{24}iẽ^{31}lɛ^{0}
郯城	a.你唱的什么？b.我没唱，放的录音。 a. ȵi^{24}tʂʰɑŋ^{51}tə^{0}ʂəŋ^{44}mə^{0}？b. uə^{24}me^{51}tʂʰɑŋ^{51}，fɑŋ^{51}tə^{0}lu^{13}iə̃^{213}
临沂	a.你唱的什么？b.俺没唱，放的录音带。 a. ȵi^{55}tʃʰɑŋ^{31}tə^{0}ʃəŋ^{55}mə^{0}？b. ɣã^{55}mu^{31}tʃʰɑŋ^{312}，fɑŋ^{31}ti^{0}lu^{24}iẽ^{24}tɛ^{312}

	0024 a.我吃过兔子肉，你吃过没有？b.没有，我没吃过。
荣成	a.我呔$^{=}$过兔子肉，你是没呔$^{=}$过？b.没有，我没呔$^{=}$。 a. uo^{55}tai^{214}kuo^{0}tʰu^{33}tsɿ^{0}iəu^{33}，ni^{21}ʂʅ^{35}mo^{35}tai^{214}kuo^{0}？b. mo^{53}iəu^{0}，uo^{21}mo^{35}tai^{214}
烟台	a.我呔$^{=}$兔子肉，你呔$^{=}$没呔$^{=}$过？b.我没呔$^{=}$过。 a. uo^{33}tɛ^{14}tʰu^{33}ɾə^{0}iou^{33}，ȵi^{33}tɛ^{21}mo^{0}tɛ^{21}kuo^{0}？b. uo^{21}mo^{33}tɛ^{21}kuo^{0}
栖霞	a.我呔$^{=}$过兔子肉，你呔$^{=}$了没有？b.没有，我没呔$^{=}$过。 a. uo^{34}tɛi^{21}kuo^{0}tʰu^{52}ə^{0}iəu^{52}，ȵi^{34}tɛi^{21}lə^{0}mei^{52}iəu^{214}？b. mei^{52}iəu^{214}，uo^{21}mei^{52}tɛi^{21}kuo^{0}
长岛	a.我吃过兔子肉，你吃过吗？b.没吃过。 a. uə^{55}tʃʰʅ^{21}kuə^{0}tʰu^{52}tsɿ^{0}iou^{52}，ȵi^{35}tʃʰʅ^{21}kuə^{0}ma^{0}？b. mei^{52}tʃʰʅ^{21}kuə^{0}
海阳	a.我吃过兔子肉，你吃没吃过？b.我没吃过。 a. uo^{21}tsʰʅ^{21}kuo^{0}tʰu^{34}ə^{0}iəu^{34}，ȵi^{21}tsʰʅ^{21}mə^{0}tsʰʅ^{21}kuo^{0}？b. uo^{21}mə^{34}tsʰʅ^{21}kuo^{0}
莱西	a.我吃儿兔子肉了，你吃没吃啊？b.我没吃。 a. uə^{55}tʃʰer^{55}tʰu^{42}tsɿ^{0}iou^{42}lə^{0}，ȵi^{55}tʃʰʅ^{45}mu^{0}tʃʰʅ^{55}a^{0}？b. uə^{55}mu^{21}tʃʰʅ^{55}
平度	a.我吃过兔子肉，你吃过没耶？b.我没吃过。 a. uə^{55}tʃʰʅ^{55}kuə^{0}tʰu^{42}tθɿ^{0}iou^{42}，ȵi^{55}tʃʰʅ^{45}kuə^{0}mu^{213}iə^{0}？b. uə^{55}mu^{213}tʃʰʅ^{55}kuə^{42}

续表

	0024 a.**我吃过兔子肉，你吃过没有？** b.**没有，我没吃过。**
青岛	a.我吃过兔子肉，你吃过没耶？b.我没吃过。 a. uə55tʃʰʅ55kuə0tʰu42tθʅ0iou42，ȵi55tʃʰʅ55kuə0mu213iə0 ？ b. uə55mu213tʃʰʅ44kuə0
高密	a.我吃回儿兔子肉来，你吃回儿来？b.没有，我没吃回儿。 a. uə55tʃʰʅ55xuer0tʰu42tθʅ0iou42lɛ0，ȵi55tʃʰʅ55xuer55lɛ0 ？ b. mu42iou0，uə55mu42tʃʰʅ213xuer42
诸城	a.我吃回儿兔子肉，你吃回儿了么？b.我没吃回儿。 a. uə44tʃʰʅ44xuer53tʰu44tθʅ0iou31，ȵi44tʃʰʅ44xuer0lə0mə0 ？ b. uə213mu0tʃʰʅ44xuer53
沂水	a.我吃回儿兔子肉来，你吃来吗？b.没价，没吃回儿。 a. uə44tʃʰʅ213xuer53tʰu44dðʅ0iou44lɛ0，ni44tʃʰʅ21lɛ0ma0 ？ b. mu24tɕia0，me53tʃʰʅ213xuer53
临朐	a.我吃回儿兔子肉咧，你吃来吗？b.我没吃回儿。 a. uə44tʃʰʅ213xuer0tʰu44tθʅ0ʐəu44liə0，ȵi44tʃʰʅ213lɛ0ma0 ？ b. uə44mu53tʃʰʅ213xuer0
日照	a.我吃回儿兔子肉来，你吃回儿来？b.俺没吃回儿。 a. uə44tʃʰʅ213xuer53tʰu53tθʅ0iou53lɛ0，ni44tʃʰʅ213xuer44lɛ0 ？ b. nã213mu0tʃʰʅ44xuer53
莒南	a.我吃过兔子肉来，你吃了吗？b.俺没吃过。 a. uə55tʃʰʅ13kuə31tʰu31tθʅ0iou31lɛ0，ni55tʃʰʅ21lə0ma0 ？ b. ã55mu31tʃʰʅ21kuə0
潍坊	a.我吃了回儿兔子肉，你吃回儿来吗？b.俺没吃回儿。 a. uə55tʂʰʅ214ə0xuer53tʰu55tsʅ0ʐɤɯ31，ȵi55tʂʰʅ214xuer35lɛ0mɑ0 ？ b. ŋã214mu53tʂʰʅ214xuer53
寿光	a.我吃回儿兔子肉来，你吃回儿来么？b.我没吃回儿。 a. uə55tʂʰʅ213xuɭ53tʰu55tsʅ0ləu55lɛ0，ȵi55tʂʰʅ213xuɭ35lɛ0mə0 ？ b. uə55mu53tʂʰʅ213xuɭ53
高青	a.俺吃过兔子肉，你吃来嘎？b.俺没吃一回儿。 a. ŋã55tʂʰʅ213kə41tʰu55tsʅ0ʐou41，ȵi35tʂʰʅ213lɛ0mã0 ？ b. ŋã55mu55tʂʰʅ213i55xuer55
阳信	a.我吃过兔子肉，你吃来么？b.俺没吃过。 a. uə55tʂʰʅ213kə0tʰu55tsʅ0ʐou31，ȵi55tʂʰʅ31lɛ0mə0 ？ b. ŋã55mu55tʂʰʅ213kə0
济阳	a.俺吃过兔子肉俩，你吃俩吗？b.俺没价。 a. ŋã21tʂʰʅ13kuə31tʰu55tsʅ0ʐou55lia0，ȵi55tʂʰʅ21lia0ma0 ？ b. ŋã13mu21tɕia0
利津	a.我吃过兔子肉，你吃一回儿来吗？b.我没吃一回儿。 a. uə55tʂʰʅ24kə0tʰu55tsʅ0ʐou31，ȵi55tʂʰʅ24i0xuer55lɛ0ma0 ？ b. uə55mu31tʂʰʅ24i0xuer53
乐陵	a.我吃过兔子肉来，你吃过来嘎？b.我没吃过。 a. uə55tʂʰʅ212kə0tʰu55tsʅ0ʐou55lɛ0，ȵi55tʂʰʅ212kə0lɛ55mã0 ？ b. uə55mu55tʂʰʅ212kə0
商河	a.俺吃过兔子肉，你吃来嘎？b.没价，俺没吃。 a. ŋã45tʂʰʅ45kə31tʰu54tsʅ0ʐou31，ȵi45tʂʰʅ213lɛ0mã0 ？ b. mu31tɕiɑ0，ŋã45mu31tʂʰʅ45
平原	a.我吃过兔子肉，你吃过吗？b.没价，俺没吃过。 a. uə55tʂʰʅ23kuə21tʰu42tsʅ0ʐou21，ȵi55tʂʰʅ23kuə21ma0 ？ b. mei23tɕia0，ŋã55mei21tʂʰʅ23kuə21
德州	a.俺吃过兔子肉，你吃过吗？b.没有，俺没吃过。 a. ŋã55tʂʰʅ21kuə0tʰu42tsʅ0ʐou21，ȵi55tʂʰʅ213kuə42ma0 ？ b. mei213iou0，ŋã55mei42tʂʰʅ21kuə0

续表

	0024 a.我吃过兔子肉，你吃过没有？b.没有，我没吃过。
武城	a.俺吃过兔子肉，你吃过吗？b.俺没价。 a. ŋã^{55}tʂʰʅ^{24}kuə^{0}tʰu^{53}tsɿ^{0}lou^{312}，n̠i^{55}tʂʰʅ^{24}kuə^{0}ma^{0}？b. ŋã^{55}mei^{312}tɕia^{0}
临清	a.我吃过兔子肉，你吃过吗？b.没有，我没吃过。 a. uə^{44}tʂʰʅ^{13}kuə^{0}tʰu^{53}tsɿ^{0}ʐou^{313}，n̠i^{44}tʂʰʅ^{13}kuə^{31}ma^{0}？b. mei^{13}iou^{44}，uə^{44}mei^{13}tʂʰʅ^{13}kuə^{0}
冠县	a.我吃过兔子肉，你吃过吗？b.我没吃过。 a. uə^{55}tʂʰʅ^{21}kuə^{0}tʰu^{31}tsɿ^{0}ʐou^{314}，n̠i^{55}tʂʰʅ^{13}kuə^{0}ma^{0}？b. uə^{55}mei^{53}tʂʰʅ^{13}kuə^{0}
聊城	a.俺吃过兔子肉，你吃过吗？b.没有，俺没吃过。 a. ã^{44}tsʰɿ^{13}kuə^{0}tʰu^{53}tsɿ^{0}zou^{313}，n̠i^{44}tsʰɿ^{13}kuə^{0}ma^{0}？b. mei^{13}iou^{0}，ã^{44}mei^{13}tsʰɿ^{13}kuə^{0}
济南	a.俺吃过兔子肉，你吃过唠吗？b.没价，俺没吃过。 a. ŋã^{55}tʂʰʅ^{21}kuə^{0}tʰu^{55}tsɿ^{0}ʐou^{21}，n̠i^{55}tʂʰʅ^{21}kuə^{0}lɔ^{0}ma^{0}？b. mu^{21}tɕia^{0}，ŋã^{55}mu^{21}tʂʰʅ^{21}kuə^{0}
泰安	a.我吃过兔子肉，你吃过么？b.没价，我没吃过。 a. uə^{55}tʂʰʅ^{23}kuə^{21}tʰu^{42}tsɿ^{0}ʐou^{21}，n̠i^{55}tʂʰʅ^{213}kuə^{0}mə^{0}？b. mu^{213}tɕiə^{0}，uə^{55}mu^{213}tʂʰʅ^{213}kuə^{0}
莱芜	a.俺吃过兔子肉，你吃来没吃啊？b.没价，俺没吃过。 a. ŋã^{55}tʃʰʅ^{213}kuə^{42}tʰu^{55}tsɿ^{0}ʒou^{42}，n̠i^{55}tʃʰʅ^{31}lɛ^{0}mu^{55}tʃʰʅ^{213}a^{0}？b. mə^{31}tɕiə^{0}，ŋã^{55}mu^{55}tʃʰʅ^{31}kuə^{0}
新泰	a.我吃过兔子肉，你吃过吗？b.没呀，我没吃过。 a. uə^{55}tʃʰɿ^{23}kuə^{31}tʰu^{42}tθɿ^{0}ʒou^{31}，n̠i^{55}tʃʰɿ^{23}kuə^{31}ma^{0}？b. mu^{21}ia^{0}，uə^{55}mu^{42}tʃʰɿ^{23}kuə^{31}
沂源	a.我吃回兔子肉，你吃回吗？b.我没吃回。 a. uə^{55}tʃʰɿ^{21}xuei^{55}tʰu^{55}tθɿ^{0}iou^{31}，n̠i^{55}tʃʰɿ^{21}xuei^{55}ma^{0}？b. uə^{55}mu^{55}tʃʰɿ^{21}xuei^{55}
博山	a.我吃过兔子肉，你吃回来咗？b.没，我没吃回。 a. uə^{55}tʂʰʅ^{213}kuə^{31}tʰu^{55}ə^{0}ləu^{31}，n̠i^{55}tʂʰʅ^{213}xuei^{55}lɛ^{55}mɑŋ^{0}？b. mu^{55}，uə^{55}mu^{55}tʂʰʅ^{213}xuei^{55}
张店	a.我吃回兔子肉来，你吃回来吗？b.没，我没吃回。 a. uə^{55}tʂʰʅ^{33}xuei^{55}tʰu^{55}ʅ^{0}ʐou^{55}lɛ^{0}，n̠i^{55}tʂʰʅ^{33}xuei^{35}lɛ^{0}mɑ^{0}？b. mu^{33}，uə^{55}mu^{33}tʂʰʅ^{213}xuei^{55}
阳谷	a.我吃过兔子肉，你吃过么？b.没，我没吃过。 a. uo^{55}tsʰɿ^{13}kuo^{31}tʰu^{42}tsɿ^{0}zou^{313}，n̠i^{55}tsʰɿ^{31}kuo^{0}mə^{0}？b. mei^{213}，uo^{55}mei^{13}tsʰɿ^{31}kuo^{0}
梁山	a.我吃过兔子肉，你吃过吗？b.没有，我没吃过。 a. uə^{55}tsʰɿ^{21}kuə^{0}tʰu^{42}tsɿ^{0}zou^{314}，n̠i^{55}tsʰɿ^{21}kuə^{0}ma^{0}？b. mei^{21}iou^{55}，uə^{55}mei^{23}tsʰɿ^{23}kuə^{31}
菏泽	a.我吃过兔子肉，你吃过吗？b.没有，我没吃过。 a. uə^{44}tsʰɿ^{21}kuə^{0}tʰu^{31}tə^{0}zou^{312}，n̠i^{44}tsʰɿ^{21}kuə^{0}ma^{0}？b. mei^{213}iou^{44}，uə^{33}mei^{31}tsʰɿ^{213}kuə^{31}
曹县	a.我吃过兔子肉，你吃过吗？b.我没吃过。 a. uə^{44}tʂʰʅ^{21}kuə^{0}tʰu^{31}tsɿ^{0}zou^{312}，n̠i^{44}tʂʰʅ^{21}kuə^{0}ma^{0}？b. uə^{44}mei^{53}tʂʰʅ^{21}kuə^{0}
金乡	a.我吃过兔子肉，你吃过吗？b.我没吃过。 a. uə^{55}tsʰɿ^{21}kuə^{0}tʰu^{31}tsɿ^{0}zou^{312}，n̠i^{55}tsʰɿ^{21}kuə^{0}ma^{0}？b. uə^{55}mei^{23}tsʰɿ^{21}kuə^{0}
曲阜	a.我吃过兔子肉，你吃过么？b.俺没吃过。 a. uə^{55}tsʰɿ^{213}kuə^{0}tʰu^{42}tsɿ^{0}zou^{312}，n̠i^{55}tsʰɿ^{213}kuə^{0}mə^{0}？b. ɣã^{55}mei^{23}tsʰɿ^{23}kuə^{312}

续表

	0024 a.我吃过兔子肉，你吃过没有？b.没有，我没吃过。
薛城	a.我吃过兔子肉，你吃过吗？b.俺没吃过。 a. uə^{24}tsʰʅ^{31}kuə^{0}tʰu^{41}tsʰʅ^{0}zou^{41}，ȵi^{24}tsʰʅ^{31}kuə^{0}ma^{0}？b. ɣã^{24}me^{41}tsʰʅ^{31}kuə^{0}
郯城	a.我吃过兔子肉，你吃过吗？b.俺没吃过。 a. uə^{24}tʂʰʅ^{21}kuə^{51}tʰu^{51}tsɿ^{0}ʐəu^{51}，ȵi^{24}tʂʰʅ^{21}kuə^{0}ma^{0}？b. ã^{24}me^{51}tʂʰʅ^{21}kuə^{0}
临沂	a.俺吃过兔子肉来，你吃过了吗？b.俺没吃过。 a. ɣã^{55}tʃʰʅ^{24}kuə^{31}tʰu^{31}tsɿ^{0}ʐou^{31}lɛ^{0}，ȵi^{55}tʃʰʅ^{24}kuə^{31}lə^{0}ma^{0}？b. ɣã^{55}mu^{31}tʃʰʅ^{24}kuə^{31}

	0025我洗过澡了，今天不打篮球了。
荣成	我洗澡了，今儿不打篮球了。 uo^{21}si^{55}tsau^{214}lə^{0}，ciər^{53}pu^{33}ta^{21}lan^{53}cʰiəu^{35}lə^{0}
烟台	我洗了澡儿，今儿不打篮球了。 uo^{33}çi^{21}lə^{0}tsaur^{21}，tçiər^{53}pu^{33}ta^{21}lan^{53}tçʰiou^{33}lə^{0}
栖霞	我洗儿澡儿了，今儿不打篮球了。 uo^{55}ʃiər^{34}tsɔor^{21}lə^{0}，ciər^{52}pu^{55}ta^{214}lãn^{52}cʰiəu^{34}lə^{0}
长岛	我洗澡儿了，今天不打篮球了。 uə^{35}ʃʅ^{55}tsaur^{35}lə^{0}，cin^{55}tʰian^{31}pu^{21}ta^{35}lan^{52}cʰiou^{55}lə^{0}
海阳	我洗了澡了，今日不打篮球了。 uo^{34}si^{21}ə^{0}tθɔ^{21}lə^{0}，ci^{52}i^{0}pu^{34}ta^{21}lã^{52}cʰiəu^{34}lə^{0}
莱西	我洗儿澡儿了，今日不打篮球了。 uə^{55}ʃi^{45}ər^{0}tsɔr^{55}lə^{0}，ci^{31}i^{0}pu^{214}ta^{55}lã^{214}cʰiou^{45}lə^{0}
平度	我已经洗澡儿了，今日不打篮球了。 uə^{55}i^{55}ciŋ^{213}si^{42}tθɔr^{55}lə^{0}，ci^{213}i^{0}pu^{213}ta^{55}lã^{213}cʰiou^{42}lə^{0}
青岛	我洗澡儿了，今日不打篮球了。 uə^{55}si^{42}tθɔr^{55}lə^{0}，tçiẽ^{213}i^{0}pu^{42}tɑ^{55}lã^{42}tçʰiou^{42}lə^{0}
高密	我洗了澡儿了，今日不打篮球了。 uə^{55}si^{23}lə^{0}tθɔr^{23}lə^{0}，tçiə̃^{21}i^{0}pu^{55}tɑ^{55}lã^{42}tçʰiou^{55}lə^{0}
诸城	我洗了澡儿啦，今不打篮球啦。 uə^{44}θi^{213}lə^{0}tθɔr^{213}la^{0}，tʃẽ^{213}pu^{44}ta^{31}lã^{53}tʃʰou^{24}la^{0}
沂水	我洗澡儿唠，今们=儿不打篮球唠。 uə^{44}si^{44}dðɔr^{213}lɔ^{0}，tçiẽ^{21}mer^{0}pu^{44}ta^{44}lã^{53}tçʰiou^{0}lɔ^{0}
临朐	我洗咧澡咧，今们=儿不打篮球咧。 uə^{44}çi^{213}liə^{0}tθɔ^{213}liə^{0}，tçiə̃^{21}mer^{0}pu^{21}ta^{44}lã^{35}tçʰiəu^{0}liə^{0}
日照	我洗澡儿了，今日不打篮球了。 uə^{44}θi^{24}tθɔr^{44}lə^{0}，tʃiẽ^{31}i^{0}pu^{44}tɑ^{44}lã^{53}tʃʰiou^{44}lə^{0}

续表

	0025 我洗过澡了，今天不打篮球了。
莒南	我洗了澡了，今日不打篮球了。 uə^{55}si^{21}lə^{0}tθɔ^{21}lə^{0}，tɕiẽ^{21}i^{0}pu^{53}ta^{55}lã^{53}tɕ^{h}iou^{55}lə^{0}
潍坊	俺洗过澡嗹，今们=儿不打篮球嗹。 ŋã^{55}ɕi^{55}kuə^{31}tsɔɤ^{24}liã^{0}，tɕiẽ^{31}mer^{0}pu^{214}tɑ^{55}lã^{35}tɕ^{h}iɤɯ^{53}liã^{0}
寿光	我洗了澡儿囒，今们=儿不打篮球囒。 uə^{55}ɕi^{23}liɔ^{0}tsɔr^{213}lã^{0}，tɕiə̃^{21}mɭ^{0}pu^{213}ta^{55}lã^{35}tɕ^{h}iəu^{0}lã^{0}
高青	俺刚洗了澡儿，今日就不打篮球了。 ŋã^{55}kɑŋ^{213}ɕi^{213}lə^{0}tsɔr^{55}，tɕiə̃^{31}ʐʅ^{0}tɕiou^{41}pu^{213}tɑ^{55}lã^{55}tɕ^{h}iou^{35}lə^{0}
阳信	我洗哩澡嗹，今们=儿不打篮球嗹。 uə^{55}ɕi^{213}li^{0}tsɔ^{213}liã^{0}，tɕi^{31}mer^{0}pu^{55}ta^{55}lã^{31}tɕ^{h}iou^{45}liã^{0}
济阳	俺洗唠澡啢，今们=儿不打篮球啢。 ŋã^{55}ɕi^{213}lɔ^{0}tsɔ^{21}lia^{0}，tɕi^{21}mer^{0}pu^{55}ta^{21}lã^{24}tɕ^{h}iou^{0}lia^{0}
利津	我洗哩澡儿了，今日不打篮球了。 uə^{55}ɕi^{213}li^{0}tsɔr^{213}lə^{0}，tɕiẽ^{213}ʐʅ^{0}pu^{44}ta^{55}lã^{53}tɕ^{h}iou^{55}lə^{0}
乐陵	我洗澡儿咧，今们=儿不打篮球咧。 uə^{55}ɕi^{51}tsɔr^{212}liə^{0}，tɕi^{31}mer^{0}pu^{212}tɑ^{55}lã^{31}tɕ^{h}iou^{55}liə^{0}
商河	俺洗哩澡儿啢，今们=儿不打篮球啢。 ŋã^{45}ɕi^{213}li^{0}tsɔr^{213}liɑ^{0}，tɕi^{21}mer^{0}pu^{54}tɑ^{213}lã^{24}tɕ^{h}iou^{0}liɑ^{0}
平原	我洗过澡儿啢，今们=儿不打篮球啢。 uə^{21}ɕi^{23}kuə^{0}tsour^{212}lia^{0}，tɕiẽ^{21}mər^{0}pu^{21}ta^{212}lã^{42}tɕ^{h}iou^{55}lia^{0}
德州	俺洗完澡儿了，今儿个儿不打球咧。 ŋã^{55}ɕi^{55}uã^{42}tsɔr^{213}lə^{0}，tɕier^{21}kər^{0}pu^{21}ta^{55}tɕ^{h}iou^{55}liə^{0}
武城	俺洗过澡儿囒，今儿不打篮球儿囒。 ŋã^{55}ɕi^{24}kuə^{0}tsɔr^{24}lã^{0}，tɕier^{24}pu^{21}ta^{55}lã^{53}tɕ^{h}iour^{55}lã^{0}
临清	我洗澡啦，今儿不打篮球啦。 uə^{44}ɕi^{53}tsau^{44}la^{0}，tɕier^{13}pu^{31}ta^{44}lan^{53}tɕ^{h}iou^{44}la^{0}
冠县	我洗过澡儿啦，今天不打篮球啦。 uə^{55}si^{55}kuə^{0}tsɔr^{55}la^{0}，tɕiẽ^{13}t^{h}iã^{13}pu^{31}ta^{55}lã^{53}tɕ^{h}iou^{53}la^{0}
聊城	俺洗过澡儿啦，今儿里不打篮球啦。 ã^{44}ɕi^{44}kuə^{31}tsɔr^{44}la^{0}，tɕier^{13}li^{0}pu^{31}ta^{44}lã^{53}tɕ^{h}iou^{53}la^{0}
济南	俺洗唠澡儿啢，今们=儿不打篮球啢。 ŋã^{55}ɕi^{213}lɔ^{0}tsɔr^{213}lia^{0}，tɕiẽ^{21}mer^{0}pu^{21}ta^{55}lã^{42}tɕ^{h}iou^{445}lia^{0}
泰安	我洗过澡儿啢，今们=儿不去打篮球啢。 uə^{55}ɕi^{55}kuə^{0}tsɔr^{213}lia^{0}，tɕi^{21}mer^{0}pu^{23}tɕ^{h}i^{21}ta^{213}lã^{42}tɕ^{h}iou^{55}lia^{0}

续表

	0025 我洗过澡了，今天不打篮球了。
莱芜	我洗过澡了，今们$^{=}$儿不打篮球唠。 uə^{55}ɕi^{55}kuə^{0}tsɔ^{213}lə^{0}，tɕi^{31}mei^{0}pu^{31}ta^{0}lã^{42}tɕ^{h}iou^{0}lɔ^{0}
新泰	我刚洗唠澡儿，我不去打篮球哩俩。 uə^{55}tɕiaŋ^{213}ɕi^{213}lɔ^{0}tθɔr^{55}，uə^{213}pu^{42}tɕ^{h}y^{0}ta^{55}lã^{42}tɕ^{h}iou^{42}li^{0}lia^{0}
沂源	我洗澡了，今们$^{=}$儿不打篮球了。 uə^{55}ɕi^{55}tθɔ^{21}lə^{0}，tɕiã^{21}mer^{0}pu^{21}ta^{55}lã^{55}tɕ^{h}iou^{55}lə^{0}
博山	我洗［了］澡唓，今日不打篮球唓。 uə^{55}ɕi^{213}tsɔ^{213}liã^{0}，tɕiẽ^{213}ɭə^{0}pu^{31}ta^{55}lã^{53}tɕ^{h}iəu^{55}liã^{0}
张店	我洗澡唓，今们$^{=}$儿不打篮球唓。 uə^{55}ɕi^{55}tsɔ^{213}liã^{0}，tɕiã^{213}mei^{0}pu^{33}ta^{55}lã^{55}tɕ^{h}iou^{55}liã^{0}
阳谷	我洗澡儿啦，今们$^{=}$儿不打篮球啦。 uo^{55}ɕi^{55}tsɔr^{13}la^{0}，tɕi^{31}mɤr^{0}pu^{13}ta^{55}lã^{42}tɕ^{h}iou^{55}la^{0}
梁山	我刚洗唠澡儿，今们$^{=}$儿不去打篮球啦。 uə^{55}tɕiaŋ^{23}ɕi^{23}lɔ^{0}tʂɔr^{55}，tɕi^{21}mer^{0}pu^{23}tɕ^{h}i^{31}ta^{55}lã^{42}tɕ^{h}iou^{42}la^{0}
菏泽	我洗罢澡儿啦，今儿不打球啦。 uə^{44}ɕi^{44}pa^{31}tsɔr^{44}la^{0}，tɕier^{213}pu^{31}ta^{44}tɕ^{h}iou^{53}la^{0}
曹县	我洗过澡啦，今天不打篮球啦。 uə^{44}ɕi^{44}kuə^{0}tsɔ^{44}la^{0}，tɕiẽ^{213}t^{h}iã^{213}pu^{21}ta^{55}lã^{53}tɕ^{h}iou^{53}la^{0}
金乡	我刚洗唠澡儿，今们$^{=}$儿不打篮球啦。 uə^{55}tɕiaŋ^{21}ɕi^{23}lɔ^{0}tsɔr^{55}，tɕiẽ^{21}mər^{0}pu^{21}ta^{55}lã^{42}tɕ^{h}iou^{55}la^{0}
曲阜	我洗过澡儿啦，今们$^{=}$儿不去打篮球啦。 uə^{55}ɕi^{55}kuə^{0}tsɔr^{35}la^{0}，tɕi^{21}mer^{0}pu^{23}tɕ^{h}i^{31}ta^{55}lã^{42}tɕ^{h}iou^{55}la^{0}
薛城	俺刚洗完澡，今们$^{=}$不打篮球啦。 ɣã^{55}kaŋ^{31}ɕi^{24}uã^{55}tsɔ^{24}，tɕiẽ^{31}me^{0}pu^{31}ta^{24}lã^{55}tɕ^{h}iou^{55}la^{0}
郯城	我洗完澡啦，今天不打篮球啦。 uə^{24}ɕi^{24}uã^{44}tsɔ^{24}la^{0}，tɕiã^{13}t^{h}iã^{21}pu^{21}ta^{24}lã^{44}tɕ^{h}iəu^{44}la^{0}
临沂	我洗完澡啦，今天不打篮球啦。 uə^{55}ɕi^{55}uã^{53}tsɔ^{214}la^{0}，tɕiẽ^{24}t^{h}iã^{214}pu^{24}ta^{55}lã^{53}tɕ^{h}iou^{55}la^{0}

	0026 我算得太快算错了，让我重新算一遍。
荣成	我算得太快了，算错了，让我再算一遍。 uo^{21}san^{33}tə^{0}t^{h}ai^{33}k^{h}uai^{33}lə^{0}，san^{33}ts^{h}o^{33}lə^{0}，iaŋ^{33}uo^{21}tsai^{33}san^{33}i^{0}pian^{33}
烟台	我算得太快算错了，再来一遍。 uo^{21}san^{33}ti^{0}t^{h}ɛ^{53}k^{h}uɛ^{33}san^{33}ts^{h}uo^{33}lə^{0}，tsɛ^{33}lɛ^{53}i^{21}pian^{33}

续表

	0026我算得太快算错了，让我重新算一遍。
栖霞	我算得太快算差了，叫我再算一遍。 uo21sãn52tə0tʰɛi52kʰuɛi52sãn52tsʰa52lə0，ciɔo52uo21tsɛi52sãn52i0piãn52
长岛	我算得太快了，算错了，我另算一遍吧。 uə21san52ti0tʰai52kʰuai52lə0，san52tsʰuə52lə0，uə21liŋ52san52i0pian52pa0
海阳	我算得快了，算错了，我再另算遍。 uo21θã34tə0kʰuɛ34lə0，θã52tsʰuo34lə0，uo21tsɛ34liŋ52θã34piã0
莱西	我算得太快，算错了，叫我另算一遍。 uə55sã42tə0tʰɛ42kʰuɛ42，sã42tsʰuə42lə0，ciɔ42uə0liŋ42sã42i0piã42
平度	我算得快了，算错了，叫我再算算。 uə55θã42ti0kʰuɛ42lə0，θã213tθʰuə42lə0，ciɔ213uə55tθɛ42θã213θã0
青岛	我算得太急了，算错了，再算一遍吧。 uə55θuã42ti0tʰɛ213tɕi55lə0，θuã213tθʰuə42lə0，tθɛ213θuã42i55piã42pɑ0
高密	我算得太快，算差了，叫我另算一遍。 uə55θuã42ti0tʰɛ23kʰuɛ21，θuã21tʂʰɑ42lə0，tɕiɔ42uə0lioŋ23θuã42i0piã21
诸城	我算得太快算差啦，我再算一遍。 uə44θuã44ȶi0tʰɛ31kʰuɛ31θuã31tʂʰa44la0，uə44tθɛ44θuã44i0piã31
沂水	我算的太快，差了，得再算一遍。 uə44θuã44ti0tʰɛ31kʰuɛ31，tʂʰa44lə0，te213dðɛ31θuã44i0piã31
临朐	我算得岗⁼快算差咧，再算一遍儿吧。 uə213θuã44ti0kɑŋ213kʰuɛ21θuã21tʂʰa44liə0，tθɛ213θuã44i0piɛr21pa0
日照	我算得太快了算差了，我再算遍吧。 uə44θuã53ti0tʰɛ213kʰuɛ53lə0θuã31tʂʰɑ53lə0，uə44tɛ213θuã31piã31pɑ0
莒南	我算得太快算差了，我再算一遍儿吧。 uə55θuã42ti0tʰɛ13kʰuɛ31θuã31tʂʰa42lə0，uə55tθɛ13θuã42i13piɛr31pa0
潍坊	俺算得着快嗹，算差嗹，叫俺另算一遍。 ŋã55suã55ti0tʂuə53kʰuɛ55liã0，suã31tʂʰɑ55liã0，tɕiɔɤ55ŋã0liŋ24suã31i24piã31
寿光	我算得很快算差嘞，我另算一遍。 uə55suã55ti0xɔ̃213kʰuɛ21suã21tʂʰa55lã0，uə55liŋ213suã55i0piã21
高青	我算得太快，算差了，我再算一遍。 uə55suã55ti0tʰɛ41kʰuɛ41，suã41tʂʰɑ55lə0，uə55tsɛ213suã41i0piã41
阳信	我算得太快算差咧，让我再算一遍。 uə55suã55ti0tʰɛ23kʰuɛ31suã31tʂʰa55liə0，ʐɑŋ55uə0tsɛ31suã55i0piã31
济阳	俺算得太快俩，算错俩，让俺再算一遍吧。 ŋã13suã55ti0tʰɛ31kʰuɛ55lia0，suã31tsʰuə55lia0，ʐɑŋ31ŋã13tsɛ31suã55i21piã0pa0

续表

	0026 我算得太快算错了，让我重新算一遍。
利津	我算得太快算差啦，我再算算。 uə^{55}suã^{55}ti^{0}tʰɛ^{24}kʰuɛ^{31}suã^{31}tʂʰa^{55}la^{0}，uə^{55}tsɛ^{24}suã^{31}suã^{0}
乐陵	我算得太快算差咧，我再算一遍。 uə^{55}suã^{55}ti^{0}tʰɛ^{24}kʰuɛ^{51}suã^{31}tsʰɑ^{55}liə^{0}，uə^{55}tsɛ^{0}suã^{55}i^{0}piã^{51}
商河	俺算的棱⁼快，算差咧，让我再算一遍吧。 ŋã^{45}suã^{54}ti^{0}ləŋ^{24}kʰuɛ^{31}，suã^{31}tsʰɑ^{54}liɑ^{0}，ʐɑŋ^{54}uə^{0}tsɛ^{31}suã^{54}i^{0}piã^{31}pɑ^{0}
平原	我算得太快咧算差咧，让俺重新算一遍。 uə^{21}suã^{42}ti^{0}tʰɛi^{21}kʰuɛi^{42}lia^{0}suã^{21}tsʰa^{42}lia^{0}，ʐɑŋ^{21}ŋã^{55}tʂʰuŋ^{42}ɕiẽ^{21}suã^{42}i^{0}piã^{21}
德州	俺算得忒快算差咧，让俺再算一遍儿。 ŋã^{55}suã^{42}ti^{0}tʰuei^{213}kʰuɛ^{21}suã^{21}tʂʰa^{42}lia^{0}，ʐɑŋ^{21}ŋã^{55}tsɛ^{213}suã^{42}i^{213}piɛr^{21}
武城	俺算得太快都差㘓，让俺再算一遍。 ŋã^{24}suã^{53}ti^{0}tʰɛ^{21}kʰuɛ^{312}tou^{24}tʂʰa^{53}lã^{0}，lɑŋ^{21}ŋã^{55}tsɛ^{0}suã^{53}i^{0}piã^{0}
临清	我算得忒快算错啦，叫我再算一遍儿。 uə^{44}suan^{53}tə^{0}tʰei^{13}kʰuai^{313}suan^{31}tsʰuə^{53}la^{0}，tɕiau^{31}uə^{44}tsai^{13}suan^{31}i^{0}piɛr^{313}
冠县	我算［得］太快算错啦，让我重新算一遍。 uə^{55}suã^{53}tʰɛ^{24}kʰuɛ^{314}suã^{24}tsʰuə^{31}la^{0}，ʐɑŋ^{31}uə^{55}tʂʰuŋ^{53}siẽ^{13}suã^{31}i^{0}piã^{314}
聊城	俺算得忒快算错啦，叫俺重新算算。 ã^{44}suã^{53}ti^{0}tʰei^{13}kʰuɛ^{313}suã^{31}tsʰuə^{53}la^{0}，tɕiɔ^{31}ã^{44}tsʰuŋ^{53}ɕiẽ^{13}suã^{31}suã^{0}
济南	俺算得棱⁼快没算对，让俺再算算。 ŋã^{55}suã^{55}ti^{0}ləŋ^{33}kʰuɛ^{21}mu^{23}suã^{23}tuei^{21}，ʐɑŋ^{55}ŋã^{0}tsɛ^{23}suã^{21}suã^{0}
泰安	我算的忒快算差咧，我得再算一遍。 uə^{23}suã^{42}ti^{0}tʰuei^{23}kʰuɛ^{21}suã^{21}tʂʰa^{42}lia^{0}，uə^{23}tei^{23}tsɛ^{23}suã^{42}i^{0}piã^{21}
莱芜	我算得太快，算错了，让我再重新算一遍。 uə^{55}suã^{55}ti^{0}tʰɛ^{31}kʰuɛ^{42}，suã^{31}tsʰuə^{42}liɔ^{0}，ʒɑŋ^{31}uə^{55}tsɛ^{31}tʃʰuŋ^{55}ɕiẽ^{213}suã^{42}i^{31}piã^{0}
新泰	我算得忒快咧，算错咧，叫我再算一遍。 uə^{55}θuã^{42}ti^{0}tʰuei^{213}kuɛ^{42}lia^{0}，θuã^{31}tθʰuə^{42}lia^{0}，tɕiɔ^{42}uə^{0}tɛ^{213}θuã^{42}i^{0}piã^{31}
沂源	我算得忒快了，算差了，我再算一遍。 uə^{213}θuã^{55}ti^{0}tʰuei^{31}kʰuɛ^{55}lə^{0}，θuã^{31}tʃʰa^{55}lə^{0}，uə^{55}tθɛ^{213}θuã^{31}i^{0}piã^{31}
博山	我算呃忒快嗹，算差嗹，我再算一遍。 uə^{55}suã^{31}ə^{0}tʰuei^{213}kʰuɛ^{55}liã^{0}，suã^{31}tʂʰɑ^{55}liã^{0}，uə^{55}tsɛ^{0}suã^{55}i^{0}piã^{31}
张店	我算得赞⁼快，算差嗹，我再算算。 uə^{55}suã^{55}ti^{0}tsã^{213}kʰuɛ^{31}，suã^{31}tʂʰɑ^{55}liã^{0}，uə^{55}tsɛ^{213}suã^{31}suã^{31}
阳谷	我算得太快，算错啦，叫我再算一遍儿。 uo^{55}suã^{42}li^{0}tʰɛ^{13}kʰuɛ^{313}，suã^{13}tsʰuo^{42}la^{0}，tɕiɔ^{31}uo^{55}tsɛ^{13}suã^{31}i^{55}piɛr^{313}

续表

	0026 我算得太快算错了，让我重新算一遍。
梁山	我算得忒快啦，算错啦，要不我再重新算算？ uə^{55}ɕyã^{42}ti^{0}tʰuei^{23}kʰuɛ^{42}la^{0}，ɕyã^{31}tsʰuo^{42}la^{0}，iɔ^{31}pu^{0}uə^{55}tsɛ^{0}tsʰuŋ^{42}ɕiẽ^{213}ɕyã^{31}ɕyã^{0}？
菏泽	我算得忒快算差啦，叫我再算一遍。 uə^{44}suã^{31}lɛ^{0}tʰuei^{213}kʰuɛ^{312}suã^{31}tsʰa^{21}la^{0}，tɕiɔ^{31}uə^{44}tsɛ^{44}suã^{31}i^{44}piã^{31}
曹县	我算得太快算错啦，让我再重新算一遍吧。 uə^{44}suã^{31}tɤ^{0}tʰai^{13}kuai^{31}suã^{13}tsʰuə^{31}la^{0}，zɑŋ^{31}uə^{44}tsai^{31}tsʰuŋ^{53}ɕiẽ^{213}suã^{31}i^{0}piã^{31}pa^{0}
金乡	我算得忒快啦，算差啦，让我再算一遍儿。 uə^{55}suã^{42}li^{0}tʰuei^{213}kʰuɛ^{42}la^{0}，suã^{31}tsʰa^{42}la^{0}，zɑŋ^{31}uə^{55}tsɛ^{23}suã^{31}i^{0}piɛr^{312}
曲阜	我算得忒快啦，没算准，我再算一遍。 uə^{55}suã^{42}li^{0}tʰuei^{213}kʰuɛ^{42}la^{0}，mei^{213}suã^{31}tsuẽ^{55}，uə^{55}tsɛ^{23}suã^{31}i^{23}piã^{312}
薛城	我算得忒快啦，算差啦，让我再算一遍。 uə^{24}ɕyã^{41}ti^{0}tʰue^{31}kʰuɛ^{41}la^{0}，ɕyã^{41}tsʰa^{41}la^{0}，zɑŋ^{41}uə^{24}tsɛ^{41}ɕyã^{41}i^{0}piã^{41}
郯城	我算得太快啦，算错啦，我再重算一遍。 uə^{24}suã^{51}tə^{0}tʰɛ^{51}kʰuɛ^{51}la^{0}，suã^{51}tsʰuə^{51}la^{0}，uə^{24}tsɛ^{51}tsʰuŋ^{44}suã^{51}i^{21}piã^{51}
临沂	我算得太快，算错啦，我再重算遍。 uə^{55}suã^{31}tə^{0}tʰɛ^{214}kʰuɛ^{31}，suã^{31}tsʰuə^{31}la^{0}，uə^{55}tsɛ^{31}tsʰuŋ^{53}suã^{31}piã^{31}

	0027 他一高兴就唱起歌来了。
荣成	他一欢气就唱歌儿。 tʰa^{53}i^{21}xuan^{53}cʰi^{0}tsiəu^{33}tʃʰɑŋ^{33}kor^{53}
烟台	他一高兴就唱起来了。 tʰa^{33}i^{33}kau^{53}ɕiŋ^{33}tɕiou^{53}tɕʰiɑŋ^{33}tɕʰi^{0}lɛ^{33}lə^{0}
栖霞	他一欢气就唱歌儿。 tʰa^{34}i^{34}xuãn^{52}cʰi^{0}tʃiəu^{52}tʃʰɑŋ^{34}kuor^{312}
长岛	他一高兴就唱起来了。 tʰa^{55}i^{35}kau^{31}çiŋ^{52}tʃou^{0}tʃʰɑŋ^{52}cʰi^{0}lai^{55}lə^{0}
海阳	他一欢气就唱歌儿。 tʰa^{21}i^{34}xuã^{52}cʰi^{0}tsiəu^{52}tsʰɑŋ^{34}kuor^{52}
莱西	他一高兴就唱起歌儿来了。 tʰa^{214}i^{55}kɔ^{214}çiŋ^{42}tʃiou^{42}tʃʰɑŋ^{42}cʰi^{0}kər^{214}lɛ^{0}lə^{0}
平度	他一欢气就唱起歌儿来了。 tʰa^{55}i^{55}xuã^{213}cʰi^{0}tsiou^{213}tʃʰaŋ^{42}cʰi^{0}kər^{213}lɛ^{0}lə^{0}
青岛	他一恣就唱起歌来了。 tʰə^{55}i^{55}tθɿ^{213}tsiou^{42}tʃʰɑŋ^{42}tɕʰi^{0}kə^{213}lɛ^{45}lə^{0}

续表

	0027 他一高兴就唱起歌来了。
高密	他一恣儿就唱开了。 tʰə^{213}i^{55}tθer^{0}tsiou^{21}tʃʰɑŋ^{42}kʰɛ^{0}lə^{0} 他一恣儿就唱起歌儿［来］了。 tʰə^{213}i^{55}tθer^{0}tsiou^{21}tʃʰɑŋ^{42}tɕʰi^{0}kər^{213}lə^{0}
诸城	他一高兴就唱开歌啦。 tʰa^{44}i^{44}kɔ^{213}ʃəŋ^{31}tθiou^{31}tʃʰɑŋ^{44}kʰɛ^{0}kuə^{31}la^{0} 他一恣儿就唱开歌啦。 tʰa^{44}i^{44}tθer^{31}tθiou^{31}tʃʰɑŋ^{44}kʰɛ^{0}kuə^{31}la^{0}
沂水	他一恣儿就唱开了。 tʰa^{44}i^{213}dðer^{31}dziou^{31}tʃʰaŋ^{44}kʰɛ^{0}lə^{0}
临朐	他一恣儿就唱开咧。 tʰa^{44}i^{13}tθer^{21}tɕiəu^{21}tʃʰɑŋ^{44}kʰɛ^{0}liə^{0}
日照	他一高兴就唱开了。 tʰɑ^{44}i^{24}kɔ^{213}ʃiəŋ^{31}ȶiou^{31}tʃʰiɑŋ^{53}kʰɛ^{0}lə^{0}
莒南	他一高兴就唱歌儿。 tʰa^{55}i^{13}kɔ^{13}ɕiŋ^{31}tsiou^{31}tʃʰɑŋ^{31}kər^{213}
潍坊	他一恣儿就唱起歌来嗹。 tʰɑ^{214}i^{24}tser^{31}tɕɪɤɯ^{31}tʂʰɑŋ^{55}tɕʰi^{0}kuə^{214}lɛ^{55}liã^{0}
寿光	他一高兴就唱起来嘛。 tʰa^{213}i^{13}kɔ^{13}ɕiŋ^{21}tɕiəu^{21}tʂʰɑŋ^{55}tɕʰi^{0}lɛ^{0}lã^{0} 他一高兴就唱开嘛。 tʰa^{213}i^{13}kɔ^{13}ɕiŋ^{21}tɕiəu^{21}tʂʰɑŋ^{55}kʰɛ^{0}lã^{0}
高青	他一高兴就唱起歌儿来了。 tʰɑ^{213}i^{55}kɔ^{213}ɕiŋ^{41}tɕiou^{41}tʂʰɑŋ^{55}tɕʰi^{0}kər^{31}lɛ^{0}lə^{0}
阳信	他一恣儿就唱开歌儿咧。 tʰa^{55}i^{55}tser^{31}tʂou^{31}tʂʰɑŋ^{55}kʰɛ^{0}kər^{31}liə^{0}
济阳	他一恣儿就唱起歌儿来啦。 tʰa^{213}i^{13}tser^{31}tɕiou^{31}tʂʰɑŋ^{31}tɕʰi^{0}kər^{213}lɛ^{24}la^{0}
利津	他一高兴就唱起来了。 tʰa^{55}i^{44}kɔ^{24}ɕiŋ^{31}tɕiou^{31}tʂʰɑŋ^{55}tɕʰi^{0}lɛ^{55}lə^{0}
乐陵	他欢气得唱起歌儿来咧。 tʰɑ^{55}xuã^{31}tɕʰi^{0}ti^{0}tʂʰɑŋ^{55}tɕʰi^{0}kər^{212}lɛ^{55}liə^{0}
商河	他一恣儿就唱起来哂。 tʰɑ^{45}i^{24}tser^{31}tɕiou^{31}tʂʰɑŋ^{31}tɕʰi^{213}lɛ^{0}liɑ^{0}
平原	他一高兴就唱起来哂。 tʰa^{55}i^{21}kɔu^{23}ɕiŋ^{21}tɕiou^{21}tʂʰɑŋ^{42}tɕʰi^{0}lɛi^{55}lia^{0}

续表

	0027 他一高兴就唱起歌来了。
德州	他一高兴就唱起来啦。 tʰa^{55}i^{213}kɔ^{213}ɕiŋ^{21}tɕiou^{21}tʂʰaŋ^{42}tɕʰi^{0}lɛ^{0}la^{0}
武城	他一喜欢就唱起歌儿来嘞。 tʰa^{55}i^{0}ɕi^{24}xuã^{0}tɕiou^{0}tʂʰɑŋ^{53}tɕʰi^{0}kər^{224}lɛ^{55}lã^{0}
临清	他一高兴就唱起来啦。 tʰa^{44}i^{13}kau^{13}ɕiŋ^{313}tɕiou^{31}tʂʰɑŋ^{53}tɕʰi^{0}lai^{44}la^{0}
冠县	他一高兴就唱起歌儿来啦。 tʰa^{55}i^{31}kɔ^{13}ɕiŋ^{31}tou^{31}tʂʰɑŋ^{53}tɕʰi^{0}kər^{13}lɛ^{53}la^{0}
聊城	他一高兴就唱起来啦。 tʰa^{44}i^{31}kɔ^{13}ɕiŋ^{313}tɕiou^{31}tsʰɑŋ^{53}tɕʰi^{0}lɛ^{44}la^{0}
济南	他一恣儿就唱开歌俩。 tʰa^{55}i^{23}tser^{21}tɕiou^{21}tʂʰaŋ^{21}kʰɛ^{23}kə^{21}lia^{0}
泰安	他一恣儿就唱起歌儿来俩。 tʰa^{23}i^{23}tser^{21}tɕiou^{21}tʂʰɑŋ^{42}tɕʰi^{0}kər^{213}lɛ^{0}lia^{0}
莱芜	他一高了兴就唱起歌来了。 tʰa^{31}i^{55}kɔ^{31}liɔ^{0}ɕiŋ^{42}tɕiou^{31}tʃʰɑŋ^{55}tɕʰi^{0}kə^{31}lɛ^{0}liɔ^{0}
新泰	他一高兴就唱起歌来俩。 tʰa^{21}i^{23}kɔ^{23}ɕiŋ^{31}tɕiou^{31}tʃʰɑŋ^{42}tɕʰi^{0}kə^{21}lɛ^{23}lia^{0}
沂源	他一恣儿就唱起歌来了。 tʰa^{213}i^{13}tθer^{31}tɕiou^{31}tʃʰɑŋ^{55}tɕʰi^{0}kuə^{21}lɛ^{0}lə^{0}
博山	他一高兴就唱起歌来嗹。 tʰɑ^{213}i^{55}kɔ^{213}ɕiŋ^{31}tɕiəu^{31}tʂʰɑŋ^{55}tɕʰi^{0}kuə^{21}lɛ^{0}liã^{0}
张店	他一恣了就唱。 tʰɑ^{213}i^{33}tsɿ^{55}liɔ^{0}tɕiou^{31}tʂʰɑŋ^{31}
阳谷	他一高兴就唱起歌儿来啦 tʰa^{55}i^{13}kɔ^{13}ɕiŋ^{313}tsou^{31}tsʰɑŋ^{42}tɕʰi^{0}kər^{213}lɛ^{42}la^{0}
梁山	他猛一得就唱起歌来啦。得：得意，高兴 tʰa^{55}məŋ^{55}i^{23}tei^{213}tsou^{31}tsʰɑŋ^{42}tɕʰi^{0}kə^{21}lɛ^{0}la^{0}
菏泽	他一高兴就唱起来啦。 tʰa^{44}i^{213}kɔ^{213}ɕiŋ^{312}tɕiou^{31}tsʰɑŋ^{31}tɕʰi^{44}lɛ^{53}la^{0}
曹县	他一高兴就唱起歌来啦。 tʰa^{44}i^{213}kɔ^{213}ɕiŋ^{31}tɕiou^{31}tsʰɑŋ^{31}tɕʰi^{0}kə^{21}lai^{0}la^{0}
金乡	他一高兴就唱起来啦。 tʰa^{55}i^{23}kɔ^{23}ɕiŋ^{312}tɕiou^{31}tsʰɑŋ^{42}tɕʰi^{0}lɛ^{0}la^{0}

续表

	0027 他一高兴就唱起歌来了。
曲阜	他一高兴就唱起来啦。 t^{h}a^{213}i^{23}kɔ^{23}ɕiŋ^{312}tɕiou^{31}ts^{h}aŋ^{42}tɕ^{h}i^{0}lɛ^{55}la^{0}
薛城	他一高兴就唱起来啦。 t^{h}a^{24}i^{23}kɔ^{313}ɕiŋ^{41}tɕiou^{41}ts^{h}ɑŋ^{41}tɕ^{h}i^{0}lɛ^{0}la^{0}
郯城	他一高兴就唱起歌儿来啦。 t^{h}a^{13}i^{13}kɔ^{21}ɕiŋ^{51}tɕiəu^{51}tʂ^{h}ɑŋ^{51}tɕ^{h}i^{0}kər^{21}lɛ^{0}la^{0}
临沂	他一高兴就唱起来了。 t^{h}a^{55}i^{24}kɔ^{24}ɕiŋ^{312}tɕiou^{31}tʃ^{h}ɑŋ^{31}tɕ^{h}i^{214}lɛ^{0}lə^{0}

	0028 谁刚才议论我老师来着?
荣成	谁才刚儿说老师? ʃyɛ^{35}ts^{h}ai^{35}kãr^{53}ʃyɛ^{21}lau^{35}ʂʅ^{53} ?
烟台	才刚儿谁待乜儿说俺老师? ts^{h}ɛ^{33}kãr^{53}sei^{33}tɛ^{33}ȵiɐr^{53}suo^{21}an^{33}lau^{14}sʅ^{53} ?
栖霞	谁才么眼⁼儿嚓⁼啦俺老师? ʃyɛ^{34}ts^{h}ɛi^{34}mə^{0}iɐr^{214}ts^{h}a^{34}la^{0}ãn^{34}lɔo^{34}sʅ^{312} ?
长岛	刚才谁议论俺老师来? kɑŋ^{31}ts^{h}ai^{55}sei^{55}i^{52}lən^{0}an^{35}lau^{55}sʅ^{31}lai^{0} ?
海阳	谁刚刚儿嚓咕俺老师? ʃuə^{34}kɑŋ^{34}kãr^{0}tʂ^{h}a^{21}ku^{0}ã^{21}lɔ^{21}ʂʅ^{52} ?
莱西	谁才刚嚓咕俺老师来? ʃuə^{42}ts^{h}ɛ^{42}kɑŋ^{214}ts^{h}a^{214}ku^{0}ã^{55}lɔ^{55}sʅ^{214}lɛ^{0} ?
平度	谁这才嚓咕俺老师来? ʃei^{42}tʃə^{213}tθ^{h}ɛ^{42}tʂ^{h}a^{213}ku^{0}ã^{55}lɔ^{45}ʂʅ^{213}lɛ^{0} ?
青岛	才忙⁼儿忙⁼儿是谁嚓咕俺老师来? tθ^{h}ɛ^{42}mãr^{213}mãr^{0}ʂʅ^{213}ʂuei^{42}tʂ^{h}ɑ^{213}ku^{0}ã^{55}lɔ^{55}ʂʅ^{213}lɛ^{0} ?
高密	谁才刚么儿嚓咕俺老师来? ʃei^{42}tθ^{h}ɛ^{42}tɕiɑŋ^{213}mər^{55}tʂ^{h}a^{21}ku^{0}ã^{55}lɔ^{55}ʂʅ^{21}lɛ^{0} ?
诸城	谁刚才嚓咕俺老师来? ʃei^{53}tʃɑŋ^{213}tθ^{h}ɛ^{53}tʂ^{h}a^{213}ku^{0}ŋã^{44}lɔ^{44}ʂʅ^{31}lɛ^{0} ?
沂水	谁刚忙⁼儿说和俺老师来? ʂe^{53}tɕiɑŋ^{24}mãr^{53}ʃuə^{21}xuə^{0}ŋã^{44}lɔ^{44}ʂʅ^{21}lɛ^{0} ?
临朐	刚才谁说俺老师来呃? tɕiɑŋ^{213}tθ^{h}ɛ^{53}ʃei^{53}ʃuə^{213}ŋã^{44}lɔ^{44}ʂʅ^{21}lɛ^{0}ə^{0} ?

续表

	0028 谁刚才议论我老师来着?
日照	刚忙⁼儿忙⁼儿谁喳咕俺老师来？ tʃiɑŋ^{213}mɑ̃r^{44}mɑ̃r^{0}ʂei^{53}tʂɑ^{213}ku^{0}ŋã^{44}lɔ^{44}ʂʅ^{31}lɛ^{0} ?
莒南	才刚儿谁议论俺老师的啊？ tθ^{h}ɛ^{53}tɕiɑ̃r^{213}ʂei^{53}i^{31}lẽ^{0}ã^{55}lɔ^{55}ʃʅ^{21}ti^{0}a^{0} ?
潍坊	才刚谁背地后里嚓嚓俺老师来？背地后里：背后 ts^{h}ɛ^{53}tɕiɑŋ^{214}ʂei^{53}pei^{55}ti^{0}xɤɯ^{55}ȵi^{0}tʂ^{h}ɑ^{31}tʂ^{h}ɑ^{0}ŋã^{55}lɔɤ^{24}ʂʅ^{31}lɛ^{0} ?
寿光	刚才谁说俺老师来呃？ tɕiɑŋ^{213}ts^{h}ɛ^{53}ʂei^{53}ʂuə^{213}ŋã^{0}lɔ^{55}ʂʅ^{21}lɛ^{0}ə^{0} ?
高青	刚才谁伤俺老师来？ kɑŋ^{213}ts^{h}ɛ^{55}ʂei^{55}ʂɑŋ^{213}ŋã^{55}lɔ^{55}ʂʅ^{213}lɛ^{0} ?
阳信	刚才谁嘀咕俺老师来耶？ kɑŋ^{213}ts^{h}ɛ^{43}ʂei^{43}ti^{45}ku^{0}ŋã^{55}lɔ^{55}ʂʅ^{31}lɛ^{0}iə^{0} ?
济阳	刚才谁说俺老师俩？ tɕiɑŋ^{13}ts^{h}ɛ^{55}ʂei^{55}ʂuə^{213}ŋã^{21}lɔ^{13}ʂʅ^{21}lia^{0} ?
利津	刚才谁在嘀咕我老师来？ kɑŋ^{213}ts^{h}ɛ^{53}ʂuei^{53}tsɛ^{31}ti^{24}ku^{0}uə^{55}lɔ^{55}ʂʅ^{31}lɛ^{0} ?
乐陵	谁刚才儿说说我老师来？ sei^{51}kɑŋ^{212}ts^{h}ɛr^{0}ʂuə^{31}ʂuə^{0}uə^{55}lɔ^{55}sɿ^{31}lɛ^{0} ?
商河	谁刚才呛咕俺老师来啊？ sei^{54}tɕiɑŋ^{213}ts^{h}ɛ^{54}tɕ^{h}iɑŋ^{31}ku^{0}ŋã^{45}lɔ^{45}sɿ^{21}lɛ^{0}ɑ^{0} ?
平原	谁刚才嘀咕俺老师来？ sei^{42}kɑŋ^{23}ts^{h}ɛi^{21}ti^{23}ku^{0}ŋã^{0}lɔu^{55}sɿ^{21}lɛi^{0} ?
德州	谁刚才扯扯俺老师来？ ʂei^{42}kɑŋ^{213}ts^{h}ɛ^{42}tʂ^{h}ə^{213}tʂ^{h}ə^{0}ŋã^{55}lɔ^{55}ʂʅ^{21}lɛ^{0} ?
武城	谁刚才说俺老师来？ ʂei^{53}kɑŋ^{24}ts^{h}ɛ^{53}ʂuə^{312}ŋã^{0}lɔ^{55}ʂʅ^{312}lɛ^{0} ?
临清	谁刚才说我老师来？ ʂuei^{53}kɑŋ^{13}ts^{h}ai^{0}ʂuə^{13}uə^{53}lau^{44}ʂʅ^{13}lai^{0} ?
冠县	谁刚才说我老师啦？ ʂei^{53}kɑŋ^{13}ts^{h}ɛ^{53}ʂuə^{13}uə^{55}lɔ^{55}ʂʅ^{0}la^{0} ?
聊城	谁刚才嘀咕俺老师来？ sei^{53}tɕiɑŋ^{13}ts^{h}ɛ^{53}ti^{53}ku^{0}ã^{44}lɔ^{44}sɿ^{13}lɛ^{0} ?
济南	谁刚才央⁼咕俺老师来？ ʂei^{42}tɕiɑŋ^{213}ts^{h}ɛ^{42}iɑŋ^{21}ku^{0}ŋã^{55}lɔ^{213}ʂʅ^{21}lɛ^{0} ?

续表

	0028谁刚才议论我老师来着?
泰安	刚才谁说我老师来啊? tɕiaŋ^{213}tsʰɛ^{42}ʂei^{42}ʂuə^{21}uə^{0}lɔ^{55}ʂʅ^{21}lɛ^{0}a^{0} ?
莱芜	谁刚才议论俺老师来啊? ʃei^{55}kaŋ^{31}tsʰɛ^{55}i^{42}luẽ^{0}ŋã^{31}lɔ^{55}ʃʅ^{0}lɛ^{0}a^{0} ?
新泰	刚才谁说俺老师来俩? tɕiaŋ^{23}tθʰɛ^{42}ʃei^{42}fə^{21}ŋã^{0}lɔ^{55}ʃʅ^{21}lɛ^{23}lia^{0} ?
沂源	谁刚才说俺老师来啊? ʃuei^{55}tɕiaŋ^{21}tθʰɛ^{55}ʃuə^{213}ŋã^{55}lɔ^{55}ʃʅ^{213}lɛ^{0}a^{0} ?
博山	刚才谁歹⁼［呃］说俺老师呃? tɕiaŋ^{213}tsʰɛ^{55}ʂei^{55}tɛ^{55}ʂuə^{213}ŋã^{55}lɔ^{55}ʂʅ^{21}ə^{0} ?
张店	从才霎谁说俺老师来啊? tsʰyŋ^{55}tsʰɛ^{35}ʂa^{0}ʂei^{55}ʂuə^{33}ŋã^{55}lɔ^{55}ʂʅ^{213}lɛ^{0}a^{0} ?
阳谷	刚才谁说俺老师啦? tɕiaŋ^{13}tsʰɛ^{42}sei^{42}fə^{13}ɣã^{55}lɔ^{55}sɿ^{31}la^{0} ?
梁山	谁刚才说俺老师来啊? sei^{42}tɕiaŋ^{23}tsʰɛ^{42}fə^{23}ɣã^{55}lɔ^{55}sɿ^{21}lɛ^{0}a^{0} ?
菏泽	谁刚才说俺老师啦? sei^{53}tɕiaŋ^{213}tsʰɛ^{53}fə^{213}ɣã^{44}lɔ^{44}sɿ^{21}la^{0} ?
曹县	谁刚才议论我老师来着? sei^{53}tɕiaŋ^{213}tsʰai^{53}i^{13}luẽ^{31}uə^{44}lɔ^{44}sɿ^{0}lai^{44}tʂuə^{0} ?
金乡	刚才谁叽咕俺老师来啊? kaŋ^{213}tsʰɛ^{42}sei^{42}tɕi^{21}ku^{0}ɣã^{55}lɔ^{55}sɿ^{21}lɛ^{0}a^{0} ?
曲阜	谁刚说俺老师来? sei^{42}tɕiaŋ^{213}suə^{21}ɣã^{55}lɔ^{55}sɿ^{21}lɛ^{0} ?
薛城	谁刚才捣么俺老师来? fe^{24}tɕiaŋ^{31}tsʰɛ^{0}tɔ^{23}mə^{0}ɣã^{24}lɔ^{55}sɿ^{31}lɛ^{0} ?
郯城	谁个刚才议论俺老师的? ʂe^{24}kə^{0}kaŋ^{21}tsʰɛ^{44}i^{51}luə̃^{51}ã^{24}lɔ^{44}ʂʅ^{21}tə^{0} ?
临沂	刚忙⁼儿谁捣鼓俺老师来? tɕiaŋ^{24}mãr^{53}ʃei^{53}tɔ^{214}ku^{0}ɣã^{55}lɔ^{55}ʃʅ^{21}lɛ^{0} ?

	0029只写了一半，还得写下去。
荣成	才写了一半儿，还得写。 tsʰai^{35}siɛ^{21}lə^{0}i^{21}pɐr^{33}，xan^{35}tei^{0}siɛ^{214}

续表

	0029 只写了一半，还得写下去。
烟台	才写了一半儿，还得写下去。 tsʰɛ^{33}ɕie^{21}lə^{0}i^{21}pɐr^{33}，xan^{33}tei^{0}ɕie^{21}ɕia^{33}tɕʰy^{0}
栖霞	就写了一半儿，还得往下写。 tʃiəu^{52}ʃiɛ^{21}lə^{0}i^{34}pɐr^{52}，xɛi^{34}tei^{0}uɑŋ^{34}ɕia^{52}ʃiɛ^{214}
长岛	只写了一半儿，还得写。 tʃʅ^{55}ʃiɛ^{21}lə^{0}i^{55}pɐr^{52}，xai^{55}tei^{0}ʃiɛ^{213}
海阳	就写了一半儿，还得写下去。 tsiəu^{34}siə^{34}ə^{0}i^{34}pɐr^{34}，xã^{34}tei^{0}siə^{21}ɕia^{0}cʰy^{0}
莱西	才写了一半儿，还得写下去。 tsʰɛ^{42}ʃiə^{45}lə^{0}i^{214}pɐr^{42}，xa^{42}tə^{0}ʃiə^{45}ɕia^{42}cʰy^{0}
平度	才写了一半儿，还要写下去。 tθʰɛ^{42}siə^{45}lə^{0}i^{45}pɐr^{42}，xa^{42}iɔ^{42}siə^{45}xa^{0}cʰy^{0}
青岛	就写了一半儿，还得写下去。 tsiou^{42}siə^{55}lə^{0}i^{55}pɐr^{42}，xɑ^{42}tei^{0}siə^{55}ɕiɑ^{42}tɕʰi^{0}
高密	才写了一半儿，还得写啊。 tθʰɛ^{42}siə^{23}lə^{0}i^{55}pɐr^{42}，xã^{42}tei^{0}siə^{213}ɑ^{0}
诸城	只写了一半儿，还得望下写啊。 tθʅ^{44}θiə^{213}lə^{0}i^{44}pɐr^{31}，xã^{24}tei^{0}uɑŋ^{31}ʃa^{31}θiə^{213}a^{0}
沂水	才写了一半儿，还得望下写。 tθʰɛ^{53}ɕiə^{213}lə^{0}i^{24}pɛr^{31}，xã^{53}te^{213}uɑŋ^{31}ɕia^{31}siə^{44}
临朐	才写咧一半儿，还得写啊。 tθʰɛ^{53}ɕiə^{213}liə^{0}i^{44}pɛr^{21}，xã^{53}tei^{0}ɕiə^{213}a^{0}
日照	刚写哩一半儿，还得接着写呃。 tʃiɑŋ^{213}θiə^{213}li^{0}i^{44}pɛr^{31}，xã^{53}tei^{44}ȶiə^{213}tʂə^{0}θiə^{213}ə^{0}
莒南	才写了一半儿，还得往下写呃。 tθʰɛ^{53}siə^{213}lə^{0}i^{13}pɛr^{312}，xɛ^{53}tei^{213}uɑŋ^{53}ɕia^{31}siə^{21}ə^{0}
潍坊	才写哩一半儿，还得写下去。 tsʰɛ^{53}ɕiə^{24}li^{0}i^{24}pɐr^{31}，xã^{53}tei^{0}ɕiə^{24}xɑ^{0}tɕʰy^{31}
寿光	刚写唠一半儿，还得望下写。 tɕiɑŋ^{213}ɕiə^{23}lɔ^{0}i^{13}pɛr^{21}，xã^{53}tei^{55}uɑŋ^{13}xa^{21}ɕiə^{55}
高青	才写咧一半儿，还得接着写。 tsʰɛ^{55}ɕiə^{213}liə^{0}i^{35}pɛr^{41}，xɛ^{55}tei^{55}tɕiə^{213}tʂə^{0}ɕiə^{55}
阳信	仔⁼写哩一半儿，还得写下去呃。 tsʅ^{55}ɕiə^{213}li^{0}i^{55}pɛr^{31}，xã^{31}tei^{0}ɕiə^{213}ɕia^{0}tɕʰi^{55}ə^{0}

续表

	0029只写了一半，还得写下去。
济阳	才写了一半儿，还得接着写呃。 tsʰɛ^{54}ɕiə^{213}lə^{0}i^{13}pɛr^{31}，xã^{54}tei^{55}tɕiə^{23}tʂə^{0}ɕiə^{21}ə^{0}
利津	只写哩一半儿，还得往下写。 tʂʅ^{55}ɕiə^{213}li^{0}i^{24}pɛr^{31}，xã^{53}tei^{44}uaŋ^{24}ɕia^{31}ɕiə^{55}
乐陵	刚写了一半儿，还得写。 kaŋ^{24}ɕiə^{212}liɔ^{0}i^{24}pɛr^{51}，xã^{55}tei^{0}ɕiə^{55}
商河	才写哩一半儿，还得写。 tsʰɛ^{54}ɕiə^{213}li^{0}i^{24}pɛ̃r^{31}，xã^{54}tei^{0}ɕiə^{55}
平原	就写了一半儿，还得写啊。 tɕiou^{21}ɕiə^{23}liɔu^{0}i^{23}pɛr^{21}，xɛi^{55}tei^{0}ɕiə^{23}a^{0}
德州	就写了一半儿，还得写下去。 tɕiou^{21}ɕiə^{213}lə^{0}i^{213}pɛr^{21}，xɛ^{55}tei^{0}ɕiə^{55}ɕia^{42}tɕʰi^{0}
武城	只写唠一半儿，还得写啊。 tʂʅ^{55}ɕiə^{24}lɔ^{0}i^{24}pɛr^{312}，xã^{53}tei^{21}ɕiə^{55}a^{0}
临清	才写了一半儿，还得写。 tsʰai^{53}ɕiə^{44}lə^{0}i^{13}pɛr^{313}，xai^{53}tei^{0}ɕiə^{44}
冠县	只写啦一半儿，还得写下去。 tʂʅ^{53}siə^{44}la^{0}i^{13}pɛr^{314}，xɛ^{53}tei^{0}siə^{44}ɕia^{0}tɕʰi^{0}
聊城	光写了一半儿，还得写。 kuaŋ^{13}ɕiə^{13}lə^{0}i^{13}pɛr^{313}，xã^{53}tei^{0}ɕiə^{44}
济南	写得半边拉块的，还得接着写。 ɕiə^{213}ti^{0}pã^{21}piã^{23}la^{21}kuɛ^{55}ti^{0}，xã^{42}tei^{55}tɕiə^{21}tʂʅ^{0}ɕiə^{55}
泰安	才写唠一半儿，还得写。 tsʰɛ^{42}ɕiə^{213}lɔ^{0}i^{23}pɛr^{21}，xã^{42}tei^{213}ɕiə^{55}
莱芜	只写了一半儿价，还得写下去。 tʃʅ^{55}ɕiə^{213}liɔ^{0}i^{213}pɛ^{42}tɕia^{0}，xã^{55}tei^{0}ɕiə^{213}ɕia^{0}tɕʰy^{0}
新泰	统里写唠一半儿，还得写完哂。 tʰuŋ^{213}li^{0}ɕiə^{213}lɔ^{0}i^{23}pɛr^{31}，xɛ^{53}tei^{0}ɕiə^{21}uã^{45}lia^{0}
沂源	刚写了一半儿，还得写下去。 tɕiaŋ^{13}ɕiə^{21}lə^{0}i^{55}pɛr^{31}，xɛ^{31}tei^{55}ɕiə^{213}ɕia^{0}tɕʰy^{0}
博山	才写［了］一半呃，还得写啊。 tsʰɛ^{53}ɕiə^{213}i^{213}pã^{55}ə^{0}，xɛ^{53}tei^{0}ɕiə^{213}a^{0}
张店	才写一半儿，还得写［啊］。 tsʰɛ^{55}ɕiə^{55}i^{33}pɛ^{31}，xã^{55}tei^{55}ɕiə^{213}

续表

	0029只写了一半，还得写下去。
阳谷	才写唠一半儿，还得写下去。 tsʰɛ^{42}ɕiə^{13}lɔ^{0}i^{13}pɐr^{313}，xɛ^{42}tei^{0}ɕiə^{13}ɕia^{31}tɕʰy^{0}
梁山	就写唠一半儿，还得望下写。 tsəu^{31}ɕiə^{55}lɔ^{0}i^{23}pɐr^{314}，xɛ^{42}tei^{0}uɑŋ^{31}ɕia^{31}ɕiə^{55}
菏泽	就写了一半儿，还得写下去。 tɕiou^{31}ɕiɛ^{44}lə^{0}i^{44}pɐr^{312}，xɛ^{53}tei^{213}ɕiɛ^{44}ɕia^{31}tɕʰy^{0}
曹县	只写了一半儿，还得写下去。 tsɿ^{21}ɕiə^{44}lə^{0}i^{213}pɐr^{312}，xai^{53}tei^{0}ɕiə^{44}ɕia^{0}tɕʰi^{0}
金乡	刚写唠一半儿，还得写。 tɕiɑŋ^{21}ɕiə^{23}lɔ^{0}i^{23}pɐr^{312}，xɛ^{42}tei^{21}ɕiə^{55}
曲阜	才写了一半儿，还得望下写。 tsʰɛ^{42}ɕiə^{213}lə^{0}i^{23}pɐr^{312}，xɛ^{42}tei^{213}uaŋ^{31}ɕia^{31}ɕiə^{55}
薛城	才写了一半儿，还得接着写。 tsʰɛ^{55}ɕiə^{24}lə^{0}i^{23}pɐr^{41}，xɛ^{55}te^{0}tɕiə^{31}tsə^{0}ɕiə^{24} 才写了一半儿，还得写下去。 tsʰɛ^{55}ɕiə^{24}lə^{0}i^{23}pɐr^{41}，xɛ^{55}te^{0}ɕiə^{24}ɕia^{0}tɕʰy^{0}
郯城	刚写了一半儿，还得写。 tɕiɑŋ^{21}ɕiə^{24}lə^{0}i^{21}pɐr^{51}，xɛ^{44}te^{21}ɕiə^{24}
临沂	就写了一半儿，还得望下写。 tɕiou^{31}ɕiə^{214}lə^{0}i^{24}pɐr^{312}，xɛ^{53}tei^{214}uã^{31}ɕia^{31}ɕiə^{55}

	0030你才吃了一碗米饭，再吃一碗吧。
荣成	你才吆=了一碗米儿，再吆=一碗吧。 ni^{21}tsʰai^{33}tai^{214}lə^{0}i^{21}uan^{35}miər^{21}，tsai^{33}tai^{21}i^{0}uan^{21}pa^{0}
烟台	你才吆=了一碗干饭，再吆=一碗吧。 ȵi^{21}tsʰɛ^{33}tɛ^{21}lə^{0}i^{33}uan^{14}kan^{53}fan^{0}，tsɛ^{33}tɛ^{21}i^{33}uan^{21}pa^{0}
栖霞	你才吆=儿一碗干饭，再吆=一碗儿。 ȵi^{21}tsʰɛi^{34}tɐr^{21}i^{52}uãn^{34}kãn^{52}fãn^{0}，tsɛi^{52}tɛi^{21}i^{52}uɐr^{214}
长岛	你才吃了一碗干饭，再吃一碗吧。 ȵi^{21}tsʰai^{52}tʃʰɿ^{21}lə^{0}i^{52}uan^{35}kan^{31}fan^{52}，tsai^{52}tʃʰɿ^{35}i^{52}uan^{213}pa^{0}
海阳	你才吃了一碗干饭，再吃碗吧。 ȵi^{21}tθʰɛ^{34}tsʰɿ^{21}lə^{0}i^{34}uã^{34}kã^{52}fã^{0}，tθɛ^{52}tsʰɿ^{34}uã^{52}pa^{0}
莱西	你才吃了一碗饭，再吃碗吧。 ȵi^{55}tsʰɛ^{42}tʃʰɿ^{24}lə^{0}i^{214}uã^{55}fã^{42}，tsɛ^{42}tʃʰɿ^{55}uã^{0}pa^{0}

续表

	0030你才吃了一碗米饭，再吃一碗吧。
平度	你才吃了一碗饭，再吃碗吧。 ȵi^{55}tθʰε^{213}tʃʰʅ^{45}lə^{0}i^{213}uã^{55}fã^{42}，tθε^{213}tʃʰʅ^{55}uã^{0}pa^{0}
青岛	你就吃了一碗干饭，再吃一碗吧。 ȵi^{55}tsiou^{42}tʃʰʅ^{55}lə^{0}i^{213}uã^{55}kã^{213}fã^{42}，tθε^{213}tʃʰʅ^{55}i^{213}uã^{55}pɑ^{0}
高密	你才吃哩一碗干饭，再吃碗吧。 ȵi^{55}tθʰε^{42}tʃʰʅ^{213}li^{0}i^{55}uã^{55}kã^{21}fã^{0}，tθε^{21}tʃʰʅ^{55}uã^{55}pɑ^{0}
诸城	你才吃哩一碗干饭，再吃碗吧。 ȵi^{44}tθʰε^{53}tʃʰʅ^{44}li^{0}i^{44}uã^{44}kã^{31}fã^{0}，tθε^{213}tʃʰʅ^{44}uã^{44}pa^{31}
沂水	你就吃唠一碗米饭，再吃碗　。 ni^{44}dziou^{21}tʃʰʅ^{213}lɔ^{0}i^{213}uã^{44}mi^{44}fã^{31}，dðε^{31}tʃʰʅ^{44}uã^{213}pε^{0}
临朐	你才吃咧一碗米饭，再吃一碗吧。 ȵi^{33}tθʰε^{53}tʃʰʅ^{213}liə^{0}i^{213}uã^{44}mi^{44}fã^{21}，tθε^{213}tʃʰʅ^{213}i^{0}uã^{213}pa^{0}
日照	你就吃哩一碗干饭，再吃碗吧。 ni^{44}ȶiou^{31}tʃʰʅ^{213}li^{0}i^{213}uã^{44}kã^{31}fã^{0}，tε^{213}tʃʰʅ^{213}uã^{0}pɑ^{0}
莒南	你才吃了一碗干饭，再吃碗吧。 ni^{55}tθʰε^{53}tʃʰʅ^{21}lə^{0}i^{13}uã^{55}kã^{21}fã^{0}，tθε^{31}tʃʰʅ^{213}uã^{55}pa^{0}
潍坊	你才吃哩一碗干饭，再吃一碗吧。 ȵi^{55}tsʰε^{53}tʂʰʅ^{214}li^{0}i^{214}uã^{55}kã^{31}fã^{0}，tsε^{24}tʂʰʅ^{214}i^{0}uã^{55}pɑ^{0}
寿光	你才吃了一碗干饭，再吃一碗咩。 ȵi^{55}tsʰε^{53}tʂʰʅ^{213}liɔ^{0}i^{213}uã^{55}kã^{31}fã^{0}，tsε^{55}tʂʰʅ^{213}i^{0}uã^{55}pã^{0}
高青	你才吃了一碗饭，再来一碗。 ȵi^{55}tsʰε^{41}tʂʰʅ^{213}lə^{0}i^{55}uã^{55}fã^{41}，tsε^{41}lε^{35}i^{0}uã^{55}
阳信	你才吃哩一碗米饭，再吃碗嗵。 ȵi^{55}tsʰε^{43}tʂʅ^{31}li^{0}i^{213}uã^{55}mi^{55}fã^{31}，tsε^{31}tʂʰʅ^{213}uã^{55}piã^{0}
济阳	你才吃了一碗大米饭，再吃一碗吧。 ȵi^{55}tsʰε^{55}tʂʰʅ^{21}lə^{0}i^{55}uã^{21}ta^{31}mi^{0}fã^{31}，tsε^{55}tʂʰʅ^{0}i^{213}uã^{55}pa^{0}
利津	你才吃哩一碗米饭，再吃一碗吧。 ȵi^{55}tsʰε^{53}tʂʰʅ^{24}li^{0}i^{24}uã^{55}mi^{55}fã^{31}，tsε^{24}tʂʰʅ^{44}i^{24}uã^{55}pa^{0}
乐陵	你刚吃嘞一碗米饭，再吃一碗咩。 ȵi^{55}kɑŋ^{24}tʂʰʅ^{212}liou^{0}i^{212}uã^{55}mi^{55}fã^{51}，tsε^{31}tʂʰʅ^{212}i^{0}uã^{55}pã^{0}
商河	你才吃哩一碗饭，再吃碗吧。 ȵi^{45}tsʰε^{54}tʂʰʅ^{213}li^{0}i^{213}uã^{45}fã^{31}，tsε^{31}tʂʰʅ^{45}uã^{0}pɑ^{0}
平原	你才吃了一碗饭，再来一碗。 ȵi^{21}tsʰεi^{42}tʂʰʅ^{21}lə^{0}i^{42}uã^{55}fã^{21}，tsεi^{21}lεi^{55}i^{0}uã^{55}

续表

	0030你才吃了一碗米饭，再吃一碗吧。
德州	你才吃了一碗米饭，再吃一碗吧。 ȵi^{55}tsʰɛ^{42}tʂʰʅ^{21}lə^{0}i^{21}uã^{0}mi^{55}fã^{21}，tsɛ^{21}tʂʰʅ^{213}i^{21}uã^{55}pa^{0}
武城	你才吃唠一碗饭，再来一碗。 ȵi^{55}tsʰɛ^{53}tʂʰʅ^{312}lɔ^{0}i^{21}uã^{55}fã^{312}，tsɛi^{21}lɛ^{55}i^{0}uã^{55}
临清	你才吃了一碗米饭，再吃一碗吧。 ȵi^{44}tsʰai^{53}tʂʰʅ^{13}lə^{0}i^{31}uan^{44}mi^{44}fan^{31}，tsai^{31}tʂʰʅ^{13}i^{13}uan^{44}pa^{0}
冠县	你才吃了一碗米饭，你再吃一碗吧。 ȵi^{55}tsʰɛ^{53}tʂʰʅ^{13}lə^{0}i^{13}uã^{0}mi^{55}fã^{314}，ȵi^{55}tsɛ^{31}tʂʰʅ^{13}i^{13}uã^{55}pa^{0}
聊城	你才吃了一碗饭，再吃碗吧。 ȵi^{44}tsʰɛ^{53}tsʰʅ^{13}lə^{0}i^{13}uã^{44}fã^{313}，tsɛ^{31}tsʰʅ^{13}uã^{44}pa^{0}
济南	你就吃唠一碗干饭，再来一碗儿吧。 ȵi^{55}tɕiou^{21}tʂʅ^{21}lɔ^{0}i^{213}uã^{55}kã^{23}fã^{21}，tsɛ^{21}lɛ^{42}i^{21}uɛr^{0}pa^{0}
泰安	你才吃唠一碗米饭，再吃一碗吧。 ȵi^{213}tsʰɛ^{42}tʂʰʅ^{21}lɔ^{0}i^{213}uã^{55}mi^{55}fã^{21}，tsɛ^{213}tʂʰʅ^{21}i^{0}uã^{55}pa^{0}
莱芜	你才吃了一碗米饭，再吃一碗吧。 ȵi^{31}tsʰɛ^{55}tʃʰʅ^{31}liɔ^{0}i^{213}uã^{55}mi^{213}fã^{42}，tsɛ^{31}tʃʰʅ^{213}i^{213}uã^{55}pa^{0}
新泰	你才吃唠一碗饭，再吃碗吧。 ȵi^{213}tθʰɛ^{42}tʃʰʅ^{21}lɔ^{0}i^{23}uã^{0}fã^{31}，tθɛ^{45}tʃʰʅ^{21}uã^{213}pa^{0}
沂源	你才吃了一碗饭，再吃一碗吧。 ȵi^{55}tθʰɛ^{55}tʃʰʅ^{21}lə^{0}i^{23}uã^{55}fã^{31}，tθɛ^{31}tʃʰʅ^{55}i^{13}uã^{55}pa^{0}
博山	你才吃［呃］一碗米饭，再吃一碗咩。 ȵi^{55}tsʰɛ^{0}tʂʰʅ^{213}i^{213}uã^{55}mi^{55}fã^{31}，tsɛ^{31}tʂʰʅ^{213}i^{213}uã^{55}pã^{0}
张店	你才吃了一碗饭，再吃碗咩。 ȵi^{55}tsʰɛ^{31}tʂʰʅ^{33}liɔ^{0}i^{33}uã^{55}fã^{31}，tsɛ^{213}tʂʰʅ^{33}uã^{55}pã^{0}
阳谷	你才吃唠一碗饭，再吃碗　。 ȵi^{55}tsʰɛ^{42}tsʰʅ^{31}lɔ^{0}i^{13}uã^{55}fã^{213}，tsɛ^{31}tsʰʅ^{13}uã^{55}pɛ^{0}
梁山	你刚吃唠一碗米饭，要不再吃碗吧。 ȵi^{55}tɕiaŋ^{23}tsʰʅ^{21}lɔ^{0}i^{23}uã^{55}mi^{55}fã^{314}，iɔ^{31}pu^{0}tsɛ^{31}tsʰʅ^{23}uã^{55}pa^{0}
菏泽	你就吃喽一碗米，再吃一碗吧。 ȵi^{44}tɕiou^{31}tsʰʅ^{21}lou^{0}i^{213}uã^{53}mi^{44}，tsɛ^{31}tsʰʅ^{213}i^{213}uã^{44}pa^{0}
曹县	你才吃了一碗米饭，再吃一碗吧。 ȵi^{44}tsʰai^{53}tʂʰʅ^{21}lə^{0}i^{21}uã^{44}mi^{44}fã^{31}，tsai^{31}tʂʰʅ^{213}i^{21}uã^{44}pa^{0}
金乡	你才吃唠一碗米饭，再吃一碗吧。 ȵi^{55}tsʰɛ^{42}tsʰʅ^{21}lɔ^{0}i^{21}uã^{55}mi^{55}fã^{312}，tsɛ^{31}tsʰʅ^{23}i^{0}uã^{55}pa^{0}

续表

	0030 你才吃了一碗米饭，再吃一碗吧。
曲阜	你才吃了一碗米饭，再吃点儿吧。 ȵi^{55}tsʰɛ^{42}tsʰʅ^{21}lə^{0}i^{21}uã^{55}mi^{55}fã^{312}，tsɛ^{31}tsʰʅ^{23}tiɛr^{0}pa^{0}
薛城	你才吃了一碗大米干饭，再吃碗吧。 ȵi^{24}tsʰɛ^{55}tsʰʅ^{31}lə^{0}i^{31}uã^{24}ta^{41}mi^{55}kã^{23}fã^{41}，tsɛ^{41}tsʰʅ^{31}uã^{24}pa^{0}
郯城	你才吃一碗儿米饭，你再吃一碗儿。 ȵi^{24}tsʰɛ^{44}tʂʰʅ^{21}i^{21}uɛr^{24}mi^{24}fã^{51}，ȵi^{24}tsɛ^{51}tʂʰʅ^{13}i^{21}uɛr^{24}
临沂	你才吃了一碗，再吃碗吧。 ȵi^{55}tsʰɛ^{53}tʃʰʅ^{21}lə^{0}i^{24}uã^{55}，tsɛ^{31}tʃʰʅ^{24}uã^{55}pa^{0}

	0031 让孩子们先走，你再把展览仔仔细细地看一遍。
荣成	叫小孩儿先走，你再把展览好生地看一看。 ciau^{33}siau^{21}xɐr^{35}sian^{53}tsəu^{214}，ni^{21}tsai^{33}pa^{0}tʃan^{35}lan^{214}xau^{214}ʂəŋ^{0}ti^{0}kʰan^{33}i^{0}kʰan^{33}
烟台	叫孩子先走，你再好儿好儿看一遍。 tɕiau^{33}xɛ^{33}ɾə^{0}ɕian^{53}tsou^{14}，ȵi^{14}tsɛ^{33}xaur^{14}xaur^{53}kʰan^{33}i^{0}pian^{33}
栖霞	让孩子先走，你再把展览好生儿看一遍。 iɑŋ^{52}xɛi^{34}lə^{0}ʃiãn^{52}tsəu^{214}，ȵi^{21}tsɛi^{52}pa^{21}tʃãn^{21}lãn^{0}xɔo^{34}sə̃r^{52}kʰãn^{52}i^{0}piãn^{52}
长岛	叫孩子们先走，你再把展览仔细地看一遍。 ciau^{31}xai^{55}tsʅ^{0}mən^{0}ʃan^{52}tsou^{213}，ȵi^{21}tsai^{52}pa^{55}tʃan^{35}lan^{213}tsʅ^{35}ʃʅ^{52}ti^{0}kʰan^{52}i^{0}pian^{52}
海阳	叫孩子先走吧，你再把展览好生儿看一遍。 cɪɔ^{53}xɛ^{34}ə^{0}siã^{55}tθəu^{21}pa^{0}，ȵi^{21}tθɛ^{52}pa^{34}tsã^{21}lã^{52}xɔ^{21}ʂə̃r^{52}kʰã^{34}i^{0}piã^{34}
莱西	叫孩子们先走，你把展览再好好儿地看看。 ciɔ^{55}xɛ^{45}tsʅ^{0}mə̃^{0}ʃiã^{214}tsou^{55}，ȵi^{55}pa^{42}tʃã^{24}lã^{0}tsɛ^{42}xɔ^{55}xɔr^{45}tə^{0}kʰã^{42}kʰã^{0}
平度	叫孩子们先走，你再把展览好好地看看。 ciɔ^{42}xɛ^{45}tθʅ^{0}mə̃^{0}siã^{213}tθou^{55}，ȵi^{55}tθɛ^{213}pa^{0}tʃã^{45}lã^{42}xɔ^{45}xɔ^{45}ti^{0}kʰã^{213}kʰã^{0}
青岛	叫孩子们先走，你把展览再好好地瞅一遍。 tɕiɔ^{42}xɛ^{55}tθʅ^{0}mẽ^{0}siã^{213}tθou^{55}，ȵi^{55}pɑ^{42}tʃã^{42}lã^{55}tθɛ^{213}xɔ^{55}xɔ^{0}ti^{0}tʃʰou^{55}i^{55}piã^{42}
高密	让孩子们先走，你再把展览好好看一遍。 iɑŋ^{21}xɛ^{55}tθʅ^{0}mə̃^{0}siã^{213}tθou^{55}，ȵi^{55}tθɛ^{21}pɑ^{55}tʃã^{42}lã^{55}xɔ^{23}xɔ^{0}kʰã^{42}i^{0}piã^{21}
诸城	叫孩子们先走，你再把展览好生儿地看一遍。 tʃɔ^{31}xɛ^{24}tθʅ^{0}mẽ^{0}θiã^{213}tθou^{44}，ȵi^{44}tθɛ^{44}pa^{44}tʃã^{44}lã^{44}xɔ^{213}ʂɑ̃r^{0}ʈi^{0}kʰã^{44}i^{0}piã^{31}
沂水	叫孩子们先走，你再看末⁼儿展览。 tɕiɔ^{31}xɛ^{24}dðʅ^{0}mẽ^{0}siã^{213}dðou^{44}，ni^{44}dðɛ^{213}kʰã^{31}mər^{31}dʒã^{53}lã^{44}
临朐	叫孩子们先走，你把展览再好好看一遍儿。 tɕiɔ^{21}xɛ^{35}tθʅ^{0}mə̃^{0}ɕiã^{213}tθəu^{44}，ȵi^{44}pa^{21}tʃã^{44}lã^{44}tθɛ^{213}xɑŋ^{213}xɑŋ^{0}kʰã^{44}i^{0}piɛr^{21}

续表

	0031 让孩子们先走，你再把展览仔仔细细地看一遍。
日照	先叫孩子们走吧，你把展览再细米巴糠儿地看遍。细米巴糠儿地：仔细地 θiã^{213}tʃiɔ^{31}xɛ^{44}tθɿ^{0}mẽ^{0}tθou^{44}pɑ^{0}，ni^{44}pɑ^{31}tʃiã^{53}lã^{44}tɛ^{213}θi^{31}mi^{44}pɑ^{213}kʰɑ̃r^{31}ti^{0}kʰã^{31}piã^{31}
莒南	叫孩子先走，你再把展览好好地看一遍儿。 tɕiɔ^{31}xɛ^{24}tθɿ^{0}ɕiã^{213}tθou^{55}，ni^{55}tθɛ^{13}pa^{31}tʃɑ̃^{53}lã^{55}xɔ^{213}xɔ^{0}ti^{0}kʰã^{42}i^{0}piɛr^{312}
潍坊	叫孩子们先走，你再把展览细密儿密儿地看看。 tɕiɔɤ^{31}xɛ^{35}tsɿ^{0}mẽ^{0}ɕiã^{214}tsɤɯ^{55}，ȵi^{55}tsɛ^{24}pɑ^{31}tʂã^{53}lã^{55}ɕi^{31}mier^{214}mier^{31}ti^{0}kʰã^{31}kʰã^{0}
寿光	叫孩子们先走，你把展览再细详地看一遍。 tɕiɔ^{21}xɛ^{35}tsɿ^{0}mə̃^{0}ɕiã^{213}tsəu^{55}，ȵi^{55}pa^{21}tʂã^{53}lã^{55}tsɛ^{213}ɕi^{55}ɕiɑŋ^{0}ti^{0}kʰã^{55}i^{0}piã^{21}
高青	你让孩子们先走，你把展览再仔仔细细地看一遍。 ȵi^{55}ʐɑŋ^{41}xɛ^{35}tsɿ^{0}mə̃^{0}ɕiã^{213}tsou^{55}，ȵi^{55}pɑ^{55}tʂã^{55}lã^{55}tsɛ^{41}tsɿ^{213}tsɿ^{0}ɕi^{41}ɕi^{0}ti^{0}kʰã^{41}i^{0}piã^{0}
阳信	让孩子们先走，你再码⁼展览仔仔细细地看一遍。 ʐɑŋ^{31}xɛ^{45}tsɿ^{0}mə̃^{0}ɕiã^{213}tsou^{55}，ȵi^{55}tsɛ^{31}ma^{55}tʂã^{55}lã^{55}tsɿ^{55}tsɿ^{0}ɕi^{31}ɕi^{31}ti^{0}kʰã^{55}i^{0}piã^{31}
济阳	让这些孩子先走，你再把展览仔麻细儿地看一遍吧。 ʐɑŋ^{31}tʂə^{31}ɕiə^{213}xɛ^{24}tsɿ^{0}ɕiã^{213}tsou^{55}，ȵi^{55}tsɛ^{55}pa^{0}tʂã^{54}lã^{55}tsɿ^{21}ma^{24}ɕier^{31}ti^{0}kʰã^{55}i^{0}piã^{31}pa^{0}
利津	叫孩子们先走，你再把展览好好看看。 tɕiɔ^{31}xɛ^{55}tsɿ^{0}mẽ^{0}ɕiã^{213}tsou^{55}，ȵi^{55}tsɛ^{213}pa^{55}tʂã^{55}lã^{53}xɔ^{55}xɔ^{55}kʰã^{31}kʰã^{0}
乐陵	叫孩子们先走，你再把展览仔细地看一遍儿。 tɕiɔ^{31}xɛ^{55}tsɿ^{0}mẽ^{0}ɕiã^{212}tsou^{55}，ȵi^{55}tsɛ^{51}pɑ^{55}tʂã^{55}lã^{55}tsɿ^{55}ɕi^{51}ti^{0}kʰã^{55}i^{0}piɛr^{51}
商河	让孩子们先走，你再把展览好好地看一遍。 ʐɑŋ^{31}xɛ^{24}tsɿ^{0}mẽ^{0}ɕiã^{213}tsou^{45}，ȵi^{45}tsɛ^{31}pɑ^{0}tʂã^{54}lã^{45}xɔ^{54}xɔ^{45}ti^{0}kʰã^{54}i^{0}piã^{31}
平原	叫孩子们先走吧，你把展览再看一遍。 tɕiɔu^{21}xɛi^{55}tsɿ^{0}mẽ^{0}ɕiã^{212}tsou^{55}pa^{0}，ȵi^{55}pa^{0}tʂã^{212}lã^{42}tsɛi^{21}kʰã^{42}i^{0}piã^{21}
德州	让孩子们头走，你把展览仔仔细细地再看一遍。 ʐɑŋ^{21}xɛ^{55}tsɿ^{0}mẽ^{0}tʰou^{42}tsou^{55}，ȵi^{55}pa^{21}tʂã^{42}lã^{55}tsɿ^{213}tsɿ^{0}ɕi^{42}ɕi^{0}ti^{0}tsɛ^{21}kʰã^{42}i^{0}piã^{21}
武城	让孩子们先走，你再把展览好好地看一遍。 lɑŋ^{21}xɛ^{55}tsɿ^{0}mẽ^{0}ɕiã^{21}tsou^{55}，ȵi^{55}tsɛ^{0}pa^{0}tʂã^{53}lã^{55}xɔ^{53}xɔ^{24}ti^{0}kʰã^{53}i^{0}piã^{0}
临清	叫孩子们先走，你再把展览仔仔细细地看一遍。 tɕiau^{31}xai^{44}tsɿ^{0}men^{0}ɕian^{13}tsou^{44}，ȵi^{44}tsai^{31}pa^{44}tʂan^{53}lan^{44}tsɿ^{44}tsɿ^{0}ɕi^{53}ɕi^{0}tə^{0}kʰan^{31}i^{0}pian^{313}
冠县	让孩子们先走，你仔细把展览再看一遍。 ʐɑŋ^{31}xɛ^{53}tsɿ^{0}mẽ^{0}siã^{13}tsou^{55}，ȵi^{55}tsɿ^{55}si^{31}pa^{31}tʂã^{53}lã^{55}tsɛ^{31}kʰã^{24}i^{0}piã^{31}
聊城	叫孩子们头里走，你再把展览仔细看一遍。 tɕiɔ^{31}xɛ^{44}tsɿ^{0}mẽ^{0}tʰou^{44}li^{0}tsou^{44}，ȵi^{44}tsɛ^{31}pa^{0}tsã^{53}lã^{44}tsɿ^{44}ɕi^{31}kʰã^{53}i^{0}piã^{53}
济南	叫这些孩子先走，你再把展览仔把细儿地看一遍。 tɕiɔ^{21}tʂə^{21}ɕiə^{0}xɛ^{445}tsɿ^{0}ɕiã^{213}tsou^{55}，ȵi^{55}tsɛ^{21}pa^{55}tʂã^{42}lã^{55}tsɿ^{42}pa^{55}ɕier^{21}ti^{0}kʰã^{55}i^{0}piã^{21}

续表

	0031 让孩子们先走，你再把展览仔仔细细地看一遍。
泰安	叫孩子们头里走，你把展览再仔么细儿地看一遍。 tɕiɔ21xɛ55tsɿ0mei0tou55li0tsou55，ȵi55pa21tʂã42lã55tsɛ21tsɿ213ma0ɕier55ti0kʰã42i0piã21
莱芜	叫孩子们先走，你再把展览仔仔细细地看一遍。 tɕiɔ31xɛ13tsɿ0mẽ0ɕiã213tsou55，ȵi55tsɛ0pa55tʃã213lã0tsɿ55tsɿ0ɕi31ɕi42ti0kʰã42i31piã0
新泰	叫孩子先走，你把那展览再杭⁼杭⁼着看一遍。 tɕiɔ21xɛ45tθɿ0ɕiã23tθou213，ȵi55pa55na0tʃã42lã55tθɛ31xɑŋ45xɑŋ0tʃə0kʰã31i21piã0
沂源	叫孩子们先走，你再把展览好好看一遍。 tɕiɔ31xɛ35tθɿ0mə̃0ɕiã213tθou55，ȵi55tθɛ31pa31tʃã55lã55xɔ21xɔ0kʰã55i0piã31
博山	叫小孩们先走，你再把展览好生生地看一遍。 tɕiɔ31ɕiɔ55xɛ35mẽ0ɕiã213tsəu55，ȵi55tsɛ31pɑ31tʂã53lã55xɔ213ʂəŋ0ʂəŋ21ti0kʰã31i0piã31
张店	先叫孩子们走，你再把展览好好地看看。 ɕiã213tɕiɔ31xɛ35ɿ0mə̃0tsou55，ȵi55tsɛ213pɑ31tʂã55lã55xɔ55xɔ213ti0kʰã31kʰã31
阳谷	叫孩子们先走，你再把展览仔仔细细看一遍。 tɕiɔ31xɛ55tsɿ0mẽ0ɕiã13tsou55，ȵi55tsɛ13pa31tsã55lã42tsɿ55tsɿ0ɕi42ɕi0kʰã31i13piã313
梁山	叫孩子们先走，你再把展览好儿好儿地看看。 tɕiɔ31xɛ55tsɿ0mẽ0ɕiã23tsou55，ȵi55tsɛ31pa31tsã42lã55xɔr55xɔr55li0kʰã31kʰã0
菏泽	叫小孩儿先走，你再把展览好儿好儿地看一遍。 tɕiɔ31ɕiɔ44xɛr53ɕiã213tsou44，ȵi44tsɛ31pa44tsã53lã44xɔr44xɔr21lɛ0kʰã31i213piã31
曹县	让孩子们先走，你再把展览仔仔细细地看一遍。 zɑŋ31xai53tsɿ0mẽ0ɕiã21tsou44，ȵi44tsai31pa44tʂã53lã44tsɿ44tsɿ0ɕi31ɕi0tɤ0kʰã31i0piã31
金乡	叫小孩儿们儿头里走，你再把展览好好地看一遍。 tɕiɔ31ɕiɔ213xɛr55mer0tʰou55li0tsou55，ȵi55tsɛ23pa31tsã42lã55xɔ42xɔ55li0kʰã31i0piã312
曲阜	叫孩子们先走，你把展览再仔细地看一遍。 tɕiɔ31xɛ55tsɿ0mẽ0ɕiã21tsou55，ȵi55pa31tsã42lã55tsɛ31tsɿ35ɕi0ti0kʰã31i23piã312
薛城	让孩子们先走，你再好儿好儿地把展览看一遍。 zɑŋ41xɛ55tsɿ0mẽ0ɕiã31tsou24，ȵi24tsɛ41xɔr54xɔr24li0pa41tsã55lã24kʰã41i0piã41
郯城	让孩子先走，你再把展览细看看。 ʐɑŋ51xɛ44tsɿ0ɕiã21tsəu24，ȵi24tsɛ51pa51tʂã44lã24ɕi51kʰã51kʰã0
临沂	叫孩子先走，你仔细再看遍展览。 tɕiɔ31xɛ55tsɿ0ɕiã24tsou55，ȵi55tsɿ55ɕi31tsɛ31kʰã31piã0tʃã55lã55

	0032 他在电视机前看着看着睡着了。
荣成	他望电视望着望着就睡着了。 tʰa53mɑŋ53tian33ʂʅ33mɑŋ53tʂə0mɑŋ53tʂə0tsiəu33ʂuei33tʂo53lə0

续表

	0032 他在电视机前看着看着睡着了。
烟台	他看着电视睡着了。 tʰa^{53}kʰan^{33}ɾə^{0}tian^{53}sʅ^{33}suei^{33}ɾə^{0}lə^{0}
栖霞	他看看电视就睡了。 tʰa^{34}kʰɑŋ^{52}kʰɑŋ^{52}tiãn^{52}sʅ^{52}tʃiəu^{52}suei^{34}lə^{0}
长岛	他看着电视睡着了。 tʰa^{21}kʰan^{52}tʃə^{0}tian^{52}sʅ^{52}suei^{52}tʃuə^{55}lə^{0}
海阳	他看着电视睡了。 tʰa^{52}kʰã^{52}ə^{0}tiã^{52}ʂʅ^{34}ʂuei^{34}lə^{0}
莱西	他在电视机前看着看着就睡了。 tʰa^{214}tsɛ^{42}tiã^{42}ʃʅ^{42}ci^{214}tʃʰiã^{42}kʰã^{42}tsə^{0}kʰã^{42}tsə^{0}tʃiou^{42}suei^{45}lə^{0}
平度	他看着电视就困着了。 tʰa^{55}kʰã^{42}tʂə^{0}tiã^{213}ʂʅ^{42}tsiou^{213}kʰuə̃^{42}tʂə^{0}lə^{0}
青岛	他看着看着电视就困着了。 tʰə^{55}kʰã^{42}tʂə^{0}kʰã^{42}tʂə^{0}tiã^{213}ʃʅ^{42}tsiou^{213}kʰuẽ^{42}tʂə^{0}lə^{0}
高密	他看着看着电视困着了。 tʰə^{55}kʰã^{42}tʂə^{0}kʰã^{42}tʂə^{0}tiã^{23}ʂʅ^{21}，kʰuə̃^{42}tʂə^{0}lə^{0}
诸城	他歹⁼电视机前看着看着困着了。 tʰa^{44}tɛ^{44}ȶiã^{31}ʂʅ^{31}tʃʅ^{213}tθʰiã^{53}kʰã^{44}tʂə^{0}kʰã^{44}tʂə^{0}kʰuẽ^{44}tʂə^{0}lə^{0}
沂水	他一面儿看着电视困着唠。"面儿"读为"末儿" tʰa^{44}i^{24}mər^{31}kʰã^{44}tʂə^{0}tiã^{31}ʂʅ^{31}kuẽ^{44}tʂə^{0}lɔ^{0}
临朐	他看电视看着看着困着咧。 tʰa^{44}kʰã^{21}tiã^{21}ʂʅ^{21}kʰã^{44}tʂuə^{0}kʰã^{44}tʂuə^{0}kʰuə̃^{44}tʂuə^{0}liə^{0}
日照	他看着看着电视就困着啦。 tʰɑ^{44}kʰã^{53}tʂʅ^{0}kʰã^{53}tʂʅ^{0}tiã^{31}ʂʅ^{31}ȶiou^{31}kʰuẽ^{53}tʂʅ^{0}lɑ^{0}
莒南	他看电视看着看着睡了。 tʰa^{55}kʰã^{31}tiã^{13}ʂʅ^{31}kʰã^{42}tʂə^{0}kʰã^{42}tʂə^{0}ʂuei^{42}lə^{0}
潍坊	他看着看着电视就困着咧。 tʰɑ^{214}kʰã^{55}tʂuə^{0}kʰã^{55}tʂuə^{0}tiã^{24}ʂʅ^{31}tɕiɤɯ^{31}kʰuẽ^{55}tʂuə^{0}liə^{0}
寿光	他看电视看着看着就困着囒。 tʰa^{55}kʰã^{21}tiã^{213}ʂʅ^{21}kʰã^{55}tʂuə^{0}kʰã^{55}tʂuə^{0}tɕiəu^{21}kʰuə̃^{55}tʂuə^{0}lã^{0}
高青	他看电视，看着看着就睡着了。 tʰɑ^{55}kʰã^{41}tiã^{41}ʂʅ^{41}，kʰã^{55}tʂə^{0}kʰã^{55}tʂə^{0}tɕiou^{41}ʂuei^{55}tʂuə^{0}lə^{0}
阳信	他歹⁼电视前头看着看着睡着咧。 tʰa^{55}tɛ^{55}tiã^{31}ʂʅ^{31}tɕʰiã^{45}tʰou^{0}kʰã^{55}tʂou^{0}kʰã^{55}tʂou^{0}ʂuei^{55}tʂou^{0}liə^{0}

续表

	0032 他在电视机前看着看着睡着了。
济阳	他看电视来呃，看了看了就睡着俩。 tʰa^{213}kʰã^{31}tiã^{31}ʂʅ^{55}lɛ^{0}ə^{0}，kʰã^{55}lə^{0}kʰã^{55}lə^{0}tɕiou^{31}ʂuei^{55}tʂɔ^{0}lia^{0}
利津	他待那里看电视，看着看着睡着了。 tʰa^{55}tɛ^{0}na^{55}li^{0}kʰã^{31}tiã^{24}ʂʅ^{31}，kʰã^{55}tʂɔ^{0}kʰã^{55}tʂɔ^{0}ʂuei^{55}tʂɔ^{0}lə^{0}
乐陵	他看着电视就睡着咧。 tʰɑ^{55}kʰã^{55}tʂou^{0}tiã^{24}ʂʅ^{51}tɕiou^{51}ʂuei^{55}tʂɔ^{0}liə^{0}
商河	他歹⁼电视机前看着看着睡着俩。 tʰɑ^{45}tɛ^{54}tiã^{31}ʂʅ^{31}tɕi^{21}tɕʰiã^{0}kʰã^{54}tʂou^{0}kʰã^{54}tʂou^{0}ʂuei^{54}tʂɔ^{0}liɑ^{0} 他看着看着电视睡着俩。 tʰɑ^{45}kʰã^{54}tʂou^{0}kʰã^{54}tʂou^{0}tiã^{24}ʂʅ^{31}ʂuei^{54}tʂɔ^{0}liɑ^{0}
平原	他待那看着电视就睡着俩。 tʰa^{55}tɛi^{21}na^{21}kʰã^{21}tʂou^{0}tiã^{23}ʂʅ^{21}tɕiou^{21}ʂuei^{42}tʂou^{0}lia^{0}
德州	他看电视看着看着睡着俩。 tʰa^{55}kʰã^{21}tiã^{213}ʂʅ^{21}kʰã^{42}tʂuə^{0}kʰã^{42}tʂuə^{0}ʂuei^{42}tʂɔ^{0}lia^{0}
武城	他看电视看着看着睡着㘓。 tʰa^{55}kʰã^{21}tiã^{21}ʂʅ^{224}，kʰã^{53}tʂɔ^{0}kʰã^{53}tʂɔ^{0}ʂuei^{53}tʂɔ^{0}lã^{0}
临清	他看着看着电视就睡着啦。 tʰa^{44}kʰan^{53}tʂə^{0}kʰan^{53}tʂə^{0}tian^{31}ʂʅ^{0}tɕiou^{0}ʂuei^{31}tʂau^{44}la^{0}
冠县	他在电视前边儿看着看着电视睡着了。 tʰa^{55}tsɛ^{31}tiã^{31}ʂʅ^{0}tɕʰiã^{53}pɐr^{0}kʰã^{53}tsə^{0}kʰã^{53}tsə^{0}tiã^{31}ʂʅ^{0}ʂuei^{31}tʂɔ^{53}lə^{0}
聊城	他在电视前看着看着就困着啦。 tʰa^{44}tsɛ^{31}tiã^{31}sʅ^{31}tɕʰiã^{53}kʰã^{53}tsə^{0}kʰã^{53}tsə^{0}tou^{13}kʰuẽ^{31}tsɔ^{44}la^{0}
济南	他歹⁼电视机跟前看着看着就迷瞪着俩。 tʰa^{55}tɛ^{55}tiã^{21}ʂʅ^{21}tɕi^{213}kẽ^{21}ɕiã^{0}kʰã^{55}tʂʅ^{0}kʰã^{55}tʂʅ^{0}tɕiou^{21}mi^{445}təŋ^{0}tʂɔ^{0}lia^{0}
泰安	他看着看着电视就睡着俩。 tʰa^{213}kʰã^{42}tʂʅ^{0}kʰã^{42}tʂʅ^{0}tiã^{21}ʂʅ^{21}tou^{21}ʂuei^{42}tʂuə^{0}lia^{0}
莱芜	他在电视机前看着看着睡着了。 tʰa^{213}tsɛ^{42}tiã^{31}ʃʅ^{31}tɕi^{213}tɕʰiã^{55}kʰã^{42}tʃə^{0}kʰã^{42}tʃə^{0}ʃuei^{13}tʃuə^{0}liɔ^{0}
新泰	他看着电视啊，看着看着就睡着俩。 tʰa^{21}kʰã^{42}tʃə^{0}tiã^{31}ʃʅ^{31}a^{0}，kʰã^{42}tʃə^{0}kʰã^{42}tʃə^{0}tɕiou^{21}fei^{23}tʃuə^{0}lia^{0}
沂源	他歹⁼电视机前看电视，看着看着睡着了。 tʰa^{213}tɛ^{55}tiã^{31}ʃʅ^{31}tɕi^{213}tɕʰiã^{55}kʰã^{31}tiã^{31}ʃʅ^{31}，kʰã^{55}tʃuə^{0}kʰã^{55}tʃuə^{0}ʃuei^{55}tʃuə^{0}lə^{0}
博山	他歹⁼电视机根儿呃，看着看着睡着唓。 tʰɑ^{213}tɛ^{55}tiã^{31}ʂʅ^{31}tɕi^{213}kei^{213}ə^{0}，kʰã^{55}tʂuə^{0}kʰã^{55}tʂuə^{0}ʂuei^{55}tʂuə^{0}liã^{0}

续表

	0032 他在电视机前看着看着睡着了。
张店	他看电视，看着看着就睡着嗹。 tʰɑ^{213}kʰã^{31}tiã^{31}ʂʅ^{31}，kʰã^{55}tʂuə^{0}kʰã^{55}tʂuə^{0}tɕi^{31}ʂuei^{55}tʂuə^{0}liã^{0}
阳谷	他看着看着电视就困着啦。 tʰa^{55}kʰã^{42}tsɿ^{0}kʰã^{42}tsɿ^{0}tiã^{31}sɿ^{213}tsou^{13}kʰuẽ^{31}tsuo^{55}la^{0}
梁山	他看着看着电视就睡着啦。 tʰa^{55}kʰã^{42}tsɿ^{0}kʰã^{42}tsɿ^{0}tiã^{31}sɿ^{314}tsou^{31}fei^{31}tsuə^{55}la^{0}
菏泽	他看着电视睡着啦。 tʰa^{44}kʰã^{31}tsuə^{0}tiã^{213}sɿ^{312}suei^{31}tsuə^{53}la^{0}
曹县	他在电视机前看着看着睡着啦。 tʰa^{44}tsai^{31}tiã^{31}sɿ^{0}tɕi^{213}tɕʰiã^{53}kʰã^{31}tʂə^{0}kʰã^{31}tʂə^{0}sei^{31}tʂuə^{53}la^{0}
金乡	他看着看着电视机就睡着啦。 tʰa^{213}kʰã^{42}tsɿ^{0}kʰã^{42}tsɿ^{0}tiã^{23}sɿ^{31}tɕi^{213}tɕiou^{23}suei^{31}tsuə^{55}la^{0}
曲阜	他看着看着电视就睡着啦。 tʰa^{213}kʰã^{42}tsɿ^{0}kʰã^{42}tsɿ^{0}tiã^{31}sɿ^{312}tɕiou^{31}suei^{31}tsuə^{55}la^{0}
薛城	他看着看着电视就睡着啦。 tʰa^{31}kʰã^{41}tsə^{0}kʰã^{41}tsə^{0}tiã^{41}sɿ^{41}tɕiou^{41}fe^{41}pfə^{55}la^{0}
郯城	他在电视机前看着看着睡着啦。 tʰa^{21}tsɛ^{51}tiã^{51}ʂʅ^{51}tɕi^{21}tɕʰiã^{44}kʰã^{51}tʂə^{0}kʰã^{51}tʂə^{0}fe^{51}tʂuə^{44}la^{0}
临沂	他看着看着电视睡着啦。 tʰa^{55}kʰã^{31}tʃə^{0}kʰã^{31}tʃə^{0}tiã^{31}ʃʅ^{31}ʃuei^{31}tʃuə^{55}la^{0}

	0033 你算算看，这点钱够不够花？
荣成	你算算望望，这点儿钱是不够花？ ni^{21}san^{33}san^{0}mɑŋ^{33}mə^{0}，tʃiɛ^{33}tiɐr^{0}tsian^{35}ʂʅ^{33}pu^{0}kəu^{33}xua^{53}？
烟台	你算计算计，这些钱够不够花？ ȵi^{21}san^{33}tɕi^{0}san^{33}tɕi^{0}，tɕie^{33}ɕie^{0}tɕʰian^{33}kou^{33}pu^{0}kou^{33}xua^{53}？
栖霞	你算算看，这俩钱儿够不够花？ ȵi^{21}sãn^{52}sãn^{0}kʰɛi^{52}，tʃə^{52}lia^{21}tʃʰiɐr^{34}kəu^{52}pu^{0}kəu^{52}xua^{312}？
长岛	你算算，这点儿钱够不够花？ ȵi^{21}san^{52}san^{0}，tʃə^{52}tiɐr^{0}tʃʰan^{55}kou^{52}pu^{0}kou^{55}xua^{31}？
海阳	你算算，这点儿钱够花儿吗？ ȵi^{21}θã^{34}θã^{0}，tsə^{34}tiɐr^{21}tsʰiã^{34}kəu^{34}xuar^{52}ma^{0}？
莱西	你算算，这点儿钱够不够？ ȵi^{55}sã^{42}sã^{0}，tʃə^{42}tiɛr^{55}tʃʰiã^{42}kou^{42}pu^{0}kou^{42}？

续表

	0033 你算算看，这点钱够不够花？
平度	你算算，这点儿钱够不够呃？ ȵi^{55}θã^{213}θã^{0}，tʃə^{213}tiɛr^{0}ts^{h}iã^{42}kou^{213}pu^{0}kou^{42}ə^{0}？
青岛	你合计合计，这点儿钱够不够花？ ȵi^{55}xuə^{45}tɕi^{0}xuə^{45}tɕi^{0}，tʃə^{42}tiɛr^{55}ts^{h}iã^{42}kou^{45}pu^{0}kou^{42}xuɑ^{213}？
高密	你码⁼啦码⁼啦，这点儿钱儿够了不够？ ȵi^{55}mɑ^{21}lɑ^{0}mɑ^{21}lɑ^{0}，tʃə^{21}tɛr^{55}ts^{h}iɛr^{42}kou^{42}lə^{0}pu^{55}kou^{21}？
诸城	你数算数算，这点儿钱够不够花的？ ȵi^{44}ʂu^{213}θuã^{0}ʂu^{213}θuã^{0}，tʃə^{31}tɛr^{44}tθ^{h}iã^{53}kou^{44}pu^{0}kou^{31}xua^{31}ȶi^{0}？
沂水	你纳⁼么纳⁼么，这点儿钱儿够花的吧？ ni^{44}na^{213}mə^{0}na^{213}mə^{0}，dʒə^{31}tiɛr^{44}ts^{h}iɛr^{53}kou^{31}xua^{21}ti^{0}pa^{0}？
临朐	你算算这么点儿钱儿够花的呃不？ ȵi^{44}θuã^{21}θuã^{0}tʃə^{44}mə^{0}tiɛr^{0}tɕ^{h}iɛr^{53}kəu^{21}xua^{21}ti^{0}ə^{0}pu^{0}？
日照	你数摸数摸，这两个钱儿够不够花的啊？ ni^{44}ʂu^{213}mu^{0}ʂu^{213}mu^{0}，tʃiə^{31}liɑŋ^{213}kə^{0}tθ^{h}ɛr^{53}kou^{53}pu^{0}kou^{31}xuɑ^{31}ti^{0}ɑ^{0}？
莒南	你算算这点儿钱儿够花啊？ ni^{55}θuã^{31}θuã^{0}tʃə^{31}trɛr^{55}tθ^{h}rɛr^{53}kou^{13}xua^{21}a^{0}？
潍坊	您算算，这么点儿钱儿还够呃吧？ ŋẽ^{55}suã^{53}suã^{0}，tʂə^{55}mə^{0}tiɐr^{0}tɕ^{h}iɐr^{53}xã^{53}kɤɯ^{55}ə^{0}pɑ^{0}？
寿光	你算算，这点儿钱够花呃啵？ ȵi^{55}suã^{21}suã^{0}，tʂə^{21}tɛr^{55}tɕ^{h}iã^{53}kəu^{21}xua^{213}ə^{0}pə^{0}？
高青	你算算这点儿钱够花的呃啵？ ȵi^{55}suã^{41}suã^{0}tʂə^{41}tiɛr^{55}tɕ^{h}iã^{55}kou^{41}xuɑ^{213}ti^{0}ə^{0}pə^{0}？
阳信	你算算，看看这点儿钱够花的吧？ ȵi^{55}suã^{31}suã^{0}，k^{h}ã^{31}k^{h}ã^{0}tʂə^{23}tɛr^{55}tɕ^{h}iã^{43}kou^{31}xua^{31}ti^{0}pa^{0}？
济阳	你看看这点儿钱儿够花的吧？ ȵi^{21}k^{h}ã^{31}k^{h}ã^{0}tʂə^{31}tiɛr^{0}tɕ^{h}iɛr^{55}kou^{31}xua^{21}ti^{0}pa^{0}？
利津	你算算这些钱够不够？ ȵi^{55}suã^{31}suã^{0}tʂə^{31}ɕiə^{0}tɕ^{h}iã^{53}kou^{55}pu^{0}kou^{31}？
乐陵	你算算，这些钱够唠　？ ȵi^{55}suã^{51}suã^{0}，tʂə^{51}ɕiə^{0}tɕ^{h}iã^{55}kou^{55}lɔ^{0}pɛ^{0}？
商河	你算算这点儿钱够不够啊？ ȵi^{45}suã^{31}suã^{0}tʂə^{31}tiɛr^{45}tɕ^{h}iã^{54}kou^{31}pu^{0}kou^{31}ɑ^{0}？
平原	你算算，这点儿钱儿够不够花？ ȵi^{55}suã^{42}suã^{0}，tʂə^{21}tiɐr^{0}tɕ^{h}iɐr^{42}kou^{42}pu^{0}kou^{21}xua^{213}？

续表

	0033你算算看，这点钱够不够花？
德州	你算算，这点儿钱够花的吧？ ȵi^{55}suã^{42}suã^{0}，tʂə^{21}tiɐr^{55}tɕʰiã^{42}kou^{21}xua^{21}ti^{0}pa^{0}？
武城	你算算，这点儿钱儿够花的吧？ ȵi^{55}suã^{312}suã^{0}，tʂə^{21}tiɐr^{55}tɕʰiɐr^{53}kou^{21}xua^{312}ti^{0}pa^{0}？
临清	你算算，这些钱够用了吧？ ȵi^{44}suan^{31}suan^{0}，tʂə^{31}ɕiə^{13}tɕʰian^{53}kou^{31}yŋ^{53}lə^{0}pa^{0}？
冠县	你算一算，这点儿钱够不够用？ ȵi^{55}suã^{24}i^{0}suã^{314}，tʂə^{31}tiɐr^{0}tɕʰiã^{53}kou^{31}pu^{0}kou^{31}yŋ^{314}？
聊城	你盘算盘算，这点儿钱够你花的吧？ ȵi^{44}pʰã^{44}suã^{0}pʰã^{44}suã^{0}，tsə^{31}tiɐr^{0}tɕʰiã^{53}kou^{31}ȵi^{44}xua^{13}ti^{0}pa^{0}？
济南	你母$^{=}$量母$^{=}$量，这点儿钱够使的吧？ ȵi^{55}mu^{213}liɑŋ^{0}mu^{213}liɑŋ^{0}，tʂə^{21}tiɐr^{55}tɕʰiã^{42}kou^{21}ʂʅ^{213}ti^{0}pa^{0}？
泰安	你合么合么，这点儿钱够不够？ ȵi^{55}xə^{55}mə^{0}xə^{55}mə^{0}，tʂə^{21}tiɐr^{55}tɕʰiã^{42}kou^{42}pu^{0}kou^{21}？
莱芜	你算算看，这点钱够花不够花啊？ ȵi^{55}suã^{55}suã^{0}kʰã^{42}，tʃə^{31}tiã^{0}tɕʰiã^{55}kou^{42}xua^{213}pu^{213}kou^{42}xua^{31}a^{0}？
新泰	你算算这些钱够花的吧？ ȵi^{55}θuã^{31}θuã^{0}tʃə^{31}ɕiə^{0}tɕʰiã^{42}kou^{31}xua^{21}ti^{0}pa^{0}？
沂源	你先算算，这点儿钱够不够用呃？ ȵi^{55}ɕiã^{13}θuã^{31}θuã^{0}，tʃə^{31}tiɛ^{55}tɕʰiã^{55}kou^{55}pu^{0}kou^{31}yŋ^{55}ə^{0}？
博山	你算算，这点儿钱够花呃不？ ȵi^{55}suã^{31}suã^{0}，tʂə^{31}tiɛ^{55}tɕʰiã^{55}kəu^{31}xuɑ^{21}ə^{0}pu^{0}？
张店	你算算，这点儿钱够花的吗？ ȵi^{55}suã^{31}suã^{0}，tʂə^{31}tɛ^{55}tɕʰiã^{55}kou^{31}xuɑ^{21}ti^{0}mə̃^{0}？
阳谷	你算算，这点儿钱儿够花的不？ ȵi^{55}suã^{31}suã^{0}，tsə^{31}tiɐr^{55}tɕʰiɐr^{42}kou^{42}xua^{31}li^{0}pu^{0}？
梁山	你算算，这点儿钱儿够花的啵？ ȵi^{55}ɕyã^{31}ɕyã^{0}，tsə^{31}tiɐr^{55}tɕʰiɐr^{42}kou^{31}xua^{21}li^{0}pə^{0}？
菏泽	你算算，这些钱够花了啵？ ȵi^{44}suã^{31}suã^{0}，tsə^{31}ɕiɛ^{44}tɕʰiã^{53}kou^{31}xua^{21}lə^{0}pə^{0}？
曹县	你算算看，这点钱够不够花？ ȵi^{44}suã^{31}suã^{0}kʰã^{31}，tʂə^{31}tiã^{44}tɕʰiã^{53}kou^{31}pu^{0}kou^{31}xua^{213}？
金乡	你合计合计呃，这点儿钱儿够啵？ ȵi^{55}xə^{55}tɕi^{0}xə^{55}tɕi^{0}ə^{0}，tsə^{31}tiɐr^{23}tɕʰiɐr^{42}kou^{31}pə^{0}？

续表

	0033你算算看，这点钱够不够花？
曲阜	你看看，这点儿钱够花的啵？ ȵi^{55}k^{h}ã^{31}k^{h}ã^{0}，tsə^{31}tiɛr^{55}tɕ^{h}iã^{42}kou^{31}xua^{21}li^{0}pə^{0}？
薛城	你合算合算，这点儿钱够花的吧？ ȵi^{24}xə^{55}ɕyã^{0}xə^{55}ɕyã^{0}，tsə^{41}tiɛr^{24}tɕ^{h}iã^{55}kou^{41}xua^{31}li^{0}pa^{0}？
郯城	你算算，这钱够不够花的？ ȵi^{24}suã^{51}suã^{0}，tʂə^{51}tɕ^{h}iã^{44}kəu^{51}pu^{0}kəu^{51}xua^{21}tə^{0}？
临沂	你算算，这点儿钱儿够花的吧？ ȵi^{55}suã^{31}suã^{0}，tʃə^{31}tiɛr^{55}tɕ^{h}iɛr^{53}kou^{312}xua^{21}ti^{0}pa^{0}？

	0034老师给了你一本很厚的书吧？
荣成	老师给了你一本儿真厚的书吗？ lau^{21}ʂʅ^{53}k^{h}ei^{21}lə^{0}ni^{21}i^{21}pər^{214}tʃən^{53}xəu^{33}tə^{0}ʃy^{53}ma^{0}？
烟台	老师给你一本儿挺厚的书吧？ lau^{14}sʅ^{53}kei^{21}ȵi^{0}i^{53}pər^{14}t^{h}iŋ^{21}xou^{33}ti^{0}ɕy^{53}pa^{0}？
栖霞	老师给儿你一本儿老厚薄的书吧？ lɔo^{34}sʅ^{52}c^{h}iər^{21}ȵi^{0}i^{52}pər^{214}lɔo^{34}xəu^{52}pə^{34}tə^{0}ʃy^{52}pa^{0}？
长岛	老师给了你一本儿厚书吗？ lau^{55}sʅ^{31}kei^{21}lə^{0}ȵi^{21}i^{52}pər^{213}xou^{55}ʃy^{31}ma^{0}？
海阳	老师给你本儿老厚的书吗？ lɔ^{21}ʂʅ^{52}c^{h}i^{21}ȵi^{34}pər^{21}lɔ^{21}xəu^{34}ti^{0}ʃy^{52}ma^{0}？
莱西	老师给了你一本儿老厚薄的书吧？ lɔ^{55}sʅ^{214}kei^{45}lə^{0}ȵi^{55}i^{214}per^{55}lɔ^{55}xou^{42}pə^{45}ti^{0}ʃu^{214}pa^{0}？
平度	老师给了你一本儿挺厚的书吧？ lɔ^{55}ʂʅ^{213}kei^{45}lə^{0}ȵi^{55}i^{213}per^{55}t^{h}iŋ^{42}xou^{42}ti^{0}ʃu^{213}pa^{0}？
青岛	老师给了你一本儿很厚的书吧？ lɔ^{55}ʂʅ^{213}tɕ^{h}i^{55}lə^{0}ȵi^{55}i^{55}per^{55}xẽ^{213}xou^{42}ti^{0}ʃu^{213}pɑ^{0}？
高密	老师给了本儿大厚厚的书啊？ lɔ^{55}ʂʅ^{213}tɕ^{h}i^{42}lə^{0}per^{55}tɑ^{21}xou^{42}xou^{0}ti^{0}ʃu^{21}ɑ^{0}？
诸城	老师给了你本儿大厚厚的书吧？ lɔ^{44}ʂʅ^{213}tʃʅ^{44}lə^{0}ȵi^{44}per^{44}ta^{31}xou^{44}xou^{0}ʈi^{0}ʃu^{31}pa^{0}？
沂水	老师给你一本儿怪厚的书啊？ lɔ^{44}ʂʅ^{213}tɕi^{53}ni^{44}i^{213}per^{44}kuɛ^{31}xou^{31}ti^{0}ʃʮ^{21}a^{0}？
临朐	老师给了你一本儿岗⁼厚的书呃吧？ lɔ^{44}ʂʅ^{213}tɕi^{213}liɔ^{0}ȵi^{44}i^{21}per^{44}kɑŋ^{213}xəu^{21}ti^{0}ʃu^{213}ə^{0}pa^{0}？

续表

	0034老师给了你一本很厚的书吧?
日照	老师给哩你一本儿很厚的书呃? lɔ^{53}ʂʅ^{213}tʃʅ^{53}li^{0}ni^{44}i^{44}per^{44}xẽ^{213}xou^{53}ti^{0}ʃu^{213}ə^{0} ?
莒南	老师给了你一本儿那么厚的书吧? lɔ^{55}ʂʅ^{213}tɕi^{55}lə^{0}ni^{55}i^{213}prer^{55}nəŋ^{31}mə^{0}xou^{31}ti^{0}ʃɥ^{213}pa^{0} ?
潍坊	老师给了你一本儿大厚厚的书吧? lɔɤ^{24}ʂʅ^{214}tɕi^{35}liɔɤ^{0}ȵi^{0}i^{214}per^{55}tɑ^{31}xɤɯ^{55}xɤɯ^{0}ti^{0}ʂu^{214}pɑ^{0} ? 老师给了你一本儿綦厚的书吧? lɔɤ^{24}ʂʅ^{214}tɕi^{35}lə^{0}ȵi^{55}i^{214}per^{55}tɕʰi^{53}xɤɯ^{55}ti^{0}ʂu^{214}pɑ^{0} ?
寿光	老师给唠你一本儿很厚的书呃啵? lɔ^{55}ʂʅ^{213}tɕi^{35}lɔ^{0}ȵi^{0}i^{213}pɭ^{55}xə̃^{13}xəu^{55}ti^{0}ʂu^{21}ə^{0}pə^{0} ?
高青	老师给哩一本儿挺厚的书吧? lɔ^{55}ʂʅ^{213}tɕi^{55}li^{0}i^{35}per^{55}tʰiŋ^{55}xou^{55}ti^{0}ʂu^{213}pɑ^{0} ?
阳信	老师是给哩你本儿老厚的书吧? lɔ^{55}ʂʅ^{213}ʂʅ^{31}tɕi^{45}li^{0}ȵi^{0}per^{55}lɔ^{55}xou^{55}ti^{0}ʂu^{31}pa^{0} ?
济阳	老师给了你一本儿棱=厚的书吗? lɔ^{55}ʂʅ^{213}kei^{55}lə^{0}ȵi^{55}i^{213}per^{55}ləŋ^{21}xou^{55}ti^{0}ʂu^{21}ma^{0} ?
利津	老师给你的书挺厚吧? lɔ^{55}ʂʅ^{213}tɕi^{53}ȵi^{55}ti^{0}ʂu^{213}tʰiŋ^{55}xou^{31}pa^{0} ?
乐陵	老师给你一本儿老厚的书咩? lɔ^{55}sɿ^{24}kei^{55}ȵi^{55}i^{212}per^{55}lɔ^{55}xou^{55}ti^{0}ʂu^{24}pã^{0} ?
商河	老师给你一本儿老厚的书吧? lɔ^{45}sɿ^{213}kei^{54}ȵi^{45}i^{0}per^{45}lɔ^{45}xou^{54}ti^{0}ʂu^{21}pɑ^{0} ?
平原	老师给了你那本儿书很厚吧? lɔu^{55}sɿ^{213}kei^{55}liɔu^{0}ȵi^{55}na^{42}pər^{0}ʂu^{213}xẽ^{21}xou^{42}pa^{0} ?
德州	老师给了你一本儿挺厚的书吧? lɔ^{55}ʂʅ^{213}kei^{55}lə^{0}ȵi^{55}i^{21}per^{0}tʰiŋ^{55}xou^{42}ti^{0}ʂu^{21}pa^{0} ?
武城	老师给唠你一本儿棱=厚的书吧? lɔ^{55}ʂʅ^{224}tɕi^{55}lɔ^{0}ȵi^{55}i^{21}per^{55}ləŋ^{24}xou^{53}ti^{0}ʂu^{312}pa^{0} ?
临清	老师给了你一本儿很厚的书是吧? lau^{44}ʂʅ^{13}kei^{44}lə^{0}ȵi^{0}i^{13}per^{44}xen^{44}xou^{31}tə^{0}ʂu^{13}ʂʅ^{31}pa^{0} ?
冠县	老师给唠一本儿很厚的书吧? lɔ^{55}ʂʅ^{13}kei^{53}lɔ^{0}i^{13}per^{0}xẽ^{55}xou^{31}ti^{0}ʂu^{13}pa^{0} ?
聊城	老师给了你一本儿棱=厚的书吧? lɔ^{44}sɿ^{13}kei^{44}lə^{0}ȵi^{0}i^{13}per^{44}ləŋ^{13}xou^{53}ti^{0}su^{13}pa^{0} ?

续表

	0034老师给了你一本很厚的书吧?
济南	老师给唠你一本儿棱$^{=}$厚的书吧？ lɔ^{55}ʂʅ^{213}kei^{55}lɔ^{0}ȵi^{55}i^{0}per^{55}ləŋ^{23}xou^{55}ti^{0}ʂu^{21}pa^{0} ?
泰安	老师给唠你一本儿挺厚的书吧？ lɔ^{55}ʂʅ^{213}kei^{55}lɔ^{0}ȵi^{55}i^{21}per^{0}tʰiŋ^{55}xou^{42}ti^{0}ʂu^{213}pa^{0} ?
莱芜	老师给了你一本儿降$^{=}$厚的书吧？ lɔ^{55}ʃʅ^{213}kei^{213}liɔ^{0}ȵi^{55}i^{31}pei^{55}ɕiɑŋ^{55}xou^{42}ti^{0}ʃu^{213}pa^{0} ?
新泰	老师给你一本儿降$^{=}$厚的书吧？ lɔ^{55}ʃʅ^{213}tɕi^{55}ȵi^{55}i^{21}pɤr^{0}ɕiɑŋ^{42}xou^{42}ti^{0}ʃu^{23}pa^{0} ?
沂源	老师给了你一本很厚的书吧？ lɔ^{55}ʃʅ^{213}tɕi^{21}lɔ^{0}ȵi^{55}i^{213}pə̃^{55}xə̃^{213}xou^{55}ti^{0}ʃu^{213}pa^{0} ?
博山	老师给你一本挺厚呃书是呃啵？ lɔ^{55}ʂʅ^{213}tɕi^{55}ȵi^{55}i^{213}pẽ^{55}tʰiŋ^{55}xəu^{55}ə^{0}ʂu^{213}ʂʅ^{55}ə^{0}po^{0} ?
张店	老师给了你本厚书呃嚗？ lɔ^{55}ʂʅ^{213}tɕi^{213}liɔ^{0}ȵi^{55}pə̃^{55}xou^{31}ʂu^{21}ə^{0}pɔ^{0} ?
阳谷	老师给唠你一本儿老厚的书吧？ lɔ^{55}si^{213}kei^{55}lɔ^{0}ȵi^{0}i^{13}pɤr^{55}lɔ^{55}xou^{42}li^{0}su^{13}pa^{0} ?
梁山	老师给唠本儿很厚的书　？ lɔ^{55}sʅ^{213}kei^{55}lɔ^{0}per^{55}xẽ^{55}xou^{42}li^{0}fu^{21}pɛ^{0} ?
菏泽	老师给了你一本儿些$^{=}$厚的书吧？ lɔ^{44}sʅ^{213}kei^{31}lə^{0}ȵi^{44}i^{213}per^{44}ɕiɛ^{213}xou^{31}lɛ^{0}fu^{21}pa^{0} ?
曹县	老师给了你一本儿很厚的书吧？ lɔ^{44}sʅ^{213}kei^{44}lə^{0}ȵi^{44}i^{21}pɤr^{44}xẽ^{44}xou^{31}tɤ^{0}ʂu^{21}pa^{0} ?
金乡	老师给唠你一本儿很厚的书吧？ lɔ^{55}sʅ^{213}kei^{42}lɔ^{0}ȵi^{55}i^{21}per^{55}xẽ^{55}xou^{42}li^{0}su^{21}pa^{0} ?
曲阜	老师是给了你一本儿厚书吧？ lɔ^{55}sʅ^{213}sʅ^{31}kei^{55}lə^{0}ȵi^{55}i^{21}per^{55}xou^{31}su^{213}pa^{0} ?
薛城	老师给了你一本儿很厚的书吧？ lɔ^{55}sʅ^{313}ke^{41}lə^{0}ȵi^{24}i^{31}per^{24}xẽ^{24}xou^{41}li^{0}fu^{31}pa^{0} ?
郯城	老师给你一本儿厚书了吗？ lɔ^{44}ʂʅ^{21}ke^{44}ȵi^{24}i^{21}per^{24}xəu^{51}ʂu^{21}lə^{0}ma^{0} ?
临沂	老师那本儿厚书给你了吧？ lɔ^{55}ʃʅ^{214}nɛ^{31}per^{55}xou^{31}ʃu^{214}kei^{53}ȵi^{214}lə^{0}pa^{0} ?

	0035那个卖药的骗了他一千块钱呢。
荣成	那个卖药的熊$^{=}$了他一千块钱。 na^{33}kə^{0}mai^{33}io^{214}tə^{0}çyŋ^{53}lə^{0}tʰa^{53}i^{21}tsʰian^{53}kʰuai^{33}tsʰian^{33}
烟台	叫乜个卖药的熊$^{=}$了他一千块钱。 tɕiau^{33}ȵie^{33}kə^{0}mɛ^{33}ye^{33}ti^{0}ɕyŋ^{33}ɾə^{0}tʰa^{53}i^{21}tɕʰian^{53}kʰuɛ^{0}tɕʰian^{33}
栖霞	乜个卖药的熊$^{=}$儿他一千块钱。 ȵiɛ^{21}kə^{0}mɛi^{34}yɛ^{55}tə^{0}çyə̃r^{34}tʰa^{0}i^{52}tʃʰiãn^{21}kʰuɛi^{0}tʃʰiãn^{312}
长岛	那个卖药的骗了他一千块钱。 na^{55}kə^{0}mai^{52}yɛ^{35}ti^{0}pʰian^{52}lə^{0}tʰa^{31}i^{55}tʃʰan^{55}kʰuai^{0}tʃʰan^{55}
海阳	乜个卖药的熊$^{=}$了他一千块钱。 ȵiə^{34}kə^{0}mɛ^{52}yə^{34}lɛ^{0}çyŋ^{34}ə^{0}tʰa^{0}i^{34}tsʰiã^{52}kʰuɛ^{0}tsʰiã^{34}
莱西	那个卖药的熊$^{=}$儿他一千块钱去啊。 na^{42}kə^{0}mɛ^{214}yə^{42}tə^{0}çiõr^{42}tʰə^{0}i^{55}tʃʰiã^{214}kʰuɛ^{42}tʃʰiã^{42}cʰy^{0}a^{0}
平度	那个卖药的撸$^{=}$了他一千块钱。 na^{213}kə^{0}mɛ^{213}yə^{42}ti^{0}lu^{45}lə^{0}tʰa^{55}i^{42}tsʰiã^{213}kʰuɛ^{213}tsʰiã^{42}
青岛	那个卖药的撸$^{=}$了他一千块钱。 nə^{42}kə^{0}mɛ^{213}yə^{42}ti^{0}lu^{213}lə^{0}tʰə^{55}i^{55}tsʰiã^{213}kʰuɛ^{213}tsʰiã^{42}
高密	那个卖药的点$^{=}$哄儿他一千块钱。 nə^{21}kə^{0}mɛ^{21}yə^{42}ti^{0}tiã^{23}xõr^{0}tʰə^{0}i^{55}tsʰiã^{213}kʰuɛ^{21}tsʰiã^{42} 那个卖药的撸$^{=}$了他一千块钱。 nə^{21}kə^{0}mɛ^{21}yə^{42}ti^{0}lu^{23}lə^{0}tʰə^{0}i^{55}tsʰiã^{213}kʰuɛ^{21}tsʰiã^{42}
诸城	那个卖药的点活了他一千块钱唵。 na^{44}kə^{0}mɛ^{31}yə^{44}ȶi^{0}ȶiã^{213}xuə^{0}lə^{0}tʰa^{0}i^{44}tθʰiã^{213}kʰuɛ^{31}tθʰiã^{24}ã^{0}
沂水	那个卖药的坑了他一千块钱啊。 na^{31}kə^{31}mɛ^{31}yə^{44}ti^{0}kʰəŋ^{21}lə^{0}tʰa^{44}i^{24}tsʰiã^{213}kʰuɛ^{31}tsʰiã^{24}a^{0}
临朐	那个买药的骗了他一千块钱呢。 na^{21}kuə^{0}mɛ^{21}yə^{44}ti^{0}pʰiã^{44}liɔ^{0}tʰa^{0}i^{44}tɕʰiã^{13}kʰuɛ^{21}tɕʰiã^{35}ȵi^{0}
日照	那个卖药的哄了他一千块钱［呃］。 nɑ^{31}kə^{0}mɛ^{31}yə^{53}ti^{0}xəŋ^{213}lə^{0}tʰɑ^{0}i^{24}ȶʰiã^{213}kʰuɛ^{31}ȶʰiã^{44}
莒南	那个卖药的骗了他一千块钱哟。 na^{21}kə^{0}mɛ^{31}yə^{31}ti^{0}pʰiã^{31}lə^{0}tʰa^{0}i^{13}tsʰiã^{13}kʰuɛ^{31}tsʰiã^{55}iɔ^{0}
潍坊	那个卖药的唠$^{=}$①唠他一千块钱呃。 nɑ^{31}kuə^{0}mɛ^{31}yə^{55}ti^{0}lɔɤ^{31}lɔ^{0}tʰɑ^{0}i^{24}tɕʰiã^{214}kʰuɛ^{31}tɕʰiã^{35}ə^{0}
寿光	那个买药的骗唠他一千块钱呢。 na^{21}kuə^{0}mɛ^{21}yə^{55}ti^{0}pʰiã^{55}lɔ^{0}tʰa^{0}i^{55}tɕʰiã^{13}kʰuɛ^{21}tɕʰiã^{35}ȵi^{0}

① "唠"表欺骗义在蒲松龄《聊斋俚曲集》中多见，本字未详。

续表

	0035 那个卖药的骗了他一千块钱呢。
高青	那个卖药的骗了他一千块钱啊。 nɑ41kə0mɛ41iɔ55ti0pʰiã55liɔ0tʰɑ213i55tɕʰiã213kʰuɛ41tɕʰiã35ɑ0
阳信	那个卖药的吴⁼弄哩他一千块钱去耶。 na31kə0mɛ31iɔ55ti0u45luŋ0li0tʰa0i55tɕʰiã213kʰuɛ31tɕʰiã43tɕʰi55iə0
济阳	那个卖药的诓了他一千块钱呢。 na31kə31mɛ31iɔ55ti0kʰuɑŋ21lə0tʰa213i55tɕʰiã213kʰuɛ31tɕʰiã24ȵi0
利津	那个卖药的骗哩他一千块钱啊。 na31kə0mɛ31iɔ55ti0pʰiã55li0tʰa0i24tɕʰiã0kʰuɛ31tɕʰiã55a0
乐陵	那个卖药儿的糊弄他一千块钱。 nɑ51kə0mɛ31iɔr55ti0xu55luŋ0tʰɑ55i51tɕʰiã24kʰuɛ51tɕʰiã55
商河	那个卖药的糊弄他一千块钱去。 nɑ31kə31mɛ31iɔ54ti0xu54luŋ0tʰɑ45i24tɕʰiã213kʰuɛ31tɕʰiã24tɕʰi0
平原	那个卖药儿的骗了他一千块钱呢。 na21kə0mei21iɔur42ti0pʰiã42liɔu0tʰa0i23tɕʰiã213kʰuei21tɕʰiã55ȵi0
德州	那个卖药的骗了他一千块钱呢。 na42kə0mɛ21iɔ42ti0pʰiã42lə0tʰa55i213tɕʰiã213kʰuɛ21tɕʰiã55nə0
武城	那个卖药的削⁼唠他一千块钱。 na312kə0mɛ21iɔ53ti0ɕyə24lɔ0tʰa0i24tɕʰiã24kʰuɛ0tɕʰiã53
临清	那个卖药的骗了他一千块钱呢。 na31kə0mai31iau53tə0pʰian53lə0tʰa0i31tɕʰian13kʰuai31tɕʰian44nə0
冠县	那个卖药的骗啦他一千块钱。 na31kə0mɛ24iɔ31ti0pʰiã53la0tʰa55i31tɕʰiã13kʰuɛ0tɕʰiã53
聊城	那个卖药的勒了他一千块钱。 na31kə0mɛ31yə53ti0lei13lə0tʰa0i31tɕʰiã13kʰuɛ31tɕʰiã0
济南	那个倒蹬⁼药的诓唠他一千块钱啊。 na21kə0tɔ21təŋ0yə55ti0kʰuɑŋ21lɔ0tʰa0i23tɕʰiã213kʰuɛ21tɕʰiã445a0
泰安	那个卖药的骗唠他一千块钱呢。 na21kə0mɛ21yə42ti0pʰiã42lɔ0tʰa213i23tɕʰiã213kʰuɛ21tɕʰiã55ȵi0
莱芜	那个卖药的骗了他一千块钱呢。 na31kə0mɛ31yə42ti0pʰiã13liɔ0tʰa31i213tɕʰiã213kʰuɛ42tɕʰiã13niə0
新泰	那个卖药的啊坑唠他一千块钱。 na31kə31mɛ31yə213ti0a0kʰəŋ21lɔ0tʰa21i23tɕʰiã213kʰuɛ0tɕʰiã42
沂源	那个卖药的诓了他一千块钱。 na31kə31mɛ31yə55ti0kʰuɑŋ21lə0tʰa213i55tʰiã213kʰuɛ31tɕʰiã55

续表

	0035那个卖药的骗了他一千块钱呢。
博山	那个卖药的绰⁼哄他一千块钱啊。 nɑ31kuə0mɛ31yə55ə0tʂʰuə213xuŋ0tʰɑ0i55tɕʰiã213kʰuɛ31tɕʰiã55a0
张店	那个卖药的诓了他一千块钱。 nɑ31kuə0mɛ31iɔ55ti0kʰuɑŋ21liɔ0tʰɑ0i33tɕʰiã213kʰuɛ31tɕʰiã55
阳谷	那个卖药的坑嘮他一千块钱哩。 na31kə0mɛ31yo213li0kʰəŋ31lɔ0tʰa55i13tɕʰiã213kʰuɛ31tɕʰiã42li0
梁山	那个卖药的坑嘮他一千块钱。 nə31kə0mɛ31yə21li0kʰəŋ21lɔ0tʰa0i23tɕʰiã23kʰuɛ31tɕʰiã42
菏泽	那个买药的拢⁼了他一千块钱唻。 na31kə0mɛ31yə21lɛ0luŋ44lə0tʰa44i31tɕʰiã213kʰuɛ31tɕʰiã53lɛ0
曹县	那个卖药的坑了他一千块钱。 na31kə0mai31yə21tɤ0kʰəŋ21lə0tʰa44i213tɕʰiã21kʰuai0tɕʰiã53
金乡	那个卖药的坑嘮他一千块钱。 na31kə0mɛ31yə21li0kʰəŋ21lɔ0tʰa0i23tɕʰiã213kʰuɛ31tɕʰiã42
曲阜	那个卖药的骗了他一千块钱。 na31kə0mɛ31yə21li0pʰiã42lə0tʰa213i23tɕʰiã213kʰuɛ31tɕʰiã42
薛城	那个卖药的坑了他一千块钱哪。 na41kə0mɛ41yə31ti0kʰəŋ31lə0tʰa31i23tɕʰiã31kʰuɛ0tɕʰiã55na0
郯城	那个卖药的骗了他一千块钱。 nɛ51kə0mɛ51yə21tə0pʰiã51lə0tʰa13i13tɕʰiã21kʰuɛ51tɕʰiã44
临沂	那个卖药的骗了他一千块钱。 na31kə0mɛ31yə21ti0pʰiã31lə0tʰa55i24tɕʰiã24kʰuɛ31tɕʰiã53

	0036 a.我上个月借借入了他三百块钱。b.我上个月借借出了他三百块钱。
荣成	a.我上个月儿借了他三百块钱。b.我上个月儿借给他三百块钱。 a. uo21ʃɑŋ33kə0yɐr214tsiɛ33lə0tʰa53san53pɛ0kʰuai0tsian35 b. uo21ʃɑŋ33kə0yɐr214tsiɛ33kʰei0tʰa53san53pɛ0kʰuai0tsian35
烟台	a.我上个月儿借儿他三百块钱。b.我上个月儿借给他三百块钱。 a. uo21ɕiɑŋ33kə0yɐr21tɕiɐr33tʰa0san53po14kʰuɛ0tɕʰian33 b. uo21ɕiɑŋ33kə0yɐr21tɕie33kei21tʰa0san53po14kʰuɛ0tɕʰian33
栖霞	a.我上个月儿借了他三百块钱。b.同a。 a. uo21ʃɑŋ52kə0yɐr34tʃiɛ52ə0tʰa0sãn52pə21kʰuɛi0tʃʰiãn312
长岛	a.我上个月儿跟他借了三百块钱。b.我上个月儿借给他三百块钱。 a. uə21ʃɑŋ52kə0yər35kən55tʰa31tʃə52lə0san52pə0kʰuai0tʃʰan55 b. uə21ʃɑŋ52kə0yər35tʃə52kei55tʰa31san52pə0kʰuai0tʃʰan55

续表

	0036 a.**我上个月借借入了他三百块钱。b.我上个月借借出了他三百块钱。**
海阳	a.我上个月借了他三百块钱。b.我上个月借给他三百块钱。 a. uo^{21}sɑŋ^{34}kə^{0}yə^{34}tsiə^{34}ə^{0}tʰa^{52}θã^{52}pə^{21}kʰuɛ^{52}tsʰiã^{34} b. uo^{21}sɑŋ^{34}kə^{0}yə^{34}tsiə^{34}cʰi^{21}tʰa^{52}θã^{52}pə^{21}kʰuɛ^{52}tsʰiã^{34}
莱西	a.我上个月借了他三百块钱。b.同a。 a. uə^{55}ʃɑŋ^{42}kə^{0}yə^{42}tʃiə^{42}lə^{0}tʰa^{214}sã^{214}pə^{55}kʰuɛ^{42}tʃʰiã^{42}
平度	a.我上个月借了他三百块钱。b.我上个月借给他三百块钱。 a. uə^{55}ʃɑŋ^{45}kə^{0}yə^{42}tsiə^{42}lə^{0}tʰa^{55}θã^{213}pei^{55}kʰuɛ^{213}tsʰiã^{42} b. u ə^{55}ʃɑŋ^{45}kə^{0}yə^{42}tsiə^{42}kei^{0}tʰa^{55}θã^{213}pei^{55}kʰuɛ^{213}tsʰiã^{42}
青岛	a.我上个月借了他三百块钱。b.我上个月借给他三百块钱。 a. uə^{55}ʃɑŋ^{45}kə^{0}yə^{213}tsiə^{42}lə^{0}tʰə^{55}θã^{213}pei^{55}kʰuɛ^{213}tsʰiã^{42} b. uə^{55}ʃɑŋ^{45}kə^{0}yə^{213}tsiə^{42}tɕʰi^{0}tʰə^{55}θã^{213}pei^{55}kʰuɛ^{213}tsʰiã^{42}
高密	a.我上月借他三百块钱。b.同a。 a. uə^{55}ʃɑŋ^{42}yə^{21}tsiə^{42}tʰɑ^{0}θã^{21}pei^{0}kʰuɛ^{21}tsʰiã^{42}
诸城	a.我上月借了他三百块钱。b.我上月借给了他三百块钱。 a. uə^{44}ʃɑŋ^{31}yə^{31}tθiə^{44}lə^{0}tʰa^{44}θã^{31}pei^{0}kʰuɛ^{31}tθʰiã^{53} b. uə^{44}ʃɑŋ^{31}yə^{31}tθiə^{44}tʃʅ^{0}lə^{0}tʰa^{0}θã^{31}pei^{0}kʰuɛ^{31}tθʰiã^{53}
沂水	a.上月儿，我借了他三百块钱。b.上月儿，我借给他三百块钱。 a. ʃɑŋ^{31}zʅuər^{31}，uə^{44}dziə^{44}lə^{0}tʰa^{44}θã^{21}pe^{0}kʰuɛ^{31}tsʰiã^{53} b. ʃɑŋ^{31}zʅuər^{31}，uə^{44}dziə^{44}tɕi^{0}tʰa^{44}θã^{21}pe^{0}kʰuɛ^{31}tsʰiã^{53}
临朐	a.我上个月借了他三百块钱。b.我上个月借给了他三百块钱。 a. uə^{44}ʃɑŋ^{21}kuə^{0}yə^{21}tɕiə^{44}liɔ^{0}tʰa^{44}θã^{21}pei^{0}kʰuɛ^{21}tɕʰiã^{53} b. uə^{44}ʃɑŋ^{21}kuə^{0}yə^{21}tɕiə^{44}tɕi^{0}liɔ^{0}tʰa^{44}θã^{21}pei^{0}kʰuɛ^{21}tɕʰiã^{53}
日照	a.我上个月借了他三百块钱。b.我上个月借给他三百块钱。 a. uə^{44}ʃiɑŋ^{53}kə^{0}yə^{31}ȶiə^{53}lə^{0}tʰɑ^{213}θã^{31}pei^{0}kʰuɛ^{31}ȶʰiã^{53} b. uə^{44}ʃiɑŋ^{53}kə^{0}yə^{31}ȶiə^{53}tʃʅ^{0}tʰɑ^{213}θã^{31}pei^{0}kʰuɛ^{31}ȶʰiã^{53}
莒南	a.我上个月借了他三百块钱。b.我上个月借给他三百块钱。 a. uə^{55}ʃɑŋ^{42}kə^{0}yə^{21}tsiə^{42}lə^{0}tʰa^{55}θã^{21}pei^{0}kʰuɛ^{31}tsʰiã^{53} b. uə^{55}ʃɑŋ^{42}kə^{0}yə^{21}tsiə^{42}tɕi^{0}tʰa^{55}θã^{21}pei^{0}kʰuɛ^{31}tsʰiã^{53}
潍坊	a.我上个月借了他三百块钱啊。b.我上个月借给了他三百块钱。 a. uə^{55}ʂɑŋ^{55}kuə^{0}yə^{31}tɕiə^{55}liɔɤ^{0}tʰɑ^{0}sã^{31}pei^{0}kʰuɛ^{0}tɕʰiã^{35}ɑ^{0} b. uə^{55}ʂɑŋ^{55}kuə^{0}yə^{31}tɕiə^{55}tɕi^{0}liɔɤ^{0}tʰɑ^{0}sã^{31}pei^{0}kʰuɛ^{0}tɕʰiã^{53}
寿光	a.我上个月借了他三百块钱。b.我上个月借的给了他三百块钱。 a. uə^{55}ʂɑŋ^{55}kuə^{0}yə^{21}tɕiə^{55}liɔ^{0}tʰa^{0}sã^{21}pei^{0}kʰuɛ^{21}tɕʰiã^{53} b. uə^{55}ʂɑŋ^{55}kuə^{0}yə^{21}tɕiə^{55}ti^{0}tɕi^{35}liɔ^{0}tʰa^{0}sã^{21}pei^{0}kʰuɛ^{21}tɕʰiã^{53}
高青	a.我上个月借了他三百块钱。b.上个月我借给他三百块钱。 a. uə^{55}ʂɑŋ^{41}kə^{41}yə^{41}tɕiə^{55}liɔ^{0}tʰɑ^{0}sã^{21}pei^{0}kʰuɛ^{41}tɕʰiã^{55} b. ʂɑŋ^{55}kə^{0}yə^{41}uə^{55}tɕiə^{55}tɕi^{0}tʰɑ^{0}sã^{21}pei^{0}kʰuɛ^{41}tɕʰiã^{55}

续表

	0036 a. 我上个月借借入了他三百块钱。b. 我上个月借借出了他三百块钱。
阳信	a. 上个月我借哩他三百块钱。b. 上个月我借给他三百块钱。 a. ʂɑŋ^{31}kə^{0}yə^{31}uə^{55}tɕiə^{55}li^{0}tʰa^{0}sã^{31}pɛ^{0}kʰuɛ^{31}tɕʰiã^{43} b. ʂɑŋ^{31}kə^{0}yə^{31}uə^{55}tɕiə^{55}tɕi^{0}tʰa^{0}sã^{31}pɛ^{0}kʰuɛ^{31}tɕʰiã^{43}
济阳	a. 我上个月借了他三百块钱。b. 我上个月借给他了三百块钱。 a. uə^{13}ʂɑŋ^{31}kə^{31}yə^{31}tɕiə^{55}lə^{0}tʰa^{213}sã^{21}pei^{0}kʰuɛ^{31}tɕʰiã^{55} b. uə^{13}ʂɑŋ^{31}kə^{31}yə^{31}tɕiə^{55}kei^{0}tʰa^{21}lə^{0}sã^{21}pei^{0}kʰuɛ^{31}tɕʰiã^{55}
利津	a. 我上月借哩他三百块钱。b. 我上月借哩三百块钱给他。 a. uə^{55}ʂɑŋ^{24}yə^{31}tɕiə^{55}li^{0}tʰa^{55}sã^{213}pei^{44}kʰuɛ^{31}tɕʰiã^{53} b. uə^{55}ʂɑŋ^{24}yə^{31}tɕiə^{55}li^{0}sã^{213}pei^{44}kʰuɛ^{31}tɕʰiã^{53}tɕi^{24}tʰa^{0}
乐陵	a. 我上月跟他借嘞三百块钱。b. 我上个月借给他嘞三百块钱。 a. uə^{55}ʂɑŋ^{55}kə^{0}yə^{51}kẽ^{31}tʰɑ^{0}tɕiə^{51}liou^{0}sã^{31}pɛ^{0}kʰuɛ^{0}tɕʰiã^{55} b. uə^{55}ʂɑŋ^{55}kə^{0}yə^{51}tɕiə^{55}kei^{0}tʰɑ^{212}liou^{0}sã^{31}pɛ^{0}kʰuɛ^{0}tɕʰiã^{55}
商河	a. 俺上个月借哩他三百块钱。b. 俺上个月借给他三百块钱。 a. ŋã^{45}ʂɑŋ^{31}kə^{31}yə^{31}tɕiə^{54}li^{0}tʰɑ^{45}sã^{21}pɛ^{0}kʰuɛ^{31}tɕʰiã^{0} b. ŋã^{45}ʂɑŋ^{31}kə^{31}yə^{31}tɕiə^{54}kei^{0}tʰɑ^{45}sã^{21}pɛ^{0}kʰuɛ^{31}tɕʰiã^{0}
平原	a. 我上个月借他三百块钱。b. 我上个月借给他三百块钱。 a. uə^{55}ʂɑŋ^{23}kə^{21}yə^{21}tɕiə^{42}tʰa^{0}sã^{21}pei^{0}kʰuei^{21}tɕʰiã^{42} b. uə^{55}ʂɑŋ^{23}kə^{21}yə^{21}tɕiə^{42}kei^{0}tʰa^{0}sã^{21}pei^{0}kʰuei^{0}tɕʰiã^{42}
德州	a. 我上个月跟他借了三百块钱。b. 我上个月借给他三百块钱。 a. uə^{55}ʂɑŋ^{21}kə^{0}yə^{21}kẽ^{213}tʰa^{55}tɕiə^{42}lə^{0}sã^{21}pɛ^{0}kʰuɛ^{21}tɕʰiã^{42} b. uə^{55}ʂɑŋ^{21}kə^{0}yə^{21}tɕiə^{42}kei^{0}tʰa^{55}sã^{21}pɛ^{0}kʰuɛ^{21}tɕʰiã^{42}
武城	a. 上个月我借唠他三百块钱。b. 上个月我借给他三百块钱。 a. ʂɑŋ^{312}kə^{0}yə^{0}uə^{55}tɕiə^{53}lɔ^{0}tʰa^{0}sã^{312}pɛ^{0}kʰuɛ^{0}tɕʰiã^{53} b. ʂɑŋ^{312}kə^{0}yə^{0}uə^{55}tɕiə^{53}kei^{0}tʰa^{0}sa^{312}pɛ^{0}kʰuɛ^{0}tɕʰiã^{53}
临清	a. 上个月我借了他三百块钱。b. 上个月我借给他三百块钱。 a. ʂɑŋ^{31}kə^{0}yə^{313}uə^{44}tɕiə^{53}lə^{0}tʰa^{0}san^{13}pai^{13}kʰuai^{31}tɕʰian^{53} b. ʂɑŋ^{31}kə^{0}yə^{313}uə^{44}tɕiə^{53}kei^{0}tʰa^{0}san^{13}pai^{13}kʰuai^{31}tɕʰian^{53}
冠县	a. 我上个月借了他三百块钱。b. 我上个月借给他三百块钱。 a. uə^{55}ʂɑŋ^{21}ə^{0}yə^{314}tsiə^{53}lə^{0}tʰa^{55}sã^{21}pɛ^{0}kʰuɛ^{0}tsʰiã^{53} b. uə^{55}ʂɑŋ^{21}ə^{0}yə^{314}tsiə^{53}kei^{0}tʰa^{55}sã^{21}pɛ^{0}kʰuɛ^{0}tsʰiã^{53}
聊城	a. 上个月俺借了他三百块钱。b. 上个月俺借给他三百块钱。 a. sɑŋ^{31}kə^{0}yə^{31}ɣã^{44}tɕiə^{53}lə^{0}tʰa^{0}sã^{13}pɛ^{0}kʰuɛ^{31}tɕʰiã^{53} b. sɑŋ^{31}kə^{0}yə^{31}ɣã^{44}tɕiə^{53}kei^{0}tʰa^{0}sã^{13}pɛ^{0}kʰuɛ^{31}tɕʰiã^{53}
济南	a. 上个月俺借唠他三百块钱。b. 上个月他从俺这里借唠三百块钱。 a. ʂɑŋ^{21}kə^{0}yə^{21}ŋã^{55}tɕiə^{55}lɔ^{0}tʰa^{55}sã^{21}pei^{0}kʰuɛ^{21}tɕʰiã^{42} b. ʂɑŋ^{21}kə^{0}yə^{21}tʰa^{55}tsʰuŋ^{42}ŋã^{55}tʂə^{55}ȵi^{0}tɕiə^{55}lɔ^{0}sã^{21}pei^{0}kʰuɛ^{21}tɕʰiã^{42}

续表

	0036 a.我上个月借借入了他三百块钱。b.我上个月借借出了他三百块钱。
泰安	a.我上个月借唠他三百块钱。b.我上个月借给他三百块钱。 a. uə^{55}ʂɑŋ^{21}kə^{0}yə^{21}tɕiə^{42}lɔ^{0}tʰa^{213}sã^{21}pei^{0}kʰuɛ^{21}tɕʰiã^{42} b. uə^{55}ʂɑŋ^{21}kə^{0}yə^{21}tɕiə^{42}kei^{0}tʰa^{21}sã^{21}pei^{0}kʰuɛ^{21}tɕiã^{42}
莱芜	a.我上个月借了他三百块钱。b.同a。 a. uə^{55}ʃɑŋ^{55}kə^{0}yə^{42}tɕie^{55}liɔ^{0}tʰa^{213}sã^{31}pei^{0}kʰuɛ^{0}tɕʰiã^{55}
新泰	a.我上个月啊借唠他三百块钱。b.我上个月啊借给他唠三百块钱。 a. uə^{55}ʃɑŋ^{42}kə^{0}yə^{42}a^{0}tɕiə^{42}lɔ^{0}tʰa^{0}θã^{21}pei^{0}kʰuɛ^{31}tɕʰiã^{42} b. uə^{55}ʃɑŋ^{42}kə^{0}yə^{42}a^{0}tɕiə^{42}tɕi^{0}tʰa^{0}lɔ^{0}θã^{21}pei^{0}kʰuɛ^{31}tɕʰiã^{42}
沂源	a.上个月我借了他三百块钱。b.上个月我借给他三百块钱。 a. ʃɑŋ^{55}kə^{0}yə^{31}uə^{13}tɕiə^{55}lə^{0}tʰa^{213}θã^{21}pei^{0}kʰuɛ^{31}tɕʰiã^{55} b. ʃɑŋ^{55}kə^{0}yə^{31}uə^{13}tɕiə^{55}tɕi^{0}tʰa^{213}θã^{21}pei^{0}kʰuɛ^{31}tɕʰiã^{55}
博山	a.上个月我借了他三百块钱。b.上个月我借给他三百块钱。 a. ʂɑŋ^{55}ə^{0}yə^{31}uə^{55}tɕiə^{55}ə^{0}tʰɑ^{55}sã^{21}pei^{0}kʰuɛ^{31}tɕʰiã^{55} b. ʂɑŋ^{55}ə^{0}yə^{31}uə^{55}tɕiə^{55}tɕi^{0}tʰɑ^{213}sã^{21}pei^{0}kʰuɛ^{31}tɕʰiã^{55}
张店	a.我上个月借了他三百块钱。b.我上个月借给他三百块钱。 a. uə^{55}ʂɑŋ^{31}kuə^{31}yə^{31}tɕiə^{55}liɔ^{0}tʰɑ^{213}sã^{213}pei^{33}kʰuɛ^{31}tɕʰiã^{55} b. uə^{55}ʂɑŋ^{31}kuə^{31}yɔ^{31}tɕiɔ^{55}tɕi^{0}tʰɑ^{213}sã^{213}pei^{33}kʰuɛ^{31}tɕʰiã^{55}
阳谷	a.我上个月借唠他三百块钱。b.我上个月借给他三百块钱。 a. uo^{55}sɑŋ^{31}kə^{0}yo^{213}tɕiə^{42}lɔ^{0}tʰa^{0}sã^{31}pei^{0}kʰuɛ^{31}tɕʰiã^{42} b. uo^{55}sɑŋ^{31}kə^{0}yo^{213}tɕiə^{42}kei^{0}tʰa^{0}sã^{31}pei^{0}kʰuɛ^{31}tɕʰiã^{42}
梁山	a.我上月借唠他三百块钱。b.我上月借给他三百块钱。 a. uə^{55}sɑŋ^{31}yə^{213}tɕiə^{42}lɔ^{0}tʰa^{213}sã^{21}pei^{0}kʰuɛ^{31}tɕʰiã^{42} b. uə^{55}sɑŋ^{31}yə^{213}tɕiə^{42}kei^{0}tʰa^{0}sã^{21}pei^{0}kʰuɛ^{31}tɕʰiã^{42}
菏泽	a.上个月我借他三百块钱。b.上个月我借给他三百块钱。 a. sɑŋ^{31}kə^{0}yə^{213}uə^{44}tɕiɛ^{31}tʰa^{44}sã^{213}pei^{213}kʰuɛ^{31}tɕʰiã^{53} b. sɑŋ^{31}kə^{0}yə^{213}uə^{44}tɕiɛ^{31}kei^{0}tʰa^{44}sã^{213}pei^{44}kʰuɛ^{31}tɕʰiã^{53}
曹县	a.我上个月借了他三百块钱。b.我上个月借给他三百块钱。 a. uə^{44}ʂɑŋ^{31}kə^{0}yə^{213}tɕiə^{53}lɔ^{0}tʰa^{44}sã^{21}pei^{0}kʰuai^{31}tɕʰiã^{53} b. uə^{44}ʂɑŋ^{31}kə^{0}yə^{213}tɕiə^{53}kei^{0}tʰa^{44}sã^{21}pei^{0}kʰuai^{31}tɕʰiã^{53}
金乡	a.我上个月借了他三百块钱。b.我上个月借给他三百块钱。 a. uə^{55}sɑŋ^{31}kə^{0}yə^{213}tɕiə^{42}liɔ^{0}tʰa^{0}sã^{21}pei^{0}kʰuɛ^{31}tɕʰiã^{42} b. uə^{55}sɑŋ^{31}kə^{0}yə^{213}tɕiə^{42}kei^{0}tʰa^{0}sã^{21}pei^{0}kʰuɛ^{31}tɕʰiã^{42}
曲阜	a.我上个月借了他三百块钱。b.我上个月借给他三百块钱。 a. uə^{55}sɑŋ^{31}kə^{0}yə^{213}tɕiə^{42}lɔ^{0}tʰa^{0}sã^{21}pei^{0}kʰuɛ^{31}tɕʰiã^{42} b. uə^{55}sɑŋ^{31}kə^{0}yə^{213}tɕiə^{42}kei^{0}tʰa^{213}sã^{21}pei^{0}kʰuɛ^{31}tɕʰiã^{42}

续表

	0036 a.我上个月借借入了他三百块钱。b.我上个月借借出了他三百块钱。
薛城	a.上个月我借了他三百块钱。b.上个月我借给他三百块钱。 a. saŋ^{41}kə^{0}yə^{313}uə^{55}tɕiə^{41}lə^{0}tʰa^{0}sã^{31}pe^{0}kʰuɛ^{41}tɕʰiã^{55} b. saŋ^{41}kə^{0}yə^{313}uə^{55}tɕiə^{41}ke^{55}tʰa^{0}sã^{31}pe^{0}kʰuɛ^{41}tɕʰiã^{55}
郯城	a.我上个月借了他三百块钱。b.我上个月借给他三百块钱。 a. uə^{24}ʂaŋ^{51}kə^{0}yə^{213}tɕiə^{51}lə^{0}tʰa^{213}sã^{13}pe^{24}kʰuɛ^{51}tɕʰiã^{44} b. uə^{24}ʂaŋ^{51}kə^{0}yə^{213}tɕiə^{51}ke^{44}tʰa^{213}sã^{13}pe^{24}kʰuɛ^{51}tɕʰiã^{44}
临沂	a.上个月我问他借了三百块钱。b.上个月他问我借了三百块钱。 a. ʃaŋ^{31}kə^{0}yə^{214}uə^{55}uẽ^{31}tʰa^{55}tɕiə^{31}lə^{0}sã^{21}pei^{0}kʰuɛ^{31}tɕʰiã^{53} b. ʃaŋ^{31}kə^{0}yə^{214}tʰa^{55}uẽ^{31}uə^{55}tɕiə^{31}lə^{0}sã^{21}pei^{0}kʰuɛ^{31}tɕʰiã^{53}

	0037 a.王先生医生的刀开得很好。b.王先生病人的刀开得很好。
荣成	a.王先生的刀开得真好。b.同a。 a. uaŋ^{35}sian^{53}ʂəŋ^{0}ti^{0}tau^{53}kʰai^{53}tə^{0}tʃən^{53}xau^{214}
烟台	a.王大夫的刀开得挺好。b.老王的刀开得挺好。 a. uaŋ^{53}tɛ^{33}fu^{0}ti^{0}tau^{53}kʰɛ^{53}ti^{0}tʰiŋ^{33}xau^{14}　b. lau^{21}uaŋ^{33}ti^{0}tau^{53}kʰɛ^{53}ti^{0}tʰiŋ^{33}xau^{14}
栖霞	a.王大夫开刀开得真好。b.王师傅的手术做得挺好。 a. uaŋ^{52}tɛi^{55}fu^{0}kʰɛi^{34}tɔo^{312}kʰɛi^{52}li^{0}tʃə̃n^{52}xɔo^{214}　b.uaŋ^{34}sɿ^{0}fu^{0}tə^{0}ʃəu^{21}ʃy^{0}tsuo^{52}tə^{0}tʰiŋ^{55}xɔo^{214}
长岛	a.王大夫的刀开得很好。b.老王的刀开得很好。 a. uaŋ^{55}tai^{52}fu^{0}ti^{0}tau^{31}kʰai^{52}tə^{0}xən^{55}xau^{213}　b.lau^{21}uaŋ^{55}ti^{0}tau^{31}kʰai^{52}tə^{0}xən^{55}xau^{213}
海阳	a.王大夫的刀开得真好。b.王师傅的手术做得挺好。 a. uaŋ^{34}tɛ^{34}fu^{0}ti^{0}tɔ^{52}kʰɛ^{52}ti^{0}tsẽ^{52}xɔ^{214}　b. uaŋ^{34}ʂʅ^{52}fu^{0}ti^{0}səu^{21}ʃy^{0}tθuo^{34}ti^{0}tʰiŋ^{34}xɔ^{214}
莱西	a.王先生的刀开得很好。b.同a。 a. uaŋ^{33}ʃiã^{31}səŋ^{0}tə^{0}tɔ^{214}kʰɛ^{214}tə^{0}xẽ^{214}xɔ^{55}
平度	a.王先生的刀开得很好。b.同a。 a. uaŋ^{45}siã^{0}ʂəŋ^{0}ti^{0}tɔ^{213}kʰɛ^{213}ti^{0}xə̃^{213}xɔ^{55}
青岛	a.王先生的刀开得很好［啊］。b.同a。 a. uaŋ^{45}siã^{0}ʂoŋ^{0}ti^{0}tɔ^{213}kʰɛ^{213}ti^{0}xẽ^{213}xɔ^{213}
高密	a.王先生的刀开得蓁好啊。b.同a。 a. uaŋ^{42}siã^{21}ʂoŋ^{0}ti^{0}tɔ^{213}kʰɛ^{21}ti^{0}tɕʰi^{42}xɔ^{23}a^{0}
诸城	a.王大夫的手术做得很好。b.王先生的手术做得很成功。 a. uaŋ^{53}tɛ^{44}fu^{0}ʈi^{0}ʃou^{213}ʃu^{0}tθuə^{44}ʈi^{0}xẽ^{53}xɔ^{44} b. uaŋ^{24}θiã^{31}ʂəŋ^{0}ʈi^{0}ʃou^{213}ʃu^{0}tθuə^{44}ʈi^{0}xẽ^{44}tʃʰəŋ^{53}kəŋ^{213}
沂水	a.老王开刀开得怪好。b.老王的刀开得怪好。 a. lɔ^{213}uaŋ^{53}kʰɛ^{24}tɔ^{213}kʰɛ^{21}ti^{0}kuɛ^{31}xɔ^{44}　b. lɔ^{213}uaŋ^{24}ti^{0}tɔ^{213}kʰɛ^{21}ti^{0}kuɛ^{31}xɔ^{44}

续表

	0037 a.王先生医生的刀开得很好。b.王先生病人的刀开得很好。
临朐	a.王先生开刀开得岗$^{=}$好啊。b.王先生的刀开得岗$^{=}$好啊。 a. uɑŋ^{35}ɕiã^{0}ʂəŋ^{0}kʰɛ^{44}tɔ^{213}kʰɛ^{21}ti^{0}kɑŋ^{44}xɔ^{213}a^{0} b. uɑŋ^{35}ɕiã^{0}ʂəŋ^{0}ti^{0}tɔ^{213}kʰɛ^{21}ti^{0}kɑŋ^{44}xɔ^{213}a^{0}
日照	a.王大夫的刀开得真好。b.王先生的刀开得真好。 a. uɑŋ^{53}tɛ^{53}fu^{0}ti^{0}tɔ^{213}kʰɛ^{31}ti^{0}tʃiẽ^{213}xɔ^{44} b. uɑŋ^{24}θiã^{31}ʂəŋ^{0}ti^{0}tɔ^{213}kʰɛ^{31}ti^{0}tʃiẽ^{213}xɔ^{44}
莒南	a.老王的刀开得很好。b.老王刀开得很好。 a. lɔ^{55}uɑŋ^{24}ti^{0}tɔ^{13}kʰɛ^{21}ti^{0}xẽ^{53}xɔ^{55} b. lɔ^{55}uɑŋ^{53}tɔ^{213}kʰɛ^{21}ti^{0}xẽ^{53}xɔ^{55}
潍坊	a.王先生的刀开得綦好啊。b.同a。 a. uɑŋ^{35}ɕiã^{0}ʂəŋ^{0}ti^{0}tɔɤ^{214}kʰɛ^{31}ti^{0}tɕʰi^{35}xɔɤ^{24}ɑ^{0}
寿光	a.王先生开刀开得很好。b.王先生的刀开得很好。 a. uɑŋ^{35}ɕiã^{0}ʂəŋ^{0}kʰɛ^{55}tɔ^{213}kʰɛ^{21}ti^{0}xə̃^{213}xɔ^{55} b. uɑŋ^{35}ɕiã^{0}ʂə̃^{0}ti^{0}tɔ^{213}kʰɛ^{21}ti^{0}xə̃^{213}xɔ^{55}
高青	a.王大夫的手术做得很好。b.王先生的手术做得很好。 a. uɑŋ^{55}tɛ^{55}fu^{0}ti^{0}ʂou^{213}ʂu^{0}tsuə^{55}ti^{0}xə̃^{21}xɔ^{55} b. uɑŋ^{35}ɕiã^{0}ʂəŋ^{0}ti^{0}ʂou^{213}ʂu^{0}tsuə^{55}ti^{0}xə̃^{21}xɔ^{55}
阳信	a.王大夫开刀开得老好咧。b.王先生这刀开得老好咧。 a. uɑŋ^{43}tɛ^{55}fu^{0}kʰɛ^{213}tɔ^{213}kʰɛ^{31}ti^{0}lɔ^{55}xɔ^{213}liə^{0} b. uɑŋ^{45}ɕiã^{0}ʂəŋ^{0}tʂə^{31}tɔ^{213}kʰɛ^{31}ti^{0}lɔ^{55}xɔ^{213}liə^{0}
济阳	a.王先生的刀开得挺好。b.王先生的手术做的挺好。 a. uɑŋ^{24}ɕiã^{0}ʂəŋ^{213}ti^{0}tɔ^{213}kʰɛ^{21}ti^{0}tʰiŋ^{54}xɔ^{55} b. uɑŋ^{24}ɕiã^{0}ʂəŋ^{213}ti^{0}ʂou^{213}ʂu^{0}tsuə^{55}ti^{0}tʰiŋ^{54}xɔ^{55}
利津	a.王先生的刀开得很好。b.王先生的手术做得很好。 a. uɑŋ^{35}ɕiã^{0}ʂəŋ^{0}ti^{0}tɔ^{213}kʰɛ^{31}ti^{0}xẽ^{53}xɔ^{55} b. uɑŋ^{35}ɕiã^{0}səŋ^{0}ti^{0}ʂou^{55}ʂu^{31}tsuə^{31}ti^{0}xẽ^{53}xɔ^{55}
乐陵	a.王先生开刀开得挺好。b.同a。 a. uɑŋ^{55}ɕiã^{31}səŋ^{0}kʰɛ^{24}tɔ^{24}kʰɛ^{31}ti^{0}tʰiŋ^{31}xɔ^{55}
商河	a.王先生开刀开得挺好。b.王先生的刀开得挺好。现实生活中a句绝大多数用“王大夫”或“王医生”，所以不会与b句同型 a. uɑŋ^{24}ɕiã^{21}səŋ^{0}kʰɛ^{24}tɔ^{213}kʰɛ^{21}ti^{0}tʰiŋ^{54}xɔ^{45} b. uɑŋ^{24}ɕiã^{21}səŋ^{0}ti^{0}tɔ^{213}kʰɛ^{21}ti^{0}tʰiŋ^{54}xɔ^{45}
平原	a.王医生的刀开得很好。b.王先生的刀开得很好。 a. uɑŋ^{23}i^{21}səŋ^{0}ti^{0}tɔu^{213}kʰɛi^{21}ti^{0}xẽ^{42}xɔu^{55} b. uɑŋ^{23}ɕiã^{21}səŋ^{0}ti^{0}tɔu^{213}kʰɛi^{21}ti^{0}xẽ^{42}xɔu^{55}
德州	a.王先生的刀开得挺好。b.王先生的刀开得挺好的。 a. uɑŋ^{42}ɕiã^{21}ʂəŋ^{0}ti^{0}tɔ^{213}kʰɛ^{21}ti^{0}tʰiŋ^{42}xɔ^{55} b. uɑŋ^{42}ɕiã^{21}ʂəŋ^{0}ti^{0}tɔ^{213}kʰɛ^{21}ti^{0}tʰiŋ^{42}xɔ^{213}ti^{0}
武城	a.王先生的刀开得不孬。b.同a。 a. uɑŋ^{53}ɕiã^{312}ʂəŋ^{0}ti^{0}tɔ^{24}kʰɛ^{312}ti^{0}pu^{24}nɔ^{224}
临清	a.王先生的手术做得很好。b.同a。 a. uɑŋ^{53}ɕian^{13}ʂəŋ^{0}tə^{0}ʂou^{44}ʂu^{53}tsuə^{53}tə^{0}xen^{53}xau^{44}
冠县	a.王先生的刀开得很好。同a。 a. uɑŋ^{53}siã^{21}ʂəŋ^{0}ti^{0}tɔ^{13}kʰɛ^{21}ti^{0}xẽ^{53}xɔ^{55}
聊城	a. 王先生的刀开得棱$^{=}$好。b.同a。 a. uɑŋ^{53}ɕiã^{13}səŋ^{13}ti^{0}tɔ^{13}kʰɛ^{13}ti^{0}ləŋ^{13}xɔ^{44}

续表

	0037 a.王先生医生的刀开得很好。b.王先生病人的刀开得很好。
济南	a.王先生的刀开得棱$^{=}$好。b.同a。现实生活中a句绝大多数用“王大夫”或“王医生”，所以不会与b句同型 a. uaŋ^{35}ɕiã^{0}ʂəŋ^{0}tə^{0}tɔ^{213}k^{h}ɛ^{21}ti^{0}ləŋ^{213}xɔ^{55}
泰安	a.王先生的刀开得挺好。b.同a。 a. uaŋ^{42}ɕiã^{21}ʂəŋ^{0}ti^{0}tɔ^{213}k^{h}ɛ^{21}ti^{0}t^{h}iŋ^{42}xɔ^{55}
莱芜	a.王先生的刀开得很好。b.同a。 a. uaŋ^{213}ɕiã^{55}ʃəŋ^{213}ti^{0}tɔ^{213}k^{h}ɛ^{31}ti^{0}xẽ^{55}xɔ^{213}
新泰	a.王先生的刀啊开得降$^{=}$好来。b.同a。 a. uaŋ^{42}ɕiã^{23}ʃəŋ^{213}ti^{0}tɔ^{21}a^{0}k^{h}ɛ^{21}ti^{0}ɕiaŋ^{42}xɔ^{23}lei^{0}
沂源	a.王先生开刀开得岗$^{=}$好。b.王先生的刀开得岗$^{=}$好。 a. uaŋ^{55}ɕiã^{21}ʃəŋ^{0}k^{h}ɛ^{55}tɔ^{213}k^{h}ɛ^{21}ti^{0}kaŋ^{55}xɔ^{55} b. uaŋ^{55}ɕiã^{21}ʃəŋ^{0}ti^{0}tɔ^{213}k^{h}ɛ^{21}ti^{0}kaŋ^{55}xɔ^{55}
博山	a.王先生开刀开［得］响$^{=}$好$^{=}$哩。b.王先生这末开这刀响$^{=}$好哩。这末：这次 a. uaŋ^{55}ɕiã^{0}ʂəŋ^{0}k^{h}ɛ^{55}tɔ^{213}k^{h}ɛ^{21}ɕiaŋ^{55}xɔ^{213}liã^{0} b. uaŋ^{55}ɕiã^{0}ʂəŋ^{0}tʂə^{31}mə^{55}k^{h}ɛ^{21}tʂə^{0}tɔ^{213}tɕiaŋ^{55}xɔ^{213}liã^{0}
张店	a.王大夫手术做得挺好。b.王先生的手术做得挺好。 a. uaŋ^{55}tɛ^{0}fu^{0}ʂou^{213}ʂu^{33}tsuə^{55}ti^{0}t^{h}iŋ^{55}xɔ^{55} b. uaŋ^{55}ɕiã^{0}ʂəŋ^{0}ti^{0}ʂou^{213}ʂu^{0}tsuə^{55}ti^{0}t^{h}iŋ^{55}xɔ^{55}
阳谷	a.王先生的刀开得很好。b.同a。 a. uaŋ^{42}ɕiã^{31}səŋ^{0}ti^{0}tɔ^{213}k^{h}ɛ^{31}ti^{0}xẽ^{55}xɔ^{55}
梁山	a.王先生的刀开得很好。b.同a。 a. uaŋ^{42}ɕiã^{21}səŋ^{0}li^{0}tɔ^{213}k^{h}ɛ^{21}li^{0}xẽ^{42}xɔ^{55}
菏泽	a王先生开刀开得哈$^{=}$好。b.同a。 a. uaŋ^{53}ɕiã^{21}səŋ^{0}k^{h}ɛ^{213}tɔ^{213}k^{h}ɛ^{21}lɛ^{0}xɛ^{213}xɔ^{44}
曹县	a.王先生的刀开得很好。b.同a。 a. uaŋ^{53}ɕiã^{21}səŋ^{0}tɤ^{0}tɔ^{213}k^{h}ai^{21}tɤ^{0}xẽ^{53}xɔ^{44}
金乡	a.王先生的刀开得不孬。b.同a。 a. uaŋ^{55}ɕiã^{21}səŋ^{0}li^{0}tɔ^{213}k^{h}ɛ^{21}li^{0}pu^{23}nɔ^{213}
曲阜	a.王先生的刀开得挺好。b.同a。 a. uaŋ^{42}ɕiã^{21}səŋ^{0}li^{0}tɔ^{213}k^{h}ɛ^{21}li^{0}t^{h}iŋ^{42}xɔ^{55}
薛城	a.王先生的手术做得很好。b.同a。 a. uaŋ^{55}ɕiã^{31}səŋ^{0}tə^{0}sou^{24}fu^{55}tsuə^{41}ti^{0}xẽ^{54}xɔ^{24}
郯城	a.老王的刀开得很好。b同a。 a. lɔ^{24}uaŋ^{44}tə^{0}tɔ^{213}k^{h}ɛ^{21}tə^{0}xə̃^{24}xɔ^{24}
临沂	a.老王刀开得很好。b.同a。 a. lɔ^{55}uaŋ^{53}tɔ^{214}k^{h}ɛ^{21}tə^{0}xẽ^{55}xɔ^{55}

	0038 我不能怪人家，只能怪自己。
荣成	俺不能嫌乎人家，只能嫌乎自个儿。 an^{21}pu^{33}ləŋ^{0}çiɑn^{35}xu^{0}in^{53}cia^{0}，tʂʅ^{21}ləŋ^{0}çiɑn^{35}xu^{0}tsɿ^{33}kor^{214}
烟台	俺不能怨人家，只能怨自个儿。 an^{14}pu^{21}nəŋ^{33}yan^{53}in^{33}tɕia^{0}，tsɿ^{21}nəŋ^{33}yan^{33}tsɿ^{33}kɤr^{14}
栖霞	我不能怨人家，只能怪自己。 uo^{34}pu^{34}nəŋ^{34}yãn^{55}ĩn^{52}ci^{0}，tsɿ^{21}nəŋ^{34}kuɛi^{52}tsɿ^{52}ci^{0}
长岛	我不能怪别人，就怪自个儿。 uə^{21}pu^{35}nəŋ^{55}kuai^{52}piɛ^{55}in^{0}，tʃiou^{52}kuai^{52}tsɿ^{52}kər^{213}
海阳	我不能怨人家，就怨自个儿。 uo^{55}pu^{21}nəŋ^{52}yã^{52}ĩ^{52}cia^{0}，tsiəu^{34}yã^{52}tsɿ^{34}kuor^{214}
莱西	我不能执怨人家，只能怪自己。 uə^{55}pu^{55}nəŋ^{0}tʃʅ^{33}yã^{42}iẽ^{33}ciə^{0}，tsɿ^{55}nəŋ^{0}kuɛ^{42}tsɿ^{45}ci^{0}
平度	我不能怨人家，只能怨自己。 uə^{55}pu^{213}nəŋ^{42}yuã^{213}iə̃^{45}cia^{0}，tʂʅ^{55}nəŋ^{42}yuã^{213}tθʅ^{45}ci^{0}
青岛	我不能怪乎人家，只能怪自己。 uə^{55}pu^{55}noŋ^{42}kuɛ^{42}xu^{0}iẽ^{45}tɕiɑ^{0}，tʂʅ^{55}noŋ^{42}kuɛ^{213}tθʅ^{45}tɕi^{0}
高密	我不能嫌乎人家，只能怨自己。 uə^{55}pu^{55}noŋ^{42}ɕiã^{55}xu^{0}iə̃^{55}tɕiə^{0}，tʂʅ^{23}noŋ^{42}yã^{21}tθʅ^{55}tɕi^{0}
诸城	我不能怨人家，只能怨自家。 uə^{44}pu^{44}nəŋ^{53}yã^{31}iẽ^{24}tʃa^{0}，tʂʅ^{44}nəŋ^{53}yã^{31}tθʅ^{24}tʃa^{0}
沂水	俺不怨人家，就怨自己。 ŋã^{44}pu^{44}yã^{31}iẽ^{24}tɕia^{0}，dziou^{31}yã^{31}dðʅ^{31}tɕi^{213}
临朐	我不能怨人家，就怨自家。 uə^{44}pu^{21}nəŋ^{53}yã^{21}ʐə̃^{213}ka^{0}，tɕiəu^{21}yã^{21}tθʅ^{213}ka^{0}
日照	我不能嫌乎人家，就得怨自己呃。 uə^{44}pu^{213}nəŋ^{53}θiã^{44}xuə^{0}iẽ^{44}tʃiɑ^{0}，ȶiou^{31}tei^{44}yã^{31}tθʅ^{53}tʃʅ^{31}ə^{0}
莒南	俺不能怨人家，要怨就怨自己。 ã^{55}pu^{55}nəŋ^{53}yã^{31}iẽ^{55}tɕia^{0}，iɔ^{13}yã^{31}tsiou^{13}yã^{31}tθʅ^{53}tɕi^{213}
潍坊	我不能怪人家啊，只能怪自家啊。 uə^{55}pu^{24}nəŋ^{53}kuɛ^{31}ʐẽ^{35}kɑ^{55}ɑ^{0}，tʂʅ^{214}nəŋ^{53}kuɛ^{31}tsɿ^{35}kɑ^{55}ɑ^{0} 我不能怨人家，只能怨自家。 uə^{55}pu^{24}nəŋ^{53}yã^{31}ʐẽ^{35}kɑ^{0}，tʂʅ^{214}nəŋ^{53}yã^{31}tsɿ^{35}kɑ^{0}
寿光	俺不能怨人家，就怨俺自家。 ŋã^{55}pu^{213}nəŋ^{53}yã^{21}lə̃^{35}ka^{0}，tɕiəu^{21}yã^{55}ŋã^{0}tsɿ^{35}ka^{0}
高青	我不能怨人家，只能怪自家。 uə^{55}pu^{55}nəŋ^{55}yã^{41}ʐə̃^{35}tɕiɑ^{0}，tʂʅ^{55}nəŋ^{55}kuɛ^{41}tsɿ^{35}tɕiɑ^{0}

续表

	0038 我不能怪人家，只能怪自己。
阳信	俺不能怨人家，只能怨个人。 ŋã^{55}pu^{55}nəŋ^{45}yã^{31}ʐə̃^{45}tɕiə^{0}，tʂʅ^{55}nəŋ^{43}yã^{31}kə^{55}ʐə̃^{0}
济阳	咱不能怨人家，只能怨自家。 tsã^{55}pu^{13}nəŋ^{55}yã^{31}ʐẽ^{24}tɕia^{0}，tʂʅ^{21}nəŋ^{55}yã^{31}tsʅ^{55}tɕia^{0}
利津	我不能怨人家，只能怨自家。 uə^{55}pu^{44}nəŋ^{53}yã^{31}ʐẽ^{55}tɕia^{0}，tʂʅ^{24}nəŋ^{53}yã^{31}tsʅ^{55}tɕia^{0}
乐陵	我不能怪人家，只能怪个人。 uə^{55}pu^{212}nəŋ^{55}kuɛ^{31}ʐẽ^{55}tɕiɑ^{0}，tsʅ^{55}nəŋ^{0}kuɛ^{31}kə^{24}ʐẽ^{0}
商河	俺不能怪人家，只能怪自家。 ŋã^{45}pu^{45}nəŋ^{54}kuɛ^{31}ʐẽ^{24}tɕiɑ^{0}，tsʅ^{45}nəŋ^{54}kuɛ^{31}tsʅ^{24}tɕiɑ^{0}
平原	我不能怨人家，只能怨个人。 uə^{55}pu^{23}nəŋ^{21}yã^{21}ʐẽ^{55}tɕia^{0}，tʂʅ^{42}nəŋ^{42}yã^{21}kə^{21}ʐẽ^{42}
德州	俺不能怪人家，只能怪俺自个儿。 ŋã^{55}pu^{21}nəŋ^{42}kuɛ^{21}ʐẽ^{55}tɕia^{0}，tʂʅ^{55}nəŋ^{42}kuɛ^{21}ŋã^{55}tsʅ^{21}kər^{55}
武城	俺不能怨人家，只能怨俺个人。 ŋã^{55}pu^{24}nəŋ^{53}yã^{21}lẽ^{55}tɕia^{0}，tʂʅ^{55}nəŋ^{53}yã^{21}ŋã^{55}kə^{21}lẽ^{53}
临清	我不能怪人家，只能怪自个儿。 uə^{44}pu^{44}nəŋ^{53}kuai^{31}ʐən^{44}tɕia^{0}，tʂʅ^{44}nəŋ^{53}kuai^{13}tsʅ^{31}kər^{44}
冠县	我不能怪人家，只怪自己。 uə^{55}pu^{13}nəŋ^{53}kuɛ^{314}ʐẽ^{53}tɕia^{0}，tʂʅ^{55}kuɛ^{31}tsʅ^{31}tɕi^{0}
聊城	俺不能赖人家，要赖就赖俺自己。 ã^{44}pu^{44}nəŋ^{53}lɛ^{31}zẽ^{44}tɕia^{0}，iɔ^{31}lɛ^{31}tɕiou^{31}lɛ^{31}ɣã^{44}tsʅ^{31}tɕi^{44}
济南	俺不能怨人家，就怨俺自家。 ŋã^{55}pu^{21}nəŋ^{42}yã^{21}ʐẽ^{445}tɕia^{0}，tɕiou^{21}yã^{21}ŋã^{55}tsʅ^{55}tɕia^{0}
泰安	俺不能怨人家，只能怨自己啊。 nã^{55}pu^{213}nəŋ^{42}yã^{21}ʐẽ^{55}tɕia^{0}，tʂʅ^{213}nəŋ^{42}yã^{21}tɕi^{42}tɕi^{21}a^{0}
莱芜	我不能怪人家，只能怪自己。 uə^{55}pu^{31}nəŋ^{55}kuɛ^{42}ʒẽ^{13}tɕia^{0}，tʃʅ^{213}nəŋ^{55}kuɛ^{42}tsʅ^{42}tɕi^{0}
新泰	我不能怨人家，只能怨我自己。 uə^{55}pu^{31}nəŋ^{42}yã^{31}ʒẽ^{23}tɕia^{0}，tʃʅ^{23}nəŋ^{42}yã^{31}uə^{55}tθʅ^{42}tɕi^{213}
沂源	我不能怨人家，就怨自己。 uə^{55}pu^{21}nəŋ^{55}yã^{31}iə̃^{55}tɕia^{0}，tɕiou^{31}yã^{31}tθʅ^{55}tɕi^{0}
博山	我不能怨人家，怨我自家啊。 uə^{55}pu^{31}nəŋ^{55}yã^{31}lẽ^{35}tɕia^{0}，yã^{55}uə^{0}tsʅ^{35}tɕia^{0}a^{0}

续表

	0038 我不能怪人家，只能怪自己。
张店	俺不能怨人家啊，就怨自家。 ŋã^{55}pu^{33}nəŋ^{55}yã^{31}zə̃^{35}tɕiɑ^{0}ɑ^{0}，tɕiou^{31}yã^{31}tsɿ^{35}tɕiɑ^{0}
阳谷	我不能赖人家，只能赖自家。 uo^{55}pu^{13}nəŋ^{42}lɛ^{31}zẽ^{55}tɕia^{0}，tsɿ^{55}nəŋ^{42}lɛ^{31}tɕi^{55}tɕia^{0}
梁山	我不能怨人家，只能怨自己。 uə^{55}pu^{23}nəŋ^{42}yã^{31}zẽ^{55}tɕia^{0}，tsɿ^{55}nəŋ^{42}yã^{31}tɕi^{31}tɕi^{55}
菏泽	我不能怨人家，只能怨自家。 uə^{44}pu^{213}nəŋ^{53}yã^{31}zẽ^{53}tɕia^{0}，tsɿ^{44}nəŋ^{53}yã^{31}tsɿ^{31}tɕia^{0}
曹县	我不能怪人家，只能怪自己。 uə^{44}pu^{21}nəŋ^{0}kuai^{31}zẽ^{53}tɕia^{0}，tsɿ^{21}nəŋ^{53}kuai^{312}tsɿ^{31}tɕi^{44}
金乡	我不能怨人家，只能怨自家。 uə^{55}pu^{21}nəŋ^{0}yã^{31}zẽ^{55}tɕia^{0}，tsɿ^{21}nəŋ^{0}yã^{23}tɕi^{31}tɕia^{213}
曲阜	俺不能怨人家，只能怨自己。 ɣã^{55}pu^{213}nəŋ^{42}yã^{31}zẽ^{55}tɕia^{0}，tsɿ^{42}nəŋ^{0}yã^{31}tsɿ^{31}tɕi^{55}
薛城	我不能怨人家，只能怨自己。 uə^{55}pu^{31}nəŋ^{55}yã^{41}zẽ^{55}tɕia^{0}，tsɿ^{31}nəŋ^{55}yã^{41}tsɿ^{41}tɕi^{0}
郯城	我不能怨人家，全怨我自己。 uə^{24}pu^{21}nəŋ^{44}yã^{51}zə̃^{44}tɕiə^{0}，tsʰuã^{44}yã^{51}uə^{24}tsɿ^{51}tɕi^{24}
临沂	管谁不怨，就怨自己呃。 kuã^{214}ʃei^{53}pu^{55}yã^{31}，tɕiou^{31}yã^{31}tsɿ^{31}tɕi^{21}ə^{0}

	0039 a.明天王经理会来公司吗？b.我看他不会来。
荣成	a.明儿王经理是不来公司？b.我看他是不来。 a. mər^{53}uɑŋ^{35}ciŋ^{53}li^{214}ʂʅ^{33}pu^{0}lai^{53}kuŋ^{53}sɿ^{53}？b. uo^{21}kan^{33}tʰa^{53}ʂʅ^{33}pu^{21}lai^{53}
烟台	a.明儿王经理来不来公司？b.我看他不能来。 a. mər^{53}uɑŋ^{53}tɕiŋ^{53}li^{21}lɛ^{53}pu^{0}lɛ^{53}kuŋ^{33}sɿ^{53}？b. uo^{21}kʰan^{33}tʰa^{53}pu^{21}nəŋ^{33}lɛ^{53}
栖霞	a.明日王经理能来公司啊？b.我看他不能来。 a. məŋ^{52}i^{0}uɑŋ^{52}ciŋ^{52}li^{214}nəŋ^{52}lɛi^{52}kuŋ^{34}sɿ^{312}a^{0}？b. uo^{21}kʰɑŋ^{52}tʰa^{0}pu^{21}nəŋ^{34}lɛi^{52}
长岛	a.明天王经理来公司吗？b.我看够呛。 a. miŋ^{55}tʰian^{0}uɑŋ^{55}ciŋ^{52}li^{213}lai^{55}kuŋ^{55}sɿ^{31}ma^{0}？b. uə^{21}kʰan^{52}kou^{21}tʃʰɑŋ^{52}
海阳	a.明日王经理来公司吗？b.我看他不来。 a. məŋ^{52}i^{0}uɑŋ^{34}ciŋ^{52}li^{21}lɛ^{52}kuŋ^{34}sɿ^{52}ma^{0}？b. uo^{21}kʰã^{34}tʰa^{0}pu^{21}lɛ^{52}
莱西	a.明天王经理会来公司吗？b.他不会来。 a. miŋ^{33}tʰiã^{214}uɑŋ^{42}ciŋ^{214}li^{55}xuei^{42}lɛ^{55}koŋ^{55}sɿ^{214}ma^{0}？b. tʰa^{214}pu^{55}xuei^{42}lɛ^{214}

续表

	0039 a.明天王经理会来公司吗？b.我看他不会来。
平度	a.明日王经理能来公司吗？b.我看他不能来。 a. miŋ^{45}i^{0}uɑŋ^{42}ciŋ^{213}li^{55}nəŋ^{42}lɛ^{42}kuŋ^{55}θɿ^{213}ma^{0}？b. uə^{55}kʰã^{42}tʰa^{0}pu^{55}nəŋ^{42}lɛ^{42}
青岛	a.明日王经理能来公司吗？b.我看他不能来。 a. mioŋ^{45}i^{0}uɑŋ^{42}tɕioŋ^{213}li^{55}noŋ^{42}lɛ^{42}koŋ^{55}θɿ^{213}mɑ^{0}？b. uə^{55}kʰã^{42}tʰə^{55}pu^{55}noŋ^{42}lɛ^{42}
高密	a.明日王经理能来公司吗？b.我看他不定规来。 a. mioŋ^{55}i^{0}uɑŋ^{42}tɕioŋ^{213}li^{55}noŋ^{42}lɛ^{42}koŋ^{23}θɿ^{21}mɑ^{0}？b. uə^{55}kʰã^{42}tʰɑ^{0}pu^{55}tioŋ^{21}kuei^{213}lɛ^{42}
诸城	a.明日王经理能来公司吗？b.我看他不能来。 a. miəŋ^{24}i^{0}uɑŋ^{53}tʃəŋ^{213}li^{44}nəŋ^{53}lɛ^{53}kəŋ^{213}θɿ^{31}ma^{0}？b. uə^{44}kʰã^{31}tʰa^{44}pu^{44}nəŋ^{53}lɛ^{53}
沂水	a.明日王经理能上公司来吗？b.我寻思不来。 a. mẽ^{53}i^{31}uɑŋ^{53}tɕiŋ^{213}li^{55}nəŋ^{53}ʃɑŋ^{31}kuŋ^{24}θɿ^{213}lɛ^{24}ma^{0}？b. uə^{44}ʃẽ^{34}θɿ^{0}pu^{44}lɛ^{53} b.我科$^{=}$么着他不能来。 b. uə^{44}kʰuə^{213}mə^{0}tʂɔ^{0}tʰa^{44}pu^{44}nəŋ^{53}lɛ^{53}
临朐	a.早晨王经理能来公司呃吧？b.我看他来不了咧。 a. tθɔ^{213}tʃʰə̃^{0}uɑŋ^{53}tɕiŋ^{21}li^{55}nəŋ^{53}lɛ^{53}kuŋ^{13}θɿ^{21}ə^{0}pa^{0}？b. uə^{213}kʰã^{21}tʰa^{0}lɛ^{35}pu^{0}liɔ^{213}liə^{0}
日照	a.王经理明日能来公司吗？b.我估摸着他不能来。 a. uɑŋ^{53}tʃiəŋ^{53}li^{44}miəŋ^{53}i^{0}nəŋ^{53}lɛ^{53}kəŋ^{23}θɿ^{31}mɑ^{0}？b. uə^{44}ku^{213}mə^{0}tʂɑ^{0}tʰɑ^{44}pu^{213}nəŋ^{53}lɛ^{44}
莒南	a.明日王经理能来公司吧？b.我看他不能来。 a. miŋ^{53}i^{31}uɑŋ^{53}tɕiŋ^{213}li^{55}nəŋ^{53}lɛ^{53}kuŋ^{13}θɿ^{21}pa^{0}？b. uə^{55}kʰã^{31}tʰa^{55}pu^{213}nəŋ^{53}lɛ^{53}
潍坊	a.早晨王经理能来公司吗？b.我看他不会来。 a. tsɔɤ^{24}tʂʰẽ^{0}uɑŋ^{53}tɕiŋ^{24}li^{55}nəŋ^{53}lɛ^{53}koŋ^{24}sɿ^{31}mɑ^{0}？b. uə^{55}kʰã^{31}tʰɑ^{55}pu^{24}xuei^{31}lɛ^{53}
寿光	a.王经理早晨能来公司么？b.我看着他来不了。 a. uɑŋ^{53}tɕiŋ^{53}li^{55}tsɔ^{23}tʂʰə̃^{0}nəŋ^{53}lɛ^{53}kuŋ^{213}sɿ^{21}mə^{0}？b. uə^{55}kʰã^{55}tʂuə^{0}tʰa^{0}lɛ^{35}pu^{0}liɔ^{55}
高青	a.明天王经理来公司吗？b.我看他来不了。 a. miŋ^{55}tʰiã^{213}uɑŋ^{55}tɕiŋ^{213}li^{55}lɛ^{55}kuŋ^{55}sɿ^{21}mɑ^{0}？b. uə^{55}kʰã^{41}tʰɑ^{55}lɛ^{55}pu^{0}liɔ^{55}
阳信	a.王经理明日会来公司嫚？b.叫我说他不会来。 a. uɑŋ^{43}tɕiŋ^{55}li^{55}miŋ^{55}zʅ^{31}xuei^{31}lɛ^{43}kuŋ^{213}sɿ^{31}mã^{0}？b. tɕiɔ^{31}uə^{55}ʂuə^{213}tʰa^{55}pu^{55}xuei^{31}lɛ^{43}
济阳	a.明日王经理能上公司里来吧？b.我觉得他不准来。 a. miŋ^{24}zʅ^{0}uɑŋ^{55}tɕiŋ^{54}li^{55}nəŋ^{13}ʂɑŋ^{31}kuŋ^{55}sɿ^{21}li^{0}lɛ^{24}pa^{0}？b. uə^{55}tɕyə^{23}tə^{0}tʰa^{213}pu^{23}tʂuẽ^{0}lɛ^{55}
利津	a.明日王经理会来公司吗？b.我看他来不了。 a. miŋ^{55}zʅ^{0}uɑŋ^{53}tɕiŋ^{213}li^{55}xuei^{31}lɛ^{53}kuŋ^{213}sɿ^{31}mɑ^{0}？b. uə^{55}kʰã^{31}tʰa^{55}lɛ^{55}pu^{0}liɔ^{55}
乐陵	a.明日个王经理会来公司嫚？b.我觉着他不会来。 a. miŋ^{55}zʅ^{0}kə^{0}uɑŋ^{55}tɕiŋ^{212}li^{55}xuei^{31}lɛ^{55}kuŋ^{24}sɿ^{31}mã^{0}？b. uə^{55}tɕyə^{212}tʂə^{0}tʰɑ^{55}pu^{24}xuei^{51}lɛ^{55}
商河	a.明日王经理能来公司嫚？b.俺母$^{=}$量他不能来。 a. miŋ^{24}zʅ^{0}uɑŋ^{54}tɕiŋ^{213}li^{45}nəŋ^{54}lɛ^{54}kuŋ^{24}sɿ^{21}mã^{0}？b. ŋã^{45}mu^{213}liɑŋ^{0}tʰɑ^{45}pu^{45}nəŋ^{54}lɛ^{54}

续表

	0039 a.明天王经理会来公司吗？b.我看他不会来。
平原	a.明儿王经理会来公司嘤？b.我看他来不了。 a. miɛr42uaŋ42tɕiŋ212li55xuei21lɛi42kuŋ23sɿ21mã0？b. uə55kʰã21tʰa55lɛi55pu0liɔu0
德州	a.赶明儿王经理能来公司吗？b.俺觉着他来不了。 a. kã55miə̃r42uaŋ42tɕiŋ213li55nəŋ42lɛ42kuŋ213sɿ21ma0？b. ŋã55tɕyə21tʂə0tʰa55lɛ55pu0liɔ55
武城	a.明儿王老板能来公司吗？b.俺看他来不了。 a. miər53uaŋ53lɔ24pã55nəŋ53lɛ53kuŋ24sɿ312ma0？b. ŋã55kʰã21tʰa55lɛ55pu0liɔ55
临清	a.赶明儿王经理会来公司吗？b.我看他来不了。 a. kan44miər53uaŋ53tɕiŋ13li44xuei31lai53kuŋ13sɿ13ma0？b. uə44kʰan31tʰa44lai44pu0liau0
冠县	a.明天王经理能来公司吗？b.我看他不会来。 a. miŋ53tʰiã13uaŋ53tɕiŋ13li0nəŋ53lɛ53kuŋ13sɿ21ma0？b. uə55kʰã31tʰa55pu31xuei0lɛ53
聊城	a.明儿里王经理会来公司吧？b.俺看他来不了啦。 a. miər53li0uaŋ53tɕiŋ13li44xuei31lɛ53kuŋ13sɿ13pa0？b. ɣã44kʰã31tʰa0lɛ44pu0liɔ44la0
济南	a.赶明儿王经理待来公司吗？b.俺母⁼量着他不准来。 a. kã213miə̃r42uaŋ42tɕiŋ213li55tɛ21lɛ42kuŋ23sɿ21ma0？b. ŋã55mu213liaŋ0tʂʅ0tʰa55pu21tʂuẽ55lɛ42
泰安	a.明儿王经理会来公司吗？b.我母⁼量着他不来。 a. miə̃r42uaŋ42tɕiŋ213li55xuei21lɛ42kuŋ213sɿ21ma0？b. uə55mu213liaŋ0tʂʅ0tʰa23pu213lɛ42
莱芜	a.明天王经理会来公司吗？b.我看他不会来。 a. miŋ55tʰiã213uaŋ55tɕiŋ213li55xuei31lɛ55kuŋ55sɿ213ma0？b. uə213kʰã42tʰa0pu213xuei31lɛ55
新泰	a.赶明日王经理能来公司吧？b.我看他不准来。 a. kã55miŋ45ʒʅ0uaŋ42tɕiŋ31li55nəŋ42lɛ55kuŋ23θɿ21pa0？b. uə55kʰã42tʰa0pu42pfẽ0lɛ42
沂源	a.明日王经理来公司吗？b.我寻思他不会来。 a. miŋ35i0uaŋ55tɕiŋ21li55lɛ55kuŋ55θɿ213ma0？b. uə55ɕiə̃35θɿ0tʰa213pu55xuei31lɛ55
博山	a.王经理明日来公司呃啵？b.我看呃他不一定来。 a. uaŋ55tɕiŋ213li55miŋ55ɭə0lɛ55kuŋ55sɿ21ə0po0？b. uə55kʰã55ə0tʰɑ55pu213i0tiŋ31lɛ55
张店	a.明日王经理来公司呃嚗？b.我看他不能来。 a. miŋ55zʅ0uaŋ55tɕiŋ213li55lɛ55kuŋ213sɿ21ə0pɔ0？b. uə55kʰã31tʰɑ213pu33nəŋ55lɛ55
阳谷	a.明儿里王经理到公司来吗？b.我看他不会来。 a. miə̃r42li0uaŋ42tɕiŋ13li55tɔ31kuŋ13sɿ213lɛ55ma0？b. uo55kʰã31tʰa55pu13xuei31lɛ42
梁山	a.明里儿王经理来公司　？b.我觉么着他不会来。 a. miŋ42lier55uaŋ42tɕiŋ55li55lɛ42kuŋ23sɿ21pɛ0？b. uə55tɕyə21mə0tsɿ0tʰa55pu23xuei31lɛ42
菏泽	a.明儿王经理来公司啵？b.我看他来不了。 a. miə̃r53uaŋ53tɕiŋ213li44lɛ53kuŋ213sɿ21pə0？b. uə44kʰã31tʰa44lɛ53pu0liɔ44
曹县	a.明天王经理会来公司吗？b.我看他不会来。 a. miŋ53tʰiã0uaŋ53tɕiŋ21li44xuei31lai53kuŋ213sɿ21ma0？b. uə44kʰã31tʰa44pu213xuei31lai53

续表

	0039 a.明天王经理会来公司吗？b.我看他不会来。
金乡	a.明儿王经理来公司不？b.我估么着他不会来。 a. miə̃r^{42}uɑŋ^{42}tɕiŋ^{21}li^{55}lɛ^{42}kuŋ^{23}sɿ^{21}pu^{0}？ b. uə^{55}ku^{23}mə^{0}tsɿ^{0}tʰa^{55}pu^{23}xuei^{31}lɛ^{42}
曲阜	a.赶明儿里王经理来公司吧？b.我觉么着他来不了。 a. kã^{55}miɛr^{42}li^{0}uaŋ^{42}tɕiŋ^{21}li^{55}lɛ^{42}kuŋ^{23}sɿ^{213}pa^{0}？ b. uə^{55}tɕyə^{21}mə^{0}tsɿ^{0}tʰa^{213}lɛ^{42}pu^{0}liɔ^{55}
薛城	a.明里王经理能来公司吗？b.我看他不会来。 a. miŋ^{55}li^{0}uɑŋ^{55}tɕiŋ^{31}li^{55}nəŋ^{55}lɛ^{55}kuŋ^{24}sɿ^{31}ma^{0}？ b. uə^{24}kʰã^{41}tʰa^{55}pu^{31}xue^{41}lɛ^{55}
郯城	a.明天王经理会来公司吗？b.我看他不捞$^{=}$能来。 a. miŋ^{44}tʰiã^{213}uɑŋ^{44}tɕiŋ^{21}li^{24}xue^{51}lɛ^{44}kuŋ^{13}sɿ^{21}ma^{0}？ b. uə^{24}kʰã^{51}tʰa^{13}pu^{21}lɔ^{44}nəŋ^{44}lɛ^{44}
临沂	a.明天王经理能来公司吧？b.我觉得不能来。 a. miŋ^{53}tʰiã^{214}uaŋ^{53}tɕiŋ^{24}li^{55}nəŋ^{53}lɛ^{53}kuŋ^{24}sɿ^{214}pa^{0}？ b. uə^{55}tɕyə^{21}tə^{0}pu^{55}nəŋ^{53}lɛ^{53}

	0040 我们用什么车从南京往这里运家具呢？
荣成	咱[①]使么车从南京往这儿拉家具？ tsa^{35}ʂʅ^{21}mo^{35}tʃʰiɛ^{53}tsʰuŋ^{53}nan^{35}ciŋ^{53}uɑŋ^{21}tʃiɐr^{55}la^{21}cia^{53}cy^{33}？
烟台	咱使唤什么车上南京拉家具儿？ tsa^{33}sɿ^{21}xuan^{0}ɕin^{33}mə^{0}tɕʰie^{53}ɕiɑŋ^{53}nan^{33}tɕiŋ^{53}la^{33}tɕia^{53}tɕyər^{0}？
栖霞	咱使唤什么车从南京往这儿拉家装？ tsa^{34}sɿ^{21}xuãn^{0}ʃə̃n^{55}mə^{0}tʃʰiɛ^{312}tsʰuŋ^{34}nãn^{34}ciŋ^{52}uɑŋ^{21}tʃər^{21}la^{34}cia^{52}tsuŋ^{0}？
长岛	咱用什么车从南京往这里运家什？ tsan^{55}yŋ^{52}ʃən^{55}mə^{0}tʃʰə^{31}tsʰuŋ^{31}nan^{55}ciŋ^{31}uɑŋ^{21}tʃə^{52}li^{0}yn^{55}cia^{52}sɿ^{0}？
海阳	咱用什么车从南京往这儿搬家装？ tθa^{34}yŋ^{34}sɑŋ^{34}mə^{0}tsʰə^{52}tθʰuŋ^{34}nã^{34}ciŋ^{52}uɑŋ^{34}tsər^{21}pã^{34}cia^{34}tʂuŋ^{0}？
莱西	咱使什么车从南京往这里拉家具啊？ tsa^{42}sɿ^{55}ʃʅ^{42}mə^{0}tʃʰiə^{214}tsʰoŋ^{42}nã^{33}ciŋ^{214}uɑŋ^{42}tʃə^{42}li^{0}la^{214}cia^{214}cy^{42}a^{0}？
平度	咱使什么车从南京上这拉家具啊？ tθã^{213}ʂʅ^{55}ʃəŋ^{45}mə^{0}tʃʰə^{213}tθʰuŋ^{42}nã^{42}ciŋ^{213}ʃɑŋ^{42}tʃə^{213}la^{55}ciɑ^{213}cy^{42}a^{0}？
青岛	喒使什么车从南京望这拉家具？ tθẽ^{42}ʂʅ^{55}ʃoŋ^{45}mə^{0}tʃʰə^{213}tθʰoŋ^{42}nã^{42}tɕioŋ^{213}uɑŋ^{55}tʃə^{42}lɑ^{213}tɕiɑ^{213}tɕy^{42}？
高密	喒使什么车从南京上这里运家具？ tθə̃^{42}ʂʅ^{55}ʃoŋ^{42}mə^{0}tʃʰə^{213}tθʰoŋ^{42}nã^{42}tɕioŋ^{213}ʃɑŋ^{21}tʃə^{42}lɛ^{0}yə̃^{21}tɕiɑ^{23}tɕy^{21}？
诸城	我们使什么车把南京望这里运家器儿呢？ uə^{213}mẽ^{0}ʂʅ^{44}ʃəŋ^{44}mə^{0}tʃʰə^{213}pa^{44}nã^{53}tʃəŋ^{213}uɑŋ^{31}tʃə^{24}li^{0}yẽ^{31}tʃa^{213}tʃʰer^{0}nə^{0}？

① 音tsa或tsan（tsã）者写作"咱"，音tsen（tsẽ）者写作"喒"。

续表

	0040 我们用什么车从南京往这里运家具呢?
沂水	嗒使什么车从南京望这拉家什儿啊? dðẽ^{53}ʂʅ^{44}ʃəŋ^{24}mə^{0}tʃʰə^{213}tsʰyŋ^{53}nã^{53}tɕiŋ^{213}uɑŋ^{31}dʒə^{31}la^{24}tɕia^{213}ʂer^{0}a^{0} ?
临朐	嗒使什么车从南京望这里拉家具呢? tθə̃^{53}ʂʅ^{44}ʃə̃^{44}mə^{0}tʃʰə^{213}tθʰuŋ^{53}nã^{53}tɕiŋ^{213}uɑŋ^{21}tʃə^{35}li^{0}la^{213}tɕia^{213}tɕy^{44}ȵi^{0} ?
日照	把南京望这里拉家器儿嗒使什么车啊? pɑ^{31}nã^{53}tʃiəŋ^{213}uɑŋ^{31}tʃə^{31}lə^{0}lɑ^{213}tʃiɑ^{213}tʃʰer^{0}tθẽ^{53}ʂʅ^{44}ʃẽ^{53}mə^{0}tʃʰiə^{31}ɑ^{0} ?
莒南	嗒用什么车从南京往这里拉家具啊? tθẽ^{213}yŋ^{31}ʃəŋ^{55}mə^{0}tʃʰə^{213}tθʰuŋ^{53}nã^{53}tɕiŋ^{213}uɑŋ^{53}tʃə^{31}lɛ^{0}la^{13}tɕia^{13}tɕy^{31}a^{0} ?
潍坊	嗒使什么车从南京靠这里运家具儿啊? tɕiẽ^{53}ʂʅ^{55}ʂəŋ^{55}mə^{0}tʂʰə^{214}tsʰoŋ^{53}nã^{53}tɕiŋ^{214}kʰɔɤ^{31}tʂə^{35}li^{0}yẽ^{31}tɕiɑ^{214}tɕyr^{55}ɑ^{0} ?
寿光	嗒使什么车打南京望这里运家具呢? tsə̃^{53}ʂʅ^{55}ʂə̃^{55}mə^{0}tʂʰə^{213}ta^{55}nã^{53}tɕiŋ^{213}uɑŋ^{21}tʂə^{35}ȵi^{0}yə̃^{21}tɕia^{213}tɕy^{55}ȵi^{0} ?
高青	咱使啥车把家什儿从南京运来啊? tsã^{55}ʂʅ^{55}ʂɑ^{41}tʂʰə^{213}pɑ^{55}tɕiɑ^{35}ʂer^{0}tɕʰyŋ^{55}nã^{55}tɕiŋ^{213}yə̃^{41}lɛ^{35}ɑ^{0} ?
阳信	咱使啥车码⁼南京往这里运家具呃? tsã^{55}ʂʅ^{55}ʂa^{31}tʂʰə^{213}ma^{55}nã^{55}tɕiŋ^{213}uɑŋ^{55}tʂə^{55}li^{0}yə̃^{31}tɕia^{213}tɕy^{55}ə^{0} ?
济阳	咱用啥车从南京往这里拉家具呢? tsã^{13}yŋ^{31}ʂa^{55}tʂʰə^{213}tsʰuŋ^{54}nã^{55}tɕiŋ^{213}uɑŋ^{54}tʂə^{55}li^{0}la^{55}tɕia^{213}tɕy^{55}ȵi^{0} ?
利津	咱用啥车从南京望这里拉家具啊? tsã^{55}yŋ^{31}ʂa^{53}tʂʰə^{213}tɕʰyŋ^{53}nã^{53}tɕiŋ^{213}uɑŋ^{31}tʂə^{31}li^{0}la^{24}tɕia^{24}tɕy^{31}a^{0} ?
乐陵	咱用嘛车从南京往这呵⁼儿拉家具呃? tsã^{55}yŋ^{51}mɑ^{51}tʂʰə^{24}tsʰuŋ^{55}nã^{51}tɕiŋ^{24}uɑŋ^{55}tʂə^{55}xer^{0}lɑ^{24}tɕiɑ^{24}tɕy^{55}ə^{0} ?
商河	咱们用啥车从南京上这里拉家什呢? tsã^{213}mẽ^{0}yŋ^{31}ʂɑ^{31}tʂʰə^{213}tsʰuŋ^{54}nã^{54}tɕiŋ^{213}xɑŋ^{31}tʂə^{54}li^{0}lɑ^{45}tɕiɑ^{213}sʅ^{54}nɛ^{0} ?
平原	咱用嘛车从南京望这呵⁼儿拉家具啊? tsã^{23}yŋ^{21}ma^{42}tʂʰə^{213}tsʰuŋ^{42}nã^{42}tɕiŋ^{213}uɑŋ^{21}tʂə^{42}xər^{0}la^{23}tɕia^{23}tɕy^{21}a^{0} ?
德州	俺们找嘛车儿从南京往这儿拉家什儿? ŋã^{213}mẽ^{0}tʂɔ^{55}ma^{42}tʂʰər^{213}tsʰuŋ^{42}nã^{42}tɕiŋ^{213}uɑŋ^{55}tʂər^{21}la^{213}tɕia^{213}ʂer^{42} ?
武城	咱用嘛车从南京望这儿拉家什儿? tsã^{24}yŋ^{0}ma^{53}tʂʰə^{224}tsʰuŋ^{53}nã^{53}tɕiŋ^{224}uɑŋ^{21}tʂər^{53}la^{224}tɕia^{24}ʂer^{0} ?
临清	咱用么车从南京望这儿运家具呢? tsan^{44}yŋ^{31}mə^{53}tʂʰə^{13}tsʰuŋ^{44}nan^{53}tɕiŋ^{13}uɑŋ^{31}tʂər^{53}yn^{31}tɕia^{13}tɕy^{53}nə^{0} ?
冠县	咱用啥车儿从南京往这里运家具啊? tsã^{53}yŋ^{31}ʂa^{53}tʂʰər^{13}tsʰuŋ^{53}nã^{53}tɕiŋ^{13}uɑŋ^{55}tʂə^{31}li^{0}yẽ^{31}tɕia^{13}tɕy^{31}a^{0} ?

续表

	0040 我们用什么车从南京往这里运家具呢?
聊城	咱用么车从南京望这儿拉家具啊? tsã^{44}yŋ^{31}mə^{53}tsʰə^{13}tsʰuŋ^{53}nã^{53}tɕiŋ^{13}uɑŋ^{31}tsər^{53}la^{13}tɕia^{13}tɕy^{31}a^{0} ?
济南	咱这伙使么车把家具打南京运过来? tsã^{55}tʂə^{21}xuə^{55}ʂʅ^{55}mə^{42}tʂʰə^{213}pa^{55}tɕia^{23}tɕy^{21}ta^{55}nã^{42}tɕiŋ^{213}yẽ^{21}kuə^{21}lɛ^{0} ?
泰安	咱用什么车把家具从南京运来呢? tsã^{55}yŋ^{21}ʂəŋ^{55}mə^{0}tʂʰə^{213}pa^{21}tɕia^{23}tɕy^{21}tsʰuŋ^{42}nã^{42}tɕiŋ^{213}yẽ^{42}lɛ^{0}ȵi^{0} ?
莱芜	我们用什么车从南京望这里运家具呢? uə^{213}mẽ^{0}yŋ^{42}ʃẽ^{55}mə^{0}tʃʰə^{213}tɕʰyŋ^{42}nã^{55}tɕiŋ^{213}uɑŋ^{31}tʃə^{55}li^{0}yẽ^{42}tɕia^{213}tɕy^{42}niə^{0} ?
新泰	咱是用什么车从南京上这里运家具啊? tθã^{42}ʃʅ^{31}yŋ^{31}ʃə^{42}mə^{0}tʃʰə^{213}tθʰuŋ^{42}nã^{42}tɕiŋ^{213}ʃɑŋ^{0}tʃə^{42}li^{0}yẽ^{31}tɕia^{23}tɕy^{31}a^{0} ?
沂源	我们使什么车把家具从南京拉过来? uə^{21}mã^{0}ʃʅ^{55}ʃã^{35}mə^{0}tʃʰə^{213}pa^{55}tɕia^{213}tɕy^{31}tθʰuŋ^{55}nã^{55}tɕiŋ^{213}la^{213}kuə^{55}lɛ^{0} ?
博山	咱使啥车从南京望这运家具呃? tsã^{55}ʂʅ^{55}ʂɑ^{31}tʂʰə^{213}tsʰuŋ^{55}nã^{55}tɕiŋ^{213}uɑŋ^{31}tʂə^{55}yẽ^{31}tɕiɑ^{213}tɕy^{55}ə^{0} ?
张店	我们使啥车把家具从南京拉到这里呢? uə^{213}mã^{0}ʂʅ^{55}ʂɑ^{31}tʂʰə^{213}pɑ^{31}tɕiɑ^{213}tɕy^{31}tɕʰyŋ^{55}nã^{55}tɕiŋ^{213}lɑ^{213}tɔ^{31}tʂə^{55}ȵi^{0}ȵiə^{0} ?
阳谷	咱用啥车从南京望这呵$^{=}$运家具? tsã^{42}yŋ^{13}sa^{42}tsʰə^{213}tsʰuŋ^{42}nã^{42}tɕiŋ^{213}uɑŋ^{31}tsə^{42}xə^{0}yẽ^{31}tɕia^{13}tɕy^{313} ?
梁山	咱用啥车从南京往家里运这家什儿啊? tsã^{55}yŋ^{31}sa^{31}tsʰə^{213}tsʰuŋ^{42}nã^{42}tɕiŋ^{213}uɑŋ^{55}tɕia^{21}li^{0}yẽ^{31}tsə^{31}tɕia^{21}ser^{0}a^{0} ?
菏泽	咱用啥车从南京把家什儿拉来啊? tsã^{55}yŋ^{31}sa^{31}tsʰə^{213}tsʰuŋ^{53}nã^{53}tɕiŋ^{213}pa^{44}tɕia^{21}ser^{0}la^{21}lɛ^{53}a^{0} ?
曹县	我们用什么车从南京往这里运家具哪? uə^{44}mẽ^{0}yŋ^{31}ʂẽ^{53}mə^{0}tʂʰə^{213}tsʰuŋ^{53}nã^{53}tɕiŋ^{213}uɑŋ^{44}tʂə^{31}li^{0}yẽ^{31}tɕia^{213}tɕy^{0}na^{0} ?
金乡	咱用啥车从南京往这里运家具呀? tsã^{55}yŋ^{23}sa^{31}tsʰə^{213}tɕʰyŋ^{42}nã^{55}tɕiŋ^{213}uɑŋ^{55}tsə^{42}li^{0}yẽ^{31}tɕia^{23}tɕy^{42}ia^{0} ?
曲阜	咱用什么车从南京望这里拉家具啊? tsã^{55}yŋ^{31}səŋ^{55}mə^{0}tsʰə^{213}tsʰuŋ^{42}nã^{42}tɕiŋ^{213}uaŋ^{31}tsə^{42}li^{0}la^{23}tɕia^{23}tɕy^{42}a^{0} ?
薛城	咱们用什么车从南京可$^{=}$这里拉家具哪? tsã^{24}mẽ^{0}yŋ^{41}xuŋ^{41}mə^{0}tsʰə^{31}pfʰəŋ^{55}nã^{55}tɕiŋ^{313}kʰə^{55}tsə^{41}li^{0}la^{313}tɕia^{31}tɕy^{41}na^{0} ?
郯城	咱用什么车从南京朝这拉家具? tsã^{24}yŋ^{51}ʂəŋ^{44}mə^{0}tʂʰə^{213}tsʰuŋ^{44}nã^{44}tɕiŋ^{213}tʂʰɔ^{44}tʂə^{51}la^{13}tɕia^{21}tɕy^{51} ?
临沂	咱用什么车从南京望这拉家具? tsã^{55}yŋ^{31}ʃəŋ^{55}mə^{0}tʃʰə^{214}tsʰuŋ^{53}nã^{53}tɕiŋ^{214}uɑŋ^{31}tʃə^{31}la^{24}tɕia^{24}tɕy^{312} ?

	0041 他像个病人似的靠在沙发上。
荣成	他真像个病人攲在沙发上。 tʰa^{53}tʃən^{53}siɑŋ^{33}kə^{0}piŋ^{33}in^{53}cʰiɛ^{53}tə^{0}ʂa^{53}fa^{214}ʃɑŋ^{0}
烟台	他和个病号儿一样靠儿沙发上。 tʰa^{53}xɤ^{33}kə^{0}piŋ^{53}xaur^{33}i^{21}iɑŋ^{33}kʰaur^{33}sa^{53}fa^{21}ɕiɑŋ^{0}
栖霞	他和个病人一样倚儿在沙发上。 tʰa^{34}xuo^{21}kə^{0}piŋ^{52}ĩn^{0}i^{52}iɑŋ^{52}iər^{21}tsɛi^{0}sa^{52}fa^{21}ʃɑŋ^{0}
长岛	他像个病人似的靠在沙发上。 tʰa^{55}ʃɑŋ^{52}kə^{0}piŋ^{52}in^{0}sɿ^{52}tə^{0}kʰau^{52}tsai^{0}sa^{52}fa^{0}ʃɑŋ^{0}
海阳	他和个病人倚待沙发上。 tʰa^{52}xɑŋ^{34}kə^{0}piŋ^{34}ĩ^{52}i^{21}tɛ^{0}ʂa^{52}fa^{21}sɑŋ^{0}
莱西	他像个病人似的靠在沙发上。 tʰa^{214}ʃiɑŋ^{42}kə^{0}piŋ^{42}iẽ^{0}sɿ^{42}tə^{0}kʰɔ^{42}tsɛ^{0}sa^{55}fa^{214}ʃɑŋ^{42}
平度	他像个病人似的倚在沙发上。 tʰa^{55}siɑŋ^{42}kə^{0}piŋ^{42}iə̃^{0}ʂʅ^{42}ti^{0}i^{55}tθɛ^{0}ʂa^{55}fa^{213}ʃɑŋ^{0}
青岛	他和个病人似的倚歪待沙发上。 tʰə^{55}xuə^{45}kə^{0}pioŋ^{42}iẽ^{0}ʂʅ^{42}ti^{0}i^{55}uɛ^{42}tɛ^{0}ʂɑ^{213}fɑ^{0}ʃɑŋ^{42}
高密	他像个病号儿似的倚在沙发上。 tʰɑ^{55}θɑŋ^{21}kə^{21}pioŋ^{23}xɔr^{21}ʂʅ^{21}ti^{0}i^{23}tθɛ^{0}ʂɑ^{33}fɑ^{213}xɑŋ^{0}
诸城	他和个病人似的倚了沙发上。 tʰa^{44}xɑŋ^{44}kə^{0}piəŋ^{31}iẽ^{53}ʂʅ^{44}ȶi^{0}i^{213}lə^{0}ʂa^{44}fa^{213}xɑŋ^{0}
沂水	他和个病人似的靠沙发上。 tʰa^{44}xɔ^{31}kə^{31}piŋ^{31}iẽ^{24}ʂʅ^{0}ti^{0}kʰɔ^{31}ʂa^{24}fa^{213}ʃɑŋ^{0}
临朐	他和个长病的呃似的攲呃沙发上。 tʰa^{44}xaŋ^{53}kuə^{0}tʃɑŋ^{213}piŋ^{44}ti^{0}ə^{0}ʂʅ^{44}ti^{0}tɕʰiə^{21}ə^{0}ʂa^{44}fa^{213}xɑŋ^{0}
日照	他和个病人似的倚［了］沙发上。 tʰɑ^{44}xuɑŋ^{31}kə^{0}piəŋ^{31}iẽ^{44}ʂʅ^{0}ti^{0}i^{213}ʂɑ^{53}fɑ^{213}ʃiɑŋ^{0}
莒南	他像个病人一样儿倚［了］沙发上。 tʰa^{55}siɑŋ^{31}kə^{31}piŋ^{31}iẽ^{53}i^{13}ɻɑ̃r^{31}i^{213}ʂa^{13}fa^{0}ʃaŋ^{0}
潍坊	他和个病汉啊似的靠在沙发上。 tʰɑ^{214}xuə^{53}kuə^{0}piŋ^{55}xã^{0}a^{0}ʂʅ^{55}ti^{0}kʰɔɤ^{55}tsɛ^{0}ʂɑ^{24}fɑ^{214}ʂɑŋ^{0}
寿光	他和个病人呃似的靠唠沙发上。 tʰa^{13}xuə^{21}kuə^{21}piŋ^{21}lə̃^{35}ə^{0}ʂʅ^{55}ti^{0}kʰɔ^{55}lɔ^{0}ʂa^{55}fa^{213}xɑŋ^{0}
高青	他像个长病的靠到沙发上。 tʰɑ^{55}ɕiɑŋ^{41}kə^{0}tʂɑŋ^{55}piŋ^{55}ti^{0}kʰɔ^{55}tɔ^{0}ʂɑ^{213}fɑ^{213}xɑŋ^{0}
阳信	他像个病人呃似的倚的沙发上。 tʰa^{55}ɕiɑŋ^{31}kə^{0}piŋ^{31}ʐə̃^{45}ŋə^{0}ʂʅ^{55}ti^{0}i^{213}tə^{0}ʂa^{213}fa^{31}xɑŋ^{0}

续表

	0041 他像个病人似的靠在沙发上。
济阳	他跟个病人［呃］似的倚在沙发上。 tʰa^{213}kẽ^{13}kə^{31}piŋ^{31}ʐẽ^{55}ʂʅ^{55}ti^{0}i^{21}tsɛ^{0}ʂa^{13}fa^{31}ʂɑŋ^{0}
利津	他和个病人一样的倚在沙发上。 tʰa^{55}xə^{55}kə^{0}piŋ^{31}ʐẽ^{53}i^{24}iaŋ^{31}ti^{0}i^{213}tsɛ^{0}ʂa^{24}fa^{24}ʂɑŋ^{0}
乐陵	他像个病人模样儿靠在沙发上。 tʰɑ^{55}ɕiɑŋ^{51}kə^{0}piŋ^{51}ʐẽ^{0}mu^{55}iɑr^{0}kʰɔ^{55}tsɛ^{0}sɑ^{24}fɑ^{31}ʂɑŋ^{0}
商河	他和个病人啊贺$^{=}$的靠在沙发上。 tʰɑ^{45}xɑŋ^{31}kə^{0}piŋ^{31}ʐẽ^{54}a^{0}xə^{54}ti^{0}kʰɔ^{54}tsɛ^{0}sɑ^{24}fɑ^{213}xɑŋ^{0}
平原	他靠到那沙发上，跟个病人似的。 tʰa^{55}kʰɔu^{42}tɔu^{0}na^{21}sa^{23}fa^{21}ʂɑŋ^{0}，kẽ^{21}kə^{0}piŋ^{42}ʐẽ^{0}sʅ^{42}ti^{0}
德州	他跟个病人似的靠到沙发上。 tʰa^{55}kẽ^{213}kə^{21}piŋ^{21}ʐẽ^{42}ʂʅ^{21}ti^{0}kʰɔ^{42}tɔ^{0}ʂa^{213}fa^{21}ʂɑŋ^{0}
武城	他像病人儿似的侧歪在沙发上。 tʰa^{24}ɕiɑŋ^{31}piŋ^{21}ler^{53}sʅ^{53}ti^{0}tʂei^{24}uɛ^{0}tsɛ^{0}ʂa^{24}fa^{31}xɑŋ^{0}
临清	他像个病人样靠在沙发上。 tʰa^{44}ɕiɑŋ^{31}kə^{31}piŋ^{31}ʐen^{53}iɑŋ^{31}kʰau^{53}tsai^{0}ʂa^{13}fa^{13}ʂɑŋ^{0}
冠县	他像个病人似的靠在沙发上。 tʰa^{55}siɑŋ^{31}kə^{0}piŋ^{31}ʐẽ^{0}ʂʅ^{31}ti^{0}kʰɔ^{31}tsɛ^{0}ʂa^{13}fa^{21}ʂɑŋ^{0}
聊城	他跟病人样的靠到沙发上。 tʰa^{44}kẽ^{13}piŋ^{31}zẽ^{53}iɑŋ^{31}li^{0}kʰɔ^{53}tɔ^{0}sa^{13}fa^{13}xɑŋ^{0}
济南	他和个病秧子似的倚在沙发上。 tʰa^{55}xə^{55}kə^{0}piŋ^{23}iɑŋ^{21}tsʅ^{0}ʂʅ^{55}ti^{0}i^{213}tsɛ^{0}ʂa^{23}fa^{21}ʂɑŋ^{0}
泰安	他和个病人似的崴$^{=}$在沙发上。 tʰa^{213}xə^{42}kə^{0}piŋ^{21}ʐẽ^{42}ʂʅ^{42}ti^{0}uɛ^{213}tsɛ^{0}ʂa^{23}fa^{21}xɑŋ^{0}
莱芜	他像个病人似的靠在沙发上。 tʰa^{213}ɕiɑŋ^{42}kə^{0}piŋ^{31}ʒẽ^{55}sʅ^{42}ti^{0}kʰɔ^{42}tsɛ^{0}ʃa^{31}fa^{0}ʃɑŋ^{0}
新泰	他就和个病人呃似的啊靠唠沙发上。 tʰa^{213}tɕiou^{31}xə^{45}kə^{0}piŋ^{31}ʒẽ^{23}ə^{0}ʃʅ^{42}ti^{0}a^{0}kʰɔ^{31}lɔ^{0}ʃa^{23}fa^{21}xɑŋ^{0}
沂源	他像个病人一样倚在沙发上。 tʰa^{213}ɕiɑŋ^{31}kuə^{0}piŋ^{31}iə̃^{55}i^{55}iɑŋ^{31}i^{21}tθɛ^{0}ʃa^{213}fa^{21}ʃɑŋ^{0}
博山	他和个病人［呃］似［地］倚［了］沙发上。 tʰã^{55}xuə^{31}ə^{0}piŋ^{31}lẽ^{55}ʂʅ^{31}i^{213}ʂɑ^{213}fɑ^{213}ʂɑŋ^{0}
张店	他倚在沙发上和病人呃似的。 tʰɑ^{213}i^{213}tsɛ^{0}ʂɑ^{33}fɑ^{33}ʂɑŋ^{0}xuə^{55}piŋ^{31}ʐə̃^{55}ə^{0}sʅ^{55}ti^{0}

续表

	0041 他像个病人似的靠在沙发上。
阳谷	他就跟个病人样儿的倚在沙发上。 tʰa55tsou31kẽ13kə0piŋ31zẽ42iãr42li0i55tsɛ0sa13fa31xaŋ0
梁山	他给个病秧子似的仰嘮沙发上。 tʰa55kei55kə0piŋ31iaŋ21tsɿ0sɿ42ti0iaŋ55lɔ0sa23fa21xaŋ0
菏泽	他跟个病人一样倚到沙发上。 tʰa44kẽ21kə0piŋ31zẽ53i213iaŋ31i44tɔ0sa213fa21saŋ0
曹县	他像个病人似的靠在沙发上。 tʰa44ɕiaŋ31kə0piŋ31zẽ53sɿ31lei0kʰɔ31tsai0ʂa213fa21ʂaŋ0
金乡	他给个病人样倚在沙发上。 tʰa213kei31kə0piŋ31zẽ55iaŋ312i55tsɛ0sa23fa21xaŋ0
曲阜	他和个病人一样倚在沙发上。 tʰa213xei31kə0piŋ31zẽ42i23iaŋ312i213tsɛ0sa23fa21saŋ0
薛城	他给个病人样，倚待沙发上。 tʰa31ke55kə0piŋ41zẽ55iaŋ41，i24tɛ0sa23fa31saŋ0
郯城	他跟得病的样靠搁沙发上。 tʰa13kã13te21piŋ51tə0iaŋ51kʰɔ51kə44ʂa13fa21ʂaŋ0
临沂	他跟病人样倚在沙发上。 tʰa55kẽ24piŋ31zẽ53iaŋ0i214tsɛ0ʃa24fa21ʃaŋ0 他倚在沙发上跟得病样。 tʰa55i214tsɛ0ʃa24fa21ʃaŋ0kẽ24tei24piŋ312iaŋ31

	0042 这么干活连小伙子都会累坏的。
荣成	这么干活儿连小青年儿都能使坏了。 tʃiɛ33mə0kan33xuor35lian53siau21tsʰiŋ53niɐr53təu53ləŋ0ʂɿ21xuai33lə0
烟台	这么样儿干连小伙儿都能累坏了。 tɕie33mə0iãr33kan53lian53ɕiau33xuor14tou53nəŋ33lei53xuɛ33lə0
栖霞	这么干连小伙都抗不了。 tʃə52mə0kãn52liãn34ʃiɔo34xuo214təu52kʰaŋ52pu0liɔo214
长岛	这么干小伙儿都会累坏的。 tʃə52mə0kan52ʃau52xuor213tou52xuei52lei21xuai52tə0
海阳	这么干小伙子也能使杀。使杀：形容特别累。下面的“使”都是“累”的意思。“杀”读“史”轻声 tsə34mə0kã34siɔ21xuo21ə0iə21nəŋ34ʂɿ21ʂɿ0
莱西	这种儿干法连小伙子都会累坏的。 tʃə42tʃõr0kã42fa0liã42ʃiɔ214xuə45tsɿ0tou214xuei42lei214xuɛ42tə0

续表

	0042这么干活连小伙子都会累坏的。
平度	这么干连小青年儿也会累杀的。 tʃə^{213}mə^{0}kã^{42}liã^{213}siɔ^{42}ts^{h}iŋ^{213}ȵiɛr^{42}iə^{213}xuei^{42}lei^{42}ʂə^{0}ti^{0}
青岛	这么干活儿连小伙子都会使杀的。"杀"读"史"轻声 tθoŋ^{42}mə^{0}kã^{213}xuər^{42}liã^{42}siɔ^{42}xuə^{55}tθɿ^{0}tou^{213}xuei^{42}ʂʅ^{213}ʂʅ^{55}ti^{0}
高密	这么个干活儿法儿连小青年儿也使坏了。 tʃə^{42}mə^{0}kə^{0}kã^{21}xuər^{55}fɑr^{0}liã^{42}siɔ^{55}ts^{h}ioŋ^{21}nɛr^{42}iə^{55}ʂʅ^{55}xuɛ^{42}lə^{0}
诸城	这么干活儿连小青年儿都会使杀了。"这"读为"账"。"杀"读"史"轻声 tʃɑŋ^{24}mə^{0}kã^{31}xuər^{53}liã^{53}θiɔ^{44}tθ^{h}iəŋ^{213}ȵiɛr^{53}tou^{31}xuei^{31}ʂʅ^{213}ʂʅ^{0}lə^{0}
沂水	张$^{=}$干活儿连小伙子都得使毁。"张$^{=}$"是"这样"的合音 dʒɑŋ^{213}kã^{31}xuər^{53}liã^{53}siɔ^{44}xuə^{213}dðɿ^{0}tou^{24}te^{213}ʂʅ^{53}xue^{44}
临朐	张$^{=}$干连小伙子也使坏嘞$^{=}$。"张$^{=}$"是"这样"的合音 tʃɑŋ^{13}kã^{21}liã^{21}ɕiɔ^{44}xuə^{213}tθɿ^{0}iə^{0}ʂʅ^{44}xuɛ^{44}liəu^{0}
日照	这么个干法儿连年幼的都要使毁了。 tʃiə^{53}mə^{0}kə^{0}kã^{53}fɑr^{0}liã^{53}niã^{53}iou^{53}ti^{0}tou^{31}iɔ^{31}ʂʅ^{53}xuei^{213}lə^{0}
莒南	这个干法儿连小青年儿都能使毁的啊。 tʃə^{31}kə^{0}kã^{42}far^{0}liã^{31}siɔ^{55}ts^{h}iŋ^{213}nrɛr^{53}tou^{21}nəŋ^{53}ʂʅ^{55}xuei^{213}ti^{0}a^{0}
潍坊	张$^{=}$干活儿连个小青年儿也会使坏的呃。"张$^{=}$"是"这样"的合音 tʂɑŋ^{35}kã^{31}xuər^{53}liã^{31}kuə^{0}ɕiɔɤ^{55}tɕ^{h}iŋ^{214}ȵiər^{53}iə^{24}xuei^{31}ʂʅ^{55}xuɛ^{55}ti^{0}ə^{0}
寿光	这么着干连小伙子都能使坏了。 tʂə^{55}mə^{0}tʂuə^{0}kã^{21}liã^{21}ɕiɔ^{55}xuə^{23}tsɿ^{0}təu^{21}nəŋ^{53}ʂʅ^{55}xuɛ^{55}liɔ^{0}
高青	这个干法儿连小伙子也累杀了。 tʂə^{41}kə^{0}kã^{55}fɑr^{0}liã^{55}ɕiɔ^{55}xuə^{213}tsɿ^{0}iə^{55}luei^{55}ʂɑ^{0}lə^{0}
阳信	这么干活儿连小伙子也能使坏哩。 tʂou^{55}mə^{0}kã^{31}xuər^{43}liã^{55}ɕiɔ^{55}xuə^{213}tsɿ^{0}iə^{55}nəŋ^{43}ʂʅ^{55}xuɛ^{55}li^{0}
济阳	那么个干法连小伙子都得累坏唠。 nəŋ^{55}mə^{0}kə^{0}kã^{55}fa^{0}liã^{21}ɕiɔ^{55}xuə^{213}tsɿ^{0}tou^{21}tei^{213}luei^{31}xuɛ^{55}lɔ^{0}
利津	这么干活儿连小伙子都会戗不了。 tʂə^{31}mə^{0}kã^{31}xuər^{53}liã^{53}ɕiɔ^{55}xuə^{213}tsɿ^{0}tou^{24}xuei^{31}tɕ^{h}iɑŋ^{55}pu^{0}liɔ^{55}
乐陵	这么着干活儿连小伙子都会累坏。 tʂə^{51}mə^{0}tʂou^{0}kã^{31}xuər^{55}liã^{0}ɕiɔ^{55}xuə^{212}tsɿ^{0}tou^{24}xuei^{51}luei^{24}xuɛ^{51}
商河	这么干法儿连小伙子也累死啊。 tsə^{31}mə^{0}kã^{54}fɑr^{0}liã^{54}ɕiɔ^{45}xuə^{213}tsɿ^{0}iə^{0}lei^{54}sɿ^{0}ɑ^{0}
平原	这么干连小伙子都会累坏的。 tʂə^{42}mə^{0}kã^{21}liã^{42}ɕiɔ^{42}xuə^{23}tsɿ^{0}tou^{23}xuei^{21}lei^{21}xuɛi^{42}ti^{0}

续表

	0042这么干活连小伙子都会累坏的。
德州	这么干连小伙子都会累坏的。 tʂə^{21}mə^{0}kã^{21}liã^{42}ɕiɔ^{55}xuə^{213}tsɿ^{0}tou^{213}xuei^{21}lei^{21}xuɛ^{42}ti^{0}
武城	这么干连小伙子都会使坏的。 tsuŋ^{53}mə^{0}kã^{0}liã^{53}ɕiɔ^{53}xuə^{24}tsɿ^{0}tou^{24}xuei^{0}ʂʅ^{55}xuɛ^{53}ti^{0}
临清	这么干法儿连小伙子也得累坏。 tʂə^{53}mə^{0}kan^{53}far^{0}lian^{53}ɕiau^{53}xuə^{44}tsɿ^{0}iə^{44}tei^{0}lei^{31}xuai^{313}
冠县	你扎⁼干法儿小伙子也能累坏喽。“扎⁼”是“这个”的合音 ȵi^{55}tʂa^{13}kã^{31}far^{0}siɔ^{53}xuə^{55}tsɿ^{0}iə^{55}nəŋ^{0}lei^{24}xuɛ^{53}lou^{0}
聊城	这么干活儿，连小伙子都会累毁的。 tsə^{53}mə^{0}kã^{31}xuər^{53}，liã^{31}ɕiɔ^{53}xuə^{44}tsɿ^{0}tou^{13}xuei^{31}lei^{31}xuei^{44}ti^{0}
济南	这么个干法儿连壮汉都得累杀。 tʂəŋ^{55}mə^{0}kə^{0}kã^{55}far^{0}liã^{42}tʂuɑŋ^{55}xã^{0}tou^{213}tei^{21}luei^{55}ʂa^{0}
泰安	这个干法儿连小伙子都受不了。 tʂə^{21}kə^{0}kã^{42}far^{0}liã^{42}ɕiɔ^{55}xuə^{213}tsɿ^{0}tou^{213}ʂou^{42}pu^{0}liɔ^{55}
新泰	你这个干法儿啊就是小伙子也使坏喽。 ȵi^{55}tʃə^{31}kə^{31}kã^{42}far^{0}a^{0}tɕiou^{31}ʃʅ^{31}ɕiɔ^{55}xuə^{21}tθɿ^{0}iə^{55}ʃʅ^{21}xuɛ^{31}lou^{0}
沂源	这么干活连小伙子都会使坏了。 tʃə^{31}mə^{0}kã^{31}xuə^{55}liã^{55}ɕiɔ^{55}xuə^{21}tθɿ^{0}tou^{31}xuei^{31}ʃʅ^{55}xuɛ^{55}lə^{0}
莱芜	这么干活连小伙子都会累坏的。 tʃə^{42}mə^{0}kã^{31}xuə^{55}liã^{55}ɕiɔ^{55}xuə^{213}tsɿ^{0}tou^{213}xuei^{42}luei^{31}xuɛ^{42}ti^{0}
博山	张⁼个干活法小伙［子］也使杀嗹。“张⁼”是“这样”的合音 tʂɑŋ^{213}kuə^{0}kã^{31}xuə^{35}fɑ^{0}ɕiɔ^{55}xuə^{213}iə^{0}ʂʅ^{213}ʂɑ^{0}liã^{0}
张店	这个干法连小青年都能使坏了。 tʂə^{31}kuə^{0}kã^{55}fɑ^{0}liã^{213}ɕiɔ^{55}tɕʰiŋ^{213}ȵiã^{55}tou^{21}nəŋ^{55}ʂʅ^{55}xuɛ^{55}liɔ^{0}
阳谷	这样的干法儿连小伙子都会累坏的。 tsə^{13}iɑŋ^{42}li^{0}kã^{31}far^{213}liã^{55}ɕiɔ^{42}xuo^{13}tsɿ^{0}tou^{13}xuei^{31}lei^{13}xuɛ^{42}li^{0}
梁山	这么个干法儿连小伙子都得累毁的。 tsə^{42}mə^{0}kə^{0}kã^{31}far^{213}liã^{42}ɕiɔ^{42}xuə^{23}tsɿ^{0}tou^{23}tei^{0}lei^{31}xuei^{23}ti^{0}
菏泽	这法儿干小伙子也累毁喽啊。 tsə^{31}far^{213}kã^{312}ɕiɔ^{53}xuə^{44}tə^{0}iɛ^{44}lei^{31}xuei^{44}lou^{0}a^{0}
曹县	这么干活连小伙子都会累坏的。 tʂə^{31}mə^{0}kã^{31}xuə^{53}liã^{53}ɕiɔ^{44}xuə^{44}tɤ^{0}tou^{213}xuei^{31}lei^{13}xuai^{31}lei^{0}
金乡	这样干活儿连小伙子都受不了。 tsə^{23}iɑŋ^{31}kã^{31}xuər^{42}liã^{42}ɕiɔ^{42}xuə^{23}tsɿ^{0}tou^{213}sou^{42}pu^{0}liɔ^{55}

续表

	0042 这么干活连小伙子都会累坏的。
曲阜	这么个干法儿连年轻的也受不了。 tsə42mə0kə0kã31far213liã42ȵiã31tɕʰiŋ21li0iɛ42sou42pu0liɔ55
薛城	这么干连小伙子都得累毁啦。 tsuŋ41mə0kã41liã55ɕiɔ55xuə24tsɿ0tou23te23le41xue24la0
郯城	这个干法儿连小青年儿都给累海⁼啦。 tʂə51kə0kã51fur0liã44ɕiɔ24tɕʰiŋ21ȵiɛr44təu21ke44le51xɛ24la0
临沂	这个干法儿连小青年儿都不撑。 tʃə31kə0kã31fər0liã53ɕiɔ55tɕʰiŋ24ȵiɛr53tou24pu24tʃʰəŋ214

	0043 他跳上末班车走了。我迟到一步，只能自己慢慢走回学校了。
荣成	他跳上末了儿的车走了。我晚了一步，只能自个儿慢儿慢儿地走回学校。 tʰa53tʰiau33ʃaŋ0mo33liaur214tə0tʃʰiɛ53tsəu214lə0。uo21uan214lə0i21pu33，tʂʅ21nəŋ35tsɿ33kor214 mɐr33mɐr0ti0tsəu21xuei53ɕio35ɕiau33
烟台	他上了最后一趟车。我来晚了，就好自个儿慢儿慢儿走回学校了。 tʰa53ɕiaŋ33lə0tsei33xou33i21tʰaŋ33tɕʰie53。uo21lɛ33uan21lə0，tɕiou33xau21tsɿ33kɤr21mɐr53mɐr33 tsou21xuei33ɕye53ɕiau33lə0
栖霞	他坐拉不了儿乜班车走了。我晚到儿一步，只好自己慢儿慢儿走回书房了。拉不了儿：末了的，最后的 tʰa55tsuo34la34pu0liɔor214ȵiɛ52pãn34tʃʰiɛ312tsəu21lə0。uo21uãn21tɔor52i34pu312，tsɿ21xɔo214tsɿ52 ci214mɐr34mɐr52tsəu21xuei0ʃy52faŋ0lə0
长岛	他赶上最后一趟车了。我晚了一步，只好自个儿溜达回学校了。 tʰa31kan21ʃaŋ0tsei52xou0i55tʰaŋ0tʃʰə31lə0。uə55uan213lə0i55pu52，tʃʅ55xau213tsɿ52kər213liou31ta0 xuei55ɕyo55ɕiau52lə0
海阳	他上末班儿车走了。我晚儿一步，就能自己走着回学校了。 tʰa52saŋ34mə34pɐr34tsʰə52tθəu21lə0。uo21uã21ər0i21pu34，tsiəu34nəŋ34tsɿ34ci21tθəu21ə0xuei34 ɕyə52ɕiɔ34lə0
莱西	他上了最后一辆车走了。我来晚了一步，只能自己慢慢儿地回学校了。 tʰa214ʃaŋ45lə0tsuei214xou42i55liaŋ0tʃʰiə214tsou45lə0。uə55lɛ214uã45lə0i55pu42，tsɿ55nəŋ42tsɿ214ci55 mã42mɐr55tə0xuei42ɕyə45ɕiɔ0lə0
平度	他上了最后一辆车走了。我晚来了一步，只能自己走回学校了。 tʰa55ʃaŋ45lə0tθei213xou42i213liŋ0tʃʰə213tθou45lə0。uə42uã55lɛ45lə0i55pu42，tʂʅ45nəŋ42tθʅ45ci55 tθou55xuei42ɕyə213ɕiɔ42lə0
青岛	他跳上末班车走了。我耽误了一步儿，只能自己慢慢地走回学堂了。"耽误"读为"当问" tʰə55tʰiɔ42ʃaŋ0mə42pã55tʃʰə213tθou44lə0。uə55taŋ213uẽ42lə0i55pur42，tʂʅ55noŋ42tθʅ45tɕi0mã213mã42 ti0tθou55xuei42ɕyə42tʰaŋ55lə0

续表

	0043 他跳上末班车走了。我迟到一步，只能自己慢慢走回学校了。
高密	他撵上末班儿车走了。我来晚了，我只能自己慢儿慢儿地上学校走了。 tʰɑ55ȵiã23xɑŋ0mə21pɛr23tʃʰə213tθou23lə0。uə55lɛ42uã23lə0，uə55tʂʅ55noŋ42tθʅ23tɕi0mɛr23mɛr0ti0ʃɑŋ21ɕyə42ɕiɔ21tθou23lə0
诸城	他上了最后一趟车走了。我晚了一步儿，只能自个儿慢慢地走回学校了。 tʰa44ʃɑŋ44lə0tθuei31xou31i44tʰɑŋ31tʃʰə213tθou213lə0。uə44uã213lə0i44pur31，tʂʅ44nəŋ53tθʅ24kər0mã31mã44ȶi0tθou44xuei0ʃuə53ʃɔ44lə0
沂水	他跳上最后一趟车走唠。我晚了一步儿，就得自己慢儿慢儿上学屋。 tʰa44tʰiɔ44ʃɑŋ0dðue31xou31i213tʰɑŋ31tʃʰə213dðou213lɔ0。uə44uã213lə0i213pur31，tɕiou31te213dðʅ44tɕi0mɛr31mɛr0ʃɑŋ31ɕyə24u0
临朐	他赶上嘚最后一趟车。我晚哩一步，就得自个慢儿慢儿地走回学校。 tʰa44kã213xɑŋ0liəu0tθuei21xəu21i13tʰɑŋ21tʃʰə213。uə44uã213li0i13pu21，tɕiəu21tei0tθʅ35ka0mɛr213mɛr0ti0tθəu213xuei0ɕyə35ɕiɔ21
日照	他上了末了儿一趟车走了。我晚来了一步儿，只得自己慢儿慢儿地走回学校了。 tʰɑ44ʃiɑŋ53lə0mə31zɔr44i23tʰɑŋ31tʃʰiə213tθou213lə0。uə44uã213lɛ44lə0i23pur31，tʂʅ44tei44tθʅ53tʃʅ213mɛr24mɛr44ti0tθou213xuei0ʃyə53ʃiɔ53lə0
莒南	他上了末班车走了。我来晚了一步儿，只能自己步辇儿回学校了。 tʰa55ʃɑŋ42lə0mə31pã13tʃʰə213tθou213lə0。uə55lɛ53uã213lə0i13pur31，tʂʅ55nəŋ53tθʅ31tɕi21pu31nɾɛr55xuei53ɕyə53ɕiɔ42lə0
潍坊	他跳上了最后一班车走咧。我耽搁了一步儿呃，只能自家慢慢儿地走回学校咧。 tʰɑ55tʰiɔɤ55ʂɑŋ0lə0tsuei31xɤɯ31i24pã24tʂʰə214tsɤɯ24liə0。uə55tã31kuə0lə0i24pur55ə0，tʂʅ214nəŋ53tsʅ35kɑ0ma31mɐr55ti0tsɤɯ24xuei53ɕyə53ɕiɔɤ55liə0
寿光	他爬上末班儿车走嘞。俺晚到一步，没办法儿，我就自家慢儿慢儿地走着回唠学校。 tʰa213pʰa35ʂɑŋ0mə55pɛr0tʂʰə213tsəu23lã0。ŋã55uã55tɔ55i0pu21，mu53pã55fʌr0，uə55tɕiəu21tsʅ35ka0mɛr213mɛr21ti0tsəu23tʂuə0xuei35lɔ0ɕyə53ɕiɔ21
高青	他上了末班儿车儿走了。我晚来了一步，只好自家慢儿慢儿地走回学校。 tʰɑ213ʂɑŋ55lə0mə41pɛr213tʂʰər213tsou213lə0。uə55uã55lɛ35lə0i55pu41，tʂʅ55xɔ55tsʅ35tɕia0mɛr41mɛr35ti0tsou213xuei55ɕyə55ɕiɔ41
阳信	他跳上末班儿车走嗹。我晚来哩一步儿，只能个人慢儿慢儿着走回学校咧。 tʰa55tʰiɔ55xɑŋ0mə31pɛr0tʂʰə213tsou213liã0。uə55uã55lɛ45li0i55pur31，tʂʅ31nəŋ43kə55ʐə̃0mɛr31mɛr55tʂou0tsou213xuei0ɕyə43ɕiɔ45liə0
济阳	他跳上末班车走俩。我晚来一步，只能自家慢儿慢儿地走回学校俩。 tʰa213tʰiɔ55ʂɑŋ0mə31pã55tʂʰə213tsou213lia0。uə55uã213lɛ0i13pu31，tʂʅ21nəŋ0tsʅ55tɕia0mɛr31mɛr24ti0tsou213xuei0ɕyə13ɕiɔ31lia0
利津	他赶哩个末儿班儿车走了。我晚到一步儿，只能自家慢慢走回学校。 tʰa55kã213li0kə0mər24pɛr24tʂʰə213tsou213lə0。uə55uã55tɔ31i24pur31，tʂʅ24nəŋ53tsʅ55tɕia0mã24mã31tsou213xuei0ɕyə24ɕiɔ31

续表

	0043 他跳上末班车走了。我迟到一步，只能自己慢慢走回学校了。
乐陵	他跳上末班车走咧。我晚［了］一步，只能个人慢慢走到学校咧。 tʰɑ55tʰiɔ55xɑŋ0mə55pã0tʂʰə24tsou212liə0。uə55uã212i24pu51，tsɿ55nəŋ0kə24ʐẽ0mã51mã55tsou212tɔ0ɕyə55ɕiɔ55liə0
商河	他跳上最后一趟车走哂。俺晚来一霎儿，只能自家慢慢地跑回学校哂。 tʰɑ45tʰiɔ54xɑŋ0tsuei24xou31i24tʰɑŋ31tʂʰə213tsou213liɑ0。ŋã45uã45lɛ54i213sɑr45，tsɿ45nəŋ54tsɿ24tɕiɑ0mã31mã54ti0pʰɔ213xuei0ɕyə24ɕiɔ54liɑ0
平原	他上哂末儿班儿车走哂。我晚到一步儿，只能慢慢个人回学校。 tʰa55ʂɑŋ42lia0mər42pɛr0tʂʰə213tsou23lia0。uə55uã55tɔu21i23pur21，tʂʅ42nəŋ42mã21mã21kə23ʐẽ42xuei42ɕyə23ɕiɔu21
德州	他赶上末班儿车儿走了。俺晚赶了一步，只能自个儿慢儿慢儿地走回学校哂。 tʰa55kã213ʂɑŋ0mə21pɛr213tʂʰər213tsou213lə0。ŋã55uã42kã213lə0i213pu21，tʂʅ55nəŋ42tsɿ21kər55mɛr21mɛr42ti0tsou213xuei0ɕyə55ɕiɔ55lia0
武城	他上唠最后一班车走嘛。俺晚到一步，只能个人慢慢走回学校嘛。 tʰa24ʂɑŋ53lɔ0tsuei21xou21i24pã24tʂʰə224tsou24lã0。ŋã55uã55tɔ21i24pu312，tʂʅ55nəŋ53kə21lẽ53mã312mã0tsou24xuei0ɕyə53ɕiɔ53lã0
临清	他跳上末班车走啦。我差一步，只能自个儿慢儿慢儿地走回学校。 tʰa44tʰiau53ʂɑŋ0mə31pan13tʂʰə13tsou44la0。uə44tʂʰa13i13pu313，tʂʅ44nəŋ53tsɿ31kər44mɛr31mɛr53tə0tsou44xuei0ɕyə44ɕiau0
冠县	他跳上末班车走啦。我迟到唠一步，我只能慢慢儿回学校走啦。 tʰa55tʰiɔ53ʂɑŋ0mə31pã13tʂʰə0tsou55la0。uə55tʂʰʅ53tɔ31lɔ0i13pu314，uə55tʂʅ53nəŋ13mã13mɛr31xuei53ɕyɤ53ɕiɔ0tsou44la0
聊城	他跳上最后一班儿车走啦。俺来晚一步，只能自己慢儿慢儿走回学校啦。 tʰa44tʰiɔ53sɑŋ0tsuei13xou31i13pɛr13tsʰə13tsou44la0。ɣã44lɛ53uã44i13pu313，tsɿ44nəŋ53tsɿ31tɕi0mɛr131mɛr31tsou44xuei53ɕyə44ɕiɔ53la0
济南	他跳上最后一趟车走哂。俺差一步，得自家溜达着回学校哂。 tʰa55tʰiɔ55ʂɑŋ0tsuei21xou21i23tʰɑŋ21tʂʰə213tsou213lia0。ŋã55tʂʰa21i23pu21，tei213tsɿ445tɕia0liou21ta0tʂʅ0xuei42ɕyə445ɕiɔ0lia0
泰安	他跳上末班车走哂。我晚唠一步儿，只能自己慢儿慢儿走回学校了。 tʰa213tʰiɔ42xɑŋ0mə42pã0tʂʰə213tsou213lia0。uə55uã213lɔ0i23pur21，tʂʅ213nəŋ42tɕi42tɕi213mɛr21mɛr55tsou213xuei0ɕyə42ɕiɔ42lə0
莱芜	他跳上末班车走了。我晚到一步，只能自己慢慢到学校了。 tʰa213tʰiɔ42ʃɑŋ0mə31pã213tʃʰə21tsou213liɔ0。uə55uã213tɔ42i31pu0，tʃʅ213nəŋ0tsɿ42tɕi0mã31mã42tɔ31ɕyə213ɕiɔ42liɔ0
新泰	他跳上末班车就走哂。我晚来唠一霎霎，我就只能慢儿慢儿地自己走回学校去哂。 tʰa21tʰiɔ42ʃaŋ0mə31pã213tʃʰə213tɕiou31tθou213lia0。uə55uã213lɛ0lɔ0i23ʃa213ʃa0，uə55tɕiou31tʃʅ23nəŋ42mɛr31mɛr23ti0tθʅ42tɕi0tθou213xuei0ɕyə23ɕiɔ31tɕʰi42lia0

续表

	0043 他跳上末班车走了。我迟到一步，只能自己慢慢走回学校了。
沂源	他上末班车走了。我晚了一步，只好自家慢慢地走回学校了。 tʰa^{213}ʃɑŋ^{31}mə^{31}pã^{55}tʃʰə^{213}tθou^{21}lə^{0}。uə^{55}uã^{55}lə^{0}i^{55}pu^{31}，tʃʅ^{55}xɔ^{55}tθʅ^{35}tɕia^{0}mã^{31}mã^{55}tə^{0}tθou^{21}xuei^{0}ɕyə^{55}ɕiɔ^{31}lə^{0}
博山	他上［呃］末班车走嗹。我晚呃一步，只能自家嗒游着回学校嗹。 tʰɑ^{213}ʂɑŋ^{55}mə^{31}pã^{55}tʂʰə^{213}tsəu^{213}liã^{0}。uə^{55}uã^{213}ə^{0}i^{213}pu^{31}，tʂʅ^{55}nəŋ^{55}tsʅ^{35}tɕia^{0}tɑ^{21}iəu^{0}tʂuə^{0}xuei^{55}ɕyə^{55}ɕiɔ^{55}liã^{0}
张店	他上了最后一趟车走嗹。我晚了一步，只好自家慢儿慢儿走回学校嗹。 tʰɑ^{213}ʂɑŋ^{55}liɔ^{0}tsuei^{31}xou^{31}i^{33}tʰɑŋ^{31}tʂʰə^{213}tsou^{213}liã^{0}。uə^{55}uã^{213}liɔ^{0}i^{33}pu^{31}，tʂʅ^{55}xɔ^{55}tsʅ^{55}tɕia^{0}mɛ^{31}mɛ^{0}tsou^{213}xuei^{0}ɕyə^{55}ɕiɔ^{55}liã^{0}
阳谷	他跳上末班车走啦。我晚到一步，只能自家慢儿慢儿走回学校啦。 tʰa^{55}tʰiɔ^{42}sɑŋ^{0}mə^{13}pã^{13}tsʰə^{13}tsou^{13}la^{0}。uo^{55}uã^{55}tɔ^{31}i^{13}pu^{313}，tsʅ^{55}nəŋ^{0}tɕi^{55}tɕia^{0}mɐr^{31}mɐr^{0}tsou^{55}xuei^{0}ɕyo^{42}ɕiɔ^{42}la^{0}
梁山	他坐上最后一班车走啦。我晚到了一步，只能自己慢儿慢儿走回学校。 tʰa^{55}tsuə^{42}xɑŋ^{0}tsuei^{31}xou^{314}i^{23}pã^{213}tsʰə^{213}tsou^{23}la^{0}。uə^{55}uã^{55}tɔ^{42}lə^{0}i^{23}pu^{314}，tsʅ^{55}nəŋ^{42}tɕi^{42}tɕi^{0}mɛr^{21}mɛr^{0}tsou^{55}xuei^{0}ɕyə^{42}ɕiɔ^{31}
菏泽	他上喽最后一趟车走啦。我没撵上，只有自己慢儿慢儿回学校啦。 tʰa^{44}sɑŋ^{31}lou^{0}tsuei^{213}xou^{31}i^{213}tʰɑŋ^{31}tsʰə^{213}tsou^{44}la^{0}。uə^{44}mei^{213}ȵiã^{44}sɑŋ^{312}，tsʅ^{53}iou^{44}tsʅ^{31}tɕi^{213}mɛr^{31}mɛr^{213}xuei^{53}ɕyə^{44}ɕiɔ^{31}la^{0}
曹县	他跳上末班车走啦。我迟到了一步，只能自己慢慢地走回学校啦。 tʰa^{44}tʰiɔ^{31}ʂɑŋ^{0}mə^{213}pã^{213}tʂʰə^{213}tsou^{44}la^{0}。uə^{44}tʂʰʅ^{53}tɔ^{31}lə^{0}i^{213}pu^{312}，tsʅ^{44}nəŋ^{53}tsʅ^{31}tɕi^{44}mã^{31}mã^{213}ti^{0}tsou^{44}xuei^{0}ɕyə^{53}ɕiɔ^{31}la^{0}
金乡	他坐上末了儿的一班车走啦。我去晚啦，只能自家慢儿慢儿地走回学校啦。 tʰa^{23}tsuə^{42}sɑŋ^{0}miə^{31}liɔr^{55}li^{0}i^{23}pã^{23}tsʰə^{213}tsou^{23}la^{0}。uə^{55}tɕʰy^{31}uã^{23}la^{0}，tsʅ^{55}nəŋ^{0}tɕi^{31}tɕia^{213}mɛr^{31}mɛr^{42}li^{0}tsou^{23}xuei^{0}ɕyə^{42}ɕiɔ^{42}la^{0}
曲阜	他赶上了最后一班车先走啦。我晚了一步，只能自己慢儿慢儿地走回学校。 tʰa^{23}kã^{213}sɑŋ^{0}lə^{0}tsuei^{31}xou^{31}i^{23}pã^{23}tsʰə^{213}ɕiã^{21}tsou^{213}la^{0}。uə^{55}uã^{35}lə^{0}i^{23}pu^{312}，tsʅ^{55}nəŋ^{42}tsʅ^{31}tɕi^{55}mɛr^{31}mɛr^{35}ti^{0}tsou^{213}xuei^{0}ɕyə^{42}ɕiɔ^{312}
薛城	他跳上最后一班车走啦。我晚了一步，只好自己慢慢地走回学校。 tʰa^{313}tʰiɔ^{41}sɑŋ^{0}tsue^{41}xou^{41}i^{31}pã^{55}tsʰə^{31}tsou^{24}la^{0}。uə^{55}uã^{24}lə^{0}i^{313}pu^{41}，tsʅ^{31}xɔ^{24}tsʅ^{41}tɕi^{0}mã^{41}mã^{0}ti^{0}tsou^{24}xue^{55}ɕyə^{55}ɕiɔ^{41}
郯城	他坐末班车走啦。我来晚一步，就只能自己慢儿慢儿步辇儿回学校啦。 tʰa^{21}tsuə^{51}mə^{13}pã^{13}tʂʰə^{21}tsəu^{24}la^{0}。uə^{24}lɛ^{44}uã^{24}i^{21}pu^{51}，tɕiəu^{51}tʂʅ^{21}nəŋ^{44}tsʅ^{51}tɕi^{213}mɛr^{51}mɛr^{44}pu^{51}ȵiɛr^{24}xue^{44}ɕyə^{44}ɕiɔ^{51}la^{0}
临沂	他上了最后一班车。我晚了步儿，只能步辇儿回学校啦。 tʰa^{55}ʃɑŋ^{31}lə^{0}tsuei^{31}xou^{31}i^{24}pã^{24}tʃʰə^{214}。uə^{55}uã^{214}lə^{0}pur^{312}，tʃʅ^{55}nəŋ^{53}pu^{31}ȵiɛr^{55}xuei^{53}ɕyə^{53}ɕiɔ^{31}la^{0}

	0044 这是谁写的诗？谁猜出来我就奖励谁十块钱。
荣成	这谁写的诗？谁猜出来我就给谁十块钱。 tʃiɛ33ʃyɛ35siɛ21tə0ʂʅ53？ʃyɛ35tsʰai53tʃʰy53lai53uo21tsiəu33kʰei21ʃyɛ35ʃi21kʰuai0tsʰian35
烟台	这是谁写的诗？谁猜出来我就奖励他十块钱。 tɕie53sɿ33suei33ɕie21tə0sɿ53？suei33tsʰɛ53tɕʰy53lɛ0uo21tɕiou33tɕiaŋ21li0tʰa0ɕi33kʰuɛ0tɕʰian33
栖霞	这是谁写的诗？谁猜出来我就给谁十块钱。 tʃə52sɿ52ʃyɛ34ʃiɛ21tə0sɿ312？ʃyɛ34tsʰɛi52tʃʰy0lɛi0uo21tʃiəu52kei21ʃyɛ34ʃʅ34kʰuɛi52tʃʰiãn312
长岛	这是谁写的诗？谁猜出来我给他十块钱。 tʃə52sɿ52sei55ʃiɛ21tə0ʃʅ31？sei55tsʰai52tʃʰu55lai0uə55kei21tʰa0ʃʅ55kʰuai52tʃʰan55
海阳	这是谁写的诗？谁猜着我就给他十块钱。 tsə34ʂʅ34suə34siə21tə0ʂʅ52？suə34tθʰɛ52ə0uo21tsiəu52cʰi21tʰa0sɿ34kʰuɛ34tsʰiã34
莱西	这是谁写的诗？谁能猜着我就给他十块钱。 tʃə42sɿ42ʃuə42ʃiə45tə0sɿ214？ʃuə42nəŋ42tsʰɛ214tsuə0uə55tʃiou42kei55tʰə0ʃʅ42kʰuɛ214tʃʰiã42
平度	这是谁写的诗？谁能猜着我就给他十块钱。 tʃə42ʂʅ0ʂei42siə45ti0ʂʅ213？ʂei55nəŋ42tθʰɛ213tʂə0uə55tsiou42kei45tʰa0ʃʅ42kʰuɛ213tsʰiã42
青岛	这是谁写的诗？谁能猜上来我就给谁十块钱。 tʃə213ʂʅ0ʂuei42siə55ti0ʂʅ213？ʂuei42noŋ42tθʰɛ213ʃaŋ0lɛ0uə55tsiou42tɕʰi55ʂuei42ʃʅ42kʰuɛ213tsʰiã42
高密	这是谁写的诗？谁猜出来我奖他十块钱。 tʃə21ʂʅ0ʃei42siə23ti0ʂʅ213？ʃei42tθʰɛ21tʃʰu0lɛ0uə55tsiaŋ23tʰə0ʃʅ42kʰuɛ21tsʰiã42
诸城	这是谁写的诗呃？谁猜出来我就奖给谁十块钱唵$^{=}$。 tʃə31ʂʅ31ʃei53θiə213ʈi0ʂʅ31ə0？ʃei53tθʰɛ31tʃʰu0lɛ0uə44tθiou31tθiaŋ213tʃʅ0ʃei53ʃʅ53kʰuɛ31tθʰiã24ã0
沂水	这诗谁写的？猜出来的我奖他十块钱。 dʒə31ʂʅ213ʂe44siə213ti0？tθʰɛ21tʃʰɥ21lɛ0ti0uə44dziaŋ213tʰa0ʃʅ53kʰuɛ31tsʰiã53
临朐	这是谁写的诗啊？谁猜出来我就奖励他十块钱。 tʃə21ʃʅ21ʂei53ɕiə213ti0ʂʅ21a0？ʂei53tθʰɛ21tʃʰu0lɛ0uə44tɕiəu21tɕiaŋ44li44tʰa0ʂʅ53kʰuɛ21tɕʰiã53
日照	这诗是谁写的啊？谁猜出来我就给谁十块钱。 tʃiə31ʂʅ213ʂʅ31ʂei53θiə213ti0ɑ0？ʂei53tθʰɛ31tʃʰu0lɛ0uə44ʈiou31tʃʅ53ʂei53ʃʅ53kʰuɛ31ʈʰiã53
莒南	这是谁写的诗［呃］？谁要是猜出来呃我就奖他十块钱。 tʃə31ʂʅ31ʂei53siə213ti0ʂʅ21？ʂei55iɔ31ʂʅ31tθʰɛ21tʃʰɥ0lɛ24ə0uə55tsiou31tsiaŋ213tʰa0ʃʅ53kʰuɛ31tsʰiã53
潍坊	这是谁写的诗啊？谁能猜出来我就给他十块钱。 tʂə24ʂʅ31ʂei53ɕiə24ti0ʂʅ31ɑ0？ʂei53nəŋ53tsʰɛ21tʂʰu0lɛ0uə55tɕiɤɯ31tɕi35tʰɑ0ʂʅ53kʰuɛ31tɕʰiã53
寿光	这是谁写的诗呢？谁猜出来俺就奖的给谁十块钱。 tʂə21tʂʅ21ʂei53ɕiə23ti0ʂʅ21ȵi0？ʂei53tsʰɛ21tʂʰu0lɛ0ŋã55tɕiəu21tɕiaŋ23ti0tɕi53ʂei53ʂʅ53kʰuɛ21tɕʰiã53
高青	这是谁写的诗？谁认出来我奖给他十块钱。 tʂə41ʂʅ41ʂei55ɕiə213ti0ʂʅ213？ʂei55zə̃55tʂʰu0lɛ0uə55tɕiaŋ213tɕi0tʰɑ0ʂʅ55kʰuɛ41tɕʰiã55

续表

	0044这是谁写的诗？谁猜出来我就奖励谁十块钱。
阳信	这是谁写的诗啊？谁能猜出来我奖给他十块钱。 tʂə^{23}ʂʅ^{31}ʂei^{43}ɕiə^{213}ti^{0}ʂʅ^{31}ə^{0}？ʂei^{43}nəŋ^{43}tsʰɛ^{31}tʂʰu^{0}lɛ^{0}uə^{55}tɕiɑŋ^{55}tɕi^{0}ta^{0}ʂʅ^{55}kʰuɛ^{31}tɕʰiã^{43}
济阳	这是谁写的诗啊？谁猜出来我就奖给他十块钱。 tʂə^{31}ʂʅ^{31}ʂei^{55}ɕiə^{213}ti^{0}ʂʅ^{21}a^{0}？ʂei^{55}tsʰɛ^{21}tʂʰu^{0}lɛ^{43}uə^{55}tɕiou^{31}tɕiɑŋ^{213}kei^{0}tʰa^{0}ʂʅ^{55}kʰuɛ^{31}tɕʰiã^{55}
利津	这诗是谁写的？谁能猜出来我奖励他十块钱。 tʂə^{31}ʂʅ^{213}ʂʅ^{31}ʂei^{53}ɕiə^{213}ti^{0}？ʂei^{53}nəŋ^{53}tsʰɛ^{31}tʂʰu^{0}lɛ^{0}uə^{55}tɕiɑŋ^{55}li^{31}tʰa^{0}ʂʅ^{53}kʰuɛ^{31}tɕʰiã^{53}
乐陵	这是谁写的诗？谁猜出来我就给他十块钱。 tʂə^{51}sɿ^{0}sei^{55}ɕiə^{212}ti^{0}sɿ^{24}？sei^{55}tsʰɛ^{31}tʂʰu^{0}lɛ^{0}uə^{55}tʂou^{0}kei^{51}tʰɑ^{55}ʂʅ^{55}kʰuɛ^{31}tɕʰiã^{55}
商河	这是谁写的诗啊？谁猜出来俺就奖给他十块钱。 tʂə^{31}sɿ^{31}sei^{54}ɕiə^{213}ti^{0}sɿ^{21}ɑ^{0}？sei^{54}tsʰɛ^{21}tʂʰu^{0}lɛ^{0}ŋã^{45}tɕiou^{31}tɕiɑŋ^{54}kei^{0}tʰɑ^{45}ʂʅ^{54}kʰuɛ^{31}tɕʰiã^{54}
平原	这谁写的诗？谁猜出来我奖励给他十块钱。 tʂə^{21}sei^{42}ɕiə^{23}ti^{0}sɿ^{213}？sei^{42}tsʰɛi^{21}tʂʰu^{0}lɛi^{0}uə^{55}tɕiɑŋ^{55}li^{55}kei^{0}tʰa^{0}ʂʅ^{42}kʰuɛi^{21}tɕʰiã^{42}
德州	这是谁写的诗啊？谁猜出来俺就奖给谁十块钱。 tʂə^{21}ʂʅ^{21}ʂei^{42}ɕiə^{213}ti^{0}ʂʅ^{21}a^{0}？ʂei^{42}tsʰɛ^{21}tʂʰu^{0}lɛ^{42}ŋã^{55}tɕiou^{21}tɕiɑŋ^{55}kei^{42}ʂei^{42}ʂʅ^{42}kʰuɛ^{21}tɕʰiã^{42}
武城	这是谁写的诗？谁猜出来俺奖励他十块钱。 tʂə^{312}ʂʅ^{0}ʂei^{53}ɕiə^{24}ti^{0}ʂʅ^{224}？ʂei^{53}tsʰɛ^{312}tʂʰu^{0}lɛ^{0}ŋã^{55}tɕiɑŋ^{55}li^{53}tʰa^{0}ʂʅ^{53}kʰuɛ^{0}tɕʰiã^{53}
临清	这是谁写的诗？谁猜出来我就奖谁十块钱。 tʂə^{31}ʂʅ^{31}ʂei^{53}ɕiə^{44}tə^{0}ʂʅ^{0}？ʂei^{53}tsʰai^{13}tʂʰu^{13}lai^{53}uə^{44}tɕiou^{31}tɕiɑŋ^{44}ʂei^{53}ʂʅ^{53}kʰuai^{313}tɕʰian^{53}
冠县	这是谁写的诗啊？谁要猜出来我就给他十块钱。 tʂə^{31}ʂʅ^{0}ʂei^{53}siə^{55}ti^{0}ʂʅ^{21}a^{0}？ʂei^{53}iɔ^{31}tsʰɛ^{13}tʂʰu^{13}lɛ^{53}uə^{55}tɕiou^{31}kei^{53}tʰa^{0}ʂʅ^{53}kʰuɛ^{314}tɕʰiã^{53}
聊城	这是谁写的诗啊？谁猜出来俺就奖励谁十块钱。 tsə^{31}sɿ^{31}sei^{53}ɕiə^{13}ti^{0}sɿ^{13}a^{0}？suei^{53}tsʰɛ^{13}tsʰu^{0}lɛ^{53}ɣã^{44}tɕiou^{31}tɕiɑŋ^{44}li^{0}sei^{53}sɿ^{53}kʰuɛ^{31}tɕʰiã^{53}
济南	这是谁做的诗啊？谁琢磨出来俺就给谁十块钱。 tʂə^{21}ʂʅ^{21}ʂei^{42}tsuə^{55}ti^{0}ʂʅ^{21}a^{0}？ʂei^{42}tsuə^{445}mə^{0}tʂʰu^{21}lɛ^{0}ŋã^{55}tɕiou^{21}kei^{42}ʂei^{42}ʂʅ^{42}kʰuɛ^{21}tɕʰiã^{42}
泰安	这是谁写的诗？谁猜出来我就奖给他十块钱。 tʂə^{21}ʂʅ^{21}ʂei^{42}ɕiə^{213}ti^{0}ʂʅ^{213}？ʂei^{42}tsʰɛ^{21}tʂʰu^{0}lɛ^{0}uə^{55}tou^{21}tɕiɑŋ^{213}kei^{0}tʰa^{0}ʂʅ^{42}kʰuɛ^{21}tɕʰiã^{42}
莱芜	这是谁写的诗啊？谁猜出来我就奖励谁十块钱。 tʃə^{31}ʃʅ^{31}ʃei^{55}ɕiə^{213}ti^{0}ʃʅ^{31}a^{0}？ʃei^{55}tsʰɛ^{31}tʃʰu^{0}lɛ^{55}，uə^{213}tɕiou^{0}tɕiɑŋ^{55}li^{42}ʃei^{55}ʃʅ^{13}kʰuɛ^{42}tɕʰiã^{55}
新泰	这是谁写的诗啊？谁要是猜出来我就奖励他十块钱。 tʃə^{31}ʃʅ^{31}ʃei^{42}ɕiə^{213}ti^{0}ʃʅ^{21}a^{0}？ʃei^{23}iɔ^{31}ʃʅ^{31}tθʰɛ^{21}tʃʰu^{0}lɛ^{0}uə^{55}tɕiou^{31}tɕiɑŋ^{213}li^{0}tʰa^{0}ʃʅ^{42}kʰuɛ^{31}tɕʰiã^{42}
沂源	这是谁写的诗？谁猜出来，我给他十块钱。 tʃə^{31}ʃʅ^{31}ʃei^{55}ɕiə^{21}tə^{0}ʃʅ^{213}？ʃei^{55}tθʰɛ^{21}tʃʰu^{0}lɛ^{0}，uə^{55}tɕi^{55}tʰa^{0}ʃʅ^{55}kʰuɛ^{31}tɕʰiã^{55}
博山	这是谁写的诗啊？谁猜着了，我奖给谁十块钱。 tʂə^{31}ʂʅ^{31}ʂei^{31}ɕiə^{213}ə^{0}ʂʅ^{21}a^{0}？ʂei^{53}tsʰɛ^{21}tʂuə^{0}liɔ^{0}，uə^{55}tɕiɑŋ^{213}tɕi^{0}ʂei^{31}ʂʅ^{55}kʰuɛ^{31}tɕʰiã^{55}

续表

	0044 这是谁写的诗？谁猜出来我就奖励谁十块钱。
张店	这是谁作的诗？谁能猜着我就奖给谁十块钱。 tʂə^{31}ʂʅ^{31}ʂei^{55}tsuə^{55}ti^{0}ʂʅ^{213}？ʂei^{55}nəŋ^{55}tsʰɛ^{21}tʂuə^{0}uə^{55}tɕiou^{31}tɕiɑŋ^{213}tɕi^{0}ʂei^{55}ʂʅ^{55}kʰuɛ^{31}tɕʰiã^{55}
阳谷	这是谁写的诗？谁猜出来，我就奖给谁十块钱。 tsə^{13}sɿ^{31}sei^{42}ɕiə^{13}ti^{0}sɿ^{213}？sei^{42}tsʰɛ^{31}tsʰu^{13}lɛ^{0}，uo^{55}tsou^{31}tɕiɑŋ^{13}kei^{0}sei^{42}sɿ^{55}kʰuɛ^{0}tɕʰiã^{42}
梁山	这是谁写的诗啊？谁猜出来我就奖给他十块钱。 tsə^{23}sɿ^{0}sei^{42}ɕiə^{23}li^{0}sɿ^{21}a^{0}？sei^{42}tsʰɛ^{21}tsʰu^{0}lɛ^{0}uə^{55}tsou^{31}tɕiɑŋ^{23}kei^{0}tʰa^{0}sɿ^{42}kʰuɛ^{31}tɕʰiã^{42}
菏泽	这是谁写的诗？谁猜出来我就奖给谁十块钱。 tsə^{31}sɿ^{0}sei^{53}ɕiɛ^{44}lɛ^{0}sɿ^{213}？sei^{53}tsʰɛ^{21}tsʰu^{0}lɛ^{53}uə^{44}tɕiou^{31}tɕiɑŋ^{44}kei^{0}sei^{53}sɿ^{53}kʰuɛ^{31}tɕʰiã^{53}
曹县	这是谁写的诗？谁猜出来我就奖给谁十块钱。 tʂə^{31}sɿ^{31}sei^{53}ɕiə^{44}lei^{0}sɿ^{213}？sei^{53}tsʰai^{21}tʂʰu^{0}lai^{53}uə^{44}tɕiou^{31}tɕiɑŋ^{44}kei^{0}sei^{53}ʂʅ^{53}kʰuai^{0}tɕʰiã^{53}
金乡	这是谁写的诗啊？谁要是猜出来我就给他十块钱。 tsə^{23}sɿ^{31}sei^{42}ɕiə^{23}li^{0}sɿ^{21}a^{0}？sei^{55}iɔ^{31}sɿ^{0}tsʰɛ^{21}tsʰu^{0}lɛ^{0}uə^{55}tɕiou^{31}kei^{42}tʰa^{0}sɿ^{42}kʰuɛ^{31}tɕʰiã^{42}
曲阜	这是谁写的诗啊？谁猜出来我就奖给他十块钱。 tsə^{31}sɿ^{0}sei^{42}ɕiə^{55}li^{0}sɿ^{213}a^{0}？sei^{42}tsʰɛ^{21}tsʰu^{0}lɛ^{0}uə^{55}tɕiou^{31}tɕiaŋ^{213}kei^{0}tʰa^{0}sɿ^{42}kʰuɛ^{31}tɕʰiã^{42}
薛城	这是谁写的诗啊？谁猜出来我就奖他十块钱。 tsə^{41}sɿ^{41}se^{24}ɕiə^{24}ti^{0}sɿ^{31}a^{0}？se^{55}tsʰɛ^{31}pfʰu^{0}lɛ^{0}uə^{24}tou^{41}tɕiɑŋ^{24}tʰa^{31}sɿ^{55}kʰuɛ^{41}tɕʰiã^{55}
郯城	这首诗是谁写的？谁要能猜出来就奖给谁十块钱。 tʂə^{51}ʂəu^{24}ʂʅ^{213}ʂʅ^{51}ʂe^{44}ɕiə^{24}tə^{0}？ʂe^{44}iɔ^{51}nəŋ^{44}tsʰɛ^{21}tʂʰu^{21}lɛ^{44}tɕiəu^{51}tɕiɑŋ^{24}ke^{44}ʂe^{24}ʂʅ^{44}kʰuɛ^{51}tɕʰiã^{44}
临沂	这诗谁写的？谁要猜出来我就奖他十块钱。 tʃə^{31}ʃʅ^{214}ʃei^{53}ɕiə^{214}tə^{0}？ʃei^{53}iɔ^{31}tsʰɛ^{21}tʃʰu^{0}lɛ^{0}uə^{55}tɕiou^{31}tɕiɑŋ^{214}tʰa^{0}ʃʅ^{53}kʰuɛ^{31}tɕʰiã^{53}

	0045 我给你的书是我教中学的舅舅写的。
荣成	我给你的书是我教中学的舅写的。 uo^{21}kei^{21}ni^{21}tə^{0}ʃy^{53}ʂʅ^{33}uo^{21}ciau^{53}tʂuŋ^{53}çio^{35}tə^{0}ci^{33}siɛ^{214}tə^{0}
烟台	我给你的书是我教中学的舅写的。 uo^{33}kei^{21}ȵi^{21}ti^{0}ɕy^{53}sɿ^{33}uo^{21}tɕiau^{33}tsuŋ^{53}ɕye^{33}ti^{0}tɕiou^{33}ɕie^{21}tə^{0}
栖霞	俺给你的书是俺教中学的舅舅写的。 ãn^{34}kei^{34}ȵi^{55}tə^{0}ʃy^{312}sɿ^{52}ãn^{34}ciɔo^{34}tʃuŋ^{52}çyɛ^{34}tə^{0}ciəu^{52}ciəu^{0}ʃiɛ^{21}tə^{0}
长岛	我给你的书是我教中学的舅舅写的。 uə^{55}kei^{21}ȵi^{35}tə^{0}ʃy^{31}sɿ^{52}uə^{213}ciau^{52}tsuŋ^{31}çyo^{55}tə^{0}ciou^{52}ciou^{0}ʃiɛ^{21}tə^{0}
海阳	我给你的书是俺教中学的舅写的。 uo^{34}cʰi^{21}ȵi^{21}ti^{0}ʃy^{52}ʂʅ^{34}ã^{21}ciɔ^{34}tʂuŋ^{52}çyə^{34}ti^{0}ciəu^{34}siə^{21}tə^{0}
莱西	我给你的书是俺教中学的舅儿写的。 uə^{55}kei^{55}ȵi^{45}tə^{0}ʃu^{214}sɿ^{42}ã^{55}ciɔ^{55}tʃoŋ^{214}çyə^{42}tə^{0}ciour^{42}siə^{214}tə^{0}

续表

	0045 我给你的书是我教中学的舅舅写的。
平度	我给你的书是俺舅儿写的，俺舅儿是教中学的。 uə^{55}kei^{42}ȵi^{45}ti^{0}ʃu^{213}ʂʅ^{42}ã^{45}ciour^{42}siə^{45}ti^{0}，ã^{45}ciour^{42}ʂʅ^{42}ciɔ^{55}tʂuŋ^{213}çyə^{45}ti^{0}
青岛	俺给你的书是俺教中学的舅写的。 ã^{55}kei^{42}ȵi^{55}ti^{0}ʃu^{213}ʂʅ^{42}ã^{55}tɕiɔ^{55}tʂoŋ^{213}ɕyə^{42}ti^{0}tɕiou^{42}siə^{55}ti^{0}
高密	我给你的书是俺教中学的舅写的。 uə^{55}tɕʰi^{55}ȵi^{0}ti^{0}ʃu^{213}ʂʅ^{21}ã^{55}tɕiɔ^{213}tʂoŋ^{213}ɕyə^{55}ti^{0}tɕiou^{21}siə^{23}ti^{0}
诸城	我给你的书是我教中学的舅写喋⁼。 uə^{44}tʃʅ^{24}ȵi^{0}ȶi^{0}ʃu^{213}ʂʅ^{31}uə^{44}tʃɔ^{24}tʂəŋ^{44}ʃuə^{24}ȶi^{0}tʃou^{31}θiə^{213}ȶiə^{0}
沂水	我给你的书是俺教中学的舅写的。 uə^{44}tɕi^{53}ni^{213}ti^{0}ʃɥ^{213}ʂʅ^{31}ŋã^{44}tɕiɔ^{213}tʂuŋ^{213}ɕyə^{53}ti^{0}tɕiou^{31}siə^{213}ti^{0}
临朐	我给你的书是俺教中学的那个舅写的。 uə^{44}tɕi^{44}ȵi^{44}ti^{0}ʃu^{213}ʂʅ^{21}ŋã^{44}tɕiɔ^{213}tʂuŋ^{213}ɕyə^{35}ti^{0}na^{21}kuə^{0}tɕiəu^{21}ɕiə^{213}ti^{0}
日照	我送你的书是俺教中学的舅写的呃。 uə^{44}θəŋ^{31}ni^{213}ti^{0}ʃu^{213}ʂʅ^{31}nã^{44}tʃiɔ^{213}tʂəŋ^{213}ʃyə^{44}ti^{0}tʃiou^{31}θiə^{213}ti^{0}ə^{0}
莒南	我给你的书是俺教中学的舅写的。 uə^{55}tɕi^{53}ni^{213}ti^{0}ʃɥ^{213}ʂʅ^{31}ã^{55}tɕiɔ^{13}tʂuŋ^{213}ɕyə^{55}ti^{0}tɕiou^{31}siə^{213}ti^{0}
潍坊	我给你的书是俺教中学的舅写的。 uə^{55}tɕi^{35}ȵi^{0}ti^{0}ʂu^{214}ʂʅ^{31}ŋã^{55}tɕiɔɤ^{24}tʂoŋ^{214}ɕyə^{35}ti^{0}tɕiɤɯ^{31}ɕiə^{24}ti^{0}
寿光	我给你的那本儿书是俺教中学的舅写的。 uə^{55}tɕi^{53}ȵi^{55}ti^{0}na^{21}pɭ^{55}ʂu^{213}ʂʅ^{21}ŋã^{0}tɕiɔ^{213}tʂuŋ^{213}ɕyə^{35}ti^{0}tɕiəu^{21}ɕiə^{23}ti^{0}
高青	我给你的那本儿书是俺教中学的舅写的。 uə^{55}tɕi^{55}ȵi^{55}ti^{0}nɑ^{41}per^{55}ʂu^{213}ʂʅ^{41}ŋã^{55}tɕiɔ^{213}tʂuŋ^{213}ɕyə^{35}ti^{0}tɕiou^{41}ɕiə^{213}ti^{0}
阳信	我给你的书是我教中学的舅写的。 uə^{55}tɕi^{45}ȵi^{0}ti^{0}ʂu^{213}ʂʅ^{31}uə^{55}tɕiɔ^{213}tʂuŋ^{213}ɕyə^{45}ti^{0}tɕiou^{31}ɕiə^{213}ti^{0}
济阳	我给你的书是俺教中学的舅写的。 uə^{54}kei^{55}ȵi^{55}ti^{0}ʂu^{213}ʂʅ^{31}ŋã^{55}tɕiɔ^{213}tʂuŋ^{13}ɕyə^{55}ti^{0}tɕiou^{31}ɕiə^{21}ti^{0}
利津	我给你的书是俺教中学的舅写的。 uə^{55}tɕi^{53}ȵi^{55}ti^{0}ʂu^{213}ʂʅ^{31}ŋã^{55}tɕiɔ^{24}tʂuŋ^{24}ɕiɔ^{55}ti^{0}tɕiou^{31}ɕiə^{213}ti^{0}
乐陵	我给你的书是俺教中学的舅写的。 uə^{55}kei^{51}ȵi^{212}ti^{0}ʂu^{24}sɿ^{51}ŋã^{55}tɕiɔ^{24}tʂuŋ^{212}ɕiɔ^{55}ti^{0}tɕiou^{51}ɕiə^{212}ti^{0}
商河	俺给你的书是教中学的舅写的。 ŋã^{45}kei^{54}ȵi^{45}ti^{0}ʂu^{213}sɿ^{31}tɕiɔ^{213}tʂuŋ^{213}ɕyə^{54}ti^{0}tɕiou^{31}ɕiə^{213}ti^{0}
平原	我给你的书是俺教中学的舅写的。 uə^{55}kei^{55}ȵi^{0}ti^{0}ʂu^{213}sɿ^{21}ŋã^{55}tɕiɔu^{23}tʂuŋ^{212}ɕyə^{23}ti^{0}tɕiou^{21}ɕiə^{23}ti^{0}

续表

	0045 我给你的书是我教中学的舅舅写的。
德州	俺给你的书是俺教中学的舅舅写的。 ŋã^{55}kei^{42}ȵi^{21}ti^{0}ʂu^{213}ʂʅ^{21}ŋã^{55}tɕiɔ^{213}tʂuŋ^{213}ɕyə^{55}ti^{0}tɕiou^{42}tɕiou^{0}ɕiə^{213}ti^{0}
武城	俺给你的书是俺教中学的舅写的。 ŋã^{55}tɕi^{55}ȵi^{0}ti^{0}ʂu^{224}ʂʅ^{21}ŋã^{55}tɕiɔ^{24}tʂuŋ^{24}ɕiɔ^{55}ti^{0}tɕiou^{312}ɕiə^{24}ti^{0}
临清	我给你的书是我教中学的舅舅写的。 uə^{44}kei^{53}ȵi^{44}tə^{0}ʂu^{13}ʂʅ^{31}uə^{44}tɕiau^{13}tʂuŋ^{13}ɕyə^{44}tə^{0}tɕiou^{53}tɕiou^{0}ɕiə^{44}tə^{0}
冠县	我给你的书是我教中学的舅写的。 uə^{55}kei^{55}ȵi^{55}ti^{0}ʂu^{13}ʂʅ^{31}uə^{55}tɕiɔ^{13}tʂuŋ^{13}ɕyɤ^{53}ti^{0}tɕiou^{31}siə^{44}ti^{0}
聊城	俺给你的书是俺教中学的舅舅写的。 ã^{44}kei^{53}ȵi^{44}ti^{0}su^{13}sʅ^{31}ã^{44}tɕiɔ^{13}tsuŋ^{13}ɕyə^{44}ti^{0}tɕiou^{53}tɕiou^{0}ɕiə^{13}ti^{0}
济南	俺给你的书是俺教中学的舅舅写的。 ŋã^{55}kei^{445}ȵi^{0}ti^{0}ʂu^{213}ʂʅ^{21}ŋã^{55}tɕiɔ^{213}tʂuŋ^{213}ɕyə^{445}ti^{0}tɕiou^{55}tɕiou^{0}ɕiə^{213}ti^{0}
泰安	我给你的书是俺教中学的舅写的。 uə^{213}kei^{55}ȵi^{0}ti^{0}ʂu^{213}ʂʅ^{21}nã^{55}tɕiɔ^{23}tʂuŋ^{213}ɕyə^{55}ti^{0}tɕiou^{21}ɕiə^{213}ti^{0}
莱芜	我给你的书是我教中学的舅舅写的。 uə^{55}tɕi^{55}ȵi^{55}ti^{0}ʃu^{213}ʃʅ^{31}uə^{55}tɕiɔ^{31}tʃuŋ^{213}ɕyə^{55}ti^{0}tɕiou^{42}tɕiou^{0}ɕiə^{213}ti^{0}
新泰	我给你那书啊，是我教中学的舅舅写的。 uə^{55}tɕi^{23}ȵi^{0}na^{0}ʃu^{21}a^{0}，ʃʅ^{31}uə^{55}tɕiɔ^{213}tʃuŋ^{21}ɕyə^{42}ti^{0}tɕiou^{42}tɕiou^{0}ɕiə^{213}ti^{0}
沂源	我给你的书是俺教中学的舅写的。 uə^{55}tɕi^{55}ȵi^{21}ti^{0}ʃu^{213}ʃʅ^{31}ŋã^{55}tɕiɔ^{213}tʃuŋ^{21}ɕyə^{55}tə^{0}tɕiou^{31}ɕiə^{21}tə^{0}
博山	我给你那本书是俺教中学那个舅写的。 uə^{55}tɕi^{35}ȵi^{0}na^{31}pẽ^{55}ʂu^{213}ʂʅ^{31}ŋã^{55}tɕiɔ^{213}tʂuŋ^{213}ɕyə^{55}nɑ^{31}kuə^{0}tɕiou^{31}ɕiə^{213}ə^{0}
张店	我给你的那书是俺在中学教书的舅写的。 uə^{55}tɕi^{55}ȵi^{55}ti^{0}ʂu^{213}ʂʅ^{31}ŋã^{55}tsɛ^{31}tʂuŋ^{213}ɕyə^{55}tɕiɔ^{213}ʂu^{21}ti^{0}tɕiou^{31}ɕiə^{213}ti^{0}
阳谷	我给你的书是我教中学的舅写的。 uo^{55}kei^{31}ȵi^{13}li^{0}fu^{213}sʅ^{31}uo^{55}tɕiɔ^{13}tsuŋ^{13}ɕyo^{42}li^{0}tɕiou^{31}ɕiə^{13}li^{0}
梁山	我给你的书是俺教中学的舅写的。 uə^{55}kei^{42}ȵi^{0}li^{0}fu^{213}sʅ^{31}ɣã^{55}tɕiɔ^{23}tsuŋ^{23}ɕyə^{42}li^{0}tɕiou^{314}ɕiə^{23}li^{0}
菏泽	我给你的书是俺教中学的舅写的。 uə^{44}kei^{31}ȵi^{44}lɛ^{0}fu^{213}sʅ^{31}ɣã^{44}tɕiɔ^{213}tsuŋ^{213}ɕyə^{53}lɛ^{0}tɕiou^{31}ɕiɛ^{44}lɛ^{0}
曹县	我给你的书是我教中学的舅舅写的。 uə^{44}kei^{53}ȵi^{44}lei^{0}fu^{213}sʅ^{31}uə^{44}tɕiɔ^{213}tʂuŋ^{21}ɕyə^{53}tɤ^{0}tɕiou^{53}tɕiou^{0}ɕiə^{44}lei^{0}
金乡	我给你的书是俺教中学的舅写的。 uə^{55}kei^{42}ȵi^{23}li^{0}su^{213}sʅ^{31}ɣã^{55}tɕiɔ^{23}tsuŋ^{213}ɕyə^{55}li^{0}tɕiou^{31}ɕiə^{23}li^{0}

续表

	0045 我给你的书是我教中学的舅舅写的。
曲阜	我给你的书是俺教中学的舅写的。 uə^{42}kei^{55}ȵi^{0}li^{0}su^{213}sʅ^{31}ɣã^{55}tɕiɔ^{23}tsuŋ^{213}ɕyə^{55}li^{0}tɕiou^{31}ɕiə^{35}li^{0}
薛城	俺给你的书是俺教中学的舅写的。 ɣã^{24}ke^{55}ȵi^{24}ti^{0}fu^{313}sʅ^{41}ɣã^{24}tɕiɔ^{313}tsuŋ^{31}ɕyə^{55}ti^{0}tɕiou^{41}ɕiə^{24}ti^{0}
郯城	我给你的书是俺教中学的舅写的。 uə^{24}ke^{44}ȵi^{24}tə^{0}fu^{213}ʂʅ^{51}ã^{24}tɕiɔ^{13}tʂuŋ^{21}ɕyə^{44}tə^{0}tɕiəu^{51}ɕiə^{24}tə^{0}
临沂	我给你的书是俺教中学的舅写的。 uə^{55}kei^{53}ȵi^{214}ti^{0}ʃu^{214}ʃʅ^{31}ɣã^{55}tɕiɔ^{24}tʃuŋ^{24}ɕyə^{55}ti^{0}tɕiou^{312}ɕiə^{214}ti^{0}

	0046 你比我高，他比你还要高。
荣成	你比我高，他比你还高。 ni^{21}pi^{35}uo^{214}kau^{53}，t^{h}a^{53}pi^{35}ni^{21}xan^{35}kau^{53}
烟台	你比我高，他比你还高。 ȵi^{33}pi^{21}uo^{14}kau^{53}，t^{h}a^{53}pi^{33}ȵi^{21}xan^{33}kau^{53}
栖霞	你比俺高，他比你都高。 ȵi^{34}pi^{34}ãn^{214}kɔo^{312}，t^{h}a^{34}pi^{21}ȵi^{34}təu^{34}kɔo^{312}
长岛	你比俺高，他比你还高。 ȵi^{35}pi^{35}an^{213}kau^{31}，t^{h}a^{52}pi^{35}ȵi^{213}xai^{55}kau^{31}
海阳	你比我高，他比你还高。 ȵi^{34}pi^{34}uo^{34}kɔ^{52}，t^{h}a^{34}pi^{34}ȵi^{34}xã^{34}kɔ^{52}
莱西	你比我高，他比你还要高。 ȵi^{55}pi^{21}uə^{55}kɔ^{214}，t^{h}a^{214}pi^{21}ȵi^{55}xɛ^{42}iɔ^{42}kɔ^{214}
平度	你比我高，他比你还高。 ȵi^{55}pi^{21}uə^{55}kɔ^{213}，t^{h}a^{55}pi^{21}ȵi^{55}xa^{42}kɔ^{213}
青岛	你比俺高，他比你还高。 ȵi^{55}pi^{21}ã^{55}kɔ^{213}，t^{h}ə^{55}pi^{21}ȵi^{55}xɑ^{42}kɔ^{213}
高密	你高起我，他比你还高。 ȵi^{55}kɔ^{21}tɕ^{h}i^{0}uə^{55}，t^{h}ɑ^{55}pi^{55}ȵi^{55}xã^{42}kɔ^{213} 你比我高，他比你还高。 ȵi^{55}pi^{55}uə^{55}kɔ^{213}，t^{h}ɑ^{55}pi^{55}ȵi^{55}xã^{42}kɔ^{213}
诸城	你比我高，他比你还高。 ȵi^{44}pi^{44}uə^{44}kɔ^{213}，t^{h}a^{44}pi^{44}ȵi^{44}xã^{53}kɔ^{213}
沂水	你比我高，他比你还高。 ni^{44}pe^{213}uə^{44}kɔ^{213}，t^{h}a^{44}pe^{213}ni^{44}xã^{53}kɔ^{213}

续表

	0046你比我高，他比你还要高。
临朐	你比我高，他比你还高。 ȵi^{44}pi^{21}uə^{44}kɔ^{213}，tʰa^{44}pi^{21}ȵi^{44}xã^{53}kɔ^{213}
日照	你高起我，他比你还高。 ni^{44}kɔ^{31}tʃʰʅ^{0}uə^{44}，tʰɑ^{44}pi^{31}ni^{44}xã^{53}kɔ^{213}
莒南	你跟俺高，他跟你还高。 ni^{55}kẽ^{42}ã^{55}kɔ^{213}，tʰa^{55}kẽ^{42}ni^{55}xã^{53}kɔ^{213}
潍坊	你比我高，他比你还高。 ȵi^{55}pi^{53}uə^{55}kɔɤ^{214}，tʰɑ^{55}pi^{53}ȵi^{55}xã^{53}kɔɤ^{214} 你高及我，他高及你。 ȵi^{55}kɔɤ^{31}tɕi^{0}uə^{55}，tʰɑ^{55}kɔɤ^{31}tɕi^{0}ȵi^{55}
寿光	你比我高，他比你还高。 ȵi^{55}pi^{21}uə^{55}kɔ^{213}，tʰa^{55}pi^{21}ȵi^{55}xã^{53}kɔ^{213}
高青	你比我高，他比你还高。 ȵi^{55}pi^{55}uə^{55}kɔ^{213}，tʰɑ^{213}pi^{55}ȵi^{55}xã^{55}kɔ^{213}
阳信	你比我高，他比你还高。 ȵi^{55}pi^{55}uə^{55}kɔ^{213}，tʰa^{55}pi^{55}ȵi^{55}xã^{53}kɔ^{213}
济阳	你比俺高，他比你还高。 ȵi^{55}pi^{21}ŋã^{55}kɔ^{213}，tʰa^{55}pi^{54}ȵi^{55}xã^{55}kɔ^{213}
利津	你比我高，他比你还高。 ȵi^{55}pi^{55}uə^{55}kɔ^{213}，tʰa^{55}pi^{55}ȵi^{55}xã^{53}kɔ^{213}
乐陵	你比我高，他比你还高。 ȵi^{55}pi^{55}uə^{55}kɔ^{24}，tʰɑ^{55}pi^{55}ȵi^{55}xã^{55}kɔ^{24}
商河	你比俺高，他比你还高。 ȵi^{45}pi^{54}ŋã^{45}kɔ^{213}，tʰɑ^{45}pi^{54}ȵi^{45}xã^{54}kɔ^{213}
平原	你比我高，他比你还高。 ȵi^{55}pi^{21}uə^{55}kɔu^{213}，tʰa^{55}pi^{21}ȵi^{55}xã^{42}kɔu^{213}
德州	你比俺高，他比你还高。 ȵi^{55}pi^{42}ŋã^{55}kɔ^{213}，tʰa^{55}pi^{42}ȵi^{55}xɛ^{42}kɔ^{213}
武城	你比俺高，他比你还高。 ȵi^{55}pi^{24}ŋã^{53}kɔ^{224}，tʰa^{55}pi^{24}ȵi^{55}xã^{53}kɔ^{224}
临清	你比我高，他比你还高。 ȵi^{44}pi^{53}uə^{44}kau^{13}，tʰa^{44}pi^{53}ȵi^{44}xai^{44}kau^{13}
冠县	你比我高，他比你还高。 ȵi^{55}pi^{55}uə^{55}kɔ^{13}，tʰa^{55}pi^{55}ȵi^{55}xɛ^{53}kɔ^{13}

续表

	0046你比我高，他比你还要高。
聊城	你比俺高，他比你还高。 ȵi^{44}pi^{44}ã^{44}kɔ^{13}，t^{h}a^{44}pi^{53}ȵi^{44}xã^{53}kɔ^{13}
济南	你比俺高，他比你还高。 ȵi^{55}pi^{42}ŋã^{55}kɔ^{213}，t^{h}a^{55}pi^{42}ȵi^{55}xã^{42}kɔ^{213}
泰安	你比我高，他比你还高。 ȵi^{55}pi^{42}uə^{55}kɔ^{213}，t^{h}a^{213}pi^{42}ȵi^{55}xã^{42}kɔ^{213}
莱芜	你高起我，他比你还要高。 ȵi^{55}kɔ^{31}tɕ^{h}i^{0}uə^{55}，t^{h}a^{31}pi^{55}ȵi^{55}xã^{13}iɔ^{42}kɔ^{213}
新泰	你比我高啊，他比你还高咧。 ȵi^{55}pi^{21}uə^{55}kɔ^{21}a^{0}，t^{h}a^{213}pi^{21}ȵi^{55}xã^{45}kɔ^{21}lia^{0}
沂源	你比我高，他比你还高。 ȵi^{55}pi^{31}uə^{55}kɔ^{213}，t^{h}a^{213}pi^{31}ȵi^{55}xã^{55}kɔ^{213}
博山	你比我高，他比你还高。 ȵi^{55}pi^{53}uə^{55}kɔ^{213}，t^{h}ɑ^{55}pi^{53}ȵi^{55}xã^{55}kɔ^{213}
张店	你比我高，他比你还高。 ȵi^{55}pi^{55}uə^{55}kɔ^{213}，t^{h}ɑ^{213}pi^{55}ȵi^{55}xã^{55}kɔ^{213}
阳谷	你比我高，他比你还高。 ȵi^{55}pi^{42}uo^{55}kɔ^{213}，t^{h}a^{55}pi^{42}ȵi^{55}xa^{42}kɔ^{213}
梁山	你比我高，他比你还高。 ȵi^{55}pi^{31}uə^{55}kɔ^{213}，t^{h}a^{55}pi^{42}ȵi^{55}xɛ^{42}kɔ^{213}
菏泽	你比我高，他比你还高。 ȵi^{44}pi^{53}uə^{44}kɔ^{213}，t^{h}a^{44}pi^{53}ȵi^{44}xɛ^{53}kɔ^{213}
曹县	你比我高，他比你还高。 ȵi^{44}pi^{53}uə^{44}kɔ^{213}，t^{h}a^{44}pi^{53}ȵi^{44}xai^{53}kɔ^{213}
金乡	你比我高，他比你还高。 ȵi^{55}pi^{42}uə^{55}kɔ^{213}，t^{h}a^{213}pi^{42}ȵi^{55}xɛ^{42}kɔ^{213}
曲阜	你比我高，他比你还高。 ȵi^{55}pi^{42}uə^{55}kɔ^{213}，t^{h}a^{213}pi^{31}ȵi^{55}xɛ^{42}kɔ^{213}
薛城	你比俺高，他比你还高。 ȵi^{55}pi^{55}ɣã^{55}kɔ^{313}，t^{h}a^{31}pi^{55}ȵi^{24}xɛ^{55}kɔ^{313}
郯城	你比我高，他比你还高。 ȵi^{24}pi^{24}uə^{24}kɔ^{213}，t^{h}a^{21}pi^{44}ȵi^{24}xɛ^{44}kɔ^{213}
临沂	你给我高，他比你还高。 ȵi^{55}kei^{55}uə^{0}kɔ^{214}，t^{h}a^{55}pi^{55}ȵi^{55}xɛ^{53}kɔ^{214}

	0047 老王跟老张一样高。
荣成	老王和老张一般儿高。 lau^{21}uaŋ^{53}xo^{53}lau^{21}tʃaŋ^{53}i^{21}pɐr^{53}kau^{53}
烟台	老王和老张一般儿高。 lau^{21}uaŋ^{33}xɤ^{33}lau^{14}tɕiaŋ^{53}i^{53}pɐr^{35}kau^{53}
栖霞	老王和老张一般儿高。 lɔo^{34}uaŋ^{52}xuo^{34}lɔo^{34}tʃaŋ^{312}i^{34}pɐr^{34}kɔo^{312}
长岛	老王跟老张一般儿高。 lau^{21}uaŋ^{55}kən^{31}lau^{55}tʃaŋ^{31}i^{35}pɐr^{35}kau^{31}
海阳	老王和老张一般儿高。 lɔ^{21}uaŋ^{34}xaŋ^{34}lɔ^{34}tsaŋ^{52}i^{34}pɐr^{34}kɔ^{52}
莱西	老王跟老张一般儿高儿。 lɔ^{55}uaŋ^{42}kẽ^{214}lɔ^{55}tʃaŋ^{214}i^{42}pɐr^{55}kɔr^{214}
平度	老王跟老张一样高儿。 lɔ^{55}uaŋ^{42}kə̃^{213}lɔ^{55}tʃaŋ^{213}i^{213}iaŋ^{45}kɔr^{213}
青岛	老王跟老张一样高儿。 lɔ^{55}uaŋ^{42}kẽ^{213}lɔ^{55}tʃaŋ^{213}i^{55}iaŋ^{42}kɔr^{213} 老王跟老张一般高儿。 lɔ^{55}uaŋ^{42}kẽ^{213}lɔ^{55}tʃaŋ^{213}i^{55}pã^{213}kɔr^{213} 老王老张一般高儿。 lɔ^{55}uaŋ^{42}lɔ^{55}tʃaŋ^{213}i^{55}pã^{213}kɔr^{213}
高密	老王上$^{=}$老张一样高。 lɔ^{55}uaŋ^{42}ʃaŋ^{21}lɔ^{55}tʃaŋ^{213}i^{55}iaŋ^{21}kɔ^{213}
诸城	老王和老张一般儿高。 lɔ^{44}uaŋ^{53}xaŋ^{31}lɔ^{44}tʃaŋ^{213}i^{44}pɐr^{213}kɔ^{31}
沂水	老王和老张一般高儿。 lɔ^{44}uaŋ^{53}xɔ^{31}lɔ^{44}dʒaŋ^{213}i^{24}pã^{24}kɔr^{213}
临朐	老王和老张一样高。 lɔ^{33}uaŋ^{53}xuə^{21}lɔ^{44}tʃaŋ^{213}i^{13}iaŋ^{21}kɔ^{213}
日照	老王和老张一般儿高儿。 lɔ^{24}uaŋ^{53}xuaŋ^{31}lɔ^{44}tʃiaŋ^{213}i^{24}pɐr^{213}kɔr^{213}
莒南	老王跟老张这两个人啊，一样高儿［呃］。 lɔ^{55}uaŋ^{53}kẽ^{53}lɔ^{55}tʃaŋ^{213}tʃə^{31}liaŋ^{213}kə^{0}iẽ^{24}a^{0}，i^{13}iaŋ^{13}kɔr^{21}
潍坊	老王和老张一样高呃。 lɔɤ^{24}uaŋ^{53}xuə^{31}lɔɤ^{24}tʂaŋ^{214}i^{24}iaŋ^{31}kɔɤ^{31}ə^{0}
寿光	老王和老张一样高。 lɔ^{55}uaŋ^{53}xuə^{21}lɔ^{55}tʂaŋ^{213}i^{13}iaŋ^{21}kɔ^{213}

续表

	0047 老王跟老张一样高。
高青	老王和老张一样高。 lɔ^{55}uaŋ^{55}xə^{55}lɔ^{55}tʂaŋ^{213}i^{55}iaŋ^{41}kɔ^{213}
阳信	老王跟老张一样高。 lɔ^{55}uaŋ^{43}kẽ^{31}lɔ^{55}tʂaŋ^{213}i^{55}iaŋ^{31}kɔ^{213}
济阳	老王跟老张一般儿高。 lɔ^{55}uaŋ^{55}kẽ^{54}lɔ^{55}tʂaŋ^{213}i^{213}pɛr^{55}kɔ^{213}
利津	老王和老张一样高。 lɔ^{55}uaŋ^{53}xə^{0}lɔ^{55}tʂaŋ^{213}i^{24}iaŋ^{31}kɔ^{213}
乐陵	老王老张一样高。 lɔ^{55}uaŋ^{55}lɔ^{55}tʂaŋ^{24}i^{24}iaŋ^{51}kɔ^{24}
商河	老王跟老张一样高。 lɔ^{45}uaŋ^{54}kẽ^{213}lɔ^{45}tʂaŋ^{213}i^{24}iaŋ^{31}kɔ^{213}
平原	老王老张一般高。 lɔu^{212}uaŋ^{42}lɔu^{42}tʂaŋ^{213}i^{23}pã^{23}kɔu^{213}
德州	老王跟老张一般高。 lɔ^{55}uaŋ^{42}kẽ^{213}lɔ^{55}tʂaŋ^{213}i^{21}pã^{213}kɔ^{213}
武城	老王老张一般高儿。 lɔ^{55}uaŋ^{53}lɔ^{55}tʂaŋ^{224}i^{24}pã^{24}kɔr^{224}
临清	老王跟老张一般高。 lau^{44}uaŋ^{53}ken^{13}lau^{44}tʂaŋ^{13}i^{31}pan^{13}kau^{13}
冠县	老王给老张一般高。 lɔ^{55}uaŋ^{53}kei^{13}lɔ^{53}tʂaŋ^{13}i^{13}pã^{55}kɔ^{13}
聊城	老王跟老张一般高。 lɔ^{44}uaŋ^{53}kẽ^{13}lɔ^{44}tsaŋ^{13}i^{31}pã^{13}kɔ^{13}
济南	老王和老张一般高。“和”也可以用“跟” lɔ^{55}uaŋ^{42}xə^{42}lɔ^{55}tʂaŋ^{213}i^{23}pã^{23}kɔ^{213}
泰安	老王和老张一般高儿。 lɔ^{213}uaŋ^{42}xə^{42}lɔ^{55}tʂaŋ^{213}i^{23}pã^{213}kɔr^{213}
莱芜	老王跟老张一样高。 lɔ^{213}uaŋ^{55}kẽ^{55}lɔ^{55}tʃaŋ^{213}i^{213}iaŋ^{42}kɔ^{213}
新泰	老王和老张啊一般高。 lɔ^{23}uaŋ^{42}xə^{42}lɔ^{55}tʃaŋ^{213}a^{0}i^{23}pã^{23}kɔ^{213}
沂源	老王和老张一般高儿。 lɔ^{55}uaŋ^{55}xuə^{31}lɔ^{55}tʃaŋ^{213}i^{55}pã^{213}kɔr^{213}

续表

	0047 老王跟老张一样高。
博山	老王和老张一样高。 lɔ^{55}uaŋ^{55}xuə^{31}lɔ^{55}tʂaŋ^{213}i^{213}iaŋ^{31}kɔ^{213}
张店	老王和老张一样高。 lɔ^{55}uaŋ^{55}xuə^{55}lɔ^{55}tʂaŋ^{213}i^{213}iaŋ^{31}kɔ^{213}
阳谷	老王跟老张般高。 lɔ^{55}uaŋ^{42}kẽ^{13}lɔ^{55}tsaŋ^{213}pã^{13}kɔ^{213}
梁山	老王给老张般高儿。 lɔ^{55}uaŋ^{42}kei^{55}lɔ^{55}tsaŋ^{213}pã^{23}kɔr^{213}
菏泽	老王给老张般般高。 lɔ^{44}uaŋ^{53}kei^{31}lɔ^{44}tsaŋ^{213}pã^{21}pã^{0}kɔ^{213}
曹县	老王跟老张一般高儿。 lɔ^{44}uaŋ^{53}kẽ^{53}lɔ^{44}tsaŋ^{213}i^{213}pã^{213}kɔr^{213}
金乡	老王跟老张般高儿。 lɔ^{213}uaŋ^{42}kẽ^{21}lɔ^{55}tsaŋ^{213}pã^{23}kɔr^{213}
曲阜	老王给老张般高。 lɔ^{55}uaŋ^{42}kei^{42}lɔ^{55}tsaŋ^{213}pã^{23}kɔ^{213}
薛城	老王给老张般高。 lɔ^{24}uaŋ^{55}ke^{55}lɔ^{55}tsaŋ^{313}pã^{23}kɔ^{313}
郯城	老王跟老张一般高儿。 lɔ^{24}uaŋ^{44}kã^{21}lɔ^{44}tʂaŋ^{21}i^{13}pã^{13}kɔr^{213}
临沂	老王给老张一般儿高儿。 lɔ^{55}uaŋ^{53}kei^{53}lɔ^{55}tʃaŋ^{214}i^{24}pɛr^{24}kɔr^{214}

	0048 我走了，你们俩再多坐一会儿。
荣成	我走了，傢俩再坐么盖$^{=}$儿。 uo^{21}tsəu^{214}lə^{0}，na^{35}lia^{214}tsai^{33}tsuo^{33}mo^{0}kɐr^{33}
烟台	我走了，恁俩再多坐会儿。 uo^{33}tsou^{21}lə^{0}，nan^{33}lia^{21}tsɛ^{33}tuo^{53}tsuo^{33}xuər^{0}
栖霞	我走了，恁俩儿再多耍一气儿。 uo^{34}tsəu^{21}lə^{0}，nə̃n^{34}liar^{34}tsɛi^{52}tuo^{52}sua^{21}i^{0}cʰiər^{52}
长岛	我走了，你们俩再多坐会儿。 uə^{35}tsou^{213}lə^{0}，ȵi^{55}mən^{0}lia^{213}tsai^{52}tuə^{31}tsuə^{52}xuər^{0}
海阳	我走了，恁俩再多耍会儿。 uo^{21}tθəu^{21}lə^{0}，nẽ^{34}lia^{214}tθɛ^{34}tuo^{52}ʂua^{21}xuər^{0}

续表

	0048 我走了，你们俩再多坐一会儿。
莱西	我走了，恁俩儿再多坐下儿。 uə^{55}tsou^{45}lə^{0}，nẽ^{42}liʌr^{55}tsɛ^{42}tuə^{214}tsuə^{42}çiər^{0}
平度	俺走了，恁俩再多坐气儿。 ã^{55}tθou^{45}lə^{0}，nã^{42}lia^{55}tθɛ^{42}tuə^{213}tθuə^{42}cʰiər^{0}
青岛	俺走了，恁再多坐气儿。 ã^{55}tθou^{55}lə^{0}，nẽ^{55}tθɛ^{55}tuə^{213}tθuə^{42}tɕʰier^{0}
高密	我先走着，恁再多坐会儿。 uə^{55}siã^{213}tθou^{23}tʃə^{0}，nã^{55}tθɛ^{21}tuə^{213}tθuə^{21}xuer^{0}
诸城	我走了，恁俩再多坐霎儿。 uə^{44}tθou^{213}lə^{0}，nẽ^{44}lia^{44}tθɛ^{44}tuə^{44}tθuə^{31}ʂar^{31}
沂水	我走了，恁俩再坐会儿。 uə^{44}dðou^{213}lə^{0}，nẽ^{44}lia^{213}dðɛ^{24}dðuə^{31}xuer^{31}
临朐	我走嗹，恁俩再坐坐。 uə^{44}tθəu^{213}liã^{0}，nã^{44}lia^{44}tθɛ^{213}tθuə^{21}tθuə^{0}
日照	俺走了，恁俩多坐会儿吧。 nã^{44}tθou^{213}lə^{0}，nẽ^{53}liɑ^{44}tuə^{213}tθuə^{31}xuer^{31}pɑ^{0}
莒南	俺走了，恁两个人再多坐霎儿吧。 ã^{55}tθou^{213}lə^{0}，nẽ^{53}liɑŋ^{213}kə^{0}iẽ^{53}tθɛ^{31}tuə^{13}tθuə^{31}ʂɬar^{213}pa^{0}
潍坊	我走了，您俩再坐坐儿。 uɔ^{55}tsɤɯ^{35}liɔɤ^{0}，ŋɛ̃^{53}liɑ^{55}tsɛ^{24}tsuə^{31}tsuəɪ^{0}
寿光	我走嘯，您俩再多坐霎儿。 uə^{55}tsəu^{23}lã^{0}，ŋə̃^{53}lia^{55}tsɛ^{55}tuə^{213}tsuə^{21}ʂʌr^{21}
高青	我走咧，你俩再坐坐。 uə^{55}tsou^{213}liə^{0}，ȵi^{55}liɑ^{55}tsɛ^{41}tsuə^{41}tsuə^{0}
阳信	我走咧哻$^{=}$，你俩人再多坐霎儿。 uə^{55}tsou^{213}liə^{0}xã^{0}，ȵi^{55}lia^{55}zə̃^{43}tsɛ^{31}tuə^{213}tsuə^{31}ʂer^{213}
济阳	俺走唡，恁唡再多坐一霎儿吧。 ŋã^{55}tsou^{213}lia^{0}，nẽ^{54}lia^{55}tsɛ^{31}tuə^{13}tsuə^{31}i^{21}ʂar^{0}pa^{0}
利津	我走了，恁俩再多坐霎儿。 uə^{55}tsou^{213}lə^{0}，nẽ^{53}lia^{55}tsɛ^{24}tuə^{24}tsuə^{31}ʂar^{44}
乐陵	我走咧，你俩再多坐一丝$^{=}$儿。 uə^{55}tsou^{212}liə^{0}，ȵi^{55}liɑ^{55}tsɛ^{31}tuə^{24}tsuə^{55}i^{0}ser^{24}
德州	俺走唡，你们俩再多坐一会儿。 ŋã^{55}tsou^{213}lia^{0}，ȵi^{55}mẽ^{0}lia^{55}tsɛ^{21}tuə^{213}tsuə^{55}i^{0}xuer^{21}

续表

	0048 我走了，你们俩再多坐一会儿。
武城	俺走啦，恁俩再坐一抻$^{=}$儿。 ŋã^{55}tsou^{24}la^{0}，ŋẽ^{53}lia^{55}tsɛ^{21}tsuə^{53}i^{0}tʂʰer^{0}
商河	俺走啢，你俩再坐一霎儿。 ŋã^{45}tsou^{213}liɑ^{0}，ȵi^{54}liɑ^{45}tsɛ^{31}tsuə^{54}i^{0}sɑr^{0}
平原	我走啢，你俩多坐会儿。 uə^{55}tsou^{23}lia^{0}，ȵi^{23}lia^{55}tuə^{212}tsuə^{42}xuər^{0}
临清	俺走啦，你俩再多坐一会儿。 ŋan^{44}tsou^{44}la^{0}，ȵi^{53}lia^{44}tsai^{31}tuə^{13}tsuə^{31}i^{13}xuer^{313}
冠县	我走啦，你们俩再多坐一会儿。 uə^{53}tsou^{44}la^{0}，ȵi^{55}mẽ^{0}lia^{55}tsɛ^{31}tuə^{13}tsuə^{31}i^{0}xuer^{31}
聊城	俺走啦，恁俩再多坐会儿。 ɣã^{44}tsou^{13}la^{0}，nẽ^{53}lia^{44}tsɛ^{31}tuə^{13}tsuə^{31}xuer^{44}
济南	俺走啢，你俩再多坐一霎儿。 ŋã^{55}tsou^{213}lia^{0}，ȵi^{42}lia^{55}tsɛ^{21}tuə^{213}tsuə^{55}i^{0}ʂar^{213}
泰安	我走啢，恁俩再多坐一霎儿。 uə^{55}tsou^{213}lia^{0}，nei^{42}lia^{55}tsɛ^{21}tuə^{213}tsuə^{42}i^{0}ʂar^{213}
莱芜	我走了，你们俩再多坐一霎儿。 uə^{55}tsou^{213}liɔ^{0}，ȵi^{213}mẽ^{0}lia^{55}tsɛ^{31}tuə^{213}tsuə^{42}i^{0}ʃa^{0}
新泰	我走啢，你俩再坐霎儿霎儿。 uə^{55}tθou^{213}lia^{0}，ȵi^{42}lia^{55}tθɛ^{31}tθuə^{42}ʃar^{0}ʃar^{0}
沂源	我先走啦，恁俩再坐一霎儿。 uə^{55}ɕiã^{55}tθou^{21}la^{0}，nã^{55}lia^{55}tθɛ^{31}tθuo^{55}i^{0}ʃar^{0}
博山	我走嗹，恁俩歹$^{=}$这再坐一霎霎吽。 uə^{55}tsəu^{213}liã^{0}，ŋẽ^{55}liɑ^{55}tɛ^{213}tʂə^{53}tsɛ^{213}tsuə^{55}i^{0}ʂɑ^{213}ʂɑ^{0}pã^{0}
张店	俺走嗹，您两个再坐一霎霎。 ŋã^{55}tsou^{213}liã^{0}，ŋei^{55}liɑŋ^{213}kuə^{0}tsɛ^{213}tsuə^{55}i^{0}ʂɑ^{213}ʂɑ^{0}
阳谷	我走啦，恁俩再多坐会儿。 uo^{55}tsou^{13}la^{0}，nei^{42}lia^{55}tsɛ^{31}tuo^{13}tsuo^{31}xuɤr^{0}
梁山	我走啦，恁俩再多啦会儿。啦（会儿）：交谈 uə^{55}tsou^{23}la^{0}，nẽ^{42}lia^{55}tsɛ^{31}tuə^{213}la^{42}xuer^{0}
菏泽	我走啦，恁俩再坐会儿。 uə^{44}tsou^{44}la^{0}，nẽ^{53}lia^{44}tsɛ^{213}tsuə^{31}xuer^{0}
曹县	我走啦，你们俩再多坐一会儿。 uə^{44}tsou^{44}la^{0}，ȵi^{44}mẽ^{0}lia^{44}tsai^{31}tuə^{213}tsuə^{31}i^{21}xuɤr^{0}

续表

	0048 我走了，你们俩再多坐一会儿。
金乡	我走啦，恁俩再多呆一会儿。 uə^{42}tsou^{23}la^{0}，nei^{42}lia^{55}tsɛ^{31}tuə^{23}tɛ^{23}i^{23}xuer^{312}
曲阜	我先走啦，恁俩再坐一会儿。 uə^{55}ɕiã^{213}tsou^{213}la^{0}，nẽ^{42}lia^{0}tsɛ^{23}tsuə^{31}i^{23}xuer^{312}
薛城	俺走了，恁俩再啦会儿。啦（会儿）：交谈 ɣã^{55}tsou^{24}lə^{0}，ne^{55}lia^{24}tsɛ^{41}la^{55}xuer^{0}
郯城	我先走啦，恁两个搁这再多坐一会儿。 uə^{24}ɕiã^{21}tsəu^{24}la^{0}，nə̃^{24}liɑŋ^{24}kə^{0}kə^{44}tʂə^{51}tsɛ^{51}tuə^{21}tsuə^{51}i^{21}xuer^{51}
临沂	我先走，恁俩再坐会儿。 uə^{55}ɕiã^{24}tsou^{55}，nẽ^{55}lia^{55}tsɛ^{31}tsuə^{24}xuer^{312}

	0049 我说不过他，谁都说不过这个家伙。
荣成	我说不过他，谁也说不过这个家伙。 uo^{21}ʃyɛ^{21}pu^{0}kuo^{33}tʰa^{53}，ʃyɛ^{35}iɛ^{21}ʃyɛ^{21}pu^{0}kuo^{33}tʃiɛ^{33}kə^{0}cia^{53}xuo^{0}
烟台	我说不过他，谁都说不过这个家伙。 uo^{21}suo^{21}pu^{0}kuo^{33}tʰa^{0}，suei^{33}tou^{53}suo^{21}pu^{0}kuo^{33}tɕie^{53}kə^{0}tɕia^{53}xuo^{0}
栖霞	俺说不过他，谁都说不过这个伙家。 ãn^{34}ʃyɛ^{34}pu^{0}kuo^{52}tʰa^{0}，ʃyɛ^{34}təu^{312}ʃyɛ^{34}pu^{0}kuo^{52}tʃə^{52}kə^{0}xuo^{21}cia^{0}
长岛	我说不过他，谁都说不过他。 uə^{55}ʃyɛ^{21}pu^{0}kuə^{52}tʰa^{31}，sei^{55}tou^{31}ʃyɛ^{21}pu^{0}kuə^{52}tʰa^{31}
海阳	我说不过他，谁也说不过这个东西。 uo^{34}suo^{21}pu^{0}kuo^{34}tʰa^{0}，suə^{34}iə^{0}suo^{21}pu^{0}kuo^{34}tsə^{34}kə^{0}tuŋ^{34}si^{0}
莱西	我说不过他，谁也说不过这个家伙。 uə^{55}ʃuə^{214}pu^{0}kuə^{42}tʰa^{213}，ʃuə^{42}iə^{0}ʃuə^{214}pu^{0}kuə^{42}tʃə^{42}kə^{0}cia^{32}xuə^{0}
平度	我说不过他，谁也说不过这个家伙。 uə^{55}ʃuə^{45}pu^{0}kuə^{42}tʰa^{0}，ʂei^{42}iə^{0}ʃuə^{213}pu^{0}kuə^{0}tʃə^{42}kə^{0}cia^{21}xu^{0}
青岛	俺说不过他，谁也说不过这个家伙。 ã^{55}ʃuə^{213}pu^{0}kuə^{42}tʰa^{0}，ʂuei^{42}iə^{55}ʃuə^{213}pu^{55}kuə^{42}tʃə^{42}kə^{0}tɕiɑ^{21}xu^{0}
高密	俺说不过他，谁也说不过这个家伙。 ã^{42}ʃuə^{23}pu^{0}kuə^{42}tʰa^{0}，ʃei^{42}iə^{55}ʃuə^{23}pu^{0}kuə^{0}tʃə^{21}kə^{0}tɕiɑ^{21}xu^{0}
诸城	俺说不过他，谁也说不过他。 ŋã^{44}ʃuə^{44}pu^{0}kuə^{44}tʰa^{0}，ʃei^{53}iə^{0}ʃuə^{44}pu^{0}kuə^{44}tʰa^{0}
沂水	我说不过这个家伙，谁也说不过他。 uə^{44}ʃuə^{213}pu^{0}kuə^{31}dʒə^{31}kə^{0}tɕia^{21}xuə^{0}，ʂe^{53}iə^{44}ʃuə^{213}pu^{0}kuə^{44}tʰa^{0}

续表

	0049 我说不过他，谁都说不过这个家伙。
临朐	我说不过他，谁也说不过这个家伙。 uə^{44}ʃuə^{21}pu^{0}kuə^{44}tʰa^{0}，ʃei^{53}iə^{0}ʃuə^{213}pu^{0}kuə^{21}tʃə^{21}kuə^{0}tɕia^{21}xuə^{0}
日照	俺说不过他，谁都叨叨不了他。 nã^{44}ʃyə^{213}pu^{0}kuə^{53}tʰɑ^{0}，ʂei^{53}tou^{31}tɔ^{31}tɔ^{0}pu^{0}liɔ^{213}tʰɑ^{0}
莒南	俺说不过他，谁也说不过这家伙。 ã^{55}ʃuə^{21}pu^{0}kuə^{42}tʰa^{0}，ʂei^{53}iə^{55}ʃuə^{21}pu^{0}kuə^{31}tʃə^{31}kə^{0}tɕia^{21}xuə^{0}
潍坊	我说不过他，谁也说不过这个伙计儿。 uə^{55}ʂuə^{214}pu^{0}kuə^{55}tʰɑ^{0}，ʂei^{53}iə^{0}ʂuə^{214}pu^{0}kuə^{31}tʂə^{31}kuə^{0}xuə^{24}tɕier^{0}
寿光	我说不过他，谁都说不过这个家伙。 uə^{55}ʂuə^{213}pu^{0}kuə^{55}tʰa^{0}，ʂei^{53}təu^{21}ʂuə^{213}pu^{0}kuə^{21}tʂə^{21}kuə^{0}tɕia^{21}xuə^{0}
高青	我说不过他，谁也说不过这家伙。 uə^{55}ʂuə^{213}pu^{0}kuə^{55}tʰɑ^{0}，ʂei^{55}iə^{41}ʂuə^{213}pu^{0}kə^{41}tʂə^{41}tɕiɑ^{21}xuə^{0}
阳信	我说不过他，谁也说不过这家伙。 uə^{55}ʂuə^{31}pu^{0}kə^{55}tʰa^{0}，ʂei^{43}iə^{55}ʂuə^{31}pu^{0}kə^{31}tʂə^{23}tɕia^{31}xuə^{0}
济阳	我是说不过他，谁都说不过这家伙。 uə^{13}ʂʅ^{31}ʂuə^{213}pu^{21}kə^{55}tʰa^{0}，ʂei^{24}tou^{31}ʂuə^{213}pu^{21}kə^{31}tʂə^{31}tɕia^{21}xuə^{0}
利津	我说不过他，谁都说不过这个家伙。 uə^{55}ʂuə^{24}pu^{0}kuə^{55}tʰa^{0}，ʂuei^{53}tou^{31}ʂuə^{24}pu^{0}kə^{31}tʂə^{31}kə^{0}tɕia^{31}xuə^{0}
乐陵	我说不过这家伙，谁都说不过他。 uə^{55}ʂuə^{24}pu^{0}kə^{51}tʂə^{51}tɕiɑ^{212}xuə^{0}，sei^{51}tou^{24}ʂuə^{31}pu^{0}kə^{55}tʰɑ^{0}
商河	俺说不过他，谁也说不过这个家伙。 ŋã^{45}ʂuə^{213}pu^{0}kə^{54}tʰɑ^{0}，sei^{54}iə^{0}ʂuə^{213}pu^{0}kə^{31}tʂə^{31}kə^{0}tɕiɑ^{21}xuə^{0}
平原	我说不过他，谁都说不过这个家伙。 uə^{55}ʂuə^{21}pu^{0}kuə^{42}tʰa^{0}，sei^{42}tou^{0}ʂuə^{21}pu^{0}kuə^{21}tʂə^{21}kə^{0}tɕia^{23}xuə^{0}
德州	俺说不过他，谁都说不过这个家伙。 ŋã^{55}ʂuə^{21}pu^{0}kuə^{42}tʰa^{0}，ʂei^{42}tou^{213}ʂuə^{21}pu^{0}kuə^{21}tʂə^{21}kə^{0}tɕia^{21}xuə^{0}
武城	俺说不过他，谁都说不过这个家伙。 ŋã^{55}ʂuə^{31}pu^{0}kuə^{53}tʰa^{0}，ʂei^{53}tou^{0}ʂuə^{31}pu^{0}kuə^{31}tʂə^{53}kə^{0}tɕia^{24}xuə^{0}
临清	我说不过他，谁都说不过这家伙。 uə^{44}ʂuə^{13}pu^{0}kuə^{53}tʰa^{0}，ʂei^{53}tou^{0}ʂuə^{13}pu^{0}kuə^{31}tʂə^{31}tɕia^{13}xuə^{0}
冠县	我说不过他，谁也说不过这家伙。 uə^{55}ʂuə^{21}pu^{0}kuə^{0}tʰa^{55}，ʂuei^{53}iə^{0}ʂuə^{21}pu^{0}kuə^{0}tʂei^{31}tɕia^{21}xuə^{0}
聊城	俺说不过他，谁都说不过这家伙。 ɣã^{44}suə^{13}pu^{13}kuə^{31}tʰa^{44}，sei^{53}tou^{0}suə^{13}pu^{13}kuə^{31}tsə^{31}tɕia^{13}xuə^{0}

续表

	0049 我说不过他，谁都说不过这个家伙。
济南	俺说不过他，没人能说过这个行行子。 ŋã^{55}ʂuə^{21}pu^{0}kə^{55}tʰa^{0}，mei^{445}zẽ^{42}nəŋ^{42}ʂuə^{21}kuə^{0}tʂə^{21}kə^{0}xɑŋ^{445}xɑŋ^{0}tsɿ^{0}
泰安	我啦不过他，谁都啦不过这个家伙。 uə^{213}la^{55}pu^{0}kuə^{42}tʰa^{0}，ʂei^{42}tou^{21}la^{55}pu^{0}kuə^{21}tʂə^{21}kə^{0}tɕia^{21}xuə^{0}
莱芜	我说不过他，谁都说不过这个家伙。 uə^{55}ʃuə^{31}pu^{0}kuə^{42}tʰa^{0}，ʃei^{13}tou^{31}ʃuə^{31}pu^{0}kuə^{42}tʃə^{42}kə^{0}tɕia^{31}xuə^{0}
新泰	我说不过他，谁也说不过这个行儿行儿。 uə^{55}fə^{21}pu^{0}kuə^{42}tʰa^{0}，ʃei^{42}iə^{213}fə^{21}pu^{0}kuə^{0}tʃə^{42}kə^{0}xɑ̃r^{23}xɑ̃r^{0}
沂源	我说不过他，谁也说不过这个东西。 uə^{55}ʃuə^{21}pu^{0}kuə^{55}tʰa^{0}，ʃei^{35}iə^{0}ʃuə^{21}pu^{0}kuə^{31}tʃə^{31}kuə^{0}tuŋ^{21}ɕi^{0}
博山	我说不过他，谁也说不过这个伙计。 uə^{55}ʂuə^{21}pu^{0}kuə^{55}tʰɑ^{0}，ʂei^{53}iə^{0}ʂuə^{21}pu^{0}kuə^{31}tʂə^{31}kuə^{0}xuə^{213}tɕi^{0}
张店	俺说不过他，谁也说不过他。 ŋã^{55}ʂuə^{33}pu^{0}kuə^{55}tʰɑ^{0}，ʂei^{55}iə^{55}ʂuə^{33}pu^{0}kuə^{55}tʰɑ^{0}
阳谷	不光我说不过他，谁都说不过他。 pu^{13}kuaŋ^{13}uo^{55}fə^{31}pu^{0}kuo^{42}tʰa^{0}，sei^{42}tou^{13}fə^{13}pu^{0}kuo^{42}tʰa^{0}
梁山	我说不过他，谁都说不过这个行子。 uə^{55}fə^{31}pu^{0}kuə^{0}tʰa^{0}，sei^{42}tou^{0}fə^{21}pu^{0}kuə^{31}tsə^{31}kə^{0}xuɑŋ^{55}tsɿ^{0}
菏泽	我说不过他，谁都说不过这个家伙。 uə^{44}fə^{21}pu^{0}kuə^{31}tʰa^{44}，sei^{53}tou^{0}fə^{21}pu^{0}kuə^{31}tsə^{31}kə^{0}tɕia^{21}xuə^{0}
曹县	我说不过他，谁都说不过这个家伙。 uə^{44}fə^{21}pu^{0}kuə^{31}tʰa^{44}，sei^{53}tou^{21}fə^{21}pu^{0}kuə^{31}tʂə^{31}kə^{0}tɕia^{21}xuə^{0}
金乡	我讲不过他，谁都讲不过这个家伙。 uə^{42}tɕiɑŋ^{23}pu^{0}kuə^{42}tʰa^{0}，sei^{42}tou^{23}tɕiɑŋ^{23}pu^{0}kuə^{31}tsə^{31}kə^{0}tɕia^{21}xuo^{0}
曲阜	我说不过他，谁都说不过这个熊行子。 uə^{55}suə^{21}pu^{0}kuə^{42}tʰa^{0}，sei^{42}tou^{213}suə^{21}pu^{0}kuə^{31}tsə^{31}kə^{0}ɕyŋ^{42}xuaŋ^{55}tsɿ^{0}
薛城	俺说不过他，谁都说不过这个家伙。 ɣã^{55}fə^{31}pu^{0}kuə^{41}tʰa^{0}，fe^{55}tou^{0}fə^{31}pu^{0}kuə^{41}tsə^{41}kə^{0}tɕia^{31}xuə^{0}
郯城	我说不过他，谁都说不过这个家伙。 uə^{24}ʂuə^{21}pu^{0}kuə^{51}tʰa^{0}，ʂe^{24}təu^{13}ʂuə^{21}pu^{0}kuə^{51}tʂə^{51}kə^{0}tɕia^{21}xu^{0}
临沂	我说不过他，谁也说不过他。 uə^{55}ʃuə^{21}pu^{0}kuə^{31}tʰa^{0}，ʃei^{55}iə^{0}ʃuə^{21}pu^{0}kuə^{31}tʰa^{0}

	0050 上次只买了一本书，今天要多买几本。
荣成	上回儿就买了一本儿书，今儿要多买几本儿。 ʃɑŋ^{33}xuər^{35}tsiəu^{33}mai^{21}lə^{0}i^{55}pər^{21}ʃy^{53}，ciər^{53}iau^{33}to^{53}mai^{21}ci^{21}pər^{214}
烟台	上回儿就买了一本儿书，今儿得多买几本儿。 ɕiɑŋ^{53}xuər^{33}tɕiou^{33}mɛ^{21}lə^{0}i^{53}pər^{14}ɕy^{53}，tɕiər^{53}tei^{21}tuo^{53}mɛ^{21}tɕi^{53}pər^{14}
栖霞	上遭儿就买儿一本儿书，今儿得多买几本儿。 ʃɑŋ^{34}tsɔor^{312}tʃiəu^{52}mɐr^{34}i^{21}pər^{34}ʃy^{312}，ciər^{52}tə^{34}tuo^{52}mɛi^{34}ci^{34}pər^{214}
长岛	上回儿只买了一本儿书，这会儿要多买几本儿。 ʃɑŋ^{31}xuər^{55}tʃʅ^{55}mai^{35}lə^{0}i^{52}pər^{35}ʃy^{31}，tʃə^{31}xuər^{55}iau^{52}tuə^{52}mai^{35}ci^{52}pər^{213}
海阳	上末$^{=}$儿就买了一本书，今得多买两本儿。 sɑŋ^{34}mər^{0}tsiəu^{52}mɛ^{21}ə^{0}i^{52}pər^{34}ʃy^{52}，ci^{52}tei^{21}tuo^{52}mɛ^{34}liɑŋ^{34}pər^{214}
莱西	上回儿就买了一本儿书，今日多买几本儿。 ʃɑŋ^{42}xuer^{42}tʃiou^{42}mɛ^{45}lə^{0}i^{214}per^{55}ʃu^{214}，ci^{32}i^{0}tuə^{214}mɛ^{55}ci^{42}per^{55}
平度	上回儿就买了一本儿书，今日多买几本儿。 ʃɑŋ^{213}xuer^{42}tsiou^{42}mɛ^{45}lə^{0}i^{213}per^{55}ʃu^{213}，ci^{213}i^{0}tuə^{213}mɛ^{55}ci^{42}per^{55}
青岛	上遭儿就买了一本儿书，今日要多买几本儿。 ʃɑŋ^{213}tθɔr^{213}tsiou^{42}mɛ^{55}lə^{0}i^{213}per^{55}ʃu^{213}，tɕiẽ^{213}i^{0}iɔ^{42}tuə^{213}mɛ^{55}tɕi^{42}per^{55}
高密	上回儿只买了一本书，今日多买几本儿。 ʃɑŋ^{21}xuer^{42}tʂʅ^{55}mɛ^{23}lə^{0}i^{21}pə̃^{55}ʃu^{213}，tɕiə̃^{21}i^{0}tuə^{213}mɛ^{23}tɕi^{0}per^{55}
诸城	上回儿只买了一本儿书呃，今日得多买几本儿。 ʃɑŋ^{31}xuer^{53}tθʅ^{44}mɛ^{213}lə^{0}i^{44}per^{44}ʃu^{31}ə^{0}，tʃẽ^{31}i^{0}tei^{44}tuə^{44}mɛ^{213}tʃʅ^{0}per^{0}
沂水	上回儿就买了一本儿书，今们$^{=}$儿得多买几本儿。 ʃɑŋ^{31}xuer^{53}dziou^{31}mɛ^{213}lə^{0}i^{213}per^{44}ʃɥ^{213}，tɕiẽ^{21}mer^{0}te^{44}tuə^{213}mɛ^{44}tɕi^{53}per^{44}
临朐	上末儿只买哩一本儿书呃，今们$^{=}$儿得多买几本儿啊。 ʃɑŋ^{44}mɤr^{0}tʂʅ^{44}mɛ^{213}li^{0}i^{213}pɤr^{44}ʃu^{21}ə^{0}，tɕiə̃^{21}mɤr^{0}tei^{21}tuə^{213}mɛ^{44}tɕi^{44}pɤr^{44}
日照	上［一］回就买了一本儿书，今日要多买几本儿。 ʃiɑŋ^{53}xuei^{53}ȶiou^{31}mɛ^{213}lə^{0}i^{44}per^{44}ʃu^{213}，tʃiẽ^{31}i^{0}iɔ^{31}tuə^{213}mɛ^{213}tʃʅ^{0}per^{44}
莒南	上［一］回儿就买了一本儿书，今日得多买几本儿。 ʃɑŋ^{42}xuer^{53}tsiou^{31}mɛ^{213}lə^{0}i^{213}per^{55}ʃɥ^{213}，tɕiẽ^{21}i^{0}tei^{13}tuə^{213}mɛ^{55}tɕi^{53}per^{55}
潍坊	上回儿就买哩一本书啊，今们$^{=}$儿多买几本儿。 ʂɑŋ^{31}xuer^{53}tɕiɤɯ^{31}mɛ^{24}li^{0}i^{24}pẽ^{55}ʂu^{31}ɑ^{0}，tɕiẽ^{31}mer^{0}tuə^{214}mɛ^{55}tɕi^{53}per^{55}
寿光	上回儿光买唠一本儿书，今们$^{=}$儿得多买几本儿。 ʂɑŋ^{21}xuɭ^{53}kɑŋ^{213}mɛ^{23}lɔ^{0}i^{213}pɭ^{55}ʂu^{213}，tɕiə̃^{21}mɭ^{0}tei^{55}tuə^{213}mɛ^{55}tɕi^{53}pɭ^{55}
高青	上回儿就买了一本儿书，今日我多买两本儿。 ʂɑŋ^{41}xuer^{55}tɕiou^{41}mɛ^{213}lə^{0}i^{213}per^{55}ʂu^{213}，tɕiə̃^{213}ʐʅ^{55}uə^{55}tuə^{213}mɛ^{55}liɑŋ^{55}per^{55}
阳信	上回儿仔买哩一本儿书，今们$^{=}$儿要多买上几本儿。 ʂɑŋ^{31}xuer^{43}tsʅ^{55}mɛ^{213}li^{0}i^{55}per^{55}ʂu^{213}，tɕi^{55}mer^{0}iɔ^{31}tuə^{213}mɛ^{213}xɑŋ^{0}tɕi^{55}per^{55}

续表

	0050 上次只买了一本书，今天要多买几本。
济阳	上回儿就买了一本儿书，今们⁼儿可得多买几本儿俩。 ʂɑŋ^{31}xuer^{55}tɕiou^{31}mɛ^{21}lə^{0}i^{54}per^{55}ʂu^{213}，tɕi^{21}mer^{0}kʰə^{54}tei^{55}tuə^{54}mɛ^{55}tɕi^{54}per^{55}lia^{0}
利津	上回儿就买哩一本儿书，今日多买几本儿。 ʂɑŋ^{31}xuer^{53}tɕiou^{31}mɛ^{213}li^{0}i^{24}per^{55}ʂu^{213}，tɕiẽ^{31}ʐʅ^{0}tuə^{213}mɛ^{55}tɕi^{53}per^{55}
乐陵	上回儿买了一本儿书，今们⁼儿多买几本儿。 ʂɑŋ^{51}xuer^{55}mɛ^{212}liɔ^{0}i^{212}per^{55}ʂu^{24}，tɕi^{31}mer^{0}tuə^{212}mɛ^{55}tɕi^{51}per^{55}
商河	上回才买哩一本儿书，今们⁼儿多买几本儿。 ʂɑŋ^{31}xuei^{54}tsʰɛ^{54}mɛ^{213}li^{0}i^{213}per^{45}ʂu^{213}，tɕi^{21}mer^{0}tuə^{213}mɛ^{45}tɕi^{0}per^{0}
平原	上［一］回儿就买嘞一本儿书，今儿们⁼儿啊多买几本儿。 ʂɑŋ^{42}xuər^{42}tɕiou^{21}mei^{23}liɔu^{0}i^{42}pər^{55}ʂu^{213}，tɕiər^{21}mər^{0}a^{0}tuə^{212}mei^{55}tɕi^{42}pər^{55}
德州	上回就买了一本儿书，今儿得多买几本儿。 ʂɑŋ^{21}xuei^{42}tɕiou^{21}mɛ^{213}lə^{0}i^{42}per^{55}ʂu^{213}，tɕier^{213}tei^{55}tuə^{213}mɛ^{213}tɕi^{0}per^{55}
武城	上回儿只买唠一本儿书，今儿要多买几本儿。 ʂɑŋ^{21}xuer^{53}tʂʅ^{55}mɛ^{24}lɔ^{0}i^{21}per^{55}ʂu^{224}，tɕier^{24}iɔ^{0}tuə^{24}mɛ^{55}tɕi^{53}per^{55}
临清	上回只买了一本儿书，今儿个得多买几本。 ʂɑŋ^{31}xue^{53}tʂʅ^{44}mai^{44}lə^{0}i^{31}per^{44}ʂu^{13}，tɕier^{13}kə^{0}tei^{13}tuə^{13}mai^{44}tɕi^{53}per^{44}
冠县	上次只买了一本儿书，今天我还要多买几本儿。 ʂɑŋ^{31}tsʰʅ^{0}tʂʅ^{53}mɛ^{44}lɔ^{0}i^{13}per^{55}ʂu^{13}，tɕiẽ^{13}tʰiã^{13}uə^{55}xɛ^{53}iɔ^{31}tuə^{13}mɛ^{55}tɕi^{53}per^{55}
聊城	上回就买了一本儿书，今儿里多买几本儿。 sɑŋ^{31}xuei^{53}tɕiou^{31}mɛ^{44}lə^{0}i^{31}per^{44}su^{13}，tɕier^{13}li^{0}tuə^{13}mɛ^{44}tɕi^{53}per^{44}
济南	上回儿就买唠一本儿书，今们⁼儿得多买他两本儿。 ʂɑŋ^{21}xuer^{42}tɕiou^{21}mɛ^{213}lɔ^{0}i^{213}per^{55}ʂu^{213}，tɕiẽ^{21}mer^{0}tei^{213}tuə^{23}mɛ^{213}tʰa^{0}liɑŋ^{42}per^{55}
泰安	上回儿仔买唠一本儿书，今们⁼儿要多买几本儿。 ʂɑŋ^{21}xuer^{42}tsʅ^{42}mɛ^{213}lɔ^{0}i^{42}per^{55}ʂu^{213}，tɕi^{21}mer^{0}iɔ^{21}tuə^{213}mɛ^{55}tɕi^{42}per^{55}
莱芜	上次只买了一本儿书，今们⁼儿要多买几本。 ʃɑŋ^{42}tsʰʅ^{0}tʃʅ^{55}mɛ^{213}liɔ^{0}i^{213}pei^{55}ʃu^{213}，tɕi^{31}mei^{0}iɔ^{42}tuə^{213}mɛ^{55}tɕi^{42}pẽ^{55}
新泰	上回啊统里买唠一本儿书，今们⁼儿啊我得多买几本儿。 ʃɑŋ^{31}xuei^{45}a^{0}tʰuŋ^{213}li^{0}mɛ^{21}lɔ^{0}i^{42}pei^{0}fu^{213}，tɕi^{21}mɤr^{0}a^{0}uə^{55}tei^{31}tuə^{23}mɛ^{42}tɕi^{42}pɤr^{55}
沂源	上回儿只买了一本儿书，今们⁼儿要多买几本儿。 ʃɑŋ^{31}xuer^{55}tʃʅ^{55}mɛ^{21}lə^{0}i^{21}per^{55}ʃu^{213}，tɕiə̃^{21}mer^{0}iɔ^{31}tuə^{23}mɛ^{55}tɕi^{55}per^{55}
博山	上［一］回才买［了］一本儿书，今日得多买几本儿。 ʂɑŋ^{55}xuei^{55}tsʰɛ^{55}mɛ^{213}i^{21}pei^{55}ʂu^{213}，tɕiẽ^{21}ɭə^{0}tei^{55}tuə^{213}mɛ^{55}tɕi^{55}pei^{55}
张店	上回就买了一本书，今们⁼儿要多买几本。 ʂɑŋ^{31}xuei^{55}tɕiou^{31}mɛ^{213}liɔ^{0}i^{33}pə̃^{55}ʂu^{213}，tɕiə̃^{21}mei^{0}iɔ^{31}tuə^{213}mɛ^{55}tɕi^{55}pə̃^{55}

续表

	0050 上次只买了一本书，今天要多买几本。
阳谷	上回只买了一本儿书，今们$^{=}$儿得多买几本儿。 sɑŋ^{31}xuei^{42}tsɿ^{42}mɛ^{13}lə^{0}i^{13}pɤr^{55}fu^{213}，tɕi^{31}mɤr^{0}tei^{13}tuo^{13}mɛ^{42}tɕi^{42}pɤr^{55}
梁山	上回就买唠一本儿书，今们$^{=}$儿要多买几本儿。 sɑŋ^{31}xuei^{42}tsou^{31}mɛ^{55}lɔ^{0}i^{23}per^{55}fu^{213}，tɕi^{21}mer^{0}iɔ^{31}tuə^{213}mɛ^{55}tɕi^{42}pər^{55}
菏泽	上回就买了一本儿书，今们$^{=}$儿得多买几本儿书。 sɑŋ^{31}xuei^{53}tɕiou^{31}mɛ^{44}lə^{0}i^{213}per^{44}fu^{213}，tɕiẽ^{21}mer^{0}tei^{213}tuə^{213}mɛ^{53}tɕi^{53}per^{44}fu^{213}
曹县	上次只买啦一本儿书，今们$^{=}$儿要多买几本儿。 ʂɑŋ^{21}tsʰɿ^{53}tsɿ^{21}mai^{44}la^{0}i^{21}pɤr^{44}fu^{213}，tɕiẽ^{21}mɤr^{0}iɔ^{31}tuə^{21}mai^{44}tɕi^{44}pɤr^{0}
金乡	上回只买唠一本儿书，今们$^{=}$儿得多买几本儿。 sɑŋ^{31}xuei^{42}tsɿ^{42}mɛ^{23}lɔ^{0}i^{21}per^{55}su^{213}，tɕiẽ^{21}mer^{0}tei^{213}tuə^{21}mɛ^{55}tɕi^{42}per^{55}
曲阜	上回只买了一本儿书，今们$^{=}$儿得多买几本儿。 saŋ^{31}xuei^{42}tsɿ^{42}mɛ^{213}lə^{0}i^{21}per^{55}su^{213}，tɕi^{21}mer^{0}tei^{213}tuə^{21}mɛ^{55}tɕi^{42}per^{55}
薛城	上回就买了一本儿书儿，今们$^{=}$得多买几本儿。 sɑŋ^{41}xue^{55}tɕiou^{41}mɛ^{24}lə^{0}i^{31}per^{55}fur^{313}，tɕiẽ^{31}me^{55}te^{23}tuə^{31}mɛ^{24}tɕi^{54}per^{54}
郯城	上回儿就买一本儿，今天多买几本儿。 ʂɑŋ^{51}xuer^{44}tɕiəu^{51}mɛ^{24}i^{21}per^{24}，tɕiə̃^{13}tʰiã^{13}tuə^{21}mɛ^{24}tɕi^{24}per^{24}
临沂	上回儿就买了一本儿书，今天得多买几本儿。 ʃɑŋ^{31}xuer^{53}tɕiou^{31}mɛ^{214}lə^{0}i^{24}per^{55}ʃu^{214}，tɕiẽ^{24}tʰiã^{214}tei^{24}tuə^{24}mɛ^{55}tɕi^{55}per^{55}

参考文献

[1]曹延杰:《德州方言志》，语文出版社1991年版。

[2]曹延杰:《宁津方言志》，中国文史出版社2003年版。

[3]董绍克:《阳谷方言研究》，齐鲁书社2005年版。

[4]房日亮:《山东日照方言的“或了”句和“的或了”句》,《方言》2014年第4期。

[5]冯荣昌:《山东潍坊方言的比较句》,《中国语文》1996年第4期。

[6]付新军:《山东青岛方言“害+V/A”构式探析》,《方言》2017年第3期。

[7]高慎贵:《新泰方言志》，语文出版社1996年版。

[8]高晓虹:《助词“了”在山东方言中的对应形式及相关问题》,《语言科学》2010年第2期。

[9]高晓虹:《章丘方言志》，齐鲁书社2011年版。

[10]宫钦第、栾瑞波:《山东莱阳话的几种语音屈折形式》,《中国语文》2010年第2期。

[11]贺巍:《河南山东皖北苏北的官话(稿)》,《方言》1985年第3期。

[12]贺巍:《冀鲁豫三省毗连地区的方言分界》,《方言》1986年第1期。

[13]洪小熙:《山东东区东莱片方言的再分区》,《方言》2008年第2期。

[14]姜岚:《威海方言总揽》，中央编译出版社2018年版。

[15]李仕春、艾红娟:《山东方言里的一种语法变调》,《方言》2009年第4期。

[16]李行杰主编:《青岛市志·方言志》，新华出版社1997年版。

[17]林珈亦:《山东方言的“子”尾音变》,《方言》2022年第1期。

[18]刘翠香:《山东栖霞方言中表示处所/时间的介词》,《方言》2004年第2期。

[19]刘翠香:《山东栖霞方言的持续体》,《方言》2007年第2期。

[20]刘翠香:《山东栖霞方言来源于处所结构的语气词》,《方言》2016年第3期。

[21]刘翠香、施其生:《山东栖霞方言相当于普通话“了”的虚成分》,《语文研究》2004年第2期。

[22]刘淑学:《冀鲁官话的分区(稿)》,《方言》2006年第4期。

[23] 刘探宙：《烟台芝罘话一种名、动同模式的变韵》，《方言》2013年第2期。
[24] 罗福腾：《牟平方言的比较句和反复问句》，《方言》1981年第4期。
[25] 罗福腾：《山东方言比较句的类型及其分布》，《中国语文》1992年第3期。
[26] 罗福腾：《牟平方言的几种常见句式》，《方言》1992年第2期。
[27] 罗福腾：《牟平方言志》，语文出版社1992年版。
[28] 罗福腾：《山东方言里的反复问句》，《方言》1996年第3期。
[29] 罗福腾：《牟平方言词典》，江苏教育出版社1997年版。
[30] 罗福腾：《胶辽官话概论》，《中国语学研究·开篇》1999年第18期。
[31] 马凤如：《金乡方言志》，齐鲁书社2000年版。
[32] 马静、吴永焕：《临沂方言志》，齐鲁书社2003年版。
[33] 孟庆泰、罗福腾：《淄川方言志》，语文出版社1994年版。
[34] 孟庆泰：《山东淄博方言的重叠式》，《中国语文》2002年第2期。
[35] 孟子敏：《平邑话的功能变调》，《首届官话方言国际学术讨论会论文集》，青岛出版社2000年版。
[36] 宁廷德：《宁阳方言志》，齐鲁书社2013年版。
[37] 钱曾怡等：《烟台方言报告》，齐鲁书社1982年版。
[38] 钱曾怡：《对编写山东省方言志的认识和初步设想》，《文史哲》1983年第2期。
[39] 钱曾怡、罗福腾：《潍坊方言志》，潍坊新闻出版局1992年版。
[40] 钱曾怡、罗福腾、曹志耘：《山东诸城方言的语法特点》，《中国语文》1992年第1期。
[41] 钱曾怡、罗福腾、孔宪浩：《长岛方言志》，《山东史志丛刊》1992年增刊。
[42] 钱曾怡：《博山方言研究》，社会科学文献出版社1993年版。
[43] 钱曾怡：《济南方言词典》，江苏教育出版社1997年版。
[44] 钱怡主编：《山东方言研究》，齐鲁书社2001年版。
[45] 钱曾怡、曹志耘、罗福腾：《诸城方言志》，吉林人民出版社2002年版。
[46] 钱曾怡、岳立静：《济南方言的句法特点》，《济南文史论丛（初编）》，济南出版社2003年版。
[47] 钱曾怡、太田斋、陈洪昕、杨秋泽：《莱州方言志》，齐鲁书社2005年版。
[48] 钱曾怡主编：《汉语官话方言研究》，齐鲁书社2010年版。

[49] 钱曾怡、岳立静、刘娟、张燕芬：《山东沂山地区方言简志》，《方言》2015年第2期。

[50] 邵燕梅：《郯城方言志》，齐鲁书社2006年版。

[51] 邵燕梅、刘长锋、邵明武：《沂南方言志》，齐鲁书社2010年版。

[52] 邵燕梅、张贵霞、张涛、王全宝：《费县方言志》，商务印书馆2019年版。

[53] 石明远：《莒县方言志》，语文出版社1995年版。

[54] 史冠新：《山东临淄话单音形容词的重叠用法》，《中国语文》1986年第2期。

[55] 史冠新：《临淄话中的语气词"吧"》，《中国语文》1989年第1期。

[56] 宋恩泉：《山东汶上方言"个"的一些特殊用法》，《方言》2005年第4期。

[57] 宋恩泉：《汶上方言志》，齐鲁书社2005年版。

[58] 孙克敏：《山东淄川方言离心型直指位移的表达手段》，《方言》2021年第1期。

[59] 孙彦：《山东青岛方言中的谓词变韵现象》，《中国方言学报》(第六期)，商务印书馆2016年版。

[60] [日]太田斋：《胶南方言调查报告(稿)》，《神户外大论丛》1990年第41卷。

[61] 王晖：《山东临朐话的时间助词"着"》，《中国语文》1991年第2期。

[62] 王淑霞：《荣成方言志》，语文出版社1995年版。

[63] 王淑霞、张艳华：《定陶方言志》，时代文艺出版社2005年版。

[64] 王希文：《枣庄方言志》，山东省出版管理处枣庄出版管理办公室1986年版。

[65] 王希文：《郯城方言志》，山东省出版管理处枣庄出版管理办公室1987年版。

[66] 王晓军、田家成、马春时：《苍山方言志》，齐鲁书社2012年版。

[67] 王衍军：《泗水方言研究》，暨南大学出版社2014年版。

[68] 王衍军：《泗水方言表能性的助词"了"及其历史来源》，《方言》2015年第4期。

[69] 吴永焕：《山东郓城方言的一种方位词重叠》，《中国语文》2003年第3期。

[70] 吴永焕：《山东郓城方言研究》，学苑出版社2018年版。

[71] 徐复岭：《山东方言比较句式溯源简说》，《中国语文》1995年第2期。

[72] [韩]徐明轩、朴炯春：《威海方言志》，学古房1997年版。

[73] 许卫东：《山东招远话中的AA式和AAB式正反问句》，《中国语文》2005年第5期。

[74] 许卫东:《招远话中表“消极禁止”的“让”字句》,《中国语文》2007年第4期。
[75] 颜峰、徐丽:《山东郯城方言的叫字句及相关句式》,《语言科学》2005年第4期。
[76] 杨秋泽:《利津方言志》,语文出版社1990年版。
[77] 杨秋泽:《东营方言研究》,中国国际文化出版社2009年版。
[78] 杨文波:《兖州方言的儿化与子尾》,《东方语言学》(第十三辑)》,上海教育出版社2013年版。
[79] 杨文波:《山东兖州方言的否定比较句》,《语言研究集刊》(第十三辑)》,上海辞书出版社2014年版。
[80] 杨文波:《兖州方言可能性短语的语法化和修辞化》,《当代修辞学》2016年第1期。
[81] 杨文波:《山东兖州方言“ABA”式重叠副词初探》,《语言学论丛》(第五十三辑),商务印书馆2016年版。
[82] 一杉刚弘:《山东方言可能补语类型》,《首届官话方言国际学术讨论会论文集》,青岛出版社2000年版。
[83] 殷焕先主编:《山东省志·方言志》,山东人民出版社1993年版。
[84] 殷晓杰:《山东胶南话的语气词“开”》,《中国语文》2006年第6期。
[85] 于克仁:《平度方言志》,语文出版社1992年版。
[86] 岳立静:《济南话的虚词“可”》,《东岳论丛》1994年第5期。
[87] 岳立静:《济南方言“从”及其相关词的特点和分布》,《首届官话方言国际学术讨论会论文集》,青岛出版社2000年版。
[88] 岳立静、黄永红:《山东中西部方言的事态助词“了”》,《东岳论丛》2008年第5期。
[89] 翟春龙:《山东淄博张店方言的“轻声前变调”》,《方言》2018年第3期。
[90] 张鹤泉:《聊城方言志》,语文出版社1995年版。
[91] 张鸿魁:《临清方言志》,中国展望出版社1990年版。
[92] 张金圈:《冀鲁官话无棣方言中的“也似的”——兼论汉语比拟助词的来源》,《语言研究》2013年第3期。
[93] 张金圈:《无棣方言志》,世界图书出版广东有限公司2015年版。

[94] 张凯:《枣庄方言志》，山东人民出版社2011年版。
[95] 张磊:《山东无棣方言的定语标记“那[·nə]”》,《方言》2021年第1期。
[96] 张明辉、孙聪:《胶辽官话差比句的类型》,《方言》2020年第4期。
[97] 张树铮:《寿光方言的指示代词》,《中国语文》1989年第2期。
[98] 张树铮:《山东省寿光方言的形容词》,《方言》1990年第3期。
[99] 张树铮:《山东省寿光方言的助词》,《方言》1995年第1期。
[100] 张树铮:《寿光方言志》，语文出版社1995年版。
[101] 张树铮:《胶辽官话的分区(稿)》,《方言》2007年第4期。
[102] 张廷兴:《沂水方言志》，语文出版社1999年版。
[103] 张晓曼:《威海方言儿化与语法结构分析》,《山东社会科学》2005年第10期。
[104] 赵日新、沈明、扈长举:《即墨方言志》，语文出版社1991年版。
[105] 甄珍、陈蒙:《山东淄博方言指示词的三分现象》,《方言》2018年第4期。

附　录

1.方言点发音人

说明：

①本处所列发音人包括方言老年男性发音人（老男）、方言老年女性发音人（老女）、方言青年男性发音人（青男）、方言青年女性发音人（青女），不同等级的地方普通话发音人（地普一、地普二、地普三），口头文化发音人。不同身份的发音人对当地方言的调查均有所贡献，兹全部列出，以志感谢。

②出生地、文化程度和职业三栏信息均由发音人本人提供。

③备注中的内容是发音人在调查时所充当的身份（或者说所提供的材料类别）。

④地点的排列次序与本书中其他各处相同。

地点	姓名	性别	出生年月	出生地	文化程度	职业	备注
荣成	高福茂	男	1961年9月	崖头街道	高中	农民	方言老男 地普一 口头文化
	孙宁阳	男	1989年9月	崖头街道	中专	工人	方言青男
	张启华	女	1953年10月	崖头街道	初中	无	方言老女 地普三 口头文化
	宋锦秀	女	1987年11月	崖头街道	中专	职员	方言青女
	李　军	女	1965年5月	崖头街道	初中	工人	地普二
烟台（芝罘）	徐永庆	男	1952年7月	光华巷	初中	工人	方言老男 口头文化
	刘　杰	男	1981年1月	奇山街道	大专	职员	方言青男
	李玉华	女	1950年12月	向阳街道	大专	会计	方言老女 口头文化
	张　凯	女	1988年8月	平安街道	本科	职员	方言青女
	孙迎田	男	1953年10月	向阳街道	高中	职员	地普一
	石民琦	男	1962年4月	毓璜顶街道	高中	职员	地普二

续表

地点	姓名	性别	出生年月	出生地	文化程度	职业	备注
烟台（芝罘）	曹宝平	男	1957年6月	东山街道	高中	职员	地普三
栖霞	林庆德	男	1956年10月	翠屏街道	初中	农民	方言老男 口头文化
	吴鹏飞	男	1985年2月	庄园街道	中专	个体	方言青男 地普一
	孙月玲	女	1956年5月	翠屏街道	高中	农民	方言老女 地普三 口头文化
	马秀红	女	1986年8月	松山镇	初中	个体	方言青女
	刘爱玲	女	1963年5月	翠屏街道	高中	个体	地普二
长岛	石其明	男	1960年10月	南长山镇	初中	个体	方言老男 口头文化
	袁式庆	男	1986年9月	南长山镇	初中	无	方言青男
	石爱琴	女	1957年5月	南长山镇	初中	会计	方言老女 地普一 口头文化
	胡金钊	女	1985年7月	南长山镇	本科	会计	方言青女
	刘桂凤	女	1958年6月	南长山镇	高中	农民	地普二
	李延田	男	1957年10月	南长山镇	初中	农民	地普三
海阳	王培南	男	1956年9月	方圆街道	初中	农民	方言老男 地普三 口头文化
	丛晓林	男	1987年9月	东村街道	中专	个体	方言青男
	王辉芹	女	1960年6月	东村街道	高中	农民	方言老女 地普二 口头文化
	修海燕	女	1986年7月	东村街道	大专	个体	方言青女
	孙玉红	女	1983年3月	方圆街道	初中	工人	地普一
莱西	解玉和	男	1957年10月	水集街道	中师	教师	方言老男
	仇志达	男	1992年2月	水集街道	高中	职员	方言青男
	孙翠珍	女	1960年9月	水集街道	初中	农民	方言老女
	解小庆	女	1987年4月	水集街道	大专	教师	方言青女

续表

地点	姓名	性别	出生年月	出生地	文化程度	职业	备注
莱西	仇福仁	男	1963年7月	水集街道	初中	农民	地普一 口头文化
	张锡安	男	1957年11月	水集街道	大专	教师	地普二 口头文化
	孙德杰	男	1953年9月	水集街道	中师	教师	地普三 口头文化
	李希修	男	1957年3月	水集街道	大专	教师	口头文化
平度	官银亭	男	1958年6月	东阁街道	大专	教师	方言老男 口头文化
	许文龙	男	1991年11月	李园街道	本科	教师	方言青男
	赵美英	女	1958年3月	东阁街道	大专	教师	方言老女
	赵　玲	女	1989年12月	东阁街道	本科	教师	方言青女
	周　强	男	1978年6月	香店街道	本科	教师	地普一
	刘志欣	女	1952年3月	东阁街道	中师	教师	地普二
	于胜运	男	1957年8月	东阁街道	初中	农民	地普三
	尚华秀	女	1960年10月	东阁街道	中师	教师	口头文化
青岛（市南）	胡延竹	男	1953年6月	浮山街道	中专	职员	方言老男 口头文化
	王智磊	男	1980年11月	中山路街道	大专	商人	方言青男 地普二
	苏翠焕	女	1954年10月	浮山街道	中专	职员	方言老女
	王　辉	女	1988年8月	八大峡街道	本科	教师	方言青女
	张传顺	男	1960年6月	江苏路街道	本科	教师	地普一
	仲丽芳	女	1953年10	八大湖街道	大专	会计	地普三
高密	姜建国	男	1954年10月	密水街道	高中	教师	方言老男 口头文化
	管遵民	男	1991年9月	朝阳街道	高中	设计师	方言青男 口头文化
	庄桂香	女	1962年6月	密水街道	高中	教师	方言老女 地普三 口头文化
	刘明明	女	1988年7月	朝阳街道	大专	教师	方言青女 口头文化

续表

地点	姓名	性别	出生年月	出生地	文化程度	职业	备注
高密	刘宗启	男	1955年2月	醴泉街道	大专	教师	地普一
	徐文林	男	1957年8月	密水街道	初中	农民	地普二
	昝正军	男	1962年8月	朝阳街道	大专	教师	口头文化
	单既升	男	1963年6月	密水街道	初中	工人	口头文化
诸城	解树义	男	1952年1月	密州街道	初中	农民	方言老男 口头文化
	李加涛	男	1979年6月	密州街道	中专	自由职业	方言青男 口头文化
	解树娥	女	1937年4月	密州街道	识字班	菜农	方言老女 口头文化
	刘 岩	女	1978年1月	龙都街道	中专	工人	方言青女
	刘培芝	女	1944年9月	舜王街道	中专	教师	地普一 口头文化
	王 东	女	1971年8月	舜王街道	大专	教师	地普二
	徐焕德	男	1949年1月	龙都街道	初中	农民	地普三
	宋新民	男	1940年9月	密州街道	初中	民间艺人	口头文化
	王桂东	男	1978年2月	繁荣街道	中专	自由职业	口头文化
	李树梅	女	1945年1月	密州街道	中专	演员	口头文化
沂水	徐传利	男	1951年10月	沂城街道	初中	农民	方言老男 口头文化
	秦宝伟	男	1984年2月	沂城街道	初中	农民	方言青男
	王德玲	女	1945年10月	龙家圈街道	小学	农民	方言老女
	谭 玲	女	1973年2月	马站镇	小学	农民	方言青女 口头文化
	武庆传	男	1964年8月	沂城街道	本科	教师	地普一
	杨文国	男	1977年8月	龙家圈街道	本科	教师	地普二
	赵宝泉	男	1969年10月	沂城街道	高中	教师	地普三
	公茂庆	男	1956年12月	泉庄乡	小学	农民	口头文化
	李春祯	男	1951年7月	泉庄乡	大专	农民	口头文化
	李化举	男	1944年6月	泉庄乡	初中	农民	口头文化
	贾树升	男	1948年12月	黄山铺镇	初中	农民	口头文化

续表

地点	姓名	性别	出生年月	出生地	文化程度	职业	备注
沂水	殷开友	男	1968年5月	黄山铺镇	初中	农民	口头文化
临朐	朱锡国	男	1955年7月	城关街道	高中	退休工人	方言老男 口头文化
	衣学建	男	1988年2月	城关街道	本科	教师	方言青男
	尹奎花	女	1958年6月	城关街道	高中	退休工人	方言老女 地普二
	迟　萍	女	1985年9月	城关街道	本科	教师	方言青女
	尹爱凤	女	1972年8月	城关街道	大专	工人	地普一
	姚西印	男	1950年6月	城关街道	初中	退休工人	地普三 口头文化
日照（东港）	高维会	男	1949年8月	日照街道	中专	退休干部	方言老男 口头文化
	时文学	男	1979年7月	日照街道	初中	司机	方言青男
	牟敦美	女	1945年12月	奎山街道	高中	退休教师	方言老女 地普三 口头文化
	于　丽	女	1988年9月	日照街道	本科	教师	方言青女
	律金华	男	1966年1月	北京路街道	高中	工人	地普一
	魏本香	女	1964年6月	日照街道	高中	农民	地普二
	王丙兰	女	1963年4月	石臼街道	初中	退休演员（国家级非遗继承人）	口头文化
	赵春轩	男	1948年12月	石臼街道	大专	退休公务员	口头文化
	刘君贤	男	1950年6月	石臼街道	大专	退休职工	口头文化
	夏召进	男	1950年2月	三庄镇	大专	退休公务员	口头文化
	吴忠东	男	1947年1月	日照街道	高小	农民	口头文化
莒南	刘云吉	男	1954年12月	十字路街道	大专	教师	方言老男
	吴建龙	男	1989年9月	十字路街道	高中	农民	方言青男
	孙成伟	女	1962年4月	十字路街道	高中	农民	方言老女
	王成慧	女	1991年12月	十字路街道	高中	会计	方言青女
	范开磊	男	1982年10月	十字路街道	大专	农民	地普一
	王彩英	女	1973年12月	涝坡镇	初中	农民	地普二

续表

地点	姓名	性别	出生年月	出生地	文化程度	职业	备注
莒南	吴维志	男	1954年8月	十字路街道	大专	教师	地普三
	郭贵富	男	1957年5月	十字路街道	高中	农民	口头文化
	王家槐	男	1928年7月	板泉镇	中专	教师	口头文化
	李维庆	男	1950年3月	芝麻墩街道	大专	公务员	口头文化
	宫文楼	男	1975年12月	筵宾镇	初中	手工业者	口头文化
	刘德军	男	1964年5月	大店镇	高中	手工业者	口头文化
	王彩红	女	1967年8月	板泉镇	高中	工人	口头文化
新泰	张保良	男	1954年4月	青云街道	高中	农民	方言老男 口头文化
	周　晨	男	1991年2月	青云街道	高中	职员	方言青男
	曹玲仁	女	1959年5月	青云街道	中专	教师	方言老女
	冯　玲	女	1985年12月	青云街道	高中	职员	方言青女
	万光涛	男	1979年11月	羊流镇	中专	职员	地普一
	和焕伟	男	1978年2月	宫里镇	中专	工人	地普二
	刘建玉	男	1971年8月	泉沟镇	本科	职员	地普三
	牛尊先	男	1949年12月	新汶街道	高中	教师	口头文化
沂源	王仕成	男	1954年6月	悦庄镇	高中	教师	方言老男 口头文化
	陈县民	男	1985年9月	悦庄镇	大专	教师	方言青男
	徐平林	女	1953年10月	悦庄镇	小学	农民	方言老女 口头文化
	刘芹芹	女	1984年6月	燕崖镇	初中	农民	方言青女
	陈夫英	女	1971年4月	石桥镇	初中	农民	地普一
	唐兆琴	女	1976年1月	悦庄镇	高中	村干部	地普二
	张成美	女	1961年9月	悦庄镇	高中	教师	地普三
	郑荣芬	女	1968年9月	悦庄镇	小学	农民	口头文化
	王仕花	女	1964年8月	悦庄镇	小学	农民	口头文化
莱芜	许竹平	男	1943年8月	口镇街道	高中	公务员	方言老男 地普三 口头文化

续表

地点	姓名	性别	出生年月	出生地	文化程度	职业	备注
莱芜	韩春青	男	1979年8月	口镇街道	高中	教师	方言青男
	吕桂兰	女	1949年7月	口镇街道	小学	农民	方言老女
	韩永华	女	1972年10月	口镇街道	初中	教师	方言青女
	卢秋书	男	1962年9月	羊里镇	大专	公务员	地普一
	毕悦飞	女	1977年7月	南冶镇	大专	职员	地普二
博山	赵玉铨	男	1953年9月	城东街道	大专	工人	方言老男 口头文化
	姜　煜	男	1982年8月	城东街道	本科	教师	方言青男
	刘业英	女	1950年7月	城西街道	高小	工人	方言老女 口头文化
	杨　萌	女	1981年1月	山头镇	中专	工人	方言青女
	栾翠兰	女	1951年10月	城东街道	中师	教师	地普一
	阎先兰	女	1952年10月	夏家庄镇	初中	工人	地普二
	贾立华	女	1954年2月	城西街道	初中	工人	地普三 口头文化
	王秀东	男	1961年10月	城东街道	高中	保安	口头文化
张店	范建禄	男	1941年10月	马尚镇	小学	村干部	方言老男 地普三 口头文化
	王　永	男	1977年10月	马尚镇	本科	教师	方言青男
	李淑芹	女	1943年4月	马尚镇	大专	教师	方言老女 地普一 口头文化
	于　钰	女	1986年11月	马尚镇	本科	教师	方言青女
	杨大水	男	1949年11月	马尚镇	大专	工人	地普二 口头文化
	耿庆芳	女	1952年12月	马尚镇	小学	工人	口头文化
潍坊（潍城）	王道义	男	1955年5月	城关街道	高中	职工	方言老男 口头文化
	付永亮	男	1983年4月	西关街道	本科	教师	方言青男
	于明艳	女	1953年9月	西关街道	小学	农民	方言老女 地普三

续表

地点	姓名	性别	出生年月	出生地	文化程度	职业	备注
潍坊（潍城）	杜 洋	女	1991年2月	北关街道	本科	教师	方言青女
	蔡吉友	男	1964年1月	西关街道	初中	个体	地普一
	程永华	男	1962年12月	军埠口镇	高中	农民	地普二
	康金钢	男	1982年4月	城关街道	本科	教师	口头文化
	谭荣基	男	1951年9月	南关街道	大专	干部	口头文化
	纪冠慧	女	1978年10月	奎文区东关街道	本科	教师	口头文化
寿光	赵国海	男	1944年2月	圣城街道	初中	农民	方言老男 口头文化
	张英孝	男	1989年7月	圣城街道	中专	工人	方言青男 地普一
	刘淑美	女	1949年7月	圣城街道	高中	教师	方言老女 地普三
	林 萍	女	1978年1月	圣城街道	本科	教师	方言青女
	张翠华	女	1966年3月	圣城街道	大专	教师	地普二
利津	石海亭	男	1942年8月	凤凰城街道	初中	工人	方言老男 口头文化
	马兴乾	男	1977年8月	利津街道	本科	教师	方言青男
	王凤英	女	1962年9月	利津街道	大专	教师	方言老女 地普二
	孟庆娟	女	1983年1月	利津街道	初中	工人	方言青女
	胡新宝	女	1964年4月	利津街道	大专	教师	地普一
	丁希涛	男	1979年9月	凤凰城街道	中专	工人	地普三
	隆玉英	女	1948年2月	利津街道	小学	无	口头文化
	刘宗娜	女	1975年4月	利津街道	本科	教师	口头文化
高青	孙 乐	男	1943年3月	田镇街道	高中	农民	方言老男 口头文化
	杨克林	男	1987年6月	田镇街道	中专	农民	方言青男 口头文化
	孙以香	女	1958年3月	田镇街道	初中	农民	方言老女
	李学学	女	1985年9月	花沟镇	中专	工人	方言青女

续表

地点	姓名	性别	出生年月	出生地	文化程度	职业	备注
高青	高法霞	男	1968年12月	常家镇	中专	教师	地普一
	信明峰	男	1972年4月	高城镇	本科	教师	地普二
	杨易文	男	1965年2月	青城镇	本科	教师	地普三
	王延珍	女	1958年3月	木李镇	小学	农民	口头文化
	刘　静	女	1963年9月	花沟镇	初中	工人	口头文化
阳信	李德俊	男	1959年11月	金阳街道	本科	编辑、记者	方言老男 地普二 口头文化
	姚延凯	男	1990年7月	金阳街道	初中	营业员	方言青男
	崔玉华	女	1958年11月	银高乡	初中	农民	方言老女
	王萍萍	女	1983年11月	金阳街道	初中	营业员	方言青女 地普一
	朱新生	男	1950年9月	信诚街道	小学	农民	地普三
	王廷菊	女	1963年12月	洋湖乡	高中	农民（非遗文化传承人）	口头文化
	王秀花	女	1959年2月	洋湖乡	初中	农民	口头文化
乐陵	陈雷锋	男	1957年8月	市中街道	高中	农民	方言老男
	李广瑞	男	1987年2月	市中街道	本科	教师	方言青男
	王春英	女	1959年4月	市中街道	高中	农民	方言老女
	王　莹	女	1987年12月	市中街道	本科	教师	方言青女
	韩　伟	女	1967年9月	市中街道	本科	教师	地普一
	魏文杰	女	1965年7月	市中街道	本科	教师	地普二
	闫景明	男	1962年4月	云红街道	高中	农民	地普三
	王潇雨	男	1974年3月	花园镇	本科	教师	口头文化
	史鹏举	男	1964年1月	市中街道	中专	教师	口头文化
	张向云	女	1977年5月	市中街道	本科	教师	口头文化
	郑超然	男	1974年1月	市中街道	本科	教师	口头文化
	徐鹏成	男	1965年5月	市中街道	初中	职员	口头文化
	程昭辉	男	1967年3月	市中街道	高中	农民	口头文化
	梁　亮	男	1981年7月	西段乡	本科	职员	口头文化

续表

地点	姓名	性别	出生年月	出生地	文化程度	职业	备注
乐陵	郭本勇	男	1982年10月	化楼镇	本科	职员	口头文化
德州（德城）	刘树林	男	1955年2月	维新街	初中	工人	方言老男
	李　磊	男	1982年3月	建设街	高中	工人	方言青男
	魏凤英	女	1959年3月	旭升街	初中	工人	方言老女 地普二
	李　晶	女	1979年1月	德中街	大专	职员	方言青女
	叶金兰	女	1960年12月	自强街	大专	文员	地普一 口头文化
	张秀华	女	1955年1月	豆腐巷街	初中	工人	地普三
武城	李吉岭	男	1958年9月	老城镇	高中	工人	方言老男
	祝继旺	男	1985年8月	老城镇	高中	职员	方言青男
	王淑菊	女	1960年7月	老城镇	初中	农民	方言老女
	张艳丽	女	1986年11月	老城镇	初中	商人	方言青女
	梁玉芹	女	1965年6月	李家户镇	大专	教师	地普一 口头文化
	王长赋	男	1951年1月	老城镇	小学	农民	地普二 口头文化
	李吉顺	男	1970年9月	老城镇	本科	教师	地普三 口头文化
	李富华	女	1956年2月	老城镇	初中	农民	口头文化
	谭振岭	男	1955年3月	老城镇	小学	农民	口头文化
平原	张庆和	男	1953年11月	龙门街道	小学	农民	方言老男
	刘文强	男	1981年10月	龙门街道	初中	个体	方言青男
	杜洪英	女	1954年2月	龙门街道	初中	农民	方言老女
	刘嫚嫚	女	1987年6月	龙门街道	初中	营业员	方言青女
	王凤珍	女	1959年6月	龙门街道	高中	农民	地普一
	刘学荣	女	1945年9月	龙门街道	高中	农民	地普二 口头文化
	姚汝生	男	1950年2月	龙门街道	初小	农民	地普三 口头文化
	刘淑兰	女	1951年2月	龙门街道	初中	农民	口头文化

续表

地点	姓名	性别	出生年月	出生地	文化程度	职业	备注
平原	季玉来	男	1947年3月	龙门街道	初中	农民	口头文化
	崔　伟	男	1979年7月	龙门街道	初中	农民	口头文化
	崔金池	男	1956年3月	龙门街道	初中	农民	口头文化
	孟庆鑫	男	1990年3月	龙门街道	大专	工人	口头文化
商河	张延平	男	1957年4月	许商街道	中专	干部	方言老男 口头文化
	单荣奇	男	1984年7月	许商街道	中专	个体	方言青男
	宋才华	女	1957年8月	许商街道	小学	工人	方言老女 地普三
	王东宝	女	1991年2月	许商街道	本科	职员	方言青女
	张玉英	女	1963年11月	许商街道	初中	教师	地普一
	杨宗兴	男	1965年9月	许商街道	高中	个体	地普二
	张继福	男	1944年3月	张坊镇	初小	农民	口头文化
	王宗来	男	1968年9月	许商街道	初中	农民	口头文化
	于圣洪	男	1948年5月	许商街道	小学	农民	口头文化
	张清华	男	1951年10月	钱铺镇	高中	工人	口头文化
	孟庆成	男	1952年12月	许商街道	初中	农民	口头文化
	康清荣	女	1940年1月	许商街道	初中	农民	口头文化
	袁立富	男	1944年2月	孙集乡	小学	农民	口头文化
济阳	赵　鹏	男	1951年11月	济阳街道	初中	农民	方言老男 地普三 口头文化
	董　斌	男	1980年4月	济阳街道	本科	教师	方言青男 口头文化
	赵泽芳	女	1949年7月	济阳街道	初中	农民	方言老女 地普一
	梁红霞	女	1980年7月	济阳街道	本科	教师	方言青女
	李德厚	男	1956年5月	济阳街道	中专	公务员	地普二
济南（历下）	赵致平	男	1942年3月	舜井街	高中	公务员	方言老男 口头文化
	刘志琛	男	1975年9月	县东巷	大专	销售员	方言青男

续表

地点	姓名	性别	出生年月	出生地	文化程度	职业	备注
济南（历下）	马俊凤	女	1939年5月	舜井街	中师	教师	方言老女 口头文化
	田宏乐	女	1979年8月	贡院墙根街	中专	个体	方言青女
	李德绰	男	1950年4月	县东巷	初中	公务员	地普一 口头文化
	刘金香	女	1948年6月	黑虎泉西路	初中	工人	地普二
	孙业鸿	女	1942年11月	太平街	高中	工人	地普三
	赵福海	男	1956年8月	历下区	高中	演员	口头文化
	魏务良	男	1956年9月	市中区	中专	演员	口头文化
	孙　苗	女	1990年9月	山大路街道	高中	演员	口头文化
	常春青	女	1983年5月	济宁市泗水县	本科	演员	口头文化
泰安（泰山）	贾民浦	男	1950年5月	岱庙街道	高小	泥瓦匠	方言老男 口头文化
	张　林	男	1980年3月	岱庙街道	高中	电工	方言青男
	高荣会	女	1953年1月	泰前街道	初中	工人	方言老女
	张肖云	女	1981年11月	岱庙街道	大专	社区工作人员	方言青女
	李　慧	女	1977年9月	岱庙街道	本科	社区工作人员	地普一
	张丽娟	女	1971年10月	财源街道	初中	务工	地普二 口头文化
	张仁波	男	1974年6月	岱庙街道	初中	电工	地普三
	范正安	男	1945年12月	岱庙街道	小学	演员（皮影戏传承人）	口头文化
	刘永惠	女	1946年9月	济宁市任城区城里	初中	琴书演员	口头文化
	高克谦	男	1949年7月	岱岳区北集坡村	大专	公务员	口头文化
	王文强	男	1961年2月	财西街	高中	快书演员	口头文化
	贾汇河	男	1949年1月	南关街	初中	工人	口头文化
聊城（东昌府）	刘文厚	男	1952年12月	古楼北街	高小	工人	方言老男 口头文化
	王建举	男	1982年12月	古楼街道	本科	公务员	方言青男
	罗玉环	女	1945年12月	柳园街道	文盲	农民	方言老女

续表

地点	姓名	性别	出生年月	出生地	文化程度	职业	备注
聊城（东昌府）	田　如	女	1978年10月	道口铺街道	高中	教师	方言青女 地普一 口头文化
	杜忠祥	男	1962年9月	梁水镇	大专	教师	地普二 口头文化
	乌守军	男	1962年2月	道口铺街道	大专	教师	地普三
临清	王建忠	男	1951年2月	新华路街道	大专	工人	方言老男 口头文化
	徐　勇	男	1983年1月	青年路街道	本科	教师	方言青男 口头文化
	陈淑霞	女	1951年1月	先锋路街道	小学	工人	方言老女 地普二
	温秋霞	女	1979年2月	新华路街道	本科	教师	方言青女
	张改平	女	1953年6月	新华路街道	初中	会计	地普一 口头文化
	黑印堂	男	1958年1月	先锋路街道	高中	工人	地普三
	刘英顺	男	1962年10月	先锋路街道	大专	会计	口头文化
冠县	代奎法	男	1950年10月	清泉街道	小学	农民	方言老男 口头文化
	李国伟	男	1984年11月	清泉街道	高中	职员	方言青男 地普一
	朱巧风	女	1951年6月	清泉街道	小学	职员	方言老女 地普三 口头文化
	张　婷	女	1984年10月	清泉街道	中专	职员	方言青女 地普二
	梁云超	男	1962年7月	崇文街道	初中	农民	口头文化
阳谷	司俊常	男	1947年2月	博济桥街道	中专	教师	方言老男 口头文化
	孙正辉	男	1985年8月	博济桥街道	大专	商人	方言青男 地普一
	王桂云	女	1948年5月	博济桥街道	小学	无	方言老女
	安志新	女	1986年7月	狮子楼街道	高中	商人	方言青女
	王纪民	男	1972年11月	十五里园镇	本科	教师	地普二

续表

地点	姓名	性别	出生年月	出生地	文化程度	职业	备注
阳谷	侯继仁	男	1965年12月	博济桥街道	中专	教师	地普三
梁山	冯昌启	男	1956年6月	水泊街道	高中	教师	方言老男 口头文化
	冯昌运	男	1989年10月	水泊街道	高小	司机	方言青男
	王爱香	女	1953年3月	水泊街道	高中	农民	方言老女 口头文化
	赵秀红	女	1982年7月	水泊街道	高中	营业员	方言青女
	李桂青	女	1972年3月	拳铺镇	大专	教师	地普一
	张爱英	女	1971年11月	水泊街道	小学	零工	地普二
	史桂芹	女	1962年7月	水泊街道	高中	教师	地普三 口头文化
	王建国	女	1955年4月	水泊街道	中师	教师	口头文化
	侯庆铃	女	1957年1月	水泊街道	小学	农民	口头文化
	张远柱	男	1944年7月	水泊街道	高小	农民	口头文化
	冯建政	男	1951年6月	水泊街道	初中	农民	口头文化
	冯允新	男	1962年6月	水泊街道	高中	个体	口头文化
	潘秀芝	女	1972年6月	徐集镇	初中	个体	口头文化
菏泽（牡丹）	郝兴华	男	1942年9月	广生佳厂	初中	退休工人	方言老男 地普三 口头文化
	王　勇	男	1974年4月	东城街道	本科	教师	方言青男
	胡冬蕊	女	1950年9月	中大街	初中	干部	方言老女 口头文化
	张晓曼	女	1979年8月	东城街道	本科	教师	方言青女
	魏红梅	女	1972年2月	东城街道	大专	教师	地普一
	武卫苹	女	1959年12月	何楼街道	中专	教师	地普二
	何西良	男	1963年11月	沙土镇	中专	演员	口头文化
曹县	周本超	男	1963年4月	磐石街道	高中	职员	方言老男 地普二
	周　杰	男	1990年2月	磐石街道	本科	职员	方言青男
	崔秀玲	女	1961年9月	磐石街道	初中	职员	方言老女 口头文化

续表

地点	姓名	性别	出生年月	出生地	文化程度	职业	备注
曹县	周　丹	女	1994年1月	磐石街道	本科	教师	方言青女 地普一
	杜　明	男	1952年10月	磐石街道	高中	职员	地普三 口头文化
	张　民	女	1968年1月	磐石街道	小学	无	口头文化
金乡	周胜元	男	1953年12月	金乡街道	大专	会计	方言老男
	高秋生	男	1986年8月	金乡街道	中专	个体	方言青男
	吴春元	女	1953年12月	城关镇	初中	个体	方言老女 口头文化
	赵秀红	女	1982年8月	金乡街道	中专	促销员	方言青女 地普一
	魏景才	男	1968年9月	金乡街道	本科	教师	地普二
	张文振	男	1954年7月	金乡街道	小学	农民	地普三 口头文化
	展文明	男	1982年10月	鸡黍镇	本科	公务员	口头文化
	李英渠	男	1965年3月	化雨镇	本科	文化学者	口头文化
	麻守会	男	1957年12月	金乡街道	初中	个体	口头文化
	杜雪亭	女	1938年7月	定陶县城关镇	小学	戏曲演员	口头文化
	魏香玲	女	1962年1月	高河街道	初中	曲艺演员	口头文化
曲阜	魏能福	男	1953年11月	鲁城街道	高中	社区干部	方言老男 口头文化
	张　伟	男	1979年2月	鲁城街道	高中	社区工作人员	方言青男
	聂瑞婷	女	1954年6月	鲁城街道	高中	社区干部	方言老女 地普三 口头文化
	王林林	女	1980年2月	鲁城街道	大专	社区工作人员	方言青女 地普一
	石广栋	男	1980年8月	鲁城街道	本科	教师	地普二
	张爱梅	女	1972年7月	鲁城街道	本科	教师	口头文化
	孔凡伟	男	1945年10月	鲁城街道	初中	农民	口头文化
	孔凡熙	男	1945年10月	鲁城街道	初中	木工	口头文化
	孔昭民	男	1954年6月	鲁城街道	大专	教师	口头文化

续表

地点	姓名	性别	出生年月	出生地	文化程度	职业	备注
薛城	王新美	男	1952年1月	临城街道	初中	农民	方言老男 口头文化
	马　晨	男	1988年10月	临城街道	初中	社区干部	方言青男
	杨爱军	女	1957年7月	临城街道	初中	工人	方言老女
	赵　莉	女	1988年3月	常庄镇	大专	教师	方言青女 口头文化
	李敬仁	男	1958年12月	临城街道	初中	农民	地普一 口头文化
	王传兰	女	1955年3月	临城街道	高中	工人	地普二
	张继娥	女	1950年7月	常庄镇	初中	农民	地普三
	殷召英	女	1969年9月	沙沟镇	高中	理发师	口头文化
	李秀楼	男	1950年10月	沙沟镇	初中	村干部	口头文化
	褚庆玲	女	1966年6月	陶庄镇	初中	工人	口头文化
	李恒荣	女	1952年10月	兴仁街道	小学	农民	口头文化
郯城	周怀民	男	1961年2月	郯城街道	小学	农民	方言老男
	许　威	男	1984年5月	郯城街道	中专	辅警	方言青男
	田振云	女	1956年8月	郯城街道	初中	农民	方言老女
	孟凡菊	女	1987年3月	郯城街道	初中	农民	方言青女
	王刚建	男	1987年8月	郯城街道	高中	农民	地普一
	柏秀岗	男	1952年4月	郯城街道	高中	教师	地普二
	刘桂兰	女	1953年10月	郯城街道	初中	农民	地普三
临沂（兰山）	田金岭	男	1956年9月	金雀山街道	小学	退休职工	方言老男 地普二
	张建磊	男	1986年12月	兰山街道	高中	城管队员	方言青男
	刘士军	女	1956年6月	兰山街道	高中	退休职工	方言老女
	刘　筱	女	1983年2月	金雀山街道	本科	公务员	方言青女 口头文化
	栾　敏	女	1961年12月	金雀山街道	高中	出纳	地普一
	张光锐	男	1935年2月	金雀山街道	中专	教师	地普三 口头文化
	殷洪燕	女	1966年3月	兰山街道	本科	教职员	口头文化

续表

地点	姓名	性别	出生年月	出生地	文化程度	职业	备注
临沂（兰山）	王金霞	女	1959年4月	兰山街道	大专	会计	口头文化
	杨新儒	男	1942年11月	马头镇	高中	农民	口头文化
	柏文泰	男	1941年6月	马头镇	大专	教师	口头文化
	刘宝玉	男	1959年2月	花园乡	本科	公务员	口头文化
	秦士杰	男	1944年10月	港上镇	本科	退休人员	口头文化
	樊继美	男	1950年5月	港上镇	高中	农民	口头文化
	吴绍君	男	1965年10月	杨集镇	高中	琴书演员	口头文化
	丁凤楚	男	1950年1月	重坊镇	小学	民间艺人	口头文化
	王玉传	男	1962年11月	花园乡	初中	唱书	口头文化
	李汝举	男	1959年5月	重坊镇	初中	演员	口头文化
	张开红	女	1969年12月	归昌乡	小学	演员	口头文化

2.调查情况

方言点	调查人	调查时间	调查地点	当地协助调查人员
荣成	负责人：姜岚 其他：孙鹏、齐静、王秋雨	2017年7月～9月	鲁东大学文学院204研究室	王晓东，荣成市教育局
烟台（芝罘）	负责人：姜岚 其他：孙鹏、齐静、李兰兰	2016年4月	鲁东大学文学院204研究室	张述俊，烟台市芝罘区教育局
栖霞	负责人：姜岚 其他：孙鹏、王秋雨、杨兰	2018年3月～5月	鲁东大学文学院204研究室	牟振雁，栖霞市教育局
长岛	负责人：姜岚 其他：孙鹏、孙庆玉、杨兰	2019年5月	鲁东大学文学院204研究室	张宏庆，长岛海洋生态文明综合试验区社会事务局
海阳	负责人：姜岚 其他：孙鹏、孙庆玉、杨兰	2018年7月～10月	鲁东大学文学院204研究室	刘冬，海阳市教体局；金红英，海阳市教体局
莱西	负责人：邢军 其他：崔传杏、朱梅丽、梁家荣	2018年5月～6月	莱西市济南路小学	唐忠莲，莱西市语委办

续表

方言点	调查人	调查时间	调查地点	当地协助调查人员
平度	负责人：邢军 其他：崔传杏、朱梅丽、梁家荣	2017年9月～11月	平度市广州路小学	刘青芝，青岛市平度市教体局
青岛（市南）	负责人：邢军 其他：杨化明、李淑媛、崔传杏、武梦佳、丁红丽	2016年7月～10月	中国海洋大学新闻演播室、青岛市福林小学	戴青，青岛市市南区教体局
高密	负责人：邢军 其他：崔传杏、梁家荣、陈茹雪	2019年8月	高密市恒涛双语学校	刘金龙，高密市教体局
诸城	负责人：岳立静 其他：张晋龙、云帆、李南依、于丹、王小梅、徐晓明、申智林	2017年9月	诸城市教育局、诸城市广播电视台、诸城市科信小学	董志芳，诸城市教育局；张加强，诸城市教育局；王树祥，诸城市广播电视台；王晓晨，诸城市茂腔剧团
沂水	负责人：邵燕梅 其他：李晓娟、段秀娥、郑鹏凯、宋美慧、石清洋、常戈、盛子芸、张涛、刘娜、刘俊生	2015年8月～2017年11月	沂水县沂水镇中心小学	傅兆斌，沂水县教体局
临朐	负责人：张树铮 其他：亓文婧、林珈亦、刘玥、欧阳雅心	2018年7月～12月	临朐县外国语学校	许兆国，临朐县教育局；刘喜，临朐县外国语学校
日照	负责人：岳立静 其他：云帆、张晋龙、黄维军、郁秀青、王小梅、申智林、徐晓明、宋怡琳、李南依	2018年5月	曲阜师范大学（日照校区）传媒学院	周家友，日照市东港区语委办；董从斌，曲阜师范大学（日照校区）传媒学院
莒南	负责人：邵燕梅 其他：李晓娟、刘冰洁、聂媛媛、杨凡、范苗苗、杨光明	2019年8月	莒南第一实验小学	王敏，莒南县教育和体育局；刘晓明，莒南县文化和旅游局
潍坊（潍城）	负责人：邢军 其他：朱梅丽、任欣欣	2018年2月～3月	潍坊市潍州麓台学校	张晓迎，潍坊市潍城区教育局语委办
寿光	负责人：张树铮 其他：亓文婧、林珈亦、张梦瑶、江语林	2017年11月	寿光市建桥学校	张丹，寿光市教育局

续表

方言点	调查人	调查时间	调查地点	当地协助调查人员
高青	负责人：刘娟 其他：刘宇佳、李晶晶、张梦如	2018年5月～12月	高青县田镇街	董云峰，高青县教育局
阳信	负责人：岳立静 其他：王小梅、徐晓明、申智林	2015年10月～2016年1月	阳信县教体局、阳信县职业中专	陈辉，阳信县教体局；黄春燕，阳信县教体局
济阳	负责人：张燕芬 其他：高晓虹、张春华、姜复宁、郭泓志	2015年9月～2016年10月	济阳一中、济北小学	杨元春，济阳教育局；张森林，济阳教育局
利津	负责人：刘倩 其他：秦绿叶、蒋飞、郭国喜	2014年11月，2017年7月～11月	利津第二实验学校、利津县电视台	陈宪民，利津县教育局
乐陵	负责人：刘倩 其他：郭国喜、蒋飞	2018年4月～11月	乐陵市开元中学、乐陵市阜平小学	王潇雨，乐陵市教育局；李超，乐陵市教育局
商河	负责人：张燕芬 其他：张春华、李超超、姜复宁	2017年2月～10月	商河文昌实验学校	孙传跃，商河教育体育局；李传刚，商河县许商街道教育办
平原	负责人：刘倩 其他：蒋飞、佟晓彤、郭国喜	2016年1月～11月	平原县第四中学	孙立农，平原县教育局语委办
德州（德城）	负责人：张树铮 其他：沈雨歆、江语林、亓文婧	2016年1月～10月	德城区教师进修学校、德州市星感觉文化传媒有限公司	康鹏，德州市德城区教师进修学校
武城	负责人：刘倩 其他：蒋飞、佟晓彤、郭国喜	2017年6月～11月	武城县弦歌小学	赵晓敏，武城县教育局
临清	负责人：张燕芬 其他：吴奇颖、刘国贞、姜复宁	2017年8月～11月	临清市教育局	刘星亮，临清市教育局；李厚杰，临清市教育局
冠县	负责人：王红娟 其他：钱静、张振安、汝艳红、王伟谊	2018年4月～12月	冠县职教中心	肖凤瑞，冠县教育局；姬劲峰，冠县教育局；王世轩，冠县职教中心；程鑫，冠县清华资产希望小学
聊城（东昌府）	负责人：张燕芬 其他：高晓虹、王晓光、张哲	2014年5月～2019年10月	聊城工业学校、聊城实验中学	宁春环，聊城市东昌府区教育局

续表

方言点	调查人	调查时间	调查地点	当地协助调查人员
济南（历下）	负责人：张燕芬 其他：钱曾怡、岳立静、盛玉麒、李超超	2013年11月～2018年12月	山东省广播电视大学	许磊，济南市语委
泰安（泰山）	负责人：盛玉麒 其他：宁廷德、高新、付宁、詹榕	2016年5月～2017年9月	泰安市东岳隆祥宾馆	李永梅，泰安市教育局；刘瑞瑞，泰安市教育局；张衍伟，泰安市教育局
莱芜	负责人：王红娟 其他：郭薇薇、孙良、孙晓彦	2014年4月～2017年12月	莱芜市莱芜宾馆	卢秋书，莱芜市教育局；谢晓环，莱芜市教育局
新泰	负责人：王红娟 其他：王伟谊、扈长举、田钰佳	2015年7月～2016年9月	新泰荣峰宾馆	刘建玉，新泰市教育局
沂源	负责人：刘娟 其他：李静宇、刘宇佳	2017年9月	沂源县广电局	秦主任，沂源县教育局；刘主任，沂源县教育局
博山	负责人：刘娟 其他：林珈亦	2015年9月～2016年10月	淄博市博山区教育局	孙志鸿，博山区教育局
张店	负责人：刘娟 其他：林珈亦、刘宇佳	2015年8月	淄博市张店区广播电视台	刘云霄，张店区教师进修学校
阳谷	负责人：王红娟 其他：王海燕、张振安、孙晓彦	2017年1月～12月	阳谷县格林豪泰宾馆	夏吉杰，阳谷教育局；侯刚，阳谷教育局；吕晓璐，阳谷教育局
梁山	负责人：盛玉麒 其他：宁廷德、王艳、付宁	2017年8月～11月	梁山县优选酒店	张洪，梁山县教育局；冯建春，梁山县水泊街道张坊小学；李桂青，梁山县水泊街道张坊小学
菏泽（牡丹）	负责人：张树铮 其他：亓文婧、江语林	2015年11月～2017年9月	菏泽市牡丹区教育局，牡丹区飓风影音录音棚	崔华，菏泽市牡丹区教育局
曹县	负责人：王红娟 其他：韩爽、薛利丹、穆晓菡、王伟谊	2019年4月～12月	曹县铂锐精品酒店	倪卫东，曹县教育局；韩涛，曹县第一实验小学
金乡	负责人：盛玉麒 其他：宁廷德、高新、付宁	2015年10月～2017年3月	金乡县教师培训中心	张万顺，金乡县教师进修学校；魏景才，金乡县教师进修学校；郝广通，金乡县教师进修学校

续表

方言点	调查人	调查时间	调查地点	当地协助调查人员
曲阜	负责人：盛玉麒 其他：宁廷德、高新、付宁	2015年8月～2016年11月	曲阜裕隆大酒店、青年旅社、曲阜电视台	叶剑霞，曲阜市教育局；张泉森，曲阜市教育局；赵敏，曲阜市非遗办；龚瑾，曲阜电视台；任义海，曲阜市教师教育中心；王涛，曲阜市教师教育中心；冯德华，曲阜市文化局；朱万东，曲阜市文物局；孔大鹏，曲阜电视台
薛城	负责人：岳立静 其他：程宗洋、黄维军、郁秀青、宋怡琳、孙永洁	2019年7月～10月	枣庄市薛城区北二社区居民委员会会议室，枣庄市高新区电视台，薛城电视台	张庆余，薛城区教师进修学校；殷延群，薛城区教师进修学校；周滕，薛城区教师进修学校
郯城	负责人：邵燕梅 其他：李晓娟、张涛、刘俊生、刘娜、宋美慧	2018年8月	郯城第一实验小学	马艳艳，郯城县教育局
临沂（兰山）	负责人：邵燕梅 其他：李晓娟、段秀娥、殷明明、叶专、宋美山、宋美慧、常戈、盛子芸、石清洋	2015年11月～2016年11月	临沂第三实验小学	宣晓群，兰山区语委；刘红娟，兰山区教师进修学校

3.山东方言研究著述分地分类目录

本目录收录范围是截至2022年初公开发表的以山东方言为专门对象的著述，综合性研究中涉及山东方言的不在此列（如《汉语官话方言研究》《汉语方音字汇》等）。这些著述展示了更为丰富的山东方言资料和迄今的山东方言研究成果，是山东方言资源研究和利用的重要参考。其中，2011年之前的资料主要参考了张振兴、李琦和聂建民辑录的《中国分省区汉语方言文献目录（稿）》（中国社会科学出版社，2014）和钱曾怡主编《山东方言研究》（齐鲁书社，2001）并有少量补充，2012年之后的资料则主要由袁舒搜集。搜求定有罅漏，编排或有未当，但相信会给读者提供比较大的便利。

山东方言的调查和研究，分综合性和地域性两大类，本目录亦按此两类分别排列。尤其是按地域排列的目录，可以清楚地显示某一地域方言已有的研究成果，有利于研究者参考。对数量较多的大类之下，再分若干小类。同一小类或同一县区级地域的著述，则以发表时间为序排列。各大类目次如下：

1.山东方言综论

2.胶辽官话·胶东·东莱片·东潍片

3.威海市

4.烟台市

5.青岛市

6.潍坊市

7.日照市

8.冀鲁官话·鲁北·鲁西·鲁西北·西鲁·山东中西部·中北部·黄河口

9.东营市

10.滨州市

11.淄博市

12.德州市

13.聊城市

14.济南市

15.泰安市

16.中原官话·鲁南·鲁西南·运河流域

17.菏泽市

18.济宁市

19.枣庄市

20.临沂市

21.山东方言历史与历史文献研究

其中，2、8、16是地区性的有关论述。

同一地级市下，按区县再分别列举。首先列地级市的中心城区（不加“市”字，如“烟台市”是烟台市所辖的全部行政区域，“烟台”是指烟台市的中心城区，相当于原来的县级烟台市范围），以此为名的方言著述有的仅限于中心城区，有的则包括整个地级市范围，此处不再细分。其他区县按音序排列。行政区划范围及名称以最新设置（2021年）为准。

1.山东方言综论

（1）概论

[1]钱曾怡：《对编写山东省方言志的认识和初步设想（摘要）》，《山东史志通讯》1982年第2期。

[2]钱曾怡：《对编写山东省方言志的认识和初步设想》，《文史哲》1983年第2期。

[3]李荣：《山东省方言志丛书序》，《方言》1991年第2期。

[4]太田斋：《〈山东方言志丛书〉の出版始まる——〈利津方言志〉》，《东方》134号1992年第5期。

[5]殷焕先主编：《山东省志·方言志》，山东人民出版社1993年版。

[6]钱曾怡：《汉语方言调查中的几个问题——从山东方言调查所想到的》，《中国语文研究四十年纪念文集》，北京语言学院出版社1993年版。

[7]岩田礼：《读〈山东方言志丛书〉六种》，《中国语文》1996年第3期。

[8]田希诚：《山东方言志丛书》读后，《语文研究》1997年第4期。

[9]钱曾怡主编：《山东方言研究》，齐鲁书社2001年版。

[10]钱曾怡：《山东方言研究方法新探》，《山东大学学报》（哲社版）2002年版2期。

[11]赵日新、高晓虹：《读〈山东方言研究〉》，《方言》2002年第4期。

[12]于潇怡：《波多野太郎〈中国方志所录方言汇编〉索引疏失补证——以山东部分为例》，《古籍整理研究学刊》2020年第6期。

（2）分区

[1]刘俊一：《山东方言区的划分》，《语言学通讯》1982年第5期。

[2]贺巍：《河南山东皖北苏北的官话（稿）》，《方言》1985年第3期。

[3]钱曾怡、高文达、张志静：《山东方言的分区》，《方言》1985年第4期。

[4]贺巍：《冀鲁豫三省毗连地区的方言分界》，《方言》1986年第1期。

[5]吴永焕：《从〈方言〉所记地名看山东方言的分区》，《文史哲》2000年第6期。

[6]钱曾怡、蔡凤书：《山东地区的龙山文化与山东方言分区》，《中国语文》2002年第2期。

[7]邹新：《从莱州方言看山东方言的分区》，《山东行政学院·山东省经济管理干部学院学报》2004年第6期。

（3）语音

［1］Giet, Franz（齐德芳）1946 *Phoneties of North-China Dralects, A Study of their Diffusion, Monumenta Serica, Vol. 11*. Taylor & Francis, Ltd.

［2］高文达：《山东各地方言与北京语音在声母、韵母方面的一些比较》，《方言与普通话集刊》（第三本）1958年版。

［3］杨峰：《山东方音辨正举例》，《方言与普通话集刊》（第六本）1959年版。

［4］山东省方言调查总结工作组：《山东方言语音概况》，油印本1960年版。

［5］太田斋：《山东方言における"儿化"》，《人文学报》1984年第166期。

［6］太田斋：《山东方言における"儿化"（补）》，《人文学报》1986年第180期。

［7］姜宝昌等：《山东方言声调的声学测算——济南、青岛、烟台》，《山东大学学报》（哲社版）1990年第1期。

［8］太田斋著、傅根清译：《山东方言的儿化》，《烟台师范学院学报》（哲社版）1991年第1期。

［9］张树铮：《山东方言"日"母字研究》，《语言研究》（增刊）1994年版。

［10］董绍克：《山东方言语音特点四则——〈山东方言词典〉编纂札记》，《山东师范大学学报》（社科版）1997年第1期。

［11］平山久雄：《从声调调值演变史的观点论山东方言的轻声前变调》，《方言》1998年第1期。

［12］吴永焕：《山东方言的声调类型》，《中国语学研究·开篇》2000年第20期。

［13］张呈柱：《山东方言语音中的双重同化》，《常州师范专科学校学报》2003年第1期。

［14］钱曾怡：《古知庄章声母在山东方言中的分化及其跟精见组的关系》，《中国语文》2004年第6期。

［15］张树铮：《山东方言轻声的语音特点》，《中国语学研究·开篇》2005年第24期。

［16］王彦：《山东知系合口字读唇齿音现象初探》，《山东大学学报》（哲社版）2006年第2期。

［17］王晓军：《山东方言精组与见晓组声母的分合研究》，《现代语文》2006年第27期。

［18］吴永焕、朴炯春：《山东方言语音研究》，新星出版社2006年版。

[19] 张树铮:《山东方言语音特征的扩散方向和历史层次》,《山东大学学报》(哲社版)2007年第5期。
[20] 赵学玲:《山东方言音韵研究》,北京大学博士学位论文,2008年。
[21] 吴永焕:《山东三调方言类型考察》,《语言论集》(第五辑),中国社会科学出版社2008年版。
[22] 郭春霞:《山东方音内部比较及分区考察》,广西师范大学硕士学位论文,2008年。
[23] 吴永焕:《山东方言儿变韵的衰变》,《语言科学》2009年第5期。
[24] 李仕春、艾红娟:《山东方言里的一种语法变调》,《方言》2009年第4期。
[25] 宫钦第:《山东方言鼻化韵的类型与政区、地理之关系》,《南阳师范学院学报》2010年第5期。
[26] 杜凤梅:《山东方言精组古音值构拟》,《南开语言学刊》(第2期),商务印书馆2011年版。
[27] 钱曾怡:《从现代山东方言的共时语音现象看其历时演变的轨迹》,《汉语学报》2012年第2期。
[28] 孙志波:《山东方言的文白异读研究》,江苏师范大学硕士学位论文,2012年。
[29] 丁治民:《山东方言曾梗通三摄舒声韵的历时演变》,《东南大学学报》(哲社版)2012年第4期。
[30] 李天宇:《山东方言擦音初探》,《菏泽学院学报》2012年第4期。
[31] 张春霞:《山东三大官话区声母的尖团现象》,《文教资料》2012年第27期。
[32] 段文君、贾媛、冉启斌:《山东方言焦点语音实现的共性和差异性特征——以济南、聊城、淄博方言为例》,《清华大学学报》(自然科学版)2013年第6期。
[33] 郭春霞:《山东方言声调的内部比较》,《科技信息》2013年第18期。
[34] 张春霞:《山东三大官话与北京官话的音韵比较》,南京师范大学硕士学位论文,2013年。
[35] 高晓虹:《山东方言的平舌儿化韵母》,《语言学论丛》(第五十三辑),商务印书馆2016年版。
[36] 高晓虹:《山东方言古江摄入声字的读音》,《汉语官话方言音韵论集》,北京语言大学出版社2016年版。

[37]高晓虹:《山东方言的卷舌儿化》,《中国方言学报》(第七期),商务印书馆2017年版。

[38]林珈亦:《山东方言子尾音变研究》,山东大学硕士学位论文,2017年。

[39]赵学玲:《山东方言尖团音的今读类型及其历时演变》,《对外汉语教学研究》,南京大学出版社2017年版。

[40]徐梦真:《试析GIS视角下现代山东方言声母的分布对立与功能关系》,《唐山学院学报》2018年第2期。

[41]陈鹏飞:《声调轮转与调类合并——从声调轮转模型看山东、河北几个三调方言的形成原因》,《历史语言学研究》(第十二辑),商务印书馆2018年版。

[42]刘娟:《山东方言两种类型降升调对立的声学和感知探析》,《方言》2020年第3期。

[43]李晶晶:《山东方言双音节轻声词的实验研究》,山东大学硕士学位论文,2021年。

[44]武大真:《山东方言谓词变音的韵律动因》,《韵律语法研究》(第七辑),北京语言大学出版社2021年版。

[45]林珈亦:《山东方言的"子"尾音变》,《方言》2022年第1期。

[46]林珈亦:《山东方言的[c]类声母》,《现代语文》2022年第3期。

[47]赵学玲:《山东方言音韵研究》,南京大学出版社2022年版。

(4)词汇

[1]周干庭:《山东仍带古音的土语》,《齐大月刊》1931年第8期。

[2]周干庭:《山东土语研究》,《齐大季刊》1935年第6期、7期。

[3]长尾光之:《单音节语と二音节语の数量调查(序论)——鲁方言と现代语の场合》,《集刊东洋学》1973年第29卷。

[4]董遵章:《关于山东方言词注释的异议》,《山东师院学报》1981年第2期。

[5]中岛幹起:《山东方言基础语汇集》,东京外国语大学アジア·アフリヵ言语文化研究所1989年版。(按:内容是昌邑和费县两地的语音和词汇)

[6]孔昭琪:《山东方言词汇东西比较》,《泰安师专学报》1989年第2期。

[7]董绍克、张家芝主编:《山东方言词典》,语文出版社1997年版。

[8]孙剑艺:《评第一部省级政区性方言词典——〈山东方言词典〉》,《辞书研究》1999年第3期。

[9] 董绍克:《山东方言词区域特征例释》,《首届官话方言国际学术讨论会论文集》，青岛出版社2000年版。

[10] 傅根清:《山东方言特殊词语的分析研究》,《山东大学学报》(哲社版)2001年第1期。

[11] 殷晓杰:《释山东方言中的"旮旯儿"》,《语文学刊》2004年第12期。

[12] 马凤如:《山东方言亲属称谓中的第三人称称谓》,《山口县立大学大学院论集》2007年第8号。

[13] 邢永革:《山东方言词"孤堆""孤儿"探源》,《现代语文》(语言研究版)2007年经30期。

[14] 林青松:《浅谈"俺"在近代汉语和山东方言中的使用》,《华章》2009年第6期。

[15] 夏春艳:《现代山东方言动词后缀研究》，山东大学硕士学位论文，2010年。

[16] 万里:《山东方言亲属称谓的语言特点及使用情况研究》，中南大学硕士学位论文，2012年。

[17] 刘迪迪:《山东方言词汇的地域文化发探》,《现代语文》(学术综合版)2014年第5期。

[18] 宋媛:《山东方言特征谓词研究》，曲阜师范大学硕士学位论文，2014年。

[19] 张晋龙:《山东方言词汇地理研究》，山东大学硕士学位论文，2019年。

[20] 王鹏:《近30年来山东方言词汇研究综述》,《汉字文化》2020年第17期。

[21] 杨静:《山东方言称呼语"老师儿"探析》,《现代交际》2020年第12期。

[22] 宋开玉:《山东方言词缀研究》，商务印书馆2020年版。

[23] 张树铮:《方言词汇深层中的古文化词遗存举隅——没大萨、关目、穷迭剌、罣罣、摩诃罗》,《现代语文》2022年第1期。

(5)语法

[1] 高文达:《山东方言语法特点掇例》,《语言学通讯》1982年第5期。

[2] 孔昭琪:《山东方言东西区语法比较》,《泰安师专学报》(社科版)1987年第2期。

[3] 孔昭琪:《山东方言东西区语法比较(二)》,《泰安师专学报》(社科版)1987年第3期。

[4] 罗福腾:《山东方言比较句的类型及其分布》,《中国语文》1992年第3期。

[5]徐复岭:《山东方言比较句式溯源简说》,《中国语文》1995年第2期。
[6]罗福腾:《山东方言里的反复问句》,《方言》1996年第3期。
[7]罗福腾:《山东方言“V他V”结构的历史与现状》,《语言研究》1998年第1期。
[8]刘娟:《山东方言比较句式的类型学意义》,《人文述林》(第三辑),山东大学出版社1999年版。
[9]一杉刚弘:《山东方言可能补语类型》,《首届官话方言国际学术讨论会论文集》,青岛出版社2000年版。
[10]王素平:《山东方言[VP-neg]式反复问句的类型学意义》,《菏泽学院学报》2007年第1期。
[11]艾红娟:《山东方言表进行体词语的强化与更新》,《中国语文》2008年第3期。
[12]高晓虹:《助词“了”在山东方言中的对应形式及相关问题》,《语言科学》2010年第2期。
[13]张新云:《浅谈山东方言中的部分程度副词——以西齐方言区作为研究对象》,《学行堂文史集刊》2011年第1期。
[14]张孝锋:《山东老派方言中几个罕见介词》,《语文学刊》2013年第16期。
[15]张孝锋:《探究山东老派方言中几个罕见介词的消失原因》,《语文学刊》2013年第18期。
(6)其他
[1]钱曾怡、罗福腾、曹志耘、武传涛:《山东人学习普通话指南》,山东大学出版社1988年版。
[2]罗福腾:《山东方言与山东民俗探微》,《民俗研究》1988年第2期。
[3]曹志耘、钱曾怡:《山东方言与社会文化二题》,《山东大学学报》(哲社版)1991年第1期。
[4]罗福腾:《从山东谚语看民间居住习俗》,《民俗研究》1995年第4期。
[5]钱曾怡、罗福腾:《山东方言与普通话》,《山东教育》1998年第23期。
[6]董绍克:《山东方言与儒教》,《世纪之交的中国应用语言学研究》,华语教学出版社1999年版。
[7]张廷兴:《山东方言亲属称谓的文化特征》,《走向世界》2000年第1期。
[8]刁统菊:《山东民俗和方言》,《枣庄师专学报》2001年第4期。

[9] 王彦：《山东地名中的山东方言》，《民俗研究》2002年第2期。
[10] 孟繁杰、李焱：《儒佛道三教与山东方言》，《泰山学院学报》2003年第期。
[11] 韩述梅：《普通话水平测试等级标准在山东方言区测试中的运用》，《鲁东大学学报》（哲社版）2008年第6期。

2.胶辽官话·胶东·东莱片·东潍片

[1] 狄考文（Calvin Wilson Mateer）：《官话类编》（*A Course of Mandarin Lessons: Based on Idiom*），美华书馆1892年版；刘宏主编《早期北京话珍稀文献集成》，北京大学出版社2017年版。（按：内有登州音节表和潍县音节表）
[2] 丁惟汾：《齐东语》，《山东省立图书馆季刊》1931年第1卷1期。
[3] 陈培兰：《〈广韵〉入声在胶东语中的演变》，《国语周刊》1932年第47期。
[4] 汤炳正：《齐东古语摘录》，《制言》1936年第17期。
[5] 许维遹：《登州方言考略》，《语言与文学》，中华书局1937年版。
[6] 钱曾怡：《胶东方音概况》，《山东大学学报》（语文版）1959年第4期。
[7] 山东省方言调查指导组：《胶东人怎样学习普通话》，山东人民出版社1960年版。
[8] 俞敏：《中州音韵保存在山东的海边儿上》，《河北师院学报》1987年第3期。
[9] 罗福腾：《胶东方言语言崇拜与民俗》，《民俗研究》1991年第3期。
[10] 赵玉君：《胶东人如何学普通话》，《语文世界》1995年第9期。
[11] 罗福腾：《从胶东话走向普通话》，山东大学出版社1996年版。
[12] 罗福腾：《胶辽官话研究》，山东大学博士学位论文，1998年。
[13] 罗福腾：《胶辽官话概论》，《中国语学研究·开篇》1999年第18期。
[14] 刘俊一：《胶东话四声变三调的现状和趋势》，《首届官话方言国际学术讨论会论文集》，青岛出版社2000年版。
[15] 刘中平：《谈胶东方言的几个发音问题》，《现代家教》2003年第6期。
[16] 宫钦第：《从知系跟精组的层次看胶东方言与〈中原音韵〉》，《语言研究》2007年第3期。
[17] 宫钦第：《胶东方言音韵结构特征与地理、政区和移民关系》，《西南交通大学学报》2007年第2期。
[18] 姜荣：《丁惟汾〈俚语证古〉引胶东方言考》，《汉字文化》2007年第3期。

[19] 张树铮：《胶辽官话的分区（稿）》，《方言》2007年第4期。

[20] 孙慧明：《胶东方言声调的实验研究，鲁东大学硕士学位论文，2007年。

[21] 宫钦第：《胶东方言的历史演变》，浙江大学博士学位论文，2008年。

[22] 洪小熙：《山东东区东莱片方言的再分区》，《方言》2008年第2期。

[23] 宫钦第：《胶东方言曾梗通摄分混与历史地理之关系》，《郑州航空工业管理学院学报》（社科版）2010年第3期。

[24] 宫钦第：《胶东方言声调调形的历史演变》，《辽东学院学报》（社科版）2010年第4期。

[25] 刘俊一：《胶东话四声变三调的现状和趋势》，《汉字文化》2012年第5期。

[26] 刘俊一：《以山东东区方言试证〈中原音韵〉知、章、庄三系两分》，《汉字文化》2012年第3期。

[27] 亓文香：《山东胶东方言中语气词"呢"的一种特殊用法》，《汉字文化》2012年第1期。

[28] 姜仁涛：《胶东方言特征词研究》，齐鲁书社2016年版。

[29] 罗福腾：《胶辽官话尖团音的现状与演变轨迹》，《中国语言学报》（第十七期），商务印书馆2016年版。

[30] 刘辰雨：《烟威地区方言特征词研究》，山东大学硕士学位论文，2017年。

[31] 王秋雨：《胶东方言"子"尾语音调查研究》，鲁东大学硕士学位论文，2019年。

[32] 孙庆玉：《胶东方言尖团音调查研究》，鲁东大学硕士学位论文，2020年。

[33] 孙聪、张明辉：《胶辽官话极比句对比研究》，《长春师范大学学报》2020年第11期。

[34] 王临惠：《再论胶辽官话的形成与发展》，《河北师范大学学报》（哲社版）2020年第2期。

[35] 张明辉、孙聪：《胶辽官话差比句的类型》，《方言》2020年第4期。

[36] 江语林、张树铮：《东潍片方言精组声母的读音类型及演变》，《山东社会科学》2021年第3期。

[37] 孙聪：《语言类型学视角下胶辽官话比较句研究》，辽宁师范大学硕士学位论文，2021年。

3.威海市

（1）威海

[1]戚晓杰：《威海方言的正反问句式》，《烟台师范学院学报》1990年第2期。

[2]孙达光：《记述方言应注意的问题——兼评（山东）威海、陵县两部方言志》，《山东史志丛刊》1990年第6期。

[3]徐明轩：《威海方言的轻声弱化特征》，《济南大学学报》（社科版）1992年第2期。

[4]李创业主编：《威海人学普通话》，中国社会出版社1995年版。

[5]徐明轩、朴炯春：《威海方言志》，学古房1997年版。

[6]林宇：《威海方言词法辨正概要——东部沿海地区方言之比较研究》，《华侨大学学报》（哲社版）1998年第4期。

[7]张晓曼：《威海民俗与威海方言》，《民俗研究》1998年第3期。

[8]张晓曼：《威海方言儿化与语法结构分析》，《山东社会科学》2005年第10期。

[9]姜岚：《威海方言调查研究》，中国文史出版社2006年版。

[10]安忠芳：《威海话的儿化现象》，《广西大学学报》（增刊）2007年版。

[11]张传曾：《威海方言调查研究》读后，《鲁东大学学报》（哲社版）2007年第2期。

[12]董青：《山东威海方言中儿化的语法功能》，《现代语文》（语言研究版）2011年第5期。

[13]荣茜：《威海地名词研究》，山东大学硕士学位论文，2012年。

[14]姜岚：《威海方言亲属称谓及其文化特征》，《东岳论丛》2013年第5期。

[15]宋方：《威海市环翠区方言单元音的声学分析》，《佳木斯职业学院学报》2014年第12期。

[16]姜岚：《威海方言总揽》，中央编译出版社2018年版。

[17]徐海涛：《威海方言双字调“去声+上声”研究》，《吉林省教育学院学报》2018年第3期。

[18]周琳、姜岚：《威海方言程度副词语义类型分析》，《现代语文》2020年第1期。

[19]周琳：《威海方言特征词调查研究》，鲁东大学硕士学位论文，2021年。

（2）荣成

[1]陈舜政：《荣成方言音系》，（台湾）三人行出版社1974年版。

[2]王淑霞：《荣成方言志》，语文出版社1995年版。

[3]张覆贤:《荣成话》，荣成市档案馆、荣成市文物馆编(内部资料)1997年版。
[4]严翼相:《韩国春川华侨的荣成、日照方言语音特点》,《首届官话方言国际学术讨论会论文集》，青岛出版社2000年版。
[5]冯爱珍:《山东荣成方言古全浊声母平声字的今读音与闽方言古全浊声母字的不规则分化》,《首届官话方言国际学术讨论会论文集》，青岛出版社2000年版。
[6]胡淑芳:《荣成方言与其生产方式的关系》,《山西高等学校社会科学学报》2004年第9期。
[7]梁新荣:《山东荣成方言新老派语音差异研究》，山东大学硕士学位论文，2009年。
[8]王蓉蓉:《荣成(人和)方言初探》，苏州大学硕士学位论文，2011年。
[9]侯雪峰:《荣成方言语音词汇语法简探》，曲阜师范大学硕士学位论文，2014年。
[10]刘禹杉:《荣成靖海卫方言语音研究》，华侨大学硕士学位论文，2015年。
[11]房小倩:《山东荣成方言人称代词研究》，兰州大学硕士学位论文，2016年。
[12]房小倩:《山东荣成方言中的“X人”式形容词研究》,《山东广播电视大学学报》2016年第1期。
[13]赖玮、许小颖、陈丽美、朱晓农:《荣成凹调：僵声作为必备特征》,《东方语言学》(第十六辑)，上海教育出版社2017年版。
[14]王帅:《成山方言语音变异研究》，上海外国语大学硕士学位论文，2021年。
(3)乳山
[1]王颖君:《山东乳山方言复句的关联标记模式研究》，华中师范大学硕士学位论文，2011年。
[2]邵媛媛:《乳山方言中儿化的特殊功能》,《语文学刊》2014年第10期。
[3]张甜甜:《乳山话正反问句“是不/是没VP”及其类型归属》,《现代语文》2018年第6期。
[4]张甜甜:《乳山方言特殊比较句的类型学研究》,《齐齐哈尔大学学报》(哲社版)2018年第9期。
(4)文登
[1]钱曾怡:《文登、荣成方言中古全浊平声字的读音》,《中国语文》1981年第4期。
[2]连庆江:《文荣方言词汇》,《语言学通讯》1982年第6期。
[3]张卫东:《文登、荣成方言中古见系部分字的文白异读》,《语言学论丛》(第

十二辑），商务印书馆1984年版。
[4] 唐子恒：《文登话若干俚俗词语探源》，《山东大学学报》（哲社版）1996年第2期。
[5] 丛培敏、范贺强：《文登方言词语考释》，《天府新论》2005年第S2期。
[6] 丛培敏：《文登方言词汇语法研究》，四川大学硕士学位论文，2006年。
[7] 连疆：《文登话》，国际炎黄文化出版社2006年版。
[8] 王颖：《文登方言语法研究》，山东大学硕士学位论文，2013年。

4.烟台市

（1）烟台

[1] 卫三畏（Samuel Wells Williams）：《汉英韵府》，英华书院1874年版；大象出版社2016年版。（按：每个音节后有芝罘读音）
[2] 中文系社会实践方言调查小组：《烟台方言报告》，《山东大学学报》（语文版）1963年第3期。
[3] 钱曾怡等：《烟台方言报告》，齐鲁书社1982年版。
[4] 陈洪昕：《烟台地区方言被动句说略》，《烟台师院学报》1984年第2期。
[5] 陈洪昕：《烟台方言音系（上）——烟台方言调查研究之一》，《烟台师范学院学报》（哲社版）1988年第1期。
[6] 陈洪昕等：《烟台方言音系（下）——烟台方言调查研究之一》，《烟台师范学院学报》（哲社版）1988年第2期。
[7] 张占山、李如龙：《虚化的终极：合音——以烟台方言若干虚成分合音为例》，《鲁东大学学报》（哲社版）2007年第2期。
[8] 张政：《烟台方言特点浅析》，《安徽文学》2008年第10期。
[9] 楼枫：《烟台方言程度副词研究》，《重庆科技学院学报》（社会科学版）2011年第13期。
[10] 翟红华、徐荣、杨倚天：《新派烟台方言单字调的实验语音研究》，《泰山学院学报》2013年第5期。
[11] 刘探宙：《烟台芝罘话一种名、动同模式的变韵》，《方言》2013年第2期。
[12] 刘洪蒨、冯铁山：《烟台方言特征词及其文化内涵》，《现代语文》（语言研究版）2014年第11期。

[13] 刘力华:《烟台方言与普通话词汇对应度的实证研究》，华东师范大学硕士学位论文，2014年。
[14] 孙蕊:《烟台方言三字组连读变调的优选论解释》,《成都师范学院学报》2014年第4期。
[15] 林琳:《一百五十年前的烟台话音系研究——传教士字典〈汉英韵府〉烟台话音系》,《长春师范大学学报》2017年第3期。
[16] 李家琦、郭文娟、王东海:《烟台芝罘区方言词汇趋近普通话的现状调查与研究》,《语言文字应用》2018年第4期。
(2) 福山
[1] 齐静:《福山方言语法表现及其特点研究》，鲁东大学硕士学位论文，2018年。
(3) 海阳
[1] 王玉霞:《海阳方言的语音词汇研究》，上海师范大学硕士学位论文，2012年。
[2] 牟明磊:《海阳方言语气词研究》，上海交通大学硕士学位论文，2013年。
(4) 莱阳
[1] 宫钦第:《莱阳方言音韵的历史层次》，苏州大学硕士学位论文，2005年。
[2] 宫钦第、栾瑞波:《山东莱阳话的几种语音屈折形式》,《中国语文》2010年第2期。
[3] 栾瑞波、宫钦第:《山东莱阳方言的儿化现象》,《浙江万里学院学报》2006年第1期。
[4] 栾瑞波、宫钦第:《山东莱阳话里的“着尾音变”》,《邢台职业技术学院学报》2007年第6期。
[5] 亓海峰:《莱阳方言次浊平声变化的社会语言学考察》,《语言研究集刊》(第七辑)，上海辞书出版社2010年版。
[6] 李婧超:《山东莱阳方言声母系统的三方面特征》,《现代语文》(语言研究版)2013年第2期。
(5) 莱州
[1] 太田斋:《掖县方言调查报告稿(1)》,《神户外大论丛》(大芝孝教授·长田夏树教授记念号)1986年第37卷4号。
[2] 太田斋:《掖县方言调查报告稿(2)》,《神户外大论丛》1987年第38卷7号。
[3] 太田斋:《掖县方言调查报告稿(3)》,《神户外大论丛》1988年第39卷6号。

[4] 太田斋:《掖县方言调查报告稿(4)》,《神户外大论丛》1989年第40卷5号。
[5] 陈洪昕:《莱州方言特殊结构初探》,《烟台师范学院学报》(哲社版)1993年第4期。
[6] 钱曾怡、太田斋、陈洪昕、杨秋泽:《掖城音系——掖县方言调查研究之一》,《アジア言语论丛》1998年第3期。
[7] 钱曾怡、太田斋、陈洪昕、杨秋泽:《掖城词汇——掖县方言调查研究之二》,《アジア言语论丛》1999年第3期。
[8] 钱曾怡、太田斋、陈洪昕、杨秋泽:《掖城词汇与语法——掖县方言调查研究之三》,《アジア言语论丛》1999年第4期。
[9] 钱曾怡、太田斋、陈洪昕、杨秋泽:《莱州方言志》,齐鲁书社2005年版。
[10] 杨冰梅:《〈莱州方言志〉中"马虎"一词来历考》,《濮阳职业技术学院学报》2009年第3期。
[11] 李佳怡:《莱州方言前缀研究》,《韶关学院学报》2011年第9期。
[12] 李佳怡:《莱州方言语法专题研究》,广西师范大学硕士学位论文,2012年。
[13] 孙克敏:《古莱州方言"去分阴阳"——基于对共时材料的统计分析》,《语言研究》2016年第3期。
[14] 王学峰:《山东莱州方言与普通话语音差异分析》,《鲁东大学学报》(哲社版)2019年第3期。
[15] 刘玥:《莱州方言语音内部地理差异研究》,山东大学硕士学位论文,2020年。
(6)龙口
[1] 高文达:《山东黄县方音与北京语音的对应》,《方言与普通话集刊》(第八本)1961年版。
[2] 禚韬:《龙口方言与普通话"儿化"比较研究》,中央民族大学硕士学位论文,2010年。
[3] 王丹丹:《山东龙口方言语音实验研究》,西北师范大学硕士学位论文,2014年。
[4] 孟津含:《中古入声字在龙口方言中的读音分析》,《现代语文》2018年第5期。
(7)牟平
[1] 罗福腾:《牟平方言的比较句和反复问句》,《方言》1981年第4期。
[2] 孔昭琪:《牟平方言的同素异序词》,《语言学通讯》1982年第5期。

［3］罗敬之：《牟淄地区方言举隅》，（台湾）《珠海学报》1985年第14期。

［4］孔昭琪：《牟平方言的音群韵脚》，《泰安师专学报》（社科版）1986年第2期。

［5］孔明琪：《牟平方言的介词“起”》，《泰安师专学报》1988年第1期。

［6］孔昭琪：《牟平方言语法调查》，《语海新探》（第二辑），山东教育出版社1989年版。

［7］罗福腾：《牟平方言亲属称谓的发展变化》，《汉语研究论集》，中国矿业大学出版社1989年版。

［8］罗福腾：《牟平方言的几种常见句式》，《方言》1992年第2期。

［9］罗福腾：《牟平方言志》，语文出版社1992年版。

［10］刘娟：《牟平方言上上相连的变调分析》，《山东大学学报》（哲社版）1994年第1期。

［11］罗福腾：《牟平方言词典》引论，《方言》1995年第1期。

［12］罗福腾：《牟平方言词典》，江苏教育出版社1997年版。

［13］林开甲：《从几组统计数字看〈牟平方言词典〉》，《方言》1998年第4期。

［14］张宗正、张晓曼：《〈牟平方言词典〉的特点》，《方言》1998年第4期。

［15］罗敬之：《一缕乡音　千缕乡情》，《方言》1998年第4期。

［16］罗敬之：《牟平方言二题》，《首届官话方言国际学术讨论会论文集》青岛出版社2000年版。

［17］孔昭琪：《牟平方言的比喻》，《齐鲁文化研究》（总第12辑），泰山出版社2012年版。

（8）蓬莱（长岛）

［1］吕长仲：《蓬莱方言音系》，《语言学通讯》1982年第5期。

［2］钱曾怡、罗福腾：《长岛方言音系》，《内陆アジア言语の研究》（Ⅵ）1991年第3期。

［3］钱曾怡、罗福腾、孔宪浩：《长岛方言志》，《山东史志丛刊增刊》1992年版。

［4］洪小熙：《蓬莱方言语音研究》，山东大学硕士学位论文，2005年。

［5］徐美玲：《蓬莱方言语法专题研究》，广西师范大学硕士学位论文，2018年。

［6］于清、张廷国：《长岛方言的使用现状与维护》，《文化学刊》2018年第2期。

（9）栖霞

［1］刘翠香：《山东栖霞方言中表示处所/时间的介词》，《方言》2004年第2期。

[2] 刘翠香、施其生:《山东栖霞方言相当于普通话“了”的虚成分》,《语文研究》2004年第2期。
[3] 刘翠香:《山东栖霞方言的持续体》,《方言》2007年第2期。
[4] 林美伶:《山东栖霞方言形容词性的生动形式》,《新余高专学报》2008年第3期。
[5] 林美伶:《山东栖霞方言形容词性生动形式》,浙江师范大学硕士学位论文,2009年。
[6] 高爱宁:《山东栖霞方言“好一个+VP”之考察》,浙江师范大学硕士学位论文,2011年。
[7] 刘翠香:《山东栖霞方言“不”、“没”的特殊用法》,《沈阳师范大学学报》(社会科学版)2011年第3期。
[8] 刘翠香:《山东栖霞方言的“没”与“没有”》,《韶关学院学报》2011年第5期。
[9] 刘翠香:《山东栖霞方言的程度补语“和什么”及其来源——兼谈普通话“什么似的”》,《沈阳师范大学学报》(社会科学版)2014年第3期。
[10] 刘翠香:《山东栖霞方言连词“啵”及其语法化》,《中山大学学报》(社会科学版)2014年第3期。
[11] 刘翠香:《山东栖霞方言来源于处所结构的语气词》,《方言》2016年第3期。
[12] 刘翠香:《山东栖霞方言伴随义介词及其来源》,《惠州学院学报》2017年第1期。

(10)招远

[1] 许卫东:《山东招远话中的AA式和AAB式正反问句》,《中国语文》2005年第5期。
[2] 孙苹:《山东招远方言音系》,《现代语文》(语言研究版)2007年第6期。
[3] 许卫东:《招远话中表“消极禁止”的“让”字句》,《中国语文》2007年第4期。
[4] 亓海峰:《招远方言声调格局的变异》,《汉语学报》2011年第2期。

5.青岛市

(1)青岛

[1] 坂本一郎:《青岛方言概说(一)(二)(三)》,《华语月刊》1940年第89号、

90号、91号。
[2]姜宝昌:《青岛音系概说》,《语言学通讯》1982年第5期。
[3]青岛市推广普通话教材编写组:《青岛人怎样学说普通话》，青岛出版社1987年版。
[4]李行杰:《中古知庄章精见端六组声母在青岛地区的分合》,《首届晋方言国际学术研讨会论文集》，山西高校联合出版社1996年版。
[5]李行杰:《青岛方言：历史与现状》,《青岛大学师范学院学报》1996年第1期。
[6]李行杰主编:《青岛市志·方言志》，新华出版社1997年版。
[7]张鸿魁:《读〈青岛市志·方言志〉》,《方言》1999年第1期。
[8]尹梅:《青岛方言单字调实验研究》,《文教资料》2007年第34期。
[9]尹梅:《青岛方言声调实验研究》，南京师范大学硕士学位论文，2008年。
[10]朱维蔚:《青岛方言声调连续变调的音系学分析》，华东师范大学硕士学位论文，2009年。
[11]李敬巍、宋丽华:《青岛地区三重语言现象浅析》,《语文学刊》2009年第2期。
[12]付新军:《青岛城阳方音研究》，漳州师范学院硕士学位论文，2010年。
[13]付新军:《从城阳方言看〈中原音韵〉知庄章三系声母的分合》,《江汉大学学报》(人文科学版)2010年第1期。
[14]张钟佩:《青岛方言俗字本字考》,《现代语文》(语言研究版)2011年第6期。
[15]李雪:《青岛方言量词“个”的研究》，延边大学硕士学位论文，2013年。
[16]戴宗杰:《青岛方言的“几时”和“几更”》,《中国语文》2014年第1期。
[17]方颖超:《青岛方言中的外来词和古语词研究》，山东大学硕士学位论文，2015年。
[18]王英楠:《青岛方言中“X + VP + 起 + Y”句式研究》,《语文学刊》2015年第13期。
[19]孙彦:《山东青岛方言中的谓词变韵现象》,《中国方言学报》(第六期)，商务印书馆2016年版。
[20]付新军:《山东青岛方言“害 + V/A”构式探析》,《方言》2017年第3期。
[21]姜燕、李治泽:《胶辽官话区村落语言生活调查——以青岛市黄岛区瓦屋庄村为个案》,《山西大同大学学报》(社会科学版)2019年第2期。

[22] 杨行:《青岛方言元音声学空间实验研究》, 上海师范大学硕士学位论文, 2019年。

(2) 黄岛(胶南)

[1] 太田斋:《胶南方言调查报告(稿)》,《神户外大论丛》1990年第41卷。

[2] 李行杰:《胶南方言的儿化问题》,《青岛大学师范学院学报》1997年第3期。

[3] 李丽娜:《山东胶南方言声韵调系统调查》,《聊城大学学报》(社科版)2004年第2期。

[4] 殷晓杰:《山东胶南话的语气词"开"》,《中国语文》2006年第6期。

[5] 王德凤:《山东方言特殊词语来源分析——以胶南方言为例,《安徽文学》2008年第4期。

[6] 刘文章:《胶南方言单字调实验研究》,《语文学刊》2014年第10期。

[7] 姜燕:《黄岛话韵母后滑音初探》,《汉藏语学报》(第10期), 商务印书馆2018年版。

(3) 即墨

[1] 坂本一郎:《即墨方言音韵语汇》,《支那研究》1940年第54号。

[2] 张绍麒:《山东即墨话声母系统的三个特点》,《烟台师院学报》1986年第2期。

[3] 赵日新、沈明、扈长举:《即墨方言志》, 语文出版社1991年版。

[4] 刘健:《即墨方言词缀研究》,《烟台教育学院学报》2004年第1期。

[5] 王玉佳:《即墨方言研究》, 广西民族大学硕士学位论文, 2016年。

[6] 于文文:《山东即墨方言程度副词研究》,《大众文艺》2018年第23期。

[7] 于文文:《山东即墨方言副词研究》, 辽宁师范大学硕士学位论文, 2019年。

(4) 胶州

[1] Kallgren, Gerty. *Notes on the Kiaohsien dialect*. Bulletin of the Museum of Far Eastern Antiquities 1955.

[2] 周翠英:《胶州方言中"着"的特殊用法》,《青岛大学师范学院学报》2002年第4期。

[3] 周翠英:《胶州方言的强程度表示法》,《青岛大学师范学院学报》2008年第2期。

[4] 范倩倩:《胶州话与普通话的语法差异研究》, 扬州大学2010年版。

[5] 张续龙:《从〈胶州志〉看道光时期胶州方言的音韵特点》,《山东农业大学

学报》(社会科学版)2017年第4期。
[6] 韩传瑜:《山东胶州方言两种特殊句式研究》，华中师范大学硕士学位论文，2018年。
[7] 宋兆祥、王南冰:《青岛胶州方言研究》，中国社会科学出版社2018年版。
[8] 李静宇:《胶州方言塞擦音性质的实验研究》，山东大学硕士学位论文，2019年。
[9] 刘宇佳:《胶州方言声调实验研究》，山东大学硕士学位论文，2019年。
(5)莱西
[1] 王文君、李绪坤:《莱西方言的特点及其辨正》,《青岛教育学院学报》(莱西师训专辑)1996年第1期。
[2] 李行杰:《莱西店埠方音四题》,《首届官话方言国际学术讨论会论文集》，青岛出版社2000年版。
[3] 于璠:《山东莱西方言单字音声调声学实验研究》,《四川职业技术学院学报》2014年第4期。
[4] 杨欣、崔山佳:《莱西方言中的“乜”》,《汉字文化》2016年第4期。
[5] 杨欣:《莱西方言指示词研究》，浙江财经大学硕士学位论文，2017年。
(6)平度
[1] 戴磊:《平度方音与普通话语音的异同及其对应规律》,《方言与普通话集刊》(第二本)1958年版。
[2] 薛凤生:《论平度方音之官话成分》,《清华学报》1973年第1期。
[3] 钱曾怡、曹志赟、罗福腾:《平度方言内部的语音差别》,《方言》1985年第3期。
[4] 于克仁:《平度方言志》，语文出版社1992年版。
[5] 吴永焕:《山东平度方言去声分归阴、阳平的语音考察》,《语言研究》2006年第2期。
[6] 张艳艳:《平度方言的形容词生动形式》,《时代文学》(上半月)2012年第10期。
[7] 孙旭明:《平度方言和普通话的时间副词对比研究》，山东大学硕士学位论文，2015年。

6.潍坊市
(1)潍坊
[1] 山东省方言调查指导组:《昌潍人怎样学习普通话》，山东人民出版社1960

年版。

[2] 赵雷:《昌潍地区方言土语语义探源》,《民俗研究》1990年版3期。

[3] 潍坊市师范院校协编:《潍坊方言与普通话》,山东大学出版社1990年版。

[4] 钱曾怡、罗福腾:《潍坊方言志》,潍坊新闻出版局1992年版。

[5] 冯荣昌:《潍坊方言的代词》,《语言研究》1992年第2期。

[6] 冯荣昌:《山东潍坊方言的比较句》,《中国语文》1996年第4期。

[7] 刘家忠:《潍坊方言中的助词"来"》,《昌潍师专学报》(社科版)1996年第4期。

[8] 张一波:《潍坊方音的主要特点及其与大连方音的比较》,《大连教育学院学报》1997年第2期。

[9] 金海燕:《潍坊方言语调的成因探讨》,《潍坊高等专科学校学报》2000年第2期。

[10] 刘家忠:《潍坊方言中的"同指异称"与"同称异指"现象》,《潍坊学院学报》2002年第1期。

[11] 周国柱:《潍坊方言与普通话声母系统的差异及其辨正》,《科技资讯》2006年第22期。

[12] 韩秋菊:《潍坊方言中亲属称谓"婶"指称内涵》,《现代语文》(语言研究版)2006年第3期。

[13] 陈金芳:《潍坊方言语词浅释几则》,《现代语文》(语言研究版)2007年第7期。

[14] 赵晖:《山东潍坊方言的指示代词》,《潍坊学院学报》2007年第5期。

[15] 宋英:《潍坊方言的亲属称谓研究》,《考试周刊》2008年第43期。

[16] 韩志湘:《潍坊方言中"着"的特殊用法》,《潍坊学院学报》2009年第1期。

[17] 刘坤:《潍坊方言事态助词"来"及其相关研究》,上海师范大学硕士学位论文,2011年。

[18] 朱慧娟:《中古知庄章声母在潍坊方言中的读音研究》,上海师范大学硕士学位论文,2014年。

[19] 徐荣:《潍坊方言与普通话的声母对比研究》,《教育教学论坛》2019年第14期。

[20] 李路瑶:《潍坊方言体貌助词"开"的句法和语义》,曲阜师范大学硕士学位论文,2021年。

(2)安丘

[1] 周干庭:《安丘土语志》,齐鲁大学国学研究所1939年版。

[2] 曹正一:《山东安丘方音和北京音》,《方言与普通话集刊》(第八本)1961年版。
[3] 曹正一:《安丘方言词汇》,《方言与普通话集刊》(第八本)1961年版。
[4] 曹正一:《山东安丘方言在词汇话法上的一些特点》,《方言与普通话集刊》(第八本)1961年版。
[5] 赵光智:《山东安丘方言里可用"的的"》,《中国语文》1990年第4期。
[6] 赵光智:《山东安丘方言的儿化现象》,《潍坊学院学报》2002年第1期。
[7] 李建萍:《安丘方言词汇特点分析》,《语文学刊》2009年第11期。
[8] 李建萍:《安丘凌河方言中的比较句》,《潍坊教育学院学报》2009年第1期。
[9] 周琳:《安丘方言语法研究》,贵州师范大学硕士学位论文,2014年。
[10] 李相霖:《潍坊安丘方言单字调实验研究报告》,《现代语文》(学术综合版)2016年第4期。
[11] 李相霖:《安丘方言表体的合音变调,《潍坊学院学报》2018年第3期。
[12] 邓筱:《〈安邱土语志〉词汇研究》,暨南大学硕士学位论文,2018年。
[13] 王玉娇:《安丘方言特殊语法现象探究》,《潍坊学院学报》2020年第3期。
(3)昌乐
[1] 王桂亮、钟虹:《汉语方言"了"类标记的分化及其成因——以山东昌乐话为例》,《江汉学术》2015年第6期。
(4)昌邑
[1] 于莹莹:《昌邑方言语音研究》,山东大学硕士学位论文,2008年。
[2] 韩莎莎:《昌邑方言语音研究》,山东师范大学硕士学位论文,2009年。
[3] 魏新丽:《昌邑方言虚词变读现象研究》,北京大学硕士学位论文,2013年。
(5)高密
[1] 董绍克:《高密方言的儿化》,《山东师范大学学报》(社科版)1993年第1期。
[2] 陈倩倩:《浅析〈红高粱家族〉中的高密方言词》,《语文学刊》2006年第4期。
[3] 赵丽丽:《高密方言中特有比较句的分析》,《语文学刊》2007年第9期。
[4] 曹文兰:《山东高密方言声韵调系统调查》,《现代语文》(语言研究版)2008年第2期。
[5] 王文娟:《山东高密方言中"VV+的"和"AA+的"重叠式》,《现代语文》(语言研究版)2008年第8期。
[6] 兰云云:《山东高密方言程度表示法》,《现代语文》(语言研究版)2010年第

7期。
[7]王汝芹:《山东高密方言的语音特点》,《语文学刊》2012年第3期。
[8]赵杰:《高密方言语音研究》,山东大学硕士学位论文,2012年。
(6)寒亭
[1]王文瀚:《山东寒亭方言语音的实验研究》,暨南大学硕士学位论文,2013年。
(7)临朐
[1]王晖:《山东临朐话的时间助词“着”》,《中国语文》1991年第2期。
[2]王晖:《临朐话表示行为动作状态持续的“VV着”结构》,《东方论坛》2009年第3期。
[3]曾范国:《山东临朐方言调查研究》,四川师范大学硕士学位论文,2010年。
[4]林绍志:《临朐方言》,齐鲁书社2013年版。
[5]崔琛琛、刘金:《山东临朐方言词汇探究》,《潍坊学院学报》2016年第3期。
(8)青州
[1]张树铮:《山东青州北城满族所保留的北京官话方言岛记略》,《中国语文》1995年第1期。
[2]于萍:《浅谈青州方言助词“着、了、过”》,《潍坊教育学院学报》2005年第1期。
[3]于萍:《青州方言内部差异研究》,山东大学硕士学位论文,2005年。
[4]杨萍:《山东青州满族村语言使用状况调查》,《西北第二民族学院学报》(哲社版)2007年第1期。
[5]郝静芳、王洪秀:《山东青州方言的程度副词“刚”研究》,《语文学刊》2008年第10期。
[6]王镇、徐美红、王丽丽、王琴书:《青州满族方言中的特殊语言现象》,《美与时代》(下)2012年第9期。
[7]孟庆刚、马守业主编:《青州方言俗语》,中国文史出版社2013年版。
[8]唐树栋、孟庆珍:《青州方言土语的特点及书面用字探讨》,《潍坊工程职业学院学报》2013年第3期。
[9]郝静芳:《山东省青州方言的特色程度副词研究》,《西华大学学报》(哲社版)2014年第4期。
[10]张树铮:《山东青州北城满族所保留的北京官话方言岛的现状及其发展趋势》,

庄初升、邹晓玲主编《濒危汉语方言研究》，中山大学出版社2016年版。
[11] 王璐婷：《青州回民汉语方言语音词汇调查研究》，山东大学硕士学位论文，2021年。

(9) 寿光

[1] 董遵章：《山东寿光方言里的一些语音、语法现象》，《中国语文》1957年第5期。
[2] 张树铮：《寿光方言的指示代词》，《中国语文》1989年第2期。
[3] 张树铮：《山东省寿光方言的形容词》，《方言》1990年第3期。
[4] 张树铮：《从寿光方言看〈中原音韵〉的知庄章声母》，《中原音韵新论》，北京大学出版社1991年版。
[5] 张树铮：《山东省寿光方言的助词》，《方言》1995年第1期。
[6] 张树铮：《寿光方言志》，语文出版社1995年版。
[7] 张树铮：《山东寿光北部方言的儿化》，《方言》1996年第4期。
[8] 张树铮：《寿光方言古调值内部构拟的尝试》，《方言历史探索》，内蒙古人民出版社1999年版。
[9] 单强：《寿光方言土语语汇例说》，《潍坊教育学院学报》2002年第2期。
[10] 单强：《寿光方言土语语汇例说（续）》，《潍坊教育学院学报》2002年第3期。
[11] 柴晓锦、曹文兰：《山东寿光方言中的附加式构词法概述》，《现代语文》（语言研究版）2008年第8期。
[12] 柴晓锦：《寿光方言中的比较句和反复问句》，《潍坊教育学院学报》2008年第2期。
[13] 周赛华：《抄本〈读韵入门〉音系与寿光方音》，《汉语史研究集刊》（第三十辑），四川大学出版社2021年版。

(10) 诸城

[1] 丁志坤：《诸城话与标准语语音的系统比照》，《山东大学学生科学论文集刊》（人文版）1956年第1卷4期。
[2] 钱曾怡、罗福腾、曹志赟：《山东诸城、五莲方言的声韵特点》，《中国语文》1984年第3期。
[3] 钱曾怡、罗福腾、曹志耘：《山东诸城方言的语法特点》，《中国语文》1992年第1期。
[4] 钱曾怡、曹志耘、罗福腾：《诸城方言志》，吉林人民出版社2002年版。

[5] 张崇琛:《谈方言的文化价值——以诸城方言为例》,《职大学报》2013年第3期。

7. 日照市

(1) 日照

[1] 岳立静:《日照方言知庄章和精见端的读音类型》,《方言》2005年第3期。
[2] 岳立静:《日照方言语音的内部差异及其社会历史原因》,《民俗研究》2008年第1期。
[3] 姜荣、孙夫荣:《丁惟汾〈俚语证古〉引日照方言考》,《文化学刊》2008年第3期。
[4] 张锋:《日照方言舌音端组的读音类型及其成因》,《现代语文》(语言研究版)2009年第3期。
[5] 牟海霞:《浅议日照方言中的"叫"字句》,《西安社会科学》2009年第1期。
[6] 牟海霞:《日照方言调查报告》,陕西师范大学硕士学位论文,2010年。
[7] 吴秀玲、刘冬冰:《山东日照方言中的连读变调》,《现代语文》(语言研究版)2010年第1期。
[8] 王婷:《山东日照方言两字组连续变调的优选论分析》,《语文学刊》2011年第15期。
[9] 吴秀玲:《日照方言研究》,南京林业大学硕士学位论文,2011年。
[10] 张锋锋:《日照方言称人词语研究》,山东师范大学硕士学位论文,2012年。
[11] 李玉玲:《日照方言古"日"母字读半元音原因探析》,《德州学院学报》2013年第5期。
[12] 曲彦斌:《丁惟汾的〈俚语证古〉和〈方言音释〉》,《寻根》2013年第6期。
[13] 房日亮:《山东日照方言的"或了"句和"的或了"句》,《方言》2014年第4期。
[14] 冯青青:《日照巨峰方言音系及其特点》,《山东理工大学学报》(社会科学版)2014年第1期。
[15] 李芳:《日照方言舌冠擦音的发音部位》,《第十一届中国语音学学术会议(PCC2014)论文集》2014年版。
[16] 李芳:《日照方言辅音实验语音学研究》,上海大学硕士学位论文,2015年。

[17]许井岗、杨晓健：《日照（涛雒）方言声母特点论略》，《语言科学》2015年第3期。

[18]赵燕：《〈俚语证古〉方言词汇研究》，吉首大学硕士学位论文，2017年。

[19]郁秀青：《山东岚山方言语音内部差异研究》，山东大学硕士学位论文，2021年。

（2）莒县

[1]石明远：《山东省莒县方言音系》，《方言》1987年第3期。

[2]石明远：《古庄章知三组声母在莒县方言的演变》，《方言》1990年第2期。

[3]石明远：《山东省莒县方言》，东京外国语大学《アジア·アフリヵ言语文化研究》1992年第2期。

[4]石明远：《莒县方言志》，语文出版社1995年版。

[5]唐雷、林春田：《山东莒县大砚疃"调侃儿"》，《现代语文》（语言研究版）2006年第9期。

[6]钱永文：《莒县话儿化音节的结构》，《甘肃高师学报》2006年第4期。

[7]李仕春、艾红娟：《山东莒县方言动词的合音变调》，《语言科学》2008年第4期。

[8]杜凤梅：《莒县方言儿化音系学研究》，《殷都学刊》2010年第1期。

[9]张其娟：《山东莒县方言的特色词缀"子"的语义分析》，《文教资料》2011年第6期。

[10]董济娇：《莒县方言句法研究》，西北师范大学硕士学位论文，2014年。

[11]李晓雨：《山东莒县方言尖团音语音变异研究》，上海外国语大学硕士学位论文，2018年。

[12]亓海峰：《山东莒县方言尖团音的社会地理语言学研究》，《语言研究集刊》（第二十三辑），上海辞书出版社2019年版。

[13]亓海峰、远藤光晓：《山东莒县方言尖团音变异的初步考察》，《汉语史与汉藏语研究》（第五辑），中国社会科学出版社2019年版。

（3）五莲

[1]厉国华：《山东五莲话语音新老派差异研究》，中央民族大学硕士学位论文，2013年。

[2]于丹：《五莲方言语音研究》，山东大学硕士学位论文，2015年。

8. 冀鲁官话·鲁北·鲁西·鲁西北·西鲁·山东中西部·中北部·黄河口

[1] 张鸿魁:《鲁西方言中的儿化韵两读现象》,《首届官话方言国际学术讨论会论文集》，青岛出版社2000年版。

[2] 杨秋泽:《黄河口方言词语与地域文化摭谈》,《首届官话方言国际学术讨论会论文集》，青岛出版社2000年版。

[3] 沈兴华:《黄河三角洲方言研究》，齐鲁书社2005年版。

[4] 张树铮:《冀鲁官话清入归派的内部差异及历史层次——兼论北京官话的清入散归四声和冀鲁官话的特点》,《中国语言学报》，商务印书馆2006年版。

[5] 刘淑学:《冀鲁官话的分区(稿)》,《方言》2006年第4期。

[6] 宋洪民:《鲁北三县语调的"单调性"及其对"舒声促化"和"准舒声促化"的影响》,《语言科学》2006年第2期。

[7] 岳立静:《山东中西部方言反复问句300年来的演变——以《醒世姻缘传》为例》,《东岳论丛》2006年第3期。

[8] 岳立静、黄永红:《山东中西部方言的事态助词"了"》,《东岳论丛》2008年第5期。

[9] 唐雪凝、张金圈:《从山东北部方言看定语标记的类型与演变》,《语言教学与研究》2013年第1期。

[10] 鲍霞:《山东中北部黄河流域方言语法研究》，山东大学硕士学位论文，2013年。

[11] 亓文婧:《冀鲁官话日母字研究》，山东大学硕士学位论文，2014年。

[12] 宋怡琳:《鲁北方言两字组连调研究》，山东大学硕士学位论文，2021年。

[13] 代阳:《鲁西北四区县回民汉语方言语音研究》，山东大学硕士学位论文，2021年。

9. 东营市

[1] 杨秋泽:《广饶音系》,《内陆アジア言语の研究》(VI) 1991年第3期。

[2] 杨秋泽:《东营方言研究》，中国国际文化出版社2009年版。

[3] 任朝丽:《广饶方言研究》,《读天下》2016年第9期。

[4] 秦曰龙:《山东省广饶县大桓台话音系及其特点》,《华夏文化论坛》(第1辑)，吉林大学出版社2020年版。

[5] 杨秋泽:《垦利方言语音概说》,《胜利油田师范专科学校学报》2004年第1期。
[6] 杨秋泽:《利津方言的阴入调》,《山东大学文科论文集刊》1983年第1期。
[7] 杨秋泽:《利津方言志》，语文出版社1990年版。
[8] 陈荣花:《小议山东利津方言景观》,《现代语文》(语言研究版)2011年第5期。
[9] 刘承峰:《利津方言“着”研究》,《语言研究集刊》(第九辑)，上海辞书出版社2012年版。
[10] 张盼盼、冯铁山:《山东利津方言词汇的基本特征及文化归因分析》,《现代语文》(语言研究版)2015年第10期。

10.滨州市

[1] 王晓莹:《滨州方言文白异读地理语言学研究》，云南师范大学硕士学位论文，2016年。
[2] 王小梅:《山东滨州方言语音研究》，山东大学硕士学位论文，2017年。
[3] 金一凡:《滨州回民汉语方言语音词汇调查研究》，山东大学硕士学位论文，2021年。
[4] 宋怡琳:《滨州方言重重型两字组连读变调研究》,《现代语文》2022年第1期。
[5] 杨秋泽:《博兴方言音系》,《中国语学研究·开篇》1997年第16期。
[6] 忌浮:《〈韵助略集〉与十八世纪初叶的山东长山方音》,《南开语言学刊》2004年第2期。
[7] 艾红娟:《山东长山方言语音研究》，浙江大学博士学位论文，2008年。
[8] 艾红娟:《山东长山方言的轻声》,《语文学刊》2011年第1期。
[9] 艾红娟:《山东长山方言研究》，语文出版社2012年版。
[10] 津化:《山东惠民话中的“伯、叔”》,《中国语文》1998年版4期。
[11] 王海清:《无棣县方言语音研究》，山东师范大学硕士学位论文，2002年。
[12] 张金圈:《山东无棣方言与普通话声母、韵母比较》,《现代语文》(语言研究版)2007年第11期。
[13] 张金圈、田丽娜:《无棣方言中的后置假设连词“也似的”》,《语文学刊》2010年第1期。
[14] 张金圈:《冀鲁官话无棣方言中的“也似的”——兼论汉语比拟助词的来源》,《语言研究》2013年第3期。

[15] 刘晓凤:《冀鲁官话无棣方言亲属称谓语使用研究》，中央民族大学硕士学位论文，2013年。
[16] 张金圈:《无棣方言志》，世界图书出版广东有限公司2015年版。
[17] 张磊:《山东无棣方言的定语标记“那[·nə]”》,《方言》2021年第1期。
[18] 杨霄丽:《阳信方言词汇研究》，山东师范大学硕士学位论文，2009年。
[19] 宋洪民:《从山东沾化方言的清入归派看〈中原音韵〉的语音基础》,《烟台师范学院学报》(哲社版)2005年第3期。
[20] 贾华杰:《沾化方言亲属称谓语“奶”探析》,《语文学刊》2009年第23期。
[21] 宋洪民、朱建萍:《山东沾化方言中“了(那)”的承指用法——兼谈“了(那)”用作定语和中心语间的联系项》,《鲁东大学学报》(哲社版)2012年第3期。

11.淄博市

(1)淄博

[1] 罗福腾:《〈聊斋俚曲〉与淄博方言的比较句》,《蒲松龄研究》1993年第Z1期。
[2] 孟庆泰:《淄博地区的语言崇拜与习俗》,《民俗研究》1994年第3期。
[3] 于思湘:《淄博方言中的“V + 不 + V + 底 + V”句型》,《淄博师专学报》1997年第4期。
[4] 张树铮:《淄博等地方言的儿化变韵与幼儿型儿化》,《方言历史探索》，内蒙古人民出版社1999年版。
[5] 张永铭、孟庆泰:《山东淄博方言“看他看”结构三百年间的发展变化》,《首届官话方言国际学术讨论会论文集》，青岛出版社2000年版。
[6] 于思湘:《淄博方言中的双重“的”字短语》,《胜利油田师范专科学校学报》2000年第1期。
[7] 孟淑娟:《淄博话的形比句》,《青岛大学师范学院学报》2000年第4期。
[8] 孟庆泰:《山东淄博方言的重叠式》,《中国语文》2002年第2期。
[9] 于中:《淄博乡音乡俗》,(香港)华夏文化出版社2002年版。
[10] 于思湘:《淄博方言语法现象研究》,《山东理工大学学报》(社科版)2004年第5期。
[11] 张丽霞、步连增:《现代汉语双“的”连用现象的描写及来源探析——以淄

博方言为例》,《山东理工大学学报》(社科版)2008年第5期。
[12]钱慧真:《今齐方言中的古语词论析》,《管子学刊》2008年第2期。
[13]曹晓燕:《论张店方言的几个语音特点》,天津师范大学硕士学位论文,2010年。
[14]李楠:《“语用学”视域下淄博方言中的“形容词”》,《东南大学学报》(哲社版)(增刊)2011年版。
[15]李楠:《淄博方言的形容词研究》,山东师范大学硕士学位论文,2011年。
[16]王苗:《淄博方言中“来”字用法两种》,《语文学刊》2013年第8期。
[17]田家隆:《淄博方言“AAA”式名词重叠用法研究》,《山东理工大学学报》(社会科学版)2015年第2期。
[18]甄珍、陈蒙:《山东淄博方言指示词的三分现象》,《方言》2018年第4期。
[19]翟春龙:《山东淄博张店方言的“轻声前变调”》,《方言》2018年第3期。
[20]蒋方卿:《淄博方言体范畴研究》,《汉字文化》2020年第10期。
[21]王璇:《从变调看淄博方言声调演变的几个问题》,上海师范大学硕士学位论文,2021年。
(2)博山
[1]钱曾怡、刘聿鑫、太田斋:《博山方音记》,《山东大学文科论文集刊》1982年第1期。
[2]钱曾怡、刘聿鑫、太田斋:《博山方言词汇》,《语海新探》(第一辑),山东教育出版社1984年版。
[3]山下辉彦:《现代中国语におけるTone Sandhi の样相——山东省博山方言について》,《庆应义塾大学言语文化研究所纪要》1984年第16期。
[4]山下辉彦:《博山方言三字语のTone Sandhi について》,《庆应义塾大学日吉纪要(言语・文化・コシユニケーシヨン)》1985年版。
[5]太田斋:《博山方言语汇调查稿——(附)淄川方言杂记》,《外国学研究》1989年第19期。又见《内陆アジア言语の研究》IV。
[6]钱曾怡:《博山方言研究》,社会科学文献出版社1993年版。
[7]山下辉彦:《博山方言における多机能接尾辞/ə/ について》,《庆应义塾大学言语文化研究所纪要》1994年第26期。
[8]太田斋著、刘淑学、傅根清译:《钱曾怡的〈博山方言研究〉》,《淄博师专

学报》1996年第4期。

[9] 王静：《山东博山方言几种语音现象的社会分布》，《中国语学研究·开篇》1999年第19期。

[10] 张玉玲、郑凤芹：《博山方音及其辨正》，《山东理工大学学报》（社科版）2005年第1期。

[11] 陈宁：《山东博山方言的子变韵及相关问题》，《方言》2006年第4期。

[12] 闫小斌：《博山方言三字组连读变调的优选论分析》，《河南工业大学学报》（社会科学版）2013年第3期。

[13] 张琬璐：《博山方言声调实验研究》，天津师范大学硕士学位论文，2017年。

[14] 孙梦城：《博山方言中的文白异读》，《现代语文》2019年第9期。

（3）高青

[1] 王蕊：《山东高青方言语音研究》，山东大学硕士学位论文，2004年。

[2] 王蕊：《山东高青方言中的文白异读和新老异读》，《现代语文》（语言研究版）2007年第10期。

[3] 郑攀：《高青方言单音节声调的实验研究》，《北方文学》（下半月）2012年第10期。

（4）桓台

[1] 张树铮：《山东桓台方音180年来的演变》，《语言研究》（增刊）1998年版。

[2] 张树铮：《180年前的山东桓台方言韵母》，《人文述林》（第二辑），山东大学出版社1999年版。

[3] 张树铮：《180年前山东桓台方言的声调》，《首届官话方言国际学术讨论会论文集》，青岛出版社2000年版。

[4] 张梦瑶：《桓台方言语音内部地理差异研究》，山东大学硕士学位论文，2018年。

（5）临淄

[1] 史冠新：《临淄方言中几个特殊的语气词》，《语言文学论坛》1986年第1期。

[2] 史冠新：《山东临淄话单音形容词的重叠用法》，《中国语文》1986年第2期。

[3] 史冠新：《临淄话中的语气词“吧”》，《中国语文》1989年第1期。

[4] 史冠新：《山东临淄话中几个特殊的语气词》，《青岛大学学报》（社科版）1989年第2期。

[5] 史冠新:《临淄方言语气词研究》，山东大学博士学位论文，2006年。
[6] 周一凡:《临淄方言语词浅释》,《江西省语言学会2014年度学术年会论文集》2014年版。
[7] 徐晓明:《临淄金岭镇回族汉语方言语音研究》，山东大学硕士学位论文，2017年。
(6) 沂源
[1] 白玲玲:《沂源方言语音研究》，山东大学硕士学位论文，2012年。
[2] 包汉娇:《山东沂源方言"起"字比较句》,《现代语文》(学术综合版)2014年第6期。
[3] 任敏:《"大AA""精AA"中"大""精"的语法性质与整体结构研究——以沂源话为例》,《文教资料》2017年第16期。
[4] 唐传美:《山东沂源方言形容词词缀研究》，南昌大学硕士学位论文,2020年。
(7) 周村
[1] 苏培:《周村方言与普通话的语音接触研究——基于实验语音学和听辨记音的田野调查材料的分析》，曲阜师范大学硕士学位论文，2019年。
(8) 淄川
[1] 黄当时:《山东淄川方言の连读变调》,《文学部论集》，佛教大学1994年版。
[2] 孟庆泰、罗福腾:《淄川方言志》，语文出版社1994年版。
[3] 田静:《普通话与山东淄博方言(淄川地区)的语音比较》,《科技信息》2008年第29期。
[4] 赵志国:《非典型淄川方言声调实验分析》,《连云港师范高等专科学校学报》2011年第3期。
[5] 赵志国:《从淄川方言词汇看地域文化特色》,《浙江树人大学学报》(人文社会科学版)2013年第3期。
[6] 阎鑫:《淄川方言研究》，华中科技大学硕士学位论文，2014年。
[7] 孟万春、沈小东:《淄川方言文白异读辨析》,《齐鲁师范学院学报》2021年第3期。
[8] 孙克敏:《山东淄川方言离心型直指位移的表达手段》,《方言》2021年第1期。

12.德州市

(1)德州

[1]曹延杰:《德州方音与北京音的异同》,《教学研究》1983年第2期。

[2]曹延杰:《德州方音与北京音的异同(二)》,《教学研究》1984年第1期。

[3]曹延杰:《德州方音与北京音的异同(三)》,《教学研究》1984年第2期。

[4]曹延杰:《德州方音与北京音的异同(四)》,《教学研究》1985年第1期。

[5]曹延杰:《德州方言语法三则》,《语文教学文稿》1987年第2期。

[6]曹延杰:《"客"在德州话和北京话里的异同》,《德州师专学报》(哲社版)1989年第3期。

[7]曹延杰:《德州方言志》,语文出版社1991年版。

[8]曹延杰:《德州地区常用俗话例释》,《民俗研究》1994年第3期。

[9]曹延杰、郑宪庆:《德州常用谚语举要释义》,《德州师专学报》1994年第3期。

[10]曹延杰:《德州方言形容词生动形式》,《德州师专学报》1996年第3期。

[11]曹延杰:《德州方言地名读音》,《方言》1997年第1期。

[12]曹延杰:《德州话漫谈》,《现代文秘》1997年第6期。

[13]李景生:《德州话与普通话》,内蒙古人民出版社1999年版。

[14]曹延杰:《德州方言里的零音节》,《首届官话方言国际学术讨论会论文集》,青岛出版社2000年版。

[15]曹延杰:《德州方言与普通话》,华艺出版社2000年版。

[16]曹延杰:《德州方言"在、逮、从"的对比分析》,《德州学院学报》2001年第3期。

[17]曹延杰:《德州方言副词"再"》,《德州学院学报》2001年第1期。

[18]曹延杰、赵卫:《德州方言短语式动词》,《德州学院学报》2003年第3期。

[19]曹延杰:《德州方言补语表示法》,《德州学院学报》2005年第3期。

[20]曹延杰:《德州方言实录与研究》,线装书局2010年版。

[21]曹延杰:《德州方言后加式动词》,《德州学院学报》2010年第3期。

[22]刘敏:《德州方言中的后缀"巴"》,《甘肃高师学报》2010年第3期。

[23]张倩:《从词汇角度看山东德州方言与普通话的差异》,《语文学刊》2014年第6期。

[24] 张志伟:《德州方言程度范畴及表达方式研究》，延边大学硕士学位论文，2015年。
[25] 沈雨歆:《山东德州市方言语音研究》，山东大学硕士学位论文，2016年。
(2) 乐陵
[1] 曹延杰:《山东乐陵话的连读变调》,《德州学院学报》2007年第5期。
[2] 尹海良:《山东乐陵方言助词“了”》,《石家庄学院学报》2013年第4期。
(3) 临邑
[1] 曹延杰:《山东临邑话的变调和轻声》,《德州师专学报》2000年第1期。
[2] 曹延杰:《山东临邑方言音系》,《方言》2005年第1期。
[3] 赵卫:《山东临邑方言语音研究》，山东大学硕士学位论文，2007年。
[4] 邢英英:《山东临邑方言语音研究》，西北大学硕士学位论文，2015年。
[5] 王睿智:《山东临邑话亲属称谓语使用调查研究》，中央民族大学硕士学位论文，2021年。
(4) 宁津
[1] 曹延杰:《宁津方言的儿化》,《语言学通讯》1988年第11期。
[2] 钱曾怡:《宁津方言研究》序,《德州学院学报》2002年第1期。
[3] 曹延杰:《宁津方言志》，中国文史出版社2003年版。
[4] 许培新:《读〈宁津方言志〉》,《德州学院学报》2003年第3期。
(5) 平原
[1] 王峥:《平原县方言连读变调的音系分析》，华东师范大学硕士学位论文，2016年。
(6) 庆云
[1] 师静:《庆云方言里的“着”》,《首届官话方言国际学术讨论会论文集》，青岛出版社2000年版。
[2] 曹延杰:《庆云方言语音特点》,《亚细亚言语论丛》2002年第4期。
[3] 曹延杰:《山东庆云方言助词“着”及“的着”》,《德州学院学报》2008年第5期。
(7) 武城
[1] 张国艳:《武城方言的词缀“家、价”》,《德州学院学报》2002年第1期。
[2] 辛彩凤:《武城方言日母字今音：层次和演变》,《贵州师范大学学报》(社科

版）2010年第5期。

（8）禹城

[1]欧阳雅心：《禹城方言语音研究》，山东大学硕士学位论文，2020年。

[2]冯占磊：《禹城方言被动结构的句法和语义》，曲阜师范大学硕士学位论文，2021年。

13.聊城市

[1]张鹤泉：《聊城方言志》，语文出版社1995年版。

[2]孙绪武：《〈广韵〉与现代聊城方言》，《广东职业技术师范学院学报》2000年第3期。

[3]孙绪武：《〈金瓶梅〉中的聊城俚语俗语例释》，《广东技术师范学院学报》2005年第1期。

[4]杨希英：《元曲中的聊城方言例释》，《广东技术师范学院学报》2005年第5期。

[5]孙绪武：《〈广韵〉的入声字在聊城方言中的变化》，《广东技术师范学院学报》2008年第7期。

[6]李小平：《聊城方言中的助词"呵"》，《燕赵学术》2011年第1期。

[7]刘丽媛：《聊城方言中"从"的意义和用法研究》，《现代语文》（语言研究版）2012年第7期。

[8]邵艳辉：《聊城方言多义词语义桥研究》，广西师范大学硕士学位论文，2013年。

[9]高一晗：《山东聊城市方言语音研究》，山东大学硕士学位论文，2016年。

[10]程学红主编：《聊城方言俗语》，山东友谊出版社2017年版。

[11]资中勇、成庆娥：《浅谈山东茌平方言中的三种语音现象》，《现代语文》（语言研究版）2008年第8期。

[12]康杉杉：《山东茌平方言音系研究》，山东师范大学硕士学位论文，2014年。

[13]孙宝新：《从语义地图看东阿方言中"可"的语义关联及虚化轨迹》，《唐山师范学院学报》2020年第2期。

[14]张鹤泉：《冠县方音说略》，《首届官话方言国际学术讨论会论文集》，青岛出版社2000年版。

[15] 刘锡铭:《临清音的字调》,《中央日报》(文史23期)1937年5月9日。

[16] 张鸿魁:《临清方言志》,中国展望出版社1990年版。

[17] 曹延杰:《〈临清方言志〉评介》,《东岳论丛》1994年第1期封三。

[18] 刘亚、马铁军:《山东临清方言的特色副词》,《现代语文》(语言研究版)2006年第8期。

[19] 林莹:《临清方言中四个程度副词研究》,《华中人文论丛》(第1辑),华中师范大学出版社2014年版。

[20] 丁丽丽:《临清方言单字调声学实验研究》,《海外英语》2018年第13期。

[21] 范贵杰:《山东莘县方言中的疑问代词“啥”》,《现代语文》(语言研究版)2009年第7期。

[22] 安留敏:《山东莘县方言强程度范畴的表达系统及构式》,《现代语文》(语言研究版)2015年第3期。

[23] 王宁宁:《莘县方言语法研究》,延安大学硕士学位论文,2016年。

[24] 赵瑞婷:《莘县方言民俗词语研究》,西安外国语大学硕士学位论文,2016年。

[25] 单盈盈:《山东张鲁回族汉语方言语音词汇调查研究》,上海师范大学硕士学位论文,2017年。

[26] 白涤洲:《山东阳谷入声之变读》,《国语周刊》1933年第117卷。

[27] 董绍克:《阳谷方言的儿化》,《中国语文》1985年第4期。

[28] 董绍克:《山东阳谷梁山两县方言的归属》,《方言》1986年第1期。

[29] 董绍克:《山东阳谷方言的变调》,《方言》1993年第1期。

[30] 仇志群:《国外关于阳谷方言儿化现象的理论分析》,《山东师范大学学报》(社科版)1995年第1期。

[31] 董绍克:《阳谷方言研究》,齐鲁书社2005年版。

[32] 王红玉、李婷婷:《阳谷方言中副词“将”字探析》,《柳州师专学报》2013年第3期。

[33] 王红玉、李婷婷:《阳谷方言中语气助词“那”“你”和“哩”》,《齐齐哈尔师范高等专科学校学报》2013年第4期。

[34] 王晓荔:《山东聊城阳谷方言与普通话的语言接触研究》,《艺术科技》2016年第6期。

14.济南市

(1)济南

[1]吴朗:《济南话和普通话有哪些不同的地方》,山东人民出版社1957年版。

[2]张兆钰、高文达:《济南音和北京音的比较》,《方言与普通话丛刊》(第一本)1958年版。

[3]钱曾怡:《济南话的变调和轻声》,《山东大学学报》(语言文学版)1963年第1期。

[4]曹志耘:《济南方言若干声母的分布和演变——济南方言定量研究之一》,《语言研究》1991年第2期。

[5]高文达:《济南方言志》,《山东史志丛刊增刊》1992年版。

[6]刘娟:《济南方言上上相连前字变调的实验分析》,《语言研究》1994年第2期。

[7]岳立静:《济南话的虚词"可"》,《东岳论丛》1994年第5期。

[8]钱曾怡:《济南方言词典》引论,《方言》1995年第4期。

[9]钱曾怡:《济南方言词典》,江苏教育出版社1997年版。

[10]钱曾怡、朱广祁:《济南话音档》,上海教育出版社1998年版。

[11]傅根清:《〈济南方言词典〉词语的释义和考订》,《方言》1998年第4期。

[12]刘晓东:《读〈济南方言词典〉》,《方言》1998年第4期。

[13]荣斌:《喜读〈济南方言词典〉》,《方言》1998年第4期。

[14]骆宝臻:《试谈济南地区几个词语的特色》,《山东社会科学》1998年第3期。

[15]钱曾怡:《济南方言词缀研究》,《济南教育学院学报》1999年第3期。

[16]岳立静:《济南方言"从"及其相关词的特点和分布》,《首届官话方言国际学术讨论会论文集》,青岛出版社2000年版。

[17]钱曾怡、岳立静:《济南方言的句法特点》,《济南文史论丛(初编)》济南出版社2003年版。

[18]栗华益:《济南方言上声变读现象》,《文教资料》2007年12月上旬刊。

[19]罗磊:《济南方言词法研究》,《科技信息》(学术研究)2007年第32期。

[20]时秀娟:《济南话响音的鼻化度分析》,《第十届中国语音学学术会议(PCC201)论文集》2012年版。

[21]董文斌:《俗说济南话》,济南出版社2013年版。

[22] 刘娟:《试论升调和降调感知的不平衡性——以济南话和香港话为例》,《方言》2016年第4期。
[23] 李永宏:《济南话音位及音位组合频次统计研究》,《现代语文》(语言研究版)2016年第3期。
(2)商河
[1] 张虹:《山东商河方言的三种特殊重叠式》,《菏泽学院学报》2012年第6期。
(3)济阳
[1] 李静:《山东济阳方言形容词的生动形式》,《现代语文》(语言研究版)2010年第9期。
[2] 张燕芬、张春华:《山东济阳方言音系及其内部差异》,《现代语文》2022年第3期。
(4)莱芜
[1] 吴建伟:《莱芜方言中的儿尾音》,《中文自学指导》2002年第1期。
[2] 亓文香:《莱芜方言俚俗词语语源初探》,《汉字文化》2005年第4期。
[3] 亓海峰:《莱芜孔家庄话声调的年龄差异及其变化》,《语言研究》2006年第4期。
[4] 亓海峰、曾晓渝:《莱芜方言儿化韵初探》,《语言科学》2008年第4期。
[5] 亓海峰:《莱芜方言清入声归派的变化:一种正在进行中的声调变异现象》,《山东师范大学学报》(人文社会科学版)2009年第4期。
[6] 亓海峰:《莱芜方言语音研究》,中国文史出版社2010年版。
[7] 田洪燕:《莱芜方言词缀研究》,山东大学硕士学位论文,2011年。
[8] 谷玉霞:《〈聊斋俚曲集〉中的莱芜方言词汇释例》,辽宁师范大学硕士学位论文,2012年。
[9] 亓金凤:《析山东莱芜方言中的语气词“来”》,《语文学刊》(外语教育教学)2016年第4期。
[10] 赵爱芸:《山东莱芜方言语音调查研究》,河北大学硕士学位论文,2016年。
[11] 陈鑫鑫:《山东莱芜方言中的几种差比句》,《辽东学院学报》(社会科学版)2019年第5期。
[12] 陈鑫鑫:《山东莱芜方言差比句研究》,湖南师范大学硕士学位论文,2020年。
[13] 陈鑫鑫:《山东莱芜方言的“跟”字差比句》,《绥化学院学报》2020年第5期。

（5）平阴

[1] 周祥：《山东平阴方言语音研究》，《学行堂文史集刊》2012年第2期。

[2] 刘森：《山东平阴方言语音研究》，青岛大学硕士学位论文，2021年。

（6）章丘

[1] 胡振玫：《章丘方音与普通话语音的差异》，《语言学通讯》1982年第5期。

[2] 王传德：《章丘方言三点谈》，《人文述林》（第一辑），山东大学出版社1997年版。

[3] 高晓虹：《山东明水方言的声调》，《方言》2000年第3期。

[4] 赵学玲：《山东章丘方言的疑问句及疑问语气词》，《济南大学学报》（社科版）2007年第6期。

[5] 高晓虹：《章丘方言志》，齐鲁书社2011年版。

[6] 李秀明：《山东章丘方言中的“儿化”》，《现代语文》（语言研究版）2012年第12期。

[7] 高晓虹：《山东章丘方言的语气词》，《安徽理工大学学报》（社会科学版）2013年第1期。

[8] 齐岩：《山东省章丘市普集镇方言副词研究》，浙江师范大学硕士学位论文，2013年。

[9] 高晓虹：《章丘方言入声调的研究》，《汉语官话方言音韵论集》，北京语言大学出版社2016年版。

[10] 张晶：《山东章丘方言词汇研究》，山西大学硕士学位论文，2018年。

15.泰安市

[1] 于建华：《泰安话语音系统述论》，《泰山学院学报》2004年第2期。

[2] 宋洪敏：《泰安话的“很”类程度副词研究》，暨南大学硕士学位论文，2008年。

[3] 李兰兰：《山东泰安方言虚词研究》，延安大学硕士学位论文，2020年。

[4] 于建华：《清入字在泰安方言中的新动向》，《现代语文》2021年第5期。

[5] 屈梅娟：《东平方言声调的实验研究》，《科教文汇》（中旬刊）2014年第3期。

[6] 王培娟、翟红华：《泰安东平新派方言单字调的实验语音研究》，《语文学刊》2020年第1期。

[7]安泽润、翟红华、毛欣欣、郑子萌:《移民地区的方言接触及变迁研究——以东平县为例》,《人文之友》2021年第12期。
[8]钱曾怡、曹志耘、罗福腾:《山东肥城方言的语音特点》,《方言》1991年第3期。
[9]李雪莲:《肥城地名的语言与文化研究》,湘潭大学硕士学位论文,2013年。
[10]高文达:《山东宁阳音与北京语音》,《方言与普通话集刊》(第三本)1958年版。
[11]宁廷德:《宁阳方言志》,齐鲁书社2013年版。
[12]李娇:《宁阳方言副词研究》,云南大学硕士学位论文,2017年。
[13]高慎贵:《新泰方言本字考举例》,《山东大学文科论文集刊》1982年第2期。
[14]高慎贵:《山东新泰方言本字考示例》,《庆祝殷焕先先生执教五十周年论文集》,山东大学出版社1994年版。
[15]高慎贵:《新泰方言志》,语文出版社1996年版。
[16]高慎贵:《从山东新泰方言看方言词的产生》,《首届官话方言国际学术讨论会论文集》,青岛出版社2000年版。
[17]纪慧慧:《新泰方言助词研究》,山东大学硕士学位论文,2009年。
[18]刘如永:《新泰方言语法初探》,曲阜师范大学硕士学位论文,2012年。
[19]曲端兰:《新泰方言语音系统及内部差异研究》,华东师范大学硕士学位论文,2018年。
[20]崔荣艳、柏姝、曹泊静、戴瑞洁:《基于语料库的新泰方言助词"哩"的用法调查》,《文教资料》2020年第16期。

16.中原官话·鲁南·鲁西南·运河流域

[1]鲍明炜:《鲁西南人怎样学习普通话》,山东人民出版社1957年版。
[2]若冰:《鲁南方音的特点》,《方言与普通话集刊》(第二本)1958年版。
[3]杨峰:《鲁西南声调与北京声调的对应情况》,《方言与普通话集刊》(第二本)1958年版。
[4]任均泽:《鲁西方言词汇》,《方言与普通话集刊》(第三本)1958年版。
[5]任均泽:《鲁西方言词汇(续)》,《方言与普通话集刊》(第六本)1959年版。
[6]谢秀文:《闲话鲁南方音》,(台湾)《山东文献》1976年第2卷3期。

[7] 陈镜堂:《山东"鲁西南"土谚》,(台湾)《山东文献》六卷1980年第1期。
[8] 平田久雄:《山东西南方言的变调及其成因》,《アジア·アフリカ语の计数研究》1983年第21期。
[9] 任均泽:《鲁西、河南方言词汇补》,《语言研究》1986年第1期。
[10] 柏恕斌、丁振芳:《鲁南方言"的""的个"及方位词的特殊用法》,《山东师范大学学报》(社科版)1995年第1期。
[11] 张鸿魁:《鲁西方言中的儿化韵两读现象》,《首届官话方言国际学术讨论会论文集》,青岛出版社2000年版。
[12] 马凤如:《鲁西南方言における特殊な文法表现》,《山口县立大学大学院论集》2004年第5号。
[13] 马凤如:《鲁西南方言的几种特殊句式研究》,《山口县立大学大学院论集》2008年第9号。
[14] 杨晓红:《〈方言〉与鲁南方言词义的古今传承》,《济南职业学院学报》2008年第3期。
[15] 杨晓宏:《〈方言〉与鲁南方言词汇的古今词义演变》,《宿州教育学院学报》2008年第4期。
[16] 亓文婧:《山东境内中原官话语音研究》,山东大学博士学位论文,2019年。
[17] 亓文婧、林珈亦:《精组合口字在近现代鲁西南方言中的音变考寻》,《汉语史研究集刊》(第二十八辑),四川大学出版社2020年版。
[18] 亓文婧:《鲁西南方言的儿化变韵现象》,《现代语文》2022年版3期。
[19] 张琳琳:《山东运河流域方言语法研究》,山东大学硕士学位论文,2013年。
[20] 巩韦丽:《山东运河流域新派方言单字调实验语音研究》,山东农业大学硕士学位论文,2020年。

17.菏泽市

(1)菏泽

[1] 曹为公:《菏泽方音辨正》,《菏泽师专学报》1992年第3期。
[2] 冯文娟:《菏泽方言中的语缀"的"》,《贵州工业大学学报》(社科版)2008年第2期。
[3] 张晓瑞:《山东菏泽牡丹区方言中"你"和"恁"的语义及语用分析》,《现

代语文》（语言研究版）2008年第9期。
[4]陈红：《山东菏泽方言词汇浅析》，《现代语文》（语言研究版）2010年第5期。
[5]冯文娟：《菏泽方言的应答词语》，《现代语文》（学术综合版）2014年第12期。
[6]杨洁：《山东菏泽方言两字组连续变调的优选论分析》，《山东商业职业技术学院学报》2015年第4期。
[7]江语林：《山东菏泽市方言语音研究》，山东大学硕士学位论文，2016年。
[8]林珈亦：《菏泽方言中的子尾音变现象，《现代语文》2020年第9期。
[9]杨青：《菏泽市牡丹区方言语音地理差异研究》，山东大学硕士学位论文，2021年。
（2）曹县
[1]刘现强、张晓曼：《曹县方音说略》，《首届官话方言国际学术讨论会论文集》，青岛出版社2000年版。
[2]李素英：《曹县话中的人称代词研究》，《菏泽学院学报》2013年第1期。
（3）成武
[1]侯玉香：《成武方言语音演变的几个问题研究》，天津师范大学硕士学位论文，2009年。
[2]杨青：《成武方言与普通话词汇的比较》，《语文学刊》2011年第10期。
[3]伊淑娟：《山东成武方言亲属称谓语研究》，扬州大学硕士学位论文，2016年。
（4）定陶
[1]王淑霞、张艳华：《定陶方言志》，时代文艺出版社2005年版。
（5）东明
[1]张莎莎：《山东东明方言中"咧"的用法考察》，《语文学刊》2010年第11期。
[2]邢昌义：《东明方言介词研究》，山东师范大学硕士学位论文，2012年。
[3]郜世涛：《东明方言语音词汇研究》，上海师范大学硕士学位论文，2017年。
[4]高聪、倪博洋：《中古知庄章声母在山东东明方言中的特殊读音分析》，《中国方言学报》（第八期），商务印书馆2020年版。
（6）巨野
[1]欧士博：《巨野方言句法现象考察》，山东大学硕士学位论文，2011年。
[2]孔国兴：《山东巨野话的语音借贷及其蕴含性顺序》，《语言科学》2020年第

1期。

（7）鄄城

[1]许凤香：《山东鄄城方言中的副词“血”》，《重庆科技学院学报》（社会科学版）2011年第20期。

[2]许凤香：《山东鄄城方言特色副词研究》，广西师范大学硕士学位论文，2012年。

[3]冯美华：《山东鄄城董口方言与长岛方言语音系统对比》，《汉字文化》2019年第17期。

（8）单县

[1]张世方：《山东单县方言的亲属称谓系统》，《中国语学研究·开篇》1997年第16期。

[2]张世方：《北京话ʂ声母合口呼字在单县方言中的读音》，《首届官话方言国际学术讨论会论文集》，青岛出版社2000年版。

[3]李淑荣：《山东单县方言虚词“都”[tu]》，《现代语文》（语言研究版）2006年第4期。

[4]单长梅：《山东单县方言词缀分析》，《现代语文》（语言研究版）2006年第12期。

[5]邵平和：《山东单县方言中的“嘞”》，《现代语文》（语言研究版）2007年第6期。

[6]邵平和、亓秀梅：《山东单县方言中的“恁”和“得”》，《淄博师专学报》2007年第4期。

[7]邵平和、亓秀梅：《山东单县方言“子”尾的变体》，《现代语文》（语言研究版）2008年第3期。

[8]邵平和、亓秀梅：《单县方言助词“着”的变体》，《现代语文》（语言研究版）2008年第11期。

[9]姬欣欣：《山东单县方言语音研究》，中南大学硕士学位论文，2010年。

[10]李丽娜、李忠星：《单县“得（děi）”字浅析》，《现代语文》（学术综合版）2011年第10期。

[11]徐利：《山东单县方言中“些”的特殊用法》，《现代语文》（语言研究版）2012年第3期。

[12]徐利、刘金丁:《浅谈单县方言中的“准”》,《语文学刊》2012年第6期。
[13]杨君秋:《单县方言连读变调的优选论分析》,河南师范大学硕士学位论文,2014年。

(9)郓城

[1]吴永焕:《山东郓城方言里的两字组连调》,《首届官话方言国际学术讨论会论文集》,青岛出版社2000年版。
[2]吴永焕:《山东郓城方言的一种方位词重叠》,《中国语文》2003年第3期。
[3]吴永焕:《山东郓城话中双介音撮口韵及相关问题》,《中国语文》2009年第5期。
[4]张燕:《尖团音在郓城方言中的体现》,《现代语文》(学术综合版)2016年第5期。
[5]黄秋霞:《郓城方言“药”“乐”语音研究》,《文教资料》2016年第36期。
[6]吴永焕:《山东郓城方言状态词词末音节的变调》,《中国语文》2018年第2期。
[7]吴永焕:《山东郓城方言研究》,学苑出版社2018年版。

18.济宁市

(1)济宁

[1]徐复岭:《济菏方言语法特点掇例》,《济宁师专学报》(社科版)1989年第4期。
[2]华灿:《济宁话语音向普通话靠拢的趋势简析》,《济宁师专学报》1992年第4期。
[3]王正英:《济宁话辨析》,《山东教育学院学报》2001年第3期。
[4]徐复岭:《济宁方言语法特点撮要》,《济宁师范专科学校学报》2002年第1期。
[5]王珊:《济宁方言连读变调的优选论研究》,山东大学硕士学位论文,2007年。
[6]冀芳:《济宁方言词汇语义比较研究》,山东大学硕士学位论文,2008年。
[7]冀芳:《山东济宁方言义位组合差异的比较分析》,《现代语文》(语言研究版)2010年第9期。
[8]冀芳:《济宁方言特殊的重叠构形与量范畴研究》,《语文学刊》2010年第

17期。
[9] 王珊:《简析济宁方言的轻声》,《语文学刊》2010年第3期。
[10] 周晓静:《浅析山东济宁方言中的"来"》,《现代语文》(语言研究版)2010年第12期。
[11] 冀芳:《济宁方言义位研究》,山东大学博士学位论文,2011年。
[12] 孔勇、潘岩:《济宁方言俚语》,中国文史出版社2011年版。
[13] 李莹:《济宁方言词汇研究——以民国〈济宁县志〉为中心》,云南大学大学硕士学位论文,2011年。
[14] 李万苹:《济宁方言有标记被动句型研究》,陕西师范大学硕士学位论文,2012年。
[15] 唐珊珊:《山东济宁方言词缀研究》,湖南师范大学硕士学位论文,2012年。
[16] 宋胜如:《济宁方言特点浅析》,《哈尔滨师范大学社会科学学报》2013年第1期。
[17] 吴媛媛:《山东济宁方言单字音声调声学实验研究》,《现代语文》(学术综合版)2017年第12期。
[18] 葛四嘉、史秀菊:《济宁方言的疑问句》,《济宁学院学报》2017年第6期
[19] 张子璇:《山东济宁方言语音研究述评》,《文教资料》2019年第26期。
[20] 王萌、翟红华:《山东济宁新派方言单字调实验研究》,《文教资料》2020年第28期。
[21] 陈修齐:《山东济宁老城区方言单字调实验研究》,《文化产业》2020年第8期。
[22] 崔文彤:《济宁话语法研究》,南宁师范大学硕士学位论文,2021年。
(2)嘉祥
[1] 高秋娟:《山东嘉祥方言与民俗》,《现代语文》(语言研究版)2009年第7期。
[2] 高秋娟:《山东嘉祥方言词缀研究》,广西师范大学硕士学位论文,2010年。
[3] 曾明奎:《嘉祥方言状态形容词的构词方法及特点》,《鸡西大学学报》2012年第2期。
[4] 刘丽:《济宁嘉祥方言特色副词研究》,湖南大学硕士学位论文,2014年。
(3)金乡
[1] 马风如:《山东金乡话儿化对声母的影响》,《中国语文》1984年第4期。

[2]马凤如:《金乡方言的连读音变》,《山东师范大学学报》(社科版)1986年第2期。
[3]殷作炎:《金乡话破读字例释》,《杭州师范学院学报》(社科版)1988年第4期。
[4]殷作炎:《金乡话的“了”字》,《语言论丛》,杭州大学出版社1990年版。
[5]马凤如:《金乡方言志》,齐鲁书社2000年版。
[6]王利梅:《金乡方言“了[lou]”的句法和语义》,曲阜师范大学硕士学位论文,2020年。
(4)梁山
[1]韩秀华:《山东梁山县方言语音研究》,山东师范大学硕士学位论文,2003年。
[2]王彦:《梁山方言音变研究》,山东大学博士学位论文,2005年。
[3]张华娜:《梁山方言中的词缀现象》,《和田师范专科学校学报》2010年第5期。
[4]黄继省:《梁山方言中特殊的空间方位表达式》,《濮阳职业技术学院学报》2014年第1期。
[5]王爱国:《梁山方言》,光明日报出版社2018年版。
(5)曲阜
[1]丁振芳、张志静:《曲阜方言内部的语音差异:〈曲阜方言调查报告〉之二》,《语言学通讯》1982年第5期。
[2]张志静、丁振芳:《曲阜方言词例释:曲阜方言调查报告之三》,《语言学通讯》1982年第5期。
[3]丁振芳、张志静:《曲阜方音记略》,《齐鲁学刊》1987年第2期。
[4]张志静、丁振芳:《曲阜方言词汇管窥》,《齐鲁学刊》1988年第2期。
[5]张志静、丁振芳:《曲阜方言志》,《山东史志丛刊增刊》1992年版。
[6]孔丽:《曲阜方言比较句探究》,《理论界》2010年第1期。
[7]韩雨:《曲阜方言中程度副词的搭配特点试析》,《现代语文》(学术综合版)2015年第5期。
(6)泗水
[1]山东省方言调查指导组:《泗水滕县人怎样学习普通话》,山东人民出版社1960年版。

[2] 杨慧真:《山东泗水方音与普通话声母系统的差异及其历史渊源》,《济宁师专学报》2001年第6期。
[3] 王衍军:《泗水方言语音研究》,山东师范大学硕士学位论文,2001年。
[4] 王衍军:《泗水方言研究》,暨南大学出版社2014年版。
[5] 王衍军:《泗水方言表能性的助词“了”及其历史来源》,《方言》2015年第4期。
[6] 李雨桧:《泗水方言词汇调查研究》,云南师范大学硕士学位论文,2015年。
[7] 赵治文:《山东省泗水县方言与民俗初探》,《海外英语》2015年第21期。
(7)微山
[1] 杨润生:《微山方言差异研究》,山东大学硕士学位论文,1992年。
[2] 殷相印:《谈山东微山方言里带“过”的经历体》,《现代语文》2006年第7期。
[3] 殷相印:《微山方言语法研究》,南京师范大学博士学位论文,2006年。
[4] 殷相印:《微山方言表特定语义的“动词+着”结构》,《济宁师范专科学校学报》2007年第1期。
[5] 殷相印:《微山方言语法研究》,黑龙江人民出版社2008年版。
[6] 张文贞:《山东微山方言语气词“来”的理论阐释》,《现代语文》(语言研究版)2008年第5期。
[7] 张文贞:《微山方言的词缀》,福建师范大学硕士学位论文,2009年。
[8] 殷相印:《谈山东微山方言的被动式》,《现代语文》(语言研究版)2011年第8期。
[9] 盛兆静:《微山马坡方言语音比较研究》,上海师范大学硕士学位论文,2014年。
(8)汶上
[1] 宋恩泉:《山东汶上方言“个”的一些特殊用法》,《方言》2005年第4期。
[2] 宋恩泉:《汶上方言志》,齐鲁书社2005年版。
[3] 李萍:《山东汶上方言亲属称谓研究》,《现代语文》(语言研究版)2008年第3期。
[4] 李磊:《山东汶上方言的比较句》,《艺术科技》2015年第12期。

（9）兖州

［1］徐复岭：《兖州、曲阜方言中所见元明清白话词语》，《济宁师范专科学校学报》2004年第1期。

［2］Coblin, W. South（柯蔚南）*On the classification of the Yanzhou dialects. Bulletin of Chinese Linguistics*（中国语言学集刊），2008.2.2.

［3］Coblin, W. South（柯蔚南）*Comparative phonology of the Yanzhou dialects. Bulletin of Chinese Linguistics*（中国语言学集刊），2008.3.1.

［4］杨文波：《子尾儿化叠置现象的社会变异研究——以中原官话区蔡鲁片兖州方言点为例》，《中国社会语言学》（第1期），商务印书馆2012年版。

［5］杨文波：《兖州方言的儿化与子尾》，《东方语言学》（第十三辑），上海教育出版社2013年版。

［6］杨文波：《山东兖州方言的否定比较句》，《语言研究集刊》（第十三辑），上海辞书出版社2014年版。

［7］杨文波：《兖州方言可能性短语的语法化和修辞化》，《当代修辞学》2016年第1期。

［8］杨文波：《山东兖州方言"ABA"式重叠副词初探》，《语言学论丛》（第五十三辑），商务印书馆2016年版。

［9］曹晓晴：《兖州方言声调研究》，上海外国语大学硕士学位论文，2021年。

（10）鱼台

［1］秦龙：《鱼台方言语音词汇研究》，广西师范学院硕士学位论文，2017年。

19.枣庄市

［1］Hashimoto, Anne Yue（余霭芹）*The Teng-xian dialect of Chinese: its phonology, lexicon and texts with grammatical notes. Project on Lexicological Analysis*, Tokyo 1979.

［2］王希文：《枣庄方言点的语音系统》，《语言学通讯》1982年第5期。

［3］王希文：《枣庄方言志》，山东省出版管理处枣庄出版管理办公室1986年版。

［4］王希文：《枣庄方言的语法特点》，《枣庄师专学报》（社科版）1989年第1期。

［5］李芳元：《从〈广韵〉精组声母的分化看枣庄方言同普通话的区别》，《枣庄师专学报》1989年第3期。

[6] 王希文:《枣庄方言语法特点续稿》,《枣庄师专学报》(社科版)1990年第3期。
[7] 王希文:《元明清白话著作中的枣庄方言词汇》,《方言》1991年第4期。
[8] 李芳元:《枣庄方言古语词例释(一)》,《枣庄师专学报》1993年第3期。
[9] 李芳元:《枣庄方言古语词例释(二)》,《枣庄师专学报》1994年第1期。
[10] 刘娟:《枣庄方言上上相连前字变调的实验分析》,《语言研究》1994年增刊。
[11] 徐秀:《枣滕地区平翘舌声母辨析》,《枣庄师专学报》2000年第4期。
[12] 周惠珍:《枣庄方言儿化词的特点》,《枣庄师专学报》2000年经4期。
[13] 褚晶:《山东枣庄方言中的介词"搁"》,《现代语文》(语言研究版)2006年第7期。
[14] 吕俭平:《枣庄方言中的词尾"来"》,《语文学刊》2007年第8期。
[15] 孙敏敏:《浅谈枣庄方言词缀》,《大庆师范学院学报》2008年第6期。
[16] 杨晓红:《枣庄方言中动植物名称的修辞现象分析》,《科教文汇》2008年版9月中旬刊。
[17] 张凯:《枣庄方言中农村常用词语本字考释》,《农业考古》2009年第6期。
[18] 张凯:《枣庄方言中农村常用词语本字续考》,《农业考古》2010年第3期。
[19] 张凯:《枣庄方言志》,山东人民出版社2011年版。
[20] 张凯、葛婷:《枣庄方言语音研究》,山东人民出版社2011年版。
[21] 杨晓红:《枣庄方言词汇研究》,山东人民出版社2011年版。
[22] 吕俭平:《枣庄方言语法研究》,山东人民出版社2011年版。
[23] 何茜:《古知庄章三组声母在枣庄方言中的演变》,《枣庄学院学报》2011年第4期。
[24] 邵园园:《枣庄方言副词研究》,山东师范大学硕士学位论文,2012年。
[25] 张凯:《枣庄方言存古词语札记》,《汉字文化》2013年第4期。
[26] 李瑞:《山东枣庄方言语气词连用研究》,《美与时代》(下旬)2013年第10期。
[27] 杨维:《山东方言枣庄话单字调的声学分析》,《文教资料》2013年第33期。
[28] 魏会:《山东枣庄方言中的唇齿音声母》,《语文学刊》2015年第9期。
[29] 袁舒:《枣庄方言研究的思考——兼评〈枣庄方言研究〉丛书》,《枣庄学院学报》2018年第6期。

[30] 王芳：《滕州方言音系》，浙江大学硕士学位论文，2007年。
[31] 陈凡静：《滕州方言音系》，《文教资料》2008年第28期。
[32] 姚文：《山东滕州方言副词与普通话副词的比较研究》，湖南师范大学硕士学位论文，2011年。
[33] 宫领强、王宜广：《山东滕州方言的语气词“包”和“忙”》，《暨南学报》（哲社版）2012年第1期。
[34] 李丹丹：《山东滕州方言中表示一类人的后缀》，《现代语文》（语言研究版）2012年第5期。
[35] 孙浩峰：《山东滕州方言词缀研究》，渤海大学硕士学位论文，2013年。
[36] 张瀛月、朱晓农：《山东滕州的声调变异——边界方言的演化动因》，《东方语言学》（第十五辑），上海教育出版社2015年版。
[37] 韩明阳、胡海宝：《中原官话中“俺”的特殊语义分布及代指用法——以山东滕州方言为例》，《文教资料》2020年第31期。
[38] 张恬：《滕州方言语气词研究》，浙江师范大学硕士学位论文，2021年。
[39] 李大忠：《薛城音系》，《语言论集》（第1辑），中国人民大学出版社1980年版。
[40] 于敏：《山东枣庄薛城方言调查报告》，黑龙江大学硕士学位论文，2012年。
[41] 曹志耘：《山东峄城方言民俗词汇——婚育、丧葬、称谓》，《中国语学研究·开篇》1997年第16期。
[42] 马广东：《峄城方言语音研究》，西北大学硕士学位论文，2008年。
[43] 王丹丹：《峄城方言前缀研究》，《艺术科技》2017年第5期。

20. 临沂市

（1）临沂

[1] 刘茂辰：《临沂地区人怎样学习普通话语音》，《临沂师专学报》（社科版）1984年第3期。
[2] 王英：《沂州方言的语音系统（一）》，《临沂师专学报》（社科版）1987年第2期。
[3] 马静、赵红芳：《普通话与临沂方言》，山东友谊出版社1997年版。
[4] 张全真：《临沂方言音系》，《山东大学学报》（哲社版）1998年第3期。

［5］陈建伟:《临沂话中的“待”与普通话中的“在”》,《语言研究》(特刊)2002年版。

［6］马静:《临沂方言的轻声》,《临沂师范学院学报》2003年第4期。

［7］马静、吴永焕:《临沂方言志》，齐鲁书社2003年版。

［8］王耀辉:《临沂话与普通话的语法差异》,《临沂师范学院学报》2003年第5期。

［9］李洪彩:《临沂市牌匾语言与沂蒙文化探析》,《临沂师范学院学报》2005年第5期。

［10］刘丽丽:《临沂方言与普通话儿化现象的对比》,《时代文学》(双月版)2006年第4期。

［11］明茂修:《山东临沂(兰山)方言中的后缀［lə］》,《枣庄学院学报》2006年第6期。

［12］明茂修、王定康:《山东临沂方言的比较句》,《宿州教育学院学报》2006年第3期。

［13］陈建伟:《地域方言词语的民俗文化内涵——以山东临沂方言为个案的研究》,《邯郸学院学报》2006年第4期。

［14］明茂修:《山东临沂方言中的特殊程度副词》,《毕节学院学报》2007年第6期。

［15］马静:《临沂方言影响下的方言语调的语音状态》,《临沂师范学院学报》2009年第1期。

［16］武玉丽、王坤:《临沂方言中的虚词“着”》,《消费导刊》2009年第2期。

［17］高小焱、季宗燕:《临沂方言中乳名使用调查研究》,《滨州学院学报》2010年第2期。

［18］刘晓娟:《临沂方言零声母研究》，山东师范大学硕士学位论文，2011年。

［19］刘悦:《临沂方言“着”字用法探析》，华中科技大学硕士学位论文，2012年。

［20］康茂林:《临沂方言程度副词研究》，山东师范大学硕士学位论文，2012年。

［21］王伟:《临沂(兰山)方言语音研究》，西北大学硕士学位论文，2012年。

［22］黄善娟:《临沂方言词汇研究》，南京林业大学硕士学位论文，2013年。

［23］季相超:《临沂(罗庄)方言程度表达法》，浙江师范大学硕士学位论文，2013年。

[24] 李励:《山东临沂方言词缀“头”研究》,《临沂大学学报》2013年第4期。

[25] 李励:《山东临沂方言后缀探究》,《新余学院学报》2013年第5期。

[26] 朱军玲、张树铮:《一个面临淹没的方言岛——山东临沂市东风移民村四十年来的语音演变》,《语言研究》2013年第3期。

[27] 李善鹏、顾文涛:《临沂(河东区)方言声调实验》,《第十一届中国语音学学术会议(PCC2014)论文集》2014年版。

[28] 刘颖:《临沂方言否定词研究》,《安徽职业技术学院学报》2015年第3期。

[29] 李励:《山东临沂方言词缀研究》,曲阜师范大学硕士学位论文,2015年。

[30] 朱军玲:《临沂东风移民方言岛音变扩散规律初探》,*The Journal of Chinese Linguistics* 2016年第1期。

[31] 朱军玲:《临沂库区移民方言岛音变扩散研究》,上海外国语大学博士学位论文,2016年。

[32] 刘颖:《山东临沂芝麻墩方言代词研究》,湖南师范大学硕士学位论文,2017年。

[33] 赵爱敏、翟红华:《新派临沂方言单字调的实验语音研究》,《龙岩学院学报》2017年第3期。

[34] 刘娟、张梦如:《临沂方言降升调对立的感知实验》,《中国语音学报》(第11辑),中国社会科学出版社2019年版。

[35] 崔云忠:《山东临沂方言中“来”的多功能性及语法化路径》,《重庆理工大学学报》(社会科学)2020年第9期。

[36] 王全华:《山东临沂方言的“着”及其语义演变》,《临沂大学学报》2020年第6期。

[37] 钱曾怡、岳立静、刘娟、张燕芬:《山东沂山地区方言简志》,《方言》2015年第2期。

[38] 王泉月:《山东沂蒙方言研究历史与现状》,《汉字文化》2019年第6期。

(2)费县

[1] 曹志耘、王瑛、刘娟:《费县方言记略》,《临沂师专学报》(社科版)1989年第4期。

[2] 张伟静:《山东费县方言声调实验研究》,云南师范大学硕士学位论文,2009年。

[3]明茂修:《山东费县(刘庄)方言音系》,《毕节学院学报》2011年第5期。
[4]明茂修:《山东费县(刘庄)方言中的"一的"式形容词》,《方言语法论丛》(第六辑),中国社会科学出版社2012年版。
[5]明茂修:《山东费县(刘庄)方言同音字汇》,《毕节学院学报》2013年第3期。
[6]魏金光:《费县方言带"的"尾的几个特殊虚词》,《语文学刊》2013年第18期。
[7]明茂修:《山东费县(刘庄)方言的声调格局——兼及声调中的特殊语音现象》,《毕节学院学报》2014年第5期。
[8]张伟静:《官话方言接触地带过渡特征分析——以山东费县方言声母系统为例》,《东岳论丛》2014年第2期。
[9]张伟静:《山东费县方言语音研究》,山东大学博士学位论文,2014年。
[10]明茂修:《山东费县(刘庄)方言两字组连读变调》,《临沂大学学报》2016年第1期。
[11]邵燕梅、张贵霞、张涛、王全宝:《费县方言志》,商务印书馆2019年版。
[12]孙宗美:《费县方言否定范畴研究》,辽宁师范大学硕士学位论文,2019年。
[13]董绍克:《费县方言集锦》,《中国社会科学报》2020年8月26日。
(3)莒南
[1]奠陆:《莒南方言》,《方言与普通话集刊》(第六本)1959年版。
[2]逯全秀:《莒南方言语音研究》,山东大学硕士学位论文,2010年。
[3]郁章玲:《莒南(路镇)方言初探》,苏州大学硕士学位论文,2011年。
[4]孙崇飞:《山东莒南方言后缀浅析》,《现代语文》(语言研究版)2012第4期。
(4)兰陵(苍山)
[1]王晓军、田家成、马春时:《苍山方言志》,齐鲁书社2012年版。
[2]王翠环:《苍山县方言姐姐和哥哥的词义泛化》,《文学教育》(上)2014年第8期。
[3]王艳云:《山东兰陵方言词缀研究》,扬州大学硕士学位论文,2019年。
(5)临沭
[1]刘迎秋:《山东临沭方言的声、韵、调调查简况》,《科技视界》2012年第5期。
[2]李仕春:《山东临沭方言表体范畴的语法化音变研究》,《语文学刊》2014年第13期。

（6）蒙阴
［1］陆尧：《山东蒙阴方言声调声学研究》，《临沂大学学报》2018年第6期。
［2］张磊：《蒙阴方言语音研究》，辽宁师范大学硕士学位论文，2019年。
（7）平邑
［1］李洪廷：《平邑方言志》，平邑县志编纂委员会1987年版。
［2］孟子敏：《平邑话的功能变调》，《首届官话方言国际学术讨论会论文集》，青岛出版社2000年版。
［3］孟子敏：《平邑话的变调——兼论变调的类型》，《中国语学研究·开篇》2000年第20期。
［4］刘丽丽：《山东平邑方言音系研究》，《牡丹江师范学院学报》（哲社版）2012年第5期。
［5］赵娜：《平邑方言词汇使用变化研究》，西北民族大学硕士学位论文，2020年。
［6］魏翔：《山东平邑方言形容词研究》，山东师范大学硕士学位论文，2021年。
（8）郯城
［1］王希文：《郯城方言志》，山东省出版管理处枣庄出版管理办公室1987年版。
［2］邵燕梅：《浅析郯城方言形容词的程度表示》，《菏泽学院学报》2005年第1期。
［3］邵燕梅：《郯城方言研究》，苏州大学硕士学位论文，2005年。
［4］颜峰、徐丽：《山东郯城方言的叫字句及相关句式》，《语言科学》2005年第4期。
［5］邵燕梅：《郯城方言志》，齐鲁书社2006年版。
［6］邵燕梅：《关于郯城、平邑方言区属性质的补充讨论》，《语言研究》2010年第1期。
［7］颜峰：《山东郯城方言中的词缀》，《现代语文》（语言研究版）2011年第2期。
［8］颜峰：《山东郯城方言中的人称代词》，《现代语文》（语言研究版）2011年第11期。
［9］颜峰：《山东郯城方言的指示代词和疑问代词》，《现代语文》（语言研究版）2012年第7期。
［10］颜峰、徐丽：《山东郯城方言词汇特点简析》，《语文学刊》2012年第19期。

[11]李庆莉:《浅谈人称代词“俺”及在山东郯城方言中的使用》,《现代语文》(语言研究版)2012年第10期。
[12]范建田:《郯城方言语音研究》,西北大学硕士学位论文,2014年。
[13]李庆莉:《郯城(高峰头)方音研究》,南京师范大学硕士学位论文,2014年。
(9)沂南
[1]高同英:《山东沂南方言中“麦”字的读音考源》,《现代语文》(语言研究版)2006年第7期。
[2]邵燕梅、刘长锋、邵明武:《沂南方言志》,齐鲁书社2010年版。
[3]李延梅、张建阳:《沂南方言特殊副词研究》,《陕西广播电视大学学报》2020年第1期。
[4]咸桂香:《山东沂南方言尖团音变异研究》,上海师范大学硕士学位论文,2021年。
[5]张建阳:《沂南方言词汇研究》,延安大学硕士学位论文,2021年。
(10)沂水
[1]曹志耘:《沂水方言的语法特点》,《语言学通讯》1988年第11期。
[2]张廷兴:《沂水方言志》,语文出版社1999年版。
[3]赵敏:《沂水方言的语音特点》,《中山大学研究生学刊》(社科版)2007年第1期。
[4]武玉丽、王坤:《临沂方言(沂水话)中语气助词“来”与“去”的比较研究》,《科教文汇》2009年3月上旬刊。
[5]石林:《沂水方言介词“叫”》,《大舞台》2011年第9期。
[6]秦为芬:《沂水方言中“子”的用法浅析》,《绥化学院学报》2012年第3期。
[7]解直委:《沂水方言“子”尾的语法特征与语法作用》,《临沂大学学报》2013年第4期。
[8]荣伟:《沂水方言程度副词研究》,江西师范大学硕士学位论文,2014年。
[9]赵敏、王圣英:《沂水方言的程度副词》,《临沂大学学报》2014年第4期。
[10]邵燕梅、石清洋:《山东沂水方言儿化的语音形式》,《方言》2019年第4期。
[11]赵敏:《山东沂水方言词法研究》,暨南大学出版社2019年版。

21.山东方言历史与历史文献研究

（1）综论

[1]林语堂:《燕齐鲁卫阳声转变考》,《语言学论丛》1933年版。

[2]屈万里:《齐鲁方言杂考》,《时代青年》1936年第1卷1期。

[3]朱一玄:《方言研究的重要成果——董遵章同志〈元明清白话著作中山东方言例释〉序》,《山东师范大学学报》(社科版)1984年第3期。

[4]董遵章:《元明清白话著作中山东方言例释》,山东教育出版社1985年版。

[5]董遵章:《"五四"以来文学作品中山东方言例释》,《山东师范大学学报》(社科版)1985年第5期。

[6]虞万里:《文献中的山东古方音》,《古汉语研究》1988年创刊号。

[7]吴庆峰:《方言学上的可喜成果——评〈元明清白话著作中山东方言例释〉》,《山东师范大学学报》(社科版)1989年第3期。

[8]张树铮:《山东方言历史鸟瞰(上)》,《古汉语研究》1996年第2期。

[9]张树铮:《山东方言历史鸟瞰(下)》,《古汉语研究》1996年第3期。

[10]徐复岭、刘秀棣:《近代山东方言的假设语气助词——兼及相关文献的标点、校注问题》,《济宁师专学报》1996年第1期。

[11]罗福腾:《明清时期山东方言"V他V"结构的统计分析》,《人文述林》(第一辑),山东大学出版社1997年版。

[12]冯春田:《明清山东方言俗语词试析》,《语文研究》2002年第1期。

[13]张树铮:《清代山东方言中古入声的演变》,《语言研究》2003年第1期。

[14]张树铮:《清代山东方言语音研究》,山东大学出版社2005年版。

[15]魏红:《从肢体行为到言说行为——试析明清山东方言里一类词义的演变》,《岱宗学刊》2006年第3期。

[16]张俊阁:《从明清山东方言看"岂有此理"》,《聊城大学学报》(社科版)2006年第2期。

[17]张俊阁:《明清山东方言三身代词的组合式称谓》,《西华大学学报》(哲社版)2006年第5期。

[18]张俊阁:《明清山东方言复数词尾"们(每)"》,《菏泽学院学报》2006年第4期。

[19]张俊阁:《明清山东方言指示代词"这"、"那"单独表处所略说》,《山东

社会科学》2006年第12期。
[20]张俊阁:《明清山东方言指示代词回指的特殊句法位置及其功能》,《四川理工学院学报》(社科版)2006年第6期。
[21]张俊阁:《明清山东方言人称代词的换用》,《河海大学学报》(哲社版)2007年第3期。
[22]张俊阁:《明清山东方言第一人称代词复数包括式与排除式》,《兰州学刊》2007年第8期。
[23]魏红:《明清山东方言文献语法研究的意义和价值》,《山东社会科学》2007年第5期。
[24]戚晓杰:《明清山东方言背景白话文献特殊句式研究》,中国社会科学出版社2007年版。
[25]宋开玉:《明清山东方言前缀"阿"研究》,《齐鲁学刊》2007年第6期。
[26]宋开玉:《明清山东方言词缀研究》,齐鲁书社2008年版。
[27]宋开玉:《明清山东方言中的后缀"巴"》,《山东大学学报》(哲社版)2008年第4期。
[28]翟燕:《明清山东方言中的比拟助词"也似"及其来源问题》,《语文研究》2008年第1期。
[29]翟燕:《明清山东方言助词研究》,齐鲁书社2008年版。
[30]魏红:《明清山东从肢体行为到饮食行为——明清山东方言里一类词义的演变》,《济宁学院学报》2008年第4期。
[31]魏红:《明清山东方言词汇化形成的方言词探析》,《昆明理工大学学报》(社科版)2008年第4期。
[32]黄伯荣:《〈明清山东方言背景白话文献特殊句式研究〉评介》,《东方论坛》2008年第5期。
[33]冯春田:《明清山东方言里值得注意的语法问题》,《东岳论丛》2010年第10期。
[34]王群:《明清山东方言背景白话文献副词研究》,中国海洋大学出版社2010年版。
[35]杜凤梅:《古齐鲁语声母系统构拟》,南开大学博士学位论文,2010年。
[36]戚晓杰:《明清山东方言句式特点》,《汉语学报》2011年第4期。

[37] 殷晓杰：《明清山东方言词汇研究——以〈金瓶梅词话〉、〈醒世姻缘传〉、〈聊斋俚曲〉为中心》，中国社会科学出版社2011年版。

[38] 张俊阁：《明清山东方言指示词"这""那"与"这么""那么"及其连词化》，《鲁东大学学报》（哲社版）2011年第2期。

[39] 张俊阁：《试析明清山东方言代词重叠和同义代词并列连用》，《聊城大学学报》（社会科学版）2011年第6期。

[40] 张俊阁：《明清山东方言代词研究》，齐鲁书社2011年版。

[41] 魏红：《明清山东方言特殊语法词研究》，齐鲁书社2012年版。

[42] 孟子敏：《"正""在""着"的历时考察——以元明清白话语料和山东话为中心》，《方言语法论丛》（第六辑），中国社会科学出版社2012年版。

[43] 冯春田等：《明清山东方言语法研究》，山东教育出版社2012年版。

[44] 冯春田：《明清山东方言里的音节删减现象》，《历史语言学研究》（第六辑），商务印书馆2013年版。

[45] 谢维维：《明清山东韵书所见《中原音韵》"支思"、"齐微"韵字》，《古汉语研究》2013年第2期。

[46] 许麦玲：《明清山东方言文献短时表达法研究》，吉林大学硕士学位论文，2015年。

[47] 李成晴：《明清山东方言词汇"猪毛绳"补证》，《蒲松龄研究》2015年第3期。

[48] 刘永静：《主观化的扩展效应——以明清山东方言词"又咱（又咋）"为例》，《古汉语研究》2016年第2期。

[49] 谢维维：《明清山东韵书所见今y韵字》，《中文学术前沿》（第十一辑），浙江大学出版社2018年版。

[50] 于融：《明清山东方音研究——以声母为例》，吉林大学博士学位论文，2018年。

[51] 于融、李子君：《明清以降"影喻疑微"四母在山东方音中的演变轨迹寻绎》，《语文研究》2018年第1期。

[52] 张续龙：《清至民国山东方志所录方言资料的方音研究》，南京师范大学硕士学位论文，2018年。

[53] 于融：《明清以降知庄章组声母在山东方音中的演变历程》，《北斗语言学

刊》(第四辑),上海古籍出版社2019年版。

[54]朱祎祺:《明清山东方言背景白话文献特殊处置式研究》,山东大学硕士学位论文,2019年。

[55]侯玉贵:《明清山东方言背景白话文献方俗词考释》,曲阜师范大学硕士学位论文,2019年。

[56]徐复岭:《〈元明清山东方言词典〉编纂的几个问题》,《现代语文》2020年第11期。

[57]宋洪民、张红梅:《从山东方言文献看明清官话与方言词汇的义域差异——兼谈官话方言内部词义系统的差异问题》,《现代语文》2022年第1期。

(2)《金瓶梅》《续金瓶梅》

[1]白维国:《〈金瓶梅词话〉特殊词语例释》,《中国社会科学院研究生院学报》1981年第6期。

[2]张惠英:《〈金瓶梅〉用的是山东话吗》,《中国语文》1985年第4期。

[3]刘钧杰:《〈《金瓶梅》用的是山东话吗?〉质疑》,《中国语文》1986年第3期。

[4]董绍克:《〈金瓶梅〉所用方言的性质及考证》,《山东师范大学学报》(人文社科版)1987年第5期。

[5]张鸿魁:《〈金瓶梅〉的方音特点》,《中国语文》1987年第3期。

[6]张鹤泉:《试谈〈金瓶梅〉中的动词后缀"子"》,《〈金瓶梅〉作者之谜》,宁夏人民出版社1988年版。

[7]张鸿魁:《〈金瓶梅〉异体词音证》,《〈金瓶梅〉作者之谜》,宁夏人民出版社1988年版。

[8]董绍克:《〈金瓶梅词话〉二十词质疑》,《〈金瓶梅〉作者之谜》,宁夏人民出版社1988年版。

[9]郝明朝:《〈金瓶梅〉方言语释十四则》,《〈金瓶梅〉作者之谜》,宁夏人民出版社1988年版。

[10]王萤:《从现代山东临清话看〈金瓶梅〉方言——〈金瓶梅〉方言考辨》,《〈金瓶梅〉作者之谜》,宁夏人民出版社1988年版。

[11]张鸿魁:《试论〈金瓶梅〉的语言研究》,《烟台师范学院学报》(哲社版)1989年第2期。

[12]孙天胜:《〈金瓶梅〉鲁南方言俗语例释》,《枣庄师专学报》1992年第1期。
[13]毛德彪:《也谈〈金瓶梅〉的方言》,《临沂师专学报》1995年第4期。
[14]赵光智:《〈金瓶梅〉所用潍坊方言词选释》,《昌潍师专学报》1995年第3期。
[15]张鸿魁:《〈金瓶梅〉语音研究》,齐鲁书社1996年版。
[16]徐慧文、蔡晓光、闫永利:《〈金瓶梅〉方言词语注释指例》,《滨州教育学院学报》1998年第1期。
[17]罗福腾:《从〈金瓶梅词话〉"VOV"结构看方言特征对版本鉴别的作用》,《金瓶梅文化研究》,中国文联出版社1999年版。
[18]文庆珍:《〈金瓶梅〉民俗语言小考三则》,《金瓶梅文化研究》,中国文联出版社1999年版。
[19]殷黎明:《〈金瓶梅〉是山东临清一带的方言》,《金瓶梅文化研究》,中国文联出版社1999年版。
[20]张廷兴:《〈金瓶梅〉值得注意的语言现象》,《金瓶梅文化研究》,中国文联出版社1999年版。
[21]徐慧文、蔡晓光:《〈金瓶梅〉方言词语释义辨正举隅》,《滨州教育学院学报》1999年第4期。
[22]张鸿魁:《〈金瓶梅〉的语言特色》,《徐州教育学院学报》2003年第2期。
[23]张鸿魁:《谈〈金瓶梅〉的语言特色》,《古典文学知识》2003年第5期。
[24]徐复岭:《〈金瓶梅词话〉与〈醒世姻缘传〉中的指示代词"你"》,《济宁学院学报》2008年第4期。
[25]史大丰:《〈金瓶梅词话〉中的枣庄方言词例释》,《枣庄学院学报》2009年第4期。
[26]张崇琛:《"猪毛绳"所透露出的〈金瓶梅〉及〈醒世姻缘传〉作者信息》,《蒲松龄研究》2014年第2期。
[27]张秀华:《晚明至清初山东方言能性述补结构研究——以〈金瓶梅〉、〈醒世姻缘传〉、〈聊斋俚曲〉为例》,暨南大学硕士学位论文,2015年。
[28]张哲:《〈金瓶梅〉阳谷方言词语研究》,北方民族大学硕士学位论文,2017年。
[29]侯玉贵:《〈金瓶梅词话〉词语拾证》,《南京师范大学文学院学报》2017年

第4期。

[30]徐复岭编著、王永超助编:《〈金瓶梅词话〉〈醒世姻缘传〉〈聊斋俚曲集〉语言词典》，上海辞书出版社2018年版。

[31]侯玉贵:《〈金瓶梅词话〉词语拾遗》,《唐山师范学院学报》2018年第2期。

[32]曹雪:《〈金瓶梅〉与〈醒世姻缘传〉语气副词比较研究》，宁波大学硕士学位论文，2019年。

[33]王衍军:《〈续金瓶梅〉方俗词三则》,《方言》2012年第3期。

[34]孙绪武:《〈续金瓶梅〉语词例释》,《广东技术师范学院学报》2016年第6期。

(3)《醒世姻缘传》

[1]徐复岭:《醒世姻缘传作者和语言考论》，齐鲁书社1993年版。

[2]罗福腾:《〈醒世姻缘传〉的反复问句》,《语文研究》1996年第1期。

[3]王坤:《〈醒世姻缘传〉中的山东方言例释》,《滨州师专学报》1998年第3期。

[4]李立成:《〈醒世姻缘传〉里的句末语气词“可”》,《中国语文》1998年第4期。

[5]曹大为:《〈醒世姻缘传〉中的两种山东方言结构》,《蒲松龄研究》2000年第3期。

[6]冯春田:《〈醒世姻缘传〉方言词例说》,《文史哲》2001年第4期。

[7]王衍军:《从次浊入声字的归属看〈醒世姻缘传〉的作者问题》,《蒲松龄研究》2001年第1期。

[8]冯春田:《〈醒世姻缘传〉与现代山东方言的“可不”类句式》,《古汉语研究》2002年第2期。

[9]李焱、池静莲:《从差比句的比较看〈醒世姻缘传〉的作者》,《龙岩师专学报》2003年第4期。

[10]路广:《〈醒世姻缘传〉中的介词“从”、“打”、“齐”》,《泰山学院学报》2003年第5期。

[11]秦存钢:《〈醒世姻缘传〉方言词语注释辨正》,《泰山学院学报》2003年第5期。

[12]叶建军:《〈醒世姻缘传〉中的反问副词》,《安庆师范学院学报》(社科版)2003年第6期。

[13]王衍军:《〈醒世姻缘传〉的方音特点试析》,《古汉语研究》2004年第2期。

[14] 张树铮、孙韵珩:《〈醒世姻缘传〉和〈聊斋俚曲集〉语法特点的差异》,《古汉语研究》2005年第4期。

[15] 岳立静:《〈醒世姻缘传〉助词研究——兼与现代山东中西部方言助词比较》,北京语言大学博士学位论文,2006年。

[16] 晁瑞:《〈醒世姻缘传〉方言词研究》,南京师范大学博士学位论文,2006年。

[17] 戚晓杰:《〈醒世姻缘传〉"比"字句研究》,《古汉语研究》2006年第1期。

[18] 戚晓杰、姜维枫:《〈醒世姻缘传〉"X + VP + 比较标记 + Y"式差比句研究》,《理论学刊》2006年第4期。

[19] 邵丽英、孟艳:《〈醒世姻缘传〉中的方言词与俗语浅析》,《广西师范学院学报》(哲社版)2006年专刊。

[20] 邵丽英、邵丽梅:《从方言的运用谈〈醒世姻缘传〉的语言》,《莱阳农学院学报》(社科版)2006年第2期。

[21] 师为公:《〈醒世姻缘传〉所见宋鲁方言本字考》,《苏州科技学院学报》(社科版)2006年第3期。

[22] 雷汉卿:《〈醒世姻缘传〉方言词补正》,《洛阳师范学院学报》2006年第6期。

[23] 魏红:《从〈醒世姻缘传〉方言词看明清山东婚嫁礼俗》,《民俗研究》2007年第2期。

[24] 张文国、张文强:《〈醒世姻缘传〉方俗词语拾零》,《蒲松龄研究》2009年第2期。

[25] 王衍军:《〈醒世姻缘传〉中的[VC了]式能性述补结构试析》,《暨南学报》(哲社版)2009年第3期。

[26] 邸宏香:《从语音基础看〈醒世姻缘传〉的作者问题》,《社会科学战线》2010年第3期。

[27] 邸宏香:《明末清初山东方音与现代东北方音的承继关系——以〈醒世姻缘传〉为例》,《东北师大学报》(哲社版)2011年第3期。

[28] 王衍军:《〈醒世姻缘传〉中的[VC了]式能性述补结构》,《方言》2011年第3期。

[29] 宋青:《明末清初山东方言并列连词考察——以〈醒世姻缘传〉为例》,《连云港师范高等专科学校学报》2011年第4期。

[30] 宋青:《明末清初山东方言反证假设连词考察——以〈醒世姻缘传〉为例》,《常州工学院学报》(社科版)2011年第5期。

[31] 宋青:《明末清初山东方言转折连词考察——以〈醒世姻缘传〉为例》,《菏泽学院学报》2011年第4期。

[32] 宋青:《明末清初山东方言推测假设连词调查——以〈醒世姻缘传〉为例》,《河南理工大学学报(社会科学版)》2011年第2期。

[33] 路广:《山东地区"给"音调查与〈醒世姻缘传〉作者问题》,《古汉语研究》2012年第3期。

[34] 蓝越:《〈醒世姻缘传〉比较句研究》,福建师范大学硕士学位论文,2012年。

[35] 赵秀珍:《〈醒世姻缘传〉程度表达法研究》,山东大学硕士学位论文,2013年。

[36] 晁瑞:《〈醒世姻缘传〉方言词历史演变研究》,中国社会科学出版社2014年版。

[37] 侯玉贵:《〈醒世姻缘传〉词语六则辨证》,《青岛农业大学学报》(社会科学版)2018年第3期。

[38] 侯玉贵:《〈醒世姻缘传〉词语拾零》,《忻州师范学院学报》2018年第1期。

[39] 王洪秀:《〈醒世姻缘传〉与〈聊斋俚曲集〉限定性范围副词比较研究》,《黔南民族师范学院学报》2018年第5期。

[40] 杨春宇、马苏彦:《〈醒世姻缘传〉语言研究综述》,《蒲松龄研究》2018年经4期。

(4)蒲松龄作品

[1] 董遵章:《〈铸雪斋抄本聊斋志异〉中山东方言词选释》,《山东师范大学学报》(社科版)1982年第1期。

[2] 盛伟:《〈琴瑟乐〉曲中婚俗与方言俗语通释》,《蒲松龄研究》1989年第2期。

[3] 姜宝珠:《聊〈聊斋俚曲集〉方言土语试解》,《阴山学刊》(社科版)1993年第4期。

[4] 张金霞:《〈聊斋俚曲集〉方言词语补释》,《蒲松龄研究》2000年第3期。

[5] 张金霞:《〈聊斋俚曲集〉方言词语续释》,《蒲松龄研究》2001年第3期。

[6] 冯春田:《聊斋俚曲的一些方言词音问题》,《中国语文》2001年第3期。

[7] 张树铮:《蒲松龄〈聊斋俚曲集〉所反映的轻声及其他声调现象》,《中国语

文》2003年第3期。
[8]张泰、王文晖、隋长虹:《〈聊斋俚曲集〉方言俗语选释》,《蒲松龄研究》2004年第1期。
[9]张泰、隋长虹:《〈聊斋俚曲集〉方言俗语补释》,《蒲松龄研究》2004年第3期。
[10]吴进珍:《〈聊斋俚曲集〉方言词语释义》,《蒲松龄研究》2004年第3期。
[11]董绍克:《谈《〈聊斋俚曲集〉"日"母的音值及演变》,《中国语文》2005年第4期。
[12]张鸿魁:《聊斋俚曲的方言属性》,《语言科学》2005年第4期。
[13]张鸿魁:《聊斋俚曲的方音特点》,《蒲松龄研究》2005年第4期。
[14]张鸿魁:《聊斋俚曲方言词语音证》,《蒲松龄研究》2007年第4期。
[15]张俊阁:《〈聊斋俚曲集〉疑问代词"嗄(煞)"》,《聊城大学学报》(社科版)2007年第1期。
[16]张俊阁:《〈聊斋俚曲集〉指示代词"乜"》,《蒲松龄研究》2007年第2期。
[17]张金木:《〈聊斋志异〉山东方言例笺》,《楚雄师范学院学报》2008年第12期。
[18]季宗燕、刘长锋:《聊斋俚曲部分方言词注解》,《蒲松龄研究》2008年第2期。
[19]魏红:《从〈聊斋俚曲〉看明清山东方言里的介词"着"》,《青岛大学师范学院学报》2009年第2期。
[20]甄珍:《〈聊斋俚曲〉与淄博方言中的"着"、"过"考察》,《齐齐哈尔大学学报》(哲社版)2011年第5期。
[21]李汉举:《关于聊斋俚曲的方言属性问题——与张鸿魁先生商榷》,《蒲松龄研究》2012年第4期。
[22]许培新:《蒲松龄〈聊斋俚曲集〉五种句式研究》,山东大学博士学位论文,2013年。
[23]许培新:《〈聊斋俚曲〉中的正反疑问句考察》,《求索》2013年第1期。
[24]许培新:《〈聊斋俚曲〉"V+(一)个+VP"结构研究》,《东岳论丛》2013年第4期。
[25]潘越:《〈聊斋俚曲集〉词缀研究》,青岛大学硕士学位论文,2013年。

[26] 林晓爽:《〈聊斋俚曲集〉语言学研究综述》,《蒲松龄研究》2015年第3期。
[27] 陈美芳:《〈聊斋俚曲〉语气副词研究》，华中师范大学硕士学位论文，2015年。
[28] 张泰:《〈聊斋俚曲集〉方言俗语汇释》，九州出版社2015年版。
[29] 程子益:《〈聊斋俚曲集〉时间副词研究》，福建师范大学硕士学位论文，2016年。
[30] 季淑玲:《〈聊斋俚曲集〉疑问代词研究》，山东大学硕士学位论文，2018年。
[31] 蘧娜:《〈聊斋俚曲集〉助词研究》，山东大学硕士学位论文，2018年。
[32] 谢梦雅:《〈聊斋俚曲〉中“给”字句考察》,《现代语文》2018年第1期。
[33] 侯玉贵、任杰杰:《〈聊斋俚曲集〉方言词拾证》,《现代语文》2019年第2期。
[34] 刘艳:《〈聊斋俚曲集〉可能式研究》，青岛大学硕士学位论文，2019年。
[35] 董绍克:《从淄博方言看聊斋俚曲的儿化问题》,《现代语文》2020年第10期。
[36] 王怡:《〈聊斋俚曲集〉约量表达研究》，青岛大学硕士学位论文，2021年。
[37] 张树铮:《今本蒲松龄〈日用俗字〉形讹字考正》,《蒲松龄研究》2009年第3期。
[38] 李彬:《〈日用俗字〉语词札记》,《红河学院学报》2012年第5期。
[39] 王珏:《蒲松龄〈日用俗字〉方言词例释》,《蒲松龄研究》2012年第2期。
[40] 何茂活:《〈日用俗字〉庄农章解疏——兼以〈农桑经〉及现代淄川方言为证》,《蒲松龄研究》2013年第3期。
[41] 何茂活:《〈日用俗字〉庄农章解疏(续)——兼以〈农桑经〉及现代淄川方言为证》,《蒲松龄研究》2013年第4期。
[42] 张树铮:《蒲松龄〈日用俗字〉注》，山东大学出版社2015年版。
[43] 张梦瑶:《蒲松龄〈日用俗字〉版本、字形、字音、词汇研究综述》,《蒲松龄研究》2017年第3期。
[44] 张文冠:《〈日用俗字〉词语考释九则》,《汉字汉语研究》2018年第2期。
[45] 张文冠:《〈日用俗字〉疑难农业词语考释六则》,《中国农史》2018年第1期。
[46] 张泰:《蒲松龄白话著作方言词释义——兼与〈汉语大词典〉商榷》,《徐州教育学院学报》1999年第3期。

[47] 张树铮：《蒲松龄白话作品语言研究》，山东大学出版社2018年版。

(5) 其他文献研究

[1] 李恕豪：《〈方言〉中的齐鲁方言》，《天府新论》1991年第3期。

[2] 钱曾怡：《扬雄“蝇东齐谓之羊”古今考》，《中国语文》2019年第4期。

[3] 张树铮：《“齐人言殷声如衣”补释》，《语言研究》(增刊)1991年版。

[4] 华学诚：《〈春秋公羊传解诂〉中的齐鲁方言及其价值》，《阴山学刊》2003年第4期。

[5] 董珊：《山东画像石榜题所见东汉齐鲁方音》，《方言》2010年第2期。

[6] 褚福侠：《全元曲齐方言语词例释》，《管子学刊》2006年第4期。

[7] 谢维维：《明清山东韵书(五种)研究》，广西师范大学硕士学位论文，2008年。

[8] 张玉来：《略论〈韵略汇通〉的几个问题》，《山东师大学报》(社会科学版)1986年第4期。

[9] 张玉来：《韵略汇通音系研究》，山东教育出版社1995年版。

[10] 孔珍：《〈贾凫西木皮词校注〉所见山东方言词补释》，《安康学院学报》2016年第6期。

[11] 焦阳：《〈风俗通韵〉研究》，北京大学硕士学位论文，2010年。

[12] 邹新：《〈韵略汇通〉和〈韵略新抄便览〉音系比较研究》，山东大学硕士学位论文，2005年。

[13] 邹新：《〈韵略新抄便览〉音系研究》，山东大学博士学位论文，2012年。

[14] 安拴军：《宕江摄知庄章组字在〈韵略新抄便览〉中的读音分合》，《辽宁工业大学学报》(社会科学版)2017年第2期。

[15] 吴庆峰：《郝懿行〈尔雅义疏〉引登莱方言考》，《古汉语研究》2002年第1期。

[16] 张丽霞：《郝懿行〈证俗文〉“东齐”方言考》，《管子学刊》2013年第3期。

[17] 侯乃峰：《〈尔雅义疏〉引山东方言申说》，《古籍研究》2018年第2期。

[18] 陈焕良、吴连英：《刍论〈札朴〉之鲁方言研究》，《中山大学学报》(社科版)2004年第2期。

[19] 匡丽娜：《〈札朴〉的民俗语言学价值》，《文化学刊》2010年第4期。

[20] 张振昌：《〈红楼梦〉中的山东方言》，《长春大学学报》2002年第4期。

[21] 吴佩林:《〈红楼梦〉中的明清山东方言举证——基于蒲松龄聊斋俚曲作品的对比》,《蒲松龄研究》2013年第4期。

[22] 吴佩林:《〈红楼梦〉中的明清山东方言再举证——基于西周生《醒世姻缘传》的对比》,《蒲松龄研究》2014年第4期。

[23] 于苗苗:《〈七音谱〉研究》，山东大学硕士学位论文，2014年。

[24] 姜复宁:《〈张氏音括〉音系研究》，山东大学硕士学位论文，2020年。

[25] 孙志波:《清代山东方言韵书述要》,《汉字文化》2015年第1期。

[26] 周赛华:《三种新发现清代山东方音韵图述要》,《文献语言学》(第十辑)中华书局2020年版。

后　记

屈指算来，从山东省筹划中国语言资源有声数据库山东库的建设到写下本后记，已经是十一个年头了。

2012年，由国家语委和国家教育部语信司组织的中国语言资源有声数据库建设工程在江苏省的试点结束，山东省是最早响应、准备启动本省语言资源有声数据库建设的几个省份之一。山东省语委积极筹划，经过专家论证，设计了中国语言资源有声数据库山东库建设的规划，并获得山东省政府有关部门批准。2013年8月20日，山东省语委办在济南市龙奥大厦举行了中国语言资源有声数据库山东库建设工程暨济南方言点调查启动仪式，山东省的语言资源保护工作正式启动。

中国语言资源有声数据库山东库（以下简称"山东有声库"）建设项目在全省设置了120个方言调查点，基本涵盖全省原有县级行政区域（包括由县改设的区），城区集中的地级市（或副省级市）只选择其老城区所在的区，如济南市区只选择历下区，由长清县改设的长清区则单独设点。调查点、方言发音人、调查内容、录音录像技术指标、数据库及文本内容等，均按照中国语言资源有声数据库的统一规范执行。

为了保证项目的高质量顺利进行，项目成立了以钱曾怡教授为首席专

家的核心专家组，组织了十个调查团队和一个验收团队。

核心专家组成员如下：

首席专家：钱曾怡（山东大学教授）

核心专家：盛玉麒（山东大学教授）、张树铮（山东大学教授）、岳立静（山东大学教授）、亢世勇（鲁东大学教授）、王淑霞（山东女子学院教授）

核心专家组秘书：姜岚（鲁东大学副教授）

十个调查团队的负责人分别是：

盛玉麒（山东大学教授）

张树铮（山东大学教授）

岳立静（山东大学教授）

刘　娟（山东大学副教授）

张燕芬（山东大学副教授）

亢世勇（鲁东大学教授）

姜　岚（鲁东大学副教授，后为教授）

邵燕梅（山东师范大学副教授，后为教授）

邢　军（青岛大学副教授，后为教授）

王红娟（山东青年政治学院副教授，后为山东师范大学副教授）

验收团队由王淑霞（山东女子学院教授）负责。

2015年，中国语言资源保护工程（以下简称“语保工程”）启动之后，山东省有44个点纳入语保工程的调查点，于是，山东有声库建设进入与语保工程双轨并行阶段。钱曾怡先生受邀担任全国语保工程顾问，张树铮、岳立静和王红娟受邀担任了全国语保工程核心专家组专家。2019年，全国语保工程顺利结束；2021年，山东有声库建设顺利结束。

从2013到2021年八年多时间里，在省语委领导下，项目组各位同仁齐

心协力，怀着对项目负责、对调查点语言事实负责、为子孙后代留下真实资料的责任心开展了辛苦而卓有成效的工作。各调查团队多次往返驻地和调查地，从认真遴选发音人、仔细调查、反复审音、斟酌用字、严格按照规范录音录像和后期整理，到迎接中期检查、预验收、验收以及检查验收之后的多次修改和补充调查，其中甘与苦，唯有寸心知。

钱曾怡先生是山东方言调查研究的开拓者、领路者和实践者。从20世纪50年代全国汉语方言普查中的山东方言普查开始，五十多年筚路蓝缕，既培育了大批今已成为国内方言学界精英的学生，又发表和出版了大批山东方言研究成果。2012年，钱先生已届八旬，但宝刀未老，对山东方言有声数据库项目的规划和规范的制订亲力亲为，对调查材料的质量紧抓不懈。钱先生半个多世纪的经验积累，对于制定规划和规范发挥了决定性的作用，为山东省语言资源保护工作的高质量完成提供了重要保障。

早在全国语保工程启动之前的2015年，山东省语委就筹划在山东有声库结束之后先行出版纸质版，并议定由张树铮任主编、岳立静任副主编。后来由张树铮起草了体例，并在2017年春与钱曾怡先生和岳立静对编写计划和体例进行了商讨，准备随即启动该项工作。恰在此时，中国语言资源保护工程决定分省出版纸质本《中国语言资源集》。鉴于山东有声库建设的结束要晚于语保工程的完成，于是决定先进行《中国语言资源集·山东》的编辑。2019年，《中国语言资源集·山东》由国家语委正式立项，山东省语委亦通过教育厅委托服务的方式向项目组拨付了充足的配套经费。

由于语保工程一期调查点的验收直到2019年年底才告结束，所以《中国语言资源集·山东》项目组是2020年春天才拿到全省44个语保点的调查材料的。编辑工作也于此开始。其经过略述如下。

2020年5月至6月，在与岳立静会商之后，张树铮组织了部分老师先根据录音对部分调查点的音系进行复核。参加此次复核的有邵燕梅、王红娟、

张燕芬、陈晓姣、孙宇炜和张树铮。此后，张树铮对另几位的复核意见又进行了核对。

2020年7月15日至31日，项目组在青岛集中进行材料复核。参加人员有：张树铮、岳立静、刘娟、王红娟、亓文婧、孙宇炜、江语林、林珈亦、杨青。主要的工作是两项：张树铮和岳立静主要是把未复核完的音系继续复核完，其他各位主要是根据录音和复核后的音系对各点的字音、词汇和语法例句进行逐条核对。其间，王红娟、亓文婧和孙宇炜因学校有任务而提前离开，但都是带着任务回去的，数日后完成核对任务将结果报给了张树铮。

各点音系的复核人和各点字词句的复核人具体如下：

方言点	音系复核	材料复核	方言点	音系复核	材料复核
01荣成	张树铮	刘 娟	18阳信	张树铮	林珈亦
02烟台	张树铮	王红娟	19济阳	王红娟	林珈亦
03栖霞	林珈亦 张树铮	林珈亦	20利津	张树铮	林珈亦
04长岛	张树铮	林珈亦	21乐陵	张燕芬	王红娟
05海阳	张树铮	林珈亦	22商河	王红娟	林珈亦
06莱西	岳立静	林珈亦	23平原	邵燕梅	林珈亦
07平度	张树铮	江语林	24德州	张树铮	杨 青
08青岛	岳立静	江语林	25武城	张燕芬	刘 娟
09高密	张树铮	林珈亦	26临清	王红娟	林珈亦
10诸城	张树铮	王红娟	27冠县	张燕芬	杨 青
11沂水	张树铮	林珈亦	28聊城	王红娟	杨 青
12临朐	孙宇炜	杨 青	29济南	王红娟	江语林
13日照	张树铮	江语林	30泰安	孙宇炜	江语林
14莒南	林珈亦	亓文婧	31莱芜	张燕芬	孙宇炜
15潍坊	张树铮	江语林	32新泰	邵燕梅	孙宇炜
16寿光	张树铮	张树铮	33沂源	林珈亦	亓文婧
17高青	张树铮	林珈亦	34博山	孙宇炜	江语林

续表

方言点	音系复核	材料复核	方言点	音系复核	材料复核
35张店	张燕芬	孙宇炜	40金乡	邵燕梅	亓文婧
36阳谷	陈晓姣	孙宇炜	41曲阜	张燕芬 邵燕梅	王红娟
37梁山	邵燕梅	亓文婧	42薛城	陈晓姣	刘　娟
38菏泽	张树铮	杨　青	43郯城	张树铮	林珈亦
39曹县	陈晓姣	江语林	44临沂	张树铮	林珈亦

此外，杨青还负责了各点概况的整理。2020年8月之后，主要由张树铮负责进行了以下工作：

（1）对单点材料的复核意见逐点根据录音进行了取舍的确认。

（2）对各方言点的音系进行体例的统一，并根据老男发音人和青男发音人的单字音数据表整理了各点的新老差异。

（3）用语保中心提供的合成软件分别合成Word版的1000字音对照表、1200词对照表和50个语法例句对照表。

（4）对字音对照表进行格式规范方面的调整。

（5）对词汇对照表进行加工：①统一用字；②查考和换用本字；③调整或删汰原有欠妥词目或说明；④添注音变信息；⑤添加必要脚注对用字等进行说明；⑥统一格式规范。

（6）对语法例句对照表进行加工，内容同词汇对照表。

（7）撰写各卷概述，说明有关注音、用字等方面的体例和具体规定。

在此期间，各调查团队负责人也都积极配合，包括补充各点单音节动词重叠的变调情况以及对少数疑难问题的复核。

以上工作大致到2020年底完成，至此本书书稿已成雏形。此后书稿由岳立静进行审核。同时，经钱曾怡先生推荐，项目组与国家一级出版社山东人民出版社签订了出版协议。

2021年，张树铮组织博士研究生对书稿材料进行了两次集中的核校。第一次参加的研究生是林珈亦和杨青，第二次参加的是林珈亦和袁舒。主要是检查文本中的错漏和体例不一之处。张树铮对她们提出的问题进行了确认。其中，林珈亦和杨青还查阅资料对各点的地理和行政区划等进行了改写。另外，林珈亦绘制了方言调查点分布图。

2022年春，张树铮先是请硕士研究生魏鑫根据张振兴、李琦编的《中国分省区汉语方言文献目录》抽取出2011年之前发表出版的山东方言研究论著目录，后又请博士研究生袁舒补充了从2012年到2021年间出版发表的山东方言研究论著目录，并由杨青进行了校对并根据《山东方言研究》补充了部分文献。最后一次大的内容核对是在2022年6月份，由张树铮和林珈亦、袁舒对因为连读容易出错而仍存在问题（主要是连读变调问题）的语法例句部分全部根据录音进行了重新复核。其中，林珈亦复核了胶辽官话和冀鲁官话的36点，袁舒复核了中原官话8点，张树铮独自根据录音复核了约一半的内容，又对林、袁二位复核后指出的问题之处根据录音进行了确认或排除。

上述期间，张树铮和岳立静在浏览书稿中不断发现有些记音或体例方面的新问题，所以零星的修改是持续进行的，包括对同类问题的统查统改。在此基础上，2022年9月18日本项目进行了专家验收。验收组专家们充分肯定了本书稿的成绩和一些创新，同时也指出了还存在的一些问题。此后，张树铮和岳立静吸收专家们的意见又对书稿进行了一次修改。10月下旬，经过修改的书稿提交给出版社。

2022年12月出版社排出清样后，岳立静和张树铮在2022年12月和2023年2月分别组织研究生校对了语音卷、词汇卷和语法卷的清样。最后，张树铮对校对意见根据录音又进行了核对，最终完成第一次的清样校对。2023年5月，张树铮又组织研究生进行了第二次清样校对。2023年9月，

张树铮对词汇卷清样中的问题又进行了核对、修改。

以上不厌其详的流水账，并非为了摆功，而是想说明，本书的的确确是集体的作品。

首先，本书的材料源自各地的方言发音人。他们在参加发音人遴选、调查中的积极主动和全力配合，表现出了对自己方言和地方文化的强烈热爱、对于保护当地方言文化的责任感，时时令我们这些调查人员感动。我们作为调查和编辑人员，要向他们表示崇高的敬意！各地教育局（语委）的领导和具体办事人员，在宣传发动、发音人遴选、录音录像场地选择、各方协调等方面也都有重要贡献，为各地调查任务的完成创造了条件。

其次是各调查团队的贡献。各团队的负责人老师，都是在繁忙的教学和工作之余进行这些调查工作的，没有他们辛苦而认真的劳动，也就没有本书的基础材料。

再次是参加材料审核和多次校对的各位老师和同学们。从根据录音对原始材料一个音一个词一个句子的核对，到对有如此繁多音标符号的书稿一次又一次的检查、校对，每一次检查都能揪出一些瑕疵，但是，从最初的问题多多到最后的一次比一次少，背后都是他们的功劳。

必须要提到的还有山东人民出版社的领导和编辑们，他们不仅慨然同意出版符号繁多、读者面也有一定局限的本书，而且在具体的编辑过程中表现出了认真负责、一丝不苟的精神，说老实话，我们原本以为他们对于书中这些琐细的音标会轻易放过的，但直到最后的校样中，他们仍然发现了一些我们过筛了多遍的小疏漏，比如送气符号的疏漏或多余、儿化符号的缺失等，这是让我们非常感谢并值得我们学习的。

当然，作为一个方言学研究者和本书的主编，衷心觉得本书的完成和问世要感谢我们的时代！如果不是国家的迅速发展，就不可能有足够的经

费来支持如此大规模的方言调查和整理、编辑、出版工作。国家有关政府部门对方言文化的重视，则是中国语言资源保护工程能落到实处的基础。从2012年开始酝酿中国语言资源有声数据库山东库建设工程以来，山东省语委办各任领导都非常重视该项工作以及语保工程的山东方言调查项目，从筹措经费到具体组织工作团队、安排各地语委进行相关工作，到组织每个年度的中期检查、预验收、验收等，无不尽心尽力。尤其需要提及的是，省语办前主任梁斌言同志是中国语言资源有声数据库山东库建设工程的倡导者和组织者，这项工作为后来的语保工程山东方言调查工作奠定了良好基础；前主任孙祖兴同志的任期正在语保工程进行期间，所以语保工程山东方言调查的检查和验收以及同期进行的中国语言资源有声数据库山东库建设的检查验收都是他负责组织的，他也为这两项工程的顺利进行解决了很多实际问题；现任主任管恩文同志则对本书的编写出版给予了充分支持。

行文至此，完全没有以往写后记时的轻松、解脱之感，因为本书的内容过于庞大而细碎，尽管多次核校，但书中的疏漏和错误是很难完全避免的。作为编写人员，我们肯定要准备着迎接读者的进一步批评指正！尤其是我作为编集工作的负责人，更要负起对书中所有错误的责任。汇集全省120个方言点资料的《山东省语言资源集》正在编写之中，欢迎读者对本书的批评，因为这可以使我们在《山东省语言资源集》的编写中避免“二过”。

不管怎样，看到本书的出版，无论是我还是参与中国语言资源保护工程山东方言调查的调查人、发音人以及参加这项工程的其他人员，都会由衷感到高兴的，因为这些年来我们为山东省的语言资源保护工作所付出的心血终于可以直接跟读者见面了。而社会上关心山东方言文化的领导和省内外读者也会感到高兴的，因为这是历史上第一次如此大规模的山东方言

状况的文字展示，山东省的语言资源可以用白纸黑字的形式保存下来，而社会各方面对山东方言的研究和利用也有了一个便利的平台。

“衣沾不足惜，但使愿无违。”是为此刻的心声。

张树铮

识于2023年9月知新楼